江蘇藝文志

顧廷龍題

国家古籍整理出版专项经费资助项目

江苏省地方志编纂委员会办公室组织编纂

江苏艺文志

（增订本）

南通卷

原　主　编　赵国璋
增订本主编　江庆柏
增　订　者　顾　启　章国林　鲍宇星

凤凰出版社

《南通卷》原编写人员名单

主　编　顾　启

撰稿人　顾　启　章国林　丁赋生　江庆柏

目　录

《南通卷》引言

顾　启

南通市位于长江入海口北岸，隔江与上海及苏州、无锡等市相望，西、北分别与泰州市、盐城市接壤。

南通市历史悠久，据 1973 年、1978 年在西北角发现，1978 年、1979 年考古发掘的新石器时期文化遗址研究，五千多年前，海安县沙岗乡青墩村和隆政乡吉家墩村不仅早已成陆，为扬泰砂嘴之缘部，而且有原始人群居住，创造了光辉灿烂的初民文化。此后，从西北向东南延伸，逐步成陆。历经汉晋隋唐，逐步形成了后来行政隶属的大体区域，并由此形成了煮盐为主，又务耕桑的基本经济格局。社会生产力迅速发展起来。

宋代太祖建隆元年(960)，修通州州衙，并设利丰监，管石港、吕四等 7 所盐场。仁宗天圣元年(1023)改名崇州，或称崇川，范仲淹任西溪盐官，率众修捍海堰(后代称范公堤)，振兴盐业，繁荣农业。明代在此设两淮盐运使司通州分司，又由于河道的整治开掘，盐、渔业加速发展，由于灌溉便利，棉花也普遍种植，手工棉纺业飞快发展。经济繁荣促进了文教事业的兴旺，中举人、进士任高职的士人大增。其中一些正直者则成为东林社、复社成员，积极参与社会政治斗争。

清代南通经济得到了持续发展，至嘉庆二十二年(1817)，州境 6900 平方里，人口 128 万余人。鸦片战争后，帝国主义势力入侵，与上海一江之隔的南通州、海门厅，遭残酷的掠夺，加上朝廷的暴敛，盐、渔、棉、纱各业生产遭打击，民众生活逐渐陷入困境。

光绪二十年(1894)甲午战争后，清末状元张謇等人筹划“地方自治”，苦干实业，兴办纺织等工业，筹建垦牧公司，创办文教卫生事业。三十四年(1908)，成立筹备自治公所议事会和董事会。这是南通历史上的大事。

几千年来，劳动人民在这块土地上，在濒江临海的艰险环境中，埋头苦干，惨淡经营，推动经济发展，创造了物质文明。与此同时，也创造了光辉灿烂的精神文明。从宋代以来，书面文化渐臻兴旺，人才辈出，著作如林。历代作者中堪称文化名人或艺文领域名家者历历可数。

东汉末年，海陵人吕岱(160—256)，字定公，为东吴名将。据《三国志》本传，初任郡县小吏，建安十六年(211)升昭信中郎将。后因平定内乱，在交州刺史任上又开拓南疆，“功起廉颇”，晋镇南将军，与陆逊齐名。曹操严令滨江郡县徙民，海陵县遂成隙地。赤壁之战，曹氏败绩北返。赤乌四年(241)，吕岱奏请招抚乡民回归，海陵复县。为官廉洁奉公，正直敢言，闻过则喜。遗命“素棺疏巾”，归葬高阳荡。据州志、县志，荡在今如皋市林梓镇北。吕岱系孙策居寿春时，与江淮间士族结交之友人，是南通历史上第一位见诸正史的军事文化人物。

五代十国时，吴国杨溥天祚三年(937)二月，徐诰仿曹操求魏王故事请封齐王。东洲静海都镇遏使姚存得到消息，立即赶往西都金陵讨好新主子。此行颇得意，归舟经狼山，登岸刻石：“天祚三年□月十四日东洲静海都镇遏使姚存上西都朝觐回到此。”这就是著名的题名坡，也是迄今所知南通最早的、完整的石刻资料。在宋代，南通书面文化渐次繁荣，并加强了与外地的交流。《渑水燕谈录》有夏竦登通州狼山诗。这是流寓者咏通州的第一首诗。本地人题狼山诗最早为吴及(1014—1062)，字几道，静海县人。仁宗天圣九年(1031)进士，曾在京师与地方任文官，为著名校勘家。清人编《崇川各家诗钞汇存》，列吴及此诗为开卷篇。宋神宗元丰四年(1081)，刘弇以太学博士按田至通州，作《游狼山记》，这是写狼山的第一篇散文。北宋时期，泰州如皋县出现两位著名学术家。一位是胡瑗(993—1059),字翼之,出生于城南胡家庄。13岁通晓五经,20岁游学泰山。仁宗天圣二年(1024)南归,与范仲淹、滕宗谅结为知己。滕知湖州,聘其“教授湖州”,“教人有法科,条纤悉备,具以身先之,虽盛暑必公服坐堂上,严师弟子之礼,视诸生如其子弟,……从之游者常数百人”。庆历四年(1044)“兴太学,下湖州取其法,著为令”。皇祐四年(1052)“授国子监直讲”,“既居太学,其徒益众,太学至不能容,取旁宫舍处之。礼部所得士,瑗弟子十常居四五”。嘉祐初年,擢太子中允、天章阁侍讲,仍主讲太学。所创“经义”“治事”两斋,为我国高等学校分专业之始。他与孙复、石介并称“宋初三先生”,提倡“以仁义礼乐为学”,重视“明体达用”,为二程(颢、颐)所宗,开宋代理学之先声。另一位是王观(1035—1100),字通叟,仁宗皇祐三年,与从弟觌不远千里,至汴京成胡瑗门生。嘉祐二年(1057)、四年分别中进士。观初任山东单州团练推官,不久改秘书省校书郎。神宗熙宁六年(1073)升大理寺丞。落笔成章,词赋斐然,与高邮秦观齐名。其《卜算子·送鲍浩然之浙东》云:“水是眼波横,山是眉峰聚。欲问行人去那边?眉眼盈盈处。才始送春归,又送君归去。若到江南赶上春,千万和春住。”脍炙人口。其堂侄俊义为徽宗钦点状元,也是南通历史上的第一位状元。

南宋末年,民族英雄文天祥从京口得脱后,奔通州,在此地留下近20首诗篇,其中《扬子江》写于通州至扬子江船上,诗云:“几日随风北海游,回从扬子大江头。臣心一片磁针石,不指南方不肯休。”爱国深情,彪炳千古。其诗集《指南录》之名即出此。

元代本地经济发展,文教继续发展。仁宗延祐三年(1316),如皋县下驾原陈应雷为开封解元,官平江路总管,名诗《游中禅寺》传世。元末蒙族人冒致中,本为两淮盐运司丞,参加张士诚起义失败后,随郭通甫隐居于东陈镇。冒致中以儒术起家,为如皋冒氏始祖。

明代为通、泰二州经济繁荣时期。文教大兴,人才辈出,著作日富。从洪武四年(1371)至崇祯十六年(1643),通州城及郊外出现了38名进士。海门县虽因屡屡塌江迁徙,然自洪武至万历朝亦有进士 5 名,举人 20 名,太学生 119 名,武举 3 名。如皋县仅《东皋诗存》所收作者就有明代进士 15 名。其中不乏文化名人。成化十一年(1475)进士冒政,累官兵部尚书;弘治六年(1493)进士冒鸾,累官福建左参议;十二年(1499)进士凌相,累官右副都御史、湖广巡抚;十八年进士姚继岩,累官太常寺少卿;正德十二年(1517)探花崔桐,累官南京太常寺少卿掌国子监祭酒、北京礼部右侍郎;十六年进士钱铎,累官广西副使;嘉靖二年(1523)进士马坤,累官工部尚书;十一年进士钱粟,累官广东副使;十四年进士陈尧,累官刑官侍郎;二十三年进士孙应鳌,累官工部尚书;三十五年会元、进士袁随,累官四川左布政使;四十一年进士苏愚,累官广西左布政使,同榜陈大壮,累官山东左参政;四十四年进士顾养谦,累官蓟辽总督兼辽东经略、右都御史、工部右侍郎;四十五年选贡生曹大同,啸傲林泉,积平生力汇编 160 卷大型类书《艺林华烛》,有惠学人;隆庆元年(1567)进士郭师古累官甘肃副使进左参政兼佥事,善诗。他们都有著作,有些著作尚流传至今。隆庆元年进士陈大科,累官两广总督、兵部右侍郎、右副都御史,不仅著有《陈如冈文集》,而且悯家乡士子僻居海隅,书籍不足,还陆续刊刻了《五经旁注》《说文解字》《初学记》《杨升庵集》等数十种典籍行世,并纂有万历《通州志》。嘉靖岁贡生彭大翼积 40 余年心血成私家撰述最大类书之一《山堂肆考》240 卷,后得到焦竑、纪昀极高评价。其他如范凤翼、白正蒙、张元芳、李之椿、冒起宗、陈实功、许直、王效通、包壮行等,也都是南通文化史上的重要作家。此外,著名说书艺人柳敬亭万历十五年(1587)生于通州余西,戏曲理论家李渔三十九年生于如皋县石庄镇。以上人事说明明代南通地方经济繁荣,文风鼎盛。

清承明制,南通一带文教持续兴盛,著作注重理论性。举其大者,如康熙六十年(1721)进士姜任修为清苑知县,以刚直弃官,为古诗研究家,著有研究楚辞、汉魏六朝诗、李白诗、唐五代七言律诗等专著近百卷。其中对古诗十九首推求旨义,穷其本源,极富价值,为今人所常引用。乾隆三年(1738)举人、栟茶徐述夔,有《一柱楼诗集》,引发四十三年震动全国之文字狱。三十一年贡生汪之珩,在清初丁确《东皋诗汇》基础上辑自宋代以来如皋473位诗人的作品,开刻《东皋诗存》49卷,其子为霖为武举人,安徽盐法道,竟其事,为南通地方第一部诗歌总集。其妻舅黄振则为戏曲家,著有《石榴记传奇》,友人冒春荣为诗学家,著有《葚原诗说》,在中国文学史上都有一定地位。道光二年(1822)恩科进士王藻,累官湖南布政使,辑刻《崇川各家诗钞汇存》,收宋代以来通州321位诗人近9000首诗,为南通地方又一部重要的诗歌总集。这一时期的重要作家,还有范大士、顾人骥、杨世纶、郑大德、冯云鹏、杨廷撰等。

清末南通有所谓"五才子":周家禄、顾延卿、朱铭盘、张謇、范当世。海门厅周家禄,为吴长庆军幕人物,诗人,有《寿恺堂诗集》《奥簃朝鲜三种》,参修《海门厅图志》。顾延卿先为张树声幕僚,后随薛福成出使英、法、意、比四国,为首席秘书,归国后参加戊戌变法、君主立宪运动,同情资产阶级民主革命,反对袁世凯。朱铭盘为吴长庆、张明光军幕。张謇为光绪二十年(1894)恩科状元,立宪派主要人物,孙中山政府农业总长,袁世凯政府农商总长,后弃政搞实业。范当世为李鸿章西席,同光诗派主将。他们各有大量著作存世。此外,金泽荣为朝鲜著名历史学家,爱国诗人,日寇占领朝鲜后,避难南通市,有著作《沧江稿》等多种。韩国钧为光绪五年举人,历任吉林、奉天、江苏、安徽等省长官,实业家,抗战时著名爱国人士,有《止叟日记》《紫石诗草》,主编《海陵丛刻》、宣统《泰州志》。沙元炳为张謇同榜进士,实业家,有《志颐堂集》。沈肇洲为琵琶大家,南京高等师范教师,有《瀛洲古调》。

一斑见豹,南通地方文化逐步发展,成绩喜人。然向无专书著录,致文化史、著述史、学术史、出版史、藏书史不成系统,学者苦于稽查,青年难以阅读,引以为憾。

1987年,南京师范大学古文献研究所创议编纂《江苏艺文志》,得到江苏省教委高校古籍整理研究领导小组的支持。赵国璋老师委托我们编写《南通卷》。1990年《江苏艺文志》编委会张瑗、江庆柏二同志来南通市商定分纂事宜，在当时南通师专和南通市图书馆领导支持下，由本人牵头，组成了《江苏艺文志·南通卷》编写组。

经数年共同努力，写出初稿，由编纂委员会加以审定。资料奇缺的条目，则由南京师大古文献研究所有关学者撰写。本卷共收1318人，可作南通地方学术大观备查。

在编纂中，我们曾选辑部分条目，刊载于《南通师专学报》，并将全部人名递南通市政府市志办公室，听取意见，得到多方的关怀与帮助。此外，还得到曹从坡、穆烜、任哲维、季茂之、陆文蔚等先生的多方勉励，得到刘道荣、梁战、马季、万久富等先生的大力帮助，在此一并致谢。

由于系业余劳作，资料短缺，检索粗疏，书中错误疏漏必多，恳请各界专家匡正。

1994年10月

《南通卷》(增订本)收入作者1341人，其中南通571人，海门180人，如皋557人，海安33人。收入著作2902种。

增订者记

2019年4月

南通市行政区划沿革

南通市

五代后周显德五年(958)改静海军置通州,辖今江苏长江以北泰兴、如皋以东地区,以其地据江海之会,为通吴越之路而名。北宋天圣元年(1023)一度改崇州,以其兼辖崇明镇而名。明道二年(1033)复为通州,政和七年(1117)置静海郡。元至元十五年(1278)为通州路,二十一年降为通州,属扬州路。明仍为通州。清雍正二年(1724)升直隶州,为有别于直隶顺天府通州(今北京市通县),俗称南通州。1912 年废州为南通县。1934—1938 年曾置南通行政督察区。1949 年析南通县城、郊置南通市,属苏北行署区南通专区,为专署驻地。1950 年改由苏北行署区直辖。1952 年底改属江苏省,升省辖市。1958 年复归南通专区领导。1962 年再改省辖市。1983 年 3 月原南通地区海安、如皋、如东、南通、海门、启东六县划入本市。

2016 年南通市辖崇川区、港闸区、通州区、海安县、如东县,代管启东市、如皋市、海门市。

附:通州区

原为海域,东晋后逐渐积沙成陆。隋唐称胡逗洲,为长江口沙洲。

唐为盐亭场，属淮南道。五代与北岸陆地相连。南唐置静海都镇制置院。后周显德五年(958)置通州，并筑城。北宋天圣元年(1023)曾改崇州，政和七年(1117)赐郡名静海。元至元十五年(1278)曾升通州路，后复降为州，属扬州路。明属扬州府。清雍正二年(1724)升为直隶州，俗称南通州。1912 年废州，始名南通县。1914—1927 年属沪海道。1934—1938 年属南通行政督察区。1949 年析城区及附近工业区建南通市，移县人民政府于金沙镇，属苏北行署区南通专区。1952 年改属江苏省南通专区。1983 年 3 月划归南通市领导。1993 年撤县建通州市。2009 年 7 月撤销通州市，设立南通市通州区。

海门市

古为江中沙洲，后逐渐淤涨与北岸相连。唐置海陵县东洲镇于此。五代后周显德五年(958)置县，治东洲镇。因地处长江入海之门户，故名海门。元末江岸崩坍，县治屡迁，明正德中寄治通州。清康熙十一年(1672)废，省入通州为静海乡。后江岸再次淤涨，土地日广，乾隆三十三年(1768)置海门直隶厅。1912 年复改为海门县。1914—1927 年属沪海道。1934—1938 年属南通行政督察区。1949 年属苏北行署区南通专区，1952 年改属江苏省南通专区。1983 年 3 月划归南通市领导。1994 年撤县建市。

如皋市

西周称海阳，春秋改称郧，后复称海阳，汉海陵县地。东晋义熙七年(411)析置如皋县，属海陵郡。《太平寰宇记》云："县西北五十步，有如皋港(今秀水港)，港侧有如皋村。"因以名县。如皋港、如皋村在长江北岸沙咀上，平畴弥望，取《荀子·大略篇》"望其圹皋如也"之义为名。南朝宋、齐因之。隋开皇初省入宁海县。唐又省县入海陵县，大和五年

(831)置如皋场。五代南唐保大十年(952)复置县,属泰州。宋、元、明因之。清雍正二年(1724)改属通州。1912 年仍名如皋县。1914—1927 年属苏常道。1934—1938 年属南通行政督察区。1940 年以白蒲、丁堰、柴湾间通扬运河一线为界,分置如皋、如西二县。1941 年划立发桥、李堡二区归泰东县。初名如西县,1945 年复名如皋县。1949 年属苏北行署区南通专区。1952 年改属江苏省南通专区。1970 年属南通地区。1983 年划归南通市领导。1991 年撤县建市。

附:如东县

古为产盐地,曾设掘港、丰利、栟茶、马塘、古坳诸场。原属如皋县。1940 年划白蒲、丁堰、柴湾间通扬运河一线以栟东置县,沿用如皋县名。1945 年改名如东县,以其原为如皋县东乡而得名。后又将东台县栟茶镇及其以南各乡和栟北区来属。1949 年属苏北行署区南通专区。1952 年改属江苏省南通专区。1954 年划白蒲、丁堰等 22 个乡镇归还如皋县。1983 年划归南通市领导。

海安市

1943 年析泰县、如皋、东台部分地区始置紫石县,治海安镇。1948 年改今名。1949 年属苏北行署区南通专区。1952 年改属江苏省南通专区。1970 年属南通地区。1983 年 3 月划归南通市。2018 年 5 月撤县建市。

附:启东市

1920 年设外沙行政公所。1928 年置县,以滨江临海,沙洲接涨无已,取“启我东疆”之义得名。1934—1938 年属南通行政督察区。1949

年属苏北行署区南通专区，并入海门县海东、海复、二效及南通县的吕四等区。1952 年改属江苏省南通专区。1954 年海门县的王鲍区划入。1983 年 3 月划归南通市领导。1990 年撤县建市。

（摘自单树模主编《中华人民共和国地名词典·江苏省》，商务印书馆 1987 年出版。根据最新江苏省行政区划设置略作改动。）

人　名　表

南　通

清至民国

海　门

宋至明

清至民国

如　皋

宋至明

民　国

海　安

南通

宋元明

李重发

宋通州人。

孝经注　经部孝经类　佚

见光绪《通州直隶州志》卷16。

元　肇

字圣徒，号淮海。宋通州人。幼为人牧牛。后为僧，历涉江湖。聪明颖悟超出流辈。为诗清新伟丽，文亦雅健。圆寂于杭州径山。

淮海集4卷　集部别集类

见《五山耆旧集》卷20，收其诗9首。

钱仲鼎

字德钧。宋通州人。南宋度宗咸淳年间解元。元兵南下，不再出仕。为元初名士。后徙居吴县蒲帆巷。推官汪泽民因其年高德劭，学问渊博，敬重之。赵孟頫因其寓居分湖，为作《水村图》记其事。

钱德钧诗集　集部别集类　佚

见万历《通州志》卷5。《宋诗纪事》卷80收其诗。

赵由让

字谦益，号圣清。元通州人。宋藩王后，以荫袭官郎署。与郑所南为金石交。入元，随父隐居广陈。父殁既葬，后有元朝元帅郭昂荐为郡学，坚辞不就。乃携妻子买舟夜遁至通州路，隐于文安乡。性情恬淡，日以诗酒自娱。年85卒。

守身录　子部儒学类　佚

蕉雨轩诗钞　集部别集类　佚

以上2种见《崇川赵氏祚德堂宗谱·传》

永　宁(1292—1369)

字一源，号幻虚子。元通州人。俗姓朱。9岁出家利和寺，后于焦子山精修禅定，又至太湖山求证于无用宽公。延祐中往广德，至治三年(1323)住宜兴之龙池，结屋曰禹门兴化庵。

四会语录　子部佛教类　佚

见明释明河《补续高僧传》卷14《一源宁公传》。

姚　俞

字献可。明通州人。永乐二年(1404)纳贡。授乌程县丞。

修竹堂稿　集部别集类　佚

见万历《通州志》卷5。《五山耆旧集》卷4收其诗2首。

白　鉴

字文明。明通州人。邑廪生。景泰元年(1450)恩选贡监。

琐窗新艺　集部别集类　佚

见嘉庆《白氏宗谱》卷6。

王　钟

字秀夫。明通州人。成化中贡士，官奉化教谕。

临川集　集部别集类　佚

见万历《通州志》卷5。《五山耆旧集》卷2收其诗1首。

邵 棠

字民爱。明通州人。成化二十三年(1487)进士,任四川成都府崇庆州知州,后升南京留都政府户部员外郎。又为楚五府参政,荆南道道台,终为秦王府参政。因病归里。有干才,时称其儒而不迂,吏而不俗。作诗精炼,喜宋诗而轻唐诗。

梦菊斋集　集部别集类　佚

见嘉靖《通州志》《崇川各家诗钞汇存》。《五山耆旧集》卷 2 收其诗 4 首。

凌 相(1475—1540)

字忠甫,号芹溪。明通州人。弘治十二年(1499)进士。知沂水县,治声大起。征拜广西道御史,劾不称职大臣数十人,朝内肃然。出为广东兵备佥事,迁四川右布政使,转云南,擢副都御史,官终湖广巡抚。以病乞归。

芹溪奏议 1 卷　史部政书类　佚

龟田诗文全集　集部别集类　佚

以上 2 种见《五山耆旧集》卷 2,收其诗 5 首。光绪《通州直隶州志》卷 16 有欧阳志学撰《龟田全集叙》。

顾 磐

字子安,号海涯。明通州城人。7 岁属文,9 岁补博士弟子员,未久即成廪生,是通州历史上成秀才最年轻者。正德八年(1513)赴南京乡试,一举成名。后赴礼闱,屡不中。归里后藏书万卷,日夜讽诵。嘉靖九年(1530)纂《通州志》,纂志选材极严谨。又其所论盐法、钱谷、马政、水利诸事,亦颇中要务。

(嘉靖)通州志 6 卷　史部地理类

明钟汪修　顾磐纂　林颖重修

(1) 嘉靖九年刻本,国家图书馆等藏有胶卷。

(2) 抄本,国家图书馆等藏。1985年南通市图书馆静海楼校勘精抄。

(3) 1988年上海古籍书店影印明刻本。

按:此为南通现存最早方志。由正德十三年通州知州蒋孔旸聘顾磐编纂。后蒋调任,即由知州钟汪聘林颖以顾磐稿重纂。

通州名宦乡贤考　史部传记类　佚

见乾隆《通州志》卷19。

海涯集10卷　集部别集类　佚

见《千顷堂书目》卷21。《崇川各家诗钞汇存·列朝诗选》卷上收有其诗1首。

凌　楷

字端甫。明通州人。相弟。正德三年(1508)进士。官户部主事,监兑江西,钩核无隐,性刚直不阿。官终户部郎中。

龟田遗稿2卷　集部别集类　佚

见万历《通州志》卷5。《五山耆旧集》卷2收其诗27首。

姚继岩(1481—1524)

字元肖,号海山。明通州人。弘治十八年(1505)进士。授工部主事。出榷杭州未至,改刑部。太宰杨一清收人望调吏部。在部十年升太常少卿。后以谏武宗南巡受杖,毒发而殁。

海山集　集部别集类　佚

见万历《通州志》卷5、《千顷堂书目》卷21。《五山耆旧集》卷2收其诗3首。

马　节

字信卿,号定斋。明通州人。以毛郑诗教授里中。正德十四年

(1519)举人，知上杭县，社会无盗。又为勘定与永新县田界，使邑中豪强依法缴赋。

定斋古文诗稿 4 卷　集部别集类　佚

见光绪《通州直隶州志》卷 16。《五山耆旧集》卷 4 收其诗 24 首。

姚继嵂

字元望。明通州人。嘉靖八年(1529)岁贡。入太学，潜心经史。授德安县知县，后调平乡县。县近居庸，岁有缮城之役。因不耐繁剧，乃投劾归。

当代名臣录 1 卷　史部传记类　佚

古今学要　子部儒学类　佚

以上 2 种见万历《通州志》卷 5。

马　坤(1496—1570)

字顺卿。明通州人。节弟。嘉靖二年(1523)进士。以部主事谪宁波推官，移判广州。入为南刑部郎，知汀州，擢湖广副使。累迁河南布政使。河南多宗室，恣横乡里，坤严加约束。进南工部尚书。三十八年倡议重筑望江楼备倭，上平倭 7 事。后改北部，世宗召问久远策，前后凡上 32 事。三十九年以南京振武营兵变事联带被劾，削籍。隆庆四年(1570)卒。

石渚奏议 4 卷　史部政书类　佚

见乾隆《直隶通州志》卷 19。

三余雅汇　子部杂学类　佚

见万历《通州志》卷 5。

石渚遗稿 8 卷　集部别集类　佚

见《千顷堂书目》卷 23。《明诗综》卷 44 收其诗 1 首。《五山耆旧集》卷 4 收其诗 5 首。

黄　河

字汝清。明通州人。少有异行。嘉靖元年(1522)举人。授山东滕县教谕,累擢南贵州道御史。巡视京城及凤阳诸仓庾,威严无私,群官皆震竦。河套议起,与曾铣合忤帝意,廷杖,迁云南佥事。平生刚直,善善恶恶,分明不差。慕薛垣为人,署其"不言而躬行"语,终身诵之。

天佑录　史部传记类　佚

黄氏家传录4卷　史部传记类　佚

以上2种见万历《通州志》卷5。

黄氏奏疏稿4卷　史部政书类　佚

见光绪《通州直隶州志》卷16。万历《通州志》卷5著录《十三疏》,乾隆《直隶通州志》卷19著录《奏疏稿》1卷。《五山耆旧集》卷4收其诗2首。

黄应玄

字参之。明通州人。诸生。教授乡里,英俊多出其门。年77卒。

观史一斑　史部史评类　佚

闲居雅咏　集部别集类　佚

宫词倡和　集部别集类　佚

汗漫小集　集部别集类　佚

以上4种见万历《通州志》卷5。

栖峦漫稿　集部别集类　佚

见光绪《通州直隶州志》卷16。有欧阳志学叙。《五山耆旧集》卷2收其诗10首。

王　锦

字日章,号雪峰。明通州人。岁贡生。少孤贫,力学。及门之士甚众,晚年攻古文辞,尤以诗名。

雪峰集　集部别集类　佚

见万历《通州志》卷5。《五山耆旧集》卷4收其诗1首。

孙　寅

字国正。明通州人。以《春秋》名家，授徒多成立。以贡训定州，升庆云教谕。

洗心录　子部儒学类　佚

燕斋集　集部别集类　佚

以上2种见万历《通州志》卷5。《五山耆旧集》卷6收其诗1首。

顾　瑶(1502—1558)

初名士辉。字公玉，号蕴阉。明通州城人。国子生。高才博学，与兴化宗臣为好友。宗臣为明"后七子"之一，时人称瑶为"淮海遗才"。尝在州城南建竹素园。后以子养谦贵朝廷赠副都御史。

竹素园稿2卷又续稿　集部别集类　佚

见万历《通州志》卷5。《五山耆旧今集》收其诗7首。

陈　尧(1502—1574)

字敬甫，号梧冈，一号醒翁。明通州人。嘉靖十四年(1535)进士，授工部主事。历知台州，巡抚四川，以户部侍郎总理河道，累官刑部左侍郎致仕。

史衡6卷　史部史评类

见万历《通州志》卷5。

西巡录1卷　史部传记类

明嘉靖刻本，国家图书馆藏。

贵阳行纪1卷　史部地理类

见《千顷堂书目》卷23。

崇圣录1卷　子部儒学类

见万历《通州志》卷5，有其自叙。

虚舟集1卷　子部杂学类

明嘉靖刻本，国家图书馆藏。

东园日录20卷　子部杂学类

八书1卷　子部杂学类

以上2种见万历《通州志》卷5。光绪《通州直隶州志》卷16有其《八书》自叙。

大观楼漫录1卷　子部杂学类

梧冈文集5卷诗集3卷续集5卷　集部别集类

衰玉集1卷　集部别集类

以上3种见《千顷堂书目》卷23。《五山耆旧集》卷5收其诗217首。

钱　業

字君望。明通州人。嘉靖十一年(1532)进士。任浙江道御史、兵备副使。后巡按广西，出守建宁，历广东副使。二十七年任广东参议，参征黎民军事。二十九年作《悯黎咏》，反映二十七年镇压黎民时杀戮惨象。代黎民申诉被激为乱实出于无奈之情，为我国民族史之重要文献。后为浙王府参议，病卒于家。

赋役详稿4卷　史部政书类

问政集3卷　史部政书类

以上2种见《千顷堂书目》卷9、卷10。

纪事杂咏1卷　集部别集类

悯黎咏1卷　集部别集类

以上2种见光绪《通州直隶州志》卷16，有其自叙。《明诗综》卷46收其诗6首，《五山耆旧集》卷4收其诗8首。

顾　瑫

字士奇，号砺斋。明通州人。磐子。太学生。

金陵稿　集部别集类

见万历《通州志》卷 5。《五山耆旧集》卷 6 收其诗 1 首。

凌　炅

字平仲。明通州人。楷子。嘉靖二十三年(1544)贡生。任山西霍州同知。

剑山子集 2 卷　集部别集类　佚

见光绪《通州直隶州志》卷 16。

凌　坦

字君平，号叔吉，一号鶆藻。明通州人。楷侄。

彀音集 2 卷　集部别集类　佚

见万历《通州志》卷 5。《五山耆旧集》卷 6 收其诗 11 首。

钱　照(1504—1569)

字国清，号春田，明通州人。贡监生。选授大理府经历，不赴。

崇经堂集　集部别集类

见同治《崇川钱氏家谱》卷 2。

曹大同(1508—1581)

字子贞，号于野。明通州人。嘉靖间以岁贡选授光禄寺丞。性不喜依阿，未几投牒归。家素饶裕，读书城南别墅。建有玉芝楼颇胜，因以名其诗赋集。购金石、古文诸书名画充其中。

四书敷义 6 卷　经部四书类

见乾隆《直隶通州志·艺文志》、光绪《通州直隶州志》卷 16。

艺林华烛 160 卷　子部典故类

见《千顷堂书目》卷 15。

按:参见《南通日报》2013 年 10 月 30 日王士明《曹大同与〈艺林华烛〉》一文。

玉芝楼稿 11 卷　集部别集类

见《千顷堂书目》卷 15、卷 23。

按:乾隆《直隶通州志・艺文志》作《玉芝楼稿》30 卷。

曹于野集 1 卷　集部别集类

(1)《盛明百家诗后编》本。

(2) 1935 年经畬楼石印本,南京图书馆藏。

丁　铁

字君武。明通州人。嘉靖十三年(1534)岁贡。以选人上吏部得东明县县丞,清苦自励。檄署旁县事如内黄、南河屡著名绩。擢平谷县知县,所在有治声。明年致仕归,筑小斋城东,以文史自娱。少博极群书,尤长于胡氏《春秋》。自经史外,凡医卜星相及天文堪舆孙吴诸书,靡不精究。巡盐御史黄国用延之修郡志,于前史有秽迹者直书其事。书成出资刻之,不烦有司一钱。喜说事务,尝考通州屯田、马政、水利、盐法诸事,著为论。以干郡守,守奇之,称为国士。

春秋疏义　经部春秋总义类

孝经注　经部孝经类

云海联珠判　史部政书类

以上 3 种见万历《通州志》卷 7。

(嘉靖)通州志 4 卷　史部地理类　佚

明黄国用、吴桂芳修　丁铁纂

明嘉靖三十三年刊。见万历《通州志》卷 5 自序。

过庭录　子部儒学类

见万历《通州志》卷 5、光绪《通州直隶州志》卷 16。

海津论草　集部别集类

见万历《通州志》卷7。《五山耆旧集》卷6收其诗1首。

凌自显

明通州人。

四书讲意心印　经部四书类

见康熙《通州志》卷12。

陈　完

字名甫，号海沙。明通州人。尧弟。嘉靖二十五年(1546)举人。官都察院都事。为诗恬适敷畅。撰有杂剧20余种。

皆春园集4卷　集部别集类

见《四库全书总目》别集类存目7。

海沙文集　集部别集类

见光绪《通州直隶州志》卷16。《五山耆旧集》卷6收其诗30首。

词场合璧10卷　集部总集类

见康熙《通州志》卷12。

保　嵚

字允望，号西洲。明通州人。嘉靖十六年(1537)举人。官华西令，授山东莘县知县。

西洲集　集部别集类

见光绪《通州直隶州志》卷16。《五山耆旧集》卷6收其诗3首。

李　贡

字龙潭，号牧夫。明通州人。嘉靖朝选贡生。授山东济南府同知，晋江西建昌府知府。公余至麻姑山讲学作歌。

牧夫诗存　集部别集类

见《崇川各家诗钞汇存》，收其诗3首。

张 梓

字若材，号丹甫。明通州人。岁贡。官寿州教谕。肆力于先秦、二京、建安及稗官百家言。

甲寅录1卷　史部杂史类

见光绪《通州直隶州志》卷16。

阐幽录10卷　史部杂史类

见《州乘资》卷4。

（嘉靖）通州志8卷　史部地理类　佚

明喻南岳、李汝杜修　钱峰、张梓等纂

见康熙《通州志》卷12。

斟郛精舍手抄　子部杂学类

菻麓杂言　子部杂学类

以上2种见《州乘资》卷4。

东江文集　集部别集类

见康熙《通州志》卷12。《五山耆旧集》卷9收其诗6首。

马严光

字不埃。明通州人。诸生。

渔山堂诗集　集部别集类

见乾隆《直隶通州志》卷19。《崇川各家诗钞汇存补遗》卷59收其诗1首。

卢 枫

字拱宸。明通州人。嘉靖二十七年(1548)贡生。授山东泰安训导，修《泰山志》，称善本。岁饥，县令上计去，枫摄篆，民不受灾。迁齐东县教谕。部使疏荐之，遇疾归，卒。

白狼山人漫稿 2 卷　集部别集类

明嘉靖三十七年邓霓等刻本，朱鼎煦跋，国家图书馆藏。

杨　乾

字子清。明通州人。嘉靖二十八年(1549)举人。治经尤善《春秋》。就平原教谕，任顺天乡试同考官，称得人。擢礼县知县，力革繁苛，与民休息，秦中称良吏。

独啸堂集　集部别集类　佚

见《五山耆旧集》卷 6，收其诗 1 首。

冯　鸾

字子雍，号沙洲，一号云栖。明通州人。嘉靖三十年(1551)岁贡。次年以贡举廷试高等。四十五年谒选铨授湖广郧西县(今湖北郧县)知县。因俗为治，教化大洽。性狷介，不肯逢迎上官，遂解组归。治举业外兼攻岐黄，远近求治者常盈庭。举一生临症心得汇集成书。年 85 卒。

医学大成 7 卷　子部医家类

伤寒统会 7 卷　子部医家类

医说补遗 1 卷　子部医家类

以上 3 种见乾隆《直隶通州志》卷 14、光绪《通州直隶州志》卷 16。

药性赋 1 卷　子部医家类

见乾隆三十八年(1773)《冯氏族谱》卷 6。

张成诏(1527—1600)

字克应，号云山。明通州人。纳贡生。官鸿胪寺鸣赞，迁新喻县丞。

西麓草堂集　集部别集类

见康熙《通州志》卷 12。

游艺集 7 卷　集部总集类

见万历《通州志》卷 5。为张成诏、凌东京等 7 人之诗。《五山耆旧集》卷 6 收其诗 11 首。

李　华

字伯华，号苍雨。明通州人。嘉靖贡生。考授国子博士，累官工部郎中。

苍雨山房集　集部别集类

见万历《通州志》。《崇川各家诗钞汇存·列朝诗选》卷上收其诗 3 首。

曹大来

字子泰，号可竹。明通州人。以廪生入监，任广东韶州府经历，未几解组归，偕兄弟友朋唱酬诗社，寄兴棋枰，怡情樽酒。性正直端方，通子史百家言。

粤游稿　集部别集类

见万历《通州志》卷 5、乾隆《直隶通州志》卷 19。《五山耆旧集》卷 6 收其诗 1 首。

陈大壮

字思立，号竹坪。明通州人。嘉靖四十一年(1562)进士。授中书舍人，升刑部员外郎、郎中。审狱精明，持正不苟，权官亦不敢以私相求。出为叙州知府，以征蛮晋本省右参政，转山东左参政，遂乞归。其为诗夭矫雄健，不可方物。

薇省日录　子部儒学类

唐诗和音　集部总集类

明陈大壮编

以上 2 种见《州乘资》卷 4 本传。《五山耆旧集》卷 6 收其诗 3 首。

吴邦奇

字汝才。明通州人。家贫。嘉靖三十四年(1555)举人,犹佣书自给。后任广州通判。

乐府源流 1 卷　集部诗文评类

见《州乘资》卷 2。《五山耆旧集》作 8 卷,收其诗 4 首。

朱玉汝

字玉成。明通州人。当世父。诸生。

从吾道人稿　集部别集类　佚

见万历《通州志》卷 5。《五山耆旧集》卷 6 收其诗 1 首。

陈大科(1534—1602)

字思进,号如冈。明通州人。隆庆五年(1571)进士。授河南推官。父忧,起补绍兴,召为给事中、江北巡按,摄提学。累迁太常卿。擢右副都御史,巡抚广西,讨平田州土司,进兵部右侍郎,颇著直声。总督两广,兼巡抚,定安南有功,进都御史。被诬乞归,卒赠兵部尚书。曾刻书多种。

重订尔雅 12 卷　经部尔雅类

见光绪《通州直隶州志》卷 16。

重订说文解字(五音韵谱)12 卷卷首 1 卷　经部小学类

明万历二十六年(1598)陈大科校刻本,北京大学图书馆藏。

五经旁训　经部群经总义类

见康熙《通州志》卷 12。

督抚疏稿 20 卷　史部政书类

见乾隆《直隶通州史》卷 19。

(万历)通州志 8 卷　史部地理类

明林云程修　沈明臣等纂　陈大科、顾养谦等与纂

(1) 明万历六年刻本,天一阁博物馆藏。

(2) 1963年《天一阁藏明代地方志选刊》本。

(3) 抄本,南通市图书馆藏。

初学纪30卷　子部典故类

明陈大科校并撰序,明万历二十五年刻本,国家图书馆藏。

粹白裘12卷　子部典故类

见《州乘资》卷2。

太史升庵全集81卷目录2卷　集部别集类

明杨慎撰,陈大科校并序,明万历刻本,北京大学图书馆藏。

丰对楼诗选43卷　集部别集类

明沈明臣撰,明万历间陈大科校刻本,国家图书馆藏。

灵隐子6卷　集部别集类

明陈大科注,明万历间陈大科刻本,南京图书馆藏。

陈如冈文集　集部别集类

见《明人传记资料索引》陈大科条。

王　勣

字汝嘉,号蓬山。明通州人。隆庆四年(1570)贡生。入太学,祭酒奇其才,屡第上等。不谒铨,归与陈大震、钱兆贤、白书、凌东京、张成诏及山阳高永祉结诗社,通州诗坛至此为一变。嘉靖三十八年(1559)与纂《通州志》8卷。

类编古今画史20卷　子部艺术类

清漱芳轩抄本,北京大学图书馆藏。详见《木樨轩藏书题记及书录》(1985年北京大学出版社出版)。

艺林联玉　子部杂学类　佚

见《州乘资》卷2。

纂言钩玄16卷　子部杂学类　佚

见光绪《通州直隶州志》卷16。

游艺集 7 卷　集部总集类

见万历《通州志》卷 5。此为王勣与陈大震诸人之诗，起隆庆五年，迄万历元年(1573)，皆近体诗。参见陈尧撰叙。《五山耆旧集》卷 9 收其诗 6 首。

钱兆贤

字子愚。明通州人。棻侄。隆庆初国子生，与王勣、白书、凌东京、陈大震、凌飞阁、张成诏为“五琅七子”。他们的倡和之作刻为《游艺集》。范国禄云：“七子中，汝嘉巨手，子愚亦劲敌。”为人孝友备至，尤好客。

游艺集 7 卷　集部总集类

见万历《通州志》卷 5。此为兆贤、白书等 7 人之诗。所收倡和诗起隆庆五年(1571)，迄万历元年(1573)。《五山耆旧集》卷 6 收其诗 7 首。

凌东周

字伯用。明通州人。诸生。官沂州同知。

枕脍山房集 12 卷　集部别集类

见光绪《通州直隶州志》卷 16。《五山耆旧集》卷 6 收其诗 8 首。

顾养谦(1537—1604)

字益卿，号冲庵。明通州人。瑶子。嘉靖四十四年(1565)进士。隆庆五年(1571)出为福建佥事，参粤藩。万历六年(1578)左迁云南佥事，识李贽。寻参浙藩，转霸州道。杭州兵变，改杭严道。徙蓟镇兵备，任右佥都御史、辽东巡抚，升右副都御史，调任南京户部侍郎。父卒守制，任蓟辽总督，力辞。终制才赴任，又命兼经略，作战有胆识。因议倭封贡事，不合当道，于是求归。后坚卧不出。三十二年病卒，赠兵部尚书，谥襄敏。《明史》有传。

冲庵顾先生抚辽奏议 20 卷　史部政书类

明万历刻本，上海图书馆藏。

督抚奏议　史部政书类

见《州乘资》卷 2。光绪《通州直隶州志》卷 15 著录 8 卷。

(万历)通州志 8 卷　史部地理类

明林云程修　沈明臣等纂　陈大科、顾养谦等与纂

版本见“陈大科”条。

益卿集 20 卷　集部别集类

见乾隆《直隶通州志》卷 19。康熙《通州志》卷 12 著录《顾司马集》，无卷数。《五山耆旧集》卷 7 收其诗 41 首，并附其年谱。

姚　逊

明通州人。嘉靖四十一年(1562)贡生。授临江府通判。

(嘉靖)通州志 8 卷　史部地理类　佚

明喻南岳、李汝杜修　钱峰、姚逊等同纂

见万历《通州志》卷 5。

钱　峰

字君奇。明通州人。廪贡生。笃学修行。

(嘉靖)通州志 8 卷　史部地理类　佚

明喻南岳、李汝杜修　钱峰、江一山等纂

见万历《通州志》卷 5。

夏云集　集部别集类　佚

见光绪《通州直隶州志》卷 16。

陈大震

字思静，一字幼方，号澜石。明通州人。纯笃谦恭。善谈论，有嵇康、阮籍之风。通诸子百家，工于诗赋，精隶楷。不喜经生家言。年 40

得目疾，乃拓地建园，日与诸文人唱和其中。晚好佛。

禅栖集 1 卷　集部别集类

嘉平集 1 卷　集部别集类

青阳馆集 2 卷　集部别集类

以上 3 种见《州乘资》卷 4 本传、光绪《通州直隶州志》卷 16。《五山耆旧集》卷 6 收其诗 33 首。

游艺集 7 卷　集部总集类

见万历《通州志》卷 5。此为陈大震、白书等 7 人之作。

凌飞鹤

字子和，号闻野。明通州人。

北征集 2 卷　集部别集类　佚

见光绪《通州直隶州志》卷 16。康熙《通州志》卷 12 不著卷数。《五山耆旧集》卷 9 收其诗 4 首。

凌　梓

字良甫，号梦龄。明通州人。嘉靖四十二年(1563)贡生。博闻强记，能文章。任海宁教谕，卒官。

梦鹤子　子部杂学类

西坡稿　集部别集类

以上 2 种见万历《通州志》卷 5。乾隆志著录《西坡稿》2 卷。

吴　炤

字潜儒。明通州人。诸生。诗文婉丽，书法甚遒。《山茨社诗品》谓其诗如朱弦乍拨。

秋水山人集　集部别集类　佚

见康熙《通州志》卷 12。《五山耆旧集》卷 14 收其诗 7 首。

陈　纯

字抱一，号太朴。明通州人。嘉靖四十三年(1564)举人。授钜野知县。姿容伟异，诗文雄骏有格，老而愈工。

长啸轩集　集部别集类　佚

见《州乘资》卷2。《五山耆旧集》卷6收其诗11首。

江一山

字子云。明通州人。隆庆六年(1572)贡生。博综典籍，为文擅古作者场。性高旷，有才干，声誉起淮海间。

百一新判2卷续1卷　史部政书类

明胡介撰

明嘉靖三十八年(1559)江一山刻本，存卷1、卷2两卷，南京博物院藏。

(嘉靖)通州志8卷　史部地理类　佚

明喻南岳、李汝杜修　钱峰、江一山等纂

见万历《通州志》卷5。

双莲阁集　集部别集类

见《州乘资》卷4本传。《五山耆旧集》卷9收其诗10首。

白　书

字政夫、政甫，号江湄。明通州人。勋次子。太学生，有诗名，海内推崇之。嘉靖、隆庆间与王勣、陈大震、凌东京(飞阁)、张成诏、钱兆贤、高永祉结社，人称"五琅七子"，倡和诗汇刻成《游艺集》。在太学时喜交游，风流雅洁，掩映一时，惜年不配才，45岁病逝。

墨妙堂集　集部别集类

见光绪《通州直隶州志》卷16。《五山耆旧集》卷6收其诗8首。

游艺集7卷　集部总集类

见万历《通州志》卷5。此为白书、陈大震等7人之作。

钱明相

字当时，号希哲。明通州人。博文修行，为州学诸生祭酒。深于诗律。与常熟钱谦益父交最深。万历中尝偕顾懋贤及其徒李元遇渡江拜访。时钱谦益幼侍父侧，其父指扇头诗谓："钱伯，淮海之诗人也，汝其识之。"后50余年，谦益收其诗于《列朝诗集》中。

钱明相诗1卷　集部别集类

见钱谦益《列朝诗集小传》丁集下。《五山耆旧集》卷9收其诗11首。

凌东京

字伯宸，又字飞阁。明通州人。任侠，能急人所难。喜为诗，由岁贡判涿州，有政绩。任昭平县令，以劳瘁卒官。

游艺集7卷　集部总集类

明通州王勣、白书、凌东京、陈大震、钱兆贤、张成诏及淮阴高永祉7人之作。见万历《通州志》卷5。《五山耆旧集》卷6收其诗10首。

陈大益

字思受，号谦所。明通州人。万历十一年(1583)岁贡生。任寿昌县令，有善政，以清白称。后补南和令，与民无扰，讼简刑省。因未善待上官而罢归，以诗酒自娱，年89犹手不释卷。

宜春阁集　集部别集类　佚

见《州乘资》卷2。《五山耆旧集》卷9收其诗5首。

单应科(1543—1591)

字伯进，号南阳。明通州人。应雷兄。庠生，后入国子监。

群书撮玉6卷　子部杂学类

见光绪《单氏重修宗谱》艺文。

张士宏

明通州人。

紫阳宗旨　子部儒学类

见光绪《通州直隶州志》卷16。

潘士龙

字云卿。明通州人。诸生。

灞桥集　集部别集类　佚

见《五山耆旧集》卷6,收其诗6首。

葛幼元(1547—1573)

初名增,字士修。明通州城人。嘉靖四十五年(1566),与江都陆弼等从广东欧大任学。隆庆三年(1569)与陆弼奉欧大任命,在扬州结竹西社。早有才,人称才子。惜因祖、父相继病亡,哀伤过度而呕血离世,年仅27。兵部侍郎陈尧为作墓志铭。

海居集2卷　集部别集类

浮搓集1卷　集部别集类

行药集1卷　集部别集类

倚剑集2卷　集部别集类

以上4种见万历《通州志》。《五山耆旧集》卷8收其诗104首。

汤有光(1548—?)

字慈明。明通州人。诸生。再试不得意,遂弃去,以高尚自持。万历五年(1577)从浙江沈明臣学。顾养谦极相爱重,二十一年延之蓟辽幕中。解数千金为赠,随手散去。三十九年与范凤翼为忘年交,订山茨社。招徕四方名士,赋诗饮酒,风度甚豪。崇祯元年(1628)81岁作《无屋叹》。工书善弈。

汤慈明诗集　集部别集类

见《州乘资》卷 2。光绪《通州直隶州志》卷 16 作《汤慈明诗文集》22 卷，有单思恭撰序。《五山耆旧集》卷 10 收其诗 300 首。《崇川各家诗钞汇存·列朝诗选》卷下收其诗 42 首。

卢纯忠

字帝简，一字子孝。明通州人。枫长子。能诗，与弟纯臣、纯学、纯士齐名，时人比之吴中四皇甫。

卢子孝集　集部别集类

见万历《通州志》卷 5。

潜庵诗录　集部别集类

见光绪《通州直隶州志》卷 16。《五山耆旧集》卷 8 收其诗 12 首。

江一鱼

字孟化，号贯鲁。明通州人。国子生。官苑马寺监正。与弟一鹏、一夔时称“三江”，《山茨社诗品》谓三江才调俱美，而孟化尤长。

芳洲集　集部总集类

明江一鱼、江一鹏、江一夔撰

见康熙《通州志》卷 12。《五山耆旧集》卷 6 收其诗 22 首。

卢纯臣

字子敬。明通州人。枫次子，纯忠弟。家学相承，博综书史，父子兄弟自相师友。其诗新而秀，文富而藻。

苍虬馆集　集部别集类

见《州乘资》卷 2。《五山耆旧集》卷 8 收其诗 15 首。

江一鹏

字仲翀。明通州人。一鱼弟。国子生。官鸿胪寺鸣赞。

芳洲集　集部总集类

明江一鱼、江一鹏、江一夔撰

见康熙《通州志》卷12。《五山耆旧集》卷9收其诗14首。

卢纯学

字子明。明通州人。枫三子，纯臣弟。万历五年(1577)曾与纂《通州志》。聚书千余卷，辟狼山俯涛轩读之10余年，未尝释手。卒年78，私谥曰真静先生。

类林探赜110卷　子部典故类

明卢纯学、江一夔编

见康熙《通州志》卷12。

诗8卷白下吟6卷　集部别集类

见《千顷堂书目》卷26。万历《通州志》卷5著录《食翠馆集》《山中集》两种。《五山耆旧集》卷8收其诗140首。

明诗正声60卷　集部总集类

明卢纯学辑

明万历十九年江一夔刻本，国家图书馆藏。

明广陵诗56卷　集部总集类

明卢纯学、施复苏辑

明万历二十二年刻本，北京大学图书馆藏。

顾　轸

字文辉。明通州人。国子生，官奉化县丞。

芳润园集　集部别集类　佚

见康熙《通州志》卷12。《五山耆旧集》卷6收其诗1首。

单应雷(1550—1591)

字伯起,号豫吾。明通州人。应科弟。入国学。万历十一年(1583)举人。

修竹吾庐杂录 1 卷　子部杂学类

见光绪《单氏重修宗谱》艺文。

江一夔

字季章。明通州人。一鹏弟。官河间通判。自谢事归,辟园穿池,与兄长一鱼、一鹏觞咏其中。好义乐施,万历十六年(1588)大饥,出千金赈济。又乐为乡里公益事。

类林探赜 110 卷　子部典故类

明卢纯学、江一夔编

见康熙《通州志》卷 12。

三江草　集部总集类

见《州乘资》卷 4 本传,谓与其父《横溪遗草》合刻。今并未见。

芳洲集　集部总集类

明江一鱼、江一鹏、江一夔撰

见康熙《通州志》卷 12。《五山耆旧集》卷 9 收其诗 9 首。

朱当世

字右文,号白衣小士。明通州人。玉汝子。诸生。生平读书著述外无他爱好。万历五年(1577)与卢纯学等同修《通州志》。豪于饮,酒酣耳热,常骂座。所作诗多抨击现实黑暗。及卒,郡人私谥曰介毅。

沧海集 1 卷　集部别集类

1929 年南通义生印刷所石印本。

敝帚集　集部别集类

古今合辙　集部总集类

以上2种见《州乘资》卷2。

宋尧化

字汝雍。明通州人。万历五年(1577)岁贡生。任新昌知县。厌习吏事,以子应奎中举,遂归。与纂万历《通州志》。

北征草　集部别集类

见《州乘资》卷2。《五山耆旧集》卷9收其诗2首。

汤不疑

字袭明。明通州人。有光弟。文辞超乘,雄长艺林。下笔数千百言,能抉其胸中欲吐。为博雅君子。人有所叩,知无不言。善饮,饮终夕无酒容。晚以明经应制公车,逾明年而卒。

四书窥　经部四书类　佚

见《五山耆旧集》卷14,收其诗1首。

汤袭明文集　集部别集类　佚

见《州乘资》卷2。光绪《通州直隶州志》卷16作《非谷集》。

凌　兰

字佩卿。明通州人。东周子。室名云深馆。

云深馆草　集部别集类

客游草　集部别集类

蜀游草　集部别集类

以上3种见《州乘资》卷2。《五山耆旧集》卷14收其诗3首。光绪《通州直隶州志》卷16录有明屠隆叙。

陈实功(1555—1636)

字毓仁,号若虚。明通州人。著名外科医家。为人性好义行,仁爱不矜,慷慨重然诺。幼善病,因究心《素问》《难经》诸医书。擅长外科,行医40余年,具有丰富临证经验。治疗外科疾患多内外并重。善用竹筒拔吸浓液,以枯痔散、挂线法治疗痔疮,用火针、枯瘤法治疗瘰疬和肿瘤。其《外科正宗》一书是一部反映明以前外科成就的重要著作,后人称"列证最详,论治最精"。

外科正宗　子部医家类

(一) 4卷本

(1) 明万历四十五年(1617)刻本,国家图书馆等藏。

(2) 明崇祯四年(1631)刻本,中医科学院等藏。

(3) 清康熙三十八年(1699)刻本。

(4) 日本宝永三年(1706)宣风坊书林井上忠兵卫板。

(5) 清乾隆五十年(1785)文光堂刻本。

(6) 日本宽政三年(1791)芳兰榭刻本。

(7) 清乾隆五十七年聚锦堂刻本。

(8) 进步书局石印本。

(9) 1956年人民卫生出版社据明崇祯四年本影印。

(10) 1964年人民卫生出版社铅印本。

(二) 张鹭翼重订12卷本(又名《重订外科正宗》)

(1) 清乾隆五十年刻本(10卷)。

(2) 清乾隆五十一年刻本。

(3) 清乾隆五十二年金阊学耕堂刻本。

(4) 清乾隆五十二年金阊绿荫堂刻本。

(5) 清嘉庆十三年(1808)金阊三槐堂刻本。

(6) 清嘉庆二十年溧阳文华堂刻本。

(7) 清道光元年(1821)武林三德堂刻本。

(8) 清道光八年启元堂刻本。

(9) 清咸丰元年(1851)会文堂刻本。

(10) 清咸丰十年至光绪二十五年(1860—1899)扫叶山房刻本。

(11) 清光绪十四年京都泰山堂重刻本。

(12) 清光绪三十一年经元书室刻本。

(13) 清光绪三十一年上洋海左书局刊本。

(三) 徐大椿批 12 卷本

(1) 清咸丰十年海宁许楣重刻本。

(2) 清咸丰十年文富堂刻本。

(3) 清咸丰十一年清江金声堂藏板。

(4) 清同治十三年(1874)维扬大德堂刻本。

(5) 清光绪八年重刻本。

(6) 清光绪十二年刻本。

(7) 清光绪间成都正字山房刻本。

(8) 清光绪十九年图书集成印书局铅印本。

(9) 清光绪二十年上海扫叶山房刊本。

(10)《徐氏医书十六种》本。

(11) 清光绪二十七年焕文书局石印本。

(12) 清光绪间上海校经山房石印本。

(13) 清光绪三十一年上海福记书局印本。

(14) 清光绪间铁瓶里有耀书局印本。

(15) 1913 年上海江东书局刻本。

(16) 著易书局仿聚珍版印本。

(17) 1921 年上海大成书局石印本。

(18)《中国医学大成》本。

(19) 1954—1955 年锦章书局石印本。

(20) 2000 年天津科学技术出版社出版。

(21) 2002 年中国中医药出版社出版。

(22) 2007 年人民卫生出版社出版。

柳　爚

字光甫。明通州人。诸生。有才不遇以老，自号无怀逸民。

怡春园集　集部别集类

见《五山耆旧集》卷6，收其诗1首。

马应鸾

字凡卿。明通州人。诸生。

凡卿集2卷　集部别集类

见《州乘资》卷2。《五山耆旧集》卷16收其诗1首。

孙幼登

字啸父。明通州人。14岁为秀才。寻谢去，浪迹吴越间，万历年末遇异人王元阳，授以啸旨。每作鹤啸，野鹤皆应声而来，遂以啸名。诗才敏捷，每结社，必先成，顷刻数十首立就，而清新流丽，好似久经锤炼之作。年71病卒。

五芝草　集部别集类

苏门集　集部别集类

以上2种见《五山耆旧集》卷9，收其诗11首。

张光缙

字颖初，一字钜卿、镇卿。明通州人。国子生。官陈州同知。

广陵游　集部别集类

乘槎篇　集部别集类

蓟门草　集部别集类

以上3种见《州乘资》卷2。《五山耆旧集》卷14收其诗4首。

王醒之

字梦叟。明通州人。诸生。好老庄之学。居北山。诗歌清微淡远，不为傲岸之态。往聘广西，年50卒。

詹詹言　子部杂学类　佚

仙夷草　集部别集类　佚

怡云草　集部别集类　佚

以上3种见《州乘资》卷2。《五山耆旧集》卷9收其诗21首。光绪《通州直隶州志》卷16收有单思恭叙。

江震祚

字大除。明通州人。一夔子。国子生。

白下吟草　集部别集类

见《五山耆旧集》卷14,收其诗15首。

李能白

字淳夫。明通州人。布衣。

太素集　集部别集类

见《五山耆旧集》卷14,收其诗1首。

王家相

字忠甫。明通州人。布衣。落拓不偶,诗多凄婉之音。

自得草　集部别集类

见《五山耆旧集》卷20《补遗》,收其诗7首,卷14收其诗1首。

按:《五山耆旧集》先于卷14收入其诗1首,后李琪又于败篓中得其《自得草》诗集1册,遂于卷20《补遗》又收入7首。

杨茂芳

字伯荣。明通州人。好客,居北山,歌诗弹琴30年。诗歌如流水高山,清泠物外。与马应鸾、王醒之同时。

青过轩集　集部别集类

见康熙《通州志》卷12。

玄亭草　集部别集类

见《五山耆旧集》卷13,收其诗3首。

袁九牧

字君贡。明通州人。由武科授指挥使。

修竹堂集　集部别集类　佚

见《五山耆旧集》卷14,收其诗1首。

顾力行

字元穆。明通州人。崇祯元年(1628)岁贡生。官应天训导。

啖蔗轩集　集部别集类　佚

见《五山耆旧集》卷16,收其诗1首。

凌人誉

字有孚。明通州人。纳贡生。官江山县丞。

有孚集1卷　集部别集类

见康熙《通州志》卷12。《五山耆旧集》卷14收其诗9首。

明　河

字汰如。俗姓陈。明通州人。母梦胡僧持《法华经》入室而生。聪慧不凡,善记览。不嗜荤,专嗜诵佛。舍身兴化教寺为僧。南游,受经于二楞润法师。遍历禅席,洞晓诸经密旨。归而讲法于支硎山之中峰。词切义要,四方缁流多从之。越数年,移杭之皋亭山,寻讲法于华山。又应南都诸当道请,讲法于大报恩寺。既而微疾,还华山端坐而寂。

续高僧传　史部传记类

注楞伽经　子部佛教类

以上2种见《州乘资·续》、康熙《通州志》卷10。

华严十门限　子部佛教类

法华节要　子部佛教类

以上2种见《千顷堂书目》卷16。

月明钟　集部别集类

岁寒吟　集部别集类

以上2种见《州乘资·续》。《明诗综》卷91收其诗1首。

钱良心

字沃明，号若衡。明通州人。泰昌元年(1620)岁贡生。

借一斋集　集部别集类

见康熙《通州志》卷12。《五山耆旧集》卷14收其诗1首。

张元芳

字扬伯，号完璞，一作完朴。明通州人。万历四十四年(1616)进士。后参楚藩，以驿传摄学政，晋广西副使。时貂珰势炽，不相能，遂致仕归。居乡修缮学宫与狼山殿阁，题咏甚多。晚卜居黄泥山麓，流连诗酒。

燕游草　集部别集类

秦游草　集部别集类

南游草　集部别集类

粤游草　集部别集类

吴游草　集部别集类

以上5种见《州乘资》卷2。乾隆《直隶通州志·艺文志》题作《五游草》。《五山耆旧集》卷14收其诗9首。

葛梦初

字长卿。明通州人。崇祯国子生。

蝶庵集　集部别集类　佚

见《州乘资》卷2。《五山耆旧集》卷16著录《罗浮山人稿》，并收其诗1首。

白正蒙(1581—1616)

字尔亨,号五石。明通州城人。万历四十一年(1613)进士,与周延儒、吴甡等同年,授行人司行人,奉使蜀藩,谨礼严法。四十四年因善饮伤脾病剧,犹奉命出使开封,行周藩出封之礼,仓促归家而逝,年仅36。

吹剑篇　集部别集类

燕中草　集部别集类

西征草　集部别集类

养疴篇　集部别集类

四松轩稿　集部别集类

潮音集　集部别集类

大梦斋文稿　集部别集类

大梦斋诗稿　集部别集类

以上8种见嘉庆《白氏宗谱》卷6,当系手稿。

大梦斋文集　集部别集类

大梦斋诗集3卷　集部别集类

梦醒轩赓和草　集部总集类

以上3种见《白氏宗谱》,谓兴化吴甡代刻,今均未见。《五山耆旧集》卷13收其诗225首。

白思上

字伯升,号镇海。明通州人。诸生,读书好记忆。

奚适斋集　集部别集类　佚

旭卉斋集　集部别集类　佚

轸转集　集部别集类　佚

桃花舫集　集部别集类　佚

以上4种见乾隆《直隶通州志》卷19。

耐庵文集　集部别集类

耐庵诗集 10 卷　集部别集类

五山书院三子券言　集部总集类

以上 3 种见嘉庆《白氏宗谱》卷 6。《三子券言》与张安寰、吴应斗合撰。

朱长康

字摩诘。明通州人。当世子。崇祯三年(1630)举人。性耿直，取予不苟。其诗亦倔强不就绳尺。

摩诘山人集　集部别集类

见康熙《通州志》卷 12。《五山耆旧集》卷 15 收其诗 1 首。

陈汝枟

字松岩。明通州人。诸生。官中书舍人。性恬淡，修葺醒园，与四方文士为文酒之会。

松岩诗存　集部别集类　佚

见《五山耆旧集》卷 16，收其诗 2 首。

江中岩

字元谷，号契此。明通州人。天启元年(1621)恩贡生。诗草甚富，惜多不传。

建瓴集　集部别集类

见康熙《通州志》卷 12。《五山耆旧集》卷 14 收其诗 1 首。

二游稿　集部总集类

明江中岩、江运昌撰

见光绪《通州直隶州志》卷 16。

凌世第

字明卿，号二愚。明通州人。诸生。其诗性情真挚，词浅意深。

中条山人集　集部别集类

见康熙《通州志》卷12。《五山耆旧今集》卷3收其诗4首。

袁九淑

字君嫕。一作名九嫕，字君淑。明通州人。四川布政使袁随女，钱良胤妻。少读经史，尤深内典，诗文清丽，书法遒媚。良胤故世家，好文，家有绛雪楼，九淑栖止其上。左右图史，诵读移日，每自谓易迁宫中人。出嫁一年而卒，年仅18。

伽音集　集部别集类

见《千顷堂书目》卷28。集有屠隆序。《五山耆旧集》卷20收其诗23首。

江运昌

字如青。明通州人。诸生。居对五山，诵读声与寺庙击磬声常相交织。赋雁字诗30首，为王士禛所赏。

三余堂集　集部别集类

遥青阁集　集部别集类

二游稿　集部总集类

明江中岩、江运昌撰

以上3种见光绪《通州直隶州志》卷16，并收有单思恭撰《二游稿》序。《五山耆旧今集》卷3收其诗19首。

殷国鼐

明通州人。

子庵集　集部别集类　佚

见康熙《通州志》卷12。

姜山斗

字文河。明通州人。万历四十三年(1615)举人。五试礼部不第,遂肆志古籍。于书无所不读,尤善谈《易》。

易传阐庸 30 卷　经部易类　佚

见乾隆《直隶通州志》卷 19。《五山耆旧集》卷 14 收其诗 2 首。

徐兆麟

字振伯。明通州人。贡生。官温州判。

星聚堂集　集部别集类

见《五山耆旧集》卷 9,收其诗 1 首。

顾国宝(1592—1641)

字元善,号廓庵,一号珠岩。明通州人。养谦孙。天启二年(1622)进士。初授平湖令,调嘉兴,有廉能声。后补吏科,主考浙江。卒于官。

虎啸轩集　集部别集类

见《五山耆旧集》卷 14,收其诗 1 首。

马是龙

字稚游。明通州人。布衣。山茨诗社社友。

贞蕤斋集　集部别集类

见《州乘资》卷 2。光绪《通州直隶州志》卷 16 收有单思恭叙。《五山耆旧集》卷 14 收其诗 9 首。

单思恭

字惠仍,号蝶庵。明通州人。颇自负其才,为诸生冠。天启间选贡。尤以古文词著名,别趣别识,出自性灵,一时咸赏异之。因不自爱而好外,年 44 染疾卒。

十五国风删　经部诗经类

见光绪《单氏重修宗谱》。

单氏重修宗谱 4 册不分卷　史部传记类

明单思恭编　单嘉居、单嘉微校订

清光绪十七年(1891)刻本,南通市图书馆藏。

弇州小品　子部杂学类

明世说新语 4 卷　子部小说类

以上 2 种见光绪《单氏重修宗谱》。

今世说　子部小说类

见光绪《通州直隶州志》卷 16。

甜雪斋集 20 卷　集部别集类

见《四库全书总目》别集类存目 7。

甜雪斋文　集部别集类

清抄本,南京图书馆藏。

吾鼎篇 1 卷　集部别集类

天问篇 1 卷　集部别集类

秋人篇 1 卷　集部别集类

西泠别吹 1 卷　集部别集类

□茗文心 1 卷　集部诗文评类

谑庵绣玉 1 卷　集部词曲类

谭子孤情 1 卷　集部词曲类

南宫吹雅录 2 卷　集部词曲类

以上 8 种见光绪《单氏重修宗谱》。

李延龄

字寿王,号石鲸。明通州人。诸生。

石鲸诗文集　集部别集类　佚

见《五山耆旧集》卷 16,收其诗 1 首。

顾国玺

字镇之，号玉章。明通州人。养谦孙。

元览斋集　集部别集类

见《五山耆旧集》卷16，收其诗1首。光绪《通州直隶州志》卷16有单思恭叙。

王　冕

字伯端。明通州人。诸生。诗近陆游。

东流草16卷　集部别集类

见《五山耆旧今集》卷3，收其诗47首。光绪《通州直隶州志》卷16有其自叙。

钱一骢

字连钱，号人植。明通州人。峰孙。诸生。

苕溪集　集部别集类　佚

见《五山耆旧集》卷14，收其诗1首。

胡拱极

字京儒。明通州人。与单思恭、凌苏等同以古文雄乡里。

櫶庵集　集部别集类　佚

见康熙《通州志》卷12。《五山耆旧集》卷14收其诗10首。

智　明

字若昧。明通州人。俗姓毛。性高颖。读书未经师训辄能解大义。出家5年，透彻三藏。从一雨、雪浪诸大师游。得法于允白大师。所在普德、东隐皆其说法道场。后住清远示寂，年73。世称东隐法师。麻城李长庚、太和萧七玮为建普雨塔于匡庐之东峰。

空响集　集部别集类

见《五山耆旧集》卷20，收其诗6首。

凌　荪

字长卿，一字石侯。号息庵。明通州人。东京子。泰昌元年(1620)恩贡，福建莆田县丞。诗才高洁，工古文词。

石侯文集12卷　集部别集类

西清馆藏稿2卷　集部别集类

以上2种见光绪《通州直隶州志》卷16。《州乘资》卷2著录《西清馆集》1种。《五山耆旧集》卷14收其诗10首。

元　敏

字惠中。明通州人。住如皋伏海寺。

莲舟草　集部别集类

见《五山耆旧集》卷20，收其诗5首。

王孝耕

字耕道。明通州人。醒之子。勤学，早卒。

天味阁集　集部别集类

见康熙《通州志》卷12。《五山耆旧集》卷18收其诗2首。

姚　咸

字秋涛，号纫秋。明通州人。诸生。与李渔为友。

芜原集　集部别集类

见《五山耆旧集》卷16，收其诗1首。

杨廷芳

字孟坚。明通州人。天启七年(1627)恩贡生。官兴安州判。

四书说约　经部四书类　佚

卧游草　集部总集类　佚

以上2种杨廷芳、姜玉果撰。见光绪《通州直隶州志》卷16。《五山耆旧集》卷14收其诗1首。

姚　通

字时亨，号棠溪。明通州人。布衣。

棠溪诗稿　集部别集类

见康熙《通州志》卷12。《五山耆旧集》卷6收其诗1首。

姜玉果

字荆璆。明通州人。天启二年(1622)进士。官户部，忤魏忠贤，出知衢州。罢官，起知临江。有政誉。明末挂冠，奉母以终。

四书说约　经部四书类　佚

卧游草　集部总集类　佚

以上2种杨廷芳、姜玉果撰。见光绪《通州直隶州志》卷16。《五山耆旧集》卷14收其诗3首。

张　宽

明通州人。

地理必法　子部术数类

见康熙《通州志》卷12。

殷学思

明通州人。

南郭草堂集　集部别集类　佚

见康熙《通州志》卷12。

清至民国

王松龄

字君茂，号巴斋。清通州人，海门籍。明广西巡按御史吕图南荐摄象州。以子效通贵赠奉政大夫。

巴斋诗集 14 卷　集部别集类

柳文订正　集部别集类

以上 2 种见光绪《通州直隶州志》卷 16。《五山耆旧集》卷 14 收其诗 21 首。

张光灿(1575—1650)

字明宇，一字同甫。清通州金沙镇人。喜交游。

吏治纂要全集　史部政书类

见光绪《通州张氏宗谱》卷 18。

钱良胤

字王孙。清通州人。明季州学生员。有才调，性善诙谑。入清不仕。

春雪馆集　集部别集类

见康熙《通州志》卷 12。

范凤翼(1575—1655)

字异羽，一字勋卿，号太蒙，晚又号真隐。清通州人。明万历二十六年(1598)进士。授栾州知州。自疏改教职，为顺天府教授。转国子监助教。丁母忧，读礼山中，益习朝野机务。服阕，升户部主事，转吏部考功郎中。为时所忌，移疾归里。三十九年与汤有光等共结山茨社。光宗朝起为尚宝司丞，升少卿，推大理寺丞，皆不就。坐东林党削职为民。崇祯初以原官起，诏拜光禄寺少卿，亦不就。五年(1632)在南京与龚贤等共结白门社。学者称真隐先生。

说庄2卷　子部周秦诸子类

明李腾芳撰

明万历范凤翼刻本，北京大学图书馆藏。

(勋卿)法帖2卷　子部艺术类

(勋卿)杂著6种　子部杂学类

以上2种见《五山耆旧集》卷11。

楚辞解注　集部楚辞类

见光绪《通州直隶州志》卷16。

范勋卿诗集21卷文集6卷　集部别集类

(1) 明崇祯刻本，北京大学图书馆藏。

(2)《四库禁毁书丛刊》本。

范勋卿诗集21卷　集部别集类

范玺卿诗集1卷补遗1卷　集部别集类

清咸丰十一年(1861)姜渭抄本，国家图书馆藏。

乐府要解　集部总集类

历代诗选　集部总集类

以上2种见光绪《通州直隶州志》卷16。

勋卿诗余1卷　集部词曲类

见《五山耆旧集》卷11。《明词综》卷5收其词1首。

按:《五山耆旧集》谓其尚有杂刻16种，并收其诗287首。

张安寰(1576—1654)

字仁方，号九淳，晚号了尘子。清通州人。明崇祯十年(1637)岁贡。授袁州训导，转临川教谕，再转袁州教授。好施与。

科名炯鉴　子部儒学类

金台琐录　子部杂学类

江上吟1卷　集部别集类

五山书院文集（与张完朴等合订）　集部总集类

以上4种见光绪《通州张氏宗谱》卷18。

按：嘉庆《白氏宗谱》卷6著录有《五山书院三子券言》，为白思上与张安寰、吴应斗合撰。

李　翀

字羽中。清通州人。布衣。游览山川，几遍天下，著作颇多。曾从许直之难，许直在李自成部进北京后自杀。他间道归里，以贫困抱志而终。

烽余草2卷　集部别集类

见《崇川各家诗钞汇存》卷50，收其诗3首。《五山耆旧集》卷16收其诗7首。

范凤彩

字稚羽。清通州人。凤翼弟。诸生。博学有文名，喜赋诗。

存云堂集　集部别集类

见《五山耆旧集》卷16，收其诗1首。

陈　远

字于到。清通州人。完孙。美风致，论文有卓识，一艺出，书贾家争购之。明崇祯十七年(1644)岁贡。因明亡，未与廷对。

葩经新义　经部诗经类

磊轩集　集部别集类

以上2种见康熙《通州志》卷12。

偶存集　集部别集类

喁喁集　集部别集类

以上2种见光绪《通州直隶州志》卷16。《五山耆旧集》卷16收其诗2首。

徐鼎铉

字梅生,号质舫。清通州人。诸生。

白雪斋诗集　集部别集类

见《五山耆旧集》卷18,收其诗18首。

按:《江苏诗征》卷8作徐鼎鋐,收其诗1首,小传谓著有《江南诗》。

邵　潜(1581—1665)

字潜夫,号五岳外臣。清通州城人。出生于巨宦之家。好诗,精史学,擅篆刻。与钱谦益、范凤翼、陈继儒、邹彦吉、王扬德、冒起宗、钟惺、冒襄、王士禛等皆有交往。性刚直而迂腐,生平未做官,也拒绝当幕客,唯埋头著述,家道遂落。长期收集地方文献史料,订正以往州志之讹误,思成一私家著述之新志。崇祯十四年(1641)后,迁居如皋城,潜心著述,于弘光元年(1645)二月纂成《州乘资》。明亡入清后只身出游,后逝于如皋城。

字学考误　经部小学类

友谊录　史部传记类

以上2种见《州乘资》卷2。康熙志作《字学考》。

州乘资4卷附续1卷　史部地理类

(1) 明弘光元年刻本,南通市图书馆藏。

(2) 抄本,南京图书馆藏。

(3) 1961年南通市图书馆油印本。

(4) 1985年南通市图书馆影印弘光本。

(5) 1986年江苏广陵古籍刻印社影印本。

皇明印史 4 卷　子部艺术类

明天启钤印本，国家图书馆藏。

按：此印谱自明刘基、徐达等起，网罗有明一代名贤，人刻一印，计 584 方，为专题印谱之源。

潜夫诗选　集部别集类

见乾隆《直隶通州志》卷 19。光绪《通州直隶州志》卷 16 有如皋冒起宗序，谓曾刊刻。

眉如草　集部别集类

见《州乘资》卷 2。

邵山人集　集部别集类

五言古诗稿　集部别集类

游览诗　集部别集类

蜉蝣寄伤乱诗　集部别集类

以上 4 种见光绪《通州直隶州志》卷 16。《五言古诗稿》有单思恭序。

邵潜夫别集 11 卷　丛书类

明天启六年(1626)刻本，上海图书馆藏。

子目：

《嘤鸣录》2 卷

《循吏传》4 卷

《引年录》2 卷

《志幻录》2 卷《附录》1 卷

徐大绅(1585—1653)

字见行，晚号东海逸叟。清通州人。邦直子，起霖父。廪贡生。幼颖异，从师白日新受《易》，尽得其传。母性严急，大绅曲以承欢。兄绶习商贾业，领帑金制袢衣解边财大亏折，法应刑追。大绅鬻宅罄家赀输之官获免。性恬淡刚直，诗酒自娱，通庠习《易》者半出其门。

易旨玄珠　经部易类

见光绪《通州直隶州志》卷16、《徐氏通城支谱》卷4。

孝经正解1卷　经部孝经类

(1) 清康熙刻本。

(2) 清道光二十八年(1848)徐宗干刻本。

(3) 1932年铅印本，南京图书馆藏。

按：此书初刻于清康熙中，道光二十八年徐宗干督学台澎，复刻以贻士子。以上两种版本今未见。1932年徐宣武修订徐氏宗谱得道光本一部，钤有提督学院关防，遂以修谱余资印行若干部。书后附徐宣武跋。

包壮行(1585—1656)

字稚修，号为圃、石圃老人。清通州人。明万历四十三年(1615)在南京应乡试中举。先后九赴礼部试皆未中式，崇祯十六年(1643)方成进士。崇祯二年加入复社。南明弘光初授工部主事，见时事多艰，慨然归隐，坚卧山水间。清顺治六年(1649)不赴南漕职。好读书，善制艺文及古文词，空灵变幻，磊砢多奇，海内传诵，与冒襄友善。善书法，尤擅绘梅画石，又善治园林假山。所制彩灯名闻遐迩，时称“包灯”。

石圃老人诗文集10卷　集部别集类

清初刻本，南通市图书馆藏。

杨　麓

字岩云，号不周山人。清通州人。明万历三十九年(1611)，范凤翼解京职还里，与杨麓、汤有光等共结山茨社。与范国禄等常相唱和。曾遍游吴越，诗剖字钻响，往往得惊人句。

竹柳堂草　集部别集类

云社草　集部别集类

西林社草　集部别集类

自怡集　集部别集类

狼五诗存　集部总集类

清范国禄、杨麓、杨模、杨喜越撰

以上5种见光绪《通州直隶州志》卷16。《五山耆旧集》卷16收其诗17首。

孙闳基

字子厚，号亦山，一号淡止。清通州人。诸生。晚年与同邑包壮行、徐起霖等徜徉通州山水间。所写诗险奥奇僻，自成风格。

十山游草　集部别集类

见《五山耆旧今集》卷8，收其诗9首。《崇川各家诗钞汇存》收其诗2首。

王效通(1594—1689)

字龙门，号塞士。清通州人，海门籍。松龄子。明崇祯十五年(1642)进士。官刑部郎中。争成勇之狱忤杨嗣昌，激崇祯帝怒，谪广西驿丞。寻复原官。明亡入清后弃官不出。

(康熙)通州志15卷　史部地理类

清王宜亨修　王效通、王兆升纂

(1) 清康熙十三年(1674)刻本，国家图书馆等藏。

(2) 抄本，中国科学院图书馆等藏。

(3) 1962年南通市图书馆油印本。

越游草　集部别集类

见《江苏诗征》卷47，收其诗1首。

秋香园集　集部别集类

武陵游集　集部别集类

且园杂咏　集部别集类

以上3种见《五山耆旧集》卷16，收其诗4首。

钱 岳

庠名起元。字五长，号循陔。清通州人。良心子。雄才博学，正直刚毅，为复社社员。明亡入清后不赴科举，顺治十年(1653)弃诸生籍以明志，著书自娱，凡50年，著述800余卷。一时名流如王季重、方孩未、黄仙裳辈咸心服之。老而流落如皋，作酒狂，一饮以寄兴，与冒襄、邓孝威、梅谷和尚等友善。有十六种书，皆手自抄写。因贫甚，十存一、二，多被湮没。

渔素阁十六种　丛书类

见康熙《通州志》卷12。光绪《通州直隶州志》卷16引甲戌志云："岳所著有《渔素阁随笔》《红蕤枕函》《雉水新骈》《衍波春茧》《谢华启秀》《五长偶钞》《茧窗新掇》《钱子扬葩》《里隽遗评》诸书，皆手自抄写，以千字文编次。"《五山耆旧集》卷19收其诗12首，《东皋诗存》卷43收其诗9首。

胡澄一(1595—?)

字止水。清通州人。负不羁才。明崇祯八年(1635)拔贡。尝为慈溪簿，怏怏不乐，迁岳州经历，遂拂衣归。闭户10年，不改倔强之性。清顺治二年(1645)改姓名为古今兼，字辣泉，穷居不出。康熙三年(1664)年70尚在世。

按:《明清江苏文人年表》误作"胡澄"。

诗年60卷　集部别集类

竺庐冬咏1卷　集部别集类

以上2种见乾隆《直隶通州志》卷19。

古辣泉诗集4卷　集部别集类

见《五山耆旧集》卷16，收其诗16首。

张之璧(1597—1670)

字玉璜,号药庵,一号昆屿。清通州人。顺治六年(1649)进士,官广东肇庆府知府,迁陕西潼商道副使。补山西盐使,所至兴利革弊,民德之。以年高乞归,日偕二三故旧,怡情山林间。

四书蠡测　经部四书类

五经摘要　经部群经总义类

蕉窗琐录　子部杂学类

以上3种见光绪《通州张氏宗谱》卷18。

张子说林　子部杂学类

见康熙《通州志》卷12。

按:乾隆《直隶通州志·艺文志》《五山耆旧今集》卷1均作《说林》8卷。

读画楼诗存8卷　集部别集类

见《五山耆旧今集》卷1,收其诗1首。

梦余小言　集部别集类

普仁集　集部别集类

四香集　集部别集类

以上3种见光绪《通州张氏宗谱》卷18。

白秉易

字启夫,号天如。清通州人。书孙,文昌子。行二。邑庠生。

天放园遗稿　集部别集类

见《白氏宗谱》卷6。

张士昌(1599—1669)

字世雍。清通州人。光灿子。廪生。屡试不第,课子孙以终。

前朝墨程　子部艺术类

文法八则　集部诗文评类

以上 2 种见光绪《通州张氏宗谱》卷 18。

顾国琬

原名国是。字去非，号圭峰。清通州人。养谦孙。诸生，嗜古文，癖性孤峭，不可近。与古文大家、南昌王猷定交游。王猷定寓居扬州，时有过往。著史论三百篇，惜散佚。诗尚清幽要眇之思，与胡澄一并驾齐驱，名闻江海。卒于清初。

天友斋集　集部别集类

见邵潜《州乘资》卷 2。

双峤亭稿　集部别集类

见光绪《通州直隶州志》卷 16。

庆堂父子集　集部总集类

清顾国琬、顾道含撰

见《五山耆旧集》卷 16，收其诗 6 首。

白大复(1602—?)

字心见，号讷口。清通州人。明廪膳生。幼颖异，自秦汉以下诸儒书及礼乐、兵制、阴阳术数无不钻研。困于场屋数十年。崇祯末岁饥，出资赈乡里。入清后，弃举子业，不思仕进，日以焚香品茗为事。

小学旁训　经部小学类

群书会要　史部目录类

以上 2 种见嘉庆《白氏宗谱》卷 5 本传。

白葆元(1604—?)

字寿卿。清通州人。思上子。明崇祯十七年(1644)岁贡，清顺治八年(1651)恩贡。任江西南昌府新建县知县。

历试草初刻　子部儒学类

历试草二刻　子部儒学类

以上2种见嘉庆《白氏宗谱》卷6。

保玉躬

字雯澳。清通州人。选贡，入太学，六试冠军，祭酒孙岳颁器其才，尚书熊一潇命其子、孙师事之。以教习授知县，疾归。自榜其庐曰："觅官七品空题简，卖赋千金浪得名。"

四书解　经部四书类

金台会集　集部别集类

蘧庐草　集部别集类

以上3种见《五山耆旧今集》卷6，收其诗5首。

卢恒胤

字龙孙。清通州人。纯学孙。能以文学世其学。

修来堂集　集部别集类

见《州乘资》卷2。光绪《通州直隶州志》卷16有朱凤台叙。《淮海英灵集》丁集卷1收其诗1首。《五山耆旧今集》卷3收其诗14首。

马　荐

字杏薮。清通州人。诸生。

伐檀斋集　集部别集类　佚

见康熙《通州志》卷12。《五山耆旧今集》卷8收其诗4首。

朱　焘

字绳其。清通州人。长康子。诸生。有父风。明清易代时举城避兵，焘守父丧不去。

北山草堂集　集部别集类

见《五山耆旧今集》卷3，收其诗1首。

张之珍(1608—1652)

字席公,号槎仙,一号逊庵。清通州人,明崇祯十二年(1639)举人。善歌咏,重交游。

五经提要　经部群经总义类

见光绪《通州张氏宗谱》卷18。

燕中草　集部别集类

见《五山耆旧集》卷16,收其诗1首。

白秉赤(1608—?)

号莹如。清通州人。书孙。行六。喜读书,善音律。参与顺治《白氏宗谱》的重修。

白氏宗谱6册　史部传记类

见嘉庆本《白氏宗谱》。秉赤见顺治十七年(1660)“同修宗谱氏系”。

保　时

字升甫。清通州人。沈思子史,善诗画篆刻,古文尤磊落不可一世。

逌园集　集部别集类　佚

见《州乘资》卷2。《五山耆旧集》卷16收其诗2首。

吴谷王

字笠泽。清通州人。明诸生。生多髯,人呼曰“髯君”,因以为号。幼负奇气,好读先秦文。明亡入清,弃举业,习孙吴兵法。几次渡大海入东南诸山,郁郁不得意。喜为诗,与杂技家交善。

听雨轩集　集部别集类

见《五山耆旧集》卷19,收其诗6首。

陈尔发

字又升。清通州人。清人初至，以诸生叩行营，条陈安抚之策，获保全城。与范国祐交厚。精天文理数，诗未臻上乘。

紫云草　集部别集类

见《五山耆旧集》卷19、《崇川各家诗钞汇存·列朝诗选》卷下，均收其诗1首。

陈宏裔

字文起，号苍雨。清通州人。大壮从孙。入太学，名震京师。性介直，少赞同他人，多否定意见，与人交不随意附和。明崇祯十七年(清顺治元年，1644)自南京国子监休学还。

苍雨诗集4卷　集部别集类

河南冀北书稿2卷　集部别集类

以上2种见《五山耆旧集》卷19，收其诗147首。

范国祐

字汝申，号寒泉。清通州人。凤翼子。诸生。性恬淡，杜门却扫，不妄与人交。诗摆落尘氛，如秋水芙蓉，亭亭自远。

天庸斋集　集部别集类

见《江苏诗征》卷123，收其诗2首。

徐起霖(1611—1683)

字傅岩，号岩叟，一号弼庵。清通州人。大绅子。明崇祯十二年(1639)贡生。任福建永安县知县。迁延平府推官、广西柳州府推官。先后丁内外艰，服阕改任陕西郃阳县知县。迁知徽州。调任直隶长芦盐运同知。补真定府知府，旋摄井陉道事。清顺治五年(1648)福建乡试同考官。历官三十年，以德抚民，理大务，决大疑，措手立办。以病归,啸咏泉石间。

孝经同善录　经部孝经类

见《南通州五山全志》卷9。《江苏诗征》卷6收其诗2首。

白逢魁(1613—?)

号梅笔。清通州人。邑岁贡。

问妪文集　集部别集类

问妪诗集　集部别集类

淮南十子诗稿　集部总集类

淮南十子文稿　集部总集类

曲江社文稿　集部总集类

以上5种见嘉庆《白氏宗谱》卷6。《曲江社文稿》为海陵郡守田、司铎钱二人发刻。今未见。

凌潞庚

字季元。清通州人。荪子。明诸生。精数学。明亡,感愤为诗,人谓具《小雅》悱恻之旨。

郑圃草　集部别集类

见《五山耆旧集》卷19,收其诗34首。

白肇敏(1616—1694)

原名熺,字含卿,号渭原。清通州人。庠生,援例入监。精于董书。

耕云诗　集部别集类

见嘉庆《白氏宗谱》卷6。

陈世祥

字善百,号散木。清通州人。大科曾孙。明崇祯十二年(1639)举人。有隽才,与王士禄、王士禛、杜浚、冒襄善,诗歌唱和。入清任直隶新安知县,乞归,徜徉山水间。康熙九年(1670)客如皋;听白珏琵琶。

纪元备考　史部史表类

虫余草　集部别集类

以上2种见康熙《通州志》卷12。

敝帚集　集部别集类

菽园集　集部别集类

半豹吟　集部别集类

种瑶草　集部别集类

楚云章句　集部别集类

以上5种见《五山耆旧集》卷15,收其诗98首。

白狼诗集　集部总集类

清陈世祥编

见光绪《通州直隶州志》卷16。

合影词2卷　集部词曲类

(1)《国朝名家诗余》本。

(2)《四部备要》本。

(3)抄本,南京图书馆藏。

花影鸳鸯牒　集部词曲类

见《五山耆旧集》卷15。

才婉鸳鸯牒　集部词曲类

见康熙《通州志》卷12。

钱端明

字敕卿。清通州人。国子生。

双薇阁集　集部别集类　佚

见《五山耆旧集》卷16,收其诗1首。

钱方起(1618—?)

字以介。清通州人。明崇祯五年(1632)补博士弟子员。清顺治十五年(1658)中武进士。初任雷州游击,改高雷道台。

逸园诗钞　集部别集类

宦游集　集部别集类

以上2种见《崇川各家诗钞汇存》《海曲拾遗》。

朱文心

字琱龙。清通州人。贡生。

悜园集　集部别集类

见《五山耆旧集》卷18,收其诗13首。

张擢士(1620—1705)

字异姿,号复斋。清通州人。顺治五年(1648)贡生。官湖北孝感县知县。康熙初升广东崖州知州,有治声。工古文,精卜筮。

均赋公移条札利弊全集　史部政书类

崖州令制义　史部政书类

以上2种见光绪《张氏宗谱》卷18。

张子问政集　子部儒学类

见康熙《通州志》卷12。

虚白斋诗文全集8卷　集部别集类

见《五山耆旧今集》卷3,收其诗1首。

崖州路　集部词曲类

黄金盆　集部词曲类

鸳鸯榜　集部词曲类

麒麟梦　集部词曲类

以上4种见《古典戏曲存目汇考》卷12。

陈祺生

字寿佺,号子卿。清通州人。诸生。私通一婢,其妻逼婢他适,乃著诗百篇,名《绕指柔》。后思郁而死。

湔愁集　集部别集类

见《五山耆旧今集》卷3,收其诗1首。又见《崇川各家诗钞汇存补遗》卷59,收其诗1首。

孙　模

字楷人。清通州人。明诸生。客邗江久,取"烟花三月下扬州"句意,题其诗集名《悲烟秋日集》。嗜酒,性豪爽,与陈维崧、陈世祥、白珏等为好友。顺治年间与王士禛等秋日倡和于平山堂,有"芦荻秋风雁自知"之句,众人磬折。晚年自号五山酒人。

孙皆山集　集部别集类

见康熙《通州志》卷12。

悲烟集　集部别集类

见《五山耆旧集》卷19,收其诗11首。

按:《崇川各家诗钞汇存·列朝诗选》题其集曰《悲烟秋日集》。

陈　端

清通州人。

四书汇诠40卷　经部四书类　佚

见乾隆《直隶通州志》卷19。

顾道含

一名晳。字同束,号懒云。清通州人。国琬子。诸生。有孝行,以古人自期许,博学善文,尤癖于诗,自汉魏六朝以及唐宋元明诸诗人别集中,偶提一句,即知为何人作,同辈均佩服之。又尝至水绘庵向冒襄学诗,襄甚爱其才,二人倡和甚多。善书法,直逼钟繇、王羲之,惜传世甚少。

婀娜山人集　集部别集类

见乾隆《直隶通州志》卷19。

梧桐夜雨集　集部别集类

庆堂父子集　集部总集类

清顾国琬、顾道含撰

以上2种见《五山耆旧集》卷19,收其诗19首。

周世畿

字武迁。清通州人。廪生。性急,不容人过。读书明大义,深杨墨之辨,游屐所至概不揖佛。爱古人忠孝节义,每读一遗书辄泪落不止。与如皋隐者吴世式为忘年交。

探汤事迹　子部儒学类

见乾隆《直隶通州志》卷15本传。

杨　模

字皆人。清通州人。麓子。与范国禄赋诗山茨,号秋墅吟社。

狼五诗存　集部总集类

清范国禄、杨麓、杨模、杨喜越撰

见光绪《通州直隶州志》卷16。

凌之跐

字亦生。清通州人。诸生。

孺歌草　集部别集类

见《五山耆旧集》卷18,收其诗1首。

宕庵集　集部别集类

见光绪《通州直隶州志》卷16。

李　渼

字扶九。清通州人。廪生。候选教谕。善治书史。家有古香堂，日与里中邵潜、范国禄等诗酒流连其中。

古香堂集　集部别集类

见《崇川各家诗钞汇存》目录，卷50收其诗1首。

南山陲集　集部别集类

见乾隆《直隶通州志》卷19。

钱令晖

字亚芬。清通州人。岳长女。幼即爱诗书，与妹令娴倡和相属。出嫁后不十年卒。

纫兰草　集部总集类

见康熙《通州志》卷12。与妹令娴合撰。《崇川各家诗钞汇存》《东皋诗存》卷39并存其诗。

袁邦俊

字友生。清通州人。布衣。少尚风情，晚耽禅悦。

雪舫率言　子部杂学类　佚

见《州乘资》卷2。

壮游集　集部别集类

见《五山耆旧今集》卷3，收其诗1首。

杨喜越

字太素。清通州人。与范国禄等赋诗山茨。

狼五诗存　集部总集类

清范国禄、杨麓、杨模、杨喜越撰

见光绪《通州直隶州志》卷16。

陈有度

字宗裴，号勺涛。清通州人。顺治二年(1645)举人。

勺涛集　集部别集类　佚

见康熙《通州志》卷12。

按:《五山耆旧今集》卷1著录4卷，杨廷撰谓幼时犹见其抄本4卷，卷端有"绿野堂"小印，盖为自写定本。

钱学诗

字汝言，号默斋。清通州人。明末岁贡生。官宣城训导。入清不赴科举，拒仕。诗集中有题许忠节祠，有赠冒襄诗。

默斋稿　集部别集类

山塘吟　集部别集类

以上2种见乾隆《直隶通州志》卷19。《五山耆旧集》卷6收其诗3首。

白　珏(1621—?)

号璧双。清通州人。秉忠次子，秉志嗣子。生于书香兼音乐世家。幼时随祖父白在湄、诸父秉志等学音律，尤擅琵琶。入清曾随秉志浪迹复明运动活跃之处的江西、湖南一带献艺。返乡后一直在江淮地区与明遗民交往，因行三，人称白三郎。著名文人冒襄、邓汉仪、范国禄、陈维崧、王仲儒等听过他演奏的琵琶曲后，引发陵谷沧桑之感。康熙八年(1669)五月，再往如皋水绘园，弹奏创作曲《沉垂》，谐音"陈隋"，借古讽今，唤起遗民们对故国的追寻。倡和甚多。许承钦七古有"却忆前朝风物好，绝技白生今潦倒……高唱先星十七年，海内喧豗在眼前。漫天扫地兵戈集，杀气悲啼乱杜鹃……群公俯首皆欲咽，辟疆更似惊蝴蝶……挡罢哀弦望大江，陈隋遗恨寄新腔。掉头再向燕云看，怕听当筵白璧双"之句。还能边弹边唱边说《水浒》等故事，有如今之评弹。二十年又至扬州府北郭献艺，兴化著名学者王仲儒《西斋集》有载，此年他61岁。二十七年范国禄有诗相赠，他为68岁。此后事迹失载，或跟昆曲大师苏昆生、说书艺人柳敬亭一样飘泊而终了。

沉垂　子部艺术类

见冒襄辑《同人集》卷7。

王蓁隆

字公戬。清通州人。觐光子。顺治三年(1646)举人，授推官未仕。

三传会参　经部春秋总义类

见乾隆《直隶通州志》卷19。

槐堂剩稿　集部别集类

见《五山耆旧今集》卷1，收其诗2首。

杨时暹

字赤文，号介亭，又号酒生。清通州人。与范国禄、杨喜越等相唱和，联山茨社。

云山集　集部别集类

见《崇川各家诗钞汇存》。《五山耆旧集》卷19收其诗8首。

袁仍獬

清通州人。

郑堂集　集部别集类　佚

见光绪《通州直隶州志》卷16。

凌　录(？—1656)

字木道。清通州人。诸生。遭时不偶，胸臆郁郁，尽发之于诗。诗主性灵，自然变化，不入钟、谭一流。顺治十年(1653)李渔到南通访范国禄、凌录，同泛舟芙蓉池。

冰雪携集　集部别集类

竹灰集　集部别集类

愁课集　集部别集类

古文选　集部总集类

以上4种见康熙《通州志》卷12、乾隆《直隶通州志》卷19,光绪《通州直隶州志》卷16并收有《愁课集》自序。

范国禄(1623—1696)

字汝受,号十山。清通州人。凤翼子,国祐弟。诸生。弘光元年(1645)奉朱由崧命到杭州祭于谦墓,阻兵还。康熙五年(1666),在武昌洪山寺会钱邦芑。家藏书颇富,竭十年力通贯大义。其为乐府以汉为宗,古诗有陶谢遗音,游踪半天下。晚年倦游,归,开山茨吟社,与友朋觞咏无虚日。

(康熙)通州志24卷　史部地理类

清王宜亨修　范国禄纂

按:康熙十一年知州王宜亨延范国禄纂修州志,罗纲列目,具有条理。因直载陋习,语触总兵,为所抑,遂自削其名,投书而去。十三年,王宜亨延郡人王效通等重修州志,即现存之康熙《通州志》也。据乾隆《直隶通州志》卷15载,修该志时范志原本尚有存者。以康熙十三年《通州志》按之,则因仍者过半。

漫烟1卷　集部别集类

清初刻本,南京图书馆藏。

十山楼稿32卷　集部别集类

清初抄本,国家图书馆藏。南京图书馆存29卷。

十山楼诗钞3卷　集部别集类

《崇川各家诗钞汇存》本。

十山楼稿文部20卷　集部别集类

清康熙间抄底稿本,见《贩书偶记续编》。光绪《通州直隶州志》卷

16 著录《十山楼诗文集》60 卷。

狼五诗存　集部总集类

清范国禄、杨麓、杨模、杨喜越撰

西林社集　集部总集类

古学一斑　集部诗文评类

山茨社诗品　集部诗文评类

以上 4 种见光绪《通州直隶州志》卷 16。

腻玉词　集部词曲类

见《崇川书香录》范姓卷。

陈魁文

字公存。清通州人。顺治元年(1644)举人才,授吴江县丞。诗有致。尤娴郡中掌故。曾偕妇弟黄梦卿同游越中,遍览会稽山水。

五山小史 10 卷　史部地理类　佚

快宜堂集 24 卷　集部别集类　佚

以上 2 种见康熙《通州志》卷 12。

古剩集　集部别集类

越游集　集部别集类

渼陂集　集部别集类

桐花集　集部别集类

以上 4 种见《五山耆旧集》卷 18,收其诗 4 首。

凌　质

字君受。清通州人。顺治六年(1649)贡生。性严直,授徒训子弟皆有法。官广德训导,转华亭教谕,寻归。

大树山房诗文集　集部别集类　佚

见康熙《通州志》卷 12。乾隆志作 3 卷。《五山耆旧今集》卷 3 收其诗 5 首。

钱令娴

字幼靓。清通州人。岳次女，令晖妹。女红之暇常与令晖唱和。出嫁后不十年卒。

珠唾集　集部别集类

见光绪《通州直隶州志》卷16本传。《江苏诗征》卷166收其诗1首。《东皋诗存》卷39收其诗3首。

纫兰草　集部总集类

清钱令晖、钱令娴合撰。见康熙《通州志》卷12。

竺　堂

清通州人。康熙五年(1666)、十二年先后驻锡海陵西寺。

语录2卷　子部佛教类　佚

见《古海陵县志》释老。"艺文"收其诗10首。

孙闳达(1625—?)

字天士，号逊庵。清通州人。康熙三年(1664)进士。任太原知县。在任清慎省刑，务以德化民。以病归，囊中唯有书卷败服。卒祀乡贤。

性理通释　子部儒学类

朱子通解　子部儒学类

省身录　子部儒学类

自知编　子部儒学类

以上4种见《五山耆旧今集》卷4，收其诗17首。

逊庵诗稿　集部别集类

见《江苏诗征》卷30，收其诗1首。

胡公孙

字麟兮。清通州人。诸生。不谐于俗，与杨麓、孙模等与范国禄赋诗山茨，号秋墅吟社。山茨社品其诗如苦行老僧，心有见解而不利口齿。

践山集　集部别集类

见《五山耆旧集》卷14，收其诗1首。

刘邦仕

字蔚华，号柳溪。清通州人。顺治贡生，授江西浮梁知县。

春秋题窾　经部春秋总义类

见康熙《通州志》卷12。

五柳山房诗文集　集部别集类

见《五山耆旧今集》卷3，收其诗1首。

李峻升

字二洋，号圣阶。清通州人。顺治十三年(1656)贡生。任灵璧县训导。

耽闲堂集　集部别集类

见《崇川各家诗钞汇存补遗》卷59，收其诗1首。

白　璧

字天墀，号亦石。清通州人。诸生，工画梅，词学姜夔。

种蕉馆集　集部别集类

见《崇川各家诗钞汇存》目录，卷50收其诗2首。

刘之勃

字汉臣。清通州人。顺治八年(1651)举人。授宜兴教谕。长于诗。

藜吹阁集12卷　集部别集类

见康熙《通州志》卷12。《五山耆旧今集》卷1收其诗3首。

王僧古

字大山。清通州人。布衣,性情孤傲。工书画,名其室曰墨禅。

墨禅吟草 2 卷　集部别集类　佚

见《五山耆旧今集》卷 3,收其诗 1 首。

徐　敩(1630—1716)

字湘阴。清通州人。布衣。少读书于军山云卧庵,以和夹竹桃诗为郡牧施氏所赏。晚年爱《庄子·秋水》篇,日夕吟颂。有所得辄以小板镂印,自为怡悦,名曰《细碎集》。

云卧山房诗钞　集部别集类

见《崇川各家诗钞汇存》,卷 3 收其诗 23 首。

迎芳阁集　集部别集类

见《崇川诗集》卷 7,收其诗 2 首。

李　遴

字瑶田。清通州人。举人。康熙三年(1664)与龚贤、杜浚、陈鹄、陈维崧等在扬州北郭举诗会。十三年知州王宜亨急聘进士王效通,举人王兆升、孙魁宗、李遴等在范国禄手稿基础上修订《通州志》。

淮南纪治录　史部政书类

见光绪《通州直隶州志》卷 16。

小山诗稿　集部别集类

见《江南乡试朱卷·道光己酉科·李煦》。

顾　熙

字缉公,号疏野。清康熙间通州人。善议论,熟精史传。

疏野集　集部别集类

见《崇川各家诗钞汇存》,卷 50 收其诗 2 首。

周之祜

字锡堂，号鹤侪。清通州人。顺治间诸生。家贫而好客，四方名士来游五山者多住其家。

悦心堂集　集部别集类

见《五山耆旧今集》卷 3，收其诗 1 首。

王奇遇

字阍依。清通州人。顺治间诸生。诗品在陶谢之间。

闻思精舍诗集　集部别集类

见《五山耆旧今集》卷 3，收其诗 1 首。《江苏诗征》卷 49 收其诗 1 首。

孙　谦

字伯益，号黍庵。清通州人。家贫好学，不妄交接。

涛响 8 卷　集部别集类

见光绪《通州直隶州志》卷 16。《江苏诗征》卷 30 收其诗 1 首。

陈汝杰

字万持。清通州人。性刚介，乐施予。其友有急不须请而力为措置，借物而不索还。中年家境日蹙，甘贫乐道，淡然无求。每夜坐烹茶展卷，率以为常。有诗集刊行。

呐庵诗草 2 卷　集部别集类

见《崇川书香录》陈姓卷。

黄梦卿

字尔醒。清通州人。诸生。曾与其姐夫陈魁文同游越中，遍览会稽山水。

芥庵随笔　子部杂学类

越游草　集部别集类

以上 2 种见康熙《通州志》卷 12。

马振飞

字星乡，号杏飙。清通州人。顺治十四年(1657)举人。

锦香阁集　集部别集类

见《五山耆旧今集》卷 1，收其诗 1 首。《江苏诗征》卷 111 收其诗 1 首。

鸳鸯社草　集部总集类

见《五山耆旧今集》卷 1，谓马氏与其妻王璐卿记其闺中唱随之乐。多率意之作，不足存。

王璐卿

字仙媚。清通州人。可近女，马振飞妻。工诗，善书画。

荇洲草　集部别集类

见康熙《通州志》卷 12。

锦香阁集　集部别集类

鸳鸯社草　集部总集类

以上 2 种见光绪《通州直隶州志》卷 15 本传、《五山耆旧今集》卷 1。《全清词钞》卷 31 收其词 1 首。

冯　树

字又异。清顺治间通州人。诸生。少孤贫，发愤苦读，以拔贡授广东惠来县知县。

冯氏见闻录 6 卷　史部杂史类

世德编 1 卷　史部杂史类

以上 2 种见《五山耆旧今集》卷 3，收其诗 1 首。“诗话”谓此二书乃随手札录，体便破碎，非传世之书，然直书不讳，可为考献征文之一助。

王兆升

字仙佩。清通州人。可进从子。顺治十四年(1657)举人。任台湾知县，明干有惠政。补兵部主事，病归。

(康熙)通州志 15 卷　史部地理类

清王宜亨修　王效通、王兆升纂

版本参见“王效通”条。

座右镜　子部儒学类

春秋题铃　子部艺术类

以上 2 种见康熙《通州志》卷 12。

五云轩集　集部别集类

见《五山耆旧今集》卷 1，收其诗 46 首。

台湾风土词　集部词曲类

见乾隆《直隶通州志》卷 19。光绪《通州直隶州志》卷 16 收其自叙。

王兆淑

字仙琬。清通州人。璐卿妹，孙汝宝妻。颇有藻思，其《烈节吟》一篇，最为杰作。

岚墅诗草　集部别集类

见《然脂集》。

碧云轩集　集部别集类

见康熙《通州志》卷 12。

隅社诗集　集部别集类

见《江苏诗征》卷 169，收其诗 5 首。

超　际(1635—1732)

字衍灯。清通州人。西佗岭僧。曾为江宁万松庵僧。工诗,客至,言论津津,归宗忠孝。雍正二年(1724)年90,除夕成诗,有“兹宵独坐怀亲墓,六十年来客异乡”之句。工绘画。与僧蒲庵有交往。喜种花。延客以园蔬杂置一盎,名“骨董羹”。年98卒。

烟波阁江梅诗　集部别集类

见《江苏诗征》卷180,收其诗1首。又见同治《上江两县志》卷12。《国朝金陵诗征》卷48收其诗13首。

周　祥

字伯祥,自号沧浪渔父。清通州人。砥行励操,隐处海滨。

沧浪歌4卷　集部别集类

见《海曲拾遗》卷3。《江苏诗征》卷83收其诗1首。

何朝宗

字谷王,号一帆。清通州人。康熙二年(1663)举人。倜傥重然诺,有河朔侠士之风。为诗豪宕莽苍,才气横发。不择稗官小说错杂成篇,嘻笑怒骂为文章。

留耕草堂诗集　集部别集类

见《五山耆旧今集》卷4,收其诗1首。

龚　黄

清通州人。

梅花诗集　集部别集类

见乾隆《直隶通州志》卷19。

熊梦文

字飞伯。清顺治间通州人。诸生。《一经堂诗话》谓其落拓天涯，饥驱半世，诗多愁苦之音，如："衰病难医唯欠死，故人入梦转如生。"读之令人酸鼻。

希音集　集部别集类

见《五山耆旧今集》卷3、《崇川各家诗钞汇存补遗》卷59，均收其诗1首。

江允汭

字石粼，一字曲江。清通州人。康熙八年(1669)举人，九年连捷成进士。直隶即用知县。

即园集　集部别集类　佚

见《五山耆旧今集》卷4，收其诗1首。《江苏诗征》卷4收其诗1首。

陈鼎元

字禹部，号泰苍。清通州人。康熙二十一年(1682)进士。

槐黄剩稿　集部别集类

见《五山耆旧今集》卷4、《崇川各家诗钞汇存补遗》卷59，均收其诗4首。

张天翼

字扶九。清通州人。庠生。屡试不售，因例贡监，赴都考授州同知。中城监察御史折尔贵重其文章气谊，延入令诸子受业。逾四年省亲归里，遂不复立志于功名。

怡园诗课　集部别集类　佚

秋柳诗集　集部别集类　佚

以上2种见《两淮通州金沙场志》文苑。

古文集要　集部总集类　佚

见康熙《通州志》卷12。

凌开衡

字湘山。清通州人。顺治诸生。

班卢集　集部别集类　佚

见康熙《通州志》卷12。

元　玉

字祖珍，号古翁，晚号死庵。清通州人。俗姓马。康熙初住持泰山普照寺。

石堂全集10卷近稿1卷金台随笔1卷　集部别集类

(1) 清康熙刻本，国家图书馆藏。

(2) 清道光十年(1830)普照寺刻本，中国人民大学图书馆藏。

(3) 清光绪七年(1881)刻本。

(4) 1932年排印本，为《泰山石堂老人文集》1卷。

陈世祀

字仙庚，号所轩。清通州人。世祥从弟。康熙二十七年(1688)拔贡。二十八年集冒襄家，观上演尤侗所著《非非想》。五十二年在安东任儒学教谕。兴励文教，深得诸生爱戴。

燕游草　集部别集类

楚游草　集部别集类

皋上诗草　集部别集类

德音堂唱和集　集部总集类

露香园诗余　集部词曲类

以上5种见《五山耆旧今集》卷5，收其诗149首。《江苏诗征》卷

28 收其诗 4 首。前 4 种又总名《所轩集》。

凌西美

清通州人。

眉庵诗草　集部别集类

见乾隆《直隶通州志》卷 19。

熊际泰

字二交。清通州人。贡生，与弟开泰俱以诗鸣。

赓庵集　集部别集类　佚

见《五山耆旧今集》卷 6，收其诗 2 首。

邵　干

字公木，号吾庐。清通州人。贡生。砥行励品，方正不阿，为文高古如其人。性嗜风雅，熟读王维、孟浩然、高适、岑参诸人诗集；本人诗作亦追求王孟风格。工书法，曾临苏轼《柳侯碑》，观者服其神化。为冒襄弟子，顺治年间至水绘园学诗，与陈维崧、戴本孝、许嗣隆等共砚席。尝出外游幕，历北方各地，康熙二十九年(1690)至北京。

书寓文集诗集　集部别集类

拈碧草　集部别集类

书寓词集　集部词曲类

以上 3 种见光绪《通州直隶州志》卷 16。《五山耆旧今集》卷 5 收其诗 144 首。

按：据《东皋诗存》，邵干曾为如皋范大士刊刻《历代诗发》40 卷。

陈　遵

字于路。清通州人。岁贡生。官镇江府学教授。《山茨社诗品》谓其诗似奇峰绝壁、滔天倒海光景，又如高座道人说法，语语醍醐。

兰笑室诗集　集部别集类

见《五山耆旧今集》卷3、《崇川各家诗钞汇存补遗》卷59，均收其诗1首。

徐石芝

字荠珠，号仙根。清通州人。康熙五年(1666)举人。纵逸善饮。工画，画宗徐渭。

铸砚斋诗集　集部别集类

见《五山耆旧今集》卷4，收其诗1首。

保　挺

字冕五，号搢斋。清通州人。康熙十四年(1675)举人。授浙江缙云县知县。年77卒。

搢斋诗稿　集部别集类

见《崇川书香录》保姓卷。《五山耆旧今集》卷4收其诗1首。

冯京捷

字杏闱，号浣江。清通州人。鸾玄孙，国伟子。康熙三十九年(1700)岁贡。平生好学，门下多知名之士。年91卒。

浣江集　集部别集类

见光绪《通州直隶州志》卷16、《五山耆旧今集》卷8，收其诗1首。

保　汜

字稚恭，号啸人。清通州人。诸生。负不羁才，诗文如其疏放。

南山陲集　集部别集类　佚

见《五山耆旧集》卷16，收其诗6首。

钱　涛

字射夫，号希山。清通州人。博闻强志，擅长诗文。康熙十一年(1672)拔贡生。选授赣榆教谕。家有小楼山霞阁，静坐其中，焚香吟诗。著述甚多，名噪一时，惜多失佚。卒，乡谥文洁先生。

周易集传　经部易类

周礼注　经部周礼类

以上2种见乾隆《直隶通州志》卷19。

山霞阁随笔　子部杂学类

见光绪《通州直隶州志》卷16。

醉竹草堂集4卷　集部别集类

诗学记　集部诗文评类

以上2种见乾隆《直隶通州志》卷19。《崇川各家诗钞汇存》著录《山霞阁集》，卷50收其诗1首。

凌孙笃

字引之。清通州人。质子。诸生。

勺园诗钞　集部别集类

见《五山耆旧今集》卷3，收其诗1首。

五山闲人稿　集部别集类

见光绪《通州直隶州志》卷16。

陈　衎

字鸿渐，号霁山。清通州人。康熙二十六年(1687)举人，官内阁中书。其诗多咏物之作，所咏皆风土，不屑为花鸟文章。

乐贻堂诗存4卷　集部别集类

见《五山耆旧今集》卷4，收其诗1首。

李　堂

字心构。清通州人。康熙三十四年(1695)客扬州,在张潮处与兴化王仲儒、王熹儒见面。雍正三年(1725)大学士鄂尔泰召请杨潮观、顾我锜、许朝、姜兆锡、李堂、胡鸣玉等,各作《慎时哉轩纪事》。九年贡生,并应尹继善邀在南京参与《江南通志》修纂。性孝友,孜孜勤学,兼工绘画。卒年87。

葩经释韵　经部小学类

说文编珠　经部小学类

以上2种见光绪《通州直隶州志》卷16。

(乾隆)江南通志200卷首4卷序目1卷　史部地理类

清尹继善等修　黄之隽等纂　李堂等与纂

(1) 清乾隆元年(1736)刻本,南京图书馆藏。

(2)《四库全书》本。

(3)《中国地方志集成·省志辑》本。

(4)《金陵全书》本。

离骚解　集部楚辞类

一草亭诗钞20卷　集部别集类

以上2种见《崇川各家诗钞汇存》,收其诗139首。光绪《通州直隶州志》卷16著录《一草亭文集》8卷《诗集》12卷。

杨御庄

字敬君。清通州人。流寓山东,以军功荫袭。归里后,卜筑狼山之左。其诗多侘傺不平之音。

南归集　集部别集类

见《五山耆旧今集》卷3,收其诗1首。《崇川各家诗钞汇存补遗》卷59收其诗1首。

涌　明

字担霞。清通州人。祝发吕四洛伽山，聘至浙坐浒关方丈。

担霞樵唱集　集部别集类

见《崇川诗集》卷11，收其诗5首。

方　晟

字雍虞。清通州人。诸生。受业无锡马世奇之门。俗姓孙。中年出家，得法于灵岩储禅师。主持无锡保安寺。尝退隐吴门宝华山南麓。晚归无锡泰伯乡之福慧庵，示寂于此。

宗门崇行录　集部别集类

见《崇川诗集》卷11，收其诗1首。

范　遇

字濂夫，又作濂敷。清通州人。国禄子。少承家学，为文幽秀，韩菼奇之。康熙七年(1668)作《游军山记》。从军巴陵，以功授武陵丞。不数年归里，陶情诗酒。康熙二十九年客广州，编次所作文为《范濂夫文选》。

范濂夫文选1卷　集部别集类

清一陶园刻本，南京图书馆藏。

一陶园存今诗文集　集部别集类

濂夫词　集部词曲类

以上2种见光绪《通州直隶州志》卷16。《崇川各家诗钞汇存补遗》作《一陶园诗集》，卷2收其诗83首。

凌孙有

字似之。清通州人。质子，孙笃弟。

碧园诗稿　集部别集类

见光绪《通州直隶州志》卷16。《江苏诗征》卷77收其诗1首。

李玉鋐(1659—1739)

字贡南，号但山。清通州兴仁镇人。康熙四十五年(1706)进士，任内阁中书，母老归养。服满出西宁推官，升户部主事，晋兵部员外郎，五十七年宦粤。雍正元年(1723)出守云南楚雄。后为福建储粮道，升按察使。七年入京，遇袁枚等文友。以病解任归。

(康熙)西宁县志12卷　史部地理类

清李玉鋐修　金光绶纂

清康熙五十七年刻本，国家图书馆藏。

退思录　子部儒学类

家诫2卷　子部儒学类

滇闽吟2卷　集部别集类

以上3种见《五山耆旧今集》卷7，收其诗17首，并附行状。

但山诗钞　集部别集类

见《崇川各家诗钞汇存》，收其诗20首。

保崇光

清通州人。

里隽续评2卷　史部传记类　佚

见光绪《通州直隶州志》卷16，有其自叙，谓读钱岳《里隽遗评》而作。

明　睿

字严庵。清通州人。住世灯庵。

烟云阁集　集部别集类

见《崇川诗集》卷11，收其诗1首。

无　垢

清通州人。姓陈名婺，号石香。监生孙安石妻。安石家本富裕，后中落，以婺无子不相得，挈妾婢异居。乃归母家，久之落发，在旧家鸿宝堂以事焚修，后坠楼而死。其诗早期轻清秀雅，后期凄惋。

绣佛斋集　集部别集类

茹蕙集　集部别集类

以上2种见《江苏诗征》卷178，收其诗2首。《全清词钞》卷31著录《茹蕙编》4卷，收其词1首。

陈　忞

字木庵。清通州人。约康熙十九年(1680)入庠，岁贡生。为人简重敦朴。课读至老弗衰。

见性录　子部儒学类

文苑菁华集　子部杂学类

木庵随笔　集部别集类

以上3种见《崇川书香录》陈姓卷。

陈绍堂

清通州人。

百岁考略　史部传记类　佚

见乾隆《直隶通州志》卷19。

陈世申

字北窗。清康熙间通州人。生平不竟声华，不求闻达。潜心经史，终日不倦。中年构一小亭于宅后，坐卧其间，开卷有益便欣然忘食。时邀同人歌咏其中，欢笑淋漓，自号“北窗散人”。

丧祭正风编　子部儒学类

北窗闲草集　集部别集类

以上2种见《崇川书香录》陈姓卷。

陈　恕

字近仁。清通州人。大科玄孙。诸生。为文兼枚、马之长。困于场屋，不得志，游览九州。倦游归，课其子孙读。

偶存遗稿6卷　集部别集类　佚

见《五山耆旧集》卷8，收其诗45首。光绪《通州直隶州志》卷16有宋生叙。

林　模

清通州人。

记山居士集　集部别集类

见乾隆《直隶通州志》卷19。

季　芳

字兼山。清通州人。廪生。襟期洒落，不事生计。以《春秋》名家。屡试不中。

麟经纂注20卷　经部春秋总义类

见光绪《通州直隶州志》卷16，谓晚年手订是书，稿凡三易乃成。其子一麒刊板行之不果。

王双凤

字东山。清通州人，约康熙初生。性嗜学，读书常经旬不寐。恶城市扰攘，乃构军山别墅，积书其中。每元日祀先人庆父母毕即赴斋习业，终年不归。为人质鲁，常七日始熟一艺，后乃过目成诵，才名遂冠一时。方以大器期之，不幸攻苦以疾早卒。

白琅文集　集部别集类

见《崇川书香录》王姓卷。

黄　炜

字彤章，号岐亭。清康熙间通州人。博士弟子员。以诗文游京师，举贤良方正，辞不就。晚年益苦学。善书，郡学明伦堂额，即其手书。

燕游草　集部别集类

岐亭诗钞　集部别集类

以上2种见《崇川各家诗钞汇存》，收其诗7首。

张谷巢

字廷扬，一字驻堂。清通州人。国子生。家贫性介，隐于市。晚嗜韦左司，得其幽秀。

半楼诗存1卷　集部别集类

见《崇川各家诗钞汇存》卷8，收其诗30首。

白　祁(1672—1735)

字瞻原，号晴云。清通州人。庠生。曾参与编辑雍正《白氏宗谱》，其谱后并入嘉庆《白氏宗谱》。

训弟子录　子部儒学类

见嘉庆《白氏宗谱》卷6。

魏挹葵

字向中，号松龄。晚年重听，自号聋耳散人。清通州人。康熙三十六年(1697)武进士。姿貌伟然，兼美髭髯，望者服为将材。爱笔墨，好白毫，书法名噪一时。

聋耳散人诗存　集部别集类

见《五山耆旧今集》卷4，收其诗1首。

张　容

清通州人。附贡生。天性浑厚，好善乐施。年95卒。恩赐六品职衔。

同善录　子部儒学类

见《江南乡试朱卷·咸丰辛亥恩科·张卜熊》。

曹德岐

字楚文，号姬山。清通州人。诸生，有诗名。

西崖诗草　集部别集类

见《淮海英灵集》乙集卷4，收其诗1首。

魏抱芹

字乐采，号秋圃，一号鹿野。清通州人。抱葵弟。诸生。善诗文，工草圣，豪于饮。

秋圃草　集部别集类

见乾隆《直隶通州志》卷15、《崇川书香录》魏姓卷。《五山耆旧今集》卷8收其诗22首。

吴　容

清通州人。

四书大成24卷　经部四书类　佚

见光绪《通州直隶州志》卷16。

白　鹤(1679—?)

字不群，号月崖。清通州人。坚立长子。国子监生。归里后筑屋南郊。善诗词。

白氏宗谱6册　史部传记类

见该谱卷首《历代辑修宗谱氏系》。谱由六世孙瑶手自创辑，十一世白鹤汇辑续修。此本曾刻印。现存的本子是嘉庆年间所刻，是汇刻本。如此则白鹤本在其中。

枕溪书屋集　集部别集类

见《崇川各家诗钞汇存》卷50，收其诗1首。

钱大年

字松苓，号韫斋，又号半舟。清通州人。涛子。雍正十年(1732)举人。渡海遭风，船断为两截，大年因在后得救，遂号“半舟”。所画山水笔意轩爽轻快。兼知天文。

周易启蒙8卷　经部易类

尚书大义8卷　经部尚书类

孝经外传12卷　经部孝经类

以上3种见乾隆《直隶通州志》卷19。光绪《通州直隶州志》卷16作《孝经内外传》。

李彩升(1687—1725)

原名方韩。字荆州，号一识。清通州人。玉铉次子。少年随父之西宁推官任。后成廪贡生。授桂林训导，课徒认真。为某大帅器重，参征苗族事，晋升府同知。其父镇守云南楚雄，修城，云贵总督高其倬檄之佐理，三月而成。然积劳成疾，卒于父之任所，年39。

西宁风土记4卷　史部地理类

课鱼庄诗草1卷　集部别集类

以上2种见《崇川各家诗钞汇存》，收其诗16首。

周之炜

字象成，号东村。清通州人。康熙五十九年(1720)举人。

东村自订诗文集16卷　集部别集类

见《五山耆旧今集》卷7。

曹文运

字万育,号苏桥,一号蔚庵。清通州人。诸生。

苏桥诗稿1卷　集部别集类

见《淮海英灵集》乙集卷4。《江苏诗征》卷40收其诗3首。

马佘谦

字弥光。清康熙间通州人。苦志力学,工诗雄文,时有文坛飞将军之目。博学早逝。例赠文林郎。

怀白堂诗文全集　集部别集类

见《江南乡试朱卷·嘉庆甲子科·马映奎》。

按:民国《马氏宗谱》卷4本传作《怀白诗集》,谓其子马洪付梓行世,板藏贵州安南县。

黄之弟

字百忍。清通州人。诸生。喜习宋五子书。

四书真解　经部四书类　佚

见乾隆《直隶通州志》卷19。

汤　球

字齐受,号戛云。清通州人。康熙五十六年(1717)举人。好读书。垂帘密室,自卯至午乃出,曰:“吾半日对古人,方许半日对今人也。”家饶,弟不度,戒之弗悛,乃尽推产与之,曰:“吾与偕贫,可见先人于地下。”弟感之,为改行。同学行事必曰:“可见汤先生否?”其敬惮如此。工填词。

蔗初山房杂俎　子部杂学类

苍雨轩笔记　子部杂学类

以上2种见光绪《通州直隶州志》卷16、《五山耆旧今集》卷7。

西湖纪游　集部别集类

登岱吟　集部别集类

车中草　集部别集类

逸园诗文全集16卷　集部别集类

秋闺吟　集部词曲类

以上5种见《五山耆旧今集》卷7,收其诗26首。

孙世恒

字习吾,号休庵。清通州人。讷父。廪贡生。山东诸城教谕,历升南京礼部主事。年97卒。

休庵集　集部别集类

见《江南乡试朱卷附乾隆己酉恩科优贡卷·孙奎》。

陈淡民

清通州人。

白啸集　集部别集类

见乾隆《直隶通州志》卷19。

李　湘(1693—1773)

字泽三,晚号泽叟。清通州人。父死,侨居泰州。诸生,投笔习武,授武信骑尉驻掘港营,久之,迁六安。喜读书,能古文,尤工于诗,所至与名流酬和,卒以诗被论落职。东归时年逾60。在里与闽人刘名芳友好,兄事之。及刘殁于水绘园,为营葬于狼山之麓。

江干草堂剩稿1卷　集部别集类

见王藻《崇川各家诗钞汇存》。此书由其外孙刘邦鼎辑,仅百首。王藻选其中85首。光绪《通州直隶州志》卷16有刘邦鼎叙。

保培基(1694—?)

字楉庵，号西垣。清通州人。雍正二年(1724)，以中书任职河工。十三年任浙江嘉兴府同知，治理浙塘。工竣，归里，遇水灾，捐千金赈粜。居井谷园，与沈德潜、袁枚等人千里酬唱。乾隆十八年(1753)在金陵会李方膺。

西垣集20卷次集18卷　集部别集类

清乾隆井谷园刻本，南京图书馆藏。

李方膺(1695—1754)

字虬仲，号晴江、秋池。清通州人。彩升弟。诸生。雍正元年(1723)保举贤良方正，七年随父入觐。八年补山东乐安知县。发大水，曰:“先请后赈，民将为鱼。”乃不请而发仓赈民，全活无数。巡抚田文镜壮之。次年米贵，出官仓米平卖。又议修蓄水之库。调兰山令，署莒州牧，开罪总督王士俊，罢官被捕。乾隆元年(1736)获释，补安徽潜山令，代合肥滁州知州，因不善事知府丢官。居南京项氏借园，自号借园主人，卖画为生。后徙扬州，与郑燮等友善，为“扬州八怪”之一。善画松、竹、兰、菊，尤长于梅竹。其郁勃不平之气，俱寄于画中。传世作品多幅现藏南京、广州等地博物馆、美术馆。

(雍正)乐安县志20卷　史部地理类

清李方膺纂修

清雍正十一年刻本，南京图书馆藏。

山东水利管窥略4卷　史部地理类

(1) 清抄本，南通市图书馆藏。

(2)《续修四库全书》本。

梅花楼诗草1卷　集部别集类

(1)《崇川各家诗钞汇存》本。

(2)《清代诗文集汇编》本。

张学旦(1695—1765)

字又鲁,号东藩。清通州人。廪生。

东藩文集　集部别集类

见光绪《通州张氏宗谱》卷18。

徐攀龙

字利人,号卧云。清通州人。布衣。性豪迈,喜交游,饮酒赋诗。年50余卒于蜀中。

卧云剩稿　集部别集类

见《崇川各家诗钞汇存》。《江苏诗征》卷8收其诗1首。

马宏琦(1700?—1786?)

字景韩,号逊渚。清通州人。逢时仲子,出继逢秋为嗣。雍正元年(1723)拔贡,考取镶红旗教习。雍正五年进士,一甲三名探花。授职编修内廷奉武英殿行走。历迁山西道、陕西道监察御史,升刑科掌印给事中。乾隆时随驾东巡,查办山东赈务。遇事侃侃直言,不避权贵,人威敬惮。未几乞养归,居乡简静质朴,奖勉后进,教以修身立品为务。年87卒。

经贻堂稿　集部别集类

见《崇川书香录》马姓卷。

孙　让

清通州人。

黍庵草　集部别集类　佚

见康熙《通州志》卷12。

王 坦

字吉途，号雍门。清通州人。读书有心得，不囿于古。善诗，尤精音律。其父公捷语坦曰："琴家立调命名多与古谬。"坦精思阐发，撰成《琴旨》一书。

琴旨 2 卷　子部艺术类

(1) 清乾隆十一年(1764)素堂刻本，上海图书馆藏。

(2)《四库全书》本。

(3) 抄本，南京图书馆藏。

按：书成于乾隆九年，着重探讨音律与琴调之关系，兼论及琴派。《四库全书总目》称为"在近时言琴诸家可谓不失其宗者矣"。《五山耆旧今集》卷 8 著录 4 卷，并收其诗 2 首。

宋 霖

字紫华。清通州人。廪贡生。授安东训导。工写梅，有奇趣。乾隆十年(1745)西洋景内输，作《题西洋画册诗》，诗如其画。年 80 犹健步如飞，酒酣论诗，狂歌击节，不减少年。

日记昭戒录　子部儒学类

六雨编年集　集部别集类

六雨诗话 6 卷　集部诗文评类

以上 3 种见光绪《通州直隶州志》卷 16。《崇川各家诗钞汇存补遗》作《天雨诗钞》1 卷，收其诗 214 首。

曹 冠

字集吉。清通州人。诸生。

文翘集　集部别集类

见《崇川各家诗钞汇存》，卷 50 收其诗 1 首。

冯梦桂(1701—1775)

原名顺之。字孝原,一作孝源、啸原。号念斋。清通州人。京撰孙,骐子。乾隆二十二年(1757)贡生。性迂行正,雅好汲古,手录书可等身,尤多识里中文献。曾参与编辑刘名芳纂乾隆《南通州五山全志》20卷。

(乾隆)冯氏族谱8卷　史部传记类

清冯梦桂、冯梦龙重辑

清乾隆四十年刻本,南通市图书馆藏。

赖有编　子部儒学类

见光绪《通州直隶州志》卷16、《海曲拾遗》卷2。

马　淮

字桐山,号愚谷。清通州人。乾隆四年(1739)进士。负轶才奇气,文武艺俱精,选为御前侍卫。乾隆十一年出任贵州思南营守备,从军功擢升,历任天津镇文安营游击、大名协镇、北通州协镇,授广东罗定协镇。年61卒于官。授武功大夫。

阿南因是诗集　集部别集类

见《江南乡试朱卷·嘉庆甲子科·马映奎》、民国《马氏宗谱》卷4本传。

南北行诗集　集部别集类

见民国《马氏宗谱》卷4本传。

李　霁

字瞻云,号岑村。清通州人。彩升子。乡试久不售,遂致力于诗古文辞。乾隆二十年(1755)春迎驾献诗赋并篆印为图,与进士赵青藜等17人同被恩赏。人劝其北上,以母老归隐课鱼庄,益寄兴翰墨,工楷、隶,书余写兰竹,有尘外之致。与郑燮、李鱓等交甚善。兼工铁笔,与江阴沈凤齐名，时称“沈李”。郑板桥长用之“二十年前旧板桥”，即李霁所刻名印，古意磅礴。

城南草堂印谱　子部艺术类

西柏楼杂俎　子部杂学类

牧牛村舍诗集　集部别集类

岑村诗集　集部别集类

以上4种见《崇川各家诗钞汇存》，收其诗52首。

李兰楫

清通州人。庠生。屡荐未售。

渔舫诗话偶存　集部别集类

见《江南乡试朱卷·咸丰壬子科·李元庆》。

陈鹤龄

字瑶宾。清通州人。举人，终顺天府学教授。

四书五经字辨5卷　经部群经总义类

清雍正十年(1734)崇川存诚堂刻本，见《贩书偶记》。

十三经字辨8卷　经部群经总义类

(1) 清乾隆三十年(1765)古吴三夕斋刻本，南通市图书馆藏。

(2) 清道光十年(1830)豫章安定草堂刻本。

按：鹤龄初著《四书五经字辨》，后经订补成《十三经字辨》。参见《四库全书总目》五经总义类存目。

袁　缙

字介庵。清通州人。国子生。乾隆四十四年(1779)房荐复遗。出游无所遇，归筑亭河上，种竹万竿，名延湘阁。善书法，里人王藻曾见其选钞同人诗册，界朱丝栏，如馆阁书样本。

韵字类体4卷　经部小学类　佚

群书纪异 48 卷　子部杂学类　佚

延湘阁诗集 10 卷　集部别集类

以上 3 种见《江南乡试朱卷·嘉庆戊寅恩科·袁斯均》。《崇川各家诗钞汇存补遗》卷 30 收其诗 101 首。

方　桂

清通州人。

异梅轩集 2 卷　集部别集类

见乾隆《直隶通州志》卷 19。

李　雩

字望云，号铁庵，又号铁垣。清通州人。彩升次子。例贡生。屡赴乡试不中。以贡赴京兆试挑录，又未获选。于是决计回家，不求进取，杜门治经。

春秋三传文字异同考　经部春秋总义类

春秋列女表正　经部春秋总义类

说文编珠　经部小学类

以上 3 种见《崇川各家诗钞汇存》。

读雅笔记 3 卷　经部小学类

清嘉庆九年(1084)刻本，南通市图书馆藏。

铁道人偶吟 1 卷　集部别集类

见《崇川各家诗钞汇存》，收其诗 20 首。

陈心颖

字鲁田。清通州人。诸生。

紫琅诗集 8 卷　集部总集类

清陈心颖、孙翔、孙世仪、冯萃辑

清乾隆二十九年(1764)抑园刻本，南通市图书馆藏。此辑明清通州280位诗人作品。

李兰馨

字楚芳，号柳溪。清通州人。性诚朴，老而弥笃。工诗文，尤精音律。

柳溪随笔　集部别集类

见《江南乡试朱卷·咸丰壬子科·李元庆》。

孙　翔

字吕溪。清通州人。与孙世仪、陈心颖、冯萃相友善。诸生。酷爱地方文献。

西溪草堂诗集　集部别集类

见《崇川各家诗钞汇存补遗》卷12，收其诗11首。

紫琅诗集8卷　集部总集类

清陈心颖、孙翔、孙世仪、冯萃辑

清乾隆二十九年(1764)抑园刻本，南通市图书馆藏。

崇川诗集12卷补遗1卷　集部总集类

清孙翔辑

清乾隆三十七年刻本，南通市图书馆藏。

琅五藏珍8卷　集部总集类

见光绪《通州直隶州志》卷16。此为孙翔辑清初至孙翔之时通州诗人之诗。

白敦临(1707—1752)

字容疆，号雪亭。清通州人。勤学善文。屡试不第，援例入成均，客居京邸，锐意进取。旋因不习水土，年方46而殁。

燕台盍簪诗文集。集部别集类

见《崇川书香录》白姓卷。

徐　宾

字鸿书，号龙沙。清通州人。仁滋长子。雍正六年(1728)岁试冠军。入泮。是年通郡新建试院，宾膺首拔，里人荣之。乾隆九年(1744)举于乡，房荐不售，遂无心仕进。乡居教授，笃志儒修，后进多奉为师表。年近40卒。

崇川人文集　集部总集类

见《崇川书香录》徐姓卷。

曹一萧(?—1771)

字宁一，号两何，一号钓舫主人。清通州人。文运子。乾隆三十六年(1771)贡生。世居海门，以江塌迁通州城北。性情和蔼，学问深醇。顾不遇，授徒于家，以明经终其身。

望雪堂诗稿　集部别集类

见《海曲拾遗》卷3。

崇川人文集　集部总集类

见《崇川书香录》曹姓卷。

按：《江苏诗征》卷40收其诗2首。

凌世昌

字岐封。清通州人。乾隆元年(1736)举人。官刘庄场大使。

偶语集　集部别集类

见《崇川书香录》凌姓卷。

王　原

字畯生。清通州人。岁贡生。少壮工举子业，屡试不中。因厌弃举业，肆力于诗。

萍江草　集部别集类　佚

见《崇川各家诗钞汇存》,卷50收其诗5首。光绪《通州直隶州志》卷16有孙世仪叙。

徐人俊

字秀万,号怀山解。清通州人。后馆如皋,遂家焉。积学工文,从游甚众。

淮海集　集部别集类

见光绪《通州直隶州志》卷16。《东皋诗存》卷46收其诗4首。

范毓秀

清通州人。如皋籍徐人俊妻。清王乃敏谓其诗俊逸可诵,《春雨》诗云:"绣阁香初暖,连朝风雨斜。非关寒食近,春意在梅花。"二十字尤酷肖唐人。(见《江苏诗征》卷174《诗话》)

媚川集　集部别集类　佚

见《江苏诗征》卷174,收其诗1首。《东皋诗存》卷39收其诗4首。

王　前

字大云。清通州人。诸生。《山茨社诗品》谓其诗缥缈如云中之鹤,遒峭如霜中之竹,乐府亦得汉魏遗音。

延秋阁集　集部别集类

见《五山耆旧今集》卷3,收其诗1首,又见《崇川各家诗钞汇存》卷59,收其诗1首。

孙世仪(1710—1778)

字渔曹,又作虞朝。其先徽人,后迁通州。嗜学,习举制业,年未冠已卓然成家,以祖籍新安,不与郡试。援国学例,自雍正七年(1729)至乾隆二十七年(1762),十赴乡试不遇。工书法,晚年嗜力于诗古文辞。

与总戎解学龙有神交。文学韩愈，诗学唐宋，上溯汉魏。风格雅近少陵，少作不存。中年以后自编为《冬荣馆诗钞》。晚得肿眼疾而卒，乡谥文靖。

孙渔曹诗稿 1 卷　集部别集类

稿本，中国科学院图书馆藏。

嗡花草 1 卷　集部别集类

稿本，中国科学院图书馆藏。

庚寅诗稿 1 卷蕴松山房杂文偶存 1 卷　集部别集类

清乾隆间孙世仪手稿本，天一阁博物馆藏。

按：《庚寅诗稿》书法挺秀流畅，或为孙氏亲笔书写，夹行有大量的涂抹修改。收录诗歌 249 首，部分诗篇题目上方钤有“渔”，下方地脚处则写一“刻”字。凡有“刻”字的诗均入选《文靖先生诗钞》，是此本应为《文靖先生诗钞》底本的一部分。《蕴松山房杂文偶存》收文章 31 篇，未分类，夹行有圈点，偶有修改，为作者未定稿。钤有“维庚/寅吾/以降”“吟余/鸡肋”“渔/曹”“孙印/世仪”“渔”印，皆为孙氏印章。

文靖先生诗钞(一作冬荣馆诗钞)13 卷　集部别集类

清道光六年(1826)宝晋堂刻本，南通市图书馆藏。《崇川各家诗钞汇存》收其诗 156 首。

紫琅诗集 8 卷　集部总集类

清陈心颖、孙翔、孙世仪、冯萃辑

清乾隆二十九年抑园刻本，南通市图书馆藏。

徐　捷(1711—1778)

原名仁浚。字乾九，号钝庵。清通州人。优廪生。弱冠从城南丁有煜读。游庠后设帐双薇园。丁遣诸孙受业于捷。其为文沉酣汉唐，雄深老健。

十家文澜　集部总集类

今文八家　集部总集类

紫琅文艺　集部总集类

墨渊文型　集部总集类

以上4种见1932年《徐氏通城支谱》卷4。

崇川人文　集部总集类

见《江南乡试朱卷附会试朱卷·咸丰壬子恩科·徐宗勉》。《五山耆旧集》卷16收其诗2首。

冯　萃

字陟南。清通州人。诸生。

紫琅诗集8卷　集部总集类

清陈心颖、孙翔、孙世仪、冯萃辑

清乾隆二十九年(1764)抑园刻本,南通市图书馆藏。

刘文定

字凌侯,号容川。清通州人。乾隆二年(1737)岁贡。通五经,善诗古文辞。家贫,馆塾中,一以德行文艺相砥砺。训子弟有成。晚乃铨授安东司训,课士有方,寻转安东教谕。以老归。与李堂、凌质、马逢秋等重联诗酒社,年80谈论竟日而忘倦。为人刚直,重然诺。年85卒。

经训质疑录4卷　经部群经总义类

镜海楼诗文集　集部别集类

以上2种见《崇川书香录》刘姓卷。

袁邦干

清通州人。庠生,例赠文林郎。

学庸集疏　经部四书类

家礼吉凶纂要　史部政书类

以上2种见《江南乡试朱卷·嘉庆戊寅恩科·袁斯均》。

刘炳藜(？—1739)

字炎照，号芸阁。清通州人。庠生。幼时其父使之学，为文沈雄苍劲。肆力于诗古文辞，自汉魏六朝而唐宋诸大家，皆穷其源流，探其旨趣。两试不遇，早逝。

芸阁文稿　集部别集类

见《崇川书香录》刘姓卷。

孙启新

字醒吾。清通州城人。世仪弟。诸生。诗本家学，好吟咏，至老不倦，间出新意，皆自然清晰，无晦涩粘滞之病。所著编年诗不下千余首，竟散佚未传。

冬荣馆叔子存诗　集部别集类

见《崇川各家诗钞汇存》，卷45收其诗82首。

钱思敏(1715—？)

字鲁田，号晓堂。清通州城人。乾隆十二年(1747)副榜，拣选教谕。

增订诗法　集部诗文评类

清钱思敏著　白璧(天墀)、钱国琛(佩铭)同订

清刻本，南通市图书馆静海楼藏。

张嗥如(1715—？)

字世臣。清通州人。性静穆，博贯经史。

乐群文集　集部别集类

见光绪《通州张氏宗谱》卷18。

范　麟

字耕文，号双桐。清通州人。监生。官四川梁山知县。

双桐诗钞　集部别集类

见《海曲拾遗》卷3。《江苏诗征》卷123收其诗1首。

冯　氏

清通州人。王礼妻。娴习经史。

闺门小学　经部小学类　佚

见光绪《通州直隶州志》卷15本传，谓缀以韵语，读者便之。

袁邦鼎

字大樽。清通州人。乾隆六年(1741)举人。曾参订《五山全志》。

学庸讲义　经部四书类

庄子补注　子部周秦诸子类

离骚敷衽　集部楚辞类

以上3种见光绪《通州直隶州志》卷16。

钱景庄

字以临。清通州人。诸生。貌和而性严。独担古道。修学宫、葺试院、造几案考具弗惮烦。晚岁寄兴诗酒，好学不倦。

肃轩集　集部别集类

见《崇川书香录》钱姓卷。

李　霦

字飞石。清通州人。玉鋐孙，方龙子，方膺侄。苦学好友，16岁成诸生，乾隆三年(1738)与父方龙(药田)同赴乡试，同榜举人。祖孙三代皆举人，时人重之。然性恬淡，不亟亟礼闱。后因子景曾远宦云南任知县，赠如其官。

飞石诗草　集部别集类

见《通州李氏宗谱》。《崇川各家诗钞汇存》收其诗1首。

马廷楸

字蔚唐，号南溪。清通州人。淮长子。贡生。幼侍父宦游，后以贡生任浙江嘉兴县丞，借补临海县巡检。为人循谨实。

行厨集　集部别集类

见民国《马氏宗谱》卷4本传。

陈　堪

字圣可。清通州人。世祥从孙。乾隆十三年(1748)贡生。精《性理或问》诸书，聚徒讲说，环而听者常数十人。任青阳训导，成就人才甚多，学者称东川先生。

学庸汇解　经部四书类

经义辨疑　经部群经总义类

语录阐旨　子部儒学类

临城课士集　子部儒学类

以上4种见《崇川书香录》陈姓卷。

李　铨

清通州人。文品兼优，屡荐不售。

四书语类汇要　经部四书类　佚

恕堂文集　集部别集类　佚

以上2种见《江南乡试朱卷·道光己酉科·李煦》。

徐　宝

字麟书。清通州人。仁滋五子，宾弟。诸生。少丧父，从其叔读书，文笔雄健。董太守拔冠童子科。长遭两兄亡，家道益落。宝出生徒所进脯谷奉母养嫂，兼以食季弟及诸孤。年未60卒。

虹玉楼诗草　集部别集类

见《崇川书香录》徐姓卷、《徐氏通城支谱》卷4。《崇川各家诗钞汇存补遗》卷24收其诗9首。

刘　伊(1721—1803)

字莘儒，一字牧皋，号素园。清通州人。乾隆十七年(1752)进士。任松滋知县，摄随州，调黄陂，改鹤山。执狱平慎。归，葺所居曰素园，有楼名望海楼。工书法，性率易，里中皆乐与之游。

传经堂诗集　集部别集类

见光绪《通州直隶州志》卷16族子刘邦鼎叙，略云："生平诗凡数千首。蚤年所作曰《槐云阁集》，在楚曰《湘北吟》，由楚入粤曰《禺山诗草》，尝合刻于越中，曰《楚粤吟集》。归途所作曰《东归杂咏》，既归以后统名之曰《素园诗集》。年逾80，又取倡酬诸诗名曰《九华集》。今之所存十不四五矣，亟就存本甄而录之，得古近体诗约五百诗，合为一编，曰《传经堂诗集》。"《崇川各家诗钞汇存》卷10收其诗214首。

保嘉桢(1722—1819)

又名加正，字天吉，号樵叟。清通州人。本蒙族人，元末全家留居南通州。其少年为武生，然不好武，喜吟咏。诗学杜甫，晚结三老社。书工行草，印摹雪渔，笔法苍古。

醉梦斋集　集部别集类

樵叟诗抄　集部别集类

以上2种见江苏文艺出版社2012年版《南通保家轶事·附录篇》。《崇川各家诗抄汇存》卷50收其诗2首。

方汝谦(1724—1775)

字敬承,一字牧园,又作牧原。清通州人。弱冠游京师。乾隆十五年(1750)乡试、二十二年会试皆第二。官山东馆陶知县,二十五年解职还。三十年旅居江西。诗文清奇拔俗。尝受陈弘谋之聘主珠湖书院讲席。

州县须知4卷佐杂须知4卷　史部政书类

清刻本,南京图书馆藏。

居官自警编　史部政书类

白云山樵诗集　集部别集类

以上2种见光绪《通州直隶州志》卷16。前者有自叙,后者有王原叙。《江苏诗征》卷67收其诗2首。《崇川各家诗钞汇存》卷8收其诗99首。

李　霞

字赤中。清通州人。方膺子。乾隆四十三年(1778)贡生。宦游山东、安徽。父卒归。后教授乡里,了却一生。自书楹联为:“舍官即馆,分贝而贫。”

残云诗草　集部别集类

见《崇川各家诗钞汇存补遗》卷8附,收其诗7首。

王来聘

清通州人。增生。经房屡荐未售。

贡村集　集部别集类

见《江苏选拔贡卷·嘉庆辛酉科·王尚旃》。

金　榜

字字县,号茧门。清通州人。监生。弱冠声俊庠序,前后学使极称赏之。所居名枕石窝，日耽吟咏。工词，诗作激扬忠义，雅近杜甫。对收集地方文献尤有功。

海曲拾遗 6 卷　史部地理类

清金榜纂　冯锦参订

(1) 清乾隆刻本，南通市图书馆藏。

(2) 抄本，国家图书馆藏。

(嘉庆)海曲拾遗补续 6 卷　史部地理类

清金榜纂　徐缙续补

(1) 清嘉庆二十三年(1818)徐氏芸晖阁补刻本。

(2) 抄本，南通市图书馆藏。

(3) 1963 年南通市图书馆抄本。

海曲方域小志 1 卷　史部地理类

《小方壶斋舆地丛钞》本。

按：《淮海英灵集》丁集卷 2 收其诗 1 首，《崇川各家诗钞汇存》卷 50 收其诗 5 首。

冯　锦(1727—1794)

字式度，一字识渡，号补之，又号学愚。清通州人。扩子。好行善事，生平力学不务辞章。以国学生候选布政司理问。家居养静，多致力于《冯氏族谱》。

救荒策要　史部政书类

见《冯氏族谱续编》卷 5。

海曲拾遗 6 卷　史部地理类

清金榜纂　冯锦参订

(1) 清乾隆刻本，南通市图书馆藏。

(2) 抄本，国家图书馆藏。

警心汇编　子部儒学类

修省集约　子部儒学类

居家遗范　子部儒学类

民生切用　子部儒学类

古今诗兴　集部诗文评类

以上5种见《冯氏族谱续编》卷5。

按：据《冯氏族谱续编》卷5家传，《警心汇编》桂林陈弘谋序而行之。《修省集约》未载是否梓行。至道光二十八年(1848)《冯氏族谱续编》由大树堂刊行，尚有《救荒策要》等著作未付刻。

杨世纶(1727—1822)

字尚因，又字弥之。清通州人。乾隆三十三年(1768)举人。登中正榜，授中书，入直枢廷。出为建宁同知。林爽文据台湾，从福康安征鹿耳门，条陈平台十策。以功记名御史，任廉州知府。旋告归。筑一壶庵以老。

读礼偶笺　经部周礼类

读史质疑　史部史评类

机庭退食录　子部杂学类

以上3种见光绪《通州直隶州志》卷16。

尚志堂诗集　集部别集类

见《崇川各家诗钞汇存补遗》卷4，收其诗40首。

陈之麟

原名兆祥。清乾隆间南通人。增生。

柿叶园诗集　集部别集类

见《江南乡试朱卷·嘉庆癸酉科·陈鹏》。

张我宗(1728—1774)

字锦堂。清通州人。屡试不第，课徒以终。爱作隶篆，遒劲有骨。

毛诗便览　经部诗经类

四书标旨　经部四书类

性理真诠　子部儒学类

梅棠阁塾课　子部儒学类

子史珍藏　子部杂学类

紫竹轩文集　集部别集类

韩文起　集部别集类

唐诗解　集部总集类

以上8种见光绪《通州张氏宗谱》卷18。

徐　绣

清通州人。附贡生。由中书科中书荐升刑部安徽司员外郎,坐办陕西司兼理河南司事。诰授朝议大夫。归田后,乐善好施,捐资急公。自题墓柱曰"慈祥"。

培心堂集　集部别集类

见《江南乡试朱卷·道光庚子恩科·徐体元》。

汪　bundle

字峙云,一字芸巢。原籍安徽,康熙间迁居通州。增生。幼即工诗,屡试不售,更用力于诗,磅礴有气势。乾隆三十五年(1770)参知州沈咸章幕。中年浪迹江淮,所至名噪一时。

(乾隆)州乘一览8卷　史部地理类

(1) 稿本,南通市图书馆藏。

(2) 抄本,南通市图书馆藏。

(3) 1940年南通文献征集会铅印本。

咏兰轩诗稿(一作芸巢诗稿)4卷　集部别集类

清道光十八年(1838)南通州东越城内李彬彬堂刻本,南京图书馆藏。

袁慧婨

字蕙贞，号淑春。清通州人。洋女，监生保成德妻。善书画。夫妇皆寿90余。

挹翠楼集　集部别集类

见光绪《通州直隶州志》卷15。

王　城

字成之，晚年自号香海。清通州人。本海宁人，通州郡守王师旦子。幼随父任读书，长赘于海门乡成氏，遂入通籍。乾隆四十三年(1778)进士。历官监察御史。为官不阿，遇事敢言，时有铁面冰心之目。解组后寄情诗酒，每醉后放歌，淋漓酣畅，豪气直逼太白。

退思堂存稿　集部别集类

见《崇川书香录》王姓卷。

孙炜文(1731—1816)

字蔚文，又字蔚原。其先徽人。世仪子。幼好学，风骨清峻，诗亦如之。已合例入通州籍。游庠应省试不遇。同城马植夫分守泰安，聘其课子。后以母、父病，侍汤药，遂绝意进取。喜直言，不避显要，好表扬好事。晚与诸名士游，联诗社。卒，乡谥孝介。

冬荣馆集　集部别集类

见光绪《通州直隶州志》卷16。

鞔松山房诗钞　集部别集类

见《崇川各家诗钞汇存》，卷12收其诗99首。

曹星谷(1731—?)

字御香，一作驭芗，号竹人。清通州人。一萧子。世居海门，以江坍迁居通州城北。生平不滞于章句，博览群籍，尤通左史庄骚，论古有卓识，不曲徇前人。工书，潇洒横逸有致。尝游金陵莫愁湖，画老梅一幅，太守李尧栋珍之。四方索画者甚众。性嗜佳山水，奇绝处恒欣然独往。晚年居蠙山石渚间，自号其庐曰“歇脚”。寻构岳西草堂，读书歌咏其中。为文纵横自如不可方物。穷年矻矻，所诣不合于有司。屡试不得志，遂以诸生老。

岳西草堂诗集 9 卷　集部别集类

清乾隆五十年(1785)刻本，北京大学图书馆藏。《崇川各家诗钞汇存》卷 19 收其诗 129 首。

徐　琳(1732—1792)

字克和，号昆圃。清通州人。天宠子。增贡生。幼从保景山先生游。攻苦嗜学，每夜读书至漏下三鼓乃已。弱冠时李鹤峰学使补博士弟子员，每试辄优等，文出脍炙一时。其治举子业以先正理法为主，经术辅之。尤工古文词。工书，书近颜真卿。

周礼汇纂　经部周礼类　佚

秦汉集评　史部史评类　佚

以上 2 种见《崇川徐氏宗谱》卷 3 传略。

惺斋偶存诗集 3 卷附惺斋帖体　集部别集类

清道光三年(1823)芸晖阁刻本，南京图书馆藏。

杨世纬

字汐浦。清通州人。世纶弟。国子生。乾隆二十一年(1756)省试甫出闱，闻父讣，徒跣抵庐次，遂终身不赴试。三十始学诗，谓诗以导性情，若仅流连光景，无益也。工临池，爱作擘窠书，笔力遒逸。尝为王藻作“辉生珠树”四大字，腕力如飞。藻极赞之。

息缘诗钞　集部别集类

铸一集　集部别集类

姑存集　集部别集类

以上3种见《崇川各家诗钞汇存补遗》目录，卷5收其诗14首。

保兆炳

字灼旸，又作若旸。清通州人。乾隆二十八年(1763)进士。任广陵、临高县令，署儋州。作诗文操笔立就，有七步八叉之速。为官有儒吏之风。

琴堂余兴集　集部别集类

双桂堂合稿　集部总集类

清保兆炳等著

以上2种见《崇川书香录》保姓卷。

顾廷骏

字玉沙。清乾嘉间通州城人。

玉沙存稿1卷　集部别集类

见《崇川各家诗钞汇存补遗》，卷49收其诗28首。

孙丽正

字又昭。清乾嘉间通州人。诸生。

知非吟　集部别集类

见《崇川各家诗钞汇存》，卷50收其诗1首。

孙　奎(1733—1807)

字敦五，号斗泉。清通州人。少工词赋，游广陵，学于梅花书院。漕运卢见曾都转激赏其诗。乾隆二十七年(1762)、三十年以选贡两召试，均二等，名益重。唯屡赴乡试皆失利。江苏提学使沈初至郡，奎年老，因曾为书院同学，接见话旧，叹惜良久，按年例获优贡。嘉庆三年(1798)，胡长龄任山东主考官，专人将恩师孙奎接去，任幕友。十二年胡视学粤东时，孙奎逝于家乡通州。善诗，不界唐宋，亦不径入竟陵派。

又善医，喜以医说诗。

春晖园诗集 12 卷　集部别集类

赋钞 4 卷　集部别集类

以上 2 种见《崇川各家诗钞汇存》卷 13。

春晖园赋苑卮言 2 卷　集部诗文评类

(1) 清嘉庆十五年刻本，南通市图书馆藏。

(2) 清道光十六年(1836)书有堂刻本，南京图书馆藏。

徐应坤

字淑媛。清通州人。人俊女，诸生邹恭士妻。

红余集　集部别集类

见《东皋诗存》卷 39，收其诗 7 首。《全清词钞》卷 31 收其词 1 首。

李宪曾

字闽传，号传斋。清通州人。雩子。诸生。

闽传诗草　集部别集类

见《崇川各家诗钞汇存补遗》卷 11 附，收其诗 6 首。

孙士俊

清通州人。兆鳌父。贡生。晋赠资政大夫。

劝善录　子部儒学类

见《江南乡试朱卷·咸丰辛亥恩科·孙登瀛》。

周景昌

字步文，一字朴文，号陆舫。清通州人。性高洁，工诗，好藏古人墨迹。与陈邦材、邦栋并事吟讽。昌有逡巡园，其子冲拓其西曰罗仙，与陈氏十尺楼、听渔馆，诗城酒国，先后称石渚词人。

读画楼诗集　集部别集类

见光绪《通州直隶州志》卷16。《江苏诗征》卷84收其诗10首。

周伟业

清通州人。乾隆三十五年(1770)举人。截取知县。

竹铭文集　集部别集类

见《江南乡试朱卷·嘉庆辛酉科·周煊》。

徐锡爵(1734—?)

字景驭,号弁江。清通州人。人俊子。乾隆三十五年(1770)举人。其父人俊馆于如皋,遂居焉。与弟锡衮俱嗜学,天雨雪家无粒米,诵声彻户。

弁江诗钞7卷　集部别集类

清乾隆三十九年(1774)揖月轩刻本,复旦大学图书馆藏。《崇川各家诗钞汇存》卷18收其诗249首。

张同伦

清通州人。积学早逝。

夏云轩试帖　集部别集类

见《江南乡试朱卷·咸丰辛亥恩科·张卜熊》。

保定纬

字秩南,号石伍。清通州人。廪贡生。任上元训导。晚归寄情山水。家贫屡空弗计也。善诗,工画。笔墨传世甚少。

寄园诗存　集部别集类

见《崇川书香录》保姓卷。

陈景英

字紫石,号绍荀。清乾隆间通州人。少随伯父读书青阳学署。工诗善书，博通经史。为文豪迈雄健。口吟手录朝夕不辍，历三十载录忠孝等书积至半架。督学彭元瑞奇其文，赠有“雄才唐伯玉，高格汉元龙”之句。

经义汇旨　经部群经总义类

子史碎金集　子部杂学类

紫石庄文集　集部别集类

以上3种见《崇川书香录》陈姓卷。

李绍曾

字真泉，号蓉浦。清通州人。雩次子，宪曾弟。以布衣终生。

蓉浦小草　集部别集类

见《崇川各家诗钞汇存》，卷50收其诗1首。

宋玉麟

字锦门，号鹿友。清乾隆间通州人。岁贡生。不得志于科场。授徒孜孜不倦，游其门者多登科第。年60余卒。乡谥文长。

鹿友自订稿　集部别集类

见《崇川书香录》宋姓卷。

张　琴

字桐君，一字远村，号鹤船。清通州人。布衣。

渔湾社稿　集部别集类

见《海曲拾遗》卷3。《淮海英灵集》丙集卷3收其诗2首。

远村集　集部别集类

见《紫琅诗话》卷5。

陈邦材

字宗旦，号乃人。清通州人。绩学早逝。

乃人诗集　集部别集类

见《江南乡试朱卷·嘉庆戊午科·陈熊》。

十尺楼集　集部别集类

见光绪《通州直隶州志》卷16。《淮海英灵集》丁集卷4收其诗1首。

钱兆鹏(1743—1820)

原名宗龙。字云门,号南溟。清通州人。少聪颖,过目成诵。及长,出入经史。乾隆三十九年(1774)举人,次年会试成进士。历任饶阳、安肃、清丰等知县,皆遇自然灾害,安大水,清蝗灾。不久楚南苗民、楚北教民起事,先后有军过境,兆鹏亲临前方照料,以致负债累万两。母老病无所养,内外交瘁,终夜失眠。母死,徒跣返里。好学,为官时一日辍学即不乐。及解任,读书,终月未见,诗文杂著成帙。返里后,原居万绿山庄已废,赁居城东丽泽宫,渐充构望山楼,在二沟头,故晚号"双沟渔父"。

周史280卷　史部别史类

续后汉书78卷　史部别史类

以上2种见光绪《通州直隶州志》卷16。

述古堂文集12卷　集部别集类

(1) 清光绪七年(1881)刻本,南京图书馆、南通市图书馆藏。

(2) 1912年重刊本,南开大学图书馆藏。

述古堂诗集75卷　集部别集类

稿本,存4卷:卷29、32至34,南京图书馆藏过云楼藏书。

按:此诗集依卷前目录应包括《紫琅集》《青溪集》《碧鲈集》2卷、《黑山集》等11种75卷,现稿本存《黄金集》1卷、《白马集》3卷,收录古近体诗近400首、词10余首。此诗集未见各家书目著录,虽为残本,亦极珍贵。"白马集自序"末钤作者"丽农山樵"与"鹏氏"二印。

又按:《崇川各家诗钞汇存》卷14著录《述古堂诗钞》,收其诗486首。

李 杜

字芸香。清通州人。霞女，秀才顾蕙芳妻。幼耽诗，曾祖父玉絃额其所居曰墨颠，因以自号。所著诗集，侄李琪为序。

墨颠斋吟草 集部别集类

见《崇川各家诗钞汇存补遗》卷55，收其诗21首。

孙 讷

字吾容。清乾隆嘉庆间通州人。世恒子。曾得异人授岐黄学，遂精中医。游京师，供职太医院凡38年。后母病归。母卒，绝意仕进，以画自娱。年74卒。

灵素直指 子部医家类

清嘉庆年间刻本，南通博物苑藏。

陈邦栋(1745—1812)

字廷一，号十村。清通州人。太学生。石港樵珊昆曲社主。

十村诗钞4卷附词钞 集部别集类

清嘉庆十年(1805)绿影阁刻本，南通市图书馆藏。

古香堂集 集部别集类

见光绪《通州直隶州志》卷16。

徐馥堂

字荀若，号逸桂。清通州人。弱冠通五经。乾隆三十二年(1767)补博士弟子员。生平精经传、子史及诗文，尤好研究痘症。

痘科示掌 子部医家类

见嘉庆十八年(1813)《崇川徐氏宗谱》卷3。

李耀曾(1746—?)

字季潜,号红桥。清通州人。霞子。其祖方膺时在合肥,闻孙生喜曰:"吾宦游二十年。囊无余蓄,今以清白贻子孙矣。"年17为诸生,旋升廪生,专攻诗古文辞,滥觞汉魏,浸淫于少陵、昌黎,而习性与眉山为近。乾隆四十二年(1777)在南京晤袁枚,自言诗与袁枚异宗派,拒以诗献。中年与堂弟燮曾,读宋代理学书,讲性命之学,由博返约。家日贫而不悔。嘉庆二年(1797)年52余方贡入成均。写作刻苦,遽失明,以口授卖诗文为生,而无卑陋相。嘉庆十九年尚在世。

约园诗钞　集部别集类

见《崇川各家诗钞汇存》,收其诗134首。其集由唐仲冕辑并序之。

钱　柏

字晋乔。清通州平潮人。乾隆三十六年(1771)举人。幼攻苦积学。有操守。举孝廉方正不就。

周易阐旨4卷　经部易类

见光绪《通州直隶州志》卷16。

甫山制艺　集部别集类

见《南通县平潮市人物志·耆旧传》。

程　瑗

清通州人。

发明伤寒论20卷　子部医家类　佚

见乾隆《直隶通州志》卷19。

李宝曾

字光绪,号葆堂。清通州人。湘皋子。父子先后为州廪生。至乾隆五十七年(1792)始中举人。初任四川高县知县,次任郫县知县,再调江津。开仓救饥民，以未经申请，赔至5000余两，卒无悔。又调蓬州知州。寻乞归，行李萧然。年76卒。乡谥恭简。

璞存诗略　集部别集类

见《崇川各家诗钞汇存补遗》卷23，收其诗7首。

王　耸

清通州人。

周易析疑　经部易类

见光绪《通州直隶州志》卷16。

钱　柸

字秀南。清通州平潮人。柏弟。诸生。

自怡集　集部别集类

见《南通县平潮市人物志·耆旧传》"钱柏传"附。

钱志义

字宜万，号左峰。清通州人。屡困场屋。乾隆四十四年(1779)以大挑二等授桃源县令。卒于桃源官署。乡谥文简。

左峰文集　集部别集类

见《崇川书香录》钱姓卷。

沙重轮

字廷载，号朗生。清通州石港人。乾隆四十三年(1778)进士。授礼部主事。寻卒于官。

燕台集　集部别集类

养拙轩存稿　集部别集类

以上2种见《崇川书香录》沙姓卷。《淮海英灵集》丁集卷4收其诗1首。

吴　伟

字石嶒。清通州人。增生。性孤峭，才思敏捷。早逝。

画雨楼集　集部别集类

见《崇川各家诗钞汇存补遗》卷19，收其诗11首。

白为兰(1749—1808)

原名维运，字保和，号秋谷。清通州人。敦临三子。幼聪颖，博习群书，兼通音律。弱冠补诸生。重义行，乐施与。馆郡东鹤城多年，劝勉后进，从学者多所成就。暇弹丝吹竹，饮酒赋诗。每与凌渭川、李渔衫诸先生镇日唱酬，追纵风雅。

五经撷腴　经部群经总义类

见《崇川书香录》白姓卷。

(嘉庆)白氏宗谱6卷首1卷　史部传记类

清白为兰、白仪光等续辑

清嘉庆十年(1805)刻本，南通市图书馆藏。

琴谱会要　子部艺术类

德馨堂文集　集部别集类

词曲辨似　集部词曲类

以上3种见《崇川书香录》白姓卷。

陆　鸿

清通州人。

医学洞垣篇　子部医家类

见乾隆《直隶通州志》卷19。

冯生兰(1750—1833)

字黄中，号颐斋。清通州人。嘉庆二十一年(1816)举人。例授文林郎。

周易遵圣直解12卷　经部易类

见光绪《通州直隶州志》卷6。附自叙。

五经统会　经部群经总义类

见道光二十八年(1848)《冯氏族谱续编》卷2。

蒋震文(1751—1822)

字巽邻,号霁山。清通州人。乾隆五十五年(1790)贡生。为人和气、正直,有洁癖。喜作山水画,似元人笔法。少年时作《碧纱笼赋》,学使谢金圃叹赏。惜乡试频频失利。生平喜宋元词曲及畴人之学、卜筮星命之书,医学、围棋、击剑、吹竹、弹丝,无不精通。

散木斋诗钞6卷　集部别集类

见《崇川各家诗钞汇存》,卷16收其诗104首。

徐品梅

字愚谷。清通州人。诸生。乾隆四十六年(1781)飓风作,时其父客海门,乃徒步百里往探,水退奉之归。

蕉窗十则　子部杂学类

优香阁集8卷　集部别集类

以上2种见《崇川各家诗钞汇存》,卷30收其诗30首。

钱　保

字乂心,一字刈薪,号蔚圃。清通州人。廪贡生。父卒始生,由其母手钞六经以授之。精理学,以制行为本。尝曰:人苟有行,贫贱可也。

为学纲目3卷　子部儒学类

清乾隆五十六年(1791)室斯堂刻本,南京图书馆藏。

李懿曾(1755—1807)

字拾珊，号渔衫。清通州人。雱三子，绍曾弟。擅骈体文。诗不守一体，自汉魏六朝以后合炉而冶，遂卓然成家。乾隆四十八年(1783)、五十一年，嘉庆五年(1800)，乡试三中副车，疲惫至极，以州同用不就。性不喜求人。六年供事内廷，在武英殿分校《西汉会要》。九年道经山东返乡，经如皋为黄国豫题《忆菊图》。十二年为铜陵教谕，道经苏州死。生平与胡长龄、范崇简、冯云鹏、孙炜文、洪亮吉等友善。

西汉会要70卷　史部政书类

宋徐天麟撰，清李懿曾校字。版本众多，各馆有藏。兹从略。

春明校余录　子部杂学类

见《崇川各家诗钞汇存》。

紫琅山馆诗集4卷　集部别集类

清嘉庆八年凝山草堂精刻本，中国科学院图书馆藏。

天海楼诗集12卷词钞2卷文续集5卷　集部别集类

清道光刻本，南京图书馆藏。

天海楼古文钞4卷四六文钞4卷　集部别集类

清道光二年(1822)天海楼刻本，南京图书馆藏。

天海楼文续集5卷　集部别集类

清抄本，南京图书馆藏。

扶海楼文续集5卷　集部别集类

清李懿曾纂　李琪编

(1) 清道光九年刻本，南京图书馆藏。

(2) 抄本，南京图书馆藏。

扶海楼诗集12卷词钞2卷　集部别集类

清李懿曾纂　徐宗干编

清道光十二年刻本，南京图书馆、南通市图书馆藏。

按：李懿曾最早所定诗集为《紫琅山馆诗集》。后自定其集名《天海楼集》。卒后其子琪编《扶海楼文续集》。后徐宗干又编《扶海楼诗集》《词钞》。

虞山乐府1卷草乡乐府1卷　集部别集类

见《崇川各家诗钞汇存》,卷20收其诗339首。

张来珩(1755—?)

字芃林,号白岩。清通州人。国学生。工诗。

补巢集　集部别集类

见《通州张氏宗谱》卷18。

马玉可

清通州人。庠生。乾隆五十一年(1786)、五十四年两次房荐未取。年93卒。

渔经堂文集　集部别集类

见《江南乡试朱卷·道光乙酉科·马绍常》。

陶观国

字荣阶。清通州人。诸生。乾隆五十四年(1789)荐而未售。工诗,善书法,兼擅水墨画,梅兰竹菊尤胜。解音律,通弈谱,技击其余事也。挟技走四方,三至湖上,吴越名区游览殆遍。

旧游诗草2卷　集部别集类

见《江南乡试朱卷·道光丙午科·陶树棠》。《崇川各家诗钞汇存》卷32作《素仙旧游诗草》,无卷数,收其诗20首。

丁长庆

字锦莱,号逸樵。清通州人。奎子。太学生。例赠文林郎。

古今书画史4卷　子部艺术类

碧梧草　集部别集类

以上 2 种见《江南乡试朱卷·道光庚子恩科·丁元正》，据载尚有诗集 12 卷，书名不详。

范崇简(1757—?)

字完初，号懒牛，又号浮休居士。清通州人。凤翼后，兆虞子。诸生。工诗，能书画。不好习举子业。乾隆四十九年(1784)与胡长龄、李懿曾等在里结山茨社。嘉庆十二年(1807)省试，与友人竟月寻山，遍览鸡笼、牛首、雁门、燕矶之胜。家贫，性孤介。与同人联菜根社，谈诗竟日娓娓不倦。熟于乡曲遗事，曲折原委了如指掌。善水墨画。性慎默，不轻臧否人物，以夷淡终其身。

怀旧琐言　史部传记类

剪辑报纸本 1 册。每页版心均有“未刊稿禁翻印”字样。南通市图书馆藏。

懒牛诗钞　集部别集类

见《崇川各家诗钞汇存》卷 24，收其诗 279 首。

浮休集　集部别集类

见光绪《通州直隶州志》卷 16。有李懿曾叙。

胡长龄(1758—1814)

字西庚，一字印渚。清通州人。乾隆四十五年(1780)以廪生应召试列二等。四十八年举人，魁南闱。四十九年在里与范崇简等结山茨社。五十四年状元。入史馆，久之，调国子监祭酒。主试山东，视学规条严整。累官礼部尚书，疾剧乞归。舟过临清，呕血数升卒，年 57。嗜读书，与山阳汪廷珍齐名，时有“汪经胡史”之称。

三余堂存稿 2 卷经进稿 1 卷馆课偶存 1 卷　集部别集类

(1) 清嘉庆十五年(1810)刻本，南京图书馆藏。

(2) 1921 年南通徐尔玢抄本。

(3)《清代诗文集汇编》本。

徐廷阶(1758—1818)

字晋堂,号辛楣,一号药房。清通州人。捷子。乾隆五十七年(1792)举人。授安徽舒城县教谕,迁广德州学正。少承庭训,绩学攻苦,有时誉。居官十载,课士有方,学者称之。家素贫,性恬淡自守,不慕荣利。与诸生讲论经义,皆本先儒笺注,务求体用兼备之学,未徒涉猎词华而已。性谨厚,人乐与之交。

药房诗文稿　集部别集类

见《崇川书香录》徐姓卷。

双翠轩吟草　集部别集类

见《徐氏通城支谱》卷4。

徐　汾

清通州人。贡生。积学早逝。

绍斋诗文存稿　集部别集类

见《江南乡试朱卷·道光庚子恩科·徐体元》,谓已刊行。

金　丹

字月梧。清乾嘉间通州人。国子生。

月梧诗钞　集部别集类

见《崇川各家诗钞汇存》,收其诗138首。

姜育英

字柳塘。清通州人。

柳塘诗钞　集部别集类

手抄本,线装1册,南通市图书馆静海楼藏。

姚步蟾

字梯云。清通州人。诸生。少贫苦,攻诗得惊人句辄狂喜累日。以窘卒。

对花阁诗稿　集部别集类

见《崇川各家诗钞汇存补遗》卷42,收其诗11首。

陈　镕

清通州人。

陈氏渊源集　集部别集类

见光绪《通州直隶州志》卷16。

朱士纯

字太朴。清通州人。诸生。幼嗜学。善为诗,称一时之秀。早卒。

六铭轩存稿　集部别集类

见《崇川各家诗钞汇存》卷39,收其诗78首。

王汝霖

字云石。清通州人。嘉庆六年(1801)进士。体貌魁梧,不求仕进。好读书,博闻强记。为文根底深厚,卓然成家。诗跌宕淋漓,不拾人牙慧。王藻称"近时罕有其匹"。

存吾斋诗钞　集部别集类

见《崇川各家诗钞汇存补遗》目录,卷18作《存吾庐诗草》,收其诗49首。

保培源

字岷川。清通州人。贡生。授州同不就,开西社薇花书阁,集诸名士觞咏其间。善辨前人书画墨迹及古玩真赝。年73卒。

艺园集　集部别集类

见《崇川各家诗钞汇存》卷50,收其诗3首。

保希贤

字兰馨,号杏桥。清通州人。附贡生。潜心经史,屡困棘闱,以明经议叙府知事,将就铨,以亲老辞。书宗颜鲁公,画学黄子久。

爱日园集6卷　集部总集类

清张焘等撰　保希贤辑

清嘉庆二十一年(1816)小平山刻本,南通市图书馆藏。

黄　氏

清通州人。嘉宝女,保钦霞妻,之屏母。通书史。

绣余阁吟草　集部别集类

见《江苏贡卷·咸丰丙辰·保文绪》。

孙自遐

字旷中,号敬斋。清通州人。布衣。少尝混迹市井,寻厌之,避居深巷。以观书摹帖自娱,兴至则为诗,有真率味,坦然出肺腑间。路遇显贵,漠如也。年90卒。

客游草　集部别集类

见《崇川各家诗钞汇存补遗》卷21,收其诗91首。

孙贻谷

清通州人。精于医术。

洞垣篇　集部别集类

见《江南乡试朱卷·咸丰辛亥恩科·孙绍瑜》。

钱棫林(1763—1842)

字伯芃,号薪圃。清通州人。兆鹏长子。监生。诰赠奉直大夫。

见闻志异 8 卷　史部杂史类

蜗庐诗集 4 卷　集部别集类

以上 2 种见同治《崇川钱氏家谱》卷 4。此卷尚谓其有医书 6 种,未详其名。

薪圃诗钞 4 卷　集部别集类

见光绪《通州直隶州志》卷 16。

徐兆桂(1763—1845)

字南荣,号月岩。清通州人。附贡生。纳赀为员外郎,后为刑部行走。旋补授湖广司副郎,升授山东司正郎。逾数年总办秋审处。后奉派随往河南、山东审理各巨案,平情度理,人无怨言。嘉庆十九年(1814)京察一等,引见记名,特简江西饶州府知府。丁父忧归,遂不复出。优游林下二十载。

成均课士录　子部儒学类

见《崇川书香录》徐姓卷。

孙兆鳌(1764—1822)

字渭纶,号晓塘。清通州人。士俊子。嘉庆六年(1801)进士。擢内阁中书,升吏部文选司主政,旋迁副郎。后以失察书吏舞弊,谪戍军台。逾年赦归,遂不复出。侍奉双亲,暇则陶情诗酒。

庚啸楼稿　集部别集类

见《崇川书香录》孙姓卷。《江南乡试朱卷·咸丰辛亥恩科·孙登瀛》著录作《庚啸楼诗文集》。

居　瑾(1764—1832)

字予石。清通州石港人。工诗。

雨十诗钞 4 卷　集部别集类

(1) 清咸丰刻本,居恩寿编,南通市图书馆藏。

(2) 清光绪七年(1881)子殿臣刻本,上海图书馆藏。附目:《先考立斋公遗稿》1 卷,居殿臣辑。

王尚旂(1764—?)

字耿光,号浚亭。清通州人。嘉庆六年(1801)举人。读书强记,尤熟《左传》。后赴进士试不第,乃聚徒授课,一以理法为宗。曾馆于王藻家,相与谈论甚洽,谓与之就正,获益良多。

浚亭存稿　集部别集类

见《崇川各家诗钞汇存补遗》目录,卷 26 作《浚亭诗稿》,收其诗 16 首。

施廷柱

字赞清。清通州人。乾隆五十四年(1789)举人。授南汇训导。立书院课程,朝夕讲肄,士风一变。

退思斋稿　集部别集类　佚

见《崇川各家诗钞汇存补遗》卷 33,收其诗 12 首。

徐　蔚(1765—1816)

字文启,一作文起,号松门。清通州人。仁滋孙,宽子。廪生。幼从李雩游。贫不能就傅,见异书辄借录,或乞邻家膏火以继晷焉。游州黉有声,试必列高等。其名益高,从游者甚众。视姿禀高下委曲成就俾无弃材。每试前辄招诸弟子于家旬锻月炼,故榜出获隽者大半其门下士。应省试邀房荐者四,不售。往返须数旬,母氏又笃老,遂绝意进取。

嘉庆中护郡学额颇力，士于额其庐曰“义声”。读书通大义，论史切中时务，不斤斤为训诂家言。每构一艺，冥心孤诣，神与古游，学者经承口指辄知名姓。

论语讲题随笔　经部四书类

见《徐氏通城支谱》卷4。

宋儒语录汇钞4卷　子部儒学类

见《崇川书香录》徐姓卷。

按：此书《徐氏通城支谱》卷4作《四书语录汇钞》，无卷数。

经史温习录8卷　子部儒学类

见《崇川书香录》徐姓卷、《徐氏通城支谱》卷4。

松门书义　子部儒学类

见光绪《通州直隶州志》卷16、《崇川书香录》徐姓卷。

松门诗钞　集部别集类

见《崇川书香录》徐姓卷、《徐氏通城支谱》卷4。《崇川各家诗钞汇存补遗》卷24收其诗11首。

刘邦鼎(1765—1836)

字石臣。清通州人。李湘外孙。嘉庆二十二年(1817)进士。署安徽当涂、来安、凤台知县，实授南陵知县。山水暴发，日夜督修堤坝。听讼平恕，拔士多出身贫寒者。乞养归，藏书2万余卷，手自批校。尤留心于乡先辈遗文。卒乡谥文达。

遂初堂经说　经部群经总义类

遂初斋诗存　集部别集类

以上2种见光绪《通州直隶州志》卷16。《崇川各家诗钞汇存补遗》卷35收其诗20首。

遂初斋文集4卷　集部别集类

《崇川刘氏丛书》本。

冯云鹏(1765—1839)

字九扶,号晏海,又号红雪词人。清通州人,长期寓居石港场。增贡生。十赴乡试未中式。少爱篆隶、金石、昆曲,擅考据。长期游季弟云鹓滋阳县任所,访曲阜、泰山、任城金石,偕弟搜罗积广,一一绘图并附款识,多有厘正。道光元年(1821)鸠工精心刊刻《金石索》12卷,有图有文,版式讲究,为欧阳修、赵明诚以来又一重要文物考古专著。以子爔贵,敕封征仕郎内阁中书。

金石索12卷首1卷　史部金石类

清冯云鹏、冯云鹓辑

(1) 清道光元年紫琅冯氏邃古斋滋阳刻本,南京图书馆藏。

(2) 清道光十五年双桐书屋刻本,南京图书馆藏。

(3) 清光绪十九年(1893)上海积山书局石印本,国家图书馆藏。

(4) 清光绪三十二年上海文新书局石印本,南京图书馆藏。

(5)《万有文库》本。

(6)《续修四库全书》本。

(7) 1996年书目文献出版社影印本。

(8) 2016年西泠印社出版社影印本。

(9) 2017年电子科技大学出版社影印本。

(10) 2018年浙江人民美术出版社影印本。

崇川金石志不分卷　史部金石类

清冯云鹏、冯云鹓辑

稿本,北京大学图书馆藏。

古今钱币不分卷　史部金石类

清冯云鹏、冯云鹓辑

1918年上海千顷堂书局石印本,上海图书馆藏。

扫红亭吟稿14卷附录1卷　集部别集类

(1) 清道光十年刻本,南京图书馆、南通市图书馆藏。

(2)《续修四库全书》本。

(3)《清代诗文集汇编》本。

扫红亭稿 1 卷　集部别集类

《崇川各家诗钞汇存》本。

红雪词甲集 2 卷乙集 2 卷词余 1 卷　集部词曲类

清嘉庆间五山冯云鹏扫红亭刻本,南京图书馆、南通市图书馆藏。

孙玉树

字茂庭。清通州人。幼即好学,诗书遍览。嘉庆三年(1798)顺天举人。任陕西华阴知县,升府同知。以老病乞归,卒于家。

滋田诗钞不分卷　集部别集类

抄本,南通市图书馆藏。

保敦临

字厚轩。清通州人。诸生。熟于乡曲旧闻,善记诵,喜清谈。

厚轩吟草　集部别集类

见《崇川各家诗钞汇存补遗》卷 39,收其诗 8 首。

钱文辉

字月溪,又字朝屿。清乾嘉年间通州人。雄诗文,然十赴乡试未第。学友皆先后中举或入太学,他于 50 岁才成廪生,未成贡生而卒,士林咸惜之。

金樱阁诗钞　集部别集类

见《崇川各家诗钞汇存》。王藻云:"今其孙出示其手录《金樱阁诗》草本见示,余为选定若干首。"《汇存》收其诗 16 首。

周长泰(1766—?)

字宝阶,号绮村。清通州人。明忠臣周晟后。乾隆五十一年

(1786)举人。少以名诸生迎銮献赋有声。晚年任安徽含山教谕。天资英敏，善谈论。诗文纵横排荡，落笔如飞。

仪礼汇证　经部仪礼类

小正月令异同　经部三礼总义类

以上2种见《海曲拾遗》卷3。

春柳湖庄诗集(二集)　集部别集类

清道光六年(1826)刻本，国家图书馆藏。《崇川各家诗钞汇存补遗》卷34收其诗91首。

马有章

字倬庭。清通州人。嘉庆六年(1801)会试第一。通籍后朝夕坐书城，治毛郑诗、《左氏春秋》，旁引汉唐诸史。晚年患目疾，以宋元明史未卒读为憾。

扬子法言注　子部儒学类

逊志堂全集　集部别集类

以上2种见光绪《通州直隶州志》卷16。《崇川各家诗钞汇存》收其诗40首。

王　鉴

字晴岩。清通州人。嘉庆七年(1802)湘中造折梯水龙，王鉴在黔阳作《水龙歌》纪其事。

退一步轩诗钞　集部别集类

见《崇川各家诗钞汇存》。

徐　缙(1768—?)

字纪云，号鸾坡。清通州人。琳次子。贡生。嘉庆元年(1796)征辟即用知县。

徐氏宗谱　史部传记类

清嘉庆十八年锄经堂刻本。

(嘉庆)海曲拾遗补续6卷　史部地理类

清金榜纂　徐缙续补

(1) 清嘉庆二十三年徐氏芸晖阁补刻本。

(2) 抄本,南通市图书馆藏。

(3) 1963年南通市图书馆抄本。

崇川咫闻录12卷　史部地理类

清徐缙、杨廷撰纂

清道光十年(1830)徐氏芸晖阁刻本。

扶海楼诗集12卷　集部别集类

清李懿曾撰　徐宗干、徐缙编

清道光刻本,南通市图书馆藏。

张泰阶

清通州人。庠生。嘉庆十二年(1807)荐而未售。

书斋诗文稿　集部别集类

见《江南乡试朱卷·咸丰辛亥恩科·张卜熊》。

钱　绂

字绮楼。清乾嘉间通州人。少补诸生。不喜科举制艺,好诗,尚西昆体,尤擅填词作小令,崇秦观、柳永。喜唱昆曲。

花梦草堂集　集部别集类

香南词　集部词曲类

以上2种见《崇川各家诗钞汇存》,收其诗8首。

钱朴林(1769—1825)

字仲櫄,号樕园,一号倚楼。清通州人。兆鹏次子,棫林弟。诸生。因弟梓林死于科举,遂淡泊名场。读书、作诗文,皆自娱也。

一亩居诗选5卷　集部别集类

手抄本,线装1册,南通市图书馆静海楼藏。

小溟诗钞11卷　集部别集类

手抄本,线装4册,南通市图书馆静海楼藏。

无邪思斋诗稿　集部别集类

手抄本,存卷13至卷20,南通市图书馆静海楼藏。

保朝勋

清通州人。附优贡生。嘉庆五年(1800)省试,已中而以额满见遗,后屡荐未售。

望云楼文集　集部别集类

吟蕉馆诗钞　集部别集类

同门录　集部总集类

清保朝勋汇刻

以上3种见《江南乡试朱卷·咸丰辛亥恩科·保广颐》。

王　昕

字北溪。清通州人。廪贡生。嘉庆五年(1800)任沭阳训导,十二年任东台训导。

晴香阁集　集部别集类

见《崇川各家诗钞汇存补遗》卷59,收其诗39首。

汪化鹏

字春亭。清通州人。廪生。攻苦不遇,诗多幽愤之音。

东海行吟集　集部别集类

见《崇川各家诗钞汇存》卷34,收其诗16首。

邵凤依(1771—?)

字瑞明,号芝台,又号云岚。清通州人。嘉庆十三年(1808)进士。

逸礼补遗　经部三礼总义类

竹书评注　史部杂史类

东陵日记　史部杂史类

以上3种见光绪《通州直隶州志》卷16。

保　煐

字建元。清通州人。乾隆六十年(1795)举人。授上元教谕。质直好读书,覃精为文。两江总督孙玉庭延其为诸孙师。道光中建议赈流亡、浚港汊,以急公好义闻名。

桐荫山房诗草　集部别集类　佚

见《崇川各家诗钞汇存补遗》卷19,收其诗79首。

蒋　衍

字宾燕。清乾嘉间通州人。布衣。

江干小草　集部别集类

见《崇川各家诗钞汇存》卷50,收其诗1首。

沈　岐(1773—1862)

字鸣周。清通州人。嘉庆十三年(1808)进士。改庶吉士,授编修。道光初粤商潘仕成捐资,特旨赏给举人,岐力主不可,以免阻塞寒儒进修之志。英人初至广东经商,地方官吏均以抚柔为辞,独岐奏言:"夷性诡诈,不可不防其渐,通商之端一开,恐有华夷杂处之虞。"宣宗命将其疏寄交广东督抚察看情形。历吏、兵部侍郎,累迁左都御史。厘奸剔弊,独立不阿。亲老致仕归。在官布衣蔬食,好宏奖后进。主讲扬州,与阮元、梁章钜同居南河下,人目为南河三老。重宴鹿鸣,加尚书衔。

卒谥文清。

左右修竹居诗集14卷　集部别集类

清咸丰八年(1858)刻本,南开大学图书馆藏。

味蔗存草　集部别集类

1961年徐咏绯抄本,存卷11、12。南通市图书馆藏。

王嘉屏

字保衡,号伊庐。清通州人。嘉庆九年(1804)副榜,在京20余年,历充四库馆誊录、武英殿校录。议叙外用,岁久未经铨补。晚年返里,家居贫约,诗酒自娱。为人浑朴敦古,里中少长皆乐亲近之。诗文高旷,言论瑰奇。

求是斋文稿2卷　集部别集类

见《崇川书香录》王姓卷。

张　珖

字汉莹。清通州人。诸生。

西园诗钞　集部别集类

见《崇川各家诗钞汇存》卷50,收其诗1首。

朱　玮

字石甫。清通州人。风格隽上,有宿才,谈论皆具名士气。诗歌清拔,书法出入文、董,兼知琴。所成自署曰一间屋,弦歌挥洒,能以布衣傲百城。

如皋汪氏文园绿静园图咏　子部艺术类

清季标绘　朱玮诗

(1) 清道光二十年(1840)汪承镛印本。

(2) 1920年费范九等据汪氏本影印本。

草书编韵　子部艺术类

见光绪《通州直隶州志》卷16,有清李琪叙。

独行堂诗存2卷　集部别集类

清道光四年刻本,南通市图书馆藏。

白仪光(1775—1821)

字铭谦,号牧山。清通州人。为兰子。从高西圃、保秋圃两先生游。笃志勤学,孜孜不倦。家贫,授徒自给。性耿介峻洁,喜饮。善吟咏,有怡然自得之趣。八应省试不遇。年46卒。

小学详注　经部小学类

见《崇川书香录》白姓卷。

(嘉庆)白氏宗谱6卷首1卷　史部传记类

清白为兰、白仪光等辑

清嘉庆十年(1805)刻本,南通市图书馆藏。

竹院唱酬集　集部别集类

见《崇川书香录》白姓卷。

钱梅林(1775—1850)

字叔和,号雪峰。清通州人。兆鹏三子,朴林弟。幼时读书即喜听历史故事。及长,研究历史终身不懈。著作颇多,史评有史识。

列国遗事4卷续遗4卷　史部编年类

清钱梅林辑

清嘉庆年间抄本,南通市图书馆静海楼藏。

晋史乘16卷　史部杂史卷

楚史梼杌20卷　史部杂史类

愚溪诗钞6卷　集部别集类

以上3种见光绪《通州直隶州志》卷16。

马廷燮(1775—?)

字彦堂,号理斋,亦号虹岚。清通州人。诰子。乾隆六十年(1795)乡试第三名,嘉庆元年(1796)连捷成进士。任原武令,后官海丰,以事降调,谢任归。晚年郁郁不得志,贫病以终。

虹岚诗草　集部别集类

见《崇川各家诗钞汇存补遗》卷37,收其诗8首。

顾　鹓

号巢云居士。清通州城人。嘉庆二十年(1815)南京凌霄到通州访问顾鹓,鹓为其刻集。

凤芝集　集部别集类

芳润集　集部别集类

鸣盛集　集部别集类

行远集　集部别集类

经解集　集部别集类

以上5种见《江南乡试朱卷·道光丙午科·顾曾焕》,谓曾行世。今未见。

律赋孳新不分卷　集部总集类

清刻巾箱本,南京图书馆藏。

紫琅诗话9卷　集部诗文评类

(1) 清道光五年(1825)手写稿本,南通市图书馆藏。

(2) 清刻本,南通市图书馆残存卷5、6、7、8、9。

刘瑞清(1776—1828)

字绍成,号澄之,一号芝庭。清通州人。长华父。庠生。不得志于科场,郁郁以殁。乡谥孝毅。

传经堂文稿　集部别集类

浙游草　集部别集类

刘孝毅先生遗稿　集部别集类

以上3种见《崇川书香录》刘姓卷，附徐宗干《刘孝毅先生遗稿叙》。

周　煊(1777—?)

字丽川，号霁亭。清通州人。懿德子。嘉庆六年(1801)举人。初上春官以疾归；再赴，以疾中道返，遂绝意仕进。杜门读书，训迪子侄，吟诗讲艺，借以自娱。以子升贵，赠如其官。年60余卒。乡谥文毅。

卧云轩诗稿　集部别集类

见《崇川各家诗钞汇存》卷22，收其诗33首。

邱　标

字赤霞，号起岚。清通州人。嘉庆元年(1796)恩贡。立品端方，不苟于世。工于诗。善书法。候选训导，屡聘不至，以洁自好。尝与曹星谷、张克岐等结为诗社以自娱。年80诗兴犹存。

(同治)两淮通州金沙场志　史部地理类

清邱标纂

(1) 孙氏经畲楼藏稿本传抄本，中国科学院图书馆藏。

(2)《中国地方志集成》本。

钱梓林(1778.1.26—1814)

字季良，号敬庵。清通州人。兆鹏四子，梅林弟。幼随父官博陵，读书颖慧。为文雄浑雅健，善概括史事。嘉庆十五年(1810)举于乡，十九年赴礼部试，既出闱以病卒于家邸。以文行著于乡，及卒，私谥文悫先生。

左传类编16卷　经部春秋左传类

见同治《崇川钱氏家谱》卷4。

四书考典类编18卷　经部四书类

见光绪《通州直隶州志》卷 16。

见闻类编 18 卷　子部杂学类

见同治《崇川钱氏家谱》卷 4。

扪虱丛谈 6 卷　子部小说类

见光绪《通州直隶州志》卷 16、《崇川各家诗钞汇存》。

十锦堂诗集　集部别集类

手稿本，存卷 4 至卷 6，南通市图书馆静海楼藏。

按：杜春雷《〈沧浪轩诗集〉伪书考实》(《文献》2015 年第 1 期）认为今存元人吕彦贞《沧浪轩诗集》实据钱梓林《十锦堂诗集》改易书名、著者、卷帙和部分诗篇作伪而来。又钱氏家谱著录有《十锦山房诗钞》12 卷。《崇川各家诗钞汇存》卷 36 收其诗 24 首。

冯元锡(1778—1836)

原名冯珞、冯金绶。字组文，别字紫屏，号梦山，晚年号怡云居士。清通州人。嘉庆十六年(1811)进士。翰林院庶吉士，散馆改授主事，补工部营缮司主政，擢湖广道监察御史。公事之余赴琉璃厂搜寻名人墨迹古董，题之跋尾，以志心赏。古文近选体，书法虞褚，画宗北苑。

冯侍御遗稿 6 卷末 1 卷　集部别集类

清徐宗勉、王广荫、王藻、周升编

(1) 清道光二十年(1840)沧霞阁刻本，南京图书馆藏。

(2)《清代诗文集汇编》本。

冯侍御遗稿 1 卷　集部别集类

《崇川各家诗钞汇存》本。

王　兰(1778—1854)

字者香。清通州人。王藻伯兄。国子生。夙耽吟咏，晚年渐臻老境，不落窠臼。喜莳花木，蓄骨董、书画，盈箱累箧。封奉政大夫。

爱吾庐诗稿　集部别集类

见《崇川各家诗钞汇存》卷26，收其诗18首。

冯云鹓(1779—1857)

字葆芝，一作宝芝，号集轩，一号仪叔。清通州人。云鹏弟。嘉庆十六年(1811)进士。分发山东，补滋阳县知县。调曲阜，署东阿县知县、胶州知府。乡谥文定。志一行粹，嗜古成癖，自少逮耄，无间宦隐，挟策披诵以为乐。

圣庙从祀贤儒考略不分卷　史部传记类

清冯云鹓辑　冯淇补辑

清同治九年(1870)刻本，南京图书馆藏。

颛孙师年谱1卷　史部传记类

(1) 清道光间刻本，国家图书馆藏。

(2)《北京图书馆藏珍本年谱丛刊》本。

曾子年谱1卷　史部传记类

(1) 清道光十二年(1832)刻本，国家图书馆藏。

(2)《北京图书馆藏珍本年谱丛刊》本。

仲子年表1卷　史部传记类

颛孙子(师)年表1卷　史部传记类

宰子(予)年谱1卷　史部传记类

端木子(赐)年表1卷　史部传记类

宰子年谱1卷　史部传记类

以上5种有抄本，上海图书馆藏。

冯氏族谱续编10卷首1卷　史部传记类

清冯云鹓等辑

清同治六年大树堂刻本。

按：此谱馆藏待查。《中国家谱总目》著录有江苏南通《冯氏族谱续编》10卷《首》1卷，清道光二十七年大树堂刻本，南通市图书馆藏(413—0013)；《冯氏族谱续编》10卷《首》1卷，清冯尚志等纂修，清咸丰十年(1860)大树堂刻本,上海图书馆藏(413—0014)。

(咸丰)直隶通州志续编不分卷　史部地理类

稿本,中国科学院图书馆藏。

按:记事至咸丰四年,存人物、选举、艺文三篇。

金石索12卷首1卷　史部金石类

清冯云鹏、冯云鹓辑

版本参见“冯云鹏”条。

崇川金石志不分卷　史部金石类

清冯云鹏、冯云鹓辑

稿本,北京大学图书馆藏。

济南金石志4卷　史部金石类

(1) 稿本,存卷1、3—4,辽宁省图书馆藏。

(2) 清道光二十年刻本,南京图书馆藏。

济宁金石志8卷　史部金石类

清徐宗干、冯云鹓辑

按:参见“徐宗干”条。

古今钱币不分卷　史部金石类

清冯云鹏、冯云鹓辑

1918年上海千顷堂书局石印本,上海图书馆藏。

六印斋集不分卷　集部别集类

稿本,中国科学院图书馆藏。

圣门十六子书不分卷　丛书类

清冯云鹓辑

(1) 清道光十四年昌平书院刻本,华东师范大学图书馆藏。

(2)《续修四库全书》本。

子目:

《颜子书》7卷《首》1卷　周颜渊撰

《子思子书》6卷《首》1卷　周孔伋撰

《曾子书》8 卷《首》1 卷　周曾参撰

《孟子书》7 卷《首》1 卷　周孟轲撰

《闵子书》6 卷《首》1 卷　周闵损撰

《冉子书》4 卷《首》1 卷　周冉雍撰

《端木子书》7 卷《首》1 卷　周端木赐撰

《仲子书》6 卷《首》1 卷　周仲由撰

《卜子书》5 卷《首》1 卷　周卜商撰

《有子书》6 卷《首》1 卷　周有若撰

《冉子书》5 卷《首》1 卷　周冉耕撰

《宰子书》7 卷《首》1 卷　周宰予撰

《冉子书》5 卷《首》1 卷　周冉求撰

《言子书》3 卷《首》1 卷　周言偃撰

《颛孙子书》6 卷《首》1 卷　周颛孙师撰

《朱子书》3 卷《首》1 卷　宋朱熹撰

陈　鹏(1779—?)

字今凤,号亦凡。清通州人。嘉庆十八年(1813)举人,官蒙城教谕。

梦蝶斋集　集部别集类

见《崇川各家诗钞汇存补遗》卷 59,收其诗 16 首。

周朝阳

字端临。清通州人。武庠。喜吟咏,不落窠臼。

因时集　集部别集类

见《崇川各家诗钞汇存补遗》卷 17,收其诗 27 首。

沙声远

字包山,号画隐。清通州人,以画游如皋。性豪爽,陶情诗酒。于山水人物无不工妙。尤以画马得名，气骨雄秀。

画学醒言　子部艺术类

包山诗集　集部别集类

以上2种见道光《如皋县续志》卷8。《东皋诗存》卷44收其诗8首。

孙炳荣

清通州人。

芝亭赋草残存1卷　集部别集类

清道光二十四年(1844)刻本，南京图书馆藏。

汪有恒

字春园。清通州人。任甘肃两当典吏。

春园诗草　集部别集类

见《崇川各家诗钞汇存补遗》卷38，收其诗8首。

王云台

清通州人。

金畦诗钞1卷　集部别集类

清道光红橘轩刻本，南京图书馆藏。

钱桂森(1780—?)

一名馥林，字月丹，号素痴。清通州人。志义子。

洞口吟　集部别集类

东游草　集部别集类

狼西吟　集部别集类

以上3种见同治《崇川钱氏家谱》卷4。

潘效岐

字达文,号翠峰。清通州人。庠生。南闱屡荐不售,遂绝意进取。好读书,博涉经史及诸子百家,悉皆潜心研习。闭门课徒,多所成就。训子尤务质朴,崇节俭。年70卒。

研经堂文集　集部别集类

见《崇川书香录》潘姓卷。

冯效琦

字云奏,号东川。清通州人。廪贡生。慎交游,喜博览。熟精经史,座右署儒先格言以自勉。

十三经集训　经部群经总义类

奇字录　经部小学类

天文类证　子部历算类

以上3种见《江南乡试朱卷·道光辛巳恩科·钱文伟》。

按:冯氏曾为钱文伟业师,钱氏中道光元年(1821)举人。

李光嵘

号安桥。清通州人。嘉庆二十一年(1816)岁贡。曾为钱邦桢业师。

鹿侪轩试艺　子部儒学类

见《江南乡试朱卷·道光壬午科·钱邦桢》。

李锦琮

清通州人。道光六年(1826)优贡。

德馨山房诗古文词　集部别集类

见《江南乡试朱卷·咸丰壬子科·顾元庆》。

黄 芝

字园雨。清通州人。诸生。生时芝产于庭，父奇之，遂以芝名。工诗文，与郡人吴伟齐名。甫壮而卒。

蕉雨山房吟稿　集部别集类

见《崇川各家诗钞汇存补遗》卷59，收其诗11首。

潘贤书

字荐初，号梦坡。清通州人。幼随父读书临淮。游庠后屡困南闱，郁郁家居，益肆力于诗古文各体，词华璀璨，蔚然可观。善书，工篆隶，别具古致。晚年境日窘，以畴人堪舆术为糊口计。年87卒。

快雪轩诗草　集部别集类

见《崇川书香录》潘姓卷。

李 琪(1781—1846?)

字元朗，号少山，别号五芙蓉居士。清通州人。懿曾子。道光十五年(1835)贡生。少承家学，有异才，尤工词赋。岁试、科试屡获高等，而屡困乡试场屋。其愤懑不平之气一发于诗。性嗜酒，耳热之际，嬉笑淋漓至于怒骂。然诗则率真，不作欺世语。

(道光)江南直隶通州志17卷　史部地理类

清顾鸿修　李琪、杨廷撰纂

(1) 道光间刻本，仅刻7卷，中国科学院图书馆、南通市图书馆藏。系当时样本，原书卷数已不可考。

(2) 底稿本，南通市图书馆藏，存卷13人物志。

少山诗钞6卷附诗余1卷　集部别集类

清道光三年五华山馆刻本，南京图书馆藏。

少山文钞4卷　集部别集类

清道光二十二年刻本，南京图书馆藏。

钱枫林(1782—1799)

字少华,号丹渚。清通州人。兆鹏五子,梓林弟。

丹渚遗稿 6 卷　集部别集类　佚

见同治《崇川钱氏家谱》卷 4。

钱　恕

字心斋。清通州人。

心斋画谱　子部艺术类

见光绪《通州直隶州志》卷 16,有李琪叙。

王绍祖

清通州人。

老子袌常编 2 卷　子部周秦诸子类

清道光三年(1823)苏州书业堂刻本。

孙　僎

字元升。清通州人。

春晕阁集　集部别集类

见《南通博物苑藏书书目》。《崇川各家诗钞汇存》收其诗 9 首。

陈士祯(1783—?)

字仲干,一字秋竹,号云棂。清通州人。嘉庆十九年(1814)进士。任职安徽 6 年,调甘肃,历任碾伯、宁夏、皋兰知县,擢兰州知府。爱士恤民,案无留牍。在任疏通水道,多有政绩。护平庆泾道,卒于官。

(道光)兰州府志 12 卷首 1 卷　史部地理类

清陈士祯修　涂鸿仪纂

清道光十三年(1833)刻本。

嘉莲轩集　集部别集类

见《崇川各家诗钞汇存补遗》卷59,收其诗2首。

沙思祖(1784—?)

字长卿,号凌斋。清通州石港场人。道光三年(1823)进士。以知县归部铨用。呈改教职,就庐州府教授。善诗,好古文辞,为文雄健敏捷。归里后杜门著书,训迪子弟。年逾六旬卒。

凌斋诗钞　集部别集类

见《崇川各家诗钞汇存补遗》卷59,收其诗2首。

杨廷撰(1785—1854)

字述臣。清通州人。世纶孙。增贡。喜读书,尽读家中旧藏及里中书贾与士大夫家藏书。嘉庆十八年(1813)在扬州梅花书院从吴锡麒学。平生尽力搜辑乡先辈诗文轶事,编纂成书。

古文尚书拾瀋12卷　经部尚书类

孝经阐义4卷　经部孝经类

顾襄敏年谱1卷　史部传记类

以上3种见光绪《通州直隶州志》卷16。

崇川咫闻录12卷　史部地理类

清徐缙、杨廷撰纂

清道光十年(1830)徐氏芸晖阁刻本,南京图书馆藏。

(道光)江南直隶通州志17卷　史部地理类

清顾鸿修　李琪、杨廷撰纂

版本参见“李琪”条。

法言补笺13卷　子部儒学类

逭暑丛谭34卷　子部杂学类

以上2种见光绪《通州直隶州志》卷16。

一经堂赋录1卷　集部别集类

(1) 清道光十三年刻本，南京图书馆藏。

(2) 清咸丰七年(1857)刻本，南通市图书馆藏。

一经堂诗录 2 卷　集部别集类

清咸丰三年刻本，南京图书馆藏。

一经堂诗录 8 卷　集部别集类

一经堂诗赋续录　集部别集类

癸丑年存稿　集部别集类

甲寅年存稿　集部别集类

以上 4 种咸丰七年刻本，南通市图书馆藏。

五山耆旧前集 20 卷今集初刊 8 卷　集部总集类

清杨廷撰辑

(1) 清道光四年一经堂刻本，南京图书馆藏。

(2)《五山耆旧前集》1 卷《今集》1 卷，泰兴县艺文志底稿本，中国科学院图书馆藏。

(3) 2016 年国家图书馆出版社《历代地方诗文总集汇编》本。

崇川赋钞 4 册不分卷　集部总集类

清杨廷撰辑

清道光元年重刻本，南通市图书馆藏。

三家诗钞 6 卷　集部总集类

见光绪《通州直隶州志》卷 16。

姚　鸿

字耘谷。清通州人。诸生。倜傥不羁，能文工书，尤精篆刻。就馆青口，因家焉。

耘谷诗存　集部别集类

见《崇川各家诗钞汇存补遗》卷 28，收其诗 26 首。

顾　楷(1785—1863)

字揆章，号望云。清通州人。大坤子。岁贡。复社社员。治学力崇朱子。

望云山房文录　集部别集类

见民国《南通顾氏宗谱》卷 8。

孙　超(1785? —1866)

字崧甫，别号青居士。清通州城人。道光十七年(1837)举人，十八年进士。官曲周知县、蓟州知州等。曾精钞《红楼梦》120 回本，并加评点。

孙崧甫钞评《红楼梦》120 回　子部小说类

见南京师范大学《文教资料》1986 年第 2 期《一部新发现的〈红楼梦〉精抄本》一文。据查，此书存于南通市顾氏，保存完善，秘不示人。

秋棠吟榭词 6 卷　集部词曲类

见《全清词钞》卷 22，收其词 1 首。

冯颖贤(1787—1822)

字星聚，号希斋，一号箕仲。清通州人。嘉庆二十一年(1816)贡生。

虚白斋诗集　集部别集类

见道光二十八年(1848)《冯氏族谱续编》卷 2。

冯　昆

字悦实，号霁崖。清通州人。嘉庆二十三年(1818)岁贡。工诗古文。通象纬、舆地、术数之学，兼精医。就家置讲塾，生徒甚众。

集义斋诗钞　集部别集类

见《崇川各家诗钞汇存补遗》，收其诗 44 首。

刘宝森

字积岩。清通州人。邦鼎子。少嗜学，为父钟爱，随任南陵，襄理家政。兼留心文案，办疑难事有刑幕所不及者。以疾卒。

书堂诗钞　集部别集类

见《崇川各家诗钞汇存补遗》卷12，收其诗39首。

钱邦桢

字德龄。清通州人。保次子。道光二年(1822)举人。任安徽太湖县教谕。性俭朴，不苟取与，性严介。

六官联事6卷　经部周礼类　佚

见光绪《通州直隶州志》卷16。

王鹤翔

字云表，号逸卿。清通州人。汤莲渚母舅。廪生。幼从冯昆游，授经史及汉唐诗古文悉能心解，治时文清折奥衍，颇得西江五子法乳。工词赋，试辄列前。屡困举场，抑郁以终。

延春阁文集　集部别集类

见《江南乡试朱卷·道光己酉科·汤莲渚》。

保之屏

字维藩，号芸坪。清通州人。钦霞子。绩学攻苦，早卒。例赠登仕郎。

春晖山房文稿　集部别集类

见《江苏贡卷·咸丰丙辰·保文绪》。

汪万选

字山樵。清通州人。附监生。

泪余诗钞　集部别集类

见《崇川各家诗钞汇存》卷50，收其诗1首。

陈士璋

字季达。清通州人。士桢弟。少负异才，诗笔出入玉溪昌谷间。未及弱冠而卒。其兄士桢官秦中，曾将其诗集刊刻行世。

昙花阁集　集部别集类　佚

见《崇川各家诗钞汇存补遗》卷59，收其诗5首。

陈士淳

字伯淳。清通州人。其家多藏书，网罗散失用力颇勤。有感于自刘名芳辑《五山志》之后，题咏狼五山之作甚多，而无专集，乃广搜自刘志以后新作，补以刘志所遗，刻为续编。

五山诗续钞2卷　集部总集类

清李敬、凌相等著　陈士淳编辑

(1) 清嘉庆十六年(1811)刻本，南通市图书馆藏。

(2) 小延年室抄本，南通市图书馆藏。

吴廷翚

字晴皋。清通州人。诸生。工词赋，拙于楷法。不甚留心制举业，爱蓄骨董，辨哥、定等窑瓷器，讨论尤精确。

一枝轩诗草　集部别集类

见《崇川各家诗钞汇存补遗》卷46，收其诗18首。

杨　菎

号静庵。清通州人。布衣。家贫，隐于市，设酒肆。面目枯黑似山中老僧。暇则流览今古，耽吟咏。爱诵陶诗，性情真率亦近之。屋临街，三五间倾侧倚斜，每晨洒扫，文人韵士日往来不绝，杂坐酒垆间，谈笑竟日，几忘处市井之中。

香谷吟草　集部别集类　佚

见《崇川各家诗钞汇存》目录，卷50收其诗10首。

保大章

字印卿。清通州人。国子生。道光二年（1822）考职一等，即用县主簿，未到任而卒。工诗古文，颇有时誉。

求放心斋诗稿　集部别集类

见《崇川各家诗钞汇存补遗》卷48，收其诗36首。

孙廷光

号谦斋。清通州人。兆鳌次子。廪生。屡试不第，乃无意进取。研究身心之学，暇则于书斋中搜录前人嘉言懿行，分类钞录。后以侄铭恩封赠三代，兼及其叔，谢弗受。咸丰元年（1851）举孝廉方正。年逾七旬卒。

谦斋文稿　集部别集类

见《崇川书香录》孙姓卷。

孙士峨

字奉璋，号朴园。清通州人。郡廪膳生。秉性诚朴，敦行勤学，朝夕不倦。善诗，挥洒自如。工书。自嘉庆二十一年（1816）赴省试，屡荐不售。抑郁以殁。乡谥孝恭。

滴翠轩文集　集部别集类

见《江南乡试朱卷·咸丰辛亥恩科·孙绍瑜》。

保鸿恩

清通州人。朝勋子。优廪生。嘉庆二十三年（1818）赴省试，屡荐不售。

怀萱吟草初续集　集部别集类

见《江南乡试朱卷·咸丰辛亥恩科·保广颐》。

吴司典

字佩铭。清通州人。诸生。

回澜阁诗钞　集部别集类

见《崇川各家诗钞汇存补遗》卷59,收其诗7首。

王　藻(1787—?)

字菽原,一字燕镐。清通州人。少不羁。道光二年(1822)进士,改庶吉士,历御史。执法严正,不避嫌怨。出知琼州府,累官湖南布政使,临事勇断。乞养归里中,首倡筹办兴修赈给诸事务。咸丰年间在乡团练以拒太平军。晚年陶情丝竹,坐事被议,遂卒。

恩晖堂诗集6卷帖体诗3卷律赋1卷附禹贡锥指节要1卷　集部别集类

清咸丰六年(1856)刻本,南京图书馆藏。

恩晖堂时文4册不分卷　集部别集类

清咸丰九年有嘉树轩刻本,南通市图书馆藏。

崇川各家诗钞汇存52卷补遗61卷崇川列朝诗选汇存2卷首8卷目录3卷　集部总集类

清王藻辑

(1) 清咸丰七年有嘉树轩刻本,南京图书馆藏。

(2) 2016年国家图书馆出版社《历代地方诗文总集汇编》本。

按:《诗钞汇存》辑录历代作家有专集存世者,《诗选汇存》辑录历代作家无专集存世者。《补遗》则补上述各家之遗。《目录》附各家小传。

陶云鸿

号菊庄。清通州人。开虞后,景曾子。优增生。嘉庆十八年

(1813)房荐未售。绩学励行。
东稿草堂文稿　集部别集类
见《江南乡试朱卷·道光丙午科·陶树棠》。

徐会曾(1793—?)

字景新,号沂舫。清通州人。兰枝子。嘉庆二十一年(1816)优贡。绩学励志,为文自出机杼,以先正理法为主,经术辅之。二十二年赴廷试,列高等,逾年仍不得志,遂归。晚年抱病索居,数载卒。
沂舫诗文集 4 卷　集部别集类
见《崇川书香录》徐姓卷。

王广荫(? —1851)

字菱棠。清通州人。道光三年(1823)榜眼。授编修,累官工部尚书。文宗即位,诏求贤,广荫疏荐林扬祖等,又请起用林则徐。咸丰元年(1851),送宣宗遗像供奉盛京凤凰楼,途次受寒,还京卒。谥文慎。屡典文柄,清苦如故。
集益斋稿 4 卷附家塾课艺 1 卷　集部别集类
清咸丰刻本,南京图书馆藏。

刘觐森

字鹄庭。清通州人。邦鼎子,宝森弟。好诗古文辞,不喜制举业。早逝。
礼堂诗钞　集部别集类
见《崇川各家诗钞汇存补遗》卷 53,收其诗 44 首。

徐宗干(1796—1866)

字伯桢,号树人,亦号峙之,又号杶园。清通州人。蔚子。嘉庆二十五年(1820)进士。以知县发山东,知曲阜、武城,升高唐州知州,擢济宁直隶州知州。赴蜀补保宁知府兼护川北道。擢授福建汀漳龙道。丁母忧服除，奉旨补授福建台湾道。授福建按察使，迁浙江按察使，补授浙江布政使。以部议解饷案削级卸任。归里，奉上谕督办通泰团练。奉旨赏还布政使，卒于官。赐谥清惠。所至修书院，兴利除弊，有治声。《清史列传》有传。

正字略揭要 1 卷　经部小学类

清咸丰元年(1851)刻本，浙江图书馆藏。

斯未信斋主人自订年谱 1 卷　史部传记类

(1) 清同治五年(1866)南通徐氏家刻本，南京图书馆藏。

(2)《北京图书馆藏珍本年谱丛刊》本。

悼忘自述 1 卷　集部别集类

清咸丰四年刻本，北京大学图书馆藏。

同治五年补行甲子正科福建武闱乡试录 1 卷　史部传记类

清徐宗干等纂辑

清同治间刻本，国家图书馆藏。

斐亭随笔 4 卷附测海录 1 卷　史部传记类

清徐宗干辑

清咸丰二年斯未信斋刻本，北京大学图书馆藏。

治台必告录 8 卷　史部政书类

清徐宗干原编　丁曰健重编

(1) 清同治六年知足知止园刻本，南京图书馆藏。

(2) 1984 年台湾大通书局出版《台湾文献史料丛刊》本。

(3)《续修四库全书》本。

(4) 1997 年台湾省文献委员会出版《台湾历史文献丛刊》本。

按：此为治台史的重要文献，内容涉及政治、军事、经济、教育、文化、风俗等诸多方面。此书由徐宗干原辑，后授予丁曰健。道光、咸丰年间，丁曰健先后在台湾凤山、嘉义、鹿港等处任职。同治二年，彰化戴潮春事亟，时任福建巡抚徐宗干奏简曰健为台澎兵备道，统办军务。宗干先有《治台必告录》之辑，此时授予曰健，告以“治台方略，全在因地制宜，名贤往事可师”。丁曰健至五年离任。次年，因并自著，合为8卷，校正付梓。前5卷系辑录前人蓝鼎元、魏源、姚莹等人之作，其卷4有徐宗干《斯未信斋存稿》之文34篇，卷5有《斯未信斋文集》之文35篇。后3卷均为曰健所撰，有《平台药言》及书札、奏疏等。

虹玉楼日记　史部传记类

见《崇川书香录》徐姓卷。

(道光)泰安县志12卷首1卷末1卷　史部地理类

清徐宗干修　蒋大庆纂

(1) 清道光八年(1828)刻本，南京图书馆藏。

(2) 清道光八年刻同治六年修补本，南京图书馆藏。

(道光)高唐州志8卷首1卷末1卷　史部地理类

清徐宗干修　陈僟等纂

(1) 清道光十五年刻本，南京图书馆藏。

(2) 抄本，山东省图书馆藏。

(道光)济宁直隶州志10卷首1卷末1卷图1卷　史部地理类

清徐宗干修　许瀚纂

(1) 清道光二十一年刻本，台湾“中央图书馆”原藏。

(2) 清咸丰九年卢朝安刻本，南京图书馆藏。

(3) 抄本，不全，山东省博物院藏。

(4) 1968年台湾学生书局《新修方志丛刊》本。

(5)《中国地方志集成》本。

(道光)保宁府志62卷　史部地理类

清黎学锦、徐双桂等修　史观等纂

清道光二十三年徐宗干补刻本，上海图书馆藏。

黯淡滩记1卷　史部地理类

浮海前记1卷　史部地理类

渡海后记1卷　史部地理类

以上3种有《小方壶斋舆地丛钞》本。

济宁金石志8卷　史部金石类

清徐宗干、冯云鹓辑

(1) 清道光二十五年闽中自刻本，南京图书馆藏。

(2) 清抄本，清华大学图书馆藏。

(3) 台北新文丰出版公司《石刻史料新编》(第二辑)影印本。

按：此书里封题“济宁州金石志”，下署“道光乙巳春镌于闽中南通州徐宗干识”。卷端题“济宁金石志”，书口题“济州金石志”。各书目著录此书书名常有差异，此据卷端题名。北京大学图书馆著录该馆有“清光绪三十一年闽中南通州徐氏刻本”，或是误将“道光乙巳”认作了“光绪乙巳”(光绪三十一年)。据《济州金石志残本》徐宣武跋：《济州金石志》至民国年间书存二部，一部在当地民间，秘不示人；一部为日侨以数百金易去。后徐宣武在古董市中见到原版60余片，计一百三四十页，因价昂无从购回，乃拓印首尾16页装订，是为《济州金石志残本》。

兵鉴全集4卷火攻答1卷　子部兵书类

清徐宗干辑　《火攻答》明王鹤鸣撰

(1) 清道光二十九年刻本，上海图书馆藏。

(2) 清咸丰二年晚枫书屋刻本，北京大学图书馆藏。

(3) 清咸丰二年永嘉县前集芳斋刻本，南京图书馆藏。

(4) 清咸丰二年斯未信斋刻本，南京图书馆藏，不全。

新编兵鉴心书4卷火攻答1卷　子部兵书类

清徐宗干辑　《火攻答》明王鹤鸣撰

清光绪十六年(1890)石印本，军事科学院图书馆藏。

测海录1卷　子部兵书类

清徐宗干辑

(1) 清道光间台郡松云轩卢崇玉刻本，国家图书馆藏。

(2) 清咸丰二年晚枫书屋刻本，南京图书馆藏。

保赤须知不分卷　子部医家类

清徐宗干辑

抄本，南通市图书馆藏。

斯未信斋杂录1卷　子部杂学类

清咸丰九年刻本，南京图书馆藏。

虹玉楼赋钞不分卷　集部别集类

清道光六年刻本，泰安市图书馆藏。

读父书斋诗稿1卷斯未信斋诗录4卷　集部别集类

清道光十年刻本，南京图书馆藏。

斯未信斋诗录16卷　集部别集类

(1) 清咸丰间刻本，山东省图书馆藏。

(2)《清代诗文集汇编》本。

斯未信斋文录1卷　集部别集类

清道光间自刻本，中国科学院图书馆藏。

斯未信斋存稿附编舆诵集1卷　集部别集类

抄本，中国科学院图书馆藏。

斯未信斋诗钞　集部别集类

1927年刊本。

扶海楼诗集12卷词钞2卷　集部别集类

清李懿曾纂　徐宗干编

清道光十二年刻本，南京图书馆、南通市图书馆藏。

山左明诗选8卷　集部总集类

清徐宗干辑

清道光间泰山官署刻本，国家图书馆藏。

鲁两先生合集3卷　集部总集类

清徐宗干辑

清道光十三年南通徐氏斯未信斋刻本，南京图书馆藏。

按：包括宋代作家孙复《孙明复先生小集》1卷、石介《石徂徕先生全集》2卷。

斯未信斋全集　丛书类

(1) 清咸丰五年刻本,南京图书馆藏。

(2) 1960 年出版《台湾文献丛刊》本。

(3)《清代诗文集汇编》本。

子目:

《斯未信斋文编》

《奏疏》2 卷

《官牍》7 卷

《军书》4 卷

《语录》3 卷

《艺文》4 卷

《斯未信斋杂录》6 卷

白懋初

字慎旃,一字馨飏。清通州城人。增生。洁清自好,书法精绝。一生未遇,贫病而终。

意可园诗集　子部艺术类

见《崇川各家诗钞汇存补遗》卷 41,收其诗 32 首。

杨廷恩

字泽臣。清通州人。道光十七年(1837)副榜。

寄旷斋稿　集部别集类

见《崇川各家诗钞汇存补遗》卷 59,收其诗 9 首。

陶云骧

清通州人。景曾子,云鸿弟。庠生。善书法。

二妙蹄筌　子部艺术类

见《江南乡试朱卷·道光丙午科·陶树棠》。

顾　鸿(1799—?)

字羽逵，号渚秋，一号秋渚。清通州人。道光九年(1829)贡生。保举孝廉方正。学博才敏。家中落，以授徒卖文为生。为范当世之师。生平不信佛，不拘形家言。

通庠题名录4卷首1卷末1卷　史部传记类

清顾鸿原辑　顾金楠续辑　习位思拾遗补缺

清同治四年(1865)刻本，南通市图书馆藏。

耕余堂集8卷　集部别集类

见光绪《通州直隶志》卷16。

汪纶章

字茝仙，号紫轩。清通州崇川人。年弱冠即解汉魏六朝诸诗，虚心善受，为诗清逸。

紫轩稚吟集2卷　集部别集类

清道光十七年(1837)十亩园刻本，南京图书馆藏。

徐宗勉(1800—1855)

字仲修，号骥人，一号霁吟。清通州人。蔚子，宗干弟。承继伯祖寅后。咸丰二年(1852)进士。廷试用知县，改中书。以京察授安庆府同知。未履任，捐升知府。以疾卒于家。善诗，工隶篆，兼精山水、花卉。

霁吟漫稿4卷　集部别集类

见光绪《通州直隶州志》卷16、《崇川书香录》徐姓卷。《崇川各家诗钞汇存补遗》卷51收其诗40首。

王来香

清通州人。

品芳家塾课艺1卷　集部别集类

清咸丰刻本,见《江苏省立国学图书馆图书总目》卷38。

达鹏程

字懋甫。清通州人。年14郡试,以其祖父榕与郡守唐仲冕为文字交,令不复试。终训导,善经学。

周官集解　经部周礼类　佚

经解拾遗　经部群经总义类　佚

以上2种见民国《南通县图志》卷19本传。

姚　均

字云屏。清通州人。诸生。

云屏诗存　集部别集类

见《崇川各家诗钞汇存补遗》卷28,收其诗12首。

徐　可

字且庵。清通州人。布衣。性恬淡,善医,究心本草等书。酷好吟咏,一家父子兄弟自相师友。

蕴碧草堂诗存　集部别集类

见《崇川各家诗钞汇存补遗》卷40,收其诗86首。

周　墀

清通州人。

六书指南　经部小学类

见光绪《通州直隶州志》卷16。

周　升(1801—?)

字蓉初。清通州人。煊子。道光二年(1822)进士。用比部晋员外郎中法检科令，能声冠于西曹。敏悟过人，博闻强记，于周秦六朝晋唐五代以后书，及稗官野乘无不搜览。曾为冯元锡编文集。

红石山房初稿 4 卷　集部别集类

清道光刻本，南京图书馆藏。

十六国宫词 2 卷　集部词曲类

(1) 清道光十四年北京樱西书屋刻本，南京图书馆藏。

(2) 民国间扫叶山房石印本，南京图书馆、南通市图书馆藏。

(3) 2016 年学苑出版社出版《稀见清代四部辑刊》本。

孙铭恩(1808—1853)

字书常，号兰检。清通州人。道光十四年(1834)举人，次年连捷成进士。由庶常授编修，供奉内廷。咸丰三年(1853)以兵部侍郎，奉命视学安徽，驻太平府。其城近金陵，时太平军正进攻皖省，破城之日为太平军所俘，押至江宁，太平军将领佐天侯秦日纲命其投降，坚拒被杀。清廷赐谥文节。遗稿其子登瀛辑而刊行。内中多收奏折，涉及抵抗英夷入粤、剿灭太平军等事。所作诗文甚富，然集中收录较少。

孙文节公遗稿 4 卷　集部别集类

清咸丰六年刻本，南通市图书馆藏。

钱元焕

字蔚堂，号文园，一号苇塘。清通州人。同治初年续修成《崇川钱氏世谱》。

崇川钱氏世谱 22 卷首 1 卷末 1 卷附录满公世系　史部传记类

清同治五年(1866)刻本，南通市图书馆静海楼藏。

吏治指南　史部政书类

红杏山房文稿　集部别集类

以上 2 种见同治《崇川钱氏世谱》卷 4。

芥舟

号杯渡。清通州人。以名家子游三宝地，住狼山。与方外人结散花社，往来吟咏。咸丰三年(1853)作《自祭文》。

散花社诗稿　集部别集类

清咸丰五年刻本，南通市图书馆藏。

蒋宝琛(1811—?)

一名来琛。字琬堂，号熙夫。清通州人。光禄寺典簿衔。

(光绪)崇川蒋氏家谱 4 卷首 1 卷　史部传记类

清蒋宝琛、蒋来恩辑

清光绪四年(1878)刻本，南通市图书馆藏。

徐肇奎

字梅谷。清通州人。锡爵孙，鸿子。

崇川诗赋题解 2 卷　史部目录类

清徐肇奎、范景瑗辑

清道光四年(1824)汲古斋刻本，国家图书馆藏。

按：此取通州各方志及《五山志》之有关于诗赋者，撮其大要，采其最胜，因原志标题立解。分为星野、建置、山川、河渠、古迹、祠祀、名宦、贤才、言行、文学、武备、灵异、物产、艺文 14 门。

刘长华(1812—?)

字正芳，号雨樵，一号椒泉。清通州人。光绪二十年(1894)举人。热心地方文史资料的收集和出版。

崇川黉耆纪庆赞语不分卷　史部传记类

清咸丰九年(1859)八琅仙馆刻本，南通市图书馆、上海图书馆藏。

按：此将南通府重游泮水者集于一篇，共 63 人。每人著录其入学年份，并各为赞语一首。

梓里述闻 2 卷　史部地理类

(1) 抄本，南通市图书馆、上海图书馆藏。

(2)《中国风土志丛刊》本。

按：是书记述作者故乡通州近事，多为耳闻目见。内容涉及清嘉庆、道光、咸丰、同治、光绪多朝人与事。

贻馨堂集 10 卷　集部别集类

清咸丰九年藜照堂刻本，南京图书馆藏。

崇川刘氏丛书四种　丛书类

清刘长华辑

清同治光绪间崇川刘氏刊 1926 年海宁陈氏慎初堂印本。

子目：

《遂初斋文集》4 卷　清刘邦鼎撰

《汉晋迄明谥汇考》10 卷《皇朝谥汇考》5 卷　清刘长华撰

《历代同姓名录》23 卷　清刘长华撰

《崇川书香录》不分卷　清袁景星、刘长华撰

按：《崇川书香录》参见“袁景星”条。

冯震祥

字苍符，号巽轩。清通州人。道光十七年(1837)贡生。曾受业于杨廷撰。

(同治)冯氏族谱续编 10 卷首 1 卷　史部传记类

清同治六年(1867)大树堂刻本，南通市图书馆藏。

三家诗钞 6 卷　集部总集类

见光绪《通州直隶州志》卷 16。

蒋来恩(1815—1878)

原名来荣。字湛群，号铭斋。清通州人。候选同知。

(光绪)崇川蒋氏家谱4卷首1卷　史部传记类

清蒋宝琛、蒋来恩辑

清光绪四年(1878)刻本,南通市图书馆藏。

汤莲渚(1815—?)

字玉生,号茗仙,一号藕船。清通州人。道光二十九年(1849)举人。候铨训导。工诗文,善词赋,楷法端正。馆王藻家,与其子日夜沉吟。

藕船吟草　集部别集类

见《崇川各家诗钞汇存补遗》卷54,收其诗22首。

沈　锽(1816—1878)

字骏声,号笠湖。清通州人。岐侄。道光二十七年(1847)进士,观政户部浮湛郎署,出为兖州府运河同知,后以例得道员。未几告归,不复出仕。在籍奉命团防,叙职盐运使。工诗词。屡掌紫琅、马洲、丽正诸书院。同治四年(1865)50岁辞官回家,参加编纂《通州志》。

(光绪)通州直隶州志16卷首1卷末1卷　史部地理类

清梁悦馨、莫祥芝修　季念诒、沈锽总纂

(1) 稿本。清光绪元年(1875)修,残缺。上海辞书出版社藏。

(2) 清光绪元年刻本。

(3)《中国地方志集成》本。

(4) 台北《中国方志丛书》本。

蜗寄庐诗草6卷诗余2卷　集部别集类

清光绪五年刻本,南京图书馆、南通市图书馆藏。

保其寿

字似仙,一字稚存。清通州人。廪贡生。为人傲倨,不肯礼下人。晋绅宦官为暴乡间,每面折之,不能忍。咸丰年间曾从军与太平军战,领兵者引以为书记。自中年后遂不复应试。性喜诙嘲，为诗小品多异趣，亦有感而发。间作山水，恣肆淋漓。通晓拳技医弈丝竹篆刻，尤喜天文算术，以为有益于实用。曾叹息说：“泰西学理吾何由闭关谢之，使中国而不亡，则科举当不永矣。”故选择子弟有才者授以《九数通考》、天元借根之法，开风气最先。卒年64。

增补算汉浑圆图　子部历算类

见《四部总录算法编》，谓辑于《碧奈山房集》中。

游戏算学1卷　子部历算类

见民国《南通县图志》卷19，谓已刻。

似仙诗钞4卷　集部别集类

木刻本，南通市图书馆藏。

董世勋

字蔼堂。清通州人。治程朱书，以授徒为生，太平天国战争期间犹朝夕讲授。有所入，常馈赠亲友，或购书籍，以供贫者学。年70后贫甚，而不受人所赠。卒年82。张謇称其人为“介士”。

爱余草堂诗集　集部别集类

见民国《南通县图志》卷19本传。

张宝琛

字少轩。清通州人。博通经史，精于礼学。年82卒。

经畬集10卷　集部别集类

见民国《南通县图志》卷19。

张宗绪

字荃石。清通州人。曾馆于天香阁。

小嫏嬛诗存3卷　集部别集类

铅印本。

袁景星

清通州人。

崇川书香录不分卷　史部传记类

清袁景星、刘长华撰

(1) 清同治七年(1868)刻本,国家图书馆藏。

(2) 1926 年刻本,国家图书馆藏。

(3)《崇川刘氏丛书》本。

(4) 1997 年台北新文丰出版公司《丛书集成三编》本。

(5)《江苏人物传记丛刊》本。

按:本书著录通州连续三世均有子弟进入庠序之家族,以显示书香的一脉相承。所记家族为:钱氏、孙氏、李氏、周氏、吴氏、郑氏、王氏、冯氏、陈氏、范氏、朱氏、施氏、张氏、曹氏、杨氏、许氏、魏氏、潘氏、马氏、袁氏、顾氏、黄氏、姚氏、汪氏、明氏、戴氏、宋氏、江氏、徐氏、胡氏、凌氏、丁氏、单氏、包氏、程氏、陆氏、刘氏、白氏、曾氏、沙氏、保氏、达氏,共 42 家。编者取去颇为严格,凡不足三世者,均不列入。

张　极(1825—1907)

字所南,号星人,初号南星,外号黄杨篱花隐,晚号醒仙。清通州人。国学生。家贫,好读书。著韵书诗集甚多。

诗经辨误　经部诗经类

诗经多识录　经部诗经类

年号会纂　史部编年类

古钱谱略　史部金石类

惜暇轩灯谜　子部艺术类

是亦斋诗钞　集部别集类

镜中春百廿春词　集部词曲类

庶几才集　集部别集类

醍仙居牙慧集　集部别集类

雅俗恒言　集部别集类

占毕闲钞　集部别集类

崇素堂叠韵诗编　集部别集类

掠美集　集部别集类

鸦鸠释冤集　集部别集类

杜连珠诗钞续编　集部别集类

清张极辑

以上15种见光绪《通州张氏宗谱》卷11。

李芸晖(1827—1900)

字伯香,学者尊称草堂先生。生于通州静海乡,世居吕四场。同治十二年(1873)拔贡生。至京师,见官场碌碌,即返乡。曾亲手创办吕四鹤城书院,规定课程,招收渔民、盐民子弟。光绪元年(1875)春,吕四沿海因水灾闹饥荒,倡导放粮,救人达千余。吕四场南,紧邻海门厅界,地势低,海潮倒灌,十年九灾。李氏建议打通蒿枝港,于是乘船测量,与民工一同挖河,风雨不避,次年完工。工诗,范当世称其有"李白杜甫之胸襟"。

草堂诗4卷　集部别集类

见1993年版《启东县志》。

丁　沄(1829—1879)

字月湖,号莲芳。清通州石港人。嗜古能文章,旁及章草、缪篆、丹青、音律,俱极神妙。不欲征逐声华贬损志趣,绝意仕进。喜交游,与释芥舟相唱和。精芸香炉制作工艺。

印香炉谱　子部艺术类

清光绪四年(1878)爱吾庐石印本,南通市图书馆藏。

顾曾焕(1829—?)

字诵芬,号绮岚。清通州人。副贡生。为人渊懿有守。咸丰同治间以高淳学正兼权六合教谕。曾与纂光绪《通州直隶州志》。

表忠录 2 卷　史部地理类　佚

双梧诗集 4 卷　集部别集类　佚

以上 2 种见民国《南通县图志》卷 19。

王邦傅

字紫澜。清通州人。精于医理。病者就治,给以药饵,贫者谢绝酬礼。年 71 终。

脉诀乳海 6 卷　子部医家类

《珍本医书集成》本。

顾曾烜

字殖谷,又字升初,晚自号方宧。清通州人。曾焕弟。同治九年(1870)举人,光绪九年(1883)进士。官宜君、醴泉二县知县,历署耀州、郃阳二县事。平反冤狱,有卓异声。与秦中樊增祥齐名。以足疾归,为乡里重望者。与纂光绪《通州直隶州志》。

玉篇疏证 4 卷　经部小学类

见民国《南通县图志》卷 19 本传。

同治九年庚午科并补元年壬戌恩科江南乡试朱卷 1 卷　史部传记类

清同治间刻本,上海图书馆藏。

光绪九年癸未科会试朱卷 1 卷　史部传记类

清光绪间刻本,上海图书馆藏。

谱学 8 卷　史部传记类

见民国《南通县图志》卷 19 本传。

(光绪)泰兴县志 26 卷首 1 卷末 1 卷　史部地理类

清杨激云修　顾曾烜纂

(1) 清光绪十二年刻本,南京图书馆藏。

(2)《中国地方志集成》本。

华原风土词1卷附郃阳杂咏1卷　史部地理类

(1) 清光绪十九年刻本,南京图书馆、南通市图书馆藏。

(2)《关中丛书》本。

(3) 抄本,南开大学图书馆藏。

(4) 1961年北京中国书店抄本,北京大学图书馆藏。

(5)《丛书集成续编》本。

(6)《中国风土志丛刊》本。

方宧俪语1卷骈葩1卷　集部别集类

(1) 清光绪元年刻本,南通市图书馆藏。

(2) 清光绪二十五年刻本,南京图书馆藏。

方宧文录不分卷　集部别集类

清光绪刻本,南京图书馆藏。

方宧酬世文4册　集部别集类

清光绪二十三年九峻官廨刻本,南京图书馆、南通市图书馆藏。

宋金绶(?—1892?)

字佩廷。清通州人。诸生。好学,居常手不释卷。

挹芬轩诗存　集部别集类

1922年南通通新刷印所铅印本,上海图书馆藏。

周福保

字少圃。清通州人。升子。同治十二年(1873)拔贡生。有才行。早卒。

州乘拾遗1卷　史部地理类

见民国《南通县图志》卷19本传,谓所采颇雅驯。

顾曾沐

字涤香。清通州人。同治十三年(1874)进士,官工部主事。以母老归,主江阴礼延书院。母卒,改官浙江知县,署补淳安、丽水县事,调乌程。被议落职,忧愤卒。

希憶适斋笔记不分卷　子部小说类

丁红萍手抄本,线装1册,南通市图书馆静海楼藏。

希憶适斋诗1卷　集部别集类

稿本,南京图书馆藏。

战国乐府2卷　集部别集类

见民国《南通县图志》卷19。

徐联棻(1837—1910)

字佩舒,号莒双。清通州人。孝泉子。同治三年(1864)优贡。历任四川营山、夹江县知县、同知衔。迁永川土税局总办等职。

棣荣馆伯子剩稿　集部别集类

见《徐氏通城支谱》卷4。

黄枋渠

清咸丰至光绪间通州人。诸生。塾师,抽暇研究古文,喜古诗。

吉羊室诗选　集部总集类

稿本,线装1册,选抄古诗数百首,蝇头小楷,十分庄重。南通市图书馆藏。

顾茂官(1839—1912)

字诚吾,号心农,晚号醒侬。清通州人。读书通大义,不喜为章句之学,日与故旧诗酒酬酢。性好洁,茹素嗜禅,精医术及青囊术。

卫生摄要　子部医家类

医学汇源　子部医家类

地理近镜　子部术数类

辨微堂文集　集部别集类

知曙轩诗集　集部别集类

以上5种见民国《南通顾氏宗谱》卷8。

周源灏

字少墀。清通州人。福保从弟。有才行。早卒。

蕉石山房骈文　集部别集类　佚

见民国《南通县图志》卷19本传，谓辞韵清远。

沈汝奎

字惺斋。清通州人。镗子。同治十三年(1874)进士。河南知县，改常州府教授。喜为诗。

兰晖馆自怡草　集部别集类

见民国《南通县图志》卷19。

徐联蓉(1841—1898)

字镜缘，号芙双。清通州人。汇泉子。光绪五年(1879)举人。拣选知县，赠朝议大夫。游踪北至燕赵，南抵嘉杭。为诗和平蕴藉，情深文明。乡谥孝安。

两汉摘要　史部史钞类

分绿轩文钞　集部别集类

分绿轩赋选　集部别集类

以上3种见《徐氏通城支谱》卷4。

分绿轩诗集1卷　集部别集类

1914年南通翰墨林书局铅印本，南京图书馆藏。

徐逢泰(1845—1894)

字平甫,号眠书。清通州人。毓贤子。附贡生。

四书章句汇解　经部四书类

家塾启蒙　子部儒学类

以上2种见1932年《徐氏通城支谱》卷4。

戴莲芬

字芗农,号蔚峰。清通州人。

鹂砭轩质言4卷　子部小说类

(1) 清光绪五年(1879)上海申报馆仿聚珍版本,南通市图书馆藏。

(2) 民国排印本,南京图书馆原藏。

按:光绪元年刻《游狼山诗》收其诗4首。

白作霖

清通州人。州廪生。善书画,能诗文。

质庵集2卷　集部别集类

清光绪二十四年(1898)铅印本,南通市图书馆藏。

李京雍

字璧人,号月湖。清通州人。诸生。早丧父,事母以孝闻。以授徒为生。

绿卿簃诗稿初集续集　集部别集类

清光绪二十六年(1900)刻本,南通市图书馆藏。

徐联芝(1850—1896)

字芗坡,一字剑生,号兰双。清通州人。孝泉子,联棻弟。长于诗赋。客授百里外,积劳成疾。遭母丧忧毁卒。乡谥孝端。

棣荣馆季子剩稿　集部别集类

见《徐氏通城支谱》卷 4。

金泽荣(1850—1927)

字于霖,号沧江,又号韶濩生,晚号长眉翁。朝鲜人。光绪八年(1882)张謇随清军援朝平乱,结识了朝鲜史学家、文学家金泽荣。三十一年九月,日本与欧美列强签约,朝鲜由日单独“保护”。金泽荣于全国悲哭中,辞去三品通政大夫、弘文馆纂辑委员之职,离开汉城。十月七日妻、女从仁川出发,到达中国上海。十月三十日张謇安排他全家到通州,任翰墨林印书局督校。从此编选、校注、出版大量朝鲜历史和文学著作。宣统二年(1910)“日韩合并”,朝鲜沦为日本殖民地。名士黄弦绝食六日,与国同尽。遗言将文稿带交金泽荣出版。金泽荣本人也写了大量爱国诗文。1920 年 8 月 29 日,日迫朝当局在《日韩合并条约》上签字。他闻讯服丧三日,将三子命名“光祖”。又为流亡上海的朝鲜爱国人士组成的临时政府代写拟递交中国政府的《陈情书》。金泽荣也热爱中国,歌颂辛亥革命中江苏的光复,1926 年 8 月张謇病逝,本人又相继失去三位爱子,不久又发生“四・一二”事变,他看不到殖民地、半殖民地民族独立的希望,服毒自杀。

古本大学私笺 6 卷　经部四书类

金泽荣校注,1918 年南通翰墨林书局出版。

校正三国史记 50 卷　史部正史类

金泽荣校勘增修,1916 年南通翰墨林书局出版。

金氏史补　史部杂史类

1884 年朝鲜出版。

东国历代史略　史部杂史类

1899 年朝鲜出版。1902 年改名《东史辑略》,朝鲜出版(闵衡植助刊)。1905 年改名《历代辑略》,朝鲜出版。

韩国历代小史 13 卷　史部杂史类

宣统二年南通翰墨林书局出版，在《历代辑略》基础上增补而成。1915年版增补为28卷本，1922年版为28卷正误本，1924年版为28卷最后正误本。

韩史綮6卷　史部杂史类

新高丽史50卷目录1卷　史部杂史类

以上2种金泽荣校勘、增修，1924年南通翰墨林书局出版。

重编嵩阳耆旧传　史部传记类

高丽季世忠臣逸事传　史部传记类

以上2种有1920年南通翰墨林书局印本。

韶濩堂全集目录　史部目录类

金泽荣编刊，出版年月不详。

钱处士行状1册　史部传记类

金泽荣撰　张謇书

1919年石印本。

困言　子部杂学类

朝鲜曹兢燮著　金泽荣编选

1923年南通翰墨林书局出版。

沧江稿14卷　集部别集类

宣统三年武进屠寄等募捐刊行诗稿4卷，1912年朝鲜金谨镛资助刊行文稿10卷。

韶濩堂集15卷(诗稿5卷文稿10卷)附刊1卷　集部别集类

1916年达城文章之刊本。

韶濩堂续集3卷　集部别集类

1919年费范九、钱浩哉刊本。

精刊韶濩堂集12卷(诗稿6卷文稿6卷)　集部别集类

1920年费范九、钱浩哉刊本。

精刊韶濩堂集补　集部别集类

1920年歙县吴骥臣刊本。

韶濩堂三集2卷　集部别集类

1922年武进高云汉刊本。

合刊韶濩堂集15卷(诗稿6卷文稿9卷)目录2卷　集部别集类

1922年金泽荣从子光铉刻本。

重编韶濩堂集12卷(诗稿6卷文稿6卷)　集部别集类

1924年费师洪醵金助刊本。

韶濩堂全集补遗2卷　集部别集类

1925年南通崔竟成选刊本。

韩国金沧江集选2卷　集部别集类

李桢选。出版年代不详。

借树轩杂收　集部别集类

1925年南通翰墨林书局出版。收诗55首,文34篇。

申紫霞诗集6卷　集部别集类

朝鲜申纬著　金泽荣编选

光绪三十三年南通翰墨林书局初版,1926年再版。

梅泉集7卷续集2卷　集部别集类

朝鲜黄弦著　金泽荣编选

宣统三年南通翰墨林书局刊本。

重编朴燕岩先生文集　集部别集类

朝鲜朴趾源著　金泽荣编选

1914年南通翰墨林书局刊本。

李甘山诗选　集部别集类

朝鲜李黄中著　金泽荣编选

1915年南通翰墨林书局刊本。

中华游记　集部别集类

朝鲜李炳宪述　金泽荣编选

1916年南通翰墨林书局刊本。

明美堂集　集部别集类

朝鲜李建昌著　金泽荣编选

1917 年南通翰墨林书局刻本。

李益斋先生集 10 卷　集部别集类

朝鲜李济贤著　金泽荣编选

1923 年南通翰墨林书局刻本。

尧泉集　集部别集类

朝鲜金宪基著　金泽荣编选

守庵集　集部别集类

朝鲜李韦史著　金泽荣编选

以上 2 种出版情况不详。

嵩阳耆旧诗集　集部别集类

宣统二年南通翰墨林书局刊本。此为金泽荣选 61 家诗人 337 首诗。

丽韩九家文选 3 卷　集部总集类

宣统元年南通翰墨林书局出版。此为金泽荣选金富轼等九家散文。

丽韩十家文钞　集部总集类

1925 年南通翰墨林书局出版。此为金泽荣选金富轼等九家散文，并增金泽荣一家。

箕子国历代诗选 4 卷　集部总集类

宣统元年南通翰墨林书局出版。

按:南京师范大学《文教资料》1991 年第 2 期刊有“金泽荣研究资料”专辑。以上金泽荣著作目录即根据专辑整理。

马景良

字眉卿。清南通平潮人。映辰孙。生平嗜学，以渊博为时所称，年 18 州试前列籍于校，省试屡荐不售。益致力于诗赋词章之学。与顾曾炬等结诗社，相互切磋。修葺亦陶园，与宾客流连而不知倦，时四方文人雅士投诗唱和请益者往往盈座。中年蛰居里中郁郁不得志，好纵论时事，义愤形于辞色。曾于吕祖阁办小学校，惠及乡里。约辛亥革命至1919年间去世，享年68。

亦陶园诗集　集部别集类

1919年铅印本。

徐　澍

清通州人。

雨车诗钞　集部别集类

见光绪《通州直隶州志》卷16。

汤铭新(1851—1938)

字浣香。清通州人。擅岐黄学五六十年，经验颇富，治辄效。生徒济济。

南通汤氏中医经验谭　子部医家类

1935年南通翰墨林书局刊，南通市图书馆藏。原稿藏美国普林斯顿大学。

张　詧(1851—1939)

字叔俨，号退庵。室名具孺堂。清通州人。光绪十四年(1888)以江西候补知县引进。后署贵溪、宜春、东乡等县，迁江西省学堂监督。后返里，协理张謇实业、教育事业。1914年创办大有晋、大豫公司。晚年移居上海。

纪行　史部传记类

1963年抄本，南通市图书馆藏。

张退庵先生撰书崇海旅舍记　子部艺术类

1926年上海中华书局刊本。

邢鉴心

字如今，号白山，晚号蓬庵居士。清咸丰、同治间通州三益乡人。好读书，及弱冠患家之贫，乃继父业转经商，积财甚富。暇则吟咏，所至多与文人学士游。其诗多散佚，后其子德涵搜寻其遗诗，得若干篇，邀龚其伟、沈臧寿等题咏其上，汇而刊行。

蓬庵偶存草　集部别集类

清邢鉴心著　龚其伟等题咏　邢德涵辑

1920年石印本，南通市图书馆藏。

黄鲁山

字开基。清末民初通州人。地方士绅。喜诗古文辞，出酒资邀人倡和，乡人称“诗痴”。

梦昙遗草1卷首1卷　集部别集类

1917年铅印本，南通市图书馆藏。

张　謇(1853—1926)

字季直，一字处默，号啬庵。清通州人。詧弟。实业家、教育家。光绪二十年(1894)状元。光绪八年朝鲜壬午兵变时，随淮军将领吴长庆赴朝。后掌教于江苏赣榆选青书院和崇明瀛州书院。二十一年开始从事实业活动，创办大生纱厂、通海垦牧公司、大达轮船公司、复新面粉公司、资生铁冶公司、淮海实业银行等企业。并在南通先后创办了通州师范学校、女子师范学校、通海五属公立中学、农业学校、商业学校、女工传习所、盲哑学校、博物苑、图书馆等。曾参与发起立宪运动，成立预备立宪公会。宣统元年(1909)被推为江苏咨议局议长。辛亥革命后任南京临时政府实业总长，拥护袁世凯，并组织统一党与国民党对抗。1913年任袁世凯政府农林、工商总长，兼全国水利局总裁。袁即将称帝时辞职南归，在南通继续从事实业和教育。

士冠礼1卷昏礼1卷　经部仪礼类

清张謇辑

清末民初铅印本，南京图书馆藏。

批选四书义6卷续编6卷　经部四书类

(1) 清光绪二十七年上海书局石印本，苏州大学图书馆藏。

(2) 清光绪二十八年申江石印本，苏州大学图书馆藏。

(3) 清光绪三十年上海书店石印本，上海图书馆藏。

(4) 清光绪三十一年上海同文升记书局铅印本，上海图书馆藏。

张选四书五经义全集18卷　经部群经总义类

清张謇批选

清光绪三十一年上海书局石印本(袖珍本)，辽宁大学图书馆藏。

子目：

《张謇批选五经新义》6卷

《张謇批选四书义》(内封题名《张太史评选四书义》)6卷

《张謇批选续四书义》(内封题名《张太史精选续集四书义》)6卷

批选五经新义　经部群经总义类

2013年台中文听阁图书有限公司影印本。

张季直书说文解字部目1卷　经部小学类

1916年商务印书馆影印本，国家图书馆藏。

十一朝圣武记20卷　史部纪事本末类

张謇编

清光绪二十九年上海鸿宝斋石印本，上海图书馆藏。

史论正鹄16卷　史部史评类

张謇重校

清光绪二十七年上海石印本，南京图书馆藏。

柳西草堂日记　史部传记类

台北文海出版社《近代中国史料丛刊三编》本。

按：记事自同治十二年(1873)九月至光绪十八年五月。线装4册。

第1册卷首附张季直先生像、张氏州试试卷之浮票、张氏早年之墨迹、曹文麟《张季直先生传》、沈云龙《张季直及其柳西草堂日记》。第4册卷末附杂稿、张詧《光绪九年癸未六月日记》。

张謇日记　史部传记类

(1) 1962年江苏人民出版社影印本,线装,全15册。

(2) 2006年学苑出版社《历代日记丛钞》本。

按:张謇的全部日记共28册,始于22岁据《啬翁自订年谱》,迄于74岁(卒年)。江苏人民出版社影印的是南通张氏后人保存的后半部分的15册。第10册为光绪九年十一月二十五日至光绪十年十二月三十日(31岁至32岁);第15—28册为光绪十八年六月一日至1926年6月24日(40岁至74岁)。

癸卯东游日记　史部传记类

(1) 清光绪二十九年南通翰墨林书局石印本,南京图书馆藏。

(2) 2017年岳麓书社出版《走向世界丛书》本。

按:作者考察日本工商业特别是日本企业的日记,较为翔实地记述了他们所见到的日本工商业的成就和经验。

乙丑日记　史部传记类

抄本,南通市图书馆藏。

按:乙丑为1925年。

张謇日记笺注选存　史部传记类

祁龙威笺注。2007年广陵书社出版。

按:2014年11月4日南通《江海晚报》B11版刊载费范九、张缵武、管劲丞《张謇日记见闻》一文,记各自所见、所知张謇日记情况。

啬翁自订年谱1卷　史部传记类

民国间影印手稿本,上海图书馆藏。

啬翁自订年谱2卷　史部传记类

(1) 1925年铅印本,上海图书馆藏。

(2)《北京图书馆藏珍本年谱丛刊》本。

(3) 2006年北京图书馆出版社《晚清名儒年谱》本。

张謇自订年谱2卷　史部传记类

张謇撰　日铃木桎郎译

昭和十七年(1942)日文版。

张謇自述　史部传记类

2014年安徽文艺出版社出版。

按:第一编《啬翁自订年谱》,第二编《家传》,第三编《实业建设》。

光绪五年己卯科江苏优贡卷1卷　史部传记类

清光绪间刻本,上海图书馆藏。

光绪十一年乙酉科顺天乡试朱卷1卷　史部传记类

清光绪间刻本,南京图书馆藏。

光绪二十年甲午恩科会试朱卷1卷　史部传记类

清光绪间刻本,国家图书馆藏。

张啬庵述撰略1卷　史部传记类

民国间铅印本,复旦大学图书馆藏。

通州张氏宗谱20卷首1卷末1卷　史部传记类

清光绪二十九年敦伦堂刻本,南通市图书馆藏。

南通张氏常乐支谱不分卷　史部传记类

1921年铅印本,南通市图书馆、复旦大学图书馆藏。

归籍记1卷　史部传记类

清宣统元年铅印本,上海图书馆藏。

张母八十寿辞不分卷　史部传记类

张謇撰书

1924年石印本,上海图书馆藏。

思旧集6卷　史部传记类

张謇选辑

1927年高氏苍桧簃刻本,华东师范大学图书馆藏。

世界美术家吴县沈女士灵表不分卷　史部传记类

1929年商务印书馆石印本，南京图书馆藏。

孙云锦行状1卷　史部传记类

清光绪十八年刻本，上海图书馆藏。

赵母徐太夫人八秩大庆征文汇稿3卷训言1卷寿母赵氏徐太夫人自述1卷自撰诗词1卷　史部传记类

张謇、徐少娴等撰

清宣统间上海铅印本，南京图书馆藏。

蒋锡绅墓志1卷附蒋刘氏(锡绅妻)墓志1卷　史部传记类

张謇撰　《蒋刘氏墓志》汤寿潜撰

1914年石印本，上海图书馆藏。

按：亦题作《婴宁居士乌程蒋君锡绅墓志》1卷附《蒋太夫人刘氏墓志》1卷。

顾生母墓志　史部传记类

见《啬庵先生临墨竹赋》。

啬翁书施丈暨配墓表　子部艺术类

1918年南通翰墨林书局刊本。

钱处士行状1册　史部传记类

金泽荣撰　张謇书

1919年石印本。

张烈妇殉夫征文启　史部传记类

张謇等撰

1924年南京王吉源石印本，上海图书馆藏。

高君立卿墓志　史部传记类

张謇撰　郑孝胥书

石印本。

刘君墓碣　子部艺术类

南通市图书馆藏拓本。

夏同善神道碑铭、墓志铭　史部传记类

清刻本,北京师范大学图书馆藏。

通州兴办实业章程不分卷　史部政书类

（1）清光绪三十一年通州翰墨林编译印书局再版铅印本,南京图书馆藏。

（2）清宣统二年铅印本,南京图书馆藏。

按:此书均为张謇所办实业之章程及账略,包括《大生纱厂本末章程》《大生纱厂历届账略》《通海垦牧公司集股章程启》《通海垦牧公司说略账略》《通海垦牧公司招佃章程》《通州广生油厂章程》《广生油厂历届账略》《通州大兴面厂章程》《大兴面厂历届账略》《大隆油皂公司章程》《翰墨林书局约章》《泽生水利公司章程》《泽生外港水利公司章程》《大生小轮公司通沪合股事账略》《大达小轮公司本末章程》《通州大达小轮公司通扬一带内河行轮章程》《同仁泰盐业公司整顿通章》《阜生蚕桑公司》《通州资生铁冶公司集股启并章程》《大中公行试办章程》。

通州兴办实业章程不分卷　史部政书类

（1）清光绪三十一年通州翰墨林书局铅印本,上海图书馆藏。

（2）清宣统二年铅印本,南京图书馆藏。

按:此书均为张謇所办实业之章程及账略,包括《通州广生油厂集股章程》附《棉油考》《通州广生油厂第一次股东会议案》《通州大兴面厂开办本末》《大兴机器磨面厂集股章程》《通州大兴面厂日行事理》《翰墨林书局章程》《泽生水利公司集股开办章程》《通州天生港大达轮步公司奏案章程》《同仁泰盐业公司整顿通章》《变通通九场盐法议略》等。

张啬庵先生实业文抄3卷首1卷　史部政书类

曹文麟编

（1）1947年南通翰墨林书局铅印本,国家图书馆藏。

（2）台北文海出版社《近代中国史料丛刊初编》本。

整顿通崇海棉花积弊章程　史部政书类

清宣统三年铅印本。

啬翁垦牧手牒不分卷　史部政书类

江导岷辑

1918 年南通翰墨林书局石印本，南京图书馆藏。

按：自清光绪二十七年至 1918 年，18 年间张謇先后创办了大有晋、大豫、大赉、泰源、通遂、裕华、大丰、泰和、大纲、华成、新通等垦牧公司。承张謇之命，门人江导岷始终监督其间。1918 年开第四次股东会，江导岷因将张謇有关工程计画、垦务经营之手牒汇印出版，以赠股东，使“股东观是册，须知昔日广漠之荒滩，今日青葱之沃野，中间几回挫折，几回困难，皆吾师坚决之苦心淬励各执事与风潮搏战，乃有此区区之田以相界乎”。

盐垦公司水利规划通告股东暨公司职员书　史部政书类

民国铅印本。

大生增设崇明分厂公司集股启并章程　史部政书类

清光绪三十三年铅印本，北京大学图书馆藏。

大生崇明分厂十年事迹　史部政书类

民国铅印本。

通州资生冶厂第一二届账略　史部政书类

清末铅印本，北京大学图书馆藏。

通州师范学校章程不分卷　史部政书类

清光绪二十九年上海虹口澄衷学堂印书处铅印本，吉林大学图书馆藏。

按：张謇于光绪二十八年开始创办民立通州师范学校，这是我国第一所独立设置的师范学校。张謇本着“教育救国”“教育、实业相叠为用”“师范为教育之母”等理念，制订了本章程。内容包括：《通州寻常师范学校开办章程》《通州师范学校议》《通州师范学校招集生徒章程》《通州师范学校教习考核章程》等。

张謇手写教育手牒 1 卷　史部政书类

清宣统元年南通师范学校石印本，南京图书馆藏。

张殿撰通州师范教育手牒　史部政书类

清宣统元年上海中国图书公司石印本，南京图书馆藏。

南通县养老院章程　史部政书类

南通翰墨林书局铅印本。

通州博物馆敬征通属先辈诗文集书画及所藏金石器启不分卷　史部政书类

清末铅印本，吉林大学图书馆藏。

按：光绪三十一年，张謇在南通创办了中国人自己兴建的第一座博物馆——南通博物苑（通州博物馆），本书即为南通博物苑征集地方先辈诗文集、书画作品及所藏金石器的启事。

南通博物苑品目不分卷　史部政书类

1914年铅印本，南京图书馆藏。

按：此为馆中收藏品的统计汇总，上册为天产部，下册为历史、美术、教育三部。共收录文物、标本2973号，每号一件至数件不等，每条目下均注明产地、件数、来源。

奏办宿迁县耀徐玻璃有限公司集股章程1卷　史部政书类

张謇等拟订

清光绪间铅印本，复旦大学图书馆藏。

阜宁学滩始末记要1卷　史部政书类

1920年铅印本，南京图书馆藏。

豫计地方自治经费厘订地方税界限应请开国会议1卷　史部政书类

清光绪间铅印本，上海图书馆藏。

张季子说盐不分卷　史部政书类

清宣统二年南通翰墨林书局铅印本，南京图书馆藏。

改革全国盐政计划书1卷　史部政书类

1912年石印本，复旦大学图书馆藏。

卫国恤民化枭弭盗均宜变盐法议　史部政书类

民国铅印本。

商榷世界实业宜供求统计中国实业宜应供求之趋势书　史部政书类

1923年铅印本。

汉冶萍之新计划　史部政书类

民国铅印本，上海图书馆藏。

中国图书有限公司招股章程　史部政书类

张謇等撰

民国铅印本，上海图书馆藏。

变法新史揽要8卷　史部政书类

张謇编辑

清光绪二十三年上海万选楼石印本，北京师范大学图书馆藏。

按：书扉页题"时务要览"。

变法平议1卷　史部政书类

(1) 清光绪二十七年石印本，复旦大学图书馆藏。

(2) 民国间中外日报馆铅印本，南京图书馆藏。

(3) 台湾文听阁图书公司出版《晚清四部丛刊》第六编本。

两淮案牍钞存不分卷　史部政书类

清宣统元年铅印本，南开大学图书馆藏。

复淮浚河标本兼治议附筹兴水利为咨议局基本金之设备　史部政书类

清末石印本。

江淮水利计划书第三次宣言1卷　史部政书类

1917年铅印本，苏州图书馆藏。

按：张謇极为关注苏北水利。宣统二年，张謇于江苏咨议局提出先测量再导淮的计划，次年设江淮水利公司于淮阴，在苏北进行水利测量，为导淮做准备。1917年，张謇再次将历年勘测淮河、沭河、沂泗水系的情况按利害关系、施工计划发表第三次宣言书。

江淮水利施工计划书　史部政书类

1919年铅印本，南京图书馆藏。

按：本书分为绪论、淮运施工计划、沂运施工计划、沭水施工计划、结论五章。张謇以实际的测量数据为依据，提出了三分入海、七分入江的主张。

淮沂沭治标商榷书1卷　史部政书类

民国石印本，南京图书馆藏。

浚治长江计画文牍汇刊不分卷　史部政书类

(1) 民国间铅印本。

(2) 1985年复旦大学图书馆复印民国间铅印本，复旦大学图书馆藏。

议办导淮公司纲要不分卷　史部政书类

张謇、许鼎霖撰

清光绪三十三年南通翰墨林书局铅印本，北京大学图书馆藏。

张謇导淮计划宣告书附治淮规画之概要　史部政书类

民国铅印本，上海图书馆藏。

江北运河分年施工计划书　史部政书类

1920年铅印本，南京图书馆藏。

按：张謇一直主张治理江淮之水利，以此振兴农业。1920年，张謇赴扬州就任江苏运河工程局督办，规划治理运河工程，乃有此计划书。

先治王家港商榷书不分卷　史部政书类

1921年石印本，南京图书馆藏。

按：王家港，亦名王港，在今大丰县南部。张謇认为苏北治水应先开王家港，故发表此书，在虑时、计里、量度、估工、集款、谈利害、策安全七个方面做成草案，以备商榷。

张啬老见复先治黄沙港商榷书　史部政书类

张謇撰

民国铅印本，上海图书馆藏。

(光绪)赣榆县志18卷　史部地理类

清王豫熙修　张謇撰

(1) 光绪十四年刻本，南京图书馆藏。

(2) 1924年铅印本，南京图书馆藏。

（3）台北成文出版社《中国方志丛书》本。

（4）《中国地方志集成》本。

（民国）南通县图志24卷　史部地理类

范铠纂　张謇续纂

（1）稿本，南通市图书馆藏1921年张謇修定稿本；中国科学院图书馆藏26卷。

（2）范彦份抄本，南通市图书馆藏。

（3）1925年孟森校订铅印本，南京图书馆藏。

（4）1964年南通市图书馆油印本。

（5）《中国地方志集成》本。

通海垦牧乡志1卷　史部地理类

范铠、张謇纂

（1）1921年至1925年南通翰墨林印书局铅印本，南京大学图书馆藏。

（2）《中国地方志集成·乡镇志专辑》本。

按：1912年，张謇出资聘请范铠主笔修纂《南通县图志》。1914年，初稿未竟，因意见不合，铠辞职离开，修志亦停。是书系自《南通县图志》录出单行。垦牧乡在今南通境内。是书以张謇创办通海垦牧公司历20年垦荒而卓有成效的发展史，展示了19世纪末到1925年这一时期南通江边滨海闲地荒滩的开垦过程。

父训2卷　子部儒学类

张謇撰　张怡祖辑

1963年抄本，南通市图书馆藏。

治兵私议不分卷　子部兵书类

清末至民国初抄本，国家图书馆藏。

雪宧绣谱（吴县沈氏绣谱）1卷　子部艺术类

沈寿述　张謇著

（1）1919年南通翰墨林书局铅印本，南京图书馆藏。

(2)《喜咏轩丛书》甲编本。

(3) 台北新文丰出版公司《丛书集成续编》本。

(4) 2004 年山东画报出版社出版。

(5) 2010 年重庆出版社耿纪朋译注本。

按:1914 年,沈寿任我国早期的刺绣专科学校"南通女工传习所"所长。后沈寿积劳成疾,乃于病中口述其刺绣经验,由张謇亲自记录,历时数月,编纂完成此书。《绣谱》总结了我国唐宋以来的刺绣方法,并记录了沈寿借鉴西方艺术而自创的针法。

啬庵先生临墨竹赋　子部艺术类

(1) 上海中国图书馆公司石印本。

(2) 1925 年南通翰墨林书局第 4 版。

张啬公书通海界柱铭　子部艺术类

1939 年拓本,南通市图书馆藏。

张啬翁书千龄观记　子部艺术类

1923 年南通翰墨林书局再版。

张季直书狼山观音造像记 1 卷　子部艺术类

(1) 1912 年上海有正书局石印本,南京图书馆藏。

(2) 1913 年南通翰墨林书局初版本。

(3) 1921 年南通翰墨林书局再版本。

张季直殿撰归伊阙佛龛碑　子部艺术类

清光绪三十四年石印本。

张季直书千字文　子部艺术类

1916 年上海商务印书馆初版本,国家图书馆藏。

西湖载鹤图序 1 卷　子部艺术类

清光绪三十四年石印本,上海图书馆藏。

文峰塔院东原新阡石阙铭(并序)　子部艺术类

南通市图书馆藏拓本。

张季直书石阙铭　子部艺术类

民国上海尚古山房石印本，中山大学图书馆藏。

四时读书乐　子部艺术类

(1) 1920 年上海商务印书馆影印本，国家图书馆藏。

(2) 1933 年上海商务印书馆影印本，国家图书馆藏。

按：张謇书，书名亦作《张季直书四时读书乐》。

宋文忠渡海亭记　子部艺术类

见《啬庵先生临墨竹赋》。

张謇书法选　子部艺术类

1993 年中华工商联合出版社出版。

张季子诗录 10 卷　集部别集类

(1) 1914 年铅印本，国家图书馆藏。

(2) 1916 年文艺杂志社影印本，北京大学图书馆藏。

(3) 1924 年文艺杂志社影印本，国家图书馆藏。

(4)《续修四库全书》本。

(5) 2009 年台中文听阁图书有限公司影印本。

(6)《清代诗文集汇编》本。

(7) 2017 年广陵书社《民国诗集选刊》本。

张季直诗集 10 卷　集部别集类

1936 年上海文业书局出版。

张南通诗文钞 8 卷　集部别集类

王文濡选辑，1926 年上海文明书局出版，南京图书馆藏。

张季直文钞 1 卷　集部别集类

1915 年上海进步书局石印《现代十大家文钞》本，南京图书馆藏。

张季直文钞 2 卷　集部别集类

(1)《当代八家文钞》本。

(2)《清代诗文集汇编》本。

张啬庵先生文概注　集部别集类

曹君觉编注

1947年南通翰墨林印书局铅印本，南京图书馆藏。

按：南通沦陷后，编者在垦牧乡之附属小学授文，因取其师张謇之作讲授之。此书所收文章都与南通地方有关，从中也可以看到张謇在南通所办实业、文教等方面的成就。

张季子九录80卷附编10卷图表1卷　集部别集类

张謇撰　张怡祖(孝若)编

(1) 1931年中华书局聚珍仿宋版，国家图书馆藏。

(2) 1932年中华书局聚珍仿宋版，南京图书馆藏。

(3) 1940年中华书局聚珍仿宋版，国家图书馆藏。

(4) 台北文海出版社《近代中国史料丛刊续编》本。

(5)《民国丛书》本。

(6) 2008年台中文听阁图书有限公司影印本。

子目：

《政闻录》19卷

《实业录》8卷

《教育录》6卷

《自治录》4卷

《慈善录》1卷

《文录》19卷

《诗录》10卷

《专录》10卷

《外录》3卷

附《张南通先生荣哀录》10卷

张啬庵先生九录录10卷首1卷补遗1卷　集部别集类

张謇著　顾公毅编

(1) 1947年南通翰墨林印书局铅印本，国家图书馆藏。

(2) 1964年台北国风出版社出版。

按：本录里封及书口作“九录录”，故图书馆著录也常用“九录录”之名。自中华书局初版《张季子九录》中“录”出，类次一依九录，卷帙较九录录为少。虽多省略，但无更改。并将初版中误字、误句及标题、系年有误者，一一改正。

张季子九录校补稿　集部别集类

张謇撰　曹文麟校

抄本，南通市图书馆藏。

张季直先生时事吟草 1 卷　集部别集类

稿本，中国科学院图书馆藏。

上海图书馆张謇手札　集部别集类

张季子手札不分卷　集部别集类

张季子未刊函稿不分卷　集部别集类

张謇电函稿　集部别集类

张謇致沈敬夫函　集部别集类

张謇代拟吴长庆致张树声函　集部别集类

以上 6 种均有 1963 年抄本，南通市图书馆藏。

张謇亲笔信札　集部别集类

手稿本，南通市图书馆藏。此收张謇亲笔信 30 件，附张孝若亲笔信 2 件。

张啬庵述撰略　集部别集类

民国铅印本。

张謇存稿　集部别集类

杨立强等编，1987 年上海人民出版社初版。

笔阵文心：张謇诗文墨稿　集部别集类

南通博物苑编。2015 年译林出版社影印本。

按：南通博物苑从中国嘉德国际拍卖公司 2014 年春季拍卖会购得张謇诗文稿 1 册，译林出版社据以影印。

张謇诗集　集部别集类

2014 年上海古籍出版社校点本。

文正书院丙庚课艺录不分卷　集部总集类

清光绪二十六年刻本，南京图书馆藏。

按：江宁文正书院建于光绪十六年，为纪念曾国藩而建。二十三年，张謇为书院都讲。此书收录书院光绪二十二年至二十五年4年制艺文，重要生徒有王瀣、杨炎昌、卢重庆、吴鸣麒、孙启椿、翁长芬、陆维炘等。

梅欧阁诗录1卷　集部总集类

张謇、梅兰芳、欧阳予倩撰

1920年铅印本，南京图书馆藏。

按："梅欧阁"是张謇为纪念梅兰芳、欧阳予倩的艺术成就和同道之谊，于1919年在新落成的南通更俗剧场内特设的一间房间。是年冬，梅兰芳受张謇邀请前来献艺。本书收录张謇、梅兰芳及袁克文、徐鋆、黄炎培等赠答之诗。

张謇全集　丛书类

南通市图书馆、张謇研究中心主编

1994年江苏古籍出版社出版。

按：第1卷政治，第2卷经济，第3卷实业，第4卷事业，第5卷艺文(上、下)，第6卷日记。本书以《张季子九录》为基础，增补了中华人民共和国成立前后公开出版或内部印刷的资料。

张謇全集　丛书类

张謇全集编委会编

2012年上海辞书出版社出版。

按：此为《国家清史编纂委员会·文献丛刊》之一。全书8卷：第1卷公文，第2、3卷函电(上、下)，第4卷论说、演说，第5卷艺文、杂著，第6卷说略、账略、规约、告启，第7卷诗词、联语，第8卷日记、年谱。

范当世(1854—1905)

原名铸,字铜士。更名当世,字无错,号肯堂。因行一,世称范伯子。清通州人。同治十年(1871)廪贡。后九次参加乡试,未售,遂绝意仕进,游学四方。初闻《艺概》于兴化刘熙载,后受诗古文法于武昌张裕钊,复从桐城吴汝纶研求文学,旋入北洋李鸿章幕。恣意诗歌,与海内贤豪唱和。倦游归里,与张謇谋乡邑教育。反对八股,提倡西学。光绪二十八年(1902)与张謇等呈请两江总督设立高等小学校。未几肺病卒。陈国安、孙建编有《范伯子研究资料集》(2011 年江苏大学出版社出版)。

范伯子先生遗墨　子部艺术类

曾克耑辑。台北《近代中国史料丛刊续编》本。

范当世手稿不分卷　集部别集类

稿本,中国科学院图书馆藏。

范伯子文集 12 卷　集部别集类

(1) 清光绪三十四年浙西徐氏刻本,南京图书馆藏。

(2) 1929 年铅印袖珍本,国家图书馆藏。

(3) 1933 年浙西徐氏校印本,上海图书馆藏。

(4)《清代诗文集汇编》本。

范伯子文集 9 卷　集部别集类

剪辑 1928 年《通通日报》本,南通市图书馆藏。

按:每页版心均印有"未刊稿禁翻印"字样。

范伯子诗集 19 卷　集部别集类

(1) 清光绪三十四年刻本,南京图书馆藏。

(2) 1933 年浙西徐氏校印本,附姚倚云《蕴素轩诗稿》5 卷。上海图书馆藏。

(3)《续修四库全书》本。

(4)《清代诗文集汇编》本。

范伯子连语　集部别集类

1931年铅印本，南通市图书馆藏。

按：每页版心均印有“未刊稿禁翻印”。

三百止遗不分卷　集部别集类

稿本，南通市图书馆藏。

范伯子先生全集　集部别集类

(1) 台北《近代中国史料丛刊续编》本。

(2) 2011年中国书店出版社影印本。

按：此包括《范伯子文集》12卷、《范伯子诗集》19卷、《范伯子连语》。附姚倚云《蕴素轩诗稿》5卷。

范伯子诗文集　集部别集类

2003年上海古籍出版社出版，马亚中等点校。2015年出版修订本。

范伯子手稿　集部别集类

2005年河北教育出版社影印本。

按：范曾编，线装本，4册。第1卷《范伯子诗文手稿》，第2卷《范铜士先生戊寅日记》，第3卷《范钟诗伯子先生批稿》，第4卷《范伯子手稿附录》。

通州范氏诗钞4卷　集部总集类

清范凤翼等著　范当世编

稿本，南京博物院藏。

按：范曾编有《南通范氏诗文世家》26卷(2004年河北教育出版社出版，21册)，分正编和副编两部分。正编选录南通范氏十三代21位作者的诗文作品。按世系排序，起自范曾十二世祖、明代范应龙，此下包括范凤翼、范凤彩、范国祐、范国禄、范遇、范梦熊、范兆虞、范崇简、范持信、范如松、范当世、范钟、范铠、范罕、范毓、范况、范子愚、范恒、范临、范曾。副编选录南通范氏姻亲11位作者的诗歌，另外收录年谱、纪事编年等。

张凤年(? —1930)

字悼棠,号峡亭。通州人。诸生。遭遇不偶,绝意进取,肆力于古学。

花丛俪语　集部别集类

清光绪三十二年(1906)铅印本。

花笑庵联语2卷　集部别集类

花笑庵联续存　集部别集类

以上2种有1945年抄本,南通市图书馆藏。

鳞鸿集(张峡亭信稿)　集部别集类

抄本,南通市图书馆藏。

神交集　集部总集类

清张凤年、赵润、郑钟琪合著

清光绪三十三年金陵汤明林印书局铅印本,南京图书馆藏。

胡凯姒

字静香。清通州人。履坪女,江棣圃妻。工诗词。

爱月轩遗稿1卷杂体1卷词1卷　集部别集类

清光绪十四年(1888)刻本,南京图书馆藏。

孙锦标(1856—1927)

字伯龙,号慕庐。南通人。光绪朝贡生。少年时期苦读《说文解字》,潜心研究。青年时期成《南通乡音字汇》,有益于求学者。进而研究南通一带,包括泰兴、如皋、海门等县方言,广泛搜集,查证古音,拟定字形,经10余年成《南通方言疏证》一书,仿《尔雅》体例。又花10余年,从古籍经传以至说部小说,从书面语言到口头语言,广泛收集,精心考辨,扩充类目,成《通俗常言疏证》一书。从地理、天文直至植物、动物,共分40目。两本为南通方言研究开山之作。虽因袭《尔雅》《方言》

《说文解字》传统，且使用直音法、切音法，没有更多涉及方言字，也没有谈到方言语法，但在语言研究史上具有重要地位。

南通方言疏证4卷50目　经部小学类

1913年上海中国图书公司石印本，南通市图书馆藏。

通俗常言疏证不分卷40目　经部小学类

1925年南通翰墨林印书局石印本，南通市图书馆静海楼藏。

自怡轩杂著不分卷　子部杂学类

1924年翰墨林印书局铅印本，南通市图书馆藏。

范　钟(1859—1913)

字仲林。清通州人。当世弟。光绪二十四年(1898)进士。以高才发河南知县，任鹿邑二年，卓异有声。后卒官。

蜂腰馆诗集4卷词1卷　集部别集类

1919年徐鸿宝等校刊本，南京图书馆藏。

蜂腰馆诗集4卷　集部别集类

抄本，南京图书馆藏。

姜　渭

字利川，又字璜溪，号沧亭。清通州人。学使李联琇甚重之。后就聘南京朝天宫书局，博览群书，多收致海内善本。擅绘事，尤精指头画。性孝，年80左右卒。

璜溪遗稿1卷　集部别集类

(1) 清光绪刻本，南京图书馆藏。

(2) 1923年石印本，南通市图书馆藏。

周　豳

清通州人。廪膳生。

四书直解　经部四书类

见光绪《通州直隶州志》卷16。

马丙藜

字曜青，号亦哉。清通州人。光绪八年(1882)州庠生。

(民国)马氏宗谱7卷首1卷末1卷　史部传记类

马重惠主修　马丙藜总纂　马昆源、马灵源与纂

1921年铅印本。

王兆芳(1861—1898)

字漱六。清通州人。光绪十五年(1889)举人。肄业南菁书院。尤好黄以周书，以周有疑义，常与商榷，以为畏友。家居教授。

公羊质文异礼疏证1卷　经部春秋公羊传类

经义征学4卷　经部群经总义类

古今异鉴3卷　史部史评类

以上3种见民国《南通县图志》卷19本传。

黄元同行状1卷　史部传记类

清光绪二十七年刻本，南京图书馆藏。

霞山精舍文献记1卷　史部地理类

教育原典6卷　子部儒学类

以上2种见民国《南通县图志》卷19本传。

才兹文不分卷　集部别集类

清光绪二十七年刻本，南京图书馆、南通市图书馆藏。

文章释1卷　集部诗文评类

清光绪二十九年刻本。见《贩书偶记》卷20。

张麟年

字峰石，号七七生。清通州人。凤年弟。

吕子节录之节录　子部儒学类

明吕坤著　清陈宏谋节录　张麟年再节录

1930 年抄本，南通市图书馆藏。

个道人遗墨　子部艺术类

清丁有煜撰　张麟年编

1923 年南通翰墨林印本，南通市图书馆藏。

骈珠　集部总集类

清张麟年辑

1921 年张氏手稿本，南通市图书馆藏。

前清诸家骈体文钞　集部总集类

清张麟年辑

张氏抄本，南通市图书馆藏。

一虱室诗话 4 卷雕虫集 1 卷　集部诗文评类

光绪三十三年(1907)铅印《国魂丛书》本，南京图书馆藏。

姚倚云(1863—1944)

字蕴素。桐城人。浚昌女，通州范当世继妻，人称范姚夫人。张謇创女子师范学校，聘其任校长。避战乱至东马塘，赋诗自遣，多忧患之作。后主管红十字会。

沧海归来集 11 卷词 1 卷续集 1 卷选余 2 卷消愁吟 2 卷文 1 卷　集部别集类

1933 年铅印本，南京图书馆藏。

蕴素轩诗稿 5 卷　集部别集类

1933 年浙西徐氏校印本《范伯子诗集》附刊本，上海图书馆藏。

榴花馆稿 2 册　集部别集类

抄本，诗 1 册词 1 册，见《历代妇女著作考》附编。

按：范曾编《南通范氏诗文世家》，分正编与副编。姚倚云诗收入副编。

徐寿慈(1867—1917)

字秋谷。清通州人。希仪子。生三月而孤,父抚之成立。延海门徐云锦为之师,才颖风发,师目为大器。躬自佐理家务,未尝一日废学。会其兄文荫籍于校,亦纳赀为监生,同应省试,一再以额满绌于主司。由赈案叙主司。将谒选,遭文荫之丧,不忍以远游重伤亲心,遂绝意进取。

南通徐秋谷先生手橅古器题识不分卷附徐秋谷墓志铭　史部金石类

清徐寿慈作　徐鋆辑

1921年石印本,吉林大学图书馆藏。

钱绿云

字素秋。清通州人。

吟秋小草1卷　集部别集类

清光绪刻本,南通市图书馆藏。

白雅雨(1868—1912)

名毓昆,字雅雨,号铣玉。清通州人。近代地理学家。入江阴南菁书院、上海南洋公学就读。光绪二十六年(1900)后任聘于南洋公学附中、澄衷学堂执教史地,三十四年任聘于北洋法政学堂。同北洋女师范学堂教习张相文、陶懋立等,发起成立中国地学会,并创办《地学杂志》,任编辑部长。宣统二年(1910)创办我国第一个地理学期刊——《地学杂志》。宣统三年年底,参加推翻清政府的北方滦州起义,任参谋长。起义失败,壮烈牺牲。民国政府追认陆军上将。

雅雨诗集　集部别集类

见2000年版《南通市志》。

顾德龙(1868—?)

字卧子,号剑坡。以号行。晚号我笑。清通州人。善堪舆术。

地理经过记　子部术数类

见民国《南通顾氏宗谱》卷4。

供花馆诗存不分卷　集部别集类

1941年翰墨林印书局铅印本,南通市图书馆藏。

冯　澂

字涵初,号清渠主人。其读书处曰强自力斋。清通州人。自束发受书即笃嗜历算格致之学,时目之为攻异端,然益肆力于此。光绪十四年(1888)科试,王先谦擢其时务为第一。旋肄业于浙省辨志精舍及松郡格致、求志二精舍,屡列优等。

春秋日食集证10卷　经部春秋总义类

(1)《万有文库》本。

(2) 1968年台湾商务印书馆出版《人人文库》本。

(3)《续修四库全书》本,据《强自力斋丛书》稿本影印。

(4) 2009年台湾文听阁图书有限公司影印本。

瞻云楼外史6卷　史部传记类

1922年油印本,南京图书馆、南通市图书馆藏。

通肯河一带开民屯议1卷　史部地理类

《小方壶斋舆地丛钞再补编》本。

算学考初编补注　子部历算类

(1) 1956年商务印书馆铅印本。

(2) 1984年文物出版社铅印本,用1956年商务印书馆纸型重印。

强自力斋丛书(又名强自力斋西算丛书)　丛书类

清光绪二十三年上海著易堂石印本,南京图书馆藏。

子目:

《代数启蒙》4 卷　又有清光绪二十二年江苏书局刻本，南京图书馆藏。

《光学述墨》1 卷　又有(1) 清光绪二十六年南菁书局本。(2)《古今算学丛书》本。

《矿学述管》1 卷　又有《古今算学丛书》本。

《嵇氏服食补注》1 卷

《西学胜录》1 卷

《读谈天》1 卷

《历学杂识》1 卷

《数学胜录》1 卷

《三角拾遗》1 卷

《勾股九容证术》1 卷

《增删同里陈氏算法正宗》4 卷

《校正崇明黄氏海镜识别赘解》2 卷　又有清光绪二十七年陈氏家刻本。

《春秋日食集证》不分卷　此书另有多种版本，见上著录。

按：据《勾股九容证术》所附《强自力斋丛书总目》，至光绪二十七年，《强自力斋集》尚有未刊书多种，列子目如下：

《春秋日食集证》10 卷

《算学考初编》20 卷

《化学通考》20 卷

《农学通释》8 卷

《算课初续编》2 卷

《代数详解》6 卷

《高等地理教科书》2 卷

《史谭》1 卷

《治说》4 卷

又按：南通市图书馆藏校正《海镜赘解》后附抄录《强自力斋丛书总

目》，尚有《养蚕学》2卷、《畜牧学》2卷、《土壤学》5卷、《种菇学》1卷，4种均为中华科学研究会排印本。又有《植棉学》《强自力斋文集》2卷、《江北五郡文稿》20卷。

强自力斋丛书四种　丛书类

清光绪二十四年朱丝栏抄本，国家图书馆藏。

子目：

《春秋日食集证》10卷

《算学考初编》20卷《首》1卷

《算课初续编》2卷

《史谭》1卷

按：卷端附清龙竹庄氏题识1页。

格致四种　丛书类

清冯澂述

清抄暨刻本，国家图书馆藏。

子目：

《光学述墨》1卷

《矿学述管》1卷

《嵇氏服食篇补注》1卷

《格致脞录》1卷

范　铠(1869—1924)

字秋门，号酉君。南通人。当世弟。以拔贡知县分山东。曾任濮州。1912年上书乞退，遂归。

(民国)南通县图志24卷　史部地理类

范铠纂　张謇续纂

通海垦牧乡志1卷　史部地理类

范铠、张謇纂

按：以上两条参见“张謇”条。

袁绍昂(1869—1938)

字性之,号杏红馆主。南通人。清末贡生。其祖上从高邮迁来。绍昂爱好诗文,勤于写作,广泛交友,与州内闻人徐贯恂、刘宝泰、邓际昌、孙儆、费范九等交往甚多。

木铎千声 17 卷　经部群经总义类

潘守廉撰　袁绍昂续撰

1934 年上海儒佛合一救劫会铅印本,吉林大学图书馆藏。

临榆田氏家谱 6 卷首 1 卷谱余 5 卷　史部传记类

田中玉纂,袁绍昂与纂

民国朱丝栏稿本,国家图书馆藏。

(民国)济宁县志 4 卷首 1 卷　史部地理类

潘守廉修　袁绍昂纂

(1) 1927 年铅印本,南京图书馆藏。

(2) 台北成文出版社《中国方志丛书》本。

(3)《中国地方志集成》本。

(民国)济宁直隶州续志 24 卷首 1 卷　史部地理类

潘守廉修　袁绍昂等纂

(1) 1927 年铅印本,南京图书馆藏。

(2) 民国抄本,山东省博物馆藏。

(3)《中国地方志集成》本。

山东图书馆书目 8 卷补遗 1 卷　史部目录类

(1) 1917 年山东图书馆石印本,南京图书馆藏。

(2) 2008 年北京图书馆出版社《明清以来公藏书目汇刊》本。

按:如皋东马塘人刘宝泰任山东图书馆馆长时,一次返乡省亲,与袁绍昂相见,交谈甚欢,遂邀其去该馆编撰书目。袁绍昂于 1915 年前往该馆工作。

济宁碑目续志不分卷　史部金石类

《石刻史料新编第三辑》本。

儒教八德录 8 卷　子部儒学类

封凫老人(潘守廉)总纂　杏红馆主(袁绍昂)编纂

1934 年天津华新印刷局铅印本,国家图书馆藏。

杏红馆酬世文钞初集 2 卷续集 2 卷三集甲编 3 卷　集部别集类

1921 年铅印本,华东师范大学图书馆藏。

杏红馆诗钞 2 卷续钞 4 卷三集甲编 6 卷　集部别集类

1928 年铅印本,南京图书馆藏。

圣迹图联吟集 2 卷　集部总集类

王震绘　潘守廉撰　袁绍昂和

民国间天津华新印刷局铅印本,复旦大学图书馆藏。

按:书中涉及江海平原作家刘宝泰、邓际昌、邓璞君、朱冬心、费范九、曹勋阁等。

杏红馆诗钞词钞甲编 1 卷　集部词曲类

民国间铅印本,复旦大学图书馆藏。

徐宜桐(1870—1921)

字慰莞,号根如。南通人。年 22 籍于庠。光绪三十二年(1906)优贡。河南候补知县加同知衔,改发安徽。1914 年考取第三届知事,仍分发安徽任用,充皖南茶税驻饶查验局局长。

共墨轩叔子文存　集部别集类

见 1932 年《徐氏通城支谱》卷 4。

李曰廉

字幼清。清通州人。家世贫甚,以名字自律。益刻意文学,见重于朱铭盘、张謇、范当世。江都束锦以诗怀念道:“李侯佳句似阴铿,苦向空山守一经。不用蹇修怨迟暮,东南人识少微意。”宣统元年(1909)举孝廉方正不就。

秭花山馆诗4卷　集部别集类

见民国《南通县图志》卷19本传，谓藏于家。

李香荣

字远馨。清通州人。

音画辨微2卷　经部小学类

手稿本，南通市图书馆藏。此为古汉语音韵专著。

范寅官(1872—?)

字清臣。清通州人。性嗜学。因家贫，乃弃儒就贾。家本世居东台，后至通。24岁创立志记布庄，独自经营。50岁后，将家、店全权托弟，乃携妻出游东南数省。归而筑一亭，曰“豁然”，常与地方文士请学请益其中，不复问商贾事。

豁然亭丛录不分卷　集部别集类

1942年南通范树德堂铅印本，上海图书馆藏。

徐宜午(1873—1906)

字观卓，号戎君，一号栟圃。清通州人。光绪二十七年(1901)诸生。旋殁于包场舟次。

栟圃遗稿　集部别集类

见1932年《徐氏通城支谱》卷4。

冯善征(?—1922)

字子久，号达庐。南通人。光绪二十八年(1902)优贡。曾任四川云阳知县，后辞官。

达庐诗录1卷　集部别集类

1925年刻本，北京大学图书馆藏。

达庐诗录4卷　集部别集类

1927年冯氏景岫楼铅印本，南京图书馆藏。

范　罕(1875—1938)

字彦殊。南通人。当世子。曾游学日本东京，治法律学。宣统二年(1910)迁寓早稻田旅舍总州馆。后之南州国学专修院，亦曾任教于南通农校。少时好读周秦诸子及宋儒之书，诗不常作，作辄佳。

蜗牛舍诗四集4卷后录1卷　集部别集类

1923年铅印本，南京图书馆藏。

蜗牛舍诗别集2卷　集部别集类

1935年铅印本，国家图书馆藏。

蜗牛舍诗本集3卷别集2卷　集部别集类

1936年南通翰墨林铅印本，华东师范大学图书馆藏。

蜗牛舍说诗新语1卷　集部诗文评类

1936年南州国学专修院铅印本，南京图书馆藏。

孙汇澧(1876—?)

字松涛。南通人。清末民初教员。

南通孙氏宗谱12卷　史部传记类

民国石印本，南京图书馆藏。

孙氏宗谱图题咏7卷　集部总集类

1929年南通义生印刷所石印本，南京图书馆藏。

寿松集4卷图版1　集部总集类

1937年上海世界书局铅印本，南通市图书馆藏。

按：此为孙氏自辑50至60岁时寿文集。

孙　钺(1876—1943)

字子扶。南通人。光绪三十一年(1905)在通州民立师范学校读书期间，被张謇看中，由他负责将兴建中的植物园建成博物苑。张謇还托日籍教师木村忠治郎在业务上给予指导。经孙钺几年苦心构筑，终于在1912年建成我国最早的中国人自己办的博物苑。孙钺担任第一任苑主任，张謇自任苑经理。他身先士卒，亲自采制动、植物标本，征集文物，带动全苑学者。1914年他主持编印了《南通博物苑品目》。张謇逝世后，博物苑经费日窘，坚持数年之后，1933年3月，孙钺不得已而辞职。1943年病逝。

养羊全书　子部农家类

造林全书　子部农家类

以上2种孙钺译著，现藏南通博物苑。

植物病理学　子部农家类

1936年中华书局出版。

南通植物志　子部农家类

孙钺晚年作，只写了一半，因病搁笔。稿存南通博物苑。

俞吟秋

南通城人。书画收藏家，主要收集地方书法家、画家之作品。

俞氏珍藏南通书画　子部艺术类

1928年上海美新制版部制版，上海镜明印务局印刷出版，线装1册，收字24幅、画2幅，南通市图书馆静海楼藏。

司树屏

字建侯。清末民初南通人。其先德潆先生工诗古文辞，兼通医理，同光间号称名宿。树屏承庭训，湛深好学，于医经无所不读。

难经编正　子部医家类

1920年南通翰墨林铅印本。

顾乃德

字蓉斋，号庸载。南通城人。清末贡生。通州师范毕业，历任初等、高等小学教员。

回忆辞2卷　史部传记类

石印本,线装1册,南通市图书馆藏。

(民国)南通成氏宗谱10卷首1卷　史部传记类

顾乃德等纂修。1931年铅印本,南通市图书馆藏。

瓯江鸿鸟雪　集部别集类

敝帚诗草　集部别集类

以上2种见民国《南通顾氏宗谱》卷5。

周曾锦(1882—1920)

字晋琦,一作晋耆,号卧庐。南通人。弱冠补诸生,以优行贡于乡。试京兆不第,恣意诗词,与里中诸子结大镛诗社,日以酬唱为乐。工弈,精篆刻。性介寡谐,湛静多沉思。

木樨庵印存2卷　子部艺术类

见《周晋琦哀挽录》《周晋琦遗著三种》传。

周晋琦遗著三种　丛书类

1921年排印本,南京图书馆藏。

子目:

《藏天室诗》1卷

《香草词》1卷

《卧庐词话》1卷

徐　鋆(1885—?)

字贯恂,号淡庐,一号紫琅山民。南通人。寿慈子。藏书家、金石学家。年18补博士弟子员,试用知县。入民国供职交通部。壮岁辞官,潜心著述,尤耽金石之学。收藏书画、古籍、金石甚富。卒于抗战前。

扬镇苏纪游　史部地理类

民国油印本，南通市图书馆藏。

按：此为散页，1册，卷端有“南通徐鋆贯恂未定草”字样。辑其《焦山》《木渎灵岩山》《香雪海寻梅》等诗。第一首为《己巳春正下浣自通遏扬周承密乐君买舟约游湖上诸名胜午饮平山堂》（正月二十五日），此为1929年。

淡庐藏佛　史部金石类

1932年影印本。

淡庐藏镜2卷　史部金石类

1934年南通徐氏澹庐影印本，上海图书馆藏。

南通徐秋谷先生手橅古器题识不分卷附徐秋谷墓志铭　史部金石类

徐寿慈作　徐鋆辑

1921年石印本，吉林大学图书馆藏。

淡庐四十纪念画　子部艺术类

吴昌硕等作　徐鋆辑藏

1925年影印本，上海图书馆藏。

南通徐贯恂先生书　子部艺术类

民国缩印本。

淡庐墨趣1卷　子部艺术类

1922年西泠印社影印本，复旦大学图书馆、南通市图书馆藏。

淡庐怀人诗1卷　集部别集类

清光绪间刻《崇实斋丛刻》本，国家图书馆藏。

淡庐读画诗1卷　子部艺术类

《古今文艺丛书》本。

淡庐楹语1卷　集部别集类

1931年铅印本，南京图书馆藏。

黄山吟　集部别集类

1936年铅印本，上海图书馆藏。

淡庐诗余2卷（碧春词1卷，皕镜簃词1卷）　集部词曲类

1932年铅印本，南京图书馆藏。

姜芙初

字镜蓉。通州人。清末秀才。

乡谥褊跋汇编2卷续刊1卷　史部传记类

1934年石印本，南通市图书馆静海楼藏。

周宏㦤(1888—1922)

一名贞，字琅峰。南通人。才质颖异，长好读书，有深思。既终师范业，教授多所成就。博览群籍以资其诗文。书学钟王，暇则治篆刻之术。性高洁，自律甚严。以孤愤沉水殁。

琅峰遗稿　集部别集类

1923年刻本，浙江图书馆藏。

沈云路(？—1919)

字逸衢，号三泪。南通人。由沈氏小学直升通州师范。适逢辛亥革命，乃投学生军北上，后至保定军官学校攻军事学。四年卒业，分发扬州白宝山军部任军官。以肺疾卒。

沈云路遗诗附书翰　集部别集类

1961年复写本，南通市图书馆藏。

陈　坚

通州人。

周易虞氏大义释5卷　经部易类

手稿本，南京图书馆藏。

徐宣武(1891—?)

原名尔瑛，一名修，字修五，一字伯光，号谳庵，别号病某。南通人。

两江师范毕业。历任南通市第三初等小学、明义女学等校教员，南通大学农科教员。曾任国民党南通县特委干事、江北日报馆编辑主任、南通县救济院副院长等职。

徐氏通城支谱4卷　史部传记类

民国排印本，南京图书馆藏。

病某存稿　丛书类

1940年铅印本，南京图书馆藏。

按：包括《病某文存》《病某诗存》《病某联存》。

李南苏(1894—1925)

字湘侨。祖籍湖南，其父迁于通州，遂家此。1915年考入通州师范国文专修科。毕业后，江谦校长聘其为学校国文教师。在学期间，随王燕卿学琴，为梅庵琴派传人之一。

李湘侨遗稿　集部别集类

1926年南通翰墨林印书局铅印本，南通市图书馆、南京大学图书馆藏。

按：前有曹文麟撰李君传，附《李湘侨先生年表》。

张怡祖(1898—1935)

字孝若，以字行。南通人。謇子。留学美国，1918年回国后，协助其父举办各项事业。数往欧美考察。曾任江苏省议会议员、吴佩孚联军司令部参赞。又任淮海实业银行总经理，驻智利公使。1926年继任大生纱厂等企业董事长及南通学院院长。后在上海寓所被暗杀。

南通张季直先生传记附年谱年表　史部传记类

(1) 1931年中华书局铅印本，南京图书馆藏。

(2)《近代中国史料丛刊续编》本。

最艰难的创业者：状元实业家张謇传　史部传记类

张孝若著。2016年北京新世界出版社出版。

最伟大的失败英雄:状元实业家张謇　史部传记类

张孝若著,雾满拦江释评。2013 年华中师范大学出版社出版。

张孝若沿制棉业商榷书简明表说　史部政书类

1923 年铅印本。

考察欧美日本各国实业报告书　史部政书类

民国间朱丝栏抄本,国家图书馆藏。

按:书中均题"考察各国实业报告书"。

父训 2 卷　子部儒学类

张謇撰　张怡祖辑

1963 年抄本,南通市图书馆藏。

士学集　集部别集类

民国铅印本,南京图书馆藏。

张孝若演说稿 1 册　集部别集类

1924 年铅印本。

追悼徐镜子之哀思　集部总集类

张孝若、施汉章等著

1915 年铅印本。

费师恒(1900—1922)

字士惟。南通人。毕业于南通师范学校。学丰体弱,年 23 卒。

南通费生遗稿 1 卷　集部别集类

1922 年淡远楼铅印本,南京图书馆、南通市图书馆藏。

按:其文集多有记南通地方情事者,如《赠南通师范甲组讲习科同学序》《记云台山》(其村南小山)、《记赍志桥》(平潮市北之桥)、《记灵源禅师》(南通五福寺僧)、《记怡怡堂》(费氏旧居之厅堂)、《记庭树》(怡怡堂之树)、《记扶乩》(记乡人扶乩之术)。卷首有钱基博《南通费生传》、费师洪《季弟士惟述》。

顾民元(1912—1941)

南通人。早年入南通中学读书,与江上青等积极参加学生运动,参与组织革命青年社。1927年加入中国共产党。1928年南通党团组织遭到破坏后,转入上海艺术大学、成都大学继续求学。抗日战争爆发后,任启东县政府第一科科长、启东县抗日民主政府县长等职。1941年2月24日被误杀,同年4月被追认为革命烈士。

天光常照浪之花——顾民元烈士牺牲五十周年纪念　集部别集类

2012年上海人民出版社出版,南通市图书馆藏。

按:本书为纪念顾民元诞辰一百周年而编,辑录了搜集到的顾民元所有的文学作品,有诗歌、诗布告、小说、戏剧、散文,还有翻译作品。

海 门

宋至明

施昌言

字正臣。宋通州静海人。仁宗朝举进士高第。以太常博士召试馆职,不中选,迁尚书屯田员外郎、知太平州。上《政论》30篇。后知庆州,在州所为不法,语彻朝廷,降知华州。后移河北都转运使,徙江、淮发运使,加龙图阁直学士、知应天府,又知延州。会塞六塔河,以为都大修河制置使。河决,夺一官知滑州,又知杭州,加龙图阁学士。复知滑州。以老求罢,乃以知越州。至京师,卒。一生喜歌舞、杂剧。《宋史》有传。

政论三十篇　史部政书类　佚

见《宋史》卷299本传。

崔敦礼(?—1181)

字仲由。宋通州静海人。与弟敦诗同登绍兴三十年(1160)进士。历江宁县尉、平江府教授、江东安抚司干官、诸王宫大小学教授等职。爱溧阳山水,买田筑居,移居于此。

刍言3卷　子部杂学类

(1)《四库全书》本。

(2)《函海》本。

(3) 清抄本,南京图书馆藏。

(4) 清知不足斋抄本,2卷,台湾“中央研究院”历史语言研究所藏。

(5)《丛书集成初编》本。

宫教集 12 卷　集部别集类

(1) 清乾隆翰林院抄本，国家图书馆藏。

(2)《四库全书》本。

(3)《螺树山房丛书》本。

(4) 清抄本，南京图书馆藏。

(5) 清抄本，中国科学院图书馆藏(存卷 1—3)。

按:《千顷堂书目》卷 29 著录《崔宫教集》20 卷。原本久佚。四库馆臣从《永乐大典》辑出，编为 12 卷。现存《永乐大典》录《崔宫教集》10 条。

崔敦诗(1139—1182)

字大雅。宋通州静海人。敦礼弟。绍兴三十年(1160)进士。历任中书舍人加侍讲直学士院。上疏言治道大略，谓国家之事成于和同，改于乖异。尝论风俗、任将、经筵、幸进、救灾五事及州县掊克之弊。又请施行白鹿洞教规以广崇儒重道之化。性谨厚，议论疏通知大体。值宿进讲所陈必剀切，至造膝密启家人不得觇其稿。皇上深器许之。吕祖谦编《宋文鉴》为人所潜，复令敦诗删定。卒赠中大夫，祀子游庙。与兄敦礼具为文宗。

通鉴要览 60 卷　史部编年类　佚

见《宋史》卷 203。

鉴韵五编　史部编年类　佚

见乾隆《直隶通州志》卷 19。

内外制稿 32 卷　史部政书类　佚

制海十编　史部政书类　佚

以上 2 种见光绪《通州直隶州志》卷 16。

崔舍人奏议 1 卷　史部政书类

清道光间陈揆稽瑞楼抄本，上海图书馆藏。

奏议总要 5 卷　史部政书类　佚

见《金陵诗征》卷36传注。

崔舍人玉堂类稿20卷附录1卷崔舍人西垣类稿2卷　集部别集类

(1) 南宋刻本，日本宫内省图书寮藏。

(2)《宛委别藏》本。

(3)《粤雅堂丛书三编》本。

(4)《佚存丛书》本。

(5) 清刻本，国家图书馆藏。

(6)《丛书集成初编》本。

(7)《续修四库全书》本。

按：《宋史艺文志补》作《崔舍人集》30卷，《金陵艺文志》作《崔敦诗文集》20卷。

铙歌鼓吹曲12篇　集部词曲类　佚

见《金陵诗征》卷36传注。

李　开

字兆之。明海门人。永常子。正统十二年(1447)举人，任监察御史。后调任玉山知县。博学多才，处事果断，多艺善诗。

醯鸡集　集部别集类

见万历《通州志》卷5。《五山耆旧集》卷2收其诗2首。

李　纪

字惟肃。明海门人。开弟。景泰七年(1456)举人。官山东阳谷知县。能诗文，志向不苟。

阳谷游草　集部别集类　佚

见乾隆《直隶通州志》卷19。

尹　玺

字大玉。明海门人。成化十八年(1482)贡生。任浙江寿昌知县。

坦率宽厚,有长者风。

(弘治)海门县志　史部地理类　佚

明尹玺纂

见万历《通州志》卷5、顺治《海门县志》卷前罗大猷序。此志未完成,崔桐纂辑《海门县志》时其志尚存。

李　轼

字景瞻。明静海乡人。成化二十二年(1486)贡生。官广东雷州府通判。笃学好古。

观海集　集部别集类

过苏编　集部别集类

以上2种见乾隆《直隶通州志》卷19。康熙志著录《观海集》1种。

崔　桐(1478—1556)

字来凤,号东洲。明海门人。从张成学。正德十二年(1517)赐进士第三人。授翰林院编修。因谏武宗南巡受杖夺俸,世宗即位,以谏南巡功加俸一级。以侍读出为湖广右参议,迁提学副使,转福建左参政。以督学时考贡违新例降浙江副使。入为北太常少卿,迁正卿,掌国子祭酒。屡辞不允,迁南礼部右侍郎,推吏部侍郎,适中蜚语,遂得请归。潜心古学,淹贯经史。性忠介廉静,不苟荣禄。《明史》卷179有传。

经传类义20卷　经部群经总义类　佚

提纲旁览10卷　史部史评类　佚

两汉完隽待问稿20卷　史部史评类　佚

以上3种见万历《通州志》卷5。

(嘉靖)海门县志集6卷　史部地理类

明吴宗元修　崔桐纂

(1) 嘉靖十五年(1536)原刻本,宁波天一阁博物馆藏。

(2) 万历增刻本,宁波天一阁博物馆藏,有《天一阁藏明代地方志选刊》本。

(3) 抄本,国家图书馆、南京图书馆等藏。

(4) 1962 年海门县油印本。

(5) 1984 年铅印译本。

志愚录 10 卷　子部儒学类　佚

艺林会材 20 卷　子部杂学类　佚

以上 2 种见万历《通州志》卷 5。

南览录 1 卷　集部别集类

(1) 明嘉靖十四年刻本,国家图书馆藏。

(2) 1939 年冯氏景岫楼刻朱印本,国家图书馆藏。

按:是集为嘉靖八年视楚学时所作诗。

崔东洲集 20 集　集部别集类

明嘉靖二十九年曹金刻本,国家图书馆藏。

崔东洲集 20 集续集 11 卷　集部别集类

(1) 明嘉靖二十九年曹金刻三十四年周希哲续刻本,南京图书馆藏。

(2) 明刻本,北京大学图书馆藏。

(3)《四库全书存目丛书》本。

崔东洲稿 1 卷　集部别集类

明崔桐撰　清俞长城选评

《可仪堂一百二十名家制义》本(康熙刻、乾隆刻),国家图书馆藏。

崔桐诗卷 1 卷　集部别集类

民国费范九编

1947 年南通李氏影印本,南京图书馆藏。

按:《五山耆旧集》卷 3 收其诗 130 首。

姜　辂

字一中。明海门人。弘治十七年(1504)举人。授郴州知州,晋九江府同知，弃官归。

海崖集　集部别集类

见《五山耆旧集》卷2，收其诗4首。

成友文

明海门人。

宋史纂　史部杂史类　佚

见康熙《通州志》卷12。

张　成（1493—1519）

字元士，一字九韶，号北海。明海门人。正德五年（1510）拔贡。生有异才。18岁入太学，诗文书法倾倒一时，崔桐、钱铎皆其门人。高丽人从之学，馈酒一瓶，沈饮而卒。

北海遗稿　集部别集类

见嘉靖《海门县志集》卷8。集由门人崔桐、钱铎编。

崔　槐

字庭凤，号次洲。明海门人。桐弟。嘉靖三十九年（1560）岁贡。四十四年曾上书兴化李春芳自荐。任韶州府通判。诗具史识。

龙剑集6卷　集部别集类

见《五山耆旧集》卷3，收其诗71首。

张　材

号达斋。明海门人。嘉靖十年（1531）贡生。官胶州训导、瑞安教谕。年84卒。

沧浪集　集部别集类

希范集　集部别集类

以上2种见康熙《通州志》卷12。

钱　铎

字振之。明海门人。从张成学。正德十六年(1521)进士。与修《武宗实录》。嘉靖初授刑部主事,晋员外郎,又以郎中出守肇庆府,移郧阳知府,擢广西按察使司副使、府江兵备佥事。以刚直取忌,中蜚语罢官。

宦游漫稿　集部别集类

明嘉靖三十二年(1553)陈尧序刻本,存目录、卷上,南通市图书馆藏。《崇川各家诗钞汇存·列朝诗选》卷上收其诗 11 首。

成云龙

明静海乡人。嘉靖间任南昌府经历。

桑云集　集部别集类　佚

见康熙《通州志》卷 12。光绪《通州直隶州志》卷 16 作《桑榆集》。

张鸣鹤

字子和,一字东皋。明海门人。成子。嘉靖十九年(1540)举人。三十二年官容城县令,暗中接济杨继盛。三十四年以继盛死,辞县职归。

盐政书 4 卷　史部政书类

平倭策 1 卷　史部政书类

以上 2 种见万历《通州志》卷 5。《五山耆旧集》《崇川各家诗钞汇存·列朝诗选》卷上各收其诗 1 首。

成　相

字双江。明静海乡人。嘉靖二十二年(1543)举人。任连州知州,以文化民。迁桂林同知。两任广西同考官,《春秋》程式悉出其手。忤当道,调鲁府长史,拂衣归。

春秋汇书　经部春秋总义类　佚

见康熙《通州志》卷12。

南雍会纪　子部儒学类

宦游集　集部别集类

以上2种见乾隆《直隶通州志》卷19。

姚尚宾

明海门人。嘉靖三十一年(1552)举人。任寿张、长阳知县。

藻林编　集部总集类

见康熙《通州志》卷12。

彭大翼

字云举,号一鹤。明吕四人。嘉靖中以岁贡荐授梧州通判,有政声。升任云南沾益州知州,转开化府知府,进阶朝列大夫。告老还乡,加给四品服色。性好读书,前后以40余年之力辑成《山堂肆考》一书。举乡饮凡26次。卒年91。

一统志略　史部地理类

明时席珍　子部杂学类

以上2种见乾隆《直隶通州志》卷19。

山堂肆考240卷　子部典故类

(1) 明万历二十三年(1595)金陵书林周显刻本,南京大学图书馆藏。

(2) 明万历四十七年张幼学重修本,南京图书馆藏。

(3) 明万历二十五年刻本,吉林省图书馆藏。

(4) 明万历四十七年刻本,南京图书馆藏。

(5) 明万历竹�轩刻本,东北师范大学图书馆藏。

(6) 清初抄本,存卷1—2,上海图书馆藏。

(7)《四库全书》本。

(8) 明万历四十七年刻清文锦堂重修本，南京图书馆藏。

(9) 1992 年上海古籍出版社影印《四库类书丛刊》本。

按：是书成于万历二十三年，至四十七年，其孙婿张幼学又重加增补。书分宫、商、角、徵、羽五集。

山堂肆考 230 卷　子部典故类

明万历间刻本，香港中山图书馆藏。

山堂肆考 228 卷　子部典故类

明万历间刻本，南京图书馆藏。

肆考撮钞　子部典故类

清抄本，国家图书馆藏。

一鹤斋集　集部别集类

见乾隆《直隶通州志》卷 19。《五山耆旧集》卷 9 收其诗 3 首，《崇川各家诗钞汇存·列朝诗选》卷下收其诗 2 首。

周汝登

明海门人。

王心斋奏疏类编别传汇选 2 卷　史部政书类

(1) 抄本。

(2) 天启刻本。

以上 2 种见《江苏省立国学图书馆图书总目》卷 12，谓附于《东崖遗集》后。

彭大翱

字云健，号二楼，更号方壶。明吕四人。大翼弟。隆庆四年(1570)举人。授浙江山阴县教谕，升湖州府武康令。为人立品端方，居官廉介，士民咸仰赖之。

春秋苹蘩录 20 卷　经部春秋总义类

见乾隆《直隶通州志》卷 19，康熙志无“录”字。

铜官傲吏集　集部别集类

见康熙《通州志》卷12。

皆春楼集　集部别集类

见光绪《通州直隶州志》卷16。

放鹇堂集　集部别集类

凿坯子集　集部别集类

闲中古今吟　集部别集类

待问稿　集部别集类

杜诗解　集部别集类

以上5种见《吕四场志》。《五山耆旧集》卷9收其诗14首,《崇川各家诗钞汇存·列朝诗选》卷下收其诗7首。

张先登

号济川。明海门人。隆庆三年(1569)岁贡。与郭子章、李廷机、焦竑等游。谒诠得龙南令,下车严剔吏弊,弭兵课农,修学劝士。寻调濮阳藩臬诸司,有能声,以内艰归里。研精著作。问字者满户外。

(万历)海门县志　史部地理类　佚

明张先登纂

见顺治《海门县志》凡例。

菉竹园集　集部别集类

鄄城漫草　集部别集类

以上2种见康熙《通州志》卷12。

李延槐

明海门人。万历六年(1578)拔贡,官交河知县。

麟经敷讲秘意　经部春秋总义类　佚

见康熙《通州志》卷12。

柳应芳

字陈父。明海门人。爽朗善谈谑。万历十三年(1585)移家南京，居近城南瓦官寺。二十六年曹学佺官南京大理寺，与臧懋循、柳应芳等结社。三十七年应芳又与俞安期、潘之恒等结冶城大社。工诗，尤精律诗，锻炼三唐，不轻下笔。书拟二王。终身未仕。

柳陈父诗 4 卷　集部别集类

见《列朝诗集小传》丁集下。《千顷堂书目》卷 26 作 7 卷。其诗亦收入《金陵诗征》卷 40、《明诗纪事》庚签卷 26。康熙《通州志》卷 12 作《柳陈父集》10 卷，乾隆《直隶通州志》卷 19 作《陈甫集》10 卷。

朱秉器诗集 4 卷　集部别集类

明朱孟震撰　柳应芳等选

竹浪斋诗草 8 卷附吴游记 1 卷　集部别集类

明李佺撰　柳应芳校

以上 2 种有明万历间刻本，国家图书馆藏。参见《中国善本书提要》。

按:《五山耆旧集》卷 12 收其诗 61 首，《崇川各家诗钞汇存·列朝诗选》卷下收其诗 15 首。

彭大化

字云龙，号四楼。明吕四人。大翱弟。万历三十四年(1606)授睢宁训导。

留余堂诗稿 12 卷　集部别集类

见《吕四场志》。光绪《通州直隶州志》卷 16 作《留余堂集》8 卷。

李嘉禾

字应敷。明海门人。隆庆六年(1572)举人。官福建永福县教谕。

韬铁集　集部别集类　佚

见乾隆《直隶通州志》卷19。

潘景纯

字一卿。明海门人。布衣。以子允谐贵赠工部主事。

楚游草　集部别集类　佚

见《州乘资》卷2。

李奇逢

字汝遇。明海门人。开裔孙。见义勇为，无退志。万历十六年(1588)举人。任常州训导，历任藁城、安陆、武陵等县知县。有清操，不营自誉。

钓鳌篇　子部儒学类

见康熙《通州志》卷12。

李之达

字玉东。明海门人。轼曾孙，梦周孙。万历三十一年(1603)举人。授巨津知县。抵任兴革递举，上官奇其才，令摄五篆。进福建兴化同知，力靖海盗。有以私事请托者，严拒之。

麟经秘旨　经部春秋总义类　佚

见康熙《通州志》卷12。

闽游草　集部别集类　佚

滇游草　集部别集类　佚

以上2种见乾隆《直隶通州志》卷19。

王梅龄

明海门人。万历四十二年(1614)岁贡。

语类汇要10卷　子部儒学类　佚

见乾隆《直隶通州志》卷19。

王　伦

字惟明。明海门人。诸生。淡于名利，好藏古书。

楞伽山房集4卷　集部别集类　佚

见光绪《通州直隶州志》卷16。《五山耆旧集》卷4收其诗1首。

朱名世

字应生。明吕四人。万历四十六年(1618)举人。官永康知县。居官公平廉察，上官皆引重之。每有疑狱委讯，均立办之。丁内艰归里，见世日乱，遂不复出。

偶然草　集部别集类

见康熙《通州志》卷12。《五山耆旧集》卷14收其诗1首。

李元柱

字宸光。明海门人。增生。为文锲骨镂心。豫章章世纯极称之，莱阳宋继澄父子尤相推重。

湖隐集　集部别集类　佚

见康熙《通州志》卷12。

莱紫阁集　集部别集类　佚

见光绪《通州直隶州志》卷16。康熙志、乾隆志以此书为其弟玉柱所作。

彭　荇

明海门人。大翼裔孙。

所其斋集8卷　集部别集类　佚

见乾隆《直隶通州志》卷19。

崔养浩

明海门人。

南游草　集部别集类

见光绪《通州直隶州志》卷 16。

张自新

明海门人。

诗经大指　经部诗经类

见康熙《通州志》卷 12。

李玉柱

字扶青。明海门人。与兄元柱齐名。史可法督师江北,引入幕中。

待庵老人集　集部别集类　佚

见光绪《通州直隶州志》卷 16。

丁文垣

明海门人。举乡饮大宾。授将仕郎。

餐菊微吟 4 卷　集部别集类

见《江南乡试朱卷·嘉庆己卯科·丁大椿》。

清至民国

吴宸诰

字纶宣。清海门人。明崇祯八年(1635)拔贡,官河南开封知府。罢归,遂携妻子至如皋为家。宦橐萧然,不求于人。

吴宸诰诗

见《东皋诗存》卷10,收其诗14首。

易象晋

清海门人。明崇祯六年(1633)贡生。

易经正印　经部易类　佚

五经辑要　经部群经总义类　佚

以上2种见康熙《通州志》卷12。

广　济

字白拈。清海门人。俗姓崔,桐裔孙。开法于台州能仁寺,后之如皋主雨香禅院。

呼梦草　集部别集类

见《东皋诗存》卷40,收其诗100首。

李兆星

字左园。清海门人。明崇祯十五年(1642)岁贡,授浙江温州通判,实心爱民。暇即召诸生讲学。明末辞官归,自号东老。喜著述,尤究心地方文献。

归田日录　史部传记类

见康熙《通州志》卷 12。

浙东纪事　史部政书类

见乾隆《直隶通州志》卷 19。

(顺治)海门县志 8 卷　史部地理类

清庄泰弘修　李兆星纂

(1) 清顺治十三年(1656)刻本,中国科学院图书馆藏,卷 8 页 26 以后残缺。

(2) 旧抄本,国家图书馆藏。

东老吟　集部别集类

扪虱轩集　集部别集类

芰剩草　集部别集类

以上 3 种见乾隆《直隶通州志》卷 19。《五山耆旧集》卷 16 收其诗 1 首。

崔思唯

字解一,号窥园。清海门人。复社社员。顺治岁贡。官连州知州。曾手录《史记》10 卷,箴讹订谬,得者藏为善本。工书,幼学书浸淫于二王法者三十载,官连州时文告皆自书。人乞去,复书示之。年 77 卒。

天香阁诗存　集部别集类

见光绪《通州直隶州志》卷 16。《五山耆旧今集》卷 3 收其诗 1 首。

李兆彪

字寅谷。清海门人。工诗。累试不售,早卒。

梦华馆诗草 4 卷　集部别集类　佚

见光绪《海门厅图志》卷 15。

丁国宝

字惟善，号菊田。清海门人。文垣子。淡于进取。邑令范孚嘉延其课子，成进士，欲为国宝求官，卒不受。精医术，所投辄效，效则酬以菊，罗植轩庭有500株。丹徒张玉书额其庐曰“菊隐”。以子腹松贵，赠文林郎。年70卒。

菊谱微吟4卷　集部别集类

见《五山耆旧今集》卷3，收其诗2首。

崔朋铨

字仲衡，号匡庐。清海门人。顺治年间诸生。读书焦山，雅善鼓琴。

向山诗钞　集部别集类

见《五山耆旧今集》卷3，收其诗3首。

易象兑

字秋涛。清海门人。复社社员。顺治九年(1652)进士。授浙江崇德、石门知县。勤惠得民心。以疾归。

还金堂集　集部别集类　佚

见《静海乡志·艺文志》。《五山耆旧今集》卷1收其诗1首。

杨天授

字西绍。清海门人。顺治十一年(1654)拔贡。授广东定安知县，历任11年，清慎自持，颇有政绩。康熙六年(1667)除黎民王之诜等18人。

仪礼　经部仪礼类　佚

见《静海乡志·人物志》本传，谓于丧祭大节多所厘正。

广鹤轩诗集2卷　集部别集类　佚

见《静海乡志·艺文志》。《五山耆旧今集》卷3、《崇川各家诗钞汇存补遗》卷59各收其诗1首。

李元圃

清海门人。康熙二年(1663)顺天举人。

锄月轩集　集部别集类　佚

见《静海乡志·艺文志》。《五山耆旧今集》卷4收其诗9首。《崇川各家诗钞汇存》收其诗5首。

陶开虞

字尔禅,号月峤。清海门人。康熙十四年(1675)贡生。工诗文。嗜饮。

正性编　子部儒学类

月峤诗集　集部别集类

溯洄吟　集部别集类

吴会吟　集部别集类

金台游草5卷　集部别集类

诗筏8卷　集部诗文评类

唐诗说约2卷　集部诗文评类

以上7种见光绪《通州直隶州志》卷16。康熙志著录《正性书》《溯回吟》《诗筏》3种。《江苏诗征》卷43收其诗1首,《五山耆旧今集》卷7收其诗29首,《崇川各家诗钞汇存》卷1收其诗99首。

说杜(一作少陵说)1卷　集部诗文评类

见清仇兆鳌《杜诗详注》凡例及《补注》附录、清阮元《广陵诗事》卷5陶开虞条。《成都杜甫草堂收藏杜诗书目》著录云:“《少陵说》一卷,陶开虞撰。手钞本,见《诗筏》。”周采泉《杜集书录》因谓:“据《成都草堂目录》‘见《诗筏》’云云,则此书似为《诗筏》之一部分,未必有单刻本。”并谓“其立论精辟处,不让于宋人诗话”。参见该书内编卷8。

李春茂

清海门人。

先正蒙训　子部儒学类

见康熙《通州志》卷12。光绪志作《先正家训》。

张光鉴

字尔衡，号镜人。清海门人。康熙十年(1671)岁贡。

磊磊轩集　集部别集类

见乾隆《直隶通州志·艺文志》。

石韵轩诗存　集部别集类

见《五山耆旧今集》卷6，收其诗1首。

按：光绪《通州直隶州志》卷16作《石韵轩集》。

陈鸣皋

字于九，号鹤庵。清海门人，康熙二十年(1681)举人。

琴对山房诗集　集部别集类　佚

见《静海乡志·艺文志》。《五山耆旧今集》卷4、《崇川各家诗钞汇存》均收其诗2首。

李敦伦

字五有。清海门人。康熙二十三年(1684)举人。拣选知县。杜门著述，人不敢以非礼干之，时谓真孝廉。

桃村集　集部别集类

见《静海乡志·艺文志》。《五山耆旧今集》卷4收其诗14首。《崇川各家诗钞汇存》收其诗4首。

丁腹松

字木公,号挺夫。致仕后居通之象山,以象山居白琅之左,故一号左山。清海门人。国宝子。康熙二十三年(1684)举人,四十二年进士。授内阁中书,出知陕西扶风。除苛剔烦,与民同疾苦,有吏绩。疾归。雍正十年(1732)江潮泛溢,飓风大作,山木尽拔。男妇裸奔投松,给以衣食,活灾民800余人。居乡奖励后进,多所成就。卒时析财分族,不欲以所有累子孙。

游象山麓记1卷　史部地理类

《小方壶斋舆地丛钞》本。

左山藏稿10卷　集部别集类

见《静海乡志·艺文志》。《五山耆旧今集》卷7作《左山诗文集》12卷,收其诗33首。《崇川各家诗钞汇存》卷50收其诗1首。

成得中

字求此。清海门人。诸生。敦行力学。

吟余草4卷　集部别集类　佚

见《静海乡志·艺文志》。

崔　扬

字秀甲,号声远。清海门人。康熙二十年(1681)举人。官徐州府教授。

蝶园诗钞　集部别集类

见《五山耆旧今集》卷4,收其诗2首。

崔懿文

字二英。清海门人。养琮长子。康熙三十七年(1698)拔贡。

鹤楼闲啸集　集部别集类

见乾隆《直隶通州志》卷15、光绪《通州直隶州志》卷16。

清可亭集　集部别集类

见光绪《通州直隶州志》卷16。《崇川各家诗钞汇存》卷50收其诗1首。

陶元运

字沧柱。清海门人。开虞子。康熙四十五年(1706)以州籍成进士。知完县,摄琼州。诗多近体,率幽绝。

菊所小草　集部别集类　佚

见《五山耆旧今集》卷7,收其诗14首。《崇川各家诗钞汇存补遗》卷59收其诗9首。

李于涛

字霞猗。清海门人。兆星孙。康熙五十七年(1718)贡生。读书敦品,有祖风。

广陵子诗文集　集部别集类

见光绪《通州直隶州志》卷16。

彭际泰

字调光。清吕四场人。附贡生。其家七世未析居,大小百余人,推际泰为家督。际泰日持家政,夜则读书。暇则邀文士登山临水,结社赋诗。

彭际泰诗　集部别集类

见《吕四场志》,收其诗11首。

李进琯

号他山。清海门人。敦伦长子。康熙四十八年(1709)岁贡。考授训导。为文才气浩博,以古作者自命。

五经义疏　集部群经总义类　佚

见光绪《通州直隶州志》卷16。

秋声集　集部别集类

万花斋诗文集　集部总集类

清李进琯、李进玮撰

以上2种见《静海乡志·艺文志》。光绪《通州直隶州志》卷16作《万花楼诗文集》,有程梦星叙。《五山耆旧今集》卷7收其诗39首。《崇川各家诗钞汇存》收其诗24首。

丁有煜(1682—1764)

字丽中,号群子、个堂、石可、幻壶。少工写竹,竹不离个,因号个道人,晚年自号个老人。清海门人。腹松子。少习举子业,后弃去,肆力诗、古文及篆刻、水墨画,与郑板桥、李方膺等相知,远近名流联吟无虚日。晚居双薇园。袁枚闻其卒叹曰:个老人亡,江北无名士矣。丁有煜诗,多反映百姓疾苦,亦怀有故国之思。去世后,清廷下令禁止传看,并烧毁其诗集。

(乾隆)直隶通州志22卷　史部地理类

清王继祖修　夏之蓉纂　丁有煜等分纂

(1) 清乾隆二十年(1755)刻本,南京图书馆藏。

(2) 1984年台湾学生书局《新修方志丛刊》影印本。

南通州五山全志20卷　史部地理类

清刘名芳纂　丁有煜等参订

清乾隆十六年刻本,南通市图书馆藏。

个道人遗墨不分卷　子部艺术类

1923年南通翰墨林书局印本,南京图书馆藏。书由张麟年编。

个道人自书诗稿1卷　集部别集类

(1) 稿本,南通市图书馆藏。

(2) 1930年石印本,南京图书馆藏。

(3) 2016 年学苑出版社《稀见清代四部辑刊》本。

双薇园集 5 卷　集部别集类

清乾隆十五年刻本，南京图书馆藏。

双薇园诗续集 1 卷　集部别集类

清乾隆二十一年写刻本，中国科学院图书馆藏。

双薇园诗钞 1 卷　集部别集类

稿本，中国科学院图书馆藏。

与秋集 2 卷　集部别集类

清乾隆间刻本，南京图书馆藏。

按：《双薇园集》《双薇园诗续集》《与秋集》乾隆四十五年至四十七年间遭禁毁。

李进玮

号曹村。清海门人。敦伦次子，进琯弟。康熙五十六年(1717)举人。性谦和，以兄为师。为人岸异不群，不肯拾人牙慧。后设馆扬州最久。

万花斋诗文集　集部总集类

清李进琯、李进玮撰

见《静海乡志·艺文志》。

夏　忠

字进思。清海门人。裔孙。康熙五十九年(1720)岁贡。家世居吕四海滨。承祖父志，立品读书，乐善不倦。邑中公务凡有裨益者奋其身以先之。通州新建试院，忠任为己事，捐赀竭力悉本实心。雍正二年(1724)奉文州县增广入学名数，海门未有广例。忠与郡人丁腹松哀恳详情，谓海门江坍以后，无田可耕有书可读。大部感其语遂汇题永增4名。

蕉雨轩文集 4 卷　集部别集类

蕉雨轩诗集 8 卷　集部别集类

以上 2 种见《静海乡志·艺文志》。

季笃庆

字载锡。清海门人。扬郡廪生。授徒如皋数十年。为文有根底。七荐乡闱不售，以明经司训南陵。课士勤劳，年 90 余犹口讲指画不倦。

学庸讲义　经部四书类　佚

见嘉庆《如皋县志》卷 17。

崔果行

清海门人。养琮次子，懿文弟。雍正十年(1732)拔贡。

四书述　经部四书类

字韵类集　经部小学类

以上 2 种见乾隆《直隶通州志》卷 16。

彭　炳

字文彪。清乾隆吕四场人。际泰子。少攻举子业，小试不利，乃负笈之郡学，益刻苦。援例贡成均，屡荐复不售，遂归里。

过庭集　集部别集类

北游稿　集部别集类

南归稿　集部别集类

以上 3 种见《吕四场志》。

史彭龄(1712—1781)

字述夫，号济崖。清海门人。年 19 至扬州忠孝岭肄业，山长陈亦韩极赏之。乡试十五科，年 60 中乾隆三十六年(1771)第四名。主试彭元瑞以老师宿儒称。后彭督学江苏，益加爱敬。曾馆于铁保署，终日读书，不言他事。

洗心集　集部别集类

心音轩文稿　集部别集类

以上2种见《两淮通州金沙场志》文苑。

成文灿

字惺斋。清海门人。廪贡生。工诗。

惺斋诗存1卷　集部别集类

《友声集》本。

李如林(1730？—1815？)

字望峰。清海门人。乾隆四十五年(1780)举人。五十四年进士。任广西天河、灌阳、桂平知县，宾州知州。嘉庆十八年(1813)改官华亭教谕，教士简而有法。年86卒于官。文体超逸，兼工书法。

鸣远堂诗文集　集部别集类

见《静海乡志·艺文志》。《崇川各家诗钞汇存》收其诗18首。

成大士

号愚谷。清海门人。文灿从弟。例贡生。博学多闻。尝应乾隆四十九年(1784)召试，晚年杜门吟诗，有隐士之风。水墨法其舅丁有煜。

愚谷诗存　集部别集类　佚

见《静海乡志·艺文志》。

丁　汲

字养泉，号井岑。清海门人。有煜孙。乾隆二十四年(1759)举人。授安徽东流县教谕，教士有方。奉委查泗州、天长水灾，有贿以千金者，严拒之。卒于官。

养泉诗文集　集部别集类　佚

见《静海乡志·艺文志》。《淮海英灵集》丁集卷3收其诗1首。

沈　澄(1737—1780)

字协清,号月峰。清海门人。附贡生。乾隆四十四年(1779)以例贡应顺天乡试,荐而不遇。次年再试北闱,场后疾殁于旅舍。

读易札记1卷　经部易类

按:光绪《海门厅图志》卷15、17均作《读书札记》。

敦厚堂制义1卷　集部别集类

以上2种见《江南乡试朱卷·嘉庆甲子科·沈栻》。《师山诗存》卷1收其诗5首。

李占梅(1750—1810?)

号墨坡。清海门人。诗文敏捷,且善饮。乾隆五十一年(1786)贡生。嘉庆十四年(1809)授睢宁训导,时已60。以诗告别同人云:"望去琴书空担冷,怕回松菊故园非。"未年余卒于官。

九斗轩诗集　集部别集类　佚

见《静海乡志·艺文志》。

成　俊

字盥荪。清海门人。文灿子。诸生。工诗。

海鸥集存稿2卷　集部别集类

《友声集》本。

丁生琏

清海门人。岁贡生。官安徽宁国府旌德县训导。年78卒。

惜齿集　集部别集类

见《江南乡试朱卷·嘉庆己卯科·丁鹿寿》。

李兆荣

清海门人。

漪园诗集　集部别集类　佚

见《静海乡志·艺文志》。

姚　列

字雪坡。清海门人。诸生。有文誉,尤深于诗。其言诗曰"真挚",谓情不真语不挚流弊滋多,不足与言诗也。《易》曰"修辞立其诚",诗之道尽此矣。

雪坡诗钞　集部别集类

见《崇川各家诗钞汇存》卷23,收其诗58首。

沈日新

原名思镐。字商铭,号古愚。清海门人。

古愚诗草　集部别集类

见光绪《海门厅图志》卷15。沈栻为其叙而存之。《师山诗存》卷1收其诗1首。

丁　峥

字秀峰,号蝶洲。清海门人。汲子。诸生。性孤介无傲世意。质行纯笃。其为诗自道性情,不加雕饰,读者如见其人。年93卒。

蝶洲诗钞　集部别集类

见《崇川各家诗钞汇存补遗》卷36,收其诗64首。

顾文达

字雪斋。清海门人。志行高洁,不求闻达。临终训其二子,谓贫富有命,多求未必即得,而适以丧其所守。要其二子将多余田产作为义庄，赡养宗族。

草堂闲吟集　集部别集类　佚

见光绪《海门厅图志》卷15。

丁芸芳(1763—1816)

字自耕，别字六石。清海门人。汲子，峥弟。乾隆四十四年(1779)恩贡。以母疾侍左右，恒达旦不寐。嘉庆五年(1800)赴省试，夜忽闻母呻吟声，辍笔饮泣，翌日徒跣归，自是不复就试。侍养之余，强勉读书，于古今文史各集下至百家众说无不潜究，尤贯彻儒先诸说。

无闻集　集部别集类

清道光九年(1829)刻本，南通市图书馆藏。

磊轩诗集　集部别集类

见《江南乡试朱卷·嘉庆己卯科·丁鹿寿》。《崇川各家诗钞汇存》卷21收其诗40首。

黄　旭

字庆符。清海门人。嘉庆十九年(1814)海门地方官藉山东天理教案冤捕枉杀居民多人，黄旭作《重有感》诗揭其事。

前后汉书断胫录　史部史评类

南北史吮隽　史部史评类

菰野诗钞　集部别集类

以上3种见《明清江苏文人年表》嘉庆十九年。

菰野文集1卷　集部别集类

稿本，中国科学院图书馆藏。

李芳梅

号拙斋。清海门人。乾隆五十七年(1792)顺天举人。官礼部主事。

李拙斋书金刚经　子部艺术类

李芳梅书于清道光五年(1825),1922年南通翰墨林书局出版。封面冠以“小楷范本”。南通市图书馆藏。

惺觉轩诗文集　集部别集类　佚

见《静海乡志·艺文志》。《崇川各家诗钞汇存》卷50收其诗1首。

王弘业

清海门人。

海门遗啸集2卷　集部别集类

见《静海乡志·艺文志》。

成　僎

字左泉。清海门人。嘉庆四年(1799)恩贡。少有时誉,屡试冠同舍生。为文雄浑高卓,不同凡响。读经史有根柢,不因袭古人成见。年未40而目力大减,近于盲。遂杜门却扫,专门于诗,其抑塞磊落之气存焉。读者怜其志,感其不幸。

诗说考略12卷　经部诗经类

清道光十年(1830)王氏信芳阁木活字本,南京图书馆藏。

乡党备考2卷　经部四书类

清道光间王氏信芳阁木活字本,国家图书馆藏。

小千楼诗集1卷　集部别集类

见《崇川各家诗钞汇存》,收其诗39首。

李　植

号坦庵。清海门人。性豪迈不群。乾隆廪贡生,嘉庆十三年(1808)署邳州学正,后任清河教谕。与河督康基田同访当地名胜古迹,慷慨赋诗,为人推服。

逋园诗集　集部别集类

见《五山耆旧集》卷9,收其诗1首。

北游诗集　集部别集类　佚

吴越小草　集部别集类　佚

以上2种见《静海乡志·艺文志》。

成　伊

号磻溪。清海门人。增生。敦品力学,终年教授,见义必为。

经训菑畬10卷　经部群经总义类　佚

韵学指南4卷　经部小学类　佚

以上2种见光绪《通州直隶州志》卷16。

沈　栻(1777—?)

字敬南,一字双溪。清海门人。澄子。嘉庆九年(1804)举人。选江浦县教谕,迁安徽颍上县教谕。道光元年(1821)举孝廉方正,辞不就。旋归里,杜门著书,引掖后进。博学工诗。诗工排比仍不失和平深厚之旨。卒私谥端敏先生。

双溪草堂诗集6卷　集部别集类

双溪草堂古文杂著4卷　集部别集类

双溪草堂咏物诗1卷　集部别集类

以上3种见光绪《海门厅图志》卷15。卷18本传谓其曾辑《师山人文》三集刊行。

姜铁生

字长卿,号吉亭。清嘉庆道光间海门四甲镇人。

崇川竹枝词　集部别集类

(1) 清道光刻本,南通市图书馆静海楼藏。

(2) 2015年广陵书社《中国风土志丛刊续编》本。

李恩绶

字殿绅，号荫环。清海门人。附贡生。工诗画，精武艺。乐善好施，嘉庆年间于郡庙东首建节孝祠。

留香斋印谱　子部艺术类

清嘉庆二十五年(1820)刊本，南通市图书馆藏。

留香斋诗集　集部别集类

见《江南贡卷·道光庚戌年·李许夔》。

徐张维

字以恬，号霞江。清海门人。诗为唐仲冕所赏。

海棠巢吟稿　集部别集类

见《师山诗存》卷 4，收其诗 5 首。

蒋　策

字董三。清海门人。嘉庆十三年(1808)贡生，授上元县训导。

小千楼诗集　集部别集类　佚

见《静海乡志·艺文志》。

丁鹿寿(1789—1856)

字颂良，号苹野。清海门人。芸芳子。嘉庆二十四年(1819)举人。后知咸宁，履任未久而卒。世承家学，读书有识见。

(道光)海门县志 3 卷首 1 卷　史部地理类

(1) 道光十一年(1831)刻本，南通市图书馆藏。

(2) 抄本，国家图书馆、上海图书馆藏。

按：丁氏据顺治李兆星本重订而成。

静海乡志 3 卷附大事记 1 卷　史部地理类

(1) 清道光十四年刻本，南京图书馆藏。

(2) 1941年传抄本,题《静海乡土志》,上海图书馆藏。

(3)《中国地方志集成·乡镇志专辑》本。

按:静海乡在今江苏南通境内。康熙十一年(1672),海门被废县为乡,归并通州。遗民迁于永安乡。寻永安没江,迁兴仁镇。乾隆三十三年(1768),设海门厅。为避免海门乡与海门厅相混,取通州历史上静海军之名,改海门乡为静海乡。故是书名为乡志,实为县志。后附《大事记》1卷,追溯至元代,罗列海门旧志、通州志中所载有关海门的兵灾、潮、风等大事。方志专设大事记,比黄炎培《川沙县志》设"大事记"早100多年,为体例之一创新。

山居集不分卷　集部别集类

稿本,中国科学院图书馆藏。

卫宾楼诗集1卷　集部别集类

清抄本,中国科学院图书馆藏。

学吟集1卷　集部别集类

见《崇川各家诗钞汇存》卷37,收其诗34首。

李来翰

字墨林,自号默吟。清海门人。植子。工书善诗。

自怡诗草　集部别集类　佚

见《静海乡志·艺文志》。《崇川各家诗钞汇存》亦作《默吟诗存》,收其诗41首。

袁志筠

字彼淇,号雪斋。清海门人。道光六年(1826)恩贡。幼居苏州,壮年游历安徽、河南、湖北、浙江间,与贤大夫游。因不遇,坎坷以卒。

雪斋剩稿4卷　集部别集类　佚

见光绪《海门厅图志》卷15。《师山诗存》卷5收其诗52首。

杨长春

清海门人。翰林院待诏。

五经汇解16卷　经部群经总义类　佚

见光绪《海门厅图志》卷15。

杨朝鼎

原名纪勋，字作梅。清海门人。监生。浙江候补通判，历署金华、台州府通判，衢州府同知。道光十八年(1838)兄弟出私田千亩，收租储谷，备水旱，辅义田不足。居官廉谨，办理政事有才干。晚遣子镜涵投营与太平军战，而自课诸孙读。

闲闲诗草　集部别集类　佚

见光绪《海门厅图志》卷18。

黄　冠

字善文。清海门人。胸有奇气，喜作擘窠大字。慕古剑侠，裹粮访道皖楚间，遍历名胜。

舟至录1卷　子部杂学类　佚

见光绪《海门厅图志》卷15。

成　云

字宾吉。清海门人。伊子。道光十二年(1832)举人。有文才，行文不为寒俭家数。任溧水训导，署扬州教授，卒。

春秋列国兴废考略　经部春秋总义类　佚

见光绪《通州直隶州志》卷16。

陆　逵

清海门人。

湘帆诗草 1 卷　集部别集类

见光绪《海门厅图志》卷 15。

陈　善

字步云。后改名贤。清海门人。附生。笃内行。清修劬学，与黄东范、顾洌泉、秦亢亭称西沙四子。

理扶堂诗文稿　集部别集类　佚

见光绪《海门厅图志》卷 7 本传。

丁淦成

字爱吾。清海门人。峥子。廪贡生。道光十九年(1839)房荐未售。诗有真趣，谈论皆解人颐。

焦窗诗草　集部别集类

见《江南乡试朱卷·咸丰辛亥恩科·顾沄》。

陈华国

清海门人。

剑洲诗草　集部别集类　佚

见光绪《海门厅图志》卷 15。

施鉴台

原名步云，字清逸。清海门人。附生。为文精深奇崛，卓然名家。晚年弃儒为医，闻声鉴貌，能决人生死。

鉴台医案　子部医家类　佚

见光绪《海门厅图志》卷 15。

袁王惠

清海门人。增生。

荆香阁草　集部别集类　佚

见光绪《海门厅图志》卷15。

黄学璠

字鲁传，号芍田，又号仲卿。清海门人。监生。性耿介，不随俗浮沉。道光十六年(1836)援例补山西宁武府经历。知府不事事，又纵子弟为奸利。学璠与之不相能，乃归，曰："官卑既无所设施，禄薄又不足养亲，及更卑躬屈节，逢迎上官邪？"家居30余年，养亲课子。好读书。咸丰间应当事请筹团练事。

折狱辑览2卷　史部政书类　佚

石华轩诗草4卷纪游草1卷咏史诗1卷　集部别集类　佚

小仓山房诗钞笺注　集部别集类　佚

瓯北诗钞笺注　集部别集类　佚

以上4种见光绪《海门厅图志》卷15。

三晋纪游草　集部别集类　佚

见《黄氏支谱》。

茅琼芳

字玉溪。清海门人。监生。议叙盐运司知事。少以义声著闻，尝倾产请增学额，捐建学署，为士林称诵。岁饥，发谷赈济。

避雨山房吟稿　集部别集类　佚

见光绪《海门厅图志》卷15。

龚　照

字霁云，一字乙藜。清海门人。监生。少年倜傥任事，尝偕同里陈殉偕茅琼芳捐建学署。既长摒弃帖括，肆力于诗古文辞。性耽山水，诗多奇气。初师李梦阳、王世贞，晚好少陵。工于发端。

雪庐吟稿2卷　集部别集类

清同治慥慥堂刻本，南京图书馆藏。

龚云路

字南华。清海门人。敦品厉行，言笑不苟。平时常留心乡邦文献，茅炳文辑《师山诗存》，多资考证。

劝学编 2 卷　子部儒学类　佚

见光绪《海门厅图志》卷 15。

黄云骧

清海门人。附生。

漱月山房稿　集部别集类　佚

见光绪《海门厅图志》卷 15。

刘　铠

清海门人。

紫荆山房文稿　集部别集类　佚

见光绪《海门厅图志》卷 15。

陈　璟

字峙唐，一字梅心。清海门人。监生。性阔达豪迈，谈辞如云。晚年以诗古文为业。诗好少陵、遗山，文宗樊川、龙川。

梅心集　集部别集类　佚

见光绪《海门厅图志》卷 15。《师山诗存》卷 2 收其诗 6 首。

茅瑶芳

字阶升，号凤池。清海门人。琼芳弟。国子生。仗义好施，晚耽吟咏。

睫巢吟稿　集部别集类　佚

见光绪《海门厅图志》卷15。《师山诗存》卷1收其诗1首。

沈丙煃

字藕云。清海门人。附贡生。历署海州学正，清河县训导。光绪三年(1877)举乡饮大宾。

藕香阁诗草　集部别集类

见光绪《海门厅图志》卷15。

茅　淮

清海门人。附生。

退学轩稿　集部别集类　佚

见光绪《海门厅图志》卷15。

李许夔(1811—?)

字鸣镛，号拊石。清海门人。恩绶子。曾师从成馔。道光三十年(1850)贡生。

切音便览1卷　经部小学类

见光绪《通州直隶州志》卷16，有其自叙。

沈尚元

字会文。清崇明人，寓居海门。附生。好学，终日手不释卷，不与外事。

怀英堂稿　集部别集类

见光绪《海门厅图志》卷19。

沈世锦

字宪周，号浣江。清海门人。廪生。为东洲名师，年逾70拔置高等。

四书大全辑要　经部四书类

见光绪《海门厅图志》卷15。《师山诗存》卷1收其诗1首。

沈　倬(？—1851)

字章云，号秋槎，一作秋楂。清海门人。诸生。绩学工文。屡困场屋，益肆力诗古文。诗法三唐。咸丰元年(1851)恩科，例得副贡，未及终试，抱病归卒。

真味草堂笔记　子部杂学类

横经堂稿　集部别集类

横经老屋吟稿　集部别集类

四秋居士合稿　集部总集类

清沈倬、沈俊等著

以上4种见光绪《海门厅图志》卷15。《师山诗存》卷2著录《横经老屋吟稿》1种，收其诗25首。

郁亮侍

字二枚。清海门人。道光二十三年(1843)举人。国子监助教。早擅文誉，诗清而腴，出入范成大、陆游间。

枕史阁吟草6卷　集部别集类

见光绪《海门厅图志》卷15。

徐云锦(1814—1892)

字石渔。清海门人。恩贡。候选教谕。年15迁常乐镇。从崇明黄晴谷游。昼夜诵读，且读且研，学问大进。既补厅学生贡太学。稍以章句教授弟子，从受业各量才所授为浅深高下，前后50年，成就以什百计。光绪元年(1875)以孝廉方正征，辞不就。为学不立门户而无所不通，尤潜心于先儒传疏。殁之前一年手校十三经误文，益旁通周秦诸子。至《管子》70篇，舛驳难治，坐诵行思之逾月，得咯血疾遂卒。

易义辑录　经部易类

书义辑录　经部尚书类

前后汉书菁华录　史部史钞类

寸草庐省身录　子部儒学类

寸草庐文集3卷　集部别集类

寸草庐诗集6卷　集部别集类

以上6种见光绪《海门厅图志》卷15。

寸草庐诗1卷　集部别集类

1926年《海门徐氏遗著》本。

杨安振

清海门人。

听春书屋诗稿　集部别集类

见宣统《续海门厅图志·艺文志》。

姚应春

字纯夫。清海门人。附生。性不谐俗,屡试不第。工书,书体险怪。晚年通达医理,治证不墨守古方而多奇验。旁涉音律篆刻,亦妙造精微。光绪十九年(1893)充乡饮宾。

医学刍言2卷　子部医家类

漱艺斋诗稿2卷　集部别集类

漱艺斋词曲遗音1卷　集部词曲类

以上3种见光绪《海门厅图志》卷15。

张　荣

字宗栻,号学仙。清海门人。国子生。

古香斋诗文稿　集部别集类

见《师山诗存》卷6,收其诗1首。

茅景文

字耳山。清海门人。琼芳子。监生。盐运司知事。中年绝意仕进，肆力于诗古文。歌行才气横溢，近体练意练句，风格在大历十子间。

八佩居吟稿　集部别集类　佚

见光绪《海门厅图志》卷15。

龚　埙

清海门人。照子。工诗。

深柳堂稿　集部别集类　佚

听雨轩诗稿　集部别集类　佚

以上2种见光绪《海门厅图志》卷15。

杨镜涵

字蓉初。清海门人。朝鼎子。监生。咸丰初以府同知分发浙江，丁忧回籍，后投江北大营。同治七年(1868)署温州府通判，八年补处州府同知，署知府。在任勤课农桑。尝奉差南浔捐厘，革除陋规，洁己奉公，为时所称。

海隅纪迹　史部地理类

广蚕桑说　子部农家类

以上2种见光绪《海门厅图志》卷15。

沈熙载

字新枚。清崇明人，寓居海门。附生。耿介自励，不以穷乏易操。

语鹤山房诗稿6卷　集部别集类

见光绪《海门厅图志》卷19。

倪　朱

字正紫。清海门人。少通《黄帝内经》《黄帝外经》,精医。晚年与里中诸子结诗社。

虚白斋诗集 4 卷　集部别集类　佚

见光绪《海门厅图志》卷 15。《师山诗存》卷 1 收其诗 10 首。

茅汉文

清海门人。瑶芳子。工诗,尤深于《周易》。国子监典籍。

双韵草堂易解 8 卷　经部易类

太极溯源图 4 卷　经部易类

韵香阁诗钞 5 卷　集部别集类

以上 3 种见光绪《海门厅图志》卷 15。

沈吟芝

清海门人。茅汉文妻。

韵芬阁诗钞 1 卷　集部别集类

见光绪《海门厅图志》卷 15。

沈清华

字渭梁,号淡人,又号少华。清崇明人,寓居海门。诸生。中年幕游山左,以清介自持。晚居海门,筑琅左别墅。纸窗竹屋,悠然有出尘之致。

柳阴轩诗稿　集部别集类　佚

见光绪《海门厅图志》卷 19。

按:诗集为潮所淹,仅得纪游诗数首,收入《师山诗存》卷 7,存 3 首。

茅炳文

字禹门。清海门人。琼芳子，景文弟。贡生，中书科中书。承先志，见厅学额少，率同人蠲助军需，增额二名。精史学，留心本朝掌故及地方文献。

茅斋吟草1卷　集部别集类

见光绪《海门厅图志》卷15。

师山诗存10卷首1卷末1卷　集部别集类

(1) 清咸丰十年(1860)茅斋刻本，南通市图书馆藏。

(2) 2003年铅印本。

袁　炽

字莲辉。清海门人。廪贡生。诗文不随流俗，工书。

卧雪轩诗稿1卷　集部别集类　佚

见宣统《续海门厅图志·艺文志》。

黄世谦

字撷甫，一作吉甫，号月波。清海门人。附生。工篆刻，精鉴别，治印师文何。酷爱地方文史掌故。

黄氏支谱不分卷　史部传记类

清光绪二十四年(1898)敦礼堂刻本，南通市图书馆藏。

集一芥山房印存2卷　子部艺术类

见宣统《续海门厅图志·耆旧列传》。

秦驾鳌

字烟锄。清海门人。廪贡生。性耿介，不苟谐俗。课徒严峻，善讲解。刻苦自持，一介不轻取与。光绪二十二年(1896)举乡饮宾。

吟香馆诗稿1卷　集部别集类　佚

见宣统《续海门厅图志·艺文志》。

杨清镳(1845—1930)

字式金。清海门人。附生。家富裕。地方增学额、立社仓、置文庙乐器诸事，皆斥巨资为倡，被推为海门孔教支会会长。

龙津秋艳杂著　子部杂学类

龙津秋艳诗文钞　集部别集类

以上2种见《民国海门县图志》卷14。

黄景仁

字厚庵。清海门人。增生。光绪初举孝廉方正，考授直隶州州判。少治经训，制举文不工，因屡蹶试。为学使李联琇激赏，由是知名。为人沈毅而质朴，能任大事，地方善事或大工程多委托其办理。好为人解难排纷。曾任光绪《海门厅图志》采访。

易经解　经部易类　佚

诗经解　经部诗经类　佚

以上2种见宣统《续海门厅图志·艺文志》。

朱欣荣

清海门人。

尚友录增补　史部传记类

画史汇钞　子部艺术类

深柳读书堂诗草　集部别集类

海门竹枝词　集部别集类

饾饤集　集部总集类

清朱欣荣选

以上5种见宣统《续海门厅图志·艺文志》，谓未刻。

王　昙

清海门人。附生杨鼒妻。

青莲华馆诗1卷　集部别集类　佚

见光绪《海门厅图志》卷15。

沈之瑛

字廉江。清海门人。丙熢子。增贡生。兵部主事，签分车驾司行走。白首不得补官，以亲老乞归。曾任光绪《海门厅图志》采访。

问竹厅花之室诗文稿　集部别集类

见光绪《海门厅图志》卷15。

黄世泰

字茹吉，号叔梅。清海门人。同治三年(1864)举人。官内阁中书。

师山十景词　集部别集类

见宣统《续海门厅图志·艺文志》。

周家禄(1846—1909)

字彦升，一字蕙修，自号奥簃老人。清海门人。同治九年(1870)优贡生。授江浦县训导。历署丹徒、镇洋、荆溪、奉贤训导。光绪二十九年(1903)陆宝惠疏荐经济特科，辞不就试。先后客张之洞、陆宝忠、袁世凯、卞宝第诸帅幕中。间亦主师山书院、白华书塾、湖北武备学堂、南洋公学讲席。与张謇、范当世、朱铭盘、顾锡爵等自弱冠即结深契。工古文，隽永似魏晋人。究心于六经诸史，又好为考据校勘之学。校勘《三国志》《晋书》以精当称于世。

诗笺字义疏证3卷　经部诗经类　佚

三礼字义疏证5卷　经部三礼总义类　佚

穀梁经传通解11卷　经部春秋穀梁传类　佚

反切古义2卷　经部小学类　佚

以上4种见光绪《海门厅图志》卷20。

三国志校勘记5卷　史部正史类

见民国《续海门图志·艺文志》。

晋书校勘记5卷　史部正史类

(1)《广雅书局丛书》本。

(2)《史学丛书》本。

(3)《丛书集成初编》本。

(4)《续修四库全书》本。

按:其校勘记亦收入中华书局1974年出版标点本《晋书》中。

下都监录3卷　史部政书类

见光绪《海门厅图志》卷20。

公法通义　史部政书类

见宣统《续海门厅图志·艺文志》。

(光绪)海门厅图志20卷　史部地理类

清俞麟年等修　周家禄等纂

(1) 光绪二十六年刻本,南京图书馆藏。

(2)《中国地方志集成》本。

国朝艺文备志　史部目录类

见民国《续海门厅图志·艺文志》。

寿恺堂集30卷补编1卷　集部别集类

(1) 光绪十八年铅印本,南京图书馆藏。

(2) 1922年铅印本,南京图书馆藏。

寿恺堂尺牍3卷　集部别集类

(1) 钞本,残缺,南通市图书馆静海楼藏。

(2) 民国间铅印本。

按:民国间铅印本每页均印有"未刊稿禁翻印"字样。

寿恺堂九种　丛书类

稿本，复旦大学图书馆藏。

子目：

《寸草堂日记》不分卷　清同治十一年至十三年

《奥簃日记》不分卷　清光绪元年至十年、二十四年

《蕙修庵日记》不分卷　清光绪十一年至十六年、十九年至二十三年

《悫庵日记》不分卷　清光绪十七年至十八年

《寿恺堂日记》不分卷　清光绪二十五年至三十年

《朝鲜国王世系表》1卷

《朝鲜载记备编》2卷

《议设通令学塾禀稿》1卷

《奥簃时文》1卷

奥簃朝鲜三种　丛书类

(1) 光绪二十五年吴保初刻本，中国科学院图书馆藏。

(2) 1980年上海古籍出版社影印本。

(3) 台北文海出版社《中国近代史料丛刊》本。

子目：

《朝鲜世表》1卷

《朝鲜载记备编》2卷

《朝鲜乐府》1卷

王　汉

清海门人。

东洲竹枝词　集部别集类

见宣统《续海门厅图志·艺文志》。

茅　铮

清海门人。炳文长子。户部郎中。

者兰剩稿　集部别集类　佚

见光绪《海门厅图志》卷 15。

刘惟寅

清海门人。

证治纂要 13 卷　子部医家类

药品 3 卷　子部医家类

以上 2 种见宣统《续海门厅图志·艺文志》。

李审之(1850—1909)

原名安，后改今名。字磐硕。清海门人。世居吕四场。早年与范伯子结为好友，结伴出游。光绪十六年(1890)进士。官户部陕西司主事、总理衙门章京，更外交部主事，充储材馆提调。耿介有父风。后主鹤城书院。日为诗歌，喜佛典及养生家言。性仁慈，里中善事多施行之。光绪二十六年，因父病重返里。张謇请他协助兴垦办学，颇有成就。三十一、三十二年县众推其与张謇更掌教育，吕四诸校及农商诸会，章程多由其手定。

草堂诗 4 卷　集部别集类

养真草 1 卷　集部别集类

咏史五排 1 卷　集部别集类

南游草 1 卷　集部别集类

以上 4 种见民国《南通县图志》卷 19。

黄世丰

字君俭，号少田，又号梅修。清海门人。学播子，安徽试用府经历，例授登仕郎。

艺兰室杂记 2 卷　子部杂学类

见宣统《续海门厅图志·艺文志》。

沈之瑾

字仲瑜。清海门人。光绪九年(1883)恩贡。多志地方旧闻纪载,熟于掌故。周家禄纂《海门厅图志》,之瑾任总校,周家禄多与其商讨。十年董理师山书院,重订规条。驻院20余年,事关地方利益者,当道必咨询而后行。

淡宜居试吟草　集部别集类

见宣统《续海门厅图志·艺文志》。

王振仪

清海门人。

逸斋诗草　集部别集类

见宣统《续海门厅图志·艺文志》。

陈宝琪

字竹坪。清海门人。廪贡生。州同衔候选训导。博览强记,于六书方言寻源究委,旁逮名物典章,无不搜讨。工制艺。助周家禄纂光绪《海门厅图志》,任分校兼采访。

海门厅学题名记4卷　史部传记类

清陈宝琪、黄广礼撰　周应庚补

清刻本,南京图书馆藏。记事自乾隆二年(1737)至光绪三十一年(1905)。

斧木庼杂文　集部别集类

见《民国海门县图志》卷13本传。

黄广礼

清海门人。光绪附贡生。

海门厅学题名记4卷　史部传记类

参见“陈宝琪”条。

王振凤

字子桐。清海门人，崇明籍。喜为诗文。

泛鸥居偶谈　子部杂学类

泛鸥居吟草4卷　集部别集类

以上2种见《民国海门县图志》卷14。

陈　瓒

清海门人。

一枝轩诗草　集部别集类

见宣统《续海门厅图志·艺文志》。

刘燮钧

字乙青。海门人。吴县附生。历署丹阳、镇洋、金山县训导，松江府教授，太仓州学正。所至有声。光绪十八年(1892)、二十三年、二十八年中下沙遭水灾，燮钧募巨资倡办平粜，开泰昌中沙河，农田受益。宣统时任县商会会长，宣统三年(1911)创办商团。尤致力于传芳阁名迹真迹考证。喜为诗。

传芳阁诗稿　集部别集类

见《民国海门县图志》卷14。

袁　桢

字少庄。海门人。崇明附生。精堪舆术，研习算学。

学算汇参4卷　子部历算类

天元代数4卷　子部历算类

以上2种见《民国海门县图志》卷14。

崔朝庆(1860—1943)

字聘臣。海门人。光绪十二年(1886)贡生。少从通州顾金标、马勿庵习词章、算学,后入南菁书院肄业,旋至北平日人所办同文书院学习,通日文。先后任事江南机器总局、浙江全省舆图局。二十二年应试知县,辞未就,留任司文馆差遣。旋任甘泉训导,转练兵学堂教习。试国子监,为算术助教,后为主事。历任南京江楚书局编译、如皋安定书院山长、江南高等学堂教师、通海五属公立中学教师、武昌陆军第二预备学校教官、南通医科专门学校教师。

读四元玉鉴记 1 卷　子部历算类

读代数术记 1 卷　子部历算类

以上 2 种有:

(1)《一得斋算草》丛书抄本,南通市图书馆藏。

(2)《蛰云雷斋丛书》本。

(3)《南菁札记》本。

句股四种 4 卷　子部历算类

《一得斋算草》丛书本,光绪十七年刊。

集贤讲舍算稿 1 卷　子部历算类

清光绪二十二年泰兴薛郁文斋刊本,南京图书馆藏。

集贤讲舍算稿续编 1 卷　子部历算类

清光绪二十二年刊本。

盈朒一得 1 卷　子部历算类

《一得斋算草》丛书本,光绪二十二年刊。

计息一得 1 卷　子部历算类

《一得斋算草》丛书本,光绪二十四年刊。

算表合璧 1 卷　子部历算类

与杨冰同编,清光绪二十八年江楚书局刻本,南京图书馆藏。

算表三种　子部历算类

崔朝庆撰　陈祓、夏沛霖校算

1929年南通翰墨林书局铅印本，南京图书馆藏。

一知半解1卷　子部历算类

铅印稿本。每面版心均有“未刊稿禁翻印”字样。

算术——整数之性质　子部历算类

（日）林鹤一、加藤幸重郎著　崔朝庆译

平面几何学——比例及相似形　子部历算类

（日）山地哲太郎、林鹤一著　崔朝庆译

代数学——顺列组合及级数　子部历算类

（日）佐藤充、水田文平著　崔朝庆译

代数学——数及代数式之四则　子部历算类

（日）林鹤一、藤原仓平著　崔朝庆译

以上4种有：

（1）《万有文库·第一集》本，1930年上海商务印书馆刊。

（2）《算学小丛书》本，1934年上海商务印书馆2版。

三角法——三角形之性质及其解法　子部历算类

（日）森吉太郎著　崔朝庆译

（1）《万有文库·第一集》本，1929年上海商务印书馆初版。

（2）《算学小丛书》本，1930年上海商务印书馆再版。

（3）《万有文库·第一二集简编》本，1939年上海商务印书馆出版。

（4）1950年商务印书馆出版。

几何学——轨迹及作图　子部历算类

（日）柳原吉次著　崔朝庆译

（1）《万有文库·第一集》本，1929年上海商务印书馆初版。

（2）《算学小丛书》本，1930年上海商务印书馆再版。

（3）《万有文库·第一二集简编》本，1939年上海商务印书馆出版。

代数学——一次方程式　子部历算类

(日)林鹤一、高野泰藏著　崔朝庆译

(1)《万有文库·第一集》本,1929年上海商务印书馆初版。

(2)《算学小丛书》本,1930年上海商务印书馆再版。

(3) 1935年上海商务印书馆出版,南京图书馆藏。

(4)《万有文库·第一二集简编》本,1939年上海商务印书馆出版。

一得斋算草不分卷　子部历算类

清光绪二十二年刻本,南京图书馆藏。

益慧图2卷　子部艺术类

木刻本,南通市图书馆藏。

世说新语(选注)　子部小说类

(1)《学生国学丛书》本,1928年上海商务印书馆初版。

(2)《万有文库·第一集》本,1931年上海商务印书馆初版。

节本世说新语　子部小说类

《新中学文库·文学》本,1947年上海商务印书馆再版,南京图书馆藏。

中国人之宇宙观

(1)《万有文库·第一集》本,1933年上海商务印书馆刊。

(2)《国学小丛书》本,1934年上海商务印书馆初版。

施起江

字笛舟。海门人。光绪二十八年(1902)恩贡。律身学宋儒,以静坐不欺自励。晚年捐谷置社仓,并蓄衣物等以利人。举孝廉方正,辞不就。卒年76。

说文辑要17卷说文部目1卷　经部小学类

史汉文选难字汇释4卷　经部小学类

读书杂俎　子部儒学类

以上3种见《民国海门县图志》卷14。

龚其伟(1865—1928)

字颂墀。海门人。清光绪二十三年(1897)恩贡。年19院试第一，入庠好学，购书万卷，日治经史百家之言。掌师山书院，任中学国文教师。1912年当选省议员，1917年成立县志局，任总纂，体例与周家禄纂光绪《海门厅图志》同，而尤重图表。以无人管理此事遂中止。

十三经难句解4卷　经部群经总义类

通鉴分类辑要16卷　史部编年类

党德论2卷　子部儒学类

周秦诸子辑要8卷　子部周秦诸子类

楹联1卷　子部艺术类

尊任堂随笔　子部杂学类

尊任堂文稿4卷诗稿2卷宣南吟稿2卷白下唱酬集2卷　集部别集类

尊任堂诗话2卷　集部诗文评类

论古文钞6卷　集部诗文评类

以上9种见《民国海门县图志》卷14。

姜青照

字藜辉。海门人。清附生。诗文不拘绳墨。光绪三十二年(1906)东游归，创建爱乡小学、姜安女学。1912年当选省议员。懂医术，手抄方案至10多巨册。

滨居诗草1卷　集部别集类　佚

见《民国海门县图志》卷14。

徐孚吉(1867—1904)

字少石。一字元尹。清海门人。云锦子。光绪二十年(1894)举人。厌制举，酷好诗古文，以文学见赏于长沙王先谦、南通张謇。旁通理数舆地之学，治《尔雅》《毛诗》尤精。光绪三十年应礼部试，卒于河南。

尔雅诂1卷附注虫鱼斋读疋集释1卷　经部尔雅类

(1) 稿本，南京图书馆藏。

(2)《南菁书院丛书》本。

(3)《丛书集成续编》本。

元尹诗录1卷　集部别集类

元尹文录1卷　集部别集类

以上2种有《海门徐氏遗著》本。

陆师凯

字景机。清海门人。江南将备学堂毕业。光绪三十三年(1907)从军于广东，隶赵声部。有战功，升都司，寻病卒。

从军日记　史部传记类

见宣统《续海门厅图志·艺文志》，谓已刻。

拳术教范　子部艺术类

见《民国海门县图志》卷14。

茅邦藩

字黼屏。海门人。性诚朴，平生常以善言劝世。卒年80余。

务本录　子部儒学类

见《民国海门县图志》卷14。

杨　烈

海门人。

秋虫吟　集部别集类

见《民国海门县图志》卷14。

沈其昌(1868—1939)

字肇洲,一作肇州,号绍周,别号聆音散人。先世崇明人,后迁至海门。近代琵琶大师、音乐教育家。光绪十五年(1889)秀才。幼从琴师黄秀亭习琵琶,得瀛州(今崇明)古调真传,精研创新,自成一家。孙中山先生慕其名,曾邀至上海莫利哀路(今香山路)寓所献技,甚为赞佩。上海英商百代公司获悉,请其灌了《汉宫秋月》《昭君怨》《十面埋伏》三首曲子。1917年任通州师范国乐教师。未几,应南京高等师范学校校长江谦之请,任该校民族乐器教师,1919年该校改为东南大学,沈氏留任。刘天华曾向其学习琵琶技艺。后因体力渐衰,辞职回乡。

瀛州古调3卷　子部艺术类

沈其昌讲授　徐卓编述

(1) 1916年江苏省教育厅出版。

(2) 1936年南通梅庵琴社石印本,沈氏弟子徐卓增订重印,上海图书馆藏。

(3) 民国抄本,国家图书馆藏。

按:此书上卷《通论》,辑录沈其昌口授诸法。中卷《音乐初津》,选录5首由民间乐曲改编的琵琶小曲,作为初学琵琶的入门曲目。下卷《瀛州古调》,分慢板、快板、文板、大曲,收45首琵琶曲。

王家琛

名石荪。海门人。崇明籍廪生。振凤子。幼治经史。1912年被选为县议员,旋补参事会会员。1917年任县志协修。

尔雅释言注疏2卷　经部尔雅类

经解纂要6卷　经部群经总义类

淮运水利源流汇考2卷　史部地理类

宝俭堂诗集4卷文集4卷　集部别集类

以上4种见《民国海门县图志》卷14。

张树典(1873—1931)

字佐虞。海门人。少游京师，后留学日本东斌学校，习警监。历二年毕业，归国任南通警监学校主任。辛亥革命后任县议长。1913 年起襄助张謇办理盐垦，任大赉公司经理。1925 年辞职归里。

违警法释义　史部政书类

见《张君佐虞行状》。

徐人植

海门人。

芸岩剩稿　集部别集类

见《民国海门县图志》卷 14。

钮银汉

海门人。袁梓妻。

绣余吟　集部别集类

见《民国海门县图志》卷 14。

德　本

海门僧人。

春光颂　集部别集类

见《民国海门县图志》卷 14。

刘爱莲

海门人。祝淦妻。

撷翠轩绣余随笔　子部杂学类

撷翠轩唱随集　集部别集类

以上 2 种见《民国海门县图志》卷 14。

黄广祜

字芍孙，号健生。海门人。近代教育工作者。

海门方言不分卷　经部小学类

稿本，线装1册，南通市图书馆静海楼、南通博物苑各藏一部。

周宝娴(1881—1898)

字孟璇。清海门人。家禄女。年13闻弟诵唐诗，慕其铿锵，乃复读。日尽绝句数十首，年余遂能诗。早晚勤女红，闲则习字画兰。雅爱花，尤好兰。对花写照娟娟有致，运腕生动。积画数十帙，风枝雨叶无不妙臻。书小楷尤秀劲。年17患寒咳，误投药剂而殇。殁后稿草散佚；其母吴氏乃令其兄摭拾遗墨稍为整理，得诗、往来书札若干梓行。

清远阁遗稿2卷　集部别集类。

清光绪二十七年(1901)刻本，南京图书馆藏。

黄广介

字励生。海门人。兀悍轩举，恣肆知法度，喜骑击，好谈兵。张謇叹赏之，录入弟子籍，累主通海学校讲席。武昌起义时力陈通海滨江宜有备，治乡兵。后任全国水利局主事，经理大纲盐垦。1922年任本省沙田股主任。有经世志，既不如愿，乃纵酒而有放，见者讥以为狂。年40卒。

壬辛杂稿　集部别集类

见《民国海门县图志》卷14。

陆曾沂

字冠春。海门人，清崇明附生。幼慧。入上海爱国学社，以文字宣扬革命思潮。《苏报》案兴，乃随马良入震旦学院及复旦大学，任务本女学教职，《民呼民立民吁》撰述。1912年为复旦中学主任。1927年受国民政府参军兼秘书之命，冒暑感疫卒。

双泪碑、血花泪史、双珠外史、梨云梦、葡萄劫、墨沼疑云录、虹霓岛、虬髯客、断梗零香记、菜海血、蘼芜怨、秋心　子部小说类

伴蛩吟　集部别集类

试吟集　集部别集类

以上3种见《民国海门县图志》卷14。

张始生

海门人。先世业药。始生研究药物历30年，创医药学校，设求真馆于上海，精制药品，行销远近。政府议废止中医，始生两度进京请愿，得撤销。乃组织全国医药团体总联合会，始生为常务委员，力谋国药之改进，创药品陈列所，于南翔建药圃，请立中央国医馆。历任国医学院、中医专门学校、中国医学院药质教授。

资证药鉴12卷　子部医家类

见《民国海门县图志》卷13。

李素伯(1908—1937)

原名文达，又名绚。字素伯，又字质庵，自号梦秋、梦秋子，笔名所北。以字行。海门县中和镇人，1917年迁居南通县垦牧乡(今启东市海复镇)。就读于江苏省第一代用师范学校(南通师范学校)。毕业后任教于南通实验小学、南通乡村师范。1933年回南通师范任国文教员。积极从事新文艺创作与研究活动。革新语文教学，培育青年成长。课余任《南通报》文艺编辑，并指导学生编有《爝火》《南通文艺》等杂志。

海门耆旧3卷　史部传记类

苦茶草　集部别集类

以上2种见陈象新《李素伯先生传略》，载于《海门县文史资料》第六辑“李素伯专题”。

春的旅人——李素伯诗词散文论选　集部别集类

2006 年南通市文联铅印本。

按:此书包括旧体诗词、文言小品、新诗、散文、文艺散论、小品文研究。附录《李素伯年谱》。此书相当于李素伯全集,然据估计,仅为李素伯全部创作的四分之一。

李素伯文集　集部别集类

李克东、李品廉编。2018 年作家出版社出版。

按:本书收录了李素伯创作的旧体诗词、文言小品、新诗、散文等诸多体裁的作品,也收录了他所撰写的文学论文、研究专著,以及书信、译文、读书笔记等,较为全面地展现了李素伯的创作和研究成就。

独赏集 16 卷　集部总集类

李素伯辑

抄本,启东李克东(李素伯侄)藏。

按:此为李素伯集所辑诗词集,包括古代、近代、南通当地先贤以及外国人(日本、韩国)等的作品。其《独赏集序》云:"余平居读古今人诗,择其有新意而合于诗之旨者别录之,于今二载,得诗四千余首,为卷十六,为册八,命工装订之。既竣,名之曰'独赏',意谓余一己之所独赏也。"其序又云:"当今之时,新学潮流泛滥中国。一伧堕藩,群瞽随之;大雅不作,正音益渺。纵有一二先进,虑诗学之将亡,思所以提倡之。而佻达之辈以新学为头宗,吟咏之事,或薄之而不为,或为之而不专。尤甚者,于韵语中点缀一二新名词,自诩奇巧,斯真鴃舌之音、骚坛之玷。子美所谓'尔曹身与名俱灭,不废江河千古流'者也。"可见在新诗流行之时抄录选辑此书,有采集古诗精华、以作为旧体诗词写作借鉴之意。据李克东先生介绍,《独赏集》只是一本当年的笔记本,纸色发黄,破烂不堪,残存 1 册。因其家用来夹放鞋样,故得以保存至今。

小品文研究　集部诗文评类

(1) 1932 年 1 月上海新中国书局初版,上海图书馆藏。

(2) 1932 年 11 月上海新中国书局二版,国家图书馆藏。

(3) 1934 年三版,上海图书馆藏。

(4) 1996年江苏教育出版社出版。

(5) 2011年台湾文听阁图书有限公司再版。

按:本书也收入《春的旅人》。

王尘无(1911—1938)

原名王承谟。海门县汤家镇人。1927年进无锡国学专修馆攻读语言文学。毕业后入上海持志大学进修。1930年加入中国共产党,次年任中共海启县委秘书。1932年初往上海,参加了“左翼作家联盟”,被推选为执行委员,继又参加“左翼剧联”。1933年春又任影评小组负责人,先后发表《电影讲话》《电影在苏联》《中国电影之路》等有关电影的论文。1936年肺病加重,至杭州疗养。期间整理出书稿《浮世杂拾》,由长城书局出版。1938年5月25日在杭州不幸辞世。逝前写作并发表许多抗日诗篇在《救亡时报》等报刊发表。

王尘无电影评论选集　子部艺术类

1994年中国电影出版社出版。

按:本书收入作者的影评、论文、杂文以及有关王尘无的回忆文章。

浮世杂拾　集部别集类

1941年长城书局出版,上海图书馆藏。

按:著者题尘无,即王尘无。此为散文集,收录《寂寞的街头》《三和尚的死》《两盏灯》《废园冥想》《卖笛的老人》《狂欢的一夜》《看杀牛》等26篇散文。列为《长城文艺丛书》。

如皋

宋至明

胡　讷

祖籍宋陕西路安定堡。其父修己任泰州司寇参军时，携家室迁至如皋南郊定居。景祐中官宁海节度推官。

春秋三传评 10 卷　经部春秋总义类　佚

见《国史经籍志》。

孝行录 3 卷　史部传记类　佚

见《直斋书录解题》卷 7。此书所记多宋初人事。

民表录 3 卷　史部传记类　佚

贤惠录 3 卷　史部传记类　佚

以上 2 种见《郡斋读书志》卷 9。《民表录》录宋朝循吏善政，李淑以为虽浅俗亦可备广记。《贤惠录》录宋朝贤惠女子之事。后 1 卷为其子瑗嗣成之。

胡　瑗(993—1059)

字翼之。宋如皋人。讷子。随父定居如皋城。世称安定先生。少时偕孙复、石介读书泰山，并称“宋初三先生”。初以教授为业，后因范仲淹荐，拜校书郎，以保宁节度推官教授湖州。讲学分经义、治事两斋，讲“明体达用”之学。规章悉备，从学者甚众，程颐亦出其门下。庆历中明令以其教授方法为太学法。嘉祐初擢太子中允、天章阁侍讲，仍主持太学，后以太常博士致仕。明嘉靖中从祀孔子庙，追谥文昭。《宋史》卷 432 有传。

周易口义 15 卷　经部易类

宋胡瑗述　倪天隐记

(1) 清康熙二十六年(1687)汤斌、李振裕刻本,南京图书馆藏。

(2)《摛藻堂四库全书荟要》本。

(3)《四库全书》本,12 卷。

(4) 清抄本,天津图书馆藏。

(5) 1998 年中国书店《中国古代易学丛书》影印本。

按:《宋史·艺文志》既载《易解》10 卷,又载《周易口义》10 卷,实为一书而误分为二。参见《四库全书总目》。

安定先生周易系辞 2 卷　经部易类

(1) 明祁氏淡生堂抄本,复旦大学图书馆藏。

(2) 清抄本,多《杂卦》1 卷,上海图书馆藏。

尚书全解 28 卷　经部尚书类

见《宋史·艺文志》。

洪范口义 2 卷　经部尚书类

(1)《四库全书》本

(2)《墨海金壶》本

(3) 同治抄《反约篇》本,福建师范大学图书馆藏。

(4) 精抄本,南京图书馆藏。

(5)《榕园丛书》本。

(6)《四明丛书》本。

(7)《丛书集成初编》本。

按:《宋史·艺文志》著录本书作 1 卷。其文散见《永乐大典》中,四库馆臣校定字句,分为 2 卷。

吉凶书仪 2 卷　经部仪礼类

见万历《扬州府志》卷 24。

圣宋皇祐新乐图记 3 卷　经部乐类

宋胡瑗、阮逸撰

(1) 明万历三十九年(1611)赵琦美抄本,赵琦美跋,国家图书馆藏。

(2)《四库全书》本。

(3) 清抄本,清吴骞跋,国家图书馆藏。

(4)《学津讨原》本。

(5)《影印四库全书四种》本。

(6) 嘉庆十年(1805)照旷阁刻本。

(7) 清劳格抄本,上海图书馆藏。

(8) 清抄本,上海图书馆藏。

(9) 清抄本,南京图书馆藏。

(10)《丛书集成初编》本。

春秋口义 5 卷　经部春秋总义类

见《直斋书录解题》卷 3,谓不传。

春秋要义 30 卷　经部春秋总义类

见康熙《扬州府志》卷 28。

论语传 1 卷　经部四书类

见万历《扬州府志》卷 24。

中庸传 1 卷　经部四书类

见光绪《通州直隶州志》卷 16。

安定先生言行录 2 卷　史部传记类

见《直斋书录解题》卷 7,谓杂录胡瑗之事及告祠志表祭文等。其间有《贤惠录》《孝行录》,由其父讷所著。

武学规矩 1 卷　史部政书类　佚

见雍正《扬州府志》卷 35。

教授奏议 2 卷　史部政书类　佚

见《江南通志》。

学政条约 1 卷　史部政书类　佚

见《湖州府志》。

读安定书目抄　史部目录类　佚

安定先生言行录2卷　子部儒学类　佚

安定言行记　子部儒学类　佚

以上3种见雍正《扬州府志》卷35。

资圣集15卷　集部别集类

见宋蔡襄《端明集》卷37《太常博士致仕胡君墓志》，谓："藏于家。"嘉靖《重修如皋县志》卷8、乾隆《江南通志》卷193《艺文志》均作13卷。

王惟熙(？—1062)

字国和。宋如皋人，景祐元年(1034)登进士第。调盐城尉，擢大理寺详断官，持法坚正。为审刑院详议官，迁判大理寺，累官司封员外郎。天性平恕，虽为法官，务原人情，多所宽免。

司封文集15卷　集部别集类

见嘉庆《如皋县志》卷17本传。

王　观(1035—1100)

字通叟，一作达叟。宋如皋人。惟熙侄。仁宗至和、嘉祐年间，入太学，与从弟觌同从胡瑗学。嘉祐二年(1057)，登进士第。授单州团练推官，试秘书省校书郎。三年，官建昌军参军。熙宁末年，任扬州江都县令。元丰二年(1079)，回朝任大理寺丞。同年十二月，坐知江都县时受贿而遭除名，编管永州，其后事迹无考。相传曾奉诏作《清平乐》一首，写宫廷生活，高太后认为有亵渎神宗赵顼之嫌，被罢职，遂自号逐客[参见李欣等《北宋词人王观生平事迹考》，《上海师范大学学报(哲学社会科学版)》2005年第5期]。

扬州芍药谱1卷　子部农家类

(1)《百川学海》本。

(2) 明弘治十四年(1501)华珵刻本，美国国会图书馆藏。

(3) 明嘉靖十五年(1536)郑氏宗文堂刻本，国家图书馆藏。

(4)《说郛》(宛委山堂)本。

(5)《四库全书》本。

(6)《墨海金壶》本。

(7)《珠丛别录》本。

(8)《笔余丛录》本。

(9)《扬州丛刻》本。

(10)《丛书集成初编》本。

(11)《山居杂志》本,题《芍药谱》1卷。

(12)《香艳丛书》本,题《芍药谱》1卷。

(13)《国学珍本文库》本,题《芍药谱》1卷。

(14)《说郛》(商务印书馆)本,不分卷。

按:王观以"扬之芍药甲天下",因著此书。首先论述了芍药生长与"天地之功"和"人力之至"的关系,其次介绍了扬州的芍药品种。

天鬻子注1卷　子部杂学类

见《泰县著述考》卷1。

扬州赋1卷　集部别集类

(1) 明史起寅刻本,国家图书馆藏。

(2)《四库全书》本《御定历代赋汇补遗》卷6。

(3) 清末天尺楼传抄明嘉靖间张榘英江草堂刻本,国家图书馆藏。

(4) 明嘉靖二十四年刻本,与宋陈洪范撰《续扬州赋》合刻,天一阁博物馆藏。

(5) 清扬州阮氏传抄天一阁藏本,与宋陈洪范撰《续扬州赋》合抄,上海图书馆藏。

按:此赋为王观任扬州江都县令时作。明万历《江都县志》谓王观之为令,"以文学名,而政事不可概见"。王观序云,撰此《扬州赋》记"废兴之迹,与夫风土、人物、贡赋、井邑"。而最后归之于讽谏:"今先生之言,磊磊峥嵘,岂特详一州之事。举而措之,足以弥缝帝衮,龟鉴当时。"

冠柳集1卷　集部词曲类

(1)《校辑宋金元人词》本。

（2）《如皋冒氏丛书》本，题《冠柳词》。

（3）收入《全宋词》。

王　觌(1036—1103)

字明叟。宋如皋人。惟熙长子，观从弟。仁宗嘉祐四年（1059）登进士第。神宗熙宁初为编修三司令式删定官，不乐其职，求润州推官。哲宗立，大臣荐其可大用，擢右正言，进司谏。因极论蔡确、章惇等朋邪害正，谪出知陈州。出知苏州，甚有惠政，吏民歌之，有"吏行水上，人在镜心"之语。绍圣初以宝文阁直学士知成都府，贬鼎州团练副使。徽宗即位还故职，知永兴军。后以龙图阁学士知润州，徙海州，旋罢职，主管太平观，安置临江军。持正始终，虽屡遭变而不改。卒年68。《宋史》卷344有传。

内制20卷谏疏30卷奏议20卷杂文50卷　史部政书类

见嘉靖《重修如皋县志》卷8本传。

按：《东皋诗存》卷1收其诗2首。

丁　传(1044—1092)

字传道。宋如皋人。天锡长子。嘉祐四年（1059）进士。孝友笃信义，乡人皆敬仰之。时择士人之贤者延致门下，使与子弟游。故子弟亦多好学以礼法自律。邑令敦请为乡校师。既处师席，以道义经术为己任。后进蒸蒸向学，传倡之也。

文集20卷　集部别集类

见嘉庆《如皋县志》卷21。

王俊乂

字尧明。宋如皋人。觌侄。少有直节，宣和元年（1119）以太学上舍选奏，徽宗闻其名，擢为第一。蔡京欲见之，拒不往，仅拜国子博士。迁右司员外郎，为王黼所恶，以直秘阁出知岳州卒，年47。《宋史》

有传。

易说10卷　经部易类

王俊义文集10卷　集部别集类

以上2种见嘉靖《惟扬志》卷12。光绪《通州直隶州志》卷16著录《岳州文集》10卷。

薛　伦

字叔道。明如皋人。从杨维桢游，通《春秋》，善诗与琴。洪武中举贤良方正，以礼部主事刘镛荐授万安县丞。因母老隐居不出，渡江读书吴山中，七年始归授徒。年85卒。

叔道诗文集10卷　集部别集类　佚

见光绪《通州直隶州志》卷16。《东皋诗存》卷1收其诗3首。

冒　基

字永宗。明如皋人。尝取其祖父致中所藏书读之。永乐八年(1410)以藏书献纳公库。劝以出仕，被辞。恬淡萧散，山林之趣，时见篇章，当时推能文。又精医理。正德中卒，年74，乡人称为潜德先生。

潜德遗稿　集部别集类　佚

见光绪《通州直隶州志》卷16。《东皋诗存》卷1收其诗1首。

冒　鸾(1465—1523)

字廷才，号得庵。明如皋人。成化十六年(1480)16岁乡试中举，弘治六年(1493)进士。授南京刑部主事，父卒归守孝，服除任兵部武库司主事。十五年任礼闱分校官，所取多名士。历驾部员外郎、郎中。时守边缺战马，旧例淮扬只缴折价银两，今变例缴马匹。鸾上疏争之，遂复旧例。有宦官依仗刘瑾，奏请船马出行，皆超出定额，鸾裁其半。升福建左参议。建宁都司聂贤不守法，私买军民货物，把持讼词，以军士为己仆。鸾立遣军士归队，又按法公告，迫使聂收敛。因母老告归。性情淡泊，乡居13年，不至官府，静坐读书，自得其乐，乡人敬重之。

泰定养生立论16卷　子部医家类

元王珪撰

明正德六年(1511)冒鸾刻本，国家图书馆藏。

得庵集　集部别集类

见冒广生《冒得庵参议年谱》。光绪《通州直隶州志》卷16作《梦椿轩集》2卷。《东皋诗存》卷1收其诗7首。《如皋冒氏诗略》卷1收其诗9首。

管　暨

字世辉，号静庵。明如皋人。附生。9岁能文，乡闱屡荐未售，遂不复应试，杜门课子，据案展卷，寒暑无闲。晚年筑怡春园、养静轩诸胜，日与当世骚人词客分韵赋诗唱和无暇日。隆庆初曾修家谱。年96卒。

怡春园诗集　集部别集类

见民国《如皋管氏宗谱》卷27。

何　瑭

字粹夫，号柏斋。明如皋人。以祖从戎河南，籍怀庆。弘治十五年(1502)进士。以翰林院庶吉士授编修。刘瑾擅政，瑭触其怒，遂累疏乞归。瑾诛，召还。擢修撰以直经筵。触忌讳调开州同知，改东昌同知。乞归。嘉靖改元，起授浙江提举副使。晋南京太常卿。历工、户、礼三部侍郎，南京右都御史，致仕。家居究性命之旨，行己教人，切近精实。涵养和粹，临事毅然不可夺。难进易退，有高士之节。卒赠礼部尚书，谥文定。

乐律管见1卷　经部乐类

见光绪《通州直隶州志》卷16。

(正德)怀庆府志12卷　史部地理类

(1) 明正德十三年(1518)刻本,台湾"中央图书馆"原藏。

(2) 抄本,上海图书馆藏。

儒学管见1卷　子部儒学类

见乾隆《如皋县志》卷19,有其自叙。

阴阳管见1卷　子部杂学类

(1)《百陵学山》本。

(2)《学海类编》(道光本、影道光本)。

(3)《景印元明善本丛书十种》本。

兵论1卷　子部兵书类

见光绪《通州直隶州志》卷16。

何文定公文集11卷　集部别集类

明万历间贾待问刻本,北京大学图书馆藏。参见《中国善本书提要》。

柏斋集11卷　集部别集类

《四库全书》本。

何文定公柏斋集10卷　集部别集类

《续中州名贤文表》本。

按:嘉庆《如皋县志》卷16著录《柏斋集》为12卷。

何粹夫集　集部别集类

《广理学备考》本。

柏斋先生乐府1卷　集部词曲类

《饮红簃所刻曲》本。

曹　相

字国卿。明如皋人。性朴而方,嗜学不倦。嘉靖十一年(1532)贡生,为遂昌县丞,衙舍读书如故。不久弃官归。老不释卷,即夏夜必正衣冠与简编相对。

斗野遗文2卷　集部别集类

见乾隆《直隶通州志·艺文志》、嘉庆《如皋县志》卷21。《五山耆旧集》卷4收其诗1首。

孙应鳌

字山甫。明如皋人。嘉靖三十二年(1553)进士。历官工部给事中。四十二年外放至秦中,任郧阳巡抚。隆庆三年(1569)离郧阳任南京工部侍郎。万历七年(1579)著成《学孔精言舍汇稿》12卷,旋升南工部尚书。十二年罢职归里。卒后赠太子少保,谥文恭,崇祀乡贤。

淮海易谈4卷　经部易类

(1) 明隆庆间刻本,南京图书馆藏。

(2)《孙文恭公遗书》本。

(3)《黔南丛书》本。

(4)《四库全书存目丛书》本。

律吕分解2卷律吕发明2卷　经部乐类

见《四库提要》经部乐类存目。

四书近语6卷　经部四书类

(1)《孙文恭公遗书》本。

(2)《续修四库全书》本。

世史正纲32卷　史部编年类

明丘浚撰

(1) 明嘉靖四十二年孙应鳌刻本,国家图书馆藏。

(2)《四库全书存目丛书》本。

教秦绪言1卷　子部儒学类

(1)《孙文恭公遗书》本。

(2) 清刻本,南京图书馆藏。

道林先生摘言4卷　子部儒学类

明蒋信撰　孙应鳌辑

明隆庆刻本,湖南省图书馆藏。

论学汇编8卷　子部儒学类

见光绪《通州直隶州志》卷16。

庄义要删10卷　子部周秦诸子类

(1) 明万历八年陶幼学刻本,国家图书馆藏。

(2)《四库未收书辑刊》本。

幽心瑶草1卷　子部杂学类

(1)《孙文恭公遗书》本。

(2)《四库全书存目丛书》本。

左粹类纂12卷　子部典故类

明施仁编　孙应鳌批点　任养心校阅

明万历十一年任养心刻本,南京图书馆藏。

孙山甫督学文集4卷补辑杂文1卷　集部别集类

(1) 明隆庆元年刻本,日本静嘉堂文库藏。

(2)《孙文恭公遗书》本。

(3)《黔南丛书》本。

(4) 清光绪十九年(1893)川东巡署刻本,南京图书馆藏。

(5)《丛书集成续编》本。

(6) 2015年贵州人民出版社点校本。

孙山甫督学诗集4卷　集部别集类

(1) 明嘉靖刻本,国家图书馆藏。

(2) 明隆庆元年刻本,日本静嘉堂文库藏。

学孔精舍诗钞6卷补辑杂文1卷附录1卷　集部别集类

(1)《孙文恭公遗书》本。

(2)《四库全书存目丛书》本。

学孔精舍诗钞2卷　集部别集类

明孙应鳌撰　清艾茂辑

清咸丰三年(1853)艾述之抄本,清莫友芝校并跋,上海图书馆藏。

孙应鳌文集　集部别集类

1996年贵州教育出版社出版龙连荣、王雄夫点校本。

孙文恭公遗书六种　丛书类

(1) 清光绪六年独山莫氏刻本,南京图书馆藏。

(2) 清宣统二年(1910)南洋官书局铅印本,南京图书馆藏。

子目见上。

按:据版权页所记,此书总校者、印刷所、总发行所均为南洋官书局,分发行所为国学扶轮社。据此。此书版本应作“南洋官书局铅印本”。亦有图书馆馆藏书目作“国学扶轮社铅印本”的,非是。

又按:《四库全书总目》集部别集类存目著录《学孔精言舍汇稿》12卷,提要云:“此本十二卷,前有万历己卯刘伯燮《序》,言集首奏疏,终于古风、绝、律。今第十二卷止于五言律诗,而绝句、七言律诗皆阙,知非足本矣。”《东皋诗存》卷1收其诗93首。

管　臬

字世从,号海堤。明如皋人。暨弟。廪贡生。选授吴县教谕。未几改江宁教谕,截取知县,旋告归。教读子弟,讲经课文。晚年与邑人马继祖、孙应鳌等诗酒唱和无虚日。及卒,门人私谥文靖先生。

松存轩文集4卷诗集7卷　集部别集类

咏史筵音集3卷　集部别集类

以上2种见民国《如皋管氏宗谱》卷27。

沈　经

明如皋人。

(嘉靖)如皋县志6卷　史部地理类　佚

明刘谟主修　陈源清、沈经等同纂

见乾隆《直隶通州志·艺文志》。

严　怡(？—1574)

字士和，号石溪。明如皋人。嘉靖九年(1530)岁贡。官临朐、景宁校官，摄聊城令事。后为堂邑王府教授，十八年乞归。博极群书，工诗古文辞。

灾异考　史部政书类

土木考　史部政书类

怪惑考　史部政书类

博平录　史部政书类

朐山录　史部政书类

嵩阳录　史部政书类

如皋平赋录　史部政书类

如皋忠谏考　史部政书类

以上8种见嘉庆《如皋县志》卷21。

(嘉靖)如皋县志6卷　史部地理类　佚

明刘谟主修　陈源清、严怡等同纂

见乾隆《直隶通州志·艺文志》。

乘暇录　子部杂学类

丈室录　子部杂学类

面山录　子部杂学类

谭虎录　子部杂学类

以上4种见嘉庆《如皋县志》卷21。

严石溪诗稿6卷　集部别集类

明万历五年(1577)刘效祖刻本，国家图书馆藏。

按：《东皋诗存》卷2收其诗1卷，共141首。《五山耆旧集》卷4收其诗78首。

许　凤

号竹冈。明如皋人。端凝持重，究心理学，为王艮高弟。

言性录1卷　子部儒学类　佚

见乾隆《如皋县志》卷19。

冒承祥(1509—1600)

字履之。明如皋人。冒襄高祖。幼习举子业，英敏聪秀。15岁时，父病足，嘱理家政，遂废学。性孝友。努力耕作，家道竟隆。奉成例捐粟为例监，候选为光禄寺监事，不入流。喜绘画吟咏，因旧宅在如皋城内安定、集贤二桥间，故自号双桥。

双桥图册　子部艺术类

此册冒广生先生家属于1961年据先生遗愿捐献给国家，今藏上海博物馆。

朱　装

字汝乘。明如皋人。万历初以岁荐为金华训导，不三年归。与严怡等结社论诗。与林春、王畿时以理学相资益。生平伉直不阿。授徒为生，多所成就。县令童蒙吉聘修县志。

(嘉靖)重修如皋县志10卷　史部地理类

明童蒙吉修　谢绍祖、朱装等纂

明嘉靖三十九年(1560)刻本，天一阁藏。

先儒要语　子部儒学类　佚

见乾隆《直隶通州志》卷19。

江皋摘稿　集部别集类　佚

见嘉庆《如皋县志》卷17。

冒时雨

字化美，号润野。明如皋人。嘉靖三十五年(1556)岁贡生。官鲁王府长史。因独子起年刚膺荐举病卒而哀痛致病，40余岁即病卒。

霖轩诗编　集部别集类

见《东皋诗存》卷3，收其诗2首。

苏　愚

字君明，号襟海。明如皋人。嘉靖四十一年(1562)进士。授南刑部主事。历员外郎、郎中，出佥闽宪，备兵兴泉。转广东左参议，进副使，寻进右参政，补参政贵州，擢福建按察使。旋主江西，移粤西，为左伯。遂请假归，坚卧不出。卒年78，祀乡贤祠。

三省备边记2卷　史部政书类

见光绪《通州直隶州志》卷16。

襟海纪怀集13卷　集部别集类

见乾隆《直隶通州志》卷19。《东皋诗存》卷3收其诗23首。

冒守愚

字师颜。明如皋人。隆庆元年(1567)恩贡，累举不售，授官高阳县。以才调安肃，移守德庆。在任多有政绩。

文楼集10卷　集部别集类

见乾隆《直隶通州志》卷19。

钱　藻(1530—1599)

字自文，号淑湖。明如皋人。嘉靖三十八年(1559)进士。授南礼部主事，进郎中，出守广信。任密云兵备佥事，晋左参议、顺天府尹，后为贵州左布政使。

押韵便览5卷　经部小学类　佚

见《千顷堂书目》卷3。

张 榜

字子登。明如皋人。家贫力学，穷经授徒。万历初选授司训，为诸生祭酒。

五经正解1卷　经部群经总义类

四书正解1卷　经部四书类

以上2种见乾隆《直隶通州志·艺文志》。

冒起年

字公亮。明如皋人。时雨子。贡生，官太常博士。夙负才名，以力学早卒。

默庵诗编4卷　集部别集类

见乾隆《直隶通州志》卷19。《东皋诗存》卷8收其诗1首。

许汝忠

字敬德。明如皋人。凤子。少而豪宕，长奉父训折节读书，束修砥行。万历初以太学生授随州判，迁忠州同知。其于任上平冤狱、平税赋颇有能声，作奸犯科者惧之。后以病归。

匏寄斋集　集部别集类

见《五山耆旧集》卷16，收其诗1首。《东皋诗存》卷6收其诗4首。

郭师古

字时用，号中宇。明如皋人。万历五年(1577)进士。善骑射。嘉靖末倭数内寇，迫皋城，师古为当事谋画，辄奇中。升甘肃兵备副使，晋右参政兼佥事。

百将传　史部传记类

筹边纪略　史部政书类

八阵图说　子部兵书类

以上 3 种见乾隆《直隶通州志·艺文志》。《东皋诗存》卷 3 收其诗 2 首。《五山耆旧集》卷 9 收其诗 1 首。

冒愈昌(？—1633)

字伯麟。明如皋人。万历初博士弟子员，十六年(1588)再赴乡试失利，与同邑范志易、海门柳应芳同客金陵。饱学负名，豪迈刚直，不合时宜，忌其才者多阴中之，卒罹于难。长期居南京，又浪游吴越间。诗赋古文辞，立马可待，每论经史，品评古人，霏霏不绝。所至之处，文士争相迎接。一次，弁园荷花盛开，邀客赋诗，愈昌不一日，得诗百首，皆有诗格。诸人莫不辟易敛容，自此名更著。因游后七子李攀龙、王世贞、吴国伦之门。三十一年助臧懋循纂《古诗所》《唐诗所》(见《负苞堂文选》)。又曾与钟惺、谭元春、茅元仪、吴鼎芳多次集乌龙潭倡和。诸公爱其才，共白其状，始得还乡。崇祯元年(1628)与张玉成等集冒梦龄逸园结社吟诗，并指导少年冒襄作诗，介绍后七子及钟惺、谭元春等的诗歌主张。六年病逝。

(嘉靖)如皋县志 6 卷　史部地理类

明刘谟主修　冒愈昌等纂

见乾隆《直隶通州志》卷 19。

冒伯麟先生集 35 卷　集部别集类

《如皋冒氏丛书》本。

金陵集　集部别集类

銮江集　集部别集类

绿蕉馆集　集部别集类

以上 3 种见乾隆《直隶通州志》卷 19。

诗学丛言　集部诗文评类

见《五山耆旧集》卷 14，谓尚有诸小刻 20 余种行世，并收其诗 30

首。《如皋冒氏诗略》收其诗13首。

秦淮四美人诗四集　丛书类

清冒愈昌辑

明万历四十六年冒愈昌刻本，南京博物院、浙江省博物馆藏。

子目：

《马美人诗》1卷　明马守贞撰

《赵美人诗》1卷　明赵彩姬撰

《朱美人诗》1卷　明朱泰玉撰

《郑美人诗》1卷　明郑如英撰

按：《列朝诗集小传》《秦淮广记》作《秦淮四美人选稿》。《历代妇女著作考》引《宫闺氏籍艺文考略》作《秦淮四姬诗》。《明代版刻综录》著录题作《秦淮四美人诗》4卷，谓有天启萃奇馆刻本，未知此本尚存否。

范　浏

明如皋人。

金斗风物考4卷　史部金石类

见嘉庆《如皋县志》卷21、光绪《通州直隶州志》卷16。

姜　鐕

字重夫，一字受大，号东泉。明万历至崇祯朝如皋县白蒲镇人。儿时即习诵制举业，未冠即成秀才，学使荐入太学。惜乡试不利，至期选谒。归西河之上，躬耕课子，以著述自乐。卒年87。

吸古修绠4卷　史部史钞类

嘉懿集录4卷　史部传记类

家乘初稿2卷　史部传记类

农政辑要8卷　子部农家类

东皋集4卷　集部别集类

以上5种见道光版《白蒲镇志·文苑》。又见道光《如皋县志》。

苏文韩

字弘道,号缜庵。明如皋人。例贡生,拣选中书舍人。其婿冒襄。

周易本义补　经部易类　佚

晋书纂60卷　史部杂史类　佚

通鉴节要18卷　史部编年类　佚

以上3种见乾隆《如皋县志》卷19。

皇明五先生文隽204卷目录5卷　集部总集类

明苏文韩选　张玉成订

明天启四年(1624)序刻本,美国国会图书馆藏。

按:此书所选,凡《李空同集》8卷、《李沧溟集》7卷、《王弇州集》115卷、《汪伯玉集》32卷、《屠纬真集》42卷。有天启四年邹元标序及自序。参见王重民《中国善本书提要》。

石　沆

字瀣仲,号白云。明如皋人。少即有出世之想。好楼居,常数月不下。尝辟谷浃旬。其为诗陶冶性情,萧闲疏放,钱谦益以为古之香山,今之江门。读其诗,窥见其志意,糠粃世故,寻仙学佛,超然自远,不可羁绁。钱谦益选《列朝诗集》,冠于近代名士之首。

江门诗1卷　集部别集类

见《列朝诗集小传》丁集下石沆自叙。

白云居士集2卷　集部别集类

见《列朝诗集小传》丁集下,谓石沆卒后,万历三十八年(1610)其友人殷之泽所定。《东皋诗存》卷7收其诗40首。《五山耆旧集》卷12收其诗48首。

李上林

字元芳,一字明戴。明如皋人。万历中以贡生授新泰知县。秉操纯白，邑以大治。旋谢病归。

礼记摘注 5 卷　经部礼记类　佚

礼记摘讲 30 卷　经部礼记类　佚

以上 2 种见乾隆《如皋县志》卷 19。《东皋诗存》卷 3 收其诗 11 首。

(万历)如皋县志 10 卷　史部地理类

明李廷材等修　吕克孝、李上林等纂

(1) 明万历四十六年(1618)刻本，上海图书馆藏有胶卷。

(2) 清顺治间增补本，国家图书馆藏。

李士伯

字彦长。明如皋人。以赀入成均。好结纳海内知名士，与屠隆、陈继儒、石沆等相唱酬。

潇湘馆集　集部别集类

髯叟堂集　集部别集类

香雪林集　集部别集类

以上 3 种见《东皋诗存》卷 6，收其诗 29 首。《五山耆旧集》卷 16 收其诗 15 首。

冯上知

字元靖。明如皋人。世昌曾孙，效孝子。万历十七年(1589)进士。由翰林荐升刑部郎。二十五年主试三楚，得熊廷弼。先是熊已发武解，耻为人诟病，改入文庠。又以求遗失礼于学使受杖，至是撤棘，复得省元。楚人士相庆，号冯为知人。二十六年、三十二年两充同考官，所取士皆一时名隽，京师有桃李春官之誉。仕终太常寺正卿。

皇华日札　史部传记类

京楚退思录　集部别集类

以上 2 种见同治《如皋县续志》卷 16。

冒梦斗

字汝七，号殷南，明如皋人。梦龄堂兄。诸生。

三余集　集部别集失　佚

见《东皋诗存》卷3，收其诗19首。《如皋冒氏诗略》卷1收其诗19首。

张玉成(？—1634)

字成倩，号惕弦。明如皋人。为诸生，二十年不得志于有司。有书癖，时典衣称贷购之。万历十九年(1591)自扬州还里居，崇祯元年(1628)与冒愈昌等集冒梦龄逸园作社。

历代帝号甲子1卷　史部政书类

见同治《如皋县续志》卷16。

(万历)如皋县志10卷　史部地理类

明李廷材、李衷纯修　吕克孝、张玉成等同纂

(1) 万历四十六年刻本，上海图书馆藏有胶卷。

(2) 清顺治间增补明万历刻本，国家图书馆藏。

太上感应篇　子部道家类

宋李昌龄撰　清冒起宗、张玉成、罗及申合注

见如皋《冒氏宗谱》卷5冒起宗墓志铭。

成倩诗选　集部别集类

见同治《如皋县续志》卷16。冒广生《龙游河棹歌一百首》注谓明冒梦龄尝刻《张成倩诗集》，但未见。《东皋诗存》卷6收其诗24首。《五山耆旧集》卷14收其诗18首。

皇明五先生文隽204卷目录5卷　集部总集类

明苏文韩选　张玉成订

明天启四年(1624)序刻本，美国国会图书馆藏。参见“苏文韩”条。

七言律准47卷　集部总集类

明万历刻本。参见孙琴安编《唐诗选本六百种提要》。

陆良才

字文奇。明如皋人。

古来名将论　史部史评类

见《如庠题名录》卷首。

冒日乾(1562—1636)

字孺文,号羲元。明如皋人。守愚子。少年时聪明好学,20岁补县学生员。万历三十七年(1609)试中举,惜屡赴礼闱不第。四十四年谒选,任湖广安陆知县。有政绩,尤倡文教,赈贫穷。三年后议调京山知县,忽改四川永平府丞。掌握军机,廉洁奉公,严于法度。好读书,嗜《春秋左氏传》。有与东林党杨涟倡和诗。

辽左方略5卷　史部政书类

见乾隆《直隶通州志》卷19。

郧中谳语2卷　史部政书类

见光绪《通州直隶州志》卷16。

增定存笥小草4卷　集部别集类

《如皋冒氏丛书》本。

吴世扬

明如皋人。

来峰一苇草　集部别集类

见《如庠题名录》卷首。

冒梦龄(1565—1635)

字汝九,号元同。明如皋人。少有才名,十赴乡试未第,以选贡入太学,为诗作文迅捷,有金台十子领袖之称。万历四十一年(1613)谒选为江西会昌知县。天启元年(1621)调四川丰都知县,逢奢安变起,抗守孤城一年余,与石柱女将秦良玉协力平叛。三年以功升云南宁州知州,辞官归里。乡居近20年,以子起宗贵,进四品阶,赐奉直大夫。

謏语4卷　子部杂学类

见光绪《通州直隶州志》卷16。

兵余集1卷　集部别集类

见《东皋诗存》卷3冒梦龄诗《答大壑读余〈兵余集〉并赋逸园二律用来韵》。

得全堂稿8卷　集部别集类

逸园吟　集部别集类

以上2种见《东皋诗存》卷3,收其诗40首。

重刻薛涛集　集部别集类

唐薛涛撰

明冒梦龄重刻本,见冒起宗《拙存堂逸稿》卷1。《明清江苏文人年表》天启元年云:"如皋冒梦龄宦丰都,冒起宗从行,重刻《薛涛集》。"

邵潜诗集　集部别集类

张成倩诗集　集部别集类

冒伯麟诗集　集部别集类

以上3种见冒广生《龙游河棹歌一百首》注,云:"刻玉成(张成倩)诗与邵潜、先伯麟愈昌诗集并行……余见邵、冒集……惜未访得张集。"

管日坤(?—1639)

字宁所。明如皋人。附贡生。好读书,博览经史子集,为文雅健雄深。应江南乡试,屡荐未售,援例输粟成均。选江宁司训。父殁,闭户读礼,教授生徒以奉母。先后成就数十人。晚年尽以祖产付两弟,别居一屋。

医学精理　子部医家类

古梅轩诗钞　集部别集类

双桂集　集部别集类

以上3种见民国《如皋管氏宗谱》卷27。

范志易(1570—1641)

字希宣，号铁韦，晚年别号虚舟子。明如皋人。诸生。慷慨有大志，少年声华藉甚。屡试不捷，年50谒选为典客。未几解组归，辟西园课子其中。

大易解2卷　经部易类

见嘉庆《如皋县志》卷21。

河上饮公麈谭　子部杂学类

万笏轩集　集部别集类

以上2种见光绪《通州直隶州志》卷16。

彤管遗咏　集部别集类

见《五山耆旧集》卷15，收其诗49首。《东皋诗存》卷6收其诗12首。

曹　铭

字屏西，号纯儒。明如皋人。万历贡生。性嗜学。为博士弟子员，苦志下帷，研精制义。小试辄第一。棘闱十一次，仅两中副榜。同邑曹鼎臣、冒襄皆受业其门。后抑郁而殁。

易洞　经部易类

随庵诗草　集部别集类

以上2种见嘉庆《如皋县志》卷17。《东皋诗存》卷7收其诗17首。《五山耆旧集》卷16收其诗8首。

李犹龙

字元德，号海岳。祖籍河南杞县，生于如皋南峰庄。万历三十四年(1606)举人。后屡赴礼闱，未第。与东林党人范凤翼、冒襄祖梦龄等甚为友好，对子侄辈冒起宗、李之椿亦关怀备至。性喜读书，又爱昆曲，喜藏古今名人墨迹。尝与纂万历《如皋县志》4卷。年70余卒。

海岳山房诗集　集部别集类

见《东皋诗存》卷6，收其诗27首。《五山耆旧集》卷12收其诗9首。

佘充美

字实甫。明如皋人。幼时其父志学命与弟大美、启美一室共读。充美于古今成败是非有独见，曹学佺叙其诗谓："抑才以泽理，束意以遵度。"著作多毁于兵火。

庄子评论　子部周秦诸子类

见嘉庆《如皋县志》卷17本传。

笔记1卷　子部杂学类

见乾隆《如皋县志》卷20。

石甫诗稿　集部别集类

见光绪《通州直隶州志》卷16。《东皋诗存》卷6收其诗6首。

文诀　集部诗文评类

见嘉庆《如皋县志》卷17本传。

管养谦(1583—1643)

字群玉，号松坪。明如皋人。附贡生。官太仆寺主簿。致仕归。语人曰：吾戆直，当不容于世也，曷归而结庐荒野间，读书课子以适吾志。尝自题其居曰"晚荣山房"，取松柏后凋之意。日与宾客饮酒赋诗。

松坪诗钞4卷　集部别集类

见民国《如皋管氏宗谱》卷22，卷27著录作12卷。

佘大美

字仲容。明如皋人。充美弟。王思任甚重其材,寓书与定交。性倜傥,好弈善饮。著述多不存稿。尝与纂万历《如皋县志》4卷。

笔谭5卷　子部杂学类　佚

徐于斋集2卷　集部别集类　佚

以上2种见乾隆《如皋县志》卷20。《东皋诗存》卷6收其诗5首。《五山耆旧集》卷14收其诗10首。

姜应雷

字运青,号振所,又号蛰窝。明如皋白蒲镇人。颖新、任修曾祖。生当明季,高尚不仕。学古深邃,生平尤以节义闻于时,尝急左光斗、魏大中之难。万历朝考授上林苑丞,以母老辞归。崇祯之亡,躬耕自给。

读易指南　经部易类

六经直解　经部群经总义类

蛰窝遗稿　集部别集类

以上3种见《白蒲镇志》卷8。

桂兴宗

字燕贻,号秋崖。明末如皋人。月子。太学生。工诗,善属文。本浙江慈溪人,随父避兵江北,依叔父狼山协守备,后隐于皋,遂家焉。

冷香堂诗2卷　集部别集类

见《东皋诗存》卷44,收其诗51首。

范廷瑞

字公茂,号笏嶙。明如皋人。志易长子。贡生。幼尝受业章海瀛。后之太学,声华不减而试卒不售。侍御凌駉简命中州,辟为监纪通省兵马分理，未就。逾年疽发卒。通经术，擅文名。

梅里诗存　集部总集类

见光绪《通州直隶州志》卷16。《东皋诗存》卷6收其诗10首。《五山耆旧集》卷16收其诗7首。

姜致聘

明如皋白蒲人。

莘田集　集部别集类　佚

见《白蒲镇志》卷8。

管养素

字纯甫，号井农。明如皋人。隐居南环，筑小园树艺以终老，足不入城市30年。冒襄访之，题其处曰锄金园。

井田考略4卷　史部政书类　佚

井田农歌1卷　集部别集类　佚

锄金园诗初集二集　集部别集类　佚

以上3种见《东皋诗存》卷10，收其诗11首。《五山耆旧集》卷18收其诗10首。

刘仁宝

明如皋人。

灵莹集8卷　集部别集类

见乾隆《直隶通州志》卷19。

许　直(？—1644)

字若鲁，又字一箴、桂玉、程玉。明如皋人。少受知于左光斗，以忠义相期许。崇祯七年(1634)进士。除义乌知县，补广东惠来县。有清望，征授吏部文选司主事，进考功员外郎。李自成军攻陷北京，令百官报名，许直谓“身可杀，志不可夺”。闻崇祯帝死，赋《绝命诗》六章，自经死。福王时赠太仆卿，谥忠节。清朝改谥忠愍。《明史》卷266有传。

许忠愍公制艺遗稿1卷　集部别集类

见道光《如皋县续志》卷10清范仕义本书序，谓此书由冒晴石明经于故纸堆中检得遗文28篇，付许直裔孙大椿刻印。《明诗综》卷75收其诗1首，《东皋诗存》卷8收其诗10首。

清

冒超处(1577—?)

字处冲。清如皋人。早年失母,家贫,父无定处,未能请师教子。超处稍长发愤苦读,立志科举,惜道路不畅,直至顺治三年(1646)才成岁贡生,年将70矣。于是建简兮堂于东郊,以隐而终。尝从其叔祖愈昌问业。

简兮草堂诗　集部别集类

见《东皋诗存》卷11,收其诗2首。

简兮堂文剩1卷　集部别集类

《如皋冒氏丛书》本。

李　闾

字悦堂。清如皋人。性至孝,以授徒养家。

拙存诗稿　集部别集类　佚

见嘉庆《如皋县志》卷17。

黄　辅

字弃公。清如皋人。应征子。诸生。将补贡,不就,髡为僧,仍以设塾课徒自赡,署其斋曰砚奁。与复社社员石夏宗、冒襄及佘公佑、刘文若、丛有信、丛梅先等友善。

恕斋诗稿　集部别集类

见《东皋诗存》卷4,收其诗64首。《五山耆旧集》卷16作《恕庵诗稿》4卷,收其诗35首。

石宝玉

字宝常。清如皋人。

桐月堂诗集　集部别集类　佚

见《江苏诗征》卷157,收其诗1首。

吴国僎

清如皋人。

味元斋集　集部别集类

见乾隆《直隶通州志》卷19、嘉庆《如皋县志》卷21。

冒起宗(1590—1654)

字宗起,号嵩少。清如皋人。梦龄子。明万历四十六年(1618)举人,崇祯元年(1628)进士,授行人司行人。五年补南京吏部考功司主事。六年调任山东兖西道佥事,监刘泽清军于河上曹、濮一线。八年父卒守制。十二年服阙补粤东高肇道,十三年调任衡永兵备道,十四年调赴李自成、张献忠义军夹击之襄阳任监军道,监左良玉大军。十五年调任宝庆抚治道,十七年正月起为山东按察司副使、督理七省漕储道。南明弘光朝,李清荐为太常寺少卿,未果。入清不复仕。倾向于东林党,跟吴门文震孟、姚希孟等交游,为杨涟、左光斗等东林君子的冤死抱不平。《冒氏宗谱》卷5有邹之麟《明中宪大夫督理七省漕储道山东按察司副使前吏部郎中嵩少冒公墓志铭》。

抽存堂经质2卷　经部群经总义类

见《四库全书总目》五经总义类存目,谓其中颇有典核之条。

抽存堂史括3卷　史部史评类

清顺治九年(1652)刻本。参见《四库全书总目》史评类存目2,谓以资谈柄,不足以言史学。

前徽录2卷　史部传记类

见《冒氏宗谱》卷8冒起宗本书序。谓此书杂记先世之勋，为编谱、续谱准备资料。

古今将相兼资志　史部传记类

见《冒公墓志铭》。

驭交记12卷　史部地理类

明张镜心撰　冒起宗订

(1)《粤雅堂丛书》本。

(2)《如皋冒氏丛书》本。

(3)《丛书集成初编》本。

春秋繁露直解4卷　子部儒学类　佚

见乾隆《直隶通州志》卷19、光绪《通州直隶州志》卷16。

守筌5卷　子部兵书类

见同上，有其自叙。光绪志作1卷。此为监军襄阳时作，清乾隆时列为禁书。

八阵图集注　子部兵书类

暗合囊编　子部兵书类

太上感应篇　子部道教类

宋李昌龄撰　清冒起宗、张玉成、罗及申合注

释藏寤语　子部佛教类

金刚经注1卷　子部佛教类

以上5种见《冒公墓志铭》。

万里吟2卷　集部别集类

明末刻本，国家图书馆藏。

拙存堂逸稿诗4卷尺牍1卷　集部别集类

明末刻本，北京大学图书馆藏。

拙存堂逸稿诗4卷文剩6卷　集部别集类

(1) 清顺治间刻本，南京图书馆藏。

(2)《清代诗文集汇编》本。

抽存堂逸稿文剩6卷　集部别集类

清抄本，冒广生跋，中国社会科学院文学研究所藏。

冒起宗诗1卷　集部别集类

《启祯两朝遗诗》本。

抽存堂诗概6卷　集部诗文评类

见《冒公墓志铭》。

石函玉

字振响，号元韬。清如皋人。年15入泮，日夜攻苦，积劳成疾，年未40卒。生平与同里许直、冒起宗、佘仲容诸人称莫逆之交。

愚溪诗稿　集部别集类　佚

见《东皋诗存》卷8，收其诗13首。《五山耆旧集》卷16收其诗8首。

佘文美

字质甫。清如皋人。庠生，有学行。顺治初邑旱荒，尽出私家积蓄，佐知县陈秉彝赈济。

东山焚余草　集部别集类　佚

见乾隆《直隶通州志》卷19。

黄　钟(1594—1660)

字宏音，号蘧庐。清如皋人。冒士振(桂亭)之孙女婿。自小苦读，科举却遭困，仅得贡生衔，乡试屡未中举。喜理学，擅书法。入清拒仕，亦不赴科举。

蘧庐集1卷　集部别集类

见《四库全书总目》别集类存目10。并见冒广生《小三吾亭诗·龙游河棹歌》注著录。

冒坦然

字公履，号鹿樵。清如皋人。日乾从孙。有才气而有不可一世之意。擅古文字、音韵学。明代梅膺祚之《字汇》，人宝为拱璧。坦然反复读之，谓："其反切多乡曲之音，不足为训。"试之果然，以故学者重之。雅善为诗，而厌薄近体，诗风苦奥。为人达观，落落自喜，以为世不足以知我，而世果莫深知者。与冒襄友善。卒后著作散佚。

鹿樵集葺 1 卷　集部别集类

《如皋冒氏丛书》本。

范廷瓒

字汝馨，一字献重，号汎槎。清如皋人。志易次子，廷瑞弟。诸生。

六鹤斋文集 4 卷　集部别集类

见嘉庆《如皋县志》卷 21、光绪《通州直隶州志》卷 16。

沤庄集　集部别集类

吴吟　集部别集类

竹西咏　集部别集类

以上 3 种见《江苏诗征》卷 124，收其诗 2 首。《东皋诗存》卷 8 收其诗 31 首。《五山耆旧集》卷 16 收其诗 29 首。

刘昌运

字明卿。清如皋人。明崇祯五年（1632）贡生。任宛陵训导，未几归。

诗经微言　经部诗经类　佚

见《五山耆旧集》卷 16。

四书旨要　经部四书类　佚

读史略　史部史评类　佚

以上 2 种见乾隆《如皋县志》卷 19。《东皋诗存》卷 6 收其诗 6 首。

味古堂诗文集　集部别集类

见《五山耆旧集》卷16，收其诗6首。

李之椿(1600—1651)

字大生，号徂徕。清如皋南峰庄人。父伯龙官南京光禄寺丞。幼时聪慧，受业于吴一骥。明天启二年(1622)进士。与王思任、倪元璐、黄道周、王铎称“天崇五才子”。任行人司行人，迁吏部稽勋司主事，转文选司主事。以正直遭时忌，归乡筑指树园于如皋城内东南隅。崇祯十七年(1644)福王立南京，起尚宝寺卿，迁礼部侍郎，督粮浙江。清顺治二年(1645)南京破，弃官归。四年如皋发生赵云、李七反清起义，指其为盟主。凤阳巡抚陈之龙严加镇压并逮之椿，后获释。时明鲁王监国，密诏各省使内乱。之椿乃暗助鲁王。子旦为鲁监国御史，来往于常熟、湖州、归安间，为监国政权谋饷三千两。十五年李氏父子为内奸所揭，被捕至江宁。之椿绝食七日死。十六年三月李旦等48人同日被斩于南京西市。之椿少攻诗，务为雄丽幽艳之辞，尝与王思任、吴甡、许士柔、黄道周、姚希孟诸人相质难，诗技大进。

指树园集　集部别集类

见《千顷堂书目》卷27。

霞起楼集12卷　集部别集类

见《东皋诗存》卷7，收其诗83首。《明诗综》卷78收其诗1首。嘉庆《如皋县志》卷21姚希孟序。

李　鼎(1606—1659)

字吾鼎，号慢庵。清如皋人。冒襄姐夫。复社社员。其伯父之椿、堂兄旦，因参加复明运动被清廷逮捕致死，乃改名张李鼎。案发时，与父之柱亦被捕。后经冒襄等营救，李氏陆续被释者有人。鼎家自此中落，抑郁愤懑卒。

半紫野樵稿　集部别集类

见《东皋诗存》卷8，收其诗11首。

李荣山

字静怡。本陇西人，清初迁居如皋。太学生。

景和堂诗稿　集部别集类

见《东皋诗存》卷24，收其诗3首。

佘日丽

字华之。清如皋人。元美季子。不事生产，别筑小园，种竹千竿，读书其中，因号竹隐。不与显者通，惟与邵潜、范霁诸人往还。中年早卒。

樗寿堂日记4卷　史部传记类

见嘉庆《如皋县志》卷17，谓行世。

石　璜(? —1669)

字夏宗，号匏庵。清如皋人。函玉子。善骑射，折节为诸生。复社社员。好读《史》《汉》八家文，不屑为帖括趋时好。家贫，以授徒为生。为文如风行水面，惟意所欲。年50始为诗，亦不多作。又善导引术，喜读《悟真心印》诸书。性豪迈善饮。门下士如冒嘉穗、冒丹书、范度等皆有名。

匏庵先生遗集5卷　集部别集类

清康熙陈君仲法古堂刻本，国家图书馆藏。

古文折衷1卷　集部诗文评类

见乾隆《如皋县志》卷20。

姜道周

字于齐。清如皋白蒲镇人。明崇祯末年清兵南下，弃秀才而隐居。倪元璐在明末曾访道周，题其庐曰“快宜”。及元璐死难遂以名诗集，以示不忘。

快宜堂集2卷　集部别集类

见《东皋诗存》卷10,收其诗3首。

吴世式

字国表,晚年自号竹庄老人。清如皋白蒲镇人。明诸生,性孤冷,用力于书古文辞,尤精乐府歌行。与黄云、冒襄、钱岳等友善。

九龙子内外篇　子部杂学类

垂露上下篇　子部杂学类

潜书四十二章　子部杂学类

以上3种见《白蒲镇志》卷8。

竹庄诗集4卷　集部别集类

见《白蒲镇志》卷6本传。卷8《艺文志》作《选稿》1卷,注云:"姚国栋手辑。"《东皋诗存》卷8收其诗62首。《五山耆旧集》卷16收其诗42首。

冒　襄(1611—1693)

字辟疆,号巢民,又号朴巢。清如皋城人。起宗长子。明天启七年(1627)17岁中秀才,在扬州府学与郑元勋、李元介、梁于涘等结社。崇祯三年(1630)至十五年五赴南京乡试,只中副榜。十七年八月南明弘光朝召试七省贡士,以副榜恩贡廷对特用为台州司李,未之官而清军拟南下,遂不赴。长期寓居南京,崇祯二年参加张溥主持之复社金陵大会,六年参加复社虎丘大会。九年起与阮大铖激烈斗争,成复社中坚,与陈贞慧、侯方域、方以智成为"四公子"。十二年在《留都防乱公揭》上签名。十四年张溥病逝,十五年春再开复社虎丘大会,成为领袖人物。清军南下,参加扬州一带的武装抵抗,失败后避难浙江盐官。返乡后,秘密参加与东海郑成功、张煌言呼应的复明运动。顺治十四年(1657)首开江南乡试,康熙十二年(1673)诏征山林隐逸,十八年诏征博学鸿词，皆恪守复社“毋干进辱身”条规，以母老、足疾为由加以拒绝。与遗民结社倡和，抒发痛苦与不平。贫病以终。《清史稿》有传。今人顾启有《冒襄研究》(1993年江苏文艺出版社出版)。

宣炉歌注 1 卷　史部金石类

(1)《昭代丛书》(康熙、道光)本。

(2)《如皋冒氏丛书》本。

(3)《美术丛书二集》本。

(4)《胜朝遗事初编》本，题《宣炉注》。

(5) 1996年北京古籍出版社《中华美术丛书》影印本。

兰言 1 卷　子部农家类

(1)《昭代丛书》(康熙、道光)本。

(2)《如皋冒氏丛书》本。

(3)《香艳小品·冒氏小品》本。

(4)《丛书集成续编》本。

岕茶汇钞 1 卷　子部农家类

(1)《昭代丛书》(康熙、道光)本。

(2)《如皋冒氏丛书》本。

(3)《香艳小品·冒氏小品》本。

(4)《丛书集成续编》本。

(5) 1999年北京华夏出版社《中国本草全书》本。

影梅庵忆语 1 卷　子部小说类

(1)《虞初新志》本。

(2)《影梅庵传奇》本。

(3)《赐砚堂丛书新编》本。

(4)《昭代丛书》(道光)本。

(5)《如皋冒氏丛书》本。

(6)《香艳丛书第三集》本。

(7)《说库》本。

(8) 1991年岳麓书社出版，与沈复《浮生六记》等合刊。

(9)《拜鸳楼校刻四种》本，另有《悼亡题咏集》1卷。

(10)《香艳小品》本，有《附录》1卷。

(11)《美化文学名著丛刊》本，附赵狂苕撰《附考》。

(12)《续修四库全书》本。

(13) 2016年凤凰出版社注译本。

(14) 2016年岳麓书社点校本。

(15) 2017年人民文学出版社《忆语三种》本。

按：此书是冒襄为爱妾董小宛而写的悼亡之作，内容写与董小宛相识、相爱到结合的过程，也写了种种生活情景，以及明亡之际流离失所的艰难遭际，还写了有关谶言、梦幻。其书影响极大，在当年就"无不赋诗以赠"（查为仁《莲坡诗话》），后世也出现了许多类似之作。

巢民诗集（一作水绘庵诗集）6卷文集7卷　集部别集类

(1) 清康熙刻本，国家图书馆藏。

(2)《如皋冒氏丛书》本。

(3)《续修四库全书》本。

(4)《清代诗文集汇编》本。

香俪园偶存1卷　集部别集类

泛雪小草1卷　集部别集类

以上2种有《如皋冒氏丛书》本。

寒碧孤吟1卷　集部别集类

(1)《如皋冒氏丛书》本。

(2)《香艳小品·冒氏小品》本。

集美人名诗1卷　集部别集类

(1)《如皋冒氏丛书》本。

(2)《香艳小品·冒氏小品》本。

(3)《香艳丛书》本。

(4)《娱萱室小品》本。

朴巢诗选不分卷文选5卷　集部别集类

清张明弼、杜濬评辑

清初刻本，国家图书馆藏。

朴巢诗选2卷　集部别集类

清光绪二十年(1894)冒广生校刻本，南京图书馆藏。

朴巢诗选1卷文选4卷　集部别集类

《如皋冒氏丛书》本。

冒辟疆全集　集部别集类

万久富、丁富生主编。2014年凤凰出版社出版。

按：本书将冒氏著作十四种以及见之于其他文献的零散诗篇汇为一编，依次为《朴巢诗选》《巢民诗集》《朴巢文选》《巢民文集》《寒碧孤吟》《香俪园偶存》《泛雪小草》《集美人名诗》《岕茶汇钞》《宣炉歌注》《兰言》《影梅庵忆语》《亡妾秦淮董氏小宛》《影梅庵悼亡题咏》《冒辟疆诗歌辑佚》《同人集》。每种著作精选底本，广泛参校他本以及其他诗文集或相关文献，详为校勘，主要涉及文字异同、文字详略两个方面。

六十年师友诗文同人集12卷　集部总集类

清冒襄辑

(1) 清康熙间水绘庵刻本，国家图书馆藏。

(2) 清康熙间水绘庵原刻乾隆十七年(1752)冒念祖等修补拼板本，如皋水绘园、清华大学图书馆藏。

(3) 清道光六年(1826)冒长清刻本，南京图书馆、南通市图书馆藏。

(4) 清咸丰九年(1859)冒溶木活字本，南京图书馆藏。

(5) 清道光六年冒长清刻光绪八年冒观光重修万卷楼重印本，南京图书馆藏。

(6) 清光绪八年水绘园刻本，北京大学图书馆藏。

(7)《四库全书存目丛书》本。

按：此书清代遭禁。

红桥唱和第一集1卷　集部总集类

清冒襄等撰

（1）清康熙刻本，与《广陵倡和词》合刻，国家图书馆藏。

（2）清抄本，南京图书馆藏。

按：康熙五年丙午十月初七日，冒襄等46人宴集扬州红桥，所作各诗，编为此集。作者有冒襄、冒丹书、陈维崧、王士禄、吴嘉纪、王檿、宋琬、邓汉仪等。

影梅庵悼亡题咏1卷　集部总集类

清冒襄辑

清光绪二十六年沈宗畸辑《拜鸳楼校刻四种》本，上海图书馆藏。

今文选8卷　集部总集类

清陈维崧等辑

清初冒襄刻本，国家图书馆藏。

山花锦　集部词曲类

朴巢记　集部词曲类

以上2种见清诸联《明斋小识》。

冒氏小品四种　丛书类

清宣统元年(1909)石印《香艳小品》本，上海图书馆藏。

子目：

《寒碧孤吟》1卷

《集美人名诗》1卷

《兰言》1卷

《岕茶汇钞》1卷

丁允龄

字孩修。清如皋人。少有才名，善谈论，磊落不群。以文章受知吴宏功、王岫生两县令，期许远大。屡以数额被限，仅以顺治五年(1648)贡生授来安训导。继补泾县，升宜兴教谕。挂冠归里，以诗书教其子孙。

六书定论 30 卷　经部小学类

见光绪《通州直隶州志》卷 16。

黄　经

字维之，又字济叔，号山松。清初如皋人。精印学，亦精绘画，工山水，师法黄大痴，苍古淡远，韵味无穷，兼工诗词。周亮工称其书画兼神逸二妙。曾坐冤狱，事解，名闻公卿间。所治印甚多。后客死常州，杜浚写诗悼念。为东皋印派开山祖师。

六书论著 20 卷　经部小学类

见乾隆《直隶通州志》卷 19。

黄济叔印谱　子部艺术类

见韩天衡《中国印学年谱》。本书系顺治十八年(1661)黄经自辑。

黄济叔印存　子部艺术类

清道光二十五年(1845)沈裕本辑刻本，南京图书馆藏。

品画麈谭　子部艺术类

见光绪《通州直隶志》卷 16。

李国赉

字玉如，号耐庵。武进人。明末清初避难如皋，遂家于此。与冒襄、吴嘉纪、郭瑞圣、陈维崧等交游。

陶隐诗稿　集部别集类

见《东皋诗存》卷 10，收其诗 9 首。《五山耆旧集》卷 18 收其诗 5 首。

佘　庚

字孟诸。清如皋人。安贫乐道，博极群书，时有书癖之目。议论风生，四座皆惊。中年丧偶失子，晚年屏迹家居。顺治十年(1653)苏北大旱，荞麦种每石售至银 30 两，作《月蚀》诗纪其事。

墨庵诗集　集部别集类　佚

见《五山耆旧集》卷18，收其诗1首。《东皋诗存》卷10收其诗3首。

曹　淳

字元度，号沧州，一号东海逸民。清如皋人。诸生。

列朝人物咏　集部别集类

就闲堂诗集　集部别集类

以上2种见《五山耆旧集》卷18，收其诗2首。《东皋诗存》卷10收其诗5首。

徐天凤

字惟师，一字文徵，号梧冈。清如皋栟茶场人。能诗善书。

八阵演义　子部小说类

雨窗韬钤集　子部小说类

入蜀志　子部小说类

荡寇志　子部小说类

以上4种见《栟茶史料初集·艺文略》。

按：《东皋诗存》卷14收其诗5首，《栟茶诗存》收其诗2首。

吴世仁

字浣素。清如皋人。钱塘沈学琳妻，沈善宝母。早寡。

萧引楼诗文集　集部别集类

见《清闺秀艺文略》。

张圯授

字孺子，号茗柯，一作茗柯逋客，又号白发辞人。清如皋人。诸生。善诗。冒襄门生。额所居曰杨柳岸晓风残月之屋。顺治十五年(1658)

与宜兴陈维崧交。康熙二十六年(1687)与范亶、钱珙将互相投赠之诗结为一集。二十八年与贲琮、陈世祁等集冒襄家,观上演尤侗所著《非非想》。年90卒。

茗柯集16卷　集部别集类

见乾隆《直隶通州志》卷19。嘉庆志附陈维崧叙。《东皋诗存》卷11收其诗68首。《五山耆旧今集》卷2收其诗59首。

徐学清

字澄之,一字湛然,号淡庵。清浙江人。顺治三年(1646)任通州狼山巡检司,署设于皋之白蒲镇。遂家于此。晚年隐于医。

蛩吟集　集部别集类

见《白蒲镇志》卷8。《东皋诗存》卷43收其诗31首。

夏　官

字圻父,号学夫。清如皋人。明诸生。工诗,善书画。于城西村构园亭数亩以居。性不偕俗,每与人忤。崇祯间知县王岣生倡兴古学,于三百士子中独许官为知言。高风旷致,妙绝一时。

闲气堂诗1卷　集部别集类

见乾隆《直隶通州志》卷15。《东皋诗存》卷10收其诗19首。

闲气堂集　集部别集类

钟谭合选　集部总集类

以上2种见嘉庆《如皋县志》卷21。

佘　昂

字宛驹,号宁愚。清如皋人。以诗名。试授县丞。《诗观》三集称其诗清健圆美,词格兼到,允推正则。

绿筠轩诗稿　集部别集类　佚

见《江苏诗征》卷45,收其诗1首。《东皋诗存》卷13收其诗4首。

《五山耆旧今集》卷8收其诗2首。

黄一鉴

字伯明，一字卜民。明末南昌市汉镇堑溪人，避乱携家至如皋。清顺治间罗大猷守扬州，捐俸筑草堂于如皋。与子国袍并有诗名。

堑溪遗稿　集部别集类

见《江苏诗征》卷64，收其诗2首。

范元龙

字云生。清如皋人。生而醇厚，自束发受书即务求大指。属文华实并茂，深于经术。其学以循理治气为主。与复社诸君子往复辨析，矢志复古。不应学使者试。隐居西溪。年83卒。

明鉴录4卷　史部史评类

见嘉庆《如皋县志》卷21，有赵宏基叙。

吴世恩

清如皋人。

寄怀集　集部别集类

见《如庠题名录》卷首。

刘道明

字倬侯，号仁宝。清如皋掘港人。弱冠补博士弟子员，致知力行，毅然有志于圣贤之学，不徒以词章之学博取科名。著书数万卷，尚论古今，有体有用，一时学者宗之。撰《原神论》，合《太极》《西铭》之旨。

考正古本大学1卷　经部四书类

清康熙刻本，见《续修四库全书提要》经部。

灵莹集　集部别集类

见嘉庆《如皋县志》卷16，谓仪封张伯行刻行于世。《东皋诗存》卷

12 收其诗 13 首。

朱兰荪

字佩蘅。清如皋人。岁贡生。性和而介，人爱之敬之，为人以清真雅正为宗。晚以吟咏自娱。

谋笑集 2 卷　集部别集类　佚

见道光《如皋县续志》卷 7 本传。

刘之湛

字湛公，号锦江。清如皋人。诸生。

德荣堂诗集　集部别集类

见《东皋诗存》卷 10，收其诗 29 首。

沙钟珍

字彦韬，号席公。清如皋人。顺治十三年(1656)例授湖广岳州府通判。

燕游草　集部别集类

见《海曲拾遗》卷 3。《东皋诗存》卷 22 收其诗 5 首。

吴素贵

字白耳。清如皋人。复社社员。家徒壁立，负笈渡江至娄东，造访张溥，论文欢甚。后与同时名士读书中禅寺。久试不遇，郁郁而卒。

严室日录 1 卷　子部儒学类　佚

翼庵文集 10 卷　集部别集类　佚

以上 2 种见乾隆《如皋县志》卷 20。《东皋诗存》卷 10 收其诗 2 首。

范　永

字孝标，号改亭。清如皋人。恩荐明经。邑中有义举，力行不倦。皋邑赋役，旧有厢里长名色，十年一役，中产立破。永集士民诉告当事，官收吏解，积弊顿除。创育婴社，活婴儿甚众。流民入境，必请于邑，捐粟煮糜赈之。殁祀乡贤。以子大本贵，赠征仕郎中书科中书舍人。

改亭日录　史部传记类

见乾隆《直隶通州志》卷 14、嘉庆《如皋县志》卷 16。

顾　炜(1626—?)

字仲光。清如皋人。家贫力学，才藻如云，种菊养花，性情恬淡。诸生。乡试屡不中。顺治初年至水绘庵学诗学书法，向冒襄尽弟子礼。襄赞其诗“幽秀密丽，下笔自是中晚胜场”，其书“一线运腕，传以神韵”。年过 30，饥驱四方，历九省之地，游幕不辍。

墨淡斋草　集部别集类

见冒广生《冒巢民先生文集》卷 2《题水绘庵学诗诸子诗小序》注。又见《东皋诗存》卷 8，收其诗 2 首。

丁其誉

字蜚公。清如皋人。顺治十二年(1655)进士。授山西石楼知县。楼俗剽怒，喜轻生，其誉引古义导之知礼让。兼精医，民疾，得其誉药之立愈。任满，擢行人司行人。以父允中年 90，孺慕之诚益笃，遂请解组归，年 63 卒。

耆英录　史部传记类

见光绪《通州直隶州志》卷 16。

寿世秘典　子部医家类

(1) 9 卷，清顺治十八年至康熙六十年(1721)颐吉堂刻本，中医研究院图书馆藏。

(2) 9 卷,1991 年中医古籍出版社影印本。

(3) 18 卷,稿本,浙江图书馆藏。

(4) 18 卷,《四库全书存目丛书》本。

按:是书专为养生而作,凡分 12 门。大抵抄撮《月令广义》《玉烛宝典》诸书为之。其中法鉴、典略二门有录无书,注云嗣刻。

拙轩集　集部别集类

见光绪《通州直隶州志》卷 16。

拙轩诗录　集部别集类

见《五山耆旧今集》卷 1,收其诗 1 首。

李仙原(1627—?)

字延公。清如皋人。鼎子。诸生。顺治四年(1647)起李氏不得安宁,十五、十六年"通海"大案中,叔祖之椿及叔父旦等 49 人在江宁为国捐躯。祖父之柱及父鼎亦受牵连被捕,后经援救获释。遭此打击,不仅家破产,而且鼎亦意沮,带着仙原苦度光阴。仙原曾在水绘园向舅父冒襄学诗。顺治十四年冒襄在《题水绘庵学诗诸子诗小序》中云:"李甥堕地,胄毓华参……十余年来,乃以池鱼屡倾,巢卵流浪,平流几厕溷秽,近复恒嗟绕树,始毕力苦吟。去春诗尚杂沓西昆,体裁稍失;余返之于格,拓之以气,而洗涤于清华。每集击钵先成,一归醇正;然羁旅憔悴之后,忠臣孝子之遗,如哀鸿独叫于苦竹白沙,如疾雷破响于荒天空窲地……作者神伤,读之意失。"

可画楼稿　集部别集类

见《东皋诗存》卷 10,收其诗 1 首。亦见《冒巢民先生文集》卷 2 冒广生注、冒广生《龙游河棹歌》注。

范　姝

字洛仙。清如皋人。廷瓒侄女,诸生李仙原妻。闺门倡和,极笔墨之乐。后遭家难,长斋绣佛。

贯月舫集　集部别集类

见《崇川诗集》卷 11，收其诗 16 首。《东皋诗存》卷 38 收其诗 16 首。《明词综》卷 12 收其词 1 首。

吴家修

字仲举，号匪莪。清如皋白蒲镇人。顺治十八年(1661)恩贡。读书明道，笃行力学，乡里称长者。

夕佳楼诗略　集部别集类

见《白蒲镇志》卷 8。《东皋诗存》卷 11 收其诗 3 首。

许纳陛

字元锡，号雪庵。清如皋人。与冒起宗、冒襄父子及许承家、李小有、刘文若、宋曹等文化名人交往。入清拒仕。其诗悲壮雄健，绝似何大复。康熙二十五年(1686)贡生。

(康熙)如皋县志 16 卷　史部地理类

清卢綖修　许纳陛、丁确等纂

清康熙二十二年刻本。国家图书馆藏本缺卷 13、14，上海图书馆藏有胶卷。

按：与纂者尚有佘瑸、石峦等人。

家塈偶存诗　集部别集类

见《东皋诗存》卷 15，收其诗 63 首。

思亭集　集部别集类

见《五山耆旧今集》卷 6，收其诗 16 首。

刘　炌

字文清，号念庵。清如皋人。昌运子。顺治六年(1649)武进士。历官本省掌印都使司都使，多著功绩。年 36 以母老乞终养。与同里范是式、范端、胡邦栋，靖江朱凤台联同善会，优游林下 50 年，日与宾客雅集。酒酣谈笑，神彩飞动。

行未高集　集部别集类　佚

见《江苏诗征》卷78，收其诗3首。《五山耆旧今集》卷1收其诗3首。其诗集宛平王敬斋为作序刊行，今未见。

李照邻

字轩臣，号仙岑。清如皋人。乡谥文惠先生。

学诗堂存稿　集部别集类

见《东皋诗存》卷28，收其诗3首。

贲　琮(1630—?)

字黄理。清如皋人。出生于一个官僚家庭。幼即好学，及长以道德学问闻名。入清时仅15岁，立志不与清贵族合作，隐居课徒。康熙二十一年(1682)作《有所思》三章，歌颂坚持民族气节的顾炎武、傅山等人，讽刺潘耒。二十八年与张圯授、陈世祥、范大士等在冒襄家看乐部演出《非非想》(即尤侗新作《钧天乐》)。

承闲堂诗　集部别集类

承闲堂词　集部词曲类

以上2种见《东皋诗存》卷17，收其诗54首。

章纯仁

字仁山，自号清溪处士。清如皋人。郡增广生。质直负气节，读书穷理，一准于程朱。筑别业于所居之后，颜其斋曰读书学道处，莳花课子，视名利泊如也。人称清溪先生。

毛诗点注　经部诗经类

四书札记　经部四书类

近思堂札记　子部儒学类

以上3种见乾隆《直隶通州志》卷15。

按：光绪《通州直隶州志》卷16录作《四书本义札记》，有钱陆灿叙。

抱膝吟集　集部别集类

见《如庠题名录》卷首。《东皋诗存》卷20收其诗18首。

冒　泰

字思亭，号安止。清如皋人。官山东平原、贵州玉屏县尉。喜吟咏，时目为"仙尉"。

黔游草　集部别集类

雍阳学诗　集部别集类

以上2种见《江苏诗征》卷145，收其诗1首。

徐宏成

字自西。清如皋人。附贡生。雍正六年(1728)旌表孝子。

爱月轩诗稿　集部别集类

见《东皋诗存》卷22，收其诗2首。

顾　岱

字岳宗。清如皋人。邑廪生。刻苦攻读，屡赴乡试不中。顺治年间王士禛官扬州，赞叹其诗。卒后，乡谥文贞先生。

听枫阁集　集部别集类

见《东皋诗存》卷15，收其诗1首。

胡邦献

字仲琛，号南金。清如皋人。弱冠补博士弟子员，试辄高等。为文冲淡雅健。顺治十一年(1654)选拔入京师，人以国士目之。与徐健学、韩奕、缪彤齐名。廷试考授知县，以丁艰归里。结屋城南，藏书万卷。

绛岩居集　集部别集类

燕游草　集部别集类

以上2种见嘉庆《如皋县志》卷17,谓行世。

宗　范(1632—?)

字左三,号半僧。清如皋人。康熙二年(1663)举人。皋僻滨海,赋役极重,范列民疾苦状请于令,遂得罢之。体弱多病,绝意仕进。惟研易象、考乐律、观天文星经,优游林泉而终。

困学记事2卷　子部杂学类

见乾隆《如皋县志》卷20。《东皋诗存》卷14收其诗4首。

冒　纶

字弥若。清如皋人。坦然嗣子。冒襄文友。

芸室稿　集部别集类

见《东皋诗存》卷13,收其诗11首。

冒嘉穗(1635—?)

原名禾书,后改今名。字縠梁,号珠山。清如皋人。襄长子。少年时与弟丹书及谭灌湘(谭元春嗣子)、戴本孝(戴重子)、吴孟坚(吴应箕子)、陈维崧(陈贞慧子)等读书10年。嘉穗早于顺治七年(1650)16岁即成秀才,以后多次应乡试未第。十一年侍冒襄至南京访方以智。翌年于归途被捕。康熙八年(1669)以贡监生去北京依龚鼎孳等谋考中书职,次年与杜首昌、白梦鼐、陈维岳等在黑窑厂作重阳会。仲冬从龚府移居给事中张惟赤园中。十年参加翰林院书法考试,不利,两试内院、内阁,两呈御览,未中,自京返乡。爱读书,喜诗文,而不良治生,久而大困,金尽产空,举债度日。三十年次子冒浑功加左都督,官四川建昌游击将军,从三品衔。家境始宽。襄于三十二年病逝,他作《府君行述》追悼,时年59。其以后情况,《宗谱》等失载。

寒碧堂诗草1卷附录1卷　集部别集类

《如皋冒氏丛书》本。

燕游诗　集部别集类

见《五山耆旧今集》卷6,收其诗16首。

今文选8卷　集部总集类

清陈维崧、冒禾书(嘉穗)、冒丹书辑

清初冒襄刻本,国家图书馆藏。

管士杰(1636—1723)

字俊生,又字伟人。清如皋人。养谦子。由廪贡捐布政司都司。好读书,经史百家能贯穿而识其大者,医术尤精。

五经补义　经部群经总义类

医学刍议　子部医家类

以上2种见民国《如皋管氏宗谱》卷27。

曹　绣

字文虎。清如皋人。诸生。冒襄门生,贫而苦学。

盱眙游草　集部别集类

见《五山耆旧今集》卷6,收其诗4首。又见《巢民文集》卷2。

胡邦贡

字牧长。清如皋人。少负盛名。顺治间食饩于庠,江南学使石申谓其人乃江南第一人。时文风柔靡,邦贡独宗云间,原本经籍,久困场屋,以康熙十三年(1674)贡生,谒选司训。

蔚起堂诗文稿　集部别集类

见嘉庆《如皋县志》卷17。

冒丹书(1639—1695)

字青若,号卯君。清如皋人。襄季子,嘉穗弟。幼承家学,好读书,擅诗文,所填词以清丽见称。顺治十一年(1654)16岁成秀才。惜多次参加乡试不售，后为廪贡生，考授同知，不赴。性至孝，康熙十九年(1680)秋夜有人谋刺襄，丹书与婢以身挡之，身披四刃。好交游。顺治十三年起与陈维崧深结交。康熙二十二年应聘赴金陵参纂《江南通志》，与宋曹、白梦鼐、邓汉仪、宗元鼎、王广心、董俞等共事，相处甚得。二十五年孔尚任至淮扬参加治水，丹书侍父襄应邀至扬州，交谈甚欢，互相赠诗，孔并为之在河署谋一差事。后困守家园以终。

妇人集补1卷　史部传记类

(1)《赐砚堂丛书新编》丁集本。

(2)《昭代丛书》(道光)本。

(3)《海山仙馆丛书》本。

(4)《如皋冒氏丛书》本。

(5)《香艳丛书》本。

(6)《丛书集成初编》本。

(7) 清孙氏寿松堂抄本，有补1卷，清孙峻跋，南京图书馆藏。

按：此记南都遗事，为补陈维崧《妇人集》之书而作。

再生稿(一作再生略)　史部传记类

见《冒氏宗谱》卷4。此记父襄被刺始末。

枕烟亭诗草1卷附录1卷　集部别集类

《如皋冒氏丛书》本。

按：乾隆《直隶通州志》卷19著录《枕烟堂诗》4卷。《五山耆旧今集》卷6收其诗33首。

今文选8卷　集部总集类

清陈维崧、冒禾书(嘉穗)、冒丹书辑

清初冒襄刻本，国家图书馆藏。

西堂词　集部词曲类

见《冒氏宗谱》卷4。《全清词钞》卷7收其词1首。

高　深

字赞雨，号龙渊。清如皋人。贡生。

绿雪山房稿　集部别集类

楚江吟稿　集部别集类

以上2种见《东皋诗存》卷25，收其诗7首。

范　方

字令则，号葆朴子。清如皋人。文正裔孙。少遵父崇式家教，端言矩步，以明伦敬身为实学。长益肆力古文，粹然渊深，专宗韩柳。性情淡泊寡营。

周易补叶5卷　经部易类

见嘉庆《如皋县志》卷21。

诗经六帖重订14卷　经部诗经类

明徐光启撰　清范方重订

见《四库全书总目》诗类存目1。

诗经汇诂24类　经部诗经类

见《四库全书总目》诗类存目2。

诗传闻疑22卷　经部诗经类

见嘉庆《如皋县志》卷21。

字学刊误1卷　经部小学类

见嘉庆《如皋县志》卷21、光绪《通州直隶州志》卷16。

皋邑先贤记1卷　史部传记类

见乾隆《直隶通州志·艺文志》、嘉庆《如皋县志》卷21。

默镜居文集4卷　集部别集类

(1) 清乾隆二十六年(1761)范氏世怡堂刻本，国家图书馆藏。

(2)《四库禁毁书丛刊》本。

按：此书因内有王国栋序文等，乾隆年间予以禁毁。

葆朴子杂集30卷　集部别集类

见嘉庆《如皋县志》卷21。光绪《通州直隶州志》卷16作《葆朴子集》30卷。

许嗣隆

字山涛，号文穆。清如皋城人。冒襄表弟。康熙四年(1665)与邵潜、杜浚、王士禛、冒襄、陈维崧、冒丹书等修禊水绘园。二十一年赴礼闱，廷试成进士，选庶常，历左春坊、左中允，至翰林院侍讲。三十二年为云南正主考官。四十九年在北京与修《渊鉴类函》。后因病辞职归。

渊鉴类函450卷　子部典故类

清许嗣隆与修。有《四库全书》本。其余版本从略。

奉使滇南集不分卷　集部别集类

见《四库全书总目》别集类存目10。此为康熙三十二年奉命典使云南往来纪行之作，多述山川名胜。乾隆志、光绪志均作《使滇纪略》2卷。

孟晋堂诗集　集部别集类

金台集　集部别集类

以上2种见《东皋诗存》卷12，收其诗127首。《五山耆旧今集》卷4收其诗60首。

范　端

字简夫。清如皋人。廪生。挟策游京华，受知于宗相文肃公，荐登仕版。筮仕河南仪封令。廉明爱养，荐举卓异。历升东兖郡丞。后起补计部郎，以父忧归。性狷介高洁，一尘不染。

兖郡崇圣录1卷　史部传记类

见嘉庆《如皋县志》卷21。《东皋诗存》卷17收其诗12首。

缪　岕

字公琰，号若庵。清如皋人。

若庵诗集　集部别集类　佚

见《东皋诗存》卷17，收其诗3首。

丁　确

字子硁，号石仓，清如皋人。诸生。冒襄门生。与陈维崧同时。

(康熙)如皋县志16卷　史部地理类

清卢綖主修　许纳陛、丁确等纂

清康熙二十二年(1683)刻本。国家图书馆藏存卷1—12、15、16。上海图书馆藏有胶卷。

云园集　集部别集类

见《清诗纪事·明遗民卷》。

东皋诗汇　集部总集类

清丁确辑

见《五山耆旧今集》卷6，收其诗1首。又见《东皋诗存》凡例。

按:《一经堂诗话》谓其选择极精。杨廷撰曾于范浮休斋头检得1册，采入《五山耆旧集》。

范　韩

字平木。清如皋人。

范氏记私史事1卷　史部杂史类

《南林丛刊次集》本。

逸斋吟　集部别集类

见《五山耆旧今集》卷8，收其诗2首。《东皋诗存》卷12收其诗5首。

石　洢(1642—?)

字月川,号熊耳。清如皋人。璜长子。诸生。少补弟子员,有才子之目,冒襄等文酒流连,视为畏友。顺治十七年(1660)太仓陈瑚到如皋讲学,石洢从受业。值清廷开宏博科,当事欲荐之,寻卒。

石月川遗集 3 卷　集部别集类

清康熙陈君仲法古堂刻本,南京图书馆藏。《东皋诗存》卷 16 收其诗 51 首。《五山耆旧今集》卷 6 收其诗 41 首。

佘　瑸

字文宾,号自玉。清如皋人。诸生。试授郡佐,觅举长安,老而不遇。曾上书当局请修邑志,并与修康熙《如皋县志》。工诗。

亦园诗稿　集部别集类

见《东皋诗存》卷 13,收其诗 22 首。

冒俨然(1643—?)

字公仪。清如皋人。日乾孙。幼聪颖,稍长才隽秀。顺治十七年(1660)岁贡生,士林知名。康熙元年(1662)荣获岁荐,檄就外翰,未赴。后老死家园。为人和善,邻里称长者。

龙斋集　集部别集类

见《东皋诗存》卷 13,收其诗 4 首。

冒　褒(1644—1726)

字无誉,别号铸错。清如皋人。起宗仲子,襄庶弟。幼孤,襄抚育教诲,褒亦事兄如父。15 岁为邑增生,力学求进。襄以先人遗产给之,辞弗受。康熙元年(1662)大饥荒,饿殍遍野,襄倾产赈恤不足,褒亦倾囊助之,曰:“非好施也,恐重吾兄忧耳!”十赴乡试未中举,与兄之友陈维崧、王士禛等文豪游,成忘年交。晚年杜门却扫,以图书自娱,卒年

83岁。

妇人集1卷　史部传记类

清陈维崧撰　冒褒注

(1)《赐砚堂丛书新编》丁集本。

(2)《昭代丛书》(道光)本。

(3)《海山仙馆丛书》本。

(4)《如皋冒氏丛书》本。

(5)《香艳丛书》本。

(6)《丛书集成初编》本。

(7)清孙氏寿松堂抄本,清丁丙跋,浙江图书馆藏。

铸错轩诗草1卷　集部别集类

《如皋冒氏丛书》本。

按:乾隆《直隶通州志》卷19著录《铸错老人集》20卷。《五山耆旧今集》卷3收其诗32首。

宫婉兰

清泰州人。伟镠女,如皋冒褒妻。幼即爱咏诗,所作皆佳。工画墨梅,雪叶风枝,悠然有偃蹇瑶台之思。

梅花楼集　集部别集类

见《东皋诗存》卷38,收其诗18首。

卢　丹

字成九,一字绀叟,号炼庵。清如皋人。以子香贵赠宜兴县学教谕。

西村存草　集部别集类

见《东皋诗存》卷17,收其诗2首。

石　湘

字王香，号巢云。清如皋人。璜子，泙弟。诸生。以学行世其家。

巢云诗集　集部别集类　佚

见《江苏诗征》卷157，收其诗2首。《东皋诗存》卷16收其诗10首。

冒起霞(1647—1712)

字赤城，号竹隐。清如皋人。少孤，艰苦备尝，然聪慧好学，长于诗古文辞，时求教于冒襄，析疑释难。院试成秀才后，以贫不能赴乡试，乃于社学任教糊口，而学日进，读书之志不稍懈。性慨直尚义，遇力不能及事，多方鼓舞以成之。事母、兄至善。晚年遇斋日诵经礼佛，尤好道家之说。

十二楼草　集部别集类

见《东皋诗存》卷17，收其诗9首。

冒　裔(1647—?)

字爰及。清如皋人。起宗季子，褒弟。幼孤，与兄俱由冒襄扶之成立。16岁为庠生，刻苦好学。生母刘氏能读《史记》《汉书》，裔受影响而苦读，终成太学生。惜屡赴棘闱不中，贫困以终。

思诚录　子部儒学类

见冒襄《巢民文集》卷6，谓由冒襄辑刻。

吴协姞

字徵兰，号松亭。清如皋白蒲镇人。家修子。贡生。康熙二十七年(1688)作《与居辅臣说事》，记当日听柳敬亭说书事。

采隐书屋集　集部别集类

见《东皋诗存》卷13，收其诗26首。

徐　�

字而强。清如皋人。康熙间以明经为陕西陇州州同。因疾请归。与朱凤台、金敞为知交。以孙建杓贵赠资政大夫。

徐而强诗抄　集部别集类

见乾隆《如皋县志》卷20。有朱凤台叙。

刘增琳

字雍州，号藜阁。清如皋人。廪生。

迅史纂　史部杂史类　佚

清刘增琳、范亶撰

见乾隆《如皋县志》卷20。

藜阁诗草　集部别集类

见《东皋诗存》卷16，收其诗13首。

范　亶(1650—?)

字祇承，号栗园。清如皋人。是式子。诸生。喜交游。四方宾旅通一刺，欣然载酒食过从。尝与张圯授、刘增琳、石京、钱珙、吴函等唱和春草轩。康熙二十六年(1687)将张圯授、钱珙与自己所作诗结为一集。

迅史纂　史部杂史类　佚

清刘增琳、范亶撰

见乾隆《如皋县志》卷20。

春草轩诗钞3卷　集部别集类

见光绪《通州直隶州志》卷16。《东皋诗存》卷13著录《栗园诗稿》，并收其诗13首。

诗最分编1卷　集部总集类

见嘉庆《如皋县志》卷21。光绪《通州直隶州志》卷16作《诗最》

1卷。

从长茂

字松如，号清园。清如皋人。府学增生。行住坐卧必手一编，至老不辍。

学拙窝诗稿　集部别集类

见《东皋诗存》卷13，收其诗3首。《如庠题名录》卷首著录作《拙斋诗钞》。

童昌龄(1650—?)

清如皋人。

史印1卷敬修堂印谱4卷韵言篆略1册　子部艺术类　佚

见光绪《通州直隶州志》卷16、《中国印学年表》。

周崇仁

字亮德，号静山。清如皋人。邑增生。屡举优行。

静山诗稿　集部别集类

见《东皋诗存》卷27，收其诗1首。

冒起英

字千子，号笠庵。清如皋人。起霞弟。

鹤渚轩草　集部别集类

见《东皋诗存》卷17，收其诗3首。

黄国袍

原名袍，字衮衣，号澹峰。清如皋人。一鉴子。高情亮节，能诗善文，邑中名宿多与纳交。兼工书法。

堑溪诗钞　集部别集类

见《江苏诗征》卷64，收其诗6首，内有《冒辟疆挽诗》1首。

范征书

字春庭，号左琴。清如皋人。廷瓒孙。

亡余小草　集部别集类

见《淮海英灵集》丙集卷3，收其诗1首。

许　容

字默公，号实夫。清如皋人。嗣隆弟。少年苦学。成诸生后，师事邵潜、冒襄。刻意篆刻，精心钻研，开创新意。康熙年间成名闻全国的金石篆刻家。曾应邀至北京，为名公巨卿治印。与林皋、吴先声等齐名。治印功力深厚，刀法老练。白文印效法汉代，字画整齐，印面有静感。或师明人，布局故作松散，韵味无穷。阳文喜大小篆混杂，以疏朗见称，印面亦沉稳隽永。同门黄经、童昌龄等开创著名的如皋印派。程穆倩、邵潜、戴本孝等寓居如皋，皆为印学高手。此后乔林、黄学圯、姜恭寿及途经如皋的郑板桥、金农、李方膺、罗聘、李鱓、黄慎等皆承其衣钵。许容为中国印史上重要人物，至现代丁吉甫、王个簃等大师，以及南通、如皋、海安一带的篆刻作者，仍崇尚许容及其开创的如皋印派。

石鼓文钞2卷　史部金石类

(1) 清康熙二十八年(1689)刻本，国家图书馆藏。

(2)《四库未收书辑刊》本。

许氏说篆3卷　子部艺术类

(1) 清康熙十四年师古斋刻本，南京图书馆藏。

(2) 清抄本，2卷，国家图书馆藏。

(3)《篆学琐著》本，《说篆》1卷。

(4) 1936年宛平王导影印本，吉林大学图书馆存藏。

(5)《续修四库全书》本，1卷。

篆海120卷　子部艺术类

见光绪《通州直隶州志》卷16。

谷园印谱4卷　子部艺术类

清许容集印

(1) 清康熙十九年如皋许氏钤印本，南京图书馆藏。

(2) 民国上海扫叶山房石印本，南京图书馆藏。

印鉴2卷　子部艺术类

清康熙二十一年钤印本，国家图书馆藏。

谷园印谱4卷　子部艺术类

清胡介祉辑

(1) 清康熙二十五年钤印本，上海图书馆藏。

(2) 清乾隆十四年(1749)马国瑛写本，武汉大学图书馆藏。

谷园印谱6卷　子部艺术类

清胡介祉辑

(1) 清康熙二十五年钤印本，国家图书馆藏。

(2) 2011年人民美术出版社《中国印谱全书》本。

韫光楼印谱2卷　子部艺术类

清康熙二十八年钤印本，南京图书馆藏。

谷园印存2卷　子部艺术类

清许容篆刻　胡启乾辑

清康熙五十年燕越胡氏钤印本，北京大学图书馆藏。

按：卷端署：燕越胡启乾静庵氏藏，如皋许容实夫氏篆。康熙辛卯(五十年)胡启乾序云："胡不以现存之数庀工，仿旧式，分二卷，颜曰《印存》，庶可垂久，不亦善乎。"

许默公印谱1卷　子部艺术类

清康熙钤印本，清李渔、徐元文跋，上海图书馆藏。

谷园印谱6卷　子部艺术类

清雍正元年(1723)钤印本，上海图书馆藏。

鸥浮集　集部别集类

见《江苏诗征》卷 100，收其诗 2 首。《东皋诗存》卷 12 收其诗 12 首。

破冢集 2 卷　集部别集类

见 1986 年《如皋文史资料》第 2 辑。

陈天位

字晞岩，号蒿庐。清如皋人。岁贡生。读书有精思，为举业专家。经生多造门请益。

蒿庐诗稿　集部别集类

见《东皋诗存》卷 22，收其诗 5 首。

范元勋

字大佐。清如皋人。布衣。

夜雨轩诗钞　集部别集类

见《五山耆旧今集》卷 3，收其诗 1 首。

许　彤

字廷扬，又字赓庵。清如皋人。直孙。诸生。

虎变斋诗稿　集部别集类

见《东皋诗存》卷 24，收其诗 11 首。

徐建中

字瞻云。清如皋人。宏成子。贡生。举孝廉方正。

醉乡诗稿　集部别集类

见《东皋诗存》卷 29，收其诗 4 首。

朱洪寅

字吟轩，号蟫仙。清如皋人。性耿介，耻逢迎，谓士君子当以立身为先，文采斐然徒尚浮靡，无当也。平生怀清履洁，穷而益坚。幼有大志，为文宏肆，屡试不中，以名诸生终老。

襟山阁诗草　集部别集类　佚

襟山阁诗余　集部别集类　佚

以上2种见嘉庆《如皋县志》卷7，谓行世。今已不可见。

钱　珙(？—1722)

字拱玉。清如皋县人。康熙二十六年(1687)与张圯授、范亶等将相互酬赠之诗结为一集。六十一年病卒。

周易一得　经部易类

尚书会意　经部尚书类

以上2种见乾隆《如皋县志》卷19。

老子解　子部周秦诸子类

南华文义　子部周秦诸子类

剑南诗偶谈　集部诗文评类

以上3种见乾隆《如皋县志》卷20。

石为崧

字五中，号樊山。清如皋人。康熙二十七年(1688)进士。任灵邱、乐平等知县，不畏年羹尧权势。后擢户部主事，迁贵州司员外郎。圣祖召见，赐蟒服及《周易折中》。未几告归。喜读书，文笔为人所推许。

樊山诗集7卷　集部别集类

见《江苏诗征》卷158，收其诗6首。

且梦山房集　集部别集类

见光绪《通州直隶州志》卷16。《东皋诗存》卷24收其诗108首。

序　枢

字立胜。清如皋人。

树庵偶存　集部别集类

见《崇川诗集》卷11,收其诗1首。

张　槎

字汉乘,号秋溟。清如皋人。岁贡。嗜古力学。喜游历,访阙里,登泰山,浮江汉,泛洞庭,凡昔贤遗迹,必手摩口纪。除亳州学正,以老不就,年80卒。

海岳精华录18卷　史部地理类

见乾隆《直隶通州志·艺文志》。

文苑说丛10卷　子部杂学类

茗余杂识1卷　子部杂学类

以上2种见乾隆《如皋县志》卷20。

宝砚堂集　集部别集类

秋水轩集　集部别集类

燕齐吴楚游草　集部别集类

以上3种见《五山耆旧今集》卷8,收其诗28首。《东皋诗存》卷21收其诗132首。

锦云词　集部词曲类

见《五山耆旧今集》卷8、光绪《通州直隶州志》卷16。

缪伟望

字赓期,号默庵。清如皋人。岁贡生。与兄伟臣共行赈饥、施药诸善事。

雪梅遗稿4卷　集部别集类　佚

见嘉庆《如皋县志》卷16。

默庵遗稿　集部别集类

见《东皋诗存》卷25,收其诗6首。

汤世杰

字拱宸。清如皋人。

南江集　集部别集类

见《东皋诗存》卷28,收其诗13首。

范大本

字心渊,号缺庵。清如皋人。永子。贡生。官中书科中书。邑中均差一法,倡自其父。本承父志,每邑令下车,详陈利弊,恳其无惑浮言,坚行良法。比户尽受其赐。重义轻财,居官三载,以母老乞归。

紫薇堂集　集部别集类

见乾隆《直隶通州志》卷19。嘉庆志附朱廷宁叙序。

綵娱堂集　集部别集类

见光绪《通州直隶州志》卷16。《五山耆旧今集》卷4作《綵娱堂诗集》,收其诗10首。《东皋诗存》卷13收其诗10首。

吴　函

字犀年,号西岩。清如皋白蒲镇人。廪生。一门风雅,与于毓贞、毓贤有"三苏"之目。诗品精邃奇逸,工楷书。

听松楼诗集　集部别集类

见嘉庆《如皋县志》卷17。

校书堂文集诗集　集部别集类

网川吟　集部别集类

秦中吟　集部别集类

以上3种见《白蒲镇志》卷8。《东皋诗存》卷24收其诗37首。

姜开绪

字扩原,号迪庵。清如皋白蒲镇人。贡生。与黄裳、薛彬等著名文人交谊颇深。对侄姜任修关怀备至。后以子颖新任高官封直隶按察使。

薑芥园偶吟　集部别集类

见《东皋诗存》卷27,收其诗4首。

顾凤彩

字霞仪,号羽皇。清如皋白蒲镇人。康熙四十五年(1706)岁贡生,与冒襄、邓孝威、孙豹人、冒俨然、冒丹书、王景州、丛含英等交游。擅诗文。

苏门集　集部别集类

见《东皋诗存》卷13,收其诗10首。

陈上悦

字霁从,号枫亭。清如皋人。邑文学。

枫亭诗稿　集部别集类

见《东皋诗存》卷25,收其诗8首。

李宗紘

字思伦,号拙民。清如皋人。犹龙孙。乾隆元年(1736)贡生,候选训导。文名鼎盛于江海平原。

九我庐集　集部别集类

贵足轩集　集部别集类

浣雪山房集　集部别集类

以上3种见《东皋诗存》卷27,收其诗36首。

沙　鼎

字元调,一字盱江。号梅佐。清如皋人。以贡入成均。康熙三十七年(1698)纳赀为江西建昌府通判,卒于官。诗崇少陵,虽入仕途不废吟咏。尝刻《杜陵七律真传》行世。

沙盱江遗稿4卷附黔滇解饷纪略1卷　集部别集类

清康熙间幻影庐刻本，南京图书馆藏。《东皋诗存》卷23收其诗75首。

吴　球

字夔鸣，号琴屋，学者称兰皋先生。清如皋白蒲镇人。康熙四十七年(1708)贡生。雍正五年(1727)授沭阳训导。工诗。年82卒于官。

松石山房集　集部别集类

琴屋□存诗集　集部别集类

以上2种见《白蒲镇志》卷8。《东皋诗存》卷14收其诗38首。

吴淑闽

字幔亭。清如皋人。素贵三子。康熙三十二年(1693)贡生。为人敦伦纪，尚气谊，不入公门，设教授徒。年40贡入太学。

四书理解　经部四书类

见嘉庆《如皋县志》卷17。

范大士

字两奇，号拙存。清如皋入。端从子。以明经授天长县教谕，升直隶肥乡县知县，补任马平。擢户部山西司员外郎，升任兵部职方司郎中。康熙四十八年(1709)钦点武闱正提调，特授广西梧州府知府。轻科重禁，部内肃然。

肥乡政略4卷　史部政书类

清康熙四十年王谦刻本，国家图书馆藏。

虚白山房存稿　集部别集类

见光绪《通州直隶州志》卷16，《五山耆旧今集》卷4收其诗32首。《东皋诗存》卷13收其诗9首。

西园嘤鸣集1卷　集部别集类

小草吟1卷　集部别集类

以上2种见同治《如皋县续志》卷16。

历代诗发38卷　集部总集类

清范大士辑

(1) 清康熙三十七年如皋范氏虚白山房刻本,南京图书馆藏。

(2)《故宫珍本丛刊》本。

按:《贩书偶记续编》作42卷,谓与兴化王仲儒同辑。

丁龙受

字田来。清如皋人。诸生。

知非集　集部别集类

见《五山耆旧今集》卷3,收其诗2首。《东皋诗存》卷11收其诗2首。

薛　彬

字含芬,一字月峰。清如皋人。康熙四十三年(1704)贡生。工吟咏,少时为冒襄所知,晚年诗名江皋。

浣香亭集　集部别集类

见《白蒲镇志》卷8。《东皋诗存》卷20收其诗27首。

丁之翘

字楚邻,号嗒庵。清如皋人。廪贡生。

愁余草6卷　集部别集类

自娱草6卷　集部别集类

以上2种见《五山耆旧今集》卷3,收其诗5首。《东皋诗存》卷11收其诗17首。

许大儒

字董傅。清如皋人。嗣隆次子。随父宦京师，以附贡入太学，教习旗学，需次教谕。慷慨重然诺，好施与，性恬淡，喜游山水。时与杜浚、查升、王式丹及同里冒襄、石为崧诸名宿唱和。

粤游草2卷　集部别集类

见嘉庆《如皋县志》卷16本传。《东皋诗存》卷15收其诗47首。

吴维翰

字五玉，号周遗。清康熙间如皋人。诸生。以孝闻。

菊隐园草　集部别集类

见《东皋诗存》卷14，收其诗8首。又见《五山耆旧今集》卷8，收其诗2首。

许　抡

字公铨，又字颖由。清如皋人。康熙二十五年(1686)拔贡。曾随表兄石宣六之任澧州知州，任幕僚。返里后与外祖冒襄游。

慎余堂诗　集部别集类

见《东皋诗存》卷17，收其诗17首。

朱廷宫

字中治，号省斋。清靖江人。凤台子，5岁随父迁如皋。年14举秀才，康熙二十年(1681)荐入京兆试，因故未取，益刻苦。热心乡里公益事。

四书文　经部四书类　佚

见嘉庆《如皋县志》卷16。

西声阁诗2卷　集部别集类　佚

见乾隆《如皋县志》卷20。《东皋诗存》卷16收其诗15首。

冒与晋(1662—1689)

字晋卿,又字旸谷。清如皋人。生而颖敏,嗜读书,过目不忘,乡人称神童。16岁成秀才,县学廪生。学使田雯、李振裕先后赏识之。与晋曾将县学所作试文汇刻为《汇征录》,一时转诵四方。读书香海寺,辄废眠食。康熙二十六年(1687)赴乡试,所作文本房师已荐取,后遭淘汰,郁郁成疾。病一年余而卒。

旸谷集　集部别集类

蜉蝣草　集部别集类

以上2种见《东皋诗存》卷21,收其诗3首。

汇征录　集部总集类

见《如皋冒氏宗谱》卷4。

石　颐

字正也,一字养斋,号顽仙。清如皋人。性旷达,四海名山川游历殆遍。遇俗人辄加白眼。为文自出机杼,羞雷同。工书画,能诗。以增贡生考授州同。

皖江吟　集部别集类

武陵游草　集部别集类

以上2种见《东皋诗存》卷29,收其诗42首。

瓠浮轩词1卷　集部词曲类

见《全清词钞》卷6,收其词1首。

姜日章(1663—1722)

字旦童,号全脉子。清如皋人。家贫,少年时卖柴为生。常兀坐范公堤畔,作寻源论,三教一理之义,彰微阐幽。康熙六十一年(1722)作偈云:“浮沉六十年,落魄无人识。作书欲穷源,源穷人已寂。先天本虚空,后天生枝叶。我今反先天,虚空一轮日。”语毕而逝。

天然穷源字韵 9 卷　经部小学类

见《四库全书总目》小学类存目 1。

先天神数 100 卷　子部术数类

见光绪《通州直隶州志》卷 16。

吴景新

字赓韵，号磨轩。清如皋人。廪膳生。

眼前事注释 32 卷　子部杂学类

润鸿堂诗 10 卷　集部别集类

以上 2 种见嘉庆《如皋县志》卷 17 本传。

管正声

字禹章，一作玉章，号南轩，又号蒿亭。清如皋人。附生。工诗文。康熙三十二年(1693)赴试落第，遂无心举业。晚岁寄情诗酒，适兴琴书。

听松庐诗集 6 卷　集部别集类

见民国《如皋管氏宗谱》卷 27。《东皋诗存》卷 31 收其诗 15 首。

范安澜

字守中，号平江。清如皋人。

晚翠阁诗　集部别集类

见《东皋诗存》卷 31，收其诗 13 首。

江　源

字岷山，号静斋。清如皋人。康熙三十八年(1699)举人。方苞曾作诗纪其事。后为周鼎鉴教读其子，未尝以私事相求。与弟江涛等校经论史为文宴。雍正四年(1726)发湖广以知县用，将往而卒。

明月堂诗文稿　集部别集类

见《东皋诗存》卷22，收其诗11首。

生花轩集　集部别集类　佚

霁光楼集　集部别集类　佚

以上2种见嘉庆《如皋县志》卷17本传。

薛　斑

字偹远，号止奄。清如皋人。与冒襄等前辈学习诗法。

四壁斋诗2卷　集部别集类　佚

见嘉庆《如皋县志》卷21。《东皋诗存》卷20收其诗23首。

江自汉

字元洲，号渔村。清如皋人。张孺子门生。

野天吟集　集部别集类

见《东皋诗存》卷20，收其诗64首。

石　堪

字玉溪。清如皋人。内行修束，少有英称。康熙三十七年(1698)拔贡，需次知县，以亲老不仕。暇多吟撰，日积成帙，学使者张榕端弁刻之。又著《小学辨论》，书未竟而逝，由子汝锟续成之。

小学辨论4卷　经部小学类

见光绪《通州直隶州志》卷16。《东皋诗存》卷21作《小学咏赞》，收其诗6首。

冒禹书

字玉简，晚号证因居士。清如皋人。褒长子。性好学，绝声色，无纨绔习气，带弟殷书、福书等读书于倩石书房，先后成秀才，有“河东三凤”之称。盛年时贡监生，求学国子监，屡试不第。归里杜门却扫，以花鸟自娱。邑中后生常登门问学。

倩石居遗草　集部别集类

见《东皋诗存》卷19,收其诗5首。

邓繁祯

字墨娴。清如皋冒禹书妻。

思亲吟　集部别集类

静阁集　集部别集类

以上2种见《江苏诗征》卷176,收其诗2首。《东皋诗存》卷38收其诗13首。

静宜阁词草1卷　集部词曲类

见《全清词钞》卷31,收其词1首。

缪伟臣

字亮士,号芸庵。清如皋人。康熙三十六年(1697)进士。

芸庵遗稿　集部别集类

见《东皋诗存》卷25,收其诗4首。

冒廷骥

字攀云,号江村。清如皋人。性放达,日饮酒赋诗,与朋辈角技欢呼。于先正源流本末皆通贯。廪贡生,候选训导。

蒙泉集　集部别集类

见《江苏诗征》卷145,收其诗1首。《东皋诗存》卷28收其诗2首。

按:廷骥事迹诸书记载多有出入。嘉庆《如皋县志》卷17本传作廪贡生,《江苏诗征》卷145小传则作乾隆丙寅(十一年)举人。查县志此年举人无廷骥名,故此处小传从县志。

吴 棻

字国裳，号畹仙。清如皋白蒲镇人。彝子。少年时谒乡先正戴懋元，即称其不凡，后每见必肃冠相接。少长工制艺。生平未尝就试，以布衣终。

宇宙通考 100 卷　史部杂史类

姓氏郡望 12 卷　史部传记类

登峰阁藏稿 8 卷　集部别集类

以上 3 种见《白蒲镇志》卷 8。

冒廷驹

字维嘉。清如皋人。早岁即成太学生，累试皆冠军。乡试九次，康熙五十九年(1720)已入彀，竟以额满被弃。朝考授州司马，雍正七年(1729)例获拣选，皆因亲老不就。返里讲学，乡人多重之。为文有秦汉古风，绝无烟火气。年 56 卒。

庆余堂诗文　集部别集类

见《冒氏宗谱》卷 4。《东皋诗存》卷 28 收其诗 3 首。

范 栻

字廷衡，号南轩。清如皋人。国学生。

知止草堂集　集部别集类

见《东皋诗存》卷 33，收其诗 3 首。

李四载

字奠九，号颖庵。清如皋人。与姜任修同受业于张伯行，读书沧浪亭。康熙五十九年(1720)顺天乡试经魁，任盐运使。

介柳堂诗赋遗集　集部别集类

见《江苏诗征》卷 94，收其诗 2 首。

余闲堂诗2卷　集部别集类

见光绪《通州直隶州志》卷16,有顾溥叙。

按:《东皋诗存》卷27收其诗33首。

许之男

字蒲瑞。清如皋人。容从侄。幼学才俊,诗词歌赋及古文皆佳。尊冒襄为"父执",成忘年交。又与佘羽尊、吴闻玮、冒纶等诗人为好友。其所写《送巢民先生归葬赋感》甚有名于时:"白日铭旌去不停,万花原上草青青。先生衣钵传谁是,愧杀鲰生泪独零。(昔先生与我云:'余有衣钵欲传汝。')得全堂上歌声歇,水绘园中石块荒。尽是羊昙情痛处,不关风雨送斜阳。"

古今篆韵　子部艺术类

耕岩诗稿　集部别集类

以上2种见《东皋诗存》卷14,收其诗35首。

江　涛

字有声,号秋观。清如皋人。源弟。候选州司马。工诗善医,好施济,有隐德。冒襄称其文章意气为年少白眉。

海棠巢集　集部别集类　佚

见《东皋诗存》卷22,收其诗13首。

冒德娟

字嬿婉。清如皋人。褒女,禹书妹。母官婉兰,知书识礼,好诗歌,作品淡雅柔曼。德娟幼时即读其母《梅花楼诗》,长亦擅诗。嫁贡生石巨开后,经年所著,汇成《自怡轩诗集词集》。

自怡轩诗集词集　集部别集类

见《东皋诗存》卷38,收其诗34首。

水绘庵词　集部词曲类

见《众香词》御集，收其词 2 首。

冒念祖

字立修，号思堂。清如皋人。襄侄孙。少年聪朗，工诗画，曾随河州副总兵冒重光游秦，过华山，渡黄河，大大开拓眼界，归中原入太学，与堂侄冒春林、春荣及吴鹿书等友善。后乡试未中，又不愿非举人而出仕，遂返里。与友人或吟啸竟日，或清谈永夜，茗茶弈棋，以消忧虑。晚年困顿，犹自乐也。年愈老，画愈精，人皆珍藏之。年 80 而终。

倩石山房诗稿　集部别集类

清刻本，南通市图书馆藏。

六十年师友诗文同人集 12 卷　集部总集类

清冒襄辑

乾隆间冒念祖、冒可久修补拼板本，如皋水绘园藏。

石　京

字天中，号蓉村。清如皋人。洢子。少工文。诸生。不遇，乃闭户著述。有孝行，乾隆二年(1737)下诏建坊旌其门。

蓉村集　集部别集类

见《东皋诗存》卷 25，收其诗 14 首。

吴　宗(？—1734)

字万时，号研北。清如皋白蒲镇人。雍正七年(1729)岁贡。授徒为生，好为诗。以子翀赠文林郎武清县知县。

研北诗存 1 卷　集部别集类

清乾隆七年(1742)四时读书堂刻本，中国科学院图书馆、南通市图书馆藏。

东游诗草　集部别集类

见《江苏诗征》卷 14，收其诗 1 首。《东皋诗存》卷 14 收其诗 20 首。

冒股书

字文足，号何文。清如皋人。褒仲子，禹书弟。邑廪膳生。博学多闻，语不寄人篱下，每为文必思有新意，凌驾前人之上。尤长于诗。性最孝，在县学得膳钱即尽买时新物品赠父母。然屡困乡试，遂悲抑任诞，有晋人之风。晚年贫甚，居无定室，县学张啸竹与之居，题其门曰"借庐"，即离去。喜交友，与朱彝尊、冒春荣等倡和。

何文居诗存　集部别集类

梨雨堂集　集部别集类

春浮集　集部别集类

以上3种见《东皋诗存》卷19，收其诗102首。

姜颖新(1675—1736)

字文庸，号至山。清如皋白蒲姜家园人。开绪子。12岁即中秀才，旋为邑廪生。康熙五十九年(1720)乡试中举。雍正元年(1723)中进士。授翰林院编修，分纂《大清会典》。四年改补给事中。旋调天津河道、通永河道。擢直隶按察使。建观善堂书院、宾礼馆。十年将有江安藩伯之命，以病告归。

至山诗文全集　集部别集类

名家诗衡分编　集部总集类

以上2种见《白蒲镇志》卷8。《东皋诗存》卷27收其诗12首。

胡香山(1675—1737)

字梦白，号成村。清如皋人。年22游太学。雍正元年(1723)进士。授庶吉士，充《一统志》纂修官。综核古今，体要大备。擢编修。六年改河南道监察御史，协理浙江道，归馆职，总理内务府咸安宫学政。十二年以疾谢职。时方苞总裁《一统志》，纂本悉由香山核正，致书鄂尔泰、张廷玉，征之不出，卒于家。

古柏园集　集部别集类

见乾隆《直隶通州志》卷19。《东皋诗存》卷25收其诗59首。

郑大毅(1675—1738)

字潜夫，号目耕。清如皋白蒲镇人。附贡生。历任四川巴州、河南禹州知州，授山东济南府同知。

书带草堂制艺　集部别集类　佚

焦山吟、历下草、谷口山庄集共12卷　集部别集类　佚

以上4种见郑承霖等纂《如皋白蒲郑氏族谱》卷7《潜夫公传》，卷12收其诗8首。

黄克业(1675—?)

字文勋。清如皋人。止诸生40年，乾隆元年(1736)中举，年已62。次年中进士。谒选官莱芜知县，改池州府教授。所著诗古文词风骨高洁，选家以比岑参。

黄克业诗　集部别集类

见《东皋诗存》卷28，收其诗20首。

姜　铉

字鼎孳，号山容。清如皋白蒲镇人。精青乌术。

地理一得　子部术数类

山容文集　集部别集类

以上2种见《白蒲镇志》卷8。

缪彦禧

字裕辅，号松岩。清如皋人。郡文学。

松岩遗稿　集部别集类

见《东皋诗存》卷22，收其诗5首。

范大谟

字禹思,号宙留。清如皋人。嗜学,藏书数十乘。朝夕吟讽,丹铅不去手。生平不妄交,不苟取。雍正四年(1726)贡生,选金坛学博。设立课程,提倡古学。三载告休归里。年79卒。

萌媵赏交130卷　子部杂学类

见乾隆《直隶通州志》卷15。

按:据乾隆《直隶通州志》卷15载,大谟取天运、地舆、帝统、礼乐名物一切见于载籍者,博究精研,采华撷实,征事属文。阅三十寒暑,十易其稿而成此书。

宙留诗稿　集部别集类

见《东皋诗存》卷13,收其诗6首。

姜任修(1676—1751)

字退耕,原名耕,号自芸。清如皋白蒲镇人。颖新堂弟。博学多能。为诸生时,江苏巡抚张伯行见其文奇之,引至幕下讲关洛濂闽之学。康熙五十二年(1713)与沈德潜交友。五十六年入京。五十九年中北闱举人。六十年中进士,授庶常。雍正元年(1723)改授清苑知县,人称"白面包公"。后因诬劾罢职。归田后,一榻萧然,吟咏不止。在"三以园"内,著有多种著作,大抵博学古今,细大不遗,不喜老生常谈。郁郁不得志,76岁卒。

读易辄书5卷　经部易类

读玄辄书4卷　经部易类

读诗小笺5卷　经部诗经类

以上3种见《白蒲镇志》卷8。

庄子辄书　子部周秦诸子类

见光绪《通州直隶州志》卷16。

任学一知　子部儒学类

白蒲书屋碎小录　子部杂学类

以上2种见《白蒲镇志》卷8。

阴符经口义1卷　子部道教类

清乾隆九年(1744)如皋姜氏拜经楼精刻本。

楚辞绎10卷　集部楚辞类

见《白蒲镇志》卷8。

白蒲子诗编12卷　集部别集类

(1) 清乾隆拜经堂刻本,附《古诗十九首绎》1卷。南京图书馆藏。

(2) 稿本,上海图书馆藏。

白蒲子诗编助经集6卷三以集6卷鸿干集5卷　集部别集类

清乾隆八、九年刻本,南通市图书馆藏。

按:《白蒲镇志》卷8、光绪《通州直隶州志》卷16均著录《白蒲子编年诗》36卷。《东皋诗存》卷26收其诗113首。

白蒲子古文10卷　集部别集类

白蒲子尺牍4卷　集部别集类

姜自芸时文　集部别集类

以上3种见《白蒲镇志》卷8。

古诗十九首绎1卷　集部总集类

(1) 清乾隆拜经堂刻《白蒲子诗编》附。

(2) 清光绪十九年(1893)刻本。

汉魏六朝诗绎40卷　集部总集类

白雪青莲诗绎2卷　集部总集类

唐五七律绎8卷　集部总集类

以上3种见《白蒲镇志》卷8。

陆国庆

字云升,号景庵。清如皋人。贡生。

半舫吟　集部别集类

就政堂集　集部别集类

以上2种见《江苏诗征》卷151,收其诗1首。

石　贞

字学仙。清如皋人。为崧女,沙又文妻。善书画,工琴棋。如皋剪采贴绒花鸟,即自学仙始。乾隆年间,石贞以贴羽杏黄帐幔朝贡皇帝,获得褒奖。自此如皋贴绒画声名鹊起,成为独具特色之美术工艺品,后传200余年,至今不衰。

冰莲绣阁诗钞　集部别集类　佚

见《清代闺阁诗人征略》卷6。《江苏诗征》卷177收其诗2首。

朱学潜

字用九,号蔚亭。清如皋人。年15补博士弟子员。康熙间江南学政张泰交有"空群"之称。屡试不售,以例入成均,候铨儒学司训。训家严整,与人和厚,谨小慎微。

种松园诗集10卷　集部别集类　佚

中孚堂会业初编　集部总集类　佚

以上2种见嘉庆《如皋县志》卷17,谓行世。今未见。

苏为烈

字武功,号匹之。清如皋人。诸生。

漫吟草　集部别集类　佚

见《东皋诗存》卷17,收其诗17首。

姜项忻

字自申,又字半闻,号逸林。清如皋白蒲镇人。少与伯兄颖新同学,天资警敏,读书数十行齐下。后颖新成进士,项忻终不遇,困抒其蕴蓄,萃为诗古文辞,日携酒扶客徜徉山水间。雍正帝下诏延聘人才,兄欲荐之。回复:兄在外尽忠,弟在家尽孝,岂非天壤美事?于是筑庆园为纪念。乡居读诗书,录药方。以贡生得官州同知,未赴。卒年71。

庆园诗文集　集部别集类

见《白蒲镇志》"硕德"。《东皋诗存》卷31收其诗8首。

薛显祖

字南龄,号蓉镜。清如皋人。好吟咏。时如皋诗人姜任修诗宗盛唐,务为瑰玮之词,范捷为清幽瘦涩之音,两家水火不相容。显祖兼两家之长,故与两家唱和最多。

枕山诗集2卷　集部别集类

清乾隆三十四年(1769)刻本,南通市图书馆藏。

按:《清诗纪事・乾隆朝卷》收其《雪中望夕佳亭》诗1首。范捷有夕佳亭,为友朋吟咏之地,显祖因有此作。参见清阮元《广陵诗事》。

陈佩霞

字丹舒,号绮园。清如皋人。早卒。

绮园诗稿1卷　集部别集类　佚

见《淮海英灵集》戊集卷3,收其诗1首。

郑　临(1680—1736)

字远度,号梦蕉。清如皋白蒲镇人。增生。候选銮仪卫经历。与同里姜任修等结社唱和。

樵风馆集40卷　集部别集类　佚

见乾隆《直隶通州志》卷19。《白蒲镇志》卷8误作郑吟撰。郑承霖等纂《如皋白蒲郑氏族谱》卷12收其诗7首。《东皋诗存》卷3收其诗11首。

卢 香

字孟升，一字兰畹，号浔左。清如皋人。丹子。康熙四十四年(1705)举人，考授内阁撰文中书，拣选知县，署宜兴县教谕。

七戊吟存草　集部别集类

见《东皋诗存》卷27，收其诗14首。

高 蘩

字亚兰。清如皋人。深长女，诸生吴开泰妻。

笼烟集　集部别集类　佚

见《江苏诗征》卷167，收其诗1首。《东皋诗存》卷39收其诗2首。

范全睿

字嘉会，号思堂。清如皋人。仕云南府通判，以告养归。

恭寿堂诗集　集部别集类

见《东皋诗存》卷35，收其诗147首。

吴 炎

清如皋白蒲镇人。

山海荒经　史部地理类

天文管窥　子部历算类

理气蒙求　子部术数类

辨惑论增　子部术数类

借耕堂诗集　集部别集类

以上5种见《白蒲镇志》卷8。

高　縏

字纫兰。清如皋人。深次女，冒维楫妻。

逸园集　集部别集类

见《如皋冒氏诗略》卷14，收其诗2首。《东皋诗存》卷39收其诗2首。

吴之逸

清如皋白蒲镇人。

梦余草诗集　集部别集类

见《白蒲镇志》卷8。

冒福书(1682—1712)

字箕畴。清如皋人。褒季子，殷书弟。幼勤学而体羸弱，15岁举秀才。益攻苦读书，研诗古文辞。有肺疾，常喀喀吐血。念祖父起宗之功业文章，伯父襄素为东林、复社魁杰，风流宏长，踔厉词苑，握海内文柄近60年。虽家渐中落，思以复振。喜交游，每日苦读至深夜。由是致疾，早亡。

桐蕉书屋诗　集部别集类

韪斋纪年诗　集部别集类

以上2种见《东皋诗存》卷19，收其诗27首。

吴毓贞

字坤安。清如皋人。函子。廪生。负才不羁，风流宏长。早卒。

稼书堂诗集　集部别集类　佚

见乾隆《如皋县志》卷20。

范　邃(1684—1728)

字密居。清如皋人。大士子。性恬静好为诗。从新城王士禛游，诗益进，海内名士皆倾服。以中翰理河务，年余归里。

凤味斋诗 1 卷霜妍集 1 卷　集部别集类

清刻本，南京图书馆藏。

昌晚集 2 卷诗余 1 卷　集部别集类

清雍正十一年(1733)刻本，南京图书馆藏。

按：《东皋诗存》卷 30 收其诗 74 首。

范贞仪

字芳筠，号一柏。清如皋人。亶侄女，贡生高缳妻。年 19 嫁于高，九年而夫卒。于书无所不读，工诗词。因迭遭家人之亡，其为诗多凄楚不可读。年 62 卒，乾隆二年(1737)请旌。

愁丛集 1 卷　集部别集类

(1) 乾隆三十二年江宁杜遵义绿雪山房刻本，中国科学院图书馆藏。

(2) 清秋声馆抄《国朝女史诗合钞》本，南京图书馆藏。

(3) 1919 年白蒲陈三松斋聚珍版本。

(4) 2014 年国家图书馆出版社《清代闺秀集丛刊》本。

按：《东皋诗存》卷 38 收其诗 40 首。

吴毓贤

字鹿书，号梦蕉。清如皋白蒲镇人。函次子，毓贞弟。廪膳生。博极群书，工书善诗，旁通篆刻。曾周游名山大川。

行笥类纂 48 卷　子部典故类　佚

见《白蒲镇志》卷 8。乾隆《如皋县志》卷 16 有其自叙。

蜀游诗纪　集部别集类

豫游诗记　集部别集类

以上2种见嘉庆《如皋县志》卷17本传。

入关杂咏　集部别集类

中州杂咏　集部别集类

甬东唱和草　集部别集类

以上3种见《东皋诗存》卷29,收其诗20首。

赵为干

清如皋人。

春温集方1卷　子部医家类

见乾隆《如皋县志》卷20,有唐建中叙。

吴星聚

字含誉。清如皋人。

存朴斋诗集　集部别集类

见《东皋诗存》卷14,收其诗13首。

吴尔瑚

字夏宗。清如皋白蒲镇人。庠生。

泌园诗集　集部别集类

见《白蒲镇志》卷8。《东皋诗存》卷14收其诗6首。

沈　颔

字骊珠,号大瓠。清如皋人。康熙五十七年(1718)岁贡。工诗古文词,精于行楷。廖落不得志,以明经殁。

补砚山房集　集部别集类

见《东皋诗存》卷25,收其诗16首。

薛　钧

字圣陶，号竹巢。清如皋人。贡生。勤学工诗。以母病，遂绝意进取，以医活人。在乡里多行善事。年 57 卒。

竹巢诗钞　集部别集类

见道光《如皋县续志》卷 8，谓曾付刻，乾隆十六年(1751)进士程化鹏作序。

薛大鲲

字汲三。清如皋人。斑子。诸生。

芸窗诗稿　集部别集类

见《东皋诗存》卷 27，收其诗 4 首。

沙汉鳌

字亦夔，号东海。清如皋人。康熙五十九年(1720)例授徐州训导。选仙居令。调山阴。雍正十年(1732)擢行人司行人，改授杭州府同知。擢长芦运同，改铨河南彰德知府。引疾归里，寻卒。

官箴录 1 卷　史部政书类

见嘉庆《如皋县志》卷 17。

徐　燮

字调玉。清如皋人。邑文学。

遣兴集　集部别集类

见《东皋诗存》卷 36，收其诗 8 首。

张懋京

字元标。清如皋人。许容姨侄。从黄云学。

蓬径集　集部别集类

见《东皋诗存》卷25,收其诗8首。

方　基

字克成,一字羲琴,号桐野。清如皋人。工帖括,善诗古文辞。屡试不中。

松石轩诗集　集部别集类

见《东皋诗存》卷29,收其诗19首。

沙汉仪

字若采,号药房。清如皋人。鼎六子。候选县丞。

药房诗草　集部别集类

牙慧集　集部别集类

以上2种见《东皋诗存》卷29,收其诗16首。

朱学淩

字粹章,号清江。清如皋人。凤台孙,廷官冢子。性好施,多行义举。

蓼莪集　集部别集类

见嘉庆《如皋县志》卷21,有翁玉行叙略。

六桥集　集部别集类

见《东皋诗存》卷31,收其诗22首。

吴　翀

字羽中,号迴楼。清如皋白蒲镇人。宗子。才思敏捷,与同里高才结社会文。雍正元年(1723)拔贡,廷试授山左,转运使者藉其如左右手。迁玉田县,补固安县,调武清。教士爱民,多善政。

(乾隆)武清县志12卷首1卷末1卷　史部地理类

清吴翀修　曹涵纂

(1) 清乾隆七年(1742)刻本,国家图书馆等藏。

(2) 1939 年王文琳铅印本。

盐车集 4 卷　集部别集类

迴楼诗钞 8 卷　集部别集类

以上 2 种见《淮海英灵集》丙集卷 3,收其诗 1 首。《东皋诗存》卷 27 收其诗 9 首。

姜念熊

字朗一,号诚轩。清如皋白蒲镇人。颖新长子。岁贡生,以荫授京职,而屡赴乡试未第。

六行录　子部儒学类

重订景曾录　子部儒学类

存朴斋家训　子部儒学类

以上 3 种见《白蒲镇志》卷 8。

诚轩诗钞　集部别集类

见《东皋诗存》卷 30,收其诗 8 首。

郑大敬(1694—1746)

字畏三,号蕙山。清如皋白蒲镇人。性孝友,好读书。历任广东电白、阳江,江西仁化、高安、信丰、长宁、武宁等县知县。工画兰竹,精骑射。

巫江略记　史部地理类

志哀谣　集部别集类

粤东诗稿　集部别集类

双桥诗钞　集部别集类

以上 4 种见郑承霖等纂《如皋白蒲郑氏族谱》卷 7《畏三公传》。

王化久

字湄白，一字枚卜，号槐村。清如皋人。雍正二年(1724)举人，会试中明通榜，授青浦教谕，署知县。裁浮粮，修学宫，免杂税，赈饥荒，治绩卓著。主淮南书院，成就人才甚众。卒年82。

春秋直解　经部春秋总义类

学庸讲义　经部四书类

以上2种见嘉庆《如皋县志》卷17本传。

濠上百一吟　集部别集类

见《东皋诗存》卷29，收其诗15首。

郑大德(1695—1754)

字衣闻，号改之，一号独石。清如皋白蒲镇人。康熙五十六年(1717)举人，六十年进士。选浙江山阴知县，雍正年间补知鄞县。治鄞三年，以郡守事牵连解官归里，闭门著书。

章贡楼易说　经部易类　佚

啸月阁文集　集部别集类　佚

九悔斋诗草　集部别集类　佚

以上3种见嘉庆《如皋县志》卷16。《东皋诗存》卷26著录《喝月楼诗》，并收其诗14首。

章　倬

字惕若，号让庵。清如皋人。康熙五十五年(1716)岁贡。官宁国府宣城县训导。

让庵遗稿　集部别集类

见《东皋诗存》卷23，收其诗8首。

瞿圣志

字安怀。清如皋人。

兰轩集　集部别集类

见《东皋诗存》卷25,收其诗10首。

范　棠

字液舟,号棣园。清如皋人。大谟子。国学生。

棣园诗草　集部别集类

见《东皋诗存》卷27,收其诗3首。

胡以熊

字方吕。清如皋人。雍正元年(1723)举人,历官四川剑州、涪州知州,诰授奉直大夫。

周易注疏　经部易类　佚

芳庐诗草　集部别集类　佚

以上2种见《江南乡试朱卷·嘉庆甲子科·胡希曾》。

余　汉

字天章,号楷园,又号我斋。清如皋人。工诗,遇佳山水往往题咏其间。年过60,恬然以终,乡人称为文介先生。

楷园存草　集部别集类

我斋存草　集部别集类

四宜轩诗　集部别集类

隐香亭词　集部词曲类

以上4种见《淮海英灵集》戊集卷3,收其诗1首。《东皋诗存》卷29收其诗8首。

吴称佳

字士褒。清如皋人。邑庠生。

秋在阁诗文集　集部别集类

见《东皋诗存》卷14,收其诗2首。

范　朴

字素含,号山民。清如皋人。廪生。雍正四年(1726)乡试因策论泛见而被黜,遂绝意进取,以诸生终。

容安山茨遗稿　集部别集类

见《东皋诗存》卷29,收其诗2首。

冒可久

字德中,号坚体。清如皋人。念祖子。能文工诗,尤善书法。邑廪生,与冒春荣、石贡南等结社会文。屡赴乡试不售,北上求进,未一年以亲老归,郁郁不得志,授馆谋生。性孝,为功名而急躁,年40卒,士林哀之。

坚体集　集部别集类

见《东皋诗存》卷37,收其诗6首。

六十年师友诗文同人集12卷　集部总集类

清冒襄辑

清乾隆间冒念祖、冒可久修补拼板本,如皋水绘园藏。

苏　辟

字易门,号耕心。清如皋人。为烈子。

甲圻草　集部别集类　佚

印须草　集部别集类　佚

以上2种见光绪《通州直隶州志》卷16。《东皋诗存》卷21收其诗12首。

冒春林

字上苑，号寄亭。清如皋人。冒殷书门生。年少时与堂弟春荣以诗文驰誉艺苑。康熙五十七年(1718)为县学生员。至焦山苦读三年，足不出户。江山之气助其文心，学益进。雍正二年(1724)恩科棘闱，本房师以经元力荐，司衡疑之，遂弃置一旁。从此绝意科举，放怀自适，吟咏陶情。性诙谐，喜交谈。年 65 卒。

寄亭诗稿　集部别集类

见《东皋诗存》卷 30，收其诗 44 首。

潘世芳

字羲椿，号芥圃。清如皋人。雍正二年(1724)举人，官休宁县教谕。讲子论文颇有法度。

宁远堂诗集　集部别集类

见《东皋诗存》卷 26，收其诗 9 首。

吴正己

字艮思，号葭隐。清如皋人。

忍冬轩诗稿　集部别集类

见《江苏诗征》卷 15，收其诗 1 首。

石钟瑞(1699？—1742？)

字辑也，号宝堂。清如皋人。为崧次子。乾隆六年(1741)举人。读书无所不究，尝云："宏通博览，非止供临文挥霍，儒术中诚宜择地自蹈孔孟堂奥、程朱门户。"补博士弟子员。六年北上参加会试，落第，郁郁不得意，欲往其兄恒官所。病作，卒于孟津县署，年 44。

赐经堂诗文稿　集部别集类

见嘉庆《如皋县志》卷 16。《东皋诗存》卷 29 收其诗 4 首。

吴 镛

清如皋白蒲镇人。

秀峰文集　集部别集类　佚

见《白蒲镇志》卷8。

苏 岭

字云笙，号蜀山。清如皋人。太学生。

苏子世略　子部杂学类

北游草　集部别集类

以上2种见《东皋诗存》卷24，收其诗7首。

姜会照

字昌鹿，号南园。清如皋白蒲镇人。颖新子。“蒲塘十子”之一。幼聪慧，好古力学，淹雅通达，16岁成秀才。乾隆六年(1741)顺天乡试中副榜，以副贡生终。授太平府芜湖县教谕，升四川奉节县知县。二十二年与蒋士铨深结交。晚年家居，不废吟咏，著述以终，年79。

绵字心织　子部典故类

南园文集6卷　集部别集类

南园诗集8卷　集部别集类

以上3种见道光《白蒲镇志·艺文》。蒋士铨序诗集。

余 洋

字星源，号半茧。清如皋人。素负才誉，慎郡王重之，留客花间堂最久。选巢县县丞，以丁艰未任。

于役草　集部别集类　佚

燕台集　集部别集类　佚

以上2种见《江苏诗征》卷10，收其诗2首。《东皋诗存》卷28收其诗 43 首。

姜同杰

字莘任，号复陔，又号白兔公，亦署小卯君。清如皋人。颖新次子。太学生。

复陔小草　集部别集类

见《东皋诗存》卷 30，收其诗 6 首。

从祁志

号舒卿。清如皋人。长茂女，谢鱼池妻。

芳韵楼存稿　集部别集类

见《江苏诗征》卷 162。《东皋诗存》卷 39 收其诗 12 首。

瞿良士

字焕之，号唐民。清如皋人。

唐民集　集部别集类　佚

见《江苏诗征》卷 19，收其诗 1 首。

一诚堂集　集部别集类

见《东皋诗存》卷 25，收其诗 2 首。

顾　昆

字增城，号中山。清如皋人。雍正朝诸生。邑廪生。

古藤书屋诗　集部别集类

见《东皋诗存》卷 27，收其诗 3 首。

明　悦

字雪傅，号莹秀。清如皋人。住甘露寺。

南宗小集　子部佛教类

见《东皋诗存》卷41,收其诗10首。

苏　卓

字立原,号无可。清如皋人。为烈子,辟弟。

赍桴集　集部别集类　佚

见光绪《通州直隶州志》卷16。《东皋诗存》卷21收其诗14首。

筎凤轩偶吟　集部别集类

见《江苏诗征》卷19。

吴师蕴

一作师韫。字慧庵。清如皋人。方村女,武林施槩妻。

蕉雨轩遗稿　集部别集类

见《东皋诗存》卷39,收其诗16首。

按:《江苏诗征》卷163作吴师韬。

范兴泽

字岱云。清如皋人。性英敏。于书无所不读。绝意进取,肆力于诗古文辞。构夕佳楼啸吟其中。笃于友爱,与物无忤。年70卒。

古柏山庄诗钞　集部别集类

见道光《如皋县续志》卷8。

范　捷

字越山,又字上之,号月三,又自号鹿裘、念一之夫。国子生。清如皋人。亶子。与弟景颐早孤,由堂姐范贞仪授以读。喜中夜读书,年40不出里门。既葬母,浪迹海陵、广陵间。友人汪宏筑止经楼邀留说诗。才思敏甚,日可得数千言,随手散失,多为人取去。所著《三圣颂》《白华赋》《哀荪水喻》淮海间久诵之。

越山集4卷　集部别集类

见嘉庆《如皋县志》卷21。《东皋诗存》卷32收其诗85首。

沙懿清

字秋月。清如皋人。朱三梧妻。

拾钿遗稿　集部别集类

见《东皋诗存》卷39,收其诗6首。

郑大任

字蹈之,号怀二,一号巢筠。清如皋人。以州司马为粤东库大使、四川仙林场盐课大使,迁西充县令。为政严明有治声。以母老归养,绝意仕进。购野圃名"东园",叠石浚池,莳花种竹,与二三老觞咏其间。暇则缓步陇上,有所得则为诗。如是20余年,年77卒。

课花庄集　集部别集类

见《东皋诗存》卷31,收其诗4首。

宗芳山

字厚庵。清如皋人。少藉父祖业,饶于资。乐善好施,喜交游,家因以落。鬻余产入赀为兵部司务。

啄凤堂诗草　集部别集类

见《东皋诗存》卷27,收其诗1首。

石文美

字绳武,号亦庐。清如皋人。附贡生,候选州同。

宁寿堂诗　集部别集类

见《东皋诗存》卷31,收其诗12首。

石可仙

清如皋人。县丞沙熙纯妻。

绿窗遗稿　集部别集类　佚

见《东皋诗存》卷39,收其诗6首。

刘喜淦

字曾三。清如皋人。举茂才,通经学,应乡试十余科,屡试不售。

虞易指掌　经部易类　佚

春秋提要　经部春秋总义类　佚

四六尔雅类联　经部尔雅类　佚

诗书礼笺注　经部群经总义类　佚

说文类义　经部小学类　佚

性理阐义　子部儒学类　佚

以上6种见同治《如皋县续志》卷8。

张九鹏

字万程,号野园。清如皋人。以博学受知于简亲王,延为子师。

野园集　集部别集类

见《东皋诗存》卷22,收其诗43首。

石运开

字文峰。清如皋人。读书沉潜入理,文有唐宋诸家气体而标新领异,自辟径蹊。景介三督学赏其文挺健刻露,力扫陈腐,刊入《考卷大观》。数荐不售,病卒。

诗文自订全稿　集部别集类

濒海集　集部别集类

驴背集　集部别集类

以上3种见道光《如皋县续志》卷7本传。

徐建杓

字文度，号甸岩。清如皋人。勍孙。雍正二年(1724)选湖南常德府通判。引对圆明园敷奏剀切，恩予记名。其为官慈惠严明。后檄督京饷，以除夜雨雪役夫遗鞘削级归里。于乡里修葺学宫，建立书院，助膏火以培士，扩地基以育婴。其为人足智多勇力，善技击。生平好读书流览史册，工诗古文辞。晚年以助直赈复原官。助饷候选知府，捐授资政大夫。

水竹居诗集 2 卷　集部别集类

见嘉庆《如皋县志》卷 21。

燕越从游草 1 卷　集部别集类

见同治《如皋县续志》卷 16 补遗。

朱龙鼎(1701—1791)

字伯铉，号复庵，别号桑田。清如皋人。名诸生。少多磨难，避仇北走齐鲁诸地。晚归，田园荒芜，奴仆外逃，日作诗文，写胸中块垒，郁怒蓬勃，豪宕有奇气。诗古文辞甚富，并修族谱、年谱。

鱼嗜录 8 卷　子部杂学类　佚

杜律翼　集部诗文评类　佚

以上 2 种见嘉庆《如皋县志》卷 16 本传。

冒春荣(1702—1760)

字寒山，亦作含山，又字甚原。清如皋城北郊柴湾花源港人，故自号“花源渔长”“柴湾樵客”。春林堂弟。家贫腹富，名彰身隐，爱推誉友朋。邑庠生。初游扬州、镇江，结交大江南北文士。每乡试，邀相识者百人会于秦淮，秦大士、蒋宗海等视为领袖。乾隆十三年(1748)后名益振，与郑板桥、汪之珩、丁有煜等名士均有交往，浙江、江左各郡县请掌书院。曾操选坊出书，刻诗、古文、墨艺及自著诗文，编辑异书。参与

《通州志》《凤阳府志》《两淮盐法志》等书的编纂。

读史随笔　史部史评类

志书存笥　史部史评类

以上2种见光绪《通州直隶州志》卷16。

(乾隆)象山县志12卷　史部地理类

清史鸣皋修　姜炳璋、冒春荣纂

清乾隆二十四年刻本,国家图书馆等藏。

慈受庵杂纂　子部杂学类

见光绪《通州直隶州志》卷16。

萦翠阁集　集部别集类

秋萍集　集部别集类

纪游小草　集部别集类

以上3种见《东皋诗存》卷33,收其诗167首。

葚原集4卷　集部别集类

求定斋文钞　集部别集类

以上2种见光绪《通州直隶州志》卷16。

葚原诗说4卷　集部诗文评类

(1)《如皋冒氏丛书》本。

(2)《清诗话续编》本。

(3) 1930年北京大学出版部铅印本,不分卷。

徐述夔(1703—1763)

字赓雅,别署笔炼阁主人,私谥孝文。清泰州栟茶(今属如东县)人。乾隆三年(1738)举人。沈德潜称其文章品行皆可法。其与吕留良学说亦多引为宗据。四十三年清廷以其诗集中有系怀前明、诋毁清廷语,下令禁毁其全部著作,并被戮尸,后裔及牵连诸人被杀。此即清代文字狱史上之“一柱楼编年诗案”。

学庸讲义1卷　经部四书类

清乾隆二十八年子徐怀祖刻本。

论语摘要 2 卷　经部四书类

子徐怀祖抄本，藏家中。

栟茶场志　史部地理类

见雷梦辰《清代各省禁书汇考》“两江”。

想诒琐笔 2 卷　子部杂学类

遽堂杂著 1 卷　子部杂学类

以上 2 种徐怀祖抄本，藏家中。

五色石 8 卷　子部小说类

题笔炼阁编述

(1) 乾隆初刻本，大连市图书馆藏。

(2) 抄本，北京大学图书馆藏。

(3) 1957 年长春东北大学图书馆油印本，南京图书馆藏。

(4) 2000 年中国戏剧出版社出版。

八洞天 8 卷　子部小说类

题笔炼阁编述

(1) 清刻本，日本内阁文库藏。

(2) 抄本，大连市图书馆、东北师范大学图书馆藏，残本。

(3) 满文译本，抄本，故宫博物院藏。

快士传 16 卷　子部小说类

题五色石主人撰

(1) 清初刻本，国家图书馆藏。

(2) 2003 年中国文史出版社出版。

按:以上 3 种小说一般认为均徐述夔作。其版本及内容提要参见胡士莹《话本小说概论》(中华书局 1980 年出版)第十五章，又参见《中国通俗小说总目提要》(中国文联出版公司 1990 年出版)。

补天石 4 卷　子部小说类

清紫云阁刻本，北京大学图书馆藏。

遍地金 4 卷　子部小说类

清刻本,大连市图书馆藏。

一柱楼编年诗　集部别集类

一柱楼小题诗　集部别集类

一柱楼和陶诗　集部别集类

以上 3 种有乾隆二十八年徐怀祖刻本。

按:以上各书乾隆间遭禁,参见《中国禁书大观》(上海文化出版社 1990 年出版)、《清代各省禁书汇考》(书目文献出版社 1989 年出版)等著录。

一柱楼外集 1 卷　集部别集类

(1) 1921 年栟茶启秀石印社石印本,南京图书馆藏。

(2) 民国间抄本,南京图书馆藏。

吴　峻

字凌云。清如皋白蒲镇人。雍正九年(1731)岁贡,乾隆元年(1736)(一作三年)以孝廉方正荐授六品顶带。不出,旋卒。学者称东田先生。

东田文稿　集部别集类　佚

见《白蒲镇志》卷 8。《东皋诗存》卷 27 收其诗 4 首。

洪家让

字谦六。清如皋人。雍正六年(1728)岁贡。候选训导。

岍麓诗草　集部别集类

见《东皋诗存》卷 28,收其诗 3 首。

郑　连(1704—1769)

字廷铨,号存斋。清如皋白蒲镇人。临次子。屡试不售,因绝意进取,于宅畔建小圃,吟啸其中。

存斋文集诗集　集部别集类　佚

见郑承霖等纂《如皋白蒲郑氏族谱》卷7《廷铨公传》，卷12收其诗1首。

沈志鲲

字北池。清如皋人。弱冠补博士弟子员，食饩。博闻强记，以明经终。

梓堂制艺　集部别集类

见《如庠题名录》卷首。

范景颐

字漱芳，号迦陵。清如皋人。亶次子，捷弟。邑廪生。博学淹贯，工诗。笃于孝友。

论语序说　经部四书类

孝经集注　经部孝经类

以上2种见嘉庆《如皋县志》卷17。

(乾隆)如皋县志32卷附录1卷　史部地理类

清郑见龙、任之镛主修　周植、范景颐等纂

清乾隆十五年(1750)刻本，国家图书馆等藏。

(乾隆)直隶通州志22卷　史部地理类

清王继祖主修　夏之蓉、范景颐等分纂

清乾隆二十年刻本，国家图书馆等藏。

瓠尊集　集部别集类

见嘉庆《如皋县志》卷17，谓刻。《东皋诗存》卷32收其诗59首。

吴合纶

字德岩，号樵月。清如皋人。以诸生终。

诒楼诗钞　集部别集类

樵月涉笔　集部别集类

以上2种见《如庠题名录》卷首。

祖　镜

字寿光。清如皋人。柱天僧法孙，受具于宝华山文海和尚。

东溪集　集部别集类

见《东皋诗存》卷41，收其诗17首。

孙　遴

字书升。清如皋人。诸生。诗写海啸，同情百姓。

孙遴诗　集部别集类

见《东皋诗存》卷22，收其诗16首。

姜　宜

字玉峰。清如皋白蒲镇人。任修女，秀才钱标林妻。

姜玉峰遗稿3卷　集部别集类

见《白蒲镇志》卷8，有姜颖新序。

冒　杜

字芳洲，号东园。清如皋人。诸生。卒于蜀。

绿萝馆诗　集部别集类

见《东皋诗存》卷37，收其诗5首。

邓繁禔

字谷诒。清如皋人。

茗花村诗　集部别集类

见《东皋诗存》卷22，收其诗16首。

陈以松

字公木，号友�，一号小髯。清如皋人。雅善清淡。工文善书，拟宋人小调亦复绝倒。后以乾隆三年(1738)副入国子监。九年高宗赐六经四子书。遂归，卒于家。

尚慎集　集部别集类

陶情集　集部别集类

以上2种见《东皋诗存》卷31，收其诗42首。

周凤鸣

字鸣岐，号梧冈。清泰县人。增生。迁居如皋，授生徒数十年。

华秾舍诗稿　集部别集类　佚

见《泰县著述考》卷3。

梧冈诗集　集部别集类　佚

见乾隆《如皋县志》卷20。《东皋诗存》卷23收其诗15首。

吴曾省

清如皋白蒲镇人。

淡庵诗集　集部别集类　佚

见《白蒲镇志》卷8。

张学举

字乾夫，号南坪，又号雪舫。清如皋人。雍正十三年(1735)举人。官福建古田县令，有能声。转广东澳门、番禺等县，以保举升罗宝州知州、福州府知府。终于福建盐法道。年70卒于官。工诗，精帖括。

南坪诗钞14卷记程诗1卷　集部别集类

(1) 清乾隆希贤堂刻本，南京图书馆藏。

(2) 清乾隆五十八年(1793)重刻本，珠光楼藏板，8卷。南通市图书馆藏。

红蕉山房诗余 1 卷　集部词曲类

清乾隆刻本，南京图书馆藏。

冒　训

字伊言，号集堂。清如皋人。雍正十一年(1733)县试第一，为县学生员。乾隆九年(1744)入太学。该年入北闱，二十七年入南闱，皆荐而未售。然读书之志不稍懈，盈箱累箧，大半皆手自钞录。性刚直，口不择言，胸无城府，制艺及诗古文辞，立马可待，风格自然。后长子方华中举，任浙江盐运司，转丽水知县。他随赴两载，游踪所至，题咏殆遍。归后未久，得方华讣音，悲愤抑郁，逾年病逝。工篆刻，兼善绘画。乾隆五十四年修《冒氏宗谱》，其出力尤多。

集堂诗草　集部别集类

见嘉庆《如皋县志》卷 17。

邓宏文

字东聚，号庐云。清如皋人。乾隆元年(1736)举人。乾隆二年、七年两中明通榜，拣发南河。以治河州县及同知通判补用。署淮安府山清中河通判时，值乾隆皇帝南巡，呈献迎銮诗章。

香带草堂诗　集部别集类

见《东皋诗存》卷 31，收其诗 13 首。

范承宣

字敬淑，号南宫。清如皋人。乾隆七年(1742)进士。任扬州府教授。崇实黜浮，培植寒畯。兼课安定书院，得士最盛。如李道南、王文治等掇高科者数十人。于学舍内筑室供先人像，读书其旁。迁德清令，治尚简清。及归，家业萧条，著书设教，怡然自乐。年 85 卒。

书法汇钞 8 卷　子部艺术类

清道光二十八年(1848)刻本。

乐素堂制艺　集部别集类

见嘉庆《如皋县志》卷16。

邓　文

字东聚,号庐云,亦号摩诃山人。清如皋人。乾隆七年(1742)、五十年两登明通榜。以南河厅官知县补用。与石钟瑞交好。

庐云诗草　集部别集类　佚

见《江苏诗征》卷15,收其诗1首。

江大锐

字笔峰,号樵所。清如皋人。涛子。诸生。工诗古文辞,与弟大钟、大键相切劘,人称三凤。卒年50。

燕游草　集部别集类　佚

见《江苏诗征》卷4,收其诗1首。

成　岳

字柱天。清广东人。住如皋太极庵。

石根小草1卷　集部别集类

清乾隆二十五年(1760)序刻本,上海图书馆藏,有残缺。

胡之本

字因培。清如皋人。香山孙。长从姜任修游,受知于督学刘墉。读书古柏园。乾隆十八年(1753)乡荐不遇,遂淡于进取。在里多出资襄理善事。年93卒。

易蕴2卷　经部易类　佚

见嘉庆《如皋县志》卷17。

范曾辉

字充光，号实斋。清如皋人。棠子。乾隆十二年(1747)举人，十九年进士。以亲老奉养左右，不求宦达。终父母丧后，杜门课徒。四方求学者日众，以推阐经义为宗，以诱掖后进为己任。年65卒，人称文白先生。

周易疏义　经部易类

豳风传说　经部诗经类

周礼条辨　经部周礼类

以上3种见范驹《染月山房集》卷首。

四书辨注2卷　经部四书类

见《染月山房集》卷首。道光《如皋县续志》卷10有范仕义序。

历试志遇　史部传记类

一经堂制义　集部别集类

以上2种见范驹《染月山房集》卷首。

明墨选　集部总集类

见道光《如皋县续志》卷10，有清翁方纲撰本书序。

郑人瑞(1716—1761)

字五云，又字伍筠，号可山。清如皋白蒲镇人。大毅长子。需次州同。其诗多清削坚老。

可山集4卷　集部别集类

见《东皋诗存》卷37，收其诗7首。

饮虹集8卷　集部别集类

见郑承霖等纂《如皋白蒲郑氏族谱》卷7《可山公传》，卷12收其诗4首。

管　湘(1717—1766)

字泽塘,一字半轩。清如皋人。附生。刻苦自励,能文章。教授乡里,资馆谷赡其家人。应乾隆六年(1741)乡试,得而复失,遂不治举子业。

周易集解析疑 4 卷　经部易类

见民国《如皋管氏宗谱》卷 27。

汪之珩(1717—1766)

字楚白,号璞庄。清如皋人。监生。尝筑文园,延接名俊,如丹徒李御、福建黄慎、兴化王国栋、同邑黄振等,日事吟咏。兴化郑燮亦曾寓居文园。乾隆二十二年(1757)助刘名芳重订《金山志》。二十九年与江干、黄振等在里举近社。生平慷慨好义,岁饥,出粟救饥。四十八年以之珩生前曾重印王仲儒《西斋集》,其家被查抄。

东皋诗存 48 卷附诗余 4 卷　集部总集类

(1) 清乾隆三十一年汪氏文园刻本,南京图书馆藏。

(2) 清嘉庆八年(1803)汪氏文园金陵重刻本,南京图书馆藏。

(3)《四库全书存目丛书》本。

(4) 2016 年国家图书馆出版社《历代地方诗文总集汇编》本。

按:此为汪之珩所辑如皋一邑诗。汪氏原编诗 46 卷,诗余 4 卷。汪氏卒后,同人又编入汪之珩所作诗 269 首,词 11 首。

文园六子诗　集部总集类

清汪氏文园刻本,如皋水绘园藏书室藏。

按:此收如皋黄振、汪之珩、顾驯、吴合纶、刘文玢及丹徒李御六人之诗。

姜培基

号蒲村。清如皋白蒲镇人。颖新孙辈。年 15 成博士弟子员。经史之外，尤好小说稗类，学问淹博。久困诸生，以和平之音变为哀蝉候雁，高苍清劲。

姜氏族谱　史部传记类

清姜培基修

清乾隆刻本，姜家园(又名姜芥园)姜氏藏。

诸子类编　子部杂学类　佚

见《白蒲镇志》卷8。乾隆十九年(1754)泰州进士仲鹤庆作序。

蒲村诗　集部别集类

见《江苏诗征》卷69，收其诗6首。

高继祖

字承瞻，号梅溪。清如皋人。少力学，与史鸣皋、钱标林等相切劘。以国子生应顺天乡试不售，初任睢宁主簿，旋任盱眙县丞，以功升天长县令。兴利除弊，多善政。暇即把酒赋诗，引名流唱和不倦。以疾卒于家，年59。

高梅溪遗集诗1卷附词　集部别集类

清乾隆四十一年(1776)刻本，国家图书馆藏。

姜恭寿(1717—1768)

字静宰，号香严，又号东阳外史。清如皋白蒲镇人。才气奔放，不可控抑。得其父任修之学，诗文横绝一时，工篆善画。乾隆六年(1741)举人。五赴礼闱不第。游扬州，赋诗为文，作梅花图卖之。与纂乾隆《如皋县志》。晚年病耳，52岁卒。袁枚作《姜香严墓志》。

周易辙8卷　经部易类

毛诗编年6卷　经部诗经类

古文4卷　集部别集类

皋原诗集20卷　集部别集类

瓦叩录时文一百二十篇　集部别集类

以上 5 种见嘉庆《如皋县志》卷 17 本传。《东皋诗存》卷 34 著录《皋原未刻稿》12 卷，收其诗 133 首。《全清词钞》卷 9 收其词 1 首。

吴继元

字默存，号李亭。清如皋白蒲镇人。翀长子。嗜酒工诗，为文清旷洒脱，为“吴氏五彪”之一。又与顾人骥、姜恭寿等称“蒲中十子”。乾隆六年(1741)顺天举人，授浙江富阳知县。十二年充乡试同考官，后任青田知县，卒。

李亭诗稿 8 卷　集部别集类

默存制艺　集部别集类

以上 2 种见《白蒲镇志》卷 5 本传。《东皋诗存》卷 30 著录《李亭诗草》8 卷，收其诗 16 首。《江苏诗征》卷 15 收其诗 1 首。

吴　容

字右肩，号穆堂。清如皋白蒲镇人。翀次子，继元弟。弱冠为诸生领袖。工书法，作文滔滔不绝，海内知名士皆乐与之游。

夕葵别墅诗草 4 卷　集部别集类

见《东皋诗存》卷 30，收其诗 4 首。

郑　暹(1718—1769)

字骏初，号苏门。清如皋白蒲镇人。临四子，连弟。国学生。广西永安州汉堂吏目，茗盈州汉吏目，候补主簿。

潇湘馆诗钞　集部别集类　佚

粤西唱和诗集　集部总集类　佚

以上 2 种见郑承霖等纂《如皋白蒲郑氏族谱》卷 12《骏初公传》，卷 12 收其诗 3 首。

冒国柱(1720—1794)

字帝臣，一作缔尘，亦字芥原。清如皋人。冒氏十五世孙，与春荣同辈。曾任《冒氏宗谱》续谱总纂，乾隆四十八年(1783)写成《续谱例言》统领全谱。五十五年恩贡生。平生好文学，屡赴乡试未第，一心归于光宗耀祖、凝聚家族之《宗谱》续修，常背书袋至四乡八镇采录，艰苦备尝。此谱质量上乘，受到谱牒学界之重视。

续刻冒氏宗谱 13 卷　史部传记类

清冒国柱总纂

清乾隆年间刻本。今如皋冒祖斌先生藏。

按:本书六世冒鸾原编 4 卷，逾 30 年而后志成，有明代正德十年(1515)序，未刻。八世冒承祥、栗于万历十二年(1584)重修未刊，共 6 卷。十一世冒起姓、溶续修于康熙十六年(1677)，8 卷，亦未刻。十一世冒起蒙于康熙六十一年编刻 12 卷，十二世冒与恒、十四世冒允谦于乾隆九年增刻 12 卷。乾隆二十九年十三世冒诒续辑 16 卷。冒国柱于乾隆五十四年续刻为 13 卷。自序谓十二世以前用冒起蒙原版，间有增补，十三世后另为编排，诗、文、传、铭各类有增无删，而五代世系图及祠祀一门则为新辟，开雕于乾隆四十九年秋，五十四年印成。

邑乘备采 32 卷　史部地理类　佚

见光绪《通州直隶州志》卷 16。

读法言读鹖冠子 2 卷　子部儒学类　佚

见乾隆《如皋县志》卷 19。

万卷楼诗存　集部别集类

见《江苏诗征》卷 145，收其诗 2 首。

管　湖(1720—1801)

字带五，一字天池。清如皋人。附生。善读书，千百言片刻能背诵，无只字讹错。乾隆九年(1744)应乡试，荐而未售，遂杜门读书，不以仕进为意。

四书辨疑6卷　经部四书类

见民国《如皋管氏宗谱》卷27。

史鸣皋

字荀鹤，号笠亭。清如皋人。初为文豪宕有奇气，乡先辈胡香山、姜颖新辈咸惊异之。乾隆九年(1744)举人，十六年进士。次年散馆改授知县，任浙江昌化，调任象山，升湖北黄州府同知，补广西梧州府同知。廉洁自守，尽除陋规。升柳州知府，以母老归。邑中诸事，多所规划。主讲雉水书院，士习文风大振。精书画，与姜恭寿相上下。工诗，为文根柢经传。卒后乡人称文惠先生。

(乾隆)象山县志12卷　史部地理类

清史鸣皋修　姜炳璋、昌春荣纂

清乾隆二十四年刻本，国家图书馆等藏。

按:《淮海英灵集》丁集卷3收其诗1首。

姜文载

字命车，号在经，又号西里、西堤，别号西田小樵。清如皋白蒲镇人。任修幼子，恭寿弟。天姿秀上，未冠即淹通经史，不喜科举。郡守张桐城使降格为时文，补博士弟子员。少即喜绘画，无师承，笔墨飘飘有凌云气。与郑板桥相知。年30卒。

步皋绿红豆篇　集部别集类

西田小稿　集部别集类

以上2种见《东皋诗存》卷34，收其诗19首。

顾　云

字伯固，号北墅。清如皋顾葭埭人。绍祖子。幼承家风，苦习诗书。乾隆九年(1744)乡试举人。后赴礼闱失利。以选贡补内阁中书，后任吏部文选司员外郎。抱病归里。曾参阅汪之珩辑刻《东皋诗存》。

续名流韵事传　史部传记类

见《海曲拾遗》卷3。

贮清轩怡园诗集　集部别集类　佚

见《淮海英灵集》戊集卷3,收其诗2首。

姜抡元

字万长,号风桥。清如皋人。廪生。屡试不售。与黄振、仲鹤庆、石待也等为友。曾以水绘园为题材,作诗多首。乾隆十六年(1751)高宗南巡,召试二等。

白石山房诗稿　集部别集类

见《东皋诗存》卷36,收其诗39首。

姚　铨

字秉衡,号老渔。清如皋人。

晚翠轩草　集部别集类

见《东皋诗存》卷31,收其诗3首。

朱大刚

字岑湾,号伸万。清如皋人。龙云族曾孙。以增贡入成均。受聘甘肃天梯肇兴书院,从游皆为名儒。又授徒于浙绍荆楚间。晚归里,辟晚翠轩。嘉庆年间尝与邑人董修县志。年86卒。

岑湾遗稿　集部别集类　佚

见嘉庆《如皋县志》卷16本传。

孝行纪实4卷　集部总集类　佚

见嘉庆《如皋县志》卷16朱龙云传。此辑百余年间海内歌颂孝子朱龙云之诗文。

吴　翔

字培风，号南溟。清如皋人。邑增生。

素心斋诗集　集部别集类

见《东皋诗存》卷27，收其诗11首。

郭　伦

字轶美。清如皋人。弱冠游庠，屡试不遇。为人耿介，好学笃行。

周易集解　经部易类

四书讲义　经部四书类

以上2种见嘉庆《如皋县志》卷17。

丁其锡

字天予，号殊斋。清如皋人。贡生。试授学博。

听松轩诗稿　集部别集类

见《五山耆旧今集》卷6，收其诗5首。

石　升

字进也，号旭堂。清如皋人。邑诸生。

萍梗集　集部别集类

遗余集　集部别集类

书圃近诗　集部别集类

以上3种见《东皋诗存》卷29，收其诗8首。

冒　铭

清如皋人。

注释九家诗11卷续1卷　集部总集类

清刻本，南京图书馆藏。

顾人骥

字仲槐，号茨山。清如皋白蒲镇顾葭埭人。云弟。好学苦读，有名乡里。乾隆九年(1744)南闱中举，十三年进士。任福建上杭知县，兴办学堂，兴修水利。后因案挂误遣戍，旋归里。年 64 卒。

(乾隆)上杭县志 12 卷首 1 卷末 1 卷　史部地理类

清顾人骥等修　沈成国纂

(1) 清乾隆二十一年修，二十五刻本。

(2) 清同治三年(1864)增刻本。

茨山文稿　集部别集类

西园诗集　集部别集类

息侨排律　集部诗文评类

以上 3 种见顾怡生主事之《顾氏族谱》(1931 年铅字本，南通市图书馆藏)。《海曲拾遗》卷 3 著录《息桥存稿》1 种。

陈以璋

字国宾，号瘦翁。清如皋人。国学生。与黄振、刘名芳友善。

陈以璋诗　集部别集类

见《东皋诗存》卷 28，收其诗 25 首。

江大锡

清如皋人。

随月草堂诗集 4 卷　集部别集类

见《如庠题名录》卷首。

刘文玢

字湘云，号樗村。清如皋人。廪生。

潇湘旧馆文园诗集　集部别集类

见《东皋诗存》卷36,收其诗75首。

姜忠基(1723—1774)

字葆纯,号双桥。清如皋人。乾隆十六年(1751)授江西广信府经历,至则兴除沿革,商民两德之。后补湖南永州经历,调解汉民、苗民关系。代理祁阳知县,举文练武,开渠便民。旋以失察事左迁,置之宁远幕。州在关东,刺史礼遇之。三年竟大治。辞归,部檄屡下,不出。以读书自娱。

巫江纪略　史部杂史类

双桥诗钞　集部别集类

以上2种见道光《白蒲镇志》。

郑　建

字泽南,号祁生。清如皋人。太学生。早殁。

垣衣山房诗　集部别集类

见《东皋诗存》卷36,收其诗18首。

陆遐龄

字椿年,号虹桥。清如皋人。诸生。

陆遐龄诗　集部别集类

见《东皋诗存》卷36,收其诗17首。

黄　振(1724—1773)

字舒安,号瘦石,又号柴湾村农。清如皋人。汪之珩妻弟。年轻时恃才傲物,终为八股制艺所困。气愤难平,迁至城北农村柴湾,筑斜阳馆。苦读经史外,则涉猎汉魏六朝笔记、唐宋传奇平话、明清章回长篇,尤好元杂剧、金院本、南戏、六十种曲,并建唱昆曲的家乐班,盛极一时。又助汪之珩辑刻《东皋诗存》。

斜阳馆日记10卷　史部传记类

见嘉庆《如皋县志》卷21。

黄瘦石稿10卷旧雨题赠1卷　集部别集类

清乾隆三十二年(1767)寄生草堂刻本,南京图书馆藏。

石榴记传奇4卷　集部词曲类

清乾隆三十七年柴湾村舍刻本,南京图书馆藏。

沈　儋

字力人,号瘦夫,晚号灌花老人。清如皋人。颌子。博学能文,书法工妙。年80卒。

瘦夫诗钞4卷　集部别集类

见嘉庆《如皋县志》卷17。《江苏诗征》卷122著录《补砚山房诗》,收其诗1首。

江大键(1725?—1803?)

字药船,一作药川,号钩钤子,又号方轮子。清如皋人。涛子。颖悟好学,弱冠游庠,与兄大锐齐名,人称二陆。屡困乡试,赴京肄业太学,学日益进。博通淹贯天文地理音学算法。应顺天乡试,屡荐不售,郁抑以归。后受河南巡抚毕沅聘,纂《中州志》。以明经终老。纂《如皋县志》未蒇事而卒,年79。

毛诗世次4卷　经部诗经类　佚

见嘉庆《如皋县志》卷17本传。

(乾隆)彰德府志32卷首1卷　史部地理类

清卢崧修　江大键、程涣纂

清乾隆五十二年(1787)刻本。

(嘉庆)如皋县志24卷　史部地理类

清杨受廷、左元镇修　马汝舟、江大键纂

(1) 清嘉庆九年(1804)修,十三年刻本。

（2）台北《中国方志丛书》本。

筹算我法12卷　子部历算类　佚

西轩南村集　集部别集类　佚

以上2种见嘉庆《如皋县志》卷17本传。《江苏诗征》卷4收其诗3首。

柴桑乐1卷　集部词曲类

稿本，8出，题方轮子撰，卷首有嘉庆三年南园抱瓮子（即徐观政）序。南京图书馆藏。

姜复基

字敬舆，号介亭。清如皋人。颖新孙，会照长子。随父赴四川奉节知县任，后病逝于蜀。与王竹楼系挚友。

听猿馆诗钞　集部别集类

见道光《白蒲镇志》。《东皋诗存》卷37收其诗33首。

钱标林

字梓荫，号翥裳，一号蒲心。清如皋人。乾隆十五年（1750）举人。两赴会试不中，居家教授生徒。

蒲心子4卷　子部儒学类

哀蝉吟2卷　集部别集类

远大堂全集10卷　集部别集类

以上3种见乾隆《如皋县志》卷20。《淮海英灵集》丁集卷3收其诗2首。

陈　松

字木长，号石桥。清如皋丰利场人。少时家贫，范曾辉召之读，训诲甚勤。乾隆十二年（1747）举人，与其师同榜。充咸安宫教习，选湖南桂阳知县，改陕西富平县。补云南新平知县，卒于官署。

雁宕山人集　集部别集类　佚

见《江苏诗征》卷27,收其诗2首。

姜成基

字韶积,号萧廷。清如皋白蒲镇人。附贡生。

平远山人全集　集部别集类　佚

见《白蒲镇志》卷8。丹徒李御曾为本书作序。

冒　篁

字羲民。清如皋城人。县廪生。工诗词歌赋,弈棋能手。

前后元夕谳集诗2卷　集部总集类

清冒篁辑

《如皋冒氏丛书》本。

管　涛(1726—1799)

字云度,号虀臼。清如皋人。廪贡生,候选训导,署六合、仪征、江都等县教谕。少负异才,有诗名,好集唐宋句。所交多知名士,与江干、徐邦殿称蠙山三友。深究经史、文字音韵之学,旁及诸子百家。工书法,绘画尤绝。其居有锄金园、曲尺轩。汪之珩曾聘参订《东皋诗存》。

锄金园诗集　集部别集类　佚

见嘉庆《如皋县志》卷17。

锄金园别集1卷　集部别集类

锄金园诗钞　集部别集类

管城集　集部别集类

以上3种见民国《如皋管氏宗谱》艺文。

姜德基

字元若,号履廷。清如皋白蒲镇人。颖新孙。太学生。王国栋名其堂曰"延绿"。

延绿轩偶吟集　集部别集类

见《白蒲镇志》卷8。

胡之祁

字京文，号芸门。清如皋人。香山孙。廪贡生。乾隆十八年(1753)顺天举人。一时名士重其博学能文，皆乐与友，故交游最广。选江苏安东教谕，后选安徽太和县教谕。课士勤劳，论文以清真雅正为宗。升广东英德知县。

如皋县沿革考1卷　史部地理类　佚

芸门集2卷　集部别集类　佚

以上2种见乾隆《如皋县志》卷20。

王　臣

字若水，号心泉。清如皋人。庠生，援例入北闱，荐而未售。工书法。

心泉诗钞4卷　集部别集类　佚

见嘉庆《如皋县志》卷17。

郑景诚(1730—1794)

字轶虞，号默斋，又号一愚。清如皋白蒲镇人。随父大纶在陇州任10年，娴吏治，以例授工部虞衡司郎中，以才识见重于时。监督宝源钱局，不受运官私谒。在部公明勤慎。丁艰归，遂不仕。家居20余年，乐善好施。卒年65。

养正元铨　子部儒学类　佚

敦行录　子部儒学类　佚

伴闲日抄　子部杂学类　佚

以上3种见《江苏诗征》卷150。

举烛1卷　子部典故类　佚

见《白蒲镇志》卷8，注云："收罗载籍中烛事为一书，颇为详核。"

宝闲堂稿1卷　集部别集类

见《淮海英灵集》丙集卷4，收其诗2首。

姜履基

字礼门，号草亭。清如皋人。会照次子，复基弟。曾写诗悼郑燮逝世。

问经草　集部别集类

见《白蒲镇志》卷8，《东皋诗存》卷37收其诗20首。

吴廷燮

字调玉，号梅原。清如皋人。工诗，屡困乡试。入国子监，应顺天乡试，文典赡，荐而不售，以疾归。卒前于乾隆四十六年(1718)逢高宗南巡，迎銮献赋。

迎銮集　集部别集类

见嘉庆《如皋县志》卷17。

枫香阁集　集部别集类

白下集　集部别集类

痴余集　集部别集类

以上3种见《江苏诗征》卷14，收其诗2首。

陈　嵩(?—1799)

字中岳，号肖生。清如东丰利场人。乾嘉时期画家。乐钧《耳食录》云："如皋陈肖生嵩，以画名于时，尤长于梅。"工写生，性好金石。

墨梅册　子部艺术类

见纪昀《纪文达公遗集诗集》卷11《题陈肖生墨梅册》，云："宛然篱角与溪隈，冷蕊疏枝任意开。偃蹇无嫌山野态，杨无咎自画村梅。""游于象外悟环中，脱落畦封是化工。庾岭梅花千万树，原无一树偶相同。”评价甚高。

吴经元

字引皋，号渔门，清如皋白蒲镇人。幼颖异，补博士弟子员。屡试不中，考授州倅，游京师。后入山西巡抚阿尔泰幕，旋随至四川，书札多出其手。晚年家居对山楼，不复作仕进想。卒年87。

渔门游草12卷　集部别集类

见《白蒲镇志》卷5本传。《东皋诗存》卷30收其诗16首。

黄　理

字艮男。清如皋人。国袍孙。国学生。工诗善画。生平笃于伦常，崇尚风仪。其父兴祚曾捐书7000余卷置学宫，理又捐3000余卷。彭元瑞有文纪之。

黄氏随笔　丛书类

(1) 清嘉庆十七年(1812)见溪书屋刊巾箱本，南通市图书馆藏。

(2) 清光绪四年(1878)见溪书屋刻本，南京图书馆藏。

子目

《耕南诗钞》4卷附《补钞》1卷

《论孟诗》2卷

《宫闺词》2卷

《秋花四十咏》1卷

《诗余》1卷

附郑燮撰《板桥道情》1卷

姚学源

字渭璜，号蘅皋。清如皋人。国栋子。家有绘春园，为觞咏胜地。未几园废，迁居城中，与邑贤达唱酬亦无虚日。喜医术，不以技名。年

89卒。

绘春园集　集部别集类

见道光《如皋县续志》卷7。

李　泰

字台吉。清如皋掘港人。少攻文艺,30岁后厌弃科名,勇于从道,由释老庄列等书悟入性理,以程朱为宗。

蠙山学舍语录1卷　子部儒学类　佚

辅仁山居讲习录1卷　子部儒学类　佚

以上2种见嘉庆《如皋县志》卷16本传。卷21有丛合瑛"讲习录"叙。

顾三余(1732—1811)

字绮波,号鱼山,又号枳栖。清如皋人。自幼勤学能文。乾隆十八年(1753)肄业太学。惜南北闱屡试未中举。考职州判,以丁艰归里,授生徒百余。60岁部铨河南信阳州判,乾隆五十一年丙午科聘充内收掌。历署罗山、上蔡知县,年近80始辞职,卒于河南。

蒉山诗草　集部别集类

香雪堂文集　集部别集类

以上2种见《白蒲镇志》卷8。

吴廷瑞

字晋臣,号玉田。清如皋白蒲镇人。廪贡生。屡试不中,授徒为生,里中知名士如郑铣、沈岱、沈岐等皆少从其学。书法山谷,诗宗初唐。卒年71。

玉田诗钞　集部别集类

欢颜堂全集　集部别集类

以上2种见《白蒲镇志》卷5本传。

郑　选

字绘献，号桂田。清如皋人。附贡生。为文幽渺。谈名理终日无倦容。每析疑，必穷源竟委。待人以诚，不徒诗酒唱酬而已。年33卒。

巢经堂诗12卷　集部别集类

见《东皋诗存》卷37，收其诗7首。

吴修亭

清如皋白蒲镇人。官全椒训导。奉委赈灾，全活无算。

梅花书屋诗钞　集部别集类

见《江苏诗证》卷15吴鹏小传。《清诗纪事·乾隆朝卷》收其诗句。

陈　范

字以竹。清如皋人。增广生，援例入国学。主讲遵化书院。工书画。

读画轩吟稿　集部别集类　佚

见道光《如皋县志》卷17。

吴鼎新

清如皋白蒲镇人。乾隆三十年(1765)拔贡。官甘肃凉州府知府。工书法。

(乾隆)皋兰县志20卷　史部地理类

清吴鼎新修　黄建中纂

清乾隆四十三年刻本，国家图书馆等藏。

秦维屏

字卫廷，号西河。清如皋人。乾隆二十七年(1762)恩贡。

西河诗钞　集部别集类

见《东皋诗存》卷36,收其诗21首。

黄国豫

字斯莅,号樾艇,一号秋岩。清如皋人。幼嗜学,喜戏曲小说。16岁中秀才,乡试屡不第。乾隆五十三年(1788)贡生,官扬州府训导。

四传精华　经部春秋总义类

见嘉庆《如皋县志》卷16。

海阳纪逸16卷　史部杂史类

见光绪《通州直隶州志》卷16。

樾艇全书　集部别集类

见嘉庆《如皋县志》卷16。《江苏诗征》卷66收其诗1首。

高　峻

清如皋人。椿子。

史摘20卷　史部史钞类　佚

见光绪《通州直隶州志》卷16。

从合瑛

字修五,号诚斋。清如皋人。乾隆三十五年(1770)岁贡。学宗儒先,以正谊明道为己任。

体仁录4卷　子部儒学类　佚

学略五编1卷　子部儒学类　佚

以上2种见嘉庆《如皋县志》卷16本传。

顾金棻

字湘船,号半舫。清如皋人。云长子。性沉毅,举止凝重,诗文书法兼擅。少随父官吏部,名噪京师公卿间。乾隆三十六年(1771)顺天举人,授江浦县教谕。晚年开吟社于怡园,十日邀七位举、贡、监、庠倡和一次。后患中风症，语言蹇涩，未几卒。

花雨堂诗钞　集部别集类

见《白蒲镇志》卷8。

顾　泮

字音昭，又字壁泉。清如皋白蒲镇顾葭埭人。未冠即为秀才。惜十二次赴乡试，皆未中举。攻书弥笃，性纯孝。

丛桂书屋诗文钞　集部别集类

见《白蒲镇志》卷8。

管　升(1739—1794)

字允猷，号楚堂。清如皋掘港人。

爱静斋诗集4卷　集部别集类

见民国《如皋管氏宗谱》卷27。

秦维德

字秩斯，号以车。清如皋人。诸生。

以车诗草　集部别集类

见《东皋诗存》卷36，收其诗8首。

汤　咸

字阮仲，号让泉。清如皋人。乡举屡黜。后入成均应京兆试，邀荐于张侍御光宪，又不遇。遂绝意进取。归益刻苦。诗法少陵，文学韩柳，书法颜徐，晚更出入二王。年63卒。

抱瓮轩集　集部别集类

燕台小草　集部别集类

以上2种见嘉庆《如皋县志》卷17。

洪　素

字冰蟾。清如皋人。通州郑文轩妻。工诗。文轩于汤氏家设馆授读，卒，其徒遂师事洪素。朝授读，夜事针线，以补家用。课子之余不废吟咏，嘉庆七年(1802)曾将诗稿交顾鹓索题词。

茹雪吟草　集部别集类　佚

见《崇川各家诗钞汇存补遗》卷56，收其诗23首。光绪《通州直隶州志》卷15本传著录洪素诗12首。

江　干(1739—?)

字鸿渐，号片石，一号黄竹。清如皋掘港人。乾隆二十九年(1764)与同里汪之珩、黄振等举近社。嘉庆五年(1800)恩贡。貌陋，好苦吟，郊寒岛瘦，天性使然。袁枚会宾客于随园，以江北诗人目之。年老不得博一第，以明经终。

片石诗钞7卷诗余1卷附题辞1卷　集部别集类

清嘉庆三年萍香书屋巾箱本，南京图书馆藏。

片石诗钞不分卷　集部别集类

(1) 稿本，北京大学图书馆藏。

(2) 抄本，上海图书馆藏。

熊　琏

字商珍，号淡仙，又号茹雪山人。清如皋人。幼年许嫁陈遵。陈遵得废疾，其父请毁婚，琏不从，后仍嫁于陈。才慧命舛，苦节一生。家贫，晚为闺塾师，依母弟居。通诗，词赋俱佳。集中屡有惊人之句，然造语过哀，读之泪下。

淡仙诗钞4卷词钞4卷赋钞1卷文钞1卷　集部别集类

(1) 清嘉庆二年(1797)曹龙树茹雪山房刻本，南京图书馆、南通市图书馆藏。

（2）2014 年国家图书馆出版社《清代闺秀集丛刊》本。

（3）2015 年中华书局《清代闺阁诗集萃编》本。

茹雪山房诗钞 2 卷　集部别集类

清秋声馆抄《国朝女史诗合钞》本，南京图书馆藏。

淡仙诗话 4 卷　集部诗文评类

清道光二十五年（1845）南山居重刊巾箱本，国家图书馆藏。

淡仙词 4 卷　集部词曲类

《小檀栾室汇刻闺秀词》本。

郑　韶（1742—1804）

字虞宾，号芸书。一字瓻滨。清如皋白蒲镇人。工诗古文辞，旁通书法弈理。乾隆五十四年（1789）副榜。嗣后无意科名，以造就后学为己任，暇日开诗社。好急人之难。

谷口山庄笔谈 20 卷　子部杂学类　佚

见《白蒲镇志》卷 8。

嘉荫轩制义　集部别集类　佚

车中草　集部别集类　佚

心非草　集部别集类　佚

双吹草　集部别集类　佚

黄山游草　集部别集类　佚

秋游草　集部别集类　佚

咏古二百首　集部别集类　佚

养栎山房存稿　集部别集类　佚

以上 8 种见嘉庆《如皋县志》卷 16。郑承霖等纂《如皋白蒲郑氏族谱》卷 12 收其诗 16 首。

徐观政（1742—1808）

字宪南，号湘浦，又号抱瓮子。清如皋人。建杓子。好读书耻为章句。父知其才，为援例由中书授浙江盐运副使。历署湖州府乌镇同知、台州府通判等缺，俱有循绩。乐善好义。葺学宫、书院，捐田为诸生膏火资，修桥梁寺观皆竭其力。父卒，居丧哀毁。服阕，仍赴浙补原缺。整理盐务，剔除积弊，商民便之。以疾解组归。息影雰峰园，与邑名流为文酒之会。疾少舒，倡修邑乘。延名宿数辈属稿露香草堂中。越五载书成，竟以剧疾殁。

(嘉庆)如皋县志 24 卷　史部地理类

清杨受廷、左元镇主修　马汝舟、江大键纂修　徐观政协修

版本参见“江大键”条。

湘浦诗稿　集部别集类　佚

见嘉庆《如皋县志》卷 16。

顾金寿

字晓澜，又字广文。清如皋人。30 岁学成于太学。与大司成法式善倡和，得诗百余首。归时谒父同年友赵翼于阳湖，赵为其诗集作序。应例于嘉庆五年(1800)授淮安府清河县学训导。后侨寓吴下 20 年，以医鸣大江南北。返里不数载，卒。善书画，精于音律。

吴门治验录 4 卷　子部医家类

清道光五年(1825)澄怀堂刻本，南通市图书馆静海楼藏。

吴门倡和诗 1 卷　集部总集类

见《白蒲镇志》卷 8。

姜鹤鸣(1745—1801)

字皋闻，号青霞。清如皋县白蒲镇人。少贫，父游幕，与诸弟刻苦读书。翰林姜任修阅其文，赞曰：“此吾家千里驹也。”乾隆三十三年(1768)岁贡生。三赴乡试未中。入太学。从其受经者益众，人以宿学推之。

双榴塾讲义(又名双楼轩讲义)　经部群经总义类

五经翼　经部群经总义类
青霞遗稿　集部别集类
古今文精选　集部总集类
以上4种见道光《白蒲镇志·文苑传》。

姜今熙

字安十，号云篱。清如皋人。为文汪洋灏瀚。应京兆试为陆锡熊、初彭龄房荐。工诗，兼工书画。充四库馆誊录，议叙州同知，旋卒，年43。

书镜　子部儒学类　佚
格物丛言　子部儒学类　佚
就正集　集部别集类　佚
以上3种见嘉庆《如皋县志》卷17。

邓　绰

号湘帆。清如皋人。工诗善画，精医术。以廪贡生候铨学博，晚年设教于家。

湘帆日记16卷　史部传记类　佚
遣兴集6卷　集部别集类　佚
以上2种见道光《如皋县续志》卷7。

徐　炘

号景炎，一号雪门老人。清如皋丰利人。少年为文卓荦有奇气。游泮后试辄前茅，蜚声艺苑。壮宦游河洛，历宰剧邑有神君之诵。以征剿荆襄白莲教，擢任郑州知州，奉调从军，大吏贤之，方倚重任，已超然解组归里。以图书琴鹤自娱。居皋邑之东，兴有所触，辄寓之于诗。诗不拘一格，大多生动自然，不露斧凿之痕。卒年93。

雪门偶然草1卷　集部别集类

清嘉庆二十年(1815)刻本,南京图书馆藏。道光《如皋县续志》卷7本传作《雪门仅存草》8卷。

江　岸

字道先。清如皋掘港人。诸生。早卒。

桐阴村居集　集部别集类　佚

见《江苏诗征》卷4,收其诗2首。

李士周

清如皋人。太学生,精医术。乾隆五十一年(1786)至五十三年,瘟疫流行,士周献粮助赈,设局施药,全活多人。乡民德之。

医录　子部医家类

药考　子部医家类

以上2种见嘉庆《如皋县志》卷17本传。今如皋水绘园藏书室藏。

张朝乐(1749—1794)

字子长,号竹轩。清如皋人。学举子。遵川运例捐知县。历任湖南龙山、武陵、湘潭、祁阳知县,迁武冈州知州,升江西袁州府知府,调赣州广信,所至有能声。生平好佛。

佛理篇　子部佛教类

鹊印堂诗集20卷　集部别集类

以上2种见《淮海英灵集》戊集卷2,收其诗3首。

邓　沛

字云飞,号柳村。清如皋人。弱冠游庠,业师范曾辉以大器期之。屡试不售,以授徒为业。

柳村诗钞4卷　集部别集类　佚

见道光《如皋县续志》卷7。

史发荃

字香全。清如皋人。鸣皋子。庠生。雅正和平，善承家学。屡不得志于场屋。

晓塘杂吟 4 卷　集部别集类

见道光《如皋县续志》卷 7。

赵景颐

清如皋人。

验舌要 1 卷　子部医家类

见嘉庆《如皋县志》卷 21。

江秀琼

字瑶峰。清歙县人。乾隆年间兵部侍郎江兰女，如皋诸生张仰斋妻。工诗，兼善丹青鼓琴。

椒花馆诗集 4 卷　集部别集类

见嘉庆《如皋县志》卷 21。《江苏诗征》卷 21 收其诗 4 首。

宗兆宁

字静载，一字篆塘。清如皋人。增生。嗜学工诗，为学精勤，日夜不辍，遂成羸疾。每遇省试，常以病不能赴，或虽应试而困顿。郁郁不得志，年 39 卒。

补拙录　集部别集类

见《如庠题名录》卷首。

宗士骏

清如皋人。

尊闻录 1 卷　子部儒学类

见乾隆《如皋县志》卷19。

姚　蘧

字心瑗，号蝶庄。清如皋人。立本子。幼失怙，承母训，未冠游庠。游其门者多擢科第。年86卒。

知非堂稿　集部别集类

见道光《如皋县续志》卷7。

管　黉(1754—?)

字成南，一字竹溪。清如皋人。世发子。附贡生。

竹溪诗钞　集部别集类

竹溪赋钞　集部别集类

以上2种见民国《如皋管氏宗谱》卷27。

范丹树

字晓原。清如皋人。承宣孙。以明经授溧水训导，一时文士多从之游。后又檄署桃源、赣榆教职，俱辞不就。辟梅花书室为课子处，多所成就。

正谊录2卷　子部儒学类

梅花书屋格言八则　子部儒学类

诗集　集部别集类

以上3种见嘉庆《如皋县志》卷21。"诗集"或作《梅花书屋诗集》。

苏云程

字菊人。清嘉庆间如皋人。历任江西新城、浮梁、贵溪知县。性廉洁，公余之暇不废吟咏。工书。

菊人诗钞　集部别集类　佚

见同治《如皋县续志》卷9。《清诗纪事·嘉庆朝卷》收其诗句。

姚国干

字献可。清如皋人。远性逸情，不以功名为念。天文地理、诸子百家无不涉猎，多藏良医方。园居数十年。莳花养竹，饮酒评泉。

考古偏记 40 卷　史部史评类

花木谱 2 卷　子部农家类

医方　子部医家类

食谱 2 卷　子部艺术类

以上 4 种见道光《白蒲镇志》卷 6。

顾履厚

字以宁，别字蔗乡，号柘乡。清如皋人。10 岁能文，年 14 秀才，旋为廪生，学使赏其文。以例贡太学，乾隆五十四年(1789)顺天举人。屡赴礼部试未中。谒选任霍山教谕，会疾作，未赴，不三年而卒。

啖蔗轩诗集　集部别集类

见道光《白蒲镇志》卷 8。其赋亦收入张金诰辑《东皋四杰赋集》。

史发蓁

字欣之，号东原。清如皋人。鸣皋季子，发荃弟。工诗词。年 27 卒。

东原小草　集部别集类

见《海曲拾遗》卷 3。《淮海英灵集》丁集卷 3 作《东园小草》，收其诗 1 首。

吴　鸾

字松壑。清如皋人。熟精《选》学，入都由附生贡成均，因母老归。教授经训，子弟成就甚多。工书善画。

古梅书屋课艺　集部别集类

见道光《如皋县续志》卷7本传，谓曾刻。

马大良

字白扬，号山子。清如皋人。乾隆五十四年(1789)举人。其父虽晚年得子，但督课甚严。后游燕京，名噪艺苑。

自怡斋文集　集部别集类

见嘉庆《如皋县志》卷16本传。《如庠题名录》卷首著录作《自怡轩文集》2卷。

枕　石

俗姓石。清如皋人。乾隆诸生。中岁逃禅，以诗为方外领袖，与古岩、清恒友善。卒于丹徒空青山中。

九莲外史一花道人集　集部别集类　佚

见《江苏诗征》卷183，收其诗2首。

范　驹(1757—1789)

字昂千，号藿田。清如皋人。曾辉子。乾隆五十四年(1789)拔贡。少聪颖。文禀家学。尤工诗古文辞。乾隆南巡以词赋应召试，有荷包彩缎之赐。以怯弱早卒。

藿田集14卷　集部别集类

清道光六年(1826)刻本，南京图书馆藏。

染月山房全集(藿田集)13卷首1卷末1卷附皋绩集岳班集　集部别集类

清道光十二年(1832)重刻本，国家图书馆藏。集由其婿张金诰校录。

周大顺

字三幸。清如皋人。9岁除夕咏诗云："看到梅花和影瘦，飞来爆竹隔邻多。”力学，游庠后得手颤疾，遂不应举。授徒有法。

杏雨轩集　集部别集类

初心集　集部别集类

以上2种见道光《如皋县续志》卷7，卷10有范仕义《初心集序》。

从　杰

字汉三，号罕山。清如皋双甸人。屡试不售。善书画。遇有赈济兴修诸义事，悉竭力为之。嘉庆十五年(1810)恩贡。

霁香阁诗草16卷　集部别集类　佚

见道光《如皋县续志》卷7。

吴　麟

号石林。清如皋石甸人。屡荐未售。嘉庆五年(1800)秦静斋刺史聘修《上九场志》，复与修盐法志。

尚书论文　经部尚书类

耽吟集　集部别集类

诗约　集部别集类

蠙山诗钞　集部总集类

艺苑法言　集部诗文评类

以上5种见道光《如皋县续志》卷7。

姚隽五

字序东，号晴峦。清如皋人。学源子。明经。嘉庆十一年(1806)岁大歉，佐赈济。嗜学，至老不倦，所读经书皆手钞。年73卒。

礼记口义10卷　经部礼记类

晚妍山房诗文集20卷　集部别集类

以上2种见道光《如皋县续志》卷7。

冒 沂

字南池。清如皋人。太学生,官甘肃奇台县知县。

应理囊余　子部杂学类

爱吾庐笔记　子部杂学类

出塞吟　集部别集类

以上3种见《如皋冒氏诗略》卷13,收其诗7首。

徐邦殿

字硕夫,号芍园。清如皋掘港人。江西贵溪县典史,归筑留香草堂,文宴无虚日。与管涛、江干称蠙山三家。又与黄学圯等弦诗斗酒。

芍园诗稿4卷　集部别集类

清嘉庆元年(1796)如皋留香草堂刻本,中国科学院图书馆藏。

李 华

字澹卿。清甘泉人。向荣女。如皋徐邦殿妻。能诗善画。因父母葬于平山堂侧,遂自号平山女史,不忘本也。

画远山楼吟稿1卷　集部别集类

清嘉庆元年(1796)如皋留香草堂刻本《芍园诗稿》附刊本。见《贩书偶记》卷16。

石 峰

字嵩高,号太室。清如皋人。性耿介,不苟取与。从范曾辉游,补博士弟子。有文名,尤喜《春秋》。其子台中嘉庆六年(1801)举人。

春秋图考　经部春秋总义类　佚

见嘉庆《如皋县志》卷17。

沈宗聃

字西山。清如皋人。晚年绝意进取。创崇正书院,隶州田500余亩以奖掖后学。道光十八年(1838)以子全道贵,赠儒林郎。

绿天书屋诗集　集部别集类

松园文集　集部别集类

以上2种见嘉庆《如皋县志》卷16。

苏　观

字审堂,号香谷。清如皋人。为烈子,卓弟。

拾遗集　集部别集类　佚

见《东皋诗存》卷21,收其诗8首。

黄学圯(1762?—1830以后)

字孺子,号楚桥。清如皋人。振弟。工诗,精研六书篆刻之学。早年师事仪征吴叔元,多见前人篆刻作品,遂决意继承邵潜三位学生,即东皋印派开创人黄经(济叔)、许容(实夫)、童昌龄(鹿游)的艺术风格。"究六书之源,考摹印之解",留下大量名印及印论著作。曾先后入朱珪、陶澍幕。亦以诗名。

东皋印人传2卷　史部传记类

(1) 清道光十七年(1837)汪氏文园刻本,国家图书馆、南通书画院藏。

(2) 民国杭州西泠印社铅印本,南京图书馆藏。

(3)《江苏人物传记丛刊》本。

按:此收录工于篆刻之诸家传略,体仿周亮工《印人传》。上卷收清代如皋本地印人13位,为:黄经、许容、童昌龄、许之男、黄克业、姜任修、姜恭寿、姜鹿寿、蒋大本、顾一中、胡之祁、乔林、范驹。下卷收明末清代流寓如皋之印人15位,如邵潜、程邃等。此书总结东皋印艺,开全国地域印人传略之先河。道光刻本附印人印作，西泠印社本删去了印作。

历朝史印 10 卷　子部艺术类

(1) 清嘉庆二年(1797)黄氏楚桥书屋刻钤印本，南通书画院藏。

(2) 清道光九年楚桥书屋钤印本，国家图书馆藏。

(3) 1922 年影印道光九年楚桥书屋本，北京大学图书馆藏。

(4)《四库未收书辑刊》本。

按:此刻周代至明代著名人士姓名印。每页二印，下载释文。

楚桥印稿不分卷　子部艺术类

(1) 清乾隆间雪声堂钤印本，前有乾隆五十七年(1792)李懿曾等序，国家图书馆藏。

(2) 道光六年汪氏文园印本，南通市图书馆藏。

黄楚桥诗稿不分卷　集部别集类

稿本，美国国会图书馆藏。

徐尧章

字蓉湖。清如皋人。由贡监加捐知县，以疾未赴铨。奉亲养志。曾任育婴堂务。暇则读《周易》二氏书养生家言自娱。喜听琴，缄默习静。体素弱，善调摄。年 75 卒。

(道光)如皋县续志 12 卷　史部地理类

清范仕义主修　吴铠纂修　徐尧章等协修

(1) 清道光十七年(1837)刻本。

(2) 清同治十二年(1873)刻本。

(3) 台北《中国方志丛书》本。

管　榔(1763—1817)

字联辫，号萼楼。清如皋人。屡试不第，援例报捐盐课大使，签分两广。捐升兵马司指挥，卒于京师。

棠华书屋诗集 3 卷诗余 3 卷　集部别集类

清嘉庆十二年(1807)自刻本。见《贩书偶纪续编》。民国《如皋管氏宗谱》"艺文"另著录有《邗江杂兴》《邗江游草》。

汪为霖(1763—1822)

字傅三,号春田。清如皋丰利人。之珩子。4 岁而孤。年 17 游京师,中武进士,授厦门参将,升刑部郎中,历湖广奉天司总办。秋审为宰辅所推重,随围热河。授广西思恩守,调镇安守。嘉庆元年(1796)升苍梧道。后补山东兖州守。历署督粮道、兖沂曹济兵备道。因母病归,怡志林泉,在文园北筑绿净园,集名流觞咏其中。画兰竹绝妙。

小山泉阁诗存 8 卷　集部别集类

清道光十三年(1833)文园刻本,上海图书馆、南通市图书馆藏。

管　柷(1763—1845)

字美中,号云木、卓庵,晚号卓翁、琢翁。清如皋人。廪贡生,候铨训导。

春永堂文存　集部别集类

1925 年铅印本,南通市图书馆藏。

按:管柷原著有诗稿 8 卷、文稿 16 卷,道光二十八年(1848)其稿为乡人携至掘港,潮涨堤溃,其稿亦没于海。后搜辑佚文 30 余篇,由管国璋辑而刊行。前有沙元炳序。附墓志铭。

吴　鹏

字南池。清如皋白蒲镇人。修亭子。由太学两充馆职,肆力诗古文辞,精书,工画。官湖北乾镇司巡检,擢岳口县丞。嘉庆间岳堤塌决,鹏躬亲捍筑。堤成保荐,以积劳卒于官。

话雨楼唱和集　集部总集类

邮筒唱和集　集部总集类

以上2种见《白蒲镇志》卷8。《江苏诗征》卷15收其诗3首。参见《清诗纪事·乾隆朝卷》。

顾家鸾

字鹊书，号竹溪。清嘉庆间如皋白蒲镇顾葭埭人。泮子。少读书有文名，援例入国学，屡荐不售，归。乡遇歉收，常先倡捐资。晚年诗酒自娱。

听琴山庄诗草　集部别集类

见道光《如皋县续志》卷8本传。

从盛鸣

字赓虞，一字爔谷。清如皋人。嘉庆二十年(1815)岁贡。以授徒为生。

澄心草堂绪言　子部儒学类

见道光《如皋县续志》卷7。

管　亶(1764—1841)

字嘉时，又字蓉堂、蔗畦。清如皋人。附贡生。屡踬场屋，援例为布政司经历。

蔗畦诗集　集部别集类

见民国《如皋管氏宗谱》卷27。诗集有徐佩(兰圃)跋。

汤世质

号素修。清如皋岔河人。性醇朴，读书攻苦。诸生。屡试不售，援例入成均。尝恩予从九品衔。乐善好施。生平服习《五子近思录》，好辑劝善书，刊有医书数种传世。

通鉴辑要　史部编年类

卧游录　集部别集类

以上 2 种见道光《如皋县续志》卷 8。

黄　端

字佩芸。清如皋人。国豫子。在乡有声誉。道光元年(1821)开孝廉方正科，有司以端应，坚辞不就。卒年 56。同里江玉章挽联云："数卷文章遗后辈，满城桃李哭先生。"

经腋 32 卷　经部群经总义类

见道光《如皋县续志》卷 7 本传。

官礼条辨 8 卷　史部政书类

清嘉庆六年(1801)桐阴山房刻本，南京图书馆藏。

集选诗 8 卷　集部总集类

见道光《如皋县续志》卷 7 本传。

江玉章

字馨梓。清如皋人。国学生。工诗善画。少游四方，晚年归里，家境贫寒，不废吟咏。诗似王孟。性恬淡，不喜求人。卒年 81。

心止诗钞　集部别集类　佚

见道光《如皋县续志》卷 8。

徐　珠(1769—?)

字生庵。清如皋人。观政子。少随父读书西湖。洽闻强记，不事章句，通易理星象诸书。诗古歌行沉雄豪宕，不名一家。行草书郁勃离奇，生气远出。晚年归卧霁峰园。山亭水榭重加修葺，与诸名流觞咏无虚日，暇则作擘窠书。

画雨楼稿 6 卷词钞 1 卷　集部别集类

清嘉庆十二年(1807)刻本，中国社会科学院文学研究所藏。

草堂诗集 6 卷附草堂词集 1 卷　集部别集类

清嘉庆二十四年杏雨楼刻本，复旦大学图书馆藏。

姚 新

号芙裳。清如皋人。思学子。屡试不遇,中年而殁。

树蕙堂文稿　集部别集类

见道光《如皋县续志》卷7。

黄 宁

字履安,号旅庵。清如皋人。国豫子。诸生。天姿颖异,试辄冠军。尝与友人读书城南僧舍。后以力学得病卒。

桐阴山房诗集　集部别集类

旅庵文集　集部别集类

以上2种见《江苏诗征》卷66,收其诗1首。

吴文祥

字麟士,号定生。清如皋人。乾隆六十年(1795)举人。延主广陵讲席,又主讲西溪。从游者多名下士。

(嘉庆)东台县志40卷　史部地理类

清周右修　蔡复午、吴文祥等纂

(1) 清嘉庆二十一年(1816)刻本。

(2) 清道光十年(1830)增刻本。

(3) 抄本,华东师范大学图书馆藏。

(4) 台北《中国方志丛书》本。

(5)《中国地方志集成》本。

东亭诗词集　集部别集类　佚

见道光《如皋县续志》卷7。《淮海同声集》卷10收其诗23首。

石 渠

字芸亭。清如皋人。诸生。能诗,喜宾客。后退居乡村荒江老屋中，放歌自适。年95卒。

读易管窥2卷　经部易类

见同治《如皋县续志》卷13。

又云馆杂志48卷　子部杂学类

见光绪《通州直隶州志》卷16。

吴　云

号野渡。清如皋掘港人。工医善画。

双梧阁集　集部别集类　佚

见道光《如皋县续志》卷7。

吴懋珍

字月亭。清如皋人。工诗，喜交游。

五山唱酬集5卷　集部总集类

清樊雄楚、吴懋珍等撰　吴懋珍编

清嘉庆二十一年(1816)刻本，南通市图书馆藏。

吴　京

字锐峰，号景山。清如皋白蒲镇人。善丹青。

积薪备览1卷　子部杂学类

见《白蒲镇志》卷6本传。

陈　鼎

字汉年。清嘉庆间如皋人。

守拙斋词抄1卷　集部词曲类

同情集词选10卷　集部词曲类

以上2种见《全清词钞》卷17，收其词1首。

袁勋

清如皋人。

竹西小稿 2 卷雪堂词钞 1 卷岭南纪事诗 1 卷岭南荔枝名 1 卷　集部别集类

清道光元年(1821)刻本。见《贩书偶记续编》。

姚骀

字骏闲,号鸣谷。清如皋人。嘉庆九年(1804)举人。以知县分发广东,陈请改教职,任蒙城县教谕。不数月即引疾归。仍循故业,设帐授徒。

(道光)如皋县续志 12 卷　史部地理类

清范仕义修　吴铠纂修　姚骀等协修

(1) 清道光十七年(1837)刻本。

(2) 清同治十二年(1873)刻本。

(3) 台北《中国方志丛书》本。

郑铣

字钟两,一字耳山。清如皋人。韶四子。少从吴廷瑞学。嘉庆十三年(1808)陈朴谷典江南乡试,中第三,会试屡荐不售,归以授徒为生。

自携草　集部别集类

见道光《如皋县续志》卷 7。郑承霖等纂《如皋白蒲郑氏族谱》卷 12 收其诗 1 首词 1 首。

章寅

字直斋。清如皋人。嘉庆九年(1804)举人。由咸安官教习任山东曹县令。有政声。性阔略俊爽,好施与,喜吟诗。

宝雷阁课士草　集部别集类

见同治《如皋县续志》卷9。

黄　锜

字鞠坡。清如皋人。少有胆略，屡试不售，入其舅江西观察张溶幕。值川陕白莲教起事，援例得广东县丞。嘉庆十四年(1809)任千总，抚平郭学显。晋通判，以父丧归。服阕补高州通判，署连州知州。知县范仕义题其诗集有“十载宦成经济远，一篇诗写性情真”等句。

半解集诗选1卷　集部别集类

清道光二十年(1840)初冬刻本，国家图书馆藏。

张　烜(1780—1852)

字春晖，号镜湖。清如皋人。嘉庆十五年(1810)举人。次年会试选中复遗，遂无心进取。精通天文、地理、书画、岐黄、揲著。

(道光)如皋县续志12卷　史部地理类

清范仕义修　吴铠纂修　姚驺、张烜等协修

版本参见“姚驺”条。

范日觐

字岳班。清如皋人。驹子。善曲，以套数题《红楼梦》。早卒。

岳班集2卷　集部别集类

清道光十二年(1832)《藿田集》附刊本。

陈　鼎

字铭功。家蓄无弦琴一张，因自号一琴。清如皋人。负才气，不屑事章句。时范仕义任如皋知县，仪征吴梅、孙铠主如皋书院，提倡风雅，鼎与邑中前辈徐珠、黄学圯等齐相倡和，极一时之盛。嗜金石。兴豪善饮，遇事物难状者辄以长歌举之。才气纵横，有不可一世之概。终不遇于时，郁郁以疾卒。里人顾汝玉有长诗挽之。

闲者园诗文集　集部别集类

见同治《如皋县续志》卷8。

汪桂林

字凤巢，号半江。清如皋掘港人。嘉庆庠生。工诗，名流过其里，唱酬无虚日。卒年76。

半江诗钞　集部别集类　佚

见同治《如皋县续志》卷9。

沈　涧

字酌亭。清如皋人。援例授通判。后以城工叙五品衔。

吟香阁诗4卷　集部别集类

见同治《如皋县续志》卷9。

刘金纶

字雪江。清如皋人。副贡生，候铨教谕。家居设教，为文主清真。宋绳治、胡连耀均其高足。慎交游，操行峻洁。曾参加纂修道光《如皋县续志》，谨严有法，不徇时俗。

新簧阁文集　集部别集类

见《如庠题名录》卷首。

张　炳

字丽南。清如皋人。年20读书黄泥山，屡荐不售，年84卒。

鸡肋篇　集部别集类

见同治《如皋县续志》卷16。

薛　潢

字银槎。清如皋人。少习举业，从扬州史致俨游。三应京兆试，嘉庆十二年(1807)、十八年荐而未售,谒选得吏目,署东城副指挥,改授布政司理问。淡于仕进,以医术可救世人,乃习医。

仰高堂存稿　集部别集类

见同治《如皋县续志》卷9,谓彭元瑞为序其诗集。

袁　岑

清如皋人。

北山诗钞 8 卷　集部别集类

清如皋袁氏迎晖山房刻巾箱本,南京图书馆藏。

沙增龄

字菊潭。清如皋人。嘉庆六年(1801)拔贡。选授青阳教谕。主讲蓉城书院。解组后杜门不出,与诸生讲学谈经。

(道光)如皋县续志 12 卷　史部地理类

清范仕义修　吴铠纂修　沙增龄等协修

版本参见“姚驺”条。

菊潭诗钞 8 卷　集部别集类

见同治《如皋县续志》卷13。《莲因集》卷3收其诗8首。

苏　润

字屺山,号墨耘。清如皋人。卓子。

亚堂集　集部别集类　佚

见《东皋诗存》卷28,收其诗6首。

朱　霖

字霁桥。清如皋人。附贡生。

旷观楼诗钞　集部别集类

见《莲因集》卷3,收其诗10首。《如庠题名录》卷首著录作《旷观楼诗》8卷。

冒长清

字不波。清如皋人。庠生。好学嗜古,精刻书。

冒氏宗谱13卷　史部传记类

清冒长清纂

本书内容后融入道光二十八年(1848)纂《冒氏宗谱》11卷中。

六十年师友诗文同人集12卷　集部总集类

清冒襄辑。道光四年冒长清刻本,版心下有“水绘园”三字,如皋水绘园、南通市图书馆藏。

影梅庵传奇2卷24出　集部词曲类

清彭剑南、孙如金合编。冒长清刻本,南通师专图书馆藏。

张金诰

字拙斋。清如皋人。范驹婿。通经史,工书画。初仕山西汾州府参军,后为安徽宁国府参军,调江西袁州府参军,升甘肃崇信知县,有治声。生平历署宁乡、汾阳、文水、石楼及安徽祁门、宁国、建平等县,官至宁夏府盐捕通判。

染月山房全集13卷首1卷末1卷附皋绩集岳班集　集部别集类

清范驹撰　张金诰校录

清道光十二年(1832)重刻本,南京图书馆藏。

东皋四杰赋集　集部总集类

清张金诰辑

见同治《如皋县续志》卷13。此辑范驹、顾履厚、吴廷燮、吴兰谷四人之赋。

许大椿

字肩云。清如皋人。直裔孙。性孝友,工书。曾刻印许直《许忠愍公制艺遗稿》。

唾余集　集部别集类

见同治《如皋县续志》卷 9。

李　祥

字光华，号月亭。清如皋人。其父士周精医术，祥能世其业，兼工诗，与郑琳、娄皋等为小友，唱和极多。年 81 卒。

分山耆旧录　史部传记类　佚

月亭草　集部别集类　佚

以上 2 种见道光《如皋县续志》卷 8。

吴　篪

字简庵，号渭泉。清如皋白蒲镇人。少负经济才，游京师为公卿契重，以精医术得权贵所信任，名声日益显著。初官江西金溪丞，选安徽东流知县。乃筑城池，修书院，延名师主讲。卓异，调太和知县。嘉庆二十三年(1818)权六安知州。道光元年(1821)以循声闻，超擢福建粮道，历权布政使、按察使，调安徽凤庐道，擢两淮运使，调山东盐运使。未赴任，以疾告归，卒，年 77。历官 30 余年，以清廉有才干，为民拥戴。善画菊。

皖江从政录 8 卷　史部政书类

明太和令吴楫侯御寇始末 2 卷　史部政书类

以上 2 种见《白蒲镇志》卷 8。

(嘉庆)东流县志 30 卷　史部地理类

清吴篪修　李兆洛等纂

(1) 清嘉庆二十三年刻本。

(2) 抄本，南京大学图书馆等藏。

临证医案笔记 6 卷　子部医家类

清道光十六年树滋堂刻本。

六安棠荫留爱颂　集部别集类

见《白蒲镇志》卷 8。

李光玙

字云渚。清如皋人。本江东名族。家贫好学，读书于金陵栖霞山。博学精文，才气超群。

云渚诗钞附栖霞读书图题咏、云扶女史萍余阁诗草　集部别集类

清嘉庆十六年(1811)刻本，南通市图书馆藏。

按：据卷首管序，是书刊刻时李氏约 20 岁。

吴之俊

字见三。清如皋人。诸生。性孤介，喜藏书，尤邃天官家言。诗古文辞不流于俗，然不多作，尝谓："读书当为有用之学，如不得志，十年后著书未为晚也。"以疾卒，年 32。友人蒋元亮收其遗稿，并为撰诔词。

见三遗稿 1 卷　集部别集类

见同治《如皋县续志》卷 13，有蒋元亮叙。又县志卷 8 本传收其《冬雷篇》诗。

范　伸

字雨蛰，号松槃。清如皋人。早岁游庠，浏览经史及历代诗古文辞，辄手自丹黄，细加考订。善记诵，有援引本末源流无遗误。尤精《左传》，多创解。

春秋补注 4 卷　经部春秋左传类

见嘉庆《如皋县志》卷 21 自序。

明墨修来集　集部别集类

松槃诗集　集部别集类

以上 2 种见《东皋诗存》卷 29，收其诗 8 首。

姜灵煦

字晴轩。清如皋人。增生。工诗古文,善书。

双桂斋集　集部别集类　佚

见同治《如皋县续志》卷 8。

顾　暄(1790—1839)

字春晖,号霁岩。清如皋白蒲镇顾葭埭人。家鸾子。幼即苦学,聪慧过常人。年 16 成邑廪生。道光十一年(1831)举人,次年成进士。任礼部仪制司主事兼礼部司务厅司务。后以丁外艰,守制服阕赴京补官,未几病卒于北京。

顾氏家谱　史部传记类

本书顾暄参加编纂。道光刻本,线装 12 册。如皋顾氏收藏。

芸香书屋诗钞 2 卷　集部别集类

见光绪《通州直隶州志》卷 16。

娄　皋(1790—1845)

字啸亭。清如皋岔河人。同里汤敬亭太守宦越中,聘为书记。善书翰,尤精诗赋。

味腴堂诗录　集部别集类

清道光二十八年(1848)刻本,中国社科院文学所藏。

吴应召

清如皋人。

勾股算法 12 卷　子部历算类

见光绪《通州直隶州志》卷 16。

吴　黄

字宸荣。清如皋白蒲镇人。太学生。

西湖志 2 卷　史部地理类　佚

秋水吟 1 卷　集部别集类　佚

以上 2 种见《白蒲镇志》卷 8。

姚鹏春

字古凤。清如皋人。隽五子。道光十六年(1836)岁贡。嗜金石，每赴试，辄载金石归，虽没字碑亦购回以备参考。居白蒲镇，镇素无纪载，乃旁搜博采，成一镇之志。

十三经管见 30 卷　经部群经总义类

见同治《如皋县续志》卷 8。

白蒲镇志 10 卷　史部地理类

(1) 清道光、咸丰间姚氏抄本，南京图书馆藏。

(2) 抄本，南京图书馆等藏。

(3) 油印本，据南图抄本油印。南通市图书馆藏。

(4)《中国地方志集成》本。

金石跋尾 20 卷　史部金石类

古逸诗汇 10 卷　集部总集类

清姚鹏春辑

以上 2 种见同治《如皋县续志》卷 8。

刘本崇

字芝山。清如皋人。汝奎次子，本初弟。岁贡，授上元教谕。屡赴省试不第。退归授徒。

庄山楼文稿　集部别集类

见《如庠题名录》卷首。

范显祖

清如皋人。

枕山园诗集　集部别集类

见《白蒲镇志》卷8。

蒋元亮

字步陶。清如皋人。好古博闻。初不喜时艺，及屡试不中，乃攻举子业。诗笔超迈，不落俗套。年31卒。

拜经堂诗文集　集部别集类　佚

见同治《如皋县续志》卷8。

季　标

字学耘。清如皋人。工画。

如皋汪氏文园绿园图咏　子部艺术类

清季标绘　朱玮题咏　汪承镛编

(1) 清道光二十年(1840)印本。

(2) 1920年费范九等据道光本影印本。

黄方涟

字文若。清如皋人。监生。论古事，原原本本，诗文俱有法度。年未40卒。

皋乘拾遗6卷附录1卷　史部地理类

见同治《如皋县续志》卷8，有钱士杓跋。后此书被采入周际霖等修同治《如皋县续志》，见该志"凡例"。

汤德新(1791—1871)

字振之，号谦斋。清如东县岔河镇人。廪贡生。先后任沛县、句容、甘泉教谕，广陵书院、安定书院监院。性孝友，见诸生每以先器识后文艺为训，生平博闻强记，年81卒。

桐荫书屋诗赋集　集部别集类

心秤平轩文集4卷　集部别集类

警斋诗集4卷　集部别集类

警斋文集4卷　集部别集类

以上4种见《如皋汤氏家乘·著述》。

罗济亨

字敦仁。清如皋人。廪贡生。读书以有益身心为务。学使赠以“品学兼优”额。

四书析义　经部四书类　佚

经义类典　经部群经总义类　佚

以上2种见同治《如皋县续志》卷8。

罗　煜

字霁峰。清如皋人。国学生，工书画。卒年78。

养花录2卷　子部艺术类

见同治《如皋县续志》卷9。《莲因集》卷4收其诗11首。

宗金树(1792? —?)

字友石。清如皋人。道光二十八年(1848)贡生。选新阳县训导。

三礼条贯　经部三礼总义类　佚

枕经山房诗词稿　集部别集类　佚

以上2种见同治《如皋县续志》卷9。《莲因集》卷4收其诗11首。

王清瑞

字雪斋。清如皋人。例贡生。道光十二年(1832)、十四年捐资助赈。卒年76。

雪斋诗钞　集部别集类　佚

见同治《如皋县续志》卷9。

刘本锐

字淦溪。清如皋人。汝奎三子，本崇弟。邑庠生。能文，尤以词赋擅名。兄弟互相师友，闭门读书不与户外事，晚修理“培园”，松楸郁茂，吟唱其中。

传经楼赋草　集部别集类

见《如庠题名录》卷首。

秦子陵

名城，字子陵，初号莲乡，晚号逸春，别署叶村、吟坛、卧云山房、双龙潭钓客等。清如皋人。据今人孙书磊研究，其生年应在乾隆五十九年(1794)之后，卒年在同治八年(1869)暮春之后。秦子陵才华横溢，诗文著作甚多，惜多散佚。亦为剧作家，尤以所作传奇为他人称道。著传奇五种，称之“五凤楼”，今存两种：《红罗记》为第四楼，一名《芭蕉楼》，又名《驻春楼》；《如意珠》为第五楼，原稿名《穷途哭》(参见孙书磊《秦子陵及其〈如意珠〉传奇创作考辨——兼论新发现的〈红罗记〉传奇稿本》，《文学遗产》2004年第5期)。

投笔集31卷　集部别集类　佚

秦子陵《红罗记》稿本第1册封底所题。

红罗记传奇4卷　集部词曲类

稿本，南京图书馆藏。

如意珠传奇4卷　集部词曲类

稿本，南京图书馆藏。

姜春煦

字蔼人。清如皋人。灵煦弟。道光二年(1822)荐而不售,以明经终。

棣萼轩集　集部别集类　佚

见同治《如皋县续志》卷8。

周　瑶

字干卿,号让甫。清如皋人。嘉庆十八年(1813)以优行贡入成均得校录,于道光初元(1821)考职第一,未几铨贵州麻哈州吏目。以老病乞归。馆于通州王藻家。

爱莲堂存稿　集部别集类

见《崇川各家诗钞汇存补遗》卷29,收其诗19首。

吴绍美

字云湄。清如皋人。道光元年(1821)贡成均,需次教职。道光二十六年集同人建周济所,施棺材施药。二十九年大水,掩埋众多浮尸。年78卒。

周易直解引端　经部易类

见同治《如皋县续志》卷9。

胡　杰

字云溪。清如皋人。少渡江,得脉诀于其舅朱氏。布衣,游江西幕。道光元年(1821)疫盛行,杰为增订《痧症全书》,赖以存活无算。好读《庄》《骚》《史》《汉》。年62卒。

注穴痧症验方　子部医家类

华佗危急慢痧法　子部医家类

吊脚痧症方　子部医家类

觉因道人七十二痧治诸症急救方　子部医家类

以上4种有光绪十九年(1893)上海玉海楼铅印本。

娄　桂

字馨山。清如皋人。其父娄垲精医术，桂传其技而益精。议叙理问衔。

内经注2卷　子部医家类　佚

见同治《如皋县续志》卷9。

汪承镛(1804—1878)

清如皋人。为霦侄，后为其嗣子。官山东同知。

读史揭要12卷　史部史评类

汪氏两园图咏合刻4卷　史部史评类

暑窗杂录16卷　子部杂学类

以上3种见同治《如皋县续志》卷12。

沈凤鸣

字斗山。清如皋人。国学生。精堪舆学。年75卒。

堪舆辑要　子部术数类　佚

见同治《如皋县续志》卷9。

石世准

字心权。清如皋人。渠子。弱冠以诗见赏于学使周系英。能承家学，晚年与举人顾沚蘅相唱和，称为劲敌。

小正补注　经部周礼类　佚

五经考略　经部群经总义类　佚

诗韵音义　经部小学类　佚

广事类赋注补遗　子部典故类　佚

掇薪集　集部别集类　佚

存存庵诗钞　集部别集类　佚

以上6种见同治《如皋县续志》卷13。本传收其诗文多首。

许殿魁

字星庵。清如皋人。以府同知就铨。道光十四年(1834)岁饥赈济,知县范仕义赠以"惠及桑梓"额。在乡多有义举。

棠华书屋诗文集　集部别集类　佚

见同治《如皋县续志》卷9。

高金鳌(? —1860)

字蓬仙。清如皋人。英敏能文,三荐不售遂绝意仕进。以诗酒自娱。

紫雪山房遗稿2卷附诗余1卷　集部别集类

(1) 清咸丰十一年(1861)木活字本,南京图书馆藏。

(2) 2010年台中文听阁图书有限公司《晚清四部丛刊》影印本。

范锦琮

字礼黄。清如皋人。沉酣经籍。生平以寡过自期。尝谓:人能省过,庶不致为恶。天不假年,未尽其才。

功过格　子部儒学类

见道光《如皋县续志》卷7。此与刘本初合著。

陈凤佐

字鸣岐。清如皋人。治病多奇效。

难经析疑　子部医家类　佚

伤寒论辨　子部医家类　佚

以上2种见同治《如皋县续志》卷9。

刘全吉

字迪庵。清如皋人。庠生。岁饥襄劝赈济，不避劳怨。晚年杜门不出，年84卒。

写心集1卷　集部别集类　佚

见同治《如皋县续志》卷9。

吴开阳

字瑶阶。清如皋人。道光十三年(1833)进士。任安徽太平府知府。

(同治)如皋县续志16卷　史部地理类

清周际霖等主修　杨泰瑛、吴开阳等纂修

(1) 清同治十二年(1873)刻本，南京图书馆藏。

(2) 台北《中国方志丛书》本。

宋绳治

字易庵。清如皋人。道光十四年(1834)举人。次年考取觉罗教习。二十四年大挑二等，以教职用。因父病卒，遂不起。

还读斋稿　集部别集类　佚

见同治《如皋县续志》卷8。

张焕光

字文明，自号达观居士。清如皋人。炳子。

师俭草堂诗钞　集部别集类

见同治《如皋县续志》卷16。

刘本寅

字鹤船。清如皋人。增贡生。工书善诗，游袁江10余年，归后与邑人唱酬。

根余偶存　集部别集类　佚

鵁鶄馆诗集　集部别集类　佚

以上2种见同治《如皋县续志》卷8。

刘　树

字云阶。清如皋人。绩学攻苦，屡试未售。例赠文林郎。

德泉书屋诗草　集部别集类

见《江南乡试朱卷·光绪己卯科·刘邦槐》。

丁　�

字碧轩，号一和道人。清如皋人。

鸿泥琐记　子部杂学类

见《清诗纪事·咸丰朝卷》引。

汤惠元(1806—1862)

字玉成。清如皋人。树子。幼习经生家言。屡试不第。生平取与分明，乐善好施。

地理真诀　子部术数类

见同治《如皋县续志》卷8。

陈　昺

字丽皋。清如皋人。道光二十年(1840)贡生。家贫好学，与宋绳治等相切磋。所作古文辞重性灵，不事堆砌。

榆荫堂稿　集部别集类　佚

见同治《如皋县续志》卷8。

陈　雯

字锦亭。清如皋人。佩芬子。年17游庠,旋食饩。乡试荐而未售,援例得教职,未及选卒,年37。善治经,读《易》深究虞郑诸说,读《春秋》至咯血不止。

咏篁轩诗文集　集部别集类

见同治《如皋县续志》卷8本传。

胡连耀(1812? —1856?)

字佛生。清如皋人。幼警敏,家贫好学,诗古文辞清新俊逸。道光二十四年(1844)进士。授庶吉士。二十五年散馆改授吏部主事。丁内艰回籍,漕运总督福元修奏请帮办盐务。事毕归里。咸丰六年(1856)岁歉,率乡绅劝捐赈济。年45卒于家。

雪窗寒碧诗集1卷词集1卷　集部别集类

见同治《如皋县续志》卷13,卷8本传录其诗多首。

朱齐贤

字思齐。清如皋人。早岁游庠,道光十七年(1837)、二十年、二十九年三荐未售,捐职训导。秉性刚直,乡里公益事尤为出力。

小隐山房诗草　集部别集类　佚

秋舫诗钞　集部别集类　佚

以上2种见同治《如皋县续志》卷9。

范景瑗

字蘧仙,一作蕖仙。清如皋人。辂孙,显奎子。道光十四年(1834)举人。少美丰姿,神采焕发,有玉人之目。久之抑郁不得志,寄情吟咏间,为小词尤工。晚年境益困,及铨安东教谕而人已卒。

(道光)如皋县续志12卷　史部地理类

清范仕义修　吴铠纂修　范景瑗等协修

(1) 清道光十七年刻本，南京图书馆藏。

(2) 清同治十二年(1873)刻本，南京大学图书馆藏。

(3) 台北《中国方志丛书》本。

崇川诗赋题解2卷　史部目录类

清徐肇奎、范景瑗辑

清道光十九年□惑轩刻本，南通市图书馆藏。

与研斋集16卷　集部别集类　佚

见同治《如皋县续志》卷8。

冒文蘅

字佩卿。清如皋人。许月菡妻。自幼爱读书，喜习诗词。

绮香阁诗词钞　集部别集类

见《清闺秀艺文略》，有张婉仪女史序。

张瑞凤

字吉人。清如皋人。存仁子。道光十九年(1839)副贡。考授州判。性放达，工诗词，精医术。

阴阳虚实寒暑表里辨　子部医家类

见同治《如皋县续志》卷8。

薛宝田(1815—1885)

字心农。清如皋丁堰人。以岁贡官上元县教谕。咸丰十一年(1861)任鹾尹，赴浙江候补。因医术高明，调任官医局主持，长官同僚均器重之。光绪六年(1880)，浙江巡抚谭钟龄保荐入京，为慈禧太后诊病。在宫内44天，得"看脉立方均尚妥"评价。奉旨回原省，经天津，辞李鸿章聘。喜史学，诗作尤佳。

北行日记1卷　史部传记类

(1) 清光绪七年刻本，南京图书馆藏。

(2) 1985 年河南人民出版社刘道清校注本。

(3) 2006 年学苑出版社《历代日记丛钞》本。

手批医学心悟　子部医家类

稿本，方祖德中医师原藏。

黄　勋

字我石。清如皋人。善医术，以济世活人为本。

温病条辨 6 卷　子部医家类

清吴瑭撰　黄勋校订

清同治四年(1865)黄勋芝兰室刻本，南京图书馆藏。

杨承宗

字敬夫。清如皋人。道光年间岁歉，其父药坪倡助粟五百石。承宗读书不治章句，慕古人奇节伟行。性嗜酒，落落自豪。吟咏啸歌，挥洒自如。

锄月山房诗稿　集部别集类　佚

见同治《如皋县续志》卷 9 杨药坪传附。

顾汝玉(1823? —1864)

字吟石。清如皋人。咸丰二年(1852)顺天举人。天文、地理、阵法、句股及医卜、奇门诸书无不浏览，刘熙载称为文坛飞将，同里黄兆奎目为文虎。留都以教习例用知县不就，归里，杜门不出。

双桂轩诗集　集部别集类。

见同治《如皋县续志》卷 13。

章　衢

字云路。清如皋人。咸丰二年(1852)岁贡。性聪慧。所居潘泾，民俗犷悍，衢以身教颇能化其乡人。

浣花书屋诗钞　集部别集类

课艺集　集部别集类

以上2种见同治《如皋县续志》卷8。

冒　澄

字哲斋。清如皋人。广生伯祖。举人。长期任广东潮州潮阳县知县。同治间潮州教堂案，朝廷因其素得民心，命其随按察使司李福泰驰往查办。后任廉州府知府。罢归，绍兴汪瑔作文送别。

随山馆猥稿　集部别集类

见冒广生《龙游河棹歌一百首》注。

邹之城

字晴江。清如皋人。咸丰二年(1852)举人。两与会试，就职拣选，遂绝意进取，以授徒为业。年54卒。

聊复尔尔轩诗稿　集部别集类

见同治《如皋县续志》卷8。

冒　沅

字小山。清如皋人。广生叔祖。擅诗文。以选贡任粤东乳源知县。同治七年(1868)，沅访得咸丰二年(1852)在该县被杀的父亲冒芬事情原委，查察当时动刀的邱河等，剖心祭告。粤之士大夫多歌咏其事。沅乃辑为《枕干录》1卷附录1卷。

枕干录1卷附录1卷　史部传记类

《如皋冒氏丛书》本。

张云生

字以亭。清如皋人。咸丰二年(1852)举人。官无锡县教谕，升镇江府教授。

雨村诗存4卷附雨村试帖　集部别集类

清同治间刻本,国家图书馆藏。

按:此集收道光二十三年(1843)至同治三年(1864)间所作诗。《莲因集》卷5收其诗21首。

冒　俊(1828—1881)

字碧缥。清如皋人。溶女。钱塘人、广东知府陈坤妻。幼喜书,习诗词。

福禄鸳鸯阁遗稿1卷　集部别集类

(1) 清同治刻《如不及斋汇钞》本,南京图书馆藏。

(2) 清光绪十年(1884)刻本,南京图书馆藏。

(3) 方秀洁、伊维德主编《美国哈佛大学哈佛燕京图书馆藏明清妇女著述汇刊》本。

林下雅音集四种　丛书类

清冒俊辑

清光绪十年如不及斋刻本,上海图书馆藏。

按:此收清代女诗人集四种。子目:

《长离阁集》1卷　王采薇

《自然好学斋诗钞》10卷　汪端

《花帘词》1卷《香南雪北词》1卷　吴藻

《秋水轩诗选》1卷《词》1卷　庄盘珠

汪　栻(1839—1868)

字松泉。清如皋人。承镛子。官山东西繇场盐大使,平毁土山及私开滩池多处,严禁私弊。咸丰间修整土圩,集团堵御太平军。暇则吟诗自娱。年30卒。

幻影轩诗词1卷　集部别集类　佚

见同治《如皋县续志》卷9。

严景云(1846—?)

字瑞岩,号伯卿。清如皋人。咸丰二年(1852)举人。浙江补用同知,候选知府。

(同治)如皋县续志16卷　史部地理类

清周际霖、胡维藩主修　周项、吴开阳等纂修　严景云等协修

版本参见“吴开阳”条。

緌田草堂诗钞2卷　集部别集类

清光绪十二年(1886)刻本,南京图书馆藏。

贾　潢

字虚舟。清如皋人。咸丰六年(1856)恩贡生。少攻苦,屡困场屋。晚年耳失聪,犹闭户著书不倦。

国策编年　史部杂史类

见同治《如皋县续志》卷8,谓待梓。

黄丽中

字锦江。清如皋人。山东栖霞县知县。

(光绪)栖霞县续志10卷首1卷　史部地理类

清黄丽中修　于如川纂

(1) 清光绪五年(1879)刻本,南京图书馆藏。

(2)《中国地方志集成》本。

钱士杓(?—1888)

字奎清,别号清远山人。清如皋人。同治九年(1870)举人。佛家居士。喜读因明学,亦好诗词。

莲因集(一作莲因集诗钞)8卷附莲因集词钞1卷　集部总集类

清钱士杓、严景华选　释能启（悟堂）和尚编

清光绪十六年(1890)如皋文峰阁释能启刻本，南京图书馆、南通市图书馆藏。卷6收钱士杓诗19首。《莲因集词钞》收其词21首。

陈国璋(1848—1908)

字子珊，又作紫璹。清如皋东北丰利场人。读书博洽，尤擅诗古文辞。工行草书。与顾锡爵同窗好友，与张謇同窗秀才，后补廪生，选为岁贡，候选训导。光绪末年，如皋创建学堂，沙元炳聘其为小学堂舍。曾任如皋师范教习，教授国文、书法。卒后乡里私谥文介先生。

文介先生诗集　集部别集类

民国印本，如皋市如城镇陈壮家藏。

按：1939年，长孙镇恶（猛孙）将陈国璋诗词编为此集刊印。集中诗343首，有《畴剑集》《旧雨集》《皖游偶作存稿》《拾香草斋集》《海门集》等；词58首，题为《香草词》。韩国钧作序，沙元炳题诗。

顾西书(1848—1917)

字芸谷。清如皋人。幼即嗜学，同治七年(1868)与张謇、黄毓琳、严桂芬等同考取秀才。后一直教书。病逝后，后人郭雍南将其与顾煌的遗稿，整理后手抄传世，名《两顾先生遗稿》。

两顾先生遗稿　集部总集类

1924年郭雍南手抄线装一厚册，南通市图书馆藏。

顾锡爵(1848—1917)

字延卿。清如皋白蒲顾葭埭人。同治三年(1864)与张謇同榜秀才。乡试中又与范当世、朱铭盘、周家禄成莫逆交。四人后被称“通泰才子”。他们为文写诗源于桐城、湘乡一系，同拜曾国藩门生张裕钊、吴汝纶为师。光绪五年(1879)入两广总督张树声幕，八年随张赴北洋大臣、直隶总督任，负责起草奏疏文牍。十年张树声病逝，滞留北方。十

五年随薛福成出使英、法、意、比四国，以拔贡为从五品知州衔参赞。同僚有黄遵宪等人。十九年任满回国返里，常至京、沪等地向友人介绍欧洲情况。甲午战争后在京与梁启超、林旭、谭嗣同交往，在里则与张謇、范当世、周家禄等倡和，戊戌政变、辛丑和约等事件后，再至北京，诗多忧国忧民之篇。后返里助张謇搞实业，创办顾埭小学。晚年参与共和，作诗讽刺黎元洪。其诗深受刘熙载称赞。翻译有《法史》等书。

顾延卿日记 46 卷　史部传记类

顾延卿文集　集部别集类

以上 2 种见《顾延卿诗集》后其弟顾锡祥撰墓志铭，谓均以手稿藏于家。今不知下落。

顾延卿诗集　集部别集类

民国铅印本，南通市图书馆藏。

严景华

字钰卿。清如皋人。咸丰九年(1859)举人。睢宁县教谕。国史馆誊录，议叙知县。

(同治)如皋县续志 16 卷　史部地理类

清周际霖、胡维藩主修　周项、吴开阳等纂修　严景云、严景华等协修

版本参见“吴开阳”条。

莲因集(一作莲因集诗钞)8 卷附莲因集词钞 1 卷　集部总集类

清钱士杓、严景华选　释能启编

清光绪十六年(1890)如皋文峰阁释能启刻本，南京图书馆、南通市图书馆藏。

朱　俶(1856—?)

字南秋，号华农，又号雪渔。清如东潮桥朱东楼人。篆刻家朱鼎文堂侄。光绪年间曾任杭州府、济南府官员。生平爱吟诗填词。

捶琴仙馆吟草 8 卷　集部别集类

清刻本，南通市图书馆、如东潮桥文化室藏。

马金铎

清如皋人。

柹亭存草 4 卷　集部别集类

见《如庠题名录》卷首。

朱　訚

清如皋人。

拙存诗稿　集部别集类

见《如庠题名录》卷首。

朱长发

清如皋人。

读史管窥　史部史评类

见《如庠题名录》卷首。

叶文翰(1860—?)

字晓竺，又字小竹，号不髯，晚号南沙蟫叟。清末如皋栟茶场人。善诗文，工书法，著作甚丰。

无咎誉斋文集　集部别集类

一氈百甓居诗存　集部别集类

以上 2 种见《栟茶史料初集·艺文略》。

南沙蟫叟自寿诗　集部别集类

1925 年铅印本，南通市图书馆藏。

按：此为 1919 年叶文翰 60 岁自作寿诗。

香碧簃梦尘词剩　集部词曲类

见《栟茶史料初集·艺文略》。

朱兆棋

清如皋人。

桐荫书屋诗　集部别集类

见《如庠题名录》卷首。

刘万新

清如皋人。

听读轩文集　集部别集类

桐石山房诗赋草　集部别集类

以上2种见《如庠题名录》卷首。

刘卓如

清如皋人。

分省类考52卷　史部地理类

四裔类考8卷　史部地理类

以上2种见《如庠题名录》卷首。

刘映台

清如皋人。

禹贡释地　经部尚书类

见《如庠题名录》卷首。

刘亮弼

清如皋人。

易理汇解　经部易类

字学释义　经部小学类

以上 2 种见《如皋题名录》卷首。

刘嘉树

清如皋人。

味灯轩制艺　集部别集类

传经楼赋钞　集部别集类

以上 2 种见《如皋题名录》卷首。

吴敦仁

清如皋人。

诗经绎说　经部诗经类

见《如皋题名录》卷首。

沈凤岩

清如皋人。

听读山房诗文稿　集部别集类

见《如皋题名录》卷首。

沈廷瑛

清如皋人。

双桂轩稿　集部别集类

见《如皋题名录》卷首。

陈增庆

清如皋人。

望云阁诗钞　集部别集类

见《如皋题名录》卷首。

赵　澄

清如皋人。

斑见诗存　集部别集类

见《如庠题名录》卷首。

胡萱生

字春岩。清如皋人。

游吴集　集部别集类

见《如庠题名录》卷首。

姜　树

清如皋人。

巢云书屋诗钞　集部别集类

见《如庠题名录》卷首。

徐维骐

清如皋人。邑附生。

如庠题名录 4 卷首 1 卷　史部传记类

清徐维骐、顾增等编

清光绪二十四年(1898)刻本,版存皋东晓塘书院。参与编纂者尚有如皋葛沛田、顾增,通州宋书、郑明德诸人。

顾　煌

字尧章。清如皋人。国学生,屡试不第。

两顾先生遗稿　集部总集类

1924 年郭雍南手抄线装一厚册,与顾西书遗稿合抄,南通市图书馆藏。

祝尧龄

清如皋人。

求是于古斋印存6卷　子部艺术类

清道光十九年(1839)钤印本,上海图书馆藏。

郑寿黎(1872—1898)

字叔猷,号庄父。清如皋白蒲镇人。颖悟好学,补江夏县学生。张之洞主政湖北,选入两湖书院。光绪二十三年(1897)举人。赴会试,染疾卒于京师,年27。好编文,喜讲佛学。

郑孝廉遗稿　集部别集类

清光绪二十一年石门官廨刻本,国家图书馆藏。

徐承业

清如皋人。

算术教科书上卷　子部历算类

清光绪三十一年(1905)南通翰墨林书局铅印本。

顾碧晖

又名吟石,字槐卿。清如皋县白蒲镇顾葭埭人。锡爵妹,孙本卿妻。幼承家学,好吟诗词。

杏窗遗稿　集部别集类

见沙元炳《志颐堂诗集》卷12。

民　国

郑志德(1847—1920)

一名钊。字厚斋。清如皋白蒲镇人。佾生。不乐进取,与人结抱冬心社。诗萧疏隽逸,在王孟韦柳间。

晚翠轩诗钞　集部别集类

见郑承霖等纂《如皋白蒲郑氏族谱》卷7《厚斋师传》。

潘荫东(1847—1924)

原名逢泰。字保之,晚号樵叟。清如皋人。原籍安徽婺源,同治三年(1864)占通州静海乡学籍,九年中举人。光绪三十二年(1906)署高邮州学正。学行一以朱子为宗。于乡邑振济、育婴、浚河、兴学等公益事多所出力。

樵叟集8卷外集2卷附年谱1卷　集部别集类

1929年南通通新印刷公司铅印本,南京图书馆藏。

王福基(1860—1936)

字锡五。如皋人。好音韵和训诂之学。辛亥革命前留学日本,在弘文学院进修外国历史和世界地理。学成回国后于如皋师范教国文、中外史地。

(民国)如皋县志20卷首1卷末1卷　史部地理类

刘焕、黄锡田修　沙元炳等纂　王福基与纂

(1) 1929年铅印本,南京图书馆藏。

(2) 1933年铅印本。

(3) 稿本，见《江苏旧方志提要》著录，谓《中国地方志联合目录》未著录。但未注明馆藏。

(4)《中国地方志集成》本。

按：王福基纂《学校志》。

许树枌(1861—1941)

号情荃、白也，晚号画隐老人。如皋人。光绪十一年(1885)诸生，二十年补廪生。善诗书画，与齐白石书信交往甚密。与张大千、吕凤子、冒鹤亭、韩国钧等亦相互唱和。

历史讲义　史部史评类

浙游日记　史部地理类

读五千年未见书丛谈　子部杂学类

怡情小识　子部杂学类

画隐园文赋诗词抄　集部别集类

劫余吟　集部别集类

以上6种见《如皋县志·人物·知名人士》。

沙元炳(1864—1927)

字健庵，晚岁别号砅髯。如皋人。光绪二十年(1894)进士。二十年殿试入翰林，散馆授编修。以二亲年高谒告归养，颜其所居曰志颐堂。博综六艺，工为诗文。清末令改新政，创办地方学商诸务。大力资助张謇创办实业。民国初尝被举为省议会长，旋谢去。于乡邦文献搜讨甚勤。辑有《中庸议》《王明叟奏议》。晚年深研佛典，修持净业。

尔雅郭注拾遗1卷　经部小学类

如皋任铭善传抄稿本，复旦大学图书馆藏。

(民国)如皋县志20卷首1卷末1卷　史部地理类

刘焕、黄锡田修　沙元炳等纂

(1) 1929年铅印本，南京图书馆藏。

（2）1933 年铅印本。

（3）稿本，见《江苏旧方志提要》著录，谓《中国地方志联合目录》未著录。但未注明馆藏。

（4）《中国地方志集成》本。

如皋疆域考　史部地理类

见《江苏旧方志提要》。

志颐堂诗文集文篇 3 卷诗 12 卷题跋 2 卷目录 1 卷　集部别集类

（1）1933 年如皋沙志颐堂出版（上海中华书局印刷）聚珍仿宋本，南京图书馆藏。

（2）台北文海出版社《近代中国史料丛刊续编》本。

按：此书版本有作“上海中华书局”本的，有作“如皋沙志颐堂”本的。本书版权页注明出版者是“如皋沙志颐堂”，印刷者是“上海中华书局”。据此，此书版本应该作“如皋沙志颐堂”本。

志颐堂诗集 12 卷　集部别集类

（1）2009 年台中文听阁图书有限公司影印《民国诗集丛刊》本。

（2）2017 年广陵书社《民国诗集选刊》本。

清远山房赋钞 2 卷附赋抄笺注　集部别集类

清钱士杓撰　沙元炳笺注

清光绪二年刻本，苏州大学图书馆藏。

朱祖荣

如皋人。光绪二十三年（1897）四月二十四日，与会稽徐树兰、上虞罗振玉、吴县蒋伯斧在上海创设务农会会报《农学报》。

如皋地理教科书　史部地理类

朱祖荣辑稿

民国铅印本，南京图书馆藏。

按：本书分疆域、山阜、水道、道路、厘卡、田赋、监课、交通共八章，介绍了如皋的地理风貌以及风土人情等社会状况。自序云：“人有披五洲之舆图津津而乐道者，可谓博矣。及与之游本乡之内而问以居民之职业、贫富之原因、舟车之交通、物产之生殖，皆茫然不知所对。抑何详于远而略于近也？故学地理者，必自本境始。”

蚕桑问答2卷续编1卷　子部农家类

（1）清光绪二十三年上海农学会《农学丛刻》铅印本，南京图书馆藏。

（2）清光绪二十四年常昭蚕桑局刻本，北京大学图书馆藏。

（3）清光绪二十五年尊经学舍刻本，吉林大学图书馆藏。

（4）清光绪二十七年诸暨陈谔刻本，南京图书馆藏。

（5）清末天津北洋官报局铅印本，北京大学图书馆藏。

通属种棉述略1卷　子部农家类

（1）清光绪二十三年上海农学会《农学丛刻》铅印本，南京图书馆藏。

（2）清末北洋官报局石印本，南京图书馆藏。

（3）《续修四库全书》本。

按：南通是我国重要的棉花产区，作者指出南通地区种植棉花如能将我国传统的种棉方法与欧美的种棉方法相结合，则“收获必益丰，生息必益广”。此即叙述南通地区有关棉花种植的相关问题，分为原始、辨种、选种、时令、培壅、打头、治虫、棉田杂植、捻花、收成等十四个方面，其中“时令”以下第五至第八项已缺佚。

劝种洋棉说1卷　子部农家类

（1）清光绪二十三年上海农学会《农学丛刻》铅印本，南京图书馆藏。

（2）清末北洋官报局石印本，南京图书馆藏。

（3）《续修四库全书》本。

观种洋棉记1卷　子部农家类

清末北洋官报局石印本，南京图书馆藏。

姜辉庭(1867—1935)

如皋丁堰镇人。3岁丧父,13岁丧母,由祖父母抚养长大。屡赴乡试,不中。从此关心家乡事务。赞成维新,劝学易俗,于光绪三十二年(1906)参加创办丁堰初等小学堂。热心公益,作为镇上董事,参加修桥补路、垒堤筑坝诸事。好排难解纷,息讼平事。逝世后于右任题像赞云:“忠信笃敬,造福桑梓,其殁可祀于社,猗欤,古之君子。”

东皋楹联丛话6卷　子部艺术类

1916年印行。本书收南通、如皋、海安名联,分故事、名胜、庙祀、寿挽、门庭、杂缀、香奁7类。南通市博物苑藏。

潘肇元(1870—?)

字新伯,号铁佣,一号铁叟、铁老。如皋丰利场人。荫东子。曾编其父《樵叟集》刊行。

旧新唐书改元纪年表　史部史表类

1942年稿本,南通市图书馆藏。

潘孝端先生年谱1卷　史部传记类

(1) 1929年南通通新印刷公司铅印本,南京图书馆藏。

(2)《北京图书馆藏珍本年谱丛刊》本。

按:此为其父年谱。

铁老文录3卷　集部别集类

1947年如皋文美斋铅印本。

缪文功(1871—1944)

字敏之,号抱鲁,室名寄归庐。如皋栟茶镇人。青年时代去日本留学,回国后,曾任如皋师范教员、学监,江苏省第七中学(今南通中学)校长等职。光绪三十年(1904)留学于日本宏文书院师范科,年底学成回国。三十一年与蔡映辰等创办如东地区第一所小学启秀小学(现栟茶小学)。1928年与徐一鹏等创办私立栟茶初级中学,担任校董事。为解决学校的办学经费,拿出60亩田地给学校作基金。袁世凯称帝,缪文功在学生中开展“雪耻”教育。1944年,日军侵占栟茶镇,缪文功忧愤而卒。善书法。

徐述夔诗狱考1卷　史部传记类

1934年铅印《寄归庐丛著》本,南通市图书馆藏。

按:此记徐述夔《一柱楼诗》案之经过。其中有一些作者最新发现的资料,如记道:“民国二十二年十一月,从栟人徐希轼家发见耕野《洗马图》手卷。图中耕野遗像为一少年清装,坐于柳阴石上,面有痘斑。旁一童牵马刷毛,又一童执壶前行。卷端有徐首发、蓝圃、小楼、冒士溉、吴伊训、星潭六人题咏。希轼为栟茶旧家徐组臣之后,在清时绝未示人,故人不知有此图(图已采入江苏教育民族专号刊)。”可为徐述夔研究增加新资料。卷末有1934年8月作者识语云:“此书编纂经多年之搜寻遗文,至今属稿甫定,乡邦文献藉广流传,亦后死者责也。”

小学训练法　史部政书类

二部教授法　史部政书类

小学管理法　史部政书类

以上3种见《栟茶史料初集·艺文略》。

寄归庐文钞　集部别集类

蔡观明选抄本,南通市图书馆藏。

吴　璜(1873—1931)

字绍穆,号一渔。如皋潮桥镇人。光绪二十九年(1903)举人。后在乡间私塾教书。1912年至如皋师范教授国文。“五四”运动中,以教员身份积极支持学生运动。不久在当局压力下,辞去如师教职,赴南京东大附中任国文教员。1923年加入中国共产党。后因军阀混战,返乡至马塘救济院任职员。1927年任马塘行政局长。次年,因支持次子吴亚苏(1907—1929)在家乡开展农民运动,遭通缉,被革职返乡。乃继续办学并卖字画维持生活。

吴璜诗词楹联选　集部别集类

见1982年如东县潮桥志编写组铅印本《潮桥志》。

按：收其诗词楹联20余首。同书所收《吴璜书法绘画选》收其中堂《梅花图》《山光悦鸟性，潭影空人心》楹联等多件，字有骨气，画满豪情。其题有第四首诗的墨笔《梅花图》现藏于南通博物苑。

刘宝泰(1875—1932)

字念劬。祖籍安徽歙县，其祖咸丰年间因避战乱迁居如皋县马塘镇。宝泰颇谙诗书，且娴文辞，尤工书法。光绪十九年(1893)赴山东从事文案，常代李鸿章、刘坤一缮拟奏折，以文字驰誉齐鲁。光绪二十五年，刘宝泰被袁世凯聘入幕府分掌文案，深为袁世凯赏识。袁任内阁总理大臣，招集旧部组建内阁。刘宝泰洞察时势，抗不应命，与袁分道，并积极推行新政。曾参与了中国最早的政府报《北洋官报》的编纂工作。在山东从事文案的同时，还兼任山东省图书馆馆长。刘宝泰广增藏书，制定编目，1917年聘请南通人袁绍昂主编《山东图书馆重编目录》。

刘宝泰函稿　史部政书类

如东县图书馆编辑　曹华主编

2006年广陵书社出版。

按：此乃刘宝泰为袁世凯草拟的奏折、信札、电文、政治方略。内容涉及国事、政事、家事及朋友私事，其中有一些是袁世凯亲笔批改。此书对袁世凯研究提供了不可多得的史料。

潘恩元(1877—1948)

字颂国，号丹仲，晚号质翁。如皋县丰利场人。荫东次子，幼受家学，从父苦读，后肄业于南菁书院。工书，擅诗词。

白门集3卷　集部别集类

民国铅印本，南京图书馆藏。

不残朴斋集 8 卷　集部别集类

民国铅印本，南京图书馆藏。

六十述怀六十首　集部别集类

朱墨铅印袖珍本，如东县电视台编辑徐继康收藏。

朱　耀(1883—1926)

字少青，号亚陆，别号东皋墨隐，谥号文肃先生。如皋潮桥镇陈庄人。清末廪生。书法专攻汉魏碑帖。民国初任马塘市议会议长，兴办教育、慈善、水利事业。

陟岵录　集部别集类

此系其子辑录诗文遗著编成，韩国钧题签收藏，1982 年尚存。见如东县潮桥公社《潮桥志》。

李星白

如皋人。

青莲轩菊觞集　集部别集类

1922 年石印本，南通市图书馆藏。

郭雍南(1887—1945)

字仲达。如皋人。17 岁中秀才。为沙元炳友人。郭雍南是一位爱国文人。1938 年日寇侵犯如皋，爱国人士英勇抗日，多人为国牺牲。在事后地方为烈士隆重举行的追悼会上，其撰挽联道："伤心同一哭，壮志足千秋。""当前炮火由他，血肉横飞，故国英雄殊死战；有日河山还我，馨香再荐，满城仕女踏歌来。"

重修郭氏宗谱 10 卷首 1 卷　史部传记类

郭全富修　郭雍南纂

1920 年懿德堂木活字本，南京图书馆藏。

棠魂集　集部别集类

石印本。

意秋亭诗草 3 卷附己酉南游诗草　集部别集类

1914 年铅印本。

周行集 3 卷　集部总集类

郭雍南、冯嗣石、常忠等合著　郭雍南辑

抄本，南通市图书馆藏。

两顾先生遗稿　集部总集类

清顾酉书、顾煌撰　郭雍南辑

1924 年郭雍南手抄本，南通市图书馆藏。

优　祥(1898—1938)

初名寂祥。主光孝寺法派，改今名。字常惺。如皋朱氏子。17 岁毕业于师范学校。转入华严大学，具戒宝华，习禅天宁。研读各派佛理，主办佛法学校。1922 年受法光孝寺，讲学浙江、厦门、北平、昆明佛学院。后圆寂于上海。

贤首概论 1 卷　子部佛教类

大方广圆觉修多罗了义经讲义 21 卷　子部佛教类

因明入正理论要解 1 卷　子部佛教类

大乘起信论讲要 1 卷　子部佛教类

以上 4 种有全集刊本。

大乘起信论亲闻记　子部佛教类

常惺法师讲演　智严笔记

1935 年华北居士林印本，南京图书馆藏。

佛法的两性问题　子部佛教类

(1) 华北居士林排印本。

(2) 全集刊本。

佛家的忏悔主义　子部佛教类

(1) 北平朝阳大学排印本。

（2）全集刊本。

佛法是迷信消极的吗　子部佛教类

佛学概论1卷　子部佛教类

以上2种有：

（1）1929年排印本。

（2）全集刊本。

常惺法师集6卷　集部别集类

1948年光孝寺排印本。

常惺法师集　集部别集类

（1）1963年华严莲社出版，南京图书馆藏。

（2）1968年台湾华严莲社中华大典编印会出版，南京图书馆藏。

（3）1988年台湾出版，南京图书馆藏。

按：以上各种版本参见《泰县著述考》卷7。

王玉文（1905—1930）

如皋搬经乡人。其父病逝后，随继父迁居芹湖。1923年考入江苏省立第二师范学校（上海龙门师范）。1926年加入中国共产党，回芹湖小学任教。1927年任国民党如皋县党部宣传干事。次年参加组织领导如皋西乡“五一”农民大暴动。失利后转移到上海。1929年春，任中共如泰中心县委书记兼泰兴县委书记。1930年8月，参与组织黄桥总暴动失败，被叛徒枪击牺牲。

飘鸟之死　子部小说类

1926年在省立第二师范学校自费出版。参见1955年《如皋县志》卷21。

海 安

马玉麟

字东皋。元海安人。居樊川。初为长洲县尹，有政声。累迁参知政事。

东皋先生诗集5卷附录1卷　集部别集类

《海陵丛刻》本。

程　泮(1573—1620)

字瞻楼，号子芹。明海安人。笃行向学，师事安丰王襞、金陵焦竑等。不辍寒暑，究明理学。尝刻其师王襞《东崖遗集》等书。

天响草集　集部别集类　佚

见《古海陵县志》撰述。

徐　耀(1592—1641)

字韫生，号蓼莪，一号心野，别号古愚。明海安人。天启四年(1624)举人，崇祯元年(1628)进士。官龙溪知县，入为兵科左右给事，礼科都给事。擢太常少卿，提督四译馆，升都察院协理院事、左佥都御史。与冒起宗为好友。卒赠副都御史。十六年思宗遣本府堂上官马鸣騄谕祭。

齐云楼制艺　集部别集类　佚

见《古海陵县志》撰述。

李　祜

字守业，号成宇。明海安人。少为吏，以亲老不仕。万历间三举乡饮宾不赴。尝与程泮同刊其师王襞遗集。卒年53。

孝行纪略6卷　史部传记类

教家乐16卷　子部儒学类

以上2种见《古海陵县志》撰述。

陆祖瑜

字壁人。清海安人。由国学考授州司马。

伊亭集　集部别集类　佚

见《古海陵县志》撰述。“艺文”收其诗1首。

符淑真

字晓岚。清海安人。徐子鼎妻。

绣余谈经　经部群经总义类　佚

芸阁诗钞　集部别集类　佚

以上2种见《古海陵县志》撰述。

赵飞云

字玉华。清海安人。徐进卿妻。

绣余草　集部别集类　佚

见《古海陵县志》撰述。

薛方平

清海安人。

一夕感兴诗前后二集　集部别集类　佚

见《古海陵县志》文苑，谓张符骧为之序。

沈龙翔

原名默。字兴之，号让斋，晚号遁叟。清海安人。康熙五十二年(1713)顺天中试。与弟遴读书芝圃中，时有二沈之目。尝与修州志。

发幽录1卷　史部传记类

《海陵丛刻》本。

（雍正）崇明县志 20 卷首 1 卷　史部地理类

清张文英修　沈龙翔纂

（1）清雍正五年（1727）刻本，国家图书馆等藏。

（2）抄本，南京图书馆等藏。

桴客卮言 1 卷　子部杂学类

见嘉庆《重修扬州府志》卷 62。

夏尘茗噱录 1 卷　子部杂学类

清乾隆四年（1739）精刻本，附载《扬州古迹六咏考辨》。

清芬堂集 20 卷　集部别集类

见同治《续纂扬州府志》卷 22。《海陵文征》卷 19 收其文 4 篇。

章士锦

字倬云，号日庵。清海安人。工诗古文辞。雍正五年（1727）征聘贤良，知县、学师交荐之，辞不就。后以岁贡任金山学官。遇金山饥，乃捐廉助赈。年 96 卒。

阇斋文集　集部别集类

朗如轩吟草　集部别集类

以上 2 种见《古海陵县志》撰述。“艺文”收其诗 4 首，又收其文 1 篇。又见于《海安考古录》。

陈　缜

字闻墀，号玉峰。清海安人。乾隆十九年（1754）恩贡，官宁国县训导。

天香书屋集　集部别集类　佚

见《古海陵县志》撰述。“艺文”收其诗 1 首。“碑记”收其文 2 篇。

仲之琮

字苍璧。清海安西场人。一生雅好诗画，慷慨尚义。其父仲以贞在镇北古树边造园亭一座，延留名士郑板桥、李鲜与如皋文人、画师，结社吟咏，并授仲家三代。乾隆十三年(1748)，仲之琮在寓居其家的浙江山阴人胡裘镎鼓动下，从泰州邓孝威处购买其所藏《国朝天下名士诗观》之印版，并请胡氏修补校订，印行于世。

避喧亭诗钞　集部别集类

版本待考，海安县图书馆藏。

诗观初集12卷二集14卷闺秀别卷1卷三集13卷闺秀别卷1卷　集部总集类

《诗观初集》邓汉仪评选　二、三集仲之琮辑

清乾隆十三年如皋仲之琮、浙江胡裘镎补订刻本，国家图书馆藏。

李　襄

清海安人。

五知山房集　集部别集类　佚

见《古海陵县志》撰述。

徐　沣

字听涛，号爱泉。清海安人。

数鸥亭集　集部别集类　佚

见《古海陵县志》撰述。“艺文”收其诗8首。

李　氏

清海安徐沣妻。

徐氏女则　子部儒学类

见《古海陵县志》撰述。

陈雁桥

字问秋。清海安人。

天香书屋续集　集部别集类　佚

见《古海陵县志》撰述。“艺文”收其诗 3 首。“碑记”收其碑记 1 篇。

徐开泰

清海安人。

寿轩文集　集部别集类　佚

蒹隐诗集　集部别集类　佚

以上 2 种见《古海陵县志》撰述。

仲耀政

号荔亭。清海安西场人。其集署“西场仲耀政荔亭氏著”，西场，古称蓉塘，位于海安县城东。家有古树园，与从兄仲鹤庆、山阴胡裘锌交好。

荔亭诗草不分卷　集部别集类

清乾隆间稿本，天一阁博物馆藏。

按：此集分装两册，上册录五言律诗 60 首，下册录七言律诗 43 首、绝句 13 首。其诗多记杭州、苏州、扬州、金山等地风物，及忆旧怀人、与诗友唱和之作。前有乾隆四十年(1775)如皋吴廷燮序，称“其诗宽裕内好，方珪圆璧，当其豪宕感激，颇不自囿于边幅，殆清而不臞，豪而不粗者欤?”

远香阁诗钞 1 卷　集部别集类

稿本，浙江图书馆藏。

按：此集朱墨圈点、涂抹修改处甚多，录诗 52 首，与天一阁藏《荔亭诗草》重名者 15 首，但文字多有出入。天一阁本成稿当早于浙图本。

秋影山庄诗稿不分卷　集部别集类

清抄本，南京图书馆藏。

乔　林(1731—?)

字翰园,号西墅,晚号墨庄。清如皋人。清代乾隆年间著名篆刻家。家居海安县丁家所。性嗜古,潜心字学,自周秦以来篆隶源流考核精审。他人收藏古器文字不可辨识者咸能考据证明之。作字淳古浑劲,得古法。喜游山水。乾隆四十三年(1778)刻"人事多有不能,惟酷好学问文章"印。师法许容,钱大昕有《乔墨庄先生传》,赞其画山水不拘家法,工吟咏,善篆隶,手制竹根草,尤精雅绝俗。

金石萃言　史部金石类　佚

篆隶汇编　子部艺术类　佚

墨庄印谱　子部艺术类　佚

以上3种见嘉庆《如皋县志》卷17。《如庠题名录》卷首谓尚有诗稿若干卷。

寒碧轩诗抄　8卷　集部别集类

见《海安文化志》《海安县志》。

章应诏

清海安人。

武帝觉世经排律　集部别集类　佚

见《古海陵县志》撰述。

陆僭辰(1777—1842)

字筦泉,号耳乡。清泰州海安镇(今属海安县)人。廪生。精医理。道光六年(1826)镇民多病霍乱,疏方济人,全活甚众。喜研金石,搜古碑数百通。擅书法,好诗,喜博弈。

运气辨　子部医家类

(1)《海陵丛刻》本。

(2) 2014年凤凰出版社《泰州文献》本。

陆筦泉医书6卷　子部医家类

(1)《海陵丛刻》本。

(2) 2014年凤凰出版社《泰州文献》本。

按:亦见《江苏历代医人志》。

子目:

《伤寒证治赋》

《伤寒医方歌括》

《中风证治赋》

《暑湿证治赋》

《瘟疫证治赋》

《燥火证治赋》

《秋时晚发证治赋》

《肿胀证治赋》

《咳嗽证治赋》

《痰饮证治赋》

《虚劳证治赋》

《虚劳医方歌括》

《痧辨》

《医方歌括》

《运气辨》

《医学证治赋》

《本草赋》

《针灸书》

弈谱四册　子部艺术类

清陆儋辰辑

稿本,南京图书馆藏。

谭开御

清海安人。

养目斋集　集部别集类

春斋四咏　集部别集类

以上 2 种见《古海陵县志》撰述，有康发祥序。

仲贻菊(1779—1834)

原名贻瑄，后更名达，字淡人。清海安县西场人。极富才华，诗书画俱佳，尤善诗词。

无掩节录　子部杂学类

手抄本，海安仲氏七十一世仲贞子先生藏。

按：本书叙事明白如话，描述极为生动，对研究清代中叶的风俗民情有参考价值。

且憩山房诗钞　集部别集类

见《海安文化名人传略》。

徐　兰

清海安人。

含饴消夏集　集部别集类　佚

见《古海陵县志》撰述。

李　燮

清海安人。

听鹿山房集　集部别集类　佚

见《古海陵县志》撰述。

徐　聪

清海安人。

秋水斋集　集部别集类　佚

见《古海陵县志》撰述。

徐厚蕴

字晴川。清海安人。

鸣鹤轩诗抄　集部别集类　佚

见《古海陵县志》撰述。“艺文”收其诗12首。

王叶衢(1782—1862?)

名华封,字尧名,叶衢为其号。清海安人,祖籍安徽滁县。韩国钧称其秉性诚恪,践履笃实。闭门著述,不求仕进,矢志于海安自然、历史资料的搜集与研究。“专力搜辑一镇遗事,凡嘉言懿行、文章碑碣,靡不求其本源,考其始终”,凡有见闻,即书片纸弃筐中,日久成帙。

(咸丰)古海陵县志6卷首1卷　史部地理类

(1) 清咸丰五年(1855)稿本,1962年扬州市古旧书店据石麟画馆藏咸丰稿本油印本。

(2)《中国地方志集成》本。

海安考古录4卷　史部地理类

(1) 清咸丰五年纂,1913年抄本,国家图书馆藏。

(2)《海陵丛刻》本。

按:陈笃庆序称:“凡集中所载,考其所信,考其所疑,考其所是,考其所非,莫不确凿不诬也。”此书仿顾炎武《京东考古录》、朱彝尊《日下旧闻》、周亮工《闽小记》等而作,分门别类,专记海安一地历史地理、人物古迹:建置、职官、官署、疆域、水利、祠祀、寺观、古迹、人物、列女、艺文、碑记、撰述。与《古海陵县志》可互为补充。

韩国钧(1857—1942)

字紫石,又作止石、子石,晚号止叟。海安人。光绪五年(1879)举人。二十八年起历任河北矿务交涉局会办、广东劝业道、奉天劝业道、吉林民政司等职。三十一年去日本考察农工商学矿各业情况。辛亥革命后任奉天交涉使、江苏民政长、安徽巡按使。不久辞职还乡,经营泰源盐垦公司。1920 年任运河工程局会办。1922 年 4 月任山东省长,旋调江苏省长。1924 年江浙战后,一度兼督军,处理善后。1925 年辞去省长兼督军职务,返乡隐居。多次参加江苏水利工程、黄河水灾救济事宜。1934 年受聘为全国水利委员会委员。抗战期间坚持民族气节,拒任伪职。1940 年夏新四军东进,韩国钧主持曲塘和平会议,并被选为苏北临时参议会名誉议长。1941 年日军复占海安,遭软禁,次年元月忧愤成疾卒。殉国后新四军军部及盐阜各界召开隆重追悼会,1943 年中共苏中区党委和苏中行政公署决定撤消泰县海曲白河北办事处,建紫石县,以示纪念。南京师范大学《文教资料》1991 年第 2 期刊有邹嘉南编《韩国钧年表》及有关资料。

吴王张士诚载记 5 卷　史部传记类

支伟成、任致远辑　韩国钧审定

(1) 1932 年上海大中书局铅印本,北京大学图书馆藏。

(2) 1932 年上海泰东图书局铅印本,浙江师范大学图书馆藏。

(3) 1932 年中华书局铅印本,郑州大学图书馆藏。

(4) 2013 年中华书局点校本。

按:本书共分正、附二编。正编按年记录张士诚事迹,仿《晋书》杂霸之主别立《载纪》之体,以张士诚为列国之主。附编一曰附传,记吴王诸臣事迹,一曰附考录诸史、笔记轶闻杂事有待考证者,一曰附志,录《苏州府志》各书所载吴王事迹者,一曰附录,皆诗文歌谣。保留了不少重要的地方文献资料。

随轺日记 1 卷　史部传记类

(1) 清光绪二十五年刻本，南京图书馆藏。

(2) 2006 年学苑出版社《历代日记丛钞》本。

按：日记起清光绪十六年七月十六日，迄十七年三月七日。

北行日记 1 卷　史部传记类

见《止叟年谱》。

祝寿八律　史部传记类

韩国钧撰并书

1923 年稿本，国家图书馆藏。

永忆录 2 卷　史部传记类

(1) 1941 年仿宋排印本，南京图书馆藏。

(2) 台北文海出版社《近代中国史料丛刊初编》本。

止叟年谱 1 卷　史部传记类

(1) 1942 年仿宋排印本，南京图书馆藏。

(2) 台北文海出版社《近代中国史料丛刊初编》本。

(3) 1971 年台北广文书局《中国历代名人年谱汇编》影印本。

(4)《北京图书馆藏珍本年谱丛刊》本。

止叟年谱、日记　史部传记类

手稿本，线装 1 册，海安县图书馆藏。

亡室王夫人像赞不分卷　史部传记类

康有为等撰　韩国钧辑

民国间影印本，国家图书馆藏。

按：王氏(？—1923)，韩国钧夫人。

林门聘妇谢贞女题辞 2 卷　史部传记类

韩国钧等撰

民国间铅印本，国家图书馆藏。

按：谢贞女，即谢继媛(1900—1922)，林祥应之未婚妻。内容含诗、文、传、挽联等。

海门龚君墓志铭 1 卷　史部传记类

抄本，南京图书馆藏。

中国新学学人姓名表　史部传记类

见《止叟年谱》。

实业界之九十日　史部政书类

（1）清光绪三十二年日本排印本，南京图书馆藏。

（2）2017年岳麓书社《走向世界丛书》本。

按：详细记载了作者历时三个月考察日本实业界的情形和成果，作者主张学习日本，但同时也应对其保持警惕。

十九省筹还赔款表不分卷　史部政书类

韩国钧编

清末刻本，南京图书馆藏。

整理苏省国家财政致京外同乡书1卷附件不分卷　史部政书类

齐燮元、韩国钧编

1922年石印本，南京图书馆藏。

按：1922年，韩国钧出任江苏省省长。其时江苏财政极度困难，“不图救济，行将破产”。为此，韩国钧致函京外同乡，恳请各自献计献策，以度难关。韩氏称，“夫政治方略，无终对之是非，有比较之利害”。

江苏省公署第二届财政会议汇编1卷　史部政书类

齐燮元、韩国钧编

1923年石印本，南京图书馆藏。

按：齐燮元时任江苏督军，韩国钧时任江苏省省长。江苏财政收支悬殊，收入岁额有定，支出则日进无穷，故不足供各方之求。江苏省公署第二届财政会议于十二月九日召开，希望能谋得量入为出之方。本书即辑录这一届财政会议各相关事项。

中国师船表　史部政书类

东三省交涉要览　史部政书类

以上2种见《止叟年谱》。

（民国）续纂泰州志35卷首1卷　史部地理类

韩国钧、王贻牟总纂

(1) 清稿本,海安县地方志办公室藏。

(2) 抄本,泰州市图书馆等藏。

(3)《中国地方志集成》本。

铸钱述略上编1卷下编1卷铜表1卷　史部政书类

清光绪二十五年刻本,上海图书馆藏。

永城土产表1卷　子部农家类

清光绪年间《农学丛书》本。

海陵丛刻二十种　丛书类

民国铅印本,南京图书馆藏。

子目参见《中国丛书综录》第1册。

按:海陵为古地名,西汉置县,治所在今泰州市。韩国钧自1919年开始刊印《海陵丛刻》。历经10多年精心编纂,至1925年,方全部完成。《海陵丛刻》汇集宋、元、明、清16家著述,作者均为海陵人,其中有多种为专门记述地方事情的著作。各书后都有韩国钧撰跋。此书种数有题十八种、二十三种等,或因藏书有缺,或因将附刻连带计算。今查此书封面题签,明确标明第一种至第二十种顺序,故本书种数当以此为准。

又按:江苏省档案馆编《韩国钧朋僚函札名人墨迹》(2006年东南大学出版社出版),所收录作者有马君武、王震、王芝祥、王柏龄、仇埰、邓邦述、史量才、叶楚伧、冯煦、冯国璋、庄蕴宽、齐耀琳、江谦、孙雄、李详、李根源等。

朱南金(1863—1940)

字葆逵,号垫翁。海安人。晚清秀才。从苏州黄门先生就读,学成回归故里。他晨起练字,外访名家,切磋技艺,书画文章日趋成熟,尤以书法造诣最深。其作品在苏州、扬州、泰州、海安一带甚有影响。

仁学通　子部杂学类

见《海安文化名人传略》。

按：朱氏一生信膺浏阳谭嗣同，谭著《仁学》，其读后因作本书，阐名谭氏著作之微言大意。又，海安县博物馆尚存其行书条幅。

杨　冰(1871—1913)

字冷仙。海安县仇湖乡人。自幼爱书。光绪十六年(1890)堂兄杨馥自南京购回《西学大成》相赠，杨冰喜获至宝。知东台戈右衡通数学，便往学。光绪二十年入江阴南菁书院从崔朝庆学。崔为清代早朝留日学生，精通数学，藏书甚丰。杨冰于是学业大进，对外国诸家教学论著，逐一研读，或辩证，或引申，或补充，颇有独特见解。二十三年应科举赴扬州，府试第一名。受聘四川主考官吴庆坻幕客，赴成都襄助阅卷，二十五年返里，再赴南菁深造。冬日，被两江总督端方礼聘为江南师范学堂数学教习，后又奉派赴日本考察教育学制。应日本数学家长泽黾之助邀请进行讲学活动，并拜见了孙中山、黄兴。二十八年冬，回国后任教于江南高等学堂、三江师范学堂、两江师范学堂、江南优级师范学堂，主讲代数、微积分、三角、几何等课程。时人共推为我国研究“组合数学”的鼻祖。

算表合璧 1 卷　子部历算类

与崔朝庆同编

清光绪二十八年江楚书局刻本，南京图书馆藏。

按：其《中西算器考》《微积术补代数未尽说》共 10 篇，刻入《南菁文钞》。

谭德钟(1876—1949)

字组云，号高谭，皈依印光大师后，法名德备，晚号海陵老人。祖居江西南昌，后迁海安镇。曾遍游长江沿岸，又远至京师粤闽，后定居上海鬻书。先后与康有为、李瑞清、沈曾植、于右任等谈论艺事。酷爱书法，临钟、王名帖及汉唐碑版，卓然成家，与谭延闿(组安)称“南北谭”。

海陵印存 4 卷　子部艺术类

海陵书画集　子部艺术类

续艺舟双楫　子部艺术类

海香诗钞　集部别集类

以上 4 种见《海陵文化名人传略》，谓部分著作存于其长孙处或藏于海安县图书馆。

石重光(1890—1933)

字又新。海安县李堡镇人。赴日本留学，毕业于弘文学院。学成归国，追随孙中山先生，在筹办枪械中事发，避逃归乡。沙元炳推荐其到省立七中(今南通中学)任教。后李堡潘树声任如皋师范校长时，聘其至如师任教，并任教务主任。因事得罪江苏省教育厅厅长周佛海，被赶出如师，在如皋城做家庭教师。后去安徽凤阳中学教书。1933 年因伤寒还乡，久治无效而逝于如皋。书法学王羲之十七帖，画学郑板桥石竹。又好古琴。

顽石诗稿　集部别集类

手抄本，1 册，“文化大革命”中被毁。

主要参考文献

(嘉靖)通州志 6 卷　明钟汪修　林颖等纂　抄本

(万历)通州志 8 卷　明林云程修　沈明臣等纂　1963 年《天一阁藏明代方志选刊》本

州乘资 4 卷　清邵潜纂修　明弘光元年(1645)刻本

(康熙)通州志 15 卷　清王宜亨修　王效通、王兆升纂　清康熙十三年(1674)刻本

(乾隆)直隶通州志 22 卷　清王继祖修　夏之蓉等纂　清乾隆二十年(1755)刻本

州乘一览 8 卷　清汪枽纂　1940 年南通文献征集会铅印本

(道光)江南直隶通州志　清顾鸿修　李琪、杨廷撰纂　清道光间刻本

(光绪)通州直隶州志 16 卷首 1 卷末 1 卷　清梁悦馨、莫祥芝修　季念诒、沈锽纂　清光绪元年(1875)刻本

(民国)南通县图志 24 卷　民国范铠纂　张謇续纂　1925 年孟森校订铅印本

明刻通州狼五山志 4 卷　明王扬德编辑　1935 年据明万历四十四年(1616)刻本影印本

南通州五山全志 20 卷　清刘名芳纂　清乾隆十六年(1751)刻本

海曲拾遗补续 6 卷　清金榜纂　徐缙续补　清嘉庆二十三年(1818)徐氏芸晖阁补刻本

崇川咫闻录 12 卷　清徐缙、杨廷撰纂　清道光十年(1830)徐氏芸晖阁刻本

两淮通州金沙场志　清邱标等纂　《中国地方志集成》本

南通县平潮市人物志 1 卷　邵昌编　1920 年铅印本

(嘉靖)海门县志集 6 卷　明吴宗元修　崔桐纂　1964 年《天一阁藏明代地方志选刊》本

(道光)海门县志 3 卷　清丁鹿寿纂　清道光十一年(1831)刻本

(光绪)海门厅图志 20 卷首 1 卷　清俞麟年等修　周家禄等纂　清光绪二十六年(1900)刻本

(宣统)续海门厅图志　刘伟纂　《中国地方志集成》本

民国海门县图志 15 卷　刘伟纂　《中国地方志集成》本

静海乡志 3 卷附大事记　清丁鹿寿撰　《中国地方志集成》本

(嘉靖)重修如皋县志 10 卷　明童蒙吉修　谢绍祖等纂　明嘉靖三十九年(1560)刻本

(嘉庆)如皋县志 24 卷　清杨受廷、左元镇修　马汝舟、江大键纂　清嘉庆十三年(1808)刻本

(道光)如皋县续志 12 卷　清范仕义修　吴铠纂　清道光十七年(1837)刻本

(同治)如皋县续志 16 卷　清周际霖、胡维蕃修　周顼、吴开阳纂　清同治十二年(1873)刻本

(民国)如皋县志 20 卷首 1 卷末 1 卷　刘焕等修　沙元炳等纂　《中国地方志集成》本

白蒲镇志 10 卷　清姚鹏春纂　《中国地方志集成》本

(咸丰)古海陵县志 6 卷首 1 卷　清王叶衢纂　《中国地方志集成》本

海陵考古录 4 卷　清王叶衢纂　《海陵丛刻》本

紫琅诗集 8 卷　清陈心颖等辑　清乾隆二十九年(1764)抑园刻本

崇川诗集 12 卷补遗 1 卷　清孙翔辑　清乾隆三十七年(1722)刻本

淮海英灵集 21 卷　清阮元辑　清嘉庆三年(1798)仪征阮氏小琅环仙馆刻本

五山耆旧集 20 卷　清杨廷撰编辑　清道光四年(1824)一经堂刻本

五山耆旧今集 8 卷　清杨廷撰编辑　清道光间一经堂刻本

崇川各家诗钞汇存 52 卷补遗 61 卷列朝诗选 2 卷首 8 卷目录 3 卷　清王藻编辑　清咸丰七年(1857)刻本

崇川书香录不分卷　清袁景星、刘长华撰　《崇川刘氏丛书》本

紫琅诗话 9 卷　清顾鹓纂　清道光五年(1825)抄本

江南乡试朱卷不分卷　清刻本

乡谥椳跋汇编 2 卷续刊 1 卷　民国姜镜蓉编　1934 年石印本

如庠题名录 4 卷首 1 卷　清徐维骐等编　清光绪二十四年(1898)刻本

东皋诗存 48 卷目录 1 卷　清汪之珩辑　清乾隆三十一年(1766)刻本

东皋诗余 4 卷　清汪之珩辑　清乾隆三十一年(1766)刻本　又嘉庆八年(1803)刻本

师山诗存 10 卷首 1 卷末 1 卷　清茅炳文辑　清咸丰十年(1860)茅斋刻本

莲因集 8 卷附莲因集词钞 1 卷　清钱士杓、严景华选　清光绪十六年(1890)如皋文峰阁释能启刻本

南通保家轶事　保晓冲编著　江苏文艺出版社 2012 年版

南通地方文献联合目录初稿　南通市图书馆编　1963 年油印本

后　记

《江苏艺文志》是由南京师范大学古文献整理研究所本书编纂委员会主持的科研项目，被列入江苏省“七五”社会科学规划。

《南通卷》共收入 1318 人。其中南通市、通州市 566 人，海门市 178 人，如皋市、如东县 548 人，海安县 25 人，附见 1 人。南通师专中文系顾启先生在繁忙的教务工作之余主持了本卷的编写，并亲自撰写了条目，参加了全书校样的校订工作。章国林先生除撰写条目外，编制了本卷“主要参考书目”，并承担了大量资料咨询工作，最后对稿件进行了系统全面的校订。丁赋生先生也在工作之余撰写了部分条目。江庆柏先生负责本卷的修改、补充和最后审定。

本卷编写得到了南通市图书馆古籍部、南通师专图书馆等单位的大力支持，为查阅资料提供了许多方便。张瑗先生组织了本书的编写，我们对他的不幸去世，表示深切的哀悼。

在本书编写过程中，还得到了南京师范大学图书馆古籍部的大力支持，为我们查阅资料提供了许多方便。本所《清代文集总目》编写组制作的大量清代集部资料卡无偿提供本书使用，为本书的编写提供了切实的版本依据。江苏省出版总社穆纬铭先生对本书的编纂工作给予了最大支持，徐飞先生为本书的出版作了大量具体工作。责任编辑邱禹先生对本书的编辑付出了辛勤劳动。因此没有整个社会的大力支持和协助，本书的编纂出版是不可能的。在此，我们谨表示衷心的感谢！

由于我们水平有限，同时也限于人力、财力，本书尚有许多不完善之处，我们恳请专家、学者提出批评意见。

《江苏艺文志》编纂委员会

1994 年 11 月

江蘇藝文志

顧廷龍題

国家古籍整理出版专项经费资助项目

江苏省地方志编纂委员会办公室组织编纂

江苏艺文志

（增订本）

扬州卷

一

原　主　编　赵国璋
增订本主编　江庆柏
增　订　者　李　军

凤凰出版社

《扬州卷》原编写人员名单

主　编　封桂荣

副主编　刘立人　薛瑞庭　陈仁芳

撰稿人　（按姓氏笔画为序）

江庆柏　汤大民　杨鲁江　李　洁　陈　妹

陈仁芳　陈丽萍　赵国璋　韩　石　薛瑞庭

目　录

《扬州卷》引言

汤大民

扬州是我国著名的商业都市和文化古城。从公元前486年吴王夫差开邗沟、筑邗城算起，已有2500余年的建城史。在汉代，称广陵、江都，隋唐以来称扬州。现为省辖市，下辖邗江区、广陵区、江都区3个市辖区和宝应1个县，代管仪征、高邮2个县级市。

这部《江苏艺文志·扬州卷》，按现划扬州行政区域，编纂了从远古至1949年扬州籍和长期流寓、定居扬州地区的学者、文人小传及其著述概况，为深入继承和发扬扬州传统文化提供了系统的、全方位的、迄今最完备的文献引得和信息储存。

翻检本卷，人们不难发现，作为区域文化，扬州的文化景观在江苏及我国古文明史上，占有重要的地位。它是吴文化和中原文化交接、撞击和融合的产物。既具有我国传统文化固有的基本格局，又具有因商业繁荣、交通发达等历史条件带来的独特气象。随着历史的推移，扬州文化的典籍日趋丰富，它的发展也日趋成熟和繁荣，因而对中华民族文化的整体建设也越来越显示出参预的积极性和主动性，充分发挥了其独特的优势和影响力。当然，扬州文化的发展轨迹不是直线上升的，而是时起时伏地波浪式推进的。

扬州文化初荣于西汉初年及“文景之治”时代。当时，江苏这块孕育、诞生了汉王朝的大地上，经济、文化正在全面复苏。建藩广陵的吴王刘濞，正在展开他富国强兵、觊觎天下的雄图大略。广陵“当昔全盛之时，车挂轊，人驾肩，廛闬扑地，歌吹沸天，孳货盐田，铲利铜山，才力雄富，士马精研”（鲍照《芜城赋》）。在这种背景下，扬州的审美文化率先兴起，“吴、蔡、齐、秦之声”响彻扬子江畔，四方茂材纷至沓来，文学家枚乘、邹阳、严忌之徒的华丽辞章，传遍全国。枚乘《七发》中关于广陵曲江观潮的描写，其华采文辞、丰富想象实得助于扬州壮丽风光。到了汉武帝时代，董仲舒来任江都王相五年，他以《春秋》及阴阳学说治理政务，把“天人合一”的思想痕迹深深地烙印在扬州的土地上。终两汉之世，扬州文化处于吸收、发育的过程之中。直到汉魏之际，广陵人陈琳以讨曹檄文及《饮马长城窟行》等乐府名篇，展现了扬州文化的清峻风骨和勃发生机，跻身于“建安七子”之列，饮誉中国文坛。

南朝宋孝武帝大明年间，广陵城毁于统治者内战烽火，经济、文化元气大伤。但处于发育期的扬州文化，生命力极其旺盛。到了隋唐时代，出现了烟花三月的灿烂春光。大运河的开凿，隋炀帝三下扬州，推动了扬州经济的复兴和南北文化的交融。当中国封建社会如中天丽日进入李唐，扬州工商业及文化事业也同步迅猛发展。当时有“扬一益二”之说，扬州已成为全国首富之区，并作为东南沿海的商业都市和对外经济文化交流的重要港口。与广州、泉州、明州（今宁波）并列为四大口岸。鉴真和尚东渡日本，西方及中亚商人沿海上丝绸之路来扬，中外交流极一时之盛。

“腰缠十万贯，骑鹤下扬州”，唐代扬州成为文人骚客荟萃渊薮。其时有数十位著名诗人到过扬州。李白、白居易、刘禹锡、孟浩然、张祜、杜牧、李绅、韦庄都在扬州留下了胜踪遗迹。他们诗文唱答，歌酒留连，从扬州这块肥美的大地上汲取诗情画意，又用灵感睿智把这块土地打扮得繁华似锦，分外妖娆。

如果说，初荣时期，扬州文化是由外地来游的文人唱了主角，而在隋唐，在继续荟萃全国精英的同时，扬州本土俊彦也大踏步走向全国。唐初扬州张若虚，青年时代就以诗显名于东南，为“吴中四杰”之一。张若虚到了京城，又名动朝野。一曲《春江花月夜》，获“孤篇压全唐”的崇高声誉，被闻一多称为“诗中之诗，顶峰上的顶峰”。他与陈子昂共同开拓了诗歌史上的盛唐之路。而后江都李邕高超的书艺，为艺苑精华，光耀百代。

这个时期扬州文化对于全国的最大贡献，乃是“文选学”的开创。梁萧统编辑的《文选》，是我国现存第一部文学总集。自隋唐开始科举取士以来，千百年间，《文选》成了士人学习文学、参加科考的必读教材。杜甫曾训子“熟精《文选》理”，李白几次拟《文选》，宋有“《文选》烂，秀才半”之谚。之所以能造成如此巨大的历史影响，首功当推隋唐时扬州学人。他们与《文选》的出世，在时、空上最为贴近，因而接触最早，研究最深。当隋唐以诗文取士伊始，江都曹宪就继萧该之后，向隋、唐天子推崇《文选》，并聚徒讲学，撰写了第一部研究《文选》的著作《文选音义》。嗣后，李善、公孙罗、魏模、模子景倩、善子邕及句容许淹，相继为《文选》教授，是学大兴于时。特别是李善，积十载之功，注释《文选》60 卷，集各家之长，开辞章与考据、文学与学术结合研究之新路，保存了大量已佚古籍片断，为训诂、校勘学提供了良好范式。千百年来，没有一个文人不是在李善注的帮助下才得“熟精《文选》理”的。

五代至宋，承唐余绪，扬州文化继续取得辉煌成绩。广陵徐铉、徐锴兄弟以小学名家。徐锴在南唐时撰《说文解字系传》40 卷，徐铉在宋太宗时主持撰成《说文校定本》，纠正了唐李阳冰刊定的《说文》讹误，使《说文》之学定于一尊，垂宪百代。在文学艺术方面，广陵冯延巳，书画诗词无不精通。其词作“堂庑特大，开北宋一代风气”（王国维《人间词话》），二晏、欧阳修得益尤深。两宋年间，欧阳修、苏轼都曾任扬州太守，王禹偁、柳永、杨万里、姜夔、辛弃疾等皆曾吟歌于竹西佳处。而高邮词人秦观以“晓风残月”的婉约词风，传达了扬州妩媚秀丽的风情。北方学者郝经被贾似道羁留于仪征，他以缧绁之身刻苦精研儒家经典，以著述等身的学术成就获得大学问家的殊荣。特别值得提及的是，南宋时期默罕穆德十六世裔孙普哈丁来扬州传教，元朝马可·波罗出任了三年扬州都督，他们为扬州文化注入了异国精神，增添了新鲜活力。

明清时期，扬州商品经济进一步发展，“百货通焉，利尽四海”，作为文化交流中心的城市功能也日益加强。其中两淮盐业（即扬州盐业）的作用，尤为突出。盐商富豪、四方巨贾云集维扬，掌握着雄厚的商业资本。“富者以千万计”，“百万以下者，皆谓之小商”，他们“购买亭园宾亦主，经营盐典仕而商”。他们需要文化来满足精神享受，也有财力来赞助和创办各种文化设施和活动。如康熙间大盐商安岐接待朱彝尊，一次赠以万金。乾隆时期的富豪马曰琯、马曰璐兄弟，常以所居小玲珑山馆接待四方文士，举办诗文会，并举行大型宴会，免费提供膳食及借阅藏书。全祖望病卧是馆，马氏兄弟出千金为之延医诊治。

不仅如此，商人还力图取得文化人的资格。如明代与王阳明同时的理学家湛若水（1466—1560，号甘泉）在南京讲学时，“扬州、仪真大盐商亦皆从学，甘泉呼为行窝中门生”（明何良俊《四友斋丛说》卷4）。而清代盐商方士庶、香蜡商陈章、书贾钱苍佩、碑版商褚竣，都在诗、文会社中吟诗作对，附庸风雅。可以说，正是这种商、文结合，促进了扬州文化的全面繁荣。当然，康熙、乾隆的多次南巡等刺激，也起了重大作用。

明清时扬州文化的繁荣，发端于泰州学派的兴起。创始人王艮（1483—1541）为泰州安丰场（今东台）人，他在师从王阳明后，于明嘉靖八年（1529）回乡定居，以扬、通为基地，收徒讲学，从学者有士子、商人、僧道、耕樵及手工业工人。其学说显然受到市场经济的繁荣和市民阶层兴起的影响，提倡“百姓日用即道”，把老百姓的衣、食、住、行等日常需要看成是哲学的出发点和真理所在，强调圣人之道无异于百姓日用，与“存天理、灭人欲”的禁欲主义公然对立，具有思想解放的积极意义，从而为扬州文化的全面繁荣打下了坚实的思想基础。

清代前期，扬州的文学艺术呈观了万紫千红、争姿斗艳的热烈景象。诗人如云，诗文如潮，会社林立，各种创作竞赛、研讨雅集，常年举行。康熙、嘉庆两朝，清廷分别开设《全唐诗》局、《全唐文》馆，编纂《钦定全唐诗》900卷、《钦定全唐文》1000卷，前者直接由曹寅在扬州督办编纂、刊刻，后者则亦交阿克当阿在扬州刻板、刷印，进呈内府。因此，当时聚集了一批学者、文士在扬州，参与其事。乾隆年间，两淮都转运使卢见曾主办诗会，于“丁丑修禊虹桥”。其时和修禊韵者 7000 余人，编次得 300 余卷(《扬州画舫录》)。这种规模，即在今天，也令人瞠目。

扬州戏曲，最早与盐务结合。畜花、雅两部，常年演出。本地乱弹、评话也空前兴盛。许多商人招致全国各地名戏班、名演员来扬观摩演出。乾隆南巡，数十里长河两岸搭起几十个戏台，由几十个戏班同时演出，日夜沸腾，成为规模空前的艺术盛节。从乾隆四十二年到四十七年(1778—1782)，在扬州设曲剧局，审改戏曲剧目达 1000 多种，仅此也侧面反映了戏曲繁荣的景况。

在绘画方面，出现了以“扬州八怪”为代表的扬州画派，他们反正宗，主张“法自我立”，追求个性解放，并具有把作品当商品的自觉意识，从而为古老的绘画艺术向现代过渡提供了接轨点。

在园林艺术方面，由于康、乾六幸，扬州的盐商豪富在 16 里长的瘦西湖沿岸，建造了 100 多处建筑群，有所谓“三十里楼台，二十四景”，形成了“两岸花柳全依水，一路楼台直到山”的风貌，当时就有“扬州园林甲天下”之誉。乾隆看了赞曰：“盐商之财力伟哉！”同时，扬州的盆景艺术，漆、玉、镶器、刺绣、烹调等艺术，都达到登峰造极的境界，驰名海内外。

扬州文化全面繁荣，最突出表现和最高成就是扬州学派的兴起。乾嘉时期，是清代学术的黄金季节，也是我国封建文化具有总结性意义的最后繁荣。故这一阶段的学术，又称乾嘉之学，而扬州学派则是乾嘉之学的杰出代表。扬州学派继承了汉学的求实传统，以治经学及小学为主，旁及史学、天文、地理、历算、金石、声律、名物、典章制度、文学艺术等各个方面，对我国古代文化典籍进行了搜集、辨别、整理、保存和研究。但他们也突破了汉学的范围，在训诂的过程中以独创的精神，阐发他们自己的宇宙观、人生观以及对古文化的重新估价，显示了特立独行的鲜明个性。江都汪中曾自言：“中少时向学，实私淑诸顾宁人处士，故尝推六经之旨以合于世用，及为考古之学，惟实事求是，不尚墨守。”故他批评宋明理学的激烈，平议《大学》《中庸》的胆识，以孔荀并称而代孔、孟，倡墨子兼爱非攻思想，都能前无古人，启迪后世。高邮王念孙的《广雅疏证》及其子王引之的《经义述闻》被誉为“海内无匹”，其要旨即在于“不尚墨守”。正如梁启超所说：“高邮王氏父子者，实毛（苌）、郑（玄）、贾（逵）、马（融）、服（虔）、杜（预）之诤臣，非其将顺之臣也。夫岂惟不将顺古人，虽其父师，亦不苟同。”（《清代学术概论》）

扬州学派与吴派、皖派三足鼎立，撑起了乾嘉学术的宏伟大厦。扬州学派后起，他们全面吸收了吴、皖两派的成就，扬长避短，融会贯通，广而大之，深而透之，遂成其为集大成。张舜徽在《扬州学记》中写道：“余尝考论清代学术，以为吴学最专，徽学最精，扬州之学最通。无吴、皖之专精，则清学不能盛；无扬州之通学，则清学不能大。然吴学专宗汉师遗说，屏弃其他不足数，其失也固。徽学实事求是，视夫固泥者有间矣，而但致详于名物度数，不及称举大义，其失也褊。扬州诸儒，承二派以起，始由专精汇为通学，中正无弊，最为近之。”张氏之论，堪作历史定评。

在扬州学者中，最足以代表扬学精神的，当首推焦循和阮元。焦循是通才，治《易》30 年，精通天文、算学、医学、诗词、戏剧，并在许多领域处于学术领先地位。他一生著述五六十种，约 300 卷。他关心现实问题，以“变通”为要义，发出“通乎天下之志”的呼声，对清廷长期闭关自守、固步自封的格局提出隐约的抗议。他的世界观，已透露出中国迫切要求进入世界商品流通过程的征兆。阮元也是通才，他不仅以考订名物能融会圆通著名，且独具慧眼，将金石铭文与九经并重，并总结历代科学成就，编成《畴人传》46 卷，使我国第一次有了科学家列传的系统著作。他官位高，财力雄厚，借此优势，多次组织才人编书、刻书。如《经籍籑诂》《十三经注疏附校勘记》《皇清经解》，都为宏伟的学术工程，对我国古代典籍的保存和传播，对传统学术辨证和交流，作出了重要贡献。

扬州学派所取得的成就，显示了“圆通广大”的气象。而这些成就的取得，与扬州学人的严肃的治学精神分不开。他们都具有历史的使命感和执着的精神，以明确的治学目标和方向、求实的方法，各展所长，相互研讨，无门户之见，不从事声气标榜，不热衷功名利禄，用毕生乃至数代的精力去穷研典籍，自觉不自觉地为中国即将到来的历史大转变准备了详实的历史资料。仪征刘文淇以40年工夫撰写《左传旧注疏证》，仅及“长编”就遽然辞世。其子毓崧继其业，亦未究而卒。其孙寿曾继志，严立课程，撰至襄公四年，又抱恨而逝。孙诒让慨叹道：“发愤千秋大业，亏于一篑，斯尤学人所为累欷而不释者也！”扬州学派的事业一直延续到清末民初，由刘师培为其画上了句号。而扬州学人的治学精神，至今犹为人们所钦慕。

综上所述，扬州古代文化是中华民族整体文化宝库中有机的组成部分。它以开放性、综合性的异禀特质，显示了夺目的光彩。它的开放性来源于扬州地区商品经济的繁荣，交通的发达，信息的畅通和便于南北文化、中外文化交流的地理优势；它的综合性则有赖于它的开放态势，它的自由宽松、容纳百川的文化氛围和历史传统。显而易见，扬州古代文化直至最后，在整体上仍囿于封建形态体系中，精华、糟粕杂糅，砂石、金玉同炉，惟有善于全面批判考察，去伪存真，披沙沥金，始能探得真宝。本卷为目录学类的工具书，故秉承兼收并蓄之原则，细大不捐，力求其全，以为今之学者研究、探讨扬州文化之向导。

本卷由《江苏艺文志》编委会与扬州师范学院有关同志通力合作，共同编纂。本书共收作家3528人，其中扬州市、江都市、邗江县978人，仪征市438人，高邮市435人，兴化市399人，宝应县388人，泰州市、泰县、泰兴市793人，靖江市97人。扬州印刷业素称繁荣，为保存和传播中华典籍立下了巨大的历史功绩。但由于种种原因，扬州古籍在扬州地区的藏储，却远远不能适应编写本卷的需要。加上我们财力的匮乏、人力的不足，在全国范围内访采扬州古籍，也受到严重限制。因而，缺漏和谬误实为预料中之遗憾。好在扬州正在改革、开放中腾飞，今后大有机会使之臻于完善。这一愿望的实现，尤深寄予扬州新文化的开拓者。

1994 年 3 月于南京

《〈扬州卷〉引言》为汤大民先生原作，增订本根据修改后的实际情况略有改动。《扬州卷》原收入作者 3528 人，除去已经另外收入《泰州卷》的，实有 2239 人。增订本收入作者 2236 人，其中扬州 984 人，仪征 439 人，高邮 426 人，宝应 387 人。收入著作 6811 种。

增订者记

2019 年 4 月

扬州市行政区划沿革

扬州市

秦置广陵县，属九江郡。后历为国、郡、州、府等治所。汉初为荆国、吴国，景帝四年（前153）更名江都国，武帝元狩四年（前119）改广陵国，东汉建武中改为广陵郡。三国初属魏，移治淮阴县。后属吴。东晋还治广陵，太宁三年（325）侨置兖州。南朝宋元嘉八年（431）为南兖州治。北齐改东广州，又析置江阳郡与广陵郡并治。陈太建五年（573），复为南兖州。北周改吴州。隋开皇八年（588）废郡改州为扬州，置总管府，是为称扬州之始。大业初废州改郡曰江都。唐武德三年（620）改为兖州，置东南道行台。七年改邗州，九年复曰扬州，置大都督府，由此广陵专有扬州名。天宝初曰广陵郡。至德初兼置淮南节度于此，乾元初复曰扬州。五代初杨行密据此，称吴王，都于此，改曰江都府，后属南唐以为东都。后周显德五年（958）取其地，复曰扬州。宋扬州、广陵郡属淮南东路。元至元十三年（1276）建大都督府，属江淮等处行中书省。十四年改为扬州路总管府。二十三年改隶河南江北等处行中书省。明初曰淮海府、维扬府，寻曰扬州府，直隶南京。清仍称扬州府。1912年废府，留江都县。1914—1927年属淮扬道。1949年析江都县城、郊置市，属苏北行署区泰州专区，为苏北行署驻地。1951年改由苏北行署区直辖。1952年属江苏省扬州专区，为扬州专署驻地。1954年升省辖市。1958 年复属扬州专区。1970 年为扬州地区行政公署驻地。1983 年 3 月再升省辖市，辖原扬州地区所属县(市)。1996 年 8 月，扬州市设广陵区、郊区(2002 年更名维扬区)，辖宝应县、邗江县，代管仪征、高邮、江都 3 个县级市。泰兴、姜堰、靖江、兴化 4 个县级市划归新设立的泰州市管辖。

2016 年扬州市辖广陵区、邗江区、江都区、宝应县，代管仪征市、高邮市。

附：江都区

战国楚广陵邑。秦置广陵县，汉景帝四年(前 153)为江都国治兼置江都县，以“县临大江，为一都之会”，故名。三国废。晋太康六年(285)复置，寻省入广陵县。东晋后时废时置，隋大业间移江都县入郡郭，省江阳县入之，以为郡治。唐武德中以江都为扬州治。贞观十八年(644)又分置江阳县与江都县分理分郭。五代南唐时，又改江阳曰广陵。宋熙宁五年(1072)省广陵入江都为扬州治。元为扬州路治，明、清为扬州府治。清雍正十年(1732)析江都西境置甘泉县，1912 年省甘泉入江都。1983 年 3 月划归扬州市。1994 年撤县建市。2011 年 11 月，撤市设区。

附：邗江区

秦广陵县地。汉属江都县。隋开皇十八年(598)一度置邗江县，得名于春秋吴王夫差开凿之邗沟(又名邗江)。大业初改称江阳县。南唐昇元元年(937)更名广陵县。宋熙宁五年(1072)并入江都县。清雍正十年(1732)析江都西境置甘泉县，1912 年并入江都县。1956 年析江都县西境置邗江县。1958 年并入扬州市。1963 年复设邗江县，属江苏省扬州专区。1970 年改属扬州地区。1983 年 3 月划归扬州市。2000 年

12 月，邗江县撤县设区。

仪征市

汉江都县地。唐永淳元年(682)分置扬子县。五代南唐改永贞县。宋乾德二年(964)以迎銮镇为建安军。雍熙二年(985)永贞县归属，后改永贞为扬子。大中祥符六年(1013)，升建安军为真州，并徙扬子县于州郭。政和七年(1117)赐名仪真郡，属淮南东路。元至元十三年(1276)升真州路，二十一年复曰真州，属扬州路。明洪武二年(1369)废真州，改仪真县，扬子县并入，属扬州府。清雍正元年(1723)以避胤禛讳更名仪征县，仍属扬州府。1983 年 3 月划归扬州市。1986 年撤县建市。

高邮市

春秋属吴，古邗沟经此。后属越。战国属楚。秦属九江郡，始置邮亭，因名秦邮。汉置高邮县，属广陵国。三国废，晋太康元年(280)复置，属临淮郡。南朝宋析置临泽县，复属广陵郡。梁析置竹塘、三归二县，置广业郡，寻改神农郡。隋开皇初废郡，并省竹塘、三归、临泽三县入高邮，属扬州，大业初属江都郡。唐属扬州。宋开宝四年(971)置高邮军，熙宁五年(1072)罢军为县，仍属扬州。元祐元年(1086)复为军，建炎四年(1130)升为承州，绍兴五年(1135)废州存县，三十一年复为军，属淮南东路。元至元十四年(1277)置高邮路，二十一年改高邮府，属扬州路。明洪武元年(1368)改为州。属扬州府。1912 年改州为县。1983 年 3 月划归扬州市。1991 年撤县建市。

宝应县

汉平安、射阳二县地，分属广陵国和临淮郡。东汉属广陵国。晋废。南朝齐改置安宜县，以县治临安宜溪而名，属阳平郡。梁为阳平郡治，兼置东莞郡于此。隋为郡，县属扬州。唐武德四年(621)置沧州，七年州废，县属楚州。上元三年(762)县内获定国宝，因改元宝应，县亦改安宜为宝应，属淮南道楚州。南宋宝庆三年(1227)升为宝应州、宝应军。元至元十六年(1279)改置安宜府，二十年府废，仍名宝应县，改属高邮府。明为高邮州宝应县，属扬州府。清为宝应县，属扬州府。1960年析白马湖、宝应湖、大汕子以西置金湖县。1983年3月划归扬州市。

（摘自单树模主编《中华人民共和国地名词典·江苏省》，商务印书馆1987年出版。根据2016年江苏省行政区划设置略作改动。）

人　名　表

扬　州

明

清至民国

仪 征

宋元明

清至民国

高　邮

三国至明

清

宝　应

元　明

清

扬 州

三国至元

吴　普

三国扬州人。师从名医华佗，为人治病，多有显效。佗曾授普五禽之戏，以当导引。普施行之，年90余，耳目聪明，齿牙完固。《三国志·魏书》《后汉书》有传。

本草6卷　子部医家类　佚

见《隋书·经籍志》。

吴氏本草因6卷　子部医家类　佚

见《旧唐书·经籍志》《新唐书·艺文志》。

按：吴普《本草》一书，备载三国以前各家本草（黄帝、岐伯、神农、扁鹊、医和、雷公、桐君、李当之诸家），收441种，详论药性之温凉五味。此书后佚，部分内容散见于唐慎微《证类本草》等有关文献。

吴氏本草1卷　子部医家类

三国吴普撰　清焦循辑

稿本，上海图书馆藏。

华佗方10卷　子部医家类　佚

三国吴普集

见《隋书·经籍志》《旧唐书·经籍志》《新唐书·艺文志》。此收华佗平时所用方药。

神农本草经3卷　子部医家类

三国吴普等述　清孙星衍、孙冯翼合辑

(1)《问经堂丛书》本。

(2) 清光绪十七年(1891)《周氏医学丛书初集》本。

(3) 清光绪三十二年善成堂刻本。

(4)《四部备要》本。

(5)《中国医学大成》本。

(6)《丛书集成初编》本。

(7) 清抄本，孙星衍手校，香港大学冯平山图书馆藏。

神农本草经赞 3 卷附月令七十二候赞　子部医家类

三国吴普等述《经》　清叶志诜撰《赞》

(1)《汉阳叶氏丛刻医类七种》本。

(2)《珍本医书集成》本。

神农本草经 4 卷　子部医家类

三国吴普等述　清顾观光辑

(1) 稿本，上海图书馆藏。

(2)《武陵山人遗书》本。

神农本草经 3 卷　子部医家类

三国吴普等述　清黄奭辑

(1) 清光绪成都尊经书院刻本。

(2)《汉学堂丛书》本。

(3)《黄氏逸书考》本。

神农本草经 3 卷　子部医家类

三国吴普等述　清姜国伊辑

《守中正斋丛书》本。

神农本草 1 卷　子部医家类

三国吴普等述　清王仁俊辑

《玉函山房辑佚书续编》本。

神农书 1 卷　子部医家类

三国吴普述

清光绪九年长沙嫏嬛馆补校刻本，台湾“中央图书馆”原藏。

陈　琳(？—217)

字孔璋。三国魏广陵人。文学家,“建安七子”之一。初为何进主簿,后归袁绍。尝为袁绍作檄文,数说曹操罪状。绍败归操,操爱其才而不咎既往,用为记室,军国檄文,多出其手。徙门下督,卒。陈琳以文章著称,《为袁绍檄豫州文》为其代表作,铺张扬厉,笔力雄健。其诗存世不多,质朴厚重而寓磊落不平之气。《三国志·魏书》附《王粲传》。

陈琳集3卷　集部别集类　佚

见《隋书·经籍志》,注云:“梁十卷,录一卷。”

陈记室集1卷　集部别集类

(1)《汉魏六朝百三名家集》本。

(2) 2015年广陵书社《扬州文库》本。

陈孔璋集1卷　集部别集类

(1)《建安七子集》本。

(2)《汉魏六朝名家集初刻》本。

(3)《楚州丛书第一集》本。

陈记室集　集部别集类

《增定汉魏六朝别解》本。

陈孔璋集2卷　集部别集类

《汇刻建安七子集》本。

按:陈琳原集已佚,今存辑本。其诗文亦收入各种文学选本。《全后汉文》卷92收其文19篇,《先秦汉魏晋南北朝诗》收其诗5首。

张　纮(153—212)

字子纲。三国广陵人。游学京师,从博士韩宗治京氏《易》、欧阳《尚书》,又从濮阳闿受《韩诗》等。还本郡,举茂才,公府辟,皆不就。孙策表为正议校尉。建安四年(199)至许昌,孔融等皆与亲善。出为会稽东部都尉。后孙权以其为长史。曾建议定都秣陵,孙权从之。年60卒。《三国志·吴书》有传。

张纮集1卷　集部别集类　佚

见《隋书·经籍志》(注云:梁二卷、录一卷)、《旧唐书·经籍志》《新唐书·艺文志》。《全后汉文》卷86收其文5篇。

范　慎(206—274)

字孝敬。三国吴广陵人。性纯直。后为侍中。出补武昌左都督,治军严整。孙皓甚敬惮之,欲任为太尉。慎自恨久为将,遂托老耄。《三国志·吴书》附见《孙登传》注。

尚书义2卷经部尚书类　佚

见清姚振宗《三国艺文志》、侯康《补三国艺文志》,作者题为"范顺",并云"顺、慎古通"。

矫非论20篇　子部儒学类　佚

见《三国志》卷59《孙登传》注。

华　融

字德蕤。三国吴江都人。祖父避乱居山阴。时皇象亦寓居山阴,吴郡张温来就象学,欲得所舍。或告温曰:"蕊山下有华德蕤者,虽年少,美有令志,可舍也。"温遂与融朝夕谈讲。温为选部尚书,乃擢融为太子庶子。遂知名显达,官至左将军。后为滕胤所杀。事见《三国志·吴书》卷19注引《文士传》。

广陵烈士传　史部传记类　佚

见《旧唐书·经籍志》《新唐书·艺文志》。

刘　颂

字子雅。晋广陵人。出身士族家庭。西晋初,任尚书三公郎,累迁中书侍郎。在河内太守和淮南相任内,居官严整,颇有政绩,并上疏痛陈时弊，主张封建国士之制，加强吏治和刑罚。惠帝时，任吏部尚书、光禄大夫。

奏书1卷　史部政书类　佚

刘颂集3卷　集部别集类　佚

以上2种见康熙《扬州府志》卷28。

盛　彦

字翁子。晋江都人。少有异才，8岁谒太尉戴昌，赠以诗，彦于坐上口答之，语气慷慨。母因疾失明，彦不应辟召，躬自侍奉，母目复明。仕吴至中书侍郎。吴灭入晋，本邑大中正刘颂举彦为晋小中正。

盛翁子集5卷　集部别集类　佚

见乾隆《江都县志》卷30。

华　谭(244—322)

字令思。晋广陵人。融孙。好学不倦，博学多通。爽慧有口辩。太康中举秀才，永宁初为郏令，甚有政绩。建兴初拜镇东军谘祭酒，建武初授秘书监，固让不拜。后加散骑常侍，卒于家。赠光禄大夫，谥曰胡。《晋书》卷52有传。

辨道30卷　子部儒学类　佚

见《晋书》卷52本传。

新论10卷　子部儒学类　佚

见《旧唐书·经籍志》《新唐书·艺文志》。

按：原书已佚，今存辑本：

(1) 清马国翰辑，《玉函山房辑佚书》本。

(2) 清王仁俊辑，《玉函山房辑佚书续编》本。

华谭集2卷　集部别集类　佚

见《旧唐书·经籍志》《新唐书·艺文志》。

袁　晔

字思先。晋扬州人。袁迪之孙。

献帝春秋 10 卷　史部杂史类

见《隋书·经籍志》。

按:今存辑本《献帝春秋》1 卷,有:

(1)《说郛》(宛委山堂)本。

(2)《古今说部丛书》本。

闵　鸿

晋广陵人。与薛兼、纪瞻、顾荣、贺循齐名,号为五俊。初入洛,司空张华见而叹曰:皆南金也。

闵鸿集 3 卷　集部别集类　佚

见《隋书·经籍志》,《旧唐书·经籍志》《新唐书·艺文志》作 2 卷。雍正《江都县志》卷 17 著录 3 卷。

戴　邈

字望之。晋广陵人。少好学,尤精《汉》《史》。永嘉中为司马睿征南军司。于时凡百草创,学校未立,邈上疏请修礼乐,帝纳焉。擢丹阳尹。王敦作乱,其兄戴渊遇害。敦诛,拜尚书仆射。卒官,谥穆。《晋书》卷 69 有传。

戴邈集 5 卷　集部别集类　佚

见《旧唐书·经籍志》《新唐书·艺文志》。《全晋文》卷 116 收其文 1 篇。

高　崧(?—366)

字茂琰。晋广陵人。高悝之子。少好学,善史书。司空何充称其明惠,引为主簿,举州秀才,除太学博士,官至侍中、骑都尉、建昌伯,后坐事免归。太和元年(366)八月二十二日,卒于家。与夫人谢氏同葬建康。《晋书》卷71有传。

高茂琰奏事5卷　史部政书类　佚

见康熙《扬州府志》卷28。

按:《全晋文》卷132收其文1篇。

胡　洽

原名胡道洽。六朝广陵人。好音乐医术之事,后卒于山阳。

百病方2卷　子部医家类　佚

见《隋书·经籍志》。

按:《旧唐书·经籍志》作《胡居士方》3卷,《新唐书·艺文志》作《胡居士治百病要方》3卷,胡治撰。"治"当为"洽"字之误。书已佚,《外台秘要》《医心方》各引胡洽方一条。

曹　宪

唐江都人。仕隋为秘书学士。每聚徒讲学,诸生数百人。当时公卿以下,多从之受业。精文字之学。自汉杜林、卫宏以后,古文亡绝,至宪复兴。大业中,炀帝令与诸葛颍等撰《桂苑珠丛》100卷,时人称其该博。唐贞观中,扬州长史李袭誉表荐之,太宗征为弘文馆学士。以年老不仕,乃遣使就家拜朝散大夫。太宗读书遇奇难字,辄遣使者问宪,宪为之音训及证引明白,太宗甚奇之。所撰《文选音义》甚为当时所重,江淮间为《文选》学者,本之于宪。后又由李善、公孙罗等相继以《文选》教授,由是其学大兴于世。卒年105岁。事见《旧唐书·儒学传》。

尔雅音义2卷　经部尔雅类　佚

见《旧唐书·经籍志》《新唐书·艺文志》。

博雅音10卷　经部小学类

唐曹宪撰　清王念孙校

(1)《畿辅丛书》本。

（2）《丛书集成初编》本。

（3）《四部备要》本。

（4）清抄本，20卷，国家图书馆藏。

（5）2015年广陵书社《扬州文库》本。

按：此为三国魏张楫所著训诂书，本名《广雅》，因避隋炀帝讳改称《博雅》。原书分3卷，曹宪为作音释，分为10卷。曹宪音释多附于《广雅》原文后，此为音释别出单行者。

博雅10卷　经部小学类

魏张楫撰　唐曹宪音释

（1）明正德十五年（1520）皇甫录世德堂刻本。国家图书馆藏本：一本有清黄丕烈校并跋，一本有清黄丕烈跋、清黄廷鉴校并跋。1988年书目文献出版社出版《国家图书馆古籍珍本丛刊》即影印此本。

（2）《广汉魏丛书》本。南京图书馆藏有三本：一本有清卢文弨校、清丁丙跋，一本有清朱彬校并录清段玉裁校，一本有佚名校、清丁丙跋。

（3）《增订汉魏丛书》本。

广雅10卷　经部小学类

魏张楫撰　唐曹宪音释

（1）明毕效钦刻《四雅》本，国家图书馆藏，有清顾广圻、黄丕烈校并跋。

（2）《五雅》本。国家图书馆藏本：一本有清钱大昕校，一本有王国维校并跋。南京图书馆藏本有佚名校、清丁丙跋。

（3）《古今逸史》本。

（4）《五雅全书》本。

（5）《四库全书》本。

（6）《摛藻堂四库全书荟要》本。

（7）《文选楼丛书》本。

（8）《古经解汇函》本。

（9）《玲珑山馆丛书》本。

(10)《丛书集成初编》本。

(11)《景印元明善本丛书十种·古今逸史》本。

(12)《格致丛书》本,题《新刻广雅》。南京图书馆藏本有清顾广圻校并跋,清王宗炎、丁丙跋;国家图书馆藏本有傅增湘校跋,并录清黄丕烈跋。

按:国家图书馆藏抄本卢文弨《广雅注》2卷,日本静嘉堂文库藏抄本钱大昭《广雅疏义》、王念孙《广雅疏证》,徐复主编《广雅诂林》(1992年江苏古籍出版社出版)等书中亦均收有曹宪《博雅音》。又关于《广雅》的各种抄本,参见南京师范大学《文教资料》1986年第1期江庆柏《〈广雅〉批校本考略》。

文字指归4卷　经部小学类

见《旧唐书·经籍志》《新唐书·艺文志》。

按:原书已佚,今存清人辑本1卷,有:

(1)清任大椿辑,王念孙校,《小学钩沉》本、《小学类编附编》本、《翠琅玕馆丛书》(冯兆年辑)本、《芋园丛书》本。

(2)清马国翰辑,《玉函山房辑佚书》本。

(3)清黄奭辑,《黄氏逸书考》本。

(4)清顾震福辑,《小学钩沉续编》本。

(5)民国龙璋辑,《小学蒐逸上编》本。

古今字图杂录1卷　经部小学类　佚

见《隋书·经籍志》。

扬州记　史部地理类　佚

见宋郑光裔修绍熙《广陵志》序,云:"唐曹宪始创《扬州志》,五代丧乱之余,残编断简,无复存者。"今存佚文,《舆地纪胜》卷6《常州·景物》上《洞庭》引1条、至正《金陵新志》卷5《山川志·江湖·复驾湖》引1条、《蒲圻张氏大典辑本》据《永乐大典》卷2260《六模·五湖》引1条。参见徐复等主编《江苏旧方志提要》。

桂苑珠丛100卷　子部典故类　佚

见《旧唐书·儒学传》。

按:原书已佚,今存民国曹元忠辑《桂苑珠丛》1 卷《补遗》1 卷,有《南菁札记》本。另《黄氏佚书考》辑《桂苑珠丛》1 卷,归于诸葛颖名下。

曹宪集 30 卷　集部别集类　佚

见《旧唐书·经籍志》《新唐书·艺文志》。

文选音义　集部总集类　佚

见《旧唐书·儒学传》《新唐书·艺文志》。

按:日本藏唐写本《文选集注》残本引公孙罗《音决》,存《文选音》佚文 11 条。

上官仪(608? —664)

字游韶。本陕人。父弘,隋江都官副监,因家江都。初唐诗人。贞观进士。太宗闻其名,授弘文馆直学士、西台侍郎。工五言诗,多应制、奉和之作,婉媚工整,风行宫廷,士大夫纷纷仿效,称为"上官体"。又归纳六朝以来诗歌中对仗方法,提出"六对""八对"之说,对律诗的形成颇有影响。永徽时,见恶于武则天。麟德元年(664),许敬宗诬其与废太子忠通谋,下狱死,籍其家。中宗时追赠为中书令、秦州都督、楚国公。《旧唐书》《新唐书》有传。

晋书 130 卷　史部正史类

唐房玄龄、上官仪等修

按:此书传世版本颇多,兹略。通行本有 1974 年中华书局标点本。

投壶经 1 卷　子部艺术类　佚

上官仪集 30 卷　集部别集类　佚

芳林要览 300 卷　集部总集类　佚

以上 3 种见《新唐书·艺文志》。

按:《全唐文》卷 154 收其文 10 篇;《全唐诗》卷 40 收其诗 1 卷 20 首,《全唐诗逸》卷上收其逸句。

来　济(610—662)

唐江都人。来护儿之子。宇文化及之难,阖门遇害,独济得脱。流离艰险,而笃志好学,有文词。擢进士,贞观中为通事舍人,迁中书舍人,与令狐德棻等撰《晋书》。永徽二年(651)拜中书侍郎,兼弘文馆学士,兼修国史。封南阳县侯。帝将以武氏为后,济疏谏,后衔之。寻坐褚遂良事,贬为庭州刺史。突厥入犯,济总兵拒之,不介胄而驰入,没于军。新旧《唐书》有传。

晋书 130 卷　史部正史类

唐房玄龄、令狐德棻、来济等修

按:此书传世版本颇多,兹略。通行本有 1974 年中华书局标点本。

来济集 30 卷　集部别集类　佚

见《新唐书·艺文志》。

李　善(630—689)

唐江都人。显庆中,累补太子内率府录事参军、崇贤馆直学士,兼沛王侍读。除潞王府记室参军,转秘书郎。乾封中,出为经城令。后坐事谪姚州。遇赦得还,以教授为业。博学淹通,但不善治文,故人称为"书簏"。曾注《文选》,旁征博引,用力颇勤。晚年讲学汴、郑之间,传其业者号"文选学"。《旧唐书·儒学传》有传。

汉书辨惑 30 卷　史部正史类　佚

见《旧唐书·经籍志》。

按:此与《旧唐书》李善传合。《新唐书·艺文志》既著录李喜《汉书辨惑》30 卷,又著录李善《汉书辨惑》20 卷,均误。

文选辨惑 10 卷　集部总集类　佚

见《新唐书·艺文志》。

文选注 60 卷　集部总集类

按:梁昭明太子萧统聚集宫中文人编集的《文选》,为我国现存最早的文学总集，自隋萧该、曹宪等为《文选》作音注，《文选》遂大行于世，至李善注，更成为集大成者。《文选》原为30卷，李善作注乃析为60卷。传本甚多，有李善单注本与六臣注本之分。兹择要著录于下。

（一）李善注本

（1）唐抄本，法国国家图书馆藏（伯2527—2528），存卷目录见《敦煌遗书总目索引》，残卷见台北新文丰出版公司《敦煌宝藏》等。

（2）北宋天圣七年（1029）刻本。国家图书馆存残本21卷（卷17—19、30—31、36—38、46—47、49—58、60，另卷15、16残页若干），有劳健手书跋文；台湾"中央图书馆"原存11卷（卷1—6、8—11、16）。

（3）南宋淳熙八年（1181）尤袤贵池刻本，国家图书馆藏。此本后世流传极广，凡翻刻李善单注本者，无不以此为底本。1974年中华书局曾影印线装本。

（4）元延祐间张伯颜刻本，国家图书馆藏。明成化二十三年（1487）唐藩、嘉靖元年（1522）金台汪谅等翻刻本，均从张本出。

（5）明毛氏汲古阁刻本，上海图书馆藏。

（6）清嘉庆十四年（1809）胡克家影宋尤袤刻本，1977年中华书局据此本影印。

（二）六臣注本

按：李善注与五臣注原各单行，至南北宋之际，两本始合为一本。传世六臣注又有李善注在前、五臣注在后，与五臣注在前、李善注在后两种。

甲、李善并五臣注本

（1）南宋赣州州学刻本，有残本传世：山东省图书馆藏本存3卷（卷12、13、42）；山东省博物馆藏本存2卷（卷56、59）。

（2）南宋建州刻本，出自赣州本，残本藏国家图书馆。

（3）元大德三年（1299）陈仁子古迂书院刻本，国家图书馆藏。

（4）《四库全书》本。

乙、五臣并李善注本

(1) 北宋元祐九年(1094)秀州州学刻本,见《涵芬楼烬余书录》,云:“今只见高丽活字覆本,为吾友陈乃乾所藏。”高丽本,韩国奎章阁、日本东洋大学东洋文化研究所藏足本。

(2) 南宋绍兴二十八年(1158)明州刻递修本,国家图书馆藏二残本:一存24卷,一存9卷;台北故宫博物院藏有50卷(缺卷50—59)。日本足利学校藏足本,2008年人民文学出版社据此影印。

(3) 南宋光宗、宁宗间广都裴氏刻本,台北故宫博物院藏残本,存26卷。

(4) 明嘉靖十三年至二十八年吴郡袁褧嘉趣堂仿宋刻本,国家图书馆藏。

(三) 文选集注本

(1)《嘉草轩丛书》本,收16卷。

(2) 日本《京都帝国大学文学部景印唐钞本》本,收23卷。

(3) 2000年上海古籍出版社《唐钞文选集注汇存》本,收24卷。

按:《文选集注》中收有李善注。

公孙罗

唐江都人。官沛王府参军、无锡县丞。曹宪以梁《昭明文选》授诸生,罗与许淹、李善复相继以《文选》教授,由是其学大兴于世。《旧唐书·儒学传》有传。

文选注60卷　集部总集类　佚

文选音(一作文选音义)10卷　集部总集类　佚

以上2种见《旧唐书·经籍志》《新唐书·艺文志》。

按:《日本国见在书目》著录公孙罗撰《文选钞》69卷、《文选音决》10卷,或以为即公孙罗“注”与“音”二书。其书已佚,仅有佚文存于唐写残本《文选集注》中。

李　邕(678—747)

字泰和。唐江都人。善子。拜为左拾遗，以敢谏称。玄宗即位，召为户部郎中，左迁括州司马，起为陈州刺史。复贬遵化尉。开元二十三年(735)，起为括州刺史，喜兴利除害。历淄、滑二州刺史，上计京师。为人所谗，出为汲郡、北海太守。天宝中，为李林甫所忌，受杖杀。邕之文长于碑颂，文名天下，时称李北海。工书，尤擅以行楷写碑。取法二王而有所创造，笔力沉雄，自成面目，对后世影响很大。性豪放，不能治细行，终以败。杜甫知邕负谤死，作《八哀诗》悼之。代宗时，赠秘书监。新旧《唐书》有传。

唐韵要略 1 卷　经部小学类　佚

见《通志》卷 64《艺文略》。

狄仁杰传 3 卷　史部传记类　佚

见宋王尧臣《崇文总目》卷 4，《直斋书录解题》作《狄梁公传》3 卷。

金谷园记 1 卷　子部农家类　佚

见《新唐书・艺文志》。

叶有道碑　子部艺术类

按：全称《唐故叶有道先生神道碑并序》，亦称《追魂碑》《丁丁碑》。李邕书，开元五年立于松阳(今浙江遂昌)，一说在今山东金乡，或说在河南开封。原碑已佚，仅有明代翻刻本传世。

李思训碑　子部艺术类

按：全称《唐故云麾将军右武卫大将军赠秦州都督彭国公谥曰昭公李府君神道碑并序》，亦称《云麾将军碑》。开元八年建于今陕西蒲城。此为李邕代表作之一。宋拓本藏故宫博物院，另有影印本。

端州石室记　子部艺术类

按：此碑开元十五年刻于端州(今广东肇庆)七星岩。有影印本行世。

岳麓寺碑　子部艺术类

按:此碑开元十八年立于今长沙岳麓公园。传世北宋拓本藏苏州博物馆、故宫博物院等处。另有影印本。

法华寺碑　子部艺术类

按:全称《秦望山法华寺碑》。开元二十三年立于绍兴秦望山天衣寺。宋拓本藏上海博物馆,另有影印本。

李秀碑　子部艺术类

按:亦称《云麾将军碑》,俗称《北云麾》。天宝元年(742)立于今河北境内。清李宗瀚藏宋拓本,今藏故宫博物院。另有影印本。

李邕集70卷　集部别集类　佚

见《新唐书·艺文志》。

按:清乾隆《江南通志》卷193改题为《李北海集》70卷。

李北海集20卷　集部别集类　佚

见《世善堂藏书目录》卷下。

李北海集15卷　集部别集类　佚

见宋苏颂《苏魏公集》卷51《龙图阁直学士修国史宋公神道碑》。

李北海集6卷附录1卷　集部别集类

(1)明崇祯十三年(1640)曹荃刻本,清丁丙跋,南京图书馆藏。

(2)《四库全书》本。

(3)《乾坤正气集》本。

(4)《湖北先正遗书》本,5卷。

(5)《扬州文库》影印《钦定全唐文》本,5卷。

文选注　集部总集类　佚

按:《新唐书·李邕传》云:“始善注《文选》,释事而忘意。书成以问邕,邕不敢对。善诘之。邕意欲有所更,善曰:‘试为我补益之。’邕附事见义,善以其不可夺,故两书并行。”李邕注未另成书,或以为即存于《文选》李善注中。

李含光(683—769)

本姓弘，避孝敬皇帝(高宗子李弘)讳改姓李。唐江都人。神龙初以清行度为道士，居茅山。幼年颇工篆籀，隶书尤妙。博览群书，长于著撰。开元间，从司马徽于王屋山，传授大法灵文金记。玄宗知之，赐号玄靖先生。唐秘书郎柳识撰《唐玄靖先生碑》，大理司直张从申书，李阳冰篆额。

本草音义 2 卷　子部医家类　佚

老子庄子周易学记 3 卷义略 3 卷　子部道教类　佚

以上 2 种见《新唐书·艺文志》。

道学传 20 卷　子部道教类　佚

见嘉靖《惟扬志》卷 12。

修真指微诀 1 卷　子部道教类　佚

内学记 2 卷　子部道教类　佚

以上 2 种见嘉庆《重修扬州府志》卷 62。

三玄异同论　子部道教类　佚

见《茅山志》卷 9。

按:《全唐文》卷 927 收其表奏 13 篇、序 1 篇。

鉴　真(688—763)

俗姓淳于，号大和尚。唐广陵人。14 岁入寺出家。神龙元年(705)，从道岸律师受菩萨戒。景龙元年(707)至长安，复从恒景律师处得戒。后返里讲经传律，济施贫病，芳誉流溢。开元中，日本僧荣叡、普照等泛海来请，真感其精诚，答应东渡。天宝二年(743)，登舟启行，遇风不果，后凡四次登途，均遇阻挠，历尽艰辛，十二年第六次东渡，终在日本天宝元年(754)抵达日本。在卢遮那殿前为国王受菩萨戒。被授以“传灯大法师”位，为立招提寺以安之。唐代宗广德元年(763)，寂于日本。鉴真和尚不仅精通佛理，且对医药也有研究，曾在扬州创办“悲田院”，救扶贫病。在日本亦常为人治病，传授药物知识，被尊为“日本的神农”。

鉴上人秘方 1 卷　子部医家类　佚

见《日本国见在书目》。其书已佚，在日本《医心方》卷 30 尚有“鉴真服钟乳随年齿方”“脚气入腹方”“呵梨勒丸”等记载。

张南史

字季直。唐幽州人。以试参军。避乱居扬州。再召之，未赴，卒。

张南史诗 1 卷　集部别集类　佚

见《新唐书·艺文志》。《直斋书录解题》卷 19 作《张南史集》1 卷。

灵　一(727—762)

俗姓吴。人称一公。唐广陵人。9 岁出家，依年受具，从维扬法慎律师学相部律，造乎其极，遂为东南律部髦彦。初舍会稽山南悬溜寺，与隐空、乾靖论禅。后居余杭宜丰寺，常与陆羽、张继等讲德味道，商量篇章，朗吟终日。禅诵之隙，辄赋诗歌，16 岁与皇甫冉、张南史等为尘外之友。宝应元年(762)十月寂于杭州龙兴寺。《宋高僧传》卷 15 有传。

法性论　子部佛教类　佚

见《宋高僧传》卷 15。

灵一集 1 卷　集部别集类　佚

见《直斋书录解题》卷 19。其诗收入《全唐诗》卷 809、《中兴间气集》卷下。

灵一诗 2 卷　集部别集类

收入佚名编《唐四僧诗》。

(1)《四库全书》本。

(2) 1918 年刘氏远碧楼抄本，上海图书馆藏。

唐灵一诗 1 卷　集部别集类

明朱警《唐百家诗》本。

窦 常(747—825)

字中行。窦叔向长子。祖籍平陵。大历十四年(779)登进士第。不求苟进,隐居广陵之柳杨,以讲学著书为事,凡20年不出。贞元十四年(798)镇州王武俊闻其才,遣人致聘,辟为掌书记,不就。杜佑镇淮南,奏授校书郎,为节度参谋。元和六年(811),自湖南判官入为侍御史,转水部员外郎。出为朗州刺史,历夔州、浔阳、临川三郡守,入为国子祭酒,致仕。卒于广陵白沙别业,诏赠越州都督。《新唐书》有传。

正元饮略3卷　子部小说类　佚

见《崇文总目》卷3。

窦常集18卷　集部别集类　佚

见《新唐书·艺文志》。

按:《全唐诗》卷271收其诗26首,《立春后言怀招汴州李匡衡衙推》一首为令狐楚之作。

窦氏联珠集5卷　集部总集类

(1) 宋淳熙五年(1178)王崧刻本,清钱谦益题签,何焯批校,国家图书馆藏。

(2) 清影宋抄本,国家图书馆藏。

(3) 清许永镐家抄本,许永镐跋,黄丕烈抄补并跋,劳权等校跋并录何焯题识,国家图书馆藏。

(4) 清抄本,国家图书馆藏。

窦氏联珠集1卷　集部总集类

唐窦常等撰　褚藏言辑

(1)《唐人四集》本。

(2)《唐四名家集》本。

(3)《四库全书》本。

(4)《四部丛刊》本。

(5)《密韵楼影宋本七种》本。

(6)《续古逸丛书》本。

(7)《关中丛书》本。

南薰集 3 卷　集部总集类　佚

见《宋史·艺文志》。

李正卿(771—844)

字肱生。唐江都人。李邕之孙,李翘之子。德宗贞元末,入泾原节度使段祐幕府,试左武卫兵曹掾。转大理评事、兼监察御史。宪宗元和初,献赋,授松滋令,后任汜水令。元和末任成都令,迁陵州、阆州二州刺史,入为少府少监。文宗时,出为邛州刺史。改司农少卿、卫尉少卿。官终绵州刺史。

注管氏指要 2 卷　子部法家类　佚

中权略 40 卷　子部兵书类　佚

李正卿文 40 卷　集部别集类　佚

见唐李褒《唐故绵州刺史江夏李公墓志铭并序》。

按:《千唐志斋藏志》录其为父李翘所撰墓志一方。

王　起

字举之。其先太原人,父为扬州仓曹参军,遂家扬州。唐贞元十四年(798)擢进士第,释褐校书郎,补蓝田尉。元和末,累迁中书舍人。历户部尚书、河中节度使,终山南道节度使,同中书门下平章事。嗜学,天下之书无不读,经目不忘。卒年 88,赠太尉,谥曰文懿。《新唐书》有传。

五位图 10 卷　史部编年类　佚

写宣 10 篇　史部编年类　佚

李赵公行状 1 卷　史部传纪类　佚

崔融宝图赞 1 卷　史部传记类　佚

王起集120卷　集部别集类　佚

按：《全唐诗》卷464收其诗6首。

文场秀句1卷　集部总集类　佚

大中新行诗格1卷　集部诗文评类　佚

以上7种见《新唐书·艺文志》。

王　师

唐扬州人。

口齿论1卷　子部医家类　佚

风疾论1卷　子部医家类　佚

以上2种见《江苏历代医人志》。

王　铎

字昭范。唐江都人。式子。会昌初举进士，累迁御史中丞。中和元年(881)拜同平章事、司徒。后从僖宗入蜀，加侍中，在官数年，为乐从训所害。

南燕染翰集10卷　集部别集类　佚

见康熙《扬州府志》卷28。

李　该

字彦博。唐广陵人。学无不通，尤好地图志。患其门类繁多，文辞浩博，乃会源流，考同异，成一家之说，作《地志图》。凡禹迹所至，汉译所通，莫不备载，乾象坤势，炳焉可观。

地志图　史部地理类　佚

见嘉靖《惟扬志》卷12。

李建勋(873? —952)

字致尧。南唐广陵人。德诚子。少好学，工诗文。家世将相，然常杜门不预事，所交皆寒素。南唐主李昪镇金陵，用为副使，预禅代之策。拜中书侍郎、同平章事。出为抚州节度使，昇元五年(941)，放还私第。后召拜司空，以司徒致仕，赐号钟山公，尝营亭榭于钟山，年已80。卒赠太保，谥曰靖。《南唐书》有传。

李丞相诗集2卷　集部别集类

(1) 宋临安府陈宅书籍铺刻本，国家图书馆藏。

(2)《唐百家诗》本。

(3)《唐人五十家小集》本。

(4)《铁琴铜剑楼丛书》本。

(5)《唐人百名家全集》本，题《李丞相诗》2卷。

李丞相诗集2卷附校勘记1卷　集部别集类

《校勘记》张元济撰

《四部丛刊续编》本。

李建勋集20卷　集部别集类　佚

见《宋史·艺文志》。

按:《崇文总目》《通志略》均作《李建勋诗》2卷。《崇文总目》《通志略》又载《钟山公集》20卷。《唐才子传》作《钟山集》20卷。《文献通考》作《李建勋集》1卷。《四库阙书目》作《钟山集》20卷。《补五代史·艺文志》作《李建勋集》20卷、《诗》1卷。

冯延巳(903—960)

一名延嗣，字正中。南唐广陵人。词人。李昪授为秘书郎，中主李璟时累官左仆射同平章事。出镇抚州，及再入相，元宗悉以庶政委之，后罢为太子少傅。卒谥忠肃。所作词留存近百首。语言清丽，善于以景见情，对北宋晏殊、欧阳修等颇有影响。《新五代史》卷62有传。

墨昆仑传1卷　子部小说类

(1)《五朝小说》本。

(2)《五朝小说大观》本。

(3)《唐人说荟》本。

(4)《唐代丛书》本。

昆仑奴传　子部小说类

《旧小说》本。

阳春集1卷　集部词曲类

(1)《十名家词集》本。

(2)《粟香室丛书》本。

(3)《百家词》本。

(4)《四印斋所刻词》本,有《补遗》1卷。

(5) 清康熙五十四年(1715)萧江声抄本,国家图书馆藏。

(6)《续修四库全书》本。

(7)《扬州文库》影印光绪本。

阳春集笺1卷附校记　集部词曲类

陈作楫笺。1933年上海南京书局铅印本。

按:其词亦收入《全唐五代词》。

潘　佑

南唐广陵人。少介僻,杜门读书,不与人交。及长,善属文,尤长于议论。陈乔、韩熙载、徐铉共荐于李璟,为秘书省正字。李煜时官史馆修撰,迁知制诰、内史舍人。后因欲为相,暗中荐附己者于要职,李煜不纳,遂抗疏请诛宰相汤悦等数十人。煜手书教戒之,佑不复朝,上书谓"匹夫不可夺志",自缢于家。《宋史》卷478有传。

潘舍人集20卷　集部别集类　佚

见《通志·艺文略》。

徐　铉(917—992)

字鼎臣。五代宋初广陵人。文字学家。10岁能属文,不妄交游。仕南唐,官至吏部尚书。随李煜归宋,为太子率更令,累官散骑常侍。

淳化初，坐累谪靖难行军司马。卒于官。铉精小学及篆隶，受诏校《说文》，与修《文苑英华》《太平广记》。在南唐，与韩熙载齐名，江东谓之“韩徐”。又与弟锴同有名于江左，号“二徐”，铉称大徐，锴称小徐。《宋史》有传。

说文解字 15 卷　经部小学类

东汉许慎撰　宋徐铉校定

(1) 北宋刻南宋补刊元递修本，日本静嘉堂文库藏。

(2) 宋元递修本，残存 6 卷，日本杏雨书屋藏。

(3) 宋刻元修本，国家图书馆藏，有清丁晏跋。

(4) 明赵灵均影宋大字本，日本大谷大学图书馆藏。

(5) 清初毛氏汲古阁据明赵灵均本重刻本，国家图书馆等藏。此本多有名家批校。

(6) 清《四库全书》抄汲古阁本。

(7) 清乾隆三十八年(1773)朱氏椒华吟舫刻本，国家图书馆等藏。

(8) 清嘉庆九年(1804)五松书屋《平津馆丛书》本，影刻北宋本。此本亦多有名家批校。

(9) 清嘉庆十二年额勒布藤花榭重刻新安鲍氏藏宋小字本。

(10) 清嘉庆十三年孙氏平津馆影抄北宋本，上海图书馆藏，有孙星衍跋。

(11) 清钟谦钧《小学汇函》重刻平津馆本。

(12) 清同治十二年(1873)粤东书局刻《古经解汇函》本。

(13) 清同治十二年陈昌治重刻平津馆本。改为依字分行，增加楷书字头，附黎永椿《说文通检》、陈昌治《校字记》。

(14) 清同治十三年浦氏刻本。

(15) 清光绪元年(1875)洪氏刻本。

(16) 清光绪七年高行笃刻本。

(17) 清光绪七年淮南书局重刻汲古阁本，附张行孚《校记》。

(18) 清光绪九年山西书局重刻陈昌治本。

(19) 清光绪十四年扫叶山房重印陈昌治本。

(20) 1914年商务印书馆影印藤花榭本。

(21)《四部丛刊》影印北宋本。

(22)《续古逸丛书》影印北宋本。

(23)《四部备要》影印朱氏椒华吟舫本。

(24)《丛书集成初编》影印《平津馆丛书》本。

(25) 中华书局1963年、1984年九次影印陈昌治本,附《新编检字》。

按:东汉许慎撰《说文解字》为我国第一部分析字形、探求字源的汉字字典,徐铉奉旨校定此书,新补19字于正文中,又增新附字402个于各部后,成为今之通行本,世称大徐本。今存大徐本抄、校、批本甚多,参见《中国古籍善本书目·经部》小学类。

说文解字标目1卷　经部小学类

汉许慎撰　宋徐铉等奉敕校定

日本江户后期写本,日本庆应大学图书馆藏。

宋徐鼎臣临秦碣石颂　史部金石类

宋徐铉书

清同治刻本,苏州图书馆、镇江图书馆藏。

吴录20卷　史部杂史类　佚

宋徐铉、高远等撰

见《宋史·艺文志》。

江南录10卷　史部杂史类

宋徐铉、汤悦撰

见《宋史·艺文志》。今存节抄本有:

(1)《说郛》(张宗祥校本)卷3。

(2)《说郛》(张宗祥校本)卷74。

按:以上两种均题无名氏撰。

三家老子音义注1卷　子部周秦诸子类　佚

见《补五代史艺文志》。

质疑论 1 卷　子部儒学类　佚

见《宋史》本传。《宋史·艺文志》作《质论》。

围棋义例 1 卷　子部艺术类

《说郛》(宛委山堂)本。

按:《宋史·艺文志》作《棋图义例》。

金谷园九局谱　子部艺术类　佚

见《通志·艺文略》。

射书 5 卷　子部艺术类　佚

见《补五代史艺文志》。

稽神录 10 卷　子部小说类

见《宋史·艺文志》。今通行本有:

(一) 6 卷《拾遗》1 卷本

(1)《四库全书》本。

(2)《津逮秘书》本。

(3)《学津讨原》本。

(4)《丛书集成初编》本。

(二) 1 卷本

(1)《说郛》(宛委山堂)本。

(2)《唐人说荟》本。

(3)《唐代丛书》六集本。

(三) 6 卷《拾遗》1 卷《补遗》1 卷本

《宋人小说》本。

(四) 无卷数本

(1)《说郛》(商务印书馆)本。

(2)《旧小说》丙集本(39 则)。

(五)《稽神录校补》2 卷(清陆心源辑)本

《潜园总集》本。

按:此记怪神之事。《郡斋读书志》云:"序称自乙未至乙卯凡二十年，仅得百五十事。杨大年云：江东布衣蒯亮好大言，铉喜之，馆于门下。《稽神录》中事多亮所言。”

徐公文集 30 卷　集部别集类

(1) 南宋绍兴十九年(1149)明州公库据北宋天禧中(1017—1021)胡克顺刻本重刻本，董康旧藏，今藏日本大仓文化财团。

(2) 旧抄校宋本，日本静嘉堂文库藏。

(3) 清康熙五十一年(1712)翁栻手抄并跋本，上海图书馆藏。

(4) 清乾隆二十五年鲍氏知不足斋抄本，清鲍廷博校并跋，清丁丙跋。南京图书馆藏。卷 1 至 16、25 至 30 配另一清抄本。

(5) 清乾隆三十九年卢氏抱经堂抄本，清卢文昭校并跋，国家图书馆藏。

(6) 清抄本，清黄丕烈校并跋，国家图书馆藏。

(7) 清贝氏友汉居抄本，清贝墉校，国家图书馆藏。

(8) 清抄本，清邵恩多校并跋，国家图书馆藏。

(9) 清抄本，清朱之赤校并跋，扬州大学图书馆藏。

(10) 清陶氏笃素好斋抄本，清丁丙跋，南京图书馆藏。

(11) 清抄本，清陈揆校，上海图书馆藏。

(12) 清末杨蒲薮传抄黄丕烈校抄本，清王礼培跋，湖南省图书馆藏。

(13) 清抄本，佚名批校，上海辞书出版社藏。

(14) 清影宋抄本，上海师范大学图书馆、浙江大学图书馆藏。

(15) 清抄本，国家图书馆等藏。

(16) 仿宋抄本，南京图书馆藏。

(17) 清萃古斋抄本，见《台湾公藏善本书目人名索引》。

(18) 抄本，台湾历史语言研究所藏。

(19) 1919 年南陵徐乃昌影刻宋明州本。

(20)《四部丛刊》据黄丕烈校抄宋本影印本。

(21)《扬州文库》影印黄丕烈抄本。

骑省集 30 卷　集部别集类

(1) 明抄本，扬州大学图书馆藏。

(2)《四库全书》本。

(3)《摛藻堂四库全书荟要》本。

(4) 清光绪黟县李氏刻本，南京图书馆藏。

(5) 清孙诒让家藏旧抄本。

(6) 清朱彝尊手校明人抄本。

按：以上 2 种见《增订四库简目标注》。

徐常侍集 30 卷　集部别集类

(1) 清抄本，清朱彝尊校并抄补，国家图书馆藏。

(2) 清南昌彭氏知圣道斋抄本，清彭元瑞校并跋，上海图书馆藏。

(3) 清抄本，国家图书馆藏。

(4) 旧抄本，复旦大学图书馆藏。

徐寓山集 30 卷　集部别集类

清振绮堂抄本，见《增订四库简目标注》。

徐骑省文集 30 卷　集部别集类

(1) 清道光三年(1823)山阴沈氏鸣野山房抄本，清沈复灿校并跋，上海图书馆藏。

(2) 清倪氏经钮堂抄本，清丁丙跋，南京图书馆藏。

(3) 1968 年台北《国学基本丛书四百种》本。

徐骑省文集 30 卷附录 1 卷　集部别集类

清陆香圃三间草堂抄本，国家图书馆藏。

徐骑省集 30 卷补遗 1 卷札记 1 卷　集部别集类

《札记》清朱孔彰撰

(1) 清光绪十七年安徽黟南李宗媚依旧抄本刻本。南京图书馆藏本有清孙诒让校。

(2) 清光绪十七年李宗媚刻本，清萧穆依明州本校，湖北省图书馆藏。

(3) 清光绪十七年李宗媚刻本,清萧穆依朱彝尊藏抄本校,湖北省图书馆藏。

徐公文集30卷附补遗1卷校勘记1卷　集部别集类

《四部备要》据宋明州本排印本,《附》徐乃昌辑。

徐文公集校记1卷　集部别集类

宋徐铉撰　徐乃昌辑

稿本,上海图书馆藏。

徐骑省集30卷校勘记1卷　集部别集类

《国学基本丛书》本。

骑省集钞1卷　集部别集类

(1)《宋诗钞》本。

(2)《宋代五十家诗集》本。

骑省集补钞1卷　集部别集类

《宋诗钞补》本。

篆书千文1卷　集部总集类　佚

见《郡斋读书附志》。

翰林酬唱集1卷　集部总集类　佚

宋徐铉等撰

见《通志·艺文略》。

徐　锴(920—974)

字楚金。宋广陵人。铉弟,世称小徐。文字学家。4岁而孤,能自知书。仕南唐为秘书郎,历知制诰、集贤殿学士,拜内史舍人。入宋,卒,赠礼部侍郎,谥文。《南唐书》《宋史》均有传。

说文解字系传40卷　经部小学类

(1) 宋刻本,存12卷(1、30—40),卷1配明抄本,国家图书馆藏。

(2) 清虞山述古堂影宋抄本,台湾"中央图书馆"原藏。

(3)《四库全书》本。

(4)《四部丛刊》本。

(5) 清嘉庆二年(1797)大酉山房刻本。浙江图书馆藏本有梅植之批校。

(6) 清抄本,上海图书馆藏。国家图书馆、南京图书馆藏清抄本有清段玉裁、沈心醇校,清沈树镛跋。

说文解字系传 40 卷附录 1 卷　经部小学类

(1) 清乾隆四十七年(1782)汪启淑刻本,南京图书馆藏。

按:此本国内馆藏甚多,且多有名家批校,参见《中国古籍善本书目·经部》。

(2)《龙威秘书》本。

说文系传 40 卷校勘记 3 卷　经部小学类

《校勘记》清承培元等撰

(1) 清道光十九年(1839)祁寯藻刻本,南京图书馆藏。

按:此本国内馆藏亦多有名家批校,参见《中国古籍善本书目·经部》。

(2)《古经解汇函》本。

(3)《四部备要》本。

(4)《丛书集成初编》本。

(5) 清光绪九年(1883)江苏书局重刻祁本,南京图书馆藏。

说文解字部叙　经部小学类

《说文四种》本。

说文解字韵谱 5 卷　经部小学类

(1) 元延祐三年(1316)种善堂刻本,国家图书馆藏,有明陆深抄补并跋,清陈锡端跋。

(2)《函海》本。

说文解字篆韵谱 5 卷　经部小学类

(1) 明李显刻本,天津图书馆藏。上海图书馆藏本有清李宏信跋。

(2) 清初抄本,罗振玉跋,华南师范大学图书馆藏。

(3)《四库全书》本。

(4)《丛书集成初编》本。

(5)《古经解汇函》本，有《附》1卷。

(6) 2015年广陵书社《扬州文库》本。

按：国家图书馆藏《古经解汇函》本有清李文田校，上海图书馆藏本有清冯桂芬校并跋。

说文解字韵谱10卷　经部小学类

明抄本，国家图书馆藏。

说文解字篆韵谱10卷　经部小学类

(1) 清康熙五十五年(1716)常熟陆琪手写本，台湾"中央图书馆"原藏。

(2) 清同治三年(1864)冯桂芬刻本。上海图书馆藏本有冯桂芬校，另一种有清潘钟瑞校。

通辑五音1000卷　经部小学类　佚

见《补五代史艺文志》。

历代年谱1卷　史部史表类　佚

见《通志·艺文略》。

登科记15卷　史部传记类　佚

见《宋史·艺文志》。

按：《补五代史艺文志》作《五代登科记》1卷，入小说类。

逍遥大师问政先生聂君传1卷　史部传记类　佚

见《通志·艺文略》《四库阙书目》。

岁时广记120卷　史部时令类　佚

见《宋史·艺文志》，注云："内八卷阙。"

方舆记130卷　史部地理类　佚

见《宋史·艺文志》《通志·艺文略》。

射书15卷　子部艺术类　佚

见《宋史·艺文志》。

按:《通志·艺文略》云:“与欧阳陌同撰。”

徐锴集 15 卷　集部别集类　佚

见《宋史·艺文志》,《通志略》《崇文总目》作 10 卷。

按:《全唐文》卷 888 收其文 6 篇。《全唐诗》卷 757 收其诗 5 首。王重民等《全唐诗外编》收其诗 5 首。

赋苑 200 卷目 1 卷　集部总集类　佚

宋徐锴编

见《宋史·艺文志》。

古今国典 100 卷　集部总集类　佚

宋徐锴辑

见《补五代史艺文志》

广类赋 25 卷　集部总集类　佚

灵仙赋集 2 卷　集部总集类　佚

甲赋 5 卷　集部总集类　佚

赋选 5 卷　集部总集类　佚

以上 4 种见《宋史·艺文志》。

陈　亚

字亚之。宋扬州人。咸平五年(1002)进士。官杭州於潜令,仕至太常寺少卿。家藏书数千卷、名画数十轴。

陈亚之集 3 卷　集部别集类　佚

见《文献通考·经籍考》。

药名诗 1 卷　集部别集类　佚

见《宋史·艺文志》。

澄源集　集部别集类　佚

见《宋诗纪事》卷 7,收其诗 4 首,并录其残句。

李　问(975—1064)

字舜愈。宋广陵人。举进士，赐同学究出身。历乐昌、庐江主簿，临晋令。以昭德军节度推官知平乡县，改大理寺丞，知吴江、江山二县，复以太子中舍、殿中丞监在京箔场及太平军芜湖酒税，迁博士。善诗，柳开、王禹偁称之。

李问集(一作李博士集)1卷　集部别集类　佚

见康熙《扬州府志》卷28。

满执中

字子权。宋广陵人。宋英宗治平中，官万寿县令。

满执中诗集　集部别集类　佚

见嘉靖《惟扬志》卷12。

张方平(1007—1091)

字安道，自号乐全居士。其先宋城人，徙扬州。景祐元年(1034)进士。中贤良方正，迁著作佐郎，通判睦州。直集贤院，知谏院。以修起居注使契丹。拜御史中丞，改三司使，加端明殿学士、判太常寺。复迁尚书左丞，知南京。英宗立，迁礼部尚书。神宗朝拜参知政事，哲宗立，加太子太保。卒谥文定。平生慷慨有气节。王安石行新法，方平极论其害。尝识拔苏洵及其二子苏轼、苏辙。《宋史》有传。

仁宗乐书注1卷　经部乐类　佚

见嘉靖《惟扬志》卷12。

太常新礼40卷　史部政书类　佚

宋孙祖德、张方平等纂

见《直斋书录解题》卷6，云："景祐四年，同知太常礼院浦城吴育春卿言本院所藏礼文故事未经刊修，请择官参定。至庆历四年(1044)始成。"

嘉祐禄令 10 卷　史部政书类　佚

嘉祐驿令 3 卷　史部政书类　佚

以上 2 种见《宋史·艺文志》。

按:《直斋书录解题》卷 7《嘉祐驿令》解题云:"前一卷为条贯敕,后二卷为则例令。官吏、帮支、驿券、衙官、傔从之类,皆据此也。"

张方平进策 9 卷　史部政书类　佚

见《宋史·艺文志》。

刍荛奥论 2 卷　史部政书类　佚

《粤雅堂丛书》本。

史馆书目 2 卷　史部目录类　佚

见嘉靖《惟扬志》卷 12。

乐全先生文集 40 卷行状 1 卷　集部别集类

宋张方平撰　《行状》宋王巩撰

(1) 宋刻本,国家图书馆藏,存 18 卷。

(2) 明祁氏淡生堂抄本,国家图书馆藏,存 3 卷。

(3)《四库全书》本。

(4)《四库全书珍本初集》本。

(5) 清吴兴陶氏抄本,国家图书馆藏。

(6) 清抄本,国家图书馆藏,清季锡畴校并跋。南京图书馆藏,清李宏信校并跋,丁丙跋。国家图书馆等另藏有清抄本多种,参见《中国古籍善本书目·集部》。

玉堂集 20 卷　集部别集类　佚

见《郡斋读书志》卷 5 下,云:"刘忠肃尝序其《玉堂集》二十卷。乃在东坡所序《乐全集》之外。淳熙九年(1182)锡山尤袤重刻于江西漕台。"

朴斋小集 1 卷　集部别集类　佚

《两宋名贤小集》本。

徐元榆

宋甘泉人。

南归集　集部别集类　佚

见光绪《增修甘泉县志》卷23，原注云："曾南丰集。"

王　令(1032—1059)

初字钟美，更字逢原。宋广陵人。少不检，里中满执中诮其所为非是，遂折节力学。王安石其奇才，以夫人女弟妻之。诗学韩、孟，文章古朴，自成一家。

论语解10卷　经部四书类　佚

孟子解5卷　经部四书类　佚

以上2种见《直斋书录解题》卷3，云："所讲《孟子》才尽二篇，其第三篇尽二章而止。王荆公(安石)志其墓，不言其所著书。而晁氏《读书志》云，令于《尧曰篇》解曰：'四海不困穷，则天禄不永终矣。'王氏《新经书义》取之。"

十七史蒙求1卷　子部典故类

宋王令辑

(1) 清同治六年(1867)纬文堂刻本，北京大学图书馆藏。

(2) 清光绪二十年(1894)文选楼刻《琅环獭祭十二种》本，山东大学图书馆藏。

标题注十七史蒙求10卷　子部典故类

(1) 宋刻本，日本宫内厅书陵部藏。

(2) 日本昌平黉写本，日本公书文馆藏。

(3) 日本江户前期写本，日本庆应大学图书馆藏。

(4) 清初刻本，常州市图书馆藏。

王先生十七史蒙求16卷　子部典故类

(1) 清康熙四十九年(1710)海阳程宗琠刻本，复旦大学图书馆藏。

(2) 清康熙养志堂刻本,上海图书馆藏。

(3) 清道光九年(1829)敦经堂刻本,高邮市图书馆藏。

(4) 清道光二十八年大文堂刻本,上海图书馆藏。

(5) 清道光二十八年粤东文雅斋(与李氏《蒙求补注》合)刻本,无锡市图书馆藏。

(6) 清道光二十八年三让堂刻后印本,北京大学图书馆藏。

(7) 清光绪十五年文昌书局重刻本,中国人民大学图书馆藏。

(8) 日本文政八年(1825)刻本,华东师范大学图书馆藏。

(9) 2015 年广陵书社《扬州文库》本。

十七史蒙求 17 卷　子部典故类

日本文政十年皇都书林津逮堂吉野屋仁兵卫校刻本,日本大阪大学图书馆藏。

广陵先生文集 42 卷　集部别集类

明抄本,浙江大学图书馆藏。

广陵先生文集 20 卷拾遗 1 卷附 1 卷　集部别集类

(1) 明抄本,国家图书馆藏。南京图书馆藏明抄本有丁丙跋。

(2)《嘉业堂丛书》本。

(3)《扬州文库》影印本。

广陵先生文集 20 卷　集部别集类

(1) 明抄本,李盛铎题记,北京大学图书馆藏。

(2) 清抄本,清唐翰题跋,国家图书馆藏。

(3) 旧抄本,北京大学图书馆藏。

广陵先生集 20 卷补遗 1 卷拾遗 1 卷附录 1 卷　集部别集类

(1) 清抄本,中国社会科学院文学研究所藏。

(2) 清抄本,日本静嘉堂文库藏。

(3) 清抄本,北京大学图书馆藏。

广陵先生文集 14 卷　集部别集类

清赵氏小山堂抄本,复旦大学图书馆藏。

广陵先生文集21卷　集部别集类

（1）清抄本，东北师范大学图书馆藏。

（2）清抄本，黄模校并跋，北京大学图书馆藏。

（3）清初抄本，有《拾遗》1卷《附》1卷，清蒋继轼校并跋，上海图书馆藏。

（4）清抄本，有《拾遗》1卷《附》1卷，清陈雨岩校并跋，上海图书馆藏。

广陵先生集22卷首1卷末1卷　集部别集类

清尚友斋抄本，翁同龢题记，中国社会科学院文学研究所藏。

广陵先生文集30卷附录1卷　集部别集类

（1）清道光王氏十万卷楼抄本，清王端履校并跋、丁丙跋，南京图书馆藏。

（2）《四库全书》本。

广陵诗钞1卷　集部别集类

《宋诗钞初集》本。

广陵诗集1卷　集部别集类

《宋代五十六家诗集》本。

广陵集补钞1卷　集部别集类

《宋诗钞补》本。

王令集　集部别集类

1980年上海古籍出版社沈文倬校点本。有沈文倬编《王令年谱》等附录多种。

陈　良

宋江都人。治平四年(1067)进士。仕终朝奉郎、秘书丞。

陈秘书集　集部别集类　佚

见雍正《江都县志》卷17。《宋诗纪事续补》卷3收有其诗。

李正民

字方叔。宋扬州人。政和二年(1112)进士。高宗时,为中书舍人,尝奉使通问隆祐太后。历官两浙、江西、湖南抚谕使,吏礼二部侍郎,知吉州、筠州、洪州、湖州、温州、婺州、淮宁府。任陈州太守时,尝为金人所获,后以和议成得还。官终徽猷阁待制,奉祠归。

己酉航海记(一作乘桴记)1卷　史部杂史类

《四库全书》本。

按:建炎三年(1129)七月,高宗赵构在金陵,闻金兵深入,遂趋平江。历越州、明州。十二月乘船航海,避兵台州、温州间。正民时以中书舍人从行,按日记驻跸之所,类起居注体。后因奉使通问隆祐太后,故所记止于四年正月二十一日。《北盟会编》卷134、王明清《挥麈三录》卷1均全载其文。《四库全书总目》谓"当日国史,实藉此书考定"。

大隐集10卷　集部别集类

(1)《四库全书》本。

(2)清乾隆翰林院抄本,国家图书馆藏。

(3)清抄本,清丁丙跋,南京图书馆藏。

(4)1967年日本据抄本影印出版。

按:《宋史·艺文志》作30卷。传本久佚,四库馆臣从《永乐大典》中辑出此书,有文6卷诗4卷。《四库全书总目》云:"中多中书制诰之作,温润流丽,颇近浮溪。其诗亦妍秀可诵。在南渡初,犹不失为雅音焉。"

王居正(1087—1151)

字刚中。学者称竹西先生。宋江都人。宣和三年(1121)进士。高宗时为起居郎。素善秦桧,桧为执政,与居正论天下事甚锐,既相,所言皆不酬。居正疾其诡,言于帝,请以问桧,桧衔之。出知婺州,寻夺职。桧死,复故职。其学根据六经,杨时器之。所著甚富。

书辨学 13 卷　经部尚书类　佚

诗辨学 20 卷　经部诗经类　佚

周礼辨学 5 卷　经部周礼类　佚

以上 3 种见《宋史》本传。

按：《宋史·艺文志》著录《辨学》7 卷，《宋史》本传云："居正既进其书七卷，而杨时《三经义辨》亦列秘府。二书既行，天下遂不复言王氏(安石)学。"

春秋本义 12 卷　经部春秋总义类　佚

孟子疑 14 卷　经部四书类　佚

以上 2 种见嘉靖《惟扬志》卷 12。

竹西论语感发 10 卷　经部四书类　佚

见《直斋书录解题》卷 3。

辨学外集 1 卷　经部群经总义类　佚

见《宋史》本传。

集谏 15 卷　史部政书类　佚

见雍正《江都县志》卷 14。

续成都古今集记 22 卷　史部地理类　佚

见《直斋书录解题》卷 8。

民兵条例 1 卷　子部兵书类　佚

见嘉庆《重修扬州府志》卷 62。

竹西集　集部别集类　佚

西垣集　集部别集类　佚

以上 2 种见《直斋书录解题》卷 18，云："《西垣集》者，制草及檄章也。"

李　易

字顺之。宋扬州人。好学多闻，以清素见称。建炎二年(1128)高宗驻跸维扬，策试进士，易为第一。授签书、江阴军判官。会金人至夏港，距城数里，守臣胡纺谓易曰："吾曹当死城郭，君有母，宜急避之。"易归告其母蒋氏，母曰："我去则汝必无意监守，死生当与汝同之。"由是易守益固，金人亦引去。绍兴元年(1131)，为太常博士，韩世忠辟易参谋官，转工部员外郎，为太常寺少卿。官至敷文阁待制，随奉祠，卒于秀州。

要论 1 卷　子部杂学类　佚

见《宋史·艺文志》。

李敷诗集 1 卷　集部别集类　佚

《两宋名贤小集》本。

李　衡(1101—1178)

字彦平，号乐庵。宋江都人。初以进士授吴县主簿。有部使者怙势作威，乃拂衣归。后知溧阳县。隆兴二年(1164)召为监察御史。乾道中官至秘阁修撰。晚年定居江苏昆山，聚书万卷，以治学为乐。《宋史》卷 390 有传。

周易义海撮要 12 卷　经部易类

(1)《通志堂经解》本。苏州图书馆藏本有清惠栋批、丁晏跋。

(2)《四库全书》本。

(3) 明抄本，国家图书馆藏。

(4) 明祁氏澹生堂抄本，国家图书馆藏。

周易义海撮要 1 卷　经部易类

明祁氏澹生堂抄本，国家图书馆藏。

易说　经部易类　佚

春秋释例集说　经部春秋总义类　佚

论语说　经部四书类　佚

以上 3 种见《昆新两县续修合志》卷 50。

论语说　经部四书类　佚

见康熙《扬州府志》卷 28

宋名臣言行录前集10卷后集14卷　史部传记类

宋朱熹纂集　李衡校订

(1) 明万历三十七年(1609)婺源汪国楠、郑汝璧刻本,中国人民大学图书馆藏。

(2) 清道光元年(1821)歙县洪莹刻本,存后14卷,中国人民大学图书馆藏。

(3) 清同治七年(1868)临川桂氏刻本,南开大学图书馆藏。

乐庵语录5卷　子部杂学类

(1)《四库全书》本。

(2)《四库全书珍本初集》本。

按:据《四库全书总目》,此书即《乐庵遗书》旧本。

乐庵遗书5卷　子部杂学类

(1) 明万历四十六年李通刻本,国家图书馆藏。

(2) 2015年广陵书社《扬州文库》本。

乐庵文集　集部别集类　佚

见《昆新两县续修合志》卷50。

寒山拾得诗　集部总集类　佚

见《昆山人物志》卷1。

陈　景

宋扬州人。官著作郎。

陈著作集　集部别集类　佚

见嘉靖《惟扬志》卷12。

李　洪(1129—?)

字可大,一字子大。宋扬州人。正民长子。累官知滕州、温州。庆元五年(1199)提举浙东,除本路提刑。后移居湖州。

芸庵类稿6卷　集部别集类

(1) 清丁氏竹书堂红格抄本，南京图书馆藏。

(2)《四库全书》本。

(3)《四库全书珍本初集》本。

芸庵诗余 1 卷　集部词曲类

《彊村丛书》本。

李氏花萼集 5 卷　集部词曲类　佚

见《宋史艺文志补》。此辑洪及其弟漳、泳、淦、浙所著词。

马　玗

宋广陵人。曾官南康太守。

续庐山记 4 卷　史部金石类　佚

见嘉靖《惟扬志》卷 12。录山中碑记。

李　漳

字子清。宋扬州人。正民次子，洪弟。

李氏花萼集 5 卷　集部词曲类　佚

见《宋史艺文志补》。此辑李洪及其弟漳、泳、淦、浙所著词。《全宋词》第 3 册收李漳词 6 阕。

李　泳

字子永，号兰泽。宋扬州人。正民三子，漳弟。淳熙中尝为溧水令，又为坑冶司干官。淳熙末卒。

李氏花萼集 5 卷　集部词曲类　佚

见《宋史艺文志补》。此辑李洪及其弟漳、泳、淦、浙所著词。《全宋词》第 3 册收李泳词 1 阕。

李　淦

字子召。宋扬州人。正民四子，泳弟。

李氏花萼集 5 卷　集部词曲类　佚

见《宋史艺文志补》。此辑李洪及其弟漳、泳、淦、浙所著词。《全宋词》第 3 册收李淦词 2 阕。

李　浙

宋扬州人。正民五子，淦弟。

李氏花萼集 5 卷　集部词曲类　佚

见《宋史艺文志补》。此辑李洪及其弟漳、泳、淦、浙所著词。

张　岩

字肖翁。宋大梁人，徙家扬州。绍兴末渡江，居湖州。登乾道五年(1169)进士第。历官监察御史，与张釜、陈自强等阿附时相韩侂胄。进殿中侍御史，累迁给事中，除参知政事。以言者罢为资政殿学士、知平江府，升大学士、知扬州。开禧二年(1206)迁知枢密院事。韩氏诛，夺官，奉祠。以银青光禄大夫致仕。卒赠特进。善琴，因曾向琴师郭楚望学得《乌夜啼》，人称"张乌夜"。《宋史》有传。

闲静治本论 5 卷　史部政书类　佚

将论 5 卷　史部政书类　佚

琴操谱 15 卷调谱 4 卷　子部艺术类　佚

以上 3 种见《直斋书录解题》卷 18、14。

按：后 1 种乐谱乃张岩将韩侂胄祖传古谱与民间野谱合编而成。

李　璜

字德劭，号蘖庵居士。宋江都人，后流寓四明。少负隽才。耻从进士举，萧散刚直，以终其身。

蘖庵文集(一作蘖庵居士集)12 卷　集部别集类　佚

见《宋史·艺文志》。

李　椿

宋江都人。淳熙间以朝奉大夫试司农卿，兼临安府。视事三月，以梗权贵解去。

周易观画 2 卷　经部易类　佚

见《宋史·艺文志》。

宋状元考 12 卷　史部传记类　佚

见嘉庆《重修扬州府志》卷 62。

姓类 1 卷　史部传记类　佚

中兴登科小录 3 卷　史部传记类　佚

以上 2 种见万历《江都县志》卷 17。

李直养

字无害。宋扬州人。正民孙。绍熙元年(1190)摄华亭令。二年丞平湖。以当路荐遂为令。又知海盐县，修葺学校，民为立去思碑。

按：此据嘉庆《重修扬州府志》卷 46 本传。洪焕椿《浙江方志考》卷 3 作初为海盐丞，绍熙元年知海盐县。

(绍熙)武原志　史部地理类　佚

宋李直养纂修

见天启《海盐县图经》卷 9 本传、《舆地纪胜》卷 3 嘉兴府、《文渊阁书目》卷 19 著录。

按：海盐本武原乡，秦置武原县，汉初改名海盐县。此用古地名。

张　午(1155—1224)

字智夫。宋广陵人。淳熙五年(1178)进士。为西川佥书判官，历监成都府军资库，以荐改通直郎知宣化县。迁通判隆州，知广安军，召为工部郎中，擢太府少卿，终直宝谟阁、知眉州。

西汉评 5 卷　史部史评类　佚

家集20卷　集部别集类　佚

古律诗5卷　集部别集类　佚

皇雅铙歌2卷　集部别集类　佚

以上4种见宋魏了翁《鹤山集》卷73《朝请大夫太府少卿直宝谟阁致仕张君午墓志铭》。

陈洪范

宋扬州人。曾为扬州学正。

扬州后集　集部别集类　佚

见康熙《扬州府志》卷28。

续扬州赋1卷　集部别集类

(1) 明嘉靖二十四年(1545)刻本，浙江大学图书馆藏。

(2) 清抄本，上海图书馆藏。南京图书馆藏本有丁丙跋。

按:嘉靖《惟扬志》作宋扬州学正陈洪范。宋无学正之官，乾隆《江都县志》卷30乃作元学正陈洪范，与官制合。然又云牛大年序。牛大年为宋庆元进士，是洪范不得为元人。因不能明，姑从《天一阁书目》署作宋人。参见光绪《增修甘泉县志》卷23附考。

张　侃

字直夫。宋扬州人。岩子。尝监常州奔牛镇酒税，迁为上虞丞。志趣萧散，浮沉末僚，所与游者，如赵师秀、周文璞，皆恬静不争之士。工诗，闲淡有致。

张氏拙轩集6卷　集部别集类

(1)《四库全书》本。

(2)《四库全书珍本初集》本。

牛大年

字隆叟。宋江都人。庆元二年(1196)进士。通判真州，权知泰州。

累迁工部侍郎，不拜。以集英殿修撰提举太平兴国宫。除宝章阁待制。卒。清操凛然，所至以廉洁自持。

友山集　集部别集类　佚

见嘉靖《惟扬志》卷12。

张　蕴

一作张韫。字仁溥，号斗墅。宋扬州人，嘉熙间为沿江制置使属官，宝祐四年(1256)干办行在诸司粮料院。

斗野支稿1卷　集部别集类

(1)《宋百家诗存》本。

(2)《南宋群贤小集》本。

(3)《两宋名贤小集》本。

(4)《汲古阁影钞南宋六十家小集》本。

按：以上3种题《斗野稿支卷》1卷。

(5)《宋人小集四十二种》本，题《斗野稿》1卷。

盛如梓

元扬州人。宋时曾为崇明州判官、衢州教官。入元不仕，隐居以著述自适。

庶斋老学丛谈3卷　子部杂学类

(1) 明嘉靖元年(1522)柳佥抄本，北京大学图书馆藏。

(2) 清抄本，国家图书馆藏，有厉鹗、黄丕烈、戴光曾等校跋。上海图书馆藏本有鲍廷博校记。

(3) 清彭氏知圣道斋抄本，彭元瑞校并跋，上海图书馆藏。

(4)《四库全书》本。

(5)《知不足斋丛书》本。

(6)《丛书集成初编》本。

(7) 2015年广陵书社《扬州文库》本。

按:本书论及经史、天文、地理、名物及文章流派、先儒格言等,对研究元代历史颇有参考价值。

睢景臣

亦作睢舜臣。字嘉贤,后字景贤。元扬州人。自幼读书,以水沃面,双眸红赤,不能透视。大德七年(1303),由扬赴杭州。与钟嗣成订交。所作《高祖还乡》散套,扬州诸名士皆出于其下。其散曲多见各家曲选中,《太和正音谱》被评为"如凤管秋声"。

睢景臣词 1 卷　集部词曲类　佚

见嘉靖《惟扬志》卷 12。

千里投人(杂剧)　集部词曲类　佚

楚大夫屈原投江(杂剧)　集部词曲类　佚

莺莺牡丹记(杂剧)　集部词曲类　佚

以上 3 种见《录鬼簿》。

睢景臣曲　集部词曲类

《全元散曲》收其套数《大石调·六国朝·收心》《般涉调·哨遍·高祖还乡》《商角调·黄莺儿·寓僧舍》,并收残曲。

按:《全元散曲》又收睢玄明套数《般涉调·耍孩儿·咏鼓》《咏西湖》二曲。小传疑玄明与景臣实为一人。亦有以玄明为景臣子者。因不能明,姑附记于此。

陆登善

或云姓陈。字仲良。原籍维扬,其父以典掾至杭州,遂家焉。约元文宗至顺中在世。为人沉重简默,工词曲,能讴歌。

张鼎勘头巾(杂剧)　集部词曲类　佚

开仓粜米(杂剧)　集部词曲类　佚

以上 2 种见曹寅刻《录鬼簿》。

乐府隐语　集部词曲类　佚

见《古典戏曲存目汇考》卷 5 小传。

林志坚

元广陵人。

道德真经注 2 卷　子部周秦诸子类

(1) 明正统《道藏·洞神部玉诀类》本。

(2)《道藏举要》本。

按:卷首有元至正十四年(1354)自序。篇章次第及章名,并依河上公本。注本以经解经,转相发明。参见任继愈主编《道藏提要》第 715 页(1991 年中国社会科学出版社出版)。

张鸣善

一作明善。元扬州人。至正中在世。官宣慰司令史。张士诚据吴,其弟士德占民田以广园囿,宴席间无鸣善勿欢。鸣善乃借大雪为讽,云:"漫天坠,扑地飞,白占许多土地,冻杀人民都是你!难道是国家祥瑞!"

包待制判断烟花鬼　集部词曲类　佚

党金莲夜月瑶琴怨　集部词曲类　佚

以上 2 种见《录鬼簿》《太和正音谱》。

按:其散曲见《词林摘艳》《南北小令》中。《太和正音谱》评其散曲"如彩凤刷羽"。

贾蓬莱

元江都人。初与闽人上官粹议婚,后许字林氏,林死归上官。至正间随宦闽中,遇盗,自刎死。

絮雪稿　集部别集类　佚

见《历代妇女著作考》引《福建通志》。

彭　梁

字仲愈。元广陵人。无书不读。通五经。性行尤纯谨。学者多师事之。

仲愈集 1 卷　集部别集类

《元诗选三集》本。

明

梁寅

字孟敬。明江都人。少好学，通五经。后设教石门，终日坐讲筵，口授诸生。元末屡举不第，明初召至京议礼，以年老告归。

宋元史略　史部杂史类　佚

见梁孝贵《维扬江都梁氏第九次重修族谱》卷1《明石门先生梁寅公传》。

陶凯

字中立。明江都(一作临海)人。元至正七年(1347)举人，除永丰教谕，不就。明洪武初以荐征入，同修《元史》。书成，授翰林应奉，教习大本堂。三年(1370)与崔亮并为礼部尚书，定科举式。四年会试，充主考官。六年出为湖广参政。致仕。八年起为国子祭酒，明年改晋王府左相。博学，工诗文，一时诏令、封册、歌颂、碑志多出其手。自号耐久道人。太祖朱元璋恶之，以事论死。《明史》卷136有传。

按：《明史》本传作临海人，《四库全书总目》传记类存目、金钺《江苏艺文志》作江都人。姑录以备考。

九经类要　经部群经总义类　佚

见《经义考》卷247。

元史210卷　史部正史类

明宋濂、陶凯等撰

按：本书版本甚多，以1976年中华书局标点本最便使用。

辜君政绩书2卷　史部传记类　佚

见《四库全书总目》传记类存目。此书由四库馆臣自《永乐大典》中辑出。

宗藩昭鉴录5卷　史部政书类　佚

见《明史·艺文志》。

邱　民

字克庄。明江都人。洪武初为松江府学训导。慕学之士自远而来，十余年无虑千数。松江一时文风之盛，不下邹鲁。由知礼荐，官至礼部侍郎。

邱民诗集　集部别集类　佚

见嘉靖《惟扬志》卷12。

按：《明诗综》卷5、《明诗别裁集》卷2均收其诗1首。

李唐宾

号玉壶道人。明广陵人。官淮南省宣使。衣冠济楚，人物风流，文章乐府俊丽。与贾仲明交厚且久。《太和正音谱》称其词如"孤鹤鸣皋"。

梨花梦　集部词曲类　佚

见《录鬼簿续编》。

李云英风送梧桐叶1卷　集部词曲类

(1)《古名家杂剧》本。

(2)《脉望馆钞校本古今杂剧》本。

(3)《元明杂剧》本。

(4)《古本戏曲丛刊四集》本。

(5)《元曲选》本。

(6)《四部备要》本。

王　峰

明扬州人。

纲目发微 30 卷　史部编年类　佚

见康熙《扬州府志》卷 28。

萧灼如

字茹一。明江都人。由迁贡授广东潮州通判。有政绩，积劳得疾，告休，卒。

易贯　经部易类　佚

礼减　经部周礼类　佚

以上 2 种见雍正《江都县志》卷 17。

欧阳清

字本源。明江都人。景泰间布衣。精于字学。当时外藩入贡闻其名，必造其庐。

会意分音大广篇韵 10 卷　经部小学类　佚

碎金撮要 1 卷　经部小学类　佚

切韵心法秘要 1 卷　经部小学类　佚

四声等子注 1 卷　经部小学类　佚

以上 4 种见嘉靖《惟扬志》卷 12。

蒋　琬(1432—1486)

字重器。明江都人。贵孙，嗣为侯。天顺末佩平羌将军印，总兵甘肃。成化十三年(1477)帅京军防秋大同、宣府。后佩将军印出御边寇，寇退班师，加太保，兼太子太傅。卒赠凉国公，谥敏毅。《明史》卷 155 有传。

蒋琬文集 10 卷　集部别集类　佚

见《明史·艺文志》。

袁陶庵

明甘泉人。

扬州赋1册　史部地理类　佚

见光绪《增修甘泉县志》卷23引《天一阁书目》。

高　铨(1443—1511)

字宗选，号平山，晚更号遗安老人。明江都人。成化五年(1469)进士。授大理寺右评事，历山东、浙江、河南按察司佥事、副都御史、工部侍郎。正德元年(1506)仕至南京户部尚书。遭刘瑾诬陷下诏狱。子涝请以身代，疏词迫切。事得雪，复官致仕。历官务持大体，多著宦绩。

治河十二议　史部政书类　佚

见雍正《扬州府志》卷35。

平山稿　集部别集类　佚

遗安稿　集部别集类　佚

以上2种见《千顷堂书目》卷20。

王　轨(1463—1551)

字载卿。明江都人。弘治十二年(1499)进士。授户部主事，监崇文门税政，政平不扰。正德元年(1506)护荣王之国，二年稽视江南诸府及江浙闽广仓库，所至以严著称。四年改工部员外郎，所至不畏刘瑾权势。出理广东参议，专理粮储。升山西左参政。嘉靖元年(1522)升山东右布政，进顺天府尹，转右副都御史，进工部右侍郎，后累任南京户部、南京兵部尚书。生平好学，老而弥笃，尤喜著述。

奏议20卷　史部政书类　佚

见明欧大任《广陵十先生传》。

淮海集30卷　集部别集类　佚

见《广陵十先生传》,《千顷堂书目》卷21。

按:《广陵十先生传》谓其家贫不能梓板,仅文集1帙、《明诗选》数诗行于世。

赵　鹤

字叔鸣,号具区。明江都人。弘治九年(1496)进士,授户部主事。正德六年(1511)官金华知府,以忤刘瑾谪官。终山东提学佥事。生平嗜学不倦,晚年注诸经,考论历代史,正其谬误。明欧大任《广陵十先生传》有传。

书经会注　经部尚书类　佚

见《广陵十先生传》。

五经考论　经部群经总义类　佚

见《经义考》卷247。鹤晚年著此书。

文山寓扬忠愤录　史部传记类　佚

维扬郡乘正要80卷　史部地理类　佚

按:此书考据详悉,文多史笔,嘉靖志多因之。惜原板为忌者所毁,文献家间有藏其原书者。

以上2种见《广陵十先生传》。

示敬录　子部儒学类　佚

洙泗言行续录　子部儒学类　佚

武经传孙武子十三篇定本　子部兵书类　佚

以上3种见《广陵十先生传》。

耽胜集　集部别集类　佚

见《千顷堂书目》卷21。

具区集3卷　集部别集类

明刻本,台湾"中央图书馆"、台北故宫等藏。

金华正学编　集部总集类

(一) 10 卷本

明赵鹤辑，明正德七年杨凤刻递修本，清丁丙跋，南京图书馆藏。

(二) 12 卷本

明赵鹤辑，张朝瑞重辑，明万历十八年(1590)刻本，南京图书馆藏。

按：《四库全书总目》总集类存目著录 12 卷，云："嘉靖间鹤官金华知府，以宋吕祖谦、何基、王柏，元金履祥、许谦皆金华名儒，因录五家之文涉于讲学者数篇，及其本传、行状、墓志等，各为二卷。万历庚寅(十八年)，(唐)邦佐复取鹤原书为之册订，而益以明章懋。"亦附收于《率祖堂丛书》。

金华文统 13 卷　集部总集类

明赵鹤辑

(1) 明正德七年赵鹤、李圮刻本，国家图书馆藏。

(2) 明正德七年刻万历重修本，北京大学图书馆藏。

按：本书于《正学编》外，兼收金华耆旧之文，计收宋宗泽等 12 人，元柳贯等 6 人，明宋濂等 8 人。大旨仍以讲学为宗，故刘孝绰、骆宾王、舒元舆之文皆所不取。《四库全书总目》总集类存目著录。

文统拾遗　集部总集类　佚

见《瓜洲志》卷 5 本传，谓集刘孝标、骆宾王、舒元舆及近世 40 余人为此书。

马　驸

字次甫。明江都人。成化二年(1466)进士马岱子。与弟骈并有诗名。

江都十老传　史部传记类　佚

见乾隆《甘泉县志》卷 16，云："传江都袁琳、葛钦、金某等十人谊行，以励乡俗。"

紫泉集 20 卷　集部别集类　佚

见《千顷堂书目》卷 22。

按:明嘉靖三年(1524)曾为宋张耒《张文潜文集》刻本作序。

王廷臣

明甘泉人。

运筹纲目　子部杂学类　佚

师暇裒言　子部杂学类　佚

以上2种见乾隆《增修甘泉县志》卷23。

黄一正

字定父。明江都人。博涉群书,为文雄卓典丽。屡试棘闱不遇,锐意为诗赋古文词。

五经埤传　经部群经总义类　佚

见《千顷堂书目》卷3。

偶得绀珠6卷　子部典故类　佚

见《千顷堂书目》卷12。

事物绀珠46卷　子部典故类

明黄一正辑注

(1) 明万历间吴勉学刻本,国家图书馆藏。

(2)《四库全书存目丛书》本。

徐醽稿　集部别集类　佚

赋涛轩集　集部别集类　佚

镜心亭集　集部别集类　佚

以上3种见雍正《扬州府志》卷35。

马　骈

字共甫。明江都人。驸弟。诸生。

春秋微14卷　经部春秋总义类　佚

见《千顷堂书目》卷2。乾隆《甘泉县志》卷16作《春秋探微》。《明诗综》卷 43 收其诗 2 首。

广陵琼花志 3 卷　子部农家类

(1) 清天禄阁抄本,南京大学图书馆藏。

(2) 抄本,扬州市图书馆藏。

(3) 2015 年广陵书社《扬州文库》本。

(4)《南京大学图书馆藏古籍珍本丛刊·稿抄本卷》本。

盛　仪

字德璋,号蜀岗。明江都人。弘治十八年(1505)进士,观政吏部,能抗刘瑾,授监察御史,劾天下不职吏,具奏民间利病,累官至太仆寺卿。历官以清峻著名,及致仕归橐无余赀,薄田敝庐,仅足自给,尤笃于孝友,兄弟终身同居,卒祀乡贤。

(嘉靖)惟扬志 38 卷　史部地理类

明朱怀干修　盛仪纂

(1) 明嘉靖二十一年(1542)刻本,南京图书馆藏有胶卷。

(2) 1963 年《天一阁藏明代地方志选刊》本。

(3) 影印嘉靖本,国家图书馆藏,不全。

(4)《四库全书存目丛书》本。

高　濬

字升之。明江都人。铨从子。正德十六年(1521)进士。授宁波府推官,升户部主事员外郎。官终河南按察司副使。

(嘉靖)顺德志 35 卷　史部地理类

明孙锦修　高濬纂

明嘉靖十五年(1536)刻本,上海图书馆等藏有胶卷,天一阁博物馆有残本 26 卷(卷 10—35)。

南兖州集　集部别集类　佚

见康熙《扬州府志》卷 28。

葛　钦

明凤阳人，后迁江都。嗜古书，构楼五楹，藏书数千卷。

周礼补亡 6 卷　经部周礼类

元邱葵撰

明葛钦刻本，叶万跋，国家图书馆藏。

褚氏遗书　集部别集类　佚

齐褚澄撰

明葛钦刻，见雍正《扬州府志》卷 35。刻本今已不可见。

曹　璿

字玉斋。明江都人。守贞父。

琼花集 5 卷　子部农家类

明曹璿辑

(1)《别下斋丛书》本。

(2)《香艳丛书》本。

(3)《扬州丛刻》本。

(4)《丛书集成初编》本。

(5) 2015 年广陵书社《扬州文库》本。

按：卷 1 考证、遗事，卷 2 宋元明作家咏扬州琼花诗，卷 3 诗余，卷 4 赋，卷 5 记。康熙《江都县志》卷 6 云："极辨唐昌玉蕊之诬，足以洗数百年讹妄。中考证多出守贞。"

黄明昌

明江都人。一正子。幼颖悟。10 岁侍父客，分韵赋金山诗。以例贡入太学，惊才绝艳。

诗经大旨　经部诗经类　佚

经世要言　子部儒学类　佚

经史绪论　子部杂学类　佚

骊珠集　集部别集类　佚

以上4种见雍正《扬州府志》卷35。

王惟贤

字凤泉。明扬州人。嘉靖举人，官福建提学佥事。

渔石集4卷　集部别集类

明唐龙撰

明嘉靖十三年(1534)王惟贤刻本，国家图书馆藏。

高皇帝御制文集20卷　集部别集类

明朱元璋撰

明嘉靖王惟贤刻本，上海图书馆藏。

方　岑

字高伯。明江都人。嘉靖五年(1526)进士。授大理寺评事。升南京左寺。官终知杭州府。为人宏博，出入左氏、韩氏、刘向诸家。诗宗初唐，而风骨不衰。然好用古文奇字，人多不辨，亦其癖也。平生撰著极博，多散佚。

竹素斋集　集部别集类　佚

见康熙《扬州府志》卷28。

曾　铣(? —1548)

字子重，号石塘。明江都人。嘉靖八年(1529)进士。历总督陕西三边军务。胆略过人，长于用兵。立志复河套，条上方略十八事，为严嵩所诬，诛死。隆庆初，追谥襄愍。《明史》卷240有传。

复套议2卷　史部政书类

(1) 明万历刻本，上海图书馆藏。

(2)《四库全书存目丛书》本。

(3) 2015年广陵书社《扬州文库》本。

蔡 圻

字子封。明江都人。儒士。

鹤田稿1卷 集部别集类 佚

见雍正《扬州府志》卷35。

按:《明诗综》卷43收其诗1首。

王师德

明广陵人。

文矩录1卷 集部总集类 佚

见嘉靖《惟扬志》卷12。

桑 乔(?—1564)

一作桑维乔。字子木,别号玄同子。明江都人。嘉靖十一年(1532)进士,授户部主事,改监察御史。出按山西。时严嵩为尚书,举朝犹未知其奸。十七年,桑乔官北京,劾严嵩。寻巡按畿辅,引疾去,为嵩所陷害,戍九江,卒。独居一室,左右图书,咏诗读史。晚游匡庐,耽嗜玄旨及易占六壬。隆庆初,赠光禄寺少卿。

庐山记事12卷 史部地理类

明桑乔辑

(1) 明嘉靖四十年刻本,国家图书馆藏。

(2) 清康熙五十九年(1720)蒋国祥刻本,国家图书馆藏。

(3)《豫章丛书》本。

(4)《四库全书存目丛书》本。

博搜录1卷 子部典故类

(1) 旧抄本,南京图书馆藏。

(2) 2015年广陵书社《扬州文库》本。

真诠2卷　子部道教类

(1) 明嘉靖刻本,北京大学图书馆藏。

(2) 明抄本,国家图书馆藏。

(3) 清初抄本,清永忠跋,浙江图书馆藏。

(4) 明万历十三年(1585)张懋伦刻本,3卷,北京大学图书馆藏。

(5) 明隆庆间刻本,题《真诠》3卷《遇真记》1卷。见《贩书偶记》。

(6)《四库全书存目丛书》本。

节义林6卷　子部杂学类　佚

见乾隆《增修甘泉县志》卷23。

南皋文集　集部别集类　佚

见康熙《扬州府志》卷28。

桑子木集20卷　集部别集类　佚

见雍正《江都县志》卷17。

按:《明诗综》卷46收其诗1首。

葛涧

字子东。明江都人。其父钦藏书千卷,至涧益购至万余卷,江淮间称藏书多者无如葛氏。博学有名理,坐卧楼中,寒暑不废著述。卒年70余,友人私谥曰正学先生。

国朝人物编　史部传记类　佚

见康熙《江都县志》卷6,谓自洪武至嘉靖,数十百卷,人为列传,甚详悉。

扬子折衷6卷　子部儒学类

明湛若水撰

明嘉靖四十二年(1563)葛涧新泉书屋刻本,浙江图书馆藏。

横渠张子释6卷　子部儒学类

明吕楠撰

明嘉靖四十五年葛涧刻本,重庆图书馆藏。

广文选60卷　集部总集类

明刘节辑

明嘉靖十六年葛涧校订本，国家图书馆藏。

何　城

字叔方。原籍榆林。徙江都。嘉靖十一年(1532)进士，官刑部主事。

苑诗类选30卷　集部总集类

明包节辑

明嘉靖二十五年何城刻本，国家图书馆藏。

唐诗正声20卷　集部总集类

明高棅辑

明嘉靖二十四年何城刻本，南京图书馆藏。

林长生

字士纶。明广陵人。

眼科简便验方不分卷　子部医家类

明林长生撰　清宝山补辑

清光绪十九年(1893)秋林敬堂刻本，上海中医药大学图书馆藏。

傅氏眼科审视瑶函6卷首1卷　子部医家类

明傅仁年纂辑　林长生补

(1) 明崇祯刻本，北京大学图书馆藏。

(2) 清善成堂刻本，北京大学图书馆藏。

(3) 清道光刻本，吉林大学图书馆藏。

(4) 清周氏三让堂刻本，北京大学图书馆藏。

(5) 日本抄本，北京大学图书馆藏。

曹守贞

字子一。明江都人。璇子。从祭酒吕柟究心理学，时服其精醇。嘉靖十七年(1538)进士。知遂昌县，调曲州，入为户部营缮主事。有惠政，累官至平乐知府。乞休，闭户读书。

名贤记事 1 卷　史部传记类　佚

维扬芍药谱　子部农家类　佚

括冶记 1 卷　子部杂学类　佚

以上 3 种见康熙《扬州府志》卷 28。

畸侔轩稿　集部别集类　佚

见雍正《江都县志》卷 14。

张懋勋

字尧光。明江都人。诸生。性嗜学，自谓于理学有得。私淑王守仁，闭户者 30 年。

二剑斋日编　子部儒学类　佚

心学正统 8 卷　子部儒学类　佚

以上 2 种见康熙《江都县志》卷 9 文学。

何　坚

字叔节。明江都人。城弟。嘉靖十九年(1540)举人。授临江府通判，督摄峡江令，后升沈王府审理。请老归，以修学著书为事，闭门不交。

律吕书　经部乐类　佚

漕渠七义　史部政书类　佚

以上 2 种均明何坚辑，见雍正《江都县志》卷 17。

张全恩

字玉晨。明江都人。茅山道士。

茅山志 15 卷后编 2 卷　史部地理类

元刘大彬辑　明江永年增补

(1) 明嘉靖二十九年(1550)张全恩刻本,北京大学图书馆藏本有清孙文川跋。

(2)《四库全书存目丛书》本。

(3)《续修四库全书》本。

葛　涧

字近园。明江都人。嘉靖四十一年(1562),知县赵纳嘱其因府志而增辑成《江都县志》8 卷,记载殊为简略,且每条末所系论赞,皆以"知县赵曰"冠之,殊失其当。

马端肃公奏议 16 卷　史部政书类

明马文升撰

明嘉靖二十六年(1547)葛涧邗江书馆刻本,南京图书馆藏。

(嘉靖)江都县志 8 卷　史部地理类　佚

见《千顷堂书目》卷 6。

黄　埻

字子笃。明江都人。

十二家唐诗 24 卷　集部总集类

明张逊业编

明嘉靖三十一年(1552)黄埻东壁图书府刻本,国家图书馆藏。南京图书馆藏本有丁丙跋,上海图书馆藏本有王同愈跋。

史起蛰

明江都人。

两淮盐法志 12 卷　史部政书类

明江都史起蛰、仪征张榘同纂

(1) 明嘉靖十三年(1534)刻本,国家图书馆藏。

(2)《四库全书存目丛书》本。

(3) 2015 年广陵书社《扬州文库》本。

按:《明诗综》卷 49 收其诗 1 首。

卞　蓑

明扬州人。

古器铭释 10 卷　史部金石类　佚

见《四库全书总目》小学类存目,云:"是书成于嘉靖中,皆钞袭《博古图》及薛尚功《钟鼎款识》之文。前后失次,摹刻舛讹,殊不足依据。"

胡　介

字汝芳。明扬州人。

百一新判 2 卷续 1 卷　史部政书类

明嘉靖三十八年(1559)江一山刻本,南京博物院藏残本,存 2 卷。

孙世恩

明江都人。万历中以明经授县令。宗事王守仁,自号养明。穷究理学,本于致用。

汇闻警心录　子部儒学类　佚

见康熙《扬州府志》卷 25。

蒋　镳

明江都人。

七处士诗集 10 卷　集部总集类　佚

见康熙《扬州府志》卷 28。

按:此为蒋镳、臧恕、黄项、殷和、杨俊、李侃、顾昂 7 人合集,今并记于此,余不一一列出。

杨守诚

字惟一。明江都人。嘉靖二十五年(1546)举于乡,授南乐知县。后迁河间府判,再迁益藩审理,所至有能声。致仕归里,四十二年与副使何城力请于太守吴桂芳,筑扬州新城并瓜洲城,以御倭寇。年 81 卒。

屯盐总议　史部政书类　佚

防秋纪行稿　集部别集类　佚

以上 2 种见康熙《扬州府志》卷 28。

阎有章

字含卿,号红螺。明江都人。

阎红螺说礼 33 卷　经部三礼总义类

(1) 明崇祯九年(1636)明月庵刻本,南京图书馆藏。

(2) 2015 年广陵书社《扬州文库》本。

帝京篇　集部别集类　佚

见雍正《扬州府志》卷 35。

周　璠

字子重。明江都人。以郡诸生补太学。刻意为古文词。嘉靖间授惠安县主簿,旋罢归。初与同里史起蛰、李应阳、葛涧辈并以博学称,互相切磋。既归,诸人雨散,独璠偃蹇故居,以著述自喜。其书多散佚或为人乞去。

邗城子 2 卷　子部儒学类　佚

见康熙《江都县志》卷 6，云："镂于好事者，葛涧序之，以拟王浚川《慎言雅述》云。"

史著年

明江都人。

香丸阁集 10 卷　集部别集类　佚

见嘉庆《重修扬州府志》卷 62。

顾大猷

字所建。明江都人。以勋卫带刀侍从。旋谢病归。自号南湘外史，折节读书。延请四方宾客，一时声称藉甚，以为四公子复出。尝游秦中，赋诗吊古，歌残曲，道故事，风流慷慨。辽事告急，以荐募江淮水师勤王，兵甫出，被谗谪戍，寻赦还。常恨国事日蹙，悒悒不得志卒。搜采国家掌故，条列时政，著书数千卷，后多散失。私谥孝誉先生。

镇远先献记　史部传记类　佚

见乾隆《重修扬州府志》卷 62。此叙述先人勋绩。

总卯草 1 卷　集部别集类　佚

广陵怀古 1 卷　集部别集类　佚

以上 2 种见《千顷堂书目》卷 26。钱谦益《列朝诗集》丁集下收其诗。

选诗 3 卷补 1 卷　集部总集类

明刘大文辑　《补》顾大猷辑

明万历二十八年(1600)刻本，北京大学图书馆藏。

魏　旭

字扶轮。明江都人。补郡廪贡，授川西叙府司理，秩满补郡守。授福建兴泉四府兵备道布政使参议，升任陕西布政使司，辞不赴。归时囊中惟有书籍。

濯江集 24 卷　集部别集类　佚

见《瓜洲续志》卷 14，谓集中多咏前元遗事。

郝　郊

明广陵人。

入蜀纪见 1 卷　史部地理类

《说郛续》本。

张学礼

明江都人。

考古正文印薮 5 卷　子部艺术类

明张学礼等辑

(1) 明万历十七年(1589)印本，南京图书馆、上海图书馆藏。

(2) 2016 年中华书局影印本。

陆　弼

亦作陆君弼，字无从。明江都人。隆庆元年(1566)从欧大任学。三年奉欧大任结竹西社，复与丹徒茅溱等会禅智寺。好读书，尤喜结纳贤豪，声誉藉甚。万历十四年(1586)助吴珀就吴县黄清甫旧本增辑《唐诗纪》170 卷成。十八年成贡生。二十年在扬州与常熟钱希言会。三十七年在里结淮南社。曾被征与纂正史，未上而罢。卒年 70 余。

毛诗郑笺纂疏补协 20 卷　经部诗经类

明屠本畯纂疏

明万历二十二年陆弼校刻本，上海图书馆等藏。

广陵耆旧传　史部传记类　佚

见雍正《江都县志》卷 17。

(万历)扬州府志27卷首1卷　史部地理类

明杨洵修　徐銮、陆弼等纂

(1) 明万历二十九年修三十三年刻本，国家图书馆等藏。

(2) 2015年广陵书社《扬州文库》本。

按：此志保留有不少宝贵的水利资料，文苑传收录了历代名家与扬州有关的诗文辞赋，其中不乏优秀之作。此志修纂参考了嘉靖府志，亦可补嘉靖志之残缺。参见《江苏旧方志提要》。

(万历)江都县志23卷　史部地理类

明张宁修　陆弼纂

(1) 明万历二十七年刻本，南京图书馆等藏有胶卷。

(2)《稀见中国地方志汇刊》本。

(3) 2015年广陵书社《扬州文库》本。

按：此志偏重人物传记，篇幅逾半，而不及艺文。康熙志批评其书苟简率略，不异草创。

北户录补注4卷　子部杂学类　佚

芳树斋集4卷　集部别集类　佚

以上2种见雍正《江都县志》卷17。

正始堂集24卷　集部别集类

(1) 清抄本，上海图书馆藏。

(2) 明万历三十九年刻本，残存1册，吉林大学图书馆藏。

按：《千顷堂书目》卷26作20卷。

陆客集1卷　集部别集类

《盛明百家诗后编》本。

酒家佣2卷　集部词曲类

明陆弼、钦虹江撰　冯梦龙改定

《墨憨斋传奇十种》本。

墨憨斋详定酒家佣传奇2卷　集部词曲类

《古本戏曲丛刊二集》本。

存孤记　集部词曲类　佚

见明吕天成《曲品》，云："李文姬、王成事。"参见《古典戏曲存目汇考》卷9。

陈以忠

字恕先。明江都人。诸生。性孝友。精于易义，常曰六爻之义统于大象，更为《六十四卦大象说》。黄汝亨见之曰："今之虞翻也。"为文宏深典博。年64卒。

六十四卦大象说　经部易类　佚

见雍正《扬州府志》卷35。

六十四卦大易说　经部易类　佚

见乾隆《增修甘泉县志》卷23。

按：以上2种当即同一种书。

刘有纶

字耿邗。先世山西河津人，以盐筴籍江都。尝为当事筹军国边储。

麟旨　经部春秋总义类　佚

见嘉庆《重修扬州府志》卷62。

盐法条议　史部政书类　佚

诚明绪言　子部儒学类　佚

三忠诗文　集部别集类　佚

以上3种见雍正《扬州府志》卷35。

雁字集　集部别集类　佚

见嘉庆《重修扬州府志》卷62。

王　醇

字先民。明扬州人。生而慧，读书如夙识，弱冠善辞赋。性不羁，从季父游长安，日醉市楼，挟妓走马。会有麻贵大将军大阅将士，醇轻裘快马，驰突演武场，引弓破的，矢矢相属。大将军欲举以冠一军，笑谢之。后归广陵慈云庵为僧，题其焚修之室曰“宝蕊栖”。万历末年，曾至虞山访钱谦益。

宝蕊栖集不分卷　集部别集类

清抄本，浙江大学图书馆藏。

按：《千顷堂书目》卷26著录5卷。

云籁堂集　集部别集类　佚

见嘉庆《重修扬州府志》卷62。

按：《列朝诗集》丁集收有其诗。

冯小青

名玄玄，字小青，以字行。明扬州人。通文翰，解声律，精诸技。年16嫁武林冯千秋为妾。见嫉正室，徙居孤山别墅。冯氏姻亲杨夫人爱怜之，劝以归，以抑郁病卒。

小青焚余1卷　集部别集类

(1) 明末德聚堂刻本，附于明朱京藩《小青娘风流院》(传奇)后，国家图书馆藏，有吴梅跋。

(2) 明末刻本，附《阅稿》1卷，国家图书馆藏。

(3) 清咸丰九年(1859)劳权抄本，国家图书馆藏。

于承祖

明广陵人。

瞉音集1卷　集部别集类

明万历三十年(1602)芙蓉社刻本，国家图书馆藏。

唐诗类韵29卷　集部总集类

明万历白雪斋刻本，西北大学图书馆藏。

明仕林诗类26卷　集部总集类

明刻本，美国国会图书馆藏。

冯紫云

明扬州人。小青妹，会稽马髦伯姬。姿才绝世，精书史，通禅宗。与小青俱早卒。

妙山楼集　集部别集类　佚

见《西泠闺咏》。

徐　枢

明广陵人。官教谕。

寰宇分合志 8 卷　史部地理类

(1) 明刻本，南开大学图书馆藏。

(2) 清光绪二十八年(1902)湘潭杨氏刻本，南京图书馆藏。

嘉隆识小类编 10 卷　子部杂学类

明抄本，台北“中研院”傅斯年图书馆藏。

盛以进

字从先。明广陵人。官临清知州、广西通判。

四溟山人诗 10 卷诗家直说 2 卷　集部别集类

明谢榛撰　盛以进辑

明万历四十年(1612)盛以进刻本，国家图书馆藏。

孙承义

明江都人。

周易家训　经部易类　佚

见雍正《扬州府志》卷 35。

王纳谏

字圣俞，号观涛。明江都人。万历三十一年(1603)乡试第一。三十五年进士，授行人出使，以疾归家居二载，吏部司官缺人，争营之，起为吏部主事，力疾赴召，而疾益甚，复请告归，一月而逝。

新镌易经家训 6 卷　经部易类

(1) 明孙承义刻本，国家图书馆、北京师范大学图书馆藏。

(2) 2015 年广陵书社《扬州文库》本。

周易翼注 3 卷　经部易类　佚

见《明史稿·艺文志》,《北湖小志》卷 3。

三台馆镌王观涛先生四书翼翼解 11 卷

明王纳谏撰

(1) 明余氏三台馆刻本，日本蓬左文库藏。

(2) 明万历跃剑山房刻本，日本加贺市立图书馆藏。

刻迎晖堂汇附人物事文概四书翼注讲意 6 卷　经部四书类

明王纳谏撰　吴明典校正

明书林朱桃源朱明吾紫阳馆刻本，国家图书馆藏。

新镌王观涛先生四书翼注讲意 6 卷　经部四书类

明王纳谏撰　吴明典校

明刻本，国家图书馆藏。

四书翼注 6 卷　经部四书类

日本天保十二年(1841)刻本，日本公文书馆等藏。

新镌王观涛先生四书翼注讲意全 4 卷　经部四书类

明王纳谏撰　王鼎镇校

(1) 明崇祯十六年(1643)序刻本，日本公文书馆藏。

(2) 清乾隆刻本，日本东京都立图书馆青渊文库藏。

王观涛先生四书家训　经部四书类

明王纳谏撰

明万历刻本，日本尊经阁文库、内阁文库藏。

删注荀子 2 卷　子部周秦诸子类

明万历刻本，南京图书馆、江苏师范大学图书馆藏。

会心言3卷杂篇1卷　子部儒学类

明刻本，南京图书馆、四川大学图书馆藏。

初日斋集7卷　集部别集类

明末清初刻本，北京大学图书馆藏。

苏长公小品2卷　集部别集类

宋苏轼撰　明王纳谏辑并评

明万历三十九年章氏心远轩刻本，国家图书馆、上海图书馆藏。

苏长公小品4卷　集部别集类

宋苏轼撰　明王纳谏辑并评

(1) 明万历凌启康刻套印本，南京图书馆藏。

(2) 日本弘化三年(1846)刻本，日本公文书馆、静嘉堂文库等藏。

新刻合诸名家评选古文启秀6卷　集部总集类

明刻本，南京图书馆、南京师范大学图书馆藏。

评选古尺牍8卷　集部总集类

明王纳谏辑

明天启元年(1621)刻本，扬州市图书馆藏。

左国腴4卷　集部总集类

明万历三十九年刻本，南京图书馆藏。分《左腴》《国腴》各2卷。

英雄概　集部词曲类　佚

见《明清江苏文人年表》万历三十五年。

蒋时雍

字绳武。明江都人。

新刻易旨一览4卷　经部易类

(1) 明末刻本，浙江省图书馆藏。《四库全书总目》易类存目，谓其书训诂字句，乃村塾课蒙之本。

(2)《四库全书存目丛书》本。

朱家民

字同人。明江都人。以祖戍滇南,遂家曲靖。万历三十四年(1606)举云南乡试。天启二年(1622)官贵阳知府。崇祯时迁按察使、左布政使。久之,致仕,卒于家。

盘江铁桥志 6 卷　史部地理类

明朱家民辑

见雍正《江都县志》卷 17。

按:抗战期间,国立北平图书馆曾收藏康熙刻本《盘江铁桥志》,不知是否即此书,今藏地待查。

周于蕃

字介卿。明江都人。精医。贫苦人就医,能悉心诊治,不以贫贱歧视之。年 66 卒。

小儿推拿仙术秘诀不分卷　子部医家类

(1) 明万历四十年(1612)自序刻本,山西省稷山县图书馆藏。

(2) 1965 年上海中医学院图书馆据杨季藩抄本晒蓝本,题《小儿科推拿仙术》。

秘传推拿妙诀 2 卷　子部医家类

明周于蕃辑注　清钱汝明参订

(1) 清抄本,北京大学图书馆藏。

(2) 1979 年国家图书馆据清抄本照相本。

按:本书 2 卷,其下为嘉善钱汝明所著之《秘传推拿妙诀补遗》。有乾隆四十一年(1776)钱汝明序。

厘正按摩要术 4 卷　子部医家类

明周于蕃著　清张振鋆重编

(1)《述古斋幼科新书》本。

(2) 清光绪十九年(1893)刻本,南京图书馆藏。

(3) 清光绪二十年兰州臬署重刻本。

(4) 1922 年上海千顷堂书局石印本。

(5) 1934 年上海中医书局据述古斋医书原本影印，南京图书馆藏。

(6) 1955—1957 年北京人民卫生出版社据述古斋医书原本影印。

(7)《续修四库全书》本。

顾懋光

字昭侯。明广陵人。河东运使。

李翰林集 12 卷　集部别集类

唐李白撰

唐文献公曲江集 12 卷附录 1 卷　集部别集类

唐张九龄撰

以上 2 种明天启四年(1624)顾懋光刻本，南京图书馆藏。

郝景春(？—1639)

字和满，一字际明。明江都人。万历四十年(1612)举人，授盐城教谕。崇祯中迁房县知县。十二年(1639)张献忠举义谷城，约罗汝才同攻房县。景春与其子鸣銮拒守，城破被杀。赠太仆寺少卿，建祠江都。子明龙辑有《褒忠录》。

郝太仆遗集 1 卷　集部别集类

《乾坤正气集》本。

李云翔

字为霖。明江都人。诸生。留心兵家史地之学。

汇辑舆图备考全书 18 卷　史部地理类

明潘光祖汇辑　李云翔参订

(1) 清顺治七年(1650)刻本，中国社会科学院历史研究所图书馆藏。

(2) 清大紫堂刻本,北京师范大学图书馆藏。

(3) 清康熙七年(1668)刻本,北京大学图书馆藏。

(4)《四库禁毁书丛刊》本。

按:本书初由潘光祖汇辑,未竟而卒,由李云翔继其业,是一部采集广博、内容完备的明代历史地理著作。参见《明清稀见史籍叙录》。

新镌诸子拔萃 8 卷　子部周秦诸子类

(1) 明天启七年(1627)余大茂张起鹏刻朱墨套印本,南开大学图书馆藏。

(2) 明天启七年刻朱墨印本,国家图书馆藏。

姚恩孝

字永言。明江都人。崇祯元年(1628)进士。改庶吉士,授兵科给事中。首陈保国固民一疏,言甚剀切。又疏纠辅臣夺情,罢归。后起太仆寺卿,寻升大理寺卿。丁父艰,返里。在谏垣前后上 80 余疏,皆昌言谠论。又极言张献忠"诡降",后如其所说。

朴庵疏草不分卷　史部政书类

明刻本,南京图书馆藏。

按:《明诗综》卷 73 收其诗 1 首。

谢　氏

明扬州人。卢秋水妻。能诗能书,尤工竹石。

鹣鹣集　集部别集类　佚

见《然脂集》。

李　通

明江都人。

万历泰昌两朝实录　史部编年类　佚

见雍正《江都县志》卷 17。

黄应征

字君求。明江都人。天启中诸生。偃蹇不第以卒。

自娱斋诗集 2 卷　集部别集类　佚

见《四库全书总目》别集类存目。

焦明遴

明江都人。县学生,焦循伯高祖。性嗜山水,好远游。

湖上焦氏谱　史部传记类　佚

南游草　集部别集类　佚

以上 2 种见《北湖小志》卷 6“家述”。

程子伟

字正夫。明江都人。

雪香缘　集部词曲类　佚

见《传奇汇考标目》卷下。

宋祥远(?—1645)

字元来。明江都人。少补诸生,以气节称。清顺治二年(1645)扬州城被清军攻破,自缢死。

听月山房集　集部别集类　佚

见康熙《江都县志》卷 9 文学。

郑元勋(1604—1645)

字超宗,号惠东。明江都人。天启七年(1627)与冒襄等在扬州结社。崇祯二年(1629)入复社。九年与同邑梁于涘、如皋李之椿等在扬共结竹西续社。十一年列名《留都防乱公揭》。十五年与上海李雯等在虎丘集会,图谋重振复社。十六年成进士,以母老家居。兴平伯高杰分地镇扬州，元勋以接近高杰为扬人所疑，被杀。杭世骏《道古堂文集》卷28有其传。

左国类函24卷　经部春秋总义类

明郑元勋、王光鲁辑

(1) 明崇祯刻本，扬州大学图书馆藏。

(2) 2015年广陵书社《扬州文库》本。

影园诗稿文稿1卷　集部别集类

清乾隆二十七年(1762)郑开基拜影楼刻本，国家图书馆藏。一本有清吴骞批点并跋。

影园集1卷　集部别集类

《乾坤正气集》本。

媚幽阁文娱9卷　集部总集类

明郑元勋辑

(1) 明崇祯李文孝刻本，北京大学图书馆藏。

(2)《四库禁毁书丛刊》本。

影园瑶华集3卷　集部总集类

明郑元勋辑

(1) 清乾隆二十七年郑开基拜影楼刻本，与《影园诗稿文稿》合刻。

(2) 2015年广陵书社《扬州文库》本。

智　观

字止先，号蔚然。明江都人。雪浪洪恩门人，居吴兴双髻峰，善诗。

中峰草　集部别集类　佚

见《千顷堂书目》卷28。《明诗综》卷91收其诗2首。《四库全书总目》集部存目三著录《三僧诗》3卷，含《中峰诗稿》1卷。

梁于涘(？—1646)

字饮光，号谷庵，又号湛至。明江都人。少以诗名，与郑元勋、姚永言、高五等聚为竹西续社。崇祯十六年(1643)进士。与史可法同辅福王。马士英忌其能,除万安令,为清兵所执,自缢死。《明史》有传。

铁桥志书2卷　史部地理类

明梁于涘、扶纲辑

(1) 明崇祯间紫阳书院刻本,见《明代版刻综录》卷4。

(2) 清康熙四年(1665)扬州紫阳书院刻本,国家图书馆藏。

(3) 清影抄本,北京大学图书馆藏。

(4) 2015年广陵书社《扬州文库》本。

谷庵集　集部别集类　佚

见《北湖小志》卷3《忠臣梁饮光传》。

梁湛至诗1卷　集部别集类

收入陈济生《启祯两朝遗诗》,国家图书馆藏。

焦赓泰

字载歌。明江都人。笃学能文。城被清军攻破,自缢死。

澹园诗艺　集部别集类　佚

见《北湖小志》卷6"家述"。

清至民国

张　奇(1575—1648)

字正甫。清江都人。明诸生。初学制举,后学诗,复学画。家贫性傲,日与郡之贤士大夫及游闲公子游。所作人物草木虫鱼,皆潇洒有致。中年喜天官象数兵家言。万历末,移家南京。南明时,不附马士英、阮大铖,闭门以死。

张奇遗诗 2 卷　集部别集类　佚

见清汪懋麟《百尺梧桐阁集》卷 5《张处士传》。

张处士集 1 卷　集部别集类

清康熙刻本,江西省图书馆藏。

王秀楚

清江都人。为史可法幕僚。

扬州十日记(一作扬州十日屠杀)1 卷　史部杂史类

(1)《明季野史汇编》本。

(2)《荆驼逸史》本。

(3)《明季稗史汇编》本。

(4)《陆沈丛书》本。

(5)《扬州丛刻》本。

(6)《中国内乱外祸历史丛书》本。

(7)《国难丛书》本。

(8)《四库禁毁书丛刊》本。

按:此记史可法率领义师在扬州抵御清军、及清军于顺治二年

(1645)四月二十五日至五月五日在扬州屠杀与虏掠之事。

周嘉胄(1582—?)

字江左。清江都人。顺治十四年(1657)寓南京,与盛胤昌等称金陵三老。

香乘28卷　子部艺术类

(1) 明崇祯十四年(1641)自刻本,国家图书馆藏。

(2) 明崇祯十四年自刻清康熙元年(1662)周亮节印本,国家图书馆藏。

(3)《四库全书》本。

(4) 2015年广陵书社《扬州文库》本。

按:本书初纂于万历四十六年(1618),止13卷。后病其疏略,复续成28卷。《四库全书总目》子部谱录类存目云:"凡香之名品故实,以及修合赏鉴诸法,无不旁征博引,一一具有始末,而编次亦颇有条理。谈香事者固莫详备于斯矣。"

装潢志1卷　子部艺术类

(1)《昭代丛书》本。

(2)《学海类编》本。

(3)《翠琅玕馆丛书》本。

(4)《艺海丛钞》本。

(5)《芋园丛书》本。

(6) 清古冈刘氏藏修书屋刻本,北京大学图书馆藏。

(7) 江阴陈龙翻刻乾隆汪氏求是斋本,附周二学《赏延素心录》1卷,2014年凤凰出版社出版。

(8) 2015年广陵书社《扬州文库》本。

叶弥广(1599—1673)

字博之。清扬州人。天秉异才。临文不假思索。为诸生时,屡试高等。贡入太学，不乐仕进。惟散服逍遥，娱情诗酒。康熙十二年(1673)纂通志，郡县聘弥广任其事。咸称得人。

(康熙)江都县志　史部地理类　佚

见康熙《扬州府志》卷35，云："康熙十三年邑人叶弥广编有志稿，康熙五十六年县令李苏修，十六卷。"

按：《江苏诗征》卷160收其诗1首。

王　微(1600—1647)

字修微，小字王冠，自号草衣道人。清广陵人。先嫁茅元仪为妻，后嫁太仆寺许誉卿为妻。往来西湖，游三楚三岳。好金石，喜收罗古器。能挥洒千金，急人之难。后归心佛教。参憨山大师于五乳，卒葬西湖。工诗词，诗类薛涛，词类李清照。谭元春谓其诗有巷中语、阁中语、道中语，缥缈远近，绝似其人。

名山记选20卷　史部地理类

明刻本，北京师范大学图书馆藏。《古今图书集成·闺媛典》卷336《闺藻部》，谓有数百卷，自为叙以行世。

宛在篇　集部别集类　佚

见《续玉台文苑·宛在篇自叙》。

未焚稿选　集部别集类　佚

见《历代妇女著作考》卷5。

远游篇选　集部别集类　佚

问草选　集部别集类　佚

期山草选　集部别集类　佚

以上3种见嘉庆《重修扬州府志》卷62。

樾馆选　集部别集类　佚

见《古今图书集成·闺媛典》卷336《闺藻部》，并收其自叙。

浮山亭草　集部别集类　佚

见《众香词》书集，收其词4首。

王修微诗辑本　集部别集类　佚

见《历代妇女著作考》卷5,云:“王修微诗集原本已不可得,余见《兰咳集》《然脂集》两残本,所选修微诗均注明集名,汇而辑之。计得《未焚稿》诗三十八首,诗余四首,《远游篇》诗二十八首;《问草》诗十八首,诗余十二首;《期山草》诗十首,诗余六首;《樾馆》六首。又《名媛诗归》选王修微诗均不著集名,取对《兰咳集》《然脂集》所无者,从《诗归》录出;又《香奁诗泐》中有王修微诗八首,为《诗归》所未选者,合计六十首,写成一册。”

郭士璟(1600—1679)

字饮霞,号眉枢。其先泾阳人,迁江都。士璟初以五经、三传、二礼、三史及《庄》《列》《淮南》《越绝书》为日课,年20始应举人,顺治十二年(1655)成进士,授常州府学教授。康熙十一年(1672)任国子监助教。迁工部主事,榷九江关税。差竣,乞归。杜门却扫,唯与故友论文赋诗以老。

庐山记游集　集部别集类　佚

见雍正《江都县志》卷17。

江州杂咏　集部别集类　佚

见光绪《增修甘泉县志》卷23。

广陵旧迹诗1卷　集部别集类

(1) 清焦循抄本,国家图书馆藏。

(2) 2015年广陵书社《扬州文库》本。

(3) 2015年广陵书社《中国风土志丛刊续编》本。

句云堂词3卷　集部词曲类

(1) 清郭氏句云堂刻本,国家图书馆藏。

(2)《全清词》本,4卷。

句云堂词1卷　集部词曲类

《百名家词钞》甲集本。

按:《江苏诗征》卷157收其诗1首。

刘师峻

字师度。清初顺治间江都人。

北岳恒山历祀上曲阳考1卷　史部政书类

《昭代丛书》本。

(康熙)曲阳县新志　史部地理类

清刻本,国家图书馆藏。

倪　瑞

字文嘉。清广陵人。越国俊妻。

文嘉诗稿　集部别集类　佚

见清刘云份选订《翠楼集》。

胡春生

字夏昌,号赤岸。清歙县人,其父光吉迁居江都。好任侠,家遂中落。工水墨山水,有尺幅万里之势,人争宝之。

赤岸遗书　集部别集类　佚

见嘉庆《重修扬州府志》卷62。

按:《江苏诗征》卷21收其诗3首。

李　湘

字培源。清江都人。官霍邱教谕。与许承家为忘年交。

於斯堂集　集部别集类　佚

见嘉庆《江都县续志》卷8。

按:《淮海英灵集》乙集卷2收其诗1首。

徐石麒

志亦误作石麟。字又陵，又字长公，号坦庵，又自称花佣。原籍湖北，一作鄞人，迁扬州。幼承父学，精研名理。明亡后隐居不应试，与宗观、吴绮为诗文交。王士禛司理扬州，招之，不往见。善画花卉，有天趣。工诗，尤精词曲，出入白朴、关汉卿间。著书甚多，杂著及诗词凡200余卷。顺治五年(1648)秋家遭火灾，书稿大部毁于火。

转注辨2卷　经部小学类　佚

订正诗韵6卷　经部小学类　佚

按:《扬州足征录》作《订正词韵》4卷。

以上2种见清陆仁寿辑《广陵诗人小传录存》。

女鉴3卷　子部儒学类　佚

见嘉庆《重修扬州府志》卷62。

趋庭训述4卷　子部儒学类　佚

见《广陵诗人小传录存》。此辑其父之言。

花佣月令1卷　子部农家类

《传砚斋丛书》本。

天籁谱2卷　子部艺术类　佚

见嘉庆《重修扬州府志》卷62。

客斋余话4卷　子部杂学类

坦庵枕函待问编5卷　子部杂学类

以上2种有:

(1)《传砚斋丛书》本。

(2) 2015年广陵书社《扬州文库》本。

蜗亭杂订10卷　子部杂学类　佚

坦庵琐录4卷　子部杂学类　佚

壶天暇笔10卷续笔20卷四笔10卷　子部杂学类　佚

按:此皆为考订经史之书。“四笔”，亦作“肆笔”。

谈骚寤言 4 卷　子部杂学类　佚

以上 4 种见《广陵诗人小传录存》。

指本遗编 6 卷　子部杂学类　佚

吉凶影响 8 卷　子部杂学类　佚

文字戏言 10 卷　子部杂学类　佚

宫闺妆饰 5 卷　子部杂学类　佚

在兹录 40 卷　子部杂学类　佚

宝俭小言 6 卷　子部杂学类　佚

叙书说 2 卷　子部杂学类　佚

禽愧录 5 卷　子部杂学类　佚

谈经笥 8 卷　子部杂学类　佚

以上 9 种见嘉庆《重修扬州府志》卷 62。

古今青白眼 3 卷　子部典故类

《传砚斋丛书》本。此辑录子史说部中评骘人品之称。

三忆草诗集 4 卷　集部别集类　佚

见《广陵诗人小传录存》。

白石篇 1 卷　集部别集类　佚

见嘉庆《重修扬州府志》卷 62。

松芝集 10 卷　集部别集类　佚

倦飞集 4 卷　集部别集类　佚

以上 2 种见《明清江苏文人年表》康熙十四年(1675)。

瓢声 4 卷　集部别集类　佚

诗余定谱 10 卷　集部词曲类　佚

以上 2 种见《广陵诗人小传录存》。

词府集统 60 卷　集部词曲类　佚

见《明清江苏文人年表》康熙十四年。

胭脂虎　集部词曲类　佚

珊瑚鞭　集部词曲类　佚

九奇逢　集部词曲类　佚

以上3种见《曲目新编》。

辟寒钗传奇　集部词曲类　佚

见《全清散曲》

坦庵词3种　丛书类

(1)《北湖三家词钞》本。

(2)《清名家词》本。

子目：

《瓮吟》1卷

《且谣》1卷

《美人词》1卷

坦庵词曲6种　丛书类

清顺治间南湖享书堂刻本，国家图书馆藏。

子目：

《坦庵买花钱杂剧》1卷

《坦庵大转轮杂剧》1卷

《坦庵拈花笑杂剧》1卷

《坦庵浮西施杂剧》1卷

按：以上4种又有①《清人杂剧二集》本。② 清姚燮编《今乐府选》稿本所收本，杭州图书馆藏。

《坦庵诗余瓮吟》4卷

《坦庵乐府汞香集》1卷

按：《淮海英灵集》甲集卷1收其诗6首。

顾元标

字天飞。清康熙间广陵人。

唐诗体经6卷　集部总集类

清吴廷伟、顾元标选

(1) 清康熙四十二年(1730)赐莲堂刻本,厦门大学图书馆藏。复旦大学图书馆藏本4卷。

(2) 清乾隆二十四年(1759)赐镠堂刻本,北京大学图书馆藏。

(3) 清嘉庆二十二年(1817)刻本,吉林大学图书馆藏。

周之翰

字申公,号崧庵。清江都人。本姓缪,先世如皋人。明末诸生,官至福建按察使佥事。

姓氏类书100卷　史部传记类　佚

见雍正《扬州府志》卷35。

按:《江苏诗征》卷81收其诗1首。

熊敏慧

字颖生,号迟度。清江都人。顺治二年(1645)举人。究心理学。工诗古文辞,旁及书画。晚年居宜兴张渚,怡情山水以终。

汲泠堂诗集不分卷　集部别集类

清康熙刻本,中国社会科学院文学研究所藏。

按:《淮海英灵集》乙集卷1收其诗1首。《瓜洲续志》卷18有清王仲儒《熊迟度汲泠堂诗序》,卷23收其诗53首。

王毓贞

字月姝。清初扬州人。工诗。

幽兰阁集　集部别集类

见《众香词》射集。

按:《江苏诗征》卷169收其诗2首。《明词综》卷12收其词1首。《众香词》收其词4首。

张问达(1611—1691)

字天民。清江都人。尝触史可法怒,几欲死。墨守阳明良知之学。著《易经辨疑》,黜数崇理,而谈理一归之于心。康熙五年(1666)举顺天乡试。寻署休宁教谕,迁赵城知县,多善政。罢归,以讲学终老。《清史列传》有传。

易经辨疑　经部易类

(1) 不分卷,清康熙十九年刻本,南京图书馆藏。

(2) 清康熙十九年金阊陈君美刻本,四川大学图书馆藏。

(3)《四库全书存目丛书》本,6 卷。

左传分国纪事本末　经部春秋左传类　佚

宋名臣言行录　史部传记类　佚

河道末议　史部政书类　佚

清张问达辑

以上 3 种见康熙《江都县志》卷 9 文学。

王阳明先生文钞 20 卷　集部别集类

清张问达辑

(1) 清康熙二十八年致和堂刻本,上海图书馆藏。

(2) 清抄本,16 卷,北京大学图书馆藏。

乐存园集　集部别集类　佚

见嘉庆《重修扬州府志》卷 62。

按:《江苏诗征》卷 56 收其诗 5 首。

张问达诗石刻　集部别集类

清康熙二十七年刻石拓本,国家图书馆藏。

朱潮远

字卓月。清扬州人。家民子。自称朱熹之后。官漳州都督。

四本堂座右编 24 卷二集 24 卷　子部儒学类

(1) 清康熙朱氏刻本，南京图书馆藏。

(2)《四库未收书辑刊》本。

益勉斋重刊座右编 18 卷　子部儒学类

清道光二十八年(1848)刻本，清华大学图书馆藏。

风动石集 8 集　集部别集类

见雍正《江都县志》卷 17。

雷士俊(1612—1668)

字伯和。清江都人。先世居陕西泾阳。明诸生。少攻古文，专力经史，后究心性理书。南明立，著《甲申私议》，上之史可法。明亡，筑室艾陵湖上，闭户著书，与施闰章、王士禛相通问。顺治二年(1645)避兴化，依李沛、李沂。康熙二年(1663)于扬州会魏禧。

通鉴纪事本末摘要 2 卷　史部编年类

清抄本，北京大学图书馆藏。

艾陵文钞 16 卷诗钞 2 卷　集部别集类

(1) 清康熙莘乐草堂刻本，国家图书馆、北京大学图书馆藏。

(2)《泾阳文献丛书》本。

(3)《四库禁毁书丛刊》本。

传心录 1 卷艾陵文钞 16 卷补遗 1 卷诗钞 2 卷　集部别集类

清康熙莘乐草堂刻本，国家图书馆藏。

艾陵文录 11 卷　集部总集类　佚

见康熙《江都县志》卷 8 名儒。

按：《国朝文征》谓明崇祯十四年(1641)士俊辑前人文为《文录一集》2 卷。

鲁东筠

字载馨。清江都人。明崇祯十年(1637)贡生。恬退不仕。善书工画，诗文具有宗派。晚年闭户著述。

偶然集　集部别集类　佚

见乾隆《江都县志》卷 9 文学。《江苏诗征》卷 103 收其诗 1 首。

宗　观

字鹤问。清江都人。名世孙，明崇祯十五年(1642)中江南副榜。康熙中官贵池训导，后迁常熟。好古勤学，尤长于诗。襟怀旷朗，笃于交友，以学问相取，以吟咏自娱。年 70 余卒于常熟。

文庙纪略 4 卷　史部政书类

清刻本，南京大学图书馆藏。

振绮类纂 4 卷　子部典故类

清翁天游、宗观撰

清康熙三年(1664)刻本，上海图书馆藏。

丽言类纂 8 卷　子部典故类

清翁天游、宗观撰

清康熙两峰草堂刻本，南京图书馆藏。

成园集　集部别集类　佚

山响集　集部别集类　佚

以上 2 种见咸丰《重修兴化县志》卷 9。

按:《淮海英灵集》甲集卷 3 收其诗 4 首。

张连翼(？—1673)

字朗生。清江都人。父大伦在明末有诗名。朗生继父之学，亦以诗名于一时。叶弥广称其滑稽解颐，消人鄙吝。

清胜亭杂咏 1 卷　集部别集类　佚

见嘉庆《江都县续志》卷 8。

按:《淮海英灵集》丁集卷 1 收其诗 2 首。

王光鲁

字汉恭。清江都(或作淮安)人。熊敏慧妹夫。明诸生。幼读书必观其全,精于考订。

历朝经济考不分卷　史部杂史类

明崇祯武林汇贤斋刻本,复旦大学图书馆藏。

碧渐堂诗草 1 卷　集部别集类

清顺治刻本,上海图书馆藏。

阅史约书 6 卷　丛书类

清王光鲁撰

(1) 明崇祯十六年(1643)刻本,南京图书馆藏。

(2) 清抄本,北京大学图书馆藏。

(3)《四库全书存目丛书》本。

子目:

《历代地图》1 卷附《历代窃据图》

《历代地理直音》2 卷

《历代事变图谱》1 卷附《古今官制沿革图》

《古语训略》1 卷

《元史备忘录》1 卷

附《碧渐堂诗草》1 卷

按:《元史备忘录》1 卷,另有清刻本及民国上海博古斋、涵芬楼影印本。嘉庆《瓜洲志》卷 5 本传云:"王凤洲《纲鉴舆图志》,光鲁所辑也。"

杜仁俊

字思旷。清江都人。顺治五年(1648)贡生。官四川苍溪、直隶宝坻知县。

苍溪诗集　集部别集类　佚

见民国《江都县续志》卷16。

按:《淮海英灵集》乙集卷1收其诗2首。

张云鹏

字子万,号快园。清江都人。诸生。明末监军御史王雷臣征授参谋,有奇策。清初历为浙闽豫楚诸督抚参军,建善国泽民条议,成书即拂衣归里。

香绿阁诗集　集部别集类　佚

青来亭诗集　集部别集类　佚

飞笔斋文集　集部别集类　佚

爱秋轩文集　集部别集类　佚

补山园词　集部词曲类　佚

雏莺阁词　集部词曲类　佚

以上6种见嘉庆《重修扬州府志》卷62。

按:《江苏诗征》卷55收其诗1首。

江长庚

先世歙人,徙江都。负性高旷,嗜读书,善画。顺治二年(1645)清军下江南,被执,以能画放归。日啸歌自适,金银散尽,所藏惟古人书画。择其优者,摹石成集。

职思堂帖　子部艺术类　佚

见康熙《江都县志》卷9方技。

孙枝蔚

字叔发,号豹人。陕西三原人。世为大贾。李自成起义时,枝蔚散家财,求壮士以与之抵抗,为闯军所败。只身走江都,因家此。居董相祠旁,名其居曰"溉堂",遂以诗名。康熙中举鸿博,以老疾辞,授中书舍人。

经书广义经部　群经总义类　佚

古今称谓录　史部传记类　佚

溉堂隅说　子部杂学类　佚

以上3种见康熙《江都县志》卷9。

戒庵诗草6卷律陶1卷集杜1卷琵琶十七变1卷　集部别集类

清张晋著　孙枝蔚评

清乾隆五十四年(1789)刻本,中国人民大学图书馆藏。

溉堂前集9卷续集6卷后集6卷文集5卷诗余2卷　集部别集类

(1) 清康熙刻本,上海图书馆藏。

(2) 民国间陕西教育图书社排印本,北京大学图书馆藏。

(3) 1979年上海古籍出版社影印康熙刻本。

按:此书清代以“诗文多违碍”为由遭禁。

溉堂诗选不分卷　集部别集类

清抄本,冯翊选,重庆图书馆藏。

溉堂词1卷　集部词曲类

《百名家词钞初集》本。

四杰诗选　丛书类

清姚佺、孙枝蔚辑

(1) 明刻本,上海图书馆藏。

(2) 清康熙刻本,南京图书馆藏。

子目:

《空同集选》　明李梦阳撰

《大复集选》　明何景明撰

《沧溟集选》　明李攀龙撰

《弇州集选》　明王世贞撰

俞　珏(1616—1652)

字十珏。清江都人。汪懋麟称其诚朴孝友。

凝晖堂诗集1卷文集1卷　集部别集类　佚

见《淮海英灵集》甲集卷1,收其诗2首。

李研斋

名不详。清扬州人。

红桥倡和第一集(一作红桥雅集诗)1卷　集部总集类

清李研斋、孙金砺编

清康熙五年(1666)刻本,国家图书馆藏。

史以遇

字际亨。清江都人。顺治五年(1648)举人。选授文林郎。负异才,文章瑰丽,尤能究心经世之学。卒年72。

文选通考钞24卷　史部政书类

清康熙刻本,南京图书馆藏。

文选通考钞22卷　史部政书类

清康熙美延堂刻本,南京图书馆藏。

按:此节录宋马端临《文献通考》而成书。今见南京图书馆藏有24卷本、22卷本两种。24卷本多出卷23《舆地》、卷24《四裔》两卷,刊刻年代亦在先。22卷本与从弟史以甲《续文献通考钞》合刻。两书均为22卷,合刻时将两书部类相同者合并为1卷,前面为《文献通考钞》,后面为《续文献通考钞》,全书仍为22卷。封面页题《正续文献通考钞》。南京图书馆藏22卷本卷前空白页上有道光二十二年(1842)吴郡钱琢生(印章作钱绮生)手书题识,略云:"史氏所钞精心抉择,繁简适中,虽不过原书之什一,而历代典章之大已灿然具备,所摘王氏(圻)《续考》尤能掇其菁英。苟熟读是编,则于古今因革损益之故,亦能洞悉源流矣。"

文献通考钞24卷　史部政书类

清康熙刻本,上海师范大学图书馆藏。中国人民大学图书馆藏本有清沈彤跋。此本与史以甲辑《续文献通考钞》30卷合刻。

孙自成

字物皆，号介庵。清江都人。顺治四年(1647)进士。官福建归化知县。在任兴利除弊。

赋役管窥　史部政书类　佚

见雍正《江都县志》卷35，云："条分缕析，尤为切要，至今言江都田赋者必采择之。"

西湖纪胜10卷西湖遗艳1卷西泠漫闻1卷吴山纪胜2卷　史部地理类

清康熙刻本，中国科学院图书馆藏。

按：《淮海英灵集》甲集卷1收其诗2首。

蒋以敏

清江都人。

名家绝句诗钞6卷　集部总集类

清蒋以敏选刻

清刻本，上海图书馆藏。

吴　绮(1619—1694)

字薗次，亦作园次。号丰南，一号听翁，又号红豆词人。清江都人。歙县籍。文学家。顺治十一年(1654)拔贡生。授秘书院中书舍人。奉诏谱杨继盛乐府称旨，即以杨官官之。历授浙江湖州知府，多惠政，人称"三风太守"，谓多风力、尚风节、饶风雅也。才华富艳，工诗，尤善词曲，与陈维崧齐名。罢官后居扬州。凡索诗文者，以花木为润笔，不数月而成林，因名"种字林"，浚碧浪湖，筑岘山诸亭，以成名胜。

扬州鼓吹词序1卷　史部地理类

(1)《说铃》本。

(2)《龙威秘书》本。

(3)《艺苑捃华》本。

(4)《扬州丛刻》本。

(5)《丛书集成初编》本。

(6) 2015年广陵书社《扬州文库》本。

岭南风物记1卷　史部地理类

(1)《四库全书》本。

(2) 清抄本,南京图书馆藏。

汇占图编　子部术数类

燃松隶事　子部杂学类

以上2种见《林蕙堂全集》卷3注清王方岐《吴园次后传》。

林蕙堂全集26卷　集部别集类

(1) 清康熙四年(1665)博古堂刻巾箱本,上海图书馆藏。

(2) 清康熙三十九年刻本,上海图书馆藏。

(3) 清乾隆四十年(1775)刻本,南开大学图书馆藏。此本增加文6卷,诗4卷,词4卷。

(4)《四库全书》本。

(5) 1925年清绮斋影印本。

(6)《清代诗文集汇编》本。

按:《四库全书总目》云:"此本一卷至十二卷为四六,即所谓《林蕙堂集》也。十三卷至二十二卷为诗,即所谓《亭皋集》也。二十三卷至二十五卷为诗余,即所谓《艺香词》也。二十六卷则以所作南曲附焉。"

艺圃诗为姜仲子赋1卷　集部别集类

清康熙刻本,南京图书馆藏。

记红集3卷附词韵简1卷　集部总集类

清吴绮、程洪同选

清康熙二十五年刻本,南京图书馆藏。

按:此书以订谱为重,选诗为轻,句韵叶对换韵叠字,悉为标注。

唐近体诗永14卷首1卷　集部总集类

清吴绮选

清康熙二十八年林蕙堂刻本,湖北省图书馆、山西大学图书馆藏。

宋金元诗永 20 卷补遗 2 卷　集部总集类

(1) 清康熙十九年思永堂刻本,南京图书馆、美国哈佛燕京图书馆等藏。

(2)《四库全书存目丛书》本。

艺香词 1 卷　集部词曲类

(1)《百名家词钞》本。

(2)《清名家词》本。

按:亦收入《林蕙堂集》,作 4 卷。

林蕙堂填词 1 卷　集部词曲类

《饮虹簃校刻清人散曲》本。

选声集 3 卷附词韵简 1 卷　集部词曲类

(1) 清大来堂刻本,中国人民大学图书馆藏。

(2) 清刻本,题为《重订词谱选声集》,4 卷,南京图书馆藏。

(3)《四库全书存目丛书》本。

听翁六怀　集部词曲类　佚

四声宝蕊　集部词曲类　佚

以上 2 种见《吴园次后传》。

忠愍记　集部词曲类　佚

见王国维《曲录》。

啸秋风　集部词曲类　佚

绣平原　集部词曲类　佚

以上 2 种见《四库全书总目》之《林蕙堂集》提要。

车大用

清江都人。郡学生。

读易余谭 16 卷　经部易类　佚

性理心宗 4 卷　子部儒学类　佚

自知子集 20 卷　集部别集类　佚

以上 3 种见康熙《江都县志》卷 8 名儒。

张习孔

字念难，号黄岳。歙县籍，生于江都。顺治六年(1649)进士。官至刑部郎中、山东督学佥事。

大易辨志 24 卷　经部易类

(1) 清康熙二十九年(1690)刻本，美国哈佛大学哈佛燕京图书馆藏。

(2) 清康熙石渠阁刻本，题为《大易辨志约说》，南京图书馆藏。

系辞字训 1 卷　经部易类　佚

见《安徽艺文考》卷 2。

檀弓问 4 卷　经部礼记类

清康熙间诒清堂刻本，见《安徽艺文考》卷 4。

新安张氏续修宗谱 30 卷　史部传记类

清张习孔、张士麟纂修

清顺治十六年家刻本，国家图书馆藏。

家训 1 卷　子部儒学类

《檀几丛书》本。

近思录传 14 卷　子部儒学类

清康熙十七年饮醇阁刻本，上海图书馆藏。

云谷卧余 20 卷续 8 卷　子部杂学类

(1) 清顺治十八年自刻本，国家图书馆藏。南京图书馆藏本有丁立诚跋语。

(2)《四库全书存目丛书》本。

(3) 2015 年广陵书社《扬州文库》本。

七劝口号 1 卷　子部杂学类

《檀几丛书》本。

诒清堂集 12 卷补遗 4 卷　集部别集类

清康熙刻本，国家图书馆藏。

使蜀纪事 1 卷　集部别集类

清康熙刻本，国家图书馆藏。

郑侠如

字士介。清江都人。明贡生。官工部司务，以勤职称。后谢职家居，杜门课子。工词。

休园省录　子部杂学类　佚

见雍正《扬州府志》卷 35。乾隆五十三年(1788)以“书内祖章皇帝谕宏觉师数条”，遭禁。

三休园文诗　集部总集类　佚

清郑侠如辑

见雷梦辰《清代各省禁书汇考》。以有钱谦益、沈德潜序文，并列龚鼎孳、金堡诸人姓氏，于乾隆五十三年遭禁。

休园诗余 1 卷　集部词曲类

(1)《百名家词钞初集》本。

(2)《百名家词钞》本。

按：此书乾隆五十三年遭禁。

黄之柔

字静宜，号玉琴。清歙县人。吴绮妻。吴绮称之为“江夏君”。

玉琴斋集　集部别集类　佚

见《淮海英灵集》壬集卷 1，收其诗 3 首。《众香词》礼集收其词 3 首。

宗元鼎(1620—1698)

字定九，号梅岑，别号小香居士。室名新柳堂。清江都人。名世孙，观从弟。隐居不仕。为王士禛门人。诗以才调为主，风华婉媚，自成一家。酷嗜梅花，时人谓之宗郎梅。善画山水。与兄观、弟元豫及侄之瑾、之瑜皆工诗，时称“广陵五宗”。

宗定九诗1卷　集部别集类

《皇清百名家诗》本。

芙蓉集14卷　集部别集类

(1) 清康熙元年(1662)刻本，南京图书馆藏。

(2)《四库全书存目丛书》本。

按:《四库存目》著录17卷。《贩书偶记续编》卷14著录12卷、14卷、27卷3种，其12卷本题宗之瑾删定。

宗定九新柳堂集16卷首1卷末1卷集后1卷　集部别集类

(1) 清康熙刻本，上海图书馆藏。

(2) 2015年广陵书社《扬州文库》本。

宗定九新柳堂集15卷附历试卷1卷　集部别集类

清康熙刻本，南京图书馆藏。

竹石长年轩集7卷　集部别集类　佚

见同治《续纂扬州府志》卷22。

批杜工部集笺注　集部别集类

见《杜集书录》内编卷9，云:“此批系据钱《笺》，详于训诂音韵，虽属眉批，实同笺注。”旧藏王謇处。原批不署名，王謇考定为宗氏所批，说似可信。姑列于此。

诗余花钿集4卷首1卷末1卷　集部词曲类

清宗元鼎辑

清初东原草堂刻本，国家图书馆藏。

芙蓉词1卷　集部词曲类

抄本《名家词钞六十种》本,国家图书馆藏。

小香词2卷　集部词曲类　佚

见同治《续纂扬州府志》卷22。

蒋　易(1620—?)

字前民。清江都人。少补诸生,即弃去。为诗不取时好,五言律尤劲健,得少陵风。与王猷定、杜溶等齐名。康熙二十六年(1687)与吴绮、卓尔堪等在扬共会春江社。晚年无子,家益穷,卖画自给,人得其写生一二笔,争宝之。二十七年与孔尚任、乔寅等集借园,作送春会。二十八年参与禅智寺集会。

石间集1卷　集部别集类

(1) 清康熙刻本,哈佛大学哈佛燕京图书馆藏。

(2) 清宣统二年(1910)京师晨风堂刻本,国家图书馆藏。

遗扇记　集部词曲类　佚

见《古典戏曲存目汇考》卷10引《传奇标目汇考》。

谢良瑜

字钟山。清甘泉人。明末曾率里人练义勇。读书务实学,工骑射。授官不受。性劲直,慷慨乐施。顺治初卜筑于棠湖之上,是为畦园。晚年嗜学好著书。

畦园集4卷　集部别集类

清康熙刻本,复旦大学图书馆、中山大学图书馆藏。

按:《北湖小志》卷5诗话收其诗句。《淮海英灵集》丙集卷1收其诗3首。

陈素素

号二分明月女子。清江都人。莱阳姜学在妾。能画,又善度曲,吴绮、毛奇龄诸人均有诗记之。又有好事者谱其事为《秦楼月传奇》。

二分明月集1卷　集部别集类

（1）清康熙文喜堂刻本，附于《秦楼月传奇》之后。前有女士龚静照、王端淑评。凡诗57首，词3首，后附《名媛题咏》7页。国家图书馆藏本有吴梅题诗，王立承跋。

（2）《古本戏曲丛刊第三集·秦楼月》附。

吴　寅

字秩三，号宾庐。清江都人。贡生。壮游30年，归卧北湖黄珏桥。博学能文，诗学南宋人。

扬州旧迹诗1卷　集部别集类　佚

壬午集韵诗1卷　集部别集类　佚

以上2种见光绪《增修甘泉县志》卷23。

梦砚居遗诗2卷　集部别集类

清渠诗钞3卷　集部别集类

以上2种有抄本《焦里堂手钞诗文集》本，上海图书馆藏。

吴　湘

字若耶。清江都人。客居西湖。参军范昆仑妾。诗琴画弈，迥绝时流。

脂香窟集　集部别集类　佚

见《众香词》书集，收其词1阕。又《淮海英灵集》壬集卷1收其诗2首。

王慕真

字明慧。清江都人。

青芝阁诗　集部别集类　佚

见《然脂集》。

王　正

字端人。清江都人。李若谷妻。品端学邃，兼工花草。相国马齐延教其女。

砚庐草　集部别集类　佚

见《众香词》御集。《淮海英灵集》壬集卷1收其《雪中怀无慢妹》等诗5首。

郭钟芳

号依云道人。清扬州人。女。

雪亭诗稿　集部别集类　佚

见《然脂集》。

郭　兰

字幽芳。清扬州人。女。

雪窗绣余吟　集部别集类　佚

见《然脂集》。

王　毂

字椒卻，号墨舟。清江都人。清顺治七年(1650)贡生。官岐山知县。

读史管见1卷　史部史评类

《昭代丛书》本。

按：《淮海英灵集》乙集卷1收其《金陵怀古》《箭插坪》诗2首。

孙　兰

字滋九，一字御寇，号柳庭。清江都人。明末诸生，入清以布衣终。精天文历算之学，曾从汤若望治历法，尽通西方推步术。又工诗，善书画。顺治三年(1646)弃学籍,遁居北湖,与王方岐、吴绮等同居湖中,日相倡和。尤精于史学。

字学　经部小学类　佚

柳庭人纪 40 卷　史部史评类　佚

按:此为论史之书。

以上 2 种见《北湖小志》卷 3《孙柳庭传》。

古今外国名考　史部地理类

《檀几丛书余集》本。

大地山河图说 1 卷　史部地理类

《蛰园丛刻》本。

理气象数辨疑纠谬 8 卷　子部历算类　佚

见《孙柳庭传》。

柳庭舆地隅说 3 卷　子部杂学类

《蛰园丛刻》本。

按:《淮海英灵集》戊集卷 2 收其诗 1 首。

华　衮

字龙眉。清江都人。与陈维崧、邓汉仪交好。邓汉仪《诗观初集》谓其诗雅正秀逸,能追步前人而复矫然独上,是诗家之杰出者。

爱鼎堂诗略　集部别集类　佚

见《清诗纪事》康熙朝卷。《淮海英灵集》甲集卷 2 收其诗 4 首。

李潜昭

字梅舟。清江都人。明府学生,入清后弃诸生,隐居黄子湖,以草木自娱,足迹不入城市,同学贵显,未尝通一札。善音律,长于刻印。

半万楼史要论　史部史评类　佚

历代世系纪　史部传记类　佚

泡庵乐府印谱　子部艺术类　佚

以上3种见清焦循《北湖小志》卷3《李梅舟传》。

姚　潜

字后陶。原名景明，字仲潜。清江都人。与雷士俊、吴嘉纪、蒋易等性情相埒。

姚后陶先生遗稿1卷　集部别集类

清康熙刻本，中山大学图书馆藏。

按：《江苏诗征》卷39收其诗15首。《淮海英灵续集》称其性情高介，诗法杜公。

蒋世纪

字玉行。清江都人。

雪涛记（传奇）　集部词曲类　佚

见《古典戏曲存目汇考》卷10。

按：《江苏诗征》卷113收其《陇头水》诗1首。

史以甲

字子仁。清江都人。以遇从弟。幼补郡诸生，长乃绝意场屋，隐居艾陵湖东桥墅。耕读自怡，足迹不入城市。自天文、地理以及方伎、医药、百家之书无不究览。

续文献通考钞30卷　史部政书类

清康熙刻本，上海师范大学图书馆藏。中国人民大学图书馆藏本有清沈彤跋。

按：此节录明王圻《续文献通考》而成书，与史以遇辑《文献通考钞》24卷合刻。

续文献通考钞22卷　史部政书类

清康熙美延堂刻本，南京图书馆藏。

按：此与史以遇《文献通考钞》（22卷本）合刊。参见“史以遇”条。

伤寒正宗 8 卷　子部医家类

清康熙十七年(1678)序刻本,中国医学科学院图书馆藏。参见《中国医籍通考》卷 1。

勾股筹算捷法 2 卷　子部历算类　佚

学圃随笔 10 卷　子部杂学类　佚

以上 2 种见雍正《江都县志》卷 15,谓皆刊刻行世。刻本今均未见。

类赋 21 卷续类赋 27 卷　子部典故类

清抄本,南京图书馆藏。

按:《类赋》宋吴淑撰并注,史以甲以其缺漏而作增补。《续类赋》史以甲撰。

黄尔类

字孟锡,号樗麓。清江都人。由明经为四川崇庆牧,当官勤慎。后改补员外郎,未任卒。

诗古文制艺　集部别集类　佚

见康熙《江都县志》卷 6。

樊　经

字书山。清江都人。以明经任云南丽江府掌印别驾,修庠序,设义学,在任 5 年归。

陆沉集　集部别集类　佚

国朝诗篇　集部总集类　佚

以上 2 种见康熙《江都县志》卷 6。

按:《淮海英灵集》甲集卷 1 收其《琴水晓发》诗 1 首,诗有"愁煞孤舟客,年年赋远游"之句。

朱显祖

字以君，号雪鸿。清江都人。顺治三年(1646)乡试副榜，淡于仕进，屏迹30余年，著书自娱。

希贤录5卷　史部传记类

清康熙三十二年(1693)天瑞堂刻本，陕西省图书馆等藏。

按：此辑颜渊、曾子至明代顾宪成、高攀龙之言行。参见《四库全书总目》传记类存目。

师承录　史部传记类　佚

朱子近思录解　子部儒学类　佚

按：此辑朱熹之言。

以上2种见清张符骧《依归草》卷1《雪鸿先生传》。

朱子近思录14卷　子部儒学类

(1) 清康熙刻本，甘肃省图书馆藏。

(2) 清光绪二十八年(1902)刻本，南京图书馆藏。

臆言4卷　子部儒学类

清康熙三十年天瑞堂刻本，南京图书馆藏。

按：参见《四库全书总目》儒家类存目。

正学编　子部儒学类　佚

二程集语　子部儒学类　佚

以上2种见雍正《扬州府志》卷35。

琼花志1卷　子部农家类

(1)《昭代丛书》(道光)本。

(2) 2015年广陵书社《扬州文库》本。

蒋　善

字元长。清江都人。明崇祯九年(1636)魁于乡。闭户安贫，研求邵雍《河洛理数》。

史记汇纂(一名同庵史汇)10卷　史部史钞类

清思永堂刻本,南京图书馆藏。

郝明龙

字云蒸。清江都人。景春子。明崇祯十二年(1639),景春与长子鸣鸾被张献忠军杀害,明龙于戎垒中扶丧归葬,乃绝意仕进,蔬布终身。康熙时卒,年49。

入郧纪略　史部杂史类　佚

见嘉庆《重修扬州府志》卷62。此记大顺、大西农民军进攻郧阳事。

明郝太仆褒忠录6卷首1卷末1卷　史部传记类

(1) 清乾隆五十三年(1788)如皋姜氏刻本,北京师范大学图书馆藏。

(2) 清道光十八年(1838)重刻本,南京大学图书馆、国家图书馆藏。

按:此汇辑有关郝景春之史乘、事迹、著述、褒赠、记传诸文。

软话亭集10卷　集部别集类　佚

见嘉庆《重修扬州府志》卷6。

按:《淮海英灵集》乙集卷1收其诗1首。

郭　础

字石公,号横山。清江都人。顺治九年(1652)进士。授户部主事。官顺德知府。有政绩。

书法年纪1卷(辑)　子部艺术类　佚

见《增修甘泉县志》卷23。

琼花草堂集　集部别集类　佚

见《江苏诗征》卷157。

郭石公诗集不分卷　集部别集类

清刻本，山东省图书馆藏。

卞　颖

字慧生。清江都人。顺治五年(1648)举人。康熙十一年(1672)任山东诸城知县。和易亲民，劳心抚治。服官五载归。

(康熙)诸城县志 12 卷　史部地理类

清卞颖修　王劝纂

清康熙十二年刻本，国家图书馆等藏。

按：《江苏诗征》卷 142 收其诗 1 首。

黄　暹

字晓斋。清江都人。曾割股以疗母疾。下帷绩学，于盐策本末尤精贯。巡鹾御史郝浴延修《淮政初集》，转运使龚其裕又延修《盐法志》，其书世皆善之。生平每好行其义。渡江次青山，见覆舟出重金救之，获生者 17 人。

诗经说约　经部诗经类　佚

春秋宗旨　经部春秋总义类　佚

四书说约　经部四书类　佚

以上 3 种见嘉庆《重修扬州府志》卷 51。

宗元豫(1624—1696)

字子发，一字半石。清江都人。明诸生。名世孙，元鼎从弟。自潮州扶榇归，贫不能葬，乃蔬食不除服 10 余年，始得买地以葬。隐居著书，不事声誉。深于古文，尤用力于经史。文章为同郡王岩称许。尝与魏禧往复辩论礼制。

识小录　史部杂史类　佚

见《广陵思古编》卷 1 小传。

按：此记二十一史中琐事。

史论　史部史评类　佚

见雍正《江都县志》卷 15。

焚余稿 3 卷　集部别集类

清康熙间刻《宗冷二子合刻》本，南京图书馆藏。

按：该书附于冷士嵋《江冷阁文集》4 卷《文续集》2 卷《诗集》12 卷《首》1 卷《词》1 卷《绪风吟》3 卷之后。

卧游录　集部别集类　佚

见《金陵通传》卷 21。

按：《国朝金陵诗征》卷 4 收其诗 3 首。

两汉文删 24 卷　集部总集类

清康熙十二年(1673)刻本，南京图书馆藏。

唐宋明十大家文删　集部总集类　佚

古诗赋删　集部总集类　佚

韩杜合删　集部总集类　佚

唐十二家诗删　集部总集类　佚

以上 4 种均宗元豫辑，见《明清江苏文人年表》。

明二十家诗删　集部总集类　佚

清宗元豫辑

见同治《上江县志》卷 12。

按：《广陵思古编》卷 1 收其文 1 篇。

宗学曾

亦名通。字德永，号醴陵。清江都人。名世曾孙。

丹山集　集部别集类　佚

见嘉庆《重修扬州府志》卷 62。《江苏诗征》卷 3 收其诗 4 首。

杨衡选

字圣藻。清陕西泾阳人，江都贡生。为人雍穆风流，论古有识。与魏禧交最厚。

披香文集　集部别集类　佚

见《江苏诗征》卷62，收其诗5首。

张师孔

字印宣。清江都人。

柘园集历候诗　集部别集类　佚

见《淮海英灵集》丙集卷1，收其诗1首。《广陵思古编》卷2收其文1篇。

于元瑾

字钟怀，号虎臣。清江都人。贡生。官安徽凤阳府训导，改官靖江训导。

韵阁集　集部别集类　佚

金斗倡和集　集部别集类　佚

以上2种见《瓜洲续志》卷14，卷24收其诗2首，识语谓二书曾刊刻，经乱板毁，其书亦不可见。

王方岐

字武徵，号蒙谷。清江都人。纳谏孙，玉藻子。不为科举之业，博通典籍，放情诗酒，与弟方魏偕隐。值修郡志，郡守以礼聘两君，方魏坚不就，方岐就之，为辑天文、舆地、水利、赋税诸篇，俱精当，为众所推。

（康熙）扬州府志40卷　史部地理类

清金镇原本　崔华等续修　王方岐续纂

（1）清康熙二十四年（1685）刻本，南京图书馆等藏。

（2）2015年广陵书社《扬州文库》本。

祛尘录裒谈　子部杂学类　佚

蒙斋文集16卷诗8卷　集部别集类　佚

以上2种见乾隆《增修甘泉县志》卷23。

蒙谷诗1卷　集部别集类

抄本《焦里堂手钞诗文集》本，上海图书馆藏。

许承宣(？—1685)

字力臣，号筠庵。清江都人。顺治七年(1650)在扬，交江西王猷定。康熙十五年(1676)进士。官工科给事中，首陈扬州水利、赋役二疏。二十年典试陕西，还京条奏秦晋间利弊六事。后假归，卒于家。

许给事奏议　史部政书类　佚

见《北湖续志》卷5。

西北水利议1卷　史部地理类

(1)《昭代丛书》本。

(2)《学海类编》本。

(3)《丛书集成初编》本。

按：亦收入《广陵思古编》卷2。

金台集2卷　集部别集类

(1)清康熙间衣德堂刻本，国家图书馆藏。

(2)《四库未收书辑刊》本。

宿影亭稿　集部别集类　佚

见《江苏诗征》卷99。

按：《广陵思古编》卷2收其奏疏2篇。

戴凌涛

字文姬，又字文淑。清江都人。蒋旷生妻。早卒。

绿窗草　集部别集类

见《众香词》书集。

按：《江苏诗征》卷175收其诗3首。《全清词钞》卷30收其词1首。

徐元美(1626—1698)

字懿公,号松岑。清江都人。石麒侄,顺治十四年(1657)举人。官淮安府教授,迁国子监监丞。

艾言1卷　子部儒学类

《檀几丛书》本。

制艺稿　集部别集类　佚

见清陈霆发《何有轩文集》卷4《徐公墓志铭》。

湖上吟　集部别集类　佚

叶庵诗余　集部词曲类　佚

以上2种见光绪《增修甘泉县志》卷23。

按:《广陵思古编》卷5收其文1篇。《江苏诗征》卷6收其诗1首。

潘茂夔(1626—1707)

字昉虞。清江都人。少聪明有大志,天性孝友。顺治中应童子试。家道中落,遂弃举业,躬耕以养父母。

周易解　经部易类　佚

四书解　经部四书类　佚

以上2种见咸丰间修《潘氏族谱》卷1倪虹《昉虞先生行略》。

常　典

字叙五。清江都人。明开平王遇春后也。性聪颖,读书十行俱下。顺治八年(1651)举人。父3岁而孤,祖母苏氏守节,遂绝意仕进。卜居湖干,种竹莳花以养志。日淬厉于儒学。授泾县教谕。

大易手拈　经部易类　佚

见嘉庆《重修扬州府志》卷51。

尊屏实诠　史部政书类　佚

见嘉庆《重修扬州府志》卷62。

西湖游草　集部别集类　佚

扬州梦诗集　集部别集类　佚

梅崖诗集　集部别集类　佚

以上3种见《北湖续志》卷5。

楷士宝录　集部总集类　佚

见嘉庆《重修扬州府志》卷51。

王国玮

清江都人。

石门遗事7卷　史部地理类

清顺治刻本，国家图书馆藏。

汧阳县志　史部地理类

清顺治刻康熙补修本，美国哈佛大学哈佛燕京图书馆藏。又名《石门遗事》。

留清亭集　集部别集类　佚

见雍正《扬州府志》卷35。

朱申之

字白天。清江都人。工诗。有园名念莪草堂。与王方岐同时。

抱经堂诗集　集部别集类　佚

见光绪《江都县续志》卷25。

朱　斑

字宫载。清江都人。显祖弟。诸生。天性醇谨，潜心理学。

大易捷解　经部易类　佚

岳起堂文集　集部别集类　佚

以上2种见康熙《江都县志》卷8名儒。

张锡文

清江都人。顺治九年(1652)贡生。授邠州知州。

易拟　经部易类　佚

见雍正《扬州府志》卷35。

徐元端

字延香。清江都人。石麒女。幼能诗,通音律,石麒每度曲有不合,元端正之。其词学北宋,闲缓艳丽,形神双肖,可诵者甚多。

粉奁新咏1卷　集部别集类　佚

见光绪《增修甘泉县志》卷23。

绣闲词1卷　集部词曲类

(1)《北湖三家词钞》本,附于徐石麒词集后。

(2)《小檀栾室汇刻闺秀词》本。

按:其词亦收入《明词综》卷11。

王　宾(1628—1682)

字宾王,号仔园。清江都人。康熙二年(1663)举人。

草亭集　集部别集类　佚

见嘉庆《重修扬州府志》卷62。

按:《淮海英灵集》丁集卷2收其诗5首。《全清词钞》卷4收其词1首。

谢　翱(1628—1720)

字尔翼,号恕园。清会稽人,康熙二十八年(1689)占籍江都。年16补博士弟子员。顺治四年(1647)清兵南下,征至军,参振武军事,督武林诸道粮饷。浙闽总督姚启圣进讨台湾,迎其赞画军事。性坦直豪迈。工吟咏,善草书。晚年尤喜明代文献。

甲乙新闻 5 卷　史部杂史类　佚

中朝疏稿 20 卷　史部政书类　佚

尺牍钞 40 卷　集部总集类　佚

以上 3 种见民国《江都县续志》卷 14。

王方魏

字大名，号艿城。清江都人。方岐弟。明亡后隐居不仕，闭户著书，40 年不入郡城。工书，得晋人法最深。

纂周易解 1 卷　经部易类　佚

周易广义 10 卷　经部易类　佚

以上 2 种见清焦循《北湖小志》卷 3《王螺山传》附。

大名集 1 卷　集部别集类　佚

见光绪《江都县续志》卷 25。

按：《淮海英灵集》丙集卷 3 收其诗 1 首。

张师孟

字象岩。清江都人。好施与，里人号为长者。

象岩诗集　集部别集类　佚

见嘉庆《江都县续志》卷 8。

按：《淮海英灵集》丙集卷 2 收其诗 1 首。

金怀玉

字式如。清江都人。顺治十五年(1658)进士。授泉州府推官，迁瑞州府同知卒。

碧山草堂集　集部别集类　佚

见嘉庆《重修扬州府志》卷 62。

高　暐

字玄中，号苍岩。清江都人（一作山西襄陵人）。顺治十五年（1658）进士。与城中桑豸、仲渭千交，每月一至城，相与论文。始任云南曲靖县推官，迁徽州府同知，大吏称其能。后任苏州知府。

（康熙）徽州通志 26 卷　史部地理类

清抄本，国家图书馆藏。

滇游草 1 卷　集部别集类　佚

见清焦循《北湖小志》卷 3。

新安近咏　集部别集类　佚

见《晚晴簃诗汇》卷 28。

瞿时行（1629—？）

字见可，号止园。清江都人。明诸生。教养奉母，绝意功名，卒年 90 余。

止园集　集部别集类　佚

见《江苏诗征》卷 19，收其诗 11 首。其集曾存清王豫处。

席居中

清江都人。工文章诗歌。

帆影楼诗稿　集部别集类　佚

见康熙《江都县志》卷 9 文学。

昭代诗存 16 卷　集部总集类

清席居中辑

清康熙刻本，国家图书馆藏。

郑小白

名不详。清初江都人。郑元弼之子。

金瓶梅 2 卷(传奇)　集部词曲类

(1) 清抄本,国家图书馆藏。

(2)《古本戏曲丛刊三编》本。

金压屏记　集部词曲类　佚

见《古典戏曲存目汇考》卷 11。

史克绎

字常武。清江都人。诸生。

扣角集　集部别集类　佚

见《江苏诗征》卷 97,收其诗 1 首。

杨　缙

字夏纪,号卧村。清江都人,或作兴化人。诸生。

鹅湖集　集部别集类　佚

见《江苏诗征》卷 62,收其诗 1 首。

雪湖吟稿　集部别集类　佚

见咸丰《重修兴化县志》卷 9。

李　氏

清江都人。杨某妻。

玉照词　集部词曲类　佚

见《历代妇女著作考》卷 10 引《众香词》,谓其词如宋李清照《漱玉词》,故以“玉照”名集。

按:今查《众香词》,并无此人。姑录以俟考。

蒋　书

清江都人。居常闭户自守,不以贫求人。

史记汇　史部正史类　佚

内典注疏　子部佛教类　佚

同庵集　集部别集类　佚

以上 3 种见康熙《江都县志》卷 9 文学。

程　锋

字颖叔，号古铁，又号铁庵。清江都人。工诗善画，与汪蛟、孔尚任、吴绮等相唱和。

古峰阁遗集　集部别集类　佚

见嘉庆《重修扬州府志》卷 62。

按：《江苏诗征》卷 74 收其诗 9 首，并引《种竹轩余话》，谓其诗五律极工整、极沉郁，取法唐人，汪蛟、孔尚任曾序其诗集。

徐常遇

字二勋，号五山老人。清广陵人。广陵琴派之先行者。继承了“虞山派”的琴风，取音柔和委婉，跌宕多变。崇尚淳古淡泊，创立了“广陵派”。

澄鉴堂琴谱不分卷指法 2 卷　子部艺术类

清康熙二十五年(1686)自刻本，上海图书馆藏。

响山堂琴谱不分卷　子部艺术类

(1) 清乾隆徐祎(晋臣)抄稿本，音乐研究所藏。

(2) 1989 年音乐研究所编《琴学集成》本。

琴谱指法 2 卷　子部艺术类

(1) 清康熙响山堂刻本，国家图书馆藏。

(2) 清抄本，上海图书馆藏。

(3)《续修四库全书》本。

按：徐氏琴谱为广陵琴派最早的谱集。参见易人编著《优美的旋律飘香的歌》(江苏文史编辑部，1992 年)。

潘　铣

字霜鸣，号性长。清江都人，祖籍余姚。工诗，笔力劲峭，不逐浮华。

桃轩稿　集部别集类　佚

见《江苏诗征》卷33，收其诗2首。

詹履政

字正也，号橄堂。清甘泉人。精于医，雅歌弹琴。

橄堂诗钞1卷　集部别集类　佚

见嘉庆《重修扬州府志》卷62。

按：《淮海英灵集》戊集卷3收其诗1首。

束志泐

字凝白，号柿原。清江都人。诸生。与弟志涌朝夕唱和。

柿原诗稿1卷　集部别集类　佚

见嘉庆《江都县续志》卷8。

按：《淮海英灵集》甲集卷3收其诗1首。

许承家

字师六，号来庵。清江都人。承宣弟。顺治七年(1650)在扬交江西王猷定。康熙二十四年(1685)进士。授翰林院编修，改庶吉士。幼与兄刻苦力学，同负盛名。

猎微阁诗集6卷　集部别集类

(1) 清康熙刻本，北京大学图书馆藏。附许昌龄《碧摩亭集》。

(2)《高阳四种集》本。

猎微阁诗集1卷　集部别集类

《江都许氏家集》本。

猎微阁近诗 1 卷　集部别集类

清康熙十七年刻本，国家图书馆藏。

李天钟

字玉岫。清甘泉人。诸生。

杏花春雨楼诗 7 卷文 2 卷诗余 1 卷　集部别集类　佚

见嘉庆《重修扬州府志》卷 62。

按：《江苏诗征》卷 94 收其诗 1 首。

史以徵

字静庵。清江都人。顺治十三年(1656)贡生，官当涂县训导。

四书汇解　经部四书类

(1) 清康熙刻本，南京图书馆藏。

(2) 清乾隆美延堂刻本，苏州大学图书馆藏。

按：《江苏诗征》卷 97 收其诗 1 首。

黄朝美

字荩臣，号清持。清江都人。举乡饮大宾。晚年读书学禅。

拳石诗集　集部别集类　佚

见《淮海英灵集》丁集卷 1，收其诗 1 首。

张　标

字玉立。清江都人。顺治九年(1652)进士。授工部主事，榷南新、龙江二关，俱有廉能声。晋郎中，归。为文根柢六经，融会子史。

农丹 1 卷　子部农家类

(1) 清抄本，焦循跋，国家图书馆藏。

(2)《藕香零拾》本。

张玉立稿 1 卷　集部别集类

（1）清嘉庆间江都秦氏石砚斋刻《国初十六家精选》本。

（2）清嘉庆江宁王景桓刻本，国家图书馆藏。

秋实堂文集　集部别集类　佚

见雍正《扬州府志》卷35。

按：清乾隆间刘墉督学江苏，求其遗文，仅得64篇。参见嘉庆《瓜洲志》卷5本传。

范　荃(1633—1705)

本名恒美，字德一，别号盟鸥野老，一号石湖。清江都人。博学多文，不应有司试。教授生徒四方，士争出其门，取科第者甚众。平时沉酣史籍，商榷风雅，摇笔云飞，超然不羁。与徐石麒、罗煜为忘年交。

读史小识2卷　史部史评类　佚

范氏家乘　史部传记类　佚

作宦津梁　史部政书类　佚

竹隐居随笔2卷　子部杂学类　佚

以上4种见清焦循《北湖小志》卷3《范石湖传》。

石湖集12卷　集部别集类

清焦循抄本，国家图书馆藏。

按：此集包括《竹隐居诗集》5卷，《梅花十六咏》《论语诗》《春雨词》《秋吟》《秋花杂咏》《柳塘寤语》《石湖词》各1卷。

今之石湖集2卷　集部别集类

清抄本，日本静嘉堂文库藏。

刘随州诗评1卷　集部诗文评类　佚

见《范石湖传》。

春雨词1卷　集部词曲类

秋吟1卷　集部词曲类

秋花杂咏1卷　集部词曲类

柳塘寤语1卷　集部词曲类

今之石湖词 1 卷　集部词曲类

以上 5 种有《北湖三家词钞》本。

按:范荃卒后,其书多不传。后焦循访得其书,乃分年编次,重为整理。

束志涌

字沛思,号柳塘。清江都人。志沕弟。以友爱著,时人谓之"二束"。

柳塘诗稿 1 卷　集部别集类　佚

见嘉庆《江都县续志》卷 8。

按:《淮海英灵集》甲集卷 3 收其诗 1 首。

罗　煜

字然倩,号霞汀。其先歙人,隐居北湖,与徐石麒、范荃以词相角,称为北湖三词家。

唐诗中晚诗钞　集部总集类　佚

见《北湖小志》卷 3《范石湖传》附。

霞汀诗余 1 卷　集部词曲类

(1) 抄本《焦里堂手抄诗文集》本,上海图书馆藏。

(2)《北湖三家词钞》本。

按:《北湖小志》卷 5 诗话中录其词 9 首,并录其诗残句。

陈梦乙

字子翼。清江都人。

解酲集　集部别集类　佚

奈何集　集部别集类　佚

废蓼集　集部别集类　佚

秋香集　集部别集类　佚

秋兴集　集部别集类　佚

偶然集　集部别集类　佚

攻玉集　集部别集类　佚

避暑集　集部别集类　佚

狂言集　集部别集类　佚

北游集　集部别集类　佚

以上10种见《江苏诗征》卷26,收其诗1首。

黄　又

字燕思,号砚旅。清江都人。好学而不事帖括,尚古学。多藏书,嗜玩好,爱字画,尤癖爱砚台,因自号砚旅。与石涛结世外交。又好游览,好结纳天下名士。与王士禛等尤相契。年未50,足迹遍海内。后官云南赵州知州,到任三月,卒于官。

自疏稿　集部别集类　佚

见《扬州足征录》卷16黄吉暹《自疏稿序》,云:"先生著作等身,失亡者多。今所存止《岭表游笥》一编,计诗一百三十二首。"《淮海英灵集》甲集卷1收其诗6首。

张　垓

字钟奇,号霄居。清江都人。云鹏长子。幼颖悟,不干荣进,惟讲求读书达道。结绿水莲花社,讲性理,论经济。曾居高邮金实堂别业几二十年。

半酲园诗集　集部别集类　佚

谔谔堂文集　集部别集类　佚

以上2种见《江苏诗征》卷55,收其诗2首。《高邮耆旧诗存初册》收其诗9首。

姜生斋

清江都人。

既上人诗集1卷　集部别集类

抄本《焦里堂手抄诗文集》本，上海图书馆藏。

顾九锡

字一卣，号临邗，又号思淡、邗上钓者。清江都人。图河父。康熙十三年（1674）与宗元鼎、纪映钟、黄云等会扬州。天性孝友，二十年岁饥，出粟500余石，并加劝募。三十二年明经，四十二年赠翰林院编修。

移愚斋笔记　子部杂学类　佚

见嘉庆《重修扬州府志》卷62。

经济类考约编2卷　子部典故类

（1）清康熙六年刻本，南京图书馆藏。

（2）清雍正八年（1730）积秀堂刻本，北京大学图书馆藏。

（3）民国铅印本，上海图书馆藏。

（4）《四库未收书辑刊》本。

按：本书原为12卷。清乾隆间以内有龚鼎孳序而遭禁。雷梦辰《清代各省禁书汇考》以此书为顾九畴作，误。

春江草堂全集　集部别集类　佚

见康熙《江都县志》卷9文学。

按：《淮海英灵集》丙集卷3收其诗2首。

王　湛

字济上。清广陵人。

古诗丽则4卷唐诗丽则4卷　集部总集类

清王湛选定　李栋参阅

稿本，南京图书馆藏。

按:《古诗丽则》以年代为序选录"古逸"至隋代诗人之作。《唐诗丽则》按诗体选录唐人诗歌。有圈点并朱墨评语、眉批、夹批等,亦有辑录前人如严羽等人诗评语。卷首有康熙十四年(1675)李栋与宋曹撰《古唐诗丽则序》,并钤有"李栋私印""吉四氏""射阳逸史""宋曹私印"等印章。正文前有"王湛之印""济上"等印章。里封有"石湖诗孙""木樨香馆范氏藏书""高邮王氏藏书"诸印。

饶　眉

字白眉。清江都人。诸生。

芝山集　集部别集类　佚

见嘉庆《江都县续志》卷 8。

按:《江苏诗征》卷 39 收其诗 3 首。并引《诗观二集》云:"白眉与夏子次功、徐子辰玉,皆阮亭民部所特赏者,不独工制义,而兼擅风雅之长,固一时之秀杰。诗篇甚富,秘不示人。予从蛟门(汪懋麟)处得其数章,亟为付梓。"

熊维熊

字伟男。清江都人。敏慧子。康熙二十一年(1682)岁贡生。博闻强记,一岁中七试居第一,王士禛特置国士之目。工诗古文词,画得董、巨遗意,好表扬节烈。

江渚贞烈志 1 卷　史部传记类

(1) 清焦循抄本,国家图书馆藏。

(2) 2015 年广陵书社《扬州文库》本。

绿雪轩初集二集　集部别集类　佚

见嘉庆《瓜洲志》卷 5 本传。

按:《淮海英灵集》乙集卷 1 收其诗 1 首。《瓜洲续志》卷 18 有清王熹儒撰《绿雪轩诗序》。卷 24 收其诗 87 首,并有识语云:"(王豫)《盟鸥溆笔谈》云:余托坊友觅熊伟男《绿雪轩集》不得,是嘉庆间已无刊本矣。

今编《续志》，征求乡贤遗集，访之熊氏后裔，获见汲泠阁、绿雪轩残缺稿本，亟为编入艺文中，俾广流传。”

绿雪轩诗草 1 卷　集部别集类

见邓之诚《清诗纪事初编》卷 4，收诗 2 首。

汪耀麟

字叔定，号北皋。清江都人。贡生。与弟懋麟齐名。顺治十年(1653)同从宝应王岩受学。康熙二十五年(1686)与顾图河、韩魏等会南楼。

抱耒堂集 6 卷　集部别集类

清康熙五十五年刻本，国家图书馆藏。

按：《扬州画舫录》云《抱来堂集》26 卷。

南徐唱和诗 1 卷　集部总集类　佚

清汪耀麟、汪懋麟撰

见《淮海英灵集》甲集卷 2，收其诗 10 首。

爱园倡和诗 2 卷　集部总集类　佚

见嘉庆《江都县续志》卷 8。

黎定国

字于一。清江都人。曾客福建学使幕。

续闽小记 1 卷　史部地理类　佚

见嘉庆《重修扬州府志》卷 62。

程式庄

字敬哉，号蒿亭。清江都人。工诗。朱彝尊称其沉辞硬语，不徇时尚。

红药书庄诗 2 卷　集部别集类　佚

见嘉庆《重修扬州府志》卷 62。

按:《淮海英灵集》丁集卷1收其诗13首。

阎台生

清江都人。顺治十七年(1660)贡生。

笔谈初集　子部杂学类　佚

见雍正《扬州府志》卷35。

秦之俊(1636—1694)

字惟式,号来劬。清江都人。康熙十六年(1677)举人。和吴绮相唱和。卒年59。

编年诗1卷　集部别集类　佚

见《淮海英灵集》乙集卷2,收其诗5首。

按:秦之俊及其子秦熙、秦德辚、秦德亮4人之诗,皆由秦黉手订,总为《敦素堂遗诗》4卷。

阎兆凤

字圣来。清江都人。

濯锦堂集　集部别集类　佚

见《江苏诗征》卷90,收其诗4首。

张　楷

字芳传,号阜樵。清江都人。康熙六年(1667)进士。由中书舍人历任礼部郎中,出知延平府,多惠政。罢归家居,如寒素。口不言公事。性好古文词,尤长于诗。

拙效斋文集　集部别集类　佚

见康熙《江都县志》卷6本传。

按:《淮海英灵集》丁集卷2收其诗3首,《江苏诗征》卷56收其诗7首。

潘　澄

字镜如，号冰壶山人。清新昌人。生于明末，入清后颠沛流离。工诗。尝从龚贤游。后流寄扬州以终。

看奕堂诗草　集部别集类　佚

见《江苏诗征》卷33，收其诗3首。

史　奭

字寿平，号寰园。清江都人。以遇子。顺治十四年(1657)举人。独以品行为要，一时同人钦重之。好学服古，纂辑古圣贤书。其著述多有关时务。尝为以遇校定《文献通考钞》。

淮扬治水图说　史部地理类　佚

见康熙《江都县志》卷9文学。《国朝耆献类征初编》卷444作《淮扬治水图议》。

樊谦仁

字静亭，号孟侪。清甘泉人。诸生。

天香亭草　集部别集类　佚

见《江苏诗征》卷29，收其诗1首。

张　坛

字韵仙，号最庵。清江都人。垓弟。诸生。幼读书过目成诵，年14工诗，见赏于李渔。

注海游诗钞　集部别集类　佚

最高楼文集　集部别集类　佚

来笑堂词稿　集部词曲类　佚

以上3种见嘉庆《重修扬州府志》卷62。

按：《江苏诗征》卷55收其诗3首。

高　卓

字凡夫。清江都人。诸生。

际堂诗集　集部别集类　佚

见嘉庆《江都县续志》卷8。

按:《淮海英灵集》丙集卷3收其诗1首。

史　顺

字天循。清江都人。申义叔。其诗皆清隽可诵。

青莲阁集4卷　集部别集类　佚

见《淮海英灵集》乙集卷2,收其诗1首。

汪懋麟(1639—1688)

字季角,号蛟门。清江都人。耀麟弟。康熙六年(1667)进士,授内阁中书。因徐乾学荐,以刑部主事入史馆,充纂修官,与修《明史》。旋罢归。昼治经,夜读史,日事研究,锐意成一家言。工诗,受业王士禛门,才气纵横。与汪楫同里,皆有诗名,时称"二汪"。

百尺梧桐阁诗集16卷文集8卷　集部别集类

(1)《诗集》清康熙十七年自刻本,《文集》康熙五十四年汪荃刻本,北京大学图书馆藏。

(2) 1980年上海古籍出版社《清人别集丛刊》本,附《锦瑟词》1卷。

百尺梧桐阁遗稿10卷　集部别集类

(1) 清康熙五十四年汪文蓍瞻芑堂刻本,国家图书馆藏。

(2) 江苏省立国学图书馆传抄本,南京图书馆藏。

(3) 1980年上海古籍出版社《清人别集丛刊》本。

百尺梧桐阁文录1卷　集部别集类

《国朝文录续编》本。

檗庵集2卷　集部别集类

清汪懋麟编

清康熙刻本，复旦大学图书馆藏。

环谷集 8 卷附录 1 卷　集部别集类

清汪克宽著　汪懋麟选辑

清康熙刻本，美国国会图书馆、日本静嘉堂文库等藏。

南徐倡和诗 1 卷　集部总集类

清汪耀麟、汪懋麟撰

见《淮海英灵集》甲集卷 2。

锦瑟词 3 卷　集部词曲类

(1) 清康熙十五年刻本，上海图书馆藏。

(2)《续修四库全书》本。

锦瑟词 1 卷　集部词曲类

(1) 清康熙十五年序刻本，国家图书馆藏。

(2)《百名家词钞初集》本。

(3) 1980 年上海古籍出版社影印本《百尺梧桐阁集》附。

按：上海古籍出版社影印本《百尺梧桐阁集》卷首出版说明云："据汪荃云：'公之古文自归田后增刻数十篇在前集内，其遗稿数十篇与《明史拟稿》一卷、《琉球国纪事》一卷及《四声古叶录》《通志闲稿》诸书，将别辑成帙以传也。'但均未行世，恐已不传。"

锦瑟词话 1 卷附锦瑟酬赠词 1 卷　集部诗文评类

清康熙刻本，中国人民大学图书馆藏。

汪氏家集三种(一名汪氏三先生集)18 卷附崇礼堂诗 1 卷　丛书类

(1) 清康熙十八年刻本，南京图书馆藏。

(2) 2013 年黄山书社出版《明别集丛刊》本。

子目：

《环谷集》8 卷

《檗庵集》2 卷

《石西集》8 卷

汪士裕

字左岩。清江都人。懋麟族侄。康熙二年(1663)举人，官太湖教谕，移居庐江。

适园诗钞 2 卷　集部别集类

清嘉庆刻本，南京图书馆藏。

梅闳琇

字卫瞻。清江都人。工诗，尝与范荃、陈廷相等订诗酒之社。

鸿堂诗稿　集部别集类　佚

见《北湖小志》卷 5 诗话，录其诗 2 首。《江苏诗征》卷 22 作《鸿志堂集》。

倪　氏

清福建人。江都蒋虎臣妻。早卒。

鹂怨草　集部别集类　佚

见《淮海英灵集》壬集卷 1，收其诗 1 首。

马　宾

清甘泉人。

易翼 8 卷　经部易类　佚

见乾隆《甘泉县志》卷 16。

张元珙

字瑶房。清江都人。论文以六经为指归，而参之以先秦以下文集。

瑶房诗 1 卷　集部别集类

抄本《焦里堂手钞诗文集》本，上海图书馆藏。

夏诚善

字元长，号铁庵。清江都人。襟怀超旷，常与二三好友以赋诗斗酒自娱，同里蒋易赠诗云：“司马承贞后，论诗复几人。”

清味无能阁集　集部别集类　佚

见嘉庆《江都县续志》卷 8。

按：《瓜洲续志》卷 24 收其诗 15 首。《江苏诗征》卷 147 收其诗 14 首。

徐维祺

字瑞周。清江都人。

豫堂诗钞 1 卷　集部别集类　佚

见嘉庆《江都县续志》卷 8。

按：《淮海英灵集》乙集卷 1 收其诗 1 首。

方原博

字邴鹤。清江都人。居江都仙女庙。官泗州学政。以事谪戍口外，后归。康熙间从徐葆光册封琉球。诗画及八分书皆擅能一时。

航海生涯集　集部别集类　佚

见《广陵诗事》。

史　铨

清江都人。

十三经类聚　经部群经总义类　佚

敦行录　子部儒学类　佚

以上 2 种见雍正《江都县志》卷 17。

吴 莲

字余嘉。清江都人。绮侄。幼孤,奉孀母,苦志力学,补诸生。以文章知名四方,从游者甚众。康熙二十七年(1688)贡生,年已垂老,授学博。

爱日堂尚书注解纂要6卷　经部尚书类

(1) 清乾隆十九年(1754)爱日堂刻本,湖北省图书馆、北京大学图书馆等藏。

(2)《四库禁毁书丛刊》影印本。

爱日堂文集　集部别集类　佚

玉井诗词　集部别集类　佚

以上2种见康熙《江都县志》卷9文学,谓俱由其叔吴绮点定待刊。

江 闿

字辰六。清江都人。吴绮婿。康熙二年(1663)中贵州乡试。十八年在京应博学鸿儒试落选。二十七年知均州。工诗古文。

解州条议1卷　史部政书类

清康熙刻本,6册,国家图书馆藏。

河汾记略2卷　史部地理类

清康熙刻本,6册,国家图书馆藏。

均州志4卷补1卷　史部地理类

清党居易纂　江闿增补

清抄本,上海图书馆藏。

江辰六文集24卷首1卷　集部别集类

(1) 清初政在堂刻本,日本内阁文库藏。

(2) 清康熙政在堂刻本,16卷,国家图书馆藏。

(3) 清康熙二十三年政在堂刻本,《文集》18卷,上海图书馆藏。

(4) 清康熙政在堂刻本,《文集》20卷,《诗集》2卷,复旦大学图书馆藏。

(5)《四库禁毁书丛刊》影印康熙本。

(6)《清代诗文集汇编》本。

江辰六文集 9 卷　集部别集类

春芜词 3 卷　集部词曲类

以上 2 种有《黔南丛书》本。

吴　吴

清江都人。绮次女，江闿妻。

香合集　集部别集类　佚

见《淮海英灵集》壬集卷 1，收其诗 5 首。

樊　庶

字潜庵。清江都人。监生。任广东临高县令 11 年，多惠政。

(康熙)临高县志 12 卷　史部地理类

清抄本，4 册，国家图书馆藏。

虞叩山人闻见录　子部杂学类　佚

见嘉庆《重修扬州府志》卷 62。

苏文忠公海外集 22 卷　集部别集类

清康熙四十五年(1706)樊氏得树轩刻本，国家图书馆藏。

按:《贩书偶记续编》著录约乾隆间得树轩精刻本，原编次作 10 卷。

又按:《江苏诗征》卷 29 收其《送抚军汤夫子(斌)北上》诗 1 首。

杨翠畴

号虚崖。清甘泉人。文铎次女，司马李淳园妻。

虚崖逸草 1 卷　集部别集类　佚

见嘉庆《重修扬州府志》卷 62。

魏　都

字虞城。清江都人。岁贡生。顺治十六年(1659)奉父母同避海寇。

渡月堂集 6 卷　集部别集类　佚

晚香阁诗文集 6 卷　集部别集类　佚

以上 2 种见康熙《江都县志》卷 8。

按:《瓜洲续志》卷 24 收其诗 1 首。

刘长会

清康熙间江都人。

自吟集　集部别集类　佚

见嘉庆《重修扬州府志》卷 62。

按:《江苏诗征》卷 78 收其诗 10 首。

团鉴明

字远涵。清江都人。究心性命之学。

赭鞭集　集部别集类　佚

闲邪集　集部别集类　佚

卫正集　集部别集类　佚

闽游草　集部别集类　佚

以上 4 种见康熙《江都县志》卷 9 文学。

高玉桂

字燕山,号竹屋。清江都人。贡生。

秋轩诗草　集部别集类　佚

见嘉庆《江都县续志》卷 8。

按:《淮海英灵集》乙集卷 3 收其诗 1 首。

史　炤

字烛九。清江都人。以甲子。读书不事生产，为诸生高等。与宗元豫、汪懋麟昆弟相友善。娱情诗酒，于进取泊如也。古文卓有家法，留心乡邦故实，凡忠孝节烈尤多纪述。

方舆概 15 卷　史部地理类　佚

见雍正《扬州府志》卷 35。

席帽山人集不分卷　集部别集类

稿本，南京图书馆藏。

席帽山人遗集 5 卷　集部别集类

清焦循抄本，焦循题跋，台湾"中央图书馆"原藏。

石　涛(1642—1718?)

清全州人。书画家、画学理论家。俗姓朱，名若极。明藩靖江王朱守谦后裔。5 岁削发为僧，法名原济，一作元济，字石涛，号大涤子、清湘老人、清湘遗人，晚号瞎尊者、零丁老人，自称苦瓜和尚。早年流寓宣城，中年居南京，晚年定居扬州。擅画花果兰竹，尤善山水，画风雄健恣肆，深得元人意趣。书法工分隶，题画诗多寓故国之痛。与弘仁、髡残、朱耷合称"清初四高僧"，对扬州画派影响极大。精画理，通儒、道、释三教哲理。傅抱石编有《石涛上人年谱》。

大涤子题画诗跋 1 卷　子部艺术类

(1)《论画辑要》本。

(2)《美术丛书》(三集)本。

苦瓜和尚画语录 1 卷大涤子题画诗跋 1 卷　子部艺术类

(1) 清汪绎辰抄本，汪绎辰、丁丙跋，南京图书馆藏。

(2) 北京会文堂刻本。

(3) 1959 年人民美术出版社俞剑华标点注释本。

石涛题画录 5 卷补遗 1 卷　子部艺术类

1925 年程霖生遂吾庐铅印本，南京图书馆藏。

大涤子题画诗跋 4 卷　子部艺术类

(1)《美术丛书》本。

(2) 1987 年上海人民美术出版社校点本。

(3) 2015 年广陵书社《扬州文库》本。

按：此以汪绎辰所录《大涤子题画诗跋》手抄本，与程霖生所辑《石涛题画录》刊本互校，并参校了其他版本。

清湘老人题记 1 卷附录 1 卷　子部艺术类

清石涛撰　汪鋆辑

(1)《十二砚斋三种》本。

(2)《画苑秘笈初编》本。

(3) 2015 年广陵书社《扬州文库》本。

苦瓜和尚画语录 1 卷　子部艺术类

(1)《知不足斋丛书》本。

(2)《十二砚斋丛书》本。

(3)《翠琅玕馆丛书》(冯兆年辑)本。

(4)《四铜鼓斋论画集刻》本。

(5)《翠琅玕馆丛书》(黄任恒辑)本。

(6)《艺术丛书》本。

(7)《笔记小说大观》本。

(8)《芋园丛书》本。

(9)《美术丛书》(初集)本。

(10)《画论丛刊》本。

(11)《昭代丛书》(道光)本。

(12)《论画辑要》本。

(13)《清瘦阁读画十八种》本，题《苦瓜和尚画语》。

(14) 2015 年广陵书社《扬州文库》本。

画谱 1 卷　子部艺术类

(1) 清康熙大涤堂刻本,上海图书馆藏。

(2) 不分卷,1962 年上海人民美术出版社影印本,朱季海注释。

石涛画谱　子部艺术类

1987 年四川美术出版社刘长久校注本。

按:《石涛画语录》是其画论著作初稿,《画谱》则为其定稿本。全书以“一画”论为核心,阐述了绘画艺术的有关问题。刘长久校注本附有《石涛画语录》,并附有《〈石涛画谱〉和〈石涛画语录〉对校》。石涛画论亦收入各种画论汇编中。

石涛画东坡时序诗册　子部艺术类

1925 年上海文明书局珂罗版印本,南京图书馆藏。

苦瓜和尚画册　子部艺术类

民国有正书局影印本。

石涛蔬果册页 1 卷　子部艺术类

上海博物馆影印本,南京图书馆藏。

石涛上人写景山水精品　子部艺术类

1929 年上海天绘阁珂罗版影印本,南京图书馆藏。

石涛上人山水册　子部艺术类

上海有正书局精印本,南京图书馆藏。

石涛上人人物山水花卉册　子部艺术类

民国泰山残石楼影印本,南京图书馆藏。

石涛和尚花果册　子部艺术类

1940 年、1946 年文明书局影印本,南京图书馆藏。

大涤子干净斋倡和诗画册　子部艺术类

1929 年上海神州国光社珂罗版影印本,南京图书馆藏。

大涤子众爵齐鸣图手卷　子部艺术类

1931 年上海神州国光社珂罗版影印本,南京图书馆藏。

大涤子画宋元吟韵 1 卷　子部艺术类

1929 年上海神州国光社珂罗版影印本,南京图书馆藏。

清湘老人山水册　子部艺术类

清光绪三十四年(1908)影印本,南京图书馆藏。

清湘老人山水卷　子部艺术类

1929年天绘阁据吴湖帆藏册印行,南京图书馆藏。

清湘老人书画稿　子部艺术类

1934年上海有正书局影印本,南京图书馆藏。

石涛花卉册　子部艺术类

1985年上海书画出版社出版。

石涛画选　子部艺术类

1986年北京荣宝斋出版。

石涛世界　子部艺术类

1988年北京荣宝斋出版。

石涛画集　子部艺术类

1978年上海人民美术出版社出版。

石涛画册　子部艺术类

1987年四川美术出版社出版。

石涛山水册　子部艺术类

1979年上海人民美术出版社出版。

石涛书画集(第一集)　子部艺术类

1987年人民美术出版社出版。

史　典

字揩臣。清扬州人。

庸行编8卷　子部儒学类

清史典撰　牟允中补

(1) 清康熙三十一年(1692)淡宁堂刻本,北京师范大学图书馆藏。

(2) 清乾隆五十四年(1789)庆泽堂刻本,南京图书馆藏。

(3) 清咸丰七年(1857)吴文澜素行堂刻本,国家图书馆藏。

愿体集3卷仓卒救人医术1卷联额图章1卷　子部医家类

清康熙刻本，上海图书馆藏。

增补愿体广类集4卷　子部医家类

清康熙十六年刻本，华东师范大学图书馆藏。

愿体集不分卷增纂愿体集1卷　子部医家类

清康熙刻本，吉林大学图书馆藏。

愿体医话良方（一作愿体医话）1卷　子部医家类

清史典撰　俞世贵补

(1) 清王士雄辑《潜斋医学丛书》本。

(2) 清王士雄辑《三家医话》本。

(3) 1989年广陵古籍刻印社影印本。

(4)《中国医学大成续集》本。

爱莲杂记4卷　子部杂学类

清抄本，上海图书馆藏。

韩　魏(1643—?)

字醉白，号东轩。清江都人。监生。康熙三年(1664)与王晫定交，四年经淮入都。二十五年至杭州访王晫，晫为序定所著《东轩集》。同年与汪耀麟、汪懋麟、顾图河等会南楼。二十八年会孔尚任。

东轩集　集部别集类　佚

见清王晫《霞举堂集》。

醉白室集　集部别集类　佚

见嘉庆《重修扬州府志》卷62。

焉文堂集　集部别集类　佚

见《江苏诗征》卷34。《淮海英灵集》戊集卷1收其诗2首。

陈廷相

字浩海，一字百师。清江都人。增广生。康熙二十三年(1684)圣祖南巡，献赋河干，召至舟中赋诗。性倜傥不羁，见者以为狂。与范荃等倡和于湖西别业。

湖干诗文合集　集部别集类　佚

见清焦循《北湖小志》卷3《陈欧村传》附。《淮海英灵集》戊集卷2收其诗1首。

吴　冀

字芳洲。清江都人。官盛京刑部郎中。

覆瓿集　集部别集类　佚

见《广陵诗事》。

郭元钎(?—1722)

字于宫，号双村。清江都人。士璟子。诸生。家世业盐，富于财产，而独好学工诗。圣祖南巡，献诗赋，取入纂修馆，与修《佩文韵府》等。

纪恩事略不分卷　史部传记类

清康熙刻本，河南大学图书馆藏。

牛鸣集　集部别集类　佚

双村集　集部别集类　佚

以上2种见《广陵思古编》卷3小传。

孝音集　集部别集类　佚

见《广陵思古编》卷3自序。

一鹤庵诗10卷　集部别集类

清康熙四十年(1701)刻本，复旦大学图书馆藏，一刻5卷、二刻5卷。

按：国家图书馆、北京大学图书馆藏本皆作5卷，盖仅一刻耳。

郭元　诗选1卷　集部别集类

《江左十五子诗选》本。

全金诗(一作御订全金诗增补中州集)74卷　集部总集类

(1) 清康熙五十五年刻本,南京图书馆藏。

(2) 清乾隆重修印本,南京图书馆藏。

(3)《四库全书》本。

按:郭氏因不满元好问《中州集》于诗不甚求全,所录未能赅备,而取元好问原本重为辑缀。凡收358人,诗作5544首。

郭元钰

字乾为,号孺斋。清江都人。士璟子。附贡生。

孺斋遗稿　集部别集类　佚

见《江苏诗征》卷157,收其诗2首。

王文范

字竹村。清江都人。诸生。与郭元钎时相倡和。

蜀游草3卷　集部别集类　佚

见同治《续纂扬州府志》卷22。

按:《江苏诗征》卷51收其诗5首。

周　氏

清扬州人。

绣裳吟1卷　集部别集类　佚

见嘉庆《重修扬州府志》卷62。

朱　沄

字天绮。清江都人。显祖子。廪生。曾从田雯学制义。

灌余杂著　子部杂学类　佚

涉江集　集部别集类　佚

倚青轩集　集部别集类　佚

敝簏吟存　集部别集类　佚

竹林诗话　集部诗文评类　佚

以上5种见康熙《江都县志》卷8名儒。

按:《淮海英灵集》乙集卷2收其诗1首。

夏九叙

字次功。清江都人。

绿雪堂诗略1卷　集部别集类

清康熙二十五年(1686)刻本,北京大学图书馆藏。

黄　虬(1647—?)

字龙士。清邗江人。

弈括1卷　子部艺术类

(1) 清康熙四十九年(1710)刻本。

(2) 清嘉庆五年(1800)刻本,北京大学图书馆藏。

(3) 清光绪十四年(1888)蜗簃刻本,苏州大学图书馆藏。

(4)《中国围棋古谱全集》本。

黄龙士先生棋谱不分卷　子部艺术类

(1) 上海文瑞楼石印本,南京图书馆藏。

(2) 1987年北京中国书店影印光绪本。

蔡廷治(1648—1707)

字瞻岷,一作字润汝。清休宁人,居扬州。好读书,通六经百家之说。长于治《易》。授徒课子,以终其身。卒后私谥德文先生。

大易观玩　经部易类　佚

见《扬州足征录》卷13本书自序。

书注　经部尚书类　佚

诗注　经部诗经类　佚

仪礼注　经部仪礼类　佚
春秋注　经部春秋总义类　佚
论语注　经部四书类　佚
孟子注　经部四书类　佚
大学注　经部四书类　佚
中庸注　经部四书类　佚
荀子注　子部周秦诸子类　佚

以上9种见清费锡璜《贯道堂集》卷2《蔡德文先生墓志铭》。

王　易(1648—1723)

字慈峨。清江都人。贡生。工诗。赵执信称其诗穿穴唐贤，不趋时尚。

怀孟堂诗1卷　集部别集类　佚

见《淮海英灵集》乙集卷2，收其诗1首。

唐　诗

字盛唐。清江都人。康熙三十三年(1694)贡生。善诗文，工楷书，游其门者多登上第。卒年79。

芝岑集　集部别集类　佚

见康熙《江都县志》卷8笃行。

魏　京

字尹宏，号松岑。清江都瓜洲人。诸生。工文章，诗为时人所重。

奚囊偶存集　集部别集类　佚
邗江近咏　集部别集类　佚
鹤和堂诗钞　集部别集类　佚

以上3种见嘉庆《瓜洲志》卷5本传，卷7收其诗1首。《瓜洲续志》卷24收其诗10首。

钱志迁

清江都人。好学不倦。

花屿读书卷集　集部别集类　佚

见康熙《江都县志》卷9文学。

汪　韶

字师虞，号琴山。清江都人。诸生。

洁华楼草　集部别集类　佚

见嘉庆《重修扬州府志》卷62，收其诗1首。

退耕老农

姓名未详。清江都人。康熙末官刑部主事。工诗，诗多抒发抑塞不平之气。触处多感，与歌盛世、祝太和者，又自一格。喜填曲子。

按：柯愈春《清人诗文集总目提要》著录如皋人姜任修撰《白蒲子编年诗》《瓿余集》1卷、《续集》1卷，不知是否与老农为一人否？待考。

瓿余集1卷续集1卷　集部别集类　佚

楚江晴（杂剧）　集部词曲类　佚

再生缘（杂剧）　集部词曲类　佚

以上3种见邓之诚《清诗纪事初编》卷4，收其诗2首。小传又录其诗句。

按：退耕老农有《〈再生缘〉院本壬子所作距壬戌复加改窜校竣漫弁八绝于首》诗，是《再生缘》作于康熙十一年（1672），至二十一年又重加修改。

仇必昌

字天球。清江都人。性敦笃，能文章。郡增广生。晚年家居，惟以经学教子孙。卒年90。

易说　经部易类　佚

四书讲意　经部四书类　佚

以上2种见康熙《江都县志》卷9文学。

殷誉庆

字彦来，号蘧门。清江都人。诸生。诗情清丽，极为王士禛所称。性狂简，落魄而死。沈德潜尝寻觅其稿而不得。

菰庐集1卷　集部别集类

旧抄本，罗继祖藏。收近体诗42首。

蒿芦集　集部别集类　佚

秋堂集　集部别集类　佚

暑窗隶事杂咏　集部别集类　佚

以上3种见嘉庆《重修扬州府志》卷62。

按：《淮海英灵集》甲集卷3收其诗6首。《清诗别裁集》收其诗2首。参见《清诗纪事》康熙朝卷。

殷　础

字雨苍，号荆石。清江都瓜洲人。慷慨立名节，与熊维熊辈相切劘。工词古文词。

石渠诗删　集部别集类　佚

见嘉庆《瓜洲志》卷5本传。

按：此为其诗集总名，内包括《三山游草》《吴门纪行》《当恕吟》《些余草》。《瓜洲续志》卷24收其诗27首。

刘祈谷

清江都人。

周易补注　经部易类　佚

见雍正《扬州府志》卷35。

增订周易本义补4卷附图说1卷　经部易类

明苏了心撰　清刘祈谷增订

清康熙刻本，华东师范大学图书馆藏。

史克封

字东涯。清甘泉人。诸生。康熙间诗人。焦循尝称赏其“饮水得真味，看云悟道机”十字。

书法直指　子部艺术类　佚

东涯诗钞　集部别集类　佚

以上2种见光绪《增修甘泉县志》卷23。

扣角集　集部别集类　佚

下帘集　集部别集类　佚

余闲集　集部别集类　佚

以上3种见《江苏诗征》卷97，收其诗4首。

许昌龄

字眉右。清江都人。承家子。官刑部主事。

碧摩亭集1卷　集部别集类

(1)《高阳四种集》本。

(2)《江都许氏家集》本。

李书云

清广陵人。

新定重较问奇一览2卷　经部小学类

清康熙刻本，国家图书馆藏。

音韵须知2卷问奇一览2卷　经部小学类

(1) 清康熙二十九年(1690)刻本，南京图书馆藏。

(2) 清乾隆间孝经堂刻本，南京图书馆藏，无《问奇一览》2卷。

(3) 清抄本,吉林大学图书馆藏。

(4)《续修四库全书》本。

(5) 2015 年广陵书社《扬州文库》本。

字学七种 2 卷　经部小学类

(1) 清光绪十二年(1886)京师松竹斋刻本。

(2) 民国石印本,南京图书馆藏。

按:卷上包括分毫字辨、同音异字、误读诸字、异音骈字、误写诸字、通用诸字 6 种,卷下为一字数音 1 种。

周彭年

字晦友,号雪崖。清江都人。遁迹西村,躬耕读书。

醉鹤堂集　集部别集类　佚

见《江苏诗征》卷 82,收其诗 10 首。

魏　覃

字怀人。清江都瓜洲人。诸生。生而颖异,工诗文。性不谐俗,自题其阁曰"藏锋",取大易括囊之意。卒后同里张天纪辑刻其集。

藏锋阁集　集部别集类　佚

见嘉庆《瓜洲志》卷 5 本传。《瓜洲续志》卷 24 收其诗 10 首。

徐化民

清江都人。举人。康熙二十一年(1682)任浙江乐清知县。

(康熙)乐清县志 8 卷　史部地理类

清徐化民修　林允楫等纂

(1) 清康熙二十四年刻本,国家图书馆等藏。

(2) 清抄本,浙江图书馆藏。

宗　智

字圆明，号竹溪。清江都蔡氏子，瓜洲闻思庵僧人。天性高旷，与魏覃等交好。

坐花诗三集　集部别集类　佚

见嘉庆《瓜洲志》卷5本传，卷7收其诗1首。《瓜洲续志》卷25收其诗11首。

高元昆

清江都人。

依松阁文稿　集部别集类　佚

见嘉庆《江都县续志》卷8。

卓尔堪(1653—?)

字子任，一字鹿墟。清江都人。幼学击剑。康熙十四年(1675)从李之芳南征耿精忠，为右军前锋。从军七年，以母病归，遂不复出。席门委巷，赋诗学古。二十六年，与吴绮、蒋易、龚贤、石涛等在扬共会春江社。二十八年与王方岐、孔尚任等同集扬州禅智寺，修重阳故事。四十四年与朱彝尊会扬州。卒年不详。

卓氏忠烈遗事1卷　史部传记类

清康熙刻本，国家图书馆藏。

按：本书汇辑有明一代卓氏一门忠烈事迹。

遗民小传1卷　史部传记类

清抄本，南京图书馆藏。

按：卓尔堪辑《遗民诗》各系小传，此卷即由集中所录出者。吴兴嘉业堂刘氏藏抄本，见《增订晚明史籍考》卷17。

近青堂诗1卷　集部别集类

(1) 清康熙刻本，附刻于《遗民诗》后。

(2) 2015年广陵书社《扬州文库》本。

近青堂诗集　集部别集类

民国有正书局石印本,8册,国家图书馆藏。

遗民诗12卷首1卷　集部总集类

清康熙刻本,国家图书馆藏。

遗民诗16卷　集部总集类

(1) 清康熙刻本,国家图书馆藏。

(2) 清宣统二年(1910)有正书局影印原刻本,改题为《明末四百家遗民诗》。

(3) 1960年中华书局排印本,题作《明遗民诗》。

按:此辑明末遗民之诗400余家,录诗近3000首。每卷卷首均系小传,末附《近青堂诗》1卷。本书清乾隆间两度遭禁。

合刻曹陶谢三家诗11卷　丛书类

清卓尔堪编

清康熙刻本,南京图书馆等藏,国家图书馆藏本有梅植之批点并跋。

子目:

《曹集》2卷　魏曹植撰　《总评》1卷

《陶集》4卷　晋陶潜撰　《总论》1卷

《谢集》2卷　刘宋谢灵运撰　《总论》1卷

张庸德

字九逵。清江都人。中逵子。康熙十七年(1678)副榜。

张九达先生四书尊注会意解36卷　经部四书类

(1) 清康熙诒清堂刻本,中国科学院图书馆藏。

(2)《四库禁毁书丛刊补编》本。

按:县志云:"其父有述图、论学解、韩柳欧苏文选、乾坤卦说,半未梓,德纂辑之。"又《清代各省禁书汇考》以此书为张九达撰,云:"集内多有逆犯吕留良讲义，应销毁，计十二本。”九达为其父张中逵之字，则以上书为其父所著。

郝双凤

清江都人。

醉古山斋集　集部别集类　佚

见嘉庆《江都县续志》卷8。

萧　说

字绎之。清乾隆间江都人。日徜徉于竹西、梅岭之间，凭吊遗迹，歌诗咏之。与张潮相交往。

立云轩集　集部别集类　佚

见《江苏诗征》卷37，收其诗3首。

佘映文

清江都人。庠生。性至孝。卒年80余。

读礼纂要　经部三礼总义类　佚

佩韦集　集部别集类　佚

韫山堂集　集部别集类　佚

以上3种见康熙《江都县志》卷8孝友。

樊政敏

字于从，号苇斋。清江都人。贡生。

酉山堂集　集部别集类　佚

见《江苏诗征》卷29，收其诗1首。

宁宗越

清江都人。庠生。

诗经析义　经部诗经类　佚
四书纂旨　经部四书类　佚
心写堂集　集部别集类　佚

以上3种见康熙《江都县志》卷8孝友。

闵　崧

字于天。清江都人。

春星集　集部别集类　佚
冷砚斋集　集部别集类　佚
姬解集　集部别集类　佚
江上集　集部别集类　佚

以上4种见嘉庆《江都县续志》卷8。

按:《江苏诗征》卷104收其诗2首。

高以傲

字令有。清江都人。太学生,幼颖悟,王士禛尤爱其才。昼与诸名士赋诗赠答,夜则披览图书。屡试不售。

济美集2卷　集部别集类　佚

见康熙《江都县志》卷9文学。

顾图河(1655—1706)

字书宣,号花翁,别号颖研。清江都人。九锡子。康熙三十三年(1694)举一甲二名进士。授翰林院编修,入馆数月,即乞假归,里居数年。四十一年还京,充《大清一统志·皇舆表》纂修官。四十四年命提督湖北学政,四十五年充会试考官。少负异禀,性醇朴,嗜古贪书,寒暑无间,淹洽经史,工古文辞,书法得虞世南、褚遂良风格。尤工于诗,早年为诗妍秀,颇为时称。后乃焚弃其稿。《清史列传》卷71有传。

湖庄杂录10卷　子部杂学类　佚

纪恩诗 2 卷　集部别集类　佚

雄雉斋集 6 卷续集 12 卷　集部别集类　佚

以上 3 种见雍正《扬州府志》卷 35。

雄雉斋选集 6 卷　集部别集类

(1) 清康熙间刻本,南京图书馆、南京大学图书馆等藏。中国社会科学院文学研究所藏本有邓之诚跋。

(2)《四库全书存目丛书》本。

(3)《清代诗文集汇编》本。

(4) 2015 年广陵书社《扬州文库》本。

郝士仪

清江都人。

损斋集　集部别集类　佚

见嘉庆《江都县续志》卷 8。

高以位

字素其。清江都人。康熙九年(1670)进士,淹贯六经,博涉群籍,居乡以敬让训子侄。

羲经稿　经部易类　佚

四书文　经部四书类　佚

以上 2 种见康熙《江都县志》卷 8 名儒。

按:《江苏诗征》卷 42 收其诗 1 首。

张　韵

字谐石,号浮邱。清江都人。工诗善书。结庐邗水南,名曰"雪巢"。客都中,受知吏部尚书宋德宜、少詹事归允肃。与泰州邓汉仪友善。

城东草堂集　集部别集类　佚

见嘉庆《重修扬州府志》卷62。

按:《江苏诗征》卷56收其诗4首。

史克钦

字俨若,号敬庵。清江都人。诸生。幼负才名,上元倪灿等亟称之。

秋水轩集　集部别集类　佚

见嘉庆《重修扬州府志》卷62。

按:《江苏诗征》卷97收其诗3首。

黄　对

字书思,号雪田。清江都人。朝美子。仪征岁贡生。官当涂县训导。长于诗歌,与丁日乾、程邃等诗酒唱和。

雪田集　集部别集类　佚

见嘉庆《重修扬州府志》卷62。

按:《淮海英灵集》丁集卷1收其诗3首。参见《清诗纪事》康熙朝卷。

桑　豸

字楚执,号雪芗。清江都人。康熙二十五年(1686)岁贡生。力学笃行,善画山水,能文,工篆籀书。

广陵纪事4卷　史部杂史类　佚

编年诗存40卷文集20卷　集部别集类　佚

以上2种见康熙《江都县志》卷9文学。

雪芗编年诗钞8卷　集部别集类

清乾隆十七年(1752)刻本,华东师范大学图书馆藏。

桑雪芗先生文集4卷　集部别集类

清乾隆刻本,复旦大学图书馆藏。

按:《淮海英灵集》甲集卷1收其诗1首。

田　登

字梅岑。清江都人。康熙间吴三桂叛乱,从祖将军南征,驻湖湘者数年。其诗多沉雄矫鸷之音,与黄冈杜于皇齐名。五律尤精。

埋照集2卷　集部别集类

(1) 清康熙三十四年(1695)畹堂刻《二家诗》本,上海图书馆藏。

(2)《四库未收书辑刊》本。

按:《淮海英灵集》甲集卷3收其诗17首。

肃　猛

清江都人。

永宪录　史部杂史类　佚

见嘉庆《江都县续志》卷8。

于大仪

清江都人。

山舍诗集　集部别集类　佚

见嘉庆《江都县续志》卷8。

郑学川

清江都人。

鸡园语录妙高游1卷　子部佛教类

清同治十二年(1873)刻本,上海图书馆藏。

鸡园语录不分卷　子部佛教类

清同治十二年刻本,南京图书馆。

修西日课不分卷　子部佛教类

(1) 清刻本,辽宁大学图书馆藏。

(2) 2001年金陵刻经处影印本,复旦大学图书馆藏。

楼阁丛书二十八种　丛书类

清宗镜堂刻本,上海图书馆、国家图书馆等藏。

子目:

《求生捷径》

《普救神针》

《百年两事》

《身心性命》

《泗水真传》

《西方清净音》

《如影观》

《如影论》　以上2种是其道友所作

《莲邦消息》

《礼斗圆音》

《地藏宝忏》

《施食合璧》

《四十八镜》

《宝色灯云》

《水陆通论》

《弥陀经论》　此是其父偲观居士作

《华严小忏》

《华严大忏》

《华严念佛图》

《五教说》

《婆罗门书》

《镜影钟声》

《虚空楼阁》

《楼阁忏》

《楼阁真因》

《楼阁问答》

《楼阁音声》

《地藏经论》

桑广运

字图南，号友山。清江都人。

渑露斋集　集部别集类　佚

见民国《江都县续志》卷30。

葛　亮

清江都人。

四书讲义　经部四书类　佚

见雍正《扬州府志》卷35。

按：雍正《江都县志》卷17谓其子葛仑校刻。

石成金(1660—1747后)

字天基，号惺斋。清江都人。事亲孝，重然诺，好行善事。好著书，年老犹不废图书笔墨。所著《传家宝》取居家寻常事，演以俚俗语，颇行于世，在清初文坛有一定影响。乾隆四年(1739)年已80，尚在世。《传家宝》卷首有清汪元旭撰《天基石先生传》。

四书浅说27卷　经部四书类　佚

四书字考　经部四书类　佚

以上2种见《传家宝》卷首《本斋未刻嗣出书目》。

官绅约1卷　史部政书类

(1) 清同治刻本。

(2)《有福斋读书堂丛刻》本。

授受金针4卷增辑1卷附录1卷　史部政书类

清石成金辑

清同治七年(1868)刻本,上海图书馆藏。

重刻传家宝俚言10卷　子部儒学类

清光绪十四年(1888)延茂退思补过斋刻本,上海图书馆、徐州市图书馆藏。

圣学正宗　子部儒学类　佚

定志录　子部儒学类　佚

人镜图说　子部儒学类　佚

随身琅　子部儒学类　佚

明慎心法　子部儒学类　佚

医学心法20卷　子部医家类　佚

以上6种见《本斋未刻嗣出书目》。

养生镜　子部医家类

清石成金撰　杨瑞葆纂订

1922年上海明德书局铅印本,南京图书馆、上海图书馆藏。

长生秘诀　子部医家类

(1) 清抄本,北京大学图书馆藏。

(2) 1991年岳麓书社周一谋选注本。

宪历解　子部历算类　佚

舆地管见　子部术数类　佚

知天镜　子部术数类　佚

写字心法　子部艺术类　佚

学画心法　子部艺术类　佚

新闻集异10卷　子部杂学类　佚

敲门瓦　子部杂学类　佚

万金藏　子部杂学类　佚

安乐窝　子部杂学类　佚

丰稔谱　子部杂学类　佚

财富谱　子部杂学类　佚

荣贵谱　子部杂学类　佚

以上12种见《本斋未刻嗣出书目》。

命铨不分卷　子部杂学类

清石成金批订

清刻本，无锡市图书馆藏。

樵邨漫钞1卷　子部杂学类

写本，日本文教大学图书馆藏。

标注续菜根谭2卷　子部杂学类

日本大正五年(1916)东京松山堂书店排印本，北京大学图书馆、日本关西大学图书馆藏。

至理名言1卷　子部杂学类

清光绪五年刻本，日本国会图书馆藏。

天开眼40卷　子部小说类　佚

补天石40卷　子部小说类　佚

赛晨钟100卷　子部小说类　佚

以上3种见《本斋未刻嗣出书目》。

笑得好选1卷　子部小说类

《明清笑话四种》本。

笑得好163则　子部小说类

《历代笑话集》本。

金刚经石注1卷多心经注1卷　子部佛教类

(1) 清康熙四十一年(1702)刻本，上海图书馆藏。

(2) 清乾隆四十九年刻本，上海图书馆藏。

(3) 清道光刻本，常州市图书馆、徐州市图书馆藏。

(4) 民国间石印本，上海图书馆藏。

修持正谛　子部佛教类　佚

度世金丹　子部佛教类　佚

度识新编　子部佛教类　佚

解纷集　集部别集类　佚

三缄集　集部别集类　佚

安老怀幼集3卷　集部别集类　佚

今金集40卷　集部总集类　佚

有用文章10卷　集部总集类　佚

以上8种见《本斋未刻嗣出书目》。自注云："予著甚多，已刻者十不及一。余困乏，皆未刻。今录其目，俟他日稍力，续刻请政。"其中《知天镜》《安乐窝》2种原注谓"新今刻完印行"。

家宝全集(一作传家宝)六集48卷　丛书类

清刻本，南京图书馆、江苏师范大学图书馆等藏，存四集32卷。

按：卷前有康熙四十六年左必蕃序、乾隆四年石成金自序、《本斋未刻嗣出书目》等。书目后有题记略云："正续共计百余种，分为六集，编定'宝、全、通、寿、安、乐'字号。"日本东北大学图书馆藏46卷本。

子目：

《重刻添补家宝俚言新本》

《知世事新言》

《安乐铭》　宋苏洵撰　清石成金补

《长生法》

《天基乐事》

《天基清戒》

《天基快活歌》

《笑得好初集》

《多能集》

《新刻学堂条约》

《读书心法》

《师范》

《课儿八法》

《学训》 明郑二阳撰 清石成金评改 天福编
《改正七笔勾清》
《新撰天如醒言》
《新撰莫仇歌》
《新辑甚么话》
《正得是》
《新撰纂得确》
《快活方》
《石刻神童诗》
《正学歌》
《女训》
《童礼知要新撰常礼须知》
《新撰坐位图注》
《新撰发答心言》
《新撰有福人要孩儿歌》
《新撰好男儿歌》
《新撰好女娘要孩儿》
《新撰坏婆娘要孩儿》
《新撰天福歌》
《人事通》
《人事通续集》
《时历纂》
《新撰俗语正讹》
《金言》
《除嫌约》
《种福恨》
《口笔志》
《留心集》

《家训钞》

《天基遗言》

《种子心法》

《保产心法》

《全婴心法》

《时习事》

《快活法心药》3 卷

《笑得好二集》2 卷

《钱粮愚见》

《干门种》

《升堂切戒》

《铭心纪要》

《座右铭》 清石成金订

《官念珠谨》

《身要法》

《瑞鹤堂新语》

《传家宝》

《文字窍》

《读书法》

《读书药》

《重订大宗伯董玄宰先生举业倍蕾》

《长寿谱》

《救命针》

《食鉴本草》

《食愈方》

《重刻大宗伯董玄宰先生秘传延寿丹方》

《雨花香》

《通天乐》

《天乐图》

《快乐原》

《快乐铭》

《快乐印》

《快乐印言》

《快乐绅言》

《快乐联瑾》

《新刻志明野狐放屁诗三十首》

《快乐豫》

《快乐条目》

《快乐画题》

《快乐酒令》

《快乐吟》

《快乐吟余》

《快乐章程》

《真福谱》

《放屁诗》

《天基狂言》

《酒中趣》

《如意珠新喜酒令》

《清夜钟》

《金刚经石注》2卷

传家宝成人谱抄　丛书类

日本江户时代写本，日本公文书馆藏。

子目：

《童礼知要》1卷

《新撰常礼须知》1卷

《新撰坐位图注》1卷

《新撰发答心言》1卷

新刻扬州近事雨花香四十种42卷通天了十二种13卷　丛书类

(1) 清雍正四年(1726)石宰年、嵩年刻本,上海图书馆藏。

(2)《古本小说集成》本。

子目参见《中国丛书综录》第1册。

汪良溥

字秋涛。清歙县人,后迁江都。镐京子。工诗。

味山堂诗集　集部别集类　佚

见清汪喜孙《孤儿编·伯曾祖博亭公传略》。

明　章

字倬云,号紫松。清石门人,扬州天宁寺僧。

山房敝帚录　子部佛教类　佚

见《淮海英灵集》癸集卷1,收其诗1首。

陈霆发

字鸣夏。清江都人。幼补弟子员,学使屡目以国士。芳洁自守,冲夷恬淡,肆力学古。卒年50。

盐铁论4卷　子部儒学类　佚

宣和遗事1卷　子部小说类　佚

以上2种陈霆发辑

何有轩文集　集部别集类　佚

以上3种见康熙《江都县志》卷9文学。《文集》自定于康熙三十九年(1700)。

赵秉智

字愚谷,号铁桥。清江都人。官河南仪封知县。

来鹤堂集　集部别集类　佚

见民国《江都县续志》卷30。

张中岳

字视公。清江都人。久困科场，无志进取，纵情诗酒。

卧梅山房文集　集部别集类　佚

不波船文集　集部别集类　佚

碧萝阁诗集　集部别集类　佚

笔床诗话　集部诗文评类　佚

学步邯郸词集　集部词曲类　佚

以上5种见清张维桢《石萝山房诗钞》卷4《读〈江都县续志〉作》小序。

于　震

清江都人。

算法析微16卷　子部历算类　佚

崇古堂文集10卷　集部别集类　佚

以上2种见嘉庆《江都县续志》卷8。

徐弃疾

又作徐去疾。字学稼，号矫园。清江都人。石麒孙。与焦憬等为词友。

闲情偶寄1卷　集部别集类

抄本《焦里堂手钞诗文集》本，上海图书馆藏。

徐　祎

字晋臣。清江都人。常遇子。善鼓琴。

澄鉴堂琴谱　子部艺术类

清康熙二十五年(1686)自刻本,见“徐常遇”条。

吴　鹄

字斗文。清扬州人。

卜岁恒言2卷　史部时令类

(1) 清嘉庆八年(1803)刻本,4卷,上海图书馆藏。

(2) 清道光元年(1821)抱青阁刻本。

(3) 清光绪间余庭训校经山房刻本,南京图书馆藏。

(4) 清光绪间李光明庄刻本,南京图书馆藏。

(5) 清抄本,南京图书馆藏。

(6)《续修四库全书》本。

按:此书是一部占卜书。卷首《凡例》强调占卜的重要性。然后分门别类摘引有关农业生产知识的古人言论和当时农谚。引书颇多,尤有十分罕见者,如《农桑要览》《农圃春秋》《农事须知》等。

杨克恭

字德基。清江都人。少傅敬庄孙女。德清徐志岩妻。诰封宜人。

兰藻阁诗　集部别集类　佚

见《淮海英灵集》壬集卷1,收其诗11首。

程文正(1661—1704)

字笏山,号范村。清江都人。汪懋麟婿。康熙二十三年(1684)举人。三十年进士。官工部主事。以疾归卒。

仁庄集10卷　集部别集类　佚

见雍正《江都县志》卷17。

水部遗诗1卷　集部别集类　佚

见《淮海英灵集》甲集卷4,收其诗3首。

按:《扬州足征录》卷16辑录本书卷首史申义撰《水部遗诗序》。是本书或曾刊刻。

史申义(1661—1712)

字蕉饮。清江都人。康熙二十七年(1688)进士。官翰林编修,与纂《政治典则》《北征方略》《一统志》。三十八年充云南乡试正考官,升内府礼科掌印给事中。与同里顾图河用诗学相切磋,时称"维扬二妙"。所为诗结体清高,王士禛尝称申义与汤右曾足传衣钵,时又称"王门二弟子"。清圣祖问后进诗人,陈廷敬以申义及周起渭对,时又有"两诗人"之目。生平与姜宸英、查慎行、何焯为友。《清史列传》卷71有传。

芜城集3卷使滇集3卷过江集4卷过江二集4卷　集部别集类

(1) 清康熙刻本。南京图书馆藏。

(2) 2015年广陵书社《扬州文库》本。

按:《芜城集》有康熙三十八年汤右曾、姜宸英序。《使滇集》有康熙四十三年王原等序。《过江集》有康熙四十七年陈廷敬、宋荦等序。《二集》有康熙五十一年殷誉庆等序。

才冶楼文集10卷　集部别集类　佚

见康熙《江都县志》卷9文学。

才冶楼诗1卷　集部别集类

清康熙二十五年刻本,南京图书馆藏。

尤　璋(1661—1737)

字仲玉,号醒乡。清江都人。诸生。事父母孝。博学能文章,究心天文乐律河渠步算之学。雍正十三年(1735),诏举博学鸿词。赵制军、高抚军先后檄其赴试,以年老辞。赵公高之。乾隆元年(1736)诏举孝廉方正。所辑书以贫零落不能刻。曾与修山东通志等省、府、县志。

四书释注　经部四书类　佚

两汉名臣言行录　史部传记类　佚

以上2种见《扬州足征录》卷6蒋继轼《尤征君传》。

(康熙)徐州志36卷　史部地理类

清姜焯纂修　尤璋与纂

清康熙六十一年(1722)刻本,上海图书馆等藏。

(雍正)江都县志20卷图1卷　史部地理类

清陆朝玑修　程梦星、尤璋等同纂

(1) 清雍正七年刻本,国家图书馆等藏。

(2) 2015年广陵书社《扬州文库》本。

(雍正)扬州府志40卷　史部地理类

清尹会一修　程梦星、尤璋等纂

(1) 清雍正十一年刻本,国家图书馆等藏。

(2) 台北《中国方志丛书》本。

(3) 2015年广陵书社《扬州文库》本。

尤征君遗集3卷　集部别集类

清抄本,焦循校,国家图书馆藏。

仲玉诗钞1卷　集部别集类　佚

见《淮海英灵集》乙集卷3,谓由其孙仁武所辑,收诗70首。

尤仲玉文集　集部别集类　佚

见嘉庆《江都县续志》卷8。

唐宋诗选　集部总集类　佚

见嘉庆《重修扬州府志》卷62。

秦　熙

字予宁,号鹤汀。清江都人。之俊子。

诗稿1卷　集部别集类　佚

见《淮海英灵集》乙集卷2,收其诗2首。

于今奇

清江都人。

啸月楼文集　集部别集类　佚

见嘉庆《江都县续志》卷8。

王　棠

字勿翦。清江都人。博学工文。

燕在阁知新录32卷　子部儒学类

(1) 清康熙五十六年(1717)刻本,上海图书馆藏。雍正《江都县志》卷30著录此书40卷,此仿杨慎《丹铅录》而作。

(2)《续修四库全书》本。

(3)《四库全书存目丛书》本。

按:《淮海英灵集》丙集卷3收其诗2首。

朱　江

字东清。清江都人。

读易约编4卷　经部易类

清康熙三十六年(1697)刻本,南京图书馆藏。

左　衡

字自衡。清康熙时江都人。

寄庐诗草4卷　集部别集类　佚

见嘉庆《江都县续志》卷8。

按:《淮海英灵集》甲集卷2收其诗5首。

左维垣

字众坚。清江都人。

薜床诗集　集部别集类　佚

见《江苏诗征》卷110,收其诗1首。

汤启声

清江都人。

托园诗前后续三集22卷　集部别集类　佚

见嘉庆《江都县续志》卷8。

梁嘉稷

字五檠，号灞陵山人。清江都人。于涘孙。善吟咏。尝从姜青藜客滇南，纵览苍山洱海之盛。归老里中，益勤诗律。

灞陵山人诗钞4卷　集部别集类

清乾隆刻本，复旦大学图书馆藏。柯愈春《清人诗文别集总目提要》云《万里游草》2卷为此集中子目。

按：见《淮海英灵集》甲集卷1，收其诗9首。

秦德镭

字子卫，号伊莪。清江都人。熙弟。善书法，似张即之。生平脱略不羁。

梦中游草诗1卷　集部别集类　佚

见《淮海英灵集》乙集卷2，收其诗2首。

常心池

清江都人。敦品植行，精医术，治疗小儿疾病尤有奇验。兼工诗文。

敬堂纂辑医书　子部医家类　佚

见《瓜洲续志》卷14。

秦德亮

字又陶，号羲饮。清江都人。熙弟。幼工文。壮而弃举子业，纵情文酒。

诗稿 1 卷　集部别集类　佚

见《淮海英灵集》乙集卷 2，收其诗 1 首。

史恒节

清扬州人。

学庸集解　经部四书类　佚

见嘉庆《重修扬州府志》卷 62。

耿兆组(1666—1731)

字前紫，号疆园。清江都人。明武愍侯炳文十三世孙。家本富裕，自奉甚俭，好施与。雍正间出资在瓜洲建普济堂。

十笏堂诗钞　集部别集类　佚

见《清代各省禁书汇考》。乾隆五十三年(1788)以有违碍谬妄感愤语句之名遭禁。

蒋继轼(1668—1738)

字蜀瞻，号西圃。室名韵绿堂。清江都人。康熙五十二年(1713)进士，官编修。五十六年与修《万姓通谱》。雍正元年(1723)入明史馆，与修《明史》。家藏书甚丰。清王懋竑《白田草堂存稿》卷 19 有其墓志铭。

明史 332 卷　史部正史类

清张廷玉、蒋继轼等纂

按：此为二十五史之一，历代刻本甚多。以 1974 年中华书局标点本最便使用。

(雍正)江都县志 20 卷图 1 卷　史部地理类

清陆朝玑修　程梦星、蒋继轼等同纂

(1) 清雍正七年刻本，国家图书馆等藏。

(2) 2015 年广陵书社《扬州文库》本。

（雍正）扬州府志 40 卷　史部地理类

清尹会一修　程梦星、蒋继轼等纂

（1）清雍正十一年刻本，国家图书馆等藏。

（2）台北《中国方志丛书》本。

（3）2015 年广陵书社《扬州文库》本。

庭暇庸言 4 卷　子部杂学类　佚

见嘉庆《重修扬州府志》卷 62。

韵绿堂集　集部别集类　佚

见《淮海英灵集》丙集卷 2，收其诗 12 首。

广陵先生文集 21 卷拾遗 1 卷附 1 卷　集部别集类

宋王令撰

清蒋继轼校并跋，清抄本，上海图书馆藏。

唐绍祖(1669—1749)

字次衣，号改堂。清江都人。少师姜宸英。康熙四十八年(1709)进士，授编修，改刑部郎。出守朔州，再入刑部，旋补礼部。年老乞休。为政数年，存心爱物，不尚操切。官中养廉外，毫无羡财。犹时分俸以赡贫士。所培植者，多成英俊。工古今体诗。

钦定大清律例 39 卷督捕则例 2 卷三流道里表不分卷律例馆校正洗冤录 4 卷　史部政书类

清徐本、唐绍祖等纂修

（1）清乾隆刻本，南京大学图书馆等藏。

（2）清道光二十五年(1845)刻本，上海图书馆藏。

改堂文钞 2 卷　集部别集类

（1）清乾隆十八年(1753)刻本，南京图书馆、上海图书馆等藏。

（2）《四库全书存目丛书》本。

按：《四库全书总目》别集类存目 11 云："其文苍劲有师法。此集乃晚年手自删定。仅存四十三篇，皆其生平得意之作也。"

郭朝松

字念祖，号少庵。清江都人。士璟孙。贡生。家富藏书，读书遇有得，辄书之简端。工诗。

五代史补注　史部正史类　佚

少庵小笔 46 卷　子部杂学类　佚

子腋 2 卷　子部典故类　佚

听秋山房浪游草 1 卷　集部别集类　佚

以上 4 种见嘉庆《重修扬州府志》卷 62。

少庵存稿　集部别集类　佚

见《江苏诗征》卷 157，收其诗 3 首。

熊寿眉

字以介，号梅笑。清江都人。敏慧孙。诸生。弱冠受知田纶霞，书画秀绝一时。

雕虫集　集部别集类　佚

茶坡亭集　集部别集类　佚

以上 2 种见嘉庆《瓜洲志》卷 5 本传。

按：《瓜洲续志》卷 24 收其诗 5 首。

汪　荃(1670—?)

字水村，号木瓶居士。清甘泉人。

水村集 2 卷　集部别集类　佚

见嘉庆《江都县续志》卷 8。

木瓶居士集　集部别集类　佚

见嘉庆《重修扬州府志》卷 62。

泗泉精舍集不分卷　集部别集类

清抄本，中国社会科学院文学研究所藏。

徐芳霖

字雨新。清江都人。

通介堂集　集部别集类　佚

见嘉庆《江都县续志》卷8。

按:《江苏诗征》卷7收其诗2首。小传引《诗观三集》云:“其诗和雅秀润,而古诗尤磊落不群。”

张　统

字虞廷,号历山。清江都人。工画,善鼓琴。生长于大户人家而绝无贵介气。

比光阁诗文集　集部别集类　佚

见《江苏诗征》卷55,收其诗4首。

金门诏(1672—1751)

字轶东,号东山。清江都人。康熙五十七年(1718)与纂《古今图书集成·经籍典》。雍正元年(1723)以牵涉陈梦雷案被撤职禁锢。乾隆元年(1736)进士。授翰林院庶吉士,改山西寿阳知县,以忤上官被劾归,放浪山水间。

休宁金氏族谱26卷　史部传记类

清乾隆木活字印本,国家图书馆、北京大学图书馆藏。

补三史艺文志1卷　史部目录类

(1)《金太史全集》本。

(2)《昭代丛书》(道光)本。

(3)《八史经籍志》本。

(4)《广雅书局丛书》本。

(5)《史学丛书》本。

(6)《丛书集成初编》本。

(7)《二十五史补编》本。

(8) 1958 年商务印书馆《辽金元艺文志》本。

(9) 2015 年广陵书社《扬州文库》本。

按:此书补辽、金、元三史艺文之缺。辽、金两代较清倪灿《补辽金元艺文志》完备,元代部分逊于清钱大昕《补元史艺文志》。

全韵诗 2 卷　集部别集类

清乾隆刻本,国家图书馆藏。

华鄂集　集部别集类　佚

见光绪《江都县续志》卷 23。

金太史全集　丛书类

清乾隆刻本,国家图书馆藏。

子目:

《明史经籍志》1 卷

《明史传总论》1 卷

《补三史艺文志》1 卷

《读史自娱》1 卷

《各体自著》5 卷

《焚黄祝文》1 卷

《江都乡贤录》1 卷

《兰亭图画跋》1 卷

《兰亭集诗》1 卷　清金门诏辑

杨文铎

清江都人。康熙三十二年(1693)弱冠中举。康熙年间任贵州开州知州、贵阳知府。

恪斋诗集 4 卷　集部别集类

(1) 清康熙间精刻本,中山大学图书馆藏。

(2) 清乾隆刻本,北京大学图书馆藏。

朱　搢

字象山。清扬州人。与金坛王步青友善。

方云堂诗钞4卷　集部别集类

清乾隆九年(1744)刻本,中国社会科学院文学研究所藏。

睡香居士集　集部别集类　佚

见嘉庆《重修扬州府志》卷62。

按:《淮海英灵集》甲集卷3收其诗1首。

陈元度

字武冈,号野堂。清江都人。廷相三子。康熙四十六年(1707)进士。授直隶赤城知县。在官十年。雍正四年(1726)朝廷稽查各郡县仓粮,同时解任者42员,元度赴部引见,旋补河南郏县。八年擢刑部湖广司主事,乞归。年83卒于家。

野堂集　集部别集类　佚

金台还璞集　集部别集类　佚

以上2种见清焦循《北湖小志》卷3《陈欧村传》附。

王文奎

字东宿,号蘧庄。清江都人。

轂音草2卷　集部别集类

清康熙刻本,国家图书馆、北京大学图书馆藏。

按:《淮海英灵集》丙集卷1收其诗2首。

汪　祚(1675—?)

字惇士,号菊田。清江都人。康熙五十九年(1720)副榜贡生。官学教习。乾隆元年(1736)应博学鸿词试落选。

菊田集　集部别集类　佚

见光绪《增修甘泉县志》卷23。

十贤记传奇　集部词曲类　佚

见《传奇汇考标目》卷下。

按:《淮海英灵集》丙集卷3收其诗1首。

闵　璠

字楝亭,号拙叟。清江都人。康熙五十四年(1715)客云南姚安。

人瑞堂滇游日记诗1卷　集部别集类　佚

楝川集1卷　集部别集类　佚

回家偶录1卷　集部别集类　佚

双峰集1卷　集部别集类　佚

以上4种见《淮海英灵集》乙集卷4,收其诗2首。

魏嘉琯

字鸣玉。清江都人。京子。诗飘逸浏亮。人谓在王维、孟浩然之间。

飞云阁集　集部别集类　佚

见嘉庆《瓜洲志》卷5《魏京传》附。《瓜洲续志》卷24收其诗5首。

孙　浴

字沂公,号彤池。清江都人。诸生。诗宗香山、放翁。一时从游,多名下士。卒年86。

奎聚堂诗稿　集部别集类　佚

见嘉庆《江都县续志》卷8。

按:《淮海英灵集》甲集卷3收其诗2首。

熊寿试

字青选。清广陵人。初习儒,后学医于安徽郑素圃,深究历代医学名著。诊病切脉，每多应验。

伤寒论集注 4 卷　子部医家类

清乾隆五十年(1785)奉时堂刻本，浙江图书馆藏。

按：此书引述 30 余家名医言论，分表里阴阳，辨主客标本，条理分明。由曾孙刊行。《瓜洲续志》卷 19 有周仁勇《祭熊青选文》。又《瓜洲续志》卷 24 收其诗 11 首。

汪立功

字树三，号松壑。清江都人。韶子。

秋虫吟草　集部别集类　佚

见《江苏诗征》卷 73，收其诗 1 首。

卞汾阳

字云郭。清江都人。康熙四十五年(1706)副榜。以明经入对，张玉书读卷奇之，目为国士。官高淳教谕。

经济类考 2 卷　史部政书类　佚

见嘉庆《重修扬州府志》卷 62。

按：《江苏诗征》卷 142 收其诗 1 首。

张兆雷

字雨田。清江都人。

默庵吟草　集部别集类　佚

见嘉庆《江都县续志》卷 8。

按：《淮海英灵集》丁集卷 3 收其诗 1 首。

朱　潢

字昆源。清江都人。江弟。康熙五十六年(1717)明经。手著诗文，已刊若干卷，未刊者填塞笥箧。

待园诗文集　集部别集类　佚

见嘉庆《江都县续志》卷8。

林文琏(1678—1761)

字圣与,号得斋。清甘泉人。太学生。居甘泉之西山陈家集。年11善属文,弱冠通五经大义。家饶田宅,不求仕进。锐意于诗古文词,尤精史学。为文安雅和适,诗则汪洋浑灏。取法少陵,能默诵全集。积书十橱,手自丹墨。天性仁厚,好施予,助耕助读,一乡赖之。

史畸20卷　史部史钞类　佚

闲览笔记10卷　集部别集类　佚

以上2种见嘉庆《重修扬州府志》卷62。

得斋文稿2卷诗稿2卷　集部别集类　佚

唐四家诗钞　集部别集类　佚

按:此选唐王维、孟浩然、高适、岑参四家诗。文琏为阮元曾外祖。阮元自谓幼年学诗,实自此集始。嘉庆《重修扬州府志》卷62作《唐四家文钞》,误。

以上2种见《淮海英灵集》戊集卷4,收其诗12首。

李　邺

清广陵人。

切韵考4卷　经部小学类

(1) 清雍正穆伯芳刻本,厦门大学图书馆藏。

(2) 清沈灏刻本,上海图书馆、华东师范大学图书馆等藏。

(3) 清刻本,北京大学图书馆藏。

(4) 清末石印本,南京图书馆藏。

(5)《续修四库全书》本。

按:《广陵思古编》卷4收其文7篇。

葛 仑

字星涛。清甘泉人。亮子。7岁失怙,事孀母极孝。以治经有声。性侃直无所依回,尤负时望。生平好剧论忠孝义烈事。康熙五十七年(1718)仪征籍贡生。与修雍正《江都县志》。

四书扚指　经部四书类　佚

见乾隆《甘泉县志》卷14。

圣迹图志14卷　史部传记类

(1) 清雍正十一年(1733)刻本,国家图书馆藏。

(2) 清同治四年(1865)刻本,南京图书馆藏。

周 玺

字地六。清江都人。

雪峤漫兴诗稿　集部别集类　佚

清康熙五十七年(1718)陶虞臣刻本,见《淮海英灵集》甲集卷2。

詹 淇

字叔梁,号让翁。清甘泉(一说高邮)人。岁贡生。敦品行,著书,为善乡里间,有长者风。与王止堂、林文琏为契友,往来辨难赓和无虚日。

袁注尚书不分卷　经部尚书类

稿本,南京图书馆藏。

礼耕堂五经撮要不分卷　经部群经总义类

清李燛火撰　詹淇补释

(1) 清乾隆九年(1744)刻本,南京图书馆藏。

(2)《四库未收书辑刊》本。

艺林文集　集部别集类　佚

□□诗钞　集部别集类　佚

以上 2 种见光绪《增修甘泉县志》卷 14。

谢遵王

字前羲。清江都人。群孙。康熙五十二年(1713)副榜。好读书，能文章。与唐绍祖交。

照亭集　集部别集类　佚

见《江苏诗征》卷 146,收其诗 15 首。

吴志祖

字立先,号爱庐。清江都人。康熙四十七年(1708)贡生。官宿松训导。

尚书纂要　经部尚书类　佚

见嘉庆《重修扬州府志》卷 62。

按:《江苏诗征》卷 14 收其《送悔斋汪太史(楫)出使琉球》诗 1 首。

程梦星(1679—1755)

字午桥,一字伍乔,号洴江,一号香溪。清江都人。文正子。康熙五十一年(1712)进士。官翰林院编修。后归里不复出。五十五年,构筑篆园,擅水竹之胜,日与宾客吟咏其中。喜著述,主诗坛数十年。乾隆八年(1743)与厉鹗、全祖望、方士庶等在扬举陶潜诗会。

新安岑山渡程氏支谱 6 卷首 1 卷　史部传记类

清乾隆六年木活字印本,北京大学图书馆藏。

李义山年谱 1 卷　史部传记类

清稿本,国家图书馆藏。

平山堂小志 12 卷　史部地理类

清程梦星纂

(1) 清乾隆十六年刻本,南京图书馆藏。

(2) 2015 年广陵书社《扬州文库》本。

(雍正)江都县志20卷图1卷　史部地理类

清陆朝玑修　程梦星、蒋继轼等同纂

(1) 清雍正七年(1729)刻本,国家图书馆等藏。

(2) 2015年广陵书社《扬州文库》本。

(雍正)扬州府志40卷　史部地理类

清尹会一修　程梦星等纂

(1) 清雍正十一年刻本,国家图书馆等藏。

(2) 台北《中国方志丛书》本。

(3) 2015年广陵书社《扬州文库》本。

(乾隆)江都县志32卷　史部地理类

清五格、黄湘纂修　程梦星等分纂

(1) 清乾隆八年刻本,国家图书馆等藏。

(2) 清光绪七年(1881)刘汝贤刻本。

(3)《中国地方志集成》本。

(4) 2015年广陵书社《扬州文库》本。

(重订)李义山诗集笺注3卷集外诗笺注1卷诗话1卷年谱1卷　集部别集类

清朱鹤龄注　程梦星删补并辑《诗话》《年谱》

清乾隆八年东柯草堂刻十一年重校本,佚名临朱彝尊、杨次崖批,南京图书馆藏。

今有堂诗集6卷附1卷　集部别集类

(1) 清乾隆刻本,国家图书馆藏。

(2)《四库禁毁书丛刊》本。

(3)《四库全书存目丛书补编》本。

(4) 2015年广陵书社《扬州文库》本。

按:此包括《漪南集》《蠹余集》《五觃集》《山心集》《琴语集》《就简集》6种,末附《茗柯词》1卷。

香溪集1卷　集部别集类

清乾隆刻本，南京图书馆藏。

广陵唱和集 4 卷　集部总集类

清程梦星辑

清乾隆八年刻本，中国社会科学院文学研究所藏。

山心室倡和甲乙集 1 卷城南联句诗 1 卷　集部总集类

清程梦星辑

(1) 清乾隆十年刻本，清华大学图书馆、南通市图书馆藏。

(2) 2015 年广陵书社《扬州文库》本。

黄天嗣

字孝昭。清江都人。

淡山集　集部别集类　佚

见《江苏诗征》卷 64，收其诗 2 首。

文　熙

字元恭。清江都人。监生。

周易注　经部易类　佚

金陵游草　集部别集类　佚

以上 2 种见《江苏诗征》卷 29。《淮海英灵集》丁集卷 4 收其诗 1 首。

杨若霖

字淡泉。清江都人。诸生。

扬州二十四景诗画图不分卷　子部艺术类

清闵深枝绘图　杨若霖、李广心、团连城等题诗

(1) 清刻本，国家图书馆藏。

(2) 2015 年广陵书社《扬州文库》本。

金谷园诗钞　集部别集类　佚

见嘉庆《江都县续志》卷8。

按:《淮海英灵集》戊集卷2收其诗4首。

方　觐(1681—1730)

字近雯,号石川。清江都人。康熙四十八年(1709)进士。选翰林院庶吉士,授编修。纂修三朝国史诸书。充五十二年恩科会试同考官,六十一年提督四川学政。回京分修《大清会典》。改浙江道监察御史,协理河南、山东道事,升户科给事中。官至陕西布政使。尝学诗于朱彝尊。《碑传集》卷82有传。

石川诗钞3卷　集部别集类

清乾隆刻本,复旦大学图书馆藏。

按:《江苏诗征》卷67收其诗2首。《淮海英灵集》丙集卷2作4卷,收其诗13首。

许迎年(1682—?)

字谷士,一字荔生。清江都人。昌龄子。康熙三十五年(1696)举人,三十九年进士。官中书舍人。魏周琬称其诗于曹、刘、陶等无不学,而融贯于己之性情。其诗长于侧艳,故香奁诸作最工。

槐墅诗钞4卷　集部别集类

(1)清康熙四十九年刻本,国家图书馆藏。

(2)《高阳四种集》本。

(3)《江都许氏家集》本。

徐德音(1682—?)

字淑则。清钱塘人。江都许迎年妻。

绿净轩诗钞5卷　集部别集类

(1)《高阳四种集》本。

(2)《江都许氏家集》本。

绿净轩诗钞　集部别集类

清道光蔡氏琅嬛别馆《国朝闺阁诗钞》本。

绿净轩诗钞续集 1 卷　集部别集类

清乾隆刻本,国家图书馆藏。

刘梁桢(1684—?)

字玉粟。清河津人,江都籍。康熙间在世。

柳缗集　集部别集类　佚

称言斋稿　集部别集类　佚

以上 2 种见《江苏诗征》卷 78,收其诗 6 首。

方愿瑛(? —1741)

字符白,一字石村。清江都人。初守河南怀庆,有政声。怀人呼为白面包公。升江西赣南道,以内艰归。服阕,补广东惠潮道。值潮州大饥,遽开仓救荒。世宗优诏褒之,且下其法于他州。升广东按察使,以事系狱。乾隆元年(1736),起为云南迤西道。

人谱 1 卷人谱类记 2 卷　子部儒学类

明刘宗周撰　清方愿瑛辑

清刻本,南京图书馆藏。

人谱类记 6 卷　子部儒学类

明刘宗周撰　清方愿瑛辑

《当湖陆氏所刻书》本。

石村诗稿 1 卷　集部别集类　佚

见嘉庆《江都县续志》卷 8。

按:《江苏诗征》卷 67 收其诗 2 首。

闵　宁

字天咫,号莪斋,又号洛涧生。清江都人。布衣。客死江西。

知稼堂稿　集部别集类　佚

见《淮海英灵集》丙集卷3,收其诗1首。

卞元彪

字孺蔚。清江都人。闭门读书。交游不苟。

百四斋稿　集部别集类　佚

见嘉庆《江都县续志》卷8。

按:《淮海英灵集》乙集卷2收其诗1首。

杨恭人

清江都人。捷孙女,松江诸生王静岩妻。年19卒。

按:《历代妇女著作考》有杨克顺条,谓是克恭妹,著《父书楼稿》,疑即此人。

父书楼稿1卷　集部别集类　佚

见《淮海英灵集》壬集卷1,收其诗8首。小传谓其子显曾刻过此书。

朱　景

字亦山,号鹿坪。清江都人。官湖广安陆府同知,工书。

鹿坪笥草　集部别集类　佚

见《淮海英灵集》丙集卷2,收其诗2首。

汤彭年

清江都人。

来庵诗集12卷　集部别集类　佚

挹露词4卷　集部别集类　佚

以上2种见嘉庆《江都县续志》卷8。

郭嗣龄

字玉山，号引年，又号述堂。清江都人。尝从范荃受时文法。康熙五十四年(1715)进士，授松江府教授。雍正元年(1723)，任浙江同考官。以病归，学者称为述堂先生。

述堂诗存2卷　集部别集类　佚

见《清史稿艺文志及补编》。

古文偶存集　集部别集类　佚

印山堂制艺稿　集部别集类　佚

以上2种见《北湖小志》卷4《郭嗣龄传》。

和潘怀玉论语全篇文1卷　集部别集类　佚

见《淮海英灵集》戊集卷2。此为时文稿，门人焦星若曾刻之。

玉山集2卷　集部别集类

抄本《焦里堂手钞诗文集》本，上海图书馆藏。

张　澎

字涛飞，号莪存。清江都人。岳子。诸生。善文，工六书，通阴阳卜筮。

南游吟　集部别集类　佚

耳梵堂诗钞　集部别集类　佚

以上2种见清张维桢《石萝山房诗钞·自序》。

按：《淮海英灵集》戊集卷1收其诗2首。

程日葵

字心日。清江都人。

惩室堂集　集部别集类　佚

见《江苏诗征》卷74，收其诗2首。

汪修武

字圣昭。清歙县人，占籍扬州。

双瞻阁诗集　集部别集类　佚

见《淮海英灵集》乙集卷2，收其诗1首。

按：嘉庆《重修扬州府志》卷62作《双阁诗集》6卷。

汪士慎(1686—1759)

字近人，号巢林，别号溪东外史、左盲生、天都寄客。清歙县人，随祖父移居扬州。书画家、篆刻家。画作疏落清劲，气清而神腴、墨淡而趣足，有秀润恬静之致。尤擅画梅，以繁枝见胜。为“扬州八怪”之一。善诗，酷嗜茶。与甘泉高翔相交甚厚。

汪近人梅花册　子部艺术类

1925年中华书局影印本，国家图书馆藏。

汪巢林梅花册　子部艺术类

1929年中华书局影印本，国家图书馆藏。

汪近人花卉册　子部艺术类

1929年上海神州国光社影印本，上海图书馆藏。

汪巢林花卉画册　子部艺术类

1930年上海神州国光社影印本，国家图书馆藏。

按：汪士慎传世作品甚多，分藏故宫博物院、南京博物院等处。参见秦岭云编著《扬州八家丛话》(1985年上海人民美术出版社出版)下编“画目”。

巢林集7卷　集部别集类

(1) 清乾隆九年(1744)自刻本，南京图书馆、上海图书馆等藏。

(2) 清道光十三年(1833)刻本，上海图书馆、苏州大学图书馆等藏。

(3) 2015年广陵书社《扬州文库》本。

因鸣集1卷　集部别集类

清乾隆七年写刻本，复旦大学图书馆藏。

马荣祖(1686—1761)

字力本，号石莲。清扬州人。雍正十年(1732)举人。乾隆元年(1736)举博学鸿词，罢归。十七年以选授河南阌乡知县。少负异才，淹贯史学，善书法，工古文辞。尝拟《文心雕龙》为《文颂》百首，又为《演连珠》百首，皆见称于时。《清史列传》有传。

力本文集(石莲堂集)13卷　集部别集类

(1) 清乾隆十七年石莲堂刻本，上海图书馆、华东师范大学图书馆等藏。

(2)《四库未收书辑刊》本。

按：《文集》卷11、12为《文颂》上、下，卷13为《演连珠》。《文颂》又收入《昭代丛书》，上篇分体源、神思、风骨诸节，下篇分沉雄、峻洁、典雅诸节。大致上篇论文章作法，下篇论文章风格。

力本时文2卷　集部别集类

(1) 清乾隆十七年石莲堂刻本，华东师范大学图书馆、中山大学图书馆藏。

(2)《四库未收书辑刊》本。

文颂1卷　集部别集类

《昭代丛书》(道光)本。

谢九成

初名鼎，后改今名。字铉玉，号鹤墅。清江都人。少学贾，不喜，乃与郭嗣龄同师事范荃，授以经史古文之学。力学不竞名禄，四方从学者甚众。以诸生终。

湖上谢氏谱1卷　史部传记类　佚

见《北湖小志》卷4本传。

鹤墅诗钞 2 卷　集部别集类

学步编 2 卷　集部别集类

以上 2 种有抄本《焦里堂手钞诗文集》本，上海图书馆藏。

陈于堂

字适仙。清江都人。康熙五十六年(1717)官长洲训导。雍正四年(1726)三月改元和训导，同年七月以改授主簿去任。

款花斋集　集部别集类　佚

见《广陵诗事》卷 10。

高　翔(1688—1753)

字凤冈，号犀堂，亦写作西唐、樨堂、西堂，别号山林外臣。清甘泉人。善画能诗，尤工八分书。雍正十一年(1733)为金农写象。晚年右手废，以左手书，字尤奇古。所作画以山水为主，其次画梅花。为"扬州八怪"之一。

西唐诗钞　集部别集类　佚

见嘉庆《重修扬州府志》卷 62。

洞轩诗钞 8 卷　集部别集类

清乾隆十九年(1754)正谊堂刻本，中国社会科学院文学研究所藏。

按：《淮海英灵集》戊集卷 3 收其诗 1 首。又其传世作品分藏故宫博物院、苏州博物馆、上海博物馆等处，并收入各画册。

马曰琯(1688—1755)

字秋玉，号嶰谷。本籍祁门，业盐扬州，遂家焉。候选知州。乾隆元年(1736)举博学鸿词不就。高宗南巡，两赐御书。生平勤学好客，酷爱典籍，家有丛书楼，所藏书画碑版，甲于江北。其园亭曰小玲珑山馆，曰街南老屋，四方名士多主其中，结邗江吟社，觞咏无虚日。与弟曰璐同以诗名。

韩柳二先生年谱 8 卷(韩文类谱 7 卷柳先生年谱 1 卷)　史部传记类

(1) 清雍正七年(1729)马氏小玲珑山馆刻本,复旦大学图书馆、四川大学图书馆等藏。

(2) 清光绪元年(1875)隶释斋刻本,复旦大学图书馆、中山大学图书馆等藏。

焦山纪游集 1 卷　史部地理类

清马曰琯等辑

(1)《粤雅堂丛书初编》本。

(2)《丛书集成初编》本。

丛书楼目录　史部目录类　佚

清马曰琯、马曰璐撰

见同治《续纂扬州府志》卷 22。

琴川三风十愆记 2 卷　子部小说类

清抄本,上海图书馆藏。

摄山游草 1 卷　集部别集类

清乾隆二十一年刻本,南京图书馆藏。

沙河逸老小稿 6 卷嶰谷词 1 卷　集部别集类

(1) 清乾隆刻本,南京图书馆、复旦大学图书馆等藏。

(2)《粤雅堂丛书初编》本。

(3)《丛书集成初编》本。

(4)《清代诗文集汇编》本。

(5) 2015 年广陵书社《扬州文库》本。

宋诗纪事 100 卷　集部总集类

清厉鹗、马曰琯辑

清乾隆十一年刻本,南京图书馆、北京大学图书馆等藏。

林屋唱酬录 1 卷　集部总集类

清马曰琯辑

(1) 清乾隆刻本,国家图书馆藏。

(2)《粤雅堂丛书初编》本。

(3)《丛书集成初编》本。

(4) 2015 年广陵书社《扬州文库》本。

按:此辑马曰琯、马曰璐等五人唱和之诗。

韩江雅集 12 卷　集部总集类

清马曰琯、全祖望辑

(1) 清乾隆刻本,国家图书馆藏。

(2) 2015 年广陵书社《扬州文库》本。

张屏箴

字宝三,号苞莽。清江都人。康熙五十三年(1714)举人。会试不第,遂卜筑城东樊水之上,奉父以居,不求仕进。

尚古堂诗文集　集部别集类　佚

见嘉庆《江都县续志》卷 8。

按:《淮海英灵集》戊集卷 2 收其诗 8 首。

郭彭龄

字商山。清江都人。嗣龄弟(一说为嗣龄兄)。康熙五十三年(1714)举人。与嗣龄文誉竞爽一时。

易义　经部易类　佚

见民国《江都县续志》卷 14。

印山堂行稿　集部别集类　佚

芝堂诗集　集部别集类　佚

以上 2 种见嘉庆《重修扬州府志》卷 62。

按:《江苏诗征》卷 157 收其诗 1 首。

徐　祺

字大生,号古琅老人。清江都人。善鼓琴。徐祺积 30 余年编成

《五知斋琴谱》,生前未能出版。其子徐俊(越千)得周鲁封帮助,始于康熙间刊刻此书。

五知斋琴谱8卷　子部艺术类

清周鲁封汇纂

(1) 清康熙六十一年(1722)红杏山房刻本,南京图书馆、上海图书馆藏。

(2) 清雍正二年(1724)刻本,南京图书馆藏。

(3) 清乾隆二年(1737)刻本,南京图书馆藏。

(4) 清楹琴社刻本,国家图书馆藏。

(5) 清乾隆十一年刻本,南京图书馆、国家图书馆藏。

(6) 1932年汪孟舒刻本,国家图书馆藏。

(7) 民国校经山房成记书局石印本,国家图书馆藏。

(8)《续修四库全书》本。

(9) 2000年海天出版社出版。

(10) 2017年中国书店出版。

按:《续江都县志》以此书作者为徐常遇之孙、徐祎之子徐锦堂所作,非。亦有以作者为徐祺之子徐俊,殆亦未细加审定。

程以位

字品山,号豆田。清江都人。少孤,后以哭母丧明。工书画,最善白描人物。

豆田诗钞1卷　集部别集类　佚

见《淮海英灵集》乙集卷4,收其诗2首。

许天球

字仑奏。清江都人。承家从孙。

碧雨山房诗钞1卷　集部别集类

《江都许氏家集》本。

蒋继搏

字宋徵，号莲峰。清江都人。诸生。

莲峰第一集　集部别集类　佚

见《江苏诗征》卷114，收其诗1首。

明　德

号在堂。清秀水吴氏子，江都秋雨庵僧人。

二六闲情集　集部别集类　佚

见《江苏诗征》卷183，收其诗2首。

焦　熹(？—1736)

字效珠，号定斋。清江都人。康熙五十年(1711)武举人。五十一年成进士。官石匣中营守备，擢居庸关都司，授明威将军。善马上枪法，勤捕盗。书法在欧柳之间，小楷最精。卒于官。

定斋诗草1卷　集部别集类　佚

见《淮海英灵集》丙集卷3，收其诗3首。

李　煜

字坚铭，号岵堂。清甘泉人。贡生。

香雪阁诗稿　集部别集类　佚

见《淮海英灵集》丁集卷2，收其诗1首。

郑玉珩(1692—1738)

字荆璞，号箬溪。清江都人。熙绩子。见世路坎坷，乃绝意仕进，闭户读书。《止心楼诗》卷首有传。

止心楼诗2卷　集部别集类

清乾隆二十八年(1763)郑庆祜精刻本，南京图书馆藏。因内有钱谦益评，乾隆四十九年遭禁。

方士庶(1692—1751)

字洵远，一字循远，号环山，又号小师道人。清江都人。初以名诸生屡试不售，遂弃帖括，游戏翰墨间。工诗，尤长于画。尝师虞山黄尊古，谓其气韵秀逸，用笔已到古人不用心处。晚年造诣尤超妙入神。士庶身价既高，市多赝作，见而哂曰：此不足乱吾真也。生平不善治生产，即有所获，亦缘手散去，后值屡空，而怡悦自如。

寓目有缘集　子部艺术类　佚

见光绪《江都县续志》卷27。此录生平所见古人书画。

方环山画册　子部艺术类

1929年上海神州国光社影印本，上海图书馆、国家图书馆藏。

天慵庵笔记2卷　子部杂学类

(1)《仰视千七百二十九鹤斋丛书》本。

(2)《丛书集成初编》本。

(3) 2015年广陵书社《扬州文库》本。

环山诗集遗稿4卷　集部别集类　佚

见《碑传集补》卷56。

环山诗钞1卷　集部别集类

(1) 清乾隆十八年(1753)刻本，上海图书馆藏。

(2) 2015年广陵书社《扬州文库》本。

按：《江苏诗征》卷67收其诗2首。

孙玉甲(1692—?)

字殿云，号雪窗。清江都人。浴子。以廪生举优行，任福建宁化知县。熟于史事。

读史偶吟2卷　史部史评类

清乾隆五年(1740)世济堂精刻本，南京图书馆藏。

按:此集由受业门人吴如珩注。卷上自汉至隋共56首,卷下自唐至明共73首。卷前有郑燮等序。

陈爽轩(1693—1732)

清扬州人。进士黄咫圃继室。曾得渲染法,边鸾之雀,赵昌之花,皆随意辄工,尤喜作秋海棠。

和鸣集　集部别集类　佚

见《江苏诗征》卷165,收其诗3首。

郭　泓

字秋浦。清江都人。康熙五十六年(1717)举人。官广东河源知县。

集杜诗　集部别集类　佚

见《江苏诗征》卷157,收其诗2首。

唐　翰

字池染。清江都人。绍祖长子。诸生。究心音韵之学。博习佛老堪舆杂家之言。游四方,以方正廉洁著名。年60卒。

愿学编诗存1卷　集部别集类　佚

见嘉庆《江都县续志》卷8。

按:《广陵思古编》卷6收其文2篇。又唐翰著有《四书音辨》一书,书未成而卒。参见《广陵思古编》卷6唐桂《四书音辨记》。《淮海英灵集》丙集卷2收其诗1首。

吴为瀚

字紫澜,号灏轩。清江都人。康熙五十九年(1720)举人。

榴轩集　集部别集类　佚

见《江苏诗征》卷13,收其诗1首。

马曰璐(1695—1761)

字佩兮,号半查。清扬州人。曰琯弟。国子生。博学工诗,与兄齐名,称扬州"二马"。乾隆元年(1736),通政使赵之垣荐举博学鸿词,不就。储书之富,著于东南。乾隆三十八年,开四库全书馆,其家所进可备采用之书达776种。

韩柳年谱8卷　史部传记类

(1) 清雍正七年(1729)马氏小玲珑山馆刻本,国家图书馆藏。

(2)《粤雅堂丛书》本。

(3)《洪氏公善堂丛书》本。

丛书楼书目　史部目录类　佚

清马曰琯、马曰璐撰

见同治《续纂扬州府志》卷22。

水经注摘抄不分卷　史部地理类

清雍正八年刻本,国家图书馆藏。

南斋集6卷南斋词2卷　集部别集类

(1) 清乾隆刻本,南京图书馆、国家图书馆藏。

(2)《粤雅堂丛书初编》本。

(3)《丛书集成初编》本。

(4)《清代诗文集汇编》本。

(5) 2015年广陵书社《扬州文库》本。

林屋唱酬录1卷　集部总集类

清马曰琯辑

(1) 清乾隆刻本,国家图书馆藏。

(2)《粤雅堂丛书初编》本。

(3)《丛书集成初编》本。

(4) 2015年广陵书社《扬州文库》本。

按:此辑马曰琯、马曰璐、孙章、闵华、楼锜五人唱和之诗。

管联芳

字华廷，号春圃。清江都人。廪生。性和而介。喜成就后学。工诗词。

自怡集　集部别集类　佚

见光绪《江都县续志》卷25。

方士庢

字右将，号西畴、蜀泉。清江都人，原籍安徽歙县。士庶弟。诸生。与马曰璐同日生，皆在牡丹时。筑西畴别业，在北郊寿安寺西。性孝友睦族，创建宗祠于扬州，置祀田。为诗以香山温逸之笔，烹炼而入于王、孟。

白华楼诗钞4卷　集部别集类　佚

见《淮海英灵集》甲集卷4，收其诗1首。

按：清王藻编《广陵倡和录》收其诗9首。又有《新安竹枝词》36首。郑燮有《跋西畴诗稿》，是否即为此集而作，不得而知。

许佩璜(1700—?)

字渭符，号双渠。清江都人。迎年子。监生。康熙五十九年(1720)在大同捐州同衔，雍正十一年(1733)官河南卫辉府管河通判。乾隆元年(1736)荐举博学鸿词，旋升知府。诗作音节清越。

抱山吟　集部别集类　佚

见《江苏诗征》卷100，收其诗1首。《清诗纪事》乾隆朝卷收其散句。

葛天民

字圣逸，一字春台。清江都人。精易象，通医学，矢心济世。博采名山宿老诸遗编，聚书万卷，审思切究，折衷以归画一。每著一书，百易其稿。洞晰阴阳动静错综变化，探天运之旋转地气之升降，以证人身之藏府经络形色脉息，而究其调治之原。著有医书多部。不求闻达。其治病勇于救人而廉于取资，为人所重。年82无疾而终。

本草提要4卷　子部医家类　佚

针灸图4卷　子部医家类　佚

伤寒论集注10卷　子部医家类　佚

内经类疏难经类疏金匮要略类疏40卷　子部医家类　佚

医易20卷　子部医家类　佚

以上5种见同治《重修扬州府志》卷54。

焦　憬

字逢庚，号醒斋。清甘泉人。焦淇长子。雍正元年(1723)武举人。与徐弃疾等为词友。

醒斋主人杜胡集1卷　集部别集类

(1) 抄本《江都焦氏家集》本，国家图书馆藏。

(2) 2015年广陵书社《扬州文库》本。

醒斋诗余1卷　集部词曲类　佚

见《北湖小志》卷6家述。

顾瑞麟

字六昭，号向里畸人。清甘泉人。任氏妻。能文章，工绘事。

焚余集　集部别集类　佚

见嘉庆《重修扬州府志》卷62。

按：顾瑞麟嫁任氏5年，失偶，守寡30年，自焚诗稿，其父执友张存仁得未烬数章刻之。刻本今未见。《江苏诗征》卷175收其诗4首。

唐　桂

字蟾枝。清江都人。绍祖次子，翰弟。诸生。幼颖悟。生平肆力古文。尤长于弈,与范西屏齐名。

继志录1卷　史部传记类　佚

见《广陵思古编》卷6人物小传,并收其文18篇。

陆钟辉(?—1761)

字南圻,一字淳川,号环溪。清江都人。官员外郎,出为南阳司马。因亲老乞归,筑室栖霞山中,复起为郎中。生平笃好吟咏,与厉鹗、全祖望等友善。尝与厉鹗等一起与纂雍正《江都县志》。

放鸭亭小稿1卷附环溪词1卷　集部别集类

清乾隆二十六年(1761)自刻本,上海图书馆、国家图书馆藏。

笠泽丛书5卷　集部别集类

唐陆龟蒙撰

清雍正九年(1731)陆氏水云渔屋刻本,国家图书馆藏。

南宋群贤诗选12卷　集部总集类

清雍正九年陆氏水云渔屋刻本,国家图书馆藏。

白石道人四种　丛书类

宋姜夔撰

清乾隆八年陆钟辉刻二十一年江春补刻本,南京图书馆等藏。嘉兴市图书馆藏本有郑文焯校、张祥龄跋。子目从略。

常履宽

字硕廷,号既斋。清甘泉人。监生。

既斋诗集　集部别集类　佚

见《淮海英灵集》戊集卷2,收其诗1首。

梅奕绍

清扬州人。候选州同知。

(乾隆)普宁县志10卷卷首1卷　史部地理类

清肖麟趾修　梅奕绍纂

(1) 清乾隆十年(1745)刻本,国家图书馆藏。

(2) 1974年成文出版社影印1934年铅印本。

(3)《古瀛志乘丛编》本。

裘肇鼎

字定年。清江都人。诸生。

浴思草堂诗　集部别集类　佚

天中游草　集部别集类　佚

以上2种见《江苏诗征》卷87,收其诗8首。

心　明

字法印。清江都人。杨氏子,定惠寺僧。

禅暇集　集部别集类　佚

见《江苏诗征》卷181,收其诗1首。

王令宜

字佑周。清江都人。

建南新话1卷　史部地理类　佚

见《淮海英灵集》乙集卷3,云:"雍正时官建南,以蜀中胜地,前人著述甚备,惟建南一区,文人士夫,辙迹所不到。因取其地之形胜风土,成绝句一百首,为《建南新话》一卷。"《淮海英灵集》从中选其诗6首。

张　孺

字茹禾,号耐村。清甘泉人。诸生。

听鹂集　集部别集类　佚

见《淮海英灵集》丁集卷4,收其诗2首。

王文枢

号淡嵒。清江都人。

官梅堂集　集部别集类　佚

见嘉庆《重修扬州府志》卷62。《淮海英灵集》丙集卷1收其诗1首。

刘应麟

字兆圣。清江都人。

耕堂集　集部别集类　佚

见《江苏诗征》卷78,收其诗2首。

刘彦初

字元凯。清江都人。

冰心集　集部别集类　佚

见《江苏诗征》卷78,收其诗1首。

叶　敬

字义方。清江都人。诸生。幼从外祖周寒溪学诗,嗣学于岳丈方扶南。又自删定雍正八年(1730)至乾隆十年(1745)所作诗共222首,为《白华堂稿》,其弟子徐厚庵校刻。善书,所书墨迹及石刻,郡人奉为楷法。年70卒。

白华堂稿不分卷　集部别集类

清抄本,复旦大学图书馆藏。

吴正肃

字静娴。清江都人。黄履岳妻。山水师沈周,一洗纤弱之态。江藩尝见其所临沈周山水长卷,笔墨苍劲。

春芸草堂集 1 卷　集部别集类　佚

见嘉庆《重修扬州府志》卷 62。

按:《江苏诗征》卷 163 收其诗 2 首。

韦进德

字修己,号铁髯。清广陵人。少攻举业,兼习医,豪侠好奇,游京师,因事被罪,戍广西思恩。会军兴,以医从行间,寻桂林疫作,召至治疗多效,遂留焉,在广西凡十余年成《医学指南》。边方多疠疫,少明医,大吏重其书,为之刊行,事具见唐绥祖、李锡秦、夏皑、陈齐实序中。

医学指南 10 卷　子部医家类

(1) 清乾隆七年(1742)寄闲堂精刻本。见《贩书偶记续编》。

(2) 清咸丰八年(1858)重刻本,上海中医药大学图书馆、中山大学图书馆等藏。

按:书分上下部,各 5 卷。上部论证,下部列方,各以病证分类。进德于医事颇有经验,论证亦能贯通,惟素习导引,兼采丹经铅录之说,立言杂而不纯,复附会易理无极、太极之说,合释家圆觉、道家金丹、儒家大极而一之,言更汗漫,于医术无关矣。

柏盟鸥

字映潭。清江都人。沈中垣甥女,点染丹碧山水,可乱北苑。有奇气,于技艺无所不修,渔猎经史百家,有诗成帙,韬晦不轻示人。人称广陵闺秀。

映潭诗钞　集部别集类　佚

见嘉庆《重修扬州府志》卷 62。

撷芳集　集部别集类　佚

见《历代画史汇传》卷 72。

按:《淮海英灵集》壬集卷 1 收其诗 6 首。

董伟业

字耻夫，一字爱江。清江都人。狂放自喜，嫉时俗之薄。

扬州竹枝词1卷　集部别集类

(1)《乐府小令》本。

(2)《扬州丛刻》本。

(3) 清光绪十三年(1887)重刻本，南京图书馆藏。

(4) 2015年广陵书社《扬州文库》本。

按：书有乾隆五年(1740)郑板桥题词。《淮海英灵集》丙集卷3小传云："有嫉于扬州薄俗，作《竹枝词》九十九首以为讽。时新商赀宦，交结官吏者诉之，竟遭笞，故时有'竹根打竹枝'之谣。其词多鄙俚，然传诵遍海内。"

李天垣

清江都人。

鸣秋阁集10卷　集部别集类　佚

见嘉庆《江都县续志》卷8。

鸣秋阁古乐府2卷　集部别集类

(1) 清乾隆二十四年(1759)刻本，附《方南塘先生遗稿》1卷，南开大学图书馆藏。

(2) 清刻本，复旦大学图书馆、华东师范大学图书馆藏。

汪应庚

字上章，号云谷。清安徽歙县人。因在扬州经营盐业，遂入江都籍。曾任两淮总商。富而好礼。雍正九年(1731)海啸成灾，作糜以赈伍佑卞仓等场者三月。十年、十一年，江潮叠泛，洲民流离，疫疠继作。应庚设药局疗治之，后运米数千石往给。大吏上其事，特授光禄少卿。郡邑屡举乡饮宾，辞不赴。又出金修建府县学宫，制祭器乐器，购肥田归诸学，以所入供岁修，及助乡比士资斧。后永著为例，士人称为“汪项”。暇与宾客倡和为乐，不自以诗名，遂无专稿。

平山揽胜志10卷　史部地理类

清汪应庚辑

(1) 清乾隆七年(1742)刻本，上海图书馆、苏州图书馆藏。

(2) 1988年广陵古籍刻印社扫描油印本，国家图书馆藏。

(3) 2004年曾学文整理本，收入《扬州地方文献丛刊》。

(4) 2015年广陵书社《扬州文库》本。

按：乾隆元年，汪应庚出资重建平山堂，又增建西园、平远楼。后乃编纂了此书。《平山揽胜志》以清代乾隆初年扬州城北各景点为纲，分别收录历代题咏各景点的记、赋、诗、词等。该书是目前所知刊刻年代最早的平山堂专志。《淮海英灵集》乙集卷3收其诗3首。

程从龙

字荔江。清甘泉人。好金石，富收藏，与翁方纲、袁枚、厉鹗等交好。藏印千余方，后归卢见曾。

秦汉印谱不分卷　史部金石类

清程从龙辑

清乾隆三年(1738)师意斋钤印本，上海图书馆、西泠印社等藏。

按：全书6册，半页分六格，每格钤一印，辑录古印约1200方。

程荔江印谱不分卷　史部金石类

1924年上海商务印书馆影印乾隆本，上海图书馆、南京图书馆等藏。

程　增

更名世华，字亚韩，号朗亭。清江都人。日葵子。博学多闻，尤工书法。

十二峰阁诗　集部别集类　佚

见嘉庆《江都县续志》卷 8。

按:《江苏诗征》卷 74 收其诗 1 首。

张发生

字柱石,一字筑江。清江都人。雍正元年(1723)武解元。弟发青,亦是科武举。五年同登进士,并授御前侍卫,一时以为盛事,历任定州参将,以终养告归。

归田集　集部别集类　佚

湛露书堂集　集部别集类　佚

以上 2 种见嘉庆《重修扬州府志》卷 62。

按:《淮海英灵集》乙集卷 3 收其诗 1 首。

张钟英

字寿宾,号春畴。清江都人。附贡生。

百蝶轩诗 4 卷　集部别集类　佚

见嘉庆《江都县续志》卷 8。

按:《江苏诗征》卷 60 收其诗 13 首。

焦兆熊

字学时,号敬斋。清江都人。雍正四年(1726)武举人。

敬斋集 1 卷　集部别集类

(1) 抄本《江都焦氏家集》本,国家图书馆藏。

(2) 2015 年广陵书社《扬州文库》本。

汪　舸(1702—1770)

字可舟,号客吟老人、巘岾山人,安徽婺源人。流寓扬州。性不谐俗,偃蹇贫病以殁。

(歙县)汪氏谱乘不分卷　史部传记类

清乾隆抄本，国家图书馆藏。

嵎岹山人集 8 卷　集部别集类

(1) 清乾隆三十五年(1770)刻本，汪舸校，南京图书馆藏。

(2) 清抄本，日本京都大学藏。

按：见光绪《增修甘泉县志》卷 23。《江苏诗征》卷 73 收其诗 3 首。

李本宣(1703—?)

字蘧门。清江都人。工曲。康熙六十一年(1722)重订徐铣《本事诗》刊行。乾隆六年(1741)为吴敬梓《文木山房集》撰序。四十六年在金陵会方正澍。四十七年在金陵以《乘槎图》征题。

玉剑缘(传奇)2 卷　集部词曲类

清刻本，南京图书馆、国家图书馆等藏。

本事诗 12 卷(前集 6 卷后集 6 卷)　集部诗文评类

清徐铣编辑　李本宣增订

清雍正四年(1726)承芳堂刻本，南京图书馆、复旦大学图书馆等藏。

史继弼

清甘泉人。

春晖堂稿　集部别集类　佚

史氏一家言　集部总集类　佚

以上 2 种见光绪《增修甘泉县志》卷 23。

姜　绂

字方来，号补堂。清江都人。布衣。豪宕不羁，酬饮能诗。

釜尘集　集部别集类　佚

见嘉庆《江都县续志》卷 8。

按：《淮海英灵集》丁集卷 2 收其诗 3 首。

徐元庆

字鹦图，号风萍。清甘泉人。布衣。以孝友闻。与李道南友善。

徐氏族谱　史部传记类　佚

清徐元庆修

见《广陵思古编》卷11徐寅亮《徐处士风萍公传》，谓谱修成于乾隆十三年(1748)。

风萍遗稿　集部别集类　佚

见嘉庆《重修扬州府志》卷62。

按：《淮海英灵集》丁集卷2收其诗3首。

余元甲(1706—1765)

字葭白，一字柏岩，号茁村。清江都人。诸生。资敏学博。少饶于财，以好施致贫困。虽灶额无烟，苦咏不辍。雍正十二年(1734)赵之垣以博学鸿词荐，坚辞不就。于诗简古淡泊，宗韩、孟，参以皮、陆。生平与金农、厉鹗交好。

濡雪堂集3卷　集部别集类

清雍正二年刻本，上海图书馆、黄裳家藏。

余先生诗钞1卷　集部别集类

清乾隆三十年(1765)濡雪堂刻本，中山大学图书馆藏。

按：余元甲卒后，嘉兴蒋德选其诗96首为《余先生诗钞》1卷。《广陵思古编》卷3收其文1篇。

韩白苏陆四家诗选　集部总集类　佚

见《扬州画舫录》卷15。清王士禛为其作序。

申　甫(1706—1778)

字及甫。清江都人。幼随父官粤中。天姿颖异，工诗文。乾隆元年(1736)举博学鸿词。六年举于乡，官中书，军机处行走。擢内阁侍读，累官至左副都御史，卒于官。

笏山诗集 10 卷　集部别集类

清乾隆五十七年刻本，南京图书馆藏。

蒋宣书

字亮怀，号粲楼。清甘泉人。贡生。随父任卒于凤阳，年 33。

粲楼遗草 2 卷　集部别集类　佚

见光绪《增修甘泉县志》卷 23。

按：《淮海英灵集》戊集卷 3 收其诗 2 首。

古　斌

原名典。字慎五，一字剩楼。清江都人。与吴楷、江昱为诗友。

剩楼诗稿　集部别集类　佚

见嘉庆《江都县续志》卷 8。

按：《淮海英灵集》甲集卷 4 收其诗 3 首。

谢　旭

字东寅。清江都人。九成侄。与弟天霁并能诗。

遣闲偶集 1 卷　集部别集类

抄本《焦里堂手钞诗文集》本，上海图书馆藏。

汪元长

字敬堂。清江都人。诸生。少承其曾祖汪楫家学，博雅淹贯。书法学欧、柳，诗宗查慎行，性灵洒洒。早年变卖产业以偿债，乃游幕四方。晚年里居，益肆力于翰墨。卒年 83。

晋游草　集部别集类　佚

见《江苏诗征》卷 73，收其诗 6 首。

林廷和(1707—1761)

字致中,号梅溪。清江都人。文琏长子。文琏绩学不仕,尽以所学授廷和。幼聪敏,经史百家,靡不综览。文律雍和,有钟吕雅音。诗学唐人。乾隆十八年(1753)举人。官福建大田知县。慈祥爱民,素廉洁,好施予。自出仕后,鬻产助官用。

石竺山房诗集 4 卷　集部别集类　佚

见《淮海英灵集》戊集卷 4,收其诗 35 首。

闵　华

字玉井,号廉风,一号莲峰。清江都人。监生。折节读书,终布衣。乾隆二年(1737)与厉鹗、金农等会扬州。八年与全祖望等在扬举陶潜诗会。诗骨清秀有神,与张渔川、马曰琯、方士庶同时为诗友。四十四年交凌廷堪。

澄秋阁初集 4 卷二集 4 卷三集 4 卷　集部别集类

(1) 清乾隆十七年精刻本,南京图书馆、上海图书馆等藏。

(2)《四库未收书辑刊》影印乾隆刻本。

(3)《清代诗文集汇编》本。

(4) 2015 年广陵书社《扬州文库》本。

按:乾隆间以内有咏钱谦益等诗并违碍语而遭禁。

楮叶词 2 卷　集部词曲类

清刻本,国家图书馆藏。

按:《贩书偶记续编》著录乾隆十二年刻本。

王世球(?—1757)

字熙闻,号贺山。清甘泉人。优贡生。乾隆间征荐博学鸿词,自诗古文词及制艺南北曲,无不精善。

两淮盐法志 40 卷首 1 卷　史部政书类

(1) 清乾隆十三年(1748)刻本,南京图书馆藏。

(2)《稀见明清经济史料丛刊》本。

(3) 2015 年广陵书社《扬州文库》本。

啄葩集 4 卷　集部别集类　佚

见乾隆《增修甘泉县志》卷 23。

按:《广陵思古编》卷 11 收其文 3 篇。《淮海英灵集》乙集卷 4 收其诗 3 首。

吴士棠

字荫南。清甘泉人。少与闵华等相唱和。

甘棠遗稿　集部别集类　佚

见《江苏诗征》卷 15,收其诗 2 首。

陈　俨

字敬舆,一字以庄。清江都人。谢九成婿。幼习负贩,后改而读书,从谢九成学,尽得其学。精于说理,郭嗣龄甚器重之。乾隆五年(1740)岁贡生。年 90 余卒。

拆字新编　经部小学类　佚

醒斋诗时文偶存草　集部别集类　佚

以上 2 种见《北湖小志》卷 4 本传,谓甘泉知县刘履乾尝序其《拆字新编》,刻以教后学。刻本今未见。又谓其著有《范公堤利病议》。《北湖续志》卷 6 收其文 1 篇。《淮海英灵集》乙集卷 1 收其诗 1 首。

李裕滋

字问山,一作蕴山,号酿园。清江都人。诸生。和易善诲人,学者亲之。

酿园诗集　集部别集类　佚

见《北湖小志》卷 4 本传。

按:《淮海英灵集》丁集卷2收其诗2首。

谢天霁

字觐南,号爱园。清江都人。旭弟。能诗。高风古道,人望而生敬。里中论文学者,必推"三谢"(其叔谢九成、兄谢旭及谢天霁)。

来青阁诗钞1卷　集部别集类

抄本《焦里堂手钞诗文集》本,上海图书馆藏。

管一清

字配宁,号穆轩。清江都人。乾隆四年(1739)进士。改翰林院庶吉士,散馆授大名府魏县知县。丁外艰,服阕,任广东增城县。后以引见入京师,卒于旅次。

(乾隆)增城县志20卷首1卷　史部地理类

清管一清纂修

清乾隆十九年刻本,国家图书馆藏。

穆轩诗1卷　集部别集类　佚

见《淮海英灵集》丙集卷3,收其诗5首。

杨开鼎

字峙塘,一字玉坡,晚年号鼋竹居士。清江都人。乾隆四年(1739)进士。官翰林院编修,擢御史,以直称。曾巡视台湾,任福建粮道,终湖南衡永郴桂道。生平交友重气节,故人子弟贫乏,必有以济之。后生寒士,尤见优礼。工八分书。

金刚经注　子部佛教类　佚

梯航文集　集部别集类　佚

以上2种见光绪《增修甘泉县志》卷23。

双松堂诗存　集部别集类　佚

见《淮海英灵集》乙集卷4,收其诗2首。

吴兆松(1710—1790)

字苍虬,一字敬堂。清江都人。年20为邑庠生,23岁试高等,为廪膳生。后终身不应乡举,足不出户30年,闭门读书。

尚书先儒遗论46编　经部尚书类　佚

春秋集传　经部春秋总义类　佚

春秋集注　经部春秋总义类　佚

以上3种见《广陵思古编》卷8江藩撰《吴君墓表》。

历代先儒遗论12卷　子部儒学类　佚

染青亭诗钞4卷　集部别集类　佚

以上2种见同治《续纂扬州府志》卷22。

沈　龄

字与九。清江都人。监生。天性笃厚,与人和易,研究小学用力至深。杭世骏著《续方言》,龄为旁证经典,诠释其音训,成《疏证》。

续方言疏证2卷　经部小学类

(1)《木犀轩丛书》本。

(2) 2015年广陵书社《扬州文库》本。

朱　冕

字老匏。清江都人。布衣。素好苦吟,兼以穷老,故语多瘦削,寒韵逼人。亦工画。

卧秋草堂诗钞1卷　集部别集类

(1)《江都二布衣诗钞》本。

(2) 2015年广陵书社《扬州文库》本。

王世锦

字濯江,号一斋。清甘泉人。世球弟。岁贡生。征荐博学鸿词。

诗古文词与兄并称，人谓“甘泉二王”。晚年为课士堂院长。

王一斋遗集　集部别集类　佚

见同治《续纂扬州府志》卷22。

按：《淮海英灵集》乙集卷4收其诗4首。

生　云

字霞生，号野仙。清江都人。荐授迪功郎。

扬州梦诗集　集部别集类　佚

见《江苏诗征》卷76。

潘纯钰

字雅堂，号怀圃。清甘泉人。乾隆六年（1741）进士。授刑部安徽司主事。性情醇实，诗笔鸿整有节。卒年37。

怀圃诗集4卷　集部别集类　佚

见《广陵思古编》卷11小传，收其文1篇。《淮海英灵集》丁集卷4收其诗6首。

李道南（1712—1787）

字晴山。清江都人。母胡氏，临终执道南手曰：“还是读书。”道南因命其堂。乾隆三十六年（1771）进士。归班返里，同人醵五百金，不受。谒刘文正公，刘氏以宋张载“学颜子之学，志伊尹之志”二语赠之。设教于乡，从游者数百人。

四书讲义集说7卷　经部四书类

（1）清乾隆三十年（1765）刻本，南京图书馆、上海图书馆等藏。

（2）2015年广陵书社《扬州文库》本。

还是读书堂课艺　集部别集类　佚

见《广陵思古编》卷3本书序。

同怀寸草录　集部总集类　佚

见《广陵思古编》卷3小传。此为道南与兄李雷时文合集。

断针吟1卷　集部总集类

清刻本，南京图书馆藏。

按：《广陵思古编》卷3收其文4篇。

萧　奭

清江都人。

永宪录　史部杂史类

(1) 6卷，清抄本，湖南省图书馆藏。

(2) 4卷续编1卷，1959年中华书局铅印本。此据邓之诚藏抄本排印。

(3) 1卷，《古学汇刊》本。

按：本书记康熙六十一年（1722）至雍正六年（1728）七年间所发生的大事，多取材于邸抄、朝报、诏谕、奏折等。书成于乾隆十七年（1752）。

杜　甲

字补堂，号晚晴。清江都人。贡生。乾隆十二年（1747）由通州知州擢任浙江宁波知府，十五年调任杭州。十八年自杭州知府特任河间知府，二十四年冬致仕。

越荫录1卷传芳录1卷　史部传记类

(1) 清乾隆刻本，南京图书馆藏。

(2) 抄本，复旦大学图书馆藏。

(3) 1939年铅印本，国家图书馆藏。

苏文忠公官杭录1卷　史部传记类

清抄本，上海图书馆藏。

（乾隆）河间府新志20卷首1卷　史部地理类

清杜甲、周嘉露修　黄文莲、胡天游纂

清乾隆二十五年刻本，南京图书馆藏。

宦游存稿 1 卷　集部别集类

清嘉庆刻本，南京图书馆藏。

唐　思(1714—1785)

字再可。清江都人。绍祖季子，桂弟。官云南腾越州知州。读书学诗，尤善骑射剑槊。乾隆三十九年(1774)归里。

鹄巢诗集　集部别集类　佚

见《淮海英灵集》丙集卷 4，收其诗 4 首。

郑鉴元(1714—1804)

字允明，号澂江，又号余圃。先世以盐筴自歙迁仪征、江宁、扬州，皆占籍。好书史，性节俭，居常以诚训其子弟。总司鹾事 10 余年。

郑氏家言 1 卷　子部儒学类

清嘉庆十年(1805)丛桂山房刻本，上海图书馆藏。

葛宗艺

字楚秀。清江都人。

仅存集　集部别集类　佚

见《江苏诗征》卷 156，收其诗 1 首。

杜　铭

字融西，号莲门。清甘泉人。诸生。居湖滨之杜村，乡党称为笃行。以文艺教授生徒。

潭北庄诗集 4 卷　集部别集类　佚

见《淮海英灵集》乙集卷 1，收其诗 2 首。

葛自申

字令贻，号晴峰。清江都人。天民子。医家。平素善吐纳之术，又精易理。

医易脉部　子部医家类　佚

见《扬州足征录》卷19清罗浩《医易脉部题后》。

按：书成于乾隆十一年（1746）。书前有自申自序。嘉庆十一年（1806）罗浩得之书市，因作题记，谓其书能发古圣贤之精微，先论察脉而知病所生之理，次论诊脉而明变化之用，终以六十四部，穷体象之微。

慎斋心传4卷　子部医家类

明周之干撰　清蒋斌、葛自申同辑

传抄本，后有乾隆三十四年十一月江丽南假抄跋。见《贩书偶记续编》卷9。

医易经传会通　子部医家类

抄本，长春中医学院图书馆藏。

汪汉倬

字大章，号箕台。清江都人。天与三子。庠生。乾隆十一年（1746）官刑部云南司主事，迁员外郎，出为山东粮道，署按察使，在任13年，有政绩。才敏识卓，于德州创建繁露书院，以修文事，早年工制艺，与郑洪林、方贞观等齐名。诗多亡失。

箕台诗钞1卷　集部别集类　佚

见《淮海英灵集》乙集卷4，收其诗1首。

周凤鸣

字岐瑞，号桐村。清江都人。诸生。卢文弨称其诗入王孟之室、登钱刘之堂。

茝香阁诗集1卷　集部别集类

清乾隆四十四年(1779)濂溪草堂刻本,中国社会科学院文学研究所藏。

按:《淮海英灵集》乙集卷4收其诗1首。

贺君召

字吴邨。山西临汾人,流寓扬州。

扬州东园题咏4卷图1卷　史部地理类

(1) 清乾隆十一年(1746)刻本,南京图书馆藏。

(2) 2015年广陵书社《扬州文库》本。

朱重庆

字自天。清江都人。潢族孙。诸生。少以世家子游京师,诗才倜傥,倾动一时。中年不第,遂多哀苦之音,时目为东城狂士。

抱经堂诗钞4卷　集部别集类

清乾隆刻本,中国社会科学院文学研究所藏。《淮海英灵集》乙集卷3收其诗11首。

程晋芳(1718—1785)

原名廷镇。字鱼门,号蕺园。清江都人。乾隆二十七年(1762)召试,授内阁中书。三十六年成进士,补吏部主事,与修《四库全书》。改编修。家世殷富,业鹾于淮,独好儒术,藏书5万卷,始为古文词,与袁枚、蒋士铨诗歌唱和。后官京师,与朱筠、戴震游,乃究心训诂,经史子集、天星地志、虫鱼考据,俱能研究。家中落,乞假游西安,卒于毕沅官署中。《清史稿》有传。

周易知旨　经部易类　佚

见《汉学师承记》卷7。《清史列传》卷72本传作《周易知旨编》30余卷。

尚书古文解略6卷　经部尚书类　佚

见《清史列传》本传。

尚书今文释义40卷　经部尚书类　佚

见《汉学师承记》卷7、《清史列传》本传。

诗毛郑异同考10卷　经部诗经类

(1) 清抄本，浙江图书馆、北京大学图书馆藏。

(2)《续修四库全书》本。

读诗疏笺钞不分卷　经部诗经类

(1) 稿本，上海图书馆藏。

(2)《上海图书馆未刊古籍稿本》本。

礼记集释　经部礼记类　佚

见《汉学师承记》卷7。

春秋左传翼疏32卷　经部春秋左传类

稿本，北京大学图书馆藏。

诸经答问12卷　经部群经总义类　佚

群书题跋6卷　史部目录类　佚

以上2种见《清史列传》本传。

程氏正学论1卷　子部儒学类

见《清史稿艺文志补编》。

蕺园诗集10卷蕺园近诗2卷　集部别集类

清乾隆二十七年敬箴堂刻本，上海图书馆藏。

勉行堂文集6卷诗集24卷　集部别集类

(1) 清嘉庆二十五年(1820)刻本，南京图书馆藏。

(2)《续修四库全书》本。

(3)《清代诗文集汇编》本。

(4) 2012年黄山书社整理本。

程鱼门选七言古诗不分卷　集部总集类

抄本，安徽省博物馆藏。

朱　筼(1718—1797)

字二亭,号市人。清江都人。诸生。幼颖悟,13 岁即能为五七言诗。中年博通史籍,肆力为诗古文。所作《郝忠烈纪略》《经济纂要》诸篇为陈宏谋赞颂。乾隆间两江总督高文端公欲荐入四库全书馆,力辞不就。四十一年(1776)与姚鼐定交。嘉庆二年(1797)正月三日召弟子张居寿、叶舟、薛本、李文英四人曰:"读书惟正心诚意为第一义,富贵如浮云耳。"七日卒于家。

二亭诗钞 6 卷　集部别集类

(1) 清嘉庆十三年刻本,复旦大学图书馆、华东师范大学图书馆等藏。

(2)《江都二布衣诗钞》本。

(3)《清代诗文集汇编》本。

(4) 2015 年广陵书社《扬州文库》本。

按:《广陵思古编》卷 7 收其文 1 篇。

吴　均(1718—?)

字公三,号梅查。清江都人。老于诗,长于叙述节孝事,乡曲之行颇赖以诗传。乾隆二十四年(1759)尝至苏州,以诗质正沈德潜。

青棠馆诗集 24 卷　集部别集类　佚

见《广陵思古编》卷 12 吴鲁《族祖梅查翁青芝馆诗集序》,"芝"当是"棠"字之误。

翠云阁诗余　集部词曲类　佚

见同治《续纂扬州府志》卷 22。

按:《淮海英灵集》乙集卷 4 收其诗 13 首。

葛　振

字啸台,号柳南。清江都人。诸生。有文名,工制艺,精医术。卒于乾隆间,年 80。

志存集　集部别集类　佚

见《广陵思古编》卷 3 清李道南撰本书序。

偶吟汇抄 2 卷　集部别集类　佚

见《淮海英灵集》乙集卷 4,收其诗 1 首。书成于乾隆五十年(1785)。

埙篪集 2 卷　集部总集类　佚

见《淮海英灵集》乙集卷 4 葛俭小传。此为甘泉秦钥录葛振、葛俭兄弟之作。

王　翊

字景宸,号瓒园。清甘泉人。乾隆十三年(1748)进士,官户部员外郎。

琢玉山房诗钞　集部别集类　佚

见光绪《增修甘泉县志》卷 23。《江苏诗征》卷 50 收其诗 1 首。

胡廷森(1719—1803)

字衡之,号西棽。清江都人。试未第,乃以文学佐大吏幕府之奏章。精刑律。嘉庆元年(1796)诏举孝廉方正,以故未达。工诗,善于言情。与秦黉等为湖山游。

西棽诗草 1 卷　集部别集类

清嘉庆六年琅嬛仙馆刻本,南京图书馆藏。

吴本锡(1719—?)

字汝蕃,号旧浦。清甘泉人。乾隆十二年(1747)举人,官颍州府教授,选马平知县。工诗,人谓其诗于沉着处见精彩,高淡处见丰神。

通鉴甲子提纲　史部编年类　佚

见清沈业富《寄云楼诗集序》,谓藏于家。

寄云楼诗集 4 卷　集部别集类

清嘉庆二十五年(1820)刻本,南京图书馆藏。

按:《江苏诗征》卷 15 著录《松下清斋集》,或即本诗集之别称,故不另出。

顾世澄

字练江。清芜湖人,侨寓扬州。以医名世 40 年。所著《疡医大全》搜集古今名医确论,宣明脉法原微,详分经络穴道,汇集了内景证形。凡涉外证者,绘图立说,按证立方。分门别类,资料详博。

疡医大全 40 卷　子部医家类

(1) 清乾隆二十五年(1760)达安堂刻本,上海图书馆藏。

(2) 清乾隆三十八年刻本。

(3) 清光华堂重刻本。

(4) 清同治九年(1870)敦仁堂刻本,南京图书馆藏。

(5) 清光绪二十年(1894)善成堂刻本。

(6) 清光绪二十七年图书集成印书局铅印本。

(7) 清四部楼刻本。

(8) 1917 年广益书局石印本,上海图书馆藏。

(9) 1921 年铸记书局石印本,上海图书馆藏。

(10) 1922 年锦章书局石印本,扬州市图书馆藏。

(11) 1917 年文汇书局石印本,上海图书馆藏。

(12) 上海迎时书局石印本。

(13)《续修四库全书》本。

喉症三书节钞不分卷　子部医家类

清抄本,中国中医研究院图书馆藏。此书不著撰人,系节抄顾世澄、沈金鳌所撰三书而成。

内经纂要 2 卷　子部医家类

《冯氏锦囊秘录》本。

程　基

字奉源，号淡香。清江都人。所作诗于温柔敦厚之中寓穷愁抑郁之致。

雅存小草　集部别集类　佚

见《江苏诗征》卷75，收其诗2首。

汪　宏

字药溪，号青莲。清江都人。监生。

药溪集6卷　集部别集类　佚

见嘉庆《重修扬州府志》卷62。

药溪诗3卷　集部别集类

清雍正刻本，上海图书馆藏。附《就研诗》2卷。

按：《淮海英灵集》戊集卷1收其诗3首。

熊维高

清江都人。尝问诗于沈德潜。

甘茶斋集　集部别集类　佚

见《瓜洲续志》卷26，卷18有乾隆二十五年(1760)沈德潜撰《甘茶斋诗序》。

焦汝敷

清江都人。

肃堂诗草1卷　集部别集类

(1) 抄本《江都焦氏家集》本，国家图书馆藏。

(2) 2015年广陵书社《扬州文库》本。

桂　馨

字友兰。清甘泉人。监生，工诗。与朱賁、文元星结吟社。

茧余轩诗存　集部别集类　佚

见光绪《增修甘泉县志》卷14。

李义贤

字庭芝。清江都人。熟于唐人诗集。

秀谷集唐诗钞8卷　集部总集类　佚

见《淮海英灵集》丙集卷4，收其集唐诗50首。诗集编订于乾隆二十五年(1760)。

徐宗健

字仲乾，号翁洲。清江都人。

恬庵诗集　集部别集类　佚

见《江苏诗征》卷8。

按：《淮海英灵集》乙集卷3收其诗1首。

江　春(1721—1789)

字颖长，号鹤亭。祖籍安徽旌德，侨居江都。诸生。性警敏，为金坛王步青弟子。善属文，工诗，与程梦星齐名。补邑学生员，以五经应试未第，遂治盐业。行盐旗号“广达”，人亦称“江广达”。上官知其能，檄为总商。慷慨好施予，常周济贫乏。治公事戴星出入，暇即从事诗酒，与杭世骏、金农、戴震、郑燮等相唱和。乾隆帝南巡，江春等盐商参与迎驾，“以布衣上交天子”。乾隆帝也很看重江春。六次南巡，驻跸扬州，曾两次驾临江春别墅“康山草堂”。为编纂《四库全书》，乾隆帝下诏搜访各地私家藏书，扬州地区即明令要江春等寻访。工诗善画，也好藏书。

黄海游录 1 卷　史部地理类

清兰雪堂刻本，南京图书馆藏。

随月读书楼集 3 卷　集部别集类

(1)《新安二江先生集》本。

(2) 2015 年广陵书社《扬州文库》本。

张达九

字非闻。清江都人。乾隆年间武举人。性端朴。抄书数百种，笔画严正。年近八旬，力贫苦吟。

愿学集 1 卷　集部别集类　佚

见嘉庆《江都县续志》卷 8。《淮海英灵集》丁集卷 3 收其诗 1 首。

按：《禁书总目·外省移咨应毁各种书目》著录江都张九达《四书尊朱会意》，不知与此是否为一人。

李　钧

字振声。清江都人。精仲景法，尝为同邑江春族人治愈伤寒。

金匮要略注　子部医家类　佚

见光绪《江都县续志》卷 27。

秦　黉(1722—1792)

字西伻，一字序堂，自号石研斋主人。清江都人。乾隆十七年(1752)进士。多次典广东、山东等乡试及会试，改四川道御史。后出为湖南岳常澧道，因事被解职。告养归里，负江淮耆宿之望者数十年。

周礼纂注　经部周礼类　佚

易书诗三经传说钩提　经部群经总义类　佚

史鉴杂录　史部史钞类　佚

以上 3 种见嘉庆《重修扬州府志》卷 48。

石研斋主年谱　史部传记类

（1）清秦氏石研斋抄《江都秦氏石研斋未刊遗稿五种》本，南京图书馆藏。

（2）1979年扬州古旧书店抄《江都秦氏石研斋未刊遗稿五种》本，国家图书馆、四川大学图书馆等藏。

（3）2015年广陵书社《扬州文库》本。

按：此谱由秦黉自述一生经历，而由其子恩复手录。谱始于康熙六十一年（1722），终于乾隆四十年54岁时。

封氏闻见记10卷　子部杂学类

唐封演撰　清秦黉校

清乾隆五十七年江都秦氏刻本，国家图书馆藏。

石翁吟　集部别集类

《江都秦氏石研斋未刊遗稿五种》本。

石研斋集12卷　集部别集类

清嘉庆十六年（1811）家塾刻本，国家图书馆、复旦大学图书馆等藏。

敦仁堂遗文　集部总集类　佚

见《年谱》三十九年，云“是冬，汇刻先祖父、先世父、先东寅伯兄时文，名曰《敦仁堂遗文合刻》”。

敦素堂遗诗4卷　集部总集类　佚

见《淮海英灵集》乙集卷2秦德亮小传，此为秦黉辑秦之俊及其子秦熙、秦德辐、秦德亮4人之诗。

朱　洵

字眉毓，一字眉庵。清江都人。诗近陆游。家有斐园，园内构中爽亭、蜗角山房，为读书吟咏之所。

斐园小稿4卷　集部别集类　佚

见嘉庆《江都县续志》卷8。

按：《淮海英灵集》乙集卷3收其诗4首。

文元星

字城百，号衡夫。清江都人。诸生。工画梅。善吟咏，与朱赏、桂馨结吟社。精医，世以医名。

种瑶草堂诗钞 2 卷　集部别集类

清道光四年(1824)精刻本，南京图书馆、上海图书馆等藏。

焦　轼

字应瞻，一字凭轩，又号熊符。清江都人。工诗古文词，善雅谑。书法欧颜，善擘窠大字。长于六书，一依许氏《说文》。族人焦循尝从其学诗，并为其编集。

梅花诗谜百首　子部艺术类　佚

见《北湖小志》卷 6 家述。

凭轩遗笔 2 卷　集部别集类

(1) 抄本《江都焦氏家集》本，国家图书馆藏。

(2) 2015 年广陵书社《扬州文库》本

焦　永

字声秋。清江都人。善诗古文。

月令注 1 卷　经部礼记类　佚

见《北湖小志》卷 6 家述。

蜗牛草堂诗稿 1 卷　集部别集类

(1) 抄本《江都焦氏家集》本，国家图书馆藏。

(2) 2015 年广陵书社《扬州文库》本。

葛　俭

字松坪。清江都人。振弟。

埙篪集 2 卷　集部总集类　佚

见《淮海英灵集》乙集卷4。此为甘泉秦钥录葛振、葛俭兄弟之作。《英灵集》收葛俭诗2首。

张　和

字履中。清江都人。乾隆九年(1744)武举人,十年武进士。授御前侍卫。历任狼山、固原诸镇总兵。署理贵州提督。以染瘴疾卒于普洱。因赐恤典。好吟咏,所过山川,以诗为记。

双杏堂诗集2卷　集部别集类

清乾隆三十七年刻本。

复　显

字梦因,别号雪庐。清海宁张氏子,主扬州建隆寺。能诗,兼善云林山水。

雪庐吟草2卷　集部别集类

清道光十三年(1833)刻本,南京图书馆藏。

雪庐诗草4卷　集部别集类　佚

见《淮海英灵集》癸集卷1,收其诗5首。清蒋士铨曾为其集作序。

马　任

清邗江人。

琴香堂琴谱无卷数　子部艺术类

清马任、马倩辑

清乾隆二十五年(1760)刻本,浙江省衢州市博物馆藏。此书以五音编次,收38曲。

江　昉(1726—1793)

字旭东,号橙里,又号砚农。清歙县人,寓居江都。春从弟。候选知府。性恬静,幼承父母之训教,惟以诗书自娱。所著诗词,意境清远。

尤慕姜白石、张叔夏之风。又集宋人七言词句为绝句诗，妙思清响，如出己手。与任大椿、齐召南、厉鹗等为友。

晴绮轩集 2 卷　集部别集类

练溪渔唱 2 卷　集部别集类

集山中白云词 1 卷　集部词曲类

以上 3 种有：

(1)《新安二江先生集》本。

(2) 2015 年广陵书社《扬州文库》本。

读书随月楼词钞　集部词曲类　佚

见《扬州画舫录》。

学宋斋词韵 1 卷　集部词曲类

清吴烺、江昉等辑

(1) 清乾隆三十年(1765)刻本，南京图书馆藏。

(2) 1917 年扫叶山房石印本，上海图书馆藏。

(3)《续修四库全书》本。

张　辂

字朴存，号渔山。清江都人。诸生。工草书，善弈。自放于诗酒，不修边幅。与焦继辙交。

渔山诗稿　集部别集类　佚

见嘉庆《江都县续志》卷 8。

按：《淮海英灵集》丙集卷 3 收其诗 1 首。

焦继辙

字鉴前。清江都人。兆熊子。县学生。少从商，后改而读书。善书法，工诗，与诗人张辂交。

良友赠言　子部儒学类　佚

仿古杂记　子部杂学类　佚

芜城杂咏　集部别集类　佚

以上3种见《北湖小志》卷6家述。

晚翠集2卷　集部别集类

(1) 抄本《江都焦氏家集》本,国家图书馆藏。

(2) 2015年广陵书社《扬州文库》本。

朱　兰

字梦香,号清畹。清甘泉人。程绮堂妻。工画,善花卉,栩栩有生气。诗工近体,格调风神,超然拔俗。临卒谓其诗必得王豫选刻。

梦香集　集部别集类　佚

见《江苏诗征》卷164,收其诗14首。

林　开

字玉珂,号霏崖。清江都人。廷和长子。补博士弟子,后援例为国学生。美须髯,顾视清峻。读书励节,善吟咏,工临池。久客淮阴。中年为岱岳之游。卒年48。

霏崖漫草4卷　集部别集类　佚

见《淮海英灵集》戊集卷4,收其诗17首。

马　倩

清邗江人。

琴香堂琴谱无卷数　子部艺术类

清马任、马倩辑

清乾隆二十五年(1760)刻本,浙江省衢州市博物馆藏。此书以五音编次,收38曲。

俞大谟(1730—1807)

字安国,一字安谷,号耦生。清江都人。嘉庆元年(1796)恩贡生。

读易举例 35 卷　经部易类

清嘉庆十年可仪堂刻本，上海图书馆藏。首 3 卷，上经 15 卷，下经 17 卷。

孙嘉树

字叔子，号梦余。清甘泉人。诸生。所作诗情真语挚，不以雕镂为工。

梦余诗钞　集部别集类　佚

见《江苏诗征》卷 31，收其诗 4 首。

行　吉

字远村。清江都人。僧人。

远村诗钞　集部别集类　佚

见《淮海英灵集》癸集卷 1，收其诗 1 首。

仇　栋

字槐堂。清临潼人，寄商籍，为江都诸生。

梅山诗稿 1 卷　集部别集类　佚

见《淮海英灵集》戊集卷 3，收其诗 1 首。

德　南

字道宏，号馨庵。清江都人。本胡氏子。僧人。

桂堂小集　集部别集类　佚

见嘉庆《重修扬州府志》卷 62。

按：《江苏诗征》卷 179 收其诗 1 首。

梅冠春

字雪堂。清江都人。其先安徽宣城人，明季迁江都。博学工诗，性恬淡，爱佳山水。晚年住焦山，与王文治谈禅诗，极相得。经乱，诗稿散失，仅少年所作1卷藏于家。

崇文书屋诗钞1卷　集部别集类　佚

见民国《江都县续志》卷24上。

杨大壮

字贞吉，一字竹庐。清甘泉人。官至安徽参将。日读古经注疏，尤精历算律吕之学。

将楷7卷　子部兵书类　佚

见嘉庆《重修扬州府志》卷62。

江　昆

字伯峰。清江都人。廪贡生。9岁而孤。性好施予济人。长于史学。子涟，官户部员外郎。

史贯8卷　史部史钞类　佚

见光绪《江都县续志》卷26。

按：《淮海英灵集》丁集卷3收其诗1首。

朱　源

字昆来。清江都人。诸生。早卒。

梅轩近草　集部别集类　佚

见嘉庆《江都县续志》卷8。

按：《淮海英灵集》丁集卷3收其诗1首。

马祚振

字西雍，号我容。清江都人。诸生。早殁。

幽篁阁小草1卷　集部别集类　佚

见嘉庆《江都县续志》卷8。

按:《淮海英灵集》丁集卷3收其诗1首。

玉　书

字蓝英。清江都人。诸生许松妻。志书亦有写作"王书"者。

绿窗吟稿　集部别集类　佚

见《淮海英灵集》壬集卷1,收其诗6首。

唐允恭

字懋谦。清江都人。通经史,兼治方程勾股之术,中年肆力于考证,尤究心音乐。与王世球交好。卒年76。

译语汇解16卷　经部小学类

稿本,存12卷,6册,北京大学图书馆藏。

纪元汇考　史部史表类　佚

见嘉庆《江都县续志》卷8。

宫室考120卷　史部地理类　佚

见《广陵思古编》卷11王世球撰《唐先生传》。

汪其纯(?—1771)

字杜参,号小函。清歙县籍,甘泉人。乾隆二十一年(1756)举人。三十六年会试,哭友人致疾,卒于京邸。

小函吟稿　集部别集类　佚

见《江苏诗征》卷73,收其诗5首。

萧　霖

字雨垓,号曙堂。清江都人。乾隆二十一年(1756)举人。官云南普洱知县。其诗气体雄峭,词旨正大,阮元甚为推崇。

爨余集2卷　集部别集类　佚

见嘉庆《江都县续志》卷8。

昆海集 8 卷　集部别集类

清乾隆五十一年刻本，上海图书馆藏。

曙堂诗稿 10 卷　集部别集类

稿本，美国哈佛大学哈佛燕京图书馆藏。

按：《江苏诗征》卷 37 收其诗 19 首。其诗 1 首亦收入《清诗汇》卷 84。

马振仲

字御张，一字经畬。清扬州人，曰璐三子，出嗣为伯父桔堂后，好读书，从容和雅，沈默寡言，年 25 卒。

经畬堂小稿 1 卷词 1 卷　集部别集类

清乾隆三十七年(1772)刻本，国家图书馆藏。

按：《淮海英灵集》乙集卷 3 收其诗 7 首。

管一潮

字青来，号对江。清江都人。乾隆二十七年(1762)恩贡生。工制艺。

管青来诗集 1 卷　集部别集类　佚

见嘉庆《重修扬州府志》卷 62。

按：《淮海英灵集》戊集卷 3 收其诗 1 首。

龚九叙

清甘泉人。

尚书纂注　经部尚书类　佚

四书提要　经部四书类　佚

诗文自怡集　集部别集类　佚

以上 3 种见光绪《增修甘泉县志》卷 23。

剑犊山房尚书文 1 卷　集部别集类

清劝耕堂抄本，北京大学图书馆藏。

王　祚

字姜园。清江都人。布衣。贫老江洲。

丸沙书屋孤吟集 6 卷　集部别集类　佚

见《淮海英灵集》丁集卷 3。是集每卷一题，成七律数十首，本已不全。《淮海英灵集》小传摘其句，并收其诗 1 首。

罗　聘(1733—1799)

字遁夫，号两峰，别号花之寺僧。清歙县布衣，嘉庆中寓江都。画家。尝从金农学，为"扬州八怪"之一。未做官，好游历，画花鸟、人物、兰竹、梅、山水，能各尽其妙，画梅入高格，尤喜画鬼，所作《鬼趣图》为时所重。诗亦超然物外。其妻方婉仪能诗，亦善画梅，子允绍、允缵均善画梅，称"罗家梅派"。

扬州古迹题咏记 2 卷　史部地理类

(1) 清抄本，2 册，上海图书馆藏。

(2) 2015 年广陵书社《扬州文库》本。

(3) 2015 年广陵书社《中国风土志丛刊续编》本。

按：本书辑录历代题咏、叙写扬州古迹之诗文，如：《邗江城诗》（明陆弼）、《广陵城诗》（唐孟迟"红映高楼绿绕城"）、《邗沟诗》（明张羽）、《临扬子江观兵诗》（魏文帝）、《法华寺钟铭》（宋苏轼）、《罗君生祠记》（宋秦观）等。大致以类相从，将所咏相关古迹之诗文归并在一起。如"芜城"为扬州别称，后世文人常以此寄托兴废成败之感，故历代以此题作诗文者不少，本书即辑录有《芜城赋》（宋鲍照）、《芜城诗》（唐李端，又宋刘敞）、《芜城晚望诗》（明程格）、《芜城诗》（明吴国翰）、《芜城感怀诗》（清程征）等。编者辑录虽粗疏，但总体上看此书辑录前人古迹题咏甚为繁富，是研究扬州历史、人文的重要著作。

罗两峰印存　子部艺术类

民国间上海神州国光社石印本，上海图书馆藏。

罗两峰画册　子部艺术类

上海有正书局影印本，上海图书馆藏。

罗两峰鬼趣册　子部艺术类

清宣统元年(1909)上海文明书局影印本，北京大学图书馆藏。

罗两峰画罗汉册　子部艺术类

1923年中华书局影印本，上海图书馆藏。

罗两峰双钩水仙册　子部艺术类

1930年文明书局影印本，上海图书馆藏。

汉大司农北海郑公像及北海书院诗　子部艺术类

拓本，复旦大学图书馆藏。

罗聘朱筼题名　子部艺术类

拓本，国家图书馆藏。

法诗龛罗两峰续西涯诗画册　子部艺术类

1929年中华书局影印本，河南大学图书馆藏。

罗两峰兰竹　子部艺术类

1934年上海商务印书馆影印本，华东师范大学图书馆藏。

罗两峰花鸟草虫画册　子部艺术类

1933年西泠印社影印本。

按:罗聘存世作品甚多，分藏故宫博物院、南京博物院等处。可参见秦岭云编著《扬州八家丛话》下编"画目"。

正信录2卷　子部杂学类

(1) 1932年郭氏刻本，上海图书馆藏。

(2) 民国苏州弘化社排印本。

(3) 稿本，上海图书馆藏。

我信录2卷　子部杂学类

(1)《怀豳杂俎》本。

(2)《稀见清代四部辑刊》本。

香叶草堂诗存1卷　集部别集类

(1) 清嘉庆元年(1796)刻本,南京图书馆藏。

(2) 清道光刻本,南京图书馆藏。

(3) 1918年铅印本,北京大学图书馆藏。

(4) 1962年江苏广陵古籍刻印社印本。

(5)《续修四库全书》本。

(6)《清代诗文集汇编》本。

(7) 2015年广陵书社《扬州文库》本。

冬心先生续集1卷　集部别集类

清金农撰　罗聘编

(1) 红格抄本,南京图书馆藏。

(2) 清乾隆刻本,扬州市图书馆、复旦大学图书馆藏。

方婉仪

号白莲居士。清歙县人。罗聘妻。善画梅竹兰花。

学陆集　集部别集类　佚

白莲半格诗　集部别集类　佚

以上2种见光绪《江都县续志》卷28。

按:《江苏诗征》卷170收其诗2首。

吴重光

字宣三。清江都人,乾隆二十四年(1759)举人。三十七年拣发山西太原县,调阳曲,后署绛州,擢知代州,复斗山书院,署朔平府。以事戍军台,幼子庆仁迎归,卒于家。

(乾隆)直隶代州志6卷　史部地理类

清吴重光纂修

清乾隆四十九年刻本,上海图书馆藏。

王于蕃

清甘泉人。

桐月山房诗钞　集部别集类　佚

见光绪《增修甘泉县志》卷23。

阎谷年

字贻孙。清扬州人。能诗，工书。

经史赋1卷　集部别集类　佚

见嘉庆《重修扬州府志》卷62。

郑庆祜

字受天，号昉村。清江都人，祖籍歙县。玉珩子。贡生。候选布政司理问。

扬州休园志8卷　史部地理类

(1) 清乾隆三十八年(1773)察视堂刻本，南京图书馆藏。

(2)《四库禁毁书丛刊》本。

(3)《中国园林名胜志丛刊》本。

(4) 2015年广陵书社《扬州文库》本。

按：此书因有钱谦益、沈德潜序，又列龚鼎孳、金堡诸人姓氏，乾隆五十三年遭禁。

浮青阁诗　集部别集类　佚

见嘉庆《重修扬州府志》卷62。

梅景春

字冠书，号介堂。清江都人。诸生。与其兄冠春俱有诗名。

寄庐诗钞1卷　集部别集类　佚

见《淮海英灵集》丁集卷2，收其诗1首。

介堂诗钞　集部别集类　佚

见民国《江都县续志》卷24上。

史德超

字晓香，号梦山。清江都人。诸生。久客津门。

写心集　集部别集类　佚

客中吟　集部别集类　佚

以上2种见嘉庆《江都县续志》卷8。

按：《淮海英灵集》戊集卷3收其诗2首。

王瑞光

清扬州人。

燕南书屋词　集部词曲类　佚

见嘉庆《重修扬州府志》卷62。

黄文旸(1736—18087)

字时若，一字秋平。清甘泉人。贡生。工诗古文辞，通声律之学。乾隆四十五年(1780)两淮盐政设词曲局，甄查古今剧曲，聘为总裁。中岁奔走齐、鲁、吴、越间。嘉庆四年(1799)赴曲阜衍圣公府教读。六年再赴曲阜。九年从阮元于杭州，甚重之。十年返里后，居运使曾燠题襟馆中，与时流相倡和。为诗清越高洁。对古钱币及葫芦皆有研究。《清史列传》卷72有传。

正统通志　史部史评类　佚

见同治《续纂扬州府志》卷22。

通史发凡30卷　史部史评类　佚

见《清史列传》卷72。

萧氏旌孝录1卷　史部传记类

清黄文旸等撰

清道光刻本，国家图书馆藏。

重订曲海总目1卷　史部目录类

(1)《销夏录旧》本。

(2) 1971年台北《国学名著珍本汇刊》本。

曲海总目提要46卷　史部目录类

(1) 抄本，北京大学图书馆藏。

(2) 1928年大东书局铅印本，南京图书馆藏。

乐府考略不分卷　史部目录类

精抄本，台湾“中央图书馆”原藏。

古泉考6卷　史部金石类　佚

见《清史列传》卷72，云：“性爱古钱，得上古至今数百品，一一摹之，而系以说。”

阙里金石志1卷　史部金石类　佚

见光绪《增修甘泉县志》卷23。

葫芦谱　子部农家类　佚

见《清史列传》卷72，云：“又好葫芦，门庭墙溷皆有之，大小累累如贯珠，壁上画水墨葫芦无数。”

扫垢山房诗钞12卷　集部别集类

(1) 清嘉庆八年阙里孔氏刻本，北京大学图书馆藏。

(2) 稿本，10卷，山东省图书馆藏。

(3)《续修四库全书》本。

(4) 2015年广陵书社《扬州文库》本。

鲁游诗摘抄不分卷　集部别集类

抄本，上海图书馆藏。

鲁游续草2卷　集部别集类　佚

吴越游草4卷　集部别集类　佚

以上2种见光绪《增修甘泉县志》卷23。

观海集8卷　集部别集类　佚

送老吟4卷　集部别集类　佚

以上2种见光绪《增修甘泉县志》卷23。

隐怪丛书12卷　丛书类　佚

见《清史列传》卷72。

按:《广陵思古编》卷11收其文3篇。

张　因

字净因道人,号淑华。清甘泉人。黄文旸妻。幼读书,习诗礼,兼工绘事。文旸善为文,屡试不第,家贫,以馆谷自给。因常典首饰以为炊,或以画易米。平居与丈夫相倡和,或赌记书籍策数典故以为乐。吴伟业有孙,贫饿于竹西路,因予收留,抚其子女至成立。

绿秋书屋诗集1卷　集部别集类

(1)《国朝闺阁诗钞》本。

(2) 2015年广陵书社《扬州文库》本。

扫垢山房倡随集1卷　集部别集类　佚

淑华集1卷　集部别集类　佚

双桐馆诗钞1卷　集部别集类　佚

以上3种见《清史稿艺文志及补篇》。

绿秋书屋诗钞2卷　集部别集类

清嘉庆十年(1805)扬州阮氏文选楼刻本,复旦大学图书馆藏。

绿秋书屋遗稿1卷　集部别集类

清嘉庆十三年刻本,复旦大学图书馆、华东师范大学图书馆藏。

张居寿

字旧山。清江都人。少应童子试不售,即弃去,嗜酒落拓,友人黄文旸劝之学。复折节读节,学诗于朱赏。赋性刚烈,疾恶如仇。

旧山诗集　集部别集类　佚

见《广陵思古编》卷8江藩《张旧山诗集序》,云:“诗稿散失无存,因录其与藩唱和之作、投赠之篇为一册而序之。”

张四科

字哲士，号渔川。清临潼籍，业盐迁家于扬。屡试不遇。工诗。

宝闲堂集 4 卷　集部别集类

（1）清乾隆刻本，泰州图书馆藏。

（2）清乾隆二十四年(1759)刻本，多末 1 卷，国家图书馆藏。

宝闲堂集 6 卷　集部别集类

清乾隆刻本，南京图书馆藏。

宝闲堂集 10 卷　集部别集类

清乾隆刻本，复旦大学图书馆藏。

响山词 4 卷　集部词曲类

（1）清乾隆刻本，国家图书馆藏。

（2）《琴画楼词钞》本，1 卷。

按：清王藻编《广陵唱和录》收其诗 19 首。

旋元益

字春堂。清甘泉人。乾隆时诸生。

迎青书屋诗钞 1 卷　集部别集类　佚

见《淮海英灵集》丁集卷 4，收其诗 2 首。

方肇夔

字引谐。清江都人。诸生。

晚锄诗稿　集部别集类　佚

见嘉庆《江都县续志》卷 8。

按：《江苏诗征》卷 67 收其诗 2 首，《淮海英灵集》乙集卷 1 收其诗 1 首。

章雨玉

清扬州人。

冷红阁词　集部词曲类　佚

见嘉庆《重修扬州府志》卷62。

林　阆(1739—1792)

字苑西,号兰汀。清江都人。廷和三子,开弟。廪贡生。气岸高迈,才力精敏。廷和官廉多负,阆与诸兄弟,节馆谷所入偿之。亦善书工诗。

兰汀诗存3卷　集部别集类　佚

见《淮海英灵集》戊集卷4,收其诗7首。

梅花书屋诗1卷　集部别集类　佚

见同治《续纂扬州府志》卷22。

陈本礼(1739—1818)

字嘉会,号素村。清江都人。监生。幼好诗文,家多藏书,秘本尤多。有别业名瓠室,收储宏富,与玲珑山馆马氏、石研斋秦氏相等。勤于考订,得宋本精椠,尤珍袭藏之。

焦氏易林考证66卷　经部易类

稿本,北京大学图书馆藏。凡六十四卦,分64卷,又有卷首2卷,有清李兆洛手书序。

急就篇1卷　经部小学类

清陈本礼笺订

清嘉庆十七年(1812)刻本,上海图书馆藏。

太玄阐秘10卷附编1卷外编1卷首1卷　子部术数类

(1) 稿本,6册,北京大学图书馆藏。

(2)《聚学轩丛书》本。

离骚精义　集部楚辞类

2014年国家图书馆出版社《楚辞文献丛刊》本。

陈本礼离骚精义原稿留真　集部楚辞类

陶秋英、姜亮夫校，1955年上海出版公司影印本，上海图书馆藏。

南村鼓吹集　集部总集类　佚

见光绪《江都县续志》卷24下，谓陈本礼曾立诗社于城南角里庄地，一时名流多所酬唱，本礼乃编为此集。

江都陈氏丛书八种　丛书类

清陈本礼、陈逢衡撰

(1) 清嘉庆道光间递刻本，南京图书馆藏。

(2) 1997年台北新文丰出版公司《丛书集成三编》本。

子目：

《屈辞精义》6卷

《汉诗统笺》

《汉乐府三歌笺注》3卷

《急就探奇》1卷

《协律钩玄》4卷《外集》1卷

按：余3种其子陈逢衡撰，兹略。

江都陈氏四种　丛书类

(1) 清同治十一年(1827)刻本，南京图书馆藏。

(2) 1987年江苏广陵古籍刻印社影印本。

(3) 2015年广陵书社《扬州文库》本。

按：此丛书所收4种即《江都陈氏丛书八种》本所收陈本礼撰4种书，子目见上。

徐开纶

字弟言，号钝人。清甘泉人。任江西崇义县尉。

七夫人传　史部传记类　佚

味书草堂诗集　集部别集类　佚

花香留饮集　集部别集类　佚

以上3种见《淮海英灵集》乙集卷4，收其诗8首。

赵人麒

字天麟，号石斋。清甘泉人。品端才敏，尤严义利之辨。秦黉、沈业富、秦恩复等皆与之善。

玉尺轩集　集部别集类　佚

见《江苏诗征》卷108，收其诗1首。

田　倬

字雁门。清江都人。倜傥有才，善诙谑。少游诸幕府，颇有名。

雁门诗钞　集部别集类　佚

见嘉庆《重修扬州府志》卷62。

按：符葆森《国朝正雅集》收其诗1首。亦见《清诗纪事》乾隆朝卷。

管希宁

字幼孚，一作幼明，号平原，居甘泉之西山，故又称金牛山人。性情高洁，托业于医。涉猎诸史百家，旁及金石，工诗。尤究心书画。乾隆四十年(1775)仿周文矩《听琴图》，五十年仿元人《春湖幽亭图》。擅画梅。尝为墨梅，以胭脂点其蒂，风格隽妙。然不轻易得。晚年与洪疏谷为忘年交。年70卒。

因鸣集　集部别集类　佚

见《淮海英灵集》乙集卷4，收其诗3首。

就懦斋诗集　集部别集类　佚

见光绪《江都县续志》卷27。

杨　和

字育龄。清江都人。杨氏业医已届四世，至和尤精小儿科。

幼科秘旨 2 卷　子部医家类

订正秦昌遇幼科折衷 4 卷　子部医家类

以上 2 种见嘉庆《重修扬州府志》卷 54。

按：明秦昌遇《幼科折衷》2 卷，今有清抄本，上海图书馆等藏。

燮堂医案 1 卷　子部医家类

清嘉庆间刻本，北京大学图书馆藏。

王启心

字筑崖，号留耕。清甘泉人。布衣。

吟存 2 卷　集部别集类　佚

见光绪《增修甘泉县志》卷 23。

按：《淮海英灵集》丁集卷 4 收其诗 1 首。

王　楠

字配文，号让亭。清甘泉人。诸生。博览强记，精《文选》理，善画。尝试《角黍》《射雁》二赋，李因培以为此试得江都汪中、甘泉王楠二人。

青箱堂诗集 2 卷赋 1 卷　集部别集类　佚

见乾隆《增修甘泉县志》卷 23。

按：《淮海英灵集》丁集卷 3 收其诗 5 首。

焦　轮

字蒲载。清江都人。诸生。

六行堂诗集　集部别集类　佚

见《北湖续志》卷 5。

海稷遗草 1 卷　集部别集类

(1) 抄本《江都焦氏家集》本,国家图书馆藏。

(2) 2015 年广陵书社《扬州文库》本。

按:《江苏诗征》卷 37 收其诗 1 首。

曹荣兴

清甘泉人。

学庸精要　经部四书类　佚

见光绪《增修甘泉县志》卷 23。

周兆兰

字香泉。清广陵人。幼聪敏。乾隆三十三年(1768)顺天乡试举人,挑发安徽,补太湖县,后擢宁都知州,权吉安、南康知府,恢复白鹿书院膏火,添湖口救生船。以事降级,归卒。

重修白鹿书院志 19 卷　史部地理类

(1) 清乾隆刻本,南京图书馆藏。

(2) 清宣统刻本,南京图书馆藏。

(3)《四库全书存目丛书》本。

春帆居士稿　集部别集类　佚

见嘉庆《重修扬州府志》卷 48。

焦　熯

字炳人。清甘泉人。通经学,尤深于《易》。补廪膳生。好聚书,多异本,皆手校之。又深于医。族人中尤喜焦循。

易注　经部易类　佚

医学指南　子部医家类　佚

以上 2 种见《北湖小志》卷 6 家述。

林　闰

字岁成，号桐江。清江都人。廷和四子，阆弟。廪生。孝弟纯谨。工诗。卒于江西。

桐江诗草1卷　集部别集类　佚

见《淮海英灵集》戊集卷4，收其诗11首。

戴绶年

字梓璧，号钥门。清甘泉人。诸生。

稻香亭诗文集4卷　集部别集类

清乾隆三十八年(1773)刻本。

焦　骝

字肩为。清江都人。焦循族父。武生。善诗古文。

诗2卷　集部别集类　佚

见《北湖续志》卷5。

按:《淮海英灵集》乙集卷4收其诗1首。

何　融

字心田。清江都人。幼聪慧，兄授以经史。乾隆三十三年(1768)顺天举人。考取中书。改授六安州学正，主讲金台书院。

经义条辨　经部群经总义类　佚

史腴　史部史钞类　佚

以上2种见光绪《江都县续志》卷20。

范徵麟(1744—1793)

字彬文，号秋帆。清甘泉人。焦循表兄。诸生。居北湖。平生好游山水。焦循尝从其学7年。

秋帆集 10 卷　集部别集类　佚

见《淮海英灵集》乙集卷 4 收其诗 1 首。

汪　中(1744—1794)

字容甫。清江都人。经学家、文学家、史学家。少孤贫，母授以《小学》"四子书"。稍长，助书商贩书，得遍读群书，六经子史医药种树之书无不观览，尤嗜金石文字。过目成诵，遂为通人。年 20 补诸生。乾隆四十二年(1777)拔贡生，后即绝意仕进。博考先秦古籍及三代、两汉学制，旁及文字、训诂、度数、名物。治经宗汉学，最服膺顾炎武、阎若璩等人；精研史学，研究古代学制兴废，推崇墨子、荀卿，否定宋儒的道统说。在文学上也极有成就，诗文书翰，无所不工。与同邑江藩，高邮李惇、王念孙，宝应刘台拱为学友。乾隆五十九年在杭州文澜阁校《四库全书》，因暴病而卒。《清史稿》有传。

周官徵文　经部周礼类　佚

见同治《续纂扬州府志》卷 22。

大戴礼记正误 1 卷　经部大戴礼记类

(1)《皇清经解》本。

(2)《重印江都汪氏丛书》本。

(3) 1971 年台北《国学名著珍本汇刊》本。

(4)《续修四库全书》本。

春秋后传 20 卷　经部春秋总义类　佚

见清刘台拱《汪君传》。

春秋述义 1 卷　经部春秋总义类

(1)《宝墨斋丛书》本。

(2)《四部丛刊初编》本。

(3)《四部备要》本。

按：汪中自谓生平学术，于《春秋》用功最深。王念孙、王引之父子谓《春秋述义》一书有功经义，识议超卓，唐以下所未有。刘逢禄撰《公羊笺》，即采用其说。《春秋述义》附于《述学》后。

春秋列国官名异同考1卷　经部群经总义类

(1)《蛰园丛刻》本。

(2)《重印江都汪氏丛书》本。

(3) 台北《丛书集成续编》本。

(4)《续修四库全书》本。

经义知新记1卷　经部群经总义类

(1)《艺海珠尘》本。

(2)《皇清经解》本。

(3)《重印江都汪氏丛书》本。

(4)《丛书集成初编》本。

(5) 清抄本，清刘文淇、王萱龄批校，中共中央党校图书馆藏。

国语校文1卷　史部杂史类

(1)《灵鹣阁丛书》本。

(2)《重印江都汪氏丛书》本。

荀子年谱1卷　史部传记类

贾子年谱1卷　史部传记类

(1) 清稿本，台湾"中央图书馆"原藏。

(2)《历代名人年谱大成》本。

广陵通典10卷　史部地理类

(1) 清道光三年(1823)精刻本，北京师范大学图书馆藏。

(2) 清同治八年(1869)扬州书局精刻本，复旦大学图书馆藏。

(3)《重印江都汪氏丛书》本。

(4) 2015年广陵书社《扬州文库》本。

金陵地图考(一作金陵地理考)　史部地理类　佚

见清刘台拱《汪君传》。

容甫金石跋尾1卷　史部金石类

清抄本，湖南省社科院图书馆藏。

勤学记2卷　子部杂学类　佚

炳烛记2卷　子部杂学类　佚

以上2种见嘉庆《重修扬州府志》卷62。

旧学蓄疑1卷　子部杂学类

(1)《木犀轩丛书》本。

(2)《重印江都汪氏丛书》本。

(3) 台北《丛书集成续编》本。

(4) 1968年台北《中华文史丛书》本。

文宗阁杂记3卷　子部杂学类

(1) 稿本，台湾"中央图书馆"原藏。

(2) 台北文海出版社《清代稿本百种汇刊》本。

按：今人或认为《文宗阁杂记》非汪中著作，乃近代书贾托名之书。见王培军《〈文宗阁杂记〉非汪中著作考》(《复旦学报(社会科学版)》2017年第5期)。

文宗阁杂记续编　子部杂学类

稿本，南开大学图书馆藏。

老子考异1卷　子部道教类

《无求备斋老子集成》本。

汪容甫先生诗集6卷附录1卷　集部别集类

(1) 清道光间精刻本。

(2)《刻鹄斋丛书》本。

(3) 台北《丛书集成续编》本。

容甫先生遗诗5卷补遗1卷附录1卷　集部别集类

(1)《风雨楼丛书》本。

(2)《四部丛刊》本。

(3)《重印江都汪氏丛书》本。

(4) 清光绪十一年(1885)述古斋木活字印本，华东师范大学图书馆藏。

(5) 清宣统元年(1909)铅印本。

(6) 清汉阳叶氏抄本,国家图书馆藏。

(7) 1914 年有正书局据原刻本石印,北京大学图书馆藏。

(8) 台北《中国学术名著第五辑》本。

(9)《续修四库全书》本。

(10)《清代诗文集汇编》本。

(11) 2015 年广陵书社《扬州文库》本。

汪容甫先生遗文 1 卷附钞 1 卷　集部别集类

(1)《志古堂丛书》本。

(2) 台北《中国学术名著第五辑》本。

汪容甫文笺 3 卷　集部别集类

古直笺

(1)《国粹学报》本。

(2)《层冰草堂丛书》本,1958 年人民文学出版社重印。

(3) 台北《中国学术名著第五辑》本。

按:其中卷中 4 篇为兴化李详笺注,古直有订补。

汪容甫文续笺稿 1 卷　集部别集类

古直撰

铅印本,南京图书馆藏。

述学 2 卷　集部别集类

(1)《皇清经解》本。

(2)《小琅嬛仙馆叙录书》本。

(3)《文选楼丛书》本。

述学 3 卷　集部别集类

清乾隆间汪氏自刻本,浙江图书馆藏。南开大学图书馆藏乾隆刻校样本,有清刘端临手校。

述学内篇 3 卷外篇 1 卷补遗 1 卷别录 1 卷　集部别集类

(1) 清道光汪喜孙刻《江都汪氏丛书》本。南京图书馆藏本有吕贤基圈点、翁同龢批并跋。

(2) 清同治八年扬州书局刻本。华东师范大学图书馆藏本有严复校并跋,湖南省图书馆藏本有王礼培跋。

(3) 清光绪二十年茶熟香温室重刻本。

(4) 上海千顷堂书局石印本。

(5)《粤雅堂丛书》本。

(6)《四部丛刊》本。

(7)《四部备要》本。

(8)《宝墨斋丛书》本。

(9)《重印江都汪氏丛书》本。

(10)《志古堂丛书》本。

(11) 1957 年四川人民文学出版社出版。

(12) 清刘咸炘批点本,四川省图书馆藏。

(13) 台北《中国学术名著第四辑》本。

(14)《续修四库全书》本。

(15)《清代诗文集汇编》本。

(16) 2015 年广陵书社《扬州文库》本。

述学内篇 3 卷外篇 1 卷　集部别集类

清刻本,清吴廷康校,国家图书馆藏。

述学校笺　集部别集类

李金松校注

2014 年上海古籍出版社出版。

新编汪中集　集部别集类

田汉云点校

2005 年广陵书社出版。

喜诵 10 卷　集部总集类　佚

按:此选经史子及汉魏六朝唐人之文。

伤心集　集部总集类　佚

按：此选屈宋以下哀艳之文，未成。

以上2种见清刘台拱《汪君传》。

策略谀闻1卷附录1卷　集部诗文评类

(1) 清乾隆左海抄本，台湾“中央图书馆”原藏。

(2) 清嘉庆十一年(1806)德成堂精刻本。

(3)《新编汪中集》本。

按：秦更年《重刻江都汪氏丛书序》云：“曰《春秋后传》、曰《强识录》、曰《问礼堂书目》，当时疑皆有成书，而世未之见。曰《尚书考异》、曰《小学》、曰《说文求端》、曰《秦蚕食地图表》、曰《宋世系表》、曰《金陵地图考》，则皆草创未成者也。其所校《仪礼》《尔雅》，胡氏、郝氏两《正义》采之。所校《荀子》，见于谢氏刻本，王氏《读书杂志》亦采其说。此原本无传而于他书见其崖略者也。又所校贾谊《新书》《墨子》，皆藏于家，今不知存佚。”是汪氏著作尚多，姑附此俟考。

吴　鲁(1744—1823)

字慕桥，亦字迂客，号宣国。本清歙县籍，改甘泉。均族孙。国学生，考取四库馆誊录。以州司马候选充盐务商人。工吟咏，日与族人吴锡麒等相唱和。年80卒。

古愚轩诗集2卷　集部别集类

清道光二十八年(1848)刻本，南京图书馆藏。

按：《广陵思古编》卷12收其文1篇。

林苏门

号兰痴。清甘泉人。尝入其甥阮元之幕。

续扬州竹枝词不分卷　集部别集类

(1) 抄本，扬州市图书馆藏。

(2) 2015年广陵书社《扬州文库》本。

邗江三百吟10卷　集部别集类

（1）清嘉庆十三年（1808）刻本，南京图书馆、扬州大学图书馆等藏。

（2）1988年江苏广陵古籍刻印社影印嘉庆本。

（3）《扬州地方文献丛刊》本。

（4）《清代诗文集汇编》本。

（5）2015年广陵书社《扬州文库》本。

按：清林溥《扬州西山小志》卷首《西山樵唱题辞》自注云："《邗江三百吟》，搜集广陵事迹略遍，足备一时文献。"

罗本俅

字兰堂。清扬州人。

兰堂诗集9卷　集部别集类

清乾隆四十九年（1784）刻本。

赵大有

清江都人。

棠湖纪事诗　集部别集类　佚

见光绪《增修甘泉县志》卷23。

马怀远

清邗江人。世代为淮西医家，得家传数种医书，并以此为家训。

马氏庭训（一名马怀远医案）6卷　子部医家类

（1）清康熙《春湖医珍八种》抄本。

（2）清抄本，上海中医药大学图书馆藏残本1卷。

闵士双（？—1800）

号耐翁。清江都人。贡生。官亳州训导。诗宗陆游，无题之作又时仿李商隐。官徐、亳久，索寞情怀，时见吟咏。

翠雨山房集　集部别集类

清嘉庆五年(1800)潘志垲刻本,广东中山图书馆藏。

按:《江苏诗征》卷104收其诗7首,参见《清诗纪事》乾隆朝卷。

潘　瑛(?—1805)

字兰如,别号十四洞天人。清江都人,居怀宁。乾隆六十年(1795)与华亭张若采会。其诗气格清超,词旨沉挚。

晋希堂诗集6卷　集部别集类

清嘉庆间刻本,南京图书馆藏。

按:另有4卷本,上海图书馆藏。

国朝诗萃初集10卷二集14卷　集部总集类

清潘瑛、高岑编

清嘉庆九年(1804)晋希堂刻本,南京图书馆、复旦大学图书馆等藏。

许祥龄(1746?—?)

字蔬庵。清甘泉人。少补弟子员,性喜吟咏,好游山水。业医。嘉庆四年(1799)旅吴门,十七年李汝珍与之缔交。

蔬庵诗草3卷　集部别集类

清嘉庆十二年序刻本,南京图书馆藏。

蔬庵诗草不分卷　集部别集类

清嘉庆刻本,中国社会科学院文学研究所藏。

按:此分《舟车集》《垂帘集》《吴门游草》《嘉禾游草》《西湖游草》诸集。诗集由黄文旸、李天澄等人选定评阅。

圣　教

字友渠,号寄岩。清江都人。俗姓卢。通内外学。乾隆末主焦山玉峰庵。工书。

懒余吟草 2 卷　集部别集类

《焦山六上人诗》本。

何　书

字西山。清江都人。融弟。隐居不仕。

阴骘文诗笺　子部道教类　佚

见《广陵思古编》卷 7 小传，并收其文 2 篇。

鸣秋集 20 卷　集部别集类　佚

见嘉庆《重修扬州府志》卷 62。

吴之黼

字有舍，号竹屏。清江都人。乾隆四十七年(1782)由川东道迁江西按察使，四十九年革职。工书，善画兰竹。喜读金石文字，尝官关中，搜罗碑碣甚多。归里后日坐小阁，摩挲跋尾，人谓有赵明诚之风。

乐山堂诗集　集部别集类　佚

见《江苏诗征》卷 15，收其诗 4 首。

王彦林

字澍田。清甘泉人。诸生。任浙江秀水县典史。

雕虫草　集部别集类　佚

见《淮海英灵集》戊集卷 3，收其诗 2 首。

李天澄(1750—1817)

字公怀，号瘦仙。清江都人。性幽挚，不事绳检。精医工书，尤好韵语，刻邃崛强，力避时尚。与二三同志结西林吟社，友谊敦笃几于古人。尝为许祥龄评阅诗集。生平不娶，亦不治生，衣敝履穿不顾。

瘦仙遗草 3 卷　集部别集类

清光绪间刻本，南京图书馆藏。

指鸿阁诗抄 2 卷　集部别集类　佚

见嘉庆《重修扬州府志》卷 62。

张宗泰(1750—1832)

字登封，号筠岩。清甘泉人。乾隆五十四年(1789)拔贡生。历天长、合肥教谕。道光七年(1827)以老疾自合肥教谕任还。居官有政绩。研究经史，尤精天官家学，寒暑不辍。著书甚富，但多数未付刻，或藏于家。

周官礼经注正误 1 卷　经部周礼类

(1) 清嘉庆二年(1797)石梁学署刻本，北京大学图书馆藏。

(2)《积学斋丛书》本。

春秋左氏传读正本误　经部春秋左传类　佚

见清薛寿《学诂斋文集 · 张登封先生家传》。

孟子七篇诸国年表 1 卷说 1 卷　经部四书类

(1)《积学斋丛书》本。

(2) 抄本，国家图书馆藏。

(3) 1991 年广陵古籍刻印社重刷本。

尔雅注疏本正误 5 卷　经部小学类

(1) 清嘉庆二年石梁学署刻本。

(2)《广雅书局丛书》本。

(3)《积学斋丛书》本。

(4)《续修四库全书》本。

旧唐书疏证　史部正史类　佚

见《家传》。

竹书纪年校补 2 卷　史部编年类

(1) 清嘉庆二年石梁学署刻本，南京图书馆、金陵图书馆等藏。

(2) 清道光二十五年扬州文杏馆刻本，如皋市图书馆藏。

(3)《聚学轩丛书》本。

(4)《四库未收书辑刊》本。

新旧唐书合钞　史部史钞类　佚

见《家传》。

(嘉庆)备修天长县志稿10卷　史部地理类

清张宗泰纂

(1) 清嘉庆二十四年刻本,南京图书馆藏。

(2) 1934年刘增龄补辑铅印本。

(3) 抄本,存卷2,中央民族大学图书馆藏。

(4)《中国方志丛书》本。

乙部考日长编　子部历算类　佚

二十二史日食征　子部历算类　佚

新唐书天文志疏证　子部历算类　佚

唐冬夏两至考　子部历算类　佚

宋辽金元朔闰考　子部历算类　佚

以上5种见《家传》。

质疑删存3卷　子部杂学类

(1) 清道光十九年何榛刻本,国家图书馆藏。

(2)《聚学轩丛书》本。

(3) 1988年中华书局标点本。

(4) 2015年广陵书社《扬州文库》本。

按:张氏所著书又统称为《文杏轩全集》。

许　瓒(1750—1835)

字玉粲。清甘泉人。工小篆,善铁笔。

卤亭印谱　子部艺术类　佚

见光绪《增修甘泉县志》卷14。

殷　盘

字铭载。清江都人。谨厚好学，尝以俗学承袭，偏旁点画，多失六书之意，与张宗泰等相讲习探究。后主校刊《周官郑注》，勘核不苟。未及贡，卒。

周官郑注　经部周礼类

清殷盘校刊，国家图书馆藏。

陈思贤

字再可，号梅垞。先世浙江钱塘人，祖父陈章客马氏玲珑山馆最久，因家扬州，籍江都。思贤夙承家学，其祖遗书万卷，尽能读之。工诗，宗韦孟，清微淡远。其祖父执友吴均，极赏思贤之诗。性恬退，不慕荣利，构城南草堂，与诸名士觞咏其中。晚年得异石于太湖，因自号白石山人。

白石山人诗草　集部别集类　佚

见民国《江都县续志》卷14。本志卷22谓仪征汪端光序而行之。刻本今未见。

李　谦

字午唐。清甘泉人。日以诗字为性命，年30卒。

李谦遗稿1卷　集部别集类　佚

见《北湖续志》卷4。

张宗乾

字健麟，号冰男。清江都人。

听雨轩集　集部别集类　佚

见嘉庆《重修扬州府志》卷62。

按：《江苏诗征》卷55收其诗2首。

江　涟

字漪堂，晚号白眉老人。清江都人。昆子。乾隆四十五年（1780）高宗南巡时，赏给中书，迁起居注，历官户部。在内阁日久，凡大典崇仪鸿章巨制多出其手。告归后主讲崇川文正书院。卒年70。

（嘉庆）重修扬州府志72卷首1卷　史部地理类

清阿克当阿修　江藩、江涟等纂

版本参见"江藩"条。

阁注文钞4卷　集部别集类

清道光十六年（1836）刻本，南京图书馆藏。

江振鹭

字芭堂，号玉华。清江都人。昉子。盐运同知衔。能诗工书。

玉华诗钞1卷　集部别集类

（1）《新安二江先生集》附刻本。

（2）2015年广陵书社《扬州文库》本。

韦佩金（1752—1808）

字书成，一作字酉山。清江都人。乾隆四十三年（1778）进士，同年在京交黄景仁。历广西苍梧、怀集、马平、凌云四县知县。嘉庆四年（1799）坐事谪戍新疆，八年释归。闭门养母，教授生徒。熟于地理之学，著作多散佚未刊。

世系2卷　史部传记类　佚

地理指掌20卷　史部地理类　佚

伊犁总志纂略2卷　史部地理类　佚

西戍纪程3卷　史部地理类　佚

唐藩镇考3卷　史部地理类　佚

以上5种见嘉庆《扬州府志》卷48。

新疆地理考4卷　史部地理类　佚

广西水地通释8卷　史部地理类　佚

以上2种见嘉庆《扬州府志》卷62。

旧治录1卷　子部杂学类　佚

见嘉庆《扬州府志》卷48。

经遗堂集26卷　集部别集类

清道光二十一年(1841)江都丁光煦校刻本,南京图书馆、北京大学图书馆等藏。

夜雨珠帘词1卷　集部词曲类

收入《经遗堂集》。

陈　勤(1752—1816)

字辛农,一字拙存。清甘泉人。符葆森祖母。

茹蘖闲房诗存1卷　集部别集类

清道光十九年(1839)刻本,南京图书馆藏。附符莹撰《画纱室吟稿》1卷。

谢　玉

字芸庄。清甘泉人。国子监生。工诗,善书法。

东山书屋吟稿　集部别集类　佚

见《北湖续志》卷4。

达　澄(1754—1803)

字如鉴,号古光。清上元人。虞氏子。年12依修竹庵僧无瑕,后受戒于隆庆寺。居扬州最久,遂主高旻寺。

如鉴澄禅师语录2卷　子部佛教类

1922年天宁寺刻经处刻本,上海图书馆藏。

诗集1卷　集部别集类　佚

见《瓜洲续志》卷14，卷25收其诗6首。

江振鸿

字颉云，一字文叔。清江都人。昉次子，春嗣子。候补道，好乐善施，后业盐，以继其父。弱冠能文，乐志琴书，喜吟咏，工绘事。

莺花馆诗钞　集部别集类　佚

见《江苏诗征》卷4。

新安二江先生集　丛书类

清江振鸿辑

(1) 清嘉庆九年(1804)扬州康山草堂刻本，上海图书馆藏。

(2) 2015年广陵书社《扬州文库》本。

子目：

《随月读书楼集》3卷　清江春撰

《晴绮轩集》2卷　清江昉撰

《练溪渔唱》2卷　清江昉撰

《集山中白云词》1卷　清江昉撰

附：

《玉华诗钞》1卷　清江振鹭撰

《文峰遗稿》1卷　清江振先撰

吴　涣

字待轩。清江都人。尝问诗于黄文旸。与江藩等友善，往来江淮间，后居泰州。贫不能自给，苦吟不绝。

枕流阁诗钞　集部别集类　佚

见《广陵思古编》卷11黄文旸本书序。

按：《江苏诗征》卷15收其诗2首。

盛　澄

字汇如。清甘泉人。年16补弟子员。中年目盲，授徒东台安丰。

周易图说　经部易类　佚

见嘉庆《东台县志》卷30。

林述曾

字季修。清江都人。廷和孙。工诗。知浙江武康县事，在任6年，以官为苦，告归。工诗善书，少尝从沈业富读书。

梅花书屋诗1卷　集部别集类　佚

见光绪《江都县续志》卷25下。

按：《江苏诗征》卷87收其诗1首。

张维桢

字芰塘。清江都人。澎曾孙。乾隆五十三年(1788)副贡。工诗词，精天文，明于六壬占验。卒年70余。

石萝山房诗钞8卷　集部别集类

清道光十年(1830)刻本，南京图书馆藏。

按：是集由及门弟子校刊，共收诗952首。前有道光十年自序及包世臣、阮亨序。

管粤秀

字南英，号瓯山。清甘泉人。一清孙。年15应童子试，学使谢墉叹为天才。岁科六试冠军。中乾隆五十七年(1792)顺天乡魁。伯麟巡抚山西，重其才延致幕中掌章奏。年未40即中风，右体偏废，以左手作书画，工妙绝伦。选授奉贤教谕，未赴任卒。

易义纂要　经部易类　佚

春秋释例辨　经部春秋总义类　佚

以上 2 种见《扬州画苑录》卷 2。

春秋例 3 卷　经部春秋总义类　佚

癸辛杂识 1 卷　子部杂学类　佚

瓯山诗稿 8 卷　集部别集类　佚

词说 1 卷　集部词曲类　佚

以上 4 种见《北湖续志》卷 5。

黄　金(? —1819)

字无假,号菊隐,一号小秋。清甘泉人。文旸子。嘉庆十一年(1806)与陈本礼、阮元、王豫等集焦山,祀杨继盛。

梨红馆笔谈 2 卷　子部杂学类　佚

见抄本《焦山书藏目录》。作于嘉庆十二年。

何莫编　集部别集类　佚

见嘉庆《重修扬州府志》卷 62。

按:《淮海同声集》卷 16 收其诗 1 卷。

史致俨(1760—1838)

字容庄,号望之,又号问山、樗翁。清江都人。为诸生时谢墉甚器重之。嘉庆四年(1799)成进士。选庶吉士,授编修。督四川学政。二十一年督河南学政。道光元年(1821)典湖北乡试,累迁内阁学士。三年,擢刑部侍郎,调礼部。五年督福建学政。调刑部,历左都御史,迁礼部尚书。两典顺天乡试。调工部,又调刑部。勤于职守。任刑部凡 4 年,京察,以刑名详慎,被议叙。十八年乞解职,寻卒。赠太子太保。《清史稿》卷 375 有传。

历代郊祀考　经部三礼总义类　佚

尔雅音义考　经部尔雅类　佚

以上 2 种见光绪《江都县续志》卷 20 上。

樗寿山房辑稿 6 卷　集部别集类

(1) 清道光二十六年刻本，南京图书馆、上海图书馆等藏。另有光绪补版印本。

(2) 清光绪刻本，苏州图书馆藏。

秦恩复(1760—1843)

字近光，一字澹生，号敦夫，晚年自号猖翁。清江都人。黉子。乾隆四十八年(1783)举人。五十二年进士，改翰林院庶吉士。散馆授编修。阮元抚浙时，聘主讲诂经精舍。嘉庆十四年(1809)任两淮盐政，又延主讲乐仪书院。二十年复聘校刊《全唐文》。精于鉴藏，所居五笥仙馆蓄书万卷。丹铅不离手，读书好古，尤精校勘。校刊陶弘景《鬼谷子注》、卢重元《列子注》及《隶韵》诸书，世称善本。性喜填词，每拈一调，必求尽善。与人谦抑，口不谈学问，故世罕知者。《清史列传》有传。

西夏书 20 卷　史部杂史类　佚

见嘉庆《重修扬州府志》卷 62。

(嘉庆)重修扬州府志 72 卷首 1 卷　史部地理类

清阿克当阿修　江藩、秦恩复等纂

版本参见“江藩”条。

石研斋书目 2 卷　史部目录类　佚

见《广陵思古编》卷 2 江藩撰本书序。

秦氏吉金簿 1 卷　史部金石类　佚

见嘉庆《重修扬州府志》卷 62。

扬子法言 13 卷附考异 1 卷附考 1 卷音义 1 卷　子部儒学类

东汉扬雄撰　晋李轨注

(1) 清嘉庆二十四年秦恩复校刻宋治平监本，北京师范大学图书馆藏。

(2) 清光绪二年(1876)浙江书局据江都秦氏本校刊，南京图书馆藏。

(3) 清光绪二十三年图书集成局据江都秦氏本石印。

(4)《诸子集成》本。

石研斋弈萃不分卷　子部艺术类

清抄本，国家图书馆藏。

秦敦夫笔录2卷　子部杂学类

(1) 稿本，上海图书馆藏。

(2) 2015年广陵书社《扬州文库》本。

享帚精舍文集2卷　集部别集类

(1) 清秦氏石研斋抄《江都秦氏石研斋未刊遗稿五种》本，南京图书馆藏。

(2) 清刻本，四川大学图书馆藏。

广陵诗存　集部总集类　佚

见嘉庆《重修扬州府志》卷62。

享帚词　集部词曲类

(1) 4卷，清道光二十五年(1845)冬精刻本。

按：吉林大学图书馆藏抄本。

(2) 1卷，《江都秦氏石研斋未刊遗稿五种》本。

吟碧居曲谱8卷　集部词曲类

清抄本，山东省图书馆藏。

石研斋校刻书七种60卷　丛书类

清秦恩复辑

清嘉庆道光间秦氏石研斋刻本，国家图书馆藏。

子目：

《隶韵》10卷　宋刘球撰　《隶韵考证》2卷　清翁方纲撰

《碑目考证》1卷

《奉天录》4卷　唐赵元一撰

《鬼谷子》3卷　梁陶弘景注　《篇目考》1卷《附录》1卷

《列子》8卷　唐卢重元解　《叙论》1卷《考证》1卷

《骆宾王文集》10卷　唐骆宾王撰　《考异》1卷　清顾广圻撰

《李元宾文集》6卷　唐李观撰

《吕衡州文集》10卷　唐吕温撰　《考证》1卷　清顾广圻撰

石研斋四种27卷　丛书类

清秦恩复辑

清乾隆至道光间江都秦氏享帚精舍刻本。

子目：

《奉天录》4卷　唐赵元一撰

《列子》8卷附《卢注考说》1卷　周列御寇撰　唐卢重元注　附秦恩复撰

《鬼谷子》3卷附《篇目考》1卷　梁陶弘景注　清秦恩复校并撰《篇目考》

《封氏闻见记》10卷　唐封演撰

唐人三家集三种28卷　丛书类

清秦恩复辑

(1) 清道光十年秦氏石研斋据宋本影刻，南京师范大学图书馆藏。

(2) 清宣统三年(1911)影印石研斋本，南京大学图书馆藏。

按：此收唐人文集3种，即上述《石研斋校刻书七种》中骆宾王、李观、吕温三家文集。

又按：以上3种丛书或为同一种，因刊刻年代有先后、各家著录有不同而分为3种。

词学丛书六种23卷　丛书类

清秦恩复辑

(1) 清嘉庆道光间江都秦氏享帚精舍刻本，南京图书馆藏。

(2) 清光绪六年邗江承启堂据秦氏版重修印本。

子目：

《乐府雅词》3卷《拾遗》2卷　宋曾慥辑

《阳春白雪》8卷《外集》1卷　宋赵闻礼辑

《词源》2卷　宋张炎撰

《日湖渔唱》1卷《补遗》1卷《续补遗》1卷　宋陈允平撰

《精选名儒草堂诗余》3卷　元凤林书院辑

《词林韵释》1卷　宋佚名撰

黄　洙

字依宣，号淡人。清甘泉人。乾隆五十五年(1790)进士，授内阁中书，居京师，不乐事权贵，归主如皋雉水书院讲席。嘉庆初改官知县。历山东清平、泗水、阳谷、肥城、章丘诸县，均有惠政，大吏重之。以劳卒于官。

四书经注考证　经部四书类　佚

淡人诗文集　集部别集类　佚

以上2种见同治《续纂扬州府志》卷22。

按：《广陵思古编》卷12收其文1篇。《清诗纪事》嘉庆朝卷据袁洁《蠡庄诗话》收其残句诗。

卢元素

字净香、鹤云，小字静淑，号静香居士。清江都(一作福建侯官)人。钱塘钱东继室。

静香诗钞　集部别集类　佚

见《正始集》。参见《历代妇女著作考》卷19。

绣药轩遗稿1卷　集部别集类

清光绪刻《湖墅钱氏家集》本，南京图书馆藏。

裔　荣

字向之。清甘泉人。县学生。幼邃于学，与黄承吉、焦循友善，以文艺相切磋，称为畏友。而荣独不遇，以授徒自给。

向之诗集　集部别集类　佚

见光绪《增修甘泉县志》卷14。

按:《广陵思古编》卷12收其《雕菰楼易学后识》文1篇。

焦 儶

字山起。清甘泉人。县学生。

中山文稿　集部别集类　佚

见《北湖小志》卷6家述。

员 琳

字道颐。清三原人。墩八妹,江都程存仁妻。能诗工画。家甚贫乏,穷饿而死。

杏余集　集部别集类　佚

古渡诗评　集部诗文评类　佚

以上2种见《扬州画苑录》卷4。

按:员琳卒后,其兄员墩于书肆书角上见其常用二小印,甚为感慨,乃作诗吊之。诗见《淮海英灵集》戊集卷3,有"妹以饥寒死,诗同画笔空""何从寻慧业,断月与零风"等句。

周载芳

字湘蘅。清扬州人。与上元王贞仪为中表姻戚。

周夫人诗集　集部别集类　佚

见清王贞仪《德风亭初集》卷1《周夫人诗集序》。

钟 褱(1761—1805)

字保岐,一作保其,一字菣崖。清甘泉人。嘉庆九年(1804)优贡生。与阮元、焦循相善,共为经学,旦夕讨论,以读书为乐。尝与阮元同从李道南学。生平笃实,敦善行。交游中称为君子。《清史列传》卷69有传。

菣崖考古录4卷　子部儒学类

（1）清嘉庆十三年阮元刻本，国家图书馆、北京大学图书馆藏。

（2）清抄本，北京大学图书馆藏。

（3）1931年石印本。

（4）《续修四库全书》本。

（5）2015年广陵书社《扬州文库》本。

按：清焦循《雕菰集》卷22《甘泉优贡生钟君墓志铭》云，钟褱卒之明年，其子将其著述草稿托焦循整理，共13种。《春秋考异》论三传，《说书》解说《尚书》，《区别录》考订毛诗之草木虫鱼，《论语考古》发鲁论之疑滞，《祭法解》核古祀典，《周官识小》类释古职官，《读选杂述》补《文选注》之不及，《兴艺塾问》录其与门弟子讲说之辞，《汉儒考》表两汉经师，《兴艺塾笔记》《考古录杂论》为经籍丛记，《觉庵日记》记乾隆五十九年至六十年（1794—1795）事，《筠心馆集》为其诗古文词。另有零星散卷。焦循取其精华，编成《考古录》4卷。

江　藩（1761—1831）

字子屏，号郑堂，又号节甫，晚年自称节甫老人。清甘泉人。经学家。监生。惠栋再传弟子，受业余萧客、江声，终生未仕。汪中最亲密的学侣，博综群经，精于训诂，治经专宗汉学，笃信谨守，然门户之见殊深。熟于史事，兼通数学，而以考据学见长。书室名炳烛室。善辞赋。《清史列传》有传。

周易述补4卷　经部易类

（1）《节甫老人杂著》本。

（2）《江氏丛书》本。

（3）《皇清经解》本。

（4）《四部备要》本。

（5）清咸丰七年（1857）潘道根抄本，上海图书馆藏。

（6）1983年台北新文丰出版公司《大易类聚初集》本。

按：惠栋作《周易述》20卷，未竟而卒，缺自“鼎”至“未济”15卦，以及序卦、杂卦二传，藩为之续补，引证精博。

仪礼补释　经部仪礼类　佚

考工戴氏车制翼　经部三礼总义类　佚

以上2种见同治《续纂扬州府志》卷22。

乐县考2卷　经部乐类

(1)《艺海珠尘》本。

(2)《江氏丛书》本。

(3)《粤雅堂丛书》本。

(4)《丛书集成初编》本。

尔雅小笺3卷　经部尔雅类

(1) 汪憙孙辑稿本，2卷，汪憙孙、周銮诒、费念慈跋，上海图书馆藏。

(2)《鄦斋丛书》本。

(3) 清光绪十九年(1893)刻本。

(4) 台北《丛书集成续编》本。

(5)《续修四库全书》本。

按：江藩原著此书名《尔雅正字》，道光元年(1821)重订，改称《尔雅小笺》。

隶经文4卷续1卷　经部群经总义类

(1) 清道光元年刻本，南京图书馆藏。

(2)《节甫老人杂著》本。

(3)《江氏丛书》本。

隶经文4卷　经部群经总义类

(1)《粤雅堂丛书》本。

(2)《皇清经解续编》本。

(3)《丛书集成续编》本。

国朝汉学师承记8卷国朝经师经义目录1卷国朝宋学渊源记2卷附记1卷　史部传记类

(1)《节甫老人杂著》本。

(2)《江氏丛书》本。

(3)《粤雅堂丛书》本。

(4)《玲珑山馆丛书》本。

(5)《四部备要》本。

(6)《丛书集成初编》本,未收《国朝宋学渊源记》及《附记》。

(7) 清嘉庆二十三年(1818)阮元刻本,南京图书馆藏。

(8) 清咸丰刻本,南京图书馆藏。

(9) 清光绪二年木活字本,南京图书馆藏。

(10) 清光绪九年山西书局刻本,南京图书馆藏。

(11) 清光绪十一年扫叶山房刻本,南京图书馆藏。

(12) 清光绪二十二年宝庆劝学书社刻本,南京图书馆藏。

(13) 1935 年商务印书馆本,1983 年上海书店复印。

(14) 1983 年中华书局点校本。

按:《国朝汉学师承记》版本众多,不备载,详见漆永祥《江藩与汉学师承记研究》。

国朝汉学师承记注底稿不分卷　史部传记类

清江藩撰　古闽黄烨如注

抄本,北京大学图书馆藏。

汉学师承记笺释　史部传记类

清江藩撰　漆永祥笺释

2006 年上海古籍出版社出版,2013 年再版。

经传地理通释　史部地理类　佚

见《明清江苏文人年表》。

河赋注 1 卷　史部地理类

清江藩撰　钱坤注

(1)《藕香零拾》本。

(2) 台北《丛书集成续编》本。

(嘉庆)扬州府图经(一作广陵图经)8卷　史部地理类

清阮元修　江藩、焦循纂

(1) 清嘉庆六年修,抄稿本,国家图书馆藏。

(2) 清抄本,国家图书馆藏,不全。

(3) 清嘉庆十一年刻本。

(4) 1981年江苏广陵古籍刻印社据嘉庆本重刻,国家图书馆藏。

(5) 1983年台北文海出版社《中国名山胜迹志丛刊》本。

(6) 2015年广陵书社《扬州文库》本。

(嘉庆)重修扬州府志72卷首1卷　史部地理类

清阿克当阿修　江藩等纂

(1) 清嘉庆十五年刻本,同治十三年(1874)补刻,南京图书馆藏。

(2) 台北《中国方志丛书》本。

(3)《中国地方志集成》本。

(4) 2015年广陵书社《扬州文库》本。

(道光)广东通志334卷首1卷　史部地理类

清阮元修　陈昌齐、江藩等主纂

(1) 清道光二年刻本,南京图书馆藏。

(2) 清同治三年刻本,南京图书馆藏。

(3) 1934年上海商务印书馆影印本,南京图书馆藏。

(4) 1990年上海古籍出版社影印商务印书馆本。

(道光)肇庆府志22卷　史部地理类

清屠英主修　江藩等纂

(1) 清道光十三年刻本,南京图书馆藏。

(2) 清光绪二年刻本,南京图书馆藏。

半毡斋题跋2卷　子部杂学类

(1) 清抄本,上海图书馆藏。

(2)《功顺堂丛书》本。

(3)《丛书集成初编》本。

乙丙集 2 卷　集部别集类

(1) 稿本,有乾隆五十一年(1786)自序,国家图书馆藏。

(2)《清代诗文集汇编》本。

(3) 2015 年广陵书社《扬州文库》本。

伴月楼诗钞 3 卷　集部别集类

(1) 清抄本,上海图书馆藏。

(2)《清代诗文集汇编》本。

(3) 2015 年广陵书社《扬州文库》本。

炳烛室杂文 1 卷　集部别集类

(1)《滂喜斋丛书》本。

(2)《积学斋丛书》本。

(3)《丛书集成初编》本。

(4)《清代诗文集汇编》本。

(5) 2015 年广陵书社《扬州文库》本。

江藩集　集部别集类

2006 年上海古籍出版社漆永祥整理本。

扁舟载酒词 1 卷　集部词曲类

(1)《江氏丛书》本。

(2) 清嘉庆二十年刻本。

(3) 清仁和许氏娱园抄本,上海图书馆藏。

(4) 抄本《清人词集汇编》本,南京图书馆藏。

炳烛斋杂著四种 11 卷　丛书类

(1) 清阮元文选楼抄本,上海图书馆藏。

(2) 清抄本,广东中山图书馆藏。

(3) 1948 年合众图书馆石印本。

子目:

《舟车闻见录》2 卷《杂录续集》1 卷《续录三集》1 卷

《端研记》1 卷

《续南方草木状》1卷

《广南禽虫述》1卷《兽述》1卷

节甫老人杂著五种 38 卷　丛书类

清道光九年江顺铭重修刻本，上海图书馆藏本有叶景葵跋，另一部共 6 种。

江氏丛书七种 25 卷　丛书类

清光绪十二年江巨渠补刻本，南京图书馆藏。

子目：

《周易述补 4》卷

附：《易大义》1 卷　清惠栋撰

《国朝汉学师承记》8 卷

《国朝经师经义目录》1 卷

《国朝宋学渊源记》2 卷《附记》1 卷

《隶经文》4 卷《续》1 卷

《乐县考》2 卷

《扁舟载酒词》1 卷

按：《江氏丛书》即《节甫老人杂著》一书之改题，并补刻 2 种。

张佩兰

字贫书。清江都人。张因侄女，汪文锦妻。

佩兰遗稿　集部别集类　佚

见《历代妇女著作考》卷 14。

按：《江苏诗征》卷 168 收其诗 2 首。

姚　澍

字雨田。清甘泉人。乾隆五十一年(1786)贡生。任如皋县教谕，扬郡从游者甚多。道光二十年(1840)同人为其刊《小题文》。

论语讲义　经部四书类　佚

中庸遵注　经部四书类　佚

井田律吕图说　经部群经总义类　佚

以上3种见姚光鼐《姚氏家训跋》。

姚氏家训附文法直指　子部儒学类

（1）清同治十一年(1872)姚光鼐刻本，上海图书馆、北京大学图书馆等藏。

（2）清光绪二十五年(1899)重刻本，国家图书馆、北京师范大学图书馆等藏。

（3）清抄本，北京大学图书馆藏。

（4）2015年广陵书社《扬州文库》本。

按：清同治十一年侄孙姚光鼐跋云："鼐家藏塾课文稿数百篇，并《遵注》《讲义》诸书。癸丑(咸丰三年，1853)兵燹之后，全稿散佚无存。丙辰(咸丰六年)(光鼐)应京兆试入都，箧中仅存《家训》及《文法直指》一卷，爰付梓以传世。"

贻耕堂稿2卷　集部别集类　佚

见吴引孙《测海楼藏书目录》卷7。

倪曾镕

清江都人。

燕游词录1卷　集部词曲类　佚

见光绪《江都县续志》卷20上。

张容堂

清甘泉人。

读史窥豹　史部史评类　佚

木樨书屋诗文集　集部别集类　佚

以上2种见光绪《增修甘泉县志》卷23。

徐　复(? —1797)

字心仲。清江都人。少孤。喜读书。其兄使之牧,弃牛而逃。居僧寺,供洒扫之役以糊口。暇则诵读,常通夜不寝。焦循为之延誉,为乡塾童子师。补诸生,遂从事于经典考证之学。兼通算学。惜早卒。《汉学师承记》有传。

论语疏证　经部四书类　佚

见《汉学师承记》卷7。江藩曾为该书作序。

焦　循(1763—1820)

字理堂,一字里堂,号半九主人。清甘泉人。哲学家、数学家、戏曲理论家。嘉庆六年(1801)举人,与阮元齐名。焦氏世传《易》学,幼即以好《易》颖悟称。阮元督学山东、浙江,俱招往游。后应礼部试不第,托足疾归隐,不入城市者10余年。构"雕菰楼",读书著述其中。博闻强记,识力精卓,经史历算声韵训诂无所不通,尤精于《易》。喜考订社会风俗及小说、戏曲之源流。习之不倦,名重海内。钱大昕、王鸣盛、程瑶田等均推敬之。《清史稿》有传。子廷琥辑有《先府君事略》。

易章句12卷　经部易类

易图略8卷　经部易类

易通释20卷　经部易类

以上3种合称《雕菰楼易学三书》。版本有:

(1)《焦氏丛书》本。

(2)《皇清经解》本。

(3) 稿本,国家图书馆等藏。

(4) 稿本,台湾"中央图书馆"原藏。

(5) 台北《清代稿本百种汇刊》本。

(6) 台北《国学名著珍本汇刊》本。

(7) 1971年台北广文书局《易学丛书》本。

（8）1983年台北新文丰出版公司《大易类聚初集》本。

按：其中“汇刊”本收焦循撰《易章句》《易图略》《易通释》《周易补疏》4种，并程棨檠《雕菰楼易义》，共5种，统名曰《焦循之易学》。

易话2卷　经部易类

易广记3卷　经部易类

以上2种有《焦氏丛书》本。

易释6卷　经部易类

稿本，台湾“中央图书馆”原藏。

易通释不分卷　经部易类

稿本，上海图书馆藏。

周易补疏2卷　经部易类

（1）《焦氏丛书》本。

（2）《皇清经解》本。

（3）清嘉庆二十一年刻本，北京大学图书馆藏。

（4）清道光间受古书店刻本，辽宁大学图书馆藏。

（5）台北《大易类聚初集》本。

（6）台北《中国学术名著第六辑》本。

（7）《续修四库全书》本。

纂周易解不分卷　经部易类

稿本，日本东京都立中央图书馆藏。

注易日记不分卷　经部易类

焦循手写稿本，北京大学图书馆藏。

按：《事略》云：“自癸酉（嘉庆十八年）立一簿，稽考所业，得三卷，名曰《注易日记》。”北京大学藏本多有缺页，计始于十八年三月初五日，止于二十年三月初十日。其中增改颇多。参见《木犀轩藏书题记及书录》。

注易日记3卷　经部易类

（1）稿本，国家图书馆藏。

(2) 从焦循原稿传录本，北京大学图书馆藏。

雕菰楼易学五种　经部易类

2012 年凤凰出版社出版。

按：收录焦循易学著作《易章句》《易通释》《易图略》《易话》《易广记》5 种。

尚书补疏 2 卷　经部尚书类

(1)《焦氏丛书》本。

(2)《皇清经解》本。

(3) 台北《中国学术名著第六辑》本。

(4) 1971 年台北《国学名著珍本汇刊》本。

禹贡郑注释 2 卷　经部尚书类

(1)《焦氏丛书》本。

(2)《皇清经解续编》本。

(3) 稿本，天津图书馆藏。

古文尚书辨 8 卷　经部尚书类

《清颂堂丛书》本。

书义丛钞 40 卷　经部尚书类

稿本，国家图书馆藏，存 7 卷。

按：据《事略》，此书汇录 41 家 57 种解说《尚书》之书，不专一说，不加断语。

毛诗补疏 5 卷　经部诗经类

(1)《焦氏丛书》本。

(2)《皇清经解》本。

(3) 稿本，台湾“中央图书馆”原藏。

(4) 台北《中国学术名著第六辑》本。

(5) 1971 年台北《国学名著珍本汇刊》本。

按：《续修四库全书提要》云：“焦氏此书，其于注疏实可谓融会贯通，不为枝言曲说者矣。”

诗笺异同释不分卷　经部诗经类

稿本,日本静嘉堂文库藏。

释诗传存不分卷　集部诗经类

稿本,存上卷,日本东京都立中央图书馆藏。

毛诗物名释不分卷　经部诗经类

(1) 手稿本。见《藏园群书经眼录》卷1,云:"存《邶风·柏舟》至《商颂·那》之什。共一百八十七叶,行间及眉上涂改烂然。每卷有跋语。"亦见《续修四库全书提要》。

(2) 稿本,存卷1,上海图书馆藏。

毛诗草木鸟兽虫鱼释10卷　经部诗经类

(1) 手稿本,上海图书馆藏。

(2) 手稿本,12卷,上海图书馆藏。

(3) 清抄本,12卷,国家图书馆藏,存6卷。

(4) 传抄稿本,有嘉庆四年自序,每卷末多记删改月日。北京大学图书馆藏。

陆氏草木鸟兽虫鱼疏疏2卷　经部诗经类

(1)《南菁书院丛书》本。

(2) 台北《丛书集成续编》本。

陆玑疏考证2卷　经部诗经类

稿本,南京图书馆藏。

按:《事略》云:府君幼读毛诗,即研求鸟兽草木虫鱼之学,见陆佃、罗愿之书,心不满之,思有善述,创稿复易者三,丁未馆于秦氏,复改定,辛亥订为三十卷,壬子至乙卯又改一次,戊午春更删之,合为十一卷,以考证陆玑疏一卷附于末,凡十二卷。盖已十九年,稿易六次。"

毛诗地理释4卷　经部诗经类

(1) 手稿本,上海图书馆藏。

(2) 清抄本,国家图书馆藏,存2卷。

(3)《上海图书馆未刊古籍稿本》本。

推小雅十月辛卯详疏 2 卷　经部诗经类

清光绪十九年(1893)半亩园李氏抄本,前有半亩园印一方,江都李氏选楼藏书印一方,湖北省图书馆藏。南京图书馆藏 1 卷。

礼记补疏 3 卷　经部礼记类

(1)《焦氏丛书》本。

(2)《皇清经解》本。

(3) 台北《中国学术名著第六辑》本。

礼记索引数十卷　经部礼记类　佚

见《扬州画舫录》。

群经宫室图 2 卷　经部三礼总义类

(1)《焦氏丛书》本。

(2)《皇清经解续编》本。

(3) 清光绪十一年梁溪朱氏小曝书亭重刻本,南京图书馆藏。

(4) 清半九书塾刻本,清吴鼎、李慈铭跋,上海图书馆藏。又一种孙诒让批,温州市图书馆藏。

(5)《续修四库全书》本。

按:此书凡城、宫、门、屋、社稷、宗庙、明堂、坛、学 9 类,图 50 幅。

三礼便蒙　经部三礼总义类

(1) 手稿本,不分卷,上海图书馆藏。

(2) 抄本,3 卷,北京大学图书馆藏。

(3) 23 卷,1922 年蟫隐庐影印本。

(4)《稀见清代四部辑刊》本。

春秋说不分卷　经部春秋类

稿本,日本东京都立中央图书馆藏。

春秋左传补疏 5 卷　经部春秋左传类

(1) 清嘉庆二十三年刻本,南京图书馆藏。

(2)《焦氏丛书》本。

(3)《皇清经解》本。

(4) 台北《中国学术名著第六辑》本。

(5) 1971 年台北《国学名著珍本汇刊》本。

四书典故备览不分卷　经部四书类

稿本,日本静嘉堂文库藏。

论语补疏 3 卷　经部四书类

(1) 稿本,2 卷,台湾“中央图书馆”原藏。

(2) 清嘉庆二十一年刻本,南京图书馆藏。

(3)《焦氏丛书》本。

(4)《皇清经解》本,2 卷。

(5) 台北《中国学术名著第六辑》本,2 卷

(6) 1971 年台北《国学名著珍本汇刊》本,2 卷。

(7) 1966 年台北《无求备斋论语集成》本,2 卷。

按:焦循所撰《周易》《尚书》等书补疏,又统称“六经补疏”。

论语通释 1 卷　经部四书类

(1)《木犀轩丛书》本。

(2)《清代学术丛书》本。

(3) 台北《丛书集成续编》本。

(4) 1966 年台北《无求备斋论语集成》本。

(5) 手稿本,清汪莱跋,上海图书馆藏。

按:《事略》云:“府君尝善东原戴氏所著《孟子字义疏证》,于理道天命性情之名,揭而明之,而惜其于孔子一贯仁恕之说未及畅发,因撰此书,分为圣、大、仁、一贯忠恕等 12 篇。”

论语说不分卷　经部四书类

稿本,日本东京都立中央图书馆藏。

论语地理考 4 卷　经部四书类　佚

见同治《扬州府志》卷 22。

孟子正义 30 卷　经部四书类

(1) 稿本,7 册,南京图书馆藏。

(2)《焦氏丛书》本。福建省图书馆藏有清谢章铤校本。

(3)《皇清经解》本,14 卷。

(4)《四书古注群义汇解》本。

(5)《四部备要》本。

(6)《诸子集成》本。

(7) 清江都翁氏刻本,南京图书馆藏。

(8) 1993 年上海古籍出版社《清人十三经注疏》本。

(9) 台北《国学名著七大丛书·十四经新疏第一期书》本。

(10) 1968 年台北《国学基本丛书四百种》本。

(11) 1969 年台北《无求备斋孟子十书》本。

(12) 1971 年台北《国学名著珍本汇刊》本。

(13) 1973 年台北《新编诸子集成》本。

(14)《续修四库全书》本。

(15) 2016 年广陵书社点校本。

(16) 2017 年中华书局《新编诸子集成》本。

孟子补疏 2 卷　经部四书类

手稿本,北京大学图书馆藏。中有刘良甫朱笔校语。

撰孟子正义日课记 1 卷　经部四书类

手稿本,国家图书馆藏。

雕菰楼经学丛书七种　经部群经总义类

1974 年台北文海出版社影印《清代稿本百种汇刊》本。

按:此包括焦循所著经学著作 7 种:《易章句》《易图略》8 卷、《易通释》《周易补疏》《尚书补疏》《毛诗补疏》《论语补疏》。

雕菰楼经学九种　经部群经总义类

2015 年凤凰出版社出版。

按:收录焦循经学著作《孟子正义》《论语补疏》《周易补疏》《群经宫室图》《春秋左传补疏》《毛诗补疏》《尚书补疏》《禹贡郑氏注》《礼记补疏》9 种。

里堂日记1卷　史部传记类

清姚氏咫进斋抄本，国家图书馆藏。

理堂日记1卷　史部传记类

(1) 清抄本，存1册，嘉庆元年七月至十二月，上海图书馆藏。

(2) 2015年广陵书社《扬州文库》本。

(3)《稀见清代四部辑刊》本。

先府君事略1卷　史部传记类

清嘉道间刻本，上海图书馆藏。

裔烈娥本末2卷　史部传记类

清裔振远辑　焦循重辑

稿本，上海图书馆藏。

神风荡寇记　史部传记类

朱丝阑稿本，台北"中研院"傅斯年图书馆藏。

(嘉庆)扬州府图经(一作广陵图经)8卷　史部地理类

清阮元修　江藩、焦循纂

(1) 清嘉庆六年修，抄稿本，国家图书馆藏。

(2) 清抄本，国家图书馆藏，不全。

(3) 清嘉庆十一年刻本。

(4) 1981年江苏广陵古籍刻印社据嘉庆本重刻，国家图书馆藏。

(5) 1983年台北文海出版社《中国名山胜迹志丛刊》本。

(6) 2015年广陵书社《扬州文库》本。

(嘉庆)重修扬州府志72卷首1卷　史部地理类

清阿克当阿修　姚文田、江藩、焦循等纂

(1) 清嘉庆十五年刻本，同治十三年(1874)补刻，南京图书馆藏。

(2) 台北《中国方志丛书》本。

(3)《中国地方志集成》本。

(4) 2015年广陵书社《扬州文库》本。

按：《事略》谓其分纂山川、忠义、孝友、笃行、隐逸、术艺、释老、职官诸门。而职官一门莫不叹其精核详备，为扬州前志所未有。

北湖小志 6 卷首 1 卷　史部地理类

(1)《焦氏丛书》本。

(2) 清抄本，清焦循、汪鳌跋，国家图书馆藏。

(3) 1988 年江苏广陵古籍刻印社影印《焦氏丛书》本。

(4)《中国地方志集成》本。

(5)《故宫珍本丛刊》本。

(6)《中华山水志丛刊》本。

(7)《扬州地方文献丛刊》本。

(8) 2015 年广陵书社《扬州文库》本。

按：北湖，在今扬州市邗江区北部和西北部一带，周围百里之地，多水泽。焦氏世居北湖，该志系其整理旧闻、搜访遗籍撰成。

邗记 6 卷　史部地理类

(1)《传砚斋丛书》本。

(2)《扬州丛刻》本。

(3) 誊清稿本，上海图书馆藏。

(4) 稿本，2 卷，国家图书馆藏。

(5) 清稿本，2 卷，国家图书馆藏。

(6) 清光绪十年仪征吴丙湘等传抄本，扬州图书馆等藏。

(7) 台北《丛书集成续编》本。

(8)《扬州地方文献丛刊》本。

(9) 2015 年广陵书社《扬州文库》本。

焦山文献志不分卷　史部地理类

稿本，南开大学图书馆藏。

雕菰楼史学五种　史部地理类

2014 年凤凰出版社出版。

按：收录焦循史学著作《扬州足征录》《扬州图经》《北湖小志》《邗记》《里堂家训》5 种。

里堂书跋2卷　史部目录类

(1) 手稿本，上海图书馆藏，此收焦循读书题跋100余篇。

(2) 2015年广陵书社《扬州文库》本。

里堂家训2卷　子部儒学类

(1)《传砚斋丛书》本。

(2)《合众图书馆丛书》本。

(3) 台北《丛书集成续编》本。

(4) 手稿本，王大隆、顾廷龙、潘承弼跋，上海图书馆藏。

(5) 稿本，上海图书馆藏。

(6) 2015年广陵书社《扬州文库》本。

性习全书1卷　子部儒学类

抄本，北京大学图书馆藏。

诸子节录六种　子部周秦诸子类

清抄本，焦循校并跋，上海图书馆藏。

李翁医记2卷　子部医家类

(1) 清刻本，上海图书馆藏。

(2)《回澜社医书》本。

(3)《珍本医书集成》本，作1卷。

(4) 台北《中国学术名著第一辑》本。

按：仪征医家李炳与焦循交最久，焦家有危症，均由李氏诊治之。李氏尝以所著《辨疫琐言》嘱焦循正之。李氏卒后，焦循刻其书，并撰此医记。

医说1卷　子部医家类　佚

种痘书1卷　子部医家类　佚

沙疹吾验篇1卷　子部医家类　佚

以上3种见《事略》。

欧逻巴西镜录1卷附地球图说1卷　子部历算类

清嘉庆五年焦循抄本，焦循跋，北京大学图书馆藏。

开方通释 1 卷　子部历算类

(1)《木犀轩丛书》本。

(2) 稿本,中国科学院图书馆藏。

(3) 台北《丛书集成续编》本。

开方释例 1 卷　子部历算类

手稿本,上海图书馆藏。

乘方释例　子部历算类

(1) 不分卷,稿本,国家图书馆藏。

(2) 5 卷附图 1 卷,稿本,北京大学图书馆藏。

孙子算经注　子部历算类

见清阮元《定香亭笔谈》。

缉古算经细草 3 卷　子部历算类

清焦循、张敦仁等撰

(1) 清嘉庆八年刻本,南京图书馆藏。

(2)《白芙堂算学丛书》本。

(3)《知不足斋丛书》本。

(4)《丛书集成初编》本。

加减乘除释 8 卷　子部历算类

天元一释 2 卷　子部历算类

释弧 3 卷　子部历算类

释轮 2 卷　子部历算类

释椭 1 卷　子部历算类

以上 5 种合称《里堂学算记》。版本有:

(1)《焦氏丛书》本。

(2)《中西算学丛书初编》本。

按:《天元一释》又另有 4 种版本,即:

(1)《测海山房中西算学丛刻》本。

(2)《富强丛书续集》本。

(3) 上海著易堂排印本。

(4) 稿本,国家图书馆藏。

大衍求一释 1 卷　子部历算类

稿本,北京大学图书馆藏。

焦理堂天文历法算稿不分卷　子部历算类

稿本,国家图书馆藏。

数学九章 18 卷　子部历算类

宋秦九韶撰

清焦循抄本,焦循、李锐批校,存 2 卷,北京大学图书馆藏。

青囊内传不分卷　子部术数类

清嘉庆三年焦循抄本,焦循校并跋,国家图书馆藏。

八五偶谭不分卷　子部术数类

稿本,复旦大学图书馆藏。

相宅新编 2 卷　子部术数类

(1) 清嘉庆间刻本,上海图书馆藏。

(2) 清抄本,南京图书馆藏。

剧说 6 卷　子部艺术类

(1)《诵芬室丛刊》本。

(2)《曲苑》本。

(3)《重订曲苑》本。

(4)《增补曲苑》本。

(5)《中国文学参考资料小丛书》本。

(6) 稿本,国家图书馆藏。

(7) 1968 年台北《中华古籍丛刊》本。

(8) 1968 年台北《国学基本丛书四百种》本。

(9) 1971 年台北《国学名著珍本汇刊》本。

按:本书卷 1 述古今杂伎散乐之词,卷 2—5 杂记元以来曲家及撰曲名目,卷 6 记戏曲旧闻及俳优杂事。

花部农谭1卷　子部艺术类

(1)《怀豳杂俎》本。

(2)《中国古典戏曲论著集成》本。

(3) 稿本,国家图书馆藏。

(4) 1971年台北《国学名著珍本汇刊》本。

(5) 2015年广陵书社《扬州文库》本。

按:《事略》云:“湖村二八月间赛神演剧,铙鼓喧阗,府君每携诸孙观之。花部演唱,村人每就府君询问故事。府君略为解说。”因有此书。

里堂道听录40卷又1卷　子部杂学类

(1) 稿本,国家图书馆藏。

(2) 2001年江苏古籍出版社刻本。

(3) 刘建臻整理,2016年广陵书社出版。

按:《事略》作50卷,此为读书笔记,由其子编写目录。

里堂札录6卷　子部杂学类

稿本,上海图书馆藏。

里堂随笔1卷　子部杂学类

手稿本,北京大学图书馆藏。

仲轩杂录1卷　子部杂学类

手稿本,北京大学图书馆藏。

里堂札记1卷　子部杂学类

清抄本,北京大学图书馆藏。

焦里堂手迹1卷　子部杂学类

稿本,复旦大学图书馆藏。

易余籥录20卷　子部杂学类

(1)《木犀轩丛书》本。

(2) 台北《丛书集成续编》本。

(3) 稿本1卷,南京图书馆藏。

里堂集异续录4卷　子部杂学类

清嘉庆二十五年抄本，甘肃图书馆藏。

忆书6卷　子部小说类

（1）《仰视千七百二十九鹤斋丛书》本。

（2）《丛书集成初编》本。

（3）手稿本，上海图书馆藏。

按：赵之谦刻入《仰视千七百二十九鹤斋丛书》时，删去了手稿本中与揭露社会阴暗面有关的文字十条。

（4）清光绪十年李盛铉抄本，李盛铎跋，国家图书馆藏。

雕菰集24卷　集部别集类

（1）《文选楼丛书》本。

（2）《江氏聚珍版丛书》本。

（3）《丛书集成初编》本。

（4）《国学基本丛书》本。

（5）稿本，国家图书馆藏，存6卷。

（6）清刘咸炘批点本，四川省图书馆藏。

（7）《清代诗文集汇编》本。

雕菰集（摘钞）　集部别集类

抄本，南开大学图书馆藏。

雕菰集囊录2卷　集部别集类

《国朝文录续编》本。

焦里堂先生轶文1卷　集部别集类

（1）《鄦斋丛书》本。

（2）台北《丛书集成续编》本。

（3）《清代诗文集汇编》本。

五斗室诗钞1卷　集部别集类

（1）底稿本，见《贩书偶记续编》。

（2）抄本，国家图书馆藏。

里堂诗集8卷词集2卷　集部别集类

(1) 稿本,国家图书馆藏。

(2) 清抄本,上海图书馆藏。

(3) 2015 年广陵书社《扬州文库》本。

里堂文稿不分卷　集部别集类

稿本,4 册,上海图书馆藏。

北湖焦里堂诗册　集部别集类

稿本,香港大学冯平山图书馆藏。

槐酪集　集部别集类　佚

见《事略》。有焦循《自序》及循弟徵《后记》。

游山左诗钞 1 卷　集部别集类　佚

见《事略》。乾隆三十年(1765),阮元督学山左,招循前往,此即游山东诸地所作之诗。

游浙江诗钞 1 卷　集部别集类　佚

见《事略》。乾隆三十年,阮元督学两浙,焦循客居杭州,此为其游金衢之处所作诗。

红薇翠竹词笺注自记 1 卷　集部别集类

清抄本,上海图书馆藏。

扬州足征录 27 卷　集部总集类

清焦循辑

(1)《榕园丛书续刻》本。

(2) 清光绪间广陵墨香书屋刻本。

(3) 清云蓝阁抄本,国家图书馆藏。

(4) 1988 年书目文献出版社《北京图书馆古籍珍本丛刊》本影印云蓝阁抄本。

(5)《扬州地方文献丛刊》本。

(6)《江苏人物传记丛刊》本。

(7) 抄本,19 卷,北京大学图书馆藏。

按:嘉庆十一年伊秉绶任扬州知府,与阮元相约纂辑《扬州图经》

《扬州文粹》两书，焦循分任其事。十四年修府志成，即原本于《图经》。《文粹》之稿则向来分存于所纂辑诸人手中，未经选订。二十年，焦循因将所存旧稿编为27卷，辑录有关扬州之文章。另，兴化图书馆藏《扬州文粹》不分卷抄本2册，不题撰者姓名，不知是否焦循手稿抄件，系徐乃昌藏书。

选学镜原8卷　集部总集类

清抄本，北京大学图书馆藏。

唐赋选1卷　集部总集类　佚

见《事略》云："府君教子弟学赋，本唐人格律，有《唐赋选》一卷。"

佳春堂诗选　集部总集类

稿本，不分卷，甘肃省图书馆藏。

按：此为唐诗选本，参见孙琴安《唐诗选本六百种提要》。

诗品1卷　集部诗文评类

唐司空图撰

(1) 清嘉庆四年焦循刻本，附其论诗文2篇，南京图书馆藏。

(2)《先府君事略》附刻本，上海图书馆藏。

诗话1卷　集部诗文评类　佚

见阮元《通儒扬州焦君传》。

雕菰楼词3卷　集部词曲类　佚

见光绪《江都县续志》卷23。

红薇翠竹词1卷仲轩词1卷　集部词曲类

(1)《传砚斋丛书》本。

(2) 台北《丛书集成续编》本。

(3) 清刘湝年抄本，此从仪征汪鋆所藏稿本中录出，见秦更年《婴闇题跋》卷2。

仲轩词1卷　集部词曲类

抄本，上海图书馆藏。

雕菰楼词话1卷　集部词曲类

《词话丛编》本。

续邯郸梦　集部词曲类　佚

见《古典戏曲存目汇考》。

易余曲录 1 卷　集部词曲类

《新曲苑》本。

焦氏丛书　丛书类

(1) 清嘉庆道光间江都焦氏雕菰楼刻本,国家图书馆藏。

(2) 清光绪二年衡阳魏氏刻本,国家图书馆藏。

(3) 1929 年上海受古书店重印旧刻本。

子目从略。

焦里堂手钞诗文集十三种 19 卷　丛书类

清焦循辑

(1) 焦循手抄本,上海图书馆藏。

(2) 2015 年广陵书社《扬州文库》本。

子目:

《漪庵遗集》1 卷

《蒙谷诗》1 卷　清王方岐撰

《霞汀诗余》1 卷　清罗煜撰

《既上人诗集》1 卷　清姜生斋撰

《瑶房诗》1 卷　清张元琪撰

《闲情偶寄》1 卷又《附录》　清徐去疾撰

《梦砚居遗诗》2 卷　清吴寅撰

《清渠诗钞》3 卷　清吴寅撰

《玉山集》2 卷　清郭嗣龄撰

《鹤墅诗》2 卷　清谢九成撰

《学步编》2 卷　清谢九成撰

《遣闲偶集》1 卷　清谢旭撰

《来青阁诗钞》1 卷　清谢天霁撰

江都焦氏家集七种9卷　丛书类

清焦循编

(1) 焦循抄本,焦循跋,国家图书馆藏。

(2) 2015年广陵书社《扬州文库》本。

子目:

《醒斋主人杜胡集》1卷　清焦憬撰

《凭轩遗笔》2卷　清焦轼撰

《敬斋集》1卷　清焦兆熊撰

《海稷遗草》1卷　清焦轮撰

《晚翠集》2卷　清焦继辙撰

《肃堂诗草》1卷　清焦汝敷撰

《蜗牛草堂诗稿》1卷　清焦永撰

按:此集所辑均为甘泉焦氏家人著作。

焦氏丛书二十三种　丛书类

(1) 清嘉庆至道光间江都焦氏雕菰楼刻本,国家图书馆藏。

(2) 清光绪二年衡阳魏氏增刻本,南京图书馆藏。

(3) 1997年台北新文丰出版公司《丛书集成三编》本。

按:此书一名《焦氏遗书》。光绪刻本内封背面镌"光绪丙子秋重刻焦氏丛书衡阳魏家藏版"字样。

子目:

《易学三书》

《易章句》12卷

《易图略》8卷

《易通释》20卷

《易话》2卷

《易广记》3卷

《六经补疏》

《论语补疏》3卷

《周易补疏》2 卷

《尚书补疏》2 卷

《毛诗补疏》5 卷

《春秋左传补疏》5 卷

《礼记补疏》3 卷

《群经宫室图》2 卷

《禹贡郑注释》2 卷

《孟子正义》30 卷

《里堂学算记》

《加减乘除释》8 卷

《天元一释》2 卷

《释弧》3 卷

《释轮》2 卷

《释椭》1 卷

《北湖小志》6 卷《卷首》1 卷

《李翁医记》2 卷

《先府君事略》1 卷　清焦廷琥撰

《诗品》1 卷

焦循全集　丛书类

2016 年广陵书社出版刘建臻整理本。

按:分为甲编、乙编、附录三部分。甲编共 52 部,为焦循自著,分为经史子集四类。乙编共 5 部,为焦循摘抄或选刻之书。附录 2 部,为《雕菰楼词话》1 卷和《易余曲录》1 卷。

雕菰楼文学七种　丛书类

2018 年凤凰出版社出版。

按:收录焦循《雕菰集》《仲轩词》《红薇翠竹词》《剧说》《花部农谭》《易余籥录》《忆书》等诗文词、曲话著作 7 种。

周玉桂

字丹如。清江都人。诸生。闭户读书,自守如处子。

四书考证　经部四书类　佚

大学中庸文汇　经部四书类　佚

循吏传　史部传记类　佚

以上3种见《北湖小志》卷4私传。玉桂为焦循族父之婿。

按:《江苏诗征》卷84收其诗2首。

顾　銮

字谢吟。清江都人。

周易名物述32卷　经部易类　佚

见嘉庆《重修扬州府志》卷62。

广陵览古7卷　史部地理类

(1) 清嘉庆十三年(1808)刻本,国家图书馆藏。

(2) 2015年广陵书社《扬州文库》本。

(3) 2015年广陵书社《中国风土志丛刊续编》本。

李　钫

字宗鼎,号香溆。清江都人。乾隆五十三年(1788)举人。

殿春轩集　集部别集类　佚

见《江苏诗征》卷96,收其诗2首。

江　珠(1764—1804)

字碧岑,号小维摩。清甘泉人,侨寓吴县。吾学海(客之)妻。善舞剑,尤通经史之学,与兄藩时称"二江"。诗宗唐贤,女史尤澹仙以"南国风流第一人"誉之。

小维摩集1卷　集部别集类

清嘉庆十六年(1811)刻本,国家图书馆藏。

青藜阁集诗1卷　集部别集类

(1)《吴中女士诗钞》本。

(2)《国朝闺阁诗钞》本,作《青藜阁诗集》1卷。

(3) 清胡文楷手抄本,上海图书馆藏。

江珠集　集部别集类

2015年中华书局《清代闺阁诗集萃编》本。

青藜阁词1卷　集部词曲类

(1)《吴中女士诗钞》本。

(2)《小檀栾室汇刻闺秀词》本。

林道源

号庚泉。清甘泉人。廪贡生,善书工诗。重友谊,有至性。幕游京师,刘文清极赏其书法。嘉庆间阮元抚浙时,开西园接宾客,暇尝射鹄联句,林得句极佳,同辈为之搁笔,事载《定香亭笔谈》。

一无所知斋诗稿　集部别集类　佚

见光绪《增修甘泉县志》卷14。

王芳春

字东圃。清甘泉人。与阮元年相若,过从甚密。以母老隐居不仕。

担风握月轩诗钞2卷　集部别集类　佚

见民国《甘泉县续志》卷24上。

汪　坤

字至元,号玉屏。清甘泉人,原籍旌德。少负奇才,豪迈自喜,在扬州结吟香诗社。

忍冬庵诗集6卷　集部别集类

清嘉庆二十五年(1820)序刻本,南京图书馆藏。卷首有"玉屏山人五十五岁小像”。

叶　舟(1766—1832)

字布帆。清江都人。

纲鉴录要 4 卷　史部编年类

清抄本,上海图书馆藏。

石林草堂诗存 1 卷　集部别集类

清道光间精刻本,南京图书馆、华东师范大学图书馆等藏。

江蕙荪

清甘泉人。珠妹。

浣纱词　集部词曲类

见《清闺秀艺文略》。

黄　位

字位五。清甘泉人。先世习医,至位术尤精。能辨阴阳、虚实于疑似之间。于张仲景伤寒百十三方外,又制七十二方。求治者络绎相继,时有“半仙”之号。

伤寒七十二方　子部医家类　佚

见同治《续纂扬州府志》卷 16。

何锡溥

原名孙锦。字文伯。清江都人。融子。乾隆五十七年(1792)顺天举人,大挑知县,分发山东,知德平、昌邑县,所在有政声。改选繁昌县训导。

春麟集　集部总集类　佚

见同治《续纂扬州府志》卷 22。

李　澄

字练江。清江都人。廪贡生，工诗古文，尤精制艺。屡困场屋，嘉庆十八年(1813)后因绝意进取，自号梦花生。生平诗文随手散去，友朋咸以未成集而惜之。

春秋左氏全书人鉴　经部春秋左传类

见同治《续纂扬州府志》卷13。书名亦省作《春秋人鉴》。

淮盐备要10卷附行盐疆界图1卷　史部政书类

(1) 清道光三年(1823)刻本，南京图书馆、扬州大学图书馆等藏。

(2) 清光绪益智书社铅印本，附《名宦传》，南京图书馆、上海图书馆等藏。

(3) 2009年国家图书馆出版社《稀见明清经济史料丛刊》本。

(4) 2015年广陵书社《扬州文库》本。

按：此记淮盐的生产运输过程、盐政管理弊端产生的原因、销售流程、淮盐销售地区口岸及其引数、缉查私盐的制度和方法、惩处私盐的刑律、盐政官员设置等事项。李澄为扬州本地人，熟知盐务，故而此书的体例设置得当，记载简明扼要。

梦花杂志5卷　子部小说类

清道光六年刊巾箱本，南京图书馆、上海图书馆等藏。清华大学图书馆藏本附《竹眠词》4卷。

李文绶

字艾川，号箬渔，晚号石渔。清江都人。补诸生。幼攻苦力学，工制举文。既冠，盐运使曾燠下车观风安定书院，拔文绶第一。嘉庆三年(1798)应布政使试，同考官繁昌知县杜某得文绶卷剧赏之，呈荐主试请置第一，主试意未决，遂摈弃之。居里教授生徒，发名成业者极众。有贫不能读书者，助以膏火，如梅植之、李肇墉及族子廷瑞，后以文章政事为世所重，皆文绶所振拔。卒年84。

毛诗草木虫鱼考 8 卷　经部诗经类　佚

箬渔诗钞 6 卷　集部别集类　佚

以上 2 种见光绪《江都县续志》卷 26 引家传。同治《续纂扬州府志》卷 22 作《草木鸟兽虫鱼多识录》《石渔诗文钞》。

王玉棨

字戟门，号蕖仙。清甘泉人。翊孙。廪监生，由庶常改户部，夙攻举业，屡荐不售，遂究心根柢之学，教授生徒，多所成就。家素寒，敦品励节，后学奉为典型。卒年 60 余岁。

游香吟馆存稿　集部别集类　佚

见光绪《增修甘泉县志》卷 23。

张　镠(1769—1812)

字子贞，一作紫贞，号老姜，又号井南居士。清江都人。性孤峭，不随俗，不修边幅。善画，尤善画山水，兼工铁笔。长于诗。穷老以终。

张子渊源录 10 卷　子部儒学类　佚

见《清史稿艺文志及补编》。

张老姜山水画册　子部艺术类

1930 年中华书局影印本，南京图书馆藏。

求当集 12 卷续集 2 卷集补 1 卷　集部别集类

清嘉庆二十年(1815)刻本，《续集》道光二年(1822)刻本，南京图书馆藏。

求当集 2 卷集补 1 卷　集部别集类

清道光二年刻本，南京图书馆藏。

按：此为嘉庆刻《求当集》之续集，此续集有 2 种，一种附刻于嘉庆本《求当集》后，一种为别出单行者，即此本。2 种版式略有区别。

张子贞诗 1 卷　集部别集类

清嘉庆刻《溟鸥集》本。

一铭斋寸心集 2 卷　集部别集类　佚

见《清史稿艺文志及补编》。

一间老屋诗草 16 卷　集部别集类　佚

见嘉庆《重修扬州府志》卷 62。

溟鸥集 4 卷　集部总集类

清嘉庆刻本，南京图书馆、北京大学图书馆等藏。

按：此为汪坤、张镠、凌霄、江诩 4 人诗歌合集，人各 1 卷。有嘉庆十五年、十六年吴嵩梁、张泺序。

汪椿年

字孟谦。清江都人。端光族子。尝从端光及泾县包世臣学诗。

逸园吟草 4 卷　集部别集类

清道光二十三年(1843)刻本，南京图书馆藏。

汪佳俊

字杰士，号碧峰。清江都人。布衣。以卖画养母，生平不妄于求。与张镠为“老友”。

松筠轩诗钞　集部别集类　佚

见嘉庆《重修扬州府志》卷 62。

按：《江苏诗征》卷 73 收其诗 3 首。

杭之淇

字慕蘧。清江都人。贡生，候选训导。家贫，以课徒自给。仪征吴文镕为其弟子。

著岱堂文集　集部别集类　佚

见民国《江都县续志》卷 24 上。

焦士纪

字五斗。清江都人。

忍冬斋集　集部别集类　佚

见《北湖续志》卷5。

假我馆集　集部别集类　佚

见嘉庆《重修扬州府志》卷62。

按:《淮海英灵集》戊集卷3收其诗1首。

余　照

字春亭。清江都人。

诗韵珠玑5卷　经部小学类

清嘉庆五年(1800)刻本,南京图书馆、华东师范大学图书馆等藏。

诗韵集成10卷　经部小学类

(1) 清咸丰五年(1855)务本堂刻袖珍本,北京大学图书馆藏。

(2) 清光绪元年(1875)三盛堂刻本,南京图书馆藏。

(3) 清光绪十四年四明茹古书局印本,陈寿颐考增。

(4) 清光绪十八年文奎堂刻袖珍本。

(5) 清扫叶山房石印袖珍本,辽宁大学图书馆藏。

(6) 清光绪二十四年文雅堂刻袖珍本。

(7) 1936年上海新文化书社范叔寒校本。

(8) 2015年广陵书社《扬州文库》本。

诗韵集成题考合刻10卷　经部小学类

清末四川魏氏古香阁刻本,南京图书馆、四川大学图书馆等藏。

诗韵合璧5卷　经部小学类

清光绪十三年广百宋斋刻本,辽宁大学图书馆藏。

渔古轩诗韵5卷　经部小学类

清朱德蕃增订

(1) 清道光刻本，镇江市图书馆、吉林大学图书馆等藏。

(2) 清咸丰十年刻本，国家图书馆藏。

韵字头5卷　经部小学类

日本刻本，日本国会图书馆、东洋文库等藏。

按：国家图书馆藏有静电复制本。

秦嘉谟

字味芸。清江都人。恩复侄。廪膳生。高宗南巡，召试二等，以训导用。

世本辑补4卷　史部传记类

(1) 清嘉庆二十三年(1818)琳琅仙馆刻本，南京图书馆藏。

(2)《世本十种》本。

(3)《四库未收书辑刊》本。

(4) 2015年广陵书社《扬州文库》本。

按：封面及目录皆作10卷，书中实4卷。或言此书为阳湖洪饴孙撰，参见《贩书偶记》卷5。

月令粹编24卷图说1卷　史部时令类

(1) 清嘉庆十七年琳琅仙馆刻本，南京图书馆藏。

(2)《续修四库全书》本。

增广详注月令粹编24卷图说1卷　史部时令类

清光绪十五年(1889)吴县管氏管可寿斋刻本，国家图书馆藏。

思补精舍书目不分卷　史部目录类

清抄本，国家图书馆藏。

干支集锦24卷　子部典故类

清嘉庆二十年琳琅仙馆刻巾箱本，南京图书馆、苏州大学图书馆等藏。

玉管镌新　子部典故类

清光绪十四年上海文海书局校印本，存5卷，5册，南京图书馆藏。

吴　康

字少文。清甘泉人。监生。未弱冠能诗歌，讲贯唐宋以来诸名家。诗作大抵多苦吟，而疏朴出之乐府。五律、七绝近杨维桢。性情静逸，处境闲旷，直似渊明。幼多疾，不能应举子试，以诗自娱。

白茆草堂诗钞 4 卷　集部别集类

清道光间刻本，南京图书馆、上海图书馆等藏。

白茆草堂词钞 1 卷　集部词曲类　佚

见光绪《增修甘泉县志》卷 14。

北湖三家词钞 10 卷　丛书类

清吴康编

(1) 清嘉庆白茆草堂刻本，南京图书馆藏。

(2) 2015 年广陵书社《扬州文库》本。

子目：

《瓮吟》1 卷　清徐石麒撰

《且谣》1 卷　清徐石麒撰

《美人词》1 卷　清徐石麒撰

附《绣闲集》1 卷　清徐元瑞撰

《霞汀诗余》1 卷　清罗煜撰

《春雨词》1 卷　清范荃撰

《秋吟》1 卷　清范荃撰

《秋花杂咏》1 卷　清范荃撰

《柳塘寤语》1 卷　清范荃撰

《今之石湖词》1 卷　清范荃撰

李钟泗(1771—1809)

字滨石。清甘泉人。少孤，从同邑黄洙学。家贫，乃弃学经商，因不善贾，复从黄洙学。一年之后，补庠生，刻苦自励，学日进。与江都黄承吉为性命交，以文艺相切磋，时称“黄李”。嘉庆六年(1801)举于乡，明年下第归。丁母忧，服除，入京师拣选知县，卒于京邸。钟泗于经长于《左传》，又从江藩问丧礼，往复问难，发人所未发。工诗及赋颂。

规规过　经部春秋左传类　佚

见江藩《汉学师承记》卷7《李钟泗传》。此书抑刘(炫)伸杜(预)，焦循称其精妙详博。

读书管见8卷　子部杂学类　佚

见嘉庆《重修扬州府志》卷62。

鹤阴书屋集　集部别集类　佚

见《江苏诗征》卷96，收其诗8首。

黄承吉(1771—1842)

字谦牧，号春谷。清江都人。嘉庆十年(1805)进士。补广西兴安知县，十二年调摄岑溪，十三年任乡试同考官，十四年以事罢归。道光七年(1827)加捐道，未赴。博综群籍，与同里江藩、焦循、李钟泗友善，声应气求，以经义相切磋，时有“江焦黄李”之称。通历算，工诗古文辞。《清史列传》卷69有传。

读毛诗记　经部诗经类　佚

读周官记　经部周礼类　佚

以上2种见清刘文淇《梦陔堂文集序》。

周官析疑20卷　经部周礼类　佚

见《清史列传》卷69。

梦陔堂经说　经部群经总义类　佚

见清刘文淇《梦陔堂文集序》，云：“所专致力者在《文说》《经说》。《文说》已刊行者十一篇，《经说》百余万言，尚未编次，而大旨已具有于文集中。”

梦陔堂诗初集6卷　集部别集类

清嘉庆八年刻本，南京图书馆藏。

梦陔堂诗集 35 卷　集部别集类

清道光十二年至十三年刻本，南京图书馆藏。

梦陔堂文说 11 卷　集部别集类

《历代赋学文献辑刊》本。

梦陔堂全集　丛书类

清道光中刻咸丰元年(1851)黄必庆汇印本，南京图书馆藏。

子目：

《梦陔堂诗集》50 卷　清道光二十三年刻本

《梦陔堂文说》11 卷　清道光二十三年刻本

按：此辨扬雄之非，参见《清史列传》本传。

《梦陔堂文集》10 卷　清道光二十三年刻本

按：《文集》另有 1939 年燕京大学图书馆据道光本排印本。

《义府》2 卷　清黄生撰　黄承吉按　清道光二十年刻本

《字诂》1 卷附《兄字说》1 卷　清黄生撰　黄承吉按，并撰《兄字说》　清道光二十年刻本

张士锐(1772—1826)

字颖园，号引源。清江都人。少与卞萃文论心讲学，甚相得。尝从许鲤跃、张以怀游。

翠屏洲同善堂存征录　史部政书类　佚

见光绪《江都县续志》卷 20。

程寿龄

字漱泉，一作字荐如。清甘泉人。嘉庆七年(1802)进士。改庶吉士，散馆授编修，升赞善。十五年任云南学政。善属文，工诗词。工书画，尤擅白描。亦通习笙笛箫管。后忤权贵意，左迁主事。以疾终。

程寿龄诗文集　集部别集类　佚

见同治《续纂扬州府志》卷 13。

王 峻

字春江。清甘泉人。嘉庆十八年(1813)副贡。博涉经史,兼贯天文壬禽勾股奇门之学,尤乐赞成乡里义举。

周易方圆图说 经部易类 佚

桐华馆诗钞 集部别集类 佚

以上2种见同治《续纂扬州府志》卷22。

王树勋

清江都人。监生。官湖北荆门直隶州知州。

(嘉庆)荆门直隶州志36卷 史部地理类

清王树勋修 廖士琳纂

清嘉庆十四年(1809)刻本,南京图书馆藏。

李周南

字冠三,号静斋。清甘泉人。乾隆五十七年(1792)读书安定书院,嘉庆十九年(1814)进士。以主事签分刑部。到部未浃旬,以母老乞养归。侍闵五载,丁母忧,哀毁尽礼。服阕以子幼,决计不出。教授生徒,一时推为文章宗匠。后寓居袁浦,以微疾卒,年71。

洗桐轩文集8卷诗集6卷 集部别集类

清嘉庆二十五年刻本,南京图书馆、上海图书馆等藏。

卞 贤(1775—1826)

字渠眉。清江都人。攻苦力学。讲究性命精微之学,以反己内求为宗。持躬清介,邓立诚、梅植之皆钦其品诣。诗笔浑厚。

第一江山阁诗集2卷 集部别集类 佚

陋巷集 集部别集类 佚

以上2种见光绪《江都县续志》卷22。《瓜洲续志》卷22收其文3篇。

凌　曙(1775—1829)

字晓楼，一字子升。清江都人。国子监生。家贫好学，幼佣于香铺。年20为童子师。攻苦力学。道光中，从阮元校书授读以终。其学初治礼经，主郑氏学，继又治《公羊》何氏学，认为《春秋》之义，存于《公羊》。

仪礼礼服通释6卷　经部仪礼类

《木犀轩丛书》本。

礼论略抄1卷　经部仪礼类

《蜚云阁凌氏丛书》本。

礼说4卷　经部三礼总义类

《皇清经解》本。

春秋繁露注17卷　经部春秋公羊传类

(1)《龙溪精舍丛书》本。

(2)《蜚云阁凌氏丛书》本。

(3)《皇清经解续编》本。

(4)《畿辅丛书》本，附清赵州张驹贤撰凌注校正17卷。

(5) 稿本，存16卷，卷1—13、15—17，上海图书馆藏。

春秋公羊礼疏11卷　经部春秋公羊传类

(1)《蜚云阁凌氏丛书》本。

(2)《咫进斋丛书》本。

(3)《丛书集成初编》本。

(4)《皇清经解续编》本，题《公羊礼疏》。

(5) 2015年广陵书社《扬州文库》本。

公羊礼说1卷　经部春秋公羊传类

(1)《蜚云阁凌氏丛书》本

(2)《皇清经解》本。

春秋公羊问答2卷　经部春秋公羊传类

(1)《蜚云阁凌氏丛书》本。

(2)《咫进斋丛书》本。

(3)《皇清经解续编》本。

(4)《丛书集成初编》本。

四书典故核 6 卷　经部四书类

《蜚云阁凌氏丛书》本。

四书集说 1 卷　经部四书类

清抄本,北京大学图书馆藏。

说文考正 2 卷　经部小学类

清江都凌毓瑞抄本,国家图书馆藏。

金石录 1 卷　史部金石类

稿本,南京图书馆藏。

群书答问 2 卷补遗 1 卷　子部杂学类

《木犀轩丛书》本。

蜚云阁凌氏丛书六种 38 卷　丛书类

清嘉庆十三年(1808)江都凌氏刻本,南京图书馆藏。

子目见上。

蜚英阁丛稿三种 3 卷　丛书类

稿本,北京大学图书馆藏。

子目:

《蜚英阁经解》1 卷

《蜚英阁史论》1 卷

《蜚英阁文集》1 卷

王开业(1775—1850)

字子骏,号宛人。清甘泉人。以廪膳生例贡太学。古文师韩欧,有真气往来笔墨间。生平所作文甚多,身后皆散失。

时誉藏稿百余篇　集部别集类　佚

见同治《续纂扬州府志》卷13。

按:《北湖续志》卷6收其诗1首。

包永泰

字镇鲁。清邗东人。世业喉科,至永泰已历五世,于喉症吹饮制药及经验方之应用,莫不得心应手,学者多所采用。

图注喉科指掌(一作喉科杓指)4卷附集验良方1卷　子部医家类

(1) 清嘉庆二十年(1815)精刻本,无锡市图书馆、南京图书馆等藏。

(2) 清光绪刻本,上海图书馆藏。

(3) 1984年广陵古籍刻印社影印《广陵医籍丛刊》本,国家图书馆藏。

奇验喉证明辨4卷　子部医家类

清鸿章书局石印本,镇江市图书馆藏。

咽喉大纲论　子部医家类

抄本,上海中医药大学图书馆藏。

江振先(1778—1789)

字子野,号文峰。清江都人。春子,乾隆四十九年(1784)高宗南巡,随父迎驾,召对称旨,年仅7岁。12岁以痘殇。

文峰遗稿1卷　集部别集类

(1)《新安二江先生集》附刻本。

(2) 2015年广陵书社《扬州文库》本。

潘辅之(1778—1853)

字敬敷。清甘泉人。嘉庆十二年(1807)副贡。咸丰三年(1853)遭兵乱,倡义防御,积劳成疾卒,年76。

庸行录　子部儒学类　佚

菜根香诗集　集部别集类　佚

以上2种见同治《续纂扬州府志》卷22。

许之翰(1778—?)

字春卿。清甘泉人。瓒子。岁贡生。工诗。与周镄、汪瑞光等交厚。

说文堂诗集8卷　集部别集类

清道光十七年(1837)、十八年序刻本,上海图书馆藏。

史椿龄

字寿庄。清江都人。嘉庆九年(1804)举人。官常熟教谕,卒后遗稿散失。

建隆寺志略10卷　史部地理类

清释昌立纂辑　史椿龄等编

(1) 清道光十九年(1839)刻本,国家图书馆、上海图书馆等藏。

(2) 2015年广陵书社《扬州文库》本。

按:道光时,寺僧昌立号小支者,得梦因老人手辑志略稿本,重为辑纂,由史椿龄等编定。序次有法,文笔简雅。又《广陵思古编》卷7收其文2篇,附传录其《玉钩斜》七律1首。

曹　照

字光四,号榴峰。清江都人。心耽泉石,志在诗文。与阮亨居相近。

榴峰遗稿　集部别集类　佚

见《江苏诗征》卷41,收其诗1首。小传谓其遗稿已刊刻。

殷　氏

清江都人。早寡,学道三年。

殷氏遗诗偈1卷　集部别集类　佚

见《柳絮集》。

浦　琳

字天玉。清扬州人。嘉庆前后在世。长评话。以各说部皆人所熟闻，乃以自己所经历之境，假名皮五，撰为《清风闸》故事。养气定辞，审音辨物，揣摩一时亡命小家妇女口吻气息，无不毕息，称为绝技。

清风闸4卷32回　子部小说类

(1) 清嘉庆二十四年(1819)奉孝轩刊巾箱本，北京大学图书馆藏。

(2) 清同治十三年(1874)重刻本，国家图书馆藏。

(3) 民国石印本，国家图书馆藏。

阮芷孚

清扬州人。贫家女，幼侍李漪香夫人读而能诗。乙酉冬欲毁容自保，为长沙贾百金购去。

晴霞楼诗稿1卷　集部别集类　佚

见雷瑨等辑《闺秀诗话》。

陈衍吉

字艾村。清扬州人。少孤且贫。不废吟咏，曾与西林吟社。中年后放情山水，客游吴越江汉间。与范凌霞、陈逢衡等相交厚。

秋堂集1卷　集部别集类

清道光十一年(1831)序刻本，南京图书馆藏。

陈逢衡(1780—1850)

字履长，一字穆堂。清江都人。本礼子。诸生，道光元年(1821)举孝廉方正，力辞不就。六年，与汪潮生、经济等集广陵西园，作上巳会。十一年就馆济宁。家多藏书，终日沉浸于群籍之中。中年建读骚楼，集名士唱和其间。喜治经,不屑为帖括学,著书有独到之处,晚年馆于黄奭家,课其子读,并董理刊刻《汉学堂经解》,朝夕校雠不倦。《清史列传》卷69有传。

按:逢衡生卒年有1761—1831(《清史列传》本传)、1778—1848(姜亮夫《历代人物年里碑传综表》)、1778—1855(《中国历史大辞典·史学史》)诸说。兹从《疑年录汇编》卷13定其生于乾隆四十三年(1778),而以卒年71岁计,定其卒年为道光三十年。

竹书纪年集证50卷首1卷　史部编年类

(1) 清嘉庆刻本,南京图书馆藏。

(2) 稿本,国家图书馆藏。

(3)《续修四库全书》本。

英吉利纪略1卷　史部地理类

清道光刻本,日本京都大学人文研究所藏。

山海经汇说4卷　子部周秦诸子类

清道光二十五年刻本,北京师范大学图书馆藏。

逸周书补注　子部周秦诸子类

稿本,存1卷(卷7),南开大学图书馆藏。

博物志考证　子部小说类

见《广陵思古编》卷10清金长福《陈徵君传》。此为陈氏晚年定本,辨论尤精核,"凡奇情异事而核以庸言至理,旁推交通,无不毕贯,嗜古之儒多韪之"。

续博物志疏证10卷续博物志补遗1卷　子部小说类

(1) 稿本,上海图书馆藏。

(2)《上海图书馆未刊古籍稿本》本。

(3) 2015年广陵书社《扬州文库》本。

读骚楼诗初集4卷二集4卷　集部别集类

清道光刻本,国家图书馆藏。

读骚楼诗三集2卷　集部别集类

稿本，南京图书馆藏。

江都陈氏丛书　丛书类

清陈本礼、陈逢衡撰

清嘉庆道光间递刻本，上海图书馆、国家图书馆等藏。

子目：

《屈辞精义》6卷　清陈本礼撰

《汉诗统笺》　清陈本礼撰

《汉乐府三歌笺注》3卷

《急就探奇》1卷

《协律钩元》4卷《外集》1卷　清陈本礼撰

《竹书纪年集证》50卷首1卷　清陈逢衡撰

《逸周书补注》22卷首1卷末1卷　清陈逢衡撰

《穆天子传注补正》6卷首1卷　清陈逢衡撰

《读骚楼诗初集》4卷《二集》4卷　清陈逢衡撰

王开益

清甘泉人。开业弟。

毛诗鸟兽草木释　经部诗经类　佚

见乾隆《增修甘泉县志》卷23。

甘棠小志节录小注附新增1卷　史部地理类

(1) 清光绪刻本，扬州市图书馆藏。

(2) 2015年广陵书社《扬州文库》本。

望湖随笔1卷　子部杂学类

清光绪刻本，扬州市图书馆藏。

望湖杂录4卷　子部杂学类

清光绪刻本，扬州市图书馆藏。

渌洋小记　子部杂学类　佚

望湖草堂诗钞4卷　集部别集类　佚

以上2种见乾隆《增修甘泉县志》卷23。

春雨唱和集1卷　集部总集类

(1) 清光绪望湖草堂刻本,扬州市图书馆藏。

(2) 2015年广陵书社《扬州文库》本。

重阳唱和诗1卷　集部总集类

(1) 清光绪望湖草堂刻本,扬州市图书馆藏。又一种题《重阳唱和录》。

(2) 2015年广陵书社《扬州文库》本。

按:《北湖续志补遗》卷2收其诗5首。

性　恬

清扬州柳荫庵僧。

修桐阁诗集　集部别集类　佚

见同治《续纂扬州府志》卷22。

毛梦兰(1782—?)

字缄斋,号秋伯。清甘泉人。嘉庆十四年(1809)进士。历任湖南邵阳、沅江、武陵、湘乡、湘潭知县。清慎自矢,务求实惠及民。听政之暇,手不释卷。后主讲淮安奎文书院35年,因材而教。

荆花书屋杂著4卷　子部杂学类　佚

荆花书屋诗文集16卷　集部别集类　佚

以上2种见同治《续纂扬州府志》卷9。

按:清周焘辑《淮郡校士诗选》卷1收其诗6首。

汤振宗

清甘泉人。

秀谷诗钞4卷　集部别集类

清道光二年(1822)玉茗山房刻本,中国科学院国家科学图书馆藏。

焦廷琥(1783—1821)

字虎玉。清甘泉人。循子。优廪生。性醇笃,善承家学,于算学亦精进,阮元称为端士。焦循卒,哀毁骨立,编校父书,以劳瘁染疾卒。

明人说易1卷　经部易类

《仲轩群书杂著》本。

尚书伸孔篇1卷　经部尚书类

(1)《广雅书局丛书》本。

(2)《积学斋丛书》本。

(3) 台北《丛书集成续编》本。

按:此书实承其父《尚书补疏》而作。

毛诗小牍2卷　经部诗经类　佚

仪礼讲习录2卷　经部仪礼类　佚

礼记讲习录2卷　经部礼记类　佚

以上3种见焦廷琥《先府君事略》卷后焦徵撰后记。

冕服考4卷　经部三礼总义类

(1)《积学斋丛书》本。

(2) 台北《丛书集成续编》本。

三传经文辨异4卷　经部春秋总义类

(1) 清稿本,台北"中研院"傅斯年图书馆藏。

(2) 传抄本,见《贩书偶记》。

(3) 抄稿本,台湾东海大学图书馆藏。

(4)《邃雅斋丛书》本。

(5) 台北《丛书集成续编》本。

论语集解偶识1卷　经部四书类

(1) 稿本,北京大学图书馆藏。

(2) 抄本,北京大学图书馆藏。

明史杂录1卷　史部正史类

《仲轩群书杂著》本。

东坡事迹类要12卷　史部传记类

旧抄本，台湾“中央图书馆”原藏。

北湖旧族表4卷　史部传记类　佚

见《焦虎玉先生著书目》，闵尔昌《焦理堂先生年谱》附。

先府君事略1卷　史部传记类

《焦氏丛书》本。

按：此书介于家传、年谱之间，兼乎纪事、纪言之体，多记其父学术宗旨。书后附已刻未刻书目。

里堂焦氏书品　子部艺术类

抄本，5册，国家图书馆藏。

地圆说1卷　子部历算类

稿本，国家图书馆藏。

益古演段开方补1卷　子部历算类　佚

见《畴人传续编》卷51，云：“焦廷琥善承家学，于算学亦精进。《测圆海镜》《益古演段》两书，未详开方之法，廷琥乃以秦氏之法，读李氏之书，布策推算，一一符合。遂取《益古演段》六十四问，每问皆详尽其式。书成，命名曰《益古演段开方补》，附于《里堂学算记》之末。”

读书小记2卷　子部杂学类

(1)《鄦斋丛书》本。

(2) 稿本，国家图书馆藏。

(3) 台北《丛书集成续编》本。

焦虎玉杂著1卷　子部杂学类

稿本，北京大学图书馆藏。

湖干纪闻2卷　子部杂学类

手稿本，北京大学图书馆藏。

蜜梅花馆文录1卷诗录1卷　集部别集类

(1)《文选楼丛书》本。

(2)《江氏聚珍版丛书》本。

(3)《丛书集成初编》本。

焦虎玉文稿 1 卷蜜梅花馆诗录 4 卷　集部别集类

因柳阁诗录 3 卷　集部别集类

(1) 以上 2 种稿本,国家图书馆藏。

(2) 2015 年广陵书社《扬州文库》本。

因柳阁词钞 2 卷　集部词曲类

(1)《传砚斋丛书》本。

(2) 台北《丛书集成续编》本。

仲轩群书杂著九十一种　丛书类

稿本,湖南省社科院图书馆藏。

邓立诚(1783—1830)

号溥泉。清江都人。嘉庆二十四年(1819)举人。倜傥有才思,议论风生而皆出入经史。善订古今逸事,尤详于山川地理。性高淡,不喜偶俗,以贫病终。

三古八代全文　集部总集类　佚

见清陈逢衡《读骚楼诗二集》卷 2。嘉庆十九年,邓立诚与校《全唐文》,因别辑唐以前文,而成此书。

按:《广陵思古编》卷 9 收其文 4 篇。

钱应时

字乘之,一字数峰。清甘泉人。嘉庆十八年(1813)官广东仁化知县。

孔豆山房初稿　集部别集类　佚

见《江苏诗征》卷 36,收其诗 6 首。

谢　堃(1784—1844)

字佩禾。清甘泉人。国子监生。工诗。家藏名书画甚多。中年以后游学四方。客山东曲阜最久。饱览衍圣公府收藏。著述甚富。

金玉锁碎摘抄 1 卷　史部金石类

《玉说荟刊》本,国家图书馆藏。

静娱随笔 2 卷　子部杂学类

清抄本,国家图书馆藏。

兰言初集 20 卷二集 11 卷　集部总集类

清道光三年(1823)至十三年扬州艺古堂刻本,南京图书馆藏。

按:据清陈逢衡《读骚楼诗初集》卷 4,道光八年谢堃以辑《兰言集》第三集,而有岭南之游。

兰言集摘录不分卷　集部总集类

清敏农抄本,中山大学图书馆藏。

春草堂诗集 10 卷诗话 8 卷词集 2 卷四六 1 卷　集部别集类

清道光刻本,扬州市图书馆藏。

按:《春草堂诗话》8 卷,此为初刻单行本,后收入丛书时,删改为 5 卷。

春草堂诗话 1 卷　集部诗文评类

清管庭芬编《待清书屋杂钞》稿本,天津图书馆藏。

春草堂集(一作春草堂丛书)　丛书类

清谢堃撰

清道光二十年曲邑奎文斋刊二十五年印本,南京图书馆藏。

子目:

《春草堂骈体文》1 卷《古近体诗》5 卷《词录》1 卷

《春草堂诗话》5 卷

按:原本作 8 卷,此删为 5 卷。

《黄河远》2 卷

《十二金钱》2卷

按:北京大学图书馆藏抄本2种。

《绣帕记》2卷

《血梅记》2卷

《钱式图》4卷

《花木小志》1卷

《书画所见录》3卷

《金玉琐碎》2卷

按:民国神州国光社有铅印本,今有2015年广陵书社《扬州文库》本。

《雨窗寄所记》4卷

按:此书原名《湘兰记所记》,复改为《仙源记所记》,后乃改今名。

《雨窗随笔》2卷

《恩怨录》1卷

春草堂三种　丛书类

清光绪六年(1880)甘泉谢氏刻巾箱本,国家图书馆藏。

子目:

《书画所见录》3卷

《金玉琐碎》2卷

《雨窗寄所记》4卷

罗士琳(1784—1853)

字次璆,号茗香。清甘泉人。少治经,从其舅父江都秦恩复受举业。早岁并精天算之学,曾考取天文生,入钦天监。咸丰元年(1851)诏举孝廉方正,后以老病辞。专治天文数学,造诣精深,著述颇富。

春秋朔闰异同2卷　经部春秋总义类

(1)《仰视千七百二十九鹤斋丛书》本。

(2)《皇清经解续编》本。

(3) 清抄本,清赵之谦校并跋,文素松跋,上海图书馆藏。

(4)《续修四库全书》本。

补春秋长历 10 卷　经部春秋总义类　佚

见《四部总录·天文编》。

春秋朔闰考并表 16 卷　经部春秋总义类　佚

见光绪《增修甘泉县志》卷 23。

春秋分记 90 卷　经部春秋总义类

宋程公说撰　清翁方纲校　罗士琳校注

清抄本,国家图书馆藏,一本存 40 卷,一本存 4 卷。

音纬 2 卷　经部小学类

稿本,王念孙校,国家图书馆藏。

续畴人传 6 卷　史部传记类

(1)《文选楼丛书》本。

(2)《测海山房中西算学丛书》本。

(3) 民国商务印书馆《国学基本丛书》本,1955 年重印。

(4)《续修四库全书》本。

(5) 2009 年广陵书社《畴人传汇编》本。

(6) 2012 年中州古籍出版社《畴人传合编校注》本。

按:此书与阮元《畴人传》、诸可宝《畴人传三编》等合刊,总称《畴人传》。

旧唐书 200 卷校勘记 66 卷逸文 12 卷　史部正史类

后晋刘煦等撰　《校勘记》清刘文淇、罗士琳撰　《逸文》清岑建功辑

版本参见"岑建功"条。

周无专鼎铭考 1 卷　史部金石类

(1)《文选楼丛书》本。

(2)《观我生室汇稿》本。

(3)《丛书集成初编》本。

(4) 抄本，上海图书馆藏，合《晋义熙铜鼓考》1册。

晋义熙铜鼓考1卷　史部金石类

(1) 清道光二十三年(1843)刻本，盐城市图书馆藏。

(2)《续修四库全书》本。

比例汇通4卷　子部历算类

(1)《洪氏唐石经馆丛书》本。

(2) 清嘉庆二十三年(1818)刻本，上海图书馆、首都师范大学图书馆藏。

(3) 清光绪十一年(1885)上海书局石印本，国家图书馆藏。

(4) 清光绪二十二年三鱼书屋刻本，上海图书馆藏。

(4) 清光绪二十八年徐树勋成都刻本，上海图书馆藏。

(5) 广州重刻本。

补增诸例1卷　子部历算类

抄本《渐室丛书》本，中国人民大学图书馆藏。

增广新术2卷　子部历算类

《积学斋丛书》本。

勾股截积和较算术2卷　子部历算类

(1)《连筠簃丛书》本。

(2)《丛书集成初编》本。

四元释例2卷　子部历算类

(1) 清道光十六年张氏刻本，清华大学图书馆藏。

(2) 清道光十六年抄本，上海图书馆藏。

(2) 清光绪十七年成都志古堂重刻本。

(3) 抄本《渐室丛书》本。

(4)《测海山房中西算学丛刻初编》本。

缀术辑补2卷　子部历算类　佚

推算日食增广新术1卷　子部历算类　佚

宪法一隅　子部历算类　佚

以上 3 种见《清史列传》卷 69。

交食图说举隅　子部历算类　佚

见同治《续纂扬州府志》卷 22。

数书九章 9 卷　子部历算类

宋秦九韶撰

清王萱铃抄本，李锐、罗士琳校订，中国科学院自然科学史研究所藏。

淮南天文训存疑 1 卷附淮南正朝夕图解 1 卷　子部历算类

清道光八年王萱铃抄本，国家图书馆藏。

博能丛话　子部杂学类　佚

见《清史列传》卷 69。

观我生室剩稿不分卷　集部别集类

清道光二十九年刻本，国家图书馆藏。此包括文、集句诗文、六十自嘲、王太夫人六十寿文等。

观我生室汇稿　丛书类

清道光中刻本，南京图书馆藏。

子目：

《句股容三事拾遗》3 卷附《存》1 卷　清道光八年刻本

《三角和较算例》1 卷　清道光二十六年刻本

《演元九式》1 卷　清道光七年郑复光刻本

《台锥积演》1 卷　清道光十七年刻本

《弧矢算术补》1 卷　清道光二十三年易之瀚刻本

《周无专鼎铭考》1 卷　清道光二十二年刻本

《割圆密率捷法》4 卷　明安图撰　清罗士琳校正　清道光十九年岑建功刻本

《四元玉鉴细草》3 卷《四象细草假令之图》1 卷附《补增》1 卷　元朱世杰撰　清罗士琳《补草》并撰《补增》　清道光十六年易之瀚刻本

按：《四元玉鉴细草》另有道光元年至二年骆大镕、白煜、白桂贞抄本，清王萱铃跋，国家图书馆藏。

附《四元释例》1卷　清易之瀚撰

《新编算学启蒙》3卷附《识误》1卷　元朱世杰撰　《识误》清罗士琳撰　清道光十九年刻本

按：此书另有清邹祖荫抄本，浙江图书馆藏。

张肇岑

字兰坡。清江都人。工篆隶，喜金石文字。入阮元幕。阮元任云贵总督时，大理石画镌刻皆出其手。官按察司照磨。卒年70。

石鼓斋印谱　子部艺术类

钤印本，卞孝萱家藏。见其《孤本〈石鼓斋印谱〉跋》。

谈春元

清甘泉人。

南园吟草　集部别集类　佚

见《北湖续志》卷5。

常履宣

清甘泉人。

居拙山房诗钞　集部别集类　佚

见光绪《增修甘泉县志》卷23。

毛　瀚

字季海。清甘泉人。梦兰弟。道光二年(1822)顺天举人，考取国子监学生，升助教，寻授四川巴州知州，任长宁等县。以母忧去职，服阕，改发陕西，历任乾州、陇州、宁陕厅、西安府同知，保升知府，卒于官，年62。

荆花书屋金石录4卷　史部金石类　佚

燕台入蜀秦陇纪游草　集部别集类　佚

以上2种见同治《续纂扬州府志》卷9。

刘　铭

字箴山。清甘泉人。嘉庆十五年(1810)举人。选江阴县训导，在任20余年，乐引后进，多所成就。

日新楼诗集　集部别集类　佚

见同治《续纂扬州府志》卷9。

史璞莹

字心玉。清江都人。致俨女，诸生汪汇枢妻。

离鸾集　集部别集类　佚

见《正始集》。

冰清阁词存　集部词曲类　佚

见《全清词钞》卷32，收其词4首。

龚庆麟

清甘泉人。

红茶仙馆吟存　集部别集类　佚

见光绪《增修甘泉县志》卷23。

徐　骧

清甘泉人。

东海堂集　集部别集类　佚

见光绪《增修甘泉县志》卷23。

邵代诚

清甘泉人。

莼逸诗存　集部别集类　佚

见光绪《增修甘泉县志》卷 23。

江懋钧

字季调。清甘泉人。藩侄。诸生。江藩每宴集，懋钧皆侍，由是学问日进。性狷介，不喜与贵游。教授生徒，成就甚众。

诗经释义 20 卷　经部诗经类　佚

尔雅旁证 8 卷　经部尔雅类　佚

鸥寄斋古今体诗 8 卷　集部别集类　佚

以上 3 种见同治《续纂扬州府志》卷 22。

半毡斋试帖 2 卷　集部别集类

清道光十二年(1832)刻本，扬州市图书馆藏。

于蔚华(1785—?)

字萼楼。江都岁贡生。幼颖异。嘉庆二十三年(1818)举于乡。道光二年(1822)成进士。授四川秀山县知县，有政绩。

周易纂注 12 卷　经部易类　佚

牖志录 4 卷　子部小说类　佚

石砫丛政余谭 1 卷　子部小说类　佚

退思堂诗集 4 卷　集部别集类　佚

深柳读书堂诗集 8 卷　集部别集类　佚

以上 5 种见同治《续纂扬州府志》卷 22。

一鹤皋草堂文集 10 卷　集部别集类　佚

见光绪《江都县续志》卷 21。

吴中宪

字履平，一字荔平。清江都人。诸生。早岁工诗词、骈体，后为散体文。高古淡远，尤精乐律。道光五年(1825)后绝意进取，号海莲居士。官浙江山阴县县丞。卒于官。

乐律全书　经部乐类　佚

乐府字句谱略　经部小学类　佚

两汉赀臣考　史部传记类　佚

医林　子部医家类　佚

谈苑　子部杂学类　佚

词调今存录　集部词曲类　佚

以上6种见《广陵思古编》卷9小传，收其文4篇。

汪喜孙(1786—1847)

字孟慈，号荀叔，晚年改名喜荀，后号且住庵。清江都人。中子。幼孤，及长延同里通儒魏彝群、丁澥、韦佩金、钟褱授以根柢之学。嘉庆十二年(1807)举人。官内阁中书。升户部员外郎，补河南怀庆知府，卒于官。有惠政，博览群籍，于文字、声音、训诂能传家学，治经尤精于《礼》，长于考据，于其父所著书片言只字无不析及精微心知其意，又于先生手迹断笺敝纸无不宝藏之。《续碑传集》卷43有清王翼凤撰《汪公墓表》。

丧服答问纪实1卷　经部仪礼类

(1) 清道光十三年(1833)刻本，扬州市图书馆藏。

(2) 清光绪十九年(1893)赵逵仪刻本，上海图书馆藏。

(3)《重印江都江氏丛书》本。

大戴礼记补注　经部大戴礼记类　佚

见《汪公墓表》。

春秋公羊穀梁传合刻附校勘记　经部春秋总义类

清汪喜孙、刘逢禄校刻

1916年上海大成书局石印本。

尚友记不分卷　史部传记类

(1)《邃雅斋丛书》本。

（2）台北《丛书集成续编》本。

（3）乌丝阑抄本，国家图书馆藏。

按：《贩书偶记》著录有底稿本，注云："并无目录序跋，首有咸丰某年汪保和、延熙校记。延熙，孟慈之子。原装二册，卷面题卷一、卷二两卷。"

孤儿编 3 卷　史部传记类

（1）清道光二十年精刻本，国家图书馆藏。

（2）清抄本，清华大学图书馆藏。

（3）《重印江都汪氏丛书》本。

（4）2015 年广陵书社《扬州文库》本。

先君（汪中）年表 1 卷　史部传记类

（1）《重印江都汪氏丛书》本。

（2）《北京图书馆藏珍本年谱丛刊》本。

容甫先生（汪中）年谱 1 卷　史部传记类

（1）清嘉庆原刻本，南京图书馆藏。

（2）《重印江都江氏丛书》本，国家图书馆藏。

（3）民国油印本，南京图书馆藏。

（4）《北京图书馆藏珍本年谱丛刊》本。

（5）2015 年广陵书社《扬州文库》本。

汪氏学行记 6 卷附寿母小记 1 卷　史部传记类

（1）清道光六年精刻本，南京图书馆藏。

（2）《重印江都汪氏丛书》本。

（3）2015 年广陵书社《扬州文库》本。

汪氏家传不分卷　史部传记类

（1）清抄本，国家图书馆藏。

（2）清刻本，南京图书馆藏。

按：亦收入《汪氏学行记》。

汪荀叔自撰年谱　史部传记类

(1) 灰格抄本,国家图书馆藏。

(2)《扬州学派年谱合刊》本。

(3)《北京图书馆藏珍本年谱丛刊》本。

(4) 2015 年广陵书社《扬州文库》本。

国朝名臣言行录　史部传记类　佚

国朝经师言行录　史部传记类　佚

以上 2 种见《广陵思古编》卷 9。

汪孟慈杂抄不分卷　子部杂学类

抄本,国家图书馆藏。

汪孟慈文集无卷数　集部别集类

(1)《邃雅斋丛书》本。

(2) 底稿本,见《贩书偶记》。另有民国影印稿本。

(3) 台北《丛书集成续编》本。

(4)《清代诗文集汇编》本。

(5) 2015 年广陵书社《扬州文库》本。

从政录 4 卷　集部别集类

(1) 清道光二十一年精刻本,南京图书馆藏。

(2)《重印江都汪氏丛书》本。

抱璞斋诗集 4 卷　集部别集类

(1) 稿本,北京大学图书馆藏。

(2)《清代诗文集汇编》本。

(3) 2015 年广陵书社《扬州文库》本。

抱璞斋时文不分卷　集部别集类

(1) 清写刻本,南京图书馆藏。

(2)《清代诗文集汇编》本。

(3) 2015 年广陵书社《扬州文库》本。

汪胡尺牍 2 卷　集部别集类

清光绪二十五年刻校样本,复旦大学图书馆藏。

且住庵文集　集部别集类

2012年台北世界书局影印清抄本，后有易培基跋。

且住庵文稿　集部别集类

且住庵诗稿　集部别集类

以上2种见清汪保和等撰《汪孟慈先生行述》。

汪喜孙著作集　集部别集类

杨晋龙整理本，2003年中国文哲研究所出版。

江都汪氏丛书八种38卷　丛书类

清汪喜孙编

清道光汪喜孙刻本，国家图书馆、天津图书馆、复旦大学图书馆等藏，均为残本。

子目：

《述学内篇》3卷《外篇》1卷《补遗》1卷《别录》1卷　清汪中撰

《容甫先生遗诗》5卷《补遗》1卷《题词》1卷　清汪中撰

《春秋述义》1卷　清汪中撰

《广陵通典》10卷　清汪中撰

《汪氏学行记》6卷　清汪喜孙辑

《孤儿编》3卷　清汪喜孙辑

《从政录》4卷　清汪喜孙辑

《容甫先生年谱》1卷　清汪喜孙撰

按：此为《汪氏丛书》初刻本，传本甚少。民国间江都秦更年获得原本，又从《皇清经解》《木犀轩丛书》等书中收集得汪中、汪喜孙撰《经义知新记》等6种，一并加以影印，题作《重印江都汪氏丛书》。子目详见《中国丛书综录》第1册。

欧阳锦

字制美。清甘泉人。诸生。幼贫攻苦，邃于经史。教授乡里，时彦多折服。为焦循校录《北湖小志》，凡志前图说方位，多锦参酌。卒年86。

西江吟草 1 卷　集部别集类　佚
倚槐亭诗集 4 卷　集部别集类　佚

以上 2 种见光绪《增修甘泉县志》卷 14。

制美诗集 4 卷　集部别集类　佚

见《北湖续志补遗》卷 1。此与《倚槐亭诗集》或为同一书。

黄阳书屋诗余　集部词曲类　佚

见光绪《增修甘泉县志》卷 23。

张　镇

字天立，号静庵。清新安人，侨居江都。熟精兵法。穆彰阿聘入幕府，献策，授参佐。后谢归，侍父，遂不出。

武略心书　子部兵书类　佚
芙蓉渡集　集部别集类　佚

以上 2 种见嘉庆《重修扬州府志》卷 62。

按：《江苏诗征》卷 55 收其诗 6 首。

常　识

清甘泉人。

西麓随笔　子部杂学类　佚

见《北湖续志》卷 5。

薛传均(1788—1829)

字子韵。清甘泉人。诸生。少工骈文，后博览群籍，强记精识。十赴乡试，辄报罢。以家贫，就福建督学陈用光聘。以疾卒于汀州试院。《十三经注疏》及《资治通鉴》功力最深。又精研《说文》，一以形声通借之法求之，多所发明。曾博引经史，证钱大昕《说文答问》，成《说文答问疏证》6 卷。《清史列传》卷 69 有传。

说文答问疏证 6 卷　经部小学类

（1）《金峨山馆丛书》本，附《说文经字考》1卷《第一楼丛书附考》1卷。

（2）《咫进斋丛书》本。

（3）《许学丛书》本。

（4）《玲珑山馆丛书》本。

（5）《稷香馆丛书》本。

（6）《丛书集成初编》本。

（7）清道光十七年(1837)刻本，国家图书馆藏。

（8）清光绪八年(1882)紫薇山馆刻巾箱本。

（9）《广雅书局丛书》本，题《潜研堂说文答问反证》。

河工防要2卷　史部政书类

清抄本，台湾"中央图书馆"原藏。

闽游草1卷　史部地理类

清道光二十六年刻本，国家图书馆藏。

闽小记2卷　史部地理卷　佚

见民国《甘泉县续志》卷14。

腜鲭小记1卷　子部杂学类

（1）稿本，北京大学图书馆藏。

（2）1987年天津古籍出版社《北京大学图书馆馆藏稿本丛书》本。

（3）2015年广陵书社《扬州文库》本。

按：此系汇编方言俗语之作，其取材以读书所记为主，参以"耳目所及""故老所讨论"。全书收录400余词条。

江干丛语12卷　子部杂学类

清刻本，国家图书馆藏。

同席录4卷　子部杂学类

薛子韵先生杂著　子部杂学类

以上2种均系稿本，北京大学图书馆藏。

文选古字通疏证6卷　集部总集类

(1) 清道光二十一年迪志斋刻本，南京图书馆、郑州大学图书馆藏。

(2) 清光绪十二年还读楼刻巾箱本，兴化市图书馆藏。

(3)《玲珑山馆丛书》本。

(4) 鸿宝斋书局辑《文林绮绣》本。

(5) 周贞亮抄本，武汉大学图书馆藏。

徐玉举

字青霞。清甘泉人。嘉庆十八年(1813)举人。任刑部河南司员外郎，升奉天司郎中。官刑曹凡 17 年，遇疑狱未尝用刑求供。因足疾乞假归，主讲广陵书院，里居 8 年卒，年 77。夙工制艺，海内号名师者多倾心折服。其居京师，四方从游者甚众。子徐根撰有《徐青霞行述》。

刑部汇案稿　史部政书类　佚

云川阁随笔 6 卷　子部杂学类　佚

茗香斋吟草 1 卷　集部别集类　佚

云川阁时文 6 卷　集部别集类　佚

以上 4 种见同治《续纂扬州府志》卷 9、卷 22。

李　容

字竹孙。清江都人。文绶子。诸生。有至性，后为盐商。素性好施予。晚年居家，博览群籍，手不释卷。喜画花卉山水，得方士庶、罗聘、唐朴园笔意。卒年 90。

半亩园题画录 2 卷　子部艺术类　佚

半亩园笔记 2 卷　子部杂学类　佚

养新斋诗钞 2 卷　集部别集类　佚

以上 3 种见光绪《江都县续志》卷 26。

王　漪(？—1824)

字仲清。清江都人。诸生。幼贫力学,于儒先义理得窥门户。暇作韵语,音调凄惋。道光四年(1824)上灯日成诗三十首,有“伤心我欲投东海”之句。其师张维桢见之,虑语不祥,果于是年八月二十二日溺于平山堂下。

心谷堂遗诗不分卷　集部别集类

黄梅花馆诗集不分卷　集部别集类

清道光刻本,中国社会科学院文学研究所藏。

黄兆萱

字瑞堂,号蔗塘。清甘泉人。位子。贡生。天性诚笃,读书必究根底。四方从学者多所成就。

读史评 1 卷　史部史评类　佚

尚友录 2 卷　史部传记类　佚

蔗塘随笔 2 卷　子部杂学类　佚

桥西一草堂前后诗集 12 卷　集部别集类　佚

以上 4 种见同治《续纂扬州府志》卷 13。

陈　璜

字意超。清丹徒人,寄居翠屏洲。王豫婿。

抱江楼诗集　集部别集类　佚

见《瓜洲续志》卷 14。

张攀扬

字云衢。清江都人。诸生,善吟咏,诗作悲壮苍凉,亦间效温、李之体。豪于饮,喜延接四方名士。晚年家境日落。而怡情诗酒如故。

闲居草 1 卷　集部别集类　佚

奈何草1卷　集部别集类　佚

以上2种见民国《江都县续志》卷24下。

谈经传

字德舆。清江都人。诸生。性刚直,晚岁犹好学不衰。年80卒。

续增锡山谈氏诵芬录　史部传记类　佚

见光绪《江都县续志》卷20上。

何　鼎

清江都人。

砚农偶录　子部杂学类　佚

见《北湖续志》卷5。

郑　宝

字吟香。清甘泉人。先世业盐策。少孤,好学深思,与古为徒,傲视一世。以不事生产,家日落,至佣书为活。道光十年(1830)北上京师,寓王相家数载。后以病归,贫亦甚。性孤介,不妄求人,因是重困以卒。

吟香馆存稿1卷　集部别集类

清郑宝撰　王相辑

清咸丰八年(1858)信芳阁刻《友声集》本。

易之瀚

字浩川。清甘泉人。与罗士琳为同县学友,亦笃嗜算术,尝从问难。

四元释例1卷　子部历算类

《观我生室汇稿》本。

开方释例不分卷天元释例不分卷四元释例不分卷　子部历算类

清抄《中算斠》本，中国人民大学图书馆藏。

四元玉鉴细草3卷四象细草假令之图1卷附补增1卷　子部历算类

元朱世杰撰　清罗士琳补草并撰《补增》

清道光十六年(1836)易之瀚刻本，收入《观我生室汇稿》本。

弧矢算术补1卷　子部历算类

清罗士琳撰

清道光二十三年易之瀚刻本，收入《观我生室汇稿》。

岑建功

字绍周。清甘泉人。监生。性勤谨，好儒雅。每得异书，必重刻之。

旧唐书200卷校勘记66卷逸文12卷　史部正史类

后晋刘煦等撰　《校勘记》清刘文淇、罗士琳撰　《逸文》岑建功辑

(1) 清道光二十九年(1849)岑建功惧盈斋刻本，南京图书馆藏。

(2) 清同治十一年(1872)定远方氏重印道光岑刻本，南京图书馆藏。

(3) 1969年台北《古籍菁华》本。

(4) 1971年台北《国学名著珍本汇刊》本。

(5) 1975年中华书局标点本，以岑刻本为工作本，参校其他各种版本。

舆地纪胜200卷补缺10卷校勘记52卷　史部地理类

宋王象之撰　《补缺》清岑建功辑　《校勘记》清刘文淇撰

(1) 清道光二十九年岑建功惧盈斋刻本，南京图书馆藏。

(2) 1987年天津古籍出版社影印本。

(3) 1991年江苏广陵古籍刻印社影印道光岑刻本。

(4) 1962年台北文海出版社《宋代地理书四种》本影印道光岑氏本。

按：此为南宋地理总志，载南宋疆域内166府州军监之地理沿革、

风俗形胜、人物、碑记诗文等。

割圆密率捷法4卷　子部历算类

明安图撰　清罗士琳校正

(1) 清道光十九年岑建功刻本,国家图书馆藏。

(2) 稿本,国家图书馆藏。见李迪《〈割圆密率捷法〉残稿本的发现》。

王廷植

字立堂。清江都人。嘉庆间诸生。家贫,笔耕糊口。居常郁郁,以诗自遣。

素风堂诗集　集部别集类　佚

见民国《江都县续志》卷22,谓稿散失于咸丰同治间,惟剩断章零句。

柳春浦

清扬州人。

聊斋续编8卷　子部小说类

清道光十年(1830)秋声馆刻巾箱本,国家图书馆藏。

仇福昌

字景仑。清甘泉人。

静修斋经解无卷数　经部群经总义类

底稿本,包括《易》8册、《书》4册、《诗》6册。见《贩书偶记》。

静修斋未定诗稿10卷诗话4卷　集部别集类

稿本,中国科学院图书馆藏。

檀园主人

清扬州人。姓名及生平均不详。

雅观楼4卷16回　子部小说类

（1）清抄本，北京大学图书馆藏。

（2）清道光元年（1821）维扬同文堂刻本。卷首序题“竹西逸史题于五架三间新学堂”。阿英《小说二谈》以为竹西逸史当为此书之真作者，檀园主人则是伪托。参见《中国通俗小说总目提要》。

（3）《古本小说集成》本。

（4）《清蒙古车王府藏曲本》本。

周殿英

清江都人。

爱莲书屋文稿　集部别集类　佚

见《北湖续志》卷5。

秦　巘（1792—1853）

字玉笙，号绮园。清江都人。恩复子。道光元年（1821）顺天乡试举人。考取景山官学教习，以不乐仕进弃去。曾壮游万里，以亲老归。筑室三楹，介于石砚斋小盘谷之间，曰思秋吟馆，与诸名士相唱和。工丹青，兼善医术，任侠好义，能急人之难。晚年因太平天国战事，避居北郭外祖墓侧，同年雷以诚督师扬州，聘参戎幕，辞弗就。卒年62。

意园酬唱集　集部总集类　佚

见光绪《江都县续志》卷20。

国初十六家精选16种　集部总集类

（1）清嘉庆间江都秦氏石研斋刻本，北京大学图书馆藏。

（2）清嘉庆间江宁王景桓刻本，国家图书馆藏。

思秋吟馆诗文集不分卷　集部别集类

稿本，12册，中国社会科学院文学研究所藏。

思秋吟馆词集　集部词曲类

（1）清秦氏石研斋抄《江都秦氏石研斋未刊遗稿五种》本，南京图书馆藏。

(2) 清刻本,四川大学图书馆藏。

(3) 1979年扬州古旧书店抄本,国家图书馆藏。

词系24卷附调名汇辨1卷逸调备考1卷宋乐类编1卷宫谱录要1卷词旨丛说1卷　集部词曲类

(1) 稿本,北京师范大学图书馆藏。

(2) 誊清稿本,北京大学图书馆藏。

(3) 影印本,1996年北京师范大学出版社出版。

徐　穆(1793—1876)

字孝竹,号啸竹。清甘泉人。布衣。少弃举业,喜诗词。性耿介,独居某寺中,以诗鸣。晚年陈彝先生致仕归里,与之结九老会。

孝竹吟草　集部别集类　佚

见汤寅臣《广陵私乘·徐孝竹事略》。

越中归棹词　集部词曲类　佚

见《全清词钞》卷23,收其词2首。

蔗渣词　集部词曲类　佚

见民国《甘泉县续志》卷24。

张　舒

字丙生。清甘泉人。廪生。师事焦循。博稽经史,致力于古文,所著皆遭兵燹。

容拙斋古文2卷　集部别集类

清同治十年(1871)刻本,中国科学院图书馆藏。

容拙斋文钞1卷　集部别集类

1915年刻本,中国人民大学图书馆藏。

论唐史诗1册　集部别集类　佚

见乾隆《增修甘泉县志》卷14。

唐　澄

字月鱼。清甘泉人。

唐澄诗　集部别集类　佚

见清周焘辑《淮郡校士诗选》卷 1，收其诗 15 首。

吴庆恩（？—1853）

字盖山。清甘泉人。幼随祖父官河南。归应试补诸生。才气横溢，工乐府诗，嘉庆十八年（1813）尝作诗记山东、河南等地天理教事。咸丰三年（1853），扬州城被太平军攻克，不食死。清江璧《江南春杂体文》卷 3 有《吴盖山传》。

毛诗辨证　经部诗经类　佚

见光绪《江都县续志》卷 21。

丽则堂诗钞 4 卷　集部别集类

清道光六年（1826）刻本，国家图书馆、北京大学图书馆等藏。

吴庆恩诗 1 卷　集部别集类

收入清黄锡麒辑《蔗根集》卷 9。

诸元钠

字汝贞。清江都人。诸生。工诗古文词，于制义尤精理法。其学以居敬为主。奉张载之旨，力辟王阳明。尝谓刘宗周《人谱》所持“独体”之说，仍与王阳明相近，张履祥虽心非之，而以师说不敢破。特著论以辨其非。凡授徒数十年，于评改诗文外，于四子书要旨反复推阐。光绪元年（1875）诏举孝廉方正，县令将以其应诏，力辞不就。年 83 卒。

明辨录　子年儒学类　佚

知和录　子部儒学类　佚

向山堂诗文集　集部别集类　佚

以上 3 种见民国《江都县续志》卷 24 上。

梅植之(1794—1843)

字蕴生。清江都人。道光十九年(1839)举人。生计贫苦,手抄书自学。工诗,近体学杜甫,古体学谢灵运。又善书法、古琴,骈体文亦佳。慕嵇康之为人,因自号嵇庵。与刘文淇交最密。性简傲。凡乡里先达及流寓名公有所招邀,未曾轻造其门。薛寿等尝从其学。

嵇庵诗集 6 卷　集部别集类

清道光十六年序刻本,南京图书馆藏。

嵇庵诗集 10 卷文集 2 卷　集部别集类

(1) 清道光二十四年刻本,南京图书馆、上海图书馆等藏。

(2) 2015 年广陵书社《扬州文库》本。

按:道光十六年本刻于梅植之生前,卷首有黄承吉序与梅植之自序。二十四年本刻于梅氏卒后,卷首多刘文淇撰《清故贡士梅君墓志铭》。诗集前 6 卷用道光十六年板。后又补刻诗集 4 卷文集 2 卷。总题《嵇庵集》。

黄　氏

清江都人。梅植之继妻。

汉学堂诗集 1 卷　集部别集类　佚

见光绪《江都县续志》卷 20 上。

丁元枢

清江都人。光灿族叔。

诗韵标新　经部小学类　佚

清丁元枢撰　丁光灿续成

见光绪《江都县续志》卷 23。

朱　煜

字潆溪。清甘泉人。幼习儒,后从父学医。道光十三年(1833)时疫盛行,世医习用陶氏六经治,煜独用吴又可瘟疫治法,投剂辄应,活人甚多。生平临证,无分贵贱,必竭尽心力。年62卒。

五经分类　经部群经总义类　佚

本草类方续选　子部医家类　佚

以上2种见光绪《增修甘泉县志》卷15,谓待刊。

范凌霄

字雨村,号膏庵。清江都人。天资颖悟,克承家学,事亲以孝闻。年17入邑庠,受业于吴锡祺、汪端光。早年与仪征吴文镕、卞士云诸老辈相切磋,故学有根柢。咸丰元年(1851)荐举孝廉方正,不赴。同治三年(1864)主广陵书院讲席,七年重游泮水。生平乐善好施,耽吟咏。年84卒。

雨村遗稿4卷　集部别集类　佚

见《清史稿艺文志及补编》。

湖东集4卷　集部别集类

(1) 清咸丰刻本,南京图书馆藏。

(2) 2015年广陵书社《扬州文库》本。

湖东遗诗1卷遗文1卷　集部别集类　佚

燹余集诗1卷　集部别集类　佚

以上2种见光绪《增修甘泉县志》卷12本传。

广陵书院课艺不分卷　集部总集类

清光绪十六年(1890)扬州镕铸楼铅印本,国家图书馆藏。

冷灰词1卷　集部词曲类

《淮海秋笳集》本。

王　寿

字鹤汀，一字补楼，别号井南老人。清甘泉人。布衣，工诗词。与秦巘、符葆森诸名士游。

玉树堂诗集 6 卷　集部别集类

稿本，王蘧常藏。

守素堂诗集　集部别集类

(1) 2 卷本，中国社会科学院文学研究所藏。

(2) 4 卷本，广东中山图书馆藏。

采录堂诗集　集部别集类　佚

见民国《甘泉县续志》卷 24。

绾绿词 2 卷　集部词曲类

清道光十九年(1839)刻本，南京图书馆藏。

胡　翰(1796—1877)

字莼甫。清江都人。尝为县吏。喜习画，先后从虞步青、陈筠溪、李梅生学，以性愎而心不虚，画无长进。

邗水老民遗稿 1 卷　集部别集类

清宣统元年(1909)刻本，南京图书馆藏。《扬州画苑录》卷 2 小传录其诗 1 首。

杨　亮(1797—1853)

字季子。清江都人。捷五世孙。监生。早工诗古文词，取法汉魏。游京师，从大兴徐松受西域舆地之学，研究精审，松谓其学有替人。曾千里归故友之丧，人尤高其行谊。咸丰三年(1853)太平军攻克扬州，绝食死，年 57。

围城日记　史部杂史类　佚

蒙古道里考　史部地理类　佚

以上 2 种见同治《续纂扬州府志》卷 22。

世泽堂诗文集不分卷　集部别集类

清抄本，故宫博物院图书馆藏。

潘光庆(1797—?)

字余香。清江都人。

维扬江都潘氏族谱 6 卷　史部传记类

清潘光庆修　王容纂

清咸丰八年(1858)居易堂木活字本，南京图书馆藏。

方　奇

字问之，号偶金。医名善昌。清甘泉人。精医术。通经术。百菊溪、陈芝楣两先生深重之，先后序刊其书行于世。

修元大道 3 卷　子部医家类

清道光七年(1827)醉经精舍刻本，国家图书馆藏。

伤寒析义 40 卷　子部医家类

清道光刻本，见《江苏历代医人志》。

史丙荣

字桂材。清江都人。致俨子。道光十八年(1838)进士，官至亳州知州。

史尚书行述 1 卷附 1 卷　史部传记类

清光绪刻本，南京图书馆藏。

按：此为其父行述，由丙荣及其弟璜等撰，附赖椿撰史丙荣传，史念祖撰璜妾王氏墓志铭、甘泉山阡表。

周　镄

字在东，号筱云。清江都人。诸生。绩学工诗。游其门者，成就甚众。曾应浙江巡抚吴文镕之聘，徜徉六桥双峰，题咏益富。尝与倪馥等相唱和。

搜吉斋咏物诗1卷四时杂咏1卷　集部别集类

清道光二十六年(1846)刻本，书中夹有书名签条“搜吉斋诗草”，上海图书馆藏。

章江游草不分卷　集部别集类

清道光刻本，中国社会科学院文学研究所藏。

按：清倪馥《陶庵诗钞》卷首有周镄“题辞”诗2首。

王　恂

字伯醇。清甘泉人。峻子。贡生。天性孝友。工为文。

桐月山房文2卷　集部别集类　佚

莲溪诗赋钞2卷　集部别集类　佚

以上2种见乾隆《增修甘泉县志》卷14。

程　栋

字朴村。清江都人。监生。襟怀旷达，不求仕进。好游览，足迹半天下。所过名山，必穷其幽僻。年50余归里，杜门不出，工诗，间画墨兰。

朴村诗集　集部别集类　佚

见光绪《江都县续志》卷25。

王　桂

字秋卿。清甘泉人。道光九年(1829)进士。改吏部文选司主事。考充军机章京，升郎中，掌京畿道御史。十九年典试湖北，二十三年典试贵州。京察外用，任直隶广平府知府。因病致仕。

玉笙楼文集　集部别集类　佚

玉笙楼试帖　集部别集类　佚

以上2种见同治《续纂扬州府志》卷9。

经　济(1801—?)

字子通，号半园。清甘泉人。幼慧工诗。以国子监生应顺天及江南乡试，屡荐不售，遂蛰居里门，以诗自娱。道光六年(1826)与汪潮生、陈逢衡、谢堃等集广陵西园，作上巳会。二十年旅居金陵。所作诗多反映了淮扬的灾难现实。

半园诗录8卷附词录1卷　集部别集类

清道光刻本，南京图书馆藏。

怀古堂诗6卷　集部别集类

清道光刻本，南京图书馆藏。

韵麋词2卷　集部别集类

(1) 清道光六年至九年刻本。

(2)《晨风阁丛书甲集》本，1卷。

合浦珠传奇　集部词曲类

见清许之翰《说文堂诗集》卷7《经子通新谱〈合浦珠传奇〉题辞》。

按：《古典戏曲存目汇考》卷12著录芙蓉山樵《合浦珠传奇》道光十六年刻本，2卷16出，小传云："姓名、字号、里居皆未详，疑即经济，陕西(按：当为江苏)甘泉人。"所疑是也。清姚燮《今乐考证·国朝院本》著录芙蓉山樵《合浦珠》，即署作甘泉人。

倪　馥(1801—?)

字蕴香。清扬州人。好吟咏，工书法。诗宗王孟，字仿苏轼。为人慷爽任侠，乐游山水。与周镆、杨绍时、朱震友善。

陶庵诗钞2卷　集部别集类

清道光刻本，南京图书馆藏。

按：卷首有道光二十三年阮亨、二十四年符葆森序，又有同时好友钱嗣远、经济等题辞。

黄宗沂(？—1856)

字鲁泉，号同甫。清江都人。附生。幼受业于黄承吉、李周南之门，潜心经史。及长，研习《素》《灵》精蕴，遂以医名。尝谓医在临证审辨之细，药物运用之灵，不可拘泥成方。

读史记要　史部史评类　佚

本草纲目补遗　子部医家类　佚

将就园杂记　子部杂学类　佚

碧梧轩诗集　集部别集类　佚

以上4种见光绪《江都县续志》卷20上。

贵正辰

字祈年。清扬州人。

琼花集(一名琼花题咏全集)6卷　集部总集类

(1) 清咸丰二年(1852)刻本，上海图书馆藏。

(2) 2015年广陵书社《扬州文库》本。

洪砚珠

字琼华，号杜青。清扬州人。湖南衡阳夏绍笙妻。

绮秋佳话　子部杂学类　佚

丽春楼诗集10卷　集部别集类　佚

琼花馆文4卷　集部别集类　佚

玉蟾词4卷　集部词曲类　佚

广陵丛书　丛书类　佚

以上5种见单士釐《清闺秀艺文略》。

丽春楼诗选7卷　集部别集类

1922年活字本，国家图书馆藏。

梁恩霖

字可孙。清甘泉人。诸生。屡困场屋。咸丰间客授四方，晚而归里，年90余卒。

五砚斋困知堂经说1卷　经部群经总义类

清刻本，国家图书馆藏。

历劫吟稿　集部别集类　佚

寒柏轩诗存　集部别集类　佚

以上2种见《瓜洲续志》卷14。

汪端堂

名不详。清甘泉人。

大学指掌1卷中庸指掌2卷(一名学庸指掌)　经部四书类

清道光二十一年(1841)家塾刻本，贵州省图书馆藏。

于暹春

字桐冈，号不翁。清江都人。慷慨好施于济人。长于医。性耽诵读，广涉群书，筑晚香楼三楹，藏书数万卷。工书画，精岐黄壬遁之学。卒年80。

读史论略1卷　史部史评类　佚

藤峡纪闻8卷　史部地理类　佚

伤寒温疫条辨24卷　子部医家类　佚

脉理辨微4卷　子部医家类　佚

灵素难经补注12卷　子部医家类　佚

医林集成(一作晚香楼医林集成)80卷　子部医家类　佚

六壬课存2卷　子部术数类　佚

寻畅楼印谱3卷　子部艺术类　佚

弹指庵笔记4卷　子部杂学类　佚

塘上诗钞 3 卷　集部别集类　佚

以上 10 种见光绪《江都县续志》卷 26。

丁家济

号庚三。诸生。幼好《易》学。搜购《易经》注本，得百余家，汇编待刊。陷城后稿本散佚，仅存《六爻提纲》1 卷。

六爻提纲 1 卷　经部易类　佚

见同治《续纂扬州府志》卷 22。

觉　岸

号莲舟。清江都人。谢氏子，名宗溥。事焦山寺僧清恒，多与邑中名士相往过，诗益进。卓锡郡南关帝庙。年 66 圆寂。

春蚕集 2 卷　集部别集类

清光绪八年(1882)刻本，复旦大学图书馆、华东师范大学图书馆等藏。

按：觉岸诗稿毁于太平天国战争时，卒后邑人王荄辑其乱后遗稿而刊行之。《瓜洲续志》卷 19 有光绪八年郭晋超撰《莲舟和尚传》。

文汝梅(？—1848)

字用和，晚号香月老人。清甘泉人。庠生。生而颖异，读书过目成诵，诗才清逸。

香月廊诗存 2 卷　集部别集类

清道光二十八年(1848)扬州刻本，南京图书馆、上海图书馆等藏。

按：《广陵思古编》卷 12 收其文 2 篇。

顾承熊

字梦华。清甘泉人。诸生。十应乡试不遇，遂绝意仕进。在乡里，多行善事。卒年 70。

雄雉斋诗文集 6 卷杂体文 2 卷　集部别集类　佚

见同治《续纂扬州府志》卷 14。

李毓林

字默庵。清甘泉人。官司马。

六勿轩诗存 1 卷　集部别集类

《柳堂师友诗录初编》本，国家图书馆藏。

按：丘炜萲《五百石洞天挥麈》云："鸦片入中国为一大劫……故于所著《赘谭》，两载鸦片诗，以警来者。……甘泉李默庵司马（毓林）《六勿轩诗存》有《阿芙蓉题》八律，苦口婆心，亦庄亦谐，合并录之。"《阿芙蓉题》八律亦收入《清诗纪事》光宣朝卷。

凌泰交

字谦斋。清江都人。道光中官贵州镇远知府，在任 5 年，有政绩。

潕阳纪事 12 卷　史部地理类

（1）清刻本，中国科学院国家科学图书馆藏。

（2）清抄本《黔南游宦诗文征》本，国家图书馆藏。

按：此取其建设义仓、义学、义棺诸公牍，及劝谕学校、晓示闾阎诸条规汇刻之，附自作纪事歌诗与友朋赠言。

张　培

字养源。清江都入。监生。幼博涉经史，喜究性理，厌薄章句。积书至数万卷。道光二十九年(1849)江水泛滥，输金助赈。晚年闭门，以著作自娱。

淮章骈言　史部政书类　佚

南华直解　子部周秦诸子类　佚

道学求正录　子部儒学类　佚

翼道编　子部儒学类　佚

格言语录　子部儒学类　佚
缮译金丹心法　子部道教类　佚

以上6种见光绪《江都县续志》卷20上。

何衍宗

字中子。清江都人。锡溥子。道光五年(1825)顺天举人。补繁昌县训导,以卓异晋知县,分发浙江,知永康、兰溪、松阳县,引疾归,卒年81。

尔雅音义辨明　经部尔雅类　佚
拙存诗文集　集部别集类　佚

以上2种见同治《续纂扬州府志》卷22。

汪保和

清甘泉人。喜孙长子。增广生。

汪孟慈先生行述(一名汪喜荀行述)1卷　史部传记类

(1) 抄本,国家图书馆藏。

(2) 清道光间刻本,南京图书馆藏。

(3) 1932年金山姚氏《复庐丛书》铅印本,与《钱竹汀先生行述》合刊。

按:《行述》由汪保和及其弟延熙、介徽合撰。

于文铸

字锡爵,号希颜。清甘泉人。工制举业,七试始补弟子员。授徒为业,安贫乐道。

读书养气编　子部儒学类　佚

见《瓜洲续志》卷14。

何亮采

字寅功。清扬州人。增生。好黄老学。与徐穆等交好。中年而卒。

玉树山房遗稿 1 卷　集部别集类

清光绪六年(1880)刻本,南京图书馆藏。

按:何氏卒后遗稿尽散,此稿由其门人黄允中搜罗所得,共 4 首。首有道光二十六年(1846)丙午薛国庆题辞,末附徐穆、刘寿曾、冯煦、程恩正、甘元焕、陈作霖诸人题辞。

谈鸿谟

清江都人。

经解摘要　经部群经总义类　佚

见嘉庆《重修扬州府志》卷 62。

医学指归 2 卷　子部医家类　佚

南游草 1 卷　集部别集类　佚

以上 2 种见光绪《江都县续志》卷 20 上。

丁　芳

字芳杜,号漱亭。清扬州人。丁裕子。

医传会览　子部医家类　佚

见光绪《江都县续志》卷 20。

江上听鹃诗钞 1 卷　集部别集类

(1) 清抄本,上海图书馆藏。

(2) 清抄本,北京大学图书馆藏。

聚书堂文集诗集　集部别集类　佚

见同治《续纂扬州府志》。

阮　安(1802—1821)

清仪征人。元女，江都张熙妻。

百梅吟馆诗1卷　集部别集类　佚

见阮元《揅经室二集》卷6。

广梅花百咏1卷　集部别集类

（1）清嘉庆刻本，南京图书馆藏。

（2）2015年广陵书社《扬州文库》本。

张　熙(1803—1821)

字子兴，又字定江。清江都人，本籍临潼。阮元婿。性沉静和厚，不妄言笑。诗亦有法。嘉庆二十五年(1820)春赘于粤东，受教于阮元，以岭南草木物产考之古籍，颇著于篇。又自以端溪巨石，雕为砚石。道光元年(1821)卒于疾，年19。

粤东札记　子部杂学类　佚

见《江苏诗征》卷60。

宜之室诗文遗稿2卷　集部别集类　佚

见阮元《揅经室二集》卷6《女婿张熙女安合葬墓碣》。《江苏诗征》卷60收其诗5首。

桂　炘(？—1853)

字子香。清甘泉人。邑诸生。少颖异，好读《史记》。酒酣辄讽诵不辍。性疏傲不谐于俗，人目为狂生。与同县诸生张采、江璧友善。清江璧《江南春杂体文》卷3有《桂子香传》。

史记论事1卷　史部史评类　佚

昂青阁诗文集3卷　集部别集类　佚

天香阁诗5卷　集部别集类　佚

以上3种见光绪《增修甘泉县志》卷14。

倪　端

清扬州人。

本草别钞 10 卷　子部医家类　佚

见光绪《江都县续志》卷 20 上。

田溥光

原名普实，字季华。清江都人。幼受业于梅植之。通小学，工诗，搜访金石碑版，考订其词，孜孜不倦。篆隶浑古，得邓石如真行。访求扬州遗文甚力。曾辑梁于涘遗集刊行之。欲编《广陵文征》，未果。

后汉书儒林传考逸　史部正史类　佚

扬州金石记　史部金石类　佚

扬州金石话　史部金石类　佚

淮南子补注　子部杂学类　佚

目耕斋笔记　子部杂学类　佚

汉学堂诗文集　集部别集类　佚

以上 6 种见同治《续纂扬州府志》卷 22。

任云倬(? —1853)

字汉卿。原名云台。清江都人。幼质鲁好读书。游凌曙、梅植之、刘文淇之门。治汉易，工真书行草，得包世臣法。既补诸生，研习典礼。著述甚富，多散佚不传。

周易诸卦合象考 1 卷　经部易类

周易互体卦变考 1 卷　经部易类

以上 2 种有《鄦斋丛书》本。

桃乡精舍文集 1 卷　集部别集类　佚

见光绪《江都县续志》卷 22。

梁承诰(1805—1887)

字少卿。清江都人。凡授徒30年,十应布政司使而不售。太平天国战争期间,入雷以诚幕。同治初选授清河县学教谕,迁徐州府学教授,皆未之官,居漕督幕府者20余年。于书无所不读,经史以外,通奇遁星卜之术。善养生。每日抄书约万字。

周易图解　经部易类　佚

毛许字证　经部小学类　佚

以上2种见民国《江都县续志》卷24上。

历法用数便览1卷　子部历算类

稿本,上海图书馆藏。

阳宅指南1卷　子部术数类

清蒋大鸿撰　梁承诰辑

稿本,上海图书馆藏。

含元子道书三种　子部道学类

明王居位撰　清梁承诰辑录

清抄本,上海图书馆藏。

圆光法秘汇录不分卷　子部道教类

清同治抄本,上海图书馆藏。

独慎斋诗钞8卷　集部别集类

清光绪九年(1883)刻本,国家图书馆藏。

梁　珍

字秋孙。清甘泉人。恩霖弟。诸生。喜吟咏,寄居宝应汜水馆杨氏最久,有经师人师之誉。

左氏春秋人地分国考　经部春秋左传类　佚

蕉窗十则文　子部道教类　佚

阴骘文试帖诗　子部道教类　佚

以上 3 种见《瓜洲续志》卷 26。卷 18 有清陈彝撰《蕉窗十则文序》，卷 22 有光绪十八年(1892)梁珍《蕉窗十则文跋》。卷 25 收其诗 13 首。

顾　筠

清甘泉人。承熊侄。道光十年(1830)副贡。工楷法。

小雄雉斋诗文集　集部别集类　佚

见同治《续纂扬州府志》卷 14。

陈恩溥

清江都人。

南游诗草 1 卷　集部别集类　佚

寄鸥馆文集 10 卷　集部别集类　佚

以上 2 种见《北湖续志》卷 5。

徐廷璜

字黼卿。清江都人。诸生。天性纯笃，与兄廷璋、弟廷珍友爱甚挚。好奖掖后进，乐善不倦，尝与邑人张熙创立接婴堂。卒年 79。

四书四言约　经部四书类　佚

问溪诗钞　集部别集类　佚

以上 2 种见光绪《江都县续志》卷 20 上。

诸　淞

字小江。清江都人。诸生。性颖敏，工诗文词，下笔数千言，尤工诗。以贫病终，友人辑其遗诗编为《向山堂集》。

向山堂集 6 卷　集部别集类　佚

见光绪《江都县续志》卷 25 上。

黄承锡

字曼甫。清甘泉人。

黄承锡诗1卷　集部别集类

收入清黄锡麒辑《蔗根集》卷5。

王甲曾

字益三。原名文甲。清江都人。道光十一年(1831)举人。咸丰初官湖北恩施知县。俭以自奉，称廉惠。因遭郡守诬陷而解职。由是淡于仕进，于省城授徒自给。数年后归里，卒年71。

(咸丰)续补荆门直隶州志10卷　史部地理类

清黄昌辅修　王甲曾纂

清咸丰九年(1859)刻本，南京图书馆藏。

不波山房诗钞1卷　集部别集类

《黄氏逸书考》(民国补刊本)附。

孙宗礼

字定夫。清江都人。道光十六年(1836)进士。官广东澄迈县知县。

眠云出岫集1卷　集部别集类

清道光二十六年刻本，国家图书馆藏。

二十四桥吹箫谱2卷外1卷　集部词曲类

(1) 清道光十五年刻本，上海图书馆藏。

(2) 2015年广陵书社《扬州文库》本。

董　恂(1807—1892)

初名醇，后改恂，字忱甫，号酝卿。室名绿肥红瘦轩、还读我书室。清甘泉人。道光二十年(1840)进士，签分户部云南司，寻兼浙江司行走。二十四年派充《漕运全书》馆总纂。官至户部尚书，总理各国事务大臣。出身孤寒，艰苦力学，通籍后服官中外数十年，公余手不释卷。晚年罢职，居京邸。平生讲求考据之学，尤留心漕运河防事务，又喜抄书。

补证俗文目录　经部小学类

清光绪十年(1884)刻本，上海图书馆藏。又见《荻芬书屋文稿·补郝兰皋证俗文目录序》。

还读我书室老人手订年谱 2 卷　史部传记类

(1) 清光绪十八年家刻本，南京图书馆藏。此为董氏自订年谱。

(2) 2015 年广陵书社《扬州文库》本。

恩诏恭录　史部政书类

见《荻芬书屋文稿·恭录恩诏序》。此辑高宗乾隆间诏书。

漕运全书 96 卷　史部政书类

清董恂、何桂芳等纂

清道光二十四年刻本，国家图书馆藏。

楚漕江程 16 卷　史部政书类

(1) 清咸丰四年(1854)刻本，国家图书馆藏。

(2) 清同治刻本，南京图书馆藏。

(3) 清光绪三年刻本，国家图书馆藏。

(4)《中国水利志丛刊》本。

按:此记湖南等省河道运漕之流域，考其江水路程。

江北运程 40 卷首 1 卷　史部政书类

(1) 清咸丰刻本，南京图书馆藏。

(2) 清同治六年(1867)京师琉璃厂龙文斋刻本，南京图书馆藏。

(3)《四库未收书辑刊》本。

(4)《中华山水志丛刊》本。

钦定户部则例 100 卷首 1 卷　史部政书类

清董恂纂修

清同治刻本，北京大学图书馆藏。

议漕摺钞 10 卷　史部政书类　佚

漕运议辑　史部政书类　佚

海运议辑　史部政书类　佚

盘放案辑　史部政书类　佚

采买案辑　史部政书类　佚

河防议辑　史部政书类　佚

折漕议汇　史部政书类　佚

以上 7 种见《获芬书屋文稿》各篇序言。

洋兵纪略 1 卷　史部政书类

清董恂撰辑

(1)《董氏五种》本。

(2) 中国史学会主编《中国近代史资料丛刊》之《太平天国(四)》本。

(3)《中国野史集成》本。

按:此书名据书衣题，卷端及书衣题"江苏助剿"。咸丰十一年十一月，浙江宁波、杭州先后被太平军攻克，上海等处震动，人心惊恐。江苏在籍宗人府府丞温葆深借江浙绅士公议名义，上书江苏巡抚薛焕，要求薛氏上书朝廷，借调英法二国之兵力剿灭太平军。此即所谓的"借师助剿"。董恂此编，即辑录江苏巡抚薛焕、继任江苏巡抚李鸿章的有关奏章，可据以了解当时清廷与英法二国政府在外兵介入中国事务方面的基本立场。

甘棠小志 4 卷首 1 卷　史部地理类

(1) 清稿本，国家图书馆藏。

(2) 清咸丰五年董氏刻本，南京图书馆藏。

(3) 清光绪三十一年铅印本，南京图书馆藏。

(4) 抄本，上海图书馆藏。

(5)《中国地方志集成》本。

(6)《续修四库全书》本。

(7) 2015 年广陵书社《扬州文库》本。

按:此即江都邵伯镇镇志。卷首舆图,正文分建置、运道、湖潴、河渠、修防、坊铺、里巷、村镇、祠庙九篇,不及人物。此为清代乡镇志中的名志。

度陇记 4 卷　史部地理类

(1) 清道光二十九年刻本。

(2) 清咸丰元年刻本,国家图书馆藏。

按:亦题作《随轺载笔》第六种。

(3)《小方壶斋舆地丛钞》本。

凤台祇谒笔记 1 卷　史部地理类

(1) 清同治九年荻芬书局刻本,南京图书馆藏。

(2) 抄本,南开大学图书馆藏。

永宁祇谒笔记不分卷　史部地理类

(1) 清同治十一年刻本,南京图书馆藏。

(2) 稿本,国家图书馆藏。

毡底零笺 1 卷　史部地理类

清光绪十二年董莲刻本,国家图书馆、北京大学图书馆等藏。

江程一览不分卷　史部地理类

清朱丝阑抄本,国家图书馆藏。

诸江图 1 张　史部地理类

清光绪绘本,国家图书馆藏。

金石摹存不分卷　史部金石类

手摹本,中山大学图书馆藏,5 册。

诗情画意册　子部艺术类

见《荻芬书屋文稿》本书序。

还读我书室随手记　子部杂学类

见《年谱》同治八年。此为读书摘记。此年读《困学纪闻》《日知录》

等38种书，摘录成此编。

还读我书室老人琐记不分卷　子部杂学类

稿本，北京师范大学图书馆藏。

转漕衡湘笔记　子部杂学类

见《甘棠小志自序》《年谱》卷末补记。

奉讳归里笔记　子部杂学类　佚

魏阙重瞻笔记　子部杂学类　佚

观察畿南笔记　子部杂学类　佚

保厘京兆笔记　子部杂学类　佚

佐理司农笔记　子部杂学类　佚

职掌戎枢笔记　子部杂学类　佚

权衡金粟笔记　子部杂学类　佚

以上7种见《年谱》卷末补记，并参见年谱。

俪白妃黄8卷　子部典故类

清同治刻本，南京图书馆藏。

紫藤花馆诗抄1卷　集部别集类

稿本，南京图书馆藏。

荻芬书屋文稿不分卷诗稿4卷赋稿1卷制艺1卷试帖2卷　集部别集类

(1) 清咸丰间董氏刻本，南京图书馆、上海图书馆等藏。

(2) 抄本，清华大学图书馆藏。

(3)《清代诗文集汇编》本。

荻芬书屋文稿17卷　集部别集类

(1) 清光绪间董连校刻本，北京大学图书馆藏。

(2)《清代诗文集汇编》本。

董酝卿集联不分卷　集部别集类

稿本，扬州市图书馆藏。

壁合珠联集10卷　集部总集类

清光绪二十三年刻本，中国人民大学图书馆藏。

随轺载笔七种　丛书类

见《年谱》并《甘棠小志自序》。

按：此包括《问津纪》一至五、《迎薰记》《度陇纪》（另有刻本）共 7 种，分别记道光、咸丰间赴天津、山西、四川办理政务事。

董氏五种　丛书类

(1) 清末朱格暨朱丝栏抄稿本，国家图书馆藏。

(2) 2015 年广陵书社《扬州文库》本。

子目：

《盐务议略》七种　清董恂撰

《淮南盐务臆言》1 卷

《云南盐务议略》1 卷

《两淮盐务议略》1 卷

《山东盐务议略》1 卷

《四川盐务议略》1 卷

《长芦盐务议略》1 卷

《河东盐务议略》1 卷

《海关洋税》1 卷　清董恂撰抄

《洋兵纪略》1 卷　清董恂辑

《俄英事略》四种　清董恂撰抄

《俄商拟由尼布楚改道通商节略》1 卷

《伊犁索伦人等分驻萨玛尔等处节略》1 卷

《俄罗斯互市》1 卷

《录新闻英国会议天津教案》1 卷

《户部事要》二种　清董恂撰抄

《户部现办各案节要》1 卷

《京师库款出入》1 卷

芮应鹏(？—1861？)

字云伯。清江都人。诸生。幼工楷法，精词赋。道光十八年(1838)优贡，考补觉罗正红旗官学教习。在京供职23年。卒于京邸。

云伯遗稿　集部别集类　佚

见光绪《江都县续志》卷25下。

孙嘉琛

清甘泉人。

周易镜诠　经部易类　佚

禹贡管窥　经部尚书类　佚

以上2种见光绪《增修甘泉县志》卷23。

黄锡庆(1807？—1860)

字子余，一字小园，号铁庵。清甘泉人。黄至筠长子。道光十三年(1833)钦赐举人，官广东候补道。工书画，擅长花卉，取法恽南田，绰有见地。善诗词，所作词稿一时脍炙人口。咸丰年间破其家，晚而浮沉一官，侘傺以卒。

中庸述义2卷　经部四书类

清嘉庆间精刻本，国家图书馆藏。

求是斋集临禊帖2卷　子部艺术类

见清吴引孙《测海楼藏书目录》卷6。

安陆集1卷补遗1卷附录1卷　集部别集类

宋张先撰　清汪潮生辑

清黄锡庆刻本，国家图书馆藏。

黄锡庆诗1卷　集部别集类

收入清黄锡麒辑《蔗根集》卷16。

铁庵词甲稿1卷乙稿1卷　集部词曲类

清道光二十五年至二十九年精刻本，国家图书馆、南京大学图书馆等藏。

符　莹(1809—1822)

字婵青。清江都人。葆森妹。年14卒。

画纱室吟稿1卷　集部别集类

清道光十九年(1839)刻本，附于祖母陈勤《茹蘗闲房诗存》后。

黄　奭

原名锡麟，字右原。清甘泉人。黄至筠次子。监生。援例官刑部员外郎。道光十二年(1832)以顺天府尹吴杰荐，钦赐举人。幼肄业安定书院，两淮运使曾燠奇其文，使从江藩游，治经小学。江藩师为吴县余萧客，萧客为惠栋弟子，皆以网罗旧闻、阐明古义为宗。生平笃嗜汉学，尤服膺东汉郑玄。家世业盐，藏书极富，奭独好学，一生专门从事古书辑佚。稿成，里中硕儒焦循、黄承吉等并相商榷。咸丰初年卒。黄奭与马国翰同为清代辑佚两大家，马氏在数量上多于黄，精审则不及黄氏。《清史列传》卷69有传。

近思录集说14卷　子部儒学类

清丛书楼抄本，国家图书馆藏。

胪云集2卷　集部别集类

《知足斋丛书》本。

存悔斋集杜诗注3卷　集部别集类

见《清史列传》卷69本传。

清颂堂丛书　丛书类

清黄奭辑

清道光中甘泉黄氏刻本，上海图书馆藏。

子目：

《消暑随笔》4卷附《子目》2卷　清潘世恩撰　《子目》清黄奭撰

《太乙舟文集》8 卷　清陈用光撰

《春秋世族谱》1 卷　清陈厚耀撰

《泾西书屋诗稿》4 卷《文稿》2 卷　清汪元爵撰

《胥屏山馆诗存》2 卷《文存》2 卷　清陆麟撰

《青霞仙馆诗录》1 卷　清王城撰

《端绮集》28 卷　清黄奭辑(今有 2015 年广陵书社《扬州文库》本)。

《古文尚书辨》8 卷　清焦循撰

汉学堂丛书　丛书类

清黄奭辑

清道光中甘泉黄氏刻光绪印本,南京图书馆藏。

按:黄氏一生从事辑佚。随得随刊,随印刷存样,以备校勘。咸丰初黄奭去世,存版亦有散失,光绪年间其子黄灏购回存版,未及刊印而灏去世,乃由灏弟澧委人印行出版,名《汉学堂丛书》。包括经解 85 种,通纬 56 种,子史钩沉 74 种,《高密遗书》11 种,共 226 种。其中《高密遗书》专辑郑玄著作,曾延请江都陈逢衡为之校勘,雕成付印,为世所重。《尔雅古义》12 卷,则就陆德明《经典释文》叙录 10 家旧注,博引群书为之疏证,又于 10 家外另辑为众家注。

黄氏逸书考　丛书类

清黄奭辑

(1) 清道光中甘泉黄氏刻 1925 年王鉴修补印本,南京图书馆藏。

(2) 1934 年江都朱长圻据甘泉黄氏原版补刊印本,南京图书馆藏。

(3) 1984 年江苏广陵古籍刻印社影印本。

(4)《续修四库全书》本。

按:《汉学堂丛书》印行后,黄澧亦去世,书版后为王鉴所得,因同秦更年相与辑补校勘,重新印行。收汉学堂经解 112 种,通纬 72 种,子史钩沉 84 种,通德堂经解 17 种,总计 285 种。通德堂经解即《汉学堂丛书》中之《高密遗书》,王鉴另有增益。王鉴以“逸书考”为原书所题,“汉学堂"不足以概全书,乃改题《黄氏逸书考》。1932 年朱长圻辗转得其版,又得黄氏手稿 20 余册,乃延人校勘、补订讹谬,重刊行世。

汉学堂知足斋丛书　丛书类

清黄奭辑

(1) 清刻本,国家图书馆藏。

(2) 1992 年书目文献出版社影印清刻本。

按:本丛书包括知足斋丛书 66 种,通纬 55 种,子史钩沉 89 种,汉学堂经解 5 种,共 215 种。后附诸书序跋若干篇。编入各书多数未刊入《汉学堂丛书》和《黄氏逸书考》。一般认为,这是黄氏当时印书的样本,经黄奭校勘脱误,以备改正付印。参见 1992 年影印本卷首冀淑英序。

黄图成

字伯西。清甘泉人。汪中曾孙婿。困于童子试,年 40 始补诸生。其姑嫁仪征刘文淇,图成因受业其门,得闻先儒诸论,故学有根柢。咸丰年间,避地东台、盐城间,感时抚事,所作诗文多凄婉动人。年 59 卒。

希陶轩诗钞 2 卷诗余 1 卷文存 1 卷附黄氏家乘 1 卷石梓埠竹枝词 1 卷黄氏谱系表 1 卷　集部别集类

清宣统元年(1909)铅印本,南京图书馆、复旦大学图书馆等藏。

李祖望(1810—1877)

字宾嵎。清江都人。文绶孙,容子。增贡生。幼颖悟,从学梅植之,与薛寿、刘毓崧友。博览经史,尤嗜六书、金石之学。平生以著述为事,著述甚富。尝从事淮南书局。幼即善画,尤工山水,萧散清幽,得倪、黄笔意。

唐石经笺异 11 卷　经部群经总义类

(1) 稿本,中国科学院图书馆藏。

(2)《中国科学院文献情报中心藏古籍珍本丛书》本。

按:此书以陆、孔诸本校唐石经,并采清朝顾炎武、惠栋、钱大昕、段玉裁诸家考证,凡磨改旁增者均标明之。

说文统系表　经部小学类　佚

按:此分4类。前表列伏羲至西汉诸儒;正表列许慎、许冲、尹珍,并六朝以来传《说文》之学者;后表列吕忱、张有诸人说许书而宗旨别者;附表列校刻《说文》之人。

说文重文考16卷　经部小学类　佚

按:《说文》重文有或省或不省、或如此或非是、或从某或从某声诸例,李氏辨其异同,以明通假之例。

小学钩沉篇目考证6卷　经部小学类　佚

古韵旁证14卷　经部小学类　佚

按:段玉裁分古韵为14部,祖望乃博采音训,申释段氏之义。

以上4种见光绪《江都县续志》卷25上。

(同治)续纂扬州府志24卷　史部地理类

清方浚颐修　晏端书等总纂　李祖望等分纂

(1) 清同治十三年(1874)刻本,南京图书馆藏。

(2) 台北《中国方志丛书》本。

(3)《中国地方志集成》本。

(4) 2015年广陵书社《扬州文库》本。

江苏碑目纪略6卷　史部金石类　佚

见光绪《江都县续志》卷25上。此仿孙星衍《寰宇访碑录》之例。

茶花谱　子部农家类　佚

见《锲不舍斋文集》卷4本书序。

锲不舍斋文集4卷附诗1卷　集部别集类

(1) 1924年李氏半亩园刻本,南京图书馆、扬州市图书馆等藏。

(2) 清李氏半亩园抄本,国家图书馆藏。

(3)《清代诗文集汇编》本。

(4) 2015年广陵书社《扬州文库》本。

来紫堂合集 3 卷　集部别集类

清李天秀著　李祖望辑

清咸丰刻本，中国人民大学图书馆藏。

江都李氏所著书六种　丛书类

(1) 稿本，台湾“中央图书馆”原藏。

(2)《明清未刊稿本汇编初集》本。

子目：

《周易集义》

《尚书集义》

《诗经集义》

《仪礼集义》

《春秋左氏传集义》

《五经解》

小学类编七种　丛书类

清李祖望辑

清咸丰至光绪间江都李氏半亩园刻本，南京图书馆、北京大学图书馆等藏。

子目：

《惠氏读说文记》15 卷　清惠栋撰

《说文校议》15 卷　清姚文田、严可均撰

《说文答问》1 卷　清钱大昕撰

《说文经字考》1 卷　清陈寿祺撰

《六书说》1 卷　清江声撰

《说文释例》2 卷　清江沅撰

附编

《说文旧音》1 卷　清毕沅撰

叶蕙心

字兰如。清甘泉人。李祖望妻。

尔雅古注斠 3 卷　经部尔雅类

兰如诗钞 1 卷　集部别集类

以上 2 种有《小学类编附编》本。

徐廷珍

字聘卿。清江都人。廷璜弟。咸丰九年(1859)举人。生平慎交游,重然诺,奖后进,乐善不倦。咸丰间主讲兴化文正书院,总办兴化团练。有政绩。卒年 58。以拣选知县累保内阁侍读衔。

四书精要录　经部四书类　佚

见同治《续纂扬州府志》卷 13。

公门果报法录不分卷　史部职官类

清宋楚望辑　徐廷珍增订

清同治十年(1871)刻本,中国人民大学图书馆藏。

圣学近求录　子部儒学类　佚

见同治《续纂扬州府志》卷 13。

日省录 2 卷　子部儒学类

清光绪六年(1880)刻本,上海图书馆藏。

小醉精室笔记　子部杂学类　佚

小醉精室诗文集　集部别集类　佚

以上 2 种见同治《续纂扬州府志》卷 13。

小醉经室诗集 6 卷　集部别集类

清光绪六年刻本,上海图书馆藏。

乌夜啼思亲曲 1 卷　集部词曲类

(1) 清光绪十一年富春堂刻本,上海图书馆藏。

(2) 清光绪十三年刻本,上海图书馆藏。

第一醒世劝孝歌不分卷　集部词曲类

清光绪二十年刻本，上海图书馆藏。

劝孝词曲三体　集部词曲类

清光绪十一年刻本，辽宁大学图书馆藏。

张天荣

字醒云。清江都人。增生。研精理学。

太极图说　子部儒学类　佚

见光绪《江都县续志》卷20。

于晓春

字晴皋。清江都人。暹春弟。附监生。咸丰元年(1851)荐举孝廉方正，性淡泊，不乐仕进。敦孝友，乐施予。

禹贡图考　经部尚书类　佚

论史刍言　史部史评类　佚

兵法辑要　子部兵书类　佚

畲经书屋文钞　集部别集类　佚

以上4种见同治《续纂扬州府志》卷22。

黄锡麒

字也园。清甘泉人。黄至筠子，黄锡庆弟。

蔗根集17卷　集部总集类

(1) 清道光十六年(1836)清美堂刻本，北京大学图书馆等藏。

(2) 2015年广陵书社《扬州文库》本。

按：此辑并世诗人17人之诗作，人各1卷，内有黄锡麒自撰诗1卷。17人依次是：仪征汪端光、潘志华、汪全德、张安保，六合朱谷昌，宝应刘宝楠，甘泉吴庆恩，仪征潘宗艺，六合厉式瑁，仪征汪彦树，甘泉黄承锡、黄锡庆、黄锡麒，全椒吴鼒、金望欣、金望华、朱藜照。

何杏春

清江都人。女。

梅花阁诗钞　集部别集类　佚

见光绪《江都县续志》卷20上。

刘　倬

清甘泉人。铭子。道光十五年(1835)举人。选六合县训导。咸丰年间督率巡防,与太平军战。卒于官。

云斋诗集8卷　集部别集类

清咸丰间稿本,北京师范大学图书馆藏。包括《禅隐轩诗钞》《吟秋小草》《澄江小草》《叶蔗轩诗钞》《梦琴轩诗集》《南鸿集》《淮游小草》《紫衡诗草》各1卷。

马荫秦

字伯梁。清甘泉人。幼失母,年长失学,乃致力于诗,凡明季国初诸老遗集收罗殆尽。作诗以温柔敦厚为旨,而人亦如其诗。性好客,晚岁成青盲,卒年73。

马处士遗稿　集部别集类　佚

见民国《甘泉县续志》卷24。

马伯梁先生稿1卷　集部别集类

萧丙章抄本,扬州市图书馆藏。

江都马布衣遗诗1卷　集部别集类

1919年铅印本,上海图书馆、扬州市图书馆等藏。

杜　荣(1811—1888)

字实夫。清江都人。父怡天以医名。实夫克承家学。曾言医者意也,不必泥定古书,亦不必偏执己见,惟对证发药,斯为得耳。生平重养生之学。
医学指南12卷　子部医家类　佚
　　见汤寅臣《广陵私乘·杜实夫事略》，谓待刊。

陈　阶

　　字云升，一字兰谷。清甘泉人。通小学，少受经于江都梅植之，后从泾县包世臣学。咸丰年间说经文字均散佚。
学古堂诗1卷　集部别集类
　　1912年刻本，南京图书馆藏。
剑花庵诗影2卷　集部别集类　佚
　　见《清史稿艺文志及补编》。

常海天

　　字荷衢，号子秋。清甘泉人。嘉庆十六年(1811)进士陈师庆婿。县学生。工诗善画，卓荦不群。早卒。
西园剩稿　集部别集类　佚
　　见《北湖续志》卷4。

黄锡禧

　　字子鸿。清甘泉人。锡庆弟。善书画，工词。咸丰同治间寓居泰州。
栖云山馆词1卷　集部词曲类
　　《淮海秋笳集》本，国家图书馆藏。
栖云山馆词存1卷　集部词曲类
　　清同治六年(1867)刻本，南京图书馆、上海图书馆等藏。

薛　寿(1812—1872)

　　字砎伯。清江都人。诸生。生性介直嗜学，幼从梅植之学，专力许书。通晓《说文》，精研音韵。好以读若例说《诗经》，用韵正转。在古韵分合上，主张《广韵》“辑、盍”为一部，“叶、帖”以下为一部，惜未成书。张之洞督学湖北，聘主经心书院，以疾归。《清史列传》卷69有传。

毛郑诗考异　经部诗经类　佚

读经札记2卷　经部群经总义类　佚

以上2种见光绪《江都县续志》卷20上。

隋书85卷附考异　史部正史类

唐魏徵等撰　《考异》清薛寿撰

五省官书局刻《二十四史》本。

学诂斋文集2卷　集部别集类

(1) 清光绪六年(1880)冶城山馆初刻本，南京图书馆藏。

(2)《广雅书局丛书》本。

(3)《清代诗文集汇编》本。

(4) 2015年广陵书社《扬州文库》本。

学诂斋文集3卷　集部别集类

稿本，南开大学图书馆藏。

学诂斋外集2卷诗集2卷　集部别集类　佚

续文选古字通20卷　集部总集类　佚

以上2种见清刘寿曾《薛先生家传》。

李寅清

字直斋。清江都人。弱冠补诸生，留心经世之学，教授生徒，成就甚多。道光十七年(1837)举人。咸丰八年(1858)任江西余干知县，充乡试同考官。十一年摄安福知县。同治二年(1863)任清江知县，五年知义宁州，复移知新建。所至各处均有政声。尝于南昌建江南会馆。卒年75。

(同治)分宜县志10卷首1卷　史部地理类

清李寅清、夏琮鼎修　严升伟等纂

清同治十年刻本，南京图书馆、国家图书馆等藏。

（同治）庐陵县志56卷首1卷附补编1卷　史部地理类

清陈汝桢修　李寅清等纂

清同治刻本，南京图书馆藏。

文砚斋遗稿2卷　集部别集类　佚

见光绪《江都县续志》卷21。

江　瑛

字蕊珊。清甘泉人。璧姊，汪阶符妻。

绿月楼词1卷　集部词曲类

《小檀栾室汇刻闺秀词》本。

江　瀛

字在洲。清江都人。工诗画，绘花卉、秋虫，传神欲活。尤娴音律，每游名山大川，据石抚琴，超然有出尘想。咸丰三年（1853）后，从事戎幕，叙功以从九品候铨。

诗集　集部别集类　佚

词集　集部词曲类　佚

以上2种见光绪《增修甘泉县志》卷14。

谈怡曾

字星台。清江都人。诸生。迈爽不羁，诗多高胜之概。咸丰三年（1853）避乱，不知所终。

扬州咏古五排诗钞不分卷　集部别集类

（1）抄本，扬州市图书馆藏。

（2）2015年广陵书社《扬州文库》本。

明志堂集　集部别集类　佚

见同治《续纂扬州府志》卷13。此乃其中年病痹时所辑文百篇。

臧澍

字雨芗。清江都人。岁贡生，候选训导，负文名，教授弟子数十年，成就甚众。平生见义勇为，太平天国战争期间，曾于卧佛寺设局掩埋尸骨。

倚芝山房诗文集 8 卷　集部别集类　佚

见民国《江都县续志》卷 25 上，谓待梓。

王谦

字占六。清甘泉人。监生，绩学工诗词。太平军攻占扬州后，客授四方以自给，江湖飘泊以死。

擘宧书屋诗词 2 卷　集部别集类

清光绪三十三年（1907）刻本，扬州市图书馆、复旦大学图书馆等藏。

符葆森(1814—1863)

原名灿，字南樵。清江都人。咸丰元年（1851）举人。少工诗赋。家贫，奔走衣食，又遭乱转徙，不废吟咏。豪于酒，广交游。师事姚莹、周济。尝游京师齐楚间，以发其胸臆磊落之慨。《清史列传》卷 73 有传。

咸丰三年避寇日记 2 卷　史部传记类

（1）扬州古籍书店抄本，南京图书馆藏。

（2）2015 年广陵书社《扬州文库》本。

骈枝赘忆 1 卷　子部杂学类

（1）稿本。此记咸丰间朝野见闻，多记扬州盐商奢侈之情与官僚缙绅奔竞之状。谢国桢旧藏，参见《江浙访书记》九。

（2）民国抄本，扬州市图书馆藏。

寄鸥馆行卷 1 卷　集部别集类

清道光刻本，南京图书馆藏。

寄鸥馆赋钞 1 卷试赋钞 1 卷试帖钞 1 卷　集部别集类

清道光十六年(1836)刻本，上海图书馆藏。

寄鸥馆(辛壬)诗录 1 卷　集部别集类

(1) 清咸丰二年刻本，国家图书馆藏。

(2)《故友诗录二编》本，国家图书馆藏。

寄鸥馆诗集 6 卷　集部别集类

稿本，上海图书馆藏。

寄鸥馆诗集 12 卷　集部别集类

稿本，存 6 卷(卷 1—6)，中山大学图书馆藏。

寄鸥馆梅花百咏 1 卷　集部别集类

稿本，郑州大学图书馆藏。

搜雅堂癸丑怀人集 1 卷　集部别集类

清咸丰刻本，国家图书馆、南开大学图书馆等藏。

寄鸥馆存稿 1 卷附 1 卷　集部别集类

清光绪十三年(1887)刻本，常州市图书馆藏。

国朝诗寄心集不分卷　集部总集类

清符葆森辑

(1) 稿本，台湾"中央图书馆"原藏。

(2) 清刻本，国家图书馆藏。

(3) 清抄本，清华大学图书馆藏。

国朝正雅集 100 卷　集部总集类

清符葆森辑

(1) 清咸丰七年京师刻巾箱本，扬州市图书馆藏。

(2) 清光绪七年务本堂修补咸丰原刻本。

按：此辑乾隆、嘉庆、道光三朝诗。

寄鸥馆辑录九种　集部总集类

清抄本，扬州大学图书馆藏。

诗法举要3卷　集部诗文评类

清符葆森辑评

清咸丰四年岭海楼刻本，华东师范大学图书馆藏。

寄心庵诗话6卷　集部诗文评类

山阴余念祖抄本，首都图书馆藏。

春田红豆词丛　集部词曲类　佚

见《扬州画舫录》。

江　璧(1814—1886)

字南春。清甘泉人。懋钧子。少负文名。同治三年(1864)举江南乡试第一。四年成进士，以知县分发江西，历知万载、进贤县事，用经术缘饰吏治，人目为儒者。60岁后告归，主淮安丽正书院、江宁钟山书院讲席。

(光绪)增修甘泉县志24卷首1卷图1卷　史部地理类

清徐成敷修　陈浩恩、江璧等纂

版本参见“陈浩恩”条。

江南春杂体文3卷黄叶山樵诗草4卷　集部别集类

清刻本，南京图书馆藏。

按：《杂体文》3卷，卷1《读左随笔》、卷2《读史管见》、卷3《骈散杂录》。

江南春稿1卷黄叶山樵诗草4卷江南春杂体文4卷子笙赋钞1卷　集部别集类

清道光至同治间刻本，南京图书馆藏。

黄叶山樵诗草4卷江南春杂体文4卷　集部别集类

清咸丰间江西三古堂刻本，南京图书馆藏。

黄叶山樵诗草4卷同治甲子科会试朱卷1卷　集部别集类

(1) 清刻本，南京图书馆藏。

(2) 2015年广陵书社《扬州文库》本。

子笙赋钞 1 卷　集部别集类

(1) 清同治刻本,南京图书馆藏。

(2) 清光绪四年(1878)刻本,南京图书馆藏。

南昌文录　集部总集类　佚

见民国《甘泉县续志》卷 24。

赵　煜

字松梴。清甘泉人。道光十九年(1839)举人。五试礼部未售。主试者知其能文,欲招之见,婉谢之。素从事经学小学,无意进取。嗣入淮南书局,校刊经史,分纂韵诂,多出其手。卒年 62。

说文今韵启蒙　经部小学类　佚

红薇馆诗钞　集部别集类　佚

以上 2 种见同治《续纂扬州府志》卷 13。

丁光灿

字耀南。清江都人。元枢族侄。诸生。天性纯笃,生平嗜学不倦。曾修订宗谱,手录数份,使各支存考。咸丰三年(1853)太平军入瓜洲,避居乡曲,以著书课子为娱。

诗韵标新　经部小学类　佚

清丁元枢撰　丁光灿续成

国朝鼎甲分类纪数录　史部传记类　佚

直省疆域赋税风俗土产考　史部地理类　佚

以上 3 种见光绪《江都县续志》卷 23。

上　悟

清江都沙香洲僧人。

既上人诗 1 卷　集部别集类　佚

见光绪《江都县续志》卷 20 上。

张鸿鼎

字松臞。清江都人。道光二十四年(1844)进士。敏于诗,直逼大历十子。知四川峨眉县事,卒于官。

停云轩诗钞 4 卷　集部别集类　佚

见光绪《江都县续志》卷 25。

徐　根

字初云。清甘泉人。玉举子。道光二十年(1840)举人。循例为内阁中书。幼承家学,工制艺,尤精词。晚年隐居艾陵湖东,以著述自怡。

徐青霞(徐玉举)行述 1 卷　史部传记类

清道光刻本,国家图书馆藏。

按:此为徐玉举行述,由徐根并其弟彦林、椽等编辑。

云川阁传薪要旨　子部儒学类　佚

自娱悦集词稿　集部词曲类　佚

撷春词钞　集部词曲类　佚

撷春园词学辨证　集部词曲类　佚

以上 4 种见光绪《增修甘泉县志》卷 23。

词学辨体 1 卷调亡诸体舞队词二十体撷春主人自著词论二十则补遗续集 1 卷　集部词曲类

稿本,中央党校图书馆藏。

按:《北湖续志补遗》卷 2 收其诗 1 首。《全清词钞》卷 22 收其词 1 首。

秦鼎逌

字少笙,号煦云。清江都人。巘子。诸生。性谨笃孝友。咸丰三年(1853)避乱居北乡雨膏桥。督师大学士琦善、侍郎雷以诚先后辟为幕职,均以守制辞。勤课子弟读。卒年 65。

忆意居存稿3卷　集部别集类　佚

见民国《江都县续志》卷25上。

秦维瀚(1816？—1868？)

字延青，号蕉庵。清扬州人。琴师。学琴于明辰和尚。经太平天国战事，扬州文人星散，维瀚受其师影响，嗜古独深，编成琴谱，为广陵派后期重要谱集。

蕉庵琴谱　子部艺术类

(1) 清光绪三年(1877)刻本，南京图书馆藏。

(2)《四库未收书辑刊》本。

按：此收32曲，其中《龙翔操》等曲流传至今。

张　棆(？—1853)

初名栋，字南云。清江都人。廪生。少有隽才，豪于诗酒。与李肇曾善。咸丰三年(1853)扬州城被太平军攻克，自缢死。赠云骑尉。

醒庵存稿2卷　集部别集类

清咸丰八年信芳阁刻《友声集(续集)》本。

尚友堂集　集部别集类　佚

见同治《续纂扬州府志》卷22。

周光旗

字青士。清江都人。镄子。性孝友。工制举文。道光十七年(1837)拔贡。咸丰元年(1851)举人。

周光旗诗文集　集部别集类　佚

见光绪《江都县续志》卷20上。

曹枢旸

字翰臣。清江都人。幼受叔象山教，精于医理。

本草纂要　子部医家类　佚

见光绪《江都县续志》卷27。

郭晋超(1819—1891)

字湘渠。清江都人。少承家学,而困于场屋。太平天国时期入郭松林幕,松林极器重之,以军功累保至副将。弃去,复就儒官,以教职注选。先后在戎幕30年。晚贫甚,与方浚颐、张丙炎等诗词唱和。曾绘《老去填词图》,海内名人题咏甚多。

印山堂集不分卷　集部别集类

清心莲庵抄本,2册,上海图书馆藏。

人月双清馆诗钞1卷　集部别集类

清心莲庵绿丝栏抄本,国家图书馆藏。

心莲庵诗文集　集部别集类　佚

见民国《江都县续志》卷14。

扬州揽胜赋钞初集4卷五集4卷　集部总集类

(1) 清光绪五年(1879)印山堂刻本,扬州市图书馆藏。

(2) 2015年广陵书社《扬州文库》本。

心莲庵词集　集部词曲类　佚

见民国《江都县续志》卷14。

王荣绂

字小秋。清甘泉人。桂子。道光二十三年(1843)举人。官直隶蔚州知州。

袁文笺正补注　集部别集类　佚

见同治《续纂扬州府志》卷9。

云山馆试帖4卷　集部别集类

清许球等撰　王荣绂注释

清道光刻本,国家图书馆藏。

云山馆试帖约选2卷　集部别集类

清许球等撰　王荣绂注释

清刻本，北京大学图书馆藏。

周　鼎(1820—1891)

字小松。清江都人。善弈。咸同间与同里黄晓江、程德堂，长洲施省三，武进董六泉等角，名噪一时，称劲敌。后同时健者相继谢世，惟鼎独存。所至与弈皆受子，无抗行者，当时推为国手。

餐菊斋棋评1卷　子部艺术类

(1) 清同治十一年(1872)无弦琴室刊本，北京大学图书馆藏。

(2) 清光绪渔古山房刻本，上海图书馆藏。

(3) 1912年扫叶山房石印本，南京图书馆、上海图书馆等藏。

尊天爵斋弈谱1卷　子部艺术类

1912年石印本，国家图书馆藏。

皖游弈萃1卷　子部艺术类

(1) 清光绪二年(1876)刊本。

(2) 民国文瑞楼书局石印本，南京图书馆藏。

受子谱　子部艺术类　佚

见民国《江都县续志》卷26。

屠玉辉

清扬州人。女。

春雨楼诗钞　集部别集类　佚

见同治《续纂扬州府志》卷22。

张慧卿

清扬州人。妓女。

竹西云馆吟集　集部别集类　佚

见《历代妇女著作考》卷 14 引《小黛轩论诗诗》。

朱　星

字意耘。清甘泉人。煜子。少业儒，通经史。遵父志改学医，以湛溪名行医。初未知名。同治间镇人大疫，星悉心诊治，全活无算，由此名大噪，远近争延致。年 60 卒。

伤寒慎思录　子部医家类　佚

伤寒明辨　子部医家类　佚

温病论治集要　子部医家类　佚

暑症类方　子部医家类　佚

以上 4 种见民国《甘泉县续志》卷 26。

周祖金

字卓颜。清甘泉人。与弟祖同先后补弟子员。天性孝友，乐善好施。卒年 37。

光霁书屋诗钞 4 卷　集部别集类　佚

见光绪《增修甘泉县志》卷 14。

周振绅

字剑青。清甘泉人。工诗及书画。咸丰间以知县隶将军文煜幕。以功升知府，分发浙江，总理按察使司发审局，多所平反，权杭州知府，兼大关监督，爱民恤商，有政声。生平尚气节，文煜以事戍黑龙江，振绅从之往，后一起归。

剑青诗文集　集部别集类　佚

见民国《甘泉县续志》卷 20。

周寿昌

字眉生。清江都人。岁贡生。博学能文，授徒数十年，从游者甚众。

湫香诗钞 4 卷　集部别集类　佚

见民国《江都县续志》卷 24 下。

周树基

字筠山。清江都人。诸生。以孝友闻。善医术，所治辄效。

邗东农谚记 1 卷　子部农家类　佚

见民国《江都县续志》卷 25 下。

丁至和

字保庵，别号萍绿词人。清江都人。诸生。工吟咏，以萤苑二律得名。平生于词学最深，所作诗词甚多，惟稿多散佚。卒年 76。

(同治)续纂扬州府志 24 卷　史部地理类

清方浚颐修　晏端书等总纂　丁至和等分纂

(1) 清同治十三年(1874)刻本，南京图书馆藏。

(2) 台北《中国方志丛书》本。

(3)《中国地方志集成》本。

(4) 2015 年广陵书社《扬州文库》本。

萍绿词 3 卷续编 1 卷再续编 1 卷补遗 1 卷　集部词曲类

(1) 清咸丰同治刻本，南京图书馆藏。

(2) 2012 年青岛出版社《冯其庸辑校集》本。

(3) 2015 年青岛出版社冯其庸《蒋鹿潭年谱考略》《水云楼诗词辑校》《重校十三楼吹笛谱》合刊本。

按：一作《十三楼吹笛谱》。

沈　棨

字戟门。清江都人。诸生。少从梅植之、刘文淇游，洞悉古人成败之由。文章有李德裕、陈亮之风。性鲠直，鄙琐之人避之若仇。同治初入两江总督曾国藩幕，保以都职注选。后沈葆桢、左宗棠咸敬礼之。任采访忠义局、金陵书局事数十年，兼奎光书院讲席。

补蹉跎室诗剩6卷　集部别集类　佚

补蹉跎室文剩2卷　集部别集类　佚

以上2种见民国《江都县续志》卷30杂录。

按：《续志》卷24上本传著录《补蹉跎室诗文集》4卷，“杂录”云：“尚有《文剩》二卷，首卷已佚，仅存下卷。其中《唐人所写说文木部残本跋》《说蠏》等篇，并洞明古谊，有功经训。前传漏载，特补录之。”

王　葵

字小汀。清甘泉人。寿子。能承父学，兼工书。坎坷一生以卒，遗稿多散失。

受辛词1卷　集部词曲类

(1)《淮海秋笳集》本。

(2) 清迟云山馆刻本，国家图书馆藏。

受辛词2卷　集部词曲类

(1) 清光绪九年(1883)刻本，上海图书馆藏。

(2) 清写刻本，南京图书馆藏。

于振煦

字熙台。清江都人。暹春长子。诸生。咸丰年间与叔晓春襄办团练，事平叙官，辞不受。承父命，课诸子侄读书，专重蒙学。年68卒。

训蒙说书10卷　子部儒学类　佚

知止斋诗文集20卷　集部别集类　佚

衰文合笺16卷　集部别集类　佚

以上3种见民国《江都县续志》卷24。

谈恩诰

清甘泉人。

碧萝吟馆偶存　集部别集类　佚

见《北湖续志》卷5。

锡山书屋诗钞6卷　集部总集类

清谈恩诰编著　徐兆英选订

清光绪十七年(1891)刻本,南京图书馆、吉林大学图书馆藏。

姚光鼐

字鹤巢。清江都人。澍侄孙。岁贡生。选授淮安府学训导,以随办河工保升知县,署四川万县,有政声。改省山东,以道员候补,署兖沂曹兵备道。未几乞病归。工诗。

游大明湖记1卷　史部地理类

《小方壶斋舆地丛钞》本。

鹤巢诗钞4卷　集部别集类　佚

见民国《江都县续志》卷24下。

夏　云

字春农。清甘泉人。幼聪颖嗜学,范凌霳深器之。以家贫废读习医,与朱星、方中等相切磋,学遂大进,以治喉名于时。年80卒。

经络穴道简歌　子部医家　佚

见民国《甘泉县续志》卷26。

疫喉浅论2卷补遗1卷　子部医家类

(1) 稿本,中医研究院图书馆藏。

(2) 清光绪三年(1877)初刻本,内容较重修本为少。中医研究院图书馆藏。

(3) 清光绪五年重修新刻本,国家图书馆藏。

(4) 清光绪间刻本,南京图书馆藏。

(5) 1912年耕心山房朱氏重刻本。

蒋超伯(1821—1875)

字叔起。清江都人。幼颖异。9岁咏芦花,即有“芦中人不见,秋雪满江飞”之句。道光十九年(1839)举人,二十五年会试第一,总裁大学士穆彰阿称其文有瞿、邓宗风。释褐改刑部主事。历任广东高州、潮州、广州府及广西南宁府知府,同治元年(1862)充广西乡试考官,充方略馆纂修。官至按察使。十一年乞休归里,葺小盘谷。性耽吟诵,居恒手不释卷。

通斋自记1卷　史部传记类

(1) 稿本,上海图书馆藏。

(2) 清光绪二年(1876)刻本,国家图书馆藏。

(3) 2015年广陵书社《扬州文库》本。

按:此为超伯自记生平事迹,可作年谱看。

爽鸠要录2卷　史部政书类

(1) 清同治五年刻本,南京图书馆藏。

(2)《天壤阁丛书》本。

(3)《丛书集成初编》本。

通斋日记1卷　史部传记类

清光绪二年刻本,南京图书馆藏。

麓澞荟录14卷　子部杂学类

清同治六年刻本,南京图书馆藏。

南漘楛语8卷　子部杂学类

(1) 稿本,4卷,上海图书馆藏。

(2)《通斋全集》本。

(3)《笔记小说大观》本。

(4) 清同治六年两廳山房刻本,南京图书馆藏。

(5) 1934年新文化书社铅印本,南京图书馆藏。

(6) 2015年广陵书社《扬州文库》本。

通斋杂录16卷　子部杂学类

稿本，16册，南京图书馆藏。

窥豹集2卷续集1卷　子部杂学类

清抄本，上海图书馆藏。

通斋诗集1卷　集部别集类

《柳堂诗友诗录初编》本。

通斋遗稿1卷　集部别集类

清光绪三年刻本，南京图书馆藏。

通斋诗话2卷　集部诗文评类

1915年南昌宜秋馆校刻本，南京图书馆藏。

通斋全集十二种36卷　丛书类

(1) 清同治三年高凉郡斋刻本，国家图书馆藏。

(2) 1933年扬州陈恒和书林重印本，南京图书馆藏。

按：诗文集部分今有2015年广陵书社《扬州文库》本。

子目：

《通斋诗集》5卷

《垂金荫绿轩诗钞》2卷

《圃珖岩馆诗钞》4卷

《通斋文集》2卷

《遗稿》1卷

《外集》1卷

《晓瀛遗珠》2卷　清蒋继伯撰

《文苑珠林》4卷

《榕堂续录》4卷

《窥豹集》2卷

《南行纪程》1卷

《南漘楛语》8卷

通斋先生未刻手稿十二种15卷　丛书类

（1）稿本，台湾“中央图书馆”原藏。

（2）1976年台北联经出版事业公司《明清未刊稿汇编初辑》本。

子目：

《通斋丛说》

《苻娄老屋丛谈》

《盘谷闲抄》《续抄》

《石船琐记》《续集》

《通斋丛录》

《续窥豹录》

《淮南鸿烈解》

《五代史记注辑要》

《南宋书》

《金史随手录》

《通斋偶录》《续集》

《附录》

按：《附录》为蒋氏传记一种。

盘谷蕙苏七种8卷　丛书类

（1）民国藏棱庵抄本，4册，缺卷3—5，湖北省图书馆藏。

（2）清抄本，6册，北京大学图书馆藏。

子目：

《汉书附说》1卷

《续汉志附说》1卷

《后汉书附说》1卷

《通斋诗话》2卷

《掌故》1卷

《考订》1卷

《梓谈》1卷

按：以上7种均为晚年所著，《通斋日记》光绪元年云：“聊以班、范二史消遣长昼，每日补注一二条。”即指此。其中除《诗话》一种外，余都未刊印。

郭　夔

字尧卿。清咸同间江都人。

印山堂词 1 卷　集部词曲类

《淮海秋笳集》本。

倪本源

字践庵，号淡泉。清江都人。诸生。闭门诵习，累月不出。尝受学于卞萃文。其学以程、朱为宗，于王守仁、刘宗周、黄宗羲之说，剖决尤严。

明代儒学类编　子部儒学类　佚

国朝儒学类编　子部儒学类　佚

性理粹言　子部儒学类　佚

元儒学案　子部儒学类　佚

五子条贯编　子部儒学类　佚

以上 5 种见光绪《江都县续志》卷 20 上。

郑士烺

字章云。清扬州人。

扬城殉难续录 2 卷　史部地理类

(1)《扬州丛刻》本。此记咸丰年间扬州城死难之人。

(2) 2015 年广陵书社《扬州文库》本。

王尔铭(1829—1865)

字剑秋。清江都人。北河补用通判。父甲曾官湖北。同治四年(1865)以省父，馆咸宁县罗琳署中。会霆军兵变而被杀，年 37。博览群籍，工辞翰。

听秋山房剩稿1卷　集部别集类

云史日记1卷　集部诗文评类

以上2种《黄氏逸书考》（民国补刊本）附，扬州市图书馆藏。

林　溥

字少紫。清甘泉陈家集（今属仪征）人。咸丰二年（1852）进士。历任山东即墨、河北高阳、山东东平等县知县。政声大著，称为当时良吏。工墨梅，丰神洒落，气韵古秀。卒于任。

扬州西山小志1卷　史部地理类

（1）1937年徐谦芳抄本，扬州大学图书馆、扬州市地方志办公室藏。

（2）1989年江苏广陵古籍刻印社据抄本影印。

（3）《扬州地方文献丛刊》本。

（4）2015年广陵书社《扬州文库》本。

按：卷首林氏《西山樵唱题辞》自注略云："余家居西山陈家集三百余年，其间轶事极多，素无记载。今年避乱家居，搜索旧闻，仅就记忆所及，编为韵语，略当西山小志云。"是此书又别称"西山樵唱"，故光绪《增修甘泉县志》卷23即著录作《西山樵唱》。

（同治）即墨县志12卷首1卷　史部地理类

清林溥修　周翕镄纂

（1）清同治十二年（1873）刻本，南京图书馆、扬州市图书馆藏。

（2）《中国地方志集成》本。

晖吉堂集8卷山中集2卷北湖集2卷宦游诗存1卷　集部别集类

（1）清抄本，扬州市图书馆藏。

（2）1928年刻本，扬州市图书馆、上海图书馆等藏。

绮窗词1卷　集部词曲类

稿本，扬州市图书馆藏。

马汝楫

字济川。清江都人。咸丰举人,官刑部主事。

云笙词 1 卷　集部词曲类

《淮海秋笳集》本。

姚九如

字载赓。清江都人。咸丰三年(1853)与太平军战于瓜洲。以劳绩保奏,议叙训导。后迁居大桥东乡,蓬户村居,寄情诗酒。

含晖轩纪事 1 卷　史部杂史类　佚

锄经室诗文集 4 卷　集部别集类　佚

以上 2 种见《瓜洲续志》卷 14。

蒋　桐

字浣青。清江都人。罗元纲妻。夫妻唱和,得诗甚多。咸丰间乱后稿多散佚。

残唾冰壶集 2 卷诗余 1 卷　集部别集类　佚

见民国《江都县续志》卷 28 上。

张云鹏

字铁崖。清江都人。廪贡生,考取八旗官学教习,后署江苏新阳县学教谕、苏州府学教授。太平天国战争后家道中落,乃游京师。东河河道总督乔松年延司章奏,安徽巡抚陈彝亦委以章奏,后陈彝为浙江学政,复聘云鹏。年 60 余卒于浙江学署。

久自芳室诗集　集部别集类　佚

见汤寅臣《广陵私乘·张铁崖事略》,谓待刻。

乐山堂文集 8 卷诗集 8 卷　集部别集类　佚

见民国《江都县续志》卷 14。

王家荫

字莼堂。清江都人。诸生。工骈文，诗格追踪徐庾。咸丰间太平军攻克扬州，乃流离转徙，所作多哀怨之音。

暮心诗文草　集部别集类　佚

见民国《江都县续志》卷24，云："今惟存骈文一首，诗八首，又十六国咏事诗十六首，盖仪征程青岳所钞得云。"

钱国珍

字子奇。清江都人。幼攻苦力学。道光二十九年(1849)举人。官浙江安吉县知县。在官5年，举利除弊，士民思之。

说文引经异同　经部小学类　佚

海防辑要　史部政书类　佚

西泠旧闻30卷　史部地理类　佚

蚕桑辑要　子部农家类　佚

以上4种见《西泠酬唱集初集》卷1小传。

寄庐杂记4卷　子部杂学类

清光绪间刻本，扬州市图书馆藏。

峰青馆诗钞7卷续钞4卷　集部别集类

清同治光绪间刻本，南京图书馆藏。

寄庐词存2卷　集部词曲类

清咸丰十年(1860)古章安署刻本，南京图书馆藏。

按：《西泠酬唱集》初集卷1、二集卷1、三集卷4共收其诗233首，收其词12首。

蒋继伯

清江都人。咸丰四年(1854)迁居甘泉。

晓瀛遗稿2卷　集部别集类

《通斋全书》本，上海图书馆、扬州市图书馆等藏。

黄　浚

字辉山。清甘泉人。奭长子。诸生。能世其家学，说经文字多散佚。

燕支和泪诗草　集部别集类　佚

见民国《甘泉县续志》卷24。

杂花生树斋词存1卷　集部词曲类

抄本，复旦大学图书馆藏。

丁光熙

初名光煦，字伯和。清甘泉人。家世业鹾。光熙性尤慷慨。咸丰初尝避兵樊川。善为文，工诗。卒年60。

读史管见12卷　史部史评类　佚

莲石随笔8卷　子部杂学类　佚

百砚斋古近体诗4卷　集部别集类　佚

以上3种见《瓜洲续志》卷14。

于振鹭

字序升。清江都人。暹春次子，振煦弟。国学生，工书画。尤精于医。暇时研求种植之学。

灌园随笔2卷　子部农家类　佚

见民国《江都县续志》卷26。

朱本静

字仁山。清江都人。家贫，耽吟咏。卒年73。

爱静山房诗钞　集部别集类　佚

见民国《江都县续志》卷22。

黄昌辅(? —1874)

字虎卿。清江都人。咸丰元年(1851)举人。四年以知县拣发湖北。胡林翼时抚鄂,谓此人可当大事。五年权知嘉鱼县事,累官至布政使。工诗,善绘事。

湖北节义类纂　史部传记类

(1) 稿本,10 卷,上海图书馆藏。

(2) 清同治九年(1870)湖北崇文书局刻本,12 卷附《补遗》1 卷,国家图书馆、扬州市图书馆等藏。

(咸丰)续补荆门直隶州志 10 卷　史部地理类

清黄昌辅修　王甲曾纂

清咸丰九年刻本,南京大学图书馆藏。

寸草轩诗集　集部别集类　佚

见光绪《江都县续志》卷 21。

叶秉纯

清甘泉人。

四书征引录无卷数　经部四书类

清光绪七年(1881)叶氏刻本。

臧　谷(1834—1910)

字雪溪,号竹西菊隐翁。清江都人。同治四年(1865)进士。平生喜菊。

扬州劫余小志 1 卷　史部杂史类

(1) 抄本,上海图书馆、南京图书馆等藏。

(2) 2015 年广陵书社《扬州文库》本。

臧雪溪诗集 5 卷附问秋馆菊录 1 卷霜圃识余 2 卷　集部别集类

(1) 清同治十三年刻本,南京图书馆藏。

(2) 1916年刻本,扬州图书馆、南京图书馆等藏。

(3) 2015年广陵书社《扬州文库》本。

按:有1916年秦更年跋,云:"更年亟请稿本为寿梨枣,凡《雪溪残稿》一卷、《扬州杂咏》一卷、《咏史偶编》一卷、《消寒分咏》一卷、《咏菊三十首》一卷,都为一编,仍各为卷。"

雪溪先生诗稿不分卷　集部别集类

稿本,扬州市图书馆藏。

菊隐翁诗集7卷　集部别集类

稿本,中国科学院图书馆藏。

菊隐翁诗集8卷　集部别集类

抄本,中国科学院图书馆藏。

消寒八十一咏(一名宜翁消寒集)1卷　集部别集类

《娜嬛杂志》油印本,复旦大学图书馆藏。

清芬集1卷　集部总集类

清臧谷辑

清光绪刻本,吉林大学图书馆藏。

高承治

字竺君,号虞卿。清江都人。幼颖悟,有神童之誉。年17应学使试,以经古第一补诸生。久困场屋,攻苦不懈。咸丰二年(1852)举于乡。教授乡里,后进籍以发名成业者数十名。

缪篆清谈4卷　子部艺术类　佚

杂俎2卷　子部杂学类　佚

萍寄斋随笔16卷　子部杂学类　佚

冬兰馆诗文集　集部别集类　佚

以上4种见光绪《江都县续志》卷25。

冬兰仙馆文钞不分卷　集部别集类

清光绪九年(1883)谦受斋刻本,南京图书馆藏。

谈应炳

清甘泉人。

曲阿吟馆诗存　集部别集类　佚

见光绪《增修甘泉县志》卷23。

李肇增

字冰署。清甘泉人。诸生。工骈体文。以参戎幕功官浙江新昌、昌化知县，署玉环同知。

琴语堂文述2卷　集部别集类

(1) 清咸丰七年(1857)木活字本，上海图书馆、国家图书馆等藏。

(2) 抄本，1卷，上海图书馆藏

琴语堂行卷1卷琴语堂杂体文续1卷又1卷　集部别集类

清同治至光绪刻本，上海图书馆藏。

按：《西泠酬唱集》卷4收其诗39首。

冰持庵词1卷　集部词曲类

《淮海秋笳集》本。

淮海秋笳集　丛书类

清李肇增辑

清咸丰十年迟云山馆刻本，上海图书馆、国家图书馆等藏。

按：此收江都、甘泉、仪征等地13人词作，内有李肇增《冰持庵词》1种。子目从略。

张德坚

清扬州人。咸丰三年(1853)清军攻陷武昌，任湖北抚辕巡捕官。四年调赴曾国藩武穴行营，任采编所总纂官。

贼情汇纂(一作洪杨类纂史略、洪杨纪事)12卷　史部杂史类

(1) 抄本，南京图书馆藏。

(2) 清咸丰间抄本,北京大学图书馆藏。

(3) 清咸丰刻本,国家图书馆、北京师范大学图书馆等藏。

(4) 清同治抄本,北京师范大学图书馆藏。

(5) 民国抄本,国家图书馆藏。

(6) 1932 年江苏省立国学图书馆影印抄本,南京图书馆、扬州市图书馆等藏。

(7)《明清珍本小说集》本,题《太平天国别史》,1 卷。

(8)《续修四库全书》本。

按:此书总目 9,分目 58,附目 27,图 71。总目为剧贼姓名、伪官制、伪军制、伪礼制、伪文告、贼教、贼粮、贼数、杂载 9 类。近人向达撰本书跋认为"《汇纂》一书实甚可信,言太平天国之典章文物,自当以此书为渊薮"。全书约 20 万字,《明清珍本小说集》为节本,仅 3 万字,且不分卷,次序亦大不同。

黄 澧

字兰叔,一字叔符。清甘泉人。奭次子,浚弟。诸生。能世其家学。

读父书斋诗草　集部别集类　佚

见民国《甘泉县续志》卷 24。

钱 唐

字藕衫。清甘泉人。勤学嗜古,以文章名。咸丰间避地兴化,羁泊胡村烟水间,感时抚事,发为诗歌,多激楚之音。工书,兼善画,年 31 以疾卒。

偶山遗稿不分卷　集部别集类

(1) 清稿本,南京图书馆藏。

(2) 清光绪二十五年(1899)刻本,复旦大学图书馆、厦门大学图书馆等藏。

钱程遗稿 2 卷　集部总集类

清钱唐、程树滋撰　臧谷辑

清同治十二年(1873)问秋馆刻本,扬州市图书馆藏。

按:其中《偶山遗稿》1 卷。

史济銮

字子禾,号小庭。清江都人。恩贡生。候选直隶州州判。工词赋,兴化李详尝从其受业。

种竹轩赋钞　集部别集类　佚

懒仙吟馆诗钞　集部别集类　佚

以上 2 种见民国《江都县续志》卷 24 下。

毛凤枝(1835—1895)

字子林,号蟫叟。清甘泉人。瀚子。少随其父至陕,长期客居西安。于经史、舆地、考据、经济、词章之学,无不深窥,以能文名当时。酷好搜集研究金石,数十年致力于陕西金石研究。

汉书地理志郡县山川释 17 卷　史部正史类

稿本,原订 3 册,见雷梦水《古书经眼录》。

陕西南山谷口考 1 卷　史部地理类

(1) 清同治七年(1868)寓意于物斋刻本,国家图书馆藏。

(2)《问影楼舆地丛书》本。

(3)《关中丛书》本。

(4) 2006 年三秦出版社李之勤《南山谷口考校注》本。

关中金石文字存逸考 12 卷石刻书法源 1 卷　史部金石类

(1) 稿本,台湾“中央图书馆”原藏。

(2) 清光绪二十七年(1901)会稽顾氏刻本,上海图书馆藏。

(3) 台北文海出版社《清代稿本百种汇刊》本。

(4)《续修四库全书》本。

(5) 2017年三秦出版社《毛凤枝金石学著作三种》本。

关中石刻文字新编4卷　史部金石类

(1) 1915年石印本，上海图书馆藏。

(2)《续修四库全书》本。

金石萃编补遗2卷古志石华续编2卷　史部金石类

(1) 稿本，台湾“中央图书馆”原藏。

(2)《石刻史料新编》第二辑本。

(3) 2017年三秦出版社《毛凤枝金石学著作三种》本。

寓意于物斋文编1卷诗存1卷　集部别集类

《寓意于物斋丛书》本，上海图书馆藏。

程树滋

字玉生。清甘泉人。少应童子试不售，以家贫，供事县庭。工诗，兼善仿唐人小赋。年30余卒。

钱程遗稿2卷　集部总集类

清钱唐、程树滋撰　臧谷辑

清同治十二年(1873)问秋馆刻本，扬州市图书馆藏。

凌　云

字梦湘。清江都人。廪生。工制艺，应岁科试，辄居高等。性至孝。晚年教授生徒。

德基堂诗文集　集部别集类　佚

见光绪《江都县续志》卷23。

杭佩兰

清江都人。刘伯和妻。工诗，人称卷舒如春云出岫，圆洁如秋露凝膏。

佩兰室诗集1卷　集部别集类

清宣统元年(1909)铅印本,复旦大学图书馆、南开大学图书馆等藏。

按:书前有杭积昌、解崇辉序,后有王鉴跋。末附《伯和公莱州攀辕图诗汇钞》。

宋汝霖

字艾衫。清甘泉人。工诗。方浚颐都转两淮,尝延致幕中,日相倡和。卒年72。

芜城寒蝉吟　集部别集类　佚

金陵倚楼吟　集部别集类　佚

南斋独鹤吟　集部别集类　佚

以上3种见《瓜洲续志》卷14。

胡佩绅

字缙安。清江都人。少善技击,习兵家言。道光末只身走齐鲁、燕代及大漠南北,观山川形势。咸丰初,投雷以诚部下,后入张国梁幕,训练士卒,以参将记名赏戴花翎。张国梁死,乃归。曾国藩任两江总督,召佩绅统缉私营,以亲老辞。

剑谱2卷　子部兵书类　佚

见民国《江都县续志》卷22。

徐兆英

字毓才。清江都人。廷璜子。咸丰二年(1852)举人。由国史馆誊录选授湖北石首县,历任江夏、监利、蕲水知县,所至有政声。以卓异升知府、晋道员,监督新关。年60乞归。在乡里多举义事,年80卒。

重修监利县志12卷首1卷　史部地理类

清同治刻本,上海图书馆藏。

爱虞堂文稿　集部别集类

清光绪十年(1884)刻本,苏州大学图书馆藏。

梧竹轩诗钞10卷附丁酉后剩稿1卷　集部别集类

清末民初爱虞堂刻本,上海图书馆、扬州市图书馆等藏。

锡山书屋诗钞6卷　集部总集类

清谈恩诰编著　徐兆英选订

清光绪十七年刻本,扬州市图书馆藏。

制艺约钞四种　集部总集类

清齐长庚编次　徐兆英辑

清同治二年(1863)刻本,苏州大学图书馆藏。

于振骐

字季明,一字左轩。清江都人。暹春三子,振鹭弟。咸丰同治间弃儒业贾,非其志。精算术。

开方捷径2卷　子部历算类　佚

见民国《江都县续志》卷22。

沈　湘

字秋帆。清吴兴人,居扬州。诸生。工诗词,兼善书画刻印。早卒。

印谱　子部艺术类　佚

白海棠吟馆诗钞　集部别集类　佚

以上2种见民国《江都县续志》卷26,谓藏于家。

戴起芬

字诵清。清甘泉人。恩贡生。历任邳州、赣榆、淮安、江宁等处校官。在邳以调和罢考为士民所感。芬少受业于周光旃,负文名,曾与修光绪县志。生平成就弟子甚众。晚年犹手不释卷,以吟咏为乐。

(光绪)增修甘泉县志24卷首1卷图1卷　史部地理类

清徐成敷等修　陈浩恩、戴起芬等纂

版本参见“陈浩恩”条。

补隅轩诗集 2 卷　集部别集类

(1) 1922 年铅印本，南京图书馆藏。

(2) 1925 年排印本，中山大学图书馆藏。

碧荫轩文集　集部别集类　佚

见民国《甘泉县续志》卷 24 本传。

丁国瑞

字蔚华。清甘泉人。恩贡生。少负文名，屡应布政司试不售。授徒数十年，门下多知名者。曾与陈浩恩等同纂光绪《甘泉县志》。

周易纂注 12 卷　经部易类　佚

见光绪《江都县续志》卷 20，署名丁蔚华。

春秋发微　经部春秋总义类　佚

读史管见　史部史评类　佚

鵁楼诗文钞　集部别集类　佚

以上 3 种见民国《甘泉县续志》卷 24。

周承弼

字寿农。清江都人，原籍镇江丹徒县。同治十一年(1872)任湖北公安知县。自奉俭约，而性喜识拔单寒。

(同治)公安县志 8 卷首 1 卷　史部地理类

清周承弼修　王慰纂

(1) 清同治十三年刻本，南京大学图书馆藏。

(2) 1937 年铅印本，国家图书馆藏。

(3) 台北《中国方志丛书》本。

徐兆丰

字乃秋。清江都人。廷珍子。同治十二年(1873)进士,改翰林院庶吉士,散馆以主事用,居刑部10余年。尝主提牢厅事,充奉天司主稿,兼秋审处行走。折狱明慎。升员外郎、郎中,迁山西道监察御史,调掌京畿道事。署工科给事中,外简温州知府,调补福建邵武知府,又调福州。升授兴泉永道。调补延建邵道。以劳致疾,卒于任,年74。善画墨梅,兼工诗。

(光绪)重纂邵武府志30卷首1卷　史部地理类

(1) 清光绪刻本,上海图书馆、国家图书馆藏。

(2)《中国地方志集成》本。

徐氏第二世医案　子部医家类

抄本,南京图书馆藏。

风月谈余录6卷　子部杂学类

清光绪三十三年(1907)福州刻本,国家图书馆、扬州市图书馆等藏。

香雪巢诗钞12卷续钞1卷集句诗1卷　集部别集类

清光绪二十四年至三十年江都徐氏龙津使署刻本,南京图书馆藏。

桂道生

字希曾。清甘泉人。太平天国战争年间随里人史念祖从军。积功至参将。后弃去,复补诸生。平生足迹半天下,诗宗明七子。卒年61。

秋笳集　集部别集类　佚

盾鼻吟　集部别集类　佚

京口看山集　集部别集类　佚

石城集　集部别集类　佚

以上4种见民国《甘泉县续志》卷24下。

毛昌善

字元长，号墨畇。清甘泉人。梦兰孙。工书能文。同治三年(1864)以优行贡，廷试列一等，以知县分发广东。任长宁知县，调署平远，未之官，以疾卒，年55。在任有政声。

(光绪)吴川县志10卷首1卷　史部地理类

清毛昌善修　陈兰彬纂

清光绪刻本，上海图书馆、国家图书馆等藏。

(光绪)增修甘泉县志24卷首1卷图1卷　史部地理类

清徐成敟等修　陈浩恩、毛昌善等纂

版本参见“陈浩恩”条。

浣霞斋诗钞　集部别集类　佚

见民国《甘泉县续志》卷19。

方　泩

字春波。清扬州人。少通经史，为名诸生。同治二年(1863)进士。任浙江乌程、遂昌、平阳等县知县。所至清厘积案，扫除弊端。后以病乞改儒官，选授苏州府学教授，在职7年，年70辞归，又8年而卒。

研香阁诗集　集部别集类　佚

见民国《江都县续志》卷22。

曹　炜

清甘泉人。同治二年(1863)进士。

河南乡试录1卷　史部传记类

清光绪五年(1879)刻本，南京图书馆藏。

陈浩恩

字与勤，号雨芹。清甘泉人。幼有奇童之目。弱冠补诸生，文名噪一时。同治十三年(1874)进士。以主事用,签分户部,时浩恩已40许矣。遂无意仕进,里居教授,兼主讲广陵书院。工诗文,兼精医术。性孝友。年70余卒。所著诗文多散佚。

(同治)续纂扬州府志24卷　史部地理类

清方浚颐修　晏端书等总纂　陈浩恩等分纂

(1) 清同治十三年刻本,南京图书馆藏。

(2)《中国地方志集成》本。

(3) 台北《中国方志丛书》本。

(4) 2015年广陵书社《扬州文库》本。

(光绪)增修甘泉县志24卷首1卷图1卷　史部地理类

清徐成敷等修　陈浩恩等纂

(1) 清光绪七年(1881)活字本,南京图书馆藏。

(2) 清光绪十一年刻本,南京图书馆藏。

(3) 清光绪三十三年陈元铸补刻十一年本,南京图书馆藏。

(4)《中国地方志集成》本。

(5) 2015年广陵书社《扬州文库》本。

半村草堂遗集4卷　集部别集类

清光绪刻本,南京图书馆藏。

半村草堂赋抄2卷　集部别集类

清光绪二十三年刻本,上海图书馆、国家图书馆等藏。

汤　镕

字炼卿。清甘泉人。未冠应童子试。学使某甚赏其文,以诗中误书一字,黜为佾生。咸丰年间,橐笔入戎幕,以劳奖国子监典籍衔。后晦迹里居,不求人知,时以吟咏自遣。卒年83。

勉新书屋诗钞4卷　集部别集类　佚

见民国《甘泉县续志》卷24。

勉新书屋诗存1卷　集部别集类

清宣统元年(1909)铅印本,扬州市图书馆藏。

汪国凤

字子仪。清江都人。少能诗,为阮元所赏。咸丰九年(1859)举人,十年成进士。以主事分礼部。江北团练大臣晏端书奏派为随员,复充督师都兴阿大营总文案。后以知府用。国凤起孤寒,艰苦力学,淡于仕进。通籍后里居30余年,年60余卒。工书。

(光绪)金坛县志16卷首1卷　史部地理类

清丁兆基修　汪国凤纂

清光绪十一年(1885)木活字本,南京图书馆藏。

德馨堂集5卷　集部别集类　佚

见民国《江都县续志》卷24下。

江赓学

字载修。清甘泉人。璧子。诸生。咸丰三年(1853)奉母避地盐城。同治三年(1864)母卒,赓学以思母致疾殁,年31。

澄江书屋文集2卷　集部别集类

清光绪刻本,南京大学图书馆、北京大学图书馆等藏。

澄川诗文集　集部总集类　佚

见同治《续纂扬州府志》卷12。

丁绍宪

字琴士。清甘泉人。光灿子。咸丰十一年(1861)拔贡,分刑部。同治三年(1864)顺天乡试举人。升主事,告假归。与修《扬州府志》与《江都县志》。

松兆堂集　集部别集类　佚

见《瓜洲续志》卷13,卷25收其诗6首。

毛昌寿

字介眉,号小竹邑。清甘泉人。诸生。父早卒,母抚之成立。卒年43。

明荫轩诗文钞　集部别集类　佚

见民国《甘泉县续志》卷22。

李汝麟

字颐园。清江都人。祖望子。幼承庭训,治经义及小学,兼善诗古文辞。精医术。同治初补诸生。任淮南书局分校20余年。道光间刘文淇、罗士琳尝合同志设邗上精舍,每月分题授简,以经史文字相砥砺。汝麟复与文淇之孙寿曾等为邗上精舍后集。卒年74。

说文拾微6卷　经部小学类　佚

小石山房文集4卷　集部别集类　佚

诗集2卷　集部别集类　佚

以上3种见民国《江都县续志》卷24下。

胡文晖

字辰卿。清甘泉人。性耿介,精小学。后流寓泰州。

十三经字释12卷　经部小学类

稿本,牡丹江师范学院图书馆藏。

按:《泰县著述考》卷3作《十三经集篆字》,谓有咸丰间手稿本。

刘应权

字小云。清咸同间甘泉人。倬子。恩贡生。选赣榆教谕,未之官卒。

紫蘅诗草　集部别集类　佚

见民国《甘泉县续志》卷22。

桂达生

字康衢。清江都人。监生,好学早逝。

楚词王注疏17卷　集部楚辞类　佚

楚词异解辑案8卷　集部楚辞类　佚

希墨仙馆诗文3卷　集部别集类　佚

拟昌谷诗1卷　集部别集类　佚

以上4种见光绪《增修甘泉县志》卷14。

陈惟德

字蕙心。清甘泉人。阶女,桂达生妻。

竹轩诗存1卷　集部别集类

1912年刻本,南京大学图书馆、扬州市图书馆等藏。前有韩弼元、刘师培序,及自序。后有子邦杰跋。

陈惟贤

字小蕙。清甘泉人。惟德妹。

小蕙女弟遗稿1卷　集部别集类

1912年刻本,附《竹轩诗存》后,扬州市图书馆藏。

张联桂(1838—1897)

字丹叔,一字弢叔,自号问心斋主人。清江都人。咸丰中入赀授太常博士,习刑名学。咸丰十年(1860),回乡办团练,事竣,回京供职。同治间出为广西庆远府同知,历署灵川县、贺县知县,全州知州,擢庆远知府。改广东高州府知府。光绪八年(1882)迁惠潮嘉道,调署粮道。累官广西巡抚。治军严饬,勤于训练。后以疾归。工文章,喜读杜诗。《续碑传集》卷32有传。

张中丞奏议4卷　史部政书类

清光绪刻本，上海图书馆藏。

问心斋学治杂录 2 卷　史部政书类

清光绪二年刻本，南京图书馆、上海图书馆等藏。

问心斋学治杂录 2 卷续录 4 卷　史部政书类

清光绪十一年刻本，南京图书馆、扬州市图书馆等藏。

按：《杂录》皆其在广西任上之设施并治狱之状，《续录》为其治广东时之政绩。

（光绪）惠州府志 45 卷首 1 卷　史部地理类

清刘溎年修　张联桂等纂

（1）清光绪刻本，南京大学图书馆、中山大学图书馆等藏。

（2）《中国地方志集成》本。

广西舆地全图 1 卷　史部地理类

清光绪二十一年石印本，华东师范大学图书馆藏。

延秋吟馆诗钞 4 卷续钞 4 卷　集部别集类

（1）清光绪刻本，扬州市图书馆藏。

（2）2015 年广陵书社《扬州文库》本。

问心斋诗文集　集部别集类　佚

见民国《江都县续志》卷 22。

按：北京大学图书馆藏《张丹叔集》，含《问心斋学杂录》2 卷《续录》4 卷、《延秋吟馆诗钞》4 卷《延秋吟馆诗续钞》4 卷，光绪间刻本。题名为编者后拟。南京大学图书馆藏《延秋吟馆集》12 册，似亦类此。

郭恩培

字心畬。清同治间江都人。生平服膺宋五子，明义利，别诚伪，家居讲学，成就甚众。

尚书经义考　经部尚书类　佚

春秋疑义录　经部春秋总义类　佚

人道录（上下编）　子部儒学类　佚

家训　子部儒学类　佚

友于堂诗文集　集部别集类　佚

以上5种见民国《江都县续志》卷22。

王锡甲

字寅伯。清江都人。工诗文,兼善书画。平生足迹半天下,年60余卒。

师古录4卷　史部传记类

抄本,扬州市图书馆藏。

陈兆麒

字石生。清甘泉人。诸生。工诗古文词。尝受知于学使李联琇。与表弟梅毓相切磋。梅毓治《穀梁传》,兆麒则精研选学。以是教授生徒,从游者甚众。中年尝至关中设教,以老病归,卒年60。

白云草堂诗　集部别集类　佚

雪鸿集　集部别集类　佚

以上2种见民国《甘泉县续志》卷24。

胡文渊

字深卿,一字镜塘。清甘泉人。同治三年(1864)举人,光绪六年(1880)进士。以知县分浙江,历嘉善、长兴、龙泉、孝丰诸县。以经术湛深署上考。好读书,实事求是,经史而外尤精天算。承梅文鼎、李锐、江藩、焦循遗绪,集其大成。为人质朴敦厚。所至县月必读法数,躬诣书院讲学,民视为大师,不知其长官。卒于孝丰。

三礼札记1卷　经部三礼总义类　佚

按:县志云,以冠昏丧祭诸大典,汉唐以来异说尤多,乃参据义疏,通考诸书,以考昏礼及郊社禘祫明堂之礼,成此书。

说文转注释例3卷　经部小学类　佚

按:县志云,文渊以许慎之言转注,曰"建类一首,同意相受"。类谓字之种类,首则训始,类与始皆指造字之始言之,不得当以《说文》分部及部首也。许慎之言"同意",散见于说解中,其例有三,一曰同意,二曰与某同,三曰相似及相比。因剌取原文或同部或不同部者,加以校注,成此书。

两汉官制沿革考 1 卷　史部政书类　佚

汉志水道图说 1 卷　史部地理类　佚

浙江舆地图说 20 册　史部地理类　佚

按:光绪中会典馆征各行省舆图,浙江当道使文渊总其事,成图及说 20 册,精审居各行省上。

方程式订　子部历算类　佚

测圆海镜释义 8 卷　子部历算类　佚

按:此以元李冶《测圆海镜》文义简古不易通晓,乃为之诠释而成此书。

割圆释义 1 卷　子部历算类　佚

读几何别录 1 卷　子部历算类　佚

以上 9 种见民国《甘泉县续志》卷 23。

朱凤仪(1840—1898)

字葵生。清甘泉人。诸生。幼颖异。同治六年(1867)举于乡。三应礼部试不售,遂绝意进取,教授弟子数十年,成就甚众。践履笃实,乡里推为长者。尝与纂光绪《甘泉县志》。

教子录 2 卷　子部儒学类　佚

数学通释 2 卷　子部历算类　佚

赘言 2 卷　子部杂学类　佚

清谈随录 2 卷　子部杂学类　佚

诗文集制艺　集部别集类　佚

以上 5 种见《瓜洲续志》卷 14。

按:《瓜洲续志》谓其未成书者又有《春秋口义》《孟子通论》《读史隅论》。

同光年间扬州名人文稿不分卷　集部总集类

清刘寿曾、朱凤仪等撰

(1) 抄本,扬州市图书馆藏。

(2) 2015年广陵书社《扬州文库》本。

辛汉清(1840—1902)

字补芸,清扬州人。

小游船诗1卷　集部别集类

(1) 清光绪二十八年(1902)刻本,南京图书馆藏。

(2) 2015年广陵书社《扬州文库》本。

芮曾麟

字芗南。清江都人。应鹏子。咸丰九年(1859)受知于督学使者李联琇。补诸生。同治三年(1864)举人。光绪六年(1880)大挑一等,以知县签掣四川,后改掣山东。工书,八分书尤超妙。善绘画,取法新罗山人。卒年46。

(同治)续纂扬州府志24卷　史部地理类

清方浚颐修　晏端书等总纂　芮曾麟等分纂

(1) 清同治十三年刻本,南京图书馆藏。

(2) 台北《中国方志丛书》本。

(3)《中国地方志集成》本。

(4) 2015年广陵书社《扬州文库》本。

蜜梅花馆诗文集　集部别集类　佚

见光绪《江都县续志》卷25下。

王　氏

清江都人。荣桂女。事寡母以孝闻于乡里，终身不嫁。嗜读书，精律诗。

荻汀女士集　集部别集类　佚

见民国《江都县续志》卷28。

杨昌珠

字星莲，号也村，一作蔼村。清甘泉人。监生。浙江补用知县，署富阳。光绪元年(1875)任临海知县。

杨昌珠诗　集部别集类　佚

收入《西泠酬唱集》初集、三集，共13首。诗集名未见。

徐中立

字德卿。清江都人。精刻印。

斐然斋印谱不分卷　子部艺术类

清光绪二十三年(1897)钤印本，12册，南京图书馆藏。

梅　毓(1842—1882)

字延祖。清江都人。植之子。生一夕而孤，5岁母黄氏授以郑玄意，识异常。同治五年(1866)补郡诸生，九年举于乡。三上春官不第。光绪六年(1880)大挑二等，以教谕注选吏部，又二年以疾卒。赋性闲旷，讷于口，治经务自得沉潜，而不近名。

诗笺　经部诗经类　佚

见光绪《江都县续志》卷25上

穀梁正义1卷　经部春秋穀梁传类

清抄本，北京大学图书馆藏。

小尔雅笺注　经部小学类　佚

见光绪《江都县续志》卷 25 上。

刘更生年表 1 卷　史部传记类

《积学斋丛书》本。

(同治)续纂扬州府志 24 卷　史部地理类

清方浚颐修　晏端书等总纂　梅毓等分纂

版本参见“芮曾麟”条。

楚辞笺注　集部楚辞类　佚

见光绪《江都县续志》卷 25 上。

同光间扬州名人文稿不分卷　集部总集类

(1) 抄本,扬州市图书馆藏。

(2) 2015 年广陵书社《扬州文库》本。

程镜清(1842? —1914?)

字肄笙。清甘泉人。补诸生。励志读书,好古。与汪鋆、王荚、陈念东诸人游。与陈崇光交最笃,于书画源流皆能言之凿凿。中年幕游湖南湖北,晚而里居。卒年 73。

冬青林文集　集部别集类　佚

皆竹楼诗集　集部别集类　佚

以上 2 种见民国《甘泉县续志》卷 24,谓藏于家。

倪在田(1842—1916)

字子新,又字茗村。清江都人。本源子。幼绝颖,8 岁五经四书皆读毕,其父遂授以宋儒为学大旨,旁及百家之说。自此始究心性理及经世之学,年 17 补县学生员。谢维藩、张之洞、陈宝琛、陈彝、徐致祥等先后以礼来聘,政绩显卓。自佐浙幕归,遂家居不复远出。所著甚富。卒年 75。门人私谥曰贞白先生。

春秋四传列国姓氏考 1 卷　经部春秋总义类　佚

见民国《江都县续志》卷 23,谓代陈宝琛作。

经牍1卷　经部群经总义类　佚

见民国《江都县续志》卷23，谓襄校经古之批尾及拟作也。

续明纪事本末18卷首1卷　史部纪事本末类

清光绪二十九年(1903)育英学社铅印本，南京图书馆藏。

扬州御寇录3卷　史部杂史类

(1)《扬州丛刻》本。此记咸丰年间事。

(2) 2015年广陵书社《扬州文库》本。

读史闲评1卷　史部史评类　佚

见光绪《江都县续志》卷20上。

庸斋内外篇　史部政书类　佚

见民国《江都县续志》卷23，云："无卷数，都四百三十二万言。内篇博论兵河盐漕，外篇则剖述西政西学，而隐以吏户礼兵刑工分部。大旨谓西法之善，中国皆固有之。乡先达陈彝评为鲁叟之心即我心也。"

淮盐小志1卷　史部政书类　佚

悔庐公牍1卷　史部政书类　佚

以上2种见民国《江都县续志》卷23。

游晋纪程2卷　史部地理类　佚

见光绪《江都县续志》卷20上。

述学1卷　子部儒学类　佚

见民国《江都县续志》卷23，谓皆纪得于庭训者。

居稽录31卷　子部杂学类

(1) 稿本，上海图书馆藏。

(2) 手定底稿本，台湾"中央图书馆"原藏。

(3) 1935年铅印本，南京图书馆藏。

(4) 1989年江苏广陵古籍刻印社影印1935年铅印本，南京图书馆藏。

(5) 台北文海出版社《清代稿本百种汇刊》本。

刍言集6卷　子部杂学类　佚

潜邱琐志 1 卷　子部杂学类　佚

以上 2 种见光绪《江都县续志》卷 20 上。

朦臆 1 卷　子部杂学类　佚

按:此举经史疑义。

笔记 2 卷　子部杂学类　佚

一百三十三子中西集证 8 卷　子部杂学类　佚

按:此代李氏作。

诗存 2 卷　集部别集类　佚

按:此记咸同以来兵刑政治及民生疾苦,而不入风云月露之词。

以上 4 种见民国《江都县续志》卷 23。

洗桐馆诗 1 卷　集部别集类　佚

见光绪《江都县续志》卷 20 上。

枯生松斋集诗存(一作枯生松斋集)2 卷　集部别集类

清宣统二年(1910)刻本,南京图书馆、扬州市图书馆等藏。复旦大学图书馆藏本为 4 卷,并附《琐尾集》1 卷。

枯松斋遗稿丛编　集部总集类

稿本,中国科学院图书馆藏。

张金录(1842—?)

字鉴海。清江都人。

莪园诗稿 2 卷　集部别集类

芸台戒词及补编　集部词曲类

清张肇熙撰　《补编》张金录撰

以上 2 种有光绪二十年(1894)刻《芸莪合编》本。

许庆曾

后改名午,字幼樵,号十石室主人。清江都人。许月樵子。殁于民国初年,年未 70。

扬州辛亥吟1卷　集部别集类

（1）民国抄本，南京图书馆藏。

（2）2015年广陵书社《扬州文库》本。

扬州辛亥歌谣不分卷十古怪不分卷　集部别集类

（1）《扬州风土词萃》本。

（2）2015年广陵书社《扬州文库》本。

郭钟岳

字叔高，号外峰，别署天倪子、讷道人。清江都人。官浙江候补同知，历署玉环、定海等缺。能诗工画，善弈棋，又好弹琴击剑。

说文绎　经部小学类　佚

见《西泠酬唱集初集》卷3小传。

大英帝王世系表并纪略1卷　史部传记类

清光绪二十五年(1899)温州刻本，扬州市图书馆藏。

瓯江小记1卷　史部地理类

清光绪四年刻本，复旦大学图书馆藏。

东瓯百咏(一名瓯江竹枝词)1卷　集部别集类

清同治十一年(1872)和天倪斋刻本，国家图书馆藏。

南雁荡纪游1卷　史部地理类

北雁荡纪游1卷　史部地理类

以上2种有《小方壶斋舆地丛钞》本。

三雁纪游4卷　史部地理类

清光绪十四年和天倪斋刻本，复旦大学图书馆藏。

按：中国人民大学图书馆藏5卷本，为《雁山游览记》《雁山题咏》《南雁山纪游》《中雁山纪游》。

罪我录　子部杂学类　佚

食报录　子部杂学类　佚

以上2种见《西泠酬唱集初集》卷3小传。

双鹅录　子部杂学类　佚

见民国《江都县续志》卷24下。

借铎　子部杂学类

清光绪二十三年刻本，南京图书馆藏。

和天倪斋诗钞　集部别集类　佚

见《西泠酬唱集初集》卷3小传，收其诗49首。

孤骞吟1卷　集部别集类

清光绪六年刻本，苏州大学图书馆藏。

和天倪斋词3卷　集部词曲类

击缶词2卷　集部词曲类

懊侬词1卷　集部词曲类

屑玉词1卷　集部词曲类

宛委词1卷　集部词曲类

以上5种清光绪十二年至十三年刻本，上海图书馆藏。

按：《全清散曲》收其套数。

陈大镛

字序东。清甘泉人。诸生。其先丹徒人，流寓扬州。博学能文，与时不合，坎壈以老。授徒30年，成就甚众。生平于训诂之学研讨最深。工书，师魏齐，诸刻亦有别致。年未满60卒。

段注述例备要　经部小学类　佚

说文古今异义　经部小学类　佚

说文外编　经部小学类　佚

说文双声迭韵考　经部小学类　佚

说文引易书论语异字考　经部小学类　佚

说文古字通　经部小学类　佚

篆文古今变体　经部小学类　佚

易家字句释异同　经部小学类　佚

历代各国建都考　史部地理类　佚

边疆沿革考　史部地理类　佚

以上10种见民国《甘泉县续志》卷24上。以家贫，诸书均未能刊刻。

史念祖(1843—1910)

字绳之，别字弢园。清江都人。致俨孙，丙荣侄。同治四年(1865)以道员候补直隶，后简放山西按察使，历官至广西巡抚。被议落职，家居10年，复以道员起用，分发湖北。后随东三省总督赵尔巽办理奉天赈抚事宜。兼清理财政，赏给副都统衔。经谢病归，卒。

易解俪句　经部易类　佚

见《俞俞斋文稿初集》卷1本书序。

四书补注　经部四书类　佚

见民国《江都县续志》卷22。

弢园纪事2卷　史部杂史类

(1) 抄本，上海图书馆、北京大学图书馆等藏。

(2) 铅印本，山东大学图书馆藏。

察吏誓言　史部政书类　佚

按：此仿清江辉祖《学治臆说》而作。

留刑杂录　史部政书类　佚

日课录　子部儒学类　佚

誓善纪略2卷　子部儒学类　佚

以上4种见《俞俞斋文稿初集》卷1各书序。

按：《俞俞斋文稿初集》卷3《与五兄论刻文集书》云："念半生著述，诗文外尚有六种。抒情达见，固惟诗文是观。若按学问得力处，则具《日课录》一书；而因言考行，知所为而不负所学，则尤在《誓善纪略》一书。"

春秋兵法审微　子部兵书类　佚

经史奥言　子部杂学类　佚

以上2种见民国《江都县续志》卷22。

弢园随笔1卷　子部杂学类

1917年周肇祥刻本,南京图书馆、上海图书馆等藏。

俞俞斋文稿初集4卷　集部别集类

清光绪十六年(1890)木活字本,南京图书馆藏。

俞俞斋文稿初集4卷诗稿初集2卷诗余1卷　集部别集类

(1) 清光绪十八年黔南刻本,上海图书馆藏。

(2) 清光绪二十二年桂林刻本,吉林大学图书馆藏。

(3) 清光绪三十二年广陵刻本,上海图书馆藏。

(4) 1927年铅印本。

(5)《近代中国史料丛刊续编》本。

(6)《清代诗文集汇编》本。

俞俞斋文稿6卷　集部别集类

抄本,上海图书馆藏。

弢园词1卷　集部词曲类

(1) 清光绪间赵尔巽《补厂丛书》本。

(2) 清光绪三十二年广陵刻本,附《俞俞斋文稿》后。

陈　炤

字崇光,后以字行,更字若木。清甘泉人。幼遇太平天国战事,随其族人转徙泰州。因习刻书,其肆与画家涂林相近,因模仿其画画。后至江宁布政使蒯德模幕中,数年归里,主仪征卞肇昌家。其画人物师陈洪绶,花卉师张宏牧,山水设色效法王原祁,墨笔则仿石涛,当时江淮间画师莫能及。卒年60余岁。卒后画名益震,海内人士争藏之。以款署"炤"者为上,"崇光"次之。

一沤吟馆选草2卷　集部别集类

(1) 清宣统二年(1910)怀荃室刻本,国家图书馆藏。

(2) 2015年广陵书社《扬州文库》本。

陈　昱

字小东。清江都人。工书，亦善为诗。

养性山房诗集　集部别集类　佚

梅研楼诗余　集部词曲类　佚

以上2种见民国《江都县续志》卷24下。

李金门

字湘浦。清甘泉人。起家戎幕，历官至广东茂名知县。光绪初随郭嵩焘出使英俄法诸国，后奏补参赞，办理交涉，有能名，累保花翎知府衔直隶州用。归国后，充广东清丈沙田总办，以泛海遇风，舟覆溺水死。

中俄交界图说　史部地理类　佚

随轺笔记　子部杂学类　佚

以上2种见民国《甘泉县续志》卷20。

曹懋臣

清江都人。枢旸子。精医。巴氏产妇出痘，诸医束手，懋臣投以硝黄大剂，一药而愈。

医话3卷　子部医家类　佚

见光绪《江都县续志》卷27。

小游仙客

清邗江人。

都门纪略4卷菊部群英1卷　史部传记类

(1) 清光绪九年(1883)刻本。

(2)《清代燕都梨园史料》本。

按：此著录梨园子弟籍贯、技艺及所扮角色。原书分上下卷，上卷未刻，此所刻者为下卷。

范用宾

字观亭。清甘泉人。凌雯孙。同治九年(1870)举人,以大挑得知县,改就教职。其祖道光间负文学重名,晚年亲课用宾读,喜其聪慧,以一砚授之。后用宾登贤书,绘传砚图,以为佳话。曾与纂光绪《甘泉县志》。卒年70余。

澄江范氏宗谱16卷　史部传记类

清范用宾等纂修

清光绪三十一年(1905)木活字印本,复旦大学图书馆藏。

小岁寒堂诗集4卷　集部别集类　佚

见民国《甘泉县续志》卷24本传。

杨守中

字亦山。清甘泉人,丹徒籍。品清学粹,工诗文,善简牍,书法秀逸。精通盐法,各场争延聘,杜文澜尤器重之。

小高斋吟稿不分卷　集部别集类

清同治铜活字印本,上海图书馆藏。

小高斋吟稿1卷　集部别集类

1925年铅印本,中山大学图书馆藏。

小高斋吟稿3卷题词1卷　集部别集类

1929年排印本,上海图书馆藏。

张彭春

字仲青。清江都人。诸生。喜为诗。

余情信芳集1卷　集部别集类　佚

见民国《江都县续志》卷24下。

徐凤诰

字香谷。清甘泉人。国子监生。自罗士琳后罕通畴人学者，凤诰穷数十年之力研求算术。时适西法东来，凤诰于古书九章、四元外，如代数、三角、微积、割圆、八线皆深究其理，所著书融贯新旧，具有承先启后之功，遗稿多散佚。年60余卒。

算学启蒙通释3卷　子部历算类

(1) 清光绪十二年(1886)求是斋刻本，国家图书馆、徐州市图书馆等藏。

(2) 清光绪二十三年上海文宝阁刻本。

(3) 清光绪二十三年复古斋石印本，东台市图书馆藏。

(4) 清光绪二十五年扬州刊本。

(5) 2015年广陵书社《扬州文库》本。

中西通术2卷　子部历算类

(1)《算学启蒙通释》附刊本。

(2)《中西算学丛钞》本。

(3)《富强斋丛书续集》本。

割圆通解不分卷　子部历算类

清光绪刻本，国家图书馆藏，有光绪六年自序。

开方释锁演式　子部历算类

稿本，李俨藏。

开方释锁演段图解2卷　子部历算类

稿本。

按：以上2种见《四部总录·算法编》。

茅　杰

字汝才。清江都人。诸生。少读书，好深思，尤究心天算。尝以《周髀》一书，后世认为是“盖天”之学，乃摘篇中“笠以写天”一语，谓盖天、浑天皆中高而四下，“盖”得天之半，“浑”得天之全。将盖笠倾侧视之，则盖天犹如浑天。

浑盖合一解1卷　子部历算类　佚

见民国《江都县续志》卷24下。

邗上蒙人

姓名不详。清扬州人。

风月梦32回　子部小说类

(1) 清光绪九年(1883)上海申报馆排印本，上海图书馆藏。首有道光二十八年(1848)自序。

(2) 清光绪十年上海江左书林校刻本，吉林大学图书馆藏。

(3) 清光绪十二年聚盛堂刻本，北京大学图书馆藏。

(4) 民国锦章书局石印本，题《名妓争风全传》，国家图书馆藏。

(5) 1990年上海古籍出版社标点本。

王楙官(1847—1917)

清扬州人。纳资入仕，历任部曹及广东会同县知县，中法战争时奉命总办海防工程，后任台湾盐务总局提调及全台税厘总局提调。晚年经商。

养云主人六旬以前年谱杂记附续记　史部传记类

(1) 清光绪三十二年(1906)石印本，《续记》为1917年铅印本补入，南京大学图书馆、北京师范大学图书馆等藏。

(2) 2015年广陵书社《扬州文库》本。

按：此谱系自订。正编石印本记至光绪三十二年作者60岁而止，续编铅印本记至1917年，谱主即卒于此年。谱后有其侄附记。

张彭令

字少臣。更名慕龄。清江都人。彭春弟。诸生。好读古书。

古史考1卷　史部史评类　佚

见民国《江都县续志》卷24下。

颜　宝

字善夫。清江都瓜洲人。幼失恃，从兄星伯怜而收之，教之读，并授以方书。精医术，助贫民。有欲就学者辄拒之，谓读书不成害只一身，学医不精害及众人，故终其身不轻以医术授人。卒年80。

伤寒荟英　子部医家类　佚

本草从经　子部医家类　佚

以上2种见民国《江都县续志》卷26。

何广生

字芸卿，晚号遁翁。清甘泉人。诸生。光绪十一年(1885)拔贡。由八旗官学教习期满注选教职，选授昭文县学训导。在官20年，卒年71。

续广陵通典20卷　史部地理类　佚

诗文集　集部别集类　佚

以上2种见民国《甘泉县续志》卷24。

苏台吟草1卷西湖吟草1卷　集部别集类

1920年铅印本，南京图书馆、上海图书馆等藏。

丁绍慎

字松生。清甘泉人。光熙子。诸生。性狷介。工诗。

守砚斋诗集8卷　集部别集类　佚

见《瓜洲续志》卷14。

殷如珠

清甘泉人。光绪元年(1875)举人。官金匮教谕。

所知集时文不分卷　集部总集类

清光绪十一年刻本,无锡市图书馆藏。

高云章

字锦孙。清江都人。邑增生。精医,治伤寒及时行疫病,能据五行推阐六气,投药辄奏奇效。客游闽浙间,以医术为当道所重。

伤寒管见　子部医家类　佚

难经质疑　子部医家类　佚

以上2种见民国《江都县续志》卷26,谓待梓。

许蓉镜

字兰汀。清甘泉人。名诸生,工制举文,兼诗古文辞,弟子甚众。光绪二十三年(1897)举于乡。以知县分发湖北,署房县。后调竹山县,未就任,告假归里,为母祝80寿,时逢辛亥革命。母卒,以哀毁至疾亦卒。

耕心书房诗文稿　集部别集类　佚

见民国《甘泉县续志》卷24。

裘凌仙(?—1906)

号筱云,别署明秋馆主人。清广陵人。年22嫁无锡秦国钧为妻,随夫宦游三秦间。工诗善词能文。诗本性情,词曲亦具幽秀之致。所著以古风为最胜,尤以咏史之作为杰出不群。

明秋馆集4卷　集部别集类

1914年排印本,国家图书馆、山东省图书馆等藏。

按:《锡山秦氏文钞》卷11收其文7篇,《全清散曲》收其散曲2首。

汤寅臣(1854—1930)

字公亮,又字浒北,别署小玉茗堂主。江都人。镕子。尝从陈浩恩学。

国音字母读法 1 卷　经部小学类

民国铅印本，扬州市图书馆藏。

广陵私乘不分卷　史部传记类

(1) 民国铅印本，有 1917 年自序，南京图书馆、扬州市图书馆等藏。

(2) 1989 年江苏广陵古籍刻印社影印民国铅印本。

(3) 2015 年广陵书社《扬州文库》本。

扬州历史易知编 1 卷　史部地理类

(1) 清光绪三十二年(1906)刻本，南京图书馆、扬州大学图书馆等藏。

(2) 2015 年广陵书社《扬州文库》本。

扬州历史教科书 4 卷扬州历史沿革表 4 卷　史部地理类

(1) 清光绪三十四年刻本，南京图书馆、国家图书馆等藏。

(2) 2015 年广陵书社《扬州文库》本。

江都沿革一览表　史部地理类

(1) 民国铅印本，上海图书馆、扬州市图书馆等藏。

(2) 2015 年广陵书社《扬州文库》本。

小玉茗堂集 1 卷　集部别集类

1926 年铅印本，扬州市图书馆、吉林大学图书馆藏。

小玉茗堂拟古集 1 卷　集部别集类

民国铅印本，扬州市图书馆藏。

汤公亮诗文集不分卷　集部别集类

复印本，扬州市图书馆藏。

于齐庆(1856—1919)

字安甫，号穗平，又号海帆。清江都人。振骐子。光绪十二年(1886)进士，改庶吉士。授翰林院编修。官至广东布政使。

于左轩夫妇双寿赠言录 1 卷　史部传记类

清光绪三十一年刻本，上海图书馆藏。

巢隐老人哀思录 5 卷　史部传记类

民国铅印本，日本神户市立中央图书馆藏。

小寻畅楼文钞 4 卷诗钞 5 卷附录 1 卷　集部别集类

民国铅印本，上海图书馆藏。

小寻畅楼诗余 1 卷　集部词曲类

民国铅印本，上海图书馆藏。

按：《全清词钞》卷 19 收其词 1 首。

桂邦杰(1856—1928)

字蔚丞。清末民初江都人。达生子。少孤，随母避居泰州，后归里。光绪十五年(1889)举人。五应会试不售，以三十三年会考得官知县，签分河南。先是，两淮学使程仪洛创设仪董学堂，延邦杰教授地理。三十三年春应会试入都，刘廷琛方监督京师大学，聘为教习。及邦杰当官河南，刘廷琛奏请留，以劳晋直隶州知州。辛亥革命后，滞留京师，前后居大学 10 年。1917 年江都修县志，邀为总纂，次年遂归。事成，志局散去，穷甚，乃以卖文授徒为生。性慷慨，好周济乡邻之贫者，故家无余财。

逸珊王公行略 1 卷　史部传记类

1934 年朱长圻补刊《黄氏逸书考》本，国家图书馆藏。

(民国)甘泉县续志 29 卷首 1 卷　史部地理类

钱祥保修　桂邦杰总纂

(1) 1921 年刻本，南京图书馆藏。

(2) 1937 年重印本。

(3) 1963 年油印本，郑州大学图书馆等藏。

(4) 台北《中国方志丛书》本。

(5)《中国地方志集成》本。

(6) 2015 年广陵书社《扬州文库》本。

(民国)江都县续志30卷首1卷　史部地理类

钱祥保修　桂邦杰总纂

(1) 1926年刻本,南京图书馆藏。

(2) 1963年油印本,苏州大学图书馆藏。

(3) 台北《中国方志丛书》本。

(4)《中国地方志集成》本。

(5) 2015年广陵书社《扬州文库》本。

按:清钱唐《偶山遗稿》卷首收其题诗4首。另有诗文集若干卷尚待梓。

梁　莢

字公约。清江都人。诸生。久客金陵。工咏,善画,然不甚存稿。与陈衍等交好。

端虚堂诗集1卷　集部别集类

民国排印本,南京图书馆藏。

按:陈衍辑《近代诗钞》第16册收其诗17首。《清诗纪事》光宣朝卷从夏敬观《忍古楼诗话》中辑存其诗2首。

慕韩遗稿1卷　集部别集类

抄本,南京图书馆藏。

红雪楼诗余1卷　集部词曲类

清稿本,扬州市图书馆藏。

六逝集存6卷　集部总集类

清光绪二十九年(1903)刻本,南京图书馆、上海图书馆藏。

袁开昌

字昌龄。清江都人,徙居丹徒。性谦谨,好读书,工医卜。光绪二十一年(1895),邑人患瘪罗痧甚众,开昌制药施贫,多庆再生。

医门集要8卷　子部医家类　佚

见民国《江都县续志》卷26、《丹徒县志摭余》卷9。

养生三要1卷　子部医家类

(1) 1919年袁氏手辑,《润德堂丛书》本,南京图书馆、上海图书馆等藏。

(2) 2013年中华书局整理本。

张心泰(1857? —?)

字幼丹。清江都人。联桂子。光绪十三年(1887)谒选,十六年任平阳通判,同年八月奉调丰镇同知,后知归化。十九年以事为人所参,革职。

粤游小志8卷　史部地理类

(1) 清光绪十年梦梅仙馆刻本,南京图书馆、扬州市图书馆等藏。

(2)《小方壶斋舆地丛钞》本,1卷。

(3) 1915年商务印书馆铅印本。

粤游小识7卷　史部地理类

清光绪二十六年梦梅仙馆刻本,上海图书馆、扬州市图书馆等藏。

大明三藏圣教目录4卷续集1卷　史部目录类

(1) 清光绪八年刻本,南京图书馆、上海图书馆等藏。

(2) 日本宽文天和间京都贝叶书院刻本,国家图书馆藏。

宦海浮沉录　子部杂学类

清光绪三十二年梦梅仙馆刻本,南京图书馆、扬州市图书馆等藏。

按:此录多摘取日记中文,用编年体次其先后,兼日记小说考据掌故之体。不分卷,但于居官先后自有秩序。大率以都门为一段落,由都赴晋及平阳任中为一段落,由平阳调丰镇为一段落,归化任中为一段落,从归化回太原至大同府之山阴县又为一段落。

唐释湛然辅行记40卷　子部佛教类

唐湛然撰　清张心泰辑

清光绪十一年于潮郡官舍刻袖珍本,南京图书馆、扬州市图书馆等藏。

无一是斋丛书三十七种　丛书类

清刻本，扬州市图书馆藏。

于公策(1857—1912)

号豆庐主人。清江都人。

豆庐诗稿　集部别集类　佚

见《辘轳吟草》卷末于去疾(鼎基)识语。

辘轳吟草　集部别集类

1931年于去疾铅印本，南京图书馆、上海图书馆等藏。

按：此集仅10余首，由其子去疾从于公策遗稿中录出并付印。

曹秉钧

字小谷。清江都人。从祖枢旸、父学曾，皆以医名于时。秉钧能传家学，尤精妇科调理。

医学精要　子部医家类　佚

见民国《江都县续志》卷26，谓待刻。

王　森

清江都人。

麓青遗稿1卷　集部别集类　佚

见民国《江都县续志》卷14。

王汝戒

字伯明。清江都人。倬子。九试乡闱不售，遂绝意进取，课诸弟及子侄。并以济人利物为务。光绪二十七年(1901)大水，办理赈务，备极劳瘁。卒年50余岁。

移竹居诗稿4卷　集部别集类　佚

见民国《江都县续志》卷25。

叶　霖

字子雨，号石林旧隐。清光绪时扬州人。先世浙江绍兴人，雍正间迁居扬州。霖中年后生计少裕，遂日以诗酒自娱。会其家死丧相寻，多误于庸医之手。霖愤其草菅人命，乃广搜方书，读之数年而大通其旨，偶为人治病，药投辄效，名渐噪，求治者日众，概不受酬，然非重证不为治。晚岁泛览西方医籍，学习西医解剖等，证以中国古方，以为二者不谋而合。霖读《素问》悟人生伏气之理，用《肘后》葱豉汤法引伸变化以治伏温，治多愈。又以亲属多死于肺痨，仿《本事》獭肝丸、獭爪屑以杀微虫，其病在初、二期者辄奏奇效。门人甚众，子镕承其学。

难经正义6卷　子部医家类

(1)《珍本医书集成》本。

(2) 抄本，中华医学会上海分会图书馆藏。

脉诀乳海6卷　子部医家类

清王邦傅纂注　叶霖参订

(1)《珍本医书集成》本。

(2) 抄本，北京医学院图书馆藏。

脉说2卷　子部医家类

(1) 1924年杭州三三医社铅印本，上海图书馆藏。

(2)《中国医学大成》本。

(增订)伤寒全书2卷　子部医家类

明张凤逵撰　清叶霖增订

(1) 稿本，南京图书馆藏。

(2)《珍本医书集成》本。

(3)《中国医学大成》本。

叶氏伏气解1卷　子部医家类

(1)《国医百家》本。

(2)《中国医学大成》本。

沙疹辑要4卷　子部医家类

清光绪十六年(1890)李振霆刻本,南京图书馆、无锡市图书馆藏。

古今医话14卷　子部医家类

民国朱格抄本,32册,国家图书馆藏。

增批温热经纬4卷　子部医家类

清光绪三十一年上海奇石山房石印本,南京图书馆、金陵图书馆等藏。

伤寒正义20卷　子部医家类

评吴瑭氏温病条辨6卷　子部医家类

以上2种见民国《江都县续志》卷26。

王景沂(?—1921)

字义门,一字存原。清江都人。光绪十五年(1889)举人,考授内阁中书,改长乐知县,补嘉应直隶州知州。

科学书目提要初编1卷　史部目录类

清光绪二十九年北洋官报局铅印本,南京图书馆、国家图书馆藏。

滏碧词1卷　集部词曲类

清光绪二十四年刻《题襟集》本,南京图书馆藏。

按:《全清词钞》卷36收其词3首。《近代诗钞》第19册收其诗8首。

吴恩棠(1864—1926)

字召封,号还来翁。扬州人。诸生。

还翁遗诗1卷　集部别集类

(1) 1927年铅印本,南京图书馆藏。

(2) 2015年广陵书社《扬州文库》本。

徐庭曾(1865—1937)

字庆孙。甘泉人。

扬州历代疆域沿革图说1卷　史部地理类

(1) 清光绪稿本,扬州市图书馆藏。

(2) 清光绪刻本,扬州市图书馆藏。

(3) 2015年广陵书社《扬州文库》本。

扬州水道图说不分卷　史部地理类

(1) 清光绪刻本,扬州市图书馆藏。

(2) 2015年广陵书社《扬州文库》本。

扬州盐河水利沿革图说不分卷　史部地理类

(1) 稿本,扬州市图书馆藏。

(2) 2015年广陵书社《扬州文库》本。

邗沟故道历代变迁图说1卷　史部地理类

(1) 清光绪刻本,国家图书馆藏。

(2)《中华山水志丛刊》本。

(3) 2015年广陵书社《扬州文库》本。

李　鼎(1866—1941)

字梅隐,晚号逸休。扬州人。铭勋子。清末曾任横浦场盐大使,辛亥革命时返乡,被推举为临时民政长。晚年退居乡里,以诗文自娱。

慎余堂剩稿2卷　集部别集类

(1) 云蓝阁影印本,扬州市图书馆藏。

(2) 2015年广陵书社《扬州文库》本。

郭宝珩(1867—?)

字伯迟,号萏厂。清江都人。光绪十七年(1891)举人,大挑教职,捐知县,擢直隶州。

诸厂诗　集部别集类　佚

见《清诗纪事》光宣朝卷。

刚木庵诗　集部别集类

稿本，存卷3、4、7、10共4卷，武汉市图书馆藏。

五十弦锦瑟楼词5卷　集部词曲类

清光绪三十一年铅印本，南京图书馆、国家图书馆藏。

按：此包括《画绿词》《巷味词》《月楼款梦词》《莲丝绮语》《苇问渔唱》各1卷。

徐庭贻

字燕孙。清甘泉人。夙承家训。时当光绪末年，新学渐盛，庭贻独闭门著述，勤学嗜古。卒年48。

通鉴大事表2卷　史部编年类　佚

稽古篇4卷　子部杂学类　佚

读书杂识2卷　子部杂学类　佚

饾饤集1卷　集部别集类　佚

云川别墅诗文集8卷　集部别集类　佚

以上5种见民国《甘泉县续志》卷28。

赵春燕

字拂翠。清江都人。徐乃昌妾。

记红集1卷　集部别集类

见《小檀栾室闺秀词钞》。

杜钟骏

字子良。清末民初江都人。良吏才也，宦游浙水历数十年。于从政之暇，博及群书，尤通医理，以浙抚保荐为御医。辛亥革命后，为袁世凯招去京都，复出督淮年余。后行医京城，诊务甚忙，有起死回生之誉。

扶瘾刍言　子部医家类

清宣统元年(1909)铅印本。

白喉问答1卷　子部医家类

民国京华印书局铅印本,上海图书馆藏。

药园医案1卷　子部医家类

民国京华印书馆铅印本,中国科学院图书馆藏。

管窥一得　子部医家类

民国铅印本,北京师范大学图书馆藏。

德宗请脉记1卷　子部医家类

民国铅印本,北京师范大学图书馆藏。

杜氏医书(药园医书)五种　丛书类

清宣统元年铅印本,上海中医药大学图书馆藏。子目即以上5种。

史济德

字淑君。清江都人。济庄姊。

静怡斋诗　集部别集类　佚

见《历代妇女著作考》卷8。

夏育民

清末民初江都人。

中国语根字源学(原名言文述系)2卷　经部小学类

(1) 1934年石印本,南京图书馆、上海图书馆等藏。

(2) 1934年铅印本,北京大学图书馆、南开大学图书馆等藏。

(3) 2009年台北文听阁图书公司影印本。

古语诠释稿12卷　经部小学类

稿本,扬州市图书馆藏。

葛廉夫

字荫春，自号绿萝庵主。江都人。医家。孙中山先生去世前有《与葛廉夫的谈话》。

肺病论 3 卷　子部医家类

1927 年山西中医研究会石印本，上海中医药大学图书馆藏。

清代名医学案讲义　子部医家类

民国医学专门学校石印本，上海中医药大学图书馆藏。

古今名医言行录 2 卷　子部医家类

1931 年春先堂排印本，北京中医药大学图书馆藏。

倪宝琛

清江都人。在田长子。能诗。

琐尾集　集部别集类

清宣统刻本，复旦大学图书馆藏。附于《枯生松斋集诗存》后。

刘肇谦

字静之。清江都人。与周承健同受业倪在田之门。其学以主敬为主，读书不务涉猎，唯研求师门所授受者身体而力行之。

卞征君四里社约广义 1 卷　史部政书类　佚

倪贞白陆王疑义识小录 1 卷　子部儒学类　佚

读践庵先生性理粹言记 2 卷　子部儒学类　佚

以上 3 种见《瓜洲续志》卷 14。

周承健

字法乾。清江都人。与刘肇谦同学于倪在田。

卞徵君居家杂仪注 3 卷　子部儒学类　佚

读蔡芷衫先生遗札服膺记 1 卷　子部儒学类　佚

薛于瑛为己图解注 1 卷　子部儒学类　佚
倪贞白碎金记笺 1 卷　子部儒学类　佚
鸥汀随笔 4 卷　子部杂学类　佚

以上 5 种见民国《江都县续志》卷 23。

常怀俊

字幼白。清江都人。光绪二十三年(1897)举人。官浙江长亭场大使。辛亥革命后归里,以病卒。学务实践,尤究心宋五子书,为同里倪在田弟子。

孔子时事年表 1 卷　史部传记类　佚
平旦录 4 卷　子部儒学类　佚
冰壶室文集 4 卷诗集 2 卷　集部别集类　佚

以上 3 种见民国《江都县续志》卷 24。

冰壶室诗草 4 卷　集部别集类

1934 年刻本,南京图书馆、上海图书馆等藏。

史济庄

字敬之,一字九畹。清江都人。济德妹,盐城金倬云妻。能诗词,工楷法。光绪二十八年(1902),端方任湖广总督,曾延至署中课其女读。后任京津女学校教习,才名颇著。

九畹斋诗稿 1 卷　集部别集类

民国间排印本,北京大学图书馆、华东师范大学图书馆等藏。

按:《晚晴簃诗汇》卷 192 收其诗 4 首。

张毓瑗

字剑虹。清江都人。诸生。家贫力学,精算术。执教苏州 10 余年,所著书多未卒业。卒年 45。

平三角和较术图解 2 卷　子部历算类

清项名达原本　张毓瑗图解

清光绪二十八年(1902)苏州毛上珍刻本,南京图书馆、国家图书馆藏。

郭坚忍

字延秋。清江都人。

延秋馆诗词　集部别集类

见《闽县李氏硕果亭书目》。

游丝词　集部词曲类

(1) 1914 年扬州作新社排印本,南京图书馆、上海图书馆藏。

(2) 2015 年广陵书社《扬州文库》本。

张燮恩

号斯斋。清江都人。

斯斋诗话稿 2 卷　集部诗文评类

手抄本,扬州大学图书馆藏。原题《掬绿轩诗话》。

按:《清诗纪事》光宣朝卷录其题画七绝 2 首,并录李宝嘉《庄谐诗话》,谓其负异才,年过 30 不遇,故诗多感慨。

史济道

字子希。清江都人。济庄妹。

净心斋诗　集部别集类　佚

见《历代妇女著作考》卷 8。

石念祖

字兰孙。江都人。近代医家。精于医术。

王氏医案绎注 10 卷附录 1 卷　子部医家类

清王士雄撰　石念祖绎注

(1) 1920年商务印书馆铅印本，国家图书馆藏。

(2) 民国抄本，国家图书馆藏。

谢逢源

字石溪。清甘泉人。廪贡生，候选训导。

皇清例授修职郎候选儒学训导廪贡生龙川李夫子年谱　史部传记类

(1) 抄本，国家图书馆藏。

(2)《北京图书馆珍本年谱丛刊》本。

(3) 2015年广陵书社《扬州文库》本。

传砚斋投赠诗存1卷　集部总集类

稿本，南京图书馆藏。

笛波词1卷续1卷　集部词曲类　佚

见《全清词钞》卷36，收其词4首。

按：《全清词钞》小传谓其又撰《白香词谱笺》。此书实为南海谢朝徵（韦庵）笺，非谢逢源著作。

王毓湘

清甘泉人。光绪间国子生。性至孝，母病，侍汤药，积劳成疾卒，年22。

香雪斋文集　集部别集类　佚

玉连环室类抄　集部别集类　佚

红豆诗草　集部别集类　佚

以上3种见民国《甘泉县续志》卷22。

邵则吴

字秋庵。扬州人。好秦汉瓦当文字。

江都邵氏所藏金石拓片　史部金石类

拓本，16册，南京图书馆藏。卷末有己卯（1939）陈含光跋、许成跋，并有戊寅(1938)自题诗。

佘　恒

字雨东。室名冷观斋。扬州人。

冷观斋诗草　集部别集类

1931年油印本，南京图书馆、上海图书馆等藏。

按：此为1926、1927年前后所作诗，多反映了社会凋敝的现实。

倪宝瑗

字莹卿。清江都人。在田四子，宝琛弟。幼聪慧，年16仿汪中作“续广陵对”，词采壮丽，长老咸惊异之。民国后复致力于诗，曾作落花诗以见志，读者哀之。年31卒。

经义微尘1卷　经部群经总义类　佚

读史随笔4卷　史部史评类　佚

椿庭侍读记6卷　子部杂学类　佚

以上3种见民国《江都县续志》卷24。

袁　焯

字桂生。清末民初江都人。迁居丹徒。伯父袁开昌，父开存，均为医。焯16岁，伯父积劳病逝，父屡患肺病，咳嗽咯血，家之忧患日多，习医之志由是益坚，乃发家中藏书，朝夕玩诵。其父每治难病，必撮其大要，举以示训。于诊察之奥窔，用药之精微，与夫鉴别死生，暨寒热攻补先后之次序，无不一一为之讲解。数年以后，始窥医学门径。于是益搜求旧籍，广购新书，凡坊间罕见孤行之本，及管、赵诸氏所译之西医书，必参照互证，久之别有会心。故光绪三十三、三十四年(1907、1908)端方考验医学，两试均获最优等证书。自此遂侨寓京口，以医问世，四方人士，竞相延致。

丛桂草堂医草4卷　子部医家类

(1) 清宣统二年(1910)十月至宣统三年六月《医学扶轮报》连载。

(2) 1915 年袁氏自刻本,南京图书馆藏。

(3)《珍本医书集成》本。

(4) 1958 年科技卫生出版社铅印本,南京图书馆藏。

梁孝贵

江都人。

维扬江都梁氏第九次重修族谱 21 卷　史部传记类

1925 年箴堂木活字印本,南京图书馆藏。

王　珏

字云门。江都人。业医。1926—1927 年扬州喉痧盛行,时之医者狃于白喉忌表之法,夭枉实多。珏遍考昔贤方书,参以临证经验,积日累月,略见端倪,颇有心得。

疫喉痧辨正不分卷　子部医家类

1928 年排印本,扬州市图书馆藏。

闵尔昌(1872—1948)

字葆之。江都人。清末入袁世凯幕。民国成立后,任北京总统府秘书,1927 年张作霖任军政府大元帅时辞职。后任辅仁大学中国文学系讲师等职。

碑传集补 60 卷　史部传记类

(1) 1923 年燕京大学国学研究所铅印本,南京图书馆藏。

(2) 1984 年江苏广陵古籍刻印社影印本,与《碑传集》《续碑传集》合刊。

(3) 1987 年上海古籍出版社缩印本,与《碑传集》《续碑传集》《碑传集三编》合刊。

(4) 1973 年台北《近代中国史料丛刊》本,与《碑传集》等 3 种合印。

按:此书主要收清末人物,共 815 人。分类比正续两编有增加,所增“党人”一目收秋瑾、陶成章等人。

五续疑年录 5 卷附录 2 卷　史部传记类

(1) 1923 年铅印本,南京图书馆藏。

(2) 收入张惟骧编《疑年录汇编》,有《小双寂庵丛书》本。

(3) 2002 年北京图书馆出版社《疑年录集成》本。

江子屏先生年谱 1 卷　史部传记类

(1) 1927 年朱印本,南京图书馆藏。

(2)《江都闵氏丛书》本。

(3)《北京图书馆藏珍本年谱丛刊》本。

(4)《扬州学派年谱合刊》本。

(5) 2015 年广陵书社《扬州文库》本。

按:此为江藩年谱,以记述学术活动为主,兼及学侣,末附谱主之论述。

高邮王氏父子年谱 2 卷　史部传记类

(1) 1927 年刻本,南京图书馆藏。

(2)《江都闵氏丛书》本。

(3)《北京图书馆藏珍本年谱丛刊》本。

(4)《扬州学派年谱合刊》本。

(5) 2015 年广陵书社《扬州文库》本。

按:此为王念孙、王引之父子年谱,包括《王石臞年谱》《王伯申年谱》各 1 卷。

焦里堂先生年谱 1 卷　史部传记类

(1) 民国铅印本,上海图书馆藏。

(2)《江都闵氏丛书》本。

(3)《北京图书馆藏珍本年谱丛刊》本。

(4)《扬州学派年谱合刊》本。

(5) 2015 年广陵书社《扬州文库》本。

按：此为焦循年谱，记谱主要为与当代学者交往、论学及著述等事。谱后附《焦理堂先生著书目》《焦虎玉先生著书目》两种。

云海楼诗存5卷雷塘词1卷　集部别集类

(1) 1924年刻本，南京图书馆藏。

(2) 2015年广陵书社《扬州文库》本。

(3) 2017年广陵书社《民国诗集选刊》本。

李涵秋(1874—1923)

名应漳，字涵秋，以字行。别署沁香阁主、韵花馆主、娱萱室主。江都人。著名鸳鸯蝴蝶派小说家。以家贫，光绪十六年(1890)设帐授徒，三十年应聘赴武昌，在湖北清丈局总办李石泉家坐馆。三十一年写成处女作《双花记》，三十三年被诬革命党，几死。宣统二年(1910)，任两淮高等小学国文、史地教员。一度兼任扬州民政署秘书长。1913年，兼任江苏省立第五师范学校教员，1920年辞去教职，专事写作。1921年应聘去上海，兼任《时报》副刊《小时报》和《小说时报》主编。因不习洋场生活，次年辞职返乡。1923年以脑溢血卒。一生共撰小说30余种，以《广陵潮》一书最著名。

瑶瑟夫人2卷　子部小说类

清光绪三十二年小说林社出版。

雌蝶影19章　子部小说类

(1) 清光绪三十三年平等阁刻本，署"包柚斧著"。

(2) 1916年上海文明书局排印本，国家图书馆藏。

广陵潮10集100回　子部小说类

(1) 清宣统元年至1912年先后连载于汉口《公论新报》与上海《震旦日报》，刊登前53回，题《过渡镜》。

(2) 1914年至1919年先后连载于上海《大共和日报》和《神州日报》，刊登前80回，改题今名。

(3) 1915年上海国学图书社出版初集、二集、三集单行本，每集10

回，后将版权转让于上海震亚书局，共出10集100回，先后陆续重印十几次。

（4）1946年上海百新书局出版，增刊张恨水诸人序。

（5）1985年江苏古籍出版社标点本。

（6）1986年北岳文艺出版社校点本。

（7）1986年百花文艺出版社校点本。

双花记不分卷　子部小说类

抄本，扬州市图书馆藏。

镜中人影20回　子部小说类

铅印平装本，扬州市图书馆藏。

还娇记10回　子部小说类

1928年上海清华书局平装本，扬州市图书馆藏。

战地莺花录24回　子部小说类

1929年上海新民图书馆铅印平装本，扬州市图书馆藏。

魅镜20回　子部小说类

1929年上海国华书局平装本，扬州市图书馆藏。

双鹃血不分卷　子部小说类

1914年同学书室铅印本，扬州市图书馆藏。

爱克司光录16回　子部小说类

铅印平装本，扬州市图书馆藏。

琵琶怨不分回　子部小说类

1915年同学书室铅印平装本，扬州市图书馆藏。

情天恨30章　子部小说类

铅印平装本，扬州市图书馆藏。

侠凤奇缘38回　子部小说类

1918年上海清华书局平装本，扬州市图书馆藏。

活现形不分回　子部小说类

上海国华新记书局平装本，扬州市图书馆藏。

姊妹花骨不分回　子部小说类

上海震亚图书局平装本，扬州市图书馆藏。

并头莲 6 回　子部小说类

新声书局铅印平装本，扬州市图书馆藏。

怪姻缘 14 回　子部小说类

1929 年上海新国民书店铅印平装本，扬州市图书馆藏。

好青年 20 回　子部小说类

上海国华书局铅印平装本，扬州市图书馆藏。

自由花范 24 回　子部小说类

1923 年上海世界书局平装本，扬州市图书馆藏。

近十年目睹之怪现状 8 卷 40 回　子部小说类

1928 年世界书局铅印本，国家图书馆藏。

书呆白相上海记　子部小说类

上海新国民书店铅印本，南京图书馆藏。

涵秋笔记　子部小说类

民国铅印本，南京图书馆藏。

按：据魏绍昌编《鸳鸯蝴蝶派研究资料》上卷（1984 年上海文艺出版社出版），李涵秋尚撰有小说多种。因版本未及细考，姑附识于后，以备查检。包括：《沁香阁笔记》《玉痕小史》《雪莲日记》《平沙梦》《青萍吼》《怪家庭正续集》《社会罪恶史》《无可奈何》《众生相》《情场之秘密》《梨云劫》《孽海鸳鸯》《情错》《情天孽境》《秋水别传》。

美人活动写真 1 卷　子部艺术类

1922 年世界书局石印本，上海图书馆藏。

沁香阁游戏文章不分卷　集部别集类

1927 年上海震亚图书局铅印平装本，扬州市图书馆藏。

李肇偁（1875—?）

字元之，号不忘履斋主人。扬州人。壮岁游幕鲁、豫，清亡后侨居上海近30年。1941年到山左。

唐诗扬州纪略5卷　集部总集类

1943年稿本，南京图书馆藏。

胡　澍(1877—?)

字滋甫。江苏江都人。

扬州水利图说2卷　史部地理类

(1) 扬州古籍书店抄本，扬州市图书馆藏。

(2) 2015年广陵书社《扬州文库》本。

颜　僩(1878—1935)

原名颜慕苏，后易名僩，字二民，号梦雨老人。扬州人。书善北碑。

扬州方言韵语长短句1卷　经部小学类

(1) 1980年扬州古旧书店抄本，南京图书馆藏。

(2) 2015年广陵书社《扬州文库》本。

(3) 2015年广陵书社《中国风土志丛刊续编》本。

按：本书题梦雨老人辑。梦雨老人，闻史《我所见到的扬州方言著作》云："据扬州文史、方言专家黄继林考证，梦雨老人乃清末民初扬州著名书家颜慕苏(字二民，一作二溟)之别号。"(2006年8月26日《扬州晚报》B1版)本书为作者以扬州方言俚语依韵编成，"凡例"称："皆集扬郡之市井方言，他处俗语弗载。"体例有别于诗词歌曲诸体，是与古乐府歌谣相近的长短句。全书共辑数十篇之多，前以诗词科白作楔子，后结以尾声，犹南北曲，提唱收束规矩秩然。是书但集现成语录而成，不以修饰润色，不另参以己见，然就末流世俗之情，机巧、变诈、诓骗、悭吝小人等种种变态极意摹绘，痛下针砭，戳黑插中者，刻酷微至，穷形尽相。本书虽集俚语而成，然俚不伤雅。

病维摩室诗集　集部别集类

(1) 稿本，扬州大学图书馆藏。

（2）2015 年广陵书社《扬州文库》本。

王樨禅(？—1938)

名不详。扬州人。老于明经。性狷介，泊然无所营，潜修力学，不妄交。后馆同里单味仁家，课其子读。尝相从游皖、燕、晋等地。晚年精佛学。

金刚经注　子部佛学类　佚

养拙山房诗集　集部别集类　佚

以上 2 种见秦更年《婴闇题跋》卷 2《养拙山房诗集序》，谓诗集由其门人刊刻。刻本今未见。

王钟麒(1880—1913)

字毓仁，号无生。清甘泉人。国子监生。工诗文。应布政司试未售，益发奋《史记》《汉书》二书，并熟精选理。所为文多沉博绝丽之作。以用心过劳，患喀血疾卒，年 34。

孟晋山房骈体文　集部别集类

孟晋山房古今体诗　集部别集类

小奢摩室诗话　集部诗文评类

红禅词　集部别集类

以上 4 种见民国《甘泉县续志》卷 24，谓待刻。

按：王氏著作多刊载民国间报刊，未单行，包括诗词、骈散文、诗话、词话、时论、史著、小说、戏剧等数十种 1500 篇左右，以上仅其中一部分，详见邓百意《王钟麒年谱》。

徐谦芳(1886—？)

字益吾，号羡于。江苏江都人。年 17 应童试，年 19 入扬州仪董中学，后肄业江南高等师范学堂。年 35，往往跋涉于兴化、东台、高邮、宝应间，性嗜蓄书，尝为祠堂收集图书近 8 万卷。抗战期间，家居抄书若干卷，浏览之际，成书四五种。建国初卒，年60余。

扬州风土记3卷　史部地理类

稿本，南开大学图书馆藏。

扬州风土记略3卷　史部地理类

(1)《中国风土志丛刊》本。

(2)《扬州地方文献丛刊》本。

扬州风土记略2卷　史部地理类

(1) 抄本，南京图书馆藏。

(2) 2015年广陵书社《扬州文库》本。

邗江风土小记不分卷　史部地理类

抄本，扬州市图书馆藏。

扬州徐氏藏书目不分卷　史部目录类

(1) 抄本，扬州市图书馆藏。

按：未著撰者姓名，当系徐谦芳或其后人所编，故附于此。

(2) 2015年广陵书社《扬州文库》本。

徐鼎彝

字北海。江都人。诸生。世居西乡新集，授徒郡城，因家焉。生平言笑不苟，以宋五子书教学者。宣统元年(1909)举孝廉方正，年73卒。

扬州江甘人物历史课本不分卷　史部传记类

(1) 清宣统元年刻本，南京图书馆藏。

(2) 2015年广陵书社《扬州文库》本。

学堂训男儿经1卷　子部杂学类

清光绪二十三年(1897)刻本，南京图书馆藏。

黄宗富

清扬州人。

维扬安阜洲黄氏重修族谱10卷　史部传记类

清宣统二年(1910)木活字印本,上海图书馆藏。

孙廷魁

清江都人。

维扬江都孙氏重修族谱　史部传记类

1913 年木活字印本,上海图书馆藏。

吴　楚

字篆仙。江都人。

白下愚园游记 1 卷　史部地理类

(1) 民国刻本,南京图书馆藏。

(2)《南京愚园文献十一种》本。

按:本书依此记述南京愚园内各建筑及各处景致之名称、位置、陈设、功用等,并记相关题额、楹联、题诗等。作者自称"补前贤所未及,为游客之指南",故其叙述极为细致。作者自署作于壬戌之秋七月,是为 1922 年。

江蘇藝文志

顧廷龍題

国家古籍整理出版专项经费资助项目

江苏省地方志编纂委员会办公室组织编纂

江苏艺文志

（增订本）

扬州卷

二

原　主　编　赵国璋
增订本主编　江庆柏
增　订　者　李　军

凤凰出版社

仪征

宋元明

孙 锡(991—1068)

字昌龄。宋仪征人。先世江都人,父再荣迁仪征,遂居焉。天圣二年(1024)进士,以文学见称。任历阳、无为、巢县主簿,改镇江军节度推官,知仁和县,有政绩。父丧服除,迁国子监直讲,改著作郎,与校《史记》、前后《汉书》及《南北史》,修《集韵》。累迁开封推官,坐事谪去。召还,复为开封推官,迁提点淮南路刑狱,活大辟13人,考课为天下第一。后知宣、舒二州,官至尚书度支郎,以老致仕。神宗即位,迁司封,赐金紫。忠厚正直,老而贫,天下称其"长者"。

孙司封文集20卷　集部别集类　佚

见宋王安石《临川文集》卷97《宋尚书司封郎中孙公墓志铭》。

孙 洙(1031—1079)

字巨源。宋仪征人。锡子。年19举进士。应制科,与苏轼、苏辙、李邦直同在荐列。迁集贤校理,知太常礼院。治平中,兼史馆检讨,同知谏院。王安石主新法时,力求补外,得知海州。寻勾当三班院,同修起居注,进知制诰。元丰初,兼直学士院,擢翰林学士,逾月以疾卒。博闻强识,明练典故。文辞典丽,有西汉之风。时人共以丞辅期之,惜早卒。《宋史》有传。

经纬集15卷　史部政书类　佚

见嘉靖《惟扬志》卷12。

按:张耒《读经纬集》诗云:"等闲咳唾烂成文,奏牍三千世共珍。不向人间调鼎鼐,却归天上作麒麟。侍游曲水欢何在,奏对明光迹已陈。

四辅当时曾避位，熙宁天子属能臣。”(《张耒集》卷21)

贤良进策10卷　史部政书类　佚

见万历《扬州府志》卷24。

按:《宋史》本传云:“与包拯、欧阳修、吴奎举应制科，进策五十篇，指陈政体，明白剀切。韩琦读之，叹息曰:今之贾谊也。”

褒题集30卷　集部总集类　佚

褒恤杂录3卷　集部总集类　佚

张氏诗传1卷　集部总集类　佚

以上3种见《宋史·艺文志》。

孙　侔

字少述。宋仪征人。父及任简州卒，4岁从其母家扬州，7岁能属文。既长，多所论撰。皇祐间与王安石、曾巩游，知名江淮间。尝举进士不中，以母疾，终身不求仕进。徙仪征，闭门读书，喜方书治药饵。故相晏殊、知制诰唐询、钱公辅咸尊礼之。嘉祐中诏以为试秘书省校书郎、扬州教授，五辞不赴。诗文严谨简古，卓然自成法度，曾巩、欧阳修、苏轼皆极赞之，东坡《寄侔诗》有“乞取千篇看俊逸，不将轻比鲍参军”之句。《宋史》有传。

孙处士诗文集(一作孙处士集)　集部别集类　佚

见万历《扬州府志》卷24。

按:志云是集收文300篇，诗4000首。

徐仲坚

宋仪征人。忠信笃实，遇人至谨。家贫，以卜为生，虽疾病召筮，不正衣巾不见，日得百数十钱则止。能为诗，亦好属文。

徐处士集　集部别集类　佚

见万历《扬州府志》卷24。

征　集

宋仪征人。事母至孝。居乡里恂恂恭谨，与人未尝较短长。好蓄书，能为诗。及卒，王安石表其墓，称为“淮南善士”。

征处士诗集　集部别集类　佚

见康熙《扬州府志》卷28。

按：雍正《扬州府志》作《征处士集》。道光《重修仪征县志》卷45作《征处士文集》。

沈季长

字道源。宋仪征人。播季子，王安石妹婿。举治平进士第，始为越州司法参军，历集贤校理，熙宁间接伴送北使，后修起居注、崇政殿说书。元丰中进讲周礼，官至国子直讲。

周易新义2卷(一作1卷、10卷)　经部易类　佚

诗经讲义　经部诗经类　佚

周礼讲义　经部周礼类　佚

论语解10卷　经部四书类　佚

按：是集系沈季长与王令合撰。

以上4种见万历《扬州府志》卷24。

接伴送语录1卷　史部传记类　佚

按：是集为熙宁九年(1076)，宋真州集贤校理沈季长接伴送北使耶律运所记。

对问5卷　集部别集类　佚

以上2种见雍正《扬州府志》卷35。

沈　铢

字子平。宋仪征人。季长子。少从王安石学。熙宁六年(1073)举进士高第，仕国子直讲。因父为监，改审官主簿，坐虞蕃事免归。元祐

间置诉理所，被罪者争自列，铢独不言。绍圣初起为太学博士、秘书省正字、崇正殿说书，受旨与编《元祐臣僚章疏》以进讲，拜右司谏，辞，改起居郎，权中书舍人。后真拜中书舍人兼侍讲，俄引疾以龙图阁待制知宣州卒。《宋史》卷354有传。

诗传20卷　经部诗经类　佚

见《宋史·艺文志》。

元祐臣僚章疏　史部政书类　佚

宋沈铢等辑

见《宋史》卷354本传。

沈龙图文集10卷　集部别集类　佚

见万历《扬州府志》卷24。

沈　锡

字子昭。宋仪征人。铢弟。荐举任鄂州司户参军。崇宁初为讲议司检讨，蔡京方铨次元符上书人，欲定罪，锡曰："远方之士，未能知朝廷好恶，若概罪之，恐非敦世励俗之道。"以忤京，除卫尉丞。累迁太常少卿，拜兵部侍郎。以徽猷阁待制知江宁应天府。张怀素诛，朝廷疑其党有脱者，由是江淮间往往以诬告兴狱。锡至，有告者，按之，则妄也。具疏于朝，皆得释。历知海、泰、汝、宣四州，以通议大夫致仕，卒。《宋史》卷354有传。

崇宁改修法度10卷　史部政书类　佚

见《宋史·艺文志》。

按：康熙《仪征县志》卷15作20卷，误。

沈徽猷文集（一作沈徽猷集、沈锡文集）12卷　集部别集类　佚

见万历《扬州府志》卷24。

张汝贤

字祖禹。宋仪征人。先世为庐陵人，徙居仪征。第进士初，调赣县

主簿，以御史中丞荐除监察御史。善为章奏，语约而意至。元丰间除侍御史，以论尚书左丞王安礼，与之俱罢。元祐初复为吏部郎，迎事立决，吏不敢欺。后使闽越，蠲民所负官钱50余万，闽人德之。又充江淮等路制置发运副使。其后以左司郎中召还，有疾道卒。

易索大九经16卷　经部易类　佚

见雍正《扬州府志》卷35。

按：《宋史》作张汝明撰。

奏议集　史部政书类　佚

见万历《扬州府志》卷24。

按：是集乃汝贤为御史及转运使时所上者。

张孝议文集　集部别集类　佚

见万历《扬州府志》卷24。

王伯刍

宋仪征人。

史法10卷　史部杂史类　佚

咏史诗(一作咏史)300篇　集部别集类　佚

以上2种见万历《扬州府志》卷24。

张汝明

字舜文。宋仪征人。汝贤弟。少有声。元祐七年(1092)进士。历簿丞、参军，滞州县者20年，未尝一语干进。至大观中，充检阅文字，预考贡士。擢监察御史。尝摄殿中侍御史，疏劾蔡京市恩招权，帝奖其直。京惮之，徙司门员外郎，出通判宁化军，谪监寿州麻步场。遇赦，签书汉阳判官。晚知岳州。卒于官，年54。其学精研象数，贯穿经史百家。《宋史》卷346有传。

易索13卷　经部易类　佚

见《宋史·艺文志》经类1。

按：是集包括上、下经6卷，观象3卷，观变玩占玩辞丛说各1卷。

太究经　经部易类　佚

去取录　史部传记类　佚

张子危言　子部杂学类　佚

以上3种见《宋史》卷346本传。

张侍御文集38卷(一作28卷)　集部别集类　佚

见万历《扬州府志》卷24。

仇　博

字彦文。宋仪征人。父著新安籍，由庆历进士历官朝散大夫，知梓州，退居仪征，遂家焉。博质敏博学，善属文。父建至乐堂于仪征，博年13作记，苏轼见而奇之，抚其背曰："后生可畏。"后数举不第，慨然泛舟泝采石，谒李白祠，与之对饮，诔之以文。诗格狂放近李白，时人多传诵。

仇彦文诗(一作仇彦文集)1卷　集部别集类　佚

见万历《扬州府志》卷24。

按：道光《重修仪征县志》卷39收其《雪中失白马》诗1首。《金陵诗征》卷5收有其诗。

吴　敏

字元中。宋仪征人。大观元年(1107，一作二年)辟雍私试首选，擢浙东学事司干官。为秘书省校书郎。钦宗时累迁少宰。以主和议与太宰徐处仁议不合，罢为观文殿大学士、醴泉观使。言者论其庇蔡京父子，出知扬州，再贬崇信军节度副使，涪州安置。绍兴元年(1131)复观文殿大学士，为广西湖南宣抚使，卒于官。

吴丞相奏议　史部政书类　佚

见万历《扬州府志》卷24。

吴丞相手录1卷　史部政书类　佚

见雍正《扬州府志》卷35。

刘大中

字立道，宋仪征人。政和间进士湜子。大观中赐上舍出身。明经饬行，乡里称为醇儒。时修史，极天下之选得4人，而大中与焉。历官州县，直道自守，僚友惮之。绍兴三年（1133）权监察御史，宣谕江南诸路，斥奸恶，奖善良。七年以兵部尚书知处州，未几召还，除吏部尚书。八年，除礼部尚书，参知政事，诸所建白，切中时宜，其首议建储，语尤恳切。高宗为之感悟，赐以御书陆机《文赋》。是年冬因不附和议，秦桧使御史萧振劾罢之，遂乞外补，仕至参政殿学士。寻再知处州，提举临安洞霄宫。卒年76。

刘参政奏议　史部政书类　佚

见万历《扬州府志》卷24。

章　甫

字冠之，自号转庵，又号易足居士。宋鄱阳人，居仪征。张孝祥留守建康，招居金陵南城街，筑易足堂。生性豪放，不受拘束。工诗，有名于淳熙间。

易足居士自鸣集15卷　集部别集类　佚

见《金陵诗征》小传。《直斋书录解题》作《自鸣集》，卷同。《四库全书总目》引《贵耳集》云有文集10卷。

自鸣集6卷　集部别集类

(1)《四库全书》本，辑自《永乐大典》，析为6卷。

(2) 清红格抄本，南京图书馆藏。

(3)《豫章丛书》本，附民国胡思敏撰《校勘记》1卷。

王君迪

字居中。宋仪征人。以医著名。吴澄作《可斋记》以赠。

古方论　子部医家类　佚

见嘉庆《重修扬州府志》卷54。

李道纯

字元素，号莹蟾子，又号清庵先生。元初都梁人，住仪真长生观。为金末道教金丹派南宗白玉蟾门下王金蟾之徒，入元后自称全真道士，为内丹大家，融合三教之代表人物，自号其居曰“中和庵”。传后得道仙去，故里人又称其观曰“飞仙”“飞升”。著述甚丰，以内炼修仙为旨，主儒、释、道三教合一，以儒、释入道，对元代全真道南传及光大影响颇著。

道德会元2卷序例1卷　子部周秦诸子类

(1)《道藏》本。

(2)《道藏举要》本。

(3) 元至正二十七年(1367)刻本，国家图书馆藏。

(4) 明初刻本，国家图书馆藏。

(5) 明弘治十年(1497)许孟仁刻本，广州中山图书馆藏。

(6) 明抄本，国家图书馆藏。

周易尚占　子部术数类

《宝颜堂秘笈》汇集本。

太上升玄消灾护命妙经注1卷　子部道教类

《道藏》本。

无上赤文洞古真经注1卷　子部道教类

《道藏》本。

太上大通经注1卷　子部道教类

(1)《道藏》本。

(2)《道书全集》本。

(3)《重刊道藏辑要》本。

(4)《玄宗内典诸经注》本，明邵以正编，明刻本，上海图书馆藏。又万历三十年(1602)善德堂刻本，湖北省图书馆藏。

太上老君说常清静经注1卷　子部道教类

(1)《道藏》本。

(2)《道书全集》本。

(3)《重刊道藏辑要》本。

(4)《道藏精华录》第4集。

(5)《玄宗内典诸经注》本。

三天易髓1卷　子部道教类

元李道纯撰　王玢校正

《道藏》本。

全真集玄秘要1卷　子部道教类

《道藏》本。

按:是书由两篇注解合成——《注〈读周易参同契〉》和《太极图解》(解周敦颐《太极图说》)。

中和集6卷　子部道教类

元李道纯撰　弟子蔡志颐编

(1)《道藏》本。

(2)《重刊道藏辑要》本。

(3)《道书全集》本,7卷。

(4)影元抄本,7卷,南京图书馆藏。

(5)明刻本,湖北省图书馆藏。

(6)明宣德十年(1435)朱本道刻本,北京大学图书馆藏。

(7)清影元抄本,清丁丙跋,天津图书馆藏。

清庵莹蟾子语录6卷　子部道教类

元李道纯述　弟子柴元皋等编

《道藏》本。

伊府重刊清庵先生中和集前集3卷后集3卷道德会元1卷　子部道教类

元李道纯撰　弟子蔡志颐辑

(1) 明伊府刻本,李盛铎跋,上海图书馆藏残本。

(2)《四库全书存目丛书》本。

(3) 2015 年广陵书社《扬州文库》本。

清庵先生词 1 卷　集部词曲类

《彊村丛书》本。

郝　经(1222—1275)

字伯常。其先泽州陵川人,金亡后徙顺天。家贫,昼则负薪米为养,暮则读书,蒙古将张柔、贾辅延为上客,得以博览两家万卷藏书,学业大进。蒙古宪宗二年(1252),忽必烈召咨以经国安民之道,条上数十事,皆称意,遂留王府。忽必烈即位,为翰林侍读学士。世祖中统元年(1260),充国信使赴宋践约,被贾似道扣留于仪征,元至元十二年(1275)始获释,未久病卒,谥文忠。为人尚气节,为学务有用。拘宋 16 年,著述甚丰。其文丰蔚豪宕,喜议论,诗多奇崛。

周易外传 80 卷　经部易类　佚

太极演 20 卷　经部易类　佚

以上 2 种见郝经《周易外传自序》和《太极演自序》,云撰于拘仪征时。

春秋外传 81 卷　经部春秋左传类　佚

春秋章句音义 8 卷　经部春秋左传类　佚

制作本原 10 卷　经部春秋左传类　佚

比类条目 12 卷　经部春秋左传类　佚

三传折衷 50 卷　经部春秋总义类　佚

三传列国序论　经部春秋总义类　佚

以上 6 种见郝经《春秋外传序》,云撰于中统元年至至元元年间拘于仪征扬子院时。

续后汉书 90 卷　史部别史类

元郝经撰　苟宗道注

(1)《四库全书》本。

(2)《丛书集成初编》本。

(3) 勤志馆抄本,国家图书馆藏。

按:是书撰成于元至元九年,时经拘于仪征。

续后汉书 90 卷附札记 4 卷　史部别史类

元郝经撰　荀宗道注　《札记》清郁松年撰

《宜稼堂丛书》本。

按:万历《扬州府志》卷 24 作 130 卷。

行人志　史部地理类　佚

通鉴书法　史部史评类　佚

以上 2 种见卢文弨《补辽金元艺文志》史部。

一王雅　子部儒学类　佚

见郝经《一王雅自序》,撰于拘仪征时。

原古录　子部儒学类　佚

见郝经《原古录自叙》,云撰成于中统七年(1266)正月。

按:元忽必烈中统年号只有 5 年,1264 年即改元至元,疑经拘于仪征,元朝情况不明,故延用中统年号,实为至元三年。

变异事应　子部历算类　佚

见清钱大昕《补元史艺文志》。

玉衡贞观 12 卷　子部历算类　佚

见《元史》卷 157 本传。

甲子集　子部杂学类　佚

见郝经《甲子集自叙》。撰集于至元元年(1264),因岁在甲子,故名,为经撰述之《易》《春秋》、史传外之杂著。

尹子集　子部杂学类　佚

删注三子　子部杂学类　佚

和陶诗 3 卷　集部别集类　佚

以上 3 种见万历《扬州府志》卷 24。

元古赋　集部别集类　佚

见清卢文弨《补辽金元艺文志》集部。

郝文忠公陵川文集39卷　集部别集类

(1) 元延祐刻本，见近人刘承干《嘉业堂善本书影》卷4。

(2) 明正德二年(1507)李翰刻本，国家图书馆藏。

(3)《四库全书》本，有附录1卷。

(4)《摛藻堂四库全书荟要》本，有附录1卷。

(5) 清乾隆三年(1738)王瓔刻本，中国人民大学图书馆藏。

(6) 清嘉庆三年(1798)王瓔本重刻本，有附录1卷。

(7) 清初抄本，国家图书馆藏。

(8) 清抄本，国家图书馆藏。

郝文忠公陵川全集附年谱39卷　集部别集类

元郝经撰　《年谱》清王瑑等编次

清道光十六年(1836)刻本，苏州大学图书馆藏。

郝文忠公集25卷　集部别集类

《乾坤正气集》本。

陵川集1卷　集部别集类

《元诗选》初集本。

唐宋近体诗选　集部总集类　佚

元郝经辑

见清钱大昕《补元史艺文志》集部。

张　翌

字达善。元仪征人。其先蜀导江人，侨寓江左。曾从金华王柏学朱子之学，自六经、论孟传注、礼乐名教以及周、程、朱、张之言，靡不究极根柢。至元间，中丞吴曼庆延至江宁学官，士大夫子弟皆从游，荐授建康路教授。大臣荐诸朝，特命为孔、颜、孟三氏教授。有以国子监官荐者，授文林郎东平教授，引疾不赴。归仪征，尊为硕师，称导江先生。

所著书甚富，吴澄序其书以为议论正，援据博，贯穿纵横，俨然新安朱氏尸祝也。卒年67，葬扬子蜀冈。至正中，真州守臣以婴及郝经、吴澄皆尝留仪征，作三贤祠祀之。

释奠仪注　经部仪礼类　佚

见卢文弨《补辽金元艺文志》经部、钱大昕《补元史艺文志》卷2。

丧服总类　经部仪礼类　佚

冕弁冠服考　经部仪礼类　佚

以上2种见万历《扬州府志》卷24。

孝经口义　经部孝经类　佚

见康熙《扬州府志》卷28。

经说　经部群经总义类　佚

见《元史》卷189。

四经归极　经部群经总义类　佚

阙里通载　史部传记类　佚

引谷蒙训　子部儒学类　佚

经史入门　子部杂学类　佚

淮海课稿　集部别集类　佚

导江文集(一作张婴文集，又张婴集)　集部别集类　佚

以上6种见万历《扬州府志》卷24。

滑　寿(1304—1386)

字伯仁，一字伯本，晚自号撄宁生。元末明初仪征人。先籍河南许昌，祖官江南，遂徙仪征。后寿行医江浙间，又徙余姚。性警敏，少习举子业，读书日记千余言，为文有风致，博通经史，长于乐府。京口名医王居中客仪征，遂从之受《素问》《难经》。又学针法于东平高洞阳。行医中，参会张仲景、刘守真、李明之三家而通用之，善于审症用药，又考订经络俞穴颇详，精于针灸，故所治无不中，时称“神医”。江、浙、淮间，人争延致，以得其诊视一决生死为无憾。贫者往治，报不报弗较。首先发

现麻疹尚未透发之际口腔斑点，后世称“滑氏斑点”，至今犹为诊治依据。医著甚丰，危素、宋濂等尝为之序，皆有功后学，惜散佚过半。《明史》卷299有传。

读素问钞3卷附补遗1卷　子部医家类

元滑寿撰　明汪机补遗

(1) 明嘉靖《汪石山医书七种》本，北京大学图书馆藏。

(2) 明嘉靖元年(1522)至崇祯六年(1633)朴墅刻《石山医案八种》本，中医学院图书馆等藏。

(3) 明嘉靖十二年明德堂刻本，2卷，中国科学院图书馆藏。

按：是书撰成于元至正十九年(1359)。

读素问钞9卷补遗1卷　子部医家类

元滑寿撰　明汪机续注

明嘉靖三至五年程玘纲等刻本，国家图书馆藏。

读素问钞12卷　子部医家类

明万历三十年(1602)沈府刻本，清杨伟鸿跋，上海图书馆藏。

读素问钞7卷　子部医家类

元滑寿撰　明汪机续注

明万历四十年乔木山房刻本，国家图书馆、上海图书馆等藏。

难经本义2卷　子部医家类

(1) 明万历十八年刻蓝印本。

(2) 明万历二十九年《古今医统正脉全书四十四种》本，中国医学科学院等藏。

(3) 明万历二十九年步月楼梓行本。

(4) 明万历《薛氏医案二十四种》本，中国科学院图书馆、复旦大学图书馆等藏。

(5) 明刻本，上海图书馆藏。

(6) 日本宽永十年(1633)吉田原仁左卫门刻本。

(7) 日本正保五年(1648)敦贺屋久兵卫刻本，北京大学图书馆藏。

(8) 日本万治三年(1660)刻本。

(9) 日本天和四年(1684)芳野屋作十郎刻本,北京大学图书馆藏。

(10)《四库全书》本。

(11)《四库全书荟要》本。

(12)《周氏医学丛书》本,题《增辑难经本义》2 卷,清周学海增辑。

(13) 1918 年成都昌福公司铅印本。

(14) 1921 年大成书局石印本。

(15) 1956 年商务印书馆据《古今医统正脉全书》排印本。

(16) 1963 年人民卫生出版社校刊本。

按:是书撰成于元至正二十一年。

十四经发挥 3 卷　子部医家类

(1)《薛氏医案二十四种》本。

(2) 明抄本,南京图书馆藏。

(3) 日本宽永二年梅寿堂刻本。

(4) 日本宽永五年复刻本。

(5) 日本延宝三年(1675)松会刻本,北京大学图书馆藏。

(6) 清嘉庆十四年(1809)书业堂刻本,南京图书馆藏。

(7) 1921 年大成书局石印本。

(8) 1936 年无锡中国针灸学研究社铅印本。

(9) 1953 年苏州中国针灸学研究社再版本。

(10) 1956 年上海卫生出版社铅印本。

(11)《续修四库全书》本。

按:是书成于元至正元年。

十四经穴歌　子部医家类

(1) 明抄本,南京图书馆藏。

(2) 日本抄本,馆藏不详。

素问钞补正 12 卷附滑氏诊家枢要 1 卷　子部医家类

明丁瓒撰　附滑寿撰

明嘉靖八年丁氏刻本，上海图书馆等藏。

诊家枢要1卷　子部医家类

元滑寿撰　清周学海注

(1)《周氏医学丛书》本。

(2)《周澄之评注医书》本。

(3)《中西医学群书》本。

(4)《古今医学会通十一种》本。

按：是书成于元至正十九年。

麻疹全书4卷(一作麻证全书、麻证新书)　子部医家类

清光绪三十一年(1905)汤鼎垣校刻本，中山大学图书馆藏。

按：是书成于元至正二十四年。据自序，为与张先生共制。张先生何人待考。

读伤寒论钞(一作伤寒例抄)3卷　子部医家类　佚

痔瘘篇　子部医家类　佚

医韵4卷　子部医家类　佚

元滑寿辑

以上3种见明焦竑《献征录》卷78朱右《撄宁生滑寿传》。

内经真诠　子部医家类　佚

难经博议　子部医家类　佚

脉理存真　子部医家类　佚

以上3种见《麻疹全书》滑寿自序。

按：以上3种为滑氏早期著作。滑氏自序云："因家贫不能付刻，惟《脉学》一书，行世最先。"又汤鼎垣光绪十三年序《麻疹全书》云："所著《脉学存真》等书久已脍炙人口。"《脉学》《脉学存真》疑即《脉理存真》，皆云行世，惜今未见。

医学引谷4卷　子部医家类　佚

撄宁生五脏补泻心要1卷　子部医家类　佚

滑氏脉诀1卷　子部医家类

以上3种见《千顷堂书目》卷14。

医学蠹子书(一作医家蠹子书)5卷　子部医家类　佚

本草发挥4卷　子部医家类　佚

以上2种见清乾隆四十六年(1781)《余姚县志》卷35。

撄宁生要方　子部医家类　佚

见《医藏目录》卷1。

滑氏方脉　子部医家类　佚

见《古今医统》。

本草韵会1卷　子部医家类　佚

见《浙江通志·经籍部》。

经脉发挥删补　子部医家类

元滑寿撰　清闵钺删补

清康熙二十一年(1682)刻本。

孙子羽

名不详。元仪征人。约至正初前后在世。善作曲。惜所作杂剧皆不传。《太和正音谱》评其词曲,列为杰作。

杜秋娘月夜紫鸾箫(一作月夜紫鸾箫)　集部词曲类　佚

见元钟嗣成《录鬼簿》。

蒋　宫

字伯雍。元末明初仪征人。元至正初进士。3岁丧母,5岁诵《孝经》《论语》《左氏春秋》。10岁善属文,遭父丧,勺水不入者三日。既葬,朝夕哭墓下。从陈子山受《诗》《书》《春秋》诸经。元季动乱,避地浙西。以荐授行枢密院句管,迁崇明州判,摄州事。至正二十六年(1366)入明为翰林修撰,洪武元年(1368)擢开封府兰阳县丞。兵火之余,弭灾捍患,通商贩,理冤滞,安反侧,兴学崇礼,邑人化之。官满朝京,以疾卒。博于群书,于制度沿革、阴阳历数,尤有会心。

春秋集说　经部春秋总义类　佚

见万历《扬州府志》卷24。

栎轩经说文集100卷　经部群经总义类　佚

见雍正《扬州府志》卷35。

牛野夫

元仪征人。生至正间。善为诗，才甚敏捷。抱大用之躯而终身不仕。以寿终。

牛处士诗集　集部别集类　佚

见万历《扬州府志》卷24。

冯　渊

字济川。明仪征人，避居京口。精于占筮。洪武初，浙省以白金解京，经郡境为盗劫，明太祖震怒，捕甚急。府卫官诣渊请卜，悉就擒。时人赠其诗云："卖卜生涯薄，轻身远市朝。欲归盘谷隐，不受小山招。"

海底眼索隐　子部术数类　佚

见嘉庆《丹徒县志》卷27。

潘　瑛

明仪征人。性简厚。监生。洪武二十七年(1394)领岁荐。永乐初，授奉化县主簿。下车即询民疾苦，严于御吏，民爱而畏之。阅二载，擢工部营缮司主事，出为江西瑞州府同知。

声类发蒙5卷　子部典故类

明元祝明、潘瑛撰　刘节辑

明万历二十一年(1593)涂时相刻本，国家图书馆藏。

顾　谦

字仲谦。明仪征人。建文二年(1400)举进士，授行人，以监察御史按治南诏。永乐初,京师流民辐辏,诏设赈备药,谦承命曲为抚慰,多所全活,上嘉之。洪熙初擢通政司参议,以同列连坐,降本司知事。宣德间以荐迁江西按察佥事,再改浙江佥事,为时名吏。以老病乞归,隐身不交当世,惟留心诗、史而已。

顾氏族谱　史部传记类　佚

见道光《重修仪征县志》卷44。

鲁斋稿　集部别集类　佚

爱梅轩稿　集部别集类　佚

以上2种见隆庆《仪征县志》卷10。

遗芳集　集部别集类　佚

见雍正《扬州府志》卷29。

柳　琰

字邦用。明仪征人。成化二年(1466)进士。授户部主事,左迁通判南阳,改广平,稍迁吉安同知。弘治初守郡,政有调理,时称其廉,奏荐第一。擢知嘉兴府,除蠹葺颓,兴利均役,修海塘,缮城郭,恤孤独,百务俱举。博学能诗,官户部时与长沙李东阳、天台谢铎辈相倡和。病卒于官,士民为治棺殓,箧无余赀。年57。

(弘治)嘉兴府志32卷　史部地理类

明柳琰修　曾春纂　林光校正

(1) 明弘治五年(1492)刻本,上海图书馆藏。

(2) 明抄本,残17卷,南京图书馆藏。

(3) 清抄本,南通图书馆藏。

(4) 民国抄本,上海图书馆藏。

东津集(一作东津诗集)4卷　集部别集类　佚

见康熙《仪征县志》卷15。

黄　瓒(1455—1532)

字公献。明仪征人。成化二十年(1484)进士，授南京户部主事，由郎中升四川参议、浙江参议，咸有政绩。累官江西右布政使，是时宁王宸濠不法，诸司多为所制，瓒独不屈。擢湖广左布政使，以治行第一晋转应天府尹，擢山东巡抚。后以无功请辞，进南京兵部右侍郎。嘉靖元年(1522)致仕归。陷身乡里，不与世交，有过访者辄称谢不报。

中庸讲义 1 卷　经部四书类　佚

东官录 4 卷　史部传记类　佚

维扬人物志 8 卷　史部传记类　佚

以上 3 种见万历《扬州府志》卷 24。

按:是集为明黄瓒撰，张榘编校。后张榘于嘉靖二十三年续黄瓒前志，为《维扬人物续志》12 卷。

銮江人物志　史部传记类　佚

见《千顷堂书目》卷 10。

齐鲁通志 100 卷(一作 120 卷)　史部地理类　佚

见康熙《仪征县志》卷 15。

纪行录　史部地理类　佚

见《千顷堂书目》卷 8。

雪洲集 12 卷续集 2 卷　集部别集类

明黄瓒撰　黄襄编

明嘉靖九年黄长寿刻本，南京图书馆、上海图书馆等藏。

按:是集自卷 1 至 6 为诗，自卷 7 至 12 为文，后 2 卷题曰续集，诗文并列，盖补遗也。诗多伉厉之响，文亦意境未深，集中载为山东巡抚时荐劾方面各官疏，于所纠之人俱阙其名，殆不欲暴人之短也。

淮海集 40 卷后集 6 卷　集部别集类

宋秦观撰　明黄瓒刻

明正德黄瓒刻本，南京图书馆藏。

高日广

明仪征人。

历代纪元2卷　史部编年类　佚

见雍正《扬州府志》卷35。

黄　襄

字日思。明仪征人。瓒子。以荫官南户部照磨。

雪洲文集14卷　集部别集类

明黄瓒撰　黄襄编

明嘉靖九年(1530)黄长寿刻本,上海图书馆等藏。

静乐得言集7卷(一作4卷)　集部别集类　佚

见万历《扬州府志》卷24。

王大用(1479—1553)

字时行,号檗谷。明仪征人。正德三年(1508)进士,授工部主事,管临清闸。考最改刑部主事,转刑部员外郎,擢广东兵备佥事。升本司兵备副使。升江西左参政,以考察调贵州,寻迁广东右布政,推都御史,巡抚顺天。未几,改巡抚大同,赞理军务。时与巡按张禄议论不合,上疏乞休不允,以原职复整饬蓟州兵备,兼巡抚顺天。升右都御史,入掌院事,恳辞,寻致仕。以霍韬荐,复命巡抚四川。凡所兴革,务以节爱。终南京刑部右侍郎,以失误被劾归。

易经安玩录　经部易类　佚

见《千顷堂书目》卷1。

四书道一编　经部四书类　佚

书经指略1卷　经部四书类　佚

圣学一贯图说　子部儒学类　佚

以上3种见雍正《扬州府志》卷35。

檗谷集　集部别集类　佚

见万历《扬州府志》卷24。

王大化

字元成。明仪征人。正德八年(1513)发解,十六年进士,知高唐州。州土瘠而贫,民多好武少文,大化履任,首谒文庙,修学宫,课诸生,问风俗,省赋敛,察冤狱,劝农桑,招集逋亡,锄剔强暴,州因大治,以最绩闻。擢嘉兴同知。去之日,民遮道泣,建祠以祀。嘉兴任政如高唐,民亦祠之。擢工部员外郎,奉敕分理漕渠。寻迁刑部郎中,执法不徇请托,人多忌之,遂外补平定州。致仕归,以疾卒。

读史详节　史部史评类　佚

高唐州志2卷　史部地理类　佚

以上2种见雍正《扬州府志》卷24。

北湄集　集部别集类　佚

彩风联飞集1卷　集部别集类　佚

以上2种见万历《扬州府志》卷24。

王氏世藏集3卷　集部总集类　佚

见道光《重修仪征县志》卷45。

李　宴

字子勉。明仪征人。幼从闽中林孝廉游,初学行文,林大器许。年13失怙,家贫,母且老,遂淡于仕进,谋菽水以终母养。然心未尝一日忘经史。尝谓读书不识字,毋宁不读书。于是贯穿小学,又取通鉴、性理及唐宋诸诗,博综研究。喜临诸名家草法,遂长于草书。后以布衣举乡饮大宾。晚年与王檗谷、王愚巷辈友善。

江皋萃集　集部总集类　佚

见道光《重修仪征县志》卷45。

按:是集为王府伴读张沂、乡饮大宾李宴、乡耆殷壶仙、时菊隐辈倡和诗，并绘诸小像。

张　沂

明仪征人。曾伴读某王府。

东园集　集部别集类　佚

见万历《扬州府志》卷24。

江皋萃集　集部总集类　佚

见道光《重修仪征县志》卷45。参见“李宴”条。

时菊隐

明仪征人。

江皋萃集　集部总集类　佚

见道光《重修仪征县志》卷45。参见“李宴”条。

殷壶仙

明仪征人。

江皋萃集　集部总集类　佚

见道光《重修仪征县志》卷45。参见“李宴”条。

李　祝

字季宣。明仪征人。正德八年(1513)领乡荐。工诗文。频年登临山水几遍天下，而题咏最富。郡守杨洵、司理徐銮聘修郡志。李本宁劝试百里，始谒选，筮仕领山东济阳令。政事鞅掌，而文事仍应接不暇。上司方以是奇之，忽为蜚语所中，竟飘然而归，高卧田间。萧以占、冯开之尝叙其文行世。汤显祖作《青莲阁记》，谓是李太白后身。屠隆以为广陵诗才，过于宗子相。

李季宣小草　集部别集类　佚

李季宣诗集　集部别集类　佚

李季宣文集　集部别集类　佚

塞山拟古集　集部别集类　佚

清莲阁全集(一作青莲馆集)　集部别集类　佚

摄山草　集部别集类　佚

以上 6 种见道光《重修仪征县志》卷 45。

蒋山卿(1486—1548)

字子云,号南泠。明仪征人。正德九年(1514)进士,授工部主事。武宗朱厚照南巡,与顾璘等以谏谪南京前府都事。嘉靖初改元,诏复原官,改刑部主事,历员外郎、郎中,出知河南府,改浔州,再改南宁。官至广西布政司参政。总督林富雅重其才略,拟以方镇擢用,竟坐谗言罢。比归,闭门谢事,独居休园,徜徉诗酒,校雠文艺。卒年 63。四十五年(1566)广西督学方宏静以有司议祠于名宦。《明史》卷 189 有传。

蒋南泠集 1 卷　集部别集类

《盛明百家诗》本。

蒋南泠集 12 卷　集部别集类

(1) 明嘉靖间刻本,6 册,中国社会科学院文学研究所藏。

(2)《四库全书存目丛书》本。

按:是书卷内题"门人洛阳乔佑校"。《四库全书》存目著录本有自序,此本佚去。

南泠集 20 卷　集部别集类

见康熙《仪征县志》卷 15。

按:道光《重修仪征县志》卷 45 云,府志作 12 卷,误。蒋山卿自辑诗文分为四集,即《西都集》10 卷,《洛游集》2 卷,《粤游》《休园》各 4 卷。顾璘为之序。

北湄集 4 卷　集部别集类　佚

见雍正《扬州府志》卷 35。

休园集　集部别集类　佚

见明欧大任《广陵十先生传》。

息园存稿14卷又9卷　集部别集类

明顾璘撰　蒋山卿、陈大壮刻

明嘉靖十七年刻本，国家图书馆藏。

李　文

字孟博。明仪征人，以《春秋》应嘉靖十五年(1536)恩选，贡入胄监。初授浙江开化县令，俗狡犷难治，文以廉服之，以文事柔之，颇有声。嗣以艰去，服除补湖广安乡县令，惠政复多，士民归德。解组之后，放逸林泉。生平积学嗜古，有史才，文章皆司马迁、班固气格。士游其门者，皆擅时名。

(隆庆)仪真县志14卷　史部地理类

明申嘉瑞修　李文、陈国光等纂

(1) 明隆庆元年(1567)刻本，宁波天一阁藏。

(2) 清光绪十八年(1892)范若霖抄本，南京图书馆藏。

(3) 1963年《天一阁藏明代地方志选刊》本。

(4) 影抄本，国家图书馆藏。

(5) 2015年广陵书社《扬州文库》本。

诗宗类品　集部诗文评类　佚

见康熙《仪征县志》卷15。

李尚新

字怀德，又字顺泉。明仪征人。世医，以幼科最著。万历中，布衣著书济世。子、孙皆传家学。善书，崇怀素、圣教诸帖。

育婴家秘1卷　子部医家类　佚

见嘉庆《重修扬州府志》卷62。

张　昶

字文昭。明仪征人。少警敏，屡举不第。由太学生授河南钧州同知，为政务竭心力。招逋负，抚疮痍，均徭役，薄赋敛，卓有贤声。至于却运输之剩金，释盗犯之冤诬，尤为人所乐诵者。历任7年，投檄而归。结社赋诗，与黄项、殷和辈为"云林八友"，唱和成帙。

张益斋集(一作益斋集)　集部别集类　佚

见康熙《扬州府志》卷28。

七处士诗集10卷　集部总集类　佚

明张昶辑

见万历《扬州府志》卷24。

按：江都蒋镳、臧恕、黄项、殷和、杨俊、李侃、顾昂七人皆能诗，与张昶结社唱和为诗，昶择其可诵者成此集。

李尚华

字实夫。明仪征人。年20学举业不成，去而学贾，年30尚居肆贸易。性沉默，寡言笑，苦读《孟子》，深有心得，后及经籍百家，无不洞达，与人言机颖百倍，虽理学名家率多逊谢。为访道，游于四方，同学深企慕之。有以制科劝之，微哂而不答。

精一篇　子部儒学类　佚

见雍正《扬州府志》卷31。

李　瞻

号小塘。明仪征人。精于医术，以眼科著称。以针刺、水浴等简便方法，治愈眼疾患者多人。又著书，按七十二候，以明内外障之得失。世称"拨云开"。

育神夜光丸方　子部医家类　佚

莲子金针　子部医家类　佚

鼠尾金针　子部医家类　佚

以上3种见清乾隆元年(1736)《江南通志》卷170。

七十二问　子部医家类　佚

见康熙《仪征县志》卷22本传。

眼科方　子部医家类　佚

见道光《重修仪征县志》卷44。

朱永年

字仲开。明仪征人。生而颖秀,于书无所不窥,14岁补邑诸生,每试辄冠。嘉靖十二年(1533)贡南雍,从祭酒吕柟游,究心理学。学者称其文以史笔发理学,为"江南杰笔"。授河南光山县令,以儒术洞吏治,诚信不欺,称古循吏。后以得罪方士陶仲文,十三年劾罢。飘然离官,士民遮道涕送,为祠名宦。归而杜门著书,益肆力于辞赋。

三山游吟　集部别集类　佚

见道光《重修仪征县志》卷45。

朱仲开集　集部别集类　佚

见万历《扬州府志》卷45。

朱仲开集1卷　集部别集类

《盛明百家诗后编》本。

张　栔

字范中(仲),一字同野。明仪征人。幼志于学,自补博士弟子,有声学林。嘉靖十三年(1534)举于乡。不以科目重,利禄爵位不牵于志。隐居澄江园,潜心经史,购求异策遗文,忘寒暑搜讨之。又尽取外祖黄瓒所藏书,流览广识,得以肆力为文章。一时士大夫竞称尊宿。

维扬人物志8卷　史部传记类　佚

明黄瓒撰　张栔编校

维扬人物续志12卷　史部传记类　佚

以上2种见万历《扬州府志》卷24。

按：黄瓒尝修邑乘未竟，椠索其遗稿，嘉靖二十三年续成，增帙付梓，刻本今未见。

两淮盐法志12卷　史部政书类

明江都史起蛰、仪征张椠撰

(1) 明嘉靖三十年刻本，国家图书馆藏。

(2) 2015年广陵书社《扬州文库》本。

(嘉靖)仪真县志64卷　史部地理类　佚

明杨仲孙修　张椠纂

见万历《扬州府志》卷24。

扬州赋1卷续扬州赋2卷　集部别集类

宋王观撰　《续赋》陈洪范撰　明张椠序刻

(1) 清抄本，国家图书馆藏。

(2) 2015年广陵书社《扬州文库》本。

见丁丙《善本书室藏书志》卷12，标影写明刊本，并云："明嘉靖乙巳(二十四年)仪真张椠序而汇梓之。范氏天一阁劫后尚存此书，因录之，以作二分明月三分烟花观也。"

郑梦甫

明仪征人。重光曾祖。名医。

墨斋经验方　子部医家类　佚

见《江苏历代医人志》郑重光条。

陈国光

字尚宾。明仪征人。任潮州府别驾，曾与征苗。后以严嵩事决意告退。隆庆初，邑侯申嘉瑞修县志，国光笔削居多。屡与宾筵。年96卒。

(隆庆)仪真县志14卷　史部地理类

明申嘉瑞修　李文、陈国光等撰

按:志中所记,起于古史,迄至隆庆元年(1567)。清康熙七年(1668)县志汪时泰评曰:“典目核,详且慎。”版本参见“李文”条。

蜀泉集　集部别集类　佚

见道光《重修仪征县志》卷45。

汪道宏

字有度。明仪征人。少博洽端谨有道气,事父母以孝闻。少司马汪道昆其宗也,尝以曾、闵称之。每自语人曰:“生无暧昧,死无苟且,学力方到头耳。”卒年78。

市隐录　史部传记类　佚

杜律诗注　集部别集类　佚

以上2种见道光《重修仪征县志》卷34。

盛　稔

字伯半。明仪征人。方正廉介,以经术著。万历七年(1579)举人,十四年进士。初授廷尉,有明允声。为计部主事榷浔关,历迁正郎,晋知山西平阳府事。再擢东莱兵宪,御倭寇犯境,士民建祠尸祝之。及迁升井陉参政,尤加强军备防务,纾神京左臂忧。有同年隶属者嫉其峻直,又以请嘱不遂,修私怨构谗谄之,部例止应改调,稔竟拂衣归里。后褒前勋赐金绮于家,咨部起用,坚卧不出19年。杜门扫迹,澹泊著书。

养蒙纂要　经部小学类　佚

见《千顷堂书目》卷3。

忠烈小传2卷　史部传记类

明嘉靖间汪兆龙刻本,上海图书馆藏。

寰宇分合志8卷　史部地理类

明万历盛稔刻本,南京图书馆藏。

陈其训

字无竞，号念东。明仪征人。诸生。天资高，一目尝数行下。岁为文必数百篇，若风扫电掣，不日中而就。从游尝百余人，十三经皆手录口授诸子侄及门生，说一经不移日，可竟其熟贯。万历三十七年(1609)以《毛诗》拟南宫魁，寻乙，房座皆惜之。性虽不羁，而好德独著。少即鳏，誓不再娶。嗜酒，不计升斗。又好阴阳秘书，得内视法，恃丹术以自瞻。以酒亡，年76。

心参全集　子部术数类　佚

诗学谐声14卷　集部别集类　佚

以上2种见雍正《扬州府志》卷35。

刘学诗

字全言。明仪征人。大纲子。为诸生时，恪守父训，唯谨言矩步，以气节自励。万历二十二年(1594)举人。署清丰教谕，以文学推重上官。擢太原司理，值内艰服阕，复徙衢州，案无留牍。以异行，取湖广道御史，抗直敢言，俱关切时政，一时期惧惮其清刚。历考明之乙榜官侍御者，独诗一人。

刘侍御奏议1卷　史部政书类　佚

见雍正《扬州府志》卷35。

李犹龙(1568—1642)

字震卿。明仪征人。倜傥不羁，幼称神童。12岁为诸生，15岁食廪饩。博览经史子集百家之书，习诗歌词赋草隶皆有法。后弃帖括，改太乙奇门六壬秘。入杨述中幕，参画军机，题授督抚标营游击。又以军功推补苏松等处游击将军、都指挥佥事。卒耻以依人不自建立，即里居杜门著述，数术益奇中。以经济文章推重当世。崇祯十五年(1642)云："天命已有归矣，惜予不及见之。"临终前一月，奋笔作律诗20首。所积多奇书。皆散逸。卒年75。

敦复堂集　集部别集类　佚

见道光《重修仪征县志》卷32。

林之翰

字尔宪。明仪征(一作乌程)人。诸生。3岁亡父,母陈氏育之,长而嗜学。坐卧处皆书"随处体认天理"六字以自警。万历二十八年(1600)举于乡。常与邹元标、徐即登诸名贤潜心讨论,又于里中文山祠创建学会,四方有道之士多往聚讲。天启三年(1623)除江西宁州守,以儒术饰吏治。因母亡,哀毁过节而病剧,寻卒江右。

四诊扶微8卷附管窥附余1卷　子部医家类

(1) 清雍正刻本,国家图书馆藏。

(2) 清雍正元年(1723)刻本,南京图书馆藏。

(3) 清雍正四年玉映堂刻本,中山大学图书馆藏。

(4) 清末上海广益书局石印本,加拿大英属哥伦比亚大学亚洲图书馆藏。

(5) 1914年上海会文堂石印本,厦门大学图书馆藏。

嗽证知原不分卷　子部医家类

清抄本,中国科学院图书馆藏。

龙沙会语　子部杂学类　佚

澹台祠证学　子部杂学类　佚

以上2种见嘉庆《重修扬州府志》卷51。

草草吟　集部别集类　佚

见康熙《仪征县志》卷15。

高尚志

字云溪。明仪征人。嗜古笃学。以屡举不售,游太学,积分授光禄监事。迁东阿丞,权知曲阜,有循良声。居家孝友。万历三十六年

(1608)水饥，赈谷千石，人咸德之。
五经约旨　经部群经总义类　佚
性鉴节要　子部儒学类　佚
东游集　集部别集类　佚

以上3种见道光《重修仪征县志》卷34。

蒋承恩

明仪征人。荣府长史。

候鸣集　集部别集类　佚

见万历《扬州府志》卷24。

胡景荣

明仪征人。

胡舍人集　集部别集类　佚

见康熙《仪征县志》卷15。

李时开

字赉白。明仪征人。由恩贡授四川仪陇县令。以廉正取信于民。为理官李良基所诬，罢归里，闭户著书。陇民绘像祀之。

毛诗解意　经部诗经类　佚

见嘉庆《重修扬州府志》卷47。

张　豸

字廷宪。明仪征人。由贡北监任河南西华县知县。才识明敏，凡政之便于官而病于民者，一切罢行。后调祥符县，其善政亦如宰西华。历数十年，两邑人犹思而称之。既致仕，造归隐堂于城南。家居言笑举止皆有法度，子孙宗族咸服其教。年逾70卒。

真州张氏家谱　史部传记类　佚

见道光《重修仪征县志》卷 31。

江九皋

字鹤诚。明仪征人。其先歙人，迁于仪征。太学生。博学，善属文，屡试不遇，退而著书，尤邃于经学。后遭乱，弃家远游，莫所知之。

春秋宗旨　经部春秋总义类　佚

明江九皋、麻城李骏声合纂

四书说约　经部四书类　佚

明江九皋、浦阳刘上玉合纂

以上 2 种见康熙《扬州府志》卷 25。

路之谦

明末仪征人。登云子。崇祯年间，为白父及叔登明冤狱，窜迹中州，与侠士程季延、吴元瑞游。经程、吴多方伸诉，致狱死 40 余人、蒙冤 30 余年之大案得以平。

连珠稿　集部别集类　佚

见道光《重修仪征县志》卷 34。

汪　桓

字叔武。明休宁人，仪征籍。崇祯四年(1631)进士。任归安县令，吏治勤敏，且多隐德。清选司理裁缺，归里后闭门课子，20 年无一字竿牍当事。

诗经人物备考 13 卷　经部诗经类

明陈子龙辑　汪桓参

明刻本，上海图书馆藏。

周易易法　经部易类　佚

四书初解　经部四书类　佚

以上 2 种见道光《重修仪征县志》卷 37。

孙不疑

字卓如。明仪征人。诸生。旷达淹雅，知县姜垛重之。日游名山，登临兴会，作诗文以倾写之，胸次廓然。及以经济文章，叩以立应。历幕济南、虎林、兖州，都未尝期月也。晚年自名懒佣，"有技能不欲传，有子孙不为计，多资显交不与游，与富人处不习为华侈"。年77卒。

谷音诗集　集部别集类　佚

见道光《重修仪征县志》卷39。

张映室

字文宿，号丹崖。明仪征人。崇祯十二年(1639)举人。初任江西吉安府永丰县知县。爱民多善政。升本府司李，寻推通省监军御史。明亡，遁于山野。生平忠义自持，襟怀洒落，不以贫困动其心。诗歌古文辞著作甚富。尤工书法，通音律。临终谓其子曰："吾少而知名，晚而全节，死无憾矣。"

丹崖集　集部别集类　佚

见康熙《仪征县志》卷15。

纫兰集　集部别集类　佚

见嘉庆《重修扬州府志》卷62。

郑　焘

字溥如。明末仪征人。重光父。诸生。性耽风雅。少从李本宁、王遂游，所过名山大川，遇古人迹靡不题咏。父逸少以春秋名家，命焘肄《礼记》，遂称善。画图著说，与先儒相表里。作诗有李义山、沈佺期、刘禹锡风味，先达往往称许之。琳琅满室，枕籍皆古先坟典。逸情高蹈，不入时俗。以频年不得志郁郁卒。

礼约4卷　经部礼记类　佚

黄山草　集部别集类　佚

以上2种见道光《重修仪征县志》卷36，一云《礼约》焚于兵。

揽茝轩诗存不分卷　集部别集类

清刻本，北京大学图书馆藏。

揽茝轩集　集部别集类　佚

见道光《重修仪征县志》卷45，云是集为其子重光刻以行世。

张崇缙

明仪征人。

白涯书抄2卷　子部杂学类

清抄本，北京大学图书馆藏。另《贩书偶记续编》著录康熙间抄本，是否即此本，俟考。

万　埙

字伯声。明仪征人。束发能文，有声诸生间。笃志攻苦，即冬月衣不解带，就枕旋觉，朗诵达曙以为常。闻毗陵姜凤阿家多藏书，就学于其侄尊生，得尽读之。所作日富，复质于姑苏徐汝廉，与贺调侯、马君常兄弟相唱和。屡试不第，遂闭门以笔墨自娱。所著皆手订再四，贫不能梓以行世，临终付其子英，使卒其志。

四子注说　经部四书类　佚

诗学谐声14卷　经部小学类　佚

读史管见20卷　史部史评类　佚

心参全集　子部杂学类　佚

以上4种见道光《重修仪征县志》卷36。

王廷栋

字上木。明末仪征人。诘曾孙。为文清利轻便，从游者甚盛。性诚谨，以恩贡终。

声远堂稿(小试金针二集)　集部别集类

明王廷栋撰　清李静斋重编

清嘉庆十八年(1813)刻本,苏州大学图书馆藏。

清至民国

李 坫

字允同。明末清初仪征人。灿子。以明经授山东日照县令,文名政绩两见推重,上司许为循吏。暇则教育士人,皆有名仕籍中。以年老告致仕,屡与宾筵。

(崇祯)仪征县志10卷 史部地理类 佚

清姜埰修 李坫等撰

见道光《重修仪征县志》卷30。

按:道光志卷30本传云:虽志未刊出,"然自隆庆崇祯七十余年事迹,赖以传述者,坫之功居多"。康熙七年(1668)胡崇伦修县志曾得录其稿,阮元于《道光县志序》云:"胡公得其遗稿,为之增修,故自隆庆二年(1568)至崇祯十二年(1639)皆本于'姜志'。"

查士标(1615—1698)

字二瞻,号柏壑,一作梅壑散人,又号后乙卯生。清休宁人,晚年卜居仪征。明诸生。博洽多闻,尤善谈老子。明亡弃举子业,专事书画。书法米芾,极似董其昌。画初学倪高士,后参吴镇,用笔不多,风神萧散,气韵荒寒,称逸品,与孙逸、汪之端、释洪仁(一作释宏仁)称"海阳四家"。又工诗,骚人逸客与游山玩水,所到皆题咏。家多古铜器及宋元人真迹,遂精鉴别。年84卒,葬仪征西山俞家桥山麓。

查画王题合璧 子部艺术类

清宣统元年(1909)神州国光社影印本,国家图书馆藏。

查梅壑山水册 子部艺术类

1929年中华书局印本,中山大学图书馆藏。

种书堂遗稿3卷题画诗(又名梅壑诗稿)2卷　集部别集类

清康熙精刻本,上海图书馆、国家图书馆等藏。

查士标手书天冠山诗1卷　集部别集类

稿本,美国哈佛大学哈佛燕京图书馆藏。

查梅壑诗翰1卷　集部别集类

稿本,南京图书馆藏。

梅壑山人吟草　集部别集类

稿本,上海图书馆藏。

查士标集　集部别集类

2016年浙江人民美术出版社整理本。

汪　蛟

字辰初。清仪征人,原籍歙县。明崇祯十二年(1639)举人。明亡,辞母走闽、粤、滇南20余载,备历诸艰。迨归,母年90,侍奉10年。著述数十种,惜皆不传。

客滇集　集部别集类　佚

见道光《重修仪征县志》卷36。

高廷献

字献公,号稚修。清仪征人。父荐,豁达称乡里中。献承父训,工制艺,试屡第一,为文章宗法,见者咸以大器期之。南明弘光元年(1645)由廪生领恩荐。会鼎革旋废,遂决意课生徒,逍散名山大川间,足迹所经多吟咏。性豪迈,好披览典籍,对说剑亦神往。居家事父母孝,待昆季无一闲言。以时事不惬怀,日夕饮酒,赍志而殁。卒年49。

四书讲义　经部四书类　佚

史段类钞　史部史钞类　佚

古叶楼冰香(一作水香)草诗集　集部别集类　佚

以上3种见道光《重修仪征县志》卷36。

鲍祖彪(1616—1659)

字曼珠,一名元华。清仪征人。幼颖拔,有卓识,号神童子。入清补博士弟子员,食廪饩,声名动江左。善诗、古文词,博通经传易理,尤精深于书法,草隶八分篆体无一不工。通临济、曹洞、沩仰诸宗门,与凌世韶、陈丹衷诸前辈相颉颃,佛、道两藏,无不倾译得其要。家积书如城雉,坐卧其间,日视丹黄。性好善,喜客轻货,生平宽厚豁达能容人,遇后起才俊,提引不倦。卒年44。所著书多为友人盗梓。

三绎太上书　子部道教类　佚

清鲍祖彪绎镌

感应经　子部佛教类　佚

清鲍祖彪刻

笔述　子部杂学类　佚

少陵诗集注　集部别集类　佚

鹑庵诗集(一作鹑庵集)　集部别集类　佚

按:是集盈五寸许,为友人盗梓,彪终不欲振暴之。

曼庵诗文集　集部别集类　佚

以上6种见道光《重修仪征县志》卷36。其诗文集及笔述,云由其子士骢搜得汇集行世。

紫峰集　集部别集类　佚

联义集　集部别集类　佚

鲸铿集　集部别集类　佚

春丽集　集部别集类　佚

以上4种见道光《重修仪征县志》卷44。

寂　灯

字天放。清凤阳人。原籍岳麓,为明楚藩后裔。住仪征东园十笏庵，草树蒙密，萧然自远，而欣然居止30年。梵行清峻，无少放逸，闭户苦吟，瓶粟屡空，绝不干人。有“饭磬三朝断，毗卢共在陈”之句。

十笏庵诗集　集部别集类　佚

见道光《重修仪征县志》卷45。

按：杜浚为之序，云其“所为诗如古涧洑流，鸣声幽咽，又如秋林返照，哀蝉抱叶而啼也”。

魏　卫(1626—1687)

字廓功。清仪征人，原籍山西柏乡。少孤好学，隐居教授，与高僧逸士相往还，不妄交当世显者，终老布衣。精于书法，长于诗。诗境澄淡清迥，尤工五言，时以匹吴嘉纪。有所作惟张弓手自写去。既殁，洪嘉植为之墓云：“处士没，仪征乃无人。”

蜡山游记　史部地理类　佚

见道光《重修仪征县志》卷44。

西陴稿(一作西阵诗稿)6卷　集部别集类　佚

见雍正《扬州府志》卷35。

按：《淮海英灵集》甲集卷1收其诗16首。

厉士贞

字烈士。清仪征人。顺治二年(1645)举人。九上公车，于康熙九年(1670)成进士。少时家极贫而力学不倦，尝读书栖霞山、灵隐韬光禅室。不肯轻就一官，盖自命有所以不朽者在也。为文雄快灵敏，独开生面，声名噪于时。

舟南集(一作舟南录)2卷　集部别集类　佚

独快堂诗　集部别集类　佚

以上2种见道光《重修仪征县志》卷45。

按：《淮海英灵集》甲集卷1收其诗2首，《江苏诗征》卷138收其诗1首。

独快山房文稿　集部别集类

清同治十二年(1873)刻本,国家图书馆藏。

黄　标

字纪棠。清仪征人。顺治八年(1651)举人。

黄纪棠集不分卷　集部别集类

清抄本,中国科学院图书馆藏。

纯艺堂诗文集　集部别集类　佚

见嘉庆《重修扬州府志》卷62。

郑为光(1629—1665)

字次岩,一作次严,号晦中。清仪征人。佚如子。读书不拘章句,兼博涉当世之务。由廪膳生应顺治十一年(1654)恩选入胄监,十四年举顺天乡试。十六年殿试二甲第二,授翰林院庶吉士。十八年改授监察御史。康熙三年(1664)补广东道,巡试中城,禁强横,出冤狱。以州县税赋丛弊,请设循环簿稽之。剔扬州钞关积弊、请科举广额以及节凤米浮费诸疏,皆极可。卒于官。

郑侍御奏疏1卷　史部政书类　佚

见嘉庆《重修扬州府志》卷62。

休园志　史部地理类　佚

清郑为光辑

见《扬州画舫录》卷8。

石堂集　集部别集类　佚

含英阁诗语　集部诗文评类　佚

以上2种见嘉庆《重修扬州府志》卷62。

茅　默

字慎言,号瞿客。清仪征人。家寒,忍饥苦吟不辍。

不寐草堂集　集部别集类　佚

见康熙《扬州府志》卷15。

按:嘉庆府志误作茅点。是集一作《不寐草堂诗集》。慎言忍饥苦吟,纪映钟物色得之,为序其诗。《淮海英灵集》丙集卷3收其诗1首。

王崇谦(? —1699)

字咸吉,一字钟庵。清仪征人。诸生。伉爽笃义。工诗、古文。战乱中,尝陷围城中,积尸如麻,有骑将二护以得免,问其名,曰:"东门饿夫。"盖尝于雪中救此二人也。

钟庵集　集部别集类　佚

见《淮海英灵集》戊集卷2,并收其诗3首。

胡尚礼

字景初。清仪征人。胡氏世代业医,其父伦命读岐黄诸书曰:"吾家传,通医必先通儒为本。理不明,安悟诊视之奥。"遂能辨识奇病,活人甚众。凡奔人之急,寒暑跋涉不辞。为人简默醇谨。又善楷法。博览古今名籍,年70,耳既聋,尚手不释卷。

素问注(又名素问辑要)　子部医家类　佚

胡氏医案　子部医家类　佚

清胡尚礼辑

以上2种见康熙《仪真县志》卷22。

李光复

字健师。清仪征人。长于画,工于诗。

听湖堂诗稿　集部别集类　佚

见道光《重修仪征县志》卷40。

陈邦桢

字刚木，号铁艭。清仪征人。康熙九年(1670)岁贡，授颍上训导。摄县事，有治声。博学工文。尤工真草书法。

(康熙)仪真县志 12 卷　史部地理类

清胡崇伦等修　陈邦桢等纂

(1) 清康熙七年刻本，上海图书馆等藏有胶卷。

(2)《稀见中国地方志汇刊》本。

(3) 2015 年广陵书社《扬州文库》本。

按：此志又有康熙四十年后补刻本，增补记事至康熙四十年。

披裘集　集部别集类　佚

铁艭集　集部别集奏　佚

以上 2 种见嘉庆《重修扬州府志》卷 62。

孙企绰

字天台。清仪征人。永烈父。聪颖嗜学，补邑弟子员。课子永烈暨从游弟子，究心制义，有余力读古今人物先儒经传语录。为文醇正博雅，时人咸以贾、董期之。所著书由子永烈编缮，藏于家。

尚书疏义　经部尚书类　佚

读史论(一作读史诸论)　史部史评类　佚

古今策略　史部政书类　佚

以上 3 种见嘉庆《重修扬州府志》卷 62。

杜继甫

字荆璞。清仪征人。生平笃志学古，事在力行。年已耄犹考订宋儒诸书不倦，言必称圣，目不斜视，虽终身不得志，无怨尤之意。

西铭注疏　子部儒学类　佚

见道光《重修仪征县志》卷 44。

郑重光

字在辛，号素圃。清歙县籍，仪征人。始居瓜洲，继迁府城。其父因病不寿，自亦曾久病不起，乃愤而习医，于伤寒尤有深究，方术多治奇症，能继吴普、许叔微之脉，其学不在滑寿下。康熙四十八年(1709)举乡饮，年79卒。殁后数十年，黄童白叟仍传其医名。

伤寒条辨续注12卷　子部医家类

清秩斯堂刻本，南京图书馆藏。前有郑氏康熙四十四年自序。

按：郑氏以为方有执《伤寒条辨》一书仅详论太阳3篇，而对三阴论述不足，于是旁参喻昌《尚论篇》、张璐《伤寒缵论》、陈郊倩《后条辨》，以己意附益，强调治伤寒重在辨证及分清表里寒热，乃有是书。

瘟疫论补注2卷　子部医家类

明吴又可撰　清郑重光补注

(1) 清同治三年(1864)樊川文成堂刻本，南京图书馆藏。

(2) 清光绪六年(1880)扫叶山房刻本，南京图书馆藏。

(3) 清光绪六年襄陵乔氏刻本。

(4) 清光绪二十一年扬州文富堂新刻本。

(5) 清光绪三十三年校经山房石印本。

(6) 1935年上海大新图书社铅印本。

(7) 1937年鸿文书局印本。

(8) 民国广益书局石印本。

(9) 1930年上海中医书局铅印本。

(10) 扫叶山房铅印本。

(11) 1934—1935年锦章书局石印本。

(12) 1955年人民卫生出版社影印扬州文富堂刻本。

素圃医案4卷　子部医家类

(1) 清康熙间古歙许氏刻本，中国科学院图书馆藏。

(2)《郑素圃先生医案五种》本。

(3)《珍本医书集成》本。

伤寒论证辨2卷　子部医家类

(1)《郑素圃先生医案五种》本。

(2) 1988年江苏广陵古籍刻印社影印本。

伤寒证论辨3卷　子部医家类　佚

见康熙《仪征县志》卷15,云撰于康熙五十年。

伤寒论翼2卷　子部医家类　佚

郑素圃医书五种　丛书类　佚

子目见上。

以上2种见《江苏医人志》。

汪　楫(1636—1699)

字舟次,号悔斋,别字耻人。清仪征人,祖籍休宁。岁贡生。少即知名,与吴嘉纪、孙枝蔚并称。康熙三年(1664)见林古度臂缚万历钱,作《一钱行》诗赞之。九年与施闰章、刘休仁、程邃、孙默雨集红桥。十四年与施闰章、吴嘉纪会于金陵。十五年石涛为其作山水小册。十六年赴赣榆教谕任。十八年赴京应博学鸿词科,试举一等,授检讨,与修《明史》,兼修《崇祯实录》。二十一年出使册封琉球。后出知河南府,置学田于嵩阳书院。升福建按察使,寻迁布政使。病于内擢途次,旋里卒。好学工书,尤长于诗,以古为宗,以洁为体,务去陈言,又不堕于涩,与汪懋麟齐名,称"二汪"。《清史稿》有传。

敕撰奉使录三种8卷　史部地理类

(1) 清康熙二十五年刻本,国家图书馆藏。

(2) 清康熙雍正间刻《悔斋集》本,国家图书馆藏。

子目:

《使琉球杂录》5卷

《册封琉球疏钞》1卷

《中山沿革志》2卷

悔斋诗6卷　集部别集类

(1) 稿本,丁钧跋,国家图书馆藏。辑初定于康熙五年。

(2) 抄本,5卷,日本静嘉堂文库藏。

(3) 紫格抄本,台湾"中央图书馆"原藏。

(4)《悔斋集》本。

(5) 2015年广陵书社《扬州文库》本。

京华诗1卷　集部别集类

观海集1卷　集部别集类

山闻集1卷续集1卷　集部别集类

以上3种有:

(1) 清康熙刻本,国家图书馆藏。

(2) 清雍正刻本,国家图书馆藏。

(3) 清刻本,国家图书馆藏。另《京华诗》1卷,南京图书馆藏,有"金氏寿门书画"一印。

(4)《悔斋集》本。

(5) 2015年广陵书社《扬州文库》本。

消寒集1卷　集部别集类

见《淮海英灵集》甲集卷3。

补天石8卷　集部词曲类

清咸丰五年(1855)静远堂刻本,清华大学图书馆藏。

按:《传奇汇考标目》卷下谓即《易水歌》改本。

悔斋集　丛书类

清康熙、雍正间刻本,复旦大学图书馆、上海图书馆等藏。

子目见上。

吴　麐(1638—?)

字仁趾,号樵贵谷。清仪征人。楷从父。弱冠慕古人,诗书研幽独。老成一家之言。

樵贵谷集　集部别集类　佚

见吴楷《题从父仁趾先生诗集后》，云："先生刻有《樵贵谷集》行世。"（阮元辑《淮海英灵集》丁集卷4）

彭士右（？—1666）

字有斯，号誉侯。清仪征人。髫年入津，试辄前列。好读书，工文辞。学诗于王士禛，弱冠名噪士林，姜埰延为子弟师。康熙五年（1666）中式南闱，授贵筑县知县，未仕而卒。

燕游杂咏　集部别集类　佚

见嘉庆《重修扬州府志》卷62。

按：《淮海英灵集》甲集卷2收其诗1首。《江苏诗征》卷76收其诗2首。

萧文蔚

字上占，号邓林。清仪征人。贡生。

（康熙）桃源县志4卷　史部地理类

清萧文蔚纂修

清康熙二十六年（1687）刻本，日本内阁文库藏。

按：国家图书馆藏残本存2卷。

旧树轩诗钞5卷　集部别集类　佚

檃画集7卷　集部别集类　佚

以上2种见《淮海英灵集》丙集卷3。

吴之騄

字耳公，号达庵。清歙县籍，仪征人。康熙十一年（1672）举于乡。初任绩溪莫山教谕，迁镇江府教授，严课程，以阐明圣道为己任，尝谓处事必无愧于心而后安。平居置义学以教养族人。

孝经类解18卷　经部孝经类　佚

见雍正《扬州府志》卷 35。

童蒙要语　子部儒学类　佚

见《江苏诗事》，云：“自修身齐家及治国诸大端，有裨圣学，不独童子当奉为药石也。予与汪稼门制府《节韵幼仪九容广注》并梓之，以示学人之则。制府更其名曰《嘉言辑要》。”

桂留堂集(芝瑞堂集)39 卷　集部别集类

清康熙刻本，南京图书馆藏文集 10 卷，日本内阁文库藏诗集 29 卷。

按：《江苏诗征》卷 13 收其诗 3 首。

郑熙绩(？—1705)

字懋嘉。清仪征人。为光子。康熙十七年(1678)举人。官至刑部主事。

含英阁诗草 10 卷　集部别集类

清康熙二十六年刻本，中国社会科学院文学研究所藏。

花屿草 1 卷　集部别集类

清康熙刻《百名家诗钞》本，南京图书馆藏。

含英阁诗余 3 卷　集部词曲类

清康熙二十六年含英阁自刻本，国家图书馆藏。

蕊栖词 1 卷　集部词曲类

《百名家词钞》本。

按：乾隆五十三年(1788)，郑氏著作遭禁，计《含英阁诗草》1 部 4 本，《花屿诗钞》1 部 1 本，《晚香词》1 部 2 本，《蕊楼词》1 部 1 本。然禁而未绝，亦幸事也。

汪天与

字苍孚，号畏斋。本清歙县人，移籍仪征。官户部山西司员外郎，刑部福建司郎中，极为赵申侨所倚重，后以事罢归。工诗，兼善楷法。

王士禛《蠹尾续集·题五世读书园》云："前贤读书处，后世尚名园。风雅持门户，弓裘到子孙。"为之作也。

沐青楼集7卷　集部别集类　佚

见《淮海英灵集》丙集卷2，并收其诗3首。

蕙圃詸言录4卷　集部总集类

清康熙刻本，南京图书馆藏。

按：此书乾隆四十七年(1782)遭禁。

杨廷镇

字尔玜，号珉樵。清仪征籍，江都人。康熙二十三年(1684)举人，官训导。读书乐志，不妄交流俗人，与蒋易、宗元鼎称烟霞之侣。

集鳣堂诗集　集部别集类　佚

岷山堂诗集　集部别集类　佚

以上2种见《江苏诗征》卷62，并收其诗3首。

洪嘉植(1645—1712?)

字秋士，一字去芜，号汇村。清歙县洪源人，侨居仪征。生质高明，殚心经籍，讲求井田封建之学。工诗文，有古法，少年兼采诸家，中年笃信云程庄。居仪征数十年，以族人官大同，因往游恒山，卒其地。生平著书若干卷，惜多散佚。

汇村易说15卷　经部易类　佚

见嘉庆《重修扬州府志》卷62。

封建宗法考　经部三礼总义类　佚

见《金陵通传》卷29。

春秋农田闻记　经部春秋总义类　佚

见嘉庆《江宁府志》卷54。

春秋解20卷　经部春秋总义类　佚

见雍正《扬州府志》卷35。

朱子年谱　史部传记类

清康熙刻本，上海图书馆藏。

按：容肇祖《跋洪去芜本〈朱子年谱〉》《跋洪去芜本〈朱子年谱〉补记》（《燕京学报》1936 年 12 月第 20 期）两文考订出署名李默本，实为洪嘉植所辑之本。

耕云子传 1 卷　史部传记类

《虞初新志》本。

说闻集　集部别集类　佚

菊庐稿　集部别集类　佚

以上 2 种见雍正《扬州府志》卷 35。

洪去芜文集　集部别集类

清抄本，4 册，国家图书馆藏。

大荫堂集　集部别集类

（1）清抄本，4 册，国家图书馆藏。

（2）旧抄本，4 册，台湾“中央图书馆”原藏。

（3）《四库禁毁书丛刊补编》本。

大荫堂集不分卷咏古绝句 1 卷　集部别集类

清刻本，中国嘉德 2008 年秋拍古籍善本 2750 号拍品。

按：施朝干《六艺斋集》云，曾于沙氏书斋得观其古文及五言古诗各 1 册。

团　鸿（1646—?）

原名鸿雯，字芸蔚。清仪征人，徙泰州。升祖父。贡生。康熙二年（1663）入仪征学籍，尝游黔滇。入京师，公卿争交之。三十九年，与福建余宾硕、江宁马几先、高邮段峰、直隶吴穆等集孔尚任宅，观演《桃花扇》。博学工诗文，以韩菼为师，与顾图河、郭元钎、史申义、宫鸿历、缪沅等为诗友，故诗无俗调。

天放草堂集（一作天放闲人集）　集部别集类

见《淮海英灵集》丙集卷2，并收其诗3首。

燕游草　集部别集类

滇黔游草　集部别集类

练光阁文集　集部别集类

以上3种见道光《泰州志》卷27。

练光草堂诗4卷　集部别集类

清乾隆六十年(1795)团书田写订本，见《泰县著述考》卷6。

练光草堂文选三集　集部总集类

清乾隆元年团书田写订本，见《泰县著述考》卷6。

按:《江苏诗征》卷34收其诗2首。

贾宽生

字侨光，号栗亭。清仪征人。

贾栗亭诗稿1卷　集部别集类　佚

见道光《重修仪征县志》卷45。

按:《淮海英灵集》戊集卷2收其诗1首。

陈鼎炎

清仪征人。邦桢子。诸生

茧蟠堂近草　集部别集类　佚

见道光《重修仪征县志》卷45。

高懋贤(1652—1742)

字圣期。清仪征人。幼好学穷经。尝携家隐居宝应元芦村，以水患复归仪。老益贫，茅屋数椽，常三旬九食，忍饥讲《易》，无忧悴色。生平不趋荣利，不妄交游。唯与弟懋功闭门著书，甘贫抱节。年91卒。

椒馨草堂学易小刻　经部易类　佚

易经纂注　经部易类　佚

以上2种见道光《重修仪征县志》卷39。

杨 淮

清昆明人。为仪征县令,卒葬于仪征。

南村诗钞　集部别集类　佚

见道光《重修仪征县志》卷45。

张 弓(1656—?)

字抑高,号洛川。清延安籍,仪征人。父以总戎镇闽,颇著战功。弓落魄不遇,穷而工诗,与魏卫、洪嘉阴为诗友。年80余卒。

张抑高诗集　集部别集类　佚

见道光《重修仪征县志》卷45。

按:《淮海英灵集》甲集卷2收其诗13首。

孙永烈

字尔康,号孝穆。清仪征人。企绰次子。贡生。官训导。以文章著名,从游士多贵显,廉介自持,不干苟得。少受知于王士禛,晚以明经廷对,徐乾学辈竞相汲引,皆不就。所著书皆未及梓行于世。

经世要编12卷　史部政书类　佚

见嘉庆《重修扬州府志》卷62。

燕游草　集部别集类　佚

东园集　集部别集类　佚

以上2种见道光《重修仪征县志》卷45。

鸾啸轩集　集部别集类　佚

见《江苏诗征》卷30,并收其诗2首。

樊 莹(1658?—1742?)

字次白,号野渔。清仪征人。顺治十六年(1659),仪征巨室25家因事远戍，莹父逢亦与戍沈阳，时莹方襁褓。后，兄玺达戍所，欲迎父归里，未成。年30，母没，悲父不还，自淮渡河东，过莱州，至蓬莱渡海，经沙门、鼍矶诸岛，抵戍所，迎父归里，与玺孝养20年而终。时人称孝子。晚年又历游山西、江西、湖北诸省。工诗画，所为诗不假修饰，卓然成家。花卉得宋元人笔意，尤精于画鸜鹆，时呼樊八哥。殁年85。

师善堂稿　集部别集类　佚

见《淮海英灵集》甲集卷1，并收其诗16首。

按：是集收《野鱼小草》1卷、《出塞吟》1卷（一作《塞上吟》）。后者为其北上寻父纪程诗。据阮元云，莹自辑刊于康熙四十四年（1705）。

方　佑

字右人。清仪征人。工书，善画梅。兄名仍，字乃人。康熙间，二方诗名甚重于郡中。殁后遗稿散失。

残稿1卷　集部别集类　佚

清方佑撰　方迎年辑

见《淮海英灵集》丁集卷1，并收其诗3首。

项　絪

字书存。清仪征人。官延安同知，摄府事，威信并存。继父宪志，多义行，建宗祠，置义田，尝为亡友梓遗文，碑垄墓，买田宅以赡其妻子。平生喜刻书，设玉渊堂、群玉书堂，致力于古籍传布。

隶辨8卷　史部金石类

清顾蔼吉撰

清康熙五十七年（1718）玉渊堂刻本，上海图书馆等藏。

水经注40卷　史部地理类

山海经传40卷　子部小说类

清项絪校刻

以上2种有康熙五十四年群玉书堂刻本，国家图书馆藏。

韦苏州集10卷　集部别集类

唐韦应物撰

王摩诘集6卷　集部别集类

唐王维撰

以上2种为《王韦合刻》,有康熙项氏玉渊堂刻本,上海图书馆等藏。

按:《广陵思古编》卷14收其文1篇。

伍之麟

字瑞征,号松山。清仪征人。幼失恃。父继娶于铜陵,遂家焉。之麟依其祖与继祖母成立。性孝友,故诗多沉挚之音。日以不得养其亲为憾,常形于涕泪。年40始为诸生。殁后,其子辑其诗成集。

自怡草遗稿2卷　集部别集类　佚

见《淮海英灵集》乙集卷3,并收其诗3首。

徐　濂

字泗若,号湜仙。清仪征人。增广生。笃学嗜古,尤嗜《史记》,有史才。读书足不出户,藉甚胶庠间。好种花醉吟,与二三好友论断古人得失。古文称为擅长。

史游史论　史部史评类　佚

历代帝王世纪　史部传记类　佚

以上2种见嘉庆《重修扬州府志》卷51。

纬雯堂诗集(一作纬雯堂诗歌)　集部别集类　佚

见嘉庆《重修扬州府志》卷62。

汪　梃

清仪征人。嘉庆《重修扬州府志》卷62,名作梃。

屏斋集　集部别集类　佚

见康熙《仪征县志》卷15。

李　禧

字吉士，一字东平、东坪。清仪征人。家贫，喜吟咏。在春风草堂社中著作甚富。

东平诗钞1卷　集部别集类　佚

见道光《重修仪征县志》卷45，云注堂为之梓。

洪　声

初名之声，字宝田，号月航。清仪征人。弱冠能诗。康熙四十四年(1705)召试京师，奉命直内廷，恭写金莲花赋，制纪恩诗进呈。陈廷敬奏拔第一，上赐松花砚嘉之。曾与修《佩文韵府》。出任泾阳县丞，又官武昌府通判。诗作神味清纯，可入画境。

宝田近稿诗1卷　集部别集类　佚

见嘉庆《重修扬州府志》卷62。

绿云草堂诗1卷　集部别集类　佚

见《淮海英灵集》丁集卷2，云锡山杜诏为之序，并收其诗13首。

潘性善

字孟谈。清仪征人。由岁贡生任建平学博，升宁津县令。勤抚学，课农桑，躬倡教化，敲扑不施。计吏疏其廉能，特加二级。去宁之日，士民泣送，络绎数十里不绝，为建万民去思碑，条其政绩。归里，囊箧萧然，惟闭门课子。学宗洛闽，为人沉潜宽厚，四方学者称为鲁岩先生。

颐庵集4卷　集部别集类　佚

见道光《重修仪征县志》卷45。

魏嘉琬(1671—1704)

字篁中。清仪征瓜洲镇人。秀慧独出，读书过目成诵。康熙三十五年(1696)举乡试第十九人。会试未第。其文波流潆洄,顷刻百变,为宋荦等器重。何焯序其诗,以为"驰骋韩门,兼摘六代之艳"。书法精整,极似王雅宜。以丁外艰,哀毁呕血致疾卒。

咀蔗居诗集 8 卷　集部别集类

清乾隆十二年(1747)刻本,附文 2 篇,南京图书馆藏。

宛溪集　集部别集类　佚

见嘉庆《瓜洲志》卷 5 本传。

按:《淮海英灵集》收其诗 16 首。

王国琏(1671—1720)

字汝器,号不庵。清康熙间仪征人。祖籍歙县,先世业盐淮南,因侨居于仪邑。少受业于李吉水,读书目数行下。为文洋洋洒洒,千言立就。诗古文辞皆极工妙。补博士弟子员,七试金陵,皆不售。因而北游鲁、齐、燕、赵,南涉吴、赵、荆、湖,凡所经历之处,皆纪之以诗。曾假名程璧,应试柳城,为诸生。康熙五十七年(1718),登广西贤书第八名。既赴京试,跋涉七千余里,比及,试期已过。病殁于燕台客舍。与汪之隆为忘形交。诗笔清丽,吐辞哀怨,藻绘山川,时发奇想,甚有理致。

三瞻草堂诗集 2 卷诗余 1 卷　集部别集类　佚

见道光《重修仪征县志》卷 45。

按:清邓之诚《清诗纪事初编》收其诗 1 首,零句 4。

高云凤

字扆文,号梧冈。清仪征人。为人孝友,性清耿,幼与兄云龙同入学,并有诗名。云龙早逝,嫂洪氏青年守志,抚孤有成,咸赖其力。善诗古文词。

经传辑要　经部群经总义类　佚

见道光《重修仪征县志》卷 44。

潘之奭

字树思。清仪征籍。诸生。家贫,事孀母,能敬孝。读书必穷古人之精奥,为文章思深切而力健。试海陵,疾卒,学使邓钟岳嗟叹曰:"东南失一佳士矣!"特致唁吊。

尚书讲义　经部尚书类　佚

四书讲义　经部四书类　佚

以上2种见道光《重修仪征县志》卷44。

语录1卷　子部儒学类　佚

见光绪《江都县志》卷23。

程　庭(1672—?)

字且硕、硕生,号若庵。清康乾年间仪征人,原籍安徽歙县。

若庵集6卷　集部别集类

清康熙刻本,北京师范大学图书馆藏。

若庵集5卷　集部别集类

(1) 清康熙刻本,清华大学图书馆藏。

(2)《四库全书存目丛书》本。

按:全书收入诗、文、词集及《春帆纪程》《停骖随笔》等,《全清词钞》卷6收其词2首。

晏能远

字兰谷。清仪征人。廪贡生,笃学励行,工文词。书法追踪晋唐,致力最深,尤善擘窠书,邑中碑刻多出其手。

虚白草堂诗钞　集部别集类　佚

见道光《重修仪征县志》卷37。

吴能谦

字自牧，号受亭。清仪征人。

春风第一亭诗略1卷　集部别集类　佚

见道光《重修仪征县志》卷45。

按：《淮海英灵集》乙集卷1收其诗1首。

魏之畯

字匏生。清仪征人。笃于孝友。诗笔苍秀，书法古劲，为人在通介之间。

坠心吟草1卷　集部别集类　佚

见同治《续纂扬州府志》卷22。

程　鸣

字友声，号松门。清歙县籍，仪征人。诸生。善画山水，远宗董、巨，近师石涛，兼参程邃，干笔枯墨，运以中锋，纯以书法成之，著名江淮间。诗学王士禛，渔洋尝曰："松门诗名为丹青所掩。"与陈撰、方士庶、厉鹗为诗画友。晚年名甚高，不屑以艺自炫，其诗高雅不群。雍正八年(1730)作《山水图》。乾隆八年(1743)作《幽涧孤游图》，为传世佳品。

无声集　集部别集类　佚

云岩集　集部别集类　佚

纳瓢吟　集部别集类　佚

以上3种见同治《续纂扬州府志》卷22。

按：清王藻《广陵倡和录》收其诗1首。

挂剑集2卷　集部别集类　佚

清林古度撰　程鸣刻

见道光《重修仪征县志》卷45。

按：谓康熙四十九年(1710)应王士禛之请刻之。

张　璞

字中玉，号琢堂。清仪征人。康熙五十二年(1713)恩科武举。少时驰骋裘马，而诗笔高洁，与团升、陶鉴、石继登并称真州四子。

琢堂诗钞1卷　集部别集类　佚

见《淮海英灵集》甲集卷3，并收其诗11首。

伍　超

字骧云，号同村。清仪征人。之麟长子。家贫力学。为文主理气。与季弟起文名冠一时。康熙五十二年(1713)举人。屡试礼部不第。以举人选繁昌县教谕，旌表为善人。课士一准先民矩矱，学者宗之。仲弟卒，季弟起官京师。恐子侄废学，乃托疾归，教授乡里。乾隆初，总督黄廷桂檄令所部各举德行素优者数人建碑以励邑俗，得4人，而超与焉。晚年犹手不释卷，卒年84。

伍骧云稿初集二集三集　集部别集类　佚

见道光《重修仪征县志》卷35。

程愿学

字奂若。清仪征人。诸生。祖死于法，父徙宁古塔。愿学以幼免。成童后，思其亲，日夜泣。有延为师者，往教焉，自食于家。每食未尝饱，粗粝免饥而已。冬月则忍寒不衣绵纩，终身以丧礼自处。年60而卒。里人称之曰苦行先生，私谥曰贞孝。

尚书集解　经部尚书类　佚

见雍正《扬州府志》卷35。

经　纶

字师诚，晚号拙渔。清仪征人。优贡生。事祖母、父母曲谨诚笃，以孝名。曾赴京师参与考选，即归里教授以养母，不求仕进。母殁，境益窘，而处之怡然。性狷洁，一钱不妄取。邑之人知与不知，咸谓“正人”。年79卒。

寸蚓吟　集部别集类　佚

聊且稿　集部别集类　佚

以上2种见道光《重修仪征县志》卷45。

蠹馀集　集部别集类　佚

见同治《续纂扬州府志》卷22。

按：《淮海英灵集》乙集卷4收其诗2首。

石继登

字履高，号苏门。清仪征人。与团升、陶鉴、张璞并称为真州四子。

苏门诗钞1卷　集部别集类　佚

见《淮海英灵集》丁集卷2，并收其诗3首。

伍燧人(？—1733)

字陶公，号木轩，原名越。清仪征人。之麟次子。诸生。初以肺疾，年几30始读书。性廉介，不苟取。知县陆师重其品，命子端受学焉。生平诗酒自娱，花晨月夕，不废吟咏。乃竟以肺疾终，时论惜之。

北窗吟遗稿1卷　集部别集类　佚

见《淮海英灵集》乙集卷3，并收其诗1首。为弟起辑之。

李仙榜

字皇士，一作字松萝，号东渚。清仪征人。诸生。父其武以武士任陕西延绥守备，卒于官。仙榜力学，工文能诗，兼善隶楷。为顾南原高弟，与兄仙植并美于里。乾隆元年(1736)举博学鸿词，辞不就，后贡入成均。知县李鹏举重其人，为作《李征君传》。

双桐阁诗草　集部别集类　佚

见《淮海英灵集》甲集卷3，并收其诗2首。

按:《江苏诗征》卷93收其诗2首。

程　崟(1687—1767)

字夔州，一字南坡。清歙县籍，居仪征。康熙四十七年(1708)举人。师事方苞，受古文法，五十一年曾入京狱见方。五十二年进士，充武英殿分纂，授兵部职方司主事。雍正十一年(1733)新设会计司于中书省，授会考府左司事，升武选司员外郎。又选福建清吏司郎中。历任均书上考。中年解组，居仪征城南仓巷，潜心经学，谢绝交游。众将车过真州，三谒不面，以诗却之，有云"期恕我于形迹外，祇求公付笑谈余"，其高淡如此。乾隆二十五年(1760)曾倡浚市河。年81卒。

周官集注12卷　经部周礼类

清方苞撰　程崟刻

清雍正间刻于吴门。详见《南京卷》"方苞"条。

左传义法举要1卷　经部春秋左传类

清方苞述　程崟、王兆符录

(1)《抚希堂十六种》本。

(2)《榕园丛书》本。

史记注补正1卷　史部正史类

清方苞撰　程崟编录

日本抄本，北京大学图书馆藏。

汉书读本　史部正史类　佚

见刘声木《桐城文学渊源考》卷2。

柯韵伯伤寒论　子部医家类

黄蕴兮脉确　子部医家类

以上2种程崟刻，见道光《重修仪征县志》卷39。

望溪读经史　子部杂学类

清王兆符、程崟等辑、评　程崟刻

清刻本。详见《南京卷》"方苞"条。

陶诗汇注4卷首末各1卷　集部别集类

清吴瞻泰辑　程崟校

清康熙四十四年拜经堂刻本，南开大学图书馆藏。

方望溪先生全集　集部别集类

清王兆符辑　程崟增辑并刻

详见《南京卷》“方苞”条。

望溪先生文偶钞不分卷　集部别集类

清王兆符、程崟辑　程崟刻

清乾隆十一年程崟序刻本，南京图书馆藏。

二峰文稿　集部别集类

见嘉庆《江都县续志》卷8。

二峰诗稿1卷　集部别集类

清乾隆刻本，南京图书馆藏。

编年诗集　集部别集类　佚

见程晋芳《勉行堂诗集》卷19。

唐宋八家读本(一作望溪删订评阅八家读本)1卷　集部总集类

清方苞辑评　程崟编刻

详见《南京卷》“方苞”条。

明文偶钞1卷　集部总集类

国朝文偶钞(一作国朝诸家散体文)1卷　集部总集类

以上2种程崟辑刻，见刘声木《桐城文学渊源考》卷2。

唐宋元明诗选　集部总集类　佚

清程崟刻，见道光《重修仪征县志》卷39。

发引集　集部总集类　佚

见刘声木《桐城文学渊源考》卷2。刘云，编辑清文200余篇，原本为人攫去。

团　升

字冠霞，号鹤篓。清仪征人，后居泰州。鸿孙。康熙五十九年(1720)副榜，官训导，善教士，士多称之。尝游江楚制抚幕，赞画甚富。程盛修以社中老斫轮称之。晚年目病盲，惟日午就窗作诗文易米。字大如胡桃，得者宝之。乾隆四十八年(1783)尚在世，作《重修光孝寺碑记》。年88卒。

继声集卧游集8卷　集部别集类　佚

见《泰县著述考》卷6。

假年日录4卷　集部别集类　佚

画山楼诗10卷文4卷　集部别集类　佚

以上2种见《扬州画苑录》卷1。

画山楼遗诗1卷　集部别集类　佚

清团升撰　弟子陈燮、姜凤喈辑

见《淮海英灵集》戊集卷2，并收其诗2首。

国朝诗6卷　集部总集类

清团升辑刻

清雍正间画山楼刻本，复旦大学图书馆藏。

真州倡和诗3卷　集部总集类

清团升辑刻

(1) 清末刻本，扬州市图书馆藏。

(2) 2015年广陵书社《扬州文库》本。

按：据阮元《广陵诗事》云，团升居仪征时，与张璞、陶鉴、卞澍、方嶟、许登瀛、李志栋、李仙植、张秉彝、石继登、刘嘉禾、汪堂、李仙榜、李少白、闵华、汪圣清、杨大任、黄裕、杨瑗、方和、方元鹿、吴之粹、李鹏举、丁居信、刘国柱、刘承毅、刘标、宋麟、李少元、吴极、黄荣、厉靖、张祥麟、石椿、汪宸扆、刘瑞、沈增、胡溶、吴淮、严秉、钱志、杨淮、张日恒等40人，前后相倡和，极一时之盛，为真州诗坛大事，团升萃刻之。

又按:《广陵思古编》卷15收其文2篇,《江苏诗征》卷34收其诗2首,王藻《广陵倡和录》收其诗4首。

吴 楷

字一山。清仪征人。仁趾侄。邑诸生。乾隆十六年(1751)召试二等,受彩缎荷包之赐。十九年曾与安徽吴敬梓会于扬州。三十年召试,钦赐举人,仕内阁中书。笃孝友,爱交游。善小楷。

含薰诗3卷 集部别集类

清乾隆刻本,国家图书馆藏。

丹橘林诗2卷(一作1卷) 集部别集类

清乾隆刻本,中国科学院图书馆藏。

按:《江苏诗征》卷14收其诗1首。

汪 颐

字孚倩,号青门。以字行。清仪征人。诸生。先世本素封,筑荣园于新济桥西,胜概动京师。其后中落,而能以文为富。少时专攻制艺,锐意进取。然棘闱屡踬,困顿30余年,郁郁不得志,间为韵语,以自陶写。又工于染瀚,烟云变幻,悉出腕下。

青门小稿1卷 集部别集类 佚

见《淮海英灵集》丁集卷4,云乾隆十八年(1753)序刻,并收其诗10首。

巴 鳌

字宗洛,号秋函。清仪征人。太学生。

秋灯集1卷 集部别集类 佚

见道光《重修仪征县志》卷45。

按:《淮海英灵集》甲集卷3收其诗1首。

伍　起

字鲲扶，号受轩。清仪征人，之麟季子。幼颖异，与兄超、越（即燧人）皆以孝友著。性耽风雅，作诗千言立就，为文不蹈时蹊。康熙五十六年（1717）举人。雍正初入都补中书，选户部主事。乾隆初廷试御史，监督通州中仓。至则厘清积弊羡余，毫无染指。未几，升本部员外郎。破格为文选郎中。绝夤缘，谢请托。寻以早朝伤足，不便朝参，转补刑部湖广司郎中。每灯下阅卷，劳心苦思，意象恻然，不数日发尽白，未一年卒于京。

毛诗集说　经部诗经类　佚

书礼春秋集说　经部春秋总义类　佚

忠孝堂字问笔谈　子部杂学类　佚

山房课艺　集部别集类　佚

伍鲲扶稿　集部别集类　佚

摄山偶吟　集部别集类　佚

之吴偶吟　集部别集类　佚

之潘偶吟　集部别集类　佚

受轩苦吟　集部别集类　佚

以上 9 种见道光《重修仪征县志》卷 31。

按:《淮海英灵集》乙集卷 3 收其诗 1 首。《广陵思古编》卷 13 收其文 7 篇。

卞　澍

字古山，号辊庄。清仪征人。一作甘泉人。诸生。初受业彭定求，赋才颖异。幼为制举即期阐明圣贤之道。博学嗜古，上下秦汉以及六朝八家之文，靡不毕诵。然屡试南北闱不遇，遂入赀。效力河工，以同知摄中牟县吏。官微事简，得肆力诗文。30 年间，宦游豫楚，俸满例得迁转，以足疾辞归。卜居仪征莲庄堰，名其斋为坐看书屋，与邑中名宿相倡和。

历代纪年便览　史部编年类　佚

见道光《重修仪征县志》卷44,并略录自序1篇。

辊庄杂著文1卷　集部别集类　佚

见道光《重修仪征县志》卷45。

存于集2卷　集部别集类　佚

古山纪年诗1卷　集部别集类　佚

以上2种见《淮海英灵集》乙集卷3,并收其诗3首。

按:《江苏诗征》卷142收其诗2首。

张　达

字蕉衫。清芜湖人,侨居仪征。性耿介,穷而工诗。金陵怀古诗中有"野田凿破出宫井"之句,为时流所称。客真州10余年,与诸诗人酬唱,刻有诗集。

白沙风雅8卷　集部总集类

清张达辑

(1) 清雍正十年(1732)刻本,华东师范大学、美国国会图书馆等藏。

(2) 清乾隆玉槎山房刻本,6卷,上海图书馆藏。

(3) 2015年广陵书社《扬州文库》本。

汪圣清

字蕴园,一字问源、韫园。清仪征人。幼即能诗,与张达友善,因而益工。

蕴园诗集　集部别集类　佚

见道光《重修仪征县志》卷45。

按:《江苏诗征》卷73收其诗1首。

刘　瑞

字辑五，号南塘。清仪征人。早负盛名，中康熙五十九年(1720)副榜，任望江县教谕。性耽诗。与邑人刘秋田、洪宝田、李槐村辈相酬唱。与汪枫南(宸扆)、王柳南(光昂)、张南垞(秉彝)，时有"诗坛四南"之目。

白下吴门越中偶吟3卷　集部别集类　佚

西湖纪游绝句1卷　集部别集类　佚

以上2种见《淮海英灵集》甲集卷1，收其诗2首，并云前集未见，仅《西湖纪游绝句》存。

阮玉堂(1695—1759)

字履廷，号琢庵。清仪征人，世居郡城北公道桥。元祖父。少能挽强驰射，矢无虚发，喜读书。康熙五十年(1711)，中武举，五十四年，成武进士。分镶蓝旗教习。雍正元年(1723)授三等侍卫。十年，出宦湖北，为抚标中军参将，十二年迁游击，留湖北，署抚标中军印务。乾隆初，晋阶昭勇将军。调湖南游击，以征苗军功，于乾隆十三年(1748)升河南卫辉营参将。劾免后，萧然僦居郡城。十七年，起用广东罗定协都司。二十二年，升钦州营游击。年65卒于任所。

阵法3卷　子部兵书类　佚

箭谱1卷　子部兵书类　佚

以上2种见阮元《诰赠资政大夫王考琢庵大府君行状》。

珠湖草堂诗集3卷　集部别集类

清乾隆刻本，上海图书馆藏。

琢庵词1卷　集部词曲类　佚

见阮元《诰赠资政大夫王考琢庵大府君行状》。

按:《淮海英灵集》戊集卷4收其诗88首。法式善《梧门诗话》录其诗7首。

黄　裕(1695—1769)

号北垞。清歙县人。居扬州，58岁始移籍仪征。诸生。以诗著世，与张秉彝(号南垞)齐名，称“白沙二垞”“两垞先生”。时与张璞、团升等数十文人骚士，擘笺角胜于白沙翠竹之间，风雅为一时最。尝与江都程梦星等同纂乾隆《江都县志》。

金竹山居诗　集部别集类　佚

见道光《重修仪征县志》卷45。

按：自次于乾隆三十二年(1767)。

白首江上集3卷　集部别集类　佚

见阮元《广陵诗事》卷10。为总集《白首江上集》中自选诗部分。

锦字笺不分卷　集部总集类

清黄沄编　黄裕、侯文灯合参

清维扬名山堂刻本，中国人民大学图书馆藏。

黄垆集　集部总集类　佚

清黄裕辑

见清王豫《群雅集》，云系辑旧朋诗。

旧雨集　集部总集类　佚

清黄裕辑

见黄裕乾隆二十四年(1759)夏馆江苑卿别业诗序。

白首江上集　集部总集类　佚

清黄裕辑

见道光《重修仪征县志》卷45。

按：据自序，所辑均扬州诗友旧作，原名《暇雨集》，野蚕上人建言改之，并增补至87人，其中仪征27人。

按：《淮海英灵集》乙集卷4收其诗6首。《江苏诗征》卷65收其诗3首。

汪淳修

字质存，号默人，又号香谷。清仪征人。天与五子。官湖北安陆府同知，署安陆府通判，汉川县知县。有别墅名“不波舫”，长夏荷花盛开，静处其中，持斋奉佛。年80余卒。

蜀游草1卷　集部别集类　佚

见《淮海英灵集》丙集卷2，并收其诗2首。

雾隐山房诗2卷　集部别集类

清乾隆三十四年(1769)刻本，安徽省图书馆藏。

孙　庚

字位金。清仪征人。辑医方成诗，以便初学，于药性配合，简而能赅，较《汤头歌诀》尤备。

医方诗要4卷　子部医家类

(1) 清抄本，上海中医药大学图书馆藏。

(2) 民国抄本，陕西中医药大学图书馆藏。

方　嶟(？—1752)

字谦山，号可邨。清仪征人。翰林院待诏。居乡多善行，急公勇义，知县李鹏举重之，与黄起杰、伍超、张元进同书名于申明亭。工于诗。雍正十一年(1733)与安徽汪士慎游越，同登海船出蛟门。乾隆四年(1739)金坛史震林来访，以文纪嶟生平行实。六年刻吴敬梓《文木山房集》4卷，附吴烺《春华小草》《靓妆词钞》。十年，汪士慎又为题《梦游塞外图》。是年，与宝应王箴舆会于北京。

遗稿1卷　集部别集类　佚

见《淮海英灵集》戊集卷3，并收其诗1首。

停云集　集部总集类　佚

见道光《重修仪征县志》卷38。

按:是集为乾隆十年方嶟在北京时所辑并世人诗。《广陵思古编》卷14收其文1篇。

张秉彝

字仲伦,号南垞。清仪征人。贡生。以例入成均。潜心诗学,溯流穷源,深入堂奥。乾隆十六年(1751)南巡召试,赐内缎荷包。文誉甚著,与同里黄裕(北垞)、胡稚威(西垞),时称三垞先生。卒年62。

南垞诗钞3卷　集部别集类

(1) 无刻书年月,约乾隆间精刻,为《摄山吟》《鸠江草》《春湖集》凡三种,见《贩书偶记续编》第251页。疑即郑燮所序《南垞纪游诗》。

(2)《四库未收书辑刊》本。

南垞诗钞8卷　集部别集类

清乾隆二十八年刻本,北京大学图书馆藏。

南垞诗钞5卷　集部别集类

清乾隆原刻本,南京图书馆藏。

按:是集子目为《莱园集》1卷、《春草集》1卷、《雪舟集》1卷、《黄杨集》1卷、《清晖堂集》1卷。前序为全椒吴烺撰,后序为黄谐撰。《淮海英灵集》丁集卷3收其诗14首。

南垞诗钞4卷　集部别集类

清嘉庆九年(1804)刻本,中山大学图书馆藏。

金　试

字薏人。清仪征人。书法《黄庭》,年80犹手不停披。喜为诗。

菁莪阁稿　集部别集类　佚

见道光《重修仪征县志》卷36。

陶　鉴

字镜堂,一字戒庵。清仪征人。诸生。乾隆二十五年(1760)南巡召试,赐荷包内缎。与团升、张璞、石继登并称真州四子。尝续修邑志稿,殁年80。

诗经提要　经部诗经类　佚

见道光《重修仪征县志》卷44。

(乾隆)仪征县志稿22卷　史部地理类　佚

清程元基、陶鉴纂

见嘉庆《仪征县续志》凡例。参见“程元基”条。

试帖标法4卷　集部别集类　佚

见道光《重修仪征县志》卷45。

南村遗稿1卷　集部别集类　佚

清陶鉴撰　子璧辑

见《淮海英灵集》丁集卷3,并收其诗2首。

按:《江苏诗征》卷43收其诗2首。

吴　廉

字景维,号嵋川。清仪征人。知府衔。守礼尽孝。与从弟之俊究心绘事。善诗。

清潆书屋集(一作清荣书屋吟卷)2卷　集部别集类　佚

见嘉庆《重修扬州府志》卷62。

按:《淮海英灵集》丁集卷3收其诗4首。

成　楷

号贡植。清仪征方山僧。宝应一宿庵石老人弟子。工书法,能擘窠大书。诗法宋人,士大夫多重之。

白云诗草1卷　集部别集类　佚

见道光《重修仪征县志》卷45。

按:《淮海英灵集》癸集卷1收其诗4首。

黄正学

字时敏，号鹿樵。清仪征人。家贫，好学不倦。通经史，为文敏捷。雍正七年(1729)举人，十三年充浙江同考官，衡鉴精审。乾隆四年(1739)考取教习，期满需次知县，借补江西藩库大使，九江关督沈阳唐英与为诗友。十三年选浙江嘉善知县，居官廉峻，绝请托人，振兴文教，多所造就，谢墉等皆出其门。

春兴倡和集　集部别集类　佚

见嘉庆《重修扬州府志》卷62。

洪牧人

号茱萸老人。清仪征人。

痘疹书　子部医家类　佚

见道光《重修仪征县志》卷40。

李汝均

字司民。清仪征人。幼颖异，年19补诸生第一。读书勤苦深思，凡文字义理、故实、音声之属，无所不审，而于故实尤详。深于《春秋》。喜左氏、太史公之书。初有疾状类瘫，夜卧床席益观古书不辍。疾数年而愈，则学益进。年43卒。门人施朝干辑其文十数篇为小集，序以传之。

李先生集　集部别集类　佚

见道光《重修仪征县志》卷45。

陈　诗

字亦唐，号浥塘。清仪征人。谟弟。5岁失怙。性孝友。母王氏守节教成。年逾80，乾隆五十一年(1786)乡试，以耆年赐举人。五十二年会试，赐翰林院检讨。

诚一堂集 3 卷　集部别集类　佚

见道光《重修仪征县志》卷 45。

按:《淮海英灵集》丁集卷 4 收其诗 1 首。

张官保

字少莲。清仪征人。武生。父祥麟,崇侠尚义,工诗。官保有父风,慷慨善诗。尝急友人之难,冒风雪行数千里,至汉口为经纪其事。

楚江吟草　集部别集类　佚

少莲诗钞　集部别集类　佚

以上 2 种见道光《重修仪征县志》卷 38。

清晖堂咏史诗 1 卷　集部别集类　佚

见道光《重修仪征县志》卷 45,云已梓行。

按:是集吴锡麒、团维墉、汪端光、邓立诚诸人俱有题词评跋。

卞之澳

字卫瞻,号蓼亭。清仪征人。萃文叔曾祖。贡生。幼聆祖训,一以先正矩矱为躬行实践之学。及领乡贡,出为石棣县训导,诏诸生,立课程,旬稽月试,未及期年,人文蔚起。

性理约言　子部儒学类　佚

见道光《重修仪征县志》卷 44。引卞萃文序云:"因念蒙以养正,乃取性理诸书,撮其要义,循序编次,辑为约言。共十三节。"

按:《江苏诗征》卷 142 收其诗 4 首。

江　昱(1706—1775)

字宾谷,号松泉。原名旭,字才谷。清仪征人。江都诸生。少有"圣童"之目,嗜学安贫,与弟恂著述酬唱。乾隆二十七年(1762)至三十七年曾旅居江汉。雷铉、刘藻、沈德潜皆以"国士"称之。家富藏书,书室名凌寒竹轩。治经深于《书》。尝与程延祚辨论《尚书》古文,至日晡忘食，袁枚目为“经痴”。考订金石，尤称精审。通声音训诂之学。兼工诗词，与厉鹗、陈章相倡和。最工咏物，绝句似李庶子、刘宾客。论诗不拘宗派，以本诸性情，止乎礼义为主。与吴敬梓、郑燮有文字交。

尚书私学 4 卷　经部尚书类

(1) 清抄本，国家图书馆藏。

(2) 清乾隆二十一年刻本，国家图书馆藏。

(3) 民国合众图书馆抄本，上海图书馆藏。

(4)《四库全书存目丛书》本。

(5) 2015 年广陵书社《扬州文库》本。

韵歧 5 卷　经部小学类

(1) 清乾隆间精刻本，南京图书馆藏。

(2) 清光绪七年(1881)重刻本，南京图书馆藏。

(3)《四库全书存目丛书》本。

(乾隆)清泉县志 36 卷首 1 卷　史部地理类

清江恂修　江昱纂

(1) 清乾隆二十八年刻本，复旦大学图书馆藏。

(2) 1934 年衡阳图书馆增补刻本，四川大学图书馆藏。

(3) 1980 年衡阳市博物馆据乾隆本排印。

(4)《中国地方志集成》本。

潇湘听雨录 8 卷　史部地理类

(1) 清乾隆春草堂刻本，国家图书馆藏。

(2)《续修四库全书》本。

(3)《四库全书存目丛书》本。

按：此皆记湘中名胜掌故。

跌打秘方 1 卷　子部医家类

清抄本，中医科学院图书馆藏。

药房杂志　子部医家类　佚

不可不知录　子部杂学类　佚

以上2种见《清史列传》卷71。

题襟集1卷　集部别集类

清乾隆十年刻本，南京图书馆藏。

松泉诗集6卷　集部别集类

(1) 清乾隆二十六年小东轩刻本，国家图书馆藏。

(2)《四库全书存目丛书》本。

三家绝句选　集部总集类

清江昱辑

(1) 清乾隆中刻本，清华大学图书馆藏。

(2) 清嘉庆刻本，华东师范大学图书馆藏。

(3) 清抄本，上海图书馆藏。

按：是集包括清吴泰来撰《研山堂集》1卷、清王昶撰《蒲褐山房集》1卷、清曹仁虎撰《砚静斋集》1卷。

唐律颔珠集　集部总集类　佚

清江昱辑

精粹词钞　集部词曲类　佚

草窗集外词疏证　集部词曲类　佚

以上3种见《清史列传》卷71。

山中白云词疏证8卷附录1卷附校记1卷　集部词曲类

(1)《彊村丛书》本。

(2)《四部备要》本。

(3) 1936年上海中华书局铅印本，辽宁大学图书馆藏。

(4) 稿本，国家图书馆藏，朱康寿跋。

梅鹤词4卷　集部词曲类

清乾隆四十三年刻本。

梅鹤词1卷　集部词曲类

清乾隆刻《琴画楼词钞》本，国家图书馆藏。

日湖渔唱1卷附校记　集部词曲类

宋陈允平撰　《校记》清江昱撰

《彊村丛书》本。

蘋洲渔笛谱考证 2 卷集外词 1 卷附校记 1 卷　集部词曲类

宋周密撰　清江昱疏证

(1) 清乾隆五十一年江恂刻本，王霓跋，国家图书馆藏。

(2)《四部备要》本。

(3)《彊村丛书》本。

(4) 1922 年朱氏刻本。

(5)《续修四库全书》本。

论词诗 18 章　集部诗文评类　佚

见《清史列传》卷 71。

按:《广陵思古编》收其文 1 篇。

陈　珮(1707—1728)

字怀玉。清天长人。仪征江昱室。7 岁熟毛诗，识声韵。10 岁诗云:"惜花有梦疑春雨，爱月多情怕晚云。"当时传之。

闺房集 2 卷附传诔墓碣 1 卷　集部别集类

(1) 清刻本，南京图书馆藏。

(2)《四库全书存目丛书》本。

按:是集收诗 1 卷，词 1 卷。《淮海英灵集》壬集卷 1 收其诗 8 首。

程正家

清仪征人。附贡生。乾隆元年(1736)举孝廉方正，赐六品秩。潜心理学。

尚书正解　经部尚书类　佚

性理会纂　子部儒学类　佚

以上 2 种见道光《重修仪征县志》卷 35。云已"刊刻行世"。

吴文煜

字西周。清仪征人。候补知县，仕东莞新会县丞。

诗集1卷　集部别集类　佚

见《淮海英灵集》乙集卷2，并收其诗1首。

许　谦

字损斋。清仪征人。蓄有破砚，尝自咏之，故名其斋为破砚斋。诗学韦、白、温、李诸家，晚年手订280首。

破砚斋诗钞1卷　集部别集类　佚

清许谦撰　子珩录

见《淮海英灵集》乙集卷2，并收其诗3首。

张元进

字序登，一字啸门。清仪征人。廪生。文笔峭刻，有文行，为沈廷芳所称。尝举孝廉方正，以父疾固辞。乾隆十三年（1748）东巡召试，赐缎匹。知县李鹏举重其才品兼优，好学不倦，与黄起杰、伍超、方嶟同书名于申明亭。

琐言约记1卷　子部杂学类　佚

见《淮海英灵集》乙集卷2，并收其诗1首。

啸门集　集部别集类　佚

百川草堂诗1卷　集部别集类　佚

以上2种见道光《重修仪征县志》卷36。

方椿龄

字镜庄，号茧楼。清仪征人。本父。诸生。困于巾褐，日事吟咏，颇窥古人堂奥。与李啸村、朱草衣、王孟亭、闵玉牛、陈授衣诸子，切磋诗学。乾隆五年（1740）曾与溧水王元蘅等集会于平山堂。

茧楼集　集部别集类　佚

见道光《重修仪征县志》卷 45。

按：袁枚《随园诗话补遗》收其《言诗》1 首，并评云："数言恰有神悟。"又引评其诗句 4。阮亨《珠湖草堂笔记》录其诗 4 句。

江　恂

字蔗畦，一字邻竹，号于九，一作禹九。清仪征人。昱弟，以孝友闻于乡里。乾隆十八年(1753)拔贡，十九年廷试二等八名，以知县用，分发湖南，历署长沙、清泉等县。四十一年知亳州，四十四年河决，颍、亳一带当其冲，被灾最重，悉心拯救，不俟命下即设法赈济，全活数万人。水退，筑护城长堤，人称江公堤。四十五年，乾隆南巡询灾情，称旨，旋授凤阳知府，改授徽州知府，历署芜湖、庐凤道。卒于官。工诗画，能隶书，喜写藕花，华湛可爱。收藏金石书画，甲于江南。

(乾隆)清泉县志 36 卷首 1 卷　史部地理类

清江恂修　江昱纂

版本参见"江昱"条。

凌寒竹轩泉布录不分卷　史部金石类

清抄本，复旦大学图书馆藏。

金石今见录　史部金石类　佚

见《甘泉续志》卷 29。

谳语 10 卷　子部杂学类　佚

见嘉庆《重修扬州府志》卷 62。

蔗畦诗稿 2 卷　集部别集类

清乾隆间刻本，南京图书馆藏。

按：《江苏诗征》卷 4 收其诗 1 首。

陈莱有

字吟侯。清仪征人。

改堂闲话　子部杂学类　佚

按:焦循跋云:"多清谈,或杂以神怪,惟所书金、张二孝女事甚具。汪庆人以此卷录二孝女谓之真州双璧录。改堂之书九十页耳,板刻之存否已不可知。同郡邑之人鲜能悉改堂何人者。"

漱姜诗草　集部别集类　佚

以上2种见同治《续纂扬州府志》卷22。

汪　熊

字仑光,一作昆光。清仪征人。幼嗜医术,父母没,悲痛目眚,经年始愈,研求医术益笃。从常州钱人俊游,传其师法,通《金匮》《伤寒》之旨,学日以进,经其治愈者甚多。晚年遇贫家请诊治者,徒步往返,不惮其劳。尝戒其弟子曰:"医家当视人疾如己疾,不可稍有疏虞,以戕人命。"卒年81。

医学真诠2卷　子部医家类　佚

见道光《重修仪征县志》卷40。

阮金堂(1713—1776)

字宣廷,号怀州,又号容髯。清仪征人。承春父,元从叔祖。增广生。精于音律,善行草书,诗作有中晚唐遗风。

容髯诗草　集部别集类　佚

见《北湖续志》卷5。

按:《江苏诗征》卷105收其诗2首。

宋金书

字紫田。清仪征人。郡庠生。性勇义急公。居冷家湾,爱其山水幽秀,兴至为诗,与王嗣曾、赵学恕、王光远、萧文蔚辈多倡和。

十亩溪堂诗集　集部别集类　佚

见道光《重修仪征县志》卷36,云已刊出。

汪知化

清仪征人。逢年子。庠生。先世自明嘉靖隆庆业盐于仪征,成巨室。复因鼎革中落,父刻苦经营,蹶而复振。知化工诗、古文辞,多著述,尤精于书法。

尚友诗1卷　集部别集类　佚

见道光《重修仪征县志》卷45。

伍元台

字冀三,号景塘。清仪征人。燧人仲子。邑诸生。早殁。

摄山纪游诗1卷　集部别集类　佚

见《淮海英灵集》乙集卷3,并收其诗1首。

草堂续咏1卷　集部别集类　佚

见道光《重修仪征县志》卷45。

施朝槃

字信符,号杏湖。清仪征人。朝干弟。乾隆举人。幼从兄学诗文,以唐人为宗。篇什甚多,然不自收拾,或为他人攫去。王鸣盛曾选其诗,辑于《苔岑集》中。沈廷芳主真州书院时,对其诗亦大为激赏。

自怡集4卷　集部别集类　佚

怀永堂遗集(一作怀永堂诗钞)　集部别集类　佚

以上2种见道光《重修仪征县志》卷45。

徐麟趾

字春书。清秀水人,移居仪征。监生。乾隆十八年(1753)卢见曾复调两淮盐运使,称诗弟子,是以江浙名流类多倾慕。王谷原曾赠以诗"闻道白沙江口住,近携家具梦扬州"云云。

荔村诗钞5卷　集部别集类

清乾隆间刻本，南京图书馆藏。

戴　源(？—1770)

字鼐来，号线海。清仪征人。诸生。少而慧。既长，嗜古笃学，屡赴乡闱不售。退与族人立支祠修家谱，暇则诗酒自娱。耻势交，邑士大夫咸钦崇之。老于诗，不事雕饰，能得物情。

酒中人诗集二集　集部别集类　佚

见《淮海英灵集》乙集卷3，云其自订一集，殁后友施淇续刻其诗为二集。

易酒编16卷　集部别集类　佚

见道光《重修仪征县志》卷45。

按：《江苏诗征》卷140收其诗1首。

李少元

清仪征人。生活于乾隆年间。

游簏存雅12卷　集部别集类

清李少元辑

见《明清江苏文人年表》1160页，云引自《游簏存雅自序》，刊行于乾隆三十二年(1767)。

吴楚诗钞18卷　集部总集类

清乾隆三十年蘸波楼刻本，南京图书馆藏。另藏有12卷本。

吴　灯(1719—1802？)

字仕伯。清仪征人。受琴于徐常遇之孙徐锦堂，时广陵琴派鼎盛，各地名手云集，交流琴艺，灯汇百家之长，致力琴学30余年，为广陵派集大成者。

自远堂琴谱12卷　子部艺术类

(1) 清嘉庆七年(1802)刻本，南京图书馆藏。

（2）民国校经山房书局石印本，上海图书馆藏。

（3）《故宫珍本丛刊》本。

（4）2014 年中国书店出版社影印本。

按：是集收 93 曲，末卷 30 曲附有歌词。

黄以琳

字枚书，号恂谷。清仪征人。

自吟编不分卷　集部别集类

清刻本，安徽省图书馆藏。

自吟编 5 卷　集部别集类

见《淮海英灵集》乙集卷 3，并收其诗 1 首。

金瞻岵

字孝思。清仪征人。幼业儒，长习医，得邑名医庄达五真传。性孤峭，与时伍以吟诗寄志。晚年医名益广。知县戴秉瑛延至司药局。

天余小草　集部别集类　佚

见道光《重修仪征县志》卷 40。

蒋良平

清仪征人。詹肇堂、杨羲师从之。

东樗杂诗 1 卷附词稿 1 卷　集部别集类

清嘉庆刻本，南京图书馆藏。诗集为门人詹肇堂、杨羲序，词有钱塘吴锡麒撰序。

刘　敞

字芳州。清仪征人。幼以贫失学，肆力岐黄之旨。其外家万姓，世为名医，多藏书，供其搜览，学日以富，术日以精。多治奇症，活人无算，名驰远省，声动公卿。书法褚河南。辙迹所至，皆有题咏。

伤寒汇参　子部医家类　佚
瘟疫论(一作瘟疫论辨)　子部医家类　佚
葆真堂医案　子部医家类　佚

以上3种见道光《重修仪征县志》卷40。

薛廷吉(1720—1795)

字蔼人,号渔庄。清仪征人。幼孤,母经氏苦节教之成立。以监生应乾隆二十二年(1757)召试,钦取二等。工诗善书,巨幅细行皆臻妍妙,而诗善声调,与方元鹿为诗友。与阮元亦相知。性豪迈,见义勇为。

雁花草堂诗集2卷　集部别集类　佚

见《淮海英灵集》丁集卷4,并收其诗4首。

汪　棣(1720—1801)

字骅怀,号对琴,又号碧溪。清仪征人。廪监生。为国子博士,官至刑部员外郎。以父疾乞归。10岁就傅,即解声律,少工诗能文,刘统勋深叹其能。归里后益肆力诗古文词。诗体源于陶潜,舍筏于王、韦,词出梦窗、白石之间。江浙士大夫皆推为名宿。多蓄异书,性好宾客,樽酒不空。

持雅堂集10卷(一作12卷)　集部别集类

清刻本,见《续修四库提要》。

对琴初稿(一作对琴遗稿)2卷　集部别集类　佚
持雅堂诗文集12卷(一作10卷)　集部别集类　佚
松明风雅4卷　集部别集类　佚
唐宋分体诗选10卷　集部总集类　佚

清汪棣辑

以上4种见道光《重修仪征县志》卷36。

唐诗神韵集　集部总集类

清王士禛辑　汪棣刊刻

见清王昶《湖海诗传·蒲褐山房诗话》，并云："然寥寥数十首，未必为真本也。"

春华阁词(一作诗)2卷　集部词曲类

(1) 清康熙刻本，上海图书馆藏。

(2) 清乾隆刻本，国家图书馆藏。

吴淑仪

号香溪。清仪征人。蝶庄女。适程秋渚，流寓皖江。秋渚早卒，教子萃兄弟三人皆成名诸生。请于中丞汪志伊题旌并刻其集。

织余窗稿　集部别集类　佚

见《江苏诗征》卷163，并收其诗3首。

金　彭

字友篯，一作又篯。清仪征人。太学生。世业医，至彭始行于世，家中积药如市肆，贫人就诊，立方即撮药与之。乾隆五十一年(1786)秋大疫，捐赀召药工制丸散救济，日常10余工犹不继。邻邑延请者悉推荐同业去，半载足不出门，合郡咸钦服之。卒年83。

伤寒变通论　子部医家类　佚

见道光《重修仪征县志》卷40。云孙承祖藏稿待刊，惜于道光十三年(1833)毁于洪水。

方元鹿

字竹楼，一字萃友，号红香词客。清歙县人，寄籍仪征。性情澹逸。工诗书画，与薛蔼人为诗友。乾隆二十一年(1756)，安徽金兆燕客仪征，与之交。三十八年，为蒋士铨作杂花屏风。书法二王，山水工细，墨竹尤妙，笔致高远。中年病足，出必携杖扶短童，童负囊，画笔、诗卷、印章皆载其中，过友家或留饮，辄欣然醉。醉后画竹淋漓尽致。年60外，须发皆白，而红颜丰颐，洒然无俗气。老年贫病，卖画自活。所作之诗，亦多散失。

寒衾集 1 卷　集部别集类　佚

红香词 1 卷　集部词曲类　佚

以上 2 种见嘉庆《重修扬州府志》卷 62。

按:乾隆四十四年,金兆燕为其《红香词》作序。《淮海英灵集》乙集卷 4 收其诗 2 首。

王国銮

字廷声,一字渟深。清仪征人。崇谦元孙。乾隆六年(1741)举人。颖悟能文,诗多奇气。卒年 23。

王渟深遗稿 1 卷　集部别集类　佚

清王国銮撰　继子文泗辑

见《淮海英灵集》戊集卷 2,并收其诗 4 首。

张　湖

清仪征人。

存质集　集部别集类　佚

见同治《续纂扬州府志》卷 22。

项　均

字鸿基,号乙白。清仪征人。作诗不轻示人,亦不存稿。善写梅竹,与罗聘同出金农之门,笔甚苍古,为金农代笔画梅,以应四方之求,精鉴别者莫辨。

武林游草　集部别集类　佚

古香斋诗钞　集部别集类　佚

以上 2 种见同治《续纂扬州府志》卷 22。

罗克荣

字耀堂。清仪征人，诸生。质鲁力学，读书历寒暑无间，晚年尤究心性理。

毛诗集解　经部诗经类　佚

四书讲义　经部四书类　佚

以上2种见道光《重修仪征县志》卷44，云均藏于家塾。

石　椿

字大年，号野堂。清仪征人。幼孤，励志读书，纳粟入太学。屡试不第，遂肆力诗古文词，兼精书画。性耽风雅，颇为诗坛推重。笃于友谊，尝著怀人诗百首，缠绵悱恻，其音清越，其律精深。

清华堂集4卷　集部别集类

清乾隆三十四年(1769)精刻本，国家图书馆藏。

清华堂集(一作清华堂诗文集)10卷　集部别集类

清乾隆三十一年石椿手订

真州怀人诗　集部别集类　佚

野堂诗钞　集部别集类　佚

以上3种见道光《重修扬州府志》卷45。

丛兰山馆初稿(一作丛兰仙馆初稿)2卷　集部别集类

清乾隆间刻本，广东中山图书馆藏。

戆叟诗钞4卷　集部别集类

清纪映钟撰　石椿厘定

(1)《金陵丛刻》本。

(2)《丛书集成初编》本。

程　云(？—1770)

字友鹤，别字梅衫。清仪征汪文琛妻。乾隆三十五年(1770)病故。

绿窗遗稿1卷　集部别集类　佚

清程云撰　汪文琛辑

见道光《重修仪征县志》卷45。

按:《淮海英灵集》壬集卷1收其诗8首。

佘　瀛

字艳唐,号问航。清仪征人。乾隆十九年(1754)进士,官深泽知县。

问航遗诗1卷　集部别集类　佚

见道光《重修仪征县志》卷45。

按:《江苏诗征》卷45收其诗1首。

张　益

字谦受,号桐原。清仪征人。母早卒,依祖母20余年,宗党称孝。为邑廪生,试辄冠其曹。学使张廷璐、刘吴龙、庄有恭皆深器之。为人无游戏征逐,无干谒,惟讲贯复习于六经之文。乾隆二十一年(1756)举于乡,屡试礼闱不第。以次子晖吉贵,累赠中宪大夫。

蛾术山堂集　集部别集类　佚

见道光《重修仪征县志》卷45。

吴方夔

字襄韶,号篴船。清仪征人。诸生。

得心书屋集1卷　集部别集类

清嘉庆刻本,南京图书馆藏。

篴船诗钞1卷　集部别集类　佚

见道光《重修仪征县志》卷45。云是集前有沈廷芳、吴锡麒序。

汪　堂

字仲升，一字硗岩。清仪征人。于东城图画旧址，构水香村墅，与四方诗人交，一时称盛。

水香村墅集 12 卷　集部别集类

清乾隆刻本，上海图书馆藏。

按：《淮海英灵集》丙集卷 4 著录 13 卷，并收其诗。《广陵思古编》卷 14 收其文 1 篇。

廖荣怀

字湘晴，一字禹门。清仪征人。与汪堂、石椿、李道生（晴川）辈为吟友。

绿荔山房诗钞 4 卷　集部别集类　佚

见《淮海英灵集》甲集卷 3，并收其诗 1 首。

程名世(1726—1779)

字令延，号筠榭。清仪征人。其曾祖之韺自新安迁来。工为诗。喜宾客，杭世骏等皆主其家，与方世举等为诗友。每往来于京口、金陵及吴、越间，遍览湖山诸胜。乾隆二十七年(1762)高宗南巡，赐四品顶带。复构别墅于宝应之柘溪，晚始移家郡城。40 余年得诗不下 3000 首，自 20 岁后，始有存稿。交游中，习闻前辈绪论，所葺小品极多，皆藏于家。《思纯堂集》卷首有清蒋宗海撰《筠榭程君传》。

左传识小录　经部春秋左传类　佚

见《广陵思古编》卷 4 小传。

国策取譬　史部杂史类　佚

老管荀韩四子注　子部周秦诸子类　佚

庄子贵言　子部周秦诸子类　佚

楞严法华维摩诘三经注　子部佛教类　佚

以上4种见《程君传》。

思纯堂集14卷　集部别集类

(1) 清道光刻本，上海图书馆藏。

(2)《清代诗文集汇编》本。

坐雨(一作雨)安居诗3卷　集部别集类　佚

按：此为乾隆十年至二十六年共17年间所作诗。

饮渌吟稿1卷　集部别集类　佚

按：此为乾隆十四、十五年间游吴越所作诗。《程君传》谓陈章序之以行。今未见。

云山小稿1卷　集部别集类　佚

按：此为乾隆二十三年游富阳、桐庐，至新安扫墓，沿途游览所作诗。

小酉馆诗存5卷　集部别集类　佚

按：此为乾隆二十七年至三十三年居家课子时所作诗。

柘溪集1卷柘溪续集2卷　集部别集类　佚

捞虾集1卷　集部别集类　佚

按：程氏有别墅在宝应柘溪，乾隆三十三年冬挈家以往，至三十七年，5年间专以读书教子为务。以上2种即其在此所作诗。

海上集1卷海上续集1卷　集部别集类　佚

按：此为程氏至赣榆时所作诗。

纪游诗1卷　集部别集类　佚

按：此为至京口所作诗。

春雨楼集2卷　集部别集类　佚

秋水芙蓉馆稿1卷　集部别集类　佚

老屋吟稿1卷　集部别集类　佚

海上吟稿1卷　集部别集类　佚

按：以上4种作于乾隆三十八年至四十三年间。

词1卷　集部词曲类　佚

乐府1卷　集部词曲类　佚

以上14种均见《程君传》。

学宋斋词韵1卷　集部词曲类

清吴烺、江昉、程名世等辑

(1) 清乾隆三十年精刻巾箱本,清华大学图书馆藏。

(2) 清嘉庆十七年(1812)同文堂刻本。

(3) 1917年扫叶山房石印本,南京大学图书馆藏。

按:《淮海英灵集》乙集卷4收其诗13首。

黄咸莹

字光彝,号芋圃。清仪征人。岁贡生。官颍州府太和县训导。

芋圃诗集　集部别集类　佚

见道光《重修仪征县志》卷45。

按:《江苏诗征》卷65收其诗1首。

黄淡翁

字述宁。清仪征人。精医,于时邪危疴、杂症调理,均得心应手,附方亦多征验。

黄淡翁医案4卷附医方2卷　子部医家类

《珍本医书集成》本。

程元基

字邑东,号兰渚。清仪征人。燧子。幼有异禀,弱冠食饩,与前辈叶酉、袁枚诸名宿游。乾隆二十五年(1760)举顺天乡试,官元和县教谕,初莅任即捐俸兴学宫,复建讲斋以校士,其登乙科者多名流。三十四年成进士,授庶吉士,旋以外艰归里。在籍倡修圣庙奎光楼,大学士总督高晋为文以嘉之。三十七年散馆授检讨,充咸安宫总裁。仪征志垂60年未修,谋于邑文学陶鉴辈,收讨旧闻,纂成原稿若干卷。

仪庠纪要 3 卷　史部纪事本末类

清程元基重辑

见道光《重修仪征县志》卷 44。

(乾隆)仪征县志稿 22 卷　史部地理类

清程元基、陶鉴纂

见嘉庆《仪征县续志》凡例，云："迄乾隆三十八年而止，考核亦未周详，今采择成书。"

兰渚制艺　集部别集类　佚

西翠轩诗钞　集部别集类　佚

桐风蕉雨山房集　集部别集类　佚

以上 3 种见光绪《重修仪征县志》卷 31。

梁兰漪

字素涵，号蓉溪。清仪征人。汪端光母。乾隆十年(1745)于归汪秀，10 年后夫夭，课子读书，清节自守。图书典尽，贫也加劳，亲族有怜其贫，议醵金以周之者，坚却不受。族侄汪中，以百钱为寿，作《返钱歌》还之。诗笔雅正，《国风·柏舟》之正声，庶其近之。

畹香楼诗稿 2 卷　集部别集类

清光绪二十一年(1895)石印本，列入《汪氏家集》。有孙星华、钱大昕序。

按:《淮海英灵集》壬集卷 1 收其诗 16 首。

黄师钺

字虔旅，号已翁。清仪征人。诸生。

眷西楼诗集　集部别集类　佚

见道光《重修仪征县志》卷 45。

伍之骝

清仪征人。

偶吟草 1 卷　集部别集类　佚

见同治《续纂扬州府志》卷 22。

赵　逋

字旭川，号雪篷。清仪征人。居城南。赋性旷达，卓荦不群。工书画，通医理。家极贫，不妄取予。有豪贵者以重赀求其笔墨，不与，当事屡折节下交，始获一见。一时名宿无不引与为友。以布衣终。

雪篷诗钞　集部别集类　佚

昭代丛书　丛书类　佚

以上 2 种见道光《重修仪征县志》卷 39。

卞翰年

字宪思。清仪征人。之澳子。诸生。

葭订集　集部别集类　佚

见《江苏诗征》卷 142，并收其诗 2 首。

李　炳(1729—1805)

字振声，号西垣。清仪征人。幼习医书，苦不能得其奥。乃学《易》十年，顿悟阴阳消长，遂通《灵》《素》之旨，尤深于仲景书。往来楚、越、江淮间，晚年多寓邵伯镇瓜洲北湖。每以白术治病，应手得效，人以"李白术"呼之，赞为李仙。为贫贱人治疾必竭尽心力，寒暑暮夜闻召即行。至于生死在呼吸之际，人攻我补，人塞我通，以身名性命誓而决之，手调药坐验其啜，不效不已，及其愈也，所报或无一钱，皆以为快。江都焦循为撰墓志铭，并撰《李翁医记》2 卷，记其医绩。

辨疫琐言 1 卷(一作治疫琐言 1 卷)附李翁医记 1 卷　子部医家类

(1) 清焦循刻本,未见。

(2)《珍本医书集成》本。

金匮要略注 22 卷(一作 20 卷) 子部医家类 佚

西垣诊籍 2 卷 子部医家类 佚

以上 2 种见焦循《雕菰楼集》卷 22《名医李君炳墓志铭》。

医林集成 80 卷 子部医家类 佚

灵素难经补注 12 卷 子部医家类 佚

脉理辨微 4 卷 子部医家类 佚

以上 3 种见《江苏历代医人志》。

戴 润(1729—1814)

字雨峰。清仪征人。诸生。少孤,有至性。与同里詹肇堂同补博士弟子员,以制艺相切磋,然终不得志于有司。年及 40,犹困踬于风檐矮屋之中,无怨憾之色。既而授经郡城,又客毗陵数年,归里奉母,卜居城南,后又迁居邗上,遂弃举业。暇则旁及诗赋、倚声。诗得力于大历十子,又津逮于有宋诸大名家。词清微绵丽,以南宋为宗。

宝廉堂诗钞 集部别集类 佚

见嘉庆《重修扬州府志》卷 62。

按:詹肇堂嘉庆十三年(1808)序是集云,是年雨峰且年 70,集诗词若干付刊。《江苏诗征》卷 141 收其诗 4 首。

黄 淑

字荆江。清仪征人。岁贡生。官颍州霍邱县训导。专究经学,与宜兴储氏昆季相切劘。受业者多显贵,世以人师称之。

荆江文钞 集部别集类 佚

仰云楼诗集 集部别集类 佚

一经堂文范 集部别集类 佚

以上 3 种见道光《重修仪征县志》卷 37。

晏德官

字雅郑，号问渠。清仪征人。诸生。晏殊后裔。家有“江山第一楼”额，盖宋庆历四年(1044)御书以赐晏殊者也。

元圃九秋吟　集部别集类　佚

见道光《重修仪征县志》卷45。

吴文堃

字栎厓，号山褐老人。清仪征人。工诗。其诗境清奥古艳，皆唐人正轨。钱塘厉太鸿，称其善造语，其刻削如孟郊，其诞幻如李贺。仪征之东园为山褐老人之别墅。

寒绿斋诗集4卷　集部别集类　佚

见《淮海英灵集》乙集卷4，并收其诗12首。《江苏诗征》卷14亦收其诗1首。

潘幼桐

字凤华。清仪征人。宗艺姐，中表吕望妻。

百首绝句1卷　集部别集类　佚

见道光《重修仪征县志》卷45，云有汪端光、汪全泰题词。

陆　端

字正夫，号方山。本籍浙江归安，占籍仪征。父师宰仪征，多惠政，邑人为建祠，留端奉祀事，遂入仪庠食饩。少受学于伍燧人。乾隆二十四年(1759)顺天举人，拣选知县，补宁国府太平县训导。性狷洁，笃于内行。官训导时，振文教，饬士习。奉檄督理荒政，拯恤有法，邑人至今德之。

追凉录　子部杂学类　佚

晴窗臆言　子部杂学类　佚

读画剩言　子部艺术类　佚
制义诗古文集　集部别集类　佚

以上4种见道光《重修仪征县志》卷36。

嘉树轩集　集部别集类　佚

见道光《重修仪征县志》卷45。

按:《淮海英灵集》丁集卷3收其诗1首。《江苏诗征》卷153收其诗7首。

巴　銮

字鸣岳,号晚晴。清仪征人。诸生。

晚晴诗存1卷　集部别集类　佚

见《淮海英灵集》丁集卷4,并收其诗1首。

按:《江苏诗征》卷45收其诗1首。

江　立(1732—1780)

字圣言,号玉屏、云溪,又号白狱。清徽州人,旧居杭州,移籍仪征。工填词,为厉鹗传人,王昶甄录之。藏有宋版《金石录》,因题其斋曰“金石录十卷人家”。

小齐云山馆诗钞　集部别集类　佚

见《淮海英灵集》丁集卷4,并收其诗8首。

夜船吹笛词1卷　集部词曲类

清乾隆刻《琴画楼词钞》本。

按:《江苏诗征》收其诗1首。

尤　荫(1732—1812)

字贡父,一作贡夫,号水村。清仪征人。性狂放,不屑小节。善绘事,山水、花鸟、兰竹皆入逸品,尤长写竹,得文、苏法。其苍古沉厚,如挟风雨之势。偶泼一墨,皆为传世之作,名与王文治相埒。书法从画竹中来，有金错刀遗意。诗宗放翁，间有清新之句。弱冠入京都，名公卿争礼遇之。尝客和硕礼亲王邸，授汲修主人画法。乾隆三十年(1765)从礼亲王之辽沈，往返数千里，诗多绝唱，当代文士重之。晚年隐居白沙之半湾，寄籍释道，于佛典颇精熟，自称半湾诗老，后得痼疾，又自称半人。

出塞吟草 2 卷　集部别集类

清乾隆刻本，南京图书馆藏。

按：是卷作于乾隆三十年随礼亲王出塞时，皆苍凉吊古之作。

出塞诗 2 卷　集部别集类

清嘉庆四年(1799)刻本，辽宁省图书馆藏。

坡仙石铫题咏 1 卷　集部别集类

清尤荫辑

见《扬州画苑录》卷 1。

按：尤荫曾藏宋元祐二年(1087)周橦赠苏轼石铫(为煎茶器，容水升许，铜提篆)，被弘历指索去。乾隆五十三年，尤氏广写《石铫图》，并出坡公诗句于上以赠人。嘉庆八年辑此集 1 卷，记所失事。

黄山集　集部别集类　佚

见嘉庆《重修扬州府志》卷 62。

黄山游草 2 卷　集部别集类

清嘉庆刻本，北京大学图书馆藏。

半湾偶吟 1 卷　集部别集类

清嘉庆刻本，华东师范大学图书馆藏。

虹桥游咏　集部别集类　佚

见同治《续纂扬州府志》卷 16。

水村居士诗 8 卷　集部别集类

清抄本，台湾“中央图书馆”原藏。

水村尺牍 2 卷　集部别集类

稿本，南京图书馆藏。

按:《江苏诗征》卷85收其诗3首。

许 珩

字楚生。清仪征人。诸生。谦子。为古今体诗,宗法唐人。治经有心得,研究《周礼注疏》厘正搜剔,有前贤百思不到者,论者谓为郑、贾功臣。与同郡江德量、汪喜孙、徐复、汪光爔等,同以治汉学名世。

周礼注疏献疑7卷　经部周礼类

(1) 清嘉庆十六年(1811)刻本,国家图书馆藏。

(2) 清抄本,清孙诒让批并跋,浙江大学图书馆藏。

(3) 2015年广陵书社《扬州文库》本。

周礼经注节钞7卷　经部周礼类

(1) 清嘉庆十六年刻本,每卷第1页首行下刻"守研斋订本"五字,国家图书馆、安徽省图书馆等藏。

(2) 2015年广陵书社《扬州文库》本。

破砚斋诗钞1卷　集部别集类　佚

清许谦撰　许珩录

见《淮海英灵集》乙集卷2。

按:《广陵思古编》卷15收其文1篇。

潘宗艺

字小江。清仪征人。幼桐弟。诸生。

小江诗钞(潘宗艺诗)1卷　集部别集类

收入黄锡麒辑《蔗根集》卷10。

两间草堂诗　集部别集类

稿本,存卷6—9、11,阮亨等题词,国家图书馆藏。

方彦珍

字静云,号岫君。清仪征人。甘泉程立基妻。

有诚堂诗词4卷(一作有诚堂吟稿,无卷数)　集部别集类

清道光四年(1824)刻本,国家图书馆藏。

有诚堂诗余1卷　集部词曲类

《小檀栾室汇刻闺秀词》本。

按:其族侄女汪荽《安雅书屋文集》跋云:“所著诗集,皆温柔敦厚之意,和平中正之音。尤工回文体,他人百法拟之难成,静云叉手立就,令人百读不厌,一代闺中作手也。”

詹肇堂

字南有,号石琴。清仪征人。早年攻制举业,博涉经史。乾隆五十六年(1791)师从吴锡麒真州书院。于书无所不读。五十八年与吴锡麒、曾燠、吴嵩梁等会于扬州南园,六十年举于乡。两上春官不第,遂绝意进取,益肆力于诗。诗学晚唐,追汉魏六朝正轨。仪邑初建乐仪书院,山长沈椒园即爱其诗词,时相唱和,后曾延至幕中,教其侄。又与题襟馆诸诗人共树旗鼓,称“清才”。词以白石、玉田为宗。嘉庆三年(1798)诗题《红楼梦传奇》。

心安稳室诗集9卷词集4卷　集部别集类

(1) 清道光二十三年(1843)刻本,吉林大学图书馆藏。

(2) 清光绪十年(1884)刻本,国家图书馆藏。

娴雅山房词1卷　集部词曲类　佚

见嘉庆《重修仪征县志》卷62。

刘汝梅

字香南。清仪征人。廪生。持躬醇谨,接物谦和。工诗艺。幼师经思式、蒋正初两明经,俱赏识其文。

墨庄书屋文集　集部别集类　佚

见道光《重修仪征县志》卷37。

刘沛生

字雨亭，号外秾。清仪征人。世专痘科。见点即辨生死顺逆。尝论云：小儿痘症只三途，曰顺、逆、险。顺者勿庸治，逆者无可治，所待治者险症耳。故其治痘，百无一失。工书法，善画，有平原骨力。性耽吟咏，每动诗兴，虽在诊脉家，亦不禁其舞蹈。年70余卒。

是我集　集部别集类　佚

晚香吟1卷　集部别集类　佚

以上2种见道光《重修仪征县志》卷40、卷45。

吴承绪

字芬馀，号绍堂。清仪征人。之录曾孙。幼而颖异，及长，宽大有容。乾隆三十九年(1774)顺天举人。授内阁中书加捐道员，分发河南，权归德府及南汝光粮储、盐法等道，兴革悉当，授江西吉南赣宁道。充文闱监试，适有失察事件，以实陈而解组。卒年51。

求歉斋文集　集部别集类　佚

见道光《重修仪征县志》卷31。

陆昌祺

字受之。清仪征人。端从子。诸生。工诗，七古才气甚猛，七律又极恬雅，北上诸诗，尤得江山之助。客都中，史贻直甚器之。

蕉雨山房集　集部别集类　佚

见嘉庆《重修扬州府志》卷22。

按：《江苏诗征》卷153收其诗3首。

郑　沄(？—1795)

字晴波，号枫人。清仪征人。明郑元勋之玄孙。乾隆二十七年(1762)顺天举人，三十年南巡召试，钦授内阁中书，寻转典籍。三十九年，出任福建建宁府同知。擢温州知府，调杭州，升浙江督粮道，观察两浙，多惠政。晚年因公被谪新疆，援免后，遇庆典，给五品衔。与汪中等友善。学杜诗最深。尝刻《杜少陵全集》，勘校精美。

(乾隆)杭州府志110卷首6卷　史部地理类

清郑沄修　邵晋涵等纂

(1) 清乾隆四十九年刻本，国家图书馆、南京图书馆等藏。

(2)《续修四库全书》本。

杜工部集20卷　集部别集类

清郑沄校刊

(1) 清乾隆四十九年玉勾草堂袖珍本，日本东洋文库藏。

(2) 日本文化九年(1812)日本崇文书堂复刻本。

(3) 清同治十一年(1872)致一斋重刻本。

(4) 清同治十三年重刻本。

(5) 清光绪十三年(1887)重刻袖珍本，复旦大学图书馆藏。

(6) 1934年中华书局聚珍版排印本，收入《四部备要》。

(7) 1957年中华书局重印聚珍版单行本。

玉勾草堂诗集4卷　集部别集类

清玉勾草堂原刻本，南京图书馆藏。

玉勾草堂诗20卷　集部别集类

鸱翥集1卷　集部别集类

梦余集1卷　集部别集类

以上3种见嘉庆《重修扬州府志》卷62。

玉勾草堂词3卷(一作2卷)　集部词曲类

清嘉庆九年(1804)刻本，国家图书馆藏。

按：《淮海英灵集》丁集卷4收其诗9首。《全清词钞》卷11收其词8首。

于有甲

字起明。清仪征人。事亲孝,交友严,常以理学经济自命。以明经司训庐江,自变家产助修学官,复构讲堂,置经史诸儒书、性理近思录,率诸生讲诵其中。榜之曰:此中天地自大,其间昼夜常通。迁婺源教谕,适上官修学,建朱文公牌坊,复竭力董其成。上官以其才,委监阖府仓库及视县篆,馈遗千金,概却不受。

潜川倡和集　集部别集类　佚

廒檐余话集　集部别集类　佚

以上2种见嘉庆《重修扬州府志》卷62。

阮承信(1734—1805)

字得中,号湘圃。清仪征人。元父。父玉堂殁于官,家无积蓄,洁清自守,笃于义行。曾于甘泉县僧道桥独力建宗祠一年,又于郡城建四亲家庙。以子贵封光禄大夫户部侍郎。卒于浙江巡官署。

呻吟语选2卷　子部儒学类

明吕坤撰　清阮承信选

(1)《文选楼丛书》本。

(2)《丛书集成初编》本。

陈先震

字惊百,号守堂,又号侣兰。清仪征人。10岁读四子书五经,旁及史策秦汉古文,能贯通大义。幼承父训,继游郭南江门下,有声庠序。乾隆四十五年(1780)举于乡,公车六上,会试得为国子监学正。嘉庆六年(1801)加国子监助教,有《礼闱后晋秩助教恭纪诗》,和者甚众。十年恩加翰林院检讨,十三年为编修。淡泊自甘,始终如一,直声遍乡党。逐日言动悉笔之书。卒年80。

年谱　史部传记类　佚

见《北湖续志》卷5。

厉 炯

字启明,号晓楼。清仪征人。布衣。工诗,常客汉皋,名重一时。游于京师,同乡邀集陶然亭,即席赋诗,有"几杯燕市酒,满座故乡人"句,传诵于时。

晓楼初稿不分卷　集部别集类

清道光三十年(1850)刻本,广东中山图书馆藏。

晓楼诗钞1卷　集部别集类　佚

见道光《重修仪征县志》卷45。

按:《淮海英灵集》丁集卷3收其诗2首。

金台衡

字石楼。清仪征人。诸生。能诗工书。

清华阁遗草1卷　集部别集类　佚

见《淮海英灵集》丁集卷4,并收其诗3首。

沙 扬

字根云。清仪征人。诸生。家贫力学,于六经多所发明。与蔡芷衫、施朝干论诗,以复古为己任。赍志以殁,年未30。其稿散失,仅存诗稿,友人施朝干、朝榮代刊行世。

玉兰山馆诗钞　集部别集类　佚

见道光《重修仪征县志》卷36,并云已刊。

青岳集　集部别集类　佚

见《江苏诗征》卷45。

施朝干(1735?—1797)

字培叔,号铁如,一号小铁。清仪征人。乾隆二十七年(1762)举人，二十八年进士。由礼部主事，历官郎中、御史、太仆寺卿、宗人府府丞。六十年典试山东，悉心校艺，至中夜不辍。撤闱后视学湖北，士服其公明。甫二载，卒于官。性廉介，居京敝车羸马。官贫宅废，归丧几无设奠处。诗文苍秀，诗浸淫汉晋，出入陈、杜。熟精《文选》，于汉魏源流，最为淹贯。王鸣盛刻"吴中十子"诗，以其居首，袁枚、钱大昕、王昶皆盛称之。

稽往录　史部传记类

见道光《重修仪征县志》卷 44。

六义斋诗集 4 卷云岫词 1 卷　集部别集类

清乾隆六十年刻本，国家图书馆藏。

一勺集附补遗 1 卷　集部别集类

(1) 清嘉庆二年(1797)初刻，天一阁博物馆藏。

(2) 清道光二十六年(1846)汪廷儒补刻本，有《补遗》1 卷，国家图书馆藏。

(3)《清代诗文集汇编》本。

(4) 2015 年广陵书社《扬州文库》本。

正声集 4 卷词 1 卷　集部别集类

(1) 清嘉庆五年伊汤安刻本，国家图书馆藏。

(2)《清代诗文集汇编》本。

(3) 2015 年广陵书社《扬州文库》本。

陵阳集 4 卷　集部别集类　佚

见《淮海英灵集》丁集卷 4，并收其诗 13 首。

按：法式善《梧门诗话》云："为秀才时，曾刻《陵阳集》行世。"阮元云："晚年之诗有钞本，在其弟子今嘉兴守伊小尹汤安处，将梓行之。"又，《国朝文汇》乙集卷 34 收其文 3 篇。

方宜之

字雪园，晚号雪髯。清仪征人。诸生。少工诗词，藉笔墨以宣其慷慨之致。

雪鬓诗录(一作雪鬓诗钞)4卷　集部别集类　佚

见道光《重修仪征县志》卷45。

按:此集由黄元培辑,并序云:"先生归道山,诗稿散佚,不可复收,仅就其家藏者,录成四卷,以付梓人,聊志平日景仰之忱。"

汪恩霈

字澍田,号澹泉。清仪征人。邑廪生。先世素封,有别业于郡城南门外,乾隆曾临幸,赐名九峰园,水木林泉为湖上园亭之冠。中落后,就园侧僦屋而居。力贫读书,寒暑无间。侍御滇南倪琇巡视南漕,假九峰园为行馆,中夜闻书声,比晓访之,致薪米焉。寡交游,少笑语,每值朋从欢聚,独手一编危坐,同人虽调笑之,自若也。

文稿　集部别集类　佚

见道光《重修仪征县志》卷37,谓未梓。

张曰恒

字南坪,号宝山。清仪征人。贡生。家贫苦学。乾隆三十年(1765)拔贡。客郡城,应南巡召试,以疾归,遂卒,年未30,士林惜之。工书,善诗赋,其诗拟古之作最多。

南坪诗稿7卷　集部别集类　佚

见《淮海英灵集》乙集卷4,并收其诗2首。

按:《随园诗话》录其诗4首。

张　鹏

字云侪。清仪征人。与洪声、戴昆来为诗友。

赤松轩诗集1卷　集部别集类　佚

见《淮海英灵集》丙集卷3,并收其诗2首。

赵日经

字漆园。清仪征人。少孤失学,征逐于狗马歌饮数十年。晚乃折节为诗。

听涛轩诗草　集部别集类　佚

见《淮海英灵集》丙集卷3,并收其诗1首。

张文豹

字蔚峦,号野云。清仪征人。嗜酒工吟。老于稼穑。

桂子庄小草　集部别集类　佚

清张文豹撰　子张桐辑

见《淮海英灵集》丙集卷3,并收其诗2首。

员　燉

字周南,号帆山。清泰州籍,侨居仪征。弱冠游庠。广见博闻,援据精确,交游极广。中年侨居仪征城南,室仅蔽雨,而陈设整洁,茗碗清谈,可涤俗尘。古文近柳州,所作小跋,尤极古峭。诗宗宋元,艺林重之。传见袁枚《小仓山房文集》卷34。

痕雪庵诗集4卷　集部别集类　佚

见《淮海英灵集》戊集卷3,收其诗3首。

潘仁楷

清仪征人。画家涵子。家有南园别业,与诸名宿吟啸其中。

瘦山诗草　集部别集类　佚

见道光《重修仪征县志》卷40。

陈荆壁

原名辉祖,字玉山,号石帆。清仪征人。乾隆二十五年(1760)举人。游京师数年，文益古茂，诗有豪气。

石帆遗稿1卷　集部别集类　佚

见道光《重修仪征县志》卷45。

按：另有《石帆诗稿》1卷，疑即此书。《淮海英灵集》丁集卷4收其诗2首。

陈先畴

字葕嵯，号烺坡。清仪征人。负文望，行谊狷洁。以增贡生中乾隆三十六年(1771)顺天举人，充咸安宫教习。大挑二等，历署清河、赣榆、上元教谕，主讲无为州书院，选授凤阳县教谕。亲老归养，教授自给。从游之士，多擢巍科，跻显秩。年71卒。

昂青山房诗稿　集部别集类　佚

见道光《重修仪征县志》卷37。

团维墉

字雉高，号椒灯，一作字椒灯，号蕉墩。清仪征人。升侄。乾隆三十六年(1771)副榜。10岁善属文，长工诗古文词，邃于经学。公卿币聘，名重江淮。年70，任含山县学训导，修殿庑，补乐器，勤月课，诸生问学，履满户外。

春秋讲义衷一2卷附列国表书法　经部春秋总义类

清嘉庆十七年(1812)刻本，南京图书馆藏。

穷交十传1卷　史部传记类

1915年王氏刻本，国家图书馆藏。

小画山房诗遗　集部别集类

1921年陈启彤手写本，泰州市图书馆藏。

小画山房诗钞(一作小画山房诗集，小画山楼诗集)12卷　集部别集类

清嘉庆十二年刻本，南京图书馆藏。

江德地

清仪征人。

江氏族谱　史部传记类

抄本，中国国家图书馆藏。

麒麟砚图题咏 1 卷　集部总集类

清江德地辑

清嘉庆二年(1797)笔花庵刻本，北京大学图书馆藏。

阮承裕

字衣谷，号问夫，又号溶江。清仪征人。元从父。乾隆三十七年(1772)岁贡生。孝友笃诚，乡称长者。

问夫文稿　集部别集类　佚

见《北湖续志》卷 5。道光《重修仪征县志》卷 37 作《德星堂文集》。

按：《淮海英灵集》戊集卷 4 收其诗 1 首。《江苏诗征》卷 105 收其诗 1 首。

阮承春

字载阳，一作再扬，号竹屿。清仪征人。金堂子，元从叔。诸生。谦和正直，读书好博览，学行为乡里推重。曾入元署幕于浙。游西湖、天台、泰岱，山水之胜，寻览殆遍。诗有奇气。晚归卧珠湖之滨。

颜子内外篇 4 卷　子部周秦诸子类　佚

见焦循《北湖小志》卷 4。

按：此辑子、史类书中有关颜渊之言及行事。

竹屿文钞　集部别集类　佚

著礼堂诗钞　集部别集类　佚

以上 2 种见《北湖续志》卷 4。《江苏诗征》作《竹屿诗钞》，疑与《著礼堂诗钞》为一也。

按:《江苏诗征》卷105收其诗4首。

李 斗(？—1817)

字北有,号艾塘。清仪征人。诸生。谙熟扬郡掌故,博学工诗词曲,兼通数学音律,且能扮演,撰戏曲多种,自云:"自苍梧归,吴人市予词曲为院本者,盖有年矣。寒家烟火所资,用是出焉。"以疾中食防风而愈,名所居曰"防风馆"。阮元、凌廷堪、金兆燕等与之皆有交往。

工段营造录1卷　史部政书类

(1) 1931年中国营造学社铅印本,南京图书馆藏。

(2) 1984年上海科学技术出版社出版。

(3) 2010年中国建筑工业出版社出版。

按:此记清代乾隆年间扬州地区建筑营造特征及相关制度。原见于《扬州画舫录》卷17,后别出单行。

扬州名胜录1卷　史部地理类

《小方壶斋舆地丛钞》本。

扬州名胜录4卷　史部地理类

《扬州丛刻》本。

扬州画舫录18卷　史部地理类

(1) 清乾隆六十年(1795)自然庵刻本,8册,另有6册本,南京图书馆藏。

(2)《永报堂集》本。

(3) 清道光十九年(1839)自然庵刻本,4册,南京图书馆藏。

(4) 清同治重刻本,南京图书馆藏。

(5)《申报馆丛书》本。

(6) 1960年中华书局汪北平、涂雨公校点本。

(7) 1984年江苏广陵古籍刻印社周光培点校本。

(8)《续修四库全书》本。

(9) 2015年广陵书社《扬州文库》本。

(10) 2017年广陵书社点校本，新增了扬州博物馆藏《江南园林胜景图册》20幅彩图。

按：李斗于乾隆二十九年开始收集资料，编写此书，至六十年始成。大致以地域为名录，详尽记录扬州山水名胜、园亭寺观、风土人物以及戏曲、饮食等各个方面。阮元为序其集云“可匹敌余淡心《板桥杂记》”。近年来多次出版，此略出数种，未一一列举。

防风馆诗2卷　集部别集类　佚

见同治《续纂扬州府志》卷22。

艾塘曲录1卷　集部词曲类

《新曲苑》本。

永报堂集五种33卷　丛书类

清乾隆六十年至嘉庆间刻本，国家图书馆藏。

子目：

《扬州画舫录》18卷

《永报堂诗集》8卷　按：今有2015年广陵书社《扬州文库》本。

《艾塘乐府》1卷　按：今有2015年广陵书社《扬州文库》本。

《奇酸记传奇》4卷首1卷

《岁星记传奇》2卷

按：《淮海同声集》卷12收其诗2首。《江苏诗征》卷95收其诗1首。《广陵思古编》卷14收其文2篇。

吴　珩

字楚珍，号梅溪，一作字梅溪。本汉军镶白旗人，驻防京口，以笔帖式需次铨用，于乾隆四十八年(1783)奉裁后迁籍仪征。工诗，遨游江淮间，一时士大夫皆与游。晚归乡里，莳竹栽花，与方竹楼、薛渔庄、吴篴船为觞咏友。诗稿多散佚。

梅溪遗稿薹村遗稿合刻　集部别集类　佚

清吴珩、孙钢撰

见道光《重修仪征县志》卷45。

吴绍澯(1744—1798)

字征野。故歙人。家世业盐于扬,遂入仪。少笃学精勤,举乾隆四十年(1775)进士。以庶吉士授编修,充荟要馆总校。四十四年,与金坛于敏中等奉命别纂《四库全书荟要》,同年竣事。与弟庶常绍浣并有声馆阁间,请假归不出,凝然自守,无一切声色之好。喜聚书,尤酷嗜何义门手校本。丹铅不倦,多藏古法帖,洞悉源流得失,赏鉴家不能逮也。

通韵谱说　经部小学类

清嘉庆二年(1797)刻本,南京图书馆藏。

声调谱说　经部小学类

(1) 清嘉庆二年刻本,南京图书馆藏。

(2) 清光绪二十七年(1901)刻本,国家图书馆藏。

历代诗钞7卷　集部总集类

清抄本,北京市文物局藏。

金薤集37卷　集部总集类

清嘉庆二年刻本,南京图书馆藏。

按:此为吴氏辑编汉迄明各家诗选。

卞文恒(1745? —1818?)

字立言。清仪征人。祖、父皆一时围棋国手。承家学,7岁即知弈,同时郡城有11岁童姜杰士称国手。乾隆十八年(1753),卢见曾都转两淮时,尝召二童进署对弈。二十二年,乾隆二次南巡,卢见曾特设棋、琴二馆命两童子接驾,极一时盛典。兼善古琴。卒年74。

弈萃1卷　子部艺术类

官子棋谱1卷　子部艺术类

以上2种有:

(1) 清嘉庆二十一年(1816)味书斋合刻本,南京图书馆藏。

(2) 清光绪二十五年(1899)刻本,南京图书馆藏。

(3) 1913年上海千顷堂石印本,上海图书馆藏。

吴鹏孙

字苍崖。清仪征人。乾隆四十二年(1777)举人。

丛绿山房遗稿　集部别集类　佚

见道光《重修仪征县志》卷45。

休休居士

清仪征人。乾隆年间人。

凤栖亭　集部词曲类

见《今乐考证》。

按:据今人庄一拂《古典戏曲存目汇考》卷12云:吴晓铃藏有原刊本,不分卷,二十四出。有乾隆庚戌(1790)自序。

徐　涛

字观秋。清仪征人。

纲鉴约钞4卷　史部政书类　佚

见道光《重修仪征县志》卷44。

按:长洲王芑孙(1735—1797)曾来真州主讲乐仪书院,涛乃出此书相示,凡历代政治之得失、人臣之忠伪、盛衰成败之大节者,必揭而出之,简而易明。王芑孙为之作序,并促成梓行。

汪在公

字紫峰。清歙县籍,幼孤而贫,迁居仪征。族之在扬州者多富商,弗愿往,日坐破屋中,展残书得郭景纯《葬经》诸编,日习之,并以卜筮名。李斗见而异之,谓人曰:"此夏馥、申屠蟠也。"由是名日起。性朴质,拙于言词。夏不葛,冬不裘,年逾70。素喜作诗。

萧闲集 6 卷　集部别集类　佚

见同治《续纂扬州府志》卷 16。

汪梦旗

清仪征人。少与兄梦绅、弟梦桂交相切磨，学业竞进。

东堂诗集　集部别集类　佚

见嘉庆《重修扬州府志》卷 62。

汪端光(1748—1826)

本名龙光，字剑潭，又字砌昙，号睦丛。清仪征人。少颖悟，8 岁应童子试，10 余龄入泮。乾隆三十六年(1771)顺天举人，南巡召试，授国子监学正。嘉庆五年(1800)选授广西百色同知，历署柳州平乐、庆远知府。民情疾苦，属吏勤惰，了如指掌。补授广西镇安知府。寻解组归，两淮盐政延校钦定《全唐文》，历主安定、乐仪书院讲席。工诗古文词，为时流所推服。年 79 卒。

才退集　集部别集类　佚

晚霞集　集部别集类　佚

沙江集　集部别集类　佚

以上 3 种见清黄承吉《梦陔堂诗集》卷 26。

涉江集　集部别集类　佚

见翁方纲《复初斋诗文集》卷 20，成集于乾隆四十五年。

剑潭诗钞 6 卷　集部别集类　佚

见嘉庆《重修扬州府志》卷 62。

据梧书屋诗钞 16 卷诗余 6 卷　集部别集类　佚

见同治《续纂扬州府志》卷 22。

汪剑潭诗稿 1 卷　集部别集类

稿本，国家图书馆藏。

汪端光诗 1 卷　集部别集类

收入《淮海同声集》卷2。

汪端光诗1卷　集部别集类

收入清黄锡麒辑《蔗根集》卷1。

丛睦山房未刻诗稿1卷　集部别集类

抄本,南开大学图书馆藏。

义山文集6卷　集部别集类

唐李商隐撰　清汪全泰校　汪端光录

清嘉庆间刻本,6册,南京图书馆藏。

按:《广陵思古编》卷15收其文1篇。

汪佩珩(1750—?)

字季玉。清仪征人。梁兰漪女,端光妹,王锡蕃妻。

桐华吟馆诗稿　集部别集类

清光绪二十一年(1895)石印本,列入《汪氏家集》,国家图书馆藏。凡诗34首,附其母梁兰漪《畹香楼诗稿》后。

郑焕廷

字赓虞。清仪征人。为人谦恭逊顺,沉潜好学。道光二年(1822)始举于乡,时年已60余矣。晚年力学不怠,年80外诵读不辍。

书带草堂古今体诗5卷诗余3卷　集部别集类　佚

见道光《重修仪征县志》卷45。

黄　霦

字光宇。清仪征人。附贡生。严气正性。居家塾必肃衣冠,寒暑无异。尝有门人自塾归,时已夜半,值邑令诘之,曰:"师课甫毕。"导至门则书声犹未辍也。

四书心学摘要2卷　经部四书类　佚

见道光《重修仪征县志》卷37。

潘志华

字石甫。清仪征人。

潘志华诗1卷　集部别集类

收入黄锡麒辑《蔗根集》卷3。

程泳芬

字仲华。清仪征人。胡小轩妻。

离骚经释　集部楚辞类　佚

见《清闺秀艺文略》。

汪梦桂

字文舟，号秋岩。清仪征人。先世本歙人。煜子。少凝重如成人。嗜学，工制义，与兄梦坤、梦旗交相切劘，学业竞进。年13补博士弟子员，旋食廪饩。乾隆四十五年(1780)副榜，五十四年举人。两赴礼闱被放，遂淡于进取，惟以束身砥行督教诸子为务，四方从游之士多所成就。多义行，所入书院膏火，半为周恤之用。博涉《史》《汉》，作文甚多，晚年自订成书。卒年56。

尔雅集证　经部尔雅类　佚

见道光《重修仪征县志》卷44。

志学斋稿　集部别集类　佚

见道光《重修仪征县志》卷37。

秋岩诗钞　集部别集类　佚

见嘉庆《重修扬州府志》卷62。

棣华堂诗集　集部别集类　佚

见道光《重修仪征县志》卷45。

洪湘兰

字畹香，一作畹云。清仪征人。进士锡章女，泰州贡生仲振猷室。

绮云闱遗草 1 卷　集部别集类

(1) 清嘉庆十二年(1807)刻本，美国哈佛大学哈佛燕京图书馆藏。

(2)《江南女性别集(四编)》本。

按：是集为《泰州仲氏闺秀诗合刻》之一，附于《碧香女史遗草》后。凡诗 16 首。

汪庆龄

清仪征人。

壶冰馆诗钞 4 卷　集部别集类

清道光刻本，南京图书馆藏。

汪彦树

字梦梧。清仪征人。

汪彦树诗 1 卷　集部别集类

收入清黄锡麒辑《蔗根集》卷 14。

张能焯

字芍坡。清仪征人。性诚笃，事亲孝。年 17 为诸生，益勤于文。乾隆四十五年(1780)举于乡。会试不第，留京助兄晖吉总校《四库全书》，一一精当。家居数十年，经史皆手录口授，诸子侄及门人百余试无不售。年 63 卒。

经籍要义 4 卷　经部群经总义类　佚

纲鉴提要 2 卷　史部杂史类　佚

百子金丹 1 卷(一作 2 卷)　子部杂学类　佚

反约集 10 卷　集部别集类　佚

以上4种见嘉庆《重修扬州府志》卷51。

汪志功

字桂庵。清仪征人。性情高傲，诗笔牢骚，若司空表圣品其诗，在悲慨一门，壮士拂剑，浩然弥哀，仿佛似之。

桂庵诗钞1卷　集部别集类

清道光刻本，南京图书馆藏。

按：《淮海同声集》卷15收其诗3首。

江德量(1752—1793)

字成嘉，一字秋史，号曼殊，一作量殊。清仪征人。恂子，昱从子。少承家学，及长，励志肄经，学益大进，与汪中齐名。乾隆四十二年(1777)拔贡。四十四年恩举，四十五年一甲二名进士。授翰林院编修，改御史，历掌浙江、江西道。抗直有声，熟知吏治，临事敏绝，屡上封事。多识旧闻，博通经史，邃于疏注、小学、金石、古文。好收藏，以秦汉碑刻、唐帖、宋版书画最多。善隶书，所书刻天津武成王庙碑，一时重之。兼能人物花草，以北宋为法。善属文，诗不多作。丁内艰，在籍卒，年42。

按：江氏生卒年或作1739—1780，当误。本志所定，一据其挚友汪中撰墓志铭(见《述学别录》)；二据其子江会所述，云："乾隆五十八年将补官北行，感疾，十月辛丑殁。"

小尔雅注疏(一作广雅疏)　经部小学类　佚

见道光《重修仪征县志》卷31，其子会云，未竟而卒。

禅静寺刹前铭拓　史部金石类

清江德量跋，北京大学图书馆藏。

朱砂画瓦当　史部金石类

稿本，2册，清江德量画，启功藏。见中贸圣佳2016年春拍653号拍品。

泉志 30 卷　史部金石类　佚

见《清史列传》卷 71。

冲虚至德真经 8 卷　子部道家类

晋张湛注　唐殷敬顺释文

明嘉靖刻本，清江德量校，上海图书馆藏。

诗稿　集部别集类　佚

见道光《重修仪征县志》卷 31 录子会述略，云未刊刻。

同馆试律补抄 24 卷　集部总集类

清江德量、法式善等辑

清乾隆刻本，国家图书馆、日本东京大学东洋文化研究所藏。

按：《淮海英灵集》丙集卷 4 收其诗 18 首。《江苏诗征》卷 4 收其诗 7 首。

汪　栋

字建堂，号石村。清仪征人，贡生。醇谨老成。为诗能见性情，与同里汪端光、贵征相唱和。甘泉汪荣光谓其诗“自有性情，非关章句”。

玉树轩诗钞 2 卷　集部别集类　佚

见道光《重修仪征县志》卷 37。

陈传洛

清仪征人。

春轩漫笔 2 卷　子部杂学类　佚

延禧堂集 2 卷　集部别集类　佚

延禧堂诗话 1 卷　集部诗文评类　佚

以上 3 种见同治《续纂扬州府志》卷 22。

方　本

字立堂，别字笠塘。清仪征人。椿龄子。早慧，5 岁辨声韵，6 岁读书目数行下。受业于贾天宁。未冠补诸生,游庠后试辄冠军。乾隆五十四年(1789)与弟谷同举于乡,时称二方。曾与诸名宿73人同登文选楼赋诗记盛,其风流文采见重。凡求传记及题咏者,如获拱璧。工于诗文,善楷书。性耽图史,尤精音律。晚年辟屋东偏为藉绿轩,与士大夫诸宾觞咏其中,极往来酬和之盛。卒年68。

藉绿轩诗集　集部别集类　佚

见民国《江都县续志》卷24。

按:《江苏诗征》卷67收其诗10首。

洪人骅

字伯仰,号春衢。清仪征人。乾隆五十四年(1789)举人。考取教习,选授广东仁化知县。廉俸外丝粟不取。奉檄垦沙田,知为民累,缓其议被劾。去任日,民举清官旗流涕送之。尊信朱子,忿毛奇龄《四书改错》之谬,条分辨析,皆衷至当,作《卫道编》行世。年92卒。

毛氏四书说斥妄(当即卫道编)　经部四书类　佚

见道光《重修仪征县志》卷44。

今乐举隅　子部艺术类　佚

咫闻集　子部杂学类　佚

益福禄阶梯兴观编　子部杂学类　佚

蚓箫　集部别集类　佚

以上4种见道光《重修仪征县志》卷45,云《蚓箫》仅存3卷。

裘世璘(1755—?)

号守斋。清仪征人,大兴籍。监生。官池州府知府,历署九江赣南道。工于诗,清思隽语,近大历诸子。

恩闱纪盛唱和诗2卷　集部别集类　佚

见道光《重修仪征县志》卷45。

陈　泰

字东岩，号梦园。清仪征人。诸生。性和而介，苦志绩学，亹亹不倦，于经史多所发明。

真州所知记　子部杂学类　佚

见道光《重修仪征县志》卷 44。

佘文煜

字朗夫，号云溪。清仪征人。诸生。天资警敏，博览经籍，考证极精。性孝友，重交游。家居课徒，戚友中无力读书者，教养之，多所成就。卒年 46。

四书通辨 12 卷　经部四书类　佚

见道光《重修仪征县志》卷 44。

安素善文集　集部别集类　佚

见同治《续纂扬州府志》卷 13。

贵　征(1756—1815)

字仲符，号一堂，一作字奕唐，号仲符。清仪征人。髫龄好学，家素贫，就读数里外。工于为文而不喜时艺，故十三经、《左》《国》《史》《汉》最熟。乾隆五十一年(1786)举人。五十四年进士。与阮元同年，且友好。由考功主事荐升吏部文选司郎中、石经馆校勘官。因公谪往伊犁效力，将军松筠延入署办理笺奏、校勘《钦颁蒙古王公表》，校书误刊违例字句，将军特疏保奏，奉旨回籍复职，在本部行走，遵例加升道员。缘母张氏年迈告养回籍。曾与修《扬州府志》。嘉庆二十年(1815)丁母艰，哀毁逾常，疾遂不起。卒年 60。

扬州河渠志　史部地理类　佚

新疆道里图表　史部地理类　佚

安事斋制艺诗词　集部别集类　佚

以上3种见道光《重修仪征县志》卷31。

安事斋诗录4卷词录2卷　集部别集类

清道光十一年(1831)刻本,国家图书馆藏。

安事斋古文存稿　集部别集类　佚

见道光《重修仪征县志》卷45。

按:《广陵思古编》卷14收其文6篇。

张能烘

字芝田,号拙渔。清仪征人。增生。性孝友。喜读书,键户数年,寒暑无间。刚果正直,见义必为。家素贫,遇邑中有建造大工皆首先捐资,亲友困乏必相助,人颂其德。尝应郑文明、程寿龄聘,历游山左、滇南。晚年旋里,值水灾,捐粮济寒。急公好义,至老不衰。

三礼会纂　经部三礼总义类　佚

左国提要　经部春秋左传类　佚

字学音义订讹　经部小学类　佚

以上3种见道光《重修仪征县志》卷37。

王文泗

字伯鲁,一云榕台,号东山。清仪征人。国銮继子。诸生。工文词,词赋宗法六朝三唐,曾燠都转扬州时极为称赏。乾隆五十四年(1789),胡高望督学江南,试扬州,于各属中择其优者10人,仪征则文泗一人。早卒,人多惜之。

文豹诗集1卷　集部别集类　佚

见《清史稿艺文志及补编》。

东山遗诗1卷　集部别集类　佚

王渟深遗稿1卷　集部别集类　佚

清王国銮撰　王文泗辑

以上2种见道光《重修仪征县志》卷45。

按:《广陵思古编》收其文1篇。

汪　铮(1756—1818)

字铁夫,一字崧少,号崧庐。清仪征人。幼即嗜学,以孝悌闻于里。嘉庆六年(1801)以岁贡生中式举人。七上公车不第。十九年挑取誊录,二十二年大挑二等。生平好读"三礼",尤耽《左氏传》,手录《春秋大事表》三遍。于氏族、舆地两门,辨析尤精。制艺援据古书,引申贯事,自成一家。文多脍炙人口,从游者甚众,恒勖以根柢之学。曾预修《扬州府志》,襄助刊刻《全唐文》。

三礼异同考证14卷　经部三礼总义类　佚

三传异同考证14卷　经部春秋总义类　佚

制艺　集部别集类　佚

以上3种见道光《重修仪征县志》卷37。

按:《淮海同声集》卷15收其诗1首。

汪基福

清仪征人。

信口吟1卷　集部别集类　佚

见道光《重修仪征县志》卷45,并云钱塘吴锡麒题词,凌霄《快园诗话》多采之。

吕　彩

字江花,号双桥。清仪征人。乾隆五十三年(1788)顺天举人。赋性醇谨,家贫好学。受业于桐城姚鼐、江都李道南,数年讲论经史不倦,尤精性理、宋五子诸书。邑令颜希源纂修县志,赞襄之力居多,圣庙及文墩亦尝劝捐助修。后选怀远县教谕,与诸生议论文章,培养学校,士皆钦仰。致仕后,杜门课徒,绝不干预外事。

(嘉庆)仪征县续志10卷　史部地理类

清颜希源、邵光铃纂修　吕彩助纂

(1) 稿本，复旦大学图书馆藏。

(2) 清嘉庆十三年(1808)刻本，南京图书馆藏。

(3) 2015年广陵书社《扬州文库》本。

双桐阁试帖　集部别集类　佚

见道光《重修仪征县志》卷35。

求是斋诗文集2卷　集部别集类　佚

见同治《续纂扬州府志》卷13。

按：《广陵思古编》卷14收其文1篇。

谢承烈

字芙仙。清仪征人。工画，曾绘城北龙光寺廊壁梅竹数十竿。

芙仙馆诗初集1卷　集部别集类　佚

按：王嘉福为之序。

芙仙馆题画诗2卷　集部别集类　佚

淮海萍踪集2卷　集部别集类　佚

按：崇川王锡畴为之序。

袁江题襟集1卷　集部别集类　佚

按：泰州程祥栋为之序。

吴兴倡和集2卷词1卷　集部别集类　佚

按：上虞许正后为之序。

湘灵峰图题赠集2卷　集部别集类　佚

以上6种见道光《重修仪征县志》卷45。

芙仙馆诗稿3卷　集部别集类　佚

见《清史稿艺文志及补编》。

按：疑即道光县志著录之《芙仙馆诗初集》1卷和《芙仙馆题画诗》2卷合称者。

阮　鸿(1760—1843)

字北渚。清仪征人。贡生。金堂次子,承春弟。绩学工诗。以孝友闻。入兄子元山东学政幕,校士勤慎,弊绝风清。40岁后隐于家,热心族党及乡里事务,著书课子。道光元年(1821),知县陈文述荐应孝廉方正,力辞不就。自号蛰室老人。

山左笔记1卷　子部杂学类　佚

蛰室集4卷　集部别集类　佚

以上2种见《北湖续志》卷5。

方　馨

字鉴斋。清仪征人。

秋查集　集部别集类　佚

见《广陵诗事》卷10。

陈传洵

字少泉,号芝庭。清仪征人。廪生。事亲孝,兄弟雍睦无间言。幼承家学,自课最严。终年研朱点墨,披吟不倦。工书法、诗、古文词,悉臻妙境。每试辄冠军。卒年30。

日光斋诗文集1卷　集部别集类　佚

见道光《重修仪征县志》卷45。

程赞和

字中之,号燮斋。清仪征人。名世长子。生而颖悟,于书无所不读,尤善于诗。乾隆四十二年(1777)拔贡,朝考授职教谕。四十四年应京兆试,往未旬日,父病故,弃考驰返,人称其孝。嘉庆十四年(1809)以弟赞清贵,貤封翰林院编修。晚年赞清致仕归,同居唱和,门无杂宾,处世宽容,不计人之侮。遇善举,先倡其意,事成不居功。终年手执一编,咿唔一室，至老不衰。年 90 卒于家。

燮斋文集 2 卷诗集 8 卷词 1 卷　集部别集类　佚

见道光《重修仪征县志》卷 37，并云：“有燮斋诗八卷词一卷，其稿散失，今存文稿二卷。”

陈传淑

字苹香。清仪征人。传洛妹，举人郑兆槐继室。工书善画，能抚琴瑟，与人往来尺牍，文理字迹颇可观玩。

浮生记梦集 1 卷　集部别集类

清抄本，北京大学图书馆藏。

陈实孙

字又群，号师竹。清仪征人。善医工诗。慷慨好友，排难解纷不厌不倦，当时有穷孟尝之称。尝语云“人不作良相，当作良医”，以其有济于世也。值大疫之年，以药活人甚众。曾选刻八家四六文钞。

时疫大意 1 卷　子部医家类　佚

见道光《重修仪征县志》卷 44。

春草堂诗集 4 卷　集部别集类　佚

见道光《重修仪征县志》卷 45，云其门人崇仁县令万宗洛所梓行，阮元、吴锡麒为之序。刻本今未见。

程赞清(1761—1836)

字定甫，号静轩。清仪征人。名世季子，赞和弟。嘉庆三年(1798)举人，七年进士。改庶常，授编修。十三年典试山东。擢御史，历吏科掌印给事中，凡所陈奏多称旨。二十一年授安徽宁池太广道，寻升贵州按察使。调赴山西，途次奉旨趋京，以四品京堂用。次年回籍，与兄赞和同住唱和。里中善事辄先倡，事成不言功。与秦恩复、王豫、吴椿、汪端光、李周南等人交好，常相唱和。与梁章钜过从亦密。

藉绿轩诗集 6 卷　集部别集类

清道光刻本，南京图书馆藏。

按：卷首自序云："余自乾隆乙未（四十年，1775）学诗，至道光乙未（十五年，1835），六十年来所作甚多，今于病中点定，得四百余首，分为六卷。年岁之盛衰、山川之游览、友朋之聚散，备见于此矣。"

戴　清（1762—1828）

原名宁，字静斋。清仪征人。其先世为休宁人，祖父始迁来。天资颖异，自出就外傅。弱冠补附学生，食饩廪。嘉庆十八年（1813）岁贡生。候选训导。性耽典籍，凡有关实学者，勤加采录，异同疑似，尤所究心。折节下交刘文淇，凡所著书皆属刘校订。著述颇富，以家贫不能付梓。

春秋三传释地不分卷　经部春秋总义类

清抄本，阮亨跋，国家图书馆藏。

四书典故考辨 1 卷　子部四书类

(1) 清咸丰刻本，南京图书馆藏。

(2)《续修四库全书》本。

戴静斋经解无卷数　经部群经总义类

(1) 稿本，见《贩书偶记续编》第 29 页著录原稿本，首有道光四年（1824）自序。

(2) 清道光四年刻本，清华大学图书馆藏。

群经释地 10 卷　经部群经总义类

(1)《戴静斋先生遗书》本。

(2) 稿本，顾广圻、郑捷三跋，国家图书馆藏。

(3) 2015 年广陵书社《扬州文库》本。

韵辨 3 卷　经部小学类　佚

史记正误 1 卷　史部正史类　佚

左氏兵法集证 2 卷　子部兵书类　佚

经史管见 4 卷　子部杂学类　佚

新序正误 1 卷　子部小说类　佚

说苑正误 1 卷　子部小说类　佚

双柑草堂古今体诗 8 卷古文 2 卷骈体文 2 卷　集部别集类　佚

以上 7 种见刘文淇《清溪旧屋文集》卷 8《戴静斋先生传》。

戴静斋先生遗书 2 卷　丛书类

清咸丰元年(1851)仪征刘文淇等刻本,国家图书馆藏。

子目:

《四书典故考辨》1 卷

《群经释地》1 卷

胡禧临

字吉士。清仪征人。庠生。敦品绩学,少受知于沈廷芳,许为纯儒。生平无疾言遽色,凡书籍中有益身心语,每稿录粘诸壁,朝夕观览,躬行实践。时重其品,称吉士先生。晚尤深于程朱之学,手披笔注,于语录多所发明。从游之士,靡不成就。年逾 90 而卒。

养拙斋语录　子部儒学类　佚

启悟诗集　集部别集类　佚

冠社文稿　集部别集类　佚

以上 3 种见道光《重修仪征县志》卷 35。

黄家干

清仪征人。

问鹂草堂杂志 4 卷　子部杂学类　佚

问鹂草堂诗钞 2 卷　集部别集类　佚

以上 2 种见同治《续纂扬州府志》卷 22。

许　旋

清仪征人。

竹翁诗钞 2 卷　集部别集类　佚

陶穴吟 1 卷　集部别集类　佚

以上 2 种见同治《续纂扬州府志》卷 22。

刘舜仪

字湘云。清仪征人。王柳泉侧室。

唾花阁集　集部别集类　佚

见《江苏诗征》卷 171,并收其诗 2 首。

张　桐

清仪征人。文豹子。

桂子庄小草　集部别集类　佚

见《淮海英灵集》丙集卷 3。此辑其父文豹诗。

阮　元(1764—1849)

字伯元,号芸台,又号雷塘庵主。清仪征人,世居北湖公道桥。乾隆五十四年(1789)进士,改庶吉士,由翰林直南书房,旋督山东、浙江学政。嘉庆初,历官兵部、礼部、工部、户部侍郎。又尝总裁会试,得士颇盛,一时名流悉出其门。其后复出任浙、赣、豫等省巡抚,湖广、两广、云贵总督。道光时,官至体仁阁大学士,加太傅。卒谥文达。生平持躬谨慎,为政务崇大体。历官所至,以倡学术、兴学教士为己任。博学淹通,精研经学,提倡朴学,长于考证,亦重地方文献。所著自经史、小学、天算、舆地,以及金石、校勘、诗文,堪称通才。主编大型丛书,于古学术之总结与发展,贡献颇大。故史家以扬州学派巨擘号之,不为过也。

周易校勘记 9 卷略例校勘记 1 卷释文校勘记 1 卷　经部易类

(1)《皇清经解》本。

(2)《宋本十三经注疏》本。

(3)《经典释文校勘记》本。

(4) 1983年台北新文丰出版公司《大易类聚约编》本，收《周易校勘记》9卷。

钞本周易　经部易类

《稀见清代四部辑刊》本。

尚书校勘记20卷释文校勘记2卷　经部尚书类

(1)《皇清经解》本。

(2)《宋本十三经注疏》本。

(3)《经典释文校勘记》本。

书古训3卷　经部尚书类

《皇清经解续编》本。

毛诗校勘记7卷释文校勘记3卷　经部诗经类

(1)《皇清经解》本。

(2)《宋本十三经注疏》本。

(3)《经典释文校勘记》本。

三家诗补遗3卷　经部诗经类

(1)《观古堂汇刻书》本。

(2)《郎园先生全书》本。

(3) 仪征李氏崇惠堂刻本，题《阮氏三家诗补遗》3卷，北京大学图书馆藏。

(4) 清光绪二十四年(1898)长沙叶氏刻本，南京图书馆藏。

(5) 1935年长沙中国古书刻印社汇印本。

周礼校勘记12卷释文校勘记2卷　经部周礼类

(1)《皇清经解》本。

(2)《宋本十三经注疏附校勘记》本。

(3)《经典释文校勘记》本。

考工记车制图解 2 卷　经部周礼类

(1)《皇清经解》本。

(2)《昭代丛书》本。

(3) 清乾隆五十三年刻本,清孙诒让批校。

(4) 清乾隆五十七年七录书馆刻本,南京图书馆藏。

(5) 清道光十三年(1833)吴江沈氏世楷堂刻本,1 卷。

(6)《续修四库全书》本。

仪礼注疏 50 卷附校勘记 50 卷　经部仪礼类

汉郑玄注　唐贾公彦疏　清阮元校勘

(1)《重刊宋本十三经注疏》本,王国维点校并跋,国家图书馆藏。

(2)《四部备要》本。

仪礼校勘记 17 卷释文校勘记 1 卷　经部仪礼类

(1)《皇清经解》本。

(2)《宋本十三经注疏附校勘记》本。

(3)《经典释文校勘记》本。

礼记校勘记 63 卷释文校勘记 4 卷　经部礼记类

(1)《皇清经解》本。

(2)《宋本十三经注疏附校勘记》本,王国维校并跋,国家图书馆藏。

(3)《经典释文校勘记》本。

大戴礼记补注　经部大戴礼类

清嘉庆刻本。

春秋公羊传校勘记 11 卷释文校勘记 1 卷　经部春秋公羊传类

(1)《皇清经解》本。

(2)《宋本十三经注疏》本。

(3)《经典释文校勘记》本。

监本附释音春秋公羊注疏 28 卷附校勘记 28 卷　经部春秋公羊传类

汉何休解诂　唐陆德明音义　唐徐彦疏　清阮元校勘

(1)《宋本十三经注疏》本，国家图书馆藏。

(2)《四部备要》本。

附释音春秋左传注疏 60 卷附校勘记 60 卷　经部春秋左传类

晋杜预注　唐陆德明音义　唐孔颖达疏　清阮元校勘

(1)《重刊宋本十三经注疏》本。

(2)《四部备要》本。

春秋左传校勘记 36 卷释文校勘记 6 卷　经部春秋左传类

(1)《皇清经解》本。

(2)《宋本十三经注疏》本。

(3)《经典释文校勘记》本。

监本附音春秋穀梁注疏 20 卷附校勘记 20 卷　经部春秋穀梁传类

晋范宁集解　唐陆德明音义　唐杨士勋疏　清阮元校勘

(1)《重刊宋本十三经注疏》本。

(2)《四部备要》本。

春秋穀梁传校勘记 12 卷释文校勘记 1 卷　经部春秋穀梁传类

(1)《皇清经解》本。

(2)《宋本十三经注疏》本。

(3)《经典释文校勘记》本。

论语疏注解经 20 卷附校勘记 20 卷　经部四书类

魏何晏集解　宋邢昺疏　清阮元校勘

(1)《重刊宋本十三经注疏》本。

(2)《四部备要》本。

论语校勘记 10 卷释文校勘记 1 卷　经部四书类

(1)《皇清经解》本。

(2)《宋本十三经注疏》本。

(3)《经典释文校勘记》本。

孟子注疏解经 14 卷附校勘记 14 卷　经部四书类

汉赵岐注　宋孙奭疏　清阮元校勘

（1）《重刊宋本十三经注疏》本。

（2）《四部备要》本。

孟子校勘记 14 卷音义校勘记 2 卷　经部四书类

《皇清经解》本。

孟子注疏校勘记 28 卷音义校勘记 2 卷　经部四书类

（1）《宋本十三经注疏》本。

（2）《经典释文校勘记》本。

孝经校勘记 3 卷释文校勘记 1 卷　经部孝经类

（1）《皇清经解》本。

（2）《宋本十三经注疏》本。

（3）《经典释文校勘记》本。

孝经义疏 1 卷　经部孝经类

（1）《皇清经解》本。

（2）《今古文孝经汇刻》本。

（3）清道光中福山王氏日省吾斋刻本。

尔雅校勘记 6 卷释文校勘记 2 卷　经部小学类

《皇清经解》本。

尔雅注疏校勘记 6 卷释文校勘记 6 卷　经部小学类

（1）《宋本十三经注疏》本。

（2）《经典释文校勘记》本。

经籍籑诂 106 卷附补遗　经部小学类

清阮元等编撰

（1）清嘉庆十七年（1812）扬州阮氏琅嬛仙馆刻本，南京图书馆藏。

（2）清嘉庆十九年学海堂刻本。

（3）清同治十二年（1873）淮南书局补刻本，南京图书馆藏。

（4）清光绪六年淮南书局重刻本。

（5）清光绪九年点石斋石印缩印本。

（6）清光绪十四年鸿文书局（鸿宝斋）石印本，南京图书馆藏。

(7) 清光绪二十年点石斋石印本,南京图书馆藏。

(8) 上海漱卯山庄石印本。

(9) 清光绪间文瑞楼影印本,南京图书馆藏。

(10) 1936 年上海国学整理社影印嘉庆本。

(11) 1981 年中华书局据琅嬛仙馆本影印本,订正明显错误,加笔划索引、同字异体表。

(12) 1982 年成都古籍书店影印本。

(13) 1989 年上海古籍刻印社影印本。

(14)《续修四库全书》本。

按:是书为训诂书。阮元于浙江督学任上总汇名流 45 人,分书类辑,历 2 年编成,为阅读、研究古籍必备之工具书。

经典释文校勘记 25 卷　经部群经总义类

清阮元撰　翁方纲、陈寿祺校注

清嘉庆十三年阮氏文选楼刻本,国家图书馆藏。

仪礼石经校勘记　群经总义类

(1) 清乾隆六十年七录书阁刻本,吴骞校,国家图书馆藏。

(2) 阮亨辑《文选楼丛书》本。

(3)《粤雅堂丛书》本。

(4) 清光绪十六年四川尊经书院《石经汇函》本。

诗书古训　经部群经总义类

(1)《皇清经解续编》第 55—58 册,10 卷。

(2)《皇清经解续编》第 6 册,6 卷。

(3)《粤雅堂丛书》第 135—142 册,6 卷。

(4)《丛书集成初编》本,6 卷。

(5) 清道光二十一年仪征阮氏刻本,6 卷,国家图书馆、台湾大学图书馆藏。

(6) 2015 年广陵书社《扬州文库》本。

揅经室集 7 卷　经部群经总义类

《皇清经解》本。

十三经注疏校勘记　经部群经总义类

(1) 清嘉庆十三年扬州阮氏文选楼刻本，题《十三经注疏校勘记并释文校勘记》245卷，首有段玉裁序，俗称阮氏原刊本，徐时栋校，国家图书馆藏。

(2) 清嘉庆二十年南昌府学刻本，题《重刊宋本十三经注疏附校勘记》416卷，一作《十三经注疏校勘记》237卷，台湾大学图书馆藏。

(3)《皇清经解》本，作248卷。

(4) 清道光刻本，题《十三经注疏》十三种366卷附校勘记，南京图书馆藏。

(5) 清同治十年广东书局刻本，台湾"中央图书馆"原藏。

(6) 清同治十二年江西书局刻本，上海图书馆藏。

(7) 清光绪十八年湖南宝庆务本书局刻本，台湾大学图书馆藏。

(8) 1926年石印本。

(9) 1935年上海世界书局缩印本。

(10) 1980年中华书局影印本。

(11)《续修四库全书》本。

(12) 2015年北京大学出版社出版。

按：嘉庆年间，阮元以已所藏宋本十一经与北宋单疏本《仪礼》《尔雅》为主重刻《十三经注疏》，并聘学者多人进行校勘，参校古今各本甚多。校勘中，"有知宋版之误字，亦不使轻改，但加圈于误字之旁，而别据校勘记，择其说附载于每卷之末，俾后之学者不疑于古籍之不可据"(阮元《重刻宋版注疏总目录》附记)，可谓审慎。刻书过程中，阮氏调抚河南，交替之际，不能亲自校勘，故错字仍多，校勘记去取亦不尽善，阮氏亦不以此为善。然较之流行的汲古阁本和殿本，佳甚矣。

浙士解经录3卷附浙江考卷1卷　经部群经总义类

清阮元辑

清再到亭刻本，南京图书馆藏，题《浙士解经录》5卷。

儒林传稿4卷　史部传记类

(1)《知足斋丛书》本。

(2)《榕园丛书》本。

(3) 清道光间刻本，南京图书馆藏。

(4) 无刻书年月，约同治间刊，为《儒林传》2卷、《文苑传》2卷、《循吏传》1卷、《贤良传》2卷，共7卷。见《贩书偶记》。

(5) 清光绪十一年刻本。

(6) 清抄本，题《儒林传拟稿》，1册，不分卷，国家图书馆藏。

(7) 抄本1卷，南京图书馆藏。

(8) 清文选楼抄本，天一阁博物馆藏。

(9)《续修四库全书》本。

国史儒林传2卷　史部传记类

清刻本，国家图书馆藏。

国史儒林传8卷　史部传记类

(1) 抄本，台湾"中央图书馆"原藏。

(2) 稿本，不分卷，6册，北京大学图书馆藏。

(3) 写本，合《文苑传》，日本静嘉堂藏。

国史儒林传2卷文苑传2卷循吏传2卷贤良传2卷　史部传记类

清同治间刻本，缪荃孙批，重庆图书馆藏。

文苑传拟稿不分卷

(1) 清抄本，曹振镛跋，北京文物局藏。

(2) 清嘉兴钱氏抄本，钱泰吉跋，上海图书馆藏。

畴人传9卷　史部传记类

(1)《皇清经解》本。

(2) 清道光间文选楼刻本。

畴人传46卷　史部传记类

(1)《文选楼丛书》本。

(2)《测海山房中西算学丛书》本。

(3) 民国商务印书馆《国学基本丛书》本,1955 年重印。

(4)《续修四库全书》本。

(5) 广陵书社 2009 年《畴人传汇编》本。

(6) 中州古籍出版社 2012 年《畴人传合编校注》本。

按:阮氏得李锐、周治平、钱大昕、凌廷堪、谈泰、焦循之助,纂成是编。记历代天文、历法、数学、艺术等专门学者,凡 280 人,于历代创造发明、仪器制度,摭录特详。后门人罗氏有《续畴人传》6 卷,专补阮撰。又有褚可宝《畴人传三编》7 卷,其中 2 卷亦补阮作。

郑司农年谱　史部传记类

清孙星衍撰　阮元补订　黄奭案

(1)《汉学堂丛书》本。

(2)《黄氏逸书考》本。

(3)《北京图书馆藏珍本年谱丛刊》本。

王文端(杰)年谱 1 卷　史部传记类

(1) 清嘉庆间《葆淳阁集》本。

(2)《北京图书馆藏珍本年谱丛刊》本。

陈恭甫行状 1 卷附传　史部传记类

清光泽高澍然、仪征阮元、嘉兴钱仪吉、仁和陈善、富阳周凯等撰

清道光间刻本,见《贩书偶记续记》卷 6《传记类》。

按:此为闽县陈寿祺行状。

净因道人传 1 卷　史部传记类

清阮元撰　孙星衍署首　吴锡祺、唐仲冕、程恩泽赞　屠倬、汪为霖跋　李葆恂题款

稿本,国家图书馆藏。

壮烈伯李长庚行述 1 卷　史部传记类

清抄本,上海图书馆藏。

梧门先生年谱 1 卷　史部传记类

(1) 清嘉庆二十一年刻本,上海图书馆藏。

(2) 抄本,上海图书馆藏。

(3)《北京图书馆藏珍本年谱丛刊》本。

江西铜鼓营同知刘君传　史部传记类

抄本,扬州市图书馆藏。

两浙辅轩录 40 卷补遗 10 卷　史部传记类

清阮元辑

(1) 清嘉庆六年仁和朱氏钱塘陈氏同刻本,无《补遗》10 卷,南京图书馆藏。

(2) 清光绪十六年浙江书局重刻本,南京图书馆藏。

(3) 稿本,存 4 册,上海图书馆藏。

(4)《续修四库全书》本。

(5) 2012 年浙江古籍出版社出版。

四史疑年录 7 卷　史部传记类

清阮元、刘文如合撰

(1) 清嘉庆二十三年刻本,有雷塘庵主序及刘序,国家图书馆藏。

(2) 清宣统元年(1909)《榆园丛书》本,有谭献刻书序。

(3) 抄本,2 册,南京图书馆藏。

不得已 2 卷附杨光生传 1 卷　史部传记类

清杨光先撰　《附》阮元撰

(1) 清同治抄本,南京图书馆藏。

(2) 清抄本,南京图书馆藏。

(3) 清光绪二十八年胡子安据刻本影抄。

(4) 2000 年黄山书社标点本。

续修漕运全书 30 卷　史部政书类

清抄本,存卷 2—29,辽宁省图书馆藏。

钦定重修两浙盐法志 30 卷首 1 卷　史部政书类

清阮元等修　冯浩等纂　杨昌濬续

(1) 清嘉庆七年刻本,24 册。

（2）清同治十三年续刻本，南京图书馆藏。

（3）《续修四库全书》本。

（4）2012 年浙江古籍出版社出版。

两广盐法志 35 卷首 1 卷　史部政书类

清阮元等修　伍长华等纂

（1）清道光十五年刻本，南京图书馆藏。

（2）清道光二十五年刻本。

（3）2015 年广西师范大学出版社出版。

浙江图考 3 卷　史部地理类

（1）清嘉庆八年刻本，1 卷。

（2）清嘉庆十二年《揅经室集》本。

海运考 2 卷　史部地理类　佚

海塘图考 16 卷　史部地理类　佚

以上 2 种见嘉庆《重修扬州府志》卷 62。

两浙防护陵寝祠墓录不分卷　史部地理类

清阮元辑

（1）清嘉庆间刻本，《四库简明目录标注》作 11 卷。

（2）清会稽董氏家塾排印本，四川大学图书馆藏。

（3）清光绪十五年浙江书局重刻本，北京大学图书馆藏。

（4）抄本，南京图书馆藏。

（道光）广东通志 334 卷首 1 卷　史部地理类

清阮元等修　陈昌齐、江藩、刘彬华等纂

（1）清道光二年刻本，南京图书馆藏。

（2）清同治三年重刻本，南京图书馆藏。

（3）1934 年上海商务印书馆影印本，南京图书馆藏。

（4）1990 年上海古籍出版社影印商务印书馆本。

（5）《续修四库全书》本。

（6）《中国地方志集成·省志辑》本。

云南通志稿216卷　史部地理类

清阮元等修　王崧等纂

清道光十五年刻本，南京图书馆藏。

（嘉庆）嘉兴府志80卷　史部地理类

清阮元修　冯应榴等纂

清嘉庆五年刻本，南京图书馆藏。

嘉庆扬州府图经　史部地理类

清阮元等编

清抄本，国家图书馆藏。

扬州北湖续志6卷补遗2卷　史部地理类

（1）清道光二十七年刻本，南京图书馆藏。

（2）2015年广陵书社《扬州文库》本。

竹垞小志5卷　史部地理类

（1）清嘉庆三年七录书阁本，南京图书馆藏。

（2）《静园丛书》本。

（3）《古今说部丛书》本。

（4）1924年铅印本，清华大学图书馆藏。

山海经笺注疏18卷　史部地理类

清阮元校刻

清嘉庆十四年琅嬛仙馆刻本，南京图书馆藏。

四库未收书目提要5卷　史部目录类

（1）清道光三年《文选楼丛书》原刻本，题《揅经室外集》，南京图书馆藏。

（2）石印本，附《四库全书总目提要》后。

（3）清同治十年双流黄氏济忠堂重刻本，复旦大学图书馆藏。

（4）清光绪八年大兴傅氏刻本，题《揅经室进书录》4卷，南京图书馆藏。

（5）1925年上海扫叶山房石印本，题《钦定四库全书简明目录未收书目提要》，河南大学图书馆藏。

(6) 1935年上海商务印书馆铅印本。

(7) 1955年商务印书馆排印本。

(8) 1965年中华书局影印本，附《四库全书总目》后。

(9) 清抄本，南京图书馆藏。

(10) 清抄本，国家图书馆藏。

按：阮氏官浙时，购求“四库”当收而未收之书，每得1种，即请鲍廷博、何元锡等仿《四库全书总目》体例撰提要1篇，经其改定，随书进呈。十数年间进百余部。子福汇校《揅经室集》时拟收入，阮氏因非独作，附于集后，曰《外集》，共4卷。清傅以礼就此，按四部重新编序，另补版本及《瀛洲笔谈》提要1篇，题名《揅经室进书录》(5卷)。后改今名，收175种，与《揅经室外集》稍异，其提要亦有讹误，后人有《未收书目提要补正》。

天一阁书目□卷　史部目录类

清阮元、范邦甸等撰

稿本(存集部)，上海图书馆藏。

天一阁书目4卷补遗1卷附碑目1卷续增1卷　史部目录类

清阮元、范邦甸等撰

(1) 清嘉庆十三年阮氏文选楼刻本，南京图书馆藏。

(2)《续修四库全书》本。

(3) 2010年上海古籍出版社点校本。

按：复旦大学图书馆藏本清张鉴校，王大隆跋。《碑目》清钱大昕编，清范懋敏续编。

文选楼藏书记6卷　史部目录类

(1) 清李氏越缦堂乌丝栏抄本，国家图书馆藏。

(2) 清抄本，南京图书馆藏。

(3) 民国间约园抄本，国家图书馆藏，存卷5、卷6，版心题《四明丛书》。

(4)《四库未收书辑刊》本。

(5) 2009 年上海古籍出版社点校本。

(6) 2015 年广陵书社《扬州文库》本。

灵隐藏书纪事不分卷　史部目录类

清抄本,南京大学图书馆藏。

示生童书目 1 卷　史部目录类

清刻本,日本国会图书馆藏。

积古斋藏器目 1 卷　史部金石类

(1)《灵鹣阁丛书》本。

(2)《丛书集成初编》本。

(3) 1980 年代台湾学生书局影印本。

文选楼鉴藏碑目不分卷　史部金石类

稿本,清汪鋆跋,国家图书馆藏。

积古斋钟鼎彝器款识 10 卷　史部金石类

(1) 清嘉庆九年扬州阮氏《文选楼丛书》本,南京图书馆藏。

(2) 清光绪五年上海中华图书馆铅印本,南京图书馆藏。

(3) 清光绪九年常熟鲍氏后知不足斋刻本,南京图书馆藏。

(4) 清光绪十年羊城鉴古书局石印本,复旦大学图书馆藏。

(5) 清光绪三十三年上海醉六堂石印本,南京图书馆藏。

(6) 清抄本,北京大学图书馆藏。

(7) 1927 年上海大一统书局影印本,浙江师范大学图书馆藏。

(8) 民国间上海中华图书馆影印本,苏州大学图书馆藏。

(9)《丛书集成初编》本。

(10) 手抄本,残存 8、9、10 卷,同治津门朱耀第(峻堂)手抄。

(11) 1980 年代台湾学生书局影印本。

(12)《续修四库全书》本。

阮氏积古斋钟鼎彝器款识节本 2 卷　史部金石类

《皇清经解》本。

历代钟鼎彝器款识法帖 20 卷　史部金石类

宋薛尚功撰　清阮元刻

清嘉庆二年阮元刻本，国家图书馆藏 2 种，一为尹寿彭校注并跋，一为王国维校注。

钟鼎款识 1 卷　史部金石类

宋王厚之辑　清阮元考释并刊刻

(1) 清嘉庆七年阮氏积古斋影刻宋拓琉球纸印本，有阮元跋。国家图书馆藏。

(2) 影刻宋拓本，另有 2 种，一为谢蓥题款、鲍逸福跋，一为许瀚批注并跋。国家图书馆藏。

阮氏钟鼎补遗 2 卷　史部金石类

清抄本，华东师范大学图书馆藏。

山左金石志 24 卷　史部金石类

清嘉庆二年仪征阮氏小琅嬛仙馆刻本，台北“中央研究院”历史语言研究所傅斯年图书馆藏。

粤东金石略 18 卷　史部金石类

见《清史稿艺文志及补编》。

两浙金石志 18 卷补遗 1 卷　史部金石类

清阮元编　阮福补遗

(1) 清道光四年浙江抚署原刻本，南京图书馆藏。

(2) 清道光四年山阴李汉广东刻本，无补遗。台北“中央研究院”历史语言研究所藏为 10 卷本。

(3) 清光绪十六年浙江书局重刻本，南京图书馆藏。

阮氏积古斋汉铜印得不分卷　史部金石类

清阮元辑

清钤印本，1 册，绿格白口四周双边，国家图书馆藏。

阮氏文选楼重摹天一阁宋拓石鼓文 1 卷　史部金石类

清拓本，日本关西大学图书馆藏。

汉延熹西岳华山碑考4卷　史部金石类

(1)《文选楼丛书》本。

(2)《丛书集成初编》本。

游浯溪读唐中兴颂刻石　史部金石类

清拓本,复旦大学图书馆藏。

国朝碑版录20卷　史部金石类

见嘉庆《重修扬州府志》卷62。

曾子注释4卷叙录1卷　子部周秦诸子类

(1) 清嘉庆三年阮氏揅经室原刻本,国家图书馆藏。

(2)《文选楼丛书》本。

(3)《皇清经解》本,4卷。

(4) 清抄本,华东师范大学图书馆藏。

(5)《丛书集成初编》本,题《曾子十篇》4卷《叙录》1卷。

(6) 2015年广陵书社《扬州文库》本。

曾子十篇注释1卷　子部周秦诸子类

《曾子四种》本。

按:《汉书·艺文志》著录《曾子》18篇,已佚,《大戴礼记》中有10篇,宋王晫、明曾承业取之分录为辑本。阮氏重新厘定,并加注释,采中西天文算学之说释之,为研究曾子思想之善本。

性命古训附威仪说1卷　子部儒学类

清道光《揅经室集》第3册。

论语论仁论1卷　子部儒学类

孟子论仁论1卷　子部儒学类

以上2种见民国《江都县续志》卷27。

化州桔记1卷　子部农家类

清嘉庆刻本,南京图书馆藏。

地球图说1卷附补图1卷　子部艺术类

清西洋蒋友仁译　何国宗、钱大昕润色　阮元补图

(1) 清嘉庆四年《文选楼丛书》本。

(2)《丛书集成初编》本。

石渠随笔 8 卷　子部艺术类

(1)《文选楼丛书》本。

(2)《粤雅堂丛书》巾箱本。

(3)《笔记小说大观》本。

(4) 钞本,有何元锡印、梦华馆藏书二印,南京图书馆藏。

(5) 清抄本,清王宗炎校,国家图书馆藏。

石画记 5 卷　子部艺术类

(1) 清道光二十年学海堂刻本,吉林大学图书馆藏。

(2) 清光绪三年《学海堂丛刻》本。

(3) 稿本,不分卷,国家图书馆藏。

珠湖草堂图 1 卷　子部艺术类

珂罗版影印本,国家图书馆藏。

柳堂春泛图诗钞 1 卷竹林茶隐图诗钞 1 卷隐园醉月图诗钞 1 卷　子部艺术类

(1) 抄本,扬州市图书馆藏。

(2) 2015 年广陵书社《扬州文库》本。

阮芸台藏印不分卷　子部艺术类

钤印本,国家图书馆藏。

小沧浪笔谈 4 卷　子部杂学类

(1)《文选楼丛书》本。

(2) 清光绪二十六年重刻本,南京图书馆藏。

(3)《丛书集成初编》本。

定香亭笔谈 4 卷　子部杂学类

(1) 清嘉庆五年扬州阮氏琅嬛仙馆刻本,南京大学图书馆藏。

(2) 清光绪十年瀨江宋氏刻本,宁夏大学图书馆藏。

(3) 清光绪十年《花雨楼丛钞》续钞本,辽宁大学图书馆藏。

(4) 清光绪二十五浙江书局重刻本，南京师范大学图书馆藏。

(5)《丛书集成初编》本。

(6)《昭代丛书》本，1 卷。

(7)《续修四库全书》本。

瀛州书记 4 卷　子部杂学类

见嘉庆《重修扬州府志》卷 62。

按：道光《重修仪征县志》卷 44 作 6 卷。

揅经室诗录 5 卷　集部别集类

(1)《文选楼丛书》本。

(2) 清嘉庆二十四年琅嬛仙馆精刻本，作《文选楼诗存》5 卷，复旦大学、华东师范大学图书馆等藏。

(3)《粤雅堂丛书》本。

(4) 清道光十三年琅嬛仙馆精刻本。

(5) 清咸丰五年(1855)刻本。

(6)《丛书集成初编》本。

(7)《清代诗文集汇编》本。

琅嬛仙馆诗略 8 卷　集部别集类

清嘉庆十三年巾箱本，南京图书馆藏。

琅嬛仙馆诗 5 卷　集部别集类

(1) 稿本，台湾"中央图书馆"原藏。

(2) 2015 年广陵书社《扬州文库》本。

文选楼诗草 1 卷　集部别集类

稿本，朱为弼跋，浙江图书馆藏。

阮元诗集　集部别集类

2011 年阮家仁编，扬州邗江区公道镇诗词协会印，收录诗词 1199 首，扬州市图书馆藏。

揅经室文集 18 卷　集部别集类

清嘉庆十二年乌程张鉴校刻本，国家图书馆藏。

楚中文笔2卷附录1卷　集部别集类

清同治四年刻本，复旦大学图书馆藏。

揅经室文稿1卷　集部别集类

清道光刻本，南京图书馆藏。

揅经室集　集部别集类

（1）清道光三年文选楼刻本，计一集14卷二集8卷三集5卷四集11卷续集9卷再续集6卷外集5卷，共58卷，南京图书馆藏。

（2）《文选楼丛书》本，计一集14卷二集8卷三集5卷四集2卷四集4卷诗11卷续集11卷再续二集7卷外集5卷，共67卷，南京图书馆藏。

（3）清道光三年刻本，题揅经室集56卷。

（4）清道光五年阮氏文选楼刻本，题揅经室集40卷外集5卷续集11卷再续6卷，共62卷，南京图书馆藏。

（5）清道光二十三年仪征阮氏家刻本，题揅经室集63卷，南京图书馆藏。

（6）清道光刻本，计初集14卷二集8卷三集5卷四集12卷续集9卷外集5卷，共53卷，南京图书馆藏。

（7）民国间上海涵芬楼影印本，题揅经室集57卷，一作54卷。

（8）《四部丛刊》本，计一集14卷二集8卷三集5卷四集2卷诗11卷续集9卷外集5卷，共54卷。

（9）《丛书集成初编》本，计一集14卷二集8卷三集5卷四集2卷诗11卷续集11卷，共51卷。

（10）《清代诗文集汇编》本。

按:是集之前4集为阮氏自订，隐然以经、史、子、集为次。余为诗文合编，多出于鲍廷博、何元锡之手。阮氏自称其学在训诂，盖在由训诂以明义理，治经史方能得其本源。故集中以论经史、小学居多，而卓识精义迭出。付梓时大字深刻，刷印亦佳，惟疏于校勘，中多误字。

阮元家书7帙　集部别集类

（1）稿本，1册，扬州市图书馆藏。

(2) 2015 年广陵书社《扬州文库》本。

阮文达致仕后家书不分卷　集部别集类

(1) 稿本,2 册,国家图书馆藏。

(2) 2015 年广陵书社《扬州文库》本。

阮元等信札　集部别集类

稿本,北京大学图书馆藏。

淮海英灵集 22 卷　集部总集类

清阮元辑

(1) 清嘉庆三年仪征阮氏小琅嬛仙馆自刻本,南京图书馆藏。

(2)《文选楼丛书》本。

(3)《丛书集成初编》本。

(4)《续修四库全书》本。

(5) 2015 年广陵书社《扬州文库》本。

(6) 2016 年国家图书馆出版社《历代地方诗文总集汇编》本。

八甎吟馆刻烛集 3 卷　集部总集类

清阮元辑

《文选楼丛书》本,3 卷。

诂经精舍文集 14 卷　集部总集类

(1)《文选楼丛书》本。

(2)《丛书集成初编》本。

学海堂初集 16 卷(一作学海堂集)　集部总集类

清道光五年至十八年启秀山房刻本,南京图书馆藏。

江浙诗存 6 卷　集部总集类

清阮元、秦瀛、王昶合编

清嘉庆刻本,南京图书馆藏。

江浙二十家诗钞　集部总集类

清阮元鉴定

清刻本,北京大学图书馆藏。

浙江诗课10卷附浙江考卷1卷浙士解经录2卷　集部总集类

清阮元辑

清再到亭刻本，南京图书馆藏。

山左诗课4卷　集部总集类

清阮元订

清乾隆五十八年七录书阁刻本，南京图书馆藏。

山左考卷不分卷　集部总集类

清牟廷相等撰　阮元订

清乾隆刻本，复旦大学图书馆藏。

全唐文1000卷　集部总集类

清董诰、阮元等编

(1) 清嘉庆十三年至十九年内府原刻本，南京图书馆藏。

(2) 1983年中华书局缩印本。

(3) 1990年上海古籍出版社影印本。

(4) 2013年中华书局影印本。

广陵诗事10卷　集部诗文评类

(1)《文选楼丛书》本。

(2) 清光绪十六年重刻本，南京图书馆藏。

(3)《丛书集成初编》本。

(4) 2005年广陵书社标点本。

(5) 2015年广陵书社《扬州文库》本。

衡文琐言1卷　集部诗文评类

词科掌录16卷　集部诗文评类

以上2种见嘉庆《重修扬州府志》卷62。

小琅嬛仙馆叙录书三种6卷　丛书类

清阮元编

清嘉庆三年阮氏刻本，清李慈铭批校并跋，国家图书馆藏。

子目：

《述学》2卷　清汪中撰

《溉亭述古录》2卷　清钱塘撰

《仪郑堂文集》2卷　清孔广森撰

宛委别藏一百六十种　丛书类

清阮元辑

(1) 稿本,现藏台湾。

(2) 1935年上海商务印书馆影印本,名《选印宛委别藏四十种》,线装150册。

(3) 1981年台北商务印书馆影印稿本。

(4) 1988年江苏古籍出版社影印台北本。

按:嘉庆年间,阮元进《四库》未著之书160种,嘉庆帝名之曰“宛委别藏”。百余年间,阮氏所进诸书,十刊八九。1924年故宫博物院成立,择其未刊者《周易经疑》《诗义义说》等40种,交上海商务印书馆,于1935年影印行世。子目从略。

文选楼丛书三十四种478卷　丛书类

清阮元辑刻　阮亨汇印

(1) 清嘉庆至道光间阮印编刻本,南京图书馆藏。

(2) 2011年广陵书社影印本。

按:阮元自刻其中大半,为其所撰述及并世名贤之作。道光二十二年,其弟亨乃搜文选楼、积古斋诸处所贮书板,汇为一编。其中阮元所刻者为多,亦有门下士及亨及子侄辈所刊者。初印32种,又增为34种。然阮氏所刻之书,为类甚繁,尚有遗漏,如阮元所刊《钱遵王读书敏求记》,即未收入。子目从略。

皇清经解(一作学海堂经解、清经解)1400卷　丛书类

清阮元辑

(1) 清道光九年广东学海堂刻本,南京图书馆藏。

(2) 清咸丰十一年补刊学海堂本,为1408卷,南京图书馆藏。

(3) 清光绪十三年石印巾箱本,南京图书馆藏。

(4) 清光绪十七年上海鸿宝斋石印本，190 卷，南京图书馆藏。

(5) 清光绪中上海点古斋石印本，190 卷，南京图书馆藏。

(6) 1988 年上海书店影印本。

(7) 2005 年凤凰出版社影印本。

按：是丛书为阮氏辑于道光时两广总督任内。汇集清学者经解 188 种，与纳兰成德辑《通志堂经解》前后相承，并称清代两大书。光绪年间王先谦又辑《皇清经解续编》209 种，1400 余卷。正续《经解》反映了经学发展鼎盛期之成就，集清代经学著作之大成。且不拘于经学，涉及小学、史学、文学、地理等方面之研究成果，具有很高学术价值。子目从略。

汪光爔(1765—1807)

字晋蕃，号芝泉，一作芝渊。清仪征人。棣子。诸生。幼承父训，为人诚笃，言不及俗事。少处丰，俭而好礼。长处困乏，不以升斗为忧。博通经史，深于《尚书》，字栉句解无滞义，兼习毛《诗》《礼记》，通其大旨，尤好《易》，汇汉魏诸家，考而释之，辨惠栋《易爻辰图》之误。苏、李、建安而后名家诗多能成诵，精熟《文选》，工骈骊。与惠栋、戴震、焦循、王昶、王鸣盛辈为莫逆交。阮元弟亨师事之。患肺疾，病中犹手披《大戴礼》《文选》不止。

萬稗释 1 卷　经部小学类　佚

见道光《重修仪征县志》卷 37。

芝泉遗稿 1 卷　集部别集类　佚

见道光《重修仪征县志》卷 45。

按：阮亨《瀛舟笔谈》录其诗 2 首。《江苏诗征》卷 73 收其诗 1 首。

张春雷(1766—1835)

字安甫，又字樵云，自号华阳山樵。清江都人。张锡爵子。乾隆诸生。屡试不第，遂肆力于诗古文辞，耽吟咏，精书画，画梅法金农，花草树石，老逸苍秀。尤擅画博古图，善篆刻，工稳秀丽，为陈鸿寿所赏，因以“篆隐”名其居。卒年70。

香月山房随笔不分卷　子部艺术类

清抄本，辽宁省图书馆藏。

画解随笔1卷　子部艺术类　佚

画论1卷　子部艺术类　佚

题画草1卷　子部艺术类　佚

杂著1卷　子部杂学类　佚

香月山房诗存4卷　集部别集类　佚

瞻云书屋诗赋3卷　集部别集类　佚

礼耕堂课艺1卷　集部别集类　佚

古文分体简钞5卷　集部总集类　佚

古文体制摭言1卷　集部总集类　佚

以上9种见《广陵思古编》卷9小传，收其文1篇。

吴文涛

字鲁山，号颖泉。清仪征人。珩子。好吟咏，年70外，手录成帙。

自怡稿　集部别集类　佚

见道光《重修仪征县志》卷37。

程　元

字起予。清仪征人。与弟章垣相师生。

寒窗唱和诗(一作寒窗唱和集)1卷　集部总集类　佚

清程元、程章垣等撰

见《淮海英灵集》丁集卷2，并收其诗1首。

郑兆珏(1767—?)

清仪征人。官内阁中书。与焦循相交20年。嘉庆十一年(1806)

葬其父母，曾请焦循为墓志铭。

悔园小集　集部别集类　佚

见嘉庆《重修扬州府志》卷62。

汪光烜

字掌廷，号叔震，又号莼香词客。清仪征人。棣次子。诸生。屡试不利，纳粟为刑部司务。性孝友，素好施，与友交必待以诚信，人咸服其高义。生平接物盎然有书卷之气，无声色嗜好。家有小园，略植花树，有阁，阮元颜之曰"春雷"。花月时间召友朋为宴饮之乐，暇则坐其中，以书史自娱。刻意于词，所作精粹婉密，以白石、玉田为宗，然不多作。卒年60。

莼村词2卷　集部词曲类　佚

见道光《重修仪征县志》卷37。

春山词　集部词曲类　佚

见嘉庆《重修扬州府志》卷62。

按：同治《续纂扬州府志》卷22有《莼村诗》2卷，疑为《莼村词》2卷之误。

程赞普

字一亭，号凫塘。清仪征人。名世四子。诸生。工诗古文词，每小试，辄为学使所赏。生平和易，无疾言厉色。笃于交友，缓急为之尽。阮元《淮海英灵集》征诗之初，搜访甚勤，旬月得诗稿百余种。旋以病殁，年30。

诗7首　集部别集类

《淮海英灵集》丁集卷4收。

按：《淮海英灵集》所收《病中作》有"六十韶光转眼空，漫惊岁序太匆匆"句。赞普卒年30，似非其诗。

程　焜

字光樵，号可山。清仪征人。廪贡生。孤贫力学，文名噪起，嗣以不遇，奉母归歙县故里，教授生徒，多所成就。晚为曾国藩延致金陵，以老疾辞归。卒于家，年80。

程可山日记不分卷诗1卷附程可山年谱　史部传记类

稿本，安徽省图书馆藏。

按：年谱系汪宗沂撰。

可山杂文不分卷　集部别集类

稿本，安徽省博物馆藏。

程焜遗稿　集部别集类　佚

见同治《续纂扬州府志》卷13。云："所著诗文不自编集，遭乱后，遗稿藏门人程桓生都转家。"

孔璐华

字经楼。山东曲阜人。庆镕姐，阮元继妻。幼娴诗礼，兼工绘事，出嫁后受封一品。所撰诗数卷，内有《恭迎宫辇》七律一首及《题石室藏书图》《饲蚕纪事》《冬日雷塘暮芦有感》，皆一时名作。

唐宋旧经楼诗稿7卷(一作6卷)　集部别集类

(1) 清嘉庆二十年(1815)刻本。前有总目，第1—6卷目后有经楼居士识，6卷末有古霞唐庆云校字一行。是集初刊6卷，华东师范大学图书馆藏。卷7为续刻，北京大学图书馆藏。

(2) 清道光阙里刻本，国家图书馆藏。

(3)《清代诗文集汇编》本。

(4) 2015年广陵书社《扬州文库》本。

(5) 2015年中华书局《清代闺阁诗集萃编》本。

唐宋旧经楼稿1卷　集部别集类

《国朝闺阁诗钞》本。

刘文如

字书之，号静香居士。清仪征人。阮元侧室。

四史疑年录7卷　史部传记类

清阮元、刘文如合撰

(1) 清嘉庆二十三年(1818)刻本，国家图书馆藏。有雷塘庵主序及自序。

(2) 清宣统元年(1909)《榆园丛书》本，有谭献刻书序。

(3) 抄本，2册，南京图书馆藏。

按：是集包括《汉书疑年录》1卷、《后汉书疑年录》1卷、《三国魏志疑年录》1卷、《蜀志疑年录》1卷、《吴志疑年录》1卷、《晋书疑年录》2卷。

吴若梅

字雪疑，号晓江。清仪征人。诸生。以高才困于棘闱，尝曰："得失有命，学问有己。"

黄山集　集部别集类　佚

晓江集　集部别集类　佚

以上2种见嘉庆《重修扬州府志》卷62。

按：《江苏诗征》卷12收其诗5首。

阮天保

清仪征人。金堂孙，承春子。

琴绿轩集　集部别集类　佚

见《北湖续志》卷5。

王灏云

清仪征人。

我园诗钞1卷　集部别集类

清道光二十七年(1847)刻本,南京图书馆藏。

刘　彬

字季蔚,号景山。清仪征人。以豪侠自雄,尝倾囊以解时困。

山响楼集　集部别集类

见《江苏诗征》卷79,收其诗5首。

卞萃文(1768—1844)

字孚升,号逊斋,晚号钝夫。清仪征人。诸生。自幼诚笃嗜学,非经世书不读。弱冠入邑庠潜心宋五子书,讲学论文必究本源,俾身体力行。尝曰:"学必如此,出为良臣,处为正士。"居恒未尝欠伸跛倚,终日端坐。接人处世,谦恭和平,不孤高绝物,亦不枉己徇人。乡里每善举,多赖赞成。

四书集说　经部四书类　佚

五经指要　经部群经总义类　佚

以上2种见道光《重修仪征县志》卷35。

大学衍义　经部四书类　佚

翠屏洲同善堂存缀录　史部传记类　佚

清卞萃文、张士锐辑

以上2种见《瓜洲续志》卷26。

家牒汇存　史部传记类　佚

见《瓜洲续志》卷18清倪在田《卞萃文先生传》。

(嘉庆)瓜洲志不分卷　史部地理类

清王豫、卞萃文纂

稿本,扬州市图书馆藏。

性理约言注释(一作性理约讲)　子部儒学类　佚

正学约讲　子部儒学类　佚

以上2种见道光《重修仪征县志》卷35。

敦本录　子部儒学类　佚

管言　子部儒学类　佚

杂稿汇存　子部杂学类　佚

岁序杂议　子部杂学类　佚

以上4种见《瓜洲续志》卷18清倪在田《卞萃文先生传》。

逊斋诗文集　集部别集类

见道光《重修仪征县志》卷35。

卞徵君集7卷　集部别集类

1912年揖峰书屋木活字本,国家图书馆藏。

按:《瓜洲续志》卷24收其诗14首。

汪全泰

字竹海,号铁盂居士。清仪征人。端光长子。少年绩学,博览群书。嘉庆九年(1804)与弟全德同中顺天举人,一时传为佳话。报捐内阁中书。父丧服阕,加捐员外郎,分刑部江西司主稿。二十年截取以繁缺知府用,选授浙江台州,官河南上南厅同知。道光年间投效东河,因劳成疾不起。性慷慨,乡党间推食解衣,毫无吝惜,囊橐不留一钱。

潜虚翼1卷　子部术数类　佚

见嘉庆《重修扬州府志》卷62。

义山文集6卷　集部别集类

唐李商隐撰　清汪全泰校　汪端光录

清嘉庆间刻本,南京图书馆藏。

按:是集为淮宁程昌宁校刊。卷内有"巴陵方氏藏书印""巴陵方氏惠柳桥印""碧琳跻馆藏书""如书到手不论钱"等印记。卷端有题跋一则。其序云,冯浩注《樊南文集》仅得文150首,此本总356首,樊南精英,具于是矣。《义山文集》,清有徐树谷注,《四库》已著录,数目与冯注同。此本多202篇,合徐、冯所注,总356首,与《全唐文》数目符合。其后同治六年(1867)嘉兴钱振伦又有《樊南文集补编》之刻，卷目均同。钱德从《全唐文》录，序中未及此本一字，岂未见耶？

汪顾两先生诗稿 2 卷　集部总集类

江宁顾槐三抄本。

百三名花诗稿 1 卷　集部别集类

清嘉庆刻本，吉林大学图书馆藏。

铁盂居士存稿 2 卷　集部别集类

(1)《友声集》本。

(2)《太谷学派遗书》本。

铁盂居士诗稿 5 卷　集部别集类

(1) 清光绪二十一年(1895)石印本，国家图书馆藏。

(2)《清代诗文集汇编》本。

铁盂居士诗钞不分卷　集部别集类

(1) 清抄本，南京图书馆藏。

(2) 上海飞鸿阁石印本，华东师范大学图书馆藏。

汪大竹先生集外诗钞不分卷　集部别集类　佚

见《清史稿艺文志及补编》。

诗集 16 卷词 4 卷骈文 1 卷　集部别集类

见道光《重修仪征县志》卷 31。

按：《贩书偶记续编》著录有《铁盂居士诗稿》3 卷，底稿本，今未见。

铁盂居士诗余 1 卷　集部词曲类　佚

见《全清词钞》卷 15，收其词 2 首。

按：《淮海同声集》卷 15 收其诗 13 首，《广陵思古编》卷 15 收其文 1 篇。

阮　祓

清仪征人。

庚菱花馆诗略　集部别集类　佚

见同治《续纂扬州府志》卷22。

程章垣

字步千。清仪征人。元弟，以元为师，常相唱和。

寒窗唱和诗1卷　集部总集类　佚

清程元、程章垣等撰

见《淮海英灵集》丁集卷2，并收其诗1首。

汪全德(1773—1819)

字修甫，号小竹，一号竹素。清仪征人。端光次子。性廉洁，无嗜好。19岁中副车，嘉庆九年(1804)，32岁与兄全泰同榜，举于乡，十年联捷。授翰林院庶吉士，改工部都水司主事，升员外郎。丁内艰，服除补原缺，充工部则例馆提调官，授江西吉南赣宁道。公余之暇，披阅史鉴，历代废兴，了如指掌。嗜《陆宣公文集》及《历代名臣奏议》，讲古今兴利除害事尤详。孝友敦笃，周急济贫，人无间言。年47卒。

条议4卷　史部政书类　佚

骈体文4卷　集部别集类　佚

竹如意斋诗选4卷　集部别集类　佚

以上3种见道光《重修仪征县志》卷31。

汪全德诗(一名竹素诗钞)1卷　集部别集类

收入清黄锡麒辑《蔗根集》卷5。

崇睦山房词1卷　集部词曲类

《随园三十种》本。

按:《淮海同声集》卷15收其诗10首。《广陵思古编》卷15收其文1篇。《全清词钞》卷16收其词4首。

汪　娈

清仪征人。大黉长女，程禹和室。夫卒时，子镇北年甫11岁，守志抚孤。道光十三年(1833)子成进士,心始稍慰。治家之余,酷嗜吟咏。阮元为其父之友、其子宗师,特为之序诗集。

雅安书屋文集2卷诗集4卷　集部别集类　佚

见道光《重修仪征县志》卷45。

戴　宇

号雪舫。清仪征人。

双柑书屋诗钞　集部别集类　佚

见同治《续纂扬州府志》卷22。

卞履文

字坦叔。清仪征人。萃文弟。诸生。工诗,慕夏完淳诗文及为人。年17卒。

余溪集(一作钓溪集)　集部别集类　佚

见嘉庆《重修扬州府志》卷62。《瓜洲志》卷5本传云王豫取其遗诗刻之,刻本今未见。

按:《瓜洲续志》卷25收其诗47首。

汪荣怀

字庆人,一作歌石。清仪征人。布衣。字峻气和,与人无竞。工诗善山水。山水仿黄子久,别具秀逸之致。居城东隅,卖画自给。尝为焦循绘《湖庄图》八帧,浑朴古雅。《散市》一帧,写村市百货罗列地上,所捆猪多数头,亦阑入画笔,纯以意运,深得元人"荒率"二字之妙。曾有自感句云:"身有千疮休谈病,人唯二口不成家。"可想见晚境之苦矣。

白门纪游草1卷　集部别集类　佚

见《扬州画苑录》卷2。

晏行忠

字亭樗。清仪征人。德宝子。诸生。德宝好义乐施，老而弥笃，乡里称善人。行忠夙承父训，秉性慈惠。于邑中开同仁堂，仿苏省例，严定规条，躬亲督理，历久不懈。卒年58。

蘲桂山房诗集　集部别集类　佚

见同治《续纂扬州府志》卷14。

徐　宣

字德三。清仪征人。嘉庆六年(1801)举人，大挑知县，以亲老，改选淮安训导。

周官义疏及井田宫室图制　经部周礼类　佚

清徐宣录绘

见同治《续纂扬州府志》卷13，云"多补先儒所未备"。

汪文珂

字鸣墀，一字芝田。清仪征人。堂仲子。年未30而卒。

清影轩诗1卷　集部别集类　佚

见《淮海英灵集》丙集卷4。

汪昌序

字绍成。清仪征人。梦桂子。诸生。家富藏书，喜事校雠。

正谊斋丛书十种80卷　丛书类

清刻本，南京图书馆藏。北京师范大学图书馆藏本，著录118卷。子目从略。

经学五种25卷　丛书类

清汪昌序校刻

清嘉庆间仪征汪氏刻本，华东师范大学图书馆藏。

子目：

《九经三传沿革例》1卷　宋岳珂撰

《礼经会元》4卷　宋叶时撰

《六经奥论》6卷　宋郑樵撰

《太平经国之书》11卷　宋郑伯谦撰

《公是先生七经小传》3卷　宋刘敞撰

按：《续修四库全书提要》经部云："凡五种，均为宋人关于经学著述。按岳氏《九经三传沿革例》，有乾隆戊申任子田校刻本，及鲍氏知不足斋本。是书则用宋相台书塾本重刻，为校雠经学最早之书。江都焦里堂循取此本互校，各有优劣，并为之撰序，述此本与任、鲍两本之异同甚详。焦氏云：'学者言经学则崇汉，言刻本则贵宋。余谓汉学不必不非，宋版不必不误。本岳氏校雠之法，以校雠岳氏，此则通人之言也。'"

吴文杰

字晴峰。清仪征人。诸生。工文词，兼精书法。以孝闻，亲殁，筑庐墓侧，10年不入城市。

望鹤轩诗文钞2卷　集部别集类　佚

偶寄堂诗钞1卷　集部别集类　佚

以上2种见嘉庆《重修扬州府志》卷62。

贵正元

字巍卿，号墨仙。清仪征人。征子。随父入京师，数应京兆试，未中，后应例权泰和尉、义宁判，补泸溪丞，调武宁丞，权临川令。洁己爱民，所至有政声。归里后，以教授生徒、读书作画为乐，其牡丹设色尤佳，直入南田之室。工诗，兼善琴棋，八分书为家传，尤精妙。卒年63。

骈字考证　经部小学类　佚

读书管见　子部杂学类　佚

休园倡和集　集部别集类　佚

西江宦游集　集部别集类　佚

遂初集　集部别集类　佚

梦华诗词　集部别集类　佚

以上6种见道光《重修仪征县志》卷40。

汪潮生(1777—1832)

字汝信，号饮泉、冬巢。清仪征人。由附学生举乾隆六十年(1795)副榜贡生。未冠即以才名，再试不得志，遂弃举业，恣意诗酒。工设色，为没骨花卉，秀色可餐。晚年专工填词，所学尤精。颜室曰冬巢，因自号冬巢居士。道光六年(1826)与江都陈逢衡、甘泉谢堃、经济等集于广陵西园，作上巳会。

冬巢诗集4卷词集4卷　集部别集类

(1) 清道光十七年黄承吉刻本，国家图书馆藏。

(2)《清代诗文集汇编》本。

(3) 2015年广陵书社《扬州文库》本。

冬巢居士词4卷续1卷　集部词曲类

清道光六年刻本，南京图书馆藏。

按：道光《重修仪征县志》卷4作《停琴馆词》。《广陵思古编》卷15收其文1篇。

毕贵生(1778—1807)

字成之，一字孝伯。清仪征人。汪中婿。诸生。事母孝。工诗励学，舅汪中甚器之，妻以次女。母通史、汉，自课之，是以谙古有舅风。家境贫困，求举又屡黜于有司，所亲之訾毁逐迫也，故多隐忧。昼夜佣书，给衣食，尝日作正书2万字，而不得废酬酢，以是身体益羸。伊秉绶守扬州，诗书皆见赏。与包世臣友善，过从数年间，问诗法，议书艺，相得甚深。年30而夭，时人惜之。包世臣为之瘞，并作墓志。

小帆山人遗诗4卷　集部别集类　佚

见道光《重修仪征县志》卷45。

按：包世臣《毕成之墓志》云："君于学多所窥测，而嗜诗为甚，草稿纷纠，余删辑之，为若干卷。"《江苏诗征》卷155收其诗4首。

厉同勋

字冠卿，号茶心。清仪征人。嘉庆十五年(1810)顺天乡试副贡，任兵部武选司郎中，监督通州。旋授广东廉州府，以勤廉著。郡有海门书院，课士极勤，文风丕变。嗣以罢议去任，贫不能具舟车，同僚助装始归。素耽吟咏，早岁工诗，晚年亦惟以诗自遣。

还珠堂诗钞　集部别集类

(1) 清道光二十八年(1848)精刻本，6卷，国家图书馆藏。包括《藉花小室诗钞》2卷、《寄蠡诗钞》1卷、《和陶百诗钞》1卷、《断梗吟》1卷、《栖尘集》1卷。

(2) 清咸丰间重刻本，多《幸存稿》《衡游草》各1卷，题《重订廉州先生诗集》。

重订廉州先生诗集8卷　集部别集类

(1) 清同治三年(1864)刻本，国家图书馆藏。南京图书馆藏本9卷，多《还珠堂和陶百诗钞》1卷，南京大学图书馆藏7卷本。

(2)《清代诗文集汇编》本。

(3) 2015年广陵书社《扬州文库》本。

李少白

字晴川。清仪征人。诸生。

水南集1卷　集部别集类　佚

东海集1卷　集部别集类　佚

秋槎集1卷　集部别集类　佚

揖山集1卷　集部别集类　佚

以上4种见道光《重修仪征县志》卷45。

朱　铉

字震伯。清仪征人。诸生。

河漕备考4卷历代黄河指掌图说1卷　史部地理类

清抄本，国家图书馆藏。

月底修箫谱2卷　集部词曲类

清道光十七年(1837)孟夏刻，南京图书馆藏。有包世臣题词。

吴廷珠

字合浦，号桂岩。清仪征人。承绪季子。嘉庆十八年(1813)拔贡，二十一年顺天举人。援例为内阁中书，升侍读。道光十九年(1839)京察，以道府用，补河南监察御史。生平爱启迪后进，接物以诚，抚侄如子。年60以足疾引退。

兰馨堂诗文集　集部别集类　佚

见同治《续纂扬州府志》卷9。

阮　亨(1783—1859)

字仲嘉，号梅叔。元从弟。嘉庆二十三年(1818)副贡。品学端方，无贵介习。耽吟咏，诗文精敏。幼随宦京都，作《蕉花曲》，传诵辇下，人称"阮蕉花"。尝随元幕于浙，杭人能诗者争相唱和。壮年诗学益进。与符葆森善交，居只隔一巷，十数年间，有唱必和。咸丰元年(1851)举孝廉方正，不就。太平军兴，家业毁于兵火，晚景坎坷，而吟兴不衰。卒年70余。

七经孟子考文并补遗200卷　经部群经总义类

清阮亨校

清嘉庆二年小琅嬛仙馆刻本，南京图书馆藏。

广陵名胜图不分卷　史部地理类

(1) 清乾隆刻本，国家图书馆藏。

(2) 上海申报馆铅印本，扬州图书馆藏。

(3)《中国园林名胜志丛刊》本。

按：此书不著撰人。卷首有阮亨序，时年67岁。

瀛舟笔谈12卷　子部杂学类

(1) 清嘉庆二十五年刻本，南开大学图书馆藏。

(2) 清刻本，北京大学图书馆藏。

(3)《稀见清代四部辑刊》本。

按：是书备记其兄元抚浙时诸所设施事及同时人诗事，类似诗话。

洪刻五种　子部杂学类

清阮亨辑补

清歙县洪锡谦刻，道光二十七年(1847)仪征阮氏修补印本，12册，南京图书馆藏。

珠湖草堂诗钞4卷　集部别集类

清道光刻本，首都图书馆藏。另有2卷本，中国社会科学院文学研究所藏。

按：《淮海同声集》卷12收其诗2首。

霎桂轩吟稿　集部别集类

(1) 清抄本，南京图书馆藏。

(2) 2015年广陵书社《扬州文库》本。

春草堂诗文词录　集部别集类

见同治《续纂扬州府志》卷22。

皋亭倡和集1卷　集部总集类

清阮亨辑

《武林掌故丛编》本。

琴言集8卷　集部总集类

见同治《续纂扬州府志》卷22。

律赋经畬集4卷　集部总集类

清道光十九年扬州二酉堂巾箱本，南京图书馆藏。

淮海英灵续集12卷　集部总集类

清阮亨辑

(1) 清道光六年自刻本，复旦大学图书馆藏。

(2)《续修四库全书》本。

(3) 2015年广陵书社《扬州文库》本。

按：嘉庆三年，阮元辑成《淮海英灵集》甲集4卷、乙集4卷、丙集4卷、丁集4卷、戊集4卷、壬集1卷、癸集1卷，都22卷。虚己、庚、辛3集，以待补录。阮亨《续集》即补是缺，为己集4卷、庚集5卷、辛集3卷。

珠湖草堂笔记　集部诗文评类

见清王豫《群雅集》。

广陵诗事补　集部诗文评类

见嘉庆《重修扬州府志》卷62。

春草堂丛书36卷　丛书类

清阮亨撰

见道光《重修仪征县志》卷45。

按：是集为自撰丛书，包括亨《撰骈体文》《古近体诗》《词录》《诗话》《传奇》《钱式图》《花木小志》《书画所见录》《金玉琐碎》《雨窗记所记》《雨窗随笔》11种。

文选楼丛书三十四种478卷首2卷附录3卷　丛书类

清阮元辑刻　阮亨汇印

清嘉庆、道光间仪征阮氏陆续辑刻本，至道光二十二年，阮亨乃汇为一编，南京图书馆藏。子目从略。

唐庆云

字古霞。清仪征人。阮元侧室。工花卉虫鱼，用笔沉细，赋色妍妙，深得瓯香真谛。

绘册1卷　子部艺术类　佚

见《扬州画苑录》卷 4。

女萝亭诗稿 6 卷　集部别集类

(1) 清刻本，南京图书馆藏 5 卷本，南开大学图书馆藏 6 卷本。

(2) 2015 年广陵书社《扬州文库》本。

黄盛修(1786—1834)

字永思，号竹云。清仪征人。道光元年(1821)举人。生平亮节慷慨，有益于乡人者，知无不为。学博才赡，一时有国士之目。书法初师刘墉，后直造颜平原之室。喜游名山水，留连忘返。工于诗。

来雉斋诗集 4 卷　集部别集类

(1) 清道光二十八年厉研秋刻本，南京图书馆藏。

(2)《清代诗文集汇编》本。

按：《广陵思古编》卷 15 收其文 1 篇。

丙戌诗稿 1 卷丁亥诗稿 1 卷戊子诗稿 1 卷庚寅诗稿 1 卷辛卯诗稿 1 卷

稿本，清段朝端跋，复旦大学图书馆藏。

程兆栋(1786—1853)

字玉才。清仪征人。廪生。性拘谨，与人呐呐如不出诸口。为诗文博丽。终身不遇，无怨尤色。咸丰三年(1853)二月太平军破城，家人八口俱死。

卧松书屋存稿　集部别集类　佚

见同治《续纂扬州府志》卷 13。

程　璞

字玉如，号亦园。清由歙迁仪。伊川后裔。家贫力学，不务虚名，慎交游，嗜吟咏。邑令屠倬欲招为骚坛友，璞未一涉足公门。卒年 65。

忍冬堂诗集　集部别集类　佚

见道光《重修仪征县志》卷 39。

李祖佑

字维之。清仪征人。少颖异,读书目下数十行。究心皇极经世之学,得其微奥。尝肄业成均,名重都下。为人爽直诚朴,笃于孝友。敝衣落拓,口不言贫。

待用编　子部儒学类　佚

见道光《重修仪征县志》卷 44。

按:《广陵思古编》卷 13 收其文 5 篇。

方　申(1787—1840)

字端斋,本姓申,从舅氏姓方,而以申为名。清仪征人。诸生。少孤家贫,奉母甘旨,备尽色养。受学于刘文淇,通虞氏《易》。少不治举子业,年逾 40,始应童子试。屡见黜于有司,而学益进。道光十八年(1838)冬,以经解见知,拔置阖郡第一,补县学生员。二十年秋,赴试江宁,积劳成疾。自悔晚学,故致力甚勤,于《周易》朝夕钻研,未尝释手。

方氏易学五书 5 卷　丛书类

(1) 清道光十八年青溪旧屋刻本,国家图书馆藏。

(2)《南菁书院丛书》本。

子目:

《虞氏易象汇编》1 卷

《周易卦变举要》1 卷

《周易互体详述》1 卷

《周易卦象集证》1 卷

《诸家易象别录》1 卷

按:方申之生卒年,《清史列传》卷 69 谓道光二十年卒,年 50。刘文淇《青溪旧屋文集》卷 8 传谓生于乾隆五十二年(1787),卒于道光二十年,年 54。道光《重修仪征县志》亦云申卒年 54。今从之。

又按:《广陵思古编》卷 15 收其文 5 篇。

卞士云(1787—1842)

原名荣贤，字光河，号竹辰。清仪征人。少孤贫，母陈氏以黹工为修脯，教之成立。嘉庆二十一年(1816)举人，道光三年(1823)进士，改庶吉士，授编修，补山东道监察御史，掌京畿道8年之久。十二年典试蜀楚，又分校礼闱，所得多知名士。历知安庆、凤阳、宁国等府。升广西右江道湖北按察使，署布政使。升湖南布政使。二十二年署浙江巡抚，补授浙江布政使。未几，卒于官，年56。居官勤慎，以干练著，政绩颇显。

省斋试帖偶存　集部别集类　佚

见道光《重修仪征县志》卷31。

退思斋诗存2卷　集部别集类

(1) 清咸丰九年(1859)刻本，上海图书馆藏。

(2)《清代诗文集汇编》本。

(3) 2015年广陵书社《扬州文库》本。

阮常生(1788—1833)

亦作长生，字寿昌，号小云。清仪征人。元长子。嘉庆初恩旨得二品荫，益以读书敦品自励。考荫后分户部，升云南司郎中。道光元年(1821)襄理宝华峪吉地前段工程。选授直隶永平府，捐复敬胜书院。旋擢清河道。署直隶按察使，决狱明允，多所平反。未几疾卒于官。研学术，精钟鼎、大小诸篆。工楷法，尤擅擘窠书，得柳公权笔意。诗高落爽明。

雷塘庵主弟子记8卷　史部传记类

参见“阮福”条。

后汉洛阳宫室图考4卷　史部地理类　佚

见道光《重修仪征县志》卷44。

团云书屋诗钞　集部别集类　佚

见道光《重修仪征县志》卷31。

小云吟馆诗钞　集部别集类　佚

见同治《续纂扬州府志》卷22。

按:《广陵思古编》卷15收其文1篇。

吴　钢

字铁峰,号姜村。清仪征人。文涛子,珩孙。未冠游庠。寡交游,嗜古成癖,文行必希前哲。早卒。

梅溪遗稿姜村遗稿合刻　集部别集类　佚

清吴珩、吴钢撰

见道光《重修仪征县志》卷45。

刘文淇(1789—1854)

字孟瞻。清仪征人。锡瑜子。嘉庆二十四年(1819)优贡。少家贫,从学舅凌曙,年未及壮,即以淹通经史名闻江淮间。年18开门授徒,毕生教学,后人受益良多。学贯群经,精于史地,擅长校勘之学,著述甚丰,与宝应刘宝楠齐名,时称"扬州二刘"。道光八年(1828)与刘宝楠、陈立相约各专治一书,刘文淇专事疏证《左传》,未及成书而卒。《清史稿》卷482有传。

周易本义4卷图说1卷卦歌1卷筮仪1卷　经部易类

宋朱熹撰　清刘文淇校跋

清朱锡祺刻本,上海图书馆藏。

尚书传疏大意　经部尚书类

(1) 精抄稿本,1册,扬州图书馆藏。

(2) 2015年广陵书社《扬州文库》本。

禹贡班义疏3卷　经部尚书类

(1) 清光绪刻本,南开大学图书馆藏。

(2) 稿本,上海图书馆藏。

诗经集传8卷　经部诗经类

宋朱熹撰　清刘文淇校并跋

清康熙十一年朱氏崇道堂刻本，上海图书馆藏。

春秋左氏传旧注疏证不分卷　经部春秋左传类

稿本，上海图书馆藏。2部，均7册。

春秋左传旧注疏证80卷　经部春秋左传类

(1) 1955年科学出版社由中国科学院历史研究所据稿本整理本。

(2)《续修四库全书》本。

按：是书为编年体史书。文淇历40年，作长编数十册，依次排列，书未成而卒。其子毓崧、孙寿曾继之，亦仅完成鲁襄公四年(前569)以前部分。是书搜贾逵、服虔、郑玄等旧注，博采先秦至唐以前各种书籍和清代学者的研究成果，加以疏证。凡典章制度、服饰器物、姓名地理、古历天算、日食晦朔、鸟兽虫鱼，皆细加训诂。惟扬汉儒而抑杜预之倾向，似非公允，亦有罗列材料、引而不断之缺陷。

春秋左传旧疏考证8卷　经部春秋左传类

(1) 清嘉庆二十五年刻本，南京图书馆藏。

(2) 清道光十八年青溪旧屋刻本，国家图书馆藏。

(3)《皇清经解续编》本。

(4) 清光绪《崇文书局汇刻书》(一名《三十三种丛书》)本，南京图书馆藏。

经义知新记1卷　经部群经总义类

清汪中撰　刘文淇、王萱龄批校

清抄本，中共中央党校图书馆藏。

旧唐书校勘记66卷逸文12卷　史部正史类

清罗士琳、陈立、刘文淇、刘毓崧等撰　《逸文》12卷岑建功撰

(1) 清道光二十九年岑建功惧盈斋刻本，南京图书馆藏。

(2) 清同治十一年(1872)定远方氏重印道光岑刻本，南京图书馆藏。

（3）1969年台北《古籍菁华》本。

（4）1971年台北《国学名著珍本汇刊》本。

（5）1975年中华书局标点本，以岑刻为工作本，参校其他各种版本。

（6）《续修四库全书》本。

按：是校勘乃以宋人所引《旧唐书》为主，据沈炳震《新旧唐书合钞》、张宗泰《旧唐书考正》，参以《唐六典》《唐会要》《通考》诸书，比勘订正，较为严谨，有助于研读《旧唐书》。以道光间惧盈斋刻本行世。亦作罗士琳、刘文淇同撰。

项羽都江都考 1卷　史部杂史类

（1）《扬州丛刻》本。

（2）2015年广陵书社《扬州文库》本。

十八王分地考 2卷　史部杂史类　佚

项羽王九郡考 1卷　史部杂史类　佚

清刘文淇、吴熙载合撰

以上2种见同治《续纂扬州府志》卷22。

扬城殉难录 1卷　史部传记类

清刘文淇、吴熙载合撰

（1）清刻本，吉林大学图书馆藏。

（2）2015年广陵书社《扬州文库》本。

萧氏旌孝录 1卷　史部传记类

清道光刻本。

运河考 8卷　史部地理类　佚

见日本文泽小四郎《刘孟瞻年谱》，云作于道光十七年。

楚汉诸侯疆域志 3卷　史部地理类

（1）清光绪二年（1876）金陵书局刻本，孙寿曾、显曾等校刻，南京图书馆藏。

（2）《广雅书局丛书》本。

（3）《蛰云雷斋丛书》本。

(4)《槐庐丛书》本。

(5)《史学丛书》本。

(6)《丛书集成初编》本。

(7)《二十五史补编》本。

按:是书取《史记》《汉书》等史著,互参博征,考订西楚霸王项羽所据梁楚地为会稽、鄣郡、东阳、泗水、郯郡、薛郡、砀郡、颍川、东郡等九郡。并对九郡及汉、雍、塞、翟、西魏、河南、韩、殷、代、常山、九江、衡山、临江、辽东、燕、胶东、齐、济北等十八王分地所属郡县及其疆域一一考证,分别列表。刘氏学风严谨,考证精赅,足补《史记》《汉书》诸注之未及。

舆地纪胜200卷补缺10卷校勘记52卷　史部地理类

宋王象之撰　《校勘》刘文淇撰　《补缺》10卷岑建功辑

(1) 清道光二十九年惧盈斋刻本,南京图书馆藏藏。

(2) 清道光甘泉岑氏重刻本,48册,南京图书馆藏。

(3) 清南海伍氏粤雅堂刻本,22册,南京图书馆藏。

(4) 1962年台北文海出版社《宋代地理书四种》影印道光岑刻本。

(5) 1987年天津古籍出版社影印本。

(6) 1991年广陵古籍刻印社影印道光岑刻本。

(嘉定)镇江志22卷首1卷附录1卷校勘记2卷　史部地理类

宋卢宪撰　《校勘记》2卷、《附录》1卷刘文淇及其子毓崧同撰

(1) 清道光二十二年仲夏丹徒包氏刻本,复旦大学图书馆藏。

(2) 清宣统二年(1910)丹徒朱氏金陵覆刻包氏本,复旦大学图书馆藏。

(3)《横山草堂丛书》本。

(4) 1987年江苏古籍出版社出版。

(5) 2014年江苏大学出版社出版。

按:至顺《镇江志》附录1卷、《校勘记》2卷亦为刘文淇父子同撰,附于浙江大学图书馆藏元至顺三年(1332)修影抄本。

(道光)重修仪征县志 50 卷首 1 卷　史部地理类

清王检心修　刘文淇、张安保总纂

(1) 清道光三十年刻本,南京图书馆藏。

(2) 清光绪十六年刻本,国家图书馆藏。

(3) 台北《中国方志丛书》本。

(4)《中国地方志集成》本。

(5) 2015 年广陵书社《扬州文库》本。

扬州水道记 4 卷图 1 卷　史部地理类

(1) 清道光二十五年欲寡过斋刻本,南京图书馆藏。

(2) 清道光二十五年江西抚署刻本,南京图书馆藏。

(3) 清同治十一年淮南书局补刻本,国家图书馆藏。

(4) 2015 年广陵书社《扬州文库》本。

奇门行军要略 4 卷　子部兵书类　佚

见《清史稿艺文志及补编》。

艺兰记 1 卷　子部农家类

《美术丛书》初集本。

按:是书为植物书。先列品种,次叙栽培,分艺兰口诀、种植、位置、修整、浇灌、收藏、卫护、酿土等项。

读书随笔 20 卷　子部杂学类　佚

见同治《续纂扬州府志》卷 22。

青溪旧屋文集 10 卷诗集 1 卷　集部别集类

(1) 清光绪九年八月刘氏刻本,南京大学图书馆藏。

(2)《续修四库全书》本。

(3)《清代诗文集汇编》本。

(4) 2015 年广陵书社《扬州文库》本。

按:观是集卷 5 宋元镇江志校勘记序,知其从事校书,至为精谨。奉宋人彭叔夏校书三例为楷模,尤征高识,非用力深者,不能知也。文淇咸丰四年(1854)卒后,经兵乱,诗文俱未付刻。光绪初,其诸孙始裒集遗文成是集，末附诗1卷，共11卷。

又按：程畹《啸云轩诗话》收其诗2首。

吴　铠

字梅孙。清仪征人。钢弟。道光五年(1825)举人。以诗名。

(道光)如皋县续志12卷　史部地理类

清范佳义修　吴铠纂

(1) 清道光十七年刻本，南京图书馆藏。

(2) 清同治十二年(1873)刻本，南京图书馆藏。

(3) 台北《中国方志丛书》本。

铁研山堂诗集并外集杂著　集部别集类　佚

见同治《续纂扬州府志》卷13。

王　澄

字成之，号秋水。清仪征人。诸生。从汪圻学画，能得师法。诗笔豪迈。凌霄《快园诗话》多采入佳句。

秋水居诗钞1卷　集部别集类　佚

见道光《重修仪征县志》卷45。

刘蘩荣(1791—1861)

字涧芳。清宝应人。台拱女，仪征阮常生妻。与其姑孔经楼夫人女弟等日相唱和，绘事亦逼近宋人。从兄宝楠为辑其集。

青藜阁诗钞不分卷　集部别集类

(1) 稿本《仪征阮氏遗稿十二种》本。

(2) 2015年广陵书社《扬州文库》本。

万宗洛

字师程，号雪田。清仪征人。少孤好学，以附监生官陕西汧县典史。道光六年(1826)调赴肃州及喀什噶尔,参征回军,保升安徽泾县知县,调江西崇仁县,摄宜黄县,权建昌府通判。再调信丰县。所至有政声。引退后,置家祠,设祭田,力任其事,宗族称之。

雪门诗剩 4 卷　集部别集类　佚

见道光《重修仪征县志》卷 45。

王僧保(1792—1853)

字西御,自号秋莲子。清仪征人。家干子。诸生。性伉爽,不徇流俗。家贫屡徙,后居郡城西隅古巷,于其南半村筑松西书屋,署以暂园,杂莳花竹,吟啸其中。咸丰三年(1853)书屋毁于兵燹,赋诗 70 余首,绝粒死。工词,亦工诗古文辞。与宝应刘暂桢友善,宝应刘宝楠为作《暂园吟序》。

暂园集 1 卷　集部别集类　佚

西御诗存 1 卷　集部别集类　佚

爪雪集 1 卷　集部别集类　佚

焦山纪游草 1 卷　集部别集类　佚

论词绝句 1 卷　集部别集类　佚

九十春吟 1 卷　集部别集类　佚

公谳诗存 1 卷　集部别集类　佚

以上 7 种见道光《重修仪征县志》卷 45。

围城诗 1 卷　集部别集类

见同治《续纂扬州府志》卷 13,云为他人所编。

秋莲子词前稿 1 卷后稿 2 卷　集部词曲类

清道光二十九年(1849)自刻本,国家图书馆藏。

按:前稿为嘉庆十九年(1814)至道光二年词作,后稿皆二年后作。是集为其手订。《贩书偶纪续编》著录有清光绪上章敦牂江都李肇偁抄本,附补。此本未见。且光绪无上章敦牂(庚午)年,所记或有误。

词林丛著　丛书类

见《全清词钞》卷19，并收其词6首。

子目：

《秋莲子词前后稿》3卷

《学词纪要》《词律参论》合1卷

《词律调体考证》1卷

《词律缺收调体补》1卷

《隋唐五代十国辽金元词人姓氏爵里汇录、词评所见录、词林书目》1卷

《松西书屋词选正副编》2卷

《论词绝句》1卷

吴文镕(1792—1854)

字甄甫，号云巢，一号竹孙。清仪征人。昌圻子。嘉庆二十四年(1819)进士，改翰林院庶吉士，授编修。道光十九年(1839)授福建巡抚，兼署闽浙总督，历江西巡抚、浙江巡抚、云贵总督，兼署云南巡抚。调闽浙总督，未即任，咸丰三年(1853)八月，调任湖广总督。明年，太平军攻克城池，孤军援不至，遂投水死。谥文节。少负文名。尝典试湖北，视学河南、顺天，得士称盛。同治十年(1871)，于湖北省城为建专祠。

吴文节公奏稿2卷　史部政书类

清望三益斋抄本，北京师范大学图书馆藏。

吴文节公遗集80卷年谱1卷　集部别集类

清吴文镕撰　子养源撰《年谱》

(1) 清咸丰七年刻本，南京大学图书馆藏。

(2) 1961年扬州古旧书店据咸丰刻本油印，苏州大学图书馆藏。

(3)《续修四库全书》本。

(4)《清代诗文集汇编》本。

张安保(1792—1864)

字怀之，号石樵、叔牙，又号潜翁。清仪征人。丙炎父。岁贡生。候选训导。少贫力学，读书过目成诵。有文誉，交游多贤豪士。尤留心当世之务。邑修学宫、考棚，改建节孝祠、崇节堂，皆力赞其成。晚年绝意进取，著述益富，其才力横发，学识精锐。同治二年(1863)就养京邸，未逾岁卒。

真州耆旧录　史部传记类　佚

见同治《续纂扬州府志》卷22。

(道光)重修仪征县志50卷首1卷　史部地理类

清王检心修　刘文淇、张安保总纂

版本参见“刘文淇”条。

味真阁诗钞12卷　集部别集类

(1) 清道光二十七年(1847)孟冬刻本，4册，南京图书馆藏。

(2)《清代诗文集汇编》本。

张石樵遗集4卷(一作味真阁集2卷晚翠轩集2卷)附癸亥诗存1卷　集部别集类

(1) 清光绪四年至七年(1878—1881)张丙炎刻本，题《石樵先生遗诗》，上海图书馆藏。

(2) 清光绪七年淮浦刻本，上海图书馆藏。

张安保诗1卷　集部别集类

收入清黄锡麒辑《蔗根集》卷6。

味真阁文钞4卷　集部别集类　佚

骈体文钞1卷　集部别集类　佚

以上2种见同治《续纂扬州府志》卷13，云并毁于兵。

晚翠轩词1卷　集部词曲类

《淮海秋笳集》本。

晚翠轩词韵不分卷　集部词曲类

1912年振始堂石印本，河南大学图书馆藏。

清晖堂诗话4卷　集部诗文评类　佚

见同治《续纂扬州府志》卷13。

厉秀芳(1794—1867)

字实夫，一字惕斋，号惕庵主人。清仪征人。年11能属文，年12应童子试。受业于汪名时，年21补弟子员第一，年29中道光二年(1822)举人。五上春官不第，十八年挑取誊录，选授山东武城知县。二十四年，充乡试，同考官大计举卓异，加五品衔。在任8年，政绩颇著，后以养亲乞归。为人伉爽，口如其心，居乡里，排难解纷，片言而决。曾避地东台，卒乃定居郡城，所交皆耆年高德有道之士。性爱读书。病卒于家。

梦谈随录2卷　史部政书类

(1)《申报馆丛书续集》本。

(2) 清咸丰巾箱本，郑州大学图书馆藏。

(3) 清同治刻本，上海图书馆藏。

(江苏仪征)厉氏支谱不分卷　史部传记类

清末世德堂抄本，美国哥伦比亚大学图书馆藏。

真州风土记1卷　史部地理类

(1)《小方壶斋舆地丛钞》本。

(2) 2015年广陵书社《扬州文库》本。

(道光)武城县志续编14卷首1卷　史部地理类

清厉秀芳修　张大樽纂

(1) 清道光二十一年刻本，南京图书馆藏。

(2) 抄本，中央党校图书馆藏。

(3)《中国地方志集成》本。

真州竹枝词2卷　集部别集类

(1) 清咸丰十年(1860)刻本，南京图书馆藏。

(2) 2015年广陵书社《扬州文库》本。

(3) 2015年广陵书社《中国风土志丛刊续编》本。

按:此书卷1为“引”,散文,记仪征乡土风俗;卷2为“词”,题咏仪征风俗。有眉评甚多。互见史部。

吴文锡

字莲芬,一作号莲芬。清仪征人。文镕弟。道光十一年(1831)顺天举人。考取国子监学正,升助教,选授四川成都府水利同知,升知府,历署嘉宝、叙州、成都府,擢道员,两署四川通省盐茶道。咸丰四年(1854)以兄任湖广总督战死,遂解组归。奏派随办江北团练,赏加按察使衔,解官寄居泰州。赋性伉直,遇事之不平,往往面斥人非。工诗书画,善花卉,尤精小楷。卒年72。

历代画像传不分卷　史部传记类

稿本,台湾“中央图书馆”原藏。

半螺龛诗存前后编　集部别集类

(1) 清咸丰元年刻本,国家图书馆藏。南京图书馆藏本多《试帖存》1卷。

(2)《清代诗文集汇编》本。

(3) 2015年广陵书社《扬州文库》本。

半螺龛诗6卷杂志4卷　集部别集类

见民国《续纂泰州志》卷28。

同人集1卷　集部总集类

清吴文锡辑

清刻本。

汪　和(1796—1870)

字云叔。清仪征人。铮仲子。道光十五年(1835)举人。仕山西榆社知县。榆社山僻,邑士多健讼,和勤于听断,无留狱。课民种榆柳数万株，俾以其息抵纳地丁。月集生童，课以文艺，捐廉给膏火，士习渐端。道光二十六年、咸丰八年(1858)乡试分校，得士称盛。调补河津知县，历署静乐、太谷、灵邱、榆次、绛县，皆有政声。调襄陵知县，升用同知，加运同衔，以年老乞休。卒于家。

(同治)河津县志14卷　史部地理类

清汪和修　王麟祥、石青之纂

清同治五年(1866)刻本，南京图书馆藏。

戴　铮

清仪征人。

桐研山馆诗钞2卷　集部别集类　佚

见同治《续纂扬州府志》卷22。

童正茀

清仪征人。

红椒山房诗钞　集部别集类　佚

芥园词稿　集部词曲类　佚

以上2种见道光《重修仪征县志》卷45。

方震时

字敏安。清仪征人。道光二年(1822)举人，公车七上不售，晚岁无意仕进。与兄震举素相友爱，因就舍旁隙地灌花种竹，觞咏其中。

茗庵诗文集　集部别集类　佚

见同治《续纂扬州府志》卷22。

吴熙载(1799—1870)

名廷扬，字熙载，号让之，自称让翁，又号晚学居士，年50后以字行。清仪征人。诸生。少为包世臣入室弟子，邃于小学，工诗画，善各体书，篆隶行草皆妙，兼工铁笔，精于金石考证。余事作花卉，亦高雅有致。诗古文辞皆工，惜不多作。道光十五年(1835)曾与包世臣、刘文淇、江都梅植之等作黄庭坚生日会于扬州。十八年仲春，赴姚元之浙江学幕。咸丰中，避乱泰州姚氏迟云山馆。

资治通鉴地理今释 16 卷　史部编年类

(1) 清光绪八年(1882)江苏书局刻本，3 册，南京图书馆藏。

(2) 2015 年广陵书社《扬州文库》本。

扬城殉难录 1 卷　史部传记类

清刘文淇、吴熙载合撰

(1) 清刻本，吉林大学图书馆藏。

(2) 2015 年广陵书社《扬州文库》本。

吴让之临帖精品　子部艺术类

清吴熙载书

1924 年上海有正书局影印本，南京图书馆藏。

吴让之印谱　子部艺术类

清吴熙载纂刻

民国间上海有正书局钤印本，2 册，南京图书馆藏。

吴让之印存不分卷　子部艺术类

西泠印社钤印本，10 册，南京图书馆藏。

晋铜鼓斋印存　子部艺术类

民国石印本，南京图书馆藏。

吴让之印本　子部艺术类

(1) 岑氏惧盈斋线格朱拓本。

(2) 刘麓樵朱拓本。

(3) 陈碧山藏朱拓本。

(4) 王白齐藏朱拓本。

(5) 叶大根汇集本。

见《泰县著述考》卷 2。

梅花诗谜　集部别集类

民国影印本，国家图书馆藏。

匏瓜室词 1 卷　集部词曲类

清咸丰刻本，国家图书馆藏。

按：汪鋆《十二砚斋随录》收其诗《芦花》4 律。

张集馨(1800—1878)

字桂吾，号椒云、香海，别号时晴斋主人。清仪征人。兆兰父，道光九年(1829)进士。由翰林出知山西朔平府，历福建、陕西、四川、甘肃、河南、直隶、江西等省知府、道员、按察使、布政使、署理巡抚等职。同治四年(1865)遭革。光绪中，朝廷追念勋臣，绘像紫光阁。国史馆有传。

道咸宦海见闻录不分卷(别名张集馨自订年谱、椒云年谱)　史部传记类

(1) 稿本，存卷 1—2、5—7，北京大学图书馆藏。

(2) 1981 年中华书局据抄本排印本。

按：是集记录集馨仕途之经历及见闻，起自嘉庆五年(1800)，迄于咸丰十年(1860)，中佚三年。内容广涉政治、经济、军事、社会生活，具体翔实，不失为清中期以后之重要史料。

同治平回奏谕 1 卷　史部政书类

清末抄本，中国社会科学院历史研究所图书馆藏。

按：全书计录同治二年七月二日至三年四月十五日奏谕共 73 篇。内容为张集馨暂署陕西巡抚时，镇压陕、甘、宁地区起事回族和当地太平军及蓝大顺领导的起义军的有关奏疏及所接谕旨。

交翠山房条陈 1 卷　史部政书类

清光绪二十三年(1897)刻本，南京图书馆藏。

张椒云日记不分卷　史部传记类

稿本，北京大学图书馆藏。

陕变陟黜纪实不分卷　史部传记类

清抄本，北京大学图书馆藏。

椒云诗钞 1 卷　集部别集类

稿本，中国科学院图书馆藏。

时晴斋吟草 1 卷　集部别集类

稿本，上海图书馆藏。

归田杂咏 1 卷　集部别集类

稿本，北京大学图书馆藏。

时晴馆试帖 2 卷　集部别集类

清同治刻本，国家图书馆藏。

时晴馆赋 2 卷，集部别集类

清同治刻本，国家图书馆藏。

金台书院课士录三集不分卷四集不分卷　集部总集类

清光绪刻本，日本国会图书馆藏。

时晴斋词钞 1 卷　集部词曲类

(1) 稿本，上海图书馆藏。

(2) 清光绪二十一年铅字排印本，上海图书馆藏。

晏端书(1800—1882)

字彤甫。清仪征人。行忠子。少孤寒，艰苦力学，授徒糊口，屡困有司，几不自存。主讲梅花书院凡 18 年。道光十八年(1838)进士，由翰林院编修外简浙江湖州知府，咸丰元年(1851)，调署杭州知府。升署杭嘉湖道护盐运使，调补福建汀漳龙道。奏留补宁绍台道。擢按察使，晋江西布政使，调山东布政使，俱未赴任。旋擢浙江巡抚调大理寺卿充督办江北团练大臣。同治初，以都察院左副都御史督办广东厘金，署理两广总督兼署巡抚。10 余年间，以与太平军作战功，位至开府。光绪五年(1879)丁母忧归，遂不复出。病卒。

奏稿不分卷　史部政书类

稿本，南京图书馆藏。

(同治)续纂扬州府志24卷　史部地理类

清方浚颐修　晏端书、卞宝第、钱振伦等总纂

(1) 清同治十三年(1874)刻本,南京图书馆藏。

(2) 台北《中国方志丛书》本。

(3)《中国地方志集成》本。

(4) 2015年广陵书社《扬州文库》本。

晏端书致王凯泰书札1卷　集部别集类

(1) 稿本,日本京都大学人文研究所藏。

(2) 稿本,苏州博物馆藏。整理收入《何桂清等书札》。

梅花书院课艺三集不分卷　集部总集类

(1) 清光绪八年刻本,4册,国家图书馆藏。

(2) 2015年广陵书社《扬州文库》本。

晏彤甫大中丞程记三种　丛书类

清光绪十三年晏方琦刻本,国家图书馆藏。

子目:

《使滇纪程》1卷

《粤游纪程》1卷

《西江轺程记》1卷

何　烺

字炳光,号担云。清仪征人。10岁丧父,兄然抚以成立。事母孝。以岁贡生官淮安府学训导,查办盐城赈务,独能力除积弊,为陶澍所保荐。地方义举,任劳任怨。仪邑灾荒,邑令与筹赈务,深得赞助之力。善诗,超逸真挚。卒年56。

周易集说　经部易类　佚

左氏一得　经部春秋左传类　佚

四书精华　经部四书类　佚

以上3种见道光《重修仪征县志》卷44。

拳石山房制义　史部政书类　佚

咏梅馆试帖　集部别集类　佚

以上 2 种见道光《重修仪征县志》卷 34。

阮　福(1801—1878)

字赐卿，一字小芸，号喜斋。清仪征人。元季子。道光间分部学习，签掣户部，在河南司行走，升郎中，外简甘肃平凉知府，改湖北宜昌知府。通经学，尤好金石考据。

孝经义疏补 9 卷首 1 卷　经部孝经类

(1) 稿本，北京大学图书馆藏。

(2) 清道光九年(1829)春喜斋刻本，南京图书馆藏。

(3)《文选楼丛书》本。

(4)《丛书集成初编》本。

(5)《续修四库全书》本。

(6) 2015 年广陵书社《扬州文库》本。

历代帝王年表 14 卷附帝王庙谥年讳谱 1 卷　史部史表类

清齐召南编　阮福续编　《附》桐乡陆费墀撰

(1)《文选楼丛书》本。

(2) 清道光四年小琅嬛仙馆刻本，李慈铭校补，国家图书馆藏。

(3)《粤雅堂丛书》3 卷，巾箱本。

(4)《丛书集成初编》本。

(5)《四部备要》本。

雷塘庵主弟子记 8 卷　史部传记类

清张鉴、阮常生、阮福、阮孔厚、柳兴恩分编

(1) 清道光二十一年琅嬛仙馆刻本，南京图书馆藏。

(2) 2015 年广陵书社《扬州文库》本。

按：阮元祖茔在扬州城北雷塘，元居忧庐墓时，自署雷塘庵主。弟子张鉴以弟子记形式，次其行事，常生兄弟及小门生柳兴恩续成之。

滇南古金石隶1卷　史部金石类

(1)《文选楼丛书》本。

(2)《小琅嬛丛记》本。

(3)《丛书集成初编》本。

两浙金石志补遗1卷　史部金石类

清抄本,吉林大学图书馆藏。

曹子注释4卷　子部儒学类

见《清史稿艺文志及补编》。

揅经室训子文笔2卷　集部别集类

清阮福编

(1) 清光绪元年(1875)刻本,南京图书馆藏。

(2) 2015年广陵书社《扬州文库》本。

滇笔不分卷　集部别集类

(1) 清抄本,国家图书馆藏。

(2) 2015年广陵书社《扬州文库》本。

广西庚辰三元诗事1卷　集部别集类

(1)《仪征阮氏遗稿十二种》本。

(2) 2015年广陵书社《扬州文库》本。

归里诗草1卷　集部别集类

(1)《仪征阮氏遗稿十二种》本。

(2) 2015年广陵书社《扬州文库》本。

楚北武闱监院煎茶诗1卷　集部别集类

(1)《仪征阮氏遗稿十二种》本。

(2) 2015年广陵书社《扬州文库》本。

鱼听轩诗草1卷　集部别集类

(1)《仪征阮氏遗稿十二种》本。

(2) 2015年广陵书社《扬州文库》本。

小螂嬛诗文草1卷　集部别集类

(1)《仪征阮氏遗稿十二种》本。

(2) 2015年广陵书社《扬州文库》本。

小娜嬛仙馆诗草不分卷　集部别集类

(1)《仪征阮氏遗稿十二种》本。

(2) 2015年广陵书社《扬州文库》本。

珠江送别诗1卷　集部别集类

(1)《仪征阮氏遗稿十二种》本。

(2) 2015年广陵书社《扬州文库》本。

小娜嬛主晚年诗稿不分卷　集部别集类

(1)《仪征阮氏遗稿十二种》本。

(2) 2015年广陵书社《扬州文库》本。

文笔考1卷　集部诗文评类

清阮福辑

(1)《文选楼丛书》本(阮亨辑)。

(2)《小琅嬛丛记》本。

(3)《丛书集成初编》本。

小琅嬛丛记2卷　丛书类

(1) 清道光间刻本,南京图书馆藏。

(2)《文选楼丛书》本。

子目2种见上。

按:《贩书偶记》著录此书4卷,有嘉庆三年(1798)刻本,子目不详。

仪征阮氏遗稿十二种　丛书类

(1) 稿本,南京图书馆藏。

(2) 2015年广陵书社《扬州文库》本。

子目见上。

陈书玉

字蔗农,号润生。清丹徒人,居仪征城南。附生。胆识兼具。道光二十二年(1842)英夷入境,与邑诸生张鸿瑞赴夷船羁縻抚辑,邑中得以安堵。赏叙盐课使提举衔。

咏莪诗集　集部别集类　佚

见道光《重修仪征县志》卷39。

张集凤

字仪卿。清江都人。集馨妹。工诗画,卒年75。

瘦梧轩诗存1卷　集部别集类　佚

西村唱和集1卷　集部别集类　佚

见《历代妇女著作考》卷14。

姜恩福

清仪征人。

寡过斋诗钞2卷　集部别集类　佚

见同治《续纂扬州府志》卷22。

汪际昌

字名时。清仪征人。岁贡生。道光二十六年(1846)钦赐举人。工制艺,邃经术。居家授徒,成就甚众。倡修文昌祠,挑濬外泮池,科名由此益盛,邑人称之。预修县志,垂成而殁。

乡党经注2卷　经部四书类　佚

韵辨1卷　经部小学类　佚

见道光《重修仪征县志》卷37。

(道光)重修仪征县志50卷首1卷　史部地理类

清王检心修　刘文淇、张安保总纂　汪际昌等预纂

版本参见"刘文淇"条。

詹 锽

清仪征人。

秋微阁词 1 卷　集部词曲类　佚

见同治《续纂扬州府志》卷 22。

汪 秦

清仪征人。铮子。道光十四年(1834)副贡。攻小学。

昧行斋随笔 1 卷　子部杂学类　佚

见同治《续纂扬州府志》卷 13。

汪廷儒(1804—1852)

字醇卿,又字莼青。清仪征人。绅子。道光十五年(1835)副榜,二十年乡举,二十四年进士,改庶吉士,授编修。二十六年典试江西,任副主考。咸丰元年(1851)分校乡闱,胥以得士称。生平友爱笃行。工书善山水,法董其昌,笔墨极有法,书卷气流露其间。卒于京邸。

扬州科第表不分卷　史部政书类

清抄本,毛装 1 册,中国科学院图书馆藏。

按:所记至道光二十年。

思古随笔　史部传记类　佚

知菜根味轩诗集　集部别集类　佚

延月轩古文钞　集部别集类　佚

以上 3 种见同治《续纂扬州府志》卷 22。

广陵思古编 29 卷　集部总集类

清汪廷儒辑

(1) 清道光二十九年扬州仪征汪氏刻本,南京图书馆藏。

(2) 1982 年北京民族文化宫图书馆抄本,吉林大学图书馆藏。

(3) 1993 年扬州广陵古籍刻印社影印本。

(4)《扬州地方文献丛刊》本。

(5) 2015 年广陵书社《扬州文库》本。

按:汪廷儒通籍时即留心乡邦文献,道光十五年收辑乡先辈古文,编为此书。其书随抄随刊,每卷中略按作者时代分为先后。所收皆郡人遗作,其人尚存者,概不收录。

广陵思古外编　集部总集类

清汪廷儒辑

见道光《重修仪征县志》卷 45。

广陵思古外编续集 1 卷　集部总集类

清汪廷儒辑

(1) 清刻本,国家图书馆藏。

(2) 2015 年广陵书社《扬州文库》本。

按:《广陵思古编》亦称为《广陵思古内编》。汪廷儒又辑顺治至道光时期制艺 284 篇,编为《广陵思古外编》。《广陵思古编》"凡例"云:"兹编分古文、时文两册。"此即内外编之分。"内外编"虽仅就汪廷儒所见抄录,但收集极广,其文多涉及扬州历史地理人文。当年阮元辑刊《淮海英灵集》,所收为扬州作者之诗,未及辑录其文,时人颇以此为憾。廷儒此辑,可补阮氏之缺。

阮　祜(1804—1870)

字受卿,一作叔锡。清仪征人。元四子。国学生。曾署四川永宁道。

雨花精舍诗存 1 卷　集部别集类

稿本《仪征阮氏遗稿》本,南京图书馆藏。

黄应熊(? —1853)

字齐之,号竹尹。清仪征人。诸生。书家柱子。熊承家学,并工诗。书法汪退谷,参以程孟飞,骨肉停匀,结体丰整,而笔力遒劲,一时无出其右。

书隐笔记　子部艺术类　佚

一指轩诗钞　集部别集类　佚

以上2种见民国《江都县续志》卷21。

张积中(?—1866)

字石琴。清仪征人。道、咸间，石埭周星垣讲学扬州，与李光炘同为周之高弟。咸丰七年(1857)，光炘有《送石琴北行》诗2首，送其至山东。同治初年，居山东黄崖山中，聚徒讲学。时值太平军兴，黄崖地僻险，避乱者归之，遂成都聚。其徒用古衣冠祭孔子，蜚语大作。阎敬铭为巡抚，严令出山，畏罪不应，遂纵兵焚戮，甚惨。光绪间，乔茂萱奏请昭雪。

白石山房语录不分卷　子部杂学类

泰州图书馆抄本，国家图书馆藏。

内注七篇　子部杂学类

泰州图书馆抄本，国家图书馆藏。

随所得录不分卷　子部杂学类

泰州图书馆抄本，国家图书馆藏。

所见集不分卷　子部杂学类

泰州图书馆抄本，国家图书馆藏。

白石山房文钞4卷　集部别集类

泰州图书馆抄本，4册，国家图书馆藏。

张氏遗著三种　丛书类

泰州图书馆抄本，国家图书馆藏。子目从略。

白石山房丛钞四种　丛书类

泰州图书馆抄本，国家图书馆藏。

子目：

《六书说文略》

《论语三十六虚声注》

《十二辰说》

《律吕考证》

白石山房诗余1卷　集部词曲类

见《全清词钞》卷18,并收其词3首。

李光炘(1808—1885)

字晴峰,号平山。清仪征人。道、咸间,石埭学者周星垣讲学扬州,与张积中并为高弟。张积中聚徒讲学于山东黄崖山中,用古衣冠祭孔子,蜚语大作,巡抚阎敬铭发兵焚戮之。光炘匿迹韬晦,作《感怀诗》以吊之。诗作时具风调,流连花月,然于后来内忧外患,若有前知。

观海山房追随录不分卷　子部杂学类

泰州图书馆抄本,国家图书馆藏。

群玉山房诗钞不分卷附录1卷　集部别集类

抄本,复旦大学图书馆藏。

群玉山房诗钞续编　集部别集类

泰州图书馆抄本,国家图书馆藏。

龙川先生诗钞1卷诗文补抄1卷李氏遗书1卷　集部别集类

1933年铅印本,国家图书馆藏。

按:清郭则沄《十朝诗乘》收其诗2首。徐世昌《晚晴簃诗汇》收其诗2首。

张　铮

字铁夫。清仪征人。廪贡生。选授宝山县训导。道光二十九年(1849)仪邑水灾,请拨仓储赈济,躬任其劳。咸丰十年(1860)秋邵伯堤决,复倡捐施赈,经理得宜,当事重之。嗣以知县分发湖北,因疾乞休。卒年69。

味心室杂体文诗集　集部别集类　佚

味心室存稿1卷　集部别集类　佚

以上2种见同治《续纂扬州府志》卷14、卷22。

王希曾

字鲁之。清仪征人。好读书。居恒以道义自持，不诡流俗。工诗，善书，有弈癖，称“三长”。尝临池，喜雅宜王宠，不数日，若书一笔。作诗孤峭挺拔，不肯一字犹人，宗匠称其独鹤瘦劲，冲举天半。与善弈者黄山士、汪仲芒敌手，竟日不一二局。

蝶庵集　集部别集类　佚

见道光《重修仪征县志》卷45。

朱宝簪

字明妆。清仪征王僧保妻。工诗画。

绣余吟草1卷　集部别集类　佚

耐寒轩诗钞1卷　集部别集类　佚

以上2种见道光《重修仪征县志》卷45，云曲阜孔继鑅为之序。

阮贵生

字星垣。清仪征人。监生。援例得州判，以母年迈，侍养不就职。咸丰十一年(1861)为躲太平军，与叔父阮亨等同登舟，避于赤岸湖中，家属及乡里百余人皆存活。

读史杂记　史部史评类　佚

清晖馆诗钞　集部别集类　佚

饾饤集　集部别集类　佚

以上3种见民国《甘泉县续志》卷22。

听香集　集部别集类　佚

见《北湖续志》卷5。

陈　辂(1811—1849)

一名子辂,字朴生。清仪征人。嘉树子。道光二十四年(1844)举人。天资颖异,素性澹泊,不务声华。幼即能治说文学篆籀,益长益进。肆力经传,求根柢之学,自汉唐注疏及近今诸家说经之书,无不究心。嘉树殁于江西,辂适居里门,痛其不获侍疾为俗医所误,发愤精研,手录《灵素》《伤寒》诸书,积帙盈尺。推崇钱塘张隐庵、高士宗两家,间采闽人陈修园之说,最后读昌邑黄氏书,益所心折,久乃尽通其法大要。卒年39。

汉简校字　经部小学类　佚

见同治《续纂扬州府志》卷22。

陈布政行略1卷　史部传记类

清陈辂撰

(1) 清道光间精刻本。

(2) 清咸丰刻本。

伤寒明理论赘语　子部医家类　佚

见同治《续纂扬州府志》卷22。

印谱1卷　子部艺术类　佚

见同治《续纂扬州府志》卷13。

说小7篇　子部杂学类　佚

蒙璆室诗文集　集部别集类　佚

以上2种见同治《续纂扬州府志》卷22。

按:《国朝文汇》丙集卷21收其文1篇。

阮　克(1812—?)

字敬斋。清仪征人。鸿长子。

北湖续志6卷　史部地理类

参见“阮先”条。

双桂轩诗存　集部别集类　佚

见民国《甘泉县续志》卷24。

阮　先(1814—1893)

字慎言。清仪征人。鸿次子，元从弟。以国子生应顺天乡试。对策言孔安国殁于汉武帝巫蛊事前，元称该洽。著述甚富，稿多散佚。

北湖续志6卷　史部地理类

清阮先、阮克、阮充合撰　阮元序

(1) 清道光二十七年(1847)扬州阮氏刻本，南京图书馆藏。

(2) 清光绪二年(1876)重印本。

(3)《扬州丛刻》本。

(4)《中国地方志集成》本。

北湖续志补遗2卷　史部地理类

(1) 清咸丰十年(1860)刻本，南京图书馆藏。

(2)《中国地方志集成》本。

(3) 2015年广陵书社《扬州文库》本。

停琴馆诗存　集部别集类　佚

见道光《重修仪征县志》卷45。

赤湖杂诗2卷　集部总集类

清阮先、阮充同编

(1) 清同治刻本，南京图书馆藏。

(2) 2015年广陵书社《扬州文库》本。

董锡宏

字子本。清仪征人。诸生。太平军进占扬州时，避居泰州。

爨余草　集部别集类　佚

见《泰县著述考》卷6。

朱　铭(1815—?)

字石梅。清仪征人。工诗文,善篆刻。

四白斋诗稿 2 卷　集部别集类

清光绪刻本,南京图书馆藏。

四白斋蜀游草 1 卷　集部别集类

清光绪刻本,上海图书馆藏。

虹桥秋禊图题词 1 卷　集部总集类

(1) 清光绪刻本,上海图书馆藏。

(2) 2015 年广陵书社《扬州文库》本。

四白斋唱和集 1 卷附平山堂唱和集 1 卷　集部总集类

(1) 清光绪刻本,南京图书馆藏。

(2) 2015 年广陵书社《扬州文库》本。

杨赞勋

字竹书。清仪征人。道光二十四年(1844)举人,咸丰三年(1853)进士,官刑部主事。工诗文,笃于内行。卒年未 50。

省心录　子部儒学类　佚

见闻录　子部杂学类　佚

红杏山房诗草　集部别集类　佚

以上 3 种见同治《续纂扬州府志》卷 13。

马恒恩

号筱村。清仪征人。诸生。世居东门,屋后辟小圃,杂莳花木,春秋佳日,啸傲其中,名曰东园。后遂以东园为字。性嗜学,日手一编,孜孜不倦。

考古汇编　史部地理类　佚

经史偶存　子部杂学类　佚

东园草堂诗钞　集部别集类　佚

以上3种见道光《重修仪征县志》卷37。

汪　鋆(1816—?)

字砚山。清仪征人。在公子。诸生。少以诗赋为学使临川李联琇所赏识。与张恩焕同门学画于常熟李馨。初画花卉，法新罗山人，后乃专习山水，师宋元得其遗意。尝作扬州景物图册，王素为之题。兼能写真。尤邃于金石，工篆隶。于周秦两汉以来金石文字考论甚精。间作诗词，以风调胜。卒年70余。

扬州画苑录4卷　史部传记类

(1) 清光绪九年(1883)序刻本，南京图书馆藏。

(2)《扬州丛刻》本。

(3)《续修四库全书》本。

(4) 2015年广陵书社《扬州文库》本。

泰山志1卷　史部地理类

稿本，国家图书馆藏。

十二砚斋金石过眼录18卷续录6卷　史部金石类

(1) 稿本，无续录，台湾"中央图书馆"原藏。

按:《贩书偶记》卷8著录底稿本，卷首有砚山手稿阳文朱印一方，疑即此本。

(2) 清光绪元年自刻本，南京图书馆藏。

(3) 1931年扬州陈恒和书林刻本，南京图书馆藏。

十二砚斋金石过眼录14卷续录6卷　史部金石类

清光绪刻本，南京图书馆藏。

十二砚斋金石经眼录不分卷　史部金石类

稿本，4册，稿纸有"半亩园"字样，法国法兰西学院汉学研究所藏。

汉碑奇字考略1卷　史部金石类

稿本，天津图书馆藏。

十二砚斋补瘗鹤铭考2卷　史部金石类

(1) 清光绪二年刻本,南京图书馆藏。

(2) 清光绪九年《十二砚斋三种》本。

清湘老人题记1卷苦瓜和尚画语录1卷附录1卷　子部艺术类

清道济撰　汪鋆辑

(1) 清光绪九年仪征汪氏《十二砚斋三种》本。

(2)《画苑秘集》初编本。

扬州城东八景图及图说不分卷　子部艺术类

(1) 稿本,存16张,扬州市图书馆藏。

(2) 2015年广陵书社《扬州文库》本。

琥翁宦迹图　子部艺术类

稿本,中国科学院图书馆藏。

十二砚斋随录4卷　子部杂学类

(1) 清同治十一年(1872)刻本,南京图书馆藏。

(2)《十二砚斋三种》本。

(3)《清人说荟》集本。

研山杂录不分卷　子部杂学类

稿本,3册,国家图书馆藏。

考古随录1卷　子部杂学类

稿本,1册,国家图书馆藏。

汪研山手录自著诗稿2卷　集部别集类

稿本,安徽省图书馆藏。

十二砚斋诗录不分卷北湖避寇草不分卷　集部别集类

(1) 稿本,南京图书馆藏。

(2) 2015年广陵书社《扬州文库》本。

十二砚斋文录1卷　集部别集类

(1) 清光绪刻本,南京图书馆藏。

(2)《清代诗文集汇编》本。

文选摘录不分卷　集部总集类

稿本，上海图书馆藏。

梅边吹笛词 1 卷　集部词曲类

稿本，清吴让之题识，上海图书馆藏。

梅边吹笛词续存 1 卷诗存 1 卷　集部别集类

稿本，国家图书馆藏。

十二砚斋三种　丛书类

清同治光绪间汪氏刻本，南京图书馆藏。

子目见上。

砚山丛稿九种 9 卷　丛书类

(1) 稿本，台湾"中央图书馆"原藏。

(2) 1976 年台北联营出版事业公司影印《明清未刊稿汇编约辑》本。

子目从略。

陈　钺

字象衡。清仪征人。嘉树子，辂弟。咸丰六年(1856)进士，授户部浙江司主事。与兄同受家学。善八分书，医亦与兄埒。中岁偃蹇，处之坦然，遇戚友穷乏者，周给不遗余力。

两淮盐法志　史部政书类　佚

见同治《续纂扬州府志》卷 13，云盐运使刘良驹聘修，因战乱未竟其功，著述亦多散佚。

程守谦

字荀叔。清仪征人，居于郡城。兆栋子。诸生。博览工文能传家学，藏书甚富。与上元许宗衡、蕲州黄云鹤、代州冯志沂为文字交，尤服膺汪中。父死于咸丰三年(1853)，与弟庆积为太平军俘虏，既而逃归。

程玉才先生家传 1 卷　史部传记类

清咸丰十一年刻本，国家图书馆藏。

退谷文存 2 卷　集部别集类

清光绪二年(1876)刻本，国家图书馆藏。

何永倬

字云章。清仪征人。后迁居泰州。

景曾录　史部传记类　佚

见《泰县著述考》卷 2。

廖沅江

字岷山，号松舟。清仪征人。谦子。家贫，年弱冠，鲁《论》犹不能成诵。父执吴楚三教之，不数年以郡试第一补第子员。

绿荔山房遗稿数卷　集部别集类　佚

见道光《重修仪征县志》卷 34。

刘毓崧(1818—1867)

字伯山，一字松崖。清仪征人。文淇子。道光二十年(1840)优贡。幼从父受经，长益精于学。曾入曾国藩、国荃幕，主金陵书局。传父左氏学，治诸经，旁通史子百家，博稽载籍，穷极根要，尤精于校勘。为杜文澜编辑《古谣谚》100 卷，荟历代民间口头创作于一书，有补艺林甚大。

周易旧疏考证 1 卷　经部易类

(1) 自刻本，见《续修四库全书提要》经部。

(2)《皇清经解续编》本。

(3) 清抄本，国家图书馆藏。

(4) 1983 年台北新文丰出版公司《大易类聚初编》本。

(5)《续修四库全书》本。

(6) 2015 年广陵书社《扬州文库》本。

尚书旧疏考证 1 卷　经部尚书类

(1)《皇清经解续编》本。

(2) 清抄本,国家图书馆藏。

禹贡旧疏考证 1 卷　经部尚书类　佚

见《清史稿艺文志及补编》。

毛诗旧疏考证 1 卷　经部礼记类　佚

礼记旧疏考证 1 卷　经部礼记类　佚

以上 2 种见同治《续纂扬州府志》卷 22。

春秋左氏传大义 2 卷　经部春秋左传类　佚

见同治《续纂扬州府志》卷 13。

经传通义 10 卷　经部群经总义类　佚

见《清史列传》卷 69。

旧唐书校勘记 66 卷逸文 12 卷　史部正史类

参见“刘文淇”条。

克复金陵勋德记 1 卷　史部杂史类

《曼陀罗华阁丛书》本。

史乘通义 4 卷　史部史评类　佚

旧德录 1 卷　史部传记类　佚

彭城献征录 10 卷　史部传记类　佚

以上 3 种见《清史列传》卷 69。

四洪年谱条记 4 卷　史部传记类

清抄本,南京图书馆藏。

王船山先生年谱　史部传记类

(1) 不分卷,稿本,湖南省图书馆藏。

(2) 2 卷,清光绪十二年(1886)江南书局刻本,南京图书馆藏。

(3) 2 卷,《北京图书馆藏珍本年谱丛刊》本。

程可山先生七十寿序　史部传记类

清同治五年(1866)刻本,上海图书馆藏。

(嘉定)镇江志 22 卷首 1 卷附录 1 卷校勘记 2 卷　史部地理类

参见“刘文淇”条。

诸子通义 4 卷　子部周秦诸子类　佚

见《清史列传》卷 69。

王船山丛书校勘记 2 卷　集部别集类

《船山遗书》附。

通义堂笔记 16 卷　子部杂学类　佚

见民国《江都县续志》卷 27。

通义堂集不分卷　集部别集类

抄本，北京师范大学图书馆藏。

伯山文集不分卷　集部别集类

稿本，重庆图书馆藏。

通义堂文集□卷　集部别集类

稿本，中国科学院图书馆藏。

通义堂集 2 卷　集部别集类

(1) 清光绪十六年思贤讲舍刻本，华东师范大学图书馆藏。较他本有异同。

(2)《续修四库全书》本。

通义堂文集 5 卷　集部别集类

清光绪十四年青溪旧屋刻本，原目 16 卷，卷 6 以下未刻，封面后至今有“卷六以下嗣出”6 字，日本东京大学东洋文化研究所藏。

通义堂集 7 卷　集部别集类

清光绪十四年青溪旧屋刻，原目 16 卷，卷 8 以下未刻，复旦大学图书馆藏。

通义堂文集 16 卷　集部别集类

(1)《求恕斋丛书》本。

(2)《清代诗文集汇编》本。

按：是集卷 10、卷 11 所载数篇，陈义甚新，发前人所未发，辨说锋利，颇与龚自珍为近。若卷5《宋本百家姓考》，卷6《浣纱女祠墓考》《灵星门考》，卷11《千金方考》《痘考》，卷12《推算八字考》，察及庶物，洞达本原。观是集卷5《校刻汉书凡例》，即知其雠正一籍，而遍及数十百种之书，观卷7《舆地红胜校勘记》中所言，可以知其功力之审密也。是集初有光绪十四年思贤讲舍刻本，只2卷，此本乃刘承干所刻，最为完备。

王翼凤(? —1860)

字旬生。清仪征人。家干子。廪贡生。少慧，治经师事包世臣、李兆洛、黄承吉、江藩等，通左氏《春秋》。工诗文。与兄僧保及江都梅植之、甘泉杨亮齐名。与刘文淇、黄承吉友善。客浙江学政幕者10余年。咸丰十年(1860)，太平军攻占杭州，赋绝命诗，自缢死。

声远堂文钞(一作声远堂文集)4卷　集部别集类

(1) 清咸丰二年夏五月刻本，国家图书馆藏。

(2) 清抄本，国家图书馆藏。

(3) 2015年广陵书社《扬州文库》本。

按：是集卷1为赋、赞、颂、铭、连珠，卷2为启、书序、书后，卷3为碑志、传、表，卷4为行略，哀辞。大抵酬应之文为多，而论涉学艺者乃绝无。盖翼凤一生，欲以词翰显，朴学本非所长也。

声远堂文钞4卷补遗1卷　集部别集类

(1) 清抄本，北京大学图书馆藏。

(2)《清代诗文集汇编》本。

舍是集8卷　集部别集类

(1) 清道光二十一年(1841)刻本，南京图书馆藏。

(2) 清道光二十四年补刻本，作10卷，南京图书馆藏。

(3)《清代诗文集汇编》本。

(4) 2015年广陵书社《扬州文库》本。

卞维城

字拥百，号雨帆。清仪征人。诸生。性慷爽诚笃，有孝行。中岁家渐落。笔耕所入，寡兄孀姊奉养尽礼，嫁甥抚侄，引为己任。

弢尘馆读史随笔不分卷　子部杂学类

稿本，台湾"中央图书馆"原藏。

弢尘馆诗存 4 卷　集部别集类

清道光二十七年(1847)汪廷儒扬州刻本，国家图书馆藏。

按：汪廷儒序云："诗则远学三唐，近追七子，天姿英异，人力湛深，而乃百感摧心，九原埋骨，何忍言哉。"

吴昌燮

字篆湘。清仪征人。诸生。工书法。诗规唐贤，词仿草窗。

亦足居诗存 2 卷词 1 卷　集部别集类　佚

见民国《江都县续志》卷 24。

刘蕴辉(1820—1868)

字玉生。清仪征人，诸生。少读书务为有用之学。遭太平军战事，又迭遭父母丧，以其所感慨者发之于诗。

虚白斋诗集 2 卷　集部别集类

(1) 清同治间刻本，名曰《虚白斋古近体诗》，上海图书馆藏。

(2) 清光绪扬州倪文林斋辑刻《真州两生诗存》本，南京图书馆藏。

(3) 2015 年广陵书社《扬州文库》本。

黄纯嘏

字锡之，号梦余，原名鼎晋。清仪征人。事亲尽孝。家贫，兄弟五人同居，友爱诚笃，寸缕不私，乡人敬之。性豪迈风雅，善画山水，工诗文。

风漪书屋文稿　集部别集类　佚

见道光《重修仪征县志》卷34。

草草草堂诗选2卷词稿1卷　集部别集类

清道光十八年(1838)刻本,国家图书馆藏。

董宝鸿

清仪征人。郑冬农妻。夫殁守节。咸丰三年(1853),太平军攻入扬州,寓泰州南山塔中,后塔焚,移居白衣庵。

饮香阁诗钞1卷　集部别集类

(1) 清光绪刻本,国家图书馆藏。

(2) 2015年广陵书社《扬州文库》本。

按:是集前有刘澍序及记录,李郊郢、胡月翰、李香树等题辞。凡诗97首,后有《平生际遇赋》1篇。

何　淳

清仪征人。

锄月山房遗稿1卷　集部别集类

(1) 清光绪扬州倪文林斋辑刻《真州两生诗存》本。

(2) 2015年广陵书社《扬州文库》本。

孙采芙

清仪征人。胡培系妻。

丛笔轩遗稿3卷附录1卷　集部别集类

清光绪十三年(1887)世泽楼本活字本,国家图书馆藏。

李光荣

清仪征人。

南园集2卷　集部别集类

清咸丰刻本，南京图书馆藏。

吴澜生

清仪征人。

筿濂轩诗草　集部别集类　佚

见同治《续纂扬州府志》卷22。

卞宝第(1821—1893)

字颂臣。清仪征人。士云子。咸丰元年(1851)举人，官刑部主事。五年，补河南司主事，充实录馆校对。书成，荐补郎中。十一年，擢浙江道监察御史。同治元年(1862)迁顺天府丞，二年晋府尹。授河南布政使。六年，擢福建巡抚，以母老乞养归。光绪八年(1882)忧阕复起为湖南巡抚。九年，署湖广总督。十四年迁闽浙总督兼巡抚、盐政、南洋大臣，复兼船政大臣、陆路提督，又尝摄福州将军，同时佩七印，人以为荣。以劳瘁致疾，累疏乞休归。《清史列传》有传。

卞制军奏议12卷　史部政书类

清光绪二十年刻本，国家图书馆藏。

卞制军政书4卷　史部政书类

清刻本，4册，南京图书馆藏。

(同治)续纂扬州府志24卷　史部地理类

清莫杰修　晏瑞书、卞宝第总纂

(1) 清同治十三年刻本，南京图书馆藏。

(2) 台北《中国方志丛书》本。

(3)《中国地方志集成》本。

(光绪)湖南通志228卷首8卷末19卷　史部地理类

清卞宝第、李瀚章等修　曾国荃、郭嵩焘纂

(1) 清光绪十一年刻本，南京图书馆藏。

(2) 1934年上海商务印书馆影印本。

(3) 1986 年江苏古籍刻印社影印本。

(4)《续修四库全书》本。

(5)《中国地方志集成·省志辑》本。

卞氏三种　丛书类

清光绪年间仪征卞氏刻本，国家图书馆藏。

子目：

《抚湘公牍》

《方岳采风录》2 卷

《闽峤輶轩录》2 卷

阮恩光(1821—1895)

字孝通。清仪征人。元孙，福子。家学渊源，早岁知名。同治间官当阳知县，励精图治，不期年而邑事兴。

(同治)当阳县志 18 卷首 1 卷末 1 卷　史部地理类

清阮恩光修　监利王柏心纂

(1) 清同治五年(1866)刻本，南京图书馆藏。

(2) 1935 年铅印本，南京图书馆藏。

(3)《中国地方志集成》本。

按：恩光深于家学，而柏心为江汉名儒，纂志时一以史义为依归，体例谨严，文辞渊雅，征引博确，志成后，为各方所推誉。

吴　潮(1822—1890)

字述韩。清仪征人。道光间，其叔父文镕由侍郎巡抚江西，道过扬州，携之即署读书。咸丰二年(1852)成进士，官刑部 18 年。外简河南、河北兵备道，以治河功加二品顶戴，署按察使。一切公牍皆手自制草，不以假幕行。平反冤狱甚多。素戆直，为外吏时，不为上官所喜，遂因事劾罢。既而左迁安徽宁国知府，调署太平知府。莅任月余，会火药库灾，惊悸致疾而殁。卒年 69。善草书，晚号拙老人。

刑案汇览续编 32 卷　史部政书类

清光绪刻本，日本国会图书馆藏。

拙老人集　集部别集类　佚

见民国《江都县续志》卷 27。

车元春

字竹君。清仪征人。咸丰四年(1854)偕甘泉吴世钰游泰，居僧舍，与康发祥昕夕述从。后司训荆溪。太平军事起，去官后侨泰。工诗。

荆门游草　集部别集类　佚

见民国《续纂泰州志》卷 28。

劫馀诗稿 2 卷　集部别集类

清同治十二年(1873)刻本，南京图书馆藏。李肇增为之序。

吴养原(1825—1864)

字思澄。清仪征人。文镕子。咸丰九年(1859)副贡，由二品荫生官刑部云南司主事。性不谐俗，勤于职事，廉介自守。博通经史，退不废书，手录《史》《汉》《通鉴》至数万言，条析疑义，多所发明。年甫 40，卒于京师。

吴文节公年谱 1 卷　史部传记类

(1) 清咸丰三年《吴文节公遗集》本，南京图书馆藏。

(2) 清同治刻本，南京图书馆藏。

(3)《历代名人年谱大成》本。

(4) 2015 年广陵书社《扬州文库》本。

乙部随笔 4 卷　史部史评类

清光绪十年(1884)刻本，国家图书馆藏。

读书偶得 1 卷　子部杂学类

清光绪十年刻本，南京图书馆藏。

敦夙好斋笔记 1 卷　子部杂学类

清光绪十年刻本，南京图书馆藏。

东周宫词5卷　集部词曲类

清光绪十年刻本，华东师范大学图书馆藏。

方鼎锐

字子颖，号退斋。清仪征人。本子。咸丰二年(1852)顺天举人，以中书入为小军机，荐升郎中，记名御史，出为浙江温处道。赋性慷慨，倜傥多能。工书，善画山水，用笔简淡，惜不多作。曾为《西泠酬唱集》作序。卒年61。

解经绪论2卷　经部群经总义类

稿本，南京图书馆藏。

集验良方　子部医家类　佚

见《扬州画苑录》卷2。

且园赓唱集3卷　集部别集类

清同治十年(1871)刻本，华东师范大学图书馆藏。《扬州画苑录》有《且园倡和诗》一种，不知是否即此书。

退斋诗稿5卷　集部别集类

清宣统元年(1909)从台书屋刻本，南京图书馆藏。

雁山游草不分卷　集部别集类

清同治十年刻本，南京图书馆藏。

温州竹枝词1卷东瓯百咏1卷　集部别集类

清同治十一年刻本，南京图书馆藏。

西泠酬唱集5卷二集5卷　集部总集类

清光绪刻本，南京图书馆藏。

阮　充(1826—1892)

字实斋。清仪征人。鸿季子，元从弟。以诗文名。

北湖续志6卷　史部地理类

清阮先、阮克、阮充同撰

版本参见“阮先”条。

云庄印话 1 卷　子部艺术类

清阮充辑

《遁庵印学丛书》本。

碧香吟馆笔谈 2 卷　子部杂学类　佚

见道光《重修仪征县志》卷 44。

扬州鼓吹词续编 1 卷　集部别集类　佚

见民国《增修甘泉县志》卷 23。

北湖竹枝词 1 卷　集部别集类

清道光二十七年(1847)刻本,中国科学院图书馆藏。

云庄诗存 5 卷云庄唱和录 2 卷云庄题赠录 4 卷　集部别集类

(1) 清同治刻本,南京图书馆藏。

(2) 2015 年广陵书社《扬州文库》本。

赤湖杂诗 1 卷　集部总集类

清阮先、阮充同编

清同治刻本,南京图书馆藏。

北湖耆旧集 6 卷　集部总集类

清阮充辑

见同治《续纂扬州府志》卷 22。

张丙炎(1826—1905)

字午桥,号药农,一号榕园。清仪征人。安保子。少承家学,未冠举于乡。咸丰九年(1859)进士。由翰林院编修出知广东廉州府。廉有地名涠洲岛,要塞也,英人将乞为船坞,丙炎不许,复改乞北海为市,丙炎于其来置酒款之,而峻其仪节,时人以为不损国体。移知肇庆。尝购书数千置书院中,以惠多士。捐升道员,加盐运使衔。丁母忧归,优游林下者 20 年,于乡里义举多捐赀助成之。光绪三十年(1904)重宴鹿鸣，给侍读学士衔，逾年卒。

张丙炎等致高延第父子信札不分卷　集部别集类

稿本，南京图书馆藏。

冰瓯馆词 1 卷　集部词曲类

(1)《淮海秋笳集》本。

(2) 清光绪七年写刻本，国家图书馆藏。

按：《全清词钞》卷 25 收其词 4 首。

榕园丛书　丛书类

清张丙炎辑　子允颉重辑

清同治中真州张氏广东刻 1913 年重修本，南京图书馆藏。

子目从略。

程恩潍(1827—1858)

字湛华。清仪征人，居江都。咸丰元年(1851)恩科举人。三年，太平军入扬州郡城，乃归仪征办团练。八年，战死于甘泉黄珏桥。事闻，清廷给云骑尉世职。卒年 32。

西村诗剩 2 卷　集部别集类

清光绪十七年(1891)刻本，中国科学院图书馆藏。

张锡瑜

清仪征人。

史表功比说 1 卷　史部正史类

(1)《广雅书局丛书》本。

(2)《史学丛书》本。

(3)《丛书集成初编》本。

(4) 底稿本，题“史表功比说附侯弟表”，无卷数，见《贩书偶记》卷 5。

张丙莹

清仪征人。

壬癸诗存　集部别集类

清光绪二十一年(1895)张氏清晖草堂刻本,南京图书馆藏。

王建和(? —1853)

字瑟云。清仪征人。僧保子。增生。工诗善画。咸丰三年(1853)僧保殁,亦自刎死。

宜秋馆文略　集部别集类　佚

见《扬州画苑录》卷2。

陈　彝

字六舟。清仪征人。嘉树子。同治元年(1862)一甲一名进士。由翰林院编修转御史。光绪初,出知云南曲靖府,迁甘肃按察使。光绪十二年(1886)晋湖南布政使,未赴任即擢安徽巡抚。李鸿章从子倚势杀人,彝欲穷究,被左迁顺天府尹,转宗人府丞,出视学浙江。复以京尹召归。升授内阁学士,兼礼部侍郎衔。未几乞归。年74卒。居官以廉直称。学问纯粹,深于宋明诸儒之书。

日记不分卷　史部传记类

稿本,复旦大学图书馆藏。

家书4卷　史部传记类　佚

奏议4卷　史部政书类　佚

谈异8卷　子部杂学类　佚

抱瓮庐诗文存2卷　集部别集类　佚

以上4种见民国《江都县续志》卷27。

阮恩滦(1831—1854)

字媚川。清仪征人。元孙女,常生女。钱塘增生沈霖元室。善书画,尤嗜琴,阮元称之"琴孙女"。

慈晖馆诗草1卷附词草1卷　集部别集类

(1) 清咸丰三年(1853)武林沈氏刻本,国家图书馆藏。有阮恩海撰传,张景祁、沈子菉、沈麟之序,闺秀吴藻、鲍靓、沈允镇、高茹等题词。后有沈彤之跋。凡诗65首,词19首。

(2) 清光绪十八年(1892)重印本,补《缉雅堂诗话》一则。

(3) 2015年广陵书社《扬州文库》本。

慈晖馆词1卷　集部词曲类

《小檀栾室汇刻闺秀词》本。

按:《全清词钞》卷33收其词3首。

于养源(1831—1859)

字小堂。清江都人,隶籍仪征。咸丰三年(1853)以县丞分发安徽,八年署定远炉桥主簿,九年晋知县。在与太平军作战时死,年29。

都梁草2卷竹如意斋唱和集1卷　集部别集类

(1) 清光绪十九年(1893)于树滋校刻本,南京图书馆藏。卷首有于树滋辑序文及传略、题词。

(2) 清光绪三十二年于树滋校刻本,南京图书馆藏。附于树滋辑《都梁草题词》1卷,增《补遗》1卷。

(3) 2015年广陵书社《扬州文库》本。

程　畹(1831—?)

字兰畦。清仪征人。诸生。年29,时太平军攻占扬州,始学为诗。家离散,避地东台,课徒自给,执贽受业者甚盛。后转徙吴、越间,以诗受知于李联琇。江南定后,曾谒曾国荃于金陵。曾殁,为诗哭之。诗近体学白、陆，古体宗少陵，多沉郁苍凉之作。

啸云轩避寇纪略 1 卷　史部传记类

清光绪十二年(1886)自刻本，南京图书馆藏。

潜庵漫笔 8 卷　子部小说类

《申报馆丛书正集》本。

惊喜集 2 卷　子部小说类

《申报馆丛书续集》本。

啸云轩诗集 5 卷　集部别集类

(1) 清同治十一年(1872)刻本，南京图书馆藏。另有 4 卷本，同年刻。

(2)《清代诗文集汇编》本。

啸云轩文集 6 卷附录 1 卷　集部别集类

(1) 清光绪十三年自序刻本，南京图书馆藏。附录 1 卷为《避寇纪略》。

(2)《清代诗文集汇编》本。

(3) 2015 年广陵书社《扬州文库》本。

啸云轩诗话　集部诗文评类

见《清诗纪事》第 16 册。

刘寿曾(1838—1882)

字恭甫，一字芝云。清仪征人。文淇孙，毓崧子。渊源家学，通经术，能文章。同治三年(1864)、光绪二年(1876)两中副榜。以筹饷叙功，嘉奖知县加同知衔。后继父入金陵书局，由是泛览群籍，所学益博。所校官书多精善，局刊群籍多为校定，一时魁儒硕彦，咸礼交之。继祖、父志，续纂《左传旧注疏证》，至鲁襄公四年(前 569)，英年早逝而辍。三世一经，未毕其业，时论惜之。

昏礼重别论对驳义 2 卷　经部仪礼类

《皇清经解续编》本。

春秋左传旧注疏证　经部春秋左传类

参见“刘文淇”条。

春秋五十凡例表　经部春秋左传类　佚

读左札记　经部春秋左传类　佚

按：上 2 种皆治《左》疏时，旁推交通，发明古谊者，属草亦未竟。

南史校义集评　史部史评类

以上 3 种见《清史列传》卷 69。

余生纪略　史部传记类

扬州古籍书店抄本，南开大学图书馆藏。

（光绪）江都县续志 30 卷首 1 卷　史部地理类

清谢延庚修　刘寿曾纂

（1）清光绪十年刻本，南京图书馆藏。

（2）台北《中国方志丛书》本。

（3）《中国地方志集成》本。

江宁府志　史部地理类

见民国《江都县续志》卷 27。

文谱类释　子部杂学类

见民国《江都县续志》卷 27。

芝云杂纪　子部杂学类

见《清史列传》卷 69。

临川答问 1 卷　子部杂学类

清李联琇撰　刘寿曾录

（1）清咸丰恩养堂《好云楼初二集》本。

（2）光绪《积学斋丛书》本。

传雅堂文集 4 卷诗集 1 卷　集部别集类

（1）1937 年铅印本，2 册，南京图书馆藏。

（2）稿本，清吴汝纶序，中国科学院图书馆藏。

（3）《清代诗文集汇编》本。

(4) 2015年广陵书社《扬州文库》本。

按:是集卷1《车制考略》《平权衡释义》诸篇,诠释礼书名物得义缘由,明白简要,最便初学。卷2《周易汉读考序》《周易通义后序》《汉石经残字证异序》诸篇,所陈源流得失,洞澈靡遗,为邃于经学,明于文字、声音之理者之作。卷1《北堂书钞校雠商例》《扬州艺文志商例》2篇,为版本目录著作,条理缜密,断制谨严。末2卷为家传、碑志、寿序等应俗之作。寿曾殁后,其孙葆儒始裒辑遗文为是集,距其下世已50余年矣。

徐福辰

字星北。清仪征人。同治三年(1864)举人。浙江候补盐大使。

春晖堂试帖　集部别集类　佚

未能免俗集　集部别集类　佚

聊复尔尔集　集部别集类　佚

以上3种见《西泠酬唱集》初集卷2,并收其诗4首。

春晖堂诗钞1卷　集部别集类

稿本,浙江省图书馆藏。

阮恩年(1839—1892)

字石珊。清仪征人。元孙,福三子。少承家学,习畴人术,肄业上海广方言馆。盛宣怀重其学,委设长江上游电线。工竣,川督刘秉璋奏保以同知留川补用。光绪十六年(1890)创设中西学堂于重庆,为各行省先。算学精深,论者谓自罗士琳后,惟其及甘泉余凤诰、胡文渊,仪征王鉴,克振其绪云。卒年54。

海镜举隅1卷　子部历算类

按:以元李治《测圆海镜》辞隐理奥,初学猝难通晓,著是书以一解之。

垛积寻源1卷　子部历算类

按：是著以代数式阐明元朱世杰《四元玉鉴》《垛积诸问》，以简明其原理。

以上2种见民国《甘泉县续志》卷24，云已刊行。

如积识别　子部历算类

清光绪二十三年王鉴油印本，国家图书馆藏。

卞宗模

字矩斋。清仪征人。萃文曾孙。服膺朱熹学说，以其学为入德之门。

江洲耆旧征存录2卷　史部传记类　佚

见《瓜洲续志》卷13。

王　鉴(1847—?)

一作銮，字子和。清仪征人。诸生。弱冠入庠，以太平军战事，乡举久停，援例以县主簿分发湖北。博洽多通，尤精畴人之学。

古今算学提要20卷　子部历算类　佚

细草2卷　子部历算类　佚

以上2种见民国《江都县续志》卷24。

勾股比例表图说1卷　子部历算类

清光绪二十年(1894)刻本，国家图书馆藏。

算学启蒙述义3卷总括1卷　子部历算类

清光绪十年王氏刻本，北京大学图书馆藏。

怀荃室诗存5卷诗余3卷　集部别集类

(1)《黄氏遗书考》本。

(2) 清光绪刻本，复旦大学图书馆藏。

吴引孙(1848—1917)

字福茨。先世为安徽歙县人，乾隆年间至扬州，入仪征籍。光绪五年(1879)举人,任浙江宁绍道。二十五年任广东按察使,转浙江按察使。二十九年升新疆布政使,三十一年由甘肃布政使署新疆巡抚,转湖南布政使。宣统三年(1911)任浙江布政使。辛亥革命后寓居上海。家富藏书。仪征吴氏有藏书始于吴引孙祖父吴次山,其藏书处名有福读书堂。吴引孙自建藏书楼名测海楼。凡元明刊本,旧家善本及寻常坊本、殿刻、局刻均在收藏之列,意在求备。藏书最多时达到 9000 余部,24 万余卷。

吴引孙自订年谱 1 卷　史部传记类

(1) 稿本,上海图书馆藏。

(2) 2015 年广陵书社《扬州文库》本。

(梅川)吴氏宗谱 4 卷　史部传记类

清光绪二十一年刻本,吉林大学图书馆藏。

仪征吴氏有福读书堂藏书简明总册不分卷　史部目录类

(1) 红格抄本,南京图书馆藏。

(2) 2015 年广陵书社《扬州文库》本。

(3)《南京图书馆藏稀见书目书志丛刊》影印本。此影印本题吴次山编,恐非是。今仍列入吴引孙藏书目录中。

按:本书目编成于光绪十九年,是吴引孙藏书的原始登录清册,也是他几部藏书书目中著录图书数量最多的一部书目。

扬州吴氏测海楼藏书目录 12 卷　史部目录类

清吴引孙编

(1) 清宣统二年扬州吴引孙家刻本,南京图书馆藏。

(2) 2015 年广陵书社《扬州文库》本。

按:此为吴氏藏书目录。仿《广雅书院书目》之例,分为 7 类,首冠御制敕撰,次分经、史、子、集、杂著、丛书 6 类。各部类末均有统计数字,并记种数与卷数。前有吴引孙光绪三十年自序。

又按:1931 年北平富晋书社出版石印本《扬州吴氏测海楼藏书目录》7 卷,南京图书馆藏书目录题王富晋编,国家图书馆藏书目录题吴引孙藏并编,前后无序跋,亦无编者署名。

扬州吴氏测海楼藏书目录 7 卷　史部目录类

1931 年富晋书社石印本,上海图书馆藏。

按:此书目王富晋编。1931 年,吴氏后人将测海楼藏书全部售给了北京书商王富晋,共 589 箱。善本大半为北平图书馆购藏。王富晋应南北藏书家预约购书的要求,将吴氏藏书重新清点编目,即此《扬州吴氏测海楼藏书目录》7 卷。

测海楼旧本书目 4 卷附录 1 卷　史部目录类

1932 年富晋书社铅印本,南京图书馆藏。

按:王富晋印本书目刊行后,陈乃乾又撷取其中的善本 425 种,编成此目。版心下方有"慎初堂校印"字样,即陈乃乾斋名。这部书目虽然著录图书很少,但版本项目较具体。

政事文存 8 卷　集部总集类

清吴引孙辑

抄本,南京大学图书馆藏。

崇实书院课艺 6 卷　集部总集类

清吴引孙编

清光绪二十一年刻本,国家图书馆藏。

有福读书堂丛刻十七种 36 卷　丛书类

清吴引孙编辑

清光绪二十七年扬州吴氏刻本,南京图书馆藏。

按:丛书前有自序,云:"于藏书中择其伦理切实可行,词旨浅显易晓者,汇辑十六种分为前后两编,付诸手民。"《中国丛书综录》第 1 册著录仅 4 种 6 卷,即:《治家格言绎义》2 卷,清戴翊清撰,光绪二十三年刻;《六事箴言》1 卷,清王鼎撰,光绪二十三年刻;《公门劝惩录》1 卷,清周炳麟撰,光绪二十六年刻;《石成金官绅约》1 卷《十反说》1 卷,清石天基撰,光绪二十三年刻。《续修四库全书提要》第 14 册,所著录有二条,一为前编 8 种 17 卷后编 8 种 22 卷,无子目,另一为 17 种 36 卷,有子目。《中国丛书综录》著录为其有子目者前编第二、三册所收，且多出石天基《十反说》1卷。

阮恩藻

字蔚高。清仪征人。元从孙。诸生。工诗，警拔多可诵者。卒年30。

蟋蟀西堂诗钞4卷　集部别集类　佚

见民国《甘泉县续志》卷24。

李德礼

字爱堂。清仪征人。明以来，其先习医历十四世，于幼科痘症惊风，治尤神效。与弟德汉齐名。殁后子侄亦皆能世其业。

保婴撮要　子部医家类　佚

见同治《续纂扬州府志》卷16。

严玉森

字鹿溪，又作六希，号虚阁。清仪征人。同治十二年(1873)举人，官户部主事。才气豪迈，愤世嫉俗。光绪三年(1877)从许宗衡游京师，人皆目为狂生。后与李慈铭、张度交。44岁游洞庭，尽掷其诗文杂著于湖。后失明，所作皆人代书。

虚阁遗稿6卷　集部别集类

1919年铅印本，北京大学图书馆藏。

虚阁先生诗剩8卷　集部别集类

清光绪三十年铅印本，上海图书馆藏。

按：《晚晴簃诗汇》卷165收其诗3首。杨钟羲《雪桥诗话余集》收其诗1首。

张兆兰

字畹九。清仪征人。集馨子。同治九年(1870)举人,官至监察御史。

(同治)内江县志15卷首1卷　史部地理类

清张撍纂　张兆兰等修

清同治刻本,国家图书馆藏。

泉缘汇珍记　史部金石类

(1) 稿本,不分卷,王献唐跋,山东省图书馆藏。

(2) 稿本,12卷,存卷1—2、5—12,山东省图书馆藏。

醉经斋诗钞1卷　集部别集类

清光绪铅印本,国家图书馆藏。

醉经斋词钞1卷　集部词曲类

清光绪二十一年(1895)铅字排印本,扬州市图书馆藏。与张集馨《时晴斋词钞》同刊。

按:《全清词钞》卷27收其词1首。

吴丙湘(1850—1896)

字次潇。清仪征人。文镕子,养源弟。幼叔文锡抚教之,循循谨饬。曾国藩督两江时,尝阅兵扬州,亲谒丙湘母,痛师门陵夷,为经纪其家,俾得一志读书。丙湘劬学嗜古,能文章,颜所居曰"式古训斋"。困于诸生,光绪十五年(1889),年40,始成进士,以道员分发河南。养源卒于京师后,以廪生承袭世职,又浮沉数年而卒。

经说五篇校异　经部群经总义类　佚

南兖州记　史部地理类　佚

瘦梅花馆诗文词集　集部别集类　佚

以上3种见民国《江都县续志》卷27。

潇碧词　集部词曲类

见《全清词钞》卷23,并收其词1首。

蛰园丛刻五种7卷(一作蛰园丛书)　丛书类

清吴丙湘辑

清光绪十一年仪征吴氏蛰园校刻本,国家图书馆藏。

子目:

《大地山河图说》1卷　清孙兰撰

《春秋列国官名异同考》1卷　清汪中撰

《尚书今古文五藏说》1卷　清胡廷绶撰

《周礼畿内授田考实》1卷　清胡匡衷撰

《柳庭舆地隅说》3卷　清孙兰撰

按:是书旧无总题,仅有蛰园校刻4字,《续修四库全书提要》子部为题《蛰园丛书》。又一部作8卷,不知其中1卷何目。

传砚斋丛书十种26卷　丛书类

清吴丙湘辑

清光绪十一年仪征吴氏孱守山庄刻本,国家图书馆藏。

子目:

《邗记》6卷　清焦循撰

《红薇翠竹词》1卷　清焦循撰

《仲轩词》1卷　清焦循撰

《里堂家训》2卷　清焦循撰

《因柳阁词钞》2卷　清焦廷琥撰

《传是楼宋元板书目》1卷　清徐乾学撰

《坦庵枕函待问编》5卷　清徐石麒撰

《客斋余话》4卷　清徐石麒撰

《古今青白眼》3卷　清徐石麒撰

《花佣月令》1卷　清徐石麒撰

陈重庆

清仪征人。彝子。光绪元年(1875)举人,署湖北武昌盐法道。

默斋诗稿 16 卷　集部别集类

1922 年排印本,华东师范大学图书馆藏。

辛酉消夏诗录 1 卷　集部总集类

1921 年铅印本,复旦大学图书馆藏。

张允颛

清仪征人。丙炎子。光绪十七年(1891)优贡,江西候补知府。

榕园丛书　丛书类

清张丙炎辑　张允颛重辑

清同治中真州张氏广东刻 1913 年重修印本,南京图书馆藏。

子目从略。

刘淑曾(1853—1891)

字婉媛。清仪征人。毓崧女,孔昭寀妻,夫死殉节。

林风阁诗钞 1 卷　集部别集类

《求恕斋丛书》本。与其夫《绍仁斋浦游吟》,均附于《心向往斋集》后。

陈重纶

字掌丝。清仪征人。彝侄。生周岁而孤,母鲍氏抚之成立。后随母就居宝应农家,恃馆谷养母。光绪十九年(1893),以诸生官溧阳。年 60 丧母,以哀毁卒。

溧阳县续志 16 卷末 1 卷附续补　史部地理类

清朱畯、陈重纶修

(1) 清光绪二十五年木活字印本,南京大学图书馆藏。

(2)《中国地方志集成》本。

国朝经世语粹10卷　子部儒学类　佚

吟藤仙馆诗集6卷　集部别集类　佚

以上2种见民国《江都县续志》卷22。

田普光

清仪征人。

后汉儒林传补逸1卷续1卷　史部传记类

清田普光撰　今人南陵徐乃昌续

(1)《鄦斋丛书》本。

(2)《丛书集成续编》本。

于树滋(1856—1938)

字德甫,号遁叟,别号东轩老人。原籍瓜洲,隶仪征。养源子。太平军起,迁居镇江。弃学从商,热心慈善事业。

奏请于养源入祀全案及其传略墓志铭不分卷　史部政书类

清光绪三十二年(1906)刻本,上海图书馆藏。

于氏十修家谱16卷首1卷　史部传记类

清光绪十四年木活字印本,北京师范大学图书馆藏。

于氏十一修家谱20卷首1卷　史部传记类

1921年木活字印本,国家图书馆藏。

(民国)瓜洲续志28卷首1卷　史部地理类

于树滋纂

(1) 1927年瓜洲于氏凝晖堂铅印本,国家图书馆藏。

(2)《中国地方志集成》本。

(3) 2015年广陵书社《扬州文库》本。

瓜洲伊娄河棹歌1卷　集部别集类

(1) 1930年铅印本,镇江市图书馆藏。

（2）2015 年广陵书社《扬州文库》本。

都梁草题词 1 卷　集部总集类

清光绪二十六年刻本，国家图书馆藏。

瓜渚遁叟壁水重游唱和集 2 卷附刊 1 卷　集部总集类

（1）1935 年于氏市隐草堂铅印本，上海图书馆藏。

（2）2015 年广陵书社《扬州文库》本。

于树深

原籍仪征，世居瓜洲。树滋弟。太平军起，迁镇江。

百尺梧桐阁寿言汇录 1 卷　史部传记类

于树深辑

1917 年铅印本，南京图书馆藏。

程宗岱(1857—?)

字青岳。清仪征人。恩濊长子。

梦芗词 2 卷　集部词曲类

（1）1916 年扬州大成印制局铜活字本，华东师范大学图书馆藏。

（2）2015 年广陵书社《扬州文库》本。

赵永年

字明湖，号祝三。清仪征人。诸生。

天海词稿　集部词曲类　佚

见《全清词钞》卷 37，并收其词 1 首。

程文楷

字仲清。清仪征人。

兰锜词 1 卷　集部词曲类

1927 年石印本，上海图书馆藏。

刘恩黻(1861—1906)

字新甫,号麐楥。清仪征人。光绪十八年(1892)进士。分户部,补主事,升员外郎,充军机章京。工词,与晚清四大词家之王鹏运、朱祖谋交游,相互唱酬并论说词学。

麐楥词1卷　集部词曲类

(1) 清光绪三十四年吴氏双照楼刻本,南京图书馆藏。

(2) 2015年广陵书社《扬州文库》本。

吴昌烈

字山农。清仪征人。官县丞。工山水人物,年60余,山水尚作巨幅,然矜重不易得。其诗亦多题画之作,七绝最有神韵,感怆离乱,豪宕沉痛。生活于光宣年间。

鸿雪堂剩稿　集部别集类　佚

见金武祥《粟香三笔》,并收其诗4首。

陈霞章(1868—1925)

后名止,字孝起,号大灯。清仪征人。光绪二十年(1894)举人。后困于礼部试,久居京师,任监察总监署科员。能文章,尤善诗。诗多宋意。

戊丁诗存1卷　集部别集类

(1) 清宣统元年(1909)铅印本,南京图书馆藏。

(2) 2015年广陵书社《扬州文库》本。

按:是集收光绪戊戌年(二十四年)至丁未(三十三年)10年间诗作,故名。

戊戌诗存1卷　集部别集类

1920年排印本,吉林大学图书馆藏。

按:《近代诗钞》第23册收其诗13首。

吴丰本

字芑湄。清仪征人。

海沤渔唱1卷 集部别集类

光绪《怀豳杂俎》本。

按:《全清词钞》卷27收其词2首。

吴桂森

清仪征人。

悭庵杂著偶存1卷 集部别集类

清光绪排印本,南京图书馆藏。

毕仪莲

清仪征人。杨全荫小姑。工绣事,有针神之目。年19未嫁,以疾殁。

秋莲吟1卷 集部别集类 佚

见《闺秀诗话》。

毕希卓

字几莽。清仪征人。光宣年间人。

芳菲菲堂诗话1卷 集部诗文评类

清宣统元年(1909)上海琅嬛社铅印本,上海图书馆藏。

按:上海图书馆、《清诗纪事》第21册均题"杨子毕"撰,张寅彭考作者为毕希卓,见《中国诗学大辞典》。

柳承元

清仪征人。

毛诗翼叙2卷 经部诗经类

1923年镇江大成书局铅印本，南京图书馆藏。

江苏通志仪征县志征访册　史部地理类

稿本，10册，南京图书馆藏。

张丹斧(1868—1937)

原名扆，后名延礼，字丹斧，以字行，晚号丹翁，亦署后乐笑翁、无厄道人、张无为、丹叟、老丹等，斋名伏虎阁、环极馆、瞻麓斋。仪征人。扬州冶春后社重要成员，南社社员。曾任上海《大共和日报》主编、《神州日报》编辑。后又在《晶报》工作10余年，与袁克文同为主笔。为鸳鸯蝴蝶派重要成员，与李涵秋、贡少芹齐名，为"扬州三杰"之一。

敬敬斋古玺印集1卷　子部艺术类

钤印本，苏州博物馆藏。前有袁克文题词。

张丹斧印存1卷　子部艺术类

钤印本，苏州博物馆藏。

黄鼎铭

字录奇，别号惺庵居士。仪征人，世居扬州。清宣统二年(1910)以岁贡应会考列第二等，以知县用。签分河南，未几归。工文章，能诗。书法北朝。卒年56。

扬州百咏拟望江南1卷　集部别集类

抄本，扬州市图书馆藏。

望江南百调1卷　集部别集类

(1) 稿本，南京图书馆藏。

(2)《扬州丛刻》本。

刘师培(1884—1919)

字申叔，一字鲁江，号左庵。曾改名光汉，字无畏，又化名金少甫。仪征人。曾祖文淇，祖毓崧，伯父寿曾，均为经史大家，父贵曾亦以经术名东南。少承先学，光绪二十七年(1901)秀才，二十八年举人。二十九年结识章炳麟、蔡元培等于沪上，署名光汉子，撰《攘书》《中华民族志》等鼓吹反清。三十年加入光复会，任《警钟日报》主笔，主编《国粹学报》。三十三年赴日，加入中国同盟会，任《民报》编辑。三十四年归国，翌年入端方幕为文案，兼三江师范学堂教习，政治转向。端方去两江任，遂亡成都，任四川国学院讲师。辛亥革命后，川人欲置之死，章炳麟为书解。1913年至太原，任阎锡山高等顾问。1915年与杨度等发起"筹安会"，任参政院参政，作《君政复古论》。袁世凯称帝，封为上大夫。1917年任北京大学教授，创《国故月刊》。卒于肺疾。其治古文经学，与章炳麟齐名。精文字训诂，于汉魏诗文研究颇深，方志学亦多有建树，著作等身，为扬州学派殿军。

太誓答问驳谊(一作驳太誓答问)1卷　经部尚书类　佚

见《碑传集补》卷末陈钟凡《刘先生行述》。

尚书源流考1卷　经部尚书类

《刘申叔先生遗书》本。

史论述尧典考　经部尚书类

清宣统二年(1910)《国粹学报》发表。

毛诗札记1卷　经部诗经类

《刘申叔先生遗书》本。

毛诗词例举要(详本)1卷　经部诗经类

毛诗词例举要(略本)1卷　经部诗经类

以上2种有：

(1)《刘申叔先生遗书》本。

(2) 台北《仪征刘师培先生遗著》本。

(3) 吹万楼抄本，未知详略。

(4) 底稿本，见《古书经眼录》。

周礼古注集疏20卷　经部周礼类

《刘申叔先生遗书》本，残存13卷(卷7至13、卷15至20)。

西汉周官师说考 2 卷　经部周礼类

按:是书撰成于 1913 年 2 月。1914 年四川存古书局《左庵杂著》收入卷上、中。

礼经旧说考略 17 卷补遗 1 卷　经部仪礼类

逸礼考 1 卷　经部仪礼类

春秋左氏传答问 1 卷　经部春秋左传类

读左札记 1 卷　经部春秋左传类

春秋左氏传时月日古例考 1 卷　经部春秋左传类

春秋左氏传古例诠微 1 卷　经部春秋左传类

春秋左氏传传注例略 1 卷　经部春秋左传类

春秋左氏传例略 1 卷　经部春秋左传类

以上 8 种有:

(1)《刘申叔先生遗书》本。

(2) 台北《仪征刘师培先生遗著本》。

春秋左氏传传例解略 1 卷　经部春秋左传类

(1) 1913 年 8 月《四川国学杂志》发表。

(2)《刘申叔先生遗书》本。

(3) 台北《仪征刘师培先生遗著》本。

左氏学行于两汉考　经部春秋左传类

1910 年《国粹学报》发表。

春秋繁露斠补 3 卷补遗 1 卷校勘记 1 卷　经部春秋公羊传类

(1)《刘申叔先生遗书》本。

(2) 传抄本,见《贩书偶记》卷 2。

春秋古经笺残 3 卷附春秋古经旧注疏证零稿 1 卷　经部春秋总义类

(1)《刘申叔先生遗书》本。

(2) 台北《仪征刘师培先生遗著》本。

按:残 3 卷为卷 7、8、9。

中庸说 1 卷　经部四书类

见《续修四库全书提要》经部。

按：是书大旨据《春秋左氏传》以证中庸之谊。许多论述，涉于牵强。

尔雅3卷　经部尔雅类

清嘉庆二十二年(1817)清芬阁刻本，刘师培校勘，北京师范大学图书馆藏。

尔雅虫名今释1卷　经部尔雅类

(1) 清光绪三十三年《国粹学报》连载。

(2)《刘申叔先生遗书》本。

(3) 台北《仪征刘师培先生遗著》本。

白虎通义斠补2卷补2卷附缺文补订1卷　经部群经总义类

《刘申叔先生遗书》本。

按：是书撰成于宣统二年八月。

白虎通义定本残3卷　经部群经总义类

(1)《刘申叔先生遗书》本。

(2) 传抄本，见《贩书偶记》卷11。

按：是书定稿于1913年4月。

白虎通德论补释1卷　经部群经总义类

(1) 清宣统二年《国粹学报》连载。

(2)《刘申叔先生遗书》本。

(3) 传抄本，见《贩书偶记》卷11。

白虎通义源流考1卷　经部群经总义类

《刘申叔先生遗书》本。

群经大义相通论1卷　经部群经总义类

(1) 清光绪三十一年《国粹学报》第1期发表。

(2)《刘申叔先生遗书》本。

(3) 台北《仪征刘师培先生遗著》本。

经学传授考1卷　经部群经总义类

民国间资研社排印本，台湾大学图书馆藏。

经学教科书 1 册　经部群经总义类

刘师培编

(1) 清光绪三十二年上海国学保全会印本。

(2)《刘申叔先生遗书》本。

小学发微补 1 卷　经部小学类

(1)《刘申叔先生遗书》本。

(2) 台北《仪征刘师培先生遗著》本。

古本字考　经部小学类

(1) 1913 年 1 月《四川国学杂志》发表。

(2) 1914 年四川存古书局《左庵杂著》本。

转注说　经部小学类

清宣统元年十二月《国粹学报》第 60 期发表。

答四川国学学校诸生《说文》书五通、四通　经部小学类

1914 年《雅言》杂志第 8、9 期连载。

周书补正 6 卷　史部别史类

(1) 清光绪三十四年上海初版本，题《逸周书补释》。

(2) 1913 年修改本，上海图书馆藏。

(3)《刘申叔先生遗书》本。

按：清宣统三年七月至 1913 年 7 月，对《逸周书补释》作修改，并定名为《周书补正》。

周书略说 1 卷　史部别史类

(1) 清宣统三年三月《国粹学报》发表。

(2) 1913 年刊本，附于《周书补正》后。

(3)《刘申叔先生遗书》本。

周书王会篇补释 1 卷　史部别史类

(1)《刘申叔先生遗书》本。

(2) 传抄本，见《贩书偶记》卷 5。

中国历史教科书　史部史钞类

刘师培编

(1) 清光绪三十二年上海国学保全会印本。

(2)《刘申叔先生遗书》本。

江苏、江宁、安徽乡土历史地理教科书第1册(六种)　史部史钞类

刘师培编

清光绪三十三年上海国学保全会印本。

历代名人年谱大成　史部传记类

稿本,存67种,台湾"中央图书馆"原藏。

中国革命家陈涉传　史部传记类

清光绪三十年七月《中国白话报》连载。

邗故拾遗1卷　史部传记类

见刘师培《邗故拾遗·序》。

按:是集撰于清光绪三十二年十一月,据自序,为续焦循《邗记》而作,上自明末,"参考志乘各书,旁及文集部","以彰乡邦节义之盛"。

秦四十郡考　史部地理类

清宣统元年一月《国粹学报》发表。

中国地理教科书　史部地理类

刘师培编

(1) 清光绪三十二年上海国学保全会印本。

(2)《刘申叔先生遗书》本。

中国民族志1卷　史部地理类

敦煌新出唐写本提要　史部目录类

以上2种有《刘申叔先生遗书》本。

晏子春秋斠补定本1卷　子部周秦诸子类

(1)《刘申叔先生遗书》本。

(2) 传抄本,作《晏子春秋》校补,上卷,见《贩书偶记》卷5。

晏子春秋斠补2卷附佚文辑补1卷黄之象本校记1卷　子部周秦诸

子类

晏子春秋补释 1 卷　子部周秦诸子类

管子斠补 1 卷　子部周秦诸子类

以上 3 种有《刘申叔先生遗书》本。

老子斠补 1 卷　子部周秦诸子类

(1)《刘申叔先生遗书》本。

(2) 传抄本,见《贩书偶记》卷 12。

庄子斠补 1 卷　子部周秦诸子类

(1) 1914 年《国学萃编》创刊号发表,题《庄子校注》。

(2)《刘申叔先生遗书》本。

(3) 传抄本,见《贩书偶记》卷 12,作《庄子校补》。

荀子补释 1 卷　子部周秦诸子类

荀子斠补 4 卷附佚文辑补 1 卷　子部周秦诸子类

以上 2 种有《刘申叔先生遗书》本。

荀子词例举要 1 卷　子部周秦诸子类

(1)《刘申叔先生遗书》本。

(2) 台北《仪征刘师培先生遗著》本。

韩非子斠补 1 卷　子部周秦诸子类

《刘申叔先生遗书》本。

墨子拾补 2 卷　子部周秦诸子类

(1)《刘申叔先生遗书》本。

(2) 传抄本,见《贩书偶记》卷 11。

穆天子传补释 1 卷　子部周秦诸子类

(1) 清宣统元年二月《国粹学报》发表。

(2) 传抄本,见《贩书偶记》卷 5。

韵表 2 卷　子部周秦诸子类

见《清史稿艺文志及补编》。

贾子新书斠补 2 卷附佚文辑补 1 卷群书治要引贾子新书校文 1 卷　子

部儒学类

(1)《贾子新书斠补》发表宣统二年《国粹学报》。

(2)《刘申叔先生遗书》本。

按:《〈群书治要〉引〈贾子新书〉校文》1卷撰成于宣统三年五月。

扬子法言斠补1卷附佚文1卷　子部儒学类

(1)《刘申叔先生遗书》本。

(2) 传抄本,作《扬子法言校补》1卷《校勘记》1卷,见《贩书偶记》卷9。

法言补释1卷　子部儒学类

《刘申叔先生遗书》本。

中国民约精义3卷　子部儒学类

(1) 清光绪三十年上海本。

(2)《刘申叔先生遗书》本。

理学字义通释1卷　子部儒学类

(1)《刘申叔先生遗书》本。

(2) 台北《仪征刘师培先生遗著》本。

古历管窥2卷　子部历算类

(1) 清宣统三年一月《国粹学报》发表。

(2)《刘申叔先生遗书》本。

琴操补释　子部艺术类

(1) 清宣统元年五月《国粹学报》发表。

(2)《刘申叔先生遗书》本。

国学发微1卷　子部杂学类

(1)《刘申叔先生遗书》本。

(2) 台北《仪征刘师培先生遗著》本。

周末学术史序1卷　子部杂学类

(1) 清光绪三十一年《国粹学报》第1期发表。

(2)《刘申叔先生遗书》本。

(3) 台北《仪征刘师培先生遗著》本。

两汉学术发微论　子部杂学类

汉末学术异同论 1 卷　子部杂学类

以上 2 种有：

(1)《刘申叔先生遗书》本。

(2) 台北《仪征刘师培先生遗著》本。

南北学派不同论 1 卷　子部杂学类

(1) 清光绪三十一年《国粹学报》连载。

(2)《刘申叔先生遗书》本。

(3) 台北《仪征刘师培先生遗著》本。

古政原论　子部杂学类

(1) 清光绪三十一年五月《国粹学报》发表。

(2)《刘申叔先生遗书》本。

故政起源论 1 卷　子部杂学类

(1) 清光绪三十一年九月《国粹学报》发表。

(2)《刘申叔先生遗书》本。

攘书 1 卷　子部杂学类

(1) 清光绪二十九年上海镜今书局本。

(2)《刘申叔先生遗书》本。

按:是书承黄承吉《明夷待访录》之意,时人誉为“空前杰作”。黄天《题攘书》云:“此书即麟经,读之当奋起。”吴樾读而叹曰:“乃知前此梁氏之说几误我矣!”从而弃改良主张,而择反清革命之途。

伦理学教科书　子部杂学类

(1) 清光绪三十二年上海国学保全会本。

(2)《刘申叔先生遗书》本。

古书疑义举例补 1 卷　子部杂学类

(1) 清光绪三十三年《国粹学报》连载。

(2)《刘申叔先生遗书》本。

(3)《古书字义用法丛刊》本。

(4) 1924年长沙鼎文书社本,附俞樾《古书疑义举例》后,中国人民大学图书馆藏。

(5) 台北《仪征刘师培先生遗著》本。

读书随笔1卷续笔1卷　子部杂学类

《刘申叔先生遗书》本。

左庵杂著十种　子部杂学类

1914年四川成都存古书局排印本,南京图书馆藏。

按:是集所收除上见外,还有《古重文考》《繁露佚文辑补》《定命论》《今文尚书无序说》《非古虚篇》《校雠通义箴言》《国学学校论文五则》等撰著。

文科大学中国文学门科目改革案1卷　子部杂学类

抄本,清华大学图书馆藏。

读道藏纪1卷　子部道教类

(1)《道藏精华录》第1集。

(2)《刘申叔先生遗书》本。

楚辞考异1卷　集部楚辞类

(1)《刘申叔先生遗书》本。

(2) 2014年国家图书馆出版社《楚辞文献丛刊》本。

按:是书清宣统三年二月撰成。

左庵集8卷外集20卷诗录4卷　集部别集类

《刘申叔先生遗书》本。

左庵集8卷　集部别集类

(1) 清宣统二年二月初刻本,南京图书馆藏。有目录,无序跋。

(2) 1928年北京修绠堂重刻本,南京图书馆藏。

左庵集5卷　集部别集类

(1) 民国铅印本,南京图书馆藏。

(2)《刘申叔先生遗书》本,题《左庵诗录》4卷《左庵词录》不分卷。

(3)《左庵诗录》4卷，2017年广陵书社《民国诗集选刊》本。

按：是集成于1912年夏。

左庵文1卷　集部别集类

(1) 民国刻本，南京图书馆藏。

(2) 2015年广陵书社《扬州文库》本。

左庵诗1卷　集部别集类

(1) 清宣统二年九月成都茹古书局本，刘氏自选，共62首。

(2) 1931年华阳林氏清寂堂刻本，南京图书馆藏。

左庵长律1卷　集部别集类

(1) 1914年华新书局石印本，南京图书馆藏。

(2) 1915年成都存古书局铅印本，南京图书馆藏。

左庵题跋1卷　集部别集类

《刘申叔先生遗书》本。

刘申叔杂文　集部别集类

民国刊本，日本广岛大学图书馆藏。

中古文学史讲义　集部诗文评类

(1) 1917年秋排印本，南京图书馆藏。

(2) 1920年北京大学排印本。

(3)《刘申叔先生遗书》本。

(4) 1959年人民文学出版社金文渐点校本。

(5) 1962年人民文学出版社整理本，题《中国中古文学史·论文杂记》。

论文杂记1卷　集部诗文评类

(1) 民国排印本，南京图书馆藏。

(2) 1962年人民文学出版社整理本，题《中国中古文学史·论文杂记》。

刘师培著作三种　丛书类

抄本，国家图书馆藏。

子目：

《易卦应齐诗三基说》

《周历典》

《繁露佚文辑补》

刘申叔遗书 161 卷　丛书类

(1) 1936 年宁武南氏铅印本,南京图书馆藏。

(2) 1997 年江苏古籍出版社影印本。

刘申叔遗书补遗　丛书类

2008 年广陵书社万仕国整理本。

仪征刘申叔遗书　丛书类

2014 年广陵书社万仕国整理本。

按:以上 3 种子目较多,不一一列举。

高 邮

三国至明

蒋　济(？—249)

字子通。三国魏平阿(今天长、高邮交界处)人。与刘华、胡质、陈矫、徐宣知名于时，号扬州五士。济忠诚奋发，才兼文武，深受曹操赏识。初仕为郡计吏，后为州别驾，拜丹阳太守。曹丕即位，任相国长史，明帝时迁太尉。后随司马懿屯洛水，诛曹爽等，封都乡侯。济曾致书曹爽，以仅免官勿治罪为约。后爽遭诛，济自伤失信，发病而卒，谥景侯。《三国志》有传。

郊丘议　经部周礼类　佚

见《隋书·经籍志》。

三州论　史部地理类　佚

见姚振宗《三国艺文志》。

蒋子万机论(一作万机论)　子部杂学类

见《隋书·经籍志》《旧唐书·经籍志》《新唐书·艺文志》《宋史·艺文志》。原书已佚，今存辑本，1卷：

(1)《适园丛书》第五集本。

(2)《玉函山房辑佚书》本。

(3) 清王仁俊辑，《玉函山房辑佚书续编》本。

山阳死友传1卷　子部小说类

(1)《五朝小说》本。

(2)《五朝小说大观》本。

(3)《旧小说》甲集本，无卷数。

乔匡舜(898—972)

字亚元。南唐高邮人。弱冠能文,以典赡称。李昇辅吴,用为秘书省正字。及开国,宋齐邱辟置幕中,后荐仕节度掌书记。后主嗣位,转殿中监,修国史。使知贡举,时称得人,官至刑部侍郎,以老病致仕归。后主十二年(宋开宝五年,972)卒,谥贞。陆游《南唐书》卷8有传。

吴录20卷　史部载记类　佚

南唐徐铉、高远、乔舜、潘祐等撰

古今语要12卷　史部史钞类　佚

拟谣10卷　集部别集类　佚

桂香诗1卷　集部别集类　佚

以上4种见《宋史·艺文志》,撰者改题"乔舜",或因宋人讳"匡"而删改。

陈知微(969—1018)

字希颜。宋高邮人。咸平五年(1002)进士,任歙州通判。历官京东转运副使。奏还东平监所侵民田680家。又决古广济河,通运路。罢筑黄河,岁减夫役数万计。后判司农寺,纠察在京刑狱。天禧二年(1018)加玉清昭应宫判官,卒。其思维敏速,沉厚有才干,文词平雅适用。《宋史》有传。

陈知微集30卷　集部别集类　佚

见《宋史》本传。

朱寿昌

字康叔。宋扬州天长人,徙居高邮。巽子。以父荫试将作监主簿,历官知阆州。母刘氏,巽妾,娠而嫁党氏,寿昌生数岁始归父家。熙宁(1068—1077)初,辞官寻母,得之于同州,刘年已70余。寿昌遂以孝闻天下,王安石、苏颂、苏轼以下争为诗以赞之。卒年70。《宋史》有传。

乐府集10卷　集部总集类　佚

见《宋史·艺文志》8。

邵　迎

字茂诚。宋高邮人。嘉祐二年(1057)进士,与苏轼同年。官县令,旋以病去职。迎博学强记,恭俭孝友,而贯串法律,敏于吏事。其为文也清和妙丽,如晋宋间人。诗尤可爱,杂以江左唐人之风。清癯多病,偃蹇不偶。孙觉知湖州,尝游于苕霅之上,赋诗痛饮,莫不怜之。后以穷死,无嗣。

邵茂诚诗集4卷　集部别集类　佚

文集1卷　集部别集类　佚

以上2种见嘉庆《高邮州志》卷10本传。

按:《州志》据《吴兴志》补传。又云,其诗集苏轼为作序,苏集中载有《和邵同年戏赠贾收秀才三首》。

孙　觉(1028—1090)

字莘老。宋高邮人。少师事胡瑗,与李常齐名。皇祐元年(1049)进士,任合肥主簿,嘉祐四年(1059)首选入昭文馆,编校书籍,后进馆阁校勘。神宗即位(1068),直集贤院为昌王记室,擢右正言。王安石早年与觉善,及变法,将引用为已助。而觉与异议,条奏青苗法病民。二年入知谏院,与修《起居注》。三年被贬,出知广德军,历知湖州、润州。秦观入其幕,相交甚洽。后徙苏州、福州及亳、扬、徐州。元丰四年(1081)移知应天府,入为太常少卿、秘书少监。七年,苏轼过扬州,专程至高邮晤秦观,适觉、王巩在邮,相与载酒论文,流连累月。哲宗即位(1086),兼任侍讲,迁右谏议大夫给事中,进吏部侍郎,擢御史中丞,加封龙图阁学士兼侍讲,以疾提举舒州灵仙观,卒。初觉为王安石所逐,及安石退居钟山,乃扁舟造访,及安石卒,作文诔之,人服其德量。《宋史》有传。

周易传10卷　经部易类　佚

见康熙《扬州府志》卷28。

尚书解13卷　经部尚书类　佚

见《郡斋读书志》卷1。《文献通考》卷4题作《书解》。

书义十述1卷　经部尚书类　佚

见《通志·艺文略》。

按:嘉庆《高邮州志》卷11上作《书义口述》1卷。

春秋经社要义6卷　经部春秋总义类　佚

见《宋史·艺文志》《直斋书录解题》。

按:《郡斋读书志》卷3题作《春秋经社》6卷,云:"其学亦出于啖(啖助)、赵(赵匡)。凡四十余门,论义颇严。"《四库阙书目》题作《春秋社要义》8卷。

春秋经解15卷　经部春秋总义类

见《宋史·艺文志》《直斋书录解题》卷3、《文献通考》《郑堂读书记》卷10。

(一)《龙学孙公春秋经解》15卷

(1)明抄宋本,国家图书馆藏,见《中国善本书提要》。

按:此书已不见于新版《国家图书馆古籍善本书目》。

(2)《通志堂经解》本。

(3)《正谊斋丛书》本。

(4)旧抄本,见《台湾公藏善本书目人名索引》。

(5)2015年广陵书社《扬州文库》本。

(二)《春秋经解》15卷

(1)《武英殿聚珍版书》本。

(2)《丛书集成初编》本。

(3)清抄本,清王端礼校,国家图书馆藏。

(三)《春秋经解》13卷

《四库全书》本。

按:《中国善本书提要》云:"《四库》及《聚珍》印本均作十三卷。《提要》因以《宋志》及《书录解题》作十五卷者为误，而不知宋代实有十五卷本也。此钞本(指国家图书馆藏本)即从宋刻本出，原本为绍熙间邵辑所刻，嘉定间又经汪纲修补者。”

春秋学纂 12 卷　经部春秋总义类　佚

见《宋史·艺文志》1。

按：《四库全书总目》“春秋经解”条下云：“陈振孙《书录解题》载《春秋经解》十五卷、《春秋经社要义》六卷，而无《春秋学纂》。王应麟《玉海》载《春秋经社要义》六卷、《春秋学纂》十二卷，而无《春秋经解》。……然则《春秋学纂》即《春秋经解》之别名。”

春秋尊王 4 卷　经部春秋总义类　佚

见康熙《扬州府志》卷 28。

英宗实录 30 卷　史部编年类　佚

宋曾公亮提举　吕公著、韩维修撰　孙觉、曾巩检讨

见《郡斋读书志》卷 6。

奏议 10 卷　史部政书类　佚

见《郡斋读书志》卷 19、《文献通考》。《宋史·艺文志》作 12 卷。

孙莘老先生奏议事略 1 卷奏议补遗 1 卷　史部政书类

《宋二孙先生奏议事略》本。

孙觉文集　集部别集类　佚

见《宋史》本传，云：“有文集奏议六十卷。”《宋史·艺文志》作 40 卷。

外集 10 卷　集部别集类　佚

见《宋史·艺文志》7。

孙待制集 30 卷　集部别集类　佚

见雍正《扬州府志》卷 35。

记室杂稿 3 卷　集部别集类　佚

见嘉庆《高邮州志》卷 11。

荔枝唱和诗 1 卷　集部总集类　佚

宋孙觉辑

见《宋史·艺文志》8。

按:《宋诗纪事》卷18收其诗2首。《金陵诗征》卷36收有其诗。

吴兴诗1卷　集部总集类　佚

见《直斋书录解题》卷15,云:“熙宁中知湖州孙氏集,而不著名。以其时考之,孙觉莘老也。”

崔公度

字伯易。宋高邮人。希甫孙。口吃而慧敏,书一阅而不忘,遂博览群书。欧阳修得其所作《感山赋》以示韩琦,琦上之英宗,授和州防御推官。王安石当国,召对延和殿,进光禄丞,擢御史。未几,为崇文校书,加集贤校理,知太常礼院。元祐、绍圣之间,历兵礼部郎中,国子司业,知海、蔡、颍、润、宣、通6州。官终朝散大夫,直龙图阁。《宋史》有传。

金华神记1卷　子部小说类

《香艳丛书》本。

感山赋1卷　集部别集类　佚

见《宋史·艺文志》7。

曲辕集40篇　集部别集类　佚

按:康熙《扬州府志》卷28作《曲辕先生集》。

诗赋百咏　集部别集类　佚

以上2种见嘉庆《高邮州志》卷11上。

乔执中(1033—1095)

字希圣,一作布圣。宋高邮人。竦子。初入太学,补五经,讲书5年不谒告。王安石为郡牧判官,见而器之,命子弟与之游。治平四年(1067)进士,调须城主簿。安石执政,引执中编修《熙宁条例》,选提举湖南常平。章惇讨五溪,檄执中往谕大田、离子二峒,其酋即相率来归。改提点京西北路刑狱。元祐初,为吏部郎中,升刑部侍郎。绍圣初,以宝文阁待制知郓州。执中宽仁,屡典刑狱,雪活以百数。《宋史》有传。

易说10卷　经部易类　佚

见《宋史·艺文志》1。康熙《扬州府志》卷28作《周易说》10卷。

讲义(一作诗义)10卷　经部诗经类　佚

见《宋史·艺文志》1。嘉庆《扬州府志》卷62作《诗讲义》10卷,嘉庆《高邮州志》卷11作《诗义》10卷。

中庸义1卷　经部四书类　佚

见《宋史·艺文志》1。

熙宁条例　史部政书类　佚

见嘉庆《扬州府志》卷62。

杂文碑志10卷　集部别集类　佚

见《宋史·艺文志》7。

古律诗赋15卷　集部别集类　佚

见《宋史·艺文志》7。

孙　升

字君孚。宋高邮人。治平二年(1065)进士,签书泰州判官。元祐初为监察御史,多所建明。累官天章阁待制,知应天府,改集贤院学士。绍圣初,坐劾,谪知房州、归州,再贬水部员外郎、果州团练副使、汀州安置。年62卒。《宋史》有传。

孙公谈圃3卷　史部杂史类

宋孙升述　临江刘延世录

按:延世父时知长汀,得从升游,因闻其语,录为此书。

(1) 宋刻本,见《皕宋楼藏书志》卷62。

(2) 明覆宋本,见《善本书室藏书志》卷21。

(3)《百川学海》本。

(4)《续百川学海》本。

(5)《稗海》本。

(6)《说郛》(宛委山堂)本。

(7)《四库全书》本。

(8)《学津讨原》本。

(9) 清道光二十六年(1846)高邮刻本,上海图书馆藏。

(10)《古今说部丛书》本。

(11)《说库》本。

(12)《历代小史》本,1 卷。

(13)《景印元明善本丛书十种》本,1 卷。

(14)《说郛》(商务印书馆)本。

(15)《旧小说》本,收 5 则。

(16) 2015 年广陵书社《扬州文库》本。

孙公谈圃 3 卷附补遗　史部杂史类

旧抄本,见《抱经楼藏书志》卷 46。

按:宋王楙《野客丛书》卷 5 有补遗 3 条,《四库全书》本附于卷末。此抄本或即出于库本。

孙君孚先生奏议事略 3 卷　史部政书类

(1)《宋二孙先生奏议事略》本。

(2) 2015 年广陵书社《扬州文库》本。

王　巩

字定国,自号清虚。宋高邮人,祖籍莘县。旦孙,素子。有俊才,长于诗。神宗时上书言事,不为王安石所用。历大理评事,秘书省正字,太常博士。从苏、黄诸公游,倡和甚多。苏轼守滁州,巩往访之。轼得罪,巩亦坐谪监宾州酒税。穷经著书,沉浸词翰。司马光执政,为宗正寺丞,屡更外任。哲宗时新党再起,编管全州。徽宗时列名元祐党籍。生平练达世务,好议论时政,屡遭贬逐。在宾州 7 年间,二子病殁,身屡危殆,然豪气不少挫。其诗有治世之音,为苏轼兄弟所推重。《宋史》有传。

论语注10卷　经部四书类　佚

见雍正《高邮州志》卷12。

按：宋秦观《王定国注论语序》，见《淮海集》卷39。

甲申杂记1卷闻见近录1卷　史部杂史类

(1) 宋刻本，国家图书馆藏。

(2)《古逸丛书三编》影印宋刻本。

(3) 2015年广陵书社《扬州文库》本。

按：参见《藏园群书题记》卷8。

甲申杂记1卷闻见近录1卷随手杂录1卷　史部杂史类

(1) 清影宋抄本，国家图书馆藏。

(2)《四库全书》本。

(3)《知不足斋丛书》本，有《清虚杂著补阙》1卷。

按：《藏园群书题记》卷8云：此本据宋本翻刻。参见《郑堂读书记》卷64。

(4)《学海类编》本，题作《王氏三录》，其中《甲申杂记》作《甲申杂录》。

(5)《笔记小说大观》本。

(6)《说郛》(宛委山堂)本，有《续》1卷。

(7)《说郛》(商务印书馆)本，不分卷。

(8)《旧小说》本，共7则。

按：《四库全书总目》小说家类云："所记杂事三卷，皆记东都旧闻。《甲申杂记》凡四十二条，甲申者，徽宗崇宁三年也。故所记，上起仁宗，下讫崇宁，随笔记载，不以时代为先后。《闻见近录》凡一百四条，所记上起周世宗，下讫宋神宗，而太祖、太宗、真宗、仁宗事为多。《随手杂录》凡三十三条，中惟周世宗事一条，南唐事一条，吴越事一条，余皆宋事，止于英宗之初。二书事迹在崇宁甲申前，而原本次《甲申杂记》后，盖成书在后也。"

清虚先生集　集部别集类　佚

见嘉庆《高邮州志》卷11注引《府志》。

孙　览(1043—1101)

字传师。宋高邮人。觉弟。治平二年(1065)进士,知尉氏县。屯卒谋叛,览驰往谕之,乱遂定。神宗壮其才,授司农主簿。哲宗时,累迁户部侍郎。因与蔡京论役法不合,以龙图阁学士知太原。败夏人,加枢密直学士。览为人刚直,虽立边功,然议论多触执政,屡遭黜削。历知河南府、永兴军,徙成都。辞不行,降为宝文阁待制。前后从政34年,所至有善政。请祠,卒,谥文安。《宋史》有传。

孙传师先生奏议事略1卷　史部政书类

(1)《宋二孙先生奏议事略》本。

(2) 2015年广陵书社《扬州文库》本。

孙待制谏疏30卷　史部政书类　佚

孙待制奏议20卷　史部政书类　佚

孙待制文集30卷　集部别集类　佚

以上3种见嘉庆《高邮州志》卷10上本传。

秦　观(1049—1100)

字太虚,改字少游,别号邗江居士,世称淮海居士。宋高邮人。湛父,觌、觏兄。元丰八年(1085)进士,除定海主簿,未赴任,授蔡州教授。幼颖慧,10岁通《孝经》《论语》《孟子》。性豪俊慷慨,长于议论,尤工诗词。词为婉约派正宗。元丰元年赴京,访苏轼于徐州,作《黄楼赋》,轼以为有屈、宋资。又介其诗于王安石,安石称其诗清新似鲍、谢。二年,轼以贤良方正荐于朝,五年,任太学博士。累迁秘书省正字、国史院编修官。与修《神宗实录》。与黄庭坚、晁补之、张耒并称"苏门四学士"。绍圣初,坐党籍累遭贬谪,编管横州,又徙雷州。徽宗立,复职宣德郎。元符三年(1100)放还,至藤州(今广西藤县)卒。《宋史》有传。

蚕书1卷　子部农家类

(1) 清初钱氏述古堂抄本,国家图书馆藏。

(2)《百陵学山》本。

(3)《夷门广牍》本。

(4)《景印元明善本丛书十种·百陵学山》本。

(5)《景印元明善本丛书十种·夷门广牍》本。

(6)《说郛》(宛委山堂)本。

(7)《知不足斋丛书》第9集本。

(8)《龙威秘书》二集本。

(9)《艺苑捃华》本。

(10)《津河广仁堂所刻书》本。

(11)《丛书集成初编》本。

按:此书《直斋书录解题》卷10著录。或谓此书乃其子湛所撰,见《郑堂读书记》卷40。

法帖通解1卷　子部艺术类

(1)《百陵学山》本。

(2)《景印元明善本丛书十种·百陵学山》本。

(3)《丛书集成初编》本。

淮海题跋1卷　子部艺术类

(1)《津逮秘书》本。

(2)《丛书集成初编》本。

劝善录1卷　子部杂学类

(1)《由醇录》本。

(2)《居家必备》本。

逆旅集　子部杂学类　佚

见嘉庆《扬州府志》卷62。

淮海闲居集10卷　集部别集类　佚

见《淮海后集》卷6《淮海闲居集序》。

按:此10卷集乃元丰七年自编,收诗112篇、文49篇,从游之诗附见者56篇。此后当曾另编《淮海集》，作为乾道九年(1173)本之底本。此二本于崇宁二年(1103)被禁，均佚。

秦观集40卷　集部别集类　佚

秦观文集(收入黄庭坚、晁补之、张耒、秦观合撰四学士文集5卷)　集部别集类　佚

以上2种分别见《宋史·艺文志》7、8。

淮海集46卷(收入苏门六君子集)　集部别集类　佚

见《直斋书录解题》卷17。

淮海集40卷后集6卷长短句3卷　集部别集类

见《直斋书录解题》卷17。

(1) 宋乾道九年高邮军学王定国刻本。有明仪征黄瓒雪洲藏印。日本内阁文库藏。

按：据《改订内阁文库汉籍分类目录》，此本《淮海居士长短句》在《后集》之前。徐培均略云：此本印在前，足补故宫本、吴本、宋刻明印本之缺(见所著《淮海居士长短句》附录《淮海词版本考》)。

(2) 宋乾道九年高邮军学刻本，存《淮海集》卷30至40。有缺页。国家图书馆藏。

按：《藏园群书经眼录》卷13云："此自午门红本袋中清出者，今归北京图书馆。壬戌(1922)。"此本刊印较早。

(3) 宋乾道九年高邮军学刻本，绍熙三年(1192)谢雩重修本。北京故宫博物院藏，简称"故宫本"，后有清康熙间严绳孙跋。

(4) 宋乾道九年高邮军学刻本，绍熙三年谢雩重修本(清初毛氏汲古阁影宋抄本)，国家图书馆藏。

(5) 宋乾道刻本，宋元明递修本，存卷21—29，共9卷，国家图书馆藏。

(6) 宋刻明修本，缺《淮海集》卷16至20，上海图书馆藏。

(7) 宋刻明补本，存《淮海集》卷12—25，计14卷。有黄丕烈跋。此本晚印，有补页及缺页，北京大学图书馆藏。

(8) 元刻本,无《长短句》。见《增订四库简明目录标注》。

(9) 明弘治年间黄瓒刻本,存《淮海集》40 卷。北京大学图书馆藏。

按:李盛铎跋云:"序跋缺。半叶十行,行二十一字。相传此本为黄瓒刻于山东者,以校他本,殊有胜处。"

(10) 明黄瓒山东刻本,存《淮海集》40 卷《后集》6 卷,丁氏八千卷楼旧藏,今藏南京图书馆。

按:瓒曾收藏乾道本《淮海集》,今存日本内阁文库。官山东巡抚时曾刻《淮海集》。叶恭绰《淮海词系统表》云:"丁松生藏有一本,无序跋,又无《长短句》,不知是否原缺。据张綖云:'山东新刻不全。'亦不知根据何本。"

(11) 明嘉靖十一年(1532)北京书林刘宗器安正堂刻本,无《长短句》。上海图书馆藏。

(12) 明嘉靖十八年高邮张綖于鄂州刻本。国家图书馆藏,清季锡畴校并跋。上海图书馆藏,张元济跋。

按:张綖序云:"北监旧有集板,岁久漫漶;近日山东新刻不全。予乃以二集相校,刻之郡斋。"徐培均以张本与宋刻明印本对校,两本篇目、编次完全一致,张本唯前集卷 9 溢出《送平仲学士》1 首,后集卷 3 溢出《首夏》1 首,盖依"山东新刻"而增。张本又将《长短句》移后,与宋本编次不同。

(13)《四部丛刊》影印张元济跋张綖刻本。

(14) 明嘉靖二十四年胡民表于高邮重刻张綖本,国家图书馆藏。

按:张綖弟绘《重刻淮海文集后序》略云:鄂州板家居藏于别墅,嘉靖二十三年毁于火,适胡民表领高邮州事,遂重加校正,予以翻刻。

(15) 明嘉靖三十七年汉中府魏刻胡民表本。见《藏园群书题记》卷 14。山西省文物局藏本,有傅增湘跋。

(16) 明软体字写刻本,存《淮海集》卷 8 至 11。似正、嘉间刊。见《藏园群书经眼录》卷 13、《藏园订补郘亭书目》卷 13 上。

(17) 明华州刻本，见张光孝补刻本序。

(18) 明华州公署嘉靖四十四年张光孝补刻本，无《长短句》。国家图书馆藏。

按：张光孝，字惟训，明华州人，著《西渎大河志》6卷、《荚亭纪事》4卷。见《中国善本书提要》。

(19) 明万历四十六年(1618)仁和李之藻高邮刻本，南京图书馆藏。

按：此本基本上依照张綖、胡民表刻本，然"刊工粗率，又变易行款，可无庸置论也"(《藏园群书题记》卷14)。

(20) 明万历间刘显爵刻本，上海图书馆藏。见杨绳信编《中国版刻综录》。

(21) 清康熙二十八年(1689)高邮学正余恭重刻李之藻本，复旦大学图书馆藏。

(22) 清乾隆三十二年(1767)何廷模覆刻余恭本。

(23)《四库全书》本，据张綖本。

(24)《摛藻堂四库全书荟要》本。

(25) 清嘉庆十年(1805)高邮徐源补刻何廷模本。

(26)《国学基本丛书》本。

淮海先生闲居集40卷　集部别集类

宋宁宗(1195—1224)时眉山刊大字本。存卷1—18、27—34，计26卷。铁琴铜剑楼旧藏，今归国家图书馆。

按：《藏园群书经眼录》卷13云：此蜀大字本，与苏文忠、苏文定、陈后山三集全同，当为同时同地所刊也，首叶版心有"眉山文中刊"5字。傅增湘曾以《铁琴铜剑楼藏书目录》所附校记校张綖本，正其误甚多。

淮海集40卷后集6卷长短句3卷附诗余　集部别集类

扉页题"徐文长评点秦少游全集"，明末武林段斐君(之锦)刻本，上海图书馆藏。

按：所附《诗余》，邓汉章辑，盖取自《草堂诗余》。

淮海集40卷淮海后集6卷长短句3卷诗余1卷　集部别集类

明徐渭评　邓汉章编

明刻本，日本内阁文库藏。

按：此本与段斐君刻本相近。徐培均曾得到邓汉章辑《淮海居士后集》3卷，系长短句，与段本不尽相同，可见并非一板。

淮海集40卷后集6卷长短句3卷补遗1卷　集部别集类

清初抄本，旧藏周叔弢处，今归国家图书馆。

按：此本从胡民表本出。黄丕烈据乾道高邮军学残本校卷12—25，又《长短句》。韩应陛据宋宁宗时刊《淮海闲居集》校卷1—10。

淮海集17卷后集2卷词1卷补遗1卷续补遗1卷考证1卷重编淮海先生年谱节要1卷　集部别集类

《考证》《年谱节要》清王敬之、茆泮林、金长福撰

(1) 清道光十七年(1837)王敬之刻本，国家图书馆藏。

按：此本傅增湘据故宫乾道本校，并录严绳孙跋。

(2)《四部备要》排印本。

淮海集40卷后集6卷长短句3卷诗余1卷附重编淮海先生年谱1卷钱大昕校正1卷　集部别集类

《诗余》明邓汉章编　《年谱》清秦锡重订

清同治十二年(1873)秦元庆家塾刻本，南京图书馆藏。

按：《淮海先生年谱》，清秦瀛编，原载《秦氏宗谱》。此为秦锡重编本。

淮海先生文粹14卷　集部别集类

《苏门六君子文粹》本。

按：六君子为秦观、黄庭坚、晁补之、张耒、陈师道、李廌。

秦子文谏2卷　集部别集类

明嘉靖二十二年刻本，天一阁博物馆藏。

秦少游文钞1卷　集部别集类

《八代文钞一百六种》本。

秦少游集摘 1 卷　集部别集类

明汪汝谦辑

明万历十五年歙县汪汝谦刻本，南京图书馆藏。

秦少游诗集 6 卷　集部别集类

《宋元四十三家集》本。

淮海集抄 1 卷　集部别集类

(1)《宋诗钞初集》本。

(2)《宋代五十六家诗集》本。

淮海集补抄 1 卷　集部别集类

《宋诗钞补》本。

淮海诗抄 3 卷　集部别集类

(日)田冈正树选

1924 年铅印本，上海图书馆藏。

秦观集编年校注　集部别集类

周义敢等编注

2001 年人民文学出版社出版。

秦观集　集部别集类

2004 年山西古籍出版社出版。

秦观集　集部别集类

2007 年凤凰出版社出版。

扬州诗　集部总集类　佚

高邮诗　集部总集类　佚

宋秦观辑

以上 2 种见嘉庆《扬州府志》卷 62。

淮海词 1 卷　集部词曲类　佚

见《直斋书录解题》卷 21。

按：据《直斋书录解题》卷 21《笑笑词集》下注云："自《南唐二主词》而下，皆长沙书坊所刻，号《百家词》。"《淮海词》即其中之一，今佚。

淮海琴趣1本　集部别集类　佚

见《传是楼书目》。

按:徐培均云:此本南宋闽中刊本。据清《季沧苇书目》云:"欧阳文忠、秦淮海、真西山《琴趣》,四本宋刻。"清初黄仪(子鸿)校毛氏刻本《宋六十名家词》曾引用宋本《淮海琴趣》,黄校本今存北京图书馆,宋本佚。

淮海居士长短句3卷　集部词曲类

各种《淮海集》全集本,已见前。以下列举其中有单行本者。

(1) 宋乾道九年本,日本内阁文库藏,有香港饶宗颐影印本。

(2) 宋乾道九年本,故宫藏本,前有严绳孙跋,有缺页,已据李之藻本抄补。

(3) 宋乾道九年本,原藏吴县潘氏滂喜斋,后归吴湖帆,因简称"吴本"。今藏上海图书馆。有缺页,由清初朱之赤(卧庵)据张綖本抄补。

(4) 宋刻明印本,上海图书馆藏。

按:据徐培均《淮海词版本考》统计,以上4种宋本合计,仍缺卷上第7页及卷下第2、3、6页,无法配齐一部完整的宋本。

故宫藏宋本淮海居士长短句3卷　集部词曲类

1930年北平故宫博物院影印本,南京图书馆藏。

宋本两种合印淮海居士长短句　集部词曲类

1931年叶恭绰合印本,南京图书馆藏。

按:此本将故宫本、吴本合印,其中凡无宋本之页,均依吴本朱卧庵之补抄页重新补抄,又将故宫本补抄页之异同悉注于上。书前有吴湖帆题识及叶氏自序。后附叶氏所编淮海词《校印随记》《版本系统表》《经见各本概要表》《经见各本字句异同表》《现存淮海词宋本两种比较表》《宋本淮海长短句有关系各序跋汇录》。此为研究淮海词的重要参考书。

淮海居士长短句3卷　集部词曲类

清初黄仪(子鸿)以宋刻本及宋本《琴趣》校毛晋刻本。

按:叶恭绰《两宋本合印本》附录黄子鸿跋云:"辛亥(1671)七月二十

三日，宋刻本集校，凡词七十七首，分上中下三卷，章次亦此异。”叶氏云：“此节系从徐积余（乃昌）所藏校汲古毛本录出。校语屡引宋本《琴趣》及本集云云，当系曾见此两宋本者。”唐圭璋《宋词版本考》云：“徐积余家亦藏黄（子鸿）校本，盖即从毛（扆）校本抄出也。”《淮海琴趣》已见前。

淮海居士长短句 3 卷　集部词曲类

清影宋抄本，半页 9 行，行 15 字。旧藏李盛铎处，今藏北京大学图书馆。

按：此书前有《淮海闲居文集序》，末有黄丕烈 2 跋。见《木犀轩藏书题记及书录》。

淮海居士长短句 3 卷　集部词曲类

旧抄本，黄丕烈校并跋。旧藏松江韩应陛家，今藏南京图书馆。

按：见唐圭璋《宋词版本考》。

淮海词 3 卷　集部词曲类

旧写本，9 行 28 字。黄丕烈校，有 2 跋。见傅增湘《群书经眼录》卷 19。

淮海词 3 卷　集部词曲类

明正统间吴讷集《唐宋名贤百家词》本。

（1）天津图书馆藏红格明抄本，为天一阁博物馆旧藏。

（2）梁启超传抄本，国家图书馆藏。

（3）1940 年商务印书馆排印林大椿校本，名《百家词》，文字与原本不尽相同。

淮海居士长短句 3 卷　集部词曲类

明孟春晖编

明正德十六年（1521）刻本，天一阁博物馆藏。

淮海集长短句 1 卷　集部词曲类

明郡人李廷芝、长洲袁玄编校

明戏鸿馆刻本，清初钱曾朱笔校宋本，何煌墨笔再校。国家图书馆藏。

少游诗余　集部词曲类

(1) 明万历间济南王象晋编《秦张两先生诗余合璧》本。

(2) 明汲古阁刻《词苑英华》本，清乾隆时印本。

按：张为张綖，其集为《南湖诗余》。秦集收140首，有伪作。

秦少游黄鲁直词合刊　集部词曲类

1986年江苏广陵古籍刻印社影印本。

淮海词　集部词曲类

明末毛晋编辑

(1) 明末毛氏汲古阁刻单行本，南京图书馆藏。

(2)《宋六十名家词》本，版本同上，有毛晋跋。

(3)《四库全书》本。

(4)《万有文库》影印汲古阁刻《宋六十名家词》本。

(5)《四部备要·宋六十名家词》排印本。

(6)《中国文学珍本丛书第一辑·宋六十名家词》排印本。

(7) 1985年北京市中国书店影印《宋六十名家词》本。

(8) 1989年上海古籍出版社影印《宋六十名家词》本。

按：汲古阁本《淮海词》收词87首，比宋本多出10首，不可尽信。编次以小令置前，长调在后，且调名时有不同。校勘亦较粗疏。

参见以上《淮海琴趣》。

淮海居士长短句3卷校记1卷　集部词曲类

朱祖谋辑并撰校记

(1)《彊村丛书》本。

(2) 1980年江苏广陵古籍刻印社影印《彊村丛书》本。

(3) 1989年上海古籍出版社影印《彊村丛书》本，有夏敬观手批评点。

按：朱本据故宫本、吴本两宋本，并以黄丕烈据宋本手校旧抄本(后藏韩应陛家)校之，收词77首，允称善本。

秦观词　集部词曲类

唐圭璋辑校

《全宋词》本。

按:本集据宋乾道刻绍熙修本,缺页据两宋本,三本俱缺者,据国家图书馆汲古阁影宋抄本补。另以黄仪、毛扆等手校汲古阁本《淮海词》校,共收词77首。另收10首及断句3则入正集,均注出处。后附"存目词"目录。此本完备精审。

淮海居士长短句(苏门四学士词之一) 集部词曲类

龙榆生著

1957年中华书局出版。

按:本书依故宫本、吴本和张綖、毛晋汲古阁、王敬之诸本逐一勘定。王本附有《补遗》,于各书辑得23首。龙氏又从《花草粹编》续得5首,并依篇幅长短重编次序。书前有《弁言》,后附参考资料,有《传记》《年谱简编》《词话》《序跋》等。(《补遗》中《蝶恋花》之二已见卷中,实为重出)

淮海词笺注 集部词曲类

杨世明笺注

1984年四川人民出版社出版。

淮海词笺注 集部词曲类

王辉曾笺注

(1) 1934年文化学社铅印本。

(2) 1985年北京市中国书店影印本。

淮海居士长短句 集部词曲类

徐培均校注

1985年上海古籍出版社出版。

秦观词集 集部词曲类

张璋、黄畬校订

1988年中州古籍出版社出版。

秦观词新释辑评 集部词曲类

徐培均等编著

2005年中国书店出版社出版。

马永卿

字大年。一作名大年,字永卿。宋高邮人。登大观三年(1109)进士。官江都丞,淅川、夏县令,后官永城主簿。时刘安世谪寓永城,因求教,遂从学26年。绍兴间追录安世语为《语录》。

元城先生语录3卷　子部杂学类

(1) 明刻本,重庆市图书馆藏。

(2)《诸儒鸣道》本。

元城语录3卷　子部杂学类

明刻本,上海图书馆藏。

元城语录3卷行录1卷　子部杂学类

《行录》明崔铣辑

(1) 明正德十二年(1517)张儒刻本,国家图书馆藏本有清金澍本跋,南京图书馆藏本有清丁丙跋。

(2) 明万历十八年(1590)于文熙、徐成楚刻本,浙江图书馆藏。南京图书馆藏本有丁丙跋。

(3) 清雍正元年(1723)抄本,北京大学图书馆藏。

(4) 清抄本,清胡璎、徐绍乾校,国家图书馆藏。

(5)《四库全书》本。

(6)《畿辅丛书》本。

(7)《托跋廛丛刻》本。

(8) 2015年广陵书社《扬州文库》本。

元城语录3卷附录1卷　子部杂学类

(1) 明嘉靖十年(1531)严肃刻本,国家图书馆、上海图书馆藏。

(2)《小万卷楼丛书》本。

元城语录解3卷附行录解1卷　子部杂学类

(1) 明嘉靖八年顾铎刻本,四川省图书馆藏。

(2) 明刻本,国家图书馆藏。

(3)《惜阴轩丛书》本。

(4)《畿辅丛书》本。

(5)《丛书集成初编》本。

元城语录佚文 1 卷　子部杂学类

《经籍佚文》本。

懒真子 5 卷　子部杂学类

(1)《稗海》本。国家图书馆藏本有劳权跋。

(2)《四库全书》本。

(3)《子书百种》本。

(4)《百子全书》本。

(5)《养素轩丛书》本。

(6)《笔记小说大观》本。

(7)《丛书集成初编》本。

懒真子录 5 卷　子部杂学类

(1)《儒学警悟》本。

(2)《宋人小说》本。

(3) 明沈氏野竹斋抄本,上海图书馆藏。

(4) 明抄本,国家图书馆藏。

懒真子六则　子部杂学类

《旧小说》本。

懒真子录 1 卷　子部杂学类

(1)《说郛》(宛委山堂)本。商务印书馆《说郛》本不分卷。

(2)《五朝小说》本。

(3)《五朝小说大观》本。

懒真子录集证 5 卷　子部杂学类

清劳格、胡瑛集证

稿本，南京图书馆藏。

马永修

字平叟。宋高邮人。永卿二弟。动止详雅，言语典实。四任县令，所至以政绩最称。后升建昌通判，未至而卒。

文集20卷　集部别集类　佚

见嘉庆《高邮州志》卷10上马永卿传附。

马永逸

字强叟。宋高邮人。永卿三弟。初任鄞县主簿，调广德县丞，后任寿州教授。应诏上书，以言切直，遭摈抑，因作《中梅传》以见志。

懒真子5卷　子部杂学类　佚

文集20卷　集部别集类　佚

以上2种见雍正《高邮州志》卷12、嘉庆《高邮州志》卷11。

按：永卿弟事迹均见嘉庆《高邮州志》卷10上永卿传附。传末于永逸传"因作《中梅传》以见志后"紧接云："所著有《文集》二十卷、《懒真子》五卷。"此处文字结构颇有歧义，既可理解为永逸"所著"，亦可理解为上承永卿传文，为永卿所著。《州志》"书目"属前者，遂将《懒真子》置于永逸名下。然《懒真子》乃公认永卿所著，见《宋史·艺文志》5，似以将此2书归诸永卿为宜。

马永锡

一作永易。字明叟。宋高邮人。徽宗时官池州石埭尉。

元和录3卷　史部编年类　佚

见《宋史·艺文志》。

按：《直斋书录解题》卷5云："自元和三年(808)牛、李对策，以至大中十三年(859)令狐绹罢相，唐朋党本末具矣。"嘉靖《惟扬志》卷12作《元和朋党录》1卷。

历代圣贤名氏录 15 卷　史部传记类　佚

见嘉庆《重修扬州府志》卷 62。

寿春杂志 1 卷　史部传记类　佚

见《宋史·艺文志》。

唐职林 30 卷　史部政书类　佚

见《直斋书录解题》卷 6,云:“以《唐六典》为主,而附以新史所载事实,颇采传记歌诗之属。政和乙未(五年,1115)天台左誉序。”

实宾录 14 卷　子部典故类

(1)《四库全书》本。

(2)《四库全书珍本初集》本。

(3) 清张氏爱日精庐抄本,存卷 11—14,南京图书馆藏。

(4)《说郛》(宛委山堂)本,1 卷。

(5)《说郛》(商务印书馆)本,不分卷。

实宾录 1 卷　子部典故类

(1) 明正德五年(1510)苏台雪翁抄本,北京大学图书馆藏。

(2) 清刻本,北京大学图书馆藏。

皇朝新刊实宾录 20 卷　子部典故类

宋马永易撰　文彪补

清抄本,上海辞书出版社图书馆藏。

按:《宋史·艺文志》《直斋书录解题》卷 14 著录《实宾录》30 卷、《异号录》30 卷。《四库全书总目》云:“是书见于晁公武《读书志》者,称《异号录》二十卷。而陈振孙《书录解题》作《实宾录》,谓永易所撰,蜀人句龙材校正,文彪增广。凡本书三十卷、后集三十卷。《宋史·艺文志》以分《实宾录》《异号录》各三十卷,皆题永易所撰。诸家记载,颇舛错不合。今以其说互相参证,疑陈氏所称本书,乃永易原撰本名《异名录》,陈氏所称后集,即文彪所续,始取名为‘实宾’之义,并本书亦改题今名。《宋志》盖误分为两书,而晁公武所见则为未经增广之本,故尚题为《异号录》也。”元以后其书久佚,《说郛》所收仅数条。《四库全书》本系从

《永乐大典》中辑出，共600余条，仍从宋本之旧，题为《实宾录》。

秦　湛

字处度，号济川。宋高邮人。观子。官宣教郎、常州通判，卜居武进，为常州始迁祖。少好学，工文，善画著色山水。

蚕书1卷　子部农家类

旧题秦观撰，《宋史·艺文志》作秦处度撰。版本见“秦观”条。

回天录1卷　史部杂史类　佚

见《直斋书录解题》卷7，云：“记吕好问围城中事。好问除右丞，诰词有‘回天之力’语，故以名录。后有好问谢其祖公著复官表及遗表。”

张邦基

字子贤。宋高邮人。宣和、绍兴间在世。性喜藏书，随所寓曰“墨庄”，故以此名其书。

侍儿小名录拾遗1卷　史部传记类

见嘉庆《重修扬州府志》卷62。

按：此书作者，《直斋书录解题》题为明溪先生，不著名氏，又谓：“或谓董彦远家子弟所为也。”《四库全书总目》类书类存目据《稗海》本，题为“张邦几”，不知何据。《提要》云：“此书与张邦基《墨庄漫录》相连，岂因彼而误作邦基，又讹‘基’为‘几’耶？”吴骞《拜经楼藏书题跋记》卷4以为董迪(彦远)之子弁所作，弁尝侨居宜兴朋溪，故号。今传本多据《稗海》作张邦几，有：

(1)《稗海》本。

(2)《香艳丛书》本。

(3)《丛书集成初编》本。

陈州牡丹记1卷　子部农家类

(1)《说郛》(宛委山堂)本。

(2)《香艳丛书》本。

(3)《艺苑丛钞》本。

墨庄漫录 10 卷　子部小说类

(1) 明抄本,有唐寅、陆师道手校并跋,沈清、劳健题款,国家图书馆藏。

(2) 明抄本,传录唐寅、陆师道校及跋,国家图书馆藏。

(3)《稗海》本,劳格校,并录钱曾、鲍廷博校跋,国家图书馆藏。

(4)《稗海》本,傅增湘以所藏明抄本校,补脱文 660 余字。又传录劳格校及所临钱曾、鲍廷博校及跋。国家图书馆藏。

(5)《四库全书》本。

按:《四库全书总目》杂家类 5 云:"其书多记杂事,亦颇及考证。……宋人说部之可观者也。"

(6)《笔记小说大观》本。

(7) 台版《笔记小说大观》(1978 年起台北新兴书局影印)第 22 编本。

(8)《丛书集成初编》本。

(9) 1992 年上海古籍出版社出版。

(10) 2002 年中华书局出版。

墨庄漫录 10 卷附校勘记 1 卷　子部小说类

《校勘记》张元济撰

《四部丛刊三编》影印傅增湘所藏明抄本。

墨庄漫录 1 卷　子部小说类

(1)《说郛》(宛委山堂)本。

(2)《敬修堂丛书》本。

墨庄漫录　子部小说类

《旧小说》本,录 18 则。

汴都平康记 1 卷　子部小说类

(1)《说郛》(宛委山堂)本。

(2)《五朝小说》本。

(3)《五朝小说大观》本。

荆大声

宋高邮人,一作江都人。少贫去乡里,卖卜于临安。以精晓天文入太史局,历灵台郎,终春官大夫。绍兴中洪迈被命北使,大声随之。

二十四气中星日月宿度 1 卷　子部历算类　佚

见嘉庆《高邮州志》卷 10 下本传。

陈　造(1133—1203)

字唐卿。宋高邮人。年 25 始锐意为儒,受秘书直院官崔大雅赏识。淳熙二年(1175)进士,任繁昌尉,改平江府教授。参政范成大观其诗文,谓其才不在秦少游之下。尚书尤袤得其著作,爱不释手,奉为常师。寻宰定海,治行称最。后上书多论国家大计,于桑梓水利尤详。参政张孝伯重其才,授浙西路安抚使参议,改淮南西路安抚使参议,卒。造两为试官,去取惟允,时人称为“淮南夫子”。时宋室不振,事多不合,自以无补于世,宜置江湖,遂号“江湖长翁”。《宋史翼》卷 29 有传。

芹宫讲古 3 卷　史部杂史类　佚

大观楼漫录 1 卷　史部杂史类　佚

以上 2 种见嘉庆《扬州府志》卷 62。

韵藻诗史　子部典故类　佚

见《杜诗书录》引《江湖长翁集》卷 31 陈造《题韵藻诗史》。

江湖长翁文集 40 卷　集部别集类

(1) 明万历四十六年(1618)李之藻刻本,国家图书馆藏。

(2)《四库全书》本。

(3) 2015 年广陵书社《扬州文库》本。

按:《四库全书总目》云:“其集久无刻本。明崇祯(应作万历)中,李之藻以淮南自秦观而后,惟造有名于时,始与观集同刻之于高邮云。”康熙《扬州府志》卷 28 题为《陈唐卿诗文杂著》40 卷。

江湖长翁诗钞1卷　集部别集类

《宋诗钞初集》本。

江湖长翁集1卷　集部别集类

《宋诗钞补》本。

长短句3卷　集部别集类　佚

见嘉庆《高邮州志》卷10上本传。

陈造词　集部词曲类

《全宋词》第3册本。

江湖长翁词1卷　集部词曲类

《校辑宋金元人词》本。

鲁颖秀

宋嘉兴人。嘉定(1208—1224)间任高邮郡学教授,修举废坠,学政秩然。

(嘉定)高邮郡志10卷　史部地理类　佚

宋鲁颖秀纂修

见嘉庆《高邮州志》卷8。

丁　济

字溉之。元高邮人。为宁国尹,至元二十六年(1289)为奉化尹。兴学校,恤民情,众务毕举。凡判决,秉公论,更不复移。民谚乃称人之坚执者每曰"你是丁相公的口,再不改移"云。

(至元)奉化县志10卷　史部地理类　佚

元丁济修　陈晋、舒津、任士林纂

见张国淦《中国古方志考》、洪焕椿《浙江方志考》。

龚　璛(1266—1331)

字子敬。元高邮人,徙居平江。父潗,宋亡,不食死。璛少为浙右宪使徐琬辟置幕下，后任和靖、学道两书院山长。调宁国路儒学教授，升上饶主簿，改宜春丞，以江浙儒学副提举致仕。生平善文，诗格伉爽清新。刻意学书，有晋人风度。与山阳龚开为忘年友，时人以比汉时“楚两龚”（龚舍、龚胜）。

元龚璛七贤诗墨迹　子部艺术类

1939年长沙商务印书馆影印本，上海图书馆藏。

存悔斋诗1卷补遗1卷　集部别集类

元龚璛撰　《补遗》明朱存理辑

（1）元至正五年（1345）俞桢（贞木）抄本，《补遗》为明朱存理辑，手稿本，国家图书馆藏。

按：此本为龚诗祖本，有黄丕烈、张鸣珂、王颂蔚、龚易图、叶昌炽跋，傅以礼、魏锡曾题款。

（2）明末毛氏汲古阁影俞贞木抄本，国家图书馆藏。

按：此本有毛晋跋，毛扆校补并跋。

（3）清鲍氏知不足斋抄校本，附《补》1卷，国家图书馆藏。

（4）清抄本，国家图书馆藏。

按：此本有《遗诗》1卷明朱存理辑，《补遗》1卷清鲍廷博辑。徐时栋跋。

（5）《四库全书》本，题作《存悔斋稿》1卷《补遗》1卷。

存悔斋诗1卷　集部别集类

清嘉庆间夏长源刻本，复旦大学图书馆藏。

存悔斋稿1卷　集部别集类

清顾嗣立辑

《元诗选》二集甲集本。

存悔斋诗1卷补遗1卷续补遗1卷附录1卷　集部别集类

《补遗》明朱存理辑　《续补遗》民国陈庆年辑

《横山草堂丛书》第1集本。

按：《高邮耆旧诗存》二册收其诗16首。

张天永

字长年，号雪篷。元高邮人。明经达礼，工诗文。至正末(1368)奉母避兵嘉定，屡辟不就。张士诚据吴，强起授江浙行省都事。明初，礼部主事刘庸荐于朝，时年70余，授文华殿大学士，固辞乃免。

两伍张氏家乘　史部传记类　佚

见钱大昕《补元史艺文志》2。

沟亭集　集部别集类　佚

雪篷行稿　集部别集类　佚

以上2种见《补元史艺文志》4。

按:《元诗选》收有其诗。

李师道

元高邮月湖人。通州教授。

大学明解1卷　经部四书类　佚

见《千顷堂书目》卷2。

汪广洋(？—1379)

字朝宗。明初高邮人。少从余阙学游。元末进士。为人宽和简重，通经能文，尤工诗，善篆隶。游寓太平，渡江，召为元帅府令使。洪武初，历江西、陕西参政，封忠勤伯。四年(1371)为右丞相。六年左迁广东参政，十年复拜右丞相。十二年因与胡惟庸同时为左右丞相谪海南，于中途被追杀。《明史》有传。

凤池吟稿10卷　集部别集类

明汪广洋撰　王应元校

(1) 明万历四十五年(1617)王百祥刻本，国家图书馆藏。

按:《中国善本书提要》云:原题高邮汪广洋朝宗著，同郡王应元一之校。卷端载应元所撰《广洋传》，后有王百祥《跋》及所撰《辨疑》。

(2)《四库全书》本。

(3) 刻本,4 卷,台北史语所傅斯年图书馆藏。

(4) 清精抄本,丁氏八千卷楼藏书,南京图书馆藏。

(5) 1991 年上海古籍出版社影印《四库明人文集丛刊》本。

(6) 2015 年广陵书社《扬州文库》本。

淮南汪广洋朝宗先生凤池吟稿 8 卷　集部别集类

明刻本,国家图书馆藏。《浙江采集遗书总录》癸集上著录。

汪右丞诗集 5 卷　集部别集类

明嘉靖三十六年(1557)刻本,辽宁省图书馆藏。

按:《藏园订补郘亭知见传本书目》卷 15 上著录。此本为傅增湘于清宣统二年(1910)收得,注似嘉靖、隆庆间刻本。

汪右丞集 1 卷　集部别集类

《盛明百家诗后编》本。

凤池吟稿　集部别集类

清嘉庆间夏长源刻本。见道光《续增高邮州志》三册夏长源传。

按:据宋濂《宋学士文集》卷 7 云:《凤池吟稿》10 卷于洪武三年有成稿。又,《列朝诗集》甲集收有其诗。《明诗综》卷 3 收其诗 31 首。

王　禺

字守敬,号冰雪。元高邮人。早岁游学苏湖。读书不拘泥章句,好为诗,曾辑唐人王、孟、韦、柳诗之尤工者为《四美集》。时吴中兵兴多事,奔走南北,乃敛其所欲为者一寓于诗。

纪行诗 1 卷　集部别集类　佚

四美集 4 卷　集部总集类　佚

元王禺辑

以上 2 种见嘉庆《高邮州志》卷 10 上本传。

张源湜

字仲源。明高邮江静村人。有文武才。洪武初，由儒士授大都督府断事，擢监察御史，后出知辰州。

樵歌集　集部别集类　佚

见《千顷堂书目》卷17、嘉庆《高邮州志》卷10上本传。

王　震

字震之。明高邮人。父国祥，元扬州路府史，通《易》《诗》《礼》三经。震由儒士任本州儒学训导。洪武二十八年(1395)主江西乡试，得解缙、胡俨二人。

春秋左翼43卷　经部春秋类

明万历刻本，清华大学图书馆藏。

文集1卷　集部别集类　佚

诗集2卷　集部别集类　佚

哀歌10章　集部别集类　佚

以上3种见嘉庆《高邮州志》卷10上本传。

董　璘

字德文。明高邮人。少而聪敏，锐志学问，以才学名于时。永乐十五年(1417)乡试第二，次年成进士，授翰林院编修。久之以母老乞归养，母丧终，补修撰，与修《宣宗实录》。主浙江乡试，两主会试，咸称得人。刘球谏征麓川，又言太常宜选用儒臣，并忤宦官王振。会璘乞改官太常，振遂指为同谋，并下狱。球被杀，璘窃得血衣还其家。狱解归里，不复出。《明史》有传。

玉堂清余集　集部别集类　佚

见《千顷堂书目》卷18、嘉庆《高邮州志》卷10上本传。

皇都赋1卷　集部别集类　佚

见民国《三续高邮州志》卷6。

按:《高邮耆旧诗存》别册收其诗1首。

龚 显

明高邮人。由经明行修试制科第一人。正统(1436—1449)间任南京户部照磨。二年,修《高邮志》。

(正统)高邮志3卷　史部地理类　佚

见嘉庆《高邮州志》卷11。

黄 谏

字正卿,一字廷臣。明高邮人,侨寓兰州。正统七年(1442)探花,授编修。天顺初改尚宝司卿,兼侍讲。后出使安南,议定迎诏坐次等仪。迁翰林学士,以石亨事牵连被劾,谪广州通判,从学者甚众。谏高才博学,工诗文,兼善篆隶八分,旁及宋元画家。吮毫运思,一一臻妙。性嗜茶,好品泉水。后召还,卒于南雄,归葬高邮。《国朝献征录》有传。

书经集解12卷　经部尚书类

明刻本,南京图书馆藏。

月令通纂　经部礼记类　佚

见嘉庆《高邮州志》卷11上。

从古正文1卷　经部小学类　佚

见《钱遵王读书敏求记校证》卷1下。

从古正文6卷　经部小学类　佚

见《拜经楼藏书题跋记》卷1。

按:《千顷堂书目》卷3作"《从古正文》6卷,天顺己卯(1459)序"。

从古正文5卷字原释义1卷　经部小学类

(1) 明嘉靖十五年(1536)李宗枢石叠山房刻本,国家图书馆藏。

(2) 2015年广陵书社《扬州文库》本。

帝王纪年纂要(一作重订帝王纪年纂要)1卷　史部史表类

元察罕撰　明黄谏订

(1)《金声玉振集》本。

(2)《借月山房汇钞》本。

李文毅公传 1 卷　史部传记类　佚

使南录 1 卷　史部杂史类　佚

以上 2 种见嘉庆《高邮州志》卷 11 上。

亢仓子音释 1 卷　子部周秦诸子类

旧题周庚桑楚撰　唐王士元撰　宋何粲注　明黄谏音释

明天顺间黄谏刻本，国家图书馆藏。

按：傅增湘曾以黄本校清崇文书局刊《子书百家》本。

大小篆隶书　子部艺术类　佚

兰坡集 6 卷　集部别集类　佚

以上 2 种见嘉庆《高邮州志》卷 11 上。

解文毅公集 16 卷　集部别集类

明解缙撰　黄谏编

明刻本，中国人民大学图书馆藏。

孙　珩

明余姚人。举人。成化(1465—1487)间任高邮学正。二年，与训导汉州人朱昶同修郡志。

(成化)高邮志 3 卷　史部地理类　佚

明孙珩、朱昶纂修

见嘉庆《高邮州志》卷 11。

朱　皑

字景文。明高邮人。垂髫补弟子员，景泰元年(1450)举人，授御史。巡按辽东，兴利除害，士民安堵。改按山东、云南，以刚直称。缘前忤铨部某尚书，遂外补严州府九载。益励清操，刑清政简，囹圄为空，百废俱举，颂声载道，严人为立生祠。考绩为天下第一。升福建参政，未任而卒。

廉叟传　史部传记类　佚

见嘉庆《高邮州志》卷10上本传。

陈　玉(? —1526)

字德卿，一作德清。明高邮人。弘治六年(1493)进士，选庶吉士，授监察御史。正德初进兵部左侍郎，兼都察院左佥都御史。三年(1508)劾刘瑾，谪湖广布政司照磨。后提督东西两路边务。在边6年，屡获大捷，边境肃清。复升南京都察院右都御史。历官几30年，三任提学，两督边务，政绩显著，为时名臣。

奏议4卷　史部政书类　佚

友石亭集4卷　集部别集类　佚

以上2种见嘉庆《高邮州志》卷10上本传。

按:《友石亭集》，康熙《扬州府志》卷28作2卷。

王　磐(1465? —1530?)

字鸿渐，号西楼。明高邮人。体父，张綖岳父。有隽才，好读书，洒落不凡。少为诸生，恶其拘，弃之，纵情山水诗画间。其画长于写意，评者称其天机独到，别有一种风趣，非学力可及。尤精音律，与金陵陈铎(大声)并为南曲之冠。性好楼居，筑楼于城西僻地，坐卧其中，自号西楼。兴到时或登高临水，幅巾藜杖，飘然若仙，一时名重海内。

王西楼先生野菜谱(一作野菜谱、重订高邮王西楼先生野菜谱)1卷　子部农家类

(1) 明嘉靖三十年(1551)张守中刻本，国家图书馆藏。

(2) 明刻本，国家图书馆藏。

(3)《山居杂记》本。

(4)《说郛》(宛委山堂)本。

(5)《续修四库全书》本。

(6)《四库全书存目丛书》本。

(7) 1999 年华夏出版社《中国本草全书》本。

(8) 2015 年广陵书社《扬州文库》本。

野菜谱　子部农家类

清嘉庆间夏长源刻本。见道光《续纂高邮州志》三册夏长源传。

救荒野谱补遗 2 卷　子部农家类

明王磐撰　姚可成补

日本享保刻本,附《救荒本草》后,南京图书馆藏。

西楼诗集 1 卷　集部别集类

(1) 旧抄本,台湾"中央图书馆"原藏。

(2)《台湾珍藏善本丛刊》本。

按:雍正《高邮州志》卷 12 作《西楼律诗》1 卷。《列朝诗集》丙集收有其诗,《高邮耆旧诗存》初册收其诗 23 首。

王西楼先生乐府(一作西楼乐府)1 卷　集部词曲类

(1) 明嘉靖三十年张守中刻本,南京图书馆藏。

(2) 旧抄本,台湾"中央图书馆"原藏。

(3)《散曲丛刊》本。

(4)《台湾珍藏善本丛刊》本。

(5)《续修四库全书》本。

(6) 2015 年广陵书社《扬州文库》本。

按:明王骥德《曲律》云:世传《西楼乐府》有二,一为高邮王磐,一为济南王田,字舜耕。

高邮王西楼先生全集三种 3 卷　丛书类

明刻清康熙三十三年(1694)王英重修本,国家图书馆藏。

子目:

《王西楼先生诗集》1 卷

《王西楼先生乐府》1 卷

《重订高邮王西楼先生野菜谱》1卷

张　经

字世范。明高邮人。胆父。嘉靖三年(1524)岁贡生。幼颖慧,读书过目不忘。及长,发愤好学,与二弟纮相与切磋,学有所成。课从弟綖、三弟绘俱中举。

张为庵先生诗文遗稿1卷　集部别集类

明张经撰　清张廷枢辑

(1)《高邮张氏遗稿》本,扬州市图书馆藏。参见“张廷枢”条。

(2) 2015年广陵书社《扬州文库》本。

张　纮

一作元纮。字世卿。明高邮人。经二弟。嘉靖六年(1527)岁贡生。幼颖敏好学,与兄经相与切磋唱和,俱有文名。

张南墩先生诗文遗稿1卷　集部别集类

明张纮撰　清张廷枢辑

(1)《高邮张氏遗稿》本,扬州市图书馆藏。参见“张廷枢”条。

(2) 2015年广陵书社《扬州文库》本。

张　綖(1487—1543)

字世文,自号南湖居士。明高邮人。王磐婿,守中父。少聪敏,7岁读书通大意。15岁游郡庠。与兄经、纮,从弟绘有“张氏四龙”之称。正德八年(1513)举人。八上春官不第,遂谒铨曹得武昌通判。能体恤民间疾苦,政绩卓著,擢光州知州。岁饥,请当道,得谷数万赈济。后归隐武安湖上,构草堂数楹,贮书数千卷,昼夜诵读,目为之眚,犹日令人诵而听之。擅诗文,操笔立就,尤工长短句。喜杜诗,为作注释。

杜工部诗通3卷　集部别集类

明隆庆三年(1569)张守中刻本,国家图书馆藏。

杜工部诗通(一作杜诗通)16卷　集部别集类

(1) 明隆庆六年张守中浙江刻本，国家图书馆藏。武汉大学图书馆藏21卷本。

(2) 1974年台湾大通书局《杜诗丛刊》影印隆庆本。

按：《四库全书总目》别集类存目1与《杜诗本义》4卷一并著录。此书据元范德机《批选杜诗》选诗310篇，以合《诗经》篇数。编年为序，注释明通，时有新意。

杜律本义4卷　集部别集类

(1) 明嘉靖十九年(1540)刻本。见《贩书偶记续编》附录集部。

(2) 明隆庆六年张守中刻本。

(3) 1974年台湾大通书局《杜诗丛刊》影印隆庆本。

(4) 清抄本，台湾"中央图书馆"原藏。

杜工部诗释3卷　集部别集类

明嘉靖十七年张綖刻本。见《天一阁书目内编》。

入楚吟1卷　集部别集类

明嘉靖十七年蒋芝刻本，国家图书馆藏。

张南湖先生诗集4卷　集部别集类

(1) 明嘉靖三十七年张守中刻本，南京图书馆藏。

(2) 1943年王守义铅印本，南京图书馆藏。

(3) 2015年广陵书社《扬州文库》本。

张南湖先生文集遗稿1卷诗余集1卷诗集遗珠1卷　集部别集类

明张綖撰　清张廷枢辑

(1)《高邮张氏遗稿》本，扬州市图书馆藏。参见"张廷枢"条。

(2) 2015年广陵书社《扬州文库》本。

淮海集40卷后集6卷长短句3卷　集部别集类

宋秦观撰　明张綖刊

明嘉靖十八年张綖鄂州刻本，详"秦观"条。

西昆酬唱集2卷　集部总集类

宋杨亿辑　明张綖刊

(1) 明嘉靖十六年张綖玩珠堂刻本,国家图书馆藏。

按:傅增湘云:此为传世最早刻本。

(2)《四部丛刊》影印张綖刻本。

诗余图谱 3 卷　集部词曲类

(1) 明崇祯八年(1635)王象晋刻本,浙江大学图书馆藏。

(2)《词苑英华》本。

(3) 2015 年广陵书社《扬州文库》本。

增订诗余图谱 3 卷　集部词曲类

明张綖撰　游元泾增订

明万历二十九年(1601)游元泾刻本,国家图书馆藏。

诗余图谱 6 卷补遗 6 卷　集部词曲类

明张綖撰　《补遗》谢天瑞撰

明万历二十七年谢天瑞刻本,国家图书馆藏。

南湖诗余 1 卷　集部词曲类

(1) 明崇祯八年王象晋刻本,浙江大学图书馆藏。

(2)《词苑英华》本。

张　绘

字世观。明高邮人。綖从弟。幼有文名,由选贡中嘉靖二十二年(1543)乡荐,授宁波府定海县令。适倭寇临境,绘多方捍御,竟不敢犯。又上《御倭十三策》,皆采用之。时舟山卫守构乱,绘诛其首,余党悉平。去任之日,囊橐萧然,赖郡伯孙公捐俸以助。归里后杜门不出,惟以著述为事。

张素庵先生诗文遗稿 1 卷　集部别集类

明张绘撰　清张廷枢辑

(1)《高邮张氏遗稿》本,扬州市图书馆藏。参见“张廷枢”条。

(2) 2015 年广陵书社《扬州文库》本。

张 胆

字惟慎。明高邮人。经子，綖侄。嘉靖三十五年(1556)进士。少孤。为人诚朴正直，不设城府。居御史前后6年，为政肃然。又疏马政五事，戎政六事，及杜吏奸，广积储，所论皆根极利害。受命查剔南京畿道文案，卒于官。

尚书管见　经部尚书类　佚

见嘉庆《高邮州志》卷10上本传。

张确斋先生诗文遗稿1卷　集部别集类

明张胆撰　清张廷枢辑

(1)《高邮张氏遗稿》本，扬州市图书馆藏。参见“张廷枢”条。

(2) 2015年广陵书社《扬州文库》本。

张守中

字叔原，号裕斋。明高邮人。綖子，廷枢曾祖。嘉靖四十一年(1562)进士。授工部主事，奉命督造重城，再修京庾，督工永陵。改虞衡司郎中，分署遵化铁冶，垦冶田有功，升浙江按察司副使，调官贵阳丹平。辞归后，屡荐不起。

明农录3卷　子部农家类　佚

见嘉庆《高邮州志》卷11上。

中宪裕斋张公文集1卷诗集4卷附录1卷词集遗编1卷附小曲1卷　集部别集类

明张守中撰　清张廷枢辑

(1)《高邮张氏遗稿》本，扬州市图书馆藏。参见“张廷枢”条。

(2) 2015年广陵书社《扬州文库》本。

李士彬

字良华，号心斋。明高邮人。博综经史，兼通象纬之学。筑亭湖上，与海内文士缔交，倡酬无虚日。兴化李春芳为《集翠亭诗稿》作序。

乾象三易　经部易类　佚

五经铚室　经部群经总义类　佚

以上2种见嘉庆《高邮州志》卷10本传。

集翠亭诗稿4卷　集部别集类　佚

见嘉庆《高邮州志》卷11，本传作1卷。

陆　典

字南陵，晚号卧雪老人。明高邮人。少作诗，援笔立就，有神童之称。年15游庠，屡试不第，文益工，气益豪。父龙慷慨任侠，代人戍辽东，卒，典赴戍所，举柩而南。后以岁贡授湖广衡州常宁县令。因忤当道，改府教授，即欣然归。年74卒。

（隆庆）高邮州志12卷　史部地理类

明范惟恭修　王应元、陆典纂

（1）明隆庆六年（1572）刻本，国家图书馆藏。

（2）2015年广陵书社《扬州文库》本。

南陵诗文集　集部别集类　佚

见民国《三续高邮州志》卷6。

龚　绂

字子来，号凤泉。明高邮人。嘉靖三十四年（1555）举人。四十四年进士。隆庆初选授南充知县三载，改清苑县。邑人称其制行廉、敷政公、莅事勤、抚民仁、驭吏严，五善俱备，政绩显著，升锦衣卫经历。未久，以正直忤长官致仕归。杜门谢客，唯以歌咏自娱。

益丁楼集　集部别集类　佚

见民国《三续高邮州志》卷4本传。

张守谦

字益斋。明高邮人。守中从弟。万历九年(1581)岁贡。

张益斋先生诗文遗稿1卷　集部别集类

明张守谦撰　清张廷枢辑

(1)《高邮张氏遗稿》本,扬州市图书馆藏。参见“张廷枢”条。

(2) 2015年广陵书社《扬州文库》本。

陈　蟠

明高邮人。曾任太原左卫千户。

师律提纲1卷　子部兵书类

明刻本,北京大学图书馆藏。见《历代兵书知见录》。

按:《千顷堂书目》卷13注,书凡六篇。

王应元

字一之。明高邮人。始祖濠梁人,从征高邮有功,授总旗,遂占卫籍。幼聪颖,15岁补弟子员,旋食廪饩,万历三十年(1602)岁贡。

(隆庆)高邮州志12卷　史部地理类

明范惟恭修　王应元、陆典纂

(1) 明隆庆六年(1572)刻本,国家图书馆藏。

(2) 2015年广陵书社《扬州文库》本。

凤池吟稿10卷　集部别集类

明汪广洋撰　王应元校

明万历四十五年王百祥刻本。参见“汪广洋”条。

李　棣

字铧斋。明高邮人。

孙子集注13卷　子部兵书类

明隆庆六年(1572)李棣刻本,见《明代版刻综录》卷2。

秦　丹

字维敬,号葵轩。明高邮人。隆庆四年(1570)举人。任安远知县,升巩昌府同知,改葭州知州、抚州府判,升黄州府同知。所在有廉能声。

郡县拙政　史部政书类　佚

边陲罪言　史部政书类　佚

以上2种见嘉庆《高邮州志》卷10上本传。

杜　阶

字升宇。明高邮人。嗜学博古。万历十三年(1585)举人,由广文知广东化州事。授两浙运判,后迁成都别驾,升云南军民府知府,历任30余载。

燕诒编　子部杂学类　佚

见民国《三续高邮州志》卷6。原注:此书与宋继璟所纂不同。

叶崇本

字元符,号象罔。明高邮人。先世以军功隶籍高邮卫。弟兄四人皆博学。长兄荣本字光宇,万历十九年(1591)举人。崇本尤颖异,闭户读书,博涉经史。卒年仅39岁。

易经讲意3卷　经部易类　佚

春秋合传6卷　经部春秋类　佚

问棘讋言4卷　子部杂学类　佚

以上3种见嘉庆《高邮州志》卷10上本传。

宋应图(1566—?)

字羲龙,号泰宇。明高邮人。继璟祖。年20中万历十三年(1585)乡试,谒选授招远令。居官清廉,无冤狱。在任5年,挂冠归,优游泉石

30余年。

周易探微　经部易类　佚

自训格言　子部儒学类　佚

见闻漫志　子部杂学类　佚

环樾楼吟稿　集部别集类　佚

师益堂文集　集部别集类　佚

历朝诗选　集部总集类　佚

以上6种见嘉庆《高邮州志》卷11。

陈九锡

字元晋，号澹生。明高邮人。万历二十五年(1597)举人。授大庾令，因宋濂溪先生及二程遗迹修正学书院。擢南京工部主事，督龙江、瓦屑二关。归里出俸余置田于秦兰，以赡族之贫者，名曰公田。年70卒。

读礼纂　经部周礼类　佚

见嘉庆《高邮州志》卷10上本传。

问梅笔记　子部杂学类　佚

公移杂记　子部杂学类　佚

哀哀录　子部杂学类　佚

澹庵集　集部别集类　佚

以上4种见民国《三续高邮州志》卷6。

红宝遗咏　集部别集类　佚

见雍正《高邮州志》卷9。

王维庆

字新畬。明末高邮人。与妻陈氏俱以孝名闻乡里。明巡抚李三才、提学熊廷弼上其事，诏赐官带。清顺治间奉旨建坊。维庆工诗文，年87卒。

双孝文集　集部别集类　佚

见嘉庆《高邮州志》卷10上本传。

王三乐

字存斋。明万历间高邮人。精于医,倡"因年省病,因人定药,因时立方,因地投剂"。尤善治闽粤蛊毒诸症。

运气指明2卷　子部医家类

抄本,上海中医药大学图书馆藏。

按:道光《高邮州志》第三册本传云,其书今无传。

王百祥

字仲善。明高邮人。庠生。

凤池吟稿10卷　集部别集类

明汪广洋撰　王应元校　王百祥辨疑

明万历四十五年(1617)王百祥刻本,版本见"汪广洋"条。

孙兆祥(1583—1636)

字泰阶,号省卿。明高邮人。宗彝父。生而端敏,年13,督学御史口试题,应声诵文如流水。父午泉病殁,哀恸成疾,庐墓3年。提学御史熊廷弼奇其文,拔冠军遍示各邑多士。天启间,魏忠贤秉政,杨涟、左光斗、周顺昌、魏大中诸人俱得祸,作《禾已黄》之歌,曰:"仕非时,委蛇辱身,直道戮身。"遂不复应乡试,潜心研究濂洛关闽之学。崇祯九年(1636)以岁贡当谒选,闻李自成军入中都,遂不赴,寻卒。

子臣心镜5卷　史部传记类　佚

五伦解5卷　子部儒学类　佚

以上2种见雍正《高邮州志》卷12。

天论良知论　子部儒学类　佚

见嘉庆《高邮州志》卷10上本传。

会心言3卷　子部杂学类　佚

五似堂诗集5卷　集部别集类　佚

以上2种见雍正《高邮州志》卷12。

按:《淮海英灵集》丁集卷1、《江苏诗征》卷30收有其诗。

陈　秀

明高邮人。

述先草1卷　集部别集类

《高邮陈氏诗抄》本,见《中国丛书综录补编》。

翟元耀(1588—?)

明高邮人。善父。天启二年(1622)恩贡。选授西充县知县,升龙州知州。崇祯末隐居湖西不复出。与王永吉有旧,曾偕夏之璜、毛一骏结吟社,以遣余年。其诗出入苏、杜,兼仿山谷,非俗手所能。

翟元耀遗诗　集部别集类　佚

见民国《三续高邮州志》卷6。

按:民国《州志》卷4本传注曰:"翟氏父子,前《志》岁荐中列名,他无事迹可考。近从藏书家获抄本一帙,底面亦已残缺,中有七律二百余首,惟集无名,亦未著作者姓字。细就各诗语意推测,证以志书,知确为元耀所作(下略)。"

夏之璜

字考父,号髭邻。明高邮人。崇祯二年(1629)岁贡生。为人豪放,博学嗜古,不修边幅,与翟元耀、毛一骏等交厚。为绩溪训导,升封丘教谕、赣州府学教授。

出塞日纪1卷　史部传记类

清乾隆十九年(1754)精刻本,上海图书馆藏。

塞外橐中集4卷　集部别集类

清乾隆十九年精刻本，国家图书馆藏。

甓邻文稿　集部别集类　佚

见民国《三续高邮州志》卷6。

袁　班

字体庵。明末高邮人。自20岁闭户10年，博读岐黄家书。按脉极捷如神，名噪江北。时医者多喜温补，班著书隐斥薛己(立斋)之误。

证治心传1卷　子部医家类

(1)《三三医书》第二集本。

(2)《国医小丛书》本。

医学心传　子部医家类　佚

见嘉庆《高邮州志》卷10下本传。

按：此书或即上书之别名。

清

王永吉(1599—1659)

字修之，一字六谦，号铁山。清初高邮人。明天启五年(1625)进士，授大田知县，仕至蓟辽总督。入清，顺治二年(1645)授大理寺卿。十二年累官国史院大学士，领吏部尚书。上铨部 20 余疏，多著为令。十五年以兄子科场关节事自劾，左迁太常寺少卿。复擢左副都御史。十六年卒。谥文通。《清史稿》有传。

丙申稿　集部别集类　佚

见清康熙间邓汉仪辑《诗观二集》，云：顺治十三年编次成书。

铁山文集　集部别集类　佚

见《国朝文汇》甲集卷 1，收其文 1 篇。

按：《广陵思古编》卷 16 收其文 8 篇，《淮海英灵集》丁集卷 1、《江苏诗征》卷 46 收有其诗。

张廷枢

字天木。清高邮人。张綖玄孙，守中曾孙。郡庠生。少失怙，事母至孝。游学虞山。工书法，得笔资，即以供甘旨。

寄庵诗集(一作寄庵集)　集部别集类　佚

见嘉庆《高邮州志》卷 10 上本传。

高邮张氏遗稿七种 16 卷　丛书类

清张廷枢辑

(1) 稿本，扬州市图书馆藏。

(2) 2015 年广陵书社《扬州文库》本。

子目：

《张南湖先生文集遗稿》1卷《诗余集》1卷《诗集遗珠》1卷　明张綖撰

《中宪裕斋张公文集》1卷《诗集》4卷《附录》1卷《词集遗编》1卷附《小曲》1卷　明张守中撰

《张为庵先生诗文遗稿》1卷　明张经撰

《张南墩先生诗文遗稿》1卷　明张纮撰

《张素庵先生诗文遗稿》1卷　明张绘撰

《张益斋先生诗文遗稿》1卷　明张守谦撰

《张确斋先生诗文遗稿》1卷　明张胆撰

金志坚

字贞吾。清高邮人。相玉父。事母曲尽孝道。教人严而有法。七入秋闱不遇。博极群书，批录竟日无倦容。著书数百卷藏于家。

檀弓左传纂4卷　经部群经总义类　佚

五经纂要10卷　经部群经总义类　佚

经书便览4卷　经部群经总义类　佚

帝王纪4卷　史部别史类　佚

通鉴提纲　史部编年类　佚

国策汉史纂4卷　史部杂史类　佚

明代考8卷　史部史评类　佚

姓氏纂48卷　史部传记类　佚

舆地考40卷　史部地理类　佚

诸子喻言　子部周秦诸子类　佚

纂录大学衍义　子部儒学类　佚

性鉴纂要　子部儒学类　佚

尧(一作充)山堂杂记　子部杂学类　佚

读书随笔　子部杂学类　佚

苏长公小品4卷　集部别集类　佚

　　宋苏轼撰　清金志坚辑

贞吾文稿　集部别集类　佚

古今诗话　集部诗文评类　佚

古今葩余　集部诗文评类　佚

词海说丛(一作词海丛谈)　集部诗文评类　佚

　　以上3种清金志坚辑

　　以上19种分见雍正《高邮州志》卷9、民国《三续高邮州志》卷6。

宋继璟

　　字云思。清高邮人。应图孙。早失怙,性孝友。年13游庠。后读书焦山,博览群籍,不屑进取,以著述自娱。

四书管见　经部四书类　佚

圣贤传心录　子部儒学类　佚

正气编　子部儒学类　佚

燕贻编　子部杂学类　佚

养生主　子部杂学类　佚

　　以上5种见嘉庆《高邮州志》卷10本传。

陶庵藏稿　集部别集类　佚

　　见嘉庆《高邮州志》卷11。

孙宗彝(1612—1683)

　　字孝则,号虞桥,别号眉休居士。清高邮人。兆祥子,弓安父。幼承父教,书无不读,于理学身体力行。事亲孝养备至,终身不懈。性刚直,以风教为己任。明崇祯八年(1635)拔贡,清顺治四年(1647)进士,授秘书府中书舍人,分考顺天乡试,官至吏部郎中。十五年以疏请免赋役被黜外,不就,乞归。居家二十三载,杜门著述。康熙二十年(1681)因攻讦河工克扣工银及河水成灾等事,与负责治河之靳辅发生矛盾,遂以散布流言罪入狱,病卒狱中。

易宗集注12卷首1卷　经部易类

(1) 清康熙间天心阁刻本,上海图书馆藏。

(2)《四库全书存目丛书》本。

按:《四库全书总目》易类存目3云:"此书成于康熙庚申。"

律数4卷　经部乐类　佚

见嘉庆《高邮州志》卷11。

(康熙)高邮州志10卷　史部地理类

清孙宗彝原本　李培茂增修　余恭增纂

(1) 清康熙十一年刻二十三年增刻本,南京图书馆藏。

(2) 2015年广陵书社《扬州文库》本。

治水要议1卷　史部地理类　佚

见《四库全书总目》地理类存目4,云:"此书载曹溶《学海类编》中。"今本无此书。

爱日堂全集(文集8卷诗集2卷外集1卷)附年谱1卷　集部别集类

《年谱》其子弓安撰

(1) 清康熙刻本,同治补刻印本,国家图书馆藏。

(2) 清康熙四十二年刻本,辽宁省图书馆藏。见《贩书偶记续编》卷14。此本无诗集2卷。

(3) 清乾隆三十五年(1770)刻本,南京图书馆藏。

(4) 清道光间补乾隆刻本,南京图书馆藏。

(5) 清同治九年(1870)刻本,南京图书馆藏。

(6)《四库未收书辑刊》本。

(7)《清代诗文集汇编》本。

(8) 2015年广陵书社《扬州文库》本。

按:《近三百年人物年谱知见录》云,孙氏年谱所记清初徭役、河工等扰民之害颇详,多有可供采择之处。又,《明清江苏文人年表》云《爱日堂全集》总16卷,未知其详。

致中堂禅喜不分卷　集部别集类

蓝格抄本，2 册，南京图书馆藏。见《江苏国学图书馆图书总目》卷 35。

禅喜外集　集部别集类　佚

见光绪《再续高邮州志》卷 6。

按：此书或与上书为同一书。致中堂，为孙氏室名。

又按：《国朝文汇》甲集卷 7 收其文 6 篇，《淮海英灵集》乙集卷 1、《江苏诗征》卷 30 收有其诗。

沈奕琛(1613—?)

字石友，号寄庵。清高邮人。明普安籍。崇祯九年(1636)举人。幼颖异，出语惊人，喜古文辞。为文敏丽，书法工妙。与弟奕玮有“沈氏双珠”之称。清顺治中，任唐山令。后历任户部广西、广东、福建、天津等司主事、员外、郎中等职。迁河南卫辉知府，晋河南兴屯副使。因公左迁粤东盐课司提举。迁福建衢州府同知，后升广平府知府，卒于官。所在均有治声。

(康熙)广平府志 20 卷　史部地理类

清沈奕琛修　申涵盼纂

清康熙十五年(1676)刻本，国家图书馆藏。

寄庵诗集 4 卷　集部别集类

清康熙思贻堂刻本，国家图书馆藏。

湖舫诗 1 卷　集部总集类

清沈奕琛辑

(1)《武林掌故丛编》本。

(2) 黑格抄本，南京图书馆藏。

按：《江苏诗征》卷 117 收有其诗。

夏洪基

字元开，号嵒山。清初高邮人。之鼎子。与弟洪畴少承庭训，闭户读书，知名庠序。尤精于篆隶六书之学，考订最详。顺治十五年(1658)岁荐不试，耽泉林之乐，所交皆一时贤者。家富藏书，著《藏书谱》。

历代帝王统系 2 卷　史部史表类

明崇祯十六年(1643)沈氏华萼堂刻本，国家图书馆藏。

先贤传略　史部传记类　佚

见雍正《高邮州志》卷 12。

孔子年谱纲目 1 卷　史部传记类

(1) 清康熙间夏之芳刻本，中国国家图书馆藏。

(2) 清十八鹤草堂刻本，南京图书馆藏。

(3) 清道光间向日园重刻本，南京图书馆藏。

孔门弟子传略 2 卷　史部传记类

《孔子年谱纲目》附刻本，见上。

梅花百咏 1 卷附中峰祖集 1 卷　集部别集类

清夏洪基编

清乾隆刻本，南京图书馆藏。

按：嘉庆《高邮州志》卷 11 作《梅花余咏》。

尚友堂偶笔 4 卷　集部别集类　佚

见嘉庆《高邮州志》卷 11。

按：雍正《扬州府志》卷 35 作《尚友堂随笔》。

尚友丛书　丛书类

清夏洪基撰辑

清刻本，南京图书馆藏。

子目：

《读书筏》1 卷

《藏书谱》1 卷

《芸窗砭语》1卷

按:《高邮耆旧诗存》二册收其诗2首,《淮海英灵集》丙集卷1、《江苏诗征》卷147收有其诗。

尤运昌

字其尤,号拔庵。清初高邮人。顺治十六年(1659)岁贡生,任临淮教谕。博学,工诗古文。居恒寡酬接,与孙宗彝、夏洪基昆仲交最笃,诗筒酬赠甚多。诸生李震其弟子也。年80余卒。

见一堂诗文集　集部别集类　佚

见嘉庆《高邮州志》卷10上本传。

闵麟嗣(1628—1704)

字宾连,号椒庵。清初徽州黄山人,寓居高邮。与李滢游最久。滢亦居高邮,纂《庐山志》,间有题咏。麟嗣与之唱和,所作尤多。李震、尤崆峒结乐天吟社,麟嗣亦以外宾与文酒之会。著《咏史诗》百章,今尚存数首,刊《高邮耆旧诗存》首册。

古国都今郡县合考1卷　史部地理类

清道光《昭代丛书》本。

周末列国有今郡县考1卷　史部地理类

(1) 清道光《昭代丛书》本。

(2)《鹤寿堂丛书》本。

黄山志定本7卷　史部地理类

(1) 清康熙刻本,南京图书馆藏。

(2)《安徽丛书》本。

黄山松石谱1卷　子部艺术类

(1)《昭代丛书》本。

(2)《黄山丛刊》本。

咏史诗百首　集部别集类　佚

见民国《三续高邮州志》卷4本传。

按:《高邮耆旧诗存》首册收其诗2首,二册补遗收2首。

闵宾连悟雪诗草辑佚不分卷　集部别集类

许承尧抄本,安徽省博物馆藏。

庐游草1卷　集部别集类　佚

见《明清江苏文人年表》引王士禛《感旧集》卷12。

按:清康熙七年(1668)麟嗣与李滢同游庐山,返扬州后,闵著此集,滢著《庐游诗》1卷。《续修四库提要》著录《庐山集》不分卷,是否即此书,俟考。

王明德

字亮士,号金樵。清高邮人。永吉长子,心湛父。气骨刚直,侃佩不可挠折。由荫监生历任刑部郎中,以律例关系民命,著《读律佩觿》传世。转湖广汉阳知府。提督谭洪反,明德督粮入川陷逆境,胁授伪职不从,投水自尽不得,后削发为僧。谭洪破灭,明德奔归本土,至夔州府万县,夜里觅路跌深崖间重伤,抵寓卒。

读律佩觿8卷　史部政书类

(1) 清泠然阁重刻本,南京图书馆藏。

(2) 清泠然阁刻7卷本,附《洗冤录补》2卷《读律八法》1卷,武汉大学图书馆藏。

(3)《四库全书存目丛书》本。

王通政奏疏1卷　史部政书类

清抄本,国家图书馆藏。

先襄忠公奏疏存稿8卷　史部政书类

清乾隆抄本,山东省图书馆藏。

读律心得1卷刑名八字义序1卷　史部政书类

清光绪刻本,南京图书馆藏。

按:《广陵思古编》卷17收其文3篇。

王式耜(1629—1699)

宇圣野,号宇泰。清初高邮人。性聪敏,读书目数行下。少时即刻苦攻读,年19补弟子员。康熙十七年(1678)中乡闱副榜。两赴都门不遇,归里愈嗜学不倦。时学者墨守陆、王之学,式耜精四子书,期于不失程、朱之旨。尝手批《太极通书》《西铭》《正蒙》等书,推寻图书表里经纬之说。家贫,少时馆谷丰赡,独任祖父母及父母丧事,老年遂坐大困,然志终不衰,学益邃,杜门教子孙。

书经详说　经部尚书类　佚

重纂尚书精义　经部尚书类　佚

四书详说　经部四书类　佚

益壮堂稿　集部别集类　佚

以上4种见嘉庆《高邮州志》卷11。

谢　钰

字山辉,号朴庵。清高邮人。顺治十四年(1657)举人,十八年进士。任河南灵宝县知县。请豁免陕州、灵宝、卢氏三邑包荒银粮2.4万余两。在任5年,以亲老回籍。卒年85。

独憩草　集部别集类　佚

见民国《三续高邮州志》卷4本传。

贾良璧(1632—1703)

字子瑜,号言臣。清高邮人。士泰子。性恬淡,孝友仁爱,操行峻绝。有雄才,7岁能诗,为文千言立就。顺治十七年(1660)中副车,康熙二年(1663)与弟其音同年举人。三年,下第归,无意仕进。教子国维、兆凤皆成进士。所著诗文甚富。

春秋四传合纂4卷　经部春秋总义类　佚

策略全书6卷　子部兵书类　佚

以上 2 种皆贾良璧辑

以上 2 种见雍正《高邮州志》卷 9。

揖石庵集　集部别集类　佚

古文正宗 8 卷外编 10 卷　集部总集类　佚

清贾良璧辑

以上 2 种见嘉庆《高邮州志》卷 11。

按:《广陵思古编》卷 17 收其文 1 篇,《淮海英灵集》乙集卷 1、《江苏诗征》卷 112 收有其诗。

许　植

字天植,号葭水。清高邮人。邑庠生。刻苦嗜学,屡试不中,乃致力于诗歌。游京师 10 余年,有《咏雪吟》传播都下,受邓汉仪、杜浚等奖许。兄标、弟樗并庠生,能诗文。

瀛园手辑书测 2 卷　子部艺术类　佚

见嘉庆《高邮州志》卷 11。

小宛居集杜百首　集部别集类　佚

见嘉庆《高邮州志》卷 10 上本传。

按:《高邮耆旧诗存》二册收其诗 10 首,《广陵思古编》卷 18 收其文 1 篇。

谈承训

字子正。清高邮人。明左都御史谈恺六世孙。通律吕句股学,诗兼众体。与里中范荃、陈浩海、吕莼舟友善,时相倡和。

鸥波草堂诗钞　集部别集类　佚

见光绪《再续高邮州志》卷 6。

按:《州志》卷 4 本传作《鸥波草堂吟稿》。

李 震

字苍雷，号筤竹。清高邮人。必豫、必恒父。受业于尤运昌。邑庠生。性疏豁，喜结纳，不治生产，专攻古文词。本邑寿言哀诔文字，半出其手。晚年陶情诗酒，尝自题座右云："忍辱可为仙，已受过世人几千场讪笑；安贫惟乐道，终难改自己这一点痴呆。"

骈体文集　集部别集类　佚

芝园初续集　集部别集类　佚

扶余词集　集部词曲类　佚

以上 3 种见嘉庆《高邮州志》卷 11。

呻吟稿　集部别集类　佚

见《高邮耆旧诗存》二册，并收诗 9 首。

樗巢集　集部别集类　佚

见《江苏诗征》卷 93，并收有其诗。

按：《淮海英灵集》戊集卷 1 收有其诗。

宋 骧

字龙友。清高邮人。应图曾孙，继琛子。顺治十四年(1657)举于乡。任太平府学教授。敦崇实学，多所成就。康熙十四年(1675)、二十年两任浙江同考官。年 50 卒于官。

(康熙)太平府志 40 卷　史部地理类

清黄桂修　宋骧、郝煌纂

(1) 清康熙十二年刻本，南京图书馆藏。

(2) 清光绪二十九年(1903)活字本，南京图书馆藏。

(3) 清抄本，安徽省博物馆藏。

夏闻政(1638—1722)

字青字，号西涯。清高邮人。国学生。性孝友，昆弟 10 人至老无违言。博览群书，工诗古文辞。精书法，尤长于草书。受楚蜀总制李辉祖礼延至署咨政，并课其子。游京师，名公卿争相订交，诗筒倡酬无虚日。晚归里，乐善不倦。年85卒。

禹贡要旨　经部尚书类　佚

味勉堂诗集　集部别集类　佚

以上2种见嘉庆《高邮州志》卷11。

按:《高邮耆旧诗存》初册收其诗1首。

王　度

字式如，号香山。清高邮人。康熙八年(1669)举人。工诗古文辞，书法尤精。历颍州学正，江西弋阳令。弋俗辄溺女婴，度劝谕之，救济之，未10年，存活者数千。迁刑部主事，晋员外郎，多所平反。又迁兵部车驾司郎中，戎政肃然。以老乞归，年75卒。

书连屋文集诗集诗余　集部别集类　佚

见嘉庆《高邮州志》卷11。

书连屋词4卷　集部词曲类

见《全清词钞》卷4，又收入南京大学中文系编《全清词》(顺康卷)。

按:《高邮耆旧诗存》别册收其诗2首。

贾其音

字叶六，号澹庵。清高邮人。良璧弟。康熙二年(1663)与兄同举于乡。六年成进士。初任陕西咸宁知县，后署浙江丽水县，有政绩。平反冤狱，全活数百人。归里后，乃热心桑梓事。设厂赈粥，捐资修儒学、尊经阁、玄妙观等，里人德之。年84卒。

倦还堂纪游草越游草　集部别集类　佚

雨香亭百四楼倡和集　集部总集类　佚

以上2种见嘉庆《高邮州志》卷11。

按:《淮海英灵集》丁集卷2、《江苏诗征》卷112收有其诗。

金相玉

字水苍。清高邮人。志坚子。康熙九年(1670)进士，任保定新安县令，有廉声。为民除害，礼贤下士，四境肃然。未几，卒于官，邑人士哀号罢市。生平好读书，自束发为诸生至仕进，手不释卷。所著甚富，多未刊行。

书经说约 6 卷　经部尚书类

抄本，台湾"中央图书馆"原藏。《贩书偶记续编》卷 1 著录底稿本，无序跋，约崇祯间抄本。

按：嘉庆《高邮州志》卷 11 作《尚书说约》。

地官 10 卷　经部周礼类　佚

见嘉庆《高邮州志》卷 11。

礼记春秋纂　经部群经总义类　佚

史汉纂　史部正史类　佚

策略全书　子部兵书类　佚

以上 3 种见雍正《高邮州志》卷 9。

秋斋诗文集　集部别集类　佚

见嘉庆《高邮州志》卷 11。

吴世杰(1641—1688)

字万子，号厚庵。清高邮人。由郡庠中康熙十一年(1672)举人，二十四年进士。父邦义隐居积善，以敦厚谨饬教其子孙。世杰少负俊才，慕宋陈亮、明王守仁之为人，读书不为无用之学。十三年三藩乱后，捐资赎被掠妇女数百人，资送还乡。十九年邑大水，亲率民夫拯生葬死，救治病者，全活甚众。高邮苦旧役重，世杰为陈于巡抚汤斌，悉蠲除之。

姚布政传 1 卷附金坛公是录 1 卷　史部传记类

清乌程姚延著　归安严允肇、高邮吴世杰等撰传

无刻书年月，约同治间刻本，南京图书馆藏。

甓湖草堂文集 6 卷赋 1 卷近体 2 卷近集 4 卷　集部别集类

(1) 清康熙四十四年刻本，上海图书馆藏。

(2)《四库未收书辑刊》本。

(3) 2015 年广陵书社《扬州文库》本。

按：《文集》内有《崇祯四十九阁臣传》，《近集》即《麟里颂言》《西山纪游草》《南归集》《庚申杂诗》4 种。

甓湖草堂文集 6 卷近集 4 卷　集部别集类

清嘉庆十一年(1806)刻本，南京图书馆藏。

按：《广陵思古编》卷 18 收其文 2 篇。《淮海英灵集》丁集卷 1、《江苏诗征》卷 13、《清诗铎》并收其诗。

孙弓安(1641—?)

字无燀，晚号卧薪老人。清高邮人。宗彝长子，濩孙父。幼失恃，10 岁随父官京师。顺治十四年(1657)举人。孝友笃行，倡为善举，造福乡梓。生平习闻其父教诲，并熟知其事迹，为撰年谱，有较高史料价值。喜游览，工集唐诗，所至皆有游草。

孙宗彝年谱(原题先府君年谱)　史部传记类

(1)《爱日堂全集》附刻本。见“孙宗彝”条。

(2) 2015 年广陵书社《扬州文库》本。

集唐诗　集部别集类　佚

见《高邮耆旧诗存》二册。

按：《广陵思古编》卷 17 收其文 3 篇。《淮海英灵集》乙集卷 1、《江苏诗征》卷 30 收有其诗。

陈　瑄(? —1704)

字仲宣，号修六，又号范庵。清高邮人。康熙九年(1670)进士。任四川遵义知县，改浙江昌化县。后入都补刑部湖广司主事。随擢户部河南司员外部，转山西司郎中。二十六年分校四川乡试，四十一年同考顺天，次年入会试房，得人甚众。四十三年卒于京。历官二十载，有廉能声，贫至赁屋以居。儿辈念父年老，请入侍，竟不许，以至于卒。

读律佩觿注释　史部政书类　佚

清王明德撰　陈瑄注释

见民国《三续高邮州志》卷6。

居官要览　史部政书类　佚

蜀道纪游　史部地理类　佚

范庵诗集　集部别集类　佚

以上3种见《国朝耆献类征》。

按：《江苏诗征》卷25收有其诗。

陈　瑄

字木容。清高邮人。康熙十二年(1673)岁贡，任来安县训导。少颖异，长苦学，曾作孝、弟、忠、信四箴书于座右。赵中丞巡视江南，命有司敦请贤儒讲学明伦堂，瑄膺其选。讲《太极》《西铭》二章，闻者皆得其要。来安任内，至诚课士，四书经义外，必以宋五子为谆谆，所成就者甚众。以老乞归，犹手不释卷。年83卒。

文献通考抄　史部政书类　佚

勉德堂格言　子部儒学类　佚

三才书节录　子部典故类　佚

以上3种见嘉庆《高邮州志》卷10上本传。

孙弓圣

字无回，号隅庵。清高邮人。宗彝三子，弓安、弓和弟。弓和师常熟钱陆灿尝谓：天伦之笃，无如弓和兄弟者。

寄啸草　集部别集类　佚

见光绪《再续高邮州志》卷6。

呻吟杂咏　集部别集类　佚

不尽意编　集部别集类　佚

以上2种见《江苏诗征》卷30。

按:《高邮耆旧诗存》二册收其诗1首。《淮海英灵集》乙集卷1、《江苏诗征》卷30收有其诗。

唐治淳

字芝崖。清高邮人。所居曰尚轩。以《四书人物备考》叙次未当,乃著《四书类考》,其采用去取颇有法。又著《四书引经备考》,取四书及注中引用经史者详具本书始末,及他书异同。未刊。

四书类考84卷　经部四书类　佚

四书引经备考40卷　经部四书类　佚

以上2种见嘉庆《高邮州志》卷10本传。

房兰若

字湘崖,号野君。清高邮人。家素贫。与明经陈白耳为忘年友。学问渊博,工于制艺。康熙二十三年(1684)举人,二十七年进士。任夔州府万县知县。性严介,不可干以私。尝捐俸修试院,夔人德之。卒于官。

四书文稿　经部四书类　佚

见嘉庆《高邮州志》卷10上本传。

王　舟

字友湄,别号耻斋。清高邮人。康熙三十七年(1698)岁贡生。读书好析古经疑义。年17名闻乡里。曾卖产偿兄债。幼弟失明,割膏腴地与之。同邑孙宗彝之狱,诸生被械系者11人。当事知舟为仇者所中,复遣归,自是无意仕进。遭际坎坷,未尝戚戚,而以不及古人为耻,故自号耻斋。殁后,门弟子私谥曰孝毅。

阅史日抄　史部史钞类　佚

古怀堂杜诗评注　集部别集类　佚

唐杜甫撰　清王舟评注

以上2种见光绪《再续高邮州志》卷4。

王心湛

字济上，一字止堂，号缶林。清高邮人。永吉孙，明德子。康熙四十二年(1703)岁贡生。家多藏书，天资颖异，披览不忘，遂成宿儒。每岁科试辄冠军。所为记序考议，皆援据古书，凡学使无不特赏之。与王源交善，为经世致用之学，倾向北方颜李学派。书法刚劲秀洁，兼米、董之长。

尚书辑解　经部尚书类　佚

见嘉庆《高邮州志》卷10上本传。

春秋繁露集解　经部春秋类

1936年广益书局铅印平装本，扬州市图书馆藏。

续小学简蠡　子部儒学类　佚

见嘉庆《高邮州志》卷10上本传。

吕氏春秋集解　子部杂学类

1936年广益书局铅印本，扬州市图书馆藏。

止堂说略2卷　子部杂学类

稿本，南京图书馆藏。

缶林文集2卷　集部别集类

(1) 稿本，扬州市图书馆藏。

(2) 2015年广陵书社《扬州文库》本。

按:参见谢国桢《江浙访书记》。又,《广陵思古编》卷17收其文1篇。

半山文议　集部诗文评类　佚

见嘉庆《高邮州志》卷10上本传。

夏闻喜

清高邮人。

言旅集　集部别集类　佚

见嘉庆《高邮州志》卷 11。

按:《高邮耆旧诗存》二册收其诗 2 首。

贾其章

字质夫。清高邮人。邑庠生。先春孙,邦桢父。负才雄博,于古无所不窥。每有撰述,千余言立就。天性豪迈不羁,好交友,喜读书。屡试南闱不第,时人惜之。其章不少挫,气益壮,竟赍志以殁。

闽游草　集部别集类　佚

雨香亭集　集部别集类　佚

以上 2 种见嘉庆《高邮州志》卷 11。

按:《江苏诗征》卷 112 收有其诗。

端木守谦

即端守谦。字梅和,一字梅庵。清高邮人。康熙五十一年(1712)岁贡生。少颖异,绩学淹富,工古文词,晚尤精于诗律。善行草书。一时名士如王士禛、孔尚任等投赠甚多。卒年 71。

按:嘉庆《高邮州志》卷 10 作"端守谦",卷 11 作"端木守谦",实为一人。

黎山诗钞 1 卷　集部别集类

(1) 清碧虚斋抄本《高邮四家诗抄》本,南京图书馆藏。

(2) 2015 年广陵书社《扬州文库》本。

按:《高邮耆旧诗存》初册收其诗 16 首,二册收其诗 5 首。《淮海英灵集》戊集卷 2、《江苏诗征》卷 34 收有其诗。

吴廷伟

清高邮人。

定藏纪程不分卷　史部地理类

《川藏游踪汇编》本。民国《三续高邮州志》卷6有《入藏路程记》，或即此书。

唐诗体经6卷　集部总集类

(1) 清康熙四十二年(1703)刻本，厦门大学图书馆藏。

(2) 清嘉庆刻本，吉林大学图书馆藏。

按：此书据孙琴安《唐诗选本六百种提要》著录为：书为4卷，专选唐五七言律绝。选者为吴廷伟，字端人，天都(按：疑为江都之误)人。注者为顾元标，字天飞，广陵人。二人皆康熙间人。书为康熙四十二年刻本，前有张玉书(丹徒人)序，云与吴氏为亲家。又谓吴、顾二人为"少年笃学"，可知较玉书(1642—1711)年代稍晚。以上所述均与高邮吴廷伟情况相符，唯张序谓吴乃"天都"人，是不可解。书前尚有吴、顾二人序，惜孙书未引。因此书罕见，一时无法核实，姑录以备考。

李　氏

清高邮人。震女。

呻吟稿　集部别集类　佚

见光绪《再续高邮州志》卷6。

吴世焘(1656—1723)

字幼日，号西村。清高邮人。世杰弟。康熙二十七年(1688)进士，授翰林院编修。后历任会试同考官、国子监司业、浙江学台等职。曾参与纂修《渊鉴类函》《政治典训》《康熙字典》等巨著。为官清廉正直，关心乡里公益。三十五、三十六年间大水，饥民多死散。世焘请于巡盐御史李公陈常，得旨赈济，全活近万人。五十九年又遭大水，世焘忧郁成疾，于雍正元年(1723)卒于家。

康熙字典12集36卷　经部小学类

清张玉书、吴世焘等纂修

清康熙五十五年内府刻本，南京图书馆藏。

按：自刊行以来，曾多次重印。版本从略。

政治典训初集100卷目录1卷　史部政书类

清吴世焘等纂

清康熙间内府抄本，国家图书馆藏。

渊鉴类函450卷　子部典故类

清张英等总裁　徐秉义等分纂　吴世焘等校录

清康熙四十年内府刻本，南京图书馆藏。

按：自刊行以来，曾多次重印。版本从略。

南巡纪恩诗1卷　集部别集类

清康熙叶氏二弃草堂刻本，国家图书馆藏。

按：《广陵思古编》卷18收其文1篇。《淮海英灵集》乙集卷2、《江苏诗征》卷13并收其诗。

李必豫

字中州。清高邮人。震长子，必恒兄。国学生。绩学工词翰，授经邗上，所得悉以博菽水欢。晚年诗益工，应宋观察桐门招，之宋，之楚，之燕，登临凭吊，得诗成帙。格律老劲，无软媚之习。与弟必恒有“云陆、眉苏”之目。

青莲阁拟表　集部总集类　佚

清李必豫、李必恒辑

见道光《续增高邮州志》第六册。

按：《高邮耆旧诗存》初册收其诗1首。《淮海英灵集》戊集卷1、《江苏诗征》卷93收有其诗。

秦凤至

清高邮人。

四时佳兴诗选　集部总集类　佚

清秦凤至辑

见道光《续增高邮州志》六册。

殷　峄(1660—1742)

字桐高,号画村。清高邮人,寄籍天长。鼎子。田雯督学江南,最所激赏。康熙二十五年(1686)拔贡,中五十六年副榜。以教习任太原令。听断称神,案无留牍,吏民咸畏爱之。公暇为诸生讲经授业,自是文体一新,得科第者甚众。因不善事上官,以他事株连,免官,复设帐授徒六载。晚归林下,课诸孙。卒年83。峄以骈体擅长,尤精诗学。与乡贤李必恒诗名相伯仲,以籍隶安徽,不得与《江左十五子诗选》之列,论者惜之。

樊桐集不分卷　集部别集类

稿本,8册,台湾"中央图书馆"原藏。

樊桐诗选不分卷　集部别集类

清嘉庆高邮夏氏半舫斋刻本,华东师范大学图书馆藏。

樊桐诗钞1卷　集部别集类

(1) 清碧虚斋抄本《高邮四家诗钞》本,南京图书馆藏。

(2) 2015年广陵书社《扬州文库》本。

竹粟山庄诗钞8卷　集部别集类　佚

见《清史稿艺文志及补编》《续修四库全书提要》。

按:《高邮耆旧诗存》二册收其诗13首。《淮海英灵集》甲集卷3、《江苏诗征》卷24收有其诗。

王道直

清高邮人。

磊园留草 2 卷续 1 卷　集部别集类

清康熙五十六年(1717)养性堂刻本,南京图书馆藏。

陈昌言

清高邮人。

六草 1 卷　集部别集类

《高邮陈氏诗抄》本,见《中国丛书综录补编》。

金　练

字澄江,号雪峰。清高邮人。康熙时名诸生。工诗及行楷书。中年寄情山水,著《浣俗斋吟稿》,为胠箧者误攫去,诗遂不传。

浣俗斋吟稿　集部别集类　佚

见光绪《再续高邮州志》卷 4 本传。

按:《高邮耆旧诗存》初册收其诗 1 首。

张　默

字思道。清高邮人。阳子。康熙三十二年(1693)举人。性至孝,父好施与,默以舌耕所得助之。父殁,踵行不怠。尤嗜学,手抱一编,寒暑弗间。州守李公重其行,遣子师事之。著书立说皆可为后学津梁。年 70 卒。

尚书正宗　经部尚书类　佚

学庸正宗　经部四书类　佚

四书题说　经部四书类　佚

以上 3 种见嘉庆《高邮州志》卷 10 下本传。

李必恒(1661—?)

字北岳,一字百药。清高邮人。震子,基简父。邑廪生。品端学富,于诗古文词无不工。每岁科试恒冠其曹,有"时文第一,古学无双"之誉。后因棘闱屡踬,益肆力于诗。其论诗曰:"作诗必论境地。苟诣其境矣,勿以唐宋为优劣也。"其为诗体源汉魏,沥液韩杜,泛滥于元白诸大家,凡五七言近体无不入妙,而于乐府古诗尤为擅场。宋荦抚吴,招入幕府,待以上宾,为更字曰百药。

樗巢诗选 5 卷　集部别集类

(1) 清嘉庆十四年(1809)半舫斋夏氏刻本,南京图书馆藏。

(2)《清代诗文集汇编》本。

(3) 2015 年广陵书社《扬州文库》本。

三十六湖草堂诗集 8 卷　集部别集类

(1) 清抄本,南京图书馆藏。

(2) 乌石红雨山房抄本,郭柏苍跋,4 卷,福建省图书馆藏。

李必恒诗选 1 卷　集部别集类

《江左十五子诗选》本。

按:《州志》本传云:"漫堂(宋荦)先生所选十五子,后皆名位通显。而李丈(必恒)独以诸生终,何其厄也。然诗律之精,才力之大,可久者,应让此人。"

施注苏诗 42 卷续补遗 2 卷　集部别集类

宋施元之撰　清邵长蘅、李必恒补注　《续补遗》清冯景注

(1)《古香斋袖珍十种》本。

(2)《四库全书》本。

(3)《摛藻堂四库全书荟要》本。

青莲阁拟表　集部总集类　佚

清李必豫、李必恒辑

见道光《续增高邮州志》第六册。

二分明月词 1 卷　集部词曲类

见《全清词钞》。

按:《高邮耆旧诗存》二册收其诗 10 首。《淮海英灵集》戊集卷 1、《江苏诗征》卷 93、《清诗铎》均收有其诗。

蒋　进(？—1721)

字纫园，号巽亭。清高邮人。康熙四十五年(1706)进士，授阜城知县。生而颖异，读书过目不忘，文名噪江南北。每试卷出，人争手一编，转相仿效。为诸生 20 余年始联捷南宫。选县令，以旧疾未任。家居仍集生徒商榷古今。六十年卒于家。为人孝友惇笃，交朋友肝胆相照，居乡耿介，绝不以私事干人。

四书文稿　经部四书类　佚

见嘉庆《高邮州志》卷 10 上本传。

罗曰珩

字玉行。清高邮人。登瀛子，克念父。廪生。其弟曰琪，字东圃，廪生。弟兄少承家学，文行交修，并有声淮海间，门弟子甚众。与李必恒为性命交。尝共选《诗义鼎颐集》行世。必恒有诗云："校雠丹铅密，流传纸价腾。"即谓此也。

诗义鼎颐集　集部总集类　佚

清李必恒、罗曰珩、罗曰琪辑

见嘉庆《高邮州志》卷 10 上本传。

按:《高邮耆旧诗存》二册收其诗 1 首。

罗曰琪

字东圃。清高邮人。登瀛子，曰珩弟。与李必恒为至交。

诗义鼎颐集　集部总集类　佚

清李必恒、罗曰珩、罗曰琪辑

见嘉庆《高邮州志》卷10上罗曰珩传。

按：《高邮耆旧诗存》二册收其诗1首。

王曾祜(1666—1722)

字西眷。清高邮人。式耜子。邑廪生。为人抱才守拙，嗜读书。自秦汉以下凡古文大家，皆手录成帙。居常与其弟曾禄商讨文事至于忘寝。文章耻随流俗，气骨高古。屡困场屋，年57卒。

书经文稿　经部尚书类　佚

四书文稿　经部四书类　佚

以上2种见嘉庆《高邮州志》卷10上本传。

贾国维

字莫坤，号千仞。清高邮人。良璧次子。早岁博通经史，工诗古文辞，善书法。康熙三十五年(1696)顺天举人。四十二年圣祖南巡，献诗赋，取入内廷供职。四十五年殿试登一甲三名探花，授编修，与修《康熙字典》《佩文韵府》诸书，考核详明。在内廷供奉10余年。归休后养亲教子，与兄弟友爱相依。晚年更留心淮扬水利，探源竟委，纂辑成书。年64卒。

毅庵诗钞　集部别集类　佚

见嘉庆《高邮州志》卷11。

按：道光《续增高邮州志》第六册作《戏彩堂诗集》，或为一书。又，《江苏诗征》卷112收有其诗。

孙濩孙(1668—1738)

字遂人，号沛村。清高邮人。宗彝孙，弓安子。8岁能文章，13岁游庠，有神童之称。宗彝讼系郡省狱，濩孙以幼稚奔诉，并随侍缧绁，于经义剖析精微。宗彝爱其英敏，字以遂人，谓其能继祖志。濩孙科场不利，雍正二年(1724)始与子同榜中举。七年，奉世宗特命以中书管司经局正字，十二年引见，寻升刑部浙江司主事。为官勤慎，多所平反。乾隆间，以疾休致归里，多行义举，施惠乡里。

檀弓论文 2 卷　经部礼记类

清康熙六十一年(1722)天心阁精刻本，南京图书馆藏。《贩书偶记续编》附录著录。

按:此书见《四库全书总目》礼记类存目 2，并谓濩孙为雍正八年进士。

是政堂文抄 6 卷　集部别集类

清乾隆二年(1737)刻本，上海图书馆藏。

华国编赋选 5 卷　集部总集类

清雍正十一年刻本，上海图书馆藏。

华国编文选 8 卷　集部总集类

清乾隆高邮孙氏天心阁刻本，复旦大学图书馆藏。

古赋选　集部总集类　佚

唐赋选　集部总集类　佚

以上 2 种见嘉庆《高邮州志》卷 10 上本传，疑即上列《赋选》《文选》之属。

按:《广陵思古编》卷 18 收其文 1 篇。《淮海英灵集》乙集卷 1 收有其诗。

又按:生卒年据姜亮夫《历代人物年里碑传综表》。《明清江苏文人年表》谓康熙三年生。

沈文尌

清高邮人。奕琛孙。太学生。以孙业富官赠承德郎、翰林院编修，晋赠朝议大夫、太平府知府。

四礼守约　史部政书类　佚

清沈文尌辑

见民国《三续高邮州志》卷 6。

按：此书列入《清代禁书总目》。批语云："此书成于康熙五十四年(1715)，所论皆民间冠婚丧祭之礼，取其繁简适中者，大抵本朱子《家礼》而变通之，尚无干碍，应请毋庸销毁。惟内有吕留良语一条，仍应删毁。"此处将作者误作平湖人，他处则改作高邮人。

任立己(? —1722)

字卓尔，号豫庵。清高邮人。基振祖。康熙五十九年(1720)举人。性聪慧，幼苦贫，尝读书僧舍，夜就佛前灯读书达旦，遂工制举业，为名诸生。益致力诗古文辞，留心经济，于农田水利，讲之尤精。后托迹宾幕，监司郡佐之专事河工者皆师礼之。中举后母病，不欲会试，母强之行。试已闻讣，奔丧哀毁病归。逾年卒。

三十六湖草堂全集　集部别集类　佚

借树草堂诗文钞　集部别集类　佚

以上2种见嘉庆《高邮州志》卷11。

按：《高邮耆旧诗存》别册收其诗3首。

王曾禄(1672—1743)

字西受，号古堂。清高邮人。式耜次子，安国父。性孝友。幼承家训，博通典籍。游庠后，试辄冠军。雍正元年(1723)拔贡。精研四子书，为一时名儒。教授百余人，无不心悦诚服。著述等身，乡闱屡试不遇。后以子贵，诰封光禄大夫。

(雍正)高邮州志12卷　史部地理类

清张德盛修　王曾禄、张梦鲤纂

(1) 清雍正二年刻本，南京图书馆藏。

(2) 2015年广陵书社《扬州文库》本。

茅之前

清高邮人。俊父。读书自好。

柳溪诗隅　集部别集类　佚

见道光《续增高邮州志》六册、同治《续纂扬州府志》卷22。

张梦鲤

字汲三，号琴高。清高邮人。埏裔孙。雍正十二年(1734)岁贡生。少颖慧，工诗文，书画绝佳。应聘纂修州志，最称详治。教授乡里，弟子半庠序中。

(雍正)高邮州志12卷　史部地理类

清张德盛修　王曾禄、张梦鲤纂

(1) 清雍正二年刻本，南京图书馆藏。

(2) 2015年广陵书社《扬州文库》本。

孙绍闻

字又月。清高邮人，一说兴化人。康熙六十年(1721)岁贡生。生平博览群书，丹铅点校数十种，而钩玄提要尤在《左传》。为文力法先正。教授生徒甚众。晚年精医术。自《灵枢》《素问》无不穿穴贯串，吸取精微。所治症多以意会，无不立愈。

十二经络分解　子部医家类　佚

见民国《三续高邮州志》卷6。

郑又谷

清高邮人。

漫游集　集部别集类　佚

见民国《三续高邮州志》卷6。

按:《高邮耆旧诗存》二册收其诗1首。

姜　璟

清高邮人。

陇上吟　集部别集类　佚

见《高邮耆旧诗存》二册目录、光绪《再续高邮州志》卷6。

续　缙

字雁峰。清高邮人。相文父。由庠生充武英殿誊录，授广东高要县禄步司巡检。善书工诗，为文疏宕有奇气。郑燮序其集，谓有《三百篇》遗意。以子官，封文林郎、通渭县知县。

绿云红雨山房诗词　集部别集类　佚

见光绪《再续高邮州志》卷6。

按:《高邮耆旧诗存》初册收其诗1首。

贾　珩(1684—1703)

字玉行，号东瀛。清高邮人。其音子。幼颖异，过目成诵。10岁时为诗文卓然成家，书法极工妙。康熙三十八年(1699)中举，年仅16岁。四十二年赴礼闱，膺本房首荐，因额满未售，归里数月，以疾卒。高才博学早逝，论者惜之。

公车草　集部别集类　佚

见道光《续增高邮州志》六册。

异梦记(传奇文)　集部词曲类

见《高邮耆旧诗存》附册。

按:贾珩卒年，据嘉庆《高邮州志》卷10上本传作康熙四十二年，并云:"年仅二十。"另据《明清江苏文人年表》引《高邮耆旧诗存》则作康熙五十八年，应年36岁。疑《年表》误。又，《耆旧诗存》别册收其诗4首。《江苏诗征》卷112收有其诗。

李基简(1686—?)

字雍南，号雪邻。清高邮人。必恒子。天性敦笃木讷，蹇言辞而善属文。家故饶，后中落。基简不问生计，日取先世藏书读之。手录蝇头细字高2尺许，名曰《巾箱胜录》。乾隆三年(1738)，年53始举于乡。忽病偏枯，后渐痊可，复理旧业，尤肆力于诗。作字用左手，犹摘抄《宋史》300余页。州官温必联延请掌教书院，多所造就。暇则与里中俊才拈题角艺无虚日。

巾箱胜录　子部杂学类　佚

见同治《续纂扬州府志》卷22。

瓮室集　集部别集类　佚

见嘉庆《高邮州志》卷11。

雪邻诗　集部别集类　佚

见光绪《再续高邮州志》卷6。

按:《高邮耆旧诗存》别册收其诗8首。《淮海英灵集》戊集卷1、《江苏诗征》卷93收有其诗。

李士歎

字九方。清高邮人。春芳七世孙，日炳子。乾隆十四年(1749)岁贡生。嗜学工诗文。弟基鸿康熙五十二年(1713)举人，令古田、新昌。士歎参治略，综核严明。年80卒。

鸣盛诗集　集部别集类　佚

漱金亭诗集　集部别集类　佚

以上2种见嘉庆《高邮州志》卷10本传。

按:《高邮耆旧诗存》初册收其诗1首。

夏廷英(1690—1736)

字祁阶，号伊园。清高邮人。绵祚三子。邑增生。少与王安国友善。家贫，授徒供母。同怀弟之蓉、廷芝两太史皆所成就。西林鄂相国以诗文时艺试士扬郡，得英卷，惊为独绝，即冠其曹。江都郭长源邀入文社，一时名播邗上。后游京师，名公卿争以礼交，方望溪尤加器重。性孤介，不谐于俗。著述甚丰，尤工于诗。

伊园诗存不分卷　集部别集类

清刻本，国家图书馆藏。

按：《淮海英灵集》丙集卷2、《江苏诗征》卷147收有其诗。

夏之芳(1690—1747)

字荔园，号筠庄。清高邮人。绵祚次子，杏春父。雍正元年(1723)恩科会魁，充内廷教习。三年授翰林院编修，五年巡视台湾。乾隆元年(1736)迁河南道御史，为诖误人员昭雪数百案。归田后，别购一宅，迎养母亲。第5人相继从学，先后入词垣者2人。生平枕图馈史，学综古今。卒年58。

禹贡汇览4卷　经部尚书类

(1) 清乾隆十二年积翠轩精刻本，南京图书馆藏。

(2)《四库未收书辑刊》本。

按：参见《续修四库全书提要》。

汉名臣言行录12卷　史部传记类

(1) 清乾隆十七年积翠轩刻本，南京图书馆藏。

(2)《稀见清代四部辑刊》本。

奏议稿略(一作奏疏稿略)1卷　史部政书类

(1) 清乾隆二十二年向日堂刻本，上海图书馆藏。

(2)《稀见清代四部辑刊》本。

东宁杂咏1卷台阳纪游百韵1卷　集部别集类

清刻本，南京图书馆藏。

西游小稿1卷　集部别集类

清光绪刻本，中国科学院图书馆藏。

海天玉尺编　集部别集类

清雍正刻本，国家图书馆藏。

按：《淮海英灵集》丙集卷2、《江苏诗征》卷147收有其诗。

孙　谷(1692—1737)

字雨田,号祈园。清高邮人。濩孙长子,仝郊父。年17游庠,旋食官饩。孝友姻睦,乡党无间言。雍正五年(1727)举贤良方正,八年奉旨试用江西,补南康县知县,免除差役,平反冤狱。升署赣州府同知,清厘漕弊,凡不便于民者,勒石为禁。其后以事去官,旋即昭雪,奉旨复秩。以病归,卒于家。

长啸斋诗2卷　集部别集类

原刻本,南京图书馆藏。

长啸斋诗集1卷又1卷又1卷　集部别集类

(1) 清乾隆间精刻本,国家图书馆藏。《贩书偶记》著录,并称:后两卷分别为谷子仝郊、仝庶所撰。

(2)《清代诗文集汇编》本。

(3) 2015年广陵书社《扬州文库》本。

按:《淮海英灵集》乙集卷1收有其诗。

沈之亮(1692—1748)

字咨采。清高邮人。章学诚为撰墓志。

雪月生涯集　集部别集类　佚

见《江苏诗征》卷120。

王安国(1694—1757)

字书城,号春圃。清高邮人。曾禄子,念孙父。7岁受经传,10岁能属文,潜心程朱之学。康熙五十六年(1717)举人,雍正二年(1724)以一甲第二人及第,授翰林院编修。充《大清一统志》纂修、八旗志书馆纂修。十年,典试福建,得人甚众。历国子司业、翰林侍讲、学政、侍读学士、左副都御史、刑部右侍郎、左都御史、巡抚、兵部尚书、礼部尚书。在部10年,纂成《通礼》一书。乾隆二十年(1755)迁吏部尚书,后以疾乞解任。安国起家贫寒，由巡抚入为尚书，衣食器用，不改于旧。晏居退食，仍如老诸生。专以经学训子孙，不杂世事。二十二年卒，谥文肃。《清史稿》有传。

钦定大清通礼 50 卷　史部政书类

清代官书乾隆元年奉敕撰　王安国参修

(1) 清乾隆二十一年内府刻本，南京图书馆藏。

(2) 清嘉庆二十三年(1818)内府刻本，南京图书馆藏。

王文肃公诗集不分卷　集部别集类

民国严瀛蓬抄本，国家图书馆藏。

王文肃公遗文 1 卷　集部别集类

清王安国撰　其孙敬之编

(1) 清道光二十一年(1841)刻本，国家图书馆藏。

(2)《高邮王氏家集》本。

(3) 2015 年广陵书社《扬州文库》本。

王文肃公遗文 1 卷补遗 1 卷　集部别集类

(1)《高邮王氏遗书》本。

(2)《清代诗文集汇编》本。

王文肃公遗文三种　集部别集类

清刻本，清华大学图书馆藏。

月永堂文集　集部别集类

见光绪《再续高邮州志》卷 6。

按:《广陵思古编》卷 19 收其文 6 篇。《淮海英灵集》丁集卷 2、《江苏诗征》卷 50 收有其诗。

宋鸿儒

字惺中，号椒园。清高邮人。李基简外弟。诸生。貌清癯而意淡远。兴化李光国称为逸情秀骨，天生诗品。晚岁村居，境益困。殁后，贾田祖吊之，有“破屋著荒棺”之句，盖为诗人之最穷者。

东村集　集部别集类　佚

见民国《三续高邮州志》卷 6。

椒园诗　集部别集类　佚

见光绪《再续高邮州志》卷 6。

宋鸿儒诗选 1 卷　集部别集类

宋国光选

(1)《甓湖联吟集》本。

(2) 2015 年广陵书社《扬州文库》本。

按:据民国《志》书目注:《东村集》为全集,《椒园诗》为选本。

孙　中(1696—1724)

字蕤田,号靖堂。清高邮人。濩孙次子,仝辙、仝敞父。10 岁熟诵四书五经。出嗣叔见青为后,嗣父早故,侍养嗣祖,得其欢心。祖殁,姑母尽夺其家产以去,中曰:"吾知为人后而已,非以为利也。"家贫,冬无完衣,寒冷时跳踊朗诵未尝废业。或闵其贫赠以金,不受,大书"生于忧患"四字粘于座右。雍正元年(1723)春与父同举于乡,闱墨传播士林。后应礼部试,卒于京都。

天心阁吟草　集部别集类　佚

见嘉庆《高邮州志》卷 10 上本传。

靖堂存稿　集部别集类　佚

见嘉庆《高邮州志》卷 11。

按:《淮海英灵集》乙集卷 1 收有其诗。

夏之蓉(1697—1784)

字芙裳,号醴谷,晚号半舫老人。清高邮人。绵祚四子。性孝友。雍正四年(1726)与弟廷芝同举于乡,官盐城教谕。十一年又同成进士。乾隆元年(1736)召试博学鸿词,授翰林院检讨,充福建乡试正考官,提督广东、湖南学政。弱冠受业于王曾禄。通经史,善诗文。博辨精断,与天台齐召南齐名，朱轼、方苞皆倚重之。十八年归里后，主讲金陵钟山、淮安丽正书院。盛名耆德为海内所敬仰。《清史稿》有传。其孙味堂辑《夏检讨公年谱》1卷。

诸经考辨20卷　经部群经总义类　佚

见嘉庆《高邮州志》卷11。未刻。

廿二史提要录12卷　史部史评类

(1) 清道光二年(1822)刻本，南京图书馆藏。

(2) 一名《廿二史精华录》，清光绪二十八年(1902)石印本。

读史提要录12卷　史部史评类

(1) 清乾隆三十七年精刻本，南京图书馆藏。

(2)《四库未收书辑刊》本。

按：参见《续修四库全书提要》。

尚史70卷　史部别史类

清李锴撰　夏之蓉募刊

清乾隆三十八年悦道楼刻本，北京师范大学图书馆藏。

按：之蓉募刊，见《广陵思古编》卷20本传。此书为上古至秦纪传体史书，《四库全书总目》别史类作107卷。《郑堂读书记》卷18作70卷。

诸史考辨20卷　史部史评类　佚

见嘉庆《高邮州志》卷11。未刻。

汉名臣言行录12卷六朝名臣言行录唐名臣言行录　史部传记类　佚

见嘉庆《重修扬州府志》卷62。

检讨公年谱1卷　史部传记类

清乾隆刻本，吉林大学图书馆藏。

(乾隆)(江苏)直隶通州志22卷　史部地理类

清王继祖修　夏之蓉等纂

清乾隆二十年刻本，南京图书馆藏。

(乾隆)高邮州志12卷首1卷末1卷　史部地理类

清杨宜仑修　夏之蓉、沈之本纂

清乾隆四十八年刻本，南京图书馆藏。

扬州府故事　史部地理类　佚

见民国《三续高邮州志》卷6。

半舫斋偶存(一作半舫斋偶辑)4卷　子部周秦诸子类

清乾隆三十八年刻本，华东师范大学图书馆藏。

沈云英传1卷　子部小说类

《旧小说》本。

杂抄不分卷　子部杂学类

抄本，国家图书馆藏。

昏说1卷　子部杂学类

师说1卷　子部杂学类

以上2种有《汉学堂知足斋丛书》本。

半舫斋编年诗20卷古文8卷　集部别集类

(1) 清乾隆三十六年侯学诗精刻本，中国社会科学院文学研究所藏。

(2)《四库未收书辑刊》本。

(3)《清代诗文集汇编》本。

(4) 2015年广陵书社《扬州文库》本。

半舫斋编年诗钞20卷　集部别集类

清光绪十一年玄孙子猷重刻本，南京图书馆藏。

驰征集3卷　集部别集类

清乾隆十五年精刻本，浙江图书馆藏。

历科房考酌雅集不分卷　集部总集类

清乾隆三十三年三多斋刻本，吉林大学图书馆藏。

按：嘉庆《高邮州志》卷11作《纪行诗》4卷。《广陵思古编》卷20本传作《骁征集》4卷。

又按：《广陵思古编》本传云："其选订制义如《证是编》《慎道编》《酌

雅集》《兴艺录》《汲古编》《正味集》，皆风行海内。”

又按：《广陵思古编》卷20收其文3篇，《国朝文汇》甲集卷60收其文6篇。《淮海英灵集》丙集卷2、《江苏诗征》卷147、《清诗铎》收有其诗。

陈敬廷

清高邮人。

午亭河集1卷　集部别集类

《高邮陈氏诗抄》本，见《中国丛书综录补编》。

孙同严

清高邮人。

刍荛四说　子部杂学类　佚

见民国《三续高邮州志》卷6。

茅　俊(？—1765)

字心友，号灼亭。清高邮人。幼即英敏，6岁属对如流。家故贫，随父课读三圣庵。每将卧，父口授古文数十行，诘旦背诵不遗一字。年20补弟子贡。雍正七年(1729)拔贡。十一年补朝考列一等二名。相国鄂尔泰延主西席20年，出其门者多历显爵。才名噪都下，馆阁诸公多与之交。晚年家益贫。乾隆三十年(1765)选清河教谕，将之任，病旬日卒。生平慷慨磊落，有至性。为文顷刻千言，诗亦豪宕不羁，随手辄弃去。

玉笛楼四书文钞　经部四书类　佚

见嘉庆《高邮州志》卷10上本传。

玉笛楼诗文钞　集部别集类　佚

见道光《续增高邮州志》六册。

按：《高邮耆旧诗存》初册收其诗5首，二册收1首。

龙首春

字旭阳。清高邮人。诸生。家贫守洁，司邑中同善会事数十年，济困阐幽，不苟不倦。

邑中闻见录　史部杂史类　佚

见民国《三续高邮州志》卷6。

夏廷芝

字茹紫，号啸门。清高邮人。绵祚五子。雍正四年(1726)与兄之蓉同举于乡，十一年又同成进士。入庶常，侍直武英殿，充《一统志》纂修官，寻授编修。乾隆六年(1741)典试陕西，次年，充会试同考官。九年，擢侍讲，督学山西3年，士风大变。十一年，移湖北学政。因所属万全、安邑教职不能禁约士子，降级归里。廷芝少攻苦力学，与诸兄从学王曾禄。后王安国卒于京邸，其子念孙方幼，廷芝令受业于门，勤心训迪，俾底有成，时人谓其有古风。生平刚毅明决，多才博学，馆阁中疑义悉赖剖证。卒年63。

周易纂注　经部易类　佚

见民国《三续高邮州志》卷6。

河图精蕴　经部谶纬类　佚

见嘉庆《高邮州志》卷11。

按：《淮海英灵集》丙集卷2、《江苏诗征》卷147收有其诗。

李绵基

字飏园。清高邮人。乔玄孙，栻孙。邑廪生，事两继母以孝闻。素有文誉，岁科试常前列。家贫嗜学，好网罗散佚，手录经史及采摘诸说部事，寒暑不辍，几50年。尤喜《左传》，荟萃诸家评说，自成一帙，名为《左纬》，未及付梓，赍志以殁。

左纬　经部春秋左传类　佚

见嘉庆《高邮州志》卷10上李栻传附。

补正春秋世族谱　经部春秋总义类　佚

见民国《三续高邮州志》卷6。

龙　鲲

字图南，号天池，晚更号栎亭。清高邮人。少习举子业，长而弃去。工诗善画，尤力摹右军书法，数十年不辍，晚臻精熟。其子式熙善书，曾孙云龙精绘事，能传其业。

只可集　集部别集类　佚

见嘉庆《高邮州志》卷10下本传、光绪《再续高邮州志》卷6。

按:《高邮耆旧诗存》初册收其诗1首。

宋　异

字人龙。清高邮人。精篆隶，工铁笔。游历燕赵江淮间，士大夫印多出其手。所治印古秀绝伦，能于程邃、雪渔诸家外别开生面。好古者得其片石，珍若拱璧。

意园印谱1卷　子部艺术类　佚

见嘉庆《高邮州志》卷10下本传。

李　超

清高邮人。

李万侯集　集部别集类　佚

见道光《续增高邮州志》六册。

按:《高邮耆旧诗存》初册收其诗6首。

罗克昌

字钟岐，一字皋言。清高邮人。祖登瀛，父曰琪，俱廪生。克昌性颖悟，雍正八年(1730)进士。任山东费县知县，调文登、荣成、益都等县,兴利除弊,不遗余力。升四川涪州知州。乾隆十八年(1753)调汉州,寻升绵州直隶知州,二十二年兼署重庆府知府。克昌素有文名,服官20余载,以廉隅自励,橐无余资。后因政务殷繁,以劳瘁致疾,年61卒。

(雍正)山东通志36卷　史部地理类

清岳浚、法敏修　杜诏、顾瀛、罗克昌等纂

(1) 清雍正七年修,乾隆元年印本,南京图书馆藏。

(2)《四库全书》本。

(3) 清道光十七年(1837)补刻本,南京图书馆藏。

按:罗为荣成县令时与纂此《志》。

罗克念

字睿思。清高邮人。登瀛孙,曰珩子。未周岁失怙,奉母训读书,及长益力。雍正十三年(1735)拔贡,名噪一时。从游者多掇巍科,而克念屡荐不售。后选祁门县教谕,以老疾辞,卒于家。

伴砚吟　集部别集类　佚

哑聋吟　集部别集类　佚

以上2种见光绪《再续高邮州志》卷6。

按:《高邮耆旧诗存》初册收其诗2首。

翟绍衣

清高邮人。郡庠生。精医学,善治奇症。论者以为袁班(体庵)后一人而已。

医门格物论　子部医家类　佚

见嘉庆《高邮州志》卷10下本传。

沈　雅

字天高,号云洲。清高邮人。性孝友。乾隆二年(1737)进士。十一年选授山东海阳县知县。岁饥,借粮赈济贫户6000余家。十二年入闱充同考官,所得多知名士。十三年以足疾告归。雅为人沉稳醇厚,而语多耿直,常面折人过,人亦不憾。于书无所不读,为文不事雕琢,而纵横如意,后进以为宗法。

脱粟集1卷　集部别集类　佚

见嘉庆《高邮州志》卷11。

按:《淮海英灵集》丁集卷2、《江苏诗征》卷121收有其诗。

沈均安

字际可,号朗斋。清高邮人。文崧孙。中乾隆六年(1741)顺天乡试副车,选江西安义县丞。历任浮梁、赣县知县10余年,擢吉安府莲花厅同知,捐俸助修学宫,以振兴文教为先。后署饶州、抚州、袁州各府篆。所至有政声。丁母忧,服阕,遂卒。生平喜翰墨,能诗,书法深入唐人之室,后饶晋人风味,片楮人皆珍宝之。

(乾隆)赣县志34卷首1卷　史部地理类

清沈均安修　黄世成、冯渠纂

清乾隆二十一年刻本,南京图书馆藏。

孙乔年(?—1765)

字宝田。清高邮人。濩孙四子。性至孝,8岁能文章,诵经史必求甚解。应京兆试见摈,考职授主簿,不就。授徒汜水,学益笃。乾隆三十年(1765)复应京兆试,卒于途。

尚书古文证疑4卷　经部尚书类

(1) 清嘉庆十五年(1810)天心阁刻本,南京图书馆藏。

(2)《四库未收书辑刊》本。

禹贡释古1卷附文集摘刻1卷　经部尚书类

(1) 清道光五年(1825)天心阁刻本,北京大学图书馆藏。

(2)《四库未收书辑刊》本。

按：所附《文集摘刻》收录《大学补传论》《读南北史》两文。嘉庆《州志》卷 10 本传谓任启运评《大学补传论》为“《大学》功臣”。

孙氏七经读法无卷数　经部群经总义类

(1) 清道光五年天心阁刻本，南京图书馆藏。

(2)《四库未收书辑刊》本。

(3) 2015 年广陵书社《扬州文库》本。

按：内收《易》《书》《诗》《礼记》《论语》《孟子》《春秋》七部经书的读法。末附其子仝年《行传摘录》，记其父主要事迹。所记本书刊刻情况道：“复涉大江至金陵授梓。当徒步登山，扁舟冒险，严非不自惜，不如是不克刊矣。缘工价较各邑仅十之五耳。”可见自费刻书之不易，亦可见当时金陵刻书在工价上之优势。

五经合解 20 卷　经部群经总义类　佚

见嘉庆《高邮州志》卷 10 本传，谓“稿藏于家”。

华国编文选 8 卷　集部总集类

清孙濩孙选辑　孙乔年增辑

清乾隆二十四年高邮孙氏刻本，北京大学图书馆等藏。

按：《高邮耆旧诗存》二册收其诗 4 首。

陈廷继

清高邮人。

世德堂遗稿 1 卷　集部别集类

《高邮陈氏诗抄》本，见《中国丛书综录补编》。

陈廷愫

清高邮人。

梅庄诗集 1 卷　集部别集类

《高邮陈氏诗抄》本，见《中国丛书综录补编》。

吴　谷

清高邮人。钟奇次子。钟奇精于幼科，考授太医院吏目。谷幼习父业，多所著述。其子令尹，孙四人，并以幼科名世。

痘疹心书　子部医家类　佚

见嘉庆《高邮州志》卷10下《吴钟奇传》附。

陈兆兰

字香谷，号畹园。清高邮人。京子。乾隆三年(1738)举人。性谦谨。屡上春官不第，遂肆力诗歌。与弟桂及同邑宋鸿儒、沈均、李贡、贾田祖、沈绮等结社联吟，时称"甓湖七子"。与李基简同年中举，仍退处弟子之列，其服膺风雅如此。

相櫯集　集部别集类　佚

见民国《三续高邮州志》卷4本传。

陈兆兰诗选1卷　集部别集类

(1)《甓湖联吟集》本。

(2) 2015年广陵书社《扬州文库》本。

陈　桂

字腾芳，号沛舟。清高邮人。兆兰弟。乾隆十八年(1753)拔贡。博综群书，邃于经学。性率真，不事修饰，诗格亦坦夷恺直，兴化李定斋(光国)以为中声之所止。

问樵集　集部别集类　佚

见民国《三续高邮州志》卷4《陈兆兰传》附。

陈桂诗选1卷　集部别集类

(1)《甓湖联吟集》本。

(2) 2015年广陵书社《扬州文库》本。

刘永和

字豫堂。清高邮人。性至孝。喜读书，于经史子集诸书无不窥。家贫，每向亲友借阅，寒暑风雨抄录无间。品端介，不滥交，以士行自励。里党咸推为笃实君子。

豫堂诗集　集部别集类　佚

见光绪《再续高邮州志》卷6。

书翼堂改存稿1卷　集部别集类

(1) 清碧虚斋抄本《高邮四家诗钞》本，南京图书馆藏。

(2) 2015年广陵书社《扬州文库》本。

十九首辑解　集部总集类　佚

见嘉庆《高邮州志》卷10上本传。

按：《高邮耆旧诗存》初册收其诗2首，《淮海英灵集》乙集卷3收有其诗。

陈　骐

字缮六，号金城。清高邮人。杰孙。幼孤，嗜学，覃思精研，一字必抉其根柢。与之言，不谙世情。与析经传疑义，则闭目摇首如水赴壑。以名诸生食饩，屡试不第，遂淡泊功名。生平敦品自爱，从游者数十人皆心悦诚服，各底于成。乾隆十七年(1752)膺岁荐，益肆力于古，手不停披。

四书解义筌　经部四书类　佚

小题筌　集部别集类　佚

明文筌　集部别集类　佚

以上3种见嘉庆《高邮州志》卷10上本传。

吴　铉

字粟凫。清高邮人。世杰孙，遇登子。增广生。父喜施予，父殁，铉踵行不怠。管学田事6年，秉公勤慎。后以外孙王引之官，赠文林郎、翰林院编修。

自勉斋诗集　集部别集类　佚

见嘉庆《高邮州志》卷10本传。

张龙光

字在田。清高邮人。邑廪生。性诚谨，师濂洛关闽之学。居家孝友，为人纯笃。

批订左传　经部春秋左传类　佚

批订国语　史部杂史类　佚

批订朱子年谱　史部传记类　佚

以上3种见嘉庆《高邮州志》卷10上本传。

沈　均

清高邮人。

韬霞集　集部别集类　佚

见民国《三续高邮州志》卷6。

沈之本(1713—1791)

字曾培，号树原。清高邮人。岱孙，业舒父。乾隆九年(1744)举于乡。授徒江淮南北，从学者多掇高第。大挑知县，分发福建邵武，政绩甚著。三十三年、三十五年分校乡闱。嗣权邵武府同知。革除漕弊，宪司重其能。后以事罢归，与检讨夏之蓉纂修州志，士林洽服。

易经要览　经部易类　佚

春秋合传　经部春秋总义类　佚

以上2种见嘉庆《高邮州志》卷10上本传。

(乾隆)高邮州志12卷首1卷末1卷　史部地理类

清杨宜仑修　夏之蓉、沈之本纂

清乾隆四十八年刻本，南京图书馆藏。

（嘉庆）高邮州志12卷首1卷　史部地理类

清杨宜仑修　夏之蓉、沈之本纂　冯馨增修

（1）清乾隆四十八年刻嘉庆十八年（1813）增刻本，南京图书馆藏。

（2）清道光二十五年（1845）刻本，南京图书馆藏。

（3）《中国地方志集成》本。

（4）2015年广陵书社《扬州文库》本。

格致纪原　子部典故类　佚

曙园文集　集部别集类　佚

以上2种见嘉庆《高邮州志》卷10上本传。

贾田祖（1714—1777）

字礼耕，号稻孙。清高邮人。兆凤子。乾隆时廪生。好学，多所瞻涉。喜《左氏春秋》，未尝去手，旁行斜上，朱墨烂然。著作凡3000余篇，清雄博奥，见者惊为奇才。性耿直，与同邑李惇、王念孙及从弟成祖友，皆善饮。酒酣，田祖辄钩析经疑，间以歌诗，往牒旧闻，泛演旁出，雅噱风生。《清史稿》有传。

春秋左氏通解　经部春秋左传类　佚

见《清史稿》本传。

稻孙诗集4卷　集部别集类

（1）清乾隆四十九年（1784）刻本，南京图书馆藏。

（2）《清代诗文集汇编》本。

（3）2015年广陵书社《扬州文库》本。

容瓠轩诗钞4卷　集部别集类

清乾隆间刻本，国家图书馆藏。

礼耕存稿1卷　集部别集类

（1）清碧虚斋抄本《高邮四家诗钞》本，南京图书馆藏。

(2) 2015年广陵书社《扬州文库》本。

按:《淮海英灵集》戊集卷3、《江苏诗征》卷112收有其诗。

李 贡

字格非,号荆门。清高邮人。基简子。郡增生。自其曾祖震、祖必恒至贡,有"四世诗人"之目。兴化李光国(定斋)称其诗抒写性情,能令人无端歌哭。家至贫,常佣书以供母。侍讲夏廷芝督学山西时,曾聘致幕下,其他皆不屑往也。

荆门诗选1卷 集部别集类

(1)《甓湖联吟集》本。

(2) 2015年广陵书社《扬州文库》本。

荆门存稿 集部别集类 佚

见嘉庆《高邮州志》卷11。

默存斋集 集部别集类 佚

见民国《三续高邮州志》卷4本传。

按:《淮海英灵集》戊集卷1、《江苏诗征》卷95收其诗。

孙枝秀

字培之。清高邮人。洪子。庠生。年11游庠,有神童之称。性至孝,父殁,棺殡在堂,邻家失火已及庐,枝秀哀号伏棺上,誓与俱烬。须臾风反火灭。

诗经讲义 经部诗经类 佚

见嘉庆《高邮州志》卷10上本传。

陈廷宸

清高邮人。

北上信口吟1卷 集部别集类

《高邮陈氏诗抄》本,见《中国丛书综录补编》。

陈廷统

清高邮人。

桑干集 1 卷　集部别集类

《高邮陈氏诗抄》本,见《中国丛书综录补编》。

金景福

清高邮人。

应星堂诗稿　集部别集类　佚

见光绪《再续高邮州志》卷 6。

按:《高邮耆旧诗存》初册收其诗 1 首。

孙仝郊

字两疏,号潮生。清高邮人。谷长子。少随父任,综理精明。父殁后,无越宿粮。襆被走千里,有所得即以养母及弟。为文宗先正,诗取法汉魏。以诸生终,年仅 30 余。

孙仝郊诗 1 卷　集部别集类

清乾隆间刊《长啸斋诗集》附刻本,国家图书馆藏。

按:《高邮耆旧诗存》二册收其诗 1 首。《淮海英灵集》乙集卷 1 收有其诗。

任基兴

字云起,号谨斋。清高邮人。基振兄。邑廪生。事母孝,兄弟和睦。工于文,造就生徒甚多。

同怀诗草　集部别集类　佚

谨斋文稿　集部别集类　佚

以上 2 种见民国《三续高邮州志》卷 4 本传。

姜述禹(1719—1780)

字龙门。清高邮人。廪贡生。父克用训蒙自给,以株连受诬,遣戍福建古田县。述禹入闽省亲,越2年,父命归应试,补弟子员。未几,父殁戍所,述禹再入闽,无力归榇,仅埋葬而返。越12年母没,免丧。食廪饩年已逾60,时闽中多寇兵,襆被独往,竟达古田,函骨归葬如礼。晚年以劳瘁卒。

南行杂咏　集部别集类　佚

见民国《三续高邮州志》卷6。

顾增光

字眷西。清高邮人。问父。性孝友,喜读书。泛滥经史百家,以词章著称。弟观光,字宾宇,尤工诗,兄弟相师友,每析疑辨难,彻夜不疲。刘石庵学使课士江左,郡邑举优行,扬属止增光一人。晚益潜心程朱之学。

江南领解录2卷　史部政书类　佚

诗稿　集部别集类　佚

以上2种见嘉庆《高邮州志》卷10本传、卷11。

按:《高邮耆旧诗存》初册收其诗1首。

任基振

字领从,号松斋。清高邮人。立己孙,凤翔子。乾隆三十四年(1769)进士,授职中书,三十六年升宗人府主政,以思母请假归。会丁艰,服除,补原职。四十五年,升吏部验封司员外,寻兼摄考功,充则例馆纂修。基振幼颖悟,自少至老手不释卷。学问渊博,寝图馈史,善画工书;性廉洁,为官十载,宦橐萧然。初,相国刘统勋延课子弟,相得甚欢。基振亲炙久,得所效法,故受人交口称誉。年60卒于京邸。

尔雅注疏笺补3卷　经部尔雅类

(1) 稿本，上海图书馆藏。

(2)《续修四库全书》本。

玉海订正　子部典故类　佚

松斋诗钞　集部别集类　佚

以上 2 种见光绪《再续高邮州志》卷 6。

按:《广陵思古编》卷 17 收其文 1 篇。《江苏诗征》卷 89 收有其诗。

孙仝辙(1720—?)

字次眉。清高邮人。中子。5 岁丧父，事母至孝。诵读勤苦，学有根柢，早负文誉。督学雷鋐以宋元明儒学术考校士，得辙卷，知其究心理学，以大儒许之。乾隆二十四年(1759)中举，与弟仝敞佐其外祖王懋竑编辑《朱子年谱》及《朱子文集注》。后为本邑珠湖书院长，正文体，励人品，成就甚众。

犹存集 4 卷　史部传记类

清孙仝辙、孙应科等辑

(1) 清道光十四年(1834)刻本，国家图书馆藏。

(2) 2015 年广陵书社《扬州文库》本。

怀古小草　集部别集类　佚

见《高邮耆旧诗存》别册目录后《书目》。道光《续增高邮州志》六册作《雷门怀古小草》。

按:《广陵思古编》卷 18 收其文 1 篇。

孙仝庶

字一鹤，号培庄。清高邮人。谷三子，仝郊弟。廪生。安贫嗜学。读书一目数行，作文操笔如飞，工文词。

孙仝庶诗 1 卷　集部别集类

清乾隆间刊《长啸斋诗集》附刻本，国家图书馆藏。

飞桂轩诗文集　集部别集类　佚

见嘉庆《高邮州志》卷11。

瓶室诗余　集部词曲类　佚

见民国《三续高邮州志》卷6。

按:《淮海英灵集》乙集卷1、《江苏诗征》卷30收有其诗。

孙仝敞(1721—1770)

字大尹,号体斋。清高邮人。中子,齐父。性淳朴,幼有神童之称。为文操笔立就,语辄惊人。乾隆二十四年(1759),与兄仝辙同榜以第一人中举,主司以其文为归有光、唐顺之以后所仅见者。与兄同佐外祖父王懋竑编辑《朱子年谱》及《朱子文集注》。任珠湖书院长,成就后学甚众。

体斋遗草　集部别集类　佚

见《高邮耆旧诗存》别册目录后附《书目》。

天心阁文集　集部别集类　佚

见道光《续增高邮州志》六册。

按:《天心阁文集》实为其父孙中所作。

夏元春

字调孟。清高邮人。廷英子。少入太学,每试辄冠其曹,名誉大振。素博览,尤工于诗。时伯父之芳及叔父之蓉、廷芝并列词垣,其业师周石帆赠有"凤池三管聚君家,小阮才高富五车"之句。自乾隆六年(1741)至二十四年,屡试不第,赍志而殁。

斐园诗钞　集部别集类　佚

见嘉庆《高邮州志》卷10本传。

按:《高邮耆旧诗存》初册收其诗2首。

景元基

字鸿绪,号镃湖。清高邮人。长春子。乾隆十五年(1750)举人。

幼聪敏，读书目数行下。10岁能文，乡先达皆器重之。年17补弟子员。学使张药斋赏其文，选入试牍。岁科试每列一等，名噪一时，六试礼闱不中。时同邑王安国官冢宰，为之扼腕。手录经史及汉魏唐宋诗古文辞，不下数尺许。年50卒。

葆址园诗集　集部别集类　佚

见嘉庆《高邮州志》卷10本传。

葆址园文集　集部别集类　佚

见民国《三续高邮州志》卷6。

爱吾庐唱和诗　集部总集类　佚

清景元基辑

见同治《续纂扬州府志》卷22。

夏晓春(1723—1779)

字南指，号鹤泉。清高邮人。之蓉子，味堂父。少颖敏。父典试八闽，督学楚粤时，皆从往佐理，学问益博洽。乾隆十五年(1750)举于乡。三十一年拣发山东，台司以国士相期待。掌教泺源书院，士林宗仰，有不远千里而受业者。三十五年知滋阳县。勤政爱民，多平反冤狱。振兴书院，考试公明，为学者推服。尝署篆曹邑、曲阜，疏泉溉田十数万顷。前后居官几十载，一以宽诚化民，既去，民愈思之。素豪于诗，工书法，东人得其片楮，珍若拱璧。三十九年，以父母年皆八旬，告养归。年57卒。

韵学辑要6卷　经部小学类　佚

见嘉庆《高邮州志》卷11。

鹤泉编年诗钞14卷　集部别集类

清嘉庆九年(1804)夏氏遂园刻本，南京图书馆藏。

按：嘉庆《高邮州志》卷10上本传云：“著有《鹤泉编年诗钞》24卷，既卒之二十五年，其子味堂刻其选钞诗14卷。”

鹤泉诗钞2卷　集部别集类

见嘉庆《重修扬州府志》卷62。

按:《淮海英灵集》丙集卷2、《江苏诗征》卷147收有其诗。

李　箘

清高邮人。

四书精义钞　经部四书类　佚

见道光《续增高邮州志》六册。

夏葆春

字淳夫。清高邮人。廷芝长子。乾隆十八年(1753)举人。性孝友,母早丧,事继母如生母。少颖悟,幼承家学,试必登前茅。随父视学山西,益肆力于诗古文词。早岁食饩邑庠,中举后,屡踬于公车。年42赍志以殁。

淳夫制艺　集部别集类　佚

双梧亭诗稿　集部别集类　佚

以上2种见嘉庆《高邮州志》卷10本传。

金　润

字萼亭。清高邮人。乾隆四十二年(1777)举人。家贫,内行醇笃。攻苦力学,游庠食饩已及壮年,50外始举于乡。诗文深挚无俗艳,闭户教授自给。从游者数十人皆有成就,学者宗之。

萼亭诗文稿　集部别集类　佚

见嘉庆《高邮州志》卷10本传。

沈　锜

字于湘,号铁崖。清高邮人。雅子。乾隆三十四年(1769)岁贡。4岁失母,父宦游。后母殁,抚异母弟铎、钰甚厚。为文才雄质厚,洞悉古今人物事迹隐奥,发为诗歌,有不可控勒之势。

铁崖诗集　集部别集类　佚

见光绪《再续高邮州志》卷6。

无能子集　集部别集类　佚

见民国《三续高邮州志》卷4本传。

按:民国《州志》卷6注,《铁崖诗》选本,《无能子集》全集。

贾成祖

字肇先,号晓楼。清高邮人。斑子,栋父。乾隆三十八年(1773)岁贡。少孤,事母孝。试辄冠其曹,南北闱屡试不售。积学深至,不以得失介怀。生平温厚谨恪,家不丰裕,而轻财好施。工诗,史学卓然成家。门下士成就甚众。工楷法,九经、《史》《汉》,皆三四钞,无一率笔。年67卒。

古香堂史论120篇　史部史评类　佚

晓楼文集4卷　集部别集类　佚

以上2种见嘉庆《高邮州志》卷10本传。

晓楼诗钞1卷　集部别集类

(1) 清乾隆三十八年精刻本,复旦大学图书馆藏。

(2) 2015年广陵书社《扬州文库》本。

按:嘉庆《州志》本传作《晓楼诗集》4卷。《淮海英灵集》戊集卷3、《江苏诗征》卷112收有其诗。

如　震

字慧安,号禹门。清高邮僧人。天性超逸,诗亦如之。王文治引为泉石之交。

烟花馆集(一作桐花馆集)　集部别集类　佚

见民国《三续高邮州志》卷5本传。

按:《淮海英灵集》癸集卷1收有其诗。《江苏诗征》卷183作《桐花馆集》,并收其诗。

龙式熙

字寅谷。清高邮人。鲲子。增广生。有文名，书法能继父业，为时所重。购《圣教》《兰亭》各数十本，皆临摹之。

泽畔吟　集部别集类　佚

见道光《续增高邮州志》六册。

咏沙草堂诗集　集部别集类　佚

见光绪《再续高邮州志》卷6。

按：《高邮耆旧诗存》初册收其诗4首、二册收17首。

沈业富(1732—1807)

字既堂，号方谷。清高邮人。乾隆十九年(1754)进士，改翰林院庶吉士，散馆授编修。历任江西、山西乡试副考官。三十年，出知安徽太平府。在任16年，兴利除害，有惠绩。四十六年，擢河东盐运使。驻山西解州，清除积弊，商力以苏。甫一年，乞终养。业富性惇厚，笃于朋友。四十八年，诗人黄仲则卒于署中，为经纪其丧，并收集遗稿。家居后，士大夫南北往来，必造门请谒。工行书，风韵天然。

河东盐法调剂纪恩录14卷　史部政书类

清沈业富辑

清乾隆四十九年本衙刻本，北京大学图书馆藏。

味灯书屋诗集8卷经余书屋诗钞8卷经解附　集部别集类

(1) 清道光九年(1829)思贻堂刻本，复旦大学图书馆藏。

(2)《清代诗文集汇编》本，收录《味灯书屋诗集》8卷。

按：嘉庆《州志》卷10上本传作《味灯斋诗文集》若干卷。《经余书屋诗钞》8卷《经解》附，为其子在廷撰。

删润能与集文不分卷　集部别集类

清嘉庆二年(1797)刻本，华东师范大学图书馆藏。

古今赋略附续编　集部总集类

清乾隆四十八年精刻本，南京图书馆、中国人民大学图书馆藏。

按：《广陵思古编》卷18收其文1篇，《江苏诗征》卷122收有其诗。

陆绣裳

清高邮人。

一草亭诗稿　集部别集类　佚

见光绪《再续高邮州志》卷6。

按：《高邮耆旧诗存》初册收其诗2首。

李　惇(1734—1784)

字成裕，一字孝臣。清高邮人。初久困诸生，乾隆四十五年(1780)始中进士，选知县不就。受学使彭元瑞(芸楣)之聘，主讲暨阳书院，以经学教授诸生。惇少颖异，7岁即知解经，有神童之称。年13而孤，及长，与同邑王念孙、贾田祖同力于学，又与任大椿、刘台拱、汪中、程瑶田等相研摩。邃深经传，尤长于《诗经》及“春秋三传”。晚年又好历算，得宣城梅氏书，尽通其术。著述颇丰，皆藏于家。《清史列传》有传。

说金縢大诰康诰三篇　经部尚书类　佚

见嘉庆《高邮州志》卷10上本传。

尚书古文说　经部尚书类　佚

毛诗三条辨　经部诗经类　佚

考工车制考　经部周礼类　佚

以上3种见光绪《再续高邮州志》卷6。

大功章烂简文　经部仪礼类　佚

见嘉庆《高邮州志》卷6。

明堂考辨　经部三礼总义类　佚

见光绪《再续高邮州志》卷6。

左传通释12卷　经部春秋左传类

(1) 清道光九年(1829)刻本，复旦大学图书馆藏。

(2)《鹤寿堂丛书》本。

(3)《续修四库全书》本。

按:参见《续修四库全书提要》。

春秋解义　经部春秋总义类　佚

见嘉庆《高邮州志》卷11。

群经识小(一作群经识小录)8卷　经部群经总义类

(1)清道光五年安愚堂刻本,南京图书馆藏。

(2)《清经解》本。

(3)《续修四库全书》本。

(4)2015年广陵书社《扬州文库》本。

按:参见《续修四库全书提要》。

史记说文引书字异考　经部小学类　佚

见嘉庆《高邮州志》卷11。

读史碎金　史部史评类　佚

见嘉庆《高邮州志》卷10上本传。

历代官制考　史部政书类　佚

见光绪《再续高邮州志》卷6。

浑天图说　子部历算类　佚

见嘉庆《高邮州志》卷11。

杜氏长历补　子部历算类　佚

见嘉庆《高邮州志》卷10上本传。

卜筮论　子部术数类　佚

小墨庄随笔续笔　子部杂学类　佚

小墨庄骈体文诗集　集部别集卷　佚

以上3种见光绪《再续高邮州志》卷6。

按:民国《三续高邮州志》后附《正误》云:《小墨庄骈体文诗集》《小墨庄随笔续笔》乃金长福作。

李氏诗文集12卷　集部别集类　佚

见民国《三续高邮州志》卷6。

瀫湖漫稿3卷　集部别集类

(1) 清乾隆三十年自刻本,国家图书馆藏。

(2)《清代诗文集汇编》本。

按:《淮海英灵集》戊集卷3、《江苏诗征》卷96收有其诗。

刘宝忠

字培之。清高邮人。永和子。增生。性孝友。与许字项普守贞胞姊同居50载,奉养无缺,众皆嘉之。好学,多所瞻涉,兼善行草书,工诗词。

集唐诗集　集部别集类　佚

见嘉庆《高邮州志》卷10本传。

老余诗钞　集部别集类　佚

见道光《续增高邮州志》六册。

按:《高邮耆旧诗存》初册收其诗10首。

沈业舒

字皆醇。清高邮人。之本子。庠生。性醇笃,与弟业荣、业广俱敦品绩学。乾隆三十年(1765)省试,房考欧学箴力荐不售。

深柳读书堂文稿　集部别集类　佚

见嘉庆《高邮州志》卷10本传。

陈廷弼

清高邮人。

王屋山庄诗抄1卷　集部别集类

《高邮陈氏诗抄》本,见《中国丛书综录补编》。

陈廷翰

清高邮人。

梅庄唱和集 1 卷　集部总集类

《高邮陈氏诗抄》本，见《中国丛书综录补编》。

薛冬树

佚其名。清高邮人。

桂林雪　集部词曲类　佚

见《古典戏曲存目汇考》下编传奇 4，庄一拂注："此戏未见著录。谱明末瞿式耜、张同敞力守梧州，城破殉国事。见《餐樱庑随笔》。"

孙　偘

字步陶。清高邮人。谷孙，仝郊子。家贫好学，至老不倦，手录书籍盈尺。修补先世所著《易宗集注》《檀弓论文》等书板，赖以不坠。年70余以诸生终。

周礼直音 6 卷首 1 卷末 1 卷　经部周礼类

清嘉庆十八年(1813)天心阁精刻本，四川大学图书馆藏。

尔雅直音 2 卷　经部尔雅类

清孙偘辑　王祖源校正

(1) 清同治九年(1870)京江文成堂刻本，上海图书馆藏。

(2)《天壤阁丛书》本。

(3)《丛书集成初编》本。

重编五经文字 3 卷　经部群经总义类

唐张参撰　清孙偘编勘

(1) 清嘉庆八年天心阁精刻本，华东师范大学图书馆藏。

(2)《正谊斋丛书》本。

重编九经字样 1 卷　经部群经总义类

唐唐玄度撰　清孙偘编勘

(1) 清嘉庆八年天心阁精刻本,南京图书馆藏。

(2)《正谊斋丛书》本。

文选集音 4 卷　集部总集类

清孙偘辑

底稿本。见《贩书偶记续编》卷 19。

按:光绪《再续高邮州志》卷 4 本传作《文选直音》。

广陵名胜诗钞　集部总集类　佚

清孙偘辑

见道光《续增高邮州志》六册。

叶　焕

字锦亭。清高邮人。皓弟。乾隆三十六年(1771)举人。与兄互相师友,亦善文。

此君书屋稿　集部别集类　佚

见民国《三续高邮州志》卷 4 叶皓传附。

顾　问

字备堂,号桐阴。清高邮人。增光子。少承家学。乾隆四十五年(1780)乡试,主试钱载(箨石)阅其文,谓辉光笃实,步武安溪(李光地),取冠榜首。嘉庆六年(1801)大挑,以知县用,署河南夏邑。后历署洧川、杞县、通许,有政绩。夏邑士民有"心如激日,袖有清风"之颂。卒之日,贫无以殓。

夏小正集解 4 卷　经部大戴礼记类

(1) 清乾隆五十七年敬业堂刻本,北京大学图书馆藏。

(2) 2015 年广陵书社《扬州文库》本。

按:参见《续修四库全书总目提要》。

校正四书释地 8 卷　经部四书类

清阎若璩撰　顾问重编

清嘉庆八年桐阴书屋刻本，北京大学图书馆藏。

按：参见《续修四库全书提要》。

关帝年谱　史部传记类　佚

岳王年谱　史部传记类　佚

以上2种见嘉庆《高邮州志》卷10本传。

游大伾山记1卷　史部地理类　存

约嘉庆间刻本，见《贩书偶记》。

尚论集　子部儒学类　佚

存耻录　子部儒学类　佚

晚香诗钞　集部别集类　佚

以上3种见嘉庆《高邮州志》卷10本传。

按：《广陵思古编》卷20收其文1篇。

王念孙(1744—1832)

字怀祖，学者称石臞(亦作石渠)先生。清高邮人。安国子，引之、敬之父。著名音韵、训诂、校勘学家。生而颖异，4岁能读《尚书》，8岁能属文，10岁读十三经毕，旁涉史鉴，有神童之称。13岁受业于戴震。14岁父卒，回里受业于夏廷芝。乾隆四十年(1775)进士，选庶吉士，散馆授工部主事，历任郎中、陕西道御史、吏科给事中，嘉庆九年(1804)官山东运河道，十三年改永定河道，十五年永定河水暴溢，罢官。居京师旃檀寺，专心著述。其时邵晋涵撰《尔雅正义》，段玉裁撰《说文解字注》，念孙遂搜罗汉魏以前古训，以形、音、义互相推求，撰成巨著《广雅疏证》《读书杂志》。念孙定古音为21部(载《经义述闻》中)，在《广雅疏证序》中提出"训诂之旨本于声音，故有声同字异，声近义同"的"因声求义"的方法，为训诂学、校勘学的发展奠定了坚实基础。生平清廉正直，嘉庆四年密疏参倒权臣和珅，足以名垂史册。以子引之官封光禄大夫工部尚书。卒葬六合县北乡东岳庙镇南。《清史稿》有传。刘盼遂《段王学五种》中有《高邮王氏父子年谱》和《著述考》,可参考。

礼记训纂 49 卷　经部礼记类

清朱彬撰　王念孙校并跋　王引之校

稿本,国家图书馆藏。

大戴礼记 13 卷　经部大戴礼记类

清刻本,清李章典等录,朱筠、王念孙等校,国家图书馆藏。

大戴礼记补注 13 卷序录 1 卷　经部大戴礼记类

清孔广森撰　赵春沂校并录　卢文弨、王念孙、阮元等校

清乾隆五十九年孔广廉刻本,南京图书馆藏。

尔雅义疏 19 卷　经部尔雅类

清郝懿行撰　王念孙刊削

《清经解》本。

按:见刘盼遂《高邮王氏父子著述考》(以下简称《著述考》)。又云:“或云他人所删而嫁名于王。”

尔雅郝注刊误 1 卷　经部尔雅类

《殷礼在斯堂丛书》本。

校经典释文　经部群经总义类

见《著述考》。刘盼遂注:“自识云在道光二年。见藏萧山朱氏,亦有段玉裁校笔。”

校正十三经注疏校勘记　经部群经总义类　佚

见《著述考》。刘盼遂引刘秉璋《十三经注疏校勘记识语序》:“闻高邮王石臞观察曾校是书,题识殆遍。惟所记多证经文,未及注疏。今此本已不知归谁氏。”

读书杂志 2 卷　经部群经总义类

《清经解》本。

按:此为学海堂摘录本。

校注臧氏拜经日记 8 卷　经部群经总义类

清臧庸撰　王念孙、王引之校

见《著述考》。刘盼遂引阮元《臧拜经别传》云："所著之书拟《经义杂记》，为《拜经日记》8卷。高邮王怀祖先生念孙亟称之，用笔圈识其精确不磨者十之六七。"刘氏又按：刊本屡有王引之按，是伯申曾校是书也。

群经字类2卷　经部群经总义类

(1) 罗振玉影印原稿本。

(2)《嘉草轩丛书》本。

(3) 日本石印本。

按：《著述考》著录，刘盼遂注："存上下平声。"

经传考证8卷　经部群经总义类

清朱彬撰　王念孙批校

稿本，浙江图书馆藏。

经义述闻32卷　经部群经总义类

见《著述考》。刘盼遂引王静安云："在津沽曾见石渠先生手稿一篇，订正《日知录》之误，原稿为'念孙案'，涂改为'家大人曰'。"盼遂按："据此事知《经义述闻》中之凡有'家大人曰'者皆石渠札记原稿，非经伯申融会疏记者也。石渠有《与宋小城(保)书》云：'念孙于公余之暇，惟耽小学，《经义述闻》而外，拟作《读书杂记》一书。'此《经义述闻》为石渠所著，伯申则略入己说而名为己作之切证也。"

按：《经义述闻》稿本存21卷，见"王引之"条。

经义述闻不分卷　经部群经总义类

清王念孙、王引之校补

清嘉庆刻本，国家图书馆藏。

按：国图又一残本，仅存《尔雅》1—5，《太岁考》上、下。

校正说文系传　经部小学类

见《著述考》。刘盼遂注："原委详《山东图书馆刊》王棻友《说文系传校本跋》。"

说文解字系传40卷校勘记3卷　经部小学类

清程棫林跋并录王念孙批校

《古经解汇函》本，湖北省图书馆藏。

说文解字 15 卷　经部小学类

清乾隆三十八年王念孙在安徽代朱筠校刻本。见刘盼遂撰《高邮王氏父子年谱》。

王氏读说文记　经部小学类

《许学丛刻》第二集本。

按：参见《续修四库全书提要》。

说文校勘记 3 卷　经部小学类

清何焯、惠栋、王念孙校　叶名沣辑

清道光十二年(1832)叶名沣抄本，上海图书馆藏。

说文解字校勘记 1 卷　经部小学类

清王念孙撰

清种松书屋抄本，辽宁省图书馆藏。

说文解字校勘记残稿 1 卷　经部小学类

清王念孙撰　桂馥录

《晨风阁丛书》本。

按：参见《续修四库全书提要》。

说文段注签记 1 卷　经部小学类

(1) 底稿本，作《段氏说文签记》1 卷，见《贩书偶记》卷 4。

(2)《稷香馆丛书》本。

说文考正　经部小学类　佚

见《著述考》。刘盼遂注："《读淮南杂志·原道篇》'不与物散，粹之至也'条引之曰：散，杂肉也。杂为离误。见《说文考正》。"

说文考异　经部小学类　佚

见《著述考》。刘盼遂注："见朱笥河《诗集》十三《送王怀祖》诗。"

谐声补逸 14 卷　经部小学类

清宋保撰　王念孙校

稿本，南京图书馆藏。

按：《年谱》“嘉庆十六年”引念孙《致宋保第二书》论此书。刘盼遂云，先生为补正音读凡16则。

刊正说文谐声补逸　经部小学类

清王念孙、王引之撰

见《著述考》。

谐声类编4卷　经部小学类

清丁履恒撰　王念孙、刘逢禄校

手稿本，上海图书馆藏。

按：《年谱》“道光元年”云：此年与丁履恒书，并签正其《形声类编》35条。

字林考证　经部小学类

见《著述考》。刘盼遂注：“任大椿《字林考逸·水部》‘溅’字下及卷末附诸家考语皆有石臞之说，是石臞曾与修是书也。”

汉隶拾遗1卷　经部小学类

见《清史稿艺文志》1。

按：此书已作为附录收入《读书杂志》。

六书正俗1卷　经部小学类

见《著述考》。刘盼遂注：“按：石臞先生于‘转注’之义亦不雷同戴氏。刘端临《转注假借说》云：‘许叔重以考、老为转注，后人多不得其说，而妄讥戴东原以本书说之曰老考也，考老也，谓之转注。是解也，许君所旦暮遇之者，台拱转得之怀祖，无由闻其说之详。怀祖疑其与他义相混，亦未质言之。’按：此段关于六书者甚巨，故附于此。”

重刊字典考证12卷　经部小学类

清王念孙、王引之撰

见《著述考》。

按：《字典考证》稿本，不分卷，见“王引之”条。

校正六书音韵表　经部小学类　佚

见《著述考》。

重修古今韵略　经部小学类　佚

清邵长蘅原撰　王念孙重订

见《著述考》。刘盼遂注:“《石渠文集》有《重修古今韵略凡例》十一条,似书已告竣者。然邵此书向不见重于学林,先生胡为从事修正之?所重修之本亦未见有称引者,想其散佚也夙矣。”

音纬2卷　经部小学类

清罗士琳撰　王念孙校

稿本,国家图书馆藏。

经韵不分卷　经部小学类

清抄本,上海图书馆藏。

王念孙王引之音韵文稿卷　经部小学类

稿本,辽宁省博物馆藏。

古韵谱2卷　经部小学类

(1)《高邮王氏遗书》本。

(2)《音韵学丛书》本。

按:《著述考》作《诗经群经楚辞韵谱》7卷,刘盼遂注:“石渠先生《古韵谱》之作乃据《诗经》、群经、《楚辞》用韵分为二十一部而成是书。今之言古韵分部者,或谓王氏晚年分二十二部,并谓从孔巽轩(广森)之说析冬于东云云。按此盖误读当时丁氏履恒与先生书中有‘尊旨分二十二部’之言而致(丁书见《昭代经师手简初编》)。然考丁氏此简作于赣榆任中,丁任赣榆教谕约在嘉庆辛未(十六年)至道光丙戌(六年),此十六年间先生有与李许斋、江晋三论古韵书,皆主张分二十一部。又与陈硕甫有云:‘冬韵则合于东钟江而不别出。’先生卒后,阮文达有与文简书云:‘二十一部古韵已在粤中上板。’汪喜孙代王寿同作《伯申府君行状》云:‘府君精通于先大父韵二十一部之分。总观上事,知先生始终无二十二部之说也。缘丁氏所谓二十二部,盖彼自纂成古韵十九部,先生因又为分出至、缉、盍三部,为二十二部。所谓二十二者,乃丁氏之韵,非王氏之韵也。”

诗补韵　经部小学类　佚

见《著述考》。刘盼遂注:“引见《经义述闻》‘古书随处有韵说’条。”

高邮王石臞先生四种不分卷　经部小学类

手稿本,北京大学图书馆藏。四种分别为:《尔雅杂纂》《尔雅分韵》《方言广雅小尔雅分韵》《谐声谱》。

按:《著述考》著录作《尔雅分韵》4卷、《方言广雅小尔雅分韵》1卷、《谐声谱》2卷。另著录《雅诂纂》1卷,不知是否上列《尔雅杂纂》之误书,俟考。

又按:范希曾《书目答问补正》“广雅疏证”条下补曰:“王念孙《雅诂表》,未刊,手稿二十余册,今藏上虞罗氏,此书以古韵二十一部,分别《尔雅》《方言》《广雅》《小尔雅》四书之字为二十一表。”

说文谐声谱　经部小学类

见《著述考》。刘盼遂注:“此书分别《说文》之字为二十一部,即《致李许斋(赓芸)方伯书》中所录至、祭二部及侯部入声表所列者也。道光中鄞县王梓材(梓)即先生原稿变其体例,成二十一表,冠于《诗经韵谱》之前,大违石渠原意。静安先生专即《谐声谱》补十九表谐声之字,成《补高邮王氏说文谐声谱》一卷,刻入《王忠悫公遗书》第二集。”

雅诂表21卷　经部小学类

雅诂表1卷　经部小学类

以上2种见上《高邮王石臞先生四种》“又按”。

古音义杂记不分卷　经部小学类

雅诂纂1卷　经部小学类

见上《高邮王石臞先生四种》“按”。刘盼遂注:“存见、匣、精三母。”

叠韵转语不分卷　经部小学类

周秦韵谱1卷　经部小学类

两汉合韵谱17卷　经部小学类

刘盼遂注:《淮南》《说苑》《太玄》《素问》《史》《汉》《楚辞》《文选》《易林》等。

古音索隐不分卷　经部小学类

雅音释1卷　经部小学类

逸周书战国策合韵谱1卷　经部小学类

谐声表2卷　经部小学类

刘盼遂注:"此盖王梓材所补之表。"

按:以上自《高邮王石臞先生四种》(不包括《尔雅杂纂》)至《谐声表》2卷共计15种,均见《著述考》。刘盼遂注:"以上诸稿先藏于北京江氏(翰?),后归上虞罗氏,今入北京大学研究所。静安先生曾为作《高邮王怀祖先生训诂音韵书稿序录》一篇,载入北大研究所《国学季刊》,论之详矣。惟尚有《古音索隐》《雅音释》《逸周书战国策合韵谱》《谐声表》四种,文中未能收入,或当时校理未竟,因致阙漏欤! 兹据王师文稿所胪细目移录,当为全豹也。"

又按:刘盼遂撰《高邮王氏父子年谱》"乾隆四十一年"中记上虞罗氏得王念孙丛稿盈箱,所记书目与《著述考》不同,今移录如下:《诗经楚辞群经韵谱》7本、《周秦诸子韵谱》散片钉成1本、《淮南韵谱》散片钉成1本、《楚辞韵谱》散片钉成3本、《文选韵谱》散片钉成2本、《易林韵谱》散片钉成9本、《诗经群经楚辞合韵谱》3本、《逸周书战国策合韵谱》1本、《两汉合韵谱淮南说苑太玄等》3本、《两汉合韵谱素问易林等》3本、《两汉合韵谱史汉》2本、《两汉合韵谱楚辞》1本、《两汉合韵谱文选》2本、《两汉合韵谱易林》5本、《谐声表》2本、《尔雅分韵》2本、《方言广雅小尔雅分韵》1巨本、《雅诂表》散片钉成1本、《古音义杂记》散片钉成1本、《古音索隐》散片、《叠韵转语》散片钉成1本、《释大七篇》2本、《雅音释》1本,提封80册。此外尚有《群经字类》《六书正俗》《说文考正》《读说文札记》《方言校正》等书。

逸周书韵谱　经部小学类　佚

见《著述考》。刘盼遂注:"静安先生《王氏古韵谱跋》:原稿后附录有《逸周书韵谱》。自注云:未见。”

校正方言　经部小学类　佚

见《著述考》。刘盼遂注:“《文集·与刘端临书》:己亥年(乾隆四十四年)曾有《方言》校本,庚子(四十五年)携入都,皆为丁君小雅(杰)录去。内有数十条不甚惬意者往往见于卢绍弓(文弨)先生新刻《方言》中,其惬意者则绍弓先生所不取,容当录出就正。按,卢刻《方言》只列丁氏之名,不及先生者,或以丁氏过录时未出先生名欤?”

又按:上海图书馆藏清金绍纶乾隆四十五年抄本丁杰撰《戴东原方言校本签注》1卷,不知是否过录王念孙校本。

新刻绝代语释别国方言13卷　经部小学类

汉扬雄撰　晋郭璞注

《格致丛书》本,王念孙校。上海图书馆藏。

方言疏证补1卷　经部小学类

清戴震疏证　王念孙补　民国罗振玉辑印

《高邮王氏遗书》本。

按:参见《续修四库全书提要》。

批校方言疏证　经部小学类

清戴震疏证

《微波榭丛书》本,王念孙批校,存1—7卷。中国科学院图书馆藏。

博雅音(一作补正广雅音)10卷　经部小学类

隋曹宪撰　清王念孙校

《广雅疏证》附刻本。

广雅疏证10卷　经部小学类

清王念孙撰　第10卷王引之述

(1) 清嘉庆刻本,王念孙、王引之校补,黄海长跋,辽宁省图书馆藏。

(2) 清嘉庆刻,洪亮吉点读并跋,国家图书馆藏。

(3)《清经解》本。

(4) 清光绪五年(1879)淮南书局刻本,南京图书馆藏。

(5)《畿辅丛书》本。

(6)《丛书集成初编》本。

(7)《国学基本丛书》本。

(8)《万有文库》第二集本。

(9)《四部备要》排印本。

(10) 民国鸿章书局石印本。

(11) 1978 年香港中文大学出版社新式标点本。

(12) 1983 年中华书局出版社钟宇讯点校本。

(13) 1983 年上海古籍出版社影印本。

(14) 1984 年江苏古籍出版社影印本,附《广雅疏证补正》《词目索引》。

(15) 1992 年江苏古籍出版社《广雅诂林》本。

(16) 2000 年江苏古籍出版社出版。

(17) 2004 年中华书局出版。

(18) 2017 年上海古籍出版社出版。

按:参见《续修四库全书提要》。《著述考》刘盼遂注:石渠先生云:"不揆梼昧,为之疏证,殚精极虑,十年于兹。"今实核之,疏证之作始于乾隆五十三年秋,成于六十年冬,历时七年半。十年,举成数也。疏证稿本第 1、2、3 卷,现藏新会陈氏,材料较今本为多。

广雅疏证增删定本 10 卷　经部小学类

底稿本,见《贩书偶记》卷 4。孙殿起注云:"首有题字云:《广雅疏证》增删本二册,第一卷已校,夹签十二条,余未对阅。想其中不免讹误,然原本失去,无从得矣。奈何奈何。甲寅正月十三日,恩泽谨记。每卷皆分上下。"

按:恩泽,当为先生孙寿同之长子,甲寅当为咸丰四年(1854),寿同卒后第二年也。

广雅疏证补正 1 卷　经部小学类

(1) 清光绪二十六年黄海长借竹宧刻本,见《贩书偶记》。

(2)《广仓学窘丛书》甲类第二集本。

(3)《殷礼在斯堂丛书》本。

(4) 1984 年江苏古籍出版社《广雅疏证》附印本。

(5) 1992 年江苏古籍出版社《广雅诂林》本。

按:参见《续修四库全书提要》。《著述考》分 2 条著录,于《广仓学窘丛书》本下刘盼遂注:"先生孙子兰观察辑《广雅疏证补遗》一册(见《子兰府君行状》),与此非一书,恐不复在天壤间矣。此书凡补正二百九十三条,知贤者之于所从事诚没齿以之矣。后人补正先生此书者,若陈仲鱼有《广雅疏证校语》(见《简庄文钞》卷三《广雅疏证跋》),王士濂有《广雅疏证拾遗》二卷(《鹤寿堂丛书》本),俞荫甫有《广雅疏证释诂拾遗》一卷(《春在堂全书》本),王晋卿有《广雅疏证补疏》四卷(未刻),陈邦福有《广雅疏证补》一卷(《国粹学报》),朱师辙有《广雅释言补疏》一篇(北京大学《国故》月刊中),然皆浮浅局促,展转破字,于古训之学未能登先生之堂。今此书出,可以祛一切之尘翳矣。书刻入《广仓学窘丛书》二集,静安先生有跋语,志其原委甚详。"于《殷礼在斯堂丛书》本下刘盼遂注云:"罗氏据手稿移录足本。"

广雅疏证补遗 1 册　经部小学类　佚

清王寿同辑

见《著述考》。参见"王寿同"条。

释大 1 卷　经部小学类

(1)《高邮王氏遗书》本。

(2) 1938 年渭南严氏刻本。

(3) 近铅字排印本,见《贩书偶记》卷 4,作 8 卷。

按:参见《续修四库全书提要》《著述考》。此书为根据声音通转研究汉语"词族"之专著。按三十六字母次序排次,应有二十三篇,存见、溪、群、疑、影、喻、晓、匣八篇,前七篇有注,后一篇无。注中有自注(有"念孙按"三字),圈下仅有"按"字者乃其孙子兰所注。

汉书古字1卷音义异同1卷　史部正史类

《稷香馆丛书》本。

逸周书杂志4卷　史部别史类

《清经解续编》本。

春圃府君行状1卷　史部传记类

见《著述考》。

大清敕授文林郎四川巫山县知县段君墓志铭并序1卷　史部传记类

自笔抄本，东京东洋文化研究所仓石文库藏。

校订人表考　史部传记类

见《著述考》。刘盼遂注："民国十六年十二月分《浙江图书馆报告善本类要》中《人表考》九卷，清光绪中广雅书局刊本，民国初年萧山单不厂据高邮王氏校本朱笔过录。"

校正王照圆列女传补注　史部传记类

清王照圆撰　王念孙、王引之校正

见《著述考》。刘盼遂注："《山海经笺疏》列校勘人姓名有伯申《列女传补注》附校正一卷，中有石渠十则、伯申三则。"

导河议上下篇　史部地理类　佚

见道光《续增高邮州志》三册本传。

按：清乾隆四十六年任工部水司主事，著《导河议》，上篇导河北流，下篇建仓通运也。

钦定河源纪略35卷首1卷　史部地理类

清吴省三、关槐、王念孙等奉敕纂

(1) 清乾隆四十七年内府刻本，南京图书馆藏。

(2)《四库全书》本。

(3) 1931年影印本。

按：《清史稿》本传云："奉旨纂《河源纪略》。议者或误指河源所出，念孙力辨其讹，议乃定。《纪略》(卷20之25)中《辨讹》一门，念孙所撰也。"

石臞先生治学要语 27 则　子部儒学类

刘盼遂辑

《段王学五种》“年谱”附。

读书杂志 82 卷余编 2 卷　子部杂学类

《读书杂志》考订之书:《逸周书》《战国策》《史记》《汉书》《管子》《晏子春秋》《墨子》《荀子》《淮南子》《附汉隶拾遗》。

《余编》考订之书:《后汉书》《老子》《庄子》《吕氏春秋》《韩非子》《法言》《楚辞》《文选》。

(1) 清嘉庆刻本,浙江大学图书馆藏。

(2) 清道光十一年王引之刻 82 卷,次年刻《余编》2 卷,南京图书馆藏。

(3) 清同治九年(1870)金陵书局重刻本,南京图书馆藏。

(4) 民国初文瑞楼石印本。

(5) 1924 年扫叶山房石印本。

(6) 1933 年神州国光社排印本。

(7)《国学基本丛书》本。

(8)《万有文库》本。

(9) 1985 年中国书店影印本。

(10) 1985 年江苏古籍出版社影印本,附条目索引。

(11) 2014 年、2016 年上海古籍出版社整理本。

按:参见《续修四库全书提要》。雷梦水《古书经眼录》419 条记此书早期刻本:最初刻墨钉本,只印《汉书杂志》16 卷。次刻于嘉庆间,计 43 卷,只印《史记杂志》6 卷、《汉书杂志》16 卷、《晏子春秋杂志》2 卷、《逸周书杂志》4 卷、《汉隶拾遗》1 卷、《管子杂志》12 卷、《太岁考》2 卷。又后印本增《战国策杂志》3 卷、《墨子杂志》6 卷、《荀子杂志》8 卷、《补遗》1 卷、《淮南子杂志》22 卷、《补遗》1 卷。此书新印本甚多,不一一列出。

又按:《年谱》“道光十二年”正月二十四日念孙卒。夏,引之辑《读书杂志·志余》2卷，刻之。

读书杂志11卷　子部杂学类

稿本，国家图书馆藏。

按：此稿本存《汉书杂志》卷6—10，《墨子杂志》6卷。

又按：刘盼遂《著述考》云：《读晏子春秋杂志》稿本今藏萧山朱（文钧）氏。校读《吕氏春秋》稿本条数较今本多数倍，藏聊城傅氏，许骏斋（维遹）全收入所著《吕氏春秋集解（释）》。

杂志拾遗　子部杂学类

清王寿同撰

见《著述考》引《子兰府君行状》。参见"王寿同"条。

读书杂志增注补遗无卷数　子部杂学类

撰人不详

底稿本，见《贩书偶记》卷11。孙殿起注：按《高邮王氏六叶传状碑志集》载王寿同著有《杂志拾遗》，疑即此书。

山海经传18卷　子部小说类

清康熙五十三年（1714）项絪群玉书堂刻本，王念孙批校，国家图书馆藏。

校正郝氏山海经笺疏　子部小说类

清郝懿行笺疏　王念孙、王引之校正

见刘盼遂《著述考》。

校正玄应一切经音义　子部佛教类

见刘盼遂《著述考》："江阴缪氏《艺风藏书记》卷一：《一切经音义》二十五卷，乾隆丙午（五十一年）武进庄氏刻本，金坛段若膺（玉裁）先生以宋本校订，用朱笔。间有墨笔，则高邮王怀祖先生校语也。按，小珊先生卒后，其孙携藏书之沪，斥卖净尽，此本亦不知流落何所矣。"

校读楚辞　集部楚辞类　佚

见《著述考》。刘盼遂注：手校墨本藏上海涵芬楼，载"一·二八"前《东方图书馆善本报告》。

王光禄遗文集6卷　集部别集类

(1) 清咸丰七年(1857)刻本,国家图书馆藏。

(2)《高邮王氏家集》本。

(3) 2015年广陵书社《扬州文库》本。

王石臞先生遗文4卷　集部别集类

《高邮王氏遗书》本。

王石臞文集补编1卷　集部别集类

《段王学五种》本。

按:以上2种参见张舜徽《清人文集别录》卷9。张氏云:焦循所谓高邮王氏,郑(玄)、许(慎)之亚,借张揖书,示人大路(见《雕菰楼集》卷6"读书三十二赞"),信不诬也。观是集卷2《广雅疏证序》,可知其补缺订讹,是正错简,有功于张书尤大。且其学自精通训诂外,则校勘之业最为专门。所造《读书杂志》,博涉子史,发疑正读,创解实多。详绎是集卷3所载诸书叙录,略可考见大凡。而《读淮南杂志叙》一篇,揭橥六十二事,若网在纲,使古书致误之由,得以窥寻其例,实不刊之奇作。

王石臞先生文稿不分卷　集部别集类

稿本,国家图书馆藏。

八一老人序存不分卷　集部别集类

清抄本,清黄聪跋,程荃题诗,复旦大学图书馆藏。

王念孙遗文不分卷　集部别集类

抄本,国家图书馆藏。

王念孙手札　集部别集类

王念孙手札草稿　集部别集类

王念孙题跋　集部别集类

王念孙文稿　集部别集类

以上4种稿本,天津博物馆藏。

高邮王氏(父子)集外文不分卷　集部别集类

1936年日本东方文化研究所油印本,台湾大学图书馆藏。见《台湾公藏普通本线装书目人名索引》。

高邮王氏父子论韵文稿(一名高邮王氏父子论韵书札)不分卷　集部别集类

(1) 1936年日本东方文化研究所据北平人文科学文化研究所藏本重抄本。

(2) 据上述重抄本油印本,国家图书馆藏。

(3) 2015年广陵书社《扬州文库》本。

高邮王氏父子手稿

清王念孙、王引之、王寿同同撰

稿本,台北"中研院"傅斯年图书馆藏。附严烺《竹篓源流考略》《王菉友说文句读十签》。重裱装成17册,32公分,另又1册收存张政烺题记,程霖文稿总目及黄彰健撰出版说明。

王念孙父子手稿　集部别集类

稿本,首都博物馆藏。

丁亥诗抄1卷　集部别集类

(1) 清道光十四年子敬之刻本,南京图书馆藏。

(2)《雪堂丛刻》排印本。

(3)《高邮王氏遗书》本。

高邮王氏四种(一作王氏四种)　丛书类

清王念孙、王引之撰

(1) 清道光间刻本,南京图书馆藏。

(2) 民国初上海文瑞楼石印本,南京图书馆藏。

(3) 1985年江苏古籍出版社影印本。

子目:

《广雅疏证》

《读书杂志》

《经义述闻》

《经传释词》

按：参见《续修四库全书提要》。

高邮王氏家集　丛书类

清王恩沛、王恩泰辑

(1) 清咸丰七年王氏刻，国家图书馆藏。

(2) 2015 年广陵书社《扬州文库》本。

子目：

《王文肃公遗文》1 卷　清王安国撰

《王光禄遗文集》6 卷　清王念孙撰

《王文简公遗文集》8 卷　清王引之撰

《王寿昌文集》4 卷　清王寿昌撰

高邮王氏遗书　丛书类

民国罗振玉辑

(1) 1925 年罗氏排印本，上海图书馆藏。

(2) 1967 年台北永和镇文海出版社影印罗氏本。

子目：

《高邮王氏六叶传状碑志集》6 卷　罗振玉辑

《方言疏证补》1 卷　清王念孙撰

《释大》1 卷　清王念孙撰

《古韵谱》2 卷　清王念孙撰

《王文肃公遗文》1 卷《补遗》1 卷　清王安国撰

《王石臞先生遗文》4 卷《丁亥诗抄》1 卷　清王念孙撰

《王文简公文集》4 卷《附录》1 卷　清王引之撰

按：《广陵思古编》收王念孙文 4 篇。

校正任氏小学钩沉　丛书类

清任大椿辑　王念孙校

(1) 清嘉庆二十二年(1817)山阳汪廷珍据高邮王氏刊本续刊，南京图书馆藏。

(2) 清光绪十年龙氏刻本，南京图书馆藏。

（3）清光绪中湖北崇文书局刻本，南京图书馆藏。

（4）《翠琅玕馆丛书》（冯兆年辑）本。

（5）《芋园丛书》本。

（6）《小学类编》本。

（7）1987年江苏广陵古籍刻印社影印本。

按：《著述考》刘盼遂注："汪廷珍《小学钩沉跋》：是书十二卷，高邮王怀祖先生手校付梓。后七卷未及校，谨以属怀祖先生令子伯申侍郎，刊其讹误。盼遂按：后七卷不见一条校语，岂当时未及雠对即付木欤？"子目从略。

沈钰

字家俊。清高邮人。铸异母弟。幼丧母，由其兄抚之。

玩霞楼诗集　集部别集类　佚

见嘉庆《高邮州志》卷11。

按：《高邮耆旧诗存》二册收其诗1首。《淮海英灵集》丁集卷2收有其诗。

孙仝铨

字芳湖。清高邮人。嘉庆十三年（1808）岁贡。少聪敏，工诗赋。每作皆千余言，以合郡古学第一受知彭元瑞学使，保送南巡面试，罢归后益自娱诗酒间。性豪迈，无城府。教行淮徐，门下士多脱颖而出。与修州志，矢慎矢公。晚善岐黄术，为人治病不受谢。

映珠堂诗钞1卷　集部别集类

清嘉庆二十三年春刻本，南京图书馆藏。

笔山吟稿　集部别集类　佚

见嘉庆《高邮州志》卷10本传。

夏玉堂

字载黄。清高邮人。之芳孙,杏村子,长源父。廪生。性至孝,父患足疾,朝夕侍侧。生平好施予,广结纳,交游多知名士。性爱金石篆刻。

古字大观　经部小学类　佚

见民国《三续高邮州志》卷6。

陈随贞

清高邮人。

立诚斋诗集　集部别集类

《高邮陈氏诗抄》本,见《中国丛书综录补编》。

夏味堂(1745—1825)

字鼎和,号澹人。清高邮人。晓春长子,齐林父。乾隆三十年(1765)拔贡,四十二年举人。秉礼法之教,笃于内行。晚年以桑梓公事为己任。幼承家学,博而能精,著作甚富。

诗疑笔记7卷后说1卷　经部诗经类

(1) 清嘉庆十九年(1814)梅花书屋刻本,南京图书馆藏。

(2)《续修四库全书》本。

三百篇原声7卷　经部诗经类

(1) 清嘉庆十二年梅花书屋刻本,南京图书馆藏。

(2) 清抄本,中国科学院图书馆藏。

(3)《四库未收书辑刊》本,据清抄本影印。

(4) 2015年广陵书社《扬州文库》本。

读左笔记4卷　经部春秋左传类　佚

见嘉庆《高邮州志》卷11。

拾雅6卷　经部小学类

清嘉庆二十四年高邮夏氏遂园刻本，南京图书馆藏。

拾雅20卷　经部小学类

清夏味堂撰　夏纪堂等注

(1) 清嘉庆二十五年夏纪堂遂园刻本，南京图书馆藏。

(2) 清道光二年(1822)高邮夏氏遂园刻本，南京图书馆藏。

(3)《续修四库全书》本。

按：此本卷首嘉庆二十五年夏纪堂《拾雅注序录》云："伯兄澹人著《拾雅》六卷，沈君皃村既为付梓，乌程严君铁桥以书来纠正讹字十余处，伯兄复删增复漏数十条，乃成完书。读者咸以不见注释为憾。纪堂不揣弇陋，偕两侄齐林、云林请为之注。弗许，再三请，始授读，三月而竣事。"

夏检讨公(之蓉)年谱　史部传记类

(1) 清乾隆间精刻本，南京大学图书馆藏。

(2)《北京图书馆藏珍本年谱丛刊》本。

(3) 2015年广陵书社《扬州文库》本。

按：《贩书偶记》作："《夏检讨年谱》1卷，高邮夏之蓉其孙男味堂恭辑，无刻书年月，约乾隆间精刊。"又，《近三百年人物年谱知见录》云：《谱》末有编者识语云，是《谱》曾经谱主于乾隆四十四年手自削定。参见《续修四库全书提要》。

(嘉庆)高邮州志12卷首1卷　史部地理类

清杨宜仑原修　夏之蓉、沈之本原纂　冯馨增修　夏味堂等增纂

版本参见"沈之本"条。

遂园诗钞6卷　集部别集类

(1) 清咸丰元年(1851)刻本，南京图书馆藏。

(2)《清代诗文集汇编》本。

遂园遗文4卷　集部别集类

(1) 清抄本，山东大学图书馆藏。

(2)《清代诗文集汇编》本。

渡江小册　集部别集类　佚

见民国《三续高邮州志》卷6。

樗巢诗选2卷　集部别集类

清李必恒撰　夏味堂选刻

清嘉庆高邮夏氏半舫斋刻本，馆藏见“李必恒”条。

樊桐诗选5卷　集部别集类

清殷峄撰　夏味堂选刻

清嘉庆高邮夏氏半舫斋刻本，馆藏见“殷峄”条。

按：半舫斋为夏之蓉室名。道光《续增高邮州志》三册夏味堂传云：“（味堂）提倡风雅数十年，选刻李北岳（必恒）、殷桐高（蝉）遗集。”或为沿用其祖之室名。

鹤泉诗选钞14卷　集部别集类

清夏晓春撰　夏味堂选编

清嘉庆二十年遂园刻本，南京图书馆藏。

宋绵初

字守端，号飏园。清高邮人。保父。为学勤敏，蜚声庠序，深受学使彭元瑞、安定书院主讲蒋士铨赏誉。乾隆四十二年(1777)拔贡。官五河、清河训导。邃深经术，长于说《诗》。说经贯串古义，为当代经师所韪。《清史稿》有传。

韩诗内传徵4卷叙录2卷补遗1卷疑义1卷　经部诗经类

(1) 清乾隆六十年志学堂刻本。李盛铎旧藏，原刻4卷，嘉庆间孙冯翼校改为《韩诗故训传》，合为2卷。北京大学图书馆藏。

(2)《积学斋丛书》本。

(3)《续修四库全书》本。

(4) 2015年广陵书社《扬州文库》本。

按：《清史稿艺文志》记为《韩诗内传徵》4卷《叙录》2卷。参见《续修四库全书提要》。

古韩诗说证9卷　经部诗经类

清乾隆五十四年述古堂刻本，翁方纲、陈启源校，北京大学图书馆藏。

释服2卷　经部三礼总义类

(1) 稿本，日本京都大学藏。

(2) 清嘉庆二十三年(1818)书种堂刻本，南京图书馆藏。

(3)《清经解续编》本。

(4)《续修四库全书》本。

按：参见《续修四库全书提要》。

飏园经说3卷　经部群经总义类

《鹤寿堂丛书》本，注：原缺卷2。

按：参见《续修四库全书提要》。

形声指误一隅编2卷　经部小学类

清嘉庆十四年书种堂刻本，南京图书馆藏。

治河纪略　史部地理类　佚

按：道光《续增高邮州志》三册本传谓此书乃其子宋保撰。

困知录　子部儒学类　佚

以上2种见光绪《再续高邮州志》卷6。

是亦山房文集　集部别集类　佚

飏园诗存　集部别集类　佚

以上2种见道光《续增高邮州志》三册本传。

罗　咏

字二酉。清高邮人。曰琪孙。廪生。幼英敏，读书目数行下，为文敏捷。性廉介，刻志励行。中年淡于科名，益肆力诗古文辞。虽家居不蔽风雨，仍披吟不辍。于音韵之学尤有研究，手录诗古文2尺许。熟于古今史实，辩论口若悬河，闻者心悦诚服。

本草集要8卷　子部医家类　佚

楚辞正音4卷　集部楚辞类　佚

鼎颐诗集(一作鼎颐集)　集部别集类　佚

以上3种见嘉庆《高邮州志》卷10本传。

孙　齐

字思一。清高邮人。仝敞子,应嘉、应科父。廪生。性和平,与人无忤拂,遇狎昵事则正色不阿。为文宗先正,务以理胜。著《尚书考证》40卷,未竟其业而卒。

尚书考证40卷　经部尚书类　佚

见嘉庆《高邮州志》卷10本传。

读书识小录　子部杂学类　佚

见道光《续增高邮州志》六册。

按:《高邮耆旧诗存》初册收其诗3首。

詹康庄

字箴六。清高邮人。玉堂、肯堂父。少工文,邑有名士之目。家贫,不屑营生计。棘闱十数试,嘉庆二十四年(1819)膺卢昌龄首荐,因力争元,不售。性古直,慎交游。督课后学,辞色无稍假。

人瑞堂课草　集部别集类　佚

稷门诗钞　集部别集类　佚

以上2种见嘉庆《高邮州志》卷10本传。

柏世爵

字丹生。清高邮人。贡生。父九龄,候选州同知,乐善好施,世爵克继父志。平日敦品绩学,为大学士嵇璜所器重,手书联幅以赠。后九入棘闱不利,唯日与诸名士诗酒往还。性友爱,抚其弟士杰入国子监。

五经解　经部群经总义类　佚

崇雅堂诗钞　集部别集类　佚

以上2种见嘉庆《高邮州志》卷10本传。

通　福

原名王锋。清高邮人。弃诸生为僧，与孝廉徐源（立人）友善。工诗。

瞉音集　集部别集类　佚

见道光《续增高邮州志》六册。

按：民国《三续高邮州志》卷6作“福通”，误。又，《高邮耆旧诗存》初册收其诗3首。

徐　源(1747—1809)

字静川，号立人。清高邮人。联科父。乾隆四十五年(1780)举人。性孝友，多善行。所作诗古文词，标举性灵，汰尽俗艳。春闱屡膺房荐。刘副宪湄尤激赏其文清古。受管干贞（松崖）聘主丽正书院讲席9年。戴均元（可亭）河督驻浦，源以师生诣谒，上治河事宜，又陈沿河武汛改属漕标等议，皆嘉纳施行。邑大水，屡吁请设厂煮赈，里人德之。

易象精蕴6卷　经部易类　佚

见嘉庆《重修扬州府志》卷62。

易理肤钞　经部易类　佚

丽正书院讲义　子部儒学类　佚

以上2种见嘉庆《高邮州志》卷10本传。

颜氏家训续　子部儒学类　佚

坐春斋纪闻　子部杂学类　佚

以上2种见光绪《再续高邮州志》卷6。

日跻堂诗集12卷　集部别集类　佚

见嘉庆《重修扬州府志》卷62。

梅花书屋诗钞2卷　集部别集类

(1) 清嘉庆十七年(1812)孝恩堂刻本，南京图书馆藏。

（2）2015年广陵书社《扬州文库》本。

按:《广陵思古编》卷18收其文1篇。

李　本

字葆元,一字荃庭。清高邮人。弼兄。郡庠生。幼聪颖,为文渊雅,尤工于词,窥宋人堂奥。所著《剩红堂词草》,脍炙一时。晚精岐黄术。年50外失明,寻卒。

爝火录30卷　史部杂史类　佚

见《清史稿艺文志》。

易简书屋诗存1卷附剩红词1卷　集部别集类

清道光间刻本,南京图书馆藏。

剩红堂词草2卷　集部词曲类　佚

见嘉庆《高邮州志》卷10本传。

按:《全清词钞》作《剩红词》1卷,并收其词1首。

夏纪堂

字有仲,号秋室,晚号古茶翁。清高邮人。晓春次子,味堂弟,昆林父。诸生。笃孝友,工诗文。从少至老,好学不倦。

易经集说　经部易类　佚

左传大成　经部春秋左传类　佚

以上2种见同治《续纂扬州府志》卷13。

拾雅20卷　经部小学类

清夏味堂撰　夏纪堂等注

版本参见"夏味堂"条。

古茶簃遗文1卷　集部别集类

清道光二十一年(1841)刻本,南京图书馆藏。

按:《高邮耆旧诗存》附册收其诗12首,《广陵思古编》卷20收其文6篇。

沈宜湩

字贝黄，号健堂。清高邮人。父均，品醇学粹，文行高卓，任金山训导。宜湩幼承庭训，工诗古文词。早食饩。学使李因培（鹤峰）试合郡古学，宜湩第一，弟荆漳列第二，有当世机云之称。并保送南巡召试，乾隆四十四年(1779)魁乡荐。

健堂诗钞 1 卷　集部别集类　佚

见嘉庆《高邮州志》卷 10 本传。

按:《淮海英灵集》丁集卷 4 收有其诗。

贾　栋

字云上，号画溪。清高邮人。成祖子，亮采父。乾隆四十六年(1781)进士。性孝友，事亲色养备至。与弟槐友爱，不忍暂离。读书目数行下，诗古文辞情采艳溢，骨气逼古。辑孔、郑、程、朱诸家言训迪后进，学者奉为指南。晚年尤精研性理，取《朱子语类》、小学诸书，精详阐绎。州牧迭请总理学田、普育书院公务。与修乾隆州志，搜辑犁然。后授绩溪县令。旋父丧归，遂以母疾不出。年 57 卒。

小学补注 3 卷　子部儒学类　佚

春柳吟 1 卷　集部别集类　佚

菘韭山房诗集 3 卷　集部别集类　佚

画溪古今文集 4 卷　集部别集类　佚

以上 4 种见嘉庆《高邮州志》卷 10 上本传。

陈傅始

清高邮人。

兰皋诗 1 卷　集部别集类

《高邮陈氏诗抄》本，见《中国丛书综录补编》。

李　弼

字梦岩。清高邮人。本弟，钧衡父。廪生。少健于文，援笔立就，见者惊为宿才。岁科十余试，悉列前茅。每试艺出，远近传钞。彭元瑞学使极称之。从学日众，及门游庠者数十人。十入南闱屡荐不遇，赍志以殁。

小题塾课　集部别集类　佚

复园文稿　集部别集类　佚

以上2种见嘉庆《高邮州志》卷10本传附。

荣春堂稿　集部总集类　佚

清李弼等撰　李钧衡辑刊

见道光《续增高邮州志》卷3李钧衡传。

夏桂堂

字金雪。清高邮人。晓春三子，味堂弟。廪生。性孝友，善事亲，事兄如严师。交友以诚，人乐就之。刻苦向学，游庠后益博涉，尤工于诗，瑰奇渊秀，兼而有之。未竟其志，年44卒。

金雪诗存4卷　集部别集类

(1) 清嘉庆间夏味堂刻本，南京图书馆藏。

(2) 2015年广陵书社《扬州文库》本。

夏诜堂

字宜振，号绳庵。清高邮人。廷芝孙，葆春子。嘉庆元年(1796)恩贡生。幼能文，为诸生，早食饩。家贫。行端言谨，课徒为生。每讲授，虽盛夏必正襟坐，如对古人，生徒多得指授益。

拙樵诗　集部别集类　佚

见光绪《再续高邮州志》卷6。

按：《高邮耆旧诗存》二册收其诗3首。

沈荆漳

字廷璞，号少岑，一号东田。清高邮人。宜濂弟。庠生。力敦学行。工诗词，五七律宗韩、杜，长歌得苏轼之气。作《春草诗》30首，袁枚采入《随园诗话》，称足与王渔洋《秋柳诗》并传。

东田春草诗1卷　集部别集类　佚

少岑诗钞1卷　集部别集类　佚

以上2种见嘉庆《高邮州志》卷11。

按：《州志》卷10本传作《东田诗钞》。

鹿谷诗　集部别集类　佚

见民国《三续高邮州志》卷6。

按：嘉庆《高邮州志》卷10本传作《鹿谷樵歌》。

又按：《高邮耆旧诗存》初册收其诗14首，二册收其诗2首。《淮海英灵集》丁集卷4收有其诗。

夏　氏

清扬州人。高邮庠生沈荆漳妻。

枫林旧馆诗1卷　集部别集类　佚

见民国《三续高邮州志》卷6。

沈在廷

字枫墀。清高邮人。业富子。乾隆四十八年(1783)举人。官候补内阁中书。深研训诂之学，诗文亦古雅。

味灯书屋诗集8卷经余书屋诗钞8卷经解附　集部别集类

清道光九年(1829)思贻堂刻本，南京图书馆藏。

按：《味灯书屋诗集》8卷乃其父业富所撰。《淮海英灵集》卷12收其诗1首。

沈在秀

字岫云。清高邮人。业富女,知府曲沃裴正文妻。

双清阁诗钞 2 卷　集部别集类

清道光间刻本。《历代妇女著作考》注:“无序跋。首有沈勤增撰传。书眉有赵瓯北、王少林、郑枫人评语。后附《双清阁集字诗》及《诗余》。”

吴兆萱

字孝芳,号螺峰。清高邮人。乾隆四十八年(1783)举人。幼丧父母,事继母孝。生而颖异,过目成诵,为文镕经铸史。教授近百人,多有擢高第称名宿者。乾、嘉间邑连灾,请当事及里人赈济,活人无算。珠湖书院旧址近阛市,倡议迁城西新址,规模完备。后以大挑授金坛训导,课士勤慎。年 70 卒。

依绿园诗钞 2 卷　集部别集类

清同治十三年(1874)摩兜鞬刻本,北京大学图书馆藏。

林东堂诗钞 4 卷　集部别集类　佚

见同治《续纂扬州府志》卷 22。

东园偶寄南亩闲吟金沙击柝梅岭吹竽诗钞 4 卷　集部别集类　佚

林蕙堂塾课 1 卷　集部别集类　佚

以上 2 种见嘉庆《高邮州志》卷 10 本传。

李符俊

字铭璋,号恂斋。清高邮人。幼笃孝友,工文章,性恂谨,言语讷讷如不出口。乾隆五十一年(1786)副榜。隐居教授,不求闻达,有劝之干禄者,以迂拙谢之。年 71 卒。

蜗隐斋诗集　集部别集类　佚

见民国《三续高邮州志》卷 6。

王　鉴

清高邮人。

老余集　集部别集类　佚

见光绪《再续高邮州志》卷6。

夏振采

字受白，号双楼。清高邮人。之苹子。少嗜吟咏，中年以后多抑郁不平，晚益落寞。与同里金润、徐源、沈荆漳，族侄味堂、桂堂辈相唱和，率多俯仰古今、同情民间疾苦之作。

甲乙纪灾2卷　史部杂史类　佚

见嘉庆《高邮州志》卷10本传。

双楼诗抄2卷　集部别集类

清嘉庆刻本，上海图书馆藏。

按：《州志》本传作6卷。

杂文2卷　集部别集类　佚

剩红堂词集3卷　集部词曲类　佚

以上2种见嘉庆《高邮州志》卷10本传。

按：《高邮耆旧诗存》二册收其诗3首。

金　兰

字畹芳，号湘谷，晚号碧云居士。少孤，家贫力学，为文敏赡。早岁游庠食饩。乾隆五十四年(1789)拔贡，考取八旗官学教习。名流结纳甚广，尤与洪亮吉友善。翁方纲视学山东，招致幕中，亦器重之。教习期满，卒于京师，年未40。

湖阴草堂诗6卷　集部别集类　佚

见道光《续增高邮州志》三册本传。

按：同治《续纂扬州府志》卷13作《湖阴草堂遗稿》4卷。

晼芳诗集　集部别集类　佚

见道光《续增高邮州志》六册。

胡恩荣

清全椒人，高邮金兰妻。

习静轩诗集　集部别集类　佚

见《历代妇女著作考》引《正始续集》。

按：道光《续增高邮州志》六册作《习静轩诗》。又，《高邮耆旧诗存》二册收其诗 5 首。

茅淑琳

清高邮人。孙缵祖妻。

双桂轩诗钞　集部别集类　佚

见民国《三续高邮州志》卷 6。

陈名俭

清高邮人。

仰山诗 1 卷　集部别集类

《高邮陈氏诗抄》本，见《中国丛书综录补编》。

杨一元

清高邮人。

说庵诗草　集部别集类　佚

见光绪《再续高邮州志》卷 6。

按：《高邮耆旧诗存》初册收其诗 2 首。

胡方桓

清高邮人。

闲吟集　集部别集类　佚

见光绪《再续高邮州志》卷 6。

吴夔龙

清高邮人。

桂白山房遗草　集部别集类　佚

见嘉庆《重修扬州府志》卷 62、民国《三续高邮州志》卷 6。

朱　江

字映东。清高邮人。

映东诗钞　集部别集类　佚

见道光《续增高邮州志》六册。

按:《高邮耆旧诗存》二册收其诗 1 首。

周　鸾

清高邮人。

淬剑集　集部别集类　佚

见光绪《再续高邮州志》卷 6。

按:《高邮耆旧诗存》二册作《淬剑集遗稿》,并收其诗 1 首。

李国馨

清高邮人。

碧云草堂诗钞　集部别集类　佚

见同治《续纂扬州府志》卷 22、光绪《再续高邮州志》卷 6。

李源达

原名鹤庆,号雪滩。清高邮人。廪生。少孤,奉母教,力学,文誉日起。事母孝,母殁,哀毁骨立,即以是岁卒。

草草草　集部别集类　佚

见道光《续增高邮州志》三册本传。

按:《高邮耆旧诗存》二册收其诗 4 首,注云:其集名取《诗经》"劳人草草"之义。

沈淑廉

一作婌廉。清高邮人。诸生吴洵妻。

婉娩吟　集部别集类　佚

见《历代妇女著作考》引《正始续集》。

按:民国《三续高邮州志》卷 6 作沈淑廉。又,《高邮耆旧诗存》二册收其诗 2 首。

胡天植

清高邮人。

闲吟集　集部别集类　佚

见民国《三续高邮州志》卷 6。

按:《高邮耆旧诗存》二册收其诗 1 首。

宋茂初(1765—1847)

字实甫,号濯莲。清高邮人。暄子,葆初弟。乾隆五十九年(1794)乡试经魁。少颖悟,年 13 补弟子员。博学善书。学使胡文恪选扬州诸生学行最优者十人,名曰十秀才。茂初与同邑王引之、宝应朱文定、江都李周南、仪征黄元吉等皆入选,名重一时。乡举后,大挑以知县用,呈改教职,选宿州教谕,数年间文风大兴。伊秉绶官扬州,延课子弟,成就甚众。宝应刘宝楠经术渊源实从所出。晚年主讲珠湖书院。年 70 以例加中书科中书衔。道光二十二年(1842)重游泮水。卒年 83。

(道光)续增高邮州志 6 册　史部地理类

清张用熙、左辉春纂修　宋茂初等同纂

(1) 清道光二十三年刻本,南京图书馆藏。

(2) 清抄本,南京图书馆藏。

(3) 1991 年江苏古籍出版社《中国地方志集成》影印道光本。

(4) 2015 年广陵书社《扬州文库》本。

碧虚斋吟草 8 卷　集部别集类

(1) 清道光十九年志道堂刻本,南京图书馆藏。

(2) 1936 年董增儒抄本,南京图书馆藏。

(3) 2015 年广陵书社《扬州文库》本。

王引之(1766—1834)

字伯申,号曼卿。清高邮人。念孙长子,敬之兄,寿同父。训诂学家。嘉庆四年(1799)一甲三名进士,授翰林院编修。历任贵州、湖北、浙江乡试正考官,河南、山东学政,会试总裁,翰林院侍讲学士,吏部、刑部、户部、礼部侍郎,道光七年(1827)擢工部尚书,十年调礼部,次年复署工部。引之幼承家学,殚心《尔雅》《说文》《音学五书》等,邃于音韵、文字、训诂之学。所著《经义述闻》《经传释词》等,均以精博著称。阮元称王氏父子"一家之学,海内无匹"。龚自珍称《经传释词》为"古今奇作,不可有二"。方东树力排汉学,独于王氏父子推许甚至,乃曰:"王氏《经义述闻》,实足令郑(玄)、朱(熹)俯首,汉唐以来,未有其比。"卒谥文简。卒之明年归葬于安徽天长县谕兴集之东原。《清史稿》有传。

书诂　经部尚书类

见刘盼遂撰《高邮王氏父子著述考》引孙星衍《与王伯申书》云:"接奉手示,并寄大著《书诂》,循诵回复,佩服无既。"

尚书训诂 1 卷　经部尚书类

见《著述考》。刘盼遂注:"按钱塘丁氏《八千卷楼书目》有此书抄本,今未能比观,疑与伯渊(孙星衍)所斥之《书诂》或系一书也。"

按:刘盼遂《高邮王氏父子年谱》"道光十年"引王引之《与陈石甫(奂)第八书》言:"有余暇尚欲为《尚书集解》《左传集说》二书。"此或未成，故不立目，而著录其言于此。

周礼 6 卷　经部周礼类

汉郑玄注　唐陆德明音义

清嘉庆十一年张青选清芬阁刻本，王引之批校，查耀乘跋。浙江图书馆藏。

论语孔注证伪 2 卷　经部四书类

清丁晏撰　王引之审正并作序

《合众图书馆丛书》第一集本。

按：《年谱》“嘉庆二十五年”记丁晏来见，出此书就正。引之序之，谓足绍乡先生阎潜邱之学。

经传释词 10 卷　经部群经总义类

(1) 清嘉庆二十四年王氏刻本，南京图书馆藏。

(2)《清经解》本。

(3)《守山阁丛书》本。

(4)《丛书集成初编》本。

(5) 日本天保十二年(1841)东条吉吉点校本。

(6) 清道光二十七年刻本，南京图书馆藏。

(7) 清同治七年(1868)成都书局刻本，南京图书馆藏。

(8)《江氏聚珍版丛书》本。

(9) 1928 年成都书局刻本，附《补》《再补》各 1 卷。

(10) 1931 年商务印书馆排印陈彬和点注本，并将孙经世的《补》拆散插入正文。

(11)《古书字义用法丛刊》本。

(12) 上海古书流通处石印本。

(13) 1927 年启渝公司铅印本。

(14)《国学基本丛书》本。

(15)《万有文库》本。

(16) 1956 年中华书局排印本。此本有 5 种附录：① 孙经世《经传释词补》及《再补》,② 王引之《语词误解以实义》(引自《经义述闻》卷32),③ 章炳麟《王伯申新定助词辨》(引自《太炎文录续编》卷1),④ 裴学海《经传释词正误》(引自《古书虚字集释》),⑤ 校记。

(17) 1984年岳麓书社排印李维琦点校本,书眉上刊布了黄侃、杨树达批语370余条,书后附录王引之《语词误解以实义》。

(18) 1985年江苏古籍出版社影印本,此书为《高邮王氏四种》之四。书后附录王引之、章炳麟、黄侃、裴学海四种附录及行状、年谱、词目索引。

(19)《续修四库全书》本。

(20) 2000年凤凰出版社出版。

(21) 2016年上海古籍出版社出版。

校注臧氏拜经日记12卷　经部群经总义类

清臧庸撰　王念孙、王引之校注

(1)《拜经堂丛书》本。

(2)《清经解》本,8卷。

按:《著述考》云:"又按,刊本屡有王引之按,是伯申曾校是书也。"

经义述闻　经部群经总义类

(1) 稿本,国家图书馆藏。

(2) 清嘉庆二年刻本,不分卷,南京图书馆藏。

(3) 清嘉庆二十一年刻本,15卷,南京图书馆藏。

(4) 清道光七年王氏京师江米巷寿藤书屋刻本,32卷,南京图书馆藏。山东省博物馆藏本有清王筠批校,存3—7、15—19、22—32,共21卷。

(5)《清经解》本,28卷。

(6) 清光绪七年(1881)上海文瑞楼铅印袖珍本,32卷。

(7) 清光绪十三年鸿宝斋石印本,32卷,南京图书馆藏。

(8) 清光绪二十一年鸿文书局石印本,30卷,南京图书馆藏。

(9) 1941年上海文瑞楼石印本,国家图书馆藏。

(10)《四部备要》本。

(11)《国学基本丛书》本。

(12)《万有文库》二集本。

(13) 1985 年江苏古籍出版社影印本(《高邮王氏四种》之三)。

(14) 1990 年山东友谊书社《孔子文化大全》本。

(15)《续修四库全书》本。

(16) 2000 年凤凰出版社出版。

(17) 2016 年上海古籍出版社出版。

(18) 2017 年上海古籍出版社出版。

按:本书考订之书:《周易》《尚书》《毛诗》《周礼》《仪礼》《大戴礼记》《礼记》《左传》《国语》《公羊传》《穀梁传》《尔雅》,附《周秦名字解诂》《太岁考》《通说》。

述闻拾遗　经部群经总义类　佚

清王寿同辑

见《著述考》。寿同为引之四子,著《述闻拾遗》《杂志拾遗》。

按:刘盼遂曰:"两《拾遗》疑石渠、伯申两公考订经史零稿,未经收入《述闻》与《杂志》者,子兰(寿同)留连先芬,遂为裒辑之耳。"

刊正说文谐声补逸　经部小学类

清王念孙、王引之撰

见《年谱》"嘉庆十三年"下云:《与宋小城书》论《谐声补逸》,为订补米部粊字音读一则。

字林考逸校正　经部小学类

清王引之撰

见《著述考》。

字典校字录无卷数　经部小学类

清道光七年刻巾箱本,见《贩书偶记》卷 4。

字典考证不分卷　经部小学类

稿本,北京师范大学图书馆藏。

字典考证无卷数　经部小学类

清道光十一年刻本,以地支等字编次。见《贩书偶记》卷4。

重刊字典考证12卷　经部小学类

清王念孙、王引之撰

(1) 清道光十一年刻本,南京图书馆藏。

(2) 清光绪二年崇文书局刻本,南京图书馆藏。

(3) 清同治至光绪间爱日堂刻本,浙江大学图书馆藏。

(4)《康熙字典》附刻本。

(5)《四库未收书辑刊》本。

按:《年谱》"道光七年"下云:"子引之奉旨校刊《康熙字典》,先生(念孙)乃先校数册以为法式,以后亦经先生覆阅乃定。"

诗韵　经部小学类　佚

见《年谱》"嘉庆十二年"条云:"八月简放河南学政,手订《诗韵》一册,分给各诸生。"

周秦名字解诂2卷　经部小学类

(1) 清嘉庆间刻本,王引之订补,国家图书馆藏。

(2) 收入《经义述闻》中。

广雅疏证10卷　经部小学类

清王念孙撰　第10卷王引之述

版本见"王念孙"条。

仁宗实录374卷　史部编年类

清曹振镛、王引之等奉敕撰

《清实录》本。

按:《年谱》载:嘉庆二十五年冬,引之充仁宗实录总裁官,道光四年四月《仁宗实录》成。

石臞府君行状1卷　史部传记类

见《著述考》。

按:念孙道光十二年正月二十四日卒,终年89岁。引之于五月既望撰《行状》。

校正王照圆列女传补注　史部传记类

清王照圆撰　王念孙、王引之校正

见刘盼遂《著述考》。参见“王念孙”条。

续修词林典故　史部政书类

清王引之等纂

清光绪十三年重刻本，南京图书馆藏。

按：清乾隆九年(1744)翰林院落成，命鄂尔泰、张廷玉等纂辑《词林典故》8卷，通纪翰林院沿革。十二年，书成，已收入《四库全书》。嘉庆九年王引之充词林典故馆总纂。重修本64卷，有光绪十三年刻本，稿本旧藏李盛铎木犀轩，见《增订四库简明目录标注》。

王引之奏稿　史部政书类

稿本，天津博物馆藏。

阐训化愚论　子部儒学类

见利思害说　子部儒学类

以上2种见《年谱》“嘉庆十九年”下：“放山东学政，撰《阐训化愚论》以教士，撰《见利思害说》以教民，皆奉旨刊布。”

伯申先生治学要语15则　子部儒学类

刘盼遂辑

《段王学五种》“年谱”附。

太岁考2卷　子部历算类

(1) 初刻稿本，见《贩书偶记》卷9。孙殿起注：“首有题字云：丙子(嘉庆二十一年)六月，元和李锐尚之、仁和龚丽正旸谷、龚自珍瑟人同读一过，尚之签出如干条。”

(2) 清刻本，国家图书馆藏。

(3) 收入《经义述闻》。

校正北堂书钞　子部典故类

隋虞世南撰　明万历间陈禹谟刻本　清王引之等校

按:《著述考》引严可均《铁桥漫稿》卷8《书原本北堂书钞后》云:"嘉庆中孙渊如约王伯申略校。伯申约钱既勤同校,仅二十余叶而辍业。"又引沈曾植《寐叟题跋二集·跋陈禹谟本北堂书钞》云:"严铁桥言王伯申校《书钞》仅二十许叶而辍业,此本所校不止二十余叶,然审是尚书(引之)手迹,则铁桥之说是误记也。所据(明)影宋本盖即渊如藏本。"。

校正郝氏山海经笺疏　子部小说类

清郝懿行笺疏　王念孙、王引之校正

见刘盼遂《著述考》。

校读杜工部草堂诗集　集部别集类　佚

见《著述考》。刘盼遂注:手校墨本藏上海涵芬楼,载"一·二八"前《东方图书馆善本报告》。

批杜诗会粹　集部别集类

清张远撰

清康熙二十七年(1688)刻本,王引之批。见《杜集书录》,注:该书现已捐献国家图书馆。

王文简公遗文集8卷　集部别集类

(1)《高邮王氏家集》本。

(2) 2015年广陵书社《扬州文库》本。

王文简公文集4卷附录1卷　集部别集类

(1)《高邮王氏遗书》本。

(2)《续修四库全书》本。

按:《著述考》引罗振玉《校刻高邮王氏遗书叙目》云:"壬戌(1922)秋金息侯梁始为介绍于藏文简父子手迹之江君(翰?)购得丛稿一箱,因将石臞先生及文简遗文编录共得八卷。已而友人以《王氏家集》刊本见假,则刊于咸丰末年,取校新辑本则互有出入。因重为厘定,付诸手民。乙丑(1925)十月。"

王文简公遗文无卷数　集部别集类

底稿本，国家图书馆藏。《贩书偶记》卷17孙殿起注：较罗氏排印本多文数十篇、诗若干首。

王引之手札草稿　集部别集类

王引之手札　集部别集类

以上2种稿本，天津博物馆藏。

王伯申先生文补编2卷　集部别集类

《段王学五种》本。

按：以上2种参见张舜徽《清人文集别录》卷9云："论者或谓引之学，实不逮此，特念孙欲成其子之名，以己所得嫁名于引之耳。然按之情实，殊不然也。……汪中平日论次当代通儒仅八人，而王氏有二。(见汪喜孙所撰年谱)汪中没于乾隆五十九年，时引之犹未三十，而老辈推服至此，亦足以明其学问早成，信能自立，初不必附其父而后可传。特濡染家学，亦有助于速成，而大其所业耳。"

高邮王氏(父子)集外文不分卷　集部别集类

1936年日本东洋文化研究所油印本，台湾大学藏。见《台湾公藏普通本线装书目人名索引》。

高邮王氏父子论韵文稿不分卷　集部别集类

(1) 1936年日本东方文化研究所据北平人文科学文化研究所藏本重抄本，国家图书馆藏。

(2) 据上述重抄本油印本。见《(日本)东方文化研究所汉籍分类目录》。

高邮王氏四种(一作王氏四种)　丛书类

高邮王氏家集　丛书类

高邮王氏遗书　丛书类

校正任氏小学钩沉　丛书类

以上4种丛书见"王念孙"条。

按：《广陵思古编》卷19收其文3篇。

景浚商

字浍川。清高邮人。乾隆六十年(1795)举人,嘉庆十三年(1808)大挑一等,授教职。十四年署山阳县教谕,旋改淮安。后选安徽歙县训导,在任21年,考最,以品学兼优足膺民社荐,辞不受。教人经术,程瑶田尝称之。能诗,与白门侯云松诸人相唱和。

大易注解　经部易类　佚

葩经毛郑异义　经部诗经类　佚

以上2种见民国《三续高邮州志》卷6。

经解辨疑　经部群经总义类　佚

见光绪《再续高邮州志》卷4本传。

星晖阁诗8卷　集部别集类

清道光刻本,南京图书馆藏。

童唱和集　集部总集类　佚

见光绪《再续高邮州志》卷4本传。

宋　保

字定之,一字小城。清高邮人。绵初子。幼承家学,早岁游庠食饩。入都肄业国子监,并问学于王念孙,精于声音训诂之学。得经义会通,不囿于汉宋门户。邵晋涵、钱大昕、孙星衍诸老宿皆契赏之。由国子监送部,准作岁贡试用训导。历任砀山、句容、江浦、安东各学教谕,淮安、通州、安东各学训导,淮安、徐州两府学教授。学使多刮目相待。

尔雅集注　经部尔雅类　佚

见道光《续增高邮州志》三册宋绵初传附。

谐声补逸14卷　经部小学类

(1) 稿本,王念孙校,南京图书馆藏。

按:王念孙为补正音读凡16则,见“王念孙”条。

(2) 清嘉庆八年(1803)志学堂刻本,戴望校,孙诒让跋,浙江大学图书馆藏。

(3) 清抄本，北京大学图书馆藏。

(4)《木犀轩丛书》本。

(5)《许学丛书》本，附民国张炳翔《札记》1卷。

(6)《丛书集成初编》本，附张炳翔《札记》1卷。

(7)《续修四库全书》本。

(8) 2015年广陵书社《扬州文库》本。

按：参见《续修四库全书提要》。

治河纪略　史部地理类　佚

京华杂记　子部杂学类　佚

以上2种见道光《续增高邮州志》三册宋绵初传附。

按：《治河纪略》，同治《续纂扬州府志》卷22作宋绵初撰，疑误。

夏长源

字京少，号写江。清嘉庆间高邮人。之芳曾孙，玉堂子。廪贡生。官通州训导。性不谐俗，多珍藏乡贤旧著，校刻行世。

野菜谱　子部农家类

明王磐撰　清夏长源校刊

存悔斋诗　集部别集类

宋龚璛撰　清夏长源校刊

凤池吟稿　集部别集类

明汪广洋撰　清夏长源校刊

以上3种有嘉庆间刻本。见道光《续增高邮州志》三册本传。

友竹山房诗集　集部别集类　佚

见光绪《再续高邮州志》卷6。

陈崇俭

清高邮人。

朴崇诗1卷　集部别集类

《高邮陈氏诗抄》本,见《中国丛书综录补编》。

绪思上

字念劬。清高邮人。父少怀,字用恩,习医,尤精幼科,善治痘。思上承父业,善妇科。吸取各家之长,医术益精。

家传秘录　子部医家类　佚

见民国《三续高邮州志》卷4本传。

孙应嘉

清高邮人。齐长子,应科兄。廪生。

月令通义　子部历算类　佚

见光绪《再续高邮州志》卷6。

天心阁诗钞2卷　集部总集类

清孙应嘉、孙应科撰

清道光五年(1825)刻本,南京图书馆藏。

养良正集1卷续集1卷　集部总集类

清孙仝庶、孙应嘉辑

清光绪十八年(1892)刻本,华东师范大学图书馆藏。

葛绣春

字锦园。清高邮人。嘉庆六年(1801)拔贡。幼失怙恃,事后母如生母。性豪迈,好施予。九年至十三年连遭水灾,灾民就食维艰。绣春请有司设分厂以便民,劝捐接济,不惜毁家为之倡。工诗文,试必前列。兼精医学。

东医宝鉴辨正注　子部医家类　佚

见嘉庆《高邮州志》卷10本传。

黄　熿(1778—1819)

字耀南,号同江。清高邮人。

半楼存稿　集部别集类　佚

见《高邮耆旧诗存》二册,并收其诗1首。

王敬之(1778—1856)

字仲恪,一字宽父(甫)。清高邮人。念孙次子,引之弟,出嗣叔祖迪城公为后。增贡生。貤封户部福建司主事。祖、父、兄世代贵显,敬之独能屏迹里门以诸生终。喜词章之学,尤工词,宗南宋姜夔。性嗜书,日手一编。间与论遗闻轶事,则侃侃而谈,如胸有记事珠。与同里周叙、夏昆林交最笃,时称三友。生平喜编纂典籍,乡贤文献多赖以保存。

按:生卒年据刘盼遂撰《年谱》。《明清江苏文人年表》则提前一年。

重编淮海先生年谱节要1卷　史部传记类

清秦瀛撰　王敬之等节要

清道光十七年(1837)王敬之刻《淮海集》附刻本。

按:见刘盼遂《段王学五种·高邮王氏父子年谱》附《王宽甫先生著书目》(以下简称《著书目》)。

家讳编　史部政书类　佚

见《著书目》。

宋二孙先生奏议事略　史部政书类

清王敬之、茆泮林、夏宝晋、夏昆林辑

(1) 清道光二十五年王敬之刻本,南京图书馆藏。

(2) 2015年广陵书社《扬州文库》本。

子目:

《孙莘老奏议事略》1卷《奏议补遗》1卷　宋孙觉撰

附:《孙传师奏议事略》1卷　宋孙览撰

《孙君孚奏议事略》3卷　宋孙升撰

(道光)续增高邮州志不分卷　史部地理类

清左辉春等纂修　王敬之分纂

版本参见“宋茂初”条。

按:敬之分纂,见刘盼遂《高邮王氏父子年谱》附录王敬之《与侄子兰书》。

宜略识字斋杂著9册　子部杂学类

清道光二十七年至咸丰五年(1855)刻本,山东省图书馆藏。

按:《著书目》注,起道光丁未迄咸丰乙卯凡九岁,一岁为一册。又,参见《续修四库全书提要》。

枕善居杂说1卷　子部杂学类

见《著述目》。

按:参见《续修四库全书提要》。

淮海集17卷后集2卷词1卷补遗1卷续补遗1卷考证1卷重编淮海先生年谱节要1卷　集部别集类

宋秦观撰　清王敬之、夏昆林辑　《考证》《年谱节要》王敬之等撰

(1) 清道光十七年王敬之刻本,国家图书馆藏。

(2)《四部备要》排印本。

王文肃公遗文1卷　集部别集类

清王安国撰　其孙敬之辑

(1) 清道光二十一年刻本,北京大学图书馆藏。

(2)《高邮王氏家集》本。

丁亥诗抄1卷会试朱卷1卷　集部别集类

清王念孙撰

清道光十四年子敬之刻本,南京图书馆藏。

小言集6册　集部别集类

(1) 清道光十一年刻本,中国科学院图书馆藏。

(2)《稀见清代四部辑刊》本。

子目：

《爱日堂诗》1册　少时居乡所得

《虚室诗》1册　迁居扬州所得

《小书巢诗》1册

《所宜轩诗》1册

按：以上2种复归高邮居南门及北门宅所得。

《枕善居诗》1册

《诗剩》1册内有4种：《虚室诗剩》《小书巢诗剩》《所宜轩诗剩》《枕善居诗剩》

按：国家图书馆藏本8册，首都图书馆藏本13卷，复旦大学图书馆藏本多至25卷，将《三十六湖渔唱》等一起收入。

鸿迹偶存　集部别集类

枕善居文　集部别集类

以上2种清刻本，国家图书馆藏。

书札　集部别集类

稿本，2册，国家图书馆藏。

同岑唱和(一名同岑唱和录)　集部总集类

清王敬之、周叙、夏昆林撰

清刻本。见《著书目》。

高邮耆旧诗存　集部总集类

清王敬之、周叙、夏昆林辑

(1) 清道光十四至十六年刻本，南京图书馆藏。

(2) 2015年广陵书社《扬州文库》本。

按：此书分4册。初册，收卒于乾隆二十四年(1759)以前诸家诗，二册以嘉庆为限；别册收有科第功名诸人诗；附册收同时代诸人诗。

高邮耆旧诗余1卷　集部词曲类

(1)《高邮耆旧诗存》附刻本。

(2) 2015年广陵书社《扬州文库》本。

三十六湖渔唱删存 3 册　集部词曲类

清道光二十六年刻本，南京图书馆藏。《著书目》注：“《云自在龛丛书》收入，名《三十六陂渔唱》，字句亦不同。”

按：参见《续修四库全书提要》。

三十六陂渔唱 1 卷　集部词曲类

(1)《云自在龛丛书》第四集本。

(2)《清名家词》本。

(3) 稿本，上海图书馆藏。

(4) 2015 年广陵书社《扬州文库》本。

渔唱乙稿　集部词曲类

清刻本，国家图书馆藏。

辑校迟云山房诗余 1 卷　集部词曲类

见《著书目》。

王敬之全书十三种不分卷　丛书类

清刻本，浙江大学图书馆藏。

王宽甫丛书十四种不分卷　丛书类

清刻本，南京图书馆藏。

以上 2 种丛书子目不详。

按：《清诗铎》收有其诗，《全清词钞》收有其词。

吴新嘉

字孔祺。清高邮人。平易和蔼，有长者称。馆邗江瓜埠前后 30 余年。盐运使阿厚庵纂修《唐文》，聘与校勘。间为诗歌，兴极豪迈。卒年几 80。

全唐文 1000 卷　集部总集类

清董诰等奉敕纂　吴新嘉与纂

版本参见“阮元”条。

孙应科

字研芝。清高邮人。齐次子，应嘉弟。廪贡生。壮年折右臂，仍复钞录不辍。精研经学，其所辑《四书说苑》足与其七世祖宗彝《易宗集注》、五世祖滢孙《檀弓论文》等并传。尝榜其居曰“书窝”。暮年寓居宝应县。

四书说苑11卷首1卷补遗1卷续补1卷　经部四书类

(1) 清道光四年(1824)自刻本，《补遗》《续补》2卷缺，南京图书馆藏。

(2) 清道光二十八年补刻本，国家图书馆藏。

(3) 2015年广陵书社《扬州文库》本。

按：参见《续修四库全书提要》。

犹存集(一作孙氏犹存集)4卷　史部传记类

清孙仝辙、孙应科等辑

(1) 清道光十五年小康书屋刻本，南京图书馆藏。

(2) 2015年广陵书社《扬州文库》本。

下河水利新编3卷　史部地理类

(1) 清道光三十年半吾堂刻本，南京图书馆藏。

(2) 2015年广陵书社《扬州文库》本。

半吾堂医方　子部医家类　佚

见光绪《再续高邮州志》卷6。

半吾堂文钞1卷　集部别集类

清道光二十三年小康书屋刻本，南京图书馆藏。

天心阁诗钞2卷　集部总集类

清孙应嘉、孙应科撰

清道光五年刻本，南京图书馆藏。

张　经

字菜畦。清高邮人。坤堂弟。道光八年(1828)举人。工制艺,学使姚文田诧为名宿,首拔之。淡于进取。事母孝,每读古人轶事以娱暮年。勤学不辍,手录书盈尺。年93卒。

菜畦诗词存5卷　集部别集类　佚

菜畦文存　集部别集类　佚

以上2种见民国《三续高邮州志》卷6。

柏凌霄

字拟棠。清高邮人。世爵子。郡增生。乐善好施,居家昆季和悦。前后州牧详请疏浚南北澄子河,倚凌霄如左右手。学宫渐倾塌,凌霄监督重修,于新殿庑增设祭器。复请当事为学中置产,助邑士乡会试资斧。其他善举,多倾囊为邑人倡。

归田诗钞　集部别集类　佚

存心书屋文集　集部别集类　佚

以上2种见嘉庆《高邮州志》卷10本传。

高　福

字纯禧,号季亭。清高邮人。鸿飞父。邑增生。生而颖敏,刻苦力学。尝学诗于沈荆漳。屡踬名场,绝意进取。以子官赠奉直大夫、彰化县知县、翰林院庶吉士。

古香堂诗文钞　集部别集类　佚

见道光《续增高邮州志》三册本传。

李　聪

清高邮人。

果生诗稿　集部别集类　佚

见同治《续纂扬州府志》卷22。

杏斋诗存　集部别集类　佚

癸卯后诗存　集部别集类　佚

寓渌湖小稿　集部别集类　佚

以上3种见光绪《再续高邮州志》卷6。

夏椿龄

清高邮人。

雨斋管见录　子部杂学类　佚

见道光《续增高邮州志》六册。

徐　溥

字德川，号兰坪。清高邮人。弱冠补弟子员，文誉噪一时。旋病指，不能伸，兼耳背。所著《腋史》，订正精确，不囿于旧说。

腋史　子部典故类　佚

见道光《续增高邮州志》六册。

按：《高邮耆旧诗存》附册收其诗6首。

李鸣凤

清高邮人。

修竹山房吟草　集部别集类　佚

见同治《续纂扬州府志》卷22、光绪《再续高邮州志》卷6。

宋　侃

字质夫。清高邮人。其家先世皆精篆刻，侃承家学，金石刻画古秀绝伦。所著印谱颇见重于当时，王念孙为之作序。

稽古山房印谱　子部艺术类　佚

见民国《三续高邮州志》卷4。

吴兆楠

清高邮人。

愿学斋诗　集部别集类　佚

见道光《续增高邮州志》六册。

按:《高邮耆旧诗存》附册收其诗 8 首。

李吉人

清高邮人。

海田遗稿　集部别集类　佚

见同治《续纂扬州府志》卷 22、光绪《再续高邮州志》卷 6。

李名皋

一作名滜。清高邮人。

罨山吟草　集部别集类　佚

余闲小咏　集部别集类　佚

以上 2 种见同治《续纂扬州府志》卷 22、光绪《再续高邮州志》卷 6。

徐联科

清高邮人。源子。

望云集　集部别集类　佚

见道光《续增高邮州志》六册。

王用之

清高邮人。附贡生,豫工例,候选训导。道光十一年(1831)捐修明伦堂。

老子河上注(一名道德经注重校)2 卷　子部周秦诸子类

汉河上公注　清王用之重校　茆泮林参阅

清道光间刻本，国家图书馆藏。

杨　棨

字德芳，号柳桥。清高邮临泽镇人。廪生，早年丧父。力学有文誉。乾隆末以冠童子试入学，岁科试屡冠其曹，古学尝冠一郡。年 39 卒，士林惜之。

柳桥诗钞　集部别集类　佚

菘韭山房吟稿　集部别集类　佚

以上 2 种见民国《三续高邮州志》卷 4 本传。

按：《高邮耆旧诗存》二册收其诗 3 首。

董之醇

字仿川。清高邮人。道光五年(1825)举人。年 30 而鳏，不再娶。笃于孝友，淡泊不与世俗争名利。乐于助人，成就后生甚众。卒年 60。

仿川文诗稿　集部别集类　佚

见光绪《再续高邮州志》卷 4 本传。

按：《州志》卷 6 作《仿川诗集》。

徐　混

清高邮人。

梅花书屋诗钞　集部别集类　佚

见《高邮耆旧诗存》附册目录。

李钧衡

字赞平，号菘圃。清高邮人。弼子。道光四年(1824)岁贡生，注选训导。醇谨力学，能以文誉继其先人。虑先世遗文散佚，竭力搜辑刊行，刊成而卒。

荣春堂稿　集部总集类　佚

清李弼等撰　李钧衡辑刊

见道光《续增高邮州志》三册本传。

茆泮林

字鲁山，号雩水。清高邮人。道光间郡廪生。力学好古，积20年之力，辑《古逸书十种》。阮元称其"非日披万卷，手写千帙，不克臻此完善"，为序行之。又辑有《孙莘老年谱》等书，俱刊行。

毛诗注疏校勘记校字补1卷　经部诗经类

周礼注疏校勘记校字补1卷　经部周礼类

三礼经义附录1卷　经部三礼总义类

以上3种有《鹤寿堂丛书》本。

梅瑞轩求是偶钞1卷　经部群经总义类

底稿本，台北"中研院"傅斯年图书馆藏。按《贩书偶记》孙殿起注：此书中有刘文淇手笔批校，皆以签纸贴于诸篇之眉端。

纂要文徵遗1卷　经部小学类

刘宋何承天撰　清茆泮林辑

《鹤寿堂丛书》本。

世本1卷　史部别史类

汉宋衷注　清茆泮林辑

(1)《十种古逸书》本。

(2)《龙溪精舍丛书》本。

(3)《丛书集成初编》本。

(4)《世本八种》本。

楚汉春秋1卷附疑义1卷　史部杂史类

汉陆贾撰　清茆泮林辑

(1)《十种古逸书》本。

(2)《后知不足斋丛书》本。

(3)《龙溪精舍丛书》本。

(4)《槐庐丛书初编》本，此本附陈其荣《考证》1卷。

宋孙莘老（觉）年谱1卷　史部传记类

清茆泮林撰

(1) 清道光间高邮甘雨亭刻本，北京师范大学图书馆藏。

(2)《北京图书馆藏珍本年谱丛刊》本。

(3) 2015年广陵书社《扬州文库》本。

三辅决录1卷补遗1卷　史部传记类

汉赵岐撰　晋挚虞注　清茆泮林辑

《十种古逸书》本。

孝子传　史部传记类

汉刘向撰　清茆泮林辑

孝子传　史部传记类

晋萧广济撰　清茆泮林辑

孝子传　史部传记类

□王歆撰　清茆泮林辑

孝子传　史部传记类

刘宋王韶之撰　清茆泮林辑

孝子传　史部传记类

□周景式撰　清茆泮林辑

孝子传　史部传记类

刘宋师觉授撰　清茆泮林辑

孝子传　史部传记类

□宋躬撰　清茆泮林辑

孝子传　史部传记类

□虞盘佑撰　清茆泮林辑

孝子传　史部传记类

刘宋郑缉之撰　清茆泮林辑

孝子传　史部传记类

清茆泮林辑

孝子传补遗　史部传记类

清茆泮林辑

以上11种古《孝子传》均有以下3种版本：

(1)《十种古逸书》本。

(2)《龙溪精舍丛书》本。

(3)《丛书集成初编》本。

伏侯古今注3卷补遗1卷又补遗1卷　史部政书类

汉伏无忌撰　清茆泮林辑

(1)《十种古逸书》本。

(2)《龙溪精舍丛书》本。

(3)《丛书集成初编》本。

唐月令注1卷补遗1卷附考1卷　史部时令类

唐李林甫等撰　清茆泮林辑

(1)《十种古逸书》本。

(2)《丛书集成初编》本。

(3) 2015年广陵书社《扬州文库》本。

唐月令续考1卷　史部时令类

清茆泮林撰　成蓉镜增订

唐月令注续补遗1卷　史部时令类

清茆泮林撰　成蓉镜增订

以上2种均有《鹤寿堂丛书》本。

邑志考　史部地理类　佚

见民国《三续高邮州志》卷6。

老子河上公注2卷　子部周秦诸子类

清王时行注未竟　茆泮林续撰　王用之校

清道光二十五年(1845)竹山堂刻本，国家图书馆藏。

吕氏春秋补校1卷　子部周秦诸子类

《鹤寿堂丛书》本。

庄子注1卷补遗1卷音1卷逸篇1卷逸语1卷逸篇注补遗1卷音补遗1卷注又补遗1卷疑义1卷　子部周秦诸子类

晋司马彪撰　清茆泮林辑

《十种古逸书》本。

计然万物录1卷补遗1卷　子部周秦诸子类

周辛文撰　清茆泮林辑

(1)《十种古逸书》本。

(2)《龙溪精舍丛书》本。

(3)《丛书集成初编》本。

梅瑞轩蠡说漫录1卷　子部儒学类

稿本，台北"中研院"傅斯年图书馆藏。

按：《贩书偶记》孙殿起注："书中有王敬之手笔校字，最后有'宽甫读'三字印一方。"

淮南万毕术1卷补遗1卷再补遗1卷　子部术数类

汉刘安撰　清茆泮林辑

(1)《十种古逸书》本。

(2)《龙溪精舍丛书》本。

(3)《丛书集成初编》本。

甓社余闻　子部杂学类　佚

见光绪《再续高邮州志》卷6。

玄中记1卷补遗1卷　子部小说类

□郭□撰　清茆泮林辑

(1)《十种古逸书》本。

(2)《丛书集成初编》本。

淮海集17卷后集2卷词1卷补遗1卷续补遗1卷考证1卷重编淮海先生年谱节要1卷　集部别集类

宋秦观撰　《考证》清王敬之、茆泮林、金长福撰　《年谱节要》秦瀛

原撰、王敬之等撰

(1) 清道光十七年王敬之刻本,南京图书馆藏。

(2)《四部备要》本。

先哲文存　集部总集类　佚

清茆泮林辑

见光绪《再续高邮州志》卷 6。

十种古逸书　丛书类

清茆泮林辑

清道光十四年梅瑞轩刻本。子目见上。

陈理祥

字吉人。清高邮人。诸生。工书法,能于寸幅中写天地全图。

南园文稿(一作南园草)　集部别集类　佚

见民国《三续高邮州志》卷 4 本传。

朱首春

清高邮人。

瘦香诗钞　集部别集类　佚

见光绪《再续高邮州志》卷 6。

按:《高邮耆旧诗存》二册收其诗 1 首。

万　春

字雨皋。清高邮人。邑增生。研究训诂之学,诗文亦古雅,工八分书。

芋香馆吟草(一作芋香馆吟稿)　集部别集类　佚

见民国《三续高邮州志》卷 4 本传。

按:《高邮耆旧诗存》二册收其诗 2 首。

黄　灿

清高邮人。

半楼存稿　集部别集类　佚

见光绪《再续高邮州志》卷 6。

顾　鸿

清高邮人。嘉庆二十二年(1817)贡生。

三百篇音韵训蒙　经部小学类　佚

见道光《续增高邮州志》六册。

夏齐林(？—1842)

字思伯，号勉斋。清高邮人。之蓉曾孙，味堂长子。嘉庆十八年(1813)拔贡，道光元年(1821)恩科副榜。能承家学，继父志，尽力乡里事业。二十二年夏襄赞城工防御事宜，未竟其志而卒，士民惜之。

府君澹人公(味堂)行略 1 卷　史部传记类

清夏齐林、夏云林撰

(1) 清道光间精刻本，国家图书馆藏。

(2) 2015 年广陵书社《扬州文库》本。

夏　澄

字竹甫。清高邮人。幼敏慧，习篆籀及秦汉以来各体书，亦工铁笔章法，与钱塘陈鸿寿(曼生)相近。

竹子氏印谱　子部艺术类　佚

金石偶临　子部艺术类　佚

以上 2 种见民国《三续高邮州志》卷 4 本传。

新竹庐杂笔　子部杂学类　佚

伴梅痴语　子部杂学类　佚

云萍吟　集部别集类　佚

塞北吟　集部别集类　佚

以上4种见民国《三续高邮州志》卷6。

沈　铭

字书常，号江村。清高邮人。钫兄。廪生。有俊才，弱冠补弟子员第一。性落拓，豪于诗而踬于遇。好奖掖后进、寒士，有藉以成名者。

江村诗钞(一作江村吟稿)6卷　集部别集类　佚

见道光《续增高邮州志》三册、六册。

按：同治《续纂扬州府志》卷13作《江村吟草》。又，《高邮耆旧诗存》二册收其诗4首。

赵术堂

字观澜，又字双湖。清高邮人。少时志在儒学。因祖母病笃，延医无效，深以不知医即不能事亲为憾，遂从名医王芝藻习医而精于医。性好施舍，捐市房充育婴堂费。曾领直隶州州同衔。

医学指归2卷十二经络图象1卷附奇经八脉　子部医家类

(1) 清同治刻本，南京图书馆藏。

(2) 1959年上海科学技术出版社出版。

穴同名异类　子部医家类

《医学指归》后附。

超心录不分卷　子部医家类

清抄本，上海中医药大学图书馆藏。

周　敏

清高邮人。

冷香吟社剩稿　集部别集类　佚

见道光《续增高邮州志》六册。

按:《高邮耆旧诗存》附册收其诗10首。

韩凤仪

字朔虞。清高邮人。诸生。父早殁。家贫好学,工书,尤精医学。手录经史诗文盈箧。

万方汇览8卷　子部医家类　佚

清韩凤仪辑

课闲堂吟稿　集部别集类　佚

以上2种见光绪《再续高邮州志》卷4本传。

沈　钫

字方钟,号皃村。清高邮人。铭弟。嘉庆二十五年(1820)岁贡生,注选训导。诗文与兄齐名。善书法,工铁笔,精于天算。尝创制星球,著《星球图说》,皆为巨公赏识,然晚遇益穷。

星球地球图说　子部历算类　佚

见同治《续纂扬州府志》卷13本传。

按:道光《续增高邮州志》六册作《星球图说》。又,《高邮耆旧诗存》附册收其诗10首,《广陵思古编》卷20收其文1篇。

尤上林

字新堂。清高邮人。炳文父。幼聪敏,年13默十三经,补弟子员,旋食廪饩。十上秋闱,几得复失。生平敦品自爱,成就生徒百数十人。卒年80。

课徒草　集部别集类　佚

西禧堂诗集(一作西禧堂诗钞)　集部别集类　佚

以上2种见光绪《再续高邮州志》卷4本传。

夏云林

字京甫。清高邮人。味堂次子。诸生。

府君澹人公(味堂)行略1卷　史部传记类

清夏齐林、夏云林撰

(1) 清道光间精刻本,国家图书馆藏。

(2) 2015年广陵书社《扬州文库》本。

一柳旧居吟草　集部别集类　佚

见民国《三续高邮州志》卷6。

按:《全清词钞》收有其词。

张　坤

字蔚中。清高邮人。郡廪生。少孤,与堂兄经相友爱如同胞,老而愈笃。专攻时古艺,兼长诗赋,晚通道家之学。著作多不传。

醒斋诗草1卷　集部别集类　佚

见民国《三续高邮州志》卷4本传。

按:《州志》卷6作《醒斋诗》,并注:"著《客中一得》者又是一人。"

夏嵩林

清高邮人。

少室遗诗　集部别集类　佚

见嘉庆《重修扬州府志》卷62、民国《三续高邮州志》卷6。

金鸣鸾

号澹庵。清高邮人。附生。少承祖训,与兄啸岩锐意攻读。兄殁,抚其子成立。生平安义命,待人谦逊宽厚。

爱春华馆诗词集　集部别集类　佚

见光绪《再续高邮州志》卷4本传。

爱春华馆遗稿(存)1卷　集部别集类

清同治元年(1862)刻本,国家图书馆藏。

同岑唱和　集部总集类

清道光十九年(1839)刻本,国家图书馆藏。

张平江

清高邮人。

萤窗杂说1卷萤窗率笔吟诗集1卷　集部别集类

清同治六年(1867)孙恩捷刻本,南京图书馆藏。

萤窗遗稿搜存2卷　集部别集类

清同治六年三月孙恩捷辑刻本。

按:《贩书偶记续编》卷18著录,后注《萤窗杂说》《率笔吟诗集》等。此搜存2卷疑即上两种之合称,《中国古籍总目》分开著录。

宋　偁

清高邮人。道光三年(1823)岁贡生,注选训导。

续谐声补逸　经部小学类　佚

见光绪《再续高邮州志》卷6。

悟　然

清高邮僧人。

南北记1卷北游记3卷附录1卷传心录2卷复游记3卷附录1卷(一名恒公略记)　集部别集类

清道光十年(1830)刻本,见《贩书偶记续编》卷18。

高忠庆

字敬修,号古迂。清高邮人。鹏子。多馆外郡,当时慕其文行,争延聘之。笑言不苟,有古风。卒年70。弟笃庆、德庆,皆有才学而淡于荣利，弟昆友爱，俱享大年。

古迁诗钞　集部别集类　佚

见光绪《再续高邮州志》卷4本传。

李廷锐

清高邮人。道光元年(1821)贡生。

捆裀吟　集部别集类　佚

见道光《续增高邮州志》六册。

宋厚鋆

原名客周，字绿巢。清高邮人。廪生。性孝，父以牵连至讼庭，泣请代父受杖。长承父志，建字香书屋于城中，更设淮海义学，教士族之无力向学者。议论奇伟，诗文似之。

之宋日记　史部传记类　佚

心研草堂文稿(一作心研书堂文稿)　集部别集类　佚

雪荠庐试帖诗存　集部别集类　佚

鼠余诗集　集部别集类　佚

以上4种见道光《续增高邮州志》三册本传。

按：《高邮耆旧诗存》附册收其诗15首。

万学海

字云楼。清高邮人。兰阶孙。幼敦孝行，博览经史。曾馆同邑高氏，学生鸿飞年方幼，学海即预知其必成大器。

湖村集　集部别集类　佚

见光绪《再续高邮州志》卷4本传。

按：《高邮耆旧诗存》附册收其诗4首。

周　叙(1784—1851?)

字雨窗。清高邮人。道光十五年(1835)岁贡生,注选训导。幼母丧,事父孝,与兄敏友爱终身。平生以表阐幽潜为己任,辑《感旧前后集》《耆旧诗词》,邑中先辈多赖以传。咸丰元年(1851)举孝廉方正,不就。

按:生卒年据《明清江苏文人年表》。

雨窗文存 1 卷续 1 卷遗文 1 卷吟存 1 卷续 1 卷　集部别集类

清道光十六年至咸丰二年刻本,国家图书馆藏。

感旧文集(一作感旧前后集)　集部总集类　佚

清周叙辑

见道光《续增高邮州志》六册、同治《续纂扬州府志》卷 22。

高邮耆旧诗存初册 1 卷二册 1 卷别册 1 卷附册 1 卷　集部总集类

清王敬之、周叙、夏昆林辑

清道光十四年至十六年刻本。参见“王敬之”条。

同岑唱和 1 卷　集部总集类

清王敬之、周叙、夏昆林撰

清道光间刻本,国家图书馆藏。

高邮耆旧诗余 1 卷　集部词曲类

《高邮耆旧诗存》附刻本。

杨昌霖

字润之。清高邮人。道光十七年(1837)岁贡生。与弟昌言、堂弟观寿并擅文名。文章诗赋均有法度。

虎胥集　集部别集类　佚

见民国《三续高邮州志》卷 6。

徐赋鹿

字荔裳。清高邮人。宾父。廪监生。6岁失怙，事母孝。无子，买兴化某氏女为妾，诘知已受某姓聘，焚其券遣之，妻王氏亦旋生二子。

易学阐要2卷　经部易类　佚

律吕辨微　经部乐类　佚

小学珠尘4卷　子部典故类　佚

以上3种见道光《续增高邮州志》六册及光绪《再续高邮州志》卷4本传。

按：前2书道光《州志》注云："以上二书赋鹿多征旧说，其有发明，间下己意，故仍附纂葺。"

吴荣黼

字仲甫。清高邮人。联元父。嘉庆二十一年(1816)顺天副榜。少聪敏，留心经史。道光元年(1821)考职以县丞用，选授湖南长沙府善化县丞，历署耒阳、常宁、醴陵、芷江、衡阳等县，有善政。咸丰间任衡阳时，洪罗庙盗匪滋变，荣黼剿抚兼施，一境安定。旋因辛劳成疾，卒于官。

佩文诗韵音辨类笺40卷　经部小学类　佚

见光绪《再续高邮州志》卷4本传。

夏昆林(1787—1865)

字瘦生。清高邮人。岁贡生。纪堂子。少承家学，淡于进取，以吟咏自娱。晚年研究经术，视听老而不衰。手抄经说盈尺，曾搜集先人遗集及乡贤前辈诗文刻而传之。家有园数亩，名为槿花村，与周叙、王敬之唱和其中，时称"三友"。

槿花村吟存4卷附槿村樵唱4卷　集部别集类

(1) 清道光十八年(1838)刻本，南京图书馆藏。

(2)《高邮夏氏丛书》本。

(3) 2015年广陵书社《扬州文库》本。

按:光绪《再续高邮州志》卷4本传作《槿花村诗词集》。

槿花村诗词　集部别集类

清刻本,国家图书馆藏。

槿花村遗文(一作槿花村古文)4卷　集部别集类　佚

见民国《三续高邮州志》卷6。

槿村樵唱1卷　集部词曲类

见《清史稿艺文志及补编》。

按:《全清词钞》收有其词。

高邮耆旧诗存初册1卷二册1卷别册1卷附册1卷　集部别集类

清王敬之、夏昆林、周叙辑

清道光十四年至十六年刻本,参见“王敬之”条。

同岑唱和1卷　集部总集类

清王敬之、夏昆林、周叙撰

清道光间刻本,南京图书馆藏。

宋二孙先生奏议事略　史部政书类

宋孙觉、孙升撰　清王敬之、夏昆林等辑

淮海集17卷　集部别集类

宋秦观撰　清王敬之、夏昆林辑

以上2种有道光间王敬之刻本,参见“王敬之”条。

高邮夏氏丛书七种　丛书类

(1) 清道光刻本,南京图书馆藏。

(2) 2015年广陵书社《扬州文库》本。

子目:

《槿花村吟存》4卷

《槿村樵唱》4卷

《遂园诗钞》6卷

《雨窗吟存》1 卷

《雨窗文存》1 卷《续》1 卷

《雨窗遗文》1 卷

谈元吉

字履祥，号棠村。清高邮人。道光七年（1827）岁贡生。性宽和，工时艺。嘉庆中某学使取冠其曹，次年值选拔，学使属意。会丁父艰，不与试。

棠村集唐诗　集部别集类　佚

清谈元吉集

见道光《续增高邮州志》六册。

夏宝晋

字玉延，号慈仲。清高邮人。振采子，吴江郭麐婿。嘉庆十八年（1813）举人。少孤贫，游学郡城，多与当时名宿往来，名噪一时。既举于乡，入赘于鸳湖 10 余年，古文诗词受岳父教导。累官山西浮山、绛州、代州、朔州，政绩显著。道光十二年（1832）、十七年两任乡试同考官。历主崇川、紫琅书院讲席。因生母年逾八旬，乞终养。归里后与邑中老宿蔬盘话旧，以著述自娱。年 78 卒。

山右金石录 1 卷跋尾 1 卷　史部金石类

（1）清咸丰元年（1851）刻本，南京图书馆藏。

（2）《顾氏金石舆地丛书》本。

山右金石录 1 卷跋尾 1 卷校语 1 卷　史部金石类

清夏宝晋辑校语　凌霞撰　石宋建校订

清光绪八年（1882）归安石氏古欢阁刻本，南京图书馆藏。

冬生草堂文录 4 卷诗录 8 卷词录 4 卷山右金石录 1 卷跋尾 1 卷　集部别集类

（1）清咸丰元年至四年刻本，南京图书馆藏。

(2)《清代诗文集汇编》本。

按：光绪《再续高邮州志》卷6作《冬生草堂诗词文集》。

淮海浮家集　集部别集类　佚

见同治《续纂扬州府志》卷22。

仕国弦歌录4卷附笛椽词2卷　集部别集类

清道光十三年未能信斋刻本，南京图书馆藏。

笛椽词4卷　集部词曲类

清咸丰刻本，南京图书馆藏。

笛椽词2卷　集部词曲类

琴隐词1卷　集部词曲类

湖中明月词1卷　集部词曲类

以上3种均清刻本，南京图书馆藏。

按：以上3种即其词录4卷之别称，又合称《冬生草堂词》。

又按：《清诗铎》收有其诗，《全清词钞》收有其词。

谈文焕

字艺林。清高邮人。嘉庆二十四年(1819)举人。赋性刚直，课读自给。道光六年(1826)大挑，选蒙城县训导，以父丧未赴，继选昆山县教谕。昆山苦粮重，诸生有田者恒逮系。文焕谓诸生非不完粮，不能完浮收之粮耳，乃令按册从原额完粮，县令忌公，然无如公何也。在任10年以病乞休。卒年73。

砚朐吟稿12卷　集部别集类

清咸丰六年(1856)孟夏刻本，南京图书馆藏。

董楚材(1789—1854)

字晋卿。清高邮人。道光二十二年(1842)岁贡生。精研经学。性诚实好善，于学宫、义塾、恤孤、育婴诸善举力任不辞劳瘁。因堵筑东堤，冒盛暑感疾卒。

周易汇参　经部易类　佚

诗经会要　经部诗经类　佚

以上2种见光绪《再续高邮州志》卷4本传。

詹汝谦

字受兹。清高邮人。康庄孙。肯堂长子，出嗣玉堂为后。道光十二年(1832)举人。本经术为制艺，教授生徒甚多。性不计生产，束修所得往往随处置之。侍母疾衣不解带者数年，仲弟汝谐卒京邸，数千里归其丧。晚年主讲珠湖书院，士受其益。

汉易折衷　经部易类　佚

春秋摘义　经部春秋类　佚

梓香书屋诗文集　集部别集类　佚

按：民国《三续高邮州志》卷6作《梓香书屋文集》。

以上3种见光绪《再续高邮州志》卷4本传。

王寿昌(1792—?)

字子仁，号晓斋。清高邮人。引之长子。以父荫授户部候补主事，历官广西按察使。

王文简公(引之)行状1卷　史部传记类

清王寿昌等撰

(1) 清道光刻本，北京大学图书馆藏。

(2)《雪堂丛刻》本。

按：刘盼遂《高邮王氏父子年谱》云："(引之)以明年(道光十五年，1835)十二月初七日归窆于安徽天长县谕兴集之东原。江都汪喜孙为撰《光禄大夫工部尚书王文简公行状》(汪孟慈遗文，今《王氏六叶传状集》所收即此而略改易名称者也)。"

王通议文集(王子仁文集)4卷　集部别集类

清咸丰六年(1856)刻本，北京大学图书馆藏。《贩书偶记》注：卷1

书说文示，卷 2 文简公行状，卷 3 年谱，卷 4 诗词。

王寿昌文集 4 卷　集部别集类

(1)《高邮王氏家集》本。

(2) 2015 年广陵书社《扬州文库》本。

按：即上书。

晓斋遗稿附乔倩遗稿　集部别集类

1936 年石印本，南京图书馆藏。

注：《乔倩遗稿》为王迈撰。

王留福(？—1844)

原名福荣，字欣仲。清高邮人。庆鹤子。道光十一年(1831)举人。幼承庭训，文章诗赋得《史》《汉》气息。屡试礼闱不第。留京师前后 10 余年，与名公卿唱和，慷慨激昂。二十四年大挑用教职，署上元教谕，欲赴任而卒。

青箱书屋词 1 卷附南北曲两套　集部词曲类

(1)《青箱书屋两世词稿》排印本，上海图书馆藏。

(2) 2015 年广陵书社《扬州文库》本。

高鸿飞

字伯鸾，号南卿。清高邮人。福子，鹏飞兄。性孝友，幼有神童之称。从万学海受业。9 岁能诗，制艺亦斐然成章。年 13 入学，旋食饩。道光五年(1825)拔贡，二十一年进士。由翰林院庶吉士改选福建福鼎县知县。旋调署晋江，严勘京控三巨案得实，论如律。因此被排斥调台湾。咸丰二年(1852)署台湾县。三年，匪徒骚动。请兵，寡不敌众，奋战力竭阵亡。

水灾日记　史部杂史类　佚

古双桂轩文稿　集部别集类　佚

以上 2 种见光绪《再续高邮州志》卷 4 本传。

王彦和(1794—1855)

字子美。清高邮人。引之次子。幼随侍入都,应顺天乡试,七荐不售,取誊录官。道光二年(1822)派陵工监督。工竣以直隶州知州用,授广西郁林州。二十年(1840)补左州知州。二十一年任广西太平府知府。二十六年擢安徽宁池太广道。二十九年署按察使。咸丰二年(1852)太平军进入楚南,奉旨军营差遣,复奉旨往浙江调办徽州善后,旋病卒。

养余室杂著无卷数附制造车轮船式并火箭法1卷吟草1卷十二铜鼓轩词1卷试帖1卷　集部别集类

清咸丰七年刻本,国家图书馆藏。

按:《清史稿艺文志及补编》记为《养余室杂著》不分卷《吟草》1卷《试帖》1卷《十二铜鼓轩词稿》1卷。

詹汝谐

字南英,号缄甫。清高邮人。肯堂次子,汝谦弟。幼聪慧,成童后即登贤书,嘉庆二十五年(1820)成进士。汪廷珍相国阅其闱中经艺,称为朴学,及见其平时所辑经注,谓一时经学无出其右。为刑部主事,多所平反。充国史实录馆纂修官,凡缮写引证古书,皆一一辨析无遗。年44卒于京邸。

四书参注　经部四书类　佚

四书合注　经部四书类　佚

文梓书屋经训　经部群经总义类　佚

驳案新例恭纪　史部政书类　佚

京华杂记　子部杂学类　佚

以上5种见道光《续增高邮州志》三册本传、光绪《再续高邮州志》卷6。

王辅之

清高邮人。

圜钱所见记　史部金石类　佚

见同治《续纂扬州府志》卷22、民国《三续高邮州志》卷6。

詹汝诚

字孚吉，号诚斋。清高邮人。康庄孙，汝谐弟。嘉庆二十四年(1819)经魁。为人言行不苟。九上春官，几得复失。任砀山训导，五月而卒。

四书语录拾遗　经部四书类　佚

苦吟集　集部别集类　佚

以上2种见道光《续增高邮州志》三册本传。

胡　泉(1797—1868)

字杖山，一字白水。清高邮人。镇子。天资纯粹，博览群籍，好学不倦。既从事宋儒之学，而于《王文成全书》用力尤深。咸丰元年(1851)诏举孝廉方正，同举者江都罗士琳、长洲陈奂，皆著名学者。晚年任萧县教谕。

白水诗存　集部别集类　佚

见民国《三续高邮州志》卷6。

金兰诗集　集部别集类　佚

见民国《宝应县志》卷23。

王阳明先生文钞　集部别集类

明王守仁著　清胡泉辑

稿本，12册，北京大学图书馆藏。

胡白水所著书四种(一名高邮胡氏四种)11卷　丛书类

清咸丰刻本，南京图书馆藏。

子目：
《王阳明先生书疏证》4卷
《王阳明先生经说拾余》1卷
《王阳明先生经说弟子记》4卷
《大学古本荟参》1卷《续编》1卷
按:民国《宝应县志》卷23作《大学古本汇参音注》。
又按:参见《续修四库全书提要》。

董烇森

字月楼。清高邮人。廪监生。性廉静寡欲,朱子《通鉴纲目》一书流览极熟。与弟丙元相友爱,抚侄辈如己出。晚年生计困窘,然性气洒脱而自得。

左史辑要　经部春秋左传类　佚

见光绪《再续高邮州志》卷4本传。

夏为金

字熙南。清高邮人。诸生。工诗古文词,书法学赵松雪。肄业郡城安定、梅花书院,文名噪甚。

感旧集(制艺)　集部别集类　佚

见光绪《再续高邮州志》卷4夏为旁传附。

定　初

清高邮僧人。

鹿苑山房诗　集部别集类　佚

见道光《续增高邮州志》六册。

尤炳文

字绮园。清高邮人。上林子。16岁应童子试,屡膺首列。道光十一年(1831)举于乡,二十四年大挑二等。历署睢宁、上元教谕。任满家居,主讲珠湖书院。咸丰五年(1855)截取知县,在部9年,借选安徽藩库大使。同治十年(1871)补授凤台县,加同知衔。炳文终生好学,手不释卷。年75卒。

传经堂文集　集部别集类　佚

步月楼诗集　集部别集类　佚

以上2种见民国《三续高邮州志》卷4本传。

任学孟

字小邹。清高邮人。基振曾孙。附生。基振著有《玉海辨讹》,学孟复汇萃成编。其他笔记残稿甚富,惜后人无力纂次。

玉海辨讹　子部典故类　佚

清任基振撰　任学孟重编

见光绪《再续高邮州志》卷4本传。

了　云

清高邮僧人。

逼仄吟　集部别集类　佚

见民国《三续高邮州志》卷6。

薛国庆

字云侯。清高邮人。成荣父。诸生。幼时为文极敏。省试久不中,橐笔远游,几遍天下。年老归里,热心乡里公益,遇节孝事即资助之。

趁闲录　子部杂学类　佚

榴轩诗文集　集部别集类　佚

以上2种见同治《续纂扬州府志》卷22、民国《三续高邮州志》卷4本传。

红杏轩游草 2 卷　集部别集类

清刻本，南京图书馆藏。

贾鹤庆

字紫卿。清高邮人。诸生。朴诚好学，弱冠以文受知某邑侯。家贫，教读糊口。无钱购书，经籍多手录，至老不倦。

碧梧轩诗词　集部别集类　佚

见光绪《再续高邮州志》卷 6。

陈　坦

清高邮人。

蝶楼诗 1 卷　集部别集类

《高邮陈氏诗抄》本，见《中国丛书综录补编》。

张　枢

字抚辰。清高邮人。习医术，精研《难经》，直穷其秘。为人诊视，必得病源，活人无数。

医学摘要　子部医家类　佚

见民国《三续高邮州志》卷 4 本传。

汪成德

字仲纯，号酿泉。清高邮人。咸丰九年（1859）岁贡生，注选训导。缔交义重通财，为人所称道。笃嗜经学，菲枕经籍垂 20 年，受知于寿阳祁寯藻相国最深。年 70 卒。

五经集解萃琳　经部群经总义类　佚

见光绪《再续高邮州志》卷 4 本传。

王寿同(1804—1852)

字季如,号子兰。清高邮人。引之四子。道光二十四年(1844)进士。授刑部郎中,以御史用。二十七年以知府记名授贵州贵阳遗缺知府。三十年授湖北汉黄德道。咸丰元年(1851)署按察使。二年,太平军攻省垣,寿同赴武昌襄办军务。城陷,寿同率子恩晋及练勇数十人死难,谥忠介。《清史稿》有传。南京图书馆藏有清刻本《王寿同传》附《王恩晋传》一种。

经义考证　经部群经总义类　佚

述闻拾遗　经部群经总义类　佚

广雅疏证补遗 1 册　经部小学类　佚

古韵蠡测　经部小学类　佚

守城日录　史部杂史类　佚

杂志拾遗　子部杂学类　佚

观其自养斋杂记　集部别集类　佚

以上 7 种见刘盼遂《高邮王氏父子著述考》引《子兰府君行状》。

观其自养斋烬余录 8 卷　集部别集类

稿本,国家图书馆藏。《贩书偶记》卷 18 云:卷 1 经释;卷 2 子释;卷 3 字释、韵附;卷 4 碑释;卷 5 杂著、书、序;卷 6 杂著、书后、论、志;卷 7 公牍;卷 8 诗、铭、赞等类。

三世遗文　集部总集类　佚

见刘盼遂《著述考》引《子兰府君行状》,云:"又手辑《三世遗文》,梓将成而黄郡失守,板毁于兵。"

按:咸丰七年王恩沛、王恩泰辑刻之《高邮王氏家集》,或承袭寿同此书而成。

贾　恒

字常伯。清高邮人。廪膳生。栋孙,亮采子。生而颖异,幼丧母,随父任读书于平定州署，归试辄冠军。父因公诖误，效力北台。奉父命居家尽子职，协办地方公务甚多，咸丰间襄办团练，弃产助捐，积劳成疾以殁。

悦性书巢诗钞　集部别集类　佚

按：光绪《州志》卷6艺文志作《恒性书巢诗钞》，疑误。

小霜红庵词稿　集部词曲类　佚

以上2种见光绪《再续高邮州志》卷4本传，注：待刊。

朱　楠

字梅庵。清高邮人。敏中父。道光二十年(1840)举人，二十五年进士。授户部主事。供职甫一年即乞假归。归里后，留心乡里水利，凡遇堤坝兴修启闭，州牧必请楠会商督率，楠亦不辞劳瘁，以保护桑梓，因治河有功加知府衔。于诗古文词不多作，偶一为之，皆议论瑰奇，有关风化。主讲珠湖书院，评订课艺谨严。董对廷、杨福臻未第时皆最所器重者。卒年59。

茭荡闲渔诗文集　集部别集类　佚

见光绪《再续高邮州志》卷4本传。

王　栻

字杞山。清高邮人。道光二十四年(1844)岁贡生。精通经学。于汉唐以来各家解义，抄录数遍。口讷，而说经独刺刺不休。学使祁寯藻试经解，得栻卷，大加叹赏，为序《郑风诗序辨》以行世。卒后，著述大多散佚。

毛诗郑风诗序辨　经部诗经类　佚

见民国《三续高邮州志》卷6。

甘石四七星经释注1卷　子部术数类　佚

见光绪《再续高邮州志》卷4本传，谓此书存世。

王兰生

清高邮人。

卉圃诗钞　集部别集类　佚

见光绪《再续高邮州志》卷 6。

陈载元

字次轩。清高邮人。监生。幼聪颖，而体羸弱。于弈独有神悟，一时称高手。家本卫籍，常督运北上，长途泛舟，吟咏不辍。

次轩学吟　集部别集类　佚

见光绪《再续高邮州志》卷 6。

按：民国《三续高邮州志》卷 4 本传作《篷背吟稿》。

冯继美

清高邮人。

可陶轩诗　集部别集类　佚

见光绪《再续高邮州志》卷 6。

董丙元(1808—1875)

亦作炳元，字燧臣。清高邮人。对廷父，煌森弟。咸丰六年(1856)岁贡生。乐善好施。工制艺，得先正法程。

周易集说　经部易类　佚

激面轩文钞　集部别集类　佚

以上 2 种见光绪《再续高邮州志》卷 6。

吴兆熙

号兰舲。原籍长洲，侨寓高邮。善楷书，工吟咏。居家与弟兆燕等以诗唱和。

客窗纪谈　子部杂学类　佚

兰舲诗存　集部别集类　佚

棣华集 4 卷　集部总集类　佚

清吴兆熙、吴兆燕撰

以上 3 种见光绪《再续高邮州志》卷 4 本传。

金长福

字壬安，号雪舫。清高邮人。道光二十九年(1849)贡生。博洽经史，尤深选学。乡闱屡荐不售，遂淡于进取。好学至老不懈。咸丰三年(1853)后太平军三次攻占扬州，长福以办团防被保荐为教谕，加提举衔。卒年 75。

通鉴举要　史部编年类　佚

见光绪《再续高邮州志》卷 6。

广陵旧事　史部杂史类　佚

广陵近事　史部杂史类　佚

淮海见闻录　史部杂史类　佚

以上 3 种见民国《三续高邮州志》卷 6。

按：以上 3 书，《晚明史籍考》卷 14 列为“记抗清义师未见诸书”，并以金长福为江都人。

高邮重修金氏宗谱　史部传记类

(1) 清抄本。

(2) 2015 年广陵书社《扬州文库》本。

淮海集 17 卷后集 2 卷词 1 卷补遗 1 卷续补遗 1 卷考证 1 卷重编淮海先生年谱节要 1 卷　集部别集类

宋秦观撰　《考证》清王敬之、茆泮林、金长福等撰

(1) 清道光十七年、二十一年王敬之刻本，见“王敬之”条。

(2)《四部备要》本。

小墨庄骈体文诗集　集部别集类　佚

见民国《三续高邮州志》后附《正误》。

按:此书光绪《再续高邮州志》卷 6 误为李惇作。

红雪吟馆诗集 1 卷　集部别集类

稿本,南京图书馆藏。

海陵竹枝词 3 卷　集部总集类

清同治三年(1864)刻本,吉林大学图书馆藏。

海陵竹枝词 6 卷续 2 卷　集部总集类

抄本,南京图书馆藏。

仿唐人咏帖诗钞 4 卷　集部总集类

清陈逢衡、金长福辑

清道光五年刻本,北京大学图书馆藏。

意园酬唱集　集部总集类　佚

清金长福辑

见民国《三续高邮州志》卷 6。

小墨庄诗话　集部诗文评类　佚

见光绪《再续高邮州志》卷 6。

按:书名中"小"字乃据民国《三续高邮州志》后附《正误》补。

卢怀园

一作怀远。字玉川。清高邮人,居北乡老人桥。僎父。监生。精医术,尤善妇科、儿科。著有《痘学条辨》等书藏于家。并善抚琴,工词曲。性淡泊而不苟取。

医学撮要　子部医家类　佚

心法摘要　子部医家类　佚

痘学条辨　子部医家类　佚

卢氏新编医学杂集　子部医家类　佚

以上 4 种均见民国《三续高邮州志》卷 4 本传。

徐　宾

字小坡。清高邮人。赋鹿子。廪生。幼颖悟，长博涉经史。早卒。

木樨轩诗赋钞 6 卷　集部别集类　佚

见光绪《再续高邮州志》卷 4 徐赋鹿传附。

吴兆燕

字翼斋。原籍长洲，侨寓高邮。兆熙弟。道光三十年(1850)岁贡生。居家恭慎如对宾客，与兄兆熙以诗唱和。

棣华集 4 卷　集部总集类　佚

清吴兆熙、吴兆燕撰

见民国《三续高邮州志》卷 6。

翟　淮

字午桥。清高邮人。诸生。性刚直，乐善好施。一日至阴骘堂，见一童僧，询之为钟三畏孙。淮因商诸其师，携归读书 6 年，入胶庠，即钟戴。

园中杂咏　集部别集类　佚

彩虹诗集　集部别集类　佚

以上 2 种见光绪《再续高邮州志》卷 4 本传。

徐　宝

字百生，号芸厂。清高邮人。赋鹿次子。邑增生。天资聪敏，工诗古文词。游庠后，岁科试屡列优等。事母孝。兄宾早故，教两侄恩培、达培成立。咸丰四年(1854)太平军破扬州，宝协练团防。

喷饭集　集部别集类　佚

见民国《三续高邮州志》卷 4 本传。

张杏林(? —1862)

字春卿。清高邮人。一桂子。庠生。好读书,兼通医理。游庠后,随父幕游燕、赵、齐、鲁、闽、广间。咸丰三年(1853)太平军攻克兴化,高邮戒严,杏林参加团防有功,以州同用。九年调河南以知州用。同治元年(1862)援皖,行抵陈州府鲁台刑墟地方,突遇捻军,身受重伤而亡。

注释本草纲目　子部医家类　佚

见光绪《再续高邮州志》卷6。

一枝春馆全集　集部别集类　佚

见同治《续纂扬州府志》卷22。

陈沛霖

清高邮人。

愈愚集1卷　集部别集类

《高邮陈氏诗抄》本,见《中国丛书综录补编》。

陆　芹

字琴风。清高邮人。诸生。敦行立品,好学工诗。中年无嗣,纳妾蒋氏,闻蒋已有夫家,即遣还。里中有宋乡贤乔执中祠久已坍塌,芹率同里出资重建。又倡设义学及惜字社。人感其德,遂设主于乔公之旁祀之。

鹅湖诗集(一作鹅湖诗稿)　集部别集类　佚

见光绪《再续高邮州志》卷4本传。

按:《高邮耆旧诗存》二册收其诗3首。

陈时升

字随轩。清高邮人。道光二十三年(1843)解元。幼读诸经,能明大义。既长,寖馈典籍,两耳重听,无意进取。居家以和睦勉族党。主讲书院10余年,以敦品课士。卒年63。

过庭余闻4卷　子部儒学类　佚

清陈时升、陈时泰撰

游淮草4卷　集部别集类　佚

游皖草1卷　集部别集类　佚

双梅轩文存10卷诗存10卷　集部别集类　佚

以上4种见光绪《再续高邮州志》卷4本传。

李　茭

清高邮人。

玄灵社稿　集部总集类　佚

清李茭、姜殿槐等撰

见民国《三续高邮州志》卷6。

王恩沛

清高邮人。引之孙,彦和次子。

高邮王氏家传　史部传记类

清王恩沛、王恩泰辑

清咸丰间刻本,见《贩书偶记》。

按:此书不著编辑者姓名,收王式耜至王彦和王氏六代人传记。

又按:王彦和(1794—1855)卒于咸丰五年(1855)。王恩沛、王恩泰于咸丰七年辑刻《高邮王氏家集》成,恩沛为彦和次子,恩泰为彦和之兄寿昌次子,故此书很可能是与《家集》同时辑刻者。又罗振玉辑印《高邮王氏六叶传状碑志集》或即以此书为蓝本。

高邮王氏家集　丛书类

清王恩沛、王恩泰辑

(1) 清咸丰七年王氏刻本,国家图书馆藏。

(2) 2015年广陵书社《扬州文库》本。

子目：

《王文肃公遗文》1卷　清王安国撰

《王光禄遗文集》6卷　清王念孙撰

《王文简公遗文集》8卷　清王引之撰

《王寿昌文集》4卷　清王寿昌撰

按:恩泰,寿昌次子。

杨绍炯

字明甫,别号隐颠小史。清高邮人。观寿子,福臻父。附贡生。性忠厚,能继父志。博览天文舆地之书,工诗词,尤精算术。

琴轩诗钞2卷附也学词1卷　集部别集类

清咸丰三年(1853)风清阁刻本,南京图书馆藏。

湖上闲吟　集部别集类　佚

见光绪《再续高邮州志》卷6。

眠绿词1卷　集部词曲类

见《全清词钞》,并收其词1首。

姜殿槐

清高邮人。

玄灵社稿　集部总集类　佚

清李荄、姜殿槐等撰

见民国《三续高邮州志》卷6。

高蓉镜

字芙初,号小南。清高邮人。鸿飞长子。绩学工文,早年食饩,父宦南方10余年,率诸弟布衣蔬食,闭户读书。父殉难于台湾,实由某副将失职所致。蓉镜诉诸大吏,副将愿出4万金为恤。蓉镜拒之,终置于法。蓉镜亦以难荫袭云骑尉世职。同治十年(1871)举经魁。光绪六年

(1880)例逢大挑，因年逾60免挑，赏加国子监学正衔。生平襟怀冲淡，不求仕进，唯务成就后学。有请业者，反覆讲论，终日不倦。晚年主讲珠湖书院19年。年75卒。

藕塘吟草　集部别集类　佚

见民国《三续高邮州志》卷4本传。

陈时泰

清高邮人。时升弟。副贡生。幼受其兄影响，通经史。兄弟友善，时相切磋。

过庭余闻4卷　子部儒学类　佚

见光绪《再续高邮州志》卷6。

吴庆鸿

字秋青。清高邮人。同治七年(1868)岁贡。少负文誉，事母尤孝。知州左辉春器之，州试拔冠入学，后岁科试屡列高等，而棘闱终不售。后学从游者甚众。光绪初知州金元烺修《再续州志》，诸稿半出其手。年68卒。

春秋指归　经部春秋总义类　佚

纪年录　史部杂史类　佚

淮南水利忆说　史部地理类　佚

子史名言　子部杂学类　佚

以上4种见民国《三续高邮州志》卷4本传。

爪印轩文存诗存　集部别集类　佚

见光绪《再续高邮州志》卷6。

按：民国《州志》卷4本传作《爪印轩文钞诗钞》。

爪印轩诗存1卷　集部别集类

清光绪间门人唐如嵩刻本，见民国《州志》卷4本传。

绪　鸿

字湘南。清高邮人。邑增生。年16以默经入学。工书法，求书者甚众。频年游幕远省，年59卒于凉州镇署。卒后，稿多散佚。

公余杂咏稿　集部别集类　佚

见民国《三续高邮州志》卷4本传。

吴联元

字紫珊。清高邮人。荣黼子。由廪生举咸丰元年(1851)制科孝廉方正。生母患重疾，割股以疗母。父荣黼任湖南衡阳县，殁于官。时长江兵阻，闻讣即偕弟联第冒险奔丧5000余里，扶榇回籍。服阕后朝考第一，以知县用。初署河南夏邑县，继任镇平县。实心图治，刊《圣谕广训直解》，每月初一坐公堂宣读，以端风化。纂修县志，扩建书院，兴义学。士民皆感其德。

(光绪)镇平县志6卷　史部地理类

清吴联元修　王翊运纂

(1) 清光绪二年(1876)刻本，南京图书馆藏。

(2)《中国地方志集成》本。

望衡堂诗钞2卷　集部别集类

清同治十三年(1874)摩兜鞬室刻本，广东中山图书馆藏。

望衡堂诗钞4卷　集部别集类

清同治十三年摩兜鞬室刻增修本，河南省图书馆藏。

按：光绪《再续高邮州志》卷4吴荣黼传附作《望衡堂诗集》。

陈复刚

清高邮人。

意园近稿1卷　集部别集类

《高邮陈氏诗抄》本，见《中国丛书综录补编》。

韦弼谐

字公亮。清高邮人。增生。性笃诚。游庠后舌耕自给，余资则以赒乡里之贫而老者。喜读先儒语录及朱子《小学》。

五经辨音摘要　经部小学类　佚

近闻录　子部儒学类　佚

课余吟草　集部别集类　佚

以上3种见光绪《再续高邮州志》卷4本传。

吴登蟾

字殿香。清高邮人。武生。谙练武艺，兼工吟咏。咸丰间协办团练，保叙六品衔。

识丁小草　集部别集类　佚

见光绪《再续高邮州志》卷6。

俞光祖

清高邮人。廪贡生。援例任金坛县训导。所著《学规》一书，为学者遵之。

学规　子部儒学类　佚

半山楼时艺2卷　集部别集类　佚

以上2种见光绪《再续高邮州志》卷4本传。

吴杞林(1821—1904)

字楚山，一字梓材。清高邮湖西闵家桥人。少好学，以郡试冠军游庠，旋食饩。更潜心经世学。同治九年(1870)举于乡，遂不出。于地方公益事业，多所襄赞。晚岁筑栖隐山房，朝夕徜徉其中，犹读书不辍。光绪三十年(1904)重游泮水。是年冬卒，年84。

(光绪)再续高邮州志8卷首1卷　史部地理类

清金元烺、龚定瀛修　夏子鎏纂　吴杞林同纂

(1) 清光绪九年刻本,南京图书馆藏。

(2) 1991 年江苏古籍出版社《中国地方志集成》影印本。

(3) 2015 年广陵书社《扬州文库》本。

按:民国《州志》卷 4 本传云:"《再续州志》亦半出其手焉。"

读史兵法　子部兵书类　佚

栖隐山房诗钞　集部别集类　佚

以上 2 种见民国《三续高邮州志》卷 4 本传。

殷冬荣

清高邮人。

管窥吟　集部别集类　佚

见同治《续纂扬州府志》卷 22、光绪《再续高邮州志》卷 6。

郭鸿熙

字雅南。清高邮人。廪贡生。能文,不甚注意时艺,而留心经世之学,曾条陈水利于学使,因获冠军。又曾献所编《左史兵法》于左宗棠,为左称许。居乡时曾创设六漫闸义学,以训贫寒子弟。卒年 80 余。

易理通鉴　经部易类　佚

春秋传金鉴　经部春秋总义类　佚

以上 2 种见光绪《再续高邮州志》卷 6。

闲邪卫生远鉴编 6 卷　子部医家类

清同治九年(1870)刻本,吉林省图书馆藏。

左史兵法正宗 2 卷　子部兵书类

清同治六年刻本,上海图书馆藏。

曹宪邦

字价人。清高邮人。诸生。性孝友,喜读书,手抄汉唐宋文成册。

平日足迹不到公庭，惟关学校及保卫乡里事，无不踊跃从公。
古草堂诗集　集部别集类　佚
　　见光绪《再续高邮州志》卷4本传。

王恩泰（1826—?）

　　原名恩湛，后改今名。清高邮人。引之孙，寿昌次子。
高邮王氏家传　史部传记类
高邮王氏家集　丛书类
　　以上2书王恩沛、王恩泰合辑
　　咸丰间刻本。见“王恩沛”条。

陈贲懿

　　清高邮人。
问津集1卷　集部别集类
　　《高邮陈氏诗抄》本，见《中国丛书综录补编》。

夏子铟

　　字路门，一字銮坡。清高邮人。之芳玄孙。幼聪敏，游庠后究心实学。问业于宋茂初及族祖宝晋，因邃于经史，且通天文、舆地、金石之学。咸丰二年（1852）举于乡。次年遂馆京10年，与张之洞、何金寿等齐名。同治二年（1863）成进士，授编修。六年主试山西，九年授四川学政。十二年逢拔萃科，专务振拔单寒，选士多优异。时朝政渐弛，子铟度不能伸其志，任满告病归里，年未及五旬。后左宗棠过访，李鸿章函招，皆不出。居家闭户读书，惟事关地方利害，有司请问，乃出而剀切指陈。治学以汉儒为宗，曾手批十三经、二十四史等。年71卒。
十三经字义考证　经部群经总义类　佚
　　见民国《三续高邮州志》卷6。
读经杂志　经部群经总义类　佚

读史杂志　史部史评类　佚

以上2种见民国《三续高邮州志》卷4本传。

(光绪)再续高邮州志8卷首1卷　史部地理类

清金元烺、龚定瀛修　夏子鎏纂

版本参见“吴杞林”条。

养根书屋笔记　子部杂学类　佚

见民国《三续高邮州志》卷6。

养根书屋诗文稿　集部别集类　佚

见民国《三续高邮州志》卷4本传。

谈人格

字孚远,号笠生。清高邮人。文焕季子。5岁即诵《唐诗三百首》,且能讲解。其舅高鸿飞试之,果无误,因赞曰:“是儿他日必以诗名。”稍长,果日事题咏。初仿白香山体,落笔即成。邑宿张经曰:“子诗才甚敏而格未高。”乃悉搜汉魏三唐以及宋元明清诸名家集而揣摩之,诗学大进,邑中诸老咸谓能继李必恒之后。同治九年(1870)考取江南第一名优贡,朝考二等以教谕用。历署赣榆县教谕,淮安府教授。光绪十四年(1888)中举,补授砀山县训导,晚岁因病告归,主讲珠湖书院,兼充致用学堂总教习。年70卒。

读书臆测　子部杂学类　佚

见民国《三续高邮州志》卷4本传。

困悔斋诗存词存　集部别集类　佚

见光绪《再续高邮州志》卷6。

困悔斋词钞5卷　集部词曲类

见《全清词钞》,并收其词2首。

黄引年

字寿祺,号翼园。清高邮人。同治五年(1866)岁贡生。家贫。生平洁己自爱，不滥交，不苟取，闭户读书以自娱。长于经学。晚年益贫，卒年57。

周易释疑6卷　经部易类　佚

诗经物类辨证2卷　经部诗经类　佚

见光绪《再续高邮州志》卷4本传。

王　寅

字宾谷。清高邮人。少孤贫。嗜学，工诗词、书法，并善画梅、弹琴。青年时值太平军起义，岁考暂停，于举业不甚措意。后友人应试海陵，强寅同赴试。学使赏其楷书似钟繇，因入泮，后无意仕进，教授乡里终其身。夏子铏与寅为契友，尝赠以句曰："兴来竹叶常为友，清到梅花似此翁。"年87卒。

北海渔唱　集部词曲类　佚

见民国《三续高邮州志》卷6。

按：《全清词钞》收有其词。

邵芹芳

字芸芗。清高邮人。诸生。性和平，不干外事，课徒终身。每谈文艺娓娓可听。

瓜圃诗存　集部别集类　佚

见光绪《再续高邮州志》卷4本传。

王东寅

字平子，号柳亭。清高邮人。留福子。光绪八年(1882)岁贡生。少承家学，工诗词。性耿介，淡于进取，以廉静闻于乡。曾公推监造崇圣祠。教授生徒极严，游其门者皆有文行。年67卒。

青箱书屋余韵词存1卷　集部词曲类

(1)《青箱书屋两世词稿》排印本，上海图书馆藏。

（2）2015年广陵书社《扬州文库》本。

柳亭词集　集部词曲类　佚

见民国《三续高邮州志》卷4本传。

赵履鳌(1829—1904)

字海仙，后以字行。清高邮人，久寓兴化。名医术堂之孙。幼聪敏，承家学，读《内》《难》诸经，皆有神悟，弱冠名即大振。善治奇症。每遇疫疠发生，广为义务诊治，活人无算。光绪二十四年（1898）德宗病，诏天下名医，两江总督刘坤一举以应，因病未赴。数年后卒。生平参见王琦《赵海仙生平事迹略述》，载1980年《江苏中医》53卷6期。

赵海仙医案　子部医家类

（1）清抄本，中国中医科学院图书馆藏。

（2）樵青抄本，天津中医药大学图书馆藏。

阴阳五行论　子部医家类　佚

续辦症录　子部医家类　佚

清赵履鳌、江曲春辑

霍乱新编　子部医家类　佚

清赵履鳌、江曲春、吴良宪合撰

以上3种均见1990年《高邮县志》第26篇。

昭阳赵海仙先生脉案遗稿　子部医家类

清抄本，苏州大学医学院图书馆藏。

旌孝堂医案　子部医家类

清赵履鳌、赵冠鳌撰

抄本，上海中医药大学图书馆藏。

寿石轩医案　子部医家类

1965年江苏人民出版社铅印本。

按：此书乃从海仙亲笔录存方笺中选出160余则，分类编成。

霍乱辨证1卷　子部医家类

清光绪间刻本，见《江苏省立国学图书馆图书总目》卷27。

按：清光绪十四年兴化霍乱流行，特著此篇，服之即愈。

陆云龙

字子荀。清高邮人。廪贡生。力学能文，尤好读书，手抄盈尺。岁科试与兄绮文屡列优等，时有机云二陆之称。教授生徒多有成就。

纲鉴摘录8卷　史部编年类　佚

诸子汇函4卷　子部周秦诸子类　佚

以上2种陆云龙辑。见民国《三续高邮州志》卷4本传。

夏承禧

字鸿卿。清高邮人。增监生，候选主簿。入学后，幕游燕、齐，所至皆见重。曾主讲固安县方城书院3年，成就诸生甚众。太史吕凤岐督学山西，聘往襄阅试卷，亦称得士。

小学补遗2卷　经部小学类　佚

复遂园词钞　集部词曲类　佚

以上2种见民国《三续高邮州志》卷4本传。

徐达培

清高邮人。宾子。父早没，由叔宝教之成立。其兄恩培承家学，通经史，尤长于诗赋，并明医术，惜英年早逝。

晚翠轩笔记8卷　子部杂学类

(1) 清宣统二年(1910)广陵徐氏石印本，北京大学图书馆藏。

(2) 大公石印馆石印本，清华大学图书馆藏。

董对廷

字策三。清高邮人。丙元子。同治三年(1864)举人，四年进士。幼颖悟，年17补弟子员，曾受业于朱楠。古文诗词无不习，为文不屑拘绳尺。读史留心地舆，于西域山川能凿凿言之。咸丰间省垣为太平军攻克，乡试暂停。同治三年赴都，遂联捷南宫，官户部广东司郎署，处事谦退，不与同列争，惟日购书史，朝夕研读。后因上疏不得达，遂告养回籍，资馆谷以奉亲，往来淮扬吴门间，主讲钟吾、敦善各书院，分校淮南、苏郡各书局。苏扬两郡志书皆与修纂。卒年47。

湖上渔唱2卷　集部别集类　佚

意园古文诗钞6卷　集部别集类　佚

以上2种见光绪《再续高邮州志》卷4本传。

倚湖楼吟稿　集部别集类　佚

甓湖渔笛谱　集部别集类　佚

以上2种见民国《三续高邮州志》卷6。

夏子猷

字访雪。清高邮人。幼纯谨好学，善书法。入学后，岁科试屡冠其曹。同治三年(1864)以优贡考取知县，分发山东，代理蒲台县，旋署蒙阴。在官公余之暇，编辑先世诗文等稿四五种，只刻一种，余未及梓行而卒。

半舫斋编年诗钞　集部别集类

清夏之蓉撰

清光绪十一年(1885)玄孙子猷刻本，见“夏之蓉”条。

朱敏中

字伯时。清高邮人。楠子。邑庠生。博闻强识，兼工书法。曾手录《通鉴》全部。凡询经史者，必详告之。为人端严，不苟言笑，乡人望而生敬。

稚梅文稿　集部别集类　佚

见民国《三续高邮州志》卷4本传。

居　淦

字筱泉。清高邮人。邑庠生。赋性耿直,笔耕自给。生平嗜酒,工诗,尤精书法,且明医术。屡困棘闱,义命自守。年72卒。

半耕野人诗集　集部别集类　佚

见民国《三续高邮州志》卷4本传。

车　舆

初名遇清,字筱湘。清高邮临泽镇人。工书法。早岁童试列前茅,后因战火停考。纳粟成均,授徒教子,皆有法度。居乡急公好义,里人皆称之。年84卒。

拾经簃画隐笔记　子部杂学类　佚

见民国《三续高邮州志》卷4、卷6。

卢　僎

清高邮人。怀园子。承家学,以医著名,并善吟咏。

越人吟　集部别集类　佚

见民国《三续高邮州志》卷4卢怀园传附。

卞庶凝

字午桥,号伍樵。清高邮三垛镇人。幼负奇气,敢直言。中咸丰九年(1859)经魁。在籍办理堤工,以劳绩保举知县。旋以军功加同知衔,授云南楚雄令。因执法严明,受岑毓英器重。光绪元年(1875)英人马嘉理强行入滇,在边境被杀。英人指斥毓英,庶凝奔走此事有功,因迁景东同知。调蒙化时,漾濞一带民将为变,乃乘其初萌时消弭之。旋以母老乞归,遂不出。年71卒。

习静轩诗文集　集部别集类　佚

见民国《三续高邮州志》卷4本传。

张 堃

清高邮人。

客中一得 3 卷　经部易类

清光绪二十三年(1897)梯云书屋刻本,山东省图书馆藏。

按:民国《州志》有同名者,为经堂弟,著《醒斋诗草》,参见该条。

卞庶谐

字允卿,号湘渔。清高邮人。廪贡生。少从兄坚学,善属文,耽吟咏。为文境地极高。生有至性,幼时诸兄析居于外,父病,手足偏废,庶谐朝夕扶掖,服劳不懈。中岁不遇,即淡于进取,专务成就后学。年 76 卒。

蓼花轩笔谈　子部杂学类　佚

敝帚集　集部别集类　佚

以上 2 种见民国《三续高邮州志》卷 4 本传。

张 杏

字荫贤。清高邮人。廪贡生。明经之泗子。幼聪颖,博学多闻,时称"书笥",诗、文、骈、散俱工。为人外和内介,不屑与世俗争衡。家道本丰,因终日读书,不事生产,且好义轻财,故中岁家产即罄。晚年好道。年 64 卒。

半野斋诗稿　集部别集类　佚

见民国《三续高邮州志》卷 4 本传。

周槿荣

字又房。清高邮人。邑庠生。笃学工诗。馆广陵、润州多年。与名人唱和,兴极豪迈。游其门者多成就。尤热心乡里公益。

覆瓿草　集部别集类　佚

鹤村草堂诗钞　集部别集类　佚

以上 2 种见民国《三续高邮州志》卷 4 本传。

杨际春

字凤山。清高邮人，祖籍溧水。生而家贫，无力延师，6 岁始入义塾。塾师贾鹤庆爱其聪颖，极力培植之。不数年诸经成诵，为文斐然可观，兼工词赋。时值太平军起义，岁考暂停，乃以训蒙为生。同治六年(1867)中举，七年成进士。点庶常，授检讨。在京供职 10 年，肆力于古文词，骈散各体皆有家数。寓居萧寺，日手一编。淡于荣利，因母年高，乃乞终养回籍。受左宗棠之荐，主讲板浦敦善书院。年 58 卒。著述甚多，因无后多散佚。

感应篇经史摘典养正集评注 8 卷首 1 卷　子部道教类

清淮南刻本，南京图书馆藏。

淡云山馆诗钞　集部别集类　佚

见民国《三续高邮州志》卷 6。

按:《州志》卷 4 本传作《淡云山房诗草》1 卷。

董泰培

字阶平。清高邮人。翰池子。附贡生。少习举业，文理精深，为前辈张经、朱楠所器重。兼长散体文，涉猎诸家。教弟子以博学为先，力矫空疏之弊。天性浑厚，与人无争，乡里称为长者。晚喜画山水，题识满幅，藉以自娱。卒年 78。

枕湖楼诗文集　集部别集类　佚

见民国《三续高邮州志》卷 4 本传。

按:《州志》卷 6 作《枕湖楼遗文》。

张树芬

字兰舟。清高邮人。监生。以父杏林河南死难，荫袭云骑尉。时当道屡召归标，均以祖父母年高不就。事继母孝。平生虚己待人，嗜学忘寒暑，至老不辍，里人皆称道之。

小吟春馆诗集　集部别集类　佚

见光绪《再续高邮州志》卷4。

秦　楠

字匀山。清高邮人。光绪元年(1875)岁贡生。幼聪颖，府试冠军。及长，文名藉甚。生平与人言，无一语欺饰。成就后学甚众。年几70而卒。

淮海堂文钞　集部别集类　佚

见光绪《再续高邮州志》卷4本传。

李佩珣

字东玉，号少泉。清高邮人。好学，性傲，不谐于俗。为诸生时，馆于仪征。夏子铏督学川中时曾敦请襄校试卷。同治十二年(1873)举人，教授乡里。聪慧者，经其指授，多掇巍科。老而益困，处之泰然。生平长于词赋，格律谨严，有六朝唐人之风，古近体及长短句皆无俗韵。卒年60余。

东玉诗钞　集部别集类　佚

见民国《三续高邮州志》卷6。

徐玉桦

清高邮人。

文石斋诗钞　集部别集类　佚

见民国《三续高邮州志》卷6。

杨福臻(1836—1908)

字骈卿，号听梧。清高邮人。祖观寿、父绍炯皆博学能文。福臻明敏纯笃，勤学苦读。同治十二年(1873)举于乡，光绪六年(1880)进士，选庶常，留馆授检讨。补山东道监察御史，转掌河南、贵州、陕西、福建各道。遇事直言，不避权要。所上奏疏，皆切中时弊。后转兵科给事中。见朝政日非，知天下事益不可为，遂乞假归。于宅东结茅屋数间，歌啸其中。光绪末卒。

汉书志疑　史部正史类　佚

汉书通假字考　史部正史类　佚

汉郡守分郡考　史部地理类　佚

欺竹轩诗存　集部别集类　佚

燕市醉歌　集部别集类　佚

匏居集　集部别集类　佚

灌畦余兴　集部别集类　佚

享帚词　集部词曲类　佚

竹屏词　集部词曲类　佚

蕉梦词　集部词曲类　佚

以上10种均见民国《三续高邮州志》卷4本传。

汤铭三(1836—?)

字兰艭。清江都人，寓居高邮。附贡生。捐职训导，议叙六品。年17即以韵语清新见赏于学使。次年避太平军来邮，与邑中知名士杨福臻、谈人格、李佩珣、王寅等日相倡和。所著诗集多散佚。

珠湖泥爪集　集部别集类　佚

见民国《三续高邮州志》卷5本传。

吴嵩泰

字岱云，一字少秋。清高邮人。汉阴通判赞清子，出嗣伯父。邑廪贡生。能文，工书，精篆刻。少从兴化刘熙载游，刘器之，妻以女。中年游浙，复入秦。喜为诗，多抒写性情之作。生平淡于进取，至性过人。

因生父殁任所，不能躬亲丧殓，因此抱憾终生。晚年闭门谢客，并诗不复多作。以子同甲贵，诰封通奉大夫。年67卒。

犁叟日记不分卷　集部别集类

稿本，上海图书馆藏。存光绪二十五年(1899)元旦至八月十六日。

课余偶存1卷游秦小稿1卷修桂轩诗余1卷　集部别集类

1929年石印本，复旦大学图书馆藏。

吴云章

字倬人。清高邮人。杞林长子。增贡生。年12应童试，年18游庠。适太平军兴起，乃投笔从戎。事平后仍归习举业，屡试不中。乃授徒本邑及天长、盱眙两县，从游甚众。兼通医术，尤精眼科，得其治而复明者甚众。年59卒。

眼科秘要　子部医家类　佚

见民国《三续高邮州志》卷4本传。

杨福申

字引卿，号雨溪。清高邮人。福臻弟。性孝友，兄勤举业，委以家事，福申乃不出应试。理家数十年毫无所私，待子侄如一体。生平绩学工诗，书法得王、赵神韵。年50余卒。

容安小室诗钞2卷诗余1卷　集部别集类

清光绪二十三年(1897)铅印本，首都图书馆藏。

张树功

字保衡。清高邮人。杏林子，树建弟。以监生历游左宗棠、英翰幕，累功保举知县，历署陕西安康、定边知县。光绪二十年(1894)陕西大饥，树功筹义赈，练团防，边民赖之。旋补兰田县，未履任，卒于长安。

高邮张氏族谱不分卷　史部传记类

清光绪二十四年铅印本，南京图书馆藏

地理释疑　子部术数类　佚

投笔录　子部杂学类　佚

以上2种见民国《三续高邮州志》卷4本传。

朱鼎荣

清高邮人。

沁心集　集部别集类

见民国《三续高邮州志》卷6。

李曾寿(1840—1922)

字石君，别号养先子、袖石山人。清高邮人。博学多才，诗得祖父必恒遗韵，书法宗师二王，精于篆隶，笔力苍劲雄浑，善画山水、墨梅。生平乐善好施，淡于荣禄，以教书为生。

墨戏轩印谱　子部艺术类　佚

见1990年《高邮县志》第26篇。

石君题画录　子部艺术类

墨戏轩吟稿　集部别集类

以上2种稿本，李氏后人捐献高邮政协。

王虎卿

字召穆。清高邮人。藜子。少承家学，制艺诗赋尤优。食饩后，十列优等。光绪十一年(1885)拔贡。朝考钦用知县，后署四川江安县。立义学、修城垣、建炮台、创团练等，有政绩。因与地方权要不和，辞官去。既归，杜门谢客，课耕教子。年71卒。

逸园杂著　集部别集类　佚

见民国《三续高邮州志》卷4本传。

欣湛然

字露文。清高邮人。监生。世为名医,至湛然而术益精。博览古今方书而不泥于成法,凡遇疑难重症,无不应手奏效。名遍天、盱、滁、泗间,登门求医者日不暇接。

集试秘览 20 卷　子部医家类　佚

见民国《三续高邮州志》卷 4 本传。

按:《江苏历代医人志》注云:“其书待梓。”

臧明德

清高邮永安镇人。仁寿、保寿父。家自明季即业疡医,明德承家学,善针灸,能治奇症。

臧氏珍囊(一作外科珍珠囊)　子部医家类　佚

见民国《三续高邮州志》卷 4、卷 6。

陈锡麟

字子仁。清高邮人。廪生。工文绩学。性端谨,严义利之辨。家贫,或劝之捐贡,以廪缺与人,可获重酬。曰:“贫,命也。名器可沽之哉?”年 41 卒。

易经精义　经部易类　佚

春秋精义类编　经部春秋总义类　佚

以上 2 种见民国《三续高邮州志》卷 4 本传。

张澍霖

字秋岩。清高邮人。郡廪贡生。光绪十一年(1885)举人。少时家贫,力学不辍。工诗赋文词,精书法,妙得颜鲁公之神,并工篆刻。幕游于外,足迹历东南数省,为一时所重。

悔余庵遗稿　集部别集类　佚

见民国《三续高邮州志》卷 4 本传。

刘含珠

字杰夫。清高邮人。善算术，尤精建筑工程学。以河营千总监修堤坝工程。光绪十二年(1886)投效台湾巡抚刘铭传，委办台南清赋局、台北工程局，后改保文职，以知县留台补用。

测算图说　子部历算类　佚

见民国《三续高邮州志》卷 4 本传。

胡为霖

清高邮人。泉孙。

新柳草堂小稿　集部别集类　佚

见同治《续纂扬州府志》卷 22。

宋豫立

清高邮人。

怡心集　集部别集类　佚

见民国《三续高邮州志》卷 6。

车元熙(1847—1911)

字伯起，晚年自号卧松。清高邮人。年幼即勤学，弱冠食饩，文誉甚著。居乡，成就生徒甚众。淡于进取，年 40 后即不应乡闱，热心乡里公益。清亡，绝食死。

思古堂诗文存　集部别集类　佚

见民国《三续高邮州志》卷 4 本传。

熊懋儒

清高邮人。

刑律通义2卷　史部政书类　佚
刑事诉讼律1卷　史部政书类　佚

以上2种见民国《三续高邮州志》卷6。

王士濂

清高邮人。家富藏书。与同邑张曾勤交善，曾延请张氏协纂《鹤寿堂丛书》。

春秋世族谱1卷附补正1卷　经部春秋左传类

清陈厚耀撰　王士濂考证并撰《补正》

左女汇纪1卷　经部春秋左传类
左女同名附纪1卷　经部春秋左传类
左传同名汇纪1卷　经部春秋左传类
左淫类纪1卷　经部春秋左传类

以上4种清王士濂辑

四书集注考证9卷　经部四书类
四书集释就正稿1卷　经部四书类
经说管窥1卷　经部群经总义类
广雅疏证拾遗2卷　经部小学类
周末列国有今郡县考1卷补1卷　史部地理类

清闵麟嗣撰　王士濂辑

以上10种均《鹤寿堂丛书》本。

鹤寿堂丛书　丛书类

清王士濂辑

清光绪二十四年(1898)高邮王氏刻本，中国人民大学图书馆藏。

按:1932年北京孙殿起南下访书，至王士濂家，借此丛书书板，印刷10余部。并编目撰跋，附刊于书首。此丛书收书24种，子目从略。

韦柏森

清高邮人。

秦邮竹枝词1卷菱川百咏1卷　集部词曲类

(1) 清光绪二十一年(1895)刻本,南京图书馆藏。

(2) 2015年广陵书社《扬州文库》本。

徐　氏

清甘泉人。高邮贾元章妻,继宗嗣母。

闲吟集　集部别集类　佚

见民国《三续高邮州志》卷6。

夏庶谐

字月樵。清高邮人。少嗜学,工文。弱冠游庠,中年赴试江阴,遭冤狱,祸几不测。邑父老公请昭雪,因得原名应试,复补诸生。旋食饩,充光绪十五年(1889)恩贡。教授生徒,成就甚众。晚岁校阅同善会课,删改批评不遗余力。尤精医学,得外家翟氏真传。年71卒。

沧海一粟编　子部杂学类　佚

清夏庶谐辑

见民国《三续高邮州志》卷4本传。

张曾勤

字善孜。清高邮人。幼年与弟曾勉同入泮,有机云之誉。科试以赋史忠正公祠怀古诗见赏于学使,补上舍生,益肆力于学。馆谷所入半以买书,故于时艺外兼长各体诗文。教诲诸弟悉入庠序,兼倡文会,诱掖后学。尤笃友谊,曾协同邑王士濂辑《鹤寿堂丛书》,事方经始而王殁,曾勤终善其事,内有前哲著作姓名隐没者,特辨明补正之,逾年刻成。

选青书屋诗文集　集部别集类　佚

见民国《三续高邮州志》卷4本传。

按:《州志》卷6作《选青书屋诗钞》。

熊懋官

清高邮人。

日本物产志1卷　史部地理类　佚

实用代数学2卷　子部历算类　佚

实用机器算法4卷　子部历算类　佚

以上3种见民国《三续高邮州志》卷6。

贾承诰

字鸾台。清高邮人。常生子。附贡生,捐职州同。曾创办三垛镇接婴堂,偕同志捐资以供经费。又与王金城等同创赞化学堂,众推为管理员。光绪三十二年(1906)因长子继宗殁,悲悼辞职。后复举充官立高等小学校长,任事2年亦辞职。年61卒。

庐山樵唱　集部别集类　佚

见民国《三续高邮州志》卷6。

吴庆保

字赤庵。清高邮人。光绪十六年(1890)恩贡生。博涉经史,工制艺。岁科试屡列优等,棘闱屡荐不售。晚年以诗酒自娱,年73卒。

蛰居吟草　集部别集类　佚

见民国《三续高邮州志》卷4本传。

翟　璲

字小东。清高邮人,寄居宝应。监生。幼业儒,精医学,名噪一时。生平喜吟诗,善隶书,擅画兰竹。

椒橼书屋诗钞　集部别集类　佚

见民国《三续高邮州志》卷4本传。

陈师俭

清高邮人。

乙巳丙午集1卷　集部别集类

《高邮陈氏诗抄》本，见《中国丛书综录补编》。

王树藩

字少愚。清高邮人。邑廪生。少时好填词，初成小令，即为老辈叹赏。益肆力长调，有宋人遗风。书法行楷俱工。为人诙谐洒落，贫无立锥，安之若素。年42卒。

竹簾馆词1卷　集部词曲类

清宝应朱谨贻刻本，南京图书馆藏。

胡友梅

字瘦生。清高邮人。廪贡生。好读书，能诗。性亦朴直，不遇于时，以课徒自给。年未60卒。

读书新述12卷　子部杂学类　佚

见民国《三续高邮州志》卷4本传。

古月轩吟草4卷　集部别集类

1924年铅印本，南京图书馆藏。

杨　莘

字亦孙。清高邮人。福臻长子。幼聪慧，工制艺及诗词。未冠游庠，旋食饩。体弱多病。年28卒。

悲秋阁文集　集部别集类　佚

红豆斋诗余　集部词曲类　佚

以上2种见民国《三续高邮州志》卷4本传。

孙万章

字选青。清高邮人。廪贡生。工制艺、词章，有声于时。善画墨兰。年未50而卒。

瘦红吟馆诗词稿　集部别集类　佚

见民国《三续高邮州志》卷4本传。

吴鸿森

字少甫，号梦余。清江都人，父秉衡，曾任江西饶州府知府，咸丰中去官，移家高邮。鸿森弱冠游庠，旋以冠军食饩。光绪五年(1879)中举，次年成进士，授主事。庚子(光绪二十六年)事变，保持镇定。长于词，有“淮南词客”之称。年47卒于京。

梦春词絷琴词劫余词梦余诗余　集部词曲类　佚

见民国《三续高邮州志》卷5本传。

杨　芾(1855—?)

字若米。清高邮人。福臻次子。光绪十五年(1889)进士。授兵部主事，升郎中、军机章京。出任莱州府知府，补用道。

扶桑十旬记1卷　子部杂学类

(1) 清光绪三十三年铅印本，上海图书馆藏。

(2)《近代中国史料丛刊》本。

(3) 2009年中国文联出版社出版。

(4) 2014年凤凰出版社《中国近现代稀见史料丛刊》整理本。

周春沂

字鲁泉。清高邮人。邑庠生。6岁丧父，事母孝。入泮后，善教生徒，持躬廉洁，乡里称之。

习静斋诗稿　集部别集类　佚

见民国《三续高邮州志》卷4本传。

杨　蔚

清高邮人。福臻子。光绪二十年(1894)进士,即用知县。历任河南浚县、遂平、永城、渑池、固始、项城等县,以道员备用。

黄花吟舫诗草　集部别集类　佚

豹隐词　集部词曲类　佚

梦余词　集部词曲类　佚

泣玉词　集部词曲类　佚

以上4种见民国《三续高邮州志》卷6。

陈金铭

清高邮人。

自怡小草1卷　集部别集类

《高邮陈氏诗抄》本,见《中国丛书综录补编》。

宣　哲(1866—1942)

字人哲,号古愚,晚年人称愚公。高邮人。早年以生员参加官试,录用为主试,分配陆军部。光绪二十九年(1903)去日本大阪参观劝业博览会。三十三年,调任京师地方检察官。辛亥革命后,弃官回乡,变卖旧产,移居上海。读书养志,收藏书画古董,后来醉心于收集古钱。藏书数万卷,金石书籍数百种,潜心考证。善行草,长于山水画,神韵超逸。与陈霞章、张宗儒等交往甚密。

字触补　经部小学类　佚

见1990年《高邮州志》。

王隐晋书补遗12卷　史部别史类

约清光绪间刻本,见雷梦水《古书经眼录》。

名人索引 1 卷　史部传记类
高句骊王墓碑志 1 卷　史部传记类
　　以上 2 种稿本，上海图书馆藏。
高邮志余不分卷志余补不分卷　史部地理类
　　宣哲辑
　　(1) 稿本，上海图书馆藏。
　　(2) 1991 年江苏古籍出版社《中国地方志集成》影印本。
　　(3) 2015 年广陵书社《扬州文库》本。
簠斋藏镜 2 卷　史部金石类
　　清陈介祺藏　宣哲编
　　1925 年蟫隐庐影印本，南京图书馆藏。
诸家金石跋尾不分卷　史部金石类
骨董谭 1 卷　史部金石类
金石说郛不分卷　史部金石类
　　以上 3 种稿本，上海图书馆藏。
扬州金石目 1 卷　史部金石类
　　(1) 稿本，上海图书馆藏。
　　(2) 2015 年广陵书社《扬州文库》本。
扬州金石编目 2 卷　史部金石类
　　(1) 稿本，上海图书馆藏。
　　(2) 2015 年广陵书社《扬州文库》本。
金石书目 10 卷　史部金石类
金石学书目 1 卷　史部金石类
金石学著述考不分卷补遗不分卷附录不分卷　史部金石类
　　以上 3 种稿本，上海图书馆藏。
元钱别录　史部金石类
金石要目提要　史部金石类
金石学者述录　史部金石类

金石学人录　史部金石类

中西度量衡考　子部历算类

广裝潢志　子部艺术类

以上 6 种均见 1990 年《高邮县志》。

歙县黄宾虹高邮宣古愚龙游余越园三家书画集不分卷　子部艺术类

黄宾虹、宣哲、余绍宋绘　徐鸿宝编

1958 年珂罗版印本，美国华盛顿大学东亚图书馆藏。

墨浪斋杂文　子部杂学类　佚

净名经道液注补遗　子部佛教类　佚

法喜龛　子部佛教类　佚

百平安馆咏泉绝句　集部别集类　佚

宋诗纪事补　集部诗文评类　佚

以上 5 种均见 1990 年《高邮县志》。

寸灰词 1 卷　集部词曲类

1944 年宣彭刻本，南京图书馆藏。

按:《全清词钞》收有其词。

高邮耆旧诗余 1 卷　集部词曲类

宣古愚辑

稿本，美国伯克莱加州大学东亚图书馆藏。

宣古愚丛刊　丛书类

刻本，不全，存 7 册，苏州大学图书馆藏。子目从略。

臧仁寿

字殿卿。清高邮人。明德长子。性警敏，习父方书，复参考诸家，医术乃愈精，并传授于其弟保寿。

臧氏外科治验录(一作外科治验录)　子部医家类　佚

见民国《三续高邮州志》卷 4、卷 6。

贾继宗

字绳孙。清高邮人。承诰子，自幼嗣伯父元章后。年12即能默诵诸经，年16游邑庠，益纵览子史，留心经世之学。光绪二十六年(1900)未开科举，乃援例为府经历，分发江西，肄业于南昌校吏馆。二十八年回籍应乡试中式，遂弃官不就，再赴礼闱而未中，乃回乡悉心创办赞化学堂。淮安周衡甫创办中学，延继宗任经、史、地理三科，从学者数百人，莫不钦服。因积劳成疾，年30卒。

注释诸子类捃4卷　子部周秦诸子类　佚

子卷丛钞4卷　子部周秦诸子类　佚

诗文集　集部别集类　佚

以上3种见民国《三续高邮州志》卷4本传。

张曾劬

字则孝。清高邮人。张镃(1897—?)父。曾任高邮县立图书馆馆长。从事地方教育数十年，男女学生千余人。精经史子集、篆隶、魏碑。

高邮乡土志1卷　史部地理类

(1) 民国油印本，高邮市档案馆藏。

(2) 2015年广陵书社《扬州文库》本。

沈石如

高邮人。

高邮县乡土表解1卷　史部地理类

(1) 1930年铅印本，高邮市档案馆藏。

(2) 2015年广陵书社《扬州文库》本。

宝应

元　明

谢　珏

元宝应人。

通鉴直音　经部小学类　佚

见道光《重修宝应县志》卷22。

按:元胡三省《资治通鉴辩误后序》云:"今之时,有宝应谢珏《通鉴直音》。"

董爱梅

元初宝应人。常与刘资、俞容斋论文赋诗。

感梦集　集部别集类　佚

见道光《重修宝应县志》卷22。

陈　晟

字克昭。明宝应人。洪武中以能书荐入中书,与诰敕,擢工科给事中,迁五军都督府断事,累官大理寺左丞、湖广按察司佥事、通政司经历、吏部考功司主事等,后以年老乞归。居乡,足迹未尝涉城府,日率子孙稼穑。

奏本二万七千五十一本　史部政书类　佚

启本二万六千九十三本　史部政书类　佚

题本三本图八十三本　史部政书类　佚

以上3种陈晟汇辑,见《宝应县图经》卷6。

历代忠臣策1卷　史部政书类　佚

奏议 3 卷　史部政书类　佚

以上 2 种见嘉庆《重修扬州府志》卷 62。

赋颂 23 卷　集部别集类　佚

平漠北诗 3 卷　集部别集类　佚

以上 2 种见嘉庆《重修扬州府志》卷 62。

郑　得

字彦明。明初宝应人。唐平章政事余庆之后。父逵，元时自遂昌迁吴，张士诚据平江，携家迁宝应。得博闻强记，有经济才。洪武中，学士宋濂荐于朝，授高州府知府。与宋濂、刘基善，明太祖欲屠苏州，得致二公书，乃免。

公余堂稿　集部别集类　佚

见道光《重修宝应县志》卷 22。

朱　益

明宝应人。

坦翁集　集部别集类　佚

见道光《重修宝应县志》卷 22。

郑　利

字仲利。明宝应人。得子。处士。成祖靖难起兵，弃诸生，绝意仕进。于县治北冈购地数亩，为池台亭榭，啸歌其中。

遣怀诗集　集部别集类　佚

见道光《重修宝应县志》卷 22。

郑　礼

字仲礼。明宝应人。得兄子。受业于叔父得，工文辞。永乐四年(1406)岁贡，肄业国子监。文皇帝亲试其文，擢工部主事。宣宗讨高煦，礼分守都城有功，迁南京户部郎中，监兑苏、松、常粮米，尽除加耗等杂费积规。在部6年，布衣粝食，乡人德之。

永裕堂稿　集部别集类　佚

见道光《重修宝应县志》卷22。

高　昭

字文昱。明宝应人。永乐十九年(1421)进士，官贵州道御史，巡按云南。值藩府阴蓄异志，昭变服为王语祸福，甚验。王以实告昭，讽以不利，辞去。未几，按至其地，王视之，乃昭也。王大悔惧，谋遂寝。昭学问渊博，文章俊健。大学士高谷以兄事之，以为昭才十倍于己。《兰台法鉴录》有传。

菜庵文集50卷　集部别集类　佚

见道光《重修宝应县志》卷22。

周　安

字邦泰。明宝应人。性闲素，结庐邑之东谿，人称东谿先生。与同邑朱瓘、施琳偕隐。皆工诗。

东谿诗稿　集部别集类　佚

见刘宝楠《宝应县图经》卷6。

朱　瓘(？—1465)

字楚琦。明宝应人。儿时遇高昭，诵书不辍，昭戏之曰："鸡声难比凤。"瑾应曰："鱼化即成龙。"昭奇爱之，因受业焉。初试棘闱不利，辄弃举子业，与邑人周安、施琳偕隐结社。博览群书，尤通《尚书》《周礼》。工诗，体韵遒逸，声振艺林。景泰时，邑令朱瑗、巡抚都御史王竑荐瓘，辞不就。后会修《天顺实录》《淮扬志》等。既归，畜双鹤自随，颜其亭曰"驯鹤"，日鼓琴其中，乡人称"琴鹤先生"。入市以大笠覆首，又称"圆笠先生"。

天顺实录　史部传记类　佚

淮扬志　史部地理类　佚

驯鹤亭稿 3 卷　集部别集类　佚

以上 3 种均见于道光《重修宝应县志》卷 22。

鹤琴遗音 1 卷　集部别集类　佚

见明朱曰藩《宝应朱氏家乘》。明铅山费宏有《鹤琴遗音记》。

高　鼎

明宝应人。正统三年(1438)举人。仕新河县教谕。

邀月楼吟稿　集部别集类　佚

见道光《重修宝应县志》卷 22。

张　稷(1438—1485)

字世用。明宝应人。成化八年(1472)进士,授太常寺博士,擢御史。巡按福建,锄强植弱,敏于听讼,每录重辟,必哀之情法,全活甚众。在官 10 余年,不问生业,服器俭朴,萧然若诸生。诗文清拔有致。

条陈时政疏 1 卷　史部政书类　佚

见道光《重修宝应县志》卷 22。

竹西稿 10 卷　集部别集类　佚

见刘宝楠《宝应县图经》卷 6。

古文苑注 21 卷　集部总集类

宋章樵注

明成化十八年张稷刻,国家图书馆藏。

冀　绮

字文华。明宝应人。成化五年(1469)进士,授户部主事。历郎中、应天府丞、府尹。性朴实,有治才。

五色线集 3 卷　子部小说类

(1) 明弘治二年(1489)冀绮刻,南京图书馆、南京博物馆藏。

(2) 清传抄冀刻本,毛扆、丁丙跋,南京图书馆藏。

按:《明代版刻综录》作《五色线集》2卷。《四库全书总目》存目云:“不著编辑者名氏。载毛晋《津逮秘书》中,考《中兴馆阁书目》有此书名。”《善本书室藏书志》卷21云:“旧藏止上下二卷,刊入《津逮秘书》,冀刻乃有中卷。”毛氏汲古阁刻《津逮秘书》2卷本,苏州市图书馆、扬州市图书馆等均有收藏。

陶 成

字懋学,后更敬学,号云湖仙人。明宝应人。成化七年(1471)举人。少负才志,能五七言诗及篆隶书,工画,作山水花鸟人物,皆有古法。与唐寅、祝允明交好。程敏政称为才子,名骤起。得其画者,奉若拱璧。邑人郑本、刁锐摹成笔意,皆有名于时。

北观1卷　集部总集类　佚

明陶成辑

见《宝应县图经》卷6。

按:弘治十二年(1499),陶成偕朱应登到北京应试,辑友人送行文为此书。李东阳书“北观”二字赠之,程敏政为序,比之宋陈亮。陶氏有《北观图》卷,现藏上海博物馆。

朱 讷(1449—1524)

字存仁,号补斋,又号无补居士。明宝应人。瓘长子。成化十三年(1477)举人,授鄞县知县,后调湖广长阳县,荐调江陵。以母忧去,遂不仕。讷少工词翰,致仕归,御小舫,往来东溪,赋诗为乐。《国朝献征录》有传。

江陵集2卷附录1卷　集部别集类

清道光刻本,南京图书馆、上海图书馆藏。

朱江陵诗集2卷　集部别集类

清朱效靖编稿本《朱氏诗文世珍》本，宝应县图书馆藏。

按：《明诗综》卷30收其诗1首。

朱汝登

明宝应人。

邃庵续集不分卷　集部别集类

传抄本，扬州大学图书馆藏。

高履谦

明宝应人。嘉靖十六年(1537)举人。官至黄州府通判。

读史摭言　史部史评类　佚

见道光《重修宝应县志》卷22。

渔溪诗钞　集部别集类　佚

见民国《宝应县志》卷23。

高鸣谦

明宝应人。

盲史卮言　经部春秋总义类　佚

放鹤亭稿　集部别集类　佚

以上2种见道光《重修宝应县志》卷22。

高尚仁

明宝应人。

知白斋文稿　集部别集类　佚

见民国《宝应县志》卷23。

仲　本(？—1536)

字与立。明宝应人。兰长子。弘治二年(1489)进士。授刑部主事，谪汝宁通判，以忧去。补严州同知，擢广西佥事，再以忧去。补河南佥事，迁陕西副使，进按察使。本为人木强，执法无所阿避。时刘瑾擅权，本绝不与通。在任修筑漕运以利民。归田后，筑小山，植松桂，棋酒自娱。墓葬本县泾河乡张庄村仲家墩，1984年春被发掘。

选胜堂集　集部别集类　佚

见刘宝楠《宝应县图经》卷6。

高　梗

明宝应人。

听春楼诗集　集部别集类　佚

见民国《宝应县志》卷23。

吴　礼

字中节。明宝应人。奉母祁氏以孝闻。弘治十四年(1501)岁贡生，入太学，授州判，以母老乞归终养。母卒，不复仕。尝结庐蓼花庄，因自号蓼花。《古今图书集成·理学汇编·文学典》卷118有传。

蓼庄吟稿1卷　集部别集类　佚

见《古今图书集成》卷118。

朱应登(1477—1526)

字升之，号凌溪。明宝应人。讷子。弘治十二年(1499)进士。应登生而荦奇，童时即解声律，谱词章。文以秦汉为宗，诗上准风、雅，下采沈、宋。初，上元顾璘、陈沂、王韦号“金陵三俊”，应登继起，称朱、王、顾、陈“四大家”。与仪真景旸、蒋山卿，江都赵鹤为“江北四子”。又与李梦阳、何景明、王九思等号“十才子”。历南京户部主事，知延平府，后擢陕西提学副使，迁云南参政。应登虽文人，然精于吏事。谢政归，隐居不出户，益精研经史，推订律历。

凌溪先生集18卷　集部别集类

(1) 明嘉靖三十三年(1554)朱曰藩刻本,南京图书馆、宝应县图书馆等藏。影印收入《四库全书存目丛书》。

(2) 明刻清修印本,台湾"中央图书馆"原藏,美国国会图书馆藏。

(3) 清初刻本,国家图书馆藏。

(4) 清道光十五年(1835)宜禄堂刻本,上海图书馆、天津师范大学图书馆藏。

(5) 2015年广陵书社《扬州文库》本。

按:清道光刻本,又多《补遗》1卷,日本东京大学图书馆藏。复旦大学图书馆藏本则作17卷《附录》1卷《补遗》1卷。

朱升之集　集部别集类

《盛明百家诗前编》本。

存笥集1卷　集部别集类　佚

明朱应登撰　刘恩选刻

见《天一阁书目》,康海为之序。

鲍参军集(一作鲍氏集)10卷　集部别集类

南朝宋鲍照撰　明朱应登校刊

明正德五年(1510)朱应登刊,上海图书馆藏。

按:《明诗综》卷37收其诗33首。

朱嘉会(1479—1517)

字亨之,号瓮湖。明宝应人。弘治十五年(1502)进士,年23观政都察院,授东昌推官,又擢兵部职方司主事,升员外,改监察御史。当出按广东,因母年高不敢远离,寻转广信知府。时岁大祲,疏蠲民租十之七,又发币赈贷,除民不便十余事,民德之甚深。擢辰沅兵备副使。广信民建祠立石,以著遗爱,号泣而别。未抵任,道卒,年39。《明人小传》有传。

毓瑞堂文集　集部别集类　佚

见民国《宝应县志》卷23。

朱应辰

字拱之，一字振之，号淮海。明宝应人。讷次子。嘉靖十年(1531)岁贡生。博涉群书，才藻横发，与兄应登齐名。十应南都试不第，益豪放，纵酒自娱。与蔡羽、文徵明等称莫逆交。而此数人者，行事亦相类。海内称“淮海先生”。文学《左传》，诗学魏晋。为人慷慨，视义所在，千金不惜。

逍遥馆漫钞 10 卷　集部别集类　佚

见《千顷堂书目》卷 12。

按：《宝应诗选》云：《漫钞》10 卷散失无存。《宝应县图经》卷 6 云：“宝楠于十年前见歙洪氏抄本，书目有《逍遥馆漫钞》10 卷，知此书尚流播人间，特不多觏。”

逍遥馆拾遗诗(一作淮海集)　集部别集类　佚

明朱应辰撰　清朱克生辑

见《宝应诗选》。云《漫钞》10 卷散失无存，裔孙克生搜罗 30 首手录藏之，题作《逍遥馆拾遗诗》。《宝应县图经》云：《康熙志》云著《淮海集》，案志所云《淮海集》即《诗选》所云《拾遗诗》而异其名，皆不满一卷。

逍遥馆漫钞 1 卷　集部别集类

清朱效靖编稿本《朱氏诗文世珍》本，宝应县图书馆藏。

淮海新声　集部词曲类　佚

见民国《宝应县志》卷 23。

盛　夔

明宝应人。正德间太学生。官汉州知州。

水经 3 卷　史部地理类

汉桑钦撰

明正德十三年(1518)盛夔刻本，胡适校并跋，国家图书馆藏。

高　桂

字廷芳。明宝应人。正德十一年(1516)举人。持身雅,循礼法。授南阳府通判,改补卫辉,历任保德、通州知州,皆以清廉著称。

周易汇解 10 卷　经部易类　佚

见道光《重修宝应县志》卷 22。

范嘉祉

字南淮。明宝应人。嘉议、嘉祯弟。与朱曰藩同文社。

松石集　集部别集类　佚

见道光《重修宝应县志》卷 22。

朱曰藩(1501—1561)

字子价,号射陂。明宝应人。应登子。嘉靖二十三年(1544)进士,授乌程县知县,迁南京刑部主事,擢礼部郎中,出知九江。令乌程,多惠政,以廉称,人呼"真父母"。性耽风雅,未尝以官事夺时。从工部尚书刘麟游,幅巾觞咏,人不知为邑宰也。及官南都,日与何良俊、金銮辈选胜征歌,命觞染翰,一时海内传为美谈。门外持缣素求词翰者,络绎不绝。或评曰藩书为明代第一。曰藩隽才博学,究心佛典、六经之书,重经手录,各为纂注,惜不传。诗承家学,出入六朝、初唐,然不袭人字句,为杨慎推重。

宝应朱氏家乘　史部传记类

(1) 清刻本,南京图书馆藏。

(2) 2015 年广陵书社《扬州文库》本。

茶事汇辑 4 卷(一作茶薮)　子部农家类　佚

明朱曰藩、盛时泰辑

见《千顷堂书目》卷 9。

射陂集　集部别集类　佚

见桑维乔撰《行状》。

山带阁集 33 集　集部别集类

(1) 明万历元年(1573)刊本,南京图书馆藏,明陈文烛为之序。

(2) 明刻清印本,苏州市图书馆藏。

(3) 清道光十五年(1835)宜禄堂刻本,南京图书馆藏。

(4)《四库全书存目丛书》本。

(5) 2015 年广陵书社《扬州文库》本。

池上编 2 卷　集部别集类

(1) 明嘉靖三十五年三癸亭刻本,罗振常跋,上海图书馆藏。

(2) 明嘉靖三十八年刻本,国家图书馆藏。

(3) 明万历刻本,上海图书馆等藏。安徽图书馆藏本有清朱效靖批校。

凌溪先生集 18 卷　集部别集类

明朱应登撰

明嘉靖三十三年朱曰藩刻,南京图书馆藏。

朱子价集　集部别集类

《盛明百家诗前编·二朱诗集》本。

朱射陂诗选　集部别集类　佚

见宁波范氏《天一阁书目》,明杨慎评定,凡 74 首。

按:《明诗综》卷 48 收其诗 5 首。

七言律细 3 卷　集部总集类

明朱曰藩辑

日本江户时代写本,日本公文书馆藏。

人日草堂诗 1 卷　集部总集类

见《列朝诗集》丁集。

按:明朱曰藩、何良俊、金大舆、盛时泰、顾应符、黄姬水、文伯仁、郭第等人推崇杨慎,在南京集会,合作《人日草堂诗》寄慎滇中,慎已先去世。

仲承嘉

字思孚。明宝应人。本子。隆庆四年(1570)岁贡,官宿松教谕。托志高远,持身端严,自少至老,未尝稍逾绳墨。

云麓山人集 2 卷　集部别集类　佚

见道光《重修宝应县志》卷 22。

朱方中(1523—1591)

字道光,号雪楼。明宝应人。曰藩子。为人淡荡,少谢举子业,卜居湖上,开池治馆。结名流,赋诗把酒,送老其中,有盛世逸民之风。

镜心楼集 2 卷补遗 1 卷附录 2 卷　集部别集类

清道光宜禄堂刻本,南京图书馆、复旦大学图书馆等藏。

镜心楼集 1 卷　集部别集类

清朱效靖编稿本《朱氏诗文世珍》本,宝应县图书馆藏。

朱讷夏

明宝应人。

白云池集　集部别集类　佚

见民国《宝应县志》卷 23。

郑　器

字思大。明宝应人。本子。嘉靖十五年(1536)贡生。任遂昌县教谕,洞然无城府。诸生优于学行者,奖借不置口,不受贫士馈,且助之。升登州教授,卒遂昌,士民葬之官山。

蒲塘集　集部别集类　佚

见民国《宝应县志》卷 23。

王思贤

字霖佐。明宝应人。隆庆四年(1570)举人,授高州府推官。高接埌岭海,浮食游民,相聚剽劫,思贤廉其状,除之。威惠兼行,无苛枉,俗为之变。后摄化州知州,又摄茂名县,民皆勒碑颂德。总督陈大科等交荐于朝,擢福建道御史、提学副使。某诬思贤以见任官立碑,谪广西按察司,知事高州。人大哗,空府县,奔大吏保留弗得。赴广西任,未几,卒。

高州草　集部别集类　佚

入岭草　集部别集类　佚

以上2种见道光《重修宝应县志》卷22。

刘继善(1548—1627)

字元卿,号春宇。明宝应人。先世吴人,迁宝应。少攻苦,以学行操于朝。以岁贡授镇江府训导,砥砺士行。督学杨筠按知其贤,将疏荐于朝,继善以思亲乞归。牍屡上,未得报,竟弃官归。闭门扫迹,日手一编。尝与修县志。天启中卒。

掩关集2卷　集部别集类

(1) 清道光间世德堂刻本,南京图书馆、复旦大学图书馆等藏。

(2) 民国抄本,复旦大学图书馆藏。

(3)《四库未收书辑刊》本。

吴敏道

字日南,号南华山人。明宝应人。礼孙。有异才,9岁能诗文,年12补县学生。同里朱曰藩曰:"余求友天下四十年矣,岂知千里风骨近在家东。"遂与为忘年交。万历三年(1575)岁贡生,入南监读书,才名藉甚。王世贞序其集,谓其诗有声有色,不落蹊径,文则翩翩,班、马之步,盖诗文巨擘也。越河议不决,作《汜光湖赋》讽当道。既不遇,筑清隐草堂,与刘孟夏觞咏自娱。敏道为人孝谨,与人交循循自下,无睥睨态。

当代匾其门曰“寰中高士”。屡欲疏荐之，力辞免。乡里咸称“舫斋先生”。馆郡守署中，忆母制《三湖曲》《鹊飞曲》，为人传诵。

(万历)宝应县志12卷　史部地理类

明陈煌修　吴敏道纂

(1) 明万历二十二年刻本，南京图书馆藏。

(2) 2015年广陵书社《扬州文库》本。

南华山人集21卷　集部别集类

(1) 明隆庆间刻本，南京图书馆藏。

(2) 明万历十六年曹大咸刻本。

观槿稿6卷　集部别集类

明隆庆元年(1567)刻本，国家图书馆藏。

吴日南集11卷(6种)　集部别集类

明万历刻本，上海图书馆、国家图书馆等藏。

子目：

《竹西集》1卷

《折麻集》1卷

《月舫集》1卷

《白云稿》1卷

《水影堂编》1卷

《观槿稿》6卷

观槿续稿19卷　集部别集类

明万历间耿随龙、曹大咸等刻本，国家图书馆藏。

舫斋先生集30卷　集部别集类　佚

见嘉庆《重修扬州府志》。

按：刘宝楠《宝应县图经》云：“嘉庆《扬州志》：‘《舫斋先生集》三十卷。’予家藏《观槿集》六卷、《续集》十卷、《竹西集》《白云稿》《折麻集》《水影堂编》《月舫集》各一卷凡二十一卷，较少《扬州志》九卷，又不称《舫斋集》。曩见歙《洪氏书目》有《吴日南集》所节录碑记目，皆二十一卷所无，今洪氏书已散佚，无从质证焉。”今查《观槿续稿》19卷，正与《吴日南集》合为30卷，刘氏藏本10卷，疑有缺。

唐李颀诗集1卷　集部别集类

明万历十四年吴敏道刻本，南京图书馆藏。

郑　綵

字崇实。明宝应人。化中叔父。年13中乡试副车。举乡饮宾27次。工诗。

宜溪草　集部别集类　佚

见民国《宝应县志》卷23。

郑绍文

明宝应人。

屏竹稿　集部别集类　佚

见道光《重修宝应县志》卷22。

郑隆运

明宝应人。

小泠稿　集部别集类　佚

见道光《重修宝应县志》卷22。

郑化中

字子极，号狄云。明宝应人。得七世孙。少孤，叔綵教以读书，寒夜无火，拥鸡毛覆两足，吟诵达旦。年17游庠，万历十二年(1584)岁贡生。仕至平凉府通判。所著诗，声调出入唐人，为邑人朱曰藩所褒美，而书法亦类曰藩。

闻莺馆集1卷　集部别集类

旧抄本，见《续修四库全书提要》。

郑正中

字子位,一字竹轩。明宝应人。本从孙。化中弟。工画,得者皆珍之。性耿介。晚年戴东坡巾,杖策郊游,每兴酣,随意作山水松菊,俱臻佳妙。

竹轩吟(一作竹轩山人集) 集部别集类 佚

掀髯亭集 集部别集类 佚

以上2种见道光《重修宝应县志》卷22。

范之默

字仲宣,号兰室。明宝应人。嘉议孙。幼颖慧。事亲友爱。吴敏道见而异之,妻以女。十试南闱,弗见录。然为士大夫所重,以为文献所寄焉。与修邑志。工诗书善丹青,以自娱。

我有轩集4卷附哀挽诗1卷 集部别集类

明万历四十四年(1616)范之熊、范之麃刻本,国家图书馆、南京图书馆藏。

郑　直

明宝应人。

海泠诗 集部别集类 佚

见道光《重修宝应县志》卷22。

郑鸣世

明宝应人。

绿筠轩集 集部别集类 佚

见道光《重修宝应县志》卷22。

郑景云

号之麟。明宝应人。由万历岁贡历任金山卫、罗田县学等职。

望云稿 6 卷　集部别集类　佚

见道光《重修宝应县志》卷 22。

郑尔忠

字孝初，号大山。明宝应人。化中弟。

淮海集　集部别集类　佚

西游集　集部别集类　佚

书柿斋漫咏　集部别集类　佚

莺音草　集部别集类　佚

以上 4 种见道光《重修宝应县志》卷 22。

按：《宝应耆旧传》云惟《莺音草》传世。

祁　稳

明宝应人。

瓿余草　集部别集类　佚

见道光《重修宝应县志》卷 22。

刘永澄(1576—1612)

字静之，号练江。明宝应人。继善子。年 19 举于乡，万历二十九年(1601)进士。补授顺天儒学教授，迁国子监学正。严课程，饬行俭，勉诸生以圣贤之学。北方学者称为淮南夫子。后官至兵部职方司主事，因病不能赴。感国事，呕血益剧。竟卒，年 37。高攀龙、文震孟为志状甚悉，刘宗周请谥于朝，未果。学者私谥贞修先生。永澄幼有志操，清修孤介，见义必为。与东林诸正人友善，相与过从，讲学契性命之旨。

东汉人物纂　史部传记类　佚

见嘉庆《重修扬州府志》卷 62。

甲乙杂志 1 卷年谱附录　史部地理类　佚

见道光《重修宝应县志》卷 22。

邸中杂记 1 卷　史部地理类

清初刘中从刻本，国家图书馆藏。

家塾绪言 2 卷　子部儒学类

清康熙宝应刘中柱刻本，国家图书馆、南京图书馆藏。

吾心亦凉 1 卷　子部小说类　佚

见《刘职方年谱》。

离骚经纂注 1 卷　集部楚辞类

清宝应刘氏兴让堂刻本，国家图书馆、南京图书馆藏。

诗筒遗草 1 卷　集部别集类

清康熙间刘中柱重刻本，国家图书馆藏，台湾“中央图书馆”原藏。

刘练江先生集 8 卷首年谱　集部别集类

清乾隆间刻本，南京大学图书馆、南京图书馆藏。

刘职方公诗文集 3 卷附年谱 1 卷　集部别集类

(1) 清刘氏刊本，南京图书馆藏。

(2) 2015 年广陵书社《扬州文库》本。

刘永沁(1579—?)

字清之，号曲江。明宝应人。永澄弟。弱冠食廪饩，与东林诸名贤相契结，毅然以名教为己任。崇祯四年(1631)，河决建义，泛滥六州、县，当事者漠然。永沁驰书吴甡，时甡在台端，上疏得如所请。堤成，六邑得免水患，永沁力也。以选贡谒选入都，会崇祯朝有荐举之诏，侍郎刘宗周、给事中徐献各疏荐，不果用。永沁亦知天下渐不可为，遂罢选归田里。卒于家。永沁少励名节，晚尤志于求道，潜心性理之学。归里，多所著述，皆刘宗周删定。

孝经余注 1 卷　经部孝经类　佚

北游纪事　史部地理类　佚

以上 2 种见道光《重修宝应县志》卷 22。

北征稿　史部杂史类　佚

见民国《宝应县志》卷23。

救荒千虑　史部政书类　佚

幽栖供事　子部儒学类　佚

程朱药言　子部儒学类　佚

以上3种见道光《重修宝应县志》卷22。

洗心阁吟　集部别集类　佚

见民国《宝应县志》卷23。

按:刘宝楠《宝应县图经》卷6云:“康熙《刘氏谱行述》云《孝经余注》丁半千、阎含乡梓行。《练江集》《程朱药言》序云‘客怂恿付诸梓此二书,已刊行’。然邑中绝无藏本,其余未刻亡。”

朱　汉

明宝应人。

朱昆源集　集部别集类　佚

见道光《重修宝应县志》卷22。

郑之标

明宝应人。

茶谱　子部农家类　佚

见道光《重修宝应县志》卷22。

朱尔浑

字叔同,号无尔道人,又号浊庵道人。明宝应人。方中孙。终身手书刻《金刚经》行世。工书法,时人获一字珍之。

朱尔浑集　集部别集类　佚

见《宝应耆旧传》卷上。

清

王有光

字宾我,号补庵。清宝应人。万历四十七年(1619)岁贡生,授宁阳县训导,转临城县教谕,再转苏州府教授。有光少工举子业,任临城时,直隶提学御史宁光先试其文,为六十五学之最。归田后,留意著述,日手一编,耄而益勤。年92卒。

补庵诗稿　集部别集类　佚

见道光《重修宝应县志》卷22。

按:《白田风雅》卷1收其诗2首。

王有容(1586—?)

字远度。清宝应人。少侍顾宪成、高攀龙。力学砥行,久之不遇,以顺治八年(1651)岁贡,授知县,需次里门。与乔可聘、刘心学倡同善会,赒乡人。康熙二年(1663),选泰和县知县。

炳烛编　子部儒学类　佚

贻清堂存稿　集部别集类　佚

以上2种均见于道光《重修宝应县志》卷22。

郑　廉

清宝应人。

豫变纪略8卷　史部杂史类

(1) 清淡宁轩抄本,国家图书馆藏。

(2) 清琅嬛华馆抄本,存卷5—7,北京大学图书馆藏。

(3) 清乾隆彭家屏刻本，华东师范大学图书馆藏。

(4)《三怡堂丛书》本。

(5)《四库禁毁书丛刊》本。

按：淡宁轩本与清边大绶《虎口余生记》1卷、清徐应芬《燕都志变》1卷合抄，王思范校并跋。

湖涯集　集部别集类　佚

见民国《宝应县志》卷23。

柳下堂集文4卷诗4卷　集部别集类

清康熙五十四年(1715)陈尧策刻本，河南省图书馆藏。

按：《国朝文汇》甲集卷48收其文1卷。

朱尔远(1588—1664)

字叔识，号默庵。清宝应人。邑诸生。性尤坦易，虽以子克简贵受封中书，恒徒步里闾间，与贫贱交，无倨容，人益敬之。私谥“贞纯先生”。

五经注疏汇纂　经部群经总义类　佚

史学辨疑　史部史评类　佚

理学纂要　子部儒学类　佚

历代理学名臣赞　子部儒学类　佚

以上4种均见于道光《重修宝应县志》卷22。

按：《理学纂要》或误作朱曰藩撰。

乔可聘(1589—1675)

字君征，号圣任，又自号柘田遗农。清初宝应人。份子。天启二年(1622)进士，授中书舍人。是时魏忠贤弄权，即请告终养。崇祯元年(1628)补前官。性勤俭，为人外刚内和，居官谢绝干谒，不尚诡激之行。刘永澄见而器之。师事刘宗周、黄道周，与倪元璐、马世奇、陈龙正相与切磋问学。崇祯间考授监察御史，巡按浙江，奖廉惩贪，吏民凛凛。后掌河南道事，持论侃侃，群小惮之。清康熙二年(1663)与王有容结真率会。《国朝耆献类征》有传。

按浙疏草　史部政书类　佚

见道光《重修宝应县志》卷22。

读书札记4卷　子部儒学类

(1) 清康熙七年刻本，上海社会科学院图书馆藏，南京图书馆藏残存后2卷。

(2)《四库全书存目丛书》本。

(3) 2015年广陵书社《扬州文库》本。

自警篇　子部儒学类　佚

卧榻随笔　子部杂学类　佚

以上2种见李清撰《墓志铭》。

卧榻绪言　子部儒学类　佚

醉陶斋随笔　子部儒学类　佚

醉陶斋诗　集部别集类　佚

以上3种均见于道光重修《宝应县志》卷22。

潘　氏

明宝应人。仲鸣鸾女，乔可聘妻。

乔孺人诗集　集部别集类　佚

见《江南通志》。

成明义

字喻仲，号愚全。清宝应人。与张溥、张采、王永吉结交。明亡后，隐居氾水以老。

氾光诗文集杂著10卷　集部别集类　佚

见道光《重修宝应县志》卷22。

按：《白田风雅》卷2收其诗2首。

刘心学(1598—1671)

字近思,号兼山。清宝应人。永澄子。幼丧父,赖母韩氏教育。甲申(1644)后,以明廪生须次当贡太学,弃去不顾,益肆力于心性之学。心学性至孝,嗜善,戚友间多受惠者。与乔可聘、王有容倡同善会。晚年与同志结社,惟谈经典,不及时事,然或豪饮自放,当其酒酣耳热,瞪目慨慷,骚愁臬兀,襞积千秋,座中客无不欷嘘叹息者。

明史摘要6卷　史部正史类　佚

见《中国文学家辞典》。

四朝大政录4卷　史部别史类

清刘心学撰　刘宝楠辑

(1) 旧抄本,国家图书馆藏。

(2) 清道光十一年(1831)世德堂刻,南京图书馆藏。

(3) 2015年广陵书社《扬州文库》本。

丁　敦

字澹园。清宝应人。崇祯十六年(1643)后隐居东村,不求闻达,肆力于诗以自娱。

杜吟集　集部别集类　佚

见道光《重修宝应县志》卷22,其甥仲以懿辑。

按:《淮海英灵集》戊集卷1收其诗1首。《白田风雅》卷2收其诗3首。

王　岩(1605—1681)

原名天佑,后更名岩。字白田,又字筑夫。清宝应人。言绮子。诸生。为人端严。事母以孝闻。时复社、几社社稿盛行,岩与同邑俊才立直社,声名与二社等。明亡后,绝意仕进。与兴化陆廷抡倡为古文。岩工于古文。执经问字者踵相接,如李念慈、汪懋麟、汪耀麟等,皆从之学。岩有经世才，尝作道统、职官、水利、钱币、漕运、选举、治河、荒政、盐法、刑法、弭盗、屯田、国用、马政志略等。

异香集 2 卷　集部别集类

清康熙二十二年(1683)孙祖庚映雪斋刻本，国家图书馆藏。

按：《宝应县图经》卷 6 云：兴化陆廷抡选刻《异香集》二卷。又云："近江都焦循录其序事说经论文之文为二卷，与原刻异。"

白田文集 20 卷　集部别集类

(1) 抄本，扬州市图书馆藏。

(2) 1980 年天津古籍书店抄本，国家图书馆藏。

(3) 2015 年广陵书社《扬州文库》本。

白田集 2 卷　集部别集类

(1) 旧抄稿本，复旦大学图书馆藏。

(2) 清确潜草堂抄本，清止叟跋，复旦大学图书馆藏。

按：《宝应县图经》卷 6 作 40 卷。

白田布衣集 4 卷　集部别集类

清抄本，南京图书馆藏。

杨　捷

字元凯。清宝应人。其先于明代以军功世袭指挥使。捷承余烈，束发从军旅，即以武略知名。顺治初，授山西游击，破太行"贼"有功，升总兵官，镇九江。后出征粤东，克潮州，累加左都督，太子少保，移镇扬州，改山东提督。福建海氛未靖，提督福建水陆军务。后以功加昭武将军，以原衔管江南提督事。圣祖南巡，捷迎谒。御书"丹诚"二字额旌之。卒，赠少傅，谥"敏壮"，葬扬州。

平闽记 13 卷　史部传记类

清康熙世泽堂刻本，南京图书馆藏。

按：道光《重修宝应县志》卷 22 作 10 卷。

迎驾记 1 卷　史部传记类

《小方壶斋舆地丛钞》本。

梁以樟(1609？—？)

字公狄。清直隶清苑人。崇祯十二年(1639)乡试第一，十三年进士。授太康县知县，调商丘知县。京师陷，以樟走江淮间，阁部史可法延致幕下。可法殁，隐居宝应。时以樟年37岁，才名倾海内。晚年偕乔出尘、陈钰、朱克生、刘中柱和王世德父子，结文字，饮觞政，皆抉剔经史，旁及稗官野乘。《清史稿》有传。

印否集1卷　集部别集类　佚

见《清史稿艺文志及补编》。

按：道光《重修宝应县志》卷22作《印否诗集》。《清诗汇》卷21收其诗1卷。《白田风雅》卷24收其诗10首。

汤廷颂

字钦哉。清宝应人。邑诸生。未老弃去，放浪泉石间，修然自远。慕林和靖为人，因自号梅逋。艺梅数十本，杂以桐桂松杉。畜一鹤，凡读书、饮酒、对宾客、入市井，皆以鹤俱。时梁以樟栖遁白田，搜幽人野老为伴侣，廷颂其一焉。

泾西稿　集部别集类　佚

后知堂集　集部别集类　佚

梅溪诗谱　集部诗文评类　佚

以上3种均见于道光《重修宝应县志》卷22。

按：《江苏诗征》卷61、《淮海英灵集》戊集卷1收其诗1首。《白田风雅》卷2收其诗3首。

张　珽

字韫仲。清宝应人。明崇祯十五年(1642)举人。十七年下第后不复赴公车，幅巾野服，慕陶潜为人。明亡之际，故明商丘县知县梁以樟隐居宝应，与斑友善，并以理学节义相切磋。入清后，不得已至京师会试，以墨涂卷而归，终身不仕。

岩居尚友录 2 卷　史部传记类　佚

见道光《重修宝应县志》卷 22。

木侍楼集 1 卷　集部别集类

刘氏食旧德斋抄本，《续修四库提要》著录。

嘉庵集　集部别集类　佚

见《宝应县图经》卷 6。

王凝鼎(1610—1681)

字鼎养，号厚庵。清宝应人。有容子。康熙九年(1670)岁贡生。乡里号为长者。宝应叠罹水灾，邑令孙蕙访以救灾弭患之计，凝鼎条列数万言，蕙一一申请施行。晚年纂辑程、朱遗书，自为一编，更综贯古今诸史，附以己见。

程朱遗书　子部儒学类　佚

清王凝鼎纂辑

见民国《宝应县志》卷 15。

稽古余论　子部儒学类　佚

厚庵家训　子部儒学类　佚

以上 2 种均见于道光《重修宝应县志》卷 22。

厚庵存稿 11 卷　集部别集类

(1) 清抄本，北京师范大学图书馆藏。

(2)《北京师范大学图书馆藏稿抄本丛刊》本。

按：《白田风雅》卷 15 收其诗 29 首。

潘煜如

字含仲。清宝应人。崇祯十五年(1642)举人，授潜山县教谕。宝应自乔可聘后，22 年无登科者，至是煜如及张斑、王善继同举于乡。煜如嗜学，制义为海内传诵。自潜山归，年70余，终日手一编，不闻户外事。

贞胜编　史部传记类　佚

见道光《重修宝应县志》卷22。

按：《广陵思古编》卷25收其文1篇。《白田风雅》卷2收其诗1首。

王言纶

字玉音。清宝应人。思贤子。顺治初恩贡，选太湖训导。言纶丰度端凝，工词翰。弟言缚，亦嗜读书，乡人称“二王”先生。时乔可聘、王有容、朱尔远、刘心学等，年各七八十，须眉衣冠甚古。言纶、可聘年80余最长。

棘人草　集部别集类　佚

见道光《重修宝应县志》卷22。

鲁　申

字维岳。清宝应人。明崇祯十六年(1643)岁贡生。幼颖异，治濂洛学有心得。明亡后，绝意进取，友人促其赴试，申拒之，隐于邑里之白马乡，不与世通。

读书心得　子部儒学类　佚

白马诗草　集部别集类　佚

以上2种见民国《宝应县志》卷17。

朱克简(1616—1693)

字石崖，号澹子。清宝应人。尔远子。顺治四年(1647)进士，授中书。十二年考授御史，巡按八闽。时海寇数万围攻福州，克简与巡抚宜永贵并力战，克贼，城得全。在闽时，前后上疏均蒙上允。任满，归筑环溪草堂，读书以老。《清史稿》有传。

按闽政略不分卷　史部政书类

清顺治刻本,上海图书馆藏。此为巡按福建时所作,凡十二门类。

按闽奏议 3 卷　史部政书类

清刻本,南京图书馆藏。

澹子奏议 4 卷　史部政书类　佚

见嘉庆《重修扬州府志》卷 62。

浚河纪事　史部政书类

清刻本,国家图书馆藏。

石崖遗集　集部别集类　佚

见《江苏诗征》卷 16,收其诗 1 首。

按:《淮海英灵集》丁集卷 1 收其诗 1 首。《白田风雅》卷 20 收其诗 7 首。

陶　季(1616—1703)

初名澂,字季深,又字昭万,以字行,乃去深称季,晚号括庵。清宝应人。其先吴人,父镕徙淮安,再徙宝应,遂定居宝应。幼负异才,于书无所不窥。明亡后弃诸生为五岳之游。海内名流,所至结缟纻交。其最善者新城王士禛,合肥龚鼎孳,蕲州顾赤方、顾景星。归则与陈钰、朱克生唱和无虚日。康熙十八年(1679)以博学鸿词荐,辞不就。胸怀夷旷,苦吟送老,以逸民终。《清史稿》有传。

湖边草堂集　集部别集类　佚

见王士禛《感旧集》。

南渡集 1 卷　集部别集类　佚

庚辛诗 2 卷　集部别集类　佚

以上 2 种见道光《重修宝应县志》卷 22。

舟车集 20 卷后集 10 卷附集唐 1 卷爨响 1 卷余响 1 卷词钞 1 卷摘句 1 卷天地合德图赞 1 卷杂题 1 卷广禽言 1 卷虫笺 1 卷　集部别集类

清陶季、陶蔚撰

(1) 清康熙三十八年至雍正间刻,其中陶季所撰国家图书馆藏。

(2)《清代诗文集汇编》本。

按:自《爨响》以下各卷均为陶蔚撰。

又按:乔莱为之序。王士禛尝删定其客滇南闽中诸诗,以为似高岑龙标,当日一作手也。乔莱以为季诗宗初盛唐人,苍老中天然遒媚。沈德潜称其诗英伟沈挚,感时伤乱之作,以诗为史,直欲上溯杜陵。《舟车集》起顺治辛卯(1651)。《宝应县图经》云《湖边草堂集》已佚,其为《新安吏》诸篇作于明崇祯时,皆感时伤乱之作,为王士禛《感旧集》《清诗别裁集》所采。《淮海英灵集》甲集卷 2 收其诗 27 首。《广陵思古编》卷 25 收其文 11 篇。《白田风雅》卷 3 收其诗 56 首。

赵开雍

字五弦,号韦斋。清宝应人。顺治三年(1646)举人,授兖州推官,迁南安同知,再迁庆远知府,致仕。长于政事,所至皆有政绩。尤喜风雅,虽案牍盈积,不废觞咏。迁南安时,有"地僻只愁邻瘴气,官闲且得看梅花"之句,为海内传诵。归田后,筑深柳堂,环以清流,荫以茂树,征歌鼓枻,洒然有隐退之趣。

思生录 2 卷　子部杂学类

清顺治刻本,天津图书馆藏。

按:见民国《宝应县志》卷 23 作《宛李思生录》。

东鲁草　集部别集类　佚

鲁诸生问业篇　集部别集类　佚

江行诗　集部别集类　佚

岭北草　集部别集类　佚

岭北续草　集部别集类　佚

听猿集　集部别集类　佚

韦斋近稿　集部别集类　佚

以上 7 种见道光《重修宝应县志》卷 22。

纪行草　集部别集类　佚
粤游草　集部别集类　佚

以上 2 种见嘉庆《重修扬州府志》卷 62。

北征草　集部别集类

见《白田风雅》卷 1,收其诗 11 首。

按:《淮海英灵集》甲集卷 2、《江苏诗征》卷 107 均收其诗 1 首。

高　鹏

清宝应人。

读史摘要　史部史钞类　佚
清虚堂文稿　集部别集类　佚

以上 2 种均见于道光《重修宝应县志》卷 22。

刘淑仪

清宝应人。

遗芳集　集部别集类　佚

见民国《宝应县志》卷 23。

朱　宣

原名克宣,字无膺。清宝应人。父尔弼迫之就试,碎砚遁去。宣孤僻嫉俗,罕与人交,惟倾慕张珽,以诗文相质证,珽亦深推许之。

运甓集　集部别集类　佚

见道光《重修宝应县志》卷 22。

按:宣于明亡后,闭门不出,顺治十二年(1655)除夕删订旧稿百余篇而成《运甓集》,以明其志。《淮海英灵集》丁集卷 1 收其诗 2 首。《江苏诗征》卷 16 收其诗 1 首。《白田风雅》卷 20 收其诗 5 首。

赵有成

字子淑，号柳江。清宝应人。开雍弟。贡生。康熙八年(1669)兄开雍为庆远守，乃游粤西。

浮湘集 2 卷　集部别集类　佚

三山集　集部别集类　佚

以上 2 种见《江苏诗征》卷 107，收其诗 5 首。

王允言

清宝应人。

独树草堂诗文集 16 卷　集部别集类　佚

见道光《重修宝应县志》卷 22。

朱四维

清宝应人。

读史先资　史部史评类　佚

见 1991 年《宝应历代县志类编》。

直崖集　集部别集类　佚

见道光《重修宝应县志》卷 22。

赵开禧

清宝应人。

北游草　集部别集类　佚

浮湘草　集部别集类　佚

断雁吟　集部别集类　佚

纫兰集　集部别集类　佚

红牙集　集部别集类　佚

以上 5 种见道光《重修宝应县志》卷 22。

乔　迈(1622—1673)

字子单,号钝夫。清宝应人。可聘子。莱兄。绝意仕进,治池馆柘溪。博览群书,于典故多所辨证,尤工五言诗。少与时邑中张珽、王岩、刘心学等友善。乡人私谥"孝靖先生"。

乔氏家训2卷附录1卷　子部儒学类

清乔迈辑　乔漌增辑

清乾隆三年(1738)刻本,见《贩书偶记续编》卷9。

岁寒堂集　集部别集类　佚

见道光《重修宝应县志》卷22。

柘溪集1卷　集部别集类

(1) 清抄本,中国科学院图书馆藏。

(2)《四库未收书辑刊》本。

(3) 2015年广陵书社《扬州文库》本。

按:《淮海英灵集》戊集卷1收其诗3首。《江苏诗征》卷38收其诗1首。《白田风雅》卷2收其诗9首。

乔出尘(1622—1701)

字云渐,号疑庵,又号留云子、云堂翁。清宝应人。可聘从孙,荫子。诸生。性豪迈,工诗文,尤嗜茶。闭户30年,诗瓢画卷、酒铛茗碗澹然而居。先业甚丰,好施与如其父。《碑传集补》有传。

疑庵诗集8卷　集部别集类

(1) 清顺治间刻本,南京图书馆藏。

(2) 2015年广陵书社《扬州文库》本。

按:是书清康熙十三年(1674)自定。

双烛集　集部别集类　佚

见清王式丹《楼村诗集》。

按:出尘清康熙三十一年病盲复明,病盲时所作诗为《双烛集》。

《淮海英灵集》丙集卷1收其诗3首。《白田风雅》卷6收其诗17首。

王孙晋

一作孙进，字亦退，又字左公。清宝应人。榜子。工诗，有名于时。

南游草　集部别集类　佚

小山草堂诗　集部别集类　佚

以上2种均见于道光《重修宝应县志》卷22。

按：《淮海英灵集》乙集卷4收其诗3首。《江苏诗征》卷47收其诗12首。《白田风雅》卷4收其诗16首。

朱四辅

字监卿，号铁楞。清宝应人。明末诸生。少秉异质，事亲至孝。遍阅经史百家。有用世志。后弃举子业，游四方，所至，交悲歌慷慨之士。平南王尚之信闻其名，延致幕下，礼遇甚厚。未几，知之信将叛，以母老辞归，人服其智。《碑传集补》有传。

读史先资　史部史评类　佚

淮扬治水或问　史部政书类　佚

按：《白田风雅》卷2小传云："诗文不自爱惜，随手散佚，止有《淮扬治水或问》1卷行世。"今未见。

拥万堂诗文集　集部别集类　佚

以上3种均见于道光《重修宝应县志》卷22。

铁轮堂集　集部别集类　佚

见嘉庆《重修扬州府志》卷62。

按：《江苏诗征》卷17收其诗1首。《淮海英灵集》戊集卷1收其诗2首。《白田风雅》卷2收其诗4首。

李藻先

字辅臣，一作素臣，号讷庵。清宝应人。顺治十四年(1657)举于乡。为人善谈笑，尤喜交游，与王士禛交好。

湖外吟　集部别集类

清顺治十二年刻本，中国社会科学院文学研究所藏。

南游草　集部别集类　佚

见《江苏诗征》卷92，收其诗2首。

甲申诗　集部别集类　佚

见《白田风雅》卷1，收其诗6首。

汤廷琏

字荐元，号蛰庵。清宝应人。李茂英婿。明末与侯方域、吴应箕等通声气。明亡后，广东督师张家玉荐之永明王，署武兴营监。后有仇之者，遂遇害。

岩云集　集部别集类　佚

蛰庵初集　集部别集类　佚

杞忧集　集部别集类　佚

以上3种均见于道光《重修宝应县志》卷22。

钓台集　集部别集类　佚

见民国《宝应县志》卷11。

狱中诗　集部别集类　佚

见《白田风雅》卷2，收其诗4首。

王　玟

字文玉。清宝应人。孤介嫉俗。工于诗。年未40而殁。疾笃，以诗稿一册属友人汤启祚曰："后有知吾诗者录一二篇，则可以传矣。"诗远宗李贺、近学徐渭。

李昌谷诗注　集部别集类　佚

王玟诗稿　集部别集类　佚

以上2种见道光《重修宝应县志》卷22。

按:《江苏诗征》卷46收其诗1首。《淮海英灵集》戊集卷1收其诗2首。《白田风雅》卷2收其诗14首。

乔 莡

字子丹,号白庵。清宝应人。可聘少子。国子生。

容安堂诗集　集部别集类　佚

见道光《重修宝应县志》卷22。

按:《江苏诗征》卷38收其诗1首。《白田风雅》卷6收其诗2首。

朱克生(1631—1679)

号秋厓,字国桢,一字念莪。清宝应人。国子生。少攻举子业,而性喜风雅。承家学,又从兄克简之燕闽,历名山川,多交文学士,诗赋工丽,闻名海内。与冒襄、王士禛、汪琬、程可则结诗社。里居则与陶澂、陈钰相唱酬,鼎峙一时。《清史列传》有传。

毛诗考证　经部诗经类　佚

见民国《宝应县志》卷23。

明代宝应人物志不分卷　史部传记类

(1) 稿本,上海图书馆藏。

(2) 抄本,南京博物院藏。

(3)《江苏人物传记丛刊》本。

(4) 2015年广陵书社《扬州文库》本。

明代宝应人物志1卷秋舫日记3卷　史部传记类

抄本,台湾"中央图书馆"原藏。

宝应人物志列传1卷　史部传记类

稿本,上海图书馆藏。

忆游偶记　子部杂学类　佚

见《清史列传》卷70。

秋舫日记3卷　子部杂学类

稿本，荷兰莱顿大学东亚图书馆藏。

按：《贩书偶记》著录底稿本，首有"朱克生"印一方，"秋厓"二字印一方，"宗海"私印一方，即此书。高罗佩旧藏。

恒阳消夏录　子部杂学类　佚

雪夜丛谈　子部杂学类　佚

庸言　子部杂学类　佚

以上3种见《清史列传》卷70。

朱秋厓诗集4卷文集不分卷　集部别集类

(1) 清同治四年(1865)刻本，南京图书馆藏。

(2) 清光绪六年(1880)刻本，中国人民大学图书馆藏。

(3) 清光绪八年刻本，南京图书馆藏。

(4) 清抄本，上海图书馆藏。

朱秋厓集10卷　集部别集类

稿本，上海图书馆藏。

秋厓诗文赋钞24卷　集部别集类　佚

武夷山赋1卷　集部别集类　佚

以上2种见1991年《宝应历代县志类编》。

环溪集　集部别集类　佚

见《江苏诗征》卷16，收其诗13首。

安宜六子唱和新编　集部总集类　佚

清朱克生、陶蔚、郑在湄、乔尹度、刘家珍、姚修珩同撰

见道光《重修宝应县志》卷22。

唐诗品汇删18卷叙目1卷　集部总集类

清康熙刻本，国家图书馆藏。

诗准　集部诗文评类　佚

见道光《重修宝应县志》卷22。

按：《淮海英灵集》丁集卷1收其诗7首。《广陵思古编》卷26收其文7篇。《白田风雅》卷20收其诗42首。

徐宗道

字性之。清宝应人。27岁始读书，博通典籍，以诗画游四方。老贫甚而兴致不衰。

徐宗道诗稿　集部别集类　佚

见《宝应耆旧传》卷上，并云，宗道殁，稿渐残缺，有匿其稿数十卷，雨峰公(刘中柱)索之不得，仅录数首。

按:《白田风雅》卷2收其诗2首。

郑在湄

字九起，自号苍顽子。清宝应人。工诗善画，著述甚富。闭影蒹葭苍茫中，以葭名其园。为人澹荡，善交友。

蒙史提纲　史部史钞类　佚

淮扬治水纲目　史部政书类　佚

群书汇雅　子部儒学类　佚

长城集　集部别集类　佚

武林浪游集　集部别集类　佚

葭园杂咏(一作葭湖杂诗)　集部别集类　佚

安宜六子唱和新编　集部总集类　佚

清郑在湄、朱克生、陶蔚、乔尹度、刘家珍、姚修珩同撰

以上7种见道光《重修宝应县志》卷22。

按:《淮海英灵集》戊集卷1、《江苏诗征》卷150均收其诗1首。《白田风雅》卷2收其诗4首。

范新民

字惠苍。清宝应人。诸生。

河柳园诗　集部别集类　佚

见道光《重修宝应县志》卷22。

按:《白田风雅》卷13收其诗1首。

汤启祚(1635—1710)

字迪宗,号滋人。清宝应人。廷相子。邑诸生。少时,有以数十艺相试者,方食顷,而阅竟已成诵。邑中问字者,启祚皆能注明本源,引证详确。

春秋不传14卷　经部春秋总义类

(1) 清嘉庆循陔堂刻本,国家图书馆、南京图书馆藏。

(2) 2015年广陵书社《扬州文库》本。

保闲堂赋稿8卷　集部别集类　佚

删剩诗稿24卷　集部别集类　佚

删剩文稿12卷　集部别集类　佚

删剩诗文续稿16卷　集部别集类　佚

以上4种均见于道光《重修宝应县志》卷22。

杜诗笺12卷　集部别集类

约清乾隆间稿本,见《杜集书录》。

纪年诗　集部别集类　佚

见《白田风雅》卷6,收其诗1首。

按:《淮海英灵集》丁集卷2、《江苏诗征》卷61均收其诗3首。

乔尹度

字幼宏,号廓庵。清宝应人。工诗。候选州同知。

史论　史部史评类　佚

陆舫诗集　集部别集类　佚

安宜六子唱和新编　集部总集类　佚

清乔尹度、朱克生、陶蔚、郑在湄、刘家珍、姚修珩同撰

以上3种均见于道光《重修宝应县志》卷22。

按:《江苏诗征》卷38收其诗6首。《白田风雅》卷6收其诗10首。

汤辉祚

字蔚宗，号蘧浦。清宝应人。启祚弟。廪生。与陈钰为诗友。庶常乔崇烈称其诗宗汉魏，魄力绝大，文醇厚渊茂。

蘧浦诗稿　集部别集类　佚

见道光《重修宝应县志》卷22。

按：《淮海英灵集》丁集卷2收其诗2首。《江苏诗征》卷61收其诗1首。《白田风雅》卷7收其诗12首。

陈　铣

字渊源，号鸠柴。清宝应人。钰兄，邑诸生。工诗，颇为时重。

鸠柴诗集5卷　集部别集类

1976年裔孙陈铁凡、陈铁平影印本，上海图书馆藏。

按：与陈铣弟陈钰《巢园集辑存》合一册，附《陈氏家乘记略》。《白田风雅》卷4收其诗3首。

陶　震

字左方。清宝应人。季长子。邑诸生。醇谨孝友，有高世致。

写心集　集部别集类　佚

见道光《重修宝应县志》卷22。

按：《白田风雅》卷7收其诗1首。

郭　昂

字子抑。清宝应人。康熙九年(1670)进士。初授山西盂县知县，复选山东齐河县。后授广东连州知州。以疾致仕。年76卒。

识小录　史部史评类　佚

野鹤集　集部别集类　佚

伴还堂诗钞　集部别集类　佚

以上3种均见于道光《重修宝应县志》卷22。

按:《白田风雅》卷5收其诗1首。

仲以懿

字尔成,号琴公。清宝应人。本曾孙。与弟以嘉具有才名。

颐庵集　集部别集类　佚

见道光《重修宝应县志》卷22。

按:《宝应耆旧传》卷上作《顺颐集》。《淮海英灵集》戊集卷1收其诗1首。《白田风雅》卷2收其诗3首。

范　持

字双丸,又字嵙山。清宝应人。

五经要言　经部群经总义类　佚

勾股杂记　子部历算类　佚

嵙山诗稿　集部别集类　佚

以上3种见道光《重修宝应县志》卷22。

姚修珩

字晓岚。清宝应人。与陶蔚、刘家珍、乔尹度称"安宜四子"。

安宜六子唱和新编　集部总集类　佚

清朱克生、陶蔚、郑在湄、乔尹度、刘家珍、姚修珩同撰

见道光《重修宝应县志》卷22。

按:《江苏诗征》卷39、《白田风雅》卷9均收其诗1首。

陶　蔚

字文虎,号卷翁。清宝应人。季次子。官咸阳丞。性傲岸,词锋峭厉,以诗语获谴于上官,罢职归。

问天楼集　集部别集类　佚

爨桐余响　集部别集类　佚

以上2种见道光《重修宝应县志》卷22。

舟车集20卷后集10卷附集唐1卷爨响1卷余响1卷词钞1卷摘句1卷天地合德图赞1卷杂题1卷广禽言1卷虫笺1卷　集部别集类

清陶季、陶蔚撰

版本见"陶季"条。

按：自《爨响》以下均为陶蔚撰。

安宜六子唱和新编　集部总集类　佚

清朱克生、陶蔚、郑在湄、乔尹度、刘家珍、姚修珩同撰

见道光《重修宝应县志》卷22。

按：《淮海英灵集》戊集卷2收其诗1首。《广陵思古编》卷25收其文1篇。《白田风雅》卷7收其诗9首。

刘中柱(1641—1708)

字砥澜，号禹峰，一作雨峰。清宝应人。心学孙。由廪贡生授临淮县教谕，迁国子监学正，历擢兵部主事、户部郎中。分督京仓，有清望。中柱少以诗名，既为部郎，与朱彝尊、查慎行辈相倡和。生平奖掖后进，匡振困乏，时论称之。《清史列传》有传。

史外丛谈8卷　史部史评类

清抄本，国家图书馆藏。

南归日记　史部地理类　佚

见道光《重修宝应县志》卷22。

宝应名胜纪略2卷　史部地理类

清刘中柱辑

(1) 清康熙九年(1670)刻本，上海图书馆藏。

(2) 清抄本，沈阳市图书馆、重庆市图书馆藏。

(3) 2015年广陵书社《扬州文库》本。

六馆日钞　子部杂学类　佚

见《清史列传》卷71。

并州百篇诗1卷　集部别集类　佚

见道光《重修宝应县志》卷22。

又来馆诗集6卷　集部别集类

(1) 清康熙间刻本，国家图书馆藏。

(2) 8卷，清康熙刻本，上海图书馆藏。

按：道光《重修宝应县志》卷22作30卷。

兼隐斋诗钞8卷　集部别集类

(1) 家刻本。

(2) 清康熙间刻本。

按：上海图书馆藏《又来馆诗集》5—8卷题名为“兼隐斋诗钞”，疑此即《又来馆诗集》。又，道光《重修宝应县志》卷22作20卷。

兼隐斋诗续钞3卷　集部别集类　佚

见嘉庆《重修扬州府志》卷62。

真定集3卷首1卷　集部别集类

(1) 清抄本，南京图书馆藏。

(2) 稿本《刘氏二家诗录》本，南京图书馆藏。

(3) 清抄本，4卷，浙江省图书馆藏。

北省稿　集部别集类　佚

见清王源《居业堂文集》卷14。

按：是稿著于清康熙二十九年。

渔山园诗集1卷　集部别集类

清康熙刻本，中国社科院文学研究所藏。

梓里诗选12卷　集部总集类　佚

见道光《重修宝应县志》卷22。

按：《淮海英灵集》甲集卷2收其诗7首。《江苏诗征》卷79收其诗2首。《白田风雅》卷6收其诗16首。

两朝诗选　集部总集类　佚

见《宝应耆旧传》卷下。

乔　莱(1642—1694)

字子静,号石林。清宝应人。可聘子。康熙六年(1667)进士,授内阁中书舍人,充壬子顺天乡试同考官。十八年,试博学鸿词一等,改授翰林院编修,纂修《明史》,又充《实录》纂修官。二十四年大考,列一等四名,帝大悦,曰:"乔莱学问优长,文章古雅。"命充日讲官,知起居注,寻擢翰林院侍讲,转侍读。后中蜚语罢归。晚治废圃名"纵棹园",键户谢客,研究经学,潜心读易,未半载,得疾卒,年53。莱从王士禛游,古文师汪琬,均极受推许。为人明敏洞达,无城府。友爱兄弟,笃于故旧,又喜汲引才士。卒之日,朝野莫不悲之。《清史列传》有传。

系辞2卷　经部易类

清道光间补刊本。

乔氏易俟18卷图1卷　经部易类

(1) 清康熙竹深荷净之堂刻本,辽宁省图书馆、南京图书馆等藏。

(2)《四库全书》本。

崇祯长编　史部杂史类　佚

见《碑传集》本传。

清太祖高皇帝实录稿本三种　史部传记类

清乔莱等撰　罗振玉校

1931年史料整理处影印本,浙江大学图书馆藏。

(康熙)宝应县志24卷　史部地理类

清徐虢、乔莱等纂修

(1) 清康熙二十九年刻本,国家图书馆藏。

(2) 1962年油印本,国家图书馆、南京图书馆等藏。

游伏波岩记1卷　史部地理类

游七星岩记1卷　史部地理类

游永洲近治山水记1卷　史部地理类

漓湘二水记 1 卷　史部地理类

以上 4 种均有《小方壶斋舆地丛钞》本。

西朦丛话　子部杂学类　佚

见道光《重修宝应县志》卷 22。

南归集　集部别集类　佚

见《白田风雅》卷 5，收其诗 22 首。

柘溪草堂集 1 卷　集部别集类

清康熙刻本，复旦大学图书馆藏。

直庐集 1 卷使粤集 1 卷使粤日记 1 卷　集部别集类

清康熙二十二年刻本，南京图书馆藏。

归田集 1 卷　集部别集类

清康熙间刻本，国家图书馆藏。

应制集　集部别集类

清康熙间刻本，中国科学院图书馆藏。

石林集 9 卷　集部别集类

(1) 清康熙刻刘宝楠抄补本，上海图书馆藏。

(2)《清代诗文集汇编》本。

(3) 2015 年广陵书社《扬州文库》本。

石林赋草　集部别集类

见道光《重修宝应县志》卷 22。

古文分类粹编　集部总集类　佚

清乔莱辑　子崇烈校

白田唱和集　集部总集类　佚

清叶燮、乔莱、乔出尘、王式丹、乔崇烈、朱经、郑乾清等撰

以上 2 种均见于民国《宝应县志》卷 23。

香雪亭新编耆英会记 2 卷　集部词曲类

清画川逸叟(乔莱别号)填词

(1) 清康熙间刻，道光间补刻，国家图书馆藏。

（2）《耆英会记》2卷，清光绪二十七年（1901）乔氏来鹤堂刻本，台湾大学图书馆藏。

按：民国《宝应县志》卷23记为《耆英会传奇》。道光《重修宝应县志》卷22记为《耆英会传》。凡30出，演司马光事。剧以反对王安石施行新政为之经纬，并述苏轼、朝云之遇合。中以郑侠绘《流民图》，持以责备新政为主要关目。末以司马复相，介甫悔叹，贬斥吕惠卿作结。剧中铺叙，皆本史传，旁及两夏兵戎，登州祭海各节，亦缘饰有据。

成康保（1643—1702）

字安若，一字商衡。清宝应人。康熙十八年（1679）进士，授中书。二十六年，分校礼闱，后典试山西。出为台州府同知。除陋例，修忠祠，释丽水盗案冤狱，邑人德之。卒于官。入祀名宦。《清史列传》有传。

周易阐微4卷　经部易类　佚

春秋要旨4卷　经部春秋总义类　佚

左传解6卷　经部春秋左传类　佚

读史辨伪　史部史评类　佚

偶闲草　集部别集类　佚

皖游草　集部别集类　佚

青游草　集部别集类　佚

金台述怀集　集部别集类　佚

诗裁4卷　集部总集类　佚

赋格2卷　集部诗文评类　佚

以上10种见道光《重修宝应县志》卷22。

按：《淮海英灵集》丁集卷1收其诗4首。《白田风雅》卷5收其诗8首。

朱　约（1644—1719）

字博原，又字守亭，晚号艮斋。清宝应人。克简子。康熙十一年

(1672)副贡。以教习期满,授福建福安县知县。历江西南丰,移东贵县,升直隶晋州知州,致仕归。在任以廉能称,尤善治盗。卒于家。《清史列传》有传。

易经引事2卷　经部易类

清康熙间刻本,国家图书馆藏。

读史绪钞　史部史钞类　佚

存省笔记　子部儒学类　佚

同姓名录　子部杂学类　佚

以上3种见《江苏诗征》卷17,收其诗1首。

环溪堂集10卷　集部别集类

清嘉庆间刻本,南京图书馆藏。

环溪集1卷附师文堂集1卷　集部别集类

清抄本,刘宝楠跋,上海图书馆藏。

按:附1卷为清朱光进撰。

又按:《淮海英灵集》丁集卷1收其诗1首。《白田风雅》卷20收其诗2首。

王式丹(1645—1718)

字方若,号楼村。清宝应人。凝鼎子。少负重名,年28始补弟子员。康熙四十二年(1703)会试殿试皆第一,授修撰,分修纂《皇舆图表》《佩文韵府》《渊鉴类函》《一统志》《朱子全书》诸书。居官10年,吟诵自娱。罢归后,侨居郡城,喜奖后进。《清史列传》有传。

四书直音1卷　经部四书类

清康熙间荫萼堂刻本。

灵豆录　子部医家类　佚

见道光《重修宝应县志》卷22。

花萼堂文集　集部别集类　佚

见同治《续纂扬州府志》卷22。

楼村诗集 25 卷　集部别集类

(1) 清雍正四年(1726)王懋讷家刻本,华东师范大学图书馆等藏。

(2) 清道光十六年(1836)刻本,附宝应王嵩高《小楼诗集》8 卷,华东师范大学图书馆藏。

(3)《四库全书存目补编》本。

(4)《清代诗文集汇编》本。

(5) 2015 年广陵书社《扬州文库》本。

按:《四库全书总目》存目云:"是集乃雍正甲辰其子懋讷所刻,分年编次,凡《龙竿集》五卷、《睪苏集》七卷、《补过斋集》二卷、《忍冬斋集》七卷、《鸿柯集》一卷、《梅花书屋集》三卷。起壬申迄丙申,每年一卷,惟《龙竿集》之第五卷为其壬申以前诗,不以冠集而以殿集,以少作故也。"

王式丹诗选 1 卷　集部别集类

《江左十五子诗选》本。

乔　寅

字东湖。清宝应人。与吴绮、孔尚任、卓尔堪、王方岐、吕熊、刘廷玑等交好。

游黄山诗 1 卷　集部别集类　佚

见《淮海英灵集》戊集卷 2,收其诗 9 首。

碧澜堂集 1 卷　集部别集类

清乔寅撰　吴嘉纪等选

清初刻本,浙江图书馆藏。

理咏堂集 5 卷　集部别集类

清康熙间刻本,国家图书馆藏。

按:《白田风雅》卷 4 收其诗 3 首。

陈　钰

字其相,号冰壑。清宝应人。铣弟。康熙二十九年(1690)岁贡生。

家贫以教授自给。喜为诗。与兄铣齐名。治小圃北城下，开池种树，亭馆皆覆以茅，东与环溪、画川一水相接。课读之外，不废啸歌。尝辑邑乘艺文志。

巢园诗集 2 卷　集部别集类

清抄本，南京图书馆藏。

巢园集辑存 1 卷　集部别集类

1976 年裔孙陈铁凡、陈铁平影印本，上海图书馆藏。

按：与兄陈铣《鸠柴诗集》合一册，附《陈氏家乘记略》。《淮海英灵集》戊集卷 2 收其诗 12 首。《白田风雅》卷 4 收其诗 34 首。

刘中从

字自益，号竹峰。清宝应人。康熙四十七年(1708)举人。授中书舍人，未补，改石埭县教谕，辞不赴，盖不忍离亲也。中从生有异质，颖悟绝伦，事亲至孝。待人推心置腹，或有侵凌，逊谢不较。王式丹序其文曰："清和纯粹，穆然以深。昌黎所云，浑然端且厚，文与行不失其世守者也。"

所好轩稿　集部别集类　佚

见道光《重修宝应县志》卷 22。

按：《白田风雅》卷 8 收其诗 1 首。

王　康

字燕贻，号豫园。清宝应人。善继子。康熙十一年(1672)举乡试第五。早卒。乡人惜之。

豫园诗集 1 卷豫园文集 1 卷　集部别集类

清抄本，南京图书馆藏。

刘国黻(1653—1700)

字禹美，号后斋。清宝应人。康熙二十一年(1682)进士，改庶吉士，迁户科给事中，升都给事。迁通政司参议，历督捕理事官。后改为鸿胪卿。国黻虽早达，不懈于学，有诗文集若干卷。《国朝耆献类征》有传。

赋役全书　史部政书类　佚

见嘉庆《重修扬州府志》卷62。

碧梧翠竹山房诗钞　集部别集类　佚

刘后斋集　集部别集类　佚

刘都谏诗文集　集部别集类　佚

以上3种均见于道光《重修宝应县志》卷22。

按：《淮海英灵集》乙集卷1收其诗2首。《江苏诗征》卷79收其诗1首。《白田风雅》卷5收其诗6首。

郑乾清

字千子，号雪屋。清宝应人。诸生。工诗，尝集介庵精舍。偶检眉山诗"水自石边流出冷，风从花里过来香"句，酒酣兴高，拈笔属和20余联。邑人朱克生激赏之。

宝应郑氏家谱8卷附图　史部传记类

(1)《白田郑氏一家言》本。

(2) 2015年广陵书社《扬州文库》本。

按：计有遗像、谱系、行略、家传等。

吟松稿　集部别集类　佚

雪屋诗集　集部别集类　佚

以上2种见道光《重修宝应县志》卷22。

白田郑氏诗集6卷　集部别集类

白田郑氏遗集4卷首1卷　集部总集类

清郑乾清辑

按：此辑其家先世自明初迄清能诗者30余人，有入仕者，有隐逸者，凡诗文书翰等，均行搜入，首列小传，次载诗文，其远祖诗文不尽传者，搜采逸篇，各载一二。近祖所录始多。

宝应郑氏赠言录5卷　集部别集类

清郑乾清辑

按：此乃搜辑当时友人酬唱诗文，及传记墓碑志铭等文字。

以上3种均有《白田郑氏一家言》本，又有2015年广陵书社《扬州文库》本。

白田郑氏一家言　丛书类

(1) 清刻本，南京图书馆藏。

(2) 2015年广陵书社《扬州文库》本。

子目见上。

按：《江苏诗征》卷150收其诗1首。《白田风雅》卷7收其诗4首。

朱泽潢

字天池。清宝应人。贡生。

环溪草堂诗　集部别集类　佚

见《白田风雅》卷21，收其诗3首。

朱　绩

字绍亭。清宝应人。克生子。能诗。

沧岚集　集部别集类　佚

见道光《重修宝应县志》卷22。

按：《淮海英灵集》丁集卷1、《白田风雅》卷20均收其诗1首。

朱　纪

字右绅。清宝应人。

笏斋诗稿　集部别集类　佚

见《淮海英灵集》丁集卷1，收其诗1首。

按：《白田风雅》卷20收其诗1首。

朱　缵

字继武。清宝应人。克生次子。能诗。康熙四十一年(1702)举人。

周易辑要5卷　经部易类　佚

见《清史稿艺文志》。

舫斋集　集部别集类　佚

见嘉庆《重修扬州府志》卷62。

按:《淮海英灵集》丁集卷2收其诗1首。

成王宸

清宝应人。申族兄。工诗。

燕游集　集部别集类　佚

见民国《宝应县志》卷16。

问芳声

清宝应人。

问氏家谱　史部传记类　佚

清问芳声辑　问源、问铨续辑

见民国《宝应县志》卷23。

朱　宸

字勐孺,号界淘。清宝应人。康熙三十六年(1697)进士。授浙江诸暨县知县。宸夙谙河务,在任兴修水利,邑人为之建生祠。后因受郡守诬陷,劾罢为民。里居18年。尚书张鹏翮将以宸名列荐,以年老辞,卒于家。

匏叶山庄集1卷　集部别集类

清抄本,上海图书馆藏。

履尾吟　集部别集类　佚

乐府骈体　集部别集类　佚

以上 2 种见道光《重修宝应县志》卷 22。

按:《白田风雅》卷 5 收其诗 5 首。

乔崇烈

字无功,号学斋。清宝应人。莱长子。康熙四十五年(1706)进士,改庶吉士。为人倜傥不羁。工书善画。对客挥毫,千言立就。因父莱别业在城东,名流过从无虚日,崇烈遂不复出。

学斋诗集 4 卷蒹葭书屋诗 1 卷芥舟集 1 卷枣花庄录稿 1 卷　集部别集类

(1) 清康熙刻本,南京图书馆藏。

(2)《清代诗文集汇编》本。

铁佛集不分卷　集部别集类

稿本,南京图书馆藏。

资瓻诗草　集部别集类　佚

见民国《宝应县志》卷 23。

古文分类粹编　集部总集类　佚

清乔莱辑　乔崇烈校

见民国《宝应县志》卷 23。

朱之玑

字海若,号怀堂。清宝应人。考授州同知。

本纪事略　史部别史类　佚

见民国《宝应县志》卷 23。

枣花书屋诗集 1 卷　集部别集类

(1)《春雨楼丛书》本。

(2)《清代诗文集汇编》本。

枣花书屋诗选 1 卷　集部别集类

清道光二十一年(1841)朱士端抄本,复旦大学图书馆藏。

枣花书屋诗 1 卷　集部别集类

清朱效靖编稿本《朱氏诗文世珍》本,宝应县图书馆藏。

乔崇让(1666—1694)

字致能,号楮堂。清宝应人。莱子,崇烈弟。与兄同中副榜。体弱。以画猿得名,尤工北宋人花鸟,善八分书。惜早卒,未竟其学。

楮堂集　集部别集类　佚

见道光《重修宝应县志》卷 22。

按:《江苏诗征》卷 38 收其诗 2 首。《白田风雅》卷 8 收其诗 3 首。

王懋谌(1666—1721)

字鹤闻。清宝应人。式丹长子。康熙五十年(1711)举人。性仁厚,工书。

岸秋亭诗文集(一作岸堂诗文集)　集部别集类　佚

见道光《重修宝应县志》卷 22。民国《宝应县志》卷 23 作 20 卷。

按:《淮海英灵集》丙集卷 1 收其诗 4 首。《江苏诗征》卷 49 收其诗 1 首。《白田风雅》卷 8 收其诗 4 首。

朱泽沄(1666—1732)

字湘陶,别号止泉,学者称止泉先生。清宝应人。克简孙。少勤学,得程氏读书分年日程,即寻次序,刻苦诵习,数年略遍。更学天文于陈厚耀,能得其意。笃嗜朱子之学,一字一句,无一不精心研究。泽沄与王懋竑同邑,而年相若。两家易子而教,又结姻亲,情好甚密。两人同好朱子之学,而复不同,亦有议论牴牾,至没齿而所见不能相合者。雍正六年(1728),直隶总督刘师恕欲荐之朝,不应。

易旨 4 卷附周易学旨余义 1 卷　经部易类

(1) 清道光四年(1824)刻本,南京图书馆藏。

(2) 清道光八年刻本,南京图书馆藏。

(3)《稀见清代四部辑刊》本。

四书学旨1卷　经部四书类

(1) 清抄本,上海图书馆藏。

(2)《稀见清代四部辑刊》本。

诸经学旨不分卷　经部群经总义类

(1) 清抄本,上海图书馆藏。

(2)《稀见清代四部辑刊》本。

游蒙山记1卷　史部地理类

《小方壶斋舆地丛钞》本。

朱止泉先生河道合意编1卷　史部地理类

(1) 清吉祥云室抄本,清姚椿校,上海图书馆藏。

(2) 抄本,上海图书馆藏。

朱子文选目录序1卷　子部儒学类

清刻本,南京图书馆藏。

宗朱子要法1卷　子部儒学类

(1) 清道光三年刻本,上海图书馆藏。

(2) 清光绪二十五年(1899)华亭封文权刻本,上海图书馆藏。

朱子圣学考略10卷提要1卷正讹1卷　子部儒学类

(1) 清乾隆十七年(1752)环溪草堂刻本,上海图书馆藏。

(2) 1935年刘启瑞刻本,上海图书馆藏。

(3)《四库全书存目丛书》本。

(4)《续修四库全书》本。

朱子圣学考略10卷附要法校勘记　子部儒学类

1924年朱芾刻本,南京图书馆藏。

朱子语录精要1卷　子部儒学类

抄本,上海图书馆藏。

合意编 5 卷　子部儒学类

清道光元年刻本，南京图书馆藏。

三学辨　子部儒学类　佚

见道光《重修宝应县志》卷 22。

先儒辟佛考　子部儒学类　佚

见道光《重修宝应县志》卷 22。

阳明辑朱子晚年定论辨 1 卷　子部儒学类

(1) 清道光四年卢昶刻本，上海图书馆藏。

(2)《稀见清代四部辑刊》本。

朱子诲人编　子部儒学类　佚

吏治集览　子部杂学类　佚

师表集览　子部杂学类　佚

以上 3 种均见于道光《重修宝应县志》卷 22。

朱止泉文集(一作止泉先生文集)8 卷　集部别集类

清朱泽沄撰　朱光进编辑

(1) 清乾隆四年顾天斋刻本，南京图书馆藏。

(2) 清乾隆间刻本，南京图书馆藏。

(3) 清光绪二十七年米寿镛重刻本，上海图书馆藏。

(4) 清刻本，上海图书馆藏。

(5) 民国间重印乾隆刻本，南京图书馆藏。

(6)《四库全书存目丛书》本。

(7)《续修四库全书》本。

(8)《清代诗文集汇编》本。

朱止泉外集 5 卷　集部别集类

(1) 清道光三年刻本，国家图书馆藏。

(2) 清抄本，上海图书馆藏。

(3) 1925 年刘启瑞重刻本，南京图书馆藏。

(4)《清代诗文集汇编》本。

朱止泉先生文稿不分卷　集部别集类

清抄本,国家图书馆藏。

朱子分类文选9卷　集部别集类

宋朱熹撰　清朱泽沄辑

(1) 清道光元年刻本,上海图书馆藏。

(2) 清咸丰三年(1853)姚椿刻本,国家图书馆藏。

(3) 清抄本,8卷,上海图书馆藏。

朱子文集选目录9卷朱子语类选目录9卷　集部别集类

宋朱熹撰　清朱泽沄辑

清光绪二十三年刻本,上海图书馆藏。

朱　经(1666—?)

字恭亭,号叙九、燕堂。清宝应人。克简次子,乔莱女婿。少以名诸生,屡试南闱。赴顺天试,又以兄约宰晋州,调外帘同考,循例回避。遂弃举子业。为人敦学笃行,孝友。工诗古文辞。临河构书斋数楹,与一时知名士觞咏其中。

春秋指掌　经部春秋总义类　佚

春秋类传90卷　经部春秋总义类　佚

以上2种见道光《重修宝应县志》卷22。

河防志　史部地理类　佚

见1991年《宝应历代县志类编》。

兖东游记　史部地理类

见《兖东集》。

陆车集　集部别集类　佚

狎鸥亭诗　集部别集类　佚

秋怀诗　集部别集类　佚

以上3种见道光《重修宝应县志》卷22。

燕堂诗钞8卷赋稿3卷附兖东集2卷小红词集1卷　集部别集类

清康熙刻本，南京图书馆藏。《诗钞》后四卷为《甲戌入吴诗》1卷、《燕堂诗钞》2卷、《友梅集》1卷。

燕堂诗钞3卷　集部别集类

清抄本，国家图书馆藏。

按：《全清词钞》卷7收其词2首。《江苏诗征》卷16收其诗5首。《淮海英灵集》丁集卷1收其诗3首。《全清散曲》收其散曲4首。《白田风雅》卷20收其诗14首。

王懋讷

字懿诵，号抑夫。清宝应人。式丹次子。康熙二十八年(1689)举人。官乌程县知县。

聊存稿　集部别集类　佚

见《白田风雅》卷9，收其诗2首。

抑夫诗文集　集部别集类　佚

见同治《续纂扬州府志》卷23。

按：《淮海英灵集》丙集卷1收其诗7首。《江苏诗征》卷49收其诗2首。

王懋竑(1668—1741)

字予中，一作与中，号白田。清宝应人。康熙五十七年(1718)进士。在吏部乞就教职，授安庆府学教授。雍正元年(1723)与蔡世远同被召见，授翰林院编修，入直尚书房，不久以老病辞归。归里后，杜门著书，不闻外事。懋竑性淡泊。少从叔父式丹学，刻厉笃志，耻为标榜声誉，精研朱子之学。与同邑朱泽沄情好甚密，且同好朱子之学，时相切磋。尝谓友人道："老屋三间，破书万卷，平生志愿足！"《清史稿》有传。

记疑6卷　经部易类

清雷门书屋抄本，北京大学图书馆藏。

毛诗记疑1卷　经部诗经类

民国间金山高氏仓古书库传抄本，复旦大学图书馆藏。

家礼考1卷　经部三礼总义类

《汉学堂知足斋丛书》本。

白田草堂存稿不分卷　经部群经总义类

(1) 稿本，北京大学图书馆藏。

(2)《皇清经解》本。

读经记疑　经部群经总义类

见道光《重修宝应县志》卷22。

南北史记疑4卷　史部史评类

(1) 抄本，有王鸣盛等印，清丁丙跋，南京图书馆藏。

(2) 清抄本，存《北史记疑》，北京大学图书馆藏。

按：亦收入《读书记疑》中。

朱子年谱4卷考异4卷附录2卷　史部传记类

(1) 稿本，北京大学图书馆藏。

(2) 清乾隆十七年(1752)白田草堂刻本，南京图书馆藏。

(3) 清乾隆十七年白田草堂刻光绪浙江书局补刻本，上海图书馆藏。

(4)《四库全书》本。

(5) 清道光三年(1823)唐鉴四砭斋刻本，上海图书馆藏。

(6)《粤雅堂丛书》本。

(7)《丛书集成初编》本。

(8) 清同治九年(1870)永康应氏刻本，有清王炳《校勘记》3卷。

(9) 清光绪九年(1883)武昌书局刻本，有清王炳《校勘记》3卷。

王白田先生年谱稿1卷　史部传记类

稿本，北京大学图书馆藏。

朱子论学切要语2卷　子部儒学类

附刻于《朱子年谱》4卷《考异》4卷后。

朱子语录文集注　子部儒学类　佚

见《淮海英灵集》丙集卷1，收其诗1首。

读书记疑(一作白田草堂续集)16卷　子部杂学类

(1) 清同治十一年福建抚署刻本，南京图书馆藏。

按：内收卷1《周书》、卷2《尚书》《毛诗》、卷3《礼记》、卷4《礼记》《左传》《论语》《孟子》、卷5《音韵考》、卷6《七史》、卷8《南史》、卷9—10《北史》、卷11《国语存校》《庄子存校》《荀子存校》、卷12《后汉书存校》、卷13《南史存校》、卷14—15《北史存校》、卷16《读诸家集》。

(2) 稿本，不分卷，中共中央党校图书馆藏。

(3) 清抄本，国家图书馆藏。

(4)《续修四库全书》本。

(5) 2015年广陵书社《扬州文库》本。

白田草堂杂稿不分卷　子部杂学类

稿本，国家图书馆藏。

白田杂著8卷　子部杂学类

(1)《四库全书》本。

(2)《广雅书局丛书》本。

(3) 黑格抄本，南京图书馆藏。

按：此本后有乾隆丁卯河间纪容舒跋，称抄自景州申翊家。不知为懋竑所自订，或翊所选录。近别有《白田草堂全集》，凡此本所载，皆在其中，而此本所无者几十之六。大抵多应酬之文，不及此本之精核。今以新刻全集，别存目于集部中。此本篇篇标目，虽似杂文，而实皆考证之体，故特入于杂类。

白田草堂存稿(一作王白田全集)24卷行状乡贤录附　集部别集类

(1) 清乾隆十七年精刻本，国家图书馆藏。

(2) 清乾隆二十六年刻本，香港中文大学图书馆藏。

(3) 清乾隆二十七年王箴听等刻本，北京师范大学图书馆藏。

(4) 清清万堂刻本，山东省图书馆藏。

(5)《四库全书存目丛书》本。

（6）《清代诗文集汇编》本。

白田草堂存稿14卷　集部别集类

清乾隆三十七年序刻本，北京大学图书馆藏。

白田草堂存稿8卷　集部别集类

《广雅书局丛书》本。

白田草堂续稿8卷　集部别集类

（1）稿本，上海辞书出版社图书馆藏。

（2）《清代诗文集汇编》本。

白田草堂稿不分卷　集部别集类

稿本，清王惟贤跋，南京图书馆藏。

白田草堂存稿不分卷　集部别集类

稿本，北京大学图书馆藏。

王白田书札　集部别集类

（1）稿本，扬州市图书馆藏。

（2）2015年广陵书社《扬州文库》本。

白田草堂文录1卷　集部别集类

《国朝文录续编》本。

晦庵先生朱文公集校释7卷续1卷　集部别集类

宋朱熹撰　清王懋竑编　王蘧常等辑

民国间国学图书馆抄本，南京图书馆藏。

乔崇修(1669—1744)

字介夫，号念堂，晚号固翁。清宝应人。莱三子。岁贡生。与同邑王懋竑交最善，常以道学相切磋。工书法，尤善八分书。官铜陵县教谕。《清史列传》有传。

陶园诗文集　集部别集类　佚

鸡肋集　集部别集类　佚

以上2种均见于道光《重修宝应县志》卷22。

乐玩斋集　集部别集类　佚

见《江苏诗征》卷38，收其诗3首。

按：《淮海英灵集》丙集卷1、《白田风雅》卷8均收其诗3首。

刘家珍

字席待，号鹿沙。清宝应人。中柱子。少擅才藻，丰标清粹，以廪贡游太学。工诗。与查夏重、殷彦来相唱和。父执乔莱、陶季等皆折年辈联为诗友。乔莱修县志，家珍颇多赞助。年未壮，卒。王懋竑撰文哭之。

蠖堂稿2卷　集部别集类

清康熙间刻本，国家图书馆藏。

藕花书屋诗集3卷　集部别集类

清康熙三十七年(1698)刻本，国家图书馆藏。起丙子，止戊寅。

鹿沙集3卷首1卷　集部别集类

(1) 稿本，收入刘宝楠编《刘氏二家诗录》。

(2) 清抄本，南京图书馆藏。

安宜六子唱和新编　集部总集类　佚

见道光《重修宝应县志》卷22。此书系家珍同朱克生、陶蔚、郑在楣、乔尹度、姚修珩同撰。

按：《白田风雅》卷8收其诗14首。

汤　禧

字对扬，号蕴泉。清宝应人。希仪从弟。廪生。倜傥不群，广罗图史金石。乔莱、刘国黻、汤右曾、汪懋麟皆与交。

白昼堂诗集　集部别集类　佚

见民国《宝应县志》卷16。

乔兆栋

字松华。清宝应人。康熙四十二年(1703)进士,官西林知县。居官廉介。晚年退隐万柳山庄,吟咏不辍。与编修王懋竑交最密。

冷吟集 1 卷　集部别集类

清康熙刻本,南京图书馆藏。

按:《白田风雅》卷 8 收其诗 3 首。

朱泽况

字景顾,号海音,又号俟斋。清宝应人。克生从孙。经少子。监生。工画山水,诗亦不愧古作者。与同里约交甚密。

画法举要　子部艺术类　佚

海音诗略 1 卷　集部别集类　佚

以上 2 种均见于道光《重修宝应县志》卷 22。

按:《江苏诗征》卷 17、《淮海英灵集》丁集卷 1 均收其诗 2 首。《白田风雅》卷 21 收其诗 4 首。

陈传姜

清宝应人。朱泽况妻。

好山楼诗稿　集部别集类　佚

见《清闺秀艺文略》。

按:《白田风雅》卷 22 收其诗 2 首。

成　申

字令湑,号嵩生。清宝应人。康保次子。康熙四十一年(1702)举人。申清操雅量,与人交,坦然无城府。登贤书 20 余年,绝不闻户外事。坐卧小室,牙签茗碗,外无长物。自六经、性理,下逮舆地、农桑、方技之属,无不遍览,尤熟于史。工诗,与乔兆栋、刘中从、刘家珍、弟珥相倡和。嗜佳山水，尤好访前贤遗迹，辄多吟咏。

浙东集　集部别集类　佚

逐北集　集部别集类　佚

以上 2 种见民国《宝应县志》卷 23。

汤　镥

字玉声。清宝应人。事亲至孝，家贫，游幕佐甘旨。母王氏好施与，镥尽出所余以济之。镥学程、朱，与乡贤朱泽沄相友善。雍正间，诏举贤良，同邑刘师恕官直隶，拟疏荐，镥与泽沄皆固辞不就。年 65 卒。

朱子粹语 4 卷　子部儒学类　佚

见民国《宝应县志》卷 14。

汤景曾

清宝应人。

漱石山房诗钞　集部别集类　佚

见道光《重修宝应县志》卷 22。

成　珥

字彤上，号鸥与。清宝应人。康保三子。工诗，与乔兆栋、刘中从、兄申相倡和。

鸥与诗集　集部别集类　佚

见民国《宝应县志》卷 23。

按：《白田风雅》卷 9 收其诗 2 首。

梁柱相

清宝应人。康熙五十年(1711)岁贡生。官萧县训导，教士有法。致仕后，萧人为立去思碑。居乡急公好义。

淮南诗草　集部别集类　佚

见道光《重修宝应县志》卷22。

刘师恕(1678—1756)

字秘书,号艾堂。清宝应人。国瓛子。康熙三十九年(1700)进士,由检讨考取御史。与修《三朝国史》《康熙字典》《政治典训》诸书。典试广西。五十二年,督学河南,旋历中允、祭酒。雍正初,出为贵州布政使。四年(1726)内升通政使。寻署吏部左侍郎右副都御史,主事顺天,转礼工二部,协理直隶总督。后以内阁学士出为福建观风整俗使,有惠政。以疾告归,适淮扬大水,饥民求赈,以从弟某连累,部议革职。乾隆十六年(1751)迎高宗南巡,予侍读学士衔休致。年79卒。《清史稿》有传。

锡谷堂诗5卷　集部别集类

(1) 清乾隆十一年碧梧翠竹山房刻本,天津师范大学图书馆藏。

(2) 清同治元年(1862)玄孙瑜刻本,南京图书馆藏。

按:《淮海英灵集》乙集卷1收其诗4首。《江苏诗征》卷79收其诗2首。《白田风雅》卷9收其诗7首。

苗　庄

字敬甫。清宝应人。廪生。

一佛居士诗钞　集部别集类　佚

见道光《重修宝应县志》卷22。

南游小集1卷　集部别集类　佚

见《江苏诗征》卷37,收其诗1首。

黯然集　集部总集类　佚

见道光《重修宝应县志》卷22。

按:此书系苗庄、胡豳、郭東、刘玉堂、郭楷、朱赛、王箴翼、潘遇莘、刘润、杨镐、僧梦觉、行一、韩崇谊、阮廷嵲等14人诗合刻,皆送别阮静庵归宣城之作。《白田风雅》卷9收其诗2首。

成王业

字薛衣，号浣初。清宝应人。申族弟。少孤。力学为文，冥心孤往，五七言宗“大历”间制，小词于花间、白石为近。笃天伦，亡兄孤侄屡形诸吟咏。年28卒。

浣初遗稿　集部别集类　佚

见民国《宝应县志》卷23。

乔　漌

字星渚，号省斋。清宝应人。迈孙。性孝友，敦尚气节，与人交，重然诺。从朱泽沄学，遵朱子教人读书次第，取朱子书切己体察，有疑辄质泽沄，时年50矣。泽沄称之曰：“从吾游者众矣，唯乔君刚甚。”泽沄殁，复与光进相砥砺。乾隆元年(1736)举孝廉方正，辞不就。与王懋竑论学，书凡再三。年65卒。《清史稿》有传。

乔氏家训2卷附录1卷　子部儒学类

清乔迈辑　乔漌增辑

清乾隆三年刻，见“乔迈”条。

日省录　子部儒学类　佚

省斋遗稿　子部儒学类　佚

训子要言　子部儒学类　佚

以上3种均见于道光《重修宝应县志》卷22。

朱　雯

字慈亭。清宝应人。诸生。

吴越游草　集部别集类　佚

见道光《重修宝应县志》卷22。

按：《白田风雅》卷13收其诗1首。

郭 翰

清宝应人。

双蚀集　集部别集类　佚

见道光《重修宝应县志》卷22。

王步墀

字召临，号枫次。清宝应人。康子。雍正九年(1731)经魁。

枫次诗钞1卷　集部别集类　佚

见《淮海英灵集》丁集卷2，收其诗1首。

按：此书为步墀子大全辑录。

刘师向

字封事，号蒲塘。清宝应人。师恕弟。康熙五十年(1711)举人。仕江津知县，内升员外郎，未赴，卒。工诗，有韵致。

蒲塘诗文集　集部别集类　佚

见道光《重修宝应县志》卷22。

按：《江苏诗征》卷79、《淮海英灵集》乙集卷1、《白田风雅》卷9均收其诗2首。

乔 湜

字睦州，号逸舫。清宝应人。附贡生，候选州同知。

独寤斋集　集部别集类　佚

见道光《重修宝应县志》卷22。

按：《江苏诗征》卷38收其诗1首。

王 硕

字逸斋。清宝应人。

一枝草堂诗略　集部别集类　佚

见道光《重修宝应县志》卷22。

按:《白田风雅》卷8收其诗2首。

刘师宠

字越清。清宝应人。师向弟。贡生。任直隶州同,终清河县主簿。工诗。

玉山草堂诗稿1卷　集部别集类　佚

见道光《重修宝应县志》卷22。

按:《淮海英灵集》乙集卷1收其诗3首。《白田风雅》卷9收其诗1首。

王箴舆(1693—1758)

字敬倚。清宝应人。式丹孙。康熙五十一年(1712)进士。工诗文、书法。以纂修武英殿书,议叙内阁中书,改河南临漳知县。雍正四年(1726)充乡试同考官,历任直隶冀州知州、河南陈州知州、卫辉府知府等职。旋罢归。乾隆十六年(1751)迎驾淮北,复原衔。二十二年再幸江南,进迎銮诗十二章,赏缎二端。卒于家。

诗意存　经部诗经类　佚

春秋意存　经部春秋总义类　佚

以上2种均见于道光《重修宝应县志》卷22。

孟亭编年诗不分卷　集部别集类

清乾隆刻本,中国科学院图书馆藏。

孟亭编年诗10卷　集部别集类

清嘉庆元年(1796)刻本,南京图书馆藏。

孟亭诗集4卷　集部别集类

清同治刻本,南京图书馆藏。

木清阁文稿　集部别集类　佚

在原草　集部别集类　佚

清王箴舆、王箴翼合撰

以上2种均见于道光《重修宝应县志》卷22。

双柏草堂唱和集　集部总集类

清雍正刻本，河南省图书馆藏。

按：《江苏诗征》卷49收其诗6首。《白田风雅》卷10收其诗7首。

王箴传

字雒思。清宝应人。懋竑子。10岁能为文，弱冠食廪饩。曾随父游京师，见知于当道。雍正十三年(1735)举人。后以里居课徒终老。通晓经史，而特精于制艺，得方苞之学。设帐累年，成就后进数十人。

朱止泉行状1卷　史部传记类

清乾隆朱氏顾天斋刻本，吉林大学图书馆藏。

王公行状1卷　史部传记类

清乾隆间精刻本，国家图书馆藏。

息游亭别录1卷　集部别集类

稿本，南京图书馆藏。

雒师文集　集部别集类　佚

见民国《宝应县志》卷23。

按：《广陵思古编》卷27收其文1篇。

刘　枚

字瓯卜，号虚仙。清宝应人。家珍子。贡生。工诗画，尝制小舟，榜曰“浅水芦花”。每月夜，放至东皋，云树苍茫，有世外之致。

佳日堂集　集部别集类　佚

梅花书屋编　集部别集类　佚

以上2种均见于道光《重修宝应县志》卷22。

按：《白田风雅》卷10收其诗1首。

朱光进

字宗洛。清宝应人。泽沄子。诸生。能传其父学,曾于斋中悬朱子像,曰:“庶此心有所收敛。”性至孝,居母丧,以哀毁卒。光绪十二年(1886),旌表孝子。

读礼偶钞　经部三礼总义类　佚

过庭纪闻　子部杂学类　佚

梁溪纪闻　子部杂学类　佚

朱宗洛诗文集 2 卷　集部别集类　佚

以上 4 种均见于道光《重修宝应县志》卷 22。均由其甥王希伊辑。

师文堂诗 1 卷　集部别集类

清抄本,刘宝楠跋,附朱约《环溪集》后,上海图书馆藏。

按:《淮海英灵集》丁集卷 1 收其诗 1 首。《白田风雅》卷 21 收其诗 4 首。

鲁毓英

清宝应人。

五陵诗草　集部别集类　佚

见民国《宝应县志》卷 23。

乔　铎

字元溪,号斯斋。清宝应人。莱孙。崇烈子。官夔州府知府。能诗,工画事。

斯斋集　集部别集类　佚

容园稿　集部别集类　佚

竹树吾庐集　集部别集类　佚

葵花庵稿　集部别集类　佚

蜀道集　集部别集类　佚

半轩诗　集部别集类　佚

好还集　集部别集类　佚

赐闲续稿　集部别集类　佚

以上8种均见于道光《重修宝应县志》卷22。

按:《淮海英灵集》丙集卷1收其诗3首。《江苏诗征》卷38收其诗1首。《白田风雅》卷9收其诗10首。

成光化

字万含,号松筠。清宝应人。申从侄。诸生。耆年宿学,工吟咏。

松筠诗钞(一名汲古亭诗抄)1卷　集部别集类

1934年刻本,南京图书馆藏。

按:《江苏诗征》卷76收其诗3首。《白田风雅》卷13收其诗1首。

成纯志

清宝应人。

韵府人物志2卷　子部杂学类　佚

见道光《重修宝应县志》卷22。

王箴翼(1701—1758)

字冰戒,号粟亭。清宝应人。式丹孙,懋谌子。附贡生。少与兄箴舆齐名,力学砥行。早年诗学北宋,中年格益遒上,腾踔变化,追逐三唐。文取径经史,极高谈之致,令人可挹。

宛洛吟　集部别集类　佚

洗心斋稿　集部别集类　佚

以上2种均见于民国《宝应县志》卷23。

粟亭诗文集　集部别集类　佚

在原草　集部别集类　佚

清王箴舆、王箴翼合撰

以上2种均见于道光《重修宝应县志》卷22。

按:《江苏诗征》卷52收其诗3首。《白田风雅》卷10收其诗2首。

乔　亿(1702—1788)

字慕韩,号剑溪。清宝应人。崇修子。善谈论。以国学生应棘闱试,不售,辄弃去,专肆力于诗。五言宗汉魏,其近体亦不屑作大历后语。时沈德潜主东南坛坫,海宁查氏以诗鸣浙西,亿与之游,颇能自树一帜。

元祐党籍传略　史部传记类

暮齿宜鉴录　子部儒学类

以上2种均见于道光《重修宝应县志》卷22。

艺林杂录　子部杂学类

见《江苏诗征》卷38引阮常生语。

小独秀斋诗　集部别集类

(1) 清乾隆间原刻本,18卷,南京图书馆藏。

(2)《四库未收书辑刊》本。

按:此为乔亿诗文集汇编。本集包括《小独秀斋诗》2卷《补遗》1卷《附录》1卷、《窥园吟稿》2卷附《江上吟》1卷、《三晋游草》1卷《附录》1卷、《夕秀轩遗草》1卷附《惜余存稿》1卷、《剑溪外集》1卷、《剑溪文略》1卷《附》1卷、《燕石碎编》1卷、《杜诗义法》2卷。

(3)《清代诗文集汇编》本。

按:本集包括《小独秀斋诗》2卷《补遗》1卷《附录》1卷、《窥园吟稿》2卷附《江上吟》1卷、《剑溪文略》1卷、《三晋游草》1卷《附录》1卷、《夕秀轩遗草》1卷附《惜余存稿》1卷、《剑溪外集》1卷。

(4) 2015年广陵书社《扬州文库》本。

按:本集包括《小独秀斋诗》2卷《补遗》1卷《附录》1卷、《窥园吟稿》2卷附《江上吟》1卷、《剑溪文略》1卷、《三晋游草》1卷、《夕秀轩遗草》1卷附《惜余存稿》1卷、《剑溪外集》1卷等。

素履堂稿1卷小独秀斋近草1卷集古1卷　集部别集类

(1) 稿本，清方宜田评，上海图书馆藏。

(2) 清刘宝楠抄本，美国哈佛大学哈佛燕京图书馆藏。

古诗略（一作古诗约选）　集部总集类

兰言集　集部总集类

以上2种均见于道光《重修宝应县志》卷22。

大历诗略6卷　集部总集类

(1) 清乾隆安居乐玩之堂刻本，南京图书馆藏。

(2)《乔剑溪遗集》本。

杜诗义法2卷　集部诗文评类

(1)《乔剑溪遗集》本。

(2) 民国抄本，武汉大学图书馆藏。

剑溪说诗2卷附录1卷　集部诗文评类

(1) 清乾隆间精刻本，南京图书馆藏。

(2) 抄本，南京图书馆藏。

(3)《乔剑溪遗集》本。

(4)《续修四库全书》本。

说诗次编1卷　集部诗文评类

剑溪说诗又编1卷　集部诗文评类

以上2种稿本，上海图书馆藏。

诗蒙记　集部诗文评类　佚

王孟韦柳诗评　集部诗文评类　佚

以上2种见《江苏诗征》卷38引阮常生语。

乔剑溪遗集　丛书类

清乾隆间刻本，国家图书馆藏。

子目：

《小独秀斋诗》2卷《补遗》1卷《附录》1卷

《窥园吟稿》2卷《江上吟》1卷

《三晋游草》1卷《附录》1卷

《夕秀轩遗草》1卷《惜余存稿》1卷《剑溪外集》1卷

《剑溪文略》1卷《燕石碎编》1卷

《杜诗义法》2卷

《剑溪说诗》2卷《又编》1卷

《大历诗略》6卷

潘学徐

字左垣，号雪翎。清宝应人。康熙间诸生。

余亭诗钞　集部别集类　佚

见道光《重修宝应县志》卷22。

青齐游草　集部别集类　佚

见《宝应耆旧传》卷下。

按：《白田风雅》卷9收其诗1首。

黄　豫

字仲和，号雪畔。清宝应人。布衣。送友人入都，行至山东坠马，卒。工绘事，著色山水花卉翎毛尤入能品。

雪畔集　集部别集类　佚

见《江苏诗征》卷66，收其诗1首。

按：《白田风雅》卷10收其诗6首。

乔　肃

字敬哉，号休原。清宝应人。崇修次子。贡生。官凤台县训导，未及赴任而卒。

春风第一山堂诗集　集部别集类　佚

见道光《重修宝应县志》卷22。

按：《淮海英灵集》丁集卷2收其诗3首。《江苏诗征》卷38、《白田风雅》卷 10 均收其诗 5 首。

刘文芳

字贞素。清宝应人。师恕侄女。廪生乔其纯室。教子大椿、大鸿、大钧皆成令器。

树蕙轩集　集部别集类　佚

柘溪吟稿　集部别集类　佚

以上 2 种均见于道光《重修宝应县志》卷 22。

按:《江苏诗征》卷 171 收其诗 10 首。《白田风雅》卷 22 收其诗 9 首。

王箴寅

清宝应人。

季亭偶吟　集部别集类　佚

见道光《重修宝应县志》卷 22。

鲁衷旗

清宝应人。

垂云轩诗草　集部别集类　佚

见民国《宝应县志》卷 23。

陆敏哲

字时燠,号且斋。清宝应人。著书未成而卒。

读史辑要　史部史评类　佚

见《宝应耆旧传》卷下。

潘遇莘

字季耕,一作继耕。清宝应人。乾隆元年(1736)举人。初与郭東及刘师翱以博学鸿词荐，后官吴江县教谕。《鹤征后录》有传。

乐轩集　集部别集类　佚

见道光《重修宝应县志》卷22。

按：《淮海英灵集》戊集卷3、《江苏诗征》卷33、《白田风雅》卷9均收其诗1首。《广陵思古编》卷27收其文1篇。

乔　洁

清宝应人。

志古斋偶存　集部别集类　佚

见道光《重修宝应县志》卷22。

成　原

字于用，又字声夏。清宝应人。康保孙。乾隆二年(1737)进士。授福建闽清知县，未赴，丁父艰。服阕，补四川南川县，改山东济阳，调鱼台。以病告归。归里教授生徒，与王箴传主坛坫，论文艺，述渊源，时称"成王"。

燕游集　集部别集类　佚

见民国《宝应县志》卷23。

刘文兰

清宝应人。文芳妹。安东诸生程樊妻。

近里集(一作近袖集)　集部别集类　佚

见《江苏诗征》卷171，收其诗2首。

按：《白田风雅》卷22收其诗1首。

汤应隆(？—1771)

字钟律，一字棕笠，号鲁山。清宝应人。希仪子。增生。诗浑厚淋漓。

借树轩集1卷　集部别集类

(1)《敦素园七子诗钞》本。

(2) 2015年广陵书社《扬州文库》本。

佛香居士诗钞　集部别集类　佚

见道光《重修宝应县志》卷22。

北村集　集部别集类　佚

见嘉庆《重修扬州府志》卷62。

按:《淮海英灵集》乙集卷4收其诗3首。《白田风雅》卷15收其诗9首。《江苏诗征》卷61收其诗5首。

黄　观

字用宾,号寙亭,一号鸥社。清宝应人。豫弟。工绘事。

寙亭诗集　集部别集类　佚

见道光《重修宝应县志》卷23。

按:《江苏诗征》卷66收其诗1首。《白田风雅》卷10收其诗17首。

朱　辂

字宾旭。清宝应人。泽沄子。诸生。承家学,沉潜于宋五子书。

朱止泉年谱1卷　史部传记类

清朱辂编辑

(1) 清乾隆十三年(1748)刻本,国家图书馆藏。

(2) 2015年广陵书社《扬州文库》本。

敬义斋稿3卷　集部别集类

(1) 稿本,无卷数,2册,北京大学图书馆藏,一名《陆象山先生学辨》。《贩书偶记续编》作《敬义堂稿》,以为朱辂宾撰,误。

(2) 旧抄本,南京图书馆藏。

按:《清史稿艺文志及补编》作《敬斋稿》30卷,道光《重修宝应县志》卷 22 作《敬一堂稿》。《淮海英灵集》戊集卷 3 收其诗 1 首。《白田风雅》卷 21 收其诗 2 首。

刘冠荀

字颖川。清宝应人。师向子。廪生。父卒江津，冠荀走数千里，匍匐奔丧，扶榇归葬。以哀毁呕血致疾卒。

翠荫园诗钞　集部别集类　佚

见《江苏诗征》卷 80，收其诗 1 首。

按：《淮海英灵集》乙集卷 1 收其诗 1 首。

郭　束

字元城，号沙鹿。清宝应人。昂孙。乾隆十七年(1752)恩贡生。负时望，工为文，诗多苍凉激楚之音。游其门者皆成名宿。

水语山房诗 2 卷　集部别集类

清乾隆刻本，南京图书馆藏。

黯然集　集部总集类　佚

清苗庄、郭束等撰

见 1991 年《宝应历代县志类编》。

按：《江苏诗征》卷 157、《淮海英灵集》丁集卷 2 收其诗 1 首。《白田风雅》卷 10 收其诗 9 首。

刘传馨

原名启，字勖鲁，号旅斋。清宝应人。师恕次子。贡生。詹事府主簿。喜诗，工书画。从朱泽沄游。闭户探讨。与乔亿相友善。时相唱和。工书画。

隶辨　经部小学类　佚

历代画法宗派说　子部艺术类　佚

以上 2 种均见于道光《重修宝应县志》卷 22。

爱莲居士诗　集部别集类　佚

见嘉庆《重修扬州府志》卷62。

按:《淮海英灵集》乙集卷1、《江苏诗征》卷80、《白田风雅》卷12均收其诗1首。

潘梦举

字筑夫。清宝应人。遇莘弟。雍正十三年(1735)拔贡,乾隆元年(1736)举人。

仔熙书屋诗　集部别集类　佚

见道光《重修宝应县志》卷22。

按:《淮海英灵集》戊集卷3收其诗1首。《白田风雅》卷9收其诗3首。

潘梦龙

字禹门。清宝应人。梦举弟。雍正十三年(1735)、乾隆元年(1736)两中副榜。

芋羹堂集　集部别集类　佚

见道光《重修宝应县志》卷22。

按:《江苏诗征》卷33收其诗1首。《淮海英灵集》戊集卷3收其诗2首。《白田风雅》卷9收其诗1首。

朱　赛

字祈年,号佛景,又号南楼。清宝应人。扆孙。诸生。居东乡界淘沟,足迹不轻涉城市。闭门课子,以吟咏自适。与苗庄、胡豳、刘玉堂、郭楷等为诗友。

屠廓集　集部别集类　佚

青苕居士集　集部别集类　佚

蘖树山庄诗　集部别集类　佚

佛景集　集部别集类　佚

南楼杂咏　集部别集类　佚

以上5种均见于道光《重修宝应县志》卷22。

按:《江苏诗征》卷16收其诗3首。《淮海英灵集》戊集卷3收其诗1首。《白田风雅》卷11收其诗17首。

乔　烺

字然明。清宝应人。大鸿族弟。国子生。操行方雅,亦工诗。

医林　子部医家类　佚

野亭诗钞　集部别集类　佚

以上2种均见于道光《重修宝应县志》卷22。

按:《白田风雅》卷17收其诗6首。

潘　立

清宝应人。

种学堂文稿　集部别集类　佚

见道光《重修宝应县志》卷22。

杨景涟

字清兮,又字篁坻。清宝应人。诸生。世居东决溪村,修竹数亩,中构草亭。性孤介。攻苦力学,自经史百家,旁及堪舆星卜之学,靡不研究。兴化任大椿铭其墓曰:"淮海传人"。

十三经辨疑　经部群经总义类　佚

见《宝应耆旧传》卷下。

六经辨疑　经部群经总义类　佚

见道光《重修宝应县志》卷22。

邑乘稽疑　史部地理类　佚

见民国《宝应县志》卷23。

按:《宝应耆旧传》卷下云稿本藏族中。

梧竹山堂诗集　集部别集类　佚

见《江苏诗征》卷63,收其诗2首。

一草亭古文　集部别集类　佚

见同治《续纂扬州府志》卷22。

按:《广陵思古编》卷27收其文6篇。《白田风雅》卷12收其诗9首。

王　颐

字川若,号竹村。清宝应人。诸生。

酬青集9卷　集部别集类　佚

见道光《重修宝应县志》卷22。

按:《白田风雅》卷10收其诗2首。

王文溪

清宝应人。

斯斋文集　集部别集类　佚

见道光《重修宝应县志》卷22。

张　楠

字亦梗,号木斋。清宝应人。

张木斋四书文　集部别集类　佚

见《宝应耆旧传》卷下,云其弟椿、柯搜制艺百篇梓以行世,名《张木斋四书文》。

汤襄隆

字荆垣,一字经园,号汉亭。清宝应人。应隆弟。增生。诗骨重神寒,与应隆各臻神妙。品行端方谨严,每晨诣塾,虽盛暑必衣冠。晚年境益困，嗜学益笃。

古槐草堂集1卷　集部别集类

(1)《敦素园七子诗钞》本。

(2) 2015年广陵书社《扬州文库》本。

刘　桐

字蓼庄。清宝应人。刘岳云五世祖。雍正乾隆时期在世。

浪花草堂诗说　集部诗文评类

(1) 抄本，扬州大学图书馆藏。

(2) 2015年广陵书社《扬州文库》本。

朱臣生

清宝应人。

甘茶集　集部别集类　佚

见道光《重修宝应县志》卷22。

朱曼篸

清宝应人。

少姜课草　集部别集类　佚

见道光《重修宝应县志》卷22。

朱宗光

字孟实，号雁桥。清宝应人。克简曾孙。少承家训，品端学博。曾采古圣贤有关身心性命之言，汇为二帙，题为《自警编》，终其身肆力焉。性至孝。乾隆三十年(1765)选拔贡生，例授州判职，辞不就。设帐于乡，受经者以百计。年逾60方举。与弟宗贽、宗文相友善，老而勿衰。

四书音义辨讹2卷　经部四书类　佚

朱氏世系辨　史部传记类　佚

自警编　子部儒学类　佚

雁桥文稿　集部别集类　佚

以上4种均见于道光《重修宝应县志》卷22。

雁桥诗钞不分卷　集部别集类

清乾隆刻本，国家图书馆藏。

按：《淮海英灵集》丁集卷1收其诗3首。《江苏诗征》卷18收其诗1首。《白田风雅》卷21收其诗13首。

王希伊(1719—1794)

字耕伯，号在川。清宝应人。懋竑孙。乾隆六年(1741)举人。选陕西白水县知县。裁革里差等陋规，创建彭衙书院。在任6年，以不喜簿书，请改教职，选青浦县教谕。《清史列传》有传。

(乾隆)白水县志续稿2卷　史部地理类

清王希伊纂修

清乾隆四十四年刻本，陕西省图书馆藏。

同善会录　子部儒学类

清王希伊等辑

见道光《重修宝应县志》卷62。

彭衙书堂行编不分卷　集部别集类

清乾隆四十二年白水县刻本，5册，北京师范大学图书馆藏。

由拳存稿4卷　集部别集类　佚

诗集10卷　集部别集类　佚

以上2种均见于嘉庆《重修扬州府志》卷62。

清白堂存稿16卷　集部别集类

(1) 稿本，多《初稿》1卷《杂记》1卷，北京大学图书馆藏。

(2) 清同治三年(1864)刻本，南开大学图书馆藏。

(3) 旧抄本，有刘宝楠印，南京图书馆藏。

(4) 清抄本，10卷，南京图书馆藏。

(5) 清朱格抄本,9卷,国家图书馆藏。

(6) 2015年广陵书社《扬州文库》本。

王希伊稿不分卷　集部别集类

稿本,6册,中国社会科学院历史研究所藏。

王希伊夫妇墨迹　子部艺术类

(1) 清抄本,扬州市图书馆藏。

(2) 2015年广陵书社《扬州文库》本。

文编七种　集部总集类　佚

行编七种　集部总集类　佚

以上2种均见于民国《宝应县志》卷23。

刘兆彭

字述民,号野塘。清宝应人。诸生。以诗名于时。

拳石山房集1卷　集部别集类

(1)《敦素园七子诗钞》本。

(2) 2015年广陵书社《扬州文库》本。

刘日杏

清宝应人。

碧峰堂诗钞　集部别集类　佚

见道光《重修宝应县志》卷22。

颜　峤

清宝应人。

湖干草堂集　集部别集类　佚

见道光《重修宝应县志》卷22。

王元音

字云门。清宝应人。

春山吟　集部别集类　佚

见《白田风雅》卷14,收其诗2首。

王希方

字小石。清宝应人。箴舆侄。希伊弟。诸生。诗有真性情。精医术。

定浪针　子部医家类　佚

见道光《重修宝应县志》卷22。

按:《江苏诗征》卷52收其诗1首。《白田风雅》卷16收其诗3首。

张荔生

清宝应人。

毛诗郑读考　经部诗经类　佚

见同治《续纂扬州府志》卷22。

王箴邵

字辰耀,号改亭。清宝应人。式丹孙。廪贡生。

朴学堂诗钞　集部别集类　佚

见道光《重修宝应县志》卷22。

按:《江苏诗征》卷49收其诗1首。

乔　汉

字星著,一字仪廷,号省斋。清宝应人。圣任曾孙。官广东鹤山司巡检。

训子要言1卷　子部儒学类

日省录1卷　子部儒学类

以上2种有食旧德斋藏稿本。

东轩诗草　集部别集类　佚

见道光《重修宝应县志》卷22。

按:《白田风雅》卷12收其诗1首。

汤　宾

清宝应人。

卜画堂诗集　集部别集类　佚

见道光《重修宝应县志》卷22。

朱三禔

清宝应人。

石谷吟稿　集部别集类　佚

见道光《重修宝应县志》卷22。

朱宗贽(1722—1790)

字兴田,号野村、晴岩。清宝应人。宗光弟。乾隆三十六年(1771)恩贡。资性爽朗,学有本原。弱冠受知于邑令沈锡鼎。后沈官宿虹司马,延为子侄师。所为诗文,气象崚嶒,一洗华靡之习。书法亦遒劲,以孙士彦贵赠官至吏部尚书。

槐里堂诗集1卷　集部别集类　佚

见《江苏诗征》卷18,收其诗1首。

按:《淮海英灵集》丁集卷1收其诗2首。《白田风雅》卷21收其诗9首。

王希兰

字少亭。清宝应人。箴舆侄。诸生。幼有至性,笃于孝友。

汉魏识小录　史部史钞类　佚
宝应循吏续志　史部传记类　佚
少亭诗钞　集部别集类　佚
红兰山馆倡和集　集部总集类　佚

以上4种见同治《续纂扬州府志》卷22。

潘　意

自署林外牧子。清宝应人。朱宗大妻。

林外牧子诗钞　集部别集类　佚

见道光《重修宝应县志》卷23。

按:《淮海英灵集》壬集卷1收其诗4首。《江苏诗征》卷166、《白田风雅》卷22收其诗1首。

朱宗大

字直方,号小射。清宝应人。宗光弟。性颖悟,幼有神童之目。9岁能诗。长为乔亿入室弟子。弱冠后,试辄高等。屡踬名场,遂肆力于诗。与曾燠、王文治诸人相唱和。嘉庆初,举孝廉方正,辞不就。晚年以岁贡选金山县训导,卒于官。

寿藤轩吟稿2卷冬荣馆诗1卷杜诗识小1卷李诗臆说1卷　集部别集类

清乾隆间精刻本,南京图书馆藏。

寿藤轩吟稿2卷赋稿1卷　集部别集类

清乾隆间精刻本,复旦大学图书馆藏。

寿藤轩吟稿4卷　集部别集类

清乾隆刻本,国家图书馆藏。

朱直方集5卷　集部别集类

清乾隆刻本,中国科学院图书馆藏。

无尽藏书屋诗　集部别集类　佚

见道光《重修宝应县志》卷22。

广陵诗事　集部诗文评类　佚

见《宝应耆旧传》卷下。

按:《江苏诗征》卷18收其诗7首。《白田风雅》卷21收其诗12首。

刘世谟(1725—1801)

字仿魏,号蓼野。清宝应人。永澄五世孙。台拱父。弱冠补府学生。嘉庆元年(1796)举孝廉。世谟生平笃孝,学问以朱子为宗。

薛氏粹语4卷　子部儒学类　佚

见民国《宝应县志》卷23。

宝应乡贤刘蓼野端临乔梓遗札　集部别集类

清刘台拱、刘世谟撰

(1) 稿本,国家图书馆藏。

(2) 2015年广陵书社《扬州文库》本。

按:《江苏诗征》卷80收其诗2首。《白田风雅》卷12收其诗2首。

吴文奎

字环紫,号镕初。清宝应人。嘉庆六年(1801)举人,以会试誊录即选知县,非所好也。益劬学京邸,卒年才逾30。

晴坡居士诗稿不分卷　集部别集类

旧抄本,收诗百余首,题"宝应吴文奎字环紫号镕初著,乡后学成永字哥言校录",私人藏。

陆小岩

清宝应人。

学可斋诗　集部别集类　佚

见《清诗纪事》乾隆朝卷。

从　科

字本进。清宝应人。国子监生。

味闲吟稿(一作畏嫌吟稿)　集部别集类

见道光《重修宝应县志》卷22。

按:《白田风雅》卷15收其诗2首。

黄梦鹏

字圣模。清宝应人。豫子。诸生。

秋柳诗　集部别集类　佚

见《宝应耆旧传》卷下。

按:《白田风雅》卷13收其诗1首。

乔仙伊

字一山。清宝应人。莱曾孙。乾隆三十三年(1768)举人。

洛浦仅存稿1卷　集部别集类　佚

见《江苏诗征》卷38,收其诗1首。

按:《淮海英灵集》丙集卷1收其诗1首。《白田风雅》卷15收其诗2首。

毛际盛(? —1791)

字清士。清宝应人。师事钱大昕,学博而邃,于宦途不遇,穷途潦倒。曾出游江汉、齐、鲁,主讲泰山书院,生平虽不以小学名家,而出于钱门,学有所本。

说文徐氏新附考义　经部小学类

稿本,国家图书馆藏。

说文解字述谊2卷说文新附通谊2卷　经部小学类

(1) 清道光二十四年(1844)门下同郡王宗涑刻本,国家图书馆藏。

(2)《聚学轩丛书》本,无后2卷。

(3)《四库未收书辑刊》本。

乔大鸿

字仪上,号容浦。清宝应人。其绳子。廪贡生。天资英特,丰神俊伟。论诗读画,析入毫芒。饥驱数十年,北游燕赵,南极荆襄,故其诗得山川雄直之气,所绘山水亦苍劲古峭。晚年悔其少作,尽弃之。

容浦诗钞2卷　集部别集类　佚

见《清史稿艺文志及补编》。

槐阴楼集1卷　集部别集类

(1)《敦素园七子诗钞》本。

(2) 2015年广陵书社《扬州文库》本。

按:《清史稿艺文志及补编》记为"2卷"。《江苏诗征》卷38收其诗18首。《白田风雅》卷16收其诗28首。《清诗汇》卷99收其诗1卷。

倚楼吟　集部别集类　佚

枕上吟　集部别集类　佚

拾遗集　集部别集类　佚

追录补遗集　集部别集类　佚

以上4种见《宝应耆旧传》卷下。

刘　氏

清宝应人。乔大鸿室。

梦旧偶吟(一作梦白偶吟)　集部别集类　佚

见《江苏诗征》卷171,收其诗3首。

按:《白田风雅》卷22收其诗2首。

王大全

字贯一。清宝应人。步墀子。乾隆四十六年(1781)举人。官桐乡知县。

酉山诗钞(王大全稿)不分卷　集部别集类

蓝格抄本,南京图书馆藏。

刘天麟

字仁趾,号青屿。清宝应人。师宠孙。诸生。

青屿诗稿1卷　集部别集类　佚

见嘉庆《重修扬州府志》卷62。

按:《江苏诗征》卷80、《淮海英灵集》乙集卷1、《白田风雅》卷1均收其诗1首。

刘仰桂

字东麓,号象林。清宝应人。廪生。师恕侄。负文名。与刘醰、王箴本、陆联桂等分拥皋比,迭主坛坫,俱名噪一时。

真意堂吟草1卷　集部别集类　佚

见嘉庆《重修扬州府志》卷62。

按:《白田风雅》卷12收其诗8首。

刘　颖

字实夫。清宝应人。永澄六世孙。附贡生。永澄遗书岁久板蚀,颖编订梓行。笃于朋友,时形诸歌咏。

职方年谱1卷　史部传记类

收入清刘氏刊本《刘职方家塾》,南京图书馆藏。

储斋诗草　集部别集类　佚

越吟　集部别集类　佚

以上 2 种均见于道光《重修宝应县志》卷 22。

按:《白田风雅》卷 12 收其诗 4 首。

刘子方

字西田,号约斋。清宝应人。师恕侄。恩荫监生。

茂承堂集　集部别集类　佚

接翠园集　集部别集类　佚

以上 2 种均见于嘉庆《重修扬州府志》卷 62。

按:《江苏诗征》卷 80 收其诗 1 首。

乔方立

字守之,号枫亭。清宝应人。与同邑乔大鸿、乔大均、刘兆彭、刘玉麟、汤应隆、汤襄隆相倡和,以诗名于时。

花雨香斋集 1 卷　集部别集类

(1)《敦素园七子诗钞》本。

(2) 2015 年广陵书社《扬州文库》本。

按:《淮海英灵集》丙集卷 1 收其诗 3 首。《江苏诗征》卷 38 收其诗 10 首。《白田风雅》卷 15 收其诗 4 首。

缪　昞

字补之。清宝应人。隐于医卜,不求人知。

医宗先民遗范 8 卷　子部医家类

稿本,首有徐光奎序,次王大中弁言,次乾隆癸巳自序。见《贩书偶记续编》。

午亭集　集部别集类　佚

见道光《重修宝应县志》卷 22。

按:《白田风雅》卷 17 收其诗 7 首。

朱 静

字次山。清宝应人。诸生。

香岩诗钞 集部别集类 佚

见道光《重修宝应县志》卷22。

按:《白田风雅》卷21收其诗1首。

胡 豳

字于馆。清宝应人。诸生。

芰庄诗草 集部别集类 佚

黯然集 集部总集类 佚

清胡豳、苗庄等撰

以上2种见道光《重修宝应县志》卷22。

按:《白田风雅》卷10收其诗5首。

陆 向

字慕刘,号葵居,晚号蠖庵。清宝应人。敏哲子。诸生。

经疑 经部群经总义类 佚

见《宝应耆旧传》卷下。

梅花书屋诗钞 集部别集类 佚

见道光《重修宝应县志》卷22。

按:《白田风雅》卷17收其诗1首。

王嵩高(1735—1800)

字少林,号海山。清宝应人。式丹曾孙。乾隆二十八年(1763)进士,授湖北利川县知县。三十九年乡试同考官。后功补武黄同知,署郧阳、施南知府,转天津府同知,调河西务。升平乐府知府,将赴粤,会母李氏病笃,遂陈情归。嵩高居官仁恕,勤政爱民,孝友纯笃,至老不衰。

幼孤，赖世父箴舆教养，岁时哀思，数十年如一日。服阕，有劝起复者，不应。主讲安定书院及乐仪书院，喜奖掖后进，多所成就。为文敏捷，操管千言，诗轴尤富。《国朝耆献类征》有传。

游梁集不分卷　集部别集类

(1) 清乾隆抄本，首都图书馆藏。

(2)《吴会英才集》本。

小楼诗集 8 卷　集部别集类

(1) 清道光十六年(1836)精刻本，附刊于王式丹《楼村诗集》后。南京图书馆、天津师范大学图书馆藏。

(2) 2015 年广陵书社《扬州文库》本。

刘　佺

字槐叟，号偓仙。清宝应人。冠荀子。增生。能诗。

期山诗文稿　集部别集类　佚

见道光《重修宝应县志》卷 22。

按:《淮海英灵集》乙集卷 1 收其诗 1 首。

刘友尚

清宝应人。

省言　子部儒学类　佚

见《宝应县志》卷 23。

乔　标

字凌秋，号秋岩。清宝应人。附监生。

秋岩偶存稿　集部别集类　佚

见《江苏诗征》卷 38，收其诗 7 首。

按:《白田风雅》卷 15 收其诗 6 首。

朱　超

原名鸣銮，字允怀。清宝应人。

（乾隆）清水县志 16 卷　史部地理类

清朱超纂修

（1）清乾隆六十年（1795）刻本，国家图书馆、南京图书馆等藏。

（2）清抄本，北京师范大学图书馆藏。

适性草堂诗　集部别集类　佚

见《白田风雅》卷 21，收其诗 6 首。

乔光曾

清宝应人。

柔翰杂记　子部艺术类　佚

见道光《重修宝应县志》卷 22。

乔大均

字秉之，号荔江。清宝应人。大鸿弟。工诗。与兄皆得母刘文芳教。与乔方立、刘兆彭皆以诗名于时。

听雨草堂集 1 卷　集部别集类

（1）《敦素园七子诗钞》本。

（2）2015 年广陵书社《扬州文库》本。

荔江偶存　集部别集类　佚

见道光《重修宝应县志》卷 22。

刘履恂(1738—1795)

字迪九，号云陔，又号凫乡。清宝应人。乾隆五十一年（1786）举人，国子监典簿。事亲孝谨。与诸弟友爱。有干事才，善拯人困急。其学长于考证。仪征刘文淇称其与从弟台拱人品学问相伯仲。山阳王廷珍谓履恂诗溯源《骚》《选》，质雅精深，绰有神韵，为朴学家所难。《清史列传》有传。

秋槎杂记 1 卷附义迹山房诗稿 1 卷　经部群经总义类

清刘履恂撰　刘宝楠辑

(1) 清道光元年(1821)兴让堂刻本，附有刘宝楠撰《行略》1 卷，吉林大学图书馆藏。

(2) 2015 年广陵书社《扬州文库》本。

秋槎杂记 1 卷　经部群经总义类

石印《皇清经解》本

秋槎杂记外篇 1 卷　经部群经总义类

清抄本，日本东京大学东洋文化研究所藏。

义迹山房诗稿 1 卷　集部别集类

清抄本，上海图书馆藏。

按：《江苏诗征》卷 80 收其诗 1 首。《淮海英灵集》乙集卷 1 收其诗 3 首。《白田风雅》卷 16 收其诗 6 首。

刘玉麟(1738—1797)

字又徐，号春圃，又号甓斋。清宝应人。乾隆四十二年(1777)拔贡，以直隶州州判分发广西，官郁林州判。历知象州、龙门、北流等县。卒于战乱。素好学，博通经史。游京师，获闻戴震、程瑶田诸人论说，又就正于刘台拱，所学日进。《清史列传》有传。

尔雅注疏 11 卷　经部尔雅类

晋郭璞注　宋邢昺疏并跋　清赵之谦跋　刘玉麟、汪德钺校

明崇祯元年(1628)毛氏汲古阁刻《十三经注疏》本，上海图书馆藏。

尔雅补注残本 1 卷　经部尔雅类

(1) 清光绪十二年(1886)刻本，国家图书馆藏。

(2)《功顺堂丛书》本。

(3)《广雅书局丛书》本。

(4)《丛书集成初编》本。

尔雅校义2卷　经部尔雅类

(1)《食旧堂丛书》本。

(2)《续修四库全书》本。

郑志3卷　经部群经总义类

魏郑小同撰　清刘玉麟校并跋

清乾隆间武英殿活字印《聚珍版丛书》本,上海图书馆藏。

甓斋遗稿1卷　经部群经总义类

(1)《皇清经解》本。

(2) 2015年广陵书社《扬州文库》本。

按:《清史列传》卷68:"刘玉麟著有《尔雅补疏》《粤西金石录》等,殁后散佚。后人掇其说经之文,为《甓斋遗稿》。仪征阮元刻入《经解》中。"另民国《宝应县志》卷23书目记《甓亭遗稿》,乃《甓斋遗稿》之误。

粤西金石录　史部金石类　佚

见同治《续纂扬州府志》卷22。

湘南集2卷邕管集1卷　集部别集类

稿本,胡虔跋,国家图书馆藏。

深竹闲园集1卷　集部别集类

(1)《敦素园七子诗钞》本。

(2) 2015年广陵书社《扬州文库》本。

莲峰集　集部别集类　佚

见《明清江苏文人年表》嘉庆二年(1797)。

按:《江苏诗征》卷80收其诗7首。《白田风雅》卷16收其诗10首。

汤　祁

一作汤祺。字次郊,号药房。清宝应人。

药房诗钞　集部别集类　佚

见《江苏诗征》卷61,收其诗1首。

按:《白田风雅》卷17收其诗3首。

成　鸿

清宝应人。诸生。

成鸿诗集　集部别集类　佚

见《宝应耆旧传》卷下。

刘世说

字步辛,号余斋。清宝应人。乾隆三十六年(1771)举人。性警敏,总角操纸笔为文,锋颖特出。比长,博涉经史,遍探古作者波澜,意度所得,益精粹。其为举子业,醇雅质厚,不求异人,而人自不能及。勇于为义,人以缓急相诖诿,为尽心力,不避风雨寒暑。里人王希伊倡同善会于乡,特引世说及朱宗光为助。性伉直,议论侃侃,不视人意旨为向背。

周易本义考12卷附周易五赞　经部易类

清刘世说辑

(1) 清乾隆三十三年获古堂刻本,南京图书馆藏。

(2)《西京清麓丛书》本。

(3)《刘氏传经堂丛书》本。

按:《江苏诗征》卷80收其诗2首。《白田风雅》卷12收其诗1首。

王斯惇

字友梅,号心斋。清宝应人。嵩高弟。工诗,其诗格超然拔俗。

意园草　集部别集类　佚

见道光《重修宝应县志》卷22。

聊存草　集部别集类　佚

见《江苏诗征》卷53,收其诗2首。

按:《白田风雅》卷17收其诗4首。

郑　恂

清宝应人。

知谷诗草　集部别集类　佚

小松斋文稿　集部别集类　佚

后闽游小草　集部别集类　佚

以上3种见道光《重修宝应县志》卷22。

朱湛霖

字雨人。清宝应人。同治十二年(1873)拔贡。性笃挚,博学能文章,工书。

经典释文疏证　经部小学类　佚

九宜园诗稿　集部别集类　佚

以上2种均见于民国《宝应县志》卷23、16。

九宜园文集1卷　集部别集类

1927年铅印本,南京图书馆藏。

古文集评　集部诗文评类　佚

见民国《宝应县志》卷23。

刘　异

字君常。清宝应人。廪贡生。官震泽县训导。

刘异诗　集部别集类

收入《白田风雅》卷17,存诗17首。

刘冈陵

清宝应人。以子彦矩赠国子监博士。

小嫏嬛吟稿　集部别集类　佚

见民国《宝应县志》卷23。

王　尌

字龙门。清宝应人。诸生。性和易，尤孝友兄。某贫困，尌推己产以济其急。里人皆称颂之。

性理摘要 4 卷　子部儒学类　佚

砚耕堂集　集部别集类　佚

以上 2 种均见于道光《重修宝应县志》卷 22。

王斯恬

字西儒。清宝应人。乾隆三十五年(1770)举人。

晚芗诗存 4 卷　集部别集类　佚

见《白田风雅》卷 14，收其诗 19 首。

汤　栻

原名之盘，字又新。清宝应人。大兴籍庠生，改名栻，字荫堂。以武英殿供事考授京主簿。

南里闲咏集　集部别集类　佚

见民国《宝应县志》卷 23。

按：《白田风雅》卷 13 收其诗 7 首。

王世芗

字蕊卿。清宝应人。廪贡生。力学好义，课生徒以性理，循循善诱，多所成就。

务本广训　子部儒学类　佚

困学录　子部儒学类　佚

槐荫堂杂著　子部杂学类　佚

槐荫堂吟稿　集部别集类　佚

以上 4 种见民国《宝应县志》卷 16。

朱原长

字昆来，一作昆生。清宝应人。监生。

春及山房诗钞　集部别集类　佚

见《江苏诗征》卷18，收其诗1首。

按：《白田风雅》卷17收其诗4首。

刘台拱(1751—1805)

字端临，号子阶，一字江岭，学者称端临先生。清宝应人。世谟子。乾隆三十五年(1770)举人。累试礼部未售，朱珪深惜之。台拱年少时得其乡先辈王懋竑、朱泽沄之遗书读之，遂笃志程朱之学。寓京师时，因得结交当世学者名流如朱筠、顾九苞、程晋芳、戴震、章学诚、邵晋涵及同郡任大椿、王念孙等，稽经考古，旦夕切磋。其学自天文、律吕、声音、文字，无不穷极。于汉宋诸儒之说，不专一家，而惟是之求。王念孙称其与阎若璩相伯仲。朱筠尝曰："台拱大贤也，岂独学问过人也。"邵晋涵亦曰："予交友中，渊通静远，造次必儒者，台拱一人而已。"台拱慎于接物，而好诱掖后进，与王念孙、段玉裁、汪中最称莫逆。生平无他嗜好，唯聚书万卷及金石文字，日夜冥搜，无意著述。卒后稿多零落，由其婿阮常生辑其遗著。《清史稿》有传。

仪礼传注　经部仪礼类　佚

见《语文学家辞典》。

论语骈枝(一作论语补注)1卷　经部四书类

(1)《广雅书局丛书》本。

(2)《刘端临先生遗书》本。

(3)《皇清经解》本。

(4)《续修四库全书》本。

刘氏遗书1卷　经部群经总义类

(1)《广雅书局丛书》本。

(2)《皇清经解》本。

经传小记 3 卷　经部群经总义类

(1)《广雅书局丛书》本。

(2)《刘端临先生遗书》本。

(3)《皇清经解续编》本。

(4)《续修四库全书》本。

方言补校 1 卷　经部小学类

汉学拾遗 1 卷　经部小学类

以上 2 种有:

(1)《广雅书局丛书》本。

(2)《刘端临先生遗书》本。

国语补校 1 卷　史部杂史类

(1)《广雅书局丛书》本。

(2)《刘端临先生遗书》本。

(3)《皇清经解续编》本。

刘世謩行述 1 卷　史部传记类

清嘉庆间刻本,南京图书馆藏。

下河水利说 1 卷　史部地理类　佚

见同治《续纂扬州府志》卷 22。

荀子补注 1 卷　子部周秦诸子类

(1)《广雅书局丛书》本。

(2)《刘端临先生遗书》本。

(3)《周秦诸子斠注十种》本。

淮南子补注 1 卷　子部杂学类

(1)《广雅书局丛书》本。

(2)《刘端临先生遗书》本。

刘端临先生文集 1 卷　集部别集类

(1) 稿本,叶景葵跋,上海图书馆藏。

(2)《广雅书局丛书》本。此本名为《刘氏文集》1卷。

(3)《刘端临先生遗书》本。

(4)《清代诗文集汇编》本。

刘台拱集　集部别集类

2006年广陵书社《宝应刘氏集》本。

按:收录《刘端临先生文集》《刘台拱致王念孙书札》。

宝应乡贤刘蓼野端临乔梓遗札　集部总集类

清刘世谟、刘台拱撰

稿本,国家图书馆藏。

刘端临先生遗书　丛书类

(1) 清嘉庆十一年(1806)扬州阮常生刊十三年续刊本,南京图书馆藏。

(2) 清道光十四年(1834)世德堂刊本,南京图书馆藏。

(3)《广雅书局丛书》本,题《刘氏遗书》8卷,无《两世乡贤录》1卷、《崇祀名宦录》1卷,余皆同。

子目:

《两世乡贤录》1卷《崇祀名宦录》1卷

《论语骈枝》1卷

《经传小记》1卷

《国语补校》1卷

《荀子补注》1卷

《淮南子补校》1卷

《方言补校》1卷

《汉学拾遗》1卷

《刘端临先生文集》1卷

房　崇

字荔园。清宝应人。郡增生。

礼园遗稿　集部别集类　佚

见民国《宝应县志》卷 22。

按:《白田风雅》卷 19 收其诗 3 首。

朱　彬(1753—1834)

字武曹,号郁甫。清宝应人。乾隆六十年(1795)举人。幼颖异,生平自少至老,好学不厌。承其乡王懋竑经法,与外兄刘台拱相切磋,同治小学。又与李惇、汪中、王念孙父子等结交,讨论经史每有所得,则以书札往来,必求其是而后已。于训诂、声音、文字之学,用力尤深。曾客居京师,足不踏贵人门,唯与王念孙、邵晋涵等,以文章相爱重。汪中尝谓治经者固多,文章则世无作者,故朱彬于文用力尤深。《清史列传》卷 69 有传。

周易考证 1 卷　经部易类

清道光二年(1822)宝应朱氏游道堂刻《经传考证》本。

尚书异义 4 卷尚书故训别录 1 卷　经部尚书类

(1) 清抄本,无附 1 卷,南京图书馆藏。

(2) 新中国成立后泰州古籍书店抄本,无附 1 卷,山东大学图书馆藏。

(3) 新中国成立后扬州古籍书店抄本,南开大学图书馆藏。

(4) 2015 年广陵书社《扬州文库》本。

礼记训纂 49 卷　经部周礼类

(1) 稿本,国家图书馆藏本有王念孙校并跋,王引之校。上海图书馆藏本有许瀚校。

(2) 清道光二年刻本,南京图书馆藏。

(3) 清咸丰元年(1851)朱士达宜禄堂刻本,国家图书馆藏,丁晏校注。

(4) 清咸丰六年宝应朱氏补刻本,复旦大学图书馆藏。

(5) 清宣统元年(1909)学部图书局影印本,华东师范大学图书馆藏。

(6)《四部备要》本。

(7) 石印本,收入《经学辑要》,南京图书馆藏。

(8)《续修四库全书》本。

按:《清史列传》卷69记:“取《尔雅》《说文》《玉篇》《广韵》诸书之故训,虎观诸儒之议论,《郑志》弟子之问答,以及魏晋以降诸儒之训释,又刺取《北堂书钞》《通典》《太平御览》诸书之涉是书者,旁证国初及乾嘉间诸家之书,亦不下数十种,而一以注疏为主,撷其精要,纬以古今诸书,其附以己意者,皆授据精确,足以荟众说而持其平。”

经传考证8卷　经部群经总义类

(1) 稿本,清王念孙批校,浙江图书馆藏。

(2) 清朱氏刻本,南京图书馆藏。

(3) 清道光二年宝应宜禄堂刻本,南京图书馆藏。

(4) 清道光二年游道堂精刻本,南京图书馆藏。

(5) 清道光十六年宜禄堂精刻本。

(6)《皇清经解》本。

(7)《四库未收书辑刊》本。

(8) 2015年广陵书社《扬州文库》本。

刘端临先生行状1卷　史部传记类

清道光刻本,南京图书馆藏。

朱氏支谱　史部传记类

清朱毓贤、朱彬编次

清抄本,上海图书馆藏。

邑乘志余　史部地理类

清食旧德斋传抄本,台湾“中央图书馆”原藏。

温病条辨6卷首1卷　子部医家类

清吴瑭撰　朱彬评

(1) 清同治九年(1870)六安求我斋重刻本,加拿大哥伦比亚东亚图书馆藏。

(2) 1963 年北京人民卫生出版社排印本。

游道堂集 4 卷　集部别集类

(1) 稿本,北京大学图书馆藏。

(2) 清同治七年袁浦刻本,南京图书馆藏。

(3) 清光绪二年(1876)宝应朱氏刻本,复旦大学图书馆藏。

(4) 1916 年朱氏宜禄堂刻本。

(5) 1926 年朱氏宜禄堂刻本。

(6)《清代诗文集汇编》本。

(7) 2015 年广陵书社《扬州文库》本。

白田风雅 24 卷　集部总集类

清宝应朱彬辑　乔载繇增订

(1) 清光绪十二年金陵书局刻本,南京图书馆藏。

(2) 2016 年国家图书馆出版社《历代地方诗文总集汇编》本。

(3) 稿本,初编 6 卷,6 册,台湾"中央图书馆"原藏。

按:是书辑宝应清朝以来诸家诗,目录后小记共列作者 316 人,诗 1315 首,上起清初,下至道光初年。分一般文人学者、家集、闺媛、释子羽士、官师流寓酬赠五个部分。作者小传下录有朱彬《游道堂诗话》。

游道堂诗话　集部诗文评类

见民国《宝应县志》卷 23。《诗话》附见于《白田风雅》各作者下。

宝应朱氏家集　丛书类

清道光宜禄堂刻本,12 册,吉林大学图书馆藏。

汤之桂

字秋林,号云樵。清宝应人。乾隆五十二年(1787)恩贡生。主讲湖南永安书院。风流潇洒,诗古文辞皆冠当时。工书善画。天性孝友。

书画要言录　子部艺术类　佚

豫东草　集部别集类　佚

粤东草　集部别集类　佚

焚余草　集部别集类　佚
云樵诗钞　集部别集类　佚
云樵词钞　集部词曲类　佚
以上6种均见于道光《重修宝应县志》卷22。
按:《白田风雅》卷14收其诗6首。

潘昌龄

字祉繁,号枫江。清宝应人。乾隆三十年(1765)举于乡。博通经史,疏证群经。胡文良所著《周易函书》,昌龄参订之力为多。

易图解　经部易类　佚
易观刚柔相推图　经部易类　佚
周易函书　经部易类　佚
清胡文良撰　潘昌龄参订
中星考　经部尚书类　佚
四始品目论　经部诗经类　佚
郊社考　经部周礼类　佚
以上6种见道光《重修宝应县志》卷22。
春秋指掌　经部春秋总义类　佚
见《宝应耆旧传》卷下。
三科九旨说　经部春秋总义类　佚
见道光《重修宝应县志》卷22。
拟董仲舒天人三策　子部儒学类　佚
见民国《宝应县志》卷16。
云间游草　集部别集类　佚
吴陵游草　集部别集类　佚
以上2种均见于道光《重修宝应县志》卷22。
按:《白田风雅》卷13收其诗1首。

朱毓贤

字小泉。清宝应人。宗大从子。诸生。善为诗,尤好歌咏忠孝,以兴起后学。

朱氏支谱　史部传记类

清朱毓贤、朱彬编次

清抄本,上海图书馆藏。

朱氏发潜录　子部儒学类　佚

古渔文略　集部别集类　佚

以上 2 种均见于民国《宝应县志》卷 23。

珍木轩诗 1 卷　集部别集类

清刻本,华东师范大学图书馆藏。

�圃剩稿 1 卷　集部别集类

清光绪铅印本,苏州大学图书馆藏。

二益山房吟稿　集部别集类　佚

醒园诗稿　集部别集类　佚

梦麟书屋诗稿　集部别集类　佚

以上 3 种均见于道光《重修宝应县志》卷 22。

按:《白田风雅》卷 21 收其诗 8 首。

杨如恒

清宝应人。

讲学录　子部儒学类　佚

家训阐要　子部儒学类　佚

以上 2 种见民国《宝应县志》卷 23。

朱毓楷(1759—1809)

字幼则。清宝应人。9 岁丧父,事母尽孝。

读书解义1卷　子部杂学类

(1) 清同治本,南京图书馆藏。

(2)《春雨楼丛书》本。

(3) 2015年广陵书社《扬州文库》本。

师文堂集　集部别集类　佚

见民国《宝应县志》卷23。

刘台斗(1759—1814)

字建临,号星槎。清宝应人。世谟子、台拱弟。嘉庆四年(1799)进士。官工部营缮司主事。得父兄经学之传,尤究心水利,凡治河得失,漕输利弊,无不洞知其源流。性孝友,意气慷慨,遇事不退缩,为官清廉,民怀其德。嘉庆十八年复赴江西候补。卒于南昌。《清史列传》有传。

下河水利集说2卷　史部地理类

(1) 稿本,4册,南京图书馆藏。

(2) 清抄本,不分卷,国家图书馆藏。

(3) 2015年广陵书社《扬州文库》本。

星槎游草1卷　集部别集类

清阮小云辑《礼安堂遗稿合刻》本,南京图书馆藏。

按:《江苏诗征》卷80收其诗8首。《广陵思古编》卷27收其文1篇。《清诗汇》卷113收其诗1首。《白田风雅》卷18收其诗7首。

王斯憕

字师李。清宝应人。

太瘦生诗钞　集部别集类　佚

见《白田风雅》卷14,收其诗2首。

吴自强

字民怀，号莆田。清宝应人。武庠生。游医吴楚间。工诗。

爱荆堂诗草 2 卷　集部别集类

清道光刻本，南京图书馆藏。

按：子驹辑录之。

汉江游草　集部别集类　佚

见民国《宝应县志》卷 23。

王闰生

字铁民，一作铁名。清宝应人。箴翼孙。监生。能诗。

桐轩诗钞　集部别集类　佚

桐轩词　集部词曲类　佚

以上 2 种均见道光《重修宝应县志》卷 22。

按：《江苏诗征》卷 51 收其诗 1 首。《白田风雅》卷 19 收其诗 5 首。

钱希恕

清宝应人。

小隐轩杂著　子部杂学类　佚

见民国《宝应县志》卷 23。

陈阶平(1766—1844)

原名安魁，字雨峰，号鹿岑。清宝应人，原籍安徽泗州。初事举业，工书能文，改就行伍。官至福建水师提督。所至皆有勋绩。道光十九年(1839)英军进犯，阶平驻厦门，其主张与当道不合，遂引疾退居宝应。复起，督办浙闽军务。事平复归。《续碑传集》有传。

恩遇分年录不分卷　史部政书类

誊清稿本，北京大学图书馆藏。

奉使纪胜1卷　史部地理类

(1) 清道光间刻本，上海图书馆藏。

(2)《小方壶斋舆地丛钞》本。

虎帐必知录2卷　子部兵书类

稿本，南京图书馆藏。

戎政刍言1卷　子部兵书类

清道光元年精刻本，国家图书馆藏。

教练辑要　子部兵书类　佚

梅花叠战阵法　子部兵书类　佚

以上2种见民国《宝应县志》卷17。

叠战阵图说1卷　子部兵书类

清道光十年刻本，国家图书馆藏。

叠战阵排队阵式1卷　子部兵书类

清道光十八年刻本，上海图书馆藏。

秋校图1卷附题词　子部兵书类

清道光十年刻本，日本东京都立中央图书馆藏。

洴澼百金方14卷首1卷　子部医家类

清陈阶平刻本，国家图书馆藏。

职思集　集部别集类

清道光金陵一品楼刻本，南京图书馆藏。

职思续集2卷　集部别集类

清抄《茂雪堂丛书》本，国家图书馆藏。

拥拴吟1卷附边春小集1卷　集部别集类

清刻本，南京图书馆藏。

陈雨峰集6卷　集部别集类

清道光四年原刻本，台湾大学图书馆藏。

壮猷同咏1卷　集部总集类

清道光刻本，日本东京大学东洋文化研究所藏。

刘彦矩(1770—1822)

字稚常,号芷裳。清宝应人。永沁昆孙。幼孤贫,秉母徐训,虽莼粥不充,乃昼夜读书不辍。彦矩少年,而头角已露。长益攻苦,登嘉庆十四年(1809)进士,官国子监学录。时祭酒李宗昉特重彦矩文,每见所校正,必击节叹赏。升博士,濒传部阶,遘疾,卒。彦矩始终勤学,居官清廉。已服官,犹日手编帙,博综群书。时都人士请业问奇者甚众。

研秋斋杂著　子部杂学类　佚

见同治《续纂扬州府志》卷22。

小磷娠诗集　集部别集类　佚

弗措轩文集　集部别集类　佚

以上2种均见于民国《宝应县志》卷23。

研秋斋诗文略2卷笔记2卷附行述1卷　集部别集类

(1) 清道光十七年(1837)至十八年刘氏五之堂刻本,南京图书馆藏。

(2)《清代诗文集汇编》本。

按:《行述》1卷为刘鹓、刘鷗撰。

范士龄

原名人炳,字懿龄。清宝应人。廪生。少笃于学,为文有奇气,工书法。尝协修县志,以采辑多佚,复搜访贞烈、节孝妇女,请旌捐建总坊。

左传释地3卷　经部春秋左传类

清道光六年(1826)刻本,国家图书馆藏。

宝应耆旧传2卷　史部传记类

(1) 清道光六年刻本,南京图书馆藏。

(2)《江苏人物传记丛刊》本。

(3) 2015 年广陵书社《扬州文库》本。

续循吏传　史部传记类　佚

见民国《宝应县志》卷 23。

节妇志　史部传记类　佚

酉轩诗话　集部诗文评类　佚

以上 2 种见同治《续纂扬州府志》卷 22。

成　澍

字沛霖。清宝应人。申族侄曾孙。布衣，能诗。

可轩诗钞　集部别集类　佚

见民国《宝应县志》卷 22。

刘芝集

字仲皓，号商樵。清宝应人。履恂子，增生。

绮里诗集　集部别集类　佚

见《江苏诗征》卷 80，收其诗 3 首。

按：《白田风雅》卷 18 收其诗 3 首。

朱士彦(1771—1838)

字休承，号咏斋。清宝应人。彬子。幼颖悟，博涉强记，年 15 入泮。嘉庆七年(1802)进士。授翰林院国史馆编修。疏进河防五策，均如其言以行。道光时官至吏部尚书。卒谥文定。《清史稿》有传。

国史　史部别史类　佚

清朱士彦纂

见《清史稿》卷 374。

顾南雅行述 1 卷传 1 卷　史部传记类

清道光刻本，南京图书馆藏。

按：《行述》为顾莼、顾像曾撰，《传》为朱士彦撰。

河渠志　史部地理类　佚

清朱士彦纂

见《清史稿》卷374。

朱文定公诗集10卷解左1卷赋颂说2卷　集部别集类

(1) 清嘉庆刻本,南京图书馆藏。

(2) 2015年广陵书社《扬州文库》本。

陈景藩

字翰宗,号少楼。清宝应人。湖西有褚庙冈,与大小云壤相接,相传为邓艾屯田处,景藩隐居于此,尝吟雪30首,知名当时。

槐荫山房诗　集部别集类　佚

见《白田风雅》卷18,收其诗4首。

朱士佳

清宝应人。

味忍堂集　集部别集类　佚

见民国《宝应县志》卷23。

朱传芳

字补梅。清宝应人。诸生。能诗。与张策交最密。

补梅诗稿　集部别集类　佚

见道光《重修宝应县志》卷23。

按:《白田风雅》卷19收其诗2首。

朱士珉

清宝应人。

知鱼乐斋诗赋钞　集部别集类　佚

南游吟草　集部别集类　佚

绿静轩词　集部词曲类　佚

红白碧桃仙馆词　集部词曲类　佚

以上 4 种均见于民国《宝应县志》卷 23。

颜　蓁

字味林。清宝应人。嘉庆六年(1801)贡生。候选州同知,改就教职。

缄石集　集部别集类　佚

见道光《重修宝应县志》卷 22。

王颐生

清宝应人。

后花萼堂试帖　集部别集类　佚

芹轩偶吟　集部别集类　佚

以上 2 种均见于道光《重修宝应县志》卷 22。

翟绍斐

清宝应人。

彩虹书屋诗钞 8 卷　集部别集类　佚

见民国《宝应县志》卷 23。

吴日鼎

原名兰荪,字古亭,号射阳湖识字渔翁。清宝应人。髫龄即工诗,与同邑乔载繇、潘湘、胡臻禧、汤敦仕、刘鑫、汤吁相唱和。道光甲申(1824)江淮间大水,日鼎赋诗咏某盐督,有云:"破格用人明主意,及时行乐老臣心。"当道采入奏疏,宣庙褫某职,时称为诗史。

古亭诗存 1 卷　集部别集类　佚

见《清史稿艺文志及补编》。

小南华书屋诗钞　集部别集类　佚

湖海归来集　集部别集类　佚

以上2种均见于民国《宝应县志》卷23。

按:《全清词钞》卷22收其词1首。

乔　煜

清宝应人。

琴旨　子部艺术类　佚

见道光《重修宝应县志》卷22。

吉容大

清宝应人。

周礼辑疏6卷　经部周礼类　佚

见道光《重修宝应县志》卷22。

梁景渐

清宝应人。

读孟一隅　经部四书类　佚

见道光《重修宝应县志》卷22。

刘应莲

清宝应人。

四书辨讹4卷　经部四书类　佚

见道光《重修宝应县志》卷22。

乔载繇(1776—1836)

字孚先,号止巢。清宝应人。廪贡生。生而颖异,髫龄即能五七言诗。诗词清空委婉,语多性灵,文亦醇雅,见赏于学使莫晋。性淡进取,年30即不与秋试。日与同邑吴日鼎、方文炳，高邮王敬之、夏昆林、周叙赓等相唱和。同邑朱彬撰《白田风雅》，皆国朝诗人。载繇采明人诗为《白田风雅前编》，其婿朱士恭为梓行。又尝与朱士端、范士龄等重修邑志。《清史列传》有传。

(道光)重修宝应县志28卷首1卷　史部地理类

清孟毓兰修　乔载繇等纂

(1) 清道光二十年(1840)汤氏沐华堂刻本，上海图书馆藏。

(2) 1929年重印本。

(3) 1960年扬州书店重印道光本，南京图书馆藏。

(4) 2015年广陵书社《扬州文库》本。

(道光)寿州志36卷　史部地理类

清朱士达修　乔载繇等纂

清道光九年刻本，上海图书馆藏。

吾园书目不分卷　史部目录类

(1) 抄本，国家图书馆藏。

(2)《中国著名藏书家藏书目汇刊》本。

妙华仙馆诗2卷学读书斋诗3卷裁云馆词2卷　集部别集类

清道光二十六年婿朱士恭校刻，南京图书馆藏。

学读书斋诗3卷　集部别集类

止巢先生诗词三种7卷　集部别集类

以上2种有《稀见清代四部辑刊》本。

裁云馆诗5卷　集部别集类

见《广陵思古编》卷28，收其文2篇。

白田风雅前编5卷　集部总集类

清乔载繇辑

(1) 清咸丰元年(1851)宝德堂刻本，南京图书馆等藏。

(2) 稿本，1册，南京图书馆藏。

(3) 2015年广陵书社《扬州文库》本。

按:同邑朱彬辑宝应清朝诗人之诗为《白田风雅》,乔载繇乃编录明洪武至崇祯年间宝应诗人之诗为此《白田风雅前编》。共收作者 95 人,诗 844 首。

白田风雅 24 卷　集部总集类

清朱彬辑　乔载繇增订

(1) 清光绪十二年(1886)金陵书局刻本,南京图书馆藏。

(2) 2016 年国家图书馆出版社《历代地方诗文总集汇编》本。

(3) 稿本,初编 6 卷,6 册,台湾"中央图书馆"原藏。

按:《全清词钞》卷 21 收其词 4 首。

朱士达(1776—1854)

字公孚,号恕斋。清宝应人。彬子,士彦弟。嘉庆十二年(1807)举人,二十二年进士。历署安徽黟县、南陵、霍山知县。升寿州知州、凤阳知府、庐凤道、广西左江道、四川及陕西按察使、湖北布政使等。

(道光)寿州志 36 卷　史部地理类

清朱士达修　乔载繇、汤若荀纂

清道光九年(1829)刻本,上海图书馆藏。

知足知不足斋诗文集　集部别集类　佚

见民国《宝应县志》卷 12。

刘源岷

字巨源,号雪栈。清宝应人。台拱子。少颖悟,能读父书。辨驳笺注、考订钟鼎彝器,皆有卓议。所为古文辞,洒洒千言。诗亦清逸秀拔。年 17 卒。

古泉谱　史部金石类　佚

读书阙疑　子部儒学类　佚

以上 2 种见民国《宝应县志》卷 23。

七略斋诗钞 1 卷　集部别集类　佚

见《江苏诗征》卷80,收其诗3首。

按:《白田风雅》卷19收其诗5首。

刘宝树(1777—1839)

字幼度,号鹤汀。清宝应人。履恂子,台拱侄。幼承家学,精研经训。嘉庆十二年(1807)举人。屡踬礼闱,晚始补五河县教谕。好读书,而不轻于撰述,故其遗著传于世者仅寥寥数卷。

娱景堂集3卷　集部别集类

(1) 清抄本,国家图书馆藏。

(2) 清道光三年(1823)宝应刘氏刻本,国家图书馆藏。

(3) 清道光二十年刘宝楠刻,南京图书馆藏。

(4) 2006年广陵书社《宝应刘氏集》本。

按:是集卷上《经义说略》,卷中《杂著偶存》,卷下《鹤汀诗钞》。

潘　湘

字涌观,号潚亭。清宝应人。昌龄子。廪监生。承家学,工诗。游踪半天下,归署楹帖云:"名利萦心少,江山入梦多。"

浙中游草1卷　集部别集类

清抄本,上海图书馆藏。

归途草　集部别集类　佚

见道光《重修宝应县志》卷22。

按:《白田风雅》卷18收其诗9首。

朱联奎

清宝应人。

庆余堂集　集部别集类　佚

见民国《宝应县志》卷23。

朱士恭

字恪斋,号小亭。清宝应人。士桢弟。附贡生。性孝友,与弟士栋友爱尤笃。不苟取科名,亲殁,终身不与试。居乡乐善好施,邑中善举,无不竭力首倡。年 72 卒。

听彝堂集训　子部儒学类　佚

见民国《宝应县志》卷 23。

方文炳

字蔚峰,号浯村。清宝应人。廪贡生。

沁香集　集部别集类　佚

沁香词　集部词曲类　佚

以上 2 种均见于道光《重修宝应县志》卷 22。

按:《白田风雅》卷 18 收其诗 28 首。

刘　巩

号筠圃。清宝应人。道光五年(1825)拔贡生。

荫樾斋稿　集部别集类

收入刘氏《清芬集》中。

按:《广陵思古编》卷 28 收其文 1 篇。

朱效靖

清宝应人。

朱氏诗文世珍不分卷　集部总集类

清朱效靖辑

稿本,清朱士端跋,宝应县图书馆藏。

按:此收录江苏宝应朱氏家族诗文作品,为孤本,收入《中国古籍善本书目》。卷首有道光二年(1822)朱效靖识语,云:“朱氏一门,诗坛文社，代不乏人。”“庚辰（嘉庆二十五年，1820）夏，与兄旁搜远采，挑灯传写，题其名曰《朱氏诗文拾遗》。”后朱效靖将此集又更录一帙，改题为《朱氏诗文世珍》，“盖取世世珍藏之意也”。首先摘要辑录《四库全书总目》有关提要，其次自《明史·文苑传》等书中辑录有关传记。以下收录朱氏作者作品，有：朱瓘、朱讷（瓘长子）、朱应辰（讷次子）、朱应祯（讷长女）、朱应祥（讷次女）、朱方中（曰藩子）、朱肆夏、朱克生、朱克简、朱经（克简次子）、朱之玑、朱曰蕙、朱缵（克生次子）等诗文。

王嘉生

字子休。清宝应人。箴翼孙。嵩高子。岁贡生，能诗。咸丰元年（1851）举孝廉方正，辞不就。

数帆轩集 1 卷　集部别集类　佚

数帆轩诗存　集部别集类　佚

以上 2 种均见于民国《宝应县志》卷 23。

徐思勉

字懋先。清宝应人。廪贡生。

红桂山房诗钞　集部别集类　佚

见道光《重修宝应县志》卷 22。

按：《白田风雅》卷 17 收其诗 9 首。

刘赞勋

字子猷，号苍厓。清宝应人。道光二十二年（1842）岁贡生。博学多文，熟于掌故，诗亦清俊，与吴日鼎相倡和。

重修宝应县志辨 1 卷　史部地理类

（1）清咸丰元年（1851）活字本，南京图书馆藏。

（2）清咸丰元年醉经阁刻本，中国人民大学图书馆、天津市图书馆藏。

(3) 2015年广陵书社《扬州文库》本。

按:此书为道光志之辨疑、补正。

醉红轩诗草　集部别集类　佚

见民国《宝应县志》卷23。

朱效仪

原名同仪,字又汾。清宝应人。宗大侄孙。诸生。品谊端正,诗亦清才拔俗。

又汾文诗词集　集部别集类　佚

见民国《宝应县志》卷23。

成纫兰

字素庵。清宝应人。御史观宣女兄,刘履儁妻。

焚余集　集部别集类　佚

素庵诗钞　集部别集类　佚

以上2种见《正始续集》。

陈　氏

清宝应人。朱□室。

诗略附编　集部别集类　佚

见民国《宝应县志》卷23。

刘金殿

清宝应人。嘉庆二十一年(1816)举人。

历朝识小录　史部史评类　佚

见道光《重修宝应县志》卷22。

吉怀庆

字荫轩。清宝应人。诸生。以能文名。为人忠厚，喜周济戚族之贫者。外甥刘瑢好学远游，怀庆为理家政。值世乱，隐居求志，以诗酒自娱。年82卒。

留删草诗集　集部别集类　佚

见民国《宝应县志》卷15。

朱士端(1786—?)

原名效端。字铨甫。清宝应人。毓楷子。彬侄。道光元年(1821)举人。官广德州训导，不久告归。少承家学，又从叔父彬游。曾受学王念孙之门，得文字、音韵学之传。生平笃志典坟，勤治小学，于许氏形声之学尤精。《清史列传》有传。

齐鲁韩三家诗释16卷　经部诗经类

(1) 稿本，上海图书馆藏。

(2) 清吉金乐石山房抄本，国家图书馆藏。郑振铎跋。

齐鲁韩三家诗注3卷三家诗疑1卷　经部诗经类

稿本，湖北省图书馆藏。

三家诗原流1卷　经部诗经类

三家诗疑1卷　经部诗经类

以上2种新中国成立后合肥书店抄本，内蒙古大学图书馆藏。

尔雅考略1卷　经部尔雅类

底稿本，见《贩书偶记》。

说文谐声举要14卷　经部小学类

(1) 稿本，中国科学院图书馆藏。

(2) 抄本，南京图书馆藏。

(3)《四库未收书辑刊》本。

(4) 2015年广陵书社《扬州文库》本。

说文形声疏证14卷　经部小学类

原稿本,南京图书馆藏。有胡玉缙跋。

说文校定本15卷　经部小学类

(1) 手稿本,上海图书馆藏。

(2)《春雨楼丛书》本。

(3) 2卷,《咫进斋丛书》本。

(4) 2卷,《丛书集成初编》本。

(5) 2卷,《续修四库全书》本。

说文注□□卷　经部小学类

稿本,5卷,上海图书馆藏。

宜禄堂收藏金石记60卷　史部金石类

清稿本,存59卷,有朱士端印,台湾"中央图书馆"原藏。《贩书偶记》著录。

按:此本版心下刊"吉金乐石山房"六字。

宜禄堂收藏金石记6卷补编1卷　史部金石类

(1)《春雨楼丛书》本。

(2) 1916年西泠印社排印本,上海图书馆藏。

(3)《遁庵金石丛书》本。

检身录不分卷　子部儒学类

(1) 稿本,南京图书馆藏。

(2) 清咸丰刻本,台北故宫博物院藏。

(3) 新中国成立后扬州古籍书店抄本,苏州大学图书馆等藏。

彊识编　子部杂学类

(1) 稿本,8卷,国家图书馆藏。

(2) 稿本,8卷,胡玉缙校,南京图书馆藏。

(3) 稿本,4卷,上海图书馆藏。

(4) 稿本,1卷,题朱效靖撰,上海图书馆藏。

(5)《春雨楼丛书》本,4卷续1卷。

(6)《续修四库全书》本,4卷续1卷。

知退斋笔记　子部杂学类

见道光《重修宝应县志》卷22。

吉金乐石山房文集1卷续编1卷诗集2卷　集部别集类

(1)《春雨楼丛书》本。

(2)《清代诗文集汇编》本。

(3) 2015年广陵书社《扬州文库》本。

吉金乐石山房诗集2卷又不分卷　集部别集类

稿本,国家图书馆藏。

春雨楼丛书　丛书类

(1) 清同治中宝应朱氏刻本,南京图书馆藏。

(2) 2015年国家图书馆出版社《清代家集丛刊》本。

子目:

《说文校定本》15卷

《宜禄堂收藏金石记》6卷《补编》1卷

《彊识编》4卷《续》1卷

《读书解义》1卷　清朱毓楷撰

《吉金乐石山房文集》1卷《续编》1卷《诗集》2卷

《枣花书屋诗集》1卷　清朱之玑撰

刘赞麟

清宝应人。

秋晓山房诗钞　集部别集类

见道光《重修宝应县志》卷22。

吴湘珠

字楚江。清宝应人。自强侄,卓怀子。嘉庆二十二年(1817)贡生。天性友爱,恒形诸歌咏。

惜阴斋诗文集　集部别集类　佚

见道光《重修宝应县志》卷22。

按:《白田风雅》卷18收其诗6首。

王　晓

字曰旸,号晴山。清宝应人。潘学徐外孙。嘉庆十七年(1812)岁贡生,淹通经史,诗宗盛唐。

读书疑　子部杂学类　佚

读书信　子部杂学类　佚

读书说　子部杂学类　佚

以上3种见《宝应耆旧传》卷下。

灌花丛谈　子部小说类　佚

补读书斋外史　子部小说类　佚

今月编　集部别集类　佚

拾香集　集部别集类　佚

乐游草　集部别集类　佚

以上5种均见于道光《重修宝应县志》卷22。

博芝吟　集部别集类　佚

见《宝应耆旧传》卷下。

按:《白田风雅》卷18收其诗9首。

汤士瀛

清宝应人。嘉庆二十三年(1818)举人,官铜山教谕。

还金堂诗萃2卷　集部总集类

清汤士瀛、汤吁编

(1) 清道光二十年(1840)刻本,南京图书馆藏。

(2) 2015年广陵书社《扬州文库》本。

刘 鹓

清宝应人。

刘彦矩行述1卷　史部传记类

清刘鹓、刘鸥撰

清道光十七年(1837)至十八年五之堂刻本,附《研秋斋诗文略》《笔记》后,国家图书馆藏。

吴 驹

字千里。清宝应人。自强子。嘉庆二十三年(1818)贡生。工书画,诗宗中晚唐。

静岩集　集部别集类　佚

凤云堂诗草　集部别集类　佚

以上2种均见于民国《宝应县志》卷23。

按:《白田风雅》卷18收其诗2首。

潘 咏(1790—1836)

字伯琴。清宝应人。槐庭子。幼失怙恃,育外舅刘鹓家。受业王瑶桢之门,桢为其父弟子,虽少孤,而能传其家学。年11,手竿于地上,点画纵横,谛审之,则《禹贡》山水泽地也。即长,益肆力于学,博览古今天算诸书,一义未彻,辄思之废寝食。古历自三统以下,通其义蕴。尝以时宪术推演同治纪元合璧联珠之瑞。其于舆地之学,凡经义沿革形胜,次第研究。诗宗汉魏,长于乐府,文亦朴茂近古。性笃挚,尤喜诱掖后进。《清史列传》有传。

伯琴文存　集部别集类　佚

见民国《宝应县志》卷23。

伯琴诗存1卷　集部别集类

(1) 清同治十二年(1873)刻本,南京图书馆藏。

(2) 清抄本，南京图书馆藏。

(3) 2015年广陵书社《扬州文库》本。

成观宣

清宝应人。

(道光)重修宝应县志28卷首1卷　史部地理类

清孟毓兰修　成观宣等纂

版本参见“乔载繇”条。

王　樟

清宝应人。

安流舫存稿2卷　集部别集类　佚

见《扬州艺文志补编》。

李杜诗选　集部总集类　佚

文选揭要　集部总集类　佚

徐庚赋选　集部总集类　佚

以上3种均见于道光《重修宝应县志》卷22。

汤　吁

字寄园。清宝应人。茂来孙，士瀛侄。工诗。与同邑吴日鼎、乔载繇相倡和。

琴舫诗草1卷　集部别集类

清同治八年(1869)刻本，复旦大学图书馆藏。

还金堂诗萃2卷　集部总集类

清汤士瀛、汤吁编

(1) 清道光二十年(1840)刻本，南京图书馆藏。

(2) 2015年广陵书社《扬州文库》本。

按：此为汤氏先世诗。

朱重同

清宝应人。

午梦轩集　集部别集类　佚

芸圃吟草　集部别集类　佚

以上2种见民国《宝应县志》卷23。

朱百顺

字备之。清宝应人。士彦子，百谷兄。二品荫生，官江蓝同知。简朴温纯，上官疑其迂，十年不晋一阶。后权衡州府时，兴尊贤敬老、乡饮酒礼之风。归田后，讲学城东画东书院。

礼堂随笔5卷礼堂秘存1卷　子部儒学类

清道光二十九年(1849)刻本，南京图书馆藏。

乔钟仪

清宝应人。

琐屑闲吟　集部别集类　佚

见民国《宝应县志》卷23。

刘宝楠(1791—1855)

字楚桢，号念楼。清宝应人。经学家。履恂子。道光二十年(1840)进士。历任文安、元氏、三河知县。宝楠5岁而孤，少时兄弟切磋，又曾受经于叔父台拱，以学行闻乡里。为诸生时，与仪征刘文淇齐名，人称“扬州二刘”。于经初治毛《诗》、郑《礼》，后与刘文淇、梅植之、包慎言、柳兴恩、陈立等均各治一经。宝楠专治《论语》。善吟咏，尤好五言诗。扬州诸儒以学人而兼工诗者，自江都黄承吉外，当以宝楠为巨擘。《清史稿》有传。

易古训1卷　经部易类

(1) 稿本,上海图书馆藏。

(2)《续修四库全书》本。

(3) 2015 年广陵书社《扬州文库》本。

毛诗注疏长编不分卷　经部诗经类

(1) 手稿本,上海图书馆藏。

(2)《上海图书馆未刊古籍稿本》本。

(3) 2015 年广陵书社《扬州文库》本。

毛诗正义长编不分卷　经部诗经类

(1) 手稿本,上海图书馆藏。

(2)《上海图书馆未刊古籍稿本》本。

毛诗学不分卷　经部诗经类

诗序疏 1 卷　经部诗经类

以上 2 种手稿本,上海图书馆藏。

愈愚诗录 1 卷　经部诗经类

民国间金山高氏食古书库传抄本,复旦大学图书馆藏。

礼记注疏长编 1 卷　经部礼记类

稿本,上海图书馆藏。

论语正义 24 卷　经部四书类

(1) 清同治五年(1866)金陵存古书社刻本,南京图书馆藏。

(2) 清同治八年刻本,孙诒让校,浙江大学图书馆藏。

(3)《皇清经解续编》本。

(4)《四书古注群义汇解》本。

(5) 民国间扫叶山房影印清同治五年刻本,上海图书馆藏。

(6)《四部备要》本,多附录 1 卷。

(7)《诸子集成》本,多附录 1 卷。

(8)《国学基本丛书》本。

(9) 日本东京文求堂据清同治五年原刻影刊本,台湾大学图书馆藏。

(10) 1957 年中华书局铅印本。

(11) 1988 年河北人民出版社出版。

(12) 1990 年中华书局《十三经清人注疏》本，高流水点校。

(13) 1993 年上海古籍出版社《清人十三经注疏》本。

(14) 2008 年北京大学出版社《儒藏：精华编》本。

按：依焦循《孟子正义》之法，先作长编，然后进行比较折衷，详采各家之说考订训释而成。书未竟而卒，自“卫灵公”以下，由子恭冕续成。全书解释、考证颇详，为何晏《论语集解》后，注《论语》最佳注释本。

论语正义补不分卷　经部四书类

抄本，天津师范大学图书馆藏。

论语注不分卷　经部四书类

论语注疏长编不分卷　经部四书类

论语孔注证伪 2 卷　经部四书类

清丁晏撰　盛大士、刘文淇、刘宝楠注

以上 3 种均稿本，上海图书馆藏。

论孟集注附考 2 卷　经部四书类

(1) 清抄本，国家图书馆藏。

(2) 抄本，南京图书馆藏。

释穀 4 卷　经部小学类

(1) 清咸丰五年(1855)刘氏家刻本，孙诒让批校，浙江大学图书馆藏。

(2)《广雅书局丛书》本。

(3)《皇清经解续编》本。

经义说略　经部群经总义类

见民国《宝应县志》卷 23。

郑氏释经例不分卷　经部群经总义类

稿本，上海图书馆藏残本，仅《礼记》5。

经义旁通不分卷　经部群经总义类

手稿本，上海图书馆藏残本，仅《礼记》。

经传小记3卷　经部群经总义类

见《续修四库全书总目提要》。

经传小记续1卷　经部群经总义类

传抄本，见《续修四库全书总目提要》。

秋槎杂记1卷　经部群经总义类

清刘履恂撰　刘宝楠辑

(1)《皇清经解》本。

(2) 清道光元年兴让堂刻本，附有刘宝楠撰《行略》1卷。

说文杂著长编不分卷　经部小学类

稿本，上海图书馆藏。

四朝大政录4卷　史部别史类

清刘心学撰　刘宝楠辑

(1) 旧抄本，国家图书馆藏。

(2) 清道光十一年世德堂刻本，南京图书馆藏。

道光二十年庚子科会试朱卷1卷　史部传记类

清道光刻本，上海图书馆藏。

宝应人物志列传1卷　史部传记类

(1) 稿本，上海图书馆藏。

(2)《江苏人物传记丛刊》本。

(3) 2015年广陵书社《扬州文库》本。

按：此书稿本封面及卷端均题"列传"字样，上海图书馆书目作《宝应人物志列传》，当系根据本书内容改。封面钤"楚桢"朱文印。所录人物为朱士彦(嘉庆壬戌进士)、朱彬、乔德谦、郑之鸿、乔载繇、范士龄、范之默、范之熊、徐宗道等90余人(包括流寓)。所撰人物传记，大都标注出处。所录人物有不见于县志者，可补县志之缺。所征引文献中，如《宝应诗录》，今已不可见，尤为珍贵。

胜朝殉扬录3卷　史部传记类

清刘宝楠辑

（1）清同治十年淮南书局刻本，南京图书馆藏。

（2）《中国野史集成续编》本。

（3）《中国祠墓志丛刊》本。

（4）《江苏人物传记丛刊》本。

（5）2015年广陵书社《扬州文库》本。

按：清顺治二年（1645）清兵南下，史可法奉命守扬州，率士民抵抗。扬州城破，史可法及守城士僚从死甚众。宝楠于道光十八年应扬州地方官之请考核史可法祠之应从祀者，忠义节孝祠之应补祀者。子恭冕检录史志，宝楠复加考订，辑为3卷，共800余人。卷上文武官弁，幕府宾僚及吏仆等并载；卷中乡官士民，附仆；卷下文武官弁及乡官士民妇女，附婢。此书集中展示了扬州抗清死难者的事迹。

宝应祀典纪略3卷　史部政书类

（1）稿本，上海图书馆藏。

（2）2015年广陵书社《扬州文库》本。

按：此辑录有关修建宝应名宦祠的文章。稿本钤"楚桢"印。今存3卷。卷1朱毓贤《□□烈士祠并祀邑名宦二十四公碑记》、刘宝楠《修建宝应祀典议》、朱士端《宝应祀典后议》、朱士端《善行祠记》。刘宝楠认为在乡里修建名宦祠有三善，一是可以藉以保佑本地风调雨顺，二是可使里中子弟产生仁孝之思，三是可以在本乡兴风俗、敦厚善。卷2《二烈士传》。卷3《大吏传》，收录了李遂、刘景韶、应存性、姜廷颐、潘季驯、伊秉绶等人的传记。

海口支河录1卷　史部地理类

稿本，上海图书馆藏。

按：此著录盐城地区入海诸河流名称及其流域、位置等情况。卷末作者按语，详细讨论了盐城地区河流变迁的问题。刘宝楠认为能解决好河流入海这一问题，则盐城可永受安澜之福。稿本封面页钤"楚桢"印章。

宝应图经6卷图1卷首1卷　史部地理类

(1) 稿本,5册,北京大学图书馆藏。

(2) 誊清稿本,10册,北京大学图书馆藏。

(3) 清道光三年稿本,国家图书馆藏。

(4) 清抄本,北京大学图书馆藏。

(5) 清道光二十八年王国宾刻本,南京大学图书馆藏。

(6) 清光绪九年(1883)淮南书局刻本,南京图书馆藏。

(7) 台北《中国方志丛书》本。

(8) 2015年广陵书社《扬州文库》本。

按:刘宝楠子刘恭冕《宝应图经书后》云:"家君著《宝应图经》……自汉唐以来,城邑之沿革,河湖之变迁,漕运之通塞,与夫民生利弊所可考而知焉者,无不了如指掌。"其第三卷《河渠门》《水利门》考论宝应段邗沟变迁的历史,即"邗沟十三变",见地最为独到,对之后道光十六年仪征刘文淇编纂《扬州水道记》大有裨益。

文安隄工录6卷　史部地理类

(1) 稿本,上海图书馆藏。

(2) 清道光二十七年刻本,上海图书馆藏。

汉石例6卷　史部金石类

(1) 稿本,复旦大学图书馆藏。

(2) 稿本,宁夏大学图书馆藏。

(3)《连筠簃丛书》本。

(4) 清同治八年湖州丁彦臣于山东济南府刻本,南京图书馆藏。

(5)《行素草堂金石丛书》本。

(6)《槐庐丛书初编》本。

(7)《金石全例》本。

(8)《丛书集成初编》本。

(9) 2015年广陵书社《扬州文库》本。

按:道光《重修宝应县志》卷22记为《汉碑例》,当是《汉石例》之误。

愈愚录6卷又1卷　子部杂学类

(1) 稿本,孙诒让、丁寿昌批注,宋焜跋,国家图书馆藏。

(2) 抄本,见《明清稀见史籍叙录》。

(3)《广雅书局丛书》本。

愈愚续录不分卷　子部杂学类

稿本,国家图书馆藏。

念楼诗稿1卷　集部别集类

稿本,伊秉绶评并跋,钱之鼎、黄盛修、汪喜孙、潘文辂等跋,阮亨题诗,国家图书馆藏。

念楼集4卷　集部别集类

(1) 稿本,南京图书馆藏。

(2) 稿本,北京大学图书馆藏。

念楼集不分卷　集部别集类

(1) 稿本,南京图书馆藏。

(2) 稿本,中国社会科学院文学研究所藏。

念楼集8卷　集部别集类

(1) 稿本,清梅植之跋,孔继镕评点并跋,南京图书馆藏。

(2) 抄本,存卷1—3,湖北省图书馆藏。

刘楚桢诗文稿1卷　集部别集类

稿本,国家图书馆藏。

念楼集8卷外集2卷　集部别集类

(1) 传抄本,南京图书馆藏。

(2) 清抄本2种,外集不分卷,有胡玉缙校本与佚名批校本。分别藏上海图书馆、南京图书馆。

(3) 稿本,外集不分卷,清刘恭笏等跋,台湾"中央图书馆"原藏。

(4) 台湾文海出版社《清代稿本百种》本。

(5) 台湾文海出版社《近代中国史料丛刊续编》本。

(6) 吴兴徐氏抄本,外集作3卷,见《日本现存清人文集目录》。

按:《外集》为古今体诗及杂文。

念楼全集 11 卷　集部别集类

抄本,中国社会科学院文学研究所藏。

念楼全集 10 卷　集部别集类

(1) 扬州古籍书店据稿本抄写,南开大学图书馆藏。

(2)《清代诗文集汇编》本。

刘楚桢诗钞 1 卷　集部别集类

清道光十六年清美堂刻《蔗根集》本,南京图书馆藏。

刘宝楠集　集部别集类

2006 年广陵书社《宝应刘氏集》本。

按:收录《念楼集》《愈愚录》。

韫山楼文集诗集　集部别集类

见民国《宝应县志》卷 23。

掩关集 2 卷　集部别集类

明刘继善撰　清刘宝楠辑

版本见"刘继善"条。

研秋斋诗文略 2 卷笔记 2 卷附行述 1 卷　集部别集类

清刘彦矩撰　刘鹓、刘鹍辑　刘宝楠编次

(1) 清道光十七年至十八年刘氏五之堂刻本,南京图书馆藏。

(2)《清代诗文集汇编》本。

象求集 5 卷二集 3 卷三集 1 卷　集部总集类

清刘宝楠辑

(1) 清稿本,国家图书馆藏。

(2) 2015 年广陵书社《扬州文库》本。

按:此为刘宝楠少时所编乡人诗集。刘宝楠以其乡人诗文多有散佚,后人不可得见,乃编为此集,取"自附象罔求遗"之意,名之曰"象求"。所辑均为清代宝应人,始于康熙三十九年(1700)榜眼季愈。后刘宝楠收辑乡先辈及先世诗文编为《宝应文征》,其有专集而诗文不全存、或所存太少不足成集者汇编为《宝应文征外集》。《象求集》后录入《外集》。《外集》今已不可见,唯此《象求集》尚存。

杂选4卷　集部总集类

清刘宝楠辑

稿本,上海图书馆藏。

清芬集10卷　集部总集类

清刘宝楠辑

(1) 清道光刘氏世德堂刻本,南京图书馆藏。

(2) 清刻本,天津师范大学图书馆藏。

(3) 2015年广陵书社《扬州文库》本。

按:此辑宝应刘氏十二世遗文,诗、文各5卷。卷首有刘宝楠撰《清芬集征文启》,谓:"昔人称刘氏人才之盛,甲于郡邑。而或穷而不仕,或仕而不达,槁首黄垆,蓬颗蔽冢。遂使形魂等于秋草,身世同于朝露。菁华既散,托诸斯文,不泯英灵,赖有此尔。"

清芬外集8卷　集部总集类

清刘宝楠辑

(1) 清抄本,国家图书馆藏。

(2) 抄本,2卷,2册,扬州市图书馆藏。

(3) 2015年广陵书社《扬州文库》本。

按:本书辑录有关宝应刘氏家族之文献,如乔可聘《刘氏家谱序》,王岩《刘清之先生(永沁)传》《刘汝纯墓志铭》,潘煜如《四朝大政录序》(刘心学作)、《刘近思(心学)七十寿序》等,内容极为丰富。前人辑集家族文献,往往分为正编(内编)、外编,正编收录族人著述,外编收录姻亲或他人有关本家族之著述。刘宝楠辑《清芬集》《清芬外集》,即属于这种情况。

宝应文征20卷别录不分卷　集部总集类

清刘宝楠辑

(1) 清抄本,扬州市图书馆藏。

(2) 清末民初汉画轩紫丝栏抄本，20 册，国家图书馆藏。

(3) 1962 年抄本，20 册，南京图书馆藏。

按：是书辑清人(包括钱谦益、朱彝尊、王念孙等)诗文中有关宝应之人之事之物者，包括笔记、序文、墓志、诗咏等。据宝楠自记，乃其"随得随录，编次多错"。卷 1 至卷 7 收文，卷 8 至卷 20 收诗。书前有总目，各卷卷首亦有本卷目录，卷 1 目录后有刘宝楠记。

宝应诸前辈诗不分卷　集部总集类

清刘宝楠辑

(1) 刘宝楠抄本，扬州市图书馆藏。

(2) 2015 年广陵书社《扬州文库》本。

按：本书卷首有刘宝楠手书题识："是卷载吾邑前辈诗凡十五人。王柳村《江苏诗征》、阮梅叔《淮海英灵续集》皆取是本选录。固而存之，以待后之采诗者。"下钤"镏宝枏"印，卷端有"阮亨梅叔""曲江亭长"诸印。本书选录十五人之诗，为：朱之巩、范新民、黄豫、黄观、黄梦鹛、黄道、陆向、祁念祖、祁如琛、杜士禄、赵琏、张龙光、陆文鉴、朱应麟、黄学周。作者下各有小传。《江苏诗征》《淮海英灵续集》曾据本书选诗，但所选数量甚少。

宝应十五诗人遗诗合钞 1 卷　集部总集类

毛装手抄本，扬州市图书馆藏。

按：本书卷端书名下有两行小字："原系奇零钞集合装。""刘氏宝楠题书面，下半已残，只存'宝应诸前辈'五字。"本书与《宝应诸前辈诗》内容相同，惟本书天头墨笔批语甚多，为《宝应诸前辈诗》所无。黄观条下有"永"之按语，末云："乙酉夏六月初九日写竟记于崇经堂。"此人应即宝应人成永。成永，撰有《宝应县志书目校补》。

宝应诗事 2 卷　集部诗文评类　佚

见《清史稿艺文志及补编》。

刘氏二家诗录 6 卷　丛书类

清刘宝楠编

(1) 稿本,南京图书馆藏。

(2) 2015 年广陵书社《扬州文库》本。

子目:

《真定集》3 卷　清刘中柱撰

《鹿沙集》3 卷　清刘家珍撰

按:刘中柱为刘宝楠伯高祖,刘家珍为刘宝楠伯曾祖。

刘　鷗

清宝应人。道光十五年(1835)捐修城垣,恩赐八品顶带。

刘彦矩行述 1 卷　史部传记类

清刘鵷、刘鷗撰

清道光十七年至十八年五之堂刻本,附《研秋斋诗文略》《笔记》后,国家图书馆藏。

双梧轩文钞　集部别集类　佚

亦可隐山房诗稿　集部别集类　佚

以上 2 种均见于民国《宝应县志》卷 23。

李蓉庆

字柳衫。清宝应人。诸生,署睢宁、句容训导。少孤,事母孝。晚年杜门不出,日事吟咏,并自编其集,以贻后人。年 77 卒。

是亦堂引杯吟 2 卷　集部别集类　佚

邺香书室倚枕吟 2 卷　集部别集类　佚

凤山宦游草 1 卷　集部别集类　佚

句山宦游草 1 卷　集部别集类　佚

以上 4 种见民国《宝应县志》卷 23。

胡树义

清宝应人。业儒。家贫,治贾渐丰。与两弟析产以膏腴让之,而自受薄瘠。

游子吟稿　集部别集类　佚

正万文集　集部别集类　佚

以上2种见民国《宝应县志》卷23。

成　祉

字介之。清宝应人。道光五年(1825)举人。句容教谕。嘉惠士林,尤好表幽兴废,勇于为善。工诗。

养花轩诗集1卷　集部别集类　佚

见《清史稿艺文志及补编》。

朱百谷

字涵之。清宝应人。士彦子。廪贡生。道光二十年(1840)钦赐举人,官内阁中书,署侍读。授贵州正安州知州,以功升直隶州知州,赏戴花翎。后调广顺州,未莅任,还里省墓。漕督王梦龄奏留督办高、宝团练,以积劳感疾,卒于家。事闻优恤,赠光禄寺正卿衔。

易言　经部易类　佚

尚书小传　经部尚书类　佚

礼记述　经部礼记类　佚

以上3种均见于民国《宝应县志》卷23。

太学坊表8卷　史部政书类

(1) 清咸丰七年(1857)正安州刻本,四川大学图书馆藏。

(2)《四库未收书辑刊》本。

(3) 2015年广陵书社《扬州文库》本。

按:道光《重修宝应县志》卷23著录为45卷。

(咸丰)正安新志8卷　史部地理类

清刻本,贵州省图书馆藏。

望云山庐存稿1卷　集部别集类

清刻本,国家图书馆藏。《清史稿艺文志及补编》著录稿本10卷。

朱　鼎(1798—1872)

字澄斋。清宝应人。克简六世孙。元英子,士端从弟。家贫力学,课徒养亲。少受业于从兄士端,通声音、训诂之学,聚书数千卷,日勤铅椠。晚岁精研性理,不囿汉宋门户之见。好施与,邑有大役,恒倾囊以赈,不少吝。

读书类聚　子部儒学类　佚

三益草堂笔记　子部儒学类　佚

澄斋日记　子部杂学类　佚

三益堂诗文稿　集部别集类　佚

以上4种均见于民国《宝应县志》卷23。

刘桂荣(1798—?)

字次源,号馨山。清宝应人。台拱子。廪贡生。年9岁失怙,生母夏氏教督极严。性至诚。历任教职,官铜山时,修理学宫,建节孝祠,尤为当道所重,以疾卒于官。

七略斋文稿2卷　集部别集类

清光绪十一年(1885)刻本,复旦大学图书馆藏。

馨山文录　集部别集类

见同治《续纂扬州府志》卷12。

朱百梅

字和之。清宝应人。百顺、百谷弟。恩赐副榜,官砀山教谕,教士民如子弟。选云南太和,旋升永昌府知府。以绩晋运使衔,戴花翎,以道员用,卒于滇。

朱百梅诗文集　集部别集类　佚

见民国《宝应县志》卷13。

李　觌

清宝应人。

春秋分国辑要　经部春秋总义类　佚

见民国《宝应县志》卷23。

李金生

字砺衫，号品南。清宝应人。诸生。幼颖悟，能文章。工山水人物，尤喜八分书、石刻，亟为孔继镕所称。年未30卒。

画学宗传　子部艺术类　佚

见民国《宝应县志》卷23。

乔守敬(1803—1858)

字靖卿，一字蔗生，号醉笙，晚号笙巢。清宝应人。载繇子。道光八年(1828)优贡，十七年举人。博通经史百家，为诗、古文辞，尤工倚声，精楷法，远近乞书无虚日。江都汪廷儒辑《思古编》，守敬参考之力为多。同邑朱士彦视学安徽，右迁入都，鄂、沈两学使，守敬均客诸幕，先后凡7年，节慎廉洁，始终一辙。讲学之暇，惟以诗酒自娱。授徒善诱掖，因材成器，贫者不受贽，且饮食之。邑之高才雄俊，半出其门。

羡塘文录　集部别集类　佚

须静斋古文　集部别集类　佚

以上2种均见于民国《宝应县志》卷23。

羡塘诗存14卷　集部别集类

清抄本，湖北省图书馆藏。计有《金陵游草》1卷、《皖游草》1卷、《绿荫山馆游草》1卷、《尺五游草》1卷、《庚戌燕游六草》1卷、《癸丑诗录》1卷《续录》1卷、《东陶渔唱》2卷、《甲寅游草》1卷、《乙卯杂著》1卷。

绿荫山馆吟稿2卷　集部别集类

(1) 清同治十一年(1872)刻本,南京图书馆藏。

(2) 2015 年广陵书社《扬州文库》本。

红藤馆词 1 卷　集部词曲类

(1) 清稿本,台湾"中央图书馆"原藏。

(2) 旧抄本,见《贩书偶记续编》。

乔靖卿词稿 1 卷　集部词曲类

抄本,南京图书馆藏。

红藤馆词学　集部词曲类　佚

见民国《宝应县志》卷 23。

按:《全清词钞》卷 25 收其词 2 首。

陆嘉禧

字樗隐。清宝应人。焘从子。廪贡生。闲静寡言,事亲孝,与人交,以气节切磋。善诗古文辞。大府慕其才,争延致之。

求是斋集　集部别集类　佚

见民国《宝应县志》卷 15。

乔守默

清宝应人。

试帖偶存　子部杂学类　佚

见民国《宝应县志》卷 23。

祁式璟

字幼平。清宝应人。廪贡生。少孤,事叔如父,称贷以济叔急,率以为常。生平雄于诗文,与族兄标锦、寅亮齐名,时有"三祁"之称。中年好为考证之学,又校方言,独断诸书,皆极精博。复从事天文、历算,所著未卒业而殁,年 38。

吕览淮南子释音　经部小学类　佚

见民国《宝应县志》卷16。

刘 瑢

原名如渊，字珮卿，晚号檗叟。清宝应人。诸生。卓荦不群，博通经史，于先儒旧说多所是正。音韵、小学尤精审，诗词雅正。性落拓，不事生产。就家园改筑小水绘园，名流觞咏无虚日。招族之子弟教以文艺。能周人之急，不足，质贷济之，竟以是倾家。扬州运使方濬颐延主淮南书局校勘，以赡其贫。所著不自董理，遗稿多佚。

灌芝草堂吟稿　集部别集类　佚

檗庵诗词　集部别集类　佚

以上2种见民国《宝应县志》卷16、23。

檗叟词　集部词曲类　佚

见《全清词钞》卷22，收其词1首。

刘珮卿词1卷　集部词曲类

抄本，南京图书馆藏。

祁宗亮

清宝应人。苗之铤外甥。少孤。事兄和顺，终身无间。温醇简默，不为矫饰，言行必秉诸礼。通天文，手绘恒星图，能正旧图之失。门人汤品槐传其学。

孝谱韵言1卷　子部儒学类　佚

见民国《宝应县志》卷23。

问 智

清宝应人。

课士文苑　集部总集类　佚

见民国《宝应县志》卷23。

成心存

清宝应人。

成氏族谱图系　史部传记类

清成心存、成寅宾等辑

清宣统三年(1911)刻本,美国犹他州家谱学会藏。

成氏支谱　史部传记类

清成心存辑

见民国《宝应县志》卷23。

宝应成氏家谱不分卷　史部传记类

清宣统三年刻本,美国哥伦比亚大学图书馆藏。

芮鸿飞(1810—?)

字云浦。清宝应人。廪贡生。性沉静敦笃。与同邑祁式璨切磋学问,就正于邑儒成蓉镜。家贫,教弟子不计修脯,成就者甚众。光绪十七年(1891)年81,例得寿榜,不赴。其胸襟旷淡,多类此。

修身要旨述闻　子部儒学类　佚

经经堂诗文钞2卷　集部别集类　佚

以上2种见民国《宝应县志》卷23。

芮氏家乘　史部传记类

清芮嗣奎、芮鸿飞等辑

见民国《宝应县志》卷23。

成寅宾

清宝应人。

成氏族谱图系　史部传记类

清成心存、成寅宾等辑

清宣统三年(1911)刻本,美国犹他州家谱学会藏。

鲍源深(1812—1884)

字华潭，号穆堂。原安徽和州人。道光二十七年(1847)进士，改翰林院，授编修，累官至山西巡抚。后徙宝应。简重沉静，笃于孝友。居官勇于言事，多关国家根本之计。咸丰初有“振乾纲”“做积玩”“因人心”诸奏。四为学政，四入上书房行走，授世子读。后主讲金陵、上海书院，布衣粗食，无殊寒畯。生平恻隐民物、忧国爱人之念，至老弥笃。卒葬邑南乡。

黔省轺车往返程记 1 卷粤西轺车往返日记 1 卷　史部传记类

稿本，中国科学院图书馆藏。

补竹轩诗集 3 卷文集 6 卷三天入直琐记 1 卷补竹图 1 卷　集部别集类

(1) 清光绪刻本，中国人民大学图书馆藏。

(2)《清代诗文集汇编》本。

按：其书亦称《补竹轩丛书四种》。

补竹轩时文 4 卷　集部别集类

清刻本，南京图书馆藏。

补竹轩诗集 3 卷　集部别集类

清末抄本，复旦大学图书馆藏。

问源清

清宝应人。

问氏家谱　史部传记类　佚

清问声芳辑　问源清、问铨续辑

见民国《宝应县志》卷 23。

乔福舆

清宝应人。

吾园学古录　子部儒学类　佚

知不足斋文存　集部别集类　佚

绿荫山房诗赋草　集部别集类　佚

以上3种均见于民国《宝应县志》卷23。

芮嗣奎

字掌文。清宝应人。秉性光明。遇人急难,竭力扶持。善举如赈饥、义渡、义学、义地等,皆提倡经营不遗余力。

芮氏家乘　史部传记类　佚

清芮嗣奎、芮鸿飞等辑

见民国《宝应县志》卷23。

孔广牧

字京谷,号力堂。清宝应人,原籍曲阜。继镕子。太学生。少承家学,著汉石经考诸书。诗学建安,兼工倚声。年20后从事务本之学。卒年未30。

礼记郑读考4卷　经部礼记类

王氏学礼斋抄本,复旦大学图书馆藏。

礼记天算释1卷　经部礼记类

(1)《咫进斋丛书》本。

(2)《广雅书局丛书》本。

(3)《皇清经解续编》本。

明堂忆1卷　经部三礼总义类　佚

见《清史稿艺文志》。

汉石经残字证异2卷　经部群经总义类

王氏学礼斋抄本,复旦大学图书馆藏。

先圣生卒年月日考2卷　史部传记类

清光绪十五年(1889)广雅书局刻本,南京图书馆藏。

省疚录(一作詹岱阁省疚录)1卷　子部儒学类　佚

见《清史稿艺文志》。

饮冰甲稿 1 卷　集部别集类

抄本，南京图书馆藏。

勿二三斋诗 1 卷　集部别集类

饮冰子词存 1 卷　集部词曲类

以上 2 种有《求恕斋丛书》本。

胡桂宣

字少甸，号月飘。清宝应人。诸生。笃挚好学。咸丰初太平军入江浒，桂宣率乡兵登陴守城，当道上其功，辞弗受。好施与，周恤贫士解衣推食，有古侠士风。

邀月轩诗赋文稿　集部别集类　佚

见民国《宝应县志》卷 23。

成　孺(1816—1883)

原名蓉镜，字芙卿，晚号心巢。清宝应人。诸生。博通经学、小学、历算、舆地，对金石文字的审订尤为精确。曾与刘毓崧、戴望、刘恭冕、汪士铎等同校书金陵书局，有切磋之益。晚年受湖南学政朱逌然之邀，主长沙校经堂。蓉镜一生教书读书，治学实事求是，不专一家。晚年著述则以朱子为宗。《清史稿》有传。

周易释爻例 1 卷　经部易类

(1) 抄本，南京图书馆藏。

(2)《皇清经解续编》本。

(3) 1983 年台北新文丰出版公司《大易类聚初编》本。

(4)《续修四库全书》本。

禹贡班义述 3 卷汉糜水入尚龙溪考 1 卷　经部尚书类

(1) 清光绪十一年(1885)刻本，台北"中央研究院"历史语言研究所藏。

(2)《皇清经解续编》本。

(3)《广雅书局丛书》本。

(4)《成氏遗书》本。

(5)《续修四库全书》本。

尚书历谱 2 卷　经部尚书类

(1) 清光绪四年玉海楼抄本，浙江大学图书馆藏。

(2)《皇清经解续编》本。

(3)《成氏遗书》本。

(4)《续修四库全书》本。

春秋世族谱拾遗 1 卷　经部春秋总义类

(1)《南菁书院丛书》本。

(2)《成氏遗书》本。

(3)《续修四库全书》本。

春秋日南至谱 1 卷　经部春秋总义类

(1)《皇清经解续编》本。

(2)《成氏遗书》本。

(3)《续修四库全书》本。

明明德解义 1 卷　经部四书类

论语论仁释 1 卷　经部四书类

以上 2 种有《成氏遗书》本。

郑志考证 1 卷　经部群经总义类

《南菁书院丛书》本。

经义骈枝 4 卷　经部群经总义类　佚

五经算术补注 2 卷　经部群经总义类　佚

以上 2 种见民国《宝应县志》卷 23。

切韵表 5 卷　经部小学类

(1) 稿本，南京图书馆藏。

(2) 唐兰抄本，辽宁大学图书馆藏。

(3)《成氏遗书》本。

(4)《续修四库全书》本。

诗声类表 1 卷　经部小学类

《成氏遗书》本。

释名补证 1 卷　经部小学类

(1)《南菁书院丛书》本。

(2)《成氏遗书》本。

史汉骈枝 4 卷　史部正史类

(1)《南菁书院丛书》本。

(2)《成氏遗书》本。

(3)《广雅书局丛书》本。

(4)《史学丛书》本。

(5) 2015 年广陵书社《扬州文库》本。

成氏先德传 1 卷　史部传记类

2015 年广陵书社《扬州文库》本。

宝应儒林事略 1 卷　史部传记类

宝应文苑事略 1 卷　史部传记类

以上 2 种有：

(1)《成氏遗书》本。

(2) 2015 年广陵书社《扬州文库》本。

学案备忘录 1 卷　史部传记类

底稿本，见《贩书偶记》。

唐月令续考 1 卷　史部时令类

清茆泮林撰　成蓉镜增订

唐月令注续补遗 1 卷　史部时令类

清茆泮林撰　成蓉镜增订

以上 2 种有：

(1)《鹤寿堂丛书》本。

(2)《续修四库全书》本。

唐月令注跋 1 卷　史部时令类

《鹤寿堂丛书》本。

宋州郡志校勘记 1 卷　史部正史类

(1)《南菁书院丛书》本。

(2)《成氏遗书》本。

(3)《广雅书局丛书》本。

(4)《历代地理志汇编》戊编本。

(5)《史学丛书》本。

(6)《丛书集成初编》本。

(7)《二十五史补编》本。

清儒学案目录 1 卷　史部目录类　佚

语录若干卷　子部儒学类　佚

以上 2 种见民国《宝应县志》卷 12。

困学编　子部儒学类　佚

见同治《续纂扬州府志》卷 22。

五常五事五伦总论 3 卷　子部儒学类

稿本《成氏遗书》本，南京图书馆藏。

东山政教录 3 卷　子部儒学类

我师录 1 卷　子部儒学类

必自录 2 卷　子部儒学类

心巢困勉记 1 卷　子部儒学类

校经堂学程 1 卷劝约 1 卷学议 1 卷　子部儒学类

国朝师儒论略 1 卷　子部儒学类

太极衍义(一作太极图书衍)1 卷　子部儒学类

庸德录 1 卷　子部儒学类

以上 8 种有《成氏遗书》本。

紫阳学则 2 卷　子部儒学类　佚

见民国《宝应县志》卷 12。

校经书院学议1卷　子部儒学类　佚

见民国《宝应县志》卷23。

左梅随笔1卷　子部儒学类

清孔毓焯撰　成蓉镜注解

底稿本，见《贩书偶记续编》。

按：此本前有徐太儒人事略。

三统术补衍1卷　子部历算类

(1)《南菁书院丛书》本。

(2)《成氏遗书》本。

汉太初历考1卷　子部历算类

(1)《南菁书院丛书》本。

(2)《续修四库全书》本。

推步迪蒙记1卷　子部历算类

《南菁书院丛书》本。

太初历谱1卷　子部历算类

《成氏遗书》本。

步算释例6卷　子部历算类　佚

见民国《宝应县志》卷12。

驷思室答问1卷　子部杂学类

(1)《南菁书院丛书》本。

(2)《成氏遗书》本。

经史骈枝　子部杂学类

《成氏遗书》本。

心巢文录9卷诗录1卷　集部别集类

(1)《成氏遗书》本。

(2)《清代诗文集汇编》本。

心巢文录2卷　集部别集类

《南菁书院丛书》本。

按：此书卷上为释饭鬻、释仙饵、释祭名诸篇，卷下为考证天文、月令、水道、韵部诸篇。

味真腴斋文集　集部别集类　佚

问渔亭诗草　集部别集类　佚

唐诗可兴集　集部总集类　佚

以上3种见民国《宝应县志》卷23。

成氏遗书七种　丛书类

稿本，南京图书馆藏。子目如下：

《切韵表》5卷

《五常五事无伦总论》3卷

《必自录》2卷

《尚书历谱》2卷

《太初历谱》2卷

《大学明明德解义》1卷

《论语论仁释义》1卷

成氏遗书二十七种　丛书类

清光绪中刻本，南京图书馆藏。子目见上。

月　辉

号了禅。清宝应人。本姓雷。得法于墨溪海荫，传曹洞之学，并通世典，工画能诗。咸丰间主焦山定慧寺。传法悟春而寂。

守山寺略　史部地理类　佚

见《续丹徒县志》卷15。

留声阁诗钞月辉诗存2卷　集部别集类

《焦山六上人诗》本。

刘　琚

字墨仙。清宝应人。从兄瑢学为诗赋，以诗、古文补增广生。

读碑草堂诗集　集部别集类　佚

见民国《宝应县志》卷23。

徐殿元

清宝应人。

覆瓮诗稿　集部别集类　佚

见民国《宝应县志》卷23。

问　铨

清宝应人。

问氏家谱　史部传记类　佚

清问芳声辑　问源清、问铨续辑

见民国《宝应县志》卷23。

朱百度

字权之，又字午桥。清宝应人。少攻苦，以著书、承欢为乐。精眼科，施贫民药饵，受惠者甚众。

汉碑征经1卷　经部群经总义类

(1)《广雅书局丛书》本。

(2) 2015年广陵书社《扬州文库》本。

说文征经　经部小学类　佚

见民国《宝应县志》卷23。

尔雅释经残篇1卷　经部小学类

清抄本，台湾"中央图书馆"原藏。

射阳汉镜图释1卷　史部金石类

清抄本，南京图书馆藏。

魏三体石经释6卷订正1卷　史部金石类

清抄本，上海图书馆藏。

宝应左右朱氏家集汇稿　集部总集类

(1) 清抄本，扬州市图书馆藏。

(2) 2015年广陵书社《扬州文库》本。

按：此辑录宝应朱氏家族族人19人诗作。包括：朱经、朱纪、朱续、朱泽潢、朱泽沄、朱泽沅、朱泽沆、朱之玑、朱之况、朱泽渊、朱泽淳、朱辂、朱光进、朱兴(以上左朱家集)，朱宗光、朱宗贽、朱鸣銮、朱宗大、朱宗康(以上右朱家集)。卷端题云"里人成蓉镜填讳"。各有小传。

郭维济

字小溥。清宝应人。性笃挚，善抚弟侄，好施与。邻负其债千余缗，岁大水，年饥，维济悉焚其券。复以家储米谷百数十石，煮粥施饿者。晚年，怡情风雅，筑洗心居数楹，觞咏其中。年72卒。

洗心居吟稿　集部别集类　佚

见民国《宝应县志》卷23。

刁凤喈

字声六，号小梧。清宝应人。增贡生。刚方质直。工书善属文。好施与。

刁氏家乘　史部传记类　佚

见民国《宝应县志》卷15。

毛　樽

清宝应人。

周易审鹄　经部易类　佚

见民国《宝应县志》卷23。

刘元浩

原名源灏，字静岩。清宝应人。廪贡生。官六合县训导，邳州学正。性纯挚。6岁而孤，事母至孝，家贫甘旨不缺，先意承志，数十年如一日。待兄弟诸侄友爱亦笃。《碑传集补》有传。

刘氏先德录　史部传记类　佚

见民国《宝应县志》卷23。

朱云鹤

清宝应人。医家。

丸散大成　子部医家类　佚

刀圭秘要　子部医家类　佚

以上2种均见于民国《宝应县志》卷23。

胡桂敷

清宝应人。

三传合稿　经部春秋总义类　佚

小山诗文集刊　集部总集类　佚

以上2种见民国《宝应县志》卷23。

刘恭冕(1821—1880)

字叔俛，一字公俛，号勉斋。清宝应人。宝楠子。光绪五年(1879)举人。曾入安徽学使朱兰幕府，后主江南书局与湖北经心书院。天性笃挚，承家学，博涉通经，崇尚朴学。长于治经，而取迳稍广，不以经传自限。嘉庆中段玉裁为沈涛撰《十经斋记》，谓学者诵十三经外，宜加入《大戴礼记》《国语》《史记》《汉书》《资治通鉴》《说文解字》《九章算术》《周髀算经》等8种，合为二十一经，是为学者必读之书，恭冕服膺其说，名所居曰广经室。《清史列传》有传。

毛郑薪传不分卷　经部诗经类

(1) 手稿本，上海图书馆藏。

(2) 传抄本，见《古书经眼录》。

毛诗故训传　经部诗经类　佚

礼记校注　经部礼记类　佚

以上2种均见于民国《宝应县志》卷23。

雠校李次白春秋贾服注　经部春秋总义类　佚

见民国《宝应县志》卷12。

何休论语注训述1卷　经部四书类

（1）清同治间刘氏家刻本，上海图书馆藏。

（2）《皇清经解续编》本。

（3）《鄦斋丛书》本。

论语正义24卷　经部四书类

清刘宝楠撰　刘恭冕续

参见"刘宝楠"条。

论语正义补1卷　经部四书类

（1）抄本，吉林大学图书馆藏。

（2）扬州古籍书店抄本，南开大学图书馆藏。

（3）抄本，北京大学图书馆藏。

（4）王氏蛾术轩抄本，复旦大学图书馆藏。

（5）油印本，日本京都大学人文科学研究所藏。

史记校注　史部正史类　佚

见民国《宝应县志》卷23。

湖北通志沿革表　史部政书类　佚

沔阳州沿革考　史部政书类　佚

以上2种见民国《宝应县志》卷12。

（光绪）黄冈县志24卷首1卷　史部地理类

清戴昌言修　刘恭冕纂

（1）清光绪八年刻本，上海图书馆藏。

（2）《中国地方志集成》本。

（光绪）潜江县志续20卷首1卷　史部地理类

清史致谟修　刘恭冕等纂

(1) 清光绪五年传经书院刻本，上海图书馆藏。

(2)《中国地方志集成》本。

韩非子校补 1 卷　子部法家类

稿本，南京图书馆藏。

广经室杂记　子部杂学类　佚

见民国《宝应县志》卷 12。

广经室文钞无卷数　集部别集类

(1) 清同治间刻本，南京图书馆藏。

(2) 清光绪间刘氏刻本，南京图书馆藏。

(3)《广雅书局丛书》本。

(4) 广乐清书局刻本。

(5) 校样本，南京图书馆藏。

(6) 2006 年广陵书社《宝应刘氏集》本。

(7)《清代诗文集汇编》本。

(8) 2015 年广陵书社《扬州文库》本。

广经室未刊稿不分卷　集部别集类

稿本，清冯志圻等跋，北京师范大学图书馆藏。

刘叔俛杂稿不分卷　集部别集类

稿本，4 册，南京图书馆藏。

叔俛文钞 1 卷　集部别集类

清怀宁方氏枕经堂抄本，附《顾庐文钞》后，王荫嘉跋，台湾"中央图书馆"原藏。

经心书院经艺不分卷　集部总集类

清光绪二年刻本，上海图书馆藏。

王凯泰(1823—1875)

原名敦敏，字幼轩，号补帆。清宝应人。年 15 为县学生。道光二十六年(1846)顺天举人。三十年会试第二,改庶吉士,授编修。咸丰九年(1859)充会试同考官。李鸿章抚苏,调治营务。后署浙江粮储道,授按察使。迁广东布政使,福建巡抚,任满入都。台湾事起,廷议以台湾孤郡悬海外,欲移福建巡抚驻其地,凯泰疏请先行履勘。亲冒暑瘴,开山抚番,征兵筹饷,殚尽心力,积劳疾作。卒后,诏赠太子少保衔,谥文勤。

奏议若干卷　史部政书类　佚

见民国《宝应县志》卷12。

浙江海运漕粮全案重编　史部政书类

清同治六年(1867)粮储道库刻本,上海图书馆藏。

按:原案初编8卷,原案续编4卷新案8卷。

先文勤公自订年谱1卷　史部传记类

(1) 清光绪刻本,南京图书馆藏。

(2) 2015年广陵书社《扬州文库》本。

应元书院志略1卷　史部地理类

清同治九年刻本,上海图书馆藏。

致用堂志略不分卷　史部地理类

清同治十二年刻本,北京大学图书馆藏。

训番俚言　子部杂学类

收入黄逢昶撰《台湾生熟番纪事》,大通书局编辑部编《台湾文献史料丛刊》第九辑,1987年台湾大通书局编辑部出版。

台湾杂咏1卷　集部别集类

《台湾杂咏合刻》本,南京图书馆藏。

三山同声集4卷续编1卷三编1卷　集部别集类

清同治刻本,南京图书馆藏。

陆　峄

字补舫。清宝应人。嘉禧子。承家学,有声庠序。幼孤,兄晓早殁,依嫂朱氏成立,事之惟谨。

睦云草堂诗稿　集部别集类　佚

见民国《宝应县志》卷15。

乔　芬

字颖仲。清宝应人。增生。

乔芬诗　集部别集类

收入《白田风雅》卷19，存其诗14首。

徐邦彦

清宝应人。

辍耕书屋试帖　集部别集类　佚

见民国《宝应县志》卷23。

乔　瑜

清宝应人。

奕园吟稿　集部别集类　佚

见民国《宝应县志》卷23。

钱士敏

清宝应人。

淡菊吟草　集部别集类　佚

见民国《宝应县志》卷23。

张彦儒

字席珍。清宝应人。光绪二年（1876）贡生。家贫，馆谷奉甘旨。授徒以德行先，成就者众。彦儒品学为时所重。应得寿榜举人，不赴试，重游泮水。年81卒。门弟子私谥孝友。

学庸释要2卷　经部四书类　佚

觉世文 2 卷　子部儒学类　佚
岁朝吟 1 卷　集部别集类　佚
棣华吟 1 卷　集部别集类　佚
蓼莪吟 1 卷　集部别集类　佚
以上 5 种均见于民国《宝应县志》卷 23。

徐铸金

字镕甫。清宝应人。附贡生，官句容县训导。与弟廷槐、植之并负乐善名。咸丰六年（1856）盐邑饥，与廷槐设两粥厂以收养之，历数十日。司铎句容，砥砺士行，资助诸生贫不能试者。岁祲，携巨款赈之。去时，士民为立德政碑。生平尤善刊行善书与人。

养拙轩诗集　集部别集类　佚
见民国《宝应县志》卷 23。

刘光浩

原名源清，字鹿泉。清宝应人。元浩弟。事母孝。同治七年（1868）客苏州，母病，晨夕侍养。先后受山东学使潘斯濂、东藩李元华之聘入幕，均能纤悉周至，殚尽心力。后官山东，权德州吏目，旋辞归。

同韵便览　经部小学类　佚
清刘光浩辑
猗猗阁集　集部总集类　佚
以上 2 种均见于民国《宝应县志》卷 23。

程克家

清宝应人。

邀月轩诗草　集部别集类　佚
见民国《宝应县志》卷 23。

朱百葵

字苇塘。清宝应人。幼质鲁,窃自淬励,未10岁而贯通“五经”。未几,游庠食饩均冠军,文誉隆一时。同治三年(1864)乡试,已堂备,以他人事被摈,时论惜之。性孝而惠,尤多隐德,立身谨严。年73卒。

苇塘诗赋钞2卷　集部别集类　佚

见民国《宝应县志》卷23。

芮鸿仪

字巽三。清宝应人。由恩贡中同治九年(1870)举人。与伯兄友爱,时周其匮乏。邑之育婴堂、立贞堂、暂栖所、义学,皆醵金以助。晚年署砀山教谕,御篆年余,卒。

经义咫闻　经部群经总义类　佚

五经集腋　经部群经总义类　佚

史鉴类编　史部史钞类　佚

以上3种见民国《宝应县志》卷23。

道光十八年戊戌祁宗师岁试同案录不分卷　史部传记类

清光绪元年(1875)刻本,吉林大学图书馆藏。

子史辨同　子部杂学类　佚

养和轩文诗赋稿　集部别集类　佚

以上2种见民国《宝应县志》卷23。

游狼山诗　集部总集类

清林天龄辑　芮鸿仪等参校

清光绪元年刻本,南京图书馆藏。

按:内收芮鸿仪诗4首。

祁焕春

清宝应人。

耽吟斋诗存　集部别集类　佚

见民国《宝应县志》卷23。

华锦沅

清宝应人。

东皋诗遗　集部别集类　佚

见民国《宝应县志》卷23。

胡金淦

清宝应人。

胡氏家谱　史部传记类　佚

清胡金淦辑

见民国《宝应县志》卷23。

姚　江

字子立。清宝应人。增广生。成孺弟子，传其学。生平不喜汉学而雅好利济，不以家贫自阻。年18即潜心宋儒性理及先正格言。其学以躬行实践为宗。年甫30而卒。

顾言录　子部儒学类　佚

见民国《宝应县志》卷12。

相　璪

字雨生。清宝应人。文焕子。同治十二年(1873)经魁。博通典籍。性夷旷，不乐仕进，以拣选知县终。主讲河南府周南书院及嵩县伊川书院，成就者众，居恒俭约自守。

圣贤语录　子部儒学类　佚

清相璪辑

见民国《宝应县志》卷15。

芮超万

清宝应人。

芮氏重修家谱　史部传记类　佚

清芮超万、芮懋声辑

见民国《宝应县志》卷23。

芮懋声

清宝应人。

芮氏重修家谱　史部传记类　佚

清芮超万、芮懋声辑

见民国《宝应县志》卷23。

朱百遂

字适庵。清宝应人。士恭子。幼好学，能文章。初官户部郎中。中同治十二年(1873)举人，次年成进士，改翰林院编修，充武英殿功臣馆总纂、国史馆提调。光绪十二年(1886)会试同考官。二十年授山西汾州府知府。后以剧劳卒于官，年59。百遂于学无不窥，毕生未一日释卷，笃嗜理学。敦孝友，与人以诚，尤好为善。京师广仁堂、敬节会皆所创立。

小学纂注　经部小学类　佚

见民国《宝应县志》卷23。

朱士恭行状1卷附乔太夫人行述1卷陈夫人行略1卷　史部传记类

(1) 清同治间刻本，南京图书馆藏。

(2) 2015年广陵书社《扬州文库》本。

国史馆一传稿　史部传记类　佚

见民国《宝应县志》卷12。

义田图记汇录　史部政书类　佚

息庵随笔3卷　子部杂学类　佚

息庵诗文稿　集部别集类　佚

以上3种均见于民国《宝应县志》卷23。

朱树枬

字仿梅，号楩卿。清宝应人。光绪十年(1884)岁贡生，即选训导。性至孝，尤慷慨好施。晚年力学不倦，日手一编。以子云鹄赠中书科中书。

春秋集锦　经部春秋总义类　佚

见民国《宝应县志》卷23。

居凤诏

清宝应人。

逸园日涉录　子部杂学类

见民国《宝应县志》卷23。

绿野草堂吟稿1卷　集部别集类

1914年上海商务印书馆铅印本，华东师范大学图书馆藏。

居凤腾

清宝应人。

留云别墅诗存　集部别集类　佚

见民国《宝应县志》卷23。

居凤楼

字小村。清宝应人。精针灸之术。性耽吟咏。

红兰山馆唱和集　集部总集类　佚

清居凤楼辑

见民国《宝应县志》卷23。

王豫卿(1845—1889)

字康侯。清宝应人。凯泰子。以父荫员外郎,以父母亡故,哀毁过度,绝意仕进。

读史备忘　史部史评类　佚

双桂室诗文词稿　集部别集类　佚

以上2种见民国《宝应县志》卷16。

刁崇谦

字退山,号髯樵。清宝应人。凤喈子。性诚朴孝友。以笔耕糊口,贫甚。肆力诗古文词,《乌夜啼》《省墓》《鹡鸰篇》皆思亲怀弟之作。工书画篆刻。

余事诗文集　集部别集类　佚

率真吟草　集部别集类　佚

以上2种见民国《宝应县志》卷15。

成肇麟(1847—1901)

字漱泉。清宝应人。孺子。同治十二年(1873)举人,光绪六年(1880)大挑知县,分发直隶。十七年叙筹赈功,赏加同知衔。十八年李鸿章奏保补缺后,以直隶州知州用。十九年署沧州知州。二十二年署静海县。所至皆有治绩。二十五年补灵寿县。因义和团联军入京师,延及灵寿,即于二十七年三月初一日投井死。肇麟博综六艺,能为古文辞,尤善倚声、书法。《清史稿》有传。

彊恕堂文存　集部别集类　佚

见民国《宝应县志》卷12。

漱泉词1卷　集部词曲类

清刻本,国家图书馆、清华大学图书馆藏。

按:《全清词钞》卷27收其词6首。

唐五代词选 3 卷　集部词曲类

清成肇麟编

(1) 清光绪十三年刻本,南京图书馆藏。

(2) 1924 年上海商务印书馆铅印本,南京图书馆藏。

(3)《蒙香室丛书》本。

蒙香室丛书　丛书类

清冯熙、成肇麟辑

清刻本,清华大学图书馆藏。

子目:

《唐五代词选》2 卷　清成肇麟辑

《宋七家词选》7 卷附《玉田先生乐府指迷》1 卷　清戈载辑

《宋六十家词选》12 卷　冯熙辑

《蒙香室赋录》2 卷　冯熙撰

刘岳云(1849—1917)

字佛青,一作佛卿,别号峃窳道人。清宝应人。光绪十二年(1886)进士。授户部主事,累迁郎中、浙江绍兴府知府。岳云与恭冕为族兄弟,承家学累世之传,又受业成蓉镜之门,为高足弟子。于训诂、声音、典制、名物、天算、舆地之学,无不精研,与成氏治学之规相通。岳云生当清末,尤留心当世之务,常吸取新知以证旧学,著述颇丰。晚主讲四川尊经书院。《碑传集补》卷 53 有传。

周书日名考 1 卷　经部尚书类　佚

诗地理考补 4 卷　经部诗经类　佚

曲礼正义 4 卷　经部周礼类　佚

孝经缀 4 卷　经部孝经类　佚

尔雅补注残本　经部尔雅类　佚

按:据县志云,刘玉麟撰《尔雅补疏》未成,刘岳云就残本辑录改今名。刘玉麟有《尔雅补注残篇》稿本,台湾“中央图书馆”原藏。

群经地理今释 2 卷　经部群经总义类　佚

治经札记 12 卷　经部群经总义类　佚

汉书律历志补注 4 卷　史部正史类　佚

以上 8 种均见于民国《宝应县志》卷 23。

汉书律历志疏证不分卷　史部正史类

抄本，扬州市图书馆藏。

光绪会计表 4 卷　史部政书类

(1) 清光绪二十七年教育世界社石印本，南京图书馆藏。

(2) 稿本，存卷 2—3，上海图书馆藏。

历代柔远辑览 12 卷　史部政书类　佚

列国政表 8 卷　史部政书类　佚

以上 2 种均见于民国《宝应县志》卷 23。

农曹案汇不分卷　史部政书类

清刘岳云辑

(1) 清光绪九年刻本，上海图书馆藏。

(2) 清光绪二十九年刻本，南京图书馆藏。

农政辑略不分卷　史部政书类

稿本，上海图书馆藏。

农曹札记 4 卷　史部政书类

见民国《宝应县志》卷 23。

蕾言 1 卷　史部政书类

清光绪九年刻本，南京图书馆藏。

咸同以来朝野杂记 22 卷　史部传记类　佚

见民国《宝应县志》卷 23。

食旧德斋集附录 1 卷　史部传记类

清刘岳云、唐文治、冯煦、章梫等撰

清宣统间刻本，北京大学图书馆藏。此书即《碑铭家传挽诗》。

矿政辑略 16 卷后编 16 卷　史部地理类

(1) 清光绪二十九年石印本，国家图书馆藏。

(2) 稿本，13卷首1卷，11册，南京图书馆藏。

宝应县城图　史部地理类

稿本，南京图书馆藏。

光绪九域志64卷　史部地理类　佚

海国图志正误8卷　史部地理类　佚

今水经注　史部地理类　佚

读书札记12卷　子部儒学类　佚

以上4种均见于民国《宝应县志》卷23。

四川尊经书院讲义1卷　子部儒学类

清光绪二十二年刻本，国家图书馆藏。

医集论1卷　子部医家类　佚

医案1卷　子部医家类　佚

西药性考1卷　子部医家类　佚

医问1卷　子部医家类　佚

医学丛话　子部医家类　佚

以上5种均见于民国《宝应县志》卷23。

测圆海镜通释4卷算学丛话1卷喻利算法1卷　子部历算类

清光绪二十二年四川尊经书院刻本，南京图书馆藏。

步天丛话4卷　子部历算类　佚

级数术2卷　子部历算类　佚

割圆述2卷　子部历算类　佚

对数述1卷　子部历算类　佚

曲线述2卷　子部历算类　佚

微积分述1卷　子部历算类　佚

课徒算草2卷　子部历算类　佚

步指录1卷　子部历算类　佚

砲度算法1卷　子部历算类　佚

四元代数合释1卷　子部历算类　佚

大衍述1卷　子部历算类　佚

以上11种均见于民国《宝应县志》卷23。

测地算法1卷　子部历算类

稿本，扬州市图书馆藏。

五经算术疏义2卷　子部历算类

清光绪二十五年铅印本，南京图书馆藏。

考功识小4卷　子部杂学类　佚

动理阐微6卷　子部杂学类　佚

以上2种均见于民国《宝应县志》卷23。

格物中法24卷　子部杂学类

(1) 清光绪二十二年刻本，国家图书馆藏。《贩书偶记》云：已刻气水火土金木等六部。气水火三部各1卷、土部3卷、金部2卷、木部6卷，合计14卷，余者未刻。

(2) 稿本，存1卷，南京图书馆藏。

食旧德斋杂著2卷　子部杂学类

(1) 清光绪八年自刻，南京图书馆藏。

(2) 清光绪二十二年四川尊经书院重刻本，附《赋抄》1卷，江西省图书馆藏。

(3) 2015年广陵书社《扬州文库》本。

食旧德斋杂记不分卷　子部杂学类

稿本，扬州市图书馆藏。

食旧德斋随笔不分卷　子部杂学类

稿本，扬州市图书馆藏。

赋钞5卷　集部别集类

制艺钞2卷　集部别集类

以上2种均见于民国《宝应县志》卷23。

诗钞8卷　集部别集类

抄本，扬州市图书馆藏。

律赋选读2卷　集部总集类

清刘岳云辑

清光绪间四川尊经书院刻本，南京图书馆藏。

诗选　集部总集类　佚

清刘岳云辑

诗话3卷　集部诗文评类　佚

以上2种均见于民国《宝应县志》卷23。

食旧德斋全集　丛书类

民国刻本，北京大学图书馆藏。

刘元瀚

字既明。清宝应人。精医，每起他人所束手者。为人宽厚和易，医不计值。病剧延诊者，虽严寒酷暑深夜间，即徒步往诊。人多德之。

医玄漫录　子部医家类　佚

见民国《宝应县志》卷17。

相有熊

原名琼，字遇轩。清宝应人。文焕子。光绪十八年(1892)岁贡生。性刚正孝友。以课徒为乐，终岁不出户庭。卒年75。

相氏家乘　史部传记类　佚

见民国《宝应县志》卷16。

祁寿麟

字瑞符。清宝应人。元福曾孙。幼颖悟。光绪九年(1883)进士。以知县分山东，历署高密、博山等县，所至有政声。夙负文名。服膺宋儒，兼宗汉学，尤深许氏之学。治印得秦汉遗意。

印上书屋印谱2卷　子部艺术类

自拓本，见民国《宝应县志》卷13。

张振鋆

原名醴泉，字小山，一作筱衫，号惕厉子。清宝应人。光绪十六年(1890)恩贡。历任安徽芜湖、婺源、黟县、天长知县。廉洁自持，判审明决。精医术。精读明周于蕃《推拿秘书》，以善推拿知名。

厘正按摩要术4卷　子部医家类

明周于蕃著　清张振鋆重编

(1)《述古斋幼科新书》本。

(2) 清光绪十五年丹徒张氏、江都韩氏原刻本，国家图书馆藏。

(3) 清光绪二十年兰州臬署重刻本，复旦大学图书馆藏。

(4) 1922年上海千顷堂书局石印本。

(5) 1934年上海中医书局据述古斋医书原本影印。

(6) 1955—1957年北京人民卫生出版社据述古斋医书原本影印。

(7) 1986年北京市中国书店出版。

(8) 1990年人民卫生出版社曲祖贻点校本。

襄垣雪鸿集诗钞　集部别集类　佚

见民国《宝应县志》卷23。

述古斋幼科新书　丛书类

(1) 清光绪四年刻本。

(2) 清光绪十五年邗上张氏刻本，上海图书馆藏。

(3) 清光绪十八年上海思求阙斋刻本，上海图书馆藏。

(4) 清光绪十九年四川资州重刊本，国家图书馆藏。

(5) 清述古斋刻本，国家图书馆藏。

子目：

《厘正按摩要术》4卷　明周于蕃著　清张振鋆重编

《鬻婴提要说》1卷

《痧喉正义》1卷《附录》1卷

刘启彤(1855—1898)

字丹廷。清宝应人。光绪八年(1882)举人,十二年进士。以主事分兵部职方司。幼有四方之志,北出塞,穷其形胜。还,管榷津海,延教诸子,从学者多掇巍科。搜讨兵、农、工、商诸术尤邃,于公法交涉,商榷兵政,穷极本末如宿吏。十三年春应诏游英法诸国,十五年游印度、泰国、越南。归闻父丧,哀毁成疾。服阕,赴津会办海防支应局。母殁,启彤奔丧归里,毁痛呕血,年44卒。

星轺考辙(一名各国铁路图考)4卷　史部政书类

(1) 清同文书局石印本,南京图书馆藏。

(2) 清光绪上海书局石印本,南京图书馆藏。

(3) 清光绪仓山书局印本,南京图书馆藏。

英藩政概1卷　史部政书类

英政概1卷　史部政书类

法政概1卷　史部政书类

以上3种均有《小方壶斋舆地丛钞补编》本。

英藩政概4卷附英政概1卷法政概1卷　史部政书类

清石印本,南京图书馆藏。

英政概2卷　史部政书类

《西政丛书》本,南京图书馆藏。

孔昭寀(1857—1891)

字显弼,一号印川。清宝应人。广牧子。光绪十五年(1889)进士。十七年三月巡视河工,抵长清县风烈浪涌,溺死,年35。平生嗜学不倦,从本邑成孺、清河吴昆田游,不骛声誉,唯以明经砥砺行为。

绍仁斋浦游吟1卷　集部别集类

《求恕斋丛书》本。

按:附《心向往斋诗文集》后。

王宗筠(1866—1948)

字穉青，号志清。宝应人。炳奎子。光绪十二年(1886)诸生。善诗能文，终生务馆。

崔堡小志 1 卷　史部地理类

(1) 稿本，镇江图书馆藏。

(2)《中国地方志集成》本。

(3) 2015 年广陵书社《扬州文库》本。

溪堂琐记　子部杂学类　佚

见《曹甸镇志》。

南溪草堂诗略 2 卷续集 1 卷　集部总集类

清王春芳辑　王宗筠续辑

抄本，上海樊氏私藏。

按：道光时，王春芳汇编成《南溪草堂诗略》。王春芳族孙王炳奎，清末搜罗族人古近体诗数十首，欲辑《南溪草堂诗略续集》，未能完成。后其子王宗筠在其族弟王矩劝说下，再编续集。王宗筠精选 39 人诗词 338 首编为《南溪草堂诗略》2 卷。又在叔伯辈及族中同辈弟兄中，选择 24 人诗词 207 首，编为《续集》1 卷。1936 年 4 月中旬，《南溪草堂诗略》正续集选编完成。

虚生白室丛钞　集部总集类

王宗筠辑

清稿本，上海樊氏私藏。

按：此为王宗筠辑录先人之诗，原有 15 卷。今存仅 2 卷，包括其叔曾祖王大雯《鸿雪集》(25 首)、叔曾祖王春芳《寄庐吟草》(250 首)、泗渔叔祖《晚香斋集》(48 首)、外祖《醉绿轩诗草》(47 首)，共 4 人，除外祖外，其他 3 人的诗均已部分收录进《南溪草堂诗略》中。

八宝王郎(约 1879—?)

原名王静庄或王浚卿。清末民国初宝应人。树轩子。

冷眼观 30 回　子部小说类

(1) 清光绪三十三年(1907)小说林社印行本,南京图书馆藏。

(2)《晚清小说大系》本,南京图书馆藏。

迷龙阵 14 回　子部小说类

清宣统元年(1909)冬月上海改良小说书社排印本。

女界烂污史(一作东厕牡丹)14 回　子部小说类

清宣统二年自强轩刊。

游学怪史 1 卷　子部小说类

开米禁记 1 卷　子部小说类

前事鉴 2 卷　子部小说类

燃犀录 2 卷　子部小说类

以上 4 种见阿英《小说闲谈》(二)。

冷眼重观　子部小说类

见《中国通俗小说总目提要》。

潘敦礼

清宝应人。

潘氏家谱　史部传记类

清潘敦礼纂修

见民国《宝应县志》卷 23。

主要参考文献

(嘉靖)惟扬志38卷　明朱怀干修　盛仪辑　明万历二十九年(1601)修三十三年刻本

(万历)扬州府志27卷首1卷　明杨洵修、徐銮等纂　明万历二十九年(1601)修三十三年刻本

(康熙)扬州府志27卷首1卷　清雷应元纂修　清康熙三年(1664)刻本

(康熙)扬州府志40卷　清金镇原本　崔华、张万寿续修　王方岐续纂　清康熙二十四年(1685)刻本

(雍正)扬州府志40卷　清尹会一纂修　程梦星等纂　清雍正十一年(1733)刻本

(嘉庆)重修扬州府志72卷首1卷　清阿克当阿监修　姚文田等纂　清嘉庆十五年(1810)刻本

(同治)续纂扬州府志24卷　清方浚颐修　钱振伦等纂　清同治十三年(1874)刻本

(万历)江都县志23卷　明张宁修　陆君弼纂　明崇祯刻本

(康熙)江都县志16卷　清李苏纂　清康熙五十六年(1717)刻本

(雍正)江都县志20卷图1卷　清陆朝玑修　程梦星等纂　清雍正七年(1729)刻本

(乾隆)江都县志32卷首1卷　清五格、黄湘修　程梦星等纂　清乾隆八年(1743)刻本

(嘉庆)江都县续志12卷首1卷　清王逢源修　李保泰纂　清嘉庆十六年(1811)修光绪七年(1881)重刊本

(光绪)江都县续志30卷首1卷　清王逢源修　李保泰纂　清光

绪十年(1884)刻本

(民国)江都县续志 30 卷首 1 卷　钱祥保修　桂邦杰等纂　1926 年扬州集贤斋刻本

(民国)江都县新志 12 卷末 1 卷　陈肇燊、马镇邦等修　陈懋森纂 1927 年刻本

(民国)江都县续志稿钞　佚名撰　稿本

(光绪)增修甘泉县志 24 卷首 1 卷　清徐成敟、桂正华修　陈浩恩等纂　清光绪十一年(1885)刻本

(民国)甘泉县续志 29 卷首 1 卷　钱祥保等修　桂邦杰纂　1921 年扬州集贤斋刻本

(民国)甘泉县续志采访留稿　佚名撰　稿本

续修江都甘泉县志征访条例　佚名撰　民国间扬州新胜街集贤斋铅印本

(隆庆)仪真县志 14 卷　明申嘉瑞修　李文等纂　明隆庆元年(1567)刻本

(康熙)仪真县志 12 卷　清胡崇伦、舒文灿修　汤有光、陈邦桢等纂　马章玉增修　清康熙七年(1668)刻三十二年增刻本

(康熙)仪真志 22 卷　清陆师修纂　清康熙五十七年(1718)采碧山堂刻本

(嘉庆)仪征县续志 10 卷　清颜希源、邵光钤总纂　吕彩、陈文宪分纂　稿本

(道光)重修仪征县志 50 卷首 1 卷　清王检心修　刘文淇、张安保总纂　清光绪十六年(1890)刻本

江苏通志仪征县志征访册稿　柳绍宗纂　稿本

(隆庆)高邮州志 12 卷　明范惟恭修　王应元纂　明隆庆六年(1572)刻本

(康熙)高邮州志 10 卷　清孙宗彝、李培茂增修　余恭增纂　清康熙十一年(1672)刻二十三年增刻本

(雍正)高邮州志 12 卷　清张德盛修　邓绍焕、汪士璜等纂　清雍正二年(1724)刻本

(嘉庆)高邮州志 12 卷首 1 卷　清杨宜仑修　夏之蓉等纂　冯馨增修　夏味堂等增纂　清道光二十五年(1845)重刻本

(道光)续增高邮州志　清张用熙、左辉春纂修　清道光二十三年(1843)刻本

(光绪)再续高邮州志 8 卷首 1 卷　清金元烺、龚定瀛修　夏子鑐纂　清光绪九年(1883)刻本

(民国)三续高邮州志 8 卷附新志补遗 1 卷前志正误 1 卷　胡为和、卢鸿钧修　高树敏纂　1922 年刻本

(民国)高邮志余 1 卷高邮志余补 1 卷　宣哲辑　稿本

江苏通志高邮征访录　佚名撰　稿本

(嘉靖)宝应县志略 4 卷　明闻人诠、宋佐纂修　明嘉靖十七年(1538)杨瞻刻本

(隆庆)宝应县志 10 卷　明汤一贤纂修　明隆庆三年(1569)刻本

(万历)宝应县志 12 卷　明陈煃修　吴敏道纂　明万历二十二年(1594)刻本

(康熙)宝应县志 24 卷图 1 卷　清徐瓏修　乔莱纂　清康熙二十九年(1690)刻本

宝应图经 6 卷首 2 卷　清刘宝楠撰　清光绪九年(1883)淮南书局刻本

(道光)重修宝应县志 28 卷首 1 卷　清孟毓兰修　乔载繇等纂　清道光二十年(1840)汤氏沐华堂刻

(咸丰)重修宝应县志辨 1 卷　清刘赞勋撰　清咸丰木活字本

(民国)宝应县志 32 卷首 1 卷　戴邦桢、赵世荣修　冯煦、朱学程、朱苌生纂　1932 年铅印本

(民国)宝应县志　周敦礼增纂　1934 年镇江江南印书馆铅印本

(嘉庆)瓜洲志稿　清王豫纂　清嘉庆稿本

(嘉庆)瓜洲志8卷首1卷　清吴耆德、王养度纂修　冯锦、常德编辑　1923年瓜洲于氏凝晖堂铅印本

(民国)瓜洲续志28卷首1卷　于树滋编辑　1927年瓜洲于氏凝晖堂铅印本

北湖小志6卷首1卷　清焦循撰　清嘉庆十三年(1808)扬州阮氏刻本

北湖续志6卷　清阮先辑　清道光二十七年(1847)扬州阮氏刻本

北湖续志补遗2卷　清阮先辑　清咸丰十年(1860)扬州阮氏刻本

甘泉五塘志　佚名撰　稿本

甘棠小志4卷首1卷末1卷　清董醇撰　清咸丰五年(1855)甘棠董氏刻本

甘棠小志节录小注附新增1卷　清王开益编　清光绪二年(1876)刻本

崔堡小志1卷　王宗筠撰　抄本

曹甸镇志　郝澍撰　1946年油印本

扬州营志16卷　清陈述祖修　郑余堂、李北山撰　清道光十一年(1831)刻本

扬州休园志8卷首1卷　清郑庆祜纂　清乾隆三十八年(1773)察视堂自刻本

平山志4卷　清行昱纂辑　清康熙刻本

平山揽胜志10卷　清汪应庚编　清乾隆七年(1742)刻本

平山堂小志12卷　清程梦星编纂　清乾隆十六年(1751)刻本

平山堂志8卷首1卷　清程梦星编纂　稿本

平山堂图志10卷名胜全图1卷　清赵之壁编纂　清乾隆三十年(1765)刻本

建隆寺志略10卷　清昌立纂辑　史椿龄、陈寓泰编　清道光十九年(1839)吾无隐居刻本

维扬殉节纪略1卷首1卷　明史得威撰　《借月山房汇钞》本

咸同广陵史稿 4 卷　清佚名撰　清抄本
北湖避寇草　清汪鋆撰　稿本
咸丰三年避寇日记　清汪鋆撰　抄本
扬州劫余小志 3 卷　清臧谷撰　1961 年抄本
扬州御寇录 3 卷　清倪在田撰　《扬州丛刻》本
浮淮集 7 卷　明欧大任撰　明隆庆万历间刻清印本《欧虞部集》本
广陵通典 10 卷　清汪中撰　清同治八年(1869)刻本
扬州画舫录 18 卷　清李斗撰　清同治刻本
邗记 6 卷　清焦循著　《传砚斋丛书》本
广陵考　清焦循著　清道光四年(1824)刻《雕菰集》本
扬州江甘人物历史课本　清焦循著　清宣统元年(1909)刻本
江都县乡土史　王凤仁著　民国油印本
高邮州乡土志　清佚名撰　抄本
高邮乡土志　张孝则编　民国油印本
高邮县乡土表解　沈石如编　1930 年铅印本
广陵览古 7 卷　清顾銮辑　清嘉庆十三年(1808)顾氏研经室刻本
扬州萸湾胜览 1 卷　清源印编　《扬州丛刻》本
扬州揽胜赋钞初集 4 卷五集 4 卷　清郭晋超编　清光绪五年(1879)印山堂刻本
扬州杂咏　清臧谷撰　1916 年长沙刻本
选巷丛谭 2 卷　清况周颐撰　清光绪三十三年(1907)刻《蕙风丛书》本
扬州览胜录 7 卷首 1 卷　王振世撰　1942 年铅印本
宝应名胜纪略 2 卷　清刘中柱著　清乾隆九年(1744)刻本
明唐襄文公扬州专祠崇祀新录　赵敬谋编　1929 年铅印本
阮元专祠录　清佚名编　清光绪刻本
广陵冢墓遗文　清罗振玉撰　1915 年影印本
花部农谭　清焦循撰　清稿本

竹西春社钞　清爱素生选辑　清嘉庆二十四年(1879)刻本

文选楼藏书记6卷　清佚名撰　李氏越缦堂抄本

珍书享帚录　朱长圻编　1936年铅印本

扬州金石目　宣哲撰　稿本

扬州金石编目　宣哲撰　稿本

宝应县志书目校补　成永撰　1988年政协宝应县委员会文史科翻印本

仪征吴氏有福读书堂藏书简明总册　清吴引孙编　红格抄本

扬州吴氏测海楼藏书目录12卷　清吴引孙编　清宣统二年(1910)扬州吴引孙家刻本

道光十六年扬州府县学名宦乡贤册　清佚名编　稿本

江宁扬州府学堂志1卷　清沈维骥撰　稿本

梅花书院课艺三集　清晏端书编　清光绪八年(1882)梅花书院刻本

安定书院课艺　清钱振伦编　清同治刻本

安定书院小课二集　清钱振伦编　清光绪十三年(1887)扬州宏文斋严宽甫刻本

扬州西山小志　清林溥撰　抄本

扬州风土记略3卷　徐谦芳撰　抄本

广陵小正1卷　佚名撰　《扬州丛刻》本

真州风土记　清厉秀芳著　《小方壶斋舆地丛钞》本

广陵竹枝词　清郝璧撰　清顺治刻《郝兰石先生集》本

隋堤柳枝词　清林九棘撰　清康熙刻《十咏堂稿》本

广陵古竹枝词　清佚名撰　1961年《扬州风土词萃》抄本

扬州画舫词　清韩日华撰　1961年《扬州风土词萃》抄本

广陵秋兴　王追骐著　1961年《扬州风土词萃》抄本

扬州梦香词注　清费轩著　1961年《扬州风土词萃》抄本

扬州竹枝词1卷　清董伟业著　《扬州丛刻》本

续扬州竹枝词　清林苏门撰　抄本
邗江三百吟10卷　清林苏门撰　清嘉庆十三年(1808)刻本
邗江竹枝词　清佚名撰　1961年《扬州风土词萃》抄本
扬州竹枝词　清孔庆镕撰　1961年《扬州风土词萃》抄本
续扬州竹枝词　清臧谷著　1961年《扬州风土词萃》抄本
瓜洲伊娄河棹歌　于树滋撰　1930年铅印本
集扬州俗语诗　吉亮工撰　抄本
望江南百调　清黄鼎铭撰　稿本
赤湖杂诗2卷　清阮先、阮充撰　清同治刻本
渌湖竹枝词　清阮充撰　1961年《扬州风土词萃》抄本
真州竹枝词　清厉秀芳著　清咸丰十年(1860)刻本
真州杂咏2卷　清高颂禾撰　稿本
菱川百咏　清韦柏森撰　清光绪十六年(1890)刻本
秦邮竹枝词　清韦柏森著　清光绪十六年(1890)刻本
广陵游草　清钱岳撰　清刻本
广陵十先生传　明欧大任撰　明隆庆万历间刻清印《欧虞部集》本
广陵诗事10卷　清阮元编　清嘉庆六年(1801)浙江节署刻本
扬州画苑录4卷　清汪鋆辑　清光绪十一年(1885)刻本
江扬众史录　竹居主人编　稿本
扬州府宦浙同官录　清周剑青编　清同治十三年(1874)刻本
广陵诗人小传录存　清陆仁寿辑　清抄本
胜朝殉扬录3卷　清刘宝楠辑　清同治十年(1871)淮南书局刻本
扬州义民别传　胡山源著　1941年上海世界书局铅印本
扬城殉难录4卷附1卷　清刘文淇、王翼凤编　清同治光绪间刻本
扬城殉难续录2卷　清郑士烺编　《扬州丛刻》本
邗江钟毓　清詹坦撰　清光绪二十九年(1903)扬州府学活字本
广陵私乘　汤寅臣著　民国铅印本

芜城怀旧录3卷补录1卷　董玉书编　1948年上海建国书店铅印本

明代宝应人物志　清朱克生撰　抄本

宝应耆旧传2卷　清范士龄辑　清道光六年(1826)宝应范氏刻本

宝应人物志列传　清刘宝楠撰　稿本

宝应祀典纪略3卷　清刘宝楠撰　稿本

宝应儒林事略1卷　清成孺撰　《成氏遗书》本

宝应文苑事略1卷　清成孺撰　《成氏遗书》本

江渚贞烈志　清熊维、熊编著　清焦循抄本

广陵女士殿最　明萍乡花史撰　《说郛续》本

广陵香影录　清徐凤采著　清道光元年(1821)自刻本

竹西花事小录1卷　第55册—第57册

广陵花册　清爱莲居士重订　清光绪二十七年(1901)惜红室刻本

敕赐平山栖灵寺同戒录　清祥坚辑　清乾隆二十三年(1758)刻本

过海大师东征传　日真人元开撰　1922年铅印本

石研斋主年谱　清秦黉编　清抄《江都秦氏遗书五种》本

容甫先生年谱年表　清汪喜孙编　《江都汪氏丛书》本

汪荀叔自撰年谱1卷　清汪喜孙编　民国灰格抄本

江子屏先生年谱1卷　闵尔昌编　1927年江都闵氏刻本

焦理堂先生年谱　闵尔昌编　1927年江都闵氏刻本

焦里堂先生年谱1卷　王孝鱼编　1933年《焦学三种》铅印本

还读我书室老人手订年谱2卷　清董醇编　清光绪甘泉董氏家刻本

通斋自记　清蒋超伯编　清光绪二年(1876)刻本

养云主人六旬以前年谱杂记1卷附续纪1卷　清王楙官编　清光绪三十二年(1906)石印本

雷塘庵主弟子记8卷　清张鉴、阮常生等编　清道光仪征阮氏琅嬛仙馆刻本

刘孟瞻先生年谱2卷附录1卷校勘记1卷　(日)小泽文四郎编　1939年北平文思楼铅印本

文节府君年谱　清吴养原编　清咸丰同治间刻《吴文节公遗集》本

龙川夫子年谱　清谢逢源编　稿本

吴引孙自述年谱　清吴引孙编　稿本

左盦年表左盦著述系年及传略　钱玄同编　《刘申叔先生遗书》本

盛白沙烈士年谱　盛成编　仪征县县志办公室油印本

宋孙莘老先生年谱1卷补遗1卷　清茆泮林编　清道光二十五年(1845)刻本

淮海先生年谱1卷　清秦瀛编　清嘉庆二年(1797)秦氏刻本

孙宗彝年谱1卷　清孙弓安编　清同治九年(1870)《爱日堂文集》附刻本

检讨公年谱1卷附刻1卷　清夏味堂辑　清乾隆四十九年(1784)高邮夏氏半舫斋家刻本

府君澹人公行略　清夏齐林、夏云林编　清刻本

高邮王氏父子年谱1卷　刘盼遂编　民国《段王学五种》铅印本

王石臞先生年谱1卷　闵尔昌编　民国刻本

王伯申先生年谱1卷　闵尔昌编　民国刻本

刘职方公年谱　清刘颖编　民国朱丝栏抄本

朱止泉先生年谱1卷　清朱辂编　抄本

王白田先生年谱　清佚名编　稿本

先府君恪斋公行状　清朱百遂编　清同治刻本

刘端临先生年谱　刘文兴编　1932年《国学季刊》第3卷第2期

宝应刘楚桢先生年谱1卷　刘文兴编　1933年《辅仁学志》第4卷第1期

王文勤公年谱　清王凯泰编　抄本

史可法年谱1卷　杨德恩编　商务印书馆1940年《民国丛书》本

石涛上人年谱　傅抱石编　1948年京沪周刊社铅印本

郑板桥年表　任乃赓编　抄本

凌次仲先生年谱 4 卷　清张其锦编　民国《安徽丛书》本

史氏扬州城东支谱　清史有庆编　清嘉庆十五年(1810)教忠堂刻本

维扬浦头张氏族谱　清张瑚等修　1914 年活字本

仪征厉氏家谱 3 卷首 1 卷末 1 卷　厉万青等修　1940 年扬州大成印制局铅印本

(高邮)重修金氏宗谱　清金长福纂　清抄本

宝应朱氏家乘 10 卷　清朱克生纂修　清康熙刻本

汪氏学行记 6 卷　清汪喜孙撰　民国《重印江都汪氏丛书》本

林氏一家言　清佚名编　清刻本

青溪旧屋仪征刘氏五世小记　梅铽纂　1962 年玉夔龙馆油印本

高邮王氏志传事实　清佚名编　清咸丰刻本

高邮王氏六叶传状碑志集 6 卷　罗振玉辑　民国《高邮王氏遗书》本

犹存集 4 卷　清孙仝辙、孙应科辑　清道光十五年(1835)小康书屋刻本

宝应郑氏赠言录 5 卷　清郑乾清编　清吟松阁刻《郑氏一家言》本

清芬外集 8 卷　清刘宝楠辑　清抄本

两世乡贤录崇祀名宦录　清佚名辑　清嘉庆二十一年(1816)刻《刘端临先生遗书十种》本

宝应朱氏集存史料书牍　佚名编　稿本

成氏先德传　清成孺撰　《成氏遗书》本

天慵庵笔记 2 卷　清方士庶撰　《仰视千七百二十九鹤斋丛书》本

婴闇题跋 4 卷　秦更年撰　1959 年油印本

清代朴学大师列传　支伟成纂　民国泰东书局铅印本

扬州足征录 27 卷　清焦循辑　《榕园丛书续刻》本

扬州足征续录稿　佚名辑　稿本

焦里堂手钞诗文集十三种　清焦循辑　清焦循抄本

端绮集 28 卷　清黄奭辑　清道光刻《清颂堂丛书》本

蔗根集 17 卷　清黄锡麒辑　清道光清美堂刻本

淮海英灵集 22 卷　清阮元辑　清嘉庆三年(1798)仪征阮氏小琅嬛仙馆本

淮海英灵续集 12 卷　清阮亨、王豫辑　清道光刻本

淮海同声集 20 卷　清汪之选辑　清嘉庆二十二年(1817)刻本

淮海秋笳集　清李肇增辑　清咸丰十年(1860)迟云山馆刻本

北湖三家词钞 10 卷　清吴康辑　清嘉庆十五年(1810)白茆草堂刻本

广陵词抄　清佚名辑　抄本

广陵思古编 29 卷　清汪廷儒编　清道光二十九年(1849)仪征汪氏刻本

广陵思古外编续集　清汪廷儒辑　清道光刻本

同光年间扬州名人文稿　清梅毓、桂邦杰等撰　抄本

白沙风雅 6 卷　清张达选辑　清乾隆玉槎山房刻本

太学坊表 8 卷　清朱百谷撰　清咸丰七年(1857)正安州刻本

高邮四家诗钞 4 卷　清殷峄、端木守谦、刘永和、贾田祖著　清碧虚斋抄本

高邮耆旧诗存 5 卷高邮耆旧诗余 1 卷　清周叙、王敬之、夏昆林辑　清道光十四年(1834)至十六年刻本

白田风雅前编 5 卷　清乔载繇辑　稿本

白田风雅 24 卷　清宝应朱彬辑　乔载繇增订　清光绪十二年(1886)金陵书局刻本

宝应敦素园七子诗钞 7 卷　清乔方立等著　清乾隆三十四年(1769)刻本

象求集 5 卷二集 3 卷三集 1 卷　清刘宝楠辑　清稿本

宝应诸前辈诗　清刘宝楠辑　刘宝楠手抄本

广陵联句集　明涂相等撰　明嘉靖刻本

影园瑶华集3卷　明郑元勋辑　清乾隆二十七年(1762)郑开基拜影楼刻本

蜀冈禅智寺唱和诗冶春绝句红桥倡和词　清王士禛编著　清康熙刻《新城王氏杂文诗词十一种》本

红桥倡和第一集　清冒襄等撰　清抄本

广陵倡和词7卷　清王士禄等撰　清抄本

山心室倡和甲乙集1卷城南联句诗1卷　清程梦星辑　清乾隆十年(1745)刻本

扬州东园题咏4卷　清贺君召辑　清乾隆十一年(1746)刻本

韩江雅集12卷　清马曰琯等撰　清乾隆十二年(1747)刻本

林屋唱酬录1卷焦山纪游集1卷　清马曰琯、马曰璐等撰　《粤雅堂丛书》本

广陵倡和集2卷　清马曰琯、马曰璐、程梦星等撰　清刻本

广陵倡和录3卷　清王藻编　清乾隆写刻本

邗上题襟集邗上题襟续集　清曾燠辑　清乾隆至嘉庆两淮官署刻本

榕园唱和集　清李彦章辑著　清道光刻本

题襟馆倡和集4卷　清方浚颐等撰　清同治十一年(1872)两淮运署刻本

虹桥秋禊图题词　清朱铭编　清光绪三年(1877)刻本

四白斋唱和集附平山堂唱和集　清朱铭编　清光绪元年(1875)刻本

春雨唱和集　清王开益辑　清光绪望湖草堂刻本

重阳唱和诗　清王开益等撰　清光绪刻本

竹西九老吟　清张丙炎、徐穆等撰　清光绪二十五年(1899)刻本

瓜渚遁叟璧水重游唱和集2卷附刊1卷　于树滋编　1935年铅印本

真州倡和诗 3 卷　清团升辑　清末刻本

柳堂春泛图诗钞三种　清阮元等撰　新抄本

云庄唱和录 2 卷云庄题赠录 4 卷　清阮充编　清同治七年(1868)刻本

朴园题赠集　清巴光诰等撰　清嘉庆二十三年(1818)刻本

甓湖联吟集 7 卷　清李光国选　清乾隆十九年(1754)刻本

秦邮话别录　胡为和辑　民国铅印本

白田倡和集　清叶夑等撰　稿本

江都秦氏遗书 7 卷　清秦黉、秦恩复、秦巘著　清抄本

江都焦氏家集 9 卷　清焦循编　清焦循抄本

仪征阮氏遗稿十二种 13 卷　清阮元、阮福等著　稿本

高邮张氏遗稿　清张廷枢辑　稿本

高邮王氏家集 19 卷　清王恩泰编　清咸丰七年(1857)高邮王恩沛、王恩泰刻本

犹存集 1 卷附天心阁诗钞续钞　清孙应科辑　清道光刻本

高邮夏氏丛书 18 卷　清夏昆林、夏味堂、周叙撰　清道光刻本

青箱书屋两世词稿　王守义编　1923 年铅印本

白田郑氏一家言 10 卷首 1 卷　清郑干清编著　清吟松阁刻本

还金堂诗萃 2 卷　清汤士瀛、汤吁编　清道光二十年(1840)刻本

清芬集 10 卷　清刘宝楠编　清道光十八年(1838)世德堂刻本

刘氏二家诗录 6 卷　清刘宝楠编　稿本

宝应左右朱氏家集汇稿　清朱百度编　抄本

朱氏拾遗诗钞　佚名编　抄本

原版后记

《江苏艺文志》为南京师范大学古文献整理研究所科研项目。《扬州卷》由扬州师范学院和本书编委会成员分工编写。具体分工如下:扬州市、江都市、邗江县由陈仁芳、杨鲁江、江庆柏编写,江庆柏定稿;仪征市由李浩、汤大民编写,汤大民定稿;高邮市由薛瑞庭、赵国璋编写,赵国璋定稿;兴化市由薛瑞庭、陈仁芳、陈妹、江庆柏编写,江庆柏定稿;宝应县由薛瑞庭、韩石编写,韩石定稿;泰州市、泰县、泰兴市由陈妹、韩石编写,韩石定稿;靖江市由江庆柏编写,陈丽萍编写了元明的部分初稿。谢秉洪同志为本书的编纂做了许多前期准备工作。张瑗先生组织了本书的编写,我们对他的不幸逝世,表示深切的哀悼。

在本书编写过程中,得到了扬州、扬州师范学院、南京、南京师范大学等单位和地区图书馆的大力支持。本所《清代文集总目》编写组制作的大量清代集部资料卡也为本书的编写提供了切实的版本依据。江苏省出版总社穆纬铭先生对本书编纂工作给予了最大支持,责任编辑邱禹、徐飞先生对本书的编辑付出了辛勤劳动。在此,我们一并致以衷心的感谢!

《江苏艺文志》编纂委员会

1994 年 4 月

增订本后记

2014年7月，我冒着酷暑赴南京参加《江苏艺文志》增订工作会议，当场主动认领了《扬州卷》，至今已过去两年多时间，方才匆匆忙忙完成增订工作。而距《江苏艺文志》的出版，也已过去二十二年之久。在这期间，国内外藏书机构的馆藏目录编辑、出版如雨后春笋一般，数量十分可观，加上各种大型专科目录、各类电子数据库的大量涌现，为增订工作提供了前所未有的便利。不过，目前笔者所做的工作，主要是对1995年版的《扬州卷》进行增订，故在全书体例不变的前提下，对原书进行增补、删削、改正、修订。

与1995年版相比，增订本《扬州卷》最大的变化，源于1996年8月行政区划上的"扬泰分设"，将原属于扬州市管辖的泰州市、泰县（现泰州市姜堰区）、兴化市、泰兴市、靖江市从《扬州卷》下册分出，另编《泰州卷》，使得该卷修订后的整体规模不增反减。

此次的增订工作，主要侧重点有以下几个方面：

首先，对作者的姓名字号、生卒年进行核查。将原来分立的条目合并，如仇福昌、仇景仑两条实为一人；将前后顺序倒置的条目互易，如刘桐、刘岳云系祖孙，今将刘桐提前；对生平事迹描述有误者，加以改正，略者详之，缺者补之。

其次，对每位作者的著述情况加以考订，补入1995年版失载的著作条目；原有条目中标注"佚"的著作，经多方查考，发现明清时期的很多著作并未散佚，补出了版本、馆藏地等内容；对原来所列传世著作的版本、馆藏，也作了一些补充，尤其是近年来出版的影印本、整理本的揭示，对于一般读者阅读、使用该书具有重要的现实意义。

另外，需要说明的是，我国古代正史、方志中的经籍志、艺文志，皆以著述为主，作者通常只是小字附注。《江苏艺文志》原本体例即与之不同，以人系书，反映了历代江苏各地作家的概貌，但也使得一部分佚名作家或机构编纂的著作，没能在本书中得到充分的揭示；有一部分集体编纂的著作，如方志、家谱则互见于各主要参与人名下。至于书后标注“存”“佚”，尽管此次增订已将传世著作后面的“存”删去，但仍保留了“佚”字。正如上文所述，之前标注“佚”的著作此次增订过程中，发现很大一部分并未散佚不传，据此类推，目前依然标注“佚”字的著作，只是说明在增订过程中，尚未发现有馆藏，并不能确认其完全亡佚，同样也希望读者引起注意。至于原书中的文字、引文、标点上的错误，此次修订径改，不再加以说明。

笔者并非扬州人，较之故乡苏州，对于扬州地方文献的灵敏度不高，加之日常还有博物馆的本职工作，不能全身心投入《扬州卷》的增订工作，且深感个人学识浅薄，见闻有限，这些因素，必然导致增订本存在很多问题与不足，希望广大读者，特别是扬州的专家学人不吝赐教。

在本书的增订过程中，始终得到江苏省方志办、凤凰出版社，以及内子张莹莹的支持与帮助，在此谨表示诚挚的感谢！

李　军

2017 年 1 月

江蘇藝文志

顧廷龍題

国家古籍整理出版专项经费资助项目

江苏省地方志编纂委员会办公室组织编纂

江苏艺文志

（增订本）

泰州卷

原　主　编　赵国璋

增订本主编　江庆柏

增　订　者　周　忠

凤凰出版社

《泰州卷》原编写人员名单

主　编　封桂荣

副主编　刘立人　薛瑞庭　陈仁芳

撰稿人　（按姓氏笔画为序）

江庆柏　陈　妹　陈仁芳　陈丽萍

韩　石　薛瑞庭

（说明：泰州市及所属各县原由扬州市管辖，故《泰州卷》原与《扬州卷》合为一卷。此处主编、副主编依据《扬州卷》著录，撰稿人按《泰州卷》当时的实际参加者著录。）

目　录

《泰州卷》引言

周　忠

泰州地处长江下游北岸、江苏省中部，是长三角经济区的中心城市之一，也是一座具有深厚传统的文化名城。泰州历史悠久，先秦时期名为海阳，汉代建海陵县，南唐时为州治，取“国泰民安”之意。两千多年以来，泰州人文荟萃、名贤辈出，为中国文化的发展作出重要贡献。唐宋时代的泰州先贤就在中国文化史上留下深深的印记，如唐代书法家张怀瓘著述颇多，对传统书学进行了重要的理论阐述。北宋著名思想家、教育家胡瑗在泰州讲学，弟子众多，影响巨大，后世在其讲学旧址设安定书院，是江苏省内最古老的书院之一，薪火相传，造就了大批英才。南宋泰州人周麟之，学识宏富，官拜同知枢密院事。学者周煇的多部作品，生动记载了宋代社会文化等方面的重要资料。元代泰州人张士诚，乘元末天下大乱之机起兵，在江浙一带建立地方割据政权，是元明之际具有重要影响的政治家。

明清时期，泰州文化发展进入鼎盛时期，施耐庵创作了家喻户晓的文学名著《水浒传》。明代“后七子”之一的宗臣，诗文创作反映了明代中后期的文学成就。清初泰州文坛领袖邓汉仪拒绝清廷的官职，显示其高风亮节，其编选的《诗观》是清初重要的文学总集。清代文字狱祸害士人，泰州文人也未能幸免，王仲儒、李骕就牵连其中，其遭遇是清代严酷政治的生动写照。清末至民国初年，著名学者刘熙载、李详以其丰富的著述，对古代文学理论进行了多方面深入的探讨，成就巨大。明末清初著名画家唐志契，创作了画学论著《绘事微言》，对山水画技法作出了理论探讨。此一时期还涌现了说书大家柳敬亭、围棋国手黄龙士等文艺名流。清代中期的李鱓、郑燮是"扬州八怪"的重要成员，对此一重要艺术流派的形成和发展产生深远影响。清末民初的凌文渊书画成就突出，是与齐白石、陈师曾等并称的著名画家。

明代泰州人王艮发扬了王守仁的心学思想，创立了在中国思想史上占有重要地位的泰州学派。王艮弟子众多，其中泰州人林春、王栋、韩贞等积极传播王艮思想，在明代中晚期产生了广泛的社会影响。清代后期，著名学者周太谷、李光炘等在扬州、泰州等地聚徒讲学，创立了以儒家思想为主，杂糅佛、道二教形成的新学派——太谷学派。第三代弟子泰州人黄葆年、蒋文田在苏州等地开设学堂，宣扬太谷学派思想，产生了重要的影响，被称为"新泰州学派"。

在学术研究领域，泰州学者也作出重要贡献，明代朱得之的《三子通义》是道家思想研究的重要成果。明末清初著名学者李清学识广博，尤长于史学研究，其著述反映了清初的史学成就。清初，季振宜藏书富甲天下，所著书目是研究传统学术的重要工具书。陈厚耀是《春秋》学研究大家，又精通天文、算法，多次被康熙皇帝召见探讨学术。清代中叶，任陈晋、任大椿祖孙在经学、小学研究方面造诣精深，对清代"扬州学派"的发展产生重要影响。清末，朱铭盘、刘法曾对史学研究，徐天璋、陈启彤对经学研究、小学研究等也作出了突出贡献。在科技领域，清代医学家戈颂平对传统中医药学研究作出了有益的探讨。刘彝程虚心学习西方新兴科学技术知识，成为清末著名数学家。民国时期，丁文江对中国现代地质科学的建立和发展作出了巨大的贡献。在地方文化的研究整理方面，清代夏荃、清末民初夏兆麐等成就突出。

泰州宗教文化发达，著名宗教人士有明初僧人道泰，其著作《禅林类聚》是记载禅宗发展的重要文献。明代中叶，陆西星是道教内丹派东派创始人，著述丰富，对道教研究具有重要价值。清代初期至中期，弘储、实彻等弘扬佛法，传播佛学，成为当时具有重要影响的著名僧人。

民国间，震华勤于著述，整理了大量的佛教文献。

明清时期泰州教育事业发达，为国家造就众多英才，明代出现了三位内阁大学士——高谷、李春芳、吴甡，人称“兴化三相国”。翟善、茅大芳、储巏、何棐、张羽、张璁、沈良才、凌儒、陈应芳、朱一冯等也是作出突出成绩的明代官员。清代李柟、缪沅、程盛修、朱勋、钱桂森、丁柔克等也在国家治理、文化教育等方面作出了重要贡献。

泰州文风鼎盛，尤其重视家族教育，出现了许多绵延长久的世家大族，如兴化李氏，就出现自明代李春芳、李齐芳、李茂材、李思诚、李长倩，清代李长科、李嗣京、李乔、李清、李沂、李淦、李国宋、李柟、李炳石、李鱓、李福祚，直至民国李详等众多名人；又如泰州宫氏，自明代宫永建、宫景隆、宫继兰至清代的宫伟镠、宫梦仁、宫昌宗、宫鸿历、宫懋言、宫为坊、宫国苞、宫锡祚、宫庭、宫本昂等，也是数百年来英才叠出，是泰州悠久人文传统的生动见证。

泰州市艺文资料收入1995年江苏人民出版社《江苏艺文志·扬州卷》中，分为三部分：兴化市、泰州市泰县泰兴市、靖江市。本次《江苏艺文志》增订，将泰州市从原《江苏艺文志·扬州卷》中析出，设立《江苏艺文志·泰州卷》。按照目前泰州市行政区划，分为泰州、泰兴、兴化、靖江四部分。

本次增订依据2014年凤凰出版社《泰州文献》中收录的书目、家谱、文集等著作，以及《江苏地方文献书目》等专著和工具书，对原《江苏艺文志·扬州卷》泰州部分的人物生平事迹和著作中的遗漏和错误进行补正，依据人物生年及家族世系调整先后次序，同时增加部分人物和著作，对部分重要著作略加按语。本书收录本地籍及寓居本地的作者1364人，其中泰州696人，泰兴135人，兴化419人，靖江114人。著作3022种。

泰州市行政区划沿革

泰州市

西汉武帝元狩六年(前117)设海陵县,属临淮郡。东汉省。晋太康元年(280)复置,属广陵郡。东晋义熙七年(411)并为海陵郡治。南朝宋移郡治建海陵县,以海陵县属广陵郡。梁移郡治还海陵县。隋废郡,以县属江都郡。唐武德三年(620)改县曰吴陵,于县置吴州,七年州废,县仍名海陵,还属扬州。五代南唐昇元元年(937)升泰州,取安泰之意,泰州之名自此始。宋属淮南东路。元至元十四年(1277)置泰州路,二十一年复为州,属扬州路。明洪武初省海陵县入于泰州,属扬州府。1912年废州为泰县治。1949年1月设泰州市,与泰县分治,为苏北行署驻地。旋迁苏北行署于扬州市,改为泰州专署驻地。1950年5月并入泰县。同年10月市、县分治,仍称泰州市。1952年底改属江苏省扬州专区。1958年市、县再度合并,名泰州县。1962年再次分治,复名泰州市。1970年属扬州地区。1983年3月为省辖县级市,划归扬州市。

1996年8月12日,经国务院批准,扬州市进行行政区划调整,县级泰州市从扬州市划出,组建地级泰州市。下辖海陵区、靖江市、泰兴市、姜堰市、兴化市。1997年,海陵区、姜堰市、泰兴市部分行政区划进行调整,组建高港区。2012年12月,撤销县级姜堰市,设立姜堰区。

2016年泰州市辖海陵区、高港区、姜堰区，代管兴化市、靖江市、泰兴市。

附:姜堰区

汉置海陵县，属临淮郡。东汉省。晋太康元年(280)复置，属广陵郡。义熙七年(411)于县置海陵郡。南朝宋移郡治建海陵县，以海陵县属广陵郡。梁移郡治还海陵县。隋废郡，以县属江都郡。唐武德三年(620)改县曰吴陵，于县置吴州，七年州废，县仍名海陵，还属扬州。五代南唐昇元元年(937)升泰州，取通泰之义命名。宋移泰州海陵县，属淮南东路。元至元十四年(1277)置泰州路，二十一年复为州，属扬州路。明洪武初省海陵县入于州，属扬州府。1912年废州设泰县，泰县之名始此。1914—1927年属淮扬道。1949年初析城郊置泰州市，迁县治于姜堰镇，属苏北行署区泰州专区。1950年5月，泰州市并入泰县，同年10月分治。1952年属江苏省扬州专区。1958年10月与泰州市再度合并，改称泰州县。1962年1月市、县再次分治，复称泰州市。1970年改属扬州地区。1983年3月划归扬州市。1994年撤县设市，改称姜堰市。1996年隶属新设立的地级泰州市。2012年12月撤销县级姜堰市，设立泰州市姜堰区。

泰兴市

汉海陵县地。南唐昇元元年(937)升海陵县为泰州，析海陵南五乡地置泰兴县，属泰州。泰兴之名始此，谓随泰州而兴起。县治初设济川镇(即今泰兴镇)，宋乾德二年(964)迁治柴墟镇(今口岸镇)。绍兴十二年(1142)改隶扬州，十四年又迁治延令村(今泰兴镇)。元属扬州路，明属扬州府。清雍正三年(1725)改属通州。1914—1927年属苏常道。1949年属苏北行署区泰州专区。1952年属江苏省扬州专区。1983年

3 月划归扬州市。1992 年撤县建市。1996 年县级泰州市从扬州市划出，组建地级泰州市。泰兴市划归泰州市。1997 年，泰兴市部分行政区划进行调整，组建泰州市高港区。

兴化市

战国属楚，相传为楚将昭阳食邑。汉海陵县地。五代吴武义二年(920)始置兴化县，属扬州，取觊兴其化之义。南唐改属泰州。南宋绍兴五年(1135)废县为昭阳镇，入海陵县。十九年复为兴化县，仍属泰州。淳熙四年(1177)改属高邮军。元属高邮府。明属扬州府高邮州。清属扬州府。1983 年 3 月划归扬州市。1987 年撤县建市。1996 年 8 月 12 日，县级泰州市从扬州市划出，组建地级泰州市。兴化市划归泰州市。

靖江市

原系江中沙洲，名马驮沙，也名马洲、骥沙、骥渚。三国吴赤乌年间淤涨，相传为孙权牧马大沙，因以得名。隋唐时隶泰州海陵县。宋易名阴沙，隶泰兴县。元改隶江阴。明初设巡检司。成化七年(1471)置靖江县，属常州府。以其地扼江海门户，且以江海多警，故名靖江。天启年间，北大江淤塞，始与北岸泰兴、如皋接壤。1914—1927 年属苏常道。1934—1938 年属南通行政督察区。1949 年属苏北行署区泰州专区。1952 年属江苏省扬州专区。1983 年 3 月划归扬州市。1993 年撤县建市。1996 年 8 月 12 日，县级泰州市从扬州市划出，组建地级泰州市。靖江市划归泰州市。

（摘自单树模主编《中华人民共和国地名词典·江苏省》，商务印书馆 1987 年出版。根据 2016 年江苏省行政区划设置略作改动。）

人 名 表

泰 州

清至民国

泰　兴

明

清至民国

兴 化

元 明

清至民国

靖　江

元　明

清至民国

泰州

南朝至明

道　标

南朝梁海陵人。与僧询、道邃并从光宅寺法云受业。经纶洽闻，博综有序，为众僧所重。

释标集 2 卷　集部别集类　佚

见《隋书·经籍志》。

张绍宗

唐海陵县人。官邵州武冈令，赠宜春郡太守。博学工书。

蓬山事苑 30 卷　子部典故类　佚

见《泰县著述考》卷 5。

张怀瓘

初名怀素，奉敕改今名。唐海陵县人。官鄂州司马、翰林院供奉。著名书法家、书学理论家。善真、行、草、小篆、八分，继以章草，新意颇多。自谓真、行可比虞、褚，草书欲独步于数百年间。著述甚富。

评书药石论 1 卷六体论 1 卷古文大篆书祖 1 卷　子部艺术类　佚

见《宋史》卷 202。

书议 1 卷书诂 1 卷玉堂禁经　子部艺术类

旧抄本，泰州图书馆藏。

书议 2 卷附玉堂禁经 1 卷论用笔十法 1 卷　子部艺术类

唐张怀瓘撰　明陶宗仪校注

清乾隆三十七年(1772)南昌彭氏知圣道斋抄本，台湾“中央图书馆”原藏。

书断 4 卷　子部艺术类

(1)《王氏书苑》本。作 3 卷,南京图书馆藏。

(2)《百川学海》本。

(3)《格致丛书》本。

(4)《天都阁藏书》本。

(5)《说郛》(宛委山堂)本。

(6)《四库全书》本。

(7)《说郛》(商务印书馆)本,不分卷。

(8) 元至正间刊本。

(9) 明弘治十四年(1501)无锡华珵翻刻本。

(10) 明嘉靖十五年(1536)莆田郑氏翻刻本。

(11) 博古斋影印宋本。

(12) 陶兰泉影宋刊本。

(13) 抄本,南京图书馆藏。

(14) 清初坊刊本。

(15) 影宋抄本,泰州图书馆藏。

(16) 旧抄本,泰州图书馆藏。

(17)《辟蠹山房丛书》本,泰州图书馆藏。

(18) 2012 年浙江人民美术出版社石连坤评注本,国家图书馆藏。

(19) 2014 年凤凰出版社《泰州文献》本。

按:本书为书法理论名著,上卷列古文、大篆、籀文等 10 种书体,记述其源流特点,各附以赞。中卷与下卷品评书法家,分神、妙、能三品,各品亦按书体区分。末为总评,论述书法艺术。

二王书录　子部艺术类

文字论　子部艺术类

以上 2 种有手抄本,见《泰县著述考》卷 5。

论用笔十法　子部艺术类

(1) 宋仲温手写本,国家图书馆藏。

(2) 旧抄本,见《泰县著述考》卷 5。

按:《海陵文征》卷 1 收其文 11 篇。《全唐文》卷 433 收其文 22 篇。

王　氏

北宋泰州人。王纶(字子霞)女。自称仙人,字善数品,形制不相犯。后嫁为广陵吕氏妻。

瑶台集 2 卷　集部别集类　佚

见《宋史·艺文志》,作王纶撰,然按《刘贡父诗话》所云,则是王纶之女,非王纶也。《诗话》录其《吟雪诗》《题金山》诗。

周孟阳

字春卿。北宋泰州人。祖籍四川成都。归贞子。宝元中第进士。为潭王宫教授、诸王府记室,加直秘阁,同知太常礼院。迁集贤殿修撰兼侍读。神宗初立,拜天章阁待制。卒年 69。淡于仕进,自奉简约。有肥田数顷尽予以弟侄,卒后无以为葬。子孙累举进士。

易义 1 卷　经部易类　佚

见道光《泰州志》卷 30。

潘及甫

字宪臣。北宋泰州人。博通经史,厉志文行。从胡安定学。庆历中与兄希甫同登进士。为怀仁尉、筠州判官,后知分宁、霍邱、寿春三县。所至咸著政绩。迁秘书丞,充楚王宫太学教授,神宗嘉之。后以屯田员外郎通判江州,迁左朝散郎。平生不修边幅,贤士大夫乐与之游。后学皆有所矜式。亲族之贫寡孤幼者皆赖其抚恤。晚得目疾,每命子侄执策读于前,终日倾耳危坐无倦容。卒前一日犹卧听周书汉史,口占为诗,以遗亲友。

潘朝散文集 30 卷　集部别集类　佚

见万历《扬州府志》卷24。

徐守信(? —1108)

字神公,后改神翁。北宋海陵人。少孤。年19入天庆观。崇宁二年(1103)赐号虚静冲和先生。大观二年(1108)解化,赠太中大夫。

虚静冲和先生徐公语录2卷　子部道教类

宋徐守信述　苗希颐辑

(1) 宋绍兴二十八年(1158)桐乡朱翌刻本。

(2) 宋淳熙七年(1180)朱宋卿重刊本。

(3)《道藏》本。

(4)《重刊道藏辑要·昴集》本,作1卷。

(5) 旧抄本,泰州图书馆藏。

周　秩

字重实,一作仲实。北宋泰州人。熙宁中与兄穜同举进士,历官有政声。仕终集贤殿修撰,赠徽猷阁待制。

易说10卷　经部易类　佚

见万历《扬州府志》卷24。

周秩文集(一作周集贤集)10卷　集部别集类　佚

见康熙《扬州府志》卷28。

曹　辅

字子方。北宋泰州人。元丰年间为鄜延路经略使,后提点广西刑狱。

同文馆唱和诗10卷　集部总集类

收录曹辅、邓忠臣等人诗作

(1) 收入张耒《张右史文集》。

(2)《四库全书》本。

(3)《四库全书珍本初集》本。

傅慎微

字几先。北宋泰州沙溪人，迁居长安。北宋末登进士，累官河东路经制使。后被金人所俘，遂降。官太常卿、定武军节度使、礼部尚书。性纯质笃古，喜谈兵，博学好著书。年 76 卒于官。

兴亡金镜录 100 卷　史部编年类　佚

见《补元史艺文志》卷 3。

卞大亨

字嘉甫，号松隐居士。北宋末泰州人。由乡举入太学。靖康二年(1127)迁居江南，任怀宁县簿。绍兴中隐居象山之钱塘村，手植万松于径，行吟其间。好读《左氏传》及《史记》、杜甫诗。素习养生，精医卜之书。绍兴三十年(1160)策授扬州府倅。

尚书类数 20 卷　经部尚书类　佚

见《宋史》卷 202《艺文一》。

传信方 100 卷　子部医家类　佚

松隐集 20 卷　集部别集类　佚

以上 2 种见道光《泰州志》卷 30。

卞氏集注杜诗(一作改注杜诗)30 卷　集部别集类　佚

宋卞大亨、卞圜注

见《杜集书录》。

周　邦

字辉之。南宋泰州人。秩侄。南宋渡江寓居钱塘。绍兴初主丹阳簿，除江东漕司干官。

政和大理入贡录 1 卷　史部政书类　佚

见民国《泰县志稿》卷 28。

仲　并

字弥性。南宋泰州人。绍兴二年(1132)进士。历光禄寺丞,终朝请大夫、淮东安抚司参议。幼好学强记,每一展诵,终身不忘。及长潜心问学,唯孔孟是师。

按:道光《泰州志》卷30云,雍正《扬州府志》作江都人,误。

登瀛秘策30卷　史部政书类　佚

见道光《泰州志》卷30。

浮山集10卷　集部别集类

(1) 清乾隆翰林院抄本,国家图书馆藏。

(2) 清抄本,国家图书馆藏。

(3)《四库全书》本。

(4)《四库全书珍本初集》本。

按:原刊16卷,孟猷辑,久佚。《四库全书》从《永乐大典》中录为10卷。

浮山诗余1卷　集部词曲类

(1)《彊村丛书》本。

(2)《宜秋馆诗余钞》本,浙江图书馆藏。

(3)《全宋词》本。

周麟之

字茂振。南宋泰州人。绍兴十五年(1145)进士。调武进尉,未赴。中博学宏词,历官兵部侍郎兼给事中。充金国哀谢使,言辞详雅,金人为之加礼。后拜同知枢密院事。学识宏富,辞令得体。年47卒。

海陵集23卷外集1卷　集部别集类

(1)《四库全书》本。

(2)《海陵丛刻》本。

(3) 2014年凤凰出版社《泰州文献》本。

别本海陵集 1 卷　集部别集类

清存素堂抄《宋元人诗集》本。

按:《海陵文征》卷 2 收其文 26 篇,卷 3 收其文 9 篇。

潘汝一

字古玉。南宋泰州人。绍兴十五年(1145)进士。博贯经史,工为文。建炎中,许容摄州事,降金。汝一不食者数日。所亲强之乃起,金遣人诱之,大骂。后以进士得官,更历州县。

群玉府 10 卷　集部别集类　佚

凤池集 10 卷　集部别集类　佚

以上 2 种见雍正《扬州府志》卷 35。

周　辉

字昭礼。南宋泰州人。邦子。寓居钱塘,隐居不仕。嗜学工文,藏书万卷。

南烬纪闻　史部杂史类

(1)《辟蠹山房丛书》本。

(2) 1914 年铅印本,南京大学图书馆藏。

北辕录 1 卷　史部地理类

(1) 清初钱曾家抄本,国家图书馆藏。

(2) 海陵陆氏抄本,南京图书馆藏。

(3)《续百川学海》本。

(4)《古今说海》本。

(5)《历代小史》本。

(6)《说郛》(宛委山堂)本。

(7)《景印元明善本丛书十种》本。

(8)《说郛》(商务印书馆)本。

(9)《海陵丛刻》本。

（10）《辟蠹山房丛书》本。

（11）《丛书集成新编》本。

（12）2014年凤凰出版社《泰州文献》本。

清波杂志12卷　子部小说类

（1）宋刻本，国家图书馆藏。

（2）清金氏文瑞楼抄本，与《别志》3卷合抄，上海图书馆藏。

（3）清抄本，鲍廷博校，与《别志》3卷合抄，国家图书馆藏。

（4）《四库全书》本。

（5）《知不足斋丛书》本。

（6）《笔记小说大观》本。

（7）《续古逸丛书》本。

（8）《丛书集成初编》本。

（9）《稗海》本，3卷。

（10）《说郛》（宛委山堂）本，1卷。

（11）《说郛》（商务印书馆）本。

（12）《旧小说》本，12则。

（13）《四部丛刊续编》本，附张元济撰《校勘记》1卷。

（14）《四库笔记小说丛书》本。

（15）1994年中华书局刘永翔校注本，国家图书馆藏。

（16）2012年上海古籍出版社秦克校点本，国家图书馆藏。

（17）2014年凤凰出版社《泰州文献》本。

按：本书作者自序署于宋绍熙三年（1192）。全书12卷，记载内容非常广泛，包括名人轶事、典章制度、风俗物产、时人诗文等，其中对重要人物、历史事件及典章制度等记载，可补史籍不足。

清波别志3卷　子部小说类

（1）清金氏文瑞楼抄本，与《杂志》12卷合抄，上海图书馆藏。

（2）清抄本2种，一为鲍廷博校本，与《杂志》12卷合抄。一为鲍廷博校、翁同龢跋本。皆藏国家图书馆。

(3)《四库全书》本。

(4)《知不足斋丛书》本。

(5)《笔记小说大观》本。

(6)《丛书集成初编》本。

(7)《说郛》(商务印书馆)本。

(8) 2014年凤凰出版社《泰州文献》本。

按:《海陵文征》卷3收其文2篇。

王禹锡

字畴九。南宋泰州人。绍兴二十七年(1157)进士。累官通直郎、签书镇江军节度判官厅公事。善属文。

海陵三仙传1卷　史部传记类

(1)《辟蠹山房丛书》本。

(2) 收入《海陵文征》卷3。

(3)《古今说海》本。

(4)《丛书集成初编》本。

(5)《旧小说》本。

(6) 2014年凤凰出版社《泰州文献》本。

按:《中国丛书综录》作无名氏撰。

卞　圜

字子东,一字大车,号卞夫子。南宋泰州人。大亨子。绍兴三十年(1160)进士。性颖异,博极群书。入太学有声。授扬州倅。

论语大意(一作论语孟子大意)20卷　经部四书类　佚

昌化图经　史部地理类　佚

宋卞圜纂修

按:辑本淳祐《临安志》、咸淳《临安志》并引此书,此图经当修于南宋乾道末淳熙初。

以上2种见《直斋书录解题》卷3。

唐山集1卷后集3卷　集部别集类　佚

宋卞圜、宋欱编

见《直斋书录解题》卷15，云：唐山者，临安昌化县也。

卞氏集注杜诗(一作改注杜诗)30卷　集部别集类　佚

宋卞大亨、卞圜注

见《杜集书录》。

尧允恭

字克逊。南宋泰州人。淳祐中随父徙居京口，遂为京口人。景定、咸淳两领乡荐。入元，专意经传，尤邃于《易》，深得性命之理。江浙行省檄充濂溪、东川书院山长，俱不赴。安贫乐善，四方学者多从其游。扁所居曰葵轩，自号观物老人。卒年82。

德安堂方100卷　子部医家类　佚

尧允恭集(一作观物老人集)　集部别集类　佚

以上2种见至顺《镇江志》卷19。

张　严

字肖翁。南宋泰州人。乾道五年(1169)进士。官参知政事。

闲静治本论5卷　史部史评类　佚

将论5卷　史部史评类　佚

琴操谱15卷调谱4卷　子部艺术类　佚

以上3种见《直斋书录解题》卷14、卷18。

万　钟

南宋泰州人。

吴陵志35卷　史部地理类　佚

见道光《泰州志》卷30，云宋淳熙(1174—1189)间编纂。

陈　膺

字登父。元初京口人，寓居泰州。举乡贡。性刚严寡合。入元隐居教授，润之学者多出其门。晚年自号芗林子。诗文豪健，有奇气。

芗林诗集　集部别集类　佚

见康熙《扬州府志》卷28。

陈膺集　集部别集类　佚

见至顺《镇江志》卷19，云："有集若干卷，藏于家。"

缪思恭

字德谦，号菊坡。元末泰州人。元至正间官淮安总管。

至正庚辛唱和集1卷　集部总集类

元缪恩恭等撰　郁遵辑　清朱彝尊重编

(1) 明刊本。

(2)《艺圃搜奇续集》本。

(3)《玉雨堂丛书第一集》本。

(4) 民国石印本，南京图书馆藏。

(5) 民国乌程张氏适园抄本，国家图书馆藏。

按：《四库全书总目》存目云：乃至正庚子(1360)辛丑(1361)间思恭等分韵唱和之作也。先后共诗28首，26人。

道　泰

字来峰。明初泰州人。出家于扬州路天宁万寿禅寺。能诗文，通小学，时称名家。

集钟鼎古文韵选5卷　经部小学类

(1) 明抄本，大连图书馆藏。

(2) 清抄本，国家图书馆藏。

(3) 1988年书目文献出版社影印本。

(4)《四库全书存目丛书》本。

(5) 2014 年凤凰出版社《泰州文献》本。

禅林类聚 20 卷　子部佛教类

明道泰辑

(1) 明初刻本,国家图书馆藏,残本,14 卷。

(2) 明永乐十五年(1417)刻本,北京大学图书馆藏。

(3) 日本大正元年(1912)《续藏经》本。

(4) 1923 年商务印书馆影印《续藏经》本。

张　毅

字仲刚。明初泰州人。元季奉二亲避兵大同。入明,为大同行都司掾。以勤干廉洁著称。性至孝,时人高其义。能文章,好吟咏,尤邃于诗。为翰林王燧所称重。

青阳先生忠节附录不分卷　史部传记类

明张毅编

(1) 明正统十年(1445)高诚刻本,上海图书馆藏。

(2) 明嘉靖间刻本,台湾“中央图书馆”原藏。

青阳先生忠节附录 2 卷　史部传记类

明张毅辑

(1) 明弘治三年(1490)刻本,南京图书馆藏。

(2) 明嘉靖十七年(1538)刻本,南京图书馆藏。

按:道光《泰州志》卷 30 附录作余录。

石光霁

字仲濂。明泰州人。受学于张以宁。洪武十三年(1380)以明经举,授国子监学正,升《春秋》博士。工文。能传以宁之学。

按:《万姓统谱》作光霄,此从《明史》本传。

春秋书法钩玄 4 卷　经部春秋总义类

(1) 明初刻本,国家图书馆藏。

(2) 明万历澹生堂余苑刻本。

(3) 清吴玉墀藏写本。

(4) 抄本,国家图书馆藏。

(5) 国学图书馆传抄文澜阁本,南京图书馆藏。

(6)《四库全书》本。

(7) 2014 年凤凰出版社《泰州文献》本。

翠屏诗集 2 卷　集部别集类

明张以宁撰　石光霁编

明悠然斋抄本,国家图书馆藏。

翠屏张先生文集 4 卷　集部别集类

明张以宁撰　石光霁编　张淮续编

明成化刻本,国家图书馆藏。

翠屏诗集 2 卷文集 2 卷　集部别集类

明张以宁撰　石光霁编

(1) 明成化十六年(1480)德庆府儒学刻本,台湾“中央图书馆”原藏。

(2) 清抄本,上海图书馆藏。

(3) 抄本,北京大学图书馆藏。

(4)《明别集丛刊》本。

翠屏集 4 卷　集部别集类

明张以宁撰　石光霁编　张淮续编

(1) 明宣德三年(1428)刻本,南京图书馆藏。

(2) 明成化十六年张淮刻本,国家图书馆藏。

(3) 明成化十六年张淮刻明清递修本,中国科学院图书馆藏。

(4)《四库全书》本。

(5) 清抄本,国家图书馆藏。

(6) 抄本,北京大学图书馆藏。

樗散集　集部别集类　佚

见《文渊阁书目》。

石仲濂集　集部别集类　佚

见《南雍志》。

按:明《西溪镇志》收其诗 1 首。

刘　纯

字宗厚。明泰州人。叔渊子。洪武中名医。朱震亨弟子。

玉机微义 50 卷　子部医家类　佚

见《千顷堂书目》卷 14。

医经小学 6 卷附医经问 1 卷　子部医家类

明正统三年(1438)刻本,南京大学图书馆藏。

卢千驷

字善德。明初由苏州迁居泰州。建文二年(1400)进士。

俯仰集　集部别集类　佚

悲鸣集　集部别集类　佚

说剑集　集部别集类　佚

捶琴集　集部别集类　佚

沧桑集　集部别集类　佚

泡影集　集部别集类　佚

以上 6 种见《泰县著述考》卷 7。

张　文(1426—1482)

字存简。明泰州人。颀子。乡试第一,登成化二年(1466)进士。授刑部主事,累进郎中。在刑曹最久,有所谳必本于公德。十五年升浙江按察司副使。平生自奉俭约,周人之急则倾囊弗吝。尤嗜学不倦,所作诗文皆有关世教。

审济录1卷　子部儒学类　佚

见康熙《扬州府志》卷28。

张存简杂稿　集部别集类　佚

见道光《泰州志》卷30。

按:《海陵文征》卷6收其文2篇。

张　孜(1431—1487)

字存善,号裕斋。明泰州人。颀四子。久试不遇。晚年隐居城隅,筑室云庄,因自号云庄老叟。

裕斋集　集部别集类　佚

见明储巏《柴墟文集》。

冒　政(1443—1519)

字有恒,号履贞。明泰州人。哲子。成化十一年(1475)进士。历官右副都御史。刘瑾索贿不得,遂借辽东边备不饬事为政罪,逮下诏狱,罚米3000石。瑾诛,复职。

履贞集20卷　集部别集类

清乾隆重刻本,南通市图书馆藏。

陈　相(1444—1524)

字子邻,号管竹。明泰州人。成化十一年(1475)进士。初守蒲州,颇有政绩。升户部郎中,出知台州府,定策擒巨寇。晋广西参政。台州人为之立去思碑。年60以目疾力请致仕。卒祀名宦。

(弘治)赤城新志23卷　史部地理类

明陈相修　谢铎纂

(1) 明弘治十年(1497)刻本,南京图书馆藏。

(2) 明弘治十年刻嘉靖四十四年(1565)修版印本,国家图书馆藏。

(3) 明弘治十年刻嘉靖四十四年修版天启六年(1626)递修印本,

南京图书馆藏。

(4) 抄本，浙江图书馆藏。

(5)《续台州丛书》本。

(6) 清光绪二十四年(1898)刻本，中国人民大学图书馆藏。

(7)《四库全书存目丛书》本。

陈子邻蚓鸣集　集部别集类　佚

唱和集　集部总集类　佚

明陈相、储巏等著

以上 2 种见道光《泰州志》卷 30。

全　英

字文实，号东轩。明泰州人。成化十三年(1477)举人。少时与储巏共学，文望并重于时，草创邑志。

(嘉靖)泰州志　史部地理类　佚

明全英修

见道光《泰州志》卷 30。

东轩杂识　子部杂学类　佚

见《微尚录存》。

储　巏(1457—1513)

字静夫，号柴墟。明泰州人。成化十九年(1483)乡试第一，明年会试第一。授南京吏部主事，历迁户部左侍郎。刘瑾用事，引疾归里。瑾诛后，复起调南京吏部左侍郎。为文森然有法度。尤工于诗，冲澹沉蔚，凌铄魏晋。好推引知名士。避远非类，不恶而严。与李梦阳、何景明、徐祯卿等相倡和。其诗仿陶、韦，文亦恬雅，至于才力富健则不及李梦阳等，然亦明代泰州人物文章之冠。卒谥文懿。

储文懿公奏疏　史部政书类　佚

见嘉庆《重修扬州府志》卷 62。

新刊皇明政要20卷　史部编年类

明娄性编　储巏校

(1) 明嘉靖五年(1526)刻本,国家图书馆藏。

(2)《续修四库全书》本。

柴墟文集(一作柴墟集)15卷　集部别集类

(1) 明嘉靖四年储洵沔阳补刻本,卷9至卷11配万历刻本,泰州图书馆藏。

(2) 明万历二十五年(1597)储耀刻本,泰州图书馆藏。

(3) 明万历四十二年储耀刻本,上海图书馆藏。

(4) 清康熙十九年(1680)刻本,清华大学图书馆藏。

(5)《海陵丛刻》本。

(6)《四库全书存目丛书》本。

(7)《明别集丛刊》本。

(8) 2014年凤凰出版社《泰州文献》本。

七言杂字诗1卷　集部别集类

(1) 墨稼山房刻本。

(2) 犁花渔人删订钞本。

(3) 传钞本,泰州图书馆藏。

垌野集　集部别集类　佚

见明欧大任《广陵十先生传》。

遗山先生文集40卷附录1卷　集部别集类

金元好问撰　明储巏辑

明弘治十一年(1498)李瀚刻本,储巏手校,国家图书馆藏。

按:瀚因《遗山集》"历时既久,屡更兵燹。书在人间多是抄本,鲁鱼亥豕,漫不可读",故借得储巏所录善本,刻于河南。《附录》为巏所辑有关元好问传跋赠诗等。此本为《四库全书》《四部丛刊》所收。《四部丛刊》并用灵石杨氏本补充了其中第22卷的脱文。

储巏制艺　集部别集类

见《泰县著述考》卷7。

按:《明诗综》卷29收其诗7首。《海陵文征》卷4卷5收其文38篇。

晞发集10卷晞发遗集2卷遗集补1卷天地间集1卷　集部别集类

宋谢翱撰

登西台恸哭记注1卷冬青树引注1卷　集部别集类

明张丁撰

以上2种明弘治间储巏刊。

吕　杰(? —1506)

明泰州人。弘治三年(1490)进士。官抚州知府,正德元年(1506)卒于官。

抚州府志28卷　史部地理类　佚

明吕杰修

见《天一阁书目》。

王盛仁(1462—1516)

字拔之。明泰州人。

王氏宗谱　史部传记类　佚

明王盛仁弘治七年(1494)修纂

见《泰州东门外王氏宗谱》。

储　岚(1462—1538)

字洁夫,别号云崖。明泰州人。巏弟。

东庄集句录　集部总集类

野趣堂集句　集部总集类

以上2种见《泰县著述考》卷7。

李　坚

字原德。明泰州人。弘治十八年(1505)进士。

沧浪集 3 卷　集部别集类

宋严羽撰　明李坚刊

明正德十年(1515)刻本。

华　湘(1472—1543)

字源楚，号南畹。明泰州人。生而颖悟，通术数，精数学。正德十二年(1517)进士。授工部郎中。御史朱节荐，历光禄寺少卿，管钦天监事。寻以事谪守蒲州。稍迁广西思恩府丞，致仕。

诗经臆说 14 卷　经部诗经类

(1) 明嘉靖二十一年(1542)华湘刻本，泰州图书馆藏。

(2) 2014 年凤凰出版社《泰州文献》本。

玉历通政经 3 卷　子部术数类

唐李淳风编　明华湘补

抄本，北京大学图书馆藏。

灵枢秘要　子部医家类　佚

石府玄机　子部历算类　佚

幽堂宝照　子部历算类　佚

皇极玄机　子部术数类　佚

洞林秘髓　子部术数类　佚

以上 5 种见道光《泰州志》卷 30。

按:《泰县著述考》卷 6 云《幽堂宝照》5 卷、《灵枢秘要》3 卷均有明抄本。《海陵文征》卷 6 收其文 1 篇。

潘逢元

明泰州人。廪生。潜心考据，淡于仕进。

湛泉诗集　集部别集类

见《泰县著述考》卷7。

徐　嵩(1482—1558)

字仲望,号小石。明泰州人。蕃子。正德十六年(1521)进士。历官湖广按察使、山东布政使、右副都御史等。以罪谪戍宣府,逾年放归。

小石文集　集部别集类　佚

见明沈良才《凤冈集》。

按:《海陵文征》卷6收其文1篇。

储　洵(1484—1555)

字平甫,号平野。明泰州人。岚长子,巏侄。正德六年(1511)进士,官兵部郎中,左迁知沔阳。郡多水患,请修堤防,言甚剀切。迁台州同知。升福建漳南佥事。漳旧多盗,洵设条约督捕,扑灭殆尽。以守正不阿致仕归。辟雉山园,日读书其中。及卒,门人私谥"文贞子"。

建文革除录(一作靖难革除录)　史部杂史类　佚

明储洵编

见雍正《扬州府志》卷35。

储氏宗谱　史部传记类　佚

明储洵、储滇嘉靖三十一年(1552)修纂

见《海陵储氏宗谱》。

江河伏流编　史部地理类　佚

见同治《续纂扬州府志》卷22。

沔阳河防志　史部政书类

见《泰县著述考》卷6。

野野集　集部别集类　佚

见嘉庆《重修扬州府志》卷62。

柴墟文集15卷　集部别集类

见“储巏”条。

按:《海陵文征》卷6收其文1篇。

王　纪

字环卿,一作理卿,别号顺庵。明泰州人。正德六年(1511)进士。官至陕西佥事。

谏垣遗草　集部别集类　佚

见王孙骖《蕊亭随笔》。

给谏诗集　集部别集类　佚

见《蕊亭随笔二集》。

按:《海陵文征》卷6收其文1篇。

储　湞(1486—1559)

字行甫,号瀛溪。明泰州人。岚次子,巏嗣子。举明经,官江西弋阳知县,多有惠政,寻引年归。

储氏宗谱　史部传记类　佚

明储湞等嘉靖三十一年(1552)编纂

见《海陵储氏宗谱》。

近园诗稿　集部别集类

见《泰县著述考》卷7。

周　盘

字崇寿,号西野。明泰州人。王艮妹婿。8岁能诗文,受业于王艮,艮叹美之。盘以圣贤自期,至老不辍。

文庄遗集　集部别集类　佚

见民国《续纂泰州志》卷22,云藏于家。

林　春(1498—1541)

字子仁，号东城，又号方城。明泰州人。祖籍福建。性温醇，少孤贫力学。师事王艮，闻艮知之学。日以朱墨笔识臧否自考，动有绳检，尺寸不逾。嘉靖十一年(1532)会试第一，除户部主事，调吏部。缙绅讲学京师者数十人，聪明解悟、善谈说者推王畿，志行敦实者推春。寻以母病归养。家居3年未尝以事干州郡，所赠非礼者辄弗受。起，补文选郎中。卒于官。

林东城集2卷　集部别集类

(1) 明嘉靖二十三年浙中刻本。

(2) 明嘉靖二十五年孔天胤刊本。

(3)《海陵丛刻》本。

(4) 抄本，山东大学图书馆藏。

(5) 2014年凤凰出版社《泰州文献》本。

按：万历《扬州府志》卷24作4卷。《海陵文征》卷6收其文13篇。

储　汶(1498—1549)

字源甫，号齐南。明泰州人。岚四子。贡生，授江西鄱阳县丞。

问芝亭稿　集部别集类

见《泰县著述考》卷7。

潘导光

明泰州人。逢元子。廪生。师事王守仁。

旸谷轩文集　集部别集类

见《泰县著述考》卷7。

卢　琰

字以德，号东湾。明泰州人。源子。处士。

东湾吟稿谈会 12 卷　集部别集类

见《泰县著述考》卷 7。

王　栋(1503—1581)

字隆吉，号一庵。明泰州人。嘉靖三十七年(1558)岁贡生。性至孝。每事几谏，不听则谕亲于道乃止。尝谓举业虽出身阶梯，心学实孔曾正脉。初，王守仁良知之学有泰州一派，始于王艮，栋为艮从弟，并师事之，故独得其传。为江西南城训导，主白鹿洞文会，又掌南昌正学书院。补泰安州学正，迁南丰教谕，信从者众。隆庆四年(1570)创水东会，建义仓。五年擢深州学正。致仕归。

易说　经部易类　佚

见民国《泰县志稿》卷 27。

祠堂纪事　史部传记类

《三水王氏族谱》本。

会学十规　子部儒学类　佚

见《泰州新志刊谬》卷上。

一庵会语 12 卷　子部儒学类　佚

见《千顷堂书目》卷 11。

一庵先生遗集 2 卷　集部别集类

(1) 明万历间维扬王氏刻本，北京大学图书馆藏。

(2) 明天启四年(1624)王家俊刻本，南京图书馆藏。

(3)《三贤全集》明刻清初递修本，泰州图书馆藏。

(4) 清王世丰刻本。

(5) 清王荣禄刻本。

(6) 收入 1912 年《明儒王心斋先生遗集》铅印本。

(7) 抄本，南京图书馆藏。

(8)《四库全书存目丛书》本。

(9)《明别集丛刊》本。

(10) 2014年凤凰出版社《泰州文献》本。

按:此集分为2卷,上卷《会语正集》《续集》,下卷《论学杂吟》及各体诗文,并其门人李樾所记《诚意问答》。

王一庵先生遗集3卷　集部别集类

明崇祯刻本。

沈良才(1506—1567)

字德夫,号凤冈。明泰州人。登嘉靖十四年(1535)进士。由翰林院庶吉士改兵科给事中。寻转工科给事中。时浙省卢纲与孙存互相讦奏,良才勘问,伸存而抑纲,纲正典刑,一切株连皆得释。升南京大理寺右丞,累官至兵部侍郎。以疏劾严嵩落职。卒年62。

沈凤冈集(一作大司马凤冈沈先生文集)4卷　集部别集类

(1) 明刻本,南京图书馆藏。

(2) 清康熙间六世孙沈龙翔修补本。

(3) 传抄本,泰州图书馆藏。

(4)《四库全书存目丛书》本。

(5)《明别集丛刊》本。

(6) 2014年凤凰出版社《泰州文献》本。

按:《海陵文征》卷7收其文10篇。

林　讷

字公敏,号白宇。明福建莆田人。初贾淮南,嘉靖三十三年(1554)倭乱,遂举家居于泰州。拜受王襞门下。卒葬安丰场。

林讷遗集　集部别集类

渔樵答问　集部词曲类

以上2种见《泰县著述考》卷3。

唐 珊

字可珍，号一桥，后改灵台。明泰州人。招贤乡处士。慕王艮良知之学，醇谨自守，终身不见喜愠之色。居家遵古礼。岁时祭祀，必戒必敬。

乡约解　子部儒学类　佚

质言集　集部别集类　佚

以上2种见嘉庆《重修扬州府志》卷62。

陈 芑

字实夫，号美斋。明泰州人。王艮弟子。嘉靖间由岁贡生授河南新乡县训导。深探乐学之源。年61卒于官。祀享崇儒祠。

论孟类聚　子部儒学类　佚

见《泰州新志刊谬》卷下。

凌 儒

字真卿，号海楼。明泰州人。登嘉靖三十二年(1553)进士。初为永丰令，多惠政。擢御史，以直言除名。穆宗嗣位，复官，益发舒。再迁右佥都御史。吏部追论其知永丰时贪墨，遂落职闲住。家居后尤有功桑梓。力请当道议开丁溪、白驹二港，民享其利。卒年80。

山堂肆考228卷补遗12卷　子部典故类

明彭大翼著　张幼学编　凌儒等校

(1) 明万历二十三年(1595)金陵书林周显刻本，北京师范大学图书馆藏。

(2) 万历二十三年金陵书林周显刻、万历四十七年重修本，首都图书馆藏。

(3)《四库全书》本。

旧业堂集(一作凌海楼集)10卷　集部别集类

(1) 明天启四年(1624)刻本,上海图书馆藏。

(2)《明别集丛刊》本。

(3) 2014 年凤凰出版社《泰州文献》本。

按:《海陵文征》卷 8 收其文 13 篇、卷 9 收其文 15 篇。明《西溪镇志》收其诗 2 首。

顾廷对

字子俞,号直斋。明泰州人。嘉靖三十八年(1559)进士。知浙江平湖县。减驿马,复塘长,酌开河事宜,一时称便。擢监察御史,多所建白,不避豪右。又出按江西,处淹狱,豁无辜,持法平正。后谪判涪州,改嘉善县令,皆未任而卒。

(嘉靖)平湖县志 9 卷　史部地理类　佚

明泰州顾廷对修　丹徒法皑纂

明嘉靖四十二年修,法皑序载光绪《平湖县志》卷末。见雍正《浙江通志》卷 253 著录。

江右奏疏　史部政书类　佚

尹湖末议　史部政书类　佚

以上 2 种见道光《泰州志》卷 30。

李存文

字应魁,号曲江。明泰州人。嘉靖四十四年(1565)成进士。官吏科给事中,升工科右都给事中。上讲学勤政一疏,识者韪之。外补湖广参议。隆庆六年(1572)引疾致仕归。

曲江谏草　史部政书类　佚

见道光《泰州志》卷 30。

蒋　科

明泰州人。隆庆二年(1568)进士。官建宁知府。

皇明两朝疏抄20卷　史部政书类

明贾三近辑　蒋科刊

(1) 明万历十四年(1586)刻本,北京大学图书馆藏。

(2)《续修四库全书》本。

陈　汶(1520—1600)

字汝明,号达泉,一字鲁田。明泰州人。万历元年(1573)恩贡,仕广西南宁府通判,署本府事。

陈氏家谱　史部传记类　佚

明陈汶万历九年创修

见《陈氏家乘》。

宫永建(1534—1618)

字克昌,号恒山。明泰州人。盛子。廪膳生。性孝友。万历间食饩于庠,代弟受过除名,终身不恨。所行隐德甚多。乡谥文介,崇祀乡贤。

文介公诗词遗稿1卷　集部别集类

春雨草堂传抄本,见《泰县著述考》卷4。

陈应芳(1543—1610)

字世龙,一字元振,号兰台。明泰州人。万历二年(1574)进士。任浙江金华、龙泉县令,历官福建布政司参议、南京大理寺丞、太仆寺少卿。在官多有惠政。力辞归里。寿68。天启四年(1624)祀乡贤。

两浙名宦录　史部传记类

见《泰县著述考》卷5。

敬止集　史部地理类

明陈应芳辑

(1) 明万历二十四年刻本,上海图书馆藏。

(2)《四库全书》本。

(3) 清抄本，上海图书馆藏。

(4) 清抄本，南京图书馆藏。

(5)《海陵丛刻》本。

(6) 2014 年凤凰出版社《泰州文献》本。

按：本书收录陈应芳所撰有关河道治理及漕运、田赋的各类文章，卷 1 图、论，卷 2 奏疏、公移、序、碑、传，卷 3 尺牍，卷 4 书。书中所言涉及泰州、兴化、高邮、宝应、盐城等地地理形势、水害防治、经济状况、农政管理等。

宗儒语录　子部儒学类　佚

剑川录　子部杂学类　佚

以上 2 种见《陈氏家乘》。

守愚集　集部别集类　佚

归来集　集部别集类　佚

以上 2 种见雍正《扬州府志》卷 35。

日涉园集　集部别集类　佚

见道光《泰州志》卷 30。

含香集　集部别集类　佚

见《陈氏家乘》。

按：《海陵文征》卷 10 收其文 12 篇、卷 11 收其文 14 篇。

周思兼

字绍旦，号得斋。明泰州人。庠生。师事王襞。配享东淘精舍。

定庵周公遗稿　集部别集类

见《泰县著述考》卷 3。

潘昌类

字龙涛。明泰州人。贡生。其先自苏州迁泰，世有善行。昌类重然诺，尚义节，岁凶，出粟赈饥埋道殣。

潘子制义　集部别集类　佚

花月楼诗　集部别集类　佚

以上2种见道光《泰州志》卷30。

韩士文

号伴松。明泰州人。精医术，远近征聘无虚日。能诗。

休休楼集　集部别集类　佚

见雍正《扬州府志》卷33。

李福曾

明泰州人。

李氏族谱18卷　史部传记类

明李福曾等撰

清同治三年(1864)活字本。

李思谦

明泰州人。万历举人。

摭古遗文2卷再续摭古遗文1卷　经部小学类

明李登辑　姚履旋增辑

明万历三十一年(1603)李思谦刻本，南京图书馆藏。

钱东皋

明泰州人。

吴越分钱氏泰州宗谱10卷　史部传记类　佚

明钱东皋创稿，见《泰县著述考》卷8。

储　耀

字文振，号寅宾。明泰州人。湞孙。天启岁贡生，候选训导。

柴墟文集 15 卷首 1 卷　集部别集类

见“储巏”条。

章文斗

字月鹿。明泰州人。以岁荐授浙江定海丞。万历间纂维扬郡志及邑志。工诗古文辞。

(万历)泰州志(一作甲辰志)12 卷　史部地理类

明李存信修　黄佑、章文斗纂

(1) 明万历三十二年(1604)刻本。

(2) 清抄本，国家图书馆藏。

(3) 2014 年凤凰出版社《泰州文献》本。

按：嘉庆《重修扬州府志》、道光《泰州志》均误作“章举”修。

定海三赋志略　史部地理类　佚

见崇祯《泰州志》卷 6。

按：万历《扬州府志》卷 24 有《蛟川三赋》，疑是一书。

臆见　子部杂学类　佚

心铭　子部杂学类　佚

镜古　子部杂学类　佚

丛奇　子部杂学类　佚

以上 4 种见道光《泰州志》卷 30。

宫景隆(1555—1623)

字美存，一字美中，号玉昆。明泰州人。永建子。岁贡生。潜心理学，朝夕讲贯，绘太极图，加以赞语。私谥文达。

烬余偶存 1 卷(一作文达公图赞)　经部易类

(1) 宫焕光手抄本。

(2) 宫继兰刻本。

以上2种见《泰县著述考》卷4。

沈晋阳

字康侯，别号羼提道人。明泰州人。龙翔之祖。万历时郡庠生。少孤，友于兄弟。性恬淡，早年弃举子业。布衣疏食者30余载。好为诗文，多所著述。家贫未能付梓。其《治清水潭议》当事多采用之。举乡饮宾，不赴。卒年85。

治清水潭议　史部政书类　佚

采山堂集10卷　集部别集类　佚

以上2种见道光《泰州志》卷30。

丁士毅

明泰州人。

广戒杀说　子部杂学类　佚

早嫁婢说　子部杂学类　佚

以上2种见道光《泰州志》卷30。

高　莹

明泰州人。

蒋垛高氏宗谱　史部传记类　佚

明高莹创稿，见《泰县著述考》卷8。

徐文炳

字明台。明泰州人。廪贡生。性孝友。通经史，嗜学不倦。天启四年(1624)与修州志。

洞酌集　集部别集类　佚

见道光《泰州志》卷30。

朱成恕

字惟一，号如斋。明泰州人。幼孤贫，事母至孝。长应童子试，不售，辄弃去。阐明理学，慕王艮之道，游于四方，从学者日众。东林前辈争聘以为座上客。晚年遁迹荒村，犹讲学不倦。配享崇儒祠。

就正臆说10卷　子部儒学类　佚

见道光《泰州志》卷30。

西竺和尚

明泰州人。幼业儒，既长以学道弃家为僧，住持金陵兰若寺。淹贯经史，博通佛典，魏国公徐宏基师事之。竟陵钟惺、谭元春与其为方外交，常疑义相析。钟惺撰《诗归》，大半脱稿于其室。年85圆寂。

楞严合辙　子部佛教类　佚

见《泰县著述考》卷2。

刘万春

字忠孕，一作衷孕、公孕。明泰州人。万历四十四年(1616)进士。授户部江西司主事，管西山仓，收崇文门税。历兵部员外郎、郎中，浙江布政司参政，所至有声。

(崇祯)泰州志10卷图1卷(一作大参志)　史部地理类

明李自滋修　刘万春纂

(1) 明崇祯六年(1633)刻本，国家图书馆藏。

(2) 清康熙五十八年(1719)魏锡祚刻本，中国人民大学图书馆藏。

(3) 传抄康熙五十八年本，南京地理研究所图书馆藏。

(4) 恨不读书堂抄本，吉林大学图书馆藏。

(5) 抄本，扬州市图书馆等藏。

(6) 油印本，河南省社会科学院图书馆藏。

(7)《四库全书存目丛书》本。

(8) 2014 年凤凰出版社《泰州文献》本。

按:是书始修于天启四年(1624),刊成于崇祯六年。全志体例与他志略同,而意主黜伪存真,颇不徇其乡曲。其论学究而蓦理学之堂,方技而割隐君之席,及谀墓之文,虽工不录者,皆切中州郡志书之弊。康熙五十八年重修崇祯原本,因惧禁讳,多处删改,故后人曰重刻本为"康熙己亥志"。

守官漫录 5 卷　子部杂学类

(1) 明万历四十八年刻刘氏澹然居本,南京图书馆、国家图书馆等藏。

(2)《四库禁毁书丛刊》本。

(3) 2014 年凤凰出版社《泰州文献》本。

按:《海陵文征》卷 12 收其文 4 篇。

袁懋贞

字九漈,一字居易。明泰州人。世科子。万历二十五年(1597)举人。官开封府同知、南康知府等。诗宗汉魏,文兼六朝八家之长。

袁氏四公录　史部传记类　佚

见宫伟镠《微尚录存》。

庐山莲社高贤传 7 卷　史部传记类

明万历间刻本,福建省图书馆藏。

善名堂集 6 卷　集部别集类

(1) 明天启间自刻本,泰州图书馆藏。

(2) 2014 年凤凰出版社《泰州文献》本。

寤园山人素辞 10 卷　集部别集类

(1) 明崇祯间刻本,北京大学图书馆藏。

(2)《明别集丛刊》本。

蒯缑集　集部别集类　佚

清源集　集部别集类　佚

以上2种见嘉庆《重修扬州府志》卷62。

游梁草　集部别集类

寤白园稿　集部别集类

以上2种见《泰县著述考》卷4。

庐山诗纪7卷　集部总集类

(1) 明刻本,南京图书馆藏。

(2) 2014年凤凰出版社《泰州文献》本。

周世臣

字梦翁。明泰州人。

芙蓉集　集部总集类　佚

明周世臣、王之骥合选

见《伯山诗话后集》。

按:明崇祯元年(1628)周、王合选唐宋人词为此集。

钱世金

明泰州人。

吴越分钱氏泰州宗谱10卷　史部传记类

明崇祯六年(1633)刊本,见《泰县著述考》卷8。

黄呈理

明泰州人。

姜堰镇黄氏家乘14卷　史部传记类

清顺治三年(1646)刊本,见《泰县著述考》卷8。

缪文远

明泰州人。

缪氏族谱10卷　史部传记类　佚

明缪文远创修，见《泰县著述考》卷8。

吴　陵

字又徐，号椒堂。明泰州人。力贫而诗豪，才思敏捷。

椒堂遗集　集部别集类

见《泰县著述考》卷2。

吴　涛

字又山。明泰州人。性至孝。

芙蓉阁诗集　集部别集类　佚

见《泰州新志刊谬》卷下。

田狩龙

字确夫，一字钟宇，号遁庵。明泰州人。居溱潼镇，不历城市。置义田义仓，设家塾。子孙多所成就。孝友诚笃，著作甚富。年80卒。

良知说　子部儒学类　佚

明道大意　子部儒学类　佚

诚正解　子部儒学类　佚

以上3种见雍正《扬州府志》卷35。

乐道歌　子部儒学类　佚

见民国《泰县志稿》卷28。

教子格言　子部儒学类　佚

劝学语　子部儒学类　佚

遁庵诗集　集部别集类　佚

以上3种见道光《泰州志》卷30。

德香园集　集部别集类　佚

见《中国人名大辞典》。

沈复曾

字大复，号林公。明泰州人。诸生。工诗。天启、崇祯间海陵风雅一派几于歇响，复曾起而肇之。其扶衰正雅之功不可没。

旦园诗集　集部别集类　佚

见《泰州新志刊谬》卷下。

按：《江苏诗征》卷118作《且园诗集》，并收其诗5首。《淮海英灵集》戊集卷1收其诗1首。

张廷寀

字见东。明泰州人。诸生。渊博能文，屡试不售。性孝友。生徒百计，有贫不能具修脯者，资以馆谷，教之。天启、崇祯时与储瑛等两修邑乘。

南轩集　集部别集类　佚

竹畦集　集部别集类　佚

以上2种见道光《泰州志》卷30。

王相说

字懋弼，号鞠劬。明泰州人。三重子。天启二年(1622)进士。官至湖广参议。同修崇祯邑志。

四书讲义合编　经部四书类　佚

见《蕊亭随笔》。

海安王氏族谱8卷　史部传记类

清顺治五年(1648)刊本，见《泰县著述考》卷8。

趣园诗　集部别集类　佚

见《诗观二集》。

按：《海陵文征》卷12收其文2篇。

王　肇

明泰州人。

三水王氏族谱 14 卷　史部传记类　佚

明王肇创稿，见《泰县著述考》卷 8。

宋懋功

明泰州人。

港口宋氏族谱 10 卷　史部传记类　佚

明宋懋功创稿，见《泰县著述考》卷 8。

清至民国

唐志契(1579—1651)

字敷五，又字玄生。明清间泰州人。与弟志伊、侄日昌并能画，时人称为“三唐”。而志契尤以山水擅长。

绘事微言 4 卷　子部艺术类

(1) 明天启七年(1627)刻本，上海图书馆藏。

(2) 明崇祯十一年(1638)刻本，清华大学图书馆藏。

(3) 明抄本，浙江图书馆藏。

(4)《四库全书》本。

(5)《四库全书珍本初集》本。

(6)《海陵丛刻》本。

(7)《画论丛刊》本，作 1 卷。

(8) 2014 年凤凰出版社《泰州文献》本。

按：本书论述山水画技法理论等，卷 1 为唐志契论述共 51 则，卷 2 至卷 4 辑录南齐谢赫至明代诸家有关记述，所采前人之说亦颇有价值，有助于中国画的创作和研究。

又按：《海陵文征》卷 12 收其文 1 篇。

宫继兰(1579—1658)

原名大壮，字贞吉，号鸾邻。明清间泰州人。景隆子。明崇祯十年(1637)进士。授工部主事，出知兖州府。崇祀名宦。

宫氏族谱 1 卷　史部传记类

清乾隆五十七年(1792)刊本，见《泰县著述考》卷 8。

南枝草诗钞 1 卷　集部别集类

(1) 见《续南宫旧德录》。

(2) 传钞本,见《泰县著述考》卷 4。

按:《海陵文征》卷 12 收其文 1 篇。

柳敬亭(1587—1676)

名逢春。明清间泰州人。年 15 犷悍无赖,避仇流落江湖,休于柳下,乃姓柳。善说书。自称学技于云间莫后光,以养气定辞审音辨物为揣摩,使闻者欢愉发噱,久而忘倦。后入左良玉幕府。良玉败,又游松江马提督军中,终不得志而卒。

柳下说书 4 卷　子部小说类　佚

按:据胡士莹《话本小说概论》云,是书为柳敬亭说书底本,原藏武昌刘易生家,后归黄侃,书遂失落。参见《中国通俗小说总目提要》。

许承钦

字钦哉,号漱雪。明清间汉阳人,寓泰州。崇祯四年(1631)进士。知溧水县,迁户部主事。

漱雪集　集部别集类　佚

见道光《泰州志》卷 30。

田毓芝

字明符。清泰州人。狩龙次子。诸生。十应试不遇,遂究心理学,多所阐发。立家庙,置义田。晚年益恬退。六举乡饮宾,不赴。

乐天堂稿 10 卷　集部别集类　佚

见道光《泰州志》卷 21。

徐尔贞

字介石,又字惟正。清泰州人。由贡生授文华殿中书,加礼部仪制司主事。崇祯时有奏免漕粮三分及海口扼险二疏，士民德之。尝纂修国史。精于医理。

医汇（一作新刻医汇）12卷　子部医家类　佚

见道光《泰州志》卷30。

潘昌第

清泰州人。拔贡生。官至知府。康熙元年（1662）致仕归里。

潘氏族谱　史部传记类

鉴湖诗抄　集部别集类

菊园逸史诗抄　集部别集类

以上3种见《泰县著述考》卷7。

方　苞

字白英，号清涟渔父。清泰州人。诸生。长于骚赋，屡困场屋，抑郁赍志而殁。

方生诗集7卷　集部别集类　佚

见道光《泰州志》卷30。

梦罗浮集　集部别集类　佚

清涟集　集部别集类　佚

蒹葭集　集部别集类　佚

邺隐园集　集部别集类　佚

以上4种均见《江苏诗征》卷67，收其诗1首。

储　堪（1600—1648）

字中游，号两岐。明清间泰州人。洊曾孙。明崇祯十年（1637）进士，官浙江龙游知县。崇祀乡贤。

红叶山庄集　集部别集类　佚

见道光《泰州志》卷30。

黄浣生

原名位中，号眉房。清泰州人。呈丽子。官明锦衣卫指挥佥事，授金吾将军。南明福王任命协理两淮盐政事。明亡后隐居不仕，以赀雄于乡。结纳名流，诗酒自娱。

德园诗集 1 卷　集部别集类

蓝格抄本，泰州图书馆藏。

李嘉允

字尔孚，号孟斋。清泰州人。存文曾孙。顺治六年(1649)进士。官贵州黎平府，迁守顺德。康熙六年(1667)以病乞归。工制艺，善诗。

草楼制艺　集部别集类　佚

见《海陵文征附录》。

草楼集　集部别集类　佚

见《江苏诗征》卷 96，收其诗 3 首。

按：《淮海英灵集》甲集卷 2 收其诗 2 首。

济　教(1605—1661)

字巨冶。毛姓。清泰州人。早岁厌薄尘劳，父母见背，舍家入道，年 18，薙染为僧。从高僧游历天下，广通《大藏经》。后主香山白马寺 10 余年。

巨冶禅师语录 2 卷　子部佛教类　佚

见吴伟业《吴梅村全集》卷 51 所撰《塔铭》。

刘懋贤

字愚公。清泰州人。万春长子。

檗庵诗　集部别集类　佚

见《泰州新志刊谬》卷下。

按:《江苏诗征》卷79收其诗1首。

刘懋贽

字质公,号仅三。清泰州人。万春次子。贡生。

雪村草　集部别集类　佚

见《江苏诗征》卷78,收其诗3首。

按:《淮海英灵集》甲集卷1收其诗1首。

刘懋勋

字肤公,一字光叟,号尧叟。清泰州人。万春三子。顺治八年(1651)举人。

篑山园选稿　集部别集类　佚

见《泰州新志刊谬》卷下。

按:《江苏诗征》卷78收其诗6首。

张　麋

字九草。清泰州人。廷寀子。

知拙堂稿　集部别集类　佚

见《江苏诗征》卷58,收其诗1首。《淮海英灵集》乙集卷4收其诗1首。

黄　逵

字仪逋,一字石俦,号木兰老人、玉壶山人。清山阴人,寓居泰州之西桥侧。性嗜酒。得古玉壶,因自号玉壶山人。工诗善书。

玉壶山人遗诗3卷　集部别集类

(1) 项氏玉渊堂刊本。

(2) 宣统二年(1910)袁承业辑刊《国粹学报》本,见《泰县著述考》卷6。

玉壶遗稿 4 卷　集部别集类

清黄逵、李弘道选

清康熙五十年(1711)刻本,中国社会科学院文学研究所藏。

黄仪逋诗 3 卷　集部别集类

(1) 清康熙刻本,上海图书馆藏。

(2) 抄本,中国社会科学院文学研究所藏。

(3) 2014 年凤凰出版社《泰州文献》本。

尹湾小草不分卷　集部别集类

(1) 稿本,国家图书馆藏。

(2) 2014 年凤凰出版社《泰州文献》本。

熊　兆

清泰州人。

古文孝经朱子订定刊误集讲 1 卷　经部孝经类

(1) 清抄本,清翁同书跋,国家图书馆藏。

(2)《四库全书存目丛书》本。

(3) 2014 年凤凰出版社《泰州文献》本。

罗　桂

字碧山,号笠隐,晚号金粟山人。清泰州人。遁迹林泉,不入城市 30 余年。与邑人邓汉仪、黄云辈结诗社。

自娱集　集部别集类　佚

北游草　集部别集类　佚

爱雅堂稿　集部别集类　佚

以上 3 种见民国《续纂泰州志》卷 25。

刘九皋

字鹤亭。清泰州人。元泰子。明末州人避乱,众赖以安。康熙时于镇江旅榻拾橐金，留宿以待遗者。还之，始行。生平好友，耽游吟咏。子孙并列庠序。

焚余草　集部别集类　佚

见《江苏诗征》卷79，收其诗1首。

田显吉

原名毓蕙。清泰州人。明崇祯十二年(1639)举人，清顺治十八年(1661)成进士。知山东峄县，有惠政。

(康熙)峄县志5卷　史部地理类

清田显吉修　褚光镆纂

(1) 清康熙十二年(1673)刻本，国家图书馆、南京图书馆藏。

(2) 2004年线装书局影印本。

(3)《南京图书馆藏稀见方志丛刊》本。

丁日乾

字谦龙，号汉公。清泰州人。顺治二年(1645)举人。时出家财应亲朋之缓急。又以亲老不赴公车。曾于宅畔构渔园池亭，竹石俱胜，客至，则引与弹琴赋诗。所著甚富。

渔园诗　集部别集类　佚

见《江苏诗征》卷77，收其诗4首。

按:《淮海英灵集》甲集卷1收其诗1首。

泰州先哲诗存不分卷　集部总集类

清丁日乾等撰

抄本，中国科学院图书馆藏。

按:全书包括“泰州先贤诗存目录”“泰州先贤诗存”“泰州闺秀诗存”三部分。

陈凝祉(1608—1684)

字荼庵，号懋吉。清泰州人。顺治八年(1651)举人。任山西汾州推官，剖断疑狱，持法平正。升户部郎中，历掌关榷，以廉能称。转湖广驿粮道。未几引疾归。卒年77。

敬由录　子部杂学类　佚

陈懋吉诗文集　集部别集类　佚

以上2种见道光《泰州志》卷30。

宫伟镠(1611—1680)

字紫阳，号紫玄，一作紫悬，别号桃都漫士。清泰州人。继兰子。明崇祯十六年(1643)进士。官翰林院检讨。入清，两荐举未就，援例终养乞归。晚年于小西湖遗址筑春雨草堂，闭门著书，康熙十二年(1673)州志系其手订。卒后，以子梦仁贵，赠光禄大夫。

孝经诸笺2卷　经部孝经类

明崇祯九年刻本，后收入《春雨草堂集》。

史略词话2卷　史部史评类

明杨慎原著　清李清、宫伟镠正误

(1) 清康熙间刻本，吉林大学图书馆、福建师范大学图书馆藏。

(2) 清道光五年(1825)修补本，国家图书馆藏。

(3) 2014年凤凰出版社《泰州文献》本。

按：清康熙三年李清等删订杨慎著《历代史略十段锦》弹词为《史略词话》2卷。

南宫旧德录10卷　史部传记类

抄本《春雨草堂集别集》本，南京图书馆藏。

按：此记泰州宫氏先人事迹。泰州宫氏自北方迁来，故称南宫。

微尚录存(一作泰州志稿)6卷　史部地理类

清宫伟镠、陆廷抡撰

(1)《春雨草堂集》本。

(2)《海陵丛刻》本。

(3) 2014 年凤凰出版社《泰州文献》本。

按:此书原刻于作者《春雨草堂集》中。作者于乡土形胜、风俗、水利、钱粮、秩官、人物极为留意,此本为州志稿,故其体例也多同州志。

采山外纪　子部杂学类　佚

见嘉庆《重修扬州府志》卷 62。

庭闻州世说 6 卷续 1 卷先进风格 1 卷　子部杂学类

(1) 清康熙刻本,无《续》1 卷及《先进风格》1 卷,上海图书馆藏。

(2) 清嘉庆十一年(1806)焦循抄本,《庭闻州世说》作 7 卷,无《续》1 卷,上海图书馆藏。

(3)《辟蠹山房丛书》本。

(4)《海陵丛刻》本。

(5)《四库全书存目丛书》本。

按:《庭闻州世说》康熙三年著。

桃都漫士宫紫阳述 6 卷　子部小说类　佚

见民国《泰县志稿》卷 27。

春雨草堂集 34 卷别集 30 卷宦稿 5 卷　集部别集类

清宫伟镠撰　宫梦仁编

(1) 清康熙四十年家刻本,国家图书馆藏。

(2) 清同治七年(1868)宫白颐钞本。

(3) 清抄本,无《别集》《宦稿》,大连图书馆藏。

春雨草堂集 34 卷别集 30 卷　集部别集类

抄本,南京图书馆藏。

春雨草堂别集 8 卷　集部别集类

(1) 清焦循抄本,上海图书馆藏。

(2)《海陵丛刻》本。

(3)《辟蠹山房丛书》抄本,泰州图书馆藏。

(4)《庭闻州世说》6卷,清康熙刻本,上海图书馆藏。

(5)《四库全书存目丛书》本。

(6) 2014年凤凰出版社《泰州文献》本。

按:南京图书馆藏有《春雨草堂别集》30卷,此8卷本,当系从30卷本中析出别行者,包括《庭闻州世说》6卷、《续》1卷、《先进风格》1卷。大多述先辈遗事、地方掌故,主旨在扬芬诵德。

春雨草堂官稿26卷　集部别集类

清刻本,南京图书馆藏。

春雨草堂题咏8卷　集部别集类

清宫伟镠辑

(1)《春雨草堂别集》本。

(2) 传抄本,见《泰县著述考》卷4。

入燕集1卷　集部别集类　佚

见道光《泰州志》卷30。

留行赠别二集4卷　集部总集类

(1) 清顺治间初刻单行本,泰州图书馆藏。

(2) 传抄本,见《泰县著述考》卷4。

(3)《春雨草堂别集》本。

宝吕一家词　集部词曲类　佚

见《全清词钞》卷1,收其词1首。

按:《淮海英灵集》丙集卷1收其诗1首。《海陵文征》卷12收其文15篇。

陆　舜(1614—1692)

字元升,号吴州。清泰州人。明崇祯十四年(1641)与张幼学、张一侨在里结曲江社。清顺治十一年(1654)举人,康熙三年(1664)进士。初任刑曹,多所平反。视学浙江,端士习,正文体。所拔多寒酸知名之士。每试士,必自制一艺为诸生式,两浙文为之一振。旋以疾乞归。家居20载。十七年举博学鸿辞，不就。

陆吴州集　集部别集类

清陆舜撰　陆祖游辑

(1) 清陆氏双虹堂刻本，南京图书馆藏。

(2) 陆筦泉钞本。

(3)《四库未收书辑刊》本。

(4)《清代诗文集汇编》本。

(5) 2014年凤凰出版社《泰州文献》本。

双虹堂文集选　集部别集类

(1)《泰州陆氏家集》稿本，北京师范大学图书馆藏。

(2)《清代家集丛刊续编》本。

吴州公佚稿　集部别集类

(1)《泰州陆氏家集》稿本，北京师范大学图书馆藏。

(2)《清代家集丛刊续编》本。

一帆记　集部词曲类　佚

双鸢记　集部词曲类　佚

以上2种见清焦循《剧说》卷4。

按:《淮海英灵集》甲集卷1收其诗1首。《国朝文汇》甲集卷19收其文4篇。《海陵文征》卷15收其文7篇。

邓汉仪(1617—1689)

字孝威，一字旧山，又称旧山农、旧山叟、旧山梅农。清泰州人。少颖悟，日读数千言。博洽通敏，贯穿经史百家之籍。尤工于诗学，为骚雅领袖。太仓吴伟业、合肥龚鼎孳皆与之倡和，登坛执牛耳者数十年。康熙十八年(1679)召试博学鸿儒科，因年老授内阁中书。归寓董子祠，执经问业者车马塞市。著述甚富。海内言诗之家咸宗之。二十二年与纂《江南通志》。

官梅集1卷　集部别集类

(1) 清顺治四年(1647)刻本。

(2) 清无近名斋抄本,南京图书馆藏。

(3) 1980 年泰州古旧书店抄本,南京图书馆藏。

(4) 2014 年凤凰出版社《泰州文献》本。

慎墨堂笔记 1 卷　集部别集类

(1) 辟蠹山房钞本。

(2) 2014 年凤凰出版社《泰州文献》本。

慎墨堂诗前集　集部别集类

(1) 清康熙间江都郑熙绩校刻本。

(2) 传抄本,见《泰县著述考》卷 7。

慎墨堂诗拾　集部别集类

(1) 汉画轩抄本,12 卷,《笔记》1 卷,国家图书馆藏。

(2) 辟蠹山房抄本,3 卷首 1 卷。

(3) 2014 年凤凰出版社《泰州文献》本。

慎墨堂诗集不分卷　集部别集类

抄本,北京大学图书馆藏。

编年诗　集部别集类　佚

各体文　集部别集类　佚

过岭集　集部别集类　佚

以上 3 种见道光《泰州志》卷 30。

被征集　集部别集类　佚

甬东集(一作甬东游草)　集部别集类　佚

燕台集(一作燕市酒人篇)　集部别集类　佚

淮阴集　集部别集类　佚

濠梁集　集部别集类　佚

以上 5 种见民国《泰县志稿》卷 27。

慎墨堂全集　集部别集类

扬州抄本,天津师范大学图书馆藏。

东皋诗存　集部总集类

清邓汉仪等辑

清古隐玉斋刻本，南京图书馆藏。

慎墨堂名家诗品□□卷　集部总集类

清彭桂、施闰章、梁清标撰　邓汉仪编

清康熙刻本，存 6 卷，国家图书馆藏。

萧楼集　集部总集类　佚

清邓汉仪辑

见清尤侗《西堂杂组三集》卷 3，此辑妇女诗。

诗观初集 12 卷二集 14 卷闺秀别卷 1 卷三集 13 卷闺秀别卷 1 卷　集部总集类

(1) 清康熙十一年至二十九年慎墨堂刻，清乾隆十五年(1750)至十七年深柳读书堂重刻本，多有删节，国家图书馆藏。

(2) 清书林道盛堂刻本，卷 1 配清抄本，泰州图书馆藏。

(3) 清乾隆十三年如皋仲之琮、浙江胡裘锌补订刻本，国家图书馆藏。

(4)《四库禁毁书丛刊》本。

(5)《四库全书存目丛书补编》本。

按：原题东吴邓汉仪孝威评选，同学李文胤邺嗣参阅。二、三集题稚城仲之琮苍璧辑。

诗存 2 卷法古堂偶集 1 卷　集部总集类

清邓汉仪、颜光祚等辑

清古隐玉斋刻本，南京图书馆藏。

青帘词 1 卷　集部词曲类

(1)《名家词钞六十种》本。

(2) 2014 年凤凰出版社《泰州文献》本。

按：《淮海英灵集》丁集卷 1 收其诗 27 首。《江苏诗征》卷 150 收其诗 14 首。《海陵文征》卷 15 收其文 12 篇。

陆　曜

字亮工，一字蒿野。清泰州人。舜弟。诸生。

蒿野集　集部别集类

见《泰县著述考》卷5。

张幼学（？—1654）

字词臣。清泰州人。明崇祯十四年（1641）与陆舜、张一侨在里结曲江社。清顺治三年（1646）举人。知浙江鄞县。治邑八载，颇有政声，迁大兴，去时，攀留盈道。寻卒。鄞人为之而泣，祀名宦。

鄞署餐柏稿　集部别集类　佚

见《海安考古录》。

双虹堂集（张词臣集）6卷　集部别集类

清康熙刻本，台湾"中央图书馆"原藏。

双虹堂诗合选（一作张词臣诗集）8卷　集部别集类

（1）国山徐尧章选刻本。

（2）《海陵丛刻》本。

（3）2014年凤凰出版社《泰州文献》本。

双虹堂五刻汝阴游1卷塞上游1卷　集部别集类

（1）清初刻本，上海图书馆藏。

（2）清顺治康熙间刊本，仅《双虹堂五刻》2卷。

青楼恨传奇　集部词曲类　佚

见《明清江苏文人年表》顺治三年。

按：《海陵文征》卷15收其文1篇。

陈忠靖（1621—1686）

字尔位，一字晓堂。号念共。清泰州人。顺治四年（1647）进士，选内府中书舍人。擢刑科给事中。建言左迁，告疾归里。

陈氏家谱　史部传记类　佚

清陈忠靖康熙二十年(1681)修纂

见《陈氏家乘》。

晓堂奏议　史部政书类　佚

见《陈氏家乘》。

平赋录　史部政书类　佚

见道光《泰州志》卷30。

晓堂诗集(一作晓楼诗集)　集部别集类　佚

见《江苏诗征》卷25,收其诗1首。

二宜文集　集部别集类　佚

见《发幽录》。

晓堂律诗2卷　集部别集类

(1) 陈砚乡手抄本。

(2) 蓝格抄本,泰州图书馆藏。

按:《海陵文征》卷15收其文3篇。

黄　云(1621—1702)

字仙裳,号旧樵。清泰州人。世居姜堰镇。庠生。早孤,事母至孝。善谈论。慷慨负气,遇俗人,稍不如意,辄谩骂,人目为狂。幼受知于太守陈素。素被枉破家,云不避险难,与之同游汝宁,竭力周旋,人以为难。康熙二十二年(1683)与修省志。晚年愈贫苦,屡辞聘召,益肆力于诗歌。东南持风雅者必宗之。时而晒网,号渔人。时而海舶,称估客。后不儒不墨,自号樵青。子二,阳生、泰来,并工诗。与石涛交好30年。

临池随笔　子部艺术类

景曾录　子部杂学类

洗心录　子部杂学类

读书堂随笔　子部杂学类

以上 4 种见《泰县著述考》卷 6。

悠然堂集 1 卷　集部别集类

(1) 红格旧抄本，泰州图书馆藏。

(2) 清顺治十三年(1656)山阴姜图南代刻。

(3)《诗删》刻本，2 卷。

康山集　集部别集类

清顺治十年游越刻，见《泰县著述考》卷 6。

樵青集　集部别集类

清顺治三年刻，见《泰县著述考》卷 6。

桐引楼诗 30 卷　集部别集类

(1) 清康熙二十三年刻本，上海图书馆藏。

(2) 2014 年凤凰出版社《泰州文献》本。

黄仙裳七言律诗分韵无卷数　集部别集类

清黄云撰　王士禛选

(1) 清抄本，南京图书馆藏。

(2) 清康熙九年如皋令李文秀刻本。

五言诗抄　集部别集类

见《泰县著述考》卷 6。

倚楼词 1 卷　集部词曲类

《名家词钞六十种》本。

按:《江苏诗征》卷 64 收其诗 11 首。《淮海英灵集》甲集卷 3 收其诗 4 首。

吕　潜(1621—1706)

字孔昭，号半隐，别号石山农。清四川遂宁人。大器子。崇祯十六年(1643)进士。值蜀乱避居泰州。工诗文书画。尝憩春雨草堂，唱酬甚多，传为盛事。

怀归草堂诗守闲堂诗课耕楼诗　集部别集类

清光绪十五年(1889)刻本,上海图书馆藏。

袁尔萃

字拔公,号瞻蓼。清泰州人。懋年子。

蓼庵集　集部别集类　佚

见《诗观二集》。

佘仪曾

字伯来,号羽尊,一号黍村。清泰州人。先世莆田籍。明诸生。工诗。书得二王家法。尝游如皋,与冒襄交好。

柳浔内外篇　子部杂学类

瞿瞿草诗略6卷　集部别集类

诗概　集部诗文评类

以上3种见《泰县著述考》卷2。

按:《江苏诗征》卷45收其诗6首。

侯康民

字容庵。清泰州人。顺治十八年(1661)官蒲州知州。

(康熙)蒲州志12卷　史部地理类

清侯康民修　贾潆纂

(1) 清康熙九年(1670)刻本,天津图书馆藏。

(2)《国家图书馆藏地方志珍本丛刊》本。

王　树

字天树。清泰州人。顺治间岁贡生。有文名。家藏书甚富。以候选训导终。

碎金集10卷　集部总集类　佚

清王树编

见《义门王氏族谱》。

徐淑秀

自号昭阳遗子。清泰州邵某妻。淑秀在明末为宫人，明亡，流落金台，刘肇国学士见其诗词，惜之，用饼金赎回，以赠武人邵某，而栖泰州之沈村。为诗多抑郁哀愤之音。

一叶落词　集部词曲类

见《泰县著述考》卷4。

按：《江苏诗征》卷162收其诗1首。

顾绍美

字景先。清泰州人。博洽宏览，固守清贫。居处与黄云相近，两家灯火相映，弦歌之声互答。时慕其高。

瑟庵集　集部别集类　佚

见《江苏诗征》卷131，收其诗4首。

李拔卿

字枚及，号易庵。清泰州人。顺治八年(1651)拔贡生。官通判。

论古堂集　集部别集类　佚

见道光《泰州志》卷30。

按：《淮海英灵集》乙集卷1收其诗2首。

周贞媛

字瑶石。清泰州人。施千里妻。邓汉仪谓其诗篇娴雅，夙擅闺房之秀。

如河轩稿　集部别集类　佚

见《众香词》。

关关集　集部别集类　佚

见道光《泰州志》卷 30。

按:《淮海英灵集》壬集卷 1、《江苏诗征》卷 171 均收其诗 2 首。

蒋起荣

字素行。清泰州人。戚氏妻。

卧松吟　集部词曲类　佚

见《众香词》。

吴崇先

字式武,号鹤山。清泰州人。顺治十八年(1661)由岁贡生考授宏文院中书。母艰服阕,补秘书院。旋归。康熙九年(1670)大水告灾,例免条鞭而不免漕。崇先与沈乔生等叩巡抚疏题并免,此后遂为例。

经济鸿书　史部政书类　佚

见道光《泰州志》卷 30。

正觉编　子部儒学类

见《泰县著述考》卷 2。

世纶堂稿　集部别集类　佚

见《江苏诗征》卷 14,收其诗 7 首。

志远堂新编　集部别集类　佚

桂籍轩诗　集部别集类　佚

以上 2 种见道光《泰州志》卷 24。

黄九河

字天涛,号浮螺。清泰州人。浣生子。监生。以诗名京师。家居建阁,适杜濬至,因名之曰"杜来"。又筑秋嘉馆,集名流唱和。其遗稿多散佚。邓汉仪《诗观》、沈德潜《别裁集》俱载其诗。

旧燕楼近诗(一作琴怨诗)1 卷　集部别集类

(1)《辟蠹山房丛书》本,泰州图书馆藏。

（2）2014年凤凰出版社《泰州文献》本。

天涛遗稿　集部别集类　佚

见道光《泰州志》卷30。

深柳堂诗集　集部别集类　佚

见民国《泰县志稿》卷27。

按：《淮海英灵集》乙集卷2收其诗4首。《清诗汇》卷53收其诗1卷。

陆羽嬉

字酌泉。清泰州人。诗人黄九河妾。

小云集　集部别集类　佚

见《众香词》。

黄九洛

原名右序，字姬定，号有周。清泰州人。九河弟。官黄岩县丞。以廉能称。

古雪草堂诗集（一作历园诗）1卷　集部别集类

传钞本，见《泰县著述考》卷6。

按：《淮海英灵集》乙集卷2收其诗1首。

俞　钎

字天水。清泰州人。应龙长子。顺治五年（1648）举人。任广西太平府推官。

百尺楼课耕录　集部别集类　佚

见道光《泰州志》卷30。

俞　铎

字天木。清泰州人。钎弟。顺治九年（1652）进士。改庶吉士。逾年授御史。

俞太史制艺　集部别集类

清康熙间自刻本，见《泰县著述考》卷3。

葛　覃

字天衣。清泰州人。顺治十七年(1660)武举人。任川陕督标守备，随征噶尔丹有功，诰授明威将军。

天衣诗集　集部别集类

见《泰县著述考》卷6。

费禹闻

清泰州人。

费氏家乘4卷　史部传记类

清费禹闻、费履坚、费炳章、费文溶撰

传抄本，见《泰县著述考》卷8。

上　思(1630—1688)

字雨山，一字雪悟。清泰州人。生而颖异。束发即负出尘想。初依海陵宿师。未几，住天宁寺。闻匡庐五老之胜，遂卜居其间，键户不出者十载。又应广陵绅士请，住广陵三年。康熙南巡，见师卧内惟敝帏布被而已，大悦，御书"萧闲"二字，匾其阁，复赉以金，乃去。闻风向往者千里皈依，顶礼者千万计。后主持寺院多处，晚年复返天宁寺。

雨山和尚语录20卷　子部佛教类　佚

见震华《兴化佛教通志》卷2。

按：《江苏诗征》卷180收其诗3首。

陈志纪(1631—1677)

字雁群，一字海阳，号懿诵。清泰州人。凝祉子。幼颖异，工文章。

顺治十六年(1659)成进士。选庶吉士。十八年会试,分校所得士皆一时名隽,是年授编修。未几以言事得罪,谪戍宁古塔。贫不能自存,乃习医救人,以供生活。卒于戍所。

苏长公拔尤2卷　子部杂学类

清顺治十一年自刻本,见《泰县著述考》卷5。

塞外吟　集部别集类　佚

见民国《泰县志稿》卷27。

按:《江苏诗征》卷25收其诗5首。

宫梦仁(1632—1713)

原名历宗。字宗衮,一作宗襄,号定山,一作定庵。清泰州人。伟镠长子。康熙八年(1669)举人,九年会试第一,十二年殿试二甲第五。改庶吉士,授御史。疏数十上皆切利弊,尤谙河务。因淮黄泛滥,急请疏理,且绘图入告,出为河南督粮道。旋补湖北驿盐道,晋山东提学副使。厘正文体,得士最盛。内擢通政使司右参议,累迁右副都御史,巡抚福建,俱有功于闽疆。逾年罢归,修先世春雨草堂,自是闭门著述以自娱,卒年82。

诗经稿　经部诗经类

见《泰县著述考》卷4。

二十一史名臣言行录　史部传记类　佚

见雍正《扬州府志》卷35。

续南宫旧德录8卷　史部传记类

(1) 清康熙五十年家刻本,南京图书馆藏。

(2) 2014年凤凰出版社《泰州文献》本。

按:此书共分八录:家乘、宸翰、祀典、传志、文状、遗稿、家训、杂记。略类似于家谱。

宫侍御奏疏不分卷　史部政书类

(1) 清康熙刻本,国家图书馆藏。

(2) 2014 年凤凰出版社《泰州文献》本。

(康熙)湖广通志 80 卷图 1 卷　史部地理类

清徐国相、丁思孔修　宫梦仁、姚淳焘纂

(1) 清康熙二十三年刻本,国家图书馆藏。

(2)《中国地方志集成·省志辑》本。

按:康熙二十三年梦仁官湖北驿盐参议,与修是志。

余年撰述　子部杂学类　佚

喻林　子部典故类　佚

英华粹语　子部典故类　佚

以上 3 种见道光《泰州志》卷 30。

读书纪数略 54 卷　子部典故类

(1) 手稿本,故宫博物院图书馆藏。

(2) 清康熙刻本,国家图书馆藏。

(3) 清康熙五十年刻本,泰州图书馆藏。

(4)《四库全书》本。

(5)《忏花庵丛书》本。

按:康熙四十六年兴化李跱助梦仁纂是书成,五十年梦仁自刻。

齐鲁诗　集部别集类　佚

见《诗观二集》。

挈音集　集部别集类　佚

见《明清江苏文人年表》康熙五十年。

自订文集(一作宫中丞自订文集)100 卷　集部别集类　佚

见道光《泰州志》卷 30。

宫会元文稿　集部别集类　佚

山左试牍　集部别集类　佚

以上 2 种见《宫氏族谱后集》。

文苑英华选 60 卷　集部总集类

清宫梦仁编

(1) 清康熙四十一年刻本，泰州图书馆藏。

(2) 清乾隆二十七年(1762)光明正大之堂刻本，北京师范大学图书馆藏。

(3) 1998年吉林人民出版社《中华传世文选》本，国家图书馆藏。

按：《淮海英灵集》丙集卷2收其诗3首。《江苏诗征》卷1收其诗2首。《海陵文征》卷16收其文4篇。《清诗汇》卷37收其诗1卷。《广陵思古编》卷29收其文1篇。

宫昌宗(1633—1678)

字武承，号毅庵。清泰州人。伟镠次子。顺治八年(1651)拔贡。授宏文院中书舍人。康熙七年(1668)举博学鸿词，因疾未赴。

狂谈1卷　子部杂学类　佚

见民国《泰县志稿》卷27。

罢归偶录1卷　子部杂学类

宫懋勇写本，见《泰县著述考》卷4。

中翰公未刻稿　集部别集类

(1) 康熙五十五年宫懋勇写本。

(2) 抄本，泰州图书馆藏。

(3) 2014年凤凰出版社《泰州文献》本。

九云书院诗文集　集部别集类

清康熙五年自刻本。

九云书院集8卷　集部别集类

(1) 钞本，上海图书馆藏。

(2) 2014年凤凰出版社《泰州文献》本。

俞　溆

字锦泉，号音隐。清泰州人。钎次子。以廪贡生膺岁荐，候选内阁中书。

流香阁诗词　集部别集类　佚

见道光《泰州志》卷 24。

陈志绎(1640—1695)

字卫公。清泰州人。成祉三子。太学生。

自怡堂集　集部别集类　佚

见《江苏诗征》卷 25,收其诗 2 首。

陈志襄(1645—1720)

字陶思,号南村。清泰州人。成祉四子。贡生。考授州同知。性至孝。倡建宗祠,置祀田,荒岁赈饥,全活甚众。与邓汉仪、黄云友善。诗闲澹,类其人。尤究心诸史。终 76 岁。

纲鉴会通明纪 15 卷　史部编年类

(1) 清康熙五十八年(1719)刻本,泰州图书馆藏。

(2) 清雍正间藤花榭刊本。

(3) 清书业德刻本,国家图书馆藏。

(4) 2014 年凤凰出版社《泰州文献》本。

纲鉴会通明纪 10 卷　史部编年类

清书业德刻本,上海图书馆藏。

纲鉴会通 115 卷　史部编年类

清康熙五十八年刻本,见《泰县著述考》卷 5。

淡定斋集　集部别集类　佚

谦忍居集　集部别集类　佚

以上 2 种见道光《泰州志》卷 30。

南野草堂集　集部别集类

见民国《泰县志稿》卷 27。

按:《江苏诗征》卷 25 收其诗 3 首。

姚淳焘

清泰州人。

(康熙)湖广通志 80 卷图 1 卷　史部地理类

清徐国相、丁思孔修　宫梦仁、姚淳焘纂

(1) 清康熙二十三年(1684)刻本,国家图书馆藏。

(2)《中国地方志集成·省志辑》本。

德　日

本姓蒋,名葵。字冰心,号药林。清泰州人。蒋炤女弟,陈某妻。生而聪慧,为诗无师承而工。午夜兰房,一灯荧荧,吟诵之声不绝。家人咸目为女书生。或时为女伴书笺,字画婉媚。内庭宴集,饮酒高论,殊有名士风。后入空门。

镜奁十咏　集部别集类　佚

见《撷芳集》。

拂愁集　集部别集类　佚

见《正始集》。

按:《江苏诗征》卷 178 收其诗 1 首。《清诗汇》卷 199 收其诗 1 卷。

易　东

字田授。清泰州人。康熙五年(1666)、八年两中副榜。擅医术,通古文字。工书法。究理尽性。

晓堂集　集部别集类　佚

见《江苏诗征》卷 159,收其诗 10 首。《淮海英灵集》丙集卷 1 收其诗 1 首。

王孙骖

字参马,又字受轩,号纯夫,又号蕊亭。清泰州人。相说子。年 13

为诸生，试辄高等。读书天庆观，笃行虚心。康熙八年(1669)举人。授宜黄知县。乡士分校，得士最多。

蕊亭随笔 8 集　子部杂学类

(1) 抄本，泰州图书馆藏。

(2) 夏荃选钞本。

蕊亭随笔摘要 8 卷　子部杂学类

清抄本，清鲍溶批点，浙江图书馆藏。

蕊亭随笔 2 卷　子部杂学类

(1)《辟蠹山房丛书》本。

(2) 2014 年凤凰出版社《泰州文献》本。

按：《江苏诗征》卷 49 收其诗 1 首。

丁元会

字天叙。清泰州人。日乾侄。

淇园集　集部别集类　佚

见清邓汉仪辑《诗观初集》。

沈嘉植

字子厚，号桓双，一作垣双。清泰州人。良才裔孙。康熙十年(1671)拔贡生。父传曾工书法，嘉植能绍其传。性不喜应酬。遇名山水，则吟咏不已。晚年任清河教谕。卒于官。

山雨楼集　集部别集类　佚

罗浮偶存　集部别集类　佚

以上 2 种见道光《泰州志》卷 30。

按：《江苏诗征》卷 120 收其诗 4 首。《淮海英灵集》丁集卷 2 收其诗 4 首。

刘 靖

字阮仙。清泰州人。九皋子。廪生。工诗,著述甚富。

太乙阁诗　集部别集类

手稿本,见《泰县著述考》卷7。

槐荫堂草　集部别集类

手搞本,见《泰县著述考》卷7。

按:《江苏诗征》卷79收其诗1首。

邵 笠

字澹庵。清泰州人。秀才黄杜若妻。诗媛徐淑秀为其庶母,故笠亦工于吟咏。中更家难,四壁萧然。惟炉香茗碗,静坐读书。病中悉焚其全稿,后仅搜得数阕。

薜萝轩集　集部词曲类　佚

见《淮海英灵集》壬集卷1,收其诗2首。

按:《江苏诗征》卷175收其诗2首。《清诗汇》卷184收其诗1卷。

张 琴

字桐峰,一字桐仙,号耐轩。清泰州人。康熙十二年(1673)进士。授内阁中书。事继母以孝闻。年17父丧,家道中落。昼则趋办徭役,夜则坐诵经史,寒暑不辍。工于诗文。生平尤留心经济实学。尝著淮黄交会、开浚海口诸议及历法、兵刑、乐律、漕运、盐法、马政、屯田诸篇。当事多采择其言,用有成效。

涉园集　集部别集类　佚

桐峰制义　集部别集类　佚

以上2种见雍正《扬州府志》卷35。

耐庵集(一作耐轩诗集)　集部别集类　佚

见道光《泰州志》卷30。

西湖游草　集部别集类　佚

见《诗观二集》。

按:《江苏诗征》卷56收其诗4首。《海陵文征》卷16收其文1篇。

宋　濬

清泰州人。

港口宋氏族谱10卷　史部传记类

清康熙四十五年(1706)刊本,见《泰县著述考》卷8。

田敬锡

字公燮,号左拾。清泰州人。毓芝子。由岁贡生考授中书。迁刑部主事,历升员外郎、郎中,颇有政声。归里后,捐腴产值千余金为义学及囚粮之费。治别业名半园,日与高士野衲啜茗赋诗。殁祀乡贤。

青棠阁稿10卷　集部别集类　佚

见同治《续纂扬州府志》卷22。

邓勖采

字扶风,号次德。清泰州人。汉仪子。诸生。

我笑轩稿　集部别集类　佚

见《江苏诗征》卷150,收其诗2首。

硕　庵

号行载。清泰州人。俗姓段。嗣法鉴堂镜。初出家江北曲塘之清净庵。后至焦山充西堂,不久主法席。后居八港菩提寺卒。

焦山志　史部地理类　佚

清江都谢家树、山阴潘宁、泰州硕庵同辑

见嘉庆《丹徒县志》卷32,张玉书为之序。

吕　清

字一清。清新安人，侨居泰州。康熙中为虹县教谕者10年，以老乞归。

太平善政　子部杂学类　佚

咫堂真源诗稿　集部别集类　佚

以上2种见道光《泰州志》卷27。

王雍镐

字京如，一字京式，号山渔。清泰州人。庠生。

怀新堂稿　集部别集类　佚

见《泰州新志刊谬》。

按：《江苏诗征》卷49收其诗1首。

杨瑚琏

字古存，号圣与。清泰州人。诸生。嗜奇好古。精于诗。居西村，倡为诗会。以竹笺分题汇集成帙，次第而评论之。海陵诗学派起，为力居多。好游山水，遇即忘家。

三年一游录　史部地理类　佚

文山纪游述(一作文山述游)　史部地理类　佚

破帆吟　集部别集类　佚

寄余园稿　集部别集类　佚

绣谈词　集部词曲类　佚

以上5种见道光《泰州志》卷30。

按：《江苏诗征》卷62收其诗2首。

邓邵荣

字若雍，号顾亭。清泰州人。汉仪次子。

邓尉山人稿　集部别集类　佚

见《江苏诗征》卷150，收其诗2首。

黄阳生

字屺怀。清泰州人。云子。贡生。事祖母至孝。以诗自娱。

月舫集　集部别集类　佚

念祖集　集部别集类　佚

郁李集　集部别集类　佚

吴越集　集部别集类　佚

桐花集　集部别集类　佚

草阁集　集部别集类　佚

以上6种见《泰州新志刊谬》卷下。

秦定远

字以御。清泰州人。宋秦观24世孙。康熙十二年(1673)武举人。好吟咏。卒年97。

快雪堂诗文集　集部别集类

山水间诗　集部别集类

编年诗　集部别集类

从军诗　集部别集类

以上4种见《泰县著述考》卷4。

按:《淮海英灵集》乙集卷2、《江苏诗征》卷23均收其诗4首。

邓励相

字方回。号冠城。清泰州人。汉仪三子。

征辟始末1卷　史部杂史类

(1)《辟蠹山房丛书》本。

(2) 2014年凤凰出版社《泰州文献》本。

文选楼稿　集部别集类　佚

见《江苏诗征》卷150,收其诗2首。

按:《淮海英灵集》丁集卷1收其诗1首。

黄泰来

字交三。清泰州人。云次子。江都宗元鼎婿。贡生。好读书,善词赋,兼工隶篆绘事。与兄阳生时称二难。

诗传　经部诗经类

见《泰县著述考》卷6。

观海集　集部别集类　佚

浮香阁集　集部别集类　佚

岱青楼集　集部别集类　佚

以上3种见道光《泰州志》卷30。

尘台集　集部别集类　佚

见《诗观二集》。

莲浦集　集部别集类

清诗片玉集　集部别集类

以上2种见《泰县著述考》卷6。

国朝诗传初集10卷　集部总集类

清缪肇甲、黄泰来编

清问月楼刻本,北京大学图书馆藏。

洗花词1卷　集部词曲类

《名家词钞六十种》本。

按:《江苏诗征》卷64收其诗5首。

姚谭昉

字恭士。清人。寓居泰州西园。景詹子,邓汉仪婿。茅茨瓮牖,诗酒怡情,以节自高。

康山草堂集　集部别集类　佚

见《泰州新志刊谬》卷下。

按:雍正、道光州志俚讹作俚,且以俚昉为思孝子,误。今从《泰州新志刊谬》卷下改正。

潘纪宗

清泰州人。昌名子。岁贡生。

沙堤清波集　集部别集类

见《泰县著述考》卷7。

储　沄

字山涛。清泰州人。堪孙。岁贡生。官含山县训导,升广西永福知县。与黄泰来友善。

霞起楼诗文集　集部别集类　佚

见嘉庆《重修扬州府志》卷62。

按:《江苏诗征》卷9收其诗3首。

陈厚耀(1648—1722)

字泗源,号曙峰。清泰州人。忠纯子。康熙四十五年(1706)进士。官苏州府教授。学问渊博,以通天文、算法引见,擢翰林院编修,迁左春坊左谕德。五十七年充会试同考官。次年以老乞致仕。

礼记分类　经部礼记类　佚

左传分类　经部春秋左传类　佚

以上2种见道光《泰州志》卷30。

增订春秋世族源流图考6卷春秋女谱1卷　经部春秋左传类

清陈厚耀撰　常茂徕补撰

(1) 清道光三十年(1850)夷门怡古堂刻本,中国科学院图书馆藏。

(2)《续修四库全书》本。

春秋长历10卷　经部春秋左传类

(1)《四库全书》本。

(2) 清抄本,国家图书馆藏。

(3) 清道光十二年罗士琳校刻本。

(4) 清同治十二年(1873)周懋琦抄本,南京图书馆藏。

(5) 清光绪元年(1875)盛凤翔传抄罗校本。

(6) 清丁氏八千卷楼抄本,清盛凤翔校,南京图书馆藏。

(7)《皇清经解续编》本。

(8)《海陵丛刻》本。

(9) 2014年凤凰出版社《泰州文献》本。

春秋世次图不分卷　经部春秋总义类

清刻本,湖北图书馆藏。

春秋世系1卷　经部春秋总义类

清陈厚耀、赵权中订补

清咸丰五年(1855)刻本,南京图书馆藏。

春秋世本图谱1卷　经部春秋总义类

(1) 清乾隆五十七年(1792)蓬瀛一经刻本,清李慈铭校,国家图书馆藏。

(2) 清嘉庆十三年(1808)水心斋刊本,南京图书馆藏。

(3) 2014年凤凰出版社《泰州文献》本。

春秋世族谱1卷附补正1卷　经部春秋总义类

(1) 清初刻本,泰州图书馆藏。

(2) 清雍正三年(1725)自刻本,清钱琦校,国家图书馆藏。

(3) 清乾隆四十三年宝应汤荆垣重刻本,南京图书馆藏。

(4) 清嘉庆十八年溧水张道绪刻本。

(5) 清道光二十年扬州宝翰楼刻本,清丁晏校注,国家图书馆藏。

(6) 聊城叶氏刊活字本。

(7)《四库全书》本。

(8)《清颂堂丛书》本。

(9)《邵武徐氏丛书》本。

(10)《鹤寿堂丛书》本。

(11)《丛书集成续编》本。

按:附《补正》1 卷为王士濂撰。

十七史正讹　史部正史类　佚

见雍正《扬州府志》卷 35。

春秋战国异辞 55 卷通表 2 卷　史部编年类

(1)《四库全书》本。

(2)《四库全书珍本初集》本。

按:本书采辑春秋战国史料编成,卷首《通表》,对《史记》中的《十二诸侯年表》和《六国年表》中所载重新编排。《异辞》采择古代群书中与“春秋三传”、《国语》《战国策》不同的记载,分国编次,间有考辨,史料颇为丰富。

召对纪言 1 卷　史部政书类

《辟蠹山房丛书》本。

孔子家语分类(一作家语注)　子部周秦诸子类　佚

见雍正《扬州府志》卷 35。

天文编(一作天文篇)　子部历算类　佚

算法编(一作算法篇)　子部历算类　佚

以上 2 种见雍正《扬州府志》卷 35。

算法纂法总纲 3 卷　子部历算类

旧抄本。

按:含《算法纂要》1 卷、《八线表根》1 卷。

借根方算法 8 卷　子部历算类

黑格稿本。仅存卷上之三,卷下之一、之二,又《句股计存》4 卷。

对数表根　子部历算类

以上 3 种均旧抄本,均见《泰县著述考》卷 5。

算义探奥不分卷　子部历算类

清抄本,中国科学院自然科学史研究所图书馆藏。

几何原本 6 卷　子部历算类　佚

见道光《泰州志》卷 30。

续增新法比例 40 卷　子部历算类

见《中国算学史》。缺 18 卷,即卷 1—6、13—18、20、22、30、32、34、39。

按:《淮海英灵集》戊集卷 1 收其诗 3 首。《江苏诗征》卷 26 收其诗 3 首。《海陵文征》卷 16 收其文 2 篇。

缪肇甲(1651—1699)

字墨书,号补山。清泰州人。岁贡生。于城北筑清响园,读书其中。集名流谈议,讲明体达用之学。凡先儒语录无不洞达本原,而一折衷于朱子。由诸生贡入太学。为文一洗尘氛,独臻清雅,诗风神秀。生平寡言,好施予。卒年 49。以子沅贵,赠刑部侍郎。

芳芭亭文集　集部别集类　佚

问月楼诗钞　集部别集类　佚

唐诗神　集部总集类　佚

昭代诗选　集部总集类　佚

以上 4 种见道光《泰州志》卷 30。

国朝诗传初集 10 卷　集部总集类

清缪肇甲、黄泰来编

清问月楼刻本,北京大学图书馆藏。

按:《淮海英灵集》丙集卷 1 收其诗 2 首。《江苏诗征》卷 143 收其诗 4 首。

黄龙士(1651—?)

名虬,以字行,别字月天。清泰州人。善弈。其父携至京师,有某将军者极爱重之。期年思母欲南归。将军命工图其形赠之。杜濬有《送黄童子序》。

弈括 子部艺术类

(1) 清康熙四十九年(1710)崇川吴时亮刻本。

(2) 清嘉庆五年(1800)雉皋黄若沅重刻本。

(3) 清光绪十四年(1888)蜗簃校刻本,国家图书馆藏。

(4) 2004 年甘肃文化出版社《中国围棋古谱全集》。

(5) 2014 年凤凰出版社《泰州文献》本。

黄龙士先生棋谱 2 卷补遗 1 卷 子部艺术类

清黄龙士著 邓元德辑

(1) 清光绪十三年邓氏弈潜斋汇刻本。

(2) 民国上海文瑞楼石印本,南京图书馆藏。

(3) 1987 年中国书店影印本,南京图书馆藏。

(4) 2014 年凤凰出版社《泰州文献》本。

陈志谌(1653—1681)

字君三。清泰州人。志襄族弟。附贡生。

峰桐园诗 集部别集类 佚

见《泰州新志刊谬》卷下。

陈 绥

字仪藻。清泰州人。志襄子。贡生。

五朝诗选 集部总集类 佚

清陈绥选

见《泰县著述考》卷 5。

宫鸿营(1655—1702)

字东表,号易庵。清泰州人。伟镠七子。少颖异。年 13 为诸生。

比长，以目疾绝意进取，肆力于诗。

涉园集　集部别集类　佚

闲好轩口吟 6 卷　集部别集类　佚

以上 2 种见道光《泰州志》卷 30。

按：《江苏诗征》卷 1 收其诗 1 首。

宫鸿历(1656—1718)

一名鸿律，字酉篆，一字友鹿，别号恕堂。清泰州人。伟镠八子。少以诗鸣。壮岁游京师，读书萧寺中。常与一二贫士行歌于酒市人海间，竟忘其身为太史之子、中丞之弟。康熙四十一年(1702)授教习，四十五年成进士，改庶吉士，授翰林院编修。移武英殿纂修《御选唐诗注解》。五十一年充会试同考官。著作颇丰。前后两游福建，所作尤多。

瀛海策略 4 卷　史部政书类

齐鲁记游　史部地理类

天台游记　史部地理类

以上 3 种见《泰县著述考》卷 4。

恕堂诗 7 卷　集部别集类

(1) 清康熙四十四年精刻本，复旦大学图书馆、国家图书馆藏。

(2) 清嘉庆二十一年(1816)王世丰补刻本，南京图书馆藏。

(3)《清代诗文集汇编》本。

恕堂诗 26 卷　集部别集类

清抄本，泰州图书馆藏。

恕堂编年诗 16 卷　集部别集类

清稿本，泰州图书馆藏。

恕堂诗　集部别集类

(1) 稿本，存 12 卷，南京图书馆藏。

(2) 2014 年凤凰出版社《泰州文献》本。

宫鸿历诗选 1 卷　集部别集类

(1) 清康熙四十二年商丘宋氏《江左十五子诗选》本，国家图书馆藏。

(2) 2014年凤凰出版社《泰州文献》本。

感秋集3卷　集部别集类

清康熙四十三年选刻本。

散怀集3卷　集部别集类　佚

见民国《泰县志稿》卷27。

淮孺集　集部别集类

宫友鹿诗抄　集部别集类

精抄本。

棣园集　集部别集类

旧雨园集　集部别集类

以上4种见《泰县著述考》卷4。

甲乙游草6卷　集部别集类

(1) 清康熙三十八年精刻本，南京图书馆藏。

(2) 抄本，泰州图书馆藏。

二十一史连珠集　集部别集类

合璧连珠集　集部总集类

以上2种见《泰县著述考》卷4。

老骥嘶风之庚词2卷　集部总集类

清宫鸿历辑

清康熙二十五年刻本。

墨华词2卷　集部词曲类

(1) 清康熙二十五年自刻本。

(2) 传抄本，泰州图书馆藏。

(3) 2014年凤凰出版社《泰州文献》本。

按：《江苏诗征》卷1收其诗4首。

宫寿平(1656—1693)

原名懋伦,字贻安,号畴锡。清泰州人,太学生。梦仁长子。10岁为文,祖父伟镠奇之。及长,益嗜学。七试不遇,入赀为郎。性笃孝,侍梦仁游宦。母殁,哀毁骨立,扶柩归。既葬,抚季父遗孤如己出。事父妾犹母。卒年38。以子翼宸、邕贵,赠如其官。

静敬堂诗文集　集部别集类　佚

见道光《泰州志》卷30。

按:《泰县著述考》卷4作《静敬堂诗词》2卷。《江苏诗征》卷1收其诗1首。

俞　楷(1656—?)

字陈芳,一作陈方,号正林。清泰州人。瀔子。由诸生贡入太学。工文章诗赋。乃能从绮丽纷纶中拥书万卷,日事披阅,淡然如老僧入定。康熙四十四年(1705)圣祖南巡召试,特进经学札子,力陈时文科举之弊,分析五经源流。蒙赐发阁议,以纂修议叙授华亭县教谕。以经术训士,士习为之一振。巡抚张伯行称之为江左大儒。晚年益究心理学。

三极易知录1卷　经部易类　佚

五经源流　经部群经总义类　佚

以上2种见道光《泰州志》卷30。

俞子第一书13卷　子部杂学类

(1) 清康熙十七年自刻本,北京大学图书馆藏。

(2)《清代诗文集汇编》本。

俞子书三刻　子部杂学类　佚

见《淮海英灵集》丁集卷2,收其诗4首。

按:《江苏诗征》卷21收其诗5首。

俞 梅

字师严，一字太羹。清泰州人。瀫次子。10岁能文，日成十艺。年11为郡诸生。康熙四十二年(1703)成进士，授翰林院编修。圣祖南巡，特命梅充扬州诗局纂修官。分校《康熙字典》《一统志》《分韵唐诗》《政治典训》诸书。五十二年典试山西，不避嫌怨，从棘闱飞章奏减官卷正额3名，取额外五经民卷补之。晋闱称得士。孙嘉淦、王师等出其门。晚年杜门著书。年50卒。

治河方略并图说26卷　史部政书类

孔子家语订正　子部儒学类

俞太羹制艺　集部别集类

以上3种见《泰县著述考》卷3。

云斤诗集　集部别集类

传钞本，泰州图书馆藏。现存2册。

甲申集1卷梦余集1卷　集部别集类

(1) 清稿本，泰州图书馆藏。

(2) 2014年凤凰出版社《泰州文献》本。

白陆诗选　集部总集类

历朝诗雅　集部总集类

以上2种清俞梅辑，见《泰县著述考》卷3。

按:《淮海英灵集》丁集卷2收其诗4首。《江苏诗征》卷21收其诗2首。

朱士模

字庭三，号蓉樵。清泰州人。宪文三子。康熙四十二年(1703)恩贡生。工制艺，诗尤脍炙人口，为海陵七子之一。

解经　经部群经总义类　佚

评史　史部史评类　佚

蓉樵文集　集部别集类　佚

以上3种见道光《泰州志》卷24。

按:参见“朱谦服”条。

黄宝成

字稼同。清泰州人。九洛子。贡生。

秋佳馆诗集1卷　集部别集类

传钞本,见《泰县著述考》卷6。

朱光嵒

字鲁瞻,号药圃。清泰州人。淑熹三子,光峦兄。岁贡生。性恭谨笃志。为诗古文辞独抒性灵。力矫时弊,高健深雅。

古香亭诗草　集部别集类　佚

见《江苏诗征》卷18,收其诗3首。《淮海英灵集》乙集卷3收其诗1首。

朱光峦

字青岳,号竹林。清泰州人。淑熹四子。岁贡生。时与二三知己觞咏自如,共事风雅。诗婉丽高超,得汉唐真法。

牧鹤轩近诗钞　集部别集类　佚

见《江苏诗征》卷18,收其诗3首。

易之炯

字凌洲。清泰州人。东子。康熙二十四年(1685)武进士。

秋锦楼集　集部别集类　佚

见《江苏诗征》卷15,收其诗2首。

陆与龄

字梦九。清泰州人。舜长子。诸生。工诗。年未30而卒。

陆梦九诗最　集部别集类

(1)《泰州陆氏家集》稿本，北京师范大学图书馆藏。

(2)《清代家集丛刊续编》本。

西渚集　集部别集类　佚

见《江苏诗征》卷152，收其诗3首。《全清词钞》卷3收其词1首。

陆籛龄

字梦修，号著卿。清泰州人。舜次子。贡生。工诗。

漱碧堂集诗赋合选　集部别集类

(1)《泰州陆氏家集》稿本，北京师范大学图书馆藏。

(2)《清代家集丛刊续编》本。

按：《海安考古录》作《漱碧园诗稿》。

又按：《江苏诗征》卷152，收其诗6首。

王孙骧

字白舫。清泰州人。诸生。家近孝女巷，自称孝女巷诗人。

画厂诗集　集部别集类　佚

见道光《泰州志》卷30。

按：《江苏诗征》卷47收其诗1首。

朱永辉

字润生。清泰州人。康熙间知湖南沅江县。

沅江县志　史部地理类

杨忠愍集　集部别集类

清朱永辉刻

以上2种见《泰县著述考》卷8。

陈秉钧

字朴庵，号公权，又号溥亭。清泰州人。绶次子。监生。考授府通判，署鄞县知县。

茵花山房诗集　集部别集类

见《泰县著述考》卷5。

陈　镄

字德润，号铁坡。清泰州人。绶子。诸生。

杜诗选　集部别集类

清陈镄选

见《泰县著述考》卷5。

王　栻

字茂寒，号敬夫。清泰州人。康熙武庠生。性纯孝。工于诗，日与名士吟咏自娱。卒年82。

看竹亭诗钞1卷　集部别集类

传钞本，见《泰县著述考》卷1。

课暇聊吟　集部别集类

抄本，南京图书馆藏。

袁尔职

字肩山。清泰州人。幼丧父母，事祖母以孝闻。尔职弱冠即以诗文名大江南北。康熙四十年(1701)南巡，献策指陈河工利弊，并纪恩诗8首。上嘉纳之。归里后，著述甚富。

招云阁集　集部别集类　佚

见道光《泰州志》卷24。

按:《淮海英灵集》甲集卷3收其诗1首。

田广运

字右君,号慎斋。清泰州人。敬锡子。康熙四十四年(1705)圣祖南巡,献诗赋。召入武英殿纂修。五十年举顺天乡试,次年会试,钦赐进士。授福建惠安县令。惠安为海疆岩邑,广运莅任多异政。督抚屡荐。奉上谕:广运尽心公务,勤劳可嘉,将次擢用。入京需次,卒于邸中。

金台偶存1卷楚游草1卷　集部别集类

(1) 清康熙间自刻本,中国社会科学院文学研究所藏。

(2)《辟蠹山房丛书》本。

(3) 红粟山庄抄本,泰州图书馆藏。

(4) 2014年凤凰出版社《泰州文献》本。

三十二芙蓉轩诗2卷　集部别集类

清康熙四十三年自刻本,见《泰县著述考》卷2。

芸香载笔集　集部别集类　佚

螺阳集　集部别集类　佚

撦英集　集部别集类　佚

以上3种见《发幽录》。

王　鹤

字九皋,号野亭。清泰州人。工骑射。精阴符。

松轩集　集部别集类　佚

见《江苏诗征》卷48,收其诗2首。

杜光先

字枫山,一字海树,一作号海树。清泰州人。康熙三十九年(1700)进士。工制艺。善诗。

枫山制艺(一名海树真稿)　集部别集类

见《泰县著述考》卷2。

枫山诗集　集部别集类　佚

见道光《泰州志》卷30。

按:《江苏诗征》卷103收其诗1首。

陈志枢

字柳塘。清泰州人。岁贡生。工诗画。筑松筠阁,为里中俞牧隐、仲鹤庆、张星觞咏之地。诗酒林亭,殆无虚日。

消暑录　子部杂学类　佚

松筠阁诗文集　集部别集类　佚

以上2种见民国《续纂泰州志》卷25。

李羽丹

清泰州人。

双河李氏家乘13卷　史部传记类　佚

清李羽丹创修,见《泰县著述考》卷8。

缪　沅(1672—1729或1733)

字澧南,号湘芷,一号余园。清泰州人。肇甲子。生而嗜学,诸子百家靡不赅览。康熙四十八年(1709)进士。授编修,充五十一年会试同考官。五十四年召试乾清宫,列一等。五十六年视学湖广。每试一郡,必与诸生会讲而去,得人极盛。秩满濒行,两湖诸生送千余里。尝与修《康熙字典》《子史精华》等书。历官工科给事中、工部侍郎、刑部侍郎。无疾而终。平生与孔尚任、张符骧、宫鸿历、顾嗣立、查慎行、徐用锡等人交好。

缪沅诗选1卷　集部别集类

《江左十五子诗选》本。

余园诗钞 6 卷　集部别集类

清缪沅撰　沈德潜、金志章编辑

(1) 清乾隆十年(1745)葆素堂精刻本,张廷玉、沈德潜为之序。国家图书馆、中国科学院图书馆藏。

(2)《清代诗文集汇编》本。

稜米集　集部别集类　佚

见《淮海英灵集》甲集卷 1,并云:沅平籴江西六阅月,每谓人"予此行略无所长物,惟得诗七百余篇,为《稜米集》"。

兰渚集　集部别集类　佚

西溪集　集部别集类　佚

浮山集　集部别集类　佚

以上 3 种见同治《续纂扬州府志》卷 22。

余园古今体诗精选(一作余园诗选)4 卷　集部总集类

(1) 清乾隆三十八年蕴真堂精刻本,上海图书馆、泰州图书馆藏。

(2) 清嘉庆二十三年(1816)王世丰补刻本。

按:《淮海英灵集》甲集卷 1 收其诗 50 首。《江苏诗征》卷 143 收其诗 6 首。《海陵文征》卷 16 收其文 4 篇。

宫懋言(1673—1732)

字书升,号澹庵。清泰州人。鸿历长子,康熙四十二年(1703)进士,官袁州知府。工制艺。生平著述甚富。

(康熙)临汾县志 8 卷　史部地理类

清宫懋言纂修

(1) 清康熙五十七年刻本,国家图书馆藏。

(2)《中国方志丛书》本。

书升制艺　集部别集类

清康熙间自刻本,见《泰县著述考》卷 4。

拄笏楼诗集 1 卷　集部别集类

(1) 清康熙五十四年临汾署刻本。

(2) 钞本，泰州图书馆藏。

(3) 钞本，上海图书馆藏。

(4) 2014 年凤凰出版社《泰州文献》本。

宫懋信(1675—1740)

字如冈，号谨斋。清泰州人。鸿菅长子。诸生。与宝应王箴舆相唱和。

双柏草堂唱和诗 1 卷　集部总集类

传钞本，见《泰县著述考》卷 4。

按：此书《泰州宫氏族谱》作 12 卷。

程瑞祉

号东野。先世安徽休宁人，迁居泰州。程盛修族叔。

玉兰堂倡和诗 1 卷　集部总集类

清程瑞祉辑

(1) 清雍正二年(1724)精刻本，泰州图书馆藏。

(2) 2014 年凤凰出版社《泰州文献》本。

济　生

原名王尊素。字玄度，一字太促，别号东鲁拙道者。清歙县人。雍正二年(1724)主北茅山景德寺。善书能诗。

阅览随笔 2 卷　子部佛教类

(1) 清雍正三年扬州福国寺刊本。

(2) 清光绪九年(1883)天宁寺重刊本。

玄度遗集　集部别集类

见《泰县著述考》卷 7。

王　雅

字正之。清宁波人，寓居泰州。先世多显达。奉母渡江至泰州，包咸任泰州学正，依以居焉。工诗古文辞。

闲居客游诗稿　集部别集类

见《泰县著述考》卷1。

按：《江苏诗征》卷48收其诗6首。

唐麟翔

字石郊，号竺巢。清泰州人。康熙四十二年(1703)进士。任四川射洪县知县。捐俸修县志，制文庙祭器，建陈子昂读书台。五十五年擢吏曹。雍正间知霍州，革除市肆差徭。调蔚州。每月会课生童。致仕后，邑人立去思碑。

圣谕广训注疏1卷　史部政书类　佚

见《丛谈偶录》。

唐会魁真稿10卷　史部政书类　佚

见夏荃《退庵笔记》。

(康熙)射洪县志10卷　史部地理类

清唐麟翔纂修

清康熙五十一年刻本，贵州省图书馆藏。

蔚萝课艺　集部别集类　佚

见道光《泰州志》卷23。

中声集　集部别集类

清康熙间自刻本，见《泰县著述考》卷4。

石郊诗选　集部别集类　佚

见《退庵笔记》。

按：《江苏诗征》卷68收其诗1首。

王砺品

字子隅。清泰州人。应麒子。康熙间岁贡生。性冲淡。读书求实践。居东园,构茅屋数椽,与门人弟子研性命之奥。汇宋儒诸说,参以心解,往往有得。偶赋诗,则以抒写性情为主。

澄观录　子部儒学类　佚

见道光《泰州志》卷21,云卒后子誉处类次其语成此书。

张　瑛

字玉英。清泰州人。符骧从妹。诸生朱连璧妻。工诗古文辞。年29卒。

绣余草诗选　集部别集类　佚

见《海安考古录》。

按:《淮海英灵集》壬集卷1收其诗2首。

汪　乾

字健夫。清泰州人。附监生。工书画篆刻。晚年以医术济世。

保产万全经附集验新方3卷　子部医家类

清乾隆三年(1738)自刻本,见《泰县著述考》卷2。

宫翼宸(1684—1770)

字参两,号枫亭。清泰州人。梦仁孙,寿平子。太学生,官光禄寺典簿,以母老乞归。

红椒山房诗8卷　集部别集类

清康熙四十九年(1710)刻本,山西大学图书馆藏。

枫亭诗钞8卷　集部别集类　佚

纪年诗(一作纪事诗)1卷　集部别集类　佚

以上2种见嘉庆《重修扬州府志》卷62。

按:《淮海英灵集》丙集卷2收其诗5首。《江苏诗征》卷1收其诗4首。

宫　雍(1688—1736)

字柄和,又作炳和,号晴轩。清泰州人。梦仁孙,寿平次子,翼宸弟。康熙五十四年(1715)进士,授中书舍人。钦点通仓,监督清严,属下无敢以私。以母老,与兄翼宸同归。

花屿山房集　集部别集类　佚

见嘉庆《重修扬州府志》卷62。

按:《淮海英灵集》丙集卷2收其诗1首。《江苏诗征》卷1收其诗2首。

俞天池

原名茂鲲,字丽溟,自号句曲逸士。清泰州人。梅侄。

痘科金鉴录详注(一作痘疹金镜录详注)4卷　子部医家类　佚

见道光《泰州志》卷30。

俞　焘

字为光,一字知庄。清泰州人。梅子。

落落吟1卷　集部别集类　佚

见道光《泰州志》卷30。

知庄集　集部别集类　佚

见《率意吟》。

按:《淮海英灵集》甲集卷4收其诗3首。

韩　敏

字逊之,一字公逊。清泰州人。康熙间岁贡生。性浑厚。于濂闽关洛诸书悉手自钞录,反复研究。每有心得,必与同学者互相阐绎。既而从游日众。敏随才启发,咸有成就。晚年学益进,尤严于朱陆之辨。

朱陆异同辨　子部儒学类　佚

见道光《泰州志》卷30。

按:《江苏诗征》卷34收其诗1首。《海陵文征》卷19收其文1篇。

黄鸾祥

字瀛客。清泰州人。云孙,泰来子。

黄瀛客诗稿1卷　集部别集类　佚

见道光《泰州志》卷30。

按:《淮海英灵集》戊集卷1收其诗4首。《江苏诗征》卷64收其诗1首。

尤　澍

字霖三。清泰州人。诸生。与缪沅、俞梅、杜光先等为友。其诗学皮、陆、严、刘。

古铁斋诗录2卷续录2卷　集部别集类

红格钞本,泰州图书馆藏。

朱东启

字晓先,号爽亭。清泰州人。志熹孙。贡生。由主事授平越知府,又官云南思南府知府。

静寿斋诗钞13卷　集部别集类

清乾隆二十二年(1757)刻本见《泰县著述考》卷2。

按:《淮海英灵集》乙集卷4收其诗1首。

王　锦

字文度,号湖舫,一作湘舫。清泰州人。少孤苦,嗜学。黄云爱之,妻以孙女。隐居南溪,足不出户。

瞻白庐诗　集部别集类　佚

见《江苏诗征》卷48，收其诗1首。

王　梅

字盐梅，号逊雪。清泰州人。官州司马。

吴陵集　集部别集类　佚

见《江苏诗征》卷48，收其诗3首。

朱品奇

字玖林。清泰州人。士模子。庠生。

篷窗钞异80卷　子部小说类

原稿本，见《泰县著述考》卷2。

刘之滂

字竹其。清泰州人。康熙五十年(1711)举人。父殁，以母老不应礼部试者10年。建普济堂，置下棋庄田为族人冢地。晚年讲心性之学。祀乡贤。子育杰、育桀成进士。

左传意　经部春秋左传类　佚

见道光《泰州志》卷30。

刘　滋

清泰州人。

姜堰刘氏宗谱16卷　史部传记类　佚

刘滋清乾隆三年(1738)创修，见《泰县著述考》卷8。

俞允瑄

字宣人。清泰州人。朝銮三子。性纯孝。究心理学。

致知论　子部儒学类　佚

明德编　子部儒学类　佚

见道光《泰州志》卷25。

王　让

字子谦。清泰州人。

菊村诗集　集部别集类　佚

见《江苏诗征》卷47,收其诗1首。

仲蜀岩

字天池。清泰州人。启文子。康熙五十年(1711)举人。候选内阁中书。为文力追先正。

余力集　集部别集类　佚

见道光《泰州志》卷30。

纪　恺

字翼庵,号蓉村。清泰州人。诸生。工于诗。

蓉村诗稿1卷　集部别集类　佚

见《江苏诗征》卷98,收其诗1首。《淮海英灵集》丁集卷2收其诗1首。

薛　芬

字奎生。清泰州人。劬学好古,不事生产。品诣学历与同邑仲育并称高士。时七邑水灾叠告,居民苦之。芬穷源竟委,谋久远无弊之策,发为论议,贡于当事,竟不果行。

雉啼集　集部别集类　佚

见《江苏诗征》卷156,收其诗3首。

沈 默

又名龙翔，字兴之，号让斋，又号遯叟。清泰州人。康熙五十二年(1713)举人。清初召修国史，檄至州，州牧举其事属默。默生平温柔敦厚，孝友天成。喜读书，诗文力追秦汉。

发幽录1卷　史部传记类

(1)《海陵丛刻》本。

(2)《中国古代地方人物传记汇编》本。

(3)《江苏人物传记丛刊》本。

(4) 2014年凤凰出版社《泰州文献》本。

陈韶武

字为昭。清泰州人。秉钧子。监生。

椒亭诗稿　集部别集类

见《泰县著述考》卷5。

高 炎

字幹侯。清泰州人。日起子。廪膳生。

性理诠微4卷　子部儒学类　佚

见道光《泰州志》卷30。

按：关于道光《泰州志》载录高氏诸人文行，《泰州新志刊谬》卷下有多处指摘，可参阅。

缪 尊

字黄目。清泰州人。肇敏子。诸生。文章纯粹。生平不谋资产，惟陶情诗酒。于近体诗尤擅长。

逵园集　子部儒学类　佚

见《泰州新志刊谬》卷下。《续纂泰州志》卷25误作《达园稿》。

田云鹤

字轮长，又字回抱，号蓬壶居士。清泰州人。广运子。太学生。沉酣书史。工诗古文辞。放意山水，尝览武夷仙霞之胜。人称金锒词客。

蓬壶漫稿 1 卷　集部别集类

自写稿，见《泰县著述考》卷 2。

金锒集　集部别集类　佚

见道光《泰州志》卷 30。

按：《淮海英灵集》乙集卷 4 收其诗 3 首。《海陵文征》卷 19 收其文 1 篇。

缪　集

字义圃，号慎斋。清泰州人。沅长子。雍正五年(1727)进士，任应州知府。

昌志堂诗文稿　集部别集类　佚

见道光《泰州志》卷 30。

按：《海陵文征》卷 19 收其文 1 篇。

缪　琬

字香令，号玉叔。清泰州人。沅三子。雍正二年(1724)举人。官广东澄海知县。

闲亭集　集部别集类　佚

西溪片羽集　集部别集类　佚

以上 2 种见宫国苞《霄峥集》。

陆　进(1689—?)

字宿帆，号樵海，一号漱石。清泰州人。庠生。乾隆十年(1745)迁居如皋，教授生徒，如江大键、大锐皆出其门。所刻诗词，流播艺林。

樵海诗钞　集部别集类

(1)《泰州陆氏家集》稿本，北京师范大学图书馆藏。

(2)《清代家集丛刊续编》本。

漱石诗稿 10 卷　集部别集类　佚

鹂吹集 1 卷　集部词曲类　佚

以上 2 种见《东皋诗存》。

宫大鹏(1690—1772)

字天巢，号巨堂。清泰州人。懋谅子。雍正七年(1729)拔贡，举贤良方正，官江西、安徽等地知县。致仕归，为乡里矜式。

汇忠编　史部传记类

见《泰县著述考》卷 4。

宫耀亮(1692—1752)

字武乡，号鞠庵。清泰州人。懋言长子。康熙五十六年(1717)顺天举人。知陕西醴泉县。尝修邑乘。多政声。

(乾隆)醴泉县续志 3 卷首 1 卷　史部地理类

清宫耀亮修　陈我义纂

(1) 清乾隆十六年(1751)刻本，国家图书馆藏。

(2) 抄本，上海图书馆藏。

牧爱堂偶刊　集部别集类　佚

见《宫氏族谱后集》。

程盛修(1693—1777)

字风沂，号双桥。清泰州人。家贫笃学。康熙五十九年(1720)举人，雍正八年(1730)成进士，改庶吉士，授翰林院编修。寻迁御史。乾隆四年(1739)，进咏史乐府十二篇指事寓规，得上嘉奖。嗣视通漕潞河。官至顺天府尹，以终养归籍。工诗。

南陔松菊集 1 卷　集部别集类

清乾隆三十九年精刻本，中国社会科学院文学研究所藏。

夕阳书屋诗初编 4 卷　集部别集类

(1) 清乾隆三十八年精刻本，泰州图书馆藏。

(2)《畯庐丛书》本。

(3)《清代诗文集汇编》本。

(4) 2014 年凤凰出版社《泰州文献》本。

按：《江苏诗征》卷 75 收其诗 17 首。《淮海英灵集》甲集卷 4 收其诗 25 首。《海陵文征》卷 19 收其文 5 篇。《广陵思古编》卷 29 收其文 2 篇。

宫焕光(1696—1770)

字葆宣，号省吾，或作省悟，又号师曾。清泰州人。懋信长子。庠生。

省吾诗存　集部别集类　佚

见《宫氏族谱后集》。

缪　枟(1696—1777)

字晓岩，一字海峰。清泰州人。沅四子。雍正十一年(1733)钦赐举人。乾隆十七年(1752)权知广东左州事，地邻交趾，枟慈严相济，颇称良吏。二十一年乞老归。

蕴真堂诗稿　集部别集类　佚

自怡集 1 卷　集部别集类　佚

以上 2 种见道光《泰州志》卷 30。

按：《淮海英灵集》戊集卷 3 收其诗 2 首。《江苏诗征》卷 143 收其诗 1 首。

宫耀侨

字惠人，号震夫。清泰州人。懋信次子。监生。

南宫旧德拾遗录1卷　史部传记类

宫氏钞本，见《泰县著述考》卷4。

戴皇恩

字浩如。清泰州人。诸生。十六试，不售。遂究心文史，至老弗懈。年83卒。

诗经指南　经部诗经类　佚

礼记正诠　经部礼记类　佚

樊川草堂诗集　集部别集类　佚

以上3种见道光《泰州志》卷30。

百草堂诗集　集部别集类　佚

见嘉庆《重修扬州府志》卷62。

李于涛

清泰州人。

画树园稿　集部别集类　佚

见道光《泰州志》卷30。

王晋原

字雪樵。清泰州人。雍正元年(1723)解元。

雪樵文集　集部别集类

手稿本，见《泰县著述考》卷1。

按：《海陵文征》卷19收其文1篇。

顾　瀛

字仲瑜，一字臣庐，号湘灵，自号倦组居士。清泰州人。雍正间岁贡生。才性敏捷，一目十行，终生不忘。工诗，授徒如皋。

顾湘灵诗1卷　集部别集类

辟蠹山房钞本，见《泰县著述考》卷7。

按：《淮海英灵集》戊集卷1收其诗1首。《海陵文征》卷19收其文2篇。

韩　鯟

字似鲤，号讷庵。清泰州人。敏次子。雍正元年(1723)拔贡。潜心经史制艺，兼工诗古文辞。名极盛。督学使以国士期之。年30余而殁。

响泉文集　集部别集类　佚

见民国《续纂泰州志》卷25。

按：《江苏诗征》卷34收其诗1首。

刘育杰

字卓庵，一字凡若。清泰州人。之涝子。雍正八年(1730)进士。官潞安知府。

东竹轩诗钞　集部别集类

见《泰县著述考》卷7。

宫懋让(1702—1764)

字耆英，号杜洲。清泰州人。梦仁次子。雍正四年(1726)顺天副榜。由八旗教习授单县知县，仕至德州知州。留心金石。尝溶铁束秦琅琊石刻。

按：嘉庆《重修扬州府志》误作"懋谦"。

大事约1卷　史部传记类　佚

见清夏荃《退庵笔记》。

(乾隆)诸城县志46卷　史部地理类

清宫懋让修　李文藻等纂

(1) 清乾隆二十九年(1764)刻本，北京大学图书馆藏。

(2)《中国方志丛书》本。

啸月斋诗草1卷　集部别集类　佚

见道光《泰州志》卷30。

按:《江苏诗征》卷1收其诗2首。

仲　素

字芍波。清泰州人。邦文子。诸生。

茗叟诗钞1卷　集部别集类

(1) 清乾隆刻本,南京图书馆藏。

(2) 清嘉庆十五年(1810)兴宁署刻本,见《泰县图书馆书目》。

王九鹏

字临川,号罗塘逸士。清泰州人。雍正七年(1729)举人。博览群籍。高邮王安国重其才,将荐于朝,以疾不克赴。

周易联珠　经部易类　佚

左传评选　经部春秋左传类　佚

以上2种见道光《泰州志》卷30。

蛰龙吟　集部别集类　佚

梦春草　集部别集类　佚

以上2种见《三水王氏族谱》。

俞　堉

字容万,号蘅皋。清泰州人。梅孙,焘子。早岁为诸生时,留心经济,凡边防水利田赋刑名之载在典籍者,无不赅览,故以博学称。乾隆十六年(1751)南巡,献诗者百计,惟堉诗最佳,一时公卿多异之。三十年中举人。任舒城县教谕。堉性醇粹,与弟笃友爱,好为善事。

古文骚赋(一作类苑联珠)　集部楚辞类　佚

尚论管窥诗　集部别集类　佚

编年诗钞10卷　集部别集类　佚

忆旧集1卷　集部别集类　佚

感秋集1卷　集部别集类　佚

以上5种见道光《泰州志》卷30。

率意吟1卷　集部别集类

(1) 绿格钞本，泰州图书馆藏。

(2) 2014年凤凰出版社《泰州文献》本。

吴陵郭北竹枝词1卷　集部别集类　佚

见同治《续纂扬州府志》卷22。

按:《淮海英灵集》丁集卷2收其诗3首。《江苏诗征》卷21收其诗1首。

俞　圻

字越千，号让林。清泰州人。梅孙，焘次子。博洽淹雅，尤工诗词。其诗清超拔俗，词情致淡远。与兄堉齐名。尝校订宫国苞《霄峥集》。

剪烛吟1卷　集部别集类

清乾隆三十三年(1768)自刻本，见《泰县著述考》卷3。

截流吟　集部别集类　佚

见宫国苞《霄峥集》。

剪春词1卷　集部别集类

宫国苞选《四家词选》本。

陆　镇

字四山。清泰州人。进长子。庠生。

小樵诗存　集部别集类

(1)《泰州陆氏家集》稿本，北京师范大学图书馆藏。

(2)《清代家集丛刊续编》本。

朱端揆

字锡嘉。清泰州人。岁贡生。东启子。官山西太平县知县。莅任三日，即清理积案数十，吏民惊异。捐俸葺龙门书院。调临汾，值岁大饥，斗米千钱，亟请于上，开仓赈济。复捐廉设粥厂，存活无算。乾隆二十六年(1761)召见，特旨纪名以知府用，历任河南开封、广西平乐同知。以疾乞归，卒于家，年57。

妙契诗草　集部别集类　佚

见同治《续纂扬州府志》卷22。

黔晋燕豫粤游草20卷　集部别集类

见《泰县著述考》卷2。道光《泰州志》卷30著录《秦晋燕粤游草》，无卷数。

李飞云

清泰州人。

双河李氏家乘13卷　史部传记类

清乾隆十九年(1754)刊本，见《泰县著述考》卷8。

翟　宣

字日山，号应斋。清泰州人。少好骑射，中乾隆三年(1738)武举。遂弃其业，刻意为诗。与浙西胡裘锌、兴化郑燮、同里仲鹤庆辈相唱和。五言尤擅长。

乐清堂诗钞　集部别集类　佚

见道光《泰州志》卷30。

纪桂芳

字中伟，号次荷老人。清泰州人。恺子。精于医理，多所发明。

乾隆吴陵纪桂芳医学丛书　子部医家类

清纪桂芳撰

稿本，天津图书馆藏。

河间宣明论方发明 7 卷　子部医家类

金刘完素撰　清纪桂芳注释

清乾隆间手稿本。

东垣用药大旨 1 卷　子部医家类

清纪桂芳编

清乾隆间手稿本。

余庆堂医案 1 卷　子部医家类

清纪桂芳编

清乾隆间手稿本。

按：刘玉璋校，书首有林光照、徐昂诸序及缪永煦题诗。

以上 3 种见《泰县著述考》卷 3。

宫增祜(1721—1809)

字笃周，号节溪。清泰州人。梦仁曾孙，翼宸子。乾隆十八年(1753)顺天副贡生。官安徽东流县教谕。学纯品粹，工诗古文辞。老厌宦途，归掌文坛，为罗浮七子之一。

宫氏族谱不分卷　史部传记类

清宫增祜纂修

抄本，国家图书馆藏。

四书文制艺　集部别集类

清乾隆四十六年家刻本，见《泰县著述考》卷 4。

惑旧集　集部别集类

旧钞本，见《泰县著述考》卷 4。

节溪诗钞(一作节溪小集)　集部别集类

清乾隆间家刻本。

按：《江苏诗征》卷 1 收其诗 4 首。《海陵文征》卷 20 收其文 1 篇。

王德著

清泰州人。

义门王氏族谱 4 卷　史部传记类

清乾隆四十一年(1776)刊本,见《泰县著述考》卷 8。

缪昆灿

字汝玉。清泰州人。集长子。任陕西清涧县知县。

聿修堂文稿　集部别集类　佚

见道光《泰州志》卷 30。

葛维煦

字鹤汀。清泰州人。乾隆十八年(1753)拔贡生。官蒙城教谕。训士多所成就。

师俭堂文集　集部别集类　佚

诗赋杂著稿　集部别集类　佚

以上 2 种见道光《泰州志》卷 30。

仲鹤庆

字品崇,号松岚。清泰州人。素子。乾隆十九年(1754)进士。选授四川大邑县令。创建书院,延师课士。两权邛州事,民爱戴之。三十一年缅匪犯边,鹤庆以马政赴云南督修澜沧官道,监牛角关军粮。后摄蓬溪县,被议。鹤庆性刚直,为人所嫉,祸几不测。后主讲镇江宝晋、归德文正、南康白鹿等书院。工写竹兰菊,得者以为宝。年 63 卒。

蜀江日记 1 卷　史部地理类

钞本,见《泰县著述考》卷 2。

迨暇诗集 8 卷　集部别集类

稿本,中国科学院图书馆藏。

追暇集14卷　集部别集类

（1）清乾隆刻本，南京图书馆藏。

（2）清嘉庆十五年（1810）兴宁署刻本，泰州图书馆藏。

追暇集古文2卷　集部别集类

见《泰县著述考》卷2。

云香文集1卷　集部别集类　佚

见嘉庆《重修扬州府志》卷62。

按：《淮海英灵集》丁集卷3收其诗10首。

仲莲庆

字碧香。清泰州人。素女。洪仁远之妻。

碧香女史遗草　集部别集类

（1）清嘉庆十六年（1811）兴宁署刻《仲氏女史遗诗》本，泰州图书馆藏。

（2）方秀洁、伊维德主编《美国哈佛大学哈佛燕京图书馆藏明清妇女著述汇刊》本。

（3）2014年凤凰出版社《泰州文献》本。

按：凡诗41首，有侄振奎序。《江苏诗征》卷174收其诗3首。

田　琳

字林玉，号鹤舫。清泰州人。诸生。与同里宫国苞、邹熊等结芸香诗社。邹熊曾云其清瘦善病，诗多商音，读之如闻山峡哀猿。早逝。

鹤舫诗钞少泉诗钞　集部别集类

清田琳、田宝臣合著

汤懋斋选抄本，泰州图书馆藏。

按：《江苏诗征》卷37收其诗5首。

陈安策(1727—1806)

字香泉,号晚安。清泰州人。附贡生。

陈氏家乘10卷首1卷　史部传记类

清陈安策等修纂

(1) 清嘉庆十一年(1806)刻本,南京图书馆藏。

(2) 2014年凤凰出版社《泰州文献》本。

周　虹

字虹起,又字天虹、天桥。清泰州人。雍正元年(1723)武进士周之松子,布衣。工诗,雄浑超拔,出入高、岑、杜、孟间。善骑射。

天桥初稿1卷　集部别集类

(1) 红粟山庄钞本,泰州图书馆藏。

(2)《清代诗文集汇编》本。

(3) 2014年凤凰出版社《泰州文献》本。

天桥初集4卷　集部别集类　佚

不休编1卷　集部别集类　佚

以上2种见道光《泰州志》卷24。

天桥遗稿1卷　集部别集类

辟蠹山房钞本。

按:《淮海英灵集》丁集卷2收其诗2首。《江苏诗征》卷83收其诗1首。

许彭年

字介眉,号鹿村。清泰州人。乾隆间岁贡生。与施千里、张双桥为友。

鹿村集　集部别集类　佚

见嘉庆《重修扬州府志》卷62。

按:《江苏诗征》卷99收其诗2首。

李　宁

字据峰,号静川。清泰州人。乾隆十八年(1753)乡魁。博洽工诗。与程盛修、宫焕文相倡和。筑别墅守逸山房于宅西。

守逸山房诗钞　集部别集类　佚

见民国《续纂泰州志》卷25。

宫履基(1732—1787)

字应乾,一字素轩,号坦庵。清泰州人。焕采三子。乾隆二十五年(1760)举人。官浙江常山县令10年。勤慎自持。葺定阳书院,办理江塘。两充同考官。与兄晋飏先后乞养。

素轩集　集部别集类　佚

见道光《泰州志》卷23。

按:《淮海英灵集》乙集卷4收其诗1首。《江苏诗征》卷1收其诗10首。

宫为坊(1732—1798)

字慎余,号言可,一号筼舸,又号荔圃。清泰州人。焕光长子。乾隆三十九年(1774)举人,候选知县。博学工诗文。通经义,尤深史汉之学。与邹熊谈论彻夜不倦。熟精史学而口不言诗,后进多赖以成就,一时如吴椿、程应佐、仲振履,皆出其门。

仪礼节录1卷　经部仪礼类

清宫为坊选

(1) 清乾隆五十五年刻本,泰州图书馆藏。

(2) 清嘉庆年间自刻墨稼山房印本,泰州图书馆藏。

(3) 旧抄本,泰州图书馆藏。

(4) 2014年凤凰出版社《泰州文献》本。

史记质疑　史部正史类　佚

见道光《泰州志》卷24。

嘉言懿行录3卷（一名族谱后集）　史部传记类

清乾隆五十八年手稿本，见《泰县著述考》卷4。

目耕居士诗钞　集部别集类　佚

见道光《泰州志》卷30。

宫国苞（1732—1799）

字松如，又字渭川，号霜桥。清泰州人。翼宸孙。监生。世胄清才，坎坷不遇。工诗，与邑人结芸香诗社，诗为袁枚所赏，与丹徒张石帆并称江上两诗人。又兼擅绘事。

北游草1卷　集部别集类

清乾隆四十年（1775）自刻本，泰州图书馆藏。

半红楼诗钞（一作半红山房集，又作半红楼吟稿）1卷　集部别集类

（1）清乾隆三十八年扬州刻本。

（2）抄本，泰州图书馆藏。

（3）2014年凤凰出版社《泰州文献》本。

按：乾隆四年编次成集。

霄峥集8卷　集部总集类

清宫国苞辑

（1）清乾隆三十三年春雨草堂刻本，泰州图书馆藏。

（2）2014年凤凰出版社《泰州文献》本。

霄峥集泰人诗钞不分卷　集部总集类

清宫国苞编选

（1）徐菊人手抄本，泰州图书馆藏。

（2）2014年凤凰出版社《泰州文献》本。

四家词选4卷　集部词曲类

清宫国苞选

清乾隆三十三年自刻本，见《泰县著述考》卷4。

按：《江苏诗征》卷1收其诗10首。

缪永垣

字时亮，号葛峰。清泰州人。琬长子。集侄。岁贡生。初任中城兵司马，升广西横州知州。与宫国苞最契，故宫之《霄峥集》采其诗甚多。

嗜书堂诗钞　集部别集类　佚

见道光《泰州志》卷30。

嗜书堂未定诗稿1卷　集部别集类

(1) 清乾隆三十八年(1773)精刻本，泰州图书馆藏。

(2) 2014年凤凰出版社《泰州文献》本。

按：《江苏诗征》卷143收其诗2首。

缪永煦

字方升，号静轩。清泰州人。永垣弟。岁贡生。少好吟咏，及长，名大噪。《桐轩诗话》谓其终日沉默而好作温柔体。

静轩诗　集部别集类

(1)《缪氏杂诗钞》抄本，泰州图书馆藏。

(2) 2014年凤凰出版社《泰州文献》本。

霜笳诗稿　集部别集类　佚

见道光《泰州志》卷30。

拾沈集5卷　集部总集类

江左英灵集　集部总集类

清缪永煦辑

以上2种见《泰县著述考》卷7。

李　玉

清泰州人。

双河李氏家乘　史部传记类

清乾隆五十九年(1794)刊本,见《泰县著述考》卷8。

沈　均

字平舆。清泰州人。遴子。岁贡生。任安徽蒙城县教谕。覃精六籍,旁涉百家。

蕴香阁试草不分卷　集部别集类

清沈均撰　宋国光选

(1) 清乾隆间刻《甓湖联吟集》本。

(2) 旧钞本,见《泰县著述考》卷2。

陈　璨

字开绪,号倥侗,又号菊庄。清泰州人。韶武子。贡生。性好为诗。藏书极富。家有养和轩,觞咏其间。

倥侗诗钞1卷　集部别集类

清陈璨著　胡裘镩选

(1) 清乾隆二十五年(1760)漱芳轩初刻本,南京图书馆藏。

(2) 清乾隆三十四年刻本,南京图书馆藏。

(3) 2014年凤凰出版社《泰州文献》本。

西泠游草1卷　集部别集类

(1) 红粟山庄抄本,泰州图书馆藏。

(2) 清乾隆三十五年刻本,吉林大学图书馆藏。

(3) 2014年凤凰出版社《泰州文献》本。

西湖竹枝词1卷　集部别集类

(1) 清乾隆三十六年自刻本,洛阳市图书馆藏。

(2) 清光绪十四年(1888)丁氏正修堂重刻本，青岛市图书馆藏。

(3)《武林掌故丛编》本。

(4)《丛书集成续编》本。

半芥山房初稿4卷　集部别集类

黑格稿本，见《泰县著述考》卷5。

师竹斋稿5卷　集部别集类　佚

见《八千卷楼书目》。

自怡集　集部别集类

见《泰县著述考》卷5。

云树初集1卷　集部总集类

清陈璨辑

(1) 清乾隆二十八年梦秋山房刻本，南京图书馆藏。

(2) 2014年凤凰出版社《泰州文献》本。

余杭览古词1卷　集部词曲类

清乾隆三十五年刻本，见《泰县著述考》卷5。

按：《淮海英灵集》乙集卷4收其诗1首。《江苏诗征》卷28收其诗1首。

宫焕勋(1745—1811)

字贞亭，一字卓亭，号竹轩，又号寄余居士，晚号访鹤道人。清泰州人。凤举子。诸生。博学，工诗文。

竹轩杂著5卷(一名古希老人集)吴越游草1卷　集部别集类

(1) 清嘉庆十八年(1813)家刻本，南京图书馆藏。

(2) 2014年凤凰出版社《泰州文献》本。

田昌运

字书饮。清泰州人。

就园诗集　集部别集类　佚

见道光《泰州志》卷30。

玉红词1卷　集部词曲类

清乾隆间精刊本。

王汉藻

字鹤山。清泰州人。

鸥吟集　集部别集类　佚

见《泰州诗征》卷上。

黄佐九

字遥曾，号西圃。清泰州人。乾隆三十九年(1774)举人。弟成瑛早逝，遗孤蕙友甫3岁，抚教之。嘉庆十三年(1808)截取知县，以老疾辞。年75终。

易经本义汇参　经部易类　佚

增补周礼义疏　经部周礼类　佚

以上2种见道光《泰州志》卷24。

仲振奎(1749—1811)

字春龙，号云涧，又号红豆山樵。清泰州人。鹤庆长子。监生。工诗，为文精深浩瀚，出入三苏。平生著作，无体不有，而稿多散佚。《诗汇》称其外集诗在韦柳间，而峭劲过之。

楚南日记　史部传记类　佚

见仲振履《追暇三集》。

脉约　子部医家类　佚

见《海陵文征》卷20。

绿云红雨山房诗钞　集部别集类

清嘉庆十六年(1811)兴宁署刻本，泰州图书馆藏。

辟尘轩文钞外集4卷　集部别集类

抄本，见《泰县著述考》卷2。

绿云红雨山房文钞外集6卷　集部别集类

(1) 清嘉庆十六年黑格抄本，泰州图书馆藏。

(2) 2014年凤凰出版社《泰州文献》本。

春柳吟　集部总集类　佚

清仲振奎辑

见《明清江苏文人年表》嘉庆十六年。

仲氏女史遗诗　集部总集类

(1) 清嘉庆十六年兴宁署刻本，泰州图书馆藏。

(2) 方秀洁、伊维德主编《美国哈佛大学哈佛燕京图书馆藏明清妇女著述汇刊》本。

(3) 2014年凤凰出版社《泰州文献》本。

子目：

《碧香女史遗草》　清仲莲庆撰(字碧香，素女)

《绮泉女史遗草》　清仲振宜撰(字绮泉，号芗云，鹤庆长女)

《瑶泉女史遗草》　清仲振宣撰(字瑶泉，号芝云，鹤庆次女，振宜妹)

《辟尘轩诗钞》　清赵笺霞撰(字书云，江苏甘泉人。振奎妻)

《绮云阁遗草》　清洪湘兰撰(字畹香，一作畹云，江苏仪征人。振猷妻)

附

仲贻銮诗(字金城，振奎女。年27卒)

张贻鷊诗(字揄华，振宣女。未嫁，年20卒)

红豆村樵词2卷　集部词曲类　佚

见嘉庆《重修扬州府志》卷22。

红楼梦传奇2卷　集部词曲类

(1) 清嘉庆四年绿云红雨山房刻本，泰州图书馆藏。

(2) 清光绪八年(1882)常熟抱芳阁刻本，复旦大学图书馆藏。

(3) 2014年凤凰出版社《泰州文献》本。

按：嘉庆元年振奎客扬州，得逍遥子序本《后红楼梦》，动意合前后二书故事编作戏剧。三年以红豆村樵名，著《红楼梦传奇》成。

怜春阁　集部词曲类　佚

见庄一拂《古典戏曲存目汇考》下编。

诗囊梦　集部词曲类　佚

见《明清江苏文人年表》嘉庆十七年。

按：《海陵文征》卷20收其文4篇。

烧环　集部词曲类

红襦温酒　集部词曲类

看花缘　集部词曲类

雪香楼　集部词曲类

卍字阑　集部词曲类

霏香梦　集部词曲类

香囊恨　集部词曲类

画三青　集部词曲类

风月断肠吟　集部词曲类

后桃花扇　集部词曲类

懊情浓　集部词曲类

牟尼恨　集部词曲类

水底鸳鸯　集部词曲类

以上13种为未刻传奇，均见《泰县著述考》卷2。

赵笺霞(？—1807)

字书云。清甘泉人。廷煦女，仲振奎妻。

辟尘轩诗钞1卷　集部别集类

(1) 清嘉庆十六年(1811)兴宁署刻《仲氏女史遗诗》本，泰州图书馆藏。

(2) 方秀洁、伊维德主编《美国哈佛大学哈佛燕京图书馆藏明清妇女著述汇刊》本。

(3) 2014 年凤凰出版社《泰州文献》本。

按:凡诗 106 首,《江苏诗征》卷 173 收其诗 2 首。

缪祖培(1751—1780)

字晴岚,号敦川。清泰州人。集孙,昆灿子。乾隆四十三年(1778)会试第一。天才超卓。与江都俞大鼎、仪征汪龙光、同邑俞圻并以倚声著名。廷试归班,家居怏怏,未几遘疾卒。

修月楼诗词稿　集部别集类

(1) 清乾隆三十三年(1768)刻本,见《泰县著述考》卷 7。

(2) 青箱塾传钞本,见《泰县著述考》卷 7。

(3) 红粟山庄传抄本,泰州图书馆藏。

按:仅词稿。《江苏诗征》卷 143 收其诗 1 首。

仲振宜(1751? —1802?)

字绮泉,号芗云,一作字芗云。清泰州人。鹤庆长女。虎阜崔尔封妻。

绮泉女史遗草 1 卷　集部别集类

(1) 清嘉庆十六年(1811)兴宁署刻《仲氏女史遗诗》本,泰州图书馆藏。

(2) 方秀洁、伊维德主编《美国哈佛大学哈佛燕京图书馆藏明清妇女著述汇刊》本。

(3) 2014 年凤凰出版社《泰州文献》本。

按:振宜此书与其妹振宣《瑶泉女史遗草》合刻,称《留云阁合稿》,凡诗 137 首。有嫂赵笺霞序。《江苏诗征》卷 174 收其诗 3 首。

宫　麟(1752—1796)

字秀机，号困庵，又号萝庄山人。清泰州人。增祜子。廪贡生，议叙训导，擅经学。王昶尝延于京师，属校勘之事。

经说杂录 8 卷　经部群经总义类　佚

五常图说　子部儒学类　佚

研耘诗赋偶吟 2 卷　集部别集类　佚

以上 3 种见道光《泰州志》卷 24。

按:《江苏诗征》卷 1 收其诗 1 首。

仲振宣(1753？—1786？)

字瑶泉，号芝云。清泰州人。鹤庆次女。张祥凤妻。

瑶泉女史遗草 1 卷　集部别集类

(1) 清嘉庆十六年(1811)兴宁署刻《仲氏女史遗诗》本，泰州图书馆藏。

(2) 方秀洁、伊维德主编《美国哈佛大学哈佛燕京图书馆藏明清妇女著述汇刊》本。

(3) 2014 年凤凰出版社《泰州文献》本。

按:凡诗 34 首，有《长歌行》一篇，叙述生世之悲。余参见“仲振宜”条。

翟于蕃

清泰州人。

姜堰翟氏族谱　史部传记类　佚

清乾隆间翟于蕃创修，见《泰县著述考》卷 8。

黄　沆

一作沅，字公言。清泰州人。尔志子。贡生。

烟寰小草　集部别集类　佚

见《泰州新志刊谬》。

按:《江苏诗征》卷65收其诗1首。

陈时清

字老香,一字圣音。清泰州人。

陈老香先生诗集1卷　集部别集类

旧抄本,见《泰县著述考》卷5。

按:《淮海英灵集》乙集卷1收其诗1首。

高玉亮

清泰州人。

蒋垛高氏宗谱　史部传记类

清乾隆二十三年(1758)刊本,见《泰县著述考》卷8。

程兆鸾

字友竹。清泰州人。嵇亭孙。盛修族子。生平乐善好施。一心净土。创设公善堂。于马庄扶乩礼佛,戒杀放生。卒年72。

莲修起信录初集6卷　子部佛教类

(1) 清光绪二十二年(1896)刻本,中山大学图书馆藏。

(2) 1918年中华书局仿宋排印本。

(3) 日本大正《续藏经》本。

(4) 2014年凤凰出版社《泰州文献》本。

莲修起信录二集2卷　子部佛教类

清光绪二十四年刻本,见《泰县著述考》卷6。

李　颖

字箕山。清泰州人。能诗,工篆籀,尤擅山水。

十二竹草堂诗稿　集部别集类　佚

见《伯山诗话再续集》。

按:《诗观二集》作《罗浮草堂集》。《淮海英灵集》丙集卷1收其诗1首。

性　慧

字幻云,号炳一。清泰州人。本江西古虔州黄氏子。乾隆初自宝华来主光孝寺,改禅宗为律门。性慧善书法,能绘山水。诗宗三唐,徒孙焕然刻其诗稿。

幻云诗钞1卷　集部别集类

稿本,泰州碧云寺藏。

幻云香雨诗钞2卷　集部别集类

清性慧、圆林合著

清嘉庆十二年(1807)光孝寺刻本,中国科学院图书馆藏。

周淑媛

字又洲,小名录。清泰州人。杭宣泽妻。

凌云岩草　集部别集类

见《泰县著述考》卷3。

按:《淮海英灵集》壬集卷1、《江苏诗征》卷171均收其诗1首。

周姞媛

字室桢。清泰州人,原籍广东海阳。

梅林居诗　集部别集类

见《泰县著述考》卷3。

按:《江苏诗征》卷171收其诗3首。

葛　纯

清泰州人。蕙田之祖。贡生。

五经集解　经部群经总义类

敦仁堂文集　集部总集类

以上2种见《泰县著述考》卷6。

沈光祖

字绳武，号敬仪。清泰州人。诸生。善属文，屡困棘闱。晚年锐意为诗。室有双松，因以名集。

双松阁诗稿　集部别集类　佚

见道光《泰州志》卷30。

按：《淮海英灵集》甲集卷4收其诗1首。

俞国鉴

字玉衡，号澄夫。清泰州人。圻子。幼有异禀。年13为诸生。肄业郡城安定书院。曾燠器赏之，刻其诗入《题襟集》中。是时泰州能诗者首推陈燮，国鉴年少于燮，而诗名与其相颉颃。旋之京师，从士大夫游，业益进。嘉庆五年(1800)举人。选授通州学正。性至孝，以母老多病，遂不赴官。平生重气谊，不好苟交。与兄笃爱。工书法。卒年52。

樵月山房诗文集　集部别集类

(1) 自订诗稿本。

(2) 夏荃选抄本。

以上2种见《泰县著述考》卷3。

(3) 传抄本，泰州图书馆藏。

樵月山房诗稿1卷　集部别集类

(1) 泰县古物会钞本，南京图书馆藏。

(2) 2014年凤凰出版社《泰州文献》本。

阴隲文试帖诗合刻2卷　集部总集类

清高筠、俞国鉴撰

清嘉庆二十年自刻本，泰州图书馆藏。

朱谦服

字百村。清泰州人。诸生。

解经　经部群经总义类　佚

评史　史部史评类　佚

玉笥小房集　集部别集类　佚

蓉樵文集　集部别集类　佚

以上4种见道光《泰州志》卷30。

按：道光《泰州志》卷24《文苑》朱士模传谓其著有《蓉樵文集》及《解经》《评史》若干卷。除《玉笥小房集》，另三种与朱谦服著作相同。朱谦服在卷30《艺文志》中，排在宫国苞（出生于雍正十年）之后，时间要迟于朱士模。朱士模、朱谦服未知是一人还是二人，因不能明，姑分别著录之。

宫锡祚(1758—1833)

字瑞千，号友山，一号芥轩。清泰州人。乾隆五十七年(1792)举人，官国子监学正。

（道光）泰州新志刊谬2卷首1卷　史部地理类

清任钰、宫锡祚等纂辑

(1) 清道光十年(1830)刻本，泰州图书馆藏。

(2)《中国地方志集成》本。

(3)《中国方志丛书》本。

(4) 2014年凤凰出版社《泰州文献》本。

芥轩杂著1卷　子部杂学类

清道光二十二年求志斋刊本，见《泰县著述考》卷4。

按:《海陵文征》卷20收其文2篇。

仲振履(1759—1822)

字临侯,号云江,又号拓庵,别署群玉山农、览岱庵木石老人。清泰州人。鹤庆次子。嘉庆九年(1804)举人,十三年进士。历任广东知县,皆有善政。官恩平,修金塘桥。官兴宁,禁水车,疏河道。官东莞,筑虎门碉台,平海防。官南海,筑桑田基,卫农田,工费数万计。振履身先士卒,以兴数十百年之利。擢南澳同知,以疾归。卒于家。

作吏九规2卷　史部政书类

(1) 清嘉庆十八年刻本,上海图书馆藏。

(2) 2014年凤凰出版社《泰州文献》本。

(3) 2016年学苑出版社《稀见清代四部辑刊》本。

虎门揽胜2卷　史部地理类

粤东自刻本,泰州图书馆藏。

(嘉庆)兴宁县志12卷首1卷　史部地理类

清仲振履修　张鹤龄增修　曾士梅增纂

(1) 清嘉庆十六年刻本。

(2) 清咸丰六年(1856)增补嘉庆本,南京图书馆藏。

(3) 1929年铅印本,南京图书馆藏。

(4)《中国方志丛书》本。

家塾迩言5卷　子部儒学类

清嘉庆间刻本,泰州图书馆藏。

咬得菜根堂诗文稿(一作拓庵诗钞)　集部别集类　佚

见道光《泰州志》卷23。

弃余稿3卷　集部别集类

清嘉庆十六年兴宁署刻本,泰州图书馆藏。

王荫槐螟庐诗抄　集部别集类

井眉居诗抄　集部别集类

以上2种见《泰县著述考》卷2。

虎门纪游稿　集部别集类　佚

见同治《续纂扬州府志》卷22。

羊城候补曲1卷　集部词曲类

钞本，见《泰县著述考》卷2。

按：嘉庆十五年由浙江缪艮录传。

双鸳祠传奇　集部词曲类

(1) 清嘉庆二十五年咬得菜根堂刻本。

(2) 1965年泰州新华书店抄本，国家图书馆藏。

(3) 2014年凤凰出版社《泰州文献》本。

冰绡帕传奇2卷　集部词曲类

见王荫槐《蠙庐诗钞·重题张瑶娘遗像序》，云："孟堂赴试春明。携其姬人张瑶娘同车，卒于宣南旅舍，载柩南归，赋《秋舫吟》三十首纪事。出宰番禺，同官仲拓庵（仲振履）明府为谱《冰绡帕传奇》，付鞠部演之。"

按：庄一拂《古典戏曲存目汇考》下编云此剧佚。《泰县著述考》卷2云有钞本。

又按：《海陵文征》卷20收其文3篇。

俞元灯

字牧隐。清泰州人。之骅子。候补州同知。

南游草　集部别集类　佚

见《江苏诗征》卷21，收其诗1首。

蔡　景

字景西。清泰州人。乾隆四十七年(1782)恩贡生。

桐江集　集部别集类　佚

见光绪《泰兴县志》卷21。

夏　震

字东启，号春舟。清泰州人。幼孤，事孀母孝。乾隆六十年(1795)重修明伦堂及浴沂亭，震董其事，经划尽善。嘉庆十九年(1814)旱灾，倡捐助赈。家不丰于财，然见亲族中贫乏者必周助之。好为诗，与邑中能诗者结芸香社。晚年尤嗜学。年70终。

寄园诗存1卷　集部别集类

(1) 道光九年(1829)辟蠹山房刻本，南京图书馆藏。

(2) 2014年凤凰出版社《泰州文献》本。

脍炙集15卷　集部总集类　佚

清夏震辑

见道光《泰州志》卷30。

按:《江苏诗征》卷147收其诗2首。

克峻堂汇稿3卷　集部总集类

夏震辑录泰州常氏祖孙三代诗集

(1) 清嘉庆十八年夏氏稿本，泰州图书馆藏。

(2) 嘉庆刻本，1册，泰州图书馆藏。

(3) 2014年凤凰出版社《泰州文献》本。

子目：

《瓮牖吟》　常光宗撰

《半翁诗钞》　常廷谔撰

《延令游草》　常增撰

曹忠殷

字良儒。清泰州人。监生。父曰元诚朴好施。忠殷承父志，中年家业裕，以固济为念。凡慈善诸举，行之数十年亦不稍懈。嘉庆十年(1805)、十一年间两次水灾，忠殷皆捐资赈饥，民赖以安。人称曹善人。卒年81。

善善集　集部别集类　佚

见民国《续纂泰州志》卷 26。

杨绳祖

字心壶。清泰州人。贡生。精三礼之学。乾隆五十五年(1790)官溧阳县训导,颇有政声。以疾乞归,年 86 卒。

礼经汇编　经部三礼总义类　佚

礼义周礼本末说　经部三礼总义类　佚

以上 2 种见同治《续纂扬州府志》卷 9。

心壶诗钞　集部别集类　佚

见道光《泰州志》卷 30。

陆仁寿

清泰州人。

广陵诗人小传录存　史部传记类

(1) 清抄本,南京图书馆藏。

(2) 2014 年凤凰出版社《泰州文献》本。

常光宗

字厚直。清泰州人。

瓮牖吟 1 卷　集部别集类

收入嘉庆十五年(1810)刻《克峻堂汇稿》。

黄德溢

字沛四。清泰州人。闻远子。性至孝友。

卧吟　集部别集类

见《泰县著述考》卷 6。

按:《江苏诗征》卷 65 收其诗 1 首。

李　祺

字晋堂，号青岩。清泰州人。诸生。工诗古文辞。早岁以学行称于乡。诸弟皆躬教之，先后入州庠。州之知名士出其门者甚众。后屡应试不售。

松荫堂诗文钞　集部别集类　佚

见道光《泰州志》卷 24。

李亨衢

字南阿，号云谷。清泰州人。岁贡生。善诗，工书，得米南宫法。乾隆五十二年(1787)南巡，迎銮，赐《全唐诗》。诗刻入《芸香诗钞》，暮年书法尤劲。

南阿诗稿　集部别集类　佚

见《天桥遗稿》。

按：《江苏诗征》卷 96 收其诗 1 首。

陆祖祎

字容武，号迂叟，别号东岩子。清泰州人。舜之玄孙。郡庠生。工诗，善草书及擘窠大字。

自怡草诗　集部别集类

见《泰县著述考》卷 5。

高凤翥

字象六，号果亭。清泰州人。炎孙。博学，工诗古文。弱冠为诸生。应南北闱试，屡荐不售。官福州府通判。

三山游草 2 卷　集部别集类　佚

日涉园仿陶诗 4 卷　集部别集类　佚

以上 2 种见道光《泰州志》卷 30。

按：以上2种是否为凤翥著作，《泰州新志刊谬》卷下所述甚详，可参阅。

孙廷飏

字虎山。清泰州人。诸生。工诗，诗笔清健。

凌沧诗钞4卷　集部别集类

清嘉庆十六年(1811)聚云楼刻本，南京图书馆藏。

按：《江苏诗征》卷31收其诗5首。

桂天培

字因之，号仙岩。清泰州人。诸生。文学昌黎，诗宗中晚唐，画仿小米。间为小词，情致凄楚。年32卒。

天香阁遗笔(一作天香阁遗草)1卷　集部别集类

(1) 桂芗麓刻本，泰州图书馆藏。

(2) 2014年凤凰出版社《泰州文献》本。

黄乔年

字凫仙。清泰州人。工诗善画。年80卒。子植、女楣俱以书画名。

静香楼稿　集部别集类　佚

见《江苏诗征》卷65，收其诗1首。

吴伊训

字步尹，号萃农。清泰州人。乾隆间岁贡生。幼善属文。卒无嗣，同学张馨殡之。

吴步尹小题文　集部别集类

清道光十八年(1838)邹鋆编抄本，泰州图书馆藏。

吴步尹遗稿　集部别集类

清道光十六年邹自厚编抄本，泰州图书馆藏。

王朝庆

字倩山，号景纯。清泰州人。居姜堰镇。栻曾孙。岁贡生。性刚直。工于诗，曾作《五虎吟》以儆世人。卒年70。

醉经堂诗草2卷　集部别集类

传钞本，见《泰县著述考》卷1。

吴邦柱

字石臣。清泰州人。铨孙，湘子。诸生。幼孤，事母孝。中年丧妻，不再娶。

辟异汇钞　子部杂学类　佚

见道光《泰州志》卷25。

刘　芳(？—1801)

字湘南。清泰州人。岁贡生。贫无家室，读书郡城安定书院。阅数十年，为诸辈器重。至老不遇。嘉庆六年(1801)以疾卒于书院。其诗文深情远韵，寄托遥深。

湘南遗稿　集部别集类　佚

见道光《泰州志》卷30。

按：《江苏诗征》卷80收其诗1首。

刘宗德

清泰州人。

姜堰刘氏宗谱8卷　史部传记类

清嘉庆八年(1803)刻本。

达 真

字竹屿，号雪斋。清泰州人。石氏子。工诗，与名流唱和，并善书法。

雪斋诗草 1 卷　集部别集类

清嘉庆十年(1805)刻本，南京图书馆藏。

雪斋剩稿 1 卷　集部别集类　佚

见《小倦游阁遗稿》。

袁 澄

初名承，字济宗，号雪坨。清泰州人。师事团升。不求闻达，以诗自娱。

雪坨诗钞 1 卷　集部别集类

清团升选

(1) 清嘉庆十九年(1814)友竹山房刻本。

(2) 传抄本，见《泰县著述考》卷 4。

常廷谔

字净士，号检斋。清泰州人。光宗子。贫而耽吟，不事生产，日坐败垣老屋中啸咏弗辍。

半翁诗钞 1 卷　集部别集类

收入清嘉庆十五年(1810)刻《克峻堂汇稿》。

张绍龄

字曲江。清泰州人。乾隆间诸生。工书法。

书家便览 2 卷　子部艺术类

旧钞本，见《泰县著述考》卷 5。

程应鹏

字翼天。清泰州人。诸生。

绿荫园集　集部别集类　佚

见《江苏诗征》卷74,收其诗2首。

程应韶

字星泉,晚号星彩。清泰州人。盛修孙。廪生。6岁即能书。寄京师,祖以诗笺赐之。祖告养归,凡作答诗多口授代书,故诗古文辞深得家学。

星彩吟草　集部别集类

程嵩龄钞本,见《泰县著述考》卷6。

程应佐

清泰州人。盛修孙,选青子。嘉庆十二年(1807)解元。

愿学编　子部儒学类　佚

见同治《续纂扬州府志》卷13。道光《泰州志》卷30误作其父程选青撰。

沈成渭

字南谷,号午桥。清泰州人。资禀颖异,善属文。年未冠,游京师,陈兆仑、柏谦均以国士器之。乾隆六十年(1795)成进士。官徽州府教授10年。饬躬训士。其论文务以经术为重,尤精于易。时世家子弟游其门者多掇科第。奉部檄选授县令,不赴。归里后,奖掖后进,乡人称之。年81卒。

听泉书屋诗文集8卷　集部别集类　佚

见同治《续纂扬州府志》卷22。

金玉声

字崔贻。清泰州人。

笑翁草 1 卷　集部别集类　佚

见《江苏诗征》卷 88,收其诗 1 首。

按:《淮海英灵集》丁集卷 1 收其诗 1 首。

叶兆兰(? —1826)

字古轩。清泰州人。监生。诗学纯乎性灵,与袁枚相近。筑西河草堂为觞咏之地。

西河草堂诗剩 6 卷续 6 卷　集部别集类

(1) 清道光六年(1826)芸香社刻本,上海图书馆藏。

(2) 2014 年凤凰出版社《泰州文献》本。

芸香诗钞 12 卷　集部总集类

清邹熊、叶兆兰辑

(1) 清嘉庆十四年(1809)刻本,南京图书馆藏。

(2) 清同治十三年(1874)刻本,南京图书馆藏。

(3) 2014 年凤凰出版社《泰州文献》本。

按:此书继《诗观》而起,搜罗邑人流寓数百家,分 4 集,附以《西河草堂集》。道光间夏震为之序。

邹　熊(1762—1821)

字耳山。清泰州人。监生。性旷达。中年始为诗,得汉魏之奥,锻炼不苟。芸香社诸前辈虚左以待。丹徒王豫辑《郡雅集》,谓其诗清峻雄迈,甚于叶兆兰。与如皋谢德泉并称"海上作手"。

声玉山斋诗集 10 卷　集部别集类

(1) 清嘉庆十五年(1810)刻本,复旦大学图书馆藏。

(2) 清嘉庆二十三年刻本,南京图书馆藏。

(3) 清道光间邹彦宾补刻本。

(4) 1924 年裔孙邹航甫补修本。

(5) 2014 年凤凰出版社《泰州文献》本。

梦园诗钞　集部别集类　佚

见《明清江苏文人年表》道光元年(1821)。

芸香诗钞 12 卷　集部总集类

清邹熊、叶兆兰同辑

(1) 清嘉庆十四年刻本,南京图书馆藏。

(2) 清同治十三年(1874)刻本,南京图书馆藏。

(3) 2014 年凤凰出版社《泰州文献》本。

按:此书继《诗观》而起,搜罗邑人流寓数百家,分 4 集,附以《西河草堂集》。道光间夏震为之序。

海陵诗汇 23 卷补遗 1 卷　集部总集类

清邹熊辑

(1) 清道光元年刻本。

(2) 抄本,泰州图书馆藏。

海陵诗汇 22 卷　集部总集类

清邹熊辑

(1) 清道光二十一年陈文田砚乡抄本,国家图书馆藏。

(2) 抄本,1 册,存卷 17 至卷 20,扬州市图书馆藏。

(3) 2014 年凤凰出版社《泰州文献》本。

按:本书辑录清朝泰人所作之诗,共 300 余家。

海陵诗存 2 卷　集部总集类

清邹熊辑

(1) 抄本,扬州市图书馆藏。

(2) 2014 年凤凰出版社《泰州文献》本。

按:本书辑泰州缪沅、卢生、吴涛(泰州籍歙县人)、黄藻、吴崇先、蔡孕环、王雅、沈嘉植、团鸿、宫懋谦、宫懋教、宫寿平等人之诗。各附小传。

钱 渭

清泰州人。

吴越分钱氏泰州宗谱10卷　史部传记类

清乾隆刊本，见《泰县著述考》卷8。

王 辅

字左亭，又号匏尊老人。清泰州人。监生。性至孝，直言质行。学人多敬惮之。博通典籍，而不应选试。日以诗酒为乐。与同里诸子结芸香社。角胜骚坛，至晚年而好愈笃。兴化诗人徐鹤峰病殁，为营其殡葬，立石于墓以表之。其他行谊多类此，见重于时。道光元年(1821)举孝廉方正，力辞不就。卒年60。

经史纪余　经部群经总义类　佚

见同治《续纂扬州府志》卷22。

匏尊老屋图题咏1卷　子部艺术类

传抄本，见《泰县著述考》卷1。

雪蕉草堂诗存　集部别集类　佚

见同治《续纂扬州府志》卷22。

斗室诗钞　集部别集类

(1) 黑格钞本，泰州图书馆藏。

(2) 2014年凤凰出版社《泰州文献》本。

陈师庆(? —1830)

字余庭，号炼堂，又号鹤樵。清泰州人。光夏子。乾隆五十七年(1792)举人，嘉庆十六年(1811)进士。选授江西兴安县，调云南呈贡县，颇有政声。道光五年(1825)署蒙化县，设卡缉盗，民赖以安。好吟咏。

滇行草1卷　集部别集类　佚

淮阴旅草 1 卷　集部别集类　佚

鹤樵文集 2 卷　集部别集类　佚

以上 3 种见同治《续纂扬州府志》卷 22。

燕山剩墨(一作燕山剩瀋)1 卷　集部别集类

见《陈海洲贡卷履历》,《泰县著述考》卷 5。

陈　燮

字理堂,一字澧塘。清泰州人。嘉庆三年(1798)举人。少负隽才,综览典籍。工诗。学政谢墉极赏之。壮游京师,声华籍甚。毕沅督陕时延为上客,梓其诗《吴会英才集》。晚年官邳州学正。与修江宁府志。殁于旅次。

(嘉庆)邳州志 15 卷　史部地理类

清丁观堂修　陈燮纂

清嘉庆十七年刻本,复旦大学图书馆藏。

半芥山房初稿 4 卷　集部别集类

稿本,见《泰县著述考》卷 5。

半芥山房吟稿初编 1 卷　集部别集类

稿本,南京图书馆藏。

忆园诗钞(一作听雨楼诗钞)12 卷　集部别集类

(1) 稿本,泰州图书馆藏。

(2) 清嘉庆三年听雨楼刻本,上海图书馆藏。

(3)《清代诗文集汇编》本。

(4) 2014 年凤凰出版社《泰州文献》本。

按:《江苏诗征》卷 28 有《隐园诗集》,疑即同书,又收其诗 5 首。

忆园诗钞 6 卷　集部别集类

清乾隆五十六年(1791)刻本,华东师范大学图书馆藏。

忆园诗钞 2 卷　集部别集类

(1)《吴会英才集》本。

(2) 2016年国家图书馆出版社《历代地方诗文总集汇编》本。
双江唱和诗钞2卷　集部总集类
(1) 清乾隆间刻本,泰州图书馆藏。
(2) 传钞本,泰州图书馆藏。
忆园词钞2卷　集部词曲类
(1) 旧抄本,泰州图书馆藏。
(2) 2014年凤凰出版社《泰州文献》本。
吴会英才集　丛书类
清毕沅、陈燮辑
(1) 清嘉庆刻本,国家图书馆藏。
(2) 2016年国家图书馆出版社《历代地方诗文总集汇编》本。
子目从略。
按:乾隆五十五年燮在河南主武陟书院事,为毕沅编此书成。又《海陵文征》卷20收其文3篇。

高　筠

原名垂绅。字紫岚,一字省存,号湘浦,一号正如。清泰州人。荣祚子。乾隆六十年(1795)举人,官内阁中书。天资敏慧,博通经史,才丰而不遇。工琴。晚年目盲,绘目医忏经图,名流题咏殆遍。道光初年卒。
废书叹1卷　子部杂学类
钞本,见《泰县著述考》卷4。
感怀文艺1卷　集部别集类
清嘉庆十六年(1811)自刻本,泰州图书馆藏。
红丝砚馆诗集　集部别集类
钞本,见《泰县著述考》卷4。
红丝砚馆试帖诗(一作阴隲文试帖诗合刻)2卷　集部总集类
清高筠、俞国鉴撰
清嘉庆二十年自刻本,泰州图书馆藏。

麦秀两歧唱和诗(一作麦秀双歧题咏)2卷　集部总集类

清道光七年(1827)自刻本,泰州图书馆藏。

储士俊(1765—?)

字书升,号朝年。清泰州人。鸣珂五子。诸生。官署常州营游击。

海陵储氏宗谱10卷　史部传记类

清储士俊修纂

(1) 清道光五年(1825)木活字本,泰州图书馆藏。

(2) 2014年凤凰出版社《泰州文献》本。

宫　庭(1768—1840)

字彤九,号画航,又号画舫。清泰州人。乾隆六十年(1795)举人,授云南江川县令,历署新兴州知州,补安徽建平教谕。

江川县志　史部地理类　佚

清宫庭修

见民国《续纂泰州志》卷32。

储步云(1771—?)

字湘舫。清泰州人。昕子。嘉庆二十年(1815)岁贡生,候选训导。笃行,以能文称。乾隆嘉庆间学使刻其文于试牍中。然屡荐不售。

晚香斋诗集　集部别集类　佚

见同治《续纂扬州府志》卷22。

沈道宽(1772—1853)

字栗仲。先世浙江鄞县人,北京大兴籍。嘉庆二十五年(1820)进士,官湖南桃源知县等。以事去职,后徙居泰州。工书画,精音韵之学。

六书糠秕　经部小学类

清光绪三年(1877)润州榷廨刻本,北京大学图书馆藏。

韵汇5卷　经部小学类

(1) 清道光二十六年(1846)谢锡番刻本,北京大学图书馆藏。

(2) 清同治十三年(1874)盛德堂刻本,复旦大学图书馆藏。

八法筌蹄1卷　子部艺术类

《话山草堂遗集》本。

操缦易知1卷　子部艺术类

《话山草堂遗集》本。

话山草堂遗集　集部别集类

(1) 清光绪三年润州榷廨刻本,南京图书馆藏。

(2)《清代诗文集汇编》本。

陈晋元(1776—?)

字少芳,一字檗生,外号半毚道人。清泰州人。志枢子。岁贡生。工诗,善倚声,亦精书法。与仲振履、邹熊、夏震相唱和。时以鼓琴自娱。

备采录　史部地理类

刻本,泰州图书馆藏。

清味斋诗存2卷　集部别集类

(1) 清道光十五年(1835)刻本,作《清味斋存稿》,北京师范大学图书馆藏。

(2) 清道光二十八年刻本,南京图书馆藏。

(3)《清代诗文集汇编》本。

清味斋五十唱和诗1卷续1卷　集部总集类

清陈晋元辑

清道光七年自刻本,道光八年续刻本,泰州图书馆藏。

清味斋六十唱和诗1卷　集部总集类

清陈晋元辑

(1) 清道光十六年自刻本,泰州图书馆藏。

(2) 2014年凤凰出版社《泰州文献》本。

张贻鷭(1778? —1797?)

字揄华。清泰州人。振宣女。未嫁。年20而夭。

张贻鷭遗诗　集部别集类

(1) 清嘉庆十六年(1811)兴宁署刻《仲氏女史遗诗》本,泰州图书馆藏。

(2) 方秀洁、伊维德主编《美国哈佛大学哈佛燕京图书馆藏明清妇女著述汇刊》本。

(3) 2014年凤凰出版社《泰州文献》本。

按:凡诗8首。

仲贻銮(1779? —1806?)

字金城。清泰州人。振奎女,宫淮甫妻,逾年相继而逝,年27。

仲贻銮遗诗1卷　集部别集类

(1) 清嘉庆十六年(1811)兴宁署刻《仲氏女史遗诗》本,泰州图书馆藏。

(2) 方秀洁、伊维德主编《美国哈佛大学哈佛燕京图书馆藏明清妇女著述汇刊》本。

(3) 2014年凤凰出版社《泰州文献》本。

按:此书附于其母赵笺霞《辟尘轩诗钞》后,凡诗23首。《江苏诗征》卷174收其诗1首。

潘庆龄

字余庭,号予庭。清泰州人。嘉庆六年(1801)举人。家贫,力学。留心水利,当道尝采其说。法式善、吴锡祺皆折节与为友。二十二年大挑乙等,以母年迈改就教职,历官句容、萧县、祁门教谕。

汲绠书屋诗钞1卷淮黄策略1卷汲绠图题跋1卷　集部别集类

(1) 清道光十八年(1838)刻本,南京图书馆藏。

(2) 2014年凤凰出版社《泰州文献》本。

龙城消夏诗集　集部别集类

竹书纪年五言诗　集部别集类

山海经类联　集部别集类

以上3种见《泰县著述考》卷2。

吴　会

字晓岚。清泰州人。嘉庆九年(1804)举人。家贫,养父母,甘旨无缺。居丧,水浆不入口,哀动邻里。领乡荐,后从学者日众。洁己自好,足不践公庭。年63终。

春秋摘要　经部春秋总义类

清同治十三年(1874)费巽斋抄本,泰州图书馆藏。

竹所诗钞4卷　集部别集类

清道光七年(1827)刻本,国家图书馆藏。

晓岚诗文存稿　集部别集类　佚

见《少佳斋存稿》。

阴隲文试帖诗合刻　集部总集类

清吴会、高筠合著

清嘉庆二十年刻本,上海图书馆藏。

竹所词稿1卷　集部词曲类

(1) 清嘉庆刊本,附《飞香圃诗集》后。

(2) 清道光三年刻本,南京图书馆藏。

(3) 2014年凤凰出版社《泰州文献》本。

按:《全清词钞》卷21收其词1首。《海陵文征》卷20收其文1篇。

俞　至

字朴人。清泰州人。元灯子。嘉庆九年(1804)副榜。

朴斋诗集　集部别集类

见《泰县著述考》卷 3。

彭寿山

字子仁，号石夫。清泰州人。嘉庆十二年(1807)举人。官安徽颍上县教谕。迁江西鄱阳、都昌、乐平等处知县，皆有政声。与修颍上县志。著有教民歌 12 章、保稼防虫 10 条，尤脍炙人口。

西江观政录 2 卷捕蝗记 1 卷　史部政书类

清道光十六年(1836)乐平署刻本，泰州图书馆藏。

颍上县志 18 卷附采备　史部地理类　佚

清彭寿山纂修

见《西江观政录》。

留云阁存稿 1 卷　集部别集类

清道光六年刻本，南京图书馆藏。

留云阁诗钞 2 卷　集部别集类

(1) 清道光二十四年广州羊城正文堂刻本，北京大学图书馆藏。

(2)《清代诗文集汇编》本。

万　棨

字芗林。清泰州人。嘉庆十二年(1807)举人。少孤。力学，与曾燠契。燠擢湖北按察使，往就之，殁于旅舍。

芗林诗文集稿　集部别集类

见《泰县著述考》卷 6。

朱希洛

字范川。清泰州人。道光岁贡生。父谦服，为知名士。希洛幼而颖异。性至孝。母病，侍汤药，衣不解带者 3 年，居丧哀毁，远近称之。嘉庆十年(1805)水灾，倡捐赈济。十九年旱，亦如之。析居时，让良产与兄弟。族中守节妇贫不能上达者，为之请。生平好蓄书，能博览。尤耽吟咏。

宝燕堂诗文集 8 卷　集部别集类　佚

诗余 1 卷　集部词曲类　佚

以上 2 种见道光《泰州志》卷 30。

刘汝梅

字和羹（一作美），号庆丰，一作庱峰。清泰州人。荣庆子。恩荫刑部云南司主事。道光元年(1821)入都供职。刘氏世以武功显，汝梅独好文。一时知名士皆与之游。学业日富。

趋庭集 3 卷　集部别集类　佚

翠柏书屋诗集 2 卷　集部别集类　佚

以上 2 种见民国《续纂泰州志》卷 25。

陈　琥

字绣堂，号芥夫，又号白楼。清泰州人。因夏子。嘉庆十五年(1810)举人。性孝友，推财于弟，授徒自给。大挑授砀山教谕，改安东训导，均称职。尤留心桑梓。晚年益治经，于《易》《春秋》尤邃，其《易》宗汉学。卒年 76。

易贯 40 卷　经部易类　佚

见同治《续纂扬州府志》卷 22。

五经解 15 卷　经部群经总义类　佚

见民国《续纂泰州志》卷 22。

按：民国《泰县志稿》卷 27 作 12 卷。

夏亮采(1781—1851)

字晴岚。清泰州人。与弟禹门以州郡试第一，同入邑庠。孝友惠慈，以馆谷养亲。有余，则悉以赈贷贫乏。工诗文。游其门者多赖成名。晚年尤邃于词草。

晚香书屋诗钞　集部别集类　佚

见民国《续纂泰州志》卷26。

储梦熊

字渔溪。清泰州人。附贡生。性慷慨好施。阮元未遇时，尝住其家。梦熊知为非常人，与之订交，人服其卓识。后官浙江盐运司副使，有政声。兼工诗词。

余栖书屋诗草不分卷　集部别集类

(1) 稿本，南京图书馆藏。

(2) 2014年凤凰出版社《泰州文献》本。

并蒂花2卷　集部词曲类

自刻袖珍本，见《泰县著述考》卷7。

余栖书屋词稿1卷　集部词曲类

(1) 清道光三年(1823)刻本，南京图书馆藏。

(2) 2014年凤凰出版社《泰州文献》本。

按：《全清词钞》卷21收其词2首。

葛　楣

字子门。清泰州人。醇谨笃行孝友，嗜学不倦。晚年隐居北茅山西冯庄。

贻孙堂文集　集部别集类　佚

见道光《泰州志》卷25。

陆大珩

字思白，号葱门。清泰州人。诸生。工诗。因婿于范氏，遂居家如皋，教授生徒，门人皆一时杰出。年30卒。

葱门诗存2卷　集部别集类　佚

见道光《泰州志》卷30。

人境草庐存稿　集部别集类

见《泰县著述考》卷5。

按:《淮海英灵集》乙集卷2收其诗1首。《江苏诗征》卷154收其诗1首。

罗克倓

字夏园。清泰州人。诸生。芸香诗社社友。

槐西斗室初稿　集部别集类

旧钞本,泰州图书馆藏。

高献可

字介桥,号扆箴。清泰州人。凤翥子。岁贡生。官柳州府通判。卒年75。

棇心阁诗草　集部别集类　佚

见道光《泰州志》卷30。

按:《江苏诗征》卷42收其诗1首。

缪承钧

字增绪,号善夫。清泰州人。之濂子。岁贡生。早著文誉。肄业郡城安定书院。时主讲吴锡麟器其文,拔置上舍,自是名益噪,巨室争延致之。久困场屋,晚年家居课子,年72终。

寒翠轩诗4卷　集部别集类

(1) 清嘉庆十六年(1811)刻本,南京图书馆藏。

(2) 2014年凤凰出版社《泰州文献》本。

按:是书为《独旦草》1卷、《湃潮集》2卷、《江村集》1卷合集。赵翼为之序。俞国鉴、朱珏核订。

章　墀

清泰州人。

章氏族谱 10 卷　史部传记类

清嘉庆十九年(1814)刻本,见《泰县著述考》卷 8。

黄　岳

清泰州人。

大埨庄黄氏族谱 8 卷　史部传记类

清嘉庆十七年(1812)刻本,见《泰县著述考》卷 8。

刘　氏

清泰州人。

南乡刘氏族谱 4 卷　史部传记类

清嘉庆二十二年(1817)刻本,见《泰县著述考》卷 8。

王熙业

字竹坨。清泰州人。监生。

竹坨诗集　集部别集类

清道光刊本,泰州图书馆藏。

丁书玉

字文松,号艾田。清泰州人。乾隆间恩贡生。

儿竹轩诗钞　集部别集类　佚

见道光《泰州志》卷 30。

按:《淮海英灵集》丁集卷 4 收其诗 1 首。

徐　昶

字良善。清泰州人。工诗文。

爱日堂诗集　集部别集类　佚

见道光《泰州志》卷30。

葛蕙田

字二川。清泰州人。纯孙,沄父。诸生。事母至孝。让产于兄,以教授生徒自给。

燕贻堂文集　集部别集类　佚

见民国《续纂泰州志》卷25。

曹一桂

字枝山。清泰州人。居姜堰镇。

备采录1卷　史部政书类

(1) 清刻本,泰州图书馆藏。

(2) 2014年凤凰出版社《泰州文献》本。

善善集2卷　集部别集类

清道光五年(1825)家刻本,泰州图书馆藏。

魏茂林

字宾门,号笛生。清福建龙岩人。嘉庆十四年(1809)进士。官内阁中书、保定知府、通永河道等。后以病请休,侨居泰州,闭门著书立说。对文字音韵之学,研究精湛。

骈雅训纂16卷　经部小学类

(1) 清道光十五年(1835)有不为斋刻本,上海图书馆藏。

(2) 清道光二十九年刻本,上海图书馆藏。

(3) 清咸丰元年(1851)刻本,上海图书馆藏。

(4) 清同治十一年(1872)经纶书室刻本,上海图书馆藏。

(5) 清光绪七年(1881)成都沦雅斋刻本,上海图书馆藏。

(6) 清光绪二十年上海万选书局石印本,上海图书馆藏。

(7) 1926 年上海中原书局石印本,上海图书馆藏。

(8)《续修四库全书》本。

清秘述闻续 16 卷　子部杂学类

清王家相、魏茂林等撰

(1) 清光绪十四年刻本,湖北省图书馆藏。

(2)《续修四库全书》本。

(3) 1982 年中华书局《清秘述闻三种》点校本。

国朝同馆诗赋解题三十五科 8 卷十二科 6 卷　子部典故类

清魏茂林辑

清道光有不为斋刻本,南京图书馆藏。

四十七科同馆诗赋解题 12 卷　子部典故类

清魏茂林辑

清同治三年文光书屋刻本,北京师范大学图书馆藏。

少佳斋存稿　集部别集类

红格稿本,泰州图书馆藏。

三朝玉尺文式 7 编　集部总集类

清魏茂林辑

清道光十七年魏氏有不为斋刻本,吉林大学图书馆藏。

文法一揆 4 卷　集部诗文评类

清魏茂林纂辑

清道光二十一年刻本,北京大学图书馆藏。

张　兰(1787—1832)

字素香。清汉阳人。泰州程绍安妻。守节抚孤。工诗。

余生阁诗略　集部别集类

见《泰县著述考》卷5。

康发祥(1788—1865)

字瑞伯,一字伯山。清泰州人。岁贡生。怀才不遇,晚年为曾国藩所器重。工诗古文辞。诗派出苏轼而加以精炼。论诗不拘一格。盱眙吴棠谓:海陵固多隐者,前有陋轩(吴嘉纪),后有伯山(康发祥),二百年来风流未沫,非虚誉也。

三国志补义　史部正史类

(1) 清咸丰十年(1860)刻本,南京图书馆藏。

(2)《四库未收书辑刊》本。

按:康发祥依刘攽注《后汉书》、颜师古注《汉书》等例,参考清代学者杭世骏、钱大昕等人之说,补正《三国志》及裴注之失。有《蜀书》2卷《补遗》1卷《附录》1卷,《魏书》5卷《补遗》1卷,《吴书》3卷。主张以蜀为正统,蜀先主传等当改曰纪,魏武帝纪等当易曰传。先引本文及注文,其后为康氏按语,征引各类典籍加以补正,包括史事人物、制度地理等记载之失,文字音义训释等。

读史随笔1卷　史部史评类

小海山房手稿本,泰州图书馆藏。

伯山日记　子部杂学类

手写稿本,泰州图书馆藏。

小海山房诗抄12卷　集部别集类

小海山房绿格清稿本,北京大学图书馆藏。

小海山房咏史诗集1卷　集部别集类

清咸丰十一年刻本,见《泰县著述考》卷5。

小海山房诗集12卷　集部别集类

(1) 稿本,北京大学图书馆藏。

(2)《清代诗文集汇编》本。

伯山诗钞17卷　集部别集类

(1) 清咸丰同治刻本，上海图书馆藏。

(2)《清代诗文集汇编》本。

伯山诗话前集 1 卷　集部诗文评类

传抄本，泰州图书馆藏。

伯山诗话 1 卷续集 1 卷　集部诗文评类

稿本，北京大学图书馆藏。

伯山全集　丛书类

(1) 清道光同治间刻本，南京图书馆藏。

(2) 2014 年凤凰出版社《泰州文献》本。

子目：

《伯山诗话后集》4 卷　清道光二十九年(1849)刻。其中多评扬州地方诗人之诗

《伯山诗话续集》2 卷　清道光二十九年刻

《伯山诗话再续集》2 卷　清咸丰元年刻

《伯山诗话三续集》2 卷　清咸丰十年刻

《伯山诗话四续集》2 卷　清咸丰十年刻

《三国志补义》13 卷　清咸丰十年刻

《伯山诗钞》4 种

　　《伯山诗钞癸巳集》7 卷　清咸丰十年刻

　　《伯山诗钞由庚集》1 卷附 1 卷　清咸丰十年刻

　　《伯山诗钞爱日集》1 卷　清咸丰十一年刻

　　《伯山诗钞望云集》7 卷　清咸丰十一年刻

《小海山房诗集》1 卷　清咸丰十一年自序

《伯山文钞》1 卷　清同治元年(1862)刻

程绍裘(1789—1858)

字鹤衫。清泰州人。应钟子，宇光兄。工诗，尤善词。咸丰八年(1858)游幕安徽霍山县署，以捻军起，道阻而不得归，殁于寿州途次。

烟波渔唱词1卷　集部词曲类

清道光二十四年(1844)自刻本,见《泰县著述考》卷6。

程绍昌

字文伯。清泰州人。盛修曾孙,应佐子。廪贡生。工诗古文辞。少与从弟宇光及侄祥栋、祥芝齐名,州人有四程之目。所为诗文涵濡经史,矩镬汉魏。书法尤精绝,与仪征吴熙载同列。

春晖草堂诗集　集部别集类

(1)《吴州四程诗文集》本。

(2)《清代家集丛刊续编》本。

程宇光

原名绍芳,字韬庵。清泰州人。应钟子。廪贡生。少聪颖,勤苦力学,累试不售。道光十七年(1837)应京兆试,遂领解。选授溧水县教谕。以疾未赴。晚年主讲海门书院。生平肆力于汉魏六朝之文。亦工书,医经释典悉能通贯。与从兄绍昌及侄祥栋、祥芝齐名,州人有四程之目。

因是斋诗文集　集部别集类

(1)《吴州四程诗文集》本。

(2)《清代家集丛刊续编》本。

柏影轩词集　集部词曲类

1948年程嵩龄刊石印本,见《泰县著述考》卷6。

张绍良

字又房,号留庵。清泰州人。附监生。性孤僻幽静。筑爱吾庐于郊外,诵读其中。其天性喜闻己过,乐取人长。

柳村诗集　集部别集类　佚

见《江苏诗征》卷58,收其诗4首。

按:《淮海英灵集》乙集卷1收其诗1首。

黄庆芳

清泰州人。

姜堰镇黄氏家乘14卷　史部传记类

清道光十一年(1831)活字本,见《泰县著述考》卷8。

鲁嘉祥

字枫桥,号甦仙。清泰州人。芸香社友。

余生诗钞1卷　集部别集类

清道光间自刻本,泰州图书馆藏。

袁振华

字冶山。清泰州人。诸生。性洒脱。工诗,善作擘窠书。孙宝璆,诸生,亦工书善画,尝得其祖遗砚,为之绘画征诗。

紫樱山馆诗集　集部别集类　佚

见民国《泰县志稿》卷28。

姜　浤

字若泉,号南舸。清泰州人。工绘事,擅山水人物、花卉翎毛。

蟠壑山房绘事2卷　子部艺术类

手写稿本,泰州图书馆藏。

按:是书论六法写真法最详悉。道光六年(1826)孙遐龄为之序。

张嘉树

字子誉。清泰州人。

友恭堂诗钞　集部别集类　佚

见《伯山诗话三续集》。

姜凤喈

字胄仪，号桐轩。清泰州人。舒祺次子。诸生。嗜经史。致力于诗古文辞。

丛谈偶录 1 卷　子部小说类

(1) 清光绪二十九年(1903)古物保管会石印本，南京图书馆藏。

(2) 红粟山房钞本，泰州图书馆藏。

(3) 2014 年凤凰出版社《泰州文献》本。

海陵诗学源流考　集部别集类　佚

见《声玉山斋诗集》。

蛾术轩诗文集(一作蛾术轩诗钞)　集部别集类　佚

见《海陵文征》附录。

桐轩诗话 1 卷抱书楼误识余 1 卷　集部诗文评类

清姜凤喈撰　夏荃编

辟蠹山房钞本，见《泰县著述考》卷 3。

按:《海陵文征》卷 20 收其文 2 篇。

王世泰

清泰州人。世丰堂兄。

兰亭秋吟草　集部别集类　佚

见世丰《乡试履历》。

王世丰

字沂中，号筠舫。清泰州人。嘉庆二十三年(1818)恩科副榜，二十四年举人。官松江府金山县训导。明季金山兵祸尤烈，世丰举未经表彰者建祠以祀。又别祀陈际泰、焦袁熹。暇则与诸生讲学，士多感之。居家，见义必为。修寺院、立义塾及遗爱祠、节孝祠，皆倡其事。生平以诚接物，以和与人。承先世志，日设糜粥以待饿夫。道光十一年(1831)

岁大灾，赖以全活者千余。又设青箱塾，会课生徒，资嘉惠后，成就者甚众。十九年入祀乡贤。

毛诗集解　经部诗经类　佚

两庑先贤考略　史部传记类　佚

以上2种见同治《续纂扬州府志》卷22。

王世丰乡贤录1卷　史部传记类

清道光十九年刻本，泰州图书馆藏。

捐修泰州考棚征信录1卷　史部政书类

(1) 清道光十九年刻本，泰州图书馆藏。

(2) 2014年凤凰出版社《泰州文献》本。

青箱塾课艺三集　集部别集类

清道光九年刻本，见《泰县著述考》卷1。

任　钰

清泰州人。道光二年(1822)举人。

(道光)泰州新志刊谬2卷首1卷　史部地理类

清任钰、宫锡祚等纂辑

(1) 清道光十年刻本，泰州图书馆藏。

(2)《中国地方志集成》本。

(3)《中国方志丛书》本。

(4) 2014年凤凰出版社《泰州文献》本。

李　宸

字枫崖。清泰州人。诸生。山东东阿屯官。工制举文，不堕时趋。兼工诗。与邑中诸名士结芸香诗社于芝山精舍，题其楹曰"僧无酒禁，人尽诗豪"。其风雅可想。

粤游草4卷　集部别集类　佚

见民国《续纂泰州志》卷25。

香囊记　集部别集类

见《泰县著述考》卷 2。

杨　筠

字小楼，一作筱楼。清泰州人。诸生。博通经史。

仪礼聚考 2 卷　经部仪礼类

(1) 清道光四年(1824)刻本，国家图书馆藏。

(2) 蓝格抄本，泰州图书馆藏。

夏　兰

字补生，一字红舫，号铁翁。清泰州人。震长子。诸生。嗜酒耽吟，精于地理，不治生产。晚年境益困，吟益苦。

易学 3 卷　经部易类　佚

见《夏氏族谱》。

地理元机歌诀 1 卷　史部地理类

清嘉庆二十三年(1818)自刻巾箱本，见《泰县著述考》卷 4。

香草轩诗存 2 卷文存 2 卷　集部别集类

自刻本，泰州图书馆藏。

香草轩诗存 2 卷　集部别集类

(1) 清嘉庆刻本，复旦大学图书馆藏。

(2) 2014 年凤凰出版社《泰州文献》本。

补瓯堂诗集　集部别集类　佚

见民国《续纂泰州志》卷 25。

香草山房春柳吟 1 卷　集部别集类

清嘉庆十六年刻巾箱本，泰州图书馆藏。

夏　蓉

字照初。清泰州人。震次子。廪贡生。

效江醴陵杂诗1卷　集部别集类　佚

见《夏氏族谱》。

苕岑集1卷　集部总集类

清夏蓉、束銮合辑

清嘉庆间刊本,见《泰县著述考》卷4。

高照言

清泰州人。

蒋垛高氏宗谱　史部传记类

清道光二十二年(1842)刻本,高照言续修,见《泰县著述考》卷8。

高元礼

清泰州人。

蒋垛高氏宗谱　史部传记类

清道光二十二年(1842)刻本,高元礼再修,见《泰县著述考》卷8。

刘芳谷

清泰州人。

姜堰刘氏宗谱16卷　史部传记类

清道光十八年(1838)活字本,见《泰县著述考》卷8。

汪　璨

字佩珍。清旌德人,寓居泰州。承泽长子,璸兄。监生。善诗工画。洪亮吉极赏其诗。年29卒。

�门诗草(一作�门遗草)1卷　集部别集类

(1) 汪璸辑刻本。

(2) 旧抄本,泰州图书馆藏。

汪　瑸

字仲玉，号蓉湖，初字慕侨，晚号信天拙叟。清旌德人，父承泽家于泰州，瑸生于泰。恩贡生。少师从洪亮吉。工诗。精于金石，善八分书。卒年 77。

蓉湖诗钞 2 卷　集部别集类

清咸丰四年(1854)汪氏刻本，安徽省图书馆藏。

蓉湖诗续存 1 卷　集部别集类

(1) 清咸丰四年穆得熊刻本，安徽省图书馆藏。

(2) 1935 年铅印本，复旦大学图书馆藏。

高垂裕

字启昆。清泰州人。猷可子。

天香阁诗集　集部别集类

见《泰县著述考》卷 4。

高　椿

字荷溪，号灵崖山人，又号咏花居士。清泰州人。垂绥子。

灵崖诗賸　集部别集类

抄本，泰州图书馆藏。

田宝臣(1792—1858)

字少泉，号竹家。清泰州人。治《说文》，尽通前儒之说，于文字、偏旁、音读辨证尤精。工诗，派出眉山，加以精炼。李联琇督学江苏，见其文叹曰：此江南第一人也。礼致幕府，充襄校。宝臣 28 岁补博士弟子员，50 余始为庠生。曾手批唐赋唐试律，有《要辰集》《我法集》《士林传钞》《别裁集》，惜无刊本。

小学骈支 8 卷附校勘记 1 卷　经部小学类

(1)《海陵丛刻》本。

(2) 清咸丰三年(1853)蓝格手稿本,泰州图书馆藏1至4卷。

(3) 1916年铅字排印本。

(4) 清抄本,中国科学院图书馆藏。

(5)《续修四库全书》本。

(6) 2014年凤凰出版社《泰州文献》本。

赋鲭初集　集部别集类

清道光二十年(1840)王梅坨写本,见《泰县著述考》卷2。

鹤舫诗钞少泉诗钞　集部别集类

清田琳、田宝臣合著

汤懋斋选抄本,泰州图书馆藏。

少泉赋钞　集部别集类

徐子沾钞本,见《泰县著述考》卷2。

夏　荃(1793—1842)

字文若,号退庵。清泰州人。震三子。廪贡生。历官丰县、桃源县训导。有异才。与长兄兰、仲兄蓉齐名。生平覃精典籍,考订详审。尤好古碑版文字,断垣残础搜罗殆遍。归里后,搜罗乡里文献,纂辑甚富。

淮张遗事　史部杂史类　佚

见同治《续纂扬州府志》卷22。

历代年号重袭考1卷　史部政书类

《海陵丛刻》本。

梓里旧闻8卷　史部地理类

清夏荃辑

(1)《海陵丛刻》本。

(2) 2014年凤凰出版社《泰州文献》本。

按:此从历代文献中抄录有关泰州名人轶事的记载,每一条均注明资料来源。

辟蠹山房藏书目 1 卷　史部目录类

见《退庵笔记》。

海陵艺文志 2 卷　史部目录类

辟蠹山房钞本，见《泰县著述考》卷 4。

历代钱谱考 1 卷　史部金石类

《海陵丛刻》本。

退庵钱谱 8 卷　史部金石类

(1)《海陵丛刻》本。

(2) 2014 年凤凰出版社《泰州文献》本。

退庵笔记 16 卷　子部杂学类

(1) 抄本，北京大学图书馆藏。

(2)《海陵丛刻》本。

(3)《四库未收书辑刊》本。

(4) 2011 年凤凰出版社校注本。

(5) 2014 年凤凰出版社《泰州文献》本。

按：本书所记，均与海陵历史、地理、文化、人文、风俗、经济等有关。刘宝楠序此书云："泰州夏君退庵编辑《海陵文征》《诗征》凡数十卷，蒐罗之富，不减篁墩。其桑梓旧闻、衣冠盛事、故书雅记、轶行遗文，下及技艺寸长、乡闾琐语，莫不辨非求是，援古证今，而意本表微旨、存惩世、针发俗耳。规正方书，洵足以馈馕方来、推阐在昔也。"

文征芟余 4 卷　子部杂学类

红格稿本，见《泰县著述考》卷 4。

退庵文钞 1 卷(一作晋砖宋石斋诗文存)　集部别集类

夏氏春星草堂钞本，见《泰县著述考》卷 4。

樵月山房诗稿　集部别集类

清夏荃选

红粟山庄钞本，见《泰县著述考》卷 4。

陋轩诗 6 卷诗续 2 卷　集部别集类

清吴嘉纪撰

清道光二十年(1840)夏荃辑刻本。

海陵诗征　集部总集类

清夏荃辑

(1) 稿本,10 卷,扬州图书馆藏。

(2) 抄本,16 卷,扬州图书馆藏。

(3) 1980 年泰州古旧书店抄本,10 卷,南京图书馆藏。

(4) 1980 年天津古籍书店蓝丝栏抄本,10 卷。

(5) 2014 年凤凰出版社《泰州文献》本。

按:本书自方志、别集、总集、时人来稿中,按朝代辑录宋元以下泰州作者或流寓于此的诗人作品,诗人有事迹可考的皆附传。

海陵文征 20 卷附录 12 卷　集部总集类

清夏荃辑

(1) 清道光二十三年刻本,南京图书馆藏。

(2) 清光绪九年(1883)补刻本,南京图书馆藏。

(3) 宣统三年(1911)海安李氏补修本。

(4)《海陵丛刻》本。

(5) 2014 年凤凰出版社《泰州文献》本。

(6) 2016 年国家图书馆出版社《历代地方诗文总集汇编》本。

按:本书辑唐朝至清朝泰州作家文章。始于张怀瓘,止于汤治昭。同一朝代的作家以时代先后为次,以"别世运之盛衰、文格之嬗变"(本书"凡例")。所辑文章 400 余篇,大多于世道人心或海陵史地有关。

宫闺挟藻集 11 卷　集部总集类

清夏荃辑

红格稿本,见《泰县著述考》卷 4。

亦好集 8 卷　集部总集类

清夏荃选

红格稿本,见《泰县著述考》卷 4。

宋姜谔墓志题咏1卷　集部总集类

传钞本,泰州图书馆藏。

宝应文征诗征　集部总集类　佚

见同治《续纂扬州府志》卷22。

辟蠹山房丛书　丛书类

清夏荃选辑

红格钞本,泰州图书馆藏。

按:此选辑泰州之先哲遗书或近作未及刊行仅刻版誊抄流传者11种。所用红格稿纸版心题"辟蠹山房丛书"或"春星草堂丛书"字样,均为夏荃书斋名。

程祥芝(1793—1863)

字小香。清泰州人。绍芝子。道光五年(1825)优贡。与叔绍昌、宇光,弟祥栋齐名,州人有四程之目。生平研究经史,成就生徒甚众。王锡蒲、赵钺先后延至署,课其子。笔耕所入以周贫迫。道光中修试院,咸丰间办团练,皆勤于任。年72无疾而终。

延晖书屋诗文稿1卷　集部别集类

(1)《吴州四程诗文集》本。

(2)《清代家集丛刊续编》本。

待问集　集部别集类　佚

见民国《续纂泰州志》卷25。

仲贻勤

字受之,小字蓉宾。清泰州人。振履子。神清性敏。髫龄脱口成诗。随父之粤东任,染疾垂危,犹吟咏不绝口,卒年17。

蓉宾遗草1卷　集部别集类

清嘉庆十六年(1811)兴宁署刻本,泰州图书馆藏。

费履坚

字焱夫，一字素之，号东池。清泰州人。诸生。性孝友。五世同居无间言。耽吟咏，幕游上海后，归里课子。

费氏家乘 4 卷　史部传记类

清费禹闻、费履坚、费炳章、费文溶撰

传抄本，见《泰县著述考》卷 8。

示儿语 2 卷　子部儒学类

童蒙启悟 1 卷　子部儒学类

以上 2 种见《泰县著述考》卷 6。

芥轩杂著 1 卷　子部杂学类

清费履坚撰

清道光二十二年(1842)求志斋木刻本，见《泰县图书馆书目》。

倦游草　集部别集类

(1) 手稿本，泰州图书馆藏。

(2) 2014 年凤凰出版社《泰州文献》本。

庚午稿　集部别集类

手稿本，泰州图书馆藏。

春晖堂诗存 5 卷　集部别集类

清费履坚撰　费锡申辑

(1) 清同治三年(1864)刻本，泰州图书馆藏。

(2) 2014 年凤凰出版社《泰州文献》本。

朱余庭

字筑轩，号竹仙，又号啸溪，一号钝道者。清泰州人。

停云山馆诗　集部别集类

旧钞本，见《泰县著述考》卷 2。

朱裕庭

又名丙炎，字仲仙。清泰州人。余庭弟。诸生。工书画，善诗。

紫薇花馆九十春吟稿 1 卷　集部别集类

清光绪二年(1876)刻本，复旦大学图书馆藏。

陈思溥

字小鹤。清泰州人。师庆子。岁贡生。博学强记，工诗。尤精于易。

易经类稿　经部易类

诗书类偶　经部诗经类

四书解　经部四书类

五经解　经部群经总义类

乱余业稿　集部别集类

以上 5 种见《泰县著述考》卷 5。

聊免书空集 1 卷　集部别集类　佚

见民国《续纂泰州志》卷 25。

李国荣

清泰州人。

双河李氏家乘 13 卷　史部传记类

清道光十六年(1836)刊本，见《泰县著述考》卷 8。

高　铭

字金雨，号文子，晚号曼亭。清泰州人。垂藻子。嘉庆十八年(1813)贡生。补河南淇县。好学不倦，无书不观。罢官后，兄弟析居，家骤贫，铭不以介意。钻研经史，一如少时。诗兼学唐宋。

曼亭吟草 2 卷　集部别集类　佚

见民国《续纂泰州志》卷25。

汪瀛洲

字石亭。清旌德人，侨居泰州。璨从弟。多才，词清思隽。与从兄璨先后而殁。

石亭遗稿　集部别集类

见《泰县著述考》卷2。

叶汝彬

字雨楼。清泰州人。诸生。奉养家居，与妻高佩华拈题分咏。妻亡，刊其稿于扬郡。晚居州城北，常断炊。殁后，遗稿散佚。

雨楼吟草　集部别集类　佚

见《泰县著述考》卷6。

高佩华

字素香，号芷衫。清泰州人，同邑叶汝彬妻。工诗词。

芷衫吟草2卷　集部别集类

清道光二十二年(1842)扬州精刻本，泰州图书馆藏。

芷衫诗余1卷　集部词曲类

(1)《小檀栾室汇刻闺秀词》本。

(2) 2014年凤凰出版社《泰州文献》本。

吴芝轩

清歙县人。道光间寓居泰州。工篆刻。

芝轩印稿1卷　子部艺术类

墨格印本，泰州图书馆藏。

葛瑞云

清泰州人。沄从弟。监生。

葛氏父子合传 1 卷　史部传记类

清道光十七年(1837)葛氏刊本。

旌褒孝子录 1 卷　史部传记类

清同治间家刻本。

以上 2 种见《泰县著述考》卷 6。

翟利仁

清泰州人。

姜堰翟氏族谱　史部传记类

清道光三十年(1850)活字本见《泰县著述考》卷 8。

钱　端

字端新,号柱人。清泰州人。工诗。幼娴弓马。庠有声。

摄山游草 1 卷　集部别集类

清道光十二年(1832)刻本,泰州图书馆藏。

张凤翔

字瑞哉,一字子仪。清泰州人。邑诸生。性至孝。

论语直解　经部四书类

凌云诗钞　集部别集类

以上 2 种皆稿本,见《泰县著述考》卷 5。

来青集　集部别集类　佚

见嘉庆《泰兴县志》卷 4。

徐升堂

字小隐。清泰州人。道光二年(1822)举人。少孤贫。事母孝。邃于经学。主讲海安明道书院。以植品行,求实学,励多士。宗族师友困厄者必竭力资助。礼闱报罢,遇母丧,哀毁咯血,遂卒。

学耨堂文集12卷　集部别集类　佚

晚香亭诗集8卷　集部别集类　佚

以上2种见同治《续纂扬州府志》卷22。

陈　增

字方川,号质庵。清泰州人。燮子。岁贡生。其诗清腴而有法度。

质庵诗存1卷　集部别集类

(1) 红格抄本,泰州图书馆藏。

(2) 2014年凤凰出版社《泰州文献》本。

宫癯仙

清泰州人。

梁园花影2卷补遗1卷附录1卷　子部小说类

(1) 清道光二十六年(1846)春雨草堂刻巾箱本,国家图书馆藏。

(2)《申报馆丛书续集》本。

柯凤苞

清泰州人。

柯氏族谱6卷　史部传记类　佚

清道光二十九年(1849),光绪五年(1879)刊本创修,见《泰县著述考》卷8。

常 增

字子寿，一字益之，又字美质，号继香，又号高庵。清泰州人。廷谔子。道光五年(1825)拔贡生。聪颖过人，嗜学不倦。安化陶澍督两江时，以画梅卷册属题。增运笔如飞，顷成30首。称为江左奇才。著述甚富。家贫，殁后子𬒀田刻其书。

仪礼琐辨1卷　经部三礼总义类

(1) 清道光十六年刻本。

(2) 清道光二十七年刻本，南京图书馆藏。

(3) 清光绪十二年(1886)刻本，南京图书馆藏。

(4) 抄本，中国科学院图书馆藏。

(5) 2014年凤凰出版社《泰州文献》本。

四书纬4卷　经部四书类

(1) 清道光十六年自刻本，上海图书馆藏。

(2) 清光绪十二年刻本，上海图书馆藏。

(3)《续修四库全书》本。

俗语诗1卷　集部别集类

传钞本，见《泰县著述考》卷6。

阆城诗集(一作岁暮怀人诗)1卷　集部别集类

清嘉庆十七年(1812)自刻本，泰州图书馆藏。

编年诗钞30卷　集部别集类　佚

见同治《续纂扬州府志》卷22。

一松楼文稿　集部别集类　佚

见民国《续纂泰州志》卷22。

小酉山房集1卷外集(一作和穀人先生七十二候诗)1卷　集部别集类

(1) 清道光刻本，南京图书馆藏。

(2) 清光绪十二年刻本，南京图书馆藏。

(3) 2014年凤凰出版社《泰州文献》本。

竹叶山房外集　集部别集类

清道光十四年刻本，见《泰县著述考》卷 6。

延令游草 1 卷　集部总集类

收入清嘉庆十五年刻《克峻堂汇稿》。

高庵诗话 3 卷　集部诗文评类

清道光二十三年自刻本，见《泰县公共图书馆乡土部书目提要》。

王广业(1799—?)

原名佐业，字子勤。清泰州人。世丰子。道光三年(1823)进士。以户部主事用。迁兵部郎中，补军机章京。善持大体。年 55 以目疾致仕归里，惟典籍是娱，足迹不入公府。乐义好施。开青箱塾以课士。以办国防功加按察使衔。

乡贤世德录 1 卷　史部传记类

传钞本，见《泰县著述考》卷 1。

听花轩诗 1 卷　集部别集类

清道光五年(1825)京师刻本，见《泰县著述考》卷 1。

青箱塾试帖 1 卷　集部别集类

清咸丰元年(1851)本衙刻本，泰州图书馆藏。

青箱塾试帖合编注略　集部别集类

清咸丰六年青箱塾刻本，泰州图书馆藏。

袁文合笺 16 卷　集部别集类

清袁枚撰　王广业笺

清光绪八年(1882)刻本，南京图书馆藏。

按：袁氏骈文笺为石韫玉撰，但石笺多沿误袁氏，广业又为之笺正。

有正味斋骈体文笺 24 卷　集部别集类

清吴锡麟撰　王广业注

(1) 清咸丰九年青箱塾王氏刻本，南京图书馆藏。

(2) 尚友山房石印本，南京图书馆藏。

按：是书笺10年始成。

朱柏庐治家格言试帖　集部总集类

清道光五年京师刻本，见《泰县公共图书馆乡土部书目提要》。

阴隲文试帖合编　集部总集类

清同治十三年(1874)刻本，见《泰县著述考》卷1。

青箱塾课艺初、二集　集部总集类

(1) 清同治六年刻本，泰州图书馆藏。

(2) 清咸丰八年青箱塾刻本。

国朝诗一脔集　集部总集类

黑格稿本，泰州图书馆藏。

重宴鹿鸣诗征2卷　集部总集类

清光绪六年刻本，泰州图书馆藏。

海陵竹枝词6卷　集部词曲类

(1) 清同治三年刻本，南京图书馆藏。

(2) 抄本，南京图书馆藏。

(3) 2014年凤凰出版社《泰州文献》本。

青箱塾丛书　丛书类　佚

见民国《续纂泰州志》卷32。

潘曜三

字星廉，号乐山，一号英台。清泰州人。庆龄子。道光举人。官江浦教谕。

授绠书屋诗文钞　集部别集类

见《泰县著述考》卷7。

徐　信

字小园。清泰州人。工诗画。性疏放。嗜酒。行吟得句，每借市人笔砚记之，否则醉卧辄忘。

青藤馆诗草　集部别集类　佚

见民国《续纂泰州志》卷27。

罗慕庵

清泰州人。原籍安徽。精医。灾疫流行，施药救人，全活甚多。

医林尚友录　子部医家类　佚

图书集成艺术典　子部医家类　佚

医宗粹言40卷　子部医家类　佚

以上3种见《江苏历代医人志》。

康维恒

清泰州人。

南沙康氏重修宗谱24卷　史部传记类

清康维恒修纂

清咸丰元年(1851)木活字本，辽宁省图书馆藏。

徐岳祥

清泰州人。

徐氏族谱13卷　史部传记类

清徐岳祥等修纂

清咸丰五年(1855)刻本，中国社会科学院历史研究所藏。

陈金诏

字叔度，一字古愚。清泰州人。道光十一年(1831)举人。工诗。于书无不读。

太上感应篇集注1卷　子部道教类

(1) 清咸丰十一年(1861)自刻本。

(2) 清光绪六年(1880)方鉴补刊本。

见《泰县图书馆书目》《泰县公共图书馆乡土部书目提要》。

观心室诗存1卷古文1卷药言1卷笔谈1卷　集部别集类

(1) 清咸丰八年自刻本,古文以下又名杂著,泰州图书馆藏。

(2) 2014年凤凰出版社《泰州文献》本。

王嘉谟

清泰州人。

东乡王氏北支家乘8卷　史部传记类

清咸丰四年(1854)续修,见《泰县著述考》卷8。

高兴爵

清泰州人。

蒋垛高氏宗谱　史部传记类

清同治三年(1864)活字本,见《泰县著述考》卷8。

唐焕章

字蔚伯,号丙庵。清泰州人。道光十五年(1835)举人。少攻制艺,根柢经史。一时名士咸奉为圭臬。

唐丙庵制艺　集部别集类

清同治二年(1863)家刻本,见《泰县著述考》卷4。

王致祥

字伯笙,号小亭。清泰州人。诸生。辅子。幼聪颖,工吟咏。20生日一夜成诗五言百韵,人皆惊异之。弱冠,入袁甲三幕府,多所赞助。

安寇纪略　史部杂史类

清王致祥、徐晓峰合撰

王氏钞本。

圜钱所见记　史部金石类

按:民国《续纂泰州志》卷25作王辅撰。据《王苏乡试履历》作致祥撰,当以此为是。此书得其父辅所蓄古泉加以详释,故称所见。

伯笙诗钞1卷　集部别集类

王镐偏钞本。

以上3种见《泰县著述考》卷1。

孙　鋆

字子山。清泰州人。诸生。承家学,耽《左氏春秋》。王广业延其课子弟最久,得其指授者多所成就。

左传霸图分记6卷　经部春秋左传类　佚

见民国《续纂泰州志》卷25。

夏宝铸

原名润,字良玉。清泰州人。郡庠生。

瑞芍山房文集　集部别集类　佚

见《夏氏宗谱》。

卢竹庵

道号清虚子。清泰州人。居东乡戚家垛。

阴骘文注释杂咏1卷　子部道教类

清光绪五年(1879)饮香塾刻本,见《泰县著述考》卷7。

汤治昭

字懋斋,号悔庵。清泰州人。岁贡生。品学纯粹,以孝友闻。

藏锋阁诗钞　集部别集类

手稿本,见《泰县著述考》卷5。

清啃堂诗草　集部别集类　佚

见同治《续纂扬州府志》卷13。

按:《海陵文征》卷20收其文1篇。

周　彝

清泰州人。

海陵丁家巷周氏支谱　史部传记类

清周彝修纂

清同治六年(1867)重修本,泰州图书馆藏。

程祥栋(1800—1871)

字小松。清泰州人。祥芝弟。郡贡生。工文词赋,笔尤华赡。从军黔中,历著战功。由知县、同知荐升知府。历官四川新繁、乐山、江津知县。在官廉能多善政。倡举团练,尤得民心。任新繁时,辟因树园,建东湖书院以课士。年逾70告归。思以余俸建宗祠义庄,病亟未果。殁后,子蓉庆继父志,成之。

洗冤录外编2卷　史部政书类

清泰州郎锦骐、长白德豫著　程祥栋刻

清同治六年(1867)抱朴山房刻本,吉林大学图书馆藏。

朱子小学6卷　子部儒学类

清同治五年程祥栋木刻本,见《泰县图书馆书目》。

松承堂诗文稿12卷　集部别集类

(1)《吴州四程诗文集》本。

(2)《清代家集丛刊续编》本。

东湖草堂赋钞四集12卷　集部总集类

清程祥栋选

清同治六年抱朴山房刻本,北京大学图书馆藏。

宫雯华

原名长庆,字晴圃。清泰州人。曾培子。

习静书屋藏稿　集部别集类

春雨草堂钞本,其子元溱录,泰州图书馆藏。

陆祖荫

字璧人。清泰州人。工诗。

按:《泰县著述考》卷5作“祖瑜”,云由国学生考授州司马。

伊亭诗集　集部别集类　佚

见民国《泰县志稿》卷28。

按:《泰县著述考》卷5作《伊亮诗集》。

王星衫

字树人,别号天目山樵。清泰州人。居姜堰镇。与运粮河宋养卿同馆于江村钱金书家。

五声新谱识字捷诀14卷　经部小学类

清王星衫、宋养卿、钱金书合辑

稿本,见《泰县著述考》卷7。

钱金书

字百城。清泰州人。居姜堰镇。

见“王星衫”条。

尤金城

字柳村。清泰州人。灿次子。贡生。性好善,于州城建义塾四所以教子弟之贫者。尝独建尊经阁。州中有大兴作,金城皆与其事。与兄金镳友爱。工于诗。筑城西草堂,地极幽胜。时招宾客以觞咏自娱。

悟藤室诗剩(一作柳村诗集)　集部别集类

尤氏抄本,见《伯山文钞》。

城西草堂联吟集(一作西园十二景酬唱集)　集部总集类

(1) 尤氏传抄本。

(2) 1947 年程氏石印本。

徐承堔(1803—1893)

字右卿,一字涧宾。清泰州人。性孝友,少失怙,抚弟妹六七人成立。敦品励学,补诸生。淡于进取,以诗自娱。晚年好游,踪迹遍吴越名胜,题咏甚多。光绪十一年(1885)乡试恩赐副榜。越三年,重游泮水。

丙丁忧旱随吟草 1 卷　集部别集类

费鉴波钞本,见《泰县著述考》卷 4。

寂感吟唱和诗钞 1 卷　集部总集类

清同治十一年(1872)自刻本,泰州图书馆藏。

赋法梯程 4 卷　集部诗文评类

费锡申钞本,见《泰县著述考》卷 4。

夏嘉谷

字少舫。清泰州人。兰次子。贡生。

泰州肄雅录　史部传记类　佚

见《夏氏宗谱》。

蔡氏旌孝录 1 卷　史部传记类

清光绪夏氏木刻本,南京图书馆藏。

秦氏旌孝录 1 卷　史部传记类

夏氏木刻本,见《泰县图书馆书目》。

泰州育婴堂纪略不分卷　史部杂史类

清夏嘉谷辑

(1) 清光绪五年(1879)刻本,中国科学院图书馆藏。

(2) 2014 年凤凰出版社《泰州文献》本。

(3) 2015 年凤凰出版社《江苏近现代社会救济与慈善文献丛刊》本。

夏嘉谟

字子猷。清泰州人。荃子。诸生。能世父学。为文沉博绝丽，诗赋尤工。与黄荔齐名。学使李联琇极器赏之。

春星草堂集　集部别集类　佚

见民国《续纂泰州志》卷25。

朱晋源

字荼舫。清泰州人。诸生。工词赋，尤精篆刻。闭户覃精典籍，不与闻世事。入其室，惟见酒一壶，书数卷，别无他物。与同里江对山、王道源时相酬倡。

思白堂诗存　集部别集类　佚

见民国《续纂泰州志》卷25。

李兆蓉

字镜芙。清泰州人。廪贡生。博学能文。尤精易理。书法得晋人之奥。生平著述甚富，惜多散失。

周易析义10卷　经部易类　佚

水经注辨证4卷　史部地理类　佚

以上2种见光绪《泰县志稿》卷26。

赵　琳

字又璋。清泰州人。瑜兄。诸生。幼读书目数行下。入庠后，不遇。以诗酒自娱。

琴鹤堂诗文钞　集部别集类　佚

见民国《续纂泰州志》卷25。

朱春木

字樵仙，号莲池春农。清泰州人。余庭子。增贡生。官浙江，升用县丞。听鼓10年，兼主讲曹娥书院，倦游归里，以诗酒自娱。

莲池春农七十寿言酬唱集1卷　集部总集类

(1) 1929年铅印本，泰州图书馆藏。

(2) 2014年凤凰出版社《泰州文献》本。

顾　鸿(?—1835)

字际飞，号秋江。清泰州人。诸生。康发祥弟子。早殁。

读易堂课艺2卷附古近体诗　集部别集类

(1) 清道光十五年(1835)刻本，泰州图书馆藏。

(2) 2014年凤凰出版社《泰州文献》本。

费锡申

字巽斋。清泰州人。履坚子。诸生。授徒所积修资，多散贫。值太平天国战争，金陵谢某逃之泰，锡申捐金租屋居之，并教诲其子侄。精金石校勘之学，喜蓄古泉。尝得古钱千余枚。

巽斋所藏钱录12卷　史部金石类

清费锡申辑

(1) 清光绪十六年(1890)刻本，上海图书馆藏。

(2) 2014年凤凰出版社《泰州文献》本。

排律分韵诗钞(一作巽斋诗集)2卷　集部总集类

抄本，泰州图书馆藏。

吴尚先(1806—1886)

名樽，又名安业。字师机。原籍杭州。太平天国时与弟官业奉母迁居泰县东北乡俞家垛。于外治法颇有研究。

理沦外治方要1卷　子部医家类

清吴尚先撰　潘霨辑

《铧园医学六种》本。

理沦骈文摘要(一作外治医说)2卷　子部医家类

(1) 清同治三年(1864)海陵刊本。

(2)《会稽徐氏铸学斋丛书》本。

按:“理”“沦”二字均可作“治理”解。书中总结出了一套行之有效的外治法,对收集和整理传统的民间简易疗法很有意义。

黄梯云

字振衢,号书玉。清泰州人。荔父。道光十七年(1837)举人。

葩经集解　经部诗经类　佚

见民国《续纂泰州志》卷25。

昌　泰

字雪笠。清泰州人。道光咸丰间诗僧。为古今体诗,无蔬笋气。

白莲集　集部别集类

怡云集　集部别集类

以上2种见《泰县著述考》卷3。丹徒赵彦俞尝题其诗稿。

黄　玫

清泰州人。

大埨庄黄氏族谱10卷　史部传记类

清同治二年(1863)刊本,见《泰县著述考》卷8。

邹钟灵

字隽生。清泰州人。工画,惮于动笔,遂置之。然尝绘拳石瓶盎之属,虽小品,殊有别趣。

绘事晬编　子部艺术类

见《泰县著述考》卷6。

张茂承

清泰州人。

姜堰张氏支谱1卷　史部传记类

清同治十一年(1872)活字本，见《泰县著述考》卷8。

许颂鼎

字子曼。清浙江海宁人。琏子。举人。知山东胶州。寓居泰州。与钱桂森、程朴生常聚仲氏西园诗酒唱酬。

半舫诗抄　集部别集类　佚

见民国《续纂泰州志》卷27。

程祥禾

字再笙。清泰州人。绍昌子。工诗赋、小楷。游幕台湾，为疆吏徐宗干所器重，留办奏疏文牍。叙功保授浙江县丞。

典韵溯源　经部小学类　佚

见民国《续纂泰州志》卷25。

宫裕祖

字敦伯。清泰州人。诸生。家贫，力学。工诗赋。课生徒有法。

孩山堂集　集部别集类　佚

见民国《泰县志稿》卷28。

赵　瑜(1808—?)

字渔亭，晚号渔叟。清泰州人。岁贡生。少有隽才，弱冠知名。工诗善画。晚年绝意场屋。值太平天国战争，诗人多流寓泰州。瑜诗酒唱和无虚日。诗多忧时悯乱之作。

晋砖室诗存4卷爨余集1卷诗存续1卷　集部别集类

(1) 清同治五年(1866)刻本,南京图书馆藏。

(2) 2014年凤凰出版社《泰州文献》本。

晋砖室诗存不分卷　集部别集类

稿本,南京图书馆藏。

晋砖室小题文　集部别集类

清同治四年刻本,见《泰县著述考》卷6。

律赋又新初集二集　集部总集类

清赵瑜选

清同治八年墨稼山房刻本,泰州图书馆藏。

陈文田(1812—1883)

字砚芗,号止室。晚号晚晴老人。清泰州人。琥子。道光十七年(1837)拔贡。二十三年顺天举人。援例为内阁中书。咸丰十年(1860)成进士。改官刑部主事,奉命回籍襄办江北团练,奖员外郎衔。事竣赴都供职,补直隶司主事,擢湖广司员外郎,升江西司郎中。性慈惠,治狱平恕。居官不事干谒,衙散后即兀坐寓斋,手一编竟日流览。暇即徒步造琉璃厂,见书肆有秘籍则购之。工骈体文。卒于官。

五朝书画摘抄录9卷　子部艺术类

见《泰县著述考》卷5。

晚晴轩诗钞3卷　集部别集类

清咸丰十一年刻本,南京图书馆藏。

晚晴轩骈体文存2卷　集部别集类

清光绪七年(1881)京师刻本,南京图书馆藏。

晚晴轩诗存5卷　集部别集类

清光绪七年梓文斋刻本,中国科学院图书馆藏。

晚晴轩俪体文存2卷晚晴轩诗存5卷　集部别集类

(1) 清光绪七年刻本,南京图书馆藏。

(2)《清代诗文集汇编》本。

先我集 4 卷　集部总集类

清陈文田辑

(1)《海陵丛刻》本。

(2) 2014 年凤凰出版社《泰州文献》本。

陈文铎

字晋淳,一字吟七,号定庵。清泰州人。琥次子。道光二十九年(1849)拔贡生。有异禀。读书过目不忘,为文援笔立就。未冠游庠,岁科试辄冠军。学使毛伯雨、白小三均目为奇才。乡闱屡荐不售。卒年甫 30。

红藤山馆诗钞 2 卷　集部别集类

(1) 旧抄本,泰州图书馆藏。

(2) 2014 年凤凰出版社《泰州文献》本。

陈文梁

字季华。清泰州人。琥三子。诸生。有文名。潜心经说,于《周易》致力尤深。

嘉言懿行录 2 卷　子部儒学类　佚

三余笔记　子部杂学类　佚

按:此书仿《池上草堂笔记》例。

以上 2 种见民国《续纂泰州志》卷 25。

刘承业

字蔚伯。清泰州人。博雅好古。搜集金石甚富。

浮云柳絮山房古今印存　子部艺术类

见《泰县著述考》卷 7。

朱乘骢

清泰州人。荃子。贡生。

日月吟4卷　集部别集类　佚

见光绪《泰县志稿》卷26。

陆联珠

字星五。清泰州人。居姜堰镇。

百寿唱酬集1卷　集部总集类

1917年石印本,见《泰县著述考》卷5。

徐晓峰(?—1864)

名旭,以字行。号云溪。清泰州人。以战功累保擢福建汀漳龙兵备道。同治三年(1864)在太平天国战争中被杀。赠内阁学士,谥刚毅。

纪事诗(一作独行堂诗稿)1卷　集部别集类　佚

见民国《泰县志稿》卷28。

余振行

清婺源人。太平天国时避居泰县姜堰镇,精于医学。

痘疹辨证　子部医家类

见《泰县著述考》卷2。

单沂枬

字香泉,号少曾。清泰州人。缵之弟。精地学,多才艺。

香泉诗抄　集部别集类

见《泰县著述考》卷6。

邹增泰

字卜庵。清泰州人。工画。

绘事集览　子部艺术类

见《泰县著述考》卷6。

高　镎

字琴夫，号简斋。清泰州人。垂勋子。素工琴，因以自号。性纯笃，以孝友称，翕于里党。中年以后所遭不偶，一一皆寄之于诗。

亦是轩诗钞　集部别集类　佚

见民国《续纂泰州志》卷26。

颜鉴澄

字镜芙。清泰州人。岁贡生。性喜研究四子书，得其精奥。

陋巷书屋文钞　集部别集类　佚

见民国《续纂泰州志》卷25。

黄延年

字尔常。清泰州人。世传拳法。生平善用长枪。子孙能继其法。卒年81。

拳诀1卷　子部兵书类　佚

见民国《续纂泰州志》卷27。

邹　鋆

改名自厚，字美镠，号矮山。清泰州人。熊侄孙。道光三十年(1850)岁贡生。叶兆兰门人。善诗。继续芸香社会课，延聘罗克俠、王辅为主坛。

读书分数录　子部杂学类

清稿本，见《泰县著述考》卷6。

求志斋古今体诗钞2卷　集部别集类

清道光红格清稿本，泰州图书馆藏。

同人会课诗选（一作续芸香诗钞）　集部总集类

清邹鋆辑

(1) 清光绪稿本，泰州图书馆藏。

(2) 2014年凤凰出版社《泰州文献》本。

洪文翰

字筱图，晚号缁翁歙人。清泰州人。祖籍安徽歙县。增贡生。候选训导。少工诗。中岁绝意进取。遍游皖浙佳山水以倡其诗。晚益芟除俗虑，惟与诸耆宿赋诗饮酒为乐。仿香山故事为九老会。喜读宋五子书。内行纯笃，见义必为。尝倡修同仁堂，辑梅溪支谱。善举如施药、赈粥之类甚多。卒年69。

洪氏立本堂支谱2卷　史部传记类

见《泰县著述考》卷8。

梅溪节烈双褒录不分卷　史部传记类

(1) 清光绪八年(1882)洪氏刻本，南京图书馆藏。

(2) 2014年凤凰出版社《泰州文献》本。

晚悔笔记8卷　子部杂学类　佚

见民国《续纂泰州志》卷32。

所见录2卷　子部杂学类　佚

识小录2卷　子部杂学类　佚

海陵杂著2卷　子部杂学类　佚

晚香吟馆诗钞12卷　集部别集类　佚

以上4种见民国《续纂泰州志》卷28。

晚香吟馆诗草1卷　集部别集类

稿本，南京大学图书馆藏。

二十四孝图说试律　集部别集类

清光绪十九年晚香吟馆刻本，泰州图书馆藏。

海陵杂事诗 1 卷　集部别集类

稿本，见《泰县著述考》卷 3。

海上联吟稿 2 卷　集部总集类

(1) 清同治八年(1869)自刻本。

(2) 清光绪二十一年补刻本，泰州图书馆藏。

(3) 2014 年凤凰出版社《泰州文献》本。

刘景寿

清泰州人。

南乡刘氏族谱 4 卷　史部传记类

清光绪十三年(1887)刊本，见《泰县著述考》卷 8。

王燮堂

清泰州人。

三水王氏族谱 12 卷　史部传记类

清光绪五年(1879)活字本，见《泰县著述考》卷 8。

李恩培

清泰州人。

双河李氏家乘 10 卷　史部传记类

清同治十一年(1872)刊本，见《泰县著述考》卷 8。

袁　远

字近之。清泰州人。善画花鸟。

画法 1 卷　子部艺术类

袁颖长抄本，见《泰县著述考》卷 4。

薛奇芳

字方平。清泰州人。诸生。与海房友善。

一夕盛诗前后二集　集部别集类

见《泰县著述考》卷7。

按:《海陵文征》卷19收其文1篇。

潘淮沂

字有壬。清泰州人。曜三子。

水法天机　子部术数类

见《泰县著述考》卷7。

潘淮湘

字子兰。清泰州人。庆龄孙。官余杭、萧山、永康县丞。家世精青乌术。父曜三,尝亲与周顾相讨论,兄淮源辈皆通其学。淮湘承其后,益加研究。宦游所至,为人相地,经验尤多。

潘氏地理合解2卷　子部术数类

清光绪二十一年(1895)汲绠书屋刻本,见《泰县著述考》卷7。

地理辨证　子部术数类　佚

见民国《续纂泰州志》卷27。

缪　濼

清泰州人。

缪氏族谱12卷　史部传记类

清光绪十一年(1885)活字本,见《泰县著述考》卷8。

唐宗沅

名一作沅。字少秋,晚号拙老人,又号炪翁。清丹徒人。晚年寓居泰州。工文辞，善书画，尤擅长铁笔。

桐荫堂印圭1卷　子部艺术类

清光绪二十三年(1897)唐氏手拓钤本，南京图书馆藏。

医学撮要　子部医家类

三峰草堂类稿4卷　集部别集类

手稿本。

三峰草堂丛书8种　丛书类

稿本，子目不详。

以上3种见《泰县著述考》卷4。

唐拙老遗稿5种　丛书类

稿本，泰州图书馆藏。

子目：

《古今文林摘艳》

《桐荫随笔》

《三峰草堂类稿》

《三峰草堂诗稿》

《望海楼尺牍》

章　瑾

字予怀。清泰州人。祖籍如皋。至瑾始游庠，补郡增生。子孙曾玄辈科名接踵，五世书香。瑾性友爱，让产两兄。自馆于外，终身无闲言。

杂字考　经部小学类　佚

寂感吟　集部别集类　佚

诗文集　集部别集类　佚

以上3种见民国《续纂泰州志》卷23。

许桂芬

字秋舫，一字艮心子，号铁耕子。清泰州人。诸生，工铁笔，喜蓄古钱。

得古欢斋印存 1 卷　史部金石类

墨格朱拓本。

历代钱法备考 2 卷　史部金石类

手稿摹图本。

以上 2 种见《泰县著述考》卷 5。

许爱堂

字蓉裳，一作荣裳。清泰州人。善草书，尤工于诗。咸丰末值太平天国战争，隐于贾。

补读斋诗 2 卷　集部别集类

(1) 清光绪三十年(1904)刻本，南京图书馆藏。

(2) 2014 年凤凰出版社《泰州文献》本。

孙桂山

字馨谷。清泰州人。家世精医，至桂山愈臻纯粹。能以平和之剂医人疾，有起死回生之功。尤好施予。

医学心传 4 卷　子部医家类　佚

见民国《续纂泰州志》卷 27。

吴廷灿

字醒安，号绶章。清泰州人。居姜堰镇。性孝友，读书颖悟，尝究心关闽之学。乐善好施，设塾课士。于东岳庙立义学以教寒士。里有孤寡与贫不能葬者皆资助之。闻东淘有董孝子墓，为立石，赋诗纪其事。

哀思录　史部传记类

西铭语录　子部儒学类

以上2种见《泰县著述考》卷2。

吟香诗草　集部别集类　佚

见民国《续纂泰州志》卷26。

朱　宜

字驭时。清泰州人。咸丰元年(1851)举孝廉方正,父为质,通医理,施药济时。宜承父志,为人疗疾,不受馈遗者60余年。凡遇义举,典衣质物为之。尝独建宗祠,创立悯旅堂,施田为义冢。

喉方集解4卷　子部医家类　佚

见同治《续纂扬州府志》卷14。

尤　璋

字南卿。清泰州人。金城侄。善书工诗。

湘江诗草　集部别集类　佚

见《尤氏宗谱》。

冒同庆

字笃初,号朴斋。清泰州人。父琴堂,诸生,持躬方正,乐善好施。同庆承父志,益敦行善事。同治五年(1866)水灾,出藏谷数十石赈济乡邻。至春,复贷以籽种、牛具。晚年好道,并喜究杂家言。暇辄吟咏陶诗自娱。

金丹直指　子部道教类　佚

黄庭直解　子部道教类　佚

和陶诗钞1卷　集部别集类　佚

以上3种见民国《续纂泰州志》卷26。

王荫福

字梅叔。清正定人，寓泰州。贡生。同治初署沛县。去任偕弟荫祐侨居泰州城内，再榷厘金于泰。

三百树梅花庵诗　集部别集类

见《泰县著述考》卷1。

朱宝善(1820—1889)

字楚材，一字樱船，晚号悔斋。清泰州人。芳桂子。工诗书画，世称三绝。咸丰初以县丞需次闽中，官澄海知县。有善政。后因事被议，闭户不与外事。研究书画益深。卒年79。

红粟山庄随笔4卷　子部杂学类

见《泰县著述考》卷2。

红粟山庄诗6卷续诗6卷诗余1卷补遗1卷　集部别集类

(1) 清同治九年(1870)福州刻本，上海图书馆藏。

(2) 1925年朱崇官刻本。

(3) 2014年凤凰出版社《泰州文献》本。

红粟山庄诗稿　集部别集类

红格手稿本，泰州图书馆藏。

古诗十九首说1卷　集部诗文评类

手稿本，见《泰县著述考》卷2。

按:《全清词钞》卷26收其词2首。

海陵竹枝词续集1卷　集部词曲类

(1) 抄本，南京图书馆藏。

(2) 2014年凤凰出版社《泰州文献》本。

费文彪

字炳章。清泰州人。锡午子。恩贡生。苦心力学，以文学知名。

铁珊小草 2 卷　集部别集类

(1) 清光绪六年(1880)刻本,上海图书馆藏。

(2) 稿本,泰州图书馆藏。

(3) 2014 年凤凰出版社《泰州文献》本。

古近体诗摘录　集部总集类

清费文彪辑

清同治九年(1870)手钞本,见《泰县著述考》卷 6。

费文溶

字鉴波,一字在山。清泰州人。锡申次子。工诗文。擅长铁笔。纂辑家乘。年 37 而殁。

费氏家乘 4 卷　史部传记类

清费禹闻、费履坚、费炳章、费文溶撰

传抄本,见《泰县著述考》卷 8。

海陵费氏印谱 1 卷　子部艺术类

朱拓本,见《泰县著述考》卷 6。

宋懋官

字柳溪,号亮工。清泰州人。监生。

一见便知录　子部杂学类　佚

见《港口宋氏族谱》。

王荫祐

字子受,号鞠安。清正定人,寓泰州。荫福弟。附贡生,候补两淮盐经历。

尚诗征名 2 卷　经部诗经类

(1) 清光绪三十四年(1908)刻本,华东师范大学图书馆藏。

(2)《龙树精舍丛书》本。

(3) 2014 年凤凰出版社《泰州文献》本。

觉华龛诗存 1 卷　集部别集类

(1) 清光绪二十年刻本，南京图书馆藏。

(2) 清光绪三十四年刻本，华东师范大学图书馆藏。

(3)《龙树精舍丛书》本。

邹应庚

字小隐。清泰州人。庠生。

国朝海陵诗汇补遗 1 卷　集部总集类

清邹应庚辑

(1) 清抄本，南京图书馆藏。

(2) 1961 年北京中国书店抄本。

(3) 1976 年扬州师范学院钞本。

(4) 2014 年凤凰出版社《泰州文献》本。

按：其叔祖邹熊曾辑《海陵诗汇》一书，未及梓行。应庚复留心收辑，均为《海陵诗汇》一书中所未备者，故命此书曰"诗汇补遗"。全书共补入宫鸿营、陈瑶笈、韩敏、俞焯、钱青选等海陵籍诗人 40 余人之诗作百余首，卷末有闺秀徐淑秀、张粲、张贻鷊、田贞姑、张阿品 5 人之诗。均为入清以后所作。

刘天荣

字春墅。清泰州人。诸生。

自怡堂吟稿 1 卷　集部别集类

清光绪七年(1881)自刻本。

按：此书《江苏省泰州市图书馆古籍地方文献目录》著录为《雁字诗》。

钱桂森

初名桂枝，字辛伯，号犀庵。清泰州人。少警敏，擅词赋。魏茂林见而器之，妻以女孙。年弱冠应郡试，太守某赠以"五经无双"匾额。道光三十年(1850)成进士。入翰林。文章雍容典贵。累迁内阁学士兼礼部侍郎。典试贵州、湖南、广东、浙江。督学安徽。达官名流多出其门。海内奉为文章宗匠。晚年引疾归里，以诗酒自娱。而于地方大事必斤斤力争。后又历主江宁钟山书院、扬州安定书院、泰州胡公书院讲席。年73重游泮水。

一松轩诗稿2卷　集部别集类

(1) 1935年徐世昌精刻本。

(2) 1994年中国书店影印本，上海图书馆藏。

(3) 2014年凤凰出版社《泰州文献》本。

犀庵赋钞　集部别集类

(1) 抄本，泰州图书馆藏。

(2) 2014年凤凰出版社《泰州文献》本。

王贻清

字筱岑。清泰州人。广业三子。同治十年(1871)会魁。官翰林院编修，擢湖北襄阳府知府。卒于官。

玉壶冰清馆分韵试帖2卷　集部别集类

清光绪十八年(1892)襄阳署刻本，泰州图书馆藏。

林枚生

原名节，字仲知。清泰州人。诸生。咸丰八年(1858)顺天乡试挑取实录馆誊录。性伉直。从兴化刘熙载游，专心经算之学，尤擅长章奏。居京师与仪征卞宝第交最契。同治五年(1866)广东学政鲍源深聘枚生充襄校。蒇事后授经自给。卒年73。

筹算乘除法 1 卷　子部历算类　佚

见民国《续纂泰州志》卷 25，云稿本，藏于家。

胡炳文

字墨卿。清泰州人。附生。

勾股边角图说 1 卷　子部历算类

清光绪二十三年（1897）刻本，南京图书馆藏。

赵云芬

字小渔。清泰州人。瑜子。工诗。

琴鹤山房诗 1 卷北山裴园咏物诗 2 卷　集部别集类

清光绪八年（1882）退斋刻本，泰州图书馆藏。

汪时益

字寿芝。清旌德人，寓居泰州。瑸次子。诗承家学。幼失父，又丧偶。

红梨新馆诗稿　集部别集类

见《泰县著述考》卷 2。

郜福基（1827—1895）

字厚庵。清泰州人。廪贡生。性至孝，有文誉。中岁弃举业，研性理。为人排难解纷。尝谓宋学用于办事则不迂，汉学用于读书则不陋。光绪二十年（1894）中日战争事起，州郡延办团防，不出。撰中东十二策，拟上当事。寻和议成，未果。门人私谥曰安贞。

春秋考异　经部春秋总义类　佚

性理外编　子部儒学类　佚

以上 2 种见民国《泰县志稿》卷 27。

宫元溱(1827—?)

字桂泉,号小圃。清泰州人。雯华子。郡庠生。工诗,精于岐黄。避乱居北乡仓场庄。

宫氏一家稿　丛书类

清宫元溱辑

(1) 抄本,泰州图书馆藏。

(2) 2014年凤凰出版社《泰州文献》本。

子目:

《春雨草堂诗钞》　宫元溱辑

《习静书屋藏稿》　宫雯华撰　宫元溱录

《懒庵小体》　宫元溱撰

《桃源小集》　宫元溱撰

《倦游零稿》　宫元溱撰

《环溪寄稿》　宫元溱撰

《课余琐闻》　宫元溱撰

《济世妙义》　宫元溱撰

按:《春雨草堂诗钞》辑泰州宫氏家族之诗,所收包括宫永建、宫伟镠、宫梦仁、宫象宗、宫鸿营、宫增祜、宫诏金、宫慕超、宫超曾、宫履基、宫协华、宫麟诸人诗。

王宝庸(1827—?)

字时若,号伯平。又名灌,字瓒香,一字小厓。清泰州人。太学生,候选知府。尝蓄古碑帖图籍。尤工铁笔。

竹里堂日记　史部传记类

(1) 稿本,台湾"中央图书馆"原藏。

(2)《明清未刊稿汇编》初辑《竹里全稿》本。

王氏支谱　史部传记类

(1) 稿本,台湾"中央图书馆"原藏。

(2)《明清未刊稿汇编》初辑《竹里全稿》本。

小竹里馆浮生记　史部传记类

(1) 稿本,台湾"中央图书馆"原藏。

(2)《明清未刊稿汇编》初辑《竹里全稿》本。

运岁并推　子部术数类

(1) 稿本,台湾"中央图书馆"原藏。

(2)《明清未刊稿汇编》初辑《竹里全稿》本。

律赋效颦　集部别集类

(1) 稿本,台湾"中央图书馆"原藏。

(2)《明清未刊稿汇编》初辑《竹里全稿》本。

小竹里馆杂体文　集部别集类

(1) 稿本,台湾"中央图书馆"原藏。

(2)《明清未刊稿汇编》初辑《竹里全稿》本。

小竹里馆示儿编钞余　集部总集类

(1) 稿本,台湾"中央图书馆"原藏。

(2)《明清未刊稿汇编》初辑《竹里全稿》本。

小竹里山馆各种题跋 2 卷　子部艺术类

手稿本,见《泰县著述考》卷 1。

陈笃庆

字文卿。清泰州人。咸丰九年(1859)举人。性端悫,与物无竞。

百尺楼诗钞　集部别集类　佚

见民国《泰县志稿》卷 28。

丁　涣(1830—1909)

字文伯,一字济卿。清泰州人。诸生。性孝友。迎养孀妹于家。购田 6 亩,为诸弟谋窀穸。卒年 80。

禹贡辑注 2 卷　经部尚书类

传抄本，见《泰县著述考》卷 1。

文伯遗集（又作文伯公遗著或槐西草堂吟稿）2 卷附 1 卷　集部别集类

（1）1930 年泰县丁氏铅印本，上海图书馆藏。

（2）2014 年凤凰出版社《泰州文献》本。

陈日新

字春圃。清泰州人。晋元子。同治六年(1867)钦赐副贡生。事亲至孝。年 85 卒。

松筠阁文稿　集部别集类　佚

见民国《续纂泰州志》卷 25。

单肇熊

字祥生。清泰州人。精于堪舆。

相宅相墓浅说 2 卷　子部术数类

见《泰县著述考》卷 6。

曹子山

清泰州人。

海陵曹氏族谱 2 卷　史部传记类

清光绪六年(1880)刊本，见《泰县著述考》卷 8。

柯　瀛

清泰州人。

柯氏族谱 6 卷　史部传记类

清光绪五年(1879)刊本，见《泰县著述考》卷 8。

郭福沅

字翰江，号菡矼。清闽县人。副贡生。官两淮运判，初寓泰州三峰园，继移居俞家园。

爱石轩诗文集　集部别集类　佚

见民国《续纂泰州志》卷32。

王昆源

字阆仙。清泰州人。工篆刻。

王阆仙印谱　子部艺术类

蓝格印本，泰州图书馆藏。

王希圣

字仰山。清泰州人。诸生。有文誉。主讲东台书院。

引玉集文稿1卷　集部别集类　佚

见民国《续纂泰州志》卷25。

王　桐

原名柱。字子实，一字稷甫。清泰州人。咸丰八年(1858)顺天举人，十年恩科进士。改庶常。散馆授户部主事，充秋审处帮办。官京师，暇日与都人士结社陶然亭，以诗文相酬唱。其《梅花》20首与《茶园题壁》诸作，尤脍炙人口。工书法，以丁外艰乞归。历主海门师山书院、本州胡公书院讲席。年58卒。

东乡王氏北支家乘8卷　史部传记类

清咸丰四年(1854)续修，见《泰县著述考》卷8。

知悔斋文集　集部别集类　佚

双藤(一作紫藤)吟馆诗集　集部别集类　佚

以上2种见民国《续纂泰州志》卷25。

双桂轩四六文集(一作文钞)　集部别集类　佚

见民国《泰县志稿》卷28。

王　鋆

字陶庵，一作小庵。清泰州人。同治岁贡生。少聪慧。年15应郡试，冠其曹。遭乱，逾十载始补诸生，亦冠其曹。旋食饩，性至孝。父殁，呕血数升，一恸几绝。友于兄弟。卒年48。子锡畴、锡衡俱诸生，锡韩廪贡生。

绿天吟社诗1卷　集部别集类　佚

槐荫书屋课草　集部总集类　佚

以上2种见民国《续纂泰州志》卷23。

张　逸

原名士煌。字逸君，号次野，亦号髯翁，又号黄雪老人。清泰州人。性疏放，不拘小节。夏一葛，冬一裘，曳芒鞋，携竹杖，行吟城市。闻见者以为狂。善草书，嗜饮酒。醉后纵笔淋漓，挥洒自如。

髯翁日记　史部传记类

账簿手稿本，泰州图书馆藏。

髯翁诗稿　集部别集类

手稿本，泰州图书馆藏。

瓢斋诗钞　集部别集类

霜匏集　集部别集类

以上2种均稿本，见《泰县著述考》卷5。

张　蕃

字竹轩，号椒堂。清泰州人。嗜酒，喜作诗，善抚琴。筑东山草堂。尝写兰竹。

东山草堂琴谱　子部艺术类

手稿本，见《泰县著述考》卷5。

东山草堂遗集1卷　集部别集类

（1）张树申刻本。

（2）清光绪间家刻本，见《泰县著述考》卷5。

张云上

原名联庆。字仲逸。清泰州人。诸生。工文辞。诗宗温李。尝偕黄荔、钱桂森相唱和，名极盛。惜年未中寿而殁。

坳堂诗集　集部别集类　佚

见民国《续纂泰州志》卷25。

臧克柔

字济刚。清泰州人。工铁笔。善八分。尤精于碑刻。韩国钧称与邓石如相近。

铁耕斋印谱　子部艺术类

自镌拓印本，见《泰县著述考》卷7。

刘振疆

字实君，一作石君。清泰州人。居姜堰。少习骑射。工吟咏。尤留心金石文字。擅长镌刻，刀法遒媚。生平所作惜多散失。

朱子家训印谱　史部金石类

阴隲文印谱　史部金石类

滕王阁序兰亭集序百寿图印谱　史部金石类

以上3种均为朱拓本，见《泰县著述考》卷7。

澄怀轩笔印　史部金石类

朱拓本，泰州图书馆藏。

黄　荔

字荻生。清泰州人。岁贡生。梯云子。工诗，尤精于倚声。其《诉衷情》一阕有“淡碧垂杨、淡黄明月、淡白梨花”之句。时称为“黄三淡”。

隐囊日记　史部传记类

手稿本，泰州图书馆藏。

隐囊诗稿　集部别集类

手稿本，泰州图书馆藏。

心退听堂诗集　集部别集类

红格手稿本，泰州图书馆藏。

荻生诗稿　集部别集类　佚

见《全清散曲》第1883页。

黄荻生先生词稿2卷　集部词曲类

清黄荔著　陈冕父编辑

1957年陈冕父手抄本，泰州图书馆藏。

按:《全清散曲》收其散曲1首。

赵云鹤

字子鸣。清泰州人。琳子。

爱日清谈1卷　子部杂学类

清光绪三年(1877)刻本，东北师范大学图书馆藏。

王　辂

字乘之，号云轩。清泰州人。

陋室铭印　子部艺术类

朱拓本，见《泰县著述考》卷1。

朱庆镛

字友笙。清泰州人。同治十年(1871)进士。官浙江松阳县知县。

友鹿山房诗存1卷　集部别集类

1925年北平石印本,见《泰县著述考》卷1。

徐宗毅

字建章。清泰州人。庠生。性仁孝。力学。游其门者,皆有成,教人文行兼励。

为师劝惩录　子部儒学类

见《泰县著述考》卷4。

朱德甫

清安徽人,寓居泰州。工吟咏。

绘像孝女传试律1卷　集部别集类

清光绪十七年(1891)泰州刻本。

洪承儒

字纯士。清歙县人,寓泰州。业贾。少学于康发祥。其诗得力陶潜,有自然冲融之气。

畬经书屋诗抄8卷　集部别集类

见《泰县著述考》卷3。

张士炘

字熙亭。清泰州人。逸弟。工吟咏,善丹青。里人得其所画墨蟹,珍如拱璧。

蕉香山馆墨蟹图谱　子部艺术类

铁梅诗钞　集部别集类

以上2种皆稿本，俱见《泰县著述考》卷5。

余　鉴

字镜湖。清婺源人，幼随父振行避乱居泰县姜堰镇。同治七年(1868)进士。入翰林。工诗。

丈室天花集　集部别集类

见《泰县著述考》卷2。

颜　驯

字仁卿。清泰州人。鉴澄从子。同治六年(1867)解元。品学纯粹。诗亦清隽拔俗。

蠹余草1卷附补遗　集部别集类

(1) 1921年北京铅印本，南京图书馆藏。

(2) 2014年凤凰出版社《泰州文献》本。

李金台

字宝燕。清泰州人。同治九年(1870)举人。大挑教职，署江宁教谕。淡于仕进。归里后，教授生徒。喜为诗。

李氏家乘10卷　史部传记类

清同治十一年(1872)木活字本，泰州图书馆藏。

藏云山房诗钞　集部别集类　佚

见民国《续纂泰州志》卷25。

王　荃

原名效曾。字咏梅，一字心沂。清泰州人。致祥子。诸生。为江都于齐庆所推重，延主师席。

四书随笔　经部四书类

清王荃、王荪合著

稿本，存于家，见《泰县著述考》卷1。

义门王氏族谱4卷　史部传记类

清光绪十二年(1886)活字刻本，见《泰县著述考》卷8。

黄河南北考　史部地理类　佚

见《家传》。

钱锡爵

清泰州人。

吴越分钱氏泰州宗谱10卷　史部传记类

清光绪十三年(1887)活字本，见《泰县著述考》卷8。

李广春

清泰州人。

张甸李氏族谱2卷　史部传记类　佚

清光绪十六年(1890)李广春创修，见《泰县著述考》卷8。

刘汉臣

字麓樵。清泰州人，居姜堰镇。例授州同。嗜书籍，精于鉴赏。晚年精研医理。

卫青轩书目　史部目录类　佚

经世日记　子部儒学类　佚

脉学指掌　子部医家类　佚

内经摘要　子部医家类　佚

还读堂诗稿　集部别集类　佚

以上5种均见光绪《泰县志稿》。

王云梯

泰州人。

白马庙王氏族谱 8 卷　史部传记类

清光绪十四年(1888)活字本,见《泰县著述考》卷 8。

田　涛

一作田溥,字春农。清泰州人。诸生。家贫力学。

周易释义　经部易类　佚

耕税山房诗稿　集部别集类　佚

以上 2 种均见民国《续纂泰州志》卷 25。

单肇蟾

字樨亭,晚号稚叟,自号半盲老人。清泰州人。沂相子。工诗古文。亦究心医学、地理。咸丰八年(1858)居邗上教授生徒。尝著《国文教科书》1 卷、《新书记录提要》2 卷等。后返里,双目失明,为一生大憾。

医典汇编 2 卷　子部医家类

拾通数述 10 卷　子部历算类

经史秘钥 4 卷　子部杂学类

以上 3 种见《泰县著述考》卷 6。

单稚叟七十双寿征文录　集部总集类

1920 年铅印本,见《泰县著述考》卷 6。

姜海田

字石舟,号鹤侪。泰州人。选楼子。监生。弃儒就医。改名琴舫。

姜氏族谱　史部传记类　佚

姜海田创稿,见《泰县著述考》卷 8。

蕉雨室诗集 1 卷　集部别集类

手稿本,见《泰县著述考》卷 3。

李柏林

清泰州人。

张甸李氏族谱2卷　史部传记类

清光绪二十五年(1899)活字本,见《泰县著述考》卷6。

黄　骤

清泰州人。

大埨庄黄氏族谱8卷　史部传记类

清光绪十九年(1893)活字本,见《泰县著述考》卷8。

高　清

清泰州人。

高氏迁泰支谱1卷　史部传记类

1925年刊本,见《泰县著述考》卷8。

王　荪

字孝芸,晚号九声道人。清泰州人。初工制艺。光绪八年(1882)副贡,任内务府景山官八旗教习。研究音韵之学,欲普及之,创设环球韵学研究所,终以知音者鲜未能推广。喜为绝句,效唐皮日休、陆龟蒙。卒年71。

四书随笔　经部四书类

清王荪、王荃合撰

稿本,存于家。

九声堂韵学　经部小学类

稿本。

以上2种见《泰县著述考》卷1。

希雨斋华文初桄1卷　集部别集类

清光绪三十年自刻本。

希雨斋课艺5卷　集部别集类

清光绪二十年刻本。

九声亭诗钞　集部别集类

稿本。

以上3种见《泰县著述考》卷1。

章家升

字筱峰。清泰州人。诸生。教授生徒,多所成就。

经畬略　经部群经总义类　佚

韵学考　经部小学类　佚

杂考　子部杂学类　佚

退翁吟　集部别集类　佚

以上4种见民国《续纂泰州志》卷25。

张兆璠

字筱石。清泰州人。廪贡生。擅长文辞,尤工画梅。

醉墨轩文钞　集部别集类　佚

三影堂诗稿　集部别集类　佚

以上2种见民国《续纂泰州志》卷25。

袁　銧

更名泳,字苶庵。清泰州人。锦弟。工书法。

苶庵未定草　集部别集类

手稿本,泰州图书馆藏。

徐震来

字竹江,号恐斋,又号恐甫。清泰州人。诸生。工文辞。于经史之学极有根柢。教授生徒多所成就。

蛾术轩文稿15卷　集部别集类　佚

潜翠山房诗稿(一作祥爵山房诗草)1卷　集部别集类　佚

以上2种见民国《续纂泰州志》卷25。

邱文田

字石农。清泰州人。咸丰间岁贡生。工制举文,兼擅诗赋。邑中名流出其门者甚多。

石农文钞　集部别集类　佚

见民国《续纂泰州志》卷25。

陈祖培

字子植,号悔庵,又号尔尔主人。清泰州人。

听鹂馆笔记1卷　子部杂学类

手稿本,泰州图书馆藏。

悔庵笔记1卷　子部杂学类

手稿本,泰州图书馆藏。

王世晋

字观来。清泰州人。诸生。与兄世升读书一堂,皆善吟咏。

蕃蓖遗草1卷　集部别集类

家刻本,见《泰县著述考》卷1。

徐闾卿

字莲甫。清泰州人。诸生。工画,与徐震甲、徐继裕齐名,时称"三徐"。性旷逸。颜其所居曰画水楼,键户作画。善诗词,惜多散佚。

画水楼存稿1卷　集部别集类

稿本,见《泰县著述考》卷4。

袁登庸

字升伯。清泰州人。同治十二年(1873)副贡生。以亳州学正终。

(光绪)亳州志20卷首1卷　史部地理类

清钟泰、袁登庸等纂修

(1) 清光绪二十一年(1895)活字本,上海图书馆藏。

(2)《中国方志丛书》本。

(3)《中国地方志集成》本。

(4) 2014年黄山书社《安徽历代方志丛书》本。

戴雪舫

清泰州人。咸丰同治间医家。

杂症绳墨(一名幼科要诀)　子部医家类

传钞本,泰州图书馆藏。

戈颂平(1836—1908)

字直哉。清泰州人。幼习举业,后精研医理。学有本源,古今医籍无不浏览,尤服膺张仲景《伤寒论》。尝谓:庸医杀人,不必方证相反,即药不及病,已足毙人命。故生平疗疾,率用重剂猛攻而奏效,他医为之咋舌。富于著述。

仲景伤寒指归(一作伤寒指归)6卷　子部医家类

(1) 清光绪十一年(1885)刻本。

(2) 抄本,上海图书馆藏。

(3)《四库未收书辑刊》本。

(4) 2008年中医古籍出版社《戈氏医学丛书》本。

(5) 2014年凤凰出版社《泰州文献》本。

(6) 2015年中国中医药出版社张方毅等校注本,国家图书馆藏。

黄帝素问指归　子部医家类

(1) 传钞本，泰州图书馆藏。

(2) 2008 年中医古籍出版社《戈氏医学丛书》本。

神农本草经指归 5 卷　子部医家类

(1) 宣统元年(1909)戈仁寿抄本，长春中医药大学图书馆藏。

(2) 1999 年华夏出版社《中国本草全书》本。

(3) 2008 年中医古籍出版社《戈氏医学丛书》本。

(4) 2014 年凤凰出版社《泰州文献》本。

伤寒杂病论金匮指归(一作金匮指归)10 卷　子部医家类

(1) 清光绪十一年刻本。

(2) 2008 年中医古籍出版社《戈氏医学丛书》本。

按：以上 4 种合称《戈氏丛书四种》。

戈门杂录　子部杂学类

1984 年泰州新华书店抄本，国家图书馆藏。

陈研芗

清泰州人。

春明诗课汇选 4 卷补遗 1 卷　集部总集类

清陈研芗原选　胡俊章增辑

清光绪七年(1881)铅字排印巾箱本。

陈　芾(1836—?)

字兰槎，一字墨痴，号子棠、海滨乡人、蓬山外人、怡园。清泰州人。同治九年(1870)举人。

怡园随笔 1 卷　子部杂学类

旧抄本，见《泰县图书馆书目》。

执砚山馆诗集 4 卷怡园老人年谱 1 卷　集部别集类

(1) 清光绪十九年(1893)自刻本，泰州图书馆藏。

(2) 清光绪二十二年刻本暨铅印本，上海图书馆藏。

(3) 2014年凤凰出版社《泰州文献》本。

王贻牟

字笠农。泰州人。广业七子。岁贡生。博览群籍。善行草隶书。工于诗。性恬淡,不乐仕进。总纂泰州志,光绪、民国二志实手成之。晚年益勤学不倦,奖掖后进。为人淡泊高远,望之如魏晋间人物。比之刘万春,品实过之。

(光绪)续修泰州志34卷首1卷　史部地理类

清郑辅东修　王贻牟等纂

(1) 1917年抄本,存卷首、卷1、卷2、卷4、卷5。

(2) 1921年油印本。

以上2种,见《泰县著述考》卷8、《江苏旧方志提要》。

(民国)续纂泰州志35卷首1卷　史部地理类

韩国钧、王贻牟总纂

(1) 1924年修,稿本,南京大学图书馆藏。

(2) 抄本,中国历史博物馆藏。

(3)《中国地方志集成》本。

(4) 2014年凤凰出版社《泰州文献》本。

草隶钩沈　子部艺术类　佚

隐囊杂录　子部杂学类　佚

以上2种见民国《泰县志稿》卷26。

黄雪山庄诗存4卷　集部别集类

见《泰县著述考》卷1。

孙士荣

清泰州人。桂山长子。传父业,精医。

伤寒辨似4卷　子部医家类　佚

见民国《续纂泰州志》卷27。

丁柔克(1840—?)

号燮甫。清泰州人。其父丁楚玉,道光十六年(1836)进士,官云南蒙自等县知县。岳父贾洪诏,字金门,湖北均州人,道光二十年进士,官至云南巡抚。丁柔克自幼聪颖好学,琴棋书画等无不涉猎。同治间署理湖北汉阳府事,光绪间主持湖北沔阳厘局。

倒海探珠集　子部杂学类

见《柳弧》。

柳弧　子部小说类

(1) 稿本,中国人民大学图书馆藏。

(2) 2002 年中华书局宋平生等整理本。

按:本书杂记晚清官场之事、社会百态及奇闻怪异之事等,共 663 则,内容丰富,保存了不少社会史料,具有一定历史文化价值。

归鹤琐言 32 回　子部小说类

见《柳弧》。

宫本昂(1840—?)

字子行,号千里。清泰州人。署即墨知县。

宫氏族谱不分卷　史部传记类

(1) 清光绪五年(1879)木刻本,国家图书馆藏。

(2) 2014 年凤凰出版社《泰州文献》本。

陆费燮(1842—?)

字子豫。清浙江桐乡人。附贡生,候补两淮盐大使。历摄丰利、鹤城、吕四场。晚年寓居泰州。卒于光绪二十六年(1900)前。

碧梧红杏山房诗钞 2 卷附楹帖 1 卷　集部别集类

(1) 清光绪二十六年桐乡陆氏刻本,北京大学图书馆藏。

(2)《清代诗文集汇编》本。

蒋文田(1843—1909)

字子明,号龙溪先生。清泰州人。与同里黄葆年交好,后拜太谷学派学者李光炘为师。“黄崖教案”后指定为太谷派北宗传人。晚年在苏州与黄葆年共为归群草堂山长,聚徒讲学。

龙溪先生诗钞　集部别集类

(1) 抄本,泰州图书馆藏。

(2) 1986 年泰州图书馆《新泰州学派资料》本。

(3) 1998 年广陵古籍刻印社《太谷学派遗书》本。

龙溪先生文钞　集部别集类

(1) 抄本,泰州图书馆藏。

(2) 1986 年泰州图书馆《新泰州学派资料》本。

(3) 1998 年广陵古籍刻印社《太谷学派遗书》本。

黄葆年(1845—1924)

字锡朋,又字隰朋,号希平,又号归群。清泰州人。师承太谷学派学者李光炘,为太谷派南宗主要传人。光绪六年(1880)进士,官临淄、泗水等县知县。光绪二十八年辞官归。开办归群学堂,产生重要社会影响。

诗经读本 4 卷　经部诗经类

清黄葆年批注

(1) 抄本,泰州图书馆藏。

(2) 1986 年泰州图书馆《新泰州学派资料》本。

(3) 1998 年广陵古籍刻印社《太谷学派遗书》本。

礼记读本 10 卷　经部礼记类

清黄葆年批注

(1) 抄本,泰州图书馆藏。

(2)《新泰州学派资料》本。

(3)《太谷学派遗书》本。

论语三十六□声注　经部四书类

六书说文略 1 卷　经部小学类

以上 2 种俱抄本，见《泰县著述考》卷 6。

李平山先生年谱　史部传记类

清黄葆年删订

《太谷学派遗书》本。

周子通书　子部儒学类

红格抄本，泰州图书馆藏。

观海山房追随录　子部儒学类

清李光炘著　黄葆年删订

《太谷学派遗书》本。

黄氏遗书 8 卷　子部儒学类

(1) 抄本，泰州图书馆藏。

(2)《新泰州学派资料》本。

(3)《太谷学派遗书》本。

稼溪一滴不分卷　子部儒学类

(1) 抄本，泰州图书馆藏。

(2)《太谷学派遗书》本。

归群草堂语录不分卷　子部儒学类

(1) 抄本，泰州图书馆藏。

(2)《新泰州学派资料》本。

(3)《太谷学派遗书》本。

希平夫子语录不分卷　子部儒学类

《新泰州学派资料》本。

希平纪言　子部杂学类

抄本，见《泰县著述考》卷 6。

归群草堂文集 2 卷　集部别集类

(1) 抄本,泰州图书馆藏。

(2)《新泰州学派资料》本。

(3)《太谷学派遗书》本。

归群草堂诗集 2 卷　集部别集类

(1) 抄本,泰州图书馆藏。

(2)《新泰州学派资料》本。

(3)《太谷学派遗书》本。

归群文课 6 卷　集部总集类

清归群弟子著　黄葆年校订

(1) 抄本,泰州图书馆藏。

(2)《新泰州学派资料》本。

(3)《太谷学派遗书》本。

唐宋文读本 5 卷　集部总集类

抄本,泰州图书馆藏。

经义存疑 1 卷　集部总集类

抄本,泰州图书馆藏。

大小谢诗钞　集部总集类

抄本,泰州图书馆藏。

八韵诗存不分卷　集部诗文评类

(1) 抄本,泰州图书馆藏。

(2)《新泰州学派资料》本。

(3)《太谷学派遗书》本。

书古诗存后不分卷　集部诗文评类

(1) 抄本,泰州图书馆藏。

(2)《新泰州学派资料》本。

(3)《太谷学派遗书》本。

天籁集 4 卷　集部诗文评类

(1) 抄本,泰州图书馆藏。

(2)《太谷学派遗书》本。

天籁遗音 2 卷　集部诗文评类

(1) 抄本，泰州图书馆藏。

(2)《太谷学派遗书》本。

古诗源批注 2 卷　集部诗文评类

抄本，泰州图书馆藏。

王耕心(1846—1909)

原名昂霄，字穆存，一字道农，号龙宛居士。清泰州人。荫祐子。官徐州府运河同知。学兼儒佛，深究天人之故。50 岁后尤笃好贾子之学。著述甚富。

新订周易传义　经部易类

毛诗音诂　经部诗经类

以上 2 种见《泰县著述考》卷 1。

正定王氏家传 6 卷　史部传记类

(1) 清光绪十九年(1893)龙树精舍刻本，南京图书馆藏。

(2) 蓝格手稿本，泰州图书馆藏。

(3) 2014 年凤凰出版社《泰州文献》本。

贾子年谱 1 卷　史部传记类

清光绪二十九年龙树精舍刻本，国家图书馆藏。

苏子　子部周秦诸子类

董子　子部儒学类

以上 2 种见《泰县著述考》卷 1。

贾子次诂 16 卷　子部儒学类

(1) 清稿本，台湾“中央图书馆”原藏。

(2) 清光绪二十九年龙树精舍刻本，复旦大学图书馆藏。

(3)《续修四库全书》本。

(4) 2014 年凤凰出版社《泰州文献》本。

佛说摩诃阿弥陀经衷论 1 卷　子部佛教类

清魏源会译　王耕心衷论

清光绪三十年自刻本，北京大学图书馆藏。

龙树篇　子部佛教类

见《泰县著述考》卷 1。

穰隐庵剩稿 1 卷　集部别集类

清光绪三十二年龙树精舍刻本，南京图书馆藏。

龙宛居士集 6 卷　集部别集类

(1) 清光绪三十二年自刻本。

(2) 1917 年刻本，上海图书馆藏。

(3) 蓝格手稿残本。

(4)《清代诗文集汇编》本。

龙宛文稿　集部别集类　佚

见民国《续纂泰州志》卷 32。

王道农诗稿　集部别集类

绿格手抄本，泰州图书馆藏。

王氏家集　集部总集类

王耕心校刻本。

正定王氏四种　丛书类

清光绪十九年王氏龙树精舍刻本，清华大学图书馆藏。

朱　辉(1846—1935)

字月樵，别号混俗道人，晚更号万工山人。泰州人。工绘事，尤善画龙。又工七巧图，演成草书屏联，虽老弗倦。

画龙浅说 1 卷　子部艺术类

清光绪三十二年(1906)排印本，见《泰县著述考》卷 2。

按：其要诀曰：实笔虚用，淡墨浓用。笔在纸上，神会云端。云水在空，神情在纸，意笔在先，力透纸背。又曰：画龙应重在势，当以雄浑写之，使人凛然。

万工图集 7 卷　子部艺术类

九真要诀图说 1 卷　子部艺术类

以上 2 种均稿本，见《泰县著述考》卷 2。

徐锦彰(1846—?)

字绮云。清泰州人。国学生，候选县丞。家世清贫，入油坊贸业。孝敬父母，扶危济困。

泰州徐氏族谱 6 卷　史部传记类

清徐锦彰等修纂

(1) 清光绪三十四年(1908)毓麟堂活字本，泰州图书馆藏。

(2) 2014 年凤凰出版社《泰州文献》本。

江对山(1848—1870)

字晓峰。清泰州人。诸生。力学，工诗。与同里朱晋源、王道源时相酬唱。早逝。年 23 卒。

思白堂诗存 2 卷　集部别集类

(1) 稿本，残 1 卷，泰州图书馆藏。

(2) 清同治十年(1871)刻本，泰州图书馆藏。

(3) 2014 年凤凰出版社《泰州文献》本。

韩国霖(1848—?)

字雨三。泰州人。

韩氏宗谱 12 卷　史部传记类

韩国霖等修纂

(1) 1913 年有怀堂木活字本，南京图书馆藏。

(2) 2014 年凤凰出版社《泰州文献》本。

阮　焱(1848—?)

字晋明。清余杭人。幼奉母避兵居泰。同治四年(1865)年18,始为诗。后任阜宁知县。

淮园诗抄　集部别集类

清光绪三年(1877)自刊本,泰州图书馆藏。

江　镇(1850—1906)

字丽春。清泰州人。家世贫困。初习商,后受业于舅父朱辅治,致力于医,殚精力竭,深得医之要旨。同治十一年(1872)以行医寓口岸,治疾多应手愈,遂名噪两泰间。究其学术,概以中正平和为主,伤寒主《玉函》,杂病宗《金匮》,调摄崇东垣。镇行医,志在济时。为人疗疾,不责馈谢。贫者辄施药济之。甚或资以钱米,捐助棺木,故声誉益显。

温病抉微1卷　子部医家类

清江镇、江祖韩、江祖范同辑

仁术肩墙录10卷　子部医家类

以上2种见《泰县著述考》卷2。

徐天璋(1852?—1936)

字睿川,号曦伯。泰州人。诸生。湛深经学,于十三经均有著作。年80余卒。葬于扬州平山堂。门人刊其著作。

睿川易义正编10卷副编6卷续编2卷　经部易类

1924年铅字排印本,山东省图书馆藏。

睿川易义合编8卷　经部易类

(1) 1923年铅印本,南京图书馆藏。

(2) 2014年凤凰出版社《泰州文献》本。

禹贡传注图考　经部尚书类

稿本,见《泰县著述考》卷4。

尚书句解考正　经部尚书类

(1) 清光绪二十七年(1901)云麓山馆刻本,北京大学图书馆、南京图书馆藏。

(2) 2014年凤凰出版社《泰州文献》本。

毛诗传笺考证　经部诗经类　佚

见民国《泰县志稿》卷28。

诗经集解辨正不分卷　经部诗经类

(1) 1923年铅字排印本,南京图书馆藏。

(2) 2014年凤凰出版社《泰州文献》本。

三礼析义　经部三礼总义类

夏小正通释2卷　经部大戴礼记类

春秋明义　经部春秋总义类

春秋三传辨误　经部春秋总义类

春秋三传辨疑　经部春秋总义类

以上5种均稿本,见《泰县著述考》卷4。

论语实测20卷　经部四书类

(1) 1924年南京铅字排印本,南京图书馆藏。

(2) 2014年凤凰出版社《泰州文献》本。

中庸笺正1卷　经部四书类

(1) 1919年泰州徐氏铅印本,南京图书馆藏。

(2) 1927年南京排印本。

(3) 2014年凤凰出版社《泰州文献》本。

古本大学说义1卷　经部四书类

(1) 清宣统二年(1910)泰州徐氏铅印本,南京图书馆藏。

(2) 1923年南京排印本。

(3) 2014年凤凰出版社《泰州文献》本。

孟子集注笺正14卷　经部四书类

(1) 清宣统二年箫声馆铅印本,国家国书馆藏。

(2) 1936年扬州箫声馆铅印本，上海图书馆藏。

(3) 2014年凤凰出版社《泰州文献》本。

四书笺疑疏证8卷　经部四书类

徐天璋笺　徐浚仁疏

清光绪二十二年中一堂刻本，泰州图书馆藏。

按：金鉽《江苏艺文志》作2卷，为徐昌珍及子天璋同撰，浚仁乃天璋子，是书为三代人完成，凡8卷。

孝经古今章句考　经部孝经类

尔雅笺正图考　经部尔雅类

以上2种皆稿本，见《泰县著述考》卷4。

阙里讲经编不分卷　经部群经总义类

民国刻本，国家图书馆藏。

泰州征献录不分卷　史部传记类

徐天璋辑录

抄本，中国人民大学图书馆藏。

徐氏双孝录1卷　史部传记类

清光绪二十八年自刻本，泰州图书馆藏。

徐氏类编10卷　子部儒学类

清宣统元年刻本，泰州图书馆藏。

理气蒙求4卷　子部儒学类

清宣统元年自刻本。

乌私集3卷刍献集5卷既济金鉴1卷心性元旨2卷续编2卷　子部儒学类

清宣统元年自刻本。

以上2种见《泰县著述考》卷4。

五行汇考4卷　子部术数类

(1) 手稿本，泰州图书馆藏。

(2) 钞本，见《泰县著述考》卷4。

皇极潜元演数1卷　子部术数类

(1) 手稿本,泰州图书馆藏。

(2) 钞本,见《泰县著述考》卷4。

楚辞叶韵考4卷　集部楚辞类

(1) 传钞本,杭州市图书馆藏。

(2)《四库未收书辑刊》本。

徐氏经学丛书　丛书类

1931年铅印本,泰州图书馆藏。

徐氏类编　丛书类

清宣统元年刊本,泰州图书馆藏。

程恩官(1853—1922)

字典六。泰州人。恩洋兄。幼丧父。事母孝。好读书,手不释卷。每试,名辄前列。晚喜吟咏。

藤花阁诗存1卷　集部别集类　佚

见民国《续纂泰州志》卷23。

程恩洋(1855—1924)

字子谟。泰州人。岁贡生。工制艺。先世多膺科第,致通显。恩洋九应乡试不售。两次分纂泰州志。充育婴堂董事,喜为善事,乡人称之。

海陵竹枝词再续集1卷　集部词曲类

(1) 仲一侯钞本,暨南大学图书馆藏。

(2) 抄本,南京图书馆藏。

(3) 2014年凤凰出版社《泰州文献》本。

按:集中多咏史诗,对社会的变化尤有较多的反映。如谓:"裕宁分设官钱局,钱票换钱纸一张。一个铜元钱十个,铜钱没眼制钱荒。""仪器图书公利昌,药水装瓶大药房。新式操衣与操帽,振新制就好销场。"

“南京政府初成立，黄帝纪元某某年。民间沿袭称辛亥，习惯干支到处传。”

王贻典(1858？—1907)

字石逸。清泰州人。广业十一子。幼聪颖。读书目数行下。为文操笔立就。学使拔置第一。光绪十一年(1885)领乡荐，十六年成进士。授刑部湖广司主事，兼江西司主稿。贻典精研律意，判决如流。台司倚为左右手。二十五年总办秋审，处录囚矜慎，多所平反。三十三年补法部奉天司员外郎，迁编置司郎中，充丞参厅会办。卒于京。

笙寒楼诗钞　集部别集类　佚

见民国《续纂泰州志》卷24。

袁　锦

字子文，号梦茗，晚号弢父。清泰州人。诸生。幼颖异。殚精经学，博极群书。尤工诗，胎息汉魏，不事雕琢而极于古。晚年佐钱桂森评阅安定书院课卷。年68卒。

棣华吟馆诗钞　集部别集类

手稿本，见《泰县著述考》卷4。

陈恩涵

清泰州人。光绪进士。授主事。

陈氏家谱　史部传记类

抄本，见《泰县著述考》卷8。

李桂枝

清泰州人。

双河李氏家乘13卷　史部传记类

1913年活字本，见《泰县著述考》卷8。

洪载福

字右桥，一字子厚。清歙县人，寓泰州。承儒侄。工诗。早卒。

敦复轩诗稿 1 卷　集部别集类

见《泰县著述考》卷 3。

王夔立

字卓如，又号克庵居士。清泰州人。荫祜次子。入钱塘籍，补附学生。工诗古文辞及骈体。少从父兄研求佛学，游江鄂。幕游 40 年，卒年 75。

韦苏州年谱 1 卷诗文集 3 卷后编 14 卷　史部传记类

《觉后编》排印本，见《泰县著述考》卷 1。

蒋　氏

清泰州人。

蒋氏宗谱 2 卷　史部传记类

清光绪三十一年(1905)活字本，见《泰县著述考》卷 8。

江　墉

字少庭。清泰州人。朱辅治弟子。精医。

温病阐微　子部医家类　佚

见民国《续纂泰州志》卷 27。

张桂郁

清泰州人。

泰州张氏支谱 2 卷　史部传记类

清光绪三十一年(1905)活字本，见《泰县著述考》卷 8。

王敬渊

字简卿，号墨芸。清泰州人。鸿业子。工制艺，少游程宇光之门。诣益进。中光绪二年(1876)乡试第二。为人磊落豪放，不矜细行。卞宝第招至闽，延课子弟，多成名者。好为善事。晚主讲东台西溪书院。科举罢，归里卒。

忆旧图记1卷　集部词曲类

(1) 红粟山庄传钞本，泰州图书馆藏。

(2) 2014年凤凰出版社《泰州文献》本。

汪达汝

字桐轩。清泰州人。诸生。文笔磊落，有奇气。复究心性理之奥。早殁。

窥破机关2卷　子部儒学类　佚

见民国《续纂泰州志》卷25。

李顺观

字光国。清泰州人。诸生。天性纯笃。纵谭古今阴隲。

醒世编1卷　子部儒学类

清光绪三十二年(1906)同善堂刻本，见《泰县著述考》卷2。

徐丰曾

字玉生，晚号戆叟，又号东海散人。清江宁人。诸生。寓居泰州，以诗酒自娱。

双桐书屋诗集4卷补遗1卷词存1卷　集部别集类

(1) 民国清稿本，首都图书馆藏。

(2) 1924年石印本，南京图书馆藏。

(3) 2014年凤凰出版社《泰州文献》本。

仲文涛

清泰州人。

仲氏支谱4卷　史部传记类

清光绪三十二年(1906)活字本,见《泰县著述考》卷8。

高彝尊

字懿伯,号小晋,一号慰陔。清泰州人。锡康子。光绪二年(1876)举人。官兵部职方司郎中。

续困学纪闻　子部杂学类　佚

见《高氏支谱》。

黄道先

清泰州人。

姜堰黄氏天祥公支谱4卷　史部传记类

1913年活字本,见《泰县著述考》卷8。

陈恩治

字融斋,号砚芬。泰州人。宝书四子。光绪进士,授户部主事,擢度支部员外郎、制同司司长。辛亥革命后,回籍任商会会长。擅长文辞,卒年73。

砚芬诗文存　集部别集类

见《泰县著述考》卷5。

姜饮兰

泰州人。

姜氏族谱　史部传记类

1913年活字本,见《泰县著述考》卷8。

陈明祚

字大士，号栖云。清泰州人。监生。

云厂诗稿　集部别集类

关中诗稿　集部别集类

闲吟诗稿　集部别集类

以上 3 种见《泰县著述考》卷 5。

袁葆田

清泰州人。

袁弢父先生传 1 卷　史部传记类

清袁镳、袁葆田合撰

清光绪二十六年(1900)家刻本，见《泰县著述考》卷 4。

宋　瑜

清泰州人。

港口宋氏族谱 10 卷　史部传记类

清光绪二十八年(1902)活字本，见《泰县著述考》卷 8。

章文杰

清泰州人。

章氏族谱 10 卷　史部传记类

1925 年活字本，见《泰县著述考》卷 8。

乔鹤年

清泰州人。

乔氏族谱 6 卷　史部传记类

清光绪十九年(1893)活字本，见《泰县著述考》卷 8。

程朴生

字石洲，一号平常道人。清歙县人，寓泰州城内。桓生弟。历任江西、广东知州。居泰后，有静省居，与邑人酬唱。精于六壬。

大六壬课　子部术数类

见《泰县著述考》卷6。

纪观海

清泰州人。

纪氏宗谱2卷　史部传记类

清光绪三十三年(1907)活字本，见《泰县著述考》卷8。

尤　琇

清泰州人。

尤氏宗谱2卷　史部传记类

清光绪三十二年(1906)活字本，见《泰县著述考》卷8。

沈　隐

字洛亭。清泰州人。乐善好施。与颜驯、高尔庚相唱和，诗境益进。

蘅茅诗集　集部别集类

见《泰县著述考》卷2。

章奎森

字量圆，别号天弢。清泰州人。

沁园词2卷　集部词曲类

1919年姜堰石印本，见《泰县著述考》卷5。

于怀庆

字燕伯，号老渔。清泰州人。居姜堰。

古梅山房诗草初编2卷二编3卷　集部别集类

1921年石印本，同乡章文杰评点，见《泰县著述考》卷1。

张沛霖

字润甫，号蒋溪逸叟。清泰州人。诸生。隐居蒋家河。

芸轩索异录10卷　子部杂学类

传钞本，见《泰县著述考》卷5。

训吟草4卷　集部别集类

1926年石印本，见《泰县著述考》卷5。

卢福保

字崧亭，号茨如。清泰州人。岁贡生。工制艺。兼究心经世之学。创说剑山堂文会。课卷奖赠，悉自倡筹。邑中生童应课者，月恒二三百人。乐善好施，一时绅董无出其右。清末初设学、商两会，福保被选为学会会长、商会协理。又被选为姜堰镇商会总理。擘画既就，旋即引退。晚年尤好学不倦。

说剑山堂经解　经部群经总义类

(1) 红格钞本，泰州图书馆藏。

(2) 2014年凤凰出版社《泰州文献》本。

小学音义12卷　经部小学类　佚

见民国《泰县志稿》卷26。

(宣统)续纂泰州志35卷　史部地理类

清胡维蕃修　卢福保纂

(1) 清宣统间修，稿本，中国科学院图书馆藏。

(2) 民国抄本，南京图书馆藏。

(3) 抄本,民族文化宫图书馆藏。

(4) 油印本,南京图书馆藏。

(5) 2014 年凤凰出版社《泰州文献》本。

按:油印本为 34 卷。

金刚经提要 1 卷　子部佛教类

1918 年石印本,见《泰县著述考》卷 7。

说剑山堂吟草 8 卷　集部别集类　佚

见民国《泰县志稿》卷 26。

李恩涵

字秋江。清泰州人。光绪八年(1882)举人。文思敏捷,能日成十数艺。

都门游草　集部别集类　佚

养庵赋钞(一作秋江赋草)　集部别集类　佚

以上 2 种见民国《泰兴县续志》卷 25。

秋江文稿　集部别集类

见《泰县著述考》卷 2。

李长涟

字鉴湖。清泰州人。邑廪生。博学精医。慷慨好施。亲族间贫不能丧葬及嫁娶者,周济之。每夏月辄送诊施医。

四书汇解 3 卷　经部四书类　佚

见民国《续纂泰州志》卷 26。

陆炳埏

原名英,字子才。清泰州人。同治十二年(1873)拔贡。光绪五年(1879)举人。八上公车不售。选授南汇县训导。士林翕然。平生诋斥八股文之卑陋,并知科举必废。究心经史,旁及诗古文辞。主讲惠南、芸香书院。以病乞休归。卒年75。

自编年谱1卷　史部传记类　佚

蝉翳轩文集4卷　集部别集类　佚

亦隐轩诗集2卷　集部别集类　佚

南沙咏史诗2卷　集部别集类　佚

鸿飞集1卷　集部别集类　佚

以上5种见民国《续纂泰州志》卷25。

陈玉德

字光庭。清泰州人。精于医学。取《灵枢》《伤寒》《金匮》诸书，悉心探讨。

医林愿学编　子部医家类　佚

见《中医人物辞典》。

钱锡恒

字子人。清泰州人。桂桢子，桂森侄。幼颖异。从上元许宗衡学古文。年70以疾卒。

论文史略1卷　史部史评类　佚

见民国《续纂泰州志》卷24。

姜选楼

改名文炳。字午泉，一字塞翁。清泰州人。贡生。受知李联琇，深蒙奖许，招往未就。以诗自娱。

清桥书屋老人吟1卷　集部别集类

清光绪十一年(1885)刻本，泰州图书馆藏。

按:《泰县著述考》卷3著录《清桥书屋诗集》，手稿本。

李甲生

字义侯。清泰州人。

天南游记 1 卷　史部地理类

稿本，见《泰县著述考》卷 2。

王培莲

字季征，原名培兰。清泰州人。桐四子。书法右军，工诗古文。潜心水利舆地 10 年，心力毕萃于斯。

地舆水利图考　史部地理类

见《泰县著述考》卷 1。

王锡衡

字阴湘。清泰州人。鋆子。诸生。少从蒋子明游，习洙泗濂洛之学。后谒黄葆年请益，造诣益深。卒年 70。

寿卿斋文诗集　集部别集类　佚

见民国《泰县志稿》卷 27。

高善树

字友伯，号兰岩，一号逋仙。清泰州人。绍淦子。尔庚兄。廪贡生。少攻制艺，以桐城金坛为宗。同里陈文源极器重之。性孤傲。善诗词，工书法。中年游燕赵，不称意事，皆寄之于诗。晚得癫疾。时人比之徐渭。

听鹂吟馆诗词草　集部别集类　佚

见民国《续纂泰州志》卷 25。

石和钧

原名如岳。字岱庵。清泰州人。廪生。10 岁能诗。弱冠工古文辞。书法钟、王。初从黄武靖公幕,游湖湘间。武靖卒,传志皆其所作。后入刘坤一幕,宾主甚相洽。乡试屡荐不售。卒年42。遗稿多散佚。

古槐轩诗集　集部别集类　佚

见民国《泰县志稿》卷28。

朱希渊

字肖船。清泰州人。宝善子。官福建云霄县照磨。因公往延平,覆舟,遇救免。归后任王氏私立翼中小学教员。

海客诗存1卷　集部别集类　佚

见民国《泰县志稿》卷26。

徐恩荣

字子沾。清泰州人。震甲子。工诗。与王贻典、黄荔、卢福保等相唱和。

小西湖钓徒诗稿1卷　集部别集类

红格手稿本,泰州图书馆藏。

陆仁渊

字心颜,号形山。清泰州人。监生。少从颜驯游。中年北游三晋,晋多古迹,仁渊搜罗而研索之。年67卒。

周易探微8卷　经部易类

稿本,见《泰县著述考》卷5。

形山北游记2卷附录1卷　史部地理类

1925年形山书舍刊本,南京图书馆藏。

地灵学8卷　子部术数类

形山杂著6卷　子部杂学类

以上2种见《泰县著述考》卷5,谓有稿本。

宋学贤

字士雅。清泰州人。光绪十五年(1889)举人。善书,工词赋。究心经世之学。尝建议防下河水害。其后所言辄验。

杏雨堂诗文集　集部别集类　佚

见民国《续纂泰州志》卷25。

刘法曾

字心伯,一作心白。泰州人。汉臣侄。光绪十四年(1888)举人。少颖异,读书强识。及长,工四六文。肄业扬州梅花书院。山长韩弼元评其赋冠大江南北。教授生徒,多所成就。掌教东台三贤书院。民国初,两修泰州志。名望益隆,清贫如故。

清史纂要　史部正史类

1931年中华书局铅印本,南京图书馆藏。

外史蒙求　史部别史类

(1) 清光绪二十八年石印本,南京图书馆藏。

(2) 2014年凤凰出版社《泰州文献》本。

覆瓿漫存6卷　集部别集类

(1) 1923年铅印本,南京图书馆藏。

(2) 2014年凤凰出版社《泰州文献》本。

曹　氏

清泰州人。

大泗庄曹氏族谱2卷　史部传记类

1912年活字本,见《泰县著述考》卷8。

荣　诏

清泰州人。业幼科,名与戴雪舫埒。

杂证绳墨1卷　子部医家类　佚

见民国《续纂泰州志》卷27。

朱　氏

清泰州人。

白米朱氏宗谱　史部传记类

1928年活字本,见《泰县著述考》卷8。

高尔庚

原名珠树。字星仲,号曼孙,又号学顽。清泰州人。光绪二十五年(1899)岁贡生。与兄善树同以孤贫劬学。工诗古文辞,并究心天文、堪舆、医术。旁及金石篆刻,书法仿汉魏碑版,晚宗赵松雪。又笃好小学,于毛诗致力尤邃。性伉直,无论亲疏贵贱,皆接以诚。奖掖后进,垂老不倦。殁之日,交游多为流涕。

二南释义　经部诗经类

毛诗集解　经部诗经类

字略　经部小学类

泰州方言　经部小学类

尚友录正略(一作尚友录考证)　子部杂学类

海陵杂录1卷　子部杂学类

以上6种见《泰县著述考》卷4。

(光绪)续修泰州志34卷首1卷　史部地理类

清郑辅东修　清高尔庚等纂

(1) 1917年抄本,存卷首、卷1、卷2、卷4、卷5。

(2) 1921年油印本。

见《泰县著述考》卷8、《江苏旧方志提要》。

井眉居诗钞1卷续钞1卷　集部别集类

(1) 1923年铅印本，南京图书馆藏。

(2) 2014年凤凰出版社《泰州文献》本。

王成宪

字芝泉。清泰州人。工铁笔。

青箱阁兰谱1卷　子部农家类

手钞本，见《泰县著述考》卷1。

睫园印谱1卷　子部艺术类

蓝格印本，泰州图书馆藏。

王荔泉

字子畲。清泰州人。成宪弟。延令汪仲山弟子。

砚香馆诗草1卷　集部别集类

稿本，山东师范大学图书馆藏。

夏康庆(1860—?)

字晋侯。泰州人。诸生。性友爱。仲兄燕庆贫，教养其子女。遇戚族兴讼，恒苦口劝止。

夏氏宗谱2卷　史部传记类

(1) 1917年活字本，泰州图书馆藏。

(2) 2014年凤凰出版社《泰州文献》本。

怡怡书屋文集　集部别集类　佚

见民国《泰县志稿》卷26。

袁　衔(1861—1899)

字澹生。清泰州人。诸生。历为黄体芳、王先谦两学使所识。拔光绪十四年(1888)乡魁。二十一年诏举异材，侍郎廖寿恒特荐，征至都，召对称旨，以知县用。初选广东升平，因母老不就。改选浙江景宁，邑政清简。上官器之。拟调青田，旋卒。性豪迈，公余不废吟咏。尤工论史，于书无所不读。

袁景宁集 2 卷　集部别集类

《海陵丛刻》本。

飘蓬集　集部别集类　佚

见民国《续纂泰州志》卷 32。

余文海(？—1927)

字仰苏，别号渔村逸叟。泰州人。原籍婺源。振行孙，鉴子。承家学，工诗文。结冷香吟社。

渔村诗集不分卷　集部别集类

(1) 1936 年泰县新泰平民印刷局铅印本，复旦大学图书馆藏。

(2) 2014 年凤凰出版社《泰州文献》本。

冷香吟社诗选　集部总集类

(1) 1919 年石印本，泰州图书馆藏。

(2) 2014 年凤凰出版社《泰州文献》本。

渔村鼓盆集 1 卷　集部总集类

(1) 1926 年石印本，上海图书馆藏。

(2) 2014 年凤凰出版社《泰州文献》本。

张　廉

字锦泉，号稚发。清泰州人。逸子。庠生。工诗画。创南门小学，任教员。

遁庵日记　史部传记类

手稿本，见《泰县著述考》卷 5。

宫　立

字凭自。清泰州人。居姜堰。与刘麓隐、余文海相酬唱。

塘东随笔4卷　子部杂学类

1920年姜堰文明书社石印本，国家图书馆藏。

储玉藻

字小场，别号信天翁。清泰州人。监生。工诗古文辞。博览经史。

竹简斋课余草诗集　集部别集类　佚

见民国《续纂泰州志》卷25。

曹湘浦

字楚卿。清泰州人。倬女。性至孝。工于诗。卒年21。

绣余吟草1卷　集部别集类

清光绪十五年(1889)家刻本，见《泰县公共图书馆乡土部书目提要》。

陈金声

字子和。清泰州人。官浙江分水知县。精于医理，多所治效。

伤寒辨注2卷　子部医家类

金匮辨注2卷　子部医家类

以上2种有1924年自刻石印本，见《泰县著述考》卷5。

刘步阶

泰州人。

姜堰刘氏家乘4卷　史部传记类

1913年活字本，见《泰县著述考》卷8。

洪荣棣

字鄂棠，号白威。清泰州人。文翰孙，嘉绂子。少有俊才。工诗草。年20余卒。

鄂棠诗稿　集部别集类

手稿本，泰州图书馆藏。

韩佩芬

泰州人。谭小云妻。好丹青，尤好临古人粉本，善绘仕女花卉鸟兽。

题咏画谱　子部艺术类

1926年上海华商书局石印本，见《泰县著述考》卷7。

袁祖郇

字况生，自号江东布衣。清泰州人。锦子。

袁况生诗稿　集部别集类

手抄本，泰州图书馆藏。

储　杰

字汉三。清泰州人。熙亭子。

马谱图说1卷　子部农家类

传钞本，见《泰县著述考》卷7。

储　才

字兼三。泰州人。熙亭子。幼聪颖，童试每前列。入讲武学堂，骑兵及要塞炮工专科毕业，任吴淞炮台教练官。游京师，任内务财政部员。

盲吟集3卷　集部别集类

见《泰县著述考》卷7。

田学澄

泰州人。

坂埨田氏家谱1卷　史部传记类

1929年石印本，见《泰县著述考》卷8。

刘一礼

泰州人。

南乡刘氏族谱4卷　史部传记类

1928年活字本，见《泰县著述考》卷8。

李寿开

字元之。原籍丹徒。慎儒次子。寓居泰州，选任泰城商会会长。

楹联杂志1卷　子部艺术类

1937年石印本，见《泰县著述考》卷2。

姜泰厘局邀免禀稿　史部政书类

(1) 1913年铅印本，泰州图书馆藏。

(2) 2014年凤凰出版社《泰州文献》本。

韩　氏

泰州人。

韩氏宗谱2卷　史部传记类

1925年活字本，见《泰县著述考》卷8。

单毓元

泰州人。

(民国)泰县志稿　史部地理类

单毓元修纂

(1) 抄本,南京图书馆藏。

(2) 1931 年油印本,泰州图书馆藏。

(3) 1966 年扬州古旧书店油印本,南京图书馆藏。

(4)《中国地方志集成》本。

(5) 2014 年凤凰出版社《泰州文献》本。

丁 氏

清甘泉丁光烺女,泰州单毓元妻。幼慧工诗。年 42 卒。

鹤立庼偶录 1 卷　子部杂学类

鞠盘文剩 2 卷诗剩 2 卷　集部别集类

国朝闺阁诗集注 4 卷　集部总集类

以上 3 种见《泰县著述考》卷 1。

柯杰南

泰州人。

柯氏族谱 6 卷　史部传记类

1933 年活字本,见《泰县著述考》卷 8。

王士纬

泰州人。

王心斋先生学谱 1 卷　史部传记类

1942 年铅印本,泰州图书馆藏。

王念慈

字释尘。清泰州人。世居谢王河。习医。性恬淡,以诗画自娱。族人创立义庄,念慈捐腴田数十亩,以襄其成。

止一居诗集　集部别集类　佚

见民国《泰县志稿》卷26。

王　耔(? —1942)

字直之,号野哉,别号历溪村人。泰州人。擅长六法,题作俱佳。人物传真,无不工秀。尤精铁笔,名闻中外。又能于方寸间刻字数十而字迹媚秀。历获中外展览会优等奖。

历溪村人画集　子部艺术类

1934年铜版印本,见《泰县著述考》卷1。

王谌谋

字野庭。泰州人。光绪二十三年(1897)举人。

太上感应篇诗1卷　子部道教类

1920年石印本,见《泰县公共图书馆乡土部书目提要》《泰县图书馆书目》。

青箱书屋诗文集2卷　集部别集类

1922年自刻石印本,见《泰县著述考》卷1。

王汉民

字光国。号溪隐。泰州人。居姜堰镇。白榴社友。

溪光室唱和集2卷　集部总集类

(1) 民国铅印本,泰州图书馆藏。

(2) 2014年凤凰出版社《泰州文献》本。

丁宪祖

字绍武,一字秋碧,号一痴,又号莲若。泰州人。居白米。工诗文,尤精医学,尝撰稿各报,并主编《曲水泰东卫生日报》。

兢庐医学论文集　子部医家类

秋碧札记初稿　子部杂学类

以上2种见《泰县著述考》卷1。

王国谋

初名昌谋。字兰谷。泰州人。贻牟子。江苏省议员。

新订蟋蟀经1卷　子部农家类

1920年自刊石印本,见《泰县著述考》卷1。

泰县农业　子部农家类

(1) 稿本,上海图书馆藏。

(2) 2014年凤凰出版社《泰州文献》本。

泰县物产志2卷　子部农家类

稿本,见《泰县著述考》卷1。

徐炳华(1869—1934)

字劬庵,一字菊人,晚号守雌。泰州人。廪生。江苏省谘议局议员。两任泰州续志分纂及委员。

说文识小录　经部小学类

手稿本,泰州图书馆藏。

徐氏家谱　史部传记类

手稿本,泰州图书馆藏。

劬庵杂钞　子部杂学类

手钞本,泰州图书馆藏。

守雌堂诗文删存　集部别集类

红格手稿本,泰州图书馆藏。

守雌堂诗近作　集部别集类

手稿本,泰州图书馆藏。

马锡纯(1870—1942)

字东侯,一字东皋,号莼叟。泰州人。诸生。少负俊才,嗜学不倦。

曾任泰县县立第一高等小学校长，江苏省立第四师范教员，创设淮东中学，任国文教员。

南阳劝业会纪要 9 卷　史部杂史类

手稿本，见《泰县著述考》卷 4。

泰州乡土志　史部地理类

马锡纯编纂

(1) 清光绪三十四年(1908)锦章书局石印本，南京图书馆藏。

(2) 2014 年凤凰出版社《泰州文献》本。

征兰小志 1 卷　史部地理类

1923 年自刊石印本，泰州图书馆藏。

泰县第一高等小学校友会杂志　史部地理类

1917 年石印本，泰州图书馆藏。

国文范本　集部总集类

1921 年墨耕斋石印本，见《泰县著述考》卷 4。

王国麟(1870—?)

字大秀。泰州人。

泰州东门外王氏宗谱 6 卷　史部传记类

民国间王国麟等修

(1) 1924 年三槐堂活字本，南京图书馆藏。

(2) 2014 年凤凰出版社《泰州文献》本。

袁　镳

字季枚。泰州人。锦季弟。诸生。工诗古文辞。曾纂修《甘泉县续志》《山东通志》。因自号山东小史。

袁弢父先生传 1 卷　史部传记类

清袁镳、袁葆田合撰

清光绪二十六年(1900)家刻本，见《泰县著述考》卷 4。

(民国)甘泉县续志29卷首1卷　史部地理类

钱祥保修　桂邦杰总纂　袁镳等分纂

(1) 1926年刻本,南京图书馆藏。

(2) 1937年重印本,南京图书馆藏。

(3) 1963年油印本。

(4)《中国方志丛书》本。

(5)《中国地方志集成》本。

季枚遗稿　集部别集类

稿本,见《泰县著述考》卷4。

武国良

字简侯,一字简子。泰州人。善草书。精医理。著述丰富。任职泰县图书馆20余年。

仲圣方证合一要诀　子部医家类　佚

证候学　子部医家类　佚

方剂应用法　子部医家类　佚

中西各病证治会要　子部医家类　佚

中西花柳病学　子部医家类　佚

小儿适用推拿法　子部医家类　佚

外治学　子部医家类　佚

小儿百病外治学　子部医家类　佚

妇科百病外治学　子部医家类　佚

疾病食养法　子部医家类　佚

中西病名类证　子部医家类　佚

中医诊断补　子部医家类　佚

针灸要穴集验　子部医家类　佚

内科外科妇科儿科单简经效方　子部医家类　佚

妇科方证会要　子部医家类　佚

中西病理今释　子部医家类　佚

简子自笑录　子部医家类　佚

冷斋医话　子部医家类　佚

以上18种均稿本，见《江苏历代医人志》。

药证学　子部医家类

(1) 稿本。

(2) 2014年凤凰出版社《泰州文献》本。

卢承澧

字东侯，号正信居士。泰州人。研习佛学，皈依太虚法师。

正信录　子部佛教类

1938年仿宋排印本，见《泰县著述考》卷7。

李星南

字极仙。泰州人。光绪二十三年(1897)拔贡生。为人孝悌，奉孀母及守贞诸姑爱敬皆至。博贯经史，诸子百家书皆手加丹黄，覃思研核。所著书藏于家。

日省录　子部儒学类

手稿本，见《泰县著述考》卷2。

二曾堂杂学　子部杂学类　佚

见民国《续纂泰州志》卷25。

二曾堂文稿　集部别集类

手稿本，泰州图书馆藏。

凌文渊(1876—1944)

名庠，号直支，亦作植支，又号隐峰居士。泰州人。庠生。肄业于两江师范。光绪二十九年(1903)随刘世珩赴日本考察。三十二年与同邑高文炳、王国谋等发起组织泰州学会(泰州教育会前身)。宣统元年

(1909)参与张謇发起的立宪运动。1912年任南京临时政府临时参议院议员。其后任代理财政部参事、次长、总长等职。1927年去职，任东方绘画协会干事、国立艺专教授。后又任北京美术学校校长及南京美术学校、两江民立中学、上海中华公学、泰州时敏中学等校校董。擅文学艺术，书学柳体、《张迁碑》，画宗徐渭。时与陈半丁、陈师曾、齐白石并称京师四大画家。

中国盐业最近状况第一编3卷　史部政书类

1913年盐政讨论会印本，见《泰县著述考》卷5。

各省区历年财政汇览第一编不分卷　史部政书类

1927年财政部排印本。

省债　史部政书类

1928年北平银行月刊社排印本，泰州图书馆藏。

中国经济史　史部政书类　佚

财政金融学　史部政书类　佚

以上2种见徐友春主编《民国人物大辞典》。

簃盦东游日记1卷　史部地理类

(1) 清光绪三十年(1904)江南商务总局铅印本，南京图书馆藏。

(2) 2014年凤凰出版社《泰州文献》本。

我的美感第一集　子部艺术类

(1) 1926年铅印本。

(2) 1928年北京排印本，泰州图书馆藏。

陈启彤(1878—1926)

字管侯。泰州人。海平次子。研究许学，贯通群经诸子，多所发明，著作等身。创设地方图书馆，后任财政部编纂处主任、中国大学哲学教授，著有《中国哲学史》等书。

易通例1卷易通释2卷　经部易类

(1) 1924年江苏泰县陈氏铅印本，北京大学图书馆藏。

(2) 1925年刻本,泰州图书馆藏。

(3) 2014年凤凰出版社《泰州文献》本。

广新方言2卷　经部小学类

(1) 1928年北京铅印本,南京图书馆藏。

(2) 2014年凤凰出版社《泰州文献》本。

续新方言　经部小学类

(1) 民国钞本,国家图书馆藏。

(2) 2014年凤凰出版社《泰州文献》本。

六书微1卷　经部小学类

陈启彤撰　伍剑禅校订

(1) 1926年中国大学铅印本,北京大学图书馆藏。

(2) 2014年凤凰出版社《泰州文献》本。

训诂微　经部小学类

(1) 抄本,国家图书馆藏。

(2) 2014年凤凰出版社《泰州文献》本。

墨子小取解科1卷　子部周秦诸子类

墨经闲言1卷　子部周秦诸子类

以上2种均为稿本,见《泰县著述考》卷5。

墨子大取解科1卷　子部周秦诸子类

1925年中国大学排印本,见《泰县著述考》卷5。

名理微1卷　子部儒学类

稿本,见《泰县著述考》卷5。

庚甲杂集4卷　子部杂学类

(1) 抄本,国家图书馆藏。

(2) 2014年凤凰出版社《泰州文献》本。

经说闻言2卷　子部杂学类

玩辞记1卷　子部杂学类

观象记2卷　子部杂学类

甲子余录乙丑闲编 1 卷　子部杂学类
形名正义 1 卷　子部杂学类
因名残稿 1 卷　子部佛教类
诗故 1 卷　集部诗文评类

以上 7 种均稿本，见《泰县著述考》卷 5。

陈氏寓斋丛书　丛书类

1925 年北京刻本，泰州图书馆藏。

袁祖成(1878—1927)

字康侯，号退生，又号退僧。泰州人。镳长子。光绪诸生。宣统二年(1910)任《江苏通志》分纂。1912 年任扬州军政府参谋长。1913 年任《神州日报》主笔。1914 年任东海县知事。1917 年创办泰州淮东中学。1927 年，孙传芳部攻陷泰州，被害。

宋史札记 1 卷　史部杂史类
清徐游记 1 卷　史部地理类
退僧先生遗集　集部别集类

王公玙辑

以上 3 种见《泰县著述考》卷 4，谓有稿本。

夏兆麐(1885—1948)

字绍侯，号耐庵。泰州人。两淮师范毕业。历任中小学教员、泰县图书馆长等。热心搜集、整理地方文献，著述颇丰。

泰县县立图书馆金石记目　史部金石类

抄稿本，泰州图书馆藏。

按：书名又作《泰县图书馆古物记目》，著录馆藏金石古物。时馆内附设古物保存所。

泰县公共图书馆乡土书目提要　史部目录类

抄稿本，泰州图书馆藏。

方志学　史部地理类

稿本，见《泰县著述考》卷 4。

耐庵丛著　丛书类

民国清稿本，泰州图书馆藏。

子目：

《族谱学概要》

《论语政要》

《新生活解证》

《两汉地方自治制度考》

《萤草文存》4 卷

《瑞芍堂谐著》

《佣余漫墨》4 卷《续墨》1 卷

《春红晚白轩杂缀》2 卷

按：此为笔记，杂记各类事物，其中有关泰州掌故者不少。

《松林庵小志》

按：松林庵本名松林禅院，在泰州州治西南。因庵中有古松一株，相传为数百年物，故称。嘉庆十八年(1813)邑人重修。此志包括记载类、吟咏类两类。记载类辑录方志所记此庵位置、历史沿革等，并辑夏荃《松林庵》等文。吟咏类辑录有关本寺的题咏诗文。

《泰县内政志》4 卷

按：内容包括土地、户口、行政区域、自治、选举、议会、官制、警务、救恤、仓储等项。前有“内政总叙”。所述各项有小叙。夏兆麐曾任民国《泰县志稿》民政部分分纂，此当即是其所纂底稿。

《泰县方言补》1 卷

按：此书分类记录泰县方言，分为地部、人部(包括伦纪类、品谊类、行为类、动作类、语言类、形体类)、物部(包括衣服类、饮食类、居室类、器用类、状物类、植物类、动物类)。

《吴陵语录》1 卷

按:此书记录泰县民谚、童谣、商场隐语、市井流言、民众呼声、劳动口号、乡谈杂述七类。对所收各类“语录”,作者均有概要说明,如“民谚小叙”云:“民谚与方言何别?方言为简单之词,而民谚则为组成之词。”又云:“余于《方言》后附载民谚,不敢滥采,致嫌辞费。惟就人事、天然两界足以觇风俗人情者述之,以备考察。”作者还归纳了市井流言常用的手法,如拆字法、训诂法、部首法、笔画法、会意法等。

《泰县风俗谈》10 卷

按:此书按类分卷,为:婚嫁、丧葬、生育、寿诞、疾病、忌讳、报赛、习尚、生活、节序。每类前各有小序,所言均是对泰地社会生活有深入了解者之言。

《泰县氏族略》3 卷

按:此书记泰县氏族情况,按姓氏分为著姓、列姓、希姓 3 卷,各卷均以姓氏笔画为序。每姓之下约分为四项:一述得姓之源,二述入籍之始,三述显者之人(如曾登科者、作宦者,或以德闻、以才名、以技著者),四述聚居之地(本邑各姓聚族而居,以姓为地名者至繁)。

《泰县三大灾录》3 卷

按:本书 3 卷,一卷记录一次灾难。《丁卯兵灾录》记 1927 年春,泰县人民遭受孙传芳部溃军侵扰事。《丙子风灾录》记 1936 年丙子 8 月 7 日(旧历六月二十一日)飓风袭境、塘湾受灾事。《辛未水灾录》记 1931 年辛未泰县遭受水灾事。本书将三大灾合为一编,或寓天灾人祸之意。

《吴野人生活》

《吴陵野纪》8 卷

按:此书分别为纪地望、纪市井、纪社会、纪民生、纪故事、纪古物(附艺术)、纪土产、纪神话。

《吴陵牧影》1 卷

按:牧,泛指地方官员,吴陵牧即历代治理泰州的地方官员。本书即记这些官员在泰之事迹。是书始于施世纶,记其在泰任职时之政绩可称者，尤取其不畏强悍之事。

《吴陵艺苑》1 卷

按：本书著录明代以来泰州书画家、金石家。按传主姓氏笔画为序。

《痛史一斑》1 卷

按：封面记有三题：血影啼痕录、“六一四”惨状详记、记青墩之战，如实记载日军种种暴行。

《梓里抽奇录》1 卷

按：此书辑录张士诚、柳敬亭、蔡孝女（蕙）三人的传记资料。因三人都与泰州有关，故辑为一集。

《梓闻余录》4 卷

按：此书记泰州人物事迹。如非泰州人，则取其于泰州有关之事迹记载之。

《海陵文拾》1 卷

按：此书取《海陵文征》及志书所未及收录，而实有关于地方政治、文化、风俗、人心及其他要务者，择其尤为重要之文，辑为一书。

《海陵诗史》2 卷

按：此名为“诗史”，实为清代泰人诗歌总集。始于吴嘉纪、宫昌宗、邓汉仪、张琴等，终于陈晋元、陈文田、吴会。内有不少反映泰州社会凋敝、灾害频仍、民不聊生的诗篇。

《国学研究社诗文选》4 卷

按：泰州国学研究社是 1922 年成立的一个合研究与教育为一的公立机构。研究社设在泰县（泰州当时称泰县）图书馆内，至 1927 年春停办。研究社简章称为保存国粹、造就通材而设立。专为研究国学，不预闻地方其他事务，亦不蹈门户标榜之习。学员每月一课，每课四题。凡课艺札记由社长选其优者，汇印成册。

耐庵丛稿　丛书类

（1）报纸剪贴本，泰州图书馆藏。

子目：

《梓闻余录》

《吴陵牧影》

《吴陵艺苑》

《吴陵野纪》

《春红晚白轩杂缀》

《丁卯兵灾录》

《辛未水灾录》

《海陵文拾》

《泰县风俗谈》

《泰县氏族略》

《两汉地方自治制度考》

《岳墩小志》

按：岳墩为泰州城内一土墩，系宋绍兴年间筑东西市河，垒土而成。初以州名名之，称泰墩，又称泰山。宋建炎四年(1130)，岳飞为通泰镇抚使，兼知泰州。岳飞曾在此抗御金兵。明万历十六年(1588)，兵备舒大猷在此土山上建岳鄂王庙，其地遂称为岳墩，也称为岳阜。作者敬仰民族英雄岳飞，因撰为此志，分记载、杂著、吟咏三类。

《松林庵小志》

(2) 2014 年凤凰出版社《泰州文献》收录夏兆麐著作 28 种影印出版。

子目：

《岳墩小志》

《松林庵小志》

《佣余漫墨佣余续墨》

《春红晚白轩杂缀》

《泰县风俗谈》

《梓里抽奇录》

《梓闻余录》

《泰县氏族略》

《泰县县立图书馆金石记目》

《痛史一斑》

《泰县内政志》

《泰县三大灾录》

《吴陵牧影》

《吴陵野纪》

《吴陵艺苑》

《泰县方言补》

《吴陵语录》

《泰县公共图书馆乡土部书目提要》

《两汉地方自治制度考》

《族谱学概要》

《论语政要》

《新生活解证》

《瑞芍堂谐著》

《吴野人生活》

《国学研究社诗文选》

《萤草文存》

《海陵文拾》

《海陵诗史》

夏彭曜(1888—?)

字光宇，号冷香。泰州人。监生。

夏氏族谱 2 卷　史部传记类

1913 年活字本，见《泰县著述考》卷 8。

宋尹东

字守清。泰州人。县参议员。

红杏楼唱和诗 2 卷　集部总集类

(1) 抄本,泰州图书馆藏。

(2) 1930 年自刻石印本。

(3) 2014 年凤凰出版社《泰州文献》本。

韩　潮(? —1913)

原名宝潢。字漱白。泰州人。少有隽才,工诗。为通州范当世弟子。

独乐诗集 1 卷　集部别集类　佚

见民国《泰县志稿》卷 26。

宜烟宜雨诗抄　集部别集类　佚

南游集　集部别集类　佚

以上 2 种见《韩氏宗谱》。

钱慰贞

字干庭。泰州人。桂森孙。庠生。好佛,皈依太虚法师。

莲邦耆旧录　史部传记类

1926 年《佛化周刊》本。

于　氏

泰州人。

南乡于氏族谱　史部传记类

1926 年续修,见《泰县著述考》卷 8。

丁　氏

泰州人。

姜堰丁氏族谱　史部传记类

1926年续修，见《泰县著述考》卷8。

王　舜

泰州人。

三水王氏族谱12卷　史部传记类

1937年续修，见《泰县著述考》卷8。

王天恨

字翼吾。泰州人。

红粉青锋记　子部小说类

见《泰县著述考》卷1。

第一夜　子部小说类

1930年文华书局排印本，见《泰县著述考》卷1。

黄　镇

字石屏。泰州人。江宁第一中学毕业，入北京大学肄业。力学。早逝。

黄镇遗稿1卷　集部别集类　佚

见民国《泰县志稿》卷27。此为同学所辑。

钱荷玉(1894—1929)

字蕴清。泰州人。王光国妻。其诗多哀音。

香露轩吟剩1卷　集部别集类

(1) 1929年铅印本，南京图书馆藏。

(2) 2014年凤凰出版社《泰州文献》本。

程　习(1895—?)

字习朋,一字习子,号小可,又号闲亭居士。祖籍仪征,生于泰州东乡。南社社员。历任中学国文教员,兼业新闻界。

笑花楼近稿2卷　集部别集类

1919年扬州排印本,见《泰县著述考》卷6。

少年集稿2卷　集部别集类

1919年铅印本。

少年集稿1卷　集部别集类

(1) 民国石印本,泰州图书馆藏。

(2) 2014年凤凰出版社《泰州文献》本。

程习朋诗　集部别集类

(1) 1943年油印本。

(2) 1944年重订油印本,见《泰县著述考》卷6。

戈讲艺

字琴谱。泰州人。与父阳休同入邑庠。喜作骈文,教授生徒,循循善诱。卒后文稿散佚。

芹圃诗钞　集部别集类　佚

见民国《泰县志稿》卷28。此书为门下士搜集所作古近体诗200余首成册。

戈讲武

字秋农。泰州人。

泰州乡会同登录2卷泰州乡会骈批试题汇录1卷泰州乡会制艺选钞1卷　史部政书类

戈讲武编

抄本,南京图书馆藏。

石抱中

字朴存。泰州人。和钧次子。幼得母教。善为宋体诗。工画山水，又长篆刻。年15夭。

石神童遗诗1卷　集部别集类

(1) 传抄本，泰州图书馆藏。

(2) 2014年凤凰出版社《泰州文献》本。

沈　夔

字宿苏。清泰州人。诸生。刻苦嗜学。研究地理测绘，诸试取冠军。调往南菁高等学堂肄业，诣益进。性孝友。卒年24。

班书地理志沿革考2卷　史部地理类

红格钞本，泰州图书馆藏。

九边图说订讹　史部地理类　佚

见民国《续纂泰州志》卷23。

朱　观

字近吾。泰州人。

亲属法之商榷1卷　史部政书类

钞本，见《泰县著述考》卷2。

严恩荣

字耀秋。泰州人。光绪三十二年(1906)毕业于日本明治大学师范科，任泰县劝学所所长。

泰县视学报告　史部政书类

1915年排印本，见《泰县著述考》卷7。

泰县教育近况　史部政书类

(1) 1917年铅印本，泰州图书馆藏。

（2）2014 年凤凰出版社《泰州文献》本。

陆丹林

清末民初泰州人。

革命史谭　史部杂史类

1945 年重庆排印本，见《泰县著述考》卷 5。

仲　彬

字约斋。泰州人。

泰县战事始末记　史部杂史类

1930 年自刻排印本，见《泰县著述考》卷 2。

缪文彬

字质君，号贼菌。泰州人。国文教员。后任《江泰日报》主编。

蛰庵随笔 1 卷　子部杂学类

见《泰县著述考》卷 7。

陆鸿遵

清泰州人。

泰城陆氏支谱 1 卷　史部传记类

抄本，见《泰县著述考》卷 8。

戈廷捷

清泰州人。

戈氏族谱　史部传记类

传抄本，见《泰县著述考》卷 8。

卢 绾

清泰州人。

新城卢氏家谱 史部传记类

抄本,见《泰县著述考》卷8。

李岳恺

泰州人。

李氏族谱14卷 史部传记类

李岳恺修纂

1913年木活字本,泰州图书馆藏。

俞霖澍

字汝良。泰州人。

俞汝良诗 集部别集类

1924年传钞本,见《泰县公共图书馆乡土部书目提要》。

李毓彬

字受青。泰州人。地方士绅。

泰县各善堂款产存征录 史部政书类

李毓彬等合编

(1) 1919年铅印本,泰州图书馆藏。

(2) 2014年凤凰出版社《泰州文献》本。

(3) 2015年凤凰出版社《江苏近现代社会救济与慈善文献丛刊》本。

束荣松

字秀东。泰州人。

泰县乡土教材不分卷　史部地理类

束荣松撰　丁作彬等校订

(1) 1947年铅印本,南京图书馆藏。

(2) 2014年凤凰出版社《泰州文献》本。

陈兆琛

泰州人。原籍丹徒。陈廷焯长子。任时敏中学校长。

时敏中学一览　史部政书类

1937年铅印本,泰州图书馆藏。

时敏中学高中部纪念刊　史部政书类

1928年铅印本,泰州图书馆藏。

时敏中学初中第三届毕业纪念刊　史部政书类

1931年铅印本,泰州图书馆藏。

苏泰时中初二级校友会会刊　史部政书类

1934年铅印本,泰州图书馆藏。

泰中1934年级临别纪念刊　史部政书类

1934年铅印本,泰州图书馆藏。

沈荣基

字问渠。泰州人。曾任泰县姜堰市立第一校校长,后任泰县第三高等小学补习科主任。

姜堰市乡土志1卷　史部地理类

(1) 1919年石印本,南京图书馆藏。

(2)《南京图书馆藏稀见方志丛刊》本。

(3) 2014年凤凰出版社《泰州文献》本。

刘长福

泰州人。

姜堰刘氏家乘4卷首2卷　史部传记类

刘长福修纂

1914年木活字本，扬州市文管会藏。

张锡蕃

泰州人。

泰县张氏家乘1卷　史部传记类

张锡蕃修纂

1929年铅印本，泰州图书馆藏。

佚　名

东乡王氏支谱　史部传记类　佚

见道光《泰州志》卷30。

陈公祠事记　史部传记类

清嘉庆八年(1803)祠堂刻本，见《泰县著述考》卷8。

明清泰州入学全案3卷　史部传记类

(1) 费氏传钞本，泰州图书馆藏。

(2) 2014年凤凰出版社《泰州文献》本。

明清两朝泰州入学同登录不分卷　史部传记类

民国抄本，上海图书馆藏。

泰县姜堰镇刘氏续修家乘　史部传记类

(1) 1933年木刻本，姜堰博物馆藏。

(2) 2014年凤凰出版社《泰州文献》本。

吴陵志10卷　史部地理类

见《泰县著述考》卷8。

泰县乡土志12章　史部地理类

(1) 1928年油印本，南京博物院图书馆藏。

(2) 2014年凤凰出版社《泰州文献》本。

泰州市地理志不分卷　史部地理类

稿本，扬州图书馆藏。

泰州古迹志不分卷，史部地理类

(1) 稿本，南京图书馆藏。

(2) 2014年凤凰出版社《泰州文献》本。

明天启泰州清丈田地鱼鳞文册　史部政书类

清乾隆泰州所屯田鱼鳞弓口图册　史部政书类

民国泰县清丈田地丘形图册　史部政书类

以上3种蓝格填写本，见《泰县著述考》卷8。

民国泰县户主丘册　史部政书类

黑格填写本，见《泰县著述考》卷8。

院试岁科文武入学录1卷　史部政书类

清乾隆二十九年(1764)刻本，见《泰县著述考》卷8。

清节堂征信录　史部政书类

清道光三年(1823)刊本，见《泰县著述考》卷8。

岁科并考九学同登录1卷　史部政书类

清咸丰八年(1858)刻本，见《泰县著述考》卷8。

泰州新建书院学堂征信录　史部政书类

清光绪三十年(1904)刻本，泰州图书馆藏。

泰州教育会规则　史部政书类

清光绪三十四年铅印本，泰州图书馆藏。

泰城恳免加厘保坝全案1卷　史部政书类

1913年铅印本，见《泰县著述考》卷8。

王氏义庄条规　史部政书类

1919年乐学刊活字本，见《泰县著述考》卷8。

曲塘镇取销小车苛捐原案1卷　史部政书类

1921年铅印本，见《泰县著述考》卷8。

泰州学堂章程　史部政书类

清光绪二十九年刻本，泰州图书馆藏。

泰州赋役全书　史部政书类

(1) 清刻本，镇江图书馆藏。

(2) 2014年凤凰出版社《泰州文献》本。

泰县公共图书馆工作报告　史部政书类

泰县公共图书馆编

(1) 1930年油印本，南京图书馆藏。

(2) 2014年凤凰出版社《泰州文献》本。

泰县图书馆书目　史部目录类

泰县图书馆编

(1) 1925年泰县图书馆石印本，泰州图书馆藏。

(2)《明清以来公藏书目汇刊》本。

(3) 2014年凤凰出版社《泰州文献》本。

江苏省立图书馆兴化分馆图书简目　史部目录类

(1) 民国油印本，镇江图书馆藏。

(2) 2014年凤凰出版社《泰州文献》本。

江苏省立图书馆兴化分馆被毁图书简目　史部目录类

(1) 民国油印本，镇江图书馆藏。

(2) 2014年凤凰出版社《泰州文献》本。

诸神祭祀圣诞文附名宦乡贤节孝祭文1卷　集部总集类

(1) 清光绪间张瑞斋钞本，泰州图书馆藏。

(2) 2014年凤凰出版社《泰州文献》本。

泰州志诗选1卷　集部总集类

抄本，扬州图书馆藏。

海陵六家诗钞　集部总集类

(1) 抄本，扬州图书馆藏。

(2) 2014年凤凰出版社《泰州文献》本。

泰州诗征3卷　集部总集类

（1）清抄本，南京图书馆藏。

（2）2014年凤凰出版社《泰州文献》本。

春柳唱和诗钞不分卷　集部总集类

（1）清嘉庆十六年巾箱本，泰州图书馆藏。

（2）2014年凤凰出版社《泰州文献》本。

缪氏杂诗钞不分卷　集部总集类

（1）旧抄本，泰州图书馆藏。

（2）2014年凤凰出版社《泰州文献》本。

李氏丛书七种　丛书类

（1）蓝丝栏抄本，兴化图书馆藏。

（2）2014年凤凰出版社《泰州文献》本。

泰兴

明

茅大芳(1348—1402)

一作大方，名诵，以字行。明泰兴人。博学，能诗文。少负奇节。洪武三年(1370)选儒士典教淮南，擢秦府长史，且勉以董仲舒相江都主事。大芳感遇，自奋激，尽心辅导。逾年秦国称治，因匾其堂曰希董，以彰帝训。二十九年主陕西乡试。建文元年(1399)擢右副都御史兼吏部左侍郎。靖难兵起，驸马都尉梅殷总兵守淮南，大芳贻诗劝殷，忠愤激烈，闻者壮之。朱棣即位，逮赴京师，不屈死。后谥忠愍。

文城集不分卷　集部别集类

(1) 清抄本，南京图书馆藏。

(2) 2014 年凤凰出版社《泰州文献》本。

希董遗集(又作希董堂集、希董先生遗书、茅中丞希董集)　集部别集类

(1) 明嘉靖十一年(1532)朱篪刻本。

(2) 清抄本，南京图书馆藏。

(3) 清道光十五年(1835)刻本，南京图书馆藏。

(4)《四库未收书辑刊》本。

(5)《明别集丛刊》本。

(6) 2014 年凤凰出版社《泰州文献》本。

按：大芳诗文在明永乐后被禁，至弘治初，储巏始辑其遗集，并以希董为名。是集嘉靖中初刻为 5 卷，后翻刻或厘为 2 卷。《明诗综》卷 18 收其诗 1 首。

翟　善

字敬夫。明泰兴人。幼聪颖异常,10岁补邑诸生,师事朱昶。洪武中以贡举入国子监,授吏部验封司主事,升员外郎。二十六年(1393)尚书詹徽、侍郎傅友文诛,命善着部事,再迁尚书。善明于经术,奏对合帝意,帝以为贤。其气宇恢廓,他人莫及。后坐事降宣化知县卒。

诸司职掌10卷　史部政书类

(1) 明刻本,国家图书馆藏。

(2)《玄览堂丛书》本。

(3)《续修四库全书》本。

(4) 2014年凤凰出版社《泰州文献》本。

按:是书乃善为尚书时,仿《唐六典》,自五府六部都察院以下诸司设官分职之制编集而成。

张　瑊(1425—1470)

字世琏。明泰兴人。父忠,饶州知府。瑊10岁能诗文。26岁举乡试。父卒,哀毁骨立。天顺中召入翰林院,为中书舍人。成化六年(1470)偕太仆寺丞金湜使朝鲜,赠一品服。还朝,未几卒。举朝公卿无不挥泪。博究群籍,美词翰,精书法,旁通轩岐之言。性淳挚,屡济人急。

西庄遗稿　集部别集类　佚

见嘉庆《泰州县志》卷5。

皇华集1卷　集部总集类　佚

明张瑊、金湜等著

见康熙《泰兴县志》卷3。

按:据光绪《泰兴县志》,瑊使朝鲜,辑诗2卷,朝鲜人为之刊行。

何　棐(1464—1541)

字辅之,号笃斋。明泰兴人。登弘治十五年(1502)进士。知浦城,擢监察御史。正德中以监军随征蜀寇,乱贼陈廖等骚乱汉中,为患数载,棐亲往贼中谕,散2万余人。调广西副使,平定壮族、瑶族少数民族起事,叙功迁南京太仆寺少卿,调九江兵备副使致仕。训其兄子璇成进士,政绩行谊,无愧古人。

九江郡志　史部地理类　佚

见《千顷堂书目》卷7。

笃斋遗稿　集部别集类　佚

见光绪《泰兴县志》卷20。

张　羽(1467—1536)

字凤举,号东田。明泰兴人。登弘治九年(1496)进士。以介节自励。初授淳安知县,有惠政。擢为监察御史,弹劾中贵,疏论时事甚剀切。后守保定,以母病乞归。嘉靖初复起四川参政,升河南布政使致仕。文章澹静峭直,尤工于诗。

东田先生奏稿　史部政书类

抄本,国家图书馆藏。

东田遗稿2卷　集部别集类

(1)《四库全书》本。

(2) 清刻本,上海图书馆藏。

(3) 1991年上海古籍出版社《四库明人文集丛刊》本。

(4) 2014年凤凰出版社《泰州文献》本。

按:诗文各1卷。为其季子桢所编,其门人储洵序之。

张　䎃(1479—1555)

字鹄举,号南溪。明泰兴人。羽、翀弟。正德九年(1514)进士。初授礼部主事，升户部郎中。上疏谏武宗南巡，受廷杖。嘉靖初，议大礼及大狱，皆极谏，复两受杖，直声震天下。谪知海盐县，有善政。进河南布政使、副都御史，寻转南京户部侍郎。致仕居家，门无杂宾，不问户外事。及闻朝政得失，辄忧喜形于色。

南溪奏议 2 卷　史部政书类　佚

见光绪《泰兴县志》卷 20。

南溪遗稿 2 卷　集部别集类　佚

见康熙《泰兴县志》卷 28。

李承式

字敬甫，号见衡，又号建衡。明泰兴人，原籍山西云中。中嘉靖三十五年(1556)进士。居官英敏，长于吏事，人不能欺。初令钱塘、深泽、固安，擢兵部武选司主事。上封事八款，俱得旨施行。以郎中出为陕西副使，累迁福建左布政使。乞休致政后，惟负郭田数顷，以供家用。筑一室湖上，扁舟来往，足不履城市。卒后祀乡贤。子 9 人，以植官最显。

圆机营阵图　子部兵书类　佚

见宣统《泰兴县志补》卷 7。

王一化

字汝诚。明泰兴人。自幼以经行闻，隆庆元年(1567)应岁贡科，授嘉禾训导。四年擢新昌教谕。后改应天府学教授。万历间任南京国子监学录。

万历应天府志 32 卷　史部地理类

明程嗣功修　王一化等编纂

(1) 明万历五年(1577)刻本。

(2) 明万历二十年增修本，国家图书馆藏。

(3)《稀见中国地方志汇刊》本。

(4)《四库全书存目丛书》本。

(5) 2011年南京出版社《金陵全书》本。

按:万历间应天府尹程嗣功主持修纂府志,王一化时为应天府儒学教授,主要由其编纂。卷1至3郡纪,记载自尧舜至明隆庆五年重要史事。卷4至12表:沿革、历官、封爵、科贡、荐举。卷13至23志:诏令、风土、山川、建置、官职、学校、田赋、祠祀、杂志。卷24至32传:宦迹、人物、勋封、一行、列女、杂传。

何　鏶(1549—1601)

字肆卿,号襟宇,晚号黄谷山人,明泰兴人。棐孙。万历十六年(1588)举人,官德兴县知县。

西征录1卷　史部传记类

明何鏶编

(1) 清光绪十九年(1893)刻《泰兴何氏家乘》本(卷3)。

(2) 2014年凤凰出版社《泰州文献》本《泰兴何氏家乘》。

按:是编载其祖何棐正德间以御史监军,征蜀寇鄢本恕、蓝廷瑞之事。所录皆序、记、赠咏之类。

李　植(1549—1622)

字汝培,号顺衡。明泰兴人。承式子。万历五年(1577)进士。改庶吉士,擢御史,迁太仆少卿。争大峪山寿宫,谪知州。后起南大理丞。历官光禄寺卿、辽东巡抚。

言事纪略5卷　史部政书类　佚

见宣统《泰兴县志补》卷7。

杨寅冬

明泰兴人。寅秋弟。以孝行称。

历代史汇240卷　史部杂史类　佚

见《千顷堂书目》卷4。

何南金(1562—1609)

字许卿,号丽泉。明泰兴人。棐从孙。16 岁补诸生,早负文誉。与泰州储巏、同邑张京元号淮南三俊。万历三十五年(1607)进士。知福建莆田一年,卒于官。

智泉志 1 卷　史部地理类　佚

见《千顷堂书目》卷 8。

莆阳狱词(一作丽泉勘语)　史部政书类

(1) 清光绪十九年(1893)刻《泰兴何氏家乘》本(卷 14)。

(2) 2014 年凤凰出版社《泰州文献》本《泰兴何氏家乘》。

悲华馆集(一作丽泉初稿)　集部别集类

(1) 清光绪十九年刻《泰兴何氏家乘》本(卷 11)。

(2) 2014 年凤凰出版社《泰州文献》本《泰兴何氏家乘》。

十笏斋集　集部别集类　佚

见嘉庆《泰兴县志》卷 5。

朱一冯(1572—1646)

字非二,号明京,别号澹叟。明泰兴人。万历二十六年(1598)进士。知信阳。入为兵部武选司员外郎等。擢福建参政。除闽夷患,定福宁军变。官至福建巡抚。天启间魏党弄权,所在立祠,一冯独强毅不为。生平孝友,力学,英年筮仕历有声。时贤如卫景瑗、丘民仰、朱大典、祁彪佳皆出其门。

福宁定乱纪事 2 卷　史部杂史类　佚

符离弭变纪事 1 卷　史部杂史类　佚

以上 2 种见《千顷堂书目》卷 5。

自订诗文集 30 卷　集部别集类　佚

见《五山耆旧前集》。

戚景新(1574—1642)

字季常，号九华。明泰兴人。邑庠生。博闻强记，敏辨多才。

戚氏族谱　史部传记类　佚

戚景新泰昌间创修

见《延令戚氏重修族谱》。

李云宗

明泰兴人。

龟城德政集 4 卷　史部政书类　佚

松岩辄录 15 卷　子部杂学类　佚

以上 2 种见康熙《扬州府志》卷 28。

张京元

字思德，一作中山，别字无始。明泰兴人。文辞敏捷，倾倒一时。书法尤精妙。万历三十二年(1604)进士。授户部主事，擢江西参议佥事。迁提学副使。所得士悉江西名宿。

大明会典便览不分卷　史部政书类

明天启元年(1621)张京元刊。

庄子删评　子部周秦诸子类　佚

见《澹生堂书目》。

寒灯随笔 1 卷　子部杂学类　佚

见光绪《泰兴县志》卷 20。

删注楚辞　集部楚辞类

(1) 明万历四十六年刻本，浙江省图书馆藏。

(2) 2014 年凤凰出版社《泰州文献》本。

丁文开

明泰兴人。

东游草　集部别集类　佚

见通州单思恭《甜雪斋集》本书序。

于志舒

字明醇，一作明纯。明泰兴人。冲龄博敏，精举子业。天启二年(1622)进士。授户部主事，介节自持。监仓2年，积米盈万计，后存银库，革陋弊，绝无滞难。升铨部，以不附权党还籍，军民感惠者遮送数十里。归里后，留心理学。厚族敦友，一如素履，尤能博济，多活饥民。

绕指集　集部别集类　佚

见嘉庆《泰兴县志》卷5。

清至民国

德　溥

字百泉。清泰兴人。泰兴庆云寺第十五代住持。工诗文，有“诗僧”之称。大江南北知交甚广。

腰雪堂诗集 6 卷　集部别集类

(1) 清康熙六年(1667)刻本，上海图书馆藏。

(2) 清雍正五年(1727)刻本，上海图书馆藏。

(3) 清乾隆五十二年(1787)精刊本。

(4) 清抄本，首都图书馆藏。

(5) 2014 年凤凰出版社《泰州文献》本。

戚维陵(1617—1699)

字桐纶，号严陵。清泰兴人。维京兄。弱冠成诗名，好游山水。

浮沤集　集部别集类　佚

拟止集　集部别集类　佚

燕游集　集部别集类　佚

见《延令戚氏重修族谱》。

李宗孔(1618—1701)

字翔时，号书云。清泰兴人，徙江都。顺治四年(1647)进士。由部郎授御史，改给事中，晋吏科都给事中。后请假归。圣祖南巡，晋大理寺少卿。先后上疏有 40 余通。

问奇一览　经部小学类　佚

音韵须知　经部小学类　佚

以上2种见《广陵思古编》卷2《问奇一览音韵须知自序》,谓一以正字,一以正音。雍正《扬州府志》卷35、《清史稿艺文志及补编》分别著录2卷。

奏疏2卷　史部政书类　佚

见雍正《扬州府志》卷35。

伊洛精义释训1卷　子部儒学类　佚

见康熙《江都县志》卷6。

李书楼正字帖7卷　子部艺术类　佚

见《清史稿艺文志及补编》。

宋稗类抄　子部典故类

清李宗孔辑

(1) 清康熙刻本,上海图书馆藏。

(2) 清乾隆刻本,上海图书馆藏。

(3) 民国有正书局铅印本,上海图书馆藏。

宋稗摘粹　子部杂学类

钞本,上海图书馆藏。

寤歌存稿　集部别集类　佚

见康熙《江都县志》卷6。

按:《广陵思古编》卷2收其文2篇。《江苏诗征》卷92收其诗1首。

戚六鲸(1618—?)

字梦伯,号松庵,清泰兴人。邑庠生。康熙三十六年(1697)副榜。

梦伯文集　集部别集类　佚

见《延令戚氏重修族谱》。

张金镜

字圣宣。清泰兴人。恩贡生。候选教谕。品行端方,乡里推重。

易经合参　经部易类　佚

诗经集注　经部诗经类　佚

以上2种见嘉庆《泰兴县志》卷5。

四书说约　经部四书类　佚

见康熙《泰兴县志》卷3。

张茂枝(1622—1695)

字因园,一字因亓,号芝园。清泰兴人。羽五世孙。十龄能属文。以举人教谕巢县、全椒。康熙十五年(1676)进士,授内阁中书。以疾归。有至行,事亲照顾备至。亲殁,让产两弟,粒粟寸帛不以私。性严整,敦尚名节。

五茸游草　集部别集类　佚

九子秋吟　集部别集类　佚

浣花居稿　集部别集类　佚

以上3种见《江苏诗征》卷56,收其诗1首。

罨画溪诗集　集部别集类　佚

见《五山耆旧今集》。

按:宣统《泰兴县志补》卷7云:是集与《浣花居稿》似是一书,一无可考,仍两存焉。

张桂枝

字五丹。清泰兴人。茂枝弟。岁贡生。候铨训导。天性孝友,如其兄。少偕茂枝及季弟凤枝读书草堂中,夜恒达曙。每构一艺,众人折服。晚年潜心理学,赵抚军征聘延讲性理诸书。删订诸家文集行世。

三凤堂制艺　史部政书类　佚

见嘉庆《泰兴县志》卷5。

三凤堂集　集部别集类　佚

见宣统《泰兴县志补》卷7。

张蕃枝

字因植。清泰兴人。春枝异母兄，事亲至孝。友于兄弟，虽白首犹饮食与共。居乡，慷慨好义，然诺弗渝，人有急难，倾囊弗惜。尤博通经史，潜心理学。卒祀乡贤。

诗经合参　经部诗经类　佚

见光绪《泰兴县志》卷21。

四书合参　经部四书类　佚

见嘉庆《泰兴县志》卷5。

季　娴

字静姎，一字扆月，号元衣女子。清泰兴人。寓庸女，兴化李长昂妻。

学古余论1卷　子部杂学类　佚

见宣统《泰兴县志补》卷7。

前因纪1卷　子部杂学类　佚

学禅诨语1卷　子部佛教类　佚

百吟篇　集部别集类　佚

近存集　集部别集类　佚

以上4种见《清史稿艺文志及补编》。

季静姎诗1卷　集部别集类

(1) 清顺治十二年(1655)《诗媛八名家集》本，国家图书馆藏。

(2) 2014年凤凰出版社《泰州文献》本。

雨泉龛诗选不分卷　集部别集类

(1) 清顺治刻本，国家图书馆藏。

(2) 2014年凤凰出版社《泰州文献》本。

雨泉龛合刻8卷　集部别集类

(1) 清顺治刻本,国家图书馆藏。

(2) 2014年凤凰出版社《泰州文献》本。

闺秀集初编5卷　集部总集类

清季娴编

见《四库全书总目》存目,并云:"是集选前明闺阁诸诗,编为四卷,皆近体也,后附词一卷。"

按:《江苏诗征》卷175收其诗3首。《全清词钞》卷30收其词2首。

季开生(1627—1659)

字天中,号冠月。清泰兴人。寓庸长子。幼读书以寸计,援笔千言,而持躬恂恂无贵介气。顺治六年(1649)进士。选翰林,旋擢礼科给事中。以谏言忤福临,谪宁古塔,年33卒。开生工于诗,尤擅绘事。

戆臣诗稿4卷　集部别集类

(1) 清康熙刻本,国家图书馆藏。

(2) 2014年凤凰出版社《泰州文献》本。

按:《淮海英灵集》丙集卷1收其诗10首。《江苏诗征》卷127收其诗10首。《全清词钞》卷2收其词1首。

季振宜(1630—1674)

字诜兮,号沧苇。清泰兴人。寓庸二子,开生弟。藏书家。顺治四年(1647)成进士。官监察御史,巡按山西盐课,弹章数十上,风节凛然。康熙九年(1670)疏免扬属科派,岁省本县河夫银二万七千有奇。扬属州县亦为宽减。乡人感颂德之。振宜有异才。好读书,于书无所不窥。家本豪富,购求善本,江南故家之书多归之,故藏书之富甲于天下。藏书处曰辛夷馆,室名静思堂。

侍御奏疏2卷　史部政书类

见《五山耆旧今集》。

按:嘉庆《泰兴县志》卷5、光绪《泰兴县志》卷21均作1卷。

延令宋板书目(一作季沧苇藏书目)1卷　史部目录类

(1)《士礼居黄氏丛书》本。其中清周星诒批校本藏国家图书馆,清陈国仕跋本藏泉州市图书馆,清江标跋本藏华东师范大学图书馆。

(2)《粤雅堂丛书》本。

(3)《丛书集成初编》本。

(4)清同治间抄本,与清孙从添《藏书记要》合编,又附宋元明、清顺治至同治朝避讳字表。国家图书馆藏。

(5)清抄本,与清毛扆编《汲古阁珍藏秘本书目》合编,本书为板刻底本,有戊寅疑庵校记。国家图书馆藏。

(6)清同治八年(1869)刘履芬抄本,国家图书馆藏。

(7)清光绪十三年(1887)上海蜚英馆影印嘉庆十年(1805)吴县黄丕烈士礼居刻本。

(8)1914年上海扫叶山房石印清嘉庆十年黄丕烈士礼居刻本。

(9)1922年上海博古斋影印《士礼居丛书》本。

(10)《续修四库全书》本。

按:本书被尊为"善本目录之泰斗",为季氏家藏书目,原为抄本,至嘉庆十年由著名藏书家黄丕烈整理,手录上板,共著录图书1200余种,首先著录部分书目,不按四部分类。其后书目题为"宋元杂板书",下分经部、史部、古文选、韵书、子书、文集、诗集部、类书、杂部、内典、儒书、医书、方舆。其后书目又题"崇祯历书总目""经解目录"。每种书主要著录书名、卷数、册数,部分著录作者。又有黄丕烈案语,或纠正其讹误遗漏,或言其书今归何处。

听雨楼集2卷　集部别集类　佚

静思堂稿2卷　集部别集类　佚

以上2种见光绪《泰兴县志》卷21。

杜工部集 20 卷　集部别集类

清钱谦益笺注　钱曾参校

清康熙六年静思堂刻本，季振宜为之序，浙江省图书馆藏。

唐诗 717 卷目录 5 卷　集部总集类

清季振宜辑校

(1) 稿本，存 716 卷，国家图书馆藏。

(2) 清康熙抄本，故宫博物院藏。

按：振宜于康熙十二年据钱谦益旧录稿辑成，收 1895 家诗。后为增修《全唐诗》时所据。

又按：《淮海英灵集》丙集卷 1 收其诗 6 首。《江苏诗征》卷 127 收其诗 5 首。《全清词钞》卷 2 收其词 1 首。《清诗汇》卷 24 收其诗 1 首。

朱人特(1633—1687)

字与偕，一作轶凡。清泰兴人。一冯从孙。举康熙十七年(1678)乡试。治经有家法。杜门覃思凡 20 年。工诗，隐秀绝伦。尤善琴。

春秋说约(一作春秋讲义)12 卷　经部群经总义类　佚

琴谱 1 卷　子部艺术类　佚

樗巢偶存 3 卷　集部别集类　佚

以上 3 种见光绪《泰兴县志》卷 21。

种松园文集　集部别集类　佚

经元文稿　集部别集类　佚

以上 2 种见宣统《泰兴县志补》卷 7。

朱驾鹭(1636—1702)

字造子，一字近光。清泰兴人。一冯孙。父清介嗜学，从之受经。性坦易，胸无城府。康熙九年(1670)进士，官行人。分校北闱，所得皆知名士。颁诏粤东，戒骚扰，却吏馈。事竣，卒于道。

燕台游草(一作燕台新咏)　集部别集类　佚

见光绪《泰兴县志》卷21。

季公琦

字希韩，号方石。清泰兴人。振宜弟。拔贡生。填词工丽，擅名江左。新城王士禄、嘉善曹尔堪在扬州极口推之。

方石诗钞　集部别集类　佚

见光绪《泰兴县志》卷21。

按:《淮海英灵集》丙集卷1收其诗2首。《江苏诗征》卷127收其诗2首。

季舜有

字辟山。清泰兴人。寓庸四子。举顺治十四年(1657)乡试，亦以副解历官翰林院典籍、内阁中书。擢南宁府同知。再补嘉兴，四权邑篆，催科不扰。捕太湖巨盗沈文侯，奸薮遂空。解官后，尤谦厚乐施，里多称颂。

寄巢诗集　集部别集类　佚

见光绪《泰兴县志》卷20。

按:《淮海英灵集》丙集卷1收其诗2首。《江苏诗征》卷127收其诗1首。

季良眉

字子常。清泰兴人。寓庸族子。居北郭，地苦恶，茅屋三四间，俯仰倾攲。挈妻子居其中。三旬九食，惟手一编而已。客造其庐，荒篱废圃，纵谈天下事，日昃，忍饥而去。

北村诗钞　集部别集类　佚

见光绪《泰兴县志》卷20。

何龙光(1639—1716)

字锡永,号秋山、大山。清泰兴人。诸生。橐笔浪游,足迹经万里,所得悉发之于诗。其诗自然入妙。

正思堂诗集(一作秋山诗集)2卷　集部别集类　佚

见光绪《泰兴县志》卷21,王式丹为之序。

张玉履(1646—1725)

字履上。清泰兴人。金镜三子。康熙十八年(1679)进士。任直隶行唐县知县等。二十九年、三十八年北闱同考官,所得皆名士。蒋廷锡、鄂尔泰皆出其门。后蒋、鄂先后相延,弗往。馈之金,弗受。

易经衷旨　经部易类　佚

见嘉庆《泰兴县志》卷5。

四书约解　经部四书类　佚

见《五山耆旧今集》。

三凤堂遗稿　集部别集类　佚

见宣统《泰兴县志补》卷7。

张显祖

字端伯。清泰兴人。金镜从子。康熙十七年(1678)举人,官知县。工书法。

洗桐轩诗存2卷　集部别集类　佚

见宣统《泰兴县志补》卷7。

吴　馥

字分明。清泰兴人。

啸碧轩词　集部词曲类　佚

见《众香词》。

张丕扬

字北溟，一作伯鹰，号木田。清泰兴人。茂枝子。康熙岁贡生，官内阁中书。幼丧母，事父30余年。祖有遗产，应得者悉分与兄。生平只字不入公门。性极冲和，对客如坐春风，好施济。五十九年(1720)灾荒，首倡捐赈，全活一邑。工于诗，与江都殷誉庆、顾图河交。王士禛尝于图河座间见其诗，赏叹不止，以为金石之声，芳兰之韵，非掇拾长庆、剑南可比。

木田诗钞7卷木田杂著文钞1卷　集部别集类

(1) 清雍正刻本，国家图书馆藏。

(2) 2014年凤凰出版社《泰州文献》本。

刘嗣季

字环溪。清泰兴人。康熙十五年(1676)进士。授陕西洋县尹。操守廉洁，吏治精敏。审案剖决如流，宽严兼济。归里后，杜门养重，群推德望。屡举乡饮大宾。

四书汇解10卷　经部四书类　佚

见嘉庆《泰兴县志》卷5。

环溪文集10卷　集部别集类　佚

环溪诗集10卷　集部别集类　佚

以上2种见光绪《泰兴县志》卷21。

戴京生

字于周。清泰兴人。康熙八年(1669)举人。胸有积轴，尤熟史事。纵谈古今得失，听者忘倦。性好洁，危坐一室，炉香茗碗楚楚有致。屡试礼部不第。逾壮，旋卒。

春秋说约　经部春秋总义类　佚

见宣统《泰兴县志补》卷7。

读史随笔　史部史评类　佚

见光绪《泰兴县志》卷21。

訾世语40卷　子部儒学类　佚

亦园集　集部别集类　佚

以上2种见宣统《泰兴县志补》卷7。

封　邺

字秋厓。清泰兴人。品瑜父。康熙十四年(1675)举人。官猗氏知县。未久告归。署所居曰怡园。布服芒鞋,道味盎然。

怡园集　集部别集类　佚

见宣统《泰兴县志补》卷7。

王令树

字树人,别字桐孙。清泰兴人。康熙十八年(1679)进士。初授四川富顺县令。擢礼部主客司主事。改授山西道监察御史。时监试被论,令树疏上获免。朝野服其诚朴。以终养告归,乡里称其孝行。卒年64。

映日堂诗6卷　集部别集类

(1) 清康熙刻本,南京图书馆藏。

(2) 清康熙间刻本,作4卷,北京大学图书馆藏。

(3)《清代诗文集汇编》本。

(4) 2014年凤凰出版社《泰州文献》本。

按:《淮海英灵集》甲集卷1收其诗10首。《江苏诗征》卷48收其诗3首。

陆肇昌

字辰初。清泰兴人。与弟遐昌同第康熙二十一年(1682)进士。知洛南,调桂平,屡胜政务,上官以为才。檄权知桂林府。肇昌诗清丽,直逼齐梁。

棣华阁集　集部总集类　佚

清陆肇昌、陆遐昌合编

见光绪《泰兴县志》卷21。

陆遐昌

字介蕃。清泰兴人。生有异禀，慧悟异常。与兄肇昌同登康熙进士。任工部都水司郎中。清廉谨慎之名满都下。擢知南康府。归里后，惟以积善教其子孙，里党咸宗仰之。

棣华阁集　集部总集类　佚

清陆遐昌、陆肇昌合编

见光绪《泰兴县志》卷21。

朱允嘉(1652—1713)

名宜彦，字允嘉，号雪楼。清泰兴人。贡生，候选训导。生而颖异，读书过目不忘。屡试不遇，引归优游。

碧梧轩诗文集30卷　集部别集类　佚

见《泰兴朱氏宗谱》。

戚　珍(1657—1705)

字元瑛，号思园。清泰兴人。邑廪生。与父维京、子诒仕，三世以笃行著称。父殁。珍善执亲丧，事继母至孝，饩于庠。

万花草堂集　集部别集类　佚

见光绪《泰兴县志》卷51。

绘素集1卷　集部别集类　佚

哭父诗1卷　集部别集类　佚

思园试草　集部别集类　佚

见《延令戚氏重修族谱》。

朱国瑛(1659—1734)

字仁玉。清泰兴人。岁贡生,任怀远县训导。

春秋题解　经部春秋总义类　佚

见《泰兴朱氏宗谱》。

戴　坦

字平山。清泰兴人。幼而颖异。试辄冠军。康熙二十五年(1686)以选贡应廷试,名噪京华。授知县。长洲韩菼极赏其艺。

平山制艺　集部别集类　佚

见嘉庆《泰兴县志》卷5。

张国祺

清泰兴人。廪贡生。

小画舫集　集部别集类　佚

见光绪《泰兴县志》卷21。

朱青选(1673—1727)

字海士,号野塘,别号鹤巢。清泰兴人。父裔云早逝,偕弟天荣、皋选读书老鹤巢中,不出户者20年。文皆卓然。康熙四十八年(1709)进士,官翰林院编修。告病归里。

春秋说约　经部春秋总义类　佚

见嘉庆《泰兴县志》卷5。

野塘诗文集　集部别集类　佚

见光绪《泰兴县志》卷21。

按:是书合《野塘文集》《种松园文稿》《老鹤巢诗集》而成。

又按:《淮海英灵集》戊集卷3收其诗2首。

王三尊

字达士，号励斋。清泰兴人。医学家，究心医学30余年。精于临证，长于内科杂病及疫病，治病善于通权达变，提出“既不可离乎书以治病，亦不可泥乎书以立方”，并谓“医者立方，当先立案”，亦谓“庸医误人，忙医亦误人”。治学注重实践，反对侈谈隔治玄妙之法。又据临证经验，提出羸弱不能生子者当补其脾、脉数而促极多死症、常脉多数右大于左诸论，每多发前人之未发。

医权初编2卷　子部医家类

《珍本医书集成九十种》本。

按：录平日所治奇症医案及医论若干，末附“拟黜巫状”，历数巫士害人之状。

王新猷

字无咎，一字壮其。清泰兴人。令树长子。学术淹贯，屡试京兆不售，仅副康熙五十三年(1714)解试。诗多商音，书法似柳。晚年茕独，诗作读之怆然。

无咎遗稿　集部别集类　佚

见光绪《泰兴县志》卷21。

按：《淮海英灵集》戊集卷2收其诗2首。《江苏诗征》卷47收其诗2首。

王新铭

字汤又，号潜夫。清泰兴人。令树子。由河工起家，官东平州知州。称职假归。家居，积书万卷。与长洲沈德潜，江阴翁照，兴化李鱓、郑燮，海门丁有煜辈交游。

潜夫诗钞11卷百花吟1卷　集部别集类

(1) 清乾隆刻本，泰州图书馆藏。

(2)《清代诗文集汇编》本。

按:《淮海英灵集》甲集卷1收其诗1首,小传云有《潜夫诗钞》8卷。《江苏诗征》卷51收其诗1首。

张洪材

字肩亭。清泰兴人。春枝孙。岁贡生。训江宁。耄年好学。

箪泉诗钞　集部别集类　佚

见光绪《泰兴县志》卷21。

封品瑜

字栗中,号淡庵。清泰兴人。邺子。优廪生。承家学。端朴无他羡,学问优赡。邑令榜其名于旌善亭。

古文眉诠集　集部总集类　佚

清封品瑜裒录

见嘉庆《泰兴县志》卷5。

佛　龄

字会昌。清泰兴人。幼学儒,博涉经典。年18入佛门。

语录10卷　子部佛教类　佚

由门人祖林等编次。见光绪《靖江县志》卷14。

朱金诏(1693—1762)

字典封,号仙岩。清泰兴人。乾隆十五年(1750)恩贡生。候选教谕。天性纯孝,平居温厚寡言。读书之外一无所嗜。训诫后学,赖以成就者甚众。

义学　子部儒学类　佚

见嘉庆《泰兴县志》卷5。

戚诒仕(1700—1756)

字丰孙，一字枝巢，号古狂、翼斋、三酉山人。清泰兴人。邑廪生。与祖父维京、父珍，三世以笃行著称。工诗古文词，书法精到，名公卿竞罗致之，力辞不赴，督学刘墉赠诗有“文章卓绝古尝有，孝弟完全世所稀”之句。邑令勒其名于旌善亭。乾隆二十一年(1756)修通州郡志，诒仕襄其事。

玉汝堂四书全章文稿　经部四书类　佚

见《延令戚氏重修族谱》。

四书说约　经部四书类　佚

见嘉庆《泰兴县志》卷5。

古狂吟　集部别集类　佚

见宣统《泰兴县志补》卷7。

课儿草　集部别集类　佚

见《延令戚氏重修族谱》。

历朝诗选　集部总集类　佚

玉汝堂文集　集部总集类　佚

以上2种见嘉庆《泰兴县志》卷5，均戚诒仕辑。

赵智洪

字文中。清泰兴人。雍正二年(1724)岁贡生。

惇树草堂集　集部别集类　佚

见光绪《泰兴县志》卷21。

季芳馨

字卉浦，号香草。清泰兴人。奋庸曾孙。乾隆元年(1736)进士。由庶常改官山西闻喜县，革诸杂徭，廉惠自矢。兼摄河津绛州，旋调永济，勤于听讼。以疾作解官归里。一时士民多肖像祀之。

到玉堂诗钞　集部别集类　佚

邃斋草　集部别集类　佚

重订李义山诗谱　集部别集类　佚

以上3种见光绪《泰兴县志》卷20。

蒋光祖

字南村。清泰兴人。生有隽才。雍正间由选拔分发河南，历知武安、虞城县事。筑河堤，除民害。为人谨饬，办事历练，繁剧不以为苦，强御亦无所畏。升任邓州知州，养士爱民，尤多实政。性廉洁，不名一钱，告养归里，官橐萧然。好读书，自课侄孙辈，至老不倦。

春秋传辑要　经部春秋总义类　佚

四书文稿　经部四书类　佚

廿一史撮要　史部正书类　佚

以上3种见嘉庆《泰兴县志》卷5。

(乾隆)武安县志20卷　史部地理类

清蒋光祖修　夏兆丰纂

(1) 清乾隆四年(1739)刻本，国家图书馆、南京图书馆藏。

(2)《中国方志丛书》本。

(乾隆)邓州志24卷首1卷末1卷　史部地理类

(1) 清乾隆二十年刻本，国家图书馆、南京图书馆藏。

(2)《中国方志丛书》本。

鸡筋集　集部别集类　佚

见嘉庆《泰兴县志》卷5。

南村文集　集部别集类　佚

见光绪《泰兴县志》卷21。

闲吟偶辑　集部别集类　佚

见宣统《泰兴县志补》卷7。

炳　宗

字慧谦。清泰兴人。

竹院集　集部别集类　佚

树下稿　集部别集类　佚

以上2种见《江苏诗征》卷181,收其诗2首。

桂敬顺

字翼昭,号介轩。清泰兴人。附贡生。官山西浑源知州,重修州志。

(乾隆)浑源州志10卷　史部地理类

清桂敬顺纂修

(1) 清乾隆二十八年(1763)刻本,国家图书馆藏。

(2) 清同治九年(1870)孔广培增刻本,上海图书馆藏。

(3)《中国地方志集成》本。

恒山志5卷附图1卷　史部地理类

(1) 清乾隆二十八年刻本,南开大学图书馆藏。

(2) 清嘉庆二十四年(1819)刻本,国家图书馆藏。

(3) 清光绪刻本,天津图书馆藏。

(4) 1986年山西人民出版社标点本。

虞城县志10卷　史部地理类　佚

武安县志20卷　史部地理类　佚

以上2种见宣统《泰兴县志补》卷7。

介轩诗钞1卷　集部别集类

稿本,有佚笔墨笔批,安徽师范大学图书馆藏。

按:《江苏诗征》卷138收其诗1首。《淮海英灵集》乙集卷4收其诗3首。

桂礼顺

字简庵,号月田。清泰兴人。官河东盐运使经历。

月田诗钞　集部别集类　佚

见光绪《泰兴县志》卷21。

玉壶吟8卷　集部别集类

清乾隆三十四年(1769)序刻本,日本内阁文库藏。

按:《淮海英灵集》乙集卷4收其诗3首。《江苏诗征》卷138收其诗2首。

朱鸣春(1726—1803)

字晞雍,号晓林。清泰兴人。青选孙。廪贡生。候选训导。精医。著作颇传于时。

真知录　子部医家类　佚

见嘉庆《泰兴县志》卷4。

药性歌　子部医家类　佚

见嘉庆《泰兴县志》卷4。光绪《泰兴县志》卷21作《药性篇》。

戚颜开(1729—1762)

字皇揆,号霁岩。清泰兴人。诒仕长子。邑庠生。为人谨厚,以礼法自持,事二亲尤孝。

霁岩诗钞　集部别集类　佚

见《延令戚氏重修族谱》。

朱景淳(1729—1785)

字厚蕴,号粹原,又号存原。清泰兴人。乾隆三十年(1765)选拔贡生。候选直隶州判。

循陔笈集　集部别集类　佚

游星池集　集部别集类　佚

以上2种见《淮海英灵集》丁集卷3，收其诗2首。

按：《江苏诗征》卷18收其诗1首。

又按：《泰兴朱氏宗谱》云其还著有《芝沙》《闲思》《莼香》《笈游》《维舟》《恒阴》等集。

何　湘(1745—1816)

字芸楼，一字云流。清泰兴人。乾隆五十七年(1792)举人。大挑知县，厌习吏事，与何汾隐居啸咏，有终焉之志。

删订王凯痧症全书3卷　子部医家类　佚

清何湘、何汾合编

见宣统《泰兴县志补》卷7。

芸楼诗草(一作耕道堂诗草)　集部别集类

(1) 清光绪十九年(1893)刻《泰兴何氏家乘》本(卷13)。

(2) 2014年凤凰出版社《泰州文献》本《泰兴何氏家乘》。

何　汾

字丹楼。清泰兴人。精医，擅书法，喜购古碑刻。常为贫病施针药。见善本方书必重镂以行，使广为传习。

删订王凯痧症全书3卷　子部医家类　佚

清何汾、何湘合编

见宣统《泰兴县志补》卷7。

朱腹松(1748—1806)

字鼎怀，又字鼎檩，号雪涛。清泰兴人。青选曾孙，鸣春子。幼承庭训，早负文誉。每作一艺，辄怏论惊人。乾隆四十四年(1779)由选贡举顺天乡试，授完县县令。革诸徭，析俸赡，创燕平书院，士咸怀其惠。调清苑。权保定府同治。以事谪戍伊犁5年。赐归，奉二亲，课子以终。

雪涛文集　集部别集类　佚

见嘉庆《泰兴县志》卷5。

塞上草4卷　集部别集类

(1) 清乾隆六十年刻本，南京图书馆藏。

(2) 2014年凤凰出版社《泰州文献》本。

梦余诗钞　集部别集类　佚

见光绪《泰兴县志》卷21。

孙文烈

字心友。清泰兴人。增广生。饬躬励行，读书外无他嗜，经传多所手录。教授生徒，娓娓而谈，音若洪钟，成材者众。年逾90，尤好学不倦。

八法文集续编　集部别集类　佚

见嘉庆《续修泰兴县志》卷5。

张福谦

字蕴山。清泰兴人。乾隆五十八年(1793)进士。道光元年(1821)补泰州学正。修州志，总其成。卒于任。

(嘉庆)续修泰兴县志8卷　史部地理类

清凌垲、张先甲修　张福谦纂

(1) 清嘉庆十八年(1813)刻本，国家图书馆、南京图书馆藏。

(2) 2014年凤凰出版社《泰州文献》本。

程泰象

字仰公。清休宁人，入泰兴籍。诸生。

荫园诗集　集部别集类　佚

见《江苏诗征》卷74，收其诗1首。

李敬修

字惕原，号愿斋。清泰兴人。岁贡生。

愿斋诗稿 4 卷　集部别集类　佚

见《淮海英灵集》乙集卷 4，收其诗 2 首。

惕园诗钞　集部别集类　佚

见宣统《泰兴县志补》卷 7。

按:《江苏诗征》卷 93 收其诗 2 首。

钱　密

字玉立，号宝晋。清泰兴人。

得闲轩集 1 卷　集部别集类　佚

见《江苏诗征》卷 36，收其诗 1 首。

徐志定

字静夫。清泰兴人。举人。知上虞、新昌。解官，客授于泰安，学者宗之。

四书定义　经部四书类　佚

见嘉庆《泰兴县志》卷 5。

何松龄

清泰兴人。龙文祖父。

云山阁遗稿　集部别集类　佚

见光绪《泰兴县志》卷 22。

张大鲸

字禹门。清泰兴人。宛仲子。幼侍亲至孝。亲殁，抚弱弟，少暇即勤于学。与张大鹏同隽邑庠。好急人难，乡邻讼斗，数言剖析，辄为罢释。晚年汇辑宋儒诸家论说，别其同异，核其是非，分系集注之后成书。

四书合注　经部四书类　佚

清张大鲸辑

见光绪《泰兴县志》卷22。

季惇大

字濂溪，一作濂期。清泰兴人。芳馨子。幼承庭训，与兄美大学问品行互相砥砺若师友，卓文誉。时同邑张大鹏、大驹亦以昆季竞爽，里中号为“四大”。年逾40滞诸生中。学使彭尝赏其文，嗟其遇。乾隆五十三年(1788)领解试第一。嘉庆初举孝廉方正。授六品秩。年80曾修邑乘，拟聘主稿，不幸先期而殁。惇大事母以孝，接人以恭。于诗文外，尤精绘事，兼通畴人之学及形家言，皆微妙入神。

洗心编　子部儒学类　佚

濂溪全稿　集部别集类　佚

以上2种见光绪《泰兴县志》卷21。

季尔庆

字廉夫。清泰兴人。少负清誉。入都，为河间纪昀所知。仪征阮元辑《淮海英灵集》，为之征诗郡邑，收罗散失，厥功甚钜。

理学阐微4卷　子部儒学类

清嘉庆间刻本。

静思堂集25卷　集部别集类

清道光元年(1821)刻本，中国社会科学院文学研究所藏。

静思堂初稿不分卷　集部别集类

清嘉庆间泰兴季氏刻本，中国人民大学图书馆藏。

静思堂续稿不分卷　集部别集类

(1) 清刻本，南京图书馆藏。

(2) 2014年凤凰出版社《泰州文献》本。

静思堂稿 6 卷　集部别集类　佚

见宣统《泰兴县志补》卷 7。

严振先(1756—?)

字鹏飞,号南池。清泰兴人。幼孤,家道中落。年 16 补诸生。登乾隆六十年(1795)进士,改庶吉士。授吏部主事,历员外郎。卒于任。

南池文集　集部别集类　佚

见光绪《泰兴县志》卷 21。

游吴草　集部别集类　佚

北上草　集部别集类　佚

以上 2 种见嘉庆《泰兴县志》卷 5。

玉如意 16 卷　子部小说类

清严振先撰

(1) 清光绪二十五年(1899)上海福记书庄石印本,南京图书馆藏。

(2) 清光绪二十六年泰兴陈氏宝章阁活字本,南京图书馆藏。

(3) 1914 年石印本,南京图书馆藏。

(4) 1995 年江苏古籍出版社校注本。

(5) 2012 年广陵书社影印本。

(6) 2014 年凤凰出版社《泰州文献》本。

戚承训(1761—1832)

原名显祖。字正风,号酒村。清泰兴人。颜开子。邑庠生。生而颖慧,好学不倦,性嗜酒,精诗文。

玉汝堂课艺 4 册　集部别集类　佚

万花草堂自知集　集部别集类　佚

序娱老集诗稿　集部别集类　佚

延令戚氏五世诗钞　集部总集类　佚

戚承训辑,含伯高祖维陵、曾祖珍及其夫人、祖诒仕、父颜开及承训诗。

以上4种见《延令戚氏重修族谱》。

何廷蕙

清泰兴人。龙文父。

大树山庄诗存　集部别集类　佚

见光绪《泰兴县志》卷22。

陈启文

字焕周，别字虹江。清泰兴人。乾隆五十四年(1789)选贡，廷试列第一。授工部七品小京官。六十年举顺天乡试，进主事，历员外郎、郎中。究心河务。里居10余年，犹于乡邦利弊持论切至，风采卓然。

退斋剩稿3卷　集部别集类

清陈启文著　郑肇经编次

(1) 1941年油印本，南京图书馆藏。

(2) 2014年凤凰出版社《泰州文献》本。

按：光绪《泰兴县志》卷22作6卷，陈维彦编。

何　萱(1774—1841)

字石间。清泰兴人。松龄子。道光十六年(1836)岁贡生。八龄丧母。母以端午日亡，终身不食粽。理邑中事，务节啬。喜扬人善。家中落，萱僦居如皋，久之乃归。聚书数千卷，乃摒弃举业，杜门撰述。尤精音韵之学。时硕学如武进李兆洛、仁和龚自珍、邵阳魏源与之友善。遇后进必劝之学，谆谆告以读书途径。独爱同里陈潮，引为小友。

韵史80卷　经部小学类

(1) 1936年商务印书馆铅印本，南京图书馆藏。

(2) 2014年凤凰出版社《泰州文献》本。

音韵杂著不分卷

抄本、南京图书馆藏。

(道光)县志略4卷　史部地理类　佚

见宣统《泰兴县志补》卷7。

琴法指掌2卷　子部艺术类　佚

见光绪《泰兴县志》卷22。

红露山人文集10卷诗集1卷　集部别集类　佚

见光绪《泰兴县志》卷22。

红露馆古文　集部别集类

邑人徐廷琛传钞稿本。

朱辰炜(1775—1855)

字诚伟,号晨薇,别号乖翁。清泰兴人。诸生。向春孙。家贫,性介。课徒外,一意著述。尤通音韵。岁饥,闭户绝食,陈启文解橐中金三百分赠贫士及辰炜,奉金大恸,作四诗却之。

音解集要5卷　经部小学类　佚

挥尘闲评　子部杂学类　佚

闺怨集古　集部总集类　佚

以上3种见光绪《泰兴县志》卷22。

何龙文

字云伯。清泰兴人。少负气节。工诗文。以廪贡权谕桃源。留心河务。友人吴存义视学云南,延之往。橐笔万里,诗益雄放。夙与存义及陈启文、潘人麟、陈潮、从父萱分曹拈韵,各擅胜场。时有句云:荔裳小令东之篆,云伯先生七字诗。

防河策要1卷　史部政书类　佚

滇游草2卷　集部别集类　佚

月帆诗钞　集部别集类　佚

以上3种见光绪《泰兴县志》卷22。

按:《月帆诗钞》与父廷蕙《大树山庄诗存》、大父松龄《云山阁遗稿》

汇订一集，厘为8卷。

杨　华

字君实。清泰兴人。博通经籍，尤熟史事。以诗文名。嘉庆五年(1800)副解试，历权谕江浦、兴化、桃源、仪征。训东台、安东。

楚阳铎余集　集部别集类　佚

见光绪《泰兴县志》卷22。

朱芝香(1798—1862)

原名馥薰，字芳馨，号仙植。清泰兴人。国子生。少得咯血疾，乃尽发医书，穷其奥旨。遂以医名里中。

医学玉连环20卷　子部医家类　佚

见光绪《泰兴县志》卷22。

陈　潮(1801—1835)

字宗海，一字东之。清泰兴人。道光十一年(1831)举人。生而颖异，立志果锐，于书无所不窥。精六书音韵算术。得李阳冰篆法，晨兴必作数百字，寒暑不辍。游京师，巨公争识其面。由此显名。都下时有三十二才子之目，潮其翘楚也。因得遍识瑰奇伟杰之士，所学益进。

陈东之经说(一作东之文钞)1卷　经部群经总义类

刘师培《国粹学报》汇编印本。

依唐石经校定十二经　经部群经总义类　佚

见宣统《泰兴县志补》卷7。

毛诗衍声表1卷　经部诗经类

稿本，国家图书馆藏。

五经音义不分卷　经部小学类

(1) 抄本，故宫博物院藏。

(2)《故宫珍本丛刊》本。

(3) 2014年凤凰出版社《泰州文献》本。

简明勾股　子部历算类

清末刻本，国家图书馆藏。

四元细草2卷　子部杂学类　佚

见光绪《泰兴县志》卷27。

华严经音义2卷　子部佛教类

唐释慧苑撰　清陈潮订正

清道光十五年歙县徐氏刻本，国家图书馆藏。

吴存义(1802—1868)

字和圃，号荔裳。清泰兴人。祖籍安徽休宁。道光十八年(1838)进士，改庶吉士，授翰林院编修。督学云南、浙江，颇有政声。官至吏部左侍郎，乞归。学有经术。性廉俭，不近权要。敝衣恶食一如寒士，超然荣利之外。

云轺录　史部政书类　佚

见宣统《泰兴县志补》卷7。

榴实山庄诗钞4卷　集部别集类

稿本，中国科学院图书馆藏。

榴实山庄诗稿8卷文稿6卷　集部别集类

清同治刻本，中国社会科学院历史研究所藏。

榴实山庄诗钞6卷词钞1卷试律2卷文稿1卷　集部别集类

(1) 清同治刻本，南京图书馆藏。

(2)《清代诗文集汇编》本。

按:《全清词钞》卷22收其词1首。

陈维彦

字过轩，更字小川。清泰兴人。启文子。国子生。性至孝。启文被系，维彦从之囹圄。

小斜川集　集部别集类　佚

见光绪《泰兴县志》卷22。

尹政熙

字古畬。清泰兴人。道光岁贡生。历任溧水、山阳、仪征教谕。供职勤慎。

训士质言1卷　子部儒学类　佚

里居啸咏　集部别集类　佚

碧梧轩诗稿　集部别集类　佚

以上3种见光绪《泰兴县志》卷22。

何安泰

字春舫。清泰兴人。萱从孙。绩学耽吟，遁居北村积50年。

春舫诗存8卷　集部别集类　佚

见光绪《泰兴县志》卷22。

潘人麟

字散木。清泰兴人。道光岁贡生。家贫，起老屋数椽，远迩英彦觞咏其中。一夕独出不返，晨迹之，惟遗只履江干。生平撰著不自收拾，学徒朋旧裒聚遗稿。

左右修竹斋集2卷　集部别集类　佚

见光绪《泰兴县志》卷22。

李云渼

字楚泉。清泰兴人。诸生。工词。

翠微山房集　集部别集类　佚

见光绪《泰兴县志》卷22。

蒋　麟

字小州。清泰兴人。诸生。工词。

红蕉馆集　集部别集类　佚

见光绪《泰兴县志》卷22。

赵明亮

清泰兴人。

延令赵氏重修族谱　史部传记类

清赵明亮修纂

清道光十年(1830)木活字本,上海图书馆藏。

朱香南

清泰兴人。

延令朱氏八甲宗谱16卷　史部传记类

清朱香南修纂

清咸丰四年(1854)资善堂木活字本,上海图书馆藏。

陆师游

字蝶宾。清泰兴人。

澹远堂剩稿1卷　集部别集类

(1) 清光绪初刻《清润渊源集》本,复旦大学图书馆藏。

(2) 2014年凤凰出版社《泰州文献》本。

(3) 徐雁平、张剑主编《清代家集丛刊》本。

卢婉芳

字蟫仙。清山阳人。陆师游妻。幼侍父读,工诗词。

半青阁剩稿2卷　集部别集类

(1) 清光绪初刻《清润渊源集》本，复旦大学图书馆藏。

(2) 2014 年凤凰出版社《泰州文献》本。

(3) 徐雁平、张剑主编《清代家集丛刊》本。

陈焕新

字文甫。清泰兴人。道光二十年(1840)举人。权谕江浦，训东台、桃源、清河，补谕上元。

看山草堂遗集　集部别集类　佚

见光绪《泰兴县志》卷 22。

沈沅江

字芷庭。清泰兴人。咸丰恩贡生。亲殁，昼夜泣，目几盲。与兄友善。时兄既析居，沅江割己所余，以益兄。兄子应礼部试，苦无赀，予之白金，不令兄知。邑有难事，亦必为之。

师竹堂遗集　集部别集类　佚

见光绪《泰兴县志》卷 22。

陈　纬

字紫坦。清泰兴人。父未壮而殁，承母训，穷年攻苦，日可数艺。充道光二十九年(1849)选贡，授徒悉有法，以谨慎闻。

修竹吾庐诗钞 2 卷　集部别集类　佚

见光绪《泰兴县志》卷 22。

吴宝俭

清泰兴人。存义次子。有异才。官湖北府同知。

礼园遗诗(四十初度述怀)1 卷　集部别集类

(1) 清光绪刻本，上海图书馆藏。

(2) 2014 年凤凰出版社《泰州文献》本。

张长山

清泰兴人。

延令张氏重修族谱 6 卷　史部传记类

清张长山等修纂

清光绪五年(1879)百忍堂木活字本,上海图书馆藏。

韩长贵(1833—?)

清泰兴人。

延令韩氏重修族谱 8 卷　史部传记类

清韩长贵等修纂

(1) 清光绪十七年(1891)木活字本,国家图书馆藏。

(2) 2014 年凤凰出版社《泰州文献》本。

陈　镐

字建西。清泰兴人。同治三年(1864)以岁贡生需次安徽州判,权知芜湖。着意抚绥,筑堤捍江,民始乐业。历知绩溪、旌德。

养正录 1 卷　子部儒学类　佚

见光绪《泰兴县志》卷 22。

孙迁逵

字乔甫。清泰兴人。同治恩贡生。幼失怙,祖父鸿文授诸经及《左氏传》,复诵无遗。及长,博览研读恒达旦。主六峰讲席,檄教授徐州郡。在官持廉公正。卒于官。

律吕图说析解 1 卷　经部乐类　佚

徇铎草 1 卷　集部别集类　佚

求友山房诗集 4 卷　集部别集类　佚

以上 3 种见光绪《泰兴县志》卷 22。

孙鸿祺

字吉盦。清泰兴人。陆师游婿。诸生。

挑灯遗稿 2 卷　集部别集类

(1) 清光绪初刻《清润渊源集》本，复旦大学图书馆藏。

(2) 2014 年凤凰出版社《泰州文献》本。

(3) 徐雁平、张剑主编《清代家集丛刊》本。

陆椿长

字味苏。清泰兴人。师游女。孙鸿祺妻。母即卢婉芳。

自怡堂诗集 2 卷　集部别集类　佚

见光绪《泰兴县志》卷 26。

朱铭盘(1852—1893)

字曼君。清泰兴人。光绪八年(1882)举人。曾入吴长庆幕，从军朝鲜。博学多才，长于史学。

泰兴朱氏宗谱 84 卷　史部传记类

(1) 清光绪十三年活字印本，南京图书馆藏。

(2) 2014 年凤凰出版社《泰州文献》本。

晋会要 80 卷　史部政书类

稿本，国家图书馆藏。

南朝宋会要、齐会要、梁会要、陈会要不分卷　史部政书类

(1) 稿本，国家图书馆藏。

(2) 1984—1986 年上海古籍出版社排印本。

(3)《续修四库全书》本。

按：本书是记载南朝宋齐梁陈四代典章制度及其沿革的典制体史籍，主要内容取材于南北朝隋唐间所修正史《宋书》《南齐书》《梁书》《陈书》《南史》《隋书》，分为帝系、吉礼、凶礼、军礼、宾礼、嘉礼、乐、舆服、文

学、历数、封建、职官、选举、民政、食货、兵、刑、方域、蕃夷19类(《南朝陈会要》无蕃夷类),各类下再分为若干条目,分别记载相关制度,各项记载都注明出处。

桂之华轩文集9卷　集部别集类

(1) 清抄本,桂林市图书馆藏。

(2) 清光绪三十二年铅印本,南京图书馆藏。

桂之华轩诗集4卷　集部别集类

(1) 清抄本,中国社会科学院文学研究所藏。

(2) 清光绪三十四年铅印本,南京图书馆藏。

桂之华轩诗集4卷补遗1卷文集9卷补遗1卷附纪年录1卷　集部别集类

(1) 清光绪三十四年铅印本,国家图书馆藏。

(2) 1934年泰兴郑余庆堂铅印本,南京图书馆藏。

(3)《近代中国史料丛刊》本。

(4)《清代诗文集汇编》本。

(5) 2014年凤凰出版社《泰州文献》本。

徐士燕

字谷生。清泰兴人。同治光绪间廪生。

读杜质疑　集部诗文评类　佚

见《杜集书录》内编卷8。

陈国霖

清泰兴人。

国朝贡举年表3卷　史部政书类

清光绪十四年(1888)积山书局石印本,南京图书馆藏。

崔敦文

清泰兴人。

润东崔氏续修族谱 8 卷　史部传记类

清崔敦文等修纂

清光绪二十七年(1901)活字本,国家图书馆藏。

张文廉

清泰兴人。

算术教科书上卷 1 卷　子部历算类

清张文廉、刘启文撰

(1) 清光绪三十一年(1905)排印本。

(2) 全国图书馆文献缩微复制中心影印本。

刘启文

清泰兴人。

算术教科书上卷 1 卷　子部历算类

清张文廉、刘启文撰

(1) 清光绪三十一年(1905)排印本。

(2) 全国图书馆文献缩微复制中心影印本。

姜一彰

清泰兴人。

延令姜氏重修宗谱 4 卷　史部传记类

清姜一彰修纂

(1) 清光绪十六年(1890)乐颜堂木活字本,上海图书馆藏。

(2) 2014 年凤凰出版社《泰州文献》本。

王屏之

清泰兴人。

王氏族谱 18 卷　史部传记类

清王屏之等修纂

清光绪三十四年(1908)活字本,国家图书馆藏。

洪宝兴

字钰侯。清歙县人。世居泰兴。与袁祖成、缪纂友善,时称海陵三才子。工诗文。殁后,遗稿散失。

海陵竹枝词 1 卷　集部总集类

传抄本,见《泰县著述考》卷 2。

何　檀

清泰兴人。

泰兴何氏家乘 60 卷　史部传记类

清何檀修纂

(1) 清光绪十九年(1893)刻本。

(2) 2014 年凤凰出版社《泰州文献》本。

杨百城(1861—1928)

字如侯。泰兴人。医家。肄业于南菁书院。后弃举业,博求群书,潜心新学。宣统元年(1909)应山西法政学校之邀赴晋。辛亥革命后任警务卫生科医员,益致力于医学。1919 年受聘山西中医改进研究会,任理事兼编辑主任,主编医学杂志 4 年。1921 年该会设医校,百诚主持中医部教学。

温病进义　子部医家类　佚

五色诊钩玄　子部医家类　佚

灵素气化新论　子部医家类　佚

灵素生理新论　子部医家类　佚

医学新论　子部医家类　佚

脑病新论　子部医家类　佚

肝病病理学　子部医类　佚

以上7种见《江苏历代医人志》。

季儒棠

泰兴人。

季氏宗谱10卷　史部传记类

季儒棠修纂

(1) 宣统二年(1910)渤澥堂活字本,泰州图书馆藏。

(2) 2014年凤凰出版社《泰州文献》本。

徐占卿

泰兴人。

延令徐氏重修族谱10卷　史部传记类

徐占卿等修纂

1920年木活字本,上海图书馆藏。

徐振华

泰兴人。

延令徐氏重修族谱14卷　史部传记类

徐振华等修纂

1935年木活字本,上海图书馆藏。

戚宝灿(1872—?)

字子辉,号星如。泰兴人。

延令戚氏重修族谱15卷首1卷　史部传记类

戚宝灿等修纂

(1) 1930年活字本,国家图书馆藏。

(2) 2014年凤凰出版社《泰州文献》本。

于　璠(1872—1889)

字玉峰。清泰兴人。入学江阴南菁书院。唐文治弟子。

玉峰遗稿1卷　集部别集类

清于璠撰　唐文治选

(1) 清光绪三十年(1904)刻本,国家图书馆藏。

(2) 2014年凤凰出版社《泰州文献》本。

陈　晋(?—约1934)

字夕康。泰兴人。贡生。入学江阴南菁书院,师事黄元同,尤喜小学。平生教书为业,诲人不倦。

说文研究法　经部小学类

(1) 1935年商务印书馆铅印本,南京图书馆藏。

(2) 2014年凤凰出版社《泰州文献》本。

龟甲文字概论(一名契学概论)　史部金石类

(1) 1933年上海中华书局石印本,南京图书馆藏。

(2) 2014年凤凰出版社《泰州文献》本。

内经存粹1卷　子部医家类　佚

稿本,见《江苏历代医人志》。

丁文江(1887—1936)

字在君。泰兴人。宣统三年(1911)毕业于英国格拉斯哥大学,获动物学、地质学双学士。归国后参加学部考试,赐格致科进士。历任北洋政府工商部矿政司地质科科长、地质研究所所长、地质调查所所长、北票煤矿公司总经理、北京大学教授等。1935年出任中央研究院总干事。1936年1月5日在湖南谭家山煤矿考察时因煤气中毒逝世。著名学者、社会活动家，中国地质事业的奠基人之一。

梁启超年谱长编　史部传记类

丁文江、赵丰田编

(1) 1936年油印本，国家图书馆藏。

(2) 1983年上海人民出版社出版。

(3) 2009年上海人民出版社出版。

梁任公先生年谱长编　史部传记类

丁文江、赵丰田编　欧阳哲生整理

(1)《丁文江文集》本。

(2) 2010年中华书局出版。

丁文江自述　史部传记类

朱正编

2014年安徽文艺出版社出版。

徐霞客游记　史部地理类

明徐宏祖著　丁文江编

(1) 1928年商务印书馆出版，上海图书馆藏。

(2) 1986年商务印书馆出版。

游记二种　史部地理类

(1)《独立评论》本。

(2)《中央研究院院刊》本。

(3) 1998年辽宁教育出版社出版。

(4)《丁文江文集》本。

漫游散记　史部地理类

(1) 2008年河南人民出版社出版。

(2) 2008年云南人民出版社出版。

中国分省新图　史部地理类

丁文江、翁文灏、曾世英编

(1) 1939年申报馆出版,上海图书馆藏。

(2) 全国图书馆文献缩微中心2013年版。

川广铁道路线初勘报告　史部地理类

丁文江、曾世英调查测制

(1) 1931年国立北平研究院地质学研究所印行,国家图书馆藏。

(2)《丁文江文集》本。

矿政管见　史部政书类

翁文灏、丁文江著

(1) 1920年农商部地质调查所印行,上海图书馆藏。

(2)《丁文江文集》本。

(3) 全国图书馆文献缩微中心2011年版。

中国矿业纪要　史部政书类

丁文江、翁文灏著

(1) 1921年农商部地质调查所印行,上海图书馆藏。

(2)《丁文江文集》本。

(3) 全国图书馆文献缩微中心2013年版。

中国官办矿业史略　史部政书类

(1) 1928年北平地质调查所印行,上海图书馆藏。

(2)《丁文江文集》本。

(3) 全国图书馆文献缩微中心2016年版。

外资矿业史资料　史部政书类

(1) 1929年北平地质调查所印行,上海图书馆藏。

(2)《丁文江文集》本。

(3) 全国图书馆文献缩微中心2010年版。

重印《天工开物》始末记　史部政书类

(1) 民国油印本,上海图书馆藏。

(2)《丁文江文集》本。

爨文丛刻　史部金石类

(1) 1936 年商务印书馆出版，上海图书馆藏。

(2)《丁文江文集》本。

(3) 2011 年贵州大学出版社出版。

民国军事近纪　子部兵书类

(1) 1926 年商务印书馆出版，上海图书馆藏。

(2)《近代中国史料丛刊》本。

(3) 2007 年中华书局出版。

(4)《丁文江文集》本。

动物学教科书　子部农家类

(1) 1914 年商务印书馆出版。

(2)《丁文江文集》本。

(3) 全国图书馆文献缩微中心 2014 年版。

丁文江选集　集部别集类

1993 年北京大学出版社出版。

丁文江文集　集部别集类

欧阳哲生整理

2008 年湖南教育出版社出版。

丁文江集　集部别集类

2010 年花城出版社出版。

科学与人生观　集部别集类

张君劢、丁文江等著

(1) 1997 年山东人民出版社出版。

(2) 1998 年辽宁教育出版社出版。

(3) 2008 年黄山书社出版。

(4) 2012 年岳麓书社出版。

中国近代思想家文库·丁文江卷　集部别集类

2015 年中国人民大学出版社出版。

李积善

泰兴人。

李氏支谱　史部传记类

李政等修　李积善纂

(1) 1925 年木活字本。

(2) 2014 年凤凰出版社《泰州文献》本。

张宝岗

泰兴人。

泰兴张氏支谱(贤派瑜、填支)10 卷　史部传记类

张宝岗等修

(1) 1939 年敦睦堂刻本。

(2) 2014 年凤凰出版社《泰州文献》本。

张鹄勋

泰兴人。

张氏政派琎支家乘 12 卷　史部传记类

张鹄勋等修

(1) 1940 年敦睦堂刻本。

(2) 2014 年凤凰出版社《泰州文献》本。

张锡五

泰兴人。

张氏政派玮公锐支谱　史部传记类

张锡五等修

(1) 1940 年敦睦堂刻本。

(2) 2014 年凤凰出版社《泰州文献》本。

吉　衡

泰兴人。

吉氏族谱(延令环溪吉氏重修族谱)12 卷　史部传记类

1916 年敬胜堂活字本,国家图书馆藏。

兴 化

元　明

郭　忠

字恕甫。元兴化人。仁宗后失明，忠以针愈之，赐号“金针先生”。

伤寒直格　子部医家类　佚

见康熙《兴化县志》卷11。

顾天麟

字均寿。元兴化人。沉毅有气节，以先世食宋禄，不仕元。自号东泉处士。子师鲁、师胜，洪武间以忠孝显。

东泉亭稿　集部别集类　佚

见咸丰《重修兴化县志》卷9。

顾　煜

字均显。元兴化人。天麟弟。能文，元举孝廉，授崇文监学士，迁翰林院学士，掌修国史。

白云集　集部别集类　佚

见咸丰《重修兴化县志》卷9。

施耐庵(约1296—1370)

名子安，又名肇瑞，或名耳，字彦端。耐庵为其又字或别号。元末明初人。其籍贯与生平事迹众说不一。或以为浙江钱塘人，或以为世居兴化，后迁海陵。至顺二年(1331)进士，与张士诚部将卞元亨友善。张败后，隐居大丰白驹著书，避朱元璋征往淮安，卒。或说曾在杭州(或淮安)为官两年,因不合于当道,弃官回苏州从事著述。所著《水浒传》为我国文学史上第一部描写农民起义的长篇小说。

水浒传(一作京本忠义传) 子部小说类

按:本书作者或题施耐庵撰,或题施耐庵、罗贯中合撰。其书版本可分为繁本(文繁事简本)与简本(文简事繁本)两个系统。繁本系统又有100回、120回和70回3种。主要版本有:

(一) 100回繁本

(1)《京本忠义传》,明正德、嘉靖间书坊刻本,现存残页2页,上海图书馆藏。

(2)《忠义水浒传》,明嘉靖刻本,残存2卷8回,国家图书馆藏。

(3)《石渠阁补修忠义水浒传》,明万历十七年(1589)安徽新安原刻本,清康熙五年(1666)石渠阁补修本,国家图书馆藏。

(4)《李卓吾先生批评忠义水浒传》,明万历三十八年杭州容与堂刻本,国家图书馆藏。此为现存最完整的百回繁本。1966年中华书局上海编辑所影印,1973年上海人民出版社据影印本翻印出版。

(二) 120回繁本

《新镌李氏藏忠义水浒传》,明万历四十二年安徽袁无涯刻本,北京大学图书馆藏。此书在百回本基础上,增加据简本改写的征田虎、王庆故事。1961年中华书局重加校订出版。

(三) 70回繁本

《金圣叹批评第五才子书施耐庵水浒传》,明崇祯十四年(1641)贯华堂刻本,日本长泽规矩也藏。国家图书馆藏有崇祯末重刻本。此系金圣叹用袁无涯本、芥子园本作底本的删节本。

简本系统较重要的版本有:

(一)《新刊京本全像插增田虎王庆忠义水浒全传》24(或25)卷115(或120)回。明万历初福建建阳余氏双峰堂刻本,残存2卷6回,法国巴黎国家图书馆藏。

(二)《京本增补校正全像忠义水浒志传评林》25卷,明万历二十二年福建建阳余氏双峰堂刻本，日本日光晃山慈眼堂藏。民国间王古鲁据此藏本摄录，1956 年北京文学古籍刊行社据王古鲁摄照片影印。

（三）《文杏堂批评忠义水浒全传》30 卷，明宝翰楼刻本，法国巴黎国家图书馆残存卷 1 至卷 5，卷 6 半卷。

（四）《全像水浒传》25 卷 115 回，明崇祯元年广东惠阳富沙刘兴我刻本，日本长泽规矩也藏。

按：以上版本及分类参见马蹄疾《水浒书录》《中国通俗小说总目提要》等。

当代版本极为繁多，略举 4 种：

1975 年人民文学出版社排印本。

1985 年中州古籍出版社《第五才子书施耐庵水浒传》排印本。

1990 年上海古籍出版社容与堂本《水浒传》排印本。

2005 年中华书局李永祜点校本。

陆　中

字与权。明兴化人。少从父官吴江。学诗于杨维桢。不仕，自号懒渔。

蒲栖集 20 卷　集部别集类　佚

见《明史·艺文志》《千顷堂书目》卷 17。

陆　闿

字伯阳。明兴化人。洪武十四年（1381）以明经辟为楚府伴读。为人端直修洁，敦行义严。善诗工书，能画山水。

友兰集 10 卷　集部别集类　佚

续古乐章　集部别集类　佚

以上 2 种见《千顷堂书目》卷 17。

陆伯阳诗集　集部别集类　佚

见康熙《扬州府志》卷 28。《明诗综》卷 14 收其诗 1 首。

陆　颙

亦写作陆容。原名敬，避讳改今名。字伯瞻。明兴化人。阎弟。洪武中由明经辟举，任礼部主事。两使朝鲜，得专对之体。永乐中赐袭衣白金。永乐元年(1403)在南京与修《太祖实录》。屡试诗文书画，成祖以“三绝”称之。转户部郎中，分治水利，董运江淮。

新编颐光先生诗集6卷文集1卷外集2卷　集部别集类

(1) 明景泰元年(1450)陆瑄刻本，上海图书馆藏。

(2)《明别集丛刊》本。

(3) 2014年凤凰出版社《泰州文献》本。

按:《千顷堂书目》卷18、《明史・艺文志》均作20卷。

沈　靖

明兴化人。

养心斋集　集部别集类　佚

见康熙《扬州府志》卷28。

高　谷(1391—1460)

字世用，一字育斋。明兴化人。永乐十三年(1415)进士，选庶吉士，授中书。仁宗即位，改春坊司直郎。宣德十年(1435)主顺天乡试。正统初杨士奇荐侍经筵，赐三品服，三年(1438)与修《宣宗实录》成，转侍读学士，十年进工部右侍郎，兼前职，入内阁，与机务。景泰初进工部尚书，兼翰林院学士，掌阁务。二年(1451)进少保、东阁大学士。七年进谨身殿大学士，仍兼东阁。英宗复位，谢病，帝谓谷长者，赐敕奖谕。既去位，杜门绝宾客。有问景泰、天顺间事，辄不应。卒谥文义。《明史》卷169有传。

高文义公集10卷　集部别集类　佚

拾遗集1卷　集部别集类　佚

归田集3卷　集部别集类　佚

以上3种见《千顷堂书目》卷18。

育斋先生诗集17卷　集部别集类

(1) 明弘治四年(1491)李绂刻本,台北故宫博物院藏。

(2)《原国立北平图书馆甲库善本丛书》本。

(3) 2014年凤凰出版社《泰州文献》本。

按:诗集由高氏门人卞荣编辑。前有景泰七年钱溥序、弘治三年李绂序、弘治四年汪谐序。并称高氏有诗文80卷,未及版行,因而散亡。后卞氏搜访得诗稿20余卷。刻本存17卷,则付刻时又有所合并。参见《中国善本书提要》。

顾　荆

字襄伯。明兴化人。天麟孙,师鲁长子。永乐朝举孝廉,官湖广石首知县,迁安、冀二州别驾。

春晖堂诗钞　集部别集类　佚

见咸丰《重修兴化县志》卷9。

陆　瑄

明兴化人。颙子。善画山泉、人物、草虫、花鸟诸品。以贤良方正任大冶主簿。

东湖外史　史部地理类　佚

见咸丰《重修兴化县志》卷9。

陆　清

字介夫,号西村山人。明兴化人。甘贫乐道,不求仕进。

西村野唱　集部别集类　佚

见咸丰《重修兴化县志》卷9。

陆　洁

明兴化人。

近村文稿　集部别集类　佚

见咸丰《重修兴化县志》卷9。

陆　海

字宽夫。明兴化人。天性聪敏。能诗。琴棋星卜皆出人右。

北塘稿　集部别集类　佚

见咸丰《重修兴化县志》卷9。

胡　献(?—1510)

字时臣。明兴化人。幼端严,力学好古。弘治九年(1496)进士。选庶吉士,逾年授监察御史,极论时政数事,内戚中官泄愤报怨,遂谪湖广蓝山县丞。未行,改知河南宜阳县,在官三年以廉仁闻。武宗即位,擢广西按察司佥事。寻奉敕提督学政,条约严明,师范端肃。正德五年(1510)进福建提学副使,未至,以疾卒。学者称心安先生,邑人陆期范谓献文章似董仲舒、气节似汲黯、政事似范仲淹。祀乡贤祠。《明史》卷180有传。

心安集　集部别集类　佚

见咸丰《重修兴化县志》卷9。

陆弥望

字道参。明兴化人。性嗜学,不妄言笑,以圣贤为师。平居取予毫发不苟,足不履城市。县尹馈炭,以诗却之。曾曰:"君子居一乡则当有益于一乡,居国居天下皆如此。"弘治十四年(1501)尝撰《明故友鸥鲍先生墓志铭》。

省斋集　集部别集类　佚

见咸丰《重修兴化县志》卷9。

陆弥垠

字道迥。明兴化人。弥望弟。自甘贫贱，不妄交游。

秋崖稿　集部别集类　佚

见咸丰《重修兴化县志》卷9。

宗　玥

一作宗翊。字国润。明兴化人。幼敏慧端方。锐志于学，淹贯六经。作《中庸一助》，阐明道学渊源，分析诸家同异。正德十一年(1516)贡生，为中都断事，寻升登州府通判，山东诸生以其学有本原，争师事之。乞休归。

中庸一助　经部四书类　佚

见康熙《扬州府志》卷28。

周　娄

明兴化人。精术数，以痿疾卧床40余年，安贫励节。嘉靖初知县陈洪范遗之粟，不受。

渔村集　集部别集类　佚

见咸丰《重修兴化县志》卷9。

陆期范

明兴化人。弥望子。嘉靖十年(1531)进士。以养祖告归，未仕。

陆氏诗粹　集部总集类　佚

见雍正《扬州府志》卷35。咸丰《重修兴化县志》卷9收其《怀贤诗》6首。所怀7人为屈原、范仲淹、詹士龙及邑人顾师胜、高谷、陆颙、胡献。

丁盛时

字养晦。明兴化人。嘉靖十三年(1534)选贡。授嘉兴县丞,门无遗苴,庭无滞牍。迁益府纪善,不拜归。居乡以毛诗教授生徒,李春芳曾从其受业。李贵后辟花圃憩之,卒年90。李建祠以祀,题额曰"世不忘"。

周易著注3卷　经部易类　佚

见咸丰《重修兴化县志》卷10《外纪》。

邹世汲

明兴化人。善楷书,精天文。

河洛图说　子部术数类　佚

元会运世　子部术数类　佚

以上2种见咸丰《重修兴化县志》卷9。

黄好信

字仲孚。明兴化人。安贫不仕,李春芳重其人,为作诗序。

默斋诗集　集部别集类　佚

见《千顷堂书目》卷26。

宗　周

字维翰,一字理庵。明兴化人。嘉靖十年(1531)举人,授金乡知县,迁四川叙州府通判,进广东肇庆同知,擢南刑部郎中,转四川马湖知府。刚正廉直,所至有惠政。官至知府,即乞休归。杜门不见宾客,读书百花洲。于经传微言古今帝王大略,得意会心,著为文字。

就正录礼记会要6卷　经部礼记类　佚

见《四库全书总目》礼类存目。

四书五经就正录　经部群经总义类　佚

见万历《扬州府志》卷24。

说文训　经部小学类　佚

见嘉庆《重修扬州府志》卷62。

中说　子部儒学类　佚

艺圃撷华　子部典故类　佚

以上2种见万历《扬州府志》卷24。

袁　株

字子立。明兴化人。嘉靖七年(1528)举人。少受《易》于陆期范。期范卒，株为经理其家，并教其子孙中有才者。性峻洁，官终吉安知府。

定性识仁书　子部儒学类　佚

古太极测　子部术数类　佚

以上2种见嘉庆《重修扬州府志》卷62。

成　周(1504—1556)

字于中。明兴化人。贡生。与李春芳、宗臣为友，春芳强之仕，不赴。诗宗盛唐。

石湖集　集部别集类　佚

见《兴化成氏族谱》。

刘　玠

字国珍，号墀石。明兴化人。博闻强记，与李春芳友。春芳居翰林时招之北，不答，后辞廪，奉例授儒官。

管窥集　集部别集类　佚

见咸丰《重修兴化县志》卷9。

潘　弼

字梦征，号西泉居士。明兴化人。精医学及太乙洪范诸术。

运气考正　子部医家类　佚
删次内经　子部医家类　佚
以上2种见《千顷堂书目》卷14。

成　谐(1516—1545)

字和仲,号斗野。明兴化人。少负奇节,好击剑,得六壬数,自诧当立功异域。补邑诸生。总督翁万达招之入幕。嘉靖二十四年(1545)大同有寇警,谐勒兵与战,歼其半。敌合数万人围之,力战死。

孙子阵法新说　子部兵书类　佚
车战篇　子部兵书类　佚
以上2种见嘉庆《重修扬州府志》卷62。
天文正误　子部历算类　佚
见民国《续修兴化县志》卷14。
海一览　子部杂学类　佚
斗野集　集部别集类　佚
以上2种见嘉庆《重修扬州府志》卷62。

韩　贞(1516—1585)

字以中,号乐吾。明兴化人。世业陶瓦。天性孝友,目不识书史,而心慕圣人之学。时泰州朱恕从王艮讲学,贞慕其行,从之游。后乃师事王艮之子王襞。粗识文字。家贫,有茅屋三间,以之偿债,遂处窑中,自咏曰:“三间茅屋归新主,一片烟霞是故人。”久之,觉有所得,遂以化俗为任,农隙则历各村,聚徒讲学,从游者甚众。坚持泰州学派“百姓日用即道”之学旨,主当下理会,从心悟入手,而反对寻章摘句,搬弄陈言。

乐吾韩先生诗　集部别集类
明万历二十六年(1598)许子桂刻本,上海图书馆藏。
韩乐吾先生遗集1卷　集部别集类
(1) 清雍正十年(1732)汪芳藻刻、道光二十八年(1848)韩子瑾增刻本，南京图书馆藏。

(2) 清光绪十二年(1886)兴化传薪书室刻本，南京图书馆藏。

(3) 2014年凤凰出版社《泰州文献》本。

理学韩乐吾先生诗集　集部别集类

清咸丰十一年(1861)刻本，上海图书馆藏。

朱乐斋先生遗诗1卷韩乐吾先生诗集1卷附韩乐吾先生行略1卷　集部别集类

1927年石印本，南京图书馆藏。

任　琦

明兴化人。

兰友集　集部别集类　佚

见民国《续修兴化县志》卷14。

陆西星(1520—1601，一作1606)

字长庚，号方壶外史。明兴化人。道教学者。生而颖异，有逸才。嘉靖二十四年(1545)与同邑宗臣共治学。九试不遇，乃弃儒服，冠黄冠，为方外游。自言吕洞宾降临其北海草堂，亲授丹诀，得内丹真传，形成修炼金丹之体系，于南北宗派外另成东派一支。博览群书，文辞俊雅，兼工书画。与弟原博并称“二陆”。晚年修佛学。

(万历)兴化县新志10卷　史部地理类

(1) 明万历十九年(1591)刻本，国家图书馆藏。

(2) 民国影抄本，北京大学图书馆藏。

(3) 清抄本，南京图书馆藏。

(4) 抄本，上海图书馆、兴化市图书馆藏。

(5)《中国方志丛书》本。

(6) 2014年凤凰出版社《泰州文献》本。

南华真经副墨8卷读南华真经杂说1卷　子部道教类

（1）明万历六年李齐芳校刻本，国家图书馆藏。

（2）明万历十三年孙大绶刻本，浙江图书馆藏。

（3）明万历天台馆刻本，国家图书馆藏。

（4）明书林詹氏刻本，山东大学图书馆藏。

（5）明刻本，8行17字。上海图书馆藏本有清潘霨、潘露跋，另一本有罗振常跋。

（6）明刻本，9行18字。山西省文物局藏本，有清傅山批点。

（7）清光绪十一年（1885）兴化传薪书室覆刻本，南京图书馆藏。

（8）民国上海受古书店石印本，南京图书馆藏。

（9）《续修四库全书》本。

（10）《四库全书存目丛书》本。

（11）2010年中华书局点校本。

（12）2014年凤凰出版社《泰州文献》本。

按：《四库全书总目》道家类存目云："是书编次一依郭象本，而以《天道篇》'虚静恬淡寂寞无为'8字分标8卷。每篇逐节诠次，末为韵语，总论一篇之旨。其名'副墨'，即取《大宗师篇》副墨之子语也。大旨谓《南华》祖述《道德》，又即佛氏不二法门。盖欲合老、释为一家。"

宾翁自记　子部道教类　佚

道缘汇录　子部道教类　佚

以上2种见《中国大百科全书》宗教卷"陆西星"条。

吕祖全书10卷　子部道教类

明陆西星辑

清刻本，台湾师范大学图书馆藏。

百字碑注笺1卷　子部道教类

明陆西星注　清范征谦笺

清乾隆五十四年（1789）畹香书屋刻本，国家图书馆藏。

三藏真诠2卷　子部道教类

稿本，台湾"中央图书馆"原藏。

清光绪十六年天都乐道人抄本，南京图书馆藏。

楞严经说约 1 卷　子部佛教类

(1) 1925 年铅印本，北京大学图书馆藏。

(2)《日本藏经书院续藏经》本第 89 册。

楞严述旨 11 卷　子部佛教类

1924 年铅印本，黑龙江省图书馆藏。

楞伽阿跋多罗宝经句义通说楞伽经句义通说要旨　子部佛教类

明万历三十年刻本，上海图书馆藏(存《要旨》卷 4)，浠水博物馆藏(存《通说》卷 2 至 4,《要旨》卷 1 至 4)。

楞伽阿跋多罗宝经句义通说 2 卷　子部佛教类

明万历刻本，上海图书馆藏。

稽古集　集部别集类　佚

见雍正《扬州府志》卷 35。咸丰《重修兴化县志》卷 9 收其《八哀诗》8 首(实为 7 首)。

方壶外史 14 种 8 卷　丛书类

(1) 明末孩堂刻本，国家图书馆藏。

(2) 清光绪七年集益堂重刻本，2 卷。

(3) 1915 年香山郑观应等排印本。

(4)《道藏精华》本。

(5) 1994 年广陵古籍刻印社影印本。

(6) 2010 年宗教文化出版社编校本。

(7) 2014 年凤凰出版社《泰州文献》本。

子目：

《无上玉皇心印妙经测疏》

《黄帝阴符经测疏》(卷 1)

《老子道德经玄览》(卷 2)

按：此一种又有清抄本，中山大学图书馆藏。

《周易参同契测疏》(卷 3)

《参同契口义》(卷4)

《崔公入药镜测疏》(卷5)

《纯阳吕公百字碑测疏》(卷6)

《紫阳真人金丹四百字测疏》

《龙眉子金丹印证诗测疏》

《邱长春真人青天歌测疏》(卷7)

《玄肤论》

《金丹就正篇》

按:以上2种又有《道言五种》本,合1卷。

《金丹大旨图》

《七破论》(卷8)

沈 霑

字伯雨,号雨田。明兴化人。天性孝友,与兄弟筑三髯雅居于湖上,饮酒赋诗,友爱弥笃。箪瓢屡空,辞受不苟。杖履超然,有物外之志。

沈山人诗6卷续集10卷　集部别集类

(1) 明刻本,上海图书馆藏。

(2) 2014年凤凰出版社《泰州文献》本。

雨田集　集部别集类　佚

孝顺卷　集部别集类　佚

以上2种见咸丰《重修兴化县志》卷9。

宗 臣(1525—1560)

字子相,一字方城。明兴化人。周子。生而颖异,稍长日记数千言。应县试,令奇其文。年16入县学,每试辄第一。嘉靖二十八年(1549)举于乡。二十九年成进士。授刑部主事,移吏部文选司,进稽勋司员外郎。以赙杨继盛忤严嵩,出为福建参议。迁提学副使,以劳疾卒于官，年36。祀闽中名宦。臣负文武才，生平好学，精诗古文。与李攀龙、王世贞、徐中行、梁有誉、吴国伦、谢榛以文章志行相颉颃，称“嘉靖七子”。《明史》卷287有传。

通鉴要删6卷总论1卷　史部编年类

明宗臣、孙继皋撰

明万历十一年(1583)书林见溪翁刻本，首都图书馆藏。

西征记1卷　史部杂史类

《说郛续》本。

海防二三策　史部政书类　佚

见咸丰《重修兴化县志》卷9。

性理纂要抄狐白8卷首1卷　子部儒学类

(1) 明刻本，国家图书馆藏。

(2) 2014年凤凰出版社《泰州文献》本。

宗子相集15卷　集部别集类

(1) 明嘉靖三十九年林朝聘、黄中等刻本，上海图书馆藏。

(2) 明嘉靖三十九年林朝聘、黄中等刻本重修本，南京图书馆藏，有丁丙跋。

(3)《明代论著丛刊》本。

(4) 2014年凤凰出版社《泰州文献》本。

按：本书卷首嘉靖三十九年樊献科序，卷1赋，卷2古调歌，卷3古乐府，卷4五言古诗，卷5七言古诗，卷6至8律诗，卷9五言排律，卷10、11绝句，卷12、13文，卷14、15书。卷末欧大任撰宗臣传，王世贞撰宗臣墓志。据樊献科序，宗臣卒后，所遗诗文由其裒辑，类次成集。

宗子相集15卷附录1卷　集部别集类

明嘉靖三十九年建阳书林詹长卿就正斋刻本，中国科学院图书馆藏。

宗子相集12卷　集部别集类

明嘉靖二十九年吴国伦刻本，上海图书馆藏。

新镌宗先生子相文集12卷　集部别集类

(1) 明万历三十七年书林郑氏云竹斋刻本,南京图书馆藏。

(2) 明万历四十年范济宇刻本,上海辞书出版社图书馆藏。

宗子相先生集25卷　集部别集类

(1) 明万历三十九年天华阁刻本,上海图书馆藏。山东省图书馆藏本有清李澄中批校。

(2)《明别集丛刊》本。

子相文选5卷　集部别集类

(1) 明末刻本,中国社会科学院文学研究所藏。

(2)《四库全书存目丛书》本。

宗子相集1卷　集部别集类

《盛明百家诗》本。

宗子相集15卷　集部别集类

(1)《四库全书》本。

(2) 1991年上海古籍出版社《四库明人文集丛刊》本。

陆原博

明兴化人。西星弟。亦才士,宗臣拟之"二陆"。

楚阳明贤诗选2卷　集部总集类　佚

明陆原博辑

见明焦竑《国史·经籍志》卷5。

按:此书咸丰《重修兴化县志》卷9误作陆西星辑。

李齐芳(1530—1592)

字子蕃,一作子繁,号墙村,又号青霞外史。明兴化人。春芳弟。官南京都督府都事。

韵略类释4卷　经部小学类

(1) 明隆庆二年(1568)刻本,北京大学图书馆藏。

(2) 2014 年凤凰出版社《泰州文献》本。

佩觿 3 卷辨证 1 卷附 1 卷　经部小学类

宋郭忠恕撰

明万历十二年(1584)李齐芳刻本,国家图书馆藏。

幼科图诀医方辑要 2 卷　子部医家类　佚

见《昭阳述旧编》卷 2《蟠根述》上李齐芳自叙,上卷治小儿杂证,下卷专治痘疹。

宦邸便方 1 卷　子部医家类

明钱后崖辑　李齐芳增辑

明万历六年李齐芳刻本,上海图书馆藏。

南华真经副墨 8 卷读南华真经杂说 1 卷　子部道教类

明陆西星撰

明万历六年李齐芳校刻本,国家图书馆藏。

壒村诗集　集部别集类　佚

见民国《续修兴化县志》卷 14。

李翰林分类诗 8 卷赋集 1 卷　集部别集类

唐李白撰　明李齐芳、李茂年等分类

明万历二年李齐芳刻本,国家图书馆藏,有郑振铎跋。

杜工部分类诗 11 卷赋集 1 卷　集部别集类

唐杜甫撰　明李齐芳辑

明万历二年李齐芳刻本,北京大学图书馆、上海图书馆藏。

按:此书由齐芳侄茂年、茂材分类。有潘应诏序、舒度后序、李茂年等跋。

赵　宋

字方宇。明兴化人。嘉靖三十八年(1559)进士。累官至宁武兵备副使,山西行太仆寺卿,迁南雄知府。性不喜华侈,服御俭朴。

昆邱集　集部别集类　佚

见咸丰《重修兴化县志》卷9。

王中孚

字化远。明兴化人。嘉靖三十四年(1555)顺天乡试举人。知南宫县,清慎勤敏。擢东昌府判官,乞休归。

西野集　集部别集类　佚

见康熙《扬州府志》卷28。

沈山人续集10卷　集部别集类

明沈霑撰　袁孟龙选

明嘉靖四十三年王中孚刻本,见《明代版刻综录》卷1。此与《中国善本书提要》著录有异,参见“沈霑”条。

顾　仕

字行可,号梓河。明兴化人。嘉靖三十四年(1555)举人。为文朴实,性坦直,怜才乐善,人乐从之游。授洛阳教谕,为湖广乡试同考官,擢新河知县,未行,卒京邸。

顾氏族谱　史部传记类　佚

明顾仕嘉靖十二年创建

见《兴化顾氏族谱》。

居洛稿　集部别集类　佚

见咸丰《重修兴化县志》卷9。

任　性

字复轩。明兴化人。庠生。孝行纯笃。当事申请旌表善士,授儒官,有司岁给粟帛。尝从韩贞游。讲明理学,引掖后进,尤精于《易》。远近师礼门下者甚众。卒祀乡贤。

易学浅训2卷　经部易类　佚

见民国《续修兴化县志》卷14。

任氏族谱　史部传记类　佚

明任性嘉靖三十六年(1557)创修

见《兴化任氏家谱》。

成　咏

字养仲，号文田。明兴化人。隆庆四年(1570)贡礼部，初授溧阳训导，历任沛县教谕、泗洲学正，所至整饬学校，每捐俸助之，得士心，升广州府通判。

成氏族谱　史部传记类　佚

明万历八年(1580)成咏修

见《兴化成氏族谱》。

心像图说　子部儒学类　佚

见民国《续修兴化县志》卷14。

文田摘稿　集部别集类　佚

见雍正《扬州府志》卷35。

潘应诏

字六冶。明兴化人。弼子。隆庆三年(1569)贡生，为赣州府推官，已而罢归，遂卒。负隽才，通遁甲术。博学，工诗文。

律吕考正1卷　经部乐类

明刻本，音乐研究所藏。

图书测言　子部术数类　佚

见康熙《扬州府志》卷28。

六冶集　集部别集类　佚

见嘉庆《重修扬州府志》卷62。咸丰《重修兴化县志》卷9收其诗1首。

陆 律

字子和。明兴化人。西星侄。少从宗周受《大戴礼》。颖秀奇拔，日记数千言，与其叔西星齐名。嘉靖四十三年(1564)贡生，授浙江龙游训导。嗜学，稽古无虚日，纵横有才士风。

从吾集　集部别集类　佚

见康熙《扬州府志》卷28。

李茂材

字仲达，号容斋。明兴化人。春芳次子。博学能文。官尚宝司丞、太仆寺少卿等。

李氏族谱　史部传记类　佚

明李茂材万历间创修

见《兴化李氏族谱》。

李茂功

字秀成，号健斋。明兴化人。春芳四子。幼负隽才，以父荫中书舍人。迁户部郎，榷北新关。汰冗税，罢羡金，吏弊以清。擢守福建兴化府，葺学宫，建讲院。治狱尚仁恕，平反疑狱数十事。六载报绩，乞休归。

依绿园诗集　集部别集类　佚

见咸丰《重修兴化县志》卷9。

李茂业

字子修，号诚斋。明兴化人。春芳五子。监生。颇负文名。

四书五经便学　经部群经总义类　佚

庄子音释　子部周秦诸子类　佚

吕览新钩　子部周秦诸子类　佚

通书指掌　子部儒学类　佚

地理删繁　子部术数类　佚

尔耳轩杂著　子部杂学类　佚

王文成书钞分类表华　集部别集类　佚

左马评　集部总集类　佚

以上8种见《兴化李氏传略》。

宗名世(1544—1623)

字良弼,又字傅岩。明兴化人。后住江都宜陵镇。万历十七年(1589)进士。初任绍兴教授,升河北肥乡知县,擢工部营缮司主事。榷荆州税。三十三年以治奸胥为所中,解职归。

发蒙史略1卷　子部儒学类　佚

含香堂文集10卷　集部别集类　佚

以上2种见雍正《江都县志》卷15。

李思敬

字一卿。明兴化人。春芳孙。茂材长子。生有夙慧,幼时随大父在京师,既长博览群书。万历十九年(1591)举顺天乡试,授江西永丰知县,摄玉山县,迁顺天大兴县。进刑部主事。改南户部,榷北新关,出知处州。天启七年(1627)乞休归,继其父茂材遗志,成家谱。祀乡贤祠,浙人于西湖建李公祠。

李一卿家谱　史部传记类　佚

猗园集　集部别集类　佚

白云小草　集部别集类　佚

以上3种见嘉庆《重修扬州府志》卷62。

按:《昭阳述旧编》卷2《蟠根述》上收其文1篇。

李思谦

字鸣卿,号己山。明兴化人。春芳孙。茂功长子。附监生。工诗文，善书画。

己山诗集　集部别集类　佚

见咸丰《重修兴化县志》卷9。

按：《兴化李氏一家集》卷上收其诗3首。

李思诚

字次卿，号碧海。明兴化人。春芳孙。万历二十六年(1598)进士。天启六年(1626)累擢至礼部尚书。兵部尚书王永光疏请票拟还归政府，为魏忠贤所侧目。思诚疏称永光有大臣敢言气概，以是忤魏阉，遂夺官。年71卒。《明史》卷193有传。

神宗实录596卷　史部编年类

明天启元年叶向高等修　王祚远、李思诚等与修

《明实录》本。

按：《明实录》原有正、副二抄本，万历后有十几种抄本流传。现有3种印本。

(1) 1940年汪伪时期据南京图书馆藏抄本影印，500册。南京图书馆藏。

(2) 1962年台湾"中央研究院"历史语言研究所据原副本影印，正文113册，校勘记29册，附录21册。南京图书馆藏。

(3) 1983年上海古籍书店影印台湾本，100册。

(4) 2005年线装书局《钞本明实录》本。

神宗宝训26卷　史部政书类

明叶向高等修　李思诚等与修

(1) 残卷，国家图书馆藏。

(2) 1962年台湾"中央研究院"历史语言研究所校印《明实录》附录中存11、12两残卷。南京图书馆藏。

真懒斋集　集部别集类　佚

见《千顷堂书目》卷25。

按:《昭阳述古编》卷2《蟠根述》上收其文2篇、诗1首。

徐来仪

字威甫。明兴化人。万历二十年(1592)进士。为人严峻,能任事。官刑部郎中,奏出其手,多报可。转贵州按察司佥事。提督学政,摄按察使。遭谤,左迁许州知州,擢南户部主事,榷淮安板闸税。以父疾致仕归。

素翰堂集　集部别集类　佚

见嘉庆《重修扬州府志》卷62。

按:咸丰《重修兴化县志》卷9书目以此书为来仪从兄来复撰。

任明辅

字赞皇。明兴化人。万历间廪生。少负才名。精于诗,取小序、集注之相抵牾者折衷至当。授徒课子,皆以三百篇为首。

诗经类纂4卷　经部诗经类　佚

见民国《续修兴化县志》卷14。

黄建中

字良辅。明兴化人。万历二十六年(1598)进士。授南阳府推官,旋擢南京户科给事中。持正敢言,以遭忌罢官,寻起大理寺评事,转礼部主事。未至官,卒。

留垣疏草　史部政书类　佚

见《四库全书总目》诏令奏议类存目。是集凡疏24篇。

陈经帮

明兴化人。

明八科馆课录　集部总集类　佚

明陈经帮选

见雷梦辰《清代各省禁书汇考》,清乾隆四十四年(1779)遭禁。

陈守一

明兴化人。工医。

医学运气考正　子部医家类　佚

见《江苏历代医人志》。

刘永光

明兴化人。有文名。天启中应贡。以魏忠贤擅政,不赴公车。以诸生终。

空中片玉　子部杂学类　佚

见嘉庆《重修扬州府志》卷62。咸丰《重修兴化县志》卷9作《空山片叶集》。

李长倩(1588? —1645?)

字维曼,一字瞻麓。明兴化人。思敬子。崇祯七年(1634)进士。性伉爽。亲知间求无不应。初知归安县,不畏权势,在任5年,多善政。乃迁礼部主事,转员外郎,擢江西按察司佥事,提督学政,以母病未抵任归。福王南渡,授福建提学副使。后与黄道周拥唐王入闽监国,上言请速出师。唐王不听。晋右都御史,督饷抵建宁,知事不可为,饮药卒,年58。

奏疏一集　史部政书类　佚

存懒斋集　集部别集类　佚

以上2种见咸丰《重修兴化县志》卷9。

按:《昭阳述旧编》卷2《蟠根述》上收其文2篇,诗2首。

陈履忠

明兴化人。

凤阿诗草　集部别集类　佚

见咸丰《重修兴化县志》卷9。

陈光虞

明兴化人。

山居录　子部杂学类　佚

见咸丰《重修兴化县志》卷9。

顾士奇

字伯常。明兴化人。天启元年(1621)、四年、七年中三科副榜,授江华知县,有政绩。后母丧去任,三邑之民号泣驰送数百里。服阕,起补浙江太平县。未出京遇疾卒。生平博学工文,砥砺名节。

檀兮楼集　集部别集类　佚

见嘉庆《重修扬州府志》卷62。

解　桢

明兴化人。医家。

医学便览4卷　子部医家类

明胡氏文会堂刻本,国家图书馆藏。

吴　兢

明兴化人。

吴氏族谱　史部传记类　佚

明吴兢崇祯十六年(1643)创修

见《兴化吴氏族谱》。

清至民国

李思聪

字四卿，号沮修，又号再谪仙人。明清间兴化人。春芳孙，茂功三子。少负奇才，好读异书，工诗古文辞。后迁居金陵。喜登临吟咏，复留心时事实务，尝有江防、城守、开老鹳河诸议。因有忌之者，乃绝口世事，觞歌啸咏，隐居终老。卒年74。

李氏别纪不分卷　史部传记类

明清间李思聪手纪，清李长科等同订

(1) 1928年师俭堂刻本，南京图书馆藏。附于《兴化李氏传略》后。

(2) 2014年凤凰出版社《泰州文献》本。

堪舆十一种　子部术数类

明天启二年(1622)朱汝贤刻本，中国科学院图书馆藏。

沮修集12卷　集部别集类　佚

见乾隆《句容县志》卷9本传，谓藏家塾。本传又谓著文集2卷行世。今未见。

李思训

字于庭，号五游。茂德子。明清间兴化人。邑增生。文法柳宗元。性廉介，以气节闻。明亡后隐居高邮甓社湖畔，筑墅曰宛皋。虚心勤学，善诗文。

于庭集　集部别集类　佚

见嘉庆《重修扬州府志》卷62。

晚好斋诗存　集部别集类　佚

见民国《续修兴化县志》卷14。

按:《昭阳述旧编》卷2《蟠根述》上收其诗5首。

吴　甡(1589—1670)

字鹿友,号遄愚,晚号柴庵。明清间兴化人。万历四十一年(1613)进士。授福建邵武知县。天启二年(1622)授御史,七年以忤魏忠贤削籍。崇祯元年(1628)起复原官,按察河南。六年与陈子龙会北京。擢右佥都御史,巡抚山西,历陈边事及恤民策,崇祯帝议而不听。后官至礼部尚书、东阁大学士,督师湖广,不果行。十七年遣戍金齿。福王时,复故官。明亡,迁家溧水。清顺治十二年(1655)以李清介绍,贻诗昆山归庄。十六年为《天启崇祯两朝遗诗》作序。《明史》卷252有传。

安危注4卷　史部传记类

(1) 清康熙间吴氏刻本,南京图书馆藏。

(2) 清嘉庆道光间刻本。

(3) 抄本,南京图书馆藏。

(4) 1976年台北伟文图书出版社有限公司《明季史料集珍·淮南吴柴庵四种》本,影印康熙吴氏刻本,与《柴庵疏集》等3种合刊。

(5)《四库全书存目丛书》本。

按:此辑汉晋唐宋将相之事,用陆贾"天下安注意相,天下危注意将"之语以名其书。

柴庵疏集20卷　史部政书类

(1) 明崇祯间刻本,国家图书馆藏。

(2) 清初刻本,南京图书馆藏。

(3)《淮南吴柴庵四种》本。

(4)《四库禁毁书丛刊》本。

(5) 1989年浙江古籍出版社点校本。

(6) 2014年凤凰出版社《泰州文献》本。

按:《柴庵疏集》为其自编,自西台以至部阁,摘其要者,厘为此书,分台疏、按豫、按秦、抚晋等编。乾隆间遭禁。

忆记 4 卷　史部杂史类

(1) 清初刻本,北京大学图书馆藏。

(2) 清抄本,国家图书馆藏。

(3)《淮南吴柴庵四种》本。

(4)《四库禁毁书丛刊》本。

(5) 1989 年浙江古籍出版社点校本。

按:《忆记》杂述一生遗事,记亲历目见之事,为考史者所足征。乾隆间遭禁。

柴庵寤言 2 卷　子部杂学类

(1) 明末刻本,北京大学图书馆藏。

(2)《淮南吴柴庵四种》本。

(3)《四库禁毁书丛刊》本。

两河文告　史部政书类　佚

公移别墨　子部杂学类　佚

柱下戆言　子部杂学类　佚

以上 3 种见咸丰《重修兴化县志》卷 9、雷梦辰《清代各省禁书汇考》。

送老吟　集部别集类　佚

见咸丰《重修兴化县志》卷 9。

嘉遁堂集　集部别集类　佚

见《金陵诗征》卷 40。

魏应嘉

字宾吾。明清间兴化人。明万历三十二年(1604)进士。授汝南府推官,巨豪某为民害,立除之。擢兵科给事中。抗疏请立东宫,又屡疏陈时务及辅臣失职状,迁刑科。天启初议泰昌年号,以继序承统,力争存元，条奏三案事，侃侃言无顾畏。寻掌吏科，主内计，进太常卿。历大理太仆卿，至兵部左侍郎。乞休归，不复起。里居30年，精研理学。性孝友。卒之日犹赋诗饮酒谈笑如常时。

纲目纂元　史部传记类　佚

见咸丰《重修兴化县志》卷9。

彩坏封疆录1卷　史部传记类

(1) 清李文田钞本，国家图书馆藏。

(2)《明季野史汇编》本。

(3)《正觉楼丛刻》本。

(4)《续修四库全书》本。

(5)《四库全书存目丛书》本。

双鹤轩奏议　史部政书类　佚

见雍正《扬州府志》卷35。咸丰《重修兴化县志》卷9收其《题请议谥疏》。

五云馆会艺　集部别集类　佚

见咸丰《重修兴化县志》卷9。

徐燕誉

字槐江。明清间兴化人。吴甡内弟。工诗善书，不乐仕进。吴甡屡招入都不赴，与同里陆廷抡、李沂为莫逆交。绘三益图以见志。

覆瓿诗集　集部别集类　佚

见咸丰《重修兴化县志》卷9。

按:《江苏诗征》卷7收其诗2首。

魏应星

号弁山。明清间兴化人。明崇祯三年(1630)以副榜贡授云南赵州通判，署州事。调署邓川州。工诗。

弁山集　集部别集类　佚

见嘉庆《重修扬州府志》卷62。《江苏诗征》卷128收其诗1首。

顾士吉

字叔向。明清间兴化人。士奇弟。留心经世之务,以名教是非为己任。博览群书,尤精史学。中明崇祯三年(1630)副榜。明亡入清后弃举子业,为诗古文辞。游楚、粤、浙、闽,结识海内名宿,学益进。洪承畴闻其名,欲题请重用,士吉薄洪晚节,绝不往谒。著述甚富,多佚。

轩邱道人诗文集　集部别集类　佚

见咸丰《重修兴化县志》卷9。

按:《江苏诗征》卷129收其诗2首。《广陵思古编》卷22收其文2篇。

李长科(? —1657)

又名盘。字小有,号根大,又号广仁居士。明清间兴化人。春芳曾孙,茂功孙,思聪长子。兄弟皆登科,独长科落拓不第。明崇祯十四年(1641)岁贡,举孝廉,官广西怀远知县。兴利除害,多善政。未几解组。博洽廉谨,有陶潜之风。生平著述甚富。诗摹唐贤,在诸李中名尤盛。与钟惺、陈子龙为友,而无与派别之争。入清以隐逸终。

宋遗民广录　史部传记类

(1) 清嘉庆五年(1800)谭学敏抄本,山东省图书馆藏。

(2) 清抄本,上海图书馆藏。

兴化李氏传略附别纪　史部传记类

清李长科等辑,附李思聪手纪

(1) 1928年师俭堂刻本,南京图书馆藏。

(2) 2014年凤凰出版社《泰州文献》本。

按:此辑录兴化李氏家族成员传记。所录人物有:李镗、李春芳、李齐芳、李茂年、李茂材、李茂德、李茂功、李茂业、李茂中、李思敬、李思诚、李思聪、李思谧、李思奋、李长敷、李长祺、李长倩、李信、李长科(一名盘)、李嗣京、李长似、李长祚、李长标、李沛、李清、李沂、李滢、李淦、李国宋、李柟、李鱓、李士歅、李福祚、李槐等。明清之际兴化李氏家族主要人物,都已收录其中。

牧怀五纪　史部政书类　佚

见咸丰《重修兴化县志》卷9。

金汤借箸十二筹12卷　子部兵书类

(1) 钞本,南京图书馆藏。

(2) 明崇祯十二年刻本,国家图书馆藏。

(3) 吴寿格抄本,13卷,清华大学图书馆藏。

(4)《水陆攻守战略秘书七种》本。

(5)《四库全书存目丛书》本。

(6)《四库禁毁书丛刊》本。

按:《四库全书总目》兵家类存目作8卷,谓已缺4卷,提要云:"所言皆团练乡勇、扞御土寇之计。杂引古事以证之,多不切合,亦颇支蔓。"谢国桢《江浙访书记》已辨其非,参见《李小有诗集》条。郑振铎《劫中得书记》谓此书"合将略、故事及器用为一编,亦多蹈袭语,似为兵家实用之一手册。附图亦甚精雅"。

妇科秘方胎产护生篇　子部医家类

清竹林寺僧撰　李长科辑

(1) 清道光九年(1829)刻本。

(2) 清同治元年(1862)刻本,南京图书馆藏。

(3) 清同治五年南京李光明庄刻本。

(4) 清光绪七年(1881)皖湖同善堂重刻本。

(5) 清光绪十四年直隶藩署重刻本。

(6) 清光绪二十年翰雅斋刻本。

(7) 南京状元阁写刻本,上海中医药大学图书馆藏。

(8) 旧钞本,中国科学院图书馆藏。

(9)《曼陀罗华阁丛书》本。

仁寿编 1 卷　子部医家类

明崇祯刻本,南京图书馆藏。

广仁品 18 卷　子部杂学类

(1) 明崇祯刻本,南京图书馆藏。

(2)《四库全书存目丛书》本。

李小有诗纪 11 卷葭园唱和 1 卷牧怀诗纪 5 卷媚独斋诗集 8 卷　集部别集类

(1) 清初刻本,四川省图书馆藏,8 册。

(2)《四库未收书辑刊》本。

(3) 2014 年凤凰出版社《泰州文献》本。

淮南三凤文钞　集部总集类　佚

明清间李长科、李嗣京、李乔撰

见咸丰《重修兴化县志》卷 9。

昭忠逸咏　集部总集类

宋刘麟瑞、刘埙撰　明清间李长科辑

抄本,上海图书馆藏。

李嗣京

原名长华。字少文,号嘉锡。明清间兴化人。春芳曾孙,思聪子,长科弟。明崇祯元年(1628)进士。任江西南昌府推官。擢浙江道御史,上屯田水利刑名诸疏。差河东巡盐,十五年福建巡按。差竣仍补台班。明亡后杜门不出,绝意世事。

册府元龟 1000 卷　子部典故类

宋王钦若等撰

明崇祯十五年黄国琦刻本,李嗣京参定。国家图书馆藏本有傅增湘校并跋,1960 年中华书局影印。

圣朝泰交录 9 卷　子部杂学类

明邹德溥撰　明清间李嗣京刊

明崇祯七年刻本，无锡市图书馆藏。

王允宁先生存笥稿41卷　集部别集类

明王维桢撰　明清间李嗣京刊

明崇祯十五年刻本，见《明代版刻综录》。

冷香斋集　集部别集类　佚

匡山吟集　集部别集类　佚

以上2种见嘉庆《重修扬州府志》卷62。

淮南三凤文钞　集部总集类　佚

明清间李长科、李嗣京、李乔撰

见咸丰《重修兴化县志》卷9。

滕王阁续集19卷　集部总集类

明清间李嗣京编

(1) 明崇祯七年刻本，上海图书馆藏。

(2)《四库全书存目丛书》本。

李长敷

字维凝。明清间兴化人。思诚长子。少负才名，万历四十六年(1618)副榜，天启元年(1621)举人。其侄李清早孤，长敷爱如己子教之。性和易，与人交无城府，而狷介不苟。工诗词，善行草书。

韵斋集　集部别集类　佚

见嘉庆《重修扬州府志》卷62。

李　乔

原名长乔。字世臣，号玉峰。明清间兴化人。嗣京弟。明万历四十七年(1619)进士。知河南灵宝县，调祥符。宽仁廉洁，尽革羡余赎锾常例。迁礼部仪制司主事，擢山东提学副使。取士公明，试牍传遍海内。累官至陕西巡抚，以劾罢。

淮南三凤文钞　集部总集类　佚

明清间李长科、李嗣京、李乔撰

见咸丰《重修兴化县志》卷9。

陆士骕

字渠黄。明清间兴化人。西星从孙。性嗜学，不避寒暑，曾录经、史、子、集与四子书盈尺，其他编辑尤多，惜皆未付梓。

稽古录　子部杂学类　佚

见咸丰《重修兴化县志》卷9，明汤来贺撰本书序。

宗宏齐

明清间兴化人。

吟轩诗草　集部别集类　佚

见咸丰《重修兴化县志》卷9。

李　沛(1598—1655)

字平子。明清间兴化人。春芳四世孙。庠生。明崇祯末诏举贤良，郡县将以沛应，固辞。负才尚志，以忠义自许。久困诸生，郁郁不得志，遂弃举子业。工书翰，从事诗古文。文切磋于江都雷士俊、宝应王岩。诗与河南张昉、张翮，从弟瀚、沂相唱和，日究汉魏三唐之旨。沛意气高抗，不诡随流俗，动与物忤，尽以其不得于中者发为咏歌，不平之气俱见之于诗。《国朝耆献类征》卷423有传。

江淮稿　集部别集类　佚

见咸丰《重修兴化县志》卷9。

平庵诗集　集部别集类　佚

见《国朝耆献类征》卷423。

按：《淮海英灵集》丁集卷1收其诗2首。《昭阳述旧编》卷2《蟠根述》上收其诗5首。

李长祚(1598—1671)

字延初，又字延明，号完石。清兴化人。春芳曾孙。明崇祯十二年(1639)举于乡，中十六年会试副榜。明亡后绝意仕进，前后县令踵门访之终不肯见。清顺治五年(1648)被迫为僧。生平多厚德。

四书正训　经部四书类　佚

容照草堂集　集部别集类　佚

以上2种见咸丰《重修兴化县志》卷8。

千祥记(传奇)　集部词曲类　佚

见明祁彪佳《祁忠敏日记》乙亥，谓崇祯八年在绍兴演出。

红叶记(传奇)　集部词曲类　佚

见《祁忠敏日记》己卯，谓崇祯十二年在绍兴演出。

梅雪缘　集部词曲类　佚

翠烟记　集部词曲类　佚

以上2种见《古典戏曲存目汇考》卷10。

魏龙溪

清兴化人。

遗真集　集部别集类　佚

见咸丰《重修兴化县志》卷9。

曹　松

清兴化人。

易学正蒙　经部易类　佚

见咸丰《重修兴化县志》卷9。

陆世泽

清兴化人。

醒世编　子部儒学类　佚

村居志　子部杂学类　佚

以上2种见咸丰《重修兴化县志》卷9。

鲁唯一

又名洞，一字顽老。清兴化人。与袁继凤相唱和。

红鹃诗钞　集部别集类　佚

见咸丰《重修兴化县志》卷8。

李　潜

原名洵，字启美。清兴化人。长祺子，清兄。少习举子业，旋弃不治，耽心释学。明亡后闭门读书。

叶闻斋集　集部别集类　佚

见《兴化李氏族谱》。

乾隆《句容县志》卷10收其文1篇。

李　清(1602—1683)

字心水，一字映碧，号碧水翁，晚号天一居士。清兴化人。春芳玄孙，思诚孙，瀚兄。明天启元年(1621)举人，崇祯四年(1631)进士。授宁波府推官，多所平反。升刑科给事中，转吏科给事中。十三年，以言事谪还。明亡，任南明工科都给事中，迁大理寺左丞。清顺治二年(1645)南都溃败，归隐乡邑枣园凡38年。十二年寓居昆山。徐元文荐修《明史》，以老病辞。十七年不应博学鸿儒荐。明末曾疏请为李善长、方孝孺、陆震、左光斗等百余人追谥赠官。生平手不释卷，尤潜心史学，著作宏富，《清史稿》卷500有传。

南北史合注191卷　史部正史类

(1) 清四库全书馆写本，北京故宫博物院藏。

(2) 清戴氏秋树山房传抄本，为李盛铎旧藏，现归北京大学图书馆。

(3)《续修四库全书》本。

(4)《四库全书存目丛书》本。

按:此书初稿完成于康熙十六年(1677)。三十九年兴化李柟聘嘉定张云章整理成 191 卷。此书和李清另外 3 种著作《诸史同异录》《历代不知姓名录》《南唐书合订》原已收入《四库全书》,乾隆抽阅时发现《诸史同异录》中有"妄诞不经"处,下令将此 4 书撤出并销毁。但实际上除《诸史同异录》外,其余 3 书仅撤出而未销毁。1927 年王重民在故宫博物院图书馆发现当时奉命销毁的 11 种书中有 9 种(其中有李清的 3 种)保存下来。王氏把这 9 种书的提要抄出,名曰《四库撤毁书提要》,现收入中华书局 1965 年以后各版《四库全书总目》卷末。又《藏园群书题记》卷 2 有此书跋,可参阅。

甲乙编年录　史部编年类　佚

见《清代禁毁书目》补遗一,注云:"题碧水翁撰。记福王称号南京始末。"

按:此书与《南渡录》均见于《清代禁毁书目》补遗一,《南渡录》不著撰人名氏(有传本,李清撰),二书内容相似,疑为同书异名。

三垣笔记　史部杂史类

(1)《明季野史汇编》本,4 卷。

(2)《古学汇刊第一集》本,3 卷《补遗》3 卷。

(3)《嘉业堂丛书》本,3 卷《补遗》3 卷《附识》3 卷《补遗》1 卷。

(4) 台北新兴书局《笔记小说大观》本。

(5) 清青林山房抄本,20 卷《补遗》1 卷,南京图书馆藏。

(6) 清抄本,8 卷,中国科学院图书馆藏。

(7) 1982 年中华书局顾思点校本。

(8)《丛书集成续编》本。

(9)《续修四库全书》本。

(10)《四库禁毁书丛刊》本。

(11) 2014 年凤凰出版社《泰州文献》本。

按:此书记崇祯、弘光两朝李清官刑、吏、工科给事中时朝章典故、大臣言行。“目见者为本书,耳闻者为附录”。记事翔实,持论平允。为清代禁书,长期以抄本流传,见于《中国古籍善本书目·史部》者即有十几种抄校本,内容多少不一。中华书局点校本最完备。

甲申日记8卷　史部杂史类

(1) 清抄本,李文田跋,国家图书馆藏。

(2) 清抄本,有附录1卷,浙江图书馆藏。

按:此书为清代禁书,内分金石丝竹匏土革木8集。

袁督师计斩毛文龙始末1卷　史部杂史类

(1)《荆驼逸史》本。

(2) 台北新兴书局《笔记小说大观》本。

(3)《海甸野史》本,题作《督师袁崇焕计斩毛文龙始末》。

(4)《中国野史集成》本。

南渡录　史部杂史类

(1) 稿本,2卷,兴化市图书馆藏。

(2) 清抄本,不分卷附校勘记2卷,湖北省图书馆藏。

(3) 清抄本,5卷,傅以礼校并跋,浙江图书馆藏。

(4) 清抄本,缪荃孙校,浙江图书馆藏。

(5) 清抄本,6卷,兴化市图书馆藏。

(6) 清抄本,12卷,上海图书馆藏。

(7) 宣统三年(1911)广益书局石印本。

(8) 1988年浙江古籍出版社何槐昌点校本。

(9)《续修四库全书》本。

(10) 2014年凤凰出版社《泰州文献》本。

按:此书为李清任弘光朝大理寺左丞时辑录诏谕章奏及朝臣言行,有较高史料价值,为清代禁书。参阅《增订晚明史籍考》。

南渡录摘钞不分卷　史部杂史类

归云池馆抄本,上海图书馆藏。

南渡纪事 2 卷　史部杂史类

(1) 清钞本,北京大学图书馆藏。

(2)《四库禁毁书丛刊》本。

(3) 2014 年凤凰出版社《泰州文献》本。

按:此书为清代禁书。谢国桢云此即傅以礼所云 2 卷本之伪本(《南渡录》)。《续修四库全书提要》云:(李)清书叙事平允,此本过持党见,已非李氏之本旨。惟此书记载当时奏疏采录颇备,所叙四镇高杰、刘泽清、黄得功事较他本为详,与明季史料,不无补益。

三余琐录　史部杂史类　佚

见光绪《续纂句容县志》卷 18。

诸史异汇 24 卷　史部杂史类

(1) 旧钞本,浙江图书馆藏。

(2)《四库禁毁书丛刊》本。

按:本书无序跋,各卷署名昭阳李清映碧甫辑,其中怜才类未标卷数,实际此书为 25 卷,有残缺。全书分为君臣、父子、夫妇、朋友等 25 类,每类下有子目,少则二条,多则数十条。所记古事性质相异或相关,以题目标出。

明史杂著 1 卷　史部杂史类

(1) 清钞本,北京大学图书馆藏。

(2) 2014 年凤凰出版社《泰州文献》本。

按:本书为李清考论明代历史的专著,含论、辨、书后、传、记、序各体文,共 76 篇,成书于明亡后。

南唐书合订 25 卷　史部载记类

(1) 清乾隆间抄文澜阁《四库全书》本,国家图书馆藏。

(2)《四库禁毁书丛刊补编》本。

按:此书为《四库撤毁书》之一。以陆游《南唐书》为底本,以马令《南唐书》及其他史料补注于下。

历代年号考　史部史表类　佚

见咸丰《重修兴化县志》卷9。

廿一史新奇26卷(一作正史新奇)　史部史钞类

抄本,北京大学图书馆藏。

澹宁斋史论　史部史评类　佚

见光绪《续纂句容县志》卷18。

诸史同异录68卷　史部史评类　佚

《四库撤毁书》之一,见《清代禁毁书目》、刘锦藻《清朝续文献通考》卷187。

史略词话2卷　史部史评类

明杨慎原著　清李清、宫伟镠正误

(1) 清康熙间刻本,吉林大学图书馆、福建师范大学图书馆藏。

(2) 清道光五年(1825)修补本。

(3) 2014年凤凰出版社《泰州文献》本。

按:康熙三年李清、宫伟镠等删订杨慎著《历代史略十段锦》弹词为《史略词话》2卷。

历代不知姓名录　史部传记类

(1) 清四库全书馆写本,10卷,北京故宫博物院藏。

(2) 清抄本,10卷,缺9、10两卷。见孙殿起《清代禁书知见录》。

(3) 清抄本,14卷。见孙殿起《清代禁书知见录》。

(4)《四库禁毁书丛刊补编》本。

按:此书为《四库撤毁书》之一。库本10卷,汇录历代史书所载有事迹而有姓无名或有名无姓者为一书,分54类。孙殿起所见14卷本分卷与库本不同,孙氏详记每卷所收门类及条数,可参阅。

鹤龄录1卷　史部传记类

(1)《檀几丛书》本。

(2)《丛书集成续编》本。

诸忠记略　史部传记类　佚

见刘世瑗《征访明季遗书目》、谢国桢《增订晚明史籍考》。

明谥法考　史部政书类　佚

见雍正《扬州府志》卷35。

三垣奏疏5卷　史部政书类

清顺治刻本。

谏垣疏草　史部政书类

(1) 明崇祯间刻本，上海图书馆藏。

(2) 2014年凤凰出版社《泰州文献》本。

按：清代禁书，见《清代禁毁书目》补遗一、补遗二。

赐环疏　史部政书类　佚

见《清代禁毁书目》。

折狱新语10卷　史部政书类

(1) 明末刻本，黄裳跋，国家图书馆藏。

(2)《国学珍本文库第一集》本。

(3)《续修四库全书》本。

女世说4卷补1卷　子部儒学类

(1) 明刻本，南京图书馆藏。

(2) 清抄本，中山大学图书馆藏。

(3) 清道光五年刻本，吉林大学图书馆藏。

(4) 2017年燕山出版社《中国古代女教文献丛刊》本。

重镌武经七书集注8卷　子部兵书类

明天启四年李逢甲刻本，北京大学图书馆藏。

外史新奇12卷　子部杂学类

清劳权抄本，上海图书馆藏。

梼杌闲评(一作明珠缘)50回　子部小说类

(1) 清京都坊刻本，南京图书馆藏。

(2) 1983年人民文学出版社校点本。

(3) 2005年中华书局点校本。

(4) 2012年中国戏剧出版社校注本。

按:此书不著撰人,据今人研究,此为李清所撰。参见《中国通俗小说总目提要》。

澹宁斋集　集部别集类　佚

见咸丰《重修兴化县志》卷9。

澹宁斋杂著　集部别集类　佚

见中华书局点校本《三垣笔记》"点校说明"。

李映碧公余录(一作公余录)2卷　集部别集类

(1) 明崇祯间刻本,国家图书馆藏。

(2) 抄本,北京大学图书馆藏。

(3) 2014年凤凰出版社《泰州文献》本。

按:内含《读史随笔》《理署偶笔》各1卷。

弘　储(1604—1672)

一作洪储。字继起。晚号退翁。清兴化人,一作通州人。俗姓李。年23投三峰和尚,力参顿明,大法藏许为临济荷担真子。出世常州夫椒山祥符寺,历住台州东山、天台国清、兴化慧明、瑞华等寺。顺治六年(1649)住苏州,复兴灵岩寺。入清后每寄怀故国,思匡复明朝,灵岩寺成为抗清人士秘密聚会之所。与柳如是、李来亨等均有联系。后以通海之罪入狱,经众义士力救得免。每逢明亡日,必素服挥泪拜,28年如一日。其著作多被毁。

孝经笺注1卷　经部孝经类　佚

甲辰录10卷　史部杂史类　佚

以上2种见震华《兴化佛教通志》卷4。

灵岩纪略内篇2卷外篇2卷　史部地理类

清弘储述意　殊致辑

(1) 清初刻本,南京图书馆藏。

(2) 清抄本,南京图书馆藏。

(3) 民国石印本。

(4)《中国名山胜迹志丛刊》本。

(5)《中国佛寺志丛刊》本。

三峰和尚年谱1卷　子部佛教类

明刻本,日本国会图书馆藏。

三峰藏和尚语录　子部佛教类

清弘储撰

清顺治刻本,上海图书馆藏。

南岳继起和尚语录10卷三峰和尚年谱不分卷　子部佛教类

清弘储等撰

(1) 民国影印本,上海图书馆藏。

(2) 2014年凤凰出版社《泰州文献》本。

南岳单传记　子部佛教类

清弘储撰

民国石印本,南京图书馆藏。

浮湘录5卷　史部地理类　佚

继起禅师语录40卷广录60卷余录30卷　子部佛教类　佚

报慈录10卷　子部佛教类　佚

雪舟集2卷　集部别集类　佚

以上4种见震华《兴化佛教通志》卷4。

浮舟集　集部别集类　佚

明白庵集　集部别集类　佚

以上2种见《兴化佛教通志》卷2。

灵岩和尚树泉集(一作树泉集)2卷　集部别集类

清弘储著　晓青辑

清初刻本,国家图书馆藏。

朱国琦(1608—?)

字鹤山,号懒翁。清兴化人。工诗,长于书翰。性好游,闻佳山水不惮千里前往。暮年种竹养花，不复问人间事。康熙二十六年(1687)年80，与孔尚任会。

来鹤堂集　集部别集类　佚

见《江苏诗征》卷18，收其诗2首。

李　润

字郎玉。清兴化人。清从兄弟。

芝嵋集　集部别集类　佚

见《金陵诗征》卷4，收其诗6首。

李　沂(1616—?)

字子化，号艾山，晚号壶庵。清兴化人。沛从弟。幼孤，事母孝。明亡后谢诸生业，以诗歌自娱，深入盛唐之室。江淮南北数十年言诗派者以阳山为正，而阳山之诗醇雅典则以沂为依归。沂和平坦易，遇物无所凝滞，独于名义不少假。王士禛司理扬州，至邑踵门请谒，固辞不见。晚好神仙。康熙元年(1662)作《阳山赋》，记兴化一邑古今情事。二十六年会孔尚任。三十六年，年已70余，作《诸老燕会记》。

南福两京实录　史部编年类　佚

见《增订晚明史籍考》卷10。

鸾啸堂诗8卷文1卷　集部别集类

(1) 清康熙四十一年张印宣刻本，南京图书馆藏。

(2) 2014年凤凰出版社《泰州文献》本。

鸾啸堂诗集2卷　集部别集类

清抄本，南京图书馆藏。

唐诗援20卷　集部总集类

(1) 明崇祯五年(1632)刻本，中山大学图书馆藏。

(2) 清康熙刻本，柳园藏板。参见《唐诗选本六百种提要》。

(3) 清乾隆阳山李氏刻本，上海图书馆藏。

秋星阁诗话 1 卷　集部诗文评类

(1)《昭代丛书》本。

(2)《清诗话》本。

(3) 日本近藤元粹之《萤雪轩丛书》本。

(4)《丛书集成续编》本。

(5) 2014 年凤凰出版社《泰州文献》本。

黄　珙

字廷辉。清兴化人。建中长子。明崇祯八年(1635)贡生，十七年擢县令。明亡后归里。

北征集　集部别集类　佚

叫月鹃声集　集部别集类　佚

水阁孤吟　集部别集类　佚

以上 3 种见嘉庆《重修扬州府志》卷 62。

李　瀚

字士翔，一字籀史，号严庵。清兴化人。长敷子。明崇祯十七年(1644)贡生。后弃帖括，杜门诵读，佛典、道藏及阴阳、医卜靡不流览。与人论文，娓娓不倦。尤喜方外交。

严庵稿 1 卷　集部别集类

(1) 清康熙沧浪水屋刻本，与其子国宋《嬴隐初集》等合刻，书名为《木本堂诗》，上海图书馆藏。

(2) 2014 年凤凰出版社《泰州文献》本。

李　滢(1618—1682)

字镜月，又字镜远、镜石，号劬庵。清兴化人。沛从弟。年 14 补诸生。经史百家之书无不淹贯。顺治二年(1645)举人。绝意仕进，肆力诗古文辞。遍游名山大川。康熙七年(1668)游庐山，十七年旅湖北。

足迹所至，诗文盈箧。晚邃于经，参正考订，多所发明。又博采古圣君贤臣懿士淑媛之事，附以论断，以作明鉴。每岁饥出游，必载米豆百斛归，赠饿者。捐腴产为义田，岁取所获，赡养族人。好扬人善，汲引后进，津津不倦。《国朝耆献类征》卷423有传。

春秋纂义　经部春秋总义类　佚

见《广陵思古编》卷21。

增定庐山志15卷　史部地理类

清吴炜、李滢撰

清康熙日思堂刻本，国家图书馆藏。

经济考8卷　子部儒学类

见《国朝耆献类征》卷423。

懿行编8卷　子部杂学类

清李滢辑

清康熙十二年刻本，上海图书馆藏。

雪崖偶笔　子部杂学类　佚

见《广陵思古编》卷21。

敦好堂诗文集30卷　集部别集类　佚

见《国朝耆献类征》卷423。

敦好堂集6卷　集部别集类

(1) 清康熙刻本，上海图书馆藏。

(2) 2014年凤凰出版社《泰州文献》本。

顾大信

字成之，号懒闲，晚号佚老人。清兴化人。廪生。有逸才，工古文辞，尤长于诗。性疏脱。与显者游，强项不少屈，独折节理学名儒。善鉴别古器书画。著述甚富，大半散佚，年77卒。

茗炉随笔　子部杂学类　佚

梦萱堂稿　集部别集类　佚

以上 2 种见同治《续纂扬州府志》卷 22。

黎希淳

字太冲。清兴化人。增广生。博览载籍，作文千言立就。五举乡饮大宾。与弟体淳、效淳皆工诗。

闲居杂录　子部杂学类　佚

存雅集　集部别集类　佚

诗存　集部别集类　佚

以上 3 种见咸丰《重修兴化县志》卷 9。

黎体淳

字太淑。清兴化人。希淳弟。官文华殿中书舍人，名满日下。

清余阁诗集　集部别集类　佚

见咸丰《重修兴化县志》卷 9。

黎效淳

字太臣。清兴化人。体淳弟。工诗，每落笔多警句。解音律，尤长尺牍。官浙江萧山县丞，擢江西东乡令。善谈兵，画城守邑，民赖以安。明亡后入广，不知所终。

舫斋诗集　集部别集类　佚

见咸丰《重修兴化县志》卷 9。

王贵一

字象山。清兴化人。明诸生。刚正负气，不随人俯仰。吴甡于贵一为至戚，未尝有干托。明亡后谢诸生业，益肆力于诗古文辞。

檀园集　集部别集类　佚

见咸丰《重修兴化县志》卷 9。

按：《淮海英灵集》戊集卷 1 收其诗 1 首。《广陵思古编》卷 22 收其文1篇。

李似似

字莘子。清兴化人。武进庄履丰妻。

绣佛斋井臼吟　集部别集类　佚

见《历代妇女著作考》卷9引《然脂集》。

李　贞

字文淑。清兴化人。工集句。

回云阁诗余　集部词曲类　佚

见《历代妇女著作考》卷9引《然脂集》。

李名显

字芬远。清兴化人。顺治二年(1645)贡生,授通判,未仕。生平端谨严肃,苦学能文,四方从者皆知名士。

燕游玉霏集　集部别集类　佚

见咸丰《重修兴化县志》卷8。

王　待

字季守。清兴化人。精诗古文。邓汉仪称其幼而颖慧,长而博综,所为诗轻妍秀妙,复沉炼。魏禧称其文有长江千里之势。

醉娱集　集部别集类　佚

东皋集　集部别集类　佚

以上2种见《昭阳述旧编》卷1《桑梓述》下。诗集已佚。诗存《诗观》中。《淮海英灵集》乙集卷2收其诗1首。

行　溗

字法音。清长洲人,生长兴化。俗姓彭。年少即送兴化之芦渡寺脱白，投容止为师。10岁能暗诵《法华经》。历主扬州建隆、延陵龙树、金陵大泉诸寺。倪永清选《诗最》于邗上，法音主之寺中7年，令僧众从之受学。其诗高苍俊逸。

续指月录　子部佛教类　佚

法音禅师语录　子部佛教类　佚

以上2种见震华《兴化佛教通志》卷4。

行　定

字巢庵。清兴化人。俗姓陈。年16为僧，历参报恩、龙池、福严诸处，俱有机缘。继谒金粟费隐容和尚，随侍久，乃得法，开堂于高邮之乾明寺。暮年退休于泰州庆云精舍，键户不见一客，烹泉试茗，吟啸其中。

巢庵禅师语录　子部佛教类　佚

见震华《兴化佛教通志》卷4。

徐　哲

字山甫，号冬庵。清兴化人。顺治十年(1653)贡生。由宁国府训导转江宁府教授。葺学宫，建讲院，乐育人材，为士林模范。以卓异升福建南平县知县。薄赋轻徭，爱民如子，及乞休归，士民攀辕不舍。工诗文书翰。

学颜录　子部儒学类　佚

冬庵集　集部别集类　佚

以上2种见民国《续修兴化县志》卷13，卷14收其文2篇。

魏俊麒

清兴化人。

三凤文集　集部总集类　佚

清魏俊麒与其弟魏天麒、魏秀麒撰

见咸丰《重修兴化县志》卷9。

李挽河

原名澶，字莱驭，号飚轮。清兴化人。乔长子。顺治五年(1648)拔贡。顺治八年举人，任怀宁县教谕，爱士如子，教诲不倦。年87卒于学署。

经史类纂120卷　子部杂学类　佚

格言杂学60卷　子部杂学类　佚

以上2种见咸丰《重修兴化县志》卷9。

李　法

字子鹰，号不二，又号笼鹅道人。清兴化人。敦品立行。明亡时年才弱冠，杜门弃举子业，不与试。与如皋冒襄等以诗古文唱和。康熙中，举乡饮正宾。

碧浪山房集　集部别集类　佚

笼鹅道人草　集部别集类　佚

祺寿堂集　集部别集类　佚

以上3种见同治《续纂扬州府志》卷22。《昭阳述旧编》卷2《蟠根述》上收其诗2首。

任先任

清兴化人。

遁庵集　集部别集类　佚

见民国《续修兴化县志》卷14。

道　贤

字放眉，号寄庵。清新安人。俗姓苏。明亡时年未弱冠，故人带至峨嵋，剃发为僧。后遍历名山，与诸方知识俱有机契。性孤僻，著作等身，不付刊刻。后游扬州，居东隐，示寂于兴化黎庵。

寄庵诗集　集部别集类　佚

见震华《兴化佛教通志》卷4。

李　淦(1626—?)

字若金，号季子。清兴化人。顺治二年(1645)以庠生在福建应唐王乡试。父长倩死难，淦隐匿山中。官吏录故明子弟，入山遍索甚急。淦蓬首披麻，与之抗，卒不出。博学，工诗文。性好山水，足迹遍天下。康熙十年(1671)与宗元豫、魏禧等同游镇江金山、焦山。十四年至苏州。二十六年与孔尚任会兴化。三十二年在郭庄会王仲儒。

燕翼篇1卷　子部儒学类

(1)《檀几丛书》本。

(2)《丛书集成续编》本。

(3) 2014年凤凰出版社《泰州文献》本。

砺园文集　集部别集类　佚

鸿砚斋诗集　集部别集类　佚

以上2种见咸丰《重修兴化县志》卷9。《昭阳述旧编》卷2《蟠根述》上收其诗2首。

陆廷抡(1627—?)

字悬圃。清兴化人。士骕子。少负异才。博闻强记，以古文知名。甘心隐约，不为荣利计。日坐卧小楼，足不入城市者30年，专心史学。与宝应王岩往复辨论。同邑李清称其心力俱瘁，故其文体大思精必传后也。康熙十二年(1673)在泰州与宫伟镠修志，十六年在扬州会魏禧。二十二年在泰州馆舍与吴嘉纪等交。

微尚录存(一作泰州志稿)6卷　史部地理类

清宫伟镠、陆廷抡撰

(1)《春雨草堂集》本。

(2)《海陵丛刻》本。

(3) 2014年凤凰出版社《泰州文献》本。

悬圃文集12卷　集部别集类

清康熙三十年刻本,见《泰县著述考》卷8。

酩酊堂诗文集　集部别集类　佚

见《广陵思古编》卷22,收其文5篇。

戎　捷

清兴化人。

阵图纪略　子部兵书类　佚

见咸丰《重修兴化县志》卷9。

徐尔勉

字幼芬。清江都人。兴化李淦妻。与季娴常相唱和。诗清而苦弱。

偕隐居诗集　集部别集类　佚

见《然脂集》。

幼芬诗稿　集部别集类　佚

见咸丰《重修兴化县志》卷9。

按:《淮海英灵集》壬集卷1收其诗2首。小传引王士禛《读徐幼芬遗诗兼寄李季子》诗云:"自来学得谢兆棋,博士风流幼妇词。未免有情看不得,桥南荀令断肠诗。"

任大任

清兴化人。

治家训子诗词汇钞　子部儒学类　佚

见民国《续修兴化县志》卷14。

刘 兰

字楚畹。清兴化人。庠生。才思敏捷，雄于文。专精经学，融会各家注疏为一家言。

五经辨义 10 卷　经部群经总义类　佚

见民国《续修兴化县志》卷 14。

陈一贯

清兴化人。

东岩诗集　集部别集类　佚

见同治《续纂扬州府志》卷 22。

周 渔

字素庵，一字恕庵。清兴化人。自幼好学，过目辄成诵，淹贯五经，旁通佛典。顺治十一年(1654)举人，十六年进士，改庶吉士，旋授编修。后以病辞归，日事讲学。

加年堂讲易 12 卷　经部易类　佚

见民国《续修兴化县志》卷 14 本书序。

大学石本疏　经部四书类　佚

论语吟　经部四书类　佚

见上 2 种见《广陵思古编》卷 23。

按:《淮海英灵集》丁集卷 1 收其诗 6 首。咸丰《重修兴化县志》卷 9 收其文 1 篇。

李 然

清兴化人。

竹香诗钞　集部别集类　佚

见民国《续修兴化县志》卷 14。

李　涚

清兴化人。

真我堂诗(即凫湄集)　集部别集类

(1)《李氏丛书七种》抄本,兴化市图书馆藏。

(2) 2014 年凤凰出版社《泰州文献》本。

按:《昭阳述旧编》卷 2《蟠根述》上收其诗 10 首。

黄正乾

字潜初。清兴化人。建中孙,珙子。幼负异才。弟升曾师事正乾,及升中进士,正乾遂绝意荣进,著书自娱。古文学韩愈,时艺似归有光。

潜初文集　集部别集类　佚

见咸丰《重修兴化县志》卷 8。

黄　升

字子允,号孚庵。清兴化人。珙子,正乾弟。性好学,寒暑弗辍。顺治十四年(1657)举人,康熙十五年(1676)成进士。选顺天大城知县。归田后日以经史自娱。

绿绮堂文集　集部别集类　佚

宗黄合稿　集部总集类　佚

清宗书、黄升撰

以上 2 种见咸丰《重修兴化县志》卷 9。

按:《江苏诗征》卷 65 收其诗 1 首。

李　妍

字安侣。清兴化人。季娴女,李国宋姑母,解受兹妻。

绿窗偶存　集部词曲类　佚

见《众香词》御集,收其词 2 阕。

按:《撷芳集》作泰兴人,此因其母季娴本泰兴人。嘉庆《重修扬州府志》卷 62 作《绿窗偶集》。咸丰《重修兴化县志》卷 9 书目有李婧,解晋如妻,著《绿窗偶集),无李妍。《历代妇女著作考》因谓李婧、李妍疑是一人。《江苏诗征》卷 172 收其诗 1 首。

李　婧

清兴化人。解晋如妻。

绿窗偶集　集部别集类　佚

见咸丰《重修兴化县志》卷 9。

参见“李妍”条。

超　普

字萍寄,号融峰。清兴化人。俗姓李。既生二子,将家中所有并妻子尽与友人,独自掉臂出走,依天长县之华严庵脱白。居久之,受具于扬州建隆寺僧行溗,得法,主兴化之观音、普润,复迁泰州栖贤、岱岳,杭州云居,通州紫薇,凡六寺。

心经直解 1 卷　子部佛教类　佚

语录 2 卷附禅余草　子部佛教类　佚

以上 2 种见震华《兴化佛教通志》卷 2 本传。卷 4 书目著录《禅宗颂古禅余草》,注云:“此二附《语录》后。”《江苏诗征》卷 180 收其诗 2 首。

陈二雅

清兴化人。

字学音义便览　经部小学类　佚

见咸丰《重修兴化县志》卷 9。

李汝俭

原名溧，字子固，号栗亭。清兴化人。岁贡生。候选训导。性孝友。诗文力追先正，阐抉圣贤义蕴。

霞表阁文集　集部别集类　佚

见同治《续纂扬州府志》卷22。

陈以恂

字长恭。清兴化人。顺治十八年(1661)进士。康熙十一年(1672)知平遥县，慈惠清廉。所辖洪善驿民苦车差，恂详革之。又支应大军，竭尽心力，不以累民。后以疾归，杜门纂述。

周易心学编　经部易类　佚

卦赞　经部易类　佚

檀弓解略　经部礼记类　佚

春秋三传合注　经部春秋总义类　佚

两晋史钞　史部史钞类　佚

宋元明三朝史钞　史部史钞类　佚

以上6种见咸丰《重修兴化县志》卷9。

(康熙)重修平遥县志2卷　史部地理类

清陈以恂修　梁雉翔纂

(1) 清康熙十二年刻本，国家图书馆藏。

(2)《国家图书馆藏地方志珍本丛刊》本。

大栋轩集　集部别集类　佚

家居诗　集部别集类　佚

以上2种见咸丰《重修兴化县志》卷9。

李　汉

字子倬。清兴化人。少有至性，稍长研精理学，一以程朱为宗。中顺治八年(1651)副榜,以母老未赴朝考。康熙十二年(1673)贡入国子监。

义解　子部儒学类　佚

素庵集　集部别集类　佚

以上2种见嘉庆《重修扬州府志》卷62。《广陵思古编》卷21收其文1篇。

陈五伦

清兴化人。

达园草　集部别集类　佚

见同治《续纂扬州府志》卷22。

李　浦

清兴化人。

远帆诗集　集部别集类　佚

见同治《续纂扬州府志》卷22。

薛　京

清兴化人。

冠昏丧祭类编　经部三礼总义类　佚

见咸丰《重修兴化县志》卷9。

陈以恪

清兴化人。

易经约法　经部易类　佚

见咸丰《重修兴化县志》卷9。

王仲儒(1634—1698)

字景州。清兴化人。贵一子。顺治十八年(1661)与丹阳蔡芬定交。康熙二十一年(1682)与冒襄、邓汉仪等会海陵寓馆。二十二年入闽。二十六年在兴化会孔尚任,三十四年在扬州张潮处会通州李堂。

西斋集 18 卷　集部别集类

(1) 康熙间梦华山房刻本,国家图书馆藏。

(2) 康熙间梦华山房刻乾隆二十年(1755)汪之珩重印本,中国科学院图书馆藏,邓之诚跋。

(3)《四库禁毁书丛刊》本。

(4) 2014 年凤凰出版社《泰州文献》本。

按:此为编年诗,总目起辛丑至丁丑(顺治十八年至康熙三十六年),以某年至某年凡诗若干首作 1 卷,合计 18 卷。乾隆四十六年以内有忌讳文字遭禁,王仲儒被戮尸。同邑李骈以曾为作序亦被戮尸。汪之珩以曾重印《西斋集》而被抄家。

离珠集选红兰集等七种 7 卷　集部总集类

清王仲儒辑并评

清刻本,南京图书馆藏。

李　骈(1634—1710)

字西骏,号虬峰。清兴化人。沂子。岁贡生,以授徒为生,布衣终身。康熙三十六年(1697)为同邑王仲儒定《西斋集》。乾隆四十六年(1781)《西斋集》遭禁,以曾为作序与王仲儒同被戮尸。

读易臆谭　经部易类　佚

虬峰杂述　子部杂学类　佚

楚吟集　集部别集类　佚

楚吟外集　集部别集类　佚

以上 4 种见雷梦辰《清代各省禁书汇考》。著作生前由友朋集资刊刻,今未见传本。

蚓峰文集 20 卷　集部别集类

(1) 清康熙三十九年自刻本,国家图书馆藏。乾隆四十四年以内有悖逆语句而遭禁。参见《中国禁书大观》(1990 年上海文化出版社出版)。

(2)《四库禁毁书丛刊》本。

(3) 2014 年凤凰出版社《泰州文献》本。

顾符稹(1635—1717)

字瑟如,又字松巢、守溪,号小痴。清兴化人。士奇子。幼遇明亡,弃举子业。馆李清家。清富藏书,符稹纵览,虽病剧不废。尤嗜画,穷幽极细,得小李将军之秘。壮好游,登临潼关、西岳、天台、雁荡,泛舟湘沅、洞庭,其技益进。王士禛有赠诗云:“丹青金碧妙铢黍,近形远势穷毫芒。”性周慎,善交友,能诗,工楷书。

龙津草堂集　集部别集类　佚

见咸丰《重修兴化县志》卷 8。《江苏诗征》卷 132 收其诗 1 首。

李国宋(1636—?)

字汤孙,号大村。清兴化人。长敷孙,瀚子。弱冠以诗文名江淮间。王士禛为郡司礼,每举诗文会,国宋辄冠其曹。康熙二十三年(1684)举人。诗词古体摹颜谢,近体似温李,中年以后纯学盛唐。神韵清远,无剽窃叫嚣之弊。诗以老杜为宗,多及时事。

嬴隐初集 8 卷二集 8 卷三集 3 卷珠尘集 2 卷　集部别集类

(1) 清康熙沧浪水屋刻本,上海图书馆藏,三集配清抄本。附李瀚《严庵稿》1 卷。按:此书共 21 卷,与李瀚《严庵稿》1 卷合刻,书名为《木本堂诗》22 卷。

(2)《李氏丛书七种》抄本,兴化市图书馆藏。

(3) 2014 年凤凰出版社《泰州文献》本。

大村易艺　集部别集类　佚

见《广陵思古编》卷23。

大村古诗选不分卷　集部总集类

清雍正间刻本，镇江绍宗藏书楼藏。

宗　书

字羲六，号青岩。清兴化人。少孤力学，顺治十四年(1657)举人，康熙三年(1664)登会魁，授夔州巫山知县。十六年入都，康熙帝原准备依据往例补原官。以母忧归，服阕补平凉之镇原。有惠政。

蜀道吟　集部别集类　佚

覆瓿集　集部别集类　佚

以上2种见同治《续纂扬州府志》卷22。

宗黄合稿　集部总集类　佚

清宗书、黄升撰

见咸丰《重修兴化县志》卷9。

王熹儒

字歙州，一字勿斋。清兴化人。仲儒弟。父贵一以工诗善书名世。熹儒承父兄教，致力于诗歌，五言律尤沉雄警炼。小行楷书神似山阴，大字入颜柳之室。性洒落。家境丰裕，筑园亭召词人宴集，海内知名士游辙所至，靡不纳交。康熙二十一年(1682)与冒襄、邓汉仪等会海陵寓馆。二十三年贡太学。二十六年会孔尚任。三十四年在张潮处会通州李堂。晚年家渐落，豪气如旧。新城王士禛父事贵一，与熹儒有胶漆之契。人重其翰墨。

勿斋集8卷　集部别集类

见雍正《扬州府志》卷35。本书因诗内有违碍语，乾隆间遭禁。咸丰《重修兴化县志》卷9收其诗1首。

唐诗选评10卷　集部总集类

清王熹儒辑评

清康熙三十四年刻本,清华大学图书馆藏。

唐七律选　集部总集类　佚

清王熹儒辑

见咸丰《重修兴化县志》卷9。

李国梅

字芬子,一字韫庵。清兴化人。瀚女,解举鼎妻。

林下风清集1卷　集部别集类

(1)《国朝闺阁诗钞》本。

(2)《李氏丛书七种》抄本,兴化市图书馆藏。

(3) 2014年凤凰出版社《泰州文献》本。

超　博

字玉山。清新安人。俗姓程。年40剃发受具,坚持苦行。历参报恩等寺,后住盐城。兴化绅士慕其道,延住华严庵。

玉山禅师语录3卷　子部佛教类　佚

书记清一录　子部佛教类　佚

以上2种见震华《兴化佛教通志》卷4。

宗之瑾

清兴化人。元鼎侄。

耨砚堂编年集10卷　集部别集类　佚

见咸丰《重修兴化县志》卷9。

芙蓉集17卷　集部别集类

清宗元鼎撰　宗之瑾删定

(1) 清康熙刻本,北京大学图书馆藏。

(2)《历代画家诗文集》本。

(3)《四库全书存目丛书》本。

怡云词 2 卷　集部词曲类　佚

见咸丰《重修兴化县志》卷 9。

李　柟(1647—1704)

原名叶。字倚江,号木庵。清兴化人。清子。康熙十二年(1673)进士,由检讨历官内阁学士,进工部右侍郎。三十六年视学浙江,闻母丧归。明年即家起工部左侍郎,转户部。三十九年主会试,擢左都御史。疏凡数十上,俱关国计民生之大者。性严明,居官持大体,务平恕,于刑狱尤谨慎。四十三年冬以疾乞休,未几卒于家。

大远堂奏议　史部政书类　佚

见《广陵思古编》卷 23。

大清律集解附例笺释 31 卷首 1 卷　史部政书类

清李柟订

清刻本,南京图书馆藏。

岂石轩诗文合订 2 卷　集部别集类

抄本,南京图书馆藏。

药圃诗 5 卷　集部别集类

清康熙二十七年刻本,见《持静斋书目》卷 4。

药圃诗 12 卷　集部别集类

(1) 清康熙四十八年刻本,上海图书馆藏。

(2) 2014 年凤凰出版社《泰州文献》本。

成　晟

字睿明。清兴化人。性恭俭仁厚,学问渊博,士大夫多推重之。

成氏族谱　史部传记类　佚

清成晟康熙二十八年(1689)重修

见《兴化成氏家谱》。

李　栋

字吉四，号松岚。清兴化人。滢从子。康熙四十一年(1702)顺天举人。授内阁中书。工诗文，兼工山水。

楚湘杂记　子部杂学类　佚

见《广陵思古编》卷23。

楚游杂咏1卷　集部别集类

清康熙刻本，国家图书馆藏。

游白岳诗1卷游黄山诗1卷附图1卷　集部别集类

清康熙刻本，中国科学院图书馆藏。

松岚诗文集　集部别集类　佚

见嘉庆《重修扬州府志》卷62。

自怡堂稿　集部别集类　佚

见《扬州画苑录》卷2。

古诗丽则4卷唐诗丽则4卷　集部总集类

清王湛选　李栋参阅

手稿本，南京图书馆藏。

按：卷首有康熙十四年李栋等撰《古唐诗丽则序》，并有"李栋私印""吉四氏"等印章。

七子缘　集部词曲类　佚

见清焦循《剧说》引《越巢小识》，云："《七子缘》传奇，亦名《诗缘记》，关白甚整，通部不用旦色，自是高手。"七子谓明弘治时李梦阳、何景明、康海、王九思、徐祯卿、王廷相、边贡。其间串合以对山救空同为主，而杨文襄与张永谋诛刘瑾，亦在其中。参见《古典戏曲存目汇考》卷12。

犊鼻裈　集部词曲类　佚

见清姚燮《今乐考证》。

徐文珩

字楚珍。清兴化人。康熙二十三年(1684)贡生,授英山训导。

忠孝类 4 卷　史部传记类　佚

见咸丰《重修兴化县志》卷 9。

元　和

字寄崖。清广东东莞人。俗姓杨。康熙三十二年(1693)九月继主兴化龙珠寺。

寄崖禅师语录 2 卷　子部佛教类　佚

见震华《兴化佛教通志》卷 4。卷上法语,卷下拈古偈颂。

李　跱

原名朱绂。字皇望。清兴化人。法次子。康熙四十一年(1702)助泰州宫梦仁编《文苑英华选》,四十六年复助宫梦仁纂《读书纪数略》成。五十二年恩贡生。工制艺。

花雨轩随笔　子部杂学类　佚

香雪楼诗文词赋集　集部别集类　佚

以上 2 种见同治《续纂扬州府志》卷 22。

香雪楼诗稿　集部别集类

(1)《李氏丛书七种》抄本,兴化市图书馆藏。

(2) 2014 年凤凰出版社《泰州文献》本。

蟠村制艺　集部别集类　佚

见咸丰《兴化县志》卷 9。

按:《昭阳述旧编》卷 2《蟠根述》下收其文 2 篇,诗多首。《广陵思古编》卷 21 收其文 4 篇。

戎 骧

清兴化人。

戎氏族谱　史部传记类　佚

清戎骧康熙四十二年(1703)创修

见《兴化戎氏重修宗谱》。

袁 铣

字宗安。清兴化人。康熙二十五年(1686)拔贡。人谓其文"以庐陵之笔,发程朱之理",卓然可传。尚书李振裕极重之。尝入学使佟法海幕,鉴别精当,试牍流播士林。

语古轩四书文　集部别集类　佚

见咸丰《重修兴化县志》卷9。

陆 震

字仲远,又字仲子,一字种园,号榕村,又号北郭生。清兴化人。廷抡子。少负才气,傲睨狂放,淡于名利,厌制艺。长于古文辞,工行草书。贫而好饮,常以笔质酒家,索书者出钱为赎笔。工词。康熙五十一年(1712)顾于观、王国栋、郑燮尝从其读。所作甚多,身后稿半散佚。

陆仲子遗稿　集部词曲类

(1) 清雍正六年(1728)刻本,南京图书馆藏。

(2) 清宣统元年(1909)杨世沅抄本,南京图书馆藏。

(3) 泰州古旧书店据清末杨世沅抄本复抄本,中国社会科学院历史研究所藏。

(4) 2014年凤凰出版社《泰州文献》本。

按:此词集由陆震亲友、学生献藏与搜辑而成,收词148阕。参与其事者有郑燮、周煌、缪文炳等。书前有雍正六年吴宏谟序。参见武新立编著《明清稀见史籍叙录》。又《淮海英灵集》戊集卷3收其诗3首。

陆申生

清兴化人。

篋中吟稿　集部别集类　佚

见同治《续纂扬州府志》卷 9。

顾云中

号燕山。清兴化人。大信三子。

韵汇　经部小学类　佚

见咸丰《重修兴化县志》卷 9。

魏殿宣

清兴化人。

算法指归　子部历算类　佚

地理局法　子部术数类　佚

以上 2 种见咸丰《重修兴化县志》卷 9。

宗　乘

字佑曾，一字步散。清兴化人。书子。年 16 与兄秉学诗古文于族父元豫。性沉静，简交游，闭户讽咏，专力于诗。父卒于镇原，乘留关中 10 年，登临怀古，所作苍凉激越。

白华堂诗集　集部别集类　佚

见咸丰《重修兴化县志》卷 9。

变征堂集　集部别集类　佚

见《昭阳述旧编》卷 1《桑梓述》下自叙，亦收入《广陵思古编》卷 24。《江苏诗征》卷 3 收其诗 1 首。

李　恢

字少葛，一字约社。清兴化人。国宋子。性豪迈，善书能诗。淡于荣进，以庠生终。其诗直抒胸臆，不傍昔人门户，人谓与其父异曲同工。

约社诗集　集部别集类　佚

见同治《续纂扬州府志》卷22。咸丰《重修兴化县志》卷9收其诗2首。

按:《昭阳述旧编》卷2《蟠根述》下录其诗百余首。有李福祚按语云:"少葛公著《约社诗》凡三集，皆未付梓，其抄本系定斋公(光国)评选。无如子姓式微，将诗稿出售，今存黄(龙彦)家。"

陈尔周

字斯斋。清兴化人。以恂子。端凝质实，博涉经史。雍正四年(1726)岁贡，授黟县训导。

礼记约解　经部礼记类　佚

陆司训诗集　集部别集类　佚

以上2种见《广陵思古编》卷21，收其文1篇。

李东櫰

字兆三，号芷林。清兴化人，汝俭长子。性醇厚。制艺成名家。久困诸生中，雍正元年(1723)经魁，授福建宁化知县，署永春州知州。卒于官。素廉洁，卒后不名一钱，羁柩萧寺数年，乃归葬。诗古文亦工，间写花卉，皆有致。

芷林稿　集部别集类　佚

玉晨文集　集部别集类　佚

以上2种见咸丰《重修兴化县志》卷9。

陆德阳

字广明。清兴化人。医家。

按:咸丰《重修兴化县志》卷10误作陆德明。

伤寒论注　子部医家类　佚

金匮要略注　子部医家类　佚

以上2种见咸丰《重修兴化县志》卷10。

卫生浅说1卷　子部医家类　佚

见嘉庆《重修扬州府志》卷62。

按:此书36篇,阐明三因致病之理,于养老、种子、保幼、择医、习医、辟邪、祛惑等亦有详论。《扬州足征录》卷14有康熙四十二年(1703)李柟撰本书序,云:"集中论症、论脉以及服食起居之类,抉其弊,指其迷,皆融会诸书而细探其微旨。发前人所未发,真文约而事详,言简义当。"《江苏历代医人志》著录兴化医家又有"陆子幼"一人,此盖误读李柟序。李序云:"予乡广明陆子幼存济世之心,长工行仁之术,盖精于医者也。"《医人志》小传脱去"长工行仁之术"一句,遂误以"陆子幼"为人名。

王　槐

字植三。清兴化人。邑廪生。读书过目成诵。康熙四十四年(1705)县令喻宗楏奇其才,荐于知府孔毓璞。孔氏勘灾过境,就访之,谈论终日。会行征辟礼,力荐之,槐作《废人论》以谢。所撰诗文付火。

焰留集1卷　集部别集类　佚

见咸丰《重修兴化县志》卷8。

薛允成

清兴化人。

鹿园制艺　集部别集类　佚

采酿集　集部别集类　佚

以上2种见咸丰《重修兴化县志》卷9。

李炳石

字喈文。清兴化人。柟子。康熙二十六年(1687)举人。官云南曲靖府同知。性恬淡,日与文士相切磋。诗学中晚唐,兼工古文。所画兰竹有逸致。

(雍正)扬州府志40卷　史部地理类

清尹会一修　程梦星、李炳石等纂

(1) 清雍正十一年(1733)刻本,国家图书馆等藏。

(2)《中国方志丛书》本。

存斋诗(一作花隐轩前集)12卷　集部别集类

(1) 清康熙刻本,南京图书馆藏。

(2) 2014年凤凰出版社《泰州文献》本。

按:嘉庆《重修扬州府志》卷62著录《花隐轩诗前集》12卷《后集》4卷。

陆　篆

字肇秦,号涤村。清兴化人。康熙三十七年(1698)拔贡,授八旗教习。雍正二年(1724)选四川金堂知县,后历任直隶清苑、阜城等县,有惠政。书法力追魏晋,文醇深雅健。年72卒。

蛾术堂文集　集部别集类　佚

见咸丰《重修兴化县志》卷9。《广陵思古编》卷24收其文1篇。

李　敕

字天叙。清兴化人。

宝华堂集　集部别集类　佚

见《清诗铎》卷首"诗人名氏爵里著作目"。《江苏诗征》卷94收其诗1首。

孙兆奎

字斗文，一字鹤浦。清兴化人。康熙四十二年(1703)进士。学问渊博，衡文有卓识。任广西武缘知县。陈宏谋时为诸生，携文晋谒，目为大器，收之门下。取入京授兵部职方司主事，充吏兵二部则例馆纂修官。从弟宗绪、骐皆能文，邑人称三孙。

孙斗文文稿　集部别集类　佚

见咸丰《重修兴化县志》卷9。

徐大榕

字邑曹，号东楼。清兴化人。增生。工制艺，尤精铁笔，宗新安程邃。

武王十七铭印谱　子部艺术类　佚

汉十八侯名爵印谱　子部艺术类　佚

以上2种见咸丰《重修兴化县志》卷8。

刘方晨

清兴化人。兰孙。工制艺。康熙四十年(1701)、五十年两科副榜。士林重之。

学庸讲义　子部儒学类　佚

见民国《续修兴化县志》卷13。

明　鹏

字徙南，号云肩。清兴化人。俗姓杨。6岁依本邑宝莲和尚出家，凡经典过目成诵。17岁圆具足戒于邑之龙珠寄崖和尚。执侍3年，直往鹅湖，参请浪山和尚。后遍参宿。康熙四十六年(1707)兴化昭阳城东慈云社延其习静，韬光三载。往参海安东寺韫山和尚，四十九年出住东皋仁寿寺，五十三年住荆溪金沙寺，雍正四年(1726)住如皋大觉寺，乾隆七年(1742)退隐金陵，开辟钟山师子林。

徙南禅师语录 2 卷　子部佛教类　佚

见震华《兴化佛教通志》卷 4。

孙宗绪(？—1722)

字似百，一字青湖。清兴化人。兆奎从弟。康熙五十一年(1712)进士。六十一年任河南安阳知县，兴利除弊。充同考官，所得士皆名宿。乡试后办秋灾，悉心筹画，积劳成疾，在任七月卒于官。

似百文集　集部别集类　佚

见咸丰《重修兴化县志》卷 9。

陈　收

清兴化人。

念斋家言　子部杂学类　佚

念斋杂著　子部杂学类　佚

念斋诗集　集部别集类　佚

以上 3 种见咸丰《重修兴化县志》卷 9。

徐永誉

字兰江。清兴化人。康熙四十九年(1710)岁贡生。雅量冲襟，陶情于诗古文辞。官天长训导，乞休归。邑中推为明经夙望。

磊园集　集部别集类　佚

见嘉庆《重修扬州府志》卷 62。《江苏诗征》卷 7 收其诗 1 首。

解　撙

清兴化人。

老息斋诗钞　集部别集类　佚

见同治《续纂扬州府志》卷22。

解　擢

清兴化人。康熙五十九年(1720)贡生。

仍庵诗稿　集部别集类　佚

见咸丰《重修兴化县志》卷9。

实　彻(1683—1745)

字天慧。清兴化人。俗姓唐。年19投本郡报恩庵贯之和尚,后谒普明浪山和尚,自此机锋敏捷。仰杭之崇福灵鹫禅师道望,特往参叩,一言激发,凝滞顿释,由是分座领众,授以衣偈。雍正十一年(1733)以大觉能仁国师法裔承诏清廷,奏对契合,赐紫。十二年命住宜兴磬山圣月寺,十三年复奉敕移住扬州高旻寺。乾隆五年(1740)住兴化资福寺,六年住杭州崇福寺。赋性耿介,操履真实,为法为人,无一息少懈。

天慧彻禅师语录2卷　子部佛教类

清光绪三十二年(1906)刻本,上海图书馆藏。

魏周琬

字旭堂,一字竹君。清兴化人。应嘉曾孙。初寄籍江都,后归原籍,复本姓。始就傅,日诵数百言,稍长,试辄冠军。康熙五十二年(1713)乡荐入都。名公卿争令出其门下,周琬傲然不屈。五试礼部,至雍正元年(1723)始成进士。授湖广善化知县。甫莅任,即详请豁免一切陋规,不畏强御。旋以病归。制艺极工。

充射堂集12卷　丛书类

(1) 清康熙中刊本,国家图书馆藏。

(2) 2014年凤凰出版社《泰州文献》本。

子目:

《充射堂诗集》4卷《二集》1卷《三集》2卷《四集》1卷《五集》1卷

《充射堂文钞》1卷

《充射堂大易余论》1卷

《充射堂春秋余论》1卷

许德祯

清兴化人。魏周琬妻。

弋凫堂诗钞　集部别集类　佚

见同治《续纂扬州府志》卷22。

李　鸣

字宗复，号一斋。清兴化人。跱子。廪生。敦行孝弟，淹贯经史。性朴直，不妄交。书险劲，能悬肘为蝇头楷书。

双笔斋随笔　子部杂学类　佚

坐花草堂诗文集　集部别集类　佚

以上2种见同治《续纂扬州府志》卷22。

古文评点　集部总集类　佚

见民国《续修兴化县志》卷13。

按：《昭阳述旧编》卷2《蟠根述》下收其诗7首。

李梦星

清兴化人。王宗槐妻。

停绣集　集部别集类　佚

见咸丰《重修兴化县志》卷9。

李　鱓(1686—1762)

字宗扬，号复堂，别号懊道人、墨磨人等。清兴化人。画家，为“扬州八怪”之一。康熙五十年(1711)中举，五十三年以画至清宫充内廷供奉。乞归，后选山东临淄知县，调滕县。为政清简，士民怀之，以忤大吏罢归，筑浮沤馆于兴化城南，啸咏以终。早年曾从同里魏凌苍习画山水，后又从蒋廷锡学画花卉。晚年画笔纵逸，纵横驰骋，不拘绳墨。乾隆二十二年(1757)尚作《三友图》。

李复堂写生册　子部艺术类

上海有正书局影印本，国家图书馆藏。

李复堂花卉墨迹　子部艺术类

1921 年影印本，南京图书馆藏。

李鲜花卉册　子部艺术类

1984 年上海人民美术出版社出版，国家图书馆藏。

李鲜画集　子部艺术类

1997 年江苏美术出版社出版，国家图书馆藏。

李鲜花鸟册　子部艺术类

2012 年人民美术出版社出版，国家图书馆藏。

按：李鲜画稿存世甚多，今分藏故宫博物院、南京博物院等处，参见秦岭云编著《扬州八家丛话》。

徐镕章

字白斋，一字海翁。清兴化人。少负盛名，久困不遇。雍正四年(1726)由郡庠贡。有轶才，爱陶诗，出入苏黄。书超逸。

四白堂稿　集部别集类　佚

白斋诗钞　集部别集类　佚

语石山房诗草　集部别集类　佚

以上 3 种见咸丰《重修兴化县志》卷 9。

刘宗霈

字炎裔，一字蔚园。清兴化人。庠生。天性孝友。葬父母于扬州之蜀冈，不忍离邱墓，悉以田宅让弟宗汉，而移家郡城。好学工诗，善结交名流。初寓泰州之何垦，后居邗上，门多长者。

蔚园集 8 卷　集部别集类

(1) 清乾隆八年(1743)刘僧宽刻本,缺五言绝句 1 卷,国家图书馆藏。

(2) 2014 年凤凰出版社《泰州文献》本。

按:《昭阳述旧编》卷 1《桑梓述》下收其诗 2 首。

孙　骐

字御五,一字愚谷。清兴化人。宗绪弟。康熙五十七年(1718)进士。尚气节。

御五文钞　集部别集类　佚

见咸丰《重修兴化县志》卷 9。

赵秉衡

字景山,一字鲁斋。清兴化人。性嗜学,淹贯五经,弱冠有声江左。康熙五十三年(1714)举人。王步青称其文中正醇厚,学有本原。诸弟皆从受业。

择雅堂文集　集部别集类　佚

见咸丰《重修兴化县志》卷 9。

成　传(1690—1749)

字福国。清兴化人。郑燮从祖。年 16 投泰州如来庵雨文大师薙染,19 岁诣华山受具,参济生和尚于扬州福缘寺。出住泰州龙珠寺。谢事后步礼五台,回道经赵州古柏林寺,留请开堂。后南归,为济生和尚编语录。至晋陵,复移福缘寺,晚年退休邗上圆通庵。

福国禅师语录　子部佛教类　佚

见震华《兴化佛教通志》卷 4。

赵秉忠

字景山，号秋墅。清兴化人。秉衡弟。幼负隽才，雍正元年(1723)拔贡。时肄业成均六馆者千人，独秉忠与马宏琦见重祭酒，京师有二景之目上。四年、七年两中顺天副榜。乾隆元年(1736)南闱经魁，十年成进士，改庶吉士，充武英殿纂修。寻乞假归，闭户著书。

经学析疑30卷　经部群经总义类　佚

秋墅文集　集部别集类　佚

以上2种见咸丰《重修兴化县志》卷9。《广陵思古编》卷24收入其文1篇。

敝帚集2卷芦中集1卷　集部别集类

见《四库全书总目》别集类存目，谓《敝帚集》皆古今体诗，所附《芦中集》乃哭其子春祚而作。

卜　嵩

字萚园。清兴化人。诗词并美。

萚园诗词钞　集部别集类　佚

见咸丰《重修兴化县志》卷9。

按:《淮海英灵集》丁集卷2收其诗1首。

袁视履

字孟贞，一字考堂。清兴化人。铣子。贡生。能承家学，工制艺，兼长诗古文。

逋叟诗钞　集部别集类　佚

宾云馆文存　集部别集类　佚

考堂鸡肋集　集部别集类　佚

明文虚白集　集部总集类　佚

清袁视履选

以上 4 种见咸丰《重修兴化县志》卷 9。

赵秉亮

字景明，一字秋山。清兴化人。秉忠弟。雍正十三年(1735)拔贡。廷试一等，未授职，充正蓝旗教习。才名籍籍，工擘窠书。

振芬堂文集　集部别集类　佚

舟中吟诗稿　集部别集类　佚

以上 2 种见咸丰《重修兴化县志》卷 9。

徐秀林

清兴化人。袁视履妻。

柔翰堂诗摘抄　集部别集类　佚

见咸丰《重修兴化县志》卷 9。

王国栋(1692—?)

字殿高，一字竹楼。清兴化人。仲儒子。7 岁丧父，即知力学。康熙五十一年(1712)与郑燮、顾于观同塾读书。乾隆六年(1741)副榜。二十年在如皋汪之珩家坐馆。三十一年为汪氏辑《东皋诗存》作序。工诗，尤善书。客郡城及通州、润州，索字者甚多。与黄慎、丁有昱辈往还。居宅邻李鱓浮沤馆，互相唱酬，诗句成帙。尝自题其门曰"书宗王内史，画近李将军"。王氏一门多诗人及能书者，自其祖贵一后，世精翰墨。

竹楼诗钞 5 卷　集部别集类

(1) 清乾隆三十二年刻本，国家图书馆等藏。

(2) 2014 年凤凰出版社《泰州文献》本。

按：咸丰《重修兴化县志》卷 9 作《秋吟阁诗钞》。雷梦辰《清代各省禁书汇考》作《秋吟阁诗》，以内有徐述夔弁语，及为徐述夔题照诗，于乾隆四十五年遭禁。《禁书总目》著录《秋吟阁诗》《甲戌春吟》两种。

李光国(1692—?)

原名蕡火,字智周,一字定斋。清兴化人。幼孤贫,雍正七年(1729)拔贡,肄业太学,凡十四试皆第一,方苞延主家塾。时方苞奉命纂修职方志,光国多襄其事。乾隆元年(1736)荐举鸿博,九年中顺天副榜,授祁门教谕。告归,侨居高邮。博物嗜古,藏书甚富。出游携目录一帙,暇即循览记诵,有询故实者,告以某书某卷,检之百不失一。工诗文,咏史诸作多古人未发处。善悬肘书。

帝王世系录　史部史钞类　佚

姓氏谱　史部传记类　佚

阴符经注　子部道教类　佚

以上3种见同治《续纂扬州府志》卷22。

定斋诗钞不分卷　集部别集类

(1) 清乾隆师俭堂刻本,复旦大学图书馆藏。

(2) 清道光十七年(1837)张经抄本,南京图书馆藏。

(3)《李氏丛书七种》抄本,兴化市图书馆藏。

(4)《四库禁毁书丛刊》本。

(5) 2014年凤凰出版社《泰州文献》本。

甓湖联吟集7卷　集部总集类

清李光国辑

(1) 清乾隆十九年刻本,北京大学图书馆藏。

(2)《四库禁毁书丛刊》本。

(3) 2016年国家图书馆出版社《历代地方诗文总集汇编》本。

按:《江苏诗征》卷95收其《咏史》诗11首。

赵秉宪

字景申,一字竹坡。清兴化人。秉亮弟。庠生。援例授詹事府主簿,肆力诗古文。

竹坡诗钞 1 卷　集部别集类　佚

见《淮海英灵集》乙集卷 3,收其诗 1 首。

郑　燮(1693—1765)

字克柔,号板桥。清兴化人。文学家、书画家。乾隆元年(1736)进士。七年任山东范县知县,十一年调任潍县。慈惠简易,与民休息,时称循吏。值大灾,以请赈忤大吏,罢归。擅长诗词书画篆刻,人以画、诗、书为其三绝。诗近香山、放翁,明白流畅,较多地反映了社会现实。词尤胜诗,吊古抒怀,激昂慷慨。书法以画法入笔,折中行书和隶书,波磔奇古,纵横错落,自称"六分半书"。擅画兰竹石。画兰以草书中竖长撇法运笔,多不乱,少不疏,体貌疏朗。少孤贫,做官前后均在扬州卖画。性落拓不羁,喜与禅宗尊宿及期门子弟游。日放言高论,臧否人物,在艺术上亦勇于摆脱传统束缚,勇于创新,为"扬州八怪"之一。《清史列传》卷 72 有传。

郑板桥诗经真迹不分卷　子部艺术类

1914 年平泉书屋古印本。

板桥先生四子书真迹　子部艺术类

(1) 民国影印本,国家图书馆藏。

(2) 1995 年河北美术出版社影印本,国家图书馆藏。

板桥书道情词墨迹　子部艺术类

(1) 民国有正书局石印本,国家图书馆藏。

(2) 1993 年江苏广陵古籍刻印社影印本,南京图书馆藏。

郑板桥书画　子部艺术类

山东省文物局编

1984 年山东美术出版社出版,国家图书馆藏。

郑板桥书法集　子部艺术类

周积寅编著

1985 年江苏美术出版社出版,国家图书馆藏。

城隍庙碑　子部艺术类

清郑燮撰并书

1985年北京市中国书店出版。

按：板桥书画亦广泛收入各种画选、书法选本。又秦岭云编著《扬州八家丛话》下编“画目”著录其画作馆藏甚详。

板桥题画1卷　子部艺术类

(1)《花近楼丛书》本。

(2)《翠琅玕馆丛书》(冯兆年辑)本。

(3)《巾箱小品》本。

(4)《古今文艺丛书第一集》本。

(5)《翠琅玕馆丛书》(黄任恒辑)本。

(6)《艺术丛书》本。

(7)《芋园丛书》本。

(8)《美术丛书四集》本。

(9)《丛书集成续编》本。

板桥笔记小说4卷　子部小说类

上海大德书局石印本，上海图书馆藏。

板桥集　集部别集类

(1) 清乾隆刻本，国家图书馆藏。

(2) 清善成堂刻本。

(3) 清西山堂刻本。

(4) 清末玉书楼刻本，上海图书馆藏。

(5) 清宣统元年(1909)石印本，上海图书馆藏。

(6) 民国铸记书局石印本，上海图书馆藏。

(7) 1933年上海启智书局铅印本。

(8) 1935年上海世界书局影印本。

(9) 1943年清晖书屋刻本。

(10)《续修四库全书》本。

(11)《清代诗文集汇编》本。

(12) 2014 年凤凰出版社《泰州文献》本。

板桥全集　集部别集类

(1) 清光绪十八年(1892)积山书局影印本,国家图书馆藏。

(2) 1917 年扫叶山房石印本,国家图书馆藏。

(3) 1985 年北京市中国书店影印,题《郑板桥全集》,南京图书馆藏。

郑板桥集　集部别集类

(1) 1962 年中华书局出版,南京图书馆藏。

(2) 1979 年上海古籍出版社新 1 版,南京图书馆藏。

按:以上 2 种末附《郑氏小传》及《年表》。

(3) 1983 年兴化县郑板桥纪念馆扫描本,7 卷。

按:以上 3 种板桥集名称不一,但基本内容大致相同,包括:诗钞 2 卷、词钞 1 卷、家书 1 卷、题画 1 卷、道情 1 卷。

郑板桥全集　集部别集类

卞孝萱等编

1985 年齐鲁书社出版,南京图书馆藏。

按:本书包括三个部分:一、板桥集。此即通行本。二、板桥集外诗文。三、板桥研究资料。

郑板桥集详注　集部别集类

王锡荣注

1986 年吉林文史出版社出版,南京图书馆藏。

郑板桥外集　集部别集类

郑炳纯辑

1987 年山西人民出版社出版。

郑板桥集　集部别集类

吴泽顺编注

2002 年岳麓书社出版。

郑板桥全集增补本　集部别集类

卞孝萱、卞岐编

2012年凤凰出版社出版，南京图书馆藏。

板桥道情1卷　集部词曲类

(1)《乐府小令》本。

(2)《黄氏随笔》附刊本。

(3)《拜梅山房几上书》本。

按：书名又题作《小唱》《潍县竹枝词》，亦收入板桥集。

又按：1985年台北天一出版社出版影印本《郑板桥传记资料》，全6册。

任陈晋

字似武，一字后山。亦曰以斋。清兴化人。大椿祖父。雍正四年(1726)乡举第六名。乾隆四年(1739)成进士。少工文，后究心注疏，尤邃于易经，日坐小楼读《易》，虽家人罕见其面。任徽州府教授。

易象大意存解1卷　经部易类

(1)《四库全书》本。

(2) 抄本，南京图书馆藏。

(3) 2014年凤凰出版社《泰州文献》本。

后山古诗　集部别集类

清乾隆五年刻本，厦门大学图书馆藏。

后山诗集4卷　集部别集类

《清代诗文集汇编》本。

燕喜堂初续文稿　集部别集类　佚

见咸丰《重修兴化县志》卷8。

似武文稿1卷　集部别集类　佚

见《兴化任氏家谱》。

顾　名

字无近，号思斋。清兴化人。符稹子。家贫力学，与兄问、弟言齐名，雍正元年(1723)举人，晚年会试不第，奉特旨以知县用，历宰河南商城、郾城、安阳、正阳、延津、济源，有政声。后改发湖南澧州、山东茌平知县。善诗，公余不废吟咏。

未学吟诗集　集部别集类　佚

见咸丰《重修兴化县志》卷8。

徐　庭(1707—?)

字觐光。清兴化人。制艺步趋先正，学者宗之，门下多能文士。乾隆二十一年(1756)年50始举于乡。

崇介堂文稿　集部别集类　佚

见同治《续纂扬州府志》卷22。

赵熊卜

字渭师。清兴化人。与徐庭同时。

课孙草　集部别集类　佚

亦政堂文钞　集部别集类　佚

以上2种见咸丰《重修兴化县志》卷9。

杨为凤

字桐冈。清兴化人。诸生。工品端谨。工书，能诗文。

济阳花圃诗钞　集部别集类　佚

苍岩文集　集部别集类　佚

以上2种见同治《续纂扬州府志》卷22。

顾于观

原名锡躬。字万峰，号澥陆，别号五岳丈人。清兴化人。名从子。性嗜古，不屑攻举业。少为庠生，俄弃去，以山人终。与李鱓、郑燮为友。康熙五十一年(1712)与郑燮、王国栋同塾，从陆震读。雍正元年(1723)赴山东入幕，郑燮有词送之。乾隆元年(1736)到北京，以集稿乞杭世骏为序定，杭氏评其诗云："绵邈滂沛，清峭凄厉。"七年在北京与张鹏翀会，十二年旅泰州。工书法，出入魏晋。一生不遇，恬然无怨尤意。

澥陆诗钞 9 卷　集部别集类

(1) 清乾隆嘉庆间刻《兴化顾氏四种》本，上海图书馆藏。

(2)《四库未收书辑刊》本。

(3) 徐雁平、张剑主编《清代家集丛刊》本。

诗论书评　集部诗文评类　佚

见《兴化顾氏族谱》。

薛　衡

字有玱，一字敛斋。清兴化人。黄本纶舅父。性孤介，言行端洁，好为神仙家言。

晴空阁诗钞　集部别集类　佚

见咸丰《重修兴化县志》卷 9。

赵春田

清兴化人。

有以堂制艺　集部别集类　佚

见咸丰《重修兴化县志》卷 9。

康　宁

清兴化人。

静轩诗钞　集部别集类　佚

见民国《续修兴化县志》卷14。

赵春旭

清兴化人。

东谷制艺　集部别集类

见咸丰《重修兴化县志》卷9。

解鼎雍

字建西，一字希尧。清兴化人。乾隆八年(1743)贡生。为人端悫纯懿。文思神速，通经史，期为有用之学。究心江北水道数十年，悉其源委利害。桂林陈宏谋欲荐用，辞不就。

治河议1卷　史部政书类　佚

见同治《续纂扬州府志》卷22。

李培源

字道园，一字蕙亩。清兴化人。乾隆十九年(1754)拔贡，官霍山训导。正书力追颜真卿。尝言作字须读书数日，方可落笔。郑燮推为邑中三百年楷书第一。镌印章亦精妙。雍正辛亥纂修《江南通志》，应当事聘参订成编。

李氏家谱20卷首1卷　史部传记类

清光绪十九年(1893)钞本，上海图书馆藏。

顾锡爵

字于朝，一字旸谷，号杯湖。清兴化人。名子，九苞父。能文力学，通经史。邑中名士半出其门，如任大椿、顾同根等。

青棠轩诗钞　集部别集类　佚

见同治《续纂扬州府志》卷22。

任 氏

清扬州人。顾锡爵妻。

淡容诗文钞　集部别集类　佚

见同治《续纂扬州府志》卷 22。

徐步云(1733—1825)

字蒸远,号礼华。清兴化人。幼机警,风神玉立,制艺辞赋并工,善诗古文,书尤精妙。乾隆二十七年(1762)召试举人,授内阁中书、军机处行走。因卢见曾事牵涉,夺职戍伊犁。年满,大学士舒赫德奏充四库全书馆分校,复原官。寻落职归,移家泰州,杜门吟诵。聚书万卷,邃于史,明达清朝掌故。生平重气节,师友患难竭力救援。

宫湘秋先生传 1 卷　史部传记类

清嘉庆间写刻本,泰州图书馆藏。

松寿阁文集 2 卷　集部别集类

清徐步云著　徐鸣珂编录

稿本,见民国《泰县志稿》卷 28。

爨余诗钞 3 卷文钞不分卷　集部别集类

稿本,中国社会科学院文学研究所藏。

爨余诗钞 4 卷　集部别集类

(1) 清嘉庆刻本,南京图书馆藏。

(2) 清道光刻本,南京图书馆藏。

(3)《清代诗文集汇编》本。

按:道光刻本前有嘉庆二十年(1815)自序,所收诗有道光二年(1822)90 岁以后至道光四年之作。南京图书馆藏本有松陵陆树棠墨笔校改,封面页有丁巳初冬识语,略云:"书中讹字甚多,已略加校正,至其诗格高古,乃学唐而有得者。惜抱(姚鼐)序中称其气息纯乎香山,殆非虚语。"里封有"文稿续刻"四字。

小楼诗集 8 卷　集部别集类

清道光元年刻本，台湾师范大学图书馆藏。

宗蔚生

字右华，一字思堂。清兴化人。笃行力学，刚正不阿。少从任陈晋游，后即延为其孙大椿师。晚年不遇，益肆力著述，字有王献之风。乾隆四十九年(1784)贡生。

右华时文　集部别集类　佚

见咸丰《重修兴化县志》卷 9。

赵冠三

字参两。清兴化人。增广生。多闻强记，于《字汇》多所驳正。凡以经史质者，必详告之。

史学正讹　史部史评类　佚

见咸丰《重修兴化县志》卷 8。

臧　灿

清兴化人。

晓传堂诗集　集部别集类　佚

见咸丰《重修兴化县志》卷 9。

魏　氏

清兴化人。赵祖寿继妻。

碧纱吟 4 卷　集部别集类

见咸丰《重修兴化县志》卷 9。

冯起凤

字幼翀，一字琅圃。清兴化人。为人浑朴好古，精考核，为文日可十余艺。乾隆三十年(1765)拔贡,至五十三年,逾七旬始举于乡。五十五年会试与千叟宴,赐国子监学正。

四书题解　经部四书类　佚

蠡言撮要　子部杂学类　佚

以上2种见咸丰《重修兴化县志》卷9。

吟香堂曲谱4卷　集部词曲类　佚

见《清史稿艺文志补编》。

任　鸿

字羽仪。清兴化人。诸生。兴化当淮泗下游,乾隆十八年(1753)后,叠遭水患。江苏巡抚陈宏谋延访知晓水利者,群以鸿应。鸿力陈原委利弊,了如指掌,随行海上,规议水利诸事。

导淮入海建议1卷　史部政书类　佚

见民国《续修兴化县志》卷14。

高士伦

字叙五。清兴化人。庠生。父丹鹤,隐邑之东村,以经史授生徒。士伦幼承父训,长益刻苦奋励,博采宋元明与清朝诸儒训诂。衡以己意,纂成《四书辨是》。又谓撰讲章者迂疏不适世用,乃辑上古三代人物事迹凡若干篇,篇末间有论断,皆融贯古今讲经济之学,题曰《编年征实通考》,附于《四书辨是》后。

四书辨是38卷编年征实通考26卷　子部儒学类　佚

见咸丰《重修兴化县志》卷9高士伦撰本书序。

吴授凫

字泾阳。清兴化人。乾隆四十一年(1776)扬州府学贡生。

同心之言文集　集部别集类　佚

见咸丰《重修兴化县志》卷9。

七律诗选 2 卷　集部别集类

清嘉庆刻本。

敦素园七子诗钞(一作宝应七子诗钞)7 卷　丛书类

清吴授凫辑

(1) 清乾隆三十四年精刻本，上海图书馆藏。

(2)《华东师范大学图书馆藏稀见丛书汇刊》本。

子目：

《花雨香斋集》1 卷　清乔方立撰

《借树轩集》1 卷　清汤应隆撰

《拳石山房集》1 卷　清刘兆彭撰

《古槐草堂集》1 卷　清汤襄隆撰

《深竹闲园集》1 卷　清刘玉麟撰

《槐阴楼集》1 卷　清乔大鸿撰

《听雨草堂集》1 卷　清乔大钧撰

李步墀

字丹九，号玉岭。清兴化人。鸣子。庠生。敦行谊，才思隽异，工写山水兰竹。性豪旷。妙解音律，晚精隶书。

揖旭山房诗草　集部别集类　佚

见同治《续纂扬州府志》卷 22。《昭阳述旧编》卷 2《蟠根述》下收其诗 12 首。

王式舟

字楼村。清兴化人。精医药。中年集《神农本草经》遗文，又酌增陶弘景、唐慎微所记，为《灵豆录》。

灵豆录　子部医家类　佚

见清洪亮吉《卷施阁文乙集》卷 7 本书序。

黎　田

字大田。清兴化人。乾隆三十七年(1772)岁贡生。

墨雨楼诗钞　集部别集类　佚

见同治《续纂扬州府志》卷22。《淮海英灵集》甲集卷3收其诗1首。

黄考祥

字履上,一字缵亭。清兴化人。少孤贫。乾隆三十年(1765)贡生,任金山训导,越五年罢归。精制艺,操守介然。诗和平恬淡。

缵亭诗钞　集部别集类　佚

见咸丰《重修兴化县志》卷9。

按:《淮海英灵集》丁集卷3收其诗3首。

蒋钟尹

字愚溪。清兴化人。尝游燕齐秦晋间。工医,取仲景论为本,采李浩《或问》、郭雍《补亡》诸论,著《伤寒汇解》。后寓居如皋,与石京、张槎、朱学潜为乐余会。

伤寒汇解　子部医家类　佚

雪游诗草　集部别集类　佚

以上2种见嘉庆《如皋县志》卷17。

颜长愉

字介夫,号秋水。清兴化人。冲默孤矜,论诗文谓人品不足,著作未可问也。

涉园近集　集部别集类　佚

见《江苏诗征》卷34,收其诗3首。

李驭坤

字念六。清兴化人。强记诵，属辞敏速。工诗。性淳直，好施与。乾隆二十七年(1762)以副榜贡，四十五年考授州同，未几卒于京邸。

念六文存　集部别集类　佚

见咸丰《重修兴化县志》卷9。

刘思赞

清兴化人。

揣摩正宗　子部儒学类　佚

见咸丰《重修兴化县志》卷9。

黄本纶

字言如。清兴化人。幼孤，从舅氏薛衡诵读，未弱冠即有文誉。文如干将莫邪，锋芒毕露。中乾隆三十二年(1767)经魁。性方严而廉介。

药阶堂制艺　集部别集类　佚

见咸丰《重修兴化县志》卷9。

任大椿(1738—1789)

字幼植，一字子田。清兴化人。陈晋孙。乾隆二十七年(1762)举人，三十四年二甲第一名进士，授礼部主事。三十八年充《四库全书》纂修官。四十四年在京交章学诚。五十四年五月以郎中授陕西道监察御史，未至任而病，六月卒。少工文词，既乃专究经史传注，所学淹通于《礼》，尤长名物。为文章有盛名。又性和易谦逊。与戴震同举于乡，于是习闻其论说，究心汉儒之学。《四库全书》礼经类提要多出其手，他人所撰者亦经其审定。曾掌教淮安丽正书院，汪廷珍为其弟子。在京师不媚要人，惟与朱筠、翁方纲以道义学术相切磋。尝欲劾大学士和珅，会病卒，弹章未及上。《清史列传》卷68有传。

深衣释例 3 卷　经部礼记类

(1) 清嘉庆十年(1805)黄丕烈手抄本,上海图书馆藏。

(2) 乾隆四十八年刻本,有孙诒让校并跋,杭州大学图书馆藏。

(3)《燕禧堂五种》本。

(4)《皇清经解续编》本。

(5)《续修四库全书》本。

弁服释例 8 卷　经部三礼总义类

(1) 清嘉庆二年望贤家塾校刻本,南京图书馆藏。

(2)《皇清经解》本。

(3)《续修四库全书》本。

(4) 2014 年凤凰出版社《泰州文献》本。

相台书塾刊九经三传沿革例 1 卷　经部群经总义类

清乾隆五十二年任大椿刻本,清焦循校并跋,清焦廷琥校,国家图书馆藏。

字林考逸 8 卷　经部小学类

(1)《燕禧堂五种》本。

(2)《式训堂丛书》本。

(3) 清光绪十六年(1890)江苏书局刻本,有陶方琦补 1 卷,南京图书馆藏。

(4) 清光绪二十三年成都龚氏刻本。

(5) 1934 年补刻光绪二十三年本,有补 1 卷附录 1 卷,南京图书馆藏。

(6) 1987 年江苏广陵古籍刻印社影印本。

(7)《续修四库全书》本。

释缯 1 卷　经部小学类

(1)《燕禧堂丛书》本。

(2)《皇清经解》本。

(3) 清刻本,王萱龄跋,国家图书馆藏。

仓颉篇3卷辑本1卷　经部小学类

(1) 清光绪十六年江苏书局刻本,国家图书馆藏。

(2) 1934年渭南严氏补刻本,南京图书馆藏。

(3)《续修四库全书》本。

吴越备史注20卷　史部杂史类　佚

见《清史列传》卷68本传。此书仿裴松之《三国志注》之例,详征博引,间附己见,考核异同。

列子释文考异1卷　子部周秦诸子类

(1)《燕禧堂五种》本。

(2)《周秦诸子斠注十种》本。

(3) 清抄本,清戈宙襄校、顾广圻跋,上海图书馆藏。

子田初集4卷　集部别集类

(1) 清乾隆间刻本,南京图书馆藏。

(2)《清代诗文集汇编》本。

(3) 2014年凤凰出版社《泰州文献》本。

苎村集1卷　集部别集类

清石嘉言辑《同音集》本,清乾隆六十年清素堂刻。

苎村诗钞2卷　集部别集类

清任大椿撰　王鸣盛选

《江左十子诗钞》本。

燕禧堂五种15卷　丛书类

(1) 清乾隆间刻本,国家图书馆等藏。

(2) 2014年凤凰出版社《泰州文献》本。

按:此书5种,除《列子释文》2卷(唐殷敬顺撰、宋陈景元补遗)1种外,其余4种见上文。

小学钩沈四十四种19卷　丛书类

清任大椿辑　王念孙校

(1) 清嘉庆二十二年汪廷珍刻本,国家图书馆藏。

(2) 清抄本,南京图书馆藏。

(3) 清光绪十年龙氏刻本,南京图书馆藏。

(4) 清光绪中湖北崇文书局刻本。

(5)《小学类编附编》本。

(6)《翠琅玕馆丛书》(冯兆年辑)本。

(7)《芋园丛书》本。

(8) 1987 年江苏广陵古籍刻印社影印本。

(9)《续修四库全书》本。

按:此书仿宋王应麟辑《易》《三家诗》例,辑录古籍所引古字书排比成帙,时加按语。前 12 卷由王念孙手校付刻,后 7 卷经王引之校定。汉魏以下字书辑本以此最为完备。子目详见《中国丛书综录》等 1 册。

冯霦大

字麟书,号蓼村。清兴化人。诸生。苦志读书,弱冠即工制艺。与兄日以篇什相唱和。每酒酣作书,有龙蛇飞舞之势。

蓼村吟　集部别集类　佚

见《昭阳述旧编》卷 1《桑梓述》下,收其诗 1 首。

圆　能(1740—1803)

字西林,一字墨庵,晚号香雨道人。清兴化人。俗姓张。因丧父母,祝发为僧,年 17 至泰州,依光孝寺炳一律师,炳一一见目为法器。年 27 为寺住持,重修寺庙,并于佛殿后建香雨楼,以宋宁宗所书"碧云"二字为方丈额。年 60 退居邑之瓢庵。善书法,工画兰竹。

香雨诗钞 1 卷　集部别集类

清嘉庆十二年(1807)刻本,与炳一《幻云诗钞》合刻,中国科学院图书馆藏。

顾　进

字彦湘，一字书升，号虚舟。清兴化人。廪生。文有奇气，行书亦工。性嗜诗，暇日与里中诸人谈艺，源流正变了如指掌。风仪秀朗，吐词雅畅，胸襟潇洒。

彦湘诗钞　集部别集类

(1) 清乾隆嘉庆间刻《兴化顾氏四种》本，上海图书馆藏。

(2) 稿本，9 卷，上海图书馆藏。

(3) 徐雁平、张剑主编《清代家集丛刊》本。

(4) 2014 年凤凰出版社《泰州文献》本。

顾钦文

字敬堂，一字乳山。清兴化人。九苞族兄弟。增广生。幼承父教，孝友诚笃。终日读书静坐，不入城市。豪侠重义。为文疏瀹性灵，诗有奇致。与朱灼会文课艺。

履善堂文稿　集部别集类　佚

见同治《续纂扬州府志》卷 13。吴锡麒为作序。

任　寅

清兴化人。

春风诗文钞　集部别集类　佚

见民国《续修兴化县志》卷 14。

任鸣梧

清兴化人。

碧崖诗钞　集部别集类　佚

见民国《续修兴化县志》卷 14。

李宗扬

原名德让。字进之，号云岩。清兴化人。鸣孙。庠生。工诗文，善书画。

春秋略议　经部春秋总义类　佚

云岩诗钞　集部别集类　佚

宝旭堂文集　集部别集类　佚

以上3种见民国《续修兴化县志》卷13。

顾仙根

字藕怡，一字真香，晚号松下老人。清兴化人。九苞侄。风神清雅，工议论制艺。书法晋唐。生平尤工诗，冲淡古朴，不作风云月露语。以诸生终。名噪江淮间，法式善谓其诗得三百篇意。曾燠为两淮都转，延入幕。嘉庆十年(1805)、十一年、十三年湖水频为患，仙根请于都转，兴化民得食粥。其后扬郡岁荒，当事踵行，遂为例，盖仙根之力云。道光初年，81岁卒。

从政摘要　史部政书类　佚

见咸丰《重修兴化县志》卷8。

藕怡诗钞4卷　集部别集类

(1) 清乾隆四十五年(1780)刻本，中国人民大学图书馆藏。

(2)《清代诗文集汇编》本。

(3) 徐雁平、张剑主编《清代家集丛刊》本。

(4) 2014年凤凰出版社《泰州文献》本。

纪荒诗略　集部别集类　佚

见咸丰《重修兴化县志》卷9。此辑所作述灾诗。《清诗纪事》乾隆朝卷录其中《买人船》1首，自序云："有以贩人为买卖者，乡人伤之，名其船曰买人船。"

顾同根

字莲溪，别号复道人。清兴化人。仙根弟。能诗文，好画山水。卒年36。

莲溪文草　集部别集类　佚

半绿庵诗草　集部别集类　佚

以上2种见咸丰《重修兴化县志》卷8。

按：《淮海英灵集》丁集卷4收其诗2首。

顾凤毛(1762—1788)

字超宗，号小谢。清兴化人。九苞长子。乾隆四十九年(1784)高宗南巡，召试列二等。五十三年副贡生。少受经于祖母，年11通五经。及长，传九苞学，与焦循同学，时相问难。始用力于经，又学音韵律吕于嘉定钱塘，皆得塘旨。年27卒。《清史列传》卷69有传。

楚辞韵考　经部小学类　佚

入声韵考　经部小学类　佚

毛诗韵考　经部小学类　佚

以上3种见清焦循《雕菰集》卷21《顾小谢传》，谓皆得钱塘之旨。又谓尝撰《毛诗集解》《董子求雨考》《三代田制考》，均未成。《淮海英灵集》丁集卷4收其诗1首。

顾麟瑞

字仲嘉，一字芝衫。清兴化人。九苞次子，凤毛弟。嘉庆六年(1801)拔贡。天才颖异，10岁即知吟咏，长肆力于诗。初学齐梁，继乃宗法盛唐，淮海间诗坛推重之。性豪迈，耻治生产，与名流酬唱无虚日。亦工词。小赋酷肖庾信，隶书得汉人意。年42卒。

篔筜馆诗钞　集部别集类　佚

无声诗馆词集　集部词曲类　佚

以上2种见同治《续纂扬州府志》卷22。

乐府定霸记　集部词曲类　佚

峨眉研传奇　集部词曲类　佚

以上2种见民国《续修兴化县志》卷14。

按:《江苏诗征》卷136收其诗1首。《广陵思古编》卷24收其文1篇。

黄仲仙

名不详,字仲仙。清常州人。景仁女,顾麟瑞妻。工诗词,有家风,所作不欲示人,每稿成,辄焚去。麟瑞负气憨直,黄氏多婉解之。

仲仙诗钞　集部别集类　佚

见李详《李审言文集·药裹慵谈》卷1"顾文子黄仲则结姻逸事"。

顾祖德

号虹桥,别号一笑山人。清兴化人。凤毛族兄弟。邑庠生。精于书画。年80余卒。

虹桥诗钞　集部别集类　佚

见同治《续纂扬州府志》卷22。

赵　恂

清兴化人。

玉署堂诗赋文艺稿　集部别集类　佚

见咸丰《重修兴化县志》卷9。

黄　骍

字约领。清兴化人。乾隆三十六年(1771)举人,四十一年召试二等,充内廷教习。挑发山东,任淄川知县,振兴书院,开通山路,士民戴之。补清平令。发甘肃,补靖远令。以军功擢平凉盐茶同知,改任宁夏西宁知府。卒于官。书画诗称三绝。

约领诗钞　集部别集类　佚

见咸丰《重修兴化县志》卷 8。

双江倡和集　集部总集类　佚

见《江苏诗征》卷 66，收其诗 1 首。

徐　英

字后之。清兴化人。过目成诵。晚染风疾，尚点勘典籍不去手。卒年 80。

春秋三传合参　经部春秋总义类　佚

经注日钞　经部群经总义类　佚

韵学考辨　经部小学类　佚

以上 3 种见咸丰《重修兴化县志》卷 9。

徐中行

清兴化人。

学庸讲义　经部四书类　佚

九秋吟草　集部别集类　佚

以上 2 种见咸丰《重修兴化县志》卷 9。

符　旌

字浚城，号雨岩。清兴化人。勤学穷经，于诗书训诂尤淹贯。为文古雅，诗工近体，字临晋人。性高旷，好施舍。中年家渐落，晚甚贫困，豪气不少挫。嘉庆元年(1796)由郡庠贡选庐江训导。

微吟小醉山房诗钞　集部别集类　佚

见同治《续纂扬州府志》卷 22。

履 祥

字雪笠。清兴化人。幼丧母,善病。乃祝发为观音阁德性弟子,教以儒书。嗜诗,日从符旌、徐庆升、陈燕桂诸辈游,唱和沧浪吟社中。诗气势浩瀚,自成一家。后居东台。

雪笠诗钞 8 卷　集部别集类　佚

见民国《重修兴化县志》卷 14。

徐庆升

字受堂。清兴化人。诸生。与符旌、履祥等相和。人品高逸。游广东,访其山川风俗,发之于诗。其父履泰乾隆十八年(1753)拔贡,早卒。

灌书堂诗集　集部别集类　佚

见同治《续纂扬州府志》卷 13。

郑 坤

清兴化人。

简堂诗钞　集部别集类　佚

见同治《续纂扬州府志》卷 22。

徐鸣珂

字竹芗。清兴化人。步云子。幼承家学,工诗善书。有父风。每科必见赏宗工,久困场屋,以太学生终。与同郡顾仙根、江都许之翰、江藩等友善。

东咏轩笔记 3 卷　子部杂学类

(1) 传抄本,泰州图书馆藏。

(2) 2014 年凤凰出版社《泰州文献》本。

研北花南吟草 4 卷词钞 1 卷合璧词 1 卷　集部别集类

(1) 清道光十八年(1838)刻本,南京图书馆藏。

(2) 红粟山庄抄本,泰州图书馆藏。

(3) 2014年凤凰出版社《泰州文献》本。

任槐里

字西林。清兴化人。大椿从弟。嘉庆二十四年(1819)贡生。生平绩学好古,名噪江淮间,历主淮安、东台书院。

十三经析疑20卷　经部群经总义类　佚

见《兴化任氏家谱》。

二十二史要录　史部史钞类　佚

经训堂集　集部别集类　佚

以上2种见民国《续修兴化县志》卷13、14。

徐　衵

字秩南。清兴化人。英从弟。少从舅任大椿质经史疑义,习勾股算术,悉能淹贯。最精于诗,各体兼长,七古七律尤妙。兴邑诗人继大椿而起者惟衵。困诸生,壮年郁郁而殁。

大酉山房诗钞　集部别集类　佚

见同治《续纂扬州府志》卷22。

徐　甫

清兴化人。

竹宾诗钞　集部别集类　佚

见同治《续纂扬州府志》卷22。

杨　桐

清兴化人。

左传分国　经部春秋左传类　佚

春秋便览　经部春秋总义类　佚

以上2种见咸丰《重修兴化县志》卷9。

困学管见　子部儒学类　佚

砚北笔记　子部杂学类　佚

清荫堂诗集　集部别集类　佚

以上3种见同治《续纂扬州府志》卷22。

李　槐

字秋爽，号三亭。清兴化人。庠生。气节自矜。乾隆间知县多泽厚甚重之。多性简伉，不妄与人交，独心折槐。岁大饥，知其贫，无隔宿粮，赠以百金。槐辞之。

三亭诗钞　集部别集类　佚

见同治《续纂扬州府志》卷14。

江国膺

字符礼。清兴化人。医家。

医方选要10卷　子部医家类　佚

见咸丰《重修兴化县志》卷10。

浑　然

号谦谷子。清武昌人。住兴化城南鸿寄园，时兴化诗人咸聚于此。其语言行事，似逃儒入佛者。诗学杜韩。示寂时薛联元吊云："抛却残经放下担，吟情飞过大江南。"

怀葛楼吟草　集部别集类　佚

见民国《续修兴化县志》卷14。

李　年

原名德谟。字干夫，号蓬观。清兴化人。步墀六子。诸生。以教授为业，家无恒产。性严毅慷慨。

春秋大事始末　经部春秋总义类　佚

见同治《续纂扬州府志》卷22。

阿修府志订讹　史部地理类　佚

见咸丰《重修兴化县志》卷9。此订阿克当阿修《（嘉庆）重修扬州府志》之误。

瓣香书屋诗文集　集部别集类　佚

见同治《续纂扬州府志》卷22。

任　蕃

字牧生。清兴化人。乾隆五十七年（1792）贡生。工文赋古近体诗。授徒自给。

春帆吟草　集部别集类　佚

见同治《续纂扬州府志》卷22。

陈多士

字卿武。清兴化人。嘉庆五年（1800）恩贡。能诗，工画山水。

木樨馆诗钞　集部别集类　佚

见咸丰《重修兴化县志》卷9。

陈燕桂

清兴化人。多士弟。能诗，日从履祥、符旌、徐庆升诸辈游，唱和沧浪吟社中。工画山水。

瑞石山房纪年诗草2卷　集部别集类

抄本，中国科学院图书馆藏。

潜光集　集部总集类　佚

见民国《续修兴化县志》卷14。

顾日宣

字浚卿，号枫亭。清兴化人。九苞族子。嘉庆十四年（1809）恩贡生。耽吟咏，尤工四书文。授教里塾，从游者甚众。

双桂堂文稿　集部别集类　佚

枫亭诗钞　集部别集类　佚

以上2种见咸丰《重修兴化县志》卷9。

宗临保

字庶咸，号燮堂。清兴化人。蔚生孙。道光元年（1821）恩贡。工举业，下笔敏赡，屡试辄为诸生冠。

芙蕖馆诗草　集部别集类　佚

忆旧吟　集部别集类　佚

以上2种见咸丰《重修兴化县志》卷9。

按：民国《续修兴化县志》卷14收其《读阮芸台〈淮海英灵集〉书后》诗2首，有"君当弱冠我成童，太守堂前拟化龙"句，自注云："乾隆甲辰（四十九年，1784）郡试，芸台戏以余'笔橐挂堂前，松树曰化龙'。"

上　定

字大歇。清兴化人。邢氏子。依吴陵开化寺冰怀济能禅师受法，继其席。

大歇禅师语录2卷　子部佛教类　佚

见震华《兴化佛教通志》卷4书目。卷2本传作3卷。

上定诗存1卷　集部别集类

清康熙四十一年（1702）吴江黄容刻本，上海图书馆藏。

陈秉枢

字叔霞。清兴化人。

借云堂集　集部别集类　佚

见《淮海英灵集》甲集卷1,收其诗1首。

薛联科

字鄂楼。清兴化人。联元兄。性沉静,诗文俱噪一时。工书法,与弟并称"二薛"。乾隆五十三年(1788)贡太学,卒后选霍山训导。

唐书撮要　史部史钞类　佚

宋史撮要　史部史钞类　佚

明文撮要　史部史钞类　佚

以上3种见同治《续纂扬州府志》卷22。

薛联元

字稚曾,一字琴溪。清兴化人。嘉庆十七年(1812)岁贡生。工书,善诗文。与兄联科齐名,士林推为"二薛"。家贫授徒,邑中士半出其门。尝撰县志稿,未成而卒。

重订感旧吟2卷　集部别集类

(1) 清道光十五年(1835)刻本,南京图书馆藏。

(2) 2014年凤凰出版社《泰州文献》本。

稚曾诗钞　集部别集类　佚

见同治《续纂扬州府志》卷22。

戎　臣

清兴化人。

兴化戎氏重修宗谱6卷　史部传记类

清戎臣等修纂

(1) 清道光二十六年(1846)木活字本,上海图书馆藏。

(2) 2014年凤凰出版社《泰州文献》本。

朱　发

字祥宇。清兴化人。

鹅湖旧草亭诗集　集部别集类　佚

见民国《续修兴化县志》卷14“书目”,同卷“诗类”收其诗1首。

李朝光

字御瞻。清兴化人。性笃孝。以父母时有疾,日检方书,至中年遂精医。为人治,日必两视其脉,以子午两时阴阳递转,天之气与人之脉络相通。又谓《录枢》《素问》非黄帝时书,多魏晋人伪托,惟论五行为切要。

医学切要2卷　子部医家类　佚

见同治《续纂扬州府志》卷16。

定　学

字雪幢。清武昌人。少业儒,长隐于释,住兴化般若庵。善吟咏,诗格力追盛唐,与兴化名士赵杞、符旌等相酬唱。

一瓢斋诗钞　集部别集类　佚

见民国《续修兴化县志》卷14。

陆世用

字湘雪。清兴化人。入庠后,客游京师无所遇。归益穷,以酒自遣。诗古文词俱有奇气,赋得庾信、鲍照神韵。

湘雪诗钞　集部别集类　佚

见同治《续纂扬州府志》卷22。

按:民国《续修兴化县志》卷14收其诗2首,其《辛巳除夕谢史望之学使》1首,为道光元年(1821)酬谢四川学政史致俨之作。

任邺书

字子涵。清兴化人。槐里子。附贡生。读书务经世之学。太平天国战争期间襄办团练。邑苦水患,著《复淮篇》建议于曾国藩,得报可。董理恤嫠、育婴、积善三堂事务,主讲昭阳书院。

江淮河运图说1卷　史部政书类　佚

陈修园三十六种注释　子部医家类　佚

金刚经注释　子部佛教类　佚

以上3种见民国《续修兴化县志》卷13、14。

陈礼齐

字简夫。清兴化人。多士子。嘉庆二十五年(1820)恩贡生。能文,兼善画人物。

小木樨馆诗钞　集部别集类　佚

见同治《续纂扬州府志》卷22。

李农祥

字秋帆,号庆蕃。清兴化人。鸣曾孙。庠生。承家学。

来仙阁诗钞　集部别集类　佚

见民国《续修兴化县志》卷13。

丁　炎

清兴化人。

易经注解　经部易类　佚

见咸丰《重修兴化县志》卷9。

赵若琮

清兴化人。

丹浦文集　集部别集类　佚

见咸丰《重修兴化县志》卷9。

黄　冈

字仞千。清兴化人。长务考据之学,《考工记》制度、《毛诗》鸟兽草木辨之确凿。凡讹误必折衷以求其是。兴化叠遭水灾,冈绘淮扬黄运湖河图,议开泾河旧闸,使湖水就近入海。其说颇可采。又熟悉邑中掌故,请修志而未果。嘉庆十三年(1808)贡国子监。

黄淮水道图议　史部地理类　佚

见咸丰《重修兴化县志》卷9。

袁　培

字培之,号滋畹。清兴化人。庠生。素性严谨,教人先行后文。嘉庆二十四年(1819)规划小海团社学。手定条例,延师课徒。

春秋传说汇要　经部春秋总义类　佚

语子常谈　子部杂学类　佚

以上2种见咸丰《重修兴化县志》卷8。

钱作孚

清兴化人。

安怀楼文集　集部别集类　佚

梅花书屋诗稿　集部别集类　佚

以上2种见咸丰《重修兴化县志》卷9。

赵若瑄

清兴化人。

竹实山房诗钞　集部别集类　佚

见同治《续纂扬州府志》卷22。

朱　灼

字赉实。清兴化人。庠生。为文力追先正,不落恒蹊。与顾钦文会文课艺。

历代纪元　史部史表类　佚

旌直堂诗文稿　集部别集类　佚

以上2种见民国《续修兴化县志》卷14。

姚世臣

清兴化人。

绿阴书屋诗　集部别集类　佚

见咸丰《重修兴化县志》卷9。

戎泽涵

清兴化人。

兴化戎氏重修宗谱6卷　史部传记类

(1) 清道光二十六年(1846)木活字本,上海图书馆藏。

(2) 2014年凤凰出版社《泰州文献》本。

郑　铉(1781—1856)

字景堂。清兴化人。燮从孙。诸生。寄居郡城,口吃耳聋。读书通大义,性好善,手辑先正格言,力行不倦。工画兰竹,得郑板桥法。咸丰六年(1856)春郡城被太平军攻克,率女孙萃云投井死。

身体力行篇2卷　子部儒学类　佚

景堂随笔2卷　子部杂学类　佚

以上2种见同治《续纂扬州府志》卷22。

顾　弼(1782—1845)

号小莲。清兴化人。同根子。太学生。通经学,能诗文。

真赏斋诗集　集部别集类　佚

见民国《续修兴化县志》卷14。

郑　銮(1782—1853)

字子砚,一字子彦。清兴化人。燮从孙。嘉庆十二年(1807)举人,大挑知县分广东,署吴川县。后以母老改河南,迭署柘城、宜阳诸县,补鲁山县。所至政绩卓著,人皆争颂之。返里后,莳花种竹,不与外事,而周恤故旧,奖掖后进,不遗余力。诗古文词,独辟蹊径。尤工书翰,寸笺尺楮,人争宝之。

(道光)鲁山县志　史部地理类

清郑銮纂修

清道光刻本,上海图书馆藏(存卷2、7)。

(咸丰)重修兴化县志10卷　史部地理类

清梁园棣修　刘熙载、郑銮等纂

(1) 清咸丰二年(1852)刻本,北京大学图书馆藏。

(2)《中国方志丛书》本。

(3)《中国地方志集成》本。

(4) 2014年凤凰出版社《泰州文献》本。

梁园集不分卷　集部别集类

清道光十四年(1834)精刻本。此为编年诗,起道光八年,止十二年。中国社会科学院文学研究所藏。

鲁山集不分卷　集部别集类

（1）清道光间刻本。此为编年诗，起道光十三年，止十五年。国家图书馆藏。

（2）2014年凤凰出版社《泰州文献》本。

岭海集　集部别集类　佚

见同治《续纂扬州府志》卷22。

水荒吟1卷附下河水利说1卷　集部总集类

（1）清道光十四年刻本，南京图书馆藏。

（2）《中国荒政全书》本。

（3）2014年凤凰出版社《泰州文献》本。

黄晋卿

字子仲，别号素翁。清兴化人。道光十二年(1832)贡生。善行草书，工诗文。

素翁诗钞　集部别集类　佚

见同治《续纂扬州府志》卷22。

宗德超

字子受。清兴化人。庠生。能文章，工行楷书。与黄晋卿(子仲)、郑銮(子砚)、金德辉(子石)同时，邑人并称为四子。

芙蕖馆诗集　集部别集类　佚

见民国《续修兴化县志》卷14。

金德辉

字子石。清兴化人。道光二十五年(1845)贡生。工画山水，能仿大家，自出新意。善词，与同邑郑銮、黄晋卿、宗德超并称四子。

子石诗词稿　集部别集类　佚

见同治《续纂扬州府志》卷22。

按：康发祥《伯山诗话》云："子石有顾松巢符稹、郑板桥燮、李复堂鲤三前辈诗，奇气喷薄，三诗皆佳。而论板桥尤倜傥。”《论郑板桥诗》见《清诗纪事》乾隆朝卷。

黄巨卿

字金乡。清兴化人。嘉庆十八年(1813)拔贡。一生绩学不辍，尤长于经。

绿绮堂文集　集部别集类　佚

见同治《续纂扬州府志》卷22。

邹必显

号趣斋主人。清兴化人，侨寓扬州。嘉庆间说话艺人，评话称绝技。

飞跎全传4卷32回　子部小说类

(1) 清嘉庆二十二年(1817)维扬文盛堂刻本，国家图书馆藏。

(2) 清咸丰七年(1857)如皋义林堂刻本，国家图书馆藏。

(3) 清同治十一年(1872)扬州醉经堂刻本。

(4)《古本小说集成》本。

(5) 1995年华夏出版社排印本。

按：此用扬州新奇市语叙述故事，又称《飞跎子传》《飞跎子书》《扬州话绣像三教三蛮维扬佳话传奇》。参见《中国通俗小说总目提要》。

顾继春(1792—1847)

字石安，号雨帆。清兴化人。麟瑞长子。庠生。幼承父教，喜为诗，长益精。家贫，性洒落孝友，弱冠失父母，抚继华、继荣两幼弟成立。与人交坦白无城府。

小篔筜馆诗钞　集部别集类　佚

微云馆词钞　集部词曲类　佚

以上2种见同治《续纂扬州府志》卷2。

按：民国《续修兴化县志》卷14“诗类”收其《丙戌纪荒》诗3首。

顾继华

字子清，一字月江。清兴化人。继春弟。性狷介，诗清幽奇矫，五古得小谢神韵。以廪监终。年44卒。

鹭拳轩诗赋文钞　集部别集类　佚

见同治《续纂扬州府志》卷22。

赵　杞

字诗城。清兴化人。廪生。家贫，授徒自给。好风雅，多名句。与邑诗人汇刻《同声集》，甫成而卒。

石杖山房诗文集　集部别集类　佚

见民国《续修兴化县志》卷14“书目”，同卷“诗类”收其诗1首。

束　銮

字补卿，号广微。清兴化人。增贡生。父怀万暨伯叔辈俱以能诗为名诸生。銮承家学，尤邃于诗赋。道光初主扬州梅花书院讲席，一时从游者皆江南北知名之士，历10余年，谢病归。

秋斋随笔　子部杂学类　佚

过江集2卷　集部别集类　佚

秋雨斋试帖　集部别集类　佚

兴化耆旧集8卷　集部总集类　佚

以上4种见民国《续修兴化县志》卷13。

阳山耆旧诗编　集部总集类　佚

见同治《续纂扬州府志》卷22。此或即《兴化耆旧集》之别称。

胡良瑚

字葆光，一字勖堂。清兴化人。庠生。以行称乡里。善书能诗。

勖堂存稿　集部别集类　佚

见同治《续纂扬州府志》卷22。

按:《淮海英灵集》丙集卷3收其诗1首。

赵慎修

字竹塘。清兴化人。少与从弟闳中齐名。

禹贡汇旨　经部易类　佚

见民国《续修兴化县志》卷13。

(咸丰)重修兴化县志10卷　史部地理类

清梁园棣修　刘熙载、赵慎修等分纂

(1) 清咸丰二年(1852)刻本,北京大学图书馆藏。

(2)《中国方志丛书》本。

(3)《中国地方志集成》本。

(4) 2014年凤凰出版社《泰州文献》本。

医学别解　子部医家类　佚

兰桂山房诗稿　集部别集类　佚

以上2种见民国《续修兴化县志》卷13。

魏寿金

清兴化人。

魏氏族谱8卷　史部传记类

清魏寿金修纂

清咸丰六年(1856)钞本,上海图书馆藏。

王启方

字文卿。清兴化人。嘉庆二十一年(1816)举人。大挑知县分四川,任乐山知县。补彭水县,建汉葭书院。躬亲讲学,以教士子。遇水灾,开仓平粜,民以安。同治七年(1868)重游泮水。

冰案抚琴清吏录　史部政书类　佚

宦海鸿爪集　集部别集类　佚

以上 2 种见民国《续修兴化县志》卷 13。

方志祖

清兴化人。

外科集成　子部医家类　佚

见民国《续修兴化县志》卷 14。

赵闳中

字沅芷。清兴化人。慎修从弟。性颖悟，少有声庠序。诗文峭拔灵秀，屡踬秋闱。道光二十四年(1844)中举，年已五旬，一上春官不第，旋卒。

种兰草堂诗词文稿　集部别集类　佚

见同治《续纂扬州府志》卷 13。

顾继荣(1805—1854)

字君彦。清兴化人。继华弟。嗣伯父凤毛。承家学，得经史大旨，不拘拘于字句，文清隽古淡，诗赋浩瀚浑朴。以廪生终。

观弈山房诗赋钞　集部别集类　佚

见同治《续纂扬州府志》卷 13。

慧　道

字宝中。清僧。定学弟子。继其师住兴化般若庵法席。善画墨兰，工诗。

萍香社诗集　集部别集类　佚

见震华《兴化佛教通志》卷 2 引《沧浪诗社同声集》。

李言扬

清兴化人。

春秋略义　经部春秋总义类　佚

宝旭堂文集　集部别集类　佚

云岩诗钞　集部别集类　佚

以上3种见民国《续修兴化县志》卷14。

曹际春

字熙台。清兴化人。庠生。天性孝友，绩学工文。学《易》12年，研精殚思，足不出户。

易学大全10卷　经部易类　佚

周易提要　经部易类　佚

以上2种见民国《续修兴化县志》卷13。《周易提要》为《易学大全》中之一种，谓已刊。

虞　氏

清兴化人。陈朴妻。

静一斋诗集　集部别集类　佚

见民国《续修兴化县志》卷14。

葛　祺

字米山。清兴化东团人。东团地僻，向无学校，道光十四年(1834)集同志创明性书院。

学规录要　子部儒学类　佚

见民国《续修兴化县志》卷13。

真　山

字岫云，号石庵。清兴化人。俗姓郝。出家后云游多年，深于涵养。参双阁道明上人，付以心印，使主法席。道光二十二年(1842)募修大士阁，复修玉皇阁，又兼摄东广福寺事。殚心竭力，重整殿堂。卒年80余。

岫云禅师语录1卷　子部佛教类　佚

见震华《兴化佛教通志》卷4，谓待刻。

李福祚

字学庵，一字学山。清兴化人。佳言子。幼承家学，博览群书，以选贡入成均，官亳州学正，升授徐州教授。

(咸丰)重修兴化县志10卷　史部地理类

清梁园棣修　刘熙载、李福祚等分纂

(1) 清咸丰二年(1852)刻本，北京大学图书馆藏。

(2)《中国方志丛书》本。

(3)《中国地方志集成》本。

(4) 2014年凤凰出版社《泰州文献》本。

昭阳述旧编3卷　史部地理类

清李福祚编

(1) 清咸丰七年刻本，南京图书馆藏。

(2) 2014年凤凰出版社《泰州文献》本。

(3) 2016年国家图书馆出版社《历代地方诗文总集汇编》本。

按：此书包括《桑梓述》，录乡先正诗文；《蟠根述》，录李氏先人诗文；《苔岑述》，录四方名公赠答之作。每编又各分上下。

学庵三述　子部杂学类　佚

学庵诗文集　集部别集类　佚

以上2种见同治《续纂扬州府志》卷22。

橄榄轩诗钞　集部别集类　佚

见民国《续修兴化县志》卷14“书目”，同卷“诗类”收其《怀贤诗》6首。

李　祓

原名元禧。字壮猷，号香树。清兴化人。年长子。道光十七年(1837)拔贡。二十年试京兆，挑取誊录，以知县用。性雅淡，不乐仕进，励节勤学，淹贯群书。诗古文词为时宗仰。词法周济，严音律。少游京洛，名重公卿间。成观宣视学江右，聘襄校艺，时称得士。晚岁主讲盐城表海书院、本邑昭阳书院。尝网罗散佚，厘正参订，襄纂郡志。家贫，笃孝友，好拯人之急。而遇有过，必面规，乡里咸敬惮之。

(咸丰)重修兴化县志10卷　史部地理类

清梁园棣修　刘熙载、李祓等分纂

(1) 清咸丰二年(1852)刻本，北京大学图书馆藏。

(2)《中国方志丛书》本。

(3)《中国地方志集成》本。

(4) 2014年凤凰出版社《泰州文献》本。

一丈红蔷山馆诗稿　集部别集类　佚

句曲山房文集　集部别集类　佚

以上2种见民国《续修兴化县志》卷14。

芗墅制艺　集部别集类　佚

见民国《续修兴化县志》卷13。

阳山耆旧录　集部总集类　佚

句曲山房词稿　集部词曲类　佚

蟫翁词集　集部词曲类　佚

以上3种见民国《续修兴化县志》卷14。

李崇禧

字席芬,号崧甫。清兴化人。年次子,祓弟。咸丰五年(1855)恩贡。注选直隶州州判。幼颖异,年14以默十三经受知于宗师。入庠后究心经史,先儒注疏悉窥其奥。日事著述,编次成书。熟于《春秋》,苦心推衍,补杜预《长历》之疑。为文雄健深沉。诗长七律,有杜甫风。

书经佐读　经部尚书类　佚

诗经佐读　经部诗经类　佚

麟经集纂　经部春秋总义类　佚

十六国春秋年表　史部史表类　佚

世系年表　史部史表类　佚

帝统集览　史部史表类　佚

历代将相录　史部传记类　佚

绛县老人四百四十五甲子图　史部传记类　佚

历代黄河迁徙志　史部地理类　佚

古今风俗杂识　子部杂学类　佚

诗学辨源　集部诗文评类　佚

以上11种见民国《续修兴化县志》卷13。

任光裕

清兴化人。

课徒文集　集部别集类　佚

见民国《续修兴化县志》卷14。

解起鳌

字云舟。清兴化人。工制艺,兼善诗书。道光十一年(1831)举人。

云舟制艺　史部政书类　佚

见咸丰《重修兴化县志》卷9。

钱志昱

清兴化人。

宾旸诗钞　集部别集类　佚

见咸丰《重修兴化县志》卷9。

曹国安

清兴化人。

丹崖文赋稿　集部别集类　佚

良常山人诗钞　集部别集类　佚

以上2种见民国《续修兴化县志》卷14。

陈秉义

清兴化人。

竹轩集　集部别集类　佚

见咸丰《重修兴化县志》卷9。

赵华萱(1809—1891)

字懋堂。清兴化人。咸丰六年(1856)岁贡生。孝事继母,以善教著于邑。文思如泉涌,远近士翕然从之,士子为所成就者甚多,光绪十七年(1891)例得寿榜,既投卷,疾作,未入场,士林惜之。

懋堂制艺　集部别集类　佚

见民国《续修兴化县志》卷14。

刘凤喈

清兴化人。

自恬堂文稿　集部别集类　佚

惜阴轩诗钞　集部别集类　佚

以上2种见民国《续修兴化县志》卷14。

佘 森

清兴化人。

一砚斋诗钞　集部别集类　佚

见民国《续修兴化县志》卷14。

薛树声

字风坪。清兴化人。联元次子。增广生。能传家学。梁园棣修县志，大半出其手。性方平，诗文皆充赡。草书仿王献之及孙过庭。与兄树人白首友爱无间。

历代纪元　史部史钞类　佚

见同治《续纂扬州府志》卷22。

(咸丰)重修兴化县志10卷　史部地理类

清梁园棣修　刘熙载、薛树声等分纂

(1) 清咸丰二年(1852)刻本，北京大学图书馆藏。

(2)《中国方志丛书》本。

(3)《中国地方志集成》本。

(4) 2014年凤凰出版社《泰州文献》本。

雕虫集　集部别集类　佚

丰亩园诗钞　集部别集类　佚

以上2种见同治《续纂扬州府志》卷22。

四六汇钞　集部别集类　佚

见民国《续修兴化县志》卷14"书目"，同卷"诗类"收其诗1首。

朱 丝

字琴君。清兴化人。道光十五年(1835)恩贡生。敦品博学，工诗古文辞，兼精书法。袁青绶仕湖南，延入幕中，事皆就商而后行。

今韵音孪稿　经部小学类　佚

甲子编年大事表　史部史表类　佚

以上2种见民国《续修兴化县志》卷14。

赵　拔

字萃卿。清兴化人。笃学安贫，年近六旬始举同治九年(1870)科乡魁。性乐易，主文正、昭阳两书院讲席，无论少长皆乐与之游。

选楼时文　集部别集类　佚

见民国《续修兴化县志》卷14。卷13本传作《选楼文稿》。

刘熙载(1813—1881)

字伯简，一字融斋，晚年号寤崖子。清兴化人。少孤贫，笃行力学，尝以“志士不忘在沟壑”“遁世不见知而不悔”二语自励。道光二十四年(1844)进士，改翰林院庶吉士，散馆授编修。官至左中允、广东学政。晚年寓居上海，主讲龙门书院14年。从学者甚众。治经无汉、宋门户。自六经子史、天文算法、字学韵学，无不通晓。尤以躬行为主，以慎独主敬为宗。秉性俭约，至贵不易其初。《清史稿》卷480有传。

古韵大旨1卷　经部小学类　佚

见《续修四库全书提要》经部，谓此书略论古韵，虽粗具纲目，而体例芜杂。

说文叠韵2卷首1卷　经部小学类

(1)《古桐书屋六种》本。

(2)《四库未收书辑刊》本。

说文双声2卷　经部小学类

(1)《古桐书屋六种》本。

(2)《四库未收书辑刊》本。

(咸丰)重修兴化县志10卷　史部地理类

清梁园棣修　刘熙载等分纂

(1) 清咸丰二年(1852)刻本,北京大学图书馆藏。

(2)《中国方志丛书》本。

(3)《中国地方志集成》本。

(4) 2014 年凤凰出版社《泰州文献》本。

天元正负歌 1 卷　子部历算类　佚

见《清史稿艺文志及补编》。

刘熙载书概签注　子部艺术类

王大亨、欧阳恒忠签注

1990 年广西师范大学出版社、漓江出版社出版。

书概评注　子部艺术类

金学智评注

2007 年上海书画出版社出版。

书概笺释　子部艺术类

袁津琥笺释

2018 年中华书局出版。

艺概 6 卷　子部杂学类

(1)《古桐书屋六种》本。

(2) 清光绪三年(1877)刻本,南京图书馆藏。

(3) 清宣统三年(1911)铅印本,南京图书馆藏。

(4) 1927 年富晋书社铅印本,南京图书馆藏。

(5) 江苏存古学堂铅印本。

(6) 1978 年上海古籍出版社王国安标点本。

(7) 1986 年贵州人民出版社笺注本。

(8)《刘熙载集》本。

(9)《续修四库全书》本。

(10) 2009 年中华书局袁津琥校注本。

按:本书分为文概、诗概、赋概、词曲概、书概、经义概六部分。文概等对古代散文、诗赋、词曲等各种文学样式的流变、古代作家的创作技巧和艺术特征，有独到的分析。书概为书学论著，论及书法源流及书家笔法。以“概”名书，旨在“举此以概乎彼，举少以概乎多”。虽只言大概，但精简扼要。其中文概、词曲概又另有单刻本及各种专题资料汇编本。

刘熙载集　集部别集类

1993 年华东师范大学出版社刘立人、陈文和点校本。此包括《古桐书屋六种》与《续刻三种》，附碑传。

刘熙载文集　集部别集类

2000 年江苏古籍出版社点校本。2017 年凤凰出版社重印。

昨非集 4 卷　集部别集类

(1)《古桐书屋六种》本。

(2)《续修四库全书》本。

(3)《清代诗文集汇编》本。

文概 1 卷　集部诗文评类

(1)《文学津梁》本。

(2) 1933 年双流黄氏济忠堂刻本。

词概 1 卷　集部词曲类

(1)《词话丛编》本。

(2) 民国间陈氏铅印本。

曲概 1 卷　集部词曲类

《新曲苑》本。

古桐书屋六种　丛书类

(1) 清同治光绪间刻本，南京图书馆藏。

(2) 1987 年江苏广陵古籍刻印社影印本。

(3) 2014 年凤凰出版社《泰州文献》本。

子目：

《四音定切》4 卷

按：本书原名《韵释》，准今韵释其所含之音。又名《四音定切》者，以为“印吾台予”四字能摄一切之音，声归韵母，明反切之理也。

《说文双声》2卷

《说文叠韵》2卷《首》1卷《续编》1卷

按:此书另有《端溪丛书》本。

《昨非集》4卷

按:此书卷1寤崖子、卷2文、卷3诗、卷4词(附曲)。

《持志塾言》2卷

按:此书杂录古人道学之言,己有所得亦笔录之。上卷分立志、为学等,下卷分尽伦、立教、人品等,共20类。

《艺概》6卷

古桐书屋续刻三种　丛书类

(1) 清光绪十三年刻本,南京图书馆藏。

(2) 2014年凤凰出版社《泰州文献》本。

子目:

《古桐书屋札记》1卷

按:此书杂录圣贤经义及先儒格言,为修身养心及教诲弟子之用。

《游艺约言》1卷

按:此续《艺概》而作。

《制艺书存》1卷

按:此为熙载所撰制艺。

刘熙载论艺六种　丛书类

1990年巴蜀书社校点本。

朱　绣

字素庵。清兴化人。丝弟。诸生。性孝友,亦工诗古文辞。

勤志斋诗钞　集部别集类　佚

见民国《续修兴化县志》卷13。

赵恭生

清兴化人。

赵氏念初族谱不分卷　史部传记类

清赵恭生等修纂

清同治十二年(1873)木活字本,上海图书馆藏。

顾杏春

字燕林。清兴化人。廪贡生。天性诚笃,事父母色养备至。博通经史,尤嗜《周易》,与刘熙载、族弟骕及陈广德上下议论,研讨颇深。

兴化顾氏族谱20卷首1卷　史部传记类

(1) 清同治十三年(1874)龙津堂活字本,国家图书馆藏。

(2) 2014年凤凰出版社《泰州文献》本。

周易图存　经部易类　佚

读易丛言　经部易类　佚

读史摭余　史部史评类　佚

噉蔗轩杂著　子部杂学类　佚

学诗识小　集部别集类　佚

以上5种见民国《续修兴化县志》卷13。

钮秉衡

字仲平。清兴化人。增广生。嗜古能文。

覆瓮文集　集部别集类　佚

将就轩诗钞　集部别集类　佚

以上2种见民国《续修兴化县志》卷14。

顾　骕(1817—1855)

字希埜,号唐坡,别号味闲居士。清兴化人。继春长子。道光二十四年(1844)举人。家贫力学,体弱善病。太平天国战争期间在乡筹划团练事宜。性疏旷,有才辩。工诗,古体学李长吉,近体宗老杜。

说文证义　经部小学类　佚

楚词正韵　经部小学类　佚

以上2种见同治《续纂扬州府志》卷22。

(咸丰)重修兴化县志10卷　史部地理类

清梁园棣修　刘熙载、顾骕等分纂

(1) 清咸丰二年(1852)刻本,北京大学图书馆藏。

(2)《中国方志丛书》本。

(3)《中国地方志集成》本。

(4) 2014年凤凰出版社《泰州文献》本。

剑花馆诗钞　集部别集类　佚

见同治《续纂扬州府志》卷22。民国《续修兴化县志》卷14收其诗1首。

顾　骒

字耳山。清兴化人。继春次子。骕弟。同治九年(1870)举人。光绪六年(1880)大挑一等,授知县,分陕西,初补白河县。后调补凤翔,以事忤知府,因乞假归。诗甚多,邑人李详为定其集。

(光绪)白河县志13卷　史部地理类

清顾骒修　王贤辅、李宗麟纂

(1) 清光绪十九年刻本,北京大学图书馆藏。

(2)《中国方志丛书》本。

顾凤翔遗集2卷　集部别集类

清光绪三十二年江宁刻本,国家图书馆藏。

朱晴岚

字晓峰。清兴化人。性通敏,好读书,至老不倦,年90犹未明即起，挑灯展卷，诵声琅琅。尤潜心于音韵反切，不喜释老阴阳之说。

十三经字音订讹　经部群经总义类　佚

韵学津梁　经部小学类　佚

辟邪论 2 卷　子部儒学类　佚

以上 3 种见同治《续纂扬州府志》卷 22。

陈广德

字茂亭。清兴化人。道光二十四年(1844)举人，二十五年连捷成进士，官户部主事。祖礼齐、父圣功，均敦品励学。广德幼承庭训，刻苦自奋。供职数年皆恶衣蔬食，有惠绩。后主文正书院讲席。

周易纂义　经部易类　佚

见民国《续修兴化县志》卷 14。

(咸丰)重修兴化县志 10 卷　史部地理类

清梁园棣修　刘熙载、陈广德等分纂

(1) 清咸丰二年(1852)刻本，北京大学图书馆藏。

(2)《中国方志丛书》本。

(3)《中国地方志集成》本。

(4) 2014 年凤凰出版社《泰州文献》本。

蕉根集　集部别集类　佚

见民国《续修兴化县志》卷 14“书目”，同卷“文类”收其《兴化对》文 1 篇，“诗类”收其诗 1 首。

陈　震

字豫东。清兴化人。工医，能诗。

竹石草堂诗钞　集部别集类　佚

见民国《续修兴化县志》卷 14“书目”，同卷“诗类”收其诗 1 首。

金　镕

字冶青。清兴化人。善画山水，能诗，工书法。尤爱词曲，与余焜、成沂相唱和。

大冶子诗集　集部别集类　佚

见民国《续修兴化县志》卷14。

顾阶升

字晋斋。清兴化人。庠生。能诗，多奇句。晚工汉隶，遒劲高古。年80余卒。

八分书屋诗钞　集部总集类　佚

清顾阶升与同邑顾辰枏撰

见同治《续纂扬州府志》卷22。

袁青管

字翰卿。清兴化人。道光三十年(1850)贡生。生平多厚德，尝倾囊延师兴社学。工诗文。

周易集说汇要　经部易类　佚

见同治《续纂扬州府志》卷22。

春秋三传合编　经部春秋总义类　佚

见民国《续修兴化县志》卷14。同治《续纂扬州府志》卷22以此书为袁青绶作。

阮晋朋

清兴化人。

求牧刍言　史部政书类　佚

见民国《续修兴化县志》卷14。

戎荫张

原名荣光。字烛斋。清兴化人。幼丧母，抚于外祖张氏，记其恩，更名荫张。为文警辟精练，直追古大家。

烛斋制艺　集部别集类　佚

见民国《续修兴化县志》卷13。

徐逢年

字实秋。清兴化人。医家。附贡生。因母疾而习医，他医认为不可治者，常以一二剂治愈之。咸丰六年(1856)岁饥，请县令募资煮赈。光绪八年(1882)重游泮水。

时疫辨证　子部医家类　佚

见民国《续修兴化县志》卷14。

王叙彝

字竹亭。清兴化人。幼孤，承母教，入邑庠。性孝友。工诗，诗作选入《沧浪诗社同声集》中。

爱竹轩诗钞　集部别集类　佚

见民国《续修兴化县志》卷13。

王绍曾

原名居奠，字静斋。清兴化人。叙彝弟。附贡生。同治五年(1866)清水潭决口，先后上书曾国藩、李鸿章，力陈下河水利治本重于治标。尝作《纪乡先辈诗》三十律，笔致严劲。老犹嗜学。

碧芙蓉馆诗文集　集部别集类　佚

见民国《续修兴化县志》卷13。

成桂馨(1822—1865)

字景颜。清兴化人。诸生,工篆刻。太平天国间奉当事命督办团防。

性存堂印谱　子部艺术类　佚

见民国《续修兴化县志》卷14。

成　沂(1823—1890)

字子清,晚号古顽。清兴化人。桂馨族弟。读书有大志,为文负奇气。太平天国战争期间在乡办团练。又赴上海李鸿章营,以军功保举同知衔候选知县。事平后游京师交海内知名士。以母老归,益肆力于书。先习书法于何绍基,继乃力摹晋魏篆隶,宗邓石如,精铁笔。间作山水,深得米万钟意。富搜藏,得旧拓《瘗鹤铭》,因以"寿鹤"名其堂。

缩汾钟王小楷十种　子部艺术类　佚

小居竹轩词集　集部词曲类　佚

以上2种见民国《续修兴化县志》卷13,卷14收其《读何子贞〈入秦集〉即呈》诗1首。

戎福余

清兴化人。

兴化戎氏三修宗谱6卷首1卷　史部传记类

清戎福余修纂

清光绪十年(1884)刻本,吉林大学图书馆藏。

魏　潢

清兴化人。

兴化魏氏族谱6卷　史部传记类

清魏潢修纂

清光绪十四年(1888)木活字本,上海图书馆藏。

张肇熙

字缉臣。清兴化人。舜民子。咸丰元年(1851)举人。亲老,不求仕进。卒年46。

芸台戒词1卷续编1卷补编1卷　集部词曲类

清张肇熙撰　续编、补编其子张金录撰

清光绪二十年(1894)刻《芸莪合编》本,复旦大学图书馆藏。

余光勋

字仲铭。清兴化人。诸生。品端学粹,精历算、舆地,研究角度相求,见赏于黄体芳。同治五年(1866)清水潭决口,上书曾国藩等,议浚旧黄河导淮入海,以经费支绌未果行。

禹贡锥指改错　经部尚书类　佚

导淮图说　史部地理类　佚

中西算术辑要　子部历算类　佚

以上3种见民国《续修兴化县志》卷14。

任毓祺

清兴化人。

砚溪文集　集部别集类　佚

楚阳文献　集部总集类　佚

以上2种见民国《续修兴化县志》卷14。

姚武宽

字蓉舫。清兴化人。咸丰九年(1859)恩贡生。选清河教谕,丁忧未赴。后署安东训导,亦未赴。武宽治经,学士乐从之游。同治间集高邮、宝应士绅上书江督曾国藩,沥陈运河水利,请改定开坝志桩,并修筑西堤。曾国藩赏其文，立允之。

熙春堂骈文诗稿　集部别集类　佚

见民国《续修兴化县志》卷14。

解如森

字春卿。清兴化人。庠生。能书，工画花卉，间作山水亦精。

怡文堂诗集　集部别集类　佚

见民国《续修兴化县志》卷14。

余　楠

字让生。清兴化人。廪贡生。家素裕，子弟多浮华，楠独朴素。生平寡嗜欲，乐施济。每岁终，风雪严寒，常命仆携钱从之夜出，亲历蓬户，暗置钱门内，不使知。

务滋堂诗集　集部总集类　佚

清余楠与其族人余棣、余浚合著

见民国《续修兴化县志》卷14。

赵鸿苞

清兴化人。

双砚书屋诗集　集部别集类　佚

见民国《续修兴化县志》卷14。

张嘉谷

清兴化人。

抱拙轩诗集　集部别集类　佚

见民国《续修兴化县志》卷14。

陈正朋

清兴化人。

环球书屋诗集　集部别集类　佚

见民国《续修兴化县志》卷14。

黄龙彦

字古蟠。清兴化人。廪贡生。性恬淡，闭门却扫，寝馈群书。精制艺，诗境清逸。

锄经堂诗钞　集部别集类　佚

见民国《续修兴化县志》卷13。

邹　峒

清兴化人。

海棠香国诗集　集部别集类　佚

见民国《续修兴化县志》卷14。

徐云程

清兴化人。

听秋轩诗集　集部别集类　佚

见民国《续修兴化县志》卷14。

陈玉台

清兴化人。

玩易轩诗集　集部别集类　佚

见民国《续修兴化县志》卷14。

魏兰金

清兴化人。

双鹤轩诗集　集部别集类　佚

见民国《续修兴化县志》卷14。

徐耀先

清兴化人。

吟红山馆诗稿　集部别集类　佚

见民国《续修兴化县志》卷14。

徐步瀛

字十洲。清兴化人。同治九年(1870)举人,大挑知县分广西,署兴安县,有惠政。举卓异,保知府,补平乐县,摄平乐府事。后因某御史捏词弹劾,罢归,时年76。工为文,三充乡试同考官。卒年92。

文鉴摘要　史部史评类　佚

见民国《续修兴化县志》卷13,谓待刻。

黄元瑞

字仲修。清兴化人。庠生。善诗歌。游吴,与王公世卿把酒拍曲,吴中新剧多出自元瑞手。其《南北曲二十一套》存于家。

自娱集诗词稿　集部别集类　佚

南北曲二十一套　集部词曲类　佚

以上2种见民国《续修兴化县志》卷14。

赵圣传

字蓉裳。清兴化人。廪贡生。精熟《左氏传》。先治世族学,于旧说之失,多所举正。复考夏商官制,语极精核。光绪中黄以周主讲南菁书院，圣传年60余，至院肄业，赅博为诸生冠。王先谦重其渊博，署为院长，客江阴8年。

左传服义述　经部春秋左传类　佚

见《中国人名大辞典》。

穀梁诂义　经部春秋穀梁传类　佚

见民国《续修兴化县志》卷13。

李　钺(?—1874)

字左之。清兴化人。庠生。负奇气。咸丰初从戎入河南，七年(1857)太平军韦志俊与捻军张洛行进攻固始，钺助固始令张曜守城70余日。工诗，从军中不废吟咏。历保分省知府，晋道员。同治十三年(1874)因病从塞外归，旋卒。

西征杂录　史部杂史类　佚

固始守城七十二日笔记　史部杂史类　佚

以上2种见民国《续修兴化县志》卷13。

瀹雪轩仅存稿2卷　集部别集类

清末刻本，山东省图书馆藏。

李鸿儒

字仪吉，一字醉六。清兴化人。幼孤贫，族叔崇禧抚如己出，授之读，诗文赋皆精。咸丰十一年(1861)拔贡，选授溧水教谕。崇禧疾卒。鸿儒成服如子礼，作百韵诗哭之。

芙秋馆诗草1卷　集部别集类

清抄本，南京图书馆藏。

刘彝程

字省庵。清兴化人。熙载长子。性沉静善思，期以实学致用于世。熙载因其才示以算歌，因得熟精借根天元诸法，力求深造而苦无书参考。后至广州，过长沙遇丁果臣，纵观董、项、戴、徐诸家算书，又访邹伯奇于广东，识李善兰于上海，由是悉心弧矢级数等学。同治十二年(1873)英国数学家傅兰雅译成《代数术》一书，彝程一见了然，傅由此引为至交。南海冯焌光综理江南制造局，聘为广方言馆算学主教。光绪元年(1875)兼掌求志书院，所出算题颇多新意，大江南北如胡惟德、徐谦、华世芳、支宝枏、陈维祺等均精数学而出其门下。

上海求志书院算学课艺 1 卷　子部历算类

清光绪二十二年上海石印本。

广方言馆(算学)课艺　子部历算类

清刘彝程、沈善蒸编

清光绪二十二年活字印本。

割圆阐率 1 卷　子部历算类

清光绪二十四年石印《古今算学丛书》本。

简易庵算稿 4 卷　子部历算类

清光绪二十六年江南制造局刻本，国家图书馆藏。

按：此书集求志书院 20 余年算稿而成。

亥加入开立方解证　子部历算类

自刻本，见《四部总录·算法编》。

对数四问 1 卷　子部历算类

收入《皇朝经世文续编》。

按：彝程又曾校订英国傅兰雅、清华蘅芳译《代数术》22 卷，鉴定清陈维祺、叶耀元编《中西算学大成》100 卷。两书均曾多次刊印，版本从略。

孔广谟

字笛生。清兴化人。同治二年(1863)进士。签分安徽知县。豪于文，锋发韵流，有气势。性伉爽，与人交无城府。未赴任卒于家。

潜山堂制艺　集部别集类　佚

见民国《续修兴化县志》卷14。

任香尉(1836—1918)

清兴化人。王氏女，缦卿妻。娟秀多艺，工诗词，能文章，清孝钦显皇后征造才女，赐五品衔。民国后净扫一室，课佛诵经不辍。闻定慈禅寺有明藏，借归之，阅读遇有切于身心名句，辄摘记入册。

藏经纪略2卷　子部佛教类　佚

绣余吟草1卷　集部别集类　佚

以上2种见震华《兴化佛教通志》卷2。

余　焜

字石庄，别号湘麓居士。清兴化人。增贡生。少聪颖，应童子试，即以善诗名，尤爱词曲。后识江都丁至和之词，乃尽弃其学，师事至和，遂益精妙，论者谓其品在玉田、白石之间。兼工书。晚年喜临北碑，益饶别致。

玉藤仙馆词1卷　集部词曲类

(1) 清光绪刻本，南京图书馆藏。

(2) 2014年凤凰出版社《泰州文献》本。

按：民国《续修兴化县志》卷14作《玉藤仙馆词存正续》2卷。另著录《湘麓词钞》一种。

郭恩浚(1841—1911)

字沁泉。清兴化人。太平天国战争后寓扬州。少负才略，后参戎幕，不得志，隐于卜，治《易》最力，兼精壬奇之学。晚年客游金陵。

说易　经部易类　佚

说地　子部术数类　佚

说占验　子部术数类　佚

阳山逸叟遗集　集部别集类　佚

以上 4 种见民国《续修兴化县志》卷 13。

成占春(1846—1903)

字梅叔,号蕚仙。清兴化人。同治十年(1871)进士,选庶吉士,十三年散馆,授云南易门知县,调署蒙自。时越南兵警,云贵总督岑毓英督师出关取道蒙自,占春转饷不匮,岑氏以占春有为,荐升直隶州。未几,调署河阳县、石屏州,补镇雄州知州。后归不复出,居乡里,力持正议。尝议修县志,因事未成。

海琴仙馆诗钞 6 卷　集部别集类

(1) 清光绪二十三年(1897)刻本,南京图书馆藏。

(2)《清代诗文集汇编》本。

石文焘

字鲁卿,一字季荀。清兴化人。同治六年(1867)举人。少聪颖,过目成诵,长能文。中举后主讲本邑昭阳书院,教诲勤恳,里人以为式。卒后选阜宁教谕。

春秋舆地古今沿革考　经部春秋总义类　佚

春秋各国年谱　经部春秋总义类　佚

以上 2 种见民国《续修兴化县志》卷 14。

陆殿鹏

字荐秋。清兴化人。性嗜学,博涉经史,能文章。光绪二年(1876)会元,授吏部文选司主政。旋以父病告归,色养备至,尤留心民间疾苦。曾偕黄景、成占春等谒李鸿章,呈请改革漕弊。晚年,沈锡晋莅兴,殿鹏首倡清查仓谷。

学庸衍义　经部四书类　佚

见民国《续修兴化县志》卷 14。

赵鸿书

字小楼。清兴化人。拔子。光绪四年(1878)岁贡生。有隽才,诗文皆倜傥。

蜕樵诗钞　集部别集类　佚

见民国《续修兴化县志》卷13。

按:赵鸿书有《教场歌》,咏两江总督马新贻遇刺事,收入杨钟羲《雪桥诗话续集》、郭则沄《十朝诗乘》,并见《清诗纪事》同治朝卷。

江曲春

字泽之。清兴化人。医家。光绪十五年(1889)恩贡。

霍乱辨证　子部医家类

清江曲春、赵履鳌撰

清光绪十四年四圣观刻本,甘肃省图书馆藏。

舟车便览　子部医家类　佚

见民国《续修兴化县志》卷14。

葛以续

字永昭。清兴化人。增广生,治经学,工诗文。

十三经发微　经部群经总义类　佚

见民国《续修兴化县志》卷14。

按:此书尤详于《易》。惜全稿无从搜辑,仅有传抄《四书签注》7本,存其族人瀛澜家。

黄崇德

字静征。清兴化人。元瑞子。庠生。家贫,性廉介,历游燕、齐、鄂、赣诸省,足迹所至,辄有题咏。

水流花放馆词稿　集部词曲类　佚

见民国《续修兴化县志》卷13。

朱　椿

清兴化人。

湖北郡邑道里图不分卷　史部地理类　佚

见《清史稿艺文志及补编》。

枕湖书屋诗集　集部别集类　佚

见民国《续修兴化县志》卷14。

朱　桐

清兴化人。

二白书屋诗集　集部别集类　佚

见民国《续修兴化县志》卷14。

密　藏(1851—1910)

字隐儒，号秋崖。清兴化人。俗姓姚。出家本邑报恩庵。同治九年(1870)参学金山，光绪十年(1884)主江天寺席。慈寿宝塔毁于兵燹，乃广募十方，北走燕京，南逾粤海，劳苦7年，重新建造。喜绘画，工兰竹。

续金山志2卷　史部地理类

(1) 清光绪二十七年刻本，北京大学图书馆藏。

(2)《中国佛寺志汇刊》本。

(3)《中国佛寺志丛刊》本。

藏逸经书标目　史部目录类

1918年刻本，复旦大学图书馆藏。

隐儒禅师语录2卷　子部佛教类　佚

见震华《兴化佛教通志》卷4。

王苏门

字啸岑。清兴化人。绍曾子。增广生。邃于史,兼精诗赋。

史论　史部史评类　佚

藕花榭吟草　集部别集类　佚

以上2种见民国《续修兴化县志》卷13,卷14收其《忧旱行》诗1首。

戎云程

清兴化人。荫张子。光绪二年(1876)举人。工文,尤长诗赋。

小西庐文赋草　集部别集类　佚

见民国《续修兴化县志》卷13。

徐石桥

清兴化人。

竹溪诗草　集部别集类　佚

见民国《续修兴化县志》卷14。

赵克仁

清兴化人。

一琴一鹤山房诗集　集部别集类　佚

见民国《续修兴化县志》卷14。

吴良宪

清兴化人。工医。光绪十四年(1888)大疫,倡施医药,全活甚众。

乐寿堂医案　子部医家类　佚

见民国《续修兴化县志》卷13。

李光杰

字小树。清兴化人。附贡生。光绪二十二年(1896)入京,补太常寺典簿厅,后改用同知,分广西。

绿窗词稿　集部词曲类　佚

见民国《续修兴化县志》卷14。

魏晋卿

兴化人。辛亥革命后曾与葛瀛澜协商政治。

阅藏诗百首　集部别集类　佚

见民国《续修兴化县志》卷14。

顾　硕(1859—1925)

字石孙。兴化人。附贡生。光绪二十六年(1900)署河南兰封知县。辛亥革命后弃官归里。

江苏通志局兴化征访稿2卷　史部地理类

(1) 民国清稿本,中国科学院图书馆藏。

(2) 2014年凤凰出版社《泰州文献》本。

李　详(1859—1931)

字慎言,一字审言,中年又字媿生,晚号辥叟。兴化人。光绪十一年(1885)贡生。十七年至淮阳海道谢元福署中任书记,因得纵览谢氏藏书。三十二年被聘为江楚编译官书局帮总纂。宣统元年(1909)至安徽存古学堂教授史学与《文选》学。三年被聘为江苏通志局分纂。辛亥革命后旅居上海,为刘承干、刘世珩等人校刻书籍。1923年应聘为南京东南大学中国文学系教授,次年辞职。1928年蔡元培任中央研究院院长,被聘为特约著述员。生平治学推崇钱大昕、阮元,喜好汪中文章。工骈文,尤精《文选》学。对乡邦文献的收集整理贡献尤多。

(光绪)盐城县志17卷首1卷　史部地理类

清刘崇照修　陈玉树等纂　李详等分纂

(1) 清光绪二十一年刻本,国家图书馆藏。

(2)《新修方志丛刊》本。

(3)《中国地方志集成》本。

(民国)阜宁县志　史部地理类　佚

见民国《阜宁县新志》卷末《阜宁县新志编纂始末》。

按:1920年阜宁县倡修县志,特聘李详为总纂,庞友兰等为分纂。当时曾将各种未完稿册寄李详,李详略加批评,有《与友兰书》,论编纂体例。后因战事,志局无人,修志一事遂停止。

(民国)兴化县志稿　史部地理类

见李稚甫《李详传略》(《李审言文集》附录四)。谓1928年兴化曾设局纂修,未完稿,李详即去世。后李恭简修《续修兴化县志》15卷,即以李详志稿为基础纂成。

(民国)江苏省通志稿352卷　史部地理类

缪荃孙、冯煦纂修　李详协纂

(1) 稿本,南京图书馆藏。

(2) 1927年影印本。

(3) 1945年铅印本。

(4) 1998年江苏古籍出版社校点本。

按:李详任本志协纂,对修志体例,尤其是“艺文志”体例,多有建议,曾撰成《江苏通志稿艺文志商例》。李详同时任江都、甘泉、仪征三县人物志中儒林、文苑各传,及艺文志、舆地沿革表等稿审阅定稿工作。

分撰匋斋藏石记释文自定本2卷　史部金石类

《李审言文集》本。

清代学术概论举正1卷　史部史评类

见李稚甫《二研堂全集叙录》(《李审言文集》附录三),著录稿本。此为订正梁启超《清代学术概论》而作。

颜氏家训补注 1 卷　子部儒学类

（1）《国粹学报》本。

（2）民国间东南大学排印《颜氏家训论略》本。

（3）《李审言文集》本。

按:此书另有作者重订稿本,见《二研堂全集叙录》,云:“补注者,补赵敬夫注本之未及也。初据《抱经堂丛书》赵注卢校本,疏补数十条,于《国粹学报》露布。后得栖霞郝兰皋先生《颜氏家训斠记》。居南雍授颜书时,曾撰《颜氏家训论略》一卷,并郝校列入。晚年厘订,单存补注写为一卷。”

媿生丛录　子部杂学类

（1）清宣统元年江宁刻本,2 卷,国家图书馆藏。

（2）清抄本,5 卷,国家图书馆藏。

（3）《李审言文集》本,6 卷。

（4）2000 年江苏古籍出版社点校本。

按:《二研堂全集叙录》云:“斯书为先君一生精力所萃,考订经史,辨章学术。全稿陆续写定,光绪戊申年曾于金陵刊行二卷,虽为时贤所重,备见称引,而印本甚鲜,后以续有增订,弃板不用。亦曾于《国粹学报》,略见端倪。晚年厘订为《丛录》四卷《续录》一卷,《续录》首卷于民国二十五年由苏州章氏国学讲习会于《制言》刊布,并印一单行薄册,流布亦鲜。五卷未定稿待刊。”

药裹慵谈 6 卷　子部杂学类

（1）《国粹学报》本。

（2）《李审言文集》本。

（3）2000 年江苏古籍出版社点校本。

按:《二研堂全集叙录》另著录稿本,又云:“斯书专论当代掌故,初名《脞语》,又曰《试觚》《窳记》,后易今名。”

世说新语笺释 1 卷　子部小说类

（1）载 1939 年《制言》。

(2)《李审言文集》本。

按:此书另有作者自定稿本,见《二研堂全集叙录》。

学制斋诗集 3 卷　集部别集类

稿本,国家图书馆藏。

学制斋文集 6 卷　集部别集类

稿本,国家图书馆藏。

学制斋骈文 2 卷　集部别集类

(1) 1915 年江宁蒋国榜铅印本,南京图书馆藏。

(2)《李审言文集》本。

学制斋骈文续集不分卷　集部别集类

稿本,国家图书馆藏。

李审言诗录　集部别集类

《道咸同光四朝诗史一斑录》三编本。

李审言丙辰怀人诗　集部别集类

民国铅印本,南京图书馆藏。

游杭诗录 1 卷　集部别集类

(1) 1918 年丁福保铅印本,南京图书馆藏。

(2) 附刊于《李审言文集·学制斋诗钞》后。

丙寅游杭绝句　集部别集类

民国铅印本,南京图书馆藏。

丙辰怀人诗不分卷(丙辰五月奉怀沪上诸友绝句)　集部别集类

民国铅印本,国家图书馆藏。

韩诗萃精　集部别集类

见《学制斋文钞》卷 1 本书序。此为东南大学之讲稿,未完稿。

汪容甫文笺 1 卷　集部别集类

(1)《国粹学报》本。

(2) 收入古直著《汪容甫文笺》卷中,民国间中华书局排印《层冰草堂丛书》,1958 年人民文学出版社重印出版,有古直订补。

（3）台北《中国学术名著第五辑》本。

顾亭林先生诗笺注校补 1 卷　集部别集类

（1）清光绪二十三年刻本，华东师范大学图书馆藏。

（2）《续修四库全书》本。

杜诗证选 1 卷　集部别集类

韩诗证选 1 卷　集部别集类

以上 2 种有《国粹学报》本。

选学拾渖 2 卷　集部总集类

（1）清光绪二十年家刻本，南京图书馆藏。

（2）1939 年《制言》本。

（3）抄本，国家图书馆藏。

文选萃精说义　集部总集类

手稿本，国家图书馆藏。

按：以上 4 种与《李善文选注例》1 种亦收入《李审言文集》，总题曰《文选学著作五种》。

文心雕龙补注 1 卷　集部诗文评类

（1）《国粹学报》本。

（2）《龙溪精舍丛书》本。

（3）《李审言文集》本。

（4）2000 年中华书局《增订文心雕龙校注》本。

按：此书另有作者自定稿本，见《二研堂全集叙录》。

兴化李审言先生与东莞张次溪论文书 1 卷　集部诗文评类

《京津风土丛书》本。

骈文学（一作骈文研究法）　集部诗文评类

见《学制斋文钞》卷 1 本书序。

重印江都汪氏丛书　丛书类

秦更年、李详等辑

1925 年上海中国书店影印本，国家图书馆藏。

李审言文集　丛书类

李稚甫编校

(1) 1989 年江苏古籍出版社出版。

(2) 2014 年凤凰出版社《泰州文献》本。

子目：

《文选学著作五种》

按：此包括《选学拾渖》《韩诗证选》《杜诗证选》《文选萃精说义》《李善文选注例》。

《楚辞翼注》

《世说新语笺释》

《文心雕龙补注》

《颜氏家训补注》

《汪容甫文笺》

《笺注杂存四种》

按：此包括《陶集说略》《庾子山哀江南赋集注》《杜诗释义》《王荆公文诗补注》，均为李详笺注方面的撰述未完残稿。

《正史源流急就篇》

《西汉节义传》

《媿生丛录》6 卷

《药裹慵谈》6 卷

《学制斋骈文》2 卷

《学制斋文钞》2 卷

《学制斋书札》2 卷

《学制斋诗钞》4 卷附《游杭诗录》

《分撰匋斋藏石记释文自定本》2 卷

附录李详传记资料及李稚甫撰《二研堂全集叙录》

按：李详生前尝为人校定著作多种，其中刘世珩有《李集校记》《杜集校记》《南朝寺考》，朱孔彰有《刘宾客文集》《司空表圣文集》校本，缪朝荃有《玉峰志》《太仓志》校本，缪荃孙有《安禄山事迹校记》等。参见《李审言文集》附录二陈训正撰《兴化李先生墓表》、附录四李稚甫撰《李详传略》及李详《学制斋文钞》《书札》中有关叙述。

杨世盛

清兴化人。

悔饮轩诗稿　集部别集类　佚

见民国《续修兴化县志》卷14。

杨世兴

清兴化人。

白轩诗草　集部别集类　佚

味灯斋诗草　集部别集类　佚

以上2种见民国《续修兴化县志》卷14。

孔昭回

字兰孙。清兴化人。广谟子。能诗文，善篆刻。

石知堂印谱2卷　子部艺术类　佚

醉月吟4卷　集部别集类　佚

以上2种见民国《续修兴化县志》卷13。

吴春元

清兴化人。

兴化吴氏族谱6卷　史部传记类

(1) 清光绪二十五年(1899)木活字本，南京博物馆藏。

(2) 2014年凤凰出版社《泰州文献》本。

刘尚文

清兴化人。

莆阳金石初编 2 卷　史部金石类

清光绪二十六年(1900)福州刻本,国家图书馆藏。

程鹤田

清兴化人。

延令程氏重修宗谱 8 卷　史部传记类

清程鹤田等纂修

(1) 清光绪三十年(1904)九如堂木活字本,上海图书馆藏。

(2) 2014 年凤凰出版社《泰州文献》本。

孔宪荣

字文孙。兴化人。光绪二十三年(1897)拔贡。宣统二年(1910)会考一等。初用礼部京官,后改学部。其先于地方教育颇有规划,至京师后与樊增祥、易顺鼎等相唱和,诗文益进。工书法,晚年尤爱好篆隶。

兴化孔氏支谱 12 卷　史部传记类

清宣统元年木活字本,上海图书馆藏。

潇鸣诗社唱和集　集部总集类　佚

见民国《续修兴化县志》卷 13。

李选青

清兴化人。

碧浪山房诗钞　集部别集类　佚

见民国《续修兴化县志》卷 14。

徐贤书

清兴化人。

雪鸿轩诗稿　集部别集类　佚

见民国《续修兴化县志》卷 14。

包贞福

清兴化人。

天壶斋诗文集　集部别集类　佚

见民国《续修兴化县志》卷 9。

孙臞蝯

清兴化人。

小瘦红阁诗存 2 卷　集部别集类　佚

见民国《续修兴化县志》卷 14。

李竹书(1868—1932)

字韵琴。兴化人。庠生。襄修兴化县志。

兴化李氏一家集 2 卷　集部总集类

李竹书、李竹溪辑

(1) 1934 年兴化远东印书馆铅印本,南京图书馆藏。

(2) 2014 年凤凰出版社《泰州文献》本。

按:此书卷上为李竹书辑先祖及先父兄诗,附自己所作诗多首。卷下为其弟李竹溪辑先伯叔祖诗。有 1934 年竹溪自识。

李竹溪

字海曙,一字剡泉。兴化人。竹书弟。留学日本宏文学院师范科,毕业于南京民国法政大学法律科。任贵州安顺、贵阳县知事等,贵州第一监狱典狱长等。曾刻印清李长科等辑《兴化李氏传略》。

兴化李氏族谱 4 卷　史部传记类

(1) 1928 年师俭堂木刻本，南京图书馆藏。

(2) 2014 年凤凰出版社《泰州文献》本。

兴化县重修文峰塔征信录　史部地理类

(1) 1926 年铅印本，上海图书馆藏。

(2) 2014 年凤凰出版社《泰州文献》本。

贵州第一监狱报告书　史部政书类　佚

黔省公牍　史部政书类　佚

以上 2 种见《兴化李氏族谱》。

兴化李氏一家集 2 卷　集部总集类

李竹书、李竹溪辑

参见“李竹书”条。

李竹勋

字元宰，一字伯猷。兴化人。竹溪从兄弟。庠生。日本警监学校毕业。任江苏第一监狱、北京第二监狱典狱长等。

江苏第一监狱报告　史部政书类

1919 年江苏第一监狱铅印本。

北京第二监狱报告　史部政书类　佚

见《兴化李氏族谱》。

郭钟琦(1870—1927)

字叔瑛。兴化人。恩浚子。少从江都臧谷游，工举业及诗古文辞。宣统元年(1909)拔贡，授知县，分河南。辛亥革命后主持兴化县公署总务年余，旋主教育，悉心规划。1922 年任县商会会长，1927 年代理兴化县长，以积劳致疾卒。

(民国)江都县续志 30 卷首 1 卷　史部地理类

钱祥保修　桂邦杰等纂　郭钟琦协纂

(1) 1926年刻本，南京图书馆藏。

(2) 1963年油印本。

(3)《中国地方志集成》本.

高　廪

清兴化人。

槐堂书屋诗文稿　集部别集类　佚

见民国《续修兴化县志》卷14。

葛瀛澜

字啸龙。兴化人。光绪二十九年(1903)举人。性恬淡，工诗文，富经史学。一赴公车不第。三十二年废科举，任本邑文正学堂经史教员。辛亥革命后被举为临时县议会副议长，与魏晋卿协商政治。1914年自治停顿，仍研究经史，课徒以终其身。

啸龙诗文集　集部别集类　佚

见民国《续修兴化县志》卷14。

杨　棠

清兴化人。

南城胜录　子部杂学类　佚

皋庑闲谭　子部杂学类　佚

吐凤楼文稿　集部别集类　佚

黄叶村人诗文稿　集部别集类　佚

半亭词稿　集部词曲类　佚

以上5种见民国《续修兴化县志》卷14。

钮方义

清兴化人。

惠林遗草　集部别集类　佚

见民国《续修兴化县志》卷14。

潘廷灼

清兴化人。

镜湖曲谱　集部词曲类　佚

见民国《续修兴化县志》卷14。

赵铭传

兴化人。拔孙。宣统元年(1909)岁贡。民国初县知事考试及格，任浙江云和、青田县知事。

东亚唱歌集　集部别集类　佚

见民国《续修兴化县志》卷13。

显　固

字志坚，号侣樵。兴化人。俗姓孙。幼失父母，年14东寺凝岚上人为其剃发，20岁往千华学习篇聚，年余下山，参禅于京口江天寺。年24遍历四大名山。宣统元年(1909)应东台西溪泰山寺之聘，忍艰耐苦，发奋图强，整治寺院。1931年因病退席，居陋室三楹，题曰"聊蔽风雨"。

泰山志2卷　史部地理类　佚

见震华《兴化佛教通志》卷2本传，谓将梓行。

任厚琨(1881？—1931？)

字瑶阜。兴化人。庠生，精医学，侨寓东台。岁试列优等，擢入南菁书院肄业，专研经史水利。历任运河督办公署咨议、运河工程局评议、江苏水利局参事。尝主东台商会。1931 年洪泽湖泛滥，日驻危堤督民工抢修，堤决，又商办善后，四出乞赈，积劳成疾卒，年 51。

诗经讲义 1 卷　经部诗经类　佚

水利刍言 1 卷　史部政书类　佚

幼科指南　子部医家类　佚

任氏验案　子部医家类　佚

伤寒阐微　子部医家类　佚

内经概要　子部医家类　佚

蕴庵文存　集部别集类　佚

蜗庐诗钞　集部别集类　佚

以上 8 种见民国《续修兴化县志》卷 14。

刘韵琴(1884—1945)

名羽诜。兴化人。刘熙载孙女。

韵琴杂著　集部别集类

(1) 1916 年上海泰东图书局铅印本，国家图书馆藏。

(2) 2014 年凤凰出版社《泰州文献》本。

韵琴诗词　集部别集类

1996 年武汉工业大学出版社李西亭注本。

成文彬(1889—1938)

字彦儒。兴化人。兴化县救济院妇孺救济所主任。

兴化成氏族谱三编首 1 卷　史部传记类

(1) 1942 年铅印本，上海图书馆藏。

(2) 2014 年凤凰出版社《泰州文献》本。

任登第

兴化人。

兴化任氏家谱 8 卷首 1 卷　史部传记类

(1) 1942 年兴化远东印书馆铅印本,上海图书馆藏。

(2) 2014 年凤凰出版社《泰州文献》本。

李恭简

兴化人。曾任汪伪兴化县长、县志委员会主任、盐城县长、江苏“绥靖督办公署”军法处处长,1945 年被苏中行署镇压。

(民国)续修兴化县志 15 卷　史部地理类

李恭简修　魏儁、任乃赓纂

(1) 1944 年铅印本,南京图书馆藏。

(2) 2014 年凤凰出版社《泰州文献》本。

魏　儁

字克三。兴化人。县志委员会副主任。

(民国)续修兴化县志 15 卷　史部地理类

见“李恭简”条。

任乃赓

兴化人。县志委员会副主任。曾任山东莱芜、济宁,江苏砀山县县长。

(民国)续修兴化县志 15 卷　史部地理类

见“李恭简”条。

阮性传

余姚人,寓居兴化。

民国兴化县小通志不分卷　史部地理类

(1) 抄本,南京图书馆藏。

(2) 2014年凤凰出版社《泰州文献》本。

刘荔生

兴化人。

兴化刘氏族谱6卷　史部传记类

刘荔生等修纂

1929年青照堂木活字本。

徐振书

兴化人。

徐氏家谱11卷附徐氏老谱备考　史部传记类

徐振书修纂

1937年刻本,河北大学图书馆藏。

解联萼

兴化人。

解氏宗谱6卷　史部传记类

解联萼修纂

1942年兴化远东印书馆铅印本。

震　华(1909—1947)

兴化人。俗姓唐。上海玉佛寺住持。

续比丘尼传6卷　史部传记类

(1) 1942年刻本,国家图书馆藏。

(2) 1991年上海古籍出版社影印本,与梁释慧皎《高僧传》等合刊,名《高僧传合集》。

按:此书收录梁至民国比丘尼201人,附见47人。

夹山奕叶集3卷　子部佛教类

(1) 1941年镇江竹林寺刻本,上海图书馆藏。

(2) 2014年凤凰出版社《泰州文献》本。

兴化佛教通志　子部佛教类

(1) 1944年铅印本。

(2) 2014年凤凰出版社《泰州文献》本。

兴化方外诗征1卷　集部总集类

(1) 1943年上海玉佛寺铅印本。

(2) 2014年凤凰出版社《泰州文献》本。

中国佛教人名大辞典　史部传记类

东渡弘化高僧传　史部传记类

入华求法高僧传　史部传记类

夹山志　史部地理类

回龙山志　史部地理类

玉佛寺志　史部地理类

圆通庵志　史部地理类

僧伽护国史1册　子部佛教类

清代佛教年鉴　子部佛教类

清代佛教纲要　子部佛教类

比丘尼创著集　子部佛教类

比丘尼表彰集　子部佛教类

比丘尼轶事丛考　子部佛教类

佛塔考略　子部佛教类

异类法缘记　子部佛教类

护生原理　子部佛教类

泰县佛教通志　子部佛教类

碧岩吟稿　集部别集类

以上18种见震华《兴化佛教通志》卷4“书目”。

佚　名

兴化书带草堂昭阳郑氏宗谱　史部传记类

木刻兼手抄本,兴化市博物馆藏。

国贻堂施氏家簿谱附施氏宗祠木榜文　史部传记类

(1) 1918年施满家手抄本,大丰市白驹施耐庵纪念馆藏。

(2) 2014年凤凰出版社《泰州文献》本。

丁草刘白疆域属东驳议5卷兴东界线成案录1卷　史部地理类

兴化续修县志局撰

(1) 1919年铅印本,南京图书馆藏。

(2) 2014年凤凰出版社《泰州文献》本。

靖江

元　明

丁　珉

字汝琳，号沧州。元靖江人。端方坦易，为一乡之表。得其品藻者咸以为荣。甚有甘为刑罚所加，恐为丁君所短者。

沧州集　集部别集类　佚

见康熙《靖江县志》卷16，卷18收其诗1首。

刘　堧

字公坦，号小斋。明靖江人。少聪慧，得赵孟頫赐"小斋"二字。其诗书之韵，颇合赵氏，元至正年间尝征召帅府照磨，不就。后终老山水间。工诗文，精书法，明洪武八年(1375)以诗悼忆倪瓒。

小斋集　集部别集类　佚

见康熙《靖江县志》卷16。《明诗综》卷17收其诗1首。

朱　袒

字明通，一字子溟，号雪江。明靖江人。洪武三年(1370)以儒士授本县教谕，二十四年召对称旨，以才德荐授秦府纪善，升长史。文皇登位，召入朝。后乞骸归田。

雪江集　集部别集类　佚

见《千顷堂书目》卷17。

按：光绪《靖江县志》卷9著录明泰兴朱一冯撰本书序。康熙《靖江县志》卷18收其诗2首。

朱得之

字本思，号近斋。明靖江人。嘉靖间以贡生为江西新城县丞。闻王阳明良知之说，遂往就学。其学体虚静、宗自然，最得力处在“立志之真”，其学颇近于道家。

新刻印古诗语 1 卷　经部诗经类

《古名儒毛诗解十六种》本。

苏批孟子补　经部四书类　佚

四书诗经忠告　经部群经总义类　佚

以上 2 种见康熙《靖江县志》卷 16。

(嘉靖)靖江县志 8 卷　史部地理类

明王叔杲、张秉铎修　朱得之纂

(1) 明隆庆三年(1569)刻本，南京图书馆藏。

(2) 1992 年中国书店《稀见中国地方志汇刊》本。

(3) 2014 年凤凰出版社《泰州文献》本。

老子通义 2 卷　子部周秦诸子类

(1) 明嘉靖四十二年(1563)陈烁刻本，南京图书馆藏。

(2) 明嘉靖四十四年浩然斋刻《三子通义》本，清黄馥庵校，上海图书馆藏。

(3) 2014 年凤凰出版社《泰州文献》本。

按：朱得之认为《老子》历代注家中只有元儒林尧叟等四家较可信，其说亦有未备之处，故撰本书，分为上下 2 卷 64 章。卷首读老评，辑录历代名人评论之语。目录每章标题下辑录异文。卷 1 首为《史记》老子传，其下逐章解释。

庄子通义 10 卷　子部周秦诸子类

(1) 明嘉靖四十四年浩然斋刻《三子通义》本，清傅山评，国家图书馆藏。

(2) 明丁坊刻本，上海图书馆、南京图书馆藏。

(3) 明王潼录刻本,北京大学图书馆藏。

(4)《续修四库全书》本。

(5)《四库全书存目丛书》本。

(6) 2014 年凤凰出版社《泰州文献》本。

按:本书先列《庄子》本文,后为朱得之撰《通义》。此前南宋学者褚伯秀撰《义海纂微》,朱氏亦非常看重,《通义》之后附列《义海》,本书实际为两种书合刊。

列子通义 8 卷　子部周秦诸子类

(1) 明嘉靖四十四年浩然斋刻《三子通义》本。

(2) 明王潼录刻本,北京大学图书馆藏。

(3)《四库未收书辑刊》本。

(4) 2014 年凤凰出版社《泰州文献》本。

按:朱得之以为《列子》一书为其学生编辑师门言行而成,后世又夹杂他人著作。其本文义有未纯,注释又随文生义,杂以推测,给《列子》增加疑讹。故撰作《通义》,贯以己见,其中考索名物,多因其旧,主要内容为释诂字句。

南华真经义纂 10 卷　子部周秦诸子类

宋褚伯秀义海　明朱得之通义　李栻辑

明刻本,国家图书馆藏。

宵练匣 1 卷　子部儒学类

(1)《百陵学山》本。

(2)《说郛续》本。

(3)《景印元明善本丛书十种·百陵学山》本。

(4)《四库全书存目丛书》本

正蒙通义　子部儒学类　佚

见《千顷堂书目》卷 11。

心经注　子部儒学类　佚

参元三语　子部佛教类　佚

杜律阐义　集部别集类　佚

以上3种见康熙《靖江县志》卷16。

范永龄

字德征。明靖江人。范仲淹后人。嘉靖间以贡荐授浙江新城令。居官仁恕，立法详尽，平反冤狱。又被委均田富阳，流民从业以万计，有仲淹遗风。其诗庄雅可诵。新城、富阳皆有生祠。

穷元日稿4卷　集部别集类　佚

见康熙《靖江县志》卷16。

朱大中

字时甫。明靖江人。诸生。性情落拓，不事生产，读书多独见。因先祖从事农业缺少藏书，鬻产到苏州购异书数千卷，无不批阅。不得志而漫游，晚从王守仁高足讲良知之学。赋诗多见道语。

心印录　子部儒学类　佚

愚庵诗稿　集部别集类　佚

以上2种见康熙《靖江县志》卷16，卷18收其诗2首。

陈　善

字德先。明靖江人。诸生。性抗直慷慨，不避忌讳，以言获罪，遂弃家游武夷、匡庐诸山，讲出世之道。后归，杜门著书。生平好善。

大学古本　经部四书类　佚

中庸疏义　经部四书类　佚

道德经荃　子部周秦诸子类　佚

阴符喻　子部道教类　佚

心经法　子部佛教类　佚

以上5种见康熙《靖江县志》卷16。光绪《靖江县志》卷9有明王世贞《刻陈生注〈阴符〉〈道德经〉序》。

朱正初(? —1596)

字在明。明靖江人。得之从子。援例仕鸿胪署丞。淡泊不治生产，好古玩。收藏法帖、名画及汉晋间彝器甚丰。能诗善书，海内闻名。隆庆元年(1567)在京与王世贞定交，万历三年(1575)在京与欧大任会。与李维桢诸人亦往来酬和，诗卷成帙。

马驮沙小志　史部地理类　佚

明朱正初主修

见光绪《靖江县志》卷首，志修于万历二十年。

燕游集　集部别集类　佚

菰蒲集　集部别集类　佚

以上 2 种见康熙《靖江县志》卷 16。《千顷堂书目》卷 24 著录《朱光禄集》2 卷。《列朝诗集小传》丁集中收有其诗。

朱家栋

字伯隆，自号去华。明靖江人。大中长子。以万历岁贡授常熟训导，转宁州学正，升镇江府教授。所至奖拔皆名士。长于诗歌古文，邑中金石碑版多出其手。不治生，与子弟谈说经术。

女则　子部儒学类　佚

去华子文集　集部别集类　佚

以上 2 种见康熙《靖江县志》卷 16，并收其文 5 篇。卷 18 收其诗 7 首。

朱家楫

字仲济。明靖江人。大中次子，家栋弟。万历十三年(1585)举人。初任黟县教谕，升永丰知县。多惠政，主张休养生息，不务名声。日用简朴，著《俗吏恶趣》30 首以见志。去任时仅有残书数千卷。

(万历)靖江县志 12 卷　史部地理类

明赵应旂修　朱家楫、刘文栻纂

（1）明万历四十四年刻本，美国国会图书馆藏。

（2）2014 年凤凰出版社《泰州文献》本。

怡白斋稿　集部别集类　佚

见康熙《靖江县志》卷 16，并收其文 3 篇。卷 18 收其诗 3 首。

朱家栻

字伭圃，号小山。明靖江人。大中三子，家楫弟。博学嗜古，为文援笔立就。性谨厚，不轻议人长短。淡于仕进，中年以后善为诗歌，藏书数千卷。

小山子集　集部别集类　佚

见康熙《靖江县志》卷 17 袁元《朱伭圃先生传》，卷 16 收其文 1 篇。

朱家模

字端叔。明靖江人。大中四子，家栻弟。以廪生入国学。工古文辞，晚精堪舆家言。贫而喜结客，善为人排难解纷。

芝云馆集　集部别集类　佚

见康熙《靖江县志》卷 16，卷 18 收其诗 3 首。

刘文栻

字应程。明靖江人。万历二十年(1592)拔贡，任四川什邡知县，升云南陆凉州知州，善安抚地方。官至广西梧州同知，以才守为上官所倚重。归于里，年 69 卒。

(万历)靖江县志 12 卷　史部地理类

参见“朱家楫”条。

严启桢

字端先。明靖江人。郡庠生。博览群书，诗古文皆取裁西汉。为人迂僻傲岸，不可一世，人亦以此忌之。

幽籁集　集部别集类　佚

见康熙《靖江县志》卷16，卷18收其诗1首。

范世桢

字献吉。明靖江人。万历二十五年(1597)举人。三十八年赴会试，总裁叶向高称赏其文，副考官以世桢论中有侵时语落乙榜，官寿州学正，升湖广罗田知县。天启元年(1621)升广平府同治，在任3年致仕归。

罗川末议2卷　史部政书类　佚

见光绪《靖江县志》卷13本传。

朱统善

明靖江人。

重修朱氏世谱　史部传记类　佚

明朱统善万历二十七年(1599)修

见《靖江资善堂朱氏支谱》。

清至民国

朱应鼎(1580—1660)

字君调，号凝和。明清间靖江人。凤台父。诸生，五举乡饮大宾。好读书，授徒课子，执经其门者甚众。尝立座右铭曰:“损人益己之事虽小不为，济世利物之举虽难必勉。”

循吏传　史部传记类　佚

友谊录　史部传记类　佚

引年抄　史部传记类　佚

当官功过格　史部政书类　佚

以上4种见康熙《靖江县志》卷16。

按:《江苏诗征》卷16收其诗2首。

朱士龙

字尔行。明清间靖江人。家栋长子。诸生，任镇江教授。好吟咏，尤工篆隶八分。

元澹居集　集部别集类　佚

见咸丰《靖江县志》卷9，题朱士珑撰，与此士龙未知是否为一人。

朱士瑛

明清间靖江人。

啜墨斋稿　集部别集类　佚

见咸丰《靖江县志》卷9。

朱士鲲(1593—1651)

字尔抟，一字子舆。明清间靖江人。家栋子。嗣其叔父家楫。明崇祯十五年(1642)由选贡授广西武宣知县。时瞿式耜留守桂林，与士鲲有旧，相倚为重，荐之桂王朱由榔，历吏科都给事中。永历四年(清顺治七年，1650)官监察御史。后与桂王相失，遂至北流，自沉黄沙水卒。

(崇祯)靖江县志19卷　史部地理类

明陈函辉修　顾夔纂　朱士鲲协纂

(1) 清初刻本，国家图书馆藏。

(2) 2014年凤凰出版社《泰州文献》本。

见独斋稿　集部别集类　佚

见康熙《靖江县志》卷16，卷18收其诗1首。

济　恒

字巨渤。明清间靖江人。年20披剃入崇圣寺。见僧众无真修，往杭州广孝寺，娴于佛典。转至湖州中峰寺，习静者3年，遂得了义，受衣钵于具德。顺治六年(1649)居扬州天宁寺，诸宰官士绅与之结方外交。

语录3卷　子部佛教类　佚

见康熙《靖江县志》卷14本传。

萧松龄(1602—1673)

字公木，号亦人。清靖江人。明崇祯十二年(1639)由拔贡举于乡，为知县陈函辉所器重。文名日以远。明亡入清，建半余园，欲隐于农圃。后以冤系狱，事白得释。恐遭谤议，乃谒选得沛县教谕，署县事，理冤狱，清漕弊。调建平。授国子监学正。归，重修半余园，改名亦园，日与诸友人及弟子觞咏其中。其文曲折疏古。郑重任靖江知县，修县志成，必得松龄修改始付刻。

自订草　集部别集类　佚

燕还吟　集部别集类　佚

扫桐篇　集部别集类　佚

戈秋集　集部别集类　佚

半余草　集部别集类　佚

雁山过　集部别集类　佚

丁亥集　集部别集类　佚

戊子集　集部别集类　佚

庚寅集　集部别集类　佚

癸巳集　集部别集类　佚

难游集　集部别集类　佚

杂诗　集部别集类　佚

亦园古文　集部别集类　佚

以上13种见咸丰《靖江县志》卷9。

按:咸丰志卷9收有张廷枢撰《亦园诗文集序》、郑重撰《亦园文集序》。康熙《靖江县志》卷18收其诗2首。《江苏诗征》卷37收其诗1首。

刘　畴(1606—1670)

字尚中,号江舟。清靖江人。明崇祯十二年(1639)拔贡,清顺治四年(1647)进士。授福建建安知县。时清兵南下,烽火遍地,畴招农归田,安定民心。又修黄华山书院,与诸生讲习其中。生平抱负多见于诗歌。

松云斋集　集部别集类　佚

见咸丰《靖江县志》卷9。康熙《靖江县志》卷16收其文1篇。

侯　溥

字公叔,一字四明。清靖江人。明崇祯十二年(1639)举人。劝而不仕,筑别墅于城北。为人沉毅不挠,外极和厚。卒年70。康熙《靖江县志》卷17有袁元撰《侯四明先生传》。

麟瑞堂集　集部别集类　佚

见康熙《靖江县志》卷16。

刘　怿

字恺持。清靖江人。帱弟。增生。敏于学，博通经史。

闽游集　集部别集类　佚

见咸丰《靖江县志》卷9。

朱凤台(1617—1704)

字慎人，号骥渚。清靖江人。应鼎子。顺治四年(1647)进士。任直隶阜平知县。仅十月，调浙江开化知县。八年任浙江乡试同考官。擢兵部车驾司主事。告终养归。

四书解义　经部四书类　佚

见光绪《靖江县志》卷9。

治开录　史部政书类

清顺治七年刻本，南京大学图书馆藏。

(顺治)开化县志10卷　史部地理类

清朱凤台修　徐世荫纂

(1) 清顺治九年刻本，南京图书馆藏。

(2)《衢州文献集成》本。

(康熙)靖江县志18卷　史部地理类

清郑重修　袁元、朱凤台纂

(1) 清康熙八年(1669)刻本，华东师范大学图书馆藏。

(2) 1992年中国书店《稀见中国地方志汇刊》本。

(3) 2014年凤凰出版社《泰州文献》本。

先训记略　子部儒学类　佚

痘科键　子部医家类　佚

以上2种见康熙《靖江县志》卷16。

医学集要4卷　子部医家类

清康熙七年刻本，南京图书馆藏。

下学赘语　子部杂学类　佚

见光绪《靖江县志》卷9。

退思堂草9卷　集部别集类

(1) 清康熙刻本，南京图书馆藏。

(2) 2014年凤凰出版社《泰州文献》本。

朱　澄

字泳思。清靖江人。士鲲长子。少承庭训，工诗文。明崇祯十五年(1642)举人。性情狷介，无出仕之志。其诗凄惋沉痛。

碕庵稿　集部别集类　佚

愍南集　集部别集类　佚

以上2种见咸丰《靖江县志》卷9。康熙《靖江县志》卷17收其文1篇。

诗系　集部总集类　佚

见咸丰《靖江县志》卷9戚藩撰本书序。此辑朱氏一家数世之诗。

朱　滐

字茹荣，号沧崖。清靖江人。士鲲四子，过继伯父士骥。闻其父及弟死于北流，乃至其地寻求遗骨，不可得，遇陈乔、罗仲常等，授其父及弟遗诗若干首。后以副贡老于家。

朱沧崖诗集12卷　集部别集类

(1) 清康熙刻本，上海图书馆藏。

(2) 2014年凤凰出版社《泰州文献》本。

按：上海图书馆著录此书作《西溪草堂稿》。

又按：《江苏诗征》卷17收其诗1首。

奚　炽

字仲昌。清靖江人。幼孤力学，应试辄不利。家益贫，教授生徒，以酬金自给。晚年失馆而卒。

扣钵吟　集部别集类　佚

见咸丰《靖江县志》卷9，有松江倪匡世撰本书跋。《江苏诗征》卷22收其诗2首。

蒋中和(1625—?)

字本达，号位公，别号眉三子。清靖江人。顺治八年(1651)举人。十二年进士。授河南兰阳知县。到任除杂派，抚流亡，清地亩，开荒地，抑豪强。性持正，无所阿附。十七年充河南乡试同考官。后因事迁沧州州判。康熙十年(1671)署肃宁知县，多剔除弊政。后以终养告归，卒于家。

眉三子半农斋集8卷　集部别集类

(1) 清康熙二十年刻本，中国科学院图书馆藏。

(2)《四库全书存目丛书》本。

按：《四库全书总目》别集类存目九云："其文颇辨博自喜，而多拾李贽余论，未脱明季町畦也。"

朱　滢(1626—1651)

字公亮。清靖江人。士鲲少子。博洽工诗文，精于楷法，以名诸生贡入太学。后从其父死于北流。

粤西遗稿　集部别集类　佚

见光绪《靖江县志》卷9。

陆　璇

字纬台，号玉衡。一作字尔瑞，号纬堂。清靖江人。顺治八年

(1651)举人。九年联捷成进士。授江西临江府推官，迁山东冠县知县，勤于公事。书法力追晋唐。卒后，蒋中和叙其生平云："折节如靖节，昂古如长沙，恸哭如步兵，诙谐如曼倩。大抵拙于宦、啬于遇，以胸中无穷傀儡而悉寄托于诗。"(《东山诗集序》)

伊蔚堂集　集部别集类　佚

见咸丰《靖江县志》卷 9 倪匡世撰本书跋。

东山诗集　集部别集类　佚

见咸丰《靖江县志》卷 9 蒋中和撰本书序。

按：康熙《靖江县志》卷 18 收其诗 2 首。《江苏诗征》卷 151 收其诗 1 首。

马　褒

字叔瞻。清靖江人。诸生。

江风集　集部别集类　佚

见咸丰《靖江县志》卷 9 倪匡世撰本书跋。《江苏诗征》卷 112 收其《送陈其年北游》诗 1 首。

羊　球(1629—1710)

字月生。清靖江人。康熙十四年(1675)举人。三十七年授安徽泾县教谕，年已 70。勤于课士。在泾 4 年，以疾归。家无余财，常独吟于古梅树间。

醉花轩集　集部别集类　佚

见咸丰《靖江县志》卷 9。

刘　铭(1631—1703)

字武勤，号晓沧。清靖江人。帱子。少有经济才。乡试屡试不中，以岁贡任泗水训导。严立课程，人知厉行。曾与修《江南通志》近 10 年。升河南巩县知县，时称循吏。

梅隅集　集部别集类　佚

见咸丰《靖江县志》卷 9。

侯　模

字曰范。清靖江人。溥次子。顺治十一年(1654)以拔贡授山西高平知县,清廉自守,以息事安民为重。

治泫录 1 卷　史部政书类　佚

见康熙《靖江县志》卷 16。此皆自道其平反狱案及水旱告神之祝词。

徐时浚

字仲宣。清靖江人。顺治十七年(1660)举人。与朱潆、羊球、朱凤台结为吟社。善画水墨山水、工笔花鸟。

经济汇编　史部政书类　佚

见光绪《靖江县志》卷 14 本传,云:"康熙三年(1664)诏以策论取士,时浚著《经济汇编》,典博中又极精详,足备科场条对。"

寤亭集　集部别集类　佚

见咸丰《靖江县志》卷 9。

郑　洽

字修龄。清靖江人。先世迁自浙江浦江。诸生,屡试不中。文章高古,不与凡俗同伍。康熙初知县郑重叹服其才。入都,与名公卿缔交设帐,江苏巡抚张楷即出其门下。

北山诗　集部别集类　佚

见咸丰《靖江县志》卷 9,并收靖江训导张夔序。

刘应竣

字松樊,号小山。清靖江人。诸生。长于诗古文词。县教谕徐籀视为异才。徐氏升黄冈知县，招至幕中，多怀古唱和之诗。家有秋水轩等胜景，尝与朱潆兄弟游咏其间。卒年48。

松樊集　集部别集类　佚

见咸丰《靖江县志》卷9金敞撰本书序。

刘　鉴

字武敬。清靖江人。康熙初岁贡生。授魏县丞，摄滦州篆，补淳安县丞，皆有政声。耿靖忠叛乱时，招抚投诚官兵6000余人。以积劳成疾卒。诗力追盛唐风格。

征途集　集部别集类　佚

见咸丰《靖江县志》卷9。光绪《靖江县志》卷13本传收其《东瓯杂咏》诗1首。

朱去疑

字子言。清靖江人。诸生。家贫，独以啸歌自适。生平著述甚富，均为风潮漂去。

秋鸣杂俎　子部杂学类　佚

村中纪闻　子部杂学类　佚

鸥知稿　集部别集类　佚

秋鸣集　集部别集类　佚

烟汀清啸　集部别集类　佚

贫闲诗稿　集部别集类　佚

诗商集　集部别集类　佚

以上7种见咸丰《靖江县志》卷9。

刘　鎏

字武南。清靖江人。铭同母弟。康熙初岁贡，考选训导。生平工举业，尤长于古今体诗。

存书楼集　集部别集类　佚

见咸丰《靖江县志》卷9。

刘汝宸

字紫枫。清靖江人。鉴子。诸生。父卒于官，事母最孝。母卒后扩建祖上遗迹避尘园为留春堂，游息其中，不与外事。善琴棋，工书画，娴骑射。远近好艺者从之。

避尘园集　集部别集类　佚

见光绪《靖江县志》卷9。

郑　梁

字石臞。清靖江人。洽子。诸生。承家学，工文词，为督学许汝霖所赏识。精六书，遍历名山大川。所作诗格律出入三唐。

剩翁遗稿　集部别集类　佚

见咸丰《靖江县志》卷9。光绪《靖江县志》卷14本传附雍正二年(1724)江苏巡抚张楷撰《送郑石臞先生序》。

孟有章

清靖江人。精《灵枢》《素问》之学，与苏州叶桂齐名。其疡科尤有神效。

医案　子部医家类　佚

刀圭图式　子部医家类　佚

以上2种见光绪《靖江县志》卷14。

孙光远

字和中。清靖江人。例贡生。精医术，治奇难杂症多有验。尝与苏州叶桂往来考订。

医学究源　子部医家类　佚

槎源问答　子部医家类　佚
临证治验神行集　子部医家类　佚
以上3种见光绪《靖江县志》卷9。

郑　霖

清靖江人。
葭浦诗稿　集部别集类　佚
见咸丰《靖江县志》卷9。

郑　楫

字济川。清靖江人。国子生。精医术，祖张仲景之法，其理宗太极阴阳、河洛八卦诸说。
医学究源　子部医家类　佚
按：咸丰《靖江县志》原注："内载太极阴阳、河洛八卦之说。伤寒四卷、杂证六卷、妇人小儿附。"
伤寒门问答　子部医家类　佚
神行集　子部医家类　佚
以上3种见咸丰《靖江县志》卷9。

刘金书

字承起。清靖江人。康熙岁贡，官安徽蒙城训导。整饬士习，培植人材。
蕉雨轩集　集部别集类　佚
见咸丰《靖江县志》卷9。

刘枝茂(1683—1735)

字青畲，号淡庵。清靖江人。铭孙。性好吟咏。
萃春轩诗集　集部别集类　佚

见咸丰《靖江县志》卷 9。

郑　熊

字西载。清靖江人。廪生。潜心理学，尤精堪舆之术。

蕉窗问答条注　子部术数类　佚

见咸丰《靖江县志》卷 9，有于楷序，谓曾刊刻。

杨方浚

字用嘉。清靖江人。积学励行，亦不专工举业。与从兄坦及黄吕声创建东川书院。

靖江藏志　史部地理类　佚

见咸丰《靖江县志》卷 9。

朱源逢

字汇淇。清靖江人。以明经隐山林间，自号绊空禅徒，时目为拜石翁。家有舒啸园。性好古，多藏书画。乾隆七年(1742)知府王敛福题其堂曰"是亦为政"。

舒啸园集　集部别集类　佚

见咸丰《靖江县志》卷 9。

郑毓善

原名一鹏。字岩九。清靖江人。洽孙，梁子。雍正十年(1732)顺天乡试举人。乾隆元年(1736)进士。改翰林院庶吉士。博学工文章，尤好引掖后进。

四书大成　经部四书类　佚

性理提纲　子部儒学类　佚

以上 2 种见咸丰《靖江县志》卷 14 本传，称《性理提纲》谓太极之外无理，阴阳之外无气，五行之外无物，五常之外无性，认为是"真深于宋儒之学者”。

瞿　升

字东峄。清靖江人。廪生。工诗文，擅长书法。

惩庵诗草　集部别集类　佚

见咸丰《靖江县志》卷9。

沈芳舟

字瑮琭。清靖江人。诸生。年60以后以岁贡候选，乾隆二十五年(1760)授南陵训导，时已卒。

四书集解　经部四书类　佚

尔雅注释　经部尔雅类　佚

以上2种见咸丰《靖江县志》卷9。

顾文旭

自号半笠居士。清靖江人。年17补弟子员，寻入国学，应顺天乡试，即归里，筑半笠亭读书其中。凡经史疑义手自录出，考据务求其实。

半笠亭经史质疑　子部杂学类　佚

蕉窗诗集　集部别集类　佚

以上2种见咸丰《靖江县志》卷9。

杨　超

原名小赤，字端夫。清靖江人。雍正十三年(1735)举人。乾隆十二年(1747)进士。授四川西充知县。寻擢泸州直隶知州，兼永宁道事。复摄天全州，又任泸州。致仕归，卒年79。善文，兼工书画。

余闲画谱　子部艺术类　佚

古心琴谱　子部艺术类　佚

以上2种见咸丰《靖江县志》卷9。

顾士彦

字彦贞。清靖江人。国学生。生平读书必探本原。

春秋一得 4 卷　经部春秋总义类　佚

见咸丰《靖江县志》卷 13 本传。

朱　沐

清靖江人。

竹窗诗集　集部别集类　佚

见咸丰《靖江县志》卷 9。

刘方溱

清靖江人。

翠云楼集　集部别集类　佚

见咸丰《靖江县志》卷 9。

刘枝蔚

清靖江人。

管窥集　集部别集类　佚

见咸丰《靖江县志》卷 9。

刘枝梅

字惟和。清靖江人。乾隆六年(1741)顺天乡试举人。十三年登中正榜,授内阁中书,充本裕海运诸仓监督。性廉介,为大学士刘纶、刘统勋所器重,荐擢湖北荆州同知。充三十三年、三十五年乡试同考官,三十六年充内监试主司,均勤慎任职。卒,囊无一钱。

爱日堂诗集　集部别集类　佚

见咸丰《靖江县志》卷 9。

郑 忬

字羲民，一字前村。清靖江人。梁孙，毓善子。乾隆九年(1744)举人。十三年会试第一。二十三年充琉球使臣馆伴。后充顺天乡试同考官，提调会试，与修通礼。转鸿胪寺少卿，出守湖南永州，清理冤狱。历署衡州府、衡永郴桂道，皆有善政。后因事迁刑部奉天司员外郎。卒于官。居官廉静，家无余资。公正持大体，虽违上司旨意亦在所不惜。

于役偶吟 2 卷舫斋词稿 1 卷　集部别集类

清乾隆二十三年刻本，山西省图书馆藏。

桂珠百首　集部别集类　佚

乌啼小草　集部别集类　佚

湘南集　集部别集类　佚

听雨集　集部别集类　佚

九愚堂文集　集部别集类　佚

以上 5 种见咸丰《靖江县志》卷 9，并收其《桂珠百首》自序，谓此写京中米珠薪桂的高物价生活。

沈建槐

字登三。清靖江人。芳舟长子。乾隆二十一年(1756)贡生。与弟建梧同为村塾师。

四书剩　经部四书类　佚

见咸丰《靖江县志》卷 9。

刘鸣义(1706—1797)

字守溪，号理泉。清靖江人。枝茂子。工诗文。由国学生考取州吏目，不赴。精堪舆家言。

燕游诗草　集部别集类　佚

见咸丰《靖江县志》卷 9。

刘廷钦

字被表。清靖江人。乾隆岁贡生。候选训导。博涉群书，工举业。屡试不中。年70犹好读不倦。

多闻集　集部别集类　佚

见咸丰《靖江县志》卷9。

刘人鹤

字立群。清靖江人。补诸生，援例入国子监，应顺天乡试。议叙选云南普宁州吏目。后以言事违上官被黜，流寓南方，欲归不得。国子监旧友柏龄任云贵总督，乃延之主讲昆池书院。

兵法管窥　子部兵书类　佚

历代天文灾异录　子部历算类　佚

以上2种见咸丰《靖江县志》卷9。

沈建梧

字覲三。清靖江人。芳舟次子。与兄建槐同为村塾师。

八咏楼诗　集部别集类　佚

古文集　集部别集类　佚

覆瓿集　集部别集类　佚

历代诗筏　集部诗文评类　佚

以上4种见咸丰《靖江县志》卷9。

羊　理

字研山。清靖江人。少游京师，充武英殿供事。归里数十年，授江西赣州府照磨。抵任数月引疾归。乾隆五十五年(1790)修县志，任采访。

马洲记知　史部地理类　佚

海国闻见录　史部地理类　佚

以上 2 种见咸丰《靖江县志》卷 9。

瞿　灯

字燃青。清靖江人。乾隆贡生。三十年(1765)、四十八年乡试两次因故未中。后修县志,延灯协纂文献,由其校订居多。生平傲骨嶙峋,不俯随流俗。晚年益潦倒,犹以诗酒自娱,号醉余居士。

醉余诗草　集部别集类　佚

见咸丰《靖江县志》卷 9。

陈方涛

字晋贤。清靖江人。诸生。乾隆三十年(1765)岁贡。屡试不中,以岁贡终。与朱一开、张鹤起有“西沙三杰”之称。临卒命家人悉焚其稿。

二十一史文钞　史部史钞类　佚

诸子百家读本　子部周秦诸子类　佚

以上 2 种见咸丰《靖江县志》卷 9。

朱一开

字南桢。清靖江人。幼颖异,弱冠补诸生。援例入国子监。屡试不中,卒年 78。

古今文集　集部总集类　佚

见咸丰《靖江县志》卷 9。

陶嗣景

字西崖。清靖江人。邑增生。学纯行正,工于诗文杂艺。续修邑志,嗣景任缮校。

四书约　经部四书类　佚

诗书约　经部群经总义类　佚
晋陵纪古　史部地理类　佚
艺苑剩谭　子部艺术类　佚
笔耕录　子部杂学类　佚
西崖烬余集　集部别集类　佚
诗学辨体　集部诗文评类　佚

以上7种见咸丰《靖江县志》卷9。

吴　珊

字荆南。清靖江人。乾隆三十年(1765)岁贡。为文尚古质，尤喜作诗，才名与沈建梧相伯仲。生平性高洁，手不名钱，家益贫。屡试不中。

壶山诗集　集部别集类　佚

见咸丰《靖江县志》卷9。光绪《靖江县志》卷14本传附其《观梅有感》诗2首。

刘章雅(1742—1811)

字经翼，号许闲。清靖江人。鸣义子。

淡明斋前后集　集部别集类　佚

见《靖江梓溪刘氏巽簃公直系支谱》。

朱士麟

字书苑。清靖江人。以授徒为生。

彭城草　集部别集类　佚
崇川草　集部别集类　佚
延令草　集部别集类　佚
东皋草　集部别集类　佚

以上4种见咸丰《靖江县志》卷9其表弟刘人鲲撰序，谓乾隆四十四年(1779)两人曾于彭城(今徐州)相会。

瞿　哲

字希诚。清靖江人。平生与人为善。工医。

集验良方　子部医家类　佚

见咸丰《靖江县志》卷9。

陈　桐

字晋封。清靖江人。乾隆四十二年(1777)拔贡，由四库馆校录出任山东高唐州州判、泰安县县丞、博平知县、沂州府通判，所在有惠政。因风痹卧床19年，以著述自娱。沉酣经史，通医术，精星相诸学。

太乙占验考　子部术数类　佚

测天阐易书　子部术数类　佚

以上2种见咸丰《靖江县志》卷9。

郑锡琪

原名钰。字仲儒。清靖江人。忬子。乾隆六十年(1795)顺天乡试举人。嘉庆六年(1801)进士。改翰林院庶吉士。七年授户部主事。染病20年，病中口授诸子成书。

尚书疏证辟谬8卷　经部尚书类　佚

迂叟文钞　集部别集类　佚

迂叟诗钞　集部别集类　佚

以上3种见咸丰《靖江县志》卷9，并收其《尚书疏证辟谬》自序。

靖江郑氏宗谱　史部传记类　佚

清郑锡琪、郑士铉嘉庆二十年修纂

见《靖江书带草堂郑氏宗谱》。

郑士铉

清靖江人。锡琪族弟。

靖江郑氏宗谱　史部传记类　佚

清郑士铉、郑汝英道光二十一年(1841)修纂

见《靖江书带草堂郑氏宗谱》。

朱　勋(？—1829)

字晋阶，号虚舟。清靖江人。由监生捐纳按察使经历，分发陕西。乾隆五十三年(1788)补咸阳县丞。嘉庆八年(1803)授按察使，迁布政使。十八年任陕西巡抚。道光元年(1821)护理陕甘总督。以部属舞弊枉法，部议革职，以四五品京堂候补。

读易集说不分卷　经部易类

(1) 清嘉庆二十二年资善堂刻本，上海图书馆藏。

(2) 2014 年凤凰出版社《泰州文献》本。

四书通　经部四书类　佚

性理约　子部儒学类　佚

以上 2 种见咸丰《靖江县志》卷 9。康熙《靖江县志》卷 16 收其文 1 篇。

靖江朱氏支谱 8 卷　史部传记类

清朱勋等修

(1) 清嘉庆十七年木活字本，上海图书馆藏。

(2) 2014 年凤凰出版社《泰州文献》本。

(3) 2016 年学苑出版社《稀见清代四部辑刊》本。

刘　镐

字西京。清靖江人。诸生。幼聪慧，博综书史，工诗文。

西京外篇　集部别集类　佚

见咸丰《靖江县志》卷9。

熊　载

字光吕，号渭川。清靖江人。廪生。嘉庆十八年(1813)贡生，二十一年举人。考取景山官学教习，授学凡20年，成就门弟子甚众。学问广博，所著书随手散佚，由其子搜辑成编。

爱吾书塾文钞8卷　集部别集类　佚

古近体及试帖诗4卷　集部别集类　佚

以上2种见光绪《靖江县志》卷9。

郑汝英

字墨卿。清靖江人。锡琪三子。附监生。少承家学，通经史百家言。工诗善画，尤精汉隶。性廉介。咸丰初邑绅士拟举孝廉方正，固辞。卒年84。

论语训纂　经部四书类　佚

江防见闻录　史部政书类　佚

畿辅水考　史部地理类　佚

沧江平浪记　史部地理类　佚

骈体文集　集部别集类　佚

尺蠖诗稿　集部别集类　佚

以上6种见光绪《靖江县志》卷13本传。

刘松久

清靖江人。

梓溪刘氏支谱6卷　史部传记类

清刘松久修纂

清道光七年(1827)敦本堂活字本，中国人民大学图书馆藏。

陈凤喈

字阊阳。清靖江人。桐长子。幼承家训，能诗善文。尝主修家谱。道光二十年(1840)知县李炳照修县志，凤喈上管见六条。二十二年夏英军入侵，凤喈上书知县杨凤融，陈说团练乡勇之五利，与友刘泰詹预备军需。及敌船迫江口，凤喈鼓励兵民轰击而退。二十八年、二十九年风潮、雨灾，所陈赈济事宜，悉见施行。南北乡试10余次，屡试不中，以明经终。

万卷楼诗稿　集部别集类　佚

见咸丰《靖江县志》卷9。

郑　翊

清靖江人。锡琪侄。嘉庆十五年(1810)举人。二十五年进士。

南归日记　史部传记类　佚

见咸丰《靖江县志》卷9。

刘庭玺

字尹中。清靖江人。父斯颢，乾隆五十四年(1789)进士。性豪迈，意气廓如。其诗风骨遒劲。

瓦砾集　集部别集类　佚

见咸丰《靖江县志》卷9，有吕怡贞序。

陈凤朝

字小鲁。清靖江人。桐次子，凤喈弟。性豪爽，能诗，达吏治。壮游京师，名公争延至幕府。大学士松筠尤契合，一切章奏皆出其手。松筠每至外省，必偕其往。

燕台草　集部别集类　佚

北征纪行　集部别集类　佚

西湖杂咏　集部别集类　佚

以上3种见光绪《靖江县志》卷14本传。

刘玉阶

字立峰。清靖江人。性好学，多聚书籍。设帐授徒，立教首在品行。嘉庆二十五年(1820)邑绅以玉阶举孝廉方正不就。道光十五年(1835)贡生。

亦陋轩诗稿　集部别集类　佚

见咸丰《靖江县志》卷9。

刘泰詹(1790—1852)

字尊卿，又字峨如，号沙农，别号水曲山人。清靖江人。鸣义曾孙。少嗜学，博洽多闻。诸生。屡试不中，以道光十五年(1835)恩贡就职直隶州州判。以授徒养家。为人伉直，遇事能担当。道光八年、二十二年两次倡捐书院、婴堂州田及军需。

卮言斋诗稿　集部别集类　佚

见咸丰《靖江县志》卷9。

关山百一诗钞　集部别集类　佚

农隙漏卮斋文集　集部别集类　佚

以上2种见《靖江梓溪刘氏巽篴公直系支谱》。

刘　均(1792—1831)

原名庭璧。字子成。清靖江人。庭玺弟。早年随父游宦云南等地。博极群书，长于诗古文词。书法秀劲，酷似欧阳率更。善绘山水，颇饶奇趣。

滇南杂述　子部杂学类　佚

鄗阐集　集部别集类　佚

唐诗筌　集部总集类　佚

以上 3 种见咸丰《靖江县志》卷 9。

江上草堂诗存 13 卷附录 1 卷　集部别集类

(1) 清咸丰七年(1857)铅印本,湖南省图书馆藏。

(2) 2014 年凤凰出版社《泰州文献》本。

郑康枚

清靖江人。汝英长子。廪生。道光二十年(1840)副榜。

晚翠轩诗稿　集部别集类　佚

见光绪《靖江县志》卷 9。

刘　颖

清靖江人。泰詹子。附贡生。候选训导。

味辛草堂类编　集部别集类　佚

听雨山房丛稿　集部别集类　佚

斯是室杂吟　集部别集类　佚

以上 3 种见《靖江梓溪刘氏巽簃公直系支谱》。

刘　和(? —1856)

字少卿。清靖江人。泰詹少子。诸生。道光二十九年(1849)拔贡,授教谕。咸丰二年(1852)举人。六年会试不中,愤郁成疾,卒于都中。

青立山房诗草　集部别集类　佚

见光绪《靖江县志》卷 9。

张立朝

清靖江人。

靖江张氏宗谱　史部传记类

清张立朝等修纂

清咸丰九年(1859)木活字本,上海图书馆藏。

刘辅廷

清靖江人。

梓溪刘氏支谱15卷末1卷　史部传记类

清刘辅廷修纂

清同治十年(1871)存心堂刻本,大连市图书馆藏。

郑庭棨

字戟门。清靖江人。汝英侄。咸丰元年(1851)恩贡。工诗,能书。

亥山吟稿　集部别集类　佚

见光绪《靖江县志》卷9。

吴树棠

字辛侨。本姓刘,少孤无依,出继吴氏。清靖江人。年17入学,性高爽脱俗,最喜藏书。屡试不中,咸丰二年(1852)顺天乡试挑取誊录。同治七年(1868)春浙江学使徐树声延之校文,以病辞归。年60卒。

补陔堂随笔　子部杂学类　佚

见咸丰《靖江县志》卷9。

幼殇集　集部别集类　佚

见光绪《靖江县志》卷14本传。

朱炳文

字心斋。清靖江人。廪生,保举训导。读书务实行,不尚虚名。咸丰三年(1853)太平军攻克金陵,上书言守城之法,不能用。十年常州城被太平军攻克,与友陶金声筹办防御之事。以劳卒。

心斋制艺诗古文　集部别集类　佚

见光绪《靖江县志》卷14本传。

潘　泉

清靖江人。增广生。

(咸丰)靖江县志稿 16 卷　史部地理类

清于作新修　潘泉纂

(1) 清咸丰七年(1857)活字本,国家图书馆等藏。

(2) 1990 年天津古籍出版社影印本,国家图书馆等藏。

(3) 2014 年凤凰出版社《泰州文献》本。

逍遥馆杂存　子部杂学类　佚

见咸丰《靖江县志》卷 9。

刘人镜

清靖江人。附贡生,候选盐运司副使。尝与修光绪《靖江县志》。

七砚斋诗草　集部别集类　佚

见光绪《靖江县志》卷 9。

张绩金

清靖江人。

靖江张氏宗谱 20 卷　史部传记类

清张绩金修纂

清光绪十三年(1887)尚德堂木活字本,上海图书馆藏。

高仙阶

清靖江人。

靖江高氏重修宗谱 8 卷　史部传记类

清高仙阶修纂

清光绪二十一年(1895)双印堂活字本,国家图书馆藏。

钱斯珍

清靖江人。

钱氏重修世谱 12 卷　史部传记类

清钱斯珍修纂

清光绪三十一年(1905)集议堂木活字本,上海图书馆藏。

刘志熼(1851—1929)

字佑孙,一字宗臣,号伊仲。靖江人。颖子。廪贡生。候选训导。有文名于时。

说文经注集证　经部小学类　佚

读史辟谬　史部杂史类　佚

半竹居诗文词稿　集部别集类　佚

以上 3 种见《靖江梓溪刘氏巽簃公直系支谱》。

刘士哲(1872—1911)

字次明,号巽簃。志熼长子。清靖江人。省立法政学堂毕业,斥资创设丽正学堂于城西,督教一身兼之。

巽簃诗文词稿 30 卷　集部别集类　佚

见《靖江梓溪刘氏巽簃公直系支谱》。

江以成

靖江人。

骥江江氏重修宗谱 8 卷　史部传记类

江以成修纂

1916 年活字本,常熟市图书馆藏。

韩思义

靖江人。

骥江韩氏重修支谱 6 卷　史部传记类

韩思义修纂

1935 年昼锦堂木活字本，上海图书馆藏。

朱一凤

又名逸凤，字尔翔。靖江人。

靖江资善堂朱氏支谱 10 卷　史部传记类

(1) 1941 年铅印本，上海图书馆藏。

(2) 2014 年凤凰出版社《泰州文献》本。

靖江书带草堂郑氏宗谱 4 卷　史部传记类

(1) 1948 年铅印本，无锡市图书馆藏。

(2) 2014 年凤凰出版社《泰州文献》本。

刘岳镇

靖江人。

靖江梓溪刘氏巽簃公直系支谱 4 卷　史部传记类

(1) 民国钞本，苏州市图书馆藏。

(2) 2014 年凤凰出版社《泰州文献》本。

范汉光

靖江县征访通志事务所主任。

(民国)靖江县志稿　史部地理类

范汉光、刘维熼纂修

(1) 1919 年江苏通志征访稿本。

(2) 2014 年凤凰出版社《泰州文献》本。

刘维煠

靖江县征访通志事务所征访员。

(民国)靖江县志稿　史部地理类

见“范汉光”条。

主要参考文献

（嘉靖）惟扬志 38 卷　明朱怀干修　盛仪纂　《天一阁藏明代方志选刊》本

（万历）扬州府志 27 卷首 1 卷　明杨洵修　徐銮、陆君弼等纂　明万历三十三年（1605）刻本

（康熙）扬州府志 40 卷　清金镇纂修　清康熙十四年（1675）刻本　又康熙二十四年续修本

（雍正）扬州府志 40 卷　清尹会一修　程梦星等纂　清雍正十一年（1733）刻本

（嘉庆）重修扬州府志 72 卷首 1 卷　清阿克当阿修　江藩等纂　清嘉庆十五年（1810）刻本

（同治）续纂扬州府志 24 卷　清方濬颐修　晏端书等纂　清同治十三年（1874）刻本

（万历）泰州志　明李存信修　黄佑等纂　南京图书馆藏抄本

（崇祯）泰州志 10 卷图 1 卷　明李自滋修　刘万春纂　明崇祯六年（1633）刻本

（雍正）泰州志 10 卷首 1 卷　清褚世暄修　陈九昌等纂　清雍正六年（1728）刻本

（道光）泰州志 36 卷首 1 卷　清王有庆等修　陈世镕等纂　清道光七年（1827）刻本

（道光）泰州新志刊谬 2 卷首 1 卷　清任钰等纂辑　清道光十年（1830）刻本

（同治）泰州志 36 卷　清梁桂纂修　清同治十年（1871）刻本

（宣统）续纂泰州志 35 卷　清胡维藩修　卢福保纂　民国间抄本

(民国)续纂泰州志35卷首1卷　韩国钧、王贻牟纂　《中国地方志集成》本

(民国)泰县志稿30卷首1卷　单毓元等纂修　《中国地方志集成》本

泰州乡土志2卷　清马锡纯编　清光绪三十四年(1908)锦章书局石印本

姜堰乡土志　钱锡万编　1917年文明书社石印本

姜堰市乡土志　沈荣基编　1919年石印本

(万历)泰兴县志4卷　明陈继畴修　王稚登纂　明刻清印本

(康熙)泰兴县志4卷　清钱见龙等纂修　清康熙二十七年(1688)刻乾隆补刻本

(嘉庆)泰兴县志8卷　清凌坮、张先甲修　张福谦纂　清嘉庆十八年(1813)刻本

(光绪)泰兴县志26卷首1卷末1卷　清杨激云修　顾曾烜纂　清光绪十二年(1886)刻本

(宣统)泰兴县志续12卷首1卷志补8卷志校6卷　王元章修　金鉽纂　《中国地方志集成》本

(嘉靖)兴化县志4卷　明胡顺华纂修　明嘉靖三十八年(1559)刻本

(万历)兴化县新志10卷　明欧阳东风修　严锜纂　明万历十九年(1591)刻本

(康熙)兴化县志14卷　清张可立纂修　清康熙二十三年(1684)刻本

(咸丰)重修兴化县志10卷　清梁园棣修　郑之侨等纂　清咸丰二年(1852)刻本

(民国)续修兴化县志15卷　李恭简修　魏俊等纂　1943年铅印本

(嘉靖)靖江县志8卷　明王叔杲等修　朱得之纂　《稀见中国地

方志汇刊》本

(康熙)靖江县志18卷　清郑重修　袁元等纂　《稀见中国地方志汇刊》本

(咸丰)靖江县志稿16卷　清于作新修　潘泉纂　清咸丰七年(1857)活字本

(光绪)靖江县志16卷首1卷　清叶滋森修　褚翔等纂　清光绪五年(1879)刻本

泰县著述考8卷　陆铨撰　泰州图书馆藏稿本

泰县公共图书馆乡土部书目提要　夏兆麐撰　泰州图书馆藏《耐庵丛著》抄稿本

泰县图书馆书目　泰县图书馆编　1925年泰县图书馆石印本

江苏省泰州市图书馆古籍地方文献目录　该馆编　1981年泰州市图书馆油印本

海陵文征20卷　清夏荃辑　清道光刻光绪九年(1883)补刻本

海陵诗征23卷补遗1卷　清邹熊辑　泰州市博物馆藏清同治抄本

泰州诗征3卷　南京图书馆藏抄本

淮海英灵集22卷　清阮元辑　清嘉庆三年(1798)小琅嬛仙馆刻本

广陵思古编29卷　清汪廷儒辑　清道光二十九年(1849)汪氏刻本

海安考古录4卷　清王叶衢辑　1922年铅印本

昭阳述旧编3卷　清李福祚撰　清咸丰七年(1857)自序刻本

兴化李氏传略附别记　清李长科等辑　1928年师俭堂刻本

兴化李氏一家集2卷　李竹书、李竹溪辑　民国兴化远东印书馆铅印本

兴化佛教通志　释震华编　1944年铅印本

兴化方外诗征1卷　释震华辑　1943年铅印本

泰州文献　凤凰出版社2014年版

后　记

泰州自古钟灵毓秀，文化繁盛，历代文人学者留下了众多的著作。1993年南京师范大学古文献整理研究所编撰的《江苏艺文志·扬州卷》，收录了众多泰州作家的作品，是全面系统整理泰州文化创作的重要著作。《江苏艺文志》完成于上世纪90年代，此后泰州从扬州析出，建立地级市。20余年来，各种大型丛书不断出现，各种各样的网络资源更为传统文化研究提供了便利的条件，《江苏艺文志》的增订工作也应运而生。

《泰州卷》的增订工作，主要是改正原书的错误，弥补阙失，增添新的资料等，涉及的内容包括作者姓名和生平、书名和分类、版本和藏地以及按语等。增订工作依据的资料主要有2014年凤凰出版社出版的《泰州文献》，这套大型丛书收录了400余种著作，反映了自古以来泰州文化的重要成就，许多书籍是《江苏艺文志·扬州卷》没有收入的。广陵书社2013年出版的江庆柏先生主编《江苏地方文献书目》，是研究江苏地方文化的重要著作，为《泰州卷》的增订提供了极大的便利。《中国古籍总目》等目录书也提供了许多重要资料。此外诸如近20年来陆续出版的《续修四库全书》《四库全书存目丛书》《四库禁毁书丛刊》《四库未收书辑刊》《清代诗文集汇编》等丛书也收录了许多泰州作家的作品。通过网络，还可以检索到国家图书馆、上海图书馆、南京图书馆等地的古籍资源及学苑汲古高校古文献资源库等，这些便利的条件都是20多年前编撰《江苏艺文志》的前辈们难以想象的，对他们筚路蓝缕的开创之功也有了更深刻的体会。

地方文化的研究整理是一项长期艰苦的工作，需要一代代人坚持不懈，薪火相传，才能不断取得新的进步。本人水平有限，书中错误在所难免，敬请方家指正。

周　忠

2017年5月

江蘇藝文志

顧廷龍題

国家古籍整理出版专项经费资助项目

江苏省地方志编纂委员会办公室组织编纂

江苏艺文志

（增订本）

常州卷

一

原 主 编 赵国璋

增订本主编 江庆柏

增 订 者 叶 舟 朱 隽

凤凰出版社

《常州卷》原编写人员名单

目　录

《常州卷》引言

在中国广袤的版图上，常州这座拥有七千年文明、三千年繁华的城市是一颗耀眼的江南明珠。她地理位置优越，襟三江带五湖，历来为南北要冲，素称"中吴要辅，八邑名都"，形胜甲于东南；她经济繁荣，人民富庶，"绂冕云兴，接闬列宅，帆樯川骛，芥聚绳縻"，为衣冠之都会，尤南国之通津；她教育发达，人文荟萃，是季子故里，齐梁旧地，儒风蔚然，学派林立。从泰伯奔吴、季札封邑起，在绵延近三千年的历史长河中，经过大浪淘沙，岁月洗涤，她成就了辉煌的历史，铸造了耀目的业绩，更以谦和坚毅、诚信守仁、厚德兼容、创新求变的文化精神，创造出了具有丰富内涵和鲜明特征的地域文化，文化命脉千年不衰。到了清代，常州文化更是出现在众多领域数峰并峙、群星璀璨的现象，尤其是在清代乾嘉之际，常州文化在思想和文学上独辟蹊径，相继出现了多种学术流派，由此掀开了常州文化最为辉煌的一页，诚如光绪《武阳合志》中所言："武进、阳湖，经学、文章各有源派，英才教育蔚为通儒。滥觞于国初，极盛于乾、嘉之际，揆厥所由，盖右文之世，学校如林，师承有自，儒者遂远绍微言大义，勿拘拘于谨曲空变谈也。"因此便有"文学之盛，郁萃中吴；科第之繁，著称江左"的美誉，同时更成为近代中国文化改革的先声，而这一切都使常州文化成为研究江南文化乃至中华文化不可缺少的环节。

研究一个地方的文化，其实就是一个重新利用和发掘地方历史的机会，更是一个对地方文献再整理的过程；而编纂一部可供了解、检索的历代学人介绍和著述目录的文献著作则是地方文献整理最基础的工作,不仅可以深化研究成果的学术深度,更方便后来者的研究。常州在清代的方志如道光《武阳合志》、光绪《武阳合志》《武阳志余》等均设有《艺文志》或者《经籍志》。民国时期,又有张惟骧先生编纂的《清代毗陵名人小传稿》《清代毗陵书目》《毗陵名人疑年录》等。1987 年,南京师范大学古文献整理研究所创议编纂《江苏艺文志》,其中《常州卷》整理出了作者 2259 人,收入自晋以来的著作万种,为后世常州地方文献的整理打下了良好基础,成为研究常州文化学者不可或缺的必读书。但是由于当时条件有限,难免有遗漏和错讹的地方。上世纪 90 年代以来,大量的历史文献不断影印出版,同时由于学术条件的改善和互联网的大量运用,以往藏于各公私图书馆的珍贵文献逐渐为人所知,而家谱的应用,为我们了解作者的生卒年月和生平履历提供了更多的线索。有鉴于此,从 2014 年开始,应南京师范大学古文献整理研究所的委托,我们便开始着手对《江苏艺文志·常州卷》进行增订工作,经过三年多的努力,基本完成了这项工作。但由于水平有限,此次增订工作中的疏漏、讹误及编纂不当之处,定所难免,今后仍希望各界人士予以指正。本书的出版,倘能对学术研究和常州地方建设作出一点贡献,便是我们最大的慰藉了。

增订本收入本地籍及寓居本地的作者 2240 人,其中常州 1777 人,金坛 211 人,溧阳 252 人。收入著作 7318 种。

2016 年 12 月

常州市行政区划沿革

常州市

三国时，吴大帝嘉禾三年(234)置毗陵典农校尉。西晋武帝太康二年(281)，省毗陵典农校尉，置毗陵郡，初治丹徒县，后迁毗陵县。晋惠帝永兴元年(304)，以避东海王世子毗讳，改毗陵郡为晋陵郡，仍迁治丹徒。东晋安帝义熙九年(413)还治晋陵县。隋文帝开皇九年(589)，废晋陵郡，于常熟县置常州，因县为名，常州之名始。寻割常熟县入苏州，乃移州治来此。大业初，废州，复置晋陵郡。唐武德三年(620)，复常州。天宝初，称晋陵郡，乾元再称常州，属江南东道。五代初属吴，后属南唐。宋称常州，属两浙路。元世祖至元十四年(1277)，升常州为路，属江浙行省。朱元璋于至正十七年(1357)克常州路，改称长春府。明永乐七年(1409)，改称常州府，直隶南京。清仍为常州府。咸丰十年(1860)四月太平军克常州，改府为郡。同治三年四月(1864 年 5 月)太平军败，复为常州府。1912 年 1 月废府、阳湖县建置，阳湖县并入武进县，仅存武进县行政建置。1914—1927 年，属苏常道。1934—1937 年属无锡行政督察区。1949 年，析武进县城郊置常州市，属苏南行署常州专区。1953 年，常州市为省辖市。1958 年，镇江专区改名常州专区，同时改属常州专区领导。1962 年，改由江苏省直辖。1983 年 1 月，国务院批准江苏省实行市管县体制，从 3 月起，常州市管辖武进、金坛、溧阳3县。1990年8月、1993年11月、1995年7月，三县经国务院批准撤县设市，成立溧阳市、金坛市、武进市，仍属常州管辖。2002年，武进撤市设区，改为常州市武进区，至2010年，常州共辖金坛、溧阳2个县级市和武进、新北、天宁、钟楼、戚墅堰5个行政区。

2016年常州市辖天宁区、钟楼区、新北区、武进区、金坛区，代管溧阳市。

附:武进区

春秋属吴延陵邑。秦于境内置延陵县。汉称毗陵县。西汉属会稽郡，东汉属吴郡。三国吴嘉禾三年(234)曾改丹徒为武进，取意"以武而进"，为武进得名之始。毗陵仍存，属毗陵典农校尉。晋武进复名丹徒，太康二年(281)析丹徒、曲阿置武进县，在今县境西北部，与毗陵并存。晋永嘉五年(311)毗陵改晋陵。隋称晋陵，属毗陵郡。唐晋陵、武进并存，属江南东道常州。五代时称常州。宋晋陵、武进并存;北宋属两浙路常州，南宋属两浙西路常州。元属江浙行省常州路。明并晋陵于武进，属南京常州府。清武进、阳湖并存，属江苏省常州府。1912年并阳湖于武进。1914—1927年属苏常道。1934—1937年属无锡行政督察区。1949年城、郊另置常州市。武进县属苏南行署区常州专区。后屡属镇江(1953、1956、1959、1970)、苏州(1954)、常州(1958)等专区、地区。1983年3月划归常州市领导。2002年4月撤销县级武进市，设立常州市武进区。

金坛区

隋开皇十五年(595)析曲阿南境置金山府。隋大业末年(617)离乱，乡人自立为金山县。隋亡，沈法兴改名琅琊县。唐武德三年(620)，李子通于县置茅州。八年并金山入延陵。唐垂拱四年(688)，复置县，取"句曲之山(即茅山)，金坛之陵"之义，命名为金坛县，属江南东道润州。北宋属两浙路润州。南宋属两浙西路镇江府。元属江浙等处行中书省镇江路。明、清属镇江府。1912 年，仍称金坛县。1914—1927 年，属金陵道。1934—1937 年属溧阳行政督察区。1949 年属苏南行省区常州专区，后属江苏省镇江（1952、1959、1970）、常州（1958）等专区、地区。1983 年 3 月划归常州市领导。1993 年 11 月 10 日金坛撤县建市。2016 年，改区。

溧阳市

秦始皇二十六年（公元前 221）置溧阳县，属会稽郡，以当时县治在溧水（古称濑水）之阳，故名。汉分属扬州丹阳郡，治今溧阳旧县。东汉迁县治于固城，在今高淳县境。三国分溧阳县置永平县。西晋太康元年（280），改永平为永世县，同时在今高淳境内恢复溧阳县建置。永兴元年（304），永世县划出部分地设平陵县。刘宋元嘉九年（432），平陵废，并入永世、溧阳县（治高淳）。隋开皇十八年（598），改溧阳为溧水县，废永世，并入溧水县。唐武德三年（620），在溧水县以东境内设溧阳县，此为境内溧阳县建置开端。唐天复三年（903），迁治于今溧城镇，属江南西道宣州。宋属江南东路江宁府。元至元十六年（1279）升为溧阳路，二十七年复降为县，元元贞元年（1295）复升为州，属江浙等处行中书省集庆路。明洪武二年（1369），废州复县，属应天府。清初属江宁府，清雍正八年（1730）归属镇江府。1912 年仍称溧阳县。1914—1927 年属金陵道。1934—1937 年为溧阳行政督察专员公署驻地（未设专员）。1949 年属苏南行署区常州专区，后属江苏省镇江（1952、1959、1970）、常州（1958）等专区、地区。1983 年 3 月实行市管县体制后，隶属常州市。1990 年 8 月溧阳撤县建市。

（摘自单树模主编《中华人民共和国地名词典·江苏省》，商务印书馆 1988 年出版。根据 2016 年江苏省行政区划设置略作改动。）

人　名　表

常州一

宋　元

明

清至民国

常州二

金　坛

唐至元

明

清

溧　阳

宋　元

明

清

常州一

晋至唐

朱　凤

晋晋陵人。东晋太兴(318—321)初,以秘书监华谭荐,擢著作佐郎,后迁中书郎。

晋书 10 卷　史部别史类

见《隋书·经籍志》,注云:"未成。本十四卷,今残缺。晋中书郎朱凤撰。迄元帝。"《旧唐书·经籍志》《新唐书·艺文志》作 14 卷。后佚。今有辑本:

(一) 清黄奭辑。

(1)《汉学堂丛书》本。

(2)《黄氏逸书考》本。

(二) 清汤球辑。

(1)《广雅书局丛书》本。

(2)《丛书集成续编》本。

徐　广(352—425)

字野民。东晋侨居于今常州市东南。藻次子,邈弟。承家学,百家数术,无不研览,年过 70 犹岁读五经一遍。历官秘书郎、员外散骑侍郎、祠部郎、著作郎、秘书监等。南朝宋武帝授以中散大夫,上表辞归。《晋书》《宋书》《南史》有传。

毛诗背隐义 2 卷　经部诗经类　佚

见《隋书·经籍志》,注:"亡。"

礼论答问 8 卷　经部三礼总义类　佚

礼论答问 13 卷　经部三礼总义类　佚

礼答问 2 卷　经部三礼总义类　佚

按:以上 3 种见《隋书·经籍志》。《礼答问》下注云:"残缺。梁十一卷。"《新唐书·艺文志》《旧唐书·经籍志》作《礼论问答》9 卷。今有马国翰辑本,1 卷,《玉函山房辑佚书》本。

史记音义 12 卷　史部正史类　佚

见《隋书·经籍志》。《新唐书·艺文志》《旧唐书·经籍志》作 13 卷。

按:徐书已佚,裴骃《史记集解》多采其说。

晋纪 46 卷　史部别史类

见《晋书》《宋书》本传。《新唐书·艺文志》《旧唐书·经籍志》作 45 卷。

今清黄奭辑。

(1)《汉学堂丛书》本,1 卷。

(2)《黄氏逸书考》本,1 卷。

孝子传 3 卷　史部传记类

见《新唐书·艺文志》。今有《说郛》(宛委山堂本)辑本,1 卷。

车服杂注 1 卷　史部政书类　佚

见《隋书·经籍志》《新唐书·艺文志》《旧唐书·经籍志》。

晋尚书仪曹新定仪注 41 卷　史部政书类　佚

见《新唐书·艺文志》。

晋仪注 39 卷　史部政书类　佚

见《新唐书·艺文志》。

按:《旧唐书·经籍志》有此书,不著撰人。

弹棋谱 1 卷　子部艺术类

见《隋书·经籍志》。

今有《说郛·弹棋经》1 卷。

(1)《说郛》本。

(2)《丛书集成》本。

徐广集 15 卷录 1 卷　集部别集类　佚

见《隋书·经籍志》。《新唐书·艺文志》《旧唐书·经籍志》无"录 1 卷"。

按:《全晋文》卷 136 收其文 10 篇。《先秦汉魏晋南北朝诗》卷 15 收其诗 1 首。

萧惠开(423—471)

初名慧开。南朝宋南兰陵人。思话子。少有风采,涉猎文史。初为秘书郎,转太子舍人。宋孝建元年(454)自太子中庶子转黄门侍郎。大明二年(458)为襄阳太守,袭封封阳县侯,行吴郡事,复为豫章内史,在郡肆意聚纳。改督益宁二州刺史,治蜀多用严刑。晋安王子勋反,惠开响应之,宋明帝以蜀土险远,不治惠开罪。泰始四年(468)还至京师,六年除少府,加给事中,次年卒。

萧惠开集 7 卷　集部别集类　佚

见《隋书·经籍志》。

按:严可均《全宋文》卷 39 收其文 2 篇。

萧道成(427—482)

即齐高帝。字绍伯,小字斗将。南朝齐南兰陵人。早年从经学大师雷次宗受《礼》及《左氏春秋》。宋明帝时,以军功封西阳县侯。乘宋皇室内乱,逐渐掌握军政大权。元徽五年(477)杀后废帝,立顺帝,封为侍中、司空、太尉,独揽朝政。后进位齐公、齐王。升明三年(479)代宋自立,国号齐。生平博涉经史,善属文,工草隶。

名画集　子部艺术类　佚

宋郭若虚《图画见闻志》卷一《叙诸家文字篇》著录,张彦远《历代名画记》卷一《叙画之兴废》篇引何法盛《中兴书》云:齐高帝"录古来名笔,不以远近为次,但以优劣为差,自陆探微至范惟贤四十二人为四十二等，二十七帙，三百四十八卷”。当是此书，其成书早于谢赫《画品录》数十年，乃画品著作之滥觞。

按：《全齐文》收其文 2 卷，《先秦汉魏晋南北朝诗》收其诗 2 首。

萧顺之

字文纬。南朝梁南兰陵人。衍父。仕齐，封临湘县侯，历位侍中卫尉、太子詹事、领军将军、丹阳尹，赠镇北将军，谥曰懿。衍即位后，追尊文皇帝，庙号太祖。

梁文帝集 18 卷　集部别集类　佚

见《旧唐书·经籍志》。

刘　祥(446—484)

字显徵。南朝侨置东莞莒(今江苏武进县东南)人。少好文学，性刚而疏慢，轻言肆行，不避高下。齐建元中为正员郎。永明初，迁长沙王镇军，权咨议参军。撰《宋书》，讥斥禅代，尚书令王俭密以启闻，武帝萧赜衔而不问。又著《连珠》15 首以寄怀。有以之启赜，赜谓祥曰：“我当原卿性命，令卿万里思愆。”乃徙广州。不得意，终日纵酒，旋卒，年 39。《南齐书》《南史》有传。

宋书　史部别史类　佚

见《南齐书》《南史》本传。

连珠 15 首　集部别集类

文见《南齐书》本传。

刘祥集 10 卷　集部别集类　佚

见《隋书·经籍志》，注：“亡。”

丘巨源(？—484？)

南朝宋南兰陵人。少举丹阳郡孝廉，为孝武帝刘骏所知，官羽林监。大明五年(461)助徐爰修国史。元徽以后，仕途常不得意，多有不满。建元初，除武昌太守，不乐，云：古人称“宁饮建邺水，不食武昌鱼”，后改余杭令，官终吴兴太守。所作《秋胡诗》中有讥讽语，以事被杀。

丘巨源集 10 卷录 1 卷　集部别集类　佚

见《隋书·经籍志》。

按：严可均《全齐文》卷 17 收其文 3 篇。

萧长懋(458—493)

字云乔，小字白泽。南朝齐南兰陵人。赜长子。齐高帝建元元年(479)封南郡王，进号征虏将军。四年立为太子。都督南徐、南兖二州诸军事、南徐州刺史。武帝永明三年(485)于崇正殿讲《孝经》。十一年卒。郁林王萧昭业追尊为文帝。好佛教，礼接文士，畜养武人。

齐文帝集 1 卷　集部别集类　佚

见《隋书·经籍志》，注云：“残缺，梁十一卷。”

按；严可均《全齐文》卷 6 收其文 1 篇，《先秦汉魏晋南北朝诗》收其诗 1 首。

萧子良(460—494)

字云英。南朝齐南兰陵人。赜次子。封竟陵郡王、南徐州刺史。徙侍中、征北将军、南兖州刺史。入为护军将军兼司徒，领尚书令，加中书监。郁林王萧昭业即位，进太傅，督南徐州。卒谥文宣王。生平敦义好古，礼才爱士，笃信佛教，数营斋戒，曾非难范缜“神灭”之说。

止足传 10 卷　史部传记类　佚

见《新唐书·艺文志》。

义记 10 卷　子部道教类　佚

见《隋书·经籍志》。

四部要略 1000 卷　子部典故类　佚

齐萧子良辑

见《南史》本传，云：“移居鸡笼山西邸，集学士抄五经、百家，依《皇览》例为《四部要略》千卷。”

净住子 20 卷　子部佛教类　佚

见《隋书·经籍志》。

按:《新唐书·艺文志》作《净注子》,误。《全齐文》卷 7 有萧子良《净住子序》,云:“所谓净住,身口意身絜意,如戒而住,故曰净住。”书已佚。明张溥刻《竟陵王集》,载其文凡 31 章,每章均有齐王融撰颂,见《全齐文》卷 13。

竟陵王集 40 卷　集部别集类　佚

见《隋书·经籍志》。

按:《南史》本传云:“所著内外文笔数十卷,虽无文采,多是劝戒。”原书已佚,今存辑本有:

(1)《南齐竟陵王集》2 卷,张溥《汉魏六朝百三名家集》本。

(2)《竟陵王集选》1 卷,清吴汝纶评选,《汉魏六朝百三家集选》本。

萧　衍(464—549)

字叔达,小字练儿。南朝梁南兰陵人。道成族侄。青年时与沈约、王融等并游竟陵王西邸,号“竟陵八友”。后任雍州刺史。齐中兴二年(502),趁齐内乱取得帝位,建立梁朝,在位 48 年。前期勤政清俭,励精图治,国事颇有起色。后期溺信佛教,政纲松弛。86 岁时为侯景所逼,饥愤而死于台城。谥武帝,庙号高祖。衍博学多才,手不释卷,长于文学,著述颇丰。精通乐律。书法擅草隶,棋登逸品。

周易大义 21 卷　经部易类

见《隋书·经籍志》。《新唐书·艺文志》作 20 卷。

另有辑本:

清马国翰辑《周易大义》1 卷,《玉函山房辑佚书》本。

周易讲疏 35 卷　经部易类　佚

见《旧唐书·经籍志》。

周易大义疑问20卷　经部易类　佚

见《旧唐书·经籍志》。

周易系辞义疏1卷　经部易类　佚

尚书大义20卷　经部尚书类　佚

毛诗大义11卷　经部诗经类　佚

毛诗发题序义1卷　经部诗经类　佚

以上4种见《隋书·经籍志》。

毛诗答问　经部诗经类　佚

见《梁书》本纪。

五礼1000余卷　经部三礼总义类　佚

梁何佟之、严植之、明山宾等复述制旨并撰　萧衍审定

见《梁书》本纪。

按:五礼为吉、凶、军、宾、嘉。

制旨革牲大义3卷　经部礼记类　佚

礼记大义10卷　经部礼记类　佚

以上2种见《隋书·经籍志》。

乐社大义10卷　经部乐类

见《梁书》本纪、《隋书·经籍志》。

另有辑本:

清马国翰辑《乐社大义》1卷,《玉函山房辑佚书》本。

乐论3卷　经部乐类　佚

见《隋书·经籍志》。

乐义11卷　经部乐类　佚

梁武帝集朝臣撰。见《隋书·经籍志》,注云:"亡。"

钟律纬6卷　经部乐类

见《隋书·经籍志》。

另有辑本:

清马国翰辑《钟律纬》1卷,《玉函山房辑佚书》本。

春秋答问　经部春秋总义类　佚

见《梁书》本纪。

孝经义疏 18 卷　经部孝经类

见《梁书》本纪、《隋书·经籍志》,《旧唐书·经籍志》作 20 卷。

另有辑本:

清马国翰辑《孝经义疏》1 卷,《玉函山房辑佚书》本。

论语义　经部四书类　佚

见道光《武阳合志》卷 32。

按:《经义考》云:"《梁书》《南史》不载帝训释《论语》,而陆氏《释文》有引武帝说。"

中庸讲疏 1 卷　经部四书类　佚

见《隋书·经籍志》。

私记制旨中庸义 5 卷　经部四书类　佚

按:是书《隋书·经籍志》著录,但不著撰人名字。《经义考》以为武帝撰。《梁书·朱异传》云:"大同中,开士林馆,异与左丞贺琛递日述高祖《礼记》《中庸》义。"

通史 600 卷　史部编年类　佚

萧衍主编并制赞序

见《梁书》本纪。

按:《隋志·经籍志》作 480 卷,《旧唐书·经籍志》《新唐书·艺文志》均作 602 卷。

孔子正言 20 卷　史部杂史类　佚

见《隋书·经籍志》。

按:《隋书·经籍志》著录经部论语类。唐刘知几《史通》云:"会殷芸编小说,萧方等撰二十国史,帝乃刊为《正言》。"则是书为稗史类。

老子讲疏 6 卷　子部周秦诸子类　佚

见《隋书·经籍志》。

金策(一作金海)30 卷　子部兵书类　佚

见《梁书》本纪、《南史》本纪。

按:《隋书·经籍志》著录19卷,不著撰人名氏。

梁主兵法1卷　子部兵书类　佚

梁武帝兵书钞1卷　子部兵书类　佚

梁武帝兵书要钞1卷　子部兵书类　佚

梁武帝所服杂药方1卷　子部医家类　佚

以上4种均见《隋书·经籍志》。《新唐书·艺文志》有《梁武帝兵法》1卷。

坐右方10卷　子部医家类

见《隋书·经籍志》。

慈悲道场忏法10卷,又名梁王忏随闻录　子部佛教类

(1) 清广州海幢寺刻本,中山大学图书馆藏。

(2) 清杭州昭庆禅寺慧空经房光绪六年(1880)刻本,上海图书馆藏。

(3) 清南京金陵刻经处光绪十五年刻本,中山大学图书馆藏。

(4) 1925年北京中央刻经院铅印本,北京大学图书馆藏。

(5) 1936年影印本,北京大学图书馆藏。

(6) 1936年影印本珂罗版,北京大学图书馆藏。

(7) 2000年南京金陵刻经处影印清光绪十五年刻本,复旦大学图书馆藏。

天地冥阳水陆仪文3卷　子部佛教类

梁萧衍撰　明释碧峰考订。

明成化十五年(1479)南京徐用和经坊刻本,北京大学图书馆藏。

围棋赋1卷　子部艺术类　佚

围棋品1卷　子部艺术类　佚

棋法1卷　子部艺术类　佚

以上3种见《隋书·经籍志》。

棋评1卷　子部艺术类　佚

见《旧唐书·经籍志》。

涅盘、大品、净名、三慧诸经义记数百卷　子部佛教类　佚

见《梁书》本纪。

书评1卷　子部艺术类

清刻本，香港中文大学图书馆藏。

诗赋集20卷　集部别集类　佚

杂文集9卷　集部别集类　佚

别集目录2卷　集部别集类　佚

净业赋3卷　集部别集类　佚

连珠1卷　集部别集类　佚

按：有沈约注。

制旨连珠10卷　集部别集类　佚

按：有邵陵王萧纶注本和陆缅注本两种。

武帝集26卷　集部别集类　佚

按：《隋书·经籍志》注："梁三十二卷。"

以上7种见《隋书·经籍志》。

武帝集10卷　集部别集类　佚

见《旧唐书·经籍志》《新唐书·艺文志》。

梁武帝集8卷　集部别集类

阎光世辑《文选遗集》本。

梁武帝集12卷附录1卷　集部别集类

明刻本。

(1) 有南楚车氏鉴藏印，南京图书馆藏。

(2) 清华大学图书馆藏。

梁武帝御制集1卷　集部别集类

《汉魏六朝百三名家集》本。

梁武帝御制集2卷　集部别集类

《汉魏六朝百三名家集》本。

梁武帝御制集 10 卷　集部别集类

《七十二家集》本。

梁武帝集选 1 卷　集部别集类

《汉魏六朝百三家集选》本。

梁武帝集 1 卷　集部别集类

薛应旂辑《六朝诗集》本。

梁武帝集 8 卷　集部别集类

《汉魏六朝名家集初刻》本。

梁武帝集 7 卷附录 1 卷　集部别集类

《历代三十四家文集》本。

历代赋 10 卷　集部总集类　佚

见《隋书·经籍志》。

萧遥欣(469—499)

字重晖。南朝齐南兰陵人。少博览经史。南齐明帝建武元年(494)进号西中郎将,封闻喜县公,迁荆州刺史,加都督,改封曲江公。永泰元年(498)领雍州刺史、宁蛮校尉,移州镇襄阳。卒,赠司空,谥康公。

闻喜公集 11 卷　集部别集类　佚

见《隋书·经籍志》。

萧　洽(471—525)

字宏称。南朝齐南兰陵人。齐永明中为国子生,迁西中郎外兵参军。梁天监初为主簿,迁太子中舍人,出为南徐州治中。普通初拜员外散骑常侍,兼御史中丞,以事免。二年(521)迁散骑常侍,出为招远将军、临海太守,还拜司徒左长史。六年卒。好学博览,善属文,辞藻赡丽。

萧洽集 20 卷　集部别集类　佚

见《梁书》本传。

按:《隋书·经籍志》作2卷,疑误。《先秦汉魏晋南北朝诗》收其诗1首。

萧 淑

南朝梁南兰陵人。介从弟。常与萧洽等文酒赏会。

西府新文11卷 集部别集类 佚

见《隋书·经籍志》。

新文要集10卷 集部总集类 佚

见《新唐书·艺文志》。

萧子懋(472—494)

字云昌。南朝齐南兰陵人。赜七子,封晋安王。廉让好学。永明五年(487)为南兖州刺史、监五州军事。十一年为都督、雍州刺史。隆昌元年(494)为征南大将军、江州刺史。延兴元年(494)加侍中。闻鄱阳王萧锵、随郡王萧子隆见杀,乃起兵赴难,中军参将于琳之使人害之。《南齐书》《南史》有传。

春秋例苑30卷 经部春秋总义类 佚

见《南齐书》本传。

按:书成于永明八年,奏之,武帝敕付秘阁。

齐晋安王集4卷录1卷 集部别集类 佚

见《隋书·经籍志》。

萧子隆(474—494)

字云兴。南朝齐南兰陵人。赜八子。初封枝江公。永明八年(490)为都督、荆州刺史。隆昌元年(494)为侍中、抚军将军。延兴元年(494)转中军大将军。封随郡王。后为萧鸾所杀。

随王子隆集7卷 集部别集类 佚

见《隋书·经籍志》,注:“亡。”

按:《全齐文》卷7收其文1篇,《先秦汉魏晋南北朝诗》收其诗1首。

萧　秀(475—518)

字彦达。南朝梁南兰陵人。衍弟。天监元年(502)封安成郡王,后多次都督州郡军事,卒谥康。性仁恕,立学校,招隐逸,多惠政。当世学人如王僧孺、刘孝绰、裴子野皆有交往。精意学术,搜集经记,招学士刘孝标使撰《类苑》,书未毕已行于世。《梁书》《南史》有传。

安成王集30卷　集部别集类　佚

见《隋书·经籍志》。

按:《全梁文》卷22收其文2篇。

萧　伟(476—533)

字文达。南朝梁南兰陵人。衍弟。天监元年(502)封建安王,十三年累迁为左光禄大夫,十七年改封南平郡王,位侍中、左光禄大夫、开府仪同三司。中大通四年(532)为中书令、大司马。五年卒,赠侍中、太宰,谥元襄。少好学,亲贤重士,好济人之急。晚年崇信佛理,尤精玄学。朝廷得失,时有匡正。

周易几义1卷　经部易类　佚

见《隋书·经籍志》《旧唐书·经籍志》。

周易发义1卷　经部易类　佚

见《新唐书·艺文志》。《旧唐书·经籍志》有《周易发题义》,未题撰人。

二旨义　子部佛教类　佚

按:《南史》本传、万历《武进县志》本传均作《二暗义》。

性情论几神论　子部佛教类　佚

以上2种见《梁书》本传。

按:清姚振宗《隋书经籍志考证》云:"按《南史》本传云,著《二暗义》、制性情几神等论义。'二暗'似'二谛'之误;'几神义'即此《《周易》》'几义'二卷。"

又按:《全梁文》卷22收其文1篇。

萧　琛(478—529)

字彦瑜。南朝梁南兰陵人。少有辩才。齐明帝时官少府卿、尚书左丞。梁天监中历官平西、安西长史,任江夏、东阳、吴兴等处太守。普通中迁侍中。琛频莅大郡,不事产业。壮年好音律、书、酒,年长废其二,惟书籍不衰。卒谥平子。

汉书文府　史部杂史类　佚

齐梁拾遗　史部杂史类　佚

以上2种见《南史》本传。

皇览抄20卷　子部典故类　佚

见《隋书·经籍志》。

萧琛文集　集部别集类　佚

见道光《武阳合志》卷33。

按:《全梁文》卷24收其文4篇,《先秦汉魏晋南北朝诗》收其诗4首。

萧　业(479—526)

字静旷。本名渊业,唐人避讳改为深业,史文或并去"渊""深"字。南朝梁南兰陵人。懿子,衍侄。仕齐为著作郎、太子舍人。梁天监二年(503)袭封长沙王。历任秘书监、侍中、都督南兖州刺史,复征中书令,迁湘州刺史。卒谥元王。生平笃诚佛法,深信因果。

萧业集　集部别集类　佚

见《梁书》本传。

按:《全梁文》卷22收其文1篇。

萧　藻(483—549)

字靖艺，小字迦叶。本名渊藻，唐人避讳改为深藻，史文或并去“渊”“深”字。南朝梁南兰陵人。懿子，业弟。齐永元初为著作佐郎。梁天监元年(502)封西昌侯、益州刺史。十年领南琅琊太守。普通三年(522)迁领军将军，加侍中。中大通三年(531)为太子詹事，出为丹阳尹。太清三年(549)恨不能平侯景之乱，不食而死。性谦退，善文辞，尤好古体。

萧深藻集 4 卷　集部别集类　佚

见《隋书·经籍志》。

萧子范(486—549)

字景则。南朝梁南兰陵人。嶷子。齐永明中封祁阳县侯，拜太子洗马。梁天监初，除后军记室参军，仍为太子洗马。后迁大司马南平王萧伟从事中郎，复为临贺王萧正德长史。除太中大夫，迁秘书监。梁简文帝即位，召为光禄大夫。卒谥文。《梁书·萧子恪传》附。

千字文 1 卷　经部小学类　佚

见《新唐书·艺文志》。

按：《梁书》本传云：“大司马南平王爱文学士，子范偏被恩遇，使制《千字文》，其辞甚美，王命记室蔡薳注释之。”

萧子范集 30 卷　集部别集类　佚

见《梁书》本传。

按：《隋书·经籍志》作 13 卷，《旧唐书·经籍志》作 3 卷。清姚振宗《隋书经籍志考证》云：“十三卷似三十卷之误，此三卷似又夺‘十’字。”

又按：《全梁文》卷 23 收其文 10 篇，《先秦汉魏晋南北朝诗》收其诗 10 首。

萧子显(488—537)

字景阳。南朝梁南兰陵人。史学家、文学家。道成孙,子范弟。封宁都县侯,拜给事中。入梁,历官记室参军、主簿、国子祭酒、吏部尚书,吴兴太守。好学,工属文。性凝简,颇负才气。卒赐谥“骄”。著述甚多,除《齐书》(即《南齐书》)外,均已亡佚。生平笃信佛教。《梁书·萧子恪传》附。

南齐书59卷　史部正史类

按:《梁书》本传作《齐书》60卷,后佚《自序》1卷,实存59卷,通称《南齐书》,为“二十四史”之一。历代刻本甚多,通行的有:

(1) 宋蜀大字本。百衲本《二十四史》据以影印。

(2) 明万历十七年(1589)南监本。

(3) 明万历三十三年北监本。

(4) 明末清初毛氏汲古阁刻本。

(5) 清乾隆四年(1739)武英殿刻《二十四史》本。

(6) 清同治十三年(1874)金陵书局刻本。

(7) 1972年中华书局点校本。

后汉书100卷　史部别史类　佚

普通北伐记5卷　史部别史类　佚

以上2种见《梁书》本传。

晋史草30卷　史部编年类　佚

今存辑本:

(一) 清黄奭辑《黄氏逸书考》本。

(二) 清汤球辑

(1)《广雅书局丛书》本。

(2)《丛书集成初编》本。

南齐书州郡志2卷附考证　史部地理类

《历代地理志汇编:己编》本。

萧子显文集 20 卷　集部别集类　佚

见《梁书》本传。

按:道光《武阳合志》卷 33 作《景阳文集》30 卷。《全梁文》卷 23 收其文 2 篇,《先秦汉魏晋南北朝诗》收其诗 16 首。

萧子云(488—549)

字景乔。南朝梁南兰陵人。史学家。道成孙,子显弟。封新浦县侯。入梁历官秘书郎、太子舍人、侍中、国子祭酒、领南徐州大中正等。性沉静,风神闲散,不求仕进。勤于著述,善草隶,法钟、王。以晋代无全史,乃留心撰述,著成《晋史》。太清二年(548)侯景乱,次年陷宫城,子云奔晋陵,饿死于显灵寺僧舍。《梁书·萧子恪传》附。

千字文注 1 卷　经部小学类　佚

见《隋书·经籍志》。

演千字文 5 卷　经部小学类　佚

见道光《武阳合志》卷 32,注云:"见王应麟《玉海》。按《隋志》有是书,不著撰人名氏。"

五十二体书 1 卷　经部小学类　佚

见《旧唐书·经籍志》。

按:唐封演《封氏闻见记》卷 2 云:"南齐萧子良撰古文之书五十二种,鹄头蚊脚,悬针垂露,龙爪仙人,芝英倒薤,蛇书虫书,偃波飞白之属,皆状其体势而为之名。虽义涉浮浅,亦书家之前流也。"可资参考。

晋书 110 卷　史部别史类　佚

见《梁书》本传。

按:本传云:"既长勤学,以晋代竟无全书,弱冠便留心撰著,至年二十六,书成,表奏之,诏付秘阁。"《隋书·经籍志》作 8 卷,注云:"本一百二卷,梁有,今残缺。"《新唐书·艺文志》作 9 卷。今存辑本有:

(一) 清黄奭辑《黄氏逸书考》本。

(二) 清汤球辑

(1)《广雅书局丛书》本。

(2)《丛书集成初编》本。

东宫新记 20 卷　史部政书类　佚

见《梁书》本传。

按:《新唐书·艺文志》作《东宫杂事》。

古今舆服杂事 20 卷　史部政书类　佚

见《新唐书·艺文志》。

萧子云集 19 卷　集部别集类　佚

见《隋书·经籍志》。

按:《新唐书·艺文志》作 20 卷。《全梁文》卷 23 收其文 5 篇,《先秦汉魏晋南北朝诗》收其诗 6 首。

萧子晖

字景光。南朝梁南兰陵人。子云弟。起家员外散骑侍郎,迁南中郎记室。出为临安令,迁安西武陵王谘议,带新繁令,随府转仪同从事、骠骑长史。少涉书史,有文才。曾于重云殿听梁武帝讲《三慧经》,作《讲赋》上奏,甚见称赏。《梁书·萧子恪传》附。

萧子晖集 9 卷　集部别集类　佚

见《隋书·经籍志》。

按:《旧唐书·经籍志》《新唐书·艺文志》均作 11 卷。《全梁文》卷 24 收其文 2 篇,《先秦汉魏晋南北朝诗》收其诗 4 首。

萧子政

南朝南兰陵人。梁都官尚书。在朝,与刘王献、明山宾、周弘正等均为兼通文史者。

周易义疏 14 卷　经部易类　佚

周易系辞义疏 3 卷　经部易类　佚

周易系辞义疏 2 卷　经部易类　佚

按：《新唐书·艺文志》作《系辞义》2卷。清姚振宗《隋书经籍志考证》云："前三卷或连说、序、杂卦等传，此二卷但上下系。然既见于前，实重复也。簿录家旧有分篇著录之例，不嫌一再互见，故又取此书入'系辞义疏类'中，《七录》旧例或亦如此。"

古今篆隶杂字体 1 卷　经部小学类　佚

以上 4 种均见《隋书·经籍志》。

萧　几(491—?)

字德玄。南朝梁南兰陵人。遥欣子。幼聪明，10岁能属文。父母早亡，照顾诸弟，友爱备笃。善草隶书法。官尚书左丞。晚年信佛教，卒于新安太守任上。

新安山水记　史部地理类　佚

见《梁书》本传。

按：本传云："为新安太守，郡多山水，特其所好，适性游履，遂为之记。"

萧几集 2 卷　集部别集类　佚

见《隋书·经籍志》。

萧　机(499—528)

字智通。南朝梁南兰陵人。秀子。普通元年(520)袭封安成郡王，其年为太子洗马，迁中书侍郎。二年迁丹阳尹，三年迁湘州刺史。大通二年(528)卒于州。家多藏书，博学强记。然专意聚敛，无政绩。谥曰炀。

安成炀王集 5 卷　集部别集类　佚

见《隋书·经籍志》。

按：《梁书》本传云："所著诗赋数千言，世祖(萧绎)集而序之。"《金楼子》作 4 卷。

萧　统(501—531)

字德施,小字维摩。南朝梁南兰陵人。衍长子。文学家。天监元年(502)立为皇太子。未即位,去世,谥号昭明,世称昭明太子。早年遍读五经,博览群书。好引纳才人学士,讨论篇籍,商榷古今,一时文人并集。又好聚书,积近3万卷,文学之盛,为东晋以来所未有。性爱山水。崇信佛典,在宫内招引名僧。受命佐助政事,宽刑恤贫,世人共称之。好著作,其书多已散佚。《梁书》《南史》有传。

孝经义　经部孝经类　佚

见《隋书·经籍志》,原注云:"梁有皇太子讲《孝经义》三卷,天监八年皇太子讲《孝经义》一卷。"

按:清姚振宗《隋书经籍志考证》云:"前三卷是三岁时保傅所进之讲章,其后一卷则天监八年寿安殿所讲之大义也。"萧统曾在寿安殿讲《孝经》,能尽通大义。

锦带书1卷　史部时令类

(1)《津逮秘书》本。

(2)《说郛》(宛委山堂本)。

(3)《学津讨原》本。

(4)《丛书集成初编》本。

按:宋陈振孙《直斋书录解题》作梁元帝萧绎撰。《四库全书总目》类书类目作《锦带》,谓旧本题梁昭明太子萧统撰,然词气不类六朝,疑宋人依托。今《昭明太子集》中题作《锦带书十二月启》。

鬼谷天甲兵书常禳术　子部兵书类　佚

见《宋史·艺文志》。

响应经1卷　子部术数类　佚

见道光《武阳合志》卷33,原注云:"见《金楼子》。"

令旨解二谛义1卷　子部佛教类

(1)《续百川学海》本。

(2)《说郛》(宛委山堂本)。

(3)《说掖》本。

昭明太子集　集部别集类

原书已佚,现存各本均为后人编集,现存辑本有:

(一)不分卷,《增定汉魏六朝别解》本。

明叶绍泰辑,明崇祯十五年(1642)采隐山居刻本,中山大学图书馆藏。

(二)1卷,《汉魏六朝百三名家集》本。

(三)4卷,《汉魏六朝名家集初刻》本。

(四)5卷,南宋淳熙八年(1181)池阳郡斋刻本,国家图书馆藏。按:淳熙八年,池郡刺史袁说友与仓使尤袤既刻《昭明文选》《双字》二书,复得《昭明集》5卷,乃刻之。

(1)明嘉靖三十四年(1555)周满刻本,南开大学图书馆藏。

(2)明辽府宝训堂重刻周满本,上海图书馆藏。

(3)《汉魏六朝诸家文集》本。

(4)《七十二家集》本。

(5)《常州先哲遗书》本,附补遗1卷。

(6)1919年刘世珩影刻南宋淳熙本,上海图书馆藏。

(7)《四部丛刊》本。

(8)《四部备要》本。

(9)上海书店《丛书集成续编》本。

(五)6卷。

(1)《文选遗集》本。

(2)《四库全书》本。

(六)《梁昭明集选》1卷。清吴汝纶评选。

《汉魏六朝百三家集选》本。

(七)《昭明文集》2卷

(1)明万历沈宗培刻本,国家图书馆藏。

(2) 清光绪二十四年(1898)程铭敬抄本,上海图书馆藏。

昭明太子集校注　集部别集类

俞绍初校注。2001年中州古籍出版社出版。

文选30卷　集部总集类

梁萧统编

按:《文选》,亦称《昭明文选》,由萧统聚集宫中文人共同编订,为我国现存最早的文学总集,影响极大,传本甚多。有无注本、李善注本、五臣注本、六臣注本、集注本等几类。主要版本有:

(一) 无注30卷本。

按:无注白文《文选》,今仅存抄本。

(1) 敦煌卷子本,存卷目录见《敦煌遗书总目索引》,后印入《鸣沙石室古籍丛残》等书中,今全部收于台北新文丰出版公司出版的《敦煌宝藏》。

(2) 日本抄本残卷,最早由日本学者森立之《经籍访古志》公之于世,今有影本如下:

(甲)罗振玉《唐写文选集注残本》,《嘉草轩丛书》本。(乙)日本京都大学文学部《影印旧钞本丛书》本第3—9集。(丙)周勋初纂辑《唐钞文选集注汇存》,上海古籍出版社2000年版。

(二) 李善注60卷本。

按:《文选》原为30卷,唐高宗显庆年间(656—660)崇贤馆直学士李善作注,析为60卷。

(1) 敦煌卷子本,存卷目录见《敦煌遗书总目索引》,影印件见《敦煌宝藏》。

(2) 北宋天圣七年(1029)刻本。此为李注单行本,未经淆乱,不是从六臣注本中抽出来的。国家图书馆藏有卷17—19,30—31,36—38,46—47,49—58,50,有劳健跋。

(3) 南宋淳熙八年(1181)尤袤贵池刻本,上海图书馆藏。此本后世流传极广,凡翻刻李善单注本者,均以此为底本。

(4) 元延祐间(1314—1320)池州路张伯颜刻本,国家图书馆藏,存卷 11—50,卷 41 配明嘉靖元年汪谅刻本,清黄丕烈校。

按:蒋镜寰《文选书录述要》云:“淳熙本版元初毁于火,大德中司宪伯都尝新之,延祐中复毁,伯颜乃据宋本重刻之。”

(5) 明成化二十三年(1487)唐藩朱芝址刻本,(甲)国家图书馆藏;(乙)上海图书馆藏,有清孙起湘跋,并有佚名录清何焯跋;(丙)浙江图书馆藏,有清莫绳孙跋;(丁)山西文史馆藏,有清傅山批;(戊)常熟文管会藏,有清冯武校并跋;(己)常熟图书馆藏,有清张保慈录清何焯批校,清翁同书跋。

(6) 明嘉靖元年刻本,(甲)国家图书馆藏,有清杨绍和、高均儒跋;(乙)南京图书馆藏,有清丁丙、丁申跋。

(7) 明嘉靖四年晋府养德书院刻本,南京图书馆藏,有清丁丙跋。

(8) 明万历二十九年(1601)邓原岳刻本,中科院图书馆藏,有清王芑孙跋。

(9) 明末海虞毛氏汲古阁刻本:(甲)国家图书馆藏,有清邓传密跋并录俞正燮批校,佚名录清何焯批校题识;(乙)上海图书馆藏,有汪由敦录清何焯校,许乃普跋,佚名校;(丙)南京图书馆藏,有清张玉书批并跋;(丁)辽宁图书馆藏,存卷 1—30,46—54,58—60,有清祁寯藻录,何焯校,恽毓鼎跋;(戊)山西文史馆藏,存卷 8—22,31—38,54—60,有清朱彝尊批;(己)浙江大学图书馆藏,有清诸煜录清何焯批校并跋;(庚)济南图书馆藏,有清萧应春批校;(辛)甘肃图书馆藏,有清阮元批并跋;(壬)福建师范大学图书馆藏,有清梁章钜批校。

按:此本脱误较多,且间杂有五臣注文。

(10) 清康熙二十五年(1686)上元钱士谧刻本,据毛氏汲古阁本重校。(甲)国家图书馆藏,有清毕怀图校跋;(乙)上海图书馆藏,有清王帆洲录佚名评校并跋,张玉山题识;(丙)南京图书馆藏,有清祝德麟跋并录何焯校跋;(丁)浙江图书馆藏,有清佚名录清何焯、俞玚评,清姚元之跋;(戊)中央党校图书馆藏,有清孙天士录清钱陆灿批并跋;(己)四川师范大学图书馆藏,有清张士元批注。

(11) 清乾隆三十七年(1772)长洲叶树藩海录轩刻本。此本录何焯(义门)评点,叶氏加以参订。(甲)国家图书馆藏;(乙)湖北图书馆藏,有黄侃校;(丙)南开大学图书馆藏,有清曾国藩批校。

(12) 清嘉庆十四年(1809)胡克家影宋尤袤刻本,附考异 10 卷。(甲)上海图书馆藏,有清张敦仁校;(乙)湖南图书馆藏,有清胡珽跋;(丙)南开大学图书馆藏,有清汪廷珍批校并录清何焯批校。

按:此书由著名校勘学家顾广圻、彭兆荪以尤袤刻本为底本,八易其稿校成,改正尤刻讹误七百余处,又撰《考异》10 卷。刻印精审,辨析详赅,为今通行本。

(13)《四库全书》本。

(14)《四部备要》本。

(15) 1974 年中华书局影印宋尤袤刻本。

(16) 1977 年中华书局影印清胡克家刻本。附篇目、著者索引,并列表说明尤袤刻本与胡刻本的重要异文。

(三) 五臣注 30 卷本。

按:唐玄宗开元六年(718)吕延祚上《集注文选表》,以为李善注只详引典籍,不能阐发作品意义,唐玄宗乃集吕延济、刘良、张铣、吕向、李周翰五人作注,世称五臣注。

(1) 南宋初年杭州开戕纸马铺钟家刻本残卷,(甲)国家图书馆藏,存卷 29—30;(乙)北京大学图书馆藏。

(2) 南宋绍兴三十一年(1161)建阳崇化书坊陈八郎宅刻本,台湾"中央图书馆"原藏。

(3) 清长洲蒋氏心矩斋影抄本,北京大学图书馆藏。

(四) 六臣注 60 卷本。

按:李善注与五臣注原各单行,南北宋之际两种注本合为一书,世称六臣注。六臣注又有李善注在前五臣注在后,与五臣注在前李善注在后两种。

甲:李善并五臣注

(1) 北宋赣州刻本,国家图书馆藏。存卷20—28。

(2) 南宋绍兴明州州学刻本,国家图书馆藏。存卷3—5,9—11,15—17,21—23,27—35,45—47。

(3) 南宋赣州州学刻本,上海图书馆藏。

(4) 元大德三年(1299)陈仁子古迂书院刻本,国家图书馆藏。存卷22,33—34,37—38,41—42,49—50。

(5)《四库全书》本。

(6)《四部丛刊》本。

乙:五臣并李善注

(1) 北宋元祐九年(1094)秀州州学刻本,已佚。

(2) 南宋绍熙庆元间蜀中广都裴氏刻本,台北故宫博物院藏,配明袁氏嘉趣堂刻本。

(3) 明嘉靖十三年至二十八年吴郡袁嘉趣堂仿宋广都裴氏刻本,国家图书馆藏,有清庄虎孙跋。

(五) 集注120卷本。

按:《文选集注》见于日本金泽文库,书载李善注、五臣注、公孙罗《文选钞》、公孙罗《文选音决》、陆善经注,并用"今案"字样记五本异同,又析李善注本为120卷。编者不详何人。

(1)《嘉草轩丛书》本。

(2) 日本《京都帝国大学文学部景印唐钞本》。

文选旧注辑存　集部总集类

刘跃进著。2017年江苏凤凰出版社出版。

正序10卷　集部总集类　佚

文章英华20卷　集部总集类　佚

以上2种梁萧统编。均见《梁书》本传。

按:本传云:"撰《古今典诰文言》,为《正序》10卷;五言诗之善者,为《文章英华》20卷。"《文章英华》,《隋书·经籍志》作30卷。

古今诗苑英华 19 卷　集部总集类　佚

梁萧统编

见《隋书·经籍志》。

按:萧统《答湘东王求文集及诗苑英华书》云:“往年因暇,搜采英华,上下数十年间,未易详悉,犹有遗恨,而其书已传,虽未为精覆,亦粗足讽览。”

萧　综(502—528)

字世谦。南朝梁南兰陵人。衍二子。天监三年(504)封豫章郡王,五年出为南徐州刺史,十年迁郢州刺史,十五年迁丹阳尹。普通二年(521)入为侍中、镇右将军。有才学,善属文。富勇力,政刑酷暴。相传为齐东昏侯萧宝卷遗腹子,故常怀二心,称齐建安王萧宝寅为叔。会镇守彭城,乃降北魏,封为高平公。又改名为缵,字德文。大通二年(528)萧宝寅反,综将赴之,未果,被杀。

梁代帝王合集 2 卷　集部总集类

梁萧综、萧纶等撰

《文选遗集》本。

萧　纲(503—551)

即梁简文帝。字世缵,小字六通。南朝梁南兰陵人。衍三子。天监五年(506)封晋安王。中大通三年(531)昭明太子萧统死,继立为皇太子。太清三年(549)武帝死,即帝位,年号大宝。在位二年,为侯景废,幽于永福省,后被杀。能文,尤长于诗,提出“立身先须谨重,文章且须放荡”的主张。诗歌多表现宫廷生活与妇女形象,不乏清隽之作,然伤于轻靡,时称“宫体”。

易林 17 卷　经部易类　佚

见《南史》本纪。

毛诗十五国风义 20 卷　经部诗经类

见《隋书·经籍志》。

今有清马国翰辑《玉函山房辑佚书》本。

按:清姚振宗《隋书经籍志考证》云:"梁简文是书及《春秋》《孝经》诸义不著于本纪者,大抵皆编入《长春殿义记》一百卷中。"

礼大义 20 卷　经部三礼总义类　佚

见《梁书》本纪。

左氏传例苑 18 卷　经部春秋左传类　佚

见《新唐书·艺文志》。

按:《隋书·经籍志》有《春秋左传例苑》19 卷,不著撰人。

春秋左氏图 10 卷　经部春秋左传类　佚

见郑樵《通志·艺文略》。

春秋发题 1 卷　经部春秋总义类　佚

孝经义疏 5 卷　经部孝经类　佚

长春义记 100 卷　经部群经总义类　佚

按:《旧唐书·经籍志》作《长春秋义记》,姚振宗云:"'秋'当为'殿'字之误。"《陈书·徐陵传》云:"梁简文在东宫撰《长春殿义记》,使陵为序。"

以上 3 种见《隋书·经籍志》。

昭明太子传 5 卷　史部传记类　佚

诸王传 30 卷　史部传记类　佚

老子义 20 卷　子部周秦诸子类　佚

以上 3 种见《梁书》本纪。

老子私记 10 卷　子部周秦诸子类　佚

见《隋书·经籍志》。

庄子义 20 卷　子部周秦诸子类　佚

见《梁书》本纪。

庄子讲疏 10 卷　子部周秦诸子类　佚

见《隋书·经籍志》,注云:"本二十卷,今阙。"

按:《旧唐书·经籍志》《新唐书·艺文志》均作30卷。又姚振宗云:“《南史》本纪不载老、庄《义》,或已在《长春殿义记》百卷中,故李延寿删除之。”

马槊谱1卷　子部兵书类　佚

按:《隋书·经籍志》不著撰人。

如意方10卷　子部医家类　佚

光明符12卷　子部术数类　佚

按:《隋书·经籍志》另有《录》1卷。

灶经2卷　子部术数类　佚

按:《隋书·经籍志》作14卷。姚振宗云:“《梁书》本纪不载是书,唯《南史》云二卷,此作十四卷,卷数悬殊,或后人附益者,多非其本书。”

新增白泽图5卷　子部术数类　佚

沐浴经3卷　子部术数类　佚

棋品5卷　子部艺术类　佚

弹棋谱1卷　子部艺术类　佚

以上8种见《南史》本纪。

法宝连壁300卷　子部佛教类　佚

见《梁书》本纪。

梁简文帝集100卷　集部别集类　佚

见《南史》本纪。

按:《隋书·经籍志》作85卷,注云:“陆罩撰并录。”《旧唐书·经籍志》作80卷,《宋史·艺文志》作1卷。宋陈振孙《直斋书录解题·诗集类上》作5卷,云:“今五卷皆诗,总二百四十四篇。”今《全梁文》收其文7卷,《先秦汉魏晋南北朝诗》收其诗3卷。

梁简文帝集　集部别集类

今存辑本:

(1) 2卷。《六朝诗集》本。

(2) 2卷。《汉魏六朝百三名家集》本。

（3）8卷。《汉魏六朝名家集初刻》本。

（4）14卷。《文选遗集》本。按:《中国丛书综录》作2卷,此据阳海清《中国丛书综录补正》著录。

（5）16卷。《七十二家集》本。

（6）不分卷。《增定汉魏六朝别解》本。

（7）《梁简文帝集选》1卷,清吴汝纶评选,《汉魏六朝百三家集选》本。

谢客文泾渭3卷　集部总集类　佚

玉简50卷　集部总集类　佚

以上2种见道光《武阳合志》卷33,注云:"见《金楼子》。"今查《金楼子》,未见著录此二书,姑录以存疑。

临安恭公主

南朝梁南兰陵人。衍三女。

临安恭公主集3卷　集部别集类　佚

见《隋书·经籍志》。

萧　贲

字文奂。南朝梁南兰陵人。子良孙。好学有文才,能书善画,好著述。任梁湘东王萧绎(508—554)法曹参军,后被萧绎收狱,饿死。

西京杂记60卷　史部杂史类　佚

见《南史》本传。

辨林20卷　子部小说类　佚

见《隋书·经籍志》。

按:道光《武阳合志》卷32又有《奇字》20卷,谓"见《隋书·经籍志》";卷33有《碑集》100卷,谓"见《南史》本传"。今查《隋书·经籍志》,无《奇字》一书,《南史》本传亦无《碑集》一书。《隋书·经籍志》有《碑集》,但未著撰人。不知《合志》何所据,姑录以存疑。又,《先秦汉魏晋南北朝诗》收其诗 1 首。

萧　恺(506？—549？)

南朝梁南兰陵人。子显子。初为国子生，举秀才。由秘书郎迁太子中舍人，王府主簿。复除太子洗马，掌管记。累迁宣城王文学，中书郎。恺才学俱优，时论以比其父。太清二年(548)迁御史中丞，侯景之乱时卒，年 44 岁。

删改玉篇　经部小学类　佚

见道光《武阳合志》卷 32。

按：《梁书》本传云："先是时太学博士顾野王奉令撰《玉篇》，太宗嫌其书详略未当，以恺博学，于文字尤善，使更与学士删改。"

萧　纶(506？—551)

字世调。南朝梁南兰陵人。衍六子。博学多才。天监十三年(514)封邵陵王，历扬州、郢州等州刺史。太清中以征讨大都督伐侯景，兵败。后进位司空，复兴师伐侯景，元帝萧绎惧其强盛，乃遣师相逼，败走汝南，为西魏军俘，遇害死。谥携。

梁中表 11 卷　史部政书类　佚

按：清姚振宗《隋书经籍志考证》云："《梁书》《南史》王筠传：'敕撰《中书表奏》三十卷。'《陈书·姚察传》：'察在秘书省，奏撰《中书表集》。'此'中表'似脱'书'字，盖即其类。"

邵陵王纶集 6 卷　集部别集类　佚

按：《新唐书·艺文志》作 4 卷。

以上 2 种见《隋书·经籍志》。

梁代帝王合集 2 卷　集部总集类

梁萧纶等撰

《文选遗集》本。

按：《合集》另包括梁宣帝萧詧集、豫章王萧综集、武陵王萧纪集。

又《全梁文》卷22收其文10篇,《先秦汉魏晋南北朝诗》收其诗8首。

梁武帝制旨连珠注10卷　集部总集类　佚

见《隋书·经籍志》。

萧　纪(508—553)

字纪询,别字大智。南朝梁南兰陵人。衍八子,绎弟。少好学,有文才。天监十三年(514)封武陵郡王。后都督益梁十三州军事,授益州刺史。萧衍卒后,在成都称帝,改年号为天正。后被萧绎军队攻杀,绝其族籍。

武陵王纪集8卷　集部别集类　佚

见《隋书·经籍志》。

梁代帝王合集2卷　集部总集类

梁萧纪等撰

《文选遗集》本。

萧　绎(508—554)

即梁元帝。字世诚,小字七符,自号金楼子。南朝梁南兰陵人。衍七子。始封湘东王,太清元年(547)累迁镇西将军、都督、荆州刺史。侯景作乱,命王僧辩讨之,事平,于公元552年即位于江陵,年号承圣。三年(554),西魏军围江陵,城陷被俘遇害。次年追尊为孝元皇帝,庙号世祖。性爱书籍,江陵城破,自焚生平藏书14万卷,为书史一"厄"。才辩敏速,与文士裴子野、萧子云等相交。长于史学,工书善画,诗作则近轻靡,与萧纲相近。

周易讲疏10卷　经部易类　佚

按:《金楼子·著书篇》(下同)此书作《周易义疏》30卷。

筮经12卷　经部易类　佚

连山30卷　经部易类　佚

以上3种见《梁书》本纪。

礼杂私记 50 卷　经部礼记类　佚

见《金楼子》，原注云：“十七卷，未成。”

纂要　经部小学类

今存辑本有：

（一）清任大椿辑，王念孙校。

（1）《小学钩沉》本。

（2）广陵古籍刻印社 1987 年影印本。

（3）《小学类编》本，李祖望辑。

（4）《翠琅玕馆丛书》本，冯兆年辑。

（5）《芋园丛书》本。

（二）清马国翰辑。《玉函山房辑佚书》本。

（三）清黄奭辑。《黄氏逸书考》本。

（四）清顾震福辑，《小学钩沉续编》本。

（五）民国龙璋辑，《小学搜佚》本。

（六）民国曹元忠辑，《南菁札记》本，清光绪二十年（1894）江阴使署刻本，北京大学图书馆藏。

汉书注 115 卷　史部正史类　佚

见《隋书·经籍志》。

怀旧志 1 卷　史部传记类　佚

按：《隋书·经籍志》作 9 卷。又《南史》本纪作《怀旧传》。

全德志 1 卷　史部传记类　佚

忠臣传 30 卷　史部传记类　佚

丹阳尹传 10 卷　史部传记类　佚

孝德传 30 卷　史部传记类　佚

按：此合众家《孝子传》而成。

以上 5 种均见《梁书》本纪。

按：《梁元帝集》有此五书自序。

显忠录 20 卷　史部传记类　佚

见《隋书·经籍志》。

古今同姓名录2卷　史部传记类

梁萧绎撰　唐陆善经续　元叶森增补

(1)《四库全书》本。

(2)《函海》本。

(3)《丛书集成初编》本。

锦带书1卷　史部时令类

参见“萧统”条本书按语。

荆南志2卷　史部地理类

见《梁书》本纪。

按:《隋书·经籍志》作《荆南地志》。今有辑本:

(1) 清陈运溶辑《荆南地志》1卷,《麓山精舍丛书》本。

(2) 清王仁俊辑《荆南记》1卷,《玉函山房辑佚书补编》本。

贡职图1卷　史部地理类

按:《旧唐书·经籍志》《新唐书·艺文志》作《职贡图》。今有辑本:

(1) 清王谟辑《职贡图》1卷,《重订汉唐地理书钞》本。

(2) 清王仁俊辑《职贡图序》1卷,《玉函山房辑佚书续编》本。

江州记1卷　史部地理类　佚

老子讲疏4卷　子部周秦诸子类　佚

按:《金楼子》有《孝子义疏》10卷,原注云:“奉述制旨,并自小小措意。”或以为即此《老子讲疏》之讹。

玉韬10卷　子部兵书类　佚

按:《金楼子·杂记篇》云:“余六岁能为诗,其后著书之中,唯《玉韬》最善。”

以上3种均见《梁书》本纪。

相马经1卷　子部农家类　佚

见《宋史·艺文志》。

宝帐仙方3卷　子部医家类　佚

药方10卷　子部医家类　佚

以上2种见《金楼子》。

灵寿杂方2卷　子部医家类　佚

杂药方1卷　子部医家类　佚

坐右方1卷　子部医家类　佚

大略丸5卷　子部医家类　佚

如意方1卷　子部医家类　佚

以上5种均见光绪《武阳县志》卷28。

按:此5种书卷数与上列《药方》一书卷数相合,疑《药方》乃此5书之总名。

洞林3卷　子部术数类　佚

见《梁书》本纪。

按:《南史》本纪作《词林》,“词”乃“洞”字之误。

山水松石格1卷　子部艺术类

(1)《王氏画苑补益》本。

(2)《画论丛刊》本,1937年中华印书局铅印本。

(3)《美术丛书》本,1917年神州国光社铅印本。

按:《四库全书总目》以为此书乃后人伪托。

补阙子10卷　子部杂学类　佚

见《梁书》本纪。

按:清马国翰《阙子辑本序》曰:“《汉志》纵横十二家,有《阙子》一篇,《隋志》云:‘梁有《补阙子》十卷,元帝撰,亡。’盖梁时《阙子》书已不传,故元帝补之。”

湘东鸿烈10卷　子部杂学类　佚

见《隋书·经籍志》。

按:此书盖仿淮南王刘安《淮南鸿烈》(《淮南子》)而作。

金楼子6卷　子部杂学类

(1)《四库全书》本。

(2)《知不足斋丛书》本。

(3)《子书百家》本。

(4)《百子全书》本。

(5)《龙溪精舍丛书》本。

(6)《丛书集成初编》本。

今尚有以下1卷辑本：

(1)《说郛》(宛委山堂本)。

(2)《五朝小说》本。

(3)《五朝小说大观》本。

(4)《龙威秘书》本。

(5) 明归有光辑评《诸子汇函》本。

金楼子疏证校注　子部杂学类

陈志平疏证，熊清元校注。2014年上海古籍出版社出版。

金楼子校笺　子部杂学类

许逸民校笺。2011年中华书局出版。

金楼秘诀22卷　子部杂学类

见《金楼子》。

式赞3卷　子部杂学类　佚

见《梁书》本纪。

按:《金楼子》作《式苑》，“苑”字疑讹。

研神记20卷　子部杂学类　佚

见《隋书·经籍志》。

黄妳自序3卷　子部杂学类　佚

语对30卷　子部典故类　佚

仙异记3卷　子部小说类　佚

按:此为萧绎年少时撰，多不经之言。

以上3种见《金楼子》。

内典博要100卷　子部佛教类　佚

见《梁书》本纪。

梁元帝集 50 卷　集部别集类　佚

见《梁书》本纪。

按:《旧唐书·经籍志》《新唐书·艺文志》卷数同,《金楼子》作 30 卷,《隋书·经籍志》作 52 卷。

今存辑本:

(一) 1 卷

(1)《六朝诗集》本。

(2)《汉魏六朝百三名家集》本。

(二) 5 卷

《汉魏六朝名家集》本。

(三) 8 卷,《文选遗集》本。

明末刻本,郑州大学图书馆藏。

(四) 10 卷,《七十二家集》本。

明崇祯刻本,清华大学图书馆藏。

(五) 不分卷,《增定汉魏六朝别解》本。

明叶绍泰辑,崇祯十五年(1642)采隐山居刻本,中山大学图书馆藏。

(六)《梁元帝集选》1 卷。清吴汝纶评选,《汉魏六朝百三家集选》本。

梁武帝小集 10 卷　集部别集类　佚

释氏碑文 30 卷　集部总集类　佚

以上 2 种见《隋书·经籍志》。

燕歌行 1 卷　集部总集类　佚

见道光《武阳合志》卷 33。注云:"见《金楼子》。按:是编集王褒以下。"今查《金楼子》无此书,未知《合志》何据,姑录以存疑。

萧　韶

字德茂。南朝梁南兰陵人。初封上甲县都乡侯，梁太清初(547)为舍人。梁元帝萧绎时封长沙王，官郢州刺史。

梁太清记 10 卷　史部杂史类　佚

见《隋书·经籍志》。

按：《南史》本传略云："太清初为舍人，城陷奉诏西奔。及至江陵，人令韶说城内事，乃疏为一卷。湘东王(萧绎)闻而取看，谓曰：'昔王韶之为《隆安纪》十卷，说晋末之乱离；今之萧韶亦可为《太清纪》十卷矣。'韶乃更为《太清纪》。"

萧　㧑(515—573)

字智遐。南朝梁南兰陵人。秀子。梁代封永封县侯，官巴西、梓潼二郡守。萧纪在蜀中称帝，封为益州刺史。西魏大军攻破蜀地，与萧圆肃一起投降。魏恭帝元年(554)封归善县公。北周孝闵帝时进黄台郡公。保定元年(561)授礼部中大夫，三年出为上州刺史。入朝以为文学博士。建德元年(572)改封蔡阳县公。次年卒，谥襄。博观经史，善草隶，亦留心算数医方。

萧㧑集 10 卷　集部别集类　佚

见《隋书·经籍志》。

按：《周书》本传云："所著诗赋杂文数万言，颇行于世。"不言卷数。《全后周文》卷 19 收其文 1 篇，《先秦汉魏晋南北朝诗》收其诗 5 首。

萧世怡(518—568)

原名泰，字世怡。以名犯周文帝宇文泰讳，故称字。南朝梁南兰陵人。衍侄。梁大同元年(535)封丰城县侯，谯州刺史。侯景乱，被执，寻逃脱至江陵。承圣中为郢州刺史，后奔齐为永州刺史。保定四年(564)归周，天和二年(567)授蔡州刺史。政存简惠，不尚苛察。三年，卒于州。

淮海乱离志 4 卷　史部杂史类　佚

见《隋书·经籍志》。

按:书记梁末侯景之乱。《周书》作萧圆肃撰,《唐志》作萧大圆撰,《史通》作萧大圜撰。清姚振宗《隋书经籍志考证》以为当从《史通》。参见“萧大圜”条。

萧会理(519—550)

字长才。南朝梁南兰陵人。衍孙,绩子。少聪慧,好文史。年十五,拜轻车将军、湘州刺史。寻除丹阳尹,出为南兖州刺史。太清元年(547)督师北伐,为西魏军所败。侯景攻陷台城,以萧衍手敕召会理至京,为侍中、司空,兼尚书令。谋击侯景,事败被害。

草堂法师传 1 卷　史部传记类　佚

见《旧唐书·经籍志》《新唐书·艺文志》。

按:《旧唐书·经籍志》作萧理,《新唐书·艺文志》作萧回理,当均指萧会理。又道光《武阳合志》卷 33 尚有《稠禅师传》1 种,查新旧《唐志》,此书在《草堂法师传》下,未著撰人,亦未用“又”字与上书相关连,故不应作会理撰。

萧　詧(519—562)

字理孙。南朝梁南兰陵人。衍孙,统三子。中大通三年(531)封岳阳王,后任东扬州刺史。中大同元年(546)迁雍州刺史。境内称治。侯景乱后,与萧绎争帝,向西魏称藩。元帝死后,被立为梁主,在国内自称皇帝,年号大定。在位 8 年,卒谥宣,史称后梁宣帝。

华严般若法华金光明义疏 46 卷　子部佛教类　佚

见《周书》本传。

按:《北史》本传作 36 卷。

梁岳阳王詧集 10 卷　集部别集类　佚

见《隋书·经籍志》。

按:《周书》《北史》本传均作15卷。

梁宣帝集1卷　集部别集类

《六朝诗集》本。

梁代帝王合集2卷　集部总集类

《文选遗集》本。

按:《合集》另包括邵陵王萧纶集、豫章王萧综集、武陵王萧纪集。

萧方等(528—549)

字实相。南朝梁南兰陵人。绎长子。有俊才,善骑射,长巧思。爱林泉,特好散逸。为绎所恶,常怀戒惧之心。侯景之乱,曾率步骑援台城。河东王为湘州刺史,不受令,方等率军南讨。至麻溪,兵败溺死。谥曰忠世子。曾注范晔《后汉书》,未成。

三十国春秋31卷　史部载记类

见《隋书·经籍志》。

按:《旧唐书·经籍志》《新唐书·艺文志》《宋史·艺文志》作萧方,误脱"等"字。

今有清汤球辑本,1卷。

(1)《广雅书局丛书》本。

(2)《丛书集成初编》本。

萧　吉

字文休。隋南兰陵人。懿孙。博学多通,精阴阳算术乐律与养生术。梁元帝萧绎覆亡,归于周,为仪同。入隋,进上仪同,以本官太常考定古今阴阳书。炀帝时拜太府少卿,加位开府。曾预言杨素家当有兵祸灭门之象,后杨玄感果以反族灭。后岁余,卒于官。

乐谱集解20卷　经部乐类

见《旧唐书·经籍志》。

按:《隋书》本传作《乐谱》12卷,《经籍志》作《乐谱集》。《万宝常传》云:“开皇之世,有郑译……萧吉,并讨论坟籍,撰著乐书,皆为当世所用。”

今有《乐谱集解》1卷,清马国翰辑《玉函山房辑佚书》本。

乐论1卷　经部乐类　佚

见《隋书·经籍志》。

按:清姚振宗《隋书经籍志考证》云:“《乐论》一卷,本传不载,似即此书(指《乐谱集》)之序论,或亦在此二十卷中。”。

律吕五法图11卷　经部乐类　佚

见道光《武阳合志》卷32。

按:《合志》原注云,“见《隋书》本传。”今查《隋书》无此书,姑录以存疑。

金海30卷　子部兵书类　佚

见《隋书》本传。

按:《旧唐书·经籍志》《新唐书·艺文志》均作47卷。道光《武阳合志》卷33误作3卷。

孙子注1卷　子部兵书类　佚

见《宋史·艺文志》,原注云:“或题曹、萧注。”

按:是书本传及《隋志》《唐志》均不载。道光《武阳合志》卷33注云“见《隋志》”,误。

帝王养生方2卷　子部医家类　佚

相手版要诀1卷　子部医家类　佚

相经要录1卷　子部医家类　佚

按:《隋书·经籍志》作2卷。

宅经8卷　子部术数类　佚

按:《新唐书·艺文志》作《五姓宅经》20卷。

葬经6卷　子部术数类　佚

按:《旧唐书·经籍志》《新唐书·艺文志》作2卷。

太一立成1卷　子部术数类　佚

按:《隋书·经籍志》有《太乙飞鸟志成》1卷,不著撰人,光绪《武阳志余》以为或即是书。

以上6种均见《隋书》本传。

五行记5卷　子部术数类　佚

见《新唐书·艺文志》。

五行大义5卷　子部术数类

(1) 清嘉庆九年(1804)德清许氏刻本,华东师范大学图书馆藏。

(2)《知不足斋丛书》本。

(3)《佚存丛书》本。

(4)《宛委别藏》本。

(5)《常州先哲遗书》本。

(6)《丛书集成初编》本。

(7) 昭和七年(1932)日本大阪高木氏用高野山三宝院藏抄本影印,残1卷,东洋文库藏。

(8) 日本元禄十二年(1699)刻本,北京大学中国考古学研究中心藏。

(9)《续修四库全书》本,据《宛委别藏日本刻佚存丛书》本影印。

又按:《全隋文》卷13收其文3篇。

萧大圜

字仁显。南朝梁南兰陵人。纲子。大宝元年(550)封乐梁郡王。侯景乱平,至江陵,封为晋熙郡王,除宁远将军,琅琊、彭城二郡太守。魏恭帝二年(555)客居长安,北周武帝保定二年(562)封始宁县公,加车骑大将军、仪同三司。隋开皇初(581)拜内史侍郎,出为西河郡守,寻卒。所居屏除人事,以读书著述为事。

士表仪注5卷　经部仪礼类　佚

梁旧事30卷　史部杂史类　佚

以上2种见《周书》本传。

淮海乱离志　史部别史类　佚

见唐刘知几《史通·补注篇》并《杂说篇》自注。

按:此书叙梁末侯景之乱。《隋书·经籍志》作萧世怡撰,《周书·萧圆肃传》作萧圆肃撰,新旧《唐志》作萧大圜撰。清姚振宗《隋书经籍志考证》云:"是书撰人相传不一,窃以为《史通》与两《唐志》相合,则出于萧大圜为多。"

要决2卷　史部政书类　佚

寓记3卷　子部杂学类　佚

萧大圜文集20卷　集部别集类　佚

以上3种均见《周书》本传。

按:《全隋文》卷13收其文2篇。

萧圆肃(539—584)

字明泰。南朝梁南兰陵人。纪五子。风度淹雅,敏而好学。纪成都称帝,封为宜都王。西魏军攻破蜀地,与萧㧑一齐投降,封为安化县公。北周保定五年(565)拜咸阳郡守,宽猛相济,有政绩。建德三年(574)授太子少傅。宣政元年(578)授洛州刺史。大象二年(580)进位大将军。隋开皇初(581)授贝州刺史。以母老归养,四年卒。

淮海乱离志4卷　史部杂史类　佚

按:此书各书著录作者不同,参见"萧大圜"条。

萧圆肃集10卷　集部别集类　佚

广堪10卷　集部总集类　佚

文海40卷　集部总集类　佚

按:《周书》本传云:"撰时人诗笔为《文海》四十卷。"《隋书·经籍志》作50卷,不著撰人,《旧唐书·经籍志》《新唐书·艺文志》作萧圆《文海集》36卷,脱"肃"字。

以上4种均见《周书》本传。

按:《全隋文》卷13收其文1篇。

萧　欣(？—584)

南朝梁南兰陵人。机子。后梁宣帝时历侍中、中书令、尚书仆射、尚书令。明帝天保二十三年(584)卒。博览典籍,善属文,为后梁朝一时文宗。

梁史100卷　史部别史类　佚

萧欣文集30卷　集部别集类　佚

按:《隋书·经籍志》《新唐书·艺文志》俱作10卷。《全梁文》卷22收其文1篇,《先秦汉魏晋南北朝诗》收其诗1首。

以上2种见《周书》本传。

萧　岿(542—585)

字仁远。南朝梁南兰陵人。统孙,智子。其父都江陵,建国,世称后梁。父死,岿嗣立,年号天保,史称后梁明帝。后归隋。有才学,崇佛。

周易义记　经部易类　佚

孝经义记　经部孝经类　佚

大小乘幽微14卷　子部佛教类　佚

以上3种见《周书》本传。

梁王萧岿集10卷　集部别集类　佚

见《隋书·经籍志》。

按:《旧唐书·经籍志》作《后魏明帝集》1卷,《新唐书·艺文志》作《后梁明帝集》1卷。

萧　悫

字仁祖。南朝梁南兰陵人。梁宗室。衍侄孙。天保(550—559)中入北齐,后主武平(570—575)中为太子洗马,齐州录事参军,待诏文林馆。历周入隋,为记室参军。《颜氏家训·文章篇》称其"工于篇什"。

萧悫集9卷　集部别集类　佚

见《隋书·经籍志》。

按:《全隋文》卷13收其文1篇,《先秦汉魏晋南北朝诗》收其诗17首。

何之元(? —593)

字世伯。南朝陈庐江(今属安徽)人。好学有才思,为梁司空袁昂所重,寻辟五官掾,除信义令。陈太建(569—582)中为陈始兴王叔陵咨议参军。及叔陵诛,乃屏绝人事,著《梁典》30卷。之元为政,威惠并行,人雅重之。陈祯明三年(589)移居常州晋陵县。隋开皇十三年(593)卒。《陈书》《南史》有传。

梁典30卷　史部政书类　佚

见《隋书·经籍志》《旧唐书·经籍志》《新唐书·艺文志》。

按:《旧唐书·经籍志》误作何元之。

萧　该

隋南兰陵人。恢孙。少封攸侯。梁荆州陷,与何妥同至长安。开皇初赐爵山阴县公,拜国子博士。奉文帝旨与何妥正定经史,因持议不合被罢职。性笃学,通诸经大义,尤精音律,所著书为时所重。

汉书音义12卷　史部正史类

见《隋书·经籍志》。今存辑本:

(一)3卷叙录1卷,清臧庸辑

(1)《拜经堂丛书》本。

(2)《丛书集成三编》本。

(3)上海书店《丛书集成续编》本。

(二)3卷补遗1卷,清臧庸辑

《木犀轩丛书》本。

(三)1卷,清王仁俊辑,《玉函山房辑佚书补编》本。

后汉书音 3 卷　史部正史类　佚

见《旧唐书·经籍志》《新唐书·艺文志》。

按:《隋书·经籍志》作《范汉音》,"范汉"即范晔撰《后汉书》。

文选音 3 卷　集部总集类　佚

见《隋书·经籍志》。

按:此乃最早为《文选》作音注者,书已佚,今仅存《文选·思玄赋》《汉书·扬雄传》注等所引数条。

刘文绍

南朝陈晋陵人。学《三礼》于张崖。陈天嘉元年(560)为尚书仪曹郎。出为丹阳令、王府谘议参军,终国子博士。《陈书》有传。

五礼　经部三礼总义类　佚

见《陈书》本传。

按:道光《武阳合志》卷 32 另著录有《广沈文阿〈仪注〉》一书,误。《陈书》本传云:"广沈文阿《仪注》,撰《五礼》。"

萧　琮

字温文。隋南兰陵人。后梁明帝萧岿子。初封东阳王,寻立为皇太子。岿死继位,史称后主,改年号曰广运。二年(587)隋文帝杨坚召琮入朝,后梁亡,废琮为莒国公。炀帝杨广改封梁公,后废于家。

萧琮集 7 卷　集部别集类　佚

见《隋书·经籍志》。

按:《先秦汉魏晋南北朝诗》收其诗 1 首。

萧德言(558—654)

字文行。隋南兰陵人。以国子生为岳阳王陈叔慎宾客。陈亡,徙关中,后至京师。隋文帝仁寿间授校书郎。唐太宗贞观间官著作郎、弘文馆学士。为晋王李治(唐高宗)讲授经书。封武阳县侯。高宗立,拜银青光禄大夫。博涉经史，精《春秋左氏传》，晚年尤笃志于学。卒赠太常卿，谥博。

括地志550卷序略5卷　史部地理类　佚

见《新唐书·艺文志》，原注云："魏王泰命著作郎萧德言、秘书郎顾胤、记室参军蒋亚卿，功曹参军谢偃、苏勖撰。"

按：本书贞观十二年(638)奏修，十五年成书，署名李泰撰，实成于萧德言诸人之手。南宋后渐散佚。

今存辑校本：

(一)《括地志》辑本。

(1) 2卷，清王谟辑，《汉唐地理书钞》本。

(2) 8卷，清孙星衍辑

甲、孙星衍抄本，武汉大学图书馆藏。

乙、《岱南阁丛书》本。

丙、《正觉楼丛刻》本。

(3) 8卷补遗1卷，清孙星衍辑、陈其荣重订，《槐庐丛书》本。

(4) 1卷，清黄奭辑

甲、《黄氏逸书考》本。

乙、《汉学堂丛书》本。

(5) 1卷，清王仁俊辑，《玉函山房辑佚书补编》本。

(6) 1卷，民国曹元忠辑，《南菁札记》本，清光绪二十年(1894)江阴使署刻本，北京大学图书馆藏。

(二)《括地志新辑》，王恢辑，世界书局出版。

(三)《括地志辑校》，贺次君辑校，1980年中华书局出版。

萧德言集30卷　集部别集类　佚

见《旧唐书》本传。

按：《旧唐书·经籍志》卷数同，《新唐书·艺文志》作20卷。

僧　凤(562—638)

隋唐时武进僧人。萧衍族孙。初修儒业，博学能文。隋开皇中，从僧粲出家，得其真乘。大业中，尝敕僧道当拜王者，凤抗辩不屈。唐贞观中，任普集寺僧主，以清简严明称，后住岐州龙宫寺、京师定水寺。十二年(638)圆寂，终年77。能文翰。

法文经疏　子部佛教类　佚

见《续高僧传》卷13。

萧　瑀(575—648)

字时文。隋唐时南兰陵人。后梁明帝萧岿子。隋朝任河池郡守，入唐拜民部尚书，武德元年(618)迁内史令。贞观初拜特进、太子少师，复为左仆射。性情耿直，论议明辨而不能容人之短。好经术，喜属文。卒谥肃，以其性忌改谥贞褊。

萧瑀集1卷　集部别集类　佚

见《新唐书·艺文志》。

按:《全唐文》卷133收其文1篇。

萧　钧

唐晋陵人。瑀侄。博学有才望。贞观中累除中书舍人，甚为房玄龄、魏徵所重。永徽二年(651)历迁谏议大夫，兼弘文馆学士，寻为太子率更令，兼崇贤馆直学士。显庆年间卒。

韵音20卷　经部小学类　佚

见《新唐书·艺文志》。

按:《旧唐书》本传作《韵旨》。

萧钧集30卷　集部别集类　佚

见《旧唐书·经籍志》《新唐书·艺文志》。

按:《全唐文》卷148收其文1篇。

刘子翼(？—650)

字小心。隋唐时晋陵人。兴宗子。善吟咏,有学行。性峭直,朋友有过辄面责之,退无余訾。隋大业初任秘书监。唐太宗征之,以母老辞。母殁,召拜吴王府功曹参军,历官著作郎、弘文馆直学士。预修《晋书》,加朝散大夫。新旧《唐书》有传。

刘子翼集 10 卷　集部别集类　佚

见《旧唐书·经籍志》。《新唐书·艺文志》作 20 卷。

高智周(602—683)

唐初晋陵人。子长子。少好学。唐永徽间举进士。补越王府参军,迁费县令。入擢秘书郎、弘文馆直学士,预修《瑶山玉彩》《文馆词林》等。三迁兰台大夫。总章元年(668)归葬父母,俄拜寿州刺史,迁正谏大夫、黄门侍郎。仪凤初,进同中书门下三品,兼修国史。转御史大夫,授右散骑常侍。卒谥定。新、旧《唐书》有传。

永徽留本司格后 11 卷　史部政书类　佚

见《旧唐书·经籍志》。

按:《新唐书·艺文志》注:"左仆射刘仁轨、右仆射戴至德……左庶子高智周等奉诏撰,仪凤二年(677)上。"

高智周集(一名高定公集)5 卷　集部别集类　佚

见《旧唐书·经籍志》《新唐书·艺文志》。

刘祎之(631—687)

字希美。唐晋陵人。子翼子,懿之弟。少与孟利贞、高智周、郭正一俱以文藻知名,时号"刘孟高郭"。初直昭文馆。上元中迁左史、弘文馆直学士。预修《列女传》《臣轨》《百寮新诫》《乐书》等。高宗密与参决时政,以分宰相权,时号"北门学士"。武则天时拜中书侍郎、同中书门下三品。后因言赐死。新、旧《唐书》有传。

文贞公故事6卷　史部传记类　佚

英国贞武功故事4卷　史部传记类　佚

刘祎之集70卷　集部别集类　佚

以上3种均见《新唐书·艺文志》。

萧　立(726—?)

唐南兰陵人。天宝元年(742)举贤良方正,自廷尉评再迁殿中侍御史。文学政事为一时领袖,时人比之贾谊、司马相如。

文章集录5卷　集部别集类　佚

见道光《武阳合志》卷33。原注云:"佚,序存唐独孤及《毗陵集》。"

义　宣

唐晋陵人。僧人。原通玄儒,长在篇章。入道后潜心律藏,初问学扬州法慎,继请业于周律师之庭。因见诸师解说纷纭,俱有纰谬,乃著《折中记》表明己见。后居里之兴宁寺,宣讲终南《事钞》。与慧宣、德宣齐名,时称"毗陵三宣"。天宝末犹自讲说,后不知其终。

折中记6卷　子部佛教类　佚

见《宋高僧传》卷15。

刘绮庄

字玉峰。唐宣宗时毗陵(今武进县)人。尝为苏州昆山县令,家多异书。尝守藩服,与白敏中、崔元式、韦琮相知。见《唐诗纪事》卷54。

集类(一作玉峰集类)100卷　子部典故类　佚

见《新唐书·艺文志》。

按:《郡斋读书志》卷14著录此书,云:"采摭事类,分二十余门,凡五十余万言,上之于朝。"

刘绮庄集10卷　集部别集类　佚

见《新唐书·艺文志》《宋史·艺文志》。

刘绮庄歌诗4卷　集部别集类　佚

见《郡斋读书志》卷18,云:“唐《四库书目》有《绮庄集》十卷。今所余止四卷,诗三十二,启状四十四而已,惜其散落大半。其本乃南唐故物,纸墨甚精,后题曰‘昇平四年重题’,印其文云云。……其诗如《置酒》《扬州送人》,皆不凡,而乐府格调尤高。”昇平,当为昇元。

按:《全唐诗》收其诗3首。

宋　元

张　佖

南唐常州人。初为句容县尉,后主时为考功员外郎,进中书舍人。宋开宝五年(972),后主屈服宋之压力,贬损制度,乃改官内史舍人。八年,随后主入宋,任职史馆。迁虞部郎中。后官河南。亲友穷困者至,食以糁饭、菜羹,人称菜羹张家。每寒食必亲拜后主墓,分俸以赡养南唐李氏子孙之穷困者。后罢官归家。工诗,长于七言。事见《十国春秋》卷30。

张佖诗1卷　集部别集类　佚

见道光《武阳合志》卷33。

按:《全唐诗》卷742有张泌诗1卷,谓佖(一作泌),字子澄,淮南人。又今存《张舍人词》1卷、《尸媚传》《蒋琛传》《韦安道传》《妆楼记》等小说4种。皆南唐张泌所著(详见《中国丛书综录》),或谓亦即常州张泌。而明万历、清康熙《武进县志》本传,均不言"佖亦作泌",道光《武阳合志》亦仅载《张佖诗》1卷。上述诸书悉不载录,故本条仍依旧志。(参阅《常州古今》第2辑、《常州教院学刊》1989年第3期有关文章)

张　观

字仲宾。宋晋陵人。南唐进士。任兴元府掾。后授掌书记,改观察判官,召拜监察御史。入宋后曾重应进士试不第,因赐进士及第,迁诸路茶盐制置。时太宗方兴建佛寺,观清罢之,忤帝意,贬知黄州,移知扬州,迁广南西路转运使。观博览经史,论事切直,有惠政,时论重之。

二十国祥异记3卷　史部杂史类　佚

见《宋史·艺文志》。

胡 宿(996—1067)

字武平。宋常州晋陵人。交修从祖。天圣二年(1024)进士。累迁湖州守,多惠绩。筑石塘百里捍水患,民号“胡公塘”。历官两浙转运使,召修起居注,知制诰,迁翰林学士,嘉祐六年(1061)拜枢密副使,治平三年(1066)罢为观文殿学士,知杭州。次年,以太子少师致仕。卒赠太子太傅,谥文恭。立朝以廉直称,学问赅博,尤工骈体文及五七言律诗。《宋史》有传。

制词4卷　史部政书类　佚

见《宋史·艺文志》。

名贤碑铭1卷　集部别集类　佚

见道光《武阳合志》卷33。

胡宿集70卷　集部别集类　佚

见《宋史·艺文志》。《直斋书录解题》作《胡文恭集》70卷。

文恭集50卷补遗1卷　集部别集类

《四库全书》本。

文恭集40卷　集部别集类

(一)《武英殿聚珍版丛书》本。

(1)《武英殿聚珍版丛书》武英殿木活字本,北京大学图书馆藏。

(2)《武英殿聚珍版丛书》清乾隆浙江书局本,华东师范大学图书馆藏。

(3)《武英殿聚珍版丛书》清乾隆四十二年(1777)福建书局本,河南大学图书馆藏。

(4)《武英殿聚珍版丛书》清同治十三年(1874)江西书局本,北京大学图书馆藏。

(二)《常州先哲遗书》本,常州图书馆藏。

(三)《丛书集成初编》本。

文恭集40卷拾遗1卷　集部别集类

宋胡宿撰　《拾遗》清劳格辑目　孙星华录文

(1)《武英殿聚珍版丛书》清乾隆四十二年福建刻本，上海图书馆藏。

(2)《武英殿聚珍版丛书》清光绪二十五年(1899)广雅书局本，上海图书馆藏。

胡文恭诗集1卷　集部别集类

《两宋名贤小集》本。

(1) 抄本，南京大学图书馆藏。

(2)《四库全书》本。

四世丝纶集　集部总集类　佚

宋胡宿等撰

见《宋史·胡交修传》。

丁宝臣(1010—1067)

字元珍。宋晋陵人。与兄宗臣俱有文名。景祐元年(1034)进士。为峡州军事判官，杭州观察判官，历改太子中允知剡县，迁太常博士知诸暨县，累官至秘阁校理。在任除弊兴利，颇有贤誉。英宗每论人物必称之。与欧阳修交往甚密，谢世后，修为撰祭文、墓志。

丁宝臣文集40卷　集部别集类　佚

见《宋史·艺文志》。

石　泰(1022—1158)

字得之，号杏林，一号翠玄子。宋常州人，一作扶风人。道士。遇紫阳真人张伯端，授以丹法。常以医药济人，不受谢，惟愿植杏树一株，久遂成林，人称之为“石杏林”。为道教“南五祖”的第二代。绍兴二十八年(1158)中秋日卒。生年据任继愈主编《中国道教史》第13章。

还源篇1卷　子部道教类

(1)《道藏》本。

(2)《道书全集》本。

(3)《道贯真源》本。

(4)《重刊道藏辑要》本。

(5)《道藏精华录》本。

修真十书　子部道教类

宋石泰辑

《道藏》本。

钱公辅(1023—1074)

字君倚。宋武进人。冶子。少从胡瑗学,有名吴中,皇祐元年(1049)进士。官越州通判,历知明州,擢知制诰。英宗时因事坐谪,逾年起知广德军。神宗立,拜天章阁待制,知邓州,复知制诰。后忤王安石意,罢谏职,出知江宁府,徙扬州,改提举崇福观。《宋史》有传。

治平十议 1 卷　史部政书类　佚

见《宋史》本传。

钱贤良进卷 10 卷　集部别集类　佚

见《郡斋读书志》。

按:《钱贤良进卷》者,因孙洙有《贤良进卷》,卷数亦同,故各具撰人之姓,以别之也。

丁　骘

字公点。宋武进人。嘉祐二年(1057)进士。李定用事,辟为属,以疾辞。苏轼、曾肇、孔文仲交相推荐,司马光赞曰"真自重士"。除太常博士,改右正言,后出知处州。对经学有研究,尤长于《易》《春秋》。为文自成一家。

丁骘奏议(一作谏垣奏议、丁正言奏议)20 卷又奏议 1 卷　史部政书类　佚见《宋史·艺文志》。

丁骘集 20 卷　集部别集类　佚

见道光《武阳合志》卷 33,注云:“见《宋史·志》。”

按:查《宋史·艺文志》无此书,疑即《丁骘奏议》之别称。

张　巨

字微之。宋晋陵人。嘉祐二年(1057)进士,又举明经。荐授国子监直讲。曾从胡瑗游,与蒋之奇、胡宗愈、丁骘为四友,并同学《易》于欧阳修。王安石推行新法,即弃官归。

易解 10 卷　经部易类　佚

见道光《武阳合志》卷 32。光绪《武阳志余》卷 7 有按语谓欧阳修为之序,“其为自序尤多所发明”。

张巨文集 40 卷　集部别集类　佚

见道光《武阳合志》引《宋史·艺文志》。

胡宗愈(1029—1094)

字完夫。宋常州晋陵人。宿从子,交修从父。嘉祐四年(1059)进士。神宗时累迁至同知谏院。反对王安石用李定为御史,出为真州通判。元祐初为御史中丞,进《君子无党论》,议朋党之弊,为刘安世等所攻,罢为资政殿学士,出知陈州,徙成都府,蜀人安其政。召为礼部尚书,迁吏部。卒,赠左银青光禄大夫,谥修简,一说简修。

四世丝纶集　集部总集类　佚

宋胡宿、胡宗愈、胡交修等撰

见《宋史·胡交修传》。

李　镇

字公辅。宋晋陵人。嘉祐八年(1063)进士。历官至奉议郎。

天潜集　集部别集类　佚

见道光《武阳合志》卷33。

钱世雄

字济明，号冰华居士，一作号世雄。宋晋陵人。少时已能诗，为名流所称，壮年从苏轼游。曾在平江为官，勤于吏治。元祐五年(1090)由瀛洲防御推官，代理进奏院户部检法官。解职后，以诗书自娱。

钱冰华先生文集　集部别集类　佚

见光绪《武阳志余》卷7，并云："冰华新旧《志》俱无《传》，是集诸家皆未著录，序见卢文弨《常郡八邑艺文志》。"

霍端友(1056—1115)

字仁仲。宋武进人。弱冠入太学，通六经。崇宁二年(1103)，一说元符三年(1100)举进士第一。授宣议郎，擢秘书省校书郎，迁著作佐郎、中书舍人、礼部侍郎。上书朝廷，"可令内外侍从，更出迭入……俾天下之势如持衡，庶无首重尾轻之患"，以保持天下稳定。遂自请外任，以显谟阁待制知平江，改知陈州。陈州地低易涝，乃开河通淮，水患乃除。为政尚廉，内侍石焘传诏索瑞香花数十株，端友不可，疏请作罢，复以礼部召转吏部，官至通议大夫。卒赠宣奉大夫。《宋史》有传。

内制30卷　史部政书类　佚

见道光《武阳合志》卷32。

外制5卷　史部政书类　佚

见宋孙觌撰《鸿庆居士集》卷42《宋故通议大夫守吏部侍郎致仕赠宣奉大夫霍公行状》。

邹　浩(1060—1111)

字志完，号道乡居士。宋常州晋陵人。元丰五年(1082)进士，曾任扬州、颍昌府教授。哲宗朝为右正言，时章惇独相专虐，浩所言每触章忌。浩上书谏立刘后，章诋其狂妄，乃削官，羁管岭南新州。徽宗即位，召还复为右正言，迁左司谏，进中书舍人，同修《神宗国史》，迁兵、吏部侍郎。后以宝文阁待制江宁府、杭州、越州。又因劾蔡京等权奸，崇宁二年(1103)遭京党诬陷，再次发配岭南昭州。五年，赦归，复直龙图阁。卒于政和元年(1111)。高宗即位，赠宝文阁直学士，赐谥曰“忠”。浩学问渊博，德行清正，以程颐之学为旨归，并以诗文著称于时。里人为之建祠，元谢应芳为之辑《思贤录》，并撰《邹道乡年谱》。《宋史》有传。

易解　经部易类　佚

　　见道光《武阳合志》卷32。

系辞纂义2卷　经部易类　佚

论语解10卷　经部四书类　佚

孟子解14卷　经部四书类　佚

　　以上3种见《宋史·艺文志》。

怀恩录　史部传记类　佚

　　宋邹浩辑

　　见道光《武阳合志》卷32。

道乡邹忠公奏议10卷　史部政书类　佚

　　见《郡斋读书志》。

邹忠公奏议(一作忠公奏议、敏节奏议、宋邹浩奏议)1卷　史部政书类　佚

　　见道光《武阳合志》卷32、《自齐至明毗陵书目》。

道乡语录1卷　子部儒学类　佚

　　见《直斋书录解题》，谓：“不知作者。记邹浩语。”

　　按：《宋元学案》卷35录存《道乡语录》17条。

音集　子部杂学类　佚

　　见道光《武阳合志》卷33。

　　按：邹浩自序见光绪《武阳志余》卷7。

文卿集40卷　集部别集类　佚

　　见《宋史·艺文志》。

道乡集(一作道乡先生邹忠公文集)40卷　集部别集类

(1) 明成化六年(1470)邹量刻本,国家图书馆藏,有丁丙跋。

(2) 明正德七年(1512)无锡邹翎刻本,附《续集》1卷。国家图书馆藏、南京图书馆藏(有丁丙跋)。

(3) 明万历四十六年(1618)邹忠胤刻本,附《外纪》1卷,广东省立中山图书馆藏。

(4)《四库全书》本。

(5) 清初抄本,清宋宾王校并补缺页,上海图书馆藏。

(6) 清影抄成化本,有吴焯题记,上海图书馆藏。

(7) 清抄本,国家图书馆藏。

(8) 清乾隆十五年(1750)江苏梁溪邹氏清宜堂刻本,北京大学图书馆藏。

(9) 清乾隆三十年江苏梁溪邹氏清宜堂刻本,四川图书馆藏。

(10) 清道光十一年(1831)清李兆洛校、邹禾刻本,有《补遗》1卷、《附录》1卷。

(11) 清同治九年(1870)南海邹氏永诜堂刻本,有《补遗》1卷、《附录》1卷,北京师范大学图书馆藏。

(12) 清光绪七年(1881)邹仁溥刻本,有《补遗》1卷、《附录》1卷,清华大学图书馆藏。

(13) 清光绪八年苏州宝华山房刻本,有《补遗》1卷、《年谱》1卷,北京大学图书馆藏。

(14) 清光绪二十五年湖北刻本,有《补遗》1卷、《附录》1卷,常州图书馆藏。

(15)《中国古籍珍本丛刊·广东省立中山图书馆卷》本。

按:《四库全书总目·别集类》9云:《东都事略》载邹浩《集》30卷。疑40卷亦后人所分也。

道乡诗钞1卷　集部别集类

清石门吴之振、吕留良同选

《宋诗钞初集》本。

道乡集补钞 1 卷　集部别集类

《宋诗钞补》本。

胡交修(1078—1142)

字己楙。宋常州晋陵人。宿从孙,宗旦子。崇宁二年(1103)进士,授泰州推官。政和五年(1115)试词学兼茂第一,除编类国朝会要所检阅文字。建炎三年(1129),除给事中,首论天下大势,请修政事,选将帅,搜补卒乘以张国势,抚绥疲瘵以固国本。绍兴(1131—1162)中,以翰林学士,迁刑部尚书、兵部尚书。曾荐其侄世将为四川安抚制置使,时称得人。复请补外,除端明殿学士、知合州。交修为文不事琢雕,坦然明白,在词苑号为称职。

四世丝纶集　集部总集类　佚

见《宋史》本传。

按:是集为交修所编,汇集胡宿、胡宗愈、胡交修、胡世将 4 人凡四世之文而成,故名。

许叔微(1080—1154)

字知可,一作可举。宋毗陵人(一说真州人)。元祐五年(1090),父母因时疫而亡。初习儒,屡试不举,改习医,刻意方书,钻研医理,终成一代名医。建炎年间,金兵破真州,时疫流行,许遍历里门,看病给药,救活甚众。绍兴二年(1132)再出应试,中进士。历任徽州、杭州教官,翰林学士。人称"许学士"。叔微为治《伤寒论》大家,撰述甚多,对辨证论治理论有所阐发。

伤寒发微论 2 卷　子部医家类

(1) 元刻本,题作一作《新编张仲景注解伤寒发微论》,国家图书馆藏。

(2) 明万历三十九年(1611)乔山堂刘龙田刻本,国家图书馆藏、上海图书馆藏。

(3)《十万卷楼丛书》本。

(4)《丛书集成初编》本。

(5)《许叔微伤寒论著三种》本。

(6) 清光绪《伤寒发微论、伤寒百证歌》本,上海中医药大学图书馆藏。

(7) 清光绪十年(1884)上海王氏文海堂刻本,南京中医药大学图书馆藏。

(8) 铁琴铜剑楼影抄本,国家图书馆藏。

(9) 影元抄本,中国中医科学院图书馆藏,附《伤寒百证歌》5卷。

(10) 抄本,南京图书馆、南京中医药大学图书馆藏。

(11)《续修四库全书》本,据明万历刻本影印。

伤寒百证歌(一作张仲景注解伤寒百证歌)5卷　子部医家类

(1) 元刻本,国家图书馆藏。

(2) 清咸丰二年(1852)藏修书屋刻本,南京图书馆藏。

(3)《励志斋丛书》据藏修书屋本校刊本。

(4)《述古丛钞》本。

(5)《十万卷楼丛书》本。

(6) 刘晚荣辑《藏修堂丛书》本。

(7)《翠琅玕馆丛书》(黄任恒辑)本。

(8) 铁琴铜剑楼影元抄本,国家图书馆藏。

(9) 清光绪十五年上海江左书林石印本,中国中医科学院图书馆藏。

(10) 汀州张氏励志斋据藏修书屋刻本校刻,中国中医科学院图书馆藏。

(11) 清抄本,南京图书馆藏。

(12) 1918年福州郑奋扬铅印本,贵阳中医学院图书馆藏。

(13) 1935年苏州医学社铅印本,山西省中医药研究院图书馆藏。(《王氏医学丛学》之一,王慎轩校订,附方1卷)。

(14) 民国美利利公司铅印本,中国中医科学院图书馆藏。

(15) 东陆书局石印本,南京中医药大学图书馆藏。

(16) 成都铅印本,四川省图书馆藏。

(17)《丛书集成初编》本。

(18)《许叔微伤寒论著三种》本。

(19)《续修四库全书》本,据元刻本影印。

(20) 中华再造善本,2004 年北京图书馆出版社。

(增订)伤寒百证歌注 4 卷　子部医家类

宋许叔微撰　清何其昌增注　何廉臣增订

(1) 清光绪十八年抄本,中国中医科学院图书馆,缺卷 4。

(2) 1931、1936 年上海六也堂书药局铅印本,中国中医科学院图书馆、南京图书馆藏。

书前有何炳元 1928 年序,云:"爰将珍藏抄本校正刊印。"

伤寒九十论 1 卷　子部医家类

(1) 抄本,南京图书馆藏。

(2) 清咸丰三年刻本,上海图书馆藏。

(3)《琳琅秘室丛书》本,附清胡珽《校讹》1 卷、清董金鉴《续校》1 卷。

(4)《求志居丛书医学五种》本。

(5) 清光绪十五年会稽董氏云瑞楼木活字本,国家图书馆藏。

(6) 清光绪二十五年成都邓氏崇文斋刻本,湖南省图书馆藏。

(7) 1912 年双流黄氏济忠堂刻本,中国医科大学图书馆藏。

(8)《丛书集成初编》本。(附《校讹》1 卷、《续校》1 卷)。

(9)《中国医学大成》本。

(10)《许叔微伤寒论著三种》本。

(11)《续修四库全书》本,据琳琅秘室丛书本影印。

(新镌)注解张仲景先生伤寒百证歌发微论 4 卷　子部医家类

(1) 明万历雷顺春校刻本,清华大学图书馆藏。

(2) 日本明和二年(1765)阿波越元中立节氏校刻本,清华大学图书馆藏。

类证普济本事方10卷　子部医家类

(1) 宋刻本,存卷1—5,另附有清叶焘书许学士传,上海图书馆藏。

(2) 明刻本,湖南图书馆藏,有唐成之题识。

(3) 清康熙刻本,解放军医学图书馆藏。

(4) 日本享保二十一年(1736)大阪新町西尸小滨书林刻本,北京大学图书馆藏。

(5) 日本元文三年(1738)刻本,北京大学图书馆藏。

(6) 日本抄本,北京大学图书馆藏。

(7) 清乾隆十五年(1750)芸晖堂录宋抄本,国家图书馆藏。

(8)《四库全书》本。

(10) 清乾隆四十二年云间王陈梁校刻本,上海图书馆藏。

(11) 清嘉庆十九年(1814)刷寿堂写刻本,上海图书馆藏。

(12) 清钱氏萃古斋抄本,国家图书馆藏。

(13) 清徐大椿批注抄本,国家图书馆藏。

(14) 清光绪三年杨沂孙抄本,天津中医药大学图书馆藏。

(15) 1920年祥济书局刻本,上海图书馆藏。

类证普济本事方续集10卷　子部医家类

(1)《三三医书》本。

(2) 日本享保二十一年书林向井八三郎刻本,与《本事方》合刻,上海图书馆藏。

(3) 日本元文三年刻本,与《本事方》合刻,北京大学图书馆藏。

(4) 日本刻本六珍书屋藏板,与《本事方》合刻,上海中医药大学图书馆藏。

(5) 曹炳章抄本,浙江大学图书馆医学院分馆藏。

(6) 抄本,中国科学院国家科学图书馆藏。

(7) 据宋刻本复制本,中国中医科学院图书馆藏。

(8)《续修四库全书》本,据日本享保二十一年刻本影印。

按:据《直斋书录解题》,是书为许氏晚岁集平生已试验之方,并记其事实而成,取本事诗词之例以名之。《宋史·艺文志》作《蒋济本事方》12卷。北图所藏清抄本为陆心源手校本,前6卷以宋乾道刊本校,后4卷以影钞宋淳熙本校,共2册。

普济本事方补遗　子部医家类

据日本刻本抄本,天津医学高等专科学校图书馆藏。

本事方释义10卷　子部医家类

许叔微著,叶天士释义

(1)清嘉庆十九年刻本,清华大学图书馆藏。

(2)清嘉庆刻本,国家图书馆藏。

(3)清光绪十五年刻本,南京中医药大学图书馆藏。

(4)成都藜照书屋刻本,河南中医学院图书馆藏。

(5)清眉寿堂刻本,国家图书馆藏。

(6)清刻本,中科院上海生命科学信息中心生命科学图书馆藏。

(7)清抄本,辽宁省图书馆藏。

(8)1920年祥记书局刻本,中国中医科学院图书馆藏。

(9)1920年上海千顷堂书局刻本,北京中医药大学图书馆藏。

伤寒歌3卷　子部医家类　佚

伤寒治法八十一篇　子部医家类　佚

仲景脉法三十六图　子部医家类　佚

翼伤寒论2卷　子部医家类　佚

伤寒辨类5卷　子部医家类　佚

以上5种见《直斋书录解题》。

按:《直斋书录解题》云:《伤寒歌》凡百篇,皆本仲景法。其余4种皆未见。

活人书指南　子部医家类　佚

见宋楼钥《攻媿集〈增释南阳活人书〉序》。楼云:"若许学士知可,近世推尊其术,《本事方》之外,为《活人指南》一书。谓伤寒惟《活人书》最要最备,最易晓,最合于古典。"可见《活人书指南》当时非常流行。

许叔微伤寒论著三种　丛书类

1956年商务印书馆排印本。子目:

《张仲景注解伤寒百证歌》5卷

《新编张仲景注解伤寒发微论》2卷

《伤寒九十论》1卷附《校讹》1卷《续校》1卷

孙　觌(1081—1169)

字仲益,别号鸿庆居士。宋晋陵人。大观三年(1109)进士,后举词学兼茂科。历官翰林学士,吏、户二部尚书。靖康之变,专附和议。建炎初,贬峡州,再谪岭外。复引旧。后以罪斥提举鸿庆宫。觌以文章名世,尤长于骈偶,与同时汪藻、洪迈、周必大相埒。然其行事,颇受讥评。

孙尚书大全文集70卷　集部别集类

(1) 明抄本,清叶万校补并跋,及钱大昕跋,国家图书馆藏。

(2) 清初抄本,有丁丙跋,南京图书馆藏。

(3) 抄本,16册,有朱学勤跋,叶树廉跋,上海图书馆藏。

(4) 清抄本,中国科学院图书馆藏、浙江省图书馆藏。

孙尚书大全集57卷　集部别集类

(1) 宋刻本。清黄丕烈跋,张祥河题款。国家图书馆藏,残存33卷。

(2) 清黄丕烈刻本,日本静嘉堂藏。

鸿庆居士集(一作鸿庆居士文集)42卷　集部别集类

(1) 明山泉书舍抄本。前有宋周必大序,傅增湘跋,上海图书馆藏,见《藏园群书题记》卷14。

(2) 明山阴祁氏澹生堂抄本,上海图书馆藏。

(3) 清写本,43卷,劳权手校,残存22卷,山西文物局藏。

(4) 清抄本,北京大学图书馆藏,存卷1—2,卷5—14。

(5) 清抄本,中国科学院图书馆藏、浙江图书馆藏。

(6) 八千卷楼旧藏抄本,8 册,有清丁丙跋,南京图书馆藏。

(7) 彭氏知圣道斋抄本,清彭元瑞校并跋,严慕庵校,上海图书馆藏。

(8) 吕氏讲习堂吕无咎抄本,国家图书馆藏。

(9) 清抄本,国家图书馆藏,有章钰跋。

(10) 清抄本,山西文物局藏,有清劳平甫校。

(11)《四库全书》本。

(12) 清光绪十六年(1890)武进盛氏思惠斋刻本,北京大学图书馆藏。

(13)《常州先哲遗书》本。

(14)《丛书集成续编》本。

(15) 中华再造善本。据国家图书馆藏宋刻本影印,北京图书馆出版社 2005 年版。

鸿庆居士集补遗(一作鸿庆集补)20 卷　集部别集类

近人缪荃孙辑

(1) 稿本,北京大学图书馆藏。

(2)《常州先哲遗书》本。

按:此为据 70 卷本补 42 卷本。

鸿庆居士集补遗 10 卷　集部别集类

近人缪荃孙辑

民国刻朱印本,上海图书馆藏。

鸿庆居士文集 14 卷　集部别集类

(1) 明嘉靖刻本,(甲)国家图书馆藏(曹寅藏书)、(乙)上海图书馆藏(两部,其中一部卷 2—5 配清抄本)、(丙)南京图书馆藏。

(2) 清抄本,北京大学图书馆藏,存卷 1—2,卷 5—14。

鸿庆集钞 1 卷　集部别集类

清吴之振、吕留良同选

(1)《宋诗钞初集》本。

(2)《宋代五十六家诗集》本。

鸿庆集补钞 1 卷　集部别集类

《宋诗钞补》本。

内简尺牍编注 10 卷　集部别集类

宋孙觌撰　李祖尧编注

(1) 宋蔡氏家塾 16 卷本，黄丕烈旧藏，上海图书馆藏。

(2) 元刻本，傅增湘跋，国家图书馆藏。

(3) 明成化十七年(1481)武进孙仁刻本，国家图书馆藏。

(4) 明嘉靖三十六年(1557)顾名儒刻本，国家图书馆藏、上海图书馆藏。(有张元济跋)

(5) 明万历八年(1580)叶逢春刻本，国家图书馆、上海图书馆藏。

(6) 明抄本，国家图书馆藏。

(7) 清乾隆十二年(1747)蔡焯等增订刻本，北京大学图书馆藏。

(8)《四库全书》本。

(9) 抄本，上海图书馆藏。

(10)《常州先哲遗书》本。

(11) 上海书店《丛书集成续编》本。

(12) 中华再造善本。据上海图书馆藏宋蔡氏家塾刻本影印，北京图书馆出版社 2005 年版。

张　守(1084—1145)

字全真，一字子固、元成。宋晋陵人。崇宁元年(1102)进士。建炎初，为监察御史，上防淮渡江利害六事，主张恢复中原，反对划江自守。历官御史中丞、礼部侍郎、翰林学士、同签书枢密院事。绍兴中两次除参知政事。上疏论事切直，屡次开罪秦桧等权臣，两次左迁知绍兴府，以奉祠去职。绍兴十五年(1145)诏以为建康帅，至镇数月卒，谥文靖。《宋史》有传。

绍兴重修敕令格式 125 卷　史部政书类　佚

宋张守等奉敕编修

见《宋史·艺文志》。

按:《郡斋读书志》著录此书 137 卷,仍不全。孙猛《校证》引《宋会要辑稿·刑法》1 之 35 云:“(绍兴)元年八月四日,参知政事司提举重修敕令张守等上《绍兴新敕》十二卷、《令》五十卷、《格》三十卷、《式》三十卷、《目录》一十六卷、《申明刑统》及《随敕申明》三卷、《政和二年以后赦书德音》一十五卷及《看详》六百四卷,诏自绍兴二年正月一日颁行,仍以《绍兴重修敕令格式》为名。”

中兴六臣进策 12 卷　史部政书类　佚

宋吕颐浩、李纲、汪伯彦、张守、王绹、韩肖胄撰

见《郡斋读书志》,云:“绍兴五年,前宰执吕颐浩……答诏旨所问战守方略之策也。”

(淳熙)嘉禾志 26 卷　史部地理类　佚

宋张守修　闻人伯纪纂

见《直斋书录解题》,著录作 5 卷,又《故事》1 卷,云:“为书极草草。”《宋史·艺文志》著录作 4 卷,清朱学勤《结一庐书目》云有抄本 2 册。

张守奏议 25 卷又 18 卷　集部别集类　佚

见《宋史·艺文志》。《直斋书录解题》作《毗陵公奏议》25 卷。

张守集 50 卷　集部别集类　佚

见《宋史·艺文志》。《直斋书录解题》作《毗陵集》50 卷。

毗陵集 15 卷　集部别集类

《四库全书》本。

毗陵集 16 卷　集部别集类

(1)《武英殿聚珍版书》(殿版木活字本),上海图书馆藏。

(2)《武英殿聚珍版书》,有《拾遗》1 卷,上海图书馆藏。

(3)《丛书集成初编》本,有《拾遗》1 卷。

（4）《常州先哲遗书》本，有《补遗》1卷、《附录》1卷。

胡世将（1085—1142）

字承公。宋常州晋陵人。宿曾孙，交修从子。崇宁五年（1106）进士。绍兴初，为监察御史，福建路抚谕使。迁起居郎、中书舍人。除徽猷阁待制，知镇江府。入为礼部侍郎，出知洪州，兼江西安抚制置使，平定建昌兵变。除兵部侍郎，以枢密直学士出为四川安抚制置使，兼知成都府。奏用转搬折运之法，军储稍充，公私称便。九年（1139），以宝文阁学士宣抚川陕，金兵不敢度陇。十一年，复陇州，破岐下诸屯。兵威稍振。卒谥忠献，改忠烈。《宋史》有传。

资古绍志集10卷　史部金石类　佚

见《郡斋读书志》，谓：（世将）喜聚金石刻，效欧公《集古录》为《资古绍志集》，序云："以成其先人之志，故以《绍志》目其书。"

按：《直斋书录解题·胡忠献集》条亦谓："世将好古博雅，有《资古绍志集》，仿《集古录》，跋尾亦见集中。"

胡承公集10卷　集部别集类　佚

见《郡斋读书志》，谓："为文敏赡温雅，掌书命，颇有能声。"

胡世将集15卷　集部别集类　佚

见《宋史·艺文志》。

胡忠献公集（一作忠献胡公集）60卷　集部别集类　佚

见《宋史·艺文志》《直斋书录解题》。

四世丝纶集　集部总集类　佚

见《宋史·胡交修传》。

胡　珵

字德辉。宋常州晋陵人。宣和三年（1121）进士，官秘书省正字。贬梧州，人号苍梧太守。绍兴中召试翰林，兼史馆校勘，受赵鼎命与张嵲等修正熙宁、元丰、元祐旧史。秦桧主和议，珵与朱松等抗疏极言不可，出知严州，罢职后穷困而死。

刘元城先生谭录、道护录 1 卷　子部儒学类

油印本，北京大学图书馆藏。

按：此书卷末印："借孙兰公家藏本录之，第此书贾人去其本名，不知为何书也，并《道护录一册》，壬寅(1962)十月廿五清常题。"又，《道护录》卷末粘一纸记此书刊印缘由，其末印："庚子(1960)小雪，侯马刘公纯谨识。"

苍梧杂志 1 卷　子部小说类

(1)《说郛》宛委山堂本。

(2)《古今说部丛书》本。

(3) 清末民初国学扶轮社铅印本，武汉大学图书馆藏。

苍梧集　集部别集类　佚

见道光《武阳合志》卷 33。

蔡　戡

字定夫。宋常州人。襄四世孙，始居武进。幼以荫补溧阳尉。乾道二年(1166)进士。为湖南宪时，李昂霄有异谋，未发，单车驰喻，乱立定。又尝任京西、广东运判，湖北、淮西总领，广西经略等。宁宗朝任京兆尹，岁涝发仓，民赖以活。佩直忠亮，有经世志。其论边事，专以严备自守为主，不主和议。韩侂胄当国，乃请老归。

静江府图志 12 卷　史部地理类　佚

见《宋史·艺文志》。《郡斋读书志·附志》作《静江志》。

按：戡嘉泰三年(1203)知桂州(今桂林市)。

定斋集 40 卷　集部别集类　佚

宋绍定三年(1203)季子蔡廙刻本，有眉山李埴序。《直斋书录解题》卷 18 著录。此本今佚。

定斋集 20 卷　集部别集类

(1)《四库全书》本。此据《永乐大典》辑录编订而成，前 15 卷文，

后5卷赋、诗、词。

(2) 清抄本(有残缺),上海图书馆藏。

(3)《常州先哲遗书》本。

(4)《丛书集成续编》本。

定斋诗余1卷　集部词曲类

(1)《定斋集》本。

(2)《彊村丛书》据《定斋集》本。

(3)《全宋词》本。

丁　逢

字端叔。宋晋陵人。南宋乾道二年(1166)进士。金主遣其婿乌林答天锡来贺宋帝寿辰,恃贵骄黠。逢上书乞借上方剑斩之。孝宗嘉其才气可尚,召对,授国子监书库官。累迁知安丰、盱眙二军,皆有政绩。改授川秦茶马司,凡供帐公费悉屏去,人服其廉。终宝谟阁待制知郴州。

南征诗1卷　集部别集类　佚

郴江前集10卷　集部总集类　佚

郴江后集5卷　集部总集类　佚

郴江续集9卷　集部总集类　佚

以上4种均见《宋史·艺文志》。

陈得一

字晞夫。宋常州晋陵人。洪进后裔。崇宁(1102—1106)间至日本,得天文星历书,上有丹题“付通微”三字,后遂精通推步之术。高宗朝,日食正朔,以御史张致远荐,召至秘书省,使正历差,特命以官。辞不受。赐号“通微处士”。归隐聂墅。淳熙间诏取其遗书。

纪天历统7卷　子部历算类　佚

统元历五星立成2卷　子部历算类　佚

统元历盈缩胎立成 1 卷　子部历算类　佚

统元历日出入气刻立成 1 卷　子部历算类　佚

统元历义 2 卷　子部历算类　佚

统元七曜细行历 2 卷　子部历算类　佚

统元历气朔八行草 1 卷　子部历算类　佚

统元历考古日食 1 卷　子部历算类　佚

宋裴伯寿、陈得一撰

以上 8 种均见《宋史·艺文志》。

李端彦

字相之。宋晋陵人。镇子。崇宁二年(1103)进士,官至宗学博士。

贤已集 32 卷　集部别集类　佚

见《宋史·艺文志》。

周孚先

字伯忱。宋晋陵人。建中靖国初偕弟恭先从程颐学。与杨时友善。在门 17 年,丁父忧归。创城东、城西书院。由乡荐入太学,调四明盐场,改建德尉,不就。后为临安教授。《宋元学案》卷 30 有传。

论语解　经部四书类　佚

见道光《武阳合志》卷 32。

伊川语录　子部儒学类

宋周孚先辑

(1) 清同治十年(1871)六安求我斋徐宗瀛刻《二程全书》本,浙江师范大学图书馆藏。

(2) 中华书局 1981 年出版《二程集》本。

邹　柄

字德久。宋晋陵人。浩长子。幼时即以才俊著称,黄庭坚呼为“小友"。弃科举,师杨时;尽传其学。靖康初自布衣荐除枢密院编修,权给事中,终任天台知府,多有善政。性刚梗有父风,与人不苟合。《宋元学案》卷35有传。

伊川语录1卷　子部儒学类

宋邹柄辑

(1) 清同治十年(1871)徐宗瀛刻《二程全书》本。

(2) 中华书局1981年出版《二程集》本。

钱之望(1131—1199)

字表臣,一字大受。宋武进人。少放达,喜奇计,乾道五年(1169)进士,授江西帅属。除金部郎知楚州,秘阁修撰知广州,升文华阁待制知庐州。

楚州图经2卷　史部地理类　佚

宋钱之望修　吴莘纂

见《宋史·艺文志》《直斋书录解题》。

按:楚州,今江苏淮安县。《直斋书录解题》云:"时淳熙十三年(1186)也。"

丁大荣

宋毗陵人。嘉泰二年(1202)任天台县令。

(嘉泰)天台图经5卷　史部地理类　佚

宋丁大荣修　宋之瑞纂

见明弘治《赤城新志》卷21。今权存丁大荣《跋》及宋之瑞《序》。参见《浙江方志考》卷7。

罗知悌(?—1327)

字子敬,又字敬夫,世称太无先生。宋末元初武进人,寓居钱塘。南宋理宗朝太监,尝官给事中。曾师事荆山僧人,得金朝名医刘完素再传，又旁通张子和、李东垣二家之说，精通医术。入元，闭户读书，善词章，工书法，兼通天文、地理、艺术。泰定中传其学于朱震亨。

心印绀珠1卷　子部医家类　佚

见《补元史艺文志》。

詹　抃

字成老。宋毗陵人。曾任奉议郎府助教，定陶知县。善言辩，诗文敏赡，尺牍灿然可观。

易书2卷　经部易类　佚

詹抃文集（一作詹成老集）50卷　集部别集类　佚

以上2种见道光《武阳合志》卷32。

法　具

宋晋陵马迹寺和尚。

化庵湖海集　集部别集类　佚

见道光《武阳合志》卷33："见洪饴孙《毗陵经籍志》。"

陈　宇

宋毗陵人。官房州（今湖北房县）知县。

房州图经3卷　史部地理类　佚

见《宋史·艺文志》。

按：《直斋书录解题》作《房州图志》。参见《中国古方志考》。

钱杲之

宋晋陵人。

离骚集传1卷　集部楚辞类

(1) 宋刻本，国家图书馆藏。

按：此宋本出于毛氏汲古阁，传至桐乡金氏桐华馆、黄氏士礼居，后归铁琴铜剑楼。黄丕烈跋云："宋版之精绝者。"参见《铁琴铜剑楼藏书题跋集录》。

(2) 清乾隆五十二年(1787)长塘鲍氏《知不足斋丛书》本。

(3)《龙威秘书》本。

(4)《宛委别藏》本。

(5) 清同治七年(1868)务本堂《艺苑捃华》本。

(6) 清光绪元年(1875)《崇文书局汇刻书》本。

(7)《随庵徐氏丛书》本。

(8) 1912 年湖北官书处刻本,复旦大学图书馆藏。

(9) 1913 年上海文瑞楼石印本,北京大学图书馆藏。

(10) 1918 年《铁琴铜剑楼丛书》影印本。

(11)《丛书集成初编》本。

(12)《续修四库全书》本,据国家图书馆藏宋刻本影印。

(13) 中华再造善本,据宋刻本影印,北京图书馆出版社 2005 年版。

吴 均

字仲平,号瑞千。元末明初武进人。诸生。性至考,好学不倦,笃信程朱理学,亦通小学。

增修复古编 4 卷　经部小学类

宋张有编辑,元吴均增补

(1) 明初刻本,4 卷,国家图书馆藏。

(2) 明影抄明初刻本,4 卷,上海图书馆藏。

(3) 明抄本,2 卷,国家图书馆藏。

(4) 4 卷,1988 年书目文献出版社影印本。

(5)《四库全书存目丛书》本,据国家图书馆藏明初刻本影印。

按:《四库全书总目·小学类存目》著录为 4 卷。而明抄本分 2 卷,卷上分子卷 3,卷下分子卷 2,实为 5 卷。清吴骞题记谓:"为汲古阁旧抄本。"

困勉录　子部儒学类　佚

见道光《武阳合志》卷33。

岳惟元

字奉圣，又字孟坚，号松硐。元武进人。避世修真。

孟坚稿　集部别集类　佚

见道光《武阳合志》卷33。

吴克恭

字寅夫，一作寅甫。元毗陵人。好读书，以举子业无益于学，遂致力于诗古文。其诗体格古淡，为时所称。至正十二年(1352)参与反元活动，后被杀。

寅夫集1卷　集部别集类

《元诗选》(三集庚集)本。

谢绍芳

字子芝，学者称茂山先生。元末明初武进人。应芳族兄。元季时授兖州郡守，以入朝见忤，谪居建阳，复授嘉兴郡学教授，寻弃官归，设教于芳茂山之东洲。明太祖召见便殿，赐坐，讲治平之道，因上太平十二策，寻弃太子宾客，以年老告归，卒于道。

清风集　集部别集类　佚

莲渠集　集部别集类　佚

茂山集　集部别集类　佚

庆云集　集部别集类　佚

鹅湖集　集部别集类　佚

娱情集　集部别集类　佚

以上6种均见道光《武阳合志》卷33。

谢应芳(1296—1392)

字子兰,自号龟巢老人。元末明初武进人。潜心理学。元至正年间,荐授三衢清献书院山长,阻兵不能赴,隐居白鹤溪,构小室“龟巢”讲学授徒。后避居苏松等地,吴中人士争聘为子弟师。洪武初年,天下粗定,归隐常州芳茂山,诔书压道,老而不倦。疾恨世俗迷信,斥释道为诬民邪说,选古来反对鬼神文字,辑为《辨惑编》。张志道评其诗“雅正纯洁”。《明史》有传。

怀古录 3 卷　史部传记类

(1)《酌古准今》本。

清光绪六年(1880)刻本,北京大学图书馆藏。

(2)《武进谢氏丛书》本。

清光绪毗陵瑞云堂谢氏刻本,常州图书馆藏。

思贤录 8 卷　史部传记类

谢应芳辑撰

(1)《武进谢氏丛书》本。

(2) 清光绪十年木活字重印本,南京大学图书馆藏。

(3) 旧抄本,6 卷,台湾“中央图书馆”原藏。

按:此书乃为其乡先贤邹浩而作。正录 5 卷,为邹浩著作;续录 2 卷、补遗 1 卷,为明谢应芳、张度等祭邹浩之作。

邹道乡年谱(一作邹忠公年谱)1 卷　史部传记类

刊于《思贤录》卷 1。

(洪武)常州志 10 卷　史部地理类

明张度修　谢应芳纂

该书已佚,今有清嘉庆抄本《永乐常州府志》中收有其中大部分内容,上海图书馆藏。

辨惑编 4 卷附录 1 卷　子部儒学类

(1) 明万历潘峦校活字本,国家图书馆藏。

(2) 清抄本，国家图书馆藏。

(3)《居家必备》本，不分卷。

(4)《说郛》本。

(5)《四库全书》本。

(6)《酌古准今》本。

(7)《守山阁丛书》本。

(8)《武进谢氏丛书》本。

(9)《丛书集成初编》本。

(10)《青照堂丛书三编》收 1 卷。

龟巢集 20 卷　集部别集类

(1)《四部丛刊三编》本，附《校勘记》1 卷，张元济撰。

(2)《常州先哲遗书》本，有《补遗》1 卷。

(3) 旧精抄本，南京图书馆藏。

(4) 清抄本，无锡图书馆藏。

(5) 上海书店《丛书集成续编》本。

(6) 2013 年黄山书社出版《明别集丛刊》本。

龟巢集 17 卷　集部别集类

(1)《四库全书》本。

(2) 清抄本，国家图书馆藏。

(3) 清抄本，上海图书馆藏，有佚名签校。

龟巢集 15 卷附录 1 卷　集部别集类

清雍正六年(1728)宋宾王家抄本，国家图书馆藏。

龟巢稿 10 卷补遗 1 卷　集部别集类

清道光二十六年(1846)谢兰生刻本，国家图书馆藏。

龟巢摘稿 3 卷　集部别集类

(1) 清抄本，国家图书馆藏。

(2) 影钞明洪武十二年(1379)王著刻本，台湾"中央图书馆"原藏。

(3) 2013 年黄山书社出版《明别集丛刊》本，影印清抄本。

按：清顾嗣立《元诗选二集》下云："门人王著尝请刻其诗，子兰手摘数十篇与之，曰《龟巢摘稿》。丰城余诠、范阳卢熊弁其首。"

龟巢诗文钞 2 卷　集部别集类

清嘉庆二十三年(1818)杨复吉抄本，国家图书馆藏。

龟巢集 1 卷　集部别集类

《元诗选二集》本。

谢子兰公诗文遗稿 3 卷　集部别集类

清光绪十五年刻本，常州图书馆藏。

龟巢词 1 卷补遗 1 卷　集部词曲类

《彊村丛书》本。

冯范尼

字道安。元末明初武进人。宿学老儒。明洪武初举贤良方正，赐三品章服。

南山集　集部别集类　佚

见光绪《武阳志余》卷 7。

蒋达善

元末明初武进人。以医名吴越间。

医境 20 卷　子部医家类　佚

见道光《武阳合志》卷 33，注云："曾孙宗武重辑。"

明

徐　贲(1335—1379)

字幼文，号北郭生。明常州人，后迁苏州。张士诚开闽，辟为属，士诚败，被谪居临濠(今属安徽凤阳)。洪武二年(1369)赦归，移居吴兴蜀山。七年，征起，授给事中，累官至河南左布政使。十二年，以征兆岷军过境，犒劳失时，下狱瘐死。工诗，善书画，山水法董源，楷法秀整，草书雄紧。与张羽、高启、杨基号称"明初四杰"，"吴中四杰"，又为十才子之一。《列朝诗集小传》有传。

北郭集10卷　集部别集类

(1) 明成化二十年(1484)张习刻本，国家图书馆藏。《藏园群书题记》卷17有跋。

(2)《四部丛刊三编》影印明成化本，有《补遗》1卷。

(3)《全明诗》本。

北郭集6卷　集部别集类

(1) 明万历三十七年(1609)陈邦瞻、汪汝淳校刻本，哈佛大学图书馆、南京大学图书馆藏。

(2)《四库全书》本。

悟澈集　集部别集类　佚

见《藏园群书题记》"北郭集跋"引吕敏语，此乃徐贲所制乐府诗文若干卷。

徐幼文集　集部别集类

《盛明百家诗》本。

按：明吴县张习于成化(1465—1487)、弘治(1488—1505)间先后编刻高启《槎轩集》、杨基《眉庵集》、徐贲《北郭集》、张雨《静居集》，世人习称“明初四家诗”“吴中四大家集”。隆庆间俞宪辑刻《盛明百家诗》，从以上四家中共选诗3卷，合称《高杨张徐集》，《徐幼文集》即其中之一。

谢　木(1337—?)

字玉树，号岘樵，元末明初武进人。应芳长子。以学行知名，洪武初辟为武进县儒学训导。

横岘樵歌1卷　集部别集类　佚

见道光《武阳合志》卷33。

谢　林(1339—1382)

字璠树，一作琼树。明武进人。应芳次子。好学，工文词，尤长于书法。洪武十年(1377)，郡府举至京都，授开封新郑县教谕。

字要源委5卷　经部小学类　佚

见《明史·艺文志》。

按：万历《武进县志》卷7云是书“以正近代六书之谬”。

延陵通记(一作延陵小录)1卷　史部传记类　佚

雪樵集　集部别集类　佚

煮雪窝稿　集部别集类　佚

以上3种见万历《武进县志》卷7。

唐　复

字复亨，一字仲亨，号素斋。明武进人。洪武八年(1375)举人，建文二年(1400)进士。授浙江余姚知县，调湖广零陵，又转交趾。宣德五年(1430)知平乐府。扶弱抑强，革除积弊，荐拔贤才，裁汰冗弱，郡以大治。享年八十六岁。

素斋稿　集部别集类　佚

见唐鼎元《唐氏先世著述目录》。

按:复有《华夷解》一篇,略载唐鹤徵纂万历《武进县志》本传。

陈　济(1364—1424)

字伯载,号思斋。明武进人。洪武十八年(1385)从谢应芳学。博学强记,六经子史无不研究,时称"两脚书橱"。永乐三年(1405),以布衣召修《永乐大典》,为都总裁。六年,书成,授右春坊赞善。居职十五年卒。《明史》有传。

书传补注1卷　经部尚书类　佚

见《明史·艺文志》。

书传通证(一作书经通证)　经部尚书类　佚

诗传通证　经部诗经类　佚

以上2种见道光《武阳合志》卷32。

元史举要　史部正史类　佚

见《明史·艺文志》。

通鉴纲目集览59卷　史部编年类

元王幼学撰　明陈济正误

明内府刻本,国家图书馆、南开大学图书馆藏。

通鉴纲目集览正误2卷　史部编年类

(1) 明宣德四年(1429)张辅刻本明成化六年(1470)陈鉴重修本,国家图书馆藏。

(2)《通鉴纲目全书》本。

永乐大典　子部典故类

明陈济主纂。见《明史》本传。

(1)《丛书类编》本。

(2)《四库全书存目丛书》据《丛书类编》本影印。

(3) 中华书局1960年影印本。

按:《永乐大典》为我国历史上最大类书,正文22877卷,今残存797卷,有影印本传世。陈济以布衣召为都总裁,与姚广孝等发凡起例，释疑解难，贡献甚卓。

胡　濙(1375—1463)

字源洁，一字文安，号淡庵，一作洁庵。明武进人。建文二年(1400)进士，授兵科给事中。永乐五年(1407)，受命出使四方，暗访建文帝踪迹，十四年乃还，擢礼部左侍郎。十七年复出，二十一年还上奏，帝疑始释。升礼部尚书。英宗复位后请病退。历仕六朝，卒赠太保，谥忠安。留心医学，尝与戴元礼讲《内》《难》诸经，推仲景为医学正宗。《明史》有传。

律身规鉴1卷　子部儒学类

明万历三十三年(1605)胡公愉刻《毗陵胡氏家集》本。

卫生易简方12卷　子部医家类

(1) 明宣德二年(1427)刻本，中国中医科学院图书馆藏。

(2) 明嘉靖四十一年(1562)江西姚一元刻本，上海图书馆藏。

(3) 明嘉靖四十一年淮安府刻本，国家图书馆藏。

(4) 明嘉靖四十一年刻本，南京图书馆藏。有丁丙跋。

(5) 日本元禄八年(1695)纪莺谷据明嘉靖四十一年重刊本抄，中国医学科学院图书馆藏。

(6) 清乾隆四十六年(1781)留芝堂重刻本，天津图书馆藏。

(7) 1938年北平燕京大学图书馆据明嘉靖四十一年本重抄，北京大学图书馆藏。

(8) 抄本，上海中医药大学图书馆藏。

(9) 1984年人民卫生出版社铅印本。

芝轩集　集部别集类　佚

见《千顷堂书目》卷18。

杭　礼

字仲恭。明武进人。永乐间举隐逸不就，卒年88。

夫椒野史　史部地理类　佚

见光绪《武阳志余》卷10。

按:夫椒,山名。指太湖中洞庭西山或马迹山,相传春秋时吴王夫差败越兵于此。

徐　述

字孟曾,别号处梦。明武进人。世业医,医术高超。永乐间召至京,赐袭衣。帝欲官之,不果,厚赐金帛以归。以高寿终。弟迪,工针法,时称"二仙"。

难经补注　子部医家类　佚

见《千顷堂书目》卷14,注:徐述"洪武间常州名医"。

赵　琬(1387—1451)

字叔琰,号毅斋。明武进人。永乐九年(1411)举人。授奉化、德化教谕,充山东、山西乡试及礼部会试同考官。宣德十年(1435)任国子监司业。正统初为英宗讲《尚书·泰誓》,升春坊谕德,仍掌司业事。在太学十七年,矩范端严。以疾卒。

元丰类稿50卷　集部别集类

宋曾巩撰

明正统十二年(1447)刻本,国家图书馆藏。

按:明赵琬于正统十二年以抄本付宜兴地方官刻之,为传世较早刻本之一。

梅庵集　集部别集类　佚

见《西盖赵氏族谱》。

唐世良(1397—1462)

字用彰,号颐庵。明武进人。顺之伯祖父。宣德八年(1433)进士,授都察院江西道监察御史。正统元年(1436)奉命纂修《闽浙二省实录》。拜兵科给事中,福建布政使,以疾卒于任。学识渊博,公余则以吟咏自娱。

颐庵稿20卷　集部别集类　佚

见道光《武阳合志》卷33。

薛　瑄

字大珍,号草轩。明武进人。博览群书,以道学为己任,自言生平惟事亲、读书、教子三事。

醉余诗集　集部别集类　佚

见光绪《武阳县志》卷28。

朱　昱(1423—1494)

字懋阳,号约斋。明武进人。焕曾孙。性孝。少好学,博综群书,留心著述。工诗。永乐时侍读学士王达和《本中峰梅花诗》百首一夕而成,昱追和之,晨起濡墨疾书,俄成百首,为艺林佳话。

(成化)重修三原志16卷　史部地理类

明朱昱纂修　林洪樽订补　张信续订

(1) 明成化刻本,国家图书馆藏。

(2) 明崇祯九年(1636)刻本,陕西图书馆藏。

(成化)重修毗陵志40卷　史部地理类

明卓天锡修　孙仁增修　朱昱纂

(1) 明成化五年(1469)修、二十年增修刻本,国家图书馆藏,存卷1—7,卷9—13。

(2) 清嘉庆二十五年(1820)刻本,温州市图书馆藏残本。

(3) 清古藤书屋抄本,上海图书馆藏。

(4)《中国方志丛书》,台北成文书局1983年影印本。

(5)《天一阁藏明代方志选刊》,上海古籍出版社1990年影印本。

(6)《四库全书存目丛书》本。

铁崖文集5卷　集部别集类

元杨维桢撰　明朱昱校正

明弘治十四年(1501)冯允中刻本,天津图书馆藏。

梅花百律1卷　集部别集类　佚

见道光《武阳合志》卷33。

王　㒒(1424—1495)

字廷贵。明武进人。景泰二年(1451)进士,授编修。天顺间为东宫讲读,擢庶子。成化初改南京翰林院侍讲。七年(1471)至十五年任南京国子监祭酒,转北祭酒。秩满擢南京吏部右侍郎,改户部左侍郎,擢南京户部尚书。弘治六年(1493)改吏部尚书。上疏陈事,多见采纳。卒赠太子太保,谥文肃。性不随俗,以孝友称。

毗陵志40卷　史部地理类　佚

见《明史·艺文志》《四库全书总目》。

王文肃集12卷　集部别集类

(1) 明正德刻本,上海图书馆藏。

(2)《四库全书存目丛书》据明正德刻本影印。

按:《千顷堂书目》卷19有《思轩集》12卷。

思轩文集23卷附录1卷　集部别集类

(1) 明弘治七年(1494)刻本,北京大学图书馆藏。

(2)《续修四库全书》本,据明弘治七年刻本影印。

赵　敔(1427—1485)

字叔成,号竹崖。明武进人。景泰五年(1454)进士。拜监察御史。成化初为于谦讼冤。出按湖广、河南,兴利除奸,治尚严明。复按江西,奏请免欠粮漕运,军民沾惠。迁山西按察使,以不谨去任。清慎正直,为权奸所陷,舆论冤之。

竹崖集　集部别集类　佚

见道光《武阳合志》卷33。

白　玢(1430—1486)

字宗璞。明武进人。官至尚宝卿。

远行稿　集部别集类　佚

思亲轩稿　集部别集类　佚

以上2种见道光《武阳合志》卷33。

胡　穊(1434—1488)

字广川。明武进人。濙次子。

毗陵胡氏家集5卷附录1卷　集部总集类

明胡穊编　胡颐续编

明万历三十二年(1604)胡公愉刻本,台湾"中央图书馆"原藏。

按:胡濙去世后,其子胡穊将历朝诰敕、御制诗文及谕祭诸文、像赞志铭等编为《忠安录》。后濙孙胡颐又增补诸文,成《毗陵胡氏家集》5卷,包括《纶恩集录》1卷,即历朝封赠诰敕;《芝轩集略》1卷,即当时诸名公赠和诗文;《行实备遗》1卷,即历代墓表志铭;《昭式类编》1卷,收入胡濙《律身规鉴》及与诸弟书;《忠安别录》1卷,收胡濙小像及哀挽诸篇,另以胡濙所撰《四老寿恺堂记》及时人赠和诗为附录。

唐　镛(1442—1485)

字元振,号海萍。明武进人。成化元年(1465)举人,湖广岳州府通判。三年,丁艰归。

海萍集　集部别集类　佚

见唐鼎元《唐氏先世著述考》。

陆　简(1442—1495)

字伯廉,一作廉伯,又字敬行,号治斋,又号龙皋子。明武进人。成化二年(1466)进士。官至詹事府少詹事。

宋元纲目80卷　史部编年类　佚

见道光《武阳合志》卷32。

成化十六年顺天府乡试录　史部传记类

杨守陈、陆简修

(1) 成化十六年刻本,天一阁藏。

(2)《天一阁藏明代科举录选刊》本,宁波出版社2010年版。

龙皋文稿19卷　集部别集类

(1) 明嘉靖元年(1522)杨鑨刻本,南京图书馆藏,国家图书馆藏存卷5—9,14—19。

(2)《四库全书存目丛书》本据南京图书馆藏嘉靖元年刻本影印。

唐　贵(1448—1495)

字用思,一字勉仁,号曾可。明武进人。顺之祖父。生而贫困,父病痿,不能谋生。贵即以精选、手录八股文出售,以赡养父母兄弟。17岁中秀才,累应乡试不利,以坐塾授徒谋生。弘治二年(1489)举应天乡试第一,明年成进士。授户科给事中。出使两广,抵琼州(今海南岛),归未久病卒。

使广纪行1卷　史部地理类　佚

见赵怀玉《亦有生斋文集》卷9《唐黄门使广纪行跋》。

黄门集2卷　集部别集类　佚

见《千顷堂书目》卷21。

使广集2卷　集部别集类　佚

见唐鼎元《唐氏先世著述考》。

唐　钦(1450—1497)

字元敬,号半轩。明武进人。成化四年(1468)举秀才,十三年成举人,深受器重。然会试不利,弘治九年(1496)始成进士。方将任用,竟一病不起，翌年即逝。

半轩诗稿　集部别集类　佚

见道光《武阳合志》引《毗陵经籍志》。

胡　韡(1450—1522)

字惟峻，号静斋。明武进人。成化二十三年(1487)进士，授行人，迁云南道御史，历巡湖广、福建、北直隶等处，有“御史古月胡，胜似包龙图”之谣。累迁广东左布政使，以母忧归。

静斋诗集　集部别集类　佚

见道光《武阳合志》卷33。

姚　儒

明武进人。正德八年(1513)举人，仕为校官。以古道自律，言行以礼，居常家法森严。

教家要略2卷　子部儒学类

明万历二十四年(1596)西吴沈氏忠恕堂刊本，台湾“中央图书馆”原藏。

钱　孝

字师舜，别号西青。明武进人。嘉靖时居马迹山。通经学，造就门人甚众。

马迹山志　史部地理类　佚

见道光《武阳合志》卷32。

按：光绪《武阳志余》卷7云：门人宜兴杭淮(1462—1538)序曰：“马迹山曰‘夫椒’，在震泽中，为武进属地。旧《志》无，即有之，附郡邑《志》中不详。淮之师钱师舜先生，山人也，虑事无纪载，则久将泯没，无以施于后世。于是访故老，搜杂记，参之己见，而别为《志》焉。《志》成走书过江，命为序。”

赵昌龄(1452—1520)

字以期,号玉坡,敔子。明武进人。弘治十二年(1499)岁贡生。官严州推官。

玉坡遗稿　集部别集类　佚

见道光《武阳合志》卷33。

黄　俊(1455—1528)

字汝贤,号慎斋。明武进人。弘治十二年(1499)进士。累官刑部郎中,因违忤宦官,出守严州,调守汉阳。为官清介,因授山东转运使。陈利弊十四条,清望日隆,为当道所忌,乞归卒。

五经通略2卷　经部五经总义类　佚

节孝录　史部传记类　佚

官箴1卷　史部政书类　佚

以上2种见道光《武阳合志》卷32。

理学发明　子部儒学类　佚

黄鹤楼集　集部别集类　佚

严陵钓台集　集部别集类　佚。

以上3种见道光《武阳合志》卷33。

叶　夔(1455—1534)

字司韶,号存斋,学者称古心先生。明武进人。励志笃学,教授乡里。正德十六年(1521)以贡生入京陈事,授汝阳训导。未几乞养归。

元史提纲　史部史评类　佚

见道光《武阳合志》卷32。

毗陵人品记10卷　史部传记类

明叶夔命意　毛宪、叶金撰　顾宪成重撰　吴亮增修

(1)明万历刻本,常州市图书馆藏。

（2）清双桂轩抄本，上海图书馆藏。

（3）旧抄本，台湾“中央图书馆”原藏。

（4）1936年毗陵毛氏重刊木活字本，常州图书馆藏。

（5）《四库全书存目丛书》本，据常州图书馆藏本影印。

（6）《续修四库全书》本，据常州图书馆藏本影印。

（7）凤凰出版社2013年版《常州历史文献丛书》第一辑本。

按：本书原由嘉靖二十一年（1542）由叶夔命意，毛宪属草未就，叶夔子叶金踵成，刊成4卷。万历三十一年（1603）时任常州知府欧阳东凤提议纂修《常州府志》，由顾宪成纂成《人物志》草稿9卷，后经增补，成《桑梓录》10卷，未刊。万历四十六年，吴亮以此二书为底本，增修成《毗陵人品记》10卷。

毗陵忠义祠录4卷附录1卷　史部传记类

（1）清抄本，上海图书馆藏。

（2）《四库全书存目丛书》本。

景贤录　史部传记类　佚

见道光《武阳合志》卷32。

求志吟　集部别集类　佚

北行录　集部别集类　佚

汝南稿　集部别集类　佚

归田录　集部别集类　佚

和陶集　集部别集类　佚

以上5种均见道光《武阳合志》卷33。

徐　纮（1456—1505）

字朝文。明武进人。弘治三年（1490）进士。由刑部主事，授广东按察使佥事。筑堤捍海潮，有利于民，发摘奸邪，墨吏望风解绶。后迁云南按察司副使，卒于任所。

皇明名臣琬琰录24卷后录22卷续录8卷　史部传记类

(1) 明嘉靖三十四年(1555)王道端刻本,南京图书馆藏。

(2)《常州先哲遗书》本。

(3)《明人传记丛刊》本。

明名臣琬琰录 24 卷续录 22 卷　史部传记类

(1)《四库全书》本。

(2) 清刻本,南开大学图书馆藏。

按:此书记洪武迄弘治九朝诸臣事迹。前录 111 人,录 95 人,续录 69 人。

徐　淮(1456—1517)

字东之,号静轩。明武进人。镕子。幼警敏,成童能属文,弱冠为郡庠生。究心世务,识见高出流辈。凡八举不利,应弘治十一年(1498)岁贡,授江西上高县训导。居八年,母病失明,遂致仕归。诗文恬淡、典则、有意味。

静轩稿　集部别集类　佚

见道光《武阳合志》卷 33。

绿玉词　集部词曲类　佚

见《清代毗陵书目》卷 5。

庄　襗(1458—1528)

字诚之,号鹤溪。明武进人。弘治九年(1496)进士。为人刚直,贫而苦学,善属文。初任宝坻知县,执法无私,境内肃然。升户部主事,勠右藩匿公帑。出督徐州粮仓,岁饥,开仓赈灾。累官至山东参政。以触怒刘瑾,谪四川顺庆府。上三疏乞休,罢归。嘉靖初,召不起。陈江南十事,诏有司行之。

(弘治)宝坻县志 7 卷　史部地理类　佚

见《千顷堂书目》卷 6,注:“弘治壬戌(十五年)修。”

鹤溪遗稿 3 卷　集部别集类　佚

见道光《武阳合志》卷33。

丁致祥(1458—1536)

字原德，号近斋。明武进人。少凝重，长通经，以古文辞名于乡。正德三年(1508)进士，授户部主事。因查闽广盐商奸者及督漕兴复之功，擢湖广布政司参议。历官至河南布政司参政，以老致仕。为官30余年，清正廉洁。卒年79岁。《献征录》有传。

草窗诗1卷　集部别集类　佚

见道光《武阳合志》卷33。

高　玑

字齐之。明武进人。少喜读书，尚宋儒理学。弘治间举"经明行修"，以亲老不就。知府请为乡饮耆宾，亦不赴。卒祀乡贤祠。祠中以布衣祀者，仅有谢应芳、朱昱与玑3人。

兰麦语录2卷　子部儒学类　佚

见光绪《武阳县志》卷28。

白　圻(1466—1517)

字辅之。明武进入。昂子。成化二十年(1484)进士，授南京户部主事，累升南京刑部郎中。丁外艰补工部郎中，寻迁浙江、福建布政司参议，历山东布政司左布政。因政绩卓著，由应天府尹擢都察院右副都御史，总督南京仓储。上便宜七事，皆切时务。

中丞遗集3卷(诗文2卷，奏议1卷)　集部别集类　佚

见道光《武阳合志》卷33。光绪《武阳志余》著录《白中丞遗稿》2卷。

唐　辅(1468—1528)

字尧佐，号春崖。明武进人。正德十年(1515)岁贡生。官山东沂

州学正。

四书精义 10 卷　经部四书类　佚

见道光《武阳合志》卷 32。

春崖诗稿 10 卷　集部别集类　佚

见道光《武阳合志》卷 33。

毛　宪(1469—1535)

字武之,号古庵。明武进人。正德六年(1511)进士,授刑部给事中。为官清正,常抗旨直言,疏劾权臣。十三年改礼部给事中,十五年以朝政污渎辞官归里。与王守仁、湛若水、徐问、唐顺之等多有交往。讲学以不欺为主,以恕为用,以克己为工夫。务笃实,矜名节,敦行谊,学者多尊师之。晚年专心著述。室名三近斋。

毗陵人品记 10 卷　史部传记类

明叶夔命意　毛宪、叶金撰　顾宪成重撰　吴亮增修

(1) 明万历刻本,常州市图书馆藏。

(2) 清双桂轩抄本,上海图书馆藏。

(3) 旧抄本,台湾"中央图书馆"原藏。

(4) 1936 年毗陵毛氏重刊木活字本,常州图书馆藏。

(5)《四库全书存目丛书》本,据常州图书馆藏本影印。

(6)《续修四库全书》本,据常州图书馆藏本影印。

(7) 凤凰出版社 2013 年版《常州历史文献丛书》第一辑本。

按:详见"叶夔"条。

谏垣奏草 4 卷　史部政书类

(1) 明刻本,清华大学图书馆藏。

(2)《四库禁毁书丛刊补编》本。

三近斋语录 1 卷　子部儒学类

《酌古准今》本。

按:本书为谢珍所录。

枫山章先生文集9卷　集部别集类

章懋著　章沛编　毛宪校正

(1) 明嘉靖九年(1530)张大纶刊本,南开大学图书馆藏。

(2) 明嘉靖九年章翰等补刻本,天津图书馆藏。

古庵毛先生文集10卷附毗陵正学编1卷　集部别集类

(1) 明嘉靖四十一年毛䜣刻本,清补刻本,天津图书馆藏,无《谏垣奏草》。

(2)《四库全书存目丛书》本。

(3)《明别集丛刊》影印本。

古庵毛先生文集10卷　集部别集类

清咸丰重修本,国家图书馆藏。

御试策　集部别集类

1949年铅印本,国家图书馆藏。

毛古庵先生全集三种　丛书类

(1) 明嘉靖四十年毛䜣刻本,国家图书馆藏。

(2) 1949年毗陵文献征存社铅印本,常州图书馆藏。

子目:

《毗陵正学编》1卷

按:本书见《四库全书总目》,记杨时、邹浩、周孚先、周恭先、唐彦思、邹柄、喻樗、尤袤、胡理、李祥、蒋重祥、谢应芳凡12人。又此书有《四库全书存目丛书》本。

《谏垣奏草》4卷

《古庵文集》10卷

恽　巍(1470—1527)

字功甫,号东麓。明武进人。弘治十五年(1502)进士。由户曹迁刑部员外郎,出为湖广佥事,迁兵备副使。用兵有功,食三品俸。中丞毛伯温荐以自代,忌者削其功,罢归。

黄山集(一作东麓存稿)　集部别集类

《天均阁会编》本,日本内阁文库藏。

周　埙

明武进人。

周草庭集1卷　集部别集类

《盛明百家诗》本。

周　金(1473—1546)

字子庚,号约庵。明武进人。正德三年(1508)进士,授工科给事中。嘉靖元年(1522)由太仆寺少卿迁都察院右佥都御史,巡抚延绥、宣府、保定、凤阳,历官至南京刑部尚书,转户部尚书。嘉靖二十四年致仕归,岁余卒。赠太子太保,谥襄敏。为人警敏阔达,有经济大略。性喜读书,尤重经世之学。《明史》有传。

抚上郡集1卷　集部别集类

(1) 明嘉靖十四年宋宜刻本,国家图书馆藏。

(2) 明隆庆元年(1567)次子周伟刻本,山东图书馆藏。

周尚书集1卷　集部别集类

《盛明百家诗》本。

上谷稿　集部别集类　佚

渔阳稿　集部别集类　佚

以上2种见《千顷堂书目》卷22。

按:《渔阳稿》,道光《武阳合志》作《榆阳稿》。

蒋　洽(1475—1520)

字惟和,别号介石。明武进人。正德六年(1511)进士。授南京兵部车驾司主事。守成例,不为苟徇。升户部山东司员外郎,督江浦等处。为官清正廉洁。

介石稿 4 卷　集部别集类　佚

见道光《武阳合志》卷 33。

陆奎章

字子翰，自号孤陈山人，又号东坤子。明武进人。简次子。嘉靖七年(1528)举人，授武康知县。不乐政事，求改教职，授宁波教授。与诸生朝夕论难，居常手不释卷。官至泰宁知县。

陆诗别传 12 卷　经部诗经类　佚

见清朱彝尊《经义考》。

道在编 2 卷　子部儒学类　佚

见《天一阁书目》。

香奁四友传 2 卷　子部小说类

(1) 明嘉靖刻本，北京大学图书馆藏。

(2)《四库全书存目丛书》本，据北京大学图书馆藏本影印。

按：《四库全书总目提要》云是书“前四友曰金亮、木理、房施、白华，乃镜梳脂粉也。后四友曰周准、齐铬、金贯、索纫，乃尺剪针线也。盖仿韩愈《毛颖传》而作。后附《偶人说》一篇，皆词意儇薄，了无可取”。

听真稿 2 卷　集部别集类

明嘉靖刻本，国家图书馆藏。

按：《续修四库全书总目》云：“通体皆七言绝句咏史诗，为篇一百三十。”

王　忱(1476—1542)

字信卿，号东溪。明武进人。早年丧父，以授徒为生。初应郡试，遭考官讥嘲，乃不试而出，终生不赴试。构筑一室，日以考正五经六书、四声字韵、史传纪年、朝代名字为事。

五经六书 10 卷　经部群经总义类　佚

诗韵 4 卷　经部小学类　佚

以上2种见道光《武阳合志》卷32。

胡　颐(1477—1567)

字世贞,号梦竹。明武进人。胡濙孙。郡庠生,以祖荫任中书舍人,历任内阁典籍、光禄寺丞。

毗陵胡氏家集5卷附录1卷　集部总集类

明胡𪊲编　胡颐续

明万历三十三年(1605)胡公愉刻本,台湾"中央图书馆"原藏。见"胡𪊲"条。

徐　问(1480—1550)

字用中。明武进人。弘治十五年(1502)进士,历任直隶广平推官、刑部主事、登州知府、长芦盐运使、广东左布政使等职。嘉靖十一年(1532)任贵州巡抚,迁兵部右侍郎。寻引疾归。二十一年,召为南京礼部侍郎,久之,迁户部尚书。二十四年,罢南京工部尚书职还,卒于家。问清节自励,长芦盐运使为肥缺,终任不取一钱;巡抚贵州,建贵阳书院,反对无辜杀戮少数民族。其学主张穷理致知,敬义直方。隆庆初谥庄裕,学者称养斋先生。《明史》有传。

读书札记8卷　子部儒学类

(1) 明嘉靖二十年张志选跋刻本,此本有《续记》1卷。国家图书馆藏。

(2) 抄本,南京图书馆藏。

(3)《四库全书》本。

(4)《得月簃丛书》本。

(5)《丛书集成初编》本。

小山堂外纪　子部杂学类　佚

见道光《武阳合志》卷33。

山堂萃稿16卷续稿4卷　集部别集类

(1) 明嘉靖二十年延陵晋江张氏刻本，国家图书馆藏。

(2) 明崇祯十一年(1638)徐邦式重修本，辽宁图书馆藏。

(3)《四库全书存目丛书》本，据辽宁图书馆藏本影印。

(4)《明别集丛刊》本，影印明嘉靖二十年刻本。

山堂萃稿诗集 6 卷山堂续稿 1 卷　集部别集类　佚

见《清代毗陵书目》卷 6。

养斋二集 34 卷　集部别集类　佚

见道光《武阳合志》卷 33。

养斋三集 24 卷　集部别集类　佚

见《千顷堂书目》卷 21。《明史·艺文志》作《文集》24 卷。

徐尚书集 1 卷　集部别集类

《盛明百家诗》本。

陆巽章

明武进人。简三子。正德三年(1508)进士，官户部员外郎。

鸿磐文集　集部别集类　佚

见道光《武阳合志》卷 33。

陈　瑗

字良玉，号清峰。明武进人。正德二年(1507)举人。初任推官，升大理府通判。以直言忤上官，降迁福建市舶司提举。为官清廉。

闽游稿　史部地理类　佚

粤游稿　史部地理类　佚

滇游稿　史部地理类　佚

以上 3 种见光绪《武阳志余》卷 7。

吴　仲(1482—1568)

字亚夫、亚甫，亦作弘甫，号剑泉。明武进人。正德十二年(1517)

进士，知江山县。嘉靖初擢监察御史，巡按育隶，疏请重浚通惠河。后历迁湖广参政、南太仆少卿、处州知府等。长于经世之学，颇有政绩。

谏垣奏议（一作剑泉奏议）3 卷　史部杂史类　佚

见道光《武阳合志》卷 32。

通惠河志 2 卷附录 1 卷　史部地理类

按：见《千顷堂书目》卷 8，注："嘉靖八年（1529）记开河事。"《四库全书总目》略谓："通惠河即元郭守敬所开通州运河，明初湮废。仲疏请重浚，不数月工成，遂世受其利。"又参见《明史·河渠四》。

（1）明隆庆刻本，国家图书馆藏。

（2）《玄览堂丛书初集》本，影印隆庆本。

（正德）江山县志 10 卷　史部地理类　佚

明吴仲修　徐文溥纂

见《千顷堂书目》卷 7。本志修于正德十五年，刻本已佚。参见《浙江方志考》卷 9。

鸿爪集 8 卷　集部别集类　佚

见《千顷堂书目》卷 22。

叶　林（1483—1553）

字乔伯，号包庵。明武进人。正德八年（1513）举人，授山东邹平知县，多政绩。后归里以教授为业，一时名士如唐顺之等皆得其传。

经书大成义　经部群经总义类　佚

渐学录　子部儒学类　佚

邹平集　集部别集类　佚

考义集　集部别集类　佚

暇学遗怀诗集　集部别集类　佚

以上 5 种见光绪《武阳县志》卷 28。

唐　珤(1483—1555)

字国秀，号有怀。明武进人。顺之父。正德五年(1510)举人。六试礼部不第，就选信阳州知州。累官户部员外郎，南京户部郎中，永州府知府。颇多惠政。居官数十年，家产无所增益。嘉靖二十三年(1544)致仕。

历代志略 4 卷　史部史钞类

明嘉靖十三年黄时刻本，南京图书馆藏。

恽　釜(1484—1556)

字器之，号后溪。明武进人。正德十六年(1521)进士。初知安陆州，后任温州知府，调成都知府，称疾不赴。弗避权贵，守正不阿。

溪堂集 2 卷　集部别集类

恽厥初编《兰陵恽氏家集》本，中国科学院图书馆藏。

冯　琏(1485—1550)

字良器，号听秋。明武进人。诸生。

演畅集　集部别集类　佚

听秋剩稿　集部别集类　佚

以上 2 种见光绪《武阳志余》卷 7。

孙　銮(1489—1550)

字朝望，号恕斋，又号东野。明武进人。慎行曾祖。正德十六年(1521)进士，授刑部主事，出为汉中守，擢云南按察司副使，迁太仆寺卿，引疾归。

刑书诗集 2 卷　集部别集类　佚

见光绪《武阳县志》卷 28。

吴　校

明武进人。

寄园诗草　集部别集类　佚

见道光《武阳合志》卷33。

金九皋

明武进人。九成弟。以贡士授浙江上虞县训导,迁武康知县。修学校,严课程,有政声。谢病归。

抱瓮集　集部别集类　佚

见道光《武阳合志》卷33。

唐　鹏(1490—1583)

字文举,号南溟、半轩子。明武进人。8岁而孤。年12举秀才,后累试不第。选授山西行司经历,一年后丁母艰。服阕,署浑源州事,补官万全知州。不数年,致仕家居,日集古验方,究心医术,教子孙学文修行。晚年双目失明。

云卿集(一作致政集)1卷　集部别集类　佚

见道光《武阳合志》卷33。

叶　金

字品三,号诚斋。明武进人。夔子。嘉靖元年(1522)举人,授绍兴府通判,多政绩。

毗陵人品记10卷　史部传记类

明叶夔命意　毛宪、叶金撰　顾宪成重撰　吴亮增修

(1) 明万历刻本,常州市图书馆藏。

(2) 清双桂轩抄本,上海图书馆藏。

(3) 旧抄本,台湾“中央图书馆”原藏。

(4) 1936年毗陵毛氏重刊木活字本，常州图书馆藏。

(5)《四库全书存目丛书》本，据常州图书馆藏本影印。

(6)《续修四库全书》本，据常州图书馆藏本影印。

(7) 凤凰出版社2013年版《常州历史文献丛书》第一辑本。

详见“叶夔”条。

余姚县志　史部地理类　佚

见道光《武阳合志》卷32。

陆焕章

字子文。明武进人。简六子。

鷴峰杂著4卷　子部小说类　佚

见《百川书志》卷8，云：“皇明毗陵陆焕章子文，读书有得，辄录之以备遗忘，资问难。感今怀古口异，商订事物之疑，久之成书，凡七十七则。”

鷴峰别集　集部别集类　佚

见道光《武阳合志》卷33。

唐　音(1496—1552)

字希古，号克庵。明武进人。顺之侄。少重病几死，父遂命习医。仍不忘学文，日夜苦读。后与叔顺之及毛宪、魏校同学，相互切磋。嘉靖七年(1528)中举，竟不应会试，选直隶鸡泽知县。性耿介，不事逢迎，执法不阿。后卒于任，贫无以殓。生平好读书，常反复推敲论辩，以求至当。

五音质疑4卷　经部小学类　佚

见道光《武阳合志》卷32。

唐音文集20卷　集部别集类　佚

见《千顷堂书目》卷23、《明史·艺文志》。

邹　骁(1497—1559)

字道约，号砚溪。明武进人。太学生，曾任宁都主簿。

删补思贤录6卷　史部传记类　佚

见道光《武阳合志》卷32、《自齐至明毗陵书目》。

白　悦(1498—1550)

字贞夫。昂孙。明武进人。嘉靖十一年(1532)进士。官尚宝司丞。十八年以未扈从南巡黜京职，谪永平通判，诏迁江西按察司佥事，俄令致仕。以诗文名于时，诗句华赡，神理清远。

白洛原遗稿8卷　集部别集类

(1) 明隆庆元年(1567)皇甫汸刻本，上海图书馆藏。

(2)《四库全书存目丛书》据上海图书馆藏本影印。

(3)《明别集丛刊》影印本。

按：《千顷堂书目》卷23作《白洛原集》。

吴希孟

字子醇，号龙津。明武进人。杰子。嘉靖十一年(1532)进士，授东阳知县，选户科给事中。与龚用卿奉使朝鲜，还，擢江西参议，以事贬会稽县丞，官终广信知府。

使朝鲜录3卷　史部地理类

1937年陶风楼影印本，北京师范大学图书馆藏。

钓台集8卷附录1卷　集部总集类

明吴希孟辑

(1) 明嘉靖十五年焦煜刻本，国家图书馆藏。

(2) 明嘉靖间建德林以良刻本，存卷1—4，复旦大学图书馆藏。

吴　性(1499—1563)

字定甫，号寓庵。明宜兴人，徙居武进。可行、中行父。嘉靖十四年(1535)进士，授河南南阳府教授，迁南京户部主事，历员外郎中、北户部、南礼部、南京兵部等。数请告以恬退，累官至尚宝司丞。性端介，家居孝友，有古贤遗风。能诗文，尤精于《礼》。

丧礼酌　经部仪礼类　佚

读礼备忘 2 卷　经部三礼总义类　佚

以上 2 种见道光《武阳合志》卷 32。

天真园稿 12 卷　集部别集类　佚

见道光《武阳合志》卷 33。

叶　材(1500—1554)

号木庵。明武进人。林弟。嘉靖二十三年(1544)进士。

木庵诗集　集部别集类　佚

文章法古集　集部别集类　佚

以上 2 种见光绪《武阳县志》卷 28。

薛应旂(1500—1572)

字仲常，号方山。明武进人。嘉靖十四年(1535)进士。授浙江慈溪知县，累迁南京考功郎中。忤严嵩，谪建昌通判，迁浙江提学副使，以大计罢归。曾就学于王守仁，主“良知”说。工文史，与唐顺之、瞿景淳齐名。嘉靖三十年，徐阶以浙江按察佥事提督学政，倡修《浙江通志》，薛氏旋踵修之，历时 10 载，七易其稿而成，为浙江通志开创之作，且于方志纂修理论亦有发挥。晚年深究理学，著述颇丰。

方山诗说 8 卷　经部诗经类　佚

论语说 8 卷　经部四书类　佚

以上 2 种见道光《武阳合志》卷 32。

四书人物考 40 卷　经部四书类

(1) 明嘉靖间锡山俞渊刻本,国家图书馆藏。

(2)《四库全书存目丛书》本,据国家图书馆藏本影印。

(3)《中国人民大学古籍珍本丛刊》本。

按:《四库全书总目》著录之本有《补考》8 卷,题其玄孙寀编,云此类书乃为时文而编,“襞积割裂,以涂饰试官之耳目,斯亦经术之极弊”。王重民《中国善本书提要》谓:是书增补本颇多,此嘉靖本乃是原本。

四书人物考 8 卷　经部四书类

明万历七年(1579)聚庆堂徐龙池刻本,安徽省图书馆藏。

校正注释四书人物考 8 卷　经部四书类

明薛应旂撰　朱焯注

明刻本,清华大学图书馆藏。

四书七十二朝人物考 40 卷　经部四书类

明刻本

(1) 广东省立中山图书馆藏。

(2)《中国古籍珍本丛刊·广东省立中山图书馆卷》本。

新刻七十二朝四书人物考注释 40 卷　经部四书类

明薛应旂撰　朱焯注释

明万历新科书林叶近山刻本,苏州市图书馆藏。

新刻七十二朝四书人物考注释 40 卷　经部四书类

明薛应旂撰　焦竑、朱焯注

明万历三十六年书林舒承溪刻本,清华大学图书馆藏。

四书人物考订补 40 卷　经部四书类

明薛应旂撰　朱焯注　许胥臣订补

(1) 明万历十三年刻本,国家图书馆藏。

(2) 明天启七年(1627)刻本,哈佛大学图书馆、南京大学图书馆藏。

按:王重民云:“许胥臣除增补薛、朱所未及外,其最大贡献在逐条注明出处。”

石渠阁删注四书人物考40卷附四书杂考6卷　经部四书类

明薛应旂撰　朱焯注　薛寀订补

明崇祯刻本，哈佛大学图书馆藏。

增补四书精绣图像人物备考12卷图1卷　经部四书类

（1）清康熙五十六年（1717）三乐斋刻本，天津图书馆藏，题为《增订龙门四书图像人物备考》。

（2）清乾隆九年（1744）古吴世德堂刻本，湖南图书馆藏。

（3）清乾隆二十一年四美堂刻本，烟台图书馆藏。（存1—4卷）。

（4）清光霁堂刻清乾隆三十九年三多斋刻本，青海省图书馆藏。

（5）清郁文堂刻本，海阳市图书馆藏。

（6）清乾隆五十一年刻本，海阳市图书馆藏。

（7）清嘉庆元年（1796）二南堂刻本，栖霞市图书馆藏。

四书人物考12卷　经部四书类

明薛应旂撰　陈仁锡增定

（1）清古吴三乐斋刻本，常州图书馆藏。

（2）清乾隆二年怡怡堂刻本，南京晓庄学院图书馆藏。

（3）清乾隆五十九年刻本，北京大学图书馆藏。

四书人物考订补4卷　经部四书类

明薛应旂撰　许胥臣订补

明天启刻本，湖南省社会科学院图书馆藏。

陈明卿先生订四书人物备考48卷　经部四书类

明薛应旂撰　陈仁锡增定

清康熙吴郡绿荫堂刻本，国家图书馆藏。

宋元通鉴157卷　史部编年类

（1）明嘉靖四十五年自刻本，国家图书馆、山东省图书馆、北京大学图书馆、湖北省图书馆藏（汪昂评点）。

（2）明万历间徐元太刻本，题为《新刊宪台考正宋元通鉴全编》21

卷，国家图书馆藏。

(3) 明天启六年长洲陈仁锡刻本，北京大学图书馆藏。

(4) 明刻本，国家图书馆藏、台湾“中央图书馆”原藏。

(5) 清刻本，国家图书馆藏。

(6) 清安汉淡春台抄本，湖南省社会科学院图书馆藏，存卷17—29,35—41,49—57,64—65,123—157。

(7)《四库全书存目丛书》本，据山东省图书馆、北京大学图书馆藏嘉靖四十五年自刻本影印。

按：是书起宋太祖迄元顺帝。

宪章录47卷　史部编年类

明万历二年刻本，上海图书馆藏，有抄配页。

宪章录46卷　史部编年类

(1) 明万历二年平湖陆光宅刻本，国家图书馆、陕西省图书馆藏。

(2) 1988年全国图书馆藏文献缩微复制中心影印本。

(3)《四库全书存目丛书》本，据陕西省图书馆藏本影印。

(4) 2014年凤凰出版社出版。

按：《四库全书总目》著录47卷本，谓此书上起洪武下迄正德，编年纪事，盖以续所作《宋元通鉴》。本书有47卷、46卷两种版本，据王重民《中国善本书提要》云，两本内容相同，惟46卷本第39卷分上下卷，故少1卷，今不知其合并之故。下书口记刻工姓名，47卷本无之，此46卷本字画较纤细，疑其刊行在后。

甲子会纪5卷　史部史表类

明薛应旂撰　陈仁锡增定

(1) 明嘉靖三十七年玄津草堂刻本，天津图书馆藏。

(2) 明万历间陈仁锡刻本，北京大学图书馆藏。

(3)《资治通鉴大全》本。

(4)《四库全书存目丛书》本，据天津图书馆藏本影印。

按：是书起黄帝八年，终嘉靖八年。

重编考亭渊源录24卷　史部传记类

明宋端仪撰　薛应旂辑

(1) 明隆庆三年(1569)林润刻本,北京师范大学图书馆、浙江图书馆藏。

(2) 日本天保九年(1838)刻本,北京大学图书馆藏。

(3)《四库全书存目丛书》本,据北京师范大学图书馆藏本影印。

(4)《续修四库全书》本,据浙江图书馆藏本影印。

按:《四库全书总目》谓此书明宋端仪撰,薛氏重修。而南京大学图书馆藏有此书初编12卷抄本,著录为沈士华增,未提薛氏重修。录以备考。

新锓评林旁训薛郑二先生家藏酉阳搜古人物奇编18卷首1卷　史部传记类

明薛应旂辑　郑以伟注评　施凤来校正

(1) 明万历三十七年书林余应虬刻本,山东大学图书馆藏。

(2) 明万历四十四年书林郑名相刻本,浙江省图书馆藏。

按:王重民《提要》云:"是书即薛应旂《四书人物考》原文,盖就朱焯《注释》而损益之,疑即出于施凤来或余应虬手。朱焯、郑以伟皆闽人,以伟名甚彰,故攘之朱而托之郑也。"

新锓评林旁训薛汤二先生家藏酉阳搜古人物奇编18卷首1卷　史部传记类

明薛应旂辑　汤宾尹评

明万历四十四年刻本,清华大学图书馆藏。

新锓评林旁训薛郑二先生家藏我朝人物搜古奇编7卷首1卷　史部传记类

明万历詹圣泽刻本,北京师范大学图书馆藏。

我朝人物搜古奇编28卷　史部传记类

明薛应旂辑,郑以伟注

明万历三十八年芝城书林詹圣泽刻本。

高士传 4 卷　史部传记类

明隆庆刻本,国家图书馆藏。

皇明人物考 7 卷　史部传记类　佚

见《千顷堂书目》卷 10,注:“饶郑以伟注评。”

隐逸传 2 卷　史部传记类　佚

见《千顷堂书目》卷 10。

颜子 2 卷　史部传记类　佚

见道光《武阳合志》卷 32。

学政公移 3 卷　史部政书类　佚

见《千顷堂书目》卷 10。

方山外集 3 卷　史部政书类　佚

见道光《武阳合志》卷 32。

(嘉靖)浙江通志 72 卷　史部地理类

明胡宗宪修　薛应旂等纂

明嘉靖四十年刻本,上海图书馆藏。

括苍诸山志　史部地理类　佚

天目山志　史部地理类　佚

以上 2 种见光绪《武阳志余》卷 7。

纪述　子部儒学类

(1) 明王文录辑《百陵学山》本。

(2)《景印元明善本丛书十种》本。

(3)《宝颜堂秘笈》本,名《薛方山纪述》1 卷。

(4)《丛书集成初编》本。

(5)《广快书》本,名《照心犀》1 卷。

(6) 明崇祯间刻本,北京大学图书馆藏。

(7)《说郛续》宛委山堂本,名《方山纪述》1 卷。

(8)《学海类编》本,名《方山纪述》4 卷。

(9)《四库全书存目丛书》本,据宝颜堂秘笈本影印。

薛子庸语 12 卷　子部儒学类

（1）明隆庆刻本，常州图书馆、南京图书馆藏。

（2）1939 年石印本，华东师范大学图书馆藏。

（3）《四库全书存目丛书》本，据南京图书馆藏本影印。

（4）《续修四库全书》本，据隆庆刻本影印。

按：是编为其讲学之语。分 24 篇，各以首二字为篇名，而每条冠以“薛子曰”，意欲如扬雄之拟《论语》。其门人向程为之音释。

明儒论宗 8 卷　子部儒学类

明薛应旂辑并批点

明隆庆元年金陵三山书坊刻本，复旦大学图书馆藏。

宋方文语　子部儒学类　佚

见道光《武阳合志》卷 33。

孙子说　子部兵书类　佚

见道光《武阳合志》卷 33。

方山先生文录 22 卷　集部别集类

（1）明嘉靖三十三年东吴书林刻本，苏州图书馆藏。

（2）《常州先哲遗书》本。

（3）《四库全书存目丛书》本，据苏州图书馆藏本影印。

（4）上海书店《丛书集成续编》本。

薛宪副集 1 卷　集部别集类

《盛明百家诗前编》本。

薛方山集 1 卷　集部别集类

《广理学备考》本。

方山薛先生全集 68 卷　集部别集类

（1）明嘉靖刻本，上海图书馆藏。

（2）《续修四库全书》本，据上海图书馆藏本影印。

（3）《明别集丛刊》影印本。

方山外方录 6 卷　集部别集类　佚

见光绪《武阳县志》卷28。

精选古今四六会编4卷　集部总集类

明崇祯金陵书林余遇时刻本。

六朝诗集24种55卷　丛书类

明薛应旂辑，子目从略。

(1) 明嘉靖二十二年刻本，国家图书馆藏。

(2) 嘉靖钞配本，中国人民大学图书馆藏。

蒋　孝(1504—?)

字维忠。明武进人。嘉靖二十三年(1544)进士，官户部主事。

户部集　集部别集类

明嘉靖三十七年刻本。

陶靖节集10卷总论1卷　集部别集类

宋汤汉等笺注

明嘉靖二十五年蒋孝刻本，国家图书馆藏。

中唐十二家诗集78卷　集部总集类

蒋孝辑

(1) 明嘉靖二十九年蒋孝刻本，国家图书馆藏。

(2) 明万历四十年(1612)金陵书坊王世茂刻本，陕西图书馆藏。(存9种)

按：此集辑储光羲、独孤及、刘长卿、钱起、卢纶、孙逊、崔峒、刘禹锡、张籍、王建、贾岛、李商隐等十二家诗。

旧编南九宫谱不分卷　集部词曲类

明嘉靖三十八年蒋孝三径草堂刻本，南京图书馆藏。

旧编南九宫谱10卷十三调南曲音节谱1卷　集部词曲类

(1) 明万历间刻本，国家图书馆藏，南京图书馆藏胶卷。

(2) 抄本，北京大学图书馆藏。

(3)《曲苑》本。

(4)《重订曲苑》本。

(5)《玄览堂丛书》本。

(6)《善本戏曲丛刊》本，台北学生书局 1984 年影印。

按：此二谱旧题徐渭撰，青木正儿、王古鲁等考定为蒋孝作。蒋孝从陈氏、白氏二家得《九宫》及《十三调》二种南曲谱，然仅有目无曲辞，蒋氏乃自古戏及散曲中摘取例子，于《南九宫谱》每一调各谱一曲，《十三调谱》则依旧仅存目录，未加曲辞。此系现存南曲谱中最古之谱。后戏曲家沈璟据蒋孝旧谱修正增补成《南宫十三调曲谱》。参见青木正儿《中国近世戏曲史》第 16 章以及附录 1、2。

徐　玩(1506—1566)

字味道。明武进人。嘉靖四十四年(1565)岁贡生。母殁，奉养病父备至，因不赴礼部试。待人无疾言厉色，重义轻利。

课余漫录　子部儒学类　佚

日省良箴　子部儒学类　佚

以上 2 种见道光《武阳合志》卷 33。

唐顺之(1507—1560)

字应德，一字义修。明武进人。嘉靖八年(1529)会试第一。赐进士出身，改庶吉士。授兵部主事，调吏部，改翰林院编修。因病致仕。十八年，太子立，召为右春坊司谏，因请求朝见太子而被削职。隐居宜兴，爱荆溪山水，自号荆川。居 10 余年，因东南倭患，三十三年，起为南京兵部主事，以功升右佥都御史，巡抚凤阳。三十九年，力疾渡焦山，卒于泰州姜堰舟中。崇祯初，谥襄文。顺之博学多才，古文崇尚唐宋，卓然为一大宗。《明史》有传。

乐论 8 卷　经部乐类　佚

见《明史·艺文志》。

左氏始末 12 卷　经部春秋左传类

(1) 明嘉靖四十一年弟正之、立之刻本，曾侄孙一麐序，北京大学图书馆藏。

(2) 万历四十二年(1614)徐鉴重刻本，北京大学图书馆藏。

按：唐鹤徵《陈渡阡表》作 8 卷。

春秋论 1 卷　经部春秋总义类

原刊本佚，全文已收入《荆川集》。

获麟考 1 篇　经部春秋总义类　佚

见道光《武阳合志》卷 32。

按：唐鼎元云：据道光《武阳合志》谓“见朱氏《经义考》”，但鼎元于《经义考》未见此篇。姑识之以俟详考。

五经总论 1 卷　经部群经总义类　佚

见《明史・艺文志》。

荆川先生精选批点史记 12 卷　史部正史类

(1) 明嘉靖间刻本，上海图书馆藏。

(2) 明万历五年浙人双全童子山刻本，北京师范大学图书馆藏。

(3) 明万历十二年贵州重刻本，南开大学图书馆藏。

(4)《中国人民大学古籍珍本丛刊》本。

按：卷内题巡按贵州监察御史彭富、贵州布政使左参议应存卓订刻。此书据嘉靖本重刻，但将批点删去。

重刻唐荆川精选汉书　史部正史类

(1) 明嘉靖胡宗宪间刻本，上海图书馆藏，2 卷。

(2) 嘉靖刻本，上海图书馆藏，6 卷。

(3) 明刻本，有张元济跋，上海图书馆藏。

(4) 万历十二年贵州重刻本，南开大学图书馆藏。

(5) 明万历间刻本，中山大学图书馆藏，2 卷。

(6) 明天启三年(1623)吴兴沈琇卿刻本，上海图书馆藏，4 卷。

重刻翰林校正少微通鉴 20 卷首 2 卷　史部编年类

宋江贽撰　明唐顺之删订　张谦校正

(1) 明万历建阳书林刘莲台刻本,国家图书馆、北京大学图书馆藏。

(2) 明崇祯三年(1630)书林杨壁卿清白堂刻本,哈佛大学图书馆藏。

按:王重民《中国善本书提要》云:原题:“赐进士第翰林院编修直隶毗陵荆川唐顾之删定,赐进士第福建按察司廉使慈溪则西张谦校正,书林刘大茂刊行。”卷末有“闽建邑书林刘氏莲台重梓行”牌记。道光《武阳合志》卷32有《宋资治通鉴节要》,当即指本书。

历代史纂左编(一作史纂左编)142卷　史部史钞类

(1) 明嘉靖四十年胡宗宪校刻,王革、左丞校正,首都图书馆、复旦大学图书馆藏。

(2) 明万历四十年翻刻嘉靖本。明吴用先、陈邦瞻、萧近高同校,北京大学图书馆藏。

(3)《四库全书存目丛书》本,据首都图书馆藏本影印。

按:《四库全书总目》史钞类目作124卷,误。

汉书揭要1卷　史部史评类　佚

见道光《武阳合志》卷33。

原按云:“是书胡文焕刊入《格致丛书》。”然今《格致丛书》无此书。

两汉解疑2卷　史部史评类

(1)《学海类编》本。

(2)《借月山房汇钞》本。

(3)《忏花庵丛书》本。

(4)《武进唐氏所著书》本,1卷。

(5)《四库全书存目丛书》本,据涵芬楼影印《学海类编》本影印。

两晋解疑1卷　史部史评类

版本同《两汉解疑》。

广右战功录1卷　史部杂史类

(1)《金声玉振集》本,作《广右战功》。

（2）《借月山房汇钞》本。

（3）《泽古斋重钞》本。

（4）《丛书集成初编》本。

按：此书已收入《荆川集》中，《四库全书总目》入存目。

荆川先生右编40卷　史部政书类

（1）明万历三十三年南京国子监豫章刘曰宁刻本，复旦大学图书馆藏。

（2）《四库全书存目丛书》本，据吉林省图书馆藏本影印。

（3）《续修四库全书》本，据复旦大学图书馆藏本影印。

按：《四库全书总目》云："其曰'右编'者，取'右史记言'之义也。然其稿未定而顺之殁。后万历中焦竑得其残本，南京国子监祭酒刘曰宁、司业朱国桢，仿'左编'义例，定其部分，且补其遗佚，付之梓。"是书《明史·艺文志》著录，入史部正史类，列《史纂左编》下。

评选两汉奏疏16卷　史部政书类　佚

明唐顺之、茅坤合评

见《东海藏书楼书目》。

历代地理指掌图　史部地理类　佚

大同三关图　史部地理类　佚

以上2种见《唐荆川公著述考》。

诸儒语要20卷　子部儒学类

（1）明万历三十年江西宜春吴达可刻本，国家图书馆藏。

（2）《四库全书存目丛书》本，据国家图书馆藏本影印。

按：据《唐荆川公著述考》，该书首刊于宜兴吴叔行（名达可），重刊于浙江黄翼云。参见《四库全书总目》。

荆川精选批点语录15卷　子部儒学类

明唐鹤徵阅　王宁忠校　叶世遇梓

明隆庆五年（1571）浙江宝山堂刻本，华东师范大学图书馆藏。

按：此书前14卷与《诸儒语要》同，末1卷则专言佛氏。疑原书为未定稿，故后人传刻有异。

诸儒文要8卷　子部儒学类

唐顺之选辑，明武进陈奎刻本，南开大学图书馆藏。

儒编60卷　子部儒学类　佚

见《千顷堂书目》卷11、《明史·艺文志》。

按：唐鼎元谓："公之文、武、左、右、杂五编，鼎元皆获读之。惟是编遍访无有。"

唐荆川先生纂辑武编前集6卷后集6卷　子部兵书类

(1) 明万历四十六年钱塘徐象橒曼山馆刻本，华东师范大学图书馆藏。

(2) 明活字本，国家图书馆藏。

(3) 清徐孟雅活字本，北京大学图书馆藏。

(4) 清刻本。前编6卷，后编5卷。军事科学院军事图书馆藏。

(5) 清抄本，前后集12卷。军事科学院军事图书馆、北京大学图书馆藏。

(6) 清抄本，前后10卷，存1—6卷，武汉大学图书馆藏。

(7)《分类评注文武合编百子金丹》之3、4卷，明末白下傅梦龙版筑居刊朱墨套印本，南开大学图书馆、华东师范大学图书馆藏。

(8) 清乾隆八年(1743)刻本，2卷1册，山东大学图书馆藏。

(9)《四库全书》本，10卷。

(10)《中国兵书集成》本，解放军出版社、辽沈书社1990年影印。

海防图志8卷　子部兵书类　佚

见《唐荆川公著述考》。

医纂　子部医家类

明抄绿格本，国家图书馆藏。

按：是书为医学文献汇抄。

荆川稗编120卷　子部典故类

(1) 明嘉靖胡宗宪刻本。

（2）明万历九年东海茅一相文霞阁刻本，北京大学图书馆藏。

（3）陈仁锡编，《八编经世类纂》本，明末刻本，北京大学图书馆藏。

（4）《四库全书》本。

按：初名《杂编》，《明史·艺文志》作《稗编》。

阴符经1卷阴符考1卷　子部道教类

唐顺之评释

（1）《兵垣四编》本。

（2）《武进唐氏所著书》本。

勾股六论1卷　子部历算类　佚

见《明史·艺文志》。

历算书稿12册　子部历算类　佚

见《唐荆川公著述考》。原按："黄梨洲谓荆川历法得自山阴周述学。未识信否。"光绪《武阳志余》卷7作《荆川历算书稿》。

神机勾股算法　子部历算类　佚

回回历批本　子部历算类　佚

奇门六壬翻擎　子部历算类　佚

太乙诸书　子部术数类　佚

以上4种见唐执玉重刊《荆川集》序。唐鼎元谓太平天国后诸书均未发现。

唐荆川先生文集12卷　集部别集类

（1）明嘉靖二十八年无锡安如石刻本，有王慎中序，复旦大学图书馆、北京大学图书馆藏。

（2）嘉靖三十二年书林浙江叶氏宝山堂刻本。因安本讹错太多，故重梓。清华大学图书馆、哈佛大学图书馆藏。

（3）嘉靖三十四年书林薛氏金陵刻本。按：即用叶宝山堂版挖改牌记而成。国家图书馆藏。

（4）万历间唐国达刻本，复旦大学图书馆、清华大学图书馆藏。

（5）《四库全书》本，即以叶本为底本。

(6)《摛藻堂四库全书荟要》本。

(7) 清光绪三十年(1904)金陵书局刻本,常州图书馆藏。

南北奉使集2卷　集部别集类

(1) 明嘉靖三十四年刻本。

(2)《四库全书存目丛书》本,据国家图书馆藏本影印。

按:《唐荆川公著述考》谓:《南北奉使集》均顺之海上御寇时所作。《四库全书总目》谓,是编一为《北奉使集》,乃其以职方郎中出核蓟镇兵籍时所作;一为《南奉使集》,乃视师江浙所作。两集俱载其筹边剿寇之事。先敕谕,次题疏,次启札,次诗篇。前后皆无序跋。又,明万历间唐鹤徵已将是书大部分编入《荆川集》。

重刊荆川先生文集17卷附录1卷　集部别集类

(1) 明万历元年纯白斋重刻本,美国国会图书馆、北京大学图书馆、南京图书馆(有丁丙跋)、山东图书馆(有清陈元龙批校、清刘峙跋)藏。

(2)《四部丛刊》影印万历本。此本删去《附录》,据金陵书局本收入《外集》3卷。

(3)《明别集丛刊》影印本。

按:是集为顺之子鹤徵取正续集及南北奉使集合编而成。

唐荆川先生文集18卷补遗1卷附录1卷　集部别集类

清唐执玉辑

(1) 清康熙五十一年(1712)唐执玉刻本,华东师范大学图书馆藏。

(2)《常州先哲遗书》本。

按:唐执玉另编《外集》4卷未刊。

重刊校正唐荆川先生文集12卷外集3卷补遗5卷附录1卷　集部别集类

缪荃孙编

清光绪三十年金陵书局刻本,清华大学图书馆藏。

按:唐执玉所编《外集》,清康熙中未刊。盛宣怀辑刻《常州先哲遗书》，寻而未得，殊以为憾。缪荃孙掌金陵书局，清光绪二十九年夏孙桐在京得《外集》，抄寄之，遂刻此集。首依嘉靖本刻文集12卷，次刻外集3卷，次以万历、清康熙续收诗文编为补遗5卷，末附万历本所编附录，遂成完璧。

唐荆川集　集部别集类

《广理学备考》本。

唐中丞集1卷　集部别集类

《盛明百家诗》本，明隆庆间刻本，北京大学图书馆藏。

唐荆川先生文选　集部别集类

明孙慎行选

明崇祯书林长庚堂刻《明四大家文选》本。

唐荆川稿1卷　集部别集类

清陈名夏辑

《国朝大家制义选》本。

唐荆川先生集选6卷　集部别集类

清张汝瑚选

《明八大家集》本。

唐荆川先生文选7卷　集部别集类

清李祖陶选

《金元明八大家文选》本。

唐荆川文选2卷　集部别集类

清刘肇虞选

《元明八大家古文选》本。

唐荆川先生稿1卷　集部别集类

清俞长城选评

《可仪堂一百二十名家制义》本。

唐荆川文粹5卷　集部别集类

(1) 日本文政元年(1818)村濑诲辅刻《明六大家文粹》本，东洋文库本。

(2) 日本文政十三年青木嵩山堂刻本,复旦大学图书馆藏。

按:据村濑序,是编原为4卷,收启、书、论等88篇。又选《广右战功》1卷,合为5卷。

荆川文粹1卷　集部别集类

(1)《五大家文粹》本。

(2) 清末长沙徐德立刻本,国家图书馆藏。

荆川公佚文1卷　集部别集类

唐鼎元辑

《武进唐氏所著书》本,民国铅印本。

唐荆川稿不分卷　集部别集类

明末刻本,复旦大学图书馆藏。

唐荆川先生传稿不分卷　集部别集类

清吕留良评点

(1) 清康熙刻本,国家图书馆藏。

(2)《四库禁毁书丛刊补编》本。

按:刊荆川制艺163首,分论上、论下、大学、中庸、孟上、孟下。原名《四书文》。

荆川传稿4卷　集部别集类

(1) 清光绪十八年无锡唐氏刻本,华东师范大学图书馆藏。

(2) 1948年铅印本,常州图书馆藏。

按:此书与《唐荆川先生传稿》一致。

唐襄文公文定4卷　集部别集类

清崔徵麟评选

清刻本,天津图书馆藏。

苏文嗜6卷　集部别集类

宋苏洵撰　明茅坤、唐顺之等点评

明吴兴凌氏三色套印本,吉林大学图书馆藏。

唐荆川选辑朱文公集 15 卷　集部别集类

唐顺之辑

明刊本，南京图书馆藏。有“史氏家藏”“读书破万卷，下笔如有神”二印。

董中峰先生文选 11 卷又 1 卷　集部别集类

明董玘撰　唐顺之选　王国桢校刻

明嘉靖四十年王国桢刻本，国家图书馆藏。

董中峰先生文选 12 卷　集部别集类

明抄本，美国国会图书馆藏。

按：此抄本乃玘裔孙董相所录，较刻本增文数篇，参见王重民《中国善本书提要》。

医闾先生集 9 卷　集部别集类

明贺钦撰　郑晓参定　唐顺之重校

明嘉靖间刻本，国家图书馆藏。

陈后冈诗集 1 卷　集部别集类

明陈约之著　唐顺之选　林可成校

明万历间刻本，国家图书馆藏。

荆川集 20 卷续集 6 卷奉使集 1 卷　集部别集类　佚

见《千顷堂书目》卷 20，《明史·艺文志》作《荆川集》26 卷。

荆川外集 4 卷　集部别集类　佚

唐执玉编

见缪荃孙编《荆川先生文集》按语。

文编 64 卷　集部总集类

(1) 原刻本明嘉靖三十五年丹阳姜宝廷善编次，知福州府垫江胡帛子行校刊，华东师范大学图书馆藏。

(2) 明天启元年吴郡陈元素重订本，华东师范大学图书馆藏。

(3)《四库全书》本，即缮录姜本。

六家文略 12 卷附六家始末 1 卷　集部总集类

明万历三十年蔡望卿刻本，美国国会图书馆、清华大学图书馆藏。

按：《千顷堂书目》卷31著录作《六大家文略》□卷。此书为唐顺之原选，门人蔡瀛重辑，瀛子望卿校刻。辑韩、柳、欧、苏、王、曾6家文，而苏则包括洵、轼、辙3人，实即唐宋八大家文。

唐会元精选批点唐宋名贤文粹8卷　集部总集类

明嘉靖二十八年书林桐源胡氏刻本，清华大学图书馆藏。

我朝殿阁名公文选10卷　集部总集类

明嘉靖三十八年建阳书林郑世豪宗文堂刻本。

批点真西山文章正宗　集部总集类　佚

见《唐荆川公著述考》，谓近人王季欢《怡庄楼书目》著录，鼎元曾观读。

诗编　集部总集类　佚

不知卷数。见吴用先《左编》序、焦蛇《右编》序、陈元素《文编》序。然不见于藏书家目录，恐未刊。

明文选20卷　集部总集类　佚

见《千顷堂书目》卷31、《明史·艺文志》。

二妙集12卷　集部总集类　佚

明唐顺之选，万士和编次

按：见《千顷堂书目》卷31。《四库全书总目》曰：初，顺之选汉魏至明之诗为《二妙集》，盖取陈献章论诗“法与理俱妙”之语以名其书。士和为顺之弟子，乃取其中唐、宋、元、明七言律绝若干篇，又益以顺之七言律诗1卷，共12卷，编印行世。

策海正传12卷　集部总集类　佚

见《明史·艺文志》《传是楼书目》。

陆南阳(1511—1592)

字伯明，号聚冈。明武进人。完学父。尝从唐顾之游，隆庆元年(1567)贡生，六年始仕，官湖北善化知县。为官公平正直，致仕归里，解囊不得一钱，授徒自给。

四书讲意 36 卷　经部四书类　佚

见道光《武阳合志》卷 32。注云："原本佚，子完学删补本。"

四书直解　经部四书类　佚

见光绪《武阳志余》卷 7，云："此书晚年手订，未及行世，毁于兵乱。"

陶　泽

字子沾。明武进人。嘉靖十三年(1534)举人，再试礼部不第，归后杜门歌咏，绝迹干求，以贫终。性豪爽负气，能文章，与薛应旂齐名。

古本孝经解 1 卷　经部孝经类　佚

近思续录 2 卷　子部儒学类　佚

朴庵文集　集部别集类　佚

以上 3 种见道光《武阳合志》卷 33。

周　山

明武进人。嘉靖十七年(1538)进士。官主事。

师资论统 100 卷　史部史钞类　佚

见道光《武阳合志》卷 32。

长湖外史

明常州人。姓氏、生平均不详。

草堂诗余续集 2 卷　集部词曲类

(1) 抄本，南京大学图书馆藏。

(2) 明末童涌泉镌《古香岑批点草堂诗余》四种刻本，国家图书馆藏。

(3) 清康熙刻本，常州图书馆藏。与明顾从敬辑《类编草堂诗余》4 卷、清毛先舒撰《词韵括略》合刻。

(4) 清乾隆三十年(1765)刻本，辽宁省图书馆藏。与明顾从敬辑《类编草堂诗余》4 卷、清毛先舒撰《词韵括略》1 卷附《词学论略》1 卷合刻。

顾世登

字文科。明武进人。诸生。

高山志 5 卷　史部地理类

(1) 明万历三十六年(1608)刻本，佚。

(2) 清道光二十九年(1849)木活字本，上海图书馆藏。

(3) 1937 年同邑吴镛木活字本，常州图书馆藏。

吴　嵚(1517—1580)

字宗高，自署未了庵，学者称昆麓先生。明武进人。嘉靖二十五年(1546)举人，任直隶长垣教谕，迁国子博士。升福建汀州通判，不赴归。嵚初为丹阳诸生，后师事唐顺之、薛应旂等，喜谈兵，通经学，工制义及诗词散曲。尝主讲元城书院，授诗平陵。隆庆元年(1567)与莫是龙、梁辰鱼、殷都等举办鹫峰诗社，影响甚大。

诗经讲义　经部诗经类　佚

四书讲义 6 卷　经部四书类　佚

以上 2 种见道光《武阳合志》卷 32。

正脉　集部诗文评类　佚

见康熙《武进县志》卷 23，注云：本书乃作者汇辑并评前人制义之作，刊行后影响颇著。

钱　纳(1517—1592)

字允夫，号省韦。明武进人。博览群书，谨循礼法。万历七年(1579)岁贡生，授华亭县训导，后迁淮府金华王教授，不赴。优游以终。

史纲摭奇 12 卷　史部史钞类　佚

见道光《武阳合志》卷32。

省韦诗文稿2卷　集部别集类　佚

见光绪《武阳志余》卷7。

恽绍芳(1518—1579)

字光世，号少南。明武进人。嘉靖二十六年(1547)进士。以不阿权贵，未入词林。后授刑部主事，官福建布政司左参议、湖广按察使等。为唐顺之门人，刻意为古文。

少南自序年谱　史部传记类　佚

见道光《武阳合志》卷32，注存。恽宝惠《恽氏先世著述考略》云："按是编是否即朊原公(恽厥初)所谓得履历一册刻入《考槃集》者，尚待考，因证诸传志及家乘均未述及有年谱也。"

林居集12卷　集部别集类

(1) 明崇祯二年(1629)《兰陵恽氏家集》本。

(2) 清抄本，中国科学院图书馆藏。

(3)《四库未收书辑刊》本，据清抄本影印。

(4)《明别集丛刊》本，据清抄本影印。

考槃集4卷　集部别集类

明崇祯五年《兰陵恽氏家集》本。

按：恽厥初自述略云："辛未(崇祯四年)予复辑旧录，得履历一册，因并他作，列为四卷，题曰《考槃集》。"

又按：以上2种皆收入恽厥初编《兰陵恽氏家集》。

少南先生文集15卷　集部别集类

清抄本，南开大学图书馆藏。

按：道光《武阳合志》卷32、恽宝惠《恽氏先世著述考略》作15卷。是书为恽厥初重辑，合《林居》《考槃》二集而又增所未备者。

庄　煦(1522—1597)

字楚园,一字启畅。明武进人。廪生。家贫,课徒为生。志行高洁,好读书,日夜吟诵不辍。深受弟子辈敬重。门中多通显士,名臣吴中行即其高弟。

新刊举业精义四书蒙引15卷王孚斋先生翻阅四书索引别录1卷　经部四书类

蔡清初稿　庄煦辑　万士和、吴中行校阅

明末宝翰楼刻本,北京大学图书馆藏。

按:道光《武阳合志》作《重辑四书蒙引》。《志余》原按:删节虚斋蔡氏清《蒙引》初稿、续稿,重为编辑。其门人吴中行序之。《别录》则以孚斋王氏升亦有芟节本,故别为编辑。每条后有按语,则楚园自出己见也。

叶如璧(1522—1606)

字子谷。明武进人。林子。工书,不求仕进。筑环碧堂,优游其中,年85卒。

金刚经注疏　子部佛教类　佚

见光绪《武阳合志》卷28,注云"存"。

午梦全书　集部别集类　佚

见光绪《武阳合志》卷26。

周士英

明武进人。万历年间任浙江义乌知县。

(万历)义乌县志20卷　史部地理类

明周士英修　吴从周等纂

(1) 万历二十四年(1596)刻本,南京图书馆藏。

(2)《中国稀见地方志汇刊本》。

郑　梓(1526—1600)

字怡良,号野洲。明武进人。官光禄寺录事。曾受业于唐顺之。

香玉斋集　集部别集类　佚

见《郑氏宗谱》卷6。

明世学山50种57卷　丛书类

明嘉靖三十三年(1554)郑梓刻本,国家图书馆藏。

子目见《北京图书馆藏古籍善本书目》子部。

明世学山41种51卷　丛书类

明郑梓原辑,沈廷文重编

(1) 清抄本,国家图书馆藏。

(1) 清末至民国乌丝栏抄本,国家图书馆藏。

按:《续修四库全书总目》云:"集有明一代,上溯洪武,下逮嘉靖,贤士大夫所论撰,荟萃而成是编,凡五十种。类皆杂家者流、语录家言。书成未刊。秀水沈廷文得抄本,以梓所搜集止于嘉靖,既缺隆万以后撰者,而所载《稻谱》《蚕经诸编》,涉于小道,似与'学山'之义不伦,因以己意删之,复增其前后所未备者,重为编次,分为四集。"

徐常吉(1528—1591)

字士彰,号儆弦。明武进人。弱冠能文。嘉靖四十三年(1564)举人,授上海县教谕。万历十一年(1583)进士,除中书舍人,迁南京户部给事中户科,故摄后湖黄册。所入不赀,常吉丝毫不染。上疏数十次,请减赋税。弹劾贪墨,揭发东厂太监罪行,为海瑞抗辩,为李巡抚狱剖冤。后迁浙江按察佥事,未抵任而卒。好学,多蓄书籍,公余手不释卷。

易解　经部易类　佚

洪范则洛书辨1卷　经部尚书类　佚

禹贡注3卷　经部尚书类　佚

禹贡辨1卷　经部尚书类　佚

以上4种见道光《武阳合志》卷33。

诗翼说5卷　经部诗经类　佚

四书原旨　经部四书类　佚

遗经四解4卷　经部群经总义类　佚

以上3种见《毗陵人品记》卷10、道光《武阳合志》卷33。

六经类聚4卷　经部群经总义类　佚

见道光《武阳合志》卷33、张惟骧《自齐至明毗陵书目》。

六经类雅5卷　经部群经总义类

(1) 明万历十七年刻本,中国人民大学图书馆藏。

(2)《四库全书存目丛书》本,据中国人民大学图书馆藏本影印。

六壬释义1卷　子部术数类　佚

诸家要旨2卷　子部杂学类　佚

以上2种见道光《武阳合志》卷33。

谐史4卷　子部小说类

明三衢舒其才石泉堂刻本,题徐世范辑,6卷,国家图书馆藏。

按:据《四库全书总目》,明朱维藩《谐史集》、明陈邦俊《广谐史》,其中均包括常吉书。《广谐史》10卷,有万历四十三年沈应魁刻本,国家图书馆藏。

新纂事词类奇30卷　子部典故类

明徐常吉辑

(1) 明万历二十一年金陵周曰校刻本,北京大学图书馆藏。

(2)《四库全书存目丛书》本,据北京大学图书馆藏影印。

诗家要选　集部总集类　佚

古文选　集部总集类　佚

唐诗选　集部总集类　佚

以上3种明徐常吉辑

见光绪《武阳县志》卷28,注:“并佚。”

吴可行(1528—1603)

字子言，号后庵。明武进人。性长子。嘉靖三十二年(1553)进士，选庶吉士，授翰林院检讨。以文学著称，才高气雄，为文多不留稿。曾与丁士美襄校《永乐大典》重抄本，多劳绩。

蓬累铭言 1 卷　子部小说类　佚

太史诗抄 2 卷　集部别集类　佚

韦弦集 10 卷　集部别集类　佚

以上 3 种见道光《武阳合志》卷 33。

吴后庵诗集 2 卷　集部别集类　佚

见光绪《武阳志余》卷 7。

胡公愉(1528—1607)

原名钲，字文静，号简庵。明武进人。郡增生。濙玄孙。例授光禄寺丞，乡饮大宾。

毗陵胡氏家集　丛书类

明万历三十二年(1604)胡公愉刻，台湾“中央图书馆”原藏。见“胡𪓟”条。

白启京(1530—1592)

字伯望，号少原。明武进人。郡庠生。唐顺之女婿。学有根底，诗风冲澹。

白少原遗稿 1 卷　集部别集类

见光绪《武阳志余》卷 7，原注云：“云间何三畏选刻之。”

汤日跻(1532—1577)

字汝敬，号琴川，明武进人。

易象图说 4 卷　经部易类　佚

见道光《武阳合志》卷32。

吴大礼(1535—1607)

字明节，号自如。明武进人。

自如诗集　集部别集类　佚

见道光《武阳合志》卷33。

唐鹤徵(1538—1619)

字元卿，号凝庵。明武进人。顺之子。隆庆五年(1571)进士，授礼部主事。与张居正不合去职。居正败，起为工部郎中，累迁太常寺卿。宦官肆暴殴属臣，因疏劾之，得旨严办。以此遭忌，遂告病免。与同郡龚道立、顾宪成等讲学东林书院。秉性耿介，嫉恶如仇。学识渊博，精于鉴赏。《明儒学案》卷26有传。

周易象义4卷　经部易类

(1) 抄本，浙江图书馆藏。

(2) 万历三十五年(1607)纯白斋刻本，哈佛大学图书馆藏，有明倪元璐朱笔评。

(3) 万历三十五年纯白斋刻本，天津图书馆藏。

(4)《武进唐氏所著书》本，1948年铅印本。

(5)《四库全书存目丛书》本，据天津图书馆藏本影印。

按：明刊本有唐氏自序及刘曰宁、张云章二序。武进唐氏本据抄本排印，并录倪批，后附《桃溪札记》。

周易合义　经部易类　佚

见光绪《武阳合志》卷7。

按：《武阳志余》云：薛氏子衡尝得残稿二帙，卷首题《周易合义》，下署毗陵后学唐鹤徵著。自乾至履分1卷、2卷，自剥以下佚。其书与《象义》大略相同，但《象义》兼言象数，此则言理而不及象。考诸家书目及邑志俱不著录，卷数亦不可知。

三关象　经部易类　佚

见孙慎行撰唐鹤徵《墓志铭》《明史·艺文志》。

皇明辅世编 6 卷续编 5 卷　史部传记类

(1) 明崇祯十五年(1642)陈睿谟评校刻本,国家图书馆、北京大学图书馆藏。

(2)《武进唐氏所著书》本,1947 铅印本,常州图书馆藏。

(3) 北京书目文献出版社 1988 年影印本。

(4)《四库全书存目丛书》本,据北京大学图书馆藏本影印。

(5)《续修四库全书》本,据崇祯十五年刻本影印。

按:《千顷堂书目》卷 10 于正编下注云:“自李善长至胡宗宪凡四十二人,采其有裨经济者辑之。”

宪世前编 1 卷宪世编 6 卷　史部传记类

(1) 明万历四十二年纯白斋刻本,东北师范大学图书馆藏。

(2)《四库全书存目丛书》本,据东北师范大学图书馆藏本影印。

按:是书首列孔子至孟子凡 7 人,为《宪世前编》,后列周濂溪、程明道等宋、明理学家凡 18 人。

太常遗著常州府人物志 1 卷　史部传记类

(1) 万历《常州府志》收有此志。

(2)《武进唐氏所著书》本,1947 年铅印本,常州图书馆藏。

(万历)重修常州府志 20 卷　史部地理类

明刘广生修　唐鹤徵等纂

(1) 明万历四十六年刻本,南京图书馆藏。

(2) 清抄本,常州图书馆藏。

(3)《南京图书馆藏孤本善本丛刊》2003 年版。

(万历)武进县志 8 卷　史部地理类

明晏文辉修　唐鹤徵纂

(1) 明万历三十三年刻本,天津图书馆藏。

(2) 清陆黼恩抄本,南京图书馆藏。

(3) 清抄本,上海图书馆藏。

南华正训 1 卷　子部周秦诸子类　佚

见《明史·艺文志》。

桃溪札记 1 卷　子部儒学类

(1)《明儒学案》收载本传后。

(2)《武进唐氏所著书》本,1947 铅印本。

太常遗著 3 卷　集部别集类

《武进唐氏所著书》本,1947 年铅印本。

元卿三稿(家居稿 1 卷南游稿 1 卷北游稿 1 卷)　集部别集类　佚

见道光《武阳合志》卷 33。

南游记　集部别集类　佚

见孙慎行撰唐氏《墓志铭》《传是楼书目》。

按:唐鼎元《唐氏先世著述考》云:"意即《元卿三稿》中之《南游稿》也。"

续今文选　集部总集类　佚

明万历三十一年刻本,国家图书馆藏。

按:此书系因不满孙鑛《今文选》"醉心北地"而续选。《清代禁书知见录》谓《今文选》12 卷,明余姚孙鑛选,武进唐鹤徵订,万历癸卯三十一年刊。卷 8 以下又名《续今文选》。

顾显仁(1539—1593)

明武进人。隆庆二年(1568)进士,官至山西参政。

天远楼集 20 卷　集部别集类　佚

见道光《武阳合志》卷 33。

吴之鹏(1539—1607)

号宪长。明武进人。万历五年(1577)进士。曾官福建按察使。

宪长诗集　集部别集类　佚

见道光《武阳合志》卷33。

吴中行(1540—1594)

字子道，号复庵。明武进人。性子，可行弟，亮、元父。隆庆五年(1571)进士，选庶吉士，授编修。万历五年(1577)张居正遭父丧，夺情视事，中行与赵用贤等上疏极谏，被廷杖，罢官回籍。后屡起屡废，官至侍讲学士、掌南京翰林院事。卒赠礼部右侍郎。《明史》有传。

新刊举业精义四书蒙引15卷王孚斋先生翻阅四书索引别录1卷　经部四书类

蔡清初稿　庄煦辑　万士和、吴中行校阅

明末宝翰楼刻本，广东省社会科学院、北京大学图书馆藏。

赐余堂集14卷　集部别集类

(1) 明万历二十八年吴亮、吴奕等刻本，国家图书馆、陕西省图书馆藏。

(2) 清乾隆五十八年(1793)吴珙立重刻本，复旦大学图书馆藏，有补遗一卷。

(3)《常州先哲遗书》本。

(4)《四库全书存目丛书》本，据陕西省图书馆藏本影印。

(5) 上海书店《丛书集成续编》本。

(6)《明别集丛刊》本，影印清乾隆五十八年吴珙立重刻本。

复庵娱晚诗抄1卷　集部别集类　佚

见《千顷堂书目》卷24。

皇明历科状元全策12卷　集部总集类

吴中行、蒋一葵辑

明万历十九年舒石泉刻本，国家图书馆藏。

王尧卿

明武进人。隆庆间以贡授郡阳训导，迁武陟县知县。能体恤民情，明辨冤屈，深得民心。卒于官。

韦庵诗文集　集部别集类　佚

见道光《武阳合志》卷33。

杨柔胜

字新吾。明武进人。工曲。

玉环记　集部词曲类　佚

见《古典戏曲存目汇考》卷9，注谓“此戏未见著录。《传奇汇考标目》别本著录之”。

绿绮记　集部词曲类　佚

见《今乐考证》《重订曲海总目》。

按：本传奇演相如、文君故事。赵景深《明清传奇钩沉》辑有佚曲4支。

李际春

字华卿。明武进县籍，陕西泾阳县人。万历二年(1574)进士。任湖北黄陂县知县。

红梅馆集8卷　集部别集类　佚

见《千顷堂书目》卷25、道光《武阳合志》卷33。

周宗邠

字肇迁。明武进人。万历举人，松阳县令。

南华集古8卷　子部杂学类

明万历二十三年(1595)自刻本，南京图书馆藏。

薜箩轩诗　集部别集类　佚

见《明代版刻综录》卷3人物小传。

吴之珍(1542—1615)

字无聘,号见心。明武进人。附监生。

存笥草1卷　集部别集类　佚

见道光《武阳合志》卷33。

恽应翼(1545—1607)

字远卿,号愚公,更号瑶池。明武进人。绍芳侄,以廪膳生员贡太学,谒选得甘肃安定县令。善应变,有惠政。读书上窥经籍,旁及子史。

(万历)新修安定县志7卷　史部地理类

明恽应翼修,张嘉孚纂

万历十三年(1585)修二十五年刻本,南京图书馆藏。

重辑高山志5卷　史部地理类

(1) 明万历三十六年原刻本,佚。

(2) 清道光二十九年(1849)重刻本,上海图书馆藏。

(3) 1937年同邑吴镛重刻本,常州图书馆藏。

按:恽宝惠《恽氏先世著述考略》云:"考是书为明顾世登、顾伯平同辑,而公重辑之。迨民国丁丑(二十六年,1937),邑人吴卓铭镛重刻,又增《高山志续》一卷。"

归与堂诗文集　集部别集类　佚

见道光《武阳合志》卷33。

瑶池集　集部别集类　佚

见光绪《武阳志余》卷7。

按:恽宝惠《恽氏先世著述考略》云:"《武阳志余》列有《瑶池集》,与《归与堂诗文集》当是一书,惜皆久佚。"

钱一本(1546—1617)

字国端,号启新。明武进人。万历十一年(1583)进士,授江西庐陵知县。擢福建道御史，出按广西，以建官罢归。初讲学于郡守欧阳东风所建经正堂。万历三十二年重修东林书院成，与顾宪成分主讲席。生平潜心六经、濂洛诸书，以至天文地理，无不探究，尤精《易》学。《明史》有传。

像象管见 9 卷　经部易类

(1) 明万历三十二年自刻本，北京大学图书馆藏。

(2)《四库全书》本。

按：《千顷堂书目》卷 1、《明史·艺文志》作 7 卷。

像象管见 4 卷序测 1 卷例略 1 卷题辞 1 卷易传 5 卷　经部易类

(1)《常州先哲遗书》本。

(2) 上海书店《丛书集成续编》本。

像抄 6 卷　经部易类

(1) 明万历四十一年自刻本，中国科学院图书馆、上海图书馆藏。

(2) 清初抄本，天津图书馆藏。

(3)《四库全书存目丛书》本，据中国科学院图书馆藏本影印。

像续抄 2 卷　经部易类

清钱济世刻本，福建省图书馆藏。

启新斋易象抄 5 卷附录 7 卷　经部易类

清末至民国抄本，国家图书馆藏。

四圣一心录 6 卷　经部易类

(1) 清康熙钱济世刻本，故宫博物院图书馆、福建省图书馆藏。

(2)《四库全书存目丛书》本，据故宫博物院图书馆藏本影印。

易人象图说 1 卷　经部易类　佚

见道光《武阳合志》卷 32。

戴记旧本大学不分卷　经部四书类

钱一本辑，民国张政题跋

明万历四十一年刻本，四川大学图书馆藏。

按：道光《武阳合志》卷 32 著录有《石经旧本大学》1 卷，当即此书。

源编　史部传记类　佚

汇编　史部传记类　佚

以上2种见道光《武阳合志》卷32。

西台奏稿1卷后1卷　史部政书类

明万历刻本，北京大学图书馆藏，存前集1卷。

按：《千顷堂书目》卷30作《西台疏稿》2卷。

黾记4卷　子部儒学类

(1) 明万历四十一年自刻本，中国科学院图书馆、南京图书馆藏。

(2)《四库全书存目丛书》本，据中国科学院图书馆藏本影印。

经正堂会语2卷　子部儒学类　佚

见道光《武阳合志》卷33。

范衍10卷　子部术数类

(1) 明万历三十四年刻本，国家图书馆、清华大学图书馆藏。

(2)《四库全书存目丛书》本，据清华大学图书馆藏本影印。

(3)《续修四库全书》本，据清华大学图书馆藏本影印。

范衍9卷畴问1卷衍法1卷　经部尚书类

明万历刻本，北京大学图书馆藏。

钱启新集　集部别集类

《广理学备考》本。

日启新斋集3卷　集部别集类　佚

见道光《武阳合志》卷33。

张弘道(1549—1617)

字成孺，号元岳。明武进人。万历二十八年(1600)举人。官至开封通判。

科名盛事录7卷　史部传记类

明张弘道、张凝道同辑

(1) 明万历间常州书林何敬塘刻本，国家图书馆藏。

(2)《明代传记丛刊》本。

明三元考 14 卷　史部传记类

明张弘道、张凝道同辑

(1) 明万历间刻本,国家图书馆藏、故宫博物院图书馆藏。

(2)《明代传记丛刊》本。

(3)《四库全书存目丛书》本,据故宫博物院藏本影印。

国概 3 卷　史部杂史类

明穆文熙批辑　张弘道校阅

(1) 明万历十二年刻本,南开大学图书馆藏。

(2) 明万历间书林叶芳春刻本,北京大学图书馆藏。

沧溟先生集 30 卷附录 1 卷　集部别集类

明李攀龙撰　张弘道校

明隆庆六年(1572)刻本,复旦大学图书馆、哈佛大学图书馆藏。

黄　裳(1549—1625)

字元吉,号文泉。明武进人。贡生,北直隶景州州判,安东卫领。

黄氏庆传录　史部传记类　佚

见道光《武阳合志》卷 32,原注云:“是书后为黄氏宗谱,递有增益。非原书矣。”

王国宾

号养默。明武进人。万历二年(1574)进士,官至户部员外郎。

新刊君子亭五经摘草 5 卷　经部群经总义类

明万历十一年刻本,台湾“中央图书馆”原藏。

新刊君子亭群书摘草 5 卷　子部杂学类

(1) 明万历十一年刻本,重庆图书馆藏。

(2)《四库全书存目丛书》本,据重庆图书馆藏本影印。

吴瑞登

字云卿。明武进人。由贡生授光州训导，荐入史馆，补学录。迁辰州通判，劝农课士，多惠政。博学多通，熟于讲授，著述颇勤。

毛郑诗 1 卷　经部诗经类　佚

见道光《武阳合志》卷 32。

两朝宪章录（一作嘉隆宪章录）20 卷　史部编年类

(1) 明万历二十二年（1594）光州儒学刻本，清华大学图书馆、上海图书馆藏。

(2) 1990 年全国图书馆藏文献缩微复制中心影印本。

(3)《四库全书存目丛书》本，据清华大学图书馆藏本影印。

(4)《续修四库全书》本，据上海图书馆藏本影印。

皇绳武编续大学衍义 34 卷　史部杂史类

明万历二十年刻本，国家图书馆藏。

《四库全书存目丛书》本，据国家图书馆藏本影印。

（万历）辰州府志 8 卷　史部地理类

明马协修　吴瑞登纂

明万历二十五年刻本，国家图书馆藏，存卷 1—6、8。

元宴覆瓿集（宴一作晏）1 卷　集部别集类　佚

见道光《武阳合志》卷 33。

龚道立(1551—1622)

字应身，号修吾，更号修默。明武进人。万历十四年（1586）进士。初授兵曹，后出知建宁府，讲学于濂洛诸贤故址。历河南按察副使，江西布政司参议。与邹元标究"性命之学"，本经术以饬吏治。擢湖广廉访，乞休归，杜门著书。万历三十二年，与高攀龙、钱一本、唐鹤徵等会东林。嗜藏书，若道书梵典，亦多涉猎。

四书说约　经部四书类　佚

见道光《武阳合志》卷32。

考槃录4卷　子部儒学类　佚

见《自齐至明毗陵书目》。

按:此书分记言、记事二编。

吕后录　子部儒学类　佚

白鹭洲答问　子部儒学类　佚

清净经评1卷　子部道教类　佚

金刚经注1卷　子部佛教类　佚

陶白斋集　集部别集类　佚

紫芝草　集部别集类　佚

缙云集　集部别集类　佚

杜律心解　集部诗文评类　佚

以上8种均见道光《武阳合志》卷33。

庄起蒙(1552—1605)

字长孺,号鹤澜。明武进人。起元兄。生而体弱多病,性敏慧好学,善领悟。弱冠举秀才,后累试不第,以课徒为生,至夜乏灯油,日缺柴米。欲再赴省试,而病患日深,未几卒。

诗经导窾8卷　经部诗经类　佚

明庄起蒙、庄起元、庄廷臣同参著并序

四书导窾4卷　经部四书类　佚

明庄起蒙、庄起元合著　庄廷臣参著

以上2种见道光《武阳合志》卷32、《庄氏族谱》。

龚道高(1552—1630)

字应登,号卑吾。明武进人。道立弟。副贡生。仁和训导。

迈薖集　集部别集类　佚

见道光《武阳合志》卷33。

世泽编 40 卷　集部总集类　佚

见道光《武阳合志》卷 33。注云："是编辑龚氏遗文。"

周治隆(1553—1612)

明武进人。官内阁中书。

二韵便览　经部小学类　佚

史继要略　史部史评类　佚

以上 2 种见道光《武阳合志》卷 32。

晋陵问　史部地理类

明常志学撰　周治隆注

明万历十二年(1584)李备刻本，苏州图书馆藏。

见道光《武阳合志》卷 32。

蒋一葵(1553—?)

字仲舒，一字二和，别号石原。明武进人。万历二十二年(1594)举人。官京师西城指挥使、南京刑部主事。

长安客话 8 卷　史部地理类

(1) 明刻本，郑振铎跋，国家图书馆藏。

(2) 清抄本，国家图书馆藏。

(3)《常州先哲遗书》本。

(4) 北京出版社 1961 年铅印本。

(5) 上海书店《丛书集成续编》本。

长安客话 1 卷　史部地理类

(1)《皇明百家小说》本。

(2)《说郛》宛委山堂本。

(3)《五朝小说大观》本。

山海经释义 18 卷图 2 卷　子部周秦诸子类

晋郭璞注　明王崇庆释义　董汉儒校订　蒋一葵校刻

（1）明万历二十五年刻本，国家图书馆藏。

（2）明万历四十七年刻本，天津图书馆藏。

尧山堂外记 100 卷　子部杂学类

（1）明万历三十四年舒一泉刻本，哈佛大学图书馆、北京大学图书馆藏。

（2）清抄本，首都图书馆藏。

（3）《四库全书存目丛书》本，据北京大学图书馆藏本影印。

（4）《续修四库全书》本，据明万历刻本影印。

（5）2016 年凤凰出版社出版《常州先哲遗书续》本。

唐诗选 7 卷附录 1 卷　集部总集类

明李攀龙选　蒋一葵笺释

（1）明刻本，常州图书馆藏。

（2）明万历二十一年陈继儒刻本，徐州市图书馆藏。

（3）明万历二十八年武林一初斋刻本，南京大学图书馆藏。

（4）明末服古堂刻本，上海图书馆藏，有钟惺批点，唐汝询参注。

（5）明崇祯刻本，国家图书馆藏，黄家鼎评。

（6）明东吴施大猷朱墨套印刻本，清华大学图书馆藏。

（7）清康熙三十一年（1692）友善斋刻本，北京大学图书馆藏。

（8）清乾隆四十九年（1784）文光堂刻本，中山大学图书馆藏。

（9）清初传经楼刻本，吉林大学图书馆藏。

（10）清初古吴大盛堂《庚补笺释批评唐诗直解》刻本，吉林大学图书馆藏。

（11）日本安永甲午（1774）平安书林轩刻本，河南大学图书馆藏。

（12）《四库全书存目丛书》本，据清华大学图书馆藏本影印。

按：《唐诗选本六百种提要》云：李攀龙《唐诗选》后人评笺者甚多，实以蒋氏此书为最早，亦最有名。

明诗选 12 卷　集部总集类

明李攀龙选　蒋一葵笺释

明崇祯四年(1631)顾氏读书台刻本,北京大学图书馆藏。

皇明状元全策12卷　集部总集类

吴中行、蒋一葵辑

明万历十九年自刻本,国家图书馆藏。

尧山堂偶隽7卷　集部诗文评类

(1) 明嘉靖间项笃寿木石居刻本,作《木石居精校八朝偶隽》,国家图书馆藏。

(2) 明万历间尧山堂刻本,北京大学图书馆藏。

(3) 明万历舒一泉刻本,国家图书馆藏。

(4) 清抄本,国家图书馆藏。

(5) 清抄本,南开大学图书馆藏。

(6) 清抄本,附尧山堂外纪,首都图书馆藏。

(7) 清傅砚斋抄本,首都图书馆藏。

(8)《碧琳琅馆丛书》本。

(9)《芋园丛书》本。

(10)《四库全书存目丛书》本,据国家图书馆藏清抄本影印。

(11)《续修四库全书》本,据国家图书馆藏木石居刻本影印。

尧山堂曲纪1卷　集部词曲类

(1) 民国间福民社石印本,复旦大学图书馆藏。

(2) 任讷编《新曲苑》本。

薛敷教(1554—1612)

字以身,号玄台。明武进人。应旂孙。万历十七年(1589)进士。因抗疏忤执政,勒令回籍。以荐起凤翔教授,寻迁国子监助教。二十一年,座师赵南星被逐,复抗疏申救,谪光州学正。后从东林讲学。守身严正,刻苦砥砺。以名教自任,为理学名儒。卒赐尚宝司丞。《明史》有传。

续宪章录　史部编年类　佚

按:《宪章录》,薛应旂撰,记洪武迄正德年间事。

癸巳录　史部传记类　佚

按:是书万历癸巳(二十一年)所撰,故名。

奏疏 1 卷　史部政书类　佚

以上 3 种见道光《武阳合志》卷 32。

泉上杂识　子部儒学类　佚

真正铭　子部儒学类　佚

浮戈集　集部别集类　佚

以上 3 种见道光《武阳合志》卷 33。《浮戈集》又见《千顷堂书目》卷 25。

孙　渠

字邦濬,号绍南。明武进人。孙銮孙。诸生。

寄闲稿 1 卷　集部别集类　佚

见道光《武阳合志》卷 33。

张凝道(1556—1642)

字明孺,号修庵。明武进人。弘道弟。官句容教谕。

科名盛事录 7 卷　史部传记类

明张弘道、张凝道同辑

(1) 明万历刻本,上海图书馆藏。

(2)《明人传记丛刊》本。

明三元考 14 卷　史部传记类

明张弘道、张凝道同辑

(1) 明万历间刻本,上海图书馆、故宫博物院藏。

(2)《明人传记丛刊》本。

(3)《四库全书存目丛书》本,据故宫博物院藏本影印。

孙应麒(1557—1585)

字邦栋,号整庵。明武进人。銮孙。监生。

伐奕稿 4 卷 集部别集类 佚

见道光《武阳合志》卷 33。《孙氏家乘》作"伐奕草"。

龚三益(1558—1621)

字仲友,号兰谷。明武进人。道立族弟。万历二十六年(1598)进士,选庶吉士,累迁右谕德兼侍讲。三十五年充东宫讲官,屡疏请开讲,为忌者所中,左迁湖广参政,因病乞归。

鼎镌金陵三元合选评注史记孤白 史部正史类

明汤宾尹精选 朱之藩详注 龚三益摭评 林世汇编

明万历刻本,日本尊经阁文库藏。

木庵稿 4 卷 集部别集类 佚

见《千顷堂书目》卷 25。道光《武阳合志》卷 33 作《木庵集》。

庄起元(1559—1633)

字中孺,号鹤坡。明武进人。起蒙弟。万历三十八年(1610)进士。授浙江浦江知县,调兰溪知县。历任南京户部河南司主事,湖广司员外郎,江西司郎中,抚州知府,以断狱逆缙绅意,被免职。后二年,补河南汝宁府推官。转户部陕西司主事,兼摄天津督饷道。以得罪魏忠贤党戍山海关,忠贤败,升补太仆寺少卿,管光禄寺丞事。旋引疾告退,卒于家。《明诗综》有传。

诗经导窾 8 卷 经部诗经类 佚

明庄起蒙、庄起元、庄廷臣同参著并序

四书导窾 4 卷 经部四书类 佚

明庄起元、庄起蒙合著 庄廷臣参著

以上 2 种见道光《武阳合志》卷 32、《庄氏族谱》。

鹤坡公年谱1卷　史部传记类

(1)《毗陵庄氏增修族谱》卷12上。

(2)《北京图书馆藏珍本年谱丛刊》本。

漆园诗集存1卷　集部别集类

明万历刻本,南开大学图书馆藏。

漆园卮言17卷　集部别集类

(1) 明万历刻本,国家图书馆、中国人民大学图书馆藏。

(2)《四库全书存目丛书》本,据中国人民大学图书馆藏本影印。

(3)《明别集丛刊》本。

存心堂遗集12卷附录1卷　集部别集类

元吴莱撰　明庄起元重编

万历三十九年吴邦彦刻本,上海图书馆藏。

吴　亮(1562—1624)

字采于。明武进人。中行子,玄兄。万历二十九年(1601)进士,授中书,迁湖广道御史。天启二年(1622)起南礼部主事,官至北大理寺少卿。尚志节,与顾宪成诸人友善。

毗陵人品记10卷　史部传记类

明叶夔命意　毛宪、叶金撰　顾宪成重撰　吴亮增修

(1) 明万历刻本,常州市图书馆藏。

(2) 清双桂轩抄本,上海图书馆藏。

(3) 旧抄本,台湾"中央图书馆"原藏。

(4) 1936年毗陵毛氏重刊木活字本,常州图书馆藏。

(5)《四库全书存目丛书》本,据常州图书馆藏本影印。

(6)《续修四库全书》本,据常州图书馆藏本影印。

(7) 凤凰出版社2013年版《常州历史文献丛书》第一辑本。

详见"叶夔"条。

名世编8卷　史部传记类

(1) 天启四年刻本，宁波天一阁文物保管所藏。

(2)《四库全书存目丛书》本，据宁波天一阁文物保管所藏本影印。

遁世编　史部传记类

(1) 明万历真正堂刻本，南京图书馆、北京大学图书馆藏。

(2)《四库全书存目丛书》本，据南京图书馆藏本影印。

按：《四库全书总目·杂家类目》9 云："是编纪古来隐逸之士，自唐虞至元，分神隐、真隐、儒隐、节隐、侠隐、哲隐、达隐、高隐、别隐九类。"

万历疏钞 50 卷　史部政书类

(1) 万历三十七年刻本，上海图书馆藏。

(2)《续修四库全书》本，据上海图书馆藏本影印。

(3)《四库禁毁书丛刊》本，据上海图书馆藏本影印。

止园集 24 卷续集 1 卷　集部别集类

明天启元年刻本，国家图书馆藏。

止园集 28 卷　集部别集类

明天启元年刻本，台湾"中央图书馆"原藏。

吴宗因(1563—1637)

字亲于，号谨所。明武进人。可行子。万历十九年(1591)举人。授湖广石首知县，改浙江丽水教谕，升台州府司理。

东行日记 1 卷　史部地理类　佚

舟中记 1 卷　子部杂学类　佚

延陵附编 1 卷　集部别集类　佚

以上 3 种见道光《武阳合志》卷 33。

吴　奕(1564—1619)

原名宗奕，字世于，号敏所，又号观复，别号艾庵。明武进人。万历三十八年(1610)进士，授龙溪知县。工诗能文。

四不如类抄 12 卷　子部杂学类

明万历四十一年自刻本，国家图书馆藏，题“吴亮辑”，误。

按：本书为指斥时俗流于恶诋而辑。共分四：须眉不如妇、寺人不如禽兽、君子不如小人、中国不如夷狄。

观复庵集28卷　集部别集类

明刻本，国家图书馆藏，缺《绮集》；故宫博物院图书馆藏，缺《绪集》。

按：本书包括《绮集》12卷、《续集》《綦集》各4卷、《绪集》8卷（《舆中草》《舟中记》《淮上吟》《嘲梦诗》《城社纪略》《空门游戏》《燕市悲歌》《丹霞县谱》各1卷。

又：道光《武阳合志》卷33著录有《观复庵诗集》12卷，《舆中草》《后舆中草》。

吴　玄(1565—1628)

字又于，号纯所，别号天然，又号率道人。明武进人。中行子，亮弟。万历二十六年(1598)进士。历官湖州府学教授、刑部广西清吏司主事，浙江司员外郎，出任山东东昌知府，浙江严州知府，升广东按察司副使，河南按察使副使，湖广布政使。性刚介，深嫉东林党，诋毁不遗余力，与兄亮见解相异。

吾征录3卷节略5卷续1卷　史部诏令奏议类

吴玄辑

明崇祯十六年(1643)、十七年自刻本，国家图书馆藏。

率道人素草1卷　集部别集类

明崇祯十六年、十七年自刻本，与《吾征录》合刻，国家图书馆藏。

按：现存7卷，卷7为《问辨》。

众妙斋集不分卷　集部别集类

明刻本，日本内阁文库藏。

孙慎行(1565—1636)

字闻斯,号淇澳。明武进人。唐顺之外孙。万历二十三年(1595)一甲三名进士。授翰林院编修,擢礼部右侍郎。曾数度乞假里居。精研理学,讲学于东林书院,深为刘宗周所推重。天启初,拜礼部尚书。光宗病,服方从哲所荐李可灼红丸而卒。慎行追论从哲罪,熹宗置不问,遂谢病归。七年,作《三朝要典》,魏忠贤党翻红丸案,指慎行为罪魁,谪戍宁夏,会忠贤败得免。崇祯八年(1635),廷推为阁臣。方入都,即病卒,赠太子太保,谥文介。《明史》有传。

周易明洛义 2 卷二义 2 卷三义 1 卷　经部易类

明万历止躬斋刻本,国家图书馆藏。

按:《千顷堂书目》卷 1 作《周易明洛义纂述》6 卷,注云:"始于万历癸丑(四十一年),成于天启丁卯(七年,1627)。"《明史・艺文志》本书下有《不语易义》2 卷。《清史稿・艺文志》作《易经明洛义》6 卷。

不语易义 2 卷　经部易类　佚

见《明史・艺文志》。

周易古本　经部易类　佚

见《四库采进书目》。光绪《武阳志余》卷 7 引《浙江采集遗书目》原注:"是书诸家俱宋著录。《四库全书目》亦无之。殆采呈在后。"

玄晏斋困思钞 3 卷　经部四书类

(1) 明万历刻本,后附《中庸慎独义》1 卷,国家图书馆、湖北省图书馆藏。

(2)《玄晏斋集五种》本。

(3)《常州先哲遗书》本,2 卷。

(4)《四库全书存目丛书》本,据湖北省图书馆藏本影印。

(5) 上海书店《丛书集成续编》本。

中庸慎独义 1 卷　经部四书类

(1) 明万历刻本。《玄晏斋困思钞》后附。

(2)《玄晏斋集五种》本，题为《止躬斋中庸慎独义》。

事编内篇8卷　史部传记类

(1) 明崇祯十一年武进孙士元刻本，上海图书馆藏。

(2)《四库全书存目丛书》本，据上海图书馆藏本影印。

按：是书以才节兼全者列内篇，节胜才或才胜节者列外篇，节不足而才堪裨用者列杂篇。《四库全书总目·传记类目》云："然检其子士元所作凡例，则但刊《内篇》，其《外篇》《杂篇》未刊也。"

恩恤诸公志略2卷　史部传记类

(1)《荆驼逸史》本。

(2)《常州先哲遗书》本，1卷。

(3)《海甸野史》本，1卷。

(4) 古槐山房修补本，无卷数。

(5) 上海书店《丛书集成续编》本，1卷。

事编外篇杂篇　史部传记类　佚

见道光《武阳合志》卷32。实未刊，详见上。

玄晏斋奏议3卷　史部政书类

《玄晏斋集五种》本。

玄晏斋帖　史部金石类　佚

见光绪《武阳志余》卷7。

经正堂丽泽会语1卷　子部儒学类　佚

见道光《武阳合志》卷33。

玄晏斋集10卷　集部别集类

《玄晏斋集五种》本。

玄晏斋诗选5卷　集部别集类

(1) 明天启崇祯间刻本，国家图书馆藏。

(2)《玄晏斋集五种》本。

按：此书按年编次，始万历四十二年迄崇祯三年。卷1题"小侄孙登明校"。亦为清代禁书。

玄晏斋诗3卷　集部别集类

(1) 明万历刻本，湖北省图书馆藏，与《玄晏斋困思钞》合刻。

(2)《四库全书存目丛书》本，据湖北省图书馆藏本影印。

玄晏斋文钞5卷　集部别集类

(1) 明万历刻本，北京师范大学图书馆藏。

(2)《玄晏斋集五种》本。

玄晏斋文钞2卷玄晏斋困思抄3卷玄晏斋诗3卷　集部别集类

明万历四十二年刻本，清华大学图书馆藏。

玄晏斋文钞2卷诗3卷奏议2卷　集部别集类

明万历刻本，中国社会科学院历史研究所藏。

唐诗选纪述6卷　集部总集类

明刻本，国家图书馆藏。

明四大家文选　集部总集类

明崇祯书林长庚堂刻本，北京大学图书馆藏。

按：四大家为罗玘、王慎中、李梦阳、唐顺之。

孙宗伯精选唐宋八大家文钞6卷　集部总集类

孙慎行、白绍光选

明崇祯二年(1629)刻本，北京大学图书馆藏。

玄晏斋集五种　丛书类

(1) 明崇祯刻本，北京大学图书馆藏。

(2)《四库禁毁书丛刊》本，据明崇祯刻本影印。

(3)《明别集丛刊》本，据明崇祯刻本影印。

子目：

《玄晏斋文钞》5卷

《玄晏斋诗选》5卷

《玄晏斋奏议》3卷

《玄晏斋困思抄》3卷

《止躬斋慎独义》1卷

董应扬(1565—1638)

字于廷，号寅谷。明武进人。万历三十七年(1609)举人。初任铜陵教谕，士习大振，当事者三请署邑篆，皆不就。升兵部员外郎，贫无余金。后升广西左江道布政司参议，以疾辞不赴。

礼经衷说　经部仪礼类　佚

见道光《武阳合志》卷32。

款关记　史部杂史类　佚

见光绪《武阳县志》卷28。

黉中草1卷蜀中草1卷　集部别集类　佚

《四库全书总目》别集著录，云："《黉中草》乃其司铎铜陵时所作，《蜀中草》乃其蜀闱分校时所作。"

刘敬纯(1566—1633)

字景文，号一之。明末武进人。应时三子。郡庠生。举乡饮大宾。

诗意不分卷　经部诗经类

(1) 明抄本，国家图书馆藏。

(2)《四库全书存目丛书》本，据国家图书馆藏本影印。

按:《四库全书总目》云："是书大旨宗朱子《集传》，虽间采诸家，然其发明《集传》者，亦科举揣摹之本也。"

钱　春(1566—1639)

初名魁春，字若木，号梅谷。明末武进人。一本子。万历三十二年(1604)进士。授河北高阳县知县，历官至南京户部尚书。崇祯十二年(1639)忤旨罢归，是年卒。

若木谭书2卷　经部尚书类　佚

见道光《武阳合志》卷32。

益蒙编　经部小学类　佚

见《明清江苏文人年表》明万历三十四年:"北直孙承宗(恺阳)序武进钱春(梅谷)所著《益蒙编》。"

留计奏议6卷　史部政书类　佚

见《千顷堂书目》卷30。

督部奏议8卷附银台奏议　史部政书类　佚

见道光《武阳合志》卷32。

湖湘校士录8卷　史部政书类

明万历四十二年自刻本,大连图书馆藏。

湖湘五略10卷　史部政书类

(1) 明万历四十二年自刻本,辽宁图书馆藏。

(2)《四库全书存目丛书》本,据辽宁图书馆藏本影印。

五行类应9卷　子部术数类

明李淑通撰　张贲通重修　钱春参订

(1) 明万历四十二年自刻本,国家图书馆藏。

(2) 明万历侯加地刻本,国家图书馆藏。

按:《四库全书总目·术数类目》云:"此书乃春以御史巡按湖广时,取李淑通及张贲通所辑《五行类事占徵应》一书,稍为参订而刊行之。"

董逢元(1567—1597)

字端甫,号芝田。明常州人。县学生。

四子全书9卷　子部先秦诸子类

明万历二十三年(1595)董逢元秋声阁刻本,北京大学图书馆藏。

唐词纪16卷词名徵1卷　集部词曲类

(1) 清抄本,首都图书馆藏。

(2)《四库全书存目丛书》本,据首都图书馆抄本影印。

按:书成于万历二十二年,分为景色、吊古、感慨等16门。

白绍光(1567—1634)

字超宗,号雉衡。明武进人。启京子。万历三十四年(1606)举人,署常熟教谕,历任江西兴安、彭泽知县,升南京锦衣卫经历,工部员外郎,户部郎中,改官广南知府,卒于任。

雉衡文稿　集部别集类　佚

南征杂咏　集部别集类　佚

以上2种见光绪《武阳志余》卷7。

恽绍龙(1568—1604)

号又思。明武进人。诸生。

文选纂注评林12卷　集部总集类

梁萧统辑　明张凤翼纂注　恽绍龙参订

(1) 明万历二十九年(1601)恽绍龙刻本,上海图书馆藏。

(2) 明万历二十九年三衢舒氏四泉刻本,锦州图书馆藏。

薛近兖(1569—1621)

字信余,号又损,明武进人。应旂子。万历二十三年(1595)进士。官河南布政使,以"清介绝俗"称于世。

绣襦记传奇4卷　集部词曲类

(1) 明刻套印本,国家图书馆藏。

(2) 1926年武进涉园刻本。

(3)《古本戏曲丛刊初集》本,商务印书馆1954年影印本。

(4) 明陈继儒评,2卷,《六合同春》本。

按:此剧一说明徐霖撰,有:

(5)《六十种曲》本,2卷。

(6)《喜咏轩丛书》本,4卷。

幽闺记4卷　集部词曲类

凌延喜校刊　薛近兖填词

1926年影印本，清华大学图书馆藏。

陈睿谟(1569—1646)

字冲宇，号常采。明武进人。万历三十八年(1610)进士。初授建安县令，再迁息县令，擢右副都御史，因上疏忤执政，出为福建督粮道。后历官江臬、楚藩、禹州兵备等职，所至有政绩，捐建颍滨书院。豫、闽、蜀、楚等地俱祠名宦。

皇明辅世编6卷　史部传记类

明唐鹤徵撰　陈睿谟评

明崇祯十五年(1642)陈睿谟刻本，哈佛大学图书馆、北京大学图书馆藏。

传是堂文集10卷　集部别集类　佚

见道光《武阳合志》卷33。

史志勋(1570—1637)

字懋卿，号康岐。明武进人。诸生。

史断　史部史评类　佚

见道光《武阳合志》卷32。

蒋绍煃(1572—1632)

字光甫，号鹭洲。明武进人。万历三十四年(1606)举人。授如皋教谕，转国学助教。曾疏劾魏珰，辞甚激烈。旋擢刑曹，出为汉阳守，有古循吏风。因抱疾往享文庙，卒。

粤西恤稿　史部政书类　佚

平乐恤稿　史部政书类　佚

梧州恤稿　史部政书类　佚

以上3种见道光《武阳合志》卷33。

胡住想(1572—1636)

字慎柔。明常州人。本儒家子,稚年寄育僧舍,后落发为僧,法名住想(一作住思)。博通经史,深晓佛典。得瘵疾,经宜兴查了吾治愈,遂从查学医。10余年后又从名医周慎斋学,学成归里行医,常往来吴会间。

慎柔五书5卷　子部医家类

(1) 清顺治初石震刻本,中国医学科学院图书馆藏。

(2) 清康熙间刻本,中华医学会上海分会图书馆藏。

(3) 清乾隆五十九年(1794)修敬堂刻本,天津中医药大学图书馆藏。

(4) 清嘉庆道光间刻本,吉林省图书馆藏。

(5) 清同治光绪间修敬堂刻本,上海图书馆藏。

(6) 1925年千顷堂书局刻本,上海中医药大学图书馆藏。

(7) 1958年上海卫生出版社出版。

(8)《六醴斋丛书》本。

(9)《周氏医学丛书》本。

(10)《中国医学大成》本。

(11)《续修四库全书》本,据中国医学科学院图书馆藏清顺治刻本影印。

胡慎柔先生五书要语1卷　子部医家类

(1)《医学粹精》本。

(2)《医家秘奥》本。

(3) 1931年北京翰文斋影印本,上海图书馆藏。

吴　兖(1573—1643)

初名宗兖,字鲁于,号詹所,别号南山翁。明武进人。万历二十八年(1600)举人。淡于仕进,好为诗歌古文辞。筑园茶山路,名兼葭庄,终老其中。

山居杂著不分卷　集部别集类

明崇祯刻本,台湾"中央图书馆"原藏。

按:《传是楼书目》作"茶山樵杂著"。

山居别著　集部别集类　佚

见道光《武阳合志》卷33。

家鸡集　集部总集类

吴兖辑

明崇祯九年(1636)自刻本,国家图书馆藏。

山居词　集部词曲类同　佚

见道光《武阳合志》卷33。

董承诏(1574—1635)

字圣臣。明武进人。万历三十五年(1607)进士。授武选司。因廷诤被罢官。天启中复起浙江布政使。地方达官多有积欠债务,承诏一一合计无遗漏。入觐,以忤当国,将致罪。熹宗见御屏上有神宗亲书董某姓名,为之动容,着令致仕。

重订批点类辑练兵诸书18卷传略1卷　子部兵书类

明戚继光撰　董承诏辑　陈士缜批点　《传略》董承诏等撰

(1) 明天启二年(1622)董承诏刻本,国家图书馆、北京大学图书馆藏。

(2)《四库全书存目丛书》本,据北京大学图书馆藏本影印。

陆卿荣(1574—1644)

字孟歆,号霁泽。明武进人。万历三十二年(1604)进士,授浙江严州府推官,历太常寺少卿。以亲老乞归养,守父丧时,有浙江巡抚之命,终因哀毁而卒。

史箬3卷　史部史评类　佚

见道光《武阳合志》卷33。

黄肇胤(1575—1607)

字元京，号曙台。明武进人。

书经疑义　经部尚书类　佚

四书心解　经部四书类　佚

以上2种见道光《武阳合志》卷32。

张师绎(1575—1632)

字克隽，号梦泽。明武进人。万历二十五年(1597)举人，翌年及进士第。授新喻令，累迁江西观察使。时魏忠贤专权乱政，害将及身，乃拂袖归，杜门著书。

毛诗三读　经部诗经类　佚

左传隽　经部春秋左传类　佚

以上2种见道光《武阳合志》卷32引《张氏谱》。

历代史纂　史部史钞类　佚

读史一编　史部史评类　佚

以上2种见道光《武阳合志》卷24本传。

月鹿堂集8卷　集部别集类

(1) 清道光六年(1826)晋陵张氏蝶花楼刻本，华东师范大学图书馆藏。

(2)《四库未收书辑刊》本，据清道光六年刻本影印。

(3)《明别集丛刊》影印本。

歇庵集16卷　集部别集类

明陶望龄撰　张师绎校刻

(1) 明万历三十九年刻本，哈佛大学图书馆藏。

(2) 明崇祯间刻本，国家图书馆藏。

梦泽张先生手授选评四六灿花12卷　集部别集类

明张师绎选评

明天启三年(1623)金陵兰陵毛氏刻本,哈佛大学图书馆藏。

邹之蒚(1575—1642)

字吉夫,艮思。明武进人。庠生。潜心研究《易经》数十年。

易悜12卷　经部易类　佚

见道光《武阳合志》卷32。是书《邹氏谱》有张玮及许鼎臣序。

周士龙

字幼潜。明武进人。万历二十六年(1598)进士。授户部主事,迁员外郎。督淮关板闸抽分,多善政,众建周公遗爱祠。

榆枋阁集　集部别集类　佚

见道光《武阳合志》卷33。

何懋基

字仲修。明武进人。万历三十四年(1606)举人,选授徐州学正,未三月奔母丧归。后家居授徒,善书法。

懒庵稿　集部别集类　佚

见道光《武阳合志》卷33。

陆闻义

明武进人。

怀湘诗稿　集部别集类　佚

见道光《武阳合志》卷33。

陈常道

明武进人。

鹤川漫草　集部别集类　佚

见道光《武阳合志》卷33。

曹秉铉

字公辅。明武进人。喜读书，因父病习医，有济世之志。万历、天启年间大疫，不避危险治之，活人甚众。

杏园医案1卷　子部医家类　佚

见道光《武阳合志》卷33。

吴宗达(1576—1635)

字上于，号青门，又号涣亭。明武进人。中行侄。万历三十二年(1604)进士，授编修，官礼部右侍郎。天启中被指为东林党，遁迹家居。崇祯初起为吏部右侍郎，三年(1630)升东阁大学士，加少傅。七年，晋少师，次年辞官归。卒，谥文端。

麟经日录　经部春秋总义类　佚

见道光《武阳合志》卷32。

吴文端公涣亭存稿28卷　集部别集类

(1) 明刻本，山东图书馆藏。

(2)《原北平图书馆甲库善本丛书》影印本。

(3) 2016年凤凰出版社出版，吴君贻、朱隽点校。

涣亭词　集部词曲类　佚

以上2种见道光《武阳合志》卷33。

邹忠胤(1576—1644)

一作忠允。字肇敏，号訏回，又号涧宽。明武进人。诋谟祖父。万历四十一年(1613)进士。初任钱塘县令，有惠政，升兵曹。丁忧三年后，任福建参议，转江西按察司副使。因与上司意见不合，被弹劾归里。生平穷研经学，数十年朝夕编摩，未曾懈怠。

周易揆　经部易类　佚

尚书稽　经部尚书类　佚

春秋衷　经部春秋总义类　佚

以上3种见康熙《武进县志》卷23、道光《武阳合志》卷32。

诗传阐23卷阐余2卷　经部诗经类

(1) 明崇祯八年(1635)刻本,国家图书馆藏。

(2)《四库全书存目丛书》本,据国家图书馆藏本影印。

按:《四库全书总目》云:“是书即丰坊伪《诗传》,每章推演其义,而于坊伪《诗说》则深斥其妄。一手所造之书,而目为一真一赝,此真不可理解之事矣。”

道乡先生年谱　史部传记类

元谢应芳编　明邹忠胤校补

《思贤录》附,《毗陵谢氏丛书》本。

道乡先生邹忠公文集40卷附外纪　集部别集类

宋邹浩撰　明邹忠胤编

明万历四十八年刻本,清华大学图书馆藏。

陆大受(1577—?)

字凝远。明武进人。万历三十五年(1607)进士,累迁户部郎中。直言敢谏,出为抚州知府,以清节著称。天启初补韶州知州。未几卒。

致身疏稿1卷　史部政书类　佚

见道光《武阳合志》卷32。

唐献可(1577—1631)

字君俞,号栎园,晚号醉翁。明武进人。顺之曾孙,鹤徵孙。太学生。多才艺。能诗善画工书,善于鉴别古书画器物。时政局昏暗,遂终生不仕。家本大族,能疏财仗义,周人之急。子宇昭、宇量,明末举人;宇全,明恩贡生。皆擅长诗文书画,入清不复应试。

桃谿集 1 卷　集部别集类　佚

雀门集 1 卷　集部别集类　佚

鹊树集 1 卷　集部别集类　佚

行行集 1 卷　集部别集类　佚

挟仙集 1 卷　集部别集类　佚

秦淮集 1 卷　集部别集类　佚

碧风集 1 卷　集部别集类　佚

桐风集 1 卷　集部别集类　佚

以上诸集均见薛寀《明故太学生君俞唐先生墓志铭》(民国《毗陵唐氏家谱》收录),谓当时已刊行。钱谦益《列朝诗集》选录其诗。

杨惟寅(1577—1638)

字亮儒,号浴泉。明武进人。惟和弟。万历四十年(1612)举人,初授河南上蔡县教谕,迁亳州学正,以理学、经济、文章、骑射四科教士,升户部侍郎,改工部侍郎。

周易观玩抄 10 卷　经部易类　佚

春秋五传六部五伦类编　经部春秋类　佚

亳州志书　史部地理类　佚

以上 3 种见康熙《武进县志》卷 23、光绪《武阳县志》卷 21。

瞿士达(1577—1649)

字元亭,别号颐轩。明武进人。万历四十四年(1616)进士,授刑部主事,升河南开封知府,晋河道副使,治河有功。以不附魏党归里。崇祯元年(1628)起补广东兵道,升福建海道参政兼按察司,抗倭有功,擢浙江通省粮储道左参政,特升福建布政使。晚年告病回籍,犹手不释卷。

御寇全书　史部政书类　佚

督漕事宜全书　史部政书类　佚

治河考 2 卷　史部政书类　佚

以上 3 种见道光《武阳合志》卷 32。

颐轩家训　子部儒学类　佚

见康熙《武进县志》卷 21。

孙慎辞(1577? —1627)

后名文斗,字去浮,号息庵。明武进人。应麒子。

礼记讲章　经部礼记类　佚

四书讲章　经部四书类　佚

见《孙氏家乘》。

息庵初稿　集部别集类　佚

见道光《武阳合志》卷 33。

按:《孙氏家乘》称其生于万历丁巳(四十五年,1617),卒于天启丁卯(七年,1627),当误。据其父生卒,万历丁巳可能是万历丁丑(五年,1577)之误,待考。

吴宗褒(1578—1629)

字锡于,号贬所。中行子。明武进人。曾任中书舍人。

集诗 4 卷　集部别集类

钞本,国家图书馆藏。卷首有夏树芳序,即其《消暍集》卷五之《素园集雅序》。

张　典(1578—1639)

原名文驹,又名应宸,字千里,又字子游,晚号惺惺醒之。明武进人。弘道子。诸生。

国朝诸儒语录 20 卷　子部儒学类　佚

见道光《武阳合志》卷 33,原作士典,误。

俞戚二将军兵书 10 卷　子部兵书类　佚

见道光《武阳县志》卷33。

按:光绪《武阳合志》卷28作“张士典撰”,误。

秦淮游艺　集部别集类　佚

惺斋感咏篇游览篇　集部别集类　佚

见《张氏宗谱》。

须用纶(1581—1629)

字如卿,号龙门。明武进人。万历四十六年(1618)举人。崇祯七年(1634)授山东青州府推官,廉平正直,风节凛然。署府事,兵饷告急,裁各屑杂费充饷,不费民间一钱,百姓德之。被诬罢官。归家杜门读书,足迹不涉公门。

毛诗汇解　经部诗经类　佚

学庸阐要　经部四书类　佚

以上2种见道光《武阳合志》卷32。

岳甫嘉(1581—1643)

字仲仁,号妙一居士。明末武进人。初业儒。因体弱多病,改习医。自投方药获效,投之家人亦效,遂为他人诊治,四方求医者甚众。治病不计报酬,贫病就医者踵接。

医学正印女科　子部医家类

明崇祯九年(1636)刻本,交通大学医学图书馆藏。

妙一斋医学正印种子编(男科1卷女科1卷)　子部医家类

(1) 明崇祯九年绣谷三乐斋刻本,中国中医科学院图书馆藏。

(2) 明崇祯九年东吴铭新斋刻本,上海中医药大学图书馆藏。

(3) 明末刻本,中国中医科学院图书馆藏。

(4) 明崇祯刻清补刻本,上海图书馆藏。

(5) 清乾隆五十八年(1793)刻本,南京图书馆藏。

(6) 抄本,北京中医药大学图书馆藏。

本草辨真总释　子部医家类　佚

日本丹波元胤编《中国医籍考》云:"见《医学正印种子编》。"

食物辨真总释　子部医家类　佚

保婴全编　子部医家类　佚

以上2种丹波元胤《中国医籍考》云:"见《医学正印》。"

男科全编　子部医家类　佚

家居慎疾良方　子部医家类　佚

旅邸便易良方　子部医家类　佚

读书辛苦良方　子部医家类　佚

仕宦勤劳良方　子部医家类　佚

行军济变良方　子部医家类　佚

急救危灾良方　子部医家类　佚

眼科指迷良方　子部医家类　佚

外科枢要良方　子部医家类　佚

以上9种见丹波元胤编《中国医籍考》,云见《医学正印种子编》附记。

黄济泰(1583—1644)

字大来。明武进人。裳子。

天下名山记　史部地理类　佚

见道光《武阳合志》卷32,注云:"是书黄氏《谱》云百余卷,今存二十九册。"

管绍宁(1583—1645)

字幼承,号诚斋。明武进人。崇祯元年(1628)进士第三名。授翰林院编修,充经筵日讲官,升右春坊南京国子监司业,掌祭酒,又以少詹事府少詹掌南京翰林院事。福王时,升礼部右侍郎行尚书事。金陵既陷,清兵南下,被杀。

赐诚堂文集 16 卷　集部别集类

(1) 清道光十一年(1831)读雪山房刻本。

(2)《乾坤正气集》本,清道光二十八年、清同治五年(1866)泾县潘氏袁江节署刻本,中国人民大学图书馆藏。

(3) 清光绪三年(1877)重刻本,常州图书馆藏。

(4)《四库未收书辑刊》影印清道光十一年读雪山房刻本。

(5)《明别集丛刊》本,影印清光绪三年重刻本。

金有谊(1584—1606)

字正儒,号恬默。明武进人。敞父。幼孤,嗜学如痴。

慎微录　子部儒学类　佚

宗范 1 卷　子部儒学类　佚

客窗随笔 2 卷　子部杂学类　佚

琐录 1 卷　子部杂学类　佚

以上 4 种见道光《武阳合志》卷 33。

许鼎臣(1584—1631)

字尔铉,号定于,别号问樵,又号观心居士,晚号胥山迂叟。明武进人。惠孙。万历三十五年(1607)进士。天启中官光禄丞。其时,魏忠贤用事,鼎臣抗争于朝廷,被罢官,归里。崇祯初复官,曾任山西巡抚。在晋南 10 个月,先后上疏言事 80 余次,既参预镇压李自成,也蠲租赈灾。后被总督张宗衡所谗,削职回乡。

易旨 2 卷　经部易类　佚

春秋灾异考、丧祭考,左传人品、左传兵略、左传解易 1 卷　经部春秋类　佚

别心斋宦稿　史部政书类　佚

以上三种见《夫椒许氏族谱》。

抚晋奏议 4 卷　史部政书类　佚

见道光《武阳合志》卷32。

读史随笔1卷　史部史评类　佚

读书随笔1卷　子部杂学类　佚

以上二种见《夫椒许氏族谱》。

许定于先生帖　子部艺术类

清顺治四年(1647)许之渐拓本，中国历史博物馆藏。

按：此为许鼎臣与其子许之渐家书七通，由许之渐刻于石，有许之渐及薛寀跋语。

五有堂诗文集　集部别集类　佚

见光绪《武阳志余》卷7。

汾上吟收　集部别集类　佚

见《江苏诗征》卷99，收其诗1首。

古文钞1卷　集部总集类　佚

皇明文选30卷　集部总集类　佚

以上二种见《夫椒许氏族谱》。

周诗雅(1584—1642)

字廷吹。明武进人。万历四十七年(1619)进士。官直隶广平县知县，寻调宝坻。天启四年(1624)以忤魏忠贤被编管。魏败，擢户部员外郎，旋迁湖广参议，分守湖南，后移贵州提学。乞归。母丧，三年不入内，构一亭曰“退谷”，兄弟唱和其中。数年歿。

南北史钞不分卷　史部史钞类

(1) 崇祯五年(1632)刻本，湖北省图书馆藏本。

(2)《四库全书存目丛书》本，据湖北省图书馆藏本影印。

武经要览1卷练兵要览1卷　子部兵书类

万历天启间刻本，北京大学图书馆藏。

谟觞随笔2卷　子部小说类

明崇祯刻本，哈佛大学图书馆藏。

静可一刻　子部小说类

明崇祯刻本，哈佛大学图书馆藏。

驭蔗二刻　子部小说类

明崇祯刻本，哈佛大学图书馆藏。

广销夏 1 卷广辟寒 1 卷销夏补 1 卷辟寒补 1 卷销夏再 1 卷辟寒再 1 卷寒夏合再 1 卷　子部杂学类　佚

《四库全书总目》著录，云："是编本陈继儒《销夏》《辟寒》二书，更著此以推衍之。编拾丛杂。"

楚汉余谈　子部小说类　佚

静一偶笔 2 卷　子部小说类　佚

此书疑即前述《静可一刻》。

笔谈 2 卷　子部小说类　佚

瓜疏引　子部小说类　佚

青冢志　子部小说类　佚

赤牍选　子部小说类　佚

此书疑即下文《赤牍随笔》节选。

饮馔八品　子部小说类　佚

太平广记抄 10 卷　子部小说类　佚

明周诗雅辑

以上 8 种均见道光《武阳合志》卷 33。

增订剑侠传 5 卷　子部小说类

明万历间刻本，国家图书馆藏。

按：《续修四库全书提要》云："斯书裒集古今书传所载侠行，上起春秋，下逮于元，凡一百十九事。然徵引诸书，皆不注其出处。"

石田四刻 2 卷　子部杂学类

明周诗雅辑

(1) 明末刊本，台湾"中央图书馆"原藏。

(2) 清抄本，台湾"中央图书馆"原藏。

武经要览 1 卷　子部兵书类

明万历天启间刻本，北京大学图书馆藏。

练兵要览 1 卷　子部兵书类

明万历天启间刻本，北京大学图书馆藏。

弘明集钞 4 卷　子部佛教类

明崇祯十三年(1640)刻本，北京大学图书馆藏。

法苑珠林钞　子部佛教类　佚

见道光《武阳合志》卷 33。

周廷吹先生静文堂稿 8 卷　集部别集类

明崇祯刻本，苏州文管会藏。

古学汇纂 10 卷　集部总集类

明周旹雍辑　钱谦益、顾锡畴评定　周诗雅校正

明崇祯十五年爱日斋刻本，福建省图书馆藏。

文苑英华钞 10 卷　集部总集类

明周诗雅辑

(1) 明崇祯二年刻本，国家图书馆藏。

(2) 清顺治十七年(1660)刻本，中国人民大学图书馆藏。

明诗选 8 卷　集部总集类

明周诗雅辑

明崇祯元年刻本，上海图书馆藏。

赤牍随笔　集部总集类

(1) 明万历刻本，上海图书馆藏。

(2) 明万历刻本，国家图书馆藏，附《名公治札》1 卷。

卜象乾(1585—1644)

字景运，号坤仪。明武进人。崇祯四年(1631)进士。任江西新建县令，尚德政，不轻用鞭扑。迁刑部郎中，授浙江驿传道。为李自成义军所俘，识者曰："此新建贤令也。"遂被放回，旋卒。

介石轩诗文集　集部别集类　佚

见道光《武阳合志》卷33。

张　玮(1587—1643)

字席之，号二无。明武进人。万历四十年(1612)解元，四十七年进士。授户部主事。后官广东提学佥事。因反对建魏忠贤生祠，辞职。着布袍草鞋，授徒于家。崇祯初，魏忠贤败，起为江西参议，历福建、山东副使。吏部召为尚宝卿，官至左都御史。玮讲学东林书院，师孙慎行，其学以慎独研几为宗。为官克己奉公，推贤士、嫉奸臣，与刘宗周、金光辰并号“三清”。谢病归里，卒后竟以布袋殓身而葬。福王时追谥清惠。《明史》有传。

易卦义　经部易类　佚

见道光《武阳合志》卷32。

叶先生偶言1卷　子部儒学类

明叶廷秀撰　张玮参　巢子梁订

《叶润山辑著全书》明崇祯刻本，北京大学图书馆藏。

程朱语要　子部儒学类　佚

见光绪《武阳志余》卷7。

如此斋集1卷　集部别集类　佚

见光绪《武阳志余》引《毗陵经籍志》。或即下书。

如此斋诗1卷　集部别集类

(1) 1934年上虞罗氏石印《百爵斋丛刊》本。

(2) 上海书店《丛书集成续编》本。

(3)《明别集丛刊》影印本。

按：前有明孙慎行、薛寀、张三光序。

如此斋词1卷　集部词曲类　佚

见道光《武阳合志》引《毗陵经籍志》。

刘熙祚(1587—1643)

字仲缉,号劬思。明武进人。泉州推官纯仁子。天启四年(1624)举人。崇祯中官广东兴宁知县,考选浙江道监察御史。十五年冬巡按湖广,拒农民起义军,战败被杀。明赠大理寺正卿,谥忠毅;清谥忠烈。

(崇祯)兴宁县志6卷　史部地理类　佚

见《传是楼书目》《西营刘氏先世著述考》。

吴孝思(1587—1647)

原名儆思,字慕生,明武进人。

奇士类编5卷　子部小说类

明天启七年(1627)刻本。

春梦婆　集部词曲类　佚

昭君归汉　集部词曲类　佚

以上2种见道光《武阳合志》卷33。

陈组绶(1588—1637)

亦作祖绶、组授,字伯玉,号象孔,又号伊庵。明武进人。天启元年(1621)乡试第一名,崇祯七年(1634)进士,八年授兵部职方司郎中。勤劳尽职,余暇著《职方图》,凡京省都邑、九边四塞、山川险阻、钱赋出入、关隘军机要害,皆载入书中。九年典试山东。工书法。

诗经副墨8卷　经部诗经类

明末光启堂刻本,复旦大学图书馆藏。

《四库全书存目丛书》本,据复旦大学图书馆藏本影印。

四书副墨不分卷　经部四书类

(1) 明末伊庐刻本,北京大学图书馆藏。

(2) 清刻本,清华大学图书馆藏。

按:道光《武阳合志》卷32作18卷。

孝苑18卷　史部传记类　佚

见道光《武阳合志》卷32。

皇明职方地图表3卷　史部地理类

(1) 明崇祯九年刻本,国家图书馆、复旦大学图书馆藏。

(2) 清旧传抄彩绘本,据崇祯九年刻本,哈佛大学图书馆藏。

(3)《玄览堂丛书三集》本。

(4)《中华再造善本》本,据明崇祯九年刻本影印,国家图书馆出版社2009年版。

按:《千顷堂书目》卷6作《皇明职方地图》3卷。

舫斋文集10卷　集部别集类　佚

《千顷堂书目》卷28作《舫斋集》10卷,又见《传是楼书目》。《明诗综》卷68云其有《伊庵集》,收其诗1首。

十笏斋忠告集5卷　集部别集类　佚

见道光《武阳合志》卷33。

存古类函3卷　丛书类

内含《存古天函》1卷、《存古地函》1卷、《存古人函》1卷。

(1) 明末种秀堂刻本,北京大学图书馆藏。

(2)《四库禁毁书丛刊》本,据明末刻本影印。

薛宪岳(1588—1644)

字君询,又字询于,号山宗,明武进人。太学生。

葩经阐义　经部诗经类　佚

见道光《武阳合志》卷32。

冯梦龙(1588—?)

字仲文,一字仲田。明武进人。岁贡生。万历间任广东新兴知县。体恤民情,力办实事,保民安境,谦礼待士。崇祯间民追慕之,祀名宦。

安阳集　集部别集类　佚

见光绪《武阳志余》卷7。

吴宽思(1591—1636)

字德卿，号众止。明武进人。亮长子。诸生。

鹏南堂剩草　集部别集类　佚

见道光《武阳合志》卷33。

郑　鄤(1594—1639)

字谦止，号峚阳。明武进人。早年讲学于东林书院，文章负大名，工诗。天启二年(1622)进士，改庶吉士。供职都察院，与修撰文震孟弹劾魏忠贤党，被贬职调外。六年，又被削职为民。崇祯诛魏党，郑鄤复出为庶吉士。崇祯八年(1635)，因文震孟忤权臣温体仁被株连，构以杖母不孝罪下狱。十二年被磔死。

禹贡注1卷　经部尚书类　佚

见《明史·艺文志》。

峚阳草堂说书7卷(中庸说1卷大学意1卷论语咏1卷孟子略1卷诗书论世3卷)　经部四书类　佚

见道光《武阳合志》卷32。

论语笔解2卷　经部四书类

唐韩愈、李翱撰　明郑鄤评

《艺海珠尘》本。

考订苏文忠公年谱　史部传记类

清刻峚阳全集本，北京大学图书馆藏。

韩忠献君臣相遇录10卷别录1卷遗事1卷　史部传记类

明郑鄤评

明刻本，华东师范大学图书馆藏。

宋忠献韩魏王君臣相遇家传　史部传记类

宋韩忠彦、王岩叟撰　宋强至编　明郑鄤评点明崇祯元年刻本，上海图书馆藏。

王文成传　史部传记类

稿本，上海图书馆藏。

天山自叙年谱 1 卷　史部传记类

(1) 清刻《峚阳全集》本，北京大学图书馆藏。

(2)《峚阳草堂文集》卷 16。

(3)《古学汇刊》本。

(4)《常州先哲遗书》本。

(5) 清汤修业注传抄本，国家图书馆藏。

(6)《北京图书馆藏珍本年谱丛刊》本。

程策墨策　子部儒学类　佚

程墨正　子部儒学类　佚

明郑鄤选

峚阳草堂集　集部别集类　佚

以上 3 种见《清代禁毁书目》。

峚阳草堂文集 16 卷附录 1 卷诗集 20 卷　集部别集类

(1) 清刻本，北京大学图书馆藏。

(2) 1932 年郑氏祠堂木活字本。常州图书馆藏。

(3)《四库禁毁书丛刊》本。

(4)《明别集丛刊》影印本，按：诗集存卷 1—12，14—20。

峚阳草堂文集 16 卷附录 1 卷　集部别集类

清抄本，国家图书馆藏。

峚阳草堂诗集 20 卷　集部别集类

(1) 清康熙刻本，湖南图书馆藏，有叶启勋题识。

(2) 清木活字本，国家图书馆藏。

峚阳草堂诗文集 20 卷　集部别集类

清抄本，国家图书馆藏，存文集卷 1—5，诗集卷 1—10。

汤司成稿　集部别集类

明汤宾尹撰　郑鄤选

明刻本，上海图书馆藏。

五太史集选 5 卷　集部总集类　佚

见道光《武阳合志》卷 33。

杜邵诗选（杜子美诗 6 卷，邵尧夫诗 8 卷）　集部总集类　佚

见清祁理孙《奕庆藏书楼书目》，参见《杜集书录》外编。

选曲　集部词曲类　佚

明郑鄤辑

见《明清江苏文人年表》引《峚阳文集》。

宋三大臣汇志 20 卷附 1 卷　丛书类

明郑鄤辑

（1）明崇祯元年毗陵郑氏大观堂刻本，北京大学图书馆、清华大学图书馆藏。

（2）崇祯十一年自刻本，41 卷。

子目从略。三大臣为韩琦、李纲、文天祥。

峚阳全集　丛书类

明郑鄤著

子目为《峚阳草堂文集》16 卷、《峚阳草堂诗集》20 卷、《考订苏文忠公年谱》1 卷、《天山自叙年谱》1 卷。

清刻本，北京大学图书馆藏。

邹嘉生（1595—1638）

字元毓。明武进人。万历四十四年（1616）进士。曾任陕西西安府知府，善治狱。后迁任江西督学、山西按察使等职。

读史随笔　史部史评类　佚

见道光《武阳合志》卷 32。

张龙文(? —1645)

字掌麟。明武进人。廪生。为人倜傥慷慨。崇祯二年(1629),与邑人陈组绶、恽本初先后入复社。明亡,隐居吴季子墓旁。清顺治二年(1645),阎应元等据守江阴,清派重兵进攻,途经其地,龙文率乡民阻击。众溃,被斫死,犹直立不仆。龙文善属文,立意高古,辞句清新,多意趣。

旗亭宴杂剧　集部词曲类

(1)《杂剧三集》(一名《杂剧新编》)本。

(2) 盛明杂剧三集,北京古籍出版社 1957 年影印本。

(3) 盛明杂剧三集,中国书店 1980 年影印本。

王　章(1601—1644)

字汉臣,号芳洲。(《忠节录》:一字屺云,别号芳洲)明武进人。崇祯元年(1628)进士。初任浙江诸暨县令,旋调鄞县。后擢工部主事,改河南道御史。十七年母丧归,服阕,受命巡视京营。李自成军攻破北京,被杀。

公余草 1 卷　集部别集类　佚

见《千顷堂书目》卷 28。

邹嘉谷(1601—1645)

字穗润,号庭若。明武进人。嘉生弟。明崇祯六年(1633)举人。爱好古学,以孝友称誉乡里。不赴公车,曰:“吾亲老,不以三公易一日也。”

清异录　子部典故类　佚

见康熙《武进县志》卷 23、道光《武阳合志》卷 33。

吴简思(1603—1648)

字德临，号明止。明武进人。亮七子。崇祯四年(1631)进士，授户部主事，监北新关税，升山东东昌道，历江西饶南道、广东岭南道，浙江杭严道，浙江省按察使。

东巡笔乘　史部政书类　佚

见《清代毗陵书目》卷7。

金　铉(1610—1644)

字伯玉。明武进人。汝升孙，显名子。少有大志，以圣贤自期许，年18举乡试第一。崇祯元年(1628)进士。授扬州府教授，历国子博士、工部主事。十七年春，官兵部主事。京师破，投金水河自尽。福王时赠太仆寺少卿，谥忠节，清谥忠洁。

易说1卷　经部易类

《明史·艺文志》作1卷，后刊入《金忠洁集》，无卷数。

大学汉诂　经部四书类　佚

见清朱彝尊《经义考》、道光《武阳合志》卷32。

伯玉文集6卷诗集8卷　集部别集类　佚

见道光《武阳合志》卷33。

金忠洁公集(一作金忠洁公文集)2卷　集部别集类

(1)《乾坤正气集》本。

(2) 传抄本，日本东方文化研究所藏。

(3)《先贤金忠洁閤斋两先生集》本，清光绪二十三年(1897)金氏礼耕堂刻本，北京大学图书馆藏。

(4)《常州先哲遗书》本。

(5) 上海书店《丛书集成续编》本。

金忠洁公集4卷　集部别集类

清道光二十年(1840)顾氏艺海楼刻本，南京大学图书馆藏。

金忠洁集6卷　集部别集类

(1)《畿辅丛书》本,附金镜编《金忠洁年谱》1卷。

(2)《丛书集成初编》本。

(3)《明别集丛刊》影印本。

金忠洁集8卷　集部别集类

(1) 清初刻本,首都图书馆藏。

(2) 清蓝丝栏暨乌丝栏抄本,国家图书馆藏。

(3)《四库未收书辑刊》本,据清初刻本影印。

金　镜

字千秋。明末清初武进人。铉弟。明诸生。

中兴时政镜　史部杂史类　佚

见《增订晚明史籍考》引《征访明季遗书目》。

金忠洁(铉)年谱1卷　史部传记类

《畿辅丛书》本。《金忠洁集》附。

汤　齐

明武进人。天启年间任嘉兴知县。

(天启)嘉兴县志　史部地理类　佚

明汤齐修　李日华等纂

见清雍正《浙江通志》卷253,注云:"天启甲子(四年,1624),邑令汤齐聘邑人李日华、沈德符、屠中孚等修,未成。"参《浙江方志考》卷3。

吴守棣(1622—1646)

字秉玉。明武进人。诸生。能诗。好交游,散财结客甚多。死于清军入关之际,年25岁。

吴秉玉诗集　集部别集类　佚

见《清代毗陵书目》卷8。

巢玉庵

明武进人。

嘉宾心令 1 卷　子部艺术类

(1) 明刻本,佚。

(2)《说郛》本,宛委山堂本。

何　泠

字中湄。明武进人。不应举,探讨儒书,从事著述,以阐明实学为己责。晚年造诣益纯,讲学东林书院。

四圣易注 16 卷　经部易类　佚

易象注 6 卷　经部易类　佚

学易凡例 1 卷　经部易类　佚

古本易注 4 卷　经部易类　佚

系辞传辑说 6 卷　经部易类　佚

尚书讲义　经部尚书类　佚

古史纲目抄 12 卷附辨疑 1 卷　史部史钞类　佚

纲目抄 107 卷　史部史钞类　佚

斯文统系 16 卷　史部传记类　佚

明儒考略 6 卷　史部传记类　佚

高士传 12 卷　史部传记类　佚

樵史 1 卷　史部传记类　佚

女德录 14 卷　史部传记类　佚

以上 13 种均见道光《武阳合志》卷 32 及《清代毗陵书目》卷 7。其中《古史纲目抄》起三皇迄战国,《纲目抄》起秦始皇迄元顺帝,《女德录》则分为贤母、贤妇、孝妇、节妇、烈妇、孝女、贞女、烈女 8 目。

孤忠志 60 卷　史部传记类　佚

耕全堂编辑书目 1 卷　史部目录类　佚

以上2种见道光《武阳合志》卷32及《清代毗陵书目》卷2，并谓“存”。

择执录24卷　子部儒学类　佚

见道光《武阳合志》卷33及《清代毗陵书目》卷8。

圣学心传1卷　子部儒学类　佚

见道光《武阳合志》卷33及《清代毗陵书目》卷3，并谓“存”。

江思集　集部别集类　佚

溯洄集　集部别集类　佚

首尾吟　集部别集类　佚

白云诗删　集部别集类　佚

待轩诗　集部别集类　佚

以上5种见道光《武阳合志》卷33及《清代毗陵书目》卷8。

蒋　煜

明武进人。崇祯元年(1628)进士。文选司主事。

映玉堂文集20卷　集部别集类

明崇祯刻本，天津图书馆藏。

陈国器

字玉汝。明武进人。崇祯二年(1629)举人，官吴江县教谕。秩满擢知县，辞不就。

蓼水集　集部别集类　佚

见道光《武阳合志》卷33。

陆自岳

字岱瞻。明武进人。崇祯四年(1631)进士。官归善县令，有善政，升为宁波知府。遭母丧归里，哀毁而卒。

祥刑指要　史部政书类　佚

四明谳牍　史部政书类　佚

闽州纪略　史部地理类　佚

循州纪略　史部地理类　佚

困游草　集部别集类　佚

敝箧集　集部别集类　佚

以上6种见道光《武阳合志》卷33。

金丽泽

字天一,号云溪。明武进人。崇祯元年(1628)拔贡生。历官福建漳州府同知,廉静有为。清兵入漳遇害。清谥节愍。

寄愁吟　集部别集类　佚

见《清代毗陵书目》卷4。

蔡所性

字仲全。明武进人。性孝友。少通五经,明亡,绝意仕进,研究诸史及历算、律吕、皇极、洪范等书,以"绝学"自任。尝访太仓陆世仪。

律吕解　经部乐类　佚

见道光《武阳合志》卷32。

按:本书与杨世求同撰。世求《序略》云:"宋儒西山氏为《律吕新书》,乃数学而失传,而此理遂晦,因与仲全详解而阐扬之,使读是书者明其理而究其数。"又按:西山指蔡元定,其书尚存,有《四库全书》本。

毛中孟

原名中学,字希诚,号二思。明武进人。宪孙。以岁贡授太平训导,迁教授,因病辞归。博览群书,尤熟《左传》。

左氏属比1卷　经部春秋左传类　佚

见道光《武阳合志》卷32。

冯子学

字汝修，号定宇。明武进人。琏孙。曾任上蔡训导。

定天集　集部别集类　佚

见光绪《武阳志余》卷7。

冯　安

字邦泰。明武进人。

友竹集　集部别集类　佚

见光绪《武阳志余》卷7。

冯承启

字仲奕，一字光裕，号忤凡。明武进人。

读易偶钞　经部易类　佚

见道光《武阳合志》卷32。

冯　秩

字子叙。明武进人。以荐起家，初授广西巡检，以平土寇功累迁福建建宁知府。

五溪全集　集部别集类　佚

见光绪《武阳志余》卷7。

冯异如

字楚揆。明武进人。秩孙。借扬州籍补诸生。

四书要旨　经部四书类　佚

见道光《武阳合志》卷32。

茶山小草　集部别集类　佚

大树山楼集　集部别集类　佚

以上2种见光绪《武阳志余》卷7。

许新民

字成化。明阳湖人。诸生。人品学问为乡里所称。

麟经宗旨　经部春秋总义类　佚

四书约说　经部四书类　佚

通鉴举要　史部编年类　佚

焚余草　集部别集类　佚

以上4种见光绪《武阳志余》卷7。

严启祯

字端先。明武进人,一说靖江人。

幽赖集12卷　集部别集类　佚

见道光《武阳合志》卷33。

陈履俨

字若思,号具区外史。明武进人。善诗文,博雅有奇气。

马迹山志　史部地理类　佚

见《清代毗陵书目》卷2。

钱　黼

字元文,号古庄。明武进人。岁贡生。官冀州州判。以权奸当道,弃职归。为人刚直。卒年48。

遇斋纪拙稿1卷　集部别集类　佚

见道光《武阳合志》卷33。

郑汝炜

字明甫。祖籍安徽宣城,徙居武进。精医术,尤长外科,曾任太医院官，后辞归行医于民间近60年。卒年80。

外科宗要2卷　子部医家类　佚

见道光《武阳合志》卷33。

吕嘉岳

明武进人。一说宜兴人。

清欢堂诗稿3卷　集部别集类　佚

见道光《武阳合志》卷33。

孙　渭

明武进人。

翁洲诗草　集部别集类　佚

见道光《武阳合志》卷33。

李继蕃

明武进人。

蜗蛩集　集部别集类　佚

见道光《武阳合志》卷33。

吴世益

明武进人。诸生。

稽古类纂12卷　子部典故类　佚

觉我斋逸言　集部别集类　佚

和鹤编　集部别集类　佚

以上3种见道光《武阳合志》卷33。

吴钟熬

明武进人。

尚书讲意　经部尚书类　佚

见道光《武阳合志》卷32。

陆显德

明武进人。

豹隐庵诗文集8卷　集部别集类　佚

见道光《武阳合志》卷33。

陆明儒

明武进人。

醉隐居草　集部别集类　佚

越游蛩吟　集部别集类　佚

新塘百景诗1卷　集部别集类　佚

以上3种见道光《武阳合志》卷33。

陈上瑞

明武进人。

叩瓴集　集部别集类　佚

见道光《武阳合志》卷32。

陈　迈

明武进人。贡生。

蕉花馆诗集　集部别集类　佚

道光《武阳合志》卷33。

张　戭

明武进人。诸生。

易学管窥　经部易类　佚

六经串 6 卷　经部群经总义类　佚

以上 2 种见道光《武阳合志》卷 32。

郑观中

明武进人。

复存稿　集部别集类　佚

见道光《武阳合志》卷 33。

徐腾暐

明武进人。

绀珠堂文集 30 卷　集部别集类　佚

见《清代毗陵书目》卷 8。

徐震阳

字午羲。明武进人。

雁门逸史 4 卷　史部传记类　佚

破闲草　集部别集类　佚

村塾吟　集部别集类　佚

以上 3 种见光绪《武阳志余》卷 7。

浦汝弼

明武进人。

隐行小史　史部传记类　佚

见道光《武阳合志》卷 32。

梁　礼

明武进人。

梁氏卜居晋陵略　史部传记类　佚

见道光《武阳合志》卷32。

薛 □

佚名。明武进人。

续甲子会记1卷　史部史表类

见道光《武阳合志》卷32，原注云："是书失名，起嘉靖四十三年甲子(1564)，至崇祯元年戊辰(1628)。"

朝 宗

明武进僧人。

朝宗和尚语录　子部佛教类　佚

见道光《武阳合志》卷33、光绪《武阳县志》卷28。

明 贤

明武进僧人。

上方集　集部别集类　佚

见道光《武阳合志》卷33。

汉 月

苏姓，明阳湖横林人。出家阳湖五牧德庆庵。

汉月语录　子部佛教类　佚

见清乾隆《武进县志》卷8。

清至民国

恽厥初(1572—1652)

字衷白,一字伯生,号胒原,又号知希居士。明末清初武进人。万历三十二年(1604)进士。官行人,册封鲁藩。迁兵部职方司主事。历任湖广按察使,擢陕西布政使,移疾归。厥初吏治有声,为人和易,不为矫矫然,亦不趋炎附势。归里后闭门谢客,徜徉山林,读书赋诗自娱。晚年卷入大狱,自尽于狱中。画宗董源,恽格少时曾师事之。

知希庵稿 4 卷　集部别集类

(1) 清初抄本,南开大学图书馆藏。

(2) 武林叶氏 1939 年抄本,上海图书馆藏。

知希庵稿 3 卷　集部别集类

1939 年顾氏抄本,北京大学图书馆藏。

感怀诗 1 卷　集部别集类

《兰陵恽氏家集》本。

素园集　集部别集类　佚

见道光《武阳合志》卷 33。原注云:"按:是集为征轺草、归舟草、感怀集。"恽宝惠《恽氏先世著述考略》云:"考之家乘,尚有感怀诗十首(七律)……则道光邑志所谓《素园集》内有'感怀集'者,当即是此诗。"

兰陵恽氏家集四种　丛书类

明恽厥初编

明末至清康熙十六年(1677)常州恽华刻本。8 册,浙江图书馆藏;7 册,中国科学院图书馆藏。

子目:

《溪堂集》2卷　明恽釜撰

《考槃集》4卷　明恽绍芳撰

《林居集》存9卷　明恽绍芳撰

《感怀诗》1卷　明恽厥初撰

钮国蕃(1573—1651)

字诚所。明末清初武进人。天启七年(1627)举人。性豪迈,20岁时即有声名。然科场不得意,55岁始举孝廉,谒选时已六旬。初官滇南,迁饶州知州。为官清廉,任满归里,行囊萧然。居常以诗酒寄兴。

有盟诗稿　集部别集类　佚

见道光《武阳合志》卷33。

邹之麟(1574—1655)

字臣虎,号衣白,自号逸老、昧庵老人。清武进人。明万历三十八年(1610)进士,官工部主事等职。其时,朝廷党争激烈,有齐、楚、浙三派,之麟原为浙党,万历四十年因科场舞弊案,谪上林典簿。任工部主事后,依附齐党。旋因求吏部职不得,反攻齐党,遭齐党排斥。南明福王时,官都御史。明亡归里。书画为时所重,山水学黄公望、王蒙,清顺治八年(1651)曾为吴伟业作山水图。好古博学,善文辞歌诗,尤工小品文。年80余卒。

鼎镌邹臣虎增补魏忠雪先生诗经脉讲意8卷首1卷　经部诗经类

魏浣初辑　邹之麟增补

(1) 明末闽中刻本,复旦大学图书馆藏。

(2)《四库全书存目丛书》本,据复旦大学图书馆藏本影印。

先朝逸事1卷　史部别史类

(1) 清顺治二年邹之麟稿本,国家图书馆藏。

(2) 抄本,台湾"中央图书馆"原藏。附《先朝遗事》一书后。

刘忠毅公殉节事略册　史部传记类

邹之麟书

明末写本，国家图书馆藏。

女侠传1卷　子部小说类

(1)《绿窗女史》本。

(2)《说郛续》本。

(3)《五朝小说》本。

(4)《五朝小说大观》本。

宗子相全集25卷　集部别集类

明宗臣撰　邹之麟校

明天华阁刻本，北京大学图书馆藏。

昧庵文集　集部别集类　佚

见光绪《武阳志余》卷7。

吴钟峦(1577—1651)

字峦稚(一作峦雉)，又字峻伯，号霞舟，方外稚山，学者称霞翁、霞舟先生。明末清初武进人。崇祯七年(1634)进士，授长兴知县。十二年被削籍，谪绍兴。十五年改桂林府推官。南明福王立，擢礼部主事。鲁王监国(朱以海)至闽，拜通政使，升礼部尚书。往来普陀山中，从事抗清斗争。清顺治八年(1651)兵败自焚于舟山。乾隆四十年(1775)赐谥忠烈。曾师事顾宪成、高攀龙等，治心性之学，一意濂洛之旨，尤精于《易》，著述甚富。

十愿斋全集易说1卷十愿斋全集霞舟易笺2卷　经部易类

(1) 清康熙初年《十愿斋全集》本，南京图书馆藏。

(2)《四库全书存目丛书》本，据南京图书馆藏本影印。

周易卦说　经部易类　佚

见道光《武阳合志》卷32。

按：清朱彝尊《经义考》著录本书，不著卷数，注云“未见”。《江南通志·儒林传》所载与朱同。二者均未著录《易笺》《易说》，疑本书即《霞舟易笺》之讹题。

大学衍注 1 卷　经部四书类

清康熙初年《十愿斋全集》本。

文史 20 册　史部杂史类　佚

见《晚明史籍考》卷 12、《明季征访遗书目》等。

按:传闻海盐朱希祖藏有本书刻本,惜未见。杨凤苞《秋室集·南疆逸史跋三》引全祖望《稚山先生残稿序》云:"先生在翁洲(舟山)辑《文史》一书,皆同时诸公之作,足备桑海以来之史料者。"又引沈明府北垞云:"《文史》大半可作鲁监国实录。"

霞舟自述年谱 1 卷　史部传记类

清康熙初年《十愿斋全集》本。

(崇祯)长兴县志 12 卷　史部地理类　佚

明吴钟峦修　姚光佑纂

见清雍正《浙江通志》卷 253,注云:"崇祯十一年,邑令吴钟峦属文学姚光祐修,草未就而钟峦去任,光佑亦旋卒,事遂湮废。有遗稿。"清光绪《长兴县志》卷 1 则云"未见"。参见《浙江方志考》卷 4。

霞舟语录 1 卷　子部儒学类　佚

见道光《武阳合志》卷 33。

梁园佳话　子部杂学类　佚

见清全祖望《鲒埼亭集外编》卷 9。

稚山丛谈 4 册　子部杂学类　佚

见《增订晚明史籍考》《明季征访遗书目》等。

十愿斋文集 4 卷　集部别集类

清康熙初年《十愿斋全集》本。

按:《增订晚明史籍考》卷 19 承朱希祖《明季史料题跋》题为 6 卷,误。孙殿起《贩书偶记》谓本书不分卷,版心皆为墨丁,而其类次则分 3 卷,亦误。今细检原书,版式虽如孙说,而其类次则实为 4 卷。

十愿斋遗集(一作十愿斋忠告集)5 卷　集部别集类

清康熙初年《十愿斋全集》本。

端友集　集部别集类　佚

明吴钟峦辑

见《东林书院志》卷10。辑李应异之诗文书札成编，书成于明天启六年(1626)。

岁寒集　集部别集类　佚

明吴钟峦辑

见《鲒埼亭集外编》卷31。

按：本书成于清顺治四年，时吴钟峦在鲁王朱以海抗清军中。

稚山先生残集(一作稚山先生残稿)2卷　集部别集类　佚

见《鲒埼亭集外编》本书序。为全祖望所辑，包括《稚山先生诗文集》1卷、《岁寒松柏录》1卷。

霞舟携卷1卷　集部别集类　佚

见道光《武阳合志》卷33。

十愿斋全集14卷　丛书类

清康熙初年刻本，南京图书馆藏。

子目：

《霞舟自述年谱》1卷

《大学衍注》1卷

《十愿斋遗集》5卷

《十愿斋文集》4卷

《十愿斋易说》1卷

《霞舟易笺》2卷

吴　襄(1577—1652)

原名宗亶，字服于，号赞皇，别号北山公。明末清初武进人。万历三十一年(1603)举人。初任南平令，后迁沧州知州。因不屈于内监孙茂霖，辞官归里，筑青山庄以终老。

延津杂记　史部政书类　佚

茶陵杂记　史部政书类　佚

瀛州杂记　史部政书类　佚

以上 3 种见《清代毗陵书目》卷 2。

拙园小刻 1 卷　集部别集类　佚

见《清代毗陵书目》卷 8。

赵熙鸿(1582—1669)

字充之。清常州人。

三经摘要　经部群经总义类　佚

见《西盖赵氏族谱》。

毗陵科第考 8 卷　史部政书类

(1) 清乾隆十九年(1754)刻本,湖南图书馆藏。

(2) 清道光二十年(1840)刻本,南京图书馆藏。

(3) 清同治七年(1868)刻本,常州图书馆藏。

(4) 凤凰出版社 2015 年版《常州历史文献丛书》第二辑《常州科举史料三种》本。

按:本书宗旨在"纪科名,重文物,稽往哲之流风,志故家之轶事"(汤成烈跋语)。卷 1 至卷 5 记明清乡科甲科,卷 6 至卷 8 记官宦、崇秩、家世诸盛事。赵熙鸿原编成于清康熙七年(1668),后有刘汉卿、钱人麟等续编,史致谔、汤成烈等校补。

词林采藻　集部总集类　佚

见《西盖赵氏族谱》。

冯祖望(1585—1653)

字元吕,自号生三。明武进人。梦龙子。少从薛敷教游。崇祯四年(1631)进士。初官浏阳知县,继调河南商城。擢户部主事,迁郎中。授湖广布政司参议,督饷北上。闻京师破,所运粮听由饥民取之。归里后，杜门不出，号吕道人。未几卒。

生三尽瘁日录　史部传记类　佚

生三集　集部别集类　佚

以上2种见光绪《武阳志余》卷7。

恽本初(1586—1655)

字道生，后改名向，号香山。清武进人。明经博学。明崇祯二年(1629)入复社，十三年以陈函辉邀至靖江共纂《靖江县志》。崇祯末举贤良方正，除内阁中书舍人不就，弃官归家。善画山水，早年学董源、巨然，气厚力沉，晚年在倪瓒、黄公望之间，悠然意远。

画旨4卷　子部艺术类　佚

见光绪《武阳县志》卷28。

按：清周亮工《读画录》云，"《画旨》四卷，张亦唯太守属孙阿汇序而梓之。香山去世，梨枣遂不可问。"其书久无传本，陈撰《玉几山房画外录》有本初题画论画若干则。

恽本初山水册　子部艺术类

1931年上海神州国光社影印本，中山大学图书馆藏。

香山诗钞　集部别集类　佚

见道光《武阳合志》卷33，原注云："无卷数。按，是集为《待悟草》《江声草》《旦旦吟》。"

香山近诗2卷　集部别集类　佚

见道光《武阳合志》卷33。

汝阴诗　集部别集类　佚

见《江苏诗征》卷104。

庄　恒(1589—1661)

原名应期。字五侯，号声鹤。清武进人。起元三子。明崇祯十六年(1643)进士。授浙江金华司理，署东阳府。清兵入关，弘光帝(福王)

命督浙江学政。清顺治四年(1647)回里,仍服明代衣冠。十年,其长子宝以谋复明罪被杀。翌年,又为人告讦,奔走质对于江阴、南京,受尽凌辱。事已,回常。后2年复为地方官提问,经10月而案销。年72,回城居住,创老人诗会。明年卒于家。

庄恒自叙年谱1卷　史部传记类

(1)《毗陵庄氏族谱》卷12上。改题《第九世声鹤公讳恒字五侯年谱》(自叙),有十九世族孙兆钤后记。

(2)《北京图书馆藏珍本年谱丛刊》本。

声鹤诗稿　集部别集类　佚

见光绪《武阳志余》卷7。《毗陵庄氏族谱》题作《声鹤诗文稿》。

刘宪章(1591—1660)

字端甫,号澹安。清武进人。克昌长子。幼孤,家贫力学,擅文誉。明崇祯十年(1637)进士。授中书科中书,迁御史,巡按顺天、三关、荆襄等地,晓夜奔驰。竭尽全力。引疾归,闭门读《易》,足迹罕越门户。使者频欲登荐,以病却之。

诗统　经部诗经类　佚

诗义雪朗　经部诗经类　佚

以上2种见《清代毗陵书目》卷1。

恽𣊬初(1592—?)

字景略,号回中。清武进人。应翼子。礼部儒士,鸿胪寺序班。少承家学,从宦燕、秦、齐、鲁各地,均有题咏。

景略诗稿　集部别集类　佚

见道光《武阳合志》卷33。

毛念恃(1594—1677)

字尔依。清阳湖人。清顺治三年(1646)副榜。授延平教授,教士有法。以母忧去任，服阕应补选，延平人留之，不忍去。卒于延平。

尚书想　经部尚书类　佚

四书想　经部四书类　佚

孝经注释　经部孝经类　佚

以上3种见道光《武阳合志》卷32。

人谱语镜　子部儒学类　佚

见光绪《武阳县志》卷28。

杨龟山先生年谱　史部传记类

清康熙刻本，湖南省社会科学院图书馆藏。

延平四先生年谱4卷　丛书类

(1) 清乾隆十年(1745)张坦刻本，首都图书馆藏。

(2) 清光绪五年(1879)张国正延平府署刻本，南开大学图书馆藏。

(3)《北京图书馆藏珍本年谱丛刊》本。

按：此书包括《宋儒龟山杨先生时年谱》《豫章罗先生从彦年谱》《延平李先生侗年谱》《紫阳朱先生熹年谱》各1卷。

赵继鼎(1596—1673)

字取新，号止安。清武进人。明崇祯十三年(1640)进士。仕公安令，不苟取，为廉吏。经力争，使公安科举试额加倍于前。迁兵部车驾司主事。父丧归，又卷入大案，遂隐居授徒里塾，自称“江南老教书”以终。

赵继鼎自叙年谱1卷　史部传记类

秦翰才抄本，名止安自叙年谱，上海图书馆藏。1928年木活字本《观庄赵氏族谱》卷11摘录，题为《蓼谱纪年》。

功令文1卷　史部政书类　佚

闻见偶录1卷　子部杂学类　佚

以上2种见光绪《武阳县志》卷28。

龚　策(1597—1665)

字晋之。清武进人。道立孙。诸生。博学,善持论。究心史学,尤长于诗赋。随祖往历燕、赵、楚、闽,辄有题咏。明崇祯十六年(1643)作《读史漫咏》;明亡,作金陵、燕台怀古绝句各百首,为时所重。清顺治中贡入太学,除邓州同知。至任未数月卒。策初号天岳山人,既仕清,犹以山人自命。

史论　史部史评类　佚

桐阴录40卷　史部史评类　佚

以上2种见道光《武阳合志》卷32。

常州府武进县纂修明史实录　史部地理类　佚

见道光《武阳合志》卷32,原注云:"龚策、徐常、陆苞胤、汤用基、殷浚同撰。按:是书用纲目编年体,起天启四年(1624),止崇祯十七年,纪武进县事,盖即县志也。"《清代毗陵书目》卷2作《龚氏邑志》,注云"未刊"。

晋之诗钞3卷　集部别集类

清康熙五十六年(1717)赵侗教校刻本,国家图书馆藏。与子龚士荐《复园诗钞》合刻,题为《二龚先生集》。

玉堤近著　集部别集类　佚

俟庵咏史　集部别集类　佚

以上2种见清杨钟羲《雪桥诗话续集》卷1。

庄应会(1598—1656)

字春侯,别号素鹤。清武进人。起元四子,恒弟。崇祯元年(1628)二甲一名进士。初任礼部主客司主事,升仪制司郎中。历任福建提学道副使、巡视七省曹储道参政。清兵攻常州时,应会分城而守,开门迎降,为清廷所用。清顺治初,起用为江西参政。迁江西右布政使兼署按察使事、江西左布政使、四川左布政使,升刑部右侍郎。赴任途中卒于山西霍州。

经武要略(一作兴朝治略)上集2卷正集22卷　子部兵书类

(1) 明崇祯十五年刻本,首都图书馆藏。

(2)《四库禁毁书辑刊》本,据明末刻本影印,正集19卷。

薛　寀(1598—1663)

字谐孟,号岁星。清武进人。明崇祯四年(1631)进士。以比部郎擢知开封府。明亡后弃家为僧,法名米,号堆山。隐居于灵岩间,不复问山外事。当道及门下士往往登门拜访,不得一见。

诗经水月备考4卷　经部诗经类

明薛寀辑　史增注

(1) 明天启常州书林舒浚溪刻本,北京师范大学图书馆藏。

(2) 清康熙四十四年(1705)刻本,复旦大学图书馆藏。

按:此书依风雅颂之次,于各篇中涉于典故事迹者,征引群书,以备参考。

四书备考8卷　经部四书类　佚

鲁嚚忆录4卷　史部传记类　佚

皇明圣朝守在编28卷　史部杂史类　佚

以上3种见道光《武阳合志》卷32。

薛谐孟笔记2卷　子部杂学类

1939年铅印本,常州图书馆藏。

按:是编记其一生行历及当日时事。原仅有抄本,1939年由钱振锽印行于世。

薛堆山诗文稿不分卷　集部别集类

稿本,国家图书馆藏。

堆山先生前集抄1卷　集部别集类

《常州先哲遗书》本。

诸葛忠武侯全书20卷　集部别集类

明王士骐辑　薛寀评

(1) 明崇祯十一年刻本，南京图书馆藏。

(2)《四库全书存目丛书》本，据南京图书馆藏本影印。

濑园诗初集 3 卷诗后集不分卷文集 4 卷诗话 1 卷　集部别集类

明严首昇撰　清薛寀评

清顺治间刻本，复旦大学图书馆藏。

岁星集 100 卷　集部别集类　佚

见道光《武阳合志》卷 33，原注云："是集今存《山阳录》四卷、《中山左草》五卷、《中山右草》五卷、《归田草》六卷、《入山草》六卷、《家园集》六卷。"

唐诗英华 22 卷　集部总集类

清顾有孝编　薛寀等辑

清顺治十四年(1657)吴郡宝翰楼刻本，国家图书馆藏。

雨蝶痕传奇　集部词曲类

(1) 清康熙刻本，国家图书馆藏。

(2)《古本戏曲丛刊五集》本。

堆山诗余 1 卷　集部词曲类　佚

见《自齐至明毗陵书目》。

薛尊生(1599—1676)

字少公，号逸少，太学生。明末清初武进人。入清后皈依佛法，法号天休。

冲妙集　集部别集类　佚

如圃集　集部别集类　佚

以上 2 种见道光《武阳合志》卷 33，原注云："见薛寀《堆山集》。"

唐献恂(1600—1685)

字君知，晚号洁庵。清武进人。诸生。六应乡试不第。明亡，不复应试。不剃发，服黄冠，以隐士终其身。尝渡钱塘江，询越中遗民江东战守状。生平重道义，尝破产济人之困。能文善诗。黄晞称其诗文不苟作，作必有为。手辑明末抗清诸人尺牍，曰《忠臣遗翰》，深为恽日初等遗民所叹服。

续毗陵人品记1卷　史部传记类　佚

见道光《武阳合志》卷32。

洁庵漫笔　子部儒学类　佚

髦言　子部杂学类　佚

续漫谈　子部杂学类　佚

忠臣遗翰　集部总集类　佚

以上4种见道光《武阳合志》卷33。

段　麒

字又襄。清武进人。少聪颖，补县学生。曾从孙慎行、张玮游。性清高，不与俗俯仰，以坎坷终。

四书原道讲义16卷　经部四书类　佚

见《清代毗陵书目》卷7。

瑶笈100卷　子部典故类　佚

清段麒编

见《清代毗陵书目》卷8、道光《武阳合志》卷33。

按：《武阳合志》谓此书汇集经史百家论说百余卷，凡天文、五行、舆图、典礼，悉综核精粹。

冯可文

字有宾，号还斌。清武进人。明崇祯时岁贡生，授潞府长史。潞王监国，超迁光禄寺少卿。瘁于王事，旋以国事日非，弃官归隐于锡西胶山东麓，终于此。

还斌集　集部别集类　佚

见光绪《武阳志余》卷7。

陆苞胤

字竹孙，一作竺孙。清武进人。少聪颖，8岁能文，年14补县学生。明亡后绝意仕进，隐于禅，更名度，遍游闽、越、齐、楚，搜访遗逸。与恽日初、马负图、陆世仪等讲学里中。

明广记　史部杂史类　佚

见道光《武阳合志》卷32。原注云："按，赵氏《毗陵见闻随笔》云'凡二百余卷'。"

圣学书12卷　子部儒学类　佚

靡庵诗稿12卷　集部别集类　佚

醉乡诗　集部别集类　佚

以上3种见道光《武阳合志》卷33。

按：《武阳合志》云："《靡庵诗》原稿未刻，今散佚。惟赵彪诏《毗陵百家诗》中录诗160首。又《醉乡诗》数百首，今存。"

陆来复

字元见，号发长。清武进人。颖敏笃学，浮沉诸生间。明天启七年(1627)、崇祯十二年(1639)两中副车。挈家往杭州以终。诗作辞多淡逸，颇近钟惺、谭元春。

梅宜山人传　史部传记类　佚

见道光《武阳合志》卷33。

山中寤歌　集部别集类　佚

山中野课　集部别集类　佚

以上2种见杨钟羲《雪桥诗话三集》卷1。

陈震生

一作陈震。清武进人。组绶子。明崇祯十六年(1643)进士，官兵部主事。

思庐草1卷　集部别集类　佚

见道光《武阳合志》卷33。

吴　光

字与岩。清武进人。10岁丧母，从伯父吴钟峦讲学于东林。本为诸生，以国事日非，遂弃举子业，究心经济时务，务为有用之学。明崇祯十七年(1644)清兵入关，恸哭求死不遂，乃尽焚所著，结庐涌东僻壤，致力耕读。官吏闻而召之，坚辞不出。自号野翁，作《野翁传》以明志。与李颙善，李氏称赏之，为作传，见《李二曲先生全集》。

五愿斋易粕十笺　经部易类　佚

见道光《武阳合志》卷32。

象数易理　经部易类　佚

见《清史列传》卷66本传。

论孟合参1卷　经部四书类　佚

中庸说1卷　经部四书类　佚

大学格致辨1卷　经部四书类　佚

以上3种见《清代毗陵书目》卷1。

读书录钞2卷　子部儒学类　佚

见《清代毗陵书目》卷3。

野翁日录　子部杂学类　佚

见《吴先生光传》。《国朝先正事略》作《野翁记》。

五愿斋文集　集部别集类　佚

五愿斋遂初集　集部别集类　佚

五愿斋耕余集　集部别集类　佚

以上3种见《清代毗陵书目》卷4。《耕余集》，《国朝先正事略》作《耕娱集》。

弄丸吟1卷　集部别集类　佚

见《国朝先正事略》卷48《遗逸》

恽日初(1601—1678)

字仲升，号逊庵，又号黍庵。清武进人。明崇祯六年(1633)副贡。十四年以贡生居京师，上《备边五策》(一作《守御十策》)，不报，南下隐居天台山为僧，法名明昙。清顺治二年(1645)入闽，参永明王军事。兵败归，僧服讲学于里中道南书院。日初方正有节气。尝从刘宗周学，其说重知行并进，大旨不离慎独。《易》学尤精，注七卦而病卒。

见则堂四书讲义　经部四书类　佚

见道光《武阳合志》卷32，原注云："《恽氏谱》又有《论语解》《大学说》《中庸要领》，俱在此书，不更著录。"汤修业撰《恽先生日初传》谓有《中庸问答》诸书。

明故都察院左都御史山阴刘先生行状1卷　史部传记类

清初抄本，附刘汋撰《先君子忠正公年谱》后，天津图书馆藏。

野乘5卷　史部杂史类　佚

见道光《武阳合志》卷32。

驳陆桴亭论性书1卷　子部儒学类　佚

见道光《武阳合志》卷33。

刘子节要14卷　子部儒学类

清恽日初编

清康熙刻本，上海图书馆藏。

按：《四库全书总目》云："日初，刘宗周之门人也。宗周生平著述曰《刘子全书》，凡百余卷。以篇帙繁富，不易尽观，因仿《近思录》例，分类辑录，每一录为一卷。"

续证人社约诫1卷　子部儒学类

(1)《檀几丛书》本。

(2)上海书店《丛书集成续编》本。

按：《证人社约》，刘宗周撰。

恽逊庵先生遗集 1 卷　集部别集类

清道光八年(1828)云荫堂刻本,常州图书馆藏。

按:《清代毗陵书目》卷 4 著录此书,云:"族孙女恽珠录存,此皆语录,道光戊子云荫堂刊。"恽宝惠《恽氏先世著述考略》作《见则堂语录》1 卷,云:"所集语录据《武阳志余》著录为一卷。道光戊子年(恽珠)重刻《李二曲先生集》,集后附刻公之语录,称为《笺高刘二子语》,亦只一卷。"

逊庵先生稿 1 卷　集部别集类

清咸丰二年(1852)刻本,常州图书馆藏。

恽逊庵先生文稿 1 卷　集部别集类

1912 年宗祠刻本,常州图书馆藏。

不远堂文集　集部别集类

武林叶氏 1939 年抄本,上海图书馆藏。

恽仲升文稿　集部别集类　佚

按:《恽氏先世著述考略》云:"《逊庵先生文稿》刻既竟,族伯祖文简公跋称:先生著有《见则堂语录》《见则堂诗文集》《恽仲升文稿》,皆付梓,清咸丰庚申乱后遂散佚无存者。语录于清道光间尚别有长白完颜氏(恽珠)刊本,惜系摘录,非足本,其足本及诗文等则不复得见矣。近岁知从子毓善藏有文集钞本,急寻付校刊。"

逊庵诗文集　集部别集类　佚

见道光《武阳合志》卷 33,原注云:"赵氏彪诏《毗陵百家诗》内有日初《黍庵诗草》钞本,无卷数,当在此集中。"

按:魏禧序云:"毗陵高士恽逊庵先生有文集若干卷,藏于家。其言学为一书,在江东闽海言事为一书,杂文为一书,诗为一书。辛亥(清康熙十年)予客毗陵,先生出文集示予。"

见则堂古文集　集部别集类　佚

见道光《武阳合志》卷 33。

黄　章(1601—1680)

字含仲，晚号南兰逸翁。清武进人。肇胤次子。诸生。从吴钟峦学，与同邑薛寀友善。好游览，所交多明隐逸名士。终生未仕，以吟诗作文自娱。

送怀吟　集部别集类　佚

见道光《武阳合志》卷33。

张以鼎(1602—1670)

字启黄，号二当。清武进人。典子，以谦兄。明末诸生。张氏以经学传世，代有著述。以鼎富于学，亦以说经名于乡里。

公穀合选　经部春秋类　佚

见《张氏宗谱》。

诗经贯20卷　经部诗经类　佚

四书贯38卷　经部四书类　佚

大学衍义摘要　经部四书类　佚

以上3种见道光《武阳合志》卷32。

之楚吟　集部别集类　佚

射湖吟　集部别集类　佚

见《张氏宗谱》。

唐宇昭(1602—1672)

一名禹昭。字孔明，号云客。自号半园居士。清武进人。献可长子。孙慎行门人。明崇祯九年(1636)举人。明亡，与弟宇量偕隐。有司迫上公车，中途逃归。逍遥翰墨，人称“唐氏二难”。宇昭能诗善画，工于作曲。清康熙元年(1662)邀恽南田、王石谷两青年画家会于半园四并堂，结忘年交，常相偕题诗作画。

拟故宫词1卷　集部别集类

(1)《明季野史汇编·酌中志余》本。

(2)《正觉楼丛刻·酌中志余》本。

(3)《借月山房汇钞·宫词小纂》本。

(4)《丛书集成初编·宫词小纂》本。

(5) 清吴寿旸抄本,国家图书馆藏。

(6) 清抄本,南京图书馆藏。

(7)《四库全书存目丛书》本,据南京图书馆藏本影印。

半园外史稿(一作半园诗) 集部别集类 佚

行身镜1卷 集部词曲类 佚

以上2种见唐鼎元《唐氏先世著述考》。

桃花笑传奇 集部词曲类 佚

见《曲录》。

月午词 集部词曲类 佚

见《㻡花词》。

杨 球(1602—1673)

字鸣玉,一字商玉。明末清初武进人。惟贞子。崇祯十三年(1640)进士。历任工部都水司主事,潮州知府,江西按察司副使,分守湖西道。

漳行纪事诗 集部别集类 佚

见道光《武阳合志》卷33。

岳虞峦(1603—1658)

字舜牧。清武进人。明崇祯四年(1631)进士。知杭州,升江西按察司副使,有政声。明亡,出家为僧,改名岳岚,自号东海衲民。晚年尤好《易》学。

周易感义 经部易类 佚

见《四库全书总目》。是书成于清顺治十三年(1656)。惟解六十四卦，分作8巨册。《江南通志·人物传》作《周易感》，误。

春秋平义54卷　经部春秋类　佚

见道光《武阳合志》卷32。

于　氏(1603—1661)

清武进人。唐宇昭妻。

双燕楼草　集部别集类　佚

半园唱和草　集部别集类　佚

以上2种见《清代毗陵书目》卷5。

吕　宫(1603—1664)

字长音，一字苍忱，号金门。清武进人。明末举于乡。清顺治四年(1647)一甲一名进士。授内翰林秘书院修撰。累官至弘文院大学士、太子太保。立朝矜尚气节。撰述甚富，授门人吴侗校理，遂失之。

五经辨讹10卷　经部群经总义类　佚

见《清代毗陵书目》卷7。

群书通解　子部儒学类　佚

见《清代毗陵书目》卷8。

金镜录　子部杂学类　佚

见道光《武阳合志》卷33。

按：张惟骧《清代毗陵名人小传稿》本传收其五律诗1首。

杨廷鉴(1603—1665)

字冰如，号静山。清武进人。明崇祯十六年(1643)进士第一，授翰林院修撰。明亡后归里隐居，勉力地方公益事宜，捐金修学校。后出任江宁府学教授。曾受学于孙慎行、张玮，讲求性命之学。擅文学、经术，工书法。

静山日抄1卷　子部儒学类　佚

见《清代毗陵书目》卷8。

格言类纂不分卷　子部儒学类

杨廷鉴编　杨奎增辑

(1) 清刻本,南京图书馆藏。

(2) 清同治十一年(1872)叶钰刻本,贵州省图书馆藏,3卷,邹祖培重订。

静山诗1卷　集部别集类

李兆洛辑刻《旧言集》本。

爱鼎堂全集选诗10卷文20卷　集部别集类

明傅振商撰　清杨廷鉴编

清乾隆十一年(1746)汝南傅氏刻本,北京大学图书馆藏。

东皋华堂集20卷　集部别集类　佚

见道光《武阳合志》卷33。

恽于迈(1603—1686)

原名含初,字涵万,号建湖。清武进人。绍芳孙,本初弟。顺天府学贡生,廷试以推官知县用。明亡,出家为僧。

楚天西诗草1卷　集部别集类　佚

草堂明月吟1卷　集部别集类　佚

见《恽氏先世著述考略》。

退耕堂诗草　集部别集类　佚

见道光《武阳合志》卷33。

按:恽宝惠《恽氏先世著述考略》云:"公诗草久佚,见赵氏彪诏《毗陵百家诗小传》,惟家乘中辑得公诗三十三首,此外尚有海陵邓汉仪孝威所著《诗观》,录公诗四首,且有评语。家乘并载公著有《楚天西诗草》《草堂明月吟》各一卷,则皆不传。"

龚廷历(1604—1678)

字玉成,别号震西。清武进人。清顺治九年(1652)进士。曾官湖州府推官。刚正不阿,不合上司意,罢归。好读书,手不释卷,凡天文地理、诸子百家,靡不分类编纂。著述甚多,多散佚。

四书讲义 4 卷　经部四书类　佚

见道光《武阳合志》卷 32。

稽古订讹 4 卷　经部群经总义类

见《四库全书总目》。

年号韵编　史部史表类　佚

勾吴闻见录　史部传记类　佚

三吴水利 1 卷　史部地理类　佚

以上 3 种见道光《武阳合志》卷 32。

评巘录　子部儒学类　佚

真儒语类　子部儒学类　佚

宗朱愿学编　子部儒学类　佚

以上 3 种见道光《武阳合志》卷 33。

吴刚思(1605—1678)

字德乾,号见止,别号修蟾,又号夕龛居士。清武进人。亮八子。明崇祯十六年(1643)进士,任给事中,旋告归。入清,以荐授江西饶州司理,谪武昌从事,抑郁以终。

远山阁诗集　集部别集类　佚

见光绪《武阳志余》卷 7。

郑　�千(1605—?)

字观止,号用悔。清武进人。贡生。

仪一堂焚余草　集部别集类　佚

见道光《武阳合志》卷33。

巢震林(1606—1665)

字五一,号兼山。清武进人。清顺治十二年(1655)进士。官至礼部郎中。工诗,五言尤胜。文自六朝迄唐宋,用功颇深。

鹊印堂文集　集部别集类　佚

鹊印堂诗集　集部别集类　佚

以上2种见《清代毗陵书目》卷4,赵怀玉《亦有生斋集文续》卷四有序。

按:《巢氏宗谱》卷3收其诗数十首。

莲花偈词　集部词曲类　佚

见《清代毗陵书目》卷5。

卜云吉(1606—1668)

字允威,号近鲁。清武进人。刑部郎中象乾子。明崇祯十六年(1643)进士。官宣平县知县。

易传　经部易类　佚

易解　经部易类　佚

以上2种见道光《武阳合志》卷32。

刘　曦(1606—1680)

字晓于,号朴庵。清武进人。贡生。

朴庵文钞　集部别集类　佚

见《西营刘氏先世著述考》。

陆鲲化(1606—1688)

字叔上,号紫岑。清武进人。卿荣子。诸生。多才艺。明亡,隐居不出,遁于医。

医医集20卷　子部医家类　佚

按:《江苏历代医人志》云:"此书为世医泥古不化,戕害人生而作。始列病原,次引古方,参以心得,并附古人及自家医案。凡伤寒诸疾以及外、妇科无不赅备。年八十余始定稿,惜未梓。"

证治理会　子部医家类　佚

以上2种见光绪《武阳志余》卷7。

唐宇量(1607—1676)

字茂弘,号闻川。献可子,宇昭弟。清武进人。少慧,年12县试中式。崇祯十二年(1639)乡试及第。明亡,以白衣终生。不喜见当世贵人,言见之如芒刺著背。曾著《懒云道人自状》以明志。谓偶读古人书,得"云尚无心能出岫,不应君更懒于云"之句,因自号曰"懒云道人"。邑令某往访之,欲为营赴京应试车费,宇量正色拒之。不轻然诺,一诺则终生不移。

闻川稿　集部别集类　佚

见《清代毗陵书目》卷4。按:《唐氏家乘》中保存其《懒云道人》等文。

龚九畴(1607—1676)

字禹锡。清武进人。三益子。明崇祯十六年(1643)进士,官中书舍人。博学有文名。

匡壁斋遗稿　集部别集类　佚

见康熙《武进县志·人物志》龚三益传附。

张以谦(1608—1666)

字赞虞,号应毂,又号青岩。清武进人。明末诸生。善诗文。清初隐居芙蓉湖,杜门不出。妻亡,不复娶。有欲妻以女者,笑曰:"以谦善饿,毋为若女羞也。"著文集数十卷,藏其稿,秘不示人。

记事珠 10 卷　子部典故类

（1）清嘉庆二十一年（1816）云间王氏刻本，复旦大学图书馆藏。

（2）清道光七年（1827）同安堂刻本，武汉大学图书馆藏。

（2）清同治十三年（1874）重刻本，南京图书馆藏。

（3）清光绪八年（1882）扫叶山房刻本，常州图书馆藏。

青岩笔训 4 卷　子部杂学类

见《张氏宗谱》

冰雪吟 1 卷　集部别集类　佚

见清金武祥《粟香五笔》、道光《武阳合志》卷 33。《张氏宗谱》为《冰雪八集》4 卷。

蒋宾坊(1608—1683)

字颍揆。清武进人。绍烽子。诸生。少年工文词，与杨廷鉴同学，然久困场屋，士论惜之。

俟斋诗稿 3 卷　集部别集类　佚

见道光《武阳合志》卷 33。《万塔蒋氏宗谱》作《俟斋集》《闽游草》《楚游草》。

石　震(1609—1685)

字瑞章。明末清初武进人。曾从名医周之幹（慎斋）学医，得其真传，并为编辑《慎斋遗书》等行世。强调“治病必先固其气，而后伐其病根，不可以欲速计功利”。明崇祯九年（1636）曾订正胡住思（慎柔）《慎柔五书》。

周慎斋先生三书（一作明周慎斋先生医家秘奥三书）3 卷　子部医家类

清石震辑

（1）《医学粹精》本。

（2）《医家秘奥》本。

慎斋遗书 10 卷　子部医家类

《中国医学大成》本。

(订正)慎柔五书5卷　子部医家类

(1) 清顺治初石震刻本,中国医学科学院图书馆藏。

(2)《续修四库全书》本,据清顺治初石震刻本影印。

按:《慎柔五书》亦名《胡慎柔五书》,道光《武阳合志》著录此书为胡住思撰,而《中国丛书综录》题作释住想撰。住思、住想实为一人。

脉学正传2卷　子部医家类

清石震纂述

清康熙五年(1666)刻本,国家图书馆藏。

檝　庵(?—1659)

俗名巫大章。清武进人。诸生。崇祯十三年(1640),该邑大荒,力请当事赈饥,全活甚众。清初不赴试,拒受金,弃妻、子,剃发入天台山国清寺为火头僧。清顺治十六年(1659)圆寂。

檝庵语录(一作爨余草语录)　子部佛教类　佚

见道光《武阳合志》卷33。

陈咨稷(1610—1668)

字子育,号郃公。清武进人。睿谟子。明崇祯十五年(1642)举人。入清,历官刑部郎中,升云南澜沧兵备。为人端悫长厚,积学能诗。

慎刑箴　子部法家类　佚

见道光《武阳合志》卷33。

梅花草堂诗2卷　集部别集类　佚

见光绪《武阳志余》卷7。

杨　玾(1610—1684)

字逢玉,号砥斋。清武进人。惟寅子。少承家学,中明崇祯九年(1636)副榜第一,文传海内。与恽日初、黄晞等友善,以文章道义相切磋。崇祯十三年与日初肄业陈渡山庄，讲论《周易》，尽发宋五子书而读之。清顺治九年(1652)后，杜门谢客，筑匪石山房，著述其中，以明儒学、辟“异端”为己任。

周易观玩偶抄 4 卷　经部易类　佚

分类春秋五传　经部春秋类　佚

匪石山房文抄 3 卷诗抄 3 卷　集部别集类　佚

以上 3 种见光绪《武阳志余》卷 7。

匪石山房诗抄 1 卷　集部别集类

《大亭山馆丛书》本。

沈鼎铉(1610—?)

字嘉祯。清武进人。应奎孙，支炳父。明亡为僧。

左传集注　经部春秋左传类　佚

见道光《武阳合志》卷 32。

楞严阐要　子部佛教类　佚

见道光《武阳合志》卷 33。

黄尔敷(1611—1662)

原名如贲，字诞文，号届諴，又号寝亭。清武进人。恩贡生。晖烈父。幼孤力学。教弟子以变化气质为先。言方行矩，有古人风。

彝书　子部儒学类　佚

按：康熙《武进县志·人物志》本传云：“所著《彝书》数十卷，皆纂集宋元明诸儒理学语要。贫不能梓，群弟子为授梓，未竟而卒。”

杨枝蕃(1612—1698)

字君用，号椒远。清武进人。顺治八年(1651)武举人。任福建兴化府屯田守备，升兴化府副将，诰授明威将军。

望闽楼诗文合抄　集部别集类　佚

见《清代毗陵书目》卷8。

毛会建(1612—?)

字子霞。清武进人。清顺治二年(1645)副贡,官至礼部员外郎。曾在湖广一带作幕,并定居武昌。能文章,尤工擘窠书。清康熙十一年(1672)于北京慈仁寺书“龙吟凤舞”四大字勒石嵌壁。尝立石大别山顶,并于此营建墓穴,自为志铭。

客山教子　子部儒学类　佚

见道光《武阳合志》卷33。

客山诗略　集部别集类　佚

见道光《武阳合志》卷33。原注云:“无卷数。会建有《五游诗》《百一诗》,俱在《诗略》中。”

清风集　集部总集类　佚

见朱彝尊《清风集序》(《曝书亭集》卷36),云:“武进毛子霞集海内词人投赠之作,题曰《清风集》,刻之太原。”又,道光《武阳合志》卷33有《清风来古(故)人集》6卷,疑即为此同一书。

许之渐(1613—1700)

字仪吉,号青屿。清武进人。顺治十二年(1655)进士。授户部主事,迁江西道御史,弹劾不避权贵。后因事削籍,平反后复官。自以性刚直,难以与人共事,辞职回乡。诗作流传国门,有风人之旨。

诗经正解30卷　经部诗经类

姜文灿汇辑　许之渐鉴定

清光霁堂刻本,南开大学图书馆藏。

槐荣堂奏稿1卷　史部政书类　佚

茶马事宜1卷　史部政书类　佚

以上2种见道光《武阳合志》卷32。

击壤纪事笺　集部别集类

清康熙三十年(1691)刻本,国家图书馆藏。

槐荣堂诗文集 10 卷　集部别集类　佚

见光绪《武阳志余》卷 7。

槐荣堂诗钞　集部别集类　佚

搴帷行纪诗　集部别集类　佚

以上 2 种见道光《武阳合志》卷 33。

冯达道(1614—1675)

字惇五。清武进人。顺治四年(1647)进士。任陕西汉中府知府,官户部主事,累擢河东运使。有政声。

金石录 30 卷　史部金石类

宋赵明诚撰　清谢世箕校　冯达道参订

清顺治七年谢世箕刻本,南开大学图书馆藏。

(顺治)汉中府志 6 卷　史部地理类

冯达道纂修

清顺治十三年刻本,国家图书馆藏。

新修河东运司志 10 卷　史部地理类

清冯达道纂修　张应徵续修

(1) 清顺治十八年刻本,中国科学院图书馆藏。

(2) 清康熙十一年(1672)刻本,国家图书馆藏。

按:《续修四库全书提要》撰者作马逵道,疑误。

汉上存笺　集部别集类　佚

见道光《武阳合志》卷 33。

马负图(1614—1681)

字伯河,一字肇易,晚号一庵。清武进人。明崇祯间诸生。幼崇名节。入清后交太仓隐士陆世仪,始参心性,兼通名物象数。曾与恽日初等集后学数十人讲《易》于延陵书院。笃信程朱理学,不轻易立说,晚岁始撰著。卒后门人私谥潜德先生。

律吕图解　经部乐类　佚

见《清代毗陵书目》卷3。

律吕解1卷　经部乐类　佚

见道光《武阳合志》卷32。

戊申札记　子部儒学类　佚

知非录1卷　子部儒学类　佚

传道编1卷　子部儒学类　佚

开方密率法1卷图1卷　子部历算类　佚

皇极经世说1卷　子部术数类　佚

以上5种见道光《武阳合志》卷33。

候气说1卷　子部术数类　佚

见道光《武阳合志》卷32。

八十四声六十调说　子部艺术类

见《清代毗陵书目》卷3。

史树骏(1614—1689)

字光庭，号庸庵。清武进人。顺治四年(1647)进士。康熙八年(1669)官广东肇庆府知府，后调河北河间府，十五年调顺德府。善诗。

(康熙)肇庆府志32卷　史部地理类

清史树骏修　区简臣纂

(1) 清康熙十二年刻本，国家图书馆藏。

(2) 清康熙五十八年增刻本，浙江省图书馆藏。

(3) 1992年中国书店《稀见地方志汇刊》本。

经方衍义5卷　子部医家类

清康熙十年颐贞堂刻本，中国中医科学院图书馆藏。

医法指要不分卷　子部医家类

(1) 清咸丰三年(1853)抄本，中国中医科学院图书馆藏。

(2) 清抄本,湖北中医药大学图书馆藏。

(3) 清康熙抑畏堂刻本,国家图书馆藏。

庄履丰(1614—1705)

字雷章。清武进人。明末诸生。

古音骈字续编 5 卷　经部小学类

清庄履丰、庄鼎铉合撰

(1)《四库全书》本。

(2) 清筠绿山房抄本,国家图书馆藏。

按:《古音骈字》1 卷,明杨慎撰。

杨廷蕴(1615—1669)

字简庵。清武进人。副贡生,官黄陂知县。

(康熙)黄陂县志 15 卷　史部地理类

清杨廷蕴纂修

(1) 清康熙五年(1666)刻本,国家图书馆藏。

(2) 旧抄本,台北"故宫博物院"图书馆藏。

(3) 2001 年海南出版社《故宫珍本丛刊》本。

刘汉卿(1615—1690)

字上于,号依思。清武进人。启美次子。顺治六年(1649)进士。授江西铅山县知县。以事解任。寻还职,补陕西褒城县知县,调任洋县。归田后以经史自娱,于《易》理研究较深。

周易卦象一贯 2 卷　经部易类　佚

见《清代毗陵书目》卷 1。

卦象大义理　经部易类　佚

见《清代毗陵书目》卷 7。

依思自订年谱 1 卷　史部传记类

（1）1929年重修本《武进西营刘氏家谱》卷6。

（2）《北京图书馆藏珍本年谱丛刊》本。

毗陵科第考8卷　史部传记类

赵鸿熙原稿　刘汉卿、钱人麟、庄柱续编　史致谔、汤成烈、陆黻恩、庄毓鋐校补

（1）清乾隆十九年（1754）刻本，湖南图书馆藏。

（2）清道光二十年（1840）刻本，南京图书馆藏。

（3）清同治七年（1868）续刻本，常州图书馆藏。

（4）凤凰出版社2015年版《常州历史文献丛书》第二辑《常州科举史料三种》。

按：乡科起明洪武至清同治，甲科起梁天监间至清同治。

西营刘氏二分支谱2卷　史部传记类

清刘汉卿等修　刘祺等续修

1922年续修本。

家乘8卷　史部传记类

见《西营刘氏先世著述考》。

抚州府志　史部地理类　佚

南康府志　史部地理类　佚

以上2种见《清代毗陵书目》卷2。

黄中瑄（1615—1708）

字季尹，号希存，又号沧虹。清武进人。顺治九年（1652）进士，官瓯宁知县。

礼记说林　经部礼记类　佚

胡左集要　经部春秋左传类　佚

以上2种见道光《武阳合志》卷32。

九州风雅姓典　史部传记类　佚

经曲类书　子部典故类　佚

以上 2 种见道光《武阳合志》卷 33。

董大翮(1616—1659)

字清贻。清武进人。顺治四年(1647)进士。曾任浙江鄞县、天台知县,多惠政。能文章,暇以课士,多所造就。

毛诗博物志　经部诗经类　佚

春秋考异　经部春秋总义类　佚

史汉参疑　史部正史类　佚

以上 3 种见道光《武阳合志》卷 32。

菜根颂　子部儒学类　佚

见《清代毗陵书目》卷 3。

西湖吟　集部别集类　佚

天姥吟　集部别集类　佚

以上 2 种见《清代毗陵书目》卷 4。

谢　瑛(1616—1663)

字玉英。清武进人,河间知府武进徐可先妻,博学工诗。

增删韵府群玉定本 20 卷　子部典故类

清康熙二十六年(1687)刻巾箱本,常州图书馆藏。

春藤轩集(一作寿藤轩集)　集部别集类　佚

见《清代毗陵书目》卷 5。

学依小草(一作博依小草)　集部别集类　佚

见道光《武阳合志》卷 33。

薛　耳(1616—1673)

字子铉,号仔园、固翁、固庵。清武进人。顺治四年(1647)进士,授罗山知县。

郾书　史部政书类　佚

见道光《武阳合志》卷32,原注云:"佚,序存薛寀《堆山集》。"
固庵诗选6卷　集部别集类　佚
岩听堂诗4卷　集部别集类　佚
以上2种见道光《武阳合志》卷33。
毗陵十二家诗选　集部总集类　佚
见《江苏诗征》卷156。

薛　桓(1616—1689)

原名桓宸,字公执,明武进人。无锡籍廪生。
梦园编年诗1卷　集部别集类　佚
见道光《武阳合志》卷33,原注云:"是集始于甲申(1644),终于己未(1679)。"
怀音集　集部总集类　佚
见道光《武阳合志》卷33,原注云:"见薛寀《堆山集》。按,是编与无锡教授朱子敬同撰。"

毛重倬(1617—1685)

字卓人,号劬轩,又号补庵。清武进人。顺治二年(1645)应南京乡试,因文体怪异被拘禁。曾任太湖教谕,因母丧归。改太仓学正,迁浙江石门知县,后降补江西赣州府经历。平生好读书,文章初学韩愈、苏轼,继学司马迁、班固,后则仿六经及诸子百家。识者谓其学凡三变,愈变愈工。
补庵易注　经部易类　佚
乐志堂诗集9卷诗二集6卷修裕堂诗稿1卷　集部别集类　佚
以上2种见道光《武阳合志》卷32、33。
班兰台集1卷　集部别集类
汉班固撰　清毛重倬评点
明末刻本,复旦大学图书馆藏。

扬侍郎集1卷　集部别集类

汉扬雄撰　清毛重倬评点

明末刻本，复旦大学图书馆藏。

十二名家集　集部总集类

毛重倬点次

明崇祯十五年(1642)刻本，郑州大学图书馆藏。

按：包括屈原《屈三闾集》、宋玉《宋大夫集》、蔡邕《蔡中郎集》、曹植《陈思王集》、阮籍《阮步兵集》、陆机《陆平原集》、潘岳《潘黄门集》、谢庄《谢光禄集》、江淹《江醴陵集》、任昉《任中丞集》、张说《张燕公集》、李德裕《李卫公集》。

卓人词　集部词曲类　佚

见道光《武阳合志》卷33。

按：《全清词钞》卷1录其词2首。

陆鸾翔(1617—1687)

字季雍，号退斋。清武进人。卿荣子。诸生。不乐仕进，老而益贫，授徒自给。晚年耽于佛，诗多偈语。

即山居诗1卷　集部别集类　佚

见道光《武阳合志》卷33。

郑　珏(1617—?)

字素居。清武进人。鄤子。邑增生。曾随父在狱中四年，鄤所著《自叙年谱》等均由其抄写成篇。父卒后，戒绝荤腥，奉父位于家庵内。

不其山房杂咏诗1卷　集部别集类　佚

见道光《武阳合志》卷33。

刘　晞(1618—1667)

字大于，一字旦兮，号浴虞。清初武进人。郡庠生。清顺治十八年

(1661)以欠粮案黜学籍。

四书约旨6卷　经部四书类　佚

见道光《武阳合志》卷32。

左国史汉钞　史部史钞类　佚

见《明清江苏文人年表》引《西营刘氏清芬录》。

经济汇编　史部政书类　佚

古学录　子部儒学类　佚

博物典要　子部典故类　佚

以上3种为刘玮辑，均见光绪《武阳县志》卷28。

蔡元宸(1618—1676)

字靖公。清武进人。明崇祯十六年(1643)进士，授户部主事。不甘低眉事权贵，遂弃官归里。性旷达，喜登临。好学能诗，其诗不轻示人。

史论6卷　史部史评类　佚

见康熙《武进县志》本传。

杨兆鲁(1618—1676)

字青岩，一字泗生。清武进人。顺治九年(1652)进士。历官至福建延平道按察司副使。为政有贤声，谢病归。

自叙年谱1卷　史部传记类

附《遂初堂文集》卷末。

学政卮言1卷　史部政书类　佚

见《清代毗陵书目》卷2。

遂初堂文集10卷诗20卷　集部别集类

清康熙十三年(1674)刻本，上海图书馆藏。

按:《四库全书总目》著录为《遂初堂文集》9卷。

青岩自订稿　集部别集类　佚

青岩诗选　集部别集类　佚

闽兰十咏　集部别集类　佚

以上3种均见《清代毗陵书目》卷4。

金　敞(1618—1693)

字廓明，号暗斋。清初武进人。少负气节，有经济才。尝从鲁王海上，颠沛流离。清兵定浙江，乃易服归乡里，从宜兴汤之锜游。锜殁后，卜居梁溪(无锡)。言行洁雅，其诗坚苍深峭，与顾文端、高中愚等倡静坐读书。

(康熙)靖江县志18卷首1卷　史部地理类

清胡必蕃修　金敞纂

(1) 清康熙二十二年(1683)刻本，上海图书馆藏。

(2) 清康熙四十年增补本，故宫博物院图书馆藏。

先训纪略　子部儒学类　佚

见道光《武阳合志》卷33。

金闇斋集12卷　集部别集类

(1) 清康熙三十九年刻本，华东师范大学图书馆藏。

(2)《四库全书存目丛书》本，据华东师范大学图书馆藏本影印。

(3)《清代诗文集汇编》本。

先贤金忠洁闇斋两先生集6卷　集部别集类

清金铉、金敞等撰　金仁溥编

清光绪二十三年(1897)金氏礼耕堂刻本，北京大学图书馆藏。

梦余存稿　集部别集类　佚

见《清代毗陵书目》卷4。

薛　眉(1619—1669)

字子寿，一字玉海，号果庵。清武进人。耳弟。清顺治四年(1647)进士。授建阳知县。

果庵诗草1卷　集部别集类　佚

见道光《武阳合志》卷33。

毛羽宸(1619—1678)

字公阮，号碧栖。清阳湖人。郡庠生。为人诚恳谨慎，喜读书论史，尤留心天文、象纬、律历之学。

碧栖堂稿20卷　集部别集类　佚

见道光《武阳合志》卷33。

白　铭(1619—1694)

原名鈊，字筠心，号梅岑。清武进人。康熙十一年(1672)岁贡生。嗜古文，文行卓然，尤精书法。

铁砚山房集　集部别集类　佚

见道光《武阳合志》卷33。

按：《全清词钞》卷3收其词1首。

杨　瑀(1619—1695)

字组玉，一字雪臣，号旭楼。清武进人。惟寅子。诸生。笃学，通经史。入清，隐居不出，讲学延陵书院，与兄及同郡恽日初阐明儒学，负东南硕望。顾炎武称之为“高士”。

兰陵小志　史部地理类　佚

见《明清江苏文人年表》。

辩正整庵困知记　子部儒学类　佚

见《清代毗陵书目》卷3。

旭楼集(一作飞楼集)120卷　集部别集类　佚

见《清代毗陵书目》卷4。

春旭楼集　集部别集类　佚

见《明清江苏文人年表》，疑即《旭楼集》。

雪臣集 1 卷　集部别集类

收入李兆洛辑《旧言集》。

黄如晦(1619—1699)

字明将,号元朔。清武进人。贡生。

尚书补注　经部尚书类　佚

四书补注　经部四书类　佚

以上 2 种见道光《武阳合志》卷 32。

心香集　集部别集类　佚

见道光《武阳合志》卷 33。

龚云起(1620—1682)

字仲震,别字成山。清武进人。诸生。

成山诗集　集部别集类　佚

见道光《武阳合志》卷 33。

吴名思(1620—1701)

字无虚,号檀千。清武进人。宗达四子。诸生。以荫官中书舍人。少承家学,通经史百家。弱冠后遭兵灾,弃田宅,绝意仕进,以授徒著述为事。

四书慎余讲义　经部四书类　佚

见《清代毗陵书目》卷 1,注谓"本书乃汇辑宋元明儒诸书而成"。

檀千诗文抄　集部别集类　佚

见《清代毗陵书目》卷 4。

龚　氏

清武进人。吴名思妻。

侣木轩诗钞　集部别集类　佚

见道光《武阳合志》卷33。

吴见思(1621—1680)

字齐贤,号玉虹。清武进人。襄次子。监生。好学不倦,喜读史论古,尤精于《史记》。所言皆自出新意,与金圣叹齐名,亦相友善。

史记论文130卷　史部史评类

(1) 清康熙二十六年(1687)尺木堂刻本,常州图书馆藏。

(2) 日本文政九年(1826)天游园刻本,南京大学图书馆藏。

(3) 清光绪十二年(1886)桂垣书局刻本,首都图书馆藏。

(4) 1919年上海广益书局铅印本,1933年重印本,常州图书馆藏。

(5) 1916、1936年中华书局铅印本,南开大学图书馆藏。

按:本书专论《史记》文法,自序谓为"一生苦心所寄"。

杜诗论文56卷　集部别集类

(1) 清康熙十一年岱渊堂刻本,北京大学图书馆藏。

(2) 清吴郡宝翰楼刻本,清华大学图书馆藏。

按:《四库全书总目》谓本书注释杜诗作意,多敷衍之文。

杜诗论事　集部诗文评集类　佚

见《杜诗论文·凡例》。据其《凡例》,拟举杜诗典故别为一书,名曰《杜诗论事》。

邹登嵋(1621—1680)

字眉雪。清武进人。顺治十二年(1655)进士。多年潜心易学。

易经大义　经部易类　佚

见道光《武阳合志》卷32。

四书质古　经部四书类　佚

见《传是楼书目》。

黄　永(1621—1693)

字云孙，号艾庵。清武进人。顺治二年(1645)进士。官刑部员外郎，后以奏销案罢官。归里后以读书自娱，手不释卷，文誉流布，与董以宁、邹祗谟、陈维崧齐名，时称“毗陵四子”。

姗姗传 1 卷　子部小说类

《香艳丛书》本。

艾庵存稿 4 卷　集部别集类

清康熙刻本，南京图书馆藏。

黄云孙诗选 1 卷　集部别集类

清邹漪选《名家诗选》本。

按：道光《武阳合志》卷 33 著录《黄云孙诗选》8 卷。又《江苏诗征》著录有《淡庵诗集》，“淡”疑“艾”字之误。

溪南词 2 卷　集部词曲类

(1)《国朝名家诗余》本。

(2)《四部备要》本。

(3) 抄本，南京图书馆藏。

(4) 江阴缪氏抄本，北京大学图书馆藏，有缪荃孙校记。

按：《全清词抄》卷 2 小传云：“一名《淑水词》。”

公车词谱 1 卷秣陵删 1 卷　集部词曲类

清康熙刻本，上海图书馆藏。

艾庵存稿词 2 卷　集部词曲类　佚

见道光《武阳合志》卷 33。

周姗姗

清武进人。黄永妾。能诗。

周姗姗遗诗　集部别集类

清浦映渌《绣香小集》附刻本。

钱　珵(1622—1680)

字紫曙，号拙存。室名白雪楼、白雪斋。清武进人。念修次子。庠生。顺治二年(1645)充当某都督幕僚甫下。工词。

白雪斋词　集部词曲类　佚

见《清代毗陵书目》卷5。

按:《全清词抄》卷8收其词2首。

吴守寀(1622—1686)

字其凝。清武进人。顺治四年(1647)进士，历任房山、金溪、杞县知县及瑞州知府等职，为官清廉。

杞县志8卷　史部地理类　佚

见《传是楼书目》、道光《武阳合志》卷32。

浦映渌(1623—1685)

字湘青。清无锡人。武进黄永妻。工诗词。

绣香阁诗草1卷　集部别集类　佚

见道光《武阳合志》卷33。

绣香小集　集部别集类

绣香阁新诗　集部别集类

康熙间周之标刻入《女中七才子兰咳二集》卷2。其中《绣香小集》收22首，《绣香阁新诗》收27首，浦映渌自序云:"日暖昼长，燕翻莺舞，颇弄文墨，不敢告人。近因云孙北首燕路，寂寂家居，偶编旧集，复辑新篇。"

董文骥(1623—1685)

字玉虬，号易农，又号云和、云痴。清武进人。顺治六年(1649)进士。官至御史。博学高才，工诗善书，四部书靡不览读，尤邃于《礼》。

礼记述疏44卷　经部礼记类　佚

见《清代毗陵书目》卷1。

恩赐御书记1卷　史部传记类

《昭代丛书》本。

汉书事钞　史部史钞类

(1) 许祥趾清抄本，上海图书馆藏。

(2) 2016年学苑出版社《稀见清代四部辑刊》本。

微泉阁诗集14卷文集16卷　集部别集类

(1) 清康熙二十五年(1686)董元起刻本，复旦大学图书馆藏。

(2)《常州先哲遗书》本。

(3)《清代诗文集汇编》本。

按:《文集》前10卷古文，后4卷经说，末2卷修常州府志杂著。

另,《全清词抄》卷2收其词1首

微泉阁词　集部词曲类　佚

见《清代毗陵书目》卷5。《全清词抄》卷2收其词1首

顾　谌

字天孙。清昆山顾锡畴女，武进董文骥妻。早卒。

顾天孙诗草　集部别集类　佚

见光绪《武阳志余》卷7。

浮螺轩词　集部词曲类　佚

见《历代妇女著作考》卷20。《全清词抄》卷30收其词1首。

章　惟(1623—1697)

字无恤。清武进人。工词。

春柔集　集部别集类　佚

见《清代毗陵书目》卷4。

春柔词1卷　集部词曲类　佚

见《清代毗陵书目》卷5。《全清词抄》卷8收其词1首。

吴鼎玫(1623—?)

号霜崖。清武进人。顺治十五年(1658)进士。初为溧水教谕,后为成都府推官。

吴霜崖诗集2卷　集部别集类　佚

见光绪《武阳志余》卷7。

庄鼎铉(1624—1667)

字耳金。清初武进人。廷臣子,绛父。邑庠生。

古音骈字续编5卷　经部小学类

清庄履丰、庄鼎铉撰

(1)《四库全书》本。

(2)筠绿山房抄本,国家图书馆藏。

按:《古音骈字》1卷为明杨慎撰。

先考通议大夫全楚大方伯年谱略　史部传记类

(1)《毗陵庄氏族谱》卷12上。

(2)《北京图书馆藏珍本年谱丛刊》本。

按:此谱述其父明湖广布政使庄廷臣事,刊入《庄氏族谱》卷12上,原题《第八世凝宇公讳廷臣字龙祥年谱》。

杨二溥(1624—1687)

字希之。清武进人。康熙九年(1670)岁贡,授宁国训导,严课程,崇实学。工诗文,善书。所书佛经颇为清雍正帝赏识,征诏进京,令至,已于前月卒。与薛奕、白铭、唐宇昭俱以善书享誉当世,号称"薛白杨唐"。

古学纂要　子部典故类　佚

居易堂诗文集　集部别集类　佚

以上2种见光绪《武阳县志》卷28,注云"存"。

钱养浩(1624—1690)

初名珉,改有为,字源远,一字子贱。以奏销案改今名,字学圣,号朴斋。清武进人。一本曾孙,霖四子。诸生。有孝行,读书用功,十三经、史传率自手录。初,补博士弟子员,以奏销事斥,不与试者20年。后以五经再试,乃复补博士。子济世、名世皆入学,并有文名,人有"三苏"之誉。

阐易精蕴　经部易类　佚

见《清代毗陵书目》卷1。

七易绪余　经部易类　佚

纲目发微　史部史评类　佚

以上2种见道光《武阳合志》卷32。

芦中天籁　集部别集类　佚

见乾隆《阳湖县志》卷8。

编年诗　集部别集类　佚

见道光《武阳合志》卷33。

许之溥(1625—1662)

字慨生,号庶庵,明武进人。鼎臣四子,之渐弟,诸生。康熙元年(1662)登华山,至昔年韩愈痛哭处堕崖而亡。

赋闲楼诗集6卷　集部别集类　佚

见道光《武阳合志》卷33、《夫椒许氏族谱》。

周僖龄(1625—1681)

字鹤英。清武进人。士龙女,玉灿姐,张祖铃妻。

落花诗集1卷　集部别集类　佚

见《历代妇女著作考》,注云:"是书抄本,凡《落花诗》三十律。有癸卯(1783)冬月吴槎客(吴骞,1733—1813)跋。"

汤　诰(1625—1688)

字公纶。清武进人。诸生。康熙八年(1669)南京乡试拟为榜首，墨卷为吏所污，临榜易去。文名著南北。顾大申聘主镇山书院，听课生徒达数百之众。诰恐罹党祸，辞职归里。初专攻词章，后师事马负图与太仓陆世仪，潜心天文、地理、河渠、兵屯诸种经世之学。

读史提要30卷　史部史评类　佚

读史音注考略　史部史评类　佚

以上2种见道光《武阳合志》卷32、《清代毗陵书目》卷2。《清代毗陵书目》注明未刻。

二十一史地理通释　史部地理类　佚

通鉴地理考纠误　史部地理类　佚

以上2种见《清代毗陵书目》卷2。

嘉树堂杂文4卷紫庭文集10卷　集部别集类　佚

萝磬亭诗选6卷补遗2卷　集部别集类　佚

以上2种见道光《武阳合志》卷33。

蒋　鑨(1625—1703)

字玉渊，号驭鹿。清武进人。宾坊子。顺治二年(1645)副榜。皇太极第六子镇国公爱新觉罗・高塞居奉天，礼聘天下贤士，鑨首膺其选。康熙二十三年(1684)客居武昌，三十六年自京赴滇，就官大理，卒葬湖广。

蒋玉渊诗选2卷　集部别集类　佚

见道光《武阳合志》卷33，原注云："是集为《闽游草》《吴越放言》。"据顾景星《白茅堂集》，康熙五年蒋鑨自定《吴越放言》。

清诗初集12卷　集部总集类

清蒋鑨、翁介眉辑

(1) 清康熙二十年蒋鑨刻本。首都图书馆藏，有佚名圈点。

(2) 清康熙四十二年马道畊重修本,版心题“镜阁定本”,国家图书馆藏。

(3) 清康熙金陵邓执中刻本,国家图书馆藏。

(4)《四库禁毁书辑刊》本,据清康熙二十年刻本影印。

顾元交

字焉文。清武进人。业医。长于《本草》。

慎柔五书 5 卷　子部医家类

明胡慎柔撰　清石震订正　顾元交编次

清乾隆刻本,上海图书馆藏。

本草汇笺 10 卷附总略 1 卷芥说 1 卷图 1 卷　子部医家类

(1) 清顺治刻本,国家图书馆藏。

(2) 清康熙五年(1666)龙耕堂刻本,中国中医科学院图书馆藏。

(3) 清康熙五年友石居刻本,上海中医药大学图书馆藏。

(4) 古吴振秀堂刻本。扉页作《增补图象本草备要汇笺》,上海中医药大学图书馆藏。

(5) 清刻本,天津医学高等专科学校图书馆藏。

杨通佺

字圣期。清武进人。工词,与章惟、段玉涵、钱珵、张天申、曹湖等同时齐名。

陇云编诗文　集部别集类　佚

见《清代毗陵书目》卷 4。

竹西词 1 卷　集部词曲类

(1) 清光绪二十七年(1901)吴氏石莲庵刻《山左人词》本,武汉大学图书馆藏。

(2)《百名家词抄》本,南京图书馆藏。

俞　蕃

清武进人。

夏冰录 3 卷　子部儒学类

清康熙抑畏堂刻本，法国国家图书馆藏。

卷庵编年诗 6 卷附录卷庵诗 1 卷　集部别集类　佚

见道光《武阳合志》卷 33。

徐　常

清武进人。顺治十三年(1656)贡生。官颍州学正。

常州府武进县纂修明史实录 2 卷　史部地理类　佚

清徐常、龚策、陆苞胤、汤用基、殷浚同撰

按：道光《武阳合志》卷 32 原按："是书用纲目编年体，起明天启四年(1624)，止崇祯十七年(1644)，记武进县事，盖即县志也。"

潘　鹤

初名禹功。清武进人。

深柳堂诗 3 卷　集部别集类　佚

见道光《武阳合志》卷 33。

薛宪伯

字君清，号西山，清武进人。

未焚草 1 卷　集部别集类　佚

见道光《武阳合志》卷 33。

朱二采

字立人，号复亭。清武进人。少好学。贫困不遇，以授徒终其身，卒于清康熙中叶。生平不遇，以文词见长，于理学则钻研入微。然其诗薄风骚，文亦多悲悯之思。

朱二采文集　集部别集类　佚

见光绪《武阳县志》卷28。

藏密斋文集22卷　集部别集类　佚

见光绪《武阳志余》卷7。

陈节祉

字亮衷。清武进人。居马迹山。庠生。能诗。淡于名利，潜心理学。

借行轩诗草　集部别集类　佚

见光绪《武阳志余》卷7。

李　备

清武进人。诸生。博学好古。友寄金二百，无人知。友暴卒，备呼其子还之，封识如故。

史学摘断　史部史评类　佚

太湖志　史部地理类　佚

以上2种见道光《武阳合志》卷32。

性理汇纂　子部儒学类　佚

见道光《武阳合志》卷33。

曹　湖

字二隐。清武进人。清康熙年间在世。

亲香亭词　集部词曲类　佚

见《全清词钞》卷7小传，并收其词2首。

蒋　圻

清武进人。

云壑诗钞　集部别集类　佚

见道光《武阳合志》卷33。

路传经

字岁星。清宜兴人，毗陵某氏妻。

旷观楼词1卷　集部词曲类

(1)《百名家词抄》本。

(2)民国抄本《百名家词抄》本，南京图书馆藏。

蒋　修

女。字洁操。清武进人(见《众香词》)。一作蒋操，字修端。清阳湖人(见《撷芳集》)。

秋云草　集部别集类　佚

见《众香词》人物本传，收其词2首。

卓　媛

字蕖素。清阳湖人。河南督学庄朝生妻。母病，思慕得疾。死后朝生于箧中得诗词各1卷，尚书王崇简(1602—1675)序行之。

琴友堂诗稿　集部别集类　佚

见道光《武阳合志》卷33。

孙自式(1626—1677)

字衣月，号风山。清武进人。振父。顺治四年(1647)进士，改庶吉士，授翰林院检讨，任国史院官。尝条奏巡方、科场二事，又慨于吏治日坏，自请为本县令，世祖福临目为狂疾，责令归里。杜门谢客，从此不出。《雪桥诗话三集》载其事迹。

孙风山先生四诗集(一作风山诗集，亦作风山诗稿)　集部别集类　佚

见道光《武阳合志》卷33，注云："是集一馆阁，二归帆，三过庭，四

海岳。”

按:《孙氏家乘》卷 12 存其诗数十首,《江苏诗征》卷 30 收其诗 3 首,《全清词钞》卷 1 收其词 1 首。

唐于光(1626—1690)

字于晋,号匹士。清武进人。宇昭子。县学生。工画荷花。与恽格(南田)友好,均以善没骨画著称。当时有“唐荷花恽牡丹”之称。

茗理　子部农家类　佚

见唐鼎元《唐氏先世著述考》。并附载恽日初解云:“曩吾友云客(宇昭字)先生有茶癖,于夫人耽之尤甚。茗之称最者,为庙后。当制茶时,不假他人手,辄以命长君。长君匹士精敏有深思。每入山,夫人必丁宁,置酒觞之,为日以待。归必首问庙后何如,亟取品尝。称善则蔼然动容,否则怏怏若有失也。长君用是凛凛十有余年而始有得。又数年,深悟其理。观其所著《茗理》,盛盛数百言,剖抉详矣,用心密矣,阅甘苦之境尽矣。”

邹祗谟(1627—1670)

字讦士,号程村。清武进人。忠胤孙。顺治十五年(1658)进士。天资聪敏,手不释卷,经籍子史、天文佛道、姓氏年谱无不研读。古文辞与陈维崧、董以宁、黄永齐名,号“毗陵四子”。对宁都三魏(魏际瑞、魏禧、魏礼)文章推崇备至,世知“三魏”名,实自祗谟始。与著名诗人王士祯、彭孙遹交往也颇密切。词作精妙,有《花间》遗意。

远志斋集　集部别集类　佚

见《清史列传》卷 70。

程村文选　集部别集类　佚

见《清代毗陵书目》卷 8。

邹訏士诗选 1 卷　集部别集类

(1) 邹漪选《名家诗选》本。

(2)《清代诗文集汇编》本。

丽农词 2 卷　集部词曲类

(1)《国朝名家诗余》本。

(2)《四部备要·十五家词》本。

(3)《十六家词》抄本，南京图书馆藏。

(4)《清名家词》本，1 卷。

远志斋词衷 1 卷　集部词曲类

(1)《赐砚堂丛书新编》本。

(2)《词话丛钞》本。

(3)《词话丛编》本。

乌丝词 4 卷　集部词曲类

清陈维崧撰　邹祗谟、王士祯评

留松阁刻本，北京大学图书馆藏。

炊闻词 2 卷　集部词曲类

清王士禄撰　邹祗谟、尤侗评

清康熙刻本，国家图书馆藏。

衍波词 2 卷　集部词曲类

清王士祯撰　邹祗谟、彭孙遹评

倚声初集 20 卷前编 4 卷　集部词曲类

清邹祗谟、王士祯同选

(1) 清顺治十七年大冶堂刻本，首都图书馆藏。

(2) 清绿丝栏抄本，国家图书馆藏。

(3)《续修四库全书》本。

按：王士祯《居易录》云："余在扬州，与故友邹程村撰《倚声集》，起万历迄顺治，以继卓珂、徐野居《词综》之后。"又，《前编》系词话。

庄冋生(1627—1679)

一作冏生。字玉骢，号澹庵。清武进人。应会子。顺治四年

(1647)进士。授翰林院检讨，累迁至右庶子兼侍读。后以江南清赋诖误奏销案罢职，里居近20年。康熙十年(1671)始得援例纳粟关中，补原官。十六年转左庶子兼翰林院侍读。翌年地震，惊悸而卒。工诗古文，善书，旁及绘事。长于山水，不拘师法，清雅脱俗。藏书万卷，欲仿《永乐大典》例，手自纂辑类书数百卷，未成而卒。

霍邱日记　史部地理类　佚

见《庄氏族谱》卷16下。

黄山纪游外集4卷　史部地理类　佚

见《清代毗陵书目》卷4。

漆园印型13卷　子部艺术类

见《清代毗陵书目》卷3。原按曰：此书首秦汉玉印、次铜官印、次姓名私印、次未识古印，收印2282钮。《广印人传》谓有许珊林(琏)、张叔未(廷济)序。

妒史14卷　子部小说类　佚

见道光《武阳合志》卷33。

红窗百咏2卷附中闺月令　集部别集类

清刻本，国家图书馆藏。

澹庵集　集部别集类　佚

见《清代毗陵书目》卷8。

长安春草　集部别集类　佚

兰语2卷　集部别集类　佚

长安春词1卷　集部词曲类　佚

以上3种见道光《武阳合志》卷33。

沈　氏

清长洲人，翰林院编修沈世奕女，庄同生妻。

翠奁阁率存　集部别集类　佚

见道光《武阳合志》卷33。

黄公远(1627—1688)

字子凝。清武进人。廪生。

四书大全增删　经部四书类　佚

见道光《武阳合志》卷32。

性理大全增删　子部儒学类　佚

见道光《武阳合志》卷33。

刘朝鉴(1627—1697)

字郎蘅，号长公。清武进人。熙祚孙。诸生。性端悫，力学笃行。明亡后杜门屏迹，虽亲友罕见其面。

四书诠义12卷　经部四书类　佚

见道光《武阳合志》卷32。

钱　云(1627—1697)

字瞻五。清武进人。旭次子。

与素堂诗　集部别集类　佚

见道光《武阳合志》卷33。

恽　骕(1628—1709)

字元锦，号心山。清武进人。厥初孙。顺治十八年(1661)进士。官河南通许县知县，秩满卓异，擢直隶景州知州。

心山诗集　集部别集类　佚

见恽宝惠《恽氏先世著述考略》。

董以宁(1629—1669)

字文友，号宛斋。清武进人。贡生。少负文誉，与邹祗谟齐名。工诗词，兼通天算乐律。晚年专心穷经，尤长于《易》《春秋》。弟子甚众。

门人姓氏录　史部传记类

《董文友文选》前附，别省除外。

天文说 1 卷　子部历算类

(1) 道光《昭代丛书》戊集续编本。

(2)《历算汇编》本。

董文友文选不分卷　集部别集类

清康熙间刻本，南京图书馆藏。

正谊堂文集不分卷　集部别集类

(1) 清康熙七年(1668)书林刘兴甫刻本，首都图书馆藏。

(2) 清光绪刻本，常州图书馆藏。

正谊堂诗集 17 卷　集部别集类

清康熙刻本，南开大学图书馆藏。

正谊堂诗集 17 卷附文友文选 3 卷　集部别集类

《常州先哲遗书》本。

董文友诗选 1 卷　集部别集类

《名家诗选》本。

国仪集 10 卷　集部别集类　佚

见《清代毗陵书目》卷 4，注云："是集皆少作。"

南陵十三子诗刻　集部别集类　佚

见《清代毗陵书目》卷 5。

蓉渡词 3 卷　集部词曲类

(1)《国朝名家诗余》本。

(2)《常州先哲遗书》本。

(3)《四部备要》本。

(4)《广川词录》本。

(5)《清名家词》本，1 卷。

(6) 清末抄本，国家图书馆藏。

按：《全清词钞》写作 5 卷，收词 1 卷，著录有词话 1 卷。

阴彭山春望词1卷　集部词曲类　佚

清董以宁、何絜、程世英撰

见《明清江苏文人年表》。

董文友全集　丛书类

(1) 清康熙三十九年刻本,复旦大学图书馆藏。

(2)《四库未收书辑刊》本。

(3)《清代诗文集汇编》本。

收《正谊堂文选》不分卷、《诗集》20卷、《蓉渡词》3卷。

恽启巽(1629—1686)

字元介,又字元理,号平江。清武进人。厥初孙。康熙十二年(1673)进士,官内阁中书。重孝养,不愿出仕。

西江游草　集部别集类　佚

见道光《武阳合志》卷33。

平江诗文集　集部别集类　佚

见恽宝惠《恽氏先世著述考略》,云:"所著有《平江诗文集》及《西江诗草》,原本皆未见。"

龚百药(1629—1707)

字介眉,号琅霞。清武进人。三益孙,九畴子。顺治三年(1646)举人。学问赅博,性格落拓。诗歌倜傥豪迈,与董以宁、邹祗谟、陈玉瑾称"毗陵四家"。十八年以逋粮案黜学籍,益肆力于诗古文辞。

龚介眉诗选　集部别集类　佚

见道光《武阳合志》卷33。原注云:"无卷数。按是集为《吹万阁草》《湘笙阁草》"。《学文堂文集》卷2有《龚琅霞文集序》,《天问阁文集》卷2有《龚介眉文集序》。

湘笙阁词　集部词曲类　佚

见《全清词抄》卷1小传,并录其词2首。

蒋理正(1629—1723)

字紫真。清武进人,原籍丹阳,一说无锡。诸生。早岁常住外家荆氏,尽发其藏书读之。究心《易》学,凡汉魏以至宋元明诸家《易》书,无不搜录研讨。后客居昆山,业医,治病常别出新意,晚年医名远扬四方。年95卒。

读易随抄4卷　经部易类　佚

见《清代毗陵书目》卷1。

按:《四库全书总目·易类存目》载有《读易随抄》,无卷数,亦不著撰人姓氏,为两江总督采进本。其书用反对之说,杂采诸家之言而融贯以己意,所解多参以人事。疑即此书。

蒋理正先生脉诀　子部医家类

赵舒安存存斋抄本,中国中医药研究院图书馆藏。

脉学1卷　子部医家类　佚

见《清代毗陵书目》卷3。

紫真诊案2卷　子部医家类　佚

见道光《武阳合志》卷33。

瞿受祉(1630—1698)

字武绳,号邵庵,清武进人。岁贡生,扬州府仪征县训导。

吐凤斋诗集2卷　集部别集类　佚

见道光《武阳合志》卷33。

陆遇霖(1630—1707)

原名禾,字恂若,号商岩。清武进人。南阳曾孙。性孝,父母早丧,著《孝经集注》以寄意。及长,潜心理学,以县学生入国子监,考取正蓝旗教习,授江西布政司理问,升河南归德府通判,署知府。

孝经集注1卷　经部孝经类

清咸丰二年(1852)聊城杨以增海源阁《六艺堂诗礼七编七种》本，国家图书馆藏。

传习录偶摘1卷　子部儒学类

清康熙三十三年(1694)刻本，苏州大学图书馆藏。

刘汉翼(1631—1686)

字渐于，号有庵。清武进人。启美四子。郡庠生。

南北朝辨疑记2卷　史部正史类　佚

五代史辨疑记2卷　史部正史类　佚

以上2种见《西营刘氏先世著述考》，云“存”。

黄　京(1631—1687)

字初子。清武进人。永弟。工诗词。

续花庵词　集部词曲类　佚

见《清代毗陵书目》卷5。按：《全清词抄》卷3收其词2首。

巢麟徵

字淑只。清武进人。震林女，黄京妻。

泡影集1卷　集部别集类　佚

见道光《武阳合志》卷33。

钱　霪(1632—?)

字雨霪，改名云，一字和甫。清武进人。春十子。邑庠生。

与素堂诗草　集部别集类　佚

见道光《武阳合志》卷33。

龚百朋(1633—1684)

又名鹏，字升路。清武进人。百药堂兄。官广西同知。

毅斋丙辰集　集部别集类　佚

见道光《武阳合志》卷33。

许维梃(1633—1688)

字松年，号点山。清武进人。之渐子，维楫兄。清康熙八年(1669)举人，曾任直隶武邑知县。在任时，惩蠹轻徭，多有实政。

逸林　史部传记类　佚

见道光《武阳合志》卷33。按：是书辑旧闻而成。

(康熙)武邑县志6卷　史部地理类

清许维梃修　束图南纂

(1) 清康熙三十三年刻本，国家图书馆藏。

(2) 海南出版社2001年《故宫珍本丛刊》本。

恽　格(1633—1690)

原字惟大，改字寿平，后以字行，又字正叔。清武进人。日初子。名书画家。少居城东，号东园草衣生；迁白云渡，号白云外史；老号南田老人。此外尚有抱瓮客、东野道人、巢枫客等字号。所居有瓯香馆。以父兄忠于明，不应举。诗格超逸，书法得褚遂良神髓，画笔生动，时称三绝。先从堂伯父本初学画山水，后改习花卉，学北宋徐崇没骨法，独开生面，为常州画派(恽派)创始人。曾与同里杨起文等作诗相倡和，为"毗陵六逸"之一。后以贫病卒。

画跋　子部艺术类

(一)《画跋》1卷。

(1)《借月山房汇钞》本。

(2)《泽古斋重钞》本。

(3)《丛书集成初编》本。

(二)《南田画跋》1卷。

(1)《啸园丛书》本。

(2) 清末民初同文图书馆石印本，上海图书馆藏。

(3)《古今文艺丛书》本。

(4)《画论丛刊》本。

(5)《历代论画名著汇编》本。

(三)《南田画跋》2卷。

《画学心印》本。

(四)《南田画跋》4卷。

(1) 道光三十年(1850)怡云馆刻本，国家图书馆藏。

(2) 冯兆年辑《翠琅玕馆丛书》本。

(3) 黄任恒辑《翠琅玕馆丛书》本。

(4) 清抄本，有清李鸿裔批校并跋，台湾"中央图书馆"原藏。

(5)《艺术丛书》本。

(6)《芋园丛书》本。

(7)《美术丛书》本。

(8) 人民文学出版社2015年吴企明标点《恽寿平全集》本。

按：是本又名《瓯香馆画语》。恽宝惠《恽氏先世著考略》云："是书为叶钟进辑，计分画筏、画鉴、画品、画余四类，共5卷。合辑公之画跋及题画诗。卷末有道光十一年辛卯古歙蓉塘叶钟进原跋。"原书为4卷，因画余分列上下，故恽宝惠以为5卷。

(五)《瓯香馆画跋》不分卷

清同治四年(1865)蓬壶外史仁峰抄本，国家图书馆藏。

题画诗1卷　子部艺术类

(1) 清刻本，国家图书馆藏。

(2)《借月山房汇钞》本。

(3)《泽古斋重钞》本。

(4)《丛书集成初编》本。

(5) 人民文学出版社2015年吴企明标点《恽寿平全集》本。

画筌1卷　子部艺术类

清笪重光撰　王翚、恽格评

(1) 清康熙十九年(1680)刻本，内蒙古自治区图书馆藏。

(2)《知不足斋丛书》本。

(3)《赐砚堂丛书》本。

(4) 清道光《昭代丛书》本。

(5)《四铜鼓斋论画集刻》本。

(6) 清道光《绘事晬编》本。

(7)《论画辑要》本。

(8)《读画丛评》本。

(9)《清瘦阁读画十八种》本。

(10)《画学心印》本。

(11) 日本《清名家论画集》本。

(12)《神州论画丛刻初编五种》本。

(13)《美术丛书初集》本。

(14)《艺林名著丛刊》本。

(15)《画论丛刊》本。

(16) 四川人民出版社 1982 年排印本。

(17) 人民美术出版社 1987 年排印本。

(18)《续修四库全书》本，据《知不足斋丛书》本影印。

(19) 人民文学出版社 2015 年吴企明标点《恽寿平全集》本。

清啸阁藏帖　子部艺术类

清嘉庆元年(1796)杭州金棻刊

上海有正书局印本，南京大学图书馆藏。

按：杨震方《碑帖叙录》："全二册。专收明人书。"误。此册均为恽书。由金棻刊，江宁刘徵、江阴孔昭孔刻石。

爱石山房刻石 1 卷　子部艺术类

清嘉庆七年王曰旦刊本，北京大学图书馆藏。

按：专收恽书。原刻六卷，后精选成一卷，另有四卷刻石，后归于冯宜瑜，即成《瓯香馆法书》。

瓯香馆法书　子部艺术类

(1) 清嘉庆七年刊本，北京大学图书馆藏。

(2) 民国石印本，上海图书馆藏。

按：此由杭州金棻刊，刻工为冯宜瑜。详见《爱石山房刻石》条。

吟香仙馆帖　子部艺术类　佚

《恽氏先世著述考略》云："吟香仙馆帖，道光戊戌以前刻。"

宝恽室帖 4 卷　子部艺术类

清戴公望刊

清宣统元年(1909)上海书画会影印本，国家图书馆藏。

味古斋恽帖　子部艺术类

清陈墫刊　陈霄石刻石

清道光十五年刊本，常州南田纪念馆藏。

约园藏墨　子部艺术类

清赵起刊　钱雨若、孔省吾刻石

清道光二十七年赵起刊本，常州南田纪念馆藏。刻石四、八、十一、十二四石存近园，三、九两石嵌约园壁间。

松烟肥砚斋恽帖　子部艺术类

清咸丰五年(1855)周赞襄刊，常州图书馆藏。

按：帖中诗有《瓯香馆集》未收者。内有词 2 首，尤可珍视。

南田挽烟客诗墨迹 1 卷　子部艺术类

(1) 1944 年影印本，南京图书馆藏。

(2) 1960 年诸仲华藏本影印本，吴企明藏。

陈伯玉刻石　子部艺术类

印本，吴企明藏。全书无题签、识语、题跋，由吴氏据第三页阴文印"陈伯玉刻"命名。

恽氏先德遗墨　子部艺术类

清光绪三十一年(1905)恽彦彬辑刊，常州南田纪念馆藏原石，拓本藏常州图书馆。

按:《清代毗陵书目》卷 3 云:“凡恽厥初诗扇一,恽向诗扇一,恽日初致唐君知札,恽格致宋漫堂札稿一,有赵怀玉跋。此系彦彬刻石。又恽格书札十二通。南田十二札原系新安汪恭爱石山房所刻,乱后石散,彦彬得此数石,合为《恽氏先德遗墨》。”爱石山房乃王曰旦斋名,此处有误。

北园赏桂诗石刻　子部艺术类

程百龄刊印,邵士贤刻石

清光绪三十一年刻,吴企明藏。

韵兰草堂帖　子部艺术类

今藏近园。恽宝惠《南田公石刻考》云:“考是帖,原石仅存两方,今藏静园,两石无跋识,不知时代及集刻人姓名。一石刻《近园记》,原署园主人杨兆鲁撰,园客恽寿平书。……一石刻《仙人谣》五古一篇,有公自跋,为佐老道翁作,即题于画图帧首者。”

南田丛帖 5 册　子部艺术类

上海有正书局石印本,常州图书馆藏。

按:《恽氏先世著述考略》云:“是帖为上海有正书局石印原本,但系汇刻成编。每册首均有‘瓯香馆法书’五字。计分四册;一模古,二诗稿,三题画,四手札。另一册则为《清啸阁藏帖》。”实此书即为《瓯香馆法书》和《清啸阁藏帖》。

恽南田书诗札真迹　子部艺术类

上海艺苑真赏社民国石印本,上海图书馆藏。

恽南田写生册　子部艺术类

1918 年上海中华书局影印本,上海图书馆藏。

恽南田山水精品册　子部艺术类

1926 年上海神州国光社影印本,上海图书馆藏。

恽正叔山水花卉十四幅　子部艺术类

南田山水花果册　子部艺术类

瓯香馆写生册　子部艺术类

南田花卉山水合璧　子部艺术类

恽王山水合册　子部艺术类

清恽格、王翚绘

恽南田工笔花卉蒋南沙草花虫蝶合册　子部艺术类

清恽格、蒋廷锡绘

以上6种均有上海有正书局影印本，上海图书馆藏。

恽南田山水图册　子部艺术类

中华新教育社1927年影印本，上海图书馆藏。

海内第一恽王精品　子部艺术类

1929年上海天绘阁印行，上海图书馆藏。

恽南田山水集锦册　子部艺术类

潘博山、王选青征集

1929年上海天绘阁印行，上海图书馆藏。

恽南田花卉册　子部艺术类

(1) 1929年文明书局影印本，上海图书馆藏。

(2) 194□年中华书局影印本，华东师范大学图书馆藏。

(3) 1957年上海画片出版社影印本。

恽南田花果册　子部艺术类

1930年上海西泠印社影印本，南京图书馆藏。

恽南田花卉王石谷山水合集　子部艺术类

1930年上海文明书局影印本，中山大学图书馆藏。

恽寿平山水册　子部艺术类

1931年故宫博物院影印本，北京大学图书馆藏。

恽南田山水名人题诗合册　子部艺术类

1931年上海神州国光社影印本，北京大学图书馆藏。

恽南田山水册　子部艺术类

(1) 1931年上海神州国光社影印本，上海图书馆藏。

（2）上海有正书局影印本，上海图书馆藏。

恽王山水合璧　子部艺术类

清恽格、王翚绘

1932年故宫印刷所影印本，上海图书馆藏。

恽南田仿宋元山水　子部艺术类

1934年延光室影印本，北京大学图书馆藏。

恽南田便面谱12帧　子部艺术类

日本十一组出版社辑，昭和十八年（1943）影印本，南京大学图书馆藏。

南田墨戏册　子部艺术类

恽南田山水花卉合册　子部艺术类

以上2种为民国间影印本，北京大学图书馆藏。

恽南田湖山春暖图　子部艺术类

民国珂罗影印本，上海图书馆藏。

恽南田拟古山水册　子部艺术类

陈瑞农编

《文物》1983年第11期。

恽寿平书画集　子部艺术类

承名世编

文物出版社1987年版。

恽寿平书画精品集　子部艺术类

杨臣彬编

人民美术出版社1993年版。

恽寿平画集　子部艺术类

程大利编

《中国历代大师名作丛书》本，江苏美术出版社1996年版。

恽寿平画集　子部艺术类

刘一闻编

《清六家画丛》本，上海人民美术出版社 1996 年版。

恽寿平　子部艺术类

陈履生编

一品堂册页精品本，广西美术出版社 1997 年版。

恽寿平画集上下册　子部艺术类

北京工艺美术出版社 2005 年版。

恽寿平　子部艺术类

杨建峰编

《中国历代书画名家经典大系》本，江西美术出版社 2009 年版。

华严经义疏　子部佛教类　佚

按：李兆洛《养一斋文集》卷 7《跋恽南田楷书杜诗》云："曩见南田所书目为《华严经疏义》，小书楷书之，凡四五十页，秀媚中具苍劲气。当是其中年书，文多脱佚，不具首尾，亦无署款，然望而知其为南田书也。"又《跋南田书》云："此《华严经义疏》也。华严三十九品，此仅及十九，升兜率天宫品，当尚有次帙而逸之。疏说大义，不全录经文，大抵融会前后，揭其要领，类郭象注《庄》，可别自为书。逊庵先生父子俱精白业，或是属稿而未成者。"

南田诗钞 5 卷　集部别集类

(1)《毗陵六逸诗钞》本。

(2)《国初十家诗钞》本。

瓯香馆集 12 卷补遗诗 1 卷补遗画跋 1 卷附录 1 卷　集部别集类

(1) 清道光二十六年海昌蒋氏宜年堂《别下斋丛书》本。

(2) 清光绪七年湖北书局重刻本，常州图书馆藏。

(3) 清抄本，上海图书馆藏，存卷 3—5。

(4) 清黄钊抄本，广东省图书馆藏。

(5) 抄本，首都图书馆藏。

(6) 1925 年涵芬堂据道光本影印本。

(7)《丛书集成初编》本。

(8)《清代诗文集汇编》本。

(9)人民文学出版社2015年吴企明标点《恽寿平全集》本。

按:恽宝惠《恽氏先世著述考略》云:“是集为海昌蒋光煦辑。诗则以《六逸诗钞》为本。而附益以各家收藏。墨迹及石刻各帖,又搜罗论画诸语另为《画跋》。”

恽南田诗稿1卷　集部别集类

稿本,上海图书馆藏。

南田诗钞1卷　集部别集类

抄本,中国科学院图书馆藏。

南田先生集外诗　集部别集类

稿本复印件,常州南田纪念馆藏。

东园尺牍　集部别集类

稿本,上海博物馆藏。

寿平尺牍　集部别集类　佚

《恽氏先世著述考略》云:“是书未见原本,仅旧谱中曾载有公书札若干。”

恽寿平全集　集部别集类

2015年人民文学出版社出版。

清晖堂同人尺牍汇存4卷　集部总集类

清恽格等辑

清咸丰七年恽元钟刻本,国家图书馆藏。

张铭俯(1633—1700)

字滋恭。以鼎子。清初武进人。

家语录订3卷　子部周秦诸子类

见道光《武阳合志》卷33。

刘维祯(1633—1710)

字瑞公,号鲁庵。清武进人。顺治十二年(1655)进士。改授宁国府教授,升山东莘县知县。考授山西道监察御史,转湘广岳常道布政使司参议,补贵州贵西道按察使司副使。

(康熙)莘县志 8 卷　史部地理类

清刘维祯纂修

清康熙十一年(1672)刻本,国家图书馆藏,存卷 5—8。

宝拙堂集 6 卷　集部别集类

清康熙五年刻本,国家图书馆藏。

刘瑞公诗 1 卷　集部别集类

《皇清百名家诗》本。

杨凤翥(1634—1666)

字九霄,清阳湖人。

山廊诗抄　集部别集类　佚

红夫诗　集部别集类　佚

以上 2 种见道光《武阳合志》卷 33。

唐元度(1634—1683)

字斐又,号云岩。清武进人。贡生。考授州同知。赴选,诠发江西。途中受寒暑,病逝。

翠照山房集　集部别集类　佚

见《清代毗陵书目》卷 4。

岳宏誉(1634—1716)

字声国,号莛亭,清武进人,别号蒿芦子,又号白云山人。顺治十八年(1661)进士,历官灵邱知县、获鹿知县、户部福建司主事、刑部云南司郎中等，官至湖广学政。

(康熙)灵丘县志4卷　史部地理类

清宋起凤纂　岳宏誉增订

(1) 清康熙二十三年(1684)刻本，南京图书馆藏。

(2) 清光绪八年(1882)重印本，国家图书馆藏。

(3) 1986年灵丘县志编委会办公室铅印本。

楚江集不分卷附采湘词不分卷　集部别集类

清康熙刻本，南京图书馆藏。

蒿庐文稿3卷　集部别集类　佚

白云草堂诗稿　集部别集类　佚

以上2种见道光《武阳合志》卷33。

陈玉璂(1635—1706)

字赓明，号椒峰。清武进人。睿谟孙。康熙六年(1667)进士，授中书舍人，十八年因事革职。家居抑郁，发愤著书，成《史论》数百卷。少有大志，凡天文、地志、兵刑、礼乐、河渠、赋役诸大事，莫不研讨，言之娓娓，宾客慕名辐凑。多才艺，弹琴、投壶、嬉戏之乐，靡所不为，偶有所触，发为诗文，旬日之间，动辄盈尺。以其豪爽好客，时人比之南朝宋人刘穆之。

史论100卷　史部史评类　佚

见光绪《武阳志余》卷7。

河东君传1卷　史部传记类

《香艳丛书》本。

(康熙)常州府志38卷首1卷　史部地理类

清于琨修　陈玉璂纂

(1) 清康熙三十四年刻本，北京大学图书馆藏。

(2) 清光绪十二年(1886)木活字本，北京师范大学图书馆藏。

(3)《中国地方志集成》本。

(康熙)武进县志44卷　史部地理类

清武俊修　陈玉璂纂

清康熙二十三年刻本,上海图书馆藏。

按:此书所记自明万历四十八年(1620)至清康熙十二年。

武进县续志13卷　史部地理类　佚

见《清代毗陵书目》卷7。

按:此书成于清康熙三十一年,所记自清康熙二十三至三十一年。

三吴总志　史部地理类　佚

见光绪《武阳志余》卷7。

农具记1卷　子部农家类

《檀几丛书》本。

按:此为《文集》中一部分。

匡林2卷首1卷　子部杂学类

清毛先舒撰　陈玉璂批

《思古堂十四种书》本,清康熙刻本,南开大学图书馆藏。

椒峰集200卷　集部别集类　佚

见光绪《武阳县志》卷28、光绪《武阳志余》卷7。

学文堂集4种18卷首1卷　集部别集类

(1) 清康熙十一年刻本,北京大学图书馆藏。

(2)《清代诗文集汇编》本。

按:此书文集不分卷,杂著2卷、诗集13卷、词3卷。

学文堂文集16卷诗集5卷诗余3卷　集部别集类

(1)《常州先哲遗书》本。

(2)《丛书集成新编》本。

学文堂集□□卷　集部别集类

清康熙刻本,国家图书馆藏,残存47卷。

按:见《四库全书总目》别集类存目10,本书凡文43卷(其中有录无书者9卷)、诗10卷、词3卷,实47卷。

学文堂集□□卷　集部别集类

清康熙刻本，国家图书馆藏，存文集 20 卷，序 1—10，记 1—4，论 1—2，史论 1—4。

学文堂集□□卷　集部别集类

清康熙刻本，南京图书馆藏，存文集 44 卷、诗集 13 卷、崇祀录。

学文堂诗集 10 卷　集部别集类

清康熙十一年刻本，上海图书馆藏。

学文堂集 43 卷　集部别集类

(1) 清康熙刻本，中国社会科学院文学研究所藏。本书收杂文 31 卷、诗 8 卷、词 4 卷。

(2)《四库全书存目丛书补编》本。

学文堂诗集 6 卷（一作陈赓明诗选、学文堂集选）　集部别集类　佚

见道光《武阳合志》卷 33、光绪《武阳志余》卷 7。

椒峰集 200 卷　集部别集类　佚

见光绪《武阳县志》卷 28、光绪《武阳志余》卷 7。

耕烟词（一作映山堂词）　集部词曲类

（一）3 卷本：

(1) 清康熙刻本。《学文堂集》附。

(2)《常州先哲遗书》本。《学文堂文集》附。

(3)《别本学文堂集》附。

（二）1 卷本：

《百名家词抄》本，南京图书馆藏。

陆宏统(1635—1709)

字公垂，号琦章。清武进人。悯乱世，绝意仕进，隐居授徒以终，尤工八分书。

凌云草　集部别集类　佚

见道光《武阳合志》卷 33。

杨世求(1636—1701)

清武进人。兆鲁子。贡生，官内阁中书舍人。博学工诗。

诗经正始　经部诗经类　佚

见道光《武阳合志》卷32、《清代毗陵书目》卷7。

律吕解　经部乐类　佚

清杨世求、蔡所性撰

见《清代毗陵书目》卷7。参见“蔡所性”条。

六书辨讹　经部小学类　佚

见道光《武阳合志》卷32，注云“存”。

象纬考　子部术数类　佚

象纬订　子部术数类　佚

象纬图　子部术数类　佚

象纬抄　子部术数类　佚

以上4种见光绪《武阳志余》卷7、《清代毗陵书目》卷3。

正始自定稿　集部别集类　佚

见《清代毗陵书目》卷4。

万卷楼诗文集　集部别集类　佚

见道光《武阳合志》卷33。

许维楫(1636—1708)

字傅舟，号屺季，别号胥山，晚号楞严居士，清武进人。之渐子。康熙五年(1666)举人。曾任安徽歙县教谕、湖北钟祥知县。

嘉成堂诗钞3卷　集部别集类　佚

见道光《武阳合志》卷33。按：《清代毗陵书目》卷4云：是书包括《燕山草》《长陔草》《溪上吟》三部分。

杨昌言(1636—1709)

一作宗言,字大声,号梧冈。清武进人。文言兄。工诗。

朝阳初集　集部别集类　佚

见道光《武阳合志》卷33。

梧冈集12卷　集部别集类

(1) 清初心远堂刻本,国家图书馆藏。

(2) 清康熙刻本,南京图书馆藏。(1至4卷,缺5至12卷)。

陆士楷(1636—1713)

字介侯,一字昆亭(一作昆庭)。清武进人。卿鹄子。诸生。入清隐居,教授以终。平生专心理学,以圣贤名教自任。年78卒。

尚书汇纂12卷类句1卷末1卷　经部尚书类

(1) 清康熙十三年(1674)晋陵陆氏居敬堂刻本,北京大学图书馆藏。

(2) 清光绪十二年至十五年(1886—1889)陆氏善庆堂重印本,北京大学图书馆藏。

尚书汇纂必读12卷　经部尚书类

(1) 清康熙十年光裕堂刻本,首都图书馆藏,有佚名圈点、评点。

(2) 清光绪十二年贵溪何氏乾元堂木活字本。

中孚语录3卷　子部儒学类　佚

见道光《武阳合志》卷33。

传心录1卷　子部儒学类　佚

见《清代毗陵书目》卷3。

胡香昊(1636—1713?)

初名御。字芋庄,号竹轩。清武进人。少治举子业,后弃去,肆力诗古文。康熙八年至二十年(1669—1681)间游历洞庭、彭蠡、匡庐诸名胜，作诗颇多。晚年归里筑屋三楹，名香草堂，长年以卖文为生。为“毗陵六逸”之一。

香草堂诗抄 5 卷　集部别集类

《毗陵六逸诗抄》本。

醉吟雅集编　集部总集类　佚

清胡香吴、孙时宜、徐永宣等撰

见《清代毗陵书目》卷 5。

刘大夏(1636—?)

字禹功。室名愿学轩。清武进人。年 13 丧母，顺治十一年(1654)举乡荐副贡。遵父命游太学，考授州同。以孝闻于时。

愿学轩诗选　集部别集类　佚

见道光《武阳合志》卷 33。

吴有斐(1637—1689)

字翼心，号墨涛，清武进人。康熙十六年(1677)举人。能诗。

闲闲草堂诗集 2 卷　集部别集类

清康熙五十四年刻本，中国科学院图书馆藏。

黄晖烈(1637—1695)

字敉公，号彤城。清武进人。尔敷子。康熙二十一年(1682)进士。曾任养利州知州，平生读书自娱，以孝名闻乡里。

孝经集注　经部孝经类　佚

见道光《武阳合志》卷 32。

自医术　子部儒学类　佚

信好录　子部儒学类　佚

以上 2 种见道光《武阳合志》卷 33。

邵长蘅(1637—1704)

一名蘅。字子湘,号青门山人。清武进人。灿子。9岁能文,10岁补县学生,因奏销案被黜。益肆力诗古文辞,与同里邹祗谟、董以宁等相劘切。康熙间游京师,与施闰章、汪琬、陈维崧、朱彝尊等相过从,声名甚著。复入太学,试吏部,大学士宋德宜誉为"今之震川",拔第一,例授州同知,不就。再应顺天乡试不中,遂归不出。晚客江苏巡抚宋荦幕甚久。性坦易,寄情山水。学识广博,通音韵。古文与侯朝宗、魏禧称鼎足;诗学唐宋,七古、七律尤冠诸体。《清史稿》有传。

古今韵略5卷　经部小学类

(1) 清康熙三十五年(1696)宋荦刻本,华东师范大学图书馆藏。

(2) 清康熙五十九年刻本,首都图书馆藏。

(3) 清乾隆十八年(1753)陈守诚恕堂重刊本,国家图书馆藏。

(4)《四库未收书辑刊》本,据清康熙三十五年刻本影印。

阎典史(应元)传1卷　史部传记类

《无一是斋丛钞》本。

东坡先生年谱1卷　史部传记类

宋王宗稷撰　清邵长蘅订

见下《施注苏诗》附。

毗陵诸山记1卷　史部地理类

毗陵诸水记1卷　史部地理类

弹山吾家山(在江苏)游记1卷　史部地理类

游秦园(在江苏)记1卷　史部地理类

游张公洞(在江苏)记1卷　史部地理类

游孤山(在浙江)记1卷　史部地理类

飞来峰(在浙江)记1卷　史部地理类

游赤壁(在湖北)记1卷　史部地理类

以上8种均有《小方壶斋舆地丛钞》本。

施注苏诗42卷总目2卷续补遗补注2卷王注正讹1卷东坡先生年谱1卷　集部别集类

宋苏轼撰　施元之、顾禧注　清邵长蘅、顾嗣立、宋至删补　冯景撰补注　邵长蘅撰正讹　宋王宗稷撰年谱　清邵长蘅订

(1) 清康熙三十八年商丘宋氏宛委堂刻本,上海图书馆藏。

(2)《古香斋袖珍十种》本。

(3)《四库全书》本。

(4)《摛藻堂四库全书荟要》本。

后2种版本无年谱。

按:苏诗施元之注,在宋代即称善本。清康熙间宋荦得残帙30卷,由邵长蘅等补阙。邵氏又作《王注正讹》订正王十朋注本,并订正王宗稷所编《东坡年谱》。清人潘祖荫跋谓邵氏补本"为人齿冷,不足置议"。

今存《施注苏诗》宋本有:

(1)《注东坡先生诗》42卷,宋苏轼撰,施元之、顾禧注,宋嘉泰淮东仓司刻本。一部存4卷(卷11、12、25、26),4册,原为缪荃孙、刘承幹旧藏,今藏国家图书馆;另一部存2卷(卷41、42),2册,原为海源阁旧藏,今藏国家图书馆。

(2)《注东坡先生诗》,卷数不详。宋苏轼撰,施元之、施宿、顾禧注,宋嘉定六年(1213)淮东仓司刻本,存19卷(目录下、卷3、4、7、10、11、12、13、15、16、17、18、19、20、29、32、33、34、37、38),20册,台湾"中央图书馆"原藏。另《藏园群书题记》有翁同龢藏宋景定本36卷长跋。

东坡寓惠集注释5卷　集部别集类

宋苏东坡撰　清邵长蘅注释　顾嗣立补注

(1) 归善黄叙园刻本,中国人民大学图书馆藏。

(2) 清同治十二年(1873)同福堂刻本,清华大学图书馆藏。

杜工部集20卷首1卷　集部别集类

唐杜甫撰　明王世贞、清邵长蘅等评点

清道光十四年(1834)年芸叶盦五色套印本,复旦大学图书馆藏。

青门文钞 1 卷　集部别集类

《国朝二十四家文钞》本。

邵青门文录 3 卷　集部别集类

《国朝文录》本。

青门诗 10 卷　集部别集类

《国初十家诗钞》本。

邵子湘全集(一作邵子湘前后集、亦作邵青门全集)　集部别集类

(1) 清康熙三十二年刻本,常州图书馆、青海省图书馆藏。

(2) 日本活字本,北京大学图书馆藏。

(3)《常州先哲遗书》本。

(4)《四库全书存目丛书》本,据青海图书馆藏本影印。

(5) 上海书店《丛书集成续编》本。

(6)《清代诗文集汇编》本。

子目:

《青门簏稿》16 卷附《邵氏家录》1 卷　邵长蘅辑

《青门旅稿》6 卷

《青门剩稿》8 卷

按:《清史稿·艺文志》无《邵氏家录》。《四库全书总目·别集类目》10 云:"其兄子璿等编次。康熙戊午以前为《青门簏稿》,诗六卷,文十卷;己未迄辛未为《旅稿》,诗二卷,文四卷;壬申后为《剩稿》,诗三卷,文五卷。其《邵氏家录》则以康节祠堂、碑记之类汇为一编者也。"

画溪西堂稿 4 卷　集部别集类

清谢芳连撰　王士祯、邵长蘅评

清康熙刻本,复旦大学图书馆藏。

明四家诗钞 8 卷　集部总集类

清邵长蘅辑,国家图书馆藏。

江左十五子诗选 15 卷　集部总集类

清宋荦辑　邵长蘅订

清康熙四十二年刻本，复旦大学图书馆藏。

二家诗钞 20 卷　集部总集类

清邵长蘅辑

(1) 清康熙三十四年刻本，中国人民大学图书馆藏。

(2)《四库全书存目丛书补编》本，据中国人民大学图书馆藏本影印。

子目：

《王氏渔洋诗钞》12 卷　清王士祯撰

《宋氏绵津诗钞》8 卷　清宋荦撰

按：《全清词钞》卷 3 收其词 1 首。

古乐府钞 6 卷　集部总集类　佚

古诗钞 8 卷　集部总集类　佚

以上 2 种邵长蘅辑，均见《毗陵经籍志》。

明四家诗钞 8 卷　集部总集类　佚

清邵长蘅辑

见道光《武阳合志》卷 33、《清代毗陵书目》卷 5。

按：据《合志》，是集为李梦阳、何景明、王世贞、李攀龙诗钞。

青门词　集部词曲类　佚

见《清代毗陵书目》卷 5。

按：《全清词钞》卷 3 收其词 1 首。

批杜诗阐　集部诗文评类

见《杜集书录》卷 9，谓："邵氏原批与宋荦批同据《杜诗阐》，现有残本藏广东人民图书馆。《(杜诗)集评》及《(杜诗)镜铨》，采录颇多。"

邵长蘅评杜诗钞　集部诗文评类　佚

见《杜集书目提要》，云"抄本，上下二册"。

吴震生(1637—1712)

清武进人。康熙二十七年(1688)进士，授祥符知县，有政声。后归乡，以作文自娱。通经史，亦工词曲。

虢亭文抄　集部别集类　佚

见《清代毗陵书目》卷4。

董元恺(？—1687)

字舜民，号子康，别号苍梧生。清武进人。顺治十七年(1660)举人。怀才不遇，复遭诖误，于是激昂哀感，悉寓于词。

苍梧词12卷　集部词曲类

(1) 清康熙二十六年(1687)刻本，又名《董舜民词集》，有济南王士祯等评，国家图书馆藏。

(2)《广川词录》本。

(3)《清名家词》本，1卷。

(4) 清抄本，首都图书馆藏。

铜虎媒传奇　集部词曲类　佚

见《清代毗陵书目》卷8。

庄　寅(1638—1678)

字震公，号直庵。清武进人。郡庠生。

济美堂五子文稿　集部总集类　佚

庄寅辑

见《清代毗陵书目》卷5。

庄　搢(1638—1701)

字书采，号厚存。清武进人。康熙五年(1666)举人，九年进士。历任山西临县知县、云南腾越州知州，户部、刑部员外郎，充律例馆纂修，陕西榆林中西道佥事，湖广武汉黄道参议，通政使司参议。经九卿保奏，擢升京官。未至，卒于途。搢性廉直。摄汾阳知县时，拒收赂金。平时勤于著述。

西曹律例解 2 卷　史部政书类　佚

滇行纪程 1 卷　史部地理类　佚

以上 2 种见道光《武阳合志》卷 32、33。

边策抱膝吟　集部别集类　佚

见《庄氏族谱》卷 16 下。

龚士燕(1639—1673)

字武仕。清武进人。少能文,讲性理,通声律、天文、历算,对郭守敬《授时历》研讨尤深。康熙六年(1667)受召至京师,在钦天监观象台主管测日。因修订历法有功,授历科博士。十年因病归里。

律吕新书解 1 卷　经部乐类　佚

见《清代毗陵书目》卷 7。

按:《律吕新书》为宋蔡元定撰,有多种注本。

象纬考　子部历算类　佚

历言大略 1 卷　子部历算类　佚

以上 2 种见《清代毗陵书目》卷 3。

天体论 1 卷　子部历算类　佚

暗虚论　子部历算类　佚

中星论　子部历算类　佚

交食论　子部历算类　佚

定朔论　子部历算类　佚

五星论　子部历算类　佚

以上 6 种见《清代毗陵书目》卷 8。

杨宗发(1639—1680)

字起文。清武进人。佩玉子。屡试不售,年 37 始以制艺受知当事。曾从学于恽日初,性狷介,文笔亦狂,诗尤工。年 43 以忧患成疾卒。

白云楼诗集 3 卷　集部别集类　佚

见道光《武阳合志》卷 33。

白云楼诗抄 1 卷　集部别集类

《毗陵六逸诗钞》本。

白云楼诗钞 1 卷诗话 1 卷　集部别集类

阳湖杨氏清光绪六年(1880)《大亭山馆丛书》本。

按:白云楼全稿毁于火,此 1 卷为洪亮吉所录存。

唐于旭(1639—1681)

字致尧。清武进人。执玉父。布衣。

致尧诗草 1 卷补遗 1 卷　集部别集类　佚

见道光《武阳合志》卷 33。

陶自悦(1639—1709)

字心兑,号艾圃。清武进人。康熙二十七年(1688)进士。官至泽州知州。性敦厚,通经学,工制艺,与韩慕庐齐名。后以病乞归,归后,受亲家唐执玉托,宿唐荆川读书处照料陈渡草堂。里中文人常聚于此,酬唱相和,故称陶园。

(康熙)泽州志 30 卷　史部地理类

清陶自悦纂修

清康熙四十五年刻本,吉林大学图书馆藏。

亦乐堂诗钞 6 卷　集部别集类

清乾隆二十八年(1763)仁本堂刻本,复旦大学图书馆藏。

吴守震(1639—1716)

原名守为,字尔止,号竹苍。清武进人。监生。

尔止诗草　集部别集类　佚

见道光《武阳合志》卷 33,注云“存”。

杨大鲲(1640—1684)

字九挎，一字陶云，号晓屏、天池、秋屏。清武进人。廷鉴子，大鹤兄。顺治十六年(1659)进士，改庶吉士，历官江西新建丞、九江知府、山东按察使等。博学强记，工诗词。

读史记略　史部史评类　佚

见《清代毗陵书目》卷7。

陶庵诗抄12卷　集部别集类　佚

见《清代毗陵书目》卷8。

杜诗编年18卷　集部别集类

清李长祥、杨大鲲撰

(1) 清康熙梧桐阁刊本，国家图书馆藏。

按：孙殿起《贩书偶记》谓"约崇祯间梧桐阁刊"，误。此书为李长祥晚年与杨大鲲合著《杜诗编年》，李长祥卒于康熙十八年(1679)，此书约在此前后刻成，周采泉《杜集书录》辨之甚详。

(2) 抄本，国家图书馆藏。

按：此书有识记云："此卷于道光九年(1829)夏五月得于常郡三吴楼之侧货铺中，价计三十。"

恽　华(1640—1712)

原名驷，一字元御，号恕行。清武进人。厥初孙。康熙十六年(1677)举人，官内阁中书。

来远堂诗文集　集部别集类　佚

见恽宝惠《恽氏先世著述考略》。

黄寅亮(1640—1719)

字子永，号余庵。清武进人。诸生。

四书解　经部四书类　佚

见道光《武阳合志》卷32。

余庵文稿　集部别集类　佚

见道光《武阳合志》卷33。

蒋金式(1641—1722)

字玉度，号弱六。清阳湖人。康熙二十三年(1684)举人，授内阁中书。五十七年就怀宁教谕，年已60余。工诗古文，好著书，凡数十种。

翠楼居说骚　集部楚辞类　佚

见道光《武阳合志》卷33。

菰米山房诗钞2卷　集部别集类

清蒋金式撰　蒋维梅校

清雍正六年(1728)寒三草堂刻本，上海图书馆藏。

杜诗编次　集部别集类　佚

见道光《武阳合志》卷33。

按：乾隆《阳湖县志·人物志》本传云："著书凡数十种，《杜诗编次》尤为精核。"《说骚》又见《山带阁楚辞注》采摭书目。

批注杜诗辑注　集部别集类

清朱鹤龄辑注　蒋金式评

抄本，浙江大学图书馆藏。

按：清康熙五十六年，蒋金式作《书自评杜诗后》，见《菰米山房诗钞》。故《批注杜诗辑注》当作于本年前后。此书以朱鹤龄《杜工部诗集辑注》为底本，以墨笔细批，上题"毗陵蒋弱六先生原本，名金式，字玉度"，又题"后学杨伦西河参定"。此书并有1914年宗舜年跋，云："西禾纂《杜诗镜铨》《叙例》云：'凡西樵、阮亭兄弟、李子德、邵子湘、蒋弱六、何义门、俞犀月、张惕庵诸家评本，未经刊布者，悉行载入。'此书首题蒋氏评，西禾参定，所录诸家评语，旁午错综，细书弥满，复有损益，则黏纸以继之。先辈读书，用力深至，殆非后生所及。其辑《镜铨》，即以此为底本，而小有删易。《镜铨》所录，此本多有之；此本所录，则《镜铨》不尽也。卷首标题,似当时即拟以此本付刊,《镜铨》又后来之更名耳。甲寅七月十一日,舜年跋记。”

陆演穑(1642—1696)

字裕垂,号来亭。清武进人。贡生。

赋文堂诗文集16卷　集部别集类　佚

见道光《武阳合志》卷33。

赋文堂诗选　集部别集类　佚

见《清代毗陵书目》卷4。

吕方高(1642—1712)

字馨九,号道冲,清武进人。宫次子,官湖南嘉禾知县,广东运副。

静言日钞　子部儒学类　佚

见《清代毗陵书目》卷8。

宝芝堂诗草　集部别集类　佚

咏梅集　集部别集类　佚

浮萍集　集部别集类　佚

闽南集　集部别集类　佚

以上4种见道光《武阳合志》卷33。

章大士(1643—1705)

字我任,号圃轩。清武进人。少慕包拯、海瑞为人。长从金敞游。研究心理之学,好静坐。商榷学问,细入毫发。而与人谈忠义事,须发辄张。病亟时诵“上天生我”诗笑而逝。

格致诚意说1卷(一作格致诚正说)　子部儒学类　佚

见道光《武阳合志》卷33。

圃轩文集1卷　集部别集类　佚

圃轩诗集8卷　集部别集类　佚

以上2种见道光《武阳合志》卷33。又见《清代毗陵书目》卷4，注：诗集题砚山房本。

圃轩诗余1卷　集部词曲类　佚

见道光《武阳合志》卷33，谓词集附刊诗集后，即诗集第9卷。

吴守令(1643—1708)

字尔恺，号心斋，清武进人。监生。

心经注解　子部佛教类　佚

金刚经注解　子部佛教类　佚

以上2种见道光《武阳合志》卷33。

龚士凤(1643—1708)

字友鹿，号象六。清武进人。诸生。

四书宗朱讲义　经部四书类　佚

见道光《武阳合志》卷32。

庄　绛(1643—1710)

字丹吉。清武进人。楷父。以高才生补县学生，游京师，入太学，考授州同知。以文章器量见重于大学士王熙，疏荐京官，格于例，遂作罢。又欲以他途擢用，未果，以年老辞，遂归。绛熟习掌故，参订经史，凡天文舆地、九流百家之书，皆有涉猎。文不起草，散佚颇多，仅存若干卷。五子皆知名。

著存堂诗文稿　集部别集类　佚

见光绪《武阳志余》卷7。

挽王文靖诗百首　集部别集类　佚

见《清代毗陵书目》卷4。

龚士荐(1643—1714)

字彦吉,号复园。清武进人。策子。诸生。弱冠游太学,名动公卿。长于诗。

复园诗钞 8 卷　集部别集类

清康熙五十六年(1717)赵侗教校刻本,上海图书馆藏。

与龚策《晋之诗钞》合刻,题为《二龚先生集》。

复园外集诗　集部别集类　佚

见道光《武阳合志》卷 33。

石月草堂集　集部别集类　佚

见《江苏诗征》卷 3。

庄天锦(1643—1721)

原名钜,又名锦,字子纯,号云湘。清武进人。太学生。考授州同知,未赴任卒。

寤言堂诗初二集 5 卷　集部别集类

清康熙间刻本,国家图书馆藏。

寤言堂诗 4 卷　集部别集类

清康熙间刻本

(1) 广东省立中山图书馆藏。

(2)《中国古籍珍本丛刊·广东省立中山图书馆卷》本。

吕方嘉(1644—1689)

字穗九,号西亭,清武进人。宫四子。康熙六十年(1721)贡生,候选知县。

家藏金石编 1 卷　史部金石类　佚

道古录 4 卷　子部儒学类　佚

以上 2 种见道光《武阳合志》卷 32、33。

西亭集外集 12 卷　集部别集类　佚

以上见《毗陵吕氏族谱》。

刘国定(1644—1707)

字青一,号瀛槎。清武进人。康熙二十年(1681)举人,考取内阁中书,改任太仓州学正。

瞻岵吟　集部别集类　佚

见道光《武阳合志》卷 33。

薛　诠(1644—1712)

字正希。清武进人。应旂玄孙。增广生。

易义析解无卷数　经部易类　佚

按:光绪《武阳志余》卷 7 云:"《经籍录》:是书刊于清康熙五十一年(1712)。大旨参酌朱子《本义》、程子《易传》而引申之。"

四书辨要　经部四书类　佚

以上 2 种见道光《武阳合志》卷 32。

钱安世(1644—1720)

字王功,号洁人。清武进人。养浩长子。康熙三十三年(1694)进士。官直隶南和县知县。

云起居诗草　集部别集类　佚

见道光《武阳合志》卷 33。

赵申乔(1644—1720)

字慎旃,一字松伍,别号白云旧人。清武进人。继鼎子,熊诏父。康熙九年(1670)进士,二十年授商丘知县,二十五年迁刑部主事,后累擢浙江布政使、浙江巡抚、左都御史、户部尚书,赠太子太保,谥恭毅。清康熙五十年十月以"狂妄不谨"的罪名参劾戴名世,引发了"南山案"

文字狱。申乔虽声明自己与名世"素无嫌怨",仍为士林所不齿。其参劾名世之奏疏亦不敢收入集中。

赵恭毅公自治官书24卷首1卷　史部政书类

(1) 清雍正五年(1727)楚攸怀策堂刻本,中国科学院图书馆、国家图书馆藏。

(2)《续修四库全书》本,据中国科学院图书馆藏本影印。

赵恭毅公奏疏文告20卷　史部政书类　佚

功令文　史部政书类　佚

实政录　史部政书类　佚

以上3种见《清代毗陵书目》卷2。

按:《实政录》并非赵申乔自著之书。光绪《湖南通志》卷247《艺文志三》著录:"《赵恭毅实政录》,湘乡易宗涒撰。"陶澍《陶文毅公文集》卷42《书何祖柱所辑〈赵恭毅公自治官书〉后》云:"何祖柱者,长沙攸人,日侍公(按:此指赵申乔)几案。心佩公之为政,于一切奏疏文告皆手钞之,汇为二十卷。又补辑其莅浙及入台总户部时各稿为四卷以附焉。先是,湘乡人士有《赵公实政录》之刻,比何祖柱书成,而公抚楚时政绩大备。"是《实政录》当为湘乡易宗涒撰,记赵申乔任偏沅巡抚(即湖南巡抚,康熙四十一年至四十九年任)时之行政成绩。今姑据《清代毗陵书目》著录,并作考订于此。

赵恭毅公剩稿8卷　集部别集类

(1) 清乾隆二年至六年(1737—1741)赵侗敩浙江刻本,复旦大学图书馆、中国社会科学院文学研究所藏。

(2) 清光绪十八年(1892)浙江书局重刻本,复旦大学图书馆藏。

(3)《四库全书存目丛书》本,据中国社会科学院文学研究所藏本影印。

(4)《清代诗文集汇编》本。

赵忠毅公文录2卷　集部别集类

《国朝文录》本。

龚孙苌(1644—1725)

号笠滨。清阳湖人。诸生,候选县丞。

周易绎义　经部易类　佚

见道光《武阳合志》卷 32。

按:光绪《武阳志余》卷 7 云:"是书稿本未刊,大旨以《本义》为宗,稍参《大全》诸说,盖讲章之类也。"

笠滨诗钞 7 卷　集部别集类　佚

见道光《武阳合志》卷 33。

按:署作龚苌孙。

董子俨(1645—1686)

字惠公,一字思若,号敬斋。清武进人。国子监生。

闲闲草　集部词曲类　佚

见光绪《武阳志余》卷 7。

张　柱(1645—1703)

字擎一,号仰高。清武进人。诸生。

诗经知新录　经部诗经类　佚

春秋纂要　经部春秋总义类　佚

以上 2 种见道光《武阳合志》卷 32。

小学讲意读　子部儒学类　佚

见道光《武阳合志》卷 33。

龚士炯(1645—1705)

字延章。清武进人。布衣。

历代纪事年表 100 卷　史部编年类

清龚士炯撰　周清原、王之枢修

(1) 清康熙五十一年(1712)内府刻本,复旦大学图书馆藏。

(2)《四库全书》本。

按:道光《武阳合志》卷32著录作40卷。《四库全书总目》略云:"康熙四十六年布衣龚士炯献《历代年表》,所载至隋而止。乃诏工部侍郎周清原重修,未蒇事而清源殁。复诏内阁学士王之枢踵修。上起帝尧元载甲辰,下迄元顺帝至正二十八年(1368)戊申,首末凡三千七百二十五年。"

恽东生(1645—1713)

字晋明,号岱存。清武进人。康熙三十年(1691)进士,任山西襄陵知县。循声卓著,后授吏部主事。

岱存诗集　集部别集类　佚

见《恽氏先世著述考略》。诗集曾经恽鹤生校录并作序,后散佚无复存者。

陈　炼(1645—1715)

字道柔。所居名西林,学者称西林先生。晚号半缘居士。清武进人。诸生,屡试不第,以教授生徒为业。性聪异,幼时读书过目不忘,及长,贯穿经史,工诗及古文。

西林诗钞5卷　集部别集类

《毗陵六逸诗钞》本。

西林诗集20卷　集部别集类　佚

西林文集16卷　集部别集类　佚

以上2种见道光《武阳合志》卷33。

醉吟雅集编　集部总集类　佚

清孙时宜、徐永宣、陈炼等合撰

见《清代毗陵书目》卷5。

杨文言(1646—1713)

字道声,别号南兰外史。清武进人。瑀子,昌言弟。少聪颖,于学无所不窥,尽传父学,尤精《易》学,通历算。少游闽中,曾为耿精忠部下幕客,晚依徐乾学最久,终隐于家。毕生以著述、讲学为事,名重乡里。《明史·历志》初成,曾有增订。

图卦阐义　经部易类　佚

易俟书象图说　经部易类　佚

以上2种见《清代毗陵书目》卷7。

书象本要　经部易类　佚

见《南兰纪事诗抄》序。

历象本要1卷　子部历算类

(1) 清康熙间刻本,国家图书馆藏。

(2)《续修四库全书》本,据国家图书馆藏本影印。

历象图说1卷　子部历算类

见《古今图书集成》卷3,原不题撰人,盛百二《柚堂文存·书历象本要后》云此为杨文言著,后为李光地取之,经梅文鼎订正,成《历象本要》,其考证可参见颜玉科《历象本要名义考》(《齐鲁学刊》2003年第2期)。

御制历象考成上编16卷下编10卷后编10卷　子部历算类

清光绪二十四年(1898)富强斋石印本,辽宁大学图书馆藏。

握奇发微　子部术数类　佚

见《南兰纪事诗抄》序。

南兰纪事诗15卷　集部别集类　佚

见道光《武阳合志》卷33(作5卷)、光绪《武阳志余》卷7。

按:文言子祖祥《南兰纪事诗抄序》称,《南兰纪事诗抄》包括《江行草》《东华幻游草》《南楼草》《春雨楼草》《容膝轩草》《无诸草》《瓯江草》《倦飞正续草》《北征草》《金台草》《玉川草》《高松东阁草》《碧山草》《秦淮草》《楚江草》15 种。

南兰纪事诗抄 2 卷　集部别集类

《大亭山馆丛书》本。

□□词 1 卷　集部词曲类

见《清代毗陵书目》卷 5,注云:"杨葆彝刻入《毗陵词派》。"

杨大鹤(1646—1715)

字九皋,号芝田。清武进人。廷鉴子。康熙十八年(1679)进士,改庶吉士,授编修,官至左春坊左谕德。督学顺天,为忌者劾,罢官归里。博览群籍,所选《剑南诗抄》风行一时。亦工书,得晋唐遗意。

春秋指掌 30 卷首 2 卷附录 2 卷　经部春秋类

清储欣、蒋景祁撰　杨大鹤参阅

清乾隆五十四年(1789)天藜阁刻本,天津图书馆藏。

左传分国记事本末 12 卷　经部春秋类　佚

春秋属辞比事 2 卷　经部春秋类　佚

以上 2 种见《清代毗陵书目》卷 7。

史汉注辨误 2 卷　史部正史类

史汉异同考 2 卷　史部正史类

廿一史姓氏考　史部传记类

以上 3 种见道光《武阳合志》卷 32,注云"存"。

渊鉴类函 450 卷　子部典故类

清代官书,张英等奉命纂　杨大鹤与修

(1) 清康熙四十九年内府刻本,上海图书馆藏。

(2) 清乾隆十三年武英殿刻《古香斋袖珍十种》本,国家图书馆藏。

(3)《四库全书》本。

(4) 台湾新兴书局 1967 年影印本。

(5) 北京中国书店 1985 年影印本。

香山诗抄 20 卷　集部别集类

唐白居易撰　清杨大鹤选

清康熙四十年武进杨氏刻本，北京大学图书馆藏。

昌黎诗抄2卷　集部别集类

唐韩愈撰　清杨大鹤选

清康熙野雪轩刻本，北京大学图书馆藏。

剑南诗抄　集部别集类

宋陆游撰　清杨大鹤选

（一）6卷本：

（1）清康熙二十四年毗陵杨氏敦化堂刻本，北京大学图书馆藏。

（2）清光绪爱日堂刻本，南京大学图书馆藏。

（3）清光绪八年（1882）刻本，南开大学图书馆藏。

（4）清光绪三十三年味青斋铅印本，清华大学图书馆藏。

（二）不分卷本：

（1）清渊海书局刻本，中国人民大学图书馆藏。

（2）清康熙二十四年爱日堂刻本，河南大学图书馆藏。

（3）清道光二十一年（1841）单如宓抄本，湖南图书馆藏。

（4）清同治六年（1867）广东金谷园刻本，湖南图书馆藏。

（5）清同治八年群玉斋活字本，天津图书馆藏。

（6）清光绪五年北京善成堂刻本，北京大学图书馆藏。

（7）清光绪八年文苑山房刻本，浙江师范大学图书馆藏。

（8）1922年扫叶山房石印本，郑州大学图书馆藏。

野雪轩诗稿　集部别集类　佚

芝田诗草　集部别集类　佚

赐砚斋诗集　集部别集类　佚

以上3种见《清代毗陵书目》卷4。

稻香楼词　集部词曲类　佚

见《清代毗陵书目》卷5。

按：《全清词抄》卷5收其词1首。

庄　骞(1646—1718)

字博望，号惺斋。清武进人。邑增生，入太学。考授州同知。

烟霞阁选义不分卷　子部儒学类

清康熙三十一年(1692)刻本，南京图书馆藏。

选注学古编　子部儒学类　佚

见《清代毗陵书目》卷3。

北宗长真谭祖师传不分卷　子部佛教类

清康熙间华鄂堂刻本，与《盘山语录》等合刻，复旦大学图书馆藏。

拟古四六1卷　集部别集类　佚

见《庄氏族谱》卷16下、《清代毗陵书目》卷4。

吴志立(1646—1722)

字永言。清武进人。玄曾孙。诸生。

憩鹤亭稿　集部别集类　佚

见光绪《武阳志余》卷7。

刘　泌(1646—1731)

字嗣邺，号恩存。清武进人。朝鉴子。工诗。

思存诗文稿10卷　集部别集类　佚

见光绪《武阳县志》卷28、《西营刘氏先世著述考》。

庄赍孙(1646—?)

一作赍荪，字宜三。清阳湖人。静芬妹，国子监生孙贤妻。善持家，喜赋诗，性爱梅，庭前种梅数十株。器用服饰多以梅为款式，诗句亦以咏梅者独工。

玉照堂集句不分卷　集部别集类

清康熙刻本，国家图书馆藏。

悟香阁草(一作悟香阁诗草)　集部别集类　佚

见光绪《武阳志余》卷7,并注:“李《志》只录《集句》,兹本《庄氏谱》补录。”李《志》,指李兆洛纂道光《武阳合志》。

刘一夔(1647—1679)

字典一,号屺园。清武进人。汉卿长子。廪贡生。以子於义累赠光禄大夫。

屺园文集4卷　集部别集类　佚

燕游诗草4卷　集部别集类　佚

以上2种见光绪《武阳县志》卷28、《西营刘氏先世著述考》。

董子邃(1648—1707)

字远公,号还山。清武进人。国子监生。子俨弟。

还山草　集部别集类　佚

见光绪《武阳志余》卷7。

吴阐思(1648—1709)

字道贤,号澹斋。清武进人。襄五子。监生。工诗善画,山水宗北宋,而五言诗则出入中、盛唐间。

匡庐纪游1卷　史部地理类

(1)《说铃》本。

(2)《龙威秘书》本。

(3)《艺苑捃华》本。

(4) 吴氏《说铃揽胜》本。

(5)《小方壶斋舆地丛抄》本。

(6)《古今说部丛书》本。

(7)《丛书集成初编》本。

(8)《四库全书存目丛书》本,据北京师范大学图书馆藏《说铃》本影印。

秋影园诗 7 卷 2 集 5 卷北游草 1 卷　集部别集类

　　清康熙刻本，国家图书馆藏。

云卧堂诗　集部别集类　佚

　　见光绪《武阳志余》卷 7。汪琬《尧峰文钞》卷 28、陈玉璂《学文堂文集》卷 3 有《序》。

董子位(1649—1713)

　　字立素，号俟庵。清武进人。康熙二十六年(1687)副贡，黟县教谕。

居易斋文稿　集部别集类　佚

　　见光绪《武阳志余》卷 7。

钱二白(1649—1722)

　　字天逸，号东皋。清武进胜西乡人。康熙十八年(1679)进士。官福建福安知县。丁父忧归。服阕补河南伊阳知县。寻归，构半溪书房，叠石凿池，吟啸其中。室名半溪草堂、容与堂、半溪书房。书法学米芾，诗近中、晚唐。年 74 卒。

容与堂集 6 卷　集部别集类　佚

　　见道光《武阳合志》卷 33。

东皋文稿 1 册　集部别集类　佚

　　见道光《武阳合志》卷 26《人物志・文学》本传。

半溪诗草 12 卷附揖秋集诗草 1 卷晓风集诗余 1 卷长吟集杂著 1 卷　集部别集类

　　清康熙间刻本，南京图书馆藏。

　　按：所附分别为钱大经、钱大猷、钱大镛撰。

容与堂汉诗释 2 卷　集部总集类

　　清钱二白辑注

清康熙二十二年(1683)毗陵钱氏刻本,清华大学图书馆藏。

臧　琳(1650—1713)

字玉林。清武进人。幼端敏,好读,凡经史、百家、释道、稗官、野记,无不浏览。熟于声音训诂。治文字学主张必以《尔雅》《说文》为宗,以为不解字不能读书,不通诂训不能明经。治经贯通汉注唐疏,旁及诸家之说,别白精审,实事求是。生平绝意举业,研经考古,隐居教授,以诸生终。

尚书集解120卷附序目释文4卷　经部尚书类

见《书目答问补正》卷1,谓臧庸曾为之作补,未刊,稿藏缪炎之家。

大学考异2卷　经部四书类　佚

见道光《武阳合志》卷33。

经义杂记30卷附叙录1卷　经部群经总义类

清臧琳撰　《叙录》臧庸辑

(1)《拜经堂丛书》本。

(2)昭和十年(1935)东方文化学院京都研究所影印本,上海图书馆藏。

(3)《清经解》本,10卷。

(4)《续修四库全书》本。

六艺论(一作郑氏六艺论)1卷　经部群经总义类

汉郑玄撰　清臧琳辑　臧庸补辑

(1)《拜经堂丛书》本。

(2)《邠斋丛书》本。

知人编3卷　史部传记类　佚

水经注纂3卷　史部地理类　佚

困学钞18卷　子部杂学类　佚

以上3种见道光《武阳合志》卷32、卷33。

赵灿英

字殿飏。清武进人。贡生。

诗经集成31卷图考1卷　经部诗经类

(1) 清康熙二十九年(1690)金陵陈君美刻本,中国科学院图书馆藏。

(2)《四库全书存目丛书》本,据中国科学院图书馆藏本影印。

按:《四库全书总目》诗类目2作30卷,谓是书大旨为揣摩场屋之用。

沈　巩

清武进栖鸾乡人。少从洪承畴征黔滇,叙功授安顺府(今属贵州)推官。有政声。后奉裁缺改补山东观城县知县。

(康熙)观城县志5卷首1卷　史部地理类

清沈巩修　张洞宸纂

清康熙十一年(1672)刻本,国家图书馆藏。

周虔森

字天予。清武进人。官山东阳信县知县。

(康熙)阳信县志10卷　史部地理类

清周虔森修　张璥等纂

(1) 清康熙二十一年(1682)刻本,国家图书馆藏。

(2) 2001年线装书局《稀见地方志汇刊》本。

(3) 2013年阳信县档案馆胶印本,北京大学图书馆藏。

毛留邺

初名章斐,庠名云礽,因慕留侯、邺侯更名留邺。字子亶,号旦斋。清武进人。诸生。受业于无锡马文忠,与吴门、会稽名士结为仁社、国仪社，被推为首领。至福建省亲，逢耿精忠之变，被押两年，清军灭耿后始得释。博览经史，喜山川风景，探奇访古，踪迹几遍全国。晚年常与黄永、陈玉璂等相唱和。

学易篇　经部易类　佚

尚书异同解　经部尚书类　佚

诗传解　经部诗经类　佚

三礼考证　经部三礼总义类　佚

春秋揆　经部春秋总义类　佚

四书异同解　经部四书类　佚

读史大略　史部史评类　佚

补黄炎世家 4 卷　史部传记类　佚

山海经郭注正讹　子部周秦诸子类　佚

以上 9 种见道光《武阳合志》卷 32。

字体心书　子部儒学类　佚

见光绪《武阳县志》卷 28，《清代毗陵书目》同。清道光《武阳合志》卷 32 作“字体心画”，疑笔误。

古今第一流人物图志　子部小说类　佚

见道光《武阳合志》卷 33，原注云：“是书杂取古人奇事，每事为一图，系赞其后，凡百图。”

蒋　纯

字冰心。清常州人。毛留郫妻。

清远阁诗草　集部别集类　佚

见道光《武阳合志》卷 33。

陈　仪

字象采。清武进人。工书法，能诗词，善画山水、兰竹。家贫，客游四方，足迹几遍齐、楚、燕、豫。后渡浔阳溺水几死，归后病剧而卒。

上湖老渔题画诗 2 卷　集部别集类　佚

见道光《武阳合志》卷 33。

按：光绪《武阳县志》卷 23 云："（陈仪）临终嘱友高景山曰：'别子矣。有一事累子，平生诗稿已葬鱼腹，惟题画一册独存，幸为删订，以存老渔面目。"

黄德嘉

字瑞峰。清阳湖人。能文章，通骑击，尤精医术，遇痼疾常能起之。

医经允中 12 卷　子部医家类　佚

见光绪《武阳县志》卷 28。

先天后天论 1 卷　子部医家类　佚

伤寒准绳辑要 4 卷　子部医家类　佚

纲目类方 4 卷　子部医家类　佚

以上 3 种见道光《武阳合志》卷 33。

郑朝统

一作晓统。字建三，号松庐。清武进人。弱冠以文名，尤工诗，与胡香昊、张南溟相唱和。

自怡集　集部别集类　佚

见《清代毗陵书目》卷 4。按：《江苏诗征》卷 150 收其诗 2 首。道光《武阳合志》卷 33 注云："《诗最》二集存晓统诗三十余首，赵氏《百家诗》存稿本二百余首。"

邹萃荣

清武进人。诸生。

续思贤录 2 卷　史部传记类　佚

见道光《武阳合志》卷 32，注云：是书 1 卷记复林庄墓事，1 卷记筠州崇祀事。

徐　氏

清武进人。同邑邹萃荣继妻。性温淑，贤而慧。喜读书。

劝世编　子部儒学类　佚

见道光《武阳合志·人物志》本传。按：《江苏通志稿·列女志》云，集古今成语人所易晓者而成。

潘静观

清武进人。

白下草　集部别集类　佚

百庵存稿　集部别集类　佚

以上 2 种见道光《武阳合志》卷 33。

潘文卓

字振声。清阳湖人。笃志励行，耻矜才藻。为潘思渠师。

会心编 2 卷　集部别集类　佚

见道光《武阳合志》卷 33。

张　键

字蓼园。清武进人。枢祖父。其《蓼园诗钞》有张枢乾隆十五年(1750)序，云："先大父蓼园公生而嗜学，淹通六艺百家之书。性简静，疾浮华，以道自怡，耽于吟咏。壮游京师，旅食四十年，赋诗极多，成辄毁之。"

竹韵轩蓼园诗钞 1 卷　集部别集类

清乾隆十六年武进张氏竹韵轩刻《竹韵轩四诗合订》本。

杨　楷

清武进人。工诗。

似古山房诗 1 卷　集部别集类　佚

楚江草 1 卷　集部别集类　佚

东郊草 1 卷　集部别集类　佚

以上 3 种均见道光《武阳合志》卷 33，注云“存”。

蒋　寅

字寅升。清武进人。

鸥渡草　集部别集类　佚

见道光《武阳合志》卷 33。按：《毗陵诗录》卷 1 收其诗 4 首。

顾日融

号坦斋。清武进人。

易说纂　经部易类　佚

见道光《武阳合志》卷 32。

坦斋集 4 卷　集部别集类　佚

见光绪《武阳县志》卷 28。

吴守初

清阳湖人。

四书参义　经部四书类　佚

见道光《武阳合志》卷 33。

段　晓

清武进人。

庐草堂诗古文集 12 卷　集部别集类　佚

见《清代毗陵书目》卷 4。

段西铭

清武进人。

绮春轩诗词6卷　集部别集类　佚

见《清代毗陵书目》卷4。

谈　志

清武进人。曾任知县。

曲江诗草1卷　集部别集类　佚

见道光《武阳合志》卷33。

刘东旭

清武进人。

楚存集5卷　集部别集类　佚

见道光《武阳合志》卷33。

汪　畹

字佩茝，号艺芬。清阳湖人。杨源妻。

艺芬阁偶存　集部别集类　佚

见《清代毗陵书目》卷5。

汪　畇

字佩蘅。清阳湖人。陆椿龄妻。早寡。

倚竹轩诗抄　集部别集类　佚

见《清代毗陵书目》卷5。

吴　瑗

字文清，亦作文青。清无锡人。达女孙，武进薛某妻。因冤狱牵累破家，寄寓半塘，善绘牡丹鹦鹉，日以易米自给。

喁喁集　集部别集类　佚

见《清代毗陵书目》卷5。

按：清康熙刻本《众香词》著录有《喁喁词》。

邹　氏

清武进人。

奕谱　子部艺术类　佚

见道光《武阳合志》卷33。

庄　鉽(1651—1691)

字子彝，号云谷。清武进人。太学生。

云谷诗选　集部别集类　佚

见道光《武阳合志》卷33，原注："是集为庚申(1680)初刻《楚游草》《述哀草》。"

曹䔲真(1651—1699)

清武进人。杨文言妻。

络纬吟1卷　集部别集类

(1)《大亭山馆丛书》本。

(2) 2014年国家图书馆出版社出版《清代闺秀集丛刊》本。

董时鸣(1652—1703)

原名子真，字性公，号恪人。清武进人。上元县增生。

闻妙斋诗词稿　集部别集类　佚

见光绪《武阳志余》卷7。

龚胜玉(1653—1712)

一名眉望，字节孙，一作节胜，号橘畦。清武进人。由贡监任奉天锦州府通判、贵州平远知州。讲学于锦州，听者常数百人，辽左文风因之蔚起。工诗能文，尤致力于词，与宜兴陈维崧齐名。

种橘堂诗稿 8 卷别集 1 卷　集部别集类

见《清代毗陵书目》卷 4。

仿橘词 1 卷　集部词曲类

(1)《百名家词抄》本。

(2) 民国抄本《百名家词抄》本，南京图书馆藏。

法其章(1653—1717)

字青田。清武进人。诸生，考职州同，署福建惠安县县丞。

寄梅亭诗草　集部别集类　佚

见道光《武阳合志》卷 33。《法氏宗谱》称有 2 卷。

邹延璠(1653—1718)

字鲁公，一字秋村。清武进人。邑庠生。

秋村词草 1 卷　集部词曲类　佚

见道光《武阳合志》卷 33。

钱济世(1653—1737)

字元功，一字迂叟，号硕斋。清武进人。养浩次子。康熙四十年(1701)由内务府教习授福建惠安县知县。治邑有方，受民爱戴，为上官妒，诬陷罢官。遂于所建书院授徒，从者如市。逾年积谷用完，乃归。杜门著书，惜多散佚。

像象一得　经部易类　佚

见道光《武阳合志》卷 32，云："是书自损卦以下阙。"

毗陵职官考　史部政书类　佚

见道光《武阳合志》卷32。按:光绪《武阳志余》卷7云:此书"自汉以来凡不由科目登仕籍者,虽卑官末秩,亦得列焉。钞本未刊"。

周清原(1654—1707)

字雅楫,号浣初,又号蝶园、蓉湖。清武进人。新标子。早年即有诗名,又擅书法。未仕时卖书自给。康熙十八年(1679)以监生召试博学鸿词,授翰林院检讨,与修《明史》,官至工部右侍郎。后奉命续修《历代年表》,未竟而卒。

历代纪事年表100卷　史部史表类

清官修,周清原任其事

(1) 清康熙五十一年武英殿刻本,复旦大学图书馆藏。

(2)《四库全书》本。

按:《四库全书总目·别史类》云:"康熙四十六年,圣驾南巡,布衣龚士炯献《历代年表》,所载至隋而止。乃诏工部侍郎周清原重修,未蒇事而清源殁。复诏内阁学士王之枢踵修,而以清源子嘉祯佐之,乃相续成编。"

王鹭年谱1卷　史部传记类

原题《王大司农年谱》,一题《大司农王公年谱》,周清原编次

(1) 清嘉庆二十年(1815)《养素堂文集》附刻本,上海图书馆藏。

(2)《义圃传家集》附刻本,北京大学图书馆藏。

按:《近三百年人物年谱知见录》云:"是谱为谱主之子澎所手定,而由周清原为之编次校定者。"

游雁荡山记1卷　史部地理类

(1)《说铃》本。

(2)《龙威秘书》本。

(3)《艺苑捃华》本。

(4)《小方壶斋舆地丛抄》本。

(5)《古今说部丛书》本。

(6)《丛书集成初编》本。

赐宴诗 1 卷　集部别集类

清刻本，中国科学院图书馆藏。

蓉湖文集　集部别集类　佚

见《清代毗陵书目》卷 4。

司空遗集 30 卷　集部别集类　佚

见光绪《武阳县志》卷 28。

批杜诗　集部别集类

见《杜集书录·内编》卷 9，云“此系过批在王謇所藏《读杜心解》上”。

借绿轩删订汤霍林先生读书谱 4 卷　集部诗文评类

清康熙三十年借绿轩刻本，国家图书馆藏。

浣初词 1 卷　集部词曲类

《百名家词钞》本，国家图书馆藏。

浣初词 1 卷　集部词曲类

清周清原撰　缪荃孙校

江阴缪氏抄本，北京大学图书馆藏。

按：《常州词录》云：“康熙二十八年任浙江学使，自定所著《浣初词》。”《全清词抄》卷 5 收其词 1 首。

庄嵋生(1654—1728)

字玉川，号懒庵。清武进人。太学生。博学工诗。与恽格、胡香昊诸人相唱和，为浣花会。香昊称其诗在元和长庆间，可与刘禹锡、杨巨源相颉颃。有举奇字僻书相询者，常能穷根溯源相告，并指出在某书某卷某页，时人称为“字通”。

拙存堂诗稿　集部别集类　佚

见道光《武阳合志》卷 33。

是　奎(1654—1740)

字玉雯，号晚斋。清阳湖人。镜父。诸生。赐八品。博学好古，能诗文，深于经学、文字音韵，著述颇富。

易象元音(一作大易元象)　经部易类　佚

见道光《武阳合志》卷32。

尚书存真　经部尚书类　佚

诗经复所　经部诗经类　佚

礼记汇编　经部礼记类　佚

以上3种见《清代毗陵书目》卷7。

大学古本注　经部四书类　佚

四书综贯　经部四书类　佚

以上2种见《清代毗陵书目》卷1。

太古元音4卷　经部小学类

抄本，南京图书馆藏。

按：是书为等韵图，有“钱唐何氏梦华馆清嘉庆甲子(九年，1804)所得书”大方印，为八千卷楼珍藏善本。

韵汇同归　经部小学类　佚

字鉴　经部小学类　佚

以上2种见《清代毗陵书目》卷1。

南华阐意　子部周秦诸子类　佚

儒家象指　子部儒学类　佚

以上2种见《清代毗陵书目》卷8。

讲学语录　子部儒学类　佚

训子随笔　子部儒学类　佚

牖蒙广记　子部儒学类　佚

礼余经书　子部儒学类　佚

家礼会通　子部儒学类　佚

教学编　子部儒学类　佚

农圃新书　子部农家类　佚

以上7种均见《清代毗陵书目》卷3。

楚辞听直补订　集部楚辞类　佚

寒山诗贯珠　集部别集类　佚

择言集　集部别集类　佚

道鸣集　集部别集类　佚

赴机集　集部别集类　佚

以上5种均见《清代毗陵书目》卷4。

按:以上著述又均见《是氏世系》(《是仲明先生年谱》卷首附),参“是镜”条。

吴有恒(1654—1743)

字子常,号木鲁。清武进人。岁贡生,官英山、宿迁训导。

五水抛砖集　集部别集类　佚

见《清代毗陵书目》卷4。

周在丰(1654—1745)

字文邑,号西园,周祖望父,清阳湖人。弱冠入太学,祭酒王士祯深器重之。后授河南荥阳县丞,上官器其能,令兼理知县。又历署中牟、汜水等知县,有政绩。晚年归家,营一小园,花木之外,并种时蔬,作八分书、篆籀,俱入神品。爱竹砚,常以自随,人因以为号竹砚先生。年92卒。

竹砚诗1卷　集部别集类。

辑入李兆洛编《旧言集》。

西园别集　集部别集类　佚

见乾隆《阳湖县志》卷8。

历游草3卷　集部别集类　佚

和香奁集1卷　集部别集类　佚

拾遗3卷　集部别集类　佚

以上3种见《清代毗陵书目》卷4。

钱有芑(1656—1730)

字贻孙。清武进人。霆子。邑庠生。

东游草　集部别集类　佚

宛陵草　集部别集类　佚

拙存斋诗稿　集部别集类　佚

以上3种见道光《武阳合志》卷33。

吴永和(1656—?)

字文璧。清吴县人。旸孙女、叔盛女，武进董之璜(玉苍)继室。幼淑慧，舅庄淡庵爱之，抚以为女。勤习女红，诵读经史，悉通大义。诗赋古雅，五律最高。因夫累试不售，郁郁成病而卒。

苔窗拾稿3卷诗余1卷　集部别集类

(1) 清康熙五十七年(1718)刻雍正三年(1725)印本，国家图书馆藏。

(2)《清代诗文集汇编》本。

按：本书前有孙说、邵坡、徐永宣、沈德潜诸人序，潘耒撰传，储大文书后。首有《苔窗赋》一篇。全书凡收诗146首，诗余18阕。

又按：《国朝诗别裁集》卷31收其诗2首。《七十二峰足征集》卷75收其诗81首。《闺秀词钞》卷13收其词2首。

陆宏含(1657—1724)

字象坤，号寄西，又号嵒西山人。清武进人。隐居不仕，精于医。

疝证全书　子部医家类　佚

医医炉集　子部医家类　佚

以上2种见光绪《武阳志余》卷7。

草堂诗集　集部别集类　佚

见《清代毗陵书目》卷8。

吴羽翙(1657—1735)

字来紫，号友桐，晚号过亭，康熙二十三年(1684)举人，官国子监学正。

过亭诗存　集部别集类

(1) 1937年阳湖吴镛《敬修堂丛书》本，华东师范大学图书馆藏。

(2)《清代诗文集汇编》本。

按：此本仅录吴羽翙诗8首并王士禛等人赠诗数首。

孙　绳(1658—1711)

字民承，号郃野。清武进人。自式子。

东轩集8卷　集部别集类　佚

见道光《武阳合志》卷33。

许璿耀(1658—1721)

字在衡，一字秋崧。清阳湖人。13岁补县学生，从常熟钱陆遵游。八次乡试不中，绝意科举，专以著述为事。与钱名世、陈炼、杨乔年并称"四君子"。工于诗而不甘心以诗名世，遗诗有"半世凄凉成怪物，残年飘荡作诗人"句。

秋松斋集　集部别集类　佚

见乾隆《阳湖县志》卷8。

晚松斋焚余草　集部别集类　佚

鲁余望近草　集部别集类　佚

以上2种见道光《武阳合志》卷33。

唐襄钜(1659—1728)

字匡九,号西航。清武进人。宇量子。太学生。以诗名于世。

杭斋诗钞　集部别集类　佚

见光绪《武阳县志》卷28、《唐氏先世著述考》。

聊借词　集部词曲类　佚

见《江苏诗征》卷68。

恽安宗(1659—1734)

字嗣曾,或作士尊,号铁船。清武进人。恽鹤生兄。承恽日初之家学,笃研性理之书。

性理训纂4卷　子部儒学类　佚

见道光《武阳合志》卷33。

禅悦编12卷　子部佛教类　佚

见光绪《武阳志余》卷7。

近体诗选2卷安心室诗　集部总集类　佚

见《清代毗陵书目》卷4。

毛志锴(1659—1737)

字国研,号澹寓。清武进人。重倬子。太学生,考授州同知。

先府君年谱1卷　史部传记类

(1) 道光二十五年(1845)永思堂刻《刘村毛氏世谱》本

(2)《北京图书馆藏珍本年谱丛刊》本。

按:是书为毛重倬年谱。

孙　振(1660—1717)

字公麟,号学斋,又号旷亭,清武进人。自式子。清康熙三十六年(1697)进士,官浦城知县。

吟月楼咏草　集部别集类　佚

见道光《武阳合志》卷33,注云"存钞本"。

邹俞仪(1660—1721)

字天复,号蒨叔,清武进人。登嵋子,清康熙四十四年(1705)举人,内阁中书。

跌陵诗钞4卷　集部别集类　佚

见道光《武阳合志》卷33。

吴冯栻(1660—1725)

榜名吴栻,字稼愚,号青城。清武进人。清康熙六十年(1721)进士,授翰林院检讨,官至左春坊左中允。

自勖录4卷　子部儒学类　佚

见《杜集书目提要》。

青城诗抄4卷　集部别集类　佚

见《清代毗陵书目》卷4。

说杜1卷　集部诗文评类

清道光十三年(1833)宝荆堂刻本,国家图书馆藏。

汤自奇(1660—1728)

字述庭,号鸣友。清武进人。清康熙时监生。青年游京师,作《西山赋》《三宗考》,挥洒万言如宿构,一时名噪京华。不仕还乡,徜徉泉石。精研诗古文,工词善画。诗友庄令舆、徐永宣呼之为"诗老"。

左传释地　经部春秋类　佚

见《清代毗陵书目》卷1。

国语释地　史部地理类　佚

见《清代毗陵书目》卷2。

常谈释　经部小学类　佚

述廷诗钞8卷　集部别集类

按:赵彪诏《毗陵百家诗选》作《述廷编年诗》,无卷数。

毗陵倡和集　集部总集类　佚

清汤自奇、庄令舆、徐永宣撰

鸡园词1卷　集部词曲类　佚

以上3种见道光《武阳合志》卷33。

钱名世(1660—1730)

字亮功,又作亮工,号纲庵。清武进人。养浩四子。工诗。康熙三十三年(1694)助王鸿绪纂修《明史》,为万斯同副。四十二年成进士。授编修,历官至翰林院侍讲。清雍正四年(1726)以作诗颂年羹尧,为清雍正帝究治,斥为"名教罪人",革职逐还,遂不复出。室名崇雅堂、古香亭。

四藩本末(一作四藩始末)4卷附除奸檄文除马阮疏2卷　史部传记类

抄本,南京图书馆藏。

吴耿尚孔四王合传1卷　史部传记类

(1) 抄本,中山大学图书馆藏。

(2)《明季野史汇编》本。

(3)《明季稗史汇编》本。

(4)《荆驼逸史》本。

钦定方舆路程考略不分卷　史部地理类

清钱名世、汪士鋐等纂修

清抄本,国家图书馆藏,存93册。

钦定皇舆全览　史部地理类

清康熙刻本,一部分为草稿,四川大学图书馆藏。

佩文韵府　子部典故类

渊鉴类函　子部典故类

骈字类编　子部典故类

以上 3 种均清代官书,钱名世与修,版本从略。

崇雅泞集　集部别集类　佚

见道光《武阳合志》卷 33。

古香亭诗集　集部别集类　佚

见《清代毗陵书目》卷 4。

钱名世诗选 1 卷　集部别集类

(1)《江左十五子诗选》本。

(2)《清代诗文集汇编》本。

孙时宜(1660—1733)

字筠庭,清武进人。清康熙四十八年(1709)进士,翰林院编修。

醉吟雅集编　集部总集类　佚

清孙时宜、徐永宣、陈炼等合撰

见《清代毗陵书目》卷 5。

唐吉初(1660—1734)

字彦谦,亦字念谦、念愆。清武进人。年 19 举秀才。试辄高等,有文名,然乡试不利。父殁后,馆于淮。积书千卷,读书每至夜半。辑著书甚众,并善鉴定古玩及名人墨迹。

四书异同 1 卷　经部四书类　佚

四书文经义 1 卷　经部四书类　佚

四书辨疑 1 卷　经部四书类　佚

四书正字 1 卷　经部四书类　佚

以上 4 种见道光《武阳合志》卷 32。

历代帝纪　史部政书类　佚

见《清代毗陵书目》卷 2。

历朝阃制　史部政书类　佚

见《唐氏家乘》卷 21《念愆唐公传》。

史汉观略　史部史评类　佚

清唐吉初辑

见《清代毗陵书目》卷2。

砚裁鉴渊　子部儒学类　佚

见《清代毗陵书目》卷3。

念愆诗钞　集部别集类　佚

念愆词钞　集部词曲类　佚

以上2种见《清代毗陵书目》卷5。

董大儒(1661—1690)

又名相,字汉求,小字牵牛。清武进人。以宁子。诸生。

楸巢集　集部别集类　佚

见道光《武阳合志》卷33。

吴守相(1661—1708)

字尔琢,号西岑。清阳湖人。名思子。以诸生选取内廷教习,需次县令,未赴,卒。绍述父业,工诗文。

西岑诗文抄　集部别集类

见《清代毗陵书目》卷4,注谓仅存诗1卷。

法征麟(1661—1716)

字仁源。清武进人。世美玄孙。世美名医,以医学传子孙。征麟学有本源,洞见症结,能急人之难,以医名。

医学要览12卷　子部医家类

清乾隆桥南老人抄本,南京中医药大学图书馆藏。

伤寒辨证2卷　子部医家类　佚

医通摘要6卷　子部医家类　佚

以上3种见《清代毗陵书目》卷3。

恽德柄(1661—1731)

原名宜生,字有茅,号惺斋。清武进人。安宗弟。入吴县县学。

经史析疑6卷　子部儒学类　佚

见道光《武阳合志》卷33。

如话集诗文钞　集部别集类　佚

见《清代毗陵书目》卷4。

吴守和(1661—1750)

字子圣,号敬庵,清武进人。诸生。

四书纂要　经部四书类　佚

见道光《武阳合志》卷32。

杨廷望(?—1711)

初名廷鏞,字竟如。清武进人。康熙二十五年(1686)国子监生,选授河南上蔡县知县。四十六年任浙江衢州府知府。

(康熙)上蔡县志15卷　史部地理类

清杨廷望修　张沐纂

(1) 清康熙二十九年刻本,华东师范大学图书馆藏。

(2) 清康熙三十三年增刻本,北京大学图书馆藏。

(3) 民国间石印补版重印本,上海图书馆藏。

(4) 1985年上蔡县志编纂委员会标注本,郑州大学图书馆藏。

(康熙)衢州府志40卷首1卷　史部地理类

清杨廷望纂修

(1) 清康熙五十年刻本,中山大学图书馆藏。

(2) 清光绪八年(1882)刘国光刻本,华东师范大学图书馆藏。

(3) 台北成文书局《中国方志丛书》本。

庄令舆(1662—1740)

一名景濂。字荪服，号阮尊，室名护翠楼。清武进人。起元玄孙。康熙三十五年(1696)应顺天乡试，以"冒籍"黜免。四十一年复试，作五经文二十三艺，赐举人。四十五年进士，改翰林院庶吉士，授编修。五十三年任浙江乡试副主考官，未几，以亲老辞官，授徒著述为业。

三乙集　集部别集类　佚

见《明清江苏文人年表》。

护翠晚翠楼集　集部别集类　佚

见《江苏诗征》卷70。

双松晚翠楼诗钞10卷　集部别集类

清乾隆二十一年(1756)二和堂刻本，中科院图书馆藏。

双松晚翠楼诗钞20卷　集部别集类

清庄怡孙、庄钟济抄本，南京图书馆藏。

毗陵唱和集　集部总集类　佚

见《清代毗陵书目》卷5。

按：此集收庄令舆和汤自奇、徐永宜相互酬唱之作。

毗陵六逸诗钞23卷　丛书类

清庄令舆、徐永宜辑

(1) 清康熙五十六年寿南堂刻本，常州图书馆藏。

(2) 清康熙五十六年敬义堂刻本，国家图书馆藏。

(3) 清道光四年(1824)寿南堂刻本，清华大学图书馆藏。

(4) 2016年国家图书馆出版社《历代地方诗文总集汇编》本。

按：收恽格、杨宗发、胡香昊、陈炼、唐恽宸、董大伦六人诗。集前有清康熙五十六年王嗣衍、彭会淇、孙说三序。每一诗集前有作者小传。《江苏诗征》卷70谓庄氏刻《竹溪六逸诗》，当即指此集。

赵申季(1663—1708)

字行瞻,自号蔚什。清武进人。继鼎子,申乔弟。清康熙三十六年(1697)进士,授广西迁江令,兴学校,严保甲,俗为之变。特召改翰林院编修,督学山东,卒于官。

公牍3卷　史部政书类　佚

见《清代毗陵书目》卷7。

迁江五案5卷　史部政书类　佚

见《清代毗陵书目》卷8。

赵申季艺文1卷　集部别集类　佚

见《清代毗陵书目》卷4。

唐祖命(1663—1719)

一名元甲。字薪禅,一字心传。清武进人。年18,父死,与弟执玉赴京依姑母。以布衣词客终其生。

萍草删存不分卷殢花词1卷　集部别集类

清康熙四十一年(1702)唐氏萍斋刻本,哈佛燕京图书馆藏。

按:道光《武阳合志》卷33、《唐氏先世著述考》作《萍草删除》3卷。

萍草续集　集部别集类　佚

见道光《武阳合志》卷33,见《唐氏先世著述考》,原注:"赵诏彪采入《毗陵百家诗编》。"

殢花词1卷　集部词曲类

(1)《又满楼丛书》本。

(2)《武进唐氏所著书》本。

赵熊诏(1663—1721)

字侯赤,号裘萼。清武进人。申乔长子。康熙四十八年(1709)进士第一,授翰林院修撰,进侍读,入值南书房。五十七年以大臣子弟从军肃州，出私财济运军需。奔父丧归，哀毁卒。曾与修《佩文韵府》《渊鉴类函》及《康熙字典》。工诗文，尤精天文、数学。《国朝耆献类征》有传。

太上感应篇注训证 4 卷首 1 卷　子部道教类

(1) 清同治七年(1868)延绿山房刻本，黑龙江省图书馆藏。

(2) 清光绪二十九年(1903)春记书局石印本，湖南省图书馆藏(存卷 1、卷首)。

赵裘萼公剩稿 4 卷(一作襄鄂剩稿)　集部别集类

(1) 清乾隆二年至六年(1737—1741)赵侗敩浙江刻本，中国社会科学院文学研究所藏。

(2) 清光绪十八年浙江书局重刻本，复旦大学图书馆藏。

(3)《四库全书存目丛书》本，据中国社会科学院文学研究所藏本影印。

(4)《清代诗文集汇编》本。

管　棆(1663—1723)

字宇文，又字青村、据梧。清武进人，管滋琪六子，自幼寄养外祖父家，改姓杨，被舅父杨大鲲收养，随其至贵西任所。以军功授江西余干县令，历官贵州普安县令，云南师宗州知州，刑部郎中。卒于任。学问渊博，尤以诗名，与邵长蘅并称“二青”。

(康熙)姚州志 4 卷首 1 卷　史部地理类

清管棆纂修

(1) 清康熙五十二年刻本，国家图书馆藏。

(2) 晒印本，云南省图书馆藏。

(3) 清乾隆十六年(1751)增刻本。此为丁士可增修本，6 卷首 1 卷，云南省图书馆藏。

(4) 抄本，上海图书馆藏。

(康熙)师宗州志 2 卷　史部地理类

管棆纂修

(1) 清康熙五十七年刻本,国家图书馆藏。

(2) 抄本,中国历史博物管藏。

(3) 抄本,南开大学图书馆藏。

(4) 清雍正七年(1729)抄本,湖南省社会科学院图书馆藏。

(5) 清雍正七年夏治源增修本,有《续编》1卷,云南图书馆藏。

(6) 传抄本,上海图书馆藏。

(7) 抄本,南京图书馆藏。

(8) 民国抄本,北京大学图书馆藏。

(9) 1964年泰州市古旧书店传抄本,中国人民大学图书馆藏。

(10) 台北成文出版社《中国方志丛书》本。

(11) 师宗县地方志办公室校注本,云南美术出版社2008年版。

(12)《四库全书存目丛书》本,据云南省图书馆藏本影印。

管棆诗选1卷　集部别集类

《江左十五子诗选》本。

据梧诗集15卷附小游仙集1卷　集部别集类

(1) 清康熙间刻本,无《小游仙集》附,北京大学图书馆藏。

(2) 清康熙间刻本,多都门赠行诗,吉林大学图书馆藏。

(3) 清乾隆间精刻本,北京大学图书馆藏。

(4)《四库全书存目丛书》本,据吉林大学图书馆藏本影印。

(5) 1936年毗陵管氏小书楼铅印本,北京大学图书馆藏。

(6)《清代诗文集汇编》本。

按:是书分:《吹万集》2卷、《伯轩草》2卷、《修琴阁集》2卷、《鸥驯集》2卷、《天外集》2卷、《圃华集》2卷、《寓檗稿》3卷。据其孙基承《据梧诗集跋》称,尚有未刻稿28卷:《寓檗集》11卷、《汗漫集》2卷、《青蛉集》4卷、《堪隐集》4卷、《不准拟集》1卷、《贵耳集》1卷、《纵横集》2卷、《维摩集》3卷。

瞿朝晋(1663—1730)

字题雁,字惟一。清武进人。岁贡生,候选训导。为经世之学,曾官知县。

四书粹解会纂　经部四书类　佚

孝经广义 1 卷　经部孝经类　佚

保甲全书　史部政书类

清瞿朝晋辑

以上 3 种见道光《武阳合志》卷 32。

性理约编　子部儒学类　佚

见光绪《武阳县志》卷 28。

桂窗日咏 2 卷　集部别集类　佚

山右纪游 1 卷　集部别集类　佚

浙游草 1 卷　集部别集类　佚

以上 3 种见道光《武阳合志》卷 33。

张　采(1663—1734)

字文复。清武进人。惠言曾祖。县学生。

易贯　经部易类　佚

见道光《武阳合志》卷 32。

恽鹤生(1663—1741)

字皋闻,号诚翁,别号雷门。清武进人。康熙三十三年(1694)倡立浣花社,四十七年举人。早年曾至蠡县师事李塨,研习理学,深为李氏所重。晚任金坛教谕,诫弟子以经世为务,勿徒以文字为能。其学由格致以迄治平,非空谈性理者可比。

读易谱 3 卷　经部易类　佚

禹贡解 1 卷　经部尚书类　佚

以上2种见道光《武阳合志》卷32。

思诚堂说诗12卷　经部诗经类

稿本，国家博物馆藏

按，《恽氏先世著述考略》云："家乘依董《志》（即董潮等纂乾隆《阳湖县志》）作20卷。"康熙五十九年鹤生自序云："凡为书十卷，共二十二万余言。"

春秋解　经部春秋类　佚

属辞比事说6卷　经部春秋类　佚

以上2种见道光《武阳合志》卷32。

按：《清代毗陵书目》卷1著录《春秋解》《春秋解属辞比事说》两种。《恽氏先世著述考略》在《春秋解属辞比事说》下云："家乘列举公所著述有《春秋解》一卷，与此是否一书，尚待考证。"

大学正业1卷　经部四书类

(1) 稿本，上海图书馆藏。

(2) 1912年恽氏宗祠刻本，常州图书馆藏。

新法论1卷　史部政书类　佚

见《恽氏先世著述考略》，云，"手稿本，现藏三唐石斋董氏。"

读张魏公行状　史部传记类　佚

见《恽氏先世著述考略》，云："手稿本，现藏三唐石斋董氏。卷末有清乾隆四年己未十一月识数字。"

李恕谷先生年谱5卷　史部政书类

清冯辰纂　刘调赞续纂　恽鹤生订　李锴修订

(1) 清道光十六年(1836)金陵李诰刻本，北京大学图书馆藏。

(2)《国粹丛书》本。

(3)《北京图书馆藏珍本年谱丛刊》本。

(雍正)江西通志162卷首3卷　史部地理类

清谢旻等修　陶成、恽鹤生纂。

(1) 清雍正十年(1732)刻本，北京大学图书馆藏。

（2）《四库全书》本。

先民易用 2 卷　子部艺术类　佚

思诚堂文集 5 卷　集部别集类　佚

思诚堂诗集 5 卷　集部别集类　佚

以上 3 种见道光《武阳合志》卷 33。

恽鹤生诗文集 7 卷　集部别集类　佚

见《清代毗陵书目》卷 4。

浣花分韵 1 卷　集部别集类　佚

见道光《武阳合志》卷 33《思诚堂诗集》注，云："鹤生有《浣花分韵》一卷，存。"

古诗十九首注 1 卷　集部别集类　佚

见《清代毗陵书目》卷 5。

全唐试律类笺 10 卷　集部总集类

清恽鹤生、钱人龙编注

清乾隆二十六年（1761）春桥书屋重校刻本，国家图书馆藏。

按：鹤生子宗和跋云："此书于康熙乙未（五十四年）秋日刻于都门。清雍正壬子（十年）先君子秉铎金坛，改正甚多，时乾隆丙辰（元年）。迄今又二十有六年矣。不肖补笺校订，因竭力刻《类笺》一书。"

史善长（1664—1706）

字子揆。清武进人。

居敬斋日记　子部儒学类　佚

见道光《武阳合志》卷 33。

赵凤诏（1664—1718）

字侣台，号尔宜，清武进人。申乔子，熊诏弟。康熙二十七年（1688）进士，官至太原知府，因涉贪案被斩。

（康熙）沁水县志 10 卷　史部地理类

清赵凤诏纂修

(1) 清康熙三十六年刻本,国家图书馆藏。

(2) 2001年海南出版社《故宫珍本丛刊》本。

(康熙)交城县志18卷首1卷　史部地理类

清赵凤诏纂修

清康熙四十八年刻本,北京大学图书馆藏。

言志集　集部别集类

抄本,国家图书馆藏。

龙冈纪笔　集部别集类　佚

见道光《武阳合志》卷33。

诫言和章　集部别集类　佚

伤弦稿　集部别集类　佚

以上2种见光绪《武阳县志》卷28。

按:以上3书《清代毗陵书目》著录各1卷。又《诫言和章》作《诫言和草》。

徐锡我(1664?—1725之后)

字我纯。清武进人。

声中诗14卷　集部别集类

清康熙刻本,首都图书馆藏。

我侬说诗22卷附录3卷　集部诗文评类

倪承宽抄本,上海图书馆藏。

按:是书选上古逸诗、歌谣至唐诗800余首,分首论说。

说原2卷　集部诗文评类　佚

见道光《武阳合志》卷33。

陆宏煜(1665—1723)

字旦明,号寅宾。清武进人。诸生,考授州同知。

寅宾滇游草 1 卷　集部别集类

见光绪《武阳志余》卷 7,云:“是集赵彪诏选入《毗陵百家诗》,徐永宣、恽鹤生并有序。”

恽宽生(1665—1741)

字敷五,号胥城。清武进人。鹤生弟。工诗,诗宗陆游,精《易》学。

占筮备要 2 卷　子部术数类　佚

见《恽氏先世著考略》。

董大伦(1666—1705)

字敷五,一字畴叙,号叔鱼。清武进人。以宁子,大儒弟。兄弟二人从钱陆灿学。工诗及举子业,年 20 补诸生。以苦吟病且死,犹作诗不止。清康熙三十四年(1695)与同里唐恽宸、胡香吴、陈炼等作浣花会,纪念杜甫。诗出入中晚唐,尤工咏物,为时人所称。

梅坪集 4 卷　集部别集类

(1) 清康熙四十一年刻本,南京图书馆藏(存 1—3 卷)。

(2) 清刻本,南京图书馆藏(存 3、4 卷)。

梅坪诗钞 3 卷　集部别集类

《毗陵六逸诗钞》本。

龚时恺(1666—1740)

原名玠,字卫少,又字仲元,号秋崖。清武进人。士燕次子。康熙五十三年(1714)举人,拣选知县。

秋崖诗文集　集部别集类　佚

中孚醉吟　集部别集类　佚

庑花会课　集部别集类　佚

益州诗文稿　集部别集类　佚

以上 4 种见道光《武阳合志》卷 33。

杨维坤(1666—1746)

字地臣，号定安，又号素堂、研堂。清武进人。诸生。屡试不售，遂绝意仕进，以诗文自娱。

素堂偶笔　子部小说类　佚

见《清代毗陵书目》卷3。

研堂诗10卷续稿2卷晚稿2卷拾遗1卷赠言3卷花外散吟1卷附录1卷　集部别集类

(1) 清乾隆间精刻本，北京师范大学图书馆藏。

(2)《北京师范大学藏清人别集》本。

(3)《清代诗文集汇编》本。

醉吟雅集编　集部总集类　佚

清杨维坤、胡香昊、孙时宜等撰

见《清代毗陵书目》卷5。

杨祖荣(1667—1716)

字茂实，号遂根，大鹤子，清武进人。岁贡生，候选训导。

遂根斋集　集部别集类　佚

见道光《武阳合志》卷33。

法公麟(1667—1735)

字丹书。清武进人。征麟弟。亦业医，有奇效。时以所得济贫者。盖毗陵法氏以医著于世，而公麟最知名。

桂月生传1卷　子部医家类　佚

见光绪《武阳县志》卷28，注云：是书皆论伤寒秘旨。

庄　楷(1667—1735)

字书田，号蓼原，一号雪厂。清阳湖人。绛子。贡生。清康熙四十四年(1705)南巡,召试第二,授武英殿纂修。中顺天乡试。官内阁中书。五十二年成进士,改翰林院庶吉士,授编修。所拟制诰文字,典雅赅博。清雍正元年(1723)任四川乡试同考官。后以老致仕。工诗,乐府出入汉魏,长律宗李商隐、陆游。

蓼原山房诗集 12 卷　集部别集类

(1) 清嘉庆十四年(1809)武进庄氏刻本,国家图书馆藏。

(2) 清光绪抄本,南开大学图书馆藏。

按:《清代毗陵书目》卷 4 注云:卷 1 卷 2 曰《舲轩草》,卷 3 卷 4 卷 5 曰《十笏吟》,卷 6 曰《蓉镜集》,卷 7 曰《使蜀草》,卷 8 曰《行药草》,卷 9 曰《知还草》,卷 10 卷 11 卷 12《补遗》。此即《志余》曰:"淡水十二卷本,极罕见。顾峤若藏本。"

蓼原山房诗钞 8 卷　集部别集类

清光绪十年(1884)刻本,南京图书馆藏。

按:光绪《武阳志余》曰:"旧有十二卷,过河没于水。存者十二三,其后人并弃稿重编为八卷,冠以集名。非复原本矣,故尚有讹脱。司业晚年粹于经学……庄氏经学实肇于司业焉。"

燕台近咏　集部别集类　佚

叩詹集　集部别集类　佚

种花吟　集部别集类　佚

以上 3 种见《清代毗陵书目》卷 4。

经螺山人集　集部别集类　佚

见《庄氏族谱》卷 16。

蒋鹏翮(1669—1721)

或作鸿翮。字绍孟。清阳湖人。汾功从兄。康熙四十四年(1705)举人,考授内阁中书。好为诗,经史诸子皆有独见,于《三传》、杜诗尤深,往往抉前人所未发。

公羊穀梁传注 2 卷　经部春秋总义类　佚

论语说　经部四书类　佚

以上2种见道光《武阳合志》卷32。

杂稿　集部别集类　佚

《读孟居文集》卷6，有清康熙三十六年蒋汾功所撰序。

寒塘遗刻　集部别集类　佚

《读孟居文集》卷6，有清雍正元年(1723)蒋汾功所撰序。

寒塘诗话　集部诗文评类　佚

见光绪《武阳县志》卷28。

按：乾隆《阳湖县志·人物志》本传云："评选唐人五言排律曰'诗论'，前明成化以来制义曰'文论'，学者奉之为津梁。《翠缕居集》《寒塘诗话》《识小类》，俱行于世。"是鹏翮尚有《翠缕居集》等著作。

唐人(一作诗)五言排律诗论3卷　集部总集类

(1) 清康熙五十四年刻本，清华大学图书馆藏。

(2) 清乾隆二十二年(1757)寒三草堂刻本，南京图书馆藏。

陈聂恒(1669—1724)

原名鲁得。字曾起，又字秋田、相田，号栩园，室名且朴斋。清阳湖人。清康熙三十九年(1700)进士，授广西荔浦县令，有政绩。雍正元年(1723)由长宁知县自粤内任刑部主事，改翰林院检讨。未几卒。

岭海归程纪10卷　史部地理类　佚

见道光《武阳合志》卷32。

边州闻见录11卷　史部地理类

清抄本，国家图书馆藏。有傅增湘跋，又收入《藏园群书题记》中。

朴斋文集16卷　集部别集类　佚

见道光《武阳合志》卷33。

按：陈氏室名"且朴斋"，疑当作《且朴斋文集》。

栩园词弃稿　集部词曲类

清康熙四十三年陈氏且朴斋刻本，国家图书馆藏。

按：《清代毗陵书目》卷5云："此皆少作。凡九十阕，后附悼亡词十八阕，七律四首。"《全清词抄》卷7收其词4首。

唐执玉(1669—1733)

字益功，号蓟门。清武进人。祖命弟。清康熙四十二年(1703)进士，授德清知县。历任工部主事、户科给事中、鸿胪寺卿、奉天府府丞、大理寺少卿。雍正二年(1724)擢礼部左侍郎，五年擢都察院左都御史，官至兵、刑两部尚书，两次署理直隶总督，卒于总督任所。性严毅，执法不阿，革除积弊，政绩斐然，深得世宗信任。《清史稿》有传。

奏疏1卷　史部政书类　佚

见道光《武阳合志》卷32。

(雍正)畿辅通志120卷首1卷　史部地理类

清唐执玉、李卫修　陈仪、田易纂

(1) 清雍正十三年刻本，北京大学图书馆藏。

(2)《四库全书》本。

苇间诗集5卷目录1卷　集部别集类

清姜宸英撰　唐执玉编

(1) 清康熙五十二年唐执玉刻本，国家图书馆藏。

(2) 清道光四年(1824)刻本，国家图书馆藏。

唐祖瑛

一作祖英，字素质，号云中阁主。清武进人。于旭女，执玉妹。江都崔岱齐妻，允娴母。岱齐官长沙知府。

竹窗俚语　集部别集类　佚

断肠草　集部别集类　佚

云中阁诗　集部别集类　佚

以上3种见道光《武阳合志》卷33。

刘　泽(1669—1741)

字友宗,号云溪居士。清阳湖人。朝鉴三子。善画墨梅,老干疏花,生动有致。

云溪画谱　子部艺术类　佚

见《清代毗陵书目》卷3。

杨企慎(1669—1749)

字翰掌,号似园。清武进人。兆鲁孙。太学生,官桐梓知县。

似园诗抄8卷　集部别集类　佚

见道光《武阳合志》卷33,注云"存"。《清代毗陵书目》卷4作《似园诗草》,注谓包括《篦存集》4卷、《囊存集》4卷。

蒋　梧(1669—1755)

字莘招。清武进人。监生。工诗,能文。游于京师,清康熙五十七年(1718)徐葆光使琉球中山国(今日本),邀梧同行。尔后,汇集途中所赋成《海外吟》。怡贤亲王闻其名,延援诸王子。后谢举子业,以经史自娱。

易艺稿　经部易类　佚

见乾隆《阳湖县志》本传。

海外吟1卷　集部别集类　佚

见《清代毗陵书目》卷4。

吴　圻(1670—1731)

字宗牧人。清武进人。有斐子。清康熙五十九年(1720)举人。雍正五年(1727)曾任四川汉川知县。

半可录　子部儒学类　佚

见光绪《武阳志余》卷7。

陆　玺(1670—1739)

原名宏煌，字亘明。清武进人。士楷子。诸生。

南坪诗草　集部别集类　佚

见《清代毗陵书目》卷8。

亘明编年遗稿　集部别集类　佚

见光绪《武阳志余》卷7。

吴树棫(1670—1747)

字宗璧，号恬澹。清武进人。曾任府经历。

自治箴　子部儒学类　佚

安命说　子部儒学类　佚

自求三要　子部儒学类　佚

以上3种见光绪《武阳志余》卷7。

赵鲤诏(1671—1727)

字俪青，号柯村。清武进人。申乔四子，清康熙四十七年(1708)举人，内阁中书。

柯村读书录3卷　子部儒学类　佚

见道光《武阳合志》卷33。

薛隆元(1671—1737)

字硕巨，号养旃，清武进人。清雍正七年(1729)副贡，候选教谕。

耕耘集　集部别集类　佚

自娱草8卷　集部别集类　佚

以上2种见道光《武阳合志》卷33。

庄　闾(1671—1741)

字大良,号绍传。清武进人。有才学而终生不遇。

莫知集7卷　集部别集类　佚

见道光《武阳合志》卷33。

胡梦熊(1671—1741)

字丹中,号璜川。清阳湖人。工诗古文。

胡梦熊诗3卷　集部别集类　佚

古文骈体杂著3卷　集部别集类　佚

以上2种均见《清代毗陵书目》卷4。

唐恽宸(1671?—1725?)

初名杜。字靖元,别字艺野。清武进人。明末诸生。长于经史。尝手评《史记》五六通,人谓有"《史记》癖"。诗宗《离骚》,寓意深长。与同郡恽格、杨宗发、胡香昊、陈炼、董大伦等以诗名,并称"毗陵六逸"。曾同办浣花会,祀杜甫。晚年益穷愁潦倒。每饮酒醉,则歌呼泣下。遂患风疾卒,年55。

季汉史43卷　史部别史类　佚

见道光《武阳合志》卷32。

按:《清代毗陵名人小传》本传曰:"初,(恽宸)年十四,患病。父命以陈寿《三国志》自娱。至帝魏伪蜀,抚然太息,乃有意订正。成《季汉史》43卷。友人恽雷门极称之。谓义例本《春秋》,文笔类史公。"

艺野诗钞4卷　集部别集类

《毗陵六逸诗钞》本。

许振基(1672—1749)

字以南,号天山,晚号遁翁。清武进人。许维梴孙。监生。工诗。

入京师从张玉书、陈廷敬、徐乾学、王士祯等游，颇受器重。

笑啼集　集部别集类　佚

见光绪《武阳志余》卷7。

蒋汾功(1672—?)

字东委，号济航，别号济航居士，斋名读孟居。清阳湖人。康熙五十年(1711)举人，雍正元年(1723)恩科进士。奉命发湖北以知县即用。乞养归，后官松江府教谕。课士有法，多所造就，学者称济航先生。平生不轻诣贵人。嗜书，尤深于《孟子》，题室名曰读孟居。

孟子四种9卷　经部四书类

1933年燕京大学图书馆抄本，北京大学图书馆藏。

按：含《孟子说文》《孟子讲义》《孟子绎文》《孟子杂著》四种。又按：《清代毗陵书目》卷1经部四书类著录是书，又于经部小学类著录《说文绎文讲义》，两书实为一书。

读孟子笔记不分卷　经部四书类

抄本，国家图书馆藏。

读孟居文集　集部别集类

(一) 4卷

抄本，北京师范大学图书馆藏。

(二) 6卷

(1) 清嘉庆二十五年(1820)十二砚斋刻本，常州图书馆藏。

(2)《清代诗文集汇编》本。

毛　周(1673—1741)

字峻功，一字期躬。清阳湖人。宁鲁父。母夏氏为偏房，因家贫，被遣出门，周历尽艰辛，四出寻访，诸名士赠诗以记其事。

半醒斋集　集部别集类　佚

醉行唱和诗　集部别集类　佚

以上2种见道光《武阳合志》卷33。

吴金鉴(1673—1744)

字宗明,号秋轮。清阳湖人。清雍正四年(1726)举人。通经学,尤精于《易》。

周易易简录2卷　经部易类　佚

见《清代毗陵书目》卷7。

易经参读(一作易注参赞)　经部易类　佚

四书易简录　经部四书类　佚

以上2种见《清代毗陵书目》卷1。

徐永宣(1674—1735)

字学人,一字辛斋,号茶坪。室名云溪草堂。清武进人。康熙三十九年(1700)进士。以谒选逾期,援例改授部曹。淡于仕进,家居数十载,肆力于诗古文辞。大学士熊赐履以其诗文呈进,召来京供职,未赴卒。其诗学苏轼,与陈炼、汤自奇、庄令舆等为诗友。四十年,召集同社19人,举行苏轼逝世六百年纪念祭。

云溪草堂诗3卷　集部别集类

清康熙三十七年刻本,国家图书馆藏。

茶坪诗钞10卷　集部别集类

(1) 清康熙间刻本,复旦大学图书馆藏。

(2) 1923年武进徐增祥铅印本,国家图书馆藏。

(3)《清代诗文集汇编》本。

茶坪诗续钞6卷　集部别集类　佚

见《清代毗陵书目》卷8。

按:道光《武阳合志》卷33云:“是集为《坚节集》《寒友集》《扃户集》《苍艾集》《风音集》《西阡集》。”

徐永宣诗选1卷　集部别集类

《江左十五子诗选》本。

清晖赠言 10 卷　集部总集类

徐永宣等辑

(1) 清康熙刻本,中国人民大学图书馆藏。

(2) 清道光十六年(1836)刻本,常州图书馆藏。

(3)《风雨楼丛书》本。

毗陵六逸诗钞 23 卷首 1 卷　丛书类

庄令舆、徐永宣辑

(1) 清康熙五十六年寿南堂刻本,国家图书馆藏。

(2) 清道光四年寿南堂印本,清华大学图书馆藏。

(3) 2016 年国家图书馆出版社《历代地方诗文总集汇编》本。

按:收恽格、杨宗发、胡吴香、陈炼、唐恽宸、董大伦六人诗。卷首附《六逸诗话》1 卷,庄杜芳、徐梅辑。

毗陵唱和集　集部总集类　佚

见《清代毗陵书目》卷 5,云:为庄令舆、汤自奇、徐永宣合集。

醉吟雅集编　集部总集类　佚

见《清代毗陵书目》卷 5,云:为孙时宜,徐永宣、陈炼、胡香昊、杨维坤合集。

屠　进(1674—1751)

字子先,号研堂。清武进人。邑庠生。

大学图系 1 卷　经部四书类　佚

中庸图系 1 卷　经部四书类　佚

清屠进、杨方升撰

以上 2 种见道光《武阳合志》卷 32。

刘於义(1675—1748)

字喻旃,号蔚冈。清武进人。汉卿孙,一夔长子。康熙五十一年

(1712)进士，选庶吉士，授编修，文誉甚著。雍正元年(1723)以侍讲督山西学政。历任吏部侍郎、刑部尚书，累迁直隶总督、陕西总督。乾隆三年(1738)诖吏议罢职，五年起署直隶布政使，七年迁福建巡抚。九年任吏部尚书、协办大学士，加太子少保。於义性沉密，习劳苦，政绩卓著，卒谥文恪。《清史稿》有传。

自订年谱2卷　史部传记类　佚

见《西营刘氏先世著述考》、《清代毗陵书目》卷7。

(雍正)陕西通志100卷首1卷　史部地理类

清刘於义修　沈青崖纂

(1) 清雍正十三年底稿本(残)，国家图书馆藏卷7、39、40；南京图书馆藏卷87。

(2) 清雍正十三年刻本，华东师范大学图书馆藏。

(3)《四库全书》本。

(4) 1986年广陵古籍刻印社影印本。

林　梅(1675—?)

字湘洲。清武进人。贡生，以孝闻，喜性理之学。

毗陵乡贡考5卷　史部政书类

(1) 清光绪十年(1884)刻本，常州图书馆藏。

(2) 凤凰出版社2015年版《常州历史文献丛书》第二辑《常州科举史料三种》本。

按：本书仿《毗陵科第考》例，卷1恩贡，卷2拔贡优贡，卷3副贡，卷4卷5岁贡。题林湘洲、徐新心原编。徐氏勤加收访，林氏则发凡起例，编集成书。有清乾隆二十一年(1756)林梅序。原编始明初至清乾隆二十年，自此之后至光绪十年，由庄咏篪、庄毓鋐等续编增辑。

是　名

字若溪，一作若侯。清武进人。初试未取，弃经学文。事亲孝，终身未娶。历游浙、齐、鲁、燕，所至均慕名争延为师。后病饿而死，年76岁。

孤云集3卷　集部别集类

见道光《武阳合志》卷33，注“存”。

杨祖祥

字充闾，别字胆庵，号匏村。清武进人。文言子，昌言侄。监生，考授州同，官至武英殿修撰。工诗，精花卉，得蒋廷锡笔意。

古今图书集成　子部典故类

清代官书，杨祖祥与修

(1) 清雍正四年(1726)武英殿铜活字本，上海图书馆藏。

(2) 清光绪十年(1884)上海图书集成局排印扁字本，上海图书馆藏。

(3) 清光绪二十二年上海同文书局据雍正本石印本，国家图书馆藏。

(4) 1934年中华书局据清雍正本缩印本，正文800册，附考证8册。

(5) 1964年台北文星书局影印本，100册，附索引。

(6) 1986年中华书局和巴蜀书社联合影印本，120册，附新编索引。

趋庭小草　集部别集类　佚

瞻庵诗草　集部别集类　佚

以上2种见《清代毗陵书目》卷4。

张兰皋

原名一是，字一随。清武进人。一俊弟。康熙、雍正间在世。终生绝意科举，专攻经史。尤精于《易》。集《易》学数十百种，细加研讨。晚年得蒋理正《读易随钞》，深为倾倒。因请理正于家，相互切磋。以为

"经义当以象传为断。"著《周易析义》,经五十余年始脱稿。一俊后解官归里,兄弟常晨夕讲学不辍。暇时则以品题书画自娱。终年74岁。

周易析疑15卷图1卷　经部易类

(1) 清乾隆九年(1744)梅花书屋初刻本,南京图书馆藏。

(2)《四库全书存目丛书》本,据南京图书馆藏本影印。

按:《四库全书总目》易类目4著录。光绪《武阳志余》卷7略云,初刻题《重订读易随钞》,盖重订蒋理正书也。卷首列图八十三页,盖明初歙人朱升所作,作者取以增入者。复全录萧(汉中)氏《读易考原》,以为"至道妙义,精蕴所在"。而说卦传注则仍取诸家之说而不及萧氏,盖仍蒋氏之旧也。

李熙和

字时育。清武进人。康熙年间名医。

朱子性理吟注释2卷　子部儒学类

清李熙和纂辑　马绍英注释

清刻本,国家图书馆藏。

医经允中24卷　子部医家类

(1) 清康熙间刻本,中国科学院图书馆藏。

(2) 清雍正七年(1729)克复堂刻本,中国中医科学院图书馆藏。

(3) 清道光十一年(1831)松筠阁刻本,中国中医科学院图书馆藏。

按:是书纂辑《内经》《脉经》《伤寒论》《神农本草经》诸书内容,分别以医理、平脉辨证、诊治、用药管见等专题予以阐述,末附《延年要诀》《寓医迩言》等。《清史稿艺文志及补编》著录为"李兴和撰",疑误。

马道畊

清武进人。

(康熙)广信府志40卷末1卷　史部地理类

清周镗元修　马道畊纂

(1) 清康熙五十二年(1713)刻本,上海图书馆藏。

(2) 清雍正八年(1730)苏祉、罗克昌补刻本,国家图书馆藏。

(3)《上海图书馆藏稀见方志丛刊》本。

清诗初集 12 卷　集部总集类

清蒋鑨、翁介眉辑　马道畊重校

(1) 清康熙二十年刻本,首都图书馆藏,有佚名圈点。

(2) 清康熙四十二年常州马氏重修本,国家图书馆藏。

清诗二集分稿 7 卷　集部总集类

马道畊辑

清康熙四十二年常州马氏刻本,国家图书馆藏。

徐飏廷

字子灿,号起庵。清武进人。徐吴锦四子。康熙、雍正间在世。山西长子知县。卒年 56。

(康熙)长子县志 6 卷　史部地理类

清郭守邦修　霍熼纂　徐飏廷增修　徐介增纂

(1) 清康熙二十七年(1688)修,四十四年增修刻本,国家图书馆藏。

(2) 1992 年中国书店《稀见地方志汇刊》本。

金玉式

字玉度,号长庚、莒圃。岁贡生,官训导。

朝搴集 5 卷　集部别集类

(1) 清乾隆间誉处堂刻本,北京大学图书馆藏。

(2)《清代诗文集汇编》本。

按:《清代诗文集汇编》《清人诗文集总目提要》作玉式生于 1637 年,然清雍正十年(1732)李兰序,金玉式当年仍在世,若如此当已九十六岁,当误。

秦宫璧

字龙光。清武进人。雍正二年(1724)举人。不羡世俗荣利,笃志实学,工诗古文辞,邃于经史,于天文、地理诸书靡不研览。所辑诸书,征引详博。

四书集注朱子大全32卷图3卷读法3卷　经部四书类

清秦宫璧撰　金德鋐等校

清乾隆刻本,湖北图书馆藏。

潜斋秦先生批注葬书八种8卷　子部术数类

秦宫璧批注　吴纫兰编

清雍正十年刻本,北京大学图书馆藏。

按:本书包括《青乌经》《锦囊经》《发微论》《青囊经》《青囊叙》《青囊奥语》《天玉内传》《天玉外编》8种。前3种总名《崇正集》,后5种则合称《发谲集》。

秦宫璧文集　集部别集类　佚

见光绪《武阳县志》卷28。

董一甲

原名元名,庠名一甲,字宾实。清武进人。诸生。

春树楼遗诗2卷　集部别集类

清康熙四十二年(1703)董璋刻本,国家图书馆藏。

按:道光《武阳合志》卷33著录《春秋楼遗稿》2卷,注云:"是集同邑陈炼编撰。"另,《清代毗陵书目》卷4作无名,误。

蒋　骥

字涑塍,室名山带阁。清武进人。诸生。少颖悟好学,与兄文元、芳洲、鹏翩、汾功俱擅文誉,邑人称"里中五蒋,后来居上"。游京师,怡亲王重之。清雍正元年(1723)馆京师,拒官豪门,仍南归授徒,以经学教后进，年68卒。一生困厄不遇，乃发愤注《楚辞》，为世所重。

山带阁楚辞6卷首1卷余论2卷说韵1卷　集部楚辞类

(1) 清康熙五十二年(1713)蒋氏山带阁刻本，北京大学图书馆藏，仅有6卷首1卷。

(2) 清雍正五年(1727)蒋骥山带阁原刻本，复旦大学图书馆藏。

(3)《四库全书》本。

(4) 1958年中华书局上海编辑所据原刻本排印出版。

(5) 2014年国家图书馆出版社出版《楚辞文献丛刊》本。

按：本书为清代研究《楚辞》的代表著作之一，注释征引详博，尤重屈原生平事迹之考订。“余论”驳正旧注，考订典故；“说韵”论《楚辞》音韵。

蒋芳洲

清武进人。金式侄。康熙五十四年(1715)进士。

陶诗注　集部别集类　佚

见道光《武阳合志》卷33。

蒋敦淳

清武进人。金式侄。云南嶍峨知县。

新稗类隽10卷　子部小说类　佚

见道光《武阳合志》卷33，原注云：“阙存四卷。”

蒋嘉猷

字苍濡。清阳湖人。康熙四十二年(1703)进士。官辰州府同知，驻乾州，平定苗民起事。工诗。

绥苗议1卷　史部政书类　佚

见《清代毗陵书目》卷7。

刻鹄斋诗抄4卷　集部别集类　佚

见《清代毗陵书目》卷4。

钱龙骧

原名锦，字天骥，号幼莘。清武进人。邑庠生。康熙二十三年(1684)举人。

片石斋诗词集　集部别集类　佚

见《江苏诗征》卷35。

薛祖顺

字臻六，号激庵，清武进人。康熙三十六年(1697)进士。授御史。

忍济堂近稿2卷　集部别集类　佚

见道光《武阳合志》卷33。

程　彦

字松皋，号晏裘。清武进人。康熙四十五年(1706)进士，官陕西灵台县知县，有善政。嗜吟咏，诗文不喜雕琢，意趣天然。归田后，与陈炼、胡香昊诸人相唱和，优游以终。

毛诗汇解　经部诗经类　佚

皋兰记闻　史部地理类　佚

以上2种见道光《武阳合志》卷32。

松皋文集2卷　集部别集类　佚

松皋诗集12卷　集部别集类　佚

以上2种见道光《武阳合志》卷33。

山立堂诗集12卷　集部别集类　佚

见《清代毗陵书目》卷8。

李长庚

清武进人。康熙四十四年(1705)举人。

百龄堂集 6 卷　集部别集类　佚

见道光《武阳合志》卷 33。

吴锡爵

字亩或。清武进人。康熙五十年(1711)举人,授临川知县,旋调宜山。曾平定大沛龙门土司骚乱,刚直之名震西粤。重视教育,为筑学宫,修义塾,多有惠绩。

藜怀集　集部别集类　佚

客窗随咏　集部别集类　佚

以上 2 种见《清代毗陵书目》卷 4。

黄履道

字时中。清武进人。

东坡寓常录 4 卷　史部传记类　佚

见光绪《武阳志余》卷 7,云:“书成于清康熙四十年(1701),有陈炼及履道自序。”

吴琦起

清武进人。康熙三十二年(1693)进士,尝官太谷知县。

廿一史汇纂　史部史钞类　佚

见道光《武阳合志》卷 32。

丁振乾

清武进人。诸生。

檠园自订诗稿　集部别集类　佚

见道光《武阳合志》卷 33。

段铁补

清武进人。

晚香堂诗草 4 卷　集部别集类　佚

见《清代毗陵书目》卷 4。

杨尊一

清武进人。

两檐剩草 2 册　集部别集类　佚

见《清代毗陵书目》卷 4。

孙凤鸣

清武进人。

从游草　集部别集类　佚

见道光《武阳合志》卷 33。

庄静芬

清武进人。同生长女，太学生刘维章妻。《历代妇女著作考》谓静芬乃同生次女，盖据《庄氏族谱》卷 16《著述门》著录。然据同谱卷 3《世系录》，同生 2 女，长适刘、次适孙(参见“庄萫荪”条)。当据以订正。

咏兰稿　集部别集类　佚

见民国《庄氏族谱》卷 16《著述门》。

按：吴永和《苔窗拾稿》录有静芬诗。

钱守芳

清武进人。同邑黄某妻。

绿筠轩诗草　集部别集类　佚

见道光《武阳合志》卷 33。

杨　椿(1676—1753)

字农先。清武进人。大鹤子。康熙五十七年(1718)进士,改庶吉士,授检讨。清雍正初充明史、一统志、国史三馆纂修官,历擢侍读学士,充日讲起居注官。乾隆三年(1738)以原官致仕,家居二载,复奉召入京。工古文词,承家学,又从蒋金式学,博通经史,尤精研《易》《诗》《书》《春秋》《三礼》。前后在馆局20余年,曾分修《政治典》,兼修《三朝实录》,又与修《宪皇帝实录》《明鉴纲目》等,校理精密,为三馆所推重,为姜宸英、朱彝尊所称赏。晚年留京就养,犹日研诸经不辍,多所撰述。古文为方苞、李绂推服。

周易定本1卷　经部易类　佚

尚书定本1卷　经部尚书类　佚

尚书考　经部尚书类　佚

诗经释辨2卷　经部诗经类　佚

周礼订疑1卷　经部周礼类　佚

春秋类考4卷　经部春秋类　佚

以上除《尚书考》见光绪《武阳志余》卷7外,余均见道光《武阳合志》卷32。

长编稿　史部编年类　佚

见光绪《武阳县志》卷28。

明史剩稿长编　史部编年类　佚

见《清代毗陵书目》卷2。

九朝列传50卷　史部传记类　佚

见《孟邻堂文钞》卷2《年表》。

按:作者此时在明史馆任事甚勤,清雍正八年(1730)撰成此稿,为总裁张廷玉所诃,作书诤之。

汤文正公(斌)年谱定本1卷　史部传记类

方苞考订　杨椿重编

(1) 清乾隆八年树德堂刻本,2卷,国家图书馆藏。

(2)《赵氏藏书》本。

(3)《潜庵先生遗稿全集》本。

(4)《北京图书馆藏珍本年谱丛刊》本。

按:《近三百年人物年谱知见录》云:此谱系杨椿受谱主侄孙嘉详之请而增编(对王廷灿所编而言)者,其《前言》叙增编经过甚详。有题方苞编者,或当时借重望溪之盛名,实则杨椿所编。又按:《年谱定本》为1卷,下卷为附录。

毗陵科第谱牒考 2 卷　史部传记类　佚

一统志稽古录 10 卷　史部地理类　佚

水经注广释 4 卷　史部地理类　佚

以上3种见道光《武阳合志》卷32。

古今类纂　子部典故类　佚

杨椿辑

见光绪《武阳县志》卷28。

孟邻堂文存 3 卷　集部别集类

抄本,北京大学图书馆藏。

孟邻堂文钞 16 卷　集部别集类

(1) 清嘉庆二十四年(1819)红梅阁刻本,华东师范大学图书馆藏。

(2) 1936年张惟骧抄本,上海图书馆藏。

(3) 1940年燕京大学图书馆藏晒印本,北京大学图书馆藏。

(4) 1942年潢川孙氏影印本,上海图书馆藏。

(5)《续修四库全书》本,据华东师范大学图书馆藏本影印。

(6)《清代诗文集汇编》本。

潜庵先生全集 5 卷疏稿 1 卷困学录 1 卷志学会约 1 卷　集部别集类

清汤斌撰　杨椿辑

清同治十年(1871)绣谷丽泽书屋刻本,上海图书馆藏。

孟邻堂别集 4 卷　集部别集类　佚

见道光《武阳合志》卷33。

沈　钟(1676—?)

字大声，号鹿坪。清阳湖人。康熙末以举人选授福建屏南县知县，后调闽清县，罢归。诗笔清丽。

(乾隆)屏南县志8卷首1卷　史部地理类

沈钟纂修

(1) 清乾隆五年(1740)刻本，故宫博物院图书馆藏。

(2) 清乾隆十七年沈宗良增补刻本，天津图书馆藏。

(3) 抄本，厦门大学图书馆、福建师范大学图书馆藏。

(4) 2001年海南出版社《故宫珍本丛刊》本。

(乾隆)安溪县志12卷首1卷　史部地理类

清庄成修　沈钟、李畴纂

清乾隆二十二年重刻本，复旦大学图书馆藏。

(乾隆)清流县志　史部地理类　佚

见道光《武阳合志》卷32。

霞光集4卷　集部别集类

(1) 清刻本。

(2) 抄本，存2卷，台湾"中央图书馆"原藏。

(3)《毗陵沈氏杂著》本。

(4)《四库未收书辑刊》本，据清刻本影印。

沈鹿坪集　集部别集类

清刻本，台湾"中央图书馆"原藏。

毗陵沈氏杂著十三种　丛书类

(1) 稿本，有清杨浚跋，中国科学院图书馆藏。

(2) 抄本，台湾"中央图书馆"原藏。

(3)《中国科学院文献情报中心藏古籍珍本丛书》本。

子目：

《霞光集》2卷

《柳外词》1卷附《词韵略》1卷

《梦余诗话》1卷

《艺文》2卷

《补遗艺文》2卷

《世系》1卷

《大宗纪略》1卷

《宗谱溯源》1卷

《本支世德录》1卷

《金台沈氏宗谱》1卷

《古迹》1卷

《列传》1卷

《书目》1卷

杨祖楫(1677—1720)

字乘万。清武进人。大鹤子,椿弟。年17随父宦京师,师事蒋金式,有诗名。康熙四十四年(1705)召试,改太学生、武英殿纂修,旋中顺天乡试,五十一年成进士,授编修,与修《词谱》;五十五年分任《康熙字典》事。长于小学,深研《说文》《玉篇》诸书。

芳泽堂集　集部别集类　佚

见乾隆《阳湖县志》卷8。

词谱40卷　集部词曲类

清代官书,杨祖楫与修

(1)清康熙五十四年内府刻本,上海图书馆藏。

(2)《四库全书》本。

(3)1979年北京中国书店影印内府本。

陆祖望(1677—?)

清武进人。康熙三十五年(1696)举人。康熙四十二年拣选知县,雍正三年(1725)任广东平远县知县,后任通州学正。

偶吟草　集部别集类　佚

见道光《武阳合志》卷33。

黄　云(1678—1737)

原名华庆,字伍云,号莪斋。清武进人。康熙五十六年(1717)举人。授浙江孝丰知县。创育婴堂,设养济院,修义学,惠政颇著。在官五年,卒于任。

广苕政略1卷　史部政书类　佚

箧仁要言1卷　史部政书类　佚

以上2种见道光《武阳合志》卷32。

莪斋文集　集部别集类　佚

见道光《武阳合志》卷33,原注云:"是集为《苕山集》《沐芳集》《都门武昌彭城游草》。"

谢　旻(1678—1750)

字侣桐,号肃斋。清武进人。历任陕西安塞知县、贵州普安知州、刑部员外郎、户部郎中、江西赣州知府、河南布政使、江西巡抚、工部右侍郎等。为政能持大体,关心民生,颇有时誉。雍正七年(1729)奉旨修《江西通志》,十二年革职。卒年73。

(雍正)江西通志162卷首3卷　史部地理类

清谢旻等修　陶成、恽鹤生纂

(1) 清雍正十年刻本,上海图书馆藏。

(2)《四库全书》本。

赵彪诏(1678—1769)

字豹之，号令献。清武进人。申乔子，熊诏弟。史学家。雍正九年(1731)入蜀摄会理州事，十一年补遂宁县丞。年60辞官归里，拥书自娱，尤留意搜集稗官小说、谣谚等史料，为编纂(乾隆)《武进县志》《阳湖县志》提供了大量资料。

赵氏世德录　史部传记类　佚

见光绪《武阳县志》卷28。

边州闻见录　史部地理类　佚

历朝陵墓考　史部地理类　佚

以上2种见光绪《武阳志余》卷7。

(雍正)四川通志47卷首1卷　史部地理类

(1) 清雍正十三年刻本，国家图书馆藏。

(2) 清乾隆元年(1736)补版增刻本，黑龙江省图书馆藏。

(3) 清抄本，国家图书馆藏。存卷首、卷1、3—45。

(4)《四库全书》本。

历代钱谱4卷　史部金石类　佚

见道光《武阳合志》卷32。

只可编　子部儒学类　佚

见道光《武阳合志》卷33。

谈虎1卷　子部农家类

道光《昭代丛书》本。

说蛇1卷　子部农家类

(1) 道光《昭代丛书》本。

(2)《赐砚堂丛书未刻稿》本。

绿雪轩杂志　子部艺术类　佚

见光绪《武阳志余》卷7。

毗陵见闻随笔　子部艺术类　佚

见道光《武阳合志》卷33。

炙輠录　子部杂学类　佚

见光绪《武阳志余》卷7。

鬼话　子部小说类　佚

神话　子部小说类　佚

以上2种见道光《武阳合志》卷33。

稗俎　子部小说类　佚

见光绪《武阳志余》卷7。

鸣秋小稿　集部别集类　佚

益州游稿　集部别集类　佚

毗陵百家诗钞200卷　集部总集类

悔亭诗话　集部诗文评类　佚

萧斋落落词1卷　集部词曲类　佚

以上5种见道光《武阳合志》卷33。

龚铨安(1679—1732)

字亦东，号再亭。清武进人。康熙四十一年(1702)举人，官泗水知县，卒于任。

养心斋诗集　集部别集类　佚

见道光《武阳合志》卷33、《清代毗陵书目》卷8。

左　宜(1679—1749)

字遇安，号愈庵，清常州人。康熙五十二年(1713)武举人，浙江杭州卫督运千总署处州卫守备。

星历书2卷　子部历算类　佚

见《清代毗陵书目》卷3。

刘　机(1679—1751)

字省度,号似虞。清阳湖人。滨长子。诸生。少颖悟。博览群籍,耻以记诵猎时誉,尤邃心理之学。

云溪文稿　集部别集类　佚

见《西营刘氏先世著述考》、《清代毗陵书目》卷4。

杨方达(1679—1757)

原名方远,字符仓,亦作扶苍,号悔斋。清武进人。兆鲁曾孙。雍正二年(1724)举人。少凝重好学,受知于孙嘉淦。淹贯经史,旁及群书,郡县交相举荐,皆不应,闭户著书,不求仕进。喜施与,乡里重之。年79卒。

易学图说会通8卷续闻1卷　经部易类

周易辑说存正12卷　经部易类

易说通旨略1卷　经部易类

按:本书与《周易辑说存正》合刻。

尚书通典略2卷　经部尚书类

尚书约旨6卷　经部尚书类

春秋义补注12卷　经部春秋类

按:本书乃删补清孙嘉淦《春秋义》而成。

正蒙集说12卷　子部儒学类

以上7种有《杨符苍七种》本。

学余叙录　子部儒学类　佚

见光绪《武阳志余》卷7。

杨符苍七种　丛书类

清雍正乾隆间武进杨氏复初堂刻本,常州图书馆藏。子目见上。

胡　淦(1679—?)

原名以良,字圣致。清武进人。宗虞孙。雍正七年(1729)举人。爱读书,喜辑录。

(乾隆)沧州志16卷　史部地理类

清徐时作修　胡淦总修

清乾隆八年(1743)刻本,南京图书馆藏。

阐幽录1卷　史部地理类　佚

见道光《武阳合志》卷33、《清代毗陵书目》卷7,注谓"本书历叙古今陵墓"。

家庭天籁2卷　集部总集类　佚

胡淦辑

见道光《武阳合志》卷33、《清代毗陵书目》卷5,注谓本书辑集历代谣谚。

庄　浚(1681—1740)

字浚川,号十洲。清武进人。邑庠生。年19举秀才。从金坛王澍学16年,有《积书岩会稿》刊行。淡于进取,却不废八股文,自订《焚余集》107篇。

积书岩会稿　集部别集类　佚

焚余集时文　集部别集类　佚

以上2种见《庄氏族谱》卷16下。

钱大济(1681—1744)

字来成,晚自号凌霄子。清武进人。诸生。少有神童之誉,五岁知四声,远近以联句试者无虚日。

易贲　经部易类　佚

见光绪《武阳志余》卷7,注云:"是书稿本未刊,无卷数。大旨依邹梅雪《易解》,仿其篇法,每章融会始末而贯之。《经籍录》谓科举家言也。”

徐元琠(1682—1753)

字季真,号醒庵。清武进人。元珙弟。监生。议叙河南淇县丞,署泌河通判。善丹青,凡花草禽鸟,脱稿如生。不多绘,片缣尺素,珍逾拱璧。

知非录　子部儒学类　佚

锄云小草3卷　集部别集类　佚

韵香词1卷　集部词曲类　佚

以上3种见道光《武阳合志》卷33。

庄　柡(1682—1755)

字书云,号研溪,一号晚崧。清武进人。绛次子。康熙五十九年(1720)举人。历任湖北黄梅、黄陂知县,署蕲州知州。乾隆初两任湖广乡试同考官。年60致仕,以诗文自娱。与同宗致仕者九人,仿白居易故事,赋诗为会,号漆园九老,和者甚众。

骈字古音5卷　经部小学类

明杨慎撰　清庄柡等增补

清朱丝栏抄本,硃墨格,首有庄柡进呈序,国家图书馆藏。

咫闻日记1卷　子部杂学类

清乾隆三十二年(1767)子熊芝刻本,苏州图书馆藏,附于《晚崧诗稿》后。

晚崧诗稿6卷　集部别集类

(1) 清乾隆三十三年子熊芝刻本,苏州图书馆藏。

(2) 1936年张惟骧抄本,上海图书馆藏。

按:道光《武阳合志》《庄氏族谱》均作《晚菘吟稿》。

西笑集5卷补遗1卷　集部别集类　佚

见道光《武阳合志》卷33。

课孙草　集部别集类　佚

见乾隆《阳湖县志》卷8。

南华九老会唱和诗谱1卷　集部总集类

清庄宇逵辑　庄柝等撰

(1) 清嘉庆间初刻本，吉林大学图书馆藏。

(2) 清光绪二十年(1894)重刻本，常州图书馆藏。

(3) 1923年铅印本，常州图书馆藏。

(4) 2015年国家图书馆出版社出版《清代家集丛刊》本。

赵侗斆(1683—1751)

字景维，别号赓西。清武进人。熊诏子。康熙四十四年(1705)以诸生献颂，后奉召进京，与修《子史精华》诸书。尝任湖南临武知县、湖北襄阳知府、浙江副使、都转运使等职。热心整理刊行乡邦文献。

赓西自叙年谱1卷　史部传记类

收入于《观庄赵氏族谱》卷17《世编第七》。

子史精华　子部典故类

官书，清赵侗斆与修。

清雍正五年(1727)修成。见《子史精华职名表》。版本从略。

欠山集不分卷　集部别集类

(1) 清乾隆间刻本，上海图书馆、广东省立中山图书馆藏。

(2)《中国古籍珍本丛刊·广东省立中山图书馆卷》本。

赵恭毅公剩稿8卷附赵襄萼公剩稿4卷　集部别集类

清赵申乔撰附　赵熊诏撰　赵侗斆编刻

(1) 清乾隆二年至六年(1737—1741)赵侗斆浙江刻本，中国社会科学院文学研究所藏。

(2)《四库全书存目丛书》本，据中国社会科学院文学研究所藏本影印。

(3)《清代诗文集汇编》本。

复园诗抄8卷　集部别集类

清龚士荐撰　赵侗敩编刻

清康熙五十六年刻本,国家图书馆藏。

晋之诗抄 3 卷　集部别集类

清龚策撰　赵侗敩编刻

清康熙五十六年刻本,国家图书馆藏。

管心咸(1683—1750)

字若谷,号雪野,清阳湖人。滋琪孙。

辽海见闻录 4 卷　史部地理类　佚

见《清代毗陵书目》卷 2。

紫弘假录 4 卷　子部小说类　佚

一榻斋诗 3 卷　集部别集类　佚

以上 2 种见道光《武阳合志》卷 33。

吴　翰(1683—1751)

字宗藩,号四园,别号古斋。清阳湖人。有斐子。贡生,候选训导。

五经旁解 4 卷　经部群经总义类

见道光《武阳合志》卷 32。

张麟生(1683—1752)

字书乘,号半禅。清武进人。乾隆元年(1736)进士。虹县训导。

纽兰阁诗 4 卷　集部别集类　佚

见道光《武阳合志》卷 33。

盛　衡(1683—1765)

字汉诏,一字洁平,号平舫。清阳湖人。纲父。性好学。乾隆元年(1736)应博学鸿词,进京助纂《三礼义疏》,多所订正。

礼经会通经部　经部三礼总义类　佚

三礼解经部　经部三礼总义类　佚

律吕图说　经部乐类　佚

乡党考　经部四书类　佚

以上 4 种均见《清代毗陵书目》卷 7。

许元基(1683—1772)

字方亨,号约斋。清阳湖人。维楫孙。诸生。雍正元年(1723)荐修《古今图书集成》。书成,授四川蒲江知县。历任大邑、大竹、大足、南川、荣昌等县知县。乾隆二十七年(1762),高宗南巡时,曾赐缎。

(乾隆)荣昌县志 4 卷首 1 卷　史部地理类

清许元基纂修

(1) 清乾隆十一年刻、二十九年增刻本,故宫博物院图书馆藏。

(2) 清乾隆五十一年增刻本,中国科学院图书馆藏。

(3) 清嘉庆二年(1797)增补重印本,复旦大学图书馆藏。

(4) 清乾隆二十九年本传抄本,国家图书馆藏。

(5) 清乾隆五十一年本传抄本,上海图书馆藏。

(6) 2001 年海南出版社《故宫珍本丛刊》本。

寒茂阁诗文集　集部别集类　佚

见《清代毗陵书目》卷 4。

杨　颢(1684—1739)

字邛飞,号霁山。清武进人。维坤子,杨伦祖父。国子监生。

醉馨堂诗集　集部别集类　佚

见光绪《武阳志余》卷 7。

钱绍芳(1684—1746)

字艺润,号赘亭。清武进人。名世抚子。监生。考授州同知。

崇雅堂楚游新咏 3 卷　集部别集类　佚

见道光《武阳合志》卷33。

恽龙吉(1684—1754)

字次贤。清武进人。好学,不为举业,生平言行一遵朱熹、陆陇其。教子为学当以圣贤为法,好采集古今嘉言懿行。

闻见录　子部儒学类

见《恽氏先世著述考略》,云:“凡2册,皆古今事迹有益于身心者。”

钱大经(1685—1747)

字恺存,钱二白长子,清武进人。太学生。

揖秋集诗草　集部别集类

清康熙间刻钱二白《半溪诗草》附。

周祖望(1686—1735)

字师尚,号卓庭,周在丰子。清武进人。考职得州佐,未铨而终。

自怡草3卷　集部别集类　佚

见《清代毗陵书目》卷4。

卓庭诗　集部别集类

辑入李兆洛编《旧言集》。

管　声(1686—1743)

字应阶,清武进人。太学生,考授州同。

劝孝文警孝篇敦本篇　子部儒学类　佚

见《清代毗陵书目》卷4。

陆振镐(1686—1759)

字在丰。清武进人。监生。

茶浦诗草3卷　集部别集类　佚

长梧草堂诗集　集部别集类　佚

襆被集　集部别集类　佚

以上 3 种见光绪《武阳志余》卷 7。

奚　玠(1687—1747)

字方卫，号迂叟。清阳湖人。宾父。

类纂嘉言善行 10 卷　子部儒学类　佚

物恒录　子部儒学类　佚

以上 2 种见《清代毗陵书目》卷 3。

按：道光《武阳合志》卷 33 注云："《类纂嘉言善行》一名《物恒录》。"录以备考。

钱大猷(1687—1748)

字典存，号觉庵，清武进人。钱二白次子，太学生。

晓帆集诗余　集部词曲类

清康熙间刻钱二白《半溪诗草》附。

按：《全清词抄》卷 6 收其词 1 首。

钱大镛

字元存。清武进人。钱二白族人。

长吟集杂著　集部别集类

清康熙间刻钱二白《半溪诗草》附。

按：道光《武阳合志》卷 33 著录为钱大经撰，误。

恽宗和(1687—1759)

亦作钟和，字敦夫，号艮庭。清武进人。鹤生次子。清康熙五十九年(1720)副贡，任丰县教谕。

全唐试律类笺声调谱　集部诗文评类

附清乾隆二十六年(1761)春桥书屋刊《全唐试律类笺》后,国家图书馆藏。

按:恽鹤生、钱人龙合编《全唐试律类笺》校刻既竟,宗和念学者声调多混淆,遂编《声调谱》,附于《类笺》之后。参见“钱人龙”条。

钱人龙(1688—1732)

字汝允,号无咎。清武进人。名世长子。康熙四十八年(1709)进士。官山西长治知县。

汉书注　史部正史类　佚

钱汝允诗集　集部别集类　佚

以上2种分见道光《武阳合志》卷32、33。

全唐试律类笺声调谱　集部诗文评类

附清乾隆二十六年(1761)春桥书屋刊《全唐试律类笺》后,国家图书馆藏。

按:《唐诗选本六百种提要》云,所选皆五言六韵诗,为当科举考试所用。“类笺”者,指所选诗亦以天文、地理、草木、鸟兽等按类编次,再加笺释。此外,尚有题解、旁批、圈点诸项。清乾隆刻本附有武进恽宗和编《全唐试律类笺声调谱》,对五言排律的声调叙说颇详。

杨　灿(1688—1742)

字瑜发,号丹水,一号霞天。清武进人。维坤次子。岁贡生,候选训导。

收春堂诗抄　集部别集类　佚

见光绪《武阳志余》卷7。

邹光涛(1689—1741)

字琢其,一字器山。清武进人。雍正元年(1723)进士,选庶吉士,授编修,后改任福建道御史。因言事落职。回乡后专心研治经籍,变卖家产购书。

广释诂1卷　经部小学类　佚

紫阳年谱正讹1卷　史部传记类　佚

异地同名考(一作地名异同考)1卷　史部地理类　佚

以上3种均见道光《武阳合志》卷32。

盛大宝(1689—1748)

字玉田,号晚香。清阳湖人。衡弟。乾隆十年(1745)贡生。性笃学,尤潜心宋、明儒学。后例贡得教官,未赴卒。

毛诗笺释20卷　经部诗经类　佚

见《清代毗陵书目》卷7。

庄大椿(1689—1751)

字书年,号澹闲,一号髯客。清武进人。绛四子。雍正七年(1729)顺天乡试副榜。保举才学兼优,分发吏部文选司学习,充陕西宣谕化导使。历任四川双流、新繁、射洪知县。所至不畏权势,断狱明察。

(乾隆)仙游县志36卷首1卷　史部地理类

清陈兴祚修　庄大椿纂

清乾隆十四年(1749)刻本,国家图书馆藏。

知非日钞　子部儒学类　佚

见道光《武阳合志》卷33。原注:“无卷数。”并按:“是书分明理、立志、持心、饰射、治家、处世、从政、教育八目。”

衍庆编2卷　子部医家类

清同治十年(1871)森玉堂刻本,附良方1页,国家图书馆藏。

澹闲文钞　集部别集类　佚

澹闲诗钞　集部别集类　佚

以上2种见道光《武阳合志》卷33,并谓《澹闲诗抄》分《烬存集》《岱华集》《梗泛集》《息荫集》《仙荔集》等5种。

南华九老会唱和诗谱1卷　集部总集类

清庄宇逵辑　庄大椿等撰。

(1) 清嘉庆间初刻本,吉林大学图书馆藏。

(2) 清光绪二十年(1894)重刻本,常州图书馆藏。

(3) 1923年铅印本,常州图书馆藏。

(4) 2015年国家图书馆出版社出版《清代家集丛刊》本。

按:清乾隆十四年,大椿与同族致仕者九人为南华九老之会,各系以诗,编成是集。详见“庄宇逵”条。

恽　贤(1689—1752)

字深葭,号宁溪,又号凝溪。清武进人。县学生。为人刚直,律己严介。从金坛史震林游。诗作慷慨激昂,自抒胸臆。

宁溪诗集　集部别集类　佚

见《恽氏先世著述考略》。

胡　抡(1689—1766)

字应麟,号鲁斋。清武进人。监生。屡试不第,闭门著书。

四书典制汇编8卷　经部四书类

清雍正十年(1732)藜照轩刻本,苏州大学图书馆藏。

礼乐通考30卷　经部群经总义类

清乾隆十四年(1749)藜照轩刻本,国家图书馆藏。

董履福(1689—1767)

字坦生,号悦斋,一号泰安。清武进人。县增生。

春秋传属比　经部春秋总义类　佚

经史参　子部儒学类　佚

省克录　子部儒学类　佚

旋吉斋诗文稿　集部别集类　佚

以上4种见光绪《武阳志余》卷7。

龚锡纯(1689—1768)

字侯服,号问渠。清武进人。乾隆六年(1741)举人,拣选知县。潜研经学,尤精于《三礼》。客居京师时,与桐城方苞说古有契,称忘年交。

周礼私测1卷　经部周礼类　佚

仪礼私测1卷　经部仪礼类　佚

祭器拾遗1卷　经部仪礼类　佚

四书摘要(一作四书指要)　经部四书类

以上4种见《清代毗陵书目》卷7。

步云楼诗稿　集部别集类　佚

见《清代毗陵书目》卷8。

钱人麟(1689—1772)

字铸庵,一字服民,号借翁。室名师思斋。清武进人。康熙五十九年(1720)举人。曾代理浙江淳安知县,以明代前县令海瑞自励,颇有政绩。后调任黄岩、桐庐、萧山等县。乾隆九年(1744)为赈济灾民,得罪上官下狱。翌年子维城中一甲一名进士后释出,遂托病还乡。人麟熟悉前代掌故及一郡文献,居家近30年中,扶持文教,从事著述。曾请建祠祀,兴复龙城书院,主持筹划纂修武进、阳湖两县县志等。

易赘2卷　经部易类　佚

易古音1卷　经部易类　佚

按:疑即《易韵》。

以上2种见清道光《武阳合志》卷32。

易韵　经部易类　佚

见钱维城《茶山文钞》。

毛诗古音1卷　经部诗经类　佚

见道光《武阳合志》卷32。按:疑即《毛诗韵》。

毛诗韵　经部诗经类　佚

见钱维城《茶山文钞》。

声韵图谱 1 卷　经部小学类　佚

见钱维城《茶山文钞》。

按:亦见《四库全书总目》。参见李新魁《汉语等韵学》(中华书局 1983 年版)。

东林别乘(一名东林纪事)　史部传记类

(1) 澄海高氏玉笥山楼藏稿本。见《增订晚明史籍考》卷 5。

(2) 1958 年广东省立中山图书馆油印本。

东林十二目 1 卷　史部传记类　佚

清钱人麟辑

见道光《武阳合志》卷 32。按:光绪《武阳县志》卷 28 和 1988 年版《武进县志》人物本传作《东林十二月》。

三元考　史部传记类　佚

见《清代毗陵书目》卷 2。

明臣谥法考 2 卷　史部政书类　佚

三赈合刊　史部政书类　佚

以上 2 种见道光《武阳合志》卷 32。注云,《三赈合刊》包括《南辋赈米日记》《黄岩灾余记事》《萧山荒政记》。

毗陵科第考 8 卷　史部传记类

清赵熙鸿原编　刘汉卿、钱人麟、庄柱续编　史致谔、汤成烈、陆黻恩、庄毓鋐校补

(1) 清乾隆十九年刻本,湖南图书馆藏。

(2) 清道光二十年(1840)刻本,南京图书馆藏。

(3) 清同治七年(1868)续刻本,常州图书馆藏。

(4) 2015 年凤凰出版社《常州历史文献丛书》第二辑《常州科举史料三种》本。

按:乡科起明洪武三年(1370)至清同治六年,甲科起梁天监间至清

同治七年。参见“庄柱”。

(乾隆)宁国府志34卷　史部地理类

清宋敦修　钱人麟等纂

(1) 清乾隆十八年刻本,北京大学图书馆藏。

(2) 台北成文出版社《中国方志丛书》本。

(乾隆)泾县志10卷首1卷　史部地理类

清王廷栋修　钱人麟纂

清乾隆二十年刻本,北京大学图书馆藏。

龙城书院志2卷　史部地理类　佚

闽南风土记1卷　史部地理类　佚

太湖风土记1卷　史部地理类　佚

以上3种见道见《武阳合志》卷32

师思斋札记1卷　子部儒学类　佚

太湖兵防记　子部兵书类　佚

铸庵杂识1卷　子部杂学类　佚

毗陵觚不觚录1卷　子部小说类　佚

借翁存稿2卷续1卷　集部别集类　佚

以上5种见道光《武阳合志》卷33

师思斋文集　集部别集类　佚。

见光绪《武阳县志》卷28。

庄淳凝(1690—1741)

字次山,号容轩。清武进人。国子监生。早孤,母赵氏抚养成人。事母孝。为人敦厚,排纷解难,见称于邑人。深研经子,遍窥江西文派,而困于场屋。家道日贫,著书益力。

尚书订讹6卷　经部尚书类　佚

见道光《武阳合志》卷32。

尚书说义1卷　经部尚书类　佚

尚书授读2卷　经部尚书类　佚

以上2种见《清代毗陵书目》卷7。

经义自怡集注　经部群经总义类　佚

见光绪《武阳志余》卷7。

先儒言行录20卷　子部儒学类　佚

庄淳凝辑

见道光《武阳合志》卷33、《庄氏族谱》卷21《庄次山先生墓表》。

刘辰骏(1690—1758)

原名果，字湘渠，一字勷劬，号问松。清阳湖人。履旋曾孙，坛长子。邑庠生。累试不售。其族叔祖尚书於义保举，以主事衔学习行走。寻奉旨赴陕西宣谕化导，事竣留陕以知县用。历任福建将乐、闽县、侯官、彰化及四川成都等知县，曾兼理鹿耳门同知。所至皆以廉正著称。

纫佩集　集部别集类　佚

酿蜜集　集部别集类　佚

以上2种见《西营刘氏先世著述考》，云2集未梓。

文选臆评2卷　集部总集类　佚

清刘辰骏辑注

见道光《武阳合志》卷33、《西营刘氏先世著述考》《清代毗陵书目》卷5。按：光绪《武阳县志》卷28作刘辰锡，《清代毗陵书目》卷8作刘锡辰，疑误。

离骚注解1卷　集部楚辞类　佚

见道光《武阳合志》卷33。按：光绪《武阳县志》卷28、《清代毗陵书目》卷8作刘辰锡，疑误。

庄　柱(1690—1759)

字书石。清武进人。雍正五年(1727)进士。由翰林院庶吉士，授大兴知县。十二年升温州知府。后迁浙江海防兵备道。未几，引疾致仕,时年52。工诗文,善书。

毗陵科第考8卷　史部传记类

(1) 清乾隆十九年(1754)刻本,湖南图书馆藏。

(2) 清道光二十年(1840)刻本,南京图书馆藏。

(3) 清同治七年(1868)刻本,常州图书馆藏。

(4) 2015年凤凰出版社《常州历史文献丛书》第二辑《常州科举史料三种》本。

按:此书清赵熙鸿原编,刘汉卿、钱人麟、庄柱续编,史致谔、汤成烈、陆黼恩、庄毓鋐校补。乡科起明洪武三年(1370)至清同治六年,甲科起梁天监间至清同治七年。

静永斋诗集　集部别集类　佚

静永斋文集　集部别集类　佚

以上2种见《清代毗陵书目》卷4。

南华九老会唱和诗谱(一作南华九老诗)　集部总集类

清庄宇逵辑　庄柱等撰

(1) 清嘉庆间初刻本,吉林大学图书馆藏。

(2) 清光绪二十年(1894)重刻本,常州图书馆藏。

(3) 1923年排印本,常州图书馆藏。

(4) 2015年国家图书馆出版社出版《清代家集丛刊》本。

庄氏乡试会试朱卷不分卷　集部总集类

清庄柱等撰

清刻本,国家图书馆藏。

钱　氏

清武进人。荣世女,庄柱妻。

有斐轩诗钞　集部别集类　佚

见光绪《武阳志余》卷7。

杨士凝(1691—1740)

字妙合,号笠乘(一作立诚),别号芙航。清武进人。大鲲孙,玉山子。康熙五十六年(1717)举人,授山东单县知县。卒赠中宪大夫。幼聪颖,家世通显,昆仲皆名当世。工古文辞,诗歌根柢汉魏诸乐府,而尤熟精于三唐。

芙航诗襭 29 卷　集部别集类

(1) 清康熙刻本,复旦大学图书馆藏。

(2) 清雍正元年(1723)刻本,清华大学图书馆藏。

(3) 清乾隆四十一年(1776)精刻本,北京大学图书馆藏。

(4)《清代诗文集汇编》本。

按:本书分初刻、续刻两部分,初刻 12 卷,始刻于清康熙间,重刻于雍正元年;续刻 17 卷,刻于乾隆四十一年。见《贩书偶记》。初刻收清康熙甲申至壬寅(1704—1722)所作古今体诗共 723 首,按年排列,各卷自为集。每集前皆有序,述其梗概及缘起。卷 1 至卷 12 名《焚余哂休录》(甲申至庚寅)、《团香集》(辛卯至壬辰)、《天笑集》(癸巳)、《春晓集》(甲午)、《恋月亭集》(乙未)、《秋深集》(丙申)、《燕市西廊集》(丁酉)、《待熄集》(戊戌至己亥)、《寒灯集上》(庚子)、《寒灯集下》(辛丑)、《后甲集》(壬寅)、《叠红吟》。续刻则未见。

燕香词 1 卷　集部词曲类

清刻本,吉林图书馆藏。

徐　昆(1691—1761)

字国山,晚号遁斋。清阳湖人。飏廷四子。年 17 丧父,19 岁补弟子员。雍正元年(1723)举人。三年补内阁中书,五年以同知分发浙江,历任温州府、湖州府同知,擢金华知府。断狱清明,遂佐宁海州。乾隆十五年(1750)迁平原知县,旋移曹县。因肝疾乞归,6 年后卒。诗古文雅洁,迥出时辈。

家传1卷　史部传记类

《毗陵徐氏家集》本。

遁斋偶笔2卷　子部杂学类

(1)《毗陵徐氏家集》本。

(2)《徐遁斋先生全集》本。

(3)《古今说部丛书》本。

(4)《说库》本。

画溪诗集　集部别集类

(1)《毗陵徐氏家集》本。

(2)《徐遁斋先生全集》本。

小有斋人自娱集1卷　集部别集类

《徐遁斋先生全集》本。

徐遁斋先生全集4卷　丛书类

清光绪六年(1880)刻本,清华大学图书馆藏。

收3种,子目见上。

庄杜芬(1691—1771)

字寓庸,号香圃。清武进人。令舆四子。郡庠生。

六逸诗话1卷　集部诗文评类

清庄杜芬、徐梅辑

《毗陵六逸诗钞》本附。

按:《毗陵六逸诗钞》为庄令舆与徐永宣同辑,杜芬盖奉父命撰此。

杨方升(1692—1741)

字又升,号芹壑。清武进人。企慎子。曾官广西思州同知。

大学图系1卷　经部四书类　佚

中庸图系1卷　经部四书类　佚

清屠进、杨方升撰

以上2种见道光《武阳合志》卷32。

秋蝉集　集部别集类　佚

见光绪《武阳志余》卷7。

谢　樨(1692—1746)

字乔南。清武进人。旻弟。贡生。历官刑部郎中,成都知府,湖南岳常澧道、湖北安襄郧荆兵备道、广东雷琼兵备道、广东按察使司副使。年55卒于海南官署。好经史。

谢龟巢先生崇祀录2卷　史部传记类　佚

按:元谢应芳号龟巢老人。

临民切要　史部政书类　佚

以上2种见道光《武阳合志》卷32。

养斋诗稿4卷　集部别集类　佚

见道光《武阳合志》卷33。

史　绶(1692—1762)

字青佩,号兰斋,清武进人。善长子,梦琦父,增贡生。

兰斋诗钞12卷　集部别集类

清刻本,南开大学图书馆藏。

兰斋诗抄1卷　集部别集类

抄本,上海图书馆藏。

恽源濬(1692—1763)

字哲长,号铁箫老人。清武进人。由庠生入太学。任天津县丞,署大名府通判。工诗善画,得南田家法,长于山水。

铁萧诗钞1卷　集部别集类　佚

见道光《武阳合志》卷33。

陆振策(1692—1769)

字典垂,又字载芳,号儆庵。清武进人。宏舍子。继承父志,隐居不仕,专事吟咏。

撷云诗集 2 卷　集部别集类　佚

见道光《武阳合志》卷 33。

钱兆豫(1693—1723)

字志行,号悔村。清武进人。济世第三子,人麟弟。康熙五十九年(1720)副榜。荐举户部河南司学习行走,后官通仓监督。

梗居诗草 2 卷　集部别集类　佚

见道光《武阳合志》卷 33。

龚崧林(1693—1749)

字封五,号尘园。清武进人。雍正五年(1727)荐举贤良方正,以知县用。初授广东海阳,在任五年,多惠政。后补洛阳知县,升陕州知州,擢补怀庆知府,未之任卒。

(乾隆)重修洛阳县志 24 卷图考 1 卷　史部地理类

清龚崧林修　汪坚纂

(1) 清乾隆十年(1745)刻本,北京大学图书馆藏。

(2) 1924 年于廷鉴石印本,南京大学图书馆藏。

(乾隆)重修直隶陕州志 20 卷首 1 卷　史部地理类

清龚崧林修　杨建章纂

(1) 清乾隆十二年刻本二十一年增刻本,国家图书馆藏。

(2) 清乾隆二十一年张学林修订刻本,北京大学图书馆藏。

(3) 清同治六年(1867)重印本,北京大学图书馆藏。

刘鸣鹤(1693—1755)

字皋闻。清阳湖人。大夏孙。少孤。才气挺发,潜心经传。乾隆元年(1736)举人,十六年复举经明行修。

留疑录　子部儒学类　佚

待问编　子部儒学类　佚

以上2种见《清代毗陵书目》卷3。

枕中草　集部别集类　佚

伊篙集　集部别集类　佚

蓼莪堂诗　集部别集类　佚

自怡篇　集部别集类　佚

金台集　集部别集类　佚

关天草　集部别集类　佚

白下草　集部别集类　佚

荔香集　集部别集类　佚

以上8种均见光绪《武阳县志》卷28。

徐景曾(1693—1761)

字师鲁,号省庵。清武进人。雍正八年(1730)进士,改庶吉士。出任河间知府、顺德知府。

(乾隆)顺德府志16卷　史部地理类

清徐景曾纂修

清乾隆十五年(1650)刻本,北京大学图书馆藏。

省庵诗钞1卷　集部别集类　佚

见《清代毗陵书目》卷4。

毛宁鲁(1693—1763)

字曾三,号红村。清阳湖人。周子,颖士父。湛深经术,著述甚富。

三经注解　经部群经总义类　佚

见道光《武阳合志》卷32。三经为《周易》《仪礼》《尔雅》。

是　镜(1693—1769)

原名铸。字仲明,号诚斋。清阳湖人。奎子。承家学,又师事杨斐文,究心程朱之学。父死葬于舜山,遂筑庐墓侧,创建学所,讲道授业,人称舜山先生。于其行事,时人或有微词。事迹参见清张敬立等编《是仲明先生年谱》[清光绪十三年(1887)刻本]。

孝经图颂　经部孝经类　佚

孝经翼　经部孝经类　佚

以上2种见《清代毗陵书目》卷1。

舜山学约不分卷　子部儒学类

清道光四年(1824)刻本,上海图书馆藏。

是仲明杂著1卷　子部儒学类

清光绪十三年木活字本,常州图书馆藏,与《是仲明先生年谱》合刻。

圣学指南3卷　子部儒学类　佚

圣学始终图　子部儒学类　佚

晓窗心谱　子部儒学类　佚

鲁游记　子部儒学类　佚

以上4种均见《清代毗陵书目》卷3。

晞颜录　子部儒学类　佚

见《是仲明先生年谱》。

是仲明遗墨不分卷　集部别集类

稿本,与《程廷祚、钱大昕遗墨》合订,国家图书馆藏。

庄　达(1693—1770)

原名国栖,字孝周。清武进人。监生。

绿杨村合诗钞　集部别集类　佚

见光绪《武阳志余》卷7。

段之缙(1693—?)

字改斋。清武进人。雍正八年(1730)进士,任内阁中书。十年,任广东雷州同知。乾隆元年(1736)为广西全州知州,有政声。坐事降为柳州通判,引疾归。

柳州府志稿　史部地理类　佚

清谭襄世、成贵、段之缙修

见《广西方志佚书考录》。

公余杂录12卷　子部小说类　佚

绿荫堂诗草4卷　集部别集类　佚

以上2种分见《清代毗陵书目》卷3、卷4。

洪公寀

字封旅。清歙县人。赘于常州,为赵熊诏婿,遂迁此。监生。考授直隶州同。

午峰集　集部别集类　佚

见《清代毗陵书目》卷4。

法学山(1694—1750)

字景行,号若海。清武进人。徵麟次子。继父业,有医名。

痘科景行录1卷　子部医家类　佚

见光绪《武阳县志》卷28。

吴龙见(1694—1773)

字恂士。清武进人。宗达曾孙。雍正十三年(1735)举博学鸿词。乾隆元年(1736)进士,授户曹给事中,迁直隶武强县令,调献县,转山西道御史，官至陕西布政使。年70乞归，卒于家。通经史，工诗文。

春秋约旨　经部春秋类　佚

见《清代毗陵书目》卷1。

献县志略8卷　史部地理类　佚

见《清代毗陵书目》卷2。

薛帷文抄　集部别集类

(1) 清雍正十二年颐庆堂刻本。14卷，无《续抄》，广东省中山图书馆藏。

(2) 清乾隆间颐庆堂重刻本，14卷，无《续抄》，南京图书馆藏。

(3) 清乾隆间颐庆堂刻本，8卷，南京图书馆藏。

(4)《清代诗文集汇编》本，14卷。

按：《清代毗陵书目》称：《文抄》包括《奏疏》1卷、《赋》1卷、《诗》10卷、《文》13卷。然今存雍正本、乾隆本仅14卷、8卷两种，其中14卷本，包括《赋》2卷、《诗》6卷、《文》6卷。

杨振昆(1694—1775)

字步青，一作部清，号莲塘。清武进人。企慎次子。科举不第，著述自娱。善画，尤工设色山水。

莲塘诗抄16卷　集部别集类　佚

蔗余集16卷　集部别集类　佚

和陶集2卷　集部别集类　佚

鸣劫草　集部别集类　佚

莲塘近稿　集部别集类　佚

以上5种见光绪《武阳志余》卷7。

庄廷玺(1695—1744)

字桓觐。清武进人。雍正十三年(1735)副贡，授含山县教谕。好学，尤精《三礼》。

桓觐诗稿　集部别集类　佚

见道光《武阳合志》卷33。

按：光绪《武阳志余》卷7作《琢玉堂诗稿》。

周　溱(1695—1751)

字良翰，号心樵。清阳湖人。喜读书，尤嗜吟咏。因习养生之术，不苦思力索，随意得句，成于自然。

鸥亭诗草4卷　集部别集类

(1)《毗陵周氏家集》本。

(2)《毗陵周氏五世诗集》本。

鸥亭诗余1卷　集部词曲类　佚

见道光《武阳合志》卷33。

潘思榘(1695—1752)

字絜方，别号补堂。清阳湖人。雍正二年(1724)进士，选庶吉士，改任刑部陕西司主事。历官郎中，广东南雄知府、按察使，浙江布政使，安徽、福建巡抚等。为政期间，兴修水利，赈济贫民，平反冤狱，爱士育才。因冒霜露触海气得疾，卒于任所。史评其"治公务若管其家"。卒谥敏惠。讲究经济实学，尤邃于《易》。

周易浅释2卷　经部易类

(1)竹书堂红格抄本，南京图书馆藏。

(2)《四库全书》本。

鳌峰讲议4卷　子部儒学类

清乾隆十六年(1751)刻本，福建省图书馆藏。

见道光《武阳合志》卷32。云："四卷，只《学》《庸》尚有，《论》《孟》未刊，今佚，无考。"

钱枝衍(1695—1762)

字必蕃,号椒原。清武进人。安世次子。国子监生。以子燕习赠修职郎、盐城县教谕。

鲁诗纂注 12 卷　经部诗经类　佚

见道光《武阳合志》卷 32。

历代宰相品第考　史部传记类　佚

读史方舆纪要参解　史部地理类　佚

以上 2 种见《清代毗陵书目》卷 2。

纪效新书图说　子部兵书类　佚

寒翠楼集　集部别集类　佚

以上 2 种见道光《武阳合志》卷 33。

谢　瑚(1695—1767)

字夏珍,号璞舍。清武进人。监生,早年佐运军饷于四川金川,以功授同知。丁母忧,辞官归里,不复出。好学,长于史学。

史鉴约书 15 卷　史部史钞类　佚

见道光《武阳合志》卷 32。

汤自铭(1695—1776)

字西箴,号昆河。清武进人。以孝悌间乡里。受业潘振声。精研理学,以实践为务,著书课徒,不求仕进。

大学示掌 1 卷　经部四书类

中庸示学 1 卷　经部四书类

以上 2 种有:

(1) 清嘉庆十四年(1809)刻本。

(2) 清嘉庆二十年刻本,国家图书馆藏,题为《学庸示掌》。

(3) 清道光二十六年(1846)刻本,国家图书馆藏。

(4) 清抄本,国家图书馆藏。

人鉴 3 卷　子部儒学类

(1) 清道光十一年肇庆同文堂书坊刻同治十三年(1874)印本,国家图书馆藏。

(2) 清道光十六年重刻本,南京图书馆藏。

(3) 清同治七年刻本,江苏师范大学图书馆藏。

(4) 清同治十一年泰兴襟江书院刻本,华东师范大学图书馆藏。

西箴诗 1 卷　集部别集类

收入李兆洛辑《旧言集》。

昆河集　集部别集类　佚

见《清代毗陵书目》卷 4。

刘　复(1696—1737)

字无咎,号补亭。清武进人。於义长子。雍正五年(1727)进士,改庶吉士,授编修。历官至浙江杭嘉湖兵备道、布政使司左参议。以治行闻。

补亭诗文钞 4 卷　集部别集类　佚

壬春纪行草 2 卷　集部别集类　佚

以上 2 种见《清代毗陵书目》卷 4。

唐孝本(1696—1756)

字念淳,号复园,晚号学和。清武进人。执玉长子。康熙五十九年(1720)举人。会试不第,世宗召见,特授知县。历知福建宁洋、晋江、同安,及台湾等地,重惩弁兵扰民,兴修水利,整顿田赋。以才能擢抚州知府,因忌嫉者蜚语而罢。

诗草　集部别集类　佚

收入赵彪诏《毗陵百家诗抄》。

盛大典(1696—1761)

字宾穆,号穆斋。清武进人。乾隆元年(1736)举人,拣选知县。

商南笔记 6 卷　子部小说类　佚

见道光《武阳合志》卷 33。

郑之罕(1696—1773)

字展宗,号宾日。清武进人。环父。诸生。

周易切韵 3 卷　经部易类　佚

见道光《武阳合志》卷 32。

女则　子部儒学类　佚

见光绪《武阳志余》卷 7。

董　塼(1697—1760)

字维和,号丹峰。清阳湖人。娴礼乐,工诗画,善武能文,通达时事。曾随其兄宦学滇南粤西,迁浙水别驾,后寄居杭州。

丹峰遗稿 1 卷　集部别集类

清道光五年(1825)刻《董氏家乘》本,南京图书馆藏。

冯宸简(1697—1772)

字书渊,自号翦红词人。清武进人。监生。积学嗜古,尤长于诗。著述甚富,应乡试 14 次不中。卒年 76。

读史尚论编　史部史评类　佚

见光绪《武阳志余》卷 7。

春秋左传从类赋 2 卷　子部典故类　佚

韵语碎金强记类编　子部典故类　佚

以上 2 种见《清代毗陵书目》卷 3。

墨泪　子部小说类　佚

翦红古文稿　集部别集类　佚

翦红诗稿　集部别集类　佚

猎香吟　集部别集类　佚

翦红词　集部词曲类　佚

以上5种均见光绪《武阳志余》卷7。

陶祥武(1698—1735)

字哲维,号娱老。清武进人。诸生。议叙州同。

惜公阴斋遗稿　集部别集类　佚

见《清代毗陵书目》卷4。

蒋　炳(1698—1764)

字晓沧,一字晴崖。清阳湖人。梧子。雍正四年(1726)举人。授军机房中书舍人,随军经略西陲,迁顺天府尹,巡抚河南、湖南等地,授甘肃布政使,累官总督仓场户部右侍郎。历官30余年,谙达时务,多所成就。

封事存稿1卷　史部政书类　佚

见道光《武阳合志》卷32。

杨述曾(1698—1767)

字二思,号企山,别号南圃。清阳湖人。椿子。乾隆七年(1742)进士,授编修,晋侍读,在翰林四典乡试。曾奉旨纂修《历代通鉴辑览》,垂成而卒。承家学,工诗文,长于史学。所上经史折,发明传注,具有师法。

历代通鉴辑览(旧名御批通览辑览)120卷　史部编年类

官书,清杨述曾纂修

(1) 清乾隆末内府刊本,北京大学图书馆藏。

(2)《四库全书》本。

(3)《摛藻堂四库全书荟要》本。

(4) 江南织造覆刻本,国家图书馆藏。

(5) 清同治十年(1871)浔阳万氏刻巾箱本。

(6) 清同治十一年浙江书局刻本,北京大学图书馆藏。

(7) 清同治十一年湖北崇文书局刻本,北京大学图书馆藏。

(8) 清光绪十五年(1889)朱墨套印本,天津图书馆藏。

(9) 清光绪十七年上海日文书局石印本,郑州大学图书馆藏。

(10) 清光绪二十年湖南澹雅书局刻本,北京大学图书馆藏。

(11)《增修补注历代通鉴辑览》140 卷,1918 年上海文明书局石印本。

南圃文抄(一作南圃文稿)20 卷　集部别集类　佚

见道光《武阳合志》卷 33。

使车集　集部别集类　佚

见《江苏诗征》卷 63。

汤大绅(1698—1771)

字孙书,号药冈。清阳湖人。乾隆七年(1742)进士一甲第三,授编修。十五年,大学士孙嘉淦以“人品端方,学术醇粹”荐为会试考官。大绅两充同考官,得学者名臣朱珪、徐廷玉,名重一时。为人傲岸磊落,酒酣议论勃发。工于诗词。

药冈诗抄 8 卷　集部别集类　佚

见光绪《武阳县志》卷 28。

药冈诗余　集部词曲类　佚

见《清代毗陵书目》卷 5。

又占斋词 1 卷　集部词曲类　佚

见道光《武阳合志》卷 33。

赵偕枚(1699—1722)

或作偕孜,字素贞。清阳湖人。申乔孙女,陶祥武妻。

绿窗存稿　集部别集类　佚

予汝编　集部别集类　佚

以上2种见道光《武阳合志》卷33。

庄秉中(1699—1732)

字启曾,号虚坚。清武进人。楷次子。康熙五十九年(1720)举人,考取内阁中书。后官陕西扶风知县。

虚坚集2卷补遗1卷　集部别集类

清嘉庆间刻本,国家图书馆藏。

谢光斗(1699—1762)

字霳雯,号碧冈。清武进人。乾隆二十二年(1757)南巡召试,乾隆三十六年举人。

碧冈诗1卷　集部别集类

收入李兆洛辑《旧言集》。

杨希曾(1699—1764)

字冠山,号菱湖。清武进人。乾隆十年(1745)进士。通经学。曾任庐州府学教授。

左传经纶　经部春秋类　佚

见道光《武阳合志》卷32,注云"存",并谓"分天王考、迹息、霸业等28目"。

恽钟禹(1699—1765)

字高侯,号督缘。清武进人。华孙。岁贡生。少精敏,无不通达,尤精星纬舆地律吕勾股之学。
黄钟律本说1卷　经部乐类　佚
水道考1卷　史部地理类　佚
以上2种见道光《武阳合志》卷32。

钱嵩期(1700—1754)

字人岳,笠樵。清武进人。二白子。贡生。嗜吟咏,精研声律。
一房山诗稿　集部别集类　佚
见光绪《武阳志余》卷7。

徐　梅(1700—1768)

字思肖,号雪园。永宣次子,清武进人。廪贡生。候选儒学训导,曾官祁门教谕。
高寒阁诗钞2卷　集部别集类　佚
见《清代毗陵书目》卷4。

赵　鹰(1700—?)

字去邪,号勿庵,清武进人。诸生。
兰韵山房诗16卷　集部别集类　佚
见道光《武阳合志》卷33。

张　枢

字斗南。清武进人。键孙。
竹韵轩四诗合订　丛书类
清张枢辑订
清乾隆十六年(1751)武进张氏竹韵轩刻本,北京大学图书馆藏。
子目:
元集,《竹韵轩蓼园诗钞》一卷　清张键撰

亨集,《竹韵轩人镜庐诗钞》一卷　清张大法撰

利集,《竹韵轩寤歌集》一卷　清曹则古撰,清张枢选

贞集,《竹韵轩北一迁生诗》一卷　清张枢撰

按:此辑录张枢家人、宗人、好友之诗集。所录三人,张键为张枢祖父,张大法,安徽含山人,张枢族人。曹则古,字珠泉,广川人,张枢之友。

陈　孚

字石美。清武进人。诸生。

禹贡窃补 1 卷　经部尚书类

清乾隆间刻本,中国科学院图书馆藏。

学庸窃补 14 卷　经部四书类

(1) 清乾隆十一年(1746)道南堂刻本,清华大学图书馆藏。

(2) 清乾隆十五年(1750)简王府刻本,哈佛燕京图书馆藏,增《提要》2 卷。

按:书中《大学》5 卷、《中庸》9 卷。

陈嘉璂

字树玉,一字友松。清武进人。医生。

读易偶解 1 卷　经部易类　佚

见道光《武阳合志》卷 32。

胡慎柔先生五书要语　子部医家类

(1) 1931 年北京翰文斋影印本,上海图书馆藏。

(2)《医学粹精》本。

笔谈　子部医家类

(1) 清康熙三十三年(1694)刻本,浙江省中医药研究院藏。

(2)《医学粹精》本。

医学粹精　丛书类

(1) 乾隆十四年(1749)道南堂刻本,中国中医药研究院图书馆藏。

(2) 1931 年北京翰文斋影印本,国家图书馆藏。

子目:

《周慎斋先生脉法解》2 卷　明周之幹撰,清陈嘉璴注

《周慎斋先生三书》3 卷　明周之幹撰

《查了吾先生正阳篇选录》1 卷　清陈嘉璴选注

《胡慎柔先生五书要语》1 卷　明释住想撰

《笔谈》1 卷　清陈嘉璴撰

周嘉桢

清武进人。清源子。监生。康熙后期官山东博兴县知县。

历代纪事年表 100 卷　史部史表类

清代官书,周嘉桢与修

参见"周清源"条。

艺兰山房诗钞 1 卷　集部别集类　佚

见《清代毗陵书目》卷 4。

张有澜

字西清,清武进人。贡生,乾隆九年(1744),尹继善派其经理西陲,任职九年。

泛槎吟不分卷　集部别集类

清乾隆十八年刻本,国家图书馆藏。

按:此诗为张有澜在西域所作,乾隆九年他自京师而西安,经兰州,过张掖,逾酒泉,抵西宁。山川名胜,每有记录,专记乾隆初年西北名胜及史地。有尹继善、陈宏谋为之序。尹继善序谓:"庚午(乾隆十五年)予令西清襄赞王筠斋诸务,癸酉(乾隆十八年)事竣,年逾花甲,尚欲入闱应试。索阅时文,音节宏亮,知其成均冠军,未获第一。"

邹金生

清武进人。曾任清官律吕正义馆乐工。

新定九宫大成南北词宫谱82卷　集部词曲类

(1) 清乾隆十一年(1746)允禄刻本,复旦大学图书馆藏。

(2) 1923年上海古书流通社影印本,中国艺术研究院戏曲研究所藏。

(3) 台北学生书局《善本戏曲丛刊》本。

(4)《续修四库全书》本,据中国艺术研究院戏曲研究所藏本影印。

按:此书是庄亲王允禄奉乾隆帝命编纂,周祥钰、邹金生分任其事。其书是研究南北音乐的集大成的著作。简称《九宫大成谱》。

弦索调时剧新谱2卷　集部词曲类

清邹金生、徐与华同阅　朱廷缪、朱廷璋同参订

(1) 清康熙间刻本,国家图书馆藏。

(2) 清乾隆十四年允禄刻本,国家图书馆藏。

忠义璇图20出　集部词曲类

清邹金生、周祥钰等同编

(1) 清抄本,国家图书馆藏。

(2) 清抄本,首都图书馆藏。

鼎峙春秋10卷　集部词曲类

清邹金生、周祥钰等同编

(1) 清抄本,首都图书馆藏。

(2) 清朱墨抄本,国家图书馆藏。

庄　成

一字药轩。清武进人。乾隆元年(1736)举人。初知福建诏安县。闽俗有练总者,把持公事,为民患。成按法除之,断狱严明。以丁忧归,起补安溪知县,考绩最佳。在任时增考亭书院田,士德之。

(乾隆)安溪县志12卷首1卷　史部地理类

清庄成修　沈钟、李畴纂

(1) 清乾隆二十二年刻本，复旦大学图书馆藏。

(2) 厦门大学出版社1988年铅印本。

(3)《中国地方志集成》本。

钮思孝

清武进人。

汉魏诗钞5卷　集部总集类

清钮思孝选评

清乾隆二十五年(1760)精刻本，南京图书馆藏。

黄　臻

字雪茵。清武进人。遨游遍南北，以疏财仗义闻。诗作清迥幽丽。

甦庵集　集部别集类　佚

见《江苏诗征》卷65。

《毗陵诗录》卷1录其诗2首。

薛　益

字尔谦，号听江。清武进人。精医术，多奇效，为贫者医治给药不计酬，名传乡里。

医绪(一作听江医绪)14卷　子部医家类　佚

见道光《武阳合志》卷33。

司　旭

字东扶，号红仙。清武进人。孝绪子。祖籍澄江(今江阴)，祖父修甫设塾于常州，遂移家武进。幼聪颖。工词。家境清贫而吟咏自如。

高酣吟　集部别集类　佚

见《江苏诗征》卷5。

酒兰词　集部别集类　佚

见道光《武阳合志》卷 33。

杨　镕

号谦谷。清武进人。

谦谷诗抄　集部别集类　佚

见道光《武阳合志》卷 33。

陆弘中

一作宏中。清阳湖人。

草堂诗集　集部别集类　佚

见道光《武阳合志》卷 33。

蒋清照

清武进人。诸生。

卧薪录　子部儒学类　佚

蠹余录　子部儒学类　佚

见道光《武阳合志》卷 33。

吴球鸣

清武进人。诸生。

尚书正旨 1 卷　经部尚书类　佚

见道光《武阳合志》卷 32。

薛　宫

清武进人。贡生。

春秋折衷　经部春秋类　佚

春秋论略 4 卷　经部春秋类　佚

按:道光《武阳合志》注云:薛宫既撰《折衷》一书,因《春秋》属辞比事其类难记,乃叙其类首,又成《论略》一书。

十三经类聚　经部群经总义类　佚

以上3种见道光《武阳合志》卷32。

古学萃精　子部典故类　佚

见道光《武阳合志》卷33。

钱祖泓

清武进人。

自怡轩诗钞　集部别集类　佚

见《清代毗陵书目》卷4。

吴元鹤

清武进人。

湖山集10卷　集部别集类　佚

见道光《武阳合志》卷33。

顾韫贞

清武进人。

闻猿诗钞百首(一作闻猿草百首)　集部别集类　佚

见光绪《武阳县志》卷28。

超　盛

俗姓庄,名梁奕。字甸山。清武进人。少读儒书,偶因堕车获救,觉生死如梦幻,遂皈依佛门。出家于北京西山。雍正元年(1723)召见,命居圆明园,赐紫衣。十三年,封无碍永觉禅师。时父源浩年高,特命回里省亲,赐赉甚厚。超盛戒律精深,洞晓佛典。

语录　子部佛教类　佚

见《庄氏族谱》卷16下。

钱守善

清武进人。安世女，刘某妻（一作与妹适毛氏）。能诗词。

蓬窗集　集部别集类　佚

焚余草（一作焚余钞）　集部别集类　佚

以上2种见道光《武阳合志》卷33。

崔允娴（？—1729）

一作永娴。清江都人。岱齐女。母唐祖瑛，执玉妹。允娴为执玉子举人少游妻。能诗。

绿净轩诗草　集部别集类　佚

见道光《武阳合志》卷33。

束　蘅

字君佩（一作君珮）。清武进人。乌程沈宋圻妾。清康熙间在世。工词。

栖芬馆词　集部词曲类　佚

见《众香词》。《全清词抄》卷30收其词2首。

霍　氏

清武进人。鹤楞女，清康熙间常熟赵贵裕妻。

珠玉草　集部别集类　佚

见《历代妇女著作考》引《浚仪世集》。

刘星槎（1702—1758）

字尚乘，一字穰塍，号茭庵。清阳湖人。邑增生。进一统志馆，历任广东廉州府经历，罗定直隶州州判。

穰塍遗稿　集部别集类　佚

见《西营刘氏先世著述考》，云："文定公（刘纶）撰序，为之刊刻。"

李　英(1702—1774)

字御左，一字薠圃，晚号蠡塘。清武进人，原籍宜兴。乾隆十年(1745)进士。能诗工书。其诗清微淡远。书法清劲，得晋人遗意。入词林，求书者不绝，文誉益重。

晴云堂古文稿 4 卷　集部别集类　佚

见《清代毗陵书目》卷 4。

蠡堂诗钞吟余吟剩 8 卷　集部别集类

见光绪《武阳县志》卷 28。

恽乔年(1702—1775)

原名钟汉，字广侯，号勿斋。清武进人。钟禹弟。邑增生。少刻苦，性严毅。论学以主敬为宗，言行以礼法为准。

四书辨异 10 卷　经部四书类　佚

见《清代毗陵书目》卷 1。

管复斗(1704—1768)

字紫垣，号蓉溪，清武进人。太学生。

海天集 2 卷　集部别集类　佚

见道光《武阳合志》卷 33。

吕　师(1705—1756)

字夔典，号广度。清阳湖人。幼失明而颖异过人，经史过耳成诵，比长，凡律算、医卜、音韵之学皆涉猎。喜藏书，自创指索之法。亦能弈，善吹管弹弦。时誉为奇士。发明盲文，要比国际通行的法国布拉耶(Louis Brai1le)盲文早一百年，且有异曲同工之处，惜已失传。

医论　子部医家类　佚

棋谱　子部艺术类　佚

覆云庐集　集部别集类　佚

以上3种见道光《武阳合志》卷26本传。

非翻案　集部词曲类　佚

见道光《武阳合志》卷33。

刘岱松(1705—1788)

字五峰，号劲斋。清武进人。朝鉴孙，泽长子。诸生。精绘事，工墨梅虫鱼。喜醉后挥毫，潇洒脱俗，题诗有天趣。

五峰题画诗　集部别集类　佚

见《西营刘氏先世著述考》。《毗陵诗录》卷3收其诗1首。

金景涑(1706—1754)

字云槎，号惺斋。清武进人。乾隆四年(1739)进士，官陕西郃阳县知县。

忍心文集　集部别集类　佚

茗香诗抄　集部别集类　佚

月波词　集部词曲类　佚

以上3种见《清代毗陵书目》卷8。

许　英(1706—1779)

清常熟人。孝廉方正阳湖赵伟枚妻，山西垣曲知县许縠女。家贫，日课诸子读书，夜则纺织。诸子皆以文章称于世。夫之姊偕枚，亦能诗。

留春阁诗钞　集部别集类　佚

见道光《武阳合志》卷33。

陆广霖(1706—1780)

一名广宇。字用宾,号补山。清阳湖人。乾隆四年(1739)进士,改庶吉士,未散馆即授福建连城知县,历台湾彰化、广西恭城知县,署百色同知。

编年心信录 12 卷　史部政书类　佚

见道光《武阳合志》卷 32。

徐　植(1708—1772)

字晦叔,号梵川。永宣三子。清武进人。诸生。

梵川诗抄 2 卷　集部别集类　佚

见《清代毗陵书目》卷 4。

赵渊鉴(1709—1756)

字沁川,一字清渠。清武进人。邑庠生。植庭曾祖。

格言拾遗　子部儒学类　佚

琴谱发明　子部艺术类　佚

清渠文赘　集部别集类　佚

听雨楼诗　集部别集类　佚

以上 4 种均见《清代毗陵书目》卷 8。

龚　廉(1709—1776)

字介夫,号守斋。清阳湖人。乾隆七年(1742)进士,历任山东巨野知县、礼部主客司主事、仪制司员外郎、刑部福建司郎中、河南府知府。

瓣香集　集部别集类　佚

见道光《武阳合志》卷 33。

蒋和宁(1709—1786)

字用安,一字榕庵,清武进人。乾隆十七年(1752)进士,选庶吉士,授编修。官至湖广道监察御史。工诗,能文。曾为董潮续成《武进县志》和《阳湖县志》。

(乾隆)武进县志14卷首1卷　史部地理类

清王祖肃等修　虞鸣球、董潮纂　蒋和宁续纂

(1) 清乾隆三十年刻本,国家图书馆藏。

(2) 传抄本,上海图书馆藏。

(3) 中国书店《稀见地方志汇刊》本。

(乾隆)阳湖县志12卷　史部地理类

清陈廷柱、汪邦宪修　虞鸣球、董潮纂　蒋和宁续纂

(1) 清乾隆三十年刻本,国家图书馆藏。

(2) 传抄本,上海图书馆藏。

榕庵诗稿不分卷　集部别集类

稿本,南京图书馆藏。

按:是书又题为《宝持堂诗钞》。

陈　滋(1710—1768)

字长卿,号小搏。清武进人。

蓉湖草堂存稿1卷　集部别集类

《大亭山馆丛书》本。

庄锌鄂(1710—1771)

字伯埙,号晴轩。清武进人。附贡生。

小湖诗钞　集部别集类　佚

见《清代毗陵书目》卷4。

庄　颖(1711—1761)

清武进人。

金鱼佩　集部词曲类　佚

琼瑶服　集部词曲类　佚

讨妒檄　集部词曲类　佚

翻玉簪　集部词曲类　佚

雁翎甲　集部词曲类　佚

胭脂云　集部词曲类　佚

双熊梦　集部词曲类　佚

以上7种见光绪《武阳志余》卷7。

庄经畬(1711—1765)

字井五,号研农。清武进人。令舆孙。雍正十年(1732)举人,乾隆二年(1737)进士。历任安徽建德、盱眙、宁国知县,泗州直隶州知州,宁国府知府,终宣州知府。性刚直,遇不平,虽长官不少让。数为上司所黜,但查无实据,再被录用,为时人所重。

澹一斋诗稿(一作研农遗稿)2卷　集部别集类　佚

见道光《武阳合志》卷33。

刘　益(1711—1773)

字絜亭,号无方。清阳湖人。乾隆六年(1741)副榜,一品荫生。授刑部云南司员外郎,官至四川布政使。

赐书楼文集2卷　集部别集类　佚

见《西营刘氏先世著述考》。

刘　纶(1711—1773)

字如叔,又字慎涵、宸翰,号绳庵。清武进人。机子。乾隆元年

(1736)由廪生举博学鸿词第一,授编修。六年,预修《世宗实录》。十五年以工部侍郎兼军机大臣。三十六年,授文渊阁大学士兼工部尚书。卒赠太子太傅,谥文定。学问经济为时所称。入值军机处10年,与刘统勋同为高宗倚重,有"南刘北刘"之称。工为古文辞,本原经史,取法六朝,根柢汉魏,诗学高启。先后任《续文献通考》《平定金川方略》《平定准噶尔方略》、三通馆、诗经馆副总裁和国史馆总裁。《清史稿》《清史列传》有传。

清世宗实录159卷　史部编年类

官书,清刘纶与修

(1) 1933年伪满国务院影印《大清历朝实录》本。

(2) 1964年台北华文书局影印《清实录》本。

(3) 1985年中华书局影印《清实录》本。

评鉴阐要12卷　史部史评类

官书,清刘纶与修

清乾隆刻本,国家图书馆藏。

绳庵内集16卷外集8卷　集部别集类

(1) 清乾隆三十七年用拙堂刻本,复旦大学图书馆藏。

(2) 清乾隆三十九年用拙堂重校刻本,北京大学图书馆藏。

(3) 清末刻本,天津图书馆藏,内集16卷。

(4)《清代诗文集汇编》本。

按:《西营刘氏先世著述考》《清代毗陵书目》卷4著录多出《绳庵初稿》6卷。

绳庵词1卷　集部词曲类

附刊《绳庵外集》。

按:《毗陵诗录》卷2收其诗5首、词1首。《全清词抄》卷9收其词1首。

赵秋泽(1711—1790)

字悦万。清武进人。诸生。

四书讲义　经部四书类　佚

五经典库　经部群经总义类　佚

以上2种见《清代毗陵书目》卷1。

庄汝明(1711—1800)

字衡南,号朴园,一号白斋。清武进人。乾隆元年(1736)举人。任咸安宫教习,昆山教谕。

朴园时艺2卷　集部别集类　佚

见《庄氏族谱》卷16下。

蒋　琦

字素园。清武进人。敦淳次子。约于乾隆二十七年(1762)任江西德兴知县。

史隽12卷　史部史钞类　佚

见道光《武阳合志》卷32。

素园楹语8卷　子部艺术类　佚

南浦呻吟1卷　集部别集类　佚

独笑斋诗选3卷　集部总集类　佚

采之集词选1卷　集部词曲类　佚

以上4种见道光《武阳合志》卷33。《独笑斋诗选》《采之集词选》为蒋琦选。

庄一虬(1712—1765)

字赤飞,号菌庵。清武进人。少时家道中落,不能入塾就读。然喜临池,故书法绝佳。父为一统志馆誊录,随父入京,亦受雇为人抄写,常日抄数卷不漏误一字。为刑部尚书张照赏识。乾隆十九年(1754)充实录馆誊录,议叙县丞。任广西全州同知,迁贵州施秉知县、黄平知州、遵义知县。在官12年,不名一钱。

菵庵拙稿偶存　集部别集类　佚

卧游杂咏　集部别集类　佚

入蜀纪游诗　集部别集类　佚

以上3种见《清代毗陵书目》卷4。

宛南吟草　集部别集类　佚

见《庄氏族谱》卷16下。

左　镇(1712—1780)

字清源、青原,号绵园。清武进人。致力文字数十年,尤以六书四声之辨为精。悯穷人无力读书,集一字数音、一字数义者,考订成书,以供好学者自修之用。书成后几经翻刻,流传较广。

识字书1卷　经部小学类

(1) 清光绪元年(1875)阳湖左氏刻本,常州图书馆藏。

(2) 清光绪十年嘉兴盖瑞芳刻字店刻本,复旦大学图书馆藏。

(3) 清光绪三十二年苏城瑠经房刻本,常州图书馆藏。

程景伊(1712—1780)

字聘三,号莘田。清武进人。彦长子。乾隆四年(1739)进士,改庶吉士,散馆授编修,寻迁侍读,累官至文渊阁大学士兼吏部尚书。性行端重,服膺宋儒而不以道学名,立朝40年未营私室。工词章,精吏牍,喜为诗,以冲和真淡称。卒谥文恭。《清史稿》有传。

云塘文集12卷　集部别集类

(1) 清乾隆四十八年武进程氏活字印本,北京大学图书馆藏。

(2)《清代诗文集汇编》本。

云塘诗抄15卷代言存草2卷　集部别集类　佚

见《清代毗陵书目》卷4,云:"《诗抄》清乾隆间活字本。"

按:《毗陵诗录》卷2收其诗3首。

庄学和(1712—1792)

字介南,一字小鹤,号芝园。清武进人。乾隆十年(1745)进士。授刑部湖广司主事。兼充会典馆、律例官纂修。钦差办理金川军务。历任四川龙安府、雅州府、保宁府知府。

芝园偶抄2卷　集部别集类

清刻本,南京图书馆藏。

金川草2卷　集部别集类

1932年燕京大学图书馆传钞本,北京大学图书馆藏。

芝园文稿　集部别集类　佚

见光绪《武阳志余》卷7。

渡泸草1卷　集部别集类　佚

按:录诗三十二首,内有《打箭炉词》二十四首,有小注,附蔡时和《武侯祠记》一篇、《送陈衡北入觐诗》一首,旧写本,《藏园群书经眼录》著录。

法　雄(1712—?)

字振和。清武进人。徵麟孙,谦益子。邑庠生。世代业医,有名于时。

樗庄心法1卷　子部医家类　佚

见光绪《武阳县志》卷28。

杨书谟(1713—1743)

字开复,号拙斋。清武进人。诸生。

拙斋初笔　子部小说类　佚

见光绪《武阳志余》卷7。

庄纶渭(1713—1774)

字对樵，号苇塘。清武进人。乾隆七年(1742)进士。授浙江武康知县，迁定海、上虞知县，擢甘肃宁州知州。性廉直，外商以大珠六枚赠行，固却之。乞养归。诗作多咏其所属土俗、民风、治行，间或流览遗踪，登临凭吊，所赋皆有兴托。卒前手定诗稿。

(乾隆)定海续志　史部地理类　佚

清乾隆二十一年庄纶渭纂修，未见传本。见《浙江方志考》卷5。

问羲轩诗抄2卷　集部别集类

(1) 清乾隆刻本，国家图书馆藏。

(2) 清乾隆三十九年刻本，有佚名圈点，首都图书馆藏。

(3)《四库全书存目丛书》本。

按：《四库全书总目》尚著有《剩草》1卷。

李　萼(1713—1781)

字秋岑，一作秋塍，一字棣原。清武进人，宜兴籍。英弟。乾隆三十三年(1768)贡生。刻苦好学，早负文誉，能诗善书，而乡试十五次均不中。晚岁由岁贡选授山阳县训导，未赴任卒。

容焉室古文稿4卷　集部别集类　佚

见光绪《武阳志余》卷7。

棣原诗稿8卷　集部别集类　佚

见光绪《武阳志余》卷7。

棣原诗　集部别集类

收入李兆洛辑《旧言集》本。

刘寅宾(1713—1785)

字旸谷，一字东沼，号杲溪。清阳湖人。复长子。乾隆九年(1744)举人。官华亭县教谕，以文行重于时。

尚炯轩文集 4 卷　集部别集类　佚

大树山房诗集 12 卷　集部别集类　佚

以上 2 种见《清代毗陵书目》卷 4。

变贯大全集 300 卷(一名变贯大全丛书)　集部总集类　佚

刘寅宾辑注

见道光《武阳合志》卷 33、《西营刘氏先世著述考》。

遥质编　分类未详　佚

见《西营刘氏先世著述考》。

洪　翘(1714—1751)

字楚珩,又字午峰。清阳湖人,祖籍安徽休宁。公寀次子,亮吉父。幼时父遭株连,家产籍没。早能文,应常州府童子试,列高等。援例为国子监生,因贫未得赴省试,游幕于府州县间。早卒。

两间书屋集　集部别集类　佚

见《清代毗陵书目》卷 4。

周之骏(1714—1781)

字天衢,周祖望长子,清武进人。

盟鸥集 6 卷　集部别集类　佚

见《清代毗陵书目》4。

天衢诗　集部别集类

收入李兆洛辑《旧言集》。

汤大宾(1714—1796)

字名书,号蓉溪。清阳湖人。诸生。五应乡试不中。援例浙江绍兴府同知,历任玉环同知、山阴知县、云南微江知府、广西浔州知府兼梧州知府等。多次赈灾、平狱、修葺郡学,助寒士读,政绩著显。50 岁后丁母忧辞官,在里中倡行济贫扶孤等善事。

（乾隆）开化府志10卷　史部地理类

清汤大宾修　赵震等纂

（1）清乾隆二十四年（1759）刻本，存卷1—7，卷10。

（2）晒印本，国家图书馆藏。

（3）抄本，云南图书馆藏。

程景傅（1714—?）

字命三，号霖岩。清武进人。彦次子，景伊弟。年甫冠即偕兄游学于金绸轩之门，学日益进。屡试报罢，以贡授安徽宣城县训导。年60辞归。徙宅为家祠，以引进后学为己任。熟悉乡邑故事，性好吟咏。年逾八旬，偕汤铭书、汪萍洲、杨靖叔为四老同甲会。

小学励志录2卷　子部儒学类　佚

见道光《武阳合志》卷33

灵岩杂著14卷　集部别集类

稿本，南京图书馆藏。

自怡集不分卷　集部别集类

清刻本，山西大学图书馆藏。道光《武阳合志》卷33作《自怡诗集》24卷。

消夏集　集部总集类　佚

清程景傅、汤大奎、管干贞等撰

见《清代毗陵书目》卷5。

还妇篇　集部词曲类　佚

见道光《武阳合志》卷33。

徐凤纪（1716—1774）

字于冈，号寄巢，又号紫庭。清武进人。官河南辉县主簿，后任商丘县丞。

日耨随笔　子部杂学类　佚

见《清代毗陵书目》卷3。

杉堂诗抄2卷　集部别集类　佚

见《清代毗陵书目》卷4。

金　溥(1716—1782)

字含真，一字止园。清武进人。诸生。善书，书法苍劲。又善医。

仲景伤寒论注(一作注仲景伤寒论)　子部医家类　佚

见光绪《武阳县志》卷28。

承　鹏(1716—1798)

字象艮，号勉斋，自号餐霞子。清武进人。世业农、贾。好读书，兼能书画。

蠹余诗1卷　集部别集类

收入李兆洛辑《旧言集》。

奚　宾(1717—1784)

字曰朝，一字蕉峰。清阳湖人。诸生。屡试不第。好读书，刻苦自励。暑夜为防蚊，置双足于瓮中，吟诵达旦。年60始贡太学，候选训导，未授而卒。

四书直解　经部四书类　佚

见《清代毗陵书目》卷1。

大学大训1卷　经部四书类　佚

见光绪《武阳志余》卷7，云："钞本未刊。"

中庸大训　经部四书类　佚

易诗书直解　经部群经总义类　佚

以上2种见《清代毗陵书目》卷1。

蕉峰诗1卷　集部别集类

收入李兆洛辑《旧言集》。

按:《毗陵诗录》卷2收其诗2首。

庄绳祖(1717—1791)

字韭英,号乐闲居士。清武进人。清乾隆十五年(1750)顺天举人。署山西交城知县,历署夏县知县、平阳府同知,三十九年为山西同考官。年60引病归里,常与程景傅、蒋熊昌、赵怀玉及族人勇成、选辰、宇逵等为诗酒之会。

乐闲诗抄　集部别集类　佚

见《清代毗陵书目》卷4。

段汝舟(1717—?)

清武进人。之缙子。清乾隆十年(1745)进士,授刑部主事,官至山西保德知州,卒于任。

星使日记　史部传记类　佚

见《清代毗陵书目》卷3。

述德斋金石考8卷　史部金石类

见《清代毗陵书目》卷2。

待月楼文集6卷　集部别集类

见《清代毗陵书目》卷4。

包士曾(1718—1765)

字省三,一字心山。清阳湖人,世居横山。乾隆七年(1742)补博士弟子员,有声庠序。七试未报,遂专力诗古文辞。论诗主张"诗为心声",喜写竹石,雅得天趣。留意里中掌故,乾隆二十九年修两县志,凡沟渠通塞、道里远近及人物之嘉言懿行,无不条举,人咸服其详赡。三十年赴试江宁,染疾遽卒。

学庸心得5卷　经部四书类　佚

四书乡党考略3卷　经部四书类　佚

以上2种见道光《武阳合志》卷32。

横圃诗集8卷文集6卷　集部别集类　佚

见《清代毗陵书目》卷4。

横圃诗1卷　集部别集类

收入李兆洛辑《旧言集》。

刘星炜(1718—1772)

字映榆,又作印纡,号圃三。清武进人。维烈曾孙。乾隆十三年(1748)进士。改庶吉士,散馆授编修,历官至工部左侍郎。以词章擅名,沉博绝丽。提倡风雅,奖掖后进,自奉简素,卒于官。

思补斋文集4卷　集部别集类

(1) 清乾隆间刻本,复旦大学图书馆藏。

(2) 清嘉庆校经堂刻本,中国人民大学图书馆藏。

(3) 清光绪二十年(1894)重刻本,常州图书馆藏。

(4)《八家四六文抄》本,题《思补堂文集》,1卷。

(5)《清代诗文集汇编》本。

思补斋诗集4卷　集部别集类　佚

见光绪《武阳志余》卷7,云:"清道光七年(1827),先生孙用锡掇拾遗稿,上自经世之作,下及怀人赠别之篇,先生之为人略可概见。"按:《毗陵诗录》卷2收其诗2首。

庄德芬(1718—1774)

字端人,清武进人。定嘉长女,董思驯母。早寡,夫死时子仅9岁。家贫,历尽艰辛教子读书。诗不拘一格,重在表情达志,不屑以雕绘辞藻为工。

晚翠轩遗稿3卷　集部别集类

(1) 清嘉庆五年(1800)刻本,国家图书馆藏。

(2) 2014年国家图书馆出版社出版《清代闺秀集丛刊》本。

李瑞冈(1718—1795)

字义一,号梧阳。清武进人。乾隆二十五年(1760)进士,改庶吉士,授刑部主事,出为福建龙岩知州,少负文誉,刻意励行,名其斋曰"二治轩",谓治己治人不可偏废。丁母忧归,遂不复出。主讲昆山、淮阴书院,勉励诸生要文行并进。与赵翼、管幹贞等相酬唱,风韵清远。

二治轩诗集　集部别集类　佚

见光绪《武阳县志》卷28。

唐为坤(1718—1796)

字虎臣,号鷗园,晚号蕉圃。清武进人。少孤家贫,授徒以养母。年近50,始举秀才。游京师,时其师刘纶已为卿相,闻为坤至,大喜,常令代笔为文。乾隆三十六年(1771)中举。掌教东阳书院,从学者日众,以母老辞归。诗文书法皆清劲拔俗,为时人所推重。

鷗园稿　集部别集类　佚

见《清代毗陵书目》卷4。

庄存与(1719—1788)

字方耕,号养恬。清武进人。柱子,培因兄。乾隆十年(1745)一甲二名进士,授编修。历任湖北、浙江乡试主考官,会试副考官,提督湖南、直隶学政,内阁学士,以礼部左侍郎致仕。潜心学术,诸子百家之书,旁及天文、舆地、算法、乐律,无不览究,而尤精于经学。为常州经今文学派创始人。其《春秋正辞》一书,为常州学派奠基之作。

易说15卷　经部易类　佚

序卦传论　经部易类　佚

以上2种见《清代毗陵书目》卷1。

八卦观象解2卷　经部易类

(1)《味经斋遗书》本。

(2)《续修四库全书》本。

彖传论 2 卷　经部易类

(1)《味经斋遗书》本。

(2)《续修四库全书》本。

彖象论 1 卷　经部易类

(1)《味经斋遗书》本。

(2)《续修四库全书》本。

系辞传论 2 卷　经部易类

(1)《味经斋遗书》本。

(2)《续修四库全书》本。

卦气解 1 卷　经部易类

(1)《味经斋遗书》本。

(2)《浮溪精舍丛书》本。

(3)《木犀轩丛书》本。

(4)《清经解续编》本。

(5)《续修四库全书》本。

(6)《丛书集成新编》本。

尚书说 1 卷　经部尚书类

《味经斋遗书》本。

按:道光《武阳合志》谓;"是书有二本。原刊本无卷数,其孙绶甲改刊,即今著录本。"《清代毗陵书目》作 2 卷。

尚书既见 3 卷　经部尚书类

(1)《味经斋遗书》本。

(2)《续修四库全书》本。

毛诗说 4 卷　经部诗经类

《味经斋遗书》本。

按:道光《武阳合志》卷 32、光绪《武阳志余》卷 7 并作《毛诗说》2 卷补 1 卷附 1 卷。《志余》按曰:"详于变雅。发挥大义,多可陈之讲筵。

说二卷，凡三十九章。补一卷，凡五十三章。章或一条，或数条。盖随手札记之书。凡毛郑异说者，皆是毛而非郑。前二卷，宏义奥旨极为精当；补一卷，互有纯疵。”“考洪氏《经籍志》但称《毛诗说》二卷。则此卷疑本。先生所弃，而校刊时未能详辨也。附一卷为《楚茨》篇集释，备列《毛传》《郑笺》、朱子《集传》，而以案语辨正之。”

周官记5卷　经部周礼类

(1)《味经斋遗书》本。

(2)《清经解续编》本。

(3) 清抄本，6卷。浙江大学图书馆藏。

(4) 清嘉庆八年(1803)刻本，6卷，国家图书馆藏。

(5)《续修四库全书》本。

周官说2卷周官说补3卷　经部周礼类

(1)《味经斋遗书》本。

(2)《清经解续编》本。

(3)《续修四库全书》本。

按:《周官说补》“味经斋”本附《周官说》后，“续经解”本单独成书。

乐说2卷　经部乐类

《味经斋遗书》本。

按:《庄氏族谱》作12卷。据光绪《武阳志余》引庄氏弟子宋翔凤说，刻本多所芟削，已非原貌。

春秋正辞11卷举例1卷要旨1卷　经部春秋总义类

(1)《味经斋遗书》本。

(2)《清经解》本。

按:道光《武阳合志》、光绪《武阳志余》均作《春秋正辞》12卷。

四书说1卷　经部四书类

《味经斋遗书》本。

按:一本作2卷。光绪《武阳志余》按:阮元谓“是书敷畅本旨，可作考亭诤友”，宋翔凤曰:“此(1卷本)非原本。后人以其多非议朱熹，芟削之。”

算法约言1卷　子部历算集　佚

见道光《武阳合志》卷33。

味经斋文稿　集部别集类　佚

见道光《武阳合志》卷33，无卷数。光绪《武阳志余》卷7作4卷。

味经斋遗书　丛书类

(1) 清乾隆五十八年刻本，国家图书馆藏。

(2) 清道光中庄绶甲宝研堂刻本，北京大学图书馆藏。

(3) 清光绪八年(1882)阳湖庄氏刻本，常州图书馆藏。

子目见上。

金砺用(1719—1791)

字稼田，一字梅溪。清武进人。太学生。

梅溪先生诗集1卷　集部别集类

清光绪二十三年(1897)金氏礼耕堂刻本，附于《先贤金忠洁阇斋两先生集》后，常州图书馆藏。

蒋　蘅(1719—?)

号曙斋，室名自怡斋。清阳湖人。敩淳四子。嘉庆三年(1798)以耄耋赴乡试，赐举人。明年会试，赐翰林院检讨。生平著述甚丰，皆佚。

周易尊翼训8卷　经部易类　佚

光绪《武阳志余》卷7引《经籍志》云：“是书专言义理，凡卦变、互卦、象数、图说概皆不取，并朱子《本义》衍文误字亦皆不取。”《清代毗陵书目》卷1作32卷。

宋元纲目纠缪3卷　史部编年类　佚

朱子纲目辨例12卷　史部编年类　佚

读史绪论4卷　史部史评类　佚

以上3种见道光《武阳合志》卷32。

伤寒尚论商榷编12卷　子部医家类　佚
自怡斋集8卷　集部别集类　佚
自怡斋词1卷　集部词曲类　佚

以上3种见道光《武阳合志》卷33。

钱　芬(1720—1761)

字左才。清武进人。枝起女，杨瑶妻。幼慧，稍长能诗工画。所居曰段庄，就其景物为江村图，题诗其上，以尺绢绣之，诗字绘绣皆佳，见者叹为"四绝"。

清晖窗草2卷　集部别集类　佚
静香阁学吟草1卷　集部别集类　佚

以上2种见道光《武阳合志》卷33。

钱左才集1卷　集部别集类

(1)《大亭山馆丛书》本。

(2)《清代闺秀集丛刊》本。

按：初有3卷，子目为《静香阁学吟草》《清晖窗草》，后残缺过半，合为1卷。

钱维城(1720—1772)

初名辛来，字宗磐、宗盟，号幼安、幼庵、宗苍、茶山、稼轩。清阳湖人。人麟长子。乾隆十年(1745)一甲一名进士。授翰林院修撰，累官至刑部左侍郎。卒赠尚书，谥文敏。屡掌文衡，得人尤盛。学问精洽，工诗文，善书画。书法学苏轼，画具元四家之特点，与富阳董诰齐名。所进画册，多有御题。

国朝历科题名碑录　史部传记类

清钱维城等辑

清康熙五十五年(1716)至咸丰递刻本，首都图书馆藏。

(1) 清乾隆十二年刻本，首都图书馆藏。

(2) 清道光刻本，上海图书馆藏。

(3) 清乾隆十一年刻清同治续刻本，中国中医科学院图书馆藏。

御览西湖画册4卷首1卷　史部地理类

清李卫修　钱维城绘

清乾隆绘本，北京大学图书馆藏，又名《名胜图》。

摭拾掌故草稿不分卷　子部掌故类

清钱维城讲授　钱维乔辑录

(1) 稿本，北京大学图书馆藏。

(2) 哈佛燕京图书馆民国抄本，北京大学图书馆藏。

杭州府行宫图咏　子部艺术类

清乾隆四十五年彩绘本，北京大学图书馆藏。

鸣春小草7卷茶山诗抄11卷茶山文抄12卷　集部别集类

(1) 清乾隆四十一年刻本，国家图书馆藏，又名《钱文敏公全集》。

(2)《四库未收书辑刊》本，据清乾隆四十一年刻本影印。

(3)《续修四库全书》本，据清乾隆四十一年刻本影印。

(4)《清代诗文集汇编》本。

茶山文抄12卷　集部别集类

清乾隆二十三年刻本，上海图书馆藏。

毗陵七子诗　集部总集类　佚

清钱维城编刻

见《续修四库全书提要》集部《教经堂诗集》提要。

蒋麟昌(1721—1742)

字静存，小字僧寿。清阳湖人。炳子。乾隆四年(1739)进士，授编修。文章典赡，尤工诗。后纂修《三礼》，积劳成疾，早卒。

菱溪诗草1卷诗余1卷　集部别集类

(1) 清乾隆间刻本，国家图书馆藏。

(2)《四库全书存目丛书》本。

奚　寅(1721—1778)

字曰宗，一字鹤溪，自号芙蓉湖渔。清阳湖人。乾隆三十一年(1766)进士。官湖南酃县知县。奉檄赴云南，参与军事，事竣补衡山知县。旋调湖北利川，卒于任。能武，负异才。

滇南纪程诗　集部别集类　佚

别楚唱酬诗　集部别集类　佚

以上2种见道光《武阳合志》卷33。

鹤溪诗钞不分卷　集部别集类

《敬修堂丛书》本。详见“吴镛”条。

按:《毗陵诗录》卷2收其诗3首。

吴椿大(1721—1778)

字百庄，清武进人。

韵汇　经部小学类　佚

见道光《武阳合志》卷32。

杨诗南(1721—1794)

字端叔，号可庵。清武进人。伦父。国子监生。工诗文。

乐志轩诗集　集部别集类　佚

小兰亭文集　集部别集类　佚

以上2种见光绪《武阳志余》卷7。

谢宝林(1721—1804)

字诜一，又字页珊，号香士。清武进人。议叙县丞，拣发贵州，补授贵阳府经历，署永从县、泰县知县，升平越县知县。

悔迟诗稿4卷　集部别集类　佚

见道光《武阳合志》卷33。

庄　爟(1722—1756)

原名明。字自昭，号研塘。清武进人。献可父。

研堂剩草　集部别集类　佚

见光绪《武阳志余》卷7。

冯郇雨(1722—1799)

字澍中，一字雪坨。震青次子。清阳湖人。曾与赵翼等相唱和，熟读经史，熔铸百家，然绝意仕进而自放于山水间。胸怀旷逸，托之以诗，言辞清新，意蕴深远。

冯雪坨诗集8卷　集部别集类

1919年华商书局石印本，中山大学图书馆藏。

法　震(1722—?)

字致和，谦益次子，雄弟。清武进人。

医通纂要　子部医家类　佚

见光绪《武阳县志》卷28。

庄培因(1723—1759)

字本淳，后更字仲淳。清武进人。存与弟。乾隆十九年(1754)一甲一名进士，累官翰林院侍讲学士，充日讲官，起居注修撰。二十一年秋，主福建乡试，提督福建学政。以奔父丧归里，哀恸而卒，年仅37。博学多才艺，好鼓琴，工书法，善属文。每遇国家大典，凡碑祭诸文，培因所撰拟者，帝无不称意，翰苑同官奉为圭臬。

虚一斋集6卷　集部别集类

(1) 清嘉庆间刻本，南京图书馆藏。

(2) 清光绪九年(1883)重刻本，5卷，常州图书馆藏。

(3)《清代诗文集汇编》本。

按：培因卒后，文章大多散佚。后由子述祖收拾断楮残墨，编印成集。

庄　燮(1723—1783)

字允叔，号亦和，一号梅崖。清武进人。大椿子。乡试不第，乾隆十九年(1754)捐资选县丞，二十一年补南宫县丞，二十九年擢顺义知县。累任州县官凡20年，政声颇佳，尤以兴修水利为著。因事被诬，虽得昭雪，已病卒于往返途中。

梅崖诗抄4卷　集部别集类　佚

见道光《武阳合志》卷33。

胡文英(1723—1790)

字质余，号绳崖。清武进人。乾隆三十年(1765)广东籍副贡，任云南通海、直隶高阳知县。博雅善书，深通经学，尤嗜《诗经》、屈骚等。

诗疑义释2卷　经部诗经类

(1) 清乾隆四十九年留芝堂刻本，复旦大学图书馆藏。

(2)《四库未收书辑刊》本，据清乾隆留芝堂刻本影印。

诗经逢源10卷　经部诗经类

(1) 清乾隆五十一年刻本，复旦大学图书馆藏。

(2)《四库未收书辑刊》本，据清乾隆刻本影印。

诗疏补遗4卷　经部诗经类

清乾隆五十三年刻本，北京大学图书馆藏。

毛诗通义6卷　经部诗经类

清乾隆五十三年刻本，国家图书馆藏。

补王应麟诗考2卷　经部诗经类

(1) 清乾隆四十九年留芝堂刻本，复旦大学图书馆藏。

(2)《四库未收书辑刊》本，据清乾隆留芝堂刻本影印。

吴下方言考12卷　经部小学类

(1) 清乾隆四十八年留芝堂自序刻本，华东师范大学图书馆藏。

(2) 1980 年北京中国书店影印清乾隆本。

(3)《续修四库全书》本，据清乾隆留芝堂刻本影印。

(4) 徐复校议本，凤凰出版社 2012 年版。

庄子独见　子部周秦诸子类

(1) 清乾隆十七年聚文堂刻本，33 卷，南开大学图书馆藏。

(2) 清乾隆十七年聚文堂刻本，无卷数，上海图书馆藏。

(3) 清乾隆间文渊堂刻本，无卷数，上海图书馆藏。

(4) 清乾隆三读斋刻本，无卷数，上海图书馆藏，有佚名圈点，题作《南华经独见笺注》。

(5) 清嘉庆九年(1804)聚文堂刻本，33 卷，天津图书馆藏。

(6) 2011 年华东师范大学出版社《历代文史要籍注释选刊》本。

屈骚指掌 4 卷　集部楚辞类

(1) 清乾隆二十六年京师青棠馆刻本，国家图书馆藏。

(2) 清乾隆五十一年刻本，清华大学图书馆藏。

(3) 1979 年北京古籍出版社影印清乾隆本。

(4) 1982 年北京中国书店影印清乾隆本。

(5)《续修四库全书》本，据清乾隆五十一年刻本影印。

(6) 2014 年国家图书馆出版社出版《楚辞文献丛刊》本。

杨肩吾(1723—1797)

字大受，号蒿园。清武进人，祖祥孙。乾隆四十二年(1777)岁贡，候选儒学训导。授徒里中，从学者甚众。

经义异同考 40 卷　经部群经总义类　佚

见道光《武阳合志》卷 32。

诗赋集　集部别集类　佚

见光绪《武阳县志》卷 28，注云“存”。

庄勇成(1723—1800)

字勉余，号复斋。清武进人。邑庠生。屡试不第。为诗古文，辞精文畅，为同辈推服。乾隆三十年(1765)与修邑志。以坐塾授徒为生，弟子科举得高第者众。

文集 8 卷　集部别集类　佚

诗集 14 卷　集部别集类　佚

以上 2 种见光绪《武阳县志》卷 28。

楚游诗抄 14 卷　集部别集类　佚

镜台杂咏　集部别集类　佚

以上 2 种见《庄氏族谱》卷 16 下。

杜诗解 14 卷　集部诗文评类　佚

见道光《武阳合志》卷 33。

刊辑文格举隅　集部诗文评类　佚

见《庄氏族谱》卷 16 下。

吕宗达(1724—1767)

字企槐，一字念周，号云溪。吕宫曾孙，清武进人。医家。

伤寒汇通 40 卷　子部医家类　佚

见道光《武阳合志》卷 33。

刘　钦(1724—1799)

字谦斋，又字敬舆。清阳湖人。鸣鹤子。乾隆十七年(1752)进士，官广西阳朔县知县。性恬退，不慕荣利。中岁归里，以著述自娱。

谦斋杂著 2 卷　集部别集类　佚

见道光《武阳合志》卷 26《人物志》本传。

静思堂诗草 7 卷　集部别集类　佚

见道光《武阳合志》卷 33，注云："是集原名《憩闲诗草》，10 卷。"光绪《武阳县志》卷28作8卷。按:《毗陵诗录》卷2收其诗1首。

刘焕章(1725—1777)

字旭岑,号霁轩。清武进人。泌孙。乾隆二十五年(1760)进士。选四川铜梁县知县。治水患有功,升云南蒙化同知,后以失察被参遣戍,云南腾越州知州吴楷延主来凤书院。遇赦后贫不得归,卒于腾越。

霁轩诗文抄4卷　集部别集类　佚

见《西营刘氏先世著述考》,云:"存。"

旭岑诗1卷　集部别集类

收入李兆洛辑《旧言集》。

按:《毗陵诗录》卷4收其诗1首。

陆振符(1725—1791)

字圣揆,号心斋。清武进人。敦品励学,训俗有方,当时学者宗之。

周易汇纂　经部易类　佚

见道光《武阳合志》卷32。

漱溪诗集　集部别集类　佚

见道光《武阳合志》卷33。

杨　简(1725—1800)

字在之,一字敦复,号敬斋。清武进人。廷鉴玄孙。能诗。有著录为杨廷鉴子,误,当因《旧言集》原文阙略之故。

敬斋诗1卷　集部别集类

收入李兆洛辑《旧言集》。

何莫集　集部别集类　佚

敦复诗草　集部别集类　佚

见道光《武阳合志》卷33,注云"存"。

刘　芳(1725—1805)

字可型，又字翼之。清阳湖人。鸣鹤侄。乾隆十八年(1753)举人。官沛县训导，擢福建瓯宁县知县。励清操，慎断狱。以事去官。归里后，经理善举，建设义学，训迪后进，为乡人钦仰。

桑梓潜德录5卷续录4卷三集6卷　史部传记类

清张慎原辑　刘芳等续辑

清光绪六年(1880)刻本，常州图书馆藏。参见“张慎”条。

冯奇伟

字泰瞻，号泰岩。清武进人。震青兄。贡生。

学庸订疑精一录　经部四书类　佚

见道光《武阳合志》卷32

冯震青

字岱瞻，号鲁峰。清武进人。奇伟弟，雍正四年(1726)举人，官丹阳教谕。

鲁峰稿　集部别集类　佚

见道光《武阳志余》卷7。

冯振雅

字淇瞻。清武进人。震青弟，诸生。

冯淇瞻诗1卷　集部别集类　佚

见《清代毗陵书目》卷4。

膴原仅存稿　集部别集类　佚

市山片玉　集部别集类　佚

以上2种见光绪《武阳志余》卷7，谓“见《冯氏谱著作表》”。

蒋　本

字虞仁，又字根庵。清乾隆时武进人。绩学工文，屡试不遇，乃专事著述。好读《周易》，终老不辍。

周易遵述不分卷剩义 1 卷　经部易类

(1) 清道光十年(1830)王氏信芳阁活字本，北京大学图书馆藏。

(2)《四库未收书辑刊》本，据信芳阁本影印。

按：清道光九年陈锦鸾序云："其人题毗陵蒋本，夹注曰'癸巳再定，根庵自写……计其成书之日，至今六十年'。"据此相推，癸巳为乾隆三十八年(1773)。又蒋本《周易遵述后序》云："壬辰夏，《周易遵述》成。"是为乾隆三十七年。道光年间得自淮阴故书堆中，槜李王相信芳阁乃刊刻之。分上下经、《系辞》上下传、《说卦》传、《序卦传》、筮仪、占法、占验、图说诸类。

潘钟隽

字喆甫。清武进人。思渠堂侄孙。13 岁应童子试。乡试困顿十余场。游历各地，足迹半天下。

红豆新词　集部词曲类

清同治八年(1869)都门刻本，国家图书馆藏。卷首有其师吴凤昌序。

陆　琏

字玉成。清武进人。监生。早年应试不中，遂绝意进取。豪于诗酒，工画梅，精篆刻。

南坪诗草　集部别集类　佚

见《清代毗陵书目》卷 4。

杨承曾

清武进人。乡贡生。曾官御史。博学多通,工篆刻。

琴学蒙求1卷　子部艺术类　佚

见道光《武阳合志》卷32。

古今篆印谱　子部艺术类　佚

见《清代毗陵书目》卷3。

闲居韵趣1卷　子部小说类　佚

见道光《武阳合志》卷33。

赵光裕

字玉镶。清武进人。

浮白轩诗草3卷　集部别集类　佚

海棠颠诗钞1卷　集部别集类　佚

以上2种见道光《武阳合志》卷33。

许宏声

清武进人。曾任平凉府同知。

耕云草堂诗抄　集部别集类　佚

见道光《武阳合志》卷33。

丁馨孙

清阳湖人。诸生。

南游存稿(一名自笑编)　集部别集类　佚

北游集　集部别集类　佚

以上2种见道光《武阳合志》卷33。

陈以晋

清武进人。

欹枕吟　集部别集类　佚

见道光《武阳合志》卷33。

毛　真

清武进人。

倚玉堂诗集3卷　集部别集类　佚

见道光《武阳合志》卷33，原注云"是集为《客游草》《中州游草》《濠游草》"。

赵　焻

清常州人。

自怡堂诗稿6卷　集部别集类　佚

见道光《武阳合志》卷33。

李世芳

清武进人。

尔尔斋诗草　集部别集类　佚

见道光《武阳合志》卷33。

赵当时

清武进人。

咫闻斋诗草　集部别集类　佚

见道光《武阳合志》卷33。

王　铭

清武进人。

深柳堂稿　集部别集类　佚

见道光《武阳合志》卷33,原注云:“赵氏《毗陵百家诗》内有铭《山居》前三十首,后三十首,今存。”

吴兆云

清武进人。

清照集1卷　集部别集类　佚

淮右集1卷　集部别集类　佚

以上2种见光绪《武阳县志》卷28、《清代毗陵书目》卷4,并注云“存”。

郑　甫

清武进人。

郑甫印谱　子部艺术类　佚

见《清代毗陵书目》卷3。

徐有道

清阳湖人。监生。

卓山诗稿2卷　集部别集类　佚

见道光《武阳合志》卷33。

薛　涟

清武进人。诸生。

太人金鉴录14卷　子部小说类　佚

见道光《武阳合志》卷33。

杨祖幹

清武进人。

治河策 2 卷　史部地理类　佚

淮黄说 2 卷　史部地理类　佚

以上 2 种见道光《武阳合志》卷 32。

赵希文

清常州人。

方言原 1 卷　经部小学类　佚

见《清代毗陵书目》卷 1。

胡安仁

清武进人。

正学编　史部传记类　佚

见道光《武阳合志》卷 32。

高元标

清阳湖人。

楚辞辨疑 6 卷　集部楚辞类　佚

见道光《武阳合志》卷 33。

徐正仪

清武进人。监生。

荫绿轩集　集部别集类　佚

见道光《武阳合志》卷 33。

徐应熙(1726—1791)

字黼庭,号海阳。清武进人。植子,士勋兄。乾隆十五年(1750)举人。官湖南衡山县知县,署桂阳知州。

筠宜书屋诗文抄 4 卷　集部别集类　佚

见《清代毗陵书目》卷 4。

周之骐(1726—1795)

字高衢,周祖望次子。清武进人。屡困场屋,笔耕终老,

拥鼻吟历游草 4 卷　集部别集类　佚

见《清代毗陵书目》卷 4。

高衢诗 1 卷　集部别集类

收入李兆洛辑《旧言集》。

张蟾宾(1727—1764)

字步青,号云墀。清武进人。惠言父。府学廪膳生。8 岁而孤,家贫,母白氏亲授之书。好学深思,善作诗。恬淡寡欲,不谈人过,有长者风。弱冠即开馆授徒。叔衍黄出守沅州,延为西席,遂挟册出游。见识益广,学业益进,不幸归而遘疾卒。

张云墀诗集 4 卷　集部别集类　佚

见《清代毗陵书目》卷 4。

南游日草　集部别集类　佚

沅南诗话 2 卷　集部诗文评类　佚

以上 2 种见道光《武阳合志》卷 33。

按:光绪《武阳县志》卷 28《艺文》著录《南游日草》二卷、《沅南诗话》存,今均未见。

徐士勋(1727—1798)

字纪常,号毅夫。清武进人。植子,丕烈兄。乾隆二十一年(1756)举人,榜姓郑。乾隆《酉阳州志》卷5称其乾隆四十五年题补彭水知县,未经到任。光绪《武阳县志》卷19则谓其任彭水知县。又同治《会理州志》卷4又著录其于四十五年任会理知州。

六书鼎8卷　经部小学类　佚

难字解2卷　经部小学类　佚

以上2种见道光《武阳合志》卷32。

服食撮要　子部典故类　佚

瞥见编10卷　子部典故类　佚

按:此书《清代毗陵书目》卷8类书类为10卷,卷4别集类为1卷。

以上2种见道光《武阳合志》卷33。

蜀游记1卷　子部小说类　佚

雅令32卷　子部小说类　佚

以上2种见《清代毗陵书目》卷3。

赵　翼(1727—1814)

字云崧,亦作云菘、耘松、云松,号瓯北,83岁后自号三半老人。清阳湖人。乾隆二十六年(1761)一甲第三名进士,历任翰林院编修、广西镇安知府、广东广州府知府、贵西兵备道,以治狱严酷被黜。三十二年,曾与修《通鉴辑览》。三十八年后即归籍著述,并两度主讲扬州安定书院。五十二年一度应李侍尧约赴闽,参与镇压台湾林爽文起义。性倜傥,才华纵横,工诗,与袁枚、蒋士铨齐名,称"江左三大家"。经史兼治,尤精史学,长于考证。《清史稿》有传。

历代通鉴辑览120卷　史部编年类

官书,赵翼与修,版本从略。

皇朝武功纪盛4卷　史部纪事本末类

(1)《瓯北全集》本。

(2)《艺海珠尘》本。

(3)《读画斋丛书》本。

(4)《丛书集成初编》本。

平定两金川述略 1 卷　史部杂史类

平定台湾述略 1 卷　史部杂史类

以上 2 种有《小方壶斋舆地丛抄》本。

廿二史札记 36 卷补遗 1 卷　史部史评类

(1)《瓯北全集》本。

(2)《广雅书局丛书》本。

(3)《丛书集成初编》本。

(4)《四部备要》本。

(5) 1958 年商务印书馆排印本。

(6) 1963 年中华书局用商务旧版重印。

(7) 1984 年中华书局出版王树民《校证》本。

(8) 1987 年中国书店影印世界书局 1939 年排印本。

(9)《续修四库全书》本,据复旦大学图书馆藏《瓯北全集》本影印。

(10) 2008 年中华书局出版。

(11) 2008 年凤凰出版社出版。

(12) 2011 年上海古籍出版社出版。

廿二史札记校证

王树民校证。2013 年中华书局出版。

陆放翁年谱 1 卷　史部传记类

《瓯北诗话》附。

粤滇杂记 1 卷　史部地理类

《小方壶斋舆地丛抄》本。

三国志引用书目　史部目录类　佚

见《清代毗陵书目》卷 2。

陔余丛考 43 卷　子部杂学类

(1)《瓯北全集》本。

(2) 1957 年商务印书馆排印本。

(3) 1963 年中华书局出版。2006 年重印。

(4) 1990 年河北人民出版社出版。2007 年重印。

(5)《续修四库全书》本,据《瓯北全集》本影印。

(6) 2011 年上海古籍出版社出版。

檐曝杂记　子部杂学类

(1)《瓯北全集》本,6 卷。

(2)《北徼汇编》本,不分卷。

(3) 民国有正书局排印本,南京图书馆藏。

(4) 1982 年中华书局出版李解民点校本。6 卷,与《竹叶亭杂记》合刊。

(5)《续修四库全书》本,据复旦大学图书馆藏《瓯北全集》本影印。

(6) 2012 年上海古籍出版社出版。

成语 1 卷　子部杂学类

清赵翼辑

《江阴李氏丛刻》本。

瓯北集(一名瓯北诗集)53 卷　集部别集类

(1)《瓯北全集》本。

(2) 1997 年上海古籍出版社出版。

(3)《续修四库全书》本,据上海辞书出版社图书馆藏《瓯北全集》本影印。

(4)《清代诗文集汇编》本。

瓯北诗抄　集部别集类

(1)《瓯北全集》本,17 卷。

(2) 清嘉庆二十五年(1820)刻本,20 卷,河南大学图书馆藏。

(3) 清同治十三年(1874)红杏山房刻本,江苏师范大学图书馆藏。

(4) 清宣统三年(1911)扫叶山房石印本,20 卷,河南大学图书馆藏。

(5) 清抄本,上海图书馆藏,不分卷。

瓯北诗选不分卷　集部别集类

抄本,上海图书馆藏。

赵翼诗编年全集　集部别集类

1996 年天津古籍出版社出版。

瓯北选集 5 卷　集部别集类

《函海》(乾隆、道光)本。

瓯北诗话 12 卷　集部诗文评类

(1)《瓯北全集》本,作《诗话》10 卷、《续诗话》2 卷。

(2) 清嘉庆七年寿考堂刻本,上海图书馆藏。

(3) 清同治十三年红杏山房刻本,常州图书馆藏。

(4) 清光绪三十四年(1908)扫叶山房石印本,常州图书馆藏。

(5) 1963 年人民文学出版社排印本,1981 年重印。

(6)《续修四库全书》本,据复旦大学图书馆藏《瓯北全集》本影印。

(7) 2009 年凤凰出版社出版。

瓯北诗话校注　集部诗文评类

江守义等校注。2013 年人民文学出版社出版。

唐宋以来十家诗话 10 卷　集部诗文评类　佚

清赵翼辑

见清赵廷英等《瓯北年谱》"清嘉庆六年"条。

瓯北全集　丛书类

(1) 清乾隆嘉庆间湛贻堂家刻本,南京图书馆藏。

(2) 清光绪三年云南唐氏重刻本,常州图书馆藏。

(3) 清宣统元年刻本。

子目见上。

赵翼全集　丛书类

2009 年凤凰出版社出版。

按:内容包括:《廿二史劄记》《陔余丛考》《檐曝杂记》《皇朝武功纪盛》《瓯北诗钞》《瓯北诗话》《瓯北集》。

恽庭森(1728—1777)

字叔植,号友陶。清武进人。源浚三子。乾隆十七年(1752)举人。任顺天宛平知县,署遵化知州。承鹤生之家学,邃于《易》。

序卦图说　经部易类

清乾隆四十四年刻本,国家图书馆藏。

周易图说　经部易类　佚

见道光《武阳合志》卷 32。

按:恽宝惠《恽氏先世著述考略》云:“上列图说两种,恐是一书,尚待考证。”

汤大奎(1728—1786)

字曾辂,号纬堂。清武进人。贻汾祖父。乾隆二十八年(1763)进士。任凤山(今台湾高雄县)知县。乾隆五十一年林爽文起义,大奎守城对抗,城破被杀。工诗文。与洪亮吉交厚,亮吉为其撰《墓表》。

炙砚琐谈 3 卷　子部杂学类

(1) 清乾隆五十七年亦有生斋刻本,国家图书馆藏。

(2)《常州先哲遗书》本。

(3)《四库未收书辑刊》本,据亦有生斋刻本影印。

(4) 上海书店《丛书集成续编》本。

按:是书原为大奎晚年著作,共 10 卷补遗 1 卷,在林爽文起义时被毁,后赵怀玉掇拾奇零,编为 3 卷并付刊。

纬堂诗抄 4 卷　集部别集类

(1) 清乾隆刻本,复旦大学图书馆藏。

(2) 1948 年铅印本,上海图书馆藏。

纬堂诗略 2 卷　集部别集类

清乾隆刻本，国家图书馆藏。

清道光间汤贻汾刻本，南京图书馆藏，有附录1卷。

纬堂诗1卷　集部别集类

收入李兆洛辑《旧言集》。

澹石斋初稿　集部别集类　佚

帆影鞭梢集　集部别集类　佚

辕议集　集部别集类　佚

纬堂诗略2卷　集部别集类　佚

石徒吟　集部别集类　佚

见《清代毗陵书目》卷4，注云："以上五种，大奎自编，《纬堂诗略》二卷其孙贻汾刻。"

消夏集　集部总集类　佚

清汤大奎、程景傅、蒋熊昌、管幹贞等撰

见《清代毗陵书目》卷5。

庄肇奎(1728—1798)

字星堂，号胥园，庄歆孙，庄仲方父，乾隆十八年(1753)举人，乾隆四十五年因李侍尧案发配伊犁，在疆十年。后官至广东布政使。肇奎善属文，丰仪甚美，接事外和而内断，喜著述。

胥园诗钞10卷附诗余1卷　集部别集类

(1) 清嘉庆十七年(1812)刻本，国家图书馆藏。

(2)《清代诗文集汇编》本。

徐　辂(1728—1799)

字见田，号素庵。梅子。清武进人。邑庠生。

素庵遗草1卷　集部别集类　佚

见《清代毗陵书目》卷4。

吕光复(1728—1799)

字丙纯,一作雨纯,一字吾皋,号石农。清阳湖人。性平和坦荡,泰然自持。乾隆四十五年(1780)以南巡召试一等赐举人,补内阁中书。旋乞假归;主惠南书院。以诗文书画负重名。

杂说札记2卷　子部杂学类　佚

石农文钞2卷　集部别集类　佚

兰言斋诗钞6卷　集部别集类　佚

以上3种见道光《武阳合志》卷26人物本传。

庄廷甹(1728—1800)

原名绳曾,字安调,号恰甫。清武进人。

大清统属职贡万国经纬地球式　史部地理类

清嘉庆五年(1800)庄廷甹彩色套印刻本,北京大学图书馆藏。

地图说1卷　史部地理类

《小方壶斋舆地丛钞》本。

海洋外国图编　史部地理类　佚

光绪《武阳志余》卷7。

吕岳自(1728—1801)

字云庄,号怡白。清阳湖人。廪贡生,候补训导。幼敏慧。屡困秋闱,以课徒作幕为生,所至备受尊重。诗宗王士禛,成则随手散弃,殁后由弟子李兆洛收编成册。

云庄诗1卷　集部别集类

收入李兆洛辑《旧言集》。

董　潮(1729—1764)

字晓沧,号东亭。清阳湖人,旧籍海盐。乾隆二十八年(1763)进士。曾入内阁行走，充《通鉴辑览》纂修官，取材宏富，裁制谨严，为人叹服。工诗词古文，兼善书法。曾赋《红豆树》歌，传诵都下，称“红豆诗人”。

(乾隆)武进县志 14 卷首 1 卷　史部地理类

清王祖肃等修　虞鸣球、董潮纂　蒋和宁续纂

(1) 清乾隆三十年刻本，国家图书馆藏。

(2) 传抄本，上海图书馆藏。

(3) 中国书店《稀见地方志汇刊》本。

(乾隆)阳湖县志 12 卷　史部地理类

清陈廷柱、汪邦宪修　虞鸣球、董潮纂　蒋和宁续纂

(1) 清乾隆三十年刻本，国家图书馆藏。

(2) 传抄本，上海图书馆藏。

按：书未成而潮卒，鸣球亦赴京师，由蒋和宁撰成之。

东皋杂钞 3 卷　子部小说类

(1)《艺海珠尘》本。

(2)《丛书集成初编》本。

(3) 清抄本，国家图书馆藏。

东亭诗选 2 卷　集部别集类

《嘉禾八子诗选》本。

红豆诗人集 18 卷词 1 卷附录 1 卷　集部别集类

(1) 清道光十九年(1839)刻本，常州图书馆藏。

(2)《清代诗文集汇编》本。

红豆诗人诗钞不分卷词钞 1 卷　集部别集类

清抄本，上海图书馆藏。

漱花词 1 卷　集部词曲类

《广川词录》本。

杨望秦(1729—1793)

字敬之,号晴江。清武进人,杨大鹤曾孙。少孤,家贫,砚食四方。乾隆三十年(1765)中举,十上春闱不第。后以知县发广西,未至而卒。

巽绎编 4 卷　子部杂学类

清光绪二年(1876)刻本,南京图书馆藏。

按:本书乃《腾光馆杂著》之一,分述录、摭谈、志闻、说异四类,缀辑琐语,采叙奇闻。据是书赵怀玉序云,作者自谓"非敢为无益之言诹悦庸众,异而语之,期人之能绎而已",故名《巽绎编》,"自先世之遗范及当世士大夫之言行,近而至闺闼,幽而至鬼神,靡不载录"。

腾光馆杂著　丛书类　佚

见清赵怀玉《巽绎编序》。子目不详。

庄日谨(1729—1803)

字省常,号耕心。清武进人。少勤于学,为钱维城、庄存与所称许。年将 40 犹未中秀才。时郡守某为钱维城门下士,维城因以日谨相托。日谨知之,托疾不赴试,卒以布衣终其身。学问渊博,尤精于宋儒理学。所著诗文及诠次诸儒语录达数十卷,殁后多散佚。

耕心斋稿　集部别集类　佚

见《清代毗陵书目》卷 4。

唐为垣(1730—1784)

字麟臣,号见山。清武进人。县学生。五应省试不第。年 12 丧父,从兄为坤学。习八股文,工书,喜吟咏。为塾师,教弟子严,有成就者甚多,洪亮吉即其一。

桐孙诗稿 1 卷　集部别集类　佚

见光绪《武阳县志》卷 28。

按:清洪亮吉《见山先生传》云:"先生所为诗多不自爱惜。今所存

《桐孙诗稿》1卷,类皆中年所成,半属门下士及子铨所记忆者。"

汤修业(1730—1800)

字宾鹭,又字狷庵。清武进人。大绅子。监生。博览强记,精研性理之学,尤悉乡里遗事,号称"毗陵文献"。诗源于白居易,文长于记事论说,峭劲简直,如见其人。除夕断炊,犹与亲友钱伯坰等论学不辍。好面折人过,虽贵介无所避。乾隆五十五年(1790)为府志撰《常州人物志稿》。嘉庆五年(1800)犹在世。后《人物稿》垂就,然《志》书未成而卒。

赖古斋毗陵杂志1卷　史部杂史类　佚

见道光《武阳合志》卷32。

常州府志人物志稿　史部传记类　佚

见《清代毗陵书目》卷7,注云:"审择近信,未行于世。"

郑崟阳冤案传信录　史部传记类

清抄本,国家图书馆藏。

郑崟阳冤狱辨1卷　史部传记类

《甲戌丛编》本。

郑鄤事迹5卷　史部传记类

《古学汇刊》本。

按:《古学汇刊》《续修四库全书提要》作者均为汤狷石,当为汤修业字狷庵之误。卷1郑鄤自叙年谱。卷2、3、4为周纳和诬陷郑鄤之词。卷5为狷庵自撰《郑崟阳冤狱五辨》。其中卷1至卷4,亦即《武阳志余》所著录之《郑崟阳冤案传信录》4卷,而卷5即《甲戌丛编》所收《郑崟阳冤狱辨》1卷。《甲戌丛编》本并收有《武阳志余》编者庄毓鋐光绪十四年(1888)识跋。跋谓:"郑君湘溪以汤狷庵先生所撰《郑崟阳冤案传信录序》并《冤狱辨》见示。余怂恿刻之。益以陆祁生先生《合肥学舍札记》、福州梁茝林先生《浪迹丛谈》二则为一卷。"《古学汇刊》本则不收汤序和陆、梁二文。

赖古斋偶笔2卷　子部小说类　佚

见道光《武阳合志》卷33。

赖古斋文集8卷　集部别集类

（1）清道光九年（1829）宛陵书屋刻本，上海图书馆藏。

（2）2016年凤凰出版社出版《常州先哲遗书续》本。

按：《清代毗陵书目》卷4有《赖古斋文集》8卷《续集》1卷，按云："张琦刻于京都。"应即此书。

汤氏一家言　集部总集类　佚

汤修业辑

见道光《武阳合志》卷33。按：是书辑汤浩、汤自奇诸人文。

徐丕烈（1730—1805）

字绳武，号敬亭。植子。清武进人，邑增生。

敬亭诗文集4卷　集部别集类　佚

见《清代毗陵书目》卷4。

郑　环（1730—1806）

字清如，一字梦畅、孟扬，自号东里居士。清武进人。乾隆五十一年（1786）举人，大挑二等，留京师参与千叟宴，后授甘泉（今扬州市）训导。

周易观象2卷　经部易类　佚

春秋前知录2卷　经部春秋总义类　佚

十三经考证异同20卷　经部群经总义类　佚

愿学斋经说2卷　经部群经总义类　佚

石经文注释1卷　经部群经总义类　佚

以上5种见道光《武阳合志》卷32。

竹书纪年考证4卷　史部编年类　佚

见《清代毗陵书目》卷2。

孔子世家考2卷附史记十二诸侯年表孔子年谱1卷　史部传记类

清嘉庆七年(1802)甘泉学乐堂刻本,清华大学图书馆藏。

孔子世家考2卷历代典礼考1卷弟子列传考1卷　史部传记类

清嘉庆八年刻本,北京师范大学图书馆藏。

孔子年谱1卷　史部传记类

《北京图书馆藏珍本年谱丛刊》本。

汉寿亭侯关神武世家1卷　史部传记类

清嘉庆八年甘泉学乐堂刻本,清华大学图书馆藏。

桑梓潜德录　史部传记类

清张慎原辑　郑环等续辑

清光绪六年(1880)刻本,常州图书馆藏。参见“张慎”条。

历代释奠祭祀典礼考　史部政书类

清嘉庆八年甘泉学乐堂刻本,北京大学图书馆藏。

老子本义2卷　子部周秦诸子类

(1) 清嘉庆七年甘泉学乐堂刻本,武汉大学图书馆藏。

(2)《无求备斋老子集成》本。

(甲)1965年台湾艺文印书馆影印本。

(乙)台北成文出版社影印本。

(丙)1982年北京文物出版社影印本。

愿学斋杂录10卷　子部杂学类　佚

愿学斋集　集部别集类　佚

以上2种见道光《武阳合志》卷33。

张　慎

字谨之,别字其荣。清武进人。勤于搜集当地善士、孝子、列女事迹。

桑梓潜德录5卷续录4卷三集6卷　史部传记类

清张慎原辑,施周、刘芳、毕应箕、李文喆、袁廷吉、汤成烈、刘翊宸

等续辑

清光绪六年(1880)刻本,常州图书馆藏。

按:道光《武阳合志·孝友传》云:"清乾隆五十五年(1790)郡人议修志,慎喜曰:'吾尝欲彰潜德,今遂矣。'因采辑孝义入志馆。已不果,乃与苏纯、吴士模删订为《桑梓潜德录》,梓行之。"此书张慎原辑,施周、刘芳、毕应箕等增辑,成于嘉庆四年(1799),5卷。毕应箕、李文喆、袁廷吉等续成于道光元年(1821),4卷。汤成烈、刘翊宸等再续成于光绪六年,6卷。

施　周

字鸣岐。清武进人。与张慎交好。

桑梓潜德录5卷续录4卷三集6卷　史部传记类

清张慎原辑,施周等续辑

清光绪六年刻本,常州图书馆藏。详"张慎"条。

徐　煦(1730—1803)

字道和,号春如,晚号半庵居士。梅子,铬兄。清武进人。乾隆二十一年(1756)贡生,官祁门县教谕。工书法,师颜、赵。诗文数卷,乱后尽失。

慎余堂诗抄10卷(一作春如诗抄)　集部别集类　佚

见道光《武阳合志》卷33。

庄　膺(1731—1757)

字择服。清武进人。

择服时文稿　集部别集类　佚

见《庄氏族谱》卷16下。

谢应材(1731—1801)

字邃乔。清武进人。初业儒,后习医,通内外科,尤长外科。为人治瘩背、对口诸症,取古人之法,损益变化通用之,无不奏效。

外科秘法　子部医家类

(1)《谢氏医书二种》本。

(2)《国医小丛书》本。

发背对口治诀论 1 卷　子部医家类

(1) 清同治十一年(1872)刘翊宸刻本,南京中医药大学图书馆藏。

(2) 清刻本,浙江省中医药研究院藏。

(3)《谢氏医书二种》本。

(4)《三三医书》本。

(5)《国医小丛书》本。

发背对口治诀 1 卷附外科秘法　子部医家类

《国医小丛书本》。

逮南轩谢蘧乔先生医书二种　子部医家类

清光绪八年(1882)状元第刻本,浙江图书馆藏。

子目:

《咽喉论》　逯南轩

《谢氏医书二种》

《谢氏发背对口治诀论》

《谢氏外科秘诀》

附《扬州存济堂药局膏药方》

管　焕(1731—1815)

字觐光,号琴岗,清武进人。诸生,精星学。

雪案诗余 1 卷　集部词曲类　佚

见道光《武阳合志》卷 33。

谢　聘(1732—1791)

字耕宁，又字晨陇。清武进人。世勋孙。乾隆三十一年(1766)进士。历官河南固始、武安知县、许州知州等。清乾隆五十年许州大旱，大力赈饥度荒。在武安任所，绕太行山麓，开渠引水数十里，灌溉高地民田，民颂其德。

(乾隆)重修固始县志26卷首1卷　史部地理类

清谢聘修　洪亮吉纂

清乾隆五十一年刻本，北京大学图书馆藏。

春及堂稿1卷附1卷　集部别集类

《粟香室丛书》本。

冯翼庭(1732—1796)

字敷教，号敬山。清阳湖人。三次乡试不售，乃专力于诗词古文。诗近王、韦，古文峭拔。

敬山随笔　子部杂学类　佚

深柳堂集16卷　集部别集类　佚

吟香诗稿40卷　集部别集类　佚

词赋合钞8卷　集部别集类　佚

韵香新谱　集部词曲类　佚

以上5种均见光绪《武阳志余》卷7。

汤健业(1732—1798)

字时偕，号莳芥，清武进人。历官四川南充知县、巴州知州，后从征廓尔喀，升石柱厅直隶同知。

毗陵闻见录8卷　子部杂学类

(1) 清道光元年(1821)刻本，中国科学院图书馆藏。

(2) 2015年凤凰出版社《常州历史文献丛书》第二辑《清代常州地

方史料汇编》本。

按：原为邓之诚藏，前有邓氏手书跋语，云："武进赵彪诏，恭毅公从孙，亦著《毗陵闻见录》，见赵味辛《亦有生斋文集》《秋圃翁行状》，在汤公之前，不知今尚有传否。戊寅中秋日，之诚识于风烟旧里。""戊寅"，当为1938年。

红杏山房集　集部别集类　佚

按，(同治)《嘉定府志》卷42著录，并存其诗《清明忆嘉阳》1首。

汤氏一家言　集部总集类　佚

清汤健业辑

《清代毗陵书目》卷5著录为汤时阶，注"未见流传"。

毕　涵(1732—1807)

字有涵，号焦麓，自号菉竹居士、止庵道人。室名荻书草堂。清阳湖人。性古朴，曾馆礼亲王邸，布衣芒履，举止疏慢，一如在山泽间。善画山水，远宗古法，近师恽南田。游历名山大川，晚年画笔益苍洁入胜。书法清劲脱俗。与同里钱鲁斯并称"书画双绝""毗陵两家"。

毕涵诗钞　集部别集类　佚

见《清代毗陵书目》卷4。

承　任(1733—1798)

字是常，号拙斋。清武进人。诸生。受学于宜兴杭乐。通经学，博览诗古文，以授徒终生。

四书质疑录　经部四书类　佚

见道光《武阳合志》卷32。

爱吾庐记　子部杂学类　佚

拙斋集　集部别集类　佚

以上2种见清张惠言《茗柯文抄·承拙斋家传》。

庄　玑(1733—1815)

字际华，号鉴堂。清武进人。乾隆三十年(1765)副榜，三十五年恩科举人，任贵池教谕。

鉴堂时文稿　集部别集类　佚

见《庄氏族谱》卷16下。

杨廷琮(1734—1764)

字国连，号敬居。清武进人。方达三子，太学生，直隶试用县丞。

北游诗集　集部别集类　佚

见光绪《武阳志余》卷7。

管干贞(1734—1798)

初名翰，曾改名榦珍。字阳复，号松崖。清阳湖人。乾隆三十一年(1766)进士，改庶吉士，散馆授编修，迁御史，历外任，官至工部侍郎。五十四年擢漕运总督。在任7载，以清节称。清嘉庆初，坐事夺职。工诗文，善画花鸟。《清史稿》有传。

读易一隅2卷　经部易类

书经一隅2卷　经部尚书类

以上2种有《松崖全集》本。

诵诗一隅(一名读诗一隅)4卷　经部诗经类

(1)《松崖全集》本。

(2) 1924年铅印本，上海图书馆藏，与《毗陵食品拾遗》合刻。

(3) 2016年学苑出版社《稀见清代四部辑刊》本。

问礼一隅6卷　经部礼记类

规左一隅3卷　经部春秋左传类

说文辨异3卷　经部小学类

黄门篆说义2卷　经部小学类

玉书 3 卷　经部小学类

明史志 36 卷　史部正史类

以上 6 种有《松崖全集》本。

国史分编　史部别史类　佚

内外札萨克蒙古外藩王公表传 16 卷　史部传记类　佚

自叙年谱　史部传记类　佚

以上 3 种见《清代毗陵书目》卷 2。

松崖奏疏 6 卷　史部政书类　佚

延陵志余 10 卷　史部地理类　佚

以上 2 种见道光《武阳合志》卷 32。

职方志 6 卷　史部地理类

《松崖全集》本。

毗陵食品拾遗 1 卷　子部艺术类

(1)《松崖全集》本。

(2) 1924 年铅印本，上海图书馆藏，与《诵诗一隅》合印。

五云草 1 卷　集部别集类　佚

见道光《武阳合志》卷 33。

松崖文钞 4 卷　集部别集类

(1)《松崖全集》本。

(2)《清代诗文集汇编》本。

松崖文钞 4 卷括帖拾遗　集部别集类

清刻本，国家图书馆藏。

松崖文钞 2 卷首 1 卷　集部别集类

清刻本，国家图书馆藏。

松崖文钞 2 卷　集部别集类

清抄本，国家图书馆藏。

松崖诗钞 22 卷　集部别集类

清刻本，国家图书馆藏。

松崖诗钞32卷续集6卷　集部别集类

(1)《松崖全集》本,又名《爨余稿》。

(2)《清代诗文集汇编》本。

松崖诗钞32卷续钞6卷补遗1卷杂文附录各1卷　集部别集类

1931年管炳文铅印本,常州图书馆藏。

松崖诗钞续集1卷　集部别集类

清刻本,国家图书馆藏。

管松崖诗不分卷　集部别集类

稿本,湖南图书馆藏。

旧雨集4卷续集4卷松崖文钞4卷括帖拾遗　集部总集类

清乾隆刻本,国家图书馆藏。

消夏集　集部总集类　佚

清管幹贞、汤大奎、程景傅、蒋熊昌等撰

见《清代毗陵书目》卷5。

乐府源流8卷　集部总集类　佚

见《明清江苏文人年表》。

松崖全集　丛书类

清乾隆五十九年大观楼锡福楼刻本,国家图书馆藏。子目见上。

钱　钺(1734—1803)

初名泽,字序东,号东湖,清武进人。

东湖诗钞　集部别集类　佚

见道光《武阳合志》卷33。

刘　烜(1734—1809)

字巽行,号瀛坡。清阳湖人。永祚玄孙,汝霖四子。少负用世志,为外亲镶红旗副都统高世定所器重,教其骑射,授以方略。乾隆二十一年(1756)武举人。选贵州铜仁协镇守备,累迁至浙江衢州镇总兵官。

奉特旨以总兵充浙江乡试监临。旋移镇福建汀州、漳州。练兵有素，人称劲旅。

瀛坡诗存　集部别集类　佚

见《西营刘氏先世著述考》。

按：《毗陵诗录》卷2收其诗1首。

庄逢原(1735—1795)

字开美，号汇川，一号玉泉。清武进人。存与长子。乾隆三十年(1765)举人。历任山阳训导，全椒教谕，候选知县。敕授修职郎。

易说3卷　经部易类　佚

郑笺正谬2卷　经部诗经类　佚

春秋三传补正2卷　经部春秋总义类　佚

杂雅1卷　经部小学类　佚

以上4种见道光《武阳合志》卷32。

赵　汇(1735—1801)

字客野，号云浦，清武进人。伟枚子，钟书父。增监生。

功令文2卷　史部政书类　佚

剪灯闲话　子部小说类　佚

湫云斋诗文集各1卷　集部别集类　佚

以上3种见光绪《武阳县志》卷28。

周鲁存(1736—1801)

字幼愚，周之骏子。清武进人。涉猎六艺，奔走四方，足迹半天下，笔墨多散失。

途次剩草1卷　集部别集类

见《清代毗陵书目》卷4。

幼愚诗　集部别集类

收入李兆洛辑《旧言集》。

陈明善(1736—1803)

字服旃,号野航,世称亦园先生。清武进人。官至山西朔州知州。工诗,善画竹石,尤精书法。家有亦园,擅林亭之胜,一时名士如赵翼、洪亮吉等均与其交游。宾客之盛,甲于州郡。

亦园集 6 卷　集部别集类

清乾隆三十三年(1768)刻本,清华大学图书馆藏。

唐八大家诗钞　集部总集类

陈明善辑

清乾隆三十四年刻本,南京大学图书馆藏。

唐六家诗钞　集部总集类

陈明善选

清刻本,上海图书馆藏。

宋金三家诗选　集部总集类　佚

清陈明善、苏陆元辑

见《清代毗陵书目》卷 5。

蒋熊昌(1736—1805)

字辛仲。清阳湖人。乾隆二十八年(1763)进士。以户曹入军机处,旋任安徽颍州知府。工诗能文。晚年讲学于城北觉尘庵,常与里中人士相唱和。

桑梓潜德录三集 6 卷　史部传记类

清光绪六年(1880)刻本,常州图书馆藏。详见“张慎”条。

困勉斋札记　子部杂学类　佚

常惺惺斋文稿　集部别集类　佚

息养斋诗集　集部别集类　佚

以上 3 种见《清代毗陵书目》卷 4。

消夏集　集部总集类　佚

清蒋熊昌、汤大奎、管幹贞等撰

见《清代毗陵书目》卷5。

诗余学步1卷　集部词曲类　佚

见道光《武阳合志》卷33。

刘跃云(1736—1808)

字服先，一作伏先，号青垣。清阳湖人。纶次子。乾隆三十一年(1766)进士，历官至礼部左侍郎。督学江西、典试山东，公正自持，深得好评。诗宗白居易、苏轼，文喜归有光。擅书法而不名一家。

山东乡试题名录　史部传记类

清刘跃云编

清乾隆五十七年刻本，北京大学图书馆藏。

贻拙斋诗集9卷　集部别集类

抄本，国家图书馆藏。

按：国家图书馆藏书目中著者作"佚名"，另《毗陵诗录》卷2收其诗1首。

吴一谔(1736—1810)

字二安，号毅庵。清阳湖人。年30余补诸生。性落拓。工篆刻，古雅有法度。为诗甚勤，力求淡涩，而所存甚少。

吴一谔印谱(一作研守堂印谱)1卷　子部艺术类

清嘉庆十年(1805)刻本，常州图书馆藏。

晚学轩诗稿(一作晚学斋诗集)　集部别集类

(1)《敬修堂丛书》本。

(2)李兆洛辑《旧言集》本。

庄　炘(1736—1818)

一作忻。字景炎，一字似撰，号虚庵。清武进人。乾隆三十二年(1768)副贡生。以州判补陕西咸宁知县，擢汉阴通判，迁邯州知州。尝鞫白莲教案，力争于统军，得免株连者达万人。历署兴安、凤翔、榆林知府，政务宽静，民感其德。以老乞归，与洪亮吉、孙星衍、赵怀玉、张惠言等倡为汉学。尤深于声音训诂，诗文均有法度。信佛法，通经论，校刊《一切经音义》。年15，即以诗文著称，生平著述甚丰，以舟行汉江时船只漏水，稿本大多毁坏，仅留文数篇，诗700余首，知者惜之。

淮南子　子部杂学类　佚

清庄炘校

见《清史列传》卷72。

按:其子庄逵吉曾校《淮南子》，世称善本，庄炘校本当与此有关。参见"庄逵吉"条。

学海文录　子部典故类　佚

见光绪《武阳志余》卷7。

一切经音义25卷　子部佛教类

唐释玄应撰　清庄炘、钱坫、孙星衍校

(1) 清乾隆五十一年庄氏咸宁县署据明南藏校刻本，国家图书馆藏。

(2)《海山仙馆丛书》本。

(3) 清同治八年(1869)杭州张氏宝晋斋曹籀刻本，北京大学图书馆藏。

按:《越缦堂日记》13册云:"曹据庄氏校证本，授杭州尼明净翻刻。曹本妄人，又年老不知校勘，故舛谬满纸。"

(4)《丛书集成初编》本。

(5) 1962年台北历史语言研究所出版附索引。

师尚斋诗集8卷　集部别集类

清钞本，辽宁省图书馆藏。

宝俭堂集(一作宝绘堂集)　集部别集类　佚

小濠梁吟草　集部别集类　佚

以上2种见光绪《武阳志余》卷7。

伍宇昭(1736—1819)

字青望，别号止斋。清阳湖人。诸生。少耽吟咏，长从宜兴史承豫、储国钧游，攻诗近40年，诗名重乡里。曾客游济南10余年，读书稽古，所作古文得韩柳笔意。

舣舟亭集5卷　集部别集类

(1) 清嘉庆《毗陵伍氏合集》本。

(2) 民国《毗陵伍氏合集》本。增补遗1卷。

毗陵伍氏合集12卷　丛书类

清伍宇昭辑

(1) 清嘉庆六年(1801)阳湖伍氏餐英书屋刻本，国家图书馆藏。

(2) 1935年武进伍氏铅印本，民国伍璜补辑。

(3) 2015年国家图书馆出版社出版《清代家集丛刊》本。

子目从略。

吕尔昌(1737—1783)

字复宇，号硕堂，清阳湖人，灖子，尔禧兄。乾隆二十八年(1763)进士，历官至安徽按察使。清乾隆四十七年因涉山东贪案，流放伊犁，卒于流放途中。

律镜12卷　史部政书类　佚

见道光《武阳合志》卷33。

周骏岳(1737—1786)

字望蓉，号匏庵。清武进人。乾隆四十九年(1784)贡生。家贫。

性朴讷。通经学，治《诗》，尤精《三礼》。汉唐以隆诸儒书皆潜心研读。积劳患咯血，年50卒。

仪礼说心6卷　经部仪礼类　佚

礼仪纂要　经部仪礼类　佚

以上2种见道光《武阳合志》卷32。

庄玉嘉(1737—1793)

字笠仙，一字清蕙。清武进人。蓉镶女，广西布政使汤雄业妻。长于持家，内外区处悉当。嗜书史，善女红。好吟咏，所作清新婉逸。

翠香吟草　集部别集类　佚

见光绪《武阳县志》卷28。

联香集　集部别集类　佚

见道光《武阳合志》卷33。

南还草　集部别集类　佚

见光绪《武阳志余》卷7。

薛孚先(1737—?)

字照寰，一字宇山。清武进人。诸生。

宇山诗草4卷　集部别集类　佚

见道光《武阳合志》卷33。

管世铭(1738—1798)

字缄若，小字兴隆，号韫山，人称韫山先生。清武进人。乾隆四十三年(1778)进士，由户部主事值军机处。历官云南司员外郎、浙江道监察御史。为官正直，长于古文，深于经术，工制举业，从游之士颇众。

诗说1卷　经部诗经类

清嘉庆五年(1800)刻本。

诗三百不分卷　经部诗经类

清稿本，首都图书馆藏。

读雪山房杂著1卷　子部杂学类

清光绪十二年(1886)《粟香室丛书》本。

韫山堂读书偶得1卷　子部杂学类

《花近楼丛书补遗》本。

韫山堂文集8卷　集部别集类

(1) 清嘉庆六年读雪山房刻本，常州图书馆藏，与《韫山堂诗集》合刻，并称《韫山堂全集》。

(2) 清光绪十七年谢氏重刻本，国家图书馆藏。

(3) 清光绪二十年读雪山房重刻本，国家图书馆藏。

(4)《清代诗文集汇编》本。

韫山堂诗集16卷　集部别集类

(1) 清嘉庆六年读雪山房刻本，常州图书馆藏。

(2) 清光绪二十年读雪山房重刻本，国家图书馆藏。

(3)《清代诗文集汇编》本。

韫山堂文录1卷　集部别集类

《国朝文录》本。

韫山堂时文初集二集三集　集部别集类

(1) 清道光三年(1823)刻本，清华大学图书馆藏。

(2) 清同治四年(1865)刻本，重庆忠县图书馆藏。

(3) 清光绪五年金陵芸香阁铅印本，名《管缄若时文》，国家图书馆藏。

(4) 清光绪六年湖南书局刻本，郑州大学图书馆藏。

(5) 清光绪八年文昌书局刻本，国家图书馆藏。

(6) 清光绪十五年丹阳束氏刻本，常州图书馆藏。

(7) 清光绪十六年善成堂刻本，北京大学图书馆藏。

(8) 清光绪十七年京都琉璃厂朱墨套印刻本，中山大学图书馆藏。

(9) 清光绪十九年汲绠斋刻本，名《增注管缄若先生全稿》。上海图书馆藏。

(10) 清光绪二十年京都龙文阁刻本,名《韫山堂全稿》,汪鸣銮批注,国家图书馆藏。

管稿初选不分卷　集部别集类

清末刻本,苏州大学图书馆藏。

管世铭集　集部别集类

2017年凤凰出版社出版点校本。

按:本书收入其诗十六卷、文八卷、时文八卷。

读雪山房唐诗抄30卷附诗人小传4卷　集部总集类

(1) 清嘉庆十二年刻本,常州图书馆藏,存卷1—15。

(2) 清嘉庆十四年刻本,国家图书馆藏。

(3) 清光绪十二年湖北官书处刻本,国家图书馆藏。

按:据管氏自序,此书是在清徐倬《全唐诗录》基础上选出各体唐诗共3900余首。参见《唐诗选本六百种提要》。

读雪山房唐诗凡例1卷　集部诗文评类

《粟香室丛书》本。

按:亦收入郭绍虞编选《清诗话续编》,作《读雪山房唐诗序例》。

鸣秋合籁1卷　集部总集类

管世铭、钱维乔等撰

清乾隆五十年精刻本,上海图书馆藏。

庄通敏(1738—1810)

字济盛,一作霁辰,又字亭叔,号迂甫、澹迂。清武进人。存与次子。乾隆二十一年(1756)举人,三十七年进士。翰林院庶吉士,授编修,升左春坊中允。历充文渊阁校理,三通馆纂修,四库馆分校,国史馆纂修。乾隆四十二年、四十四年、五十三年,三任顺天乡试同考官。

澹香斋诗集　集部别集类　佚

双鹤轩唱和诗稿　集部总集类　佚

清庄通敏、庄承篯撰

以上 2 种见道光《武阳合志》卷 33。

周景益(1738—1812)

字星颉,号宿航。清武进人。乾隆三十六年(1771)进士。官贵州黎平府同知。工诗文。时人称管世铭、周景益、赵翚申、沈霖为清乾隆间毗陵文坛的神、仙、鬼、怪。

晚香草 1 卷　集部别集类

收入李兆洛辑《旧言集》。

蒙香草堂时文全集 2 卷　集部别集类

清同治光绪间刻本,又名《周稿全集》,苏州大学图书馆藏。

江行草　集部别集类　佚

雪帆吟草　集部别集类　佚

寄愁阁吟稿　集部别集类　佚

以上 3 种见道光《武阳合志》卷 33。

虞友兰(1738—1821)

字蔼仙。清金坛人。鸣球女,阳湖刘汝器妻,刘嗣绾母。工诗。室名树蕙轩。

树蕙轩集　集部别集类　佚

见光绪《武阳志余》卷 7

树蕙轩诗钞 2 卷　集部别集类

(1) 清道光三年(1823)刻本,南京图书馆藏。

(2)《清代诗文集汇编》本。

(3)《清代闺秀集丛刊》本。

按:《清代毗陵书目》卷 5 著录为《树蕙轩诗集》6 卷,并注:清嘉庆间刻本、光绪间重刻本。

问月楼词 2 卷　集部词曲类　佚

见《西营刘氏先世著述考》。

丁　琮(1738—?)

字瑶宗,号石渠。清武进人。少业儒,后改习医。于伤寒钻研尤深。

张仲景伤寒论一得篇 10 卷　子部医家类

清丁琮订

清乾隆五十二年(1787)抄本。北京中医药大学图书馆藏。

钱梦云(1738—1810 以后)

原名迈,字企庐,一字霞叔,号双山。清阳湖人。人龙孙,璟三子。岁贡生。官候选训导。性通脱,喜诙谐。室名味梦轩。

感旧诗集(一名双山感旧诗)2 卷　集部别集类　佚

见道光《武阳合志》卷 33。

双山诗　集部别集类

收入李兆洛辑《旧言集》。

刘汝谟(1739—1788)

字赓虞,又字洁士,号古三。清阳湖人。寅宾次子。乾隆四十五年(1780)进士。官翰林院编修。未仕时曾在四库全书馆充编校。

寄春吟 1 卷附词 1 卷　集部别集类

清光绪三年(1877)刘宗海刻本,常州图书馆藏。

按:《西营刘氏先世著述考》云:"著《寄春吟诗词集》四卷行世。"又,《全清词钞》卷 14 收其词 2 首。

钱维乔(1739—1806)

字树参、季木,小字阿逾,号曙川、竹初、半园、竹初居士、半竺道人、半园逸叟、林栖居士等。清阳湖人。人麟次子,维城弟。乾隆二十七年(1762)举人,官浙江鄞县知县。诗文博赡,工书善画,可与其兄媲美。

归田后得唐宇昭旧园之半，葺而居之，名曰半园之半。艺花种竹，读书作画，垂30年，与毕涵最相契。晚通禅理，自号净继老人，室名竹初庵。

(乾隆)鄞县志30卷首1卷　史部地理类

清钱维乔修　钱大昕等纂

(1) 清乾隆五十三年刻本，华东师范大学图书馆藏。

(2) 清道光二十六年(1846)刻本，厦门大学图书馆藏。

(3)《续修四库全书》本，据华东师范大学图书馆藏本影印。

钱竹初山水精品　子部艺术类

1926年商务印书馆影印本，北京师范大学图书馆藏。

向道知津录不分卷　子部儒学类

清嘉庆九年(1804)刻本，有容庚题识，中山大学图书馆藏。

摭拾掌故草稿不分卷　子部掌故类

清钱维城讲授　钱维乔辑录

稿本，北京大学图书馆藏。

民国抄本，哈佛大学图书馆藏。

竹初文钞6卷　集部别集类

(1) 清嘉庆十三年刻本，上海辞书出版社图书馆、北京大学图书馆藏。

(2)《续修四库全书》本，据上海辞书出版社图书馆藏本影印。

(3)《清代诗文集汇编》本。

按：《续修四库全书提要》云："此为其所作杂文，取法震川，以上窥韩欧，不仅疏通畅达，且能沉潜反复，得其义法之所以然。"

竹初诗抄16卷　集部别集类

(1) 清嘉庆十三年刻本，上海辞书出版社图书馆、北京大学图书馆藏。

(2)《续修四库全书》本，据上海辞书出版社图书馆藏本影印。

(3)《清代诗文集汇编》本。

按：《清代毗陵书目》卷4云："初名《春星堂诗集》。"《江苏诗征》卷

36名《竹初未定稿》。《晚晴簃诗汇》卷90名《竹初诗稿》。

鸣秋合籁1卷　集部总集类

钱维乔等编

清乾隆五十年精刻本，上海图书馆藏。

按：为管世铭、钱维乔、杨梦符、崔龙见、钱孟钿、钱锴、崔景仪合集。

竹初乐府二种4卷　集部词曲类

(1) 清乾隆五十一年至五十三年钱氏小林栖刻本，北京大学图书馆藏。

(2) 清嘉庆十三年刻本，北京大学图书馆藏。

(3)《清代诗文集汇编》本。

子目：

《乞食图》(一名《虎皐缘》《后崔张》)2卷

《鹦鹉媒》2卷

碧落缘2卷　集部词曲类　佚

见《清代毗陵书目》卷5。此原为《竹初乐府三种》之一，未见传本。参《古典戏曲存目汇考》卷12。

钱竹初全集三种　丛书类

清嘉庆十三年钱氏刻本，北京大学图书馆藏。

子目：

《竹初诗钞》

《竹初文钞》

《竹初乐府》

钱孟钿(1739—1806)

字冠之。清阳湖人。维城女，湖北巡道崔龙见(山西永济人，移家常州)妻。幼好吟咏，诗法多经维城口授。娴于史事，通音律，善绘画。为诗品诣超隽，力宗杜甫、李白，故以"浣青"自号。《北江诗话》称其诗"如沙弥升座，灵警异常"。

浣青诗草8卷续草1卷　集部别集类

(1) 清乾隆四十一年(1776)写刻本,复旦大学图书馆藏。

(2)《清代闺秀集丛刊》本。

(3) 2015年中华书局出版《清代闺阁诗集萃编》本。

浣青诗草2卷浣青词草1卷　集部别集类

清抄本,国家图书馆藏。

浣青诗草1卷　集部别集类

(1) 清乾隆芸香阁精刻本。

(2)《国朝闺阁诗钞》本。

浣青诗草4卷　集部别集类

《国朝女史诗合钞》本,清秋声馆刻本,南京图书馆藏。

纫秋诗草4卷　集部别集类　佚

见道光《武阳合志》卷33。

鸣秋合籁1卷　集部总集类

钱维乔等撰

清乾隆五十年精刻本,上海图书馆藏。

按:此书详"钱维乔"条。其中收孟钿诗。

浣青诗余1卷　集部词曲类

《小檀栾室汇刻闺秀词》本。

钱伯坰(1739—1812)

字鲁思,又作鲁斯,号渔陂、樵陂。所居近仆射山,因自号仆射山樵。清阳湖人。枝起孙,勋著子。清乾隆时国子生。以善画名于世。能诗,工书,书宗李邕。曾游学京师,从桐城刘大櫆受古文义法,并传师说于其乡恽敬、张惠言,遂有阳湖派古文之目。清乾隆五十九年(1794)至武昌入毕沅幕。

仆射山房诗　集部别集类

收入李兆洛辑《旧言集》。

按:李兆洛辑《旧言集》时仅得《仆射山房诗》残本4册;清乾隆二十五年至五十年2册,乾隆五十三年至嘉庆二年1册,嘉庆五年至十四年1册,从中选得128首。

庄　述(1740—1769)

字星玉,号明轩。清武进人。官临川知县。

寄愁草　集部别集类　佚

见光绪《武阳志余》卷7。

寄愁草　集部别集类

收入李兆洛辑《旧言集》。

夏　荪

字纫佩,号楚畹。清江阴人。宗沂女。幼即工诗。年26嫁武进庄述。越2年述卒。述父去官后老而贫。荪仰事俯畜,取给十指。训子严。年51卒。

纫佩集　集部别集类

见道光《武阳合志》卷33。部分诗作收入李兆洛辑《旧言集》。

左大治(1740—1790)

字敬修,号蕙庄。清阳湖人。辅兄。清乾隆三十年(1765)举人,四十年考取方略馆誊录,五十年夏授河南通许知县,次年以母卒去任。通晓阴阳术数,尤长于星学。诗宗汉魏三唐。

续肘后方2卷　子部医家类　佚

左大治辑

餐绿山房诗文稿4卷　集部别集类　佚

餐绿山房诗钞　集部别集类　佚

清左大治选

按:此手定汉魏六朝唐诗1165首。

制艺菁华录　集部总集类　佚

清左大治选

按:此选明清文百余篇。

以上4种见清左辅《念宛斋文稿》卷4《蕙庄先生行述》。

庄宝书(1740—1795)

字然一,一作然乙,小字梅生。清阳湖人。韡鄂子。监生。善词章,尤致力于书法。游京师,就顺天乡试。不数年而善书之名大盛,然屡试屡黜。后每酒酣耳热,操笔纵横,其抑郁不平之气,悉寓于书。年近半百,始由四库馆议叙山东聊城县丞,摄冠县事。后以臂疾辞归。其诗宗王维,而为书名所掩。

梅屐山房诗钞　集部别集类　佚

见道光《武阳合志》卷33。

蒋骐昌(1740—1810)

亦作麒昌,字云翔,一字莹溪。清阳湖人。炳子,麟昌弟。官陕西华阴通判。嘉庆十三年(1808)常郡大旱,开赈局救灾,十五年又主持疏浚护城河。

五经文字偏旁考3卷　经部群经总义类

(1) 清乾隆五十九年(1794)列岫山房刻本,国家图书馆藏。

(2)《四库未收书辑刊》本,据清乾隆刻本影印。

篆隶偏旁　考经部小学类　佚

见《清代毗陵书目》卷1。

(乾隆)醴泉县志14卷图1卷　史部地理类

清蒋骐昌修　孙星衍纂

清乾隆四十九年(1784)刻本,上海图书馆藏。

历代舆地考　史部地理类　佚

闻见卮言　子部杂学类　佚

列岫山房诗草　集部别集类　佚

以上3种分见《清代毗陵书目》卷2、3、4。

史次星(1740—1826)

字右章,又字和叔,号霍堂。清武进人。诸生。早年发愤举业,屡试不售,遂绝意仕进,游学四方。晚年以课徒为业。工诗。李兆洛评其诗云:"不能名家,而圆劲拔俗,清越如玉声。"

释谱20卷　史部传记类　佚

霍堂诗文稿12卷　集部别集类　佚

以上2种分见《清代毗陵书目》卷2、4。

如如草堂诗钞6卷　集部别集类

抄本,南京图书馆藏。

霍堂诗抄6卷　集部别集类

1922年武进史氏铅印本,常州图书馆藏。

刘种之(1741—1810)

字存子,号檀桥。清阳湖人。星炜次子。乾隆三十年(1765)召试举人,乾隆三十一年进士,改庶吉士,授翰林院编修、文渊阁校理。历官至河南学政、山西学政。

檀桥文钞1卷　集部别集类　佚

檀桥试帖1卷　集部别集类　佚

以上2种见《西营刘氏先世著述考》,谓"存"。

崔龙见(1741—1817)

字翘英,号曼亭、莲坪,又自号万迴居士。室名敬业堂。清阳湖人,祖籍山西永济。钱维城婿,钱孟钿夫。乾隆二十六年(1761)进士。授陕西南郑县知县,调富平。官杭州府同知,累迁湖北荆州知府,荆宜施道。转运督战,备尝劳苦,引疾归。有俊才,能诗词,所作不多。

茝坪诗草　集部别集类　佚

万迴小草　集部别集类　佚

以上2种见《清代毗陵书目》卷8。

（乾隆）江陵县志58卷首1卷　史部地理类

清崔龙见修　黄羲尊纂

清乾隆五十九年刻本，中国人民大学图书馆藏。

鸣秋合籁1卷　集部总集类

清钱维乔等撰

清乾隆五十年精刻本，上海图书馆藏。

按：此书详“钱维乔”条，中有龙见、孟锢诗。

孙念劬(1742—1812)

初名烈，字述甫，号洁斋。清武进人。县学生。

孝经汇纂　经部孝经类

(1) 清嘉庆四年(1799)强恕堂刻本。

(2)《四库未收书辑刊》本，据清嘉庆刻本影印。

志学阶梯8卷　子部儒学类

清嘉庆三年刻本，南京图书馆藏。

全人矩矱4卷　子部儒学类

(1) 清道光二十三年(1843)北京秀义斋刻本，湖南图书馆藏。

(2) 清同治七年(1868)槐荫书屋重刻本，南京图书馆藏。

金刚经汇纂2卷　子部佛教类

《续藏经》本。

般若心经汇纂1卷　子部佛教类

《续藏经》本。

洁斋诗草删存4卷　集部别集类

清嘉庆八年刻本，国家图书馆藏。

周　情(1742—1821)

字春山。清阳湖人。性好学，与同里赵怀玉读书于苏州。3年后归，文章益进。屡应乡试不利，遂肆力读书，撰制艺200余篇。

海上篇1卷　集部别集类

(1)《毗陵周氏家集》本。

(2)《毗陵周氏五世诗集》本。

吴翼传(1742—1825)

字一飞，号向亭。清武进人。

学庸约旨　经部四书类　佚

见光绪《武阳志余》卷7。

庄环玦(1743—1785)

清武进人。培因长女，内阁中书钱中铣妻。

深柳堂诗钞　集部别集类　佚

见光绪《武阳志余》卷7。

董　昕(1743—1811)

字念翔，号晓堂，又号心园。清武进人。岁贡生。履福孙。

周礼仪礼汇要　经部周礼类　佚

经义诠微　经部群经总义类　佚

晓堂诗文稿　集部别集类　佚

以上3种见光绪《武阳志余》卷7。

庄一夔(1743—1827)

字在田，号让斋。清武进人。湖南荆门州吏目。治事精详，尤深于医。在江汉为官时，凡见对口发背及痈疽，辄予之方，莫不应手愈，楚人誉为“神外科”。因侄孙辈患痘疹及惊风，庸医投以寒凉表散之剂，每致夭折，乃悉心研究儿科诸症，医术大进。其治痘主温补兼散，治疹主养血兼散。谓慢惊属虚寒，当治以温补；急惊属实热，当治以清热。临床诊治辄见奇效。所著诸书流传甚广。

痘疹遂生编(简称遂生编)　子部医家类

(1) 清嘉庆二年(1797)刻本，中国中医科学院图书馆藏。

(2) 清道光十八年(1838)刻本，辽宁中医药大学图书馆藏。

(3) 清咸丰四年(1854)刻本，上海辞书出版社图书馆藏。

(4) 清同治六年(1867)古芳斋刻本，上海中医药大学图书馆藏。

(5) 清同治八年魏氏刻本，中国中医科学院图书馆藏。

(6) 清同治刻本，中国中医科学院图书馆藏。

(7) 清光绪十五年(1889)刻本，湖南省图书馆藏。

(8) 清光绪十八年上海刻本，江西省图书馆藏。

(9) 清光绪二十四年刻本，陕西中医学院图书馆藏。

(10) 清朱聚文斋刻本，山东省图书馆藏。

(11) 1930、1935 年上海国医书局铅印本，中国中医科学院图书馆藏。

(12) 刻本，有抄配，中国中医科学院图书馆藏。

(13)《四生合编》本。

(14)《寿世汇编》本。

(15)《济世专门编》本。

(16)《慈幼新书三种》本。

(17)《保赤全编》本。

(18)《妇婴至宝》本。

(19)《国医小丛书》本。

(20)《梦草亭医书三种》本。

(21)《达生编合编》附录。

(22)《敬信录》附录。

(23)《福济全珍》本。

(24)《医要三书》本。

(25)《保赤三书》本。

(26)《体生集》本。

(27)《妇婴宝鉴》本。

福幼编 1 卷，又名生生福幼编　子部医家类

(1) 清嘉庆二年刻本，上海图书馆藏。

(2) 清嘉庆二十二年文会堂英华斋刻本，安徽中医学院图书馆藏。

(3) 清道光九年刻本，山东省图书馆藏。

(4) 清道光十六年临潼田氏六安写刻本，上海图书馆藏。

(5) 清道光十八年会稽李氏刻本，故宫博物院图书馆藏。

(6) 清道光十九年歌萼堂刻本，山东省图书馆藏。

(7) 清咸丰十年刻本，天津中医药大学第一附属医院图书馆藏。

(8) 清同治六年刻本，中国中医科学院图书馆藏。

(9) 清光绪元年雨梅书屋金氏刻本，南京图书馆藏。

(10) 清光绪五年苏州刻本，南京图书馆藏。

(11) 清光绪八年知不足斋刻本，山东省图书馆藏。

(12) 清光绪八年铅印本，山东省图书馆藏。

(13) 清光绪十一年扫叶山房刻本，中国中医科学院图书馆藏。

(14) 清光绪十二年潘诒安堂刻本，湖南省图书馆藏。

(15) 清光绪十三年铅印本，成都市图书馆藏。

(16) 清光绪十五年刻本，湖南省图书馆藏。

(17) 清光绪十八年重刻本，云南省图书馆藏。

(18) 清光绪十九年四川刻本，南京图书馆藏。

(19) 清光绪二十年宜兴史氏刻本，山东省图书馆藏。

(20) 清光绪二十二年归安徐存泰重刻本，广东省立中山图书馆藏。

(21) 清光绪二十三年翠微社馆重刻本，上海图书馆藏。

(22) 清光绪二十四年景文斋刻本，上海交通大学医学院图书馆藏。

(23) 清光绪二十七年光州凌锦堂刻本，陕西省中医药研究院图书馆藏。

(24) 清光绪二十七年上元江氏刻本，湖南省图书馆藏。

(25) 清光绪二十八年刻本，湖南省图书馆藏。

(26) 清光绪二十九年刻本，河南省中医学院图书馆藏。

(27) 清光绪三十年刻本，中国中医科学院图书馆藏。

(28) 清光绪三十年铅印本，南京中医药大学图书馆藏。

(29) 清光绪三十一年铅印本，南京图书馆藏。

(30) 清光绪三十三年麟书阁刻本，广州中医药大学图书馆藏。

(31) 清光绪三十三年成都文伦堂铅印本，成都市图书馆藏。

(32) 清光绪刻本，上海图书馆藏。

(33) 清刻本，上海图书馆藏。

(34) 清高宝铃抄本，复旦大学图书馆藏。

(35) 清写本，上海图书馆藏。

(36) 1916年上海镂青阁石印本，长春中医药大学图书馆藏。

(37) 1929年维扬张善征铅印本，首都图书馆藏。

(38) 1930、1932年上海国医书局石印本，上海图书馆藏。

(39) 1931、1936、1937年苏州弘化社铅印本，辽宁省图书馆藏。

(40) 1934年九燕堂排印本，广东省立中山图书馆藏。

(41) 广百宋斋石印本，中国中医科学院图书馆藏。

(42) 蒋子筠排印本，附《白喉忌表抉微》，浙江省图书馆藏。

(43) 民国铅印本，辽宁省图书馆藏。

(44)《妇婴至宝》本。

(45)《保赤全编》本。

(46)《寿世汇编》本。

(47)《慈幼新书三种》本。

(48)《陈修园医书》(48种、50种、60种)本。

(49)《国医小丛书》本。

(50)《南雅堂医书全集》,国家图书馆藏。

(51)《梦草亭医书三种》本。

(52)《幼科大成》本。

(53)《寿世编》本。

(54)《体生集》本。

(55)《敬信录》本。

(56)《济世专门编》本。

(57)《惊风辩证必读书》本。

(58)《平江贺氏汇刊医书》本。

(59)《仙方合集》本。

(60)《福济全珍》本。

(61)《仙方合集》本。

(62)《妇婴宝鉴》本。

(63)《幼科汇编》本。

(64) 2001年海南出版社《故宫珍本丛刊》本。

遂生福幼合编　子部医家类,又名传家至宝、千金至宝、庄氏慈幼二书

(1) 清嘉庆二年朱墨套印刻本,上海图书馆藏。

(2) 清嘉庆二年刻本,附《痘疹经》,上海图书馆藏。

(3) 清嘉庆六年刻本,天津中医药大学图书馆藏。

(4) 清嘉庆十四年刻本,吉林省图书馆藏。

(5) 清嘉庆十八年刻本,成都中医药大学图书馆藏。

(6) 清嘉庆二十一年刻本,湖南中医药大学图书馆藏。

(7) 清嘉庆二十五年刻本,云南省图书馆藏。

(8) 清嘉庆刻本,上海图书馆藏。

(9) 清道光二年刻本,山东中医药大学图书馆藏。

(10) 清道光四年湖北刻本,山东省图书馆藏。

(11) 清道光六年刻本,天津市医学科学技术信息研究所藏。

(12) 清道光九年刻本,苏州市中医医院图书馆藏。

(13) 清道光十一年刻本,中国中医科学院图书馆藏。

(14) 清道光十二年刻本,天津中医药图书馆藏。

(15) 清道光十四年旌德汪氏刻本,南通大学医学院图书馆藏。

(16) 清道光十五年刻本,安徽省图书馆藏。

(17) 清道光十六年临潼田氏六安写刻本,上海图书馆藏。

(18) 清道光十七年刻本,浙江省中医药研究院藏。

(19) 清道光十八年刻本,辽宁中医药大学图书馆藏。

(20) 清道光二十四年刻本,湖南省图书馆藏。

(21) 清道光二十五年止园刻本,原题《庄氏慈幼二书》,上海图书馆藏。

(22) 清道光二十六年闵中林氏刻本,中国中医科学院图书馆藏。

(23) 清道光二十八年刻本,长春中医药大学图书馆藏。

(24) 清道光二十九年翰文堂刻本,广西壮族自治区桂林图书馆藏。

(25) 清道光二十九年永盛斋刻本,天津中医药大学图书馆藏。

(26) 清道光陕西张大猷容忍堂刻本,中国中医科学院图书馆藏。

(27) 清咸丰元年滋桂书屋刻本,南京图书馆藏。

(28) 清咸丰四年文光堂刻本,原题《慈幼新书》,国家图书馆藏。

(29) 清咸丰七年周以恒刻本,江西省图书馆藏。

(30) 清咸丰十年刻本,原题《保赤全编》,常州图书馆藏。

(31) 清咸丰十一年刻本,黑龙江中医药大学图书馆藏。

(32) 清咸丰刻本,上海图书馆藏。

(33) 清同治二年刻本,辽宁省图书馆藏。

(34) 清同治四年刻本,原题《千金至宝》,南京中医药大学图书馆藏。

(35) 清同治五年好生堂刻本,国家图书馆藏。

(36) 清同治六年则古昔斋刻本，中国中医科学院图书馆藏。

(37) 清同治八年双白燕堂刻本，附《广生编痘论》，题作《保赤全编》，常州图书馆藏。

(38) 清同治八年当湖茂林斋刊本，天津中医药大学图书馆藏。

(39) 清同治九年刻本，中国中医科学院图书馆藏。

(40) 清同治十一年义经堂刻本，天津医学高等专科学校图书馆藏。

(41) 清同治十二年刻本，上海中医药大学图书馆藏。

(42) 清同治十三年刻本，上海图书馆藏。

(43) 清光绪元年平江贺氏刻本，陕西中医药研究院图书馆藏。

(44) 清光绪三年甘凉道署刻本，新疆医科大学图书馆藏。

(45) 清光绪五年刻本，河南省图书馆藏。

(46) 清光绪六年刻本，中国中医科学院中国医史文献研究所藏。

(47) 清光绪七年金陵刻本，题作《保赤联珠》，陕西省图书馆藏。

(48) 清光绪八年云南集文堂刻本，云南中医学院图书馆藏。

(49) 清光绪八年碧山堂刻本，安徽中医学院图书馆藏。

(50) 清光绪九年刻本，天津图书馆藏。

(51) 清光绪十年维扬聚贤堂刻本，河南中医学院图书馆藏。

(52) 清光绪十五年西顺轩刻本，山东省图书馆藏。

(53) 清光绪十七年刻本，广州中医药大学图书馆藏。

(54) 清光绪十八年乐善堂刻本，中国中医科学院图书馆藏。

(55) 清光绪十八年上海文艺斋藏板，中国中医科学院图书馆藏。

(56) 清光绪二十三年刻本，上海图书馆藏。

(57) 清光绪二十七年石印本，贵阳中医学院图书馆藏。

(58) 清光绪二十八年上元江氏刻本，辽宁省图书馆藏。

(59) 清光绪二十九年扬州集贤斋刻本，广西壮族自治区桂林图书馆藏。

(60) 清光绪三十年刻本聚文堂藏板，中国中医科学院图书馆藏。

(61) 清光绪刻本,上海图书馆藏。

(62) 京都善成堂刻本,题作《千金至宝》,山东省图书馆藏。

(63) 清末云南崇文印书馆铅印本,云南中医学院图书馆藏。

(64) 清刻本,国家图书馆藏。

(65) 1915年耕道堂刻本,湖南省图书馆藏。

(66) 1916年长沙藻华印刷局铅印本,湖南省图书馆藏。

(67) 1917年瑞州元斋刻本,上海图书馆藏。

(68) 1924年宝应文林社石印本,南京中医药大学图书馆藏。

(69) 1925年吴县潘承典铅印本,上海图书馆藏。

(70) 1926年铅印本,吉林省中医药研究院图书馆藏。

(71) 1930年上海国医书局石印本,湖南省中医药大学图书馆藏。

(72) 1934年张武桂校铅印本,河南省图书馆藏。

(73) 1934年杭州正则印书馆铅印本,湖南省图书馆藏。

(74) 民国烟台《进化日报》社石印本,山东省图书馆藏。

(75) 民国刻本,中国中医科学院图书馆藏。

(76) 铅印本,中国中医科学院图书馆藏。

(77)《张氏医集三种》本。

(78)《温病条辨医方撮要》本。

(79)《医方易简集》本。

痘症慢惊合编2卷(又名痘症慢惊秘诀)　子部医家类

(1) 清嘉庆十五年刻本,中国科学院上海生命科学信息中心生命科学图书馆藏。

(2) 清道光二十六年中湘吉曜堂刻本,国家图书馆藏。

(3) 清道光二十八年刻本,故宫博物院图书馆藏。

小儿夺命丹二种　子部医家类

民国铅印本,中国中医科学院图书馆藏。

卫生宝笈6卷　子部医家类

清光绪二十五年潘氏梦琴书屋刻本,浙江省图书馆藏。

班斧集 1 卷　集部别集类

清嘉庆间刻本，国家图书馆藏。

琵琶三十咏 1 卷　集部别集类

清嘉庆十三年刻本，国家图书馆藏。

保赤三书　丛书类

清庄一夔等撰

清同治二年刻本，四川大学图书馆藏。

子目：

《福幼编》1 卷

《遂生篇》1 卷

《寿婴编》1 卷。

体生集　丛书类

抄本，清咸丰十年沈清臣丐人抄，中国中医研究院图书馆藏。

子目：

《宜麟策》1 卷续编 1 卷

《达生篇》上下 2 卷

《福幼编》1 卷

《遂生篇》1 卷，附《种痘良方》

保赤六种　丛书类

清光绪元年刻本，解放军医学图书馆藏。

保赤全编，又名慈幼新书　丛书类

子目：

《福幼编》1 卷

《遂生篇》1 卷

《广生篇》1 卷，附《种痘简易良方》

(1) 清咸丰四年洪洞李煊刻本，国家图书馆藏。

(2) 清咸丰十年刻本，上海图书馆藏。

(3) 清同治六年则古昔斋刻本，中国中医科学院图书馆藏。

(4) 清光绪三十年聚文堂刻本，浙江中医药大学图书馆藏。

(5) 清刻本，国家图书馆藏。

(6) 兰溪扬培兰轩石印本，浙江中医药大学图书馆藏。

慈幼新书三种　丛书类

(1) 清乾隆四十八年(1783)永思堂刻本，中国中医科学院图书馆藏。

(2) 清乾隆、嘉庆间河南刻本，河南省图书馆藏。

(3) 清嘉庆十七年连元阁刻本，安徽省图书馆藏。

(4) 清道光二十九年刻本，天津医学科学技术信息研究所藏。

(5) 清咸丰六年古经阁刻本，北京中医药大学图书馆藏。

(6) 清同治二年佛山镇天禄阁刻本，广东省立中山图书馆藏。

(7) 清同治五年佛山镇右文堂刻本，广东省立中山图书馆藏。

(8) 清同治六年漱经堂刻本，广东省立中山图书馆藏。

(9) 清同治九年常郡杨翰文斋刻本，中国中医科学院图书馆藏。

(10) 清同治十一年补过山房刻本，湖北中医药大学图书馆藏。

(11) 清光绪元年璧经堂刻本，广西壮族自治区图书馆藏。

(12) 清光绪三年刻本，四川大学医学院图书馆藏。

(13) 清光绪八年广州聚经堂刻本，广东省立中山图书馆藏。

(14) 清光绪十年五经楼刻本，广东省立中山图书馆藏。

(15) 清光绪十三年羊城圣经堂刻本，中国中医科学院图书馆藏。

(16) 清光绪十三年羊城藏珍阁刻本，广东省立中山图书馆藏。

(17) 清光绪十三年金陵文翰斋刻本，河南中医学院图书馆藏。

(18) 清光绪十四年钱塘赵氏刻本，重庆市图书馆藏。

(19) 清光绪十五年金溪曹氏刻本，江西省图书馆藏。

(20) 清光绪十六年文经堂刻本，广东省立中山图书馆藏。

(21) 清光绪十九年心耕堂刻本，重庆市图书馆藏。

(22) 清光绪二十二年刻本，广东省立中山图书馆藏。

(23) 清光绪二十七年羊城宝经阁刻本，广东省立中山图书馆藏。

(24) 清光绪二十九年上海图书集成印书局石印本,内蒙古自治区图书馆藏。

(25) 清光绪三十三年思补居刻本,安徽省图书馆藏。

(26) 广州羊城石经堂石印本,广东省立中山图书馆藏。

(27) 清刻本,中国医学科学院图书馆藏。

(28) 1918 年扬州集贤斋刻本,镇江市图书馆。

(29) 1923 年北京中央印刷局铅印本,国家图书馆藏。

(30) 1934 年九燕堂刻本,山东省图书馆藏。

(31) 1934 年杭州张氏铅印本,安徽中医学院图书馆藏。

(32) 1943 年韶关实用出版社铅印本,广西壮族自治区桂林图书馆藏。

子目:

《福幼篇》1 卷

《遂生篇》1 卷

《达生篇》1 卷,清亟斋居士撰

法　惠(1743—?)

字心和,又字諴和。清武进人。学山子。亦以医名于世。

医宗粹言(一作医学粹言)1 卷　子部医家类　佚

见光绪《武阳县志》卷 28。

庄　祁(1744—1805)

字京少,一字竹坪。清武进人。乾隆五十一年(1786)举人。以四库馆誊录议叙山东胶州同知,历署寿光、武城知县,济南府通判。办理东巡大差,列优等。病卒。

坡印阁诗草 5 卷　集部别集类　佚

见道光《武阳合志》卷 33、《庄氏族谱》卷 16 下。

庄　氏(1744—1808)

佚其名。清武进人。存与次女，刘逢禄母。幼承祖父庄柱、父存与学。酷爱读书，对四史、《资治通鉴》尤研读不倦。年25嫁刘氏。子逢禄年十一、二时即亲授以《楚辞》《文选》及唐宋诗词古文，对其后来学业成就很有帮助。中年始学诗，其诗无闺阁脂粉气。

操缦室诗稿　集部别集类　佚

见光绪《武阳志余》卷7。

按：《武进西营刘氏家谱》作《操缦室稿》。

屠　琪(1744—1814)

字树洲，号丹崖。清武进人。岁贡生，候选儒学训导。

丹崖诗抄2卷　集部别集类　佚

见道光《武阳合志》卷33。

庄有可(1744—1822)

原名献可。字大久，一字岱久，号慕良。清武进人。郡增生。少好学而久困场屋，30岁前尚应童子试，35岁始研究《春秋》。43岁赴京师，与左辅、张惠言、恽敬等交往甚厚。49岁校《四库全书》于奉天文溯阁，50岁还京。嘉庆二年(1797)主讲顺德莲城书院，四年主讲卜城书院，六年应聘修《合肥县志》。晚年子诜男贵，迎养于署。毕生勤于著述，耄年犹晨夕持卷弗释。成书达500卷。

周易集说7卷　经部易类　佚

见道光《武阳合志》卷32。

易义条析1卷卦序别臆1卷　经部易类　佚

据道光《武阳合志》卷32。是书自序曰："《条析》成，与《卦序别臆》合订。并附辑张仲纯《说易》之卦画蓍策数条。"

按：《卦序别臆》，《清代毗陵书目》作《卦序别义》。

删辑周易玩辞 2 卷　经部易类　佚

见光绪《武阳志余》卷 7。谓该书乃“删辑南宋江陵项平甫《周易玩辞》而成，约为原书四之一”。平甫，名安世，其书今存。

周易原本订正 1 卷　经部易类　佚

见道光《武阳合志》卷 32。据清吴仁杰《古周易》订正。

周易大修十翼原本　经部易类　佚

周易文字异同 1 卷　经部易类　佚

周易异文 1 卷　经部易类　佚

周易篆文 1 卷　经部易类　佚

删辑元清江张理仲纯氏易说 1 卷　经部易类　佚

以上 5 种见《清代毗陵书目》卷 1。

尚书今文集注 6 卷　经部尚书类　佚

尚书序说 1 卷　经部尚书类　佚

以上 2 种见道光《武阳合志》卷 32。《清代毗陵书目》卷 1 作《今文尚书集注》6 卷与《尚书序说》2 卷。

毛诗说 6 卷诗蕴 2 卷　经部诗经类

(1) 1934 年商务印书馆影印原稿本，常州图书馆藏。

(2)《续修四库全书》本。

按:《毛诗说》，道光《武阳合志》卷 32、光绪《武阳志余》卷 7 并作 5 卷。《诗蕴》，《武阳合志》《武阳志余》并作《毛诗说蕴》。《武阳志余》并附二书作者自序。

毛诗序说 1 卷　经部诗经类　佚

光绪《武阳志余》卷 7 著录，并附该书作者自序。

毛诗异闻 2 卷　经部诗经类　佚

毛诗字义 5 卷　经部诗经类　佚

以上 4 种见道光《武阳合志》卷 32、光绪《武阳志余》卷 7。《志余》引《经籍志》曰:“右书俱未刊行(《毛诗说》《说蕴》影印在《志余》编成以后)。《毛诗说》体例在讲章、训诂之间，《说蕴》即其中尤关旨要者也。

《异闻》无序目，盖杂采诸说之义异者。”

毛诗异文篆字 1 卷　经部诗经类　佚

毛诗篆文 6 卷　经部诗经类　佚

以上 2 种见《清代毗陵书目》卷 1。

诗经异文 1 卷　经部诗经类　佚

见《庄氏族谱》卷 16 下。

周官指掌 5 卷　经部周礼类

(1) 清道光九年(1829)刻本，首都图书馆藏。

(2)《正觉楼丛刻》本。

周官集说 12 卷　经部周礼类　佚

见光绪《武阳合志》卷 32。

礼笺驳正　经部周礼类　佚

见《清代毗陵书目》卷 1。

周礼注　经部周礼类　佚

见《清代毗陵书目》卷 1。

考工记集说 11 卷　经部周礼类　佚

见道光《武阳合志》卷 32。

原注：附《周官集说》后。

仪礼丧服经传分释图表 2 卷　经部仪礼类　佚

见道光《武阳合志》卷 32。

按：《庄氏族谱》卷 16 下无“图表”2 字。

礼记集说 49 卷　经部礼记类

1935 年上海商务印书馆影印原稿本，常州图书馆藏。

礼记校正 1 卷　经部礼记类　佚

见光绪《武阳县志》卷 28，注云“存”。

春秋定本 1 卷　经部春秋类　佚

按：《庄氏族谱》卷 16 下作《春秋正文定本》。

春秋经文讹异辨正 1 卷　经部春秋类　佚

见光绪《武阳志余》卷7，并摘录其自序。

以上3种见道光《武阳合志》卷32。

春秋字义本4卷　经部春秋总义类

见道光《武阳合志》卷32。《清代毗陵书目》卷1作《春秋字义》4卷。

春秋篆文定本1卷　经部春秋总义类　佚

见《清代毗陵书目》卷1。

春秋字数义104卷　经部春秋总义类　佚

春秋地名考2卷　经部春秋总义类　佚

春秋人名考2卷　经部春秋总义类　佚

春秋人伦义56卷　经部春秋总义类　佚

春秋地理义15卷　经部春秋总义类　佚

春秋物类义6卷　经部春秋总义类　佚

以上6种见道光《武阳合志》卷32。

春秋人名考义　经部春秋总义类　佚

《庄氏族谱》卷16下原按："此即《春秋人名考》之初稿。"

春秋名义2卷　经部春秋总义类　佚

春秋人字考义　经部春秋总义类　佚

春秋族名考义　经部春秋总义类　佚

春秋氏义　经部春秋总义类　佚

春秋姓名考义　经部春秋总义类　佚

春秋谥公考义　经部春秋总义类　佚

见《庄氏族谱》卷16下，原按："以上合订为一本。"

春秋兵争义　经部春秋总义类　佚

光绪《武阳县志》卷28作2卷。

春秋人伦考义1册　经部春秋总义类　佚

《庄氏族谱》卷16下作1卷。

春秋人伦义　经部春秋总义类　佚

《庄氏族谱》卷16下按:"无卷数,附《人伦考义》后,与前作56卷者不同。"

春秋人事义　经部春秋类　佚

光绪《武阳县志》卷28作1卷、《庄氏族谱》卷16下作2卷。

春秋爵官考义　经部春秋总义类　佚

春秋礼事义2卷　经部春秋总义类　佚

春秋慎终义　经部春秋总义类　佚

光绪《武阳县志》卷28作4卷。

按:以上并见《庄氏族谱》卷16下,《庄谱》非但注明卷数,且注明册数。或数种合订一本,或某书附订某书后。显系全部完稿。1990年编订《江苏艺文志》时,编者曾访问庄氏后裔庄劬先生,据谓以上诸书确全部成书,稿藏族祖某处,后不幸多散佚。

春秋注解16卷　经部春秋总义类

清嘉庆二十三年抄本,清华大学图书馆藏。

春秋慎行义1卷春秋刑法义1卷春秋使师义1卷　经部春秋总义类

(1) 清抄本,浙江图书馆藏。

(2)《续修四库全书》本,据浙江图书馆藏本影印。

春秋小学7卷附春秋异文小学1卷　经部春秋总义类

(1) 1935年商务印书馆影印原稿本,常州图书馆藏。

(2)《续修四库全书》本。

春秋天道义94卷　经部春秋总义类

稿本,上海社会科学院历史研究所资料室藏。

许氏篆文2卷　经部小学类　佚

传记不载说文余字3卷　经部小学类　佚

以上2种见《清代毗陵书目》卷1。

各经传记小学14卷附录1卷　经部群经总义类

1935年商务印书馆影印本,常州图书馆藏。

慕良杂著3卷慕良杂纂4卷附录1卷　子部儒学类

玄孙庄俞校订

1930年商务印书馆排印本，常州图书馆藏。

按：张舜徽《清人文集别录》据《杂著》卷首"遗著总目"及卷尾跋语，谓有可"著述多至六十二种，积稿凡一百一十九册"。《杂著》3卷并附录，共收文60篇，实其文集。《杂纂》虽为笔记，又与《杂著》相表里。又谓其治经尚会通，是以发拘泥者之蔽，救妄逞胸臆之失。然其说字解经亦多望文生训，盖亦思而不学之过也。

慕良诗存(一作恬适偶成)　集部别集类　佚

见《清代毗陵书目》。

庚辛窗稿选存1本　集部别集类　佚

见《庄氏族谱》卷16著录，并按："此前半为大久公手选其叔父择服公之遗作，后附10篇，乃大久公自作者。"

伍宇澄(1745—1785)

字既庭。清阳湖人。宇昭弟。少学章句，即解为诗。弱冠后从宜兴史承豫学，又与万之蘅等友善。工诗，善书法及虫鱼画，又精鉴赏。

饮渌轩随笔2卷　子部小说类

(1) 清嘉庆《毗陵伍氏合集》本。

(2)《常州先哲遗书》本。

(3) 1931年排印本。

秋水亭诗抄1卷　集部别集类

(1) 清嘉庆《毗陵伍氏合集》本。

(2) 1931年排印本。

(3) 2016年学苑出版社《稀见清代四部辑刊》本。

章　霭(1745—1805)

字吉人，号橘塍。清阳湖人。太学生。

橘塍诗集1卷　集部别集类

清活字本，南京图书馆藏。

巢经堂诗稿　集部别集类　佚

见道光《武阳合志》卷33。

钱中锡(1745—1810)

原名中钜，字巨卿，号味菽。清武进人。维城侄。

鸣秋合籁1卷　集部总集类

清钱维乔等撰

清乾隆五十年(1785)精刻本，上海图书馆藏。

按：此书详"钱维乔"条，其中收中锡诗。

刘可培(1745—1812)

字元赞，号阮山。室名筠心阁、蜷桂山房。清阳湖人。焕章长子。增贡生。官候选训导。博学多闻，客闽、皖、豫、滇，颇受器重。性耽风雅，善词曲。

风怀偶录2卷　集部别集类　佚

蜷桂山房诗稿20卷　集部别集类　佚

以上2种见《清代毗陵书目》卷4。

蜷桂山房诗　集部别集类

收入李兆洛辑《旧言集》。

石帆词2卷　集部词曲类

《高遝阁丛书》本，国家图书馆藏。

按：道光《武阳合志》卷33著录为《石帆词钞》4卷。

绣旗记2卷　集部词曲类

清抄本，国家图书馆藏。

筠心阁传奇六种　丛书类

见《清代毗陵书目》卷5。

子目：

《绣图缘》

《耆英记》

《餐英记》

《绣旗记》

《槎合记》

《精卫石》

按:《古典戏曲存目汇考》卷12著录《七夕圆》《精卫石》2种。《七夕圆》考语云:"乾隆间抄本。一名《槎合记》,凡二卷三十四出。见北平图书馆藏《戏曲展览会目录》。"

刘汝器(?—1795)

字重彝,号菽原。清阳湖人。寅宾长子。乾隆四十五年(1780)举人。以文行重于时。

栖心阁诗抄1卷　集部别集类　佚

见《清代毗陵书目》卷4。按:《武进西营刘氏家谱》卷3云:"著有《栖心阁集》四卷,稿为袁随园(枚)携去散佚,今存南城曾燠所辑《朋旧遗诗合抄》中四十五首。"

吕畹兰(1745—1814)

字韵玉。清武进人。灋女,谢榕妻。生平喜读史,善丹青,工诗。夫早殁,家贫课子。凡有所感,皆寓于诗。

畹兰小草　集部别集类　佚

见《江苏诗征》卷172。

春草山房诗集4卷　集部别集类　佚

见道光《武阳合志》卷33。

按:光绪《武阳志余》卷7作《碧梧轩诗草》。

邵　棠(1746—1801)

字玉度，号芳原。清武进人。居陈渡桥东，贫而嗜吟，精音律。性坦直，喜饮酒。或混迹市廛，或块处郊野。自书联云："原我疏狂多在酒，幸人非笑却于诗。"

芳原诗草2卷　集部别集类　佚

见《清代毗陵书目》卷4。

芳原诗　集部别集类

收入清李兆洛辑《旧言集》。

刘召扬(1746—1803)

字卣于，号卣亭。室名平安舫。清阳湖人。纶三子。乾隆四十九年(1784)高宗南巡召试第一，特赐举人，授内阁中书。学行高洁，乡里推服。

略识编　经部小学类　佚

见道光《武阳合志》卷32。

卣于文集6卷　集部别集类　佚

平安舫诗集19卷　集部别集类　佚

以上2种见《西营刘氏先世著述考》，注云："存"。

庄　咏(1746—1809)

更名絅明，字永言，号枕楼。清武进人。太学生。四库馆议叙，历任山东莒州、四川涪州同知，云南路南州知州。

篾笠集遗集　集部别集类　佚

见光绪《武阳县志》卷28。

洪亮吉(1746—1809)

初名莲，又名礼吉。字稚存，又字华峰、君直，号北江，别号藕庄、梦殊、对岩、华封、更生。清阳湖人，祖籍安徽歙县。翘子。家贫少孤，性孝谨。博学多才，与黄景仁、孙星衍、赵怀玉、杨伦、吕星垣、徐书受称“毗陵七子”。乾隆三十九年(1774)肄业扬州安定书院。五十五年举进士。督学贵州，教士以通经学古为先。历官至咸安宫官学总裁。嘉庆四年(1799)因批评朝政，遣戍伊犁。次年赦回，遂自号更生居士。主讲旌德洋川书院、扬州梅花书院。博通经史、音韵及训诂，尤精舆地之学，诗文均卓然成家，尤以骈俪为优。曾提出人口增殖过快及其社会问题，早于西方人口论者数十年。《清史稿》有传。

毛诗天文考 1 卷　经部诗经类

(1) 清道光三十年(1850)刻本，湖北省图书馆藏。

(2) 清咸丰元年(1851)淮宁张凯校刻本，上海图书馆藏。

(3) 清光绪十七年(1891)《广雅书局丛书》本，常州图书馆藏。

(4)《续修四库全书》本，据湖北省图书馆藏本影印。

(5) 上海书店《丛书集成续编》本。

春秋左传诂 20 卷　经部春秋类

(1) 清嘉庆十二年刻本，北京大学图书馆藏。

(2) 清嘉庆十八年门人旌德吕培刊，道光八年培子朝忠印行本，国家图书馆藏。

(3)《洪北江全集》本。

(4)《清经解续编》本。

(5)《四部备要》本。

(6)《续修四库全书》本，据上海图书馆藏《洪北江全集》本影印。

按：光绪《武阳志余》卷 7 作 50 卷。

公羊穀梁古义 2 卷　经部春秋穀梁传类　佚

见《国朝先正事略》卷 35。

三传古义 4 卷　经部春秋类　佚

见道光《武阳合志》卷 32。

传经表 2 卷通经表 2 卷　经部群经总义类

《洪北江全集》本，常州图书馆藏。

按：另有题毕沅撰之《传经表》《通经表》各1卷，实即洪书。

汉魏音4卷　经部小学类

(1) 清乾隆五十年西安刻本，上海图书馆藏。

(2)《洪北江全集》本，常州图书馆藏。

(3) 稿本，《韵学丛书》本，复旦大学图书馆藏。

(4)《续修四库全书》本，据上海图书馆藏本影印。

六书转注录10卷　经部小学类

(1) 清道光二十六年刻本，首都师范大学图书馆藏。

(2)《洪北江全集》本，常州图书馆藏。

(3)《粤雅堂丛书》本。

(4)《丛书集成初编》本。

比雅19卷　经部小学类

(1)《粤雅堂丛书》本。

(2)《洪北江全集》本，10卷，常州图书馆藏。

(3)《文选楼丛书》(艺林山房辑)本。

(4)《玲珑山馆丛书》本。

(5)《丛书集成初编》本。

(6)《续修四库全书》本，据《粤雅堂丛书》本影印。

释岁　经部小学类

稿本，上海图书馆藏。

前汉书100卷　史部正史类

汉班固撰　班昭续　唐颜师古注　清洪亮吉校　莫友芝校并题识

清乾隆四年武英殿刻本，上海图书馆藏，存卷28。

补三国疆域志　史部正史类

(1) 清乾隆四十六年西安刻本，上海图书馆藏。

(2) 清光绪四年授经堂刻本，常州图书馆藏。

(3)《四库未收书辑刊》本，据清乾隆四十六年刻本影印。

（4）民国间朱丝栏抄本，收入《江阴金氏家藏稿》，国家图书馆藏。

东晋疆域志　史部正史类

（1）清嘉庆六年京师刻本，常州图书馆藏。

（2）清光绪四年授经堂刻本，常州图书馆藏。

后汉书补注　史部正史类　佚

宋书音义　史部正史类　佚

以上2种见《清代毗陵书目》卷2。

西夏国志16卷　史部别史类　佚

见《清代毗陵书目》卷7。

国语韦昭注疏16卷　史部杂史类

旌德吕氏刻本。

按：《书目答问》卷2、《清史稿·艺文志》均著录，然据今人郭万青考证，洪亮吉实未曾著本书。参见郭万青《洪亮吉未作〈国语韦昭注疏〉辨》，《文献》2010年第1期，可参考。

读史论断20卷　史部史评类

（1）清光绪二十七年和记书庄石印本，常州图书馆藏。

（2）京都聚奎阁本，题为《历代史案》。

四史发伏10卷　史部史评类

（1）清光绪八年小石山房刻本，上海图书馆藏。

（2）《四库未收书辑刊》，据清光绪八年刻本影印。

按：是书论《史记》《汉书》《后汉书》《三国志》四史。清道光《武阳合志》卷32作12卷。

外家纪闻1卷　史部传记类

（1）《续刻北江遗书》本。

（2）《洪北江全集》本。

（3）《古今说部丛书》本。

（4）凤凰出版社2015年版《常州历史文献丛书》第二辑《清代常州地方史料汇编》。

伊犁日记1卷(一作遣戍伊犁日记)　史部地理类

(一)《伊犁日记》1卷。有:

(1)《舟车所至》本。

(2)《小方壶斋丛抄》本。

(3)《小方壶斋舆地丛抄》本。

(二)《遣戍伊犁日记》1卷。有:

(1)《续刻北江遗书》本。

(2)《洪北江全集》本。

(3)《古今说部丛书》本。

净海记1卷　史部地理类

游幕府山泛舟江口记1卷　史部地理类

游清凉山记1卷　史部地理类

游消夏湾记1卷　史部地理类

游京口南山记1卷　史部地理类

游南湖记1卷　史部地理类

游九华山记1卷　史部地理类

游天台山记1卷　史部地理类

游武夷山记1卷　史部地理类

游庐山记1卷　史部地理类

少寨洞记1卷　史部地理类

狮子崖记1卷　史部地理类

以上12种有《小方壶斋舆地丛抄》本。

(乾隆)长武县志12卷　史部地理类

清樊士锋修　洪亮吉、李泰交纂

(1) 清乾隆四十八年刻本,北京大学图书馆藏。

(2) 清嘉庆二十四年增刻本,附李大成《续刊》1卷,上海图书馆藏。

(乾隆)淳化县志30卷　史部地理类

清万廷树修　洪亮吉纂

(1) 清乾隆四十九年刻本，上海图书馆藏。

(2) 1931 年西安克兴印书馆排印本，温伟增编 1931 年淳化县舆图、统计表等，上海图书馆藏。

(乾隆)澄城县志 20 卷　史部地理类

清戴治修　洪亮吉、孙星衍纂

(1) 清乾隆四十九年刻本，上海图书馆藏。

(2) 清嘉庆十三年增补本，陕西省图书馆藏。

(乾隆)重修固始县志 26 卷首 1 卷　史部地理类

清谢聘修　洪亮吉纂

清乾隆五十一年刻本，上海图书馆藏。

(乾隆)登封县志 32 卷　史部地理类

清陆继萼修　洪亮吉纂

(1) 清乾隆五十二年刻本，常州图书馆藏。

(2) 清乾隆六十年补刻本，上海图书馆藏。

(3) 清咸丰五年刻本，河南大学图书馆藏。

(乾隆)新修怀庆府志 32 卷首 1 卷图经 1 卷　史部地理类

清唐诗陛、杜综修　洪亮吉纂

清乾隆五十四年刻本，上海图书馆藏。

(嘉庆)泾县志 32 卷首 1 卷　史部地理类

清李德淦、周鹤立修　洪亮吉纂

(1) 清嘉庆十一年刻本，上海图书馆藏。

(2) 1914 年泾县翟氏石印本，常州图书馆藏。

(3)《中国地方志集成》本。

(4)《安徽历代方志丛书》本，2008 年出版。

(嘉庆)宁国府志 36 卷首 1 卷末 1 卷　史部地理类

清鲁铨、钟英修　洪亮吉、施晋纂

(1) 清嘉庆二十年刻本，无锡图书馆藏。

(2) 1919年泾县翟氏宁郡清华斋影印本,上海图书馆藏。

(3)《续修四库全书》本,据1919年影印本影印。

(4)《中国地方志集成》本。

(5)《安徽历代方志丛书》本,2007年出版。

按:清嘉庆本卷末补遗,清嘉庆十四年沈湘葵撰。民国本附《太平郡志》。

乾隆府厅州图志50卷　史部地理类

(1) 清乾隆五十四年刻本,常州图书馆藏。

(2) 清嘉庆八年刻本,复旦大学图书馆藏。

(3)《洪北江全集》本。

(4) 清光绪二十三年三味书屋刻本,常州图书馆藏。

(5)《续修四库全书》本,据复旦大学图书馆藏本影印。

毓文书院志8卷　史部地理类

清嘉庆九年月午楼刻本,上海图书馆藏。

延安府志　史部地理类　佚

见《洪北江年谱》、《清代毗陵书目》卷2,清乾隆四十六年代庄炘纂修。

弟子职笺释1卷　子部周秦诸子类

(1)《洪北江全集》本,常州图书馆藏。

(2)《四库未收书辑刊》本,据洪北江全集本影印。

按:道光《武阳合志》卷32著录作《弟子职补注》。

晓读书斋初录2卷二录2卷三录2卷四录2卷　子部杂学类

(1)《续刻北江遗书》本,常州图书馆藏。

(2)《洪北江全集》本,常州图书馆藏。

(3)《续修四库全书》本,据《续刻北江遗书》本影印。

按:又名《晓读书斋杂录》8卷。

玉麈集2卷　子部杂学类

(1)《粟香室丛书》本。

（2）清光绪十年洪熙刻本，上海图书馆藏。

卷施阁文甲集 10 卷乙集 10 卷诗集 20 卷附鲒轩诗 8 卷更生斋文甲集 4 卷乙集 4 卷诗集 8 卷诗余 2 卷年谱 1 卷　集部别集类

（1）清乾隆六十年至嘉庆间贵阳学署刻本，上海图书馆藏。

（2）台北《近代中国史料丛刊续编》本。

按：年谱为清吕培等编。

卷施阁文甲集 10 卷乙集 8 卷诗 20 卷　集部别集类

（1）《北江全集》本。

（2）《四部备要》本。

（3）《洪北江全集》本，有《甲集》续编 1 卷、补遗 1 卷、《乙集》续编 1 卷。

（4）《清代诗文集汇编》本。

（5）《续修四库全书》本，据《洪北江全集》本影印。

（6）2001 年中华书局《洪亮吉集》校点本。

更生斋文甲集 4 卷乙集 2 卷诗集 8 卷附诗余 2 卷年谱 1 卷　集部别集类。

（1）清嘉庆七年旌德洋川书院刻本，北京师范大学图书馆藏。

（2）稿本，存卷 9—11,13,14，上海图书馆藏。

按：年谱为清吕培等编。

更生斋文甲集 4 卷乙集 4 卷诗 8 卷　集部别集类

（1）《北江全集》本。

（2）《四部备要》本。

（3）《洪北江全集》本，有《乙集》续集 2 卷、《诗》续集 10 卷。

（4）《清代诗文集汇编》本。

（5）《续修四库全书》本，据《洪北江全集》本影印。

（6）2001 年中华书局《洪亮吉集》校点本。

更生斋诗续集 10 卷文续集 2 卷文甲集补遗 1 卷文乙集续编 1 卷　集部别集类

清道光五年刻本，南京图书馆藏。

按：张舜徽《清人文集别录》有卷施阁及更生斋文甲、乙集之提要，谓甲集为论学之文，以涉及舆地及文字者力较精。乙集为骈体之作，其词翰之美，可希踪八代、继轨六朝，直与孔广森相伯仲。

卷施阁文乙集1卷　集部别集类

《八家四六文钞》本。

更生斋文录1卷　集部别集类

《国朝文录》续编本。

洪北江文钞4卷　集部别集类

1910年上海国学扶轮社排印本，常州图书馆藏。

拟两晋南北史乐府2卷　集部别集类

(1)《续刻北江遗书》本。

(2)《洪北江全集》本。

(3)《清代诗文集汇编》本。

(4) 2001年中华书局《洪亮吉集》校点本。

唐宋小乐府1卷　集部别集类

(1)《续刻北江遗书》本。

(2)《洪北江全集》本。

(3)《清代诗文集汇编》本。

(4) 2001年中华书局《洪亮吉集》校点本。

七招1卷　集部别集类

(1) 清道光《昭代丛书》本。

(2) 上海书店《丛书集成续编》本。

洪北江诗文集66卷　集部别集类

《四部丛刊》本。附《洪北江先生年谱》1卷，清吕培等撰。

卷施阁诗1卷　集部别集类

《吴会英才集》本。

附鲒轩诗8卷　集部别集类

(1)《北江全集》本。

(2)《洪北江全集》本。

(3)《吴会英才集》本,作1卷。

(4)《清代诗文集汇编》本。

(5) 2001年中华书局《洪亮吉集》校点本。

洪北江骈体文12卷续编1卷　集部别集类

清光绪三年上海鸿章书局石印本,常州图书馆藏。

洪稚先生尺牍1卷　集部别集类

《尺牍丛刻》本。

勉余诗集14卷文集8卷　集部别集类　佚

见道光《武阳合志》卷33。

京江三上人诗选5卷　集部总集类

清洪亮吉编

种竹轩刻本,吉林大学图书馆藏。

春园唱和集　集部总集类　佚

清洪亮吉、庄馨、庄定安撰

见《清代毗陵书目》卷8。

北江诗话6卷　集部诗文评类

(1)《粤雅堂丛书初编》本。

(2)《小重山房丛书》本。

(3)《洪北江全集》本。

(4)《丛书集成初编》本。

(5)《续修四库全书》本,据《洪北江全集》本影印。

(6) 2001年中华书局《洪亮吉集》校点本。

按:道光《武阳合志》卷33作3卷;《贩书偶记》作4卷。

更生斋诗余2卷　集部词曲类

(1)《北江全集》本,《更生斋文》附。

(2)《洪北江全集》本。

(3)《四部备要》本,《更生斋文》附。

(4)《清名家词》本,题名《更生斋诗余二种》。

(5)《清代诗文集汇编》本。

(6)《续修四库全书》本,据北京师范大学图书馆藏清嘉庆刻《更生斋诗集》本影印。

(7) 2001年中华书局《洪亮吉集》校点本。

冰天雪窖词1卷　集部词曲类

《清名家词·更生斋诗余二种》本。

机声灯影词1卷　集部词曲类

《清名家词·更生斋诗余二种》本。

北江全集　丛书类

清乾隆嘉庆间刻本,上海图书馆藏。收8种。子目从略。

续刻北江遗书　丛书类

清道光间刻本,中国科学院图书馆藏。收7种。子目从略。

洪北江全集　丛书类

清光绪三年至五年曾孙洪用懃授经堂刻本,常州图书馆藏。收23种。子目从略。

庄　发(1746—1823)

原名法。字硎新。清武进人。监生。

天涯剩草　集部别集类　佚

见《武阳志余》卷7。

吕仲娴(1747—1787)

清武进人。钱维乔妻。

静涵剩稿　集部别集类　佚

见《江苏诗征》卷172。

刘符丹(1747—1792)

字钟黄，号柳溪。清武进人。县学生。奚宾门生。勤学不辍，有文誉。

中庸讲义2卷　经部四书类　佚

见道光《武阳合志》卷26《人物志》奚宾传附。

钱致纯(1747—1795)

字杰士。清武进人。九龄嗣子。乾隆四十年(1775)进士，官福建霞浦知县，调龙溪知县。

粹斋诗钞2卷　集部别集类　佚

见道光《武阳合志》卷33。

杰士诗1卷　集部别集类

收入李兆洛辑《旧言集》。

谢　榕(1747—1796)

字荫堂，号星园。清武进人。乾隆五十四年(1789)举人，拣选知县。

春草山房诗1卷　集部别集类

收入李兆洛辑《旧言集》。

庄　椿(1747—1798)

字大泉。清武进人。

西笑集5卷补遗1卷　集部别集类　佚

见光绪《武阳县志》卷28。

毛燧传(1747—1801)

字洋溟，一字阳明。清阳湖人。诸生。少治古文，喜先秦诸子、《史记》。武昌知府张璹聘主勺庭书院。布政使祖之望嘱其排纂武进、阳湖县志，嘉庆改元以来兵事，草创未竟而卒。

味蓼文稿18卷　集部别集类

(1) 清嘉庆十六年(1811)刻本，南开大学图书馆藏。

(2)《清代诗文集汇编》本。

味蓼初稿1卷　集部别集类

清乾隆刻本，北京大学图书馆藏。

味蓼居诗1卷　集部别集类

收入李兆洛辑《旧言集》。

杨　伦(1747—1803)

字敦五，号西河、西禾、西和、罗峰、敷五等。清阳湖人。尝从邵齐焘学，博极群书。乾隆四十六年(1781)进士，历官广西苍梧，江西贵溪、荔浦等县知县。主讲湖北江汉书院达7年之久，亦曾主江西白鹿洞讲席。论学以不欺为主，诗文皆有名，为"毗陵七子"之一。

杜工部年谱1卷　史部传记类

(1) 清同治十一年(1872)望三益斋刻本，与《杜诗镜铨》合刻，上海图书馆藏。

(2)《北京图书馆藏珍本年谱丛刊》本。

杜诗镜诠20卷附杜文注解2卷　集部别集类

清杨伦注　附录清张清撰

(1) 清乾隆五十七年阳湖九柏山房刻本，华东师范大学图书馆藏。

(2) 清咸丰三年(1853)广东登云阁刻本，中山大学图书馆藏。

按：以上各本均为20卷，无附录。

(3) 清同治十一年盱眙吴棠望三益斋重刻本，附张溍《杜文注解》2卷，常州图书馆藏。以下各本同。

(4) 1913年广州登云阁重刻望三益斋本，北京师范大学图书馆藏。

(5) 1921 年上海荣华山房石印本,常州图书馆藏。

(6) 1928 年成都志古堂重刻望三益斋本,上海图书馆藏。

(7) 清光绪十八年(1892)至 1931 年上海著易堂影印望三益斋本,常州图书馆藏。

(8) 1930 年大一统书局石印本,河南大学图书馆藏。

(9) 1910 年至 1930 年扫叶山房石印本,常州图书馆藏。

(10) 1962 年中华书局据九柏山房本排印本。

(11) 1980 年上海古籍出版社重印中华书局本,有郭绍虞《前言》、附录 3 种。

按:此书以编年为序,注解简要,便于初学,影响极大。

九柏山房诗抄 16 卷附述怀诗 1 卷　集部别集类

(1) 清嘉庆间遂初堂刻本,常州图书馆藏。

(2) 清道光二十六年(1846)刻本,上海图书馆藏。

(3)《清代诗文集汇编》本。

九柏山房集 1 卷　集部别集类

《吴会英才集》本。

赵怀玉(1747—1823)

字亿孙,号味辛,别号映川、琬亭、生斋、滬皋剩人、漫翁、山中人、收庵等,学者尊称味辛先生。室名亦有生斋、味辛斋、荃提室。清武进人。申乔玄孙、侗斆孙。乾隆三十八年(1773)入四库馆任编校,四十五年高宗南巡时召试赐举人,授内阁中书。后历任山东青州府海防同知,署登州、兖州知府。晚年主讲通州文正书院、陕西关中书院及湖州爱山书院。好学深思,博极群书,工诗古文,为"毗陵七子"之一,与孙星衍、洪亮吉、黄景仁并称"孙洪黄赵"。论文主张听各人之自诣,力戒依傍古人,尤为有识。精校勘,一生刻书甚多。《清史稿》有传。

韩诗外传 10 卷补逸 1 卷　经部诗经类

清赵怀玉校刻并辑《补逸》

清乾隆五十五年亦有生斋刻本，湖南图书馆藏。

按:《龙溪精舍丛书》重刻赵本。

韩诗外传校注 10 卷补逸 1 卷附校注拾遗 1 卷　经部诗经类

《校注》清周廷寀撰　《补遗》清赵怀玉辑　《校注拾遗》清周宗杬辑

(1)《畿辅丛书》本。

(2)《丛书集成初编》本。

宋史节要　史部史钞类　佚

辽史节要　史部史钞类　佚

以上 2 种见《清代毗陵书目》卷 2。

收庵居士自叙年谱略 2 卷　史部传记类

(1) 清道光十二年(1832)刻本，《亦有生斋续集》附，首都图书馆藏。

(2)《北京图书馆藏珍本年谱丛刊》本。

按:此谱自记至道光二年卒前一年为止。

赵瓯北先生年谱　史部传记类　佚

见《清代毗陵书目》卷 2

(咸淳)重修毗陵志　史部地理类

宋史能之纂　清赵怀玉、李兆洛校

(1) 清嘉庆二十五年(1820)赵怀玉南海刻本，国家图书馆藏，缺卷 20。

(2)《续修四库全书》本。

(嘉庆)扬州图经 8 卷　史部地理类

清阮元修　江藩、焦循、赵怀玉等纂

(1) 清抄本，不全，国家图书馆藏。

(2) 抄稿本，国家图书馆藏。

(3) 清抄本，湖南省社会科学院图书馆藏。

(4) 1981 年江苏广陵古籍刻印社据清嘉庆本重刻。

(5) 1983 年台北文海出版社《中国名山胜迹志丛刊》本。

按:此图经未竣,但大多有成稿,后嘉庆十四年重修《扬州府志》,即原本于此,今8卷本,实《图经》中《事志》一门。

游洞庭两山记1卷　史部地理类

《小方壶斋舆地丛抄》本。

游两尖山记1卷　史部地理类

(1)《小方壶斋舆地丛抄》本。

(2)《续天下名山胜景记》本。

舲窗随笔　子部小说类　佚

病余记述　子部小说类　佚

以上2种见《清代毗陵书目》卷3。

亦有生斋文集20卷诗集32卷词5卷乐府2卷　集部别集类

(1)清嘉庆、道光间自刻本,常州图书馆藏。

(2)《续修四库全书》本,据辽宁省图书馆藏本影印。

(3)《清代诗文集汇编》本。

亦有生斋续集6卷　集部别集类

(1)清道光十二年刻本,常州图书馆藏。

(2)《清代诗文集汇编》本。

亦有生斋文集50卷续集8卷　集部别集类

2016年凤凰出版社出版《常州先哲遗书续》影印道光刻本。

洪驹父老圃集2卷　集部别集类

宋洪刍撰　清赵怀玉校录

清乾隆抄本,天津图书馆藏。

斜川集6卷订误1卷附录2卷　集部别集类

宋苏过撰　清吴长元、赵怀玉同校

清乾隆五十三年亦有生斋刻本,天津图书馆藏。

毗陵集20卷补遗1卷附录1卷　集部别集类

唐独孤及撰　清赵怀玉校

清乾隆五十六年赵怀玉亦有生斋刻本,天津图书馆藏。

云溪乐府(一作亦有生斋乐府)2卷　集部别集类

(1) 清乾隆三十六年刻本,首都图书馆藏。

(2) 清道光元年刻本,常州图书馆藏。

(3) 清光绪十三年(1887)赵治活字本,常州图书馆藏。

(4)《粟香室丛书》本,常州图书馆藏。

秋籁吟　集部词曲类

(1) 清嘉庆刻本,亦名《亦有生斋词》,5卷,上海图书馆藏。

(2) 清道光元年刻本,亦名《亦有生斋词》,5卷,首都图书馆藏。

(3)《清名家词》本,1卷。

按:《全清词抄》卷13作《荃提室词》,收其词2首。

刘敦士(1748—1805)

字序林。清武进人。国子生。科举不利,业贾。善围棋,能诗。

序林诗1卷　集部别集类

收入李兆洛辑《旧言集》。

恽　熊(1748—1824)

字亨时,号西园。清武进人。太学生。屡试不售,改习医。乾隆五十一年(1786)大疫,熊所投无不效,疫竟止。

恽西园痧麻痘三科定论不分卷　子部医家类

清道光六年(1826)抄本,南京中医药大学图书馆藏。

痘疹汇钞　子部医家类　佚

见光绪《武阳县志》卷28。

黄景仁(1749—1783)

字仲则,又字汉镛,自号鹿菲子。室名两当轩。清武进人。名诗人。乾隆三十年(1765)补博士弟子员,三十一年与洪亮吉定交。三十二年入龙城书院,从骈文家邵齐焘学。三十三年后数应南北乡试,均不中。齐焘去世后乃南北浪游。三十七年入朱筠幕，文名大著。四十一年高宗南巡，召试二等，授武英殿书签官。四十六年秋至西安访毕沅，四十七年赴部候选，次年因贫病加交，仍返西安，途中卒于山西解州。为“毗陵七子”之一，与洪亮吉交契。其诗风格沉郁奇肆，多愤激之音，对后世有很大影响。亦工书画篆刻。《清史稿》有传。

如无录2卷　子部小说类　佚

见道光《武阳合志》卷33引《家传》。

西蠡印稿　子部艺术类　佚

见《清代毗陵书目》卷3。

黄仲则书法篆刻　子部艺术类

黄葆树编

1983年上海书画出版社出版。

按：本书刊黄氏手迹41页，印章26方，附刊其子黄小仲隶书联1件。

两当轩集16卷　集部别集类

清黄景仁撰　清雷浚辑

稿本，中科院图书馆藏。

悔存诗钞(一作悔斋诗钞)8卷　集部别集类

(1) 清嘉庆元年(1796)刘大观刻本，上海图书馆藏。

(2) 清嘉庆二十二年章炜刻本，南京图书馆藏。

(3)《四库未收书辑刊》本，据刘大观刻本影印。

按：河东盐运使沈业富钞寄景仁遗诗1千多首给翁方纲，属以编集。翁氏乃选出500余首，编为8卷。“凡涉绮语及饮酒诸诗皆不录入”。洪亮吉对翁选深表不满，讽刺其“删除花月少精神”。清嘉庆元年宁远州知州刘大观刊刻，以其校雠未精，大观乃使章炜重刻。

两当轩诗钞14卷　集部别集类

(1) 清嘉庆四年赵希璜书带草堂刻本，常州市图书馆藏。

(2) 2016年国家图书馆出版社《两当轩集珍本选刊》影印本。

按:清郑炳文《两当轩诗钞跋》称赵氏刻本题为16卷,实仅有14卷,收诗854首。后流行各本多据此翻刻。

两当轩诗钞14卷悔存词钞2卷　集部别集类

(1) 清嘉庆二十二年郑炳文修补嘉庆四年赵希璜刻本,上海图书馆藏。

(2) 清道光二十四年(1844)黄锡申刻本,又称《黄少尹集》,常州图书馆藏。

(3) 清道光二十六年春日留丹书屋刻本,浙江大学图书馆藏。

(4) 2016年国家图书馆出版社《两当轩集珍本选刊》影印上海图书馆藏本。

按:赵刻本因遭水灾,书板多残缺漫漶,郑炳文乃重新修补刻印之,又补《词钞》2卷。计收诗854首,词79首。

两当轩诗集(两当轩诗钞)16卷　集部别集类

(1) 清道光四年至十五年海盐吴氏刻本,上海图书馆藏。

(2)《别下斋丛书》本。

按:清道光四年海盐吴修以黄氏诗集前后多错乱,且去取失宜,乃从景仁之子小仲处得黄诗原稿1千1百余首,细为校阅,按年编为16卷。刻近半,修去世,由海昌蒋光煦足成之。

两当轩诗钞14卷竹眠词钞2卷　集部别集类

(1) 清道光十三至十四年许玉彬广州刻本,常州图书馆藏。

(2) 清道光十三至十四年许玉彬广州刻黎兆棠印本(《词钞》改称《题词》),中科院图书馆藏。

(3) 2016年国家图书馆出版社《两当轩集珍本选刊》影印本。

两当轩集20卷考异2卷附录6卷　集部别集类

(1) 清咸丰八年(1858)黄志述刻本,上海图书馆藏。

(2) 清同治十二年(1873)集珍斋据咸丰本重排木活字本,但略有出入,上海图书馆藏。

(3)《续修四库全书》本,据上海图书馆藏本影印。

(4)《清代诗文集汇编》本。

两当轩集22卷考异2卷附录6卷　集部别集类

(1) 清咸丰八年黄志述刻本，北京师范大学图书馆藏。

(2) 清同治六年刘履芬抄本，国家图书馆藏。

(3) 2010年国家图书馆出版《国家图书馆藏抄稿本乾嘉名人别集丛刊》本。

(4) 2016年国家图书馆出版社《两当轩集珍本选刊》影印北京师范大学图书馆藏本。

按：是为黄集最完善本，由景仁孙志述编刻。二十卷本在咸丰八年八月刻成后，庄竹安忽于家中捡得景仁"丙戌至壬辰"诗作"初稿百余纸"；志述遂取之校改第十六卷，又与徐廷华、庄敏、陆黻恩、周腾虎共同审定，去其重出，编成补遗二卷，二十二卷本《两当轩集》在咸丰八年十二月刊成。共收诗1170首，词216首，遗文6篇。志述又仿《韩集考异》之例，作《考异》2卷，为校勘记；《附录》6卷，为序跋、传状志文、唱酬题赠、年谱、诗评及友人名字爵里考。

两当轩集22卷考异2卷附录4卷　集部别集类

(1) 清光绪二年(1876)家塾重刻本，上海图书馆藏。

(2) 清宣统二年(1910)扫叶山房石印本，常州图书馆藏。以后多次重印。

(3) 1983年上海古籍出版社出版李国章标点本，补收光绪本漏收的诗词，增收咸丰本所附唱酬集2卷，又附新发现佚作3篇。此为黄集最足本。

按：咸丰本于太平天国时期遭毁，黄志述妻吴氏乃于光绪二年重刻此集，内容与咸丰本基本相同，《附录》少唱酬题赠两卷。此为后世通行本。

黄仲则诗钞1卷　集部别集类

清嘉庆二年朱锡庚抄本，中科院图书馆藏。

两当轩诗2卷　集部别集类

《吴会英才集》本。

两当轩诗集不分卷　集部别集类

清抄本，国家图书馆藏。

黄仲则诗　集部别集类

蒋剑人选　陆律西音注

1927年文明书局排印本。

黄仲则诗选　集部别集类

止水(陈永正)选注

(1) 1981年三联书店香港分店排印本。

(2) 1985年广东人民出版社重印本。

诗评1卷　集部诗文评类

《谈艺珠丛》本。

悔存诗余3卷　集部词曲类

清吴蔚光抄本

(1) 上海图书馆藏。

(2) 2016年国家图书馆出版社《两当轩集珍本选刊》影印本。

按，卷1收词78阕，卷2收词62阕，卷3收词74阕，合214阕。

竹眠词4卷　集部词曲类

(1) 清道光八年江都李澄刻本，清华大学图书馆藏，附于李澄《梦花杂志》后。

(2) 2016年国家图书馆出版社《两当轩集珍本选刊》影印本。

按：此书按词调(词牌)编排，卷一有51个词调，共收92阕；卷二有19个词调，共收42阕；卷三有23个词调，共收39阕；卷四有12个词调，共收41阕。合共116个词调，214阕。

竹眠词钞　集部词曲类

清吴兰修抄本

(1) 澳门大学图书馆藏。

(2)《中国古籍珍本丛刊澳门大学图书馆卷》本。

竹眠词1卷　集部词曲类

《清名家词》本。

悔存词选1卷　集部词曲类

《三家词》本。

按:以上3种又收入《两当轩集》。

刘可大(1749—1809)

字汇理,一作会理,号鹿柴。清阳湖人。焕章次子。隐逸不出。

之滇日记5卷　史部地理类

清嘉庆十二年(1807)刻本,上海图书馆藏。

可大诗　集部别集类

收入李兆洛辑《旧言集》。

鹿柴剩稿10卷　集部别集类　佚

见《清代毗陵书目》卷4,注"未刻"。

鸿影词2卷　集部词曲类　佚

见《清代毗陵书目》卷5,注"未刻"。

杨　炜(1749—1814)

字槐占,号星园。清阳湖人。乾隆四十三年(1778)进士,改庶吉士。后历任河南柘城知县,江西饶州、南昌知府,广东道员等。工诗,善书,亦通医。

方义指微　子部医家类

清乾隆五十一年刻本,国家图书馆藏。

临摹古帖石刻12种　子部艺术类　佚

见《清代毗陵书目》卷3。

西溪草堂文集6卷诗剩16卷　集部别集类　佚

见《清代毗陵书目》卷4。光绪《武阳志余》卷7著录有《西溪草堂集》10卷。

胡　逊(1749—?)

字蕙麓。清武进人。乾隆四十八年(1783)举人，官至顺天大兴、宛平知县、直隶蔚州知州。为人慷慨，尝捐俸赎先贤遗垄，时人誉之。工于诗。

蕙麓诗存 4 卷　集部别集类

(1) 清道光二十六年(1846)武进胡氏木活字本，北京大学图书馆藏。

(2)《清代诗文集汇编》本。

陆寿昌(? —1799)

号凫冈。清武进人。生三日而父殁，母抚之成人。乾隆三十九年(1774)举人，授东流训导。五十八年成进士。性耿直。好学，通经史，善古文辞，旁及象纬、舆图、算学，工画山水。

樽湖斋存稿　集部别集类　佚

见光绪《武阳志余》卷 7。

吴宾旭(1750—1775)

字江帆。清武进人。乾隆四十年(1775)患膨早卒。

江帆诗 1 卷　集部别集类

收入李兆洛辑《旧言集》。

杨梦符(1750—1793)

字六士，又字西疃，号与岑。清绍兴人，移居武进。乾隆五十二年(1787)进士，官刑部员外郎。工骈体文，翁方纲赞为“徐庾后生”。

三惜斋笔记 2 卷　子部儒学类　佚

见《清代毗陵书目》卷 3。

心止居诗集 4 卷文集 2 卷　集部别集类

清嘉庆十四年(1809)刻本,复旦大学图书馆藏。

心止居诗集 2 卷　集部别集类

清嘉庆十四年刻本,国家图书馆藏。

梦符文稿不分卷　集部别集类

稿本,宁波天一阁藏。

鸣秋合籁 1 卷　集部总集类

清管世铭、钱维乔等撰

清乾隆五十年(1785)精刻本,上海图书馆藏。

邹　牧(1750—1809)

字牧村,号北江。清武进人。家贫,性狷介不苟。曾入毕沅幕。通《说文》,工篆刻。诗作惆怅抒情,语多危苦。

邹北江诗稿 1 卷　集部别集类　佚

见《清代毗陵书目》卷 4。

牧村诗　集部别集类

收入李兆洛辑《旧言集》。

庄兆麒(1750—1815)

字企仁,号春庭。清武进人。勇成子。弱冠,两赴金陵乡试不第,遂慨然有四方之志。轻装北游皖、齐、豫、秦、晋、燕,南游浙、赣、粤、桂,所至周览山川、考察民风,对照志乘,撮要刊误,详知各地形胜、水利。参诸显贵幕,累建军功,屡除水患。兆麒论兵,以止杀为主,嘉庆六年(1801)击溃河南林清起事,以力争“宽胁从”不得,拂袖去。后卒于开封。

说录　集部别集类

稿本,上海博物馆藏。

按:有恽敬、洪亮吉等批注,张惠言批并跋,孙星衍、杨芳灿、钱维乔跋。

庄述祖(1750—1816)

字葆琛,号珍埶。清武进人。存与侄,培因子。10岁而孤。赖存与教育成人。乾隆四十五年(1780)进士。选山东昌乐知县,调潍县,以政绩卓异,授曹州府桃源同知。和珅当道,抵任未一月,即辞职归。养亲治学,足迹不至州府。博览精思,常于他人不经意处有所发现。继承存与之学,五经均有撰述。

尚书今古文考证7卷　经部尚书类

(1)《珍埶宧遗书》本。

(2) 抄本,4卷,上海社会科学院历史研究所资料室藏。

(3)《续修四库全书》本,据《珍埶宧遗书》本影印。

按:《清史稿·艺文志》作《尚书今古文疏证》7卷。

尚书记7卷校逸2卷　经部尚书类

(1) 清谭仪抄本,国家图书馆藏。

(2)《云自在龛丛书》本。

(3) 上海书店《丛书集成续编》本。

尚书今古文授读4卷　经部尚书类　佚

尚书杂议1卷　经部尚书类　佚

校尚书大传3卷　经部尚书类　佚

校逸周书10卷　经部尚书类　佚

书序说义考注2卷　经部尚书类　佚

以上5种见清宋翔凤《庄先生述祖行状》。

校定泰誓1卷　经部尚书类　佚

见道光《武阳合志》卷32。

毛诗考证4卷　经部诗经类

清庄文灏校

(1)《珍埶宧遗书》本。

(2)《清经解续编》本。

毛诗周颂口义 3 卷　经部诗经类

清庄又朔校

(1)《珍執宧遗书》本。

(2)《清经解续编》本。

按:光绪《武阳志余》卷 7 注云:“《口义》先列经文,次列毛传,次列郑笺,而自著其说于后。大旨在辨传笺之混淆,正训诂之同异。考《珍執宧文钞》中有《毛诗故训传序》云:‘采诸家辨证,间以己意,酌所去就,至唐人注疏本,其以传为笺,以笺为传,传中兼杂王肃语者,悉为是正’云云。与此书所论正合。盖先生本欲悉论全经,未竟业而卒,仅《周颂》有完帙。故又朔刊版时改名《口义》也。”

毛诗授读 30 卷　经部诗经类　佚

见《庄先生述祖行状》。

诗记长编 1 卷　经部诗经类　佚

见《清代毗陵书目》卷 1。

明堂阴阳夏小正经传考释　经部大戴礼记类

《珍執宧遗书》本。

子目:

《夏时明堂阴阳经》1 卷

《夏时说义》2 卷

《夏小正等例文句音义》6 卷

《夏小正等例》1 卷

明堂阴阳记长篇 10 卷　经部大戴礼记类　佚

特牲馈食礼节记 1 卷　经部仪礼类　佚

乐记广义 1 卷　经部乐类　佚

以上 3 种见《庄先生述祖行状》。

春秋释例 5 卷　经部春秋左传类

晋杜预撰　清庄述祖、孙星衍校

(1)《岱南阁丛书》本。

(2)《古经解汇函》本。

左传补注　经部春秋左传类　佚

见《清代毗陵书目》卷1。《庄先生述祖行状》作1卷。

穀梁考异2卷　经部春秋穀梁传类　佚

见《庄先生述祖行状》。《清代毗陵书目》作《穀梁考义》,无卷数。

郑氏箴膏肓起废疾发墨守1卷　经部春秋总义类　佚

清庄述祖辑

见光绪《武阳志余》卷7,注引卢文弨曰:"考《隋志》有《春秋左氏膏肓》十卷,《穀梁废疾》三卷,《公羊墨守》十四卷,皆何劭公撰。郑康成为《箴膏肓》《起废疾》《发墨守》,何见之惭曰:'康成入吾室,操吾戈以伐我乎?'《墨守》卷帙最多而亡最早,《膏肓》后亡。《崇文总目》尚有九卷。今三书皆不传。毗陵庄进士葆琛于各经广为搜辑,《箴膏肓》得二十八条,《起废疾》得三十八条,《发墨守》得五条。归安丁小雅抄得庄书,并得朱石君学士前任晋藩时所进本互相校雠,晋本不及庄本采辑之多,而《箴(膏)肓》中有一条尚为庄本所阙。"

论语集解别记2卷　经部四书类　佚

见《庄先生述祖行状》。

白虎通4卷附校勘补遗1卷考1卷阙文1卷　经部群经总义类

汉班固撰《校勘补遗》　清卢文弨撰《考》　庄述祖撰并辑《阙文》

(1)《抱经堂丛书》本。

(2)《丛书集成初编》本。

白虎通德论阙文1卷　经部群经总义类

清庄述祖辑

《广汉魏丛书》本。

五经小学述2卷　经部群经总义类

(1)《珍埶宧遗书》本。

(2)《清经解续编》本。

(3)《续修四库全书》本,据《珍埶宧遗书》本影印。

按：光绪《武阳志余》卷7注："《诗》《书》《春秋》《仪礼》《周礼》《礼记》凡三十余条。第二卷之末附论鬻鬻糜饘之异名，及字类异同。第二卷中有《楚辞·天问》一条，盖随时札记，后人编辑成书。举其大凡名之。"

白虎通义目录1卷　经部群经总义类　佚

见道光《武阳合志》卷32。

校正白虎通别录3卷　经部群经总义类　佚

见《庄先生述祖行状》。

五经异义1卷　经部群经总义类　佚

见道光《武阳合志》卷32。

说文古籀疏证目(一名古文甲乙篇)1卷　经部小学类

《珍埶宧遗书》本。

说文古籀疏证6卷　经部小学类

(1) 稿本，南京大学图书馆藏。

(2) 清光绪八年(1882)刻本，上海图书馆藏。

(3) 清光绪十一年刻本，南开大学图书馆藏。

(4) 清光绪二十年曾孙殿华津沽重刻本，常州图书馆藏。

(5)《功顺堂丛书》本，常州图书馆藏。

(6) 抄本，上海社会科学院历史研究所资料室藏。

(7)《丛书集成初编》本。

(8)《续修四库全书》本，据清光绪十一年刻本影印。

(9) 2017年南京大学出版社影印《南京大学图书馆藏古籍珍本丛刊·稿抄本卷》本。

按：《庄先生述祖行状》谓有《古文甲乙篇》4卷，《说文古籀考证》25卷。与今本不同。

甲乙篇偏旁条例25卷　经部小学类　佚

说文谐声考1卷　经部小学类　佚

说文转注20卷　经部小学类　佚

声字类苑1卷　经部小学类　佚

以上4种见《庄先生述祖行状》。

校逸周书10卷　史部别史类　佚

校定孔子世家1卷　史部传记类　佚

以上2种见《庄先生述祖行状》。

校正列女传凡首1卷　史部传记类　佚

见光绪《武阳志余》卷7。

庄氏经学家家传　史部传记类

清庄述祖等纂

抄本，上海社会科学院历史研究所资料室藏。

历代载籍足征录　史部目录类

(1)《珍执宦遗书》本。

(2)《训纂堂丛书》本。

按：其中《乐》1条，《春秋》4条，次子庄又朔补。

石鼓然疑1卷　史部金石类

(1)《珍执宦遗书》本。

(2) 清光绪间重刻本，常州图书馆藏。

(3)《浮溪精舍丛书》本。

(4)《食旧堂丛书》本。

钟鼎彝器释文　史部金石类　佚

见光绪《武阳志余》卷7。

弟子职集解1卷　子部周秦诸子类

周管仲撰　清庄述祖集解

(1)《珍执宦遗书》本。

(2) 遵义唐氏重刻本，国家图书馆藏，附黄彭年辑考证1卷。

(3)《槐庐丛书初编》本。

(4)《式训堂丛书初编》本。

(5)《端溪丛书》本。

(6)《校经山房丛书》本。

(7)《孙溪朱氏经学丛书初编》本。

(8) 清光绪十四年江苏书局刻黄彭年校本,常州图书馆藏。

(9)《丛书集成初编》本。

(10)《四库未收书辑刊》本,据江苏书局本影印。

天官书补考 1 卷　子部历算类　佚

见《庄先生述祖行状》。

珍埶宧文钞 7 卷诗钞 2 卷　集部别集类

(1)《珍埶宧遗书》本。

(2) 清光绪十八年石印本,常州图书馆藏。

(3)《续修四库全书》本,据中国科学院图书馆藏清刻本影印。

(4)《清代诗文集汇编》本。

按:光绪《武阳志余》卷 7 略谓:"文多释经之作,杂文仅数首。诗缘情赋物,出入玉溪、放翁间。"并录李兆洛《珍埶宧遗书》序。

汉鼓吹铙歌曲句解 1 卷　集部总集类

(1)《珍埶宧遗书》本。

(2) 抄本,上海社会科学院历史研究所资料室藏。

珍埶宧遗书　丛书类

清嘉庆道光间武进庄氏脊令舫刻本,中国科学院图书馆、常州图书馆藏。

收 15 种。子目见上。

倪　氏

清武进人。庄述祖妻。

蕴玉轩诗钞　集部别集类　佚

见《庄氏族谱》卷 16 下。

庄关和(1750—1818)

字有钧、酉君。清武进人。国子监生。聪颖笃学,少治《毛诗》《尚书》,通天文、历算、河渠及堪舆占验之术。

禹贡兴利除害说 1 卷　经部尚书类　佚

说诗 4 卷　经部诗经类　佚

古文大学讲义 1 卷　经部四书类　佚

中庸讲义 1 卷　经部四书类　佚

以上 4 种见道光《武阳合志》卷 32。

双州杂记 1 卷　子部小说类　佚

见道光《武阳合志》卷 33。

庄关和诗文集　集部别集类　佚

见光绪《武阳县志》卷 28。

粤游记程诗　集部别集类　佚

见《清代毗陵书目》卷 4。

徐　钧

字广乐,晚号陶村。清阳湖人。昆长子。幼颖悟好学,及冠,随父仕浙江佐笔翰。父病归,钧奔走衣食。乾隆二十五年(1760)应举,卷列首魁,主司为同乡,为回避见摈,后屡试屡黜。先后主讲席凡 17 年,门人弟子多仕宦。性耿介,有古士风。卒年 64。

小有斋自娱集 1 卷　集部别集类

《毗陵徐氏家集》本。

陆葆光

字根涵,号秋崖。清乾隆间阳湖人。监生,工诗。家贫,橐笔游四方,历黔、陕、蜀、中州、三晋,所至搜讨遗迹,俯仰感慨,一发于诗。

秋崖文集　集部别集类　佚

秋崖诗集　集部别集类　佚

以上2种见道光《武阳合志》卷33。

秋崖诗1卷　集部别集类

收入清李兆洛辑《旧言集》。

虞　书

字石渠。清阳湖人。诸生。自幼性耽于诗，老而弥笃。善画，四体书兼工，篆刻苍劲秀雅。

帘尾草堂印存　子部艺术类　佚

道光《武阳合志》卷32。

剩稿4卷　集部别集类　佚

见道光《武阳合志》卷29《人物志·艺术》本传。

燕石诗钞4卷　集部别集类

(1) 清嘉庆十四年(1809)刻本，中山大学图书馆藏。

(2) 清光绪十九年(1893)重刻本，常州图书馆藏。附《燕石诗钞》续刊、附录。

褚邦庆

字容船。清武进人。清乾隆年间诸生。壮游名山大川。善文赋，工篆隶。

四书人名考　经部四书类　佚

韵略补遗　经部小学类　佚

九翻千字文　经部小学类　佚

姓氏传芳录　史部传记类　佚

四时景物诗集唐诗　集部别集类　佚

闺情集唐　集部别集类　佚

以上6种见王浩乾隆五十二年(1787)《常州赋》序、道光《武阳合志》卷32、33。

常州赋 1 卷　集部别集类

(1) 清乾隆四十年刻本,华东师范大学图书馆藏。

(2) 清道光刻本,上海图书馆藏。

(3) 清光绪四年(1878)重刻本,南京图书馆藏。

(4) 2011 年南京大学出版社校点注本。

(5)《历代地方诗文总集汇编》本。

(6)《历代赋学文献辑刊》本。

按:乾隆帝南巡,召士子献赋,褚邦庆乃述乡邦典故,仿周紫芝《宣城赋》、葛沣《钱塘赋》,作此《常州赋》。全文于建置沿革、疆域形胜、户口赋税、兴衰大略,以及山水关梁、祠庙陵墓、历史人物、物产土宜等,都有详尽叙述。

容船夫子集唐诗 7 卷　集部别集类

清刻本,南京图书馆藏。

文选补注　集部总集类　佚

见光绪《武阳志余》卷 7。

杨宸

字榆眠。清武进人。乾隆间顺天举人,三十年(1765)官山西壶关知县。

(乾隆)壶关县志 18 卷　史部地理类

清杨宸、秦之柄等修　冯文止等纂

清乾隆三十五年刻本,北京大学图书馆藏。

汪本直

字让庭。清武进人。乾隆三十三年(1768)副榜。授山西绛州州判,署襄陵县事,迁介休县,官至忻州知州。笃学,工书法。

重修元遗山先生墓记略不分卷　史部传记类

清汪本直等撰

清嘉庆间刻本，国家图书馆藏。

山西志辑要 10 卷　史部地理类

清雅德修　汪本直纂

清乾隆四十五年刻本，南京图书馆藏。

清凉山志辑要 2 卷　史部地理类

汪本直辑

(1) 清乾隆刻本，北京大学图书馆藏。

(2) 附于《山西志辑要》。

言行类编 16 卷　子部儒学类

清乾隆五十八年刻本，东北师范大学图书馆藏。

小绛室帖　子部艺术类　佚

见光绪《武阳志余》卷 7，注谓此乃刻汪本直字，遭火，劫余存残石数块。

毕训咸

字莘农。清阳湖人。诸生。博涉群籍，尤精星命，喜读史，作咏史诗千余首。有才干，然性疏宕，落落寡合。

湘南诗草 3 卷　集部别集类　佚

箧中剩吟 5 卷　集部别集类　佚

游囊废草 4 卷　集部别集类　佚

以上 3 种见道光《武阳合志》卷 33。

乐古斋稿 12 卷　集部别集类　佚

见《江苏诗征》卷 155。

乐古斋咏史诗抄 20 卷　集部别集类　佚

见道光《武阳合志》卷 33，云："是集起三皇、终明代，凡一千五十三首。"

莘农诗　集部别集类

收入李兆洛辑《旧言集》。

张景超

字念耆,号恕堂。清武进人。乾隆六年(1741)举人。曾任山东登宁场盐大使。有人伦之鉴,学者宗之。

千丈松舍诗　集部别集类

收入李兆洛辑《旧言集》。

恽　冰

字洁如,号清於。清阳湖人。恽格族曾孙女,恽珠姑母。善写生,芊绵蕴藉,用粉精纯。清乾隆初,总督尹继善以进呈孝圣太后,高宗题诗嘉奖。适同县毛鸿调,筑小楼居之,夫妻以吟诗作画终老。

题画诗稿　子部艺术类　佚

见《历代妇女著作考》卷16引《清闺秀艺文略》。

清於女史恽冰仿宋人花果真迹　子部艺术类

商务印书馆1927年影印本,上海图书馆藏。

项蕙卿

清兰陵女史。

沅香阁存草1卷　集部别集类

清嘉庆二年(1797)兰陵项氏刻本,国家图书馆藏。

周佩华

字在珩。清乾嘉时武进人。翥华兄。

四思斋诗2卷　丛书类　佚

见道光《武阳合志》卷33,注云:"皆武进人,寓居娄县(今松江县),故是集题寓娄。"

子目:

《燕石集》1卷　清周佩华撰

《竹沙集》1卷　清周翥华撰

周翥华

字寄霄。清武进人。佩华弟。乾隆六十年(1795)至清嘉庆十年(1805)官湖北汉阳县丞。负才磊落,早岁客燕齐,所交皆知名士。

四思斋诗2卷　丛书类　佚

见道光《武阳合志》卷33,注云:"皆武进人,寓居娄县(今松江县),故是集题寓娄。"

子目见"周佩华"条。

按:《毗陵诗录》卷3收周翥华诗1首。

丁怀璞

字伯真,号石香。清武进人。性情淳厚。喜为诗。供事四库全书馆,议叙河南汝州吏目。先后丁内外艰。起补山西吉州吏目,署洪洞县典史,暑月暴卒。

菟竹山房诗稿　集部别集类　佚

见《清代毗陵书目》卷4。

菟竹山房诗　集部别集类

收入李兆洛辑《旧言集》。

蒋　斌

字良佐。清武进人。善医,决死生多奇验。轻财好施。

慎斋心传4卷　子部医家类　佚

明周之幹撰　清蒋斌、葛自申同辑

按:书为明宛陵周之幹撰。《贩书偶记续编》云:"泾县查万合记。武进蒋斌、江都葛自申同辑。传抄本,后有乾隆三十四年(1769)十一月江丽南假钞跋。"

项　森

字木林。清阳湖人。通中西历算、星学。

皇极经世书钥 1 卷　子部术数类　佚

见道光《武阳合志》卷 33，卷 29 本传云："自幼即究心于邵雍《皇极经世书》，年八十一乃悟其加盈差之故，以验《易纬》及天官、太乙诸家之术，遂著《经世书钥》六章。"

叶　楷

字荫初。清武进人。诸生。通堪舆之学。

地理心传出关分金法纂　子部术数类　佚

见《清代毗陵书目》卷 3。

徐　馨

清武进人。贡生。

音律集解启蒙 2 卷　经部乐类　佚

见道光《武阳合志》卷 32，注："是书上卷说，下卷图。"

杨　青

号笠云。清阳湖人。

笠云诗抄　集部别集类　佚

见道光《武阳合志》卷 33，注云"存"。

邹尚节

清武进人。诸生。

四书汇纂精要　经部四书类　佚

见道光《武阳合志》卷 32。

蒋荣昌

清武进人。

诗余学步 1 卷　集部词曲类　佚

见《清代毗陵书目》卷 8。

吴慎庵

清武进人。

地理便览　子部术数类　佚

见《清代毗陵书目》卷 3。

谢世济

清武进人。

大学古本注　经部四书类　佚

见道光《武阳合志》卷 32。

毛　远

清武进人。

四书广疏　经部四书类　佚

见道光《武阳合志》卷 32。

张琼娘

清武进人。段玉函妻。善吟咏,常与夫相唱知。安贫知礼,贤慧有声。金坛史震林赞赏之,记于《西青散记》。

怜影轩诗集　集部别集类　佚

见光绪《武阳县志》卷 28。

徐书受(1751—1805)

字尚之。清武进人。永宣曾孙,学有本原。乾隆三十九年(1774)与同里黄景仁、洪亮吉、孙星衍、赵怀玉、杨伦、吕星垣等作文会,人称"毗陵七子"。其诗"悱恻缠绵,意由心发"。少年之作"近体绵丽,颇似渔洋,五古诙谐,不让子才"。以家贫,常旅食四方,穷途所作,"牢愁激楚,托兴深微"。乾隆四十五年副贡。由四库馆议叙,官南召知县。

武城县志　史部地理类　佚

夏津县志　史部地理类　佚

以上2种见《清代毗陵书目》卷2。

教经堂谈薮6卷　子部杂学类

(1) 清乾隆刻本,国家图书馆藏。

(2)《常州先哲遗书》本。

教经堂诗集14卷　集部别集类

清乾隆五十五年洛阳自刻本,南京图书馆藏。

教经堂诗2卷　集部别集类

《吴会英才集》本。

教经堂诗集12卷文集10卷谈薮6卷　集部别集类

(1) 清乾隆五十年刻本,北京大学图书馆藏。

(2)《清代诗文集汇编》本。

教经堂诗集14卷诗余1卷文集10卷谈薮6卷　集部别集类

清嘉庆四年(1799)刻本,吉林大学图书馆藏。

按:《续修四库全书提要》云:"此集(指诗集)编年为次,始于丁亥(乾隆三十二年),迄于癸丑(乾隆五十八年),凡二十七年之作。……首有八十二岁叟袁枚序。案姚鼐志枚墓,枚卒于嘉庆二年,年八十二岁。则此集当在嘉庆二年以前。"

龚　烈(1751—1811)

字仲扬，号楚香。清阳湖人。曾任南河、东河总督幕友二十余年。嘉庆元年(1796)与庄宇逵一起举孝廉方正，皆不赴。

念辛楼诗钞 3 卷续钞 1 卷　集部别集类　佚

见道光《武阳合志》卷 33。

盛惇崇(1751—1815)

字士膺，又字柳五，号孟岩，别号睦园。清阳湖人。纲子。乾隆三十九年(1774)举人，由中书入直军机处。四十六年成进士，授主事，累升御史。在京 20 年，勤敏称职。后外放陕西、甘肃，任知府、督粮道、布政使，卒于任。工书，善绘山水，画风酷似其父。诗负盛名，与弟惇大、惇复同著于时。

二爱轩诗抄　集部别集类　佚

见光绪《武阳志余》卷 7。

睦园诗集 6 卷　集部别集类

清刻本，广东省立中山图书馆藏。

许亦鲁(1751—1820)

字省舆，又字郊曾。清阳湖人。乾隆四十四年(1779)举人，出翁方纲门下，名动公卿。但五就乡试皆落第。例补知县，不就。归隐太湖马迹山，历主各书院讲席，潜心经学，崇实黜华，力矫时弊，以造就真才。

不寐录　子部小说类　佚

见《增订晚明史籍考》卷 22。

按：据徐珂《清稗类钞》云，是书记载社会现象，共 24 篇，由徐将稿本锓板印行。

领云全集时文钞首选 6 卷次选 3 卷古文钞 5 卷诗钞 6 卷兰亭集咏 1 卷赋钞 4 卷　集部别集类

清道光二十五年(1845)木活字本,南京图书馆藏。

按:徐珂《清稗类钞·不寐录》中云:"《领云全集》诗古文十六篇,已风行海内。"

陶绍侃(1751—1822)

字企南,号慎斋,清武进人。诸生。乾隆四十二年(1777)考取誊录,签送四库馆武英殿,议叙州同。分发湖北,曾任南漳知县,在兴国州知州任内罹难,入祀昭忠祠。

(嘉庆)南漳县志集钞35卷首1卷　史部地理类

清陶绍侃修　胡正楷纂

清嘉庆二十年(1815)刻本,北京大学图书馆藏。

吴　琦(1751—1826)

字景韩,亦作镜涵、敬庵,号莲峰。清阳湖人。乾隆四十二年(1777)举人,官江西鄱阳知县。工诗,能文。

听松楼诗集4卷　集部别集类　佚

怀西堂文稿　集部别集类　佚

以上2种见《清代毗陵书目》卷4。

景韩诗1卷　集部别集类

收入李兆洛辑《旧言集》。

法　纲(1751—1831)

字孟容,一字蓉裳。清武进人。父雄,以医世其家。幼有神悟,言简指远,善医、工诗。其子及孙亦能传其业。

刻翠山房诗1卷　集部别集类

收入李兆洛辑《旧言集》。

左　辅(1751—1833)

字仲甫，一字蘅友，号杏庄、维衍、云在。室名念宛斋。清阳湖人。乾隆五十八年(1793)进士，以知县用，签发安徽，任霍丘知县，再知合肥、怀宁，后任泗州知州、宁国知府。拜广东雷琼兵备道，浙江按察使，湖南布政使，清嘉庆间官至湖南巡抚。清道光三年(1823)以原品致仕。辅治行素著，能得民心，文章雅正，尤工于词。

杏庄府君自叙年谱　史部传记类

(1) 清道光年间活字印本，天津图书馆藏。

(2) 清宣统二年(1910)木活字本，附孙元成等编《崇祀贤良录》1卷。

(3)《北京图书馆藏珍本年谱丛刊》本。

按:是谱左辅自编至道光三年，其后由子左昂等续成。

毗陵奉恩阐幽录4卷　史部传记类

清刻本，清华大学图书馆藏。

(嘉庆)合肥县志36卷首1卷　史部地理类

清左辅纂修

(1) 清嘉庆九年(1804)刻本，中国人民大学图书馆藏。

(2) 1920年王氏今传是楼据集虚草堂藏本影印，华东师范大学图书馆藏。

(3) 1961年石印本，清华大学图书馆藏。

念宛斋文集8卷文补1卷　集部别集类

(1) 清嘉庆二十三年自刻本，南开大学图书馆藏。

(2)《清代诗文集汇编》本。

念宛斋诗集10卷文稿8卷文补不分卷书牍5卷官书8卷　集部别集类

清道光元年裕德堂刻本，首都图书馆藏。

念宛斋诗集10卷　集部别集类

（1）清嘉庆十七年刻本，南开大学图书馆藏。

（2）清光绪间排印本，华东师范大学图书馆藏。

（3）民国铅印本，上海图书馆藏。

念宛斋词钞1卷念宛斋词曲1卷　集部词曲类

（1）清嘉庆二十五年裕德堂本，上海图书馆藏。

（2）《清代诗文集汇编》本。

念宛斋词抄1卷　集部词曲类

（1）清抄本，天津图书馆藏。

（2）《怀豳杂俎》本。

杨　氏(1752—1812)

清武进人。士凝孙女，汤荀业妻，贻汾母。生平寡嗜好，遇佳山水辄流连。工琴，喜为诗。乾隆五十一年(1786)，汤大奎及子荀业死于台湾，时寄寓福州，遂奉姑归里。训子成名，以节孝著，诰赠夫人。

断钗吟4卷　集部总集类

清杨氏著　张澹编

清道光十二年(1832)刻本，国家图书馆藏。

按：本书为贻汾门人张澹所辑。杨氏遭夫难，即屏弃笔墨，且悉焚所存稿。后于扬州琼花观感武定赐钗忽断，遂赋绝句2首，为贻汾录存并补图，征诗遍海内。故是书中所收杨氏诗仅2首，载于卷端，余皆时人和诗及题辞。每卷分子卷1、2。

吴士模(1752—1825)

字晋望，别号西斋。清武进人。中行六世孙，秉鉴子。诸生。少好为诗，兼治古文，以制举文名当世。邑中举以应贤良方正，力辞之。笃信程朱理学，一以高攀龙为宗。治《诗经》，兼采汉宋。长期授徒邑中，弟子甚众。

诗经申义10卷　经部诗经类

(1) 清道光十五年(1835)泽古斋刻本,北京大学图书馆藏。

(2) 清光绪十六年(1890)泽古斋重刻本,北京大学图书馆藏。

四书文抄 4 卷　经部四书类

(1) 清道光四年刻本,天津图书馆藏。

(2) 清光绪十九年刻本,吉林大学图书馆藏,与《泽古斋文钞》合刻。

桑梓潜德录三集 6 卷　史部传记类

清张慎、吴士模、刘芳、蒋熊昌等撰

清光绪六年刻本,常州图书馆藏。详见“张慎”条。

白华山志 4 卷　史部地理类　佚

清吴士模、毕应箕撰

见道光《武阳合志》卷 32,注云“存”。

泽古斋语录 1 卷　子部儒学类

(1) 清道光四年刻本,天津图书馆藏。

(2) 清道光十八年刻本,南开大学图书馆藏。

(3) 清光绪十九年刻本,常州图书馆藏。

按:本书包括《愧人录》《警心录》两部分,故亦名《愧人警心录》,又名《警心愧人语录》。

泽古斋诗文钞　集部别集类

(1) 清道光七年刻本,3 卷,南京图书馆藏。

(2) 清道光刻本,5 卷,南京图书馆藏。

泽古斋文抄　集部别集类

(1) 清道光四年刻本,名《泽古斋剩稿》1 卷《续编》1 卷,天津图书馆藏。

(2) 清道光十八年刻本,3 卷,另有《补遗》1 卷,华东师范大学图书馆藏。

(3) 清光绪十九年刻本,3 卷,另有《补遗》1 卷,上海图书馆藏。

泽古斋诗抄 1 卷　集部别集类

(1) 清道光四年刻本。

(2) 清道光十八年刻本。

泽古斋剩稿1卷续篇1卷　集部别集类

(1) 清道光四年刻本,天津图书馆藏。

(2) 清道光十八年刻本。华东师范大学图书馆藏。

泽古斋文抄3卷补遗1卷诗抄1卷时文4卷剩稿1卷续稿1卷语录1卷　集部别集类

清光绪十九年刻本,上海图书馆藏。

批注读杜心解　集部别集类

吴士模侄孙吴郎过录本,浙江大学图书馆藏,见《杜集书录》卷9。

王采薇(1753—1776)

字玉瑛。初名薇玉,字玉珍。清武进人。孙星衍妻。好读汉晋文史,论说史事,颇有见识。好吟咏,与星衍相唱和。工小楷。后患病,所写诗词多凄苦之音。

长离阁诗集　集部别集类

(1)《平津馆丛书》本。

(2)《国朝闺阁诗钞》本。

(3)《林下雅音集》本。

(4) 清思贤书局刻本。《芳茂山人文集》附。

(5)《四部丛刊》本。《孙渊如诗文集》附。

(6)《国学基本丛书》本。《孙渊如先生全集》附。

(7)《丛书集成初编》本。

(8)《清代闺秀集丛刊》本。

(9) 2015年中华书局出版《清代闺阁诗集萃编》本。

长离阁诗1卷　集部别集类

《吴会英才集》本。

许绍锦(1753—1811)

字兆熊,号纲亭。清武进人。贡生。乾隆五十六年(1791)任莒州知州。

(嘉庆)莒州志16卷首1卷　史部地理类

许绍锦纂修

清嘉庆元年(1796)刻本,华东师范大学图书馆藏。

董达章(1753—1813)

字超然。晚以字行,更号定园。清武进人。监生。好诗,工举子业。但屡试不中,乃遍游燕、齐、晋、豫、楚、粤,落拓无所遇。后归,终老于家。

游记1卷　史部地理类　佚

定园随笔8卷　子部小说类　佚

以上2种见光绪《武阳志余》卷7。

半野草堂诗集17卷　集部别集类

清嘉庆十六年(1811)刻本,首都图书馆藏。

半野草堂文集2卷　集部别集类　佚

见道光《武阳合志》卷33。

半野草堂词1卷　集部词曲类　佚

琵琶侠2卷　集部词曲类　佚

花月屏1卷　集部词曲类　佚

以上3种见《清代毗陵书目》卷5。

杨峒谷(1753—1813)

字丽中。清武进人。贡牛。通经学,工诗文。

五经臆5卷　经部群经总义类　佚

石室心颂1卷　经部群经总义类　佚

以上 2 种见《清代毗陵书目》卷 7。

心理通脉 1 卷　子部佛教类

见光绪《武阳县志》卷 28,注云"存"。

斯未斋文集 4 卷诗集 6 卷　集部别集类　佚

清嘉庆间刻本。

彤管集 6 卷　集部别集类　佚

清嘉庆间刻本。

孙星衍(1753—1818)

小名喜,字渊如,一字伯渊、苑如、季仇,别号芳茂山人,室名有问字堂、嘉穀堂、平津馆、五松园、岱南阁、廉石居等。清阳湖人。曾入毕沅幕。乾隆五十二年(1787)进士,授编修,充三通馆校理。任刑部主事,为法宽恕,所平反全活甚众。六十年授山东兖沂曹济道。嘉庆初权按察使,四年(1799)丁母忧归。阮元延主诂经精舍,不十年,舍中士皆以撰述名家。十年补山东督粮道,十二年权布政使,十六年引疾归,曾主讲钟山书院。少擅词章,与同里洪亮吉、黄景仁齐名。后深究经史百家、文字音韵之学,旁及金石碑版,尤精校勘,在经学、金石学、校勘学、语言学方面均有卓越成就。好藏书,于图书分类不囿于四部之限,堪称卓识。一生勤于著述,晚年所著书多由毕亨、李贻德卒其业。《清史稿》有传。

周易集解 10 卷(一名孙氏周易集解)　经部易类

(1)《岱南阁丛书》兖州本。

(2) 清光绪二年(1876)双梧书屋刻本,国家图书馆藏。

(3)《丛书集成初编》本。

(4)《国学基本丛书》本。

(5) 1988 年上海书店影印《国学基本丛书》本。

(6) 1988 年成都古籍书店影印《国学基本丛书》本。

(7)《粤雅堂丛书》本,作《孙氏周易集解》。

(8)《续修四库全书》本，据《粤雅堂丛书》本影印。

按：星衍取唐李鼎祚《周易集解》，每条后列王弼注，又采汉儒各家学附于其后，经文异字异音者附本文。伍崇曜辑刻《粤雅堂丛书》，以王弼注、李鼎祚《集解》人所习见，乃甄录孙星衍所辑者，名曰《孙氏周易集解》。

周易口诀义 6 卷　经部易类

唐史徵撰　清孙星衍校

(1)《岱南阁丛书》本。

(2)《古经解汇函》本。

(3)《丛书集成初编》本。

周易集解校异 2 卷　经部易类　佚

唐史徵撰　清孙星衍校

见《孙氏玉海楼藏书目录》。

古文尚书附逸文　经部尚书类

《古文尚书》汉马融、郑玄注　宋王应麟撰集解　清孙星衍补订

是书各刻本及各书志著录书名不尽相同，兹并列如下：

(一)《古文尚书》10 卷《逸文》2 卷。

(1)《岱南阁丛书》本。

(2)《丛书集成初编》本。

(二)《古文尚书马郑注》10 卷《逸文》2 卷《篇目表》1 卷。

(1) 清乾隆六十年问字堂刻本，国家图书馆藏。

(2) 清光绪六年四川绵竹墨池书舍校刻本，国家图书馆藏。

(三)《尚书读本》10 卷《逸文》2 卷。《十三经读本》本。

(四)《尚书马郑注》10 卷附《尚书逸文》2 卷《音义》2 卷。见道光《武阳合志》卷 32、《清代毗陵书目》卷 1。

(五)《古文尚书马郑注》10 卷《逸文》2 卷。见《清史稿·艺文志》《清史列传》孙星衍传。

(六)《古文尚书马郑王注》10 卷《逸文》3 卷。见《清代朴学大师列

传》孙星衍传。

尚书今古文注疏　经部尚书类

（一）30卷。

（1）清嘉庆二十年阳湖孙氏冶城山馆刻本，即《平津馆丛书》本，华东师范大学图书馆藏。

（2）清光绪五年丁宝桢四川刻本，国家图书馆藏。

（3）《丛书集成初编》本。

（4）《四部备要》本。

（5）《国学基本丛书》本。

（6）1986年中华书局出版点校《十三经清人注疏》本。

（7）《续修四库全书》本，据平津馆丛书本影印。

（二）39卷。《清经解》本。

按：《书目答问补正》卷1引蒙文通按云："孙别有《尚书今古文注》三十卷，成都存古书局刻本，湘绮手写本。"又按：据《清史稿》本传，此书星衍官刑部时已开始撰集，归田后始成书，历时22年。其意在网罗旧文，故录汉魏人佚说为多。又兼采清代王鸣盛、江声、段玉裁诸人书说，惟不取赵宋以来诸人注，恐滋臆说也。

尚书考异6卷　经部尚书类

明梅鷟撰　清孙星衍、顾广圻、钮树玉校订

（1）《平津馆丛书》本。

（2）《丛书集成初编》本。

夏小正传2卷　经部大戴礼记类

汉戴德撰　清孙星衍校

（1）《岱南阁丛书》兖州本。

（2）冯兆年辑《翠琅玕馆丛书》本。

（3）黄任恒辑《翠琅玕馆丛书》本。

（4）《芋园丛书》本。

（5）《丛书集成初编》本。

按:《清史稿·艺文志》作《夏小正传校正》3卷。孙氏自序谓此书“非独学者循诵,为政者将有取焉,是则予书之不空作也”。

明堂考3卷　经部三礼总义类

(1)《问经堂丛书》本。

(2)《丛书集成初编》本。

(3)《续修四库全书》本,据《问经堂丛书》本影印。

三礼图3卷　经部三礼总义类　佚

清孙星衍、严可均撰

见《清史稿·艺文志》。《书目答问》卷1注云:“未刊。”

春秋释例15卷　经部春秋左传类

晋杜预撰　清庄述祖、孙星衍校

(1)《岱南阁丛书》本。

(2)《古经解汇函》本。

左传集解30卷　经部春秋左传类　佚

稿本。

见缪荃孙《常州先哲遗书拟刻目录》,收于《艺风堂文集乙丁稿》《常州先哲遗书正续集缘起》,后未刻成,当已佚。

魏三体石经遗字考1卷　经部群经总义类

(1)《平津馆丛书》本。

(2)《石经汇函》本。

(3)《丛书集成初编》本。

按:《隶续》载魏正始三字石经凡819字,为《尚书》《左传》中文字。孙氏乃就此书整理之,证以经典、字书,并作音释。

问字堂集1卷　经部群经总义类

《清经解》本。

按:孙氏有《问字堂集》6卷,《清经解》本收有关考论经义文字,1卷。

十三经佚注　经部群经总义类　佚

集马昭孙叔然难王申郑之书　经部群经总义类　佚

以上2种见《清史列传》本传。

说文解字15卷　经部小学类

汉许慎撰　宋徐铉校定　清孙星衍重校

(1)《平津馆丛书》本。

(2)《小学汇函》本。

(3)清同治十二年(1873)广州陈昌治据孙本改为一篆一行本,上海图书馆藏

(4)清同治十三年苏州浦氏重刻孙本,上海图书馆藏。

(5)1963、1984年中华书局影印陈昌治刻本,增加楷书字头和新编检字。

按:平津馆小字本《说文解字》乃影刊北宋刻本,世称善本,孙氏影宋抄本。后归李盛铎木樨轩,今归北京大学图书馆藏,上有孙氏手跋。国家图书馆藏有孙星衍、顾广圻校并跋毛氏汲古阁刻本。又,孙氏所用北宋刻原本,今藏日本静嘉堂文库,《四部丛刊》据以影印。

苍颉篇　经部小学类

清孙星衍辑

(一)无卷数本,清乾隆四十六年西安刻本,上海图书馆藏。

(二)3卷本。

(1)《岱南阁丛书》本。

(2)清道光十年(1830)毕裕曾抄本,国家图书馆藏。

(3)清陈其荣补辑,稿本,北京大学图书馆藏。

(4)《丛书集成初编》本。

(三)《仓颉篇校证》3卷《补遗》1卷。

清孙星衍原辑,清梁章钜校证并辑补遗。

(1)稿本,天一阁文物保管所藏。

(2)清光绪五年梁恭辰写刻苏州宝华山房刻本,上海图书馆藏。

(四)《仓颉篇》3卷,清孙星衍辑;《续本》1卷,清任大椿辑;《补本》

1卷，清陶方琦辑；《附录》1卷，清诸可宝辑。

（1）清光绪十六年江苏书局刻本，国家图书馆藏。

（2）《续修四库全书》本，据国家图书馆藏本影印。

按：此书原有二本，一本无卷数，刻于西安，篆文。后五年所辑益多，又因篆文不通于俗，复刻于大梁，即《岱南阁丛书》本。后臧礼堂有《增订孙星衍仓颉篇》，见《清代毗陵书目》卷1。

急就章考异1卷　经部小学类

（1）《岱南阁丛书》兖州本。

（2）《丛书集成初编》本。

（3）《续修四库全书》本，据《岱南阁丛书》本影印。

按：孙氏自序云："予惜颜（师古）注本既不依古本分章，《玉海》所称碑本异字，核之今帖（即绍圣摹勒皇象本）尚有遗漏，因以贴本为定，校各本文字为《考异》一卷。"

尔雅广雅古（诂）训韵编5卷　经部小学类　佚

见《清史稿》本传。清道光《武阳合志》卷32注云："存，抄本。"

九经正俗字考　经部小学类　佚

见清毕沅撰《孙氏仓颉篇序》，云："所著复有《九经正俗字考》，其书未成。"

考注春秋别典15卷　史部编年类

明薛虞畿撰　清孙星衍补注出典

（1）《墨海金壶》本。

（2）《岭南遗书》本。

（3）《守山阁丛书》本。

春秋分纪90卷　史部编年类

清孙星衍手校并题记

清平津馆抄本，台湾"中央图书馆"原藏。

汉纪30卷　史部编年类佚

汉荀悦撰　清孙星衍校

汉纪30卷　史部编年类　佚

汉荀悦撰　清孙星衍校

见《清代毗陵书目》卷7附。

春秋集证22册　史部杂史类

稿本，湖北省图书馆藏。

按：《中南西南地区省市图书馆馆藏古籍稿本提要》著录为佚名。始于周平王四十九年，止于杞武公二十九年。该书对春秋列国之事，广加采辑，意在补左氏、公羊、穀梁三传未能备载的列国诸事，以成周代典章。同时对顾栋高、高士奇等人所作《春秋大事年表》等未及著录者，补其所阙，与史实不符者则正其疏失。

又按：《清代毗陵书目》卷1经部春秋类注录为29册，注云："稿本，在武昌徐恕处。此书未刊，里人无知之者。"又云："应入史部。"卷2史部杂史类注云："一名《春秋长编》，未刊。稿藏武昌徐恕处，凡《春秋》事迹见于诸子百家者悉见采辑。"据此，则今本当已不全。

古史考1卷　史部杂史类

今《平津馆丛书》本作章宗源辑。一说孙星衍辑。见《清代毗陵书目》卷1，注云："平津馆本。"

华阳国志12卷　史部载记类　佚

晋常璩撰　清孙星衍校刻

见《清代毗陵书目》卷6。

广黄帝本行记1卷　史部传记类

唐王瓘撰　清孙星衍校

轩辕黄帝传1卷　史部传记类

孙星衍校

以上2种有《平津馆丛书》本。

建立伏博士始末2卷　史部传记类

(1)《平津馆丛书》本。

(2)《丛书集成初编》本。

郑司农(玄)年谱1卷　史部传记类

清孙星衍撰　阮元补订　黄奭案

(1) 清阮元琅嬛仙馆刻本,国家图书馆藏。

(2)《汉学堂丛书》本。

(3)《黄氏逸书考》本。

(4)《北京图书馆藏珍本年谱丛刊》本。

(5)《续修四库全书》本。

赵瓯北墓志铭1卷　史部传记类

清嘉庆间刻本,附《瓯北先生年谱》1卷,福建省图书馆藏。

元和姓纂10卷　史部传记类

唐林宝撰　清孙星衍、洪莹同补

(1) 清嘉庆七年洪氏刻本,上海图书馆藏。

(2) 清光绪六年金陵书局刻本,南京图书馆藏。

(3) 1994年中华书局整理本。

汉礼器制度1卷　史部政书类

汉叔孙通撰　清孙星衍辑

(1)《平津馆丛书》本。

(2)《后知不足斋丛书》本。

(3)《知服斋丛书》本。

(4)《丛书集成初编》本。

汉官1卷　史部政书类

清孙星衍辑

汉官解诂1卷　史部政书类

汉王隆撰　胡广注　清孙星衍辑

汉旧仪2卷补遗2卷　史部政书类

汉卫宏撰　清孙星衍校并辑补遗

汉官仪2卷　史部政书类

汉应劭撰　清孙星衍辑

汉官典职仪式选用1卷　史部政书类

汉蔡质撰　清孙星衍辑

汉仪1卷　史部政书类

三国吴丁孚撰　清孙星衍辑

以上6种又合称《汉官六种》,版本有:

(1)《平津馆丛书》本。

(2)《知不足斋丛书》本。

(3)《后知不足斋丛书》本。

(4)《丛书集成初编》本。

(5)《四部备要》本。

(6)《续修四库全书》本。

朝会仪记1卷　史部政书类　佚

汉蔡质撰　清孙星衍校

此校《说郛》宛委山堂刻本,见《江苏省立国学图书馆藏总目》卷15。

谥法3卷　史部政书类　佚

见《清代毗陵书目》卷2,题作孙星衍、严可均同辑。

三辅黄图1卷　史部地理类

汉佚名撰　清孙星衍、庄逵吉校

(1)《平津馆丛书》本。

(2)《丛书集成初编》本。

括地志8卷　史部地理类

唐李泰等撰　清孙星衍辑

(1)《岱南阁丛书》本。

(2)《正觉楼丛刻》本。

(3)《槐庐丛书初编》本经陈其荣重订,有补遗1卷。

(4) 1985年台湾新文丰公司影印本。

(5) 2017年河北大学出版社出版,与《冀州图经》等合一册。

元和郡县图志40卷阙卷逸文1卷　史部地理类

唐李吉甫撰　清孙星衍辑

(1)《岱南阁丛书》本。

(2)《畿辅丛书》本。

(3)《丛书集成初编》本。

按:后2种附清张驹贤撰《考证》34卷。

渚宫旧事5卷附补遗1卷　史部地理类

唐余知古撰　清孙星衍校并辑补遗

(1)《平津馆丛书》本。

(2)《丛书集成初编》本。

关中胜迹图志　史部地理类

(一) 32卷本

《四库全书》本。

(二) 30卷本

(1) 清乾隆间毕沅经训堂刻本,国家图书馆藏。

(2)《关中丛书》本。

(3) 1994年上海书店出版社《丛书集成续编》本。

(4) 2003年广陵书社出版《中国风土志丛刊》本。

(5) 2004年三秦出版社点校本。

(6) 2013年北京国家图书馆出版社《中华再造善本续编》本,据清乾隆毕沅经训堂刻本影印。

按:书题清毕沅撰,实成于孙星衍之手。《清代毗陵书目》卷2作孙星衍、钱坫同撰。

(乾隆)直隶邠州志25卷　史部地理类

清王朝爵、王灼修　孙星衍纂

(1) 清乾隆四十九年刻本,上海图书馆藏。

(2) 1944年石印本,厦门大学图书馆藏。

(乾隆)澄城县志20卷　史部地理类

清戴治修　洪亮吉、孙星衍纂

(1) 清乾隆四十九年刻本，上海图书馆藏。

(2) 清嘉庆十三年增补本，陕西省图书馆藏。

(乾隆)醴泉县志 14 卷图 1 卷　史部地理类

清蒋骐昌修　孙星衍纂

清乾隆四十九年刻本，上海图书馆藏。

(乾隆)陕西三水县志 11 卷　史部地理类

清朱廷模、葛德新修　孙星衍纂

(1) 清乾隆五十年刻本，上海图书馆藏。

(2)《续修四库全书》本，据乾隆五十年刻本影印。

(乾隆)偃师县志 30 卷首 1 卷　史部地理类

清汤毓倬修　孙星衍、武亿纂

(1) 清乾隆五十四年刻本，上海图书馆藏。

(2) 1939 年补刻本，河北师范大学图书馆、偃师图书馆藏。

按:卷 27、卷 28《金石录》，由县人武亿撰。

(嘉庆)庐州府志 54 卷图 1 卷　史部地理类

清张祥云修　孙星衍等纂

(1) 清嘉庆八年庐州府学刻本，浙江省图书馆藏。

(2)《续修四库全书》本，据浙江省图书馆藏本影印。

(3)《中国地方志集成》本。

按:《孙渊如先生年谱》云:"嘉庆七年受聘至庐州，纂《庐州府志》54 卷。"

(嘉庆)松江府志 84 卷首 2 卷图 1 卷　史部地理类

清宋如林修　孙星衍、莫晋纂

(1) 清嘉庆二十三年松江府学明伦堂刻本，常州图书馆藏。

(2)《续修四库全书》本。

(3)《中国地方志集成》本。

按:《孙渊如先生年谱》云:"嘉庆十八年受聘至松江，纂《松江府志》。”

(乾隆)陕西咸宁县志　史部地理类　佚

清孙星衍纂

见《清代毗陵书目》卷2。按：清张绍南《孙渊如先生年谱》云：“清乾隆五十一年复入陕，馆庄忻咸宁县署中，纂《咸宁县志》，秋还。”

长安县志　史部地理类　佚

清孙星衍纂

见《清代毗陵书目》卷2。

水经注　史部地理类

清孙星衍校

见郑德坤《水经注书目录》，载《图书馆学季刊》第9卷第2期。

孙氏祠堂书目内编4卷外编3卷　史部目录类

(1) 清抄本，国家图书馆藏。

(2) 清嘉庆十五年济南刻本，孙氏金陵祠屋藏版。

(3)《木犀轩丛书》本。

(4)《丛书集成初编》本。

(5) 1969年台湾广文书局影印本，《孙氏祠堂书目》《平津馆鉴藏记书籍》《廉石居藏书记》合一册。

(6) 2008年上海古籍出版社点校本，《平津馆鉴藏记书籍》《廉石居藏书记》《孙氏祠堂书目》合一册。

(7)《南京图书馆藏稀见书目书志丛刊》本。

按：《五松园文稿》卷1《孙忠愍侯祠堂藏书记》，主张分12部类以统群书，叙录之例直绍刘向、班固，为中国古代目录学史上之重要文献。

平津馆鉴藏书籍记(一作平津馆鉴藏经籍记)3卷补遗1卷续编1卷　史部目录类

廉石居藏书记2卷　史部目录类

按：《清代毗陵书目》卷2注云：“此书渊如先生未及成书，江宁陈宗彝仲虎编次，依《祠目》分内外编，体例与《鉴藏记》略同。”

以上 2 种有：

(1)《独抱庐丛刻》本。

(2)《式训堂丛书》本。

(3)《校经山房丛书》本。

(4)《木犀轩丛书》本。

(5)《丛书集成初编》本。

(6)《续修四库全书》本，据独抱庐本影印。

(7) 1969 年台湾广文书局影印本，《孙氏祠堂书目》《平津馆鉴藏记书籍》《廉石居藏书记》合一册。

(8) 2008 年上海古籍出版社点校本，《平津馆鉴藏记书籍》《廉石居藏书记》《孙氏祠堂书目》合一册。

按:《鉴藏记》另有抄本 2 册，见《嘉业堂抄校本目录》。

寰宇访碑录 12 卷　史部金石类

清孙星衍、邢澍撰

(1)《平津馆丛书》本。

(2) 清光绪九年江苏书局刻本，上海图书馆藏。

(3)《行素草堂金石丛书》本。

(4)《丛书集成初编》本。

(5)《国学基本丛书》本。

(6)《续修四库全书》本，据《平津馆丛书》本影印。

按:以上版本。其中《行素草堂金石丛书》本、《平津馆丛书》(光绪本)两种有罗振玉撰《刊谬》1 卷。此为嘉庆以前碑刻目录最详备者。又，民国刘声木撰此书《校勘记》11 卷，有《直介堂丛刻初编》本。

古刻丛钞 1 卷　史部金石类

元陶宗仪撰　清孙星衍重编

(1)《平津馆丛书》本。

(2)《学古斋金石丛书》本。

(3)《丛书集成初编》本。

京畿金石考 2 卷　史部金石类

(1) 清乾隆五十七年问字堂木活字本，上海社会科学院历史所资料室藏。

(2)《惜阴轩丛书》本。

(3)《滂喜斋丛书》本。

(4)《行素草堂金石丛书》本。

(5)《槐庐丛书》本。

(6)《后知不足斋丛书》本。

(7)《丛书集成初编》本。此本据《滂喜斋丛书》本排印，并附记《惜阴轩丛书》本异文。

(8)《续修四库全书》本，据《后知不足斋丛书》本影印。

泰山石刻记 1 卷　史部金石类

(1)《古学汇刊》本。

(2) 上海书店《丛书集成续编》本。

平津馆金石萃编 20 卷　史部金石类

(1)《万洁斋丛刊》本，刘氏嘉业堂抄本，上海图书馆藏。

(2)《续修四库全书》本，据上海图书馆藏本影印。

按:《清史稿》本传作《金石萃编》20 卷。道光《武阳合志》卷 32 注云，"是书同严可均撰。"《清代毗陵书目》卷 2 作《平津馆金石萃编正续》32 卷，题孙星衍、严可均撰，注云:"南浔刘(承幹)氏嘉业堂有钞本，仅署严名。"《嘉业堂钞校本目录》有旧钞稿本 4 册。《书目答问》著录严可均编"正续"31 卷，范希曾《补正》云:"严书吴兴刘氏希古楼刻未毕工(成 10 卷)。"《万洁斋丛刊》，周廷年辑，稿本，于此书亦仅署严名。

孔子集语 17 卷　子部周秦诸子类

孙星衍辑

(1)《平津馆丛书》本。

(2)《二十二子》本。

(3)《二十五子汇函》本。

(4)《子书二十二种》本。

(5)《子书二十八种》本。

(6)《子书四十八种》本。

(7)《续修四库全书》本，据《平津馆丛书》本影印。

按:《清代毗陵书目》卷2注云:“是书星衍与从子婿龚庆、族弟星海辑录，属严可均重加搜补编次成书。”

晏子春秋7卷附音义2卷　子部周秦诸子类

清孙星衍校并撰音义

(1)《经训堂丛书》本。

(2)《丛书集成初编》本。

(3)《二十二子》本。

(4)《二十五子汇函》本。

(5)《子书二十二种》本。

(6)《子书二十八种》本。

(7)《子书四十八种》本。

(8)《四部备要》本。

后6种有清黄以周撰《校勘记》2卷。

按:此书先据明沈启南、吴怀保两本校定《晏子春秋》，又合《韩诗外传》《文选注》诸书，推求审正，并撰音义。台湾“中央图书馆”原藏。有孙星衍手校《晏子春秋》4卷，底本为明黄之寀校刻本。

商子5卷　子部周秦诸子类

周商鞅撰　清孙星衍、孙冯翼校

《问经堂丛书》本。

墨子15卷　子部周秦诸子类

周墨子撰　清毕沅校注　孙星衍手校

旧抄本，台湾“中央图书馆”原藏。

尸子2卷　子部周秦诸子类

周尸佼撰　清孙星衍辑

(1)《问经堂丛书》本。

(2)《平津馆丛书》本。

(3)《子书百家》本。

(4)《百子全书》本。

(5)《求实斋丛书》本。

(6)《四部备要》本。

燕丹子3卷　子部周秦诸子类

清孙星衍校辑

(1)《问经堂丛书》本。

(2)《岱南阁丛书》本。

(3)《平津馆丛书》本。

(4)《子书百家》本。

(5)《百子全书》本。

(6)《子书四十八种》本。

(7)《丛书集成初编》本。

(8)《四部备要》本。

(9)《续修四库全书》本,据《岱南阁丛书》本影印。

山海经音义　子部周秦诸子类　佚

见《清代毗陵书目》卷7

六韬6卷逸文1卷　子部兵书类

《六韬》清孙星衍校　《逸文》清孙同元辑

(1)《平津馆丛书》本。

(2)《长恩书室丛书》本。

(3)《半亩园丛书》本。

(4)《兵书七种》本。

孙子十家注13卷　子部兵书类

宋吉天保辑　清孙星衍、吴人骥校

(一) 附《遗说》1卷,宋郑友贤撰。

(1)《宛委别藏》本。

(2)《子书二十八种》本。

(二) 附《叙录》1 卷,清毕以殉撰;《遗说》1 卷,宋郑友贤撰。

(1)《岱南阁丛书》本。

(2)《二十二子》本。

(3)《二十五子汇函》本。

(4)《子书二十二种》本。

(5)《子书四十八种》本。

(6)《袖珍古书读本》本。

(7)《诸子集成》本。

(8)《丛书集成初编》本。

(9)《四部备要》本。

孙子略解 13 卷　子部兵书类

三国魏曹操注　孙星衍校正

抄本,国家图书馆藏。

孙子注 3 卷　子部兵书类　佚

原稿本,孙星衍手批改。见《藏园群书经眼录》卷 7。

魏武帝注孙子 3 卷　子部兵书类

《平津馆丛书》影宋刻本。

吴子　子部兵书类

清孙星衍校

(一) 2 卷本。《平津馆丛书》影宋刻本。

(二) 6 卷本。《诸子集成》本。

司马法 3 卷　子部兵书类

《平津馆丛书》影宋刻本。

华氏中藏经 3 卷　子部医家类

汉华佗撰　清孙星衍校

(1)《平津馆丛书》本。

(2)《丛书集成初编》本。

神农本草经3卷　子部医家类

魏吴普等述　清孙星衍、孙冯翼辑

(一)

(1)《问经堂丛书》本。

(2) 清嘉庆刻本，国家图书馆藏。

(3) 清刻本，国家图书馆藏。

(4) 清抄本，吉林省图书馆藏。

(5) 抄本，广西壮族自治区图书馆藏。

(6)《中国医学大成》本。

(7)《丛书集成初编》本。

(二)

(1)《周氏医学丛书》本。

(2)《四部备要》本。

此2种题作《本草经》3卷。

服盐药法1卷　子部医家类

《丛书集成初编》本。

千金宝要6卷　子部医家类

唐孙思邈撰　宋郭思辑

(1)《平津馆丛书》本。

(2)《丛书集成初编》本。

秘授清宁丸方1卷　子部医家类

清孙星衍辑

(1)《平津馆丛书》本。

(2)《丛书集成初编》本，题作《秘制大黄清宁丸方》。

史记天官书补目1卷　子部历算类

(1) 清道光《昭代丛书》本。

(2)《广雅书局丛书》本。

(3)《史学丛书》本。

(4)《丛书集成初编》本。

(5)《二十五史补编》本。

按:亦收于孙氏《问字堂集》卷6。

史记天官书考证10卷　子部历算类　佚

见《清史稿》本传。《清代毗陵书目》卷2注云:“是书星衍撰辑,臧庸续成之,原稿旧藏吴襄勤处。”

古天文说　子部历算类　佚

清孙星衍、俞正燮撰

见《清代毗陵书目》卷3。按:《孙渊如先生年谱》云:“嘉庆十一年俞正燮馆录星衍德州署中,与同撰《古天文说》。”

黄帝金匮玉衡经1卷　子部术数类

黄帝龙首经2卷　子部术数类

黄帝授三子玄女经1卷　子部术数类

以上3种均孙星衍校,加前述《广黄帝本行记》《轩辕黄帝传》2种,合称《黄帝五书》。有:

(1)《平津馆丛书》本。

(2)《续修四库全书》本,据《黄帝五书》本影印。

平津馆鉴藏书画记1卷　子部艺术类

《独抱庐丛刻》本。

琴操2卷附补遗1卷　子部艺术类

汉蔡邕撰　清孙星衍校并辑补遗

(1)《平津馆丛书》本。

(2)《琴学丛书》本。

(3)《丛书集成初编》本。

(4)《续修四库全书》本,据《平津馆丛书》本影印。

物理论1卷　子部杂学类

晋杨泉撰　清孙星衍集校

(1)《平津馆丛书》本。

(2)《龙溪精舍丛书》本。

(3)《丛书集成初编》本。

(4)《清风室丛书》本。此本清钱保塘重校。

牟子1卷　子部佛教类

汉牟融撰　清孙星衍校

《平津馆丛书》本。

一切经音义25卷　子部佛教类

唐玄应撰　清庄忻、钱坫、孙星衍同校

(1) 清乾隆五十一年庄氏咸宁县署据明南藏校刻本,国家图书馆藏。

(2)《海山仙馆丛书》本。

(3) 清同治八年杭州张氏宝晋斋曹籀刻本,北京大学图书馆藏。《越缦堂日记》13册云:"曹据庄氏校证本,授杭州尼明净翻刻。曹本妄人,又年老不知校勘,故虵谬满纸。"

(4)《丛书集成初编》本。

(5) 1962年台北历史语言研究所出版附索引。

按:《孙渊如先生年谱》云:乾隆四十五年,星衍在南京瓦官寺读书,从佛经中辑出《一切经音义》《华严经音义》等书。五十一年庄忻等刊行之。《清代毗陵书目》卷6则云:"炘宰咸宁,从大闪善寺得善本,乃刊行。助校勘者嘉定钱坫、歙程敦,同邑洪亮吉、孙星衍。"

华严经音义　子部佛教类

唐慧苑撰　清孙星衍辑

与玄应书合刊。

按:清乾隆四十九年孙星衍《仓颉篇集本序》云:"戊辰之年读书江宁瓦官寺,从玄应、慧苑二书中辑成《仓颉篇》一书,刊而行之。又以二人之书世多不传,乃揄扬其实,嘱友刊行。"是二书之刻,为孙氏倡导之。参见陈垣《中国佛教史籍概论》卷3。

芳茂山人诗录　集部别集类

(一)9 卷本。

(1) 清嘉庆《平津馆丛书》本。

(2)《孙渊如先生全集》本。

子目：

《澄清堂稿》2 卷、《续稿》1 卷

《沛上停云二集》1 卷

《冶城遗集》1 卷《补遗》1 卷

(二) 10 卷本。

(1) 清光绪《平津馆丛书》本。

(2)《丛书集成初编》本。

子目同上，仅《冶城遗集补遗》作 2 卷。

问字堂集 6 卷　集部别集类

按：其考论经义部分 1 卷又收入《清经解》。

岱南阁集 2 卷　集部别集类

五松园文稿 1 卷　集部别集类

嘉穀堂集 1 卷　集部别集类

平津馆文稿 2 卷　集部别集类

以上 5 种版本。有：

(1)《岱南阁丛书》本。

(2)《孙渊如先生全集》本。

(3)《丛书集成初编》本。

按：《平津馆文稿》初印校样，国家图书馆藏，上有孙氏批语。参见《中国善本书提要》。

问字堂集 6 卷岱南阁集 2 卷　集部别集类

1996 年中华书局出版。2016 年重印。

芳茂山人文集 12 卷　集部别集类

(1)《槐庐丛书》本。

（2）《思贤书局刊书》本，与《诗录》9 卷合刻。

孙渊如先生全集 21 卷附长离阁集 1 卷　集部别集类

《长离阁集》星衍妻王采薇撰

（1）清光绪十二年刻本，上海图书馆藏。

（2）清光绪二十年长沙王先豫思贤讲舍刻本，上海图书馆藏。

（3）《国学基本丛书》本。

按：全集所收有《问字堂集》《岱南阁集》《五松园文稿》《嘉穀堂集》《平津馆文稿》《芳茂山人诗录》6 种。

孙渊如诗文集 21 卷附长离阁集 1 卷　集部别集类

《长离阁集》，星衍妻王采薇撰

（1）《四部丛刊》本。

（2）《续修四库全书》本，据《四部丛刊》本影印。

（3）《清代诗文集汇编》本。

（4）2016 年凤凰出版社出版《常州先哲遗书续》本。

按：此据嘉庆间孙氏家刻《岱南阁丛书》《平津馆丛书》中孙氏自撰诗文集影印，收书 6 种，见上。

雨粟楼诗 1 卷　集部别集类

《吴会英才集》本。

孙渊如先生文补遗 1 卷　集部别集类

王大隆辑

（1）《戊寅丛编》本。

（2）上海书店《丛书集成续编》本。

（3）《清代诗文集汇编》本。

问字堂外集 1 卷　集部别集类

《八家四六文钞》本。

按：《清代毗陵书目》卷 4 著录，注云："此集皆骈文，严可均编。王德福《续先生年谱》言：先生卒后，严可均辑杂文之未刊者为《冶城山馆遗稿》，盖即此书。"

孙渊如外集5卷附骈文1卷　集部别集类

(1) 1932年国立北平图书馆藏铅印本,上海图书馆藏。

(2)《清代诗文集汇编》本。

按:张舜徽《清人文集别录》云:"星衍自订所为文,尽嘉庆十四年而止。卒后,严可均辑其未刊文为《孙渊如外集》5卷,严辑又佚。今人王重民重辑之,得杂文91篇,分为5卷,得骈文9篇,为1卷附于后。"

重编孙渊如文集20卷　集部别集类　佚

见《清代毗陵书目》卷4,注云:"江阴缪荃孙辑,稿本。未刻,较旧辑多七卷,盖诗文合编也。"

孙渊如先生书札　集部别集类

(1) 稿本,国家图书馆藏。

(2) 2010年国家图书馆出版社《国家图书馆藏稿抄本乾嘉名人别集丛刊》本。

秋水亭文略8卷　集部别集类

清干祖昌撰名　孙星衍订定　王赓言编次　李士其、刘寄庵等批校

清嘉庆间稿本,中国社会科学院历史研究所图书馆藏。

按:武新运《明清稀见史籍叙录》云:"此书为文集,是一部由名家精批细校、删补修订的稿本。它的可贵处在于作者以三十年时间,为本书征得了孙星衍等五十多人的亲笔批注,至今书中还完好无损地保留着他们的墨迹。集如此之多的名家手迹于一书,世所罕见,实可珍视。"是书"前有孙星衍、刘凤诰、冯培、张映宿、王赓言等序,吉金贞石山房主人李士其、芳草堂主人王嘉禄的校勘记和王允熙、焦筠轩等跋。"

芝泉集概8卷　集部别集类

清凌霄撰　孙星衍选

清光绪刻本,上海图书馆藏。

沛上停云集1卷　集部总集类

清孙星衍编

(1)《岱南阁丛书》本。

(2)《丛书集成初编》本。

按:此书收阮元、桂馥、张问陶及孙星衍等酬唱之作,作者下各附简传。

古文苑 9 卷　集部总集类

宋韩元吉重编　孙星衍据宋淳熙本影刻

(1)《岱南阁丛书》本。

(2) 飞青阁覆岱南阁本。

(3) 潮州龙溪精舍重刻岱南阁本。

(4) 清光绪间杨守敬刻本。

续古文苑 20 卷　集部总集类

清孙星衍辑

(1)《平津馆丛书》本。

(2) 清光绪九年江苏书局刻本。

(3)《丛书集成初编》本。

(4)《续修四库全书》本,据《平津馆丛书》本影印。

按:此续《古文苑》而作,所辑为金石、传记、地志和类书中之遗文,自周迄元,为前人别集、总集所不载者。

孙吴司马法　丛书类

清孙星衍辑

(1)《平津馆丛书》本。

(2) 清同治十年淮南书局重刻本。

子目:

《孙子》3 卷　魏武帝注

《吴子》2 卷　周吴起撰

《司马法》3 卷　周司马穰苴撰

汉官六种　丛书类

孙星衍辑

版本、子目见前。

黄帝五书　丛书类

孙星衍校

《平津馆丛书》本。

子目见前。

岱南阁丛书　丛书类

按：所收各书除孙氏自撰诗文外，多为订补校勘之作。通行各本。种数多有差异，主要有：

(1) 16 种。清乾隆嘉庆间兰陵孙氏刻本、1924 年上海博古斋据孙氏刻本影印本。子目见《中国丛书综录》第 1 册。

(2) 18 种。见《丛书集成初编·丛书百部提要》。此较 16 种本多 2 种：《盐铁论》10 卷并《盐铁论考证》1 卷，《考证》，清张敦仁撰；《缉古算经细草》3 卷，唐王孝通撰。

按：《续修四库全书提要》亦著录 18 种，子目又略有差异。

(3) 19 种。见光绪《武阳志余》卷 7，此较 18 种本增清张敦仁撰《求一算术》3 卷。

(4) 5 种。清嘉庆三年孙氏沇州刻本。子目：

《周易集解》10 卷　清孙星衍撰

《周易口诀义》6 卷　唐史徵撰

《夏小正传》2 卷　汉戴德撰，清孙星衍校

《急就章考异》1 卷　清孙星衍撰

《王无功集》(一名《东皋子集》)3 卷《补遗》2 卷　唐王绩撰

按：孙星衍既辑 16 种本，复辑此 5 种本，用袖珍本刊刻，亦称《小岱南阁丛书》，或《岱南阁巾箱本丛书》。

(5) 23 种。《丛书集成初编》本合 18 种本，与 5 种本刊行之。

平津馆丛书　丛书类

清嘉庆十七年刻本，华东师范大学图书馆藏。

按：此书所收除部分为孙星衍自撰书外，大都为辑校周秦以来古

籍，附收星衍妻王采薇撰《长离阁诗集》1 卷，较《岱南阁丛书》尤为繁博。星衍撰自序谓"自甲到癸，终始十集"，传本有 6 集、8 集、10 集之分，子目各有不同。10 集子目见《中国丛书综录》第 1 册。

问经堂丛书　丛书类

清嘉庆二年至十三年承德孙冯翼刻本，上海图书馆藏。

按：此书题孙星衍、孙冯翼同校刊，实成于星衍之手。汇辑经子传注，多经星衍、臧庸诸人校勘，刊刻甚精。丛书系随刻随印，故各家藏本子目多寡不一。常见本有：

(1) 18 种。此为初刻本，子目：

《尔雅汉注》3 卷

《明堂考》3 卷

《郑氏遗书》5 种(内有：《驳五经异义》1 卷《补遗》1 卷、《箴膏肓》1 卷、《起废疾》1 卷、《发墨守》1 卷、《郑志》3 卷《补遗》1 卷)

《世本》1 卷

《说文正字》2 卷

《神农本草经》3 卷

《尸子》2 卷

《逸子书》7 种(内有：《燕丹子》3 卷、《淮南万毕术》1 卷、许慎《淮南子注》1 卷、《桓子新论》1 卷、《典论》1 卷、《皇览》1 卷、司马彪《庄子注》1 卷《庄子注考逸》1 卷)

按：此即《丛书集成初编 · 丛书百部提要》著录之书。

(2) 27 种。见沈乾一《丛书书目汇编》。此较 18 种本多出：

《易义考逸》1 卷

《子夏易传》1 卷

《马王易义》1 卷

《禹贡地理古注考》1 卷

《毛诗马王征》4 卷

《仪礼丧服马王注》1 卷

《释人注》1卷

《江宁金石待访录》4卷

《商子》5卷

《列女诗》并序1卷

此较18种本少《皇览》1卷。

(3) 28种。子目见《续修四库全书提要·子部》。此较27种本多《皇览》1卷。

(4) 35种。子目见《中国丛书综录》第1册。此较28种本多出:

《谥法》3卷

《三礼图》3卷

《孟子刘注》1卷

《经典集林》32卷

《汉志水道考证》4卷

《二渠九河考》1卷图1卷

《关中水道记》4卷

(5) 38种。见沈乾一《丛书书目汇编》。此较35种本多出:

《韩诗遗说》2卷

《论语汉注》10卷

《尔雅音》3卷

《谶纬》19卷

以上4种均未刊。另较35种本少《世本》1卷。

吕星垣(1753—1821)

字叔讷,号湘皋,又号映薇、应尾。清武进人。宫五世孙。廪贡生。少即以文学名。成年后游学四方,广交名士。乾隆三十九年(1774)与同里洪亮吉、孙星衍、杨伦、黄景仁、赵怀玉、徐书受等人作文会,时称"毗陵七子"。四十八年居京师,时值开四库全书馆,得尽览馆中书,尤好史部书籍。历官邯郸、赞皇、河间知县,均有政绩。工诗古文辞,操笔立就，高古简洁，自成一家。善书画，书法初学苏轼，晚年出入黄、米；画则以山水为主，间作写意花卉。

龙井(杭州)游记1卷　史部地理类

道场山(浙江吴兴)游记1卷　史部地理类

游天平山(河南林县)记1卷　史部地理类

泛百门泉(河南辉县)记1卷　史部地理类

以上4种有《小方壶斋舆地丛钞》本。

白云草堂诗钞3卷文钞7卷　集部别集类

(1) 清嘉庆八年(1803)自刻本，常州图书馆藏。

(2)《清代诗文集汇编》本。

饯春叠韵不分卷　集部总集类

清吕星垣辑

清刻本，国家图书馆藏。

康衢新乐府曲本10种　集部词曲类

清嘉庆二十四年乘槎亭刻本，国家图书馆、首都图书馆藏。

子目：

《万年辑瑞》

《万寿蟠桃》

《万福朝天》

《万实屡丰》

《万花先春》

《万里安澜》

《万骑腾云》

《万卷琅嬛》

《万舞凤仪》

《万国梯航》

按：清嘉庆二十三年为清仁宗颙琰祝寿作。

万寿新乐府　集部词曲类　佚

见清支丰宜编《曲目新编》。

按:为直隶总督方受畴作。

庄选辰(1754—1785)

字皋直,号半舫。清武进人。存与三子。乾隆三十九年(1774)举人,四十三年进士。四十九年召试一等三名,官内阁中书。次年卒。

史考　史部史评类　佚

见《清代毗陵书目》卷2,注云:"列篇目十二,书未竟,惟刑门一门稿完备。"

汤荀业(1754—1786)

字楚儒,号与竹。清武进人。大奎子,贻汾父。国子监生。清乾隆年间,侍父宦台湾。乾隆五十一年(1786)林爽文起事,与父同死于凤山县署。

琴学入门　子部艺术类　佚

见《清代毗陵书目》卷3。

与竹居弃稿1卷　集部别集类

清嘉庆十八年(1813)重刻本,国家图书馆藏。

与竹居诗1卷　集部别集类

收入李兆洛辑《旧言集》。

浣薇集　集部总集类　佚

清汤荀业辑

见《清代毗陵书目》卷5。是书选前人乐府。

庄　馨(1754—1796)

原名馨曾,字协箴。清武进人。

春园唱和集　集部总集类　佚

清洪亮吉、庄馨、庄定安撰

见《清代毗陵书目》卷8。

按:定安较亮吉、馨年龄相距甚远。疑该集实为亮吉、馨相唱和,定安编刻。然原书已佚,无从查证。

恽鹏翮(1754—1799)

字梦熊,号南楼。清武进人。医家,精于痘科。

痘科抉疑　子部医家类　佚

金针抉疑　子部医家类　佚

以上2种见《恽氏先世著述考略》。

吴　堂(1754—1812)

字公珍,一字伯升,号肯哉。清武进人。龙见孙。乾隆五十一年(1786)举人,历官福建长泰、同安、龙溪及河南鄢陵知县。通经史,长于文字音韵之学。亦工词,能诗文。

五经古今文异同　经部群经总义类　佚

难字考订　经部小学类　佚

以上2种见《清代毗陵书目》卷1。

(嘉庆)鄢陵县志12卷首1卷　史部地理类

清吴堂纂修

清嘉庆十三年(1808)刻本,武汉大学图书馆藏。

(嘉庆)同安县志30卷首1卷　史部地理类

清吴堂修　刘光鼎等纂

(1) 清嘉庆三年刻本,福建图书馆藏。

(2) 清光绪十二年(1886)朱承烈重刻本,北京大学图书馆藏。

(3) 1919年排印本,清华大学图书馆藏。

得情偶记　子部法家类

清刻本,国家图书馆藏。

说蠡6卷　子部小说类

清嘉庆六年瞻在楼刻本，南京图书馆藏。

肯哉文抄1卷　集部别集类

清吴堂撰　钱振锽辑

《名山全集》本。

肯哉别集　集部别集类　佚

肯哉诗草　集部别集类　佚

以上2种见《清代毗陵书目》卷4。

文选分韵　集部总集类　佚

肯哉词草　集部词曲类　佚

词谱异同　集部词曲类　佚

以上3种见《清代毗陵书目》卷5。

盛惇大(1754—1825)

字仲甫，一字甫山，别号南墅。清阳湖人。纲子，惇崇弟。乾隆四十五年(1780)举人，授内阁中书，转任御史，后调甘肃庆阳知府。性嗜书，在京聚书两万卷。工书画，善诗，名重艺林。

南墅书目　史部目录类　佚

见《清代毗陵书目》卷7。

杨　鉽(1754—?)

字式金，号仲子、翟村。清武进人。清乾隆间诸生。工篆刻。

渥云堂印谱　子部艺术类　佚

清嘉庆六年(1801)自刻本。

杨廷赞(1755—1810)

字怀民，号季思。清武进人。伦弟。诸生。少从兄学，笃志力行，潜研经术。壮年南北十数试皆不售，足迹几遍天下。好吟诗，通《易》学。曾主讲浙东龙山书院。为其兄刊遗稿行世。

周易直讲　经部易类　佚

见光绪《武阳志余》卷7。

九柏山房同怀诗集2卷　集部别集类

(1) 清嘉庆十四年(1809)初刻本，南京图书馆藏。

(2) 清道光间重刻本，佚。

(3) 清光绪十三年(1887)重刻本，常州图书馆藏。

庄宇逵(1755—1812)

原名永曾。字达甫，号印山。清武进人。好学砥行，少有大志。属友张惠言篆书“牝牡饮食，禽兽之识，官爵禄利，仆隶之志”四语，榜诸座右以自励。嘉庆元年(1796)，诏举孝廉方正，有司上报，赐六品顶戴。教授经学于乡里，一时名士如洪饴孙等多出其门。

群经辑诂10卷　经部群经总义类

见道光《武阳合志》卷32。

桑梓潜德录5卷续录4卷三集6卷　史部传记类

清张慎原辑　庄宇逵等续辑

清光绪六年(1880)刻本，常州图书馆藏。参“张慎”条。

春觉轩随笔10卷　子部杂学类　佚

见道光《武阳合志》卷33。

春觉轩诗草10卷　集部别集类

清嘉庆二十年武进庄启泰刻本，国家图书馆藏。

春觉轩咏无名人诗2卷　集部别集类

清嘉庆二十年武进庄启泰刻本，国家图书馆藏。

南华九老会唱和诗谱1卷　集部总集类

庄宇逵辑

(1) 清嘉庆间初刻本，吉林大学图书馆藏。

(2) 清光绪二十年重刻本，常州图书馆藏。

(3) 1923年铅印本，常州图书馆藏。

(4) 2015 年国家图书馆出版社出版《清代家集丛刊》本。

按：清洪亮吉《南华九老会倡和诗序》曰："乾隆十四年，吾乡庄氏之致仕居里者凡九人。曰礼部郎中清度，年九十；曰福建按察使令翼，年八十四；曰临洮府知府祖诒，年八十二；曰黄梅县知县赠文选司主事耘，年六十九；曰密县知县封福建台湾兵备道歆，年六十六；曰开州知州学愈，年六十三；曰湖南石门县知县封甘肃宁州知州柏承，年六十三；曰射洪县知县赠顺天府南路同知大椿，年六十二；曰温处兵备道封礼部右侍郎柱，年六十。因为南华九老会，各系以诗。其宗之年及六十而未预斯会者复二十一人，各依韵和焉。"柱年最少而学术成就最著，其余有著作者尚有柼耘、大椿。是集由柏承孙宇逵所辑录，并各为立小传。赵怀玉序之。

管世铨(1755—1814)

字衡若，号平山。清武进人。世铭弟。

平山堂诗文集　集部别集类　佚

见《清代毗陵书目》卷 4。

李汝励(1755—1821)

字贡三，号漱石。清武进人。乾隆四十二年(1777)拔贡，年方弱冠。负奇才，善诗古文。鸿篇巨制，倚马可待。诗文多散佚。

一亭书屋遗草(一名漱石轩诗稿)2 卷　集部别集类

稿本，南京图书馆藏。

孟觐乙(1755—1825.2.9)

字丽堂，号云溪生。清阳湖人。耀庭弟。善画能诗，少与朱青立同窗。初工山水，后专画花鸟，花卉得恽家遗意。居京师十余年，不与人结纳。晚年双目失明。

明月前身之馆近稿　集部别集类　佚

见《清代毗陵书目》卷4。

丽堂诗　集部别集类

收入李兆洛辑《旧言集》。

吕　荣(1755—1842)

字幼心，号惺园。清阳湖人。乾隆四十二年(1777)举人。大挑一等为县令。历任安徽太平、芜湖、泾、怀远、五河、桐城、无为、滁，甘肃固原、隆德，浙江海宁、东防、玉环等县知县，擢东防同知后去官。任州县十四，兴利除弊，锄豪强，出冤滞，以廉明称，而宦囊萧然。所作诗，悯农感事，多成于仕宦时行途舟舆中。

吕幼心诗集　集部别集类　佚

见光绪《武阳志余》卷7，并收录李兆洛撰《吕幼心诗集序》。

惺渊斋诗集14卷　集部别集类　佚

见清徐廷华撰《浙江东防同知吕君墓志铭》、《清代毗陵书目》卷4。

惺渊斋诗草不分卷　集部别集类

抄本，中国社会科学院文学研究所藏。

伍鲁兴(1755—?)

字康伯，别号蓉湖。清阳湖人。宇昭子。承家学，又从宜兴张衢、万之蘅游，工诗。

蓉湖吟稿　集部别集类

(1)《毗陵伍氏合集》清嘉庆本，2卷。

(2) 清嘉庆二十三年(1818)刻本，6卷。

(3)《毗陵伍氏合集》民国本，6卷。

海岳英灵集　集部总集类

伍鲁兴辑

稿本，上海图书馆藏。

王曰旦(1756—1809)

字殿章，号学愚。原籍安徽歙县。父震晚年弃官徙常，曰旦随居。喜交游，与地方贤士赵怀玉、张惠言、恽敬等皆相友善。嗜古书画，自题书斋名爱石山房，刻恽格遗墨成《爱石山房帖》。

爱石山房帖　子部艺术类

清嘉庆七年(1802)王曰旦刊本，北京大学图书馆藏。

按：专收恽书。

天簌集 2 卷　集部别集类　佚

见《清代毗陵书目》卷 4。

按：此集书稿未及刊行即毁于战火，后其子国栋集名人所赠传志碑铭为《征铭录》1 卷，清道光三十年(1850)郡守陈云乃为之刊行。

伍以仁(1756—1819)

字伯昆，号淡斋。清阳湖人，诸生。

淡斋诗抄 1 卷　集部别集类

民国《毗陵伍氏合集》本。

刘可堂(1756—1826)

字芸晖，又字企濂，刘焕章子，清武进人。诸生。

种墨山房诗稿 6 卷补遗 1 卷　集部别集类

清嘉庆十六年(1811)筠心阁刻本，首都图书馆藏。

刘遵陆(1756—1831)

字涧楠。清阳湖人。烜长子。乾隆五十四年(1789)举人。屡试礼部不售，循例报捐知县。历官广东海丰，浙江金华、长兴，广东开平、从化等县知县，调河南陈州府通判。所至有惠政。

诗说　经部诗经类　佚

见《西营刘氏先世著述考》。

牙牌参禅图谱 1 卷　子部艺术类

《观自得斋丛书》本。

刘遵陆遗诗 1 卷　集部别集类　佚

江东词赋　集部别集类　佚

以上 2 种见《清代毗陵书目》卷 4。

按:《毗陵诗录》卷 3 收其诗 2 首。

丁履端(1757—1804)

字郁兹,一字希吕。清武进人。乾隆四十四年(1779)举人。官河南尉氏直隶南宫、威县知县。工骈体文,尤长于诗。

郁兹诗钞 2 卷　集部别集类

清嘉庆四年(1799)树兰吟馆刻本,天津图书馆藏。

五云楼遗稿　集部别集类　佚

见《清代毗陵书目》卷 8。

庄复旦(1757—1814)

字植三,又字泽珊,号槐轩。清武进人。乾隆四十九年(1784)南巡召试,赐举人。授内阁中书,协办侍读。充文渊阁校理,方略馆纂修。拣发云南同知,历任维西、缅宁通判,赵州、石屏知州,开化府知府。

聊复集　集部别集类

稿本,复旦大学图书馆藏。

小西山房诗集　集部别集类　佚

见道光《武阳合志》卷 33。

恽　敬(1757—1817)

字子君,号简堂。清阳湖人。乾隆四十八年(1783)举人。充官学教习,在京与庄述祖、张惠言等切磋学问。历任富阳、江山、平阴、新喻、瑞金等县知县。以卓异擢南昌府同知，改署吴城同知。清嘉庆十九年(1814)因被诬告家人得赃失察，黜官。敬为人正直，崇尚名节，所至以振兴文学为务。少好骈体文，后弃去专治古文，得力于韩非、李斯，与苏洵相上下。乾隆五十二年与张惠言定交，同为“阳湖文派”创始人。

古今首服图说　经部仪礼类　佚

见道光《武阳合志》卷32。

按:《清史列传》本传作《历代冠服图说》，吴德旋撰《恽敬行状》作《历代衣冠图说》。

大云山房十二章图说2卷　史部政书类

(1) 清末抄本，首都图书馆藏。

(2)《咫进斋丛书》本。

子居决事4卷　史部政书类　佚

见道光《武阳合志》卷33。

游庐山记1卷　史部地理类

游庐山后记1卷　史部地理类

游通天岩记1卷　史部地理类

游翠微峰记1卷　史部地理类

游罗汉岩记1卷　史部地理类

游罗浮山记1卷　史部地理类

经丹霞山记1卷　史部地理类

东路记1卷　史部地理类

以上8种有《小方壶斋舆地丛钞》本。

大云山房杂记2卷　子部杂学类

(1)《咫进斋丛书》本。

(2)《笔记小说大观》本。

红楼梦论文　子部小说类　佚

李葆恂《旧学庵笔记》云:“往在鄂省，闻阳湖恽伯初大令云，其曾祖恽子居先生有手写《红楼梦论文》一书，用黄、朱、墨、绿笔，仿震川评点

《史记》之法，精工至极，兼有包慎伯诸考题跋，今在归安姚方伯觐元家。大令拟刻以行世，乞方伯作序，未及为而方伯卒，此书竟无下落。……子居为文，自云司马子长以下无北面者，而于曹君小说倾倒如此，非真知文章甘苦者何能如是哉!”

五宗语录删存　子部佛教类　佚

恽敬自序其书(《大云山房文稿初集》卷3)云：“中岁喜读诸禅师语录……敬条其可观者得若干卷。行修力积，其道自至，确然隤然，不容一隙者为第一集。机微锋迅，一击即解，潜鱼出钩，飞鸟坠缴者为第二集。发明天人，依附经纶，浑融包孕，条理分晰者为第三集。片辞之设，具见性灵，一目所存，偶涉道要者为第四集。”

大云山房文稿　集部别集类

(一)《初集》4卷。清嘉庆十六年刻于北京，九月补刻于常州，此为家刻最初本，南京图书馆藏。

(二)《初集》4卷《二集》4卷。

(1)《初集》清嘉庆二十年卢宣旬(一作卢旬宣)刻于南昌，《二集》次年宋扬光刻于广州，两集合订一部，卷首《通例》后增吴德旋撰《行状》一篇，常州图书馆藏。

(2)清光绪十四年(1888)曾孙恽元复重刻于湖北，天津图书馆藏。篇目排次与卢、宋合刊本同，惟《初集》4卷有圈点起讫及评语，卷三多补佚一篇。

(三)《初集》4卷《二集》4卷《言事》2卷。

清同治二年(1863)恽世临刻于楚南节署，常州图书馆藏。

光绪《武阳志余》卷7云：“《大云山房言事》2卷，附文稿以行。皆论学论理之书，涉民事者不存焉，虽尺牍亦古文也。”

(四)《初集》4卷《二集》4卷《言事》2卷《补编》1卷。

(1)清同治八年雷信述斋刻本，国家图书馆藏。恽敬孙念孙重刻于四川，称蜀刻本。跋云：“咸丰庚申(十年，1860)家藏。原板毁于兵燹，今重刻于蜀。又行箧中携有《尺牍》1卷，附置于后。”按：此即《大云山房言事》。《补编》所刻即南昌本所删文20篇。此本《初集》《二集》篇目与南昌本、广州本同，但多完颜崇实前序、顾复初后序各一篇。

(2) 清光绪十四年刻本，常州图书馆藏。

(3)《四部丛刊》本。

(4)《四部备要》本。

(5)《续修四库全书》本，据《四部丛刊》本影印。

(6)《清代诗文集汇编》本。

恽子居文钞4卷　集部别集类

清宣统元年(1909)国学扶轮社印本，首都图书馆藏。

大云山房尺牍(一名恽子居先生尺牍)1卷　集部别集类

《尺牍丛刻》本。

子居先生集外文　集部别集类

清朱丝栏抄本，国家图书馆藏。

大云山房诗集　集部别集类　佚

见《清史列传》本传。

蒹塘词　集部词曲类　佚

见光绪《武阳志余》卷7，注云："是编未刊入《大云山房》，今存者惟张氏(惠言)《词选》附录中《画胡蝶词》六阕而已。"《全清词钞》卷13收其词3首。

吴　堦(1757—1821)

字次升(一作次叔)，一字礼石，号古茨。清武进人。乾隆四十九年(1784)召试二等，授中书，擢桃源同知、山东曹州知府。通史，工词曲，亦能文。

金乡纪事4卷首1卷　史部纪事本末类

清嘉庆间刻本，北京大学图书馆藏。

手治官书4卷　史部政书类　佚

见《清代毗陵书目》卷2。

(嘉庆)续修郯城县志10卷　史部地理类

清吴堦修　陆继辂纂

(1) 清嘉庆十五年(1810)刻本,北京大学图书馆藏。

(2) 1928年排印本。

(3) 台北成文出版社《中国方志丛书》本。

礼石山房诗钞4卷　集部别集类

清嘉庆间刻本,国家图书馆藏。

微云馆词抄1卷　集部词曲类

见《全清词抄》卷13,并收其词1首。

皖江云　集部词曲类　佚

人天诰　集部词曲类　佚

护花幡　集部词曲类　佚

以上3种见《清代毗陵书目》卷5,其中《护花幡》未完,由陆继辂续成。

瞿　培(1757—1821)

字树兹,号德田。清武进人。屡试不第,游幕四方,卒于湖北黄安。

德田存稿不分卷　集部别集类

抄本,北京大学图书馆藏。

孟耀庭(1757—1825)

字心闲。清阳湖人,常居苏州。诸生。以贫故,操笔墨为生。工书,书法颜柳而归诸平淡。亦能诗,善画,喜写兰。

闲居散笔　子部艺术类　佚

见《清代毗陵书目》卷3。

闲放居剩稿　集部别集类　佚

见《清代毗陵书目》卷4。

心闲诗　集部别集类

收入李兆洛辑《旧言集》。

张　苹(1758—1784)

原籍苏州府长洲县人，贵州印江知县张之项女，赵怀玉妻。

静馨阁诗1卷　集部别集类　佚

见道光《武阳合志》卷33。

按：光绪《武阳县志》卷28作《静馨阁集》1卷、《清代毗陵书目》卷5作《静香阁集》1卷。

钱清远(1758—1796)

字旭升，号蕖江。清武进人。

渠江诗抄　集部别集类　佚

见《清代毗陵书目》卷4。

吴秉璜(1758—1819)

字师洛，一作师陆。清阳湖人。乡贡生。博学多能。

周易会旨　经部易类　佚

诗义　经部诗经类　佚

以上2种见《清代毗陵书目》卷1。

拟治河策1卷　史部地理类　佚

见《清代毗陵书目》卷2。

困学记　子部儒学类　佚

日省记　子部儒学类　佚

家礼纂要　子部儒学类　佚

讲义汇考　子部儒学类　佚

以上4种见《清代毗陵书目》卷3。

吴师陆先生文集8卷　集部别集类

清道光十五年(1835)刻本，上海图书馆藏。

白尚质(1758—1820)

字礼裁,一字亦文,号惺斋。清武进人,金坛籍。乾隆五十一年(1786)举人。靖江教谕,后授泗州学正。

夏小正辨正　经部大戴礼记类　佚

见光绪《武阳志余》卷7《四书述》提要。

四书述　经部四书类　佚

见道光《武阳合志》卷32。

字义质　经部小学类　佚

见光绪《武阳志余》卷7《四书述》提要。

惺斋文稿　集部别集类　佚

按:光绪《武阳县志》卷28作"斋文稿",误。今据《白氏宗谱》改。

亦文制义　集部别集类　佚

见《白氏宗谱》。

历朝诗览　集部总集类　佚

见光绪《武阳县志》卷28。

钱季重(1758—1821)

原名梦兰,字横山,号黄山。清阳湖人。泌子。诸生。少以名家子负俊才,颇放荡不自检。及壮,屡举不第,浪游四方。老而益困,不改其狂。善诗工词,风调秾丽。

圣门礼学记　子部儒学类　佚

见《清代毗陵书目》卷3。

黄山诗草　集部别集类　佚

见《清代毗陵书目》卷4。

横山诗　集部别集类

收入李兆洛辑《旧言集》。

黄山词1卷　集部词曲类　佚

见道光《武阳合志》卷33。

按:《全清词钞》卷13收其词3首。

吴宁澜(1758—1821)

原名兴行,字溶堂,号汐斋。清阳湖人。监生。名医,精儿科。

保婴易知录2卷补编1卷(又名幼儿易知录) 子部医家类

(1) 清嘉庆十七年(1812)汪和鼎刻本,上海图书馆藏。

(2) 清嘉庆刻本,中国中医科学院医史文献研究所藏。

(3) 清道光十六年(1836)浙江官书局刻本,中国中医科学院图书馆藏。

(4) 清道光十七年经饴山房刻本,河南中医学院图书馆藏。

(5) 清道光二十一年刻本,中国中医科学院医史文献研究所藏。

(6) 清道光刻本,福建中医学院图书馆藏。

(7) 清同治十二年(1873)宁乡刻本,湖南图书馆藏。

(8) 清同治刻本,天津中医药大学图书馆藏。

(9) 清光绪元年(1875)刻本青溪接婴堂藏板,中国医学科学院图书馆藏。

(10) 清光绪二年王店仁济堂刻本,上海中医药大学图书馆藏。

(11) 清光绪五年常昭育婴堂刻本,上海图书馆藏。

(12) 清光绪十一年京都永盛斋刻本,天津图书馆藏。

(13) 清光绪二十年治环堂刻本,中国中医科学院图书馆藏。

(14) 清光绪二十三年宛平陈氏刻本,国家图书馆藏。

(15) 清光绪二十九年刻本,苏州大学医学院图书馆藏。

(16) 清光绪刻本,天津中医药大学图书馆藏。

(17) 毓芝堂刻本,广西壮族自治区桂林图书馆藏。

(18) 清李氏刻本,天津医学高等专科学校图书馆藏。

(19) 清刻本,广东省立中山图书馆藏。

(20) 1929、1933年上海中医书局铅印本,上海图书馆藏。

(21)《毓芝堂医书四种》本。

(22)《保赤汇编》本。

(23)《医学大成》本。

按:本书为初生小儿防病治病而作。上卷为鞠养类,下卷为胎疾类。补编则杂证疮疡治法。

宜麟策1卷续编1卷　子部医家类

《毓芝堂医书四种》本。

按:本书录张介宾原书而自续之,为补畜德、培元、布种、胎教4类,以为保婴之根源。

增订达生编2卷　子部医家类

《毓芝堂医书四种》本。

按:本书录亟斋居士原书,而增入李贯一《保产辑要》。

丛桂堂集验良方　子部医家类

《毓芝堂医书四种》本。

清汪和鼎辑,清嘉庆十七年桂林贺广文堂刻本,中国中医科学院图书馆藏。子目见上。

按:本书不分卷,统内科、外科、女科、儿科及通治急救名方,略分门类。

徐大柼(1758—1830)

初名日建,字佩之,号谨庵。清阳湖人。诸生,候补布政司理问,历署严州、衢州等同知,金华、绍兴通判。

谨庵吟稿9卷　集部别集类　佚

见道光《武阳合志》卷33。

刘理之(1759—1783)

字秩卿,号叔如。清阳湖人。星炜三子。监生。

秩卿遗稿梁安人诗合刻4卷　集部别集类　佚

见《西营刘氏先世著述考》。

梁　氏

清阳湖刘理之妻。

秩卿遗稿梁安人诗合刻4卷　集部别集类　佚

见《西营刘氏先世著述考》。

杨　超(1760—1796)

字楚善，号逸斋。清武进人。少孤，善属文，与同郡钱伯坰齐名，以苦吟致疾，年仅37卒。所注经史多未成书，诗文亦多散佚。

逸斋诗抄1卷　集部别集类

《大亭山馆丛书》本。

钱履坦(1760—1806)

字像启，号素园。清阳湖人。伯坰弟。开朗磊落，励志于学，小试不利即弃去。学画山水，得力于伯父维城、维乔。后专意写生，尤工画梅，笔墨高雅。诗风清新横逸。

清娱书屋删存集(一名清娱书屋删存稿)3卷　集部别集类　佚

见道光《武阳合志》卷33。

清娱书屋诗　集部别集类

收入李兆洛辑《旧言集》。

庄逵吉(1760—1813)

字伯鸿，一字雨香，号恂斋、蓉塘别客。清武进人。炘子、钱维城甥。太学生。以乡试屡黜，嘉庆三年(1798)捐资为县令。分发陕西。历署咸阳、大荔知县，补蓝田知县，调咸宁，以酷治县民擢潼关同知。十八年，以跪烈日中祈雨得病卒。逵吉博学多能，与陆继辂为莫逆交，又从钱坫、洪亮吉、孙星衍治训诂考据之学。晓音律，擅词曲。工篆书，画学钱维城。30岁后曾究心医道，时有论述。

三辅黄图1卷　史部地理类

撰人不详　清孙星衍、庄逵吉校

(1)《平津馆丛书》本。

(2)《丛书集成初编》本。

淮南子21卷　子部杂学类

汉刘安等撰　高诱注　清庄逵吉校

(1) 清乾隆五十三年(1788)武进庄氏咸宁官署刻本，中国人民大学图书馆藏。

(2) 清嘉庆九年苏州聚文堂刻本，北京大学图书馆藏。

(3)《十子全书》本。

(4)《二十二子》本。

(5)《二十五子汇函》本。

(6)《子书二十二种》本。

(7)《诸子集成》本。

(8)《四部备要》本。

按：逵吉曾读《道藏》于南山说经台，得《淮南子·内篇》，病其注为后人所删改，质诸钱坫。坫谓道书中亦非全本，然较通行者已多十之五六。因发箧出旧所藏者相与校其同异，正其舛误。后人误合许慎、高诱两注为一，既为之疏通旁证，一一抉择；辨证音为唐代何诱作，非出高氏。其书世称善本。

吹香阁诗草　集部别集类　佚

见道光《武阳合志》卷33。

秣陵秋　集部词曲类

清庄逵吉撰　陆继辂助成

(1) 稿本，南京图书馆藏。

(2) 抄本，四川大学图书馆藏。

按：有乾隆四十五年自序，署蓉塘别客。嘉庆七年与陆继辂定稿于上海，并演出。另陈美林先生曾考辨，称此为道光人所作，见其著作《清凉文集》。

江上缘　集部词曲类　佚

见道光《武阳合志》卷33。

按：《庄氏族谱》云，逵吉著述甚多，以舟行渗漏，漫漶几尽。仅存《保婴备要》6卷，《秣陵秋》《江上缘》2种。《古典戏曲存目汇考》卷12云：《江上缘》未见著录。

杨元锡(1760—1814)

字仲淳，号云珊，清武进人。杨大鹤玄孙，杨植瀛父。监生。治经宗汉学，为诗宗李白。

(嘉庆)长垣县志16卷　史部地理类

清李于垣修　杨元锡纂

(1) 清嘉庆十五年(1810)刻本，北京大学图书馆藏。

(2) 清同治十二年(1873)刻本，郑州大学图书馆藏。

(3) 清抄本，国家图书馆藏。

(4) 台北成文出版社《中国方志丛刊》本。

(嘉庆)枣强县志20卷　史部地理类

清任衔蕙修　杨元锡纂

(1) 清嘉庆九年刻本，北京大学图书馆藏。

(2) 清光绪六年(1880)重印本，天津图书馆藏。

览辉阁诗草6卷　集部别集类　佚

清嘉庆六年刻本。

览辉阁词草1卷　集部词曲类　佚

见道光《武阳合志》卷33。

崔景仪(1760—1815)

字云客。清阳湖人。龙见子。乾隆四十九年(1784)进士，改庶吉士，授编修。选侍读学士，改授广西思恩知府。历官泗城、平乐、广州知府，署高廉惠潮道，所至以廉明称，擢河南南汝光道，以劳疾卒于官。

鸣秋合籁 1 卷　集部总集类

清钱维乔等撰

清乾隆五十年精刻本，上海图书馆藏。

按：书中收清崔龙见、钱孟钿（景仪母）及景仪诗，见“钱维乔”条。

恽兰枝（1760—1837）

字纽之，号春山。清武进人。乔年孙。恩贡生，候选州判。笃志勤学，尤深于《诗》，有文名。与同邑吴士模、宜兴吴德旋相友善。

学诗录 36 卷　经部诗经类　佚

清吴德旋《初月楼文钞》卷 4《恽纽之学诗录序》。

四书辨误　经部四书类　佚

见《清代毗陵书目》卷 1。

张惠言（1761—1802）

字皋文。清武进人。琦兄。4 岁而孤。家贫而勤于学。乾隆五十年（1785）举人，嘉庆四年（1799）进士，授翰林院庶吉士。散馆，授翰林院编修。未几病故，年仅 42。惠言博学多能，词学尤有创见。其《词选》一书，为常州词派奠基之作，影响深远。古文别具一格，与恽敬共创阳湖文派。治学尤长于经，其虞氏《易》号为“专家绝学”，《礼》主郑玄，兼工篆书。

周易虞氏义 9 卷　经部易类

（1）稿本，上海图书馆、辽宁省图书馆藏。

（2）清嘉庆八年扬州阮氏琅嬛仙馆刻本。甲，国家图书馆藏，有清张敦仁点校本；乙，湖北图书馆藏，李锐点校本；丙，武汉图书馆藏，存 8 卷，谢章铤点校本。

（3）清道光合河康氏刻本，上海图书馆藏。《张皋文笺易注玄室遗书》(以下简称《玄室遗书》本)即此本。

(4)《清经解》本。

(5)《清经解分经合解》本。

(6)《续修四库全书》本,据复旦大学图书馆藏琅嬛仙馆刻本影印。

周易虞氏消息 2 卷　经部易类

(1) 稿本,上海图书馆、辽宁省图书馆藏。

(2)《易诠全集》本。现存清张敦仁、李锐、谢章铤三家点校本,又有清徐松录、张惠言圈点并跋本,均见《中国古籍善本书目》。

(3)《玄室遗书》本。

(4)《清经解》本。

(5)《清经解分经合纂》本。

(6)《续修四库全书》本,据复旦大学图书馆藏琅嬛仙馆刻本影印。

虞氏易礼 2 卷　经部易类

(1) 清光绪九年(1883)刘翊辰刻本,常州图书馆藏。

(2)《易诠全集》本。

(3)《清经解》本。

(4)《清经解分经合纂》本。

(5)《花雨楼丛钞》本。

(6)《续修四库全书》本,据上海图书馆藏合河康氏刻本影印。

按:本书摘取《易》文可与《礼经》相比附者说之,凡 45 条。

虞氏易候 1 卷　经部易类

(1)《易诠全集》本。

(2)《清经解续编》本。

(3)《续修四库全书》本,据上海图书馆藏合河康氏刻本影印。

虞氏易事 2 卷　经部易类

(1)《茗柯全集》(《续修四库提要》作《茗柯全书》)本。

(2)《仰视千七百二十九鹤斋全书》本,上海图书馆藏。

(3)《清经解续编》本。

(4)《丛书集成初编》本。

(5)《续修四库全书》本，据上海图书馆藏本影印。

虞氏易言 2 卷　经部易类

(1) 稿本。国家图书馆藏。

(2)《易诠全集》本。

(3)《清经解续编》本。

(4)《续修四库全书》本，据上海图书馆藏合河康氏刻本影印。

周易郑氏注 3 卷　经部易类

汉郑玄撰　宋王应麟辑　清丁杰后定　张惠言订正

(1)《易诠全集》本。

(2)《湖海楼丛书》本。

(3)《丛书集成初编》本。

(4)《续修四库全书》本，据《湖海楼丛书》本影印。

(5) 2016 年学苑出版社《稀见清代四部辑刊》影印本。

按：附清臧庸撰《叙录》1 卷。

周易荀氏九家 3 卷　经部易类

清张惠言辑

《易诠全集》本。

周易郑氏义 2 卷　经部易类

周易荀氏九家义 1 卷　经部易类

以上 2 种又合称《周易郑荀氏》。

(1)《易诠全集》本。

(2)《清经解》本。

(3)《续修四库全书》本，据上海图书馆藏合河康氏刻本影印。

按：张氏自序略谓：汉儒说《易》"大指可见者三家：郑氏、荀氏、虞氏。郑、荀，费氏《易》也；虞，孟氏《易》也"，"余既述虞氏之注，为'消息'以发其义，故为郑、荀各通其要，以俟治古文者正焉"。

易义别录 14 卷　经部易类

清张惠言辑

(1)《易诠全集》本。

(2)《清经解》本。

(3)《清经解分类合纂》本。

按:是书辑《经典释文》《周易集解》及他书所见,各为别录,以探源流异同,考是非优劣。卷1至卷4收孟氏4家,即孟喜、姚信、翟元、蜀才;卷5至卷8收京氏3家,即京房、陆绩、干宝;卷7至卷13收费氏7家,即马融、宋衷、刘表、王肃、董遇、王廙、刘瓛。第14卷收《子夏传》。各家之前,均有简序,颇便学者。

易图条辨1卷　经部易类

(1) 清嘉庆阮氏琅嬛仙馆刻本。与《易纬略义》合订。

(2)《易诠全集》本。

(3)《清经解续编》本。

(4)《续修四库全书》本,据上海图书馆藏合河康氏刻本影印。

按:是书刊各家《易》图,探其渊源,并有所辨析。

周易审义4卷　经部易类

(1) 清咸丰七年(1857)刻本,上海图书馆藏。

(2) 2016年学苑出版社《稀见清代四部辑刊》影印本。

仪礼图6卷　经部仪礼类

(1) 清嘉庆十年扬州阮氏刻本,上海图书馆藏。

(2) 清同治九年(1870)湖北官书局刻缩本,常州图书馆藏。

(3)《清经解续编》本。

(4)《续修四库全书》本,据上海图书馆藏本影印。

按:阮元序略谓:"宋扬复作《仪礼图》,虽礼文完具,而位地或淆。"惠言"以为治《仪礼》者当先明宫室,故兼采唐宋元及本朝诸儒之义,断以经注。首述宫室图,而后依图比事,按而读之,步武朗然。又详考吉服由至亲期断之说,为《六服力口降表》,贯穿礼经,尤为明著。"

仪礼宫室图1卷附说1卷　经部仪礼类

《素隐所刻书》本，上海图书馆藏。

读仪礼记 2 卷　经部仪礼类

(1)《易诠全集》本。

(2)《清经解续编》本。

(3)《续修四库全书》本，据国家图书馆藏本影印。

冕弁冠服图 1 卷　经部仪礼类

冕弁冠服表 1 卷　经部仪礼类

以上 2 种有《素隐所刻书》本。

说文谐声谱 9 卷　经部小学类

(1)《清经解续编》本。

(2) 2016 年凤凰出版社出版《常州先哲遗书续》本。

按：本书原稿为惠言手撰，子成孙整理、补充为 50 卷。稿成未刊，由龙启瑞节录 9 卷，王先谦收入《清经解续编》。

又按：张氏父子两代原稿原藏赵烈文天放楼，民国中叶景葵得之，又借东方文化会抄本，请戴姜福录而校之，以成孙稿本为主，取惠言稿本及另一抄本之异者加入，历一年告竣。2016 年凤凰出版社出版《常州先哲遗书续》本，即影印有戴姜福《说文谐声谱校记》。

说文谐声谱 50 卷　经部小学类

(1) 稿本，国家图书馆藏。

(2) 1934 年叶景葵据原稿石印本，华东师范大学图书馆、常州图书馆藏。

(3) 稿本，上海图书馆藏，存卷 1—43，45—46，51—52。

(4)《续修四库全书》本，据华东师范大学图书馆藏本影印。

按：是书由清张成孙据惠言手稿改编。参见“张成孙”条。

四书释故　经部四书类　佚

清张惠言、李兆洛等辑

见《清代毗陵书目》。

易纬略义 3 卷　经部谶纬类

(1) 清嘉庆阮氏琅嬛仙馆刻本,与《易图条辨》合订。

(2) 清道光合河康氏刻《玄室遗书》本。

(3)《广雅书局丛书》本。

(4)《续修四库全书》本,据中国科学院图书馆藏合河康氏本影印。

(5) 上海书店《丛书集成续编》本。

按:凡录《通卦验》13,《稽览图》15,《乾凿度》18,条而次之,以类相说。

百衲碑　史部金石类　佚

清张惠言辑

见《明清江苏文人年表》。

墨子经说解 2 卷　子部周秦诸子类

(1) 清抄本。孙诒让校。国家图书馆藏。

(2) 清宣统元年(1909)《风雨楼秘笈留真》影印本。

(3) 上海书店《丛书集成续编》本。

握奇经定本 1 卷正义 1 卷图 1 卷(一作握奇经正义)　子部兵书类

(1) 抄本,上海图书馆藏,谭献校。

(2)《大亭山馆丛书》本。

青囊天玉通义 5 卷　子部术数类

清张惠言辑

《大亭山馆丛书》本。

刘海峰文钞 1 卷　集部别集类

清刘大櫆撰　张惠言辑

《大亭山馆丛书》本。

茗柯文初编 1 卷二编 2 卷三编 1 卷四编 1 卷　集部别集类

(1) 清嘉庆十四年李生甫、张云藻刻本,上海图书馆藏,有劳权校记。

(2)《武进张氏家集》本。

(3) 清道光二年(1822)镇海张寿荣刻本,常州图书馆藏。

(4) 清道光十五年陈善刻本。

(5)《易诠全集》本。

(6)《受经堂汇稿》本,清道光三年刻本,上海图书馆藏。

(7)《花雨楼丛钞》本。(非足本)

(8)《四部丛刊》本。

(9)《四部备要》本。

(10) 清宣统三年石印本,常州图书馆藏。

(11)《续修四库全书》本,据《四部丛刊》本影印。

(12)《清代诗文集汇编》本。

(13) 2015 年上海古籍出版社出版黄立新校点本。

按:《初编》《二编》,惠言手订。《三编》,子成孙辑。《四编》,甥董士锡辑。

茗柯文稿 1 卷　集部别集类

(1)《风雨楼秘笈留真》本。据手写本影印。

(2) 稿本,有张肇宪跋,王灼、吴德旋、董士锡、刘逢禄评,邓实跋,上海图书馆藏。

(3) 上海书店《丛书集成续编》本。

茗柯文补编 2 卷外编 2 卷　集部别集类

清陈善辑

(1) 清道光十四年周凯刻本,中国科学院图书馆藏。

(2) 清道光十五年陈善刻本(附正编后)。国家图书馆藏。

(3)《四部丛刊》本。

(4)《续修四库全书》本,据四部丛刊本影印。

(5)《清代诗文集汇编》本。

茗柯文集 4 卷　集部别集类

清光绪七年刻本,常州图书馆藏。

四六文钞 1 卷　集部别集类

张寿荣编《后八家四六文钞》本,清光绪七年刻本。

拟名家制艺 1 卷　集部别集类

(1)《易诠全集》本。

(2)《玄室遗书》本。

茗柯词 1 卷　集部词曲类

(1)《武进张氏家集》本。

(2)《易诠全集》本。

(3)《受经堂汇稿》本，清道光三年刻本，上海图书馆藏。

(4)《花雨楼丛钞》本。

(5)《四部备要》本。

(6)《清名家词》本。

(7)《续修四库全书》本，据吉林大学图书馆《易诠全集》本影印。

(8)《清代诗文集汇编》本。

词选 2 卷附录 1 卷　集部词曲类

清张惠言、张琦选　《附录》郑善长辑

(1) 旧抄本，无附录，北京大学图书馆藏。

(2)《宛邻书屋丛书》本，附《续词选》，上海图书馆、常州图书馆藏。

(3)《易诠全集》本，附《续词选》。

(4) 清嘉庆二年金应珪刻本，不足，上海图书馆藏。

(5) 清同治六年刻本，常州图书馆藏。附《续词选》，章钰跋，并录翁同龢题识，鲍份评点。

(6)《袖珍古书读本》本，附《续词选》。

(7)《四部备要》本，附《续词选》及《九家词选》。

(8) 1957 年中华书局重排《四部备要》本。

(9) 许白凤校点本，名《茗柯词选》，1984 年江西人民出版社出版。

(10)《续修四库全书》本，据上海图书馆藏本影印。

按：《词选》为张惠言、张琦合选于嘉庆二年，是常州词派的重要选本，共收唐宋词 44 家 116 首。惠言弟子郑善长又增选 12 家 63 首，称《九家词选》1 卷。其外孙董毅另选唐五代宋词 48 家 113 首，称《续词选》2 卷，张琦于道光十年刊行，扩大了选词范围。原本有《附录》1 卷，乃郑善长辑录张惠言、张琦、黄景仁、恽敬、李兆洛等及郑善长自作词。

词选 1 卷　集部词曲类

清张惠言辑　清董毅、周济续增

清抄本，清莫友芝批校，台湾"中央图书馆"原藏。

七十家赋钞 6 卷　集部总集类

清张惠言辑

(1) 清道光元年合河康氏刻本，辽宁省图书馆、常州图书馆藏。

(2) 清光绪四年宏达堂重刻本，上海图书馆藏。

(3) 清光绪二十三年江苏书局重刻本，附《赋钞校读本札记》6 卷，上海图书馆藏。

(4)《续修四库全书》本，据辽宁图书馆藏本影印。

(5)《历代赋学文献辑刊》本。

张皋文笺易诠全集　丛书类

清嘉庆道光间扬州阮氏、合河康氏刻本，复旦大学图书馆、上海图书馆、吉林大学图书馆藏。

凡收惠言《易》学著作 11 种(其中《周易郑荀义》作一种)，其它著作 5 种，计 58 卷。

笺易注玄室遗书 15 种 51 卷　丛书类

清道光元年合河康氏刊本，上海图书馆藏。见《江苏省立国学图书馆藏书总目》。

按：此丛书与参用扬州阮氏与合河康氏之《易诠全集》不同。

茗柯全书(一名茗柯全集)　丛书类

见《书目答问补正》《续修四库提要》。《补正》注："十四种，嘉庆元年扬州阮氏、道光元年合河康氏合刻本。"版本与《易诠全集》相同。

按：惠言辑《论语》(上)、陆耀遹辑《论语》(下)、李兆洛辑《大学》《中庸》《孟子》。

管学洛(1761—1809)

字道明,号午思。清武进人。世铭子。屡试不第,同人集资捐为知州。嘉庆十四年(1809)闻选期近,促装北行,途中染疾,卒于清江舟次。好学能诗,为诗多寄托,尤工词。

祇可轩删余稿 2 卷　集部别集类

(1) 清嘉庆六年刻本,附于《韫山堂诗文集》后,南京图书馆藏。

(2) 清道光七年(1827)刻本,天津图书馆藏。

(3) 清同治十一年(1872)刻本,常州图书馆藏。

(4) 清光绪二十年(1894)吴炳刻本。

(5)《清代诗文集汇编》本。

祇可轩文集 1 卷杂录 6 卷　集部别集类

清同治十一年刻本。

的的词 3 卷　集部词曲类　佚

见道光《武阳合志》卷 33。

赵学愚(1761—1814)

一作学愈。字亦之。清阳湖人。弱冠能诗,与里人洪亮吉、孙星衍结社酬唱。屡试未中。

酝秋斋诗　集部别集类　佚

见道光《武阳合志》卷 33。

亦之诗 1 卷　集部别集类

收入李兆洛辑《旧言集》。

赵钟书(1761—1821)

字守田,别号耕书。清阳湖人。仁基父。乾隆五十九年(1794)举人,授丰县训导。倡修县学,有文誉。

功令文 1 集　子部儒学类　佚

见《清代毗陵书目》卷 2。

雪山诗存 1 卷文存 1 卷　集部别集类　佚

见《清代毗陵书目》卷 4。

刘嗣富(1761—1827)

字彦佐,一字铁文,号藉山。清阳湖人。汝谟子。监生,考授州同知。工诗词。

澧兰初稿 2 卷　集部别集类

清光绪三年(1877)刻本,常州图书馆藏。含诗 1 卷词 1 卷。

澧兰吟草　集部别集类　佚

见《西营刘氏先世著述考》,云:"诗入《梁溪续诗钞》。"

澧兰词集部词曲类　佚

见《清代毗陵书目》卷 5。按:《全清词钞》卷 6 收其词 1 首。

钱景星(1761—1826)

字映珊,晚号云巢。二白曾孙。邑庠生。清武进人。

露桐先生(李殿图)年谱前编 4 卷续编 2 卷　史部传记类

清钱景星编　《续编》李辙通编

(1) 清嘉庆八年(1803)家刻本。国家图书馆藏。

(2)《北京图书馆藏珍本年谱丛刊》本。

按:谱主李殿图,字恒符、丸符,号石渠,又号露桐居士,直隶高阳人。生于清乾隆三年(1738),三十一年中进士,累官至安徽巡抚。此谱为其门客钱景星编,记至 64 岁(嘉庆六年),《续编》为其子彻通记嘉庆七、八两年间事,迄谱主 66 岁,卒年不详。

伍嗣兴(1761—1837)

字颖少,别号磊轩。清阳湖人。宇昭子,鲁兴弟。诸生。少多病,心慕书史,尤喜风雅。尝取唐人诗十数家读之,又从其叔宇澄及宜兴张衢、万之蘅学，工诗词。书室名餐英书屋。

磊轩小稿 1 卷　集部别集类

（1）清嘉庆《毗陵伍氏合集》本。

（2）民国《毗陵伍氏合集》本，增《补遗》1 卷。

餐玉词 1 卷　集部词曲类

《毗陵伍氏合集》本。

瞿曾辑(1761—1841)

字贽觐，一字紫钧，号秩山。清武进人。乾隆五十四年(1789)进士，授工部主事，转御史给事中，擢甘肃兰州道，继任四川盐茶道，再权臬司，所至皆以安民察吏为务。丁母忧归。晚年寓居江宁，优游林泉 20 余年卒。诗文卓然成家，兼工山水。

策海 10 卷　子部典故类

（1）清嘉庆刻巾箱本，南京图书馆藏。

（2）清道光十九年(1839)同志馆刻本，湖南图书馆藏。

（3）清咸丰十一年(1861)京都刻本，6 卷续 6 卷，湖南图书馆藏。

（4）清光绪二十五年(1899)湖南书局刻本，题名为《文献通考详节》。

寒玉山房文集写风轩诗　集部别集类　佚

见《清代毗陵书目》卷 8。

江蘇藝文志

顧廷龍題

国家古籍整理出版专项经费资助项目

江苏省地方志编纂委员会办公室组织编纂

江苏艺文志

（增订本）

无锡卷

一

原 主 编 赵国璋

增订本主编 江庆柏

本卷主编 徐忆农

本卷副主编 田 丰 马 晴

撰 稿 人 (以下按姓氏笔画为序)

马 晴 王 萍 方 俊 田 丰

朱 彦 刘 娟 李宏巧 徐忆农

凤凰出版社

《无锡卷》原编写人员名单

主　编　宫爱东

副主编　高洪钧　徐忆农

撰稿人　（以下按姓氏笔画为序）

丁小兵　丁文恪　王　玫　方　云　朱征骅　江庆柏

汤大民　孙迎春　李成杭　李培文　汪　励　陆忠海

陈晓明　张　瑗　张慧萍　武新群　宛雨生　孟宪爱

赵国璋　夏晓臻　徐忆农　徐春生　高洪钧　曹红军

蒋云龙　韩　石　谢秉洪

目　录

《无锡卷》引言

江庆柏

无锡，太湖之滨的一颗明珠。无锡，包括它所管辖的江阴市、宜兴市，这里风光秀美，三万六千顷太湖烟波浩渺，澄江要塞的雄奇，阳羡山洞的灵秀，使人留连忘返。这里历史悠久，三千多年前泰伯奔吴，定都梅里，这里就成为吴文化的发祥地。悠悠岁月，留下了无数的文化古迹和美丽的神话传说。这里又是经济最发达的地区，土地肥沃，物产富饶，素有"江南鱼米乡"的美称。

"地灵"而"人杰"，生活在这里的人们更是勤劳、智慧。在漫长的岁月里，它创造了无比灿烂辉煌的历史文化，它为中华民族贡献了大批杰出的人才。在这片土地上，出现了政治家李纲，思想家高攀龙、顾宪成，军事家卢象升，经学家、史学家顾栋高，地理学家徐霞客，医学家柳宝诒，方志学家、金石学家缪荃孙，更有大批文学家，如李绅、蒋防、陈维崧、万树、严绳孙、吴德旋、蒋春霖等。他们从各个方面丰富了中华民族的文化内涵。东林书院"家事国事天下事事事关心"这一名言已成为中华思想库中的宝贵财富。李纲以一生用舍为社稷生民安危的襟怀，徐弘祖为了科学事业而跋山涉水、不畏艰辛的伟大精神，都已成为一种榜样，而具有了一定的象征意义。陈维崧的词、万树的曲、储欣与吴德旋的散文，都具有广泛的读者。在书画艺术方面，倪瓒画风的清远萧疏、王绂画风的苍郁清润，在中国绘画史上都有重要地位。而东晋顾恺之"迁想妙得""以形写神"的画论，清代周济"词非寄托不入，专寄托不出"

的词论，都是独到之见，对我国传统绘画及文学创作，有着极其深远的影响。

到了晚清，随着西方新思潮的涌入，这里又出现了大批新的人物。他们中有被誉为中国近代化学先驱的徐寿，有杰出的数学家华蘅芳，有外交家薛福成。他们面对时代潮流的变迁，勇于放眼看世界，自觉接受西方资产阶级政治思想和先进的科学技术成就。

立功、立德、立言，这是古代被称为“三不朽”的盛事。他们在建树功绩、建立德业的同时，还留下了大批著作。在无锡历史上，有姓名可考的著作家即达四千多人，著作量则数以万计。这些著作内容涉及政治、军事、经济、文化、教育、文学、艺术、宗教、科技等各个领域，其中有许多在中国文化史上具有深远的影响和相当的权威。宋代藏书家、目录学家尤袤的《遂初堂书目》成为我国古代第一部版本目录学著作。《徐霞客游记》则是地理学方面的经典之作，并进而形成一门专门的学问“徐学”。顾祖禹的《读史方舆纪要》结构严谨，体例新颖，是一部重要的历史地理著作。杨潮观的《吟风阁杂剧》褒贬美刺，远譬近指，具有一定的社会意义，在中国戏剧史，特别是在“短剧”的发展史上有独特地位。秦蕙田编撰的《五礼通考》，嵇璜主持纂修的清代通典、通志、文献通考及续“三通”，也都是中国文化史上的重要典籍。至于孙洙辑选的《唐诗三百首》，更是家喻户晓，具有广泛的社会影响，成为最普及的文学读本之一。

为了汇集和保存历史留下的珍贵财富，无锡的文献学家们作了极大的努力。他们编集了众多的地方文献丛书，如《锡山先哲丛刊》《江阴丛书》《江阴先哲遗书》等；编集了大型的地方文学总集，如《梁溪诗钞》《梁溪文钞》及各自的补编、《江阴诗存》《江上诗钞》《澄江赋约》等，同时刊刻了大量的单篇著作。

这些大型丛书、文学总集和单篇著作的编纂出版，抢救了大批无锡作家的作品，并充分显示了无锡文化的巨大成就。为了这批历史文化遗产的保存、流布，无锡的一大批地方文献学家耗费了巨大心血，有的毕生从事于无锡地方文献的收辑、研究、整理和出版，其中尤为著名的有王史直、王史鉴、顾光旭、周有壬、高鍱泉、侯学愈、金武祥、缪荃孙等。正是在这批“文献传人”的努力下，大批著作才不致被湮灭。

岁月悠悠，还是有相当一部分作家的作品未能保存下来。这是十分可惜的。虽然如此，这些作家毕竟为无锡文化事业的发达作出过自己的贡献。

为了全面反映无锡历史上著作盛况，就必须对这一情况作一系统的考察，必须将历史上无锡籍（包括江阴、宜兴两市）、或流寓并定居无锡的作者的著作，不分存佚，都著录出来。我们之所以认为不论存佚都要著录，是基于这样的认识：著作的流传与否固然取决于著作本身的价值，平庸的作品被历史淘汰了，留下的是著作中的精华；但也有许多偶然性因素，因此不能单据存佚与否来判断作品的成就高低。著书立说，作为一种精神生产的物质形式，它需要著作者付出艰辛的劳动，我们不能因作品的佚失就否定作家曾经付出的这种劳动。另一方面，就无锡文化来说，它的繁荣又是整个社会大环境作用的结果。没有整个社会普遍的文化素养，没有整个社会发达的精神生产意识，要出现一个繁荣的文化社会是不可能的。如果我们把无锡历史上所有著作家的著述情况都著录出来，就能充分展示这个文化大环境。

这就是我们编纂本书的目的。

在此以前，无锡地区已编制了多种地方文献目录。除了地方志中早已出现的专门著录书目的“艺文志”外，还有后人编制的其他书目，如《锡山历朝书目考》《无锡县立图书馆乡贤部书目》《无锡先哲遗书书目》《无锡市图书馆馆藏地方文献目录》及“续编”、《江阴艺文志》等。这些书记录了无锡籍作家的著作及其存佚情况。由于这些书目各有一些特殊的体例规定，再加分散各处，查找不易，今天的研究者要使用这些书目，还有一些困难。根据这种情况，我们组织编写了这部“无锡艺文志”。

本书共收作家 4626 人，其中无锡市、县 2659 人，江阴市 901 人，宜兴市 1066 人。我们力求使本书著录完备、体例严整，能提供给读者尽可能多的文献信息。历史需要总结，但总结不单纯是对过去的回顾和表述，更重要的是昭示未来。我们希望通过本书的编纂，反映无锡历史上文化学术的盛衰变迁，同时也为人们进行新的研究与探索提供一个有用的工具。

虽经我们努力，但由于各方面条件的限制，本书仍存在不少问题，希望专家学者多提宝贵意见。

1994 年 2 月

《无锡卷》(增订本)收入作者 4624 人，其中无锡 2658 人，江阴 901 人，宜兴 1065 人。收入著作 11983 种。

增订者记

2019 年 7 月

无锡市行政区划沿革

无锡市

汉置无锡县。三国吴省。晋复置。元元贞元年(1295)升无锡县为无锡州,属江浙等处行中书省常州路。明复为县,属常州府。1914—1927年属苏常道。1934—1937年为无锡行政督察区专员公署驻地。1949年析无锡县城、郊置市(后武进县马迹山并入),由苏南行署区直辖,为苏南行署驻地。1952年改江苏省辖市。1983年3月江阴、无锡、宜兴等县划入本市。

2016年无锡市辖梁溪区、锡山区、惠山区、滨湖区、新吴区,代管江阴市、宜兴市。

附:无锡县

春秋吴国地。战国属楚,为春申君黄歇封地。秦属会稽郡。汉置无锡县。东汉永建四年(129)分属吴郡。三国属吴,省县入毗陵典农校尉。晋复置县,属毗陵郡。东晋属晋陵郡。唐宋属常州。元升为州,明复为县。清雍正二年(1724)分东境置金匮县,二县同城而治。1912年省金匮入无锡县。1914—1937年属苏常道。1934—1937年属无锡行政督察区。1949年4月析城、郊另置无锡市,并辖无锡县,属苏南行署区。1952年划归江苏省苏州专区。1958年7月又划归无锡市,1962

年7月复归苏州专区。1970年改属苏州地区。1983年3月复归无锡市。1995年6月撤销无锡县，以其原辖区域设立锡山市（县级）。2000年12月撤销锡山市，设立无锡市锡山区和惠山区。

江阴市

汉毗陵县地。晋太康二年（281）析置暨阳县，属毗陵郡。南朝梁改江阴县，兼置江阴郡，徙治君山之阳（今澄江镇东北）。隋开皇九年（589）废郡，改隶常州。唐武德三年（620）于县置暨州，九年州废，县仍属常州。五代南唐升元中以县置江阴军。宋废军而复置。元至元十三年（1276）升江阴路，二十八年降为州，隶江浙等处行中书省常州路。至正二十四年（1364）朱元璋攻占后，称连洋州，并重筑治城，寻复为江阴州。洪武初再改州为县，隶常州府。从明万历到清末，江苏学政驻此。1914—1927年属苏常道。1934—1937年属无锡行政督察区。1949年属苏南行署区常州专区。1952年属江苏省苏州专区。1970年属苏州地区。1983年3月划归无锡市。1987年撤县建市。

宜兴市

秦置阳羡县，属会稽郡。汉属会稽郡，东汉明帝改属吴郡。晋惠帝永兴元年（304），以表周玘（周处之子）三兴义兵之功，设义兴郡，辖阳羡、国山等县。隋废郡改为义兴县，初属常州，旋改属毗陵郡。唐武德七年（624）置南兴州，八年州废称义兴县，属常州。宋太平兴国元年（976）避讳，取“义者宜也”之义改名宜兴县，仍属常州。元初升宜兴府，元贞元年（1295）改宜兴州，属常州路。明复称宜兴县，属常州府。清雍正三年（1725）分置宜兴、荆溪二县，1912年省荆溪县入宜兴县。1914—1927年属苏常道。1949年属苏南行署区常州专区。1952年属江苏省苏州专区。后屡属镇江（1956、1959、1970）、常州（1958）等专区、地区。1983 年 3 月划归无锡市。1988 年撤县建市。

（摘自单树模主编《中华人民共和国地名词典·江苏省》，商务印书馆 1987 年出版。根据 2016 年江苏省行政区划设置略作改动。）

人 名 表

无锡一

明

清

无锡二

民　国

江　阴

宋　元

明

清至民国

宜兴

晋至元

明

无锡一

东汉至元

高　彪(? —184)

字义方,又字子武。东汉无锡人。郡举孝廉第一。除郎中,校书东观。迁外黄令,有德政。卒于官。性讷于言。有雅才,数奏赋、颂、奇文,因事讽谏。灵帝诏东观画其像,以劝学者。《后汉书》有传。

高彪集2卷录1卷　集部别集类　佚

见《隋书·经籍志》注。

按:《全后汉文》卷6收其文3篇,《梁溪文钞》卷1收其文2篇。

高　岱

字孔文。东汉无锡人。彪子。由太守盛宪举为孝廉。少持高操,以义行称。所交皆当世英伟。性聪达。后为孙策忌杀。

汉书独行传　史部传记类　佚

见《无锡县志》卷3。

顾恺之(341? —402? 一作348—409)

字长康。晋无锡人。悦之子。博学有才气,尝为桓温及殷仲堪参军,深被眷接。义熙初官散骑常侍。工诗赋、书法,尤工人像、佛像、禽兽、山水等。谢安重之,以为"有苍生以来,未之有也"。人以顾恺之、张僧繇等合称"六朝四大家"。精通画论,其"迁想妙得""以形写神"等观点,对后代绘画与绘画理论影响很大。画迹极多。世传其有三绝:才绝、画绝、痴绝也。尝为虎头将军,人号"顾虎头"。《晋书》有传。

禹贡图1卷　经部尚书类　佚

见清朱彝尊《经义考》。

启疑记3卷　经部小学类　佚

见《隋书·经籍志》卷1。

启蒙记　经部小学类　佚

见《晋书》本传,《隋书·经籍志》卷1作3卷。

按:原书已佚,清马国翰有辑本,收入《玉函山房辑佚书》,记为1卷。

晋文章记　史部传记类　佚

见刘孝标《世说新语注》,亦见清文廷式《补晋书艺文志》卷3。

顾虎头画列女传8卷　子部艺术类

道光五年(1825)阮氏影摹南宋本,国家图书馆藏。

顾恺之集7卷　集部别集类　佚

见《隋书·经籍志》卷4,注云:"梁二十卷"。

湛　挺

字茂之。南朝宋无锡人。官至司徒右长史。后隐居惠山,自筑草堂,读书其中。与南平穆王刘铄友善,更以诗章倡和,留刻于石。

历山唱和诗　集部别集类

见乾隆《无锡县志》卷39。

按:《无锡县志》以湛挺入流寓,《梁溪诗钞》卷1已辨其非是。明刻本《古诗类苑》卷11收其诗1首。

法　超(456—526)

南朝梁僧人。无锡孟氏子。年11出家,住灵根寺,贫无衣食,乞丐自资。晚年专攻十诵。武帝以为都邑僧正。葬于钟山开善寺。《续高僧传》有传。

出要律议　子部佛教类

见唐释道宣《续高僧传》卷22。

陆　羽(733—804)

一名疾,字鸿渐,号季疵,自称桑苧翁。唐竟陵籍,寓居无锡。博学多才,喜吟诗,善著述,尤精于茶,后世民间祀为茶神。诏拜太子文学,不就。《新唐书》有传。

南北人物志 10 卷　史部传记类

江表四姓谱 10 卷　史部传记类

吴兴历官记 3 卷　史部传记类

潮州刺史记 1 卷　史部传记类

源解 30 卷　史部传记类

君臣契 3 卷　史部政书类

以上 6 种见《梁溪漫志》卷 10。

顾渚山记　史部地理类

见《宋史·艺文志》。

茶经 3 卷　子部农家类

(1)《百川学海》本。

(2) 明嘉靖二十一年(1542)新安吴旦刻本,台湾"中央图书馆"原藏。

(3) 明嘉靖二十二年柯氏刻本,国家图书馆藏。

(4)《重订欣赏编》本。

(5) 明万历十六年(1588)程福生竹素园刻本,国家图书馆藏。

(6) 明万历十六年孙大绶秋水斋刻本,国家图书馆藏。

(7)《格致丛书》本。

(8)《山居杂志》本。

(9)《茶书》二十七种本。

(10) 明乐元声刻本(无《茶具图赞》),国家图书馆藏。

(11) 明刻本(无《水辨》),国家图书馆藏。

(12) 明宜和堂刻本,台湾"中央图书馆"原藏。

(13)《茶书》十三种本。

(14) 明刻本,国家图书馆藏。

(15)《唐宋丛书》本。

(16)《说郛》(宛委山堂)本。商务印书馆本不分卷。

(17)《五朝小说》本。

(18)《五朝小说大观》本。

(19) 6 卷,清雍正七年(1729)仪鸿堂刻本,国家图书馆藏。

(20) 清雍正十三年陆氏寿椿堂刻本,国家图书馆藏。

(21)《四库全书》本。

(22)《唐人说荟》本。

(23)《唐代丛书》本。

(24)《学津讨原》本。

(25)《湖北先正遗书》本。

(26)《茶书》七种本。

(27) 2 卷,清抄本,清陈鳣校,北京大学图书馆藏。

(28) 清刻本,南京图书馆藏。

占梦 3 卷　子部术数类

见《梁溪漫志》卷 10。

李　绅(772—846)

字公垂。唐无锡人。敬玄曾孙。元和元年(806)进士。长庆年间召为右拾遗,翰林学士,迁中书舍人。敬宗时因得罪权贵,被贬为端州司马。后历浙东观察使、河南尹、宣武节度使。武宗即位后拜为中书侍郎同平章事,进尚书右仆射、赵国公,出为淮南节度使。长于诗,时号“短李”。与李德裕、元稹齐名,号“三俊”。新旧《唐书》有传。

李绅批答　史部政书类

见《旧唐书·经籍志》《新唐书·艺文志》。

元稹制集 2 卷　史部政书类

见宋郑樵《通志》。

追昔游集(一作追昔游诗集,亦作追昔游诗)3卷　集部别集类

(1)《五唐人集》本。

(2) 明末苏州冯氏抄本。

(3)《四库全书》本。

(4) 清东武刘氏味经书屋抄本,国家图书馆藏。

按:《四库全书总目》云:“此集皆其未为相时所作。晁公武《读书志》载前有开成戊午八月绅自序,此本无之。诗凡一百一首。《新唐书》本传所载贬端州司马,祷神滩涨;及刺寿州,虎不为暴;为河南尹,恶少敛迹,皆语出此集。史传事须实录,而宋祁以所自言者为据,殊难征信。且考绅之赴端州也,在夏秋之间。其妻子舟行,十月始至。其时滩水减矣,故以书祝媪龙祠,而江复涨。绅诗内及所自注者如此。祁乃以为绅自度岭时事,是阅其集而未审。后儒以名之轻重为文之是非,必谓新书胜旧书,似非笃论也。”又叙其文风:“绅与李德裕、元稹号‘三俊’。白居易亦有‘笑劝迂辛酒,闲吟短李诗’句。今观此集,音节啴缓,似不能与同时诸人角争强弱。然春容恬雅,无雕琢细碎之习,其格究在晚唐诸人刻画纤巧之上也。”

遗文2卷　集部别集类

按:卞孝萱《李绅年谱》记:“卒后,子濬辑录绅之遗文为二卷。”李濬《慧山寺家山记》云:“公文学官业功德,濬谨纂叙制诏、章表、堂状,类列其间,不敢辄以文饰,表至敬也。为上下卷,今藏史阁。”

李　浚

字无考。唐无锡人。初官渭南尉,擢秘书省校书郎。乾符四年(877)因宰相郑畋荐入直史馆。

松窗杂录1卷　子部小说类

(1)《顾氏文房小说》本。

(2)《历代小史》本。

(3)《四库全书》本。

(4)《奇晋斋丛书》本。

(5)《影印元明善本丛书十种》本。

(6) 1958年中华书局铅印本,国家图书馆藏。

(7)《说郛》(商务印书馆)本,不分卷。

摭异说1卷　子部小说类

(1)《合刻三志》本。

(2)《说郛》(宛委山堂)本。

(3)《五朝小说》本。

(4)《五朝小说大观》本。

(5)《唐人说荟》本。

(6)《唐代丛书》本。

杜　镐(938—1013)

字文周。宋无锡人。南唐时举明经。官集贤校理。迁国子博士加秘阁校理。宋景德中改直秘阁,拜右谏议大夫,龙图阁直学士。大中祥符迁给事中,工部侍郎。自幼好学,博闻强记,融贯经史。年逾50,犹日治经史数十卷。性和易清素,有懿行。士论推重之。《宋史》有传。

孝经正义(一作邢昺孝经正义)3卷　经部孝经类

见乾隆《无锡县志》卷39。

按:《锡山补志·著述录说》云:"非杜镐一人辑,《宋史》属邢之书。"版本从略。

龙图阁书目7卷　史部目录类　佚

十九代史目2卷　史部目录类　佚

太清楼书目4卷　史部目录类　佚

玉宸殿书目4卷　史部目录类　佚

铸钱故事1卷　子部小说类　佚

君臣赓载集30卷　集部总集类　佚

以上6种见《宋史·艺文志》。

杜　杞(1005—1050)

字伟长。宋无锡人。镐孙。以荫补将作监主簿,知建阳县。强敏有才。历至天章阁待制、环庆路经略安抚使、知庆州。性强记,博览书传,通阴阳术数之学。《宋史》有传。

待制奏议 10 卷　史部政书类　佚

天章阁待制文集 10 卷　集部别集类　佚

以上 2 种见嘉庆《锡金县志》卷 39。

三径老人碔砆集 13 卷　集部别集类　佚

见光绪《锡金县志》卷 39。

钱　觊

字安道。宋无锡人。庆历六年(1046)进士。治平末为殿中侍御史,熙宁初为御史里行,以论奏王安石,贬监衢州税。苏轼遗以诗,有"乌府先生铁作肝"之句,世人因称之为"铁肝御史"。卒年 53。《宋史》有传。

烂柯山游记　史部地理类　佚

见《锡山历朝书目考》卷 7。

袁　默

字思正。宋无锡人。点兄。嘉祐八年(1063)进士。官京兆府教授,迁司农簿。历太学博士。迁湖北转运使判官。学问渊博,为时所宗,与弟点、植皆有名当世。

论语解辨　经部四书类　佚

见光绪《锡金县志》卷 39。

袁思正集 6 卷　集部别集类　佚

见《宋史·艺文志》。

袁　点

字思与。宋无锡人。默弟。元丰八年(1085)进士。累官通判杭州、知淮阳军。熙宁初太学直讲,学者推为领袖。与兄号“二袁”。喜佛老书。工诗,苏轼以为有惊心骇目之奇。

袁思与诗集　集部别集类　佚

见光绪《锡金县志》卷39。

沈　复

字践言。宋无锡人。熙宁九年(1076)进士。官左中大夫。兵科给事中。善诗。

沈践言先生诗稿1卷　集部别集类

抄本,无锡县图书馆藏,见《无锡县立图书馆乡贤部书目》。

管社诗稿　集部别集类　佚

见《锡山历朝书目考》卷7。

沈隐思

字持正。宋无锡人。

沈持正先生诗稿1卷　集部别集类

抄本,无锡县图书馆原藏,见《无锡县立图书馆乡贤部书目》。

杨　时(1053—1135)

字中立,号龟山。宋将乐人。幼颖异,能属文。稍长,潜心经史。先学于程颢,后学于程颐。熙宁九年(1076)进士。知浏阳、余杭、萧山等县。有惠政,邑人重其名。累官工部侍郎兼侍读。以龙图阁直学提举杭州洞霄宫,后致仕。绍兴间寓居无锡东林精舍讲学18年。浸淫经书,推广师说。卒谥文靖。《宋史》有传。

周礼义辨疑1卷　经部周礼类　佚

诗辨疑 1 卷　经部诗经类　佚
中庸解 1 卷　经部四书类　佚
论语解 2 卷　经部四书类　佚
三经义辨 10 卷　经部群经总义类　佚

以上 5 种见《宋史·艺文志》

字说辨　经部小学类　佚

见《锡山历朝书目考》卷 1。

开成纪事 2 卷　史部传记类　佚
曾肇行述 1 卷　史部传记类　佚

以上 2 种见《宋史·艺文志》。

目录辨　史部目录类　佚

见《锡山历朝书目考》卷 1。

庄子解　子部周秦诸子类　佚
列子解　子部周秦诸子类　佚

以上 2 种见《锡山补志·著述》。

二程粹言(一作河南程氏粹言)2 卷　子部儒学类

(1)《河南程氏全书(一作二程全书)》本。

(2)《四库全书》本。

(3)《西京清麓丛书》本。

(4)《正谊堂全书》本。

(5)《洪氏唐石经馆丛书》本。

(6)《丛书集成初编》本。

(7)《四部备要》本。

龟山先生语录 4 卷后录 2 卷　子部儒学类

(1) 宋吴坚福建漕治刻本,国家图书馆藏。

(2)《诸儒鸣道》本。

(3)《续古逸丛书》本。

(4)《四部丛刊续编》本。

(5) 台北《丛书集成续编》本。

(6)《中华再造善本》本。

龟山集 42 卷　集部别集类

(1) 明万历十九年(1591)林熙春刻本,国家图书馆藏。

(2) 清初刻本,原藏无锡县图书馆。

按:《无锡艺文志长编》云:是书凡书、奏、表、札、讲义各一卷,辨二卷,经解、史论各一卷,语录四卷,答问、策问各一卷,书七卷,启、记、序、跋各一卷,杂著一卷,哀辞祭文一卷,状述一卷,志铭八卷,诗五卷,都四十二卷。清《四库全书》著录之本……今县图书馆藏本卷数,与此相符,虽各卷编次略有出入,而所刻字式尚有古意,厥为清初刊本无疑也。

(3)《四库全书》本。

龟山先生集 42 卷附年谱 1 卷附余 5 卷　集部别集类

清顺治刻本,国家图书馆藏。

杨龟山先生集 6 卷　集部别集类

(1)《正谊堂全书》本。

(2)《丛书集成初编》本。

龟山先生集 16 卷　集部别集类

明弘治十五年(1502)李熙、金瓒等递修本,国家图书馆藏。

龟山先生集 35 卷年谱 1 卷附录 1 卷　集部别集类

明正德十二年(1517)沈晖刻本,国家图书馆藏。

龟山集 3 卷　集部别集类

旧抄本《两宋名贤小集》之一。

杨龟山先生诗抄 5 卷　集部别集类

抄本《宋人小集》之一。

杨文靖公全集 42 卷　集部别集类

清光绪七年(1881)刻本。

杨龟山先生集 42 卷　集部别集类

(1) 清康熙四十六年(1707)刻本,国家图书馆藏。

(2) 清光绪九年刻本，国家图书馆藏。

杨龟山先生文集 42 卷　集部别集类

清光绪五年江阴夏子镕刻本。

龟山先生诗集 3 卷　集部别集类

《两宋名贤小集》本。

翁　挺

字士特，号立峰居士。宋建安人，寓居无锡。博综群籍，有诗名。累官考功员外郎。建炎二年(1128)罢归。寓邑之胶山，筑屋名蒙斋。

蒙斋文集　集部别集类　佚

见《锡山历朝书目考》卷 1。

章　谊(1078—1138)

字宜叟。宋福建浦城人。由丹阳徙居无锡。崇宁四年(1105)进士。历官怀州司法参军，漳、台二州教授、杭州通判、吏部侍郎、户部尚书，官至端明殿学士，知建康府兼行宫留守，立朝论事，多经国济时之策。绍兴四年(1134)奉旨出使金，不少屈。八年卒，年 61。谥忠恪。性宽仁长厚，学问淹博。《宋史》有传。

章谊奏议(一作章参政奏议)2 卷文集 20 卷　集部别集类　佚

见《宋史》卷 208。

钱　绅

字伸仲，号桃坞。宋无锡人。大观三年(1109)进士。官知州。志尚高洁，绍庆间谢州事，归隐漆塘山中。工诗。年 80 卒。《宋史》有传。

同安志 10 卷　史部地理类　佚

宋曾元礼修　钱绅纂

见《宋史·艺文志》《直斋书录解题》。

按：同安，今安徽安庆市。《直斋书录解题》云："宣和五年(1123)，太守曰曾元礼，未几而有狄难。至绍兴十三年(1143)，太守张彦声始取而刻之。"其书已佚。

钱遂初诗话　集部诗文评类　佚

见光绪《锡金县志》卷39。

李　纲(1083—1140)

字伯纪，号梁溪。宋无锡人。夔子。诗文雄深雅健。政和二年(1112)进士。官殿中御史，迁起居郎，太常少卿。除兵部侍郎、河北宣抚使、资政殿大学士、拜尚书右仆射。力主抗金。以喜谈佛理，为南宋诸儒所不道。卒赠少师，谥忠定。《宋史》有传。

梁溪易传内外篇23卷　经部易类

见《文献通考》。

论语详说10卷　经部四书类

见光绪《锡金县志》卷39。

靖康传信录3卷　史部杂史类

(1) 1卷，《宋三大臣汇志》本。

(2)《函海》本。

(3)《海山仙馆丛书》本。

(4)《邵武徐氏丛书》本。

(5)《吉林探源书舫丛书》本。

(6)《丛书集成初编》本。

(7)《四部备要》本。

建炎进退志4卷　史部杂史类

(1) 1卷，《宋三大臣汇志》本。

(2) 明抄本，国家图书馆藏。

(3)《邵武徐氏丛书》本。

(4)《吉林探源书舫丛书》本。

建炎时政记3卷　史部杂史类

(1) 1卷,《宋三大臣汇志》本。

(2)《邵武徐氏丛书》本。

(3)《吉林探源书舫丛书》本。

(4) 抄本。台湾"中央图书馆"原藏。

宣抚荆广记　史部杂史类　佚

制置江右录　史部杂史类　佚

以上2种见《宋史》本传。

靖康行纪　史部杂史类

见《梁溪集》本书序。靖康二年(1127)李纲率湖南兵入卫,凡所经历悉著于篇。

汉唐三帝纪要录　史部史钞类

见《梁溪集》本书序。李纲取汉高祖、光武、唐太宗三帝之行事可为鉴法者,撮其大节,汇编进呈。

张忠文节义录　史部传记类　佚

近世厚德录　史部传记类　佚

以上2种见《锡金志外》卷2。

宋丞相李忠定公奏议69卷附录9卷　史部政书类

(1) 明正德十一年(1516)胡文静萧泮刻本,国家图书馆藏。

(2) 明正德十一年胡文静刻天启重修本,国家图书馆藏(朱久聃跋)。

(3)《续修四库全书》本。

按:《四库全书总目》云:"案:陈俊卿作纲《梁溪集序》,称其子秀之编其表章奏札为八十卷。此本仅六十九卷,已非秀之之旧。卷末附录,一曰《靖康传信录》,一曰《建炎进退志》,一即《建炎时政记》,共为三卷。第四卷以下皆纲所为制诏表札,疑即《宋史》所云《建炎制诏表札集》也。俱已编入《梁溪集》中,故仅存其目,不复录焉。"

宋李忠定公奏议选15卷文集选29卷首4卷　史部政书类

明左光先、李春熙等辑

(1) 明刻本,国家图书馆藏。

(2)《四库全书存目丛书》本。

奉迎录　史部政书类

见李纶撰《李忠定公行状》。

中兴至言　史部政书类

见《梁溪集》本书序。

宋丞相李忠定公辅政本末 1 卷　子部兵书类

见清崇文书局编《子书百家》。

乘间志　子部杂学类

按:志凡 3 门,曰梦志、灾异志、证兆志。

预备志　子部杂学类

按:志分书檄、事宜、人物三门。

以上 2 种见《梁溪集》自序。

梁溪先生文集 180 卷附录 6 卷　集部别集类

(1) 宋刻本,上海图书馆藏,存三十七卷,清李牧、清黄丕烈跋。

(2) 明刻本,无锡市图书馆藏。

(3) 清刻本,国家图书馆藏,傅增湘校并跋。

(4)《四库全书》本。

(5) 清道光十四年(1834)刻本,国家图书馆藏

(6) 清抄本,《附录》3 卷,国家图书馆藏。

(7) 抄本,文集 38 卷,附录为附钞,台湾大学图书馆藏。

(8) 清光绪十年(1884)邵武徐氏刻本,山东图书馆藏。

(9)《中华再造善本》本。

(10)《无锡文库》本,据上海图书馆藏清抄本影印。

按:是集赋、诗及其表章书启、序跋碑志等一百七十余卷,末十卷为《靖康传信录》三卷、《建炎进退志》四卷、《建炎时政记》三卷,附录为李纲年谱和行状等。

梁溪集 2 卷　集部别集类

《两宋名贤小集》本。

梁溪词(一作李忠定梁溪词)1卷　集部词曲类

(1)《宋元人词》本。

(2)《南宋四名臣词集》本。

(3)《汲古阁未刻词》本。

(4)《宋元八家词》本。

丞相李忠定公长短句1卷　集部词曲类

(1)《典雅词》本,国家图书馆藏。

(2)《宋八家词》本,国家图书馆藏。

宋丞相李忠定公别集3种3卷　丛书类

《宋三大臣汇志》本。

子目见上。

杨嘉森

宋无锡人。

琴谱正传6卷　子部艺术类

见《锡金志外》卷2。

按:是书有明一乐堂刻本。

李　纶

字季言。宋无锡人。纲弟。

李忠定公行状　史部传记类

见《锡山补志》。

宋李忠定行状3卷　史部传记类

清湘乡易氏爱日堂刻本,国家图书馆藏。

梁溪先生(李纲)年谱1卷　史部传记类

清抄本　国家图书馆藏。

喻　樗(？—1180)

字子才，号湍石，又号玉泉。南宋无锡人。先世居桐庐。少从杨时游。建炎三年(1129)进士。为人质直好议论。官秘书省正字，兼史馆校勘。后以不主议和出知舒州怀宁县，通判衡州致仕。秦桧死，起为大宗正丞，转工部员外郎，知蕲州。孝宗即位，用为提举浙东常平，以治绩闻。善识鉴，常言沈晦、张九成进士为第一，后果然。《宋史》有传。

易义　经部易类

四书性理窟　经部四书类

以上2种见乾隆《无锡县志》卷39。

大学解1卷　经部四书类

玉泉论语学4卷　经部四书类

以上2种见《宋史·艺文志》。

丰公逸事1卷　史部传记类

玉泉语录　子部儒学类

以上2种见光绪《锡金县志》卷39。

玉泉讲解　子部儒学类

见乾隆《无锡县志》卷39。

洪　适

字景伯，号盘洲。初名造，字温伯，一字景温，后更今名。宋鄱阳(今江西鄱阳)人。皓子。母沈氏，无锡人。皓出使金国，适兄弟三人依舅氏松年居无锡，松年教之。幼敏悟，与弟遵、迈先后中博学鸿词科，人称“三洪”，名满天下。孝宗时，任司农少卿，权直学士院，累官至尚书右仆射、同中书门下平章事，兼枢密使。后罢为观文殿大学士，自号盘洲老人。起为浙江安抚使。家居16年，以著述自娱。好收藏金石拓本，并据以证史传讹误，考核颇精。卒谥文惠。《宋史》有传。

五代登科记1卷　史部传记类　佚

宋登科记 21 卷　史部传记类　佚

以上 2 种见《宋史·艺文志》。

隶释 27 卷　史部金石类

(1) 明万历四年(1576)抄本,国家图书馆藏,孙从沾跋,周榘校并跋。

(2) 明万历十六年(1588)王云鹭扬州刻本,国家图书馆藏。

(3) 影宋抄本,台湾"中央图书馆"原藏。

(4) 明吴氏丛书堂抄本,国家图书馆藏,存 4 卷。

(5) 明抄本,国家图书馆藏,清翁同书校并跋,翁同龢跋。

(6) 明朱衣抄本,明盛时泰跋,清何焯校并跋,上海图书馆藏。

(7) 明抄本,卷 4 至卷 6 配清嘉庆二年(1797)抄本,清陈鳣、袁廷寿、顾广圻、魏锡曾校并跋,上海图书馆藏。

(8) 明抄本,有清王萱铃跋,存 26 卷,湖北省图书馆藏。另藏清抄本,存 24 卷,柯逢时跋。

(9) 清抄本,上海图书馆藏,有王文鸣校并跋,李文藻校并跋。又有清竹声共雨山房抄本,清周星诒跋,存 19 卷。

(10)《四库全书》本。

(11)《四部丛刊》本,附张元济《校勘记》1 卷。

(12) 通鉴轩《重订隶释》35 卷本,抄本,台北"中央研究院"历史语言研究所藏。

隶释钞 1 卷　史部金石类

宋洪适撰　清钱泳辑

清钱泳家抄本,钱泳校,上海图书馆藏。

隶续 21 卷　史部金石类

(1) 国家图书馆藏影元抄本,有陆秀岩、张燕昌题款。上海图书馆藏本存 3 卷,有蔡元培跋。

(2) 明刻本,国家图书馆藏,有陈宗彝校并跋。

(3) 明抄本,配清抄本,国家图书馆藏,有朱彝尊、翁同龢跋。

(4) 清康熙四十五年(1706)曹氏楝亭扬州使院刻本,国家图书馆、上海图书馆藏。上海图书馆藏本有惠栋校,又有陆绍曾校。

(5)《四库全书》本。

(6) 清乾隆四十三年(1778)李文藻抄本,有李文藻校并跋,上海图书馆藏。又一清抄本,有清桂馥校并跋,佚名录李文藻、翁方纲校跋。

隶释 27 卷隶续 21 卷　史部金石类

(1) 清乾隆四十一年至四十三年汪日秀楼松书屋刻本。国家图书馆等藏。浙江省平湖县图书馆藏本有清丁传批校。湖南省图书馆藏本有清桂馥、何绍基批校并跋。

(2)《洪氏晦木斋丛书》本。1985 中华书局影印。

(3) 清初抄本,存 34 卷,有清龚橙校,上海图书馆藏。

(4) 2013 年中华书局出版。

歙州砚谱 1 卷　子部工艺类

(1)《百川学海》本。

(2)《说郛》本。

(3)《四库全书》本。

(4)《学津讨原》本。

(5)《丛书集成初编》本。

(6)《美术丛书》本。

按:本书亦题作宋唐积撰。

壶邮　子部杂学类

见《锡金志外》卷 2。

荆门惠泉诗集 2 卷　集部别集类

见《宋史·艺文志》。

盘洲文集 80 卷　集部别集类

(1) 宋刻本,国家图书馆藏。

(2)《四库全书》本。

(3)《摛藻堂四库全书荟要》本。

(4) 清抄本,国家图书馆藏。

(5) 清法式善辑抄本《宋元人诗集八十二种》本，国家图书馆藏。

(6) 清吴氏四古堂抄本，国家图书馆藏。

(7) 清道光二十八年泾县藤溪洪氏刻本，国家图书馆藏。

(8)《洪氏晦木斋丛书》本，有末1卷并清洪汝奎撰《校记》1卷。

(9)《四部丛刊》本，有《附录》1卷《拾遗》1卷，二次印本有张元济撰《札记》1卷。

(10)《中华再造善本》本。

盘洲集3卷　集部别集类

《两宋名贤小集》本。

三洪制稿　集部总集类

见《宋史·艺文志》。

盘洲乐章3卷　集部词曲类

(1) 明汲古阁影抄宋刊《盘洲文集》本。

(2)《彊村丛书》本，附朱祖谋撰《校记》1卷。

华　镗

一作华堂。宋无锡人。诸生。

六经解　经部群经总义类　佚

见《经义考》卷243。

按：宋杨万里《诚斋集》卷12《华堂秀才著〈六经解〉以长句书其后》，有“华堂晨趋孔子堂，今日覃思雕肺肠。毛颖为君秃尽发，问君何时放渠歇”等句。

洪　遵(1120—1174)

字景严，号小隐。宋饶州鄱阳（今江西鄱阳）人，后流寓无锡。皓子。与兄适、弟迈先后中博学鸿词科，人称“三洪”，名满天下。儿时端重如成人。能文善诗。官至同知枢密院事。中兴后，以词科中选即入馆，自遵始。历官多有政绩，累进资政殿学士。谥文安。《宋史》有传。

订正史记真本1卷　史部正史类

(1)《学海类编》本。

(2)《逊敏堂丛书》本。

(3) 清抄本,国家图书馆藏。

(4) 台湾《丛书集成新编》本。

(5)《四库全书存目丛书》本。

按:《四库全书总目》正史类存目著录《订正史记真本凡例》1卷,题此书为明人伪作。

中兴以来玉堂制草34卷　史部政书类

见《宋史·艺文志》。

翰苑遗事(一作翰林遗事)1卷　史部政书类

(1)《知不足斋丛书》本。

(2)《学海类编》本。

(3)《反约篇》本。

(4)《榕园丛书》本。

(5) 旧抄本,台湾"中央图书馆"原藏。

按:此亦收入《翰苑群书》中。

翰苑群书(一作翰林群书)2卷　史部政书类

(1) 明抄本,有傅增湘跋并题诗,国家图书馆藏。

(2)《四库全书》本。

(3)《知不足斋丛书》本。

(4) 清彭氏知圣道斋抄本,彭元瑞校并跋,国家图书馆藏。

(5) 清抄本,国家图书馆藏。

(6) 抄本,台北"中央研究院"历史语言研究所藏。

(7)《中华再造善本》本。

(8) 2018年中国书店影印《四库全书》本。

东阳志　史部地理类

见《宋史·艺文志》。

泉志 15 卷　史部金石类

(1)《秘册汇函》本。

(2)《津逮秘书》本。

(3) 1 卷,《说郛》(宛委山堂)本。

(4)《学津讨原》本。

(5) 清同治十三年(1874)隶释斋刻本,与《谱双》5 卷合刻。

(6)《洪氏晦木斋丛书》本。

(7)《丛书集成初编》本。

(8) 清抄本,北京大学图书馆藏。

(9) 清抄本,有《续志》3 卷《补遗》2 卷,清邱承宗撰、于鬯校,南京图书馆藏。

(10)《四库全书存目丛书》本。

(11)《续修四库全书》本。

(12) 2013 年中华书局出版。

按:《四库全书总目》谱录类存目谓此书"著录颇为详博,然因贪多而不免滥收"。

泉志菁华录 1 卷　史部金石类

宋洪遵撰　丁福保删节

1936 年上海医学书局石印本。

谱双 5 卷　子部艺术类

(1)《重订欣赏编》本。

(2) 1 卷,《居家必备》本。

(3) 1 卷,《雪堂韵史》本。

(4)《牌谱》本。

(5) 明刻本,国家图书馆藏。

(6) 1 卷,《说郛》本。

(7)《洪氏晦木斋丛书》本。

(8) 清同治十三年隶释斋刻本,与《泉志》合刻。

(9) 清翁同龢抄本,有《附录》1卷,国家图书馆藏。

(10)《丽廔丛书》本,有《附录》1卷。

(11)《郎园先生全书》本,有《附录》1卷。

洪氏集验方5卷　子部医家类

(1) 宋乾道六年(1170)姑孰郡斋刻本,有黄丕烈、顾广圻跋,国家图书馆藏。民国初常熟瞿氏铁琴铜剑楼珂罗板影印。

(2)《士礼居黄氏丛书》本。

(3)《洪氏晦木斋丛书》本。

(4)《铁琴铜剑楼丛书》本。

(5) 清光绪元年(1875)湘皖同人集资依士礼居黄氏覆宋本翻刻于杉直槐清之馆,中国中医科学院图书馆藏。

(6) 民国间上海进业书局据士礼居黄氏仿宋刻本石印。

(7) 学海图书局据士礼居复宋刻本影印。

(8) 1919年千顷堂书局石印本。

(9)《丛书集成初编》本。

(10) 抄本,湖南省图书馆藏。

(11)《续修四库全书》本。

(12)《中华再造善本》本。

(13)《洪氏集验方考注》,钱超尘考注,2009年学苑出版社出版。

洪文安公遗集1卷　集部别集类

宋洪遵撰　清劳格辑　丁丙跋

稿本,南京图书馆藏。

小隐集1卷　集部别集类

(1) 3卷,《三洪公集》本。

(2) 民国间国学图书馆传抄本,南京图书馆藏。

小隐集70卷　集部别集类　佚

三洪制稿　集部总集类　佚

以上2种见《宋史·艺文志》。

楚东唱和集　集部总集类　佚

见《锡金志外》卷2。

按:《锡山历朝书目考》卷1作洪迈撰。

洪　迈(1123—1202)

字景庐,号容斋。宋饶州鄱阳(今江西鄱阳)人,后流寓无锡。皓子。绍兴进士。官至左员外郎。知赣州、婺州,迁敷文阁待制,以端明殿学士致仕。绍兴年间与兄适、遵先后中博学鸿词科,人称"三洪"。自幼过目成诵,学识渊博。经史百家、医卜星算等,皆有研究。尤精宋代掌故。著作颇富。卒谥文敏。《宋史》有传。

春秋左氏传法语　经部春秋左传类　佚

次李瀚蒙求2卷　经部小学类　佚

以上2种见《宋史·艺文志》。

史记法语8卷　史部正史类

宋洪迈辑

(1)《说郛》本,不分卷。

(2)影宋抄本,台湾"中央图书馆"原藏。

(3)旧抄本,台湾"中央图书馆"原藏。

(4)清萃古斋抄本,重庆图书馆藏。

(5)《四库全书存目丛书》本。

按:本书初刻于宋淳熙十二年(1185)洪迈婺州任上。《直斋书录解题》作十八卷,《四库全书总目》史钞类存目谓其衍一"十"字。

宋四朝国史350卷　史部正史类

宋李焘、洪迈修

四朝史记30卷　史部别史类

钦宗实录40卷　史部编年类

宋洪迈修

哲宗宝训60卷　史部编年类

宋洪迈集

节资治通鉴 150 卷　史部编年类

绍兴以来所见记 2 卷　史部杂史类

前汉法语 20 卷　史部史钞类

后汉精语 16 卷　史部史钞类

三国志精语 6 卷　史部史钞类

晋书精语 5 卷　史部史钞类

唐书精语 1 卷　史部史钞类

以上 11 种见《宋史・艺文志》。

南朝史精语(一作南史精华)10 卷　史部史钞类

(1) 旧抄本,台湾"中央图书馆"原藏。

(2) 抄本,台北师范大学藏。

(3) 清乾隆五十二年(1787)南城吴照刻本,南京图书馆藏。

(4)《对雨楼丛书》本。

(5)《择是居丛书》本。

(6) 台北《丛书集成续编》本。

(7)《艺苑丛抄》本。

(8)《四库全书存目丛书》本。

按:以上 4、5、6 三种版本附缪荃孙撰《札记》1 卷。此摘宋、齐、梁、陈四朝史中之语。《四库全书总目》谓其去取多不可解。

赞稿 38 卷　史部传记类

苏黄押韵 32 卷　史部传记类

词科进卷 6 卷　史部传记类

四朝列传 135 卷　史部传记类

太祖太宗本纪 35 卷　史部传记类

以上 5 种见《宋史・艺文志》。

皇族登科题名　史部传记类

见《宋史・艺文志》。《锡金志外》卷 2 作洪遵撰。

翰苑群书 3 卷　史部政书类
会稽和买事宜录 7 卷　史部政书类

以上 2 种见《宋史·艺文志》。

鄱阳志　史部地理类

见《锡金志外》卷 2。

琼野录 4 卷　史部地理类

见《宋史·艺文志》。

糖霜谱 1 卷　子部工艺类

《说郛》本。

随笔兆 1 卷　子部术数类

(1)《百陵学山》本。

(2)《丛书集成初编》本。

(3)《景印元明善本丛书十种》本。

容斋随笔 16 卷续笔 16 卷三笔 16 卷四笔 16 卷五笔 10 卷　子部杂学类

(1) 宋嘉定五年(1212)章贡郡斋刻本,苏州图书馆藏,缪荃孙跋。

(2) 宋刊元大德九年(1305)修补本,存 10 卷。台湾"中央图书馆"原藏。

(3) 元刻本。无《续笔》。国家图书馆藏。

(4) 16 卷四笔 16 卷,宋刻元修本。

(5) 16 卷四笔 16 卷,明永乐五年(1407)内府抄本。国家图书馆藏。

(6) 明弘治八年(1495)华燧会通馆铜活字印本,国家图书馆藏。

(7) 明弘治十一年李瀚刻本,台湾"中央图书馆"原藏。

(8) 明嘉靖刊本,台湾"中央图书馆"原藏。

(9) 明抄本,国家图书馆藏。

(10) 明崇祯三年(1630)马元调刊本,国家图书馆藏。

(11) 清康熙三十九年(1700)修补明崇祯间马氏刊本。

(12)《四库全书》本。

(13) 清乾隆五十九年(1794)扫叶山房重刻本,国家图书馆藏本,有王国维校并跋。

(14) 清抄本,有吴骞跋并录何焯批跋题识。

(15) 清同治十一年(1872)校刻本。

(16) 清光绪九年(1883)刻本。

(17) 清光绪二十年刻本。

(18) 清光绪二十一年上海飞鸿阁石印本。

(19)《洪氏晦木斋丛书》本。

(20) 1913年扫叶山房石印本。

(21) 1921年石印本。

(22) 1928年扫叶山房石印本。

(23)《四部丛刊续编》本。

(24)《笔记小说大观》本。

(25)《说郛》本,题《随笔》。

(26)《旧小说》本,收4则。

(27) 1959年商务印书馆铅印本。

(28) 1978年上海古籍出版社校点本。

(29) 1994年吉林文史出版社出版。

容斋续笔16卷　子部杂学类

《中华再造善本》据宋嘉定五年章贡郡斋刻本影印本。

容斋三笔16卷四笔16卷　子部杂学类

明永乐五年内府抄本,国家图书馆藏,存10卷。

俗考1卷　子部杂学类

(1)《居家必备》本。

(2) 清刻本,国家图书馆藏。

经子法语24卷　子部典故类

(1) 影抄宋淳熙刻本,台湾"中央图书馆"原藏。

(2)《择是居丛书初集》本。

(3) 不分卷,《说郛》本。

(4)《四库全书存目丛书》本。

按:《锡金志外》卷2作洪适撰。

对雨编1卷　子部小说类

(1)《水边林下》本。

(2)《说郛》本。

(3)《五朝小说·宋人百家小说偏录家》本。

(4)《五朝小说大观·宋人百家小说偏录家》本。

夷坚志(一作夷坚支志)　子部小说类

(一) 10卷。

(1) 明吕胤昌校刻本,台湾"中央图书馆"原藏。

(2) 明书林唐晟刻本,国家图书馆藏,存7卷。

(二) 50卷。

(1) 明嘉靖间清平山堂刊本,国家图书馆藏。

(2) 明李玄晖、邓嗣德刻本,明钟惺评,国家图书馆藏。

(3)《四库全书》本。

(4)《笔记小说大观》本。

(5)《中华再造善本》本。

(6) 2015年上海古籍出版社出版。

(7) 2018年中华书局点校本。

(三) 甲集20卷乙集20卷丙集20卷丁集20卷。

(1)《十万卷楼丛书初编》本。

(2)《丛书集成初编》本。

(3)《宛委别藏》本。

(四) 180卷补35卷再补1卷。

(1) 旧抄本,存100卷,台湾"中央图书馆"原藏。

(2) 影抄宋本,存79卷,台北故宫博物院藏。

(3) 1927年上海商务印书馆铅印本。

(4)《续修四库全书》本。

(五)《说郛》本,题《夷坚志阴德》。

(六)《旧小说》本,收186则。

鬼国记1卷续记1卷　子部小说类

(1)《说郛》本。

(2)《五朝小说,宋人百家小说传奇家》本。

(3)《五朝小说大观·宋人百家小说传奇家》本。

鸣鹤山记1卷　子部小说类

(1)《五朝小说·宋人百家小说传奇家》本。

(2)《五朝小说大观·宋人百家小说传奇家》本。

福州猴王神记1卷　子部小说类

(1)《五朝小说·宋人百家小说传奇家》本。

(2)《五朝小说大观·宋人百家小说传奇家》本。

琼野录4卷　集部别集类　佚

野处猥稿104卷　集部别集类　佚

以上2种见《宋史·艺文志》。

野处类稿2卷　集部别集类

(1)《宋人小集六十八种》本。

(2)《四库全书》本。

(3)《两宋名贤小集》本。

(4)《宋元人诗集》本。

(5)《六十家名贤小集》本。

(6)《宋人小集五十五种》本。

(7) 清抄本,有陈墫、黄丕烈校并跋,国家图书馆藏。

(8) 清抄本,国家图书馆藏。

(9) 旧抄本,台湾“中央图书馆”原藏。

(10)《群贤小集》本。

(11)《豫章丛书》本。魏元旷等校勘,附集外诗1卷附校勘记2卷。

(12)《南宋小集九家》本。

容斋题跋2卷　集部别集类

(1)《津逮秘书》本。

(2)《丛书集成初编》本。

洪文敏公文集8卷　集部别集类

宋洪迈撰

(1) 清抄本,南京图书馆藏。

(2) 傅氏藏园黑格抄本,国家图书馆藏。

(3) 抄本,北京大学图书馆藏。

唐一千家诗100卷　集部总集类

见《宋史·艺文志》。

万首唐人绝句　集部总集类

宋洪迈辑

(一) 101卷。

明嘉靖十九年(1540)陈敬学德星堂刻本,国家图书馆藏。

(二) 40卷目录4卷。

宋洪迈原编　明赵宧光、黄习远重订

(1) 明万历三十四年(1606)刻本,国家图书馆藏。

(2) 1983年书目文献出版社出版。

(三) 91卷。

《四库全书》本。

(四) 唐人万首绝句选7卷。

清王士祯选

(1) 清康熙四十七年吴郡宋广业校刊本,南京图书馆藏。

(2) 清雍正十年(1732)刻本,南京图书馆藏。

(3) 清同治九年刻本,南京图书馆藏。

(4) 清光绪二十三年金陵书局刻本,南京图书馆藏。

(5) 1929年上海商务印书馆铅印本,南京图书馆藏。

(6) 清刻1942年四川成都存古书局补刻本,南京图书馆藏。

(7) 2015年黄山书社出版。

(8) 2018年中国书店出版。

三洪制稿　集部总集类

见《宋史·艺文志》。

容斋诗话6卷　集部诗文评类

(1) 旧抄本,台北"中央研究院"历史语言研究所藏。

(2)《学海类编》本。

(3)《丛书集成初编》本。

(4)《四库全书存目丛书》本。

按:《四库全书总目》集部诗文评存目有著录。

容斋四六丛谈1卷　集部诗文评类

(1)《学海类编》本。

(2)《丛书集成初编》本。

(3)《四库全书存目丛书》本。

按:《锡山历朝书目考》卷1引康熙《无锡县志》,著录洪迈著作尚有《春秋本旨》《论语说》《补注楚辞》三种,《锡山补志·著述录说》谓此3种均非洪迈著。王直考为洪兴祖作。洪兴祖非无锡人,亦未寓无锡。《四库全书总目》云:"旧本题宋洪迈撰。亦于《容斋五笔》中掇其论四六之言别为一卷,疑与《容斋诗话》为一手所辑。所论较王铚《四六话》、谢伋《四六麈谈》特为精核。盖迈初习词科,晚更内制,于骈偶之文用力独深,故不同于剿说也。"

尤　袤(1127—1194)

字延之,号遂初居士。宋无锡人。藏书家、目录学家。初从喻樗游,师杨时之学。绍兴十八年(1148)进士。历泰兴令,将作监簿,国史院编修,迁著作郎、太子侍读;后进直秘阁,迁江西漕兼知隆兴府,改江东提刑；又授少卿、中书舍人、婺州知州，官至礼部尚书兼侍读。家富藏书，少颖异，人称奇童；学本程颐，有文才，尤以诗著，以词赋冠多士，与杨万里、范成大、陆游并称“南宋四大家”。卒谥文简。《宋史》有传。

周礼辨义　经部周礼类　佚

老子音训　经部小学类

以上2种见乾隆《无锡县志》卷39。

内外制30卷　史部政书类

见《宋史》本传。

遂初堂书目1卷　史部目录类

(1) 明湖东精舍抄本，上海图书馆藏。

(2) 明抄本，国家图书馆藏。

(3)《说郛》本。

(4) 清乾隆二十八年(1763)汪景龙抄本，南京图书馆藏。

(5)《四库全书》本。

(6) 清道光六年(1826)刘氏味经书屋抄本，国家图书馆藏。

(7)《海山仙馆丛书》本。

(8) 抄本，台湾“中央图书馆”原藏。

(9) 清抄本，2种，国家图书馆藏。

(10) 抄本，无锡市图书馆藏。

(11)《常州先哲遗书第一集》本。

(12)《锡山尤氏丛刊甲集》本。

(13)《丛书集成初编》本。

(14) 1968年台北广文书局《书目续编》本。

(15) 1987年现代出版社《中国历代书目丛刊》本。

(16)《无锡文库》本，据《说郛》本影印。

(17) 4卷，清光绪六年(1880)秋霖澍抄本，国家图书馆藏。

按：《四库全书总目》：“陈振孙《书录解题》称其遂初堂藏书为近世冠。杨万里《诚斋集》有为袤作《益斋书目序》，其名与此不同。然《通考》引万里序列《遂初堂书目》条下，知即一书。今此本无此序，而有毛玕一序，魏了翁、陆友仁二跋。其书分经为九门：曰经总类、《周易》类、《尚书》类、《诗》类、《礼》类、《乐》类、《春秋》类、《论语》《孝经》《孟子》类、小学类。分史为十八门：曰正史类、编年类、杂史类、故事类、杂传类、伪史类、国史类、本朝杂史类、本朝故事类、本朝杂传类、实录类、职官类、仪注类、刑法类、姓氏类、史学类、目录类、地理类。分子为十二门：曰儒家类、杂家类、道家类、释家类、农家类、兵家类、数术家类、小说家类、杂艺类、谱录类、类书类、医书类。分集为五门：曰别集类、章奏类、总集类、文史类、乐典类。其例略与史志同。惟一书而兼载数本，以资互考，则与史志小异耳。诸书解题，检马氏《经籍考》无一条引及袤说，知原本如是。惟不载卷数及撰人，则疑传写者所删削，非其原书耳。其子部别立谱录一门，以收香谱、石谱、蟹录之无类可附者，为例最善。间有分类未安者，如《元经》本史，而入儒家；《锦带》本类书，而入农家；《琵琶录》本杂艺，而入《乐》之类。亦有一书偶然复见者，如《大历浙东联句》一入别集，一入总集之类。又有姓名讹异者，如《玉澜集》本朱槔作，而称朱乔年之类。然宋人目录存于今者，《崇文总目》已无完书，惟此与晁公武志为最古，固考证家之所必稽矣。”

遂初小稿 1 卷　集部别集类

《两宋名贤小集》本。

尤梁溪先生诗集 1 卷　集部别集类

抄本，台湾“中央图书馆”原藏。

梁溪遗稿 1 卷　集部别集类

(1)《四库全书》本。

(2) 抄本，南京图书馆藏。

(3) 武进盛氏朱印本。

(4) 2 卷补编 1 卷附录 1 卷，《常州先哲遗书》本。

(5) 诗钞 1 卷文钞 1 卷，清朱彝尊辑，清康熙三十九年(1700)尤侗刻本，国家图书馆藏。

(6) 2卷补遗2卷,《锡山尤氏丛刊》本。

按:《四库全书总目》云:"陈振孙《书录解题》载《梁溪集》五十卷。今并久佚。国朝康熙中,翰林院侍讲长洲尤侗,自以为袤之后人,因裒辑遗诗,编为此本。盖百分仅存其一矣。厉鹗作《宋诗纪事》,即据此本为主。而别摭《三朝北盟会编》所载《淮民谣》一首,《茅山志》所载《庚子岁除前一日游茅山》一首,《荆溪外纪》所载《游张公洞》一首,《扬州府志》所载《重登斗野亭》一首,《郁氏书画题跋记》所载《题米元晖潇湘图》二首,《后村诗话》所载逸句四联。而'去年江南荒'两联,即《淮民谣》中之语,前后复出。良由琐碎掇拾,故失于检校。知其散亡已甚,不可复收拾也。方回尝作袤诗跋,称'中兴以来,言诗必曰尤、杨、范、陆。诚斋时出奇峭。放翁善为悲壮。公与石湖,冠冕佩玉,端庄婉雅。'则袤在当时,本与杨万里、陆游、范成大并驾齐驱。今三家之集皆有完本,而袤集独湮没不存。盖文章传不传,亦有幸不幸焉。然即今所存诸诗观之,残章断简,尚足与三家抗行。以少见珍,弥增宝惜,又乌可以残剩弃欤!"

文选60卷　集部总集类

(1) 宋淳熙八年(1181)尤袤池阳郡斋刻本,国家图书馆藏。

(2)《中华再造善本》本。

按:尤刻本后世翻刻者甚多,兹从略。

文选注考异1卷　集部总集类

(1)《常州先哲遗书》本。

(2)《锡山尤氏丛刊》本

按:尤袤撰《文选注考异》多附于翻《文选》尤刻本后,兹就别出单行者著录2种。

全唐诗话6卷　集部诗文评类

(1) 明嘉靖二十二年(1543)王教、王政刻本,国家图书馆藏。

(2)《津逮秘书》本。

(3)《历代诗话》本。

(4)《丛书集成初编》本。

(5) 清宣统三年(1911)三乐堂石印本。

(6)《四库全书存目丛书》本。

全唐诗话 4 卷　集部诗文评类

明伊蔚堂刻本,台湾“中央图书馆”原藏。

全唐诗话 3 卷　集部诗文评类

(1) 明正德二年(1507)秦昂刻本,国家图书馆藏。

(2) 明正德十二年鲍继文教养堂刻本,国家图书馆藏。

(3) 明正德十五年太监尚景光刻本,台湾“中央图书馆”原藏。

(4) 明刻蓝印本,国家图书馆藏。

全唐诗话 10 卷　集部诗文评类

明万历三十六年(1608)沈儆炌刻蓝印本,国家图书馆藏,存 6 卷。

全唐诗话 6 卷续编 2 卷　集部诗文评类

清乾隆三十九年清芬堂刻本,附清孙涛撰《续编》2 卷。

按:此书或题作尤袤孙尤焴撰。今从通行本署名。

又,《四库全书总目》著有 10 卷,内府藏本,考其作者,有云:“考袤为绍兴二十一年(1151)进士。以光宗时卒,而自序年月乃题咸淳,时代殊不相及。校验其文,皆与计有功《唐诗纪事》相同。纪事之例,凡诗为唐人采入总集者,皆云右某取为某集。此本张籍条下尚未及删此一句,则其为后人剌取影撰,更无疑义。考周密《齐东野语》载贾似道所著诸书,此居其一。盖似道假手廖莹中,而莹中又剽窃旧文,涂饰塞责。后人恶似道之奸,改题袤名,以便行世。遂致伪书之中又增一伪撰人耳。毛晋不为考核,刻之《津逮秘书》中,疏亦甚矣。”

李　祥(1128—1201)

字元德,号小山。宋无锡人。学于尤袤,得杨时之传。隆兴元年(1163)进士。为临安尹录参,累官国子祭酒。丞相赵汝愚以言去国,祥上疏力争,除直龙图阁,寻为言者劾罢致仕。卒谥肃简。《宋史》有传。

小山奏议 1 卷　史部政书类　佚

小山文集　集部别集类　佚

以上2种见乾隆《无锡县志》卷39。光绪《锡金县志》卷39作《李肃简奏议》《李肃简文集》。

尤　概

字与平。宋无锡人。袤次子。淳熙二年(1175)进士。历建康府推官,仕至太常博士。人称真书厨子,以其肖袤也。工诗。《万柳溪边旧话》有传。

绿支寮诗草　集部别集类　佚

见乾隆《无锡县志》卷39。

按:《梁溪诗钞》卷2收其诗1首。

费　衮

字补之。南宋无锡人。绍熙中国子免解进士。负用世之才,不得志,托著作以自见。

梁溪漫志10卷　子部杂学类

(1) 明刻本,国家图书馆藏。

(2)《稽古堂丛刻》本。

(3) 1卷,《说郛》(宛委山堂)本。

(4) 1卷,《五朝小说》本。

(5) 1卷,《五朝小说大观》本。

(6)《四库全书》本。

(7)《知不足斋丛书》本。

(8)《学海类编》本。

(9)《常州先哲遗书》本。

(10)《宋人小说》本。

(11) 抄本,国家图书馆藏。

(12) 1919年铅印本。

(13) 1920 年涵芬楼铅印本。

(14) 1986 年山西人民出版社出版傅毓岑标点本。

(15)《说郛》(商务印书馆)本,不分卷。

(16)《旧小说》本,收 7 则。

(17) 2004 年三秦出版社出版。

(18) 2012 年上海古籍出版社出版。

(19) 2018 年中国书店影印《四库全书》本。

按:此书成于宋绍兴二年(1132),初刻于嘉泰元年(1201),开禧二年(1206)奉国史实录院牒请进御。《四库全书总目》云:"其书《宋志》作一卷,今本实作十卷,与《牒文》卷数相符。末有嘉泰元年施济跋,亦作十卷,则《宋志》由传写误也。""盖杂家者流,不尽为史事作也。惟其持论具有根柢,旧典遗文往往而在。"

梁溪漫志续志 3 卷　子部杂学类　佚

文章正派 10 卷　集部总集类　佚

文选李善五臣注同异 1 卷　集部总集类　佚

以上 3 种见《宋史·艺文志》。

尤　燿(1171—1233)

字仲微。宋无锡人。袤孙。嗣于从父为子,更名宗英,教授乡里。年 40 以祖袤荫入仕,官至卫尉寺丞,拂衣归。仍教授诸生。

复初斋诗集　集部别集类　佚

见《锡山补志·著述》。

按:《补志》作"尤曜"撰,与"燿"当为一人。又《无锡县志》以此本为尤带撰。因不能明,姑两录之。参见"尤带"条。

杜　杲

宋无锡人。

杜尚书文集　集部别集类　佚

见《锡金志外》卷2。

蒋重珍(1189—1249)

字良贵，号实斋，晚号一梅老人。宋无锡人。10岁而孤，母教以书，览而不忘。从尤袤学，得杨时之传。有“心授神予”之誉。嘉定十六年(1223)进士第一。签判奉国军。历秘书郎、著作佐郎、以集贤殿学士知安吉州，诏守刑部侍郎致仕。归筑一梅堂以琴书自娱。《宋史》有传。

一梅堂诗稿　集部别集类　佚

见《锡山历朝书目考》卷7。

尤　带

字公垂，号复初。宋无锡人。燿子。以从父焴荫，授迪功郎，为将作监主簿。诗文皆能。

复初斋诗稿12卷　集部别集类　佚

见乾隆《无锡县志》卷39。

按：《宋诗纪事补遗》卷83收其诗1首。又《锡山补志·著述》以此书为尤曜撰。因不能明，姑两录之。参见“尤燿”条。

窦　默

初名杰，字子声，号汉卿。宋肥乡人，后流寓无锡。昭文殿大学士。年84卒，赠太师，封魏国公，谥文正。

疮疡经验全书(一作窦太师全书，又作窦氏外科全书)13卷　子部医家类

原题宋窦汉卿撰　裔孙窦梦麟续增

(1) 明三衢大西堂刻本，残存3卷，上海图书馆藏。

(2) 12卷，明隆庆三年(1569)三衢大西堂刻本。

(3) 日本传抄明刻本，北京大学图书馆藏。

(4) 6卷，清康熙三十六年(1697)桐石山房刻本，山东省图书馆藏。

(5) 清康熙五十六年浩然楼依五桂堂本重刻本,国家图书馆藏。

(6) 6 卷,清乾隆四年(1739)蔚文堂刻本,中国医学科学院图书馆藏。

(7) 6 卷,清养元堂刻本。

(8) 清乾隆十五年五云楼刻本,广州中山医学院图书馆藏。

(9) 6 卷,清崇顺堂刻本,据浩然堂本重刻,中医研究院图书馆藏。

(10) 清宏道堂刻本,湖北省图书馆藏。

(11) 清载道堂刻本,中国医学科学院图书馆藏。

(12) 6 卷,清大文堂刊本,中华医学会上海分会图书馆藏。

(13) 经元堂刻本,上海中医学院图书馆藏。

(14) 抄本,国家图书馆藏。

(15) 扫叶山房石印本。

(16) 1916 年会文堂书局石印本。

(17) 1917 年广益书局石印本。

(18) 12 卷,《续修四库全书》本。

窦太师流注指要赋 1 卷　子部医家类

(1)《济生拔萃方》本,附刻于《云岐子论经络迎随补泻法》后。

(2)《丛书集成初编》本。

(3)《景印元明善本丛书十种·济生拔萃方》本。

针经指南 1 卷附针灸杂说 1 卷　子部医家类

旧抄本,中医研究院图书馆藏。

尤冰寮

宋无锡人。袤曾孙。咸淳中官新安别驾。工诗文。

扣角吟　集部别集类

见《锡金考乘》卷 12。其诗句选入《宋诗纪事》。

秦维祯

一作惟祯。字国祥，号起山，行名瑞五。元无锡人。董玄孙，谟次子。宋末由武进迁锡，为秦氏始祖。能文。

魁桥吟稿　集部别集类　佚

见《锡山秦氏宗谱》卷3。

范晞文

字景文，号药庄。元钱塘人，以子拱为无锡教授，移居无锡以终。宋太学生。咸淳中上书劾贾似道。元世祖时程钜夫奉诏求贤，与赵孟頫等同荐于朝。除提举杭州路学，转长兴丞致仕。

药庄废稿　集部别集类　佚

见光绪《锡金县志》卷39。

对床夜话5卷　集部诗文评类

(1)《四库全书》本。

(2)《知不足斋丛书》本。

(3)《学海类编》本。

(4)《武林往哲遗著》本。

(5)《历代诗话续编》本。

(6)《丛书集成初编》本。

(7) 旧抄本，或作8卷，国家图书馆藏。

(8) 2016年凤凰出版社出版《常州先哲遗书续》本。

尤　栋

字季良，号率斋。元无锡人。宋景定三年(1262)进士。除山阳知县，改州教授，召为秘书正字，官终广德刺史。少聪颖，十岁通五经，十五已破万卷。二子焘、照皆有文名，一时江南金石文章皆出其父子手笔。《万柳溪边旧话》有传。

率斋诗文集　集部别集类　佚

见《锡山历朝书目考》卷7。

按:《东林书院志》收其文1篇。

陈　炤

字光伯,号肖梅,学者称肖梅先生。元无锡人。宋咸淳元年(1265)进士。官常州通判。元兵至常州,率兵与战,死。赠奉直大夫直宝章阁。为文博工。子孙皆有名。

陈宝章遗稿　集部别集类　佚

见《锡金考乘》卷12。

按:《梁溪诗钞》卷2收其诗1首。

李　晦

初名燧卿,字显翁,自号惠泉散吏,元无锡人。宋咸淳六年(1270)举人。幼曾在外家尤氏,尤氏抄书甚富,晦因得博览群书。富于著述。

白虎通风俗通校正　经部群经总义类

李姓源流1卷　史部传记类

显翁记闻3卷　史部传记类

韩魏公家祭式校正　史部政书类

家山图书1卷　子部儒学类

宋佚名撰　李晦校

事文类聚刊误4卷　子部典故类

惠泉小稿70卷　集部别集类

以上7种见《梁溪文钞》卷4李晦自述墓志。

王应龙

元无锡人。宋咸淳七年(1271)进士。能文。

翠屏笔谈1卷　子部小说类

（1）清抄本，南京图书馆藏。

（2）抄本，台北“中央研究院”历史语言研究所藏。

（3）《四库全书存目丛书补编》本。

按：《四库全书总目》小说家类存目著录此书，云：“其书多记诗话，兼及神怪杂事，亦小说家流。然采摭冗碎，绝无体例。”

施自强

字勉己。元无锡人。生于宋淳祐年间。官至制置司提干。

春秋纪略　经部春秋总义类

见《锡山历朝书目考》卷7。

倪万九(1253—?)

字弥显，号理斋。元无锡人。

易经解　经部易类　佚

羽翼传注　经部群经总义类　佚

以上2种见《锡山历朝书目考》卷7。

尤　玘(1254—1343)

字君玉，号守元，晚号知非子。元无锡人。交子，袤六世孙。元初辟为中书掾，官至大司徒，封魏郡公。博学多才，诗文皆佳。致政家居，架数十木屋于万柳溪上，日聚亲族谈先世事，乃著《万柳溪边旧话》。《元书》有传。

万柳溪边旧话1卷　史部传记类

（1）清抄本(2种)，国家图书馆藏。

（2）《知不足斋丛书》本。

（3）《学海类编》本。

（4）《常州先哲遗书》本。

（5）《锡山尤氏丛刊甲集》本。

(6)《丛书集成初编》本。

(7)《旧小说》本，收1则。

(8)《四库全书存目丛书》本。

(9)《无锡文库》本，据1936年《尤氏宗谱》本影印。

按：书中所记皆尤氏先世事迹，原为三卷。《无锡文库提要》云：洪武二十九年(1396)，玘后人尤居敬至觉林寺祭祖，于寺中得此稿，然虫蛀鼠啃，仅存一卷。明中期尤锭继之，撰有《万柳溪边近话》，记述元末至明中期族中名人。《近话》存于《无锡文库》。

知非子集6卷　集部别集类　佚

见《锡山历朝书目考》卷1。

归闲堂稿4卷　集部别集类　佚

见清钱大昕《补元史艺文志》卷4。

按：《梁溪诗钞》卷2收其诗1首。

倪　焕(1261—?)

字尧章，一字振初，号冰祥。元无锡人。积学砺行，行以立身。元兵南下，辟为桂阳主簿，不就，优游岩穴以终。

诵芬录　史部传记类　佚

元倪焕、倪炳辑

见《锡山历朝书目考》卷10。

王仁辅

字文友。元无锡人。刻苦读书，有盛名。里人倪昭奎延以教其弟瓒。年61卒。倪瓒葬之芙蓉峰旁。能诗文。《元诗选》有传。

(至正)无锡志4卷　史部地理类

元王仁辅纂修

(1) 明刻本，北京大学图书馆藏。

(2)《无锡文库》本。

无锡县志 28 卷　史部地理类

元王仁辅纂修

见万历《无锡县志》卷 20、《千顷堂书目》卷 8。

泽富王氏宗谱 8 卷　史部传记类

元王仁辅等修

明万历刻本，台湾“中央图书馆”原藏。

王文友文稿 10 卷　集部别集类

见《锡山历朝书目考》卷 1。

按:《元诗选》癸集收其诗 4 首。

倪　炳(1266—1332)

字仲文，一字尚一，号冰蘖。元无锡人。焕弟。性清约，不妄交，未始一谒权贵之门。晚年安居恬然，勤于治生。

诵芬录　史部传记类　佚

元倪焕、倪炳辑

见《锡山历朝书目考》卷 10。

华　玮(1273—1342)

字仲珍，号养闲。元无锡人。明经，官婺源州判，改常州路总管府判官。《华氏传芳集》卷 2 有传。

养闲诗集　集部别集类　佚

见《华氏传芳集》卷 2 元陈方《题平华公养闲诗集序》，谓其诗圆熟可读，七言诗正似出于陆游。收其诗 1 首。

倪　仁(1274—?)

字寿翁。元无锡人。

带经集　集部别集类　佚

见《锡山历朝书目考》卷 10。

华继祖

字富一。元无锡人。

闲居稿　集部别集类　佚

见《锡山历朝书目考》卷10。

虞志道(1276—1341)

字彦高,号云阳。元无锡人,其先丹阳人。荐发子。幼熟家训,弱冠,以茂异起为校官,教授湖州,以嘉兴尹致仕。其学务明体适用,为文必本于理。赵孟頫甚重之,里中尊为乡先生。

云阳集　集部别集类

见弘治《无锡县志》卷17。

按:《梁溪诗钞》卷2收其诗1首。

虞师道(1281—1355)

号景阳。元无锡人。诸生。官嘉兴路海盐州教授。

景阳诗文集　集部别集类

见《锡山历朝书目考》卷7。

范致大

字德原,号甘泉。元无锡人。工古文词。举明经。官常州路教授。

金帚集　集部别集类　佚

见乾隆《无锡县志》卷39。

华　镆(1287—1369)

字子英,号桂隐。元无锡人。诸生。任常州府学训导、涿州管民提举。

溪山胜概楼诗　集部总集类　佚

见乾隆《无锡县志》卷39。

按:《华氏传芳集》卷3有元郑元祐撰《溪山胜概楼记》,并元揭傒斯、王立中等撰《溪山胜概楼诗》多首。另收有华锳诗7首。

华　椿(1291—1357)

字子寿,号山心。元无锡人。壮年怀才艺游京城,荐授太尉府知印。晚年致政于家,以林泉诗酒自娱。《华氏传芳集》卷4有传。

山心斋诗集　集部别集类　佚

按:见《华氏传芳集》卷4明王礼实撰《山心斋诗集序》,谓其诗清而不媚、富而不肆,步趋晚唐。

按:其诗今已无存。《传芳集》卷4收其《族谱序》1篇。

郑元祐(1292—1364)

字明德,自号尚左生。元处州遂昌人,侨寓无锡。少时转学多门,以奇气自负,不仕,游于吴中历40年。以幼时伤右臂,而擅左书,世称一绝,此自号之由来。后官平江路儒学教授、江浙儒学提举。诗文皆清峻豪宕有古风。

遂昌杂录1卷　史部杂史类

(1)《续百川学海》本。

(2)《稗海》本。

(3)《说郛》(宛委山堂)本。

(4)《四库全书》本。

(5)《笔记小说大观》本。

遂昌山樵杂录1卷　史部杂史类

(1)《古今说海》本。

(2)《历代小史》本。

(3)《学海类编》本。

(4)《说库》本。

(5)《说郛》(商务印书馆)本。

遂昌山人杂录1卷　史部杂史类

(1) 明抄本,国家图书馆藏。

(2)《续书斋丛书》本。

(3) 清光绪二年(1876)徐氏丹泉书塾刻本。

按:以上3种为同书异名。

尚左书法　子部艺术类　佚

清谭雅韵　集部别集类　佚

庸斋别集　集部别集类　佚

砚云草堂集　集部别集类　佚

以上4种均见光绪《锡金县志》卷39。

侨吴集12卷附录1卷　集部别集类

(1) 明弘治九年(1496)张习刻本,国家图书馆藏。

(2) 清初商丘宋氏西陂草堂抄本,上海图书馆藏。

(3)《四库全书》本。

(4) 清鲍氏知不足斋抄本(清鲍廷博校并跋),附补遗一卷

(5) 清钱方蔚抄本,台湾"中央图书馆"原藏。

(6) 清抄本,国家图书馆藏。

(7) 清江阴缪氏艺风堂抄本,中国科学院图书馆藏。

侨吴遗集1卷　集部别集类

(1) 清康熙三十二年(1693)刻本,南京图书馆藏。

(2)《元诗选》初集本,清顾嗣立选。

明德公诗1卷　集部别集类

《郑氏家集》三卷附录一卷,清抄本。

蔡　烙

号烈山。元无锡人。至正七年(1347)官汴梁路总管。

中州守城记　史部杂史类　佚

治河十策　史部地理类　佚

以上 2 种见《锡山历朝书目考》卷 10。

孟文龙

元无锡人。

易解大全　经部易类　佚

见乾隆《无锡县志》卷 39。

陈显曾

字景忠，号子山。元无锡人。炤孙。至正元年(1341)举人。授儒学提举，官至翰林修撰。为文力求古朴。

陈宝章遗事　史部传记类　佚

见道光《锡金续志》卷 10。

昭先堂稿　集部别集类　佚

见光绪《锡金县志》卷 39。

按：光绪志原注云："钱大昕《元史补志》载《昭先录》《思雨轩稿》二书，疑即在《昭先堂稿》内。"

孟　栻

字叔敬。元无锡人。长身玉立，善篆书。至正初以儒试吏，司处州学校，调温州。方国珍兵起，御史大夫纳麟署为行军镇抚。张士诚兵逼杭州，栻以孤军护平章答失退保北关，官民多遁，栻劝杭守立赏格，士气遂奋。后历溧水同知，福州路判官，以浙东宣慰副使佥元帅府事。致仕，屏居惠山以终。

不二心稿　集部别集类　佚

清钱大昕《补元史艺文志》卷 4。

王　澮

字安节。元无锡人。至正初被荐任临江路同知，施惠政。博学广识。善诗文。

墙东集 22 卷　集部别集类

明泰昌刻本，台湾“中央图书馆”原藏。

东湖小稿　集部别集类

见《锡金识小录》卷 5。

沈　睿

元无锡人。

东郊牧唱　集部别集类　佚

见万历《无锡县志》卷 20。

陈伯将

元无锡人。进士。授河南参政，选中书参知政事。至正十一年(1351)官行军司马参将。有政声。工词曲。《录鬼簿续编》附传。

晋刘阮误入桃源　集部词曲类　佚

见《录鬼簿续编》。

按：《元诗选》三集有陈肃，字伯将，元无锡人，与此未知为同一人否。因不能明，姑两存之。

陈　肃(？—1367？)

字伯将。元无锡人。举博学宏才，授兰溪州判官。历官翰林学士，兵部尚书、河南行省左丞。至正(1341—1368)末死于战乱。工诗。

伯将集 1 卷　集部别集类

《元诗选》三集本。

按：《录鬼簿续编》著录有陈伯将，元无锡人，与此未知为同一人否。

因不能明，姑两存之。

陆以道

字士宏。元无锡人。至正二年(1342)进士。授校官，官至翰林院待制。究心于易学，以程朱为本，尤精象外之义。

宋鉴提纲　史部政书类

陆士宏文集　集部别集类

以上2种见乾隆《无锡县志》卷39。

按：《梁溪诗钞》卷2收其诗1首。

华　扩(1329—1369)

字季充。元无锡人。历官训导、通判。为人高爽，雅重孝友，所交多名士。筑室名剪韭轩。

剪韭轩诗文1卷　集部别集类　佚

见《华氏传芳集》卷6本传，收其诗4首。

周履道

元无锡人。

东皋诗集　集部别集类　佚

见《锡金志外》卷2。

佚　名

无锡县志4卷　史部地理类

无锡县图书馆缮写本

按：《四库全书总目》云：考《千顷堂书目》有元王仁辅《无锡县志》二十八卷，与此本卷数不符，盖别一书也。考《明史·地理志》，洪武二年四月始改无锡州为县，是志《古今郡县表》末，虽止于升无锡县为州，然标题实称无锡县，已为明初之制。又《郡县表》止元贞，而学校类中载

"至正辛巳乡举陆以衜",则所纪已逮元末,是洪武中书矣。第一卷为《邑里》;第二卷为《山川》;第三卷为《事物》,分上、下二子卷;第四卷为《词章》,亦分上、中、下三子卷,中又分小类二十一。词简而事该,亦地志之善本。惜首卷原序已佚,其撰次本末不可得而考也。《元史·地理志》称,成宗元贞元年升无锡为州,此志乃云二年。作志者纪录时事,岁月必确。以是推之,知《元史》疏漏多矣。是亦书贵旧本之一验也。

又,《无锡艺文志长编》云:是书今邑人士所称《元代志》,因元代并无第二县志也。清《四库全书》所著录之《无锡县志》四卷,即系此书。考:直称无锡县,确为明制。而辛巳为至正元年,且陆以道于至正二年壬午又成进士,是志于辛巳以后则无记载,然则至正间似未可必其不能纂辑成书,亦即未可据以为洪武中书也。然按《光绪县志》艺文门载元王仁辅《无锡志》二十八卷,康熙、乾隆两《县志》著述门所载同,视《千顷堂书目》所载,无县字,《嘉庆县志》艺文门则又载元王仁辅《无锡县志》二十八卷。惟据各志序例及所引征,当日似尚俱见其书,而秦氏纂修《光绪志》,则殆未征见其书,然其序录则又称"元王仁辅志四卷,往时藏书家多有之",而与其艺文门所著卷数则有异。综观所载,则康熙、乾隆、光绪三《县志》所著书名及卷数,与是志不同;嘉庆《县志》所著书名同,而卷数又不符;而光绪《县志》之艺文所著,与序录所述又异。则夫各志所载,是否俱指是志而言,似一疑问。但邑人士多有以是志即仁辅纂修者,故亦拟定为至正本,用备载异同,以待后之人考定焉。今侯鸿鉴辑《锡山先哲丛刊》,采录是志,以广流传。

明

钱世良(1291—1373)

字士能。明无锡人。官至南昌太守。

萃辉园集　集部别集类　佚

公余乐府　集部词曲类　佚

见《锡山历朝书目考》卷7。

倪　珏(1300—1392)

字元佩,号云山。明无锡人。

云山诗集　集部别集类　佚

见《锡山历朝书目考》卷10。

徐　绩

字伯凝,号雪溪渔者。明无锡人。元末张士诚闻其贤,欲用之,不往。明洪武三年(1370)举经明行修,以老辞。后官武冈知州,进顺德知府。所至以惠爱闻见。以清介见称,授中宪大夫。致仕卒,年97。事详明王达《天游文集》卷6。

雪溪文集　集部别集类　佚

见弘治《无锡县志》卷17。

按:《梁溪诗钞》卷3收其诗1首。

倪　瓒(1301—1374)

初名珽,字元镇。明无锡人。炳子。画家。书画署名甚多,以云林尤著于世。初奉全真教，后信佛。喜藏古鼎法书、名琴奇画，筑清闷阁以藏图书。擅水墨山水，初宗董源，后参荆浩、关仝法，创用折带皴写山石，树木则兼师李成。所取多太湖景色，意境幽淡萧瑟，不求形似，聊写胸中逸气。其作品给文人水墨山水画以新的发展，通常以黄公望、吴镇、王蒙、倪瓒合称元四家。传世画迹甚多。卒，私谥清贤。《明史》有传。

晋陵崇祀先贤传　史部传记类

见《锡山历朝书目考》卷1。

题画诗1卷　子部艺术类

明末毛氏绿君亭刻本，与明毛晋辑《倪云林》1卷合刻，国家图书馆藏，有郑振铎跋。

倪瓒狮子林图1卷　子部艺术类

1927年原北平延光室影印本，国家图书馆藏。

画语不分卷　子部艺术类

清抄本，上海图书馆藏。

倪云林九龙山居图1卷　子部艺术类

1931年无锡理工制版所影印本，上海图书馆藏。

云林六墨1卷　子部艺术类

日本博文堂影印本，上海图书馆藏。

云林堂饮食制度集1卷　子部艺术类

(1) 清初毛氏汲古阁抄本，国家图书馆藏。《无锡文库》据此本影印。

(2) 清抄本，国家图书馆藏。

(3)《碧琳琅馆丛书》本。

(4)《芋园丛书》本。

(5) 金武祥抄《粟香室丛钞》本，南京图书馆藏。

(6)《无锡文库》本。

按：《无锡文库提要》云：书名所称“制度”乃制作规度之意。该书反映了元代江南无锡一带的饮食风貌。

倪云林先生诗集6卷附录1卷　集部别集类

明倪瓒撰　明蹇曦辑

(1) 明天顺四年(1460)蹇曦刻本,台湾"中央图书馆"原藏。

(2) 明万历十九年(1591)倪珵刻本,国家图书馆、上海图书馆藏。

(3) 明抄本,国家图书馆藏。

(4) 10卷,清康熙间刻本,国家图书馆藏。

(5) 清乾隆六年(1741)刻本,南京图书馆藏。

(6) 清抄本,国家图书馆藏。

(7) 1917年倪哲夫木活字本。

(8)《四部丛刊》本,影印明天顺四年本。

(9)《四库全书存目丛书》本。

(10) 诗集6卷集外诗1卷附录1卷,《元人十种诗》本。

(11) 6卷,《宋元四十三家集》本。

(12) 6卷,《宋元诗》本。

(13) 1卷,《戴鹿床手写宋元四家诗》本。

按:《四库全书总目》云:"明潘瓒校刻。凡四言古诗、五言古诗一卷,七言古诗一卷,五言律诗一卷,七言律诗一卷,五言绝句、六言绝句一卷,七言绝句一卷,不及新本之完善也。"

清閟阁遗稿15卷附云林世系图1卷　集部别集类

(1) 明万历二十八年倪珵刻本,国家图书馆藏有残本2种。

(2) 明万历三十九年倪锦刻本,上海图书馆藏。

清閟阁全集12卷　集部别集类

(1) 清康熙五十二年(1713)上海曹培廉城书室刻本,国家图书馆藏。

(2)《四库全书》本。

(3)《摛藻堂四库全书荟要》本。

(4)《常州先哲遗书》本。

(5)《无锡文库》本，据清康熙五十二年上海曹培廉城书室刻本影印。

按：此为倪瓒诗集。其诗“清新典雅，毫无俚俗气”。《无锡文库提要》指出，倪瓒诗集在明中期曾有两个刻本，一为江阴孙大雅序本，一为松江钱溥序本。两本今已罕见，所能见到的是晚明万历年间倪瓒八世孙倪珵的重刻本。此本今为残本，扉页、序言以及第十五卷无存。清康熙末上海曹培廉重刻该书。全书编为十二卷，在诗的前后顺序上遵照倪珵本。今天倪本所佚的钱溥、王穉登、顾宪成、高攀龙、陈继儒等序都完整保存。曹刻本首尾完善，编次恰当，校刻精良，洵为善本。

清閟阁全集补遗 4 卷　集部别集类

明倪瓒撰　清沈吾辑

(1) 古华山馆稿本。《无锡文库》据此本影印。

(2)《无锡文库》本。

倪隐君集 1 卷　集部别集类

《盛明百家诗》本。

清閟阁稿 1 卷　集部别集类

《元诗选》初集本。

倪云林先生清閟阁诗集 5 卷　集部别集类

清光绪二年(1876)木活字印本，国家图书馆藏。

倪云林先生清閟阁诗集 6 卷附集 2 卷　集部别集类

民国六年(1917)活字印本，清倪城重纂，国家图书馆藏。

清閟阁词 1 卷　集部词曲类

《又次斋词编》本。

云林词 1 卷　集部词曲类

《宋元名家词》本。

云林乐府 1 卷　集部词曲类

《百家词》本。

按：倪瓒词亦收入《清閟阁全集》，以上数种为别出另行者。

江南春词1卷　集部词曲类

明倪瓒等撰

(1) 明抄本,台湾"中央图书馆"原藏。

(2) 清道光十七年(1837)邓廷桢刻本。

(3)《粟香室丛书》本。

按:清杨殿奎辑有《清闷阁志》12卷,分云林遗墨、元镇文集、龙峰祀典等12类,记倪瓒遗闻逸事,并辑倪瓒遗文多篇。又郑拙庐著有《倪瓒》一书,论其绘画艺术,并附图版多幅。

施于仁(1306—1371)

字寿之,号肃斋。明无锡人。

毅堂文集　集部别集类

见《锡山历朝书目考》卷10。

华幼武(1307—1375)

字彦清,号栖碧。明无锡人。晞颜从侄。父早卒,事母甚恭。平生笃于孝友,少有文名。元至正十三年(1353)家毁于火,移家苏州,又寓居常熟、吴江等地。元丞相周伯奇征之不仕。明徐天德相国与之有旧,征之,一见即归,构贞节堂春草轩以奉母。性好吟咏,曾学诗于陈方。好施与,乡人赖之。卒,私谥靖孝。《四库全书总目》称其"诗未足名家,世以重其人品传之耳"。《华氏传芳集》卷5有明俞贞木撰华幼武圹志铭。

栖碧先生黄杨集3卷补遗1卷附录1卷　集部别集类

(1) 元至正十一年刻本,有元陈谦、陈方序。

(2) 明洪武二十年(1387)刻本,有明俞贞木后序。

按:以上2种刻本见清同治十三年(1874)华翼纶刻本跋,刻本今已不可见。

(3) 明隆庆二年(1568)无锡华益禴刻本,上海图书馆藏。

(4) 明万历四十六年(1618)华子虚刻本,国家图书馆藏。

(5) 明崇祯十四年(1641)华五伦刻本,国家图书馆藏。

(6) 明无锡华氏刻本,北大图书馆藏。

(7) 清嘉庆元年(1796)华宏源承先堂刻本,国家图书馆藏。

(8) 清同治十三年华翼纶诒谷堂递修嘉庆本,国家图书馆藏。

(9) 抄本,台湾“中央图书馆”原藏。

(10)《四库全书存目丛书》本。

黄杨集 6 卷　集部别集类

(1) 明澹生堂抄本,国家图书馆藏。

(2) 1919 年《赵氏寿华轩集部丛抄》本,《无锡文库》据此本影印。

(3)《无锡文库》本。

按:世传《黄杨集》有 2 本,一为幼武子悰韡辑本,其后玄孙守方旁搜遍购,又得若干篇,考定完补,得 6 卷。今通行本即华韡辑本,澹生堂抄本即华守方辑本。傅增湘曾用抄本校通行本,得多诗文 214 首,且各卷题目相同者,字句往往大异。见《藏园群书题记》卷 16《校澹生堂抄本华彦清〈黄杨集〉跋》。

黄杨集钞 2 卷　集部别集类

明隆庆二年华察刻本,北京大学图书馆藏。

黄杨集 2 卷　集部别集类

清《华氏家集》抄本,浙江图书馆藏。

黄杨集 1 卷　集部别集类

《元诗选初集》本。

华氏黄杨集 1 卷　集部别集类

(1)《盛明百家诗》本。

(2)《明别集丛刊》第五辑本。

黄杨续集　集部别集类

见《华氏通四三省公支传芳集》卷 3 元陈谦《续黄杨集序》。

按:《千顷堂书目》卷 29 云:“师陈方子桢,子桢题其集曰‘黄杨’,言其欲为诗而夺于事,犹黄杨之厄闰也。"

杜诗评钞　集部别集类　佚

见《锡山历朝书目考》卷1。

按:据陈谦《续黄杨集序》,此书本为陈方注释杜甫之近体诗,后华幼武又补充之。

华氏金粟岭诗存　集部总集类

明华幼武等撰

按:清活字本,见《无锡县立图书馆乡贤部书目》。

尤　良(1309—1373)

字心之,号休斋。明无锡人。元泰定三年(1326)乡试第一。入明,任礼部主事,擢员外郎,迁郎中,升太常少卿。精于文史,工诗。

周易微旨　经部易类　佚

洙泗钩元　子部儒学类　佚

元史13卷　史部正史类　佚

休斋诗集　集部别集类　佚

以上4种见《锡山历朝书目考》卷7。

按:《梁溪诗钞》卷3收其诗1首。

钱子正

名蒙,一名师贞,字子正,以字行。号绿苔,一号公叔。明无锡人。洪武三年(1370)举人,官至韩城知县。工诗。

绿苔轩集6卷　集部别集类

2013年黄山书社出版《明别集丛刊》本,影印《四库全书》之《三华集》本。

钱氏三华集18卷　集部总集类

明钱子正、钱予义、钱仲益撰

(1) 明正统刻本,国家图书馆藏。

(2)《四库全书》本。

(3) 民国上海商务印书馆影印本。

(4) 抄本,南京图书馆藏。

按:此为钱子正《绿苔轩集》6卷、钱子义《种菊庵集》4卷、钱仲益《锦树集》8卷之合刻。三集初各自为书。

华晞颜(1313—1398)

一作希颜。字以愚,号东湖。明无锡人。画家。自幼笃志于学,治《易经》,工文辞。少入国子监,元末不仕。洪武初以明习《春秋》征授常州府训导,四年(1371)即以病告归。隐居东湖,筑菊西草堂,赋诗自娱。善画山水。师法巨然,为一时高手。《华氏传芳集》卷4有传。

华氏传芳集　史部传记类

明华晞颜辑

(1) 明嘉靖十一年(1532)刻本,《无锡文库》据此本影印。

(2)《无锡文库》本。

按:清陆楣《铁庄文集》卷2《华氏三续传芳集序》,云:"华氏之有《传芳集》也,创自东湖、贞固两先生"。清华鸿模等辑《华氏通四三省公支传芳集》凡例云:"我华氏《传芳集》,创始于元时东湖公,未竟,至明洪武戊辰二十一年,贞固府君成之,此第一集也。初集久已失传。"《无锡文库》提要云:《传芳集》系华氏第八世东湖先生晞颜所录,自第九世栖碧先生幼武以上凡九世……未成而东湖即世,第十世贞固处士悰韡续成之,十一世乐勤处士兴叔与乐农翁兴定又续以近代诗文,十三世守方又续之。

东湖集　集部别集类

见弘治《无锡县志》卷18。《千顷堂书目》卷17著录1卷。

按:《华氏传芳集》卷4有其文2篇,《梁溪诗钞》卷3有其诗2首。

钱子义

名师义，字子义，以字行，号种菊。明无锡人。子正弟。以诗名。

钱氏三华集 18 卷　集部总集类

明钱子正、钱子义、钱仲益撰

(1) 明正统刻本，国家图书馆藏。

(2)《四库全书》本。

(3) 民国上海商务印书馆影印本。

(4) 抄本，南京图书馆藏。

按：此为钱子正《绿苔轩集》6 卷、钱子义《种菊庵集》4 卷、钱仲益《锦树集》8 卷之合刻。三集初各自为书。

至　道

字物外。明临海人。卓锡无锡嵩山寺。姚广孝(1335—1418)尝师事之。归者日众，为嵩山寺中兴祖。

梦室诗集　集部别集类

见乾隆《无锡县志》卷 39。

刘　弘

字超远，号梅堂。明无锡人。正统九年(1444)举人。任长垣知县、顺天推官，迁东平知州。为政严明，有成效。性自负，气度高超。为文奇古。《毗陵人品记》有传。

长垣志　史部地理类　佚

农事机要　子部农家类　佚

以上 2 种见万历《无锡县志》卷 15 本传。

苏诗摘律 6 卷　集部别集类　佚

明刘弘辑

见万历《无锡县志》卷 20、《千顷堂书目》卷 32。

按:《四库全书总目》卷174云:“惟取《苏轼集》七言律诗注之,潦草殊甚。”《梁溪文钞》卷39收刘弘文2篇,《梁溪诗钞》卷4收其诗1首。

惠　熙

原名慧照,字本明,自号芝庵。明无锡人。孟氏子,出家惠山寺。善书,有诗名。与倪瓒、高启游,诗成,虽夜必造而商焉。

芝庵诗集　集部别集类　佚

见弘治《无锡县志》卷20。

陈　高

原名公弼,字子尚。明永嘉籍无锡人。元至正十四年(1354)进士。授庆元路录事。因元末农民起义,流寓无锡。

陈子尚集　集部别集类

见光绪《锡金县志》卷39。

不系舟渔集16卷　集部别集类

(1) 清初抄本,南开大学图书馆藏。

(2)《四库全书》本。

(3) 清彭氏知圣道斋抄本,上海图书馆藏。

(4) 清抄本,国家图书馆藏。

(5)《敬乡楼丛书》本,有补遗1卷。

(6)《嘉业堂丛书》本,有补遗1卷。

(7) 2005年上海古籍出版社《苍南文献丛书》本。

不系舟渔集1卷　集部别集类

《元诗选》初集本。

陈　基

字敬初,又字东厓。明临海籍无锡人。受业黄溍门下。元至正中,荐授经筵检讨。张士诚据吴,以为学士。洪武初,诏修《元史》。《明史》有传。

夷白集 12 卷附录 1 卷　集部别集类

明弘治八年(1495)张习刻本,国家图书馆藏。

夷白斋稿 35 卷外集 1 卷　集部别集类

(1) 明抄本,国家图书馆藏。

(2)《四库全书》本。

(3) 清抄本,国家图书馆藏。

(4) 清小辋川抄本,浙江图书馆藏。

(5) 清环碧山房抄本,天津图书馆藏。

夷白斋稿 35 卷外集 1 卷补遗 1 卷附校勘记 1 卷　集部别集类

《四部丛刊三编》本。

夷白斋稿 35 卷拾遗 1 卷外集 1 卷　集部别集类

清金氏文瑞楼抄本(清佚名校),上海图书馆藏。

夷白斋稿 35 卷拾遗 1 卷外集 2 卷　集部别集类

清抄本,国家图书馆藏。

夷白斋稿 35 卷外集不分卷补遗 3 卷　集部别集类

清抄本,国家图书馆藏。

夷白斋稿外集 1 卷　集部别集类

清初抄本,上海图书馆藏。

夷白斋稿 1 卷外稿 1 卷　集部别集类

《元诗选》初集本。

安　宇

明无锡人。洪武九年(1376)坐事论戍滇南,由其弟宙代之。

胶山安氏诗补 2 卷　集部总集类

明安宇、安国等撰

安念祖刻本,无锡市图书馆藏。

倪季民(1328—?)

字国珍,号耕逸,又号蓬居。明无锡人。瓒次子。

倪氏传芳集　史部传记类　佚

见《锡山历朝书目考》卷10。

陈汝霖(1330—?)

字伯雨,号休休居士。明无锡人。显曾子。元至正七年(1347)举人。官婺源州教授。有文名。

休休居士集　集部别集类

见乾隆《无锡县志》卷39。

按:《梁溪诗钞》卷2收其诗1首。

安　宙

字宏达,号养拙。明无锡人。宇弟。洪武九年(1376)其兄坐事论戍滇南,宙念兄老,请代戍,挈妻及长子从。后卒于滇南,其稿由次子携归。

茧居吟(一作见居吟)　集部别集类　佚

见《锡山补志·著述》。

按:光绪《锡金县志》卷39有注云:“见明初《陈缯集》。宙以指挥谪云南楚雄,诗多在楚雄时作。”

钱仲益(1332—1412)

名允升,以字行,自号锦树山人。明无锡人。子正侄。洪武中举明经,为华亭令,擢太常博士,进翰林修撰,官终王府长史。好围棋,待诏禁中,成祖尝呼为“棋仙”。长于文史,为诗擅歌行。

钱翰撰集1卷　集部别集类

(1)《盛明百家诗》本。

（2）《明别集丛刊》第五辑本。

钱氏三华集 18 卷　集部总集类

明钱子正、钱子晚、钱仲益撰

（1）明正统刻本，国家图书馆藏。

（2）《四库全书》本。

（3）民国上海商务印书馆影印本。

（4）抄本，南京图书馆藏。

按：此为钱子正《绿苔轩集》6 卷、钱子义《种菊庵集》4 卷、钱仲益《锦树集》8 卷之合刻。三集初各自为书。

王　寔

字安节，号听雪。明无锡人。举明经。任临江路同知。善诗。

云峰樵唱（一作东吴小稿）　集部别集类　佚

听雪集　集部别集类　佚

以上 2 种均见光绪《锡金县志》卷 39。

残本听雪集 7 卷 集部别集类

旧写本。

按：《无锡艺文志长编》云："是书为旧写本，存卷五、六，卷十一至十五，凡七卷。卷五为杂著，余皆诗。邑人杨寿枏留意地方文献，其同年生傅增湘以此本归之。增湘亦由其友日人田中自东京邮至者。按：是集为寔六世孙宥编次，宥为亨之孙。……而卷六末又有'崇祯四年仲春十二世孙以敬拜录'一行，则……此本或即崇祯初缮写之耳。"又云："《县志》艺文门载，寔所著又有《云峰樵唱》，一名《东吴小稿》。而增湘考证，谓《东吴小稿》，疑别刻单行，逮有编次，必已合辑于《听雪集》中。"

周　翼

字子羽，号赣斋。或误作辀斋。明无锡人。处士，处元末不仕。工诗，与陈子贞有交往。

辫斋诗集　集部别集类　佚

见《锡金志外》卷3。

按:《锡金志外》卷三“著述”门云:“旧志:《辫斋诗集》,案,《宏治志》《列朝诗集小传》俱作‘赣斋’。周翼字子羽,号赣斋,作‘辫’字误。”

《明诗综》卷16收其诗2首,《梁溪诗钞》卷3收其诗1首。

俞　原

一作余原。字子温,号九峰老樵。明无锡人。

九峰诗文集　集部别集类　佚

见《锡山历朝书目考》卷10。

按:《锡金志外》卷2作《九峰老樵诗文集》,余原撰。

赵次钧

字孟鸿,号檝林病叟。明无锡人。洪武时乡举明经。任常州训导。

檝林文集　集部别集类　佚

见万历《无锡县志》卷20。

张　筹

字惟中,号一梧。明无锡人。翼子,元至正二十五年(1365)江浙乡试第一。明初由詹同荐授翰林应奉,改礼部主事,转员外郎。明洪武九年(1376)进礼部尚书,与宋濂等定诸王妃丧服之制。出为湖广参政,后仍起礼部尚书。博闻强记,久谙历代礼仪沿革。能诗文。《明史》附崔亮传。

昭鉴录5卷　史部传记类

明张筹、陶凯撰

明初刻本,国家图书馆藏,残存1卷。

按:此集汉唐以来藩王事。《锡金考乘》卷12云:“洪武六年诏儒臣采历代诸王事迹可为劝惩者撰录为书。筹会萃众论,合为一编。”

一梧集　集部别集类

见万历《无锡县志》卷20。

按:《明诗综》卷5收其诗1首。《梁溪诗钞》卷3收其诗2首。

华悰韡(1341—1397)

一作宗韡。字公恺,号贞固处士。明无锡人。幼武次子。自幼刻志读书,尤嗜《易》学,于诸家传注,靡不毕览,以求其指归。元末兵乱,往来苏松间,明初仍还无锡。洪武中屡征孝廉通经儒士,力辞不就。奉父命徙居鹅湖。遂为无锡鹅湖华氏始祖。耕田读书,不求仕进。生平好自检束,乐于周人急难,又通医术,里人多赖以全活。卒,私谥孝通。事详《华氏通四三省公支传芳集》卷3明赵友同《贞固处士传》。

无锡华氏传芳录19卷　史部传记类　佚

见《千顷堂书目》卷10,作"华悰"撰,当是"华悰韡"之脱。

按:华氏之"传芳集"始创自华晞颜,未竟,至洪武年间乃由华悰韡续成之。此集已佚。参见"华晞颜"条。

虑得集4卷附录2卷　史部政书类

(1) 明嘉靖十一年(1532)华从智刻本,中国科学院图书馆藏。

(2) 明万历四十二年(1614)华继祥刻本,南京图书馆藏。

(3) 清同治十一年(1872)华翼纶诒谷堂刻本。

(4)《托跋廛丛刻》本。此据明嘉靖十一年(1532)刻本影印。

按:亦收入《四库全书总目》杂家类存目。明赵友同《贞固处士传》云:"于是斟酌古礼,以冠婚丧祭之仪可通行于士庶者,纂若干条,附以古人嘉言懿行总为一帙。"后附诗文杂著2卷。

华贞固先生家劝　子部儒学类

收入清陈宏谋编、华希闵重编《训俗遗规》卷1。

按:是编为贻训子孙而作,凡分家劝、祭礼刁目、冠婚仪略、治丧纪要4类。附录为诗文杂著。由华希闵摘自《虑得集》。

栖碧先生黄杨集3卷　集部别集类

明华幼武撰　华悰韡辑

版本参见“华幼武”条。

按:《华氏传芳集》卷15明邵宝撰《华处士西野君(德)墓志铭》谓,华悰韡撰族谱未成,后由其四世孙华德收辑稽订,谱成,付华德孙华金藏之。是悰韡亦编有族谱,因未成书,故附记于此,不另出。

王惟允

字俊民,号确轩。明无锡人。洪武初举明经,任本邑训导,官终镇江府通判。明太祖亲制敕命嘉之。工诗。

汉上吟稿　集部别集类　佚

见万历《无锡县志》卷20。

确轩集　集部别集类　佚

见《锡金志外》卷2。

按:《梁溪诗钞》卷3收其诗3首。

朱　升

字彦升。明无锡人。性刚介不能苟合,诗工选体,有文名。洪武中举明经,为本县训导,迁浙江上虞教谕。

九峰樵唱3卷　集部别集类　佚

见弘治《无锡县志》卷17。

按:弘治《无锡县志》卷31收其诗1首,《梁溪诗钞》卷3收其诗5首。

浦　源(1344—1379)

字长源,号东海生。明无锡人。工诗善画,少负异才,与高启、徐贲等并称吴下十才子。洪武六年(1373)应求贤科,为晋府引礼舍人。慕闽中诗人林鸿名,入闽访之,邀入社,与林鸿等并称闽中十才子。十二年出使陕西,道经淮河遇难,年仅36岁。其诗深得中晚唐人风致,其画山水竹石，得倪瓒笔意。《明史》卷286附林鸿传。

浦舍人诗集(一作东海生集) 集部别集类

(1)《盛明百家诗》本，1卷。

(2) 明崇祯十三年(1640)刻本，4卷，《无锡文库》据此本影印。

(3)《锡山先哲丛刊》本，4卷附录1卷。

(4) 清抄本，6卷，国家图书馆藏。

(5)《无锡文库》本。

(6) 2013年黄山书社出版《明别集丛刊》本。

按：《盛明百家诗》本仅得其诗42首。崇祯间徐㶿辑诸选本并杂抄，共得诗150首，编为4卷。《锡山先哲丛刊》本复有附录1卷，收丁福保撰《浦舍人传》及其所辑浦源志传。

徐 鉴

明钱塘人。洪武间无锡慧山寺僧。常和弟与老诗词唱和。

双清集 集部总集类 佚

明徐鉴、徐与老撰

见万历《无锡县志》卷19徐与老传。

浦 坦

字浚之，号古民。明无锡人。

浚之文集 集部别集类 佚

见《锡山历朝书目考》卷10。

按：《梁溪诗钞》卷3收其诗1首，小传谓有文集藏于家。《锡金志外》卷2作《古民文集》。

王 达(? —1407)

字达善，号耐轩，又号天游道者。明无锡人。博极群书。洪武中举明经，为本县训导，迁大同府学，入国子监助教。永乐初擢翰林院编修，预修《实录》。进侍读学士，充《大典》编纂总裁。性恬淡，通经义，工诗画。与解缙、王洪、王偁、王琎号称东南五子。《国朝献征录》有传。

易经选注　经部易类　佚

诗书心法　经部群经总义类　佚

以上 2 种见万历《无锡县志》卷 20。

按：《四库全书总目》别集类存目《王天游集》提要著录《诗书二经心法》。

古今孝子赞　史部传记类

见明永乐元年(1403)王孚《天游集序》。

景仰撮书 1 卷　史部传记类

(1) 明初刻本，南京图书馆藏。

(2) 武进盛氏朱印本。

(3) 聚珍本。

(4)《顾氏明朝四十家小说》本。

(5)《说郛续》本。

(6)《常州先哲遗书》本。

(7)《广四十家小说》本。

(8) 台北《丛书集成续编》本。

按：《四库全书总目》云："是书一名《尚论篇》，取古人可为师法者凡五十二事。皆前列旧文，后系以论，率肤浅无意义，又出《笔畴》之下矣。"

通书发明 1 卷　子部儒学类

见明王孚《天游集序》。

桂林机要　子部术数类

见万历《无锡县志》卷 20。

笔畴 2 卷　子部杂学类

(1) 明正德刻本，台湾"中央图书馆"原藏。

(2) 明万历二年(1574)朱正民刻本，有朱正民辑《补遗》1 卷，南京图书馆藏。

(3) 明万历荣寿堂刻本,上海图书馆藏。

(4)《宝颜堂秘笈》本。

(5) 1 卷,《说郛续》本,题明陈世宝撰。

(6)《丛书集成初编》本。

(7) 1 卷,《喜咏轩丛书》本。

按:《四库全书总目》杂家类存目云:“是书多抑郁愤世之谈。又有太仓陆之箕序,称是书本载达所著《天游集》中,凡百有七篇。王澄之弟渊,先刊其二十二篇,续又得五十二篇刊之。尚阙其三之一,之箕复为校补成完书,会付渊全刊焉。各条之下,间附之箕案语,亦肤浅罕所考正。”

椒宫旧事 1 卷　子部杂学类

(1)《广百川学海》本。

(2)《说郛续》本。

(3)《稗乘》本。

(4)《秘册丛说》本。

耐轩杂录 5 卷　子部杂学类

见明王孚《天游集序》。

王天游集(一作天游集)10 卷　集部别集类

(1) 明正统刻本,台湾“中央图书馆”原藏。

(2) 清道光刻本。

(3)《四库全书存目丛书》本。

按:《四库全书总目》别集类存目著录此书。

王天游集 7 卷别集 3 卷　集部别集类

明嘉靖二十年(1541)舒迁刻本,国家图书馆藏。

重刻天游集 10 卷碎金 1 卷　集部别集类

清道光二十一年(1841)王芝林养和堂刻本。

天游文集 5 卷　集部别集类

清抄本,湖北省图书馆藏。

王学士集1卷　集部别集类

(1)《盛明百家诗》本。

(2)《明别集丛刊》第五辑本。

和中峰和尚梅花百咏1卷　集部别集类

明王达撰　王化醇辑

(1) 明万历刻本。

(2) 清乾隆二十二年(1757)刻本,华东师范大学图书馆藏。

(3) 清光绪十三年(1887)活字印本。

南归集1卷　集部别集类

问津集1卷　集部别集类

以上2种见《四库全书总目》别集类存目《王天游集》提要。

纪行集　集部别集类

见万历《无锡县志》卷20。

按:《明诗综》卷19收其诗2首。

耐轩词1卷　集部词曲类

(1)《宋元明八家词》本。

(2)《百家词》本。

(3) 精抄本,南京图书馆原藏。

按:此原为钱塘何元锡藏书,后归丁丙,《善本书室藏书志》卷40云:"其词工雅韶秀,虽不及眉庵、季迪,然和婉可诵,不失为第二流也。卷首有'钱塘何元锡字敬祉又号蝶隐'朱文方印。"

浦　鼎

字鸣吉,号草堂。明无锡人。

草堂集　集部别集类　佚

见《梁溪诗钞》卷4,收其诗2首。

徐与老

字仲祥。明钱塘人，寓居无锡。少以孝闻，补太学生。尝游上都，航海归。时兄释鉴主讲慧山寺，乃从之。洪武间卒，葬锡山。

大学集义 1 卷　经部四书类　佚

双清集　集部总集类　佚

明徐鉴、徐与老撰

以上 2 种见万历《无锡县志》卷 19 本传。

吕　敏

字志学，一字巨源，号吕山人。明无锡人。诗人。元时为道士。明洪武十三年(1380)举明经，二十年任无锡县教谕，改义宁。为诗取法汉魏，志高心苦，颇有成就。与高启、王行、徐贲等称“北廓十友”。《明史》有传。

无碍居士集　集部别集类　佚

义宁集　集部别集类　佚

以上 2 种见万历《无锡县志》卷 20。

周世忠

字士行，号观复生。明无锡人。世衡兄。少厉学问，读书僧舍，30 不娶。尝避乱入吴，有劝之仕张士诚者，不听。乃买田隐居于吴邑扬名乡。

广汉三先生集　集部总集类　佚

明周世忠、周世衡、周益撰

见乾隆《无锡县志》卷 39。

按:《梁溪诗钞》卷 3 收其诗 1 首。

翟　宏

字宏道，号静轩。明无锡人。永乐中举明经，授齐东教谕，调于潜。

进宁府教谕，王甚礼重之。

九峰老人集　集部别集类　佚

见万历《无锡县志》卷20。

徐伯枢

明无锡人。好古博雅。洪武举人。任江陵知县。

双桂集　集部总集类　佚

明徐伯枢、徐允撰

见弘治《无锡县志》卷17徐宪传附。

按：弘治《无锡县志》谓里人钱公治刻伯枢及其子胤（允）诗为《双桂集》。刻本今未见。

又按：《中国人名大辞典》有徐环，明无锡人，字伯枢，洪武间以茂才擢上元县主簿，终临桂县丞，有《临桂集》。与此疑为一人。另《锡金志外》卷2有明徐墺《双桂集》，与徐伯枢、或徐允不知是否为一人。参见"徐允"条。

曹　恕

字以忠，号植梧。明无锡人。明经。博学，工文词。荐为漳洲训导，以祖母年高乞休，忤旨，戍山西（一说山东）。永乐初复以佥事王亨荐起，建言四事，皆切时政，赐复职，教习驸马。《毗陵人品记》有传。

植梧文集　集部别集类

见万历《无锡县志》卷20。

周世衡

明无锡人。世忠弟。

广汉三先生集　集部总集类　佚

明周世忠、周世衡、周益撰

见乾隆《无锡县志》卷39。

陈尚简

字静庵。明无锡人。显曾孙，汝霖子。有文名。

锡山杂录　史部地理类　佚

见光绪《锡金县志》卷39。

静庵诗集　集部别集类　佚

见万历《无锡县志》卷20。

王师道

字敬德。明无锡人。洪武中举人。仕终都官员外。能诗。

寻云子集3卷　集部别集类　佚

见光绪《锡金县志》卷39。

华景安(1359—1429)

字康伯，号耕乐。明无锡人。为人威仪严肃不事骄奢，志量高尚。素爱竹，种植近万竿，客至则燕饮其下，赋诗弄琴，议论古今，名其轩曰绿筠窝。《华氏传芳集》卷7有传。

绿筠窝集1卷　集部别集类　佚

见《华氏传芳集》卷7明王达善撰《绿筠窝记》。

倪　峻(1360—1422)

字峻德，一字克明，又字维岳，号静寄道人。明无锡人。洪武二十三年(1390)举人，永乐初历任泗水、沙县县令，以礼让为治，有惠绩。九年(1411)擢兵科给事中。时成祖朱棣好佛，上疏极谏，忤旨左迁行人司行人。三使占城，先后达12年。终都给事中。明萧彦撰《掖垣人鉴》卷7有传。

海篷漫录3卷　史部杂史类　佚

见清黄蛟起《西神丛语·著述》，谓其出使海国所作。

静寄集4卷　集部别集类　佚

见弘治《无锡县志》卷17。

溵阳纪行诗集　集部别集类　佚

天南诗集　集部别集类　佚

以上2种见《锡山历朝著述书目考》卷1。

倪维岳集　集部别集类

(1)《盛明百家诗》本。

(2)《明别集丛刊》第五辑本。

王　亨

字仲理。明无锡人。寔孙。洪武中举秀才，授刑部郎，擢四川按察司佥事。性严正，大振风纪，蜀人称为王铁面。通《春秋左氏》学，工诗。

秋林集　集部别集类

见《锡山历朝书目考》卷1。

秦　朴(1360—1450)

字物初，号抱拙生。明无锡人。彦起长子。以曾孙金赠尚书。博学有文章。尝与同邑翟厚诸人作真率会，不求闻达而衣冠文物表率乡里。

抱拙集6卷　集部别集类　佚

见《明史·艺文志》。万历《无锡县志》卷20作《抱拙生集》，不著卷数。

按：《锡山秦氏诗抄》前集卷1收其诗3首。

王　绂(1362—1416)

字孟端，号九龙山人，又号友石生、鳌叟。明无锡人。少为诸生，尝北游江淮、太行，时人慕其名，争延之。洪武中坐累戍朔州。永乐初荐以善书供事文渊阁，除中书舍人。后归江南，隐居九龙山。性清高脱俗。博学工歌诗。善书画，名噪一时。写山水竹石，风韵潇洒，妙绝一时，说者谓可继同邑倪瓒之后。其墨竹在明代颇有影响。《明史》有传。

书画传习录4卷续录1卷附梁溪书画征1卷　子部艺术类

明王绂撰　清嵇承咸续

(1) 清嘉庆十九年(1814)嵇氏层云阁刻本，南京图书馆藏。

(2)《无锡文库》本，据清嘉庆十九年嵇氏层云阁刻本影印。

按：王氏原稿向无刊本，诸书亦未载。后为嵇承咸发现于旧肆中，费时十年加以校订，并附刊刻。《锡金考乘》卷12云："历叙古今来书画名家事迹法派，盖王氏家藏写本，未经传世之书。近为邑人嵇承咸所得，校订付梓。"参见"嵇承咸"条。

明九龙山人画竹二帧　子部艺术类

明王绂画　清钱泳刻石

见《无锡县立图书馆乡贤部书目》，谓碑石在竹炉山房。

王舍人诗集(一作友石先生诗集、又作王绂诗集)5卷附录1卷　集部别集类

(1) 明弘治元年(1488)荣华刻本，国家图书馆藏。

(2) 明弘治六年王俊刻本，见《明代版刻综录》卷1。

(3) 1卷，《盛明百家诗》本。

(4)《四库全书》本。

(5) 清抄本，南京图书馆藏。

(6) 民国间无锡县图书馆据《四库全书》抄本。

(7)《锡山先哲丛刊》本。

(8) 1991年上海古籍出版社《四库明人文集丛刊》本。

(9)《明别集丛刊》第五辑本。

按：《四库全书总目》云："集为其子默所编，又名《友石山房稿》。前有曾棨、王进《序》，后附章昞如、胡广等所作《行状》《墓表》。绂博学工书画，所作山水竹石，风韵潇洒，妙绝一时，说者谓可继其乡倪瓒。其诗虽结体稍弱，而清雅有余，盖其神思本清，故虽长篇短什，随意濡染，不

尽计其工拙，而摆落尘氛，自然合度。都穆《南濠诗话》独称《寄别娶妇者》一绝，则伧父面目，不足以见绂之长矣。”

又，《明诗综》卷19收其诗17首，《梁溪诗钞》卷4收其诗49首。传世绘画作品有《湖山书屋图》卷，现藏辽宁省博物馆；《竹石图》，现藏上海博物馆。

华兴仁(1364—1429)

字伯谆，号永喜。明无锡人。悰韡长子。读书能承父志。《华氏传芳集》卷7有明胡滢撰《华伯谆墓志铭》。

永喜堂集　集部别集类　佚

见《锡山历朝书目考》卷7。

丁　信

字念诚，号清樾。明无锡人。洪武中与冯善等同举明经，授本县训导。善诗。杨基尝游其门。

念诚斋诗集　集部别集类

见《锡山历朝书目考》卷7。

冯　善

字择贤，号戒轩。明无锡人。洪武中与丁信等同举明经。宣德元年(1426)任无锡县训导，后迁望江教谕。以母老乞归。卒年98。《毗陵人品记》卷6有传。

家礼集说(一作家礼易览，又作易览)5卷　史部政书类

明刻本，国家图书馆藏。

望江志　史部地理类

见《梁溪文钞》卷5，收其文3篇。

锡山新志　史部地理类　佚

戒轩集　集部别集类　佚

以上 2 种见万历《无锡县志》卷 20。

顾 协

字允迪，号秋碧。明无锡人。洪武贡生，隐居厉志，操行端洁，工诗，与王达、王绂友善。

鸣志堂集　集部别集类　佚

见万历《无锡县志》卷 20。

按：《明诗综》卷 17 收其诗 5 首，《梁溪诗钞》卷 3 收其诗 13 首。

蔡 弼

字维德，号慎轩，又号慕葵。明无锡人。永乐三年(1405)岁贡。除刑部郎，擢琼州知府。屡平海寇。兴文学。

平海记略　史部杂史类　佚

鞫狱指南　史部政书类　佚

岭南杂咏　集部别集类　佚

以上 3 种见《锡山历朝书目考》卷 7。

俞 旋

字彦恒，号耐聒。明无锡人。少从王达游，博学强记。洪武中举儒士，永乐三年(1405)与修《文献大成》。

俞氏日抄　子部杂学类　佚

学古类编　子部杂学类　佚

耐聒诗集　集部别集类　佚

以上 3 种见万历《无锡县志》卷 20。

秋香百泳　集部别集类　佚

见乾隆《无锡县志》卷 39。

尤　文(1368—1456)

字文达，又字十初。明无锡人。洪武中举明经、秀才，俱不就。永乐十七年(1419)诏举孝廉，以母老辞。弱冠始读程朱遗书及《遂初集》，探其渊源，有“千驷弗视，一介不取”之意，于经学颇有得，学者称为务朴先生。

一梅轩日记　史部传记类

见《梁溪文钞》卷39尤文本书序。

性理说6卷　子部儒学类

见《锡山历朝书目考》卷20。

语录2卷　子部儒学类

见《千顷堂书目》卷11。

中解编　子部儒学类

见《锡金志外》卷2。

十初文集　集部别集类

十初诗集　集部别集类

以上2种见《锡山历朝书目考》卷2。

浦葵岩

字文叔。明无锡人。源侄。

逸士传8卷　史部传记类

锡山志10卷　史部地理类

家训语1卷　子部儒学类

以上3种见《锡山历朝书目考》卷10。

钱　誉

字永之，自称笑隐翁。明无锡人。

竹素园百咏　集部别集类

见《锡山历朝书目考》卷7。

茹 湜

字季清，号养愚。明初无锡人。

爪肤集　集部别集类　佚

见《千顷堂书目》卷17。

殷 序

字序宾。明无锡人。永乐二年(1404)进士。授浙江黄岩知县，迁山东高唐知州，擢江西右布政使，调四川，迁云南左布政使。致仕归，自号西郊居士。《毗陵人品记》卷6有传。

西郊室诗稿　集部别集类　佚

见《锡山历朝书目考》卷7。

按：《梁溪诗钞》卷4收其诗1首。

蔡 璋

字达夫。明无锡人。

尚书讲义　经部尚书类　佚

见《四库提要》卷14书类存目。

华兴定(1381—1459)

字伯训，号乐农。明无锡人。悰韡三子，兴仁弟。笃好古学，不事浮靡。精于医术，尝积聚良药以治病，全活者颇众。景泰间岁饥，曾发粟助赈。晚年徜徉山水间，尝名其室曰乐农窝。《华氏传芳集》卷8有明翟永龄撰《华处士墓表》。

乐农窝诗　集部总集类　佚

见《华氏传芳集》卷8明沈辚《乐农窝诗序》。此为众人酬唱之作。

按：华兴定文集已不可见，今所存者明刻本《华氏传芳集》卷首有其

《刻传芳集引》文1篇,卷8另收其文1篇,卷11《华彦谋传》附有其诗1首。

翟 厚

字公厚。明无锡人。宏子。承家学,从王达游,学有源委,治家孝敬,尤严于祭祀。《毗陵人品记》有传。

续通略　史部政书类　佚

萤爝集　集部别集类　佚

以上2种见乾隆《无锡县志》卷39。

天游文集10卷　集部别集类

明王达撰　明翟厚编

明正统五年(1440)安定胡氏刻本,台湾"中央图书馆"原藏。

锡山遗响　集部总集类

见乾隆《无锡县志》卷39。

徐 允

明无锡人。伯枢子。

双桂集　集部总集类　佚

明徐伯枢、徐允撰

见弘治《无锡县志》卷17徐宪传附。

按:《中国人名大辞典》有徐允,字邦孝,明无锡人徐环子,有《水南集》,与此不知为同一人否。参见"徐伯枢"条。

张思安(1387—1465)

字克让,号介轩。明无锡人。永乐十年(1412)进士。擢陕西按察司佥事,以诖误谪官,教授乡里,门下人才迭出。历调山西、湖广。正统初复起,授吏部司务,仕至陕西按察司副使。工诗文。穷极理趣,不尚雕饰。《毗陵人品记》有传。

介轩诗文集　集部别集类

见《梁溪诗钞》卷4,收其诗1首。《梁溪文钞》卷5收其文5篇。

张用谦

原名益,号止庵。明无锡人。精通医术,于朱震亨等学说深有研究。

医经摘元(一作医方摘元,又作医方摘玄)　子部医家类

见万历《无锡县志》卷20。

俞　海(1392—1441)

字朝宗,号一瓢。明无锡人。溥从弟。

一瓢集　集部别集类　佚

见光绪《锡金县志》卷39。

钱种德(1395—1455)

原名贞庵,字维常。明无锡人。

钱氏传芳集　集部总集类　佚

钱种德、钱顺德、钱正德合撰

见光绪《锡金县志》卷39。

遗芳集　集部别集类　佚

见《锡山历朝书目考》卷2。

钱顺德(1400—1456)

字维孝,号宜晚。明无锡人。

钱氏传芳集　史部传记类

钱种德、钱顺德、钱正德合撰

见光绪《锡金县志》卷39。

周　益

号樵野。明无锡人。世忠从孙。幼孤，育于世忠。好学，不乐仕进。

广汉三先生集　集部总集类　佚

明周世忠、周世衡、周益撰

见乾隆《无锡县志》卷39。

钱正德(1402—1466)

字维义，号阅耕。明无锡人。

钱氏传芳集　史部传记类

钱种德、钱顺德、钱正德合撰

见光绪《锡金县志》卷39。

成始终(1403—1463)

字敬之，号淡庵。明无锡人。昌子。正统四年(1439)进士。授行人。拜监察御史。土木之变，督兵紫荆关，守要害地。后又擢湖广按察佥事。敏于疏决。以戆直忤当道乞归。好为诗，于近体尤工。师从张思安。告归后以读书自娱。《毗陵人品记》有传。

蓬莱观光　史部地理类

见《锡山历朝书目考》卷2。

淡庵纪行集　集部别集类

见万历《无锡县志》卷20。

按:《千顷堂书目》著录作《淡轩纪行集》7卷。《梁溪文钞》卷6收其文2篇。

纪行词1卷　集部词曲类　佚

见《千顷堂书目》卷32。

尤　谦(1404—1469)

字士谦，号菊轩。明无锡人。诸生。曾任武进县训导。诗文皆精。

枕肱吟 4 卷　集部别集类

傍锄漫稿 4 卷　集部别集类

以上 2 种见《锡山历朝书目考》卷 2。

梅花书屋全稿　集部别集类

见《锡金志外》卷 2。

按:《梁溪诗钞》卷 4 收其诗 2 首。

华　方(1407—1487)

字守方，号时葺。明无锡人。敦朴谨厚，克勤克俭。平生好义，积累充裕，尝周给宗族。终老不仕。

华氏传芳集 11 卷续集 5 卷　史部传记类

明华方辑　华察续

明嘉靖十一年(1532)华从智刻隆庆六年(1572)华察续刻本，南京图书馆藏，有抄本。

朱　夏

字时伯，号静边。明无锡人。生于永乐年间。

静边集　集部别集类　佚

见《锡金志外》卷 2。

按《梁溪诗钞》卷 4 收其诗 3 首。

华宗康(1409—1497)

字思淳，号三省。明无锡人。悰韡孙。藏书数千卷，日披阅自娱。废寝忘食，出入经史间，不屑世故。与友人常为诗文倡和。取曾子日省之义，因号三省以自励。《华氏通四三省公支传芳集》卷 4 有《三省府君宗谱传》。

诗学　经部诗经类　佚

见《华氏通四三省公支传芳集》卷14。

三省集　集部别集类　佚

见《华氏通四三省公支传芳集》卷4明周鼎《三省诗序》。

鹅湖集　集部别集类

启蒙集　集部别集类

以上2种见《华氏通四三省公支传芳集》卷14。

按:“传芳集”卷14有《启蒙集》,存其诗18首,原注云:“专集未知全否。”卷14又另有其诗14首。

秦　旭(1410—1494)

字景旸,号修敬。明无锡人。季升子。以子夔贵封承德郎、南京兵部主事、晋中宪大夫、湖广武昌知府。究心学问,博学多闻。为诗敷腴雄健,格类放翁。成化十八年(1482)与李庶、陈公懋、潘绪等10人在里结“碧山吟社”,为“碧山十老”之首。为人庄重寡言,举止有度,退然谦约如韦布。年85卒,友人私谥贞靖先生。清秦毓钧纂有《修敬公年谱》,载《锡山秦氏宗谱》。

修敬先生集8卷　集部别集类　佚

见《千顷堂书目》卷18,不著卷数;《锡山秦氏文抄》卷12作8卷。

秦修敬集1卷　集部别集类

(1)《盛明百家诗》本。

(2)抄本,旧藏无锡县图书馆。见《无锡县立图书馆乡贤部书目》。

(3)《明别集丛刊》第五辑本。

修敬诗集2卷附录1卷　集部别集类

(1)《秦氏三府君集》本。

(2)《明别集丛刊》第一辑本。

按:《锡山秦氏诗抄》前集卷1收其诗40余首。《锡山秦氏文钞》卷

1收其文2篇。

陈　勉

字进之，号秋林。明无锡人。生于永乐时。正统七年(1442)贡入太学。官至工部员外郎。为李时勉所重。工诗画，尤善书法，名于时。

秋林集　集部别集类　佚

见万历《无锡县志》卷39。

按《梁溪诗钞》卷4收其诗1首。

觉　性

俗姓陈。明无锡人。出家惠山寺，通儒家典籍，多知山中故实。

惠山志　史部地理类　佚

见弘治《无锡县志》卷20。

尤　谡

字崇本，又字叔成，号牧云。明无锡人。

广趋园诗钞　集部别集类　佚

见《锡山历朝书目考》卷7。

吴　谦

字伯礼，号复民。明无锡人。生于永乐时。时敏子。曾为安远侯柳溥幕僚。

默庵编年纪行集　集部别集类　佚

见乾隆《无锡县志》卷39。

黄　禄

字公禄，号杏轩。明无锡人。碧山吟社十老之一。卒年73。

杏轩诗集　集部别集类　佚

见《锡金志外》卷2。

碧山雅集　集部别集类　佚

见《锡山历朝书目考》卷7。

华　𤪎(1412—1476)

字祖芳，号集义。晚年多病，故又号南林病叟。明无锡人。耿介自好，笃于孝友，见利思义。性嗜吟咏，晚筑安老堂于别业，与邑人结为诗社，倡酬往还。《华氏传芳集》卷1有其自为墓志。

吟篷卷　集部别集类

见《华氏传芳集》卷11明成始终《题华祖芳〈吟篷卷〉》。

按:《梁溪诗钞》卷4小传云:"为一舟，名吟篷，遨游云水间，有《吟篷卷》，一时名辈题咏甚夥。"

太平逸民诗　集部别集类

见《华氏传芳集》卷11明徐志《题华祖芳〈太平逸民诗〉》。

丛藻　集部总集类

见华𤪎自为墓志铭，云:"湖海能吟者贻之以诗，而上世所遗所得巨公诗文，编选总为一集，名曰《丛藻》，提学按察副使云间夏正夫为之序。"

按:《华氏传芳集》卷11有其诗1首，《梁溪诗钞》卷4有其诗2首。

尤　诚

字士诚，号友桧，别号牧云子。明无锡人。诸生。曾任秦王府伴读。能诗。

牧云草　集部别集类　佚

见《锡金志外》卷2。

按:《锡山历朝书目考》卷7作《牧云子诗草》。《梁溪诗钞》卷4收其诗1首。

冯 讆

字孟敬，号省斋。明无锡人。正统三年(1438)举人。官户部员外郎，拔四川参议。督理七郡粮储，会计有方，赋用以足。

丽庵集　集部别集类

见乾隆《无锡县志》卷39。

陈公懋(1414—?)

字行之，号玉溪，自号锡谷老人。明无锡人。勉弟。成化十八年(1482)，与同时秦旭、李庶、潘绪等十人结碧山吟社，为碧山十老之一。博学，好著述。弘治元年(1488)进所撰《说经书》，为明孝宗逐还。

删改四书朱子集注　经部四书类

见《千顷堂书目》卷3。

锡谷堂诗集(一作锡谷诗文集)　集部别集类

见《锡山历朝书目考》卷7。

按:《梁溪诗钞》卷5收其诗2首。

俞 睦

一作余睦。字民用，号拙逸生。明无锡人。

蛙鸣集　集部别集类　佚

见《锡金志外》卷2。

蛙鸣诗稿　集部别集类　佚

见《锡山历朝书目考》卷10。

许 篪

字仲乐，号䌷庵。明无锡人。正统十年(1445)进士。官户部员外郎。工诗，且享诗名。

䌷庵集　集部别集类

见《锡山历朝书目考》卷4。

按:《梁溪诗抄》卷4收其诗2首。

张 绶

字朝绅,号卓斋。明无锡人。生于永乐年间,弘治九年(1496)贡生。任东阳训导。力学好问。能诗文。

卓斋集 集部别集类

见乾隆《无锡县志》卷39。

潘 宝

字时用,号杏村。明无锡人。

杏村诗稿 集部别集类

见《锡山历朝书目考》卷10。

杨 理

字叔理,号听玉。明无锡人。碧山吟社十老之一。卒年72。

听玉诗集 集部别集类 佚

见《锡山历朝书目考》卷7。

杨 琛

字叔瓛,号文崖,又号松轩。明无锡人。正统十二年(1447)举人,景泰五年(1454)进士。历官礼部郎中。引疾归。性孝友。治家敦睦。五世同居无闲言。

文崖集 集部别集类 佚

见万历《无锡县志》卷20。

倪 敬(1416—1460)

字汝敬,号月楼。明无锡人。峻孙。正统十三年(1448)进士。授河南道监察御史，崛强有大节，遇事敢言。景泰初出视畿辅饥情，请蠲田租，得请。后巡抚山西，豪猾敛迹。六年再按福建，奏罢诸司滥取于民者。上疏请罢游宴兴作，未几被黜，谪为广西宣山典吏。天顺初授河南祥符知县，随安远侯柳溥西征，为都督府都事。逾年师还，卒，士论惜之。力功古文，尤喜吟咏，酒酣纵笔，五七言可立就。《明史》有传。

谏疏　史部政书类

见《锡山历朝书目考》卷6附。

倪汝敬集　集部别集类

(1)《盛明百家诗》本。

(2)《明别集丛刊》第五辑本。

月楼诗文集　集部别集类

见弘治《无锡县志》卷17。

按:《华氏传芳集》卷11《华思浩墓志铭》附有倪敬撰《三省记》文1篇。

杨　旋(1416—1474)

字叔玑，号宜闲。明无锡人。正统三年(1438)举人，四年进士。授户部主事。出为山西参政，进河南、陕西布政使。成化四年(1468)迁户部右侍郎。寻改右副都御史，巡抚河南。

杨宜闲诗集6卷文集13卷　集部别集类

明弘治宝敕堂刻本，南京图书馆藏。

按:国家图书馆藏明刻本《文集》，存6卷。

过　眼(1418—1484)

字时霁，一字野舟。明无锡人。文人。能诗善文。为人英敏刚正，嗜经籍，交际湖海间人。

窥豹集　集部别集类

园扉集　集部别集类

唱和集　集部别集类

以上3种见《锡山历朝书目考》卷10。

盛　颙(1418—1492)

字时望，号冰壑。明无锡人。景泰二年(1451)进士。授监察御史，以劾曹吉祥违法事，降束鹿知县。成化初擢邵武知府，后调延平，以治绩闻。历广西、云南、陕西布政使。再拜刑部右侍郎。成化二十一年(1485)，改左副都御史，巡抚山东。致仕归。《明史》有传。

冰壑集　集部别集类

见万历《无锡县志》卷20。

张九方

字应皋，自号月林居士。明无锡人。景泰元年(1450)举人。授汝宁府推官。不畏强御，被诬弃官归。学识广博。能诗文。《毗陵人品记》有传。

归田集　集部别集类

覆篑集　集部别集类

以上2种见乾隆《无锡县志》卷39。

按：《梁溪文钞》卷6收其文2篇。《梁溪诗钞》卷4收其诗3首。

华守嘉

字本善。明无锡人。生于永乐年间。

目耕集　集部别集类　佚

见《锡山历朝书目考》卷10。

高　直(1421—1499)

字惟清，号梅庵。明无锡人。碧山吟社十老之一。

梅庵诗稿　集部别集类

见《锡山历朝书目考》卷7。

按:《梁溪诗抄》卷5收其诗2首。

徐　寿

字延龄,号南山。明无锡人。生于永乐年间。

蚓鸣集　集部别集类　佚

见《锡金志外》卷2。

按:《梁溪诗钞》卷4收其诗1首。

李　庶(1423—1511)

字舜明,号絅庵,晚号蓉湖漫叟。明无锡人。碧山吟社十老之一。工诗文,有隐操。居家敦行孝弟,县举为乡饮宾。晚结茅渠水,杜门雠校。

(弘治)重修无锡县志36卷　史部地理类

明吴凤翔修　李舜明纂

(1) 明弘治七年(1494)刻本,南京图书馆藏。

(2) 抄本,上海、无锡等图书馆藏。

(3) 1950年无锡泰伯文献馆筹备处油印本。

(4) 1954年油印本。

絅庵集　集部别集类　佚

见乾隆《无锡县志》卷39。

按:《梁溪诗钞》卷5收其诗1首。

余　枢

字季枢,一字拱辰,号玉庵。明无锡人。博而能文,攻古文辞,为李时勉所知赏。景泰初领乡荐,授景陵训导。升岳阳王府教授,转楚王府伴读,每于王前申讲举义,必有关要。年71卒,门人私谥渊敏。

易赞　经部易类　佚

玉庵集　集部别集类　佚

以上 2 种见万历《无锡县志》卷 20。

信　受

字西传。俗姓陈。明嘉定人。博学有文。幼听法南翔寺，有悟，因出家。后住无锡翠微寺。

韵会增注　经部小学类　佚

见《千顷堂书目》卷 3。

通鉴集览正误　史部编年类　佚

见万历《无锡县志》卷 20，亦见《无锡富安乡志稿》卷 24。《千顷堂书目》卷 5 作《纲目集览正误》。

秦　霖

字润孚，号卑牧。明无锡人。朴孙。以子金贵累赠太子太保、南京兵部尚书。精于史。喜为诗，有唐人风致。为文长于启札。清修苦节，至于终身。

湖南杂录　史部地理类　佚

卑牧吟稿　集部别集类　佚

以上 2 种见万历《无锡县志》卷 20。

按：《锡山秦氏诗抄》前集卷 2 收其诗 9 首。

秦　璠(1428—1493)

字景美，号东皋。明无锡人。维祯玄孙。工诗能文。

左传断例　经部春秋左传类　佚

小学校注　经部小学类　佚

韵叶　经部小学类　佚

通鉴纲目详节　史部编年类　佚

管子正录　子部周秦诸子类　佚

以上5种未行于世，见《锡山秦氏文钞》卷1小传秦毓钧注。

东皋集(原名南湖草堂诗稿)12卷　集部别集类

抄本，旧藏无锡县图书馆，见《锡秦氏文抄》卷13。

按:《锡山秦氏文抄》卷1收其文3篇，《锡山秦氏诗钞》前集卷1收其诗2首。

华　炯(1428—1504)

字文熙，号南湖。明无锡人。方长子。生于世家，襟度不凡。父遗财巨万，炯无他好，惟以散财为乐，助边赈饥，捐衣施药，产尽而后已。与弟燧、焲俱授七品官秩，晚年筑室曰养和轩，因又以为号。暇则取古今书史图志，时加讨论。与弟燧修辑宗谱，重刻先世遗书。

南湖稿　集部别集类　佚

见《华氏传芳续集》卷15明林瀚撰《华君墓志铭》。

秦　孚(1429—1506)

原名信孚，字信之，号恒轩。明无锡人。彦和孙，叔升子。天顺三年(1459)举人。任云南嵩山明州同知，署知州事，有政绩，致仕归。

恒轩诗文集　集部别集类　佚

见《锡山秦氏诗抄》卷2，其前集卷2收其诗2首;《锡山秦氏文抄》卷1收其文1篇。

厉　升

字文振，号雪庵。明无锡人。性狷介，不苟合。以天顺四年(1460)岁贡入国子监，授青田知县，公廉爱民，致仕归，民立祠祀之。《国朝献征录》有传。

雪庵集　集部别集类　佚

见《国朝献征录》卷85。

至　迪

明无锡僧人。

惠山志　史部地理类　佚

见乾隆《无锡县志》卷39。

谈　缙(1431—?)

字朝章,号敬义,自号荷桥子。明无锡人。官东阳训导。自幼好学,早年即厌章句,潜究圣贤之学。应事从容,不动声色。著述颇富。《毗陵人品记》卷8有传。

家礼杂辨　子部儒学类

睦亲规矩　子部儒学类

日省编　子部儒学类

就正录　子部儒学类

以上4种见《锡金历朝书目考》卷2。

太极图说　子部道教类

见道光《锡金续志》卷10。

荷桥子(一作荷桥子集)　集部别集类

见《毗陵人品记》卷8,谓皆笃实力行语。

敬义存稿　集部别集类

见乾隆《无锡县志》卷39。

按:《梁溪诗钞》卷5收其诗1首,《梁溪文钞》卷6收其文1篇。

张　逊(1432—1495)

字时敏,号钝轩,明无锡人。景泰七年(1456)举人。知福建同安县,官终福州知府。为政廉平,民拥戴之。能诗文。《毗陵人品记》有传。

涿州志　史部地理类

见乾隆《无锡县志》卷39。

钝轩集(一作钝轩稿) 集部别集类 佚

见《千顷堂书目》卷20。

按:《梁溪诗钞》卷4收其诗1首。

陈 履

字天泽,号逊庵。明无锡人。成化十八年(1482),与同里秦旭、李庶、潘绪、陈公懋等十人结碧山吟社,为碧山十老之一。卒年83。

逊庵诗集 集部别集类 佚

见《锡山历朝书目考》卷7。

按:《梁溪诗钞》卷5收其诗1首

陆 勉

字懋成,号竹石。明无锡人。成化十八年(1482),与同里秦旭、李庶、陈公懋等十人结碧山吟社,为碧山十老之一。工画,尤善大字,时人都请为题额。年82卒。

竹石山房诗集 集部别集类 佚

见《锡山历朝书目考》卷7。

按:《梁溪诗钞》卷5收其诗1首。

秦 夔(1433—1496)

字廷韶,一字中孚,号中斋。明无锡人,旭长子。天顺四年(1460)进士。授南京兵部主事,晋郎中,历知武昌、建昌两郡,累迁江西右布政使。历官四十年,家仅有田三顷。能文工诗。

五峰遗稿24卷 集部别集类

(1) 明嘉靖元年(1522)秦锐等刻本,上海图书馆藏。

(2) 无锡县依明刻抄本,见《无锡县立图书馆乡贤部书目》。

(3) 2013年黄山书社出版《明别集丛刊》本。

按:《梁溪文钞》卷8有秦金撰本书序。

中斋集　集部别集类　佚

见《锡金志外》卷2。

按:《锡山秦氏文抄》卷1收其文10篇。《锡山秦氏诗抄》前集卷2收其诗97首。《明诗别裁集》卷3收其诗1首。《梁溪诗抄》卷5收其诗6首。

施　度(1434—1479)

字彦章,号敬斋。明无锡人。天顺六年(1462)贡生。取贡黄州通判。

敬斋文集　集部别集类　佚

见《锡山历朝书目考》卷10。

陈　宾

字朝用,号蓉湖,自号晋庵居士。明无锡人。士名子。生于宣德时。天顺八年(1464)进士。授吏部考功司主事,历郎中,官至福建布政使。为大学士李东阳所重。致仕归,卒年80。

晋庵集　集部别集类　佚

见乾隆《无锡县志》卷39。

周　纮

字济广,号月窗。以字行。明无锡人。工医,尤精疡、疹、妇诸科,名满吴中。弘治中以名医征至京。

素问玄机原病式1卷　子部医家类

金刘完素撰　周纮校正。

(1)《刘河间伤寒三书》本。

(2)《刘河间医学六书》本。

(3) 明嘉靖十四年(1535)刻本,南京图书馆藏。

(4)《古今医统正脉全书》本。

(5)《医统正脉全书》本。

(6)《四库全书》本。

(7)《丛书集成初编》本。

(8) 日本延宝五年(1677)刻本,沈阳医学院图书馆藏。

(9) 日本元禄三年(1690)刻本,北京大学图书馆藏。

杨　缨

字士瞻,号立斋。明无锡人。成化四年(1468)举人。官建昌训导。

蛙吹集　集部别集类　佚

见《锡山历朝书目考》卷7。

朱　楷

字汝正,又字昭祖,号南滨。明无锡人。生于宣德年间,诸生。

安遇集　集部别集类　佚

见《无锡开化乡志》卷下。

华　积(1436—1491)

字守成,号竹友。明无锡人。

言志集　集部别集类　佚

见《锡山历朝书目考》卷10。

秦　励(1436—1521)

字邦哲,号一诚。明无锡人。维祯五世孙。正德十二年(1517)贡生,遥授徐州州判(一作别驾),不就。后以子伟封承德郎、应天府通判。

一诚斋文集　集部别集类　佚

见乾隆《无锡县志》卷39。

按:《锡山秦氏诗抄》前集卷2收其诗6首。《锡山秦氏文抄》卷1收其文1篇。

秦　旦(1436—1523)

字永孚，号养恬，以字行。明无锡人。旭次子，夔弟。家居务本，忠厚沉默，侍养40余年，成化间诏旌孝子，弘治改元给冠带。

养恬诗文集　集部别集类　佚

见《锡山秦氏诗抄》前集卷3，收其诗8首。

华　祯(1437—1503)

字守吉。明无锡人。兴叔孙。性孝友，乐施予，弘治中遇凶年，倾仓廪以平粜。耕植之暇多种竹，赏其音，每坐啸移日，因号听竹处士。中年后游览各地，优游自适。举为乡馆宾，不应，以布衣终。

鉴古要论　子部儒学类　佚

经史格言　子部儒学类　佚

以上2种见《锡山历朝书目考》卷10。

按：《华氏传芳续集》卷14有明李东阳撰《听竹华处士墓表》，云："平生泛涉经籍，见'格言''要论'则揭而训于庭。"

谈　纲(1438—1507)

字宪章，号勿轩，更号秋云。明无锡人。成化五年(1469)进士。初官刑曹，有政声。后授南京刑部主事，出守广信、莱州，敦尚教化。每暇辄集诸生讲经论史，竟日不倦。性嗜书，老不释卷。念母老引疾归。以孙恺赠兵部右侍郎、右佥都御史。《毗陵人品记》有传。

易义杂言1卷　经部易类　佚

易考图义1卷　经部易类　佚

易指考辨1卷　经部易类　佚

周易愚虑2卷　经部易类　佚

卜筮节要1卷　经部易类　佚

以上5种见《明史·艺文志》。

祠堂考　史部政书类　佚

秋云集　集部别集类　佚

以上2种见《锡金考乘》卷12。

愚虑集　集部别集类　佚

见乾隆《无锡县志》卷39。

按:《梁溪诗钞》卷5收其诗1首。

华　珵(1438—1514)

字汝德,号尚古生。明无锡人。铜活字印刷家。少积学,卒业太学。天顺八年(1464)贡生,选授光禄寺署丞,不乐仕进,惟好名山胜境,辞官归,与长洲沈周游。善鉴别古器,筑尚古楼,藏名画鼎彝甚富。又好藏书。所制铜活字版甚精密,每得秘书,不数日即印出。小传见明文徵明《甫田集》卷16。

方言13卷　经部小学类

汉扬雄撰

明正德十三年(1518)华珵印本,参见《四库简明目录标注》卷4。

渭南文集50卷　集部别集类

宋陆游撰

明弘治十五年(1502)华珵铜活字印本,国家图书馆藏。

百川学海100种179卷　丛书类

宋左圭编

明弘治十四年华珵刻本,国家图书馆藏。

钱　雷

字廷震,号竹楼,又号丹谷霅叟。明无锡人。生于正统初年。诸生。有文才。

竹楼文集　集部别集类

醉狂集　集部别集类

以上2种见《锡山历朝书目考》卷7。

施　廉(1439—1499)

字彦清，号北野，更号听雪。明无锡人。以医称，精脉理。弘治中，与周纮俱以名医征至京师，不受职而还。读书好文，善吟咏，为碧山吟社十老之一。筑"野翁园"。

中和堂集　集部别集类

野翁吟稿　集部别集类

以上2种见《锡山历朝书目考》卷7。

按:《梁溪诗钞》卷10收其诗2首。

野翁山居己未稿1卷　集部别集类

《九家诗》本。

华　燧(1439—1513)

字文辉，号会通。明无锡人。炯弟。铜活字印刷家。少涉猎经史，中岁好校书，辄为辨证，手录成帙。于群书旨要，必会而通之，因称会通子。既而以铜版锡字印行书籍，凡奇书难得者悉订正以行。性爽朗质直，不拘小节。弘治间岁饥，乃与兄炯输粟官府。又出粟千斛募民开垦胶山荒地。《华氏传芳续集》卷15有明邵宝撰《会通华君传》。

九经韵览14卷　经部群经总义类

明华燧辑

明弘治十一年(1498)华燧会通馆铜活字印本，国家图书馆藏。

十七史节要　史部史钞类

见《华氏山桂公支宗谱》卷首《承事郎南湖公(炯)传》。

治表切问　史部政书类　佚

见明邵宝《会通华君传》。

会通集　集部别集类　佚

见《锡山历朝书目考》卷2。

按:华燧一生印书甚多,兹依部类著录于次:
会通馆校正音释书经10卷　经部尚书类

元邹季友音释

明弘治华燧会通馆铜活字印本,见《明代版刻综录》卷5。

详增经旨音释毛诗4卷　经部诗经类

明弘治华燧会通馆铜活字印本,见《明代版刻综录》卷5

校正音释春秋12卷　经部春秋总义类

晋杜预撰

明弘治十年华燧会通馆铜活字印本,见《明代版刻综录》卷5。

会通馆印正本诸臣奏议150卷　史部政书类

宋赵汝愚辑

明弘治三年华燧会通馆铜活字印本,国家图书馆藏,有清邵恩多校并跋。

容斋随笔16卷续笔16卷三笔16卷四笔16卷五笔10卷　子部杂学类

宋洪迈撰

明弘治八年华燧会通馆铜活字印本,国家图书馆藏。

会通馆印正锦绣万花谷40卷后集40卷续集40卷　子部典故类

明弘治五年华燧会通馆铜活字印本,见《明代版刻综录》卷5。

记纂渊海20卷　子部典故类

宋潘自牧辑

明弘治华燧会通馆铜活字印本,上海图书馆藏。

会通馆印正辑补古今合璧事类前集69卷后集81卷续集56卷别集94卷外集66卷　子部典故类

宋谢维新编

明弘治八年华燧会通馆铜活字印本,见《范氏天一阁书目》。

按:华燧印《前集》《后集》,《续集》以下由秦汴刻成。参见"秦汴"条。

文苑英华辨证10卷　集部总集类

宋彭叔夏撰

明正德元年(1506)华燧会通馆铜活字印本,福建大学图书馆藏。

会通馆印正文苑英华纂要84卷　集部总集类

宋周必大编

明正德华燧会通馆铜活字印本,见《明代版刻综录》卷5。

按:世以华燧会通馆印书为铜版铜活字,潘天祯先生认为应是铜版锡活字,见《江苏图书馆工作》1980年第1期《明代无锡会通馆印书是锡活字本》。

秦　爽(1440—1517)

字仲孚,号务本,以字行。明无锡人。旭三子,夔弟。工诗画,多才多艺。时人谓其诗中有画,画中有诗。尝作溪山清兴堂、清远阁,结亭于后圃,题曰"涤凡"。

涤烦亭稿2卷(一作涤凡亭集)　集部别集类　佚

见《千顷堂书目》卷20。

按:《明诗综》卷30收其诗2首。《锡山秦氏诗抄》前集卷3收其诗33首,《锡山秦氏文抄》卷1收其文1篇

陆　清

字源洁,号诚庵,又号彦夫。明无锡人。成化元年(1465)举人,历官四川夔州同知、重庆知府。

诚庵集　集部别集类

见《锡山历朝书目考》卷7。

吴　翀

字凤翔,以字行。后改字鹏举,号藻庵,又号管窥。明无锡人。生于永乐时。谦从子。有学行。

(弘治)重修无锡县志36卷首1卷　史部地理类

明吴翀修　李庶(舜明)纂

(1) 明弘治七年(1494)刻本,南京图书馆藏。

(2) 抄本,上海图书馆藏。

(3) 1950年无锡泰伯文献馆筹备处油印本。

(4) 1954年油印本。

(5)《无锡文库》本,据明弘治七年刻本影印。

按:《无锡艺文志长编》作"锡山续志三十六卷,朱尚友堂捐赠影写本",云:"是书今邑人士所称《明代志》,以明代县志传本,今仅此一种也。弘治之初,翀、庶两人共谋重修县志,至七年乃成。……考是志,自《康熙志》以下,其著述门所载,俱称《锡山续志》。夫景泰间冯善所辑者,称《锡山新志》,惜其书早佚,无传本矣,是志续冯氏之记载,故名。"

管窥集　集部别集类

牡丹百咏　集部别集类

以上2种见《锡山历朝书目考》卷2。

华　德(1441—1516)

字文润,号西野。明无锡人。壮时有仇家诬其兄,乃自往南京代之,系狱十年,事白得释。尝取司马光言为"三积堂"以训子,复建贯虹楼以藏书。能诗,又好鼓琴弈棋,辨阅书画,作四美堂。虽富于资财而服食俭约,尝取乡人欠租券焚烧之。成化间以入赀助边授承事郎。

华氏族谱　史部传记类　佚

见《华氏传芳续集》卷15明邵宝撰《华处士西野君墓志铭》。

按:邵氏撰墓志铭云,其四世祖悰韡撰族谱未成,德乃搜辑稽订,不遗余力。谱成付孙华金藏之,题曰"传家遗墨"。

折须稿4卷　集部别集类　佚

见明邵宝撰《华处士西野君墓志铭》。

华氏折须稿1卷　集部别集类

《九家诗》本。

莫 止

字如山，号南沙。明无锡人。生于正统间。善诗画。

莫南沙集1卷　集部别集类

《盛明百家诗》本。

石巢遗稿　集部别集类　佚

见乾隆《无锡县志》卷39。

华 炴(1444—1486)

字文高，一作文皋，号东郊。明无锡人。燧弟。幼多疾，乃闭门读史籍。秉性孝友，自奉俭约，好济人急，以助人授七品散秩。《华氏山桂公支宗谱》卷首有《承事郎东郊府君传》。

宋史发明　史部史评类　佚

东郊集　集部别集类　佚

以上2种见《华氏传芳续集》卷15明陆简撰《承事郎华君墓志铭》。

潘 绪(1445—1528)

字季芳，一作继芳，号玉林。明无锡人。学者。早年丧父，事母笃孝。家世儒医，其亦继之，遂有医名。成化十八年(1482)与秦旭、李庶等十人在里结碧山吟社，众皆称敏。玉林为祭酒。好读书，善作诗。《毗陵人品记》有传。

句吴人物志12卷　史部传记类

惠山集记24卷　史部地理类

以上2种见《锡山历朝书目考》卷7。

钱 瑚(1445—?)

字世美，号西园处士。明无锡人。工诗。

五景诗集　集部别集类

见《锡山历朝书目考》卷7。

秦用中(1446—1516)

字择之,号豫斋。明无锡人。璠子。弘治十八年(1505)贡生。官安仁训导、泰顺教谕。工诗,攻古文。与李梦阳、何景明等相唱和,尤善边贡,才望重于一时。

浙游集(一作浙游草)　史部地理类　佚

豫斋集　集部别集类　佚

以上2种见《锡山秦氏文抄》卷12。

西湖集　集部别集类

见《毗陵人品记》卷8。

按:《梁溪诗钞》卷5、《锡山秦氏诗钞》前集卷2均收其诗2首。《锡山秦氏文抄》卷1收其文1篇。

倪　祚(1447—1512)

字相承,号久斋。明无锡人。敬侄。工诗,善真行书。乡饮大宾。

久斋诗集　集部别集类　佚

见《锡山历朝书目考》卷7。

葛　嵩(1448—1513)

字钟甫,号支庵。明无锡人。成化二十二年(1486)举人,弘治十二年(1499)进士。由行人擢礼科给事中,迁工科。武宗时以厘营弊力抗权倖,偕九卿请诛刘瑾,被瑾斥为奸党。罢归卒。《明史》有传。

�轩录　子部杂学类　佚

见明邵宝《工科给事中葛君墓志铭》。

过　鹤

明无锡人。成化十四年(1478)进士。任太仆寺丞。

窥豹集　集部别集类　佚

见道光《锡金志外》卷2。

钱　楷(1449—1496)

字世端，号东林，又号梦屺。明无锡人。任鸿胪寺序班。

梦屺诗稿　集部别集类

见光绪《锡金县志》卷39

莫　骢(1449—1519)

字曰良，号东川，又号颐斋。明无锡人。成化十年(1474)举人，二十年进士。授工部主事。议建济宁石闸，岁省费数万，民赖其利。历官兵部郎中。

奏议录　史部政书类　佚

济宁州志13卷　史部地理类　佚

颐斋集　集部别集类　佚

以上3种见乾隆《无锡县志》卷39。

圆　显(1449—?)

俗性陈。初号卧云，晚更号知微子。明无锡人。出家知微山房。戒行精勤，博通佛典，不出山门。

惠山记4卷　史部地理类

明圆显撰　邵宝辑

(1) 明刻本，台北"中央研究院"历史语言研究所藏。

(2) 明姚咨手抄本，台湾"中央图书馆"原藏。

(3) 清咸丰七年(1857)二泉书院刻本，清同治七年(1868)二泉书院重刻本，南京图书馆藏。

(4) 清光绪十年(1884)上海还读楼刻本，南京图书馆藏。

(5) 民国抄本，南京图书馆藏。

(6)《四库全书存目丛书》本。

(7)《故宫珍本丛刊》本。

(8)《中华山水志丛刊》本。

(9) 2006年苏州古吴轩出版社影印本。

(10)《无锡文库》本。

按：圆显撰原名书名《慧山志》，共20卷，后由邵宝重编为4卷。清咸丰、同治本有邵涵初《续编》3卷。

过　龙

字云从，又字泽民，号养拙。明无锡人。卒年94。

十四经发挥1卷　子部医家类

针灸要览1卷　子部医家类

以上2种见《锡山历朝书目考》卷7。

杨　文

字宗周，学者称淡成先生。明无锡人。家贫嗜学。躬耕自给。弘治三年(1490)进士。官金华府教授。入为国子监丞。应诏陈言多切时弊。寻迁寿州长史。引疾归。

周易发微　经部易类　佚

见乾隆《无锡县志》卷39。

书补解　经部尚书类　佚

见《锡金考乘》卷12。

中庸臆说　经部四书类　佚

铅虚集　集部别集类　佚

以上2种见乾隆《无锡县志》卷39。

蔡 羽

号金屋。明苏州籍无锡人。贡生。

故园记事10卷 子部杂学类 佚

全效辍耕录 子部杂学类 佚

以上2种见《锡山历朝书目考》卷7。

李 琛

字伯器,号云泉生。明无锡人。宋尚书琳八世孙。敦实有文,举孝廉不就。与蒲长源辈为诗社,优游以终。

确轩文集 集部别集类

确轩吟稿 集部别集类

以上2种见万历《无锡县志》卷20。

陈 周

字文美,号东崖。明无锡人。成化十七年(1481)进士。授户部主事,官至河南参政。

东崖类稿 集部别集类

见《锡金志外》卷。

按:《梁溪诗钞》卷5收其诗1首。

顾懋章(1452—1539)

字时芳,号芹轩。明无锡人。少与邵宝同师俞铠,受经学。为人宽仁好施,常周人之急。以子可学贵封工部主事,进四品服色。嘉靖中晋赠柱国、太子太保、礼部尚书。

养生节要 子部医家类 佚

延寿节要 子部医家类 佚

以上2种见《梁溪诗钞》卷4,小传云:"皆采辑古丹经医书,撮其肯綮，传于世。”

芹轩诗草　集部别集类　佚

见《锡山历朝著述考》卷 7。

按：《梁溪诗钞》卷 4 收其诗 1 首。

莫　懋

字云楼。明无锡人。弘治五年(1492)任临安知县。任侠有勇力。善书画。

云楼集　集部别集类　佚

见《锡山遗响》，收其诗 2 首。

许　玉(1453—1532)

本姓盛。字君玺，号信斋。明无锡人。

谷中蒉稗集　子部杂学类

见《锡山历朝书目考》卷 10。

俞　赞(1453—1529)

字克美，号实斋。明无锡人。

陋室玄言　子部杂学类　佚

埙篪赓咏　集部别集类　佚

以上 2 种见《锡山历朝书目考》卷 10。

张　恺(1453—1538)

字元之，号企斋，又号东洛。明无锡人。成化二十年(1484)进士。授吏部主事。进东平知州，改贵州黎平知府，转福建盐运使。素有政绩。善诗文。《毗陵人品记》有传。

(正德)常州府志续集 8 卷　史部地理类

明张恺纂

(1) 明正德八年(1513)刻本,中国科学院图书馆藏。

(2) 民国江安傅氏藏园抄正德本,国家图书馆藏。

(3)《四库全书存目丛书》本。

按:《四库全书总目》地理类存目著录。

志夷杂咏　子部杂学类

贵阳燕谈　子部杂学类

以上2种见《锡金考乘》卷12。

纪行集　集部别集类

东洛文集　集部别集类

以上2种见乾隆《无锡县志》卷39。

蚓窍余音　集部别集类

见《千顷堂书目》卷20。

按:《梁溪文钞》卷7收其文7篇。

华　燠(1455—1505)

字文和,号裕斋。明无锡人。祯子。平生事亲孝,于乡里多行义事。《华氏传芳续集》卷15有明毛澄撰《明故裕斋华处士墓表》。

垂令集　史部传记类　佚

明华燠、华辉编

见《华氏传芳续集》卷14明张元祯《垂令集序》。

按:燠、辉兄弟于其父华祯卒后,将同朝及乡里人所撰状、表、志、碣铭、阡记、赞、歌及诗,编纂成此集。

周松石(1456—?)

字碧崖。明弘治中洞虚宫道士。喜为诗。与同邑顾廷钰、戴文泽等十人为碧山吟社十丙会,盖10人皆同生景泰丙子(七年,1456)。

鸣籁集　集部别集类　佚

见光绪《锡金县志》卷29。

钱　荣(1457—?)

字世恩，号伯川。明无锡人。弘治六年(1493)进士。官至户部郎中。以介执闻名。刘瑾乱政时，三疏得归养。家居不出，恂恂文雅。

伯川集　集部别集类

见嘉庆《锡金县志》卷39。

吴　学(1457—1524)

字逊之，号海洲，晚号梦鹤。明无锡人。成化二十年(1484)进士。授行人，擢御史。条上十事，武宗甚重之，常呼为"长面御史"。后任河南巡抚、山东按察使。请老归。博洽能诗，亦工书法。

海洲文集　集部别集

见乾隆《无锡县志》卷39。

张　瑶

字元玉，一字百琢。明无锡人。逊子。幼究心理学。后与邵宝同主牛耳。善诗文。

柯麓静稿　集部别集类

昭著集　集部别集类

以上2种均见《锡金识小录》卷5。

陈　策(1458—1523)

字嘉言，号蓉湖。明无锡人。弘治六年(1493)进士。授户部主事，历户部郎中，出知饶州、桃源，官至江西左布政使。《国朝献征录》卷86有传。

曹县志　史部地理类　佚

见《锡金志外》卷2。

尤 弼

字遂良，号忠斋，又号十峰。明无锡人。成化十九年(1483)举人。历楚雄、崇阳、苍梧等知县，颇多政绩。果介自信，尝七疏西南边务，多见施行，声绩并著。后以忤权贵罢职。

政余稿 集部别集类 佚

家居稿 集部别集类 佚

以上2种见乾隆《无锡县志》卷39。

华 昶(1459—1521)

字文光，号双梧，又号梅心。明无锡人。津族子。弘治九年(1496)进士。改翰林院庶吉士，授户科给事中。以论劾程敏政调南京太仆寺主簿，暇时课诸生以经学。出守广东韶州府，政宽刑简。升贵州左参政，改四川，迁福建右布政使。生平肆力群经子史，亦究心舆地兵财律历百家之语。《华氏山桂公支宗谱》卷首有明邵宝撰《华公神道碑》。

双梧集 集部别集类 佚

见《千顷堂书目》卷21。

按：《华氏传芳续集》卷15收其文1篇。

尤 基

字维德，号居素。明无锡人。生于天顺时。诸生，户科给事中。年73卒。

居素集 集部别集类

见《锡山历朝书目考》卷2。

顾荣章(1460—1520)

字时显，号筠轩。明无锡人。尝受经于俞铠。明邵宝为其撰墓志铭，见《容春堂续集》卷15。

筠轩诗草　集部别集类　佚

见《锡山历朝书目考》卷7。

按:《梁溪诗抄》卷4收其诗8首。

邵　宝(1460—1527)

字国贤,别字泉斋,号二泉居士。明无锡人。成化二十年(1484)进士。累官江西提学副使,厘革浇俗,修白鹿书院学舍以处学者,教人以致知力行为本。正德中,迁右副都御史,总督漕运,忤刘瑾,勒致仕。瑾诛,升户部侍郎,拜南礼部尚书,恳辞。嘉靖初起前官,复辞。卒赠太子少保,谥文庄,学者称"二泉先生"。尝师事李东阳,诗文皆宗法东阳。《明史》有传。

左觿1卷　经部春秋总义类

(1)《邵文庄公经史全书》本。

(2)《四库全书存目丛书》本。

按:《四库全书总目》云:"是编乃其读《左传》所记,杂论书法及注解,然寥寥无多。盖随意标识于《传》文之上,亦其《简端录》之类也。其中精确者数条,顾炎武《左传补注》已采之。所遗者,其糟粕矣。"

简端录12卷　经部群经总义类

(1) 明正德十年(1515)华云刻本,上海图书馆藏。

(2) 明秦榛重刻本,台湾"中央图书馆"原藏。

(3) 明崇祯四年(1631)邵澄刻本,东北师范大学图书馆藏。

(4)《邵文庄公经史全书》本。

(5) 清康熙刻本,南京图书馆藏。

(6) 清雍正十年(1732)剑光阁刻本。

(7)《四库全书》本。

(8) 清抄本,王思范跋,国家图书馆藏。

按:《四库全书总目》云:"是编皆其读书有得即题释简端,积久渐多,其门人天台王宗元钞合成帙,因以'简端'为名。凡《易》三卷,《书》

二卷,《春秋》三卷,《礼记》一卷,《大学》《中庸》合一卷,《论语》《孟子》合一卷。前有宝《自序》。又有雍正壬子华希闵《重刊序》,称‘格物一义,顿悟者方欲扫除一切。先生则曰:格物犹言穷理也,理即物之所以为物也。不曰穷理而曰物者,要之于其实也’云云。盖时方趋向良知,以为圣人秘钥。儒者日就元虚,宝所学独笃实不支,故其言如此。全书大旨,不外于斯。虽步步趋趋,尚未为沉酣经窟,然马、郑、孔、贾之学,至明殆绝,研思古义者,二百七十年内,稀若晨星。迨其中叶,狂禅澜倒,异说飙腾,乃并宋儒义理之学亦失其本旨。宝所札记,虽皆寥寥数言,而大旨要归于醇正。亟录存之,亦不得已而思其次也。”

学史 13 卷　史部史评类

(1) 明正德十五年陈察刻本,南京图书馆藏。

(2) 明嘉靖七年(1528)陈察刻本,南京图书馆藏。

(3) 明嘉靖邵氏容春精舍刻本,南京图书馆藏。

(4) 明嘉靖二十三年秦汶刻本,国家图书馆藏。

(5)《邵文庄公经史全书》本。

(6)《四库全书》本。

(7) 无锡县图书馆抄本,见《无锡县立图书馆乡贤部书目》。

按:《四库全书总目》云:宝尝为江西提学副使,是书其提学时所作。为卷十有二,以象月;又余其一,以象闰。每卷或三十条,或二十九条,以象月之有大小。尽取程子“今日格一物,明日格一物”之义,名之曰“日格子”。巡抚吴廷举尝上于朝。书中取自周迄元史事,分条论列,词简意核,笔力颇遒健。其间如记《后汉书》谯元用弟服去官,戴封用伯父丧去官事,以为辟世与人。不知后汉人情淳朴,其以期功丧解官持丧者,见于史册,不一而足。宝疑为托故而逃,未免失之不考。又论荀彧以为志似管仲,心似召忽,非扬雄之比。亦为失当。然宝平生湛深经术,持论平正,究非胡寅辈之刻深、尹起莘辈之肤浅所可拟也。

纂补春秋诸名臣传 13 卷　史部传记类

明邵宝撰　明姚咨续补

(1) 明隆庆五年(1571)安绍芳刻本,国家图书馆藏。

(2) 清抄本,题《春秋诸名臣传》,据明隆庆五年安绍芳刻本抄,国家图书馆藏。

(3)《四库全书存目丛书》本。

按:《四库全书总目》云:"《春秋名臣传》十三卷。明姚咨撰。咨字舜咨,无锡人。初,其邑人邵宝为是书未毕,咨续成之。始于周之辛伯,迄于虞之宫之奇,凡一百四十八人,传末各附以小赞。大旨与宋王当《春秋列国臣传》相出入。而其义例乃讥当书用鲁史编年之非。然既标以《春秋》,则自应用《春秋》之年月。若各从列国,转致错互难明。以是议当,未为允也。"

科甲录　史部传记类　佚

见《锡金考乘》卷 12。

漕政举要录　18 卷　史部政书类

见《四库全书总目》卷 84。提要云:"是编乃正德己巳宝官副都御史总漕江北时所作。卷一至卷六为《河渠之政》,卷七为《舟楫之政》,卷八为《仓廒之政》,卷九为《卒伍之政》,卷十、卷十一为《转输之政》,卷十二为《统领之政》,卷十三至卷十五为《纪载之政》,卷十六为《稽古之政》,卷十七为《准今之政》,卷十八以《杂录》终焉。"

运法议　史部政书类　佚

见《千顷堂书目》卷 15

按:该书收入明司马泰《文献汇编》卷 43。

慧山记 4 卷　史部地理类

明释圆显撰　邵宝辑

版本参见"圆显"条。

按:圆显原书名《惠山志》,共 20 卷,邵宝重编为 4 卷。清咸丰、同治刻本有邵宝八世孙邵涵初《续编》3 卷。咸丰刻本版片毁于兵火,故同治年间又重刻此书行于世。《四库全书总目》著录"《慧山记》3 卷",云:"一名《九龙山志》。……慧山即惠山,在无锡县界,局狭而气秀,地近而景幽，自昔号为佳境。宝居近是山，钓游所及，时有品题。所作如《惠山杂歌》《惠山十二咏》《叙竹茶垆》等篇，具载于《容春堂续集》中。此书仿贺知章会稽洞、郭子美罗浮山之例，搜辑旧事遗文，为之作志。”

（弘治）许州志3卷　史部地理类

明弘治六年（1493）刻本，上海图书馆藏有胶卷。

按：别本作20卷，并有注文云“弘治癸丑修”。

大儒大奏议6卷　子部儒学类

（1）明弘治十八年（1505）王德明刻本，清华大学图书馆藏。

（2）明嘉靖六年山东藩司郭韶刻本，浙江图书馆藏。

（3）《四库全书存目丛书》本。

按：《四库全书总目》云：“是书取宋二程子及朱子奏议汇抄成帙。盖宝督学江西时所刊。”

邵文庄公手帖　子部儒学类

收入清陈宏谋编《训俗遗规》卷上，有清华希闵按语云：“时有书贾携来文庄墨迹，系手书持身范世语。缘集中无语录一类可附，兹谨登之，以公同好。”

大学衍义43卷　子部儒学类

宋真德秀撰

明弘治十五年邵宝刻本，见《明代版刻综录》卷三。

对客燕谈1卷　子部小说类

（1）明姚咨传抄秦艾斋摘录本，台湾“中央图书馆”原藏。

（2）《适园丛书》本。

（3）1971年台北文海出版社《明清史料汇编》本，据《适园丛书》本影印。

容春堂前集20卷后集14卷续集18卷别集9卷　集部别集类

（1）明正德十二年刻本，上海图书馆藏。

（2）明秦榛刻本，国家图书馆藏。

（3）清康熙间华氏剑光阁刻本。

(4) 清雍正十年刻本,无锡县图书馆藏。

(5)《四库全书》本。

(6) 1991 年上海古籍出版社《四库明人文集丛刊》本。

(7) 民国无锡县立图书馆抄本,无锡市图书馆藏。

(8)《无锡文库》本。

(9)《明别集丛刊》第一辑本。

(10) 2016 年凤凰出版社出版《常州先哲遗书续》本。

按:《四库全书总目》叙其文风"宝举乡试,出李东阳之门,故其诗文矩度,皆宗法东阳。……今统观四集,其文边幅少狭,而高简有法,要无愧于醇正之目。……其诗清和淡泊,尤能抒写性灵"。

邵二泉全集 66 卷　集部别集类

明嘉靖刻本,南京图书馆藏。

邵二泉集 1 卷　集部别集类

《广理学备考》本。

邵文庄公集 1 卷　集部别集类

(1)《盛明百家诗前编》本。

(2)《明别集丛刊》第五辑本。

邵二泉诗卷真迹 1 卷　集部别集类

邵宝撰并书

1922 年中华书局石印本。

泉斋勿药集 14 卷　集部别集类　佚

明正德嘉靖间刻本,台湾"中央图书馆"原藏。

邵文庄公佚诗附题跋 1 卷　集部别集类

民国无锡县立图书馆抄本,见《无锡县立图书馆乡贤部书目》。

杜少陵先生分类诗注 24 卷　集部别集类

明邵宝集注　过栋参笺

(1) 明万历二十年(1592)三吴周子文精刻本,南开大学图书馆藏。

(2) 清康熙五十八年(1719)洪士桂重刻本。

杜律抄本 2 卷　集部别集类

见清钱谦益《绛云楼书目》。

杜诗七言律注　集部别集类

明嘉靖间坊刻本。参见《杜集书录》内编卷 11。

惠山集 6 卷　集部总集类

(1) 明刻递修本,国家图书馆藏。

(2)《无锡文库》本。

邵文庄公经史全书五种　丛书类

明邵宝撰　曹荃编

明崇祯四年曹荃刻本,北京大学图书馆藏。

子目:

《泉斋简端录》12 卷

《学史》13 卷

《左觿》1 卷

《程子明道先生定性书说》1 卷

《容春堂杂抄》1 卷

殷　贵

字南金,号惺斋。明无锡人。序从孙。弘治三年(1490)贡生。授广东阳山知县。为政数月,恩信旁达,远近胥响。卒于官,年 61。明邵宝《容春堂前集》卷 15 有《殷君贵墓表》。

惺斋集　集部别集类

见明邵宝《殷君贵墓表》。

莫　息

字善诚,号冰泉。明无锡人。懋子。弘治八年(1495)举人,十二年进士。官至南京工部主事。卒年 50。

学庸通旨　经部四书类　佚

冰泉诗集　集部别集类　佚

以上 2 种见《锡山历朝书目考》卷 2。

锡山遗响 10 卷　集部总集类

明莫息、潘继芳辑

(1) 明弘治十八年莫息刻本，台湾“中央图书馆”原藏。

(2) 明正德刻本，国家图书馆藏。

(3) 清抄本，南京图书馆藏。

(4) 1948 年无锡县图书馆抄本，无锡市图书馆藏。

(5)《无锡文库》本。

续锡山遗响　集部总集类　佚

见乾隆《无锡县志》卷 39。

罗　柔

字文徽，号弦斋。明无锡人。弘治三年(1490)进士。历户部郎中，擢建宁知府，为吏强项，耻逢迎，以忤权贵引归。《毗陵人品记》有传。

罗太守集 1 卷续集 1 卷　集部别集类

《盛明百家诗后编》本。

弦斋集　集部别集类

见《毗陵人品记》卷 8。

华　辉(1461—1534)

字文远，号近斋。明无锡人。燠弟。知学，涉猎传记，能以文雅自润。尝续宗谱，建义庄，素性朴茂，不事侈汰，待人简而诚。《华氏传芳续集》卷 15 有明文徵明撰《近斋华翁墓志铭》。

垂令集　集部别集类　佚

明华燠、华辉编

见《华氏传芳续集》卷 14 明张元祯《垂令集序》。参见“华燠”条。

施　訚(1461—1537)

字克和，号静观。明无锡人。正德元年(1506)贡生。曾任广西乐府推官。

粤南纪游　史部地理类

北游集　集部别集类

静翁遗稿　集部别集类

菊雪唱和录　集部总集类

以上4种见《锡山历朝书目考》卷7。

谈一贯

字文通，号困学，更号星海。明无锡人。生于天顺年间，嘉靖十年(1531)贡生。任安平知县。能诗。

逍遥集　集部别集类　佚

长啸集　集部别集类　佚

以上2种见乾隆《无锡县志》卷39。

秦　伟(1461—1538)

字国瞻，号炼斋。明无锡人。励子。成化二十二年(1486)举人。官应天府通判。宦情素淡，乞养归。居地滨湖，筑台植柳，每遇风日晴煦，吟玩自得，积诗盈帙。

四柳先生集　集部别集类　佚

见《锡山秦氏诗钞》卷12。

按:《锡山秦氏诗钞》前集卷3收其诗2首，《锡山秦氏文钞》卷1收其文1篇。

华从智(1461—1542)

字允贞，号三山。明无锡人。德子。父母丧，三年终制，卜隐于佘山，种树结屋，署其堂曰归云。又筑传芳楼，凡上世谱乘典籍悉梓而藏之。以子金贵封户部主事。

华氏传芳集 11 卷续集 5 卷　史部传记类

明华方辑　华察续

明嘉靖十一年(1532)华从智刻，隆庆六年(1572)华察续刻本，南京图书馆藏，有抄配。

虑得集 4 卷附录 2 卷　子部杂学类

明华悰韡撰

明嘉靖十一年华从智刻本，中国科学院图书馆藏。

按：民国间陶湘辑《托跋廛丛刻》本《虑得集》即据此本影印。

佘山百咏诗 3 卷　集部别集类

见《华氏传芳续集》卷 16 明秦金撰《三山华公墓志铭》。

按：明唐顺之《三山华翁墓表》云："其语类古之隐君子，自足于一丘一壑而不干于物者。"

秦　镗(1463—1541)

字国和，号乐易，自号类樗子。明无锡人。旭孙，旦子。弘治十七年(1504)举人。以亲老不赴会试，遥授南京都察院都事。隐居不仕，绝意时名，寄情于诗。人称贞靖先生。《明史》有传。

樗林摘稿 3 卷附录 1 卷　集部别集类

(1) 明嘉靖三十九年(1560)刻本，中国社会科学院文学研究所藏。

(2)《四库全书存目丛书》本。

(3) 2013 年黄山书社出版《明别集丛刊》本。

按：《四库全书总目》别集类存目录有此书，谓是集为其子淮、漳所刊，凡诗 3 卷，附录赞、铭、志文为 1 卷。

又：《锡山秦氏文抄》卷 1 收其文 3 篇，《锡山秦氏诗抄》前集卷 4 收其诗 17 首。《梁溪诗抄》卷 6 收其诗 3 首。

秦　侃(1465—1515)

字文和，字国毅，号逸休。明无锡人。励次子。读书能文，不干仕进。常整衣独坐，焚香鼓琴以自适。得意处偶发为诗歌。

逸休吟稿　集部别集类　佚

见《锡山秦氏诗抄》前集卷3，收其诗1首。

华　基(1465—1517)

字允成，号肯斋。明无锡人。炯次子。性孝友，自奉甚俭，事涉义举则倾囊相助。好文学，中年尤健，尝游南京，与诸人唱和。弘治六年(1493)岁饥，因输粟，授苏州卫正千户。十一年又饥，复输粟，进苏州卫指挥同知。《华氏传芳续集》卷16有明谢迁撰《肯斋华君墓表》。

世德堂训　子部儒学类　佚

按：见《墓表》，云："尝述先世行略为《世德堂训》，析贞固(华悰韡)《遣怀诗》为题，各系箴语，以示诸子姓，皆不尚葩藻而一主于理。"

肯斋遗稿　集部别集类　佚

见乾隆《无锡县志》卷39。

华麟祥

字时正。明无锡人。由诸生入监，选浙江布政司都事，不赴。后以转输雄于赀财。岁饥，粟贵，倾廪赈贷，无弗应者，新会陈献章题其堂名"乐善"。尝令子云受业于邵宝。宝归田后与富室相款曲者惟麟祥一人。

事类赋注30卷　子部典故类

宋吴淑撰注

(1) 明嘉靖十一年(1532)华麟祥校刻本，国家图书馆藏。

(2) 清翻刻明华麟祥刻本。

按：参校者有无锡县学生倪奉、浦锦、陆子明、苗子实、秦采、俞寰、华复初、安如山等。

缪　觐

字元臣。明无锡人。志尚玄虚，性峭直，面折人过，闾里畏之。弘治八年(1495)举人，隐历山下，不入城市。家贫，劝之仕，不应，日以赋诗为乐，名闻京师。

南涯集　集部别集类

见《锡金识小录》卷5。

华　坣

字汝瞻，号濠湖。明无锡人。生于成化年间。诸生。

濠湖集　集部别集类　佚

见《锡山历朝书目考》卷10。

吕元夫

字仁仲，号右斋。明无锡人。弘治九年(1496)进士。授礼部主事，改吏部文选司，擢南通政司参议，进太仆少卿，致仕归。敏而有识，善草隶，亦能画。

孝宗实录10卷　史部编年类

见《锡山历朝书目考》卷2。

按：光绪《锡金县志》卷19本传谓独成40卷。

思泉漫稿　集部别集类

见光绪《无锡金匮县志》卷39。

按：乾隆《无锡县志》卷39作吕元撰，与此或为一人。

华　恩(1467—1543)

字承之，号愚坦。明无锡人。宗康孙。嗜学，于载籍多所究晰。间为古文辞，务以理胜，不尚浮靡。善书法，旁通医术。居家孝友，曾将其弟之子扶养成人。《华氏通四三省公支传芳集》卷4有其传、墓志铭。

华恩诗

华恩诗未见专集名，今《华氏通四三省公支传芳集》卷14收其诗10首。

秦　金(1467—1544)

字国声，号凤山。明无锡人。霖子。弘治六年(1493)进士。历官户部主事、郎中、河南参政、山东布政使、湖广巡抚、户部侍郎、南京礼部尚书、兵部尚书、户部尚书等。为人乐易，居官一以廉正自持。引疾归，赠少保。工诗能文。卒谥端敏。《明史》有传。

安楚录10卷　史部杂史类

(1) 明万历四十四年(1616)刻本，上海图书馆藏。

(2)《四库全书存目丛书》本。

(3)《续修四库全书》本。

按：《锡山秦氏文抄》卷2有秦梁《重刊安楚录序》。《四库全书总目》叙其体制云："是书乃其以副都御史巡抚湖广时讨平猺寇所作也。卷一为敕谕，卷二、卷三为奏疏，卷四、卷五为檄文，卷六至卷九为题赠诗文，卷十附录《封邱遗事》。盖金曾任河南左参政，御流寇有功，土人为立生祠，并辑其诗为《天成集》，以纪金之战绩。故以类附见焉。"

抚湖政要　史部杂史类　佚

凤山奏稿　史部政书类　佚

以上2种见乾隆《无锡县志》卷39。

通惠河志2卷　史部地理类　佚

见《明史·艺文志》。

按：乾隆《无锡县志》卷29作《会通河志》。

秦端敏公集1卷　集部别集类

(1)《盛明百家诗》本。

(2)《明别集丛刊》第五辑本。

凤山诗集2卷附录1卷　集部别集类

(1)《秦氏三府君集》本。

(2)《明别集丛刊》第一辑本。

按:《明史·艺文志》作10卷。《锡山秦氏诗抄》前集卷3收其诗70首、《锡山秦氏文抄》卷1收其文11篇。

沈　荣(1468—1551)

字古年。明无锡人。

格言4卷　子部儒学类

见《锡山历朝书目考》卷7。

吴　谷

明无锡人。

未轩集　集部别集类

见《无锡富安乡志稿》卷24。

华　坚

字允刚。明无锡人。基弟。铜活字印刷家。正德年间曾以兰雪堂名义用铜活字排印书籍多种,所印书多有"锡山兰雪堂华坚允刚活字铜板印行"牌记,或刊跋语,所印唐人文集,多据宋刻底本,为世间所贵。

春秋繁露17卷　经部春秋公羊传类

汉董仲舒撰

明正德十一年(1516)锡山华坚兰雪堂铜活字本,国家图书馆藏。

艺文类聚100卷　子部典故类

唐欧阳询等辑

明正德十年(1515)锡山华坚兰雪堂铜活字本,见《明代版刻综录》卷8。

意林5卷　子部典故类

唐马总辑

明正德间锡山华坚兰雪堂铜活字本，见《明代版刻综录》卷 8。

蔡中郎集 10 卷外传 1 卷　集部别集类

汉蔡邕撰

明正德十年(1515)锡山华坚兰雪堂铜活字本，国家图书馆藏。

元氏长庆集 60 卷　集部别集类

唐元稹撰

明正德八年(1513)锡山华坚兰雪堂铜活字本，国家图书馆藏。

白氏长庆集 71 卷目录 2 卷　集部别集类

唐白居易撰

明正德八年(1513)锡山华坚兰雪堂铜活字本，国家图书馆藏。

广成集 12 卷　集部别集类

蜀杜光庭撰

明正德十年(1515)锡山华坚兰雪堂铜活字本，国家图书馆藏。

玉台新咏 10 卷　集部总集类

陈徐陵辑

明正德九年(1514)锡山华坚兰雪堂铜活字本，见《明代版刻综录》卷 8。

文苑英华辨证 10 卷　集部总集类

宋彭叔夏撰

明正德元年(1506)锡山华坚兰雪堂铜活字本，见《明代版刻综录》卷 8。

秦　铨(1470—1541)

字国衡，号止庵。明无锡人。旭孙，夔子。弘治十七年(1504)举人，官台州府通判。能诗文。《锡山秦氏诗抄》收其诗 5 首。

读史闲评　史部史评类　佚

见乾隆《无锡县志》卷 39。

岭海壮游　史部地理类　佚

见《锡山秦氏诗抄》前集卷 4。

锡谷丛谈　子部杂学类　佚

春明笔奕　子部杂学类　佚

以上 2 种见乾隆《无锡县志》卷 39。

黄　铠

字廷卫，一字君宪，号鹤群。明长洲籍无锡人。弘治十一年(1498)举人。文学为当世所重。著述甚富。卒年 81。

毛诗童见　经部诗经类　佚

周礼仪礼纂　经部三礼总义类　佚

以上 2 种见《锡金识小录》卷 5。

四书解义　经部四书类　佚

见道光《锡金续志》卷 10。

紫薇精舍杂著　子部杂学类　佚

皆春堂集　集部别集类　佚

以上 2 种见《锡金识小录》卷 5。

鹤群诗集　集部别集类　佚

见乾隆《无锡县志》卷 39。

吴中秀

明无锡人。

三教檐檐草　集部别集类

诗余杂著　集部别集类

仁寿堂诗艺　集部诗文评类

以上 3 种见《无锡富安乡志稿》卷 24。

施　讷(1472—1520)

字克敏,号遁斋,别号瓢春。明无锡人。

瓢春斋诗集　集部别集类

见《锡山历朝书目考》卷10。

俞　泰(1472—1540)

字国昌,号正斋,一作字正斋,晚号奚疑山人。明无锡人。弘治十五年(1502)进士。授南京吏科给事中。复除吏科,累升户科都给事中。历官山东布政使参政。嘉靖二年(1523)致仕。辟园市南,隐居芳洲。为人文雅,诗文清丽。雅好翰墨,兼工绘事。擅绘云雾山水,风格近似黄公望、王蒙。

芳洲漫兴集　集部别集类

见《图绘宝鉴》。

俞国昌集1卷　集部别集类

(1)《盛明百家诗》本。

(2)《明别集丛刊》第五辑本。

绍文堂集　集部别集类　佚

见《锡山历朝书目考》卷7。

按:《明诗综》卷33收其诗1首。《梁溪文钞》卷8收其文1篇。

华　滋(1473—1562)

字泽民,号希尹。明无锡人。以选贡入国学。选授兴邸典礼。逢母忧,服阕,改寿王府典仪,升长史。年老告归,高寿而终。《华氏传芳集》有传。

希尹集　集部别集类　佚

见《锡山历朝书目考》卷7。

邹　钲

字履坦。明无锡人。生于成化年间。好行义。

传家宝语　子部儒学类　佚

见《锡山历朝书目考》卷10。

吴　昂

明无锡人。

求志斋诗稿　集部别集类

见《无锡富安乡志稿》卷24。

盛　良

明无锡人。生于成化时。

水石诗集(一作木石诗集)　集部别集类　佚

见乾隆《无锡县志》卷39。

钱时高

字景旻,号右山。明无锡人。

鸣秋诗集　集部别集类

见《锡山历朝书目考》卷10。

朱　恩

字广仁,号诚斋,别号云湘。明无锡人。生于成化年间。弘治十四年(1501)举人。官广西浔州府推官,卒年72。

连珠集　集部别集类　佚

见《无锡开化乡志》卷下。

放言集　集部别集类　佚

敬业堂稿　集部别集类　佚

以上2种见《锡山历朝书目考》卷7。

盛　恂

明无锡人。生于成化时。容从弟。博学能文。

广陵年稿　史部地理类

见《锡金考乘》卷7。

李　黼

字德威。明无锡人。生于成化间。

二礼集解12卷　经部三礼总义类

明嘉靖十六年(1537)常州府刻本，南京图书馆藏。

按：《千顷堂书目》卷2注云："合《周礼》《仪礼》为一，集诸家之说，间出己见以解之。"是书原藏无锡县图书馆，《无锡艺文志长编》："此本为嘉靖原刊，古色古香，令人可爱。旧为邑人丁福保所藏，迨县图书馆既创建，遂为捐赠，与邑人士共宝之。"

性理五书补注　子部儒学类

见乾隆《无锡县志》卷39。

新刊王制考4卷　子部类书类

明刻本，国家图书馆藏。

按：《四库全书总目》云："是书采经史中有关制度者，以《周礼》《礼记》《春秋左传》《国语》凡先王之法类聚于前，以《史记》《汉书》以下凡后世之法类聚于后，统为七十四篇。自序谓他日下陈场屋，上对明廷，盖为举业对策设也。其书成于正德中，本四卷，朱彝尊《经义考》误作一卷。且此书杂采经史，自分门类，非疏解《礼记》之王制。彝尊列之《礼记》，亦为失考，盖彝尊原注未见，特循其名而录之，故有此失也。然此本实出自曝书亭，或藏收浩繁，自不及检钦？抑得此本时已在《经义考》后也。"

杨　中

字致行，号简斋。明无锡人。正德二年(1507)举人。署教湖广安陆州，擢南京国子博士，以饶州府通判放归。

杨通府集 1 卷　集部别集类

《盛明百家诗》本。

简斋诗集　集部别集类　佚

见《千顷堂书目》卷 20。

俞　晖(1476—1502)

字国光，一字小泉，号九思。明无锡人。

俞国光集 1 卷　集部别集类

(1)《盛明百家诗》本。

(2)《明别集丛刊》第五辑本。

小泉居士集　集部别集类

见《锡山历朝书目考》卷 10。

秦　锐(1476—1537)

字国英，号韦轩。明无锡人。夔子，镗从弟。以太学谒选授浙江布政使都事，不赴。性慷慨，工诗。《锡山秦氏诗抄》前集卷 4 收其诗 45 首。

紫薇堂稿　集部别集类　佚

见乾隆《无锡县志》卷 39。

王　宏(1476—1564)

字子声，号蓉山。明无锡人。诸生。知广东乳源县。能诗文。

历代编年便览　史部编年类

抱拙子诗集　集部别集类

以上2种均见《锡山历朝书目考》卷2。

华后承

号心泉。明无锡人。生于成化年间。

烟霞集2卷　子部道教类　佚

见《千顷堂书目》卷16。

尤　晋(1478—1564)

字子明，号月潭，又号月川。明无锡人。

句吴闻见录6卷　史部地理类

见《梁溪文钞》卷9尤晋本书自序。

华　金(1479—1556)

字子宣，初号始斋，晚号嵩峰。明无锡人。从智长子。正德十六年(1521)进士。奉使山东采访实录，事竣授户部主事，分司通州。严整慎密，晋员外郎。嘉靖十年(1531)升云南布政司参议，居三年，政平讼理，威惠并行。升山东按察司副使，分巡天津。不能屈节上官，遂乞致仕。性严静鲠直，笃于孝友。初喜谈制举学，晚乃弃去，文学韩愈，诗学杜甫，书法颜真卿、柳公权。

少微堂稿　集部别集类　佚

见《华氏传芳续集》卷17明文徵明撰《华公墓志铭》。同卷收有华金文1篇。

王　良(1480—1550)

字国明，号达庵。明无锡人。性高洁，不乐居城市，置田于乡，率妻子躬耕以给衣食。工于诗，不以诗名世。

耕余吟　集部别集类

见《王氏三沙全谱》卷首。

钱月龄

字鹤山。明无锡人。嘉靖时洞虚宫道士。

丹丘漫稿　集部别集类

见《千顷堂书目》卷28。

钱羽士集　集部别集类

《盛明百家诗》本。

王　冕

字廷用,号可竹。明无锡人。早从名公巨卿游,为学甚博,以气节自居。素爱竹,于所居轩侧植万杆,日咏吟其中,自号可竹轩人。尝游京师,归而疾剧,卒年24。

遗稿　集部别集类

见《王氏三沙全谱》卷首。

余　信

明无锡人。正德五年(1510)举人,九年(1514)进士。

集古韵考5卷　经部小学类

见《锡山历朝书目考》卷2。

韵叶考5卷　经部小学类

明潘侃刻本,重庆市图书馆藏。

薛　氏

明无锡人。华莘妻。

女训1卷　子部儒学类　佚

见《锡山历朝书目考》卷9。

安　国(1481—1534)

字民泰,号桂坡。本姓黄。明苏州悬珠里人,洪武年间其祖辈赘于安氏,因从其姓,迁无锡胶山。性警敏,多远略。以布衣起家,囤积诸货,富甲江南。筑郡城,修学校,开浚胶山山庄河。涉猎经史,好收藏古书画彝鼎,能辨真伪。又好刻书,曾用铜活字印书多种。平生酷爱桂花,题其住宅为“桂坡馆”,人称桂坡公。被荐京师,不仕而归。后益好游。以子如山贵赠奉直大夫、南京户部员外郎。《泾野先生文集》有传。

北游记 1 卷西游记 1 卷东游记 1 卷附赠言 3 卷　史部地理类

(1) 明安氏西林书屋抄本,南京图书馆藏。

(2)《无锡文库》本。

安桂坡游记 1 卷　史部地理类

稿本,北京大学图书馆藏。

北游记 1 卷西游记 2 卷桂坡游稿 1 卷　史部地理类

《明别集丛刊》第二辑本。

桂坡遗草 1 卷　集部别集类

清乾隆五十八年(1793)无锡安氏刻胶山安氏诗集本。

游吟小稿 1 卷桂坡游记　集部别集类

民国间抄本。

游吟稿　集部别集类

见清安绍杰辑《安我素年谱》卷首述世系。

胶山安氏诗补 2 卷　集部总集类

明安宇、安国等撰

安念祖刊本,无锡县图书馆原藏,见《无锡县立图书馆乡贤部书目》。

按:安国生前用铜活字印书多种,兹按部类列举如次。

左粹类纂 12 卷　经部春秋左传类

明施仁辑

明嘉靖安国弘仁堂铜活字印本。

五经说 7 卷　经部群经总义类

元熊朋来撰

明嘉靖安国铜活字印本。

雍录 10 卷　史部地理类

宋程大昌撰

明嘉靖安国铜活字印本。

吴中水利通志 17 卷　史部地理类

明嘉靖三年(1524)安国铜活字印本,国家图书馆藏。

初学记 30 卷　子部典故类

唐徐坚撰

明嘉靖十年安国桂坡馆铜活字印本,国家图书馆藏。

古今合璧事类备要前集 69 卷后集 81 卷　子部典故类

宋谢维新撰

明嘉靖安国铜活字印本,国家图书馆藏。

颜鲁公文集 15 卷补遗 1 卷年谱 1 卷附录 1 卷　集部别集类

唐颜真卿撰　年谱宋留元刚撰

明嘉靖二年安国铜活字本,国家图书馆藏。

按:此书有两种印本,一种为半页十三行,行二十六字,上下单边,左右双边。一种为半页十行,行二十字,四周单边。参见《明代版刻综录》卷 2。

重校鹤山先生大全文集 110 卷　集部别集类

宋魏了翁撰

明嘉靖安国铜活字印本,国家图书馆藏。

石田诗选 10 卷　集部别集类

明沈周撰

明正德安国铜活字印本,上海图书馆藏。

按:正德年间,南京吏部尚书廖纪修有《东光县志》6 卷,托安国用铜板活字印行。安氏印成于正德十六年(1521);后此志失传。

浦瑾

字文玉,号桂岩,明无锡人。正德十六年(1521)进士。授丽水县令,有政绩。寻卒。博赡有文。与邵宝友善,每有著述,多与其商榷。

浦文玉集　集部别集类

(1)《盛明百家诗》本。

(2)《明别集丛刊》第五辑本。

水南集　集部别集类

见《梁溪诗钞》卷6。

按:清朱彝尊《静志居诗话》作《桂岩集》。另《明诗综》卷42收其诗1首。

顾可适(1482—1539)

字与行,号蓉峰。明无锡人。正德三年(1508)进士。由刑部郎中奉命审录冤狱,多所平反。累官广西布政使参议,乞养归,以病致仕。《梁溪诗钞》卷6收其诗9首。

蓉峰诗草　集部别集类　佚

见《锡山历朝书目考》卷7。

顾可学(1482—1560)

字与成,号惠岩。明无锡人。懋章长子。弘治十八年(1505)进士。官浙江参议,被劾斥归。见世宗好长生,乃自言能延年术,厚贿严嵩以求进,官至礼部尚书加太子太保。世宗惑其言,采芝求药,中使四出,人咸恶之。卒谥荣僖。素工诗,所交皆当世艺苑闻人。《明史》有传。《梁溪诗钞》卷6收其诗18首。

中台奏草　史部政书类　佚

参同疏议　史部政书类　佚

诞节纪恩录　史部政书类　佚

谕对录　史部政书类　佚

以上4种见《锡山历朝书目考》卷7。

眼科对证经验方1卷　子部医家类　佚

见《千顷堂书目》卷14。

惠岩诗集　集部别集类　佚

覆瓿集　集部别集类　佚

以上2种见《锡山历朝书目考》卷7。

钱　文

字章靖，号鹤叟，又号希翁。明无锡人。诸生。累举不第，遂隐居不出，刻意于诗文。为文纵横出入，多微词隐义，而诗名特著。

鸿山樵歌　集部别集类

见《锡金考乘》卷12。

希斋诗集　集部别集类

见光绪《锡金县志》卷39。

钱山人集1卷　集部别集类

(1)《盛明百家诗后编》本。

(2)《明别集丛刊》第五辑本。

鹤叟诗集　集部别集类

见《锡山历朝书目考》卷7。

鸿山诗7卷　集部别集类

见《千顷堂书目》卷22。

顾可立(1483—1546)

字与中，明无锡人。荣章长子。嘉靖五年(1526)恩贡生，任霸州同知，为人质直，外和易而中介特，未数月乞归。筑别墅于蓉湖之滨，曰蓉湖庄。门对九峰，自号十峰山人。《梁溪诗抄》卷6收其诗4首。

十峰诗草　集部别集类　佚

见《锡山历朝书目考》卷7。

倪　容(1483—1554)

字德符，更字正伯，号方泉，又称慧东外史。明无锡人。敬从孙。正德二年(1507)举人。授湖南郴州知州，调汉州。以廉名，非义不取。诗文有矩度。《梁溪文钞》卷8收其文1篇，《梁溪诗钞》卷6收其诗2首。

周易图注　经部易类　佚

律吕图注　经部乐类　佚

以上2种见万历《无锡县志》卷15本传。

皇明大事记　史部杂史类　佚

见《梁溪文钞》卷8。

华山野录　史部杂史类　佚

见《锡山历朝书目考》卷2。

皇明名臣言行录　史部传记类　佚

见《梁溪文钞》卷8。

名臣续赞　史部传记类　佚

建官诸志　史部政书类　佚

锡山续志　史部地理类　佚

以上3种见《锡山历朝书目考》卷2。

郴州志　史部地理类　佚

汉州志　史部地理类　佚

以上2种见《梁溪文钞》卷8。

策府怀瑛　子部典故类　佚

方泉诗稿　集部别集类　佚

以上2种见万历《无锡县志》卷15本传。

吟花木集　集部别集类　佚

见《锡山历朝书目考》卷2。

华　夏

字中甫，号东沙。无锡人。收藏家。太学生。少游江西，师事王守仁，中岁与文徵明、祝允明为挚友。正德九年（1514）曾至苏州访祝允明，嘉靖十年（1531）以所藏王羲之真迹示文徵明。藏书极富，多善本。筑真赏斋于东沙。藏鼎彝金石缣素，品鉴推江东巨眼。卒年74。

真赏斋法帖3卷　子部艺术类

明嘉靖元年刻本，见《汇帖举要》。

按：华夏出家藏"真赏斋"古法帖，由明文徵明、文彭钩摹，章藻刻。摹刻甚精，评者认为是明代刻帖第一。后因火毁重刻，拓本有"火前""火后"之分。火前拓本仿宋纸墨施拓，流传颇稀。参见沈柔坚主编《中国美术辞典》。

东沙诗文集　集部别集类

见《锡山历朝书目考》卷7。

齐　鸾

明无锡人。

齐宪副集1卷　集部别集类

（1）《盛明百家诗后编》本。

（2）《明别集丛刊》第五辑本。

陈　筹

字廷猷，号芹野。明无锡人。生于成化时。嘉靖七年（1528）贡生。官沂州知州，改汉阳教授。归筑芹野草堂，读书终老。

芹野诗集　集部别集类　佚

见乾隆《无锡县志》卷39。

芹野文集　集部别集类　佚

见《锡山历朝书目考》卷 2。

陈　凤(1484—1547)

字羽伯,又字鸣岐,号泾南,又号石村山人。明无锡人。周子。尝官云南宁州知州。好读书,善吟诗。《列朝诗集小传》有传。

方城均田志 1 卷　史部政书类

明冯柯撰

明嘉靖十七年(1538)陈凤刻本,见《明代版刻综录》卷 4。

石村稿(一作石村诗稿)　集部别集类

见《千顷堂书目》卷 23。

按:《明诗综》卷 55 收其诗 3 首。

莫　同(1484—1568)

字佥吉,号野亭,又号迂泉。明无锡人。正德八年(1513)举人。累官广西佥事。

野亭诗集　集部别集类　佚

见《锡山历朝书目考》卷 7。

钱　宪

字国章,号心斋。明无锡人。正德九年(1514)进士。十一年任常山知县。年少才高,遇事立办。时宦官用事,往来驿骚,宪驾驭有方,人不敢犯。卒年 70。

钱氏传芳集　集部别集类

梁溪诗钞　集部总集类

以上 2 种见《锡山历朝书目考》卷 7。

按:《梁溪文钞》收其文 1 篇。

顾可久(1485—1563)

字与新，号洞阳。明无锡人。荣章次子，可立弟。正德九年(1514)进士。疏谏南巡，谪国子监学正。嘉靖初，官户部员外郎；议大礼忤旨，两遭廷杖，出守泉州，调赣州，后以广东兵备副使放归。好学工书。《毗陵人品记》有其传。

琼管山海图说2卷　史部地理类

(1) 明刻本。

(2) 清光绪十六年(1890)刻本，国家图书馆藏。

洞阳公命子书　子部儒学类

1913年石印本。

王右丞诗集注6卷　集部别集类

唐王维撰　宋刘辰翁评　明顾可久注

(1) 明嘉靖三十八年(1559)顾可久洞阳书院刻本，国家图书馆藏。

(2) 明万历十八年(1590)吴氏潄玉斋刻本，国家图书馆藏。

(3) 明天启间刻宋刘须溪点校书本。

(4) 日本正德四年(1714)皇都书铺刻本，上海图书馆藏。

顾宪副集1卷　集部别集类

(1)《盛明百家诗后编》本。

(2) 民国无锡县图书馆抄本，无锡市图书馆藏。

(3)《明别集丛刊》第五辑本。

清溪庄遗集4卷　集部别集类

1919年无锡顾氏斯勤堂铅印本，国家图书馆藏。

顾洞阳遗诗6卷　集部别集类

清抄本，无锡市图书馆藏。

在署草8卷　集部别集类　佚

在疚草2卷　集部别集类　佚

温陵集6卷　集部别集类　佚

虔州草 1 卷　集部别集类　佚

珠崖草 1 卷　集部别集类　佚

以上 5 种见《千顷堂书目》卷 22。

在涧集 19 卷　集部别集类　残

(1) 明嘉靖刻本，存首 9 卷，北平图书馆原藏。

(2)《原国立北平图书馆甲库善本丛书》本。

洞阳诗集 20 卷　集部别集类

见《四库全书总目》别集类存目。

按：《四库全书总目》略云："是编标曰《洞阳诗集》，而子目俱题曰《在涧集》。考《千顷堂书目》，可久有《在署草》八卷……《在涧集》十九卷，无《洞阳集》之名，盖总汇诸集，名曰'洞阳'，而仍各自为书也。此集凡二十卷，而黄虞稷作十九卷，岂所见之本偶未全欤?"

李杜诗体略　集部诗文评类　佚

见《锡山历朝书目考》卷 2。

顾彦夫

字承美，号锡峰。明无锡人。正德五年(1510)举人，授太常寺典簿，为吕柟重之。累官宁波府同知。所至以廉能称，尝署慈溪县篆，民为立生祠。《毗陵人品记》有传。

顾同府集 1 卷　集部别集类

(1)《盛明百家诗后编》本

(2)《明别集丛刊》第五辑本。

瀛海集 12 卷　集部别集类　佚

见《千顷堂书目》卷 22。

按：《明诗综》卷 42 收其诗 4 首。《梁溪诗钞》卷 6 收其诗 3 首。

王　表(1487—1553)

字邦正，号九岩。明无锡人。嘉靖八年(1529)进士。选庶吉士，改户部主事，寻改南京礼部，再迁礼部郎中。告归。性好书。善诗文。虑事周密，恬静寡欲。

过庭直训　子部儒学类

读书纪要　子部杂学类

销夏编　子部杂学类

代奕稿　子部杂学类

以上4种见乾隆《无锡县志》卷39。

王礼部集1卷　集部别集类

(1)《盛明百家诗》本。

(2)《明别集丛刊》第五辑本。

按：《梁溪诗钞》卷7收其诗10首。

过　栋(1487—1568)

字邦直，一字翼廷，号最木。明无锡人。嘉靖十五年(1536)贡生。官江西临川县丞。事亲，能继志。

刻杜少陵先生诗分类集注23卷目录1卷　集部别集类

明邵宝集注　过栋参笺

(1) 明万历二十年(1592)三吴周子文精刻本，台湾"中央图书馆"原藏。

(2) 清康熙五十八年(1719)英德堂刻本，北京大学图书馆藏。

(3) 清初金陵读书堂刻本，成都杜甫草堂藏。

杜少陵七律分类2卷　集部别集类

明过栋、邵勋撰。

见清王闻选《孝慈堂书目》。

按：《杜集书录》外编卷2云："过、邵两人，均曾校杜诗全集，此书或即就邵二泉(宝)《分类》所选辑者。"

邵二泉先生分类集注杜诗7卷　集部别集类

明邵宝注　明过栋笺

清康熙五十八年新安洪氏刻本，国家图书馆藏。

邵　勋

字彬侯。明无锡人。庠生。

杜少陵七律分类 2 卷　集部别集类

明过栋、邵勋撰

见清王闻远《孝慈堂书目》。

李杜诗集 16 卷　集部总集类

明万虞恺编　邵勋校

明嘉靖二十一年(1542)刻本，天津师范大学图书馆藏(存卷六至八)。

按：以上 2 种参见《杜集书录》外编卷 2。

曹　怀

字于德。明无锡人。正德十二年(1517)进士。选庶吉士。官户科给事中，历吏、兵。出知永平，调思恩。武宗将南狩，与廷臣伏阙谏，被杖。嘉靖初诏廷臣集议大礼，又以忤旨下狱，杖于廷。再疏论当事诸臣，被降职，出守思恩。致仕。《掖垣人鉴》有传。

梅村疏稿　史部政书类

见乾隆《无锡县志》卷 39。

华　云(1488—1560)

字从龙，号补庵居士。明无锡人。麟祥子。嘉靖二十年(1541)进士。授户部山东司主事，改南京兵部主事，进刑部江西司郎中。时严嵩用事，遂乞归。少事邵宝，又出王守仁门。性豪爽，喜接引人才。筑真休园，藏法书名画甚富。工文辞，三十三年(1554)与顾可久、张选、华察等举复碧山吟社。尝割田千亩以赡族人，复建义庄，唐顺之为之作《华氏义田记》。《华氏传芳续集》卷 17 有明马森撰《补庵华先生墓表》。

锡山先贤录　史部传记类　佚

见《千顷堂书目》卷10。

句吴集6卷　集部别集类

明万历十七年(1589)序刻本,国家图书馆藏。

华比部集1卷　集部别集类

(1)《盛明百家诗》本。

(2)《明别集丛刊》第五辑本。

北游集　集部别集类

近游集　集部别集类

绿云窝集　集部别集类

剑光阁集　集部别集类

真休集　集部别集类

以上5种见《锡山文集》卷首小传。

按:马森《补庵华先生墓表》云:"先生诗文颇多,前县令卜君索稿入梓,未及录其笔记时事与名言,又《国朝名臣略》《一统郡县沿革表》《舆地图记》等,皆未成书而卒。"是华氏未成之书尚多。

又按:华云生平校刻书多种,兹列如下:

泉斋简端录12卷　经部群经总义类

明邵宝撰　王宗元编次　华云校正

明正德十年(1515)华云刻本,上海图书馆藏。

韦刺史诗集10卷附录1卷　集部别集类

唐韦应物撰　明华云校

明嘉靖二十七年华云太华书院刻本,国家图书馆藏。

升庵选禺山七言律诗1卷　集部别集类

明张含撰　杨慎评选　邵惟中、华云同校

明嘉靖三十九年华云序刻本,国家图书馆藏。

顾可文(1490—1559)

原名可观,字与明,号慧崖。明无锡人。懋章次子,可学弟。诸生。初官兴邸舍人,不赴。不问生事,惟恋林壑鱼鸟之乐。可学尝招之入都,改官鸿胪通事,乃束装归,徜徉岩谷。

慧崖诗稿　集部别集类　佚

见《梁溪诗钞》卷7,收其诗5首。

吴　江

字宗夫,号让庵。明无锡人。

让庵诗文集　集部别集类　佚

见《锡山历朝书目考》卷10。

邵　亶

明无锡人。宝侄。

邵文庄公年谱1卷　史部传记类

明邵亶、吴道成编　顾宪成、高攀龙订

(1) 民国间无锡县图书馆抄本,无锡市图书馆藏。

(2)《锡山先哲丛刊》本。

(3) 民国间抄本,国家图书馆藏。

(4)《北京图书馆藏珍本年谱丛刊》本。

傅起岩

初名洪,字晋卿,后更字梦求。明无锡人。正德、嘉靖间人。

傅梦求集1卷　集部别集类

续傅梦求集1卷　集部别集类

以上2种有:

(1)《盛明百家诗》本。

（2）《明别集丛刊》第五辑本。

正峰集　集部别集类

见《千顷堂书目》卷22。

秦　泮(1492—1532)

字思鲁，号小山。明无锡人。金子。正德十四年（1519）顺天举人。以子柽赠文林郎、南京都察院经历司都事、晋奉直大夫、南京后军都督府经历。少负奇气，究心诸史百家，为士林翘楚。为诗意不艰深，旨趣温和，音律铿锵，合乎节奏。《锡山秦氏诗抄》前集卷5收其诗22首。

读史百咏　史部史评类　佚

光绪《锡金县志》卷39。

小山吟稿　集部别集类　佚

见乾隆《无锡县志》卷39。

陆　果(1492—?)

字原仲，号云涛。明无锡人。嘉靖四年（1525）举人。官卢龙知县。

丹邱漫稿　集部别集类

陆卢云集　集部别集类

以上2种见《锡山历朝书目考》卷7。

秦　瀚(1493—1566)

先字会洋，号艾斋，后易字叔度，号从川。明无锡人。镗三子。廪生。以子梁贵封奉政大夫、通政司右参议。有文才，尝修复碧山吟社，与同邑名流觞咏其中。清秦毓钧纂有《从川公年谱》，载《锡山秦氏宗谱》。

碧山吟社志10卷　史部杂史类　佚

见清秦毓钧《修敬公（秦旭）年谱》弘治六年（1493）附。

秦封君集1卷　集部别集类

(1)《盛明百家诗》本。

(2) 无锡县图书馆抄本,见《无锡县立图书馆乡贤部书目》。

(3)《明别集丛刊》第五辑本。

从川诗集(一作从川吟稿)2 卷附录 1 卷　集部别集类

(1)《秦氏三府君集》本。

(2)《明别集丛刊》第一辑本。

岩栖稿(一作岩栖集)　集部别集类　佚

见清秦毓钧《修敬公年谱》弘治六年附。

按:《锡山秦氏诗抄》前集卷 4 收其诗 28 首,《锡山秦氏文抄》卷 2 收其文 4 篇。

华　钥(1494—1539)

字德启,号水西。明无锡人。基子。年十五入太学。嘉靖二年(1523)进士。授户部主事,喜谈兵。五年进员外郎,监试武举。七年升武库郎中,寻典浙江乡试。九年迁职方司郎中,以忤汪鋐去官。尝筮《易》,得贲白之明夷,更号白贲子。博学,读书之外泊然无所好。明诸经,尤深于礼。文章精健,诗作流丽,古诗似魏晋,律诗似杜甫,书法似虞世南、柳公权。《华氏山桂公支宗谱》卷首有《职方大夫水西公传》。

礼记集注　经部礼记类

见《华氏传芳续集》卷 17 明华金撰《华君德启墓志铭》。

吴中胜记 1 卷　史部地理类

(1)《广百川学海》本。

(2)《说郛续》本。

胜游集 3 卷　史部地理类

见《华君德启墓志铭》。《千顷堂书目》卷 23 作 2 卷。

按:此书与《吴中胜记》疑为同书异名。

水西居士集 8 卷　集部别集类

见《四库全书总目》别集类存目。凡诗 2 卷,文 6 卷。《千顷堂书目》卷23、《明史·艺文志》作12卷。

张　选(1494—1568)

字舜举，号静思。明无锡人。嘉靖八年(1529)进士。知萧山县，称循良。擢授户科给事中。时享太庙，世宗遣郭勋代行，选抗疏力谏，廷杖削籍。隆庆初起通政参议，寻致仕归。有政绩，性率直，工诗文。嘉靖三十三年曾与顾可久、华云等复举碧山社，四十三年又与秦瀚、俞宪等于惠山立石，记碧山吟社址。

御倭寇略　史部杂史类

见《锡山历朝书目考》卷2。

两朝奏疏　史部政书类　佚

明张选、张缵曾撰

见乾隆《无锡县志》卷39。

按：亦见《锡山历朝书目考》卷4著录，原注云："今编《静思集》中，名《祖孙遗稿》。"

卜筮范占　子部术数类

见《千顷堂书目》卷13。

张忠谏公祖孙遗集12卷　集部别集类

明张选、张缵曾撰

(1) 清康熙三十三年(1694)刻本，高邮图书馆藏。

(2)《四库全书存目丛书》本。

(3)《明别集丛刊》第二辑本。

按：《四库全书总目》别集类存目有《张静思文集》10卷《附录》2卷，凡文9卷，诗1卷，末2卷附录居官政绩及碑铭小传。

归田养浩诗集(一作归田养浩集)　集部别集类

碧山吟社稿　集部别集类

以上2种见《千顷堂书目》卷23。

谏垣遗稿　集部别集类

见《锡山历朝书目考》卷2。

按:《梁溪诗钞》卷13收其诗2首。《锡山揽袂集》收其诗1首。《梁溪文钞》卷9收其文8篇。

顾可宗(1495—?)

字与因,号古泉。明无锡人。嘉靖四年(1525)举人。《梁溪诗钞》卷7收其诗4首。

古泉诗草　集部别集类　佚

见《锡山历朝书目考》卷7。

唐　诗

字子言,号石东居士,世称唐山人。明无锡人。与王懋明、姚咨友。志行高洁。杜门读书,专意撰著。其诗古淡冲和。

二豆志　史部传记类

见《锡山考乘》卷12。

按:《锡山考乘》卷8云:"有《二豆志》,善善恶恶,时称博雅。"

唐山人集(一作唐山人诗集)1卷　集部别集类

(1)《盛明百家诗》本。

(2)《明别集丛刊》第五辑本。

石东山房稿　集部别集类

见《千顷堂书目》卷23。

按:《明诗综》卷55收其诗2首,《明诗别裁集》卷9收其诗1首。

王　言

明无锡人。

王澄原集1卷　集部别集类

《盛明百家诗》本。

王　金

明无锡人。

通惠河志　史部地理类

见《锡金志外》卷 2。

朱　云

字时望。明无锡人。嘉靖年间在世。

金石韵府 5 卷　经部小学类

(1) 明嘉靖十年(1531)刻本，署“毗陵朱云时望辑纂，云间俞显谟子如校正”。国家图书馆藏。

按：书前有嘉靖十年南禺外史丰坊序，云：“锡山朱时望氏寓雨月先生澄江草堂，得纵观古金石文，因取夏竦、道泰、薛尚功、杨桓诸编增损其文，按四声列之。”

(2) 明崇祯十二年(1639)翻刻本，署“毗陵朱云时望辑纂，任城徐标准明较锓”。美国国会图书馆藏。

按：书前有徐标序，云：“锡山朱时望辑《金石韵府》，古书法井然毕具。闻其书已火，散佚无存。遍搜海内，偶获遗编，参互校正，以付剞劂，俾广厥传。”

(3) 朱写本，题明朱云辑纂，俞显谟校正。见清丁丙《善本书室藏书志》卷 5。

(4) 清初抄本，浙江图书馆藏。

(5) 清康熙六十年(1721)祝维垣抄本，浙江图书馆藏。

(6) 清乾隆间抄本，北京大学图书馆藏。

(7) 清抄本，国家图书馆藏。

(8) 1977 年台湾商务印书馆影印本。

金石韵府 4 卷　经部小学类

清抄本，国家图书馆藏。

广金石韵府(一作增广金石韵府)5卷　经部小学类

清咸丰七年(1857)理董轩张氏刻本,南京图书馆藏。

按:此署作:明朱云编、朱臣林尚葵广辑、阿灵李根校正、栎园周亮工鉴定、镜芝张凤藻增订纂刊。卷首有康熙九年周亮工序、咸丰七年(1857)张凤藻自序,附《玉篇》字略。张氏因原刻本结体太小,不够明晰,乃加大寸许,以便传摹,又增其韵母未备者,订其磨灭所遗者,并于每声首端按韵各加小目。

姚　咨(1495—?)

字潜坤,亦字舜咨。号皇山樗老,亦号皇象山人、茶梦主人。明无锡人。工诗古文辞,与华察齐名。喜藏书,值善本恒手自缮写。

建炎复辟记1卷　史部杂史类

明姚咨抄本,国家图书馆藏,有傅增湘跋。

纂补春秋诸名臣传13卷　史部传记类

明邵宝撰　明姚咨续补

(1) 明隆庆五年(1571)安绍芳刻本,国家图书馆藏。

(2) 清抄本,题《春秋诸名臣传》,据明隆庆五年安绍芳刻本抄,国家图书馆藏。

(3)《四库全书存目丛书》本。

按:参见“邵宝”条。

慧山记4卷　史部地理类

明释圆显撰　邵宝辑

明姚咨手抄本,台湾“中央图书馆”原藏。

对客燕谈1卷　子部小说类

明邵宝撰辑

明姚咨传钞秦艾斋摘录本,台湾“中央图书馆”原藏。

姚山人集1卷　集部别集类

续姚山人集1卷　集部别集类

以上 2 种有：

(1)《盛明百家诗》本。

(2)《明别集丛刊》第五辑本。

潜坤集　集部别集类

见《千顷堂书目》卷 23。

续百川学海　丛书类

见乾隆《无锡县志》卷 39。

杨梦鳌

字兆熊，号百慎。明无锡人。诸生。

经义讲编　经部群经总义类　佚

见《锡山历朝书目考》卷 7。

施　渐(1496—1556)

字子羽，号武陵。明无锡人。嘉靖十三年(1534)岁贡。官海盐丞。后罢去，归老蠡川田舍。平生安贫乐志。三十三年与顾可久、华察等复举碧山社。为诗不务浮华，刻意磨洗。时与华察、王懋明、姚咨称“锡山四友”。

皇明名臣言行录前集 12 卷后集 12 卷　史部传记类

明徐咸编

(1) 明嘉靖二十八年施渐刻本，美国国会图书馆藏。

(2)《四库全书存目丛书》本。

(3)《续修四库全书》本。

施武陵集(一作武陵诗选)1 卷　集部别集类

(1)《盛明百家诗》本。

(2)《明别集丛刊》第五辑本。

按：《千顷堂书目卷》23 作《武陵集》。《明诗综》卷 53 收其诗 3 首。

武陵诗选 6 卷　集部别集类

明王其勤选

明嘉靖三十六年(1557)刻本,上海图书馆藏(沙彦楷跋)。

华　察(1497—1574)

字子潜,号鸿山。明无锡人。嘉靖五年(1526)进士。改翰林院庶吉士,补户部主事,督税淮阴,引疾归。逾年起,调兵部主事、郎中。其在两部节财剔弊,有令闻。再入为翰林院修撰,进侍读。十七年充会试同考官,十八年赐一品服,出使朝鲜。以劾罢官,既而起原官,掌南京翰林院。丰裁峻厉。不肯诡随,乞归。工诗,初时秾丽严整,继则雄浑俊拔,晚归冲澹。三十三年与顾可久、华云等举复碧山吟社。《明史》附王慎中传。

礼记集说辨疑 1 卷　经部礼记类

明戴冠撰

明嘉靖三十六年华察刻本,南京图书馆藏。

华氏传芳集 11 卷续集 5 卷　史部传记类

明华方辑　华察续

(1) 明嘉靖十一年华从智刻隆庆六年(1572)华察续刻本,南京图书馆藏,有抄配。

(2)《无锡文库》本。

华氏先贤像记 1 卷　史部传记类

明华察编　清华介福摹录

抄绘本,原孙祖基家藏。见《无锡先哲遗书书目》。

濯缨亭笔记 10 卷　子部小说类

明戴冠撰

明嘉靖三十六年华察刻本,南京图书馆藏。

岩居稿 8 卷　集部别集类

(1) 明嘉靖三十四年卜大有序刻本。

(2) 明嘉靖三十五年王懋明刻本,南京图书馆藏。

按:《赵万里文集》云:“此华氏罢官家居时所作诗集也,以寄友人卜大有。大有为刻于潜山官舍,传至吴下。吴人王懋明尝从华氏游,倡和之作为多,因请重刻之,即此本也。”

(3) 清光绪元年(1875)刻本,辽宁图书馆藏。

(4) 清抄《华氏家集》本,3 卷,浙江图书馆藏。

(5)《无锡文库》本。

(6)《原国立北平图书馆甲库善本丛书》本。

华学士集 1 卷　集部别集类

《盛明百家诗》本。

翰苑稿　集部别集类

知退轩稿　集部别集类

碧山堂集　集部别集类

留院稿　集部别集类

以上 4 种见《锡山文集》卷首小传。

六十言怀诗 1 卷　集部别集类

见清孙尔准《泰云堂文集》卷 2《跋华鸿山学士六十言怀诗卷》,谓从其云孙华斌处得观华察手书此诗集 1 卷。

东行纪兴　集部别集类

见《锡山历朝书目考》卷 2。

黄杨集钞 2 卷　集部别集类

明华幼武撰

明隆庆二年(1568)华察刻本,北京大学图书馆藏。

皇华集 5 卷附录 1 卷　集部总集类

明华察、薛廷宠等撰

(1) 明嘉靖刻本,南京图书馆藏有胶卷。

(2) 明万历刻本,北平图书馆原藏。

按:《中国善本书提要》云:“嘉靖十八年二月,察以正使使朝鲜,与副使薛廷宠、朝鲜大臣成世昌等迭有唱和,汇为是集。朝鲜首有刻本,此(指万历本)为翻高丽本也。"

(3) 明抄本,国家图书馆藏。

(4) 清曹溶抄藏本,国家图书馆藏。此本内容较刻本多出约四分之一,以所增多薛延宠诗文推之,疑此本传自薛氏。参见《中国善本书提要》。

(5) 清初抄本,台湾"中央图书馆"原藏。

(6) 2013 年凤凰出版社《足本皇华集》本。

皇华集类编 10 卷卷首 1 卷卷末 1 卷　集部总集类

明华察、薛廷宠等撰　清杨殿奎编订　华登瀛等校

清光绪三年(1877)华登瀛等刻本,南京图书馆藏。

按:华登瀛等既刻《岩居集》,又仿其例,将《皇华集》重新分体编次。参见"华登瀛"条。

王　问(1497—1576)

字子裕,号仲山。明无锡人。嘉靖十七年(1538)进士。除户部主事,监徐州仓,减羡耗十二三。以父老,乞便养,改南京职方,迁广东按察佥事。未就归,终父养不出,筑别墅宝界山,焚香读《易》。工诗文书画,清雅脱俗,天下高其行而益重其翰墨。尝自言愿读尽天下书,著述以毕志。卒,门人私谥文静先生。《明史》附邵宝传。

书经日抄　经部尚书类

见《锡金志外》卷 2。

诗经日抄　经部诗经类

见《锡山历朝书目考》卷 2。

冀越通 1 卷　史部地理类

清抄本,国家图书馆藏。

王仲山水墨画册　子部艺术类

1930 年上海神州国光社珂罗版影印本。

王仲山先生诗选 9 卷　集部别集类

明刻本，台湾“中央图书馆”原藏。

王仲山先生诗选 8 卷文选 1 卷　集部别集类

（1）明嘉靖间刻本，上海图书馆藏（存诗选）。

（2）明万历间刻本，上海图书馆藏。

（3）抄本，见《无锡先哲遗书书目》。

（4）《无锡文库》本。

（5）《原国立北平图书馆甲库善本丛书》本。

王仲山公诗选 2 卷　集部别集类

清光绪十四年（1888）介福堂活字印本。

王佥宪集 1 卷　集部别集类

续王佥宪集 1 卷　集部别集类

以上 2 种有：

（1）《盛明百家诗》本。

（2）《明别集丛刊》第五辑本。

初篮斋集　集部别集类

见乾隆《无锡县志》卷 39。

祇役稿　集部别集类

崇文馆稿　集部别集类

原篮斋后集 2 卷　集部别集类

以上 3 种见《千顷堂书目》卷 23。

高应奎

字文明，号杏江。明无锡人。嘉靖元年（1522）举人。官南丰知县。

杏江诗集　集部别集类

见《锡山历朝书目考》卷 7。

按：《锡山揽袂集》卷下收其诗首。《梁溪诗钞》卷 7 收其诗 3 首。

秦士能(1498—1568)

字以忠，号前溪。明无锡人。

修斋格言　子部儒学类

见《锡山历朝书目考》卷10。

高　材(1498—1575)

字充甫，号静成。明无锡人。嘉靖十年(1531)举人。任黄岩知县。法纪严明，有德政。以孙攀龙封赠太子少保、兵部尚书。

高氏三世诵芬帖　史部传记类

明高材、高攀龙、清高世泰书

清光绪高汝琳石印本。

静成公稿　集部别集类

见《梁溪诗抄》卷7。

息讼诗　集部别集类

黄岩剩稿　集部别集类

静成诗稿　集部别集类

以上3种见《锡山历朝书目考》卷7。

按：《梁溪文抄》卷9收其文4篇。《梁溪诗抄》卷7收其诗4首。

过闻诗(1499—1581)

字从正，号大溪，又号棕衣子。明无锡人。嘉靖三十四年(1555)贡生。

诗经图说　经部诗经类

帝王世系序　史部传记类

经世文选　子部儒学类

明过闻诗辑

棕衣子集58卷　集部别集类

以上4种见《锡山历朝书目考》卷7。

李懋功(1500—1574)

字厚培。明无锡人。

易学衍义8卷　经部易类

理学薪传8卷　子部儒学类

以上2种见《锡山历朝书目考》卷7。

范　穆

字缉熙，号止庵。明无锡人。

箨龙吟稿　集部别集类　佚

见《锡山历朝书目考》卷10。

殷登瀛

字子登。明无锡人。嘉靖十一年(1532)进士。官浙江金华知府。

圣学正脉　子部儒学类　佚

见《千顷堂书目》卷11。

杨　纲

号墨庄。明无锡人。以诗话著名。

墨庄诗集　集部别集类　佚

见《无锡富安乡志稿》卷24。

杨玉瓒

字国璋，号笠渔。明无锡人。应童子试，屡拔前茅。弱冠入国学。三试乡闱不售，遂自放于酒，豪迈之气，溢发于诗。性颖悟。歌行古诗，慷慨激昂，有阮籍、刘琨风味。

笠渔咏草　集部别集类

见《无锡富安乡志稿》卷24。

黄正色(1501—1576)

字士尚,号斗南,又字冏卿。明江阴籍无锡人。嘉靖七年(1528)举人,八年进士。知仁和县,补香山,移南海,擢南京监察御史。劾中官鲍忠等,被诬下狱。戍辽东30年。以直节显。穆宗即位,召以原官。擢大理寺丞,历少卿,进南京太仆卿致仕。《明史》有传。

辽阳稿(一作斗南黄先生辽阳稿)2卷别稿1卷　集部别集类

(1) 明黄氏家刻本,台湾“中央图书馆”原藏。

(2) 抄本,无锡市图书馆藏。

(3) 明万历三十七年(1609)无锡黄学海刻本,有附集1卷,南京图书馆藏。

(4) 明万历三十七年无锡黄学海天启增修本,有附集1卷。中国社科院文学所藏。

华治隆(1502—1556)

字振之,号蕫塘。明无锡人。嘉靖十三年(1534)举人。能诗。

蕫塘诗稿　集部别集类　佚

见《锡山历朝书目考》卷7。

秦　涵(1502—1560)

字季宏,号问詹。明无锡人。镗四子,瀚弟。嘉靖十九年(1540)举人。授温州府推官,升宁波通判。有政绩。致仕归,卒于钱塘。能诗文。《锡山秦氏诗抄》前集卷5收其诗3首。

读史百咏　史部史评类　佚

辨思录　子部儒学类　佚

古今要语　子部典故类　佚

以上3种见乾隆《无锡县志》卷39。

华文钦(1502—1571)

字质夫,又字季诚,号鸥亭。明无锡人。生而颖慧,邃于学,能通晓古史大义。明于医,工楷书,为诗冲雅。

锄隙集　集部别集类

见《华氏通四三省公支传芳集》卷5《鸥亭府君宗谱传》。

按:《传芳集》卷14有其诗4首。《梁溪诗钞》卷7有其诗1首。

浦应麒

字道徵,号后岩。明无锡人。瑾子。嘉靖十一年(1532)进士。选庶吉士,任翰林院编修,以修实录功擢经筵讲官,晋左春坊赞善。主二十二年京畿乡试。次年预校廷对策,不中柄臣意,拂衣归,参加碧山吟社。九岁能属文,治古持论,体例谨严,时人有语云:"一部文章辨体,不如后岩面启。"

浦道徵集　集部别集类

(1)《盛明百家诗》本。

(2)《明别集丛刊》第五辑本。

后岩诗稿　集部别集类

见《梁溪诗抄》卷7,收其诗4首。

按:《明诗综》卷46收其诗1首。

王　瑛

字汝玉,号石沙。明无锡人。嘉靖十一年(1532)进士。除太常博士,擢监察御史,理冀北、山东、河南马政。出按福建。性简亢,善诗文。负气激昂,不能屈意于人,遂讥谤丛生,因谢病归,与秦瀚倡复碧山吟社。《国朝献征录》有传。

秋日纪行杂言1卷　子部杂学类

明嘉靖刻本,台湾"中央图书馆"原藏。

王侍御集1卷　集部别集类

(1)《盛明百家诗》本。

(2)《四库全书存目丛书》本。

(3)《明别集丛刊》第五辑本。

石沙溪上集　集部别集类

见《千顷堂书目》卷23。

汉上集　集部别集类

见《锡金志外》卷2。

按:《四库全书总目》别集类存目著录《王侍御集》7卷,略云:"是编为其子鸿胪寺主簿同谷所刊。前二卷为古体,后五卷为近体。郑启谟序题曰《石沙漫稿》,亦与此本标题不同。则瑛世居石沙山,初以名集,同谷改题今名也。"

谈　恺(1503—1568)

字守教,号十山。明无锡人。纲孙。嘉靖五年(1526)进士。初由户部员外郎出为山东副使,岁涝,以工代赈。坐事谪信宜典史,复迁四川副使,历广东布政使,擢副都御史,巡抚南赣,拜兵部右侍郎,移督两广。后以功加封右都御史。致仕归卒。《国朝献征录》有传。

平粤录2卷后平粤录1卷　史部杂史类

(1)明嘉靖刻本,台湾大学图书馆藏。

(2)《玄览堂丛书》本。

奏议文集　史部政书类

虔台续志5卷　史部地理类

见《明史·艺文志》。

孙子集注13卷　子部兵书类

(1)明嘉靖三十四年谈恺刻本,国家图书馆藏。

(2)民国初年上海涵芬楼据嘉靖刻本影印本。

太平广记500卷　子部小说类

宋李昉等撰

明嘉靖四十五年谈恺刻本，国家图书馆藏。

按：此本由谈恺据抄本重刻，其后明清的各种刻本，基本是据谈刻本翻印的。1959年人民文学出版社出版汪绍楹点校本，1961年由中华书局出版，即以谈刻本为底本，而参校以其他刻本。据汪绍楹研究，谈恺刻本至少有三个印本，卷数略有参差，或有隆庆元年(1567)识语，或无此识语。参见汪绍楹《太平广记》点校说明。

十山文集　集部别集类

见乾隆《无锡县志》卷39。

广中五先生诗集2卷附刻5卷　集部总集类

明谈恺辑

明嘉靖三十六年王国桢刻本，辽宁省图书馆藏。

妙绝古今4卷　集部总集类

宋汤汉辑

明嘉靖三十四年谈恺刻本，见《明代版刻综录》卷6。

按：《梁溪诗抄》卷7收谈恺诗1首，《梁溪文钞》卷8收其文1篇。

安如山(1503—1570)

字子静，号胶峰。明无锡人。国子生。嘉靖八年(1529)进士。选翰林院庶吉士，任云南佥事、裕州知州。均州田，民德之。迁户部员外郎，历高唐州，进金华知府，调四川按察司佥事，致仕归。

方城均田志　史部政书类

(1) 明嘉靖十七年陈凤刻本，无锡市图书馆藏。

(2)《无锡文库》本。

神定集　集部别集类

胶峰遗文集　集部别集类

以上2种见《锡山历朝书目考》卷2。

按：《梁溪诗抄》卷7收其诗3首，《梁溪文钞》卷8收其文1篇。

王　业(1503—1588)

字邦大。明无锡人。嘉靖十六年(1537)顺天经魁,兵部司务。工诗。

五湖集　集部别集类

见乾隆《无锡县志》卷39。

尤　瑛

字汝白,号迴溪。明无锡人。晋子。嘉靖二十二年(1543)乡试第一,次年中进士。授国子监丞,历礼部郎中,擢广东佥事、江西布政使参政。卓荦有大志,为官亦多惠政。赴江西布政使参政时卒于道,年45。《毗陵人品记》有传。

九边图论　史部地理类

见《锡金志外》卷2。

迴溪遗稿2卷　集部别集类

见《千顷堂书目》卷23。

按:《梁溪文钞》卷10收其文1篇。

周秦两汉文选12卷　集部总集类

(1) 明嘉靖二十六年尤瑛写刻本,台北故宫博物院藏。

(2) 明万历四十三年(1615)周子文刻本,上海图书馆藏。

五书汇草　丛书类

见光绪《锡金县志》卷39。

按:此书乾隆《无锡县志》卷39作尤璇撰。《梁溪诗钞》卷8收其诗1首。

张季让(1504—1570)

字君美,号泰素。明无锡人。诸生。乡饮大宾。能诗。

无华子集10卷　集部别集类

见《锡山历朝书目考》卷7。

吴　情(1504—1582)

原名汝感，字以中，号泽峰，又号静端居士。明无锡人。嘉靖二十三年(1544)进士。授编修，累官右春坊右谕德兼侍读。后以乡试被诬，左迁广东市舶司提举，不就。平反以原职致仕。居家教子弟劝农桑，捐田创办吴氏义庄，赡养族人。

静端居遗稿　集部别集类

见《锡山历朝书目考》卷7。

倪　芸(1506—?)

字后溪。明无锡人。

后溪玉鉴录　子部儒学类　佚

见《锡山历朝书目考》卷10。

强　仕

字甫登，号绮塍。明无锡人。嘉靖十年(1531)举人，授广昌尹。尝结碧山吟社，山东德州知州。

户牖格言　子部儒学类

见乾隆《无锡县志》卷39。

强德州集1卷　集部别集类

(1)《盛明百家诗后编》本。

(2)《明别集丛刊》第五辑本。

考絮寤歌　集部别集类　佚

绮塍集　集部别集类　佚

以上2种见《千顷堂书目》卷23。

按：《明诗综》卷53收其诗3首。

陈东川

字朝宗，自号近思子。明无锡人。淡泊自守，不求仕途。爱游览，喜吟咏，兼攻医药。

陈隐士集 1 卷　集部别集类

(1)《盛明百家诗》本。

(2)《明别集丛刊》第五辑本。

邹　璧(1507—1580?)

字辰甫，一作仁甫，号九峰山人。明无锡人。少不习举业，性喜诗词。嘉靖初徒步上书，为乡里人所阻。卒年逾 70。

按：邹氏其名，俞宪《盛明百家诗》卷首序，嘉靖《重修太平府志》、乾隆《太平府志》卷首原序均作邹璧。《千顷堂书目》、康熙《太平府志》卷首原序则作邹璧。俞宪为无锡人，与邹氏年岁亦相近，姑据其所记作邹璧。

通史补遗 2 卷　史部史评类　佚

见《千顷堂书目》卷 5。

按：此书又著录于《千顷堂书目》卷 31 总集类。

(嘉靖)太平府志 12 卷　史部地理类　佚

明邹璧修

见《千顷堂书目》卷 6，注云：嘉靖辛卯十年修。

书端杂录　子部杂学类　佚

见《锡山历朝书目考》卷 10。

按：《锡山补志·文苑》《锡金识小录》卷 5 以此书为潘祖周撰，因不能明，姑两见之。

邹九峰集 1 卷　集部别集类

(1)《盛明百家诗》本。

(2)《明别集丛刊》第五辑本。

钱百川

字东之，号逸人、寒斋。明无锡人。文子。少时豪放不羁，不习举业。弱冠学琵琶，半日度曲四十，人以为神。既长，好读书，工诗；晚年宗陈献章，语多学究气。

寒斋存稿　集部别集类　佚

见《千顷堂书目》卷20。《锡金志外》卷2作《寒狂斋稿》。

钱逸人集1卷　集部别集类

（1）《盛明百家诗后编》本。

（2）《明别集丛刊》第五辑本。

俞　宪(1508—1572)

字汝成，号岳率，一号是堂。明无锡人。嘉靖十七年(1538)进士。授刑部主事，出为绍兴府同知，调南京刑部郎中。寻擢江西佥事，迁山东参政，分守辽阳，俱著声绩。历官至湖广按察使。有文学，好读书，工诗，风格萧雅。

书经日钞　经部尚书类

见《锡山历朝书目考》卷2。

皇明进士登科考12卷　史部政书类

（1）明嘉靖二十七年鸫鸣馆刻本。浙江天一阁藏（存卷1—3）。

（2）明嘉靖二十七年刊二十九年增补本。台湾“中央图书馆”原藏。

（3）明嘉靖末叶刊本，存卷六至十二。台湾“中央图书馆”原藏。

（4）明抄本，上海图书馆藏。

若师说钞　子部杂学类

见《锡山历朝书目考》卷2。

毂下集2卷当奕集2卷鸫鸣集4卷金陵集1卷去楚集1卷蓬莱集1卷　集部别集类

（1）明嘉靖间刻本，故宫博物院藏。

(2)《原国立北平图书馆甲库善本丛书》本。

辽海集　集部别集类

外台集　集部别集类

以上2种见《锡山历朝书目考》卷2。

按:《明诗综》卷47收其诗1首。

删正唐诗品汇50卷　集部总集类

明嘉靖三十二年(1553)潘梅刻本,南京图书馆藏。

盛明百家诗　集部总集类

明隆庆五年(1571)序刻本,国家图书馆等藏。

按:《四库全书总目》云:"是编所录诸集,每人各冠以小序,略如殷璠《河岳英灵集》例。然其学沿七子之余波,未免好收摹仿古调、填缀肤词之作。又务以标榜声气为宗,不以鉴别篇章为事。故略于明初,而详于同时。至以其子渊、沂之诗列为二家,殆有王福畤之癖矣。"

学诗(一作是堂学诗、说诗)24卷　集部诗文评类　佚

见《锡山历朝书目考》卷2。

潘祖周

号九峰山人。明无锡人。嘉靖年间在世。好诗,与施渐、俞宪齐名。少时受经吴门。从唐寅、祝允明游,师二家之笔法。

书端杂录　子部杂学类

诗稿　集部别集类

以上2种见《锡金识小录》卷5。

按:《锡山历朝书目考》卷10以《书端杂录》为邹璧撰,因不能明,姑两见之。

秦　汴(1509—1581)

字思宋,号次山。明无锡人。金子,泮弟,国子生。历南京后军都督府都事,迁左府经历,官至云南姚安知府。嗜刻书,又富收藏,建有万

卷楼。尝言“得一万户侯不如得万卷书”。

浙东海边图　史部地理类　佚

见《千顷堂书目》卷8。

三才通考　子部术数类　佚

见乾隆《无锡县志》卷39。

锦绣万花谷前集40卷后集40卷续集40卷别集30卷　子部典故类

明嘉靖十五年(1536)秦汴绣石书堂刻本,国家图书馆藏。

按:秦汴以宋本校明华氏会通馆活字本,重为刊刻。

事类赋注30卷　子部典故类

宋吴淑撰注

明嘉靖十六年秦汴刻本,云南大学图书馆原藏。

按:1989年中华书局校点本即以秦汴刻本作底本,参校以宋本及其他版本。

古今合璧事类前集69卷后集81卷续集56卷别集94卷外集66卷　子部典故类

宋谢维新编

明弘治,嘉靖间华燧秦汴刻印本。

按:弘治年间华燧用铜活字印行前集后集,续集以下三集由秦汴刻成于嘉靖三十五年。其书今无传本。参见《锡山秦氏文钞》卷13引清秦国璋《无锡先哲刻书记》。

怀李斋集　集部别集类

见乾隆《无锡县志》卷39。

按:《锡山秦氏诗抄》前集卷5收其诗5首。《锡山秦氏文抄》卷2收其文1篇。

王立道(1510—1547)

字懋中,号尧衢。明无锡人。表子。嘉靖十四年(1535)进士。选庶吉士,授翰林院编修。善诗。少勤业,诵习有节,其学强记,在翰林尤注意国家故事。为人狷洁方简。其诗风婉弱而冲容淡宕,不为奇险之语。病时尤著述如常。《毗陵人品记》有传。

校刻具茨先生文集8卷诗集5卷遗稿1卷附录1卷　集部别集类

明万历六年(1578)王化弘嘉乐堂刻本,国家图书馆藏。

具茨先生诗集5卷文集8卷遗稿1卷　集部别集类

明抄本,南京图书馆藏。

具茨集5卷补遗1卷文集8卷补遗1卷附录1卷遗稿1卷　集部别集类

(1)《四库全书》本。

(2) 清抄本,南京图书馆藏。

(3) 民国间无锡县图书馆据《四库全书》抄本。

(4) 1991年上海古籍出版社《四库明人文集丛刊》本。

(5)《原国立北平图书馆甲库善本丛书》本。

王翰林集1卷　集部别集类

(1)《盛明百家诗》本。

(2)《明别集丛刊》第五辑本。

秦　宏(1510—1583)

字伯度,号柳汀,明无锡人。伟孙,坤子。国子生。任山东蒲台县丞。

柳汀吟稿　集部别集类　佚

见乾隆《无锡县志》卷39。

华渐逵

字用仪,号湖西。明无锡人。生于正德年间,卒年81。

家劝录　子部儒学类

四体辑要　子部艺术类

杜诗训解　集部别集类

言志集　集部别集类

骋游集　集部别集类

以上5种见《锡山历朝书目考》卷2。

湖西草堂集　集部别集类

见乾隆《无锡县志》卷39。

按:《常郡八邑艺文志》卷5有明王世贞《湖西草堂诗集序》。

俞　治

字希圣,号观台。明无锡人。诸生。

俞氏同声集　集部总集类　佚

见《锡山历朝书目考》卷10。

赵　纲

字希大,号省吾。明无锡人。12岁补诸生。性好交游,喜急人难。嗜酒工诗。苏州黄省曾评其诗作"音随意适,象逐思驰"。

赵文学集1卷　集部别集类

《盛明百家诗》本。

蔡　瀛

字汝登。明无锡人。嘉靖二十二年(1543)举人。家贫甚,笃志好学,刻自砥砺。

唐宋六家文略12卷　集部总集类

明蔡瀛编

明万历刻本,见《无锡县立图书馆乡贤部书目》。

按:《明代版刻综录》卷6著录《六宗文略》12卷,明万历二十九年(1601)蔡望卿刻,疑著录有误。

叶　芳

明无锡人。

叶客集 1 卷　集部别集类

(1)《盛明百家诗后编》本。

(2)《明别集丛刊》本。

俞　寰(1511—1575)

字汝立,号绣峰。明无锡人。宪弟。诸生。

俞绣峰集 1 卷　集部别集类

续俞绣峰集 1 卷　集部别集类

以上 2 种有福建省图书馆藏《盛明百家诗》本。

吴百朋

明无锡人。

百朋别集　集部别集类

见《无锡富安乡志稿》卷 24。

施　教(1513—1565)

字子承,号心菊。明无锡人。策父。5 岁丧父,有志苦读,累试不中。去儒就医。精研《素问》《难经》等医书,遂以医著称。尤善治喘。性孝,轻财好施。以子策累赠礼部郎中。《归有园稿》有碑传。

心菊吟稿　集部别集类

见《锡山历朝书目考》卷 7。

按:《梁溪诗钞》卷 6 收其诗 1 首。

华文甫(1513—1596)

字显甫,一字西桥。明无锡人。嘉靖二十五年(1546)举人。任浙江昌化知县，署海宁知州。熟悉民情，为官有政声。

诗经主意 4 卷　经部诗经类

明嘉靖四十四年刻本，上海图书馆藏。

学庸详说　经部四书类　佚

见乾隆《无锡县志》卷 39。

(嘉靖)昌化县志 9 卷　史部地理类　佚

明华文甫修　戴仪等纂

见《千顷堂书目》卷 7。

按：本志修于嘉靖四十五年，书已不传，今惟存华文甫序，见民国《昌化县志》卷 16。序谓因嘉靖十七年马逢伯修县志杂乱无章，乃重修之，去其重复，删其繁乱。

仕余稿　集部别集类　佚

西桥德藻集　集部别集类　佚

以上 2 种见《锡山历朝书目考》卷 2。

文选钩玄 2 卷　集部总集类

明华文甫选　子绍芳校正

明刻本，国家图书馆藏。

按：明瞿景淳撰前序云："今锡山华君西桥乃摘《选》文之尤者，或有补于身心性情，或有关世教治理，录为括帖，命厥子绍芳校正之。善学者即其梗概，绎其玄微，则凡为古今文者一阅览之余而得其旨趣之妙矣。"

吴之霖

明无锡人。

希声集　集部别集类

见《无锡富安乡志稿》卷 24。

顾起经(1515—1569)

字长济，又字元纬，号九霞，别号罗浮外史。明无锡人。可观子，后嗣可学。从可学官京师，严嵩知其才，要置直庐，属为应制之文，辞谢去。由诸生补国学上舍，选授广东盐课副提举，兼署市舶。素负才气，著述甚富。尝助黄佐修《广东通志》《广西通志》。

易呓语 2 卷　经部易类

尚书左纪 4 卷　经部尚书类

诗解颐 2 卷　经部诗经类

檀弓别疏　经部礼记类

夏小正补解 4 卷　经部礼记类

以上 5 种见《梁溪诗抄》卷 9。

春秋三传凫乙集 6 卷　经部春秋总义类

见道光《锡金续志》卷 10。

书仓撮残 4 卷　经部小学类

两汉字通 2 卷　经部小学类

以上 2 种见《梁溪诗抄》卷 9。

通语 3 卷　经部小学类

见《锡山历朝书目考》卷 2。

续汲都师春 2 卷　史部别史类

史公纪传评 13 卷　史部史评类

以上 2 种见《梁溪诗抄》卷 9。

素臣翼 3 卷　史部传记类

见《锡金志外》卷 2。

唐王右丞(维)年谱 1 卷　史部传记类

(1) 抄本，国家图书馆藏。

(2)《北京图书馆藏珍本年谱丛刊》本。

李丞相故实 3 卷　史部传记类

尚齿录 2 卷　史部传记类
广小名录 4 卷　史部传记类
广东通志表传 19 卷　史部地理类
罗浮续考 4 卷　史部地理类
句吴佚典 8 卷　史部地理类
水经纪乘 6 卷　史部地理类
南华原诂 4 卷　子部周秦诸子类
庄骚亿 2 卷　子部周秦诸子类
山海族辨 5 卷　子部周秦诸子类
大学衍义补要　子部儒学类
日省余录 1 卷　子部儒学类
八阵图考 4 卷　子部兵书类
历朝植品 1 卷　子部农家类
琼花图经 5 卷　子部农家类
罥索坊谱 2 卷　子部工艺类
相字编 2 卷　子部术数类
彪史 3 卷　子部术数类
仙火编 2 卷　子部术教类
赤水玄珠 15 卷　子部术数类
江左名画记 3 卷　子部艺术类
舞谱 3 卷　子部艺术类
汝刻注释 1 卷　子部杂学类
千里面目 1 卷　子部杂学类
象胥杂记 1 卷　子部杂学类
五管谀闻 8 卷　子部杂学类

以上 26 种见《梁溪诗抄》卷 9。

内言隽永 2 卷　子部杂学类

见《锡山历朝书目考》卷 2。

肉阵录 2 卷　子部杂学类

辨囿阳秋 60 卷　子部杂学类

以上 2 种见《梁溪诗抄》卷 9。

灶觚余谈 4 卷　子部杂学类

见《锡金志外》卷 2。

卫足言 6 卷　子部杂学类

策府臆对 10 卷　子部典故类

词锋武库 2 卷　子部典故类

广谚 3 卷　子部典故类

隐录 5 卷　子部典故类

以上 5 种见《梁溪诗抄》卷 9。

世说刘疏录缺录 3 卷　子部小说类

俳谈 1 卷　子部小说类

以上 2 种见《锡山历朝书目考》卷 2。

邱里鸠异记 2 卷　子部小说类

见《梁溪诗抄》卷 9。

增编会真记 4 卷　子部小说类

明顾起经辑

明隆庆三年(1569)顾氏众芳书斋刻本,国家图书馆藏。

编注述异记　子部小说类

列仙传注 2 卷　子部小说类

屈宋谈 3 卷　集部楚辞类

蓟邱集 1 卷　集部别集类

秣陵集 1 卷　集部别集类

罗浮集 1 卷　集部别集类

句曲集 1 卷　集部别集类

岑石集 1 卷　集部别集类

笠泽集 1 卷　集部别集类

茗柯集 5 卷　集部别集类

代斫集 1 卷　集部别集类

淹城集 4 卷　集部别集类

汇遗集 4 卷　集部别集类

省题集 2 卷　集部别集类

演连珠集 2 卷　集部别集类

以上 15 种见《梁溪诗抄》卷 9。

类笺唐王右丞诗集 10 卷文集 4 卷外编 1 卷年谱 1 卷唐诸家同咏集 1 卷赠题集 1 卷历朝诸家评王右丞诗画抄 1 卷　集部别集类

明顾起经辑并注

(1) 明嘉靖三十五年(1556)顾起经奇字斋刻本,国家图书馆藏。

(2)《四库全书荟要》本。

按:《四库全书总目》云:"是集以王维诗分类重编。五言古诗分十一门,七言古诗分六门,五言律诗分十一门,五言排律分八门,五言绝句分七门,七言绝句分五门。各为笺注,而以刘辰翁评散附句下。冠以本传、年谱。别以外编、遗诗及同咏、赠答、画评附后。其文集四卷则绝无笺注。大都区别繁碎,更甚于王洙之割裂杜诗、王十朋之窜乱苏集。如《清如玉壶冰》诗,虽题出鲍照《白头吟》,然实省试之作,列之闺情,殊为不类。配隶尤多乖舛也。"又以顾氏"注诗而不及文,诗注亦间有舛漏",指其不如后出之赵殿成注本。

韦诗猎精 2 卷　集部别集类

唐四大家集缺 12 卷　集部总集类

以上 2 种见《梁溪诗抄》卷 9。

编注王司马百首宫词 2 卷唐诸家宫词 1 卷　集部总集类

唐王建、王昌龄等撰　明顾起经注

明万历十四年(1586)顾祖美刻本,国家图书馆藏。

元白精英 3 卷　集部总集类

大历才子诗选 2 卷　集部总集类

仙葩集 5 卷　集部总集类

万窍元声 2 卷　集部诗文评类

文露沉 5 卷　集部诗文评类

唐绝故 2 卷　集部诗文评类

词场灶律 4 卷　集部词曲类

粹白狐 5 卷　集部词曲类

麒麟函 1 卷　集部词曲类

以上 9 种见《梁溪诗抄》卷 9。

小十三经 16 卷　丛书类

明顾玄纬、顾起经编

明嘉靖刻本，国家图书馆藏。

子目从略。

诸书手抄 30 卷　丛书类

见《梁溪诗抄》卷 9，并收其诗 4 首。

秦　梁(1515—1578)

字子成，号虹洲。明无锡人。瀚子。嘉靖二十年(1541)尝与陈以忠同读书于邹氏楼。二十六年进士。历任南昌推官、吏科给事中、通政司参议、南京太仆寺少卿、鸿胪寺卿、右通政、浙江参议、山东副使、江西右布政使等。能诗文。

(万历)无锡县志 24 卷图 1 卷　史部地理类

明周邦杰修　秦梁等纂

明万历二年(1574)刻本，南京图书馆等藏有胶卷。

秦方伯集 1 卷　集部别集类

(1)《盛明百家诗》本。

(2)《无锡文库》本。

(3)《明别集丛刊》第五辑本。

按：《锡山秦氏诗抄》前集卷 5 收其诗 24 首，《锡山秦氏文抄》卷 2

收其文 9 篇。

绍修堂诗集　集部别集类　佚

见乾隆《无锡县志》卷 39。

按:《锡山秦氏诗抄》前集卷 5 收其诗 24 首,《锡山秦氏文抄》卷 2 收其文 9 篇。

秦　瀹(1516—1583)

字季新,号慎庵。明无锡人。夷孙。诸生。博通典籍。谈修尝从其问学。万历十一年(1583)与秦梁等主持纂修宗谱,书未成而卒。

锡山秦氏全谱 23 卷　史部传记类　佚

见《锡山秦氏文抄》卷 2,有《自序》1 篇。

春秋类编 32 卷　史部传记类

明抄本,国家图书馆藏。

按:光绪《锡金县志》著录为 36 卷。秦瀹《书战国人才言行录后》谓谈修曾校正而刻之。

战国人才言行录 10 卷　史部传记类

(1) 明嘉靖三十一年(1552)谈修刻本,无锡市图书馆藏。

(2)《四库全书存目丛书》本。

按:本书成于隆庆中,类次战国人物,起魏文侯,迄荆轲,凡 149 人。皆抄录《战国策》《史记》之文而稍删节之。

六箭河志　史部地理类　佚

见乾隆《无锡县志》卷 39。

读书记事录 12 卷　子部杂学类　佚

古史联珠 150 卷　子部典故类　佚

以上 2 种未成,见《锡山秦氏文抄》卷 2《书战国人才言行录后》。

按:《锡山秦氏诗抄》前集卷 4 收其诗 2 首。《锡山秦氏文抄》卷 2 收其文 6 篇。

吴宪之

字章卿，号起让。明无锡人。江子。尝官内阁中书。

钟美堂诗集　集部别集类　佚

见《锡山历朝书目考》卷7。

吴三畏

字常惺。明无锡人。书法家。能诗工书。以善书荐授武英殿中书。精于楷书，又擅长怀素草书，结构严谨，笔力遒劲。

锡山遗响12卷　集部总集类

见嘉庆《锡金县志》卷25

按：《锡山历朝书目考》卷4作《续锡山遗响》12卷。

吴　吉

明无锡人。

尚书日笺　经部尚书类

见《无锡富安乡志稿》卷24。

顾起纶(1517—1587)

字更生，号元言。明无锡人。起经弟。邵宝甚器重之。讲业里中，与王立道、尤瑛齐名。从父可学挈之京师，代为祝厘应制之文，多称帝意。以国子生授云南某卫经历，累官至郁林州同知，以罪罢归。豪于诗酒，好读书，工古文辞，善书法。在滇，与杨慎、皇甫汸相唱和。

类选诗苑秀句12卷　子部典故类

明顾起纶辑

(1) 明万历刻本，国家图书馆藏。

(2) 明万历十三年(1585)刻本，北京大学图书馆藏。

标题补注蒙求3卷　子部类书类

唐李瀚撰　宋徐子光补注　明顾起纶补辑

(1) 明万历元年顾氏奇字斋刻本，复旦大学图书馆藏。

(2)《四库全书存目丛书补编》本。

按：《四库全书总目》云：《书录解题》《宋史·艺文志》皆作八卷。今所行者凡二本，一本二卷，乃子光之原注，已著于录。此本又分三卷，凡子光注中陈振孙所谓兼及他人事者，皆为删去，而每句之下俱有"评识"二字，如好贤、循吏、孝义、廉介之类，即所谓标题。盖坊刻改窜之本，不足取也。

杂存 1 卷　集部别集类

明万历元年顾起经奇字斋刻本。

勾漏集 4 卷　集部别集类

(1) 明抄本，国家图书馆藏。

(2)《四库全书存目丛书》本。

(3)《明别集丛刊》第三辑本。

赤城集 3 卷　集部别集类

见《四库全书总目》别集类存目。

按：万历六年顾起纶游天台山归，辑此行诗成此集。《四库全书总目》谓其"似别集而非别集，似总集而非总集，体例颇为未善。然中卷有附录字，知以起纶为主矣。故仍入之别集类焉"。

知非历 10 卷　集部别集类

见《锡山历朝书目考》卷 2。

昆明集 2 卷　集部别集类

(1) 明嘉靖刻本，台湾"中央图书馆"原藏。

(2)《原国立北平图书馆甲库善本丛书》本。

玄言斋集 2 卷　集部别集类

明顾起纶撰　王问辑并评

(1) 明嘉靖三十二年(1553)无锡顾氏奇字馆刻本，天一阁藏。

(2)《无锡文库》本。

振秀集 2 卷　集部总集类

枫潭集抄 2 卷文抄 2 卷　集部总集类

以上 2 种顾起纶选。

明嘉靖刻本，台湾“中央图书馆”原藏。

按：《梁溪诗抄》卷 9 收其诗 50 首。

泽秀集 7 卷总编 1 卷　集部总集类

(1) 明嘉靖四十五年朱氏竹素斋刻本，台湾“中央图书馆”原藏。

(2) 明嘉靖间顾祖源刻本，上海图书馆藏(存卷 1—3)。

国雅 20 卷续国雅 4 卷国雅品 1 卷杂附 1 卷　集部总集类

明顾起纶辑

(1) 明万历元年(1573)顾起经奇字斋刻本，国家图书馆藏。

(2)《原国立北平图书馆甲库善本丛书》本。

按：此辑明代诸家诗。

国雅品 1 卷　集部诗文评类

《历代诗话续编》本。

郑伯兴

字子振，号南溟。明无锡人。嘉靖二十九年(1550)进士。历任海宁知县、衢州知州、湖广副使，有政绩。卒后入名宦祠。

存仁堂集　集部别集类

见《锡山历朝书目考》卷 10。

华复初

字明伯，号岳西。明无锡人。云子。少有才名，能承家学，凡父藏书一一校雠之。隆庆二年(1568)贡生，授应天府学训导。喜为诗，以所寓构秉烛轩延客。与金陵陈芹、盛时泰、朱孟震等集南京结青溪社。事详明朱孟震《玉笥诗谈》。

青溪社稿　集部总集类　佚

明华复初等撰

见《玉笥诗谈》卷上。

按:《梁溪诗钞》卷9收其诗1首。《锡山揽袂集》卷上收其文1篇,卷下收其诗1首。

华 泮

字师鲁,号晋斋。明无锡人。生于正德年间。钥子。诸生。文学韩欧诸大家。传见《华氏山桂公支宗谱》卷首《水西公(钥)传》附。

救民急务录 史部政书类

(1) 见乾隆《无锡县志》卷39。

(2) 明嘉靖二十三年(1544)刻本,2卷附录1卷续增1卷,上海图书馆藏(有黄丕烈跋)。

(万历)无锡县志24卷图1卷 史部地理类

明周邦杰修 秦梁、华泮等纂

明万历二年(1574)刻本,南京图书馆藏。

晋斋文集 集部别集类 佚

见《水西公传》附。

按:《锡山揽袂集》卷上收其文1篇。

邹懋昭(1520—1581)

字汝德,号龙桥。明无锡人。钲孙。少从毗陵唐顺之讲求经世之学。嘉靖二十五年(1546)举人,官湖北应城、河南宁陵知县。值岁饥,约已以为民先。时景藩与楚藩争封界,懋昭阻宦官横责民租,未果,不久罢归。

高士列仙传 史部传记类 佚

蒲骚政略1卷 子部杂学类 佚

谐史2卷 子部小说类 佚

也足轩稿 集部别集类 佚

以上4种见《锡山历朝书目考》卷7。

王　鉴(1520—1589)

字汝明，号继山。明无锡人。问子。嘉靖四十四年(1565)进士。知武定州。入为户部员外郎，授吏部郎中。念父老，谢病归，与父同隐居宝界山，奉不离侧。父卒久之，进尚宝卿，改南京鸿胪卿，引年乞休。进太仆寺卿致仕。性耿直。善画人物。《明史》附邵宝传。

禹贡山川郡邑考4卷　经部尚书类

(1) 清抄本，国家图书馆藏。

(2) 旧抄本，南京图书馆藏。

按：《四库全书总目》书类存目云："其书以《禹贡》水道为主，每条用水名标目，而历引诸书所载源流分合于下。"

禹贡山川图解　经部尚书类

五经摘要　经部群经总义类

以上2种见《锡山历朝书目考》卷7。

楚越记　史部地理类

宝界集　集部别集类

以上2种见《锡金志外》卷2。

按：《梁溪诗钞》卷8收其诗1首。

吴应卯

字振宗，号三江。明无锡人。祝允明外孙。书画家。习允明书，几能乱真。草书笔走龙蛇，颇具气势，亦工画，曾作《平湖远岫》《山村小景》，得宋李嵩之法。

三江遗稿　集部别集类　佚

见乾隆《无锡县志》卷39。

华汝砺(1523—1589)

字用成,号昆源。明无锡人。嘉靖三十八年(1559)进士。授刑部郎中,升浙江按察副使,备兵温州、处州。会海水暴涨,毁田庐城廓,乃启坝以分水势,又弛禁通商,民免阻饥。因忤御使,调云南,亦有惠政。逢母忧归,遂不复出。

昆源集　集部别集类　佚

见《锡山历朝书目考》卷7。

按:《梁溪诗钞》卷8收其诗3首。

尤　璇(1524—1574)

字汝齐,或作汝斋,号迴川。明无锡人。袤之后代。诸生。以祖荫封礼部员外郎。少颖异,博闻强识,群籍皆精;及长,积学好修,泥而不滓,脱于一切之外,堪称达者,著述甚丰,今多不存。卒,私谥贞孝。

小学集注　经部小学类

史学备遗　史部史评类

尤氏总谱　史部传记类

一梅轩日记　史部传记类

待对策　史部政书类

太湖志略　史部地理类

天文舆地历年图　史部地理类

句吴纪闻　史部地理类

世道升降考　子部儒学类

二氏经　子部杂学类

广渊明四八目　子部杂学类

经史子纂　子部杂学类

诗文草　集部别集类

陶杜诗说　集部诗文评类

以上 14 种见《锡山秦氏文钞》卷 2 明秦梁《贞孝先生迴川尤君墓志铭》。

五书汇萃　丛书类

见乾隆《无锡县志》卷 39。

按:光绪《锡金县志》卷 39、《锡山历朝书目考》卷 2 亦作尤瑛撰。

张子仁(1524—1590)

字安甫,号澄斋。明无锡人。嘉靖三十八年(1559)进士。除南京兵部主事,擢四川参议,终贵州参政。博闻广识。工诗文。

四书微言　经部四书类

奏疏 8 卷　史部政书类

兵防会纂 2 卷　史部政书类

临淮抄税格 2 卷　史部政书类

蜀志　史部地理类

归沐漫笔 1 卷　子部杂学类

吴东吟草　集部别集类

烟甫楼集 2 卷　集部别集类

以上 8 种见《锡山历朝书目考》卷 7。

存笥稿 3 卷　集部别集类

见清黄蛟起《西神丛语》,谓一《入蜀草》、一《浙游草》、一《归沐漫草》。

文苑选　集部总集类

会艺课程集 4 卷　集部总集类

以上 2 种见《锡山历朝书目考》卷 7。

按:《梁溪诗钞》卷 8 收其诗 1 首。

邓　仪(1524—1602)

字文度,别号山人。明无锡人。天才颖卓,初业博士,后弃之而为古文词诗赋，尤工临池，得书家三昧，文名隆起，朝人交荐不就。事亲至孝，安贫乐道终其身。门人私谥为贞乐先生。

礼札稿1卷　经部三礼总义类

六书纪原1卷　经部小学类

士林尺牍5卷　史部传记类

鸾停馆书目2卷　史部目录类

弟子训诂2卷　子部儒学类

举业辨难3卷　子部儒学类

知非偶录1卷　子部杂学类

艺圃集1卷　集部别集类

旃鹜堂文稿4卷　集部别集类

进德斋集16卷　集部别集类

北游集1卷　集部别集类

南游集1卷　集部别集类

以上12种见《锡山历朝书目考》卷3。

邓山人集1卷　集部别集类

(1)《盛明百家诗》本。

(2)《明别集丛刊》第五辑本。

诗余1卷　集部词曲类

见《锡山历朝书目考》卷3。

吴道成

明无锡人。邵宝曾外孙。

邵文庄公年谱1卷　史部传记类

明邵煛、吴道成编　顾宪成、高攀龙订

(1) 民国间无锡县图书馆抄本，无锡市图书馆藏。

(2)《锡山先哲丛刊》本。

(3) 民国间抄本，国家图书馆藏。

(4)《北京图书馆藏珍本年谱丛刊》本。

烟霞集　集部别集类　佚

希夷集　集部别集类　佚

以上2种见《无锡富安乡志稿》卷24。

倪　瑛(1525—1576)

字汝玉，号绍南。明无锡人。诸生。

四书讲义约编　经部四书类　佚

见《锡山历朝书目考》卷7。

窦梦麟

字仲泉，号西岩医士。明无锡人。生于嘉靖年间。医术益工，声称籍甚。辑遗书，重订经验诸方。

疮疡经验全书(一作窦大师全书，又作窦氏外科全书)13卷　子部医家类

原题宋窦汉卿撰　裔孙窦梦麟续增。

版本参见"窦默"条。

明隆庆三年(1569)三衢大西堂刻本，上海图书馆藏。

窦氏秘方2卷　子部医家类

明文泉堂向松馆刻本，南京中医药大学图书馆藏。

祖　福

字谷泉。明秀水龙渊寺僧人，后居无锡九龙山至老。能诗。

谷泉集　集部别集类

见嘉庆《锡金县志》卷30。

按:《梁溪诗钞》卷57收其诗2首。

秦　柄(1527—1582)

字汝操,号邘塘。明无锡人。金孙。万历五年(1577)贡生。乡试屡不售,有大吏重其名,欲援而进之,拒之,辞学归,键户读书。重气节,为顾宪成所推,殁,顾为之传。

(万历)无锡县志24卷图1卷　史部地理类

明周邦杰修　秦梁、秦柄等纂

明万历二年刻本,南京图书馆等藏有胶卷。

百衲居士铁围山丛谈6卷　子部杂学类

宋蔡絛撰

明嘉靖二十九年(1550)秦柄雁里草堂抄本,有清钱谦益校、施城跋,上海图书馆藏。

邘塘诗文集　集部别集类　佚

见《锡山秦氏文钞》卷13。

按:《梁溪秦氏诗抄》前集卷5收其诗3首。

秦　柽(1527—1585)

字汝荫,号凤桥,别号企凤。明无锡人。泮子。诸生。历官南京都察院都事、南京后军都督府经历、广西庆远知府。能诗文。

怡情稿　集部别集类　佚

见《锡山秦氏诗抄》前集卷5,收其诗2首。

怡情稿文集尺牍　集部别集类　佚

见《锡山历朝书目考》卷7。

顾道洪(1527—1600)

字尉图,号梁源。明无锡人。可久孙,起纶侄。笃学力行,博览群书,生平著述甚多。

东坡先生遗事12卷　史部传记类

明顾道洪辑

明万历二十一年(1593)梁源山顾道洪刻本,国家图书馆藏。

孟浩然诗集3卷补遗1卷　集部别集类

唐孟浩然撰　宋刘辰翁评点　明顾道洪校辑

明万历二十一年顾道洪刻本,国家图书馆藏。

襄阳外编1卷　集部总集类

明顾道洪辑

(1) 明万历二十一年顾道洪刻本,国家图书馆藏。

(2)《四库全书》本。

施显卿

字纯甫,号九峰。明无锡人。嘉靖三十一年(1552)举人。官新昌知县。精于弈。

嘉靖三十七年广东乡试录1卷　史部传记类

明嘉靖刻本,台湾"中央图书馆"原藏。

新编古今奇闻类记10卷　子部小说类

明万历四年(1576)自刻本,见《明代版刻综录》卷3。亦见《四库全书总目》小说家类存目。

奇闻类纪摘抄4卷(一作2卷)　子部小说类

(1)《纪录汇编》本。

(2)《影印元明善本丛书》本。

(3)《胜朝遗事》本。

按:《千顷堂书目》卷13作"《奇闻类记》3卷"。

华之充

明无锡人。云孙。

句吴集6卷　集部别集类

明华云撰　华之充编次

明万历十七年(1589)序刻本,国家图书馆藏。

顾道淳(1528—1603)

字嗣美,号南陔。明无锡人。可久孙。诸生。于书无所不读,举乡饮宾。

三经阐秘　经部群经总义类　佚

十三经忠孝节义录　经部群经总义类　佚

以上2种见《梁溪诗抄》卷10。

历代纪元历7卷　史部编年类

清初钱氏述古堂抄本,国家图书馆藏。

二十一史大事记　史部史表类　佚

二十一史日抄　史部史钞类　佚

二十一史分类　史部史钞类　佚

二十一史忠孝节义录　史部史钞类　佚

异姓录　史部传记类　佚

经史摘奥　子部杂学类　佚

顾道淳诗70卷　集部别集类　佚

以上7种见《梁溪诗抄》卷10,谓尽毁于火,无一存者。诗抄收其诗1首。

周子义(1529—1586)

字以方,号敬庵。明无锡人,嘉靖四十四年(1565)进士。选庶吉士,授编修,预修世宗实录。万历二年(1574)任南京国子监祭酒,训士有方,历吏部左侍郎,掌詹事府。研究经术及濂洛关闽之学,学日邃。曾先后校刊《史记》《梁书》《新五代史》。著作甚丰。谥文恪。《明史》有传。

国朝故实(一作国朝典故备遗)200卷　史部杂史类　佚

日录见闻10卷　史部杂史类　佚

以上2种见《明史·艺文志》。

中书直阁记　史部政书类

见乾隆《无锡县志》卷39。

晏子春秋内篇2卷　子部周秦诸子类

明周子义注

(1)《子汇》本。

(2)《景印元明善本丛书》本。

(3) 1936年上海涵芬楼影印本。

瞉语20卷　子部杂学类　佚

见乾隆《无锡县志》卷39。

交翠轩佚稿6卷　集部别集类

见《千顷堂书目》卷23。

子汇　丛书类

明周子义等辑

(1) 明万历五年周子义刻本,国家图书馆藏。

(2)《景印元明善本丛书十种》本。

按:此收先秦汉唐诸子著作24家34卷,子目从略。

十八子全书　丛书类

明周子义等辑

明万历五年刻本,国家图书馆藏。

按:《明诗综》卷49收其诗1首。

施梦龙(1529—1589)

字伯雨,号屿南。明无锡人。隆庆二年(1568)进士。知武定州,迁刑部郎中,擢江南副使,备兵南饶。有政绩。

三辅纪略　史部地理类

见《锡山历朝书目考》卷3。

使三辅录　史部地理类

性理纂要 4 卷　子部儒学类

屿南集　集部别集类

诗式　集部诗文评类

以上 4 种见乾隆《无锡县志》卷 39。

词式　集部词曲类

见《锡金志外》卷 2。

尤　质(1529—?)

初名茂先。字叔野,号鹤湖。明无锡人。国子生。官卫经历、耀州通判。有文才。

惠山续集 8 卷　集部别集类　佚

见《锡金考乘》卷 13,明王世贞为作序。

吴　瓒

字文器,号幅庵。明无锡人。生于嘉靖年间。诸生。

新塘庄咏　集部别集类　佚

见《锡山历朝书目考》卷 10。

华之方

字幼图,号玄守。明无锡人。云孙。

寿安堂集　集部别集类

见《锡山历朝书目考》卷 10。

马娱日

字丕先,号锦圃。明嘉靖间无锡人。郡庠生。

华山诗草　集部别集类　佚

见《锡山历朝书目考》卷 10。

邵迎恩

明无锡人。女。

关雎余意　经部诗经类　佚

见道光《锡金续志》卷10。

徐鲁源

明无锡人。嘉靖、万历间在世。

医录原旨　子部医家类　佚

见《千顷堂书目》卷14。

薛　益

字虚舟。明嘉靖朝无锡人。

杜律集注2卷　集部别集类

明天启间刻本。见《杜集书录》内编卷11。

按:《杜集书录》云:"薛雪《一瓢诗话》云:'其先祖亦注杜诗,坊间流传《杜诗七律解注》是也。'未知是否即系此书。"

辛丑年(1532—1624)

号左峰。明无锡人。铭重孙。博涉经史。为人师表。曾任顾宪成、顾允成师。后闭户清修,沉酣古籍。《梁溪辛氏宗谱》卷22有传。

寒蛰诗稿存1卷　集部别集类

(1) 1916年木活字本,上海图书馆藏。

(2)《甲戌丛编》本。

(3)《丛书集成续编》本。

俞　渊

字希颜,号克庵。明无锡人。宪长子。国子生。

续俞伯子集1卷　集部别集类

(1)《盛明百家诗》后编本。

(2)《明别集丛刊》第五辑本。

顾宏先

字象之,号真初。明无锡人。可学孙。生于嘉靖时。诸生。

闲窗随笔　子部杂学类　佚

见光绪《锡金县志》卷。

华启直(1533—1597)

字礼成,号豫庵。明无锡人。恩孙。嘉靖四十一年(1562)进士。授湖广孝感知县,疏请愿就学职便养,改顺天教授,寻迁国子监丞,刑部浙江司主事。时海瑞以言事系狱,启直维持左右甚力。历郎中,出守湖南永州府,以宽平为治。擢贵州按察副使,仕终四川布政司左参议,有惠政。引疾归,屏处一室,日敛衽庄坐,绝迹城市。《华氏通四三省公支传芳集》卷6有《豫庵府君宗谱传》。

华豫庵先生集2卷　集部别集类

明华启直撰　清华尔行编　华鸿模校订

(1) 清宣统三年(1911)华鸿模存裕堂木活字本,国家图书馆藏。参见“华鸿模”条。

(2)《明别集丛刊》第三辑本。

华　露

明无锡人。国子监生,光禄监丞,官商丘县令。

古四家选20卷　丛书类

明施观民辑

明万历元年(1573)无锡华露刻本,南京图书馆藏。

子目:

《左传》10卷

《庄子》4卷

《列子》2卷

《淮南子》4卷

吴汝伦(1534—1575)

字文叔,一作文叙,号震华。明无锡人。桂森父。隆庆四年(1570)举人,进士。授彰德府同知,擢礼科给事中。

震华遗稿　集部别集类

见《锡山历朝书目考》卷7。

胡　涍(1534—1579)

字原荆,号莲渠。明无锡人。嘉靖四十三年(1564)举人,四十四年进士。授永丰知县,移安福。擢广西道监察御史。忤上,斥为民卒。《明史》有传。

采真堂集　集部别集类　佚

见《千顷堂书目》卷23。

胡莲渠文集　集部别集类

精写本,无锡县图书馆原藏。

按:《无锡艺文志长编》云:是书序记十首,传录七首,题跋六首,募疏二首,分类编录,前后无序跋。寄沤书巢旧藏此本,根据何本缮出,无考。

谈　修(1534—1618)

字思永,号信余,自署梁溪无名生。明无锡人。恺从子。诸生。博学善文。曾从秦瀹问学。《慎修堂集》有传。

春秋类编32卷　史部传记类

明秦瀹辑

按:见秦瀹《书战国人才言行录后》,谓由谈修校正而刻之。刻本今未见。

战国人才言行录 10 卷　史部传记类

明秦瀹辑

明嘉靖三十一年(1552)谈修刻本,无锡市图书馆藏。

惠山古今考 10 卷补遗 1 卷附录 3 卷　史部地理类

(1) 明刻本,台北"中央研究院"历史语言研究所藏。

(2) 明万历刻本,存 4—5 卷,补遗全,南京图书馆藏。

(3) 无锡县图书馆抄本,6 卷,见《无锡县立图书馆乡贤部书目》。

(4)《四库全书存目丛书》本。

(3)《无锡文库》本。

按:《四库全书总目》地理类存目著录 10 卷附录 3 卷补遗 1 卷,云:"是编以无锡惠山为一邑胜境。唐张祐题诗有'小洞穿斜竹,重阶夹细莎'之句,而旧迹已湮,修营建以复其旧。故首卷载《小洞重阶考》,及祠院庵观诸《考》,自二卷至十卷,则自唐及明之诗文。《附录》三卷,皆同人赋赠之作。《补遗》一卷,则杂记惠山遗事。卷末自跋,有'梦惠山之神'云云,则未免幻妄矣。"

无锡县学笔记 12 卷　史部地理类

明万历二十八年(1600)谈修自刻本,无锡市图书馆藏。

比璞山房罪言 14 卷　子部杂学类

明万历三十二年谈修自刻本,无锡市图书馆藏。

避暑漫笔 2 卷　子部杂学类

按:见《四库全书总目》小说家类存目,云:"是编皆掇取先进言行可为师法,及近代风俗浇薄可为鉴戒者,胪叙成篇。其书成于万历中,当时世道人心,皆极弊坏,修发愤著书,故其词往往过激云。"

呵冻漫笔 2 卷　子部杂学类

《艺海珠尘》本。

按:卷末有谈修识语略云:"余少治经术,期乘时以经世务。今年逾六旬，壮心已矣。去岁《避暑漫笔》成，今年春初，白雪满庭，独坐无侣，随笔漫成，复付剞劂。”

滴露漫录 6 卷　子部杂学类

见道光《锡金续志》卷 10。

游翰稗编 3 卷别编 3 卷琐言 2 卷　子部杂学类

明万历间刻本，南京图书馆藏。

风雩漫稿 8 卷　集部别集类

见《锡山历朝书目考》卷 3。

谈氏文献录　集部总集类

续文献录　集部总集类

以上 2 种见乾隆《无锡县志》卷 39。

按：《梁溪文钞》卷 10 收其诗 1 首，《梁溪文钞》卷 16 收其文 2 篇。

黄学海(1535—1616)

字宗于，号思庵。明广宁左屯卫籍无锡人。正色子。嘉靖三十四年(1555)举人，四十一年进士。授内黄知县。入为户部主事。擢赣州知府。

淮关榷记　史部政书类　佚

见《锡山历朝书目考》卷 3。

大学衍义补纂要 6 卷　子部儒学类

明徐栻编

明隆庆间黄学海重刻本，美国国会图书馆藏。

筠斋漫录 10 卷　集部别集类

(1) 抄本，存卷 8—10，无锡市图书馆藏。

(2) 明万历三十年(1602)刻本，上海图书馆藏，著为 10 卷续集 2 卷别集 1 卷。

俞　沂

字希曾，明无锡人。渊弟。

续俞仲子集 1 卷　集部别集类

(1)《盛明百家诗》后编本。

(2)《明别集丛刊》第五辑本。

华　彝

字虚我。明无锡人。嘉靖间诸生。卒年 59。

诗经内外传　经部诗经类

四书说诲　经部四书类

以上 2 种见清华孳亨辑《华氏传芳集》卷 6 本传，谓《诗经内传》专释理意，《外传》备详名物，各数 10 卷。

李文麟

明无锡人。

李武选集 1 卷　集部别集类

《盛明百家诗》本。

龚　勉(1536—1607)

字子勤，号毅所。明无锡人。嘉靖四十三年(1564)举人，隆庆二年(1568)进士。授嘉兴知县，调吴桥。廉明有治绩。进南京刑部主事。迁嘉兴知府，终浙江布政使。

书义卓见　经部四书类　佚

见《锡金志外》卷 2

万历嘉兴府志遗稿　史部地理类　佚

明龚勉修　严从简、黄法宪纂

见《千顷堂书目》卷 24。

烟雨楼志 4 卷　史部地理类　佚

见光绪《嘉兴府志》卷 80。

按:烟雨楼在嘉兴县鸳湖畔,鸳湖即鸳鸯湖,一名南湖。

尚友堂诗集 13 卷　集部别集类

明万历十三年(1585)龚勉刻本,国家图书馆藏

尚友堂集 9 卷　集部别集类　佚

见《千顷堂书目》卷 24。

按:《梁溪文抄》卷 10 收其文 2 篇。

尚友堂文集 5 卷

明万历间刻本,日本尊经阁藏。

秦凤梧(1536—1614)

字子桥,一作子乔,号济源。明无锡人。铨孙。诸生。少颖异,为博士。独处清修,不屑谒请。工诗。

晚存诗稿　集部别集类　佚

见《锡山秦氏诗抄》前集卷 5,收其诗 8 首。

华祥武(1536—1616)

字德威,号怀原。明无锡人。诸生。

西庄自叙本书　史部传记类　佚

见《锡山历朝书目考》卷 70。

贾应璧(1537—1617)

字文宿,号弘庵,别号独醒子。明无锡人。隆庆二年(1568)进士。知黄冈县,迁户部主事,出守绍兴,擢广平副使,官终广东按察使。善诗文。致仕归,筑栖隐园于惠山之麓,又名古华山庄,时唱和极盛。

绍兴水利图说 2 卷　史部地理类

见《明史·艺文志》。

独醒子 2 卷　集部别集类

明万历刻本，中国科学院图书馆藏。

归来诗稿　集部别集类

见《锡山历朝书目考》卷 3。

按：《梁溪诗钞》卷 9 收其诗 1 首。

钱　桐

字瘰竹。明无锡人。

瘰竹诗集　集部别集类

见《锡山历朝书目考》卷 10。

华仲亨(1539—1599)

字起光，号芝台。明无锡人。察子。国子生。选武英殿中书舍人，告疾归。万历十四年(1586)与汪道昆、王世贞等在杭州共举南屏社。传见《华氏传芳集》卷 6。

山海编　子部杂学类　佚

集唐句　集部别集类　佚

以上 2 种见《华氏金粟岭诗存》小传。

清源集　集部别集类　佚

见乾隆《无锡县志》卷 39。

内翰集　集部别集类　佚

见《锡山文集》。

按：《梁溪文钞》卷 12 收其文 1 篇，《梁溪诗钞》卷 9、《华氏金粟岭诗存》均收其诗 14 首。

秦　植(1539—1605)

原名凤竹，字子培，号济虹。明无锡人。铨孙。国子生。与兄济源同以诗名，因以客晋藩。《明史》有传。

清湖集(一作清湖前后集)　集部别集类

(1) 5卷,稿本,旧藏山阴傅氏,见《锡山秦氏文抄》卷12及《无锡先哲遗书书目》。

(2) 3卷,抄本,旧藏无锡县图书馆,见《无锡县立图书馆乡贤部书目》。

按:《锡山秦氏诗抄》前集卷6收其诗79首。

施　策(1540—1619)

字懋扬,号励庵。又号冋卿。明无锡人。教子。隆庆五年(1571)进士。授礼部主事,补吏部,迁尚宝卿,以太仆寺卿乞归。结庐大池山中,日事吟咏,历30年卒。《大清一统志》有传。

锡山科甲考　史部传记类

见《锡山文集》卷首小传。

吴越游　史部地理类

荆溪游　史部地理类

希古吟　集部别集类

佚我吟　集部别集类

大池吟　集部别集类

休沐编　集部别集类

都门草　集部别集类

滁阳草　集部别集类

以上8种见《梁溪诗钞》卷9。

励庵诗稿(一作励庵诗集,又作励庵稿)　集部别集类

见《大清一统志》卷61。

唐诗类选　集部总集类

见《始青阁稿》卷11。

古文集遗　集部总集类

唐诗四体　集部总集类

以上2种见乾隆《无锡县志》卷39。

崇正文选12卷　集部总集类

明万历三十八年(1610)瞿汝说刻本,国家图书馆藏。

按:以上4总集均为施策辑。又,《梁溪诗钞》卷9收其诗1首,《梁溪文钞》卷11收其文3篇。

尤　镗

字伯声,号镜湖,晚号耕石、钓井叟。明无锡人。瑛子。以太学生授邛州州判,不赴。家贫,友人为筑云鸿馆以居之。博闻强识,工诗、古文辞,尤工骈语;弱冠即与张以德等组成同心社(后改为惜阴社),自嘉靖三十九年(1560)至万历十一年(1583),历时23年。穷览载籍,著述甚富,亦好诋毁时贤。

人物志补遗　史部传记类

见《锡山历朝书目考》卷3。

梁溪杂事2卷　史部地理类

见《锡金考乘》卷12,云:"是书于邑中旧闻轶事记载颇详,惟伤于过刻。"

梁溪杂事摘钞1卷　史部地理类

清抄本,上海图书馆藏。

无锡山水志　史部地理类

见乾隆《无锡县志》卷39。

酒志80卷　子部工艺类

见《锡山历朝书目考》卷3。

清贤记6卷　子部杂学类

明尤镗编

(1) 明天启刻本,台湾"中央图书馆"原藏。

(2)《张氏适园丛书初集》本。

按:《无锡艺文志长编》:是书专录元倪瓒之清德介节。以瓒之私谥曰“清贤”,因以名其书。搜罗颇为详尽,而综核缕举,又得体要。

红箱集 50 卷　集部别集类

见《明史·艺文志》。

云鸿馆集　集部别集类

护鲭集　集部别集类

停钓书 6 卷　部类不详

以上 3 种见乾隆《无锡县志》卷 29。

按:《梁溪诗钞》卷 10 收其诗 2 首。

李应祥

字善征,号雨亭。明无锡人。万历五年(1577)进士。授临海知县,擢户部主事。历郎中,进湖北佥事,迁陕西参议,调督学。

雍胜略 24 卷　史部地理类

明李应祥、俞万期撰

(1) 明万历二十五年刻本,上海图书馆藏(存卷 5—24)。

(2) 清抄本,天水市图书馆藏。

徐吾元

明无锡人。生于嘉靖年间。精医理,论运气之说甚精博。

医经原旨　子部医家类

见万历《无锡县志》卷 20。

钱　瑚

字英良,一字重器,号养源。明无锡人。乡饮介宾,有文才。

太湖集　集部别集类

自怡集　集部别集类

以上 2 种见《锡山历朝书目考》卷 10。

尤　璠

字汝华，号回塘。明无锡人。生于嘉靖时。诸生。

汲古集 12 卷　集部别集类　佚

见道光《锡金续志》卷 10。

堵胤昌

明无锡人。

达生录 2 卷　子部医家类

明万历三十二年(1604)定志斋刻本。见《贩书偶记续编》。

尤盛明

字时纯。明无锡人。诸生。

时纯文集　集部别集类

见《锡山历朝书目考》卷 10。

林初文先生诗选 1 卷　集部别集类

明林章撰　明尤盛明辑

按：明崇祯元年(1628)林古度刻本，中国科学院图书馆藏。

顾　治

初名祖美，字世叔，号墨谭，又号鉴咦道人。明无锡人。起经子。生于嘉靖时。性至孝，亲丧庐墓，哀毁骨立。笃行有文，本生长纷华，心厌之。时时寄居禅宫道院，敝衣破履，率意去来，不修礼容，对人非故知未尝出一语，人亦无知之者。《毗陵人品记》卷 8 有传。

九居士传　史部传记类　佚

见《毗陵人品记》卷 8。

梦言五臆　子部杂学类　佚

疏臆　子部杂学类　佚

以上2种见乾隆《无锡县志》卷39。

编注王司马百首宫词2卷唐诸家宫词1卷　集部总集类

唐王建、王昌龄等撰　明顾起经注

明万历十四年(1586)顾祖美刻本,国家图书馆藏。

按:《梁溪诗钞》卷10收其诗4首。

陈幼学(1541—1624)

字志行,号筠塘。明无锡人。万历十七年(1589)进士。授确山知县,迁刑部主事,改工部员外郎,再迁湖州知府。以按察副使督九江兵备。有政绩。潜心理学,尤好易理;工诗,尤善书法。《明史》有传。

周易管窥　经部易类

见《锡山文集》卷首小传。

四书正删正　经部四书类

见《千顷堂书目》卷3。

四书罪罪知(又作四书罪罪知录、四书罪罪加)　经部四书类

见乾隆《无锡县志》卷39。

礼乐考　经部群经总义类

见《千顷堂书目》卷2。

百将传摘抄　史部传记类

见《锡山文集》卷首小传。

芸堂日录、续录　史部传记类

见乾隆《无锡县志》卷39。

治湖实政　史部政书类

见《千顷堂书目》卷10。《锡山历朝书目考》卷3有《治湖日录》,与此或为一书。

救荒全书　史部政书类

见《东林书院志》。

中牟水利续录　史部地理类

见《锡山文集》卷首小传。

(万历)中牟县志　史部地理类　佚

见《锡金考乘》卷12。

南湖考1卷　史部地理类

(1) 明万历三十七年(1609)刻本,南京图书馆藏。

(2) 清书福楼刻本,国家图书馆藏。

(3) 清光绪五年(1879)浙江官书局刻本,国家图书馆藏。

(4) 清光绪五年梁恭辰增辑本。

(5) 抄本,南京图书馆藏。

三方臆断5卷　子部杂学类

(1) 明万历间自刻本,上海图书馆藏。

(2) 见《锡山文集》卷首小传。

管见不及　子部杂学类

见《锡山历朝书目考》卷3。

钦恤题稿　集部别集类

见乾隆《无锡县志》卷39。

按:《梁溪文钞》卷15收其文4篇。

刘清惠公集12卷　集部别集类

明刘麟撰

明万历三十四年陈幼学刻本,见《明代版刻综录》卷4。

邹仁溥(1541?—1629?)

字爱泉。明无锡人。有孝行,私谥贞慕。

不寤集1卷　集部别集类　佚

见《锡山历朝书目考》卷10。

按:《锡山书目考》卷10小传作生丁丑,不具年号,位在嘉靖八年(1529)己丑生之尤质与嘉靖三十年辛亥生之华振鼎之间。查明嘉靖年间无丁丑,或原书著录有误。今姑以生嘉靖二十年辛丑计。

华兆登

字若时。明无锡人。生于嘉靖年间。诸生。喜读《周易》。

周易古本(一作校正古周易)1卷附辨记疑　经部易类

(1) 明万历四十八年(1620)刻本,见《贩书偶记续编》附录经部。

(2) 清求是斋重刻锡山华氏本,国家图书馆藏。

按:亦见《四库全书总目》易类存目。兆登分《周易》全书为12篇,附古本辨1篇、记疑6条,皆自述更定编次之意。"提要"称其名为复古,实则臆说。

华子宪

字存吾。明无锡人。隆庆六年(1572)贡生。授霍州教谕。

易学研几　经部易类　佚

春秋孔义　经部春秋总义类　佚

独知录　子部儒学类　佚

见微录　子部儒学类　佚

以上4种见乾隆《无锡县志》卷39。

贾　恭

字必庄,号葛崖。明无锡人。诸生。能诗。

葛崖诗抄　集部别集类

见《锡山历朝书目考》卷10。

秦　云

明无锡人。

史说节略　史部史评类

见《锡金志外》卷2。

顾道泰(1543—?)

字子开,号少玄。明无锡人。可久孙,道淳三弟。国子生。多与邹漪、孙继皋等倡和。

凤畦集　集部别集类　佚

见《梁溪诗钞》卷10,收其诗4首。

王　墉

字维城,号石渠。明无锡人。

石渠集　集部别集类

见《王氏三沙全谱》卷首《石渠公传》。并收文1首、诗3首。

华为霖

字景传。明无锡人。生于嘉靖年间。

白贲集　集部别集类　佚

见《锡山历朝书目考》卷10。

华绍芳

明无锡人。文甫子。

文选钩玄2卷　集部总集类

明华文甫选　华绍芳校正

明刻本,国家图书馆藏。参见"华文甫"条。

华时中

号省泉。明无锡人。生于嘉靖年间。官鸿胪寺序班。

日省录　子部儒学类　佚

养正宝训　子部儒学类　佚

以上2种见《锡山历朝书目考》卷10。

邹龙光(1544—1587)

字彦为,号斗墟。明无锡人。万历八年(1580)进士。官中书舍人。以孝著称。

尚书约言10卷　经部尚书类　佚

见道光《锡金续志》卷10。

秦　燿(1544—1604)

字道明,号舜峰。明无锡人。禾子。隆庆五年(1571)进士。选庶吉士,历兵、刑、吏三科给事中,进太常少卿,移光禄,累擢右佥都御史,巡抚南赣,后调湖广。致仕归。《明史》有传。

天垣疏稿6卷　史部政书类　佚

全楚奏议6卷　史部政书类　佚

荒政摘录4卷　史部政书类　佚

以上3种见乾隆《无锡县志》卷39。

四藩奏议　史部政书类　佚

见《锡山秦氏文抄》卷12。

湖广通志200卷　史部地理类　佚

见乾隆《无锡县志》卷39。

寄畅园诗集　集部别集类　佚

见《锡山秦氏文抄》卷12。

按:《锡山秦氏诗抄》前集卷7收其诗25首。《锡山秦氏文抄》卷2收其文6篇。

陆九洲

字一之,号修吉,又自号具区子。明无锡人。诸生。为人倜傥慷慨,尤善为书画。既饩廪,将贡,以疾卒于家,年四十有七。

具区集　集部别集类

见《锡山历朝书目考》卷10。

按:《明诗综》卷55收其诗2首。

陆文学集1卷　集部别集类

《盛明百家诗》原刊本。

谭　兢

字曾孝。明无锡人。生于嘉靖年间。

课余漫草　集部别集类　佚

见《锡山历朝书目考》卷10。

浦万里

字与鹏。明无锡人。生于嘉靖年间。世居箭河娄巷。厌市嚣,别为室,侍父觞咏其中,自有所乐。工诗善文。

泉东集　集部别集类

见嘉庆《锡金县志》卷22

侯先春(1545—1611)

字元甫,号少芝。明无锡人。万历八年(1580)进士。除太常博士,进吏科给事中,以直谏闻。曾上转漕五策、救荒十策。转兵科,奉命阅视辽镇,咨访利病,条上三十余事,劾罢大师不称职者。补兵科都给事中。因进言,谪广西按察使知事,后赠太仆少卿。其九世孙侯桢撰有《侯给谏年谱》。

谏草存笥　史部政书类

(1) 1卷,附抄参1卷,明万历刻本,上海图书馆藏。

(2) 3卷,清道光二十二年(1842)侯成活字印本。

(3) 1986年江苏广陵古籍刻印社影印道光本。

按:先春在明万历年间,以直言著此奏疏。清秦缃业《重刻明侯少芝先生谏草后序》云,先生"言辽事诸疏尤为一朝存亡治乱所系"。

华善继(1545—1621)

字孟达,号济川。明无锡人。嘉靖贡生。初官浙江布政司都事。历桐乡、昌化知县,俱有惠政。官至永昌通判,乞终养归。精星术,直抉躔度岁差之秘。好为诗古文辞,喜吟咏,与弟善述俱有才名。《华氏通四三省公支传芳集》卷7有《济川府君宗谱传》。

咫闻录5卷　子部小说类

见《明史·艺文志》,作者著录为"华继善"。

璇玑抉微(一作星命抉微)5卷　子部术数类

明刻本,见《无锡先哲遗书书目》。

三命珠钤　子部术数类　佚

五星玄珠　子部术数类　佚

以上2种见乾隆《无锡县志》卷35本传。

五星一贯　子部术数类　佚

见《锡山历朝书目考》卷3。

地理玄珠22卷　子部术数类

明夏世隆撰

明万历四十三年(1615)华善继刻本,见《明代版刻综录》卷5。

孟达集12卷　集部别集类

孟达诗集14卷　集部别集类

折腰漫草8卷　集部别集类

以上3种见《千顷堂书目》卷26。

按:《四库全书总目》别集类存目谓《折腰漫草》刻于明万历二十二年,刻本今未见,书或称作《华孟达诗稿》《济川诗集》。《常郡八邑艺文志》卷5有明王世贞《华孟达诗选序》《华孟达集序》。《明诗综》卷67收其诗3首。

华孟达诗稿8卷　集部别集类

(1) 明刻本,南京图书馆藏。

(2)《四库全书存目丛书》本。

(3)《明别集丛刊》第三辑本。

尤可仕

更名际昌,字南华。明无锡人。隆庆四年(1570)举人,官主事。工诗。

南华诗集　集部别集类

见《锡山历朝书目考》卷7。

钱景醇

榜名如瑜,字公瑾,别号琴湘。明无锡人。万历元年(1573)举人。历任太仓学正、国子监博士、山东盐运使运同。任太仓学正时,免收弟子束修,月立期以课,贫者资之,深受赞誉。

琴湘诗抄　集部别集类

见《锡山历朝书目考》卷7。

谈允贤

明无锡人。同邑杨氏妻。潜心医学。

女医杂言1卷　子部医家类

明万历锡山谈氏纯敬堂刻本,中医科学院图书馆藏。

祝应春

字振潆,号惠樵。明无锡人。诸生。生于嘉靖年间。

惠樵集　集部别集类

见《锡山历朝书目考》卷10。

王化醇(1546—1622)

字和甫,号应峰,又自号九松居士。明无锡人。嘉靖中国子监生。

和中峰和尚梅花百咏1卷　集部别集类

明王达撰　王化醇辑

(1) 明万历刻本。

(2) 清乾隆二十二年(1757)刻本，华东师范大学图书馆藏。

(3) 清光绪十三年(1887)活字印本。

古今名公百花鼓吹唐诗5卷宋元明梅花鼓吹2卷梅花百咏8种又梅花百咏8种牡丹百咏1卷　集部总集类

明王化醇辑

明万历三十六年(1608)九松居士王化醇尊生斋刻本，无锡市图书馆藏，见《明代版刻综录》卷1。

按：《四库全书总目》总集类存目著录《百花鼓吹》5卷《梅花鼓吹》2卷，提要云："《百花鼓吹》皆杂采唐人咏花之诗，凡三十八种。《梅花鼓吹》则惟采宋元及明人之诗，以唐人咏梅之作已载入《百花鼓吹》故也。其书采摭颇博，而传写不免讹误。"

梅花百咏3卷　集部总集类

明王化醇辑

明刻本，国家图书馆藏。

子目：

《冯海杰梅花百咏》1卷　元冯子振撰

《韦德珪梅花百咏》1卷　元韦珪撰

《中峰禅师梅花百咏七语言绝句》1卷　元释明本撰

华叔阳(1547—1575)

字起龙，号玄谷。明无锡人。察子，太仓王世贞婿。隆庆二年(1568)进士。官礼部主事。工诗，所作五言颇有父风，七言则词调朗畅，兼涉太仓流派。性喜古玩，倾家赀收藏鼎彝石刻、名书画。早卒，人皆惜之。

华礼部集(一作华仪部集)8卷　集部别集类

(1) 明万历四年(1576)王世贞世德堂刻本，国家图书馆藏。

(2)《四库全书存目丛书》本。

(3)《明别集丛刊》第三辑本。

(4)《原国立北平图书馆甲库善本丛书》本。

按:亦见《四库全书总目》别集类存目。

玄谷集　集部别集类

政堂稿　集部别集类

以上2种见《梁溪诗钞》卷9。

华善述(1547—1609)

字仲达,号玉溟,自号玉川子,晚号被褐。明无锡人。善继弟。弃举业,吟咏以乐天命。与兄并有才名。《华氏通四三省公支传芳集》卷7有明李攀龙撰《隐士玉川子华仲达墓志》。

被褐先生稿17卷　集部别集类

(1)明万历间刻本,中国社科院文学所藏(存卷1—6、10—12、16—17)。

(2)《四库全书存目丛书》本。

按:明王世贞有序。末1卷为杂文,余皆诗。

萧萧斋诗稿　集部别集类

见《梁溪诗钞》卷9,并收其诗39首。

按:《常郡八邑艺文志》卷5有明王世贞《华仲达诗选序》。王世贞以为善述诗体格不纯,操纵任意,不若善继之惬适。清朱彝尊则谓善继诗不及善述。《明诗综》卷67收其诗16首。

张元裘(1547—1618)

字恙倩,号慈舟。明无锡人。诸生。

四书五经讲义　经部群经总义类

见《锡山历朝书目考》卷7。

顾道洁(1547—1633)

字嗣白,号南邗。明无锡人。可久孙,道泰弟。诸生。喜为诗古文,少年甫艾辄谢科举,屏居南邗别墅,与从弟治相酬唱,简弃尘俗,惟读书鼓琴,用自娱悦。

南邗诗集　集部别集类　佚

见《锡山历朝书目考》卷7。

按:《梁溪诗钞》卷10收其诗4首。

华桂树

字丹仪。明无锡人。察孙女,孙源忠妻。好阅图史,勤于著作,能熟记小学、《诗经》《文选》等。好弈,善弹琴,亦工书法。

听琴堂诗集　集部别集类　佚

见《锡山历朝书目考》卷9。

按:《梁溪诗钞》卷51收其诗1首,亦见《华氏金粟岭诗存》。

万象春

字仁甫。明无锡人。万历五年(1577)进士。选庶吉士,授工科给事中。在谏垣久,前后七十余疏,多关军国计。出为山东参政,历山西左布政使,二十五年以右副都御史巡抚山东。遭谗夺俸,乃引疾归。起南京工部右侍郎,未及任卒,追赠右都御史。善诗。《明史》有传。

得闲堂集　集部别集类

见乾隆《无锡县志》卷39。

按:《梁溪诗钞》卷10收其诗5首。《梁溪文钞》卷12收其文2篇。

安绍芳(1548—1605)

字懋卿,一字茂卿,号砚亭居士,又号研亭。后更名泰来,字未央。明无锡人。诸生。试不利,乃弃去,一意为诗古文。善写竹石。性好客。所居曰"西林一片石"。家富收藏，有王羲之《二谢帖》。书法《曹娥碑》，端庄遒劲。山水摹倪瓒、黄公望，别具清芳之韵，不轻易示人，独为自娱。传世作品有《仿倪云林山水》。与当时叶之芳以诗名，人称"二芳"。明陈继儒《晚香堂集》有传。

纂补春秋诸名臣传 13 卷　史部传记类

明姚咨撰

明隆庆五年(1571)安绍芳墨颠斋刻本，国家图书馆藏。

南北史续世说 10 卷　子部小说类

唐李垕撰

明万历四十二年(1614)安绍芳墨颠斋刻本。

西林全集 20 卷目录 2 卷　集部别集类

(1) 明万历四十七年安绍芳墨颠斋自刻本，清安璇批校并跋，南京图书馆藏。

(2)《无锡文库》本。

二心集　集部别集类

青萍集　集部别集类

以上 2 种见光绪《锡金县志》卷 39。

白榆集　集部别集类

见乾隆《无锡县志》卷 39。

芳草编　集部别集类

见清姜绍书《无声诗史》。

西林纂 1 卷　集部总集类

明安绍芳辑

明崇祯九年(1636)安璜刻本，南京图书馆藏。

按：《明诗综》卷 68 收其诗 7 首。《梁溪诗钞》卷 10 收其诗 25 首，《梁溪文钞》卷 16 收其文 2 篇。

华义中(1548—1620)

号瑶阶。明无锡人。诸生。

白发吟　集部别集类　佚

见《锡山历朝书目考》卷10。

叶之芳

亦写作之方。字茂良,一作茂长,号大浮。明无锡人。生于嘉靖时。以诗名与安绍芳同称“二芳”。

雪樵集　集部别集类

见《锡山历朝书目考》卷10。

按:《梁溪文钞》卷15收其文6篇。

秦延勋(1549—1618)

字允之,号存桥。明无锡人。汴孙。太学生。好古博雅,能诗文。

校古文通鉴　史部编年类

校史汉国策　史部杂史类

以上2种见《锡山历朝书目考》卷7。

按:《锡山秦氏诗抄》前集卷6收其诗3首。

严一鹏(1549—1638)

字化卿,又字汝化,号云岑。榜姓赵。明无锡人。万历五年(1577)进士。授行人,擢御史。劾东厂太监张琼,置之法,又劾湖广税监陈奉。出按山东,上疏请罢矿税。历光禄卿,迁通政使,进刑部左侍郎,卒赠刑部尚书。秉公执法,于弹击中官不遗余力。有政绩,善诗文。《明史》有传。

东巡疏略(一作按东疏略)　史部政书类

南禄勋政记　史部政书类

以上2种见乾隆《无锡县志》卷39。

二知轩诗稿　集部别集类

见《千顷堂书目》卷25。

按:《梁溪文钞》卷13收其文7篇;《梁溪诗钞》卷10收其诗2首。

孙继皋(1550—1610)

字以德,号柏潭。明无锡人。万历二年(1574)进士第一,除修撰,累迁少詹事,拜礼部侍郎,改吏部。摄铨事,论救诸遣谪言官,无所避讳。陈太后梓宫发引,神宗称疾不送,遣官代行。上疏极谏,忤旨。致仕去,卒赠礼部尚书。私谥文贞。《明史》有传。

尚书臆解　经部尚书类　佚

见《锡山历朝书目考》卷3。

通鉴要删6卷总论1卷　史部编年类

明宗臣、孙继皋撰

明万历十一年书林见溪翁氏刻本,首都图书馆藏。

国朝名臣言行纪10卷　史部传记类　佚

见明冯烶撰《柏潭孙公行状》。

孙氏家宝不分卷　子部艺术类

清光绪二十三年(1897)石印本。

孙宗伯手书七简　子部艺术类

石印本。

孙继皋墨迹　子部艺术类

石印本。

按:以上2种见《无锡县立图书馆乡贤部书目》。

杂编百卷　子部杂学类　佚

见《柏潭孙公行状》,云:"杂编可百编,为议帝王统系,为议礼、议乐、议诸家、议文体,下至议书画,并不署题,故不能考集。"

孙宗伯集10卷　集部别集类

(1) 明万历十三年陈一教、刘毅刻本,国家图书馆藏。

(2)《四库全书》本。

(3) 清光绪十八年鼎元堂活字印本,国家图书馆藏。

(4) 清抄本,南京图书馆藏。

(5) 1991 年上海古籍出版社《四库明人文集丛刊》本。

(6)《无锡文库》本。

(7)《明别集丛刊》第三辑本。

(8)《原国立北平图书馆甲库善本丛书》本。

按:《千顷堂书目》卷 25 作《柏潭集》10 卷。

孙宗伯尺牍 1 卷　集部别集类

聚珍本,见《无锡县立图书馆乡贤部书目》《无锡艺文志长编》。

顾宪成(1550—1612)

字叔时,别号泾阳,学者称泾阳先生。世称东林先生。明无锡人。万历八年(1580)进士。授户部主事,十五年任吏部稽勋司,以言事谪官湖南桂阳州判官,累官考功司员外郎、文选司郎中。以廷推阁臣忤帝意,削籍归。后起南京光禄寺少卿,辞不就。自幼有志圣学,曾从张原浩、薛应旂学,主张"与世为体",治学经世,留心时政。与弟允成倡修东林书院,偕高攀龙等讲学其中,訾议朝政。卒赠太常卿,加赠吏部右侍郎,谥端文。《明史》有传。

周易集解　经部易类　佚

见清顾贞观《年谱述》,谓未刻。

顾端文大学通考 1 卷大学质言 1 卷大学重定 1 卷　经部四书类

(1) 明抄本,南京图书馆藏。

(2)《无锡文库》本。

大学意 1 卷中庸意 2 卷大学说 1 卷中庸说 1 卷语孟说略 2 卷　经部四书类

(1) 清抄本,复旦大学图书馆藏。

(2)《无锡文库》本。

顾泾阳先生学庸意　经部四书类

张纯修编。清康熙刻本，美国哈佛大学哈佛燕京图书馆藏。

四书讲义 1 卷　经部四书类

《小石山房丛书》本。

五经余　经部群经总义类

见《年谱》万历二十九年，谓此书未编就。

重刻全补标题音注历朝捷录 4 卷　史部史评类

明顾充撰　明顾宪成音释

明万历六年舒少轩刻本，天一阁藏。

重刻增改标题音注历朝捷录大成 4 卷　史部史评类

明顾充撰　明顾宪成音释

明万历十二年舒用中刻本，大连图书馆藏。

桑梓录 10 卷　史部传记类　佚

见《年谱》万历三十年，又见《明史·艺文志》。

按：此记无锡人物，多收清修卓行及民间节孝人物。《顾端文公遗书目录》作嗣刻。

毗陵人物志 9 卷　史部传记类　佚

见《年谱》万历三十二年。

按：《桑梓录》多记无锡一邑人物，此则汇毗陵所属五邑人物。

清梦录 1 卷　史部传记类　佚

见《千顷堂书目》卷 10。

善行录　史部传记类

见《年谱》万历四十年。

按：《年谱》云："皆吾邑先贤行事，某某隐德，某某苦节，多从前记载所未及者，各为小传系之。《桑梓录》以备志书，故略；此编意主廉顽立懦，敦薄宽鄙，故详。"

邵文庄公年谱 1 卷　史部传记类

明邵𥱆、吴道成编　顾宪成、高攀龙订

按：版本见“邵𥱆”条。

铨政记　史部政书类

见清顾贞观《年谱述》，谓未刻。

以俟录　史部政书类

见《年谱》万历三十八年，谓顾宪成是年刻此书，并注云：“即所上阁铨三书。”后收入《自反录》。

寤言寐言 1 卷　子部儒学类　佚

见《年谱》万历三十五年，《顾端文公遗书目录》注云：“是书与《以俟录》并入《泾皋藏稿》。”

识仁客语 1 卷　子部儒学类　佚

见《千顷堂书目》卷 11。

顾端文语要 3 卷　子部儒学类

明崇祯间刻本，上海图书馆藏。

按：顾贞观《年谱述》谓顾枢精采顾宪成《札记》《商语》诸书中至要语而成《端文语要》，并刻之。

明道商语　子部儒学类

见《年谱》万历三十八年。

按：《年谱》云：“史际明建明道书院于荆溪，手录公《商语》付梓，并跋其后。”刻本今未见。《顾端文公遗书目录》作“嗣刻”。

嘉言录　子部儒学类

见《年谱》万历四十年。

顾宪成札记　子部儒学类

见《明史·艺文志》。

小心斋札记　子部儒学类

（1）18 卷，明万历间顾与渟刻本，北京大学图书馆藏（存卷 13—18）。

（2）18 卷，清康熙间刻本，上海图书馆藏。

(3) 12卷，明万历三十六年无锡刻本，台湾"中央图书馆"原藏。

(4) 16卷，旧刻本，无锡县图书馆藏。

按：《无锡艺文志长编》云：是书始于万历二十二年甲午，终于三十九年辛亥，凡体究心性，有所得，辄札记之，手自删订，为十六卷。清《四库全书》存目。

新刊三元精纂举业通标题句解淮南子摘奇28卷　子部杂学类

明申时行辑　明冯梦祯标题　明顾宪成句解

明万历五年饶仁卿刻本，湖北省图书馆藏。

泾皋藏稿(一作顾端文公全集)22卷　集部别集类

(1) 明万历三十九年刻本，国家图书馆藏。

(2) 明崇祯间顾与沐刻本，台湾"中央图书馆"原藏。

(3) 明刻本，南京图书馆藏。

(4)《四库全书》本。

(5)《顾端文公遗书》本。

(6) 清道光二十六年(1846)泾里家祠刻本，南京图书馆藏。

(7) 1991年上海古籍出版社《四库明人文集丛刊》本。

(8) 黑格抄本，傅斯年图书馆藏。

(9)《无锡文库》本。

(10)《明别集丛刊》第四辑本。

(11)《原国立北平图书馆甲库善本丛书》本。

按：此书原名《泾皋藏稿》，明崇祯时予谥后，乃改称《顾端文公全集》。末2卷为附录志状等。

顾泾阳稿1卷　集部别集类

(1) 清陈名夏辑。明末陈氏石云居刻《国朝大家制义》本，国家图书馆藏。

(2) 清俞长城选评，可仪堂《一百二十名家制义》本。

(3)《名家制义六十一家》本，国家图书馆藏。

顾泾阳集1卷　集部别集类

《广理学备考》本。

顾端文公墨卷　集部别集类

1957年影印本。

按：此为顾宪成万历四年乡试墨卷，附乾嘉以来海内名家题咏甚多，有1957年十世孙顾宝琛跋文云："江苏省当局得阅此卷，许为付印，以广流传，并将原卷供献省博物馆陈列。"

泾皋十书　丛书类

明万历三十八年顾宪成刻本，见年谱。

按：《年谱》云："合《东林会约》及诸《商语》《大学通考》《质言》《当下绎》等刻之，名《八书》。后复益以二种，名《十书》。"今未见。

顾端文公遗书　丛书类

(1) 清康熙三十三年(1694)刻本，13种。中科院图书馆、复旦大学图书馆等藏。

(2) 清光绪三年(1877)泾里宗祠重刻本，14种。国家图书馆藏。

(3)《无锡文库》本。

子目：

《小心斋札记》18卷

《东林会约》1卷

《东林商语》2卷

《虞山商语》3卷

《仁文商语》1卷

《南岳商语》1卷

《经正堂商语》1卷

《志矩堂商语》1卷

《当下绎》1卷

《证性编》8卷

《还经录》1卷

《自反录》1卷

《泾皋藏稿》22卷

《顾端文公年谱》4卷

附《小辨斋偶存》8卷　明顾允成撰

邹迪光(1550—1626)

字彦吉,号愚谷。明无锡人。万历二年(1574)进士。授工部主事,官湖广提学副使。十七年罢归,在惠山下筑愚公谷,多与文士觞咏其间,极园亭歌舞之胜。工诗文,善画山水,力追宋元,在大、小米及黄公望、倪云林之间。一树一石,必求精妙。兼擅音乐,邹式金尝从其研习音律。晚信奉佛教,名斋调象庵。其集凡300余卷,存世者仅100余卷。

良常仙系记1卷　史部传记类

《说郛续》本。

台雁游草2卷　史部地理类

明刻本,四川省图书馆藏

愚公谷乘(一作愚公谷记)　史部地理类

(1) 1卷,《锡山先哲丛刊》本。

(2) 民国间无锡县立图书馆抄本,残存文1卷,今无锡市图书馆藏。

按:《千顷堂书目》卷8作8卷。

(3) 4卷,明万历四十二年序刻本。日本内阁图书馆藏。

(4)《无锡文库》本。

劝戒图说　子部道教类

(1) 不分卷,附《太上诸仙法语补集》2卷,明万历十七年自刻本,南京图书馆藏。

(2) 4卷,明万历二十二年书林安正堂刘双松刻本,故宫博物院藏。

(3) 4卷,《故宫珍本丛刊》本。

羼提斋稿 8 卷　集部别集类

(1) 明万历十七年(1589)芙蓉官舍刻本,北京大学图书馆藏。

(2)《明别集丛刊》第四辑本。

始青阁稿 24 卷　集部别集类

(1) 明天启元年(1621)刻本,中国科学院图书馆藏。

(2)《四库禁毁书丛刊》本。

按:因集中多有“抗夷灭奴”等语,故清代遭禁。又,《无锡艺文志长编》作“22 卷,明天启辛酉原刊本”。

天倪斋诗 10 卷　集部别集类

明万历二十六年邹同光刻本,台湾“中央图书馆”原藏。

郁仪楼集　集部别集类

(1) 明万历三十一年刻本,30 卷,台湾“中央图书馆”原藏。

(2) 明万历间刻本,54 卷,北京大学图书馆藏。

(3) 明万历三十二年刻本(版心下题“梁溪何世泰刻”),56 卷,北平图书馆原藏。

(4)《四库全书存目丛书》本。

(5)《明别集丛刊》第四辑本。

(6)《原国立北平图书馆甲库善本丛书》本。

按:《四库全书总目》别集类存目作 54 卷,云:“其诗文皆欲雕镌,翻成浅易。”

石语斋集 26 卷　集部别集类

(1) 明万历三十二年刻本,国家图书馆藏。

(2)《四库全书存目丛书》本。

按:亦见《四库全书总目》别集类存目,云:“其以‘石语’名斋,盖用庾信《读温子升〈韩陵山寺碑〉》事,亦高自位置矣。案《江南通志·文苑传》载《迪光集》凡三百余卷,而不详其名。《明诗综》载迪光所著有《郁仪楼集》《调象庵稿》《始青阁集》,不载此集。明人集刻本丛杂,著录互异,此亦其一也。”

调象庵稿 40 卷　集部别集类

(1) 明万历三十六年刻本，北京大学图书馆藏。

(2)《四库全书存目丛书》本。

(3)《明别集丛刊》第四辑本。

(4)《原国立北平图书馆甲库善本丛书》本。

按：其自序云："自《郁仪楼集》出后，更四载而得诗千七十六首，文一百十九首，尺牍二百四十八首。"合而为此集。亦见《四库全书总目》别集类存目。

鸲鹆集 6 卷　集部别集类　佚

青藜馆集 4 卷　集部别集类　佚

二酉园稿 8 卷　集部别集类　佚

以上 3 种见《千顷堂书目》卷 25，作邹迪先撰，校记云："别本'先'作'光'。"

文府滑稽 12 卷　集部总集类

明邹迪光选　邹同光校　邹德基等辑

(1) 明万历三十七年邹同光刻本，南京图书馆藏。

(2)《四库全书存目丛书》本。

按：亦见《四库全书总目》总集类存目，云："此选周秦迄唐宋寓言俳偕之文，故以滑稽为名。"间采正言庄论。书分文部、说部二目。

杨应文

字子修。明无锡人。万历十三年(1585)举人，十七年进士。累官刑科都给事中，进南京太仆寺少卿。

查勘东征疏 1 卷　史部政书类

《国朝防倭十一疏辑议》本。清抄本，国家图书馆藏。

历垣奏疏　史部政书类　佚

见《锡金考乘》卷 12。

按：《梁溪文抄》卷 14 收其文 3 篇。

程　远

明无锡人。

古今印则　子部艺术类

(1) 项氏宛委堂刻本,4 卷,明程远摹选,无刻书年月,约明万历间。见《贩书偶记》卷 10。

(2) 明万历间项梦原刻钤印本,11 卷印旨 1 卷,国家图书馆藏。

(3) 明万历间项氏宛委堂刻本,2 卷,明程远辑。天津图书馆藏。

印旨 1 卷　子部艺术类

(1) 清南通州陈嵩秀抄本,与明周应愿撰《周公瑾印说》1 卷、明沈野撰《印谈》1 卷合抄。北京大学图书馆藏。

(2)《篆学琐著》本(道光刻)。

(3)《印学探源》本(清抄本)。

华振鼎(1551—?)

一名复蠡,又名之蕊。字尔调,号方若。明无锡人。任广东临高县县丞。

燕京古迹谈往　史部地理类　佚

见《锡山历朝书目考》卷 10。

许世卿(1552—1607)

字伯勋,初号太玄,又号静余,自称早白老人。明无锡人。万历十三年(1585)举人。生平立"安贫五戒""省事五戒"以自敬。所交惟顾宪成、高攀龙、叶茂才三人。东林之会,高攀龙以前辈事之。《明儒学案》卷 60 有传。

露颖编　子部儒学类　佚

中解编　子部儒学类　佚

太玄玄言　子部术数类　佚

以上3种见《锡山许氏宗谱》钱肃润《道南正学编》。

许静余先生诗集　集部别集类

见《梁溪诗抄》卷10，收其诗2首。

按：《东林书院志》收其诗3首。

秦延照

字允明，号绎山。明无锡人。金曾孙。太学生。善画。

秦延照诗

见《锡山秦秦氏诗抄》前集卷6，收其诗35首。

华徵献(1553—1602)

字足徵，号文吾。明无锡人。能诗。

篆法训纂　子部艺术类　佚

大椿居诗稿　集部别集类　佚

以上2种见《锡山历朝书目考》卷10。

周子文

字岐阳。明无锡人，万历十一年(1583)进士。官南京户部主事。

艺薮谈宗6卷　集部诗文评类

明周子文编

明万历二十七年周子文刻本，北京师范大学图书馆藏。

按：《四库全书总目》诗文评类存目略云："是编辑明人论诗之语为一编，凡宋濂、高棅十九家。大致以王世贞为圭臬。"

顾允成(1554—1607)

字季时，号泾凡。学者称泾凡先生。明无锡人。宪成弟。隆庆四年(1570)与兄从薛应旂学，万历十一年(1583)进士。十四年殿试时以对策语侵郑妃，抑置末第。会房寰疏诋海瑞，允成偕同年抗疏劾寰，坐夺冠带还家。后起南京教授，累迁礼部仪制司主事。又以忤阁臣张位，谪光州判官，乞假归。与兄宪成讲学东林，不复出仕。《明史》有传。

易图说亿言 4 卷　经部易类　佚

见《明史·艺文志》。

惟此四字编　子部儒学类　佚

明顾允成辑

见《小辨斋偶存》卷 2《拟上惟此四字编疏》。

按:《锡金考乘》卷 12 注谓:本书"辑朱熹奏议与其书牍之论及治道者汇次成帙，即以朱熹'正心诚意'四字命篇"。

朱子两大辨 3 卷　子部儒学类

见《千顷堂书目》卷 11。顾宪成有序。一名《李时二大辨》。

悱言　子部儒学类　佚

见《顾端文公年谱》万历二十五年注，云:"泾凡公亦有《悱言》之作，向附(顾宪成)《还经录》后。"

小辨斋偶存 8 卷　集部别集类

(1) 明万历四十一年无锡顾与演刻本，附《事定录》3 卷，中国科学院图书馆藏。

(2) 明顾宪成《顾端文公遗书》附刻本。

(3)《四库全书》本。

(4) 清光绪二十三年(1897)刻本。

(5) 清抄本，南京图书馆藏。

(6)《常州先哲遗书》本，附录 1 卷。

按:《四库全书总目》著录《小辨斋偶存》8 卷附《事定录》3 卷，《中国丛书综录》亦著录顾允成撰《事定录》。实则《事定录》为明沈思孝所作墓志铭等，非顾允成之著作。又《四库全书》本《小辨斋偶存》书后，亦未附《事定录》，是《四库全书总目》与《中国丛书综录》著录均有误，故此不另出。

(7) 1991 年上海古籍出版社《四库明人文集丛刊》本。

(8)《故宫珍本丛刊》本。

华名世

字养望，号澄宇。明嘉靖无锡人。渐逵孙。卒年 89。

馆谷记　史部传记类

家规遗训　子部儒学类

缺陷篇　子部杂学类

言志稿　集部别集类

以上 4 种见《锡山历朝书目考》卷 7。

邹同光

明无锡人。

天倪斋诗 10 卷　集部别集类

明邹迪光撰

明万历二十六年(1598)邹同光刻本，台湾“中央图书馆”原藏。

文府滑稽 12 卷　集部总集类

明邹迪光选　邹同光校　邹德基等辑

明万历三十七年邹同光刻本，南京图书馆藏。参见“邹迪光”条。

周梦华(1557？—1635)

字公西。明无锡人。崇祯八年(1635)以贡生选授推官，未仕卒；能古文词，经学别有心得。性狷介。

曲礼注　经部礼记类　佚

易经尚书毛诗解　经部群经总义类　佚

以上 2 种见乾隆《无锡县志》卷 39。

按：《梁溪诗钞》卷 13 收其诗 1 首。

谷国桢(1558—1629)

明无锡人。

高忠宪公墓志1卷行状1卷　史部传记类

清活字印本。

叶茂才(1558—1629)

字参云，号园适，一作元适，亦号闲适。明无锡人。万历十七年(1589)进士。授刑部主事，改南京工部。历吏部、礼部郎中。三十年任尚宝司丞少卿，入东林。又迁南京大理寺丞。天启四年(1624)擢南京工部右侍郎。以时政日非，辞官谢病归。时朝官树党，排斥东林。友人高攀龙被逮，赴水死。茂才力救其子得免。未几卒。与高攀龙、顾宪成、顾允成、安希范、刘元珍、钱一本、薛敷教称东林八君子。《明史》有传。

三案记1卷　史部杂史类

见《明史·艺文志》。

八贞女传　史部传记类

见《锡山文集》卷首小传。

见闻摘录　子部杂学类

防嚣止嚣录　子部杂学类

以上2种见乾隆《无锡县志》卷39。

兴至吟2卷　集部别集类　佚

见《千顷堂书目》卷25。

按:《东林书院志》收其文1篇，诗10首。《梁溪文钞》卷15收其文6篇。

顾枟曾(1558—1632)

字文叔，又字斯华；号元水，又号茂吾。明无锡人，道淳子。国子生。曾任光禄寺典簿。工诗，善弈。

茂吾诗抄 12 卷　集部别集类　佚

见《梁溪诗钞》卷 11，收其诗 1 首。

秦　镃(1559—1631)

字圣通，号太阶。明无锡人。禾长孙。天启七年(1627)贡生。官教谕。崇祯元年(1628)廷试，授冠带。后以子华钟赠文林郎、广西富川知县。少负才望，名倾京兆。

北游记　史部地理类　佚

西旸遗稿　集部别集类　佚

以上 2 种见《锡山秦氏诗抄》前集卷 7，收其诗 2 首。

王志宁(1559—1635)

字用康，号巽行。明无锡人。长洲籍贡生。任青旸训导。能诗。

巽行诗文集　集部别集类

见《锡山历朝书目考》卷 7。

周继昌

字文伯，号莲峰。明无锡人。万历十七年(1589)进士。授工部主事，历礼部郎中，授湖广佥事，终顺天府丞。为官正直。

靖难忠节录　史部传记类

见乾隆《无锡县志》卷 39。

按：《梁溪文钞》卷 39 收其文 1 篇。

周炳谟(1560—1625)

字仲觐，号光宇，别号念潜。明无锡人。子义子。万历三十二年(1604)进士。授检讨，进左赞善。天启间为礼部侍郎，主考北闱。时诏修光宗实录，直笔无所阿，为魏忠贤党所劾，削职，而炳谟已卒。崇祯初赠礼部尚书，追谥文简。《明史》有传。

周仲觐疏草1卷　史部政书类　佚

见《千顷堂书目》卷30。

念潜诗文集　集部别集类

见《锡山历朝书目考》卷7。

按:《明诗综》卷64收其诗1首。《梁溪文钞》卷16收其文3篇。

秦　氏

明无锡人。陆氏妻。

懈愁吟　集部别集类　佚

见《梁溪诗抄》卷51，收其诗3首。

何世泰

明无锡人，刻书之人。

郁仪楼集56卷　集部别集类

明邹迪光撰

(1) 明万历三十二年刻本，版心下题“梁溪何世泰刻”，北平图书馆原藏。

(2)《原国立北平图书馆甲库善本丛书》本。

倪文相(1561—1627)

字思溪。明无锡人。

国朝异人传　史部传记类　佚

忠清斋诗集　集部别集类　佚

以上2种见《锡山历朝书目考》卷10。

张梦时(1561—1638)

初名大受，字伯可，号弦所。明无锡人。子仁子。顾宪成、高攀龙创东林书院，梦时切磋砥砺其中，参性命之奥。万历三十一年(1603)举人。官安吉州，能得民心。迁山东盐运司运同，有政绩。将有擢升，乞老归家居，讲道东林。善诗文。

会解商语(一作东林商语)　子部儒学类

庭学爱日　子部儒学类

以上2种见乾隆《无锡县志》卷39。

蒲榻笑拈　子部小说类

见《锡山历朝书目考》卷3。

索居小咏　集部别集类

见乾隆《无锡县志》卷39。

十吟诗稿　集部别集类

见《锡山历朝书目考》卷3。

按:《梁溪文钞》卷16收其文1篇。《梁溪诗钞》卷11收其诗1首。《东林书院志》收其诗3首。

高攀龙(1562—1626)

初字云从，改存之，号景逸。明无锡人。材孙。万历十七年(1589)进士。授行人，谪揭阳典史。遭亲丧，归家，三十年不出。构水居，名可楼。熹宗时官至左都御史。为阉党所恶，削籍归。后拒捕不辱，投池卒，年65。崇祯二年(1629)谥忠宪，封赠太子少保、兵部尚书。性操履笃实，公正不阿。幼读书，有志程朱理学。后与顾宪成修复东林书院，先后主讲，世称“高顾”，成一代大儒。其文风格清遒，诗意冲淡。《明史》有传。

周易易简说(一作大易易简说)3卷　经部易类

《四库全书》本。

周易孔义3卷　经部易类

(1) 明崇祯九年秦堈刻本，无锡市图书馆藏。

(2)《高子全书》本。

(3) 清刻本,上海图书馆藏。

(4) 民国十年(1921)抄本,上海图书馆藏。

(5) 1924 年王氏思过斋金陵刻本,上海图书馆藏。

(6) 抄本,无锡市图书馆藏。

按:《无锡艺文志长编》曾记《周易易简说》《周易孔义》之辨:是书明刻本久鲜流传。迄乎民国之初,三原王典章权邑之税务,留心地方文献,而尤服膺顾高之学,尝手录斯帙。后赴金陵图书馆,假得钱塘丁氏八千卷楼所钞善本,校雠补阙。乃以华允诚所纂《高忠宪公年谱》载著书总记,有《周易孔义》三卷;而清《四库全书》著录,有《周易易简说》三卷,与《孔义》卷数相同,是一是二,疑莫能明。既而谋付重刊,请太仓唐文治为之折衷。文治谓:"《孔义》与《易简说》为一为二? 按朱竹垞先生《经义考》,列作二书,而以《孔义》为一卷,显系歧误;按忠宪十一世从孙映川先生所述,谓《易简说叙》云'五经注于后儒,易注于夫子';《孔义叙》云'《周易孔义》何? 孔子之义也',厥旨若合符节。窃意著书时,有此二叙,而刻书者未敢臆断,姑与并存。或因述年谱者有《周易孔义叙》一首,故总记名以《孔义》。采收《四库》者,以《易简说》在前,故著录名以《易简说》。名虽错见,实则一书。由是决之,盖无疑义"云。

易余　经部易类

按:此据《太极图》《通书》《经世启蒙》成书。

毛诗集注　经部诗经类

礼余　经部三礼总义类

按:此以历代典制合古宜今者以成此书。

春秋余　经部春秋总义类

按:此稍斟酌《纲鉴》成此书。

以上 4 种见《高子遗书》附录《高子年谱》。

春秋孔义(一作春秋集注)12 卷　经部春秋总义类

(1) 明崇祯十三年刻本,南京图书馆藏。

(2)《四库全书》本。

(3) 无锡县图书馆缮写本。

大学知本(一作大学知本大义)　经部四书类

见《锡山文集》卷首小传。

四书讲义 1 卷　经部四书类

《高子全书》本。

高忠宪公讲义(一作高子讲义)1 卷　经部四书类

明高攀龙撰　清潘世璜辑

(1) 清刻本,国家图书馆藏。

(2) 抄本,无锡市图书馆藏。

按:《续修四库全书提要》经部云:"世璜从其遗书中辑成此卷。凡《论语》三十一条,《中庸》二条,《孟子》十九条。"

(3)《不远复斋遗书》本(道光刻)。

高氏三世诵芬帖　史部传记类

明高材、高攀龙、清高世泰书

清光绪高汝琳石印本。

天完录　史部传记类

见《高忠宪公水居志》卷 4。皆录古今节义士。

邵文庄公年谱 1 卷　史部传记类

明邵熏、吴道成编　顾宪成、高攀龙订

版本见"邵熏"条。

按:《无锡艺文志长编》云:是书据邵氏、吴氏各自编录明邵宝事迹,重加厘正者。

高氏家谱　史部传记类

书余　史部政书类

疏稿揭议　史部政书类

以上 3 种见《高子遗书》附录《高子年谱》,谓以三代后诏诰为《书余》。

武林游记 1 卷　史部地理类

《武林掌故丛编》本。

正蒙释(一作正蒙集注)4卷　子部儒学类

明高攀龙集注

(1) 明万历间刻本,上海图书馆藏。

(2) 明刻本,见《无锡县立图书馆乡贤部书目》。

(3) 清初平江蔡氏刻本,国家图书馆藏。

(4)《性理四书注释》本(清康熙刻本)。

程子节录4卷文集抄1卷　子部儒学类

(1) 抄本,无锡市图书馆藏。

(2)《高子全书》本。

(3) 清康熙四十二年(1703)顾栋高刻本,南京图书馆藏。

朱子节要14卷　子部儒学类

(1) 明万历三十年刻本,南京图书馆藏。

(2)《高子全书》本。

(3) 清刻本,国家图书馆藏。

(4) 1933年铅印本,上海图书馆藏。

就正录(一作大义就正录)2卷　子部儒学类

(1) 明天启三年(1623)刻本。

(2) 抄本,无锡市图书馆藏。

按:《高忠宪公水居志》卷4"书目"云:"是书初刻于天启癸亥秋日,后吴觐华(桂森)删并其词,继刻《真儒一脉》中。"

(3)《高子全书》本。

高子节要14卷　子部儒学类

明高攀龙撰　高世泰辑

(1) 抄本,无锡市图书馆藏。

(2) 清刻本,国家图书馆藏。

高忠宪公家训1卷　子部儒学类

(1) 清同治十二年(1873)刻本。

(2) 清光绪二十二年(1896)木活字印本,上海图书馆藏。

四子要言　子部儒学类

东林论学语 2 卷　子部儒学类

以上 2 种见《锡山文集》卷首小传。

困学记　子部儒学类

同善会录　子部儒学类

以上 2 种见《高子遗书》附录《高子年谱》。

明王守仁高攀龙两大儒手帖不分卷　子部艺术类

明王守仁书　明高攀龙书

(1)《明代名人尺牍》本。

(2) 清光绪三十二年(1906)上海国学保存会影印本,上海图书馆藏。

高子遗书 12 卷附录 1 卷　集部别集类

明高攀龙撰　附录陈龙正编

(一)

(1) 明崇祯五年(1632)刻本,国家图书馆藏。

(2) 清抄本,无锡市图书馆藏。

(3)《无锡文库》本,据明崇祯五年刻本影印。

(4)《明别集丛刊》第四辑本。

(5)《原国立北平图书馆甲库善本丛书》本。

(二) 附高子年谱 1 卷　清初华允诚编

(1) 清康熙二十八年(1689)刻本,北京大学图书馆藏。

(2)《四库全书》本。

(3) 清同治刻本。

(4) 清光绪二年(1876)东林书院刻本,国家图书馆藏。

(5) 1922 年重修本。

(6) 1991 年上海古籍出版社《四库明人文集丛刊》本。

(三) 不分卷。清抄本,南京图书馆藏。

（四）6卷。《乾坤正气集》本。

（五）1卷。清末民国初抄本，南京图书馆藏。

按：《无锡文库·提要》云：初，攀龙自辑语录、文章，题《就正录》，后其门人陈龙正编成是集。卷一为语，卷二为札记，卷三为经说辨赞，卷四为讲义，卷五为语录，卷六为诗，卷七为疏揭问，卷八为书，卷九为序，卷十为碑传记谱训，卷十一为志表状祭文，卷十二为题跋杂书，附录题咏赞跋四首等。

高子藏稿　集部别集类

见《锡金志外》卷2。

高子遗书未刻稿6卷　集部别集类

（1）抄本，原北平图书馆藏(现存台北故宫)。

（2）不分卷。抄本，无锡市图书馆藏。《无锡文库》据此本影印。

（3）《无锡文库》本。

（4）《原国立北平图书馆甲库善本丛书》本。

太常遗草附录1卷　集部别集类

清乾隆刻本，台北"中央研究院"历史语言研究所藏。

高子别集8卷　集部别集类

（1）1926年太仓陆氏刻本，无锡市图书馆藏。

（2）《无锡文库》本，据1926年太仓陆氏刻本影印。

高子遗书节抄11卷　集部别集类

明高攀龙撰　民国许珏辑

《锡山先哲丛刊》本。

高景逸集1卷　集部别集类

《广理学备考》本。

高忠宪公诗集8卷(一作高子诗集)　集部别集类

（1）明崇祯刻本，国家图书馆藏。

（2）清雍正十二年(1734)高氏养和堂刻本，南京图书馆藏。

（3）清同治十二年高光照、高镤泉重刻本。

(4) 清抄本,无锡市图书馆藏。

(5)《无锡文库》本,据明崇祯刻本影印。

按:《无锡文库·提要》云:综观其诗,立意高远,性情淡泊,逸兴飞扬,俨如一遁迹山林之隐者……然其身罹迫害之际,则又奋力抗争,宁为玉碎……悲愤激倔之情溢于言表,颇具《离骚》之风骨。

高忠宪公诗手稿真迹不分卷　集部别集类

清末民国初石印本,南京图书馆藏。

高子文集 6 卷　集部别集类

(1) 清乾隆刻本,国家图书馆藏。

(2)《无锡文库》本。据清乾隆七年华希闵剑光阁刻《高子全书》本影印。

按:是集卷一奏疏、议、揭、问,卷二序,卷三记,卷四上碑、传、表、志铭、祭文,卷四下行状,卷五上下皆书,卷六杂著。

高子水居精华录 3 卷　集部别集类

明高攀龙撰　民国钱基博选

1922 年铅印本,南京图书馆藏。

水居诗稿　集部别集类

(1) 明崇祯九年刻本。

(2) 清雍正元年刻本。

(3) 清同治十二年活字本。

按:以上 3 种版本见《高忠宪公水居志》卷 4。

高攀龙诗文残稿 1 卷　集部别集类

稿本,冒广生、孙保圻、叶恭绰等题识,上海图书馆藏。

诗余　集部总集类

见《高子年谱》,谓"择骚赋铭赞为此书"。

高子全书　丛书类

(1) 七种(无文集诗集),明崇祯刻清华希闵剑光阁重修本,上海图书馆藏。

(2) 八种,清乾隆七年(1742)华希闵剑光阁刻本,南开大学图书馆、山东师范大学图书馆藏。

子目:

《周易孔义》3卷

《春秋孔义》12卷

《四书讲义》1卷

《东林书院会语》1卷

《程子节录》4卷《文集抄》1卷

《朱子节要》14卷

《就正录》1卷

《高子文集》6卷《诗集》8卷

华国才(1562—?)

字无技,一字霞雪,号蠡阳,一号鹤溪闲叟。明无锡人。万历十八年(1590)举人。

荷篨言　子部杂学类　佚

见《锡山历朝书目考》卷7。

文璩清娱48卷　集部总集类

明华国才辑

(1) 明崇祯四年华国才巹膏堂刻本,扬州市图书馆藏。

(2)《四库全书存目丛书》本,影印明崇祯刻本。

按:《四库全书总目》云:是书于诸选本类书中采摘其短章小品,故曰《清娱》。上起宋玉、荀卿,下迄于元。不分体裁,惟以时代为后先,间附小传及评语。观其见解,盖陈继儒一流也。

李九畴(1562—?)

字锡甫,号还淳,又号若水。明无锡人。礼部冠带。

留春堂诗稿　集部别集类　佚

见《锡山历朝书目考》卷10。

陆济之

一作陈济之，字利川。明无锡人。万历初在世。工曲。

题桥记（一作题桥） 集部词曲类

见《曲品》卷上。

华润球（1563—1625）

字廷鸣，号衣言。明无锡人。祖勤子。万历二十二年（1594）举人。官江西按察司经历、广东高州参军，有惠绩。中年多病，因精医术，每能治愈疑难杂症。

匡庐纪游 史部地理类 佚

匡庐游咏 史部地理类 佚

高凉旅咏续咏三咏 史部地理类 佚

悟尘轩稿 集部别集类 佚

以上4种见清华孳亨辑《华氏传芳集》卷八。

华宗泽

字嘉荫。明无锡人。万历间在世。

集唐人诗句宫词1卷 集部总集集

明余兆芳辑

明万历二十一年（1593）鹅湖华宗泽刻本，见《明代版刻综录》卷5引《福建大学图书馆善本书目》。

华嘉荫（1564—1618）

字德懋，号翼望。明无锡人。国子生，官中书舍人。

凤池吟 集部别集类 佚

奉纶吟 集部别集类 佚

赐沐吟　集部别集类　佚

狎欧集　集部别集类　佚

餐霞什　集部别集类　佚

以上5种见乾隆《无锡县志》卷39。

安希范(1564—1621)

字小范，号我素。明无锡人。如山子。万历十四年(1586)进士。授行人，迁礼部主事，改南京吏部主事。因疏请复高攀龙、吴弘济官，忤旨斥为民。归里后，与东林讲学之会。熹宗嗣位，将起官，先卒。赠光禄少卿。著述颇富。曾孙绍杰辑有《安我素年谱》。《明史》有传。

安母吴孺人葬录(一作葬录)1卷　史部传记类

明安希范编

明万历刻本，台湾“中央图书馆”原藏。

按：《无锡艺文志长编》云：是编为希范录其母吴氏事实，以其所述行略、及刘昇《墓表》、张纳陛《新仟记》、高攀龙《行状》，次为一卷，以端楷书之，梓行于世。

赡族录　史部传记类

(1)《天全堂集》本。

(2) 清咸丰元年(1851)续编《胶山安氏家乘》本。

荒政撮要(一作荒摘要)　史部政书类

见《明史》本传。

文献通考删　史部政书类

见《锡山文集》卷首小传。

安希范游记1卷　史部地理类

(1) 手稿本，有缪荃孙、朱祖谋题识，孙毓修跋，上海图书馆藏。《无锡文库》据此本影印。

(2)《无锡文库》本。

按：全书未按时序列目，依次为庚子春游天目记、癸卯越东游记附诗五首、己亥中秋游洞庭记附诗二十首。

养心日札　子部儒学类

见《天全堂集》卷2本书序。

读书日笺　子部儒学类

郡邑武备考(一作武备私考)　子部兵书类

萍隐漫录　子部杂学类

以上3种见《明史》本传。

天全堂集　集部别集类

明安希范撰　清安璇辑　安经传校录

(1) 诗1卷书4卷,稿本,上海图书馆藏。《无锡文库》据此本影印。

(2) 4卷附录1卷,清乾隆四十六年(1781)安吉校刻本,上海图书馆藏。

(3) 1卷,附《赡族录》,抄本,无锡市图书馆藏。

(4)《无锡文库》本。

(5)《明别集丛刊》第四辑本。

按:天全堂建于万历十六年,为无锡县胶山安氏居住处之一。希范后人以此名其集。又,《东林书院志》收其诗2首。

宾娥台倡和诗词　集部总集类

明安希范等撰　清安绍杰编

清乾隆五十九年精刻本及1911年影印乾隆本《安我素年谱》附。

按:安希范于万历二十三年筑宾娥台,每值清秋,辄与客共登,开筵醉月。自著记1篇、诗1首、词1阕,同时东林诸君子与异地名贤如高攀龙、秦松龄、钱一本等和者甚众。台废后,复有访遗址而低徊凭吊者。此编即辑同时代人和作及后人凭吊之诗词。

叶　昼

字文通,又自称锦翁、叶五叶、叶不夜、梁无知等。明无锡人。自幼博览群书,才思敏捷,善评论。万历年间曾托名李贽评点小说、戏曲多种。天启四年(1624)客开封,与当地文人共组海金社,《因树屋书影》卷1有传。

四书评 19 卷　经部四书类

(1) 1980 年上海人民出版社铅印本。

(2) 1980 年北京中国书店影印本。

中庸颂　经部四书类

悦客编　子部杂学类

樗斋漫录　子部杂学类

以上 3 种见《戏瑕》卷 3。

叶昼评点西游记　子部小说类

明吴承恩著　明叶昼评点

2012 年浙江古籍出版社出版。

水浒传 100 卷　子部小说类

元施耐庵撰　明叶昼评

明万历三十八年(1610)虎林书林容与堂刻本。

三国志 120 卷　子部小说类

明罗贯中撰　叶昼评

明天启建阳书林吴观明刻本。

幽闺记 2 卷　集部词曲类

元施惠撰　明叶昼评

红拂记 2 卷　集部词曲类

明张凤翼撰　叶昼评

琵琶记 2 卷　集部词曲类

元高明撰　明叶昼评

以上 3 种有万历虎林书林容与堂刻本。

西厢记 2 卷　集部词曲类

元王实甫撰　明叶昼评

(1) 明万历三十八年虎林书林容与堂刻本。

（2）明崇祯间刻本。

明珠记　集部词曲类

明陆采撰　叶昼评

按：以上8种传本均作李贽评点，据《因树屋书影》《戏瑕》，当为叶昼评点，冒李贽名刊行。书今藏国家图书馆等处。

法海雪　集部词曲类

黑旋风集　集部词曲类

以上2种见《戏瑕》卷3、《因树屋书影》卷1。

秦　燛(1565—1623)

一名广霁，字日上，别字日生，又字广斋，号上生，又号混尘。明无锡人。瀚孙。万历间庠生。以子埛赠福宁州知州。颖敏绝人，为诗作文倚马可待。长斋绣佛，趺坐焚修，于佛学极有心得。

上生集8卷　集部别集类

按：见《四库提要》别集类存目，谓是集乃崇祯初其子埛、坊所刊，前4卷为诗，后4卷为文，前有小传。《锡山秦氏诗抄》前集卷7收其诗34首。《锡山秦氏文抄》卷2收其文1篇。

吴桂森(1565—1632)

字叔美，号亲华，一作觐华，又号东林素衣，世称素衣先生。明无锡人。汝伦三子。经学家。万历四十四年(1616)贡生。尝师从钱一本，精通易理。尝建丽泽堂，又筑小斋，名“来复”，日讲《易》其中。与高攀龙、顾宪成等讲学于东林书院。

周易像象述6卷像象金针1卷　经部易类

（1）明崇祯刻本，台湾“中央图书馆”原藏。

（2）清抄本，浙江图书馆藏。

周易像象述7卷像象金针1卷　经部易类

明末抄本，国家图书馆藏。

周易像象述10卷像象金针题辞总论1卷　经部易类

清抄本，国家图书馆残存7卷。

周易像象述4卷　经部易类

清嘉庆十七年（1812）胡倚抄本，南京图书馆藏。

周易像象述5卷像象金针1卷　经部易类

（1）无锡县图书馆抄本，见《无锡县立图书馆乡贤部书目》。

（2）《四库全书》本。

（3）《四库全书珍本初集》本。

（4）1983年台北新文丰出版公司《大易类聚初编》本。

周易像象述不分卷　经部易类

底稿本，首有崇祯九年（1636）夏同郡张纬叙，见《贩书偶记续编》卷1。

按：《千顷堂书目》卷1著录此书，云："述钱一本之学。"《四库全书总目》云："桂森是书，具有渊源。……卷首列《像象金针》一篇，标举大旨。卷中所注皆一字一句，究寻义理，颇有新意可参。"

易说　经部易类

谈易随问　经部易类

书经说　经部尚书类

曲礼说　经部礼记类

注释春秋大全　经部春秋总义类

以上5种见乾隆《无锡县志》卷39。

四书讲义　经部四书类　佚

见《锡山历朝书目考》卷3。

皇明开泰录　史部别史类　佚

见《千顷堂书目》卷5。

真儒一脉　子部儒学类

（1）见《锡金考乘》卷12，云："是书采薛文清、胡敬公、陈恭公、王文成四先生与顾泾阳、钱启新、高景逸三先生语录，合为一编。"

(2) 明天启间刻本,无锡市图书馆藏。

息斋笔记 2 卷　子部杂学类

明崇祯刻本,国家图书馆藏。

一斑录　子部杂学类

见乾隆《无锡县志》卷 39。

东林或问　子部杂学类

见《东林书院志》,收其文 1 篇。

存笥诗草 5 卷　集部别集类

明崇祯无锡吴升之刻本,国家图书馆藏。

吴素衣集　集部别集类

《广理学备考》本。

四名家二妙集　集部总集类

见《锡山历朝书目考》卷 3。

祝万熙(1565—?)

字明元,号悟一。明无锡人。万历二十八年(1600)副贡。

庆余轩集　集部别集类　佚

百家汇抄　集部总集类　佚

以上 2 种见《锡山历朝书目考》卷 7。

华宅殷(1566—1643)

字太元,号怀玉。明无锡人。善述长子。天性朴率,与物无争,不能违己徇时。乡饮介宾。《华氏通四三省公支传芳集》卷 8 有《怀玉君子传》。

武陵玉如子草　集部别集类　佚

见《锡山历朝书目考》卷 7。

钱起凤(1567—1615)

字汝仪，又字泰徵，号养虚，又号如临。明无锡人。诸生。

梧轩小草　集部别集类　佚

见《锡山历朝书目考》卷7。

邹期桢(1567—1642)

字公宁，号经畬。明无锡人。崇祯初举贤良方正不就，以诸生终。初从叶茂才游，继与吴桂森同从顾宪成、高攀龙讲学东林，人称两素衣先生。每寻格致之义，颇有所得。设讲席于洞虚宫、文昌阁，主文行社。后吴桂森建丽泽堂，期桢等每聚学者讲学堂中。平生留心经世之学，安贫乐道以终。崇祯中御史祁彪佳举方正，不就。卒，门人严珏等私谥懿长先生。清钱肃润有《邹经畬先生传》，见《东林书院志》卷11。

易蒙　经部易类　佚

见《东林书院志》卷20。

尚书揆一6卷　经部尚书类

(1) 明万历四十四年(1616)刻本，美国芝加哥大学东亚图书馆藏。

(2) 清康熙九年(1670)抄本，北京大学图书馆藏。

(3)《四库全书存目丛书》本。

按：亦见《四库全书总目》书类存目，谓其书专主蔡《传》，而杂引诸儒之说以发明之，为科举而作。

洪范经世要说　经部尚书类　佚

见《千顷堂书目》卷1。

按：《东林书院志》卷20著录《皇明洪范》《经世要语》二种，《梁溪诗钞》卷12小传同，著录有异。

学庸解略　经部四书类　佚

孝经纂　经部孝经类　佚

小学偶笺　经部小学类　佚

字义偶笺　经部小学类　佚

锡山近事纪民实　史部杂史类　佚

宋名臣言行录纂　史部传记类　佚

国朝名臣言行录纂　史部传记类　佚

以上7种见《东林书院志》卷20。

东林诸贤言行录5卷　史部传记类　佚

见《千顷堂书目》卷10。

按：书辑于崇祯元年(1628)，自序见《梁溪文钞》卷18、《东林书院志》卷16。

弭乱臆言　史部政书类　佚

居官宝鉴　史部政书类　佚

救荒末议拟疏　史部政书类　佚

二程全书摘要　子部儒学类　佚

朱子全书偶摘　子部儒学类　佚

朱子节要补　子部儒学类　佚

见闻偶述　子部杂学类　佚

诵诗随笔　子部杂学类　佚

一箪轩随笔　子部杂学类　佚

一箪轩札记　子部杂学类　佚

鹤湖小咏　集部别集类　佚

委巷谣　集部别集类　佚

醒蒙吟　集部别集类　佚

养蒙诗　集部别集类　佚

诗稿　集部别集类　佚

一箪轩文集　集部别集类　佚

经畲先生遗集　集部别集类　佚

以上17种见《东林书院志》卷20。

按：《锡乘考乘》卷12著录《经畲遗稿》，谓清代遭禁。

国朝文章正宗　集部总集类　佚

见《东林书院志》卷 20。

按:《梁溪诗钞》卷 12 小传云:“身列章缝,而心忧社稷。天启间三案议起,不胜愤激,著《委巷瑶》。崇祯初政事一新,有《拟请复东林疏》《弭乱臆言》《救荒末议》《固人心论》《活井田说》,皆一时硕画。”《梁溪文钞》卷 18 有其文 2 篇,《梁溪诗钞》卷 12 有其诗 5 首。《东林书院志》收其文 5 篇,收其诗 24 首。

华与进

字晋民,明无锡人。察曾孙。万历间在世。

繁祉堂集　集部别集类

衡泌草　集部别集类

载酒篇　集部别集类

以上 3 种见《锡山历朝书目考》卷 10。

虞绍成(1568—1620)

一作韶成,字来仪,号念葵。明无锡人。诸生。

壁经注疏　经部群经总义类

见乾隆《无锡县志》卷 39。

萧　涵

字容卿,号和所。明无锡人。光绪父。苦志力学,著述甚富。

纲目纂要　史部杂史类　佚

性理纂要　子部儒学类　佚

鬼神实录　子部小说类　佚

山居别集　集部别集类　佚

以上 4 种见《无锡开化乡志》卷下。

陈其志

原名来新，字迩达，号相梧。明无锡人，生于隆庆时。筹曾孙。吴县庠生。

异人传　史部传记类

经世四录　子部儒学类

娱闲八谱　子部艺术类

元翼大颠说　子部杂学类

以上4种见《锡山历朝书目考》卷10。

张云鸾(1569—1636)

字羽臣，号泰岩。明无锡人。崇祯四年(1631)优贡。任淮安府教授。从顾宪成、高攀龙游，深谙经术。崇祯中以经书讲义献于朝。

尚书说统40卷　经部尚书类

明崇祯元年刻本。

尚书古今讲义　经部尚书类

周礼讲义　经部周礼类

以上3种见《锡山历朝书目考》卷3。

四书经正录　经部四书类

(1) 32卷，明崇祯四年刻本，清华大学图书馆藏。

(2) 19卷，清嘉庆间刻本，上海图书馆藏。

四书说统删补　经部四书类

见《千顷堂书目》卷3。

四书副墅讲章　经部四书类

孝经讲义　经部孝经类

以上2种见《锡山历朝书目考》卷3。

五经总类40卷　经部群经总义类

见《千顷堂书目》卷3。

按:《四库全书总目》类书类存目云:“此编复取五经及《周礼》《孝经》之语,分门排比,共为七十二类,厘上下二集。自跋谓大要不外经济、学术两端。然云鸾此书,不过为举业之用。”《锡山历朝书目考》卷3著录《五经纂类》,即此书之别称。

经正录　经部群经总义类

见乾隆《无锡县志》卷39。

小学讲义　经部小学类

东林讲义　子部儒学类

读礼居诗集　集部别集类

以上3种见《锡山历朝书目考》卷3。

按:《梁溪文钞》卷17收其文1篇。《梁溪诗钞》卷12、《东林书院志》各收其诗1首。

王恒一

明无锡人。生于隆庆年间。

名物通　子部典故类　佚

见乾隆《无锡县志》卷39。

顾应旸(1569—1641)

字太初,号东曙。明无锡人,先世为虞山人。万历二十五年(1597)举人,由教官累迁思恩知府。廉能爱民,以绩著擢广西苍梧道,未几,移疾归。

尚书讲义　经部尚书类　佚

见乾隆《无锡县志》卷39。

按:《梁溪诗钞》卷11收其诗1首。

周士茂

明末清初无锡人。诸生。约生于隆庆时。

诗经水月　经部诗经类　佚

见《锡山历朝书目考》卷3。

陶大章

字顺湖，号东溪。明无锡人。生于隆庆时。

易义4卷　经部易类

经史答问34卷　经部群经总义类

东溪语录12卷　子部儒学类

东溪文集10卷　集部别集类

以上4种见《锡山历朝书目考》卷7。

华宪曾

一名筌。字缙先。明无锡人。生于隆庆年间。

曲堂词　集部词曲类　佚

见《锡山历朝书目考》卷10。

华玄禔(1570—1612)

字尔遐，号本素。明无锡人。受业于顾宪成。万历三十二年(1604)进士。日读律令，讲习历朝掌故。授河南新郑县令，三十四年调商丘。在任募民垦荒。擢广东道监察御史。有惠政。丁忧归卒。

晋书纂7卷　史部史钞类

明华玄禔辑

明刻本，有佚名朱笔批点，中国人民大学图书馆藏。

尚论编　子部儒学类

见《锡山历朝书目考》卷3。

朝爽阁集　集部别集类

见乾隆《无锡县志》卷39。

高阳杂咏　集部别集类

兔园集　集部别集类

以上 2 种见《锡山历朝书目考》卷 3。

按:《梁溪诗钞》卷 11 收其诗 1 首。

华连曾(1570—1623)

字善慰,号充符。明无锡人。淡泊明志,以诗酒自娱。补长洲博士弟子员。日有日记,记其馆课、交游诸事。

班班居士诗稿　集部别集类　佚

见《华氏通四三省公支传芳集》卷 7《充符府君宗谱传》。卷 14 收其诗 2 首。

王家谏(1570—1625)

字培萱。明无锡人。郡庠生。能诗。砥节砺行,闭门教授生徒百余人。

和陶诗 1 卷　集部别集类

《梁溪蓉湖王氏传家集》本。

华师周(1570—?)

字公兼,号汉屿,又号淡斋。明无锡人。仲亨子。诸生。

淡斋集 6 卷　集部别集类

见《华氏金粟岭诗存》华师召传附。

按:《锡山历朝书目考》卷 3 著录华师周有《玩世斋集》,考国家图书馆藏明天启二年(1622)刻本《玩世斋集》12 卷,及《华氏金粟岭诗存》,均以此书为华师召撰。此当是"书目考"著录有误。

华师召(1570—1626)

字公保,号心谷。明无锡人。仲亨子。与兄师周孪生。诸生。詹事府主簿。笃性孝友,创议设法置义田以赡贫族。传见《华氏传芳集》卷 7。

丧服说　经部三礼总义类　佚

华氏传芳续集　史部传记类　佚

以上2种见《锡山历朝书目考》卷3。

玩世斋集12卷　集部别集类

明天启二年(1622)自刻本,国家图书馆藏。

邹期福

明无锡人。

东林诸贤言行录5卷　史部传记类　佚

见《千顷堂书目》卷10。

卢鹤江

明无锡人。约万历前后在世。工曲。

禁烟记　集部词曲类

见《传奇汇考标目》卷上。此叙春秋时晋国介之推事。

昭　惠

明无锡僧人。

梵刹志15卷　史部地理类　佚

见光绪《锡金县志》卷39。

刘元珍(1571—1621)

字伯先,号本孺,一作本儒,别号础盘,自号湖畔逸农。明无锡人。升子,明翰父。万历二十三年(1595)进士。授礼部主事、兵部郎中,进南京职方。三十三年京察,抗疏沈一贯比昵奸人,被除籍归里。入东林书院,以讲学为事,列东林八君子之一。光宗继位,起为光禄少卿。未几,卒于官。为人耿直严肃,好行义事。《明史》有传。

东林志(一作东林志稿,又作东林书院志)1卷　史部地理类见《续修四库全书提要》史部，略云："东林书院志创始者为刘元珍。其书成于明万历甲寅，惜属稿未梓。"

依庸絮语　子部儒学类　佚

见乾隆《无锡县志》卷39。

惠山九曲清流图咏1卷　子部艺术类

1930年玉鉴堂影印本，上海图书馆藏。

按：封面题"玉鉴堂藏书第一六四号"。前有"九曲清流"图，为米万钟所绘，华艺三（文川）补图。元珍撰叙论，述己宿于惠山僧舍，与青山流水相忘，追记正统间周忱、正德间邵宝疏浚惠山九曲之事，因九曲遗迹不存，遂寻之并为之修葺。后有明孙慎行、高攀龙，清归庄、黄正宝、吴士奇、顾翰，民国缪斌、蔡培等文赞其事。

三畏堂素业　集部别集类　佚

见《千顷堂书目》卷25。

湖畔逸农遗稿　集部别集类　佚

见乾隆《无锡县志》卷39。

从先文决内篇1卷外篇1卷　集部总集类

明万历间刻本，无锡市图书馆藏。

文衡　集部总集类

以上2种见《锡山文集》卷首小传。

按：《梁溪文钞》卷15收其文5篇。

蒋遵路

字路然。明无锡人。诸生。好读古人书。初为诗，与张泽、黄传祖等从事竟陵之学，旋求之汉魏盛唐。重交游，性慷慨，家境由富变贫终不悔。

纯斋稿　集部别集类

见乾隆《无锡县志》卷39。

按：嘉庆《锡金县志》卷34、《江苏诗征》卷113均收其诗1首。

秦重泰(1572—1636)

字原博,一字大来,号淡缘。明无锡人。延勋子。万历二十八年(1600)举人。任山东郓城教谕,迁福建长乐知县,有政绩。以稍忤上官论调,欣然束装归。举乡饮大宾。放怀诗酒,杜迹城市,徜徉林壑。能诗文。

素心兰诗集　集部别集类

见《锡山历朝书目考》卷7。

按:《锡山秦氏文钞》卷2收其文1篇,《梁溪诗钞》卷11、《锡山秦氏诗钞》前集卷7均收其诗2首。

法　藏(1573—1635)

字于密,号三峰,又号汉月。明无锡苏氏子。年11入寺,15出家,潜究内外典籍。从密云(1566—1642)承受禅法。住虞山(在江苏常熟)三峰寺,世称三峰藏公。其后历住杭州、苏州等地名刹。居杭州灵隐寺,开堂讲法,玄风大畅,纵其机辨,以接四方学者。后居惠山以老。能诗。曾著《五宗原》一书,反对密云的宗旨,主张一个圆相(〇)是禅宗五家的根本,其说盛行一时。后清雍正帝认为他背叛师说,标新立异,著《拣魔辨异录》痛加驳斥,并毁其书,黜其徒,三峰一脉遂绝。《启祯野乘》卷14有传。

弘戒法仪2卷　子部佛教类

(1) 明天启三年自刻本,青海省图书馆。

(2)《径山藏》本。

(3)《卍续藏经》本。

三峰藏禅师长水真如寺语录1卷　子部佛教类

明释法藏撰　明释济鸿等辑

明刻本,上海图书馆藏。

五宗原1卷　子部佛教类

《卍续藏经》本。

于密渗宋元三尊宿做工夫因缘邪正注 3 卷于密渗参禅诸偈 1 卷于密渗禅病偈 1 卷海虞三峰于密藏和尚普说 1 卷次椿堂禅师山居诗四十首 1 卷三峰三十景诗 1 卷　子部佛教类

明天启刻本，上海图书馆藏。

于密渗提寂音尊者智证传 5 卷　子部佛教类

明天启四年严樟刻本，上海图书馆藏。

三峰藏禅师山居诗 1 卷三峰三十景诗 1 卷　集部别集类

明万历刻本，国家图书馆藏。

按：《梁溪诗抄》卷 57 收其诗 2 首。

许景曜

字文光。明无锡人。庠生。屡试不中。

啸集　集部别集类　佚

见《锡山许氏宗谱》“细十五公支统宗世表”，云：“蹶乡场，著《啸集》自慰。”

过蒙礼

明无锡人。

锡山过氏世谱 4 卷　史部传记类

明过蒙礼纂修

明万历刻本，南京图书馆藏。

周士贤

明无锡人。

锡山周氏宗谱 4 卷　史部传记类

明周士贤纂修

明万历三十八年(1610)刻本，吉林大学图书馆藏。

华君求

庠姓黄。字若传，号翼成。明无锡人。万历间诸生。能诗。

浩斋诗稿　集部别集类

见《锡山历朝书目考》卷10。

华国光

号二宜。明无锡人。生于万历年间。官中书舍人，纂修玉牒。

影庐吟稿　集部别集类　佚

见《锡山历朝书目考》卷10。

顾与渟(1574—1621)

字亭之，号缜斋。明无锡人。宪成长子。

诠理随笔20则　子部儒学类　佚

博雅集40卷　集部别集类　佚

缜斋诗抄　集部别集类　佚

诗脉1卷　集部别集类　佚

以上4种见《锡山历朝书目考》卷7。

按：《梁溪诗钞》卷11收其诗3首。

鲍际明

字伯参，号观如。明无锡人。万历三十二年(1604)进士授广东海康知县，适逢地震，际明慰抚部署，民以无恐。调同安知县，奖植寒士。补江西上犹县，再调宁都，严究奸胥，祀四县名宦。

犹宁集　集部别集类　佚

实政集　集部别集类　佚

以上2种见《锡山历朝书目考》卷7。

孙源孝(1575—1606)

字兰公,号昙生。明无锡人。继皋长子。南京户部山西清吏司主事。

尚书初解　经部尚书类　佚
禹贡新旧图记　经部尚书类　佚
四书臆　经部四书类　佚
资谈录　子部杂学类　佚
典故录　子部典故类　佚
拥摛草　集部别集类　佚
�情馆集　集部别集类　佚
匡弦居稿　集部别集类　佚

以上8种见《锡山历朝书目考》卷7。

许其仁(1575—1637)

字元朓,号余谷,明无锡人。世卿长子。学能文,尤善诗词。著述甚丰。

古今贞孝名媛策　史部传记类
元朓性理　子部儒学类
性理重摘　子部儒学类
容珠玑　子部典故类
即景兴情　集部别集类
继白子集　集部别集类
忠宪芬余集　集部别集类
五言律选　集部总集类
七言绝选　集部总集类
古文精粹　集部总集类
玉女金声　集部总集类

宫掖精华　集部总集类
诗味便易　集部诗文评类
云鸿雅谭　集部诗文评类
停针弄笔　集部诗文评类
士宏词　集部词曲类
红颜白雪词　集部词曲类

以上17种见《锡山历朝书目考》卷4。

邹期相(1575—1644)

字公寅，号忠余，自号三勿居士。明无锡人。期桢弟。天启元年(1621)副贡。曾与兄从游东林。从顾宪成得读书法，从高攀龙得养性法，复与叶茂才等相参论。崇祯初举贤良方正，历官浙江卫经历。十七年闻明亡，请当道发丧哭临。归里，不入私家，止于惠山祖祠中，病卒。

周易笔旨　经部易类　佚

见光绪《锡金县志》卷39。

四书笔旨　经部四书类　佚

见《千顷堂书目》卷3。

孝经笔旨　经部孝经类　佚

见《东林书院志》卷20。

忠余文集　集部别集类　佚
忠余诗稿　集部别集类　佚

以上2种见《锡山历朝书目考》卷4。

按:《梁溪文钞》卷19有其文2篇，《梁溪诗钞》卷12有其诗1首。《东林书院志》收其文3篇，诗2首。

顾允燿(1575—?)

字朗卿。明无锡人。可久玄孙。诸生。

朗卿诗集　集部别集类　佚

见《锡山历朝书目考》卷7。

吴为霖

明无锡人。天启崇祯间在世。

白贲集　集部别集类　佚

见朱彝尊《静志居诗话》。

王天爵

字备四。明无锡人。能文。

三才一览　子部道教类

三才图　子部道教类

以上2种均见《无锡开化乡志》卷下。

张维斗

字上台，号园枢，自号羼提居士。明无锡人。万历二十八年(1600)举人。知荣经县。善诗。

千秋馆集　集部别集类

见《锡山历朝书目考》卷7。

按:《梁溪诗钞》卷11收其诗16首

吕大韶

字伯谆。明无锡人。生于万历时。庠生。

易理发挥(一作易象发挥)　经部易类

伤寒辨正　子部医家类

医家要览　子部医家类

天文会纂　子部历算类

星象图　子部历算类

占侯指南　子部术数类

经济考　子部杂学类

以上7种均见《锡山文集》卷首小传。

万　暹

字豫占，号淡怡。明万历间无锡人。工诗。

淡怡集（一作文余集）　集部别集类　佚

见《锡山历朝书目考》卷10。

华允谋（1576—1625）

字汝翼，号燕超。明无锡人。启直孙。万历二十八年（1600）举人。精于《易》学。与高攀龙、吴桂森诸人游鹅湖，始兴起于学，非宋代理学家书不读。天启二年（1622）选宝应教谕，筑兴让堂，偕诸生讲习其中，以敦伦纪、正人心为首务。《华氏通四三省公支传芳集》卷8有明华允诚撰《伯兄燕超府君宗谱传》。

兴让堂集　集部别集类　佚

见《锡山历朝书目考》卷7。

顾嘉舜（1578—1640）

字虞工，一字黄工，号固庵，别号视斋。明无锡人。枟曾长子。天启元年（1621）副贡生。为人方严有气骨，尝与诸友论文，有贵人过访，谢弗见。其学旁通博览，深于《尚书》。

尚书日笺8卷　经部尚书类　佚

见乾隆《无锡县志》卷39。

尚书大旨　经部尚书类　佚

四书正训　经部四书类　佚

固庵经抄　经部群经总义类　佚

以上3种见《锡山历朝书目考》卷39。

袁异录4卷　子部儒学类　佚

见乾隆《江阴县志》卷 4。

固庵随笔　子部杂学类　佚

聊尔居诗集　集部别集类　佚

然松馆全集　集部别集类　佚

唐诗正解　集部总集类　佚

以上 4 种见《锡山历朝书目考》卷 4。

按:《梁溪诗抄》卷 12 收其诗 5 首。

华五伦

原名益构,字永膺,后更名五伦,号子虚。明无锡人。万历间在世。

栖碧先生黄杨集 3 卷补遗 1 卷附录 1 卷　集部别集类

明华幼武撰

明万历四十六年(1618)华五伦刻本,国家图书馆藏。

华文曦(1579—1639)

字应旸,号敝衷,别号修拙。明无锡人。

乐义堂稿　集部别集类

晴多书屋集　集部别集类

以上种见清华孳亨辑《华氏传芳集》卷 6。

华　樵

字雪樵,号研农,明无锡人。生于万历年间。

研农集　集部别集类　佚

见《锡山历朝书目考》卷 10。

顾与沐(1580—1646)

字木之,号菲斋。明无锡人。宪成次子,与淳弟。万历四十六年(1618)举人,官至夔州知府。

顾端文公年谱4卷　史部传记类

明顾与沐撰　清顾枢编　顾贞观订补

(1)《顾端文公遗书》本。

(2)《北京图书馆藏珍本年谱丛刊》本。

(3)《续修四库全书》本。

菲斋诗抄　集部别集类　佚

见《梁溪诗抄》卷11,收其诗2首。《忍草庵志》卷2收其诗1首。

顾端文公集22卷　集部别集类

明顾宪成撰

明崇祯间顾与沐刻本,台湾"中央图书馆"原藏。

按:清顾贞观《顾端文公年谱述》,云:"后夔州公重刻《泾皋藏稿》,名《顾文端公集》,微有增删。"

华日赞

字明初,号瞻陵。明无锡人。生于万历年间。能诗。

歇庵诗稿　集部别集类　佚

见《锡山历朝书目考》卷10。

华廷琳

号镜湖。明万历无锡人。南城兵马司指挥。

默雪斋诗集　集部别集类　佚

见《锡山历朝书目考》卷10。

俞兆熊

明无锡人。精幼科,远近延致,治剧病辄应手愈。贫不能医者,资以药饵,且助以钱。

活人医案　子部医家类　佚

见《无锡富安乡志稿》卷25。

鲍　泮

原名凤阙。字子勤，又字子芹。明无锡人。生于万历年间。

茆岩居草　集部别集类　佚

见《无锡开化乡志》卷下。

杨绍祖

明无锡人。诸生。崇祯中举贤良方正。以亲老不赴。

为善语要　子部儒学类　佚

至正规　子部儒学类　佚

以上2种见《锡山历朝书目考》卷10。

华继祥

明无锡人。万历间在世。

虑得集4卷附录2卷　子部杂学类

明华悰韡撰

明万历四十二年(1614)华继祥刻本，南京图书馆藏。

华　焕

字云卿。明无锡人。生于万历年间。长洲庠生。

云嵚子自志　史部传记类　佚

见《锡山历朝书目考》卷10。

张缵曾(1582—1636)

字公绪，号九野，别号静生。明无锡人。选曾孙。崇祯元年(1628)进士。授行人，擢南京考功司主事，升浙江道监察御史巡抚河南。能诗文。马世奇为撰墓表，云："论事不避城社，任事不避葛藟，忠义激发，至德动人，真不愧名御史矣。"

两朝奏疏　史部政书类　佚

明张选、张缵曾撰

见乾隆《无锡县志》卷39。

按:亦见《锡山历朝书目考》卷4著录,原注云:"今编《静思集》中,名《祖孙遗稿》。"

张缵曾奏疏稿　史部政书类

见《锡山文集》卷首小传。

张忠谏公祖孙遗集12卷　集部别集类

明张选、张缵曾撰

(1) 清康熙三十三年(1694)刻本,高邮市图书馆藏。

(2)《四库全书存目丛书》本。

(3)《明别集丛刊》第二辑本。

按:《四库全书总目》别集类存目作《张静思文集》10卷《附录》2卷,凡文9卷,诗1卷,末2卷附录居官政绩及碑铭小传,《梁溪诗钞》卷7收其诗7卷。《梁溪文钞》卷17收其文4篇。

华学股(1582—1644)

字小宗,号珠庭。明无锡人。善述四子。清癯绝俗,性僻而行独,绝利逃名。《华氏通四三省公支传芳集》卷8有《珠庭君子传》。

彝川类纂　子部典故类　佚

见《锡山历朝书目考》卷4。

简斋诗集　集部别集类　佚

见乾隆《无锡县志》卷39。

秋水篇唱和诗　集部总集类　佚

明华学股等撰

见清华希闵等重辑《华氏宗谱》卷14。

华滋蕃

字伯昌，号行我。明无锡人，孙楼婿。万历间监生。

孙百川先生文集 12 卷　集部别集类

明孙楼撰　陈禹谟等选　华滋蕃等校阅

明万历四十八年(1620)华滋蕃刻本，国家图书馆藏。

华夏宁(1583—1624)

号观止。明无锡人。诸生。

鉴性辑要　子部儒学类　佚

见《锡山历朝书目考》卷 7。

俞　坦(1583—1639)

字履道，号蓉侨。明无锡人。

菜根堂十训　子部儒学类　佚

宁固刍言　子部儒学类　佚

以上 2 种见《锡山历朝书目考》卷 10。

祝源嘉

字仲常，号惟一。明无锡人。

纲目纂要　史部编年类　佚

古今诗渊　集部总集类　佚

以上 2 种见《锡山历朝书目考》卷 7。

华户侯

字士弢。明无锡人。生于万历年间。吴县庠生。

士弢文集　集部别集类　佚

见《锡山历朝书目考》卷 10。

侯世芬(1584—1634)

字子诵,号宁我。明无锡人。天启元年(1621)经魁。

栖碧吟　集部别集类　佚

竹娟楼文集　集部别集类　佚

石雪斋词钞　集部词曲类　佚

以上3种见清侯炜《铁梅庵劫余拾烬默存集》自叙。

马世奇(1584—1644)

字君常,号素修。明无锡人。崇祯四年(1631)进士。幼颖异,嗜学有文名。官至左庶子。都城陷,肃衣冠,捧所署司经局印,望朝拜毕,自缢死。世奇砥砺名行,居馆阁最有声,好推引后进,不妄取与。明谥文忠,清改忠肃。《明史》有传。

书经直解13卷　经部尚书类

明张居正撰

明崇祯九年(1636)马世奇刻本,南京图书馆藏。

尚书稿　经部尚书类　佚

四书稿　经部四书类　佚

四书五经讲义选　经部群经总义类　佚

制义文韵　经部小学类　佚

以上4种见《锡山历朝书目考》卷4。

忠镜录　史部传记类　佚

见《锡山文集》卷首小传。

身镜录　子部儒学类　佚

见《锡山历朝书目考》卷4。

双忠合璧　子部艺术类　佚

清华鸿模辑

按:见《梁溪文续抄》卷5华鸿模《双忠墨宝跋》。此为华鸿模辑明马世奇、华允诚二人书信手迹。

澹宁居文集 10 卷　集部别集类

(1) 清雍正十年(1732)含清堂刻乾隆二十一年(1756)周原溥补刻本,与《淡宁居诗集》3 卷合刻。

(2)《四库禁毁书丛刊》本。

(3)《明别集丛刊》第五辑本。

澹宁居诗集 3 卷　集部别集类

(1) 清顺治十一年(1654)蒨园刻本,南京图书馆藏。

(2) 清雍正十年含清堂刻乾隆二十一年周原溥校刻本,与《文集》10 卷合刻,国家图书馆藏。

(3)《锡山先哲丛刊》本。

(4) 小万柳堂精写本,见《无锡县立图书馆乡贤部书目》。

(5)《四库禁毁书丛刊》本。

双忠遗文　集部总集类　佚

清华鸿模辑

按:见《梁溪文续抄》卷 5 华鸿模《双忠墨宝跋》。此为华鸿模辑明马世奇、华允诚二人制义。

宋元文选　集部总集类　佚

明诗选　集部总集类　佚

以上 2 种明马世奇辑,见《锡山历朝书目考》卷 4。

按:《明诗综》卷 75 收其诗 3 首。《明诗别裁集》卷 10 收其诗 1 首。

华祯民

一作贞民,又名葆素,字仲余。明无锡人。诸生。明末殉节。

吠变集　集部别集类　佚

见《锡山历朝书目考》卷 7。

张列宿

字六符，号惕庵。明无锡人。诸生。能诗文。

惕庵集　集部别集类　佚

见《锡山历朝书目考》卷7。

顾廷枢(1585—1643)

字元理，号开筠。明无锡人。道洁次子。

开筠阁草　集部别集类　佚

见《锡山历朝书目考》卷7。

华白滋(？—1633)

字紫梁，一作子梁，号长白。明无锡人。贡生。从顾宪成，高攀龙游。明季入粤，为广西养利州学正。崇祯六年(1633)，交阯入侵，城陷，自经死。

闽归注　史部地理类

闽居注　史部地理类

闽游注　史部地理类

辍耕录　子部小说类

以上4种见《锡山历朝书目考》卷4。

石叶斋诗稿2卷　集部别集类

见光绪《锡金县志》卷39。

云邮集　集部别集类

草香亭集　集部别集类

当哭吟　集部别集类

幽居杂咏　集部别集类

名袍吟(一作石袍吟)　集部别集类

以上5种见《锡山历朝书目考》卷4。

按:《梁溪诗钞》卷16有其诗12首。

秦仲锡(1588—1634)

字公藩,一作公蕃。明无锡人。耀孙。太学生。少工制举业,以病弃去。性萧淡,贤而多才,工于诗,多缘情寄兴之作。好法书名画。不惜饼金悬购。

古体闺怨诗(百首) 集部总集类

汉魏六朝诸集 集部总集类

明秦仲锡辑

以上2种见《锡山历朝书目考》卷7。

按:《锡山秦氏诗抄》前集卷8收其诗2首。

宏 证(1588—1646)

号大树。明无锡朱氏子。出家依三峰禅师,苦志力参,号破背比丘。历主润州甘露、石渚、净业、玉峰、清凉诸寺,晚驻无锡华藏寺。《正源略集》有传。

大树禅师语录 子部佛教类

见乾隆《无锡县志》卷39。

华 淑(1589—1643)

字闻修,自号闲道人、断园居士。明无锡人。赋性静穆,笃于孝友。平居读书作诗,考据古今得失,名利事不入胸臆。家有小园名曰断园,引客倡和其中。于诗苦心经营数十年。《华氏传芳集》有传。

惠山名胜志 史部地理类 佚

见乾隆《无锡县志》卷39。

吴中纪胜 史部地理类 佚

见《梁溪文钞》卷18。

十闲堂闲情汇编五种 子部杂家类

明季原刻本，无锡县图书馆藏。

按：《无锡艺文志长编》云：是书汇刻其平生所著，一曰《书绅要语》，长洲陈元素订；二曰《睡方书》，溧阳史致阴订；三曰《花寮》，晋陵吴锺峦订；四曰《雨窗随喜》，同县马世奇订；五曰《清史》，昆山陈懋德订。

书斋清事 1 卷　子部小说类

(1)《闲情小品》本。

(2)《尚友丛书》本。

雪蕉集　集部别集类　佚

吟安草　集部别集类　佚

以上 2 种见乾隆《无锡县志》卷 39。

空山呗　集部别集类　佚

断园遗稿　集部别集类　佚

以上 2 种见《锡山文集》卷首小传。

明诗选最 8 卷　集部总集类

明华淑辑

盛明百家诗选 12 卷　集部总集类

明华淑辑

以上 2 种有明末刻本，台湾“中央图书馆”原藏。

快书六种 12 卷　丛书类

明华淑撰

明刻本，中国科学院图书馆藏。

子目：

《癖颠小史》2 卷

按：此书另有明袁宏道评、明刻朱墨套印本，国家图书馆藏。

《说隽》4 卷

《草堂随笔》2 卷

《谈麈》2 卷

《文字禅》1 卷

《逃名传》1卷

清睡阁快书十种15卷　丛书类

明华淑辑

明万历间舒一泉刻本，美国国会图书馆藏。

《癖颠小史》1卷　明华淑撰

《草堂随笔》2卷　明华淑撰

《说隽》4卷　明华淑撰

《谈麈》2卷　明华淑撰

《文字禅》1卷　明华淑撰

《逃名传》1卷　明华淑撰

《枕谭》1卷　明陈继儒撰

《宝颜堂清明曲》1卷　明陈继儒撰

《清署笔谈》1卷　明陆树声撰

《笔畴》2卷　明王达撰

按：《中国善本书提要》云："是编凡十种，前六种华淑自撰。疑华氏原板后为舒一泉所得，从《（宝颜堂）秘笈》中杂采四种，凑成十种之数，即此本是也。"杜信孚《明代版刻综录》卷5则以此书为华淑刻。

闲情小品　丛书类

明华淑辑

明万历四十五年（1617）刻本。

按：《中国丛书综录》据北京大学图书馆等藏本著录28种29卷，《中国善本书提要》据美国国会图书馆藏本著录26种33卷。除去相同者外，北京大学等藏本多《禅榻梦余》1卷、明田艺蘅撰《煮泉小品》1卷、明王穉登撰《吴郡丹青志》1卷、明莫是龙撰《画说》1卷、明陆树声撰《耄余杂识》1卷、明高拱撰《伏戎纪事》1卷、明陆深撰《溪山余话》1卷、宋王勉夫撰《附录》1卷。国会图书馆藏本多《癖颠小史》等6种，即华淑撰《快书六种》。王重民云："卷端有淑自序，署丁巳，而各书《自引》署戊午，则其辑刻年月，当在《清睡阁快书》之后矣。凡二十六种，除《田园诗》为陈继儒撰，余并淑所辑。”本书清代遭禁。

又按：清华孳亨辑《华氏传芳集》卷8本传附收其诗3首。

吴以元

明无锡人。

便便子集　集部别集类　佚

见《无锡富安乡志稿》卷24。

孙源文(1590—1644)

字南宫，号笨庵。明无锡人。继皋次子，源孝弟。诸生。性孝，侍其曾祖母将百龄，朝夕不离左右。好读书，其学经史百家，无不毕览，骈文工切巧合，为世脍炙。尤谙明代掌故，一于政治盛衰，兴建废置，人才消长，洞见本末。崇祯十七年(1644)闻帝死，行坐悲泣，无间晨夕，未几咯血瘖音，泪尽而绝。乾隆四十一年(1776)赐入祀忠义祠。生平与明诸生黄永舒最友善。

笨庵遗稿　集部别集类

笨庵俑语　集部词曲类

晴天屐　集部词曲类

以上3种均见嘉庆《锡金县志》卷39。

饿方朔　集部词曲类

《杂剧新编》本。

按：焦循《剧谈》卷3云：“笨庵孙源文《饿方朔》四出以西王母为主宰，以司马迁、卜式、李陵、终军、李夫人等串入，悲歌慷慨之气，寓于俳谐戏幻之中，最为本色。”《梁溪文钞》卷19收其文2篇。

吴道周

明无锡人。

梦胥诗稿　集部别集类

见《无锡富安乡志稿》卷24。

华可贞

字大冯，号仞岩。明无锡人。生于万历年间。

篆汇6卷　子部艺术类　佚

丽林5卷　子部典故类　佚

以上2种见《锡山历朝书目考》卷10。

沈　沈

字渊渊。明无锡人。清夏荃《退庵笔记》卷16有传。

（天启）泰州志　史部地理类　佚

按：见《退庵笔记》卷16，云："天启三年（1623），时州牧周公梦龙倡修州志，纂修之役举而属之沈公。志未成而周公解任去，翁公延寿继之，志乃成，时天启四年也。"

酒概4卷　子部工艺类

（明）沈沈辑

（1）明刻本，国家图书馆藏。

（2）《续修四库全书》本。

（3）《四库全书存目丛书》本。

按：《四库全书总目》谱录类存目云："每卷所署校正姓氏，皆称海陵，则刻于泰州者也。其书仿陆羽《茶经》之体，以类酒事。杂引诸书，体例丛碎。"

安广居（1593—1644）

字无旷，号廓庵。明无锡人。希范长子，高攀龙婿。崇祯十六年（1643）进士。官县令。十七年都城被李自成起义军攻破，恸哭求死，及秋卒。

安廓庵先生日记不分卷（明崇祯八年至十七年）　史部传记类

稿本，上海图书馆藏。

安大令文集　集部别集类

原稿本，无锡市图书馆藏。

率意吟(一作率意吟诗稿)　集部别集类

(1) 清顺治间刻本，南京图书馆藏。

(2)《无锡文库》本，据清顺治间刻本影印。

按：此书收各体诗百二十五首，词四首。另安念祖辑刊《胶山安氏诗补编》收其诗 14 首。《锡山补志》收其诗 1 首。《梁溪诗抄》卷 13 收其诗 5 首，《梁溪文钞》卷 39 收其文 1 篇。

华琪云

字方候，号未斋。明无锡人。天启五年(1625)进士。廷试第二。授编修，詹事府少詹事。时宦官势炎，乃决然引退，终身不出。卒年 49。

宜博集　集部别集类　佚

见《梁溪诗钞》卷 12 小传。

按：《梁溪诗钞》收其诗 10 首，小传云："著有《宜博集》，藏于家。屋漏水浸坏，仅余前数页可认者，兹集就此录入。"

李　室

字复楼。明无锡人。生于万历间。

唐谱考订源流　史部目录类

见《锡山历朝书目考》卷 10。

黄　芝

明无锡人。生于万历年间。传祖弟子。

一篑社诗稿　集部别集类　佚

见《锡山历朝书目考》卷 10。

吴邦铨

号鲁斋。明无锡人。

鲁斋医案　子部医家类

见《无锡富安乡志稿》卷24。

蔡　经

字子义，号洛阳。明无锡人。生于万历间。官靖溪营守备。

将略会纂　子部兵书类　佚

横山诗集　集部别集类　佚

以上2种见《锡山历朝书目考》卷10。

杨鸿虞

字尔鸣。明无锡人，生于万历间。

诗集印谱　子部艺术类　佚

明杨鸿虞编

见《锡山历朝书目考》卷10。

钱效绩(1599—1639)

字无功，号兆祉。明无锡人。崇祯三年(1630)副贡，候选教谕，有文才。

兆祉文稿　集部别集类

见《锡山历朝书目考》卷。

王孙兰(1599—1643)

字畹仲，号雪肝。明无锡人。崇祯四年(1631)进士。授刑部员外郎，迁成都知府，再补绍兴，进广东副使，分巡南雄、韶州二府。张献忠军攻陷衡州，自经死。乾隆四十一年(1776)追谥节愍。工诗。《明史》有传。

漱玉居诗集　集部别集类

见《梁溪诗钞》卷 13,收其诗 9 首。小传谓其诗集刻而行世。今未见。

曹　岩

字梅洲,自号西圃两峰。明无锡人。

全唐七言律诗注 1 卷　集部总集类

明曹岩集注

选诗补注 1 卷　集部总集类

明曹岩辑并注

以上 2 种均有原稿本,见《无锡县立图书馆乡贤部书目》。

秦　氏

明末无锡人。延默女,宜兴汤振商妻。少聪慧,遍览群书,通古文辞,尤工诗。年 17 归汤氏,婚后三载而孀,年 39 卒。

纫兰集　集部别集类　佚

依桂集　集部别集类　佚

断肠草　集部别集类　佚

以上 3 种见《梁溪诗钞》卷 51,注谓:《纫兰集》为其夫未亡时作,取屈原"纫兰"之义,喻其洁也,计诗词 33 首。《依桂集》为其夫既亡后作,取蓼虫依桂之义,喻其苦也,凡自序 1 首、文 4 首、赋 3 首、诗 70 首、词 4 首。

按:《诗钞》收其诗 37 首,附录词 1 首。

吴永熙

明无锡人。

儒学论　子部儒学类

古文解　集部诗文评类

以上2种见《无锡富安乡志稿》卷24。

秦淑贞

明无锡人。尔基女，士人施元徽妻。工诗词，兼精绘事。

上清四集（一作上清诗集） 集部别集类

见道光《锡金续志》卷10。

顾 杲(1607—1645)

字子方，一字无闷，号遒人。明末无锡人。宪成从孙。诸生。为人豪迈，工诗文及草书，好使酒骂座，曾与人共讨阮大铖。南都失守后散家财募士千人，起兵抗清，取道江阴时被杀。

南都防乱公揭1卷 史部政书类

明吴应箕、顾杲、陈贞慧等撰

(1)《冒巢民年谱》本。

(2) 清抄《明季野史四种》本，国家图书馆藏。

(3)《花近楼丛书》本。

无锡顾邹二君遗迹（一作东坡遗意）2卷 子部艺术类

明顾杲、邹德基书

(1)《赏奇轩合编》本。

(2) 清光绪二十六年(1900)石印本。

悟秋草堂诗集10卷 集部别集类

(1) 明崇祯三年(1630)序刻本。

(2) 清光绪元年活字印本，《无锡文库》据此本影印。

(3) 清光绪二十五年木活字本。

(4)《无锡文库》本。

(5)《明别集丛刊》第五辑本。

顾子方诗1卷 集部别集类

(1)《二顾先生遗诗》本。

(2)《明别集丛刊》第五辑本。

按:本书与顾缃诗合为一册,名《二顾先生遗诗》。

晓泠集　集部别集类　佚

见清顾绶珊《悟秋草堂诗集跋》。

龚廷祥(? —1645?)

字伯兴,号佩潜。明无锡人。师从马世奇。明崇祯十二年(1639)举人,十六年(1643)进士。福王时官中书舍人。清顺治二年(1645)于金陵武定桥投秦淮河死。乾隆四十一年(1776)追谥节愍。《明史》有传。

佩潜诗文遗集　集部别集类　佚

见《锡山历朝书目考》卷7。

按:《梁溪文钞》卷19收其文1篇。

秦　氏

明无锡人。华焱妻。

零膏集　集部别集类　佚

见《锡山历朝书目考》卷9。

华　缉(1608—1640)

字稚明。明无锡人。师召子。诸生。工诗文。

稚明诗文集　集部别集类

见《锡山历朝书目考》卷10。

龚静照

字冰轮,号鹃红,又号永愁人。明无锡人。廷祥女,同邑陈生妻。能诗善画,尤工花卉,明末殉难。

永愁人集　集部别集类

见道光《续纂宜荆县志》卷10。

按:《江苏诗征》卷162收其诗3首。

鹃红集　集部别集类　佚

梅花百咏　集部别集类　佚

以上2种见《历代妇女著作考》引《宫闺氏籍艺文考略》。

龚静照词　集部词曲类

见《全清词抄》卷30,云附《永愁人集》后,收其词1首。

刘明翰(?—1647?)

字羽戢。明无锡人。元珍仲子。自幼端凝威重,受学于顾宪成、高攀龙。万历四十三年(1615)举人。崇祯时授中书舍人。明亡,归省母,屏居五年卒。

句吴名贤记　史部传记类

衡斋尚论编　子部杂学类

以上2种见《锡金考乘》卷12。

清

华贞元(1576—1652)

字始得,号讱庵。清无锡人。从高攀龙受静坐说,与吴桂森同受《易》于钱一本。家贫,不以累其心。族子允谋、允谊、允诚与相师友。

易意四书　经部易类

闻见抄笔记　子部杂学类

以上 2 种见《东林书院志》卷 20,该志卷 9 收其文 1 篇、诗 1 首。

安　璜

字渔玉,一作字元卺,号海岸。清无锡人。绍芳子。常熟县庠生。

甲申编　集部别集类

见安念祖辑《胶山安氏诗补编》,收其诗 17 首。

西林纂 1 卷　集部总集类

明安绍芳辑

明崇祯九年(1636)安璜刻本,南京图书馆藏。

秦尔基(1577—1657)

字丕基,号华玉。清无锡人。梁孙。太学生。

宝彝堂帖题跋　子部艺术类　佚

清秦尔基辑

见乾隆《无锡县志》卷 39。

按:《锡金志外》卷 2 作《宝彝堂帖跋语》。

顾允默(1577—1659)

字我缄，号玄卿。清无锡人。可久元孙。邑诸生，乡饮介宾。

顾伯子集 1 卷　集部别集类

《盛明百家诗》本。

悟玄草　集部别集类

见《锡山历朝书目考》卷 7。

胡时忠(1577—?)

原名时亨。字昭伯，别号慎三。清无锡人。明崇祯九年(1636)举人，十年进士。除南昌府推官。擢福建道监察御史。晚举乡饮大宾。

历代废兴说　史部杂史类

鉴断集要　史部杂史类

洪李乘略　史部杂史类

以上 3 种见《东林书院志》卷 20。

孔庭神在录 8 卷　史部传记类

清胡时忠编

清康熙二十五年(1686)怀古堂刻本。见《贩书偶记续编》。

圣学源流录　子部儒学类

怀古堂文集 10 卷　集部别集类

清康熙间刻本。日本内阁图书馆藏。

冷香斋集　集部别集类

以上 3 种见《东林书院志》卷 20。

张师曾(1578—1655)

字德徵，号心儒。清无锡人。京卫武学生。乡饮介宾。能诗。

菊蹊偶集　集部别集类　佚

见《锡山历朝书目考》卷 4。

华允谊(1578—1661)

字汝正,号龙超,晚更号后庵。清无锡人。允谋弟。明崇祯六年(1633)岁贡,不赴廷试。初偕弟允诚从钱一本受《易》学,专用心于澄心默坐,体会人生,期于日用。后从高攀龙讲学,攀龙殁,允谊力护其家,得免于难。尝主东林讲会。入清隐居鹅湖,不与世接。工诗文,为同邑陆楣所称。举乡饮大宾。《华氏通四三省公支传芳集》卷8有清顾栋高撰《华后庵先生传》。

三象粹精　经部易类　佚

见乾隆《无锡县志》卷39。

戴记纂疏　经部大戴礼记类　佚

见《锡金志外》卷2。

春秋传　经部春秋总义类　佚

见《锡山历朝书目考》卷4。

华氏传芳集8卷　史部传记类

清华允谊、华允诚、华毓琮等辑

南明锡山华氏刻本,国家图书馆藏。

后庵文集　集部别集类　佚

见乾隆《无锡县志》卷9。

按:《梁溪文钞》卷21收其文2篇。《东林书院志》收其文1篇。

高士鹤(1580—1655)

字云卿,号声野。清无锡人。攀龙幼弟。世泰父。太学生。事母孝,交友诚。

先拔志略　史部地理类

见光绪《锡金县志》卷39。

邹德基

字公履，号二樗，又号磨蝎居士。清无锡人。迪光子。国子生。少负不羁之才，善诗文书画。工草书，尤工擘窠大字，字间有英绝气。明万历年间尝上疏神宗，愿以家财三十万助边，疏上不报。平生好击剑使酒，多惊绝之行。后为盗所杀。

无锡顾邹二君遗迹（一作东坡遗意）2卷　子部艺术类

顾杲、邹德基书

(1)《赏奇轩合编》本，南京图书馆藏。

(2) 清光绪二十六年(1900)石印本。

文府滑稽12卷　集部总集类

明邹迪光选　邹同光校　邹德基等辑

明万历三十七年(1609)邹同光刻本，南京图书馆藏。参见“邹迪光”条。

按:《梁溪文钞》卷16收其文1篇，《梁溪诗钞》卷11收其诗5首。

宿梦鲤

字龙吉，号仁寰。清无锡人。明万历三十四年(1606)举人。官松阳知县，问民疾苦，有政声。后魏忠贤株连党祸，归，杜门不出，以著述为乐。与高攀龙义善，攀龙器重之，命三子师事之十有六年。卒年81。《东林书院志》有传。

易纂全书　经部易类　佚

课儿说苑　子部儒学类　佚

以上2种见《东林书院志》卷20。

按:《梁溪诗钞》卷11收其诗2首。

王　昭

字吉夫。清无锡人。明末诸生，受业于高攀龙、邹期桢，潜心程朱之学。入清后，野服缄口，不交世务。教学以诚正之旨。以天倪名斋。卒年71。

天倪斋集　集部别集类

见《锡金识小录》卷5。

赵之逸(1582—1652)

字觐墀，号娱闲。清无锡人。晚举乡饮宾。

天闲堂草记　子部杂学类　佚

见《锡山历朝书目考》卷10。

钱凝禧(1585—1658)

字公锡，号亦静。清无锡人。明万历时任礼部儒士。

集验良方　子部医家类　佚

见《锡山历朝书目考》卷10。

吴　棠

清无锡人。

鸿轩咏意　集部别集类

见《无锡富安乡志稿》卷24。

黄　广

原名伯英。字龙冠，号日斋、无蛙。清无锡人。崇祯二年(1629)贡生。除安远知县。卒年72。

礼乐合编20卷　经部群经总义类

(1) 明崇祯六年(1633)黄广玉磬斋刻本，国家图书馆藏。

(2) 清初玉磬斋刻本，上海图书馆藏。

按：乾隆《无锡县志》卷39著录有《礼乐舍编》，“舍”当为“合”字之误。《无锡艺文志长编》云：是书搜罗经传子史之所以合乎道、彰乎德者，汇为钜观。

续史五编　史部杂史类　佚

锡山史逸　史部地理类　佚

以上2种见乾隆《无锡县志》卷39。

承天纪10卷　子部术数类

明崇祯七年黄广玉磬斋刻本，国家图书馆藏。

玉磬斋诗集　集部别集类　佚

见光绪《无锡县志》卷39。

按：《梁溪文抄》卷16收其文1篇。

严绍宗

字与德，号随翁。清无锡人。一鹏子。明天启元年(1621)副贡生。少有才名。工诗。其诗雅有理趣。康熙间以子绳孙贵赠右中允。

易经注释6卷　经部易类

清王衍高抄本，台湾"中央图书馆"原藏。

鸠缘集　集部别集类　佚

见《千顷堂书目》卷28。

按：《明诗综》卷74收其诗1首。《梁溪诗钞》卷12收其诗10首。

秦　埛(1587—1648)

字器新，号俨海。清无锡人。爕子。明天启二年(1622)进士。授山西泽州知州，丁外艰归，服阕，补福建福宁知州，升户部员外郎。崇祯十七年(1644)改户部郎中。晚居东皋，探道汲古，心师高攀龙之学，而未尝自附于东林。

静远堂集　集部别集类　佚

东皋唱和集　集部总集类　佚

清秦埛、秦年锡撰

以上2种见乾隆《无锡县志》卷39。

按:《锡山秦氏诗抄》前集卷8收其诗42首,《锡山秦氏文钞》卷2收其文2篇。

倪应征(1587—1659)

字召卿,号我望,别号丈石。清无锡人。诸生。

丈石杂组2卷　子部杂学类　佚

丈石文集2卷　集部别集类　佚

丈石诗集2卷　集部别集类　佚

以上3种见《锡山历朝书目考》卷10。

过文年(1587—1660)

字百龄。清无锡人。少善弈,与前辈国手林符卿对弈,三战三胜。后游京师,天下高手,无与抗衡,遂群奉为国手。所著棋谱,多所创新,流传极广,其中"依盖"一项,至今犹为中外沿用范型。驯雅有士行,游公卿门下40年而无干请。后归隐锡山,日与酒徒狂啸纵饮。

宫着谱不分卷　子部艺术类

刘壮国校刻本。见《古书经眼录》。

过百龄四子谱2卷　子部艺术类

过文年撰　山阴陆求可订

(1) 明致和堂刻本,上海图书馆藏。

(2) 清乾隆五十一年(1786)金阊书业堂刻本,国家图书馆藏。

(3) 清道光二年(1822)金陵敦化堂刻本,国家图书馆藏。

(4) 清同治十二年(1873)刻本,吉林图书馆藏。

(5) 清宣统三年(1911)石印本,天津图书馆藏。

(6) 清刻本,不分卷,南京图书馆藏。

受三子谱不分卷　子部艺术类

清雍正三年(1725)梅影楼刻本,国家图书馆藏。

华允诚(1588—1648)

字汝立,号凤超。清无锡人。允谊弟。明天启二年(1622)进士。初授都水司主事,调营缮司主事,进员外郎,改职方。疏劾温体仁、闵洪学乱政,夺奉,寻以省亲归。南明福王立,起礼部文选司员外郎。见时不可为,在官13日即归。清顺治五年(1648)以未剃发被执,杀于南京。初受《易》于钱一本,后受业高攀龙,传其主静之说,甚为攀龙器重。康熙四十一年(1702)追谥节愍。《明史》有传。

易经管见象钞　经部易类

见清华衷黄《豫如府君年谱》崇祯十五年(1642)。

春秋说　经部春秋总义类

见《千顷堂书目》卷2、《明儒学案》卷61。

春秋三传合删　经部春秋总义类

见《锡山历朝书目考》卷4。

按:年谱崇祯四年云:"节录《春秋》诸传。一又云:"率子侄节录《春秋》传义,多主《公羊》。"

四书大全　经部四书类

见年谱崇祯十五年(1642)。

按:年谱以此书与《易经管见象钞》合著,云:"参入诸儒讲义,采取高子之说居多。"

华氏传芳集8卷　史部传记类

清华允谊、华允诚、华毓琮辑

南明锡山华氏刻本,国家图书馆藏。

高忠宪公年谱1卷　史部传记类

(1)《高子遗书》本附。

(2)《锡山先哲丛刊》本。

(3)《北京图书馆藏珍本年谱丛刊》本。

(4)《无锡文库》本,合两种:一为高世宁、高世泰所编订;一为华允诚撰《高忠宪公年谱》1卷。

按:高攀龙年谱有两本,一为华允诚撰,一为高世宁等撰。《豫如府君年谱》崇祯八年云:"后高氏别撰忠宪年谱,实以府君所定为蓝本。然府君于忠宪入道之次第,悉遵《困学记》,提挚分明,而高氏削之。又如壬寅辑《朱子节要》成,戊午有《戊午吟》,辛酉入京,以会讲事拜属叶闲适(茂才)、吴觐华(桂森)主盟,后皆删改矣。虽各有微意,论者以府君本为实录。"

华允诚奏稿1卷 史部政书类

(1) 清乾隆二十四年(1759)钱钺抄本,南京图书馆藏。

(2)《无锡文库》本,据清乾隆间抄本影印。

双忠合璧 子部艺术类 佚

见《梁溪文续钞》卷5清华鸿模《双忠墨宝跋》。此为华氏辑马世奇、华允诚二人手迹。

栖碧先生黄杨集3卷补遗1卷附录1卷 集部别集类

明华幼武撰

明崇祯十四年华允诚刻本,国家图书馆藏。

双忠遗文 集部总集类 佚

见《梁溪文续钞》卷5清华鸿模《双忠墨宝跋》。此为华氏辑马世奇、华允诚二人制义。

按:《梁溪文钞》卷17收其文36篇。《华氏通四三省公支传芳谱》卷14有其《临难诗》1首,《梁溪诗钞》卷12收其诗7首。

陆 亮

字与寅。清初无锡人。退然自处,以授徒为业。尝和梅花诗百律,名于时。年70余卒。

梅花百咏 集部别集类

见《无锡开化乡志》卷中。

侯鼎铉(1591—1654)

原名宗源,字伯远,号澹泉。清无锡人。先春孙。明崇祯十年(1637)进士。授南京户部山西司主事。入清后,僧服隐居湖滨华藏寺以殁。

和陶集　集部别集类　佚

见道光《锡金续志》卷10。

安　琚

字仲间,号默仙。清无锡人。绍芳仲子。

梦香阁小草　集部别集类

见安念祖辑《胶山安氏诗补编》,并收其诗11首。

秦　坊(1593—1661)

字表行,号俨尘,亦号璨阳樵子。清无锡人。垌弟。贡生。授光禄寺监寺。操履纯正,长厚乐善,尝举乡饮大宾。

范家集略6卷　子部儒学类

(1) 明末讼过斋刻本。

(2) 清道光二十一年(1841)重刻本。

(3) 清同治十年(1871)木樨轩重刻本。

(4) 清光绪十八年(1892)省克斋重刻本。

(5)《四库全书存目丛书》本。

范身集略8卷　子部儒学类

(1) 明末讼过斋刻本。

(2) 清抄本,台湾"中央图书馆"原藏。

(3)《四库全书存目丛书补编》本。

按:以上2种均见《四库全书总目》儒家类存目。《范家集略》汇辑周秦至明代贤士格行嘉行,然过于冗杂。《范身集略》专明"范身"之义,分为成部、应部、容部、贞部、慎部、坦部、辨部、戒部8部，每一部为一卷，各有子目，共26目。《范家集略》均不载所出之典，此书所征引必注明出自何人何文，体例较充善，然亦不免过杂。又，《东林书院志》收其诗10首。

辛 升(1593—?)

字圯书、克羽。清无锡人。铭玄孙。明天启元年(1621)邑庠生。曾师事顾宪成。于书无所不读，于学博采旁通不名一家，都邑目为通儒。文章奇拔，试则高等。无奈明末天下纷乱，制科衰敝，愤然弃去制举业，结茅隐居，载梅种竹，不问世事。入清后，门生郑应皋官建德知县，曾应邀前往一游，月余方归。

寒香馆遗稿10卷　集部别集类

清辛升撰　辛柏森辑录

(1) 1916年木活字印本，南京图书馆藏。

(2) 1920年木活字印本，有庚申(1920)夏日辛幹跋，南京图书馆藏。

郑 瑜

一名若羲，字玉粟，号夕可，一号无瑜。清初无锡人。妻没，年止三十，终身不再娶。年60卒。

续近思录　子部儒学类

见《锡山历朝书目考》卷10。

西神丛话　子部杂学类

见庄一拂《古典戏曲存目汇考》卷8。

按："西神"，即无锡惠山。瑜所著杂剧，每署"西神郑瑜"。

正谊堂诗稿　集部别集类

见《锡山历朝书目考》卷10。

汨罗江1卷　集部词曲类

黄鹤楼 1 卷　集部词曲类
滕王阁 1 卷　集部词曲类
鹦鹉洲 1 卷　集部词曲类

以上 4 种有《杂剧三集》本。

椽烛修书　集部词曲类　佚

见远山堂《剧品》。

按:《梁溪诗钞》卷 18 收其诗 3 首。

高世儒

清无锡人。攀龙长子。明万历三十年(1602)邑庠生。

高忠宪公墓志行述不分卷　史部传记类

清高世儒、高世学、高世宁辑

(1) 明崇祯刻本,国家图书馆藏。详见《续修四库全书提要》。

(2)《无锡文库》本,据明崇祯刻本影印。

谈高佑

字笃汝,号岂尘。清无锡人。修孙。国子生。官泉州经历。

锡山别考　史部地理类

见乾隆《无锡县志》卷 39。

赵元祉(1595—1651)

字维玄,号自天。清无锡人。明诸生。

定保录　史部杂史类

见《四库全书总目》杂史类存目,云:"是书成于崇祯十年。以明诸帝事迹仿《贞观政要》之体,分《修身》《尊贤》《训储》《纳谏》《驭臣》《严宦寺》《子民》《诘戎兵》《帝训》为九类,编为三集。首集载太祖事,二集载成祖事,三集载仁宗至世宗六朝,仅寥寥数言,不复分类。大抵序述冗杂,颇无体例。自题称'锡山草莽臣',而又有'师邹期桢谨订'一行,疑元祉本期桢弟子，故标此称，然亦太创矣。”

守城末议　史部政书类

保甲良法　史部政书类　佚

以上2种见《锡山历朝书目考》卷10。

萧光绪(1595—1657)

字子冶，号枫庵。清无锡人。涵次子。明崇祯六年(1633)举人，拣选知县。居躬循谨，行文秀美。

山居杂吟　集部别集类

见《锡山历朝书目考》卷7。

巨枫诗草　集部别集类

见《无锡开化乡志》卷中本传。

枫庵诗草　集部别集类

见《梁溪文钞》卷39，收其文1篇。

倪元起(1595—1668)

字贞候。清无锡人。

遣愁集4卷　集部别集类　佚

见《锡山历朝书目考》卷10。

华肇股

字浚美，号素余。清无锡人。玄禔子。诸生。

逸斋集　集部别集类　佚

秋水集　集部别集类　佚

以上2种见清华孳亨辑《华氏传芳集》卷7。

堵景濂

字濂生，号禾斋。清无锡人。维垣孙。习学于东林书院。明崇祯十五年(1642)举人。巡抚祁彪佳延之幕府。以目疾辞归,家居授徒。未几失明,日使人诵书于前,为剖析其义。从学者甚众。清顺治十六年(1659)举乡饮大宾。

礼经贯4卷　经部礼记类

明崇祯间刻本,浙江图书馆藏。

自知录　子部儒学类

见嘉庆《锡金县志》卷21本传。

历象图书三考　子部历算类

见道光《续纂宜荆县志》卷9。

安广誉(1596—1650)

字无咎,晚号退翁居士。清无锡人。希范次子。明诸生。不事绳检,文采宕逸,与弟广生并工于诗,其诗不假修饰。兼善书画。家多古迹,得以朝夕临摹。山水风格,得元黄公望、倪瓒笔法,并渗以王蒙笔意,具静穆挥洒之韵。传世作品有《仿倪山水轴》等。《国朝书画家笔录》有传。

烟雨诗草(一作烟雨草)　集部别集类　佚

见《梁溪诗钞》卷22,并收其诗2首。

按:安念祖辑刊《胶山安氏诗补编》收其诗6首。并云,诗集焚于火,仅剩此6首。《锡山补志》收其诗2首。《江苏诗征》卷34收其诗1首。

赵华永(1596—1657)

字申硕,号钟良。清无锡人。

布衣集8卷　集部别集类　佚

见《锡山历朝书目考》卷10。

华从允(1596—1658)

字用义,号讱斋。清无锡人。庠生。

周易古本通义　经部易类

见《千顷堂书目》卷1“易类”。

尚书秘旨　经部尚书类

见《千顷堂书目》卷1“书类”。

钱法曾(1596—1659)

字符先。清无锡人。宪曾孙。

求是斋文稿　集部别集类

见《锡山历朝书目考》卷10。

施元徵(1596—1673)

字泰先,号旷如。清无锡人。策孙。明万历四十七年(1619)进士。历官南京国子监助教、副职方郎、湖广副使,官至福建副使。以清节著称。明亡,归,闭户隐居。先后师事刘元珍、高攀龙。为文精敏沉挚。

东林讲义　子部儒学类

见嘉庆《锡金县志》卷39。

按:《梁溪文钞》卷16收其文1篇,《梁溪诗钞》卷11收其诗1首。

邹式金(1596—1677)

字仲淳,号木石。清无锡人。龙光孙。明万历四十三年(1615)尝从邹迪光研习音律。崇祯十三年(1640)进士。官南京户部郎中。清顺治三年(1646)在福建依朱聿键,官泉州知府。曹务委积,能立断之。因忤郑芝龙解职返。康熙十三年(1674)与邹漪刻吴伟业《绥寇纪略》成。少工古文词,思致清逸。亦工画山水。康熙十五年(1676)与徐枋、王翚等20人合作山水巨卷成。精通音律,能调歌吹笛。

宋遗民录　史部传记类

见道光《锡金续志》卷10。

香眉语录　子部儒学类

见《锡山历朝书目考》卷4。

香眉亭诗　集部别集类

见《梁溪诗钞》卷15,小传谓马瑞为其作序。

按:《梁溪诗钞》卷15收其诗8首,《梁溪文钞》卷20收其文3篇。

风流冢1卷　集部词曲类

(1)《杂剧新编》本。

(2)《清人杂剧》本,据《杂剧新编》本影印。

春风吊柳七　集部词曲类

见《远山堂剧品》。

按:《清代杂剧全目》卷1云:"此剧题材亦为吊柳耆卿(永)故事,与《风流冢》相同,且均为南曲。但此为一折短剧,《风流冢》为四折杂剧,显然两本。岂此本系其初稿欤?姑志于此,以待异日考订。"

杂剧新编(一作杂剧三集)　丛书类

清邹式金编

(1) 清顺治十八年邹式金刻本,国家图书馆藏。

(2) 1941年武进董康诵芬室覆刻本,题《杂剧三集》,南京图书馆藏。

(3) 1958年中国戏剧出版社影印董氏本,插图用国家图书馆藏原刻残本中的汇刻图覆印。

(4) 1980年中国书店据1941年董氏刻本影印。2011年中国书店重版。

子目从略。

按:此编继《盛明杂剧》一集二集而成,故称作《盛明杂剧三集》。因刊行时已入清,遂亦题作《杂剧新编》。收剧本34个,均为明末清初作家罕见的作品。

邹初基(1596—1684)

字伯新，号白心。清无锡人。少为名诸生，累试不遇，乃弃去。从事古学研究，穷览经史百家之书，尤邃于史，留心朝章国故。兼通佛典。入清后隐居村舍，杜门纂述，时托歌诗以见志。晚年究心佛理，自号樗全子。

五经通说　经部群经总义类　佚

见乾隆《无锡县志》卷39。

史眼　史部史评类　佚

明史快论(一作明史快编)　史部史评类　佚

以上2种见《锡山秦氏文钞》卷4清秦松龄撰邹初基墓志铭。

疑闻略　子部杂学类　佚

十六典故　子部典故类　佚

法海碎金　子部佛教类　佚

以上3种见乾隆《无锡县志》卷39。

明文大业　集部总集类　佚

锡山文苑　集部总集类　佚

以上2种见秦松龄撰邹初基墓志铭。

高世学

清无锡人。攀龙次子。明万历三十四年(1606)庠生。

高忠宪公墓志行述不分卷　史部传记类

清高世儒、高世学、高世宁辑

(1) 明崇祯刻本，国家图书馆藏。详见《续修四库全书提要》。

(2)《无锡文库》本。

华毓琮

字佩扬，号匪莪。清无锡人。祥武孙。顺治间在世。

华氏传芳集 8 卷　史部传记类

清华允谊、华允诚、华毓琮等辑

南明锡山华氏刻本，国家图书馆藏。

匪莪吟草　集部别集类　佚

见《梁溪诗钞》卷 18，并收其诗 1 首。

张　遁

字素臣。清无锡人。少时笃志力学。明亡后幅巾方领，键户不出。年 79 卒。

羲经注　经部易类

见《无锡开化乡志》卷上。

见义 10 卷　子部儒学类

见《锡山历朝书目考》卷 7。

秦　镤(1597—1657)

字子韬，一字基真，号真斋。清无锡人。尔基子。长洲庠生，贡入太学。

订正九经　经部群经总义录

(1) 明秦镤刻巾箱本，不分卷。旧藏无锡县图书馆，见《锡山秦氏文抄》卷 12。

(2) 清观成堂刻本，50 卷。

按：《锡山秦氏诗抄》前集卷 8 收其诗 3 首，小传引《午风堂丛谈》云："刻铜板《九经》，订正无讹，点画不苟。王诒一谓与倪雁园粲家宋刻本方幅正同，而秦本较胜。"

龚绎祖(1597—1658)

号讱斋。清无锡人。郡庠生。

湖上记言　子部杂学类　佚

丛秀堂文稿　集部别集类　佚

以上 2 种见《锡山历朝书目考》卷 10。

秦　镛(1597—1661)

字大音,号若水,也写作弱水。清初无锡人。燮孙,尔载子。明崇祯三年(1630)顺天乡试举人,十年成进士。历任江西清江知县、江西乡试同考官、山东蓬莱知县、河南道监察御史。入清,屏居城东,杜门读《易》,自题曰"千休馆"。与从弟代、镆并以文学名。卒后私谥文孝。

易序图说 2 卷　经部易类

(1) 清江南制造局刻本,辽宁图书馆藏。

(2)《四库全书存目丛书》本。

按:《四库全书总目》易类存目著录此书,云:"是书以《序卦》言义理而不及象数,因合先后天而求之。《上经》分五节,象阳。《下经》分四节,象阴。每节中又一一分析而引《杂卦》及《彖》《象》、爻辞以为之解。案《序卦》《杂卦》,先儒多疑非孔子之书,故言《易》诸家往往粗陈梗概。至元萧汉中《读易考原》,述分卦、序卦之义,始详为发明。是书较汉中所言推阐加密,而穿凿附会亦以过密而生。盖此类皆《易》之末义,必求其说,亦皆有理之可通。然谓四圣本旨在是,则殊不然也。"

淮海先生年谱 1 卷　史部传记类

清秦镛编　秦瀛重编

(1) 清同治十二年(1873)刻《淮海集》本。

(2)《北京图书馆藏珍本年谱丛刊》本。

先德集 1 卷　史部传记类

南明弘光刻本,无锡市图书馆藏。

(顺治)锡山秦氏宗谱　史部传记类

清秦镛、秦镤、秦松龄等纂修

见民国《锡山秦氏宗谱》卷首。

按:此谱修于顺治庚子(1660),乃秦氏第三次修辑宗谱。原书未见。

大音奏疏　史部政书类

见乾隆《无锡县志》卷39。

(崇祯)清江县志8卷　史部地理类

清秦镛纂修

明崇祯十五年刻本，南京大学图书馆藏。

周子通书半解　子部儒学类

先儒四编讲录　子部儒学类

皇极内篇小衍　子部术数类

以上3种见乾隆《无锡县志》卷39。

秦弱水集1卷　集部别集类

(1)《重修广理学备考》本。

(2)《明别集丛刊》第五辑本。

参同阁集　集部别集类

见乾隆《无锡县志》卷39。

按:《锡山秦氏文钞》卷3收其文13篇。《东林书院志》收其诗10首。《梁溪诗钞》卷13收其诗3首。

秦　钺(1598—1653)

字中实，号若甫，一号亮甫。清初无锡人。焯孙，尔佳子，镛从弟。明崇祯十年(1637)与华时亨、黄家舒等17人在里结听社，为"听社十七子"之一。十七年由长洲县贡入太学。工文。

读书类　子部杂学类　佚

见乾隆《无锡县志》卷39。

华时亨(1598—1659)

字仲通。清无锡人。明高攀龙讲学东林，时亨亦参列其间。攀龙殁，时亨自命东林弟子。崇祯二年(1629)入复社，十年与钱陆灿等17人结听社，十一年列名《南都防乱公揭》。明亡入清，杜门不出，日坐剑光阁，聚徒讲攀龙之学。顺治五年(1648)以作愤诗被捕，旋释出。十四年目盲，仍不废著述。介特自爱，好施与。清钱谦益《牧斋有学集》卷31有其墓志铭。

周易笺注　经部易类

见道光《锡金续志》卷10。

三礼正宗　经部三礼总义集

见乾隆《无锡县志》卷39。

春秋法鉴录　经部春秋总义类

见钱谦益撰华时亨墓志铭，谓时亨常命一童子旁诵《春秋左传》，意为所发，复命一童子旁书之，所著此书，盖自托于左氏也。

四传异同　经部春秋总义类

春秋叙说　经部春秋总义类

以上2种见乾隆《无锡县志》卷39。

剑光阁诗草　集部别集类

见《梁溪诗钞》卷13，收其诗3首。又《东林书院志》收其诗10首，《梁溪文钞》卷16收其文1篇。

施荐征(1598—1661)

字华光。清无锡人。诸生。

问菊　集部别集类

见《锡山历朝书目考》卷10。

宏　璧(1598—1669)

号剖石。清无锡郑氏子。僧人。《五灯全书》有传。

邓山禅师语录　子部佛教类

见光绪《锡金县志》卷39。

孙竑禾(1598—1672)

字稚均，号汉广。清无锡人。源孝次子。贡生。

汉广诗文集　集部别集类　佚

见《锡山历朝书目考》卷7。

高世宁(1598—1672)

字季远。清无锡人。攀龙季子，世学弟。诸生。少遇家难，遂息情进取。究悉朝章国典、文学掌故及委巷旧闻。喜好山水书画，时焚香静坐，作水墨梅花以寄意。

高忠宪公墓志行述不分卷　史部传记类

清高世儒、高世学、高世宁辑

(1) 明崇祯刻本，国家图书馆藏。详见《续修四库全书提要》。

(2)《无锡文库》本，据明崇祯刻本影印。

高忠宪公年谱2卷　史部传记类

清高世宁编　高世泰订

(1) 清康熙刻本，国家图书馆藏。

(2) 1912年木活字印本，上海图书馆藏。

(3)《北京图书馆藏珍本年谱丛刊》本。

(4)《无锡文库》本。合两种：一为高世宁、高世泰所编订；一为华允诚撰《高忠宪公年谱》1卷。

按：《无锡艺文志长编》云：是书谱高攀龙之年，分上、下二卷，向为单本流传。视华允诚所辑本，颇能详其所略。盖彼则表彰师道，此则阐扬先德，而所以谱其年，亦即所以谱其学行者，则同。

曹　荃

字玄宰。清无锡人。明崇祯元年(1628)进士。除南京刑部主事，改郎中。因疏陈时政忤旨，谪詹事府录事，稍迁大理寺寺副，官至福建副使，知漳州府。《启祯野乘》有传。

李北海集　集部别集类

唐李邕撰

崇祯十三年(1640)曹荃编刻本，见清莫友芝《郘亭知见传本书目》。

邵文庄公经史全书五种　丛书类

明邵宝撰　曹荃编

明崇祯四年曹荃刻本，北京大学图书馆藏。

子目参见“邵宝”条。

按：《梁溪文钞》卷17收其文4篇。

邹兑金(1599—1646)

字叔介，一作子介。清无锡人。式金弟。明崇祯三年(1630)举人，明亡后杜门不出。工于诗文，亦能制曲，生平以济人利物为事。以子忠倚贵赠内弘文院中书舍人。

先儒格言集　子部儒学类　佚

见《锡山历朝书目考》卷7。

空堂话　集部词曲类

(1)《杂剧新编》本。

(2)《清人杂剧三编》本，据《杂剧新编》本影印。

按：《远山堂剧品》著录有《空堂十举觞》，即此本。演吴中张敉幼于空堂自觞，与已死唐子畏、祝希哲相邀共话事。

醉新丰　集部词曲类

见《清代杂剧全目》卷1，云：“《杂剧新编》本原收此剧。然国家图书馆现藏《杂剧新编》本独缺此剧，非足本也。”

按：《梁溪诗钞》卷13收其诗1首。

许　仪(1599—1669)

字子韶，号歇公、鹤槎、鹤影子，了尘道人。清无锡人。李采石甥。

明崇祯朝授中书舍人，十五年丁外艰归。清顺治二年(1645)弃家出走，至象山依林古度。古度云："歇公，皋羽、所南俦也。"游吴门，遇时疫，因制方药济人，辄验。后以卖画为生，为人作花鸟扇。晚归隐于九龙山之石门，黄冠草服，足不下山。工绘花鸟，取宋人法，重写生，精赋色，时誉"画花能香，画鸟能声"。传世作品有《秋色牡丹图轴》等。款下印章。每以手画成，堪称一绝。善篆刻，尤精于医。

疑月堂诗　集部别集类

鹤槎诗稿　集部别集类

以上2种见《读画录》卷2。

按:《梁溪诗钞》卷14收其诗3首。杨潮观《子韶先生小传》云："今其遗诗2卷，盖皆丧乱以后，变风离骚之遗旨。裒集散亡，什无一二。至于平昔所著诗文，先时焚弃已尽。……其诗含思悲凄，托体奇丽，寒瘦毗于郊岛，哀怨溢于屈宋。"

安广生

字无倾，号简庵。清无锡人。希范三子。

樗隐吟　集部别集类

见《梁溪诗钞》卷22，并收其诗10首。

三林小草　集部别集类

见安念祖辑刊《胶山安氏诗补编》，并收其诗5首。

按:《江苏诗征》卷34收其诗4首，《锡山补志》收其诗1首。

邵　澄

字济之，号澈夫。清无锡人。宝玄孙。

泉斋简端录12卷　经部群经总义类

明邵宝撰

明崇祯四年(1631)邵澄刻本，东北师范大学图书馆藏。

二泉书院志　史部地理类　佚

见光绪《锡匮县志》卷39。

秦重丰(1600—1658)

字原啬，一字大年，号苍岘。清初无锡人。延烝子。庠生。

三经偶得录　经部群经总义类

见乾隆《无锡县志》卷39。

顾　焘(1600—1658)

原名允佳。字若公。号梦峰。清初无锡人。可久玄孙。顺治十年(1653)贡生，官吴江教谕。

客燕草　集部别集类

见《江苏诗征》卷129。

王永积(1600—1660)

字崇岩，一作稚实，号蓉湖野叟、蠡湖野史。清无锡人。崇祯七年(1634)进士。知定武州，历至兵部职方司员外郎，因忤太监王之心获谴。明亡后隐于里。善诗文。

梁溪轶事　史部传记类

见乾隆《无锡县志》卷39。

(崇祯)武定州志　史部地理类

王永积修　刘嘉祯纂

明崇祯十二年(1639)刻本，国家图书馆藏。

锡山景物略10卷　史部地理类

(1) 明末嘉乐堂刻本，复旦大学图书馆藏。

(2) 清光绪二十四年(1898)王综刻本，南京图书馆藏。

(3) 台北市无锡同乡会编《无锡文献丛刊》本。

(4)《四库全书存目丛书》本。

(5)《中华山水志丛刊》本。

(6)《中国风土志丛刊》本。

(7)《无锡文库》本，据清光绪二十四年刻本影印。

按：书名中的“锡山”实指包括锡山在内的整个无锡，收录了无锡境内自然、人文景观方面的词条137条。所记皆为作者见闻。

心远堂遗集20卷　集部别集类

(1) 清康熙八年(1669)锡山王氏刻本，北京大学图书馆藏。

(2)《四库全书存目丛书》本。

按：为文14卷、诗6卷、末附诗余4首。

东坡先生诗集注32卷　集部别集类

宋苏轼撰　王十朋集注

明崇祯王永积重印本，国家图书馆藏。

按：原为明茅维刻本，板片易主后归王永积。重印时铲去茅名，补上“梁溪王永积崇岩”字样。《梁溪诗钞》卷13收其诗9首，《梁溪文钞》卷20收其文5篇。

黄家舒(1600—1669)

字汉臣。清无锡人。明诸生。少称高才生，工曲。与孙源文、顾杲友善。崇祯二年(1629)入复社，十年(1637)与钱陆灿、黄传祖等人在无锡结听社。入清后，弃诸生服，栖居斗室，谢绝交游，自名其集“焉文”以见志。知府宋之普闻其名欲一致之不可得。以遗民终。

南忠记录(一作南忠纪咏)　史部传记类

稿本，台湾“中央图书馆”原藏。

焉文堂集11卷　集部别集类

无锡县立图书馆抄本。见《无锡县立图书馆乡贤部书目》。

城南寺1卷　集部词曲类

《杂剧三集(一名杂剧新编)》本。

顾龙裳(1600—1672)

初名机，字稚龙，号瑞黄。清无锡人。允成孙。顺治二年(1645)恩贡。四年授蒙城训导，擢孝感知县。

梦蝶集　集部别集类

见《锡金考乘》卷12。

世德堂诗抄　集部别集类

见嘉庆《锡金县志》卷16。

吴其驯(1600—1672)

字永调。清无锡人。明崇祯四年(1631)进士。任苏州府教授，进兵部职方司员外郎。因患足疾告归。尝举乡饮大宾。

易疏　经部易类　佚

书疏　经部尚书类　佚

以上2种见乾隆《无锡县志》卷39。

遁依斋自嬉集　集部别集类

见《锡山历朝书目考》卷4。

吴志道

字慎修，号隐堂。清初无锡人。为人至孝，少时能割股疗亲疾。耕有余则济贫乏。

道教篇　子部儒学类

刍言语录　子部儒学类

慎修集　集部别集类

以上3种见《无锡富安乡志稿》卷24。

性　涵

自号孔雀头陀。清初无锡人。卓锡金陵清凉山。

南华发覆　子部周秦诸子类

见《贩书偶记续编》卷12，作6卷，注云："无刻书年月，约顺治间刻本。"《无锡先哲遗书书目》作乾隆十四年(1749)云林怀德堂刻本，8卷。又《无锡县立图书馆乡贤部书目》著录本馆抄本《南华经笺注》8卷，与此或为一书。

过　琪

字商候，号昧斋。清无锡人。生于明万历间。岁贡生。

选古今文觉斯　集部总集类

见《锡山历朝书目考》卷10。

敖　瓛

字山来，号半臞。清初无锡人。吴县庠生。工诗能文，而厄于遇。名闻两社间，有"绣口锦心、铜筋铁骨"之目。

半臞诗草　集部别集类

见《江苏诗征》卷42。

吴　达

字章甫，号雪航。清初无锡人。明崇祯三年(1630)举人。入清，起工部主事，官至通政使。卒年60余。

雪航疏稿80卷　史部政书类

见《江苏诗征》卷11。

薜雨堂诗集　集部别集类

见《锡山历朝书目考》卷4。

施元徽(1601—1683)

字骏三，号顺五，晚号定斯。清无锡人。秦尔基婿。诸生。

玉戛斋集　集部别集类

见《锡山历朝书目考》卷 7。

张 韩

字幼韩。清无锡人。明天启元年(1621)诸生。自少服膺韩愈文章,故以为名。博极经学。善诗文,诗兼综陶杜。家贫,不作苦寒语,跌宕有致,洒脱自如。尤喜读《易》,有别悟。

易经假年 经部易类

论古闲睥 子部杂学类

以上 2 种见道光《锡金续志》卷 10。

率无杂著 5 卷 集部别集类

说诗 集部诗文评类

以上 2 种见《锡山历朝书目考》卷 4。

浦羲升

字朗公,号东阳。清无锡人,常熟籍。万里孙。明崇祯四年(1631)贡生。官海宁训导。工诗。

赤霞公诗抄(一作赤霞集)不分卷 集部别集类

旧抄本,台湾"中央图书馆"原藏。

顾 煜(1602—1659)

字铭柏,号双丸。清初无锡人。可久玄孙。明崇祯十年(1637)与钱陆灿、顾宸等在无锡结听社。清顺治六年(1649)进士。知象山县。清勤自饬,邑以大治。后忤上官罢归。通经史,能诗文。

尚书讲义 经部尚书类

小学纂注 经部小学类

以上 2 种见《锡山历朝书目考》卷 4。

古逸薮 子部术数类

见《锡山历朝书目考》卷 4。

射书 4 卷首 1 卷　子部艺术类

(1) 明崇祯十年刻本，清华大学图书馆藏。

(2)《四库全书存目丛书》本。

按：《四库全书总目》子部艺术类存目录有此书，云："是编掇拾群书论射之言，汇为一书。卷首载明代武科制诏疏议数条，次射法，次射式，次马射，次射礼。其射法、射式中所引之书多注秘授二字，而不详所从来，射礼考则首载明代考试武生仪。又摭拾三礼及《吴越春秋》《白虎通》《初学记》数则，而以袁黄《兵制考》、黄道周《马政考》、劳堪《马说》及前人诗赋数篇杂缀其后，体例颇为芜杂。"

经济巨文　集部别集类

见清施闰章《学余文集》卷 22《墓表》。

跨鹤吟　集部别集类

古今文粹　集部总集类

以上 2 种见《锡山历朝书目考》卷 4。

顾　枢(1602—1668)

字所止，一字庸庵。清初无锡人。宪成孙。明天启元年(1621)举人。少从高梦龙学，淹贯五经，尤深于《易》《尚书》。入清，隐居不出，结茅泾皋，名曰西畴草堂，静坐其中，讲求程朱理学。

西畴易稿 3 卷　经部易类

古今隐居录 30 卷　史部传记类

以上 2 种见《明史·艺文志》。

顾端文公年谱 4 卷　史部传记类

明顾与沐撰　清顾枢编　顾贞观补

(1)《顾端文公遗书》本。

(2)《北京图书馆藏珍本年谱丛刊》本。

(3)《续修四库全书》本。

西畴日抄 2 卷　子部儒学类

清康熙九年(1670)顾贞观刻本,山东省图书馆藏。

按:《四库全书总目》子部儒学类存目著录此书。清顾贞观《顾端文年谱述》谓此书与顾宪成《小心斋札记》相表里。

端文要语 1 卷　子部儒学类

高子语要　子部儒学类

悦心录　子部儒学类

仿近思录　子部儒学类

明盛编　子部儒学类

以上 5 种见《锡山历朝书目考》卷 4。

西畴剩稿 2 卷　集部别集类

见《锡金考乘》卷 12,谓其六世孙志熙有家藏本。

顾庸庵集　集部别集类

《广理学备考》本。

按:《梁溪诗钞》卷 12 收其诗 29 首。

张鹏翮(1602—1673)

字上征,号顿如。清无锡人。诸生。两登副榜,乡饮大宾。能诗文。

粤游集 6 卷　集部别集类

见《锡山历朝书目考》卷 7。

顾砥中(1602—?)

字振先,一字震来,号柱澜。清无锡人。曾任礼部儒士。

震来诗稿文集　集部别集类　佚

见《锡山历朝书目考》卷 10。

胡之竑

字士任,号翼在。清无锡人。明天启七年(1627)举人,崇祯六年

(1633)进士。历至山东按察司副使。尝榷税九江,以例得羡余三千金,赈恤饥贫,民咸德之。

禹贡注解1卷　经部尚书类

通行本。见《无锡县立图书馆乡贤部书目》。

按:是书就经文、读音、字义,既为之注,而复释其精微,逐句或逐节解之,读者称便焉。

浦　迥

字尔客,号咫玄。清无锡人。生于明万历间,性好博弈,吟诗时得佳句。卒年80余。

咫玄集　集部别集类

见《无锡开化乡志》卷下。

华廷献

字修伯。清无锡人。明天启七年(1627)举人。崇祯二年(1629)入复社。十三年会试下第,特赐进士。官福建修武知县。清顺治三年(1646)改沙县知县。《复社姓氏传略》有传。

闽事纪略1卷　史部杂事类

《申报馆丛书续集》本。

按:是书为廷献任福建沙县知县时所作,记其抵御汀州阎王猪婆事,并及南明隆武朝时事。

闽游月记2卷　子部杂学类

(1)《荆驼逸史》本。

(2)《海甸野史》本,1卷。

按:《增订晚明史籍考》卷11云:"是书亦即《闽事纪略》,为作者令闽归化时涂中自记,并述隆武时事极详。《纪载汇编》本题《闽事纪略》,与此本内容颇有出入,不应一人同时而作两书。其中必有一伪,或一书而割裂为二收者,姑付阙疑。"

又按:《东林书院志》收其诗8首。

秦　镃(1603—1648)

字元爽,号季时。清初无锡人。錾子。吴县增生。

秦氏文献十集(一作文献传芳世谱)　丛书类

见乾隆《无锡县志》卷39。

按:《锡山秦氏文抄》卷12注云:今仅存《树声》《流芳》《崇德》《金石》4集。《锡山秦氏诗抄》前集卷8收其诗2首。

施声良(1603—1663)

字九皋,号玉壶。清无锡人。

玉壶诗稿　集部别集类

见《锡山历朝书目考》卷10。

高世泰(1604—1676)

字汇旃,晚号石屋遗氓。清无锡人。攀龙侄,士鹤子。少侍讲席,学甚该究。攀龙殁后,与嘉善陈龙正订正其遗书。明崇祯十年(1637)进士。授礼部主事,历至湖北提学佥事。入清不仕。笃守家学,以东林先绪为己任。修葺道南祠、丽泽堂于梁溪,与高愈等讲席其中。其学近守攀龙,远宗朱熹。崇尚理性,品性严肃。祁州刁包闻声谒之,相与论学,学者称"南梁北祁"。善楷书,得王羲之、黄庭坚法,秀雅典故。传世作品有《楷书尺页》。《清史稿》附高愈传后。

易悟　经部易类

见清高崶等增辑《东林书院志》卷20。

中庸问答　经部四书类

见嘉庆《锡金县志》卷39。

高忠宪公年谱2卷　史部传记类

清高世宁编　高世泰订

(1) 清康熙刻本,国家图书馆藏。

(2) 1912 年木活字印本,上海图书馆藏。

(3)《北京图书馆藏珍本年谱丛刊》本。

(4)《无锡文库》本。合两种:一为高世宁、高世泰所编订;一为华允诚撰《高忠宪公年谱》1 卷。

高氏三世诵芬帖　史部传记类

明高材、高攀龙、清高世泰书

清光绪高汝琳石印本。

楚宝 45 卷总论 1 卷　史部传记类

清高世泰鉴定　周圣楷辑纂

明崇祯刻本,北京大学图书馆藏。

紫阳通志(一作紫阳通志录)　史部地理类

见嘉庆《锡金县志》卷 39。

东林书院志 2 卷续 1 卷　史部地理类

清严瑴撰　高世泰续编

(1) 清康熙刻本,国家图书馆藏。

(2)《中国历代书院志》本。

(3)《无锡文库》本。

按:《续修四库全书提要》史部云:"……《东林书院志》,……清康熙已酉,攀龙从子世泰重辑为数卷。"

五朝三楚闻见录(一作五朝三楚文献录、五湖三楚文献录)16 卷　史部地理类

明刻本,无锡县图书馆原藏。

按:《无锡艺文志长编》云:是书为三楚学使时,罗列其地文献,纂录成帙,分理学、孝友、忠贞、经济、清介、文学、吏治、武烈、隐逸、潜德、女节、方外、流寓、名宦诸门,都十六卷。各门每人撰次传志,以见梗概。

东林讲义　子部儒学类

见《东林书院志》卷 20。

高汇旃先生遗集 6 卷　集部别集类

　　无锡县立图书馆辑抄本，无锡市图书馆藏。

高子节要 14 卷　集部别集类

　　明高攀龙撰　清高世泰辑

　　抄本，无锡市图书馆藏。

　　按：《东林书院志》收其文 4 篇。《梁溪诗抄》卷 13 收其诗 1 首。

马兆良(1604—1685)

　　字公眉，号蓼庵。清无锡人。明末诸生。幼失怙恃。弱冠采芹，益肆志坟典，好结纳，重然诺，四方贤士以愿见颜色为庆。少年困于役监，收邑赋转运国家仓廪，每五载两病赔駷。入清后，乃倡官收官解之说，邀宪题允，民累始苏。顺治六、七年(1649、1650)，邑人受飞兑之祸，乃条陈 10 款，为当政者施旷如、高世泰采纳之，其弊乃绝。

兰皋集 12 卷　集部别集类

　　见《梁溪诗钞》卷 17，并收其诗 4 首

张　夏

　　字秋绍，号菰川。清无锡人。明末诸生。初受业于马世奇之门，已而入东林书院，从高世泰学。世奇既殇，推为讲席。汤斌抚江南，甚重之，延至苏州学官，讲《孝经》及小学，学者以为大师。其学先经后史，博览强记，而归本自治。邑中稗闻轶事，故家谱谍，了然娴熟。年 86 卒。

孝经解义　经部孝经类

　　见《梁溪文钞》卷 23。

孝经衍义　经部孝经类

　　见《锡山历朝书目考》卷 4。

孝经衍义补　经部孝经类

　　见嘉庆《锡金县志》卷 21。

朱解孝经问业　经部孝经类

五经四书连珠解　经部群经总义类

以上2种见秦松龄《张菰川先生传》。

五经四书述　经部群经总义类

易书诗春秋解义　经部群经总义类

以上2种见《锡山历朝书目考》卷4。

小学淪注　经部小学类

见《梁溪文钞》卷23。

洛闽源流录19卷　史部传记类

(1) 清康熙二十一年(1682)黄昌衢彝叙堂刻本,国家图书馆藏。

(2)《理学备考》本。

(3) 抄本,无锡市图书馆藏。

(4)《四库全书存目丛书》本。

(5)《续修四库全书》本。

按:《无锡艺文志长编》云:是书纂记有明一代诸儒学行梗概,溯统程朱。

锡山宦贤考略3卷　史部传记类

张夏、胡永禔撰

见《四库全书总目》传记类存目5。

按:是编取无锡名宦、乡贤二祠及崇正书院所祀诸先儒,起宋迄明,皆详其仕履,撮其事实,汇为一编。上卷名宦,中卷崇祯诸儒,下卷乡贤。书成于清康熙二十三年。

道南列传　史部传记类

见《梁溪文钞》卷23。

杨文靖公年谱补遗2卷　史部传记类

(1) 清康熙三十一年刻本,国家图书馆藏。

(2)《四库全书存目丛书》本。

(3)《北京图书馆藏珍本年谱丛刊》本。

按:编于清顺治十六年(1659)。

堵文忠公年谱1卷　史部传记类

明堵胤锡自订　清任源祥续　张夏编注

(1) 清道光二十三年(1843)潘氏静日轩刻本,南京图书馆藏。

(2) 清同治十三年(1874)木活字本,国家图书馆藏。

(3) 清光绪十三年(1887)刻本,与道光本均附于《堵文忠公全集》后,南京图书馆藏。

(4)《北京图书馆藏珍本年谱丛刊》本。

按:此谱堵氏自订至明崇祯十七年(1644)二月,其后由任源祥续修,张夏合之并增注,止于顺治六年。

豫如府君年谱2卷首1卷末1卷　史部传记类

清华衷黄撰　张夏参订　华王澄补编

(1) 清乾隆四十一年(1776)刻本,北京大学图书馆藏。

(2) 清道光二十八年华嘉植补刻本,国家图书馆藏。

(3) 清光绪八年华鸿模木活字本,国家图书馆藏。

(4) 抄本,上海图书馆藏。

(5)《北京图书馆藏珍本年谱丛刊》本。

(6)《无锡文库》本。

按:此为华允诚年谱,亦题作《华凤超先生年谱》《节愍华公年谱》。参见“华衷黄”条。

樵渔话　子部小说类

抄本,见《贩书偶记》卷12。

菰川文集　集部别集类

百首宫词　集部词曲类

以上2种见《锡金考乘》卷12。

按:《梁溪文钞》卷23收其文10篇。《东林书院志》收其文3篇,诗6首。《梁溪诗钞》卷16收其诗16首。

张　琦

字二韩，又字而翰。清无锡人。明崇祯七年(1634)进士。授礼部主事。

桃山逸草　集部别集类

见《锡山历朝书目考》卷7。

按:《梁溪诗钞》卷13收其诗2首。

顾柔谦(1605—1665)

字刚中。清初无锡人。龙章子。幼时家破，几濒于死。年20补诸生。顺治二年(1645)携子祖禹潜居常熟，更名隐，字耕石，号逋翁，自署所居为伐檀室。常闭户默坐，严于教子，隐居以终。精史学，亦通小学，工篆书。

六书考定　经部小学类

韵补略　经部小学类

山居赘论　史部史评类

以上3种见《清史列传》卷70。

耕石草　集部别集类

知非草　集部别集类

以上2种见《吴郡文编》卷206。

和蛩草　集部别集类

湖东杂咏　集部别集类

山中吟　集部别集类

平山稿　集部别集类

钓滨集　集部别集类

以上5种见《碑传集》卷124《墓志铭》及《锡山历朝书目考》卷4。

顾云阶(1605—1676)

字明陟,号秋泉。清无锡人。诸生。

溪山琴史稿　史部载记类

见《江苏诗征》卷133。

陈卿茂

字硕符,号节霞,又自号霞叟。清无锡人。诸生。工诗,与弟本符号称"陈氏二符"。与顾枢、顾杲友善,相以诗唱和。

节霞偶刻1卷　集部别集类

明刻本,见《无锡县立图书馆乡贤部书目》。

硕符诗集　集部别集类

见《锡山历朝书目考》卷7。

唐德亮

字采臣,号书巢。清无锡人。明崇祯二年(1629)入复社。十年与钱陆灿、黄家舒、黄传祖等17人在无锡结听社。十五年与冒襄、黄传祖等参与虎丘集会。文章以复古自任,制义称清初名家。清顺治九年(1652)进士。授户部主事,管京粮厅,历员外郎。卒于京邸。

唐书巢文集　集部别集类

见乾隆《无锡县志》卷39。

按:《梁溪文钞》卷22收其文3篇。《江苏诗征》卷68收其诗1首。

华荐嘉

字殷荐,号泰阶。清无锡人。生于明万历年间。诸生。

易腆　经部易类　佚

见清华希闵等重辑《华氏宗谱》卷6下。

华彦章

字紫琪，号趋庭。清无锡人。学殷长子。生于明万历年间。诸生。

坦庵诗稿　集部别集类　佚

见《锡山历朝书目考》卷7。

张　嵋

字月波。清初无锡人。明诸生。

萧云阁草　集部别集类

见《江苏诗征》卷58，并收其诗1首。

按：《梁溪诗草》卷16收其诗1首。

陆朝瑛

清初无锡人。

扶轮新集14卷　集部总集类

陆朝瑛、黄传祖同编

清顺治十六年(1659)刻本，国家图书馆藏，存10卷(卷1—10)。

华复蠡

清无锡人。明末官广东临高知县，罢官后流寓两广。

两广纪略1卷　史部杂史类

(1)《明季野史汇编》本。

(2)《明季稗史汇编》本。

(3)《海甸野史》本。

(4) 无锡县图书馆精写本。

按：《无锡艺文志长编》云：是编所纪，于崇祯甲申三月二十七日自邑就道，赴广东临高任所，盖时复蠡往知临高事也。

粤中偶记1卷　史部杂史类

《荆驼逸史》本。

按：清李慈铭《越缦堂日记》云："是书即《两广纪略》。首叙其罢官居粤，所见唐、桂变乱之事，次记督师丁魁楚及洪天擢、李绮三人始末大略，皆全无体裁者也。"《荆驼逸史》本所收少丁魁楚一则，殆传钞者偶遗。参见《增订晚明史籍考》卷11。

华钟藻(1607—1647)

号鉴湄。清无锡人。

玉霏馆集　集部别集类　佚

见《锡山历朝书目考》卷10。

钱尔登(1607—1648)

字叔嘉，号蓉峰，又号涤翁。清无锡人。起凤三子。明崇祯十六年(1643)进士。授长兴知县，清军攻陷金陵后去官里居。九岁丧父，后师事高攀龙，沉潜心性之学，笃服高氏著述。

钱子存笥稿不分卷　子部儒学类

清康熙二十五年(1686)钱肃润刻本，国家图书馆藏。

钱日中(1607—1662)

字致云，号听色道人。清无锡人。

听色斋集　集部别集类

见《锡山历朝书目考》卷10。

顾　宸(1607—1674)

字修远，号荃宜。清无锡人。嘉舜子。明崇祯十二年(1639)举人。有盛名。清顺治七年(1650)尝与吴伟业、尤侗、徐乾学等在嘉兴举十郡大社。工文辞，好著述，家富藏书，交游遍海内。室名辟疆园。

三朝列传　史部传记类

见《锡金考乘》卷12。

杜工部年谱(一作杜子美年谱)　史部传记类

(1) 清康熙间刻本,国家图书馆藏。

(2) 载《辟疆园杜诗注解》首。

庄注　子部周秦诸子类

辟疆园杂记　子部杂学类

骚注　集部楚辞类

以上3种见《锡山历朝书目考》卷4。

辟疆园集4卷　集部别集类

见《江苏诗征》卷129。

杜诗补辑　集部别集类

唐杜甫撰　清顾宸辑

见嘉庆《无锡金匮县志》卷22。

宋文选(一作辟疆园宋文选)30卷　集部总集类

顾宸选

(1) 清顺治十八年辟疆园刻本,上海图书馆藏。

(2) 清康熙十九年(1680)辟疆园刻本,安徽师范大学图书馆藏。

元文选　集部总集类

明文选　集部总集类

以上2种均为顾宸选,见《锡山历朝书目考》卷4。

辟疆园杜诗注解17卷年谱1卷　集部诗文评类

唐杜甫撰　清顾宸注评

清康熙二年辟疆园刻本,国家图书馆藏。

按:本书又名(辟疆园杜诗注解》《杜律注解》,简称“顾注”。另有《杜诗五七言注解》5卷本;清阮元《天一阁书目》著录,周采泉《杜集书录》内编卷7谓此本疑刻在注解前,故题名及卷数不同。

华　渚(1607—1675)

字方雷，亦作方来。明亡后，易名冠，字匏伯，再字子进，又称旅隐子，更号平庄。清无锡人。徵献孙。少颖敏，为吴县庠生。明崇祯二年(1629)入复社，被称为复社诸子之最。十一年列名《南都防乱公揭》声讨阮大铖。入清后，聘修苏州府志，秉公持正，纤毫不苟。能文。

句吴华氏本书 54 卷补编 20 卷前卷 1 卷附录 1 卷　史部传记类

清华渚辑　华鸿模补编

(1) 华渚原刻本，未见。

(2) 清光绪三十一年(1905)存裕堂义庄木活字重印本，中国社科院历史所藏、吉林大学图书馆藏。

按：此为华氏传记集，由华渚辑于清初。华渚欲以此书比《史记》，故体例笔法，一从司马迁。清陆楣《铁庄文集》卷 2《华氏三续传芳集序》云："自本支以迄十五宗，略仿史氏世家之例。文章裔皇典重，(时)诸子亟赏其书。原作五十四卷，实未完书，当时有存其目而未得其文者。光绪间华鸿模又据原目采补，广为搜罗，一一补入。另刊补编二十卷附后"。

逸民传 8 卷　史部传记类

清抄本，台湾"中央图书馆"原藏。

闺范传　史部传记类　佚

太湖志　史部地理类　佚

以上 2 种见《句吴华氏本书》附录《平庄府君宗谱传》。

(康熙)苏州府志 82 卷首 1 卷　史部地理类

清宁云鹏等修　沈世奕等纂　华渚协修

清康熙三十年(1691)刻本，南京图书馆藏。

平庄文集　集部别集类

见《梁溪文钞》卷 39，收其文 1 篇。

邵应奎(1607—1675)

字乐山。清无锡人。诸生。与华允诚同学，允诚殉节后，应奎杜门30年。

邵氏文钞　集部别集类　佚

见《锡山历朝书目考》卷7。

顾　槺(1607—1677)

字其质，号子庵。清无锡人。与淳仲子。贡生。

子庵诗抄　集部别集类

见《江苏诗征》卷130。

按：《东林书院志》收其诗4首。

华方苞(1607—1692)

字嗣甲，晚更字省存。清无锡人。深于程朱理学，于建宗祠、辑家乘诸事尤为尽心。以课徒为生。清陆楣《铁庄文集》卷7有其墓志铭。

重订溯源编3卷　史部传记类

清华方苞辑　华杰增订

清乾隆五十一年(1786)刻本。

按：陆楣《铁庄文集》卷2有《华氏溯源序》云："其目凡三：曰祠墓志略，曰家乘纪要，曰本支世系。(华方苞)曰，吾惧夫宗枋之失守，邱陇之莫辨，于是乎志祠墓；文献之易湮，子孙靡所征信也，于是乎述家乘；谱牒之讹舛，名实详略之失当也，于是乎辑世系。"

黄传祖

字心甫。清无锡人。正色曾孙。明诸生。好刻苦为歌诗。与友彭年皆为竟陵钟谭之学。崇祯十年(1637)尝与钱陆灿、黄家舒、唐德亮等17人在无锡结听社。十五年与如皋冒襄、泰州邓汉仪、无锡唐德亮等参与虎丘集会。

华阳游草　集部别集类

武陵游草　集部别集类

浙东游草　集部别集类

以上3种见《锡山历朝书目考》卷4。

扶轮集14卷　集部总集类

清黄传祖辑

明崇祯十五年金阊叶敬池刻本，国家图书馆藏。

扶轮续集15卷　集部总集类

清黄传祖辑

清顺治八年(1651)刻本，扬州大学图书馆藏，存11卷。

扶轮广集14卷　集部总集类

清黄传祖辑

清顺治十二年黄氏依麟草堂刻本，国家图书馆藏。

扶轮新集14卷　集部总集类

清黄传祖、陆朝瑛辑

清顺治十六年刻本，国家图书馆藏，存10卷(卷1—卷10)。

明文小品20卷　集部总集类

见《锡金识小录》卷7。

诗古文选　集部总集类

见《锡山历朝书目考》卷4。

秦德滋(1608—1676)

原名渔，字以巽。清无锡人。耀曾孙。明崇祯六年(1633)副贡生。名著复社。工于诗。又入涯臻诗社。尤善楷法，似欧阳。

梁溪秦氏帖　子部艺术类　佚

清秦德滋辑

见《锡山历朝书目考》卷4。

按:《锡山秦氏诗抄》前集卷8收其诗6首。

杨明祥(1608—1677)

字继隐,号硕庵。清无锡人。

敬思集　集部别集类　佚

见《锡山历朝书目考》卷10。

秦公镭(1608—1679)

字二酉,别号五湖禅客。清无锡人。淡静寡合,文笔极具丰采。

流壤集　集部别集类

见《无锡开化乡志》卷下。

华奇章

字君平,号平庄,清无锡人。学殷次子,彦章弟。生于明万历年间。诸生。

永言集　子部佛教类　佚

见清华希闵等重辑《华氏宗谱》卷14,云:"集禅林偈语经颂。"

高世观(1609—1665)

字观民,又字园照。清无锡人。攀龙从子。

高观民诗1卷　集部别集类

明刻本,无锡市图书馆藏。

按:《梁溪诗钞》卷18收其诗5首。

严　彀(1609—1671)

字佩之,号生轩。清无锡人。诸生。性淡泊。中岁落拓,无进取意。南明立,将上书弘光陈时政,因闻有禁,不果。明亡后,窜身湖山之间。后经高世泰荐,主讲东林书院。顺治十三年(1656)江南学政张能麟以礼聘，不往。学宗高攀龙，潜心《易》《春秋》。老益饥窘，卒后无子。

易说不分卷　经部易类

明崇祯十五年序刊本，日本东京大学东洋文化研究所藏。

易同　经部易类

见《千顷堂书目》卷1。

生轩易说　经部易类

见《梁溪诗钞》卷14。

尚书讲义　经部尚书类

春秋集说　经部春秋总义类

以上2种见《清史列传》卷66。

春秋论2卷　经部春秋总义类

见《四库全书总目》春秋类存目。

按：《四库全书总目》云："是书凡九十九篇，每篇略如袁枢《纪事本末》之例，标举事目，类聚经文于前，而附论于下。其体在经义、史评之间。而持论严酷，又颇伤轻薄。"

属比直书经　部春秋总义类

见乾隆《无锡县志》卷39。

四书讲义　经部四书类

见《清史列传》卷66。

高忠宪年谱　史部传记类

严瑴辑

见《中国人名大辞典》第1796页。

东林书院志2卷续1卷　史部地理类

清严瑴撰　高世泰续编

(1) 清康熙刻本，国家图书馆藏。

(2)《中国历代书院志》本。

(3)《无锡文库》本，据清康熙刻本影印。

按：《无锡文库·提要》云：是书是严氏在明万历年间刘元珍遵顾宪

成之嘱所编书院志的基础上,"穷搜往牒,肃咨方闻""雠订原稿,附益成书"。上卷有沿革、建置、先贤、祀典、公移等五个部分;下卷分有文翰、院规、灾祥、典守、义输、轶事等六个部分;附录收入了编者所撰论文两篇《两东林辨》《东林问答》。是书是最早刊刻的一部《东林书院志》。

高子节要　子部儒学类

见《中国人名大辞典》第1796页。

生轩存稿　集部别集类

见乾隆《无锡县志》卷39。

按:《梁溪诗钞》卷14收其诗5首,《梁溪文钞》卷21收其文3篇,《东林书院志》收其文6篇。

华始旦

字若木,号东观,又号画溪,一号顽修拙子。清无锡人。文曦子。光明磊落,少即工诗文。与同邑顾贞观论诗最悉。

纪年诗　集部别集类　佚

见《梁溪诗钞》卷18,收其诗17首。

劝影轩诗　集部别集类　佚

见《锡山历朝书目考》卷10。

叶光辅(1610—1681)

字仲耿,号潜夫,又号调耕。清无锡人。茂才子。诸生。少从马世奇游。以父荫得官,不就。

兴至亦吟　集部别集类

见《锡山历朝书目考》卷7。

按:《东林书院志》收其诗6首。

鲍凤仞(1610—1684)

字子干,一字铁岩。清无锡人。际明孙。顺治四年(1647)进士。

选广东镇平知县，授乐安知县。

铁岩诗集　集部别集类　佚

　　见《锡山历朝书目考》卷7。

堵廷棻(1610？—？)

　　字芬木。清无锡人。景濂侄。顺治二年(1645)举人，四年进士。官山东历城县知县。能作曲，以诗名。十八年前后仍在世。

襟兰集　集部别集类

　　见乾隆《无锡县志》卷39。

襟兰词　集部词曲类

　　见《全清词钞》卷1，收其词1首。

卫花符1卷　集部词曲类

　　《杂剧三集(一名杂剧新编)》本。

　　按:《重订曲海目》《曲考》《曲录》等并见著录。本事出《博异记·郑怀古传》。谓处士崔元徽洛苑东有宅。月夜遇数美人，中有少女石措措，又有封家十八姨。处士命酒，至十八姨，翻酒污措措裳，措措因大怒，皆起。明夕又来，措措曰:“诸女伴皆住苑中，每被恶风所挠，常求十八姨相庇。昨措措不能低回，应难取力。但取士每岁旦，与作一朱幡，图日月五星，则免矣。”崔依其所言，东风折木飞花，而苑中花不动。崔方悟众花之精，封家姨即风神。

吕大吕

　　字声宏，号奚山。清无锡人。诸生。

复古堂诗文稿　集部别集类

　　见《锡山历朝书目考》卷10。

卢一元

　　字复初。清无锡人。生于明万历年间。为文才气雄骏，喜游。所至著为诗歌古文词，传播一时。

事物别名3卷　子部典故类　佚

古今合字2卷　子部典故类　佚

以上2种见《千顷堂书目》卷15。

章山文集4卷　集部别集类

清乾隆间刻本。

按：《梁溪文钞》卷39作《章山诗文集》8卷。

叶孝基(1611—1675)

字培生，一字尔培，号梅廊。清无锡人。茂才从孙。诸生。

梅廊诗草　集部别集类

见《江苏诗征》卷160。

华璘选(1611—1678)

原名庆源，字余伯，号渔石，清无锡人。肇殷子。能诗。

剑啸斋集　集部别集类

华坡草堂诗　集部别集类

以上2种见《锡山历朝书目考》卷10。

安　夏(1611—1678)

字大已，一作大也。清无锡人，明诸生。明亡时从文乘起义，乘死，保其遗孤，隐居吴县木渎，与高僧名士徜徉于灵岩山水之间。

九龙山樵集　集部别集类

见《锡山补志》隐逸。

按：安念祖辑刊《胶山安氏诗补编》收其诗2首。《江苏诗征》卷34收其诗2首。《续梁溪诗钞》卷11收其诗2首，并误入道光朝。

张　氏(1611—?)

清无锡人。华户侯妻。能诗。

焱余草　集部别集类

见《锡山历朝书目考》卷9。

费国瑄(1612—1660)

字子复,号松崖。清初无锡人。顺治六年(1649)进士。幼时资极钝,后忽开悟,过目不忘,博极群书,尤精《易》数。能据以往成败之故,推究未来治乱之道。官兵部主事、余姚知县。

统天易说1卷　子部术数类

无锡县图书馆缮写本。

按:《锡山历朝书目考》卷4著录4卷。《无锡艺文志长编》云:据《县志·艺文》载,是书四卷。同县刘继增从旧抄本摘录其要,得十之四,谓全书大旨略具于此。县图书馆复据刘本缮录之。

顾　镛(1612—1675)

字孟常,号勉斋。清无锡人。廷枢长子。顺治四年(1647)进士。授户部主事,历郎中,出为兴化知府,进广东按察提学副使。

尚书讲义　经部尚书类

见嘉庆《锡金县志》卷20。

群山阁集　集部别集类

见《江苏诗征》卷129。

秦　诏(1612—1687)

字宁候,号雪皋。庠姓严。清初无锡人。诸生。尤专注于理学。又善以方药活人。尝举乡饮大宾。

明心录　子部儒学类

省心录　子部儒学类

以上 2 种见《无锡开化乡志》卷上。

按:《明心录》纂先儒性理,《省心录》采古今格言。

怡云集　集部别集类

见《无锡开化乡志》卷下。

华章庆

原名日章。字叔延,一作叔夜,号守斋。清无锡人。学殷次子。诸生。以教习授训导。诗格清遇,与太仓吴伟业、同邑秦松龄、嘉兴曹溶相往还,为诗极多。

九龙山人全集　集部别集类

见《华氏通四三省公支传芳集》卷 9 本传。

按:《梁溪诗钞》卷 18 收其诗 52 首,《江苏诗征》卷 148 收其诗 11 首,《全清词钞》卷 8 收其词 2 首。

吕　阳(1613—1674)

字全五,又字詹望,号薪斋。清初无锡人。明崇祯十三年(1640)进士。入清官至浙江布政司参议。

薪斋初集 8 卷三集 8 卷　集部别集类

清顺治康熙递刻本,国家图书馆藏。

薪斋二集 8 卷　集部别集类

清顺治刻本,国家图书馆藏。

秦　汧(1613—1695)

字吉生。清无锡人。钦翼长子。明崇祯十二年(1639)应天举人,十六年进士。授兵部职方司主事。入清,屏居碧山吟社近 50 年,键关著书。

尚书笺注(一作书经笺注)　经部尚书类　佚

见乾隆《无锡县志》卷39。

自问稿　集部别集类

抄本,旧藏无锡县图书馆。

按:《锡山秦氏诗抄》前集卷8收其诗2首。《锡山秦氏文抄》卷3收其文17篇。

杜诗笺注(一作杜诗注)　集部诗文评类　佚

唐杜甫撰　清秦汧注评

见乾隆《无锡县志》卷39。

马　瑞(1613—1705)

字尔采,号大林。清无锡人。世奇侄。才华富赡,称其门风,明崇祯十六年(1643)进士。除吉水知县,不赴,改应天府武教授,迁国子博士。福王时,马士英颇以同姓招致之,拒不报。明亡后与二三方外友杖履相从。

大林遗稿6卷　集部别集类　佚

见光绪《锡金县志》卷39。

淡宁居续稿　集部别集类　佚

见《锡山历朝书目考》卷4。

按:《梁溪文钞》卷21收其文1篇。《梁溪诗钞》卷13收其诗3首。

倪元开(1613—?)

字文长。清无锡人。奉祀生。

阴行小史　子部术数类　佚

见《锡山历朝书目考》卷10。

许　学

字习之,号君徵,又号云樵逸史。清无锡人。明崇祯十六年(1643)进士。未授官,明即亡,悲愤求死。以母年老,遂屏居养母。黄冠野服,不肯剃发，以违功令被执，大吏呵为病狂人。放归养母，凡二十余年，母死，亦卒。

桑海耕稿　集部别集类

见《梁溪诗钞》卷13，收其诗3首，小传谓真定梁清标为之序。光绪《锡金县志》卷39、《锡山历朝书目考》卷4均作《桑海经》。

华　藻(1614—1673)

又名呈藻，庠名文藻。字逸涵。清无锡人。诸生。

贮霞轩诗集　集部别集类　佚

见《锡山历朝书目考》卷10。

倪永建(1614—1680)

字建候，号汝迁。清无锡人。贡生。好行善。

法戒录　子部佛教类　佚

见乾隆《无锡县志》卷39。

华国球(1614—1691)

字静育。清无锡人。诸生。

周易讲义　经部易类　佚

尚书辑要　经部尚书类　佚

以上2种见清华孳亨辑《华氏传芳集》卷8。

按:《梁溪诗钞》卷16、《江苏诗征》卷148各收其诗2首。

陈大成(1614—?)

字集生。清初无锡人。少孤，发愤读书。与严绳孙友善。工诗，为时所称。顺治十三年(1656)尝与陈瑚会于江阴。

陈集生诗集　集部别集类

见《江苏诗征》卷26。

影树楼词 1 卷　集部词曲类

《百名家词钞》本。

按:《锡山历朝书目考》卷 4 著录有《影树楼诗词》。

张光纬

字次民,号息庐。清无锡人。列宿季子。明诸生。入清后,随父兄并弃举子业,隐于里。殚见洽闻,著述甚富。

青岩集　集部别集类

见《梁溪诗钞》卷 18,并收其诗 1 首。

息庐剩稿　集部别集类

见《国朝文汇》前集卷 15,并收其文 2 篇。

过林盈

字次儒,号中郎。清无锡人。俊民仲子。少好词作。净扫一室,名曰"竹庐",薇兰竹桂,杂植其间。世事日非,有沦落之悲。

竹庐集 2 卷　集部别集类

见《梁溪诗钞》卷 14,收其诗 7 首。

按:其诗编年纪月自明崇祯甲戌(七年,1634)至壬午(十五年,1642)。

华旷度

字子东。清无锡人。明末与顾子方同起义兵。入清后隐居不仕。

息公遗稿　集部别集类　佚

见清侯桢《古杼秋馆遗稿》卷 2《节士华君传》。

邹　漪(1615—?)

字流绮,又字西村。清无锡人。式金子。博学多闻,好著述。平生交游多知名士。为吴伟业弟子。伟业著《绥寇纪略》,半出漪手。《国朝耆献类征》有传。

明季遗闻 4 卷　史部杂史类

(1) 清顺治刻本，国家图书馆藏。

(2) 清康熙刻本。

(3)《明季野史汇编》本。

(4)《昭代丛书》本，1 卷。

(5) 清裛露轩抄本，北京大学图书馆藏。

(6) 清抄本，国家图书馆藏，有傅以礼校并跋。

(7)《明季稗史续编》本，1 卷。

(8) 旧抄本，台湾"中央图书馆"原藏。

(9) 1967 年台北广文书局《史料丛编》本。

(10) 日本东壁堂刊本，台湾"中央图书馆"原藏。

按：本书记南明弘光朝史事最为详尽。因记载了晚明各地的抗清活动，且用有弘光、隆武、永历年号，于乾隆四十七年(1782)遭禁。刊本详略多有不同，以康熙本最为完足，其余各本多有删削。参见《增订晚明史籍考》卷 9。

明季遗闻拾遗 1 卷　史部杂史类

《长恩阁丛书》本

按：此即《明季遗闻》中"云南缅甸"一章，记永历由滇亡缅事。

启祯野乘初集 16 卷　史部传记类

(1) 明崇祯十七年(1644)柳园草堂刻本，国家图书馆藏。

(2) 清康熙五年(1666)邹漪重刻本，国家图书馆藏。

(3) 1936 年故宫博物院图书馆校印本。

(4) 1968 年台北文海出版社《明清史料汇编》本。

按：本书分门别类记明天启、崇祯两朝事实人物。编纂之资，多征诸四方，颇足征实。

启祯野乘二集 8 卷　史部传记类

(1) 清康熙八年书林金阊存仁堂素政堂刻本，国家图书馆藏，有清李文田校语。

(2)《四库禁毁书丛刊》本。

按:本书为续前书而作,记崇祯、弘光以来朝野人物。网罗散佚,颇裨异闻。

流漪诗集　集部别集类

见《锡山历朝书目考》卷4。《江苏诗征》卷86收其诗1首。

红蕉集2卷　集部总集类

清邹漪评选

清康熙十八年精刻本。

按:此收古代女子66人之诗,共380首。其自序云:"仆本恨人,癖耽奁制,薄游吴越,加意网罗,于八名家外,复得若干。"

诗媛八名家集8种8卷　丛书类

清邹漪编

清顺治十二年(1655)邹氏鸳宜斋刻本,国家图书馆藏。

子目:

《王玉映诗》1卷　清王端淑撰

《吴蕊仙诗》1卷　清吴琪撰

《吴冰仙诗》1卷　清吴绡撰

《柳如是诗》1卷　清柳是撰

《黄皆令诗》1卷　清黄媛介撰

《季静姎诗》1卷　清季娴撰

《吴岩子诗》1卷　清吴山撰

《卞玄文诗》1卷　清卞梦钰撰

诗媛十名家选　丛书类

清邹漪编

见《历代妇女著作考》附录,谓有清刻本。胡文楷谓邹漪刻《诗媛八名家集》后,复增顾文婉、浦映渌二家,成此书。

名家诗选24种24卷　丛书类

清邹漪选

清康熙七年(1668)序刻本，上海图书馆藏。

子目从略。

五大家诗钞 5 种 38 卷　丛书类

清邹漪辑

清康熙中邹氏五车楼刻本，上海图书馆藏。

子目：

《钱先生诗》8 卷　清钱谦益撰

《吴先生诗》7 卷　清吴伟业撰

《熊先生诗》8 卷　清熊文举撰

《龚先生诗》7 卷　清龚鼎孳撰

《宋先生诗》8 卷　清宋琬撰

诸　豫

字震坤。清无锡人。顺治六年(1694)进士。选庶常、历侍讲。

诗 20 首　集部别集类

《梁溪诗钞》卷 15 收。

华日跻

字元初，号逊愚。清无锡人。顺治二年(1645)贡生。官宜阳知县。

问秋诗集　集部别集类　佚

见清华希闵等重辑《华氏宗谱》卷 14。

按：《梁溪诗钞》卷 16、《江苏诗征》卷 148 各收其诗 1 首。

朱用祯(1616—1681)

字尔立，号立峰。清无锡人。庠生。

物恒堂集　集部别集类　佚

见《锡山历朝书目考》卷 10。

钱仲选(1616—1705)

字禹田,号石庵。清无锡人,诸生。本名中选,试冠其曹,令为易名仲选。与同里高愈为忘年交,人称两君子。曾主东林讲席。善擘窠大书,年九十揎袖奋臂书"古南禅寺",字大如斗,笔法遒劲。年90卒。

东林讲会　子部儒学类

石庵遗稿　集部别集类

以上2种见《锡山历朝书目考》卷7。

按:《江苏诗征》卷35收其诗6首。《梁溪诗钞》卷16收其诗8首。

华天章

字顺卿,号容庵。清无锡人。宅殿子。生于明万历年间。

容庵诗稿　集部别集类

见清华希闵等重辑《华氏宗谱》卷14。

华振先

字缵绪,号也庵。清无锡人。生于明万历年间。诸生。7岁而孤,性警敏,长补博士弟子员,以孝称于乡。喜为诗古文。卒年68。

也庵诗文集　集部别集类

见《梁溪诗钞》卷24,收其诗2首。

华衷至

字孔淑,号敬和。清无锡人。生于明万历年间。生而颖异,虽工举子业,不乐仕进。生平寄情山水,寓意丝桐,日以栽花种竹为事。居躬敬谨,与人和易,尝训其子曰:"修身齐家,当审明'忠厚刻薄'四字。"乃颜其书斋曰"勿斋",盖鉴非礼以自敬也。好周济贫困。卒年82。

家训翼言　子部儒学类

见《华氏通四三省公支传芳集》卷9清王材任撰《华君孔淑传》。

按：孔淑传谓其书尝刊行，刻本今未见。其子华培元撰《世系歌》有“书著家训名‘翼言’，声称啧啧闾党间”之语，见《传芳集》卷14。

顾　果(1618—1666)

字子克，号余修。清无锡人。宪成从孙。

枕流草堂集　集部别集类　佚

见《梁溪诗钞》卷14，收其诗7首。

邹　治(1618—1676)

字际五，号静岳。清无锡人。兑金长子。顺治十一年(1654)副贡，考授内阁中书。世祖福临称之为“五经笥”。因忤当轴罢归。后以孙贵累赠内阁学士兼礼部侍郎。

周易卦论64卷　经部易类　佚

易图1卷　经部易类　佚

周易总论2卷　经部易类　佚

周易会通2卷　经部易类　佚

尚书衷注8卷　经部尚书类　佚

尚书洪范解2卷　经部尚书类　佚

诗国风遵序通解10卷　经部诗经类

礼记檀弓偶笺2卷　经部礼记类　佚

乐经翼5卷　经部乐类　佚

春秋详说15卷　经部春秋总义类　佚

学庸正本2卷　经部四书类　佚

六经注疏　经部群经总义类　佚

人范1卷　子部儒学类　佚

以上13种见《锡山历朝书目考》卷7。《梁溪诗钞》卷17收其诗1首。

强　恂

字邯山，一字九行。清无锡人。明崇祯十六年(1643)进士。十七年官富阳知县。

邯山先生遗稿 8 卷　集部别集类

无锡县图书馆缮写本。

顾　岱

字泰瞻，一字商若，又字舆山，号止庵。清无锡人，原籍嘉定。顺治十五年(1658)进士。历官贵州铜仁府推官、云南思南、武定、陕西潞安、江西赣州诸州府同知，官至杭州知府。工诗。

纪行杂诗 1 卷草署杂诗 1 卷　集部别集类

清康熙二年(1663)刻本。

澹雪斋集　集部别集类

见道光《无锡金匮续志》卷 10。

止庵集　集部别集类

见《锡山历朝书目考》卷 4。

按:《国朝文汇》甲集卷 15。录其文 7 篇。

田间诗集 5 卷　集部别集类

清抄本，国家图书馆藏。

青霞草堂诗 7 卷　集部别集类

清康熙刻本，杭州图书馆藏。

青霞诗集 4 卷雨花集 5 卷后集 1 卷词 1 卷澹雪词 1 卷　集部别集类

清抄本，国家图书馆藏。

澹雪词 1 卷　集部词曲类

(1)《百名家词钞》本。

(2) 清抄本，附《青霞诗集》后。

(3) 抄本，无锡市图书馆藏。

澹雪词 1 卷雨花词 1 卷　集部词曲类

陈氏孤云轩缮写本,无锡县图书馆藏。

沈国裕

字霁斐。清无锡人,明诸生。康熙间在世。工诗。

嘤鸣集　集部别集类

见《梁溪诗钞》卷 23,并收其诗 5 首。

华衷黄

字理先,号中求。清无锡人。允谊次子。

豫如府君年谱 2 卷首 1 卷末 1 卷　史部传记类

清华衷黄撰　张夏参订　华王澄补编

(1) 清乾隆四十一年(1776)刻本,北京大学图书馆藏。

(2) 清道光二十八年(1848)华嘉植补刻本,国家图书馆藏。

(3) 清光绪八年(1882)华鸿模木活字本,国家图书馆藏。

(4) 抄本,上海图书馆藏。

(5)《北京图书馆藏珍本年谱丛刊》本。

(6)《无锡文库》本。

按:此为明华允诚年谱,卷端原题作《奉直大夫吏部员外郎豫如府君年谱》。道光本封里题作《华凤超先生年谱》。华嘉植作了订补,参见"华嘉植"条。光绪本又将标题改用谥法,以彰旌典、慰忠魂,题作《节愍华公年谱》,复增入传记资料多篇,参见"华鸿模"条。

高拱枢(1619—1658)

字薇臣,一字民倚。清无锡人。诸生。

宜体居诗稿　集部别集类

见《梁溪诗钞》卷 15,收其诗 14 首。

顾　焻(1619—1686)

字宜中,又字沂仲,号盥衷。清初无锡人。顺治十四年(1657)贡生,授安东训导,迁溧阳教谕。

尚书原意　经部尚书类

四书原意　经部四书类

诸侯大事序论　史部史评类

十二国本末诗　集部别集类

春晖堂稿　集部别集类

以上5种见《锡山历朝书目考》卷7。

薛信辰

字侯执,一字国符。清无锡人。顺治三年(1646)举人,六年进士。授潮州知府。从征广东,广东平后到官。充乡试分考官。潮州守将郝尚久反清,逼降不从,系于狱。得释后补保定知府,擢井陉道副使,迁江西按察使,历至浙江布政使。所至有政声。

薛方伯诗钞1卷　集部别集类　佚

见道光《武阳合志》卷33。

按:《梁溪诗钞》卷15收其诗1首。《全清词抄》卷2收其词1首。

钱肃润(1619—1699)

字季霖,又字础日,一作号础日,又号十峰居士、万峰山人、浮游子、曲江遗叟、南明子等。清无锡人,幼学东林。既补诸生,值明亡,弃去。顺治十一年(1654),以不改明代服饰,被捕解南京刑讯,遭笞折胫,怡然曰:"夔一足,庸何伤。"因自号跛足生。与归庄、陆世仪、徐增交游。居京师,教授生徒,从者甚众。与王士祯相友善,尝选其诗刻之。晚岁学益高,学者尊为东林老都讲。平生游历颇广,每至一处,辄自号以寄意。康熙十七年(1678)与顾炎武、吕留良等人辞博学鸿儒荐。生平搜辑选刻颇勤，著述甚富。

易经通义　经部易类

见《锡金考乘》卷12。

尚书体要6卷　经部尚书类

(1) 清康熙二十五年赵仑刻本，上海图书馆藏。

(2)《四库全书存目丛书》本。

按：《自序》云："集注疏大全与先儒训解，相为发明，汇成一编，颜曰'体要'。体，第也。言骨肉、毛血、表里、大小次第也。要，约也。言在体之中，约结而小也。体则典重而旨趣完；要则简约而事理当。"参见《四库全书总目》。

诗序言言　经部诗经类

见《梁溪文钞》卷24，《自序》云："是书一本子夏言诗之意，盖言子夏之言也。"

礼记考典(一作礼记典考)　经部礼记类

春秋列传　经部春秋总义类

按：其子赓梧《跋家大人著书后》言其父有《春秋四传》一书，疑即《春秋列传》。

中庸或问　经部四书类

重订吴越备史　史部别史类

以上4种见《锡山历朝书目考》卷4。

道南正学编3卷　史部传记类

《四库全书》本。

按：《四库全书总目》云："书成于康熙辛未。所录皆从祀东林书院诸人。"以入祠之先后为次第。

南忠记1卷　史部传记类

(1) 稿本，上海图书馆藏。

(2) 清抄本，天津图书馆藏。

(3) 1959年中华书局铅印本。

按:原题“锡山后死钱肃润础日手辑。”有顺治七年自序。是书记南都殉难诸臣事迹,叙述颇详,足资参考。

重辑高士传　史部传记类

清钱肃润辑

见《梁溪文钞》卷24。

列女传　史部传记类

辅国神仙传　史部传记类

儒林溯源集　史部传记类

忠义别传　史部传记类

以上4种清钱肃润辑

献征录　史部传记类

锡山世德录　史部传记类

锡山人品录　史部传记类

锡山兵防志人物志　史部地理类

惠山志　史部地理类

是非集　集部别集类

以上10种见钱赓梧《跋家大人著书后》。

十峰诗选7卷二集7卷史论一编7卷　集部别集类

(1) 清康熙四年至十一年刻本,国家图书馆藏。

(2)《十峰诗选》7卷,抄本,无锡县图书馆原藏。

(3)《无锡文库》本,据清康熙四年至十一年刻本影印。

十峰文集1卷　集部别集类

(1) 清康熙四年(1665)刻本。

(2) 抄本,无锡县图书馆原藏。

钱肃润文集　集部别集类

清稿本,台湾“中央图书馆”原藏。

十峰草堂集8卷　集部别集类

十峰诗文选　集部别集类

以上 2 种见《锡山历朝书目考》卷 4。

燕台小品　集部别集类

清顺治十二年刻本。

天泉续响　集部别集类

见钱赓梧《跋家大人著书后》《锡金考乘》卷 12。

来社新编　集部总集类

试牍鼎文　集部总集类

乡墨文归　集部总集类

行书小题　集部总集类

蜃霏集　集部总集类

墨存　集部总集类

楚南风　集部总集类

待学文英　集部总集类

策论英华　集部总集类

两浙试牍合编　集部总集类

齐鲁正风集　集部总集类

同归集　集部总集类

以上 12 种钱肃润选，见钱赓梧《跋家大人著书后》。

阙里诗选　集部总集类

清钱肃润选

见《梁溪文钞》卷 24《自序》，云："阙里诗，颂孔子之诗也。"

泰山诗选　集部总集类

清钱肃润选

按：见《梁溪文钞》卷 24《自序》，云："自汉魏迄今，凡三卷。多者数首，或五、六首，或三、四首，少者一、二首，计其数约三百余篇。"

文瀫初编 20 卷首 1 卷　集部总集类

清钱肃润编

清康熙间钱氏十峰草堂刻本，南京图书馆藏。

按:《明诗综》卷80收其诗1首。《梁溪诗钞》卷16收其五七言古诗25首,有评,谓鲍氏得诸常熟书肆。

华式汝(1619—1700)

字思则,号西存。清无锡人。名世从孙。幼工帖括,屡试不遇。明亡入清后,泊然无营,布衣终老,贫甚而意自得。性倜傥有羁,喜酒自豪,谈说古今,娓娓不倦。诗宗汉魏,书法学宋元,善画,作墨梅尤佳。

逊庵诗集　集部别集类

燕居诗稿　集部别集类

以上2种见《华氏通四三省公支传芳集》卷9《西存府君宗谱传》。

秦　溢(1620—1645)

字名皆。清无锡人。梁玄孙。镤子。诸生。庠姓袁。

清招阁诗集　集部别集类　佚

见乾隆《无锡县志》卷39。

王玉汝(1620—1663)

字元琳,号人玉。清无锡人。明崇祯十七年(1644)恩贡生。

古今文集　集部总集类

见《锡山历朝书目考》卷4。

侯　曦(1620—1675)

字朝宾,号衣澹。清无锡人。鼎铉子。顺治十五年(1658)进士。以主事授推官。

尔耳集　集部别集类

见《梁溪诗钞》卷17,收其诗2首。

顾　言(1620—1687)

字光仲,号履敬。清无锡人。可久玄孙。诸生。庠姓何。

大易参 8 卷　经部易类

见《锡山历朝书目考》卷 7。

高　镗(1620—1691)

字性培。清无锡人。攀龙从孙。诸生。刻苦力学。

研露斋稿 20 卷　集部别集类

见《梁溪文钞》卷 40,收其文 2 篇。

性培诗钞　集部别集类

见《锡山历朝书目考》卷 7。

华庆远(1620—1692)

字子嘉。清无锡人。10 岁习举子业,暇辄窥史学诸集。21 岁诏选骑射,24 岁始学耕,不复事举业。入清后流寓苏州半塘等地,自此绝迹城市,每出游必载书以行。后归里修葺旧屋,题曰物外闲居。年 60 闭门礼佛,自号静慧居士。屏去图书尊彝,凝尘满室,终日兀坐其中,人不能测。书法学晋人行书,出神入化,颇具功力。

论世八编 12 卷　史部史评类

(1) 稿本,上海图书馆藏。

(2) 清抄本,天津图书馆藏。

按:亦见《四库全书总目》史评类存目。初题曰《寒窗叹》,后改今名。本书按时代辑前人论古之说。

物外闲吟　集部别集类　佚

见清陆棡《铁庄文集》卷 17 华庆远墓志铭。

按:《梁溪诗钞》卷 16、《江苏诗征》卷 148 均收其诗 1 首。

梁青笏

字芳白。清无锡人。女。

红雪楼集　集部别集类

见清汪启淑编《撷芳集》。

按:《江苏诗征》卷 170 收其诗 1 首。《续梁溪诗钞》卷 21 收其诗 1 首。

严仁锡

字求存,晚号浮槎漫叟。清顺治间无锡人。绳孙从兄。明诸生。

闽游草　集部别集类

见《梁溪诗钞》卷 16,并收其诗 2 首。《江苏诗征》卷 90 收其诗 2 首。

夏　沚

字湘友。清无锡人。薛既央继室,与吴琪为中表戚。琪卒,经纪其丧事。

湘友诗稿　集部别集类

见《清闺秀艺文略》。

按:《江苏诗征》卷 176 收其诗 1 首。

韩昌允

字季康。本姓廉。清无锡人。避兵寓泰县。隐于医,所治多效。与合肥、娄东诸家主持风雅。

医宗孤白集　子部医家类

见《泰县著述考》卷 7。

安骏命

字听之，号蒲阳渔父。清顺治间无锡人。廷谔子。善书画，亦工诗。

芜言 1 卷　子部杂学类

见《梁溪诗钞》卷 18，并收其诗 3 首。

古香斋诗草　集部别集类

见《锡山补志》方技类。

按：安念祖辑刊《胶山安氏诗补编》收其诗 5 首。《江苏诗征》卷 34 收其诗 2 首。

恒禅师

字正可。清初江北人。主无锡开化乡长泰寺。造雨花堂、左右侧厢、厨房、斋堂、行廊，遂成梵宇。诗好露奇。年 62 卒。

正可上人诗集　集部别集类

见《锡山历朝书目考》卷 9。

秦芳洲

字杜若。清无锡人。女。

零膏集　集部别集类

见《历代妇女著作考》卷 13，注谓"《然脂集》著录而未见"。

秦　昭

号餐霞子。清无锡人。女。

秦昭诗 1 卷　集部别集类

见《历代妇女著作考》卷 11，注谓"《然脂集》著录而未见"。

吕高培

字柏庭。清初无锡人。诸生。康熙中随嵇永福客蔡毓荣幕。吴三桂平,由楚入滇,以军功任米脂知县。丁母艰,起补陇西知县,罢归,以穷死。工诗。

柏庭诗集　集部别集类

见《锡山历朝书目考》卷 7。

吴明玗

字颂筠,一字虎侯,号即我,晚号逸髯。清初无锡人。少工举业,后弃之,笃志学古,寄情篆籀,仿秦汉诸印,技法高逸。尝馆顾修远家。因得交周亮工,博览群书,诗文古雅。以贫贱老。

四书是 40 卷　经部四书类

五经是 20 卷　经部群经总义类

以上 2 种见《无锡富安乡志》卷 24。

典林 40 卷　子部典故类

见《江苏诗征》卷 11。

按:《锡山历朝书目考》卷 4 著录此书为 155 卷,光绪《锡金县志》则著录为 150 卷。

立山堂文集　集部别集类

见《无锡富安乡志》卷 24。

顾　培

字畇滋。学者称俟斋先生。清初无锡人。从宜兴汤之锜问学,筑共学山居。延之锜弟子金敞晨夕讲习,遵高攀龙静坐法,以整齐严肃为入德之方。四方来学者甚众。年 79 卒。

无锡顾氏苏州迁居无锡略记　史部别史类

清道光间稿本,无锡市图书馆藏。

共学山居诗文集　集部别集类

见《锡山历朝书目考》卷 8。

尤　柱

字石臣。清无锡人。诸生。

史汉辨异 6 卷　史部史评类

见《锡山历朝书目考》卷 4。

鲍凤翔

字子云，号洁庵。清无锡人。顺治二年(1645)乡试第二名。官广西梧州府同知。

粤游集　集部别集类　佚

见《锡山历朝书目考》卷 7。

朱永福

字宜丰，号疑峰。清无锡人。顺治年间在世，喜唐代李商隐诗。

义山诗注释　集部别集类

见《梁溪诗钞》卷 17，收其诗 7 首。又《江苏诗征》卷 18 收其诗 3 首。

吕自咸

字诚之。清无锡人。明诸生。明崇祯三年(1630)与曹荃游浙海。十五年游湘。清顺治六年(1649)与僧人苍雪及同里黄传祖、彭年等会惠山泉。康熙三年(1664)作文记惠山梅事，工诗文，善书法。尝举乡饮大宾。

寒木草堂集　集部别集类

见乾隆《无锡县志》卷 39。

按：《东林书院志》收其诗 1 首。《梁溪文钞》卷 21 收其文 5 篇。

黄　沄

字维观，号余一。清无锡人。工诗古文。富藏书，勤钩稽，以著述自娱，惜多散佚。晚举乡饮介宾。

锦字笺 4 卷　子部典故类

(1) 清康熙二十八年(1689)金阊讲德斋刻本，上海图书馆藏。

(2) 清康熙二十八年锡山黄氏刻本，北大图书馆藏。

(3) 清康熙间刻本，国家图书馆藏。

(4) 清雍正九年(1731)刻本，国家图书馆藏。

(5) 清三德堂刻本，吉林图书馆藏。

(6) 清对山书屋刻本，上海图书馆藏。

(7) 清刻本，天津图书馆藏。

(8) 日本旧刻本。见《无锡县立图书馆乡贤部书目》。

增订锦字笺 4 卷　子部典故类

(1) 清康熙四年刻本，沈阳农业大学图书馆藏。

(2) 清聚锦堂刻本，东北师范大学图书馆藏。

增补锦字笺 4 卷　子部典故类

清光绪六年(1880)扫叶山房刻本，沈阳图书馆藏。

拟古乐府百首　集部别集类

见乾隆《无锡县志》卷 30 本传，云："尝效李长沙(东阳)作《拟古乐府百首》，杂之《怀麓堂集》中，人莫能辨。"

诗文全稿　集部别集类

见《锡山历朝书目考》卷 4。

按：《梁溪文钞》卷 30 收其文 1 篇。

顾素先

号青楣。清无锡人。潜夫女，华永锡妻。

青楣阁集　集部别集类

见《锡山历朝书目考》卷9。

杨锡观

字颙若，一作容若。清无锡人。幼孤，事母至孝。潜心研究文字学，通六书。工翰墨，尤精篆隶。

六书辨通5卷补1卷续补1卷　经部小学类

清乾隆刻本，南京图书馆藏。

六书例解1卷　经部小学类

《大亭山馆丛书》本。

篆学三书3卷　经部小学类

清兰秘斋刻本，国家图书馆藏。

子目：

《六书例解》1卷

《六书杂说》1卷

《八分书辨》1卷

秦篆韵编　经部小学类

正字启蒙短笺　经部小学类

以上2种见《四库全书总目》卷43小学类《六书例解》提要，云："盖锡观尝作《秦篆韵编》《正字启蒙短笺》二书，与此书为三也。"

按：《江苏诗征》卷62收其诗1首。

秦世钥(1621—1671)

原名德涯，字来启，号书隐。清无锡人。金五世孙。吴县诸生。性阔达，能诗。

隐求集　集部别集类

见《江苏诗征》卷23，收其诗1首。

华名儒(1621—1671)

字廷瓒,号可中。清无锡人。诸生。

岁寒遗稿　集部别集类

见《锡山历朝书目考》卷10。

高莲生(1621—1678)

字岩培,号旦斋。清无锡人。世泰长子。诸生。事母孝。文行称于宗党。

旦斋集　集部别集类

见《清诗纪事》乾隆朝卷。

旦斋二集　集部别集类

旦集偶拈　集部别集类

以上2种见《江苏诗征》卷42,收其诗1首。

邹　燝(1621—1680)

字耀南。清无锡人。明亡后不乐仕进。

尚德先生集　集部别集类　佚

见《锡山历朝书目考》卷10。

秦　轼(1621—1687)

字克绳,号补念。清无锡人。汴玄孙。长洲庠生。顺治十二年(1655)进士。授翰林国史院编修,出为广东参议,分守雷州,调杭严兵备副使、湖广参政、江西按察使、长芦盐运使、湖广布政使参议、粮储道等。尝举乡饮大宾。

补念诗稿　集部别集类

见《锡山秦氏诗钞》今集卷1,收其诗12首。

施国琮(1621—1695)

字眉坚，号鹤村。清无锡人。诸生。与刘雷恒、刘霖恒及弟彝宣、京时称“二刘三施”，风流文采，并为时所推。

鹤林诗稿　集部别集类

见《锡山历朝书目考》卷10。

顾　铤(1621—1699)

字表民。清无锡人。廷枢五子。顺治八年(1651)副贡生。

表民诗稿　集部别集类

见嘉庆《锡金县志》卷16。

王　畿(1621—1703)

字式九，号雪岫。清无锡人。赉父。诸生。与宁都魏禧及邑中顾祖禹交善，尝以诗寄邹溶于狱，极悲凉可诵。殁以子贵，赠中书舍人。

正己堂诗集　集部别集类

见《锡金考乘》卷12，云：“《初编》《二编》先有刊本，最后所编，魏禧序之。”

西溪草堂诗稿　集部别集类

见《梁溪诗钞》卷21，并收其诗10首。

梁溪诗钞录存1卷　集部别集类

清光绪十三年(1887)活字本。

按：此即《梁溪诗钞》所收诗，与王达《和中峰和尚梅花百咏》等合二册刊行于世。

西溪草堂词　集部词曲类

见《全清词抄》卷3，收其词1首。

乐　莘(1621—?)

字子尹。清无锡人。明崇祯十七年(1644)贡入太学。工诗,善古文,有才名。入清后隐居不出,以遗民终。

耕烟集(一作耕云集)　集部别集类

贤己集　集部别集类

以上2种见《梁溪文钞》卷21,收其文1篇。

严福孙

字祺先。清无锡人。绍宗子,绳孙兄。明诸生。方习举子业,即喜旁览阴阳五行、医药、星数之书。明亡后,专意古学,初读《老》《庄》《楞严》,意甚喜之,既乃大疑,遂苦心读《易》;钻研15年,不徇诸家,不为僻解,期明白简当而后已。又善象数之学,时或废寝食。

易经通义9卷　经部易类

易象图义5卷　经部易类

以上2种见《梁溪诗钞》卷14。

考正古易十三篇　经部易类

见《锡金志外》卷2。

黄道图说　子部历算类

见《梁溪诗钞》卷14。

严祺先文集　集部别集类

见《锡金考乘》卷12,昆山归庄序。

按:《梁溪诗钞》卷14收其诗2首,《东林书院志》收其诗1首。

陆　实

清无锡人。

南湖集　集部别集类

见《无锡开化乡志》卷下。

华宏诗

字以兴。清无锡人。生于明天启年间。

自得轩集　集部别集类　佚

见《锡山历朝书目考》卷10。

朱　谟

清无锡人。

雪音1卷　集部总集类

清朱谟辑

清顺治十八年(1661)刻本,见《大公图书馆图书书目》。刻本今未见。

马壬玉(1622—1652)

字彦丰。清无锡人。世奇次子。世奇官京师,一时干谒者众,壬玉杜门以绝,几榻萧然。及世奇殉国变,壬玉号泣请恤。马、阮用事,不得意,遂时时寄托诗篇。明亡后,一日舟过虎丘,疾作卒。遗命以沙门服敛。后汤斌巡抚江苏,私谥曰文孝。

山香集1卷　集部别集类

清雍正十年(1732)含清堂刻乾隆二十一年(1746)周原溥重修《梁溪马氏三世遗集》本,国家图书馆藏。

秦广之(1622—1693)

字公广,号苍华。清无锡人。楷玄孙,钟璟子。顺治十四年(1657)举人,十八年进士。康熙十八年(1679)补应殿试,未授官。

公广真稿　集部别集类　佚

见《锡山历朝书目考》卷7。

计六奇(1622—?)

字用宾，号天节子，别号九峰居士。清无锡人。诸生。顺治六年(1649)、十一年两应乡试不第。执教于锡、苏、江阴等地。后蓄意著述，访问故老，网罗遗闻，于晚明史尤为专深。

明季北略24卷　史部杂史类

(1) 清初抄本，浙江大学图书馆藏。

(2) 清北京琉璃厂半松居士木活字印本，国家图书馆藏。

(3) 清光绪十三年(1887)上海图书集成印书局铅印本，国家图书馆藏。

(4) 抄本，北京大学图书馆藏。

(5) 民国商务印书馆铅印本。1958年重印。

(6) 1968年台北《中国方略丛书》本。

(7) 1968年台北《国学基本丛书四百种》本。

(8) 1976年台北文海出版社影印本。

(9) 1984年中华书局点校本。

(10)《续修四库全书》本。

(11) 2006年中华书局点校本。

按:北京大学藏有抄本《明季治乱事迹》不分卷2册，题计六奇撰，实即《北略》卷1至卷5之节本，作伪者妄题此名耳。又，《无锡艺文志长编》云:是书纂纪明季自万历四十四年丙辰，迄崇祯十七年甲申，其间三十年所有要略，及遗闻轶事。题曰《北略》，所以示明之尚未南渡，记载北都时事之大略也。

明季南略　史部杂史类

(一) 16卷本。

(1) 清初抄本，浙江大学图书馆藏。

(2) 清抄本(存卷1—14)，中国社科院文学所藏。

(二) 18卷本。

（1）清抄本，中国科学院图书馆藏。

（2）清刻本，辽宁图书馆藏。

（3）清北京琉璃厂半松居士木活字印本，国家图书馆藏。

（4）清光绪十三年（1887）上海图书集成印书局铅印本，国家图书馆藏。

（5）抄本，南京图书馆藏。

（6）民国商务印书馆铅印本，1958年重印。

（7）1968年台北《中国方略丛书》本。

（8）1968年台北《国学基本丛书四百种》本。

（9）1976年台北文海出版社影印本。

（10）1984年中华书局点校本。

（11）《续修四库全书》本。

（12）2006年中华书局点校本。

按：《无锡艺文志长编》云：是书纂纪明季自崇祯十七年甲申五月，至康熙二十八年乙巳，其间三十余年三藩要略。题曰《南略》，所以示明之北都已亡，记载南渡以后事也。

金坛狱案1卷　史部杂史类

《申报馆丛书续集·记载汇编》本。

南京纪略1卷　史部杂史类

旧抄本，原题无锡九峰居士编，见《增订晚明史籍考》卷10。

粤滇纪闻10卷　史部杂史类

旧抄本，见缪荃孙《艺风藏书续记》。

吴　浤

字来鼎，号椒屿。清无锡人。林森曾孙。顺治九年（1652）进士。官汝宁府推官。

可隐堂诗稿　集部别集类

见《锡山历朝书目考》卷7。

曹尔成

字得忍。清无锡人。诸生。

禹贡正义 3 卷首 1 卷　经部尚书类

(1) 清乾隆十一年(1746)刻本,上海图书馆藏。

(2) 清乾隆二十七年采芝堂刻本,上海图书馆藏。

(3) 清乾隆间无锡曹峻刻本,国家图书馆藏。

华义兰

字义仲。清无锡人。渚子。

鸥邻漫谈　子部杂学类　佚

见《锡山历朝书目考》卷 10。

李泽长

清无锡人。

从龙谱　子部杂学类

见《锡金志外》卷 2 著述。

邹忠倚(1623—1654)

字于度,号海岳。清无锡人。兑金子,顺治九年(1652)进士。授修撰,未几卒官。性静默,淡于荣进。少随父隐居武康山,登第后常有出尘之思。人谓其诗古文春容静细,清远闲放,不染垢氛。工书,法欧阳询。《国朝耆献类征》卷 115 有传。

雪蕉集　集部别集类

箕园集　集部别集类

以上 2 种见《梁溪诗钞》卷 17。

顺治九年壬辰科翰林院馆课不分卷　集部总集类

清邹忠倚等撰

清抄本，国家图书馆藏，一本 37 册，一本 4 册。

按：《梁溪诗钞》卷 17 收其诗 12 首，小传谓均出自《雪蕉集》。《梁溪文钞》卷 22 收其文 2 篇。

秦年锡(1623—1671)

字甲先，号任天。清无锡人。坊子，埛嗣子。诸生。能诗。

东皋唱和集　集部总集类　佚

清秦埛、秦年锡撰

见《锡山秦氏诗抄》前集卷 8，收其诗 11 首。

陶一夔(1623—1680)

字廷典，号耦耕，一作藕耕。清无锡人。本姓钱。大章侄。性豪坦不羁。明末隐居阳溪之藕荡，缘荡植竹磊石为园，与二三交游读书谈道以终。

耦耕集(一作藕耕集)　集部别集类

见《锡山历朝书目考》卷 7。

按：《江苏诗征》卷 43 收其诗 3 首。

华日旦(1623—1698)

字若拙，号剩梅。清无锡人。文曦三子。

寅酉说　子部杂学类　佚

见《锡山历朝书目考》卷 7。

顾贞立(1623—1699)

原名文婉。字碧汾，自号避秦人。清无锡人。枢女，贞观姊。侯晋妻。少娴文史，常以诗词自遣。

顾贞立集　集部别集类

2015 年中华书局出版《清代闺阁诗集萃编》本。

按：此集由《清代闺阁诗集萃编》编者整理，收录《栖香阁词》2卷，存词164阕。又从《梁溪诗钞》中辑得顾氏诗106首，从曾灿《过日集·名媛诗》中辑得3首，共得其诗109首。

栖香阁词2卷　集部词曲类

(1) 清道光四年(1824)李氏闻妙香室刻本，国家图书馆藏。

(2) 清道光五年忠孝堂精刻本，上海图书馆藏。

(3) 清道光六年山阳李芝龄闻妙香室刻本，国家图书馆藏。

(4) 清光绪四年(1878)枕经葄史斋刻本，附顾贞观《弹指词》后。

(5)《小檀栾室汇刻闺秀词》本。

(6) 清宣统二年(1910)无锡顾鸿鉴等木活字印本，南京图书馆藏。

栖香词1卷　集部词曲类

(1)《梁溪词选》本。

(2) 清光绪十九年刻本，国家图书馆藏。

按：道光《无锡金匮续志》卷10著录其《栖香阁诗词稿》(一作《餐霞子集》)。

严绳孙(1623—1702)

字荪友，号藕鱼，又藕荡渔人，学者称秋水先生。清无锡人。诸生。顺治九年(1654)与秦松龄、安璇、顾贞观等在里结云门社。康熙十八年(1679)举鸿博，力辞不获，赋一诗而出。授检讨，充日讲起居注官。二十年典山西乡试，迁右中允，与修《明史》。与朱彝尊、潘耒、李因笃为清初"四布衣"，世以倪云林目之。在职5年，乞归，筑雨青草堂，逾10年，卒于家。读书务强记，所学终生不忘。为文无定格，适其意而止。诗词婉约深秀，独标神韵。工书善画，尤精画凤及写真。《清史稿》有传。

明史列传拟稿4卷　史部正史类

稿本，上海图书馆藏。

按：《禁书汇考》著录为乾隆四十六年(1781)奏准禁书。刘书勋跋云："曾由先生后嗣汇刊行世，迄今遍觅不获。"

明史隐逸传　史部传记类

见《锡金考乘》卷12。

(康熙)无锡县志42卷　史部地理类

徐永言修　严绳孙、秦松龄等纂

(1) 清康熙二十九年刻本，国家图书馆藏。

(2)《无锡文库》本。

湖壖杂记1卷　史部地理类

清陆次云撰　严绳孙等评

(1) 清刻本，无锡市图书馆藏。

(2)《四库全书存目丛书》本。

按：《四库全书总目》云："是书盖续田艺蘅《西湖志余》而作，如庆忌塔、夹城之类，亦颇有考辨。而近于小说者十之七八。盖艺蘅之书，体例亦如是也。"

藕渔笔记　子部杂学类

西神脞说　子部杂学类

以上2种见《锡金考乘》卷12。

秋水集10卷(诗8卷词2卷)　集部别集类

(1) 清康熙雨青草堂刻本，为手刊本，版心均有"佚序"二字。国家图书馆藏。

(2) 1917年无锡县图书馆刻本，《无锡文库》据此本影印。

(3)《四库禁毁书丛刊》本。

(4)《无锡文库》本。

(5)《清代诗文集汇编》本。

按：据跋，是本据馆藏顾意诚抄本词2卷、丁仲佑藏抄本诗8卷集资付梓。

秋水文集2卷补遗1卷　集部别集类

(1)《锡山先哲丛刊》本。

(2) 旧抄本，无锡市图书馆藏。

按:《锡山历朝书目考》卷 4 著录《秋水集》为 20 卷,《锡金考乘》卷 7 著录为诗 8 卷、文 7 卷、词 2 卷。乾隆四十六年,此集被禁。文集 7 卷,曾由后嗣梓行,后多散佚。

秋水集 4 卷诗余 1 卷　集部别集类

清刻本,国家图书馆藏。

严绳孙诗文稿不分卷　集部别集类

(1) 稿本,国家图书馆藏。《无锡文库》据此本影印。

(2)《无锡文库》本。

藕渔文集　集部别集类

见《国朝文汇》卷 32。

瀛台侍直诗 1 卷　集部别集类

见《锡金考乘》卷 12。

秋水词 2 卷　集部词曲类

(1)《名家词钞》本。

(2)《梁溪词选》本。

(3) 抄本,无锡市图书馆藏。

高阳生(1623—1703)

字汝复。清无锡人。世宁子。诸生。

东林讲义约章　子部儒学类

见《锡山历朝书目考》卷 7。

刘雷恒(1623—?)

字震修,号易台。清无锡人。元珍孙。康熙十九年(1680)吴县贡生。官常州府训导,累擢六安知州。以文行著称。间所交游者皆一时名人。与弟霖恒及施国琼、施彝宣、施京三兄弟时称"二刘三施"。

震修诗文稿　集部别集类

见《锡山历朝书目考》卷 7。

按:《全清词钞》卷8收其词1首。

华　侗

字子愿。清无锡人。康熙间诸生。

镜几集　集部别集类

见《锡山历朝书目考》卷10。

春水词　集部词曲类

收入清侯晰辑《梁溪词选》。

华周虚

字子中。清无锡人。生于明天启年间。苏郡贡生。卒年48。

周易精微　经部易类　佚

周礼笺注　经部周礼类　佚

四书正音　经部四书类　佚

以上3种见《锡山历朝书目考》卷10。

华　鼎

原名衷丹,字慎行,号衣后。清无锡人。允谊子。诸生。

半醒吟　集部别集类

见《锡山历朝书目考》卷10。

华亦祥(1624—1665)

字缵长,号鹅湖,又号惕中。庠姓鲍。清无锡人。顺治十六年(1659)殿试进士第二名,授编修。时江南以抗粮案被逮诸人,亦祥保全者甚多。十八年充会试分考官,寻迁侍读。未几卒,祀乡贤。

鹅湖类稿　集部别集类

见嘉庆《锡金县志》卷39。

按:《梁溪诗钞》卷18收其诗4首,《江苏诗征》卷148收其诗2首。

侯　杲(1624—1675)

字仙蓓，号霓峰。清无锡人。顺治六年(1649)进士。任浙江宣平知县。贫民多欠赋，输家资为补之。办军粮未尝扰民。迁礼部主事。擢郎中，改刑部，督九江关。清慎奉公，悉罢额外征。丁艰归，遂不出。豪迈疏财，跌荡诗酒，才华淹洽，盛有文名。康熙五年(1666)曾为宜兴万树校订《璇玑碎锦》。子文灯、文灿皆工诗词。侯绍先辑有《侯霓峰公荣哀录》1卷。《国朝耆献类征》卷139有传。

(顺治)宣平县志10卷　史部地理类

清侯杲修　胡世定纂

清顺治十二年(1655)刻本。

按：原刻本藏日本内阁文库，上海图书馆等藏有胶卷。

类书纂要　子部典故类

清周鲁、侯杲撰

(1) 33卷，清康熙三年(1664)刻本，南京图书馆藏。

(2) 24卷，旧刻本，见《无锡县立图书馆乡贤部书目》。

玉岩集　集部别集类

亦园诗稿　集部别集类

以上2种见《梁溪诗钞》卷15，收其诗4首。《江苏诗征》卷87收其诗1首。

浦嘉胤

字锡侯。清金匮人。好读书，穷年不辍。不苟言笑，于世漠然。

浦氏诗选　集部总集类

浦嘉胤选辑

见《无锡开化乡志》卷中。

周　鲁

字南林。清初无锡人。诸生。

类书纂要　子部典故类

清周鲁、侯杲合辑

(1) 33 卷,清康熙三年(1666)刻本,南京图书馆藏。

(2) 24 卷,旧刻本,见《无锡县立图书馆乡贤部书目》。

镜古类衡 4 卷　子部类书类

稿本,见《无锡先哲遗书书目》。

施彝宣(1624—1682)

字俪清,号文在。清无锡人。郡庠生。与刘雷恒、刘霖恒及兄国琮、弟京时称"二刘三施",风流文采,并为时所推。

粤游诗集　集部别集类

见《锡山历朝书目考》卷 10。

吴石亨

清无锡人。生于明天启间。

我愚斋自怡草　集部别集类　佚

见《锡山历朝书目考》卷 10。

华奇烇

字斌侯。清无锡人。生于明天启年间。

倦游集　集部别集类　佚

虚生集　集部别集类　佚

以上 2 种见《锡山历朝书目考》卷 10。

贾君甫

字履吉,号潜斋,别号省隐。清无锡人。恭曾孙。能诗文。

看山楼集　集部别集类

见《锡山历朝书目考》卷10。

吴　峻

字凝人,号亮湖。清无锡人。生于明天启时。能诗文。

亮湖集　集部别集类

见《无锡富安乡志稿》卷24。

陈世祉

字介夫。清无锡人。生于天启时。

南岩草堂诗　集部别集类

见《江苏诗征》卷27。

曹鼎臣

字抡生。清无锡人。顺治十一年(1654)举人,十五年会试副榜,授无为州学正、奉化知县,擢中书科中书。

奉化剿寇录　史部杂史类

清刻本。

按:鼎臣宰奉化,有政绩,奉化民为之刊行是书。

秦　沅(1625—1686)

字湘侯。清无锡人。钦翼第五子,诸生。工书法,闭户读书。与顾祖禹等友善,尝助纂《方舆纪要》。

诗经多识　经部诗经类

春秋纲目　经部春秋总义类

以上 2 种见《锡山历朝书目考》卷 4。

秦泉芳(1625—1701)

字天乳，号茗柯。清无锡人。梁玄孙。诸生。工诗，与从弟保寅齐名。

天乳诗抄　集部别集类　佚

见《锡山历朝书目考》卷 10。

叶　复

字贾侯。清无锡人。昆山籍诸生。

棣华堂诗集　集部别集类

何虹轩诗集　集部别集类

以上 2 种见《江苏诗征》卷 160。

秦瑾和

清无锡人。

八卦寻源　经部易类

见《无锡富安乡志稿》卷 24。

朱　澜

字幼安，号剩水。清无锡人。康熙年间在世。尝游燕赵齐楚闽粤间，所至多历落嵚崎、怀贤吊古之作。为人狷介廉洁。晚年以友人获罪牵连死狱中。

竹野堂集　集部别集类　佚

商山草堂集　集部别集类　佚

于野集　集部别集类　佚

幼安诗集　集部别集类　佚

以上 4 种见《梁溪诗钞》卷 19，小传云："遗稿散失，今无知其名者，仅仅获得陈检讨其年(维崧)所序幼安诗集一种,选录著卷中。"《梁溪诗钞》录其诗31首,又《全清词钞》卷8收其词1首。

按:陈维崧《朱幼安集序》见《迦陵文集》卷2,云:"生平著述等身,凡夫山经地志,鸟篆龙文,汲冢之丛残,琅函之隐怪,靡不穿穴其中,而纵横以出之。"又云,其古文诗歌"苍茫雄浑,自辟蹊径"。清陆楣《铁庄文集》卷2亦有《朱幼安诗序》。

嵇永福

字尔遐,号漪园。清无锡人。顺治十二年(1655)进士。授浙江严州府推官,降山东历城县丞。入蔡毓荣幕府,主机宜文字,康熙十七年(1678)试博学鸿词不遇,后因军功议叙以佥事道用,未补官而卒。

征西机略　史部杂史类

见清李天根《爝火录》引用书目。

按:光绪《锡金县志》卷39作《西征纪略》2卷。

漪园遗稿　集部别集类

见清秦瀛《己未词科录》卷6。《梁溪文钞》卷24有其文1篇,《梁溪诗钞》卷17有其诗6首。

华远臣

字子凝,号孔兴。清无锡人。庆远弟。

春草轩稿　集部别集类　佚

见乾隆《无锡县志》卷39。

刘惠恒

字子迪,号养孺。清无锡人。顺治四年(1647)进士。官福建闽县知县,廉惠有政声。以抗直中忌者罢归,年甫25。遂杜门谢客,自力于学,不复言仕宦者33年。于书无所不读,尤好宋儒语录。平居素仰高攀龙。晚益邃子、《易》。终生不信佛、老。卒年59。

树樗园赘语　子部杂学类

树樗园遗稿　集部别集类

树樗园诗集5卷　集部别集类

以上3种见清汪琬撰《敕授文林郎闽县知县刘君惠恒墓志铭》。

按:《江苏诗征》卷78收其诗3首。

施佩鸣(1626—1661)

庠姓吴。字来友,号蘧修。清无锡人。顺治十二年(1655)进士。官高州府推官。

荣哀记略　史部传记类

见《锡山历朝书目考》卷7。

按:《江苏诗征》卷5收其诗1首。

王世桢(1626—1693)

初字础臣,中岁更字础尘。清无锡人。为人亢爽磊落,能文工诗,卒于广州。清陈恭尹著《独漉堂集》有《王础尘行状》。

史用　史部史评类

见《独漉堂集》之《王础尘行状》。

代啸音稿　集部别集类

见《梁溪诗钞》卷13,收其诗3首。

张履吉(1626—1700)

字雪鸣,号谷庵,榜姓徐。清无锡人。顺治八年(1651)副贡,曾任山西监察御史。

治镇纪略　史部政书类

使梁载驰二集　集部别集类

以上2种见《锡山历朝书目考》卷7。

顾哲生(1626—1706)

字二吉。更名弃,字于田。清无锡人。诸生。

三圩庄记 史部地理类

击壤吟 集部别集类

瑶鹤怨 集部别集类

屺峰泣 集部别集类

焚余草 集部别集类

以上5种见《锡山历朝书目考》卷10。

龚兆兰(1626—?)

号佩纫。清无锡人。诸生。

唾香诗稿 集部别集类

鹤听诗稿 集部别集类

以上2种见《锡山历朝书目考》卷10。

华 珂(1626—?)

一名蒿,字鸣和。清无锡人。能诗。

汝阳诗集 集部别集类 佚

见《锡山历朝书目考》卷10。

钱鸿升(1626—?)

字起儒,号鹤宾。清无锡人。

伤寒秘籍方 子部医家类

见《锡山历朝书目考》卷10。

华 胥(1627—1687)

原名庶徵。字叔用,又字羲逸,一作希逸。清无锡人。画家。尤善画人物、仕女，密致而不伤于刻画，冶而清，艳而逸，与恽格花卉、王翚山水，并称秀丽艳逸。以《老子出关图》最工，传世作品有《织女图》等。其山水画有龙眠居士李公麟之意。

剪松堂诗1卷　集部别集类

见《锡山历朝书目考》卷4。

画余谱1卷　集部词曲类

《百名家词钞初集》本。

秦日新(1627—1689)

字映碧。清无锡人。镱子。康熙十二年(1673)贡生。历官旌德、灵璧训导。

白鹿堂诗稿　集部别集类　佚

见嘉庆《无锡金匮县志》卷22。

钱　旦(1627—1692)

字圣功。清无锡人。效绩四子。

圣功诗集　集部别集类

见《锡山历朝书目考》卷7。

吴长庚

字柏裳。清无锡人。顺治十四年(1657)举人。

柏裳诗集　集部别集类

见《锡山历朝书目考》卷7。

华允藻

字天翼，号觉非。清无锡人。顺治间贡生。曾请当事严禁溺女婴，又施舍药物，广刊格言，以化乡俗。卒年89。

感应篇集注4卷　子部道教类　佚

见《锡山历朝书目考》卷7。

何　钰

字廷坚。清顺治间无锡人。生于明天启末年。

古今命鉴　子部术数类　佚

水竹居草　集部别集类　佚

以上2种见《无锡开化乡志》卷下。

秦保寅(1628—1690)

原名鸿。字乐天,号石农,又号箬溪。清无锡人。镤子,溢弟。苏郡庠生。顺治十一年(1654)与严绳孙、顾景文等在里结云门社。家富藏书,以文学名著听社,人称乐天先生。亦通医,偶为人处方,辄效。

石农诗稿　集部别集类

见乾隆《无锡县志》卷39。

华　封(1628—1697)

字锦仙。号卓斋。清无锡人。缉子。诸生。

卓斋随笔　子部杂学类　佚

见《华氏金粟岭诗存》小传,收其诗9首。

秦　寅(1628—1699)

字克备,号小维摩。清无锡人。钛弟。庠生。以孙仁贵,赠文林郎、云南蒙自县知县。工诗。

竹荫山房稿　集部别集类

前津游草　集部别集类

后津游草　集部别集类

以上3种见《江苏诗征》卷23,收其诗1首。

按:《锡山秦氏诗钞》今集卷1收其诗6首,并将后二书合称《津游前后草》。

吕 樹(1628—?)

字云隐,别号端虚道人。清无锡人。贞九子。明亡后,随父访道各地,为昆阳王律师法嗣。尝主畴水东原、玉峰西乾、鹅湖正心诸道院,所至以青律设教。

心印经注 子部道教类

复元山房诗 集部别集类

以上2种见《锡山历朝书目考》卷6。

邹就镕

字冶三。清无锡人。初基长子。生于明崇祯间。庠生。

质疑编 子部杂学类 佚

见《锡山历朝书目考》卷10。

刘霦恒(1629—1698)

字沛远,一字沛玄。清无锡人。元珍孙,雷恒弟。苏郡庠生。与兄及施国琮、施彝宣、施京时称"二刘三施",风流文采,并为时所推。

吾与堂诗集10卷 集部别集类

见乾隆《无锡县志》卷39。

峨嵋草 集部别集类

南游草2卷 集部别集类

游仙草 集部别集类

以上3种见《锡山历朝书目考》卷4。

安 璇(1629—1703)

字孟公,号苍涵。清无锡人。广居子。诸生。好读书,工诗,所至皆有留题。多识前朝遗事,晚更研性理,所著数十种。顺治十一年

(1654)与秦保寅、严绳孙、顾贞观等在里结云门社,号“云门十子”。工书画。

续丙丁龟鉴　史部政书类

见《锡山补志》著述类。

胶东山水志　史部地理类

(1) 稿本,上海图书馆藏。《无锡文库》据此本影印。

(2)《无锡文库》本。

家乘拾遗 1 卷　史部传记类

(1) 稿本,上海图书馆藏。

(2)《无锡文库》本。据清康熙稿本影印。

先贤语录　子部儒学类

见光绪《锡金县志》卷 39。

高子遗书小补　子部儒学类

高攀龙撰　安璇辑

见《江苏诗征》卷 34。

苍涵外史独语　子部儒学类

见《锡山历朝书目考》卷 4。

罨画楼诗草 4 卷诗余 1 卷　集部别集类

稿本,无锡市图书馆藏。

孟公不在兹集 2 卷　集部别集类

稿本,无锡市图书馆藏。

安孟公手订文稿不分卷　集部别集类

上海图书馆稿本《安氏家集》本。

天全堂集 4 卷附录 1 卷　集部别集类

明安希范撰　安璇辑　安经传校录

(1) 清乾隆四十六年(1781)安吉校刊本。

(2) 抄本,1 卷,附《赡族录》,无锡市图书馆藏。

按:《梁溪诗钞》卷 22 收其诗 11 首。《江苏诗征》卷 34 收其诗 1 首。

华长发(1629—1713)

字商原,号沧江。清无锡人。诸生。工诗词。与秦沅善,二人尝偕顾祖禹纂《方舆纪要》。擅行草楷法,与邑中孙竑禾、高世泰、严绳孙齐名,并称"孙高严华"。

沧江百一诗　集部别集类　佚

见《梁溪诗钞》卷22。

按:清华孳亨辑《华氏传芳集》卷10本传云:"杜诏择其诗尤粹者序而梓之,曰《沧江百一诗》。"

燕綵堂诗集　集部别集类　佚

见清陆楣《铁庄文集》卷2本书序云:"华沧江先生长予二十年,折节与予交,且属论定其诗。"

沧江词　集部词曲类　佚

见清刘继增《忍草庵志》卷2。

按:《梁溪诗钞》收其诗13首,《忍草庵志》收其诗1首,《全清词钞》卷8收其词3首。

华恩霈(1629—1715)

字枚星,一字梅仙,号八水。清无锡人。奇章长子。诸生。精研四子书,辨析入微,教授诸弟子,务尽心力,弟子多取高第。久困场屋,泊然不稍怨尤,益嗜学不倦,间以吟咏自适。

禅悦余编　子部儒学类

留读斋集　集部别集类

以上2种见《华氏通四三省公支传芳集》卷9《八水府君宗谱传》。

棣华堂集　集部别集类

何虹轩诗集　集部别集类

以上2种见《锡山历朝书目考》卷7。

倪颖选(1629—?)

字蕙宫，又字浣心，晚号歇庵。清无锡人。吴县庠生。

蒙养正宗　子部儒学类　佚

学业正宗　子部儒学类　佚

涉世津梁　子部儒学类　佚

歇庵杂记　子部杂学类　佚

歇庵文集　集部别集类　佚

历朝诗词选　集部总集类　佚

以上6种见《锡山历朝书目考》卷10。

陈瑞声(1629—?)

一作睿声。字朝喈。清无锡人。振豪子。善诗，诗多楚调，皆有感而发。居与严绳孙邻，互为严友。从秦松龄赴荆襄，登临吊占，诗愈悲壮可诵。

含誉堂诗集　集部别集类

见《锡山历朝书目考》卷4。

华石云

原名廷元。字倬辰，号蓼庭。清无锡人。奇章子。

医林名鉴4集　子部医家类　佚

金刚经注解　子部佛教类　佚

以上2种见清华希闵等重辑《华氏宗谱》卷14。

马　涧

字碧沧，号桐山。清无锡人。监生。考授州同知。少从魏禧、顾祖禹游，既与姜宸英、郑簠、朱彝尊辈为昆弟交，文名益著。自颜其楼曰“清畅”，坐卧其中，怡然自得。

柏山草堂诗钞　集部别集类

见《梁溪诗钞》卷23，收其诗5首。《江苏诗征》卷11收其诗3首。

顾廷文(1630—1655)

字廷扬。清无锡人。枢子，景文弟。诸生。

绮绣楼诗集　集部别集类

见《江苏诗征》卷133。

孙　维(1630—1673)

字韩若。清无锡人。诸生。

史概1卷　史部史评类

见《锡山历朝书目考》卷7。

顾　玫(1630—1702)

字本玉，自号花间散人。清无锡人。廷枢孙。

本玉诗钞　集部别集类

见《锡山历朝书目考》卷7。

华士升(1630—1702)

字子猷，号恬如。清无锡人。

思无穷赋　集部别集类　佚

见《锡山历朝书目考》卷10。

顾　鋆(1630—1703)

字来玉，号雷育。清无锡人。煜长子。

来玉诗抄　集部别集类

见《锡山历朝书目考》卷7。

胡道隆

清无锡人。

半轩诗选初集(一作石门诗选)9卷　集部别集类

约清康熙间半轩刻本。见《贩书偶记》。

堵　霞

字岩如,号绮斋,又号蓉湖居士。清无锡人。廷棻女,同邑诸生吴元音室。通经史,工小楷,能诗善画。诗作清婉韶秀,高出晚唐,有烟霞想,无脂粉气。画法宋人。所作花木、禽虫、蔬果之类,随意点染,韵致天然。

三到堂稿　集部别集类

见《江苏诗征》卷172,收其诗2首。

含烟阁诗1卷附词1卷　集部别集类

(1) 抄本,台湾"中央图书馆"原藏。

(2) 玉烟堂抄本,南京图书馆藏。

(3) 清藕香檀抄本,无锡市图书馆藏。

(4)《清代闺秀集丛刊续编》本。

杨国钧

字定山。清无锡人。作枚祖。精历法。

历法大成10卷　子部历算类

见乾隆《无锡县志》卷39。

胡永禔

字鸿仪。清无锡人。康熙十六年(1677)贡生。官霍山教谕。

锡山宦贤考略3卷　史部传记类

清张夏、胡永禔撰

见《四库全书总目》卷63史部存目，云："是编取无锡名宦、乡贤二祠及崇正书院所祀诸先儒，起宋迄明，皆详其仕履，撮其事实，汇为一编。上卷名宦，中卷崇祯诸儒，下卷乡贤。书成于康熙甲子(二十三年)。"

顾景文(1631—1675)

字景行，号匏园。清无锡人。宪成曾孙，枢子。诸生。顺治十一年(1654)与秦保寅、严绳孙、顾贞规等人在里结云门社。工诗。

顾景行诗集2卷　集部别集类

清康熙三十一年(1692)美闲堂刻本，中国科学院图书馆藏。

按:《锡山历朝书目考》卷4及县志均著录作"匏园诗"。

楚游草1卷　集部别集类

清康熙三十一年美闲堂刻本，中国科学院图书馆藏。

匏园词1卷　集部词曲类

(1) 清康熙三十一年美闲堂刻本，中国科学院图书馆藏。

(2) 清光绪四年(1878)枕经葄史斋刻本，附顾贞观《弹指词》后。

(3) 清光绪十九年顾绶珊刻本，国家图书馆藏。

(4) 1934年排印本，附顾贞观《顾梁汾先生诗词集》后。

(5)《无锡文库》本，据清康熙三十一年美闲堂刻本影印。

顾祖禹(1631—1692)

一字景范，号宛溪。清无锡人。柔谦子。顺治二年(1645)随父迁居常熟。承家学，精史学，与魏禧为金石交。家贫，廉介朴厚，不求名于时，学者称宛溪先生。亦好交游，足迹几遍天下，无所遇，归而闭户著述。康熙二十九年(1690)尝助徐乾学修《一统志》，将荐起之，力辞罢，终老于家。

书经正旨　经部尚书类

见嘉庆《无锡金匮县志》卷125。

读史方舆纪要130卷　史部地理类

(1) 清抄本,彭元瑞校,国家图书馆藏。

(2) 清康熙通志堂刻本,上海图书馆藏,无卷数。陕西省图书馆存14卷。

(3) 清嘉庆十六年(1811)四川龙万育活字本。

(4) 清道光十一年(1831)敷文阁刻本,南京图书馆藏。

(5) 清抄本(共4种,其中2种为残本),国家图书馆藏。上海、辽宁等图书馆亦藏有清抄本多种。

(6) 清光绪三年(1877)敷文阁重刻本,南京图书馆藏。

(7) 清光绪五年蜀南薛氏重校修补敷文阁本,南京图书馆藏。

(8) 清光绪二十五年慎记庄石印本,南京图书馆藏。

(9) 清光绪二十五年新化邹代过三味书室刻本。此本最为精善。南京图书馆藏。

(10) 清光绪二十七年图书集成印书局排印本,南京图书馆藏。

(11) 旧抄本,无锡市图书馆藏。

(12) 1937年商务印书馆《国学基本丛书》本据龙万育本排印。

(13) 1955年中华书局重印《国学基本丛书》本。用邹代过本校勘,末附《读史方舆纪要校记》,为最善之本。

(14) 1998年上海书店出版社影印本。

(15) 2005年中华书局点校本。2012年、2018年重印。

(16) 稿本,卷33、89配清抄本,清陶浚宣、叶景葵跋,上海图书馆藏。

按:本书包括《历代州域形势》9卷、《南北直隶十三省》14卷、《川渎异同》6卷、《天文分野》1卷。世以其书与梅文鼎《历算全书》、李清《南北史合抄》并称为三大奇书。传本甚多,末附《舆图要览》4卷等,以上所举仅为其重要者。

方舆纪要州域形势说(一作方舆总论)5卷　史部地理类

(1) 清康熙五年顾氏职思堂自刻本,国家图书馆藏。

(2) 清康熙十二年刻本。

（3）清光绪二十七年图书集成印书局排印本，国家图书馆藏。

（4）清抄本，叶景葵跋，上海图书馆藏。

读史方舆纪要历代州域形势9卷　史部地理类

清嘉庆十年(1805)刻本，国家图书馆藏。

按：此为单行本。

方舆纪要序录(一作读史方舆纪要序)1卷　史部地理类

（1）《经史百家序录》本。

（2）清李超琼撰《石船居杂抄剩稿二种》本，清光绪二十二年木活字印本，上海图书馆藏。

（3）抄本，南京图书馆藏。

（4）油印本，无锡市图书馆藏。

读史方舆纪要摘录10卷　史部地理类

（1）清光绪十五年长沙遐龄庵传忠书局刻本。

（2）清光绪二十二年淡雅书局刻本。

读史方舆纪要总论不分卷　史部地理类

清翁心源抄本，南京图书馆藏。

方舆纪要简览　史部地理类

顾祖禹撰　潘铎选编

（一）34卷本。

（1）清咸丰八年(1858)刻本，国家图书馆藏。

（2）清光绪二十三年经元书室刻本，北师大图书馆藏。

（3）清光绪二十八年经元书室刻本，国家图书馆藏。

（二）1卷本。

《小方壶斋舆地丛钞》本。

注释读史方舆纪要序2卷　史部地理类

清顾祖禹撰　李式揆注释

（1）清光绪二十八年刻本，国家图书馆藏。

（2）清光绪二十八年山东书局铅印本，国家图书馆藏。

方舆纪要形势论略 2 卷　史部地理类

清顾祖禹撰　杜文澜录

《曼陀罗华阁丛书》本。

古本方舆总目 1 卷　史部目录类

见嘉庆《锡金县志》卷 25。

宛溪先生诗文残存　集部别集类

(1) 民国抄本，上海图书馆藏。

(2)《无锡文库》本。

(3)《清代诗文集汇编》本。

按：《宛溪集》已散佚，民国时孙祖基辑为《宛溪先生诗文残存》，有诗 5 首，文 3 篇。

高莒生(1631—1698)

字节培。清无锡人。世泰仲子。诸生。

端居斋诗集　集部别集类

见《锡山历朝书目考》卷 7。

顾　寀(1631—1699)

字宗玉，号忍轩。清无锡人。煜季子。监生。

白鹿诗稿　集部别集类

见《锡山历朝书目考》卷 7。

王抱承(1631—1705)

字果延，号补斋，晚自号溪南遗老。清无锡人。工诗古文，隐居乐道。

开化志 2 卷　史部地理类

清康熙间抄本，无锡市图书馆存卷上。

按：有人认为此书是后世书商伪造。

无锡开化乡志3卷　史部地理类

清王抱承纂　民国萧焕梁续纂　侯学愈增订

(1) 1916年侯学愈活字本,上海图书馆藏。

(2) 台北市无锡同乡会编《无锡文献丛刊》本。

(3)《中国地方志集成》本。

(4)《无锡文库》本。

补斋集　集部别集类

见《无锡开化乡志》卷下。

按:《梁溪诗钞》卷16收其诗1首。

王荣祖

字霁云。清无锡人。延龄父。好读古书,不为小技,尝用史事预拟成败,臆测屡中。尤慕陶渊明,家有小园,多植名葩佳卉,与骚人韵士徜徉其中。年88卒。

耕隐集8卷　集部别集类

见《王氏三沙全谱》卷首。

观　英

号毅庵,合肥孙氏子。清无锡国清寺僧。年20出家,参瑞光彻禅师。去谒天童,参弁山,皆不契。复谒灵岩储禅师,始大悟。至国清寺,键关6年,谢绝应酬。储重之曰:"天下会第一句者三人,老僧与具兄(径山礼禅师)及毅子耳。"

毅庵禅师语录　子部佛教类

见《锡山历朝书目考》卷6。

张宗龄

字江如。清康熙间无锡人。嵋子。诸生。

万里吟　集部别集类

见《梁溪诗钞》卷25,并收其诗2首。

华硕藩(1632—1672)

字价臣。清无锡人。

东林讲话　子部儒学类　佚

医方考　子部医家类　佚

以上2种见《锡山历朝书目考》卷7。

钱玉纶(1632—1701)

字尊光。清无锡人,长洲籍。诸生。

大易心解　经部易类

诗经义疏　经部诗经类

三传正讹　经部春秋总义类

以上3种均见《锡山历朝书目考》卷7。

钱一飞(1632—1719)

原名星,字翼天,一字其所,号绍阳。清无锡人。曾为吴三桂部佐,康熙十九年(1680)正月,勇略将军赵良栋引兵追剿,始逃归。后寿终乡里。

螟巢集　集部别集类

见《锡山历朝书目考》卷7。

狮弦集　集部别集类

稿本,国家图书馆藏。

蜀　乔

清康熙初无锡斗山僧。能诗。

诗1卷　集部别集类

见光绪《锡金县志》卷14,谓秦松龄、黄云为之序。

华呈藻

字逸涵。清无锡人。庠生。赐赠奉政大夫，安徽休宁县县丞。

贮霞轩诗集　集部别集类　佚

见《华世芳乡试朱卷》卷首“世系”。呈藻为世芳八世祖。

然　明

字昭雯。清无锡人。康熙初人。性情洒落，善吟诗。与蜀乔同在斗山为僧。

丛桂斋集　集部别集类

见《梁溪诗钞》卷57，小传云：“零落殆尽，今所存者仅第二集之三卷。”《梁溪诗钞》收其诗9首。光绪《锡金县志》卷14作《业桂斋集》。

鲍景宣

字南侯。清无锡人。康熙年间在世。官同知。负经世才，以诗名世。

青古轩诗草　集部别集类　佚

台游小草　集部别集类　佚

以上2种见《梁溪诗钞》卷22，收其诗8首。《江苏诗征》卷110收其诗2首。

鲍凤苞

字子雯。庠名允济。清无锡人。康熙间诸生。

偶然吟　集部别集类　佚

见《梁溪诗钞》卷24，收其诗2首。

施　熙(1634—1681)

字缉扬，号琴山。清无锡人。元徵孙。顺治十七年(1660)举人。考授知县。

牧民金镜　史部传记类
资野鉴识　子部杂学类
琴山集　集部别集类

以上3种见乾隆《无锡县志》卷39。

邹象雍(1634—1684)

字蕤宫,号抑庵。清无锡人。顺治十六年(1659)进士。殿试二甲第一。授河南武陟知县。中州赋法田轻丁重,豪弱偏枯不平。象雍汇算配拨,请定分等则例,后通行全省,甚便利。升行人司行人。卒祀河南名宦。《国朝耆献类征》卷139有传。

抑庵诗集　集部别集类　佚

见《锡山历朝书目考》卷7。

按:《梁溪诗钞》卷18收其诗2首。

华硕宣(1634—1707)

字养圣。清无锡人。襟怀潇洒,胸意磊落,慕陶渊明之高风,安命乐天。性喜种菊,因自号东篱。酷嗜吟咏,所作以汉魏六朝为根底,而取法于盛唐。又潜心理学,尝受知于汤斌。

东篱诗集6卷　集部别集类

见《梁溪文钞》卷29清王史鉴撰《隐士华硕宣传》。

按:《梁溪诗钞》卷25收其诗10首,《江苏诗征》卷148收其诗2首。

华　黄(1634—1709)

字备大,号中湄。清无锡人。康熙十八年(1679)进士。尝以户刑曹郎与修律例,出知永平府,黠吏不能欺。性本恬旷,在任不二年即乞归。

青峰堂诗稿　集部别集类　佚

见清华希闵等重辑《华氏宗谱》卷 12。

按:《梁溪诗钞》卷 22 收其诗 2 首,《江苏诗征》卷 148 收其诗 1 首。

唐毓昌(1634—?)

字时登。清无锡人。诸生。

字形一贯 24 卷　经部小学类

乐音一贯 30 卷　子部艺术类

以上 2 种见道光《锡金续志》卷 10。

六律补志　子部艺术类

见《锡山历朝书目考》卷 4。

诸　余

字耀霜。清无锡人。进士保宥女,参仪戴钿妻。工诗。年 17 出嫁,六载而寡,悲忧郁抑悉于诗发之。卒年 83。

冰心集　集部别集类

见《撷芳集》。

按:《江苏诗征》卷 163 收其诗 1 首。《续梁溪诗钞》卷 21 收其诗 1 首。

严濂曾

清无锡人。

(康熙)新城县志 14 卷首 1 卷　史部地理类

清崔懋修　严濂曾等纂

清康熙三十三年(1694)刻本,国家图书馆藏。

华永福

字依月。清无锡人。顺治间国子生,官州同。

清晖堂诗集　集部别集类　佚

见《锡山历朝书目考》卷10。

顾　敦(1635—1702)

字紫宸，又字子仁，号星轩。清无锡人。镛长子。康熙十四年(1675)恩贡，廷试授知县，不就。

寝言1卷　子部儒学类

紫宸诗草　集部别集类

以上2种见《锡山历朝书目考》卷7。

季麒光(1635—1702)

字圣昭，号蓉洲。清无锡人。康熙十五年(1676)进士。授福建闽清知县。二十二年台湾入归中国版图，设郡县，次年麒光调任诸罗知县。以新开之邑凡百，俱费经营，日无宁晷，案无停牍，条议详明，定其永则。

四书制义　经部四书类　佚

见《梁溪诗钞》卷21。

三国史论1卷　史部史评类

清康熙三十三年刻本，附刻于《蓉洲诗文稿》后，上海图书馆藏。

人物类考　史部传记类　佚

见《锡山历朝书目考》卷4。

东宁政事　史部政书类

清康熙三十三年刻本，附刻于《蓉洲诗文稿》后，上海图书馆藏。

台湾杂记1卷　史部地理类

(1)《说铃》本。

(2)《龙威秘书》本。

(3)《小方壶斋舆地丛钞》本。

(4)《丛书集成初编》本。

按：光绪《锡金县志》卷39、《锡山历朝书目考》卷4均著录有《台湾纪略二志》,与此或为一书。

暹罗别记 1 卷　史部地理类

《小方壶斋舆地丛钞》本。

按:此亦收入《台湾杂记》中。

蓉洲小品　子部杂学类

见《江苏诗征》卷 127。

蓉洲诗稿 7 卷文稿 4 卷华阳怀古 1 卷　集部别集类

(1) 清康熙三十三年刻本,上海图书馆藏。

(2)《无锡文库》本。

按:《梁溪诗钞》卷 21 有其诗 28 首。

秦　氏(1635—1718)

清无锡人。顾熙文妻。

影鸾室诗钞　集部别集类　佚

见《锡山历朝书目考》卷 9。

吴　绥(1635—?)

字馨宜,号韩章。清无锡人。诸生。

四书经讲义　经部四书类

见《锡山历朝书目考》卷 7。

廿二史纪事提要 8 卷　史部别史类

(1) 清乾隆刻本,无锡县图书馆原藏。

(2) 清嘉庆元年(1796)刻本,南京图书馆藏。

(3)《四库全书存目丛书》本。

按:本书成于顺治十七年(1660)。《四库全书总目》别史类存目著录此书。《无锡艺文志长编》云:是书原名《通鉴摘锦》,以一代、一朝、一人、一事,摘其数字标列于前。自谓好句天成,灿如列锦,便人诵习。后以历代事实,依次编记,故更名曰《廿二史纪事提要》。

鹤梦斋文稿　集部别集类

　　见《锡山历朝书目考》卷7。

华源浩

　　原名上来，字大生，号颖庵。清无锡人。允谊孙。顺治康熙间在世。

撷秀轩吟稿　集部别集类　佚

　　见《锡山历朝书目考》卷10。

华宇宁

　　字坤一，号天向。清无锡人。

绿荫堂集　集部别集类　佚

　　见清华希闵等重辑《华氏宗谱》卷11。

邹显吉(1636—1709)

　　字黎眉，号思静，晚号城南老圃。清无锡人。诸生。尝学诗于吴伟业，与同里秦松龄、严绳孙、顾贞观相唱和。曾在湖北草堂甄录《汉魏六朝三唐人集》。工画，善写生，兼绘山水人物，落墨尽妙。所作《菊花图》，笔墨遒劲，设色古雅，人称"邹菊"，论者以为导邹一桂之前路。康熙三十九年(1700)所作《罗浮佳处》卷颇负盛名。一门风雅，家人皆能画。以子士随贵，赠礼部主事。

鸣哀录　史部传记类

菊谱　子部艺术类

　　以上2种见《锡山历朝书目考》卷4。

邹黎眉梅花卷册　子部艺术类

　　见沈柔坚主编《中国美术辞典》小传。

湖北草堂诗5卷　集部别集类

北游集3卷　集部别集类

山居诗1卷　集部别集类

以上3种见《梁溪诗钞》卷22。

邹黎眉诗集　集部别集类

见光绪《锡金县志》卷39。

按:《梁溪诗钞》卷22收其诗11首,《清画家诗史》乙上收其诗1首。

倪　桌(1636—?)

字卓树,号彩霞。清无锡人。贡生。

东皋遗稿　集部别集类

见《锡山历朝书目考》卷7。

华天衢

字尧甸,一作尧巡,号摩赤。清无锡人。布衣。甚贫,好豪举,作诗文俯视一切,独与李崧交,诗酒唱酬不辍,隐居鹅湖40余年,自题所居曰酿花庄。卒年63。《梁溪诗钞》卷18,收其诗4首。《江苏诗征》卷148收其诗1首。

摩赤诗文集2卷　集部别集类　佚

见《梁溪诗钞》卷18,收其诗4首。《江苏诗征》卷148收其诗1首。

酿花庄集1卷　集部别集类

抄本《华氏家集》本,浙江图书馆藏。

郑　氏

清无锡人。季麒光妻。

韵香诗集　集部别集类

见《锡山历朝书目考》卷9。

华　琼

原名辉曾,字旦吟。改姓李。清无锡人。璘选子。吴江县庠生。

半读轩集　集部别集类

见《锡山历朝书目考》卷7。

王允持(1637—1693)

字简在,号陶村、鹿柴。清无锡人。康熙十一年(1672)举人,二十四年(1685)进士。选知县未赴。丁外艰服阕就选,竟病卒。工诗词,清新腴润,在中晚唐之间。为人安雅,笃于孝,一日手书数十行付诸子,皆身后令奉养祖母事。

天全堂诗集附赋2首　集部别集类

《王氏传家集》卷6,有吴兴祚序。

陶村词1卷　集部词曲类

《清名家词钞》本。

按:《梁溪诗钞》卷23收其诗20首。

周　宏(1637—1705)

宏,一作弘。字子重,号緘斋。清无锡人。康熙三年(1664)进士。廷试一甲第二,授国史院编修,八年(1669)主试山西,官至侍讲学士。

易通广义8卷　经部易类

见《锡金考乘》卷12,谓彭定求序之。

年谱1卷　史部传记类

见《锡金考乘》卷12,谓有刊本,秦松龄序之。

通书广义　子部儒学类

身家要旨　子部儒学类

以上2种见《梁溪文钞》卷25。

净绿居诗文稿　集部别集类

敦本集　集部别集类

以上2种见《锡山历朝书目考》卷4。

按:《梁溪文钞》卷25著录其《诗集》8卷、《文集》10卷,收其文14篇。《锡金考乘》卷12谓其文集久未付梓,后裔各有抄本藏于家。

黄　湾(1637—1710)

字庭源,号觐怀,别号萍谷。清无锡人。康熙十二年(1673)拔贡生。选授天河知县,迁蔚州知州。调刑部陕西清吏司员外郎,转户部山东清吏司郎中。擢登州府知府,改泉州府同知。

粤游集　集部别集类

晋游集　集部别集类

怀香集　集部别集类

中年集　集部别集类

以上4种见《锡山历朝书目考》卷7。

顾贞观(1637—1714)

字华封(一作华峰),又字远平,号梁汾。清无锡人。枢子。少承家学,才调清丽,文兼众体,与吴兆骞、纳兰容若交契。年20名噪京师。康熙五年(1666)任国史院典籍。十一年举顺天乡试,官内阁中书。为人俊爽,敦古谊。二十三年辞官返里,构积书岩,读书终老,著述颇富。工诗文,尤长于词,与朱彝尊、陈维崧齐名,并称“词家三绝”。

顾端文公年谱4卷　史部传记类

明顾与沐撰　顾枢编　清顾贞观订补

(1)《顾端文公遗书》本。

(2)《北京图书馆藏珍本年谱丛刊》本。

(3)《续修四库全书》本。

泾皋渊源录　史部传记类

稿本,上海图书馆藏。

按:《锡金考乘》卷12谓:"是书贞观晚年所作,未及谋梓而殁,而又别无传抄,故鲜有知者。今泾皋顾氏有家藏本。"《无锡艺文志长编》云:是书纂录宪成并允成师友及门人之传状事略,俾学者知其源,得寻其流,名《泾皋渊源录》,都八卷。

(康熙)庐江县志16卷　史部地理类

清吴宾彦修　王方岐、顾贞观等纂

清康熙三十七年刻本,南京图书馆藏。

按:贞观与修《庐江县志》时当康熙三十五年,见《梁溪文钞》卷29。

(康熙)无锡县志42卷　史部地理类

清徐永言修　秦松龄、严绳孙纂　顾贞观补订

清康熙二十九年刻本,南京图书馆藏。

纻塘集1卷　集部别集类

(1) 清康熙刻本。

(2) 清光绪七年(1881)枕经葄史斋重刻本,南京图书馆藏。

(3)《无锡文库》本,据清康熙年间初刻本影印,作《纻塘诗》1卷。

按:是集收诗二十余首,多反映晚年思绪。

征纬堂诗(一作楚颂亭诗)2卷　集部别集类

(1) 清抄本,国家图书馆藏。

(2)《四库未收书辑刊》本。

顾梁汾先生诗集5卷词集3卷补遗1卷　集部别集类

(1) 1934年铅印本,南京图书馆藏。

(2)《清代诗文集汇编》本。

顾贞观集1卷　集部别集类

收入《清诗汇》卷37。

积书岩集　集部别集类

见《清史列传》卷70。

扈从清平遗调1卷　集部别集类

见《梁溪文钞》卷29。

花对杂言　集部别集类

复竹舻诗文集　集部别集类

楚颂威堂诗集 6 卷　集部别集类

全唐诗选　集部总集类

唐五代词删　集部总集类

宋词删　集部总集类

古文选略　集部总集类

明诗纪　集部总集类

以上 8 种均顾贞观选辑，见《锡山历朝书目考》卷 4。

积书岩古文选略 12 卷　集部总集类

清康熙三十一年刻本，国家图书馆藏。

东林翰墨　集部总集类

清顾贞观辑

清康熙刻本。

秋笳余韵不分卷　集部总集类

清陈之遴、顾贞观等撰　张廷济辑

稿本，国家图书馆藏。

积书岩宋诗删(一作积书岩宋诗选)25 卷　集部总集类

清顾贞观辑

(1) 清康熙三十八年春草堂刻本，国家图书馆藏。

(2) 清康熙宝翰楼刻本，国家图书馆藏。

(3) 清康熙间刻本，国家图书馆藏。

(4)《四库全书存目丛书补编》本。

积书岩宋诗选 1 卷

清归安姚氏咫进斋抄本，南京图书馆藏。

弹指词　集部词曲类

一卷

(1)《百名家词钞初集》本。

(2)《百名家词钞》本。

(3) 1937 年开明书店排印陈乃乾《清名家词》本，国家图书馆藏。

二卷

(1) 清乾隆十八年(1753)顾锺珣刻本，南京图书馆藏。

(2) 清乾隆四十九年积书岩刻本，南京图书馆藏。

(3) 清末海宁陈氏铅印本，南京图书馆藏。

(4)《四库备要》本。

(5) 缪荃孙夫人朱丝栏抄本，台北师大图书馆藏。

(6)《续修四库全书》本，影印乾隆四十九年积书岩刻本。

(7) 2015 朝华出版社影印本。

三卷

(1) 清雍正二年晓霞楼刻本，南京图书馆藏。

(2) 清光绪四年枕经葄史斋刻本，南京图书馆藏。

(3) 清光绪十九年顾缓珊刻本，国家图书馆藏。

(4) 清宣统二年(1910)吉林官书刷印局铅印本，辽宁图书馆藏。

(5)《无锡文库》本。

弹指词笺注　集部词曲类

张秉戍注

(1) 2000 年北京出版社出版。

(2) 2017 年文津出版社出版。

今词初集 2 卷　集部词曲类

清顾贞观、纳兰容若选

(1) 清康熙十六年刻本，国家图书馆藏。

(2) 清光绪二十三年张莹重刻本，南京图书馆藏。

(3) 清抄本，国家图书馆藏。

(4) 清缪氏艺风堂抄本，北京大学图书馆藏。

(5)《续修四库全书》本。

秦松龄(1637—1714)

字汉石，一字次椒，号留仙，又号对岩，晚号恒斋老人、苍岘山人。清无锡人。仲锡孙。顺治十二年(1655)进士。改庶吉士，散馆授国史馆检讨，以江南奏销案罢归。康熙十八年(1679)又举博学鸿儒，再授检讨，历官左赞善、左春坊左谕德，典顺天、江西乡试。少好学，壮岁尝从军荆襄，总督蔡毓荣请于军中讲学，士卒无不耸听。及归里，耽研经训，尤深于诗，居惠山寄畅园，暇辄邀集故人遗老如王士祯等唱和其中，著述甚富。

书经日笺　经部尚书类　佚

见嘉庆《锡金县志》卷21。

毛诗日笺6卷　经部诗经类

(1) 清康熙三十九年挺秀堂刻本，国家图书馆藏。

(2) 清抄本，国家图书馆藏。

(3)《常州先哲遗书》本。

(4)《续修四库全书》本。

(5)《四库全书存目丛书》本。

(6)《昭代丛书》(道光)本，1卷。

按:《无锡艺文志长编》云:是书王阮亭士禛称其“折衷尽善，既正紫阳之误，亦通毛郑之邮，兼去楚望之矫”;宋荦序之，谓“其间虽不尽取《小序》，然能精择毛郑旧说，以荟萃……诸儒之言，而折衷于朱子，间发己意，必协于义理之正”。

春秋日笺　经部春秋总义类　佚

见嘉庆《锡金县志》卷21。

明史拟稿4卷　史部纪传类　佚

见光绪《锡金县志》卷39。

按:康熙十八年作者尝与修《明史》，本书盖即当时所撰。

东林书院入祀七贤传1卷　史部传记类

清康熙刻本。

(康熙)无锡县志42卷　史部地理类

清徐永吉修　严绳孙、秦松龄纂

(1) 清康熙二十九年刻本,国家图书馆藏。

(2)《无锡文库》本。

苍岘山人集5卷微云集诗余1卷　集部别集类

(1) 清康熙挺秀堂刻本,南京图书馆藏。

(2) 清康熙五十七年尊贤堂刻本,国家图书馆藏。

(3) 清嘉庆四年(1799)秦瀛重刻本,南京图书馆藏。

(4) 民国无锡县图书馆抄本,无锡市图书馆藏。

(5)《四库未收书辑刊》本。

(6)《无锡文库》本。据康熙间刻本影印。

(7)《清代诗文集汇编》本。

苍岘山人文集6卷　集部别集类

(1) 清嘉庆二年秦瀛刻本,国家图书馆藏。

(2)《四库未收书辑刊》本。

(3)《清代诗文集汇编》本。

对岩集1卷　集部别集类

清康熙间刻《百名家诗钞》本。

苍岘山人文录1卷　集部别集类

《国朝文录》本。

秦松龄集1卷　集部别集类

收入《清诗汇》卷41和《国朝文汇》甲集卷11。

然竹集　集部别集类

见清王士祯《渔洋精华录》卷7。

按:康熙十五年松龄入楚,自定《然竹集》。

遂园禊饮集　集部总集类

清钱陆灿、尤侗、秦松龄等撰　徐乾学辑

清康熙三十三年刻本，南京图书馆藏。

微云词1卷　集部词曲类

《百名家词钞》本。

按：《微云集诗余》亦为词集，因与《苍岘山人集》合刻，故未单列。

玉山词评　集部词曲类

清刻本。

王梦白

字金孺。清无锡人。

诗经广大全20卷　经部诗经类

清王梦白编　陈曾辑

(1) 清康熙二十一年(1682)吴郡宝翰楼刻本，中国科学院图书馆藏。

(2)《四库全书存目丛书》本。

按：《四库全书总目》云："梦白谓明初《诗经大全》有裨朱《传》，但所采群经典故，未备本末，所引诸儒论说，未有折衷，因与曾推广之。大略以《集传》为主，而间存诸说。前有韩菼《序》，引顾炎武言'自《五经》有《大全》而经学衰'，兹编虽为广《大全》而作，然其采择精详，诠释简当，或有功于朱《传》。今考是书，虽溯源《注》《疏》，然未能深研古义。其训释名义，亦惟以蔡卞、冯复京二书为蓝本，罕所考正。宜菼之有微词也。"

陈　曾

字衣圣。清无锡人。

诗经广大全20卷　经部诗经类

清王梦白编　陈曾辑

(1) 清康熙二十一年(1682)吴郡宝翰楼刻本，中国科学院图书馆藏。

(2)《四库全书存目丛书》本。

秦松岱(1638—1686)

字赤仙,号灯岩。清无锡人。仲锡孙,松龄弟。附监生。少从族祖镛游,称东林都讲。

易学晰微 20 卷　经部易类　佚

见嘉庆《无锡金匮县志》卷 21。

倪金印(1638—1701)

字俾昌。清无锡人。诸生。

寄寂斋诗钞　集部别集类　佚

见《锡山历朝书目考》卷 10。

王仁灏

一作王灏。字时大,号遹林。清无锡人。孙兰子。康熙十一年(1672)贡生。幼孤积学。历官至连江知县。工诗,善制义。康熙七年,曾晤吴伟业于梁溪。吴序其诗云:"闲婉秀靓,明而不纤,清而不薄。"

南征日记　史部传记类

霞外草　集部别集类

以上 2 种见《梁溪诗钞》卷 21 节录吴伟业康熙戊申《霞外草序》。并收其诗 29 首。

钱　行

字其行。清无锡人。

先忧斋诗集　集部别集类

见《锡山历朝书目考》卷 10。

杨庆徵

字燕又。清康熙无锡人。诸生。初攻举子业，屡试不遇，始分其学于诗，阅10年而成集。

教学渊源录　子部杂学类

见《锡金志外》卷2。

衣南堂诗8卷　集部别集类

见《梁溪诗钞》卷23，收其诗4首，云已刻，“诸观察定远序其诗”。

华　霈(1639—?)

字敏芳，号苍崖，清无锡人。

闲吟诗词2卷　集部别集类　佚

见《锡山历朝书目考》卷10。

吴文镕

字紫梁，号省吾。清无锡人。康熙八年(1669)举人，官凤阳教谕，迁镇江府、松江府教授。工诗，与鲍鼎铨齐名。

绮云阁诗集　集部别集类

见《江苏诗征》卷13。

秦汝泌(1640—1706)

字郯仙。清无锡人。钺子。贡生。授池州府铜陵县学训导，补凤阳府虹县教谕。

服议　子部儒学类

见《无锡富安乡志稿》卷24。

高　愈(1640—1717)

字紫超。清无锡人。攀龙从孙。10岁读《攀龙遗书》即有向学之志，康熙二十九年(1690)贡生。官候选训导。事亲孝。励学谨行，不尚议论。尤湛深经术，覃精《周礼》。平居体安气和，说经娓娓忘倦。巡抚张伯行延主东林书院，以疾辞。《清史稿》有传。

读易偶存　经部易类

见《江苏诗征》卷 42。

周礼集解(一作周礼解、高注周礼集解)24 卷　经部周礼类

清浙江书局本。见《无锡县立图书馆乡贤部书目》。

周礼集解节要 6 卷　经部周礼类

清高愈撰　张良弼选辑　邓恺参订

清雍正十二年(1734)精刻本，无锡市图书馆藏。

按:《无锡艺文志长编》云:是书良弼因愈所著《周礼集解》，摘其精华，辑录成帙。恺乃复加参采厘订之，为六卷，盖便于帖括家取裁之编也。

周礼集解□卷　经部周礼类

清高愈撰　清华学泉增订

(1) 清抄本，存卷一至二十三，国家图书馆藏。

(2)《四库全书存目丛书》本。

周礼疏义　经部周礼类

仪礼丧服或问　经部仪礼类

以上 2 种见《清史稿》本传。

仪礼集解　经部仪礼类

见光绪《锡金县志》卷 39。

春秋疑义　经部春秋总义类

见《江苏诗征》卷 42。

春秋经传日抄　经部春秋总义类

春秋类　经部春秋总义类

以上 2 种见《清史稿》本传。

字母　经部小学类

见《东林书院志》卷20。

朱子年谱1卷　史部传记类

附刻于《小学纂注》。

老子道德经解(一作老子解)　子部周秦诸子类

见乾隆《无锡县志》卷39。

小学6卷　子部儒学类

宋朱熹撰　明陈选集注　清高愈纂注

(1) 清道光十四年(1834)刻本,国家图书馆藏。

(2) 清同治二年(1863)刻本,国家图书馆藏。

(3) 清光绪十四年(1888)苏州扫叶山房刻本,国家图书馆藏。

(4) 清光绪二十二年刻本,国家图书馆藏。

心远堂新编小学纂注6卷附小学句读1卷文公朱夫子年谱1卷　子部儒学类

清高愈注

(1) 清乾隆十二年(1747)心远堂刻本,上海图书馆藏。

(2) 清乾隆三十三年金阊书业堂刻本,无《小学句读》,天津图书馆藏。

(3)《四库全书存目丛书》本。

(4)《故宫珍本丛刊》本。

小学6卷　子部儒学类

清高愈注

(1) 清乾隆十七年刻本,吉林省图书馆藏。

(2) 清嘉庆十八年刻本,辽宁省图书馆藏。

(3) 清光绪元年成都书室刻本,辽宁省图书馆藏。

(4) 清光绪十二年扫叶山房刻本,辽宁省图书馆藏。

(5) 清光绪二十八年烟台成文信刻本,哈尔滨师范大学图书馆藏。

(6) 清同治五年晋祁书业堂刻本(《重订小学纂注》),吉林省图书馆藏。

小学纂注 6 卷附朱子年谱　子部儒学类

清高愈注

(1) 清嘉庆二十四年集方斋刻本,天津图书馆藏。

(2) 清光绪十四年苏州扫叶山房刻本,天津图书馆藏。

小学纂注 6 卷总论 1 卷附文公朱夫子年谱 1 卷　子部儒学类

清高愈注　《文公朱夫子年谱》题宋李方子撰

(1) 清咸丰七年古邠庚氏职恩堂刻本,黑龙江省图书馆藏。

(2) 清京都龙威阁刻本,南京图书馆藏。

小学 6 卷附文公朱夫子年谱 1 卷小学总论 1 卷　子部儒学类

清高愈注

(1) 清同治八年江苏书局刻本,南京图书馆藏。

(2) 清同治十一年浙江书局刻本(无总论),南京图书馆藏。

小学纂注 6 卷为学大指 1 卷　子部儒学类

清高愈撰　《为学大指》清倭仁撰

清光绪二十九年成都志古堂刻本,辽宁省图书馆藏。

小学 6 卷附朱子年谱 1 卷　子部儒学类

宋朱熹撰　清高愈注

清刻本,上海图书馆藏。

小学集注 6 卷　子部儒学类

清高愈撰

1925 年上海文瑞楼石印本,上海图书馆藏。

朱子小学节本 2 卷　子部儒学类

清高愈注　江畲经辑

1935 年上海商务印书馆铅印本,天津图书馆藏。

新式标点言文对照小学集注 6 卷　子部儒学类

清高愈辑并注,沈元起译

1936 年上海广益书局铅印本,南京图书馆藏。

薛胡罗三先生要语　子部儒学类

见《东林书院志》卷20。

尤龙起

字迩谐。清顺治康熙间无锡人。幼聪颖,未就塾即喜诵读。为文奇伟,诗词骚雅咸工。又精于真草篆隶,岐黄、法律诸书无不谙习。奈数奇未遇,杜门著述。尝手订真草篆隶诸帖。为人坦直,仗义乐施,好交义侠。自题联于读书斋曰:傲骨奚曾随俗换,雄心还欲问天偿。

尚书说要　经部尚书类

四书备要　经部四书类

以上2种见《尤氏宗谱》卷8所收《续万柳溪边近话》。

续万柳溪边近话　史部传记类

清尤龙起撰　尤桐校

(1) 1936年《尤氏宗谱》本。《无锡文库》本据此影印。

(2)《无锡文库》本。

遂初堂杂录　子部杂学类

迩谐集　集部别集类

以上2种见《尤氏宗谱》卷8所收《续万柳溪边近话》。

邹本筌

字芳蕤。清无锡人。漪子。

绿晓堂诗稿　集部别集类

见《梁溪诗钞》卷22,收其诗4首。

华慧空

字贞素。清康熙间金匮人。或说杨逢春妻,或说吴忻妻。

环翠轩词草　集部词曲类　佚

见《锡山历朝书目考》卷9。

按:《全清词钞》卷31收其词1首。《全清词》收其词2首。

吴位镛

字益让。清无锡人。人秀次子。康熙诸生。

樵霞草　集部别集类

见《江苏诗征》卷13。

圆　显

字一性，一字文晦，号樗巢。清无锡人。俗姓陆，出家苏州灵岩寺，康熙初往持惠山忍草庵。工诗善画，顾贞观等均有题画诗。

忍草庵乘略　史部地理类

见《忍草庵志》卷4，云："以庵中故事及诸文士题咏唱和诸作，纂辑成书。"

樗巢吟稿　集部别集类

见《忍草庵志》卷4。

按：康熙三十七年(1698)圆显尝述忍草庵之缘起，为文刻石，文见《忍草庵志》卷3。又本志卷2"诗传"收其诗11首。

沈　烈

本姓赵。清无锡人。康熙十六年(1677)贡生。婺源训导。

麟经粹旨　经部春秋总义类

见《锡金考乘》卷12。

王佐才

字枚吉，号湄隐。清康熙间无锡人，少而耽学，长号通才，群书奥典，多得博览。不以得失撄心、贫富移志。为文真朴，不事雕凿，诗风秀洁。

小题窗稿　集部别集类

青箱草　集部别集类

鸣秋集　集部别集类

湄隐集　集部别集类

以上4种见康熙四十七年(1708)刘秉铉《王湄隐公传》(载《王氏三沙全谱》卷首)。

按:据刘氏云,《小题窗稿》为文集,收文500余篇。《王氏三沙全谱》收其文2篇、诗3首、词2首。

陆　寅

字昉时,又字乐闲,号春畦。清初无锡人。康熙二十四年(1685)贡生。候选训导。

春吹初集　集部别集类

秋空清啸集　集部别集类

以上2种见《锡山历朝书目考》卷7。

钱慎方(1641—1703)

字少峰,号新泾。清无锡人。尔登子。

梅花书屋集　集部别集类

见《锡山历朝书目考》卷10。

华硕修(1641—1715)

字莱若,号采石。清无锡人。

笑读轩诗稿1卷　集部别集类

清抄《华氏家集》本,浙江图书馆藏。

陶　颐(1642—1671)

字次程,一字幼谦。清无锡人。一夔子。通《易》,卒年30。

易解3卷　经部易类

见《锡山历朝书目考》卷7。

黄　瑚(1642—1679)

字夏孙，号大夏。清无锡人。为文恶赝古，主中唐、北宋，而造极于马班。制义风发泉涌，一日能成数千言。吴伟业延致家塾。康熙十七年(1678)举博学鸿儒，昆山叶方霭以瑚名上，徵召下，病厉未行。

黄大夏遗文 2 卷　集部别集类

见乾隆《无锡县志》卷 39。卷 30 本传云：“卒无子。外兄华泉辑其遗文以传，陆楣序之。”

按：嘉庆《锡金县志》卷 39 作 4 卷，卷 38 收其文 1 篇。

古文正规五十篇　集部总集类

见《锡山历朝书目考》卷 4。

侯麟勋(1642—1682)

字汉仪，号慎来。清无锡人。康熙十八年(1679)进士。官吏部主事。与同邑黄瑚友善。秦松龄赠其诗有句云：“落拓都城耻干谒，有文百轴谁当传。”

栖香阁稿　集部别集类

见《锡山历朝书目考》卷 7。

按：《梁溪诗钞》卷 22 收其诗 1 首。

顾　鋆(1642—1703)

字殿玉。清无锡人。言长子。诸生。

纲目纪异编 16 卷　史部编年类

见《锡山历朝书目考》卷 7。

高芸生(1642—1703)

字藉培。清无锡人。世泰侄。国子生。考授州佐。

师简堂诗集　集部别集类

见《锡山历朝书目考》卷7。

高芷生(1642—1715)

字楚培。清无锡人。世泰季子。诸生。主东林讲席数十年。继父志,营复东林书院,修高攀龙水居及止水祠,校刻遗书等。晚年揭"主静"二字于屏间,盖一生渊源于此。

静思轩诗集　集部别集类

见《锡山历朝书目考》卷7。

按:《梁溪文钞》卷28收其文1篇。

顾　鋐

字渭若。清无锡人。康熙十一年(1672)举人。

剑芝阁诗　集部别集类

见《江苏诗征》卷131,收其诗1首。

叶藹堂

字柏庐。清无锡人。

柏庐格言诗　集部别集类

见《无锡富安乡志稿》卷24。

李文华(1643—1677)

字公豪。清无锡人。

复古楼遗稿　集部别集类

见《锡山历朝书目考》卷10。

邹　溶(1643—1707)

溶一写作旸。字可远,号二辞。清无锡人。国子生。康熙二十八年(1689)以授纳满族亡命客法葆,初逮京问死,同年改遣戍关中。刘廷献受顾祖禹之托，密为部署，戍中得不受苦，因得放浪山野。三十八年自戍地放回，寄食僧寮以卒。工诗善画，尤擅山水，学宗吴镇。

(康熙)洋县志8卷首1卷　史部地理类

清邹溶修　周忠纂

(1) 清康熙三十三年刻本，国家图书馆藏。

(2) 清抄本，存卷首、卷1，湖北省图书馆藏。

思梦录　子部杂学类　佚

见《锡山历朝书目考》卷4。

时保堂诗集　集部别集类

见《梁溪诗钞》卷19，有其诗9首。《清画家诗史》甲下录其诗1首。

邹可远遗诗　集部别集类

见乾隆《无锡县志》卷39。

香眉亭词　集部词曲类

收入清侯晰辑《梁溪词选》。

黄　辉(1643—1717)

字觐昭，自号具湄狷者。清无锡人。为人言行简核。其外父明末殉节死，遵母命不出应试。治生笔耕砚田。工诗词，含英咀华，为名流所推许。

养志斋如梦草8卷　集部别集类

见《无锡开化乡志》卷中本传，云："积三十金刊《养志斋如梦草》八卷，投之同人，以见素志。"

钱忧行

一名行，字其所。清无锡人。诸生。

先忧斋诗集　集部别集类

见《梁溪诗抄》卷23，收其诗1首。

华学瀚(1644—1697)

原名时钧,字天奏。清无锡人。长洲诸生。

华氏祠墓始末 2 卷　史部地理类

(1) 清刻本,无锡市图书馆藏。

(2) 1936 年活字印本,上海图书馆藏。

惠山白石坞贞节祠祀位录　史部地理类

1926 年木活字印本,无锡图书馆藏。

周宜绳(1644—1718)

字子裕,号毅庵。清无锡人。贡生。官新宁知县。

先儒言行录　子部儒学类

文献折衷　子部儒学类

以上 2 种见《锡山历朝书目考》卷 7。

华学泉(1644—1719)

原名武铭,字天沐,作天穆,号霞峰。清金匮人。学瀚弟。少喜讲求史汉及唐宋八家古文,后弃举子业,终身不仕,闭门读书四十余年。尝与同里黄瑚、陆楣等共为古文,而学泉尤以经学著,深为高愈赞赏。康熙五十二年(1713)张伯行巡抚江苏,延主东林讲席,谢不就。生平尤邃于《易》,名其室曰读易庐。清顾栋高《万卷楼文稿》卷 6 有其传。

读易偶存不分卷　经部易类

清抄本,复旦大学图书馆藏。

按:乾隆《无锡县志》卷 39 作 6 卷。

学易初稿　经部易类

见《锡山历朝书目考》卷 5。

周礼集解□卷　经部周礼类

清高愈撰　清华学泉增订

清抄本，存卷一至二十三，国家图书馆藏。

仪礼丧服或问 1 卷　经部仪礼类

见清顾栋高《华先生学泉传》，云："（高愈先生）尤服膺《仪礼丧服或问》。余十八岁执经于先生，先生曰：百世以俟圣人不惑者，此书也。"

吉礼辑略　经部三礼总义类

见《锡山历朝书目考》卷 5。

三礼集说 40 卷　经部三礼总义集

见《梁溪文钞》卷 28，云："家贫，尝鬻产购昆山徐氏（乾学）所刊经说百余种，钩稽编纂，无间寒暑，成《三礼集说》四十卷。"

春秋类考 12 卷　经部春秋总义类

见《四库全书总目》春秋类存目，谓"大旨崇尚宋儒，尤多主胡《传》"。

春秋疑义 2 卷　经部春秋总义类

《璜川吴氏经学丛书》本。

按：亦见《四库全书总目》春秋类存目，作 1 卷，云："专抒《类考》中未尽之蕴。"

读易庐训诂考 8 卷　经部小学类

清抄本，无锡市图书馆藏。

老子疏义 2 卷　子部周秦诸子类

楞严疏钞 10 卷　子部佛教类

以上 2 种见乾隆《无锡县志》卷 39。

霞峰先生文钞 2 卷　集部别集类

见清华玉淳《华师道文集·书霞峰先生文钞后》。

霞峰诗钞 2 卷　集部别集类

见《锡山历朝书目考》卷 5。

按：《梁溪文钞》卷 28 收其文 1 篇。

钱　栋

字毅庵，号楚云。清无锡人。年68卒。

随随录　子部儒学类　佚

现果录　子部儒学类　佚

以上2种见《锡山历朝书目考》卷10。

华文裕

字予思。清无锡人。生于明崇祯间。

绿天诗稿　集部别集类　佚

见《锡山历朝书目考》卷10。

朱　襄

字赞皇，又号啸园。清无锡人。诸生。工诗，尝与邑中吕庄颐、鲍景先等为续碧山吟诗会。康熙三十四年(1695)客京师，馆红兰主人蕴端家，为其校定《玉池生稿》，蕴端礼为上宾。三十五年(1696)与顾卓、蒋钱等集孔尚任岸堂过花朝。曾为侯文灿校《亦园词选》。喜集古钱币。

易韦1卷　经部易类

见清朱彝尊《曝书亭集》卷33《寄礼部韩尚书书》，云："复示《易韦》一编，其立说皆本汉以前书，不堕陈图南(抟)、邵尧夫(雍)窠臼。"清毛奇龄曾为其作序。

考工记后定1卷　经部周礼类　佚

见《锡金考乘》卷12。

一亭云集2卷　集部别集类

《辇下和鸣集》本。

按：《梁溪诗钞》卷27小传云："《一亭云集》，则蒋景少《辇下和鸣集》、王景州《离朱集》、黄交三《名家诗衡》皆选刻。红兰主人又附刻《玉池生稿》后。"今除《辇下和鸣集》外,其余诸书均未见。

漫与诗稿 1 卷　集部别集类

《小南村集》本。

集唐诗　集部别集类

见《锡金考乘》卷 12。

按:清朱彝尊《寄礼部韩尚书书》云:"朱赞皇集唐三十律,叹为工绝。"清顾诒禄《缓堂诗话》亦云:"赞皇以集唐三十首得名。"

织字轩词　集部词曲类

收入清侯晰辑《梁溪词选》。参见"侯晰"条。

续碧山吟　集部总集类

见《梁溪诗钞》卷 27 小传,云:"啸园又与吕恂令、鲍南侯、堵羽三、陈子复、开皋叔侄、汪辰玉,有《续碧山吟》之刻。"刻本今未见。

华　学

字今贤。清无锡人。顺治康熙间在世。

秋水轩集　集部别集类　佚

哀鸿吟诗　集部别集类　佚

以上 2 种见《锡山历朝书目考》卷 10。

赵骏烈

清无锡人。

纪元汇考　史部史表类

见乾隆《锡金县志》卷 39。

朱　戬

字民荷。清无锡人。长洲庠生。康熙八年(1669)武举人。性仁厚,有干略。人以缓急告,屡周不厌。临殁,取穷人债券尽焚毁之。

东溪遗稿　集部别集类

见《梁溪诗钞》卷20，小传云："邹升传之刻有《东溪遗稿》。"刻本今未见，《梁溪诗钞》有其诗1首。

华芳藻

字文仙，号吟梦。清无锡人。顺治康熙间在世。

吟梦诗集　集部别集类　佚

见《锡山历朝书目考》卷10。

华长源

字天来。清无锡人。顺治康熙间在世。

儒门保赤　子部儒学类

见《锡山历朝书目考》卷10。

鲍鼎铨

庠名允治，字让侯。清无锡人。康熙八年(1669)举人，拣选知县。所作诗传诵京师，为时所重。

心远堂集　集部别集类

见《梁溪诗钞》卷20，小传云："《心远堂》一刻，传诵都门，尤为魏太师(裔介)、龚宗伯(鼎孳)两先生器重。"刻本今未见，《梁溪诗钞》有其诗6首。又《江苏诗征》卷110有其诗1首，《全清词钞》卷4有其词1首。

鲍让侯诗集　集部别集类

见光绪《锡金县志》卷39。

按：此或即《心远堂集》之别称。

华培佑

号云樵。清无锡人。顺治康熙间在世。

练音续集　集部别集类　佚

见《锡山历朝书目考》卷10。

施隆瑶(1645—1727)

字眉仙，号鸿山。清无锡人。

阳春斋集　集部别集类

见《锡山历朝书目考》卷11。

华之望

字渭生，号戴笠子。清无锡人。监生。尝学古文于魏禧，亦工诗。生平足迹遍天下，所至名山大川均有诗纪之。同邑杜诏尝师事之。

戴笠吟1卷　集部别集类

清抄《华氏家集》本，浙江图书馆藏。

华王澄

复姓王，名澄，字何思，号凝修。清无锡人，吴县籍。允诚孙。康熙十八年(1679)进士。官浙江丽水知县。

豫如府君年谱2卷首1卷末1卷　史部传记类

清华衷黄撰　弘夏参订　华王澄补编

(1) 清乾隆四十一年(1776)刻本，北京大学图书馆藏。

(2) 清道光二十八年(1848)华嘉植补刻本，国家图书馆藏。

(3) 清光绪八年(1882)华鸿模木活字本，国家图书馆藏。

(4) 抄本，上海图书馆藏。

(5)《北京图书馆藏珍本年谱丛刊》本。

(6)《无锡文库》本。

按：此为华允诚年谱，亦题作《华凤超先生年谱》《节愍华公年谱》。参见“华衷黄”条。

汤　焴

字鞠劬。清康熙间无锡人。

栖筠词1卷　集部词曲类

收入清侯晣辑《梁溪词选》。

严泓曾

字人宏，号青梧。清无锡人。绳曾长子。性尚雅素，略似其父。诗潇淡，画有家法。擅山水。尤精人物，常画《昭君出塞图》，人争宝之。邹一桂以其所绘佛像进宫内，颇得好评。曾为王士祯写《碧山吟社图》，士祯以诗送之。

青梧集3卷　集部别集类　佚

见《梁溪诗钞》卷27，并收其诗20首。

按：是集于乾隆四十八年(1781)奏准禁毁。

吴士达

字君陶。清无锡人。贡生。候选训导。

通鉴纂要　史部史钞类

西堂集　集部别集类

以上2种见《锡山历朝书目考》卷8。

华景鲁

字曰坚。清无锡人。顺治康熙间在世。

闲年集　集部别集类　佚

见《锡山历朝书目考》卷11。

华尔行

原名世厚。字培元，号勉山。清无锡人。衷至子。诸生。

鹁湄集　集部别集类

见《锡山历朝书目考》卷10。

华豫庵先生集2卷　集部别集类

明华启直撰　清华尔行编　华鸿模校订

清宣统三年(1911)华鸿模存裕堂木活字本。参见“华鸿模”条。

按:《华氏通四三省公支传芳集》卷14收其《世系歌》1首,述华氏先世世系、事迹。

孙大龄(1647—1688)

字予九。清无锡人。诸生。

耐闲词草　集部词曲类

见《锡山历朝书目考》卷11。

范弥升(1647—1700)

字广生。清无锡人,诸生。

堰桥高山志1卷　史部地理类

升平集3卷　集部别集类

以上2种见《锡山历朝书目考》卷8。

侯文灿(1647—1711)

字为光,又字蔚酸,号亦园居士。清无锡人。任浙江嘉兴、海盐,山西平阳、稷山知县,葺仓廪、省浮费,倡赈给种,以招逃亡。居家则辑侯氏家乘,刻印书多种。生平与宜兴万树交好。康熙十五、六年(1676、1677)万树曾至无锡访文灿,共订《词律》。遭挫折而不怼,遇困穷而不屈。清陆楣《铁庄文集》卷5有其传。

(康熙)续修海盐县志　史部地理类　佚

清侯文灿修　杨鼎纂

见光绪《海盐县志》卷末序。

按:志修成于康熙二十二年,稿成未刊。今仅存侯文灿、杨鼎等序,载光绪《海盐县志》卷末。

疑雨集4卷　集部别集类

明王彦泓撰　清侯文灿校

(1) 清侯文灿刻本。

(2)《乐府小令》本。

(3)《观古堂汇刻本》本。

(4)《郎园先生全书》本。

按:清严绳孙序谓,此集本无传本,后经侯氏校订刊刻,始行于天下。

亦园词选　集部词曲类

清侯文灿选

清刻本。

按:此分词牌选录清人词作,由张凤池、朱襄等助校。《明清江苏文人年表》著录8卷,今见南京图书馆藏本为4卷。

十名家词集10卷　集部词曲类

清侯文灿辑

(1) 清康熙二十八年侯氏亦园刻本,国家图书馆藏。

(2)《宛委别藏》本,据抄本影印,题作《名家词》。

(3)《粟香室丛书》本,题作《名家词集十种》。

(4) 抄本,台北故宫博物院藏。

子目从略。

按:据其自序,原藏有唐宋以来词集40余家,乃将10种先行付刻。

李迪光(1647—1740)

字覲文。清无锡人。郡庠生。以孝闻于时。为人谦和恭敬,不议人私,有乡誉。年80,力谢宾筵。90恰遇乾隆帝即位,恩赐八品冠带。又4年无疾而卒。

四书讲义正宗　经部四书类

福善明征　子部儒学类

以上2种见乾隆《无锡县志》卷34本传。

五伦类书 30 卷　子部儒学类

清李迪光辑

见嘉庆《锡金县志》卷 25。

劝孝文　子部儒学类

见《锡山历朝书目考》卷 5。

身世准绳　子部儒学类

清李迪光纂辑

(1)《三益集》本。

(2) 不分卷,清道光二十七年(1847)钱廷璋重刻本,南京图书馆藏。

(3) 清同治四年(1865)刻本,上海图书馆藏。

(4) 清光绪十四年(1888)悦止斋木活字印本,天津图书馆藏。

按:综观各本之序跋,云李迪光笃行君子,少奉其尊人素木先生之教,家故多藏书,而于圣贤之格言懿训,尤乐嗜而不厌。博采儒先语录,择其切于修身者纂为《身世准绳》本书行世。书板多次毁失,流传不多。然是书大有助于人心世道,足以垂世而行远,故为人多次集资刊刻传世。

顾衡文

字倚平。清无锡人。与沐曾孙,贞观从弟。诸生。

倚平集　集部别集类

见《锡山历朝书目考》卷 11。

清琴集　集部别集类

见《清诗纪事》。

清琴词 1 卷　集部词曲类

(1) 清康熙间刻本,国家图书馆藏。

(2) 清光绪四年(1878)枕经葄史斋刻本,附顾贞观《弹指词》后。

(3) 清光绪十九年顾瑗珊刻本,国家图书馆藏。

(4) 1934 年排印本,附顾贞观《顾梁汾先生诗词集》后。

孙旭媖

字晓霞，号如婉。清无锡人。诸生云朝女。弟夭，父疾废，矢志不嫁，以针黹给养。能诗画，兼知医。年80卒，秦道然匾其庐曰“员孝之门”。

峡猿吟草　集部别集类

见嘉庆《锡金县志》卷27。

按:《国朝闺秀正始续集》卷3收其诗2首。《江苏诗征》卷165收其诗5首。

谈丁戊

字宏周。清康熙间无锡人。深于授时历法。

历学末议　子部历算类

见光绪《锡金县志》卷39。

马　翀(1649—1678)

字云翎，号蝶园。清无锡人。世奇孙，壬玉子。康熙十一年(1672)举人，仕内阁中书。髫年凝重如成人，读书无师自通。长有异才，体弱善病。游京师，与王士祯、叶方霭等友善。归里时，纳兰性德以诗送之。师事黄家舒，皆笃信释氏，依灵岩禅氏于柏成庵。

游仙诗　集部别集类

见《锡山秦氏文钞》卷4。并云“年十余所作，有幽诡奇绝之语”。

江夏吟　集部别集类

见嘉庆《锡金县志》卷27。

蝶园甲寅诗1卷未学草1卷　集部别集类

清康熙刻本，国家图书馆藏。

按:《梁溪诗钞》卷20收其诗10首。

梁溪马氏三世道集15卷　丛书类

马翀辑

清雍正十年(1732)含清堂刻乾隆二十一年(1756)周原溥重修本，国家图书馆藏。

子目：

《澹宁居文集》10 卷《诗集》3 卷　明马世奇撰

《澹宁居山香集》1 卷　清马壬玉撰

《蝶园诗集》1 卷　清马翀撰

华　简(1649—1720)

字启兹，号敬可。清无锡人。国子生，官州同。

亦畅居草　集部别集类

见《锡山历朝书目考》卷 8。

陆　楣(1649—?)

原名梁，字子宸，又字紫宸，号铁庄。清无锡人。幼孤，苦读，以古辞见知于秦松龄，因得纵观秦氏藏书。后客游南北，学益进，于六经多所撰述。年 70 余卒。

古易藏本　经部易类

见《锡山历朝书目考》卷 5。

诗谱　经部诗经类

见《锡山补志·著述》。

周礼增定 1 卷　经部周礼类

见《锡山历朝书目考》卷 5。

征西纪略 1 卷　史部杂史类

《昭代丛书》(道光)本。

古今官制考　史部史考类

见嘉庆《无锡金匮县志》卷 22。

陆紫宸诗稿　集部别集类

见《梁溪文钞》卷 27，录有刘齐《序》。

铁庄文集 6 卷疏快轩诗 2 卷疏快轩诗余 1 卷　集部别集类

清光绪二十一年(1895)曹氏乐善堂木活字印本,国家图书馆藏。

铁庄文集 12 卷　集部别集类

清抄本,国家图书馆藏。

铁庄文集 2 卷　集部别集类

抄本,南京图书馆藏。

华景辉

字曙生。清无锡人。生于顺治间。事母以孝闻,生平重义轻财。卒年 80。

存心养性编　子部儒学类　佚

见道光《锡金续志》卷 6。

吴世鲲

字朝若,号鹤章。清初无锡人。康熙十八年(1679)进士。榜姓郁,历任澄迈、武邑知县。

城西草堂诗稿　集部别集类

见《锡山历朝书目考》卷 7。

顾　彩(1650—1718)

字天石,一字湘槎,号补斋,别号梦鹤居士、往深山人。清无锡人。宸子。贡生,考授州同知,官至内阁中书。工曲,与孔尚任交善,馆孔家多年。有欲荐博学鸿词者,辞让,荐潘次耕自代。所著传奇数十种,今多不传。

容美纪游 1 卷　史部地理类

(1)《舟车所至》本。

(2)《小方壶斋舆地丛钞》本。

(3) 清抄本,南京图书馆藏。

容美纪游校注　史部地理类

1999年湖北人民出版社出版。

辟疆园文稿4卷　集部别集类

见《锡山历朝书目考》卷5。

往深斋诗集8卷　集部别集类

(1) 清康熙四十六年(1707)孔毓圻辟疆园刻本,国家图书馆藏。

(2)《无锡文库》本。据清康熙四十六年孔毓圻辟疆园刻本影印。

草堂嗣响(一作往深斋词)4卷　集部总集类

清顾彩辑

清康熙辟疆园刻本,国家图书馆藏。

鹤边词抄1卷　集部词曲类

见《全清词钞》卷6,录其词4首。

楚辞谱　集部词曲类

见孔尚任《长留集》。

按:此剧本于康熙三十二年尝由京中南雅班上演,时作者客北京。

小忽雷传奇2卷　集部词曲类

(1) 清康熙抄本,山东博物馆藏。

(2)《汇刻传剧》本。

(3) 1986年中州古籍出版社出版。

(4) 1988年齐鲁书社出版。

南桃花扇传奇　集部词曲类

见孔尚任《桃花扇自序》。

后琵琶记　集部词曲类　佚

见《传奇汇考》。

第十一段锦词话1卷　集部词曲类

(1)《清怀丛书》本(抄本,南京图书馆藏)。

(2)《昭代丛书》(道光)本。

司马龙藻

字云立，一字�鸣。清康熙间无锡人。幼读书，能文章。长而弃制义，攻古文辞。于诗学尤深，穷源“三百篇”，旁及楚骚，推而及魏六朝，唐宋以下不屑观。

秀野居初、二编　集部别集类

见《梁溪诗钞》卷26，并收其诗22首。

强　闳

字大坤。清无锡人。年七旬余卒。

五伦类书30卷　子部类书类

见道光《锡金续志》卷10李迪光传附。

王时宪

字半池。清无锡人。时霖祖父。乐善好施。尤长于诗。

半池集10卷　集部别集类

见《王氏三沙全谱》卷首王时霖《述视诗》。

华　鳌

字云岫。清无锡人。尝从陆楣耕于墓田，后又随其泛游钱塘、富春、金华、武夷各地。后陆楣授经金陵，亦从之。

印谱　子部艺术类　佚

见清陆楣《铁庄文集》卷2《华生印谱序》。

邹祥兰

字胎仙。清无锡人。康熙年间在世。

问石词　集部词曲类

收入清侯晰辑《梁溪词选》。

华　坡

字子山，号天全子。清无锡人。画家。少与顾贞观、杜诏等为诗社。晚隐居邹庄，兴至则吟小诗，或解衣盘礴。善画山水及墨菜蔬果，风格清远雅淡，类似元黄公望、倪瓒。演谓古人祭诗，己则祭画。每遇除夕，取一岁诗稿画本祭之，并聚而烧之。

南齐世泽图　史部传记类

清华坡原本　华文汇、华文川辑

1918年珂罗版，无锡市图书馆藏。参见“华文汇”条。

画学精微录2卷　子部艺术类　佚

画学溯源4卷　子部艺术类　佚

卧游子集12卷　集部别集类　佚

花影集2卷　集部别集类　佚

天全子诗集4卷　集部别集类　佚

以上5种见《锡山历朝书目考》卷8。

按：乾隆《无锡县志》卷34本传、《梁溪诗钞》卷27小传均谓著诗集12卷，清刘继增《忍草庵志》卷2作《天全子诗集)12卷。

华氏文献集5卷　集部总集类　佚

见《梁溪诗钞》卷27。

按：《梁溪诗钞》收其诗6首，《忍草庵志》《清画家诗史》乙下各收其诗1首。

俞鲁瞻

字岱岩，号匏村。清无锡人。

匏村诗稿　集部别集类

见光绪《锡金县志》卷39，书名误作《匏庵诗稿》。

按：《江苏诗征》卷21收其诗1首。《梁溪诗钞》卷36收其诗3首。

陈锡曾

字初篁。清初无锡人。生于顺治时。

芳草书屋剩稿　集部别集类

见《锡山历朝书目考》卷11。

明　瑜

字昀熙。清无锡人。板村蔡氏子。保安寺僧。康熙中尝主持灵岩。

随云草　集部别集类

见《锡山历朝书目考》卷9。

吕庄颐

字恂令。清无锡人。阳子。康熙诸生。

砚红正集　集部别集类

砚红续集　集部别集类

三木集　集部别集类

以上3种见《锡山历朝书目考》卷11。

刘　齐(1651—1696)

字言洁,号存轩。清无锡人。元珍曾孙。性耿介。康熙二十四年(1685)以选贡入太学。徐乾学欲致之门下,不就。与方苞、戴名世交契。教习官学生期满,又以不应权贵罗致,注籍州佐。声名益高。卒后方苞书其墓曰:狷者刘言洁先生之墓。

读易随笔　经部易类

见乾隆《无锡县志》卷29本传,云:"著有《读易随笔》,未及成而卒,终于复卦。"

刘存轩文集10卷　集部别集类

见乾隆《无锡县志》卷39。

按:《梁溪文钞》卷27收其文8篇。

慎独斋诗　集部别集类

鸣秋集　集部别集类

以上2种见《江苏诗征》卷78,收其诗3首。

过　简(1651—1698)

字壬所。清无锡人。父芝。幼失怙,家无恒产,以教授为业。负不羁才,能字画诗古文词,好与胜己者偕,羞与不胜己者伍。

思亭集　集部别集类

见《无锡开化乡志》卷中文苑编。

倪雍梧(1651—1713)

字迪高,号峄山。清无锡人。贡生,官云南陆凉州知州。

课仕仙原草　集部别集类　佚

见《锡山历朝书目考》卷8。

孙祁雍(1651—1716)

原名坤,字李若,号敬居。清无锡人。康熙二十九年(1690)贡生。五十五年,尚书张廷枢以茂异荐,有旨征召,以足疾谢,寻卒。擅才名,与高愈、刘齐善,吴之枚、王绳曾皆其高足。

敬居诗文集　集部别集类

见《梁溪诗钞》卷27,并收其诗7首。

按:《梁溪文钞》卷28收其文2篇。

华炳微(1651—1718)

字星紫,号福庵。清无锡人。嘉定籍附监生。少有大志,三次乡试不遇,遂肆力于濂洛关闽诸书,以求实用,至老不倦。轻财好义,举乡饮大宾，固辞之。

考槃集12卷　集部别集类

杂咏6卷　集部别集类

诗余2卷　集部词曲类

以上3种见清华孳亨辑《华氏传芳集》卷10。

按:《梁溪诗钞》卷24收其诗11首。《江苏诗征》卷148收其诗4首。

倪　坊(1651—?)

字文绳，号缄三。清无锡人。吴县附生。家贫好学，肆力于六经注疏及《史记》《汉书》《后汉书》。问学者集其门，教诲孜孜不倦。

尚书讲义　经部尚书类　佚。

见《锡金考乘》卷12。

华　韶

字卺仪。清无锡人。康熙间国子生，考授州同。幼擅才华，工诗词。以子纯曾官常熟教谕，赠如子官。

竹窗偶存　集部别集类

见《梁溪诗钞》卷24，收其诗6首。

按:《江苏诗征》卷148作《竹窗诗钞》，收其诗2首。

刘学洙(1652—1706)

字逊五，号素川。榜姓秦。清无锡人。元珍曾孙，齐从弟。与方苞为契友。制义精博，为一代名家。诗宗法陶、韦，为蓉湖七子之一。康熙三十九年(1700)进士。官陕西城固知县。

素川诗集　集部别集类

见《锡山历朝书目考》卷8。

按:《江苏诗征》卷79收其诗2首。

王　颖(1652—1709)

字甫畿。清无锡人。

梦花集　集部别集类

见《无锡开化乡志》卷下。

华　笙

原名宪曾。字缙先,号晋仙。清无锡人。

曲堂词 1 卷　集部词曲类　佚

见清华希闵等重辑《华氏宗谱》卷 6 下。

钱湘琳(1653—1694)

字玉符。清无锡人。

玉符诗稿　集部别集类

见《锡山历朝书目考》卷 11。

秦　栗(1653—?)

字卤缵。清无锡人。沅子。工篆隶。

篆刻简　子部艺术类　佚

见嘉庆《锡金县志》卷 22。

按:《锡金考乘》卷 12 录有本书魏禧序,可参。

倪亮采(1654—1709)

字迪庸,号云峰。清无锡人。国子生。官内阁中书。

绣万堂诗集　集部别集类　佚

见《锡山历朝书目考》卷 8。

顾曾基(1654—1720)

字雨和。清无锡人。吴县诸生。

晼香居小草　集部别集类

见《锡山历朝书目考》卷11。

侯　晰(1654—1720)

字粲辰,号惜轩。清无锡人。书画家。诸生,考授州同。性潇洒绝俗,惟以笔墨自娱。诗不喜雕琢,工词。擅篆刻,格调辽逸,又长山水画。

惜轩诗词稿4卷　集部别集类

见《梁溪文钞》卷36侯凤苞撰《粲辰公家传》。

按:《梁溪诗钞》卷17收其诗6首,《江苏诗征》卷87收其诗2首。又《惜轩词》,亦收入《梁溪词选》。

梁溪词选18卷　集部词曲类

清侯晰辑

(1) 清康熙间醉书阁刻本,8卷,上海图书馆藏。

(2) 清刻本,浙江图书馆藏。

(3) 清抄本,南京图书馆藏,又上海图书馆藏。

(4) 民国云轮阁抄本,上海图书馆藏。

(5) 1915年秦国璋抄本,无锡市图书馆藏。

子目:

《微云堂词》　清秦松龄撰

《弹指词》　清顾贞观撰

《秋水轩词》　清严绳孙撰

《浣花词》　清杜治撰

《香眉亭词》　清邹溶撰

《春水词》　清华侗撰

《澹雪词》 清顾岱撰

《织字轩词》 清朱襄撰

《菰川词》 清华文炳撰

《栖筠词》 清汤焴撰

《香叶词》 清张振撰

《泥絮词》 清宏伦撰

《问石词》 清邹祥兰撰

《鹤边词》 清顾彩撰

《容与词》 清蔡灿撰

《惜轩词》 清侯晰撰

《鹤闲词》 清侯文耀撰

《栖香阁词》 清顾贞立撰

按:此辑康熙间无锡18家词人之作,潘景郑《著砚楼书跋》述其书流传经过甚详,云:“此书世无刻本,余得缪氏云轮阁传钞一本。艺风手自勘定,夺讹残蠹,壹仍其旧。是本后归孙氏小绿天,予盖得之孙氏者。艺风缮写之功,有待刊布之业,惜再易主,而不得其传,为可忾叹矣。”所收词集,除秦松龄、顾贞观、严绳孙三家外,余多未刊刻,故弥足珍贵。

(6)《无锡文库》本。

按:《无锡文库》本以清康熙五十一年(1712)二十一卷本为底本,缺收者用八卷本和十八卷本补足,共得二十五家之词二十七卷,并按例重新编次影印。《无锡文库提要》云:是编为地方艺文丛书,二十一卷本选录秦松龄《微云堂词》、严绳孙《秋水轩词》、顾贞观《弹指词》、张夏《袖拂词》、朱襄《织字轩词》、华侗《春水词》、邹瑢《香梅亭词》、钱肃润《十峰草堂词》、汤焴《栖筠词》、顾岱《澹雪词》、唐芑《漫游词》、侯文耀《鹤闲词》,侯文耀、黄稼、张凤池等《中秋唱和词》、邹祥兰《问石词》、华长发《语花词》、张振《香叶词》、王仁灏《我静轩词》、杜诏《浣花词》、马学调《转蓬词》、释宏伦《泥絮词》及侯晰本人之《惜轩词》等康熙朝无锡籍词人二十家之词作各一卷,皆为选本。……清初兹邦文采之盛端赖是编得以再现于今。故后之研究者称之为“梁溪词人群体”。

顾仁垣(1654—1731)

字中以(一作中扆),号梦华。清无锡人。与沐玄孙,景文长子。诸生。

顾中扆诗集　集部别集类

见《锡山历朝书目考》卷5。

梦华轩诗抄(一作梦华轩稿)　集部别集类

见《江苏诗征》卷133。

游梁草2卷附词　集部别集类

见嘉庆《锡金县志》卷22。

黄蛟起(1654—?)

字孝存,号晓岑。清无锡人。诸生。素负才名,而蹭蹬不遇。雍正元年(1723)年70方参加闱试。卒年70余。

西神丛语1卷　史部地理类

(1)《昭代丛书》(道光)本,《无锡文库》据此本影印。

(2) 1914年侯学愈木活字印本,南京图书馆藏。

(3) 1967年台北市广文书局《史料丛编》本。

(4) 台北市无锡同乡会编《无锡文献丛刊》本。

(5)《丛书集成续编》本。

(6)《无锡文库》本。

按:《无锡文库》提要云:是书所谓网罗放矢,摭拾旧闻之作。西神乃惠山别称,故以西神名无锡也。所记逸事,皆为人物传语。首述忠孝,继以节烈,下则品行、才干、廉洁、刚正依次而记。其书旨在为牧民者所观风也。

我闲草　集部别集类

啸阁草　集部别集类

以上2种见《江苏诗征》卷64,收其诗1首。

张光宙(1654—?)

字若宾。清无锡人。诸生。

周易理象参微7卷　经部易类。

见《锡山历朝书目考》卷8。

宗禅师

字德惠。清海盐人,无锡长泰寺僧。

德惠禅师语录　子部佛教类

见《锡山历朝书目考》卷9。

张问簪

字海客。清四川人,流寓无锡。康熙年间诸生。

海客诗钞　集部别集类

一见《锡山历朝书目考》卷6。

王　崧

字林仙,号双木山人。清无锡人。康熙间居邑之新安乡。

自怡集诗词稿　集部别集类

见《梁溪诗钞》卷30,并收其诗1首。

吴人秀

字向若,号景晴。清初无锡人。贡生。初任寿州训导,迁太和教谕。年70余卒。

锡山延陵宗谱5卷　史部传记类

清吴人秀、吴世焜纂修

清康熙五十年(1711)刻本,山西文史馆藏。

酉阳集　集部别集类

河西草堂集　集部别集类

以上2种见《锡山历朝书目考》卷7。

吴勿休

原名恭培，字丕扬。清无锡人。其驯季子。康熙二十三年(1684)举人，榜姓徐，官内阁中书。

遁依斋续集　集部别集类

见《锡山历朝书目考》卷8。

华英玉

清康熙间无锡人。

华氏传芳集五集　史部传记类　佚

见华介福等编《华氏通四三省公支传芳集》凡例，谓其书辑于康熙三十三年(1694)。

邹祖绶

字天日。清无锡人。升子。少即有志于学，先后以汤之锜、金敞为师。研精理学，与同县顾培、顾鳌同主讲席。为人朴讷寡言，而自守廉洁，家极贫，未尝假人一钱。间作古文，为宁都魏禧所称赏。以布衣终。

问草轩文集12卷　集部别集类

见清周有壬《锡金考乘》卷12，云："是书未见刊本，且亦绝少抄传。其族孙允成近得其残阙原稿数十叶，装订收藏，余为跋其尾云云。"《梁溪文钞》卷30有其文4篇。

华　栋

原名先庚。字子三，号鹅津。清无锡人。康熙间诸生，官州同知。

九松轩诗稿不分卷　集部别集类

抄本，中国科学院图书馆藏。

鹅津诗集　集部别集类　佚

鹅津文集　集部别集类　佚

以上2种见《锡山历朝书目考》卷11。

刘　氏

清无锡人。州同知华栋妻。

月伴楼遗稿　集部别集类

见《锡山历朝书目考》卷9。

华文炳(1655—1717)

字象五。清无锡人。诸生。工诗，诗名与从兄长发不相上下。

桂窗遗稿　集部别集类

见《梁溪诗钞》卷24小传，收其诗14首。《江苏诗征》卷148收其诗1首。

菰川词　集部词曲类

收入清侯晰辑《梁溪词选》。

吴遵焕(1655—1735)

字粹躬，号蓉裳。清无锡人。康熙四十二年(1703)副榜，官四川内江知县。乞休归，享高寿而卒。

蓉裳诗草　集部别集类

见《锡山历朝书目考》卷8。

俞守仁(1655—1738)

字体元，号慧川。清无锡人。通州庠生。

慧川诗集　集部别集类

见《锡山历朝书目考》卷11。

嵇曾翼

字翼子。清无锡人。永福子。贡生。

嵇承翼诗1卷　集部别集类

见《梁溪诗钞》卷28,小传云:“有诗一卷,王渔洋评点,张实星、王启涑序之”。《梁溪诗钞》有其诗2首,《江苏诗征》卷28有其诗1首。

超　拳

字艳山。清无锡人。周氏子。出家为僧。受石丰记莂后,结庵邓尉山之菖浦潭。与诸名士结寒香社。庵有古梅甚高,超拳架木为巢,与客对弈其上。游人探梅诣其处,每于花下丁丁闻落子声。

梧影山房诗10卷　集部别集类

见乾隆《无锡县志》卷38。

按:《江苏诗征》卷180收其诗3首。

邵绪广

字经农,一字羲书。清无锡人。康熙诸生。家故贫,授徒为生。性爱书,所入修脯,多以易书。与刘齐善,砥砺名行,考质文艺,才名相亚。年40后专力古文辞,为文近南宋诸家。博通经史,善校雠,晚潜心理学。善论古人诗。独拙于书法。

四书抉黴　经部四书类

经学杂纂　经部群经总义类

字学源流　经部小学类

南华经注　子部周秦诸子类

以上4种见《梁溪文钞》卷22秦松龄《邵经农传》。

张　钺

字式南。清康熙间无锡人。秦玉堂外祖。少负异才,以气节自矜。

壮游京师，将以展抱负，忽瞽于目，愤懑以老。嗜吟咏。

也云诗稿　集部别集类

见秦玉堂《学制草》所收《读也云诗稿》。

按：《梁溪诗钞》卷37收其诗1首。

侯文熺(1656—1711)

字浴日，号蘅皋。清无锡人。康熙二十三年(1684)举人。初授长洲教谕，既改内阁中书，复改检讨。为人廉正，肯任事。岁饥，设粥厂，手调汤药，救治饥民。清彭定求《南畇文稿》卷10有其行状。

碧筠诗稿　集部别集类

见《梁溪诗钞》卷23，收其诗9首。《江苏诗征》卷87收其诗1首。

虞道澄(1656—1719)

字介持，号月山。清无锡人。康熙五十三年(1714)举人，官刑部郎中。

章娓集　集部别集类

见《锡山历朝书目考》卷8。

钱学文(1656—1724)

字有常，一定道南。清无锡人。诸生。以孝友著称。私谥复天。

七云耕诗集　集部别集类

见《锡山历朝书目考》卷8。

按：《续梁溪诗抄》卷7收其诗1首。

高　淳(1656—1727)

字艮孚，晚号亘夫。清无锡人。世泰孙，莲生三子。郡庠生。幼颖敏，从祖父学书法经旨。处事敏练，孝友睦姻，德行推重乡型。岁饥司赈，廉洁为民。先后得“饬躬励行”“存心利物”匾。

端居斋诗稿　集部别集类

见《锡山历朝书目考》卷 8。

按:《江苏诗征》卷 42 收其诗 1 首。

许表袚

字天章。清顺康间无锡人。诸生。短小矫捷,气陵其曹。精研《诗》《礼》《春秋》,尤长于史学。

诸史咏　集部别集类

见嘉庆《锡金县志》卷 22。

祝　旸

字震阳,号雷门,又号云波。清康熙间无锡人。监生。洁身自好。客京师未尝妄交一人。曾入宋邦绥幕前后十数年,礼遇殊厚,而贫益甚,诗益工。

雷门近稿　集部别集类

楚游集　集部别集类

柯竹集　集部别集类

春雪集　集部别集类

以上 4 种见《梁溪诗钞》卷 38,并收其诗 15 首。

按:《江苏诗征》卷 154 收其诗 3 首。

王胤鹤

字香明,号恬斋。清康熙无锡人。

锡山外史　史部地理类

见《锡山历朝书目考》卷 11。

顾　珍(1657—1702)

字天聘,号电紫。清无锡人。宸次子。

粤游草　集部词曲类

石香词　集部词曲类

以上2种见《江苏诗征》卷133。

秦天植(1657—1717)

字庭槐。清无锡人。诸生。

知生集　集部别集类

见《锡山历朝书目考》卷11。

华颖渊(1657—1718)

字千里,号水庵。清无锡人。硕藩子。太学生。

皇极经世纂释　子部术数类　佚

见《锡山历朝书目考》卷8。

邵　璇(1657—1724)

字虞在,号玑亭。清无锡人。应奎孙。康熙二十四年(1685)贡生。知芮城县,擢工部都水司主事、江西道监察御史。六十年,与同官秦天锡等"十三言官"以抗疏言建储事,从军西塞。岁余卒。工诗,所传出塞诸篇,多悲壮可诵。《清史稿》有传。

塞外吟草　集部别集类

见嘉庆《锡金县志》卷20。

孙允膺(1657—1724)

字玢玉,号谓川。清无锡人。贡生。就职训导。

嘉荫楼诗词集　集部别集类

见道光《孙氏家乘》卷4。

按:《梁溪诗钞》卷24收其诗1首。《全清词钞》卷7收其词3首。

王云锦(1657—1727)

字宏骏,号海文,又号倬亭,晚号古愚老人,榜姓施。清无锡人。志宁次子。康熙二十九年(1690)举人,四十五年进士。廷试一甲第一,授翰林院修撰,五十三年视学陕西,五十五年与纂《政治典训》《康熙字典》。乞归,键户家居,日夕穷经,尤邃于《易》。

秋林读易辨真二集　经部易类

见《锡山历朝书目考》卷8。

纲目金鉴类编　史部编年类

见《梁溪诗钞》卷25,云:"手辑《纲目金鉴类编》,镂版未竣卒。"

按:《梁溪诗钞》卷25收其诗3首。

高大酉(1657—1739)

字函三。清无锡人。菖生四子。太学生。

函三诗抄　集部别集类

见《锡山历朝书目考》卷8。

顾仁垓(1658—1695)

亦名仁埃。字丹临,一字元基。清无锡人。景文子,仁垣弟,嗣廷文。诸生。

修竹居诗抄　集部别集类

见《锡山历朝书目考》卷8。

施晋武(1658—1710)

字大复。清无锡人。康熙二十三年(1684)副贡生。官黄岩知县。

撰碑记　子部杂学类

懋绩记　子部杂学类

以上2种见《锡山历朝书目考》卷8。

王允福(1658—1724)

字元响,号见素。清无锡人。国子生。

六经日笺　经部群经总义类

读史臆评　史部史评类

以上2种见道光《锡金续志》卷10。

见素家训4卷　子部儒学类

见《锡山历朝书目考》卷5。

王　慧(1658—1724)

字定生,号西川。清无锡人。诸生。

求是斋集　集部别集类

见《无锡开化乡志》卷下。

施谦吉(1658—1737)

字季吉,号抑隅。清无锡人。康熙三十二年(1693)举人。授中书,改宁都知县。清节有声。以病告归。喜启迪后进。秦道然赠诗云:“廿载春风培后学,四朝毛烛介耆年。”

卧云阁稿　集部别集类

见《江苏诗征》卷5,收其诗1首。

秦道然(1658—1747)

字洛生,号南沙,别号泉南山人。清无锡人。松龄子。康熙四十八年(1709)进士。选庶吉士,授编修,改礼科给事中,官至御史,赠刑部尚书。尝任教九阿哥允禟处,后坐事系狱14年。研精经学,工诗文,亦能书画。

困知私记1卷　子部儒学类

明儒语要(一作明儒学录)4卷　子部儒学类

以上2种有乾隆间味经窝精刻本。

泉南山人诗集6卷　集部别集类

见《江苏诗征》卷23。

按:《锡山秦氏诗钞》今集卷3收其诗多首,《锡山秦氏文钞》卷5收其文12篇。

泉南山人存稿3卷首1卷微云余响1卷　集部别集类

(1) 清抄本,上海图书馆藏。

(2)《无锡文库》本,据清抄本影印。

王一元(1658—?)

字畹仙,原名模,榜姓吴。清梁溪人。顺天籍。赉二兄。康熙二十九年(1690)举人,五上春官,至四十二年始登进士。授灵台知县。宦游阅20年,仕至甘肃静宁州知州。好为诗,尤好词,工书法,擅行草。平生作诗13000余首,词14000余首,著述50余卷。

句吴识略4卷　史部地理类

王一元辑

见《梁溪文钞》卷28。《锡金考乘》卷12云:"其稿本今属丁畅之氏。"

辽左见闻录　史部地理类

(1) 清抄本,国家图书馆藏。

(2) 刘氏天尺楼传抄本,南京图书馆藏。

寿人十书目　史部目录类

见《锡山历朝书目考》卷5。

健松亭诗集　集部别集类

见道光《锡金续志》卷10。

蜃楼集　集部别集类

凌云集　集部别集类

蕉雨集　集部别集类

以上3种见《锡金考乘》卷12。

芙蓉舫岁寒咏物词1卷附焦雨堂课余草2卷奚囊偶存1卷家言1卷 集部别集类

清光绪十三年(1887)活字本。

按:与《和中峰和尚梅花百咏》等合一册。

岁寒咏物词1卷 集部词曲类

清康熙四十一年芙蓉舫刻本,国家图书馆藏。

按:此为都门留滞时作。弟王赉编,族孙芝林校。

词家玉律16卷 集部词曲类

原稿本,罗振常跋,无锡市图书馆藏。

按:《梁溪文钞》卷28收其文3篇。

严 氏(1658—?)

清无锡人。绳孙孙女,侯伊秉妻。

寸心草 集部别集类

见《锡山历朝书目考》卷9。

顾毓均(1658—?)

字珊公(一作山公),号菴湄。清无锡人。贞观子。国子生。官襄阳通判。

菴湄诗抄 集部别集类

见《江苏诗征》卷135。

按:《锡山历朝书目考》卷8注谓:"县志'均'误作'钧'。"

朱 旂(?—1698)

字大旂,号西安,别号芥舟。清无锡人。康熙二十三年(1684)举人。考授内阁中书,因母年老不赴。传见清陆楣《铁庄文集》卷5。

朱舍人诗稿 集部别集类

见《梁溪诗钞》卷23,小传引清秦道然序云:"西安遗稿百篇,得之性情而其本正,得之气骨而其格高,得之识趣而其神远。丽句清词,绰有风人之旨。"《梁溪诗钞》有其诗17首。

西安文稿诗集　集部别集类

见《锡山历朝书目考》卷8。

顾　鳌(1659—1716)

鳌亦作鳖。字隽生,晚号恒惺。清无锡人。培族弟。诸生。遵汤之锜教,举行复七规,与培同主共学山居事。每春秋大会,四方来就者百余人,海内指为"锡山学派"。

恒惺诗草　集部别集类

见《碑传集》卷129。

高起经(1659—1716)

字荆望,号穷谷。清无锡人。莲生四子。诸生。

荆望诗集　集部别集类

感怀诗稿　集部别集类

以上2种见《锡山历朝书目考》卷8。

邹奕凤(1659—1720)

字舜威,号环西。清无锡人。康熙四十五年(1706)进士。授编修。五十三年任广东乡试考官,五十七年任广西学政。卒于官。

述雅堂诗稿　集部别集类

见《锡山历朝书目考》卷8。

使粤集　集部别集类

见《梁溪诗钞》卷25。

按:《梁溪诗钞》卷28孙祁雍代秦松龄撰《邹舜威诗集序》云:"一种清新婉丽之致,大有中唐人风范。今计偕北上,镂所制近体若干首为羔雁之资”，是其诗已有刻本，今不可见，惟《梁溪诗钞》卷 25 收其诗 2 首。

侯文晟(1659—1728)

字旸若，号拙园。清无锡人。国子生。

来青阁诗稿　集部别集类

见道光《锡金续志》卷 10。

按：《梁溪诗钞》卷 28 收其诗 3 首。

秦鄘洺(1659—1731)

字大来，号冰轩。清无锡人。之铭子。吴县增生，榜名邹洺。太医院咨送，中康熙五十三年(1714)顺天乡试举人。

冰轩诗钞　集部别集类

见《锡山历朝书目考》卷 8。

别轩草 1 卷　集部别集类

清嘉庆刻本。

按：此别轩为冰轩之误。

安绍杰(1659—1733)

字大启，号澹园，清无锡人。希范曾孙。

安我素先生年谱 1 卷　史部传记类

安绍杰编　安吉增辑

(1) 清乾隆五十九年(1794)安吉精刻本，国家图书馆藏。

(2) 清活字本，南京图书馆藏。

(3) 1912 年石印本，上海图书馆藏。

(4) 抄本，无锡市图书馆藏。

(5) 秦翰才据乾隆刻本手抄本，上海图书馆藏。

(6) 1954 年薛明剑复印本，上海图书馆藏。

(7)《北京图书馆藏珍本年谱丛刊》本。

(8)《无锡文库》本，据民国元年(1912)石印本影印。

宾娥台倡和诗词(一作宾娥台题咏)1卷　集部总集类

安绍杰编

附刻于《安我素先生年谱》后，参见“安希范”条。

邵曾训(1659—1738)

字衷彝，号园客，晚号戏园。清无锡人。诸生。性孝友，幼工诗。年十五六时，淹贯史汉八家，精熟《文选》，诗古文词无不入格。诗宗少陵，好登览，遇佳山水，辄有终焉之志，其意兴所到，一寓于诗。书法入右军之奥，同时寓公王澍、蒋衡辈俱推之，与弟曾诏之画，时称双绝。乾隆帝偶见其小楷并诗，深加赞赏，将诏举之，然已殁。门人王会汾为《行略》。

戏园画谱　子部艺术类

戏园诗集　集部别集类

以上2种见《锡山历朝书目考》卷8。

按：《梁溪诗钞》卷28收其诗36首。《江苏诗征》卷143收其诗6首。

顾起佐(1659—1742)

字省溪，一字右丞，号蔗轩。清无锡人。岱子。

游粤集　集部别集类

见《锡山历朝书目考》卷8。

张星灿(1659—1743)

庠名文耀，字元明。清无锡人。天长训导。

岵庵文编　集部别集类

见《锡山历朝书目考》卷8。

施廷璋(1660—1711)

原名廷璋,字黼雯,又字君文。清无锡人。诸生。性孝友。为文原本经史。晚尤潜心宋五子书。

五经汇解　经部群经总义类

通鉴集论　史部史评类

以上2种见《中国人名大辞典》。

鞭鹤轩稿　集部别集类

见《锡山历朝书目考》卷11。

钱士镄(1660—1716)

字素峰,号芥轩。清无锡人。袁梦孙。国子生。

管见集　集部别集类

北游诗　集部别集类

以上2种见《锡山历朝书目考》卷11。

华云锦(1660—1720)

字天孙,号庸夫。清无锡人。诸生。

家训琐言　子部儒学类　佚

见《锡山历朝书目考》卷11。

季骝光(1660—1736)

号桐江。清无锡人。康熙五十年(1711)举人。授上元教谕。

五经秘钥　经部群经总义类　佚

读书斋集　集部别集类　佚

以上2种见《锡山历朝书目考》卷4。

华文灿(1660—1738)

字纬五，号天游。清无锡人。诸生。精通医理。

伤寒五法辨论　子部医家类

治病方论12卷　子部医家类

以上2种见《锡山历朝书目考》卷8。

按：清华孳亨辑《华氏传芳集》卷10《纬五府君宗谱传》云："尝手辑医书若干卷，节录汉晋以来史书若干卷。"

马　岐

字西京，号文山。清康熙无锡人。诸生。

在陬草堂拾遗集　集部别集类

见《梁溪诗钞》卷23，并收其诗2首。

按：《江苏诗征》卷111收其诗2首。

翟世寿

清康熙间无锡人。

春秋窥见　经部春秋类

见《锡金历朝书目考》卷5。

王　玑

清无锡人。生活于康熙年间。

广云集精思工诀1卷　子部道教类

无刻书年月，约雍正间精刊。见《贩书偶记》卷12。

复初集剩稿　集部别集类

《绣水王氏家藏集》本。

过　珙

字商候。清无锡人。松龄子。诸生。倾心汲古，善古文词。

古文觉斯 10 卷　集部总集类

过珙评选

(1) 清康熙十一年(1672)初刻本，无锡市图书馆藏。

(2) 清康熙四十一年二刻本，无锡市图书馆藏。

(3) 粤刻本，题《醉经楼古文评注》，无锡市图书馆藏。

(4) 8 卷通行本，题《新镌绍闻堂精选古文觉斯五刻》，南京图书馆藏。

(5) 1933 年上海世界书局石印本，题《言文对照古文评注读本》12 卷，清过拱、黄越评选。

(6) 1933 年上海广益书局铅印本，题同上。

(7) 1934 年上海商务馆铅印本，题《蔡氏古文评注补正全集》10 卷，清过拱辑，蔡铸补正。

(8) 1934 年上海大达图书供应社铅印，题《新式标点古文评注》12 卷，清过拱辑，周郁年标点。

按：乾隆四十四年(1779)九月二十五日奏准对《古文觉斯》“内载钱谦益一篇，应摘毁，余书仍行世”。参见雷梦辰《清代各省禁书汇考》第 33 页。《梁溪文钞》卷 28 收其文 2 篇。

黄天球

字璋伍，号璞斋。清无锡人。康熙五十一年(1712)进士。授江西靖安县知县。为治举大体而明彻幽隐，旧俗大革。乞休归。天球晚遇，于制举艺最深，乡邑先后从游之士皆知名。

璞斋集　集部别集类

见《锡山历朝书目考》卷 8。

按：《梁溪文钞》卷 29 收其文 1 篇。《江苏诗征》卷 65 收其诗 1 首。

樊太复

字初阳，号云林。清康熙朝无锡人。元升坛道士。与王云锦、南禅僧迅帆相倡和。王云锦倩吴门陈必大图为卷，取“孟襄阳云林颇同调”句名图。

初阳诗稿　集部别集类

见《江苏诗征》卷183，收其诗2首。

顾　彬

字天諟，又字天士，号水湄。清无锡人。宸七子，彩弟。幼敏悟绝伦，工诗古文词。以布衣终。

笑拈集2卷　集部别集类

见《江苏诗征》卷135。

齐人记（传奇）　集部词曲类

见《锡山历朝书目考》卷8

施　俊(1661—1710)

字符音。清无锡人。诸生。

蓉滨遗稿　集部别集类

见《锡山历朝书目考》卷8。

王　赉(1661—1721)

字傅岩，穆村。清无锡人。畿子，一元弟。康熙五十二年(1713)进士。仕内阁中书。

穆村近稿　集部别集类

见《梁溪诗钞》卷29，并收诗3首。

按：《梁溪文钞》卷40收其文一篇。

秦宏铸(1661—1736)

字大冶,号白石老人。清无锡人。泮玄孙。雍正五年(1727)贡生。

果存集　集部别集类

见《锡山历朝书目考》卷11。

诸葛曦

字景雍。清无锡人。名未出里巷,而专心著述。生于康熙年间,与黄印、朱宗洛为同时人。

周易义政　经部易类

见《梁溪文钞》卷40所收其自序。

按:据自序,是书撰于康熙五十年(1711)。

杨二仪

庠名声,字清宁,号溇村。清无锡人。诸生。

禹贡注1卷　经部尚书类

溇村初稿1卷　集部别集类

以上2种见《锡山历朝书目考》卷8。

蔡　璨

字蓉明,一字汉明。清康熙朝无锡人。

容与词1卷　集部词曲类

见《全清词抄》卷8,收其词5首。

许观政

清无锡人。与赵执信齐名。赵住岑溪西,许居东。

哦香集　集部别集类

见《锡山许氏宗谱》列传。

按：未刻稿。据咸丰四年(1854)杨金鉴序云："皆集咏梅诸诗，皆与瓯北先生辈所唱和，一夕而成。"

丁清度

字端如，号梅滨。清无锡人。诸生。工书法，好性理之学，操行介特，乡里称之。

静鉴诗集　集部别集类

见《梁溪诗钞》卷34，并收其诗6首。

按：《江苏诗征》卷77收其诗2首。

华之同

字紫庄，号纳生。清无锡人。生于康熙初年。

四书讲义　经部四书类　佚

见《锡山历朝书目考》卷11。

秦靖然(1663—1726)

字药师，号陶庵。清无锡人。德藻孙，松乔子。康熙三十六年(1697)拔贡，五十一年进士。改庶吉士，授编修。

陶庵诗文集　集部别集类　佚

见《锡山历朝书目考》卷8。

俞翔凤(1663—1746)

字子仪。清无锡人。

吟风弄月轩诗　集部别集类

见《锡山历朝书目考》卷8。

陆震铨(1663—?)

字洊修，号庆轩。清无锡人。贡生。

五经释义　经部群经总义类

见《锡山历朝书目考》卷 8。

华栋揆

字上端，号秋岩。清康熙间无锡人。

破愁吟　集部别集类　佚

见《锡山历朝书目考》卷 11。

骆学庠

字南宫，号偶轩。清康熙间无锡人。

偶轩诗稿 1 卷　集部别集类

清乾隆年间刻本，无锡市图书馆藏。

按：《梁溪文钞》卷 36 收其诗 3 首。

过　迪

字天行。清无锡人。顾光旭曾外祖。初贾于吴会之间。年 40 归里。筑一亩之园，日坐一室，手一卷，闲吟不辍。

养怡堂集 8 卷　集部别集类

见《梁溪诗钞》卷 20，收其诗 51 首。

王　观

字二游，号梅甫。清康熙无锡人。允持子。为人温厚淳古。舟车遍天下，日览古迹，胸罗群象，诗文雄奇豪放，自成一家。

伴剑吟 1 卷　集部别集类

《锡山王氏传家集》本。

李　镐(1664—1743)

字玉华，号兰溪。清金匮人。康熙二十九年(1690)邑庠生。

自怡斋诗文稿　集部别集类

见《锡山历朝书目考》卷11。

杨德冲(1664—?)

字若元,自号清华居士。清无锡人。度汪弟。国子生。候选州同。

清华堂吟稿　集部别集类

见《锡山历朝书目考》卷11。

钱维镛(1665—1720)

字鸿声,一作鸿升。清无锡人。国子生。

伤寒秘笈方续集　子部医家类

见《锡山历朝书目考》卷8。

高　岘(1665—1729)

字祐游。清无锡人。菖生八子。郡庠生。

祐游诗词抄　集部别集类

见《锡山历朝书目考》卷8。

钱　泰(1665—1736)

字度舒,号安湖。清无锡人。雍正十一年(1733)贡生。候选训导。

诗经解文稿　经部诗经类

见《锡山历朝书目考》卷8。

华书升(1665—1736)

字贻典,号晴窗。清无锡人。恩霈子。事亲孝,与人交和易耿直,矫然不群。年逾40始补博士弟子员。乡试不售,遂专意课子。平生喜作诗。

闲吟草　集部别集类

见《华氏通四三省公支传芳集》卷10《晴窗府君宗谱传》。

钱　钧

字引年。清无锡人。主泰伯庙。

钱氏宗谱13卷首1卷　史部传记类

清光绪六年(1880)射潮堂木活字印本,国家图书馆藏(存卷首、一至二、四至十三)。

纪行草　集部别集类

见嘉庆《锡金县志》卷30。

秦太照

字问渠,号默怡。清无锡人。

默怡诗稿　集部别集类

见《江苏诗征》卷183。

吕大晋

字南阳。清无锡人。

南阳诗稿　集部别集类

见《江苏诗征》卷183。

华与昌(1666—1719)

字子封。清无锡人。诸生,考授州同知。以子西植贵赠文林郎。

诗鸣集　集部别集类　佚

见《梁溪诗钞》卷28,收其诗1首。

顾星元(1666—1734)

字斗初,号晚香。清无锡人。

晚香吟稿　集部别集类

见《锡山历朝书目考》卷11。

杜　诏(1666—1736)

字紫纶,号云川,别号蓉湖词隐、浣花词客,学者称半楼先生。清无锡人。擅诗古文,尤工倚声。与严绳孙、秦松龄、顾贞观合称康熙朝无锡四大诗词名家。康熙四十四年(1705)玄烨南巡,召试列高等,特命供职内廷,奉敕参纂《历代诗余》《方舆考略》《词谱》等书。康熙五十年举人,五十一年进士。选庶吉士。以终养告归。倡导后进,为骚雅主盟。性好山水,恣游名胜。晚与道士荣涟、僧人妙复结九龙三逸社。

小学提要6卷　经部小学类

清潘果、杜诏辑

原刊本。见《无锡县立图书馆乡贤部书目》。

史鉴提纲4卷　史部史钞类

清杜诏撰　清卢文锦注

(1) 清刻本,南京图书馆藏。

(2) 民国间刻本。吉林图书馆藏。

读史论略　史部史评类

(一) 1卷。

(1) 清雍正刻本,见《无锡先哲遗书书目》。

(2) 清嘉庆十三年(1808)文英堂重刻本,南京图书馆藏。

(3) 清嘉庆二十三年刻本,国家图书馆藏。

(4)《艺海珠尘》本。

(5)《曼陀罗华阁丛书·初学史论合编》本。

(6)《古今史学萃珍》本。

(7) 清道光五年(1825)鉴悬堂刻本,北京大学图书馆藏。

(8) 清道光十九年陈阶平四宜堂刻本,国家图书馆藏。

(9) 清同治十年(1871)刻本。

(10)《冠悔堂杂录》本。

(11)《江阴季氏丛刻》本。

(12) 清光绪元年(1875)重刻本,南京图书馆藏。

(13) 清光绪十一年好古堂重刻本,南京图书馆藏。

(14) 清光绪十七年分宁周氏刻本,北京大学图书馆藏。

(15) 清光绪二十三年行素草堂抄本,南京图书馆藏。

(16) 清光绪二十九年镇江善化书局刻本,辽宁图书馆藏。

(17) 清朱调阳刻本,北京大学图书馆藏。

(18) 清刻本,北京大学图书馆藏。

(19) 清抄本,上海图书馆藏。

(20) 清李光明庄刻本,南京图书馆藏。

按:《无锡艺文志长编》云:是书以阳节潘氏所为《通鉴总论》不能贯穿诸史,窥见领要,但拾取一二残断旧说,任意颠倒,略无本末,遂至褒贬失伦,纰缪百出,诏乃就正史所述,一一论次,以正潘氏之误。

(二) 2卷。

(1) 清乾隆间刻本,国家图书馆藏。

(2) 清道光五年兴德北京三槐堂刻本,上海图书馆藏。

(3) 清同治五年退补斋刻本,上海图书馆藏。

(4) 清同治七年三味元记刻本,上海图书馆藏。

(5) 清镇江文成堂刻本,上海图书馆藏。

(6) 清光绪元年北京琉璃厂龙云斋刻本,上海图书馆藏。

(7) 清光绪十一年刻本,国家图书馆藏。

(8) 清光绪二十七年武林藏记刻本,黑龙江图书馆藏。

(9) 光绪二十八年大学堂刻本,国家图书馆藏。

(10) 常熟翁曾源注,翁曾源手抄本。见《无锡先哲遗书书目》。

读史论略详注1卷　史部史评类

清杜诏撰　唐桂注

(1) 清乾隆四十六年(1781)有谷堂刻本,黑龙江图书馆藏。

(2) 清刻本,南京图书馆藏。

(3) 2卷,抄本,上海图书馆藏。

锡山杜氏宗谱　史部传记类

清杜诏辑

清康熙四十八年原辑本。见1930年续辑《锡山杜氏宗谱》卷首《总纂姓氏》。

山东省志1卷　史部地理类

半楼胜语　集部别集类

以上2种见《锡山历朝书目考》卷5。

按:《锡山杜氏宗谱》卷首《云川公行述》云:"应东抚聘修《山东省通志》若干卷。"

文8卷馆课1卷　集部别集类

见《云川公行述》,云:"《文》已刻二卷,未刻六卷,《馆课》一卷,计一一七首。"

按:《国朝文汇》甲集卷46收其文1篇。

尺牍2卷　集部别集类

见《云川公行述》,云:"未刻。"

云川类稿　集部别集类

见《梁溪文钞》卷29,收其文2篇。

云川阁集诗6卷词1卷　集部别集类

清康熙刻本,国家图书馆藏。

按:《贩书偶记》著录康熙四十九年精刊本。

云川阁诗集6卷词7卷　集部别集类

清康熙五十二年精刻本。见《贩书偶记》。

云川阁集诗9卷词4卷　集部别集类

清康熙刻本。见《无锡先哲遗书书目》。

云川阁诗集14卷词7卷　集部别集类

(1) 清雍正九年精刻本,南京图书馆藏。苏州大学图书馆存诗卷9至14,词全。中国人民大学图书馆存诗集全。

（2）《清代诗文集汇编》本。

（3）《无锡文库》本，据清雍正九年精刻本影印。

云川阁集 18 卷　集部别集类

见《无锡县立图书馆乡贤部书目》，云："原阙四卷，本馆补抄。"

云川阁集 6 卷　集部别集类

清雍正间刻本，国家图书馆藏。

握兰诗草　集部别集类

见《梁溪文钞》卷 40，收有清吴培源撰《握兰诗草序》。

中晚唐诗叩弹集 12 卷续集 3 卷　集部总集类

清杜诏、杜庭珠辑

（1）清康熙四十三年采山亭刻本，南京图书馆藏。

（2）清康熙四十三年采山亭刻本，上海图书馆藏。

（3）清宝仁堂刻本，国家图书馆藏。

浣花词 1 卷　集部词曲类

凤髓词 2 卷外编 1 卷　集部词曲类

蓉湖渔笛谱 3 卷　集部词曲类

以上 3 种见《云川公行述》，云："词已刻曰《浣花词》一卷、《凤髓词》二卷、《外编》一卷，未刻曰《蓉湖渔笛谱》三卷，计二百四十四首。"

迎鸾词 12 章　集部词曲类

梁溪望幸词 8 章　集部词曲类

以上 2 种见《锡山杜氏宗谱》卷首《云川公墓志铭》。

陶天璧（1666—1737）

字恢旃，一字奎占，号朴斋。清无锡人。

齐家语 2 卷　子部儒学类

见《锡山历朝书目考》卷 8。

高　榁(1666—1742)

字象姚。清无锡人。芷生次子。郡庠生。

东林书院志22卷　史部地理类

清高榁、高巙、许献、高廷珍、高陛增辑

(1) 清雍正十一年(1733)刻本,南京图书馆藏。

(2) 清光绪七年(1881)赵桀重刻本,南京图书馆藏。

(3)《四库全书存目丛书》本。

(4)《续修四库全书》本。

(5)《无锡文库》本,据清光绪七年赵桀重刻本影印。

按:无锡东林书院,宋代杨时所创建。明末顾宪成、高攀龙所修复。严珏辑《东林书院志》2卷,过于简略。清雍正间由高榁等5人共同增辑而成此22卷,分为建置、院规、会语、列传、祀典、公私、文翰、典守、著述、轶事十目记事,东林兴废之大略,诸贤卫道之巨功,始得详析。是书有雍正十一年任兰枝、乾隆元年(1736)赵国麟等序。但刻书未多,流传渐稀。光绪七年,邑人赵桀偶得一帙,急谋剞劂,方永其传。

养和堂诗文钞　集部别集类

见《锡山历朝书目考》卷8。

邵　瑚(1666—1751)

字商六,号易亭。清无锡人。浚弟。绝意仕进,博学工文,尤精于《易》。

象数图说1卷　经部易类

见《锡金考乘》卷12,云:"其曾孙涵初近已付梓。"

易学真传　经部易类

易亭诗文稿　集部别集类

以上2种见《锡山历朝书目考》卷9。

按:《梁溪文钞》卷40收其文《象数图统序》1篇。

明　际

字沧洲。清无锡人。吉云庵僧。工诗，常与杜诏、朱克敏等相唱和。

吉云诗稿　集部别集类

见嘉庆《无锡金匮县志》卷30。

明　远

字惟善。清无锡人。王氏子。文溪庵僧。

半溪诗草　集部别集类

见《江苏诗征》卷182。

则　远

字研樵，一字声倍。清无锡人。能诗。

冷斋集　集部别集类

见《江苏诗征》卷181。

按：光绪《锡金县志》卷29谓超揆为之序。

华三礼(1667—1686)

字子周，一字志周。清无锡人。学瀚子。苏州庠生。卒年20。

丹蛙集文稿　集部别集类　佚

见《锡山历朝书目考》卷11。

钱　照(1667—1716)

字克荣。清无锡人。

希天阁文稿　集部别集类

见《锡山历朝书目考》卷11。

侯文灯(1667—1739)

字伊传,号逸季。清无锡人。杲子。贡生,候选训导。圣祖玄烨南巡,献诗,命入南书房。母老归,以明经终。

中西窗杂录　子部杂学类

证仙录 2 卷　子部杂学类

以上 2 种见《锡山历朝书目考》卷 8。

抱膝吟　集部别集类

见《江苏诗征》卷 87,收其诗 1 首。

应制诗赋 2 卷　集部别集类

尺牍 1 卷　集部别集类

以上 2 种见《锡山历朝书目考》卷 8。

回雪词　集部词曲类

见《梁溪诗钞》卷 28,收其诗 2 首。

高跃龙(1667—1744)

原名起韩。字若黎。清无锡人。芸生子。康熙五十二年(1713)顺天南元。选授浙江黄岩知县。

若黎诗文集　集部别集类

见《锡山历朝书目考》卷 8。

华松似

清康熙间无锡人。

示剩诗稿　集部别集类　佚

见《锡山历朝书目考》卷 11。

秦　龙(1668—1714)

字宸宬,号南湖。清无锡人。

晼游草　集部别集类

南皋草　集部别集类

以上2种均见《锡山历朝书目考》卷11。

陶　乾(1668—1730)

本姓钱。字无直,号东篱。清无锡人。颐子。能诗。

东篱遗草　集部别集类

见《江苏诗征》卷43。

养真诗草　集部别集类

见《锡山历朝书目考》卷8。

华亮宸(1668—1745)

字予揆,号复轩。清无锡人。考授州同。

瓦鸣华　集部别集类　佚

见《锡山历朝书目考》卷11。

荣　涟

字三华,号洞泉,别署无垢子。清康熙朝无锡人。少孤多疾,母命入明阳观为道士。善画能诗,遍游名山水。所至吟诗作画,落墨人则珍之。后归养侍母,依恋绕膝如婴。母殁庐墓不复出。邑人为筑室锡山之颠以居之。涟凿池植梅,名所居曰香雪。与同里杜诏、僧妙复结世外交,号"九峰三逸"。《清史稿》有传。

洞泉诗钞1卷附录1卷　集部别集类

清荣涟撰　荣棣辉辑　附录严懋功辑

《锡山荣氏绳武楼丛刊》本。

按:杨志濂序云:"原序言合《兰岩》《寄闲》二稿共为三卷。而此编不盈百首,则所佚为不少矣。其招诗吟自序云:'丁未秋自维扬归寓镇江江阁,失去行箧,有二十年历游小草百数帙,并《庐墓哀吟》一卷。'而不著《兰岩》《寄闲》之名，岂括于百数帙之中，而《哀吟》则别为卷欤?”严懋功跋云:“诣邑馆借《云川阁诗集》观之，其与洞泉倡和之诗及有涉于通洞泉者，凡二十余首，手录以归。嗣检《梁溪诗抄》中之天钧及他家与洞泉个相关者，又九峰三逸图题诗之见于它集者，汇录成册，辑为《附录》一卷。”《全清词抄》卷 34 收其词 1 首。

顾赵炳(1669—1706)

字博阳，号讱庵。清无锡人。康熙四十一年(1702)举人，榜姓赵，复姓顾。四十三年成进士。

讱庵诗抄　集部别集类

见《锡山历朝书目考》卷 8。

钱袁英(1669—1738)

又名英，字蔺宜。清无锡人。少饩娄县。父栋卒时以节性、慎言、积德三箴授英，因更字箴三，以志不忘。居北郭，市嚣鼎沸，英键户读书，教授弟子。产不过中人而勇为好善。以贡生授青阳县教谕，未任卒。

锡伦堂遗稿　集部别集类

箴三诗稿　集部别集类

拥万楼稿　集部别集类

以上 3 种见《锡山历朝书目考》卷 8。

按:《江苏诗征》卷 36 收其诗 1 首。《梁溪诗抄》卷 30 收其诗 1 首。

丁　煐(1669—1739)

字符昭，号鸿洲。清无锡人。国子生。广东廉州同知。

吾斋诗草　集部别集类

见《梁溪诗钞》卷 31，并收其诗 3 首。

按:《江苏诗征》卷 77 收其诗 1 首。诗集有杜诏、丁清度序。

袁　镳(1669—1740)

字天闲，一字添掞，号忍斋，晚号养晦生。清无锡人。

绍文堂集　集部别集类

见《锡山历朝书目考》卷11。

华光墀(1669—1741)

字颖侯，一字遇安。清无锡人。诸生。

家训便览　子部儒学类

三余稿　集部别集类

以上2种见《锡山历朝书目考》卷11。

顾　忠(1669—1747)

字友京，号秋圃。清无锡人。彩子。顺天庠生。

往深斋集　集部别集类

秋圃诗草　集部别集类

以上2种见《锡山历朝书目考》卷8。

秦尚渭(1669—1747)

字田来。清无锡人。之铭子，鄹洺弟。与弟尚烈奉兄偕隐庶渠之上，筑室乐志园。

观梅易数　子部术数类　佚

灵棋经　子部术数类　佚

秦尚渭辑注

以上2种见秦芝清《田来公诗文稿记》，载《锡山秦氏文钞》卷8。

田来诗文钞　集部别集类

见《锡山秦氏文钞》卷12，注谓："未刻本，今存。"

马宏文

字潮广，号介湖。清无锡人。翀次子。贡生。内廷史馆纂修，考授州同知。

七哀诗稿　集部别集类

见《锡山历朝书目考》卷8。

宣王政

字廷训。清康熙年间无锡人。诸生。

留青轩稿　集部别集类

慕陵稿　集部别集类

见《梁溪诗钞》卷34，并收其诗1首。

按：《江苏诗征》卷29收其诗1首。

倪之煃(1670—1699)

字奎光，号密斋。清无锡人。卓子。诸生，入国学。少读书富词华，年20后乃究心理学，喜《高子遗书》。与其友吴卜臣相砥砺，身体力行，常与论工夫气象。其学以静存为主。

静存录　子部儒学类

见《梁溪诗钞》卷28小传。

按：小传录存此书精语数条。

退密轩遗稿　集部别集类

见《梁溪诗钞》卷28小传。

按：小传谓其子某刻其所为札记并诗词行世，曰《退密轩遗稿》。刻本今未见。《梁溪诗钞》卷28有其诗3首。

殷宏寅(1670—1721)

字公贰，号春明。清无锡人。诸生。幼颖敏，稍长，与华希闵同学，诗亦日益有名。晚学道家炼丹术。

春明近稿　集部别集类

见《江苏诗征》卷24，收其诗1首。

王起鸿(1670—1729)

字周翰，号渔石。清金匮人。会汾父。雍正四年(1726)优贡。研说理要，通会洛、闽、金溪、河津、姚江诸学派，反对门户之见。文章温淳。为学根柢六经、群史、子集、声诗，旁兼兵阵、律历、舆地、方药、释老家言。

诗说2卷　经部诗经类

小序辨疑1卷　经部诗经类

三礼丛义4卷　经部三礼总义类

左史兵谋地志略4卷　经部春秋左传类

渔石诗稿3卷　集部别集类

以上5种均见浦起龙《三山老伧不是集》。

倪之熺(1670—1730)

字希曾，号敬亭。清无锡人。贡生。

冷香斋诗集　集部别集类　佚

见《锡山历朝书目考》卷8。

嵇曾筠(1670—1738)

字松友，号礼斋。清无锡人，原籍苏州。永仁子。康熙四十五年(1706)进士。提督山西学政，累迁侍讲。雍正元年(1723)直南书房兼上书房，署河南巡抚。二年被命治河，后任兵、吏二部尚书，河南、山东等处河道总督。乾隆元年(1736)兼浙江巡抚，寻改总督，加太子太傅。以疾回籍调治，卒，赠少保，谥文敏。在官知人善任，恭慎廉明，治河迹尤著。晚年刻意为诗。工书法，擅长楷体，有楷书册页传世。《清史稿》有传。

四书文稿　经部四书类　佚

见《锡山历朝书目考》卷5。

防河奏议10卷　史部政书类

(1) 清雍正十一年刻本，大连市图书馆藏。

(2)《无锡文库》本，据清雍正十一年刻本影印。

按：《无锡文库》提要云：嵇氏长期担任河督，积累了丰富的治河经验，尤以善筑堤坝泄洪著称，世有“嵇坝”之称。是书卷十专论河工建筑和水工技术，总结系统全面，对研究古代治河工程技术具有重要的参考价值。

(雍正)浙江通志280卷首3卷　史部地理类

清李卫、嵇曾筠等修　沈翼机、傅王露等纂

(1) 清雍正间精抄本，240卷首3卷，为全书未定之本。

(2) 清雍正十三年修乾隆元年刻本，国家图书馆藏。

(3) 清乾隆元年刻嘉庆十七年(1812)校补刻本，国家图书馆藏。

(4)《四库全书》本。

(5) 清光绪五年(1879)墨润堂校刻巾箱本，上海图书馆藏。

按：此为本志水利、海防两门单刻本，共14卷。

(6) 清光绪二十五年浙江书局复刻本，国家图书馆藏。

(7) 1936年商务印书馆影印光绪二十五年复刻本，附索引。国家图书馆藏。

(8) 台北《中国方志丛书》本。

(9) 台北大通书局影印乾隆原刻本。

按：本志由浙江总督李卫始修，后李卫调任直隶总督，乃由嵇曾筠继任其事，重加审定，始付刊。因本志由曾筠于乾隆元年具表进呈，故亦称乾隆《浙江通志》。《四库全书总目》谓本志“所引诸书，皆具列原文，标列出典。其近事未有记载者，亦具列其索牍，视他志体例特善”。本志为《浙江通志》中篇幅最大者。其《经籍门》下有《两浙志乘》2卷，记浙江历代府志纂修源流，为该志独创，颇具文献价值。其疏误之处有清何柏章(雍正)《浙江通志订伪补遗》、王国维(雍正)《浙江通志考异》为之订补。

嵇礼斋真稿不分卷　集部别集类

(1) 清刻本,上海图书馆藏。

(2)《无锡文库》。

按:《无锡文库》提要云:是书为嵇氏研究儒家经典之心得结晶。共81篇,对《论语》《孟子》《大学》《中庸》的部分章句进行了诠释和解读。

师善堂诗集10卷　集部别集类

(1) 清雍正十三年精刻本,上海图书馆藏。

(2) 清乾隆间刻本,国家图书馆藏。

(3) 清嘉庆三年嵇承元校刻本,南京图书馆藏。参见"嵇承元"条。

(4) 无锡县图书馆抄本,见《无锡县立图书馆乡贤部书目》。

(5)《无锡文库》本,据清雍正十三年精刻本影印。

按:《梁溪文钞》卷28收其文3篇。

抱犊山房集6卷　集部别集类

清嵇永仁撰　嵇曾筠编

(1) 清康熙四十三年嵇曾筠刻本,上海图书馆藏。

(2) 清康熙五十七年嵇氏家刻本,清华大学图书馆藏。

(3) 清雍正元年刻本,国家图书馆藏。

(4)《四库全书》本。

(5) 清同治元年(1862)长沙重刻本,南京图书馆藏。

(6)《无锡文库》本。

(7)《清代诗文集汇编》本。

按:嵇永仁见《南京卷》。

俞大鸿

字轩臣,号蓉汀。清无锡人。慷慨好义。工诗。画师恽正叔。擅花卉,娟秀特甚,色艳而趣逸。虽折枝小品不脱书卷气,然不轻作,故存者绝少。子莹，亦精绘事。

蓉湖吟草　集部别集类

见嘉庆《锡金县志》卷25。

王延龄

字仲宣。清康熙间无锡人。荣祖子。少读书明古义，长慷慨尚义，喜交当世贤豪。治家有法度。乡人赞云："家法莫如王仲公。"

家训5卷　子部儒学类

见《锡山历朝书目考》卷11。

王　湘

清无锡人。

(乾隆)无锡县志42卷　史部地理类

清王镐修，华希闵、王湘、浦起龙纂。

(1) 清乾隆十八年(1753)刻本，南京图书馆藏。

(2)《无锡文库》本。

薛禄天

字二宜。清无锡人。康熙四十二年(1703)进士。授四川长寿县知县。升石屏州知州。丁忧归。服阕补简州。常兼摄县事。所至称能。

(康熙)长寿县志10卷　史部地理类

清薛禄天、刘康成纂修

清康熙五十三年(1714)刻本，国家图书馆藏。

妙　复

字天钧。清无锡人。吕氏子。出家斗山。受记蜀乔渊禅师。尝寓蓬莱阁，阅《大藏经》5年，深有契悟。主华藏法席。康熙中居惠山石林庵，与杜诏、荣涟结诗社，号九峰三逸。诗作清真闲淡，脱落尘滓，称诗中逸品。常与大悲庵僧继远相唱和。
周易观象　经部易类
见乾隆《无锡县志》卷39。
石木诗稿1卷　集部别集类
清乾隆刻本。见《无锡先哲遗书书目》。
按:光绪《锡金县志》卷39、《忍草庵志》卷2作4卷。《梁溪诗钞》卷58收其诗59首。

胡栋臣

字公衮。清无锡人。诸生。
吐凤斋稿　集部别集类
见《锡山历朝书目考》卷11。

钱良佐(1671—1730)

字申若,号亦谢。清无锡人。旦次子。诸生。
梁溪诗抄　集部别集类
见《锡山历朝书目考》卷8。

钱师裴(1671—1734)

字晋公,一字仲立,号兰园。清无锡人。一飞次子。诸生。
湖塘逸草　集部别集类
见《锡山历朝书目考》卷9。

华　谦(1671—1742)

字履光,号慎园,又号受堂。清金匮人。康熙四十四年(1705)举人,选丹阳教谕,擢钜野知县。
五经摘义　经部群经总义类　佚
蜀游纪略　史部地理类　佚

经畲堂集　集部别集类　佚

以上3种见清华孳亨辑《华氏传芳集》卷11。

秦　望(1671—1756)

字元功(一作元宫)。清无锡人。诸生。通《易》,素精医学,旁及天文、地理。

医源8卷　子部医家类　佚

见道光《锡金续志》卷10。

扁鹊仓公传注　子部医家类　佚

医简(一作医鉴)8卷　子部医家类

九宫数　子部术数类　佚

以上3见《锡山历朝书目考》卷5。

按:《江苏历代医人志》谓《医简》一书有抄本存世,今未见。

思通集2卷随意吟1卷　子部儒学类

见《四库全书总目》子部儒学类存目,云:“《思通集》皆杂论义理……凡有会悟,随笔记之。《随意吟》乃所作杂诗,皆五言古体,亦多涉理路。”

张延祚

字岑人。清康雍间无锡人。隐于胶山。早卒。

养浩斋诗稿　集部别集类

见《梁溪诗钞》卷31,并收其诗3首。

华登俊

字雨金。清康熙间无锡人。

读易腆　经部易类　佚

见《锡山历朝书目考》卷8。

华宏显(1672—1696)

字臣若，号叔度。清无锡人。文炳子。

桐川稿　集部别集类　佚

见《梁溪诗钞》卷37，收其诗1首。

华祖然(1672—1724)

字元一。清无锡人。亦祥孙。诸生。

南村诗草　集部别集类

见《锡山历朝书目考》卷11。

华山松(1672—1734)

庠名崧，字友鹤，号醉伶。清无锡人。简子。贡生，候选教谕。

养心斋诗稿　集部别集类　佚

见《锡山历朝书目考》卷8。

徐　珽(1672—1738)

字紫长，一作子常，号南台。室名香树斋、香树山房。清无锡人。幼资性过人，及长读书好古，专心诗古文词。康熙四十二年(1777)圣祖玄烨南巡，以布衣献诗赋，命随同进京，选为蕉园教习。后归里，五十九年复召入内廷，命校勘内府秘书。雍正初以劳授光禄寺署正；改授浙江德清知县。坐事系狱，七年(1729)得释。《国朝耆献类征》卷143有清张云锦撰墓志铭。

绿瀛轩诗集1卷　集部别集类

清康熙刻本。

按：《无锡艺文志长编》云：是集录其频年进呈之作。……此本刻既精，而书法娟秀可爱，诚难得之籍。

香树斋诗(一作香树山房诗集)　集部别集类

见《清诗别裁集》卷28,云:“香树以诗受知圣祖,修书内廷,常追随属车豹尾间,故其诗多近唐人应制。”
南村诗文集20卷　集部别集类
南村词2卷　集部词曲类
以上2种见清张云锦撰墓志铭。
按:《清诗别裁集》卷28收其诗1首,《梁溪诗钞》卷24收其诗2首。

唐持志(1672—1740)

字依仁。清无锡人。毓昌子。
地学辑要4卷　史部地理类
医学心源4卷　子部医家类
文法辑要1卷　集部诗文评类
以上3种见《锡山历朝书目考》卷8。

施铉高(1672—1744)

字台孙。清无锡人。诸生。博读群书,富才华。曾与纂《河南省志》。年70犹赴省试,惜终不遇。
游梁草　集部别集类
见《江苏诗征》卷5,收其诗1首。

华希闵(1672—1751)

字豫原,号剑光,又号芋园。清无锡人。康熙三十年(1691)副贡,任安徽泾县训导。五十九年举人。雍正十三年(1735)以博学鸿词荐,不赴。乾隆十六年(1751)迎乾隆帝于惠山,赐知县职衔。未几卒。平生笃嗜先儒书,好先贤古迹。慷慨尚气节,凡乡里公益事,如修学校、架桥、疏浚河塘,无不力为之。勤于著述。善画,工花卉。《国朝耆献类征》有传。

易集说10卷　经部易类

书集说10卷　经部尚书类

诗集说　经部诗经类

以上3种见乾隆《无锡县志》卷39。

礼集说　经部三礼总义类

见《国朝耆献类征》卷251清杨熙之撰“记”。

春秋集说(一作春秋集义)10卷　经部春秋总义类　佚

见《延绿阁集》卷首附家乘。

大学约言　经部四书类

中庸剩语1卷　经部四书类

论孟讲义2卷　经部四书类

以上3种分别由华希闵刻于乾隆十一年(1746)、十二年、十三年。见《自述略》。

宋史质疑　史部史钞类

清雍正四年华希闵刻本。见《自述略》。清嵇曾筠《延绿阁集序》云:“尝欲删成《宋史》作《宋史质疑》一编问世,人尤服其精识。”

宋辽金元史详节　史部史钞类

见《锡山历朝书目考》卷5。其《自述略》康熙四十六年云:“有志作《宋史详节》,继吕东莱《十七史》后。”

自述略1卷　史部传记类

(1)清刻本,无锡市图书馆藏。

(2)《无锡文库》本,据清乾隆刻本影印。

华氏宗谱24卷　史部传记类

清华希闵、华孳亨重辑

清乾隆七年刻本,无锡市图书馆藏。

华氏通八支宗谱1卷　史部传记类

清乾隆三十五年刻本,国家图书馆藏。

杜云川(诏)传志行述附半楼剩语　史部传记类

抄本，见《无锡县立图书馆乡贤部书目》。

(乾隆)江南通志 200 卷首 4 卷序目 1 卷　史部地理类

清尹继善等修　黄之隽等纂　华希闵分修

(1) 清乾隆元年刻本，南京图书馆藏。

(2)《四库全书》本。

(3) 2010 年广陵书社影印本。

(4)《中国地方志集成·省志辑》本。

(5)《金陵全书》本。

(乾隆)金匮县志 20 卷　史部地理类

清王允谦修　华希闵纂

(1) 清乾隆七年刻本，南京图书馆藏。

(2)《无锡文库》本。

(乾隆)无锡县志 42 卷　史部地理类

清王镐修　华希闵、王湘、浦起龙等纂

(1) 清乾隆十八年刻本，南京图书馆藏。

(2)《无锡文库》本。

通鉴地理今释 42 卷　史部地理类

见乾隆《无锡县志》卷 39。

知非录　子部儒学类

知非续录　子部儒学类

以上 2 种华希闵分别刻于乾隆十四年、十五年。见《自述略》。

性理四书注释　子部儒学类

(1) 清康熙四十七年刻本，国家图书馆藏。

(2) 清康熙五十四年大盛堂刻本，北京大学图书馆藏。

(3) 2016 年学苑出版社出版《稀见清代四部辑刊》本。

二程节录　子部儒学类

朱子节要　子部儒学类

以上 2 种华希闵辑，并刻于乾隆七年。见《自述略》。

薛文清读书录节要　子部儒学类

见《自述略》康熙三十八年。

三角算法　子部历算类

见乾隆《无锡县志》卷39。

剑光阁笔记　子部杂学类

见《锡金考乘》卷12。

酬世锦囊　子部典故类

见《锡山历朝书目考》卷5。

广事类赋40卷　子部典故类

清华希闵、华希闳辑　邹升恒参订

(1) 清康熙三十八年刻本，上海图书馆藏。

(2) 清康熙五十八年锡山华氏剑光阁刻本，南京图书馆藏。

(3) 清初刻本，国家图书馆藏。

(4) 清乾隆二十五年刻本，国家图书馆藏。

(5) 清乾隆二十九年剑光阁刻本，北京大学图书馆藏。

(6) 清乾隆五十八年绣谷周氏令德堂刻本，黑龙江图书馆藏。

(7) 清嘉庆四年(1799)刻本，国家图书馆藏。

(8) 清嘉庆十二年刻本，南京图书馆藏。

(9) 清嘉庆十三年宝华楼刻本，北京大学图书馆藏。

(10) 清咸丰十一年(1861)文盛堂刻本，南京图书馆藏。

(11) 清同治三年(1864)刻本，国家图书馆藏。

(12) 清光绪四年同文会刻本，香港大学图书馆藏。

(13) 清会成堂刻本，辽宁图书馆藏。

(14) 清锦云阁刻本，辽宁图书馆藏。

(15) 清芥子园刻本，上海图书馆藏。

(16) 清朱墨抄本，上海图书馆藏。

(17)《历代赋学文献辑刊》本。

按：华氏以吴淑《事类赋注》间有未备，因增辑为此书，亦如吴氏例，自为之注。清周中孚《郑堂读书记》卷62论本书云:“吴氏书系宋初旧籍,足资考证。若为雅俗皆适,于用起见,则莫如此编最宜矣,毋论其不逮吴氏之精博也。”

重订广事类赋40卷　子部典故类

(1) 清乾隆二十九年聚锦堂刻本,国家图书馆藏。

(2) 清乾隆五十九年刻本,北京大学图书馆藏。

(3) 清嘉庆十八年刻本,黑龙江社科院藏。

(4) 清道光七年(1827)善成堂刻本,辽宁图书馆藏。

(5) 清道光十七年刻本,国家图书馆藏。

(6) 清宝翰楼刻本,吉林图书馆藏。

增订广事类赋40卷　子部典故类

清光绪十四年扫叶山房刻本,长春市图书馆藏。

延绿阁集12卷　集部别集类

(1) 清雍正十一年序刻本,国家图书馆藏。

(2) 清雍正间抄本,故宫博物院藏。

(3) 清光绪二十年刻本,首都图书馆藏。

(4)《清代诗文集汇编》本。

(5)《无锡文库》本,据清光绪二十三年华文汇重刊本影印。

按:《无锡文库》提要云:是编按体编次,文为经说、讲义、史论、对策、序、时文序、记、书、议、传、墓志、述略、杂著,凡十一卷;诗一卷,为古体、近体、集句各若干首,赋一篇,词阙如,末附同邑邹升恒集赠诗二十七首。

南轩先生文集44卷　集部别集类

宋张杭撰　清华希闵辑

清康熙四十五年华希闵刻本,上海图书馆藏。

元遗山先生集40卷附录1卷　集部别集类

金元好同撰　清华希闵增

清康熙四十六年华希闵校刻本。

按：道光三十年张穆《重刻元遗山先生集序》云："遗山先生集，中统严氏初刻本不可见，今行世者惟弘治中李叔渊本及康熙中华希闵本，而华本即从李本翻出，犹一本也。"后世翻华刻本者甚多，兹从略。

垂露轩偶辑不分卷　集部总集类

华希闵辑

清稿本，台湾"中央图书馆"原藏。

学诗随笔　集部诗文评类

玩辞初笔　集部诗文评类

以上 2 种乾隆十年华希闵刻，见《自述略》。

高子全书　丛书类

明高攀龙撰

清乾隆七年华希闵刻本，南开大学图书馆藏。子目从略。

秦文超(1672—?)

字伟士。清无锡人，侨居长沙。松龄族弟。康熙四十一年(1702)举人。数试礼部不中，选授浙江浦江知县，调龙游，所至有惠政。自幼遍览经史百家，后又纵游楚、燕、粤诸地，学问渊博，尤工诗文。

竦岩外编　史部杂史类　佚

见清秦簧《涵村诗集跋》。

存人录 24 卷　史部杂史类

浦龙政略 2 卷　史部政书类

以上 2 种有康熙四十九年刻本。

涵村诗集 10 卷　集部别集类

(1) 清康熙五十三年刻本，湖南省图书馆藏。

(2) 清光绪六年(1880)刻本，南京图书馆藏。

(3) 清光绪六年刻 1918 年重修本，国家图书馆藏。

(4)《清代诗文集汇编》本。

按：涵村在无锡太尖包山之麓，文超家世居于此。文超后虽侨居长沙，而仍以“涵村”名其诗集，以示不忘所自。

又按：本书初刻板毁后，文超五世孙簧惧其不传，遂为重梓行世，并作跋叙其大略。书凡10卷，卷各为集，分别如下：卷1名《窃余草》《江楼草》、收古今诗114首；卷2名《南归初草》《次草》《三草》，收诗119首；卷3名《岣嵝篇》《五溪草》《麓山吟》，收诗90首；卷4名《客燕集》《城东吟》，收诗102首；卷5名《游粤草》《东征草》，收诗85首；卷6名《知非集》《衡山小草》，收诗114首；卷7名《闲居百咏》，收五言律100首；卷8名《意惬篇》，收诗126首；卷9名《日下自怡编》，收诗66首；卷10名《退思吟》《剧余偶存》，收诗120首。

许　献

字香山（乡三），又字草楼，号絅夫。清康乾间无锡人。昭子。诸生。积学砥行，嘉读先儒书，尤重高攀龙、顾宪成诸人。博学工吟咏。

（重修）东林书院志22卷　史部传记类

清许献等编纂

（1）清雍正十一年（1733）刻本，南京图书馆藏。

（2）清光绪七年（1881）赵棨重刻本，南京图书馆藏。

（3）《四库全书存目丛书》本。

（4）《续修四库全书》本。

（5）《无锡文库》本。

按：是书为作者秉观察刁承祖之命，据严珏《东林志》重修。许献自序云：“辛亥冬，（刁）奉命观察吴中，甫下车，即惓惓东林志乘，壬子二月季方过锡，猥以见属。……用是搜采群书，参互考订；朝夕相助，则高氏和鸣、季元之力也，凡六阅月，编成二十有二卷。”是书前有雍正十一年任兰枝，乾隆元年（1736）赵国麟、雍正十年刁承祖、张师载等序，以及自序，总目，凡例。

六有斋就正稿10卷　集部别集类

见光绪《锡金县志》卷39。

按:《梁溪诗钞》卷33收其诗1首。

邹祖符

字益朋,又字一鹏。清无锡人。生于康熙年间。贡生,候选训导。

艺香吟稿　集部别集类

见《梁溪诗钞》卷31,有其诗7首。

周若金

字汝兼,号南村。清无锡人。康熙诸生。

南村遗稿　集部别集类

见《江苏诗征》卷84。

秦枝桂(1673—1739)

字燕庭,一字宁拙。清无锡人。昆浦子。

秦氏金石录60卷　史部金石类　佚

见《锡山历朝书目考》卷5。

钱廷枚(1673—1747)

字吉臣,号容斋。清无锡人。国子生。

历朝祖茔事实录　史部传记类

钱氏传芳集　集部别集类

以上2种见《锡山历朝书目考》卷11。

朱廷铨(1673—1747)

字韶九,号梅隐。清金匮人。贡生。候选教谕,乡饮大宾。督家尚恬素,敦行古道,恭俭而慈。

梅隐诗古文词　集部别集类　佚

见《锡山历朝书目考》卷8。

侯元巘(1673—1751)

字允陟，号绍衣。清无锡人。国子生。

书史论略24卷　子部艺术类

见道光《锡金续志》卷10。

薛景珏(1673—1755)

字玉佩，号沂蒙，又号东湖。清四川苍溪人。稻荪父。康熙三十五年(1696)四川乡试第。授浙江乌程知县，调河南光山县。乾隆九年(1744)定居无锡县之寺头镇。

藏书阁诗稿4卷　集部别集类

(1) 清道光刻本，国家图书馆藏。

(2)《无锡文库》本，据清道光刻本影印。

按:《江苏诗征》收其诗5首。

弘　伦

徐姓，字叔彝，一字孝均。清无锡人。宜兴反哺庵僧。

泥絮词1卷　集部词曲类

清侯晰辑《梁溪词选》本。

按:《全清词钞》卷34收其词9首。

萧云升(1674—1731)

原名泗。字佩尼。清无锡人。与顾栋高同学。游庠后从金敞、汤之锜游于共学山，潜心于学。后筑真学社于宜兴亳村，聚徒讲学，往返不辍。

书绅录　经部四书类

见《无锡开化乡志》卷上。

秦尚烈(1674—1733)

字岐宾,号庶渠,别号庶轩。清无锡人。之铭子,尚渭弟。庠生。工诗。以子梦兰贵,赠登仕郎。

乐志园文稿　集部别集类

见《锡山历朝书目考》卷8。

按:秦毓钧《锡山秦氏文钞》案语谓此乃尚渭自为之记,收入《田来诗文钞》,高氏《书目》误。

庶渠诗钞　集部别集类

见《锡山秦氏诗钞》今集卷1,收其诗10首。

庶渠草1卷　集部别集类

清嘉庆刻本。

杨维宁(1674—1736)

字紫渊,自号管社山人。清无锡人。世居邑之寺头,家族富盛。维宁独自离开故居,卜筑湖滨之管社山。规湖为池,筑堤植树,养鱼种芙蕖菱不绝。置层楼别馆、高亭曲榭于湖光山色中。率妻、子偕隐,读书赋诗,布袍草履,与渔樵为伍。性刚直,言笑不苟而孝友淳笃。

潜乐堂藏稿　集部别集类

见《梁溪诗钞》卷26,云:“诗有真趣,顾其意不在诗,随手散弃,其季子裒其遗曰《潜乐堂藏稿》。”收其诗5首。

高　巇(1674—1748)

字象郝。清无锡人。芷生五子。康熙三十三年(1694)邑庠生。渊源家学。

东林书院志22卷　史部地理类

清高嵀、高巇、许献、高廷珍、高陛增辑

(1) 清雍正十一年(1733)刻本,南京图书馆藏。

(2) 清光绪七年(1881)赵棨重刻本,南京图书馆藏。

(3)《四库全书存目丛书》本。

(4)《续修四库全书》本。

(5)《无锡文库》本。

按:《四库全书总目》云:“其书分《建置》《院规》《会语》《祀典》《列传》《公移》《文翰》《典守》《著述》《轶事》十门。意在博搜广采,而体例冗杂颇甚。所附诸人,又多牵附。不特孙承泽滥厕其间,即宋荦平生,亦仅刻意于文章,未尝闻其讲学也。”

养和堂诗文续集　集部别集类

见《锡山历朝书目考》卷8。

施廷琮

字宗燕。清无锡人。诸生。与杨维宁友善。

鸡肋集　集部别集类

见《江苏诗征》卷5,收其诗1首。

顾　憘(1675—1728)

字珏斯,号月江。清无锡人。敦四子。国子生。候选州同知。

武陵先贤传20卷　史部传记类

月江诗抄　集部别集类

以上2种见《锡山历朝书目考》卷8。

邹升恒(1675—1742)

原名登恒,殿试改为升恒。字泰和,号慎斋。清无锡人。忠倚孙。康熙五十七年(1718)进士。选庶吉士,馆试第一,授编修,历侍讲学士。雍正十一年(1733)任河南学政。五年、十一年、乾隆元年(1736)、二年四充会试同考官。文尚体要,诗冲和渊永,以标格胜。

广事类赋40卷　子部典故类

清华希闵、华希闳辑，邹升恒参订

版本参见“华希闵”条。

借柳轩诗 14 卷　集部别集类

清乾隆五十八年精刻本。

恬澹诗集　集部别集类

泰和文稿　集部别集类

以上 2 种见《锡山历朝书目考》卷 8。

按：清华希闵《延绿阁集》卷末附邹升恒《和华希闵赠诗》1 卷，共 27 首，由邹氏专集中录出。《梁溪文钞》卷 29 收其文 3 篇。

刘尚志(1675—1744)

字相在，号香圃。清无锡人。雷恒孙。诸生。

饮香集　集部别集类

见《江苏诗征》卷 78，收其诗 1 首。

朱秉钧(1675—1748)

字起八，号绮班。清无锡人。浙江商籍。贡生，候选教谕。

纪游图诗卷　集部别集类　佚

见《锡山历朝书目考》卷 8。

毛　璇

字政衡。清无锡人。生于康熙年间。

鹿亭诗稿　集部别集类　佚

见《锡山历朝书目考》卷 11。

邹　梓

字香禅。清无锡人。生于康熙年间。太学生。

明儒类钞 4 卷　史部传记类　佚

见道光《锡金续志》卷10。

嵇　炎

字展成。清无锡人。永福孙。诸生。雍正七年(1729)举材能,官河南仪封知县。

嘉会堂稿　集部别集类　佚

见《梁溪诗钞》卷31,有其诗2首。《江苏诗征》卷22有其诗1首。

邵祁曾

字肇京,庠姓邹。清雍正间无锡人。贡生。

松麟书屋稿　集部别集类

见《锡山历朝书目考》卷8。

按:《梁溪诗钞》卷33收其诗1首,题"邹祁曾"作。

王建中

字墨村。清无锡人。时霖父。好学饬躬,性夷旷,不屑仕进。尤精书法。

始自轩集12卷　集部别集类

见《王氏三沙全谱》卷首王时霖《述祖诗》。

高　嶒(1676—1718)

字象邹,号若谷。清无锡人。芷生六子。郡庠生。

若谷诗集　集部别集类

见《锡山历朝书目考》卷8。

秦扬烈(1676—1724)

字云台。清无锡人。松岩子。太学生。

闲吟草　集部别集类　佚

见《锡山历朝书目考》卷 11。

钱尧锡(1676—1726)

字述祖,号恂庵。清无锡人。

友山逸草　集部别集类

见《锡山历朝书目考》卷 11。

周金简(1676—1732)

字大猷,号蒸岩。清无锡人。康熙五十一年(1712)进士。官编修。

艺香小圃文集　集部别集类

见《锡山历朝书目考》卷 8。

艺香小圃诗草　集部别集类

见《江苏诗征》卷 82。

孙裘仁(1676—1736)

原名达勇,字立三。清无锡人。雍正七年(1729)贡生。从同邑顾培、顾鳌游,讲求高攀龙静室之学。每春秋举行复七会,与者近百人。据坐讲说,日昃歌诗数章,声出金石。晚以贡入都,当道欲荐之,力辞。未几卒于京邸。

立三诗文稿　集部别集类

见《锡山历朝书目考》卷 8。

华孳亨(1676—1744)

字子宏,号韦轩。清无锡人。学泉侄。精研经学,熟典章制度。与顾栋高并习《仪礼》。顾氏撰《春秋大事表》,每一篇成,必以质诸孳亨。

诗经旨言 10 卷　经部诗经类

见清沈楙德《增订欧阳文忠公年谱跋》。

华氏宗谱 24 卷　史部传记类

清华希闵、华孳亨重辑

清乾隆七年(1742)刻本,无锡市图书馆藏。

华氏传芳集13卷　史部传记类

清华孳亨辑

(1) 清乾隆八年刻本,无锡市图书馆藏。

(2)《无锡文库》本。

华氏西房支谱1卷　史部传记类

见《梁溪诗钞》卷27。

增订欧阳文忠公年谱1卷　史部传记类

(1)《昭代丛书》(道光)本。

(2) 台北《丛书集成续编》本。

按:此为欧阳修年谱,有清沈懋德跋,谓其识见高于旧谱及胡柯本远矣。

华氏祠墓考1卷　史部地理类

见《梁溪诗钞》卷27。

读书偶存记　子部杂学类

见《锡山历朝书目考》卷8。

韦轩存稿6卷　集部别集类

见《梁溪诗钞》卷27,收其诗2首。

王邦采(1676—1746)

字贻六,号畦绿(携鹿),晚署逸老、湖上逸人。清无锡人。诸生。弱冠游庠,数蹋省门皆不利。中年善病,弃举子业,覃精六经,而口不言性命,崇实行。淹该史学,以识大体为重。后进有质疑,必穷原竟委,发人神智。所居斗室常扃户,古今法书名画,张满四壁,日夕偃仰其中。好为诗古文辞,尤工书画,精别金色缣素。

读书随记1卷续记1卷剩语1卷　子部杂学类

(1) 影抄本,无锡市图书馆藏。

（2）清刻本，南京图书馆藏。

衍约说　子部杂学类

见乾隆《无锡县志》卷39。

离骚注释（一作离骚汇订）4卷　集部楚辞类

屈子杂文笺略2卷　集部楚辞类

以上2种亦合称《楚三闾大夫赋》。刻本有：

（1）清康熙六十一年（1722）初刻本，国家图书馆藏。

（2）清乾隆九年（1744）刻本。

（3）《广雅书局丛书》本。

楚三闾大夫赋笺7篇　集部别集类

清康熙壬寅精校本，无锡县图书馆藏。

按：《无锡艺文志长编》云：是书为《离骚》《九歌》《天问》《九章》《远游》《卜居》《渔父》注本。

徐节孝集注　集部别集类

见《梁溪诗钞》卷30，云已付刻行世。

晁具茨诗集笺注15卷　集部别集类

二槐堂原刻本，无锡县图书馆原藏。

吴渊颖集笺注12卷　集部别集类

元吴莱撰　王邦采、王绳曾会笺

清康熙六十年刻本，南京图书馆藏。

按：《梁溪诗钞》卷30收其诗21首。

湖上逸人

佚名，里居未详。按：王邦采号湖上逸人，清无锡人，不知是否其人。

双奇会　集部词曲类

见《今乐考证》。

王绳曾(1676—1755)

庠姓秦,字武沂,学者称蓼原先生。清无锡人。少受学于舅氏秦道然,讲主敬之学,墨守绳尺,言动必于礼。静然自修,于学无所不窥,五经诸史及儒先诸书,手自抄纂,切身体察。雍正八年(1730)成进士。官扬州府教授,抚军举应博学鸿词,坚辞不就。丁外艰,服阕补江宁教授。归田后,掌教东林书院,朝夕熟玩儒先书。尤能造就后学,及门如顾奎光、秦朝钎并以品学著。

左传绀珠2卷　经部春秋左传类

清王绳曾辑　萧麟补辑

(1)《小琅嬛仙馆汇刊类书十二种》本。

(2)《琅嬛獭祭十二种》本。

知古录　史部史评类

知今录　史部史评类

明儒语要　子部儒学类

王绳曾辑

以上3种见《梁溪诗钞》卷32。

春秋经传类联34卷　子部典故类

(1) 清雍正间刻本,南京图书馆藏。

(2) 清嘉庆七年(1802)纫兰堂刻本,南京图书馆藏。

按:《四库全书总目》云:"是书取《春秋》经传之词,稍加点窜镕铸,集为对偶,凡三十四类。"

交翠轩稿　集部别集类

儋园诗稿　集部别集类

寤歌存草　集部别集类

以上3种见《梁溪诗钞》卷32。

按:据《梁溪诗钞》卷32云,《交翠轩稿》已镌。余4种"未刻,藏于家"。又按:《知古录》《知今录》,《锡山历朝书目考》卷5著录为《知古知今录》，今从《梁溪诗钞》作二种。

吴渊颖集笺注 12 卷　集部别集类

元吴莱撰　王邦采、王绳曾会笺

清康熙六十年(1721)刻本，南京图书馆藏。

按：《梁溪诗钞》卷 32 收其诗 6 首。

李廷遴(1676—1756)

字元栋，号养恬。清无锡人。园子生。

易知编　经部易类

见乾隆《无锡县志》卷 42。

邹文锦(1676—1757)

字焕章。清金匮人。太学生。候选州同知。

治古文稿 8 卷　集部别集类　佚

古今体诗 6 卷　集部别集类　佚

以上 2 种见《锡山历朝书目考》卷 8。

潘　果(1676—?)

字师仲，号让村，又号晓沧。清无锡人。雍正元年(1723)春乡、秋会联捷进士。历宜章知县、永顺同知，擢辰州知府。善断狱，禁淫祀，改造祠宇为义学，以廉能著。坐事罢归。杜门读书，教授弟子。深于《易》，并工诗古文。与同邑陆庆元、华龙翔、邵烦、刘瞻榕、吴培源称"九峰六子"。沈德潜称其诗"划削浮词，独标风骨"。

小学提要 6 卷　经部小学类

清潘果、杜诏撰

原刻本，无锡市图书馆藏。

晓沧集 2 卷　集部别集类

民国无锡县图书馆抄本，无锡市图书馆藏。

按:《梁溪诗钞》卷31收其诗9首。

顺禅师

字中和。清无锡人。长寿寺僧。

中和禅师语录　子部佛教类　佚

见《锡山历朝书目考》卷9。

华　麟

字大舆,号苑游。清无锡人。吴县庠生。

尚书浅说10卷　经部尚书类

见乾隆《无锡县志》卷39。

俞玉局

原名钦,字爻心,又字瑶星,号卯茗。清无锡人。少时,家酷贫,书有未见者,辄从戚友借读,过目成诵。幼能诗。出语雄健。长从顾仁垣游,益沉思苦吟,出入于汉魏三唐,而归于苏、陆。居京师十余年,耿介自守,意所不可,虽公卿造庐,辄拒弗纳。康熙六十一年(1722)拔贡,官合肥教谕。年70卒。

卯茗欸乃集　集部别集类

见《锡山历朝书目考》卷5。

按:《梁溪诗钞》卷30收其诗12首。《江苏诗征》卷21收其诗1首。

黄赵音(1677—1717)

字翰恩,号秩斋。清无锡人。康熙四十四年(1705)江南解元。四十八年进士。改庶吉士。官检讨。充五十四年会试同考官。

馆中存稿　集部别集类

见《江苏诗征》卷65,收其诗1首。

华士方(1677—1742)

字泰岩,号渔山。清无锡人。颖渊子。诸生。偶作小画,雅淡有致,杜诏等与之相交。

养闲斋诗集 1 卷　集部别集类

清抄本《华氏家集》本,浙江图书馆藏。

杨希曾(1678—?)

字鲁公,一字申一,号东轩。清无锡人。家贫励学,言行惟谨,一本于礼。工诗文。楷法入晋唐人格。康熙四十四年(1705)玄烨南巡,希曾献长旬诗,并进所摹御书《金刚经》。召试录用,供奉武英殿,与纂《佩文韵府》。继请归,就有司,补诸生。未授官卒。

阴骘文类解新编 8 卷末 1 卷　子部道教类

清杨希曾、杨乐闵纂

清嘉庆七年(1802)刻本。

献芹录　集部别集类　佚

见乾隆《无锡县志》卷 42 本传,此手辑进御记恩诗。

感恩草　集部别集类

见《江苏诗征》卷 62,收其诗 1 首。

邹嘉升

字佩垣,号怡圃,晚号蓉西叟。清无锡人。生于康熙年间。诸生,卒年 90。

问是存草　集部别集类

见《梁溪诗钞》卷 39,收其诗 9 首。

华式金

字照声,号莲滨。清无锡人。康熙间诸生。卒年 35。

藏舌居稿　集部别集类　佚

见《锡山历朝书目考》卷 11。

徐汉倬

字鸣皋。清无锡人。康熙间诸生。为人谦退，澹于进取。喜购书，诗学孟浩然，词仿张炎。事亲孝，父殁以哀毁卒，年 37。

东园诗草附词集　集部别集类

见光绪《锡金县志》卷 39。

按：乾隆《无锡县志》卷 30 本传云："尝自状其诗云：'如游空山阿，寒溜冻幽石。腊尽春渐苏，冰雪滴余沥。遂成一脉水，中含小天碧。'"《梁溪诗钞》卷 30 收其诗 1 首，《全清词钞》卷 8 收其词 1 首。

孙　栋

字伊重。清无锡人。康熙四十七年(1708)副榜贡生。笃于渊睦，性好施，不求人知。

蓉滨吟草 1 卷　集部别集类

《锡山孙氏诗存》本。

按：《续梁溪诗钞》卷 13 收其诗 6 首。

王史直(1679—1718)

字子擎，号慎斋。清无锡人。诸生。博学能文，熟于邑中旧闻逸事。

六经日笺　经部群经总义类

见《锡山历朝书目考》卷 5。

宋史义例(未完稿)　史部正史类

见浦起龙《三山老伧不是集》。

锡山文献集 106 卷　史部地理类　佚

清王史直辑　王史鉴续辑

见道光《锡金续志》卷 10。

按:王史直编未竟而卒,由弟史鉴续成。是集分献集、文集二种,献集记泰伯至清人物事,文集录诗文。后亡佚。有康熙五十二年(1713)自序,现存于《锡山文集》中。

锡山古今艺文考 1 卷　史部目录类

清抄本,复旦大学图书馆藏。

按:此书卷端署"王直子擎撰录、胞弟鉴子任续辑",当即为王史直、王史鉴兄弟二人。

慎斋小集　集部别集类

见《锡山历朝书目考》卷 5。

锡山文集 20 卷姓氏总目 1 卷　集部总集类

清王史直辑　王史鉴续辑　华湛恩重辑

(1) 清道光二十年(1840)鹅湖华氏亲仁堂刻本,南京图书馆藏。

(2) 清抄本,41 卷,10 册,南京图书馆藏。

(3)《无锡文库》本。

(4) 2016 年国家图书馆出版社《历代地方诗文总集汇编》本。

按:此辑录锡邑诸贤文章,故以邑中名山锡山冠其书名。王史直编有《锡山文献集》106 卷。其书分为文、献二集,献以记人物之事,文以录古今之诗文。其文集仿潘耒《松陵文集》之例,选取自汉至明代邑人,及流寓名人、贤父母等所作有关地方掌故、民生利病、山川形势等文章,载入此书。书未完而王史直卒,其弟王史鉴续成之。久藏于家。道光二十年,锡邑续修县志,王云斋出其家所藏旧本,则"献集若干卷朽蠹略尽,文集亦残阙过半"(华湛恩序)。文集因残缺失次,故重为编次。

又按:浦起龙撰墓志铭云名直。误。查现存《锡山文献》所藏自序署史直。后来方志沿浦之误,分为王直、王史直二人。

顾栋高(1679—1759)

字复初，一字震沧，号左畬。清无锡人。经学家、史学家。康熙六十年(1721)进士。雍正间授内阁中书。乾隆十六年(1751)保举经学，授国子监司业，迁祭酒，以奏对越次罢职。与秦蕙田、惠栋交往甚密。研精五经，尤笃好春秋左氏学。所学合宋元明诸儒而一之，调停朱陆之说。尝与程晋芳拟就李清《南北史合注》重加修订，未成。一生著述甚富。

尚书质疑 3 卷　经部尚书类

(1) 清乾隆间刻本，国家图书馆藏。

(2) 清道光六年(1826)眉寿堂刻本，南京图书馆藏。

按：《锡山历朝书目考》卷 5、《清史列传》卷 68 及县志等均著录 2 卷。

尚书质疑不分卷　经部尚书类

(1) 清抄本，复旦大学图书馆藏。

(2) 抄本，上海图书馆藏。

毛诗类释 21 续编 3 卷　经部诗经类

(1)《四库全书》本。

(2)《四库全书珍本初集》本。

(3) 清抄本，上海图书馆藏。

按：《四库全书总目》叙其例云："是编成于乾隆壬申。《序》文、案语皆称臣，盖拟进之本。凡分二十一类。……诸家说《诗》中名物多泛滥以炫博。此书则采录旧说，颇为谨严，又往往因以发明《经》义，与但征故实，体同类书者有殊，于说《诗》亦不为无裨也。"

毛诗订诂 10 卷　经部诗经类

(1) 清乾隆间刻本，南京图书馆藏。

(2) 8 卷，附录 2 卷，清光绪二十二年(1896)江苏书局刻本。

按：《无锡艺文志长编》云：是书经咸丰兵燹，世鲜见传本，承学之士，欲求其书而不可得。同县廉泉搜访得之，时邓濂方佐理苏州官书局事，遂共谋剞劂，以广流传。

毛诗订诂 25 卷　经部诗经类

清抄本，国家图书馆藏。

毛诗订诂 30 卷　经部诗经类

清抄本，北京大学图书馆藏。

仪礼指掌宫室图　经部仪礼类

见《锡山历朝书目考》卷 5。

春秋大事表　经部春秋左传类

(1) 清乾隆十三年锡山顾氏万卷楼刻本，附《读春秋偶笔》1 卷，《春秋舆图》1 卷，附录 1 卷。国家图书馆藏。

(2) 清乾隆十四年万花楼刻本，50 卷。

(3)《四库全书》本，50 卷，附《读春秋偶笔》1 卷，《春秋舆图》1 卷，附录 1 卷。

(4) 清山东书局刻本，50 卷，附《春秋舆图》1 卷，附录 1 卷。

(5)《皇清经解续编》本，66 卷，附《春秋舆图》1 卷。

(6) 清同治十二年(1873)山东尚志堂刻本，附《读春秋偶笔》1 卷，《春秋舆图》1 卷，附录 1 卷。

(7) 清光绪十四年(1888)陕西求友斋刻本，附《读春秋偶笔》1 卷，《春秋舆图》1 卷，附录 1 卷。

(8) 1993 年中华书局点校本。

按：《四库全书总目》云：是书以《春秋》列国诸事，比而为表：曰《时令》、曰《朔闰》、曰《长历拾遗》、曰《疆域》、曰《爵姓存灭》、曰《列国地理犬牙相错》、曰《都邑》、曰《山川》、曰《险要》、曰《官制》、曰《姓氏》、曰《世系》、曰《刑赏》、曰《田赋》、曰《吉礼》、曰《凶礼》、曰《宾礼》、曰《军礼》、曰《嘉礼》、曰《王迹拾遗》、曰《鲁政下逮》、曰《晋中军》、曰《楚令尹》、曰《宋执政》、曰《郑执政》、曰《争盟》、曰《交兵》、曰《城筑》、曰《四裔》、曰《天文》、曰《五刑》、曰《三传异同》、曰《阙文》、曰《吞灭》、曰《乱贼》、曰《兵谋》、曰《引据》、曰《杜注正讹》、曰《人物》、曰《列女》。其《险要表》后附以《地形口号》,《五礼表》后附以《五礼源流口号》。《舆图》则用朱字、墨字以分别古今地名。《附录》则皆诸表序并表中所未及者,又为辨论以订旧说之讹。凡百三十一篇。考宋程公说作《春秋分纪》,以《传》文类聚区分,极为精密。刊版久佚,抄本流传亦罕。栋高盖未见其书,故体例之间,往往互相出入。又表之为体,昉于《周谱》。旁行斜上,经纬成文,使参错者归于条贯。若其首尾一事,可以循次而书者,原可无庸立表。栋高事事表之,亦未免繁碎。至参以七言歌括,于著书之体亦乖。然条理详明,考证典核,较公说书实为过之。其辨论诸篇,皆引据博洽,议论精确,多发前人所未发,亦非公说所可及。其《朔闰》一表,用杜预隐公元年正月起辛巳朔之说,与陈厚耀所推长历退一闰者不合。盖厚耀之书,栋高亦未之见,故稍有异同云。

春秋大事表序录(一作春秋百家序录)1 卷　经部春秋左传类

(1)《经史百家序录》本。

(2)《石船居杂抄剩稿二种》本。

春秋五礼源流口号 1 卷　经部春秋左传类

《昭代丛书》(道光)本。

春秋列国卿大夫世系表 2 卷　经部春秋左传类

《素隐所刻书》本。

春秋列国地形口号 1 卷　经部春秋左传类

《昭代丛书》(道光)本。

按:本书作于乾隆四年作者客九江大孤山时,凡 113 首。

春秋列国地形犬牙相错表不分卷　经部春秋左传类

清抄本,上海图书馆藏。

春秋纲领 1 卷　经部春秋左传类

(1) 清乾隆十三年锡山顾氏万卷楼刻本,国家图书馆藏。

(2) 清光绪十四年陕西求友斋刻本,国家图书馆藏。

读春秋偶笔 1 卷　经部春秋左传类

(1) 清乾隆十三年锡山顾氏万卷楼刻本，国家图书馆藏。

(2) 清光绪十四年陕西求友斋刻本，国家图书馆藏。

春秋大事表摘要 4 卷　经部春秋左传类

清顾栋高撰　清邱东阳辑

清光绪二十九年晓云山房刻本，国家图书馆藏。

春秋纬不分卷　经部春秋左传类

清乾隆四十九年抄本，北京大学图书馆藏。

春秋舆图 1 卷　经部春秋总义类

(1) 清乾隆十四年万卷楼刻本，天津图书馆藏。

(2) 清陕西求友斋刻本，上海图书馆藏。

司马温国文正公(光)年谱 8 卷末 1 卷遗事 1 卷　史部传记类

(1)《求恕斋丛书》本。

(2) 清抄本，北京大学图书馆藏。

(3)《北京图书馆藏珍本年谱丛刊》本。

王荆国文公(安石)年谱(一作王安石年谱)　史部传记类

(1)《求恕斋丛书》本，3 卷，末 1 卷《遗事》1 卷。

(2)《王安石全集》本，4 卷，附《遗事》1 卷。

(3)《北京图书馆藏珍本年谱丛刊》本。

奏疏 1 卷传记 1 卷　史部奏议类

清龚翔麟撰(传记)清顾栋高等撰

清抄本，北京大学图书馆藏。

(乾隆)江南通志 200 卷首 4 卷序目 1 卷　史部地理类

清尹继善、赵国麟修，黄之隽、章士凤、顾栋高、陈景云等纂

(1) 清乾隆元年刻本。

(2)《四库全书》本。

(3) 2010 年广陵书社影印本。

(4)《中国地方志集成·省志辑》本。

(5)《金陵全书》本。

按:栋高与修《江南通志》在雍正九年(1731)。

(雍正)河南通志80卷　史部地理类

清田文镜等修　孙灏、顾栋高等纂

(1) 清雍正十三年刻本。

(2)《四库全书》本。

(3) 清道光六年补刻本。

(4) 清同治八年补刻本。

(5) 清光绪二十八年补刻本。

(6) 1914年河南教育司印历次补刻本。

按:雍正八年顾栋高与谢元阳客开封,与纂《河南通志》事讫。

(乾隆)无锡县志42卷　史部地理类

清王镐修　华希闵、顾栋高等纂

(1) 清乾隆十八年刻本,南京图书馆藏。

(2)《无锡文库》本。

(乾隆)淮安府志32卷　史部地理类

清卫哲治等修　叶长扬、顾栋高等纂

(1) 清乾隆十三年(1748)刻本,上海图书馆藏。

(2) 清咸丰二年(1852)刻本,上海图书馆藏。

大儒粹语28卷　子部儒学类

见《清史列传》卷68。

按:《四库全书总目》云:"是书摘录周子、二程子、张子、杨时、谢良佐、吕大临、尹焞、罗从彦、李侗、胡宏、朱子、陆九渊、张栻、吕祖谦、黄干、蔡沈、陈淳、真德秀、许衡、薛瑄、王守仁、陈献章、胡居仁、顾宪成、高攀龙、刘宗周二十七家讲学之语,汇为一编。诸儒门径各殊,栋高合而一之。大旨援新安以合金溪,为调停之说者也。"

万卷楼笔记　子部杂学类

见《锡金考乘》卷12。

万卷楼文稿10卷　集部别集类

(1) 稿本,无锡市图书馆藏。

(2) 清抄本,国家图书馆藏。

(3) 传抄本,见《清人文集别录》卷 4。

按:《锡山历朝书目考》卷 5 及县志著录《万卷楼文集》12 卷。《国朝文汇》甲集卷 52 录其文 10 篇。

万卷楼文稿 16 卷　集部别集类

清抄本,国家图书馆藏。

万卷楼剩稿不分卷　集部别集类

(1) 稿本,上海图书馆藏。

(2)《上海图书馆未刊古籍稿本》本。

(3)《清代诗文集汇编》本。

万卷楼词　集部词曲类

见《全清词钞》卷 9,注云:"《万卷楼集》附。"

王止敬(1679—1760?)

字嵎阳,号穆斋。清金匮人。会汾叔。乾隆十七年(1752)举人。幼工举业,曾寄吴庠,被黜,既补本县博士弟子员。秋闱十余试不售,领乡荐时年已七十四。后赴礼闱,不售而罢。

宝言堂诗集 2 卷　集部别集类

见《梁溪诗钞》卷 42,并收其诗 4 首。

浦起龙(1679—1762)

字二田,号心孩、孩禅,晚号三山伧父。清金匮人。雍正八年(1730)进士。初主讲云南五华书院三年,后为苏州府学教授,主讲紫阳书院。乾隆十年(1745)去职。王昶、王鸣盛、钱大昕均受业于门下,众比之郑玄。十四年应聘与华希闵等纂修《无锡县志》,虽同事数公,实起龙之力。于书靡不窥,尤通史学。文宗唐人。

前洞浦氏重修宗谱 20 卷　史部传记类

清乾隆十三年浦起龙序刻本，无锡市图书馆藏。

史通通释20附录1卷　史部史评类

(1) 清乾隆十七年无锡浦氏求放心斋刻本，国家图书馆藏。

(2)《四库全书》本。

(3) 清光绪十一年(1885)刻本，国家图书馆藏。

(4) 清光绪十九年石印本。

(5) 清光绪二十年积石山房石印本，国家图书馆藏。

(6) 清光绪二十五年上海通时书局石印本，北京大学图书馆藏。

(7) 1931年扫叶山房石印本。

(8) 1936年上海中华书局《四部备要》本。

(9) 1937年商务印书馆排印本。

(10) 1978年上海古籍出版社出版。

(11) 1988年上海书店据商务印书馆1937年3月版影印。

(12) 2009年上海古籍出版社出版。

按：《四库全书总目》云："《史通》注本，旧有郭延年、王维俭二家，近时又有黄叔琳注，补郭、王之所阙，递相增损，互有短长。起龙是注，又在黄注稍后，故亦采用黄注数条。然颇纠弹其疏舛……大致引据详明，足称该洽。"

(乾隆)无锡县志42卷　史部地理类

清王镐修　华希闵、王湘、顾栋高、浦起龙等纂

(1) 清乾隆十八年(1753)刻本，南京图书馆藏。

(2)《无锡文库》本。

酿蜜集4卷　集部别集类

(1) 清光绪二十七年静寄东轩刻本，《无锡文库》据此本影印。

(2) 底稿本，见《续贩书偶记》。

(3) 清光绪浦氏抄本，无锡市图书馆藏。

(4)《无锡文库》本。

(5)《清代诗文集汇编》本。

按：全书四卷，收录文稿115篇，以论、说、解、注、考为主，内容涉及“经谊史裁、天文地理、兵阵算术”等。

不是集（一作三山老人不是集） 集部别集类

（1）清抄本，不分卷，上海图书馆藏。

（2）6卷，清光绪二年抄本，无锡市图书馆藏。

（3）11卷，清抄本，无锡市图书馆藏。

（4）1936年燕京大学图书馆铅印本，不分卷。

（5）《无锡文库》本，据上海图书馆藏清抄本影印。

（6）《清代诗文集汇编》本。

按：《无锡文库》本全书不分卷，但列门类，分序、记、杂著、语录、呈、疏、对、传、启、赞、引、跋、书、墓志铭、祭文十五类。

静寄东轩稿 集部别集类

见道光《锡金续志》卷10。

浦二田尺牍2卷 集部别集类

石印本，无锡县图书馆原藏。

古文眉诠79卷前1卷 集部总集类

（1）清乾隆九年三吴书院刻本，上海图书馆藏。

（2）清乾隆静寄东轩刻本，无锡市图书馆藏。

（3）清光绪二十四年岭南良产书屋刻本，上海图书馆藏。

读杜心解 集部诗文评类

（1）手稿本，南京图书馆藏。

（2）清雍正三年（1725）前涧浦氏宁我斋刻本，国家图书馆藏。

（3）清道光间苏州文渊堂刻本，北师大图书馆藏。

（4）清静寄东轩刻本，国家图书馆藏。

（5）1962年中华书局王志庚据原刻点校排印本。

（6）《四库全书存目丛书》本。

按：是书为评杜力作，长于以史证诗，短于议论及考订。蒋士铨谓：“编辑颇有考据，而系见亦多附会。”《四库提要》对其体例之怪，亦多摘其疵陋而加以批评。

又按:《梁溪文钞》收其文3篇,《梁溪诗钞》卷32收其诗20首。

侯文燿

字夏若。清无锡人。晰侄。康熙间在世。

鹤涧词　集部词曲类

收入清侯晰辑《梁溪词选》。

巫山十二峰词1卷　集部词曲类

见《全清词钞》卷8,收其词2首。

孙　东(1680—1743)

原名德纯,字履垣,一字礼耕,号亭一。清无锡人。诸生。少贫困废学,年27始发愤苦读,十与乡试不售。工书法诗词。

效颦小咏　集部别集类

拥鼻吟　集部别集类

羁旅吟　集部别集类

以上3种见道光《孙氏家乘》卷3。

黄　泳(1680—?)

原名廓梧。字石焘,号海霖。清无锡人。诸生。

蜀游草　集部别集类

晋游草　集部别集类

以上2种见《锡山历朝书目考》卷11。

华能恒

字嘉树,号立方。清康熙间无锡人。郡庠生,入太学,考授州同知。

诗韵释要　经部诗经类　佚

敬业堂四书五经如面谈　经部群经总义类　佚

以上2种见清华希闵等辑《华氏宗谱》卷18上。

钱永亨

字嘉会。清无锡人。诸生。与陆献章、秦岐宾倡和最密。

忘忧草　集部别集类

嘉会诗稿　集部别集类

以上2种见《锡山历朝书目考》卷11。

按:《江苏诗征》卷36收其诗1首。

姚　球(?—1735)

字颐真。清无锡人。先究心经子百家言,尤好学《易》。后习医书,洞悉微妙。其术主扶元气,助真阳,活人甚众。雍正十三年(1735)五月,与子梦熊泛舟蓉湖,舟覆溺水身亡。

周易象训　经部易类

见《锡金志外》卷2。

春秋义　经部春秋总义类

南阳经解　经部群经总义类

痘科指掌　子部医家类

以上3种见《江苏历代医人志》。

本草解要　子部医家类

见乾隆《无锡县志》卷35本传。

杨作枚

字学山。清康熙朝无锡人。国钧孙。承祖学深究历法。尝从梅文鼎游,尽得其历算之秘。后算学馆掌事文鼎孙玨成欲官之,未拜职遽卒。

句股阐微4卷　子部历算类

清梅文鼎撰　杨作枚补

《兼济堂纂刻梅勿庵先生历算全书》(一名梅氏丛书)本。
勾股正义 1 卷　子部历算类
清雍正柏乡魏念庭辑刻《历算全书》本。见《国学图书馆图书总目》卷 25。
揆日候星纪要 1 卷　子部历算类
清梅文鼎撰　杨作枚订补
平三角法举要 5 卷　子部历算类
清梅文鼎撰　杨作枚订补
以上 2 种有《西学大成》本。
定时秘诀不分卷　子部历算类
抄本,日本东方文化研究所藏。
本朝国史历志稿 11 卷　子部历算类
律志稿 2 卷　子部历算类
火星论 1 卷　子部历算类
句股论 2 卷　子部历算类
几何补编 1 卷　子部历算类
几何增解 1 卷　子部历算类
星学真源 8 卷　子部历算类
文程图解 1 卷　子部历算类
溯源星海 8 卷　子部历算类
补壬寅旭野历 4 卷　子部历算类
三角会编 4 卷　子部历算类
以上 11 种见乾隆《无锡县志》卷 39。

张鸿正

初名龙镇,字体仁。清康乾间无锡人。诸生。
卷阿草堂诗集　集部别集类
见《锡山历朝书目考》卷 11。

按:《梁溪诗钞》卷 37 收其诗 4 首。

张 镛

字静培。清无锡人。康熙五十年(1711)进士。为黄天球同年。

周礼集解摘录　经部周礼类

清高愈著　张镛摘录　邓济美增订刊刻

见《梁溪文钞》卷 29 黄天球《周礼集解节录序》。

按:黄氏云:"昔吾老友高紫超(愈)先生著《周礼集解》,……余辛卯同年张静培先生见而善之,即手抄全帙,其《摘录》则便举业取材也。"

陆廷楫

字用济。清无锡人。生于康熙时。诸生。

餐兰集　集部别集类

见《江苏诗征》卷 153。

陆天仪

字献章。清无锡人。生于康熙时。诸生。

编年诗草　集部别集类

见《江苏诗征》卷 153。

杨守约(1681—1729)

字以博,号南村。清无锡人。康熙五十二年(1713)经魁。考授内阁中书。

五经文长编　经部群经总义类

见《锡山历朝书目考》卷 8。

渔父府君(杨思九)家乘纪略稿 1 卷　史部传记类

清杨守约编

(1) 清光绪十七年(1891)杨松源抄本。《无锡文库》据此本影印。

(2)《无锡文库》本。

按:谱主杨思九(1631—1699),字惟三,晚号渔父,无锡江陂桥人。少贫,耕渔自给。谷稍余,则别贮之,备异日施济。守约为思九长孙,顾贞观孙婿。本谱叙事起自崇祯四年(1631),止于康熙三十九年。

华龙翔(1681—1733)

字丕光,号西园。清无锡人。黄子。国子生。幼随父宦游,熟悉京邸故事。既归,闭门读书,间游齐赵。工为诗,与潘果交善。五言冲淡,酷似华察《岩居集》。歌行长句出入韩苏,得同时人所称,为梁溪六子之一。卒穷困以老。

鬲凡诗集1卷　集部别集类

清抄本《华氏家集》本,浙江图书馆藏。

秦　昙

字昙�。清康熙间无锡人。观察卞某妾。

友梅斋剩稿　集部别集类

见《江苏诗征》卷165。

按:《全清词钞》卷31收其词2首。

黄斯皇

字虞惇。清康雍间无锡人。诸生。

破尘草　集部别集类

见《锡山历朝书目考》卷11。

华锡文

原名续。字绵古。清康熙间无锡人。青浦县庠生,入太学。

拾香诗草　集部别集类

见清华希闵等重辑《华氏宗谱》卷18上。

王述曾(1682—1736)

字映荃,号隐阡。清无锡人。绳曾仲弟。诸生。绩学不遇。

隐阡诗词 2 卷　集部别集类

见《梁溪诗钞》卷 32,云:“藏于家。”并收其诗 1 首。

范章彩(1682—1752)

字施五,号芥园。清无锡人。诸生。惜寡抚孤,有义行。乾隆十一年(1746)举乡饮大宾。

知非集　集部别集类

怡云阁诗　集部别集类

以上 2 种见《锡山历朝书目考》卷 11。

吴　纯

字思存,号水山。清康熙时无锡人。卒年 69。

水山闲咏　集部别集类

见《锡山历朝书目考》卷 11。

华孳贞(1683—1742)

字子固,自题室名觉轩。清无锡人。年 21 补县学弟子,为弟子员 40 年。性简直,于世落落寡合。少时即厌薄时文腐烂之习,以为学者为文当自经史出。所善惟蔡德晋,互以经学相切磋。中岁奔走衣食,堂与舍后治小圃,凿池种花,倘徉其中。拟欲撰读《春秋》、读史之书,均未成。

学诗初稿　经部诗经类

见清华玉淳《华师道文集·叔父觉轩府君墓志铭》,谓是书“不专主朱子,所采宋元诸儒之说不下数十家”。

邹士随(1683—1743)

字景和,号晴川。或作名景河。清无锡人。显吉三子。画家。雍正五年(1727)进士。官礼部主事,授广东肇庆知府。工诗古文,善画山水,皴染得黄公望意。所作多长卷,笔意雅秀,设色淡和,邹一桂常为其作题诗和韵。传世作品有《仿王绂九龙山居图》。

村居诗　集部别集类

湖滨诗　集部别集类

以上2种见《梁溪诗钞》卷31,收其诗2首。

晴川文稿　集部别集类

端梁集　集部别集类

黍谷吟　集部别集类

以上3种见《锡山历朝书目考》卷8。

徐流方

字玉川,号杉泉。清无锡人。生于康熙间。少学举业,于书无所不窥,后学古文于顾栋高。尝从王澍、蒋衡学书法,复弃去,专意于诗,熟精《文选》,同邑杜诏谓其诗有魏晋风。应顾琮聘修《漕运通志》。志成,随顾琮至京师,师从方苞,治古文,尽得方苞《史记义法正误》以归。归而闭门著书以终。

明季遗闻4卷　史部杂史类

沙村偶笔　子部杂学类

以上2种见刘声木《桐城文学撰述考》卷1。

咫闻18卷　子部杂学类

见清诸洛《类谷居近稿・咫闻序》。

按:诸洛序谓流方游屐所至,习闻前辈绪言,及读书有得,乃辑为此书。

有自弃斋诗稿　集部别集类

见《梁溪诗钞》卷38,小传谓其师金坛蒋衡欲刻之而未果。《梁溪诗钞》收其诗45首。

沙村书屋诗文稿4卷　集部诗文评类

见光绪《锡金县志》卷39。

王史鉴

字子任。清无锡人。史直弟。诸生。家学渊源,从何义门游,自弱冠以来,即好浏览经史百氏之书,未有闻而不求,得而不观者。博洽能文,与兄齐名。

孝经定本　经部孝经类

王史鉴辑

见《梁溪文钞》卷29。

按:其自序云:"故愚于《孝经》,一以朱子删定者为主,备载朱子论辩,以著所以改正之由,并采朱子文集、语录及《孝经》与诸家之说有所发明者,同附录焉。先儒所著若温公之《指解》,勉斋之《本旨》,自足名世,惜并沦亡。今不揣固陋,辑成此本,聊藏家塾,以示尊朱之意耳,岂敢传之天下哉!"

醉经堂经说杂著　经部群经总义类

见《梁溪文钞》卷29,云:"淹博渊雅,推重一世。"

锡山文献集106卷　史部地理类　佚

王史直辑　王史鉴续辑

参见"汪史直"条。

瞻桥小志4卷　史部地理类

(1) 清乾隆二年(1737)刻本,无锡市图书馆藏。

(2) 抄本,上海图书馆藏。

(3)《中国地方志集成》本。

(4)《无锡文库》本。

按:此署王鉴撰,当即指王史鉴。瞻桥原名砖桥。此志撰录旧闻,参以新制，仿宋《漫堂沧浪小志》，前列地图，后录志传、诗文，条分类别，“以备一方之文献”（自序）。

锡山古今艺文考 1 卷　史部目录类

清抄本，复旦大学图书馆藏。参见“王史直”条。

醉经堂文集 19 卷诗集 1 卷　集部别集类

抄本，无锡市图书馆藏。

宋人诗圃精华 24 卷

稿本。美国普林斯顿大学图书馆藏。

宋诗类选 24 卷　集部总集类

(1) 清康熙五十年(1711)刻本，上海图书馆藏。

(2) 清道光十九年(1839)乐古斋刻本，南京图书馆藏。

锡山文集 20 卷姓氏总目 1 卷　集部总集类

王史直辑　王史鉴续辑　华湛恩重辑

(1) 清道光二十年鹅湖华氏亲仁堂刻本，南京图书馆藏。

(2) 清抄本，41 卷，10 册，南京图书馆藏。

(3)《无锡文库》本。

(4) 2016 年国家图书馆出版社《历代地方诗文总集汇编》本。

按：参见“王史直”条。

姚　乐

字素行。清康乾间无锡人。

自怡草　集部别集类

见《江苏诗征》卷 39，收其诗 1 首。

高　龄

字九如。清康雍间无锡人。

春林草堂诗　集部别集类

见《江苏诗征》卷 42，收其诗 1 首。

邵　觉(1684—1746)

字梁父。清无锡人。颂弟。诗作善为长古。

乐乐亭近稿　集部别集类

见《梁溪诗钞》卷36,并收其诗10首。

按:《江苏诗征》卷143收其诗1首。

王联曾(1684—1753)

字缑笙,号养喜,又号怀庭。清无锡人。绳曾族弟。诸生。生性颖敏,一生坎坷,足迹几遍天下,诗草散佚。

养喜余编1卷　集部别集类

见《梁溪诗钞》卷32,并收其诗1首。

杨孝元(1684—1757)

字介公,晚号端操子,又称蜕道人。清金匮人。潮观父。诸生。

文昌宫志略　史部地理类

清杨孝元辑

见乾隆《无锡县志》卷39。

存之堂诗稿　集部别集类

见光绪《锡金县志》卷39。

按:《江苏诗征》卷62"杨鸿观"条引《梁溪诗话》,谓孝元子鸿观客湖南时,少获酬金即为父端操公梓遗诗,并刻从兄鹤冲诗。

邵　煐(1684—1757)

初名之鹭,字振蜚,号移山。清无锡人。诸生。幼擅才名,晚境坎坷。淹洽工辞赋,诗格近襄阳、柳州,骈体亦直造六朝佳境。与华龙翔、陆庆元、吴培源为诗友号称"四子",又为"九峰六子"之一。以病酒卒。

毛诗勺　经部诗经类

楚辞汇解　集部楚辞类
移山诗集　集部别集类

以上3种见《梁溪诗钞》卷31,并收其诗15首。

存之堂诗稿　集部别集类

见《锡山历朝书目考》卷5。

按:《江苏诗征》卷144收其诗3首。

高日鼎

字扬先,号懋斋。清康雍间无锡人。郡庠生。

闲吟草　集部别集类

见《锡山历朝书目考》卷11。

秦伯龙(1685—1743)

字春山,号蛟门。清无锡人。源宽子。康熙五十九年(1720)举人,雍正二年(1724)进士。官山东莱州府潍县知县。平生工制举文,尤精于医。与弟龙光并以孝行著。

五经类纂16卷　经部群经总义类

秦伯龙、秦跃龙同撰

清雍正六年清寻阁刻本,上海图书馆藏。

痘疹辨疑大全6卷　子部医家类　佚

见《锡山秦氏诗钞》今集卷2。

钱　基(1685—1765)

字右言,号又岩。清无锡人。雍正二年(1724)顺天举人。官巫山知县。捐俸修书院,筹膏火,为久长之计,士民怀之。

又岩诗文集　集部别集类

见《锡山历朝书目考》卷8。

华汝高(1685—?)

字峻德。清无锡人。

华氏履历考 4 卷　史部传记类

清乾隆元年(1736)华氏抄本,无锡市图书馆藏。

邹士骃(1685—?)

字是骖。清无锡人。士随弟。诸生。多才艺,工写生。游燕赵,丁母艰,奔丧归,卒于途中。

雪音轩学诗稿　集部别集类　佚

见《梁溪诗钞》卷 31,有其诗 3 首。《清画家诗史》乙下有其诗 1 首。

刘瞻榕(1685—?)

亦作瞻荣、瞻容,字于根,一字南荣,号桤林。清无锡人。学洙次子。诸生。于诗如入禅定会,然非扫空一切。咀英吐华,吮其灵液,老近自然。客京师,游中州。与万邦荣交契。

南荣诗 3 卷　集部别集类

见乾隆《无锡县志》卷 30 本传。

按:《梁溪文钞》卷 34 载有清诸洛"南荣诗钞序"。《江苏诗征》卷 79 收其诗 4 首。

国朝六大家诗抄　丛书类

清刘瞻荣选

见《梁溪文钞》卷 34,云:"瞻荣选《国朝六大家诗钞》,未及刊行,执玉(瞻荣子)梓而传之。"

按:今传本著录刘执玉辑。参刘执玉条按语。

朱梦梨

字蕴素。清无锡人。戴玉亭妻。

兰膏剩草　集部别集类　佚

见《梁溪诗钞》卷53，有其诗4首。《江苏诗征》卷164有其诗3首。

鲍学魁

字五侯，号星槎。清无锡人。康熙间大兴籍诸生。官柳州经历。

粤西击柝吟　集部别集类

见《锡山历朝书目考》卷11

蔡德晋

字宸锡，一字仁锡，号敬斋。清金匮人。雍正四年(1726)举人。乾隆二年(1737)礼部尚书杨名时荐为国子监学正，六年(1741)迁工部司务。以礼经名世，能服习而行之，不谓空语。其论三礼，多前人所未发。在监教学严谨，在部廉正不私。为官13年，家无余赀。卒年65。《清史稿》有传。

诗经集义16卷　经部诗经类

见乾隆《无锡县志》卷39。

礼经本义17卷　经部仪礼类

(1)《四库全书》本。

(2)《四库全书珍本初集》本。

(3) 清抄本，上海图书馆藏。

按：《四库全书总目》卷20云："是书前十六卷皆本经，第十七卷附吴澄所辑逸礼八篇，皆引宋元明以来诸家之说，与注疏互相参证。大旨皆不戾于古。名物制度，考辨颇悉。亦间出新义。"

礼经本义39卷　经部三礼总义类

见乾隆《无锡县志》卷39，注云："《周礼》二十二卷，《仪礼》十七卷。"卷39本传云："合《仪礼》《周官》为《礼经·周礼》，以六官为序，而《考工记》有冠以《冬官》。《仪礼》以五礼为序，而阙军礼。又补逸礼八篇。为《本义》三十九卷。"

礼传本义20卷　经部三礼总义类

见乾隆《无锡县志》卷39、《清史稿》本传。

按：乾隆《无锡县志》卷29本传云："《戴记》则删芜去复，博采周秦两汉之书及先圣格言之有关于礼者，为《礼传本义》二十卷。"

通礼56卷　经部三礼总义类

见乾隆《无锡县志》卷39。

按：《清史稿》本传作50卷。乾隆《无锡县志》卷29本传云："又辑《通礼》五十六卷。"上述3书"积四十年易稿而后成"。

敬斋礼说不分卷　经部三礼总义类

清景福楼抄本，上海图书馆藏。

敬斋经说6卷　经部群经总义类

吴县王氏学礼斋传抄稿本，复旦大学图书馆藏。

按：《江苏诗征》卷138收其诗1首。

陶炳中(1686—1730)

字虎臣，号素存。清无锡人。天璧子。

经说3卷　经部群经总义类

史论12卷　史部史评类

以上2种见《锡山历朝书目考》卷8。

顾维钫(1686—1745)

字孝谷。清无锡人。国子生。

孝谷诗稿　集部别集类

见《江苏诗征》卷134。

邹一桂(1686—1772)

庠名士恺。字原褒，号小山，又号让卿，晚号二知。清无锡人。忠倚孙，恽格婿。雍正五年(1727)进士。授御史，严剔利弊。乾隆元年(1736)任贵州学政，七年转礼科给事中，十年充会试同考官，二十二年迁内阁学士兼礼部侍郎，次年告归，加尚书衔。归里后主讲东林书院，为续碧山十老之领袖。工画。善工笔花卉，清古冶艳，得恽格之传。山水画法宋人。传世作品现存多幅。《清史稿》有传。

四书文稿　经部四书类　佚

见《梁溪诗钞》卷 32。

邹宗伯自定年谱 2 卷　史部传记类

见光绪《锡金县志》卷 39。

小山画谱 2 卷　子部艺术类

(1)《四库全书》本。

(2) 清乾隆间刻本，国家图书馆藏。

(3) 清道光二十九年(1849)三松堂潘氏刻本，上海图书馆藏。

(4)《借月山房汇钞》本。

(5)《指海》本。

(6)《泽古斋重钞》本。

(7)《式古居汇钞》本。

(8)《粤雅堂丛书》本。

(9)《啸园丛书》本。

(10) 清冯兆年辑《翠琅玕馆丛书》本。

(11)《四铜鼓斋论画集刻》本。

(12) 清黄任恒辑《翠琅玕馆丛书》本。

(13)《艺术丛书》本。

(14)《芋园丛书》本。

(15)《丛书集成初编》本。

(16)《披云草堂丛书》本。

(17)《美术丛书初集》本。

(18)《画论丛刊》本。

(19)《绘事晬编》本。

(20)《艺苑丛抄》本

(21)《无锡文库》本。

小山画谱 1 卷　子部艺术类

(1)《昭代丛书》(道光)本。

(2)《清瘦阁读画》本。

按:此为中国花卉画论著。二卷本上卷论画花卉诸法及花卉自然之性,下卷摘录古人画说,参以己意,终之以《洋菊谱》。对恽格派花卉推崇颇力。论写花瓣枝叶各法,尤能详人所略。余绍宋《书画书录解题》云:“前人画谱,多详于山水而略于花卉,专论花卉画法,自兹编始。”此书亦可考见古代画家源流宗派。

邹小山画说源流 2 卷　子部艺术类

清光绪三十二年葛元煦抄本,国家图书馆藏。

洋菊谱 1 卷　子部艺术类

(1)《昭代丛书》(道光)本。

(2)《赐观堂丛书未刻稿》本。

按:乾隆二十一年一桂被召入宫,奉高宗弘历命,画内廷外来花卉 36 种,因撰为此谱。其时《画谱》已刊,故附于其末。亦有别出另行者。

邹小山诗画册　子部艺术类

(1) 1919 年中华书局影印本。

(2) 1931 年中华书局影印本。

按:此据玉虹楼藏画影印。本册杂写山水花卉草虫竹石,点墨设色,随意为之,为其画中精品。画各系以小诗。

邹小山画册　子部艺术类

清宣统元年(1909)上海神州国光社印本,国家图书馆藏。

百花卷　子部艺术类

见清徐珂《清稗类钞·恩遇类》，云："无锡邹小山侍郎一桂，尝作《百花卷》，各赋诗一绝。进呈高宗，亦赐题百首，并赐额四字，曰'黄华知己'。"

牡丹谱　子部艺术类

着色谱　子部艺术类

以上2种见《锡山历朝书目考》卷5。

筑间籁1卷　集部别集类

清乾隆刻本，国家图书馆藏。

按：乾隆六年一桂自贵州还，辑此期诗为《筑间籁》。

小山诗钞11卷　集部别集类

清乾隆三十五年刻本。

亦园集　集部别集类

小山文稿　集部别集类

以上2种见《锡山历朝书目考》卷5。《梁溪文钞》卷30有其文6篇。

赓和集　集部总集类

见《梁溪诗钞》卷32。

本朝应制琳琅集10卷首1卷　集部总集类

清邹一桂辑并评

按：清乾隆十九年京都琉璃厂鸿远堂刻本，中国人民大学图书馆藏，眉上及行间有佚名朱墨笔注释。

丁　鋐

原名景范，字少伯，号筠亭。清乾隆间无锡人。师事杜诏。

浣香诗草　集部别集类

见《梁溪诗钞》卷39，并收其诗1首。

朱　沂(1687—1729)

字观学。清无锡人。国子生。

西园遗稿　集部别集类　佚

见《锡山历朝书目考》卷11。

秦蓝田(1687—1748)

字耕璧。清无锡人。国子生。

金匮山房初稿(一作金匮山樵初稿)　集部别集类　佚

见《锡山历朝书目考》卷11。

华纯曾(1687—1754)

字敬思,号缉亭。清无锡人。韶子。少工制义,雍正十三年(1735)拔贡,乾隆三年(1738)举人,官常熟教谕。九年主讲贵州,以濂洛之理为教,多所造就。工文,善诗,尤熟于史汉。十九年有诏举学正学录,或以纯曾应,以年老辞。《国朝耆献类征》卷253有传。

缉亭制义　集部别集类　佚

见《梁溪诗钞》卷36。

缉亭诗集　集部别集类

见《锡山历朝书目考》卷8。

按:《梁溪诗钞》卷36收其诗16首,《江苏诗征》卷148收其诗2首。

钱　炎

一作琰。字令友,号二范,又号弄丸子。清无锡人,入长洲籍。廪生。少颖敏,不喜时艺,潜心经学,得廉、洛、关、闽真脉。尝馆葑门彭氏,以张载《正蒙》授徒。殚精注之。注未半而咯血数升,自后乃陶情吟咏,借以养病,年32卒。以子曜贵赠天台知县。

周易大全纂　经部易类
毛诗读　经部诗经类
礼记读　经部礼记类
学庸讲义　经部四书类
弄丸闲吟　集部别集类
求志居文稿 1 卷　集部别集类
以上 6 种均见《锡山历朝书目考》卷 5。
枕上吟　集部别集类
见《江苏诗征》卷 36，收其诗 1 首。《梁溪诗钞》卷 28 收其诗 11 首。

秦永清

清无锡人。
故城县志残存 4 卷　史部地理类
清蔡维义修　秦永清等纂
清雍正五年(1727)刻本。

徐德宗(1688—?)

字于朝，号二矶。清昆山人徐乾学孙，赘于秦氏，遂居无锡。倜傥负奇，以诗雄于时。不得志以殁，秦鸿钧葬之惠山。
二矶山人诗集 6 卷　集部别集类
见光绪《锡金县志》卷 39。

华飞鸢(1688—1736)

原名谷信，字南屺，号五峰。清无锡人。
耕余集　集部别集类　佚
一得集　集部别集类　佚
以上 2 种见《锡山历朝书目考》卷 11。

华　湘(1688—1746)

字衡南，号梅里。清无锡人。康熙五十年(1711)举人。官安徽巢县知县，政尚清静。退而以著作自娱，诗风温厚和平。

梅里杂著　子部杂学类

见《锡山历朝书目考》卷8。

梅里诗稿(一作梅里草堂诗)　集部别集类

见《梁溪诗钞》卷27，收其诗3首。又《江苏诗征》卷148收其诗1首。

陶正中(1688—1749)

字田见，号未堂。清无锡人。天璧子。雍正元年(1723)进士。历任编修、御史、广东粮驿道、直隶按察使、山西布政使、直隶清河道等，有政绩。

治河议8卷　史部政书类

水道蜀纪30卷　史部地理类

鹤山纪4卷　史部地理类

南海札记20卷　子部杂学类

东图集4卷　集部别集类

未堂诗集33卷　集部别集类

资治丛书50卷　丛书类

以上7种均见《锡山历朝书目考》卷8。

秦　仁(1688—1755)

原名秉勤。字体国，号薪岩。清无锡人。汝溥子。雍正四年(1726)举顺天副榜，七年诏举材能，以知县用，授云南蒙自县知县，历官山东东阿知县、兖州府同知、登州府知府，补福建福宁知府。乾隆十七年(1752)告病回籍。少孤，刻苦于学。事母以孝闻。

秦氏先城考　史部杂史类

见嘉庆《无锡金匮县志》卷20。

(乾隆)锡山秦氏宗谱　史部传记类

清秦本始、秦仁、秦道然等纂修

见民国《锡山秦氏宗谱》卷首。

按:此次修谱为乾隆十一年,乃第五次修辑宗谱。

吴天馥(1688—1756)

字毅仁,号香谷。清无锡人。文镕孙。雍正四年(1726)举人,授海州学正,未上任。

香谷吟草　集部别集类

见《锡山历朝书目考》卷8。

秦义均(1688—1761)

字敬资,号俨亭。清无锡人。

含烟阁集　集部别集类　佚

见《锡山历朝书目考》卷12。

吴培源(1688—1768)

字岵瞻,号蒙泉。清金匮人。乾隆二年(1737)进士。授上元县学教谕。十三年任浙江遂安知县。十七年解职还。工诗,能文。

会心草堂诗集6卷　集部别集类

《吴氏千文楼汇抄诗存》本。

会心草堂文集杂著2卷　集部别集类

见《锡山历朝书目考》卷8。

吴之枚

字卜臣。清无锡人。贡生。少丧父,家贫,后从秦道然(1658—

1747)学，肆力儒书以终。

周易集成　经部易类

周易参义　经部易类

以上2种见《无锡富安乡志稿》卷24。

卜臣诗抄　集部别集类

见《锡山历朝书目考》卷8。

孙　钟(1689—1714)

字铭功，号冰崖。清无锡人。国子生。以子洙赠文林郎，顺天府大成县知县。

闲吟草　集部别集类

见道光《孙氏家乘》卷4。

钱秉义(1689—1734)

字翼伦，号弱夫。清无锡人。倜傥豪迈，族党称其孝。精篆刻，工绘事，尤长于花鸟。

弱夫诗草　集部别集类

见《锡山历朝书目考》卷8。

按:《梁溪诗钞》卷48收其诗1首。

张泰开(1689—1774)

字履安，号有堂，晚号乐泉居士。清无锡人。光宙子。雍正十三年(1735)举人，乾隆七年(1742)进士。由编修擢至侍郎，直内廷，二十年以序刊胡中藻《坚磨生诗集》得罪，旋获释。累官至礼部尚书，兼都察院左都御史，赐紫禁城骑马，加太子少傅致仕归。谥文恪。

乐泉老人年谱1卷　史部传记类

(1) 清乾隆三十九年刻本，上海图书馆藏。

(2) 清光绪二十年(1894)木活字印本，上海图书馆藏。

(3)《无锡文库》本,据清乾隆三十九年刻本影印。

采香堂诗集　集部别集类

见《锡山历朝书目考》卷 8。

乐泉诗集　集部别集类

见《江苏诗征》卷 59,并收诗 1 首。

按:《江苏诗征》将“乐”字误作“药”字。

论文约旨　集部诗文评类

清光绪年间刻本,无锡市图书馆藏。

按:《梁溪文钞》卷 32 收其文 6 篇。

平汉英

字双河。清雍正间无锡人。

闻花轩词　集部词曲类

见《全清词钞》卷 9,并收其词 1 首。

秦跃龙(1690—1757)

字山公,号鹤峰。清无锡人。源宽子,伯龙弟。乾隆十五年(1750)贡生。少以制艺名。尝游粤东,为山长,授徒甚众。

五经类纂 16 卷　经部群经总义类

秦伯龙、秦跃龙同撰

清雍正六年(1728)清寻阁刻本,上海图书馆藏。

粤游吟钞　集部别集类　佚

鹤峰诗钞　集部别集类　佚

以上 2 种见《锡山历朝书目考》卷 8。

本朝文约编　集部总集类

秦跃龙选编

见《锡山秦氏文钞》卷 5,引顾光旭语谓:“选《本朝文约编》,家弦户诵。”

按：据顾氏语，是书当曾刻行，惜未见。

孙廷镛（1690—1762）

字士衡，号夔堂。清无锡人。国子生。德州州同。

迷途重觉记　史部传记类

治河诸论　史部政书类

九河考　史部地理类

潜修集　集部别集类

以上4种均见《锡山历朝书目考》卷8。

杜　璞（1690—1768）

字石渠，号半山。清无锡人。诏次子。国子生。

半山阁诗集　集部别集类

见《江苏诗征》卷103，收其诗2首。

秦棐彝（1690—?）

字陈常。清无锡人。郡庠生。

陈常遗稿　集部别集类　佚

见《锡山历朝书目考》卷11。

刘应选

字汇升。清无锡人。诸生。

和倪堂卮言　子部杂学类

见《锡金考乘》卷12，云："有刊本。"

顾　濙（1691—1749）

字克家，号毅夫，又号毅斋。清无锡人。诸生。举材能，历任福山知县、滨州知州。

毅斋诗抄　集部别集类

见《锡山历朝书目考》卷 8。

邵　夔(1691—?)

原名之鸿，字来九，号半园。清无锡人。终老布衣。以穷殁，遗稿颇多，家人持以易米。

自怡客诗草　集部别集类　佚

见《梁溪诗钞》卷 33，并收其诗 8 首。

按：《江苏诗征》卷 144 收其诗五律 2 首，并引王屋云："《自怡客诗草》已无觅处，此二律乃杨蓉裳(名芳灿)所记忆者。"

郑梦明

清无锡人。

记事珠引释 10 卷　子部典故类

明张以谦原辑　清郑梦明删订

(1) 清雍正九年(1731)刻本，山东大学图书馆藏。

(2) 清乾隆四十九年(1784)江氏敦裕堂重刻本。

高日震

字远声，号宁愚。清康雍间无锡人。郡庠生。

伤寒要旨 2 卷　子部医家类

见《锡山历朝书目考》卷 11。

唐　诚

字以诚。清无锡人。生于康熙朝。精小学，以为文字与卦画同出一源。邃于《易》，与吴鼎往复辩论，意趣昂然。

匀文 10 卷　集部别集类

见《锡山历朝书目考》卷 5。

李　枚

字人功，号藕塘。清康乾间无锡人。

藕塘文稿　集部别集类

见《锡山历朝书目考》卷11。

南皋诗钞1卷附词1册　集部别集类

无锡县图书馆抄本。见《无锡县立图书馆乡贤部书目》。

赵　方

字正大。清康雍间无锡人。国子生。

药鉴要书　子部医家类

见《锡山历朝书目考》卷11。

俞凤祥(1692—1751)

字岐征，号寄斋。清无锡人。诸生。官州佐。

易卦图说　经部易类

寄言集4卷　集部别集类

以上2种见《锡山历朝书目考》卷8。

按：《梁溪诗钞》卷37收其诗2首。

陶鸿中(1692—1753)

字羽吉，号敬直。清无锡人。天璧子。考授州佐。

史论1卷　史部史评类

见《锡山历朝书目考》卷8。

丁鹗起(1692—1757)

字鸣九，号逸园。清无锡人。雍正五年(1727)荐孝友端方。卒后门人私谥文裕先生。

易经溯源　经部易类
剥复损益论　经部易类
中庸揭要　经部四书类
孟子讲义　经部四书类
医旨或问　子部医家类
逸园诗文集　集部别集类

以上6种均见《梁溪文钞》卷40，并收其文1篇。

逸园诗草1卷　集部别集类

见丁绍仪《听秋声馆词话》卷1。并云："高祖逸园公诗草均储三先伯叔才公家，庚申焚毁，今只存《逸园诗草》一卷。"

范　振(1692—1761)

字丕承，号慊斋。清无锡人。国子生。

慊斋吟稿　集部别集类

见《锡山历朝书目考》卷11。

窦　嵋(1692—1763)

字眉山，号仙谷，晚号病残道人。清无锡人。幼失怙恃，依表叔杜诏太史，教养成立。幕游东粤，大吏以精勤得治体，欲上荐，力辞归。工诗能文。

眉山诗稿　集部别集类

见《梁溪诗钞》卷31，收其诗1首。

自怡稿2卷　集部别集类

见《梁溪文钞》卷39，收其文1篇。

邹云城

字拥书，号亦楼，晚更号泰山。清无锡人。显吉孙。乾隆三年(1738)举人。知元城知县，修筑堤堰，城免水患。擢深州知州，革陋规，民大服。升河间知府，为治宽，遇事直。尝侃侃争利病于上官，不为屈，上官亦倚重之。乞老归田，年余卒，年72。为续碧山十老之一。

直隶深州总志20卷首1卷　史部地理类

清乾隆二十一年刻本。南京大学图书馆藏。

邹云城诗　集部别集类

见《梁溪诗钞》卷36，有其诗15首。

华　鼒

字绮石。清无锡人。康熙雍正间在世。

笔耕剩艺　子部杂学类　佚

见《锡山历朝书目考》卷11。

邹知机

字若虞。清无锡人。就镕孙。康熙雍正间在世。

四书日钞　经部四书类　佚

朱子节要　子部儒学类　佚

以上2种见《锡山历朝书目考》卷11。

曹必进

字王制，号篑山。清康熙时无锡人。

篑山诗稿　集部别集类

见《锡山历朝书目考》卷11。

叶大椿

字子容。清无锡人。精痘科，人称神医。

痘学真传（一作痘学指南）8卷附疹论痧赋　子部医家类

（1）清雍正十年（1732）刻本，上海图书馆藏。

（2）清乾隆四十七年（1782）卫生堂刻本、北京中医药大学图书馆藏。

(3) 清嘉庆二十五年(1820)书业堂刻本、北京中医药大学图书馆藏。

(4) 金阊巽记书庄刻本,上海中医药大学图书馆藏。

按:是书为系统论述痘症机制及诊法之书。全书图文并茂,详细记载了各类痘病的诊治图解;并及古今医案等相关内容。

痘疹指南医案　子部医家类

清乾隆四十七年卫生堂刻本,南京中医药大学图书馆藏。

陈　凯

字汾阳。清金匮人。生于康熙时。诸生。

涉江草　集部别集类

竹源居诗　集部别集类

以上2种见《锡山历朝书目考》卷11。

竹源词　集部词曲类

见《全清词钞》卷11。

陈　伦

字逊其,号复庵。清无锡人。生于康熙时。诸生。

复庵草　集部别集类

见《锡山历朝书目考》卷11。

敖栋龄

字国承。清康熙时无锡人。

云亭旅吟　集部别集类

见《锡山历朝书目考》卷11。

顾羽泉

字萃愚，号漪园。清康熙时无锡人。诸生。

漪园诗稿　集部别集类

见《锡山历朝书目考》卷11。

顾　豫

字朋簪。清康熙时无锡人。诸生。

朋簪遗稿　集部别集类

见《江苏诗征》卷131。

顾龙振

更名抡元，字凌苍，号啸轩。清无锡人。生于康熙时。诸生。

啸轩诗抄　集部别集类

见《锡山历朝书目考》卷11。

诗学指南8卷　集部诗文评类

清乾隆刻本。

陶　震(1693—1722)

字孟来。清无锡人。乾子。

述怀诗1卷　集部别集类

见《锡山历朝书目考》卷11。

窦宏楣(1693—1731)

字赞皇，号研存。清无锡人。少好学，尝读书惠麓茅庵。困于小试。善书，兼工篆隶。

研存剩稿1卷　集部别集类

见《锡山历朝书目考》卷12。

按:《续梁溪诗钞》卷4收其诗2首。

朱廷鉴(1693—1745)

字夔一,号香雪。清无锡人。贡生。官武临县丞。

香雪斋集1卷　集部别集类

见《梁溪诗钞》卷37,小传云:"有咏锡山古迹诗一卷,名《香雪斋集》。桐城张文和序而刻之,曰:朱生追踪风雅,托意甚高,吾于是有取焉。"刻本今未见,《梁溪诗钞》有其诗1首。

江蘇藝文志

顧廷龍題

国家古籍整理出版专项经费资助项目

江苏省地方志编纂委员会办公室组织编纂

江苏艺文志

（增订本）

南京卷

二

原　主　编　赵国璋

增订本主编　江庆柏

增　订　者　江庆柏　周　忠　杨云海

凤凰出版社

南京二

清至民国

吴发祥(1579—?)

字萝轩。清江宁人。顺治十五年(1658)尚在世。

萝轩变古笺谱2卷　子部艺术类

(1) 明天启六年(1626)吴发祥套色雕印本,上海博物馆藏。

(2) 1981年上海朵云轩刻本。

(3) 2014年维扬春在堂从朵云轩本精选53幅图画,由刘坤雕版,重新精制印行。

按:此为中国早期版彩印的精品,全书共收178帧画笺,其中116帧为饾版,62帧为拱花。卷首有明天启丙寅(六年)颜继祖序。分为画诗、筠蓝、飞白、博物、折赠、雕玉、斗草、选石、遗赠、仙灵、代步、搜奇、龙种、择栖等类。绘写工致,镌刻劲巧,具有极高艺术价值。

贾必选

字徒南,号直生。清江宁人。明万历三十七年(1609)举人。除户部主事,迁员外郎,管西清仓。尽黜陋规,革除弊政。暇则闭户读书,不与朝贵通。以辨同官倪嘉庆蒙冤事,降九江经历,转桂林推官,擢南京工部员外郎,就迁郎中。入清后隐居读《易》。老而目盲,托以避世,广延儒生,相与论说疑义,随笔记录之。卒年87。

松荫堂学易6卷　经部易类

见《四库全书总目》经部易类存目,云:"皆发明邵子之说。"

春秋纂注　经部春秋总义类

见嘉庆《江宁府志》卷54。

按:《金陵艺文志》同。同治《上江两县志》卷12误作贾必遐。

金刚解　子部佛教类

见同治《上江两县志》卷12。

按:《明诗纪事》庚签卷22收其诗1首。

林古度(1580—1666)

字茂之,一字那子。清福清籍,上元人。章子。少赋《挝鼓行》,为屠隆赏识。其父林章迁居金陵,林古度因父亲之故,得以在金陵与曹学佺、钟惺、谭元春、钱谦益等名士交往。明万历末,仰慕钟惺,诗格为之一变。明亡后贫甚,掘门而居,冬眠败絮中,夏无帐,施闰章诸人为置之,乃书诗于帐,曰"诗帐"。儿时万历钱,终身佩之。往来唱和者盛斯唐、柳应芳、陈昂为最挚。钱谦益《列朝诗集小传》丁集中《林举人章》云:"古度与余好,居金陵市中。家徒四壁,架上多谢皋羽(翱)、郑所南(思肖)残书,婆娑抚玩,流涕渍湿,亦初文之遗忠也。"晚岁与王士禛平山堂诗会,并以诗稿付王。曾自卜生圹于乳山。卒后,周亮工等助赀瘗于钟山。《清史稿》有传。

(顺治)溧水县志10卷首1卷　史部地理类

清闵派鲁修　林古度纂

(1) 清顺治十五年(1658)刻本,国家图书馆藏。

(2)《金陵全书》本。

(3) 上海古籍出版社2016年12月出版点校本,2017年4月出版线装本。

(顺治)高淳县志18卷　史部地理类

清纪圣训修　林古度纂

(1) 清顺治十三年刻本,国家图书馆藏。

(2) 清顺治刻康熙增修本,国家图书馆藏。

(3)《金陵全书》本。

挂剑集2卷　集部别集类　佚

见嘉庆《江宁府志》卷54。

林茂之文草1卷赋草不分卷　集部别集类

(1) 明崇祯间林古度刻本,无锡市图书馆藏。

(2)《清代诗文集汇编》本。

林茂之诗选2卷　集部别集类

清林古度撰　王士禛选

(1) 清康熙四十九年(1710)程哲、殷誉庆刻本,国家图书馆藏,有严可均跋。

(2)《清代诗文集汇编》本。

心史7卷　集部别集类

宋郑思孝撰　清林古度、汪骏声等校

明崇祯十三年(1640)汪骏声、林古度刻本,上海图书馆藏。

按:林古度序云:"雁湖(叶益荪)、钟陵(高拱京)与予皆郡后学,急谋较梓以传先生之心。"

白云集7卷附录1卷　集部别集类

明陈昂撰

明崇祯十三年(1640)林古度等重刻本,国家图书馆藏。

按:参见"陈昂"条。

吴　娟

亦作吴媚,吴娟娟。字眉生,亦字靡仙,又字梅仙,号群玉山人。清广东石城人。本名家后裔,流落不偶,卜居金陵。善画,工小楷。亦能诗词,常与林古度相唱和,后委身于林。

萍居草　集部别集类　佚

见《众香词》。《金陵词钞续编》卷6收其词4首。

赵起元

字庶先,一字容庵。清上元人。岁贡生。少时师事杨维节。潜心性理，经史百家，皆有深究，兼通阴阳握奇之术。为金声、黄道周所推崇。明亡，不求仕进，聚徒讲学，弟子善籍者甚众。诗文恢奇，张照亭《金陵文征》及朱绪曾《国朝金陵诗征》，均以之居首。书多散佚。

事易心　经部易类　佚

尚书大问　经部尚书类　佚

以上2种见嘉庆《江宁府志》卷54。

诗权(一作诗权笺义)8卷　经部诗经类　佚

见《明史·艺文志》。

礼权大问(一作礼权笺义)　经部三礼总义类　佚

春秋大义十论　经部春秋总义类　佚

以上2种见嘉庆《江宁府志》卷54。

四书大问　经部四书类　佚

五经大问　经部群经总义类　佚

以上2种见清张照亭《金陵文征》。

按：据张照亭及朱绪曾云，以上2种及《诗权》均有康熙四年(1665)重刻本，然今未见。

大问堂诗古文稿　集部别集类　佚

见同治《上江两县志》卷12。

按：《国朝金陵诗征》卷1收其诗9首。

倪一本

清江宁人。

灵潭集　集部别集类　佚

见同治《上江两县志》卷12。

王岱舆(1584？—1670，一作1570？—1660)

名涯，以字行。晚号真回老人。清金陵人。回族。祖籍阿拉伯，其先人明初随贡到中国。太祖朱元璋赐居南京。伊斯兰教学者和经师。

幼承家学，熟悉伊斯兰教教义与阿拉伯、波斯典籍。及长，攻读儒家性理、史鉴及诸子百家之学，被誉为学通四教（佛、儒、道、伊斯兰教）。晚年专攻伊斯兰教义，致力于伊斯兰典籍之译著。后北上京师，讲经于正阳门外，卒葬三里河清真寺墓地。

正教真诠 2 卷　子部伊斯兰教类

清王岱舆撰　刘智注

（1）清顺治十四年（1657）清真堂刻本，中国科学院新疆分院图书馆藏。

（2）清雍正七年（1729）清真堂刻本，国家图书馆藏。

（3）清嘉庆六年（1801）清真堂刻本，辽宁省图书馆藏。

（4）清同治十二年（1873）锦城宝真堂刻本，有首 1 卷，国家图书馆藏。

（5）清光绪三十年（1904）镇江清真寺刻本，有首 1 卷，南京图书馆藏。

按：此本收有清代有关伊斯兰教的奏稿、上谕、题折、札饬等。

（6）清末民国初抄本，国家图书馆藏。

（7）1923 年北京清真书报社印本，北京大学图书馆藏。

（8）1931 年《正教真诠、清真大学、希真正答合印编》本。

（9）抄本，北京大学图书馆藏。

（10）1987 年宁夏人民出版社点校本。与《清真大学》《希真正答》合订。

（11）1999 年宁夏人民出版社出版《正教真诠　清真大学　希真正答　白话译著》本。

按：此为汉文解释、介绍伊斯兰教教义最早著作之一。内容包括伊斯兰教的信仰基础、安拉德性、伦理道德以及教法制度等。原有明天启二年（1622）刻本，此本收有明太祖、成祖等对伊斯兰教之褒崇之词，并有有关伊斯兰教知识的摘录。但此本已不可见。

真诠要录 2 卷　子部伊斯兰教类

清同治三年马如龙云南刻本，南京图书馆藏。

清真大学 1 卷　子部伊斯兰教类

(1) 清咸丰二年(1853)清真堂刻本，国家图书馆藏。

(2) 清光绪元年锦城王氏刻本，国家图书馆藏。

(3) 1921 年北京清真书报社印本，北京大学图书馆藏。

(4) 1931 年《正教真诠　清真大学　希真正答》合印编本。

按：书分统说、本题、总论三部分，讲述伊斯兰教关于宇宙起源、真主实有及主(真主)仆(穆罕默德)关系。

希真正答　子部伊斯兰教类

(1) 稿本，国家图书馆藏。

(2) 1931 年《正教真诠　清真大学　希真正答》合印编本。

按：此为王岱舆与人答辩的文字记录稿，由其弟子伍连城整理，对《正教真诠》《清真大学》两书作通俗的阐述和补充。

文祖尧(1589—1661)

字心传，一字介石。清上元人，寄籍云南。明天启元年(1621)选贡。崇祯中，官太仓学正。明亡为僧，还居金陵至卒。私谥贞道先生。

南都纪闻 2 卷　史部杂史类　佚

见《明清江苏文人年表》顺治十八年(1661)注。

明阳山房遗诗 1 卷遗文 1 卷　集部别集类

《云南丛书》本。

兴　源

俗姓龙，字楚云。清江宁人。栖霞寺住持。

摄山志 8 卷　史部地理类　佚

旃檀阁集　集部别集类　佚

以上 2 种见同治《上江两县志》卷 12。

按：《国朝金陵诗征》卷 48 收其诗 5 首。

沈世韶

清江宁人。

汭沙草　集部别集类　佚

见同治《上江两县志》卷 12。

张可仕(1591—1654)

字文峙，以字行。清南京人。可大弟。诸生，一生未仕。幼有大志，与归安茅元仪友善。顺治六年(1649)与陈丹衷、邢昉、纪映钟等在金陵作重九会，听丁继之、张燕筑歌曲。晚年好佛，自号紫淀老人。终日塾中破衣，行吟野哭，往来雨花台、栖霞山间。《明史》张可大传附。

南枢志 170 卷　史部政书类

(1) 明末刻本，台湾“中央图书馆”原藏。残存 93 卷。

(2)《中国方志丛书》本。

(3)《金陵全书》本。

按：志作于明崇祯十年(1637)，《金陵通传》卷 20 本传云：“南京兵部尚书范景文礼为上客，询防江策。可仕撰《南枢志》百七十卷上之。”

紫淀老人编年稿 50 卷　集部别集类　佚

见《千顷堂书目》卷 28。

落叶哀蝉集　集部别集类　佚

愿不愿集　集部别集类　佚

击磐集　集部别集类　佚

以上 3 种见《金陵通传》卷 20。

宋元诗选 10 卷　集部总集类　佚

清张可仕选

见同治《上江两县志》卷 12。

补订明布衣诗 100 卷　集部总集类　佚

见《明史・艺文志》。

按:《千顷堂书目》卷31作《补订闵士行明布衣诗》100卷,原注云:“士行,字景贤,歙人。”清钱谦益《列朝诗集小传》丁集《张如兰传》云:“次子文寺(峙),有文名,集录明诗,别裁风雅,于余之采诗有助焉。”此或指其订补《明布衣诗》一事。《明诗纪事》辛签卷17收其诗1首。

倪嘉庆(? —1660)

字笃之。号朴庵。清江宁人。天启二年(1622)进士,除户部主事,迁员外郎。崇祯初,曾数上疏言时政,皆不用。后以忤杨嗣昌入狱7年。崇祯十五年(1642)获释戍边。福王时,荐补吏部员外郎,改户部给事中。明亡为僧,名幽潜,又名大然,号笑峰和尚,隐居青原山中至卒。工诗。

青原语录　子部杂学类　佚

栖霞语录　子部杂学类　佚

以上2种见嘉庆《江宁府志》卷54。

灵潭集　集部别集类　佚

计枢草　集部别集类　佚

铨谏草　集部别集类　佚

棘遯草　集部别集类　佚

以上4种见《千顷堂书目》卷27。

按:《金陵诗征》卷28收有其诗。《明诗综》卷66收其诗2首。《明诗纪事》辛签卷17收其诗1首。

陈　昭

字若木,号渡船子。清顺治间上元人。居雨花山下梅冈书屋,与姚佺、罗源选诗刻书其中。

诗源　集部总集类　佚

清姚佺、陈昭、罗源选刻

见《金陵通传》卷26。

王元标

字赤霞，号雪航。清上元人。少业儒，兼精医，后以医名。明崇祯十二年(1639)大疫，携药救治贫苦，全活多人。入清，隐于赤山晋葛洪旧居处，著书以终。

紫虚脉诀启微 8 卷　子部医家类　佚

见同治《上江两县志》卷 12。

医学正言(一作医学正宗)　子部医家类　佚

清王元标撰　王辂、王稚续

见清周亮工《赖古堂集》卷 15《医学正言序》。序云："雪航王先生精医学有年，其于《素问》《灵枢》《难经》《脉诀》诸书，不啻九为据三为摸，伐毛洗髓于其中，而不可夭阏矣。犹恐以无定之说惑天下，使学者怅惘于无所守，于是著为《正言》一书，自切脉辨症以及立方，皆确然有所指，俾疗者按病而不失毫发。至其总集前人，参以己意，则皆极变化之能，而折衷之者也。"

沙宛在

字嫩儿，又字未央，自号桃叶女郎。清上元人。半塘名妓。工书，能诗，名噪一时。

蝶香集　集部别集类　佚

见《列朝诗集小传》闰集，云："有《蝶香集》闺情绝句一百首。"

蝶香词　集部词曲类　佚

见《金陵词钞续编》卷 6，收其词 2 首。

显　鹏

字彬远，一字啸翁，又字鹤伎。浙江永嘉籍。入清为僧，住金陵兴善寺，与杜濬、龚贤唱和。

萍洲诗集　集部别集类　佚

见《金陵诗征》卷44小传。传注云:“道光中,武林郝莲,字明门,得其手稿八册。”

张琪

一名基。字兴公。清江宁人。揔父。诸生。善讲学。明亡,隐雨花山翠微庵,与同里李克爱、李尚志交,人称“南郊三老”。又喜与方外交。

圣学宋传　子部儒学类　佚

翠微庵诗存　集部别集类　佚

以上2种见同治《上江两县志》卷12。

禅喜集　集部别集类　佚

见《金陵通传》卷24。

按:《禅喜集》亦作其子张揔撰,参见“张揔”条。

方淇荩

字宝臣。原名夏,又名兆玮。祖籍安徽歙县,其父定居金陵,遂为江宁人。工诗。以诸生受知于莱阳赵南星。明亡后与王潢等引为忘年交,四方游金陵者多愿识其面。

真学录　子部儒学类　佚

见同治《上江两县志》卷12。

岫园诗集　集部别集类　佚

见乾隆《歙县志》卷14本传。

按:《国朝金陵诗征》卷3收其诗2首。

吴山

字岩子。清安徽当涂人,江宁卞琳妻。能诗词。

青山集　集部词曲类　佚

见《国朝金陵词钞》附卷。《全清词钞》卷31收其词3首。

张可度

字二业，自称鬭筏老人，一作道人。清南京人。可仕弟。工诗文，一生隐居不仕。《明史》有传。

鸿雪草　集部别集类　佚

墨庄鬭筏道人诗　集部别集类　佚

以上2种见《明史》本传。

按:《金陵诗征》卷26收有其诗。《明诗纪事》辛签卷17收其诗2首。

方　沂

志亦作方琪，字宏祐。清江宁人。结茅三山矶下，号江上野渔。酒醉则高吟，不知寒暑。尝荷樵往来板桥、新亭间，徜徉自得。

天随堂集　集部别集类　佚

且渔集　集部别集类　佚

以上2种见《金陵通传》卷24。

按:《金陵诗征》卷31小传注云:清朱绪曾尝得其诗。《明诗纪事》辛签卷30收其诗1首。

方时俊

字求仲。清上元人。明亡守节不出。

五噫草　集部别集类　佚

见《金陵通传》卷24。

房天驷

字大生。清江宁人。以侠闻。

房天驷诗　集部别集类

收入《国朝金陵诗征》卷1，共收10首。

鲍云际

字勺亭。清上元人。庠生。

鲍云际诗　集部别集类

收入《国朝金陵诗征》卷1,共收11首。

孙自修(？—1654)

字无修。清上元人。明天启四年(1624)举人。官阳江知县、大同府通判。清顺治二年(1645)隐为僧,自号与然,居悬溪庵,时人称悬溪和尚。

与然堂全集　集部别集类　佚

见同治《上江两县志》卷12。《金陵诗征》卷28收有其诗。

朱尚云(1595—1669)

字槐里,一字逋翁,别号羽南。清上元人。明崇祯十三年(1640)贡生。明亡,常闭户涕泣。晚学浮屠法。

羽南集　集部别集类　佚

见《金陵通传》卷24。《金陵诗征》卷30收有其诗。

方拱乾(1596—1667)

初名若策,字肃之,一字坦庵,号甦翁。清桐城籍上元人。明崇祯元年(1628)进士,官至少詹事。明亡后南归。清顺治九年(1652)起补弘文馆学士,以江南科场案事戍关外,旋放归金陵。好为诗,虽流放未曾辍笔。

宁古塔纪略1卷　史部传记类

清抄本,与明杨宗吾《希姓略》等合抄,台湾"中央图书馆"原藏。

绝域纪略(宁古塔志)1卷　史部地理类

(1) 清康熙间抄本,台湾"中央图书馆"原藏。

(2)《昭代丛书》(道光)本。

(3)《说铃》本。

(4)《小方壶斋丛钞》本。

(5)《小方壶斋舆地丛钞》本。

(6) 1967 年台北市广文书局出版《史料丛编》本。

(7) 1994 年上海书店出版社出版《丛书集成续编》本。

玉堂丛语 8 卷　子部小说类

明焦竑辑　清方拱乾校

明万历四十六年(1618)序刻本,北京大学图书馆、美国国会图书馆藏。参见《中国善本书提要》。

何陋居集 1 卷甦庵集 2 卷　集部别集类

(1) 清康熙锡善堂钞本。

(2)《四库禁毁书丛刊补编》本。

方詹事诗后集(何陋居集)3 卷　集部别集类

(1) 清乾隆间刻本,复旦大学图书馆藏。

(2)《清代诗文集汇编》本。

蔓堂集不分卷　集部别集类

清刻本,日本内阁文库藏。

方拱乾诗集　集部别集类

李兴盛整理。1992 年黑龙江教育出版社出版。

按:《金陵通传》卷 25 著录其有《白门集》《铁鞣集》《出关集》《入关集》。又,国家图书馆藏清康熙四十一年(1702)刻吴见思撰、潘眉评《杜诗论文》,录有方拱乾批注题识。

一　念(1596—1670)

清上元人。明亡,遁迹湖南衡山为僧。晚住新宁狮蹲阁,自号萍秃。

萍秃集 2 卷　集部别集类　佚

见同治《上江两县志》卷12。《金陵诗征》卷44收其诗。

徐开吕

字起渭。清上元人。凤翔子。明诸生。高迈不群。明亡隐居不出。有达官闻其贫，欲招置幕府，辞不就，竟以穷卒。

起渭诗草　集部别集类　佚

见同治《上江两县志》卷12。

顾梦游(1599—1660)

字与治。清江宁人。幼号神童，8岁作《荷花赋》千言，然乡试辄病。工诗词，善行楷。凡宴游饯送之会必赋诗，诗必手书。平生任侠好义，耿介自守。督学高去奢闻其才，使充崇祯十五年(1642)岁贡，终不就廷试。入清，遂杜门不出。与僧函可交。函可曾撰私史，纪述福王覆灭事。案发，势将并诛，而神色不变，故见重士林。

偶存稿　集部别集类

《十二代诗选》本。

顾与治诗8卷　集部别集类

(1) 清康熙元年(1662)施闰章、沈希孟等刻本，国家图书馆藏。

(2) 清初书林毛恒刻本，北京大学图书馆藏。

(3) 清抄本，清王德楷、莫棠跋，中山大学图书馆藏。

(4)《金陵丛书》本。

(5)《丛书集成续编》本。

(6)《四库禁毁书丛刊》本。

(7)《四库全书存目丛书补编》本。

按:《四库全书总目》集部别集类存目作《茂绿轩集》，云:“曹学佺刻《十二代诗选》，尝录其诗，题曰《偶存稿》。至顺治庚子(十七年，1660)梦游既卒，施闰章又广为收辑，合学佺所刻，得五百四十二篇，删其什二，定为此本。”又谓:“梦游与葛一龙、邢昉诸人相倡和，诗格皆近中晚。

闰章序称昉诗学胜才，梦游诗才胜学。亦二人之定评也。”陈作霖《金陵通传》卷15作《绿茂轩集》，非是。清陈田《明诗纪事》辛签卷十《邢昉》诗话引顾梦游《茂绿轩集》云云，可证。乾隆四十五年(1780)其书遭禁。

王　潢(1599—?)

字元倬。清江宁人。弱冠能文。明崇祯九年(1636)举人。三上礼部不第，归。时诏求贤良方正，同县倪嘉庆疏荐之，以亲老辞。入清不仕。曾与上元王亦临、张可仕诸人结寻秋社于予山阁。顺治十三年(1656)顾炎武寓金陵，尝与同诣明孝陵行香，游栅洪桥。诗作沉雄浑郁、顿挫浏漓。

晓窗随笔　子部杂学类　佚

见同治《上江两县志》卷12。

南陔诗1卷　集部别集类

清顺治间刻本，南京图书馆藏。

望古遥集　集部别集类

何莫集　集部别集类

以上2种见《金陵通传》卷21。

按：王潢诗流传颇广，《明诗综》《明诗纪事》，《雪桥诗话续集》及《三集》《清诗纪事》等均收有其诗，后人对其诗作评价亦甚高。

徐　研

字季采。号一林居士。清江宁人。诸生。文行并著，但不见用。后见时事日非，遂构室隐于芙蓉山南，至终。卒年75。生平著述甚富，惜多不传。

一林居士集　集部别集类　佚

见同治《上江两县志》卷12。

按：《金陵诗征》卷34云徐研撰，子徐大捷辑，收有其诗。

合刻诗古文词　集部总集类　佚

明徐必登、徐研撰

见同治《上江两县志》卷12。

陈丹衷

字曼昭，一字涉江。清上元人。明崇祯二年(1629)与王亦临、张一儒等入复社，十二年中举。十三年与冒襄等集会江都郑元勋影园。十六年成进士，除御史。自请至广西征兵，不果行。福王时宣谕江北，愤朝事紊乱，作《魂远游赋》。改长沙知府。清顺治二年(1645)遁迹为僧，取名道昕。六年与邢昉、纪映钟、余怀等在金陵作重九会。后游江西，十三年回南京。

蔗渣稿　集部别集类

见嘉庆《江宁府志》卷54。同治《上江两县志》卷9作20卷。

秋粕诗　集部别集类

见同治《上江两县志》卷9。

按：同治《上江两县志》卷9著录《蔗渣稿》《秋粕诗》2种。嘉庆《江宁府志》《蔗渣稿》下注云："为《秋粕诗》二百余章。"则似以《秋粕诗》即在《蔗渣稿》中。

姜承宗

字开先。清上元人。诸生。崇祯十三年(1640)与陈丹衷等在郑元勋所居影园集会赋诗。

衍园集　集部别集类　佚

见《金陵诗征》卷32。

按：明郑元勋辑《影园瑶华集》收有其诗。

澄　心

清雨花山僧人。

雨花台诗集　集部总集类　佚

见同治《上江两县志》卷12。

朱知鄁

字思远。或名珞，一字远公。清上元人。明齐王榑裔孙。诸生。明亡后避居溧水山中。工诗，善画。

诗集　集部别集类　佚

见同治《上江两县志》卷12。

按：《金陵艺文志》作《远公诗存》。《金陵诗征》卷32收有其诗。

何开远

清上元人。诸生。隐居不仕。

东晋人物略　史部传记类　佚

见嘉庆《江宁府志》卷54。

清凉山草　集部别集类　佚

见同治《上江两县志》卷12。《金陵诗征》卷30收有其诗。

朱知墭

字炎洲。清上元人。明齐王榑裔孙。崇祯三年(1630)，以为宗长，管理宗室事。弘光初，封镇国将军。明亡，隐居以终。好吟咏，工篆籀。

幽居集　集部别集类　佚

静兰斋稿　集部别集类　佚

以上2种见《金陵通传》卷15。《金陵诗征》卷32收有其诗。

道　盛(？—1659)

俗姓张，字觉浪，自称浪杖人。清柘浦人。少为诸生，弃去为僧，末主金陵天界寺。后葬于栖霞山。精佛典，工诗文。

天界觉浪盛禅师全录34卷　子部佛教类

(1) 清康熙五十二年(1713)刻本，北京大学图书馆藏。

（2）嘉兴藏《续藏经》本。

天界觉浪盛禅师语录12卷　子部佛教类

明僧大成、大奇等编

清康熙刻本，故宫博物院藏。

觉浪盛禅师语录1卷　子部佛教类

明僧大枢、大英录

建阳东苑晦台镜禅师语录1卷（编）　子部佛教类

以上2种有《续藏经》本。

植圣草1卷　集部别集类

明崇祯间刻本，北京大学图书馆藏。

浪杖人诗草　集部别集类　佚

见《金陵艺文志》。

按：明章楚云《摄山志》收其偈语诗。《明诗综》卷92收其诗1首。《金陵诗征》44收有其诗。

徐　申

清江宁人。

东园雅集　集部总集类　佚

见同治《上江两县志》卷12。

程　邃(1605—1691)

字穆倩，一字朽民，号垢区，又号青溪、垢道人，江东布衣，亦称野全道者。清歙县籍，江宁人。明诸生。襟怀高尚，尤重气节。明崇祯十三年(1640)助姜垓起草铲除阮大铖名疏稿。诗文、书画、印章俱有造诣。当事以鸿博荐，不就。与周亮工、龚孝升、龚贤称白头交。晚年侨居江都。

姓氏录　史部传记类　佚

日表　子部历算类　佚

萧然会心吟　集部别集类　佚

以上3种见《金陵通传》卷26。《国朝金陵诗征》卷42收其诗2首。

黄之正

字縠斋。清太湖籍，居金陵。官新会知县。诗名籍甚。

崖门集　集部别集类　佚

见《国朝金陵诗征》卷42，收其诗，并引陈世杰云："其集顺治丙申(十三年，1656)刻，邓森云梦阳校。"

陈　斌

号蝶叟，自号芦隐。清江宁人。明崇祯时官总兵，入清不仕。性好山水，其山水诗清新有致。

芦籁集　集部别集类　佚

见《清诗纪事》明遗民卷。

按：《明诗纪事》辛签卷26收其诗1首。

秦　濂

字文水。清上元人。工诗。

无梦吟　集部别集类

明崇祯十年(1637)刻本，其自序略载《金陵诗征》卷34传注。

张　怡(1608—1695)

初名鹿征，字瑶星。明亡后更名怡，字薇庵。后更名说。康熙七年(1668)葺摄山白云庵，更名怡，字自怡，人称白云道者。清上元人。可大子。明末被李自成军队捉拿，后放归。清顺治二年(1645)隐居雨花台松风阁。康熙六年与钱陆灿等共集金陵万竹庵。二十三年在栖霞山为道士。生平不入城市，杜户著书。其学务淹博而兼主王阳明良知之说，深通晚明史实。著述凡数百卷，秘不示人。传详自著《白云道者自述》。

读易私钞 20 卷　经部易类　佚

见《白云道者自述》，云："从贾徒南先生闻《易》简险阻义，有当于心，退而学《易》，究心二十余年，手抄订四过。"

尚书策取 12 卷　经部尚书类　佚

见《白云道者自述》附《云谣九叠》"法自然章"序。

白云学诗 6 卷　经部诗经类

清抄本，南京图书馆藏，有清杨士镛、伍福、佚名题款，佚名批校，"余杭章氏藏书"等印鉴。

三礼合纂 28 卷　经部三礼总义类　佚

见《自云道者自述》附《云谣九叠》"法自然章"序。

四传会通 12 卷　经部春秋总义类　佚

见《白云道者自述》，云："《春秋》纪事之书，实传心之书也，例兴而义隐矣。四传各有瑕瑜，先儒时多快论，辑《四传会通》十二卷。"各传记均作《四书会通》16 卷，似因《春秋》"四传"之名不经见而致误。

大学古本钞 1 卷　经部四书类　佚

中庸通一解 2 卷　经部四书类　佚

以上 2 种见《白云道者自述》，云："《学》《庸》心性之书也，章句盛，心性隐矣。间有言者翻斥为禅，何其谬也。"

经说　经部群经总义类　佚

见同治《上江两县志》卷 12。

薇庵字学通 10 卷　经部小学类　佚

见《白云道者自述》附《云谣九叠》"法自然章"序。

玉光剑气集　史部别史类

按：是书记述有明一代遗闻掌故。摭拾虽繁，可资史料。各书著录此书卷数不一，今列于此：

（一）32 卷本

见《白云道者自述》，云："述古贵简，征今宜详。我明光熹以后，事多遗佚。爰加搜集，上溯历朝，辑《玉光剑气集》三十二卷。”《白云道者自述》附该书凡例，谓是编始于洪武，以迄弘光，凡所闻见随事记录，自称为野史。书分圣政、典制、臣谟等32类。揆其初意，似以一类为一卷。

（二）24卷本

题张怡纂辑，黄虞稷参订，见《增订晚明史籍考》卷1，云：“是书似有刻本，惜未见。”

（三）不分卷本

（1）30册，上海古籍书店收得旧抄本，见谢国桢《江浙访书记》五，云：“是书为近人华阳王秉恩之子王文寿编次，钞写甚旧，眉批有俞邰（黄虞稷）按语，亦系明末人之笔。或即黄虞稷所手书，盖近于稿本了。”

（2）《四库禁毁书丛刊》本。

（3）2006年中华书局魏连科点校本。

谀闻随笔不分卷　史部杂史类

清张怡辑　清顾谦录

（1）清初顾谦开泰堂抄本，上海图书馆藏。

（2）清抄本，上海图书馆藏。

按：潘景郑《著砚楼书跋》略云：“此书专记有明一代故闻，于明亡死事之臣，尤多表彰之文，足补史乘之阙遗。此书传本罕见，此盖愢园宗氏假罟里瞿氏藏本迻录，子岱丈手自校正。审瞿藏犹是顾（谦）钞原本也。”

谀闻续笔不分卷　史部杂史类

（1）《明末史事杂钞三种》本，国家图书馆藏清抄本。

（2）旧抄本，吴县潘氏旧藏，北京大学图书馆藏。

按：潘景郑《著砚楼书跋》略云：“所记隆武一朝事，及同时诸臣事实，可当南明一朝史乘观。此书首载隆武即位，至遇害，次以岁月，若本纪；次则分载诸臣事实，若列传。盖作者亦寓史传之意焉。”《增订晚明史籍考》卷11谓《明末史事杂钞三种》本所收是书，为节录不全本。缺隆武朝纪事。张怡《白云道者自述》云:“有不尽于是集(指《玉光剑气集》)者辑《谀闻随笔》四卷。”又云:“有不尽于《随笔》者辑《谀闻续笔》四卷。”(两“谀”字皆当作“谀”)

白云述　史部杂史类　佚

见《增订晚明史籍考》卷10,谓此乃记明弘光朝史事,未见书。

按:康熙二十八年孔尚任游江宁,专门至栖霞山白云庵访张怡,听说南明故事,备写《桃花扇》。其《湖海集》卷7有《白云庵访张瑶星道士》诗,诗云:“数语发精微,所得已不浅”,“说向有心人,涕泪胡能免”。或以为《桃花扇》末出的“余韵”《哀江南》一折,即润色张怡之成文。参见谢国桢《江浙访书记》。又《桃花扇》之第二十出《闲话》、第三十出《归山》和第四十出《入道》的主要人物张薇字瑶星,即以张怡为模特儿。参见袁世硕《孔尚任年谱》康熙二十八年并《孔尚任交游考》(1987年齐鲁书社出版)。

史絜12卷　史部史钞类　佚

见《白云道者自述》,云:“二十一史卷帙繁多,罕能卒读,絜其要领,展卷了然,辑《史絜》十二卷。”嘉庆《江宁府志》卷54作24卷。清周亮工《赖古堂集》卷20《与张瑶星书》谓此书囊括今古之藏,约略数编之内,欲为刊刻,因无余资而止。

张氏家谱8卷　史部传记类　佚

见《白云道者自述》。

白云道者自述1卷　史部传记类

清抄本,南京图书馆藏。

按:是书记崇祯五年(1632)而后50年来所遭遇之事迹,并颠沛厄穷之情况,末署“七十老人张怡识于摄山之标意堂”。附记其著述目、《云谣九叠》并《玉光剑气》凡例。

(康熙)江宁府志34卷　史部地理类

清陈开虞纂修

(1) 清康熙七年刻本,南京图书馆藏。

(2) 清乾隆五十四年(1789)孙觐光补刻本,南京大学图书馆藏。

(3) 清嘉庆七年(1802)补刻本,南京图书馆藏。

(4)《金陵全书》本。

按:本志未署张怡名,实成于张怡、钱陆灿诸人之手。清金鳌《金陵存征录》卷 10 云:"张怡应太守陈开虞之聘为之,有自誓之文曰:纪述先贤,志存继往;表彰前烈,事属维风。倘表一点私心,便非三代直道,如畏势而以佞为忠,营私而见利忘义,狗彘不食,其余鬼神必夺其算,敬告明神,誓如皎日。可谓严矣。然书肆中鬻为工价,胥贾因而为奸,遂难成为信史。读白云《私乘》,未尝不废书三叹也。"张怡自己也有"纂修郡志,大败人意"之语。

金陵私乘 8 卷　史部地理类　佚

见《白云道者自述》,云:"纂修郡志,大败人意,辑《金陵私乘》八卷。"

金陵名园记　史部地理类　佚

见同治《上江两县志》卷 12。

按:清金鳌《金陵存征录》卷 10 云:"书非完璧,而金陵诸园多他书所未载,与次尾可互也。予与其《珠光剑气集》皆从伊裔孙处借读。"是其稿本曾流传于世。

摄山志略 4 卷　史部地理类　佚

见《白云道者自述》,云:"居山中,文献无征,辑《摄山志略》四卷。"嘉庆《江宁府志》卷 54 作 6 卷。

古镜庵蠡勺 24 卷　子部儒学类　佚

见《白云道者自述》附《云谣九叠》"法自然章"序。

按:各传记均作《蠡约》48 卷。

养生主 16 卷　子部医家类　佚

志林 2 卷　子部杂学类　佚

虫天避暑日钞 8 卷　子部杂学类　佚

以上 3 种见嘉庆《江宁府志》卷 54。

须眉镜　子部杂学类　佚

见《金陵通传》卷20。

云乳杂俎2卷　子部杂学类　佚

见《白云道者自述》，谓附于《张氏家谱》。

消夏集34卷　子部杂学类　佚

见《白云道者自述》，云："《世说》《语林》《类林》《初谭》诸书，颇多重复。删其复，去其疵，辑《消夏集》三十四卷。"嘉庆《江宁府志》卷54等作38卷。

武闱经史汇2卷　子部典故类　佚

见《白云道者自述》附《云谣九叠》"法自然章"序。嘉庆《江宁府志》卷54作8卷。

濯足庵文集12卷外集4卷　集部别集类　佚

濯足庵诗集35卷外集4卷　集部别集类　佚

以上2种见《白云道者自述》，谓附于《张氏家谱》。

濯足庵文集钞3卷　集部别集类

清张怡撰　卢文弨辑

(1) 清同治五年(1866)归安凌霞手抄本，南开大学图书馆藏。

(2) 清抄本，清叶廷琯等跋，南京图书馆藏。

古镜庵诗内集15卷外集4卷　集部别集类　佚

见同治《上江两县志》卷12。

云谣九叠　集部别集类

附于《白云道者自述》后。

按：此为仿楚辞体之作，自序云音哀而味苦，谣成九叠，肠亦九回。诗分悲人生、孤情、怀先服、空谷白云、山海观、理窟、旄期、法自然、哀鸣九章。

历代文钞72卷续钞8卷　集部总集类　佚

见同治《上江两县志》卷12。

薇庵读诗钞2卷　集部总集类　佚

见嘉庆《江宁府志》卷54。

张氏一家言不分卷　集部总集类

稿本，浙江图书馆藏。

按：此为怡手辑其曾祖晟、祖如兰、父可大三世之遗著，有怡手书跋尾。参见谢国桢《江浙访书记》。《白云道者自述》作6卷。

濯足庵诗余6卷　集部词曲类　佚

标意堂杂剧5种　集部词曲类　佚

以上2种见《白云道者自述》，谓附于《张氏家谱》。

灵檀内编九种　丛书类　佚

见《白云道者自述》，云："生平抄订旧本，三经兵燹，无复存者。间居追忆，得十之二三。"

子目：

《周流天壤集》9卷

《间中掌录》6卷

《勃窣理窟集》4卷

《纵横笔砚录》4卷

《绅笏记》4卷

《多宝塔》2卷

《多识录》2卷

《古字通考》2卷

《缘督庞抄》4卷

灵檀外编十三种　丛书类　佚

见《白云道者自述》。

子目：

《历代古文选》36卷

《明文选》20卷

《古诗唐诗钞》4卷

《宋元诗钞》4卷

《明诗钞》4卷

《古文摘录》4卷

《笔搜》2卷

《钞诗摘句》1卷

《遥忆录》4卷

《上律编》1卷

《栎郢》4卷

《西窗夜雨录》2卷

《依永集》2卷

纪映钟(1609—1680)

字伯紫,又作伯子、檗子,号戆叟,自称钟山遗老。清上元人。青子。明崇祯间诸生,负诗名,与方文、林古度齐名。曾为金陵复社领袖。入清后,游历四方。晚客于龚鼎孳。鼎孳殁,南归,移家仪真,至卒。

故宫诗1卷　集部别集类

稿本,中国社会科学院文学研究所图书馆藏。

真冷堂诗稿1卷　集部别集类

清顺治间刻本,国家图书馆藏。

按:《贩书偶记》注云:"此与《戆叟诗钞》多不同。"

戆叟诗钞4卷　集部别集类

清纪映钟撰　石椿编定

(1)清乾隆五十二年(1787)手写本,中国科学院图书馆藏。有缪荃孙校并跋,邓之诚题记,邓之诚《清诗纪事初编》著录。

(2)《金陵丛刻》本,有《补遗》2卷。

(3)《丛书集成初编》本,有《补遗》2卷。

(4)《四库未收书辑刊》本。

(5)《清代诗文集汇编》本,有《补遗》2卷。

纪檗子诗1卷　集部别集类

《皇清百名家诗》本。

邓　旭(1609—1683)

字元昭，号九日。明崇祯末自安徽寿州迁金陵，遂为江宁人。清顺治四年(1647)进士。授检讨。八年充江西乡试正考官，仕至甘肃洮岷道按察副使。常怀济世之志，曾经记康熙九年(1670)荒政，活人甚众。复于金陵建育婴堂。卜居城南万竹园，读书课子几30年。家有青藜阁，藏书甚富。喜为诗，好李贺，古体多奇语，钱谦益、徐乾学、王士禛诸人皆推重之。

林屋诗集9卷　集部别集类

(1) 清康熙三十年刻本，台湾"中研院"傅斯年图书馆藏。

(2) 清道光三年(1823)邓廷桢校刻本，复旦大学图书馆藏。中国科学院图书馆藏本有邓之诚增辑。

(3) 邓邦述辑刻《邓氏家集》本。

(4)《四库未收书辑刊》本。

(5)《清代诗文集汇编》本。

(6) 2015年国家图书馆出版社出版《清代家集丛刊》本。

按：邓旭著作甚多，皆随手弃置，散佚过半，后由邓焮等搜辑旧帙，得诗若干首，由钱陆灿为校定。

周景濂

字仍叔。清金陵人。有声诸生间30余年。明崇祯十二年(1639)以第二人举于乡，清顺治十二年(1655)成进士。

袁周合刻稿　集部总集类　佚

见清周亮工《赖古堂集》卷15《〈袁周合刻稿〉序》，谓周景濂尝受知于袁圣衣，景濂成进士后以《史论》数十篇呈袁氏教正。周殁后，袁氏乃将周氏所作附于已书之后，由周亮工为之作序并付刻。刻本今未见。

张　风(？—1662)

风，一作飌。字大风。清上元人。怡从弟。画家。明崇祯诸生。清顺治二年(1645)尽焚八股文集，身着短衣，北上卢龙、上谷，览昌平、天寿诸山。擅画山水、人物，得元人法。早年风格恬静闲适，晚年瘦挺豪纵。多寓居僧寮道院，自号上元老人，画尾署称“真香佛空”，或“昇州道士”。兼工刻印，能诗词，传世作品有多幅，又自题墓石小象。晚年以所著书稿尽付上元郑簠。康熙元年(1662)赠周亮工画册后卒。

一切反切　经部小学类

楞严纲领　子部佛教类

双镜斋诗　集部别集类

上药亭诗余　集部词曲类

以上4种见同治《上江两县志》卷12。

按:《明诗纪事》辛签卷27收其诗4首，《江苏诗征》卷54收其诗2首。又清周亮工辑《尺牍新钞》收其论画书简4通。

王亦临

字穆如。清上元人。明崇祯十二年(1639)举人。萧疏淡远，曾与江宁王潢、张可仕诸名流结寻秋社于予山阁，昆山顾炎武曾造访之。明亡，感怆兴亡之故，不问时事。

虎鼠庵稿　集部别集类　佚

牛阑集　集部别集类　佚

以上2种见同治《上江两县志》卷12。

张正纲

字敦五。清上元人。明崇祯十二年(1639)贡生。弱冠入学，教励实学，以圣贤为归。尝云:“孔辩君子小学，孟辩舜蹠之徒，未有利关不破而可以语为人者。”官浙江新昌县教谕。年40闭门不出，与世无争。

所著书尽散佚。

周易注　经部易类　佚

春秋注　经部春秋总义类　佚

离骚注　集部楚辞类　佚

以上3种见嘉庆《江宁府志》卷54。《周易注》、同治《上江两县志》卷12作《周礼注》。

顾大善

字友生。清上元人。梦虬子。顺治间在世。诸生。工诗。

见远楼集　集部别集类　佚

见同治《上江两县志》卷12。

按:《江苏诗征》卷132收其诗1首。

黄虞龙

字俞言,一字钝士。晋江籍,入清居金陵。居中长子,虞稷兄。诸生。早逝。

二陵杂著4卷　集部别集类　佚

见《千顷堂书目》卷28。《金陵诗征》卷41称其作《落花》《雁字》诗各数十首,未完而卒。

谢廷相

字愿小。清江宁人。生性谦和谨慎。明崇祯十三年(1640)举人。与施化远俱有名于时。

易同异解2卷　经部易类

明崇祯十一年刻本。此本馆藏待考。

白梦鼎

字孟新,号醒庵。清江宁人。明诸生。与弟梦鼐齐名,称“金陵二白”。忤马、阮陷狱，入清后得释。清康熙六年(1667)与张怡、钱陆灿等集南京万竹庵共修府志。十七年岁贡生。二十二年与倪灿、朱之翰等在宁共纂《江南通志》。

存贞录　史部传记类　佚

冠山堂集　集部别集类　佚

以上2种见同治《上江两县志》卷12。

按:《国朝金陵文钞》卷2收其文1篇。《国朝金陵诗征》卷5收其诗8首。

王万禩

字日华，号复甫。清上元人。可大曾孙。明崇祯十三年(1640)贡生。工诗善书，暮年足疾，终日临池，手不释卷。卒年80余。

金陵名胜录　史部地理类　佚

河海录2卷　史部地理类　佚

名山杂编　史部地理类　佚

琐言　子部儒学类　佚

汇陶全编　子部杂学类　佚

香醉山房存稿1卷　集部别集类　佚

弈林闲咏1卷　集部词曲类　佚

香醉山房词稿1卷　集部词曲类　佚

以上8种见同治《上江两县志》卷12。

方孟图

字无言。清桐城籍，江宁人。

槿园遗稿　集部别集类　佚

见《金陵诗征》卷40。

陈元胤

字叔嗣。清江宁人。家贫，庭中种扁豆，豆花盛开，起坐其中，孤吟不辍，即以豆花名其集。以寿终。

霞举集　集部别集类　佚

豆花园草　集部别集类　佚

以上2种见《续金陵琐事》。《金陵诗征》卷27收有其诗。

徐必远

号宁庵。清江宁人。应魁次子。顺治八年(1651)进士。授秘书院检讨。历官至广西桂平道。

宁庵文集　集部别集类　佚

见《皇朝经世文编姓名总目》一。

敦善堂集　集部别集类　佚

见《金陵通传》卷23。

敦善堂诗集　集部别集类　佚

见嘉庆《江宁府志》卷54。

按:《金陵文钞》卷2收其文1篇。

智　一

字雪墩(或作云墩)。清江宁人，普德寺僧，一说摄山寺僧。

法华科拾集　子部佛教类　佚

钟影堂诗钞　集部别集类　佚

以上2种见同治《上江两县志》卷12。

刘芳荫

字震蕃，一字瞻岵。清顺治间江宁人。性纯笃。兄弟朋友有急，周济如恐不及。筑怡园以会宾客，觞咏极盛。

孝友堂遗草　集部别集类　佚

身云阁集　集部别集类　佚

以上2种见同治《上江两县志》卷12。《国朝金陵诗征》卷4收其诗12首。

黎利宾

清江宁人。

二三场有神集策　集部总集类　佚

二三场有神集表判　集部总集类　佚

以上2种清黎利宾编次，见《清代禁毁书目》。

吴　馡

字泉香。清歙县籍，江宁人。与王亦临、王潢等入复社。又与黄宗羲、周亮工等在南京结文社、星社之会。工诗，精校勘。

文泉子集6卷　集部别集类

唐刘蜕撰　清吴馡编刻

明天启四年(1624)石香馆刻本，国家图书馆藏。

孙可之集10卷　集部别集类

唐孙樵撰　清吴馡编刻

明天启五年石香馆刻本，国家图书馆藏。

皇甫持正集6卷　集部别集类

唐皇甫湜撰　清吴馡编刊

见《增订四库简目标注》，云："《思旧录》云：吴馡刻《持正》及《可之》二集，未见，不知存否。"

按：《金陵诗征》卷34收有其诗。

王　辂

字坦公。清上元人。元标子。继父业，精医。

医学正言(一作医学正宗)　子部医家类　佚

清王元标撰　王辂、王稚续

见清周亮工《赖古堂集》卷15《医学正言序》。

胎产保生编　子部医家类　佚

见同治《上江两县志》卷12。

按:周亮工《医学正言序》认为此书由王稚撰。参见"王稚"条。又《国朝金陵诗征》卷12收有其诗。

王　稚

字东皋。清上元人。辂弟。善画,工医。常坐肩舆中,因号舆庵。周亮工极重其品。

医学正言(一作医学正宗)　子部医家类　佚

清王元标撰　王辂、王稚续

胎产保生编　子部医家类　佚

以上2种见清周亮工《赖古堂集》卷15《医学正言序》。

按:周亮工《医学正言序》云:雪航王先生著为《正言》一书,"嗣君东皋又从而补述之,其书遂为当世不可少。予独异雪航之道高,天下所活千人不执一方而变化之所不能传者托之,是书以传,遂循循其可守。东皋补述先生之书,循循其可守矣。而用其所学,以起生人,又实见其变化之能。盖父子相传,皆以变化为神奇,而其所执以告后人者,则惟此不易之理也。"《胎产保生编》,同治《上江两县志》卷12作王辂撰。因不能明,姑两录之。又《赖古堂集》卷23有《题王东皋册子》《题王东皋画卷》二则题跋。

周士彪

字班友。清江宁人。顺治六年(1649)副贡,官山阳教谕。

金陵胜概记　史部地理类　佚

见同治《上江两县志》卷12。

按：清金鳌《金陵待征录》卷10云："山川古迹合为一编，则语焉不详，谓吉祥寺邻琵琶山，乃公瑾瘗弓剑处，则择焉不精。亦抄缮小帙。"

邵之桢

字贞木。清上元人。顺治六年(1649)岁贡，官教谕。

卧石斋集　集部别集类　佚

见同治《上江两县志》卷12。

按：《国朝金陵诗征》卷3、《金陵艺文志》均作《卧石斋集》。《诗征》收其诗1首。

方孝标

初名玄成，避康熙帝讳以字行。号楼冈。安徽桐城人。拱乾长子。17岁随父母迁居金陵。顺治六年(1649)进士。任内弘文院学士。十四年以江南科场案株连，谪戍宁古塔。居2年，释归金陵。后游滇。吴三桂叛，遁迹为僧，易名方空。卒后以戴名世《南山集》案戮尸。

易论　经部易类　佚

见道光《桐城续修县志》卷16。

滇游纪闻(一作滇黔纪闻)　史部杂史类

《钝斋文选》卷3传抄本，别出。

按：孝标游滇后，作《钝斋文选》6卷，其卷3即据其游滇游黔时所见所闻明永历朝事，撰为《滇游纪闻》。戴名世曾访求此书。后《南山集》案起，孝标之书遭禁，故流传极少。参见《增订晚明史籍考》卷11。

光启堂文集不分卷　集部别集类

(1) 清康熙间刻本，上海图书馆藏。此其官内弘文院时所作。

(2)《续修四库全书》本。

钝斋文选6卷　集部别集类

见《增订晚明史籍考》卷11。此为孝标游滇后著。

钝斋诗选22卷　集部别集类

（1）抄本，中国科学院图书馆藏，有邓之诚题记。

（2）红格抄本，安徽省安庆市图书馆藏。1918 年湖北周退舟于武汉得刊本于书肆，桐城方云锦录副。参见《皖人书录》卷 1。

（3）《续修四库全书》本。

（4）《清代诗文集汇编》本。

王式古

字望文，一字雪村。清江宁人。顺治间在世。喜交游，重然诺，性耽诗酒，并善画，尤精老庄之学。通医术。有达官强以入幕，不合。辞去，卖药于市，自称韩康子。力行赈济。晚号青溪道士。

卖药吟　集部别集类

见同治《上江两县志》卷 12。

按：《江苏诗征》卷 47 收其诗 5 首。

汪　沁

字松庄，一字心臣。清顺治、康熙间上元人。擅词，工诗，善画。片楮尺幅。人争宝之。与杜濬称“白门二老”。

转蓬诗草　集部别集类　佚

见同治《上江两县志》卷 12。《国朝金陵诗征》卷 5 收其诗 5 首。

沈士柱(？—1659？)

字惕庵，一字昆铜。芜湖籍，居江宁。入复社，工诗文。与吴应箕争为《留都防乱揭》，公讨阮大铖，复为祭文痛斥之。清顺治十六年(1659)被清吏逮捕，死金陵，葬梅冈。

土窖集　集部别集类　佚

见《金陵诗征》卷 41。

李　渔(1611—1680)

初名仙侣，后改名渔，字谪凡，号笠翁。浙江兰溪人。其父长期在江苏如皋经营中草药，李渔即生于此地。父病逝后回兰溪原籍，补博士弟子员。少壮擅诗古文词，有才子之称。入清后无意仕进。康熙元年(1662)移家金陵。先居于金陵闸，后在周处台(又称孝侯台)营建芥子园新居。专事著述，并开设书铺，编刻、售卖图书，又建有家庭戏班，到各地演出。李渔在金陵，广泛结交文人学士，与隐者布衣之士也多有交往，吴伟业、钱谦益、龚鼎孳、尤侗、杜濬、余怀、周亮工、施闰章、王士禛等，均为芥子园座上客。晚年回到杭州，卒于此地。

古今全史一览 4 卷　史部史钞类

明舒弘谔撰　清李渔续　清黄中道删订

清澹宁斋抄本，罗振常跋，镇江市图书馆藏。

读史赘言 1 卷　史部史评类

《悔堂手钞二十种》本。

古今史略 12 卷附殉难录 1 卷　史部传记类

(1) 清康熙间刻本，东北师范大学图书馆藏。

(2) 清光绪十四年(1888)刻本，南京图书馆藏。

(3)《四库禁毁书丛刊补编》本。

千古奇闻 8 卷　史部传记类

清康熙十八年刻本，首都图书馆藏。

资治新书 14 卷首 1 卷二集 20 卷　史部政书类

清李渔辑

(1) 清文光堂刻本，南京图书馆藏。

(2) 清康熙芥子园刻本，南京图书馆藏。

(3) 清英德堂刻本，南京图书馆藏。

(4) 清尚德堂刻本，南京图书馆藏。

(5) 清大文堂刻本，南京图书馆藏。

(6) 清同治、光绪间刻本,上海图书馆藏。

(7) 清光绪二十年上海图书集成印书局铅印本,南京图书馆藏。

(8) 带月楼刻本,南京图书馆藏。

资治新书 14 卷首 1 卷　史部政书类

清康熙间刻本,国家图书馆藏。

资治新书 16 卷　史部政书类

清经纶堂刻本,南京图书馆藏。

一家言居室器玩部 1 卷　子部工艺类

(1) 1931 年中国营造学社铅印本,南京图书馆藏。

(2) 1984 年上海科学技术出版社出版。

图章会纂 1 卷　子部艺术类

(1) 清康熙至嘉庆间芥子园刻本,哈尔滨师范大学图书馆藏。

(2) 清嘉庆二十三年(1818)刻本,南京图书馆藏。

(3) 清绿荫堂刻本,南京图书馆藏。

(4) 清广雅书局刻本,南京图书馆藏。

按:以上附《芥子园画传》后。

芥子园图章会纂 2 卷　子部艺术类

清抄本《印学探源》本,南京图书馆藏。

芥子园图章会纂 1 卷续 1 卷附 1 卷

清康熙间刻本,上海图书馆藏。

按:本书收入名家印蜕 200 余枚。有印章释文。

闲情偶记 16 卷　子部杂学类

(1) 清康熙十年翼圣堂刻本,南京图书馆藏。

(2) 清康熙间刻本,南京图书馆藏。

(3) 1936 年杂志公司铅印本,南京图书馆藏。

(4) 1991 年江苏广陵古籍刻印社影印本。

(5)《续修四库全书》本。

(6) 2000 年上海古籍出版社出版。

(7) 2009 年凤凰出版社出版。

(8) 2010 年广陵书社出版。

(9) 2011 年、2014 年中华书局出版。

(10) 2011 年浙江古籍出版社出版。

(11) 2012 年首都师范大学出版社出版。

(12) 2013 年中州古籍出版社出版。

(13) 2016 年云南人民出版社出版。

(14) 2016 年岳麓书社出版。

(15) 2015 年北京联合出版公司出版《闲情偶寄译注》。

闲情偶记 1 卷　子部杂学类

抄本,南京图书馆藏。

无声戏 12 回　子部小说类

(1) 1989 年人民文学出版社出版。

(2) 1990 年上海古籍出版社出版。

(3) 2012 年华夏出版社出版。

(4) 2015 年黑龙江美术出版社出版。

无声戏二集　子部小说类　佚

见《清世祖实录》卷 139。

按:《实录》顺治十七年(1660)八月壬辰湖广道监察御史萧震劾奏云:"原任工部侍郎张缙彦,曾任明季兵部尚书。交通闯贼,开门纳款,士民共为切齿。我皇上定鼎之后,缙彦踉跄投诚,不惟待以不死且加录用为缙彦者,正当洗心革面,以图报称。乃守藩浙江,刻有《无声戏二集》一书,诡称为不死英雄。以煽惑人心。"顺治帝批曰:"此所参张缙彦事情,著于现议案内一并严察议奏。"此书顺治年间因遭禁。

无声戏合集　子部小说类

清李渔撰　杜濬评

清初刻本,日本尊经阁文库藏。存 2 篇,马廉跋,北京大学图书馆藏。

按:《无声戏》初集、二集出版后,颇受欢迎,李渔因请杜濬选其精彩篇目,编成《无声戏合集》,也称《无声戏合选》。收作品 12 篇,其中 7 篇选自《无声戏初集》,另 5 篇一般认为即出自《无声戏二集》。

连城璧 12 集外编 6 卷　子部小说类

清李渔撰　杜濬评

(1) 清康熙间刻本,日本佐伯文库藏。

(2) 日本抄本,大连图书馆藏。

(3) 1988 年浙江古籍出版社出版。

(4) 1990 年上海古籍出版社出版。

(5) 1994 年中州古籍出版社出版。

(6) 2013 年华夏出版社出版。

按:因受张缙彦案牵连,《无声戏》被封杀,李渔遂将《无声戏合集》改名为《连城璧》。又将《无声戏初集》中未选入《无声戏合集》的 5 篇,加上新作的 1 篇合为《连城璧外编》。

觉世名言 12 卷 38 回　子部小说类

清李渔撰　杜濬评

(1) 清顺治十五年英秀堂刻本,上海图书馆藏。

(2) 清顺治间刻消闲居印本,中国社会科学院文学研究所藏。

(3) 清乾隆五十五年文宝堂刻本,北京大学图书馆藏。

(4) 清嘉庆九年(1804)宝宁堂刻本,北京大学图书馆藏。

(5) 清末石印本,东北师范大学图书馆藏。

(6) 民国上海文元书局石印本,国家图书馆藏。

(7) 1991 年江苏古籍出版社出版《中国话本大系》本。

(8) 2012 年三秦出版社出版。

觉世名言十二楼 6 卷 12 种　子部小说类

(1) 清嘉庆五年会成堂刻本,北京大学图书馆藏。

(2) 清末石印本,北京大学图书馆藏。

十二楼　子部小说类

(1) 1949年亚东图书馆铅印本。

(2) 1996年太白文艺出版社出版。

(3) 1986年人民文学出版社出版。

(4) 1986年上海古籍出版社出版。

(5) 2013年华夏出版社出版。

觉世名言十二楼　子部小说类

1991年江苏古籍出版社出版。

回文传16卷　子部小说类

(1) 清嘉庆三年宝研斋刻本,上海图书馆藏。

(2) 清道光六年(1826)刻本,国家图书馆藏。

(3) 清光绪广顺堂刻本,上海图书馆藏。

绣像回文传16卷　子部小说类

清嘉庆十三年文宝堂刻本,国家图书馆藏。

肉蒲团4卷　子部小说类

清醉月轩刻本,北京大学图书馆藏。

肉蒲团6卷　子部小说类

(1) 清刻本,南京图书馆藏。

(2) 清木活字本,中国社会科学院文学研究所藏。

笠翁香艳丛录3卷　子部小说类

1923年江左书林石印本,南京图书馆藏。

官板大字全像批评三国志24卷120回首1卷　子部小说类

明罗本撰　清李渔评

(1) 清初刻彩色套印本,国家图书馆藏,残。

(2) 清遗香堂刻本,北京大学图书馆藏,残。

(3) 清芥子园刻本,题《李笠翁批阅三国志》,日本京都大学图书馆藏。

(4) 清两衡堂刻本,题《李笠翁批阅三国志》,国家图书馆藏。

(5) 清致远堂启盛堂刻本,南京图书馆藏。

官板大字全像批评三国志24卷首1卷120回　子部小说类

明罗本撰　清李渔评　毛宗岗评

清雍正十二年(1734)刻本,北京大学图书馆藏。

笠翁一家言初集12卷(文集4卷诗集8卷)　集部别集类

(1) 清康熙间翼圣堂刻本,南京大学图书馆藏。

(2)《故宫珍本丛刊》本。

(3)《四库禁毁书丛刊补编》本。

笠翁一家言全集五种16卷　集部别集类

(1) 清康熙间刻本,国家图书馆藏。

(2) 清雍正八年兰溪李氏芥子园刻本,国家图书馆藏。

(3) 清世德堂刻本,南京图书馆藏。

(4) 清末上海会文堂石印本,南京图书馆藏。

(5) 清末至民国初石印本,国家图书馆藏。

(6)《清代诗文集汇编》本。

子目:

《笠翁文集》4卷

《笠翁诗集》3卷

《笠翁余集》1卷

《笠翁别集》2卷

《笠翁偶集》6卷

李笠翁尺牍1卷　集部别集类

清许嘉猷抄本,上海图书馆藏。

尺牍初征12卷　集部总集类

清李渔辑

(1) 清顺治十七年刻本,南京图书馆藏。

(2)《四库禁毁书丛刊》本。

古今尺牍大全8卷　集部总集类

清李渔辑

清康熙二十七年抱青阁刻本，上海图书馆藏。

四六初征 20 卷　集部总集类

清李渔辑

(1) 清康熙十年金陵翼圣堂刻本，南京图书馆藏。

(2)《四库禁毁书丛刊》本。

笠翁对韵 2 卷　集部总集类

(1) 清末善成堂刻《三义堂韵对五七言千家诗辑钞》本，辽宁省图书馆藏。

(2) 清末藜光阁刻《藜光阁韵对五七言千家诗辑钞》本，辽宁省图书馆藏。

(3) 1985 年书目文献出版社出版《笠翁对韵新注》。

(4) 2009 年人民文学出版社出版《笠翁对韵精解》。

(5) 2015 年中国文史出版社出版。

按：本书也常和《声律启蒙》合为一书出版。

耐歌词 4 卷　集部词曲类

(1) 清康熙间刻本，南京图书馆藏。

(2)《笠翁一家言全集》本。

笠翁词韵 4 卷　集部词曲类

(1) 清康熙间刻本，国家图书馆藏。

(2)《笠翁一家言全集》本。

(3) 清刻本，国家图书馆藏。

词学检韵 1 卷　集部词曲类

抄本，上海图书馆藏。

摘录李笠翁词 1 卷附笠翁偶集颐养部 1 卷　集部词曲类

清焦廷琥抄本，上海图书馆藏。

才子牡丹亭不分卷　集部词曲类

明汤显祖撰　清李渔评注

清乾隆二十七年刻本，上海图书馆藏。

三社记2卷　集部词曲类

明□其撰　清李渔评

明崇祯七年(1634)必自堂刻本,上海图书馆藏。

笠翁传奇十种20卷　集部词曲类

(1) 清大知堂刻本,国家图书馆藏。

(2) 清康熙间刻本,国家图书馆藏。

(3) 清康熙间刻金相堂印本,国家图书馆藏。

(4) 清康熙世德堂刻本,上海图书馆藏。

(5) 清大文堂刻本,南京图书馆藏。

(6) 清翼圣堂刻本,国家图书馆藏。

(7) 清藻文堂刻本,上海图书馆藏。

(8) 1918年朝记书庄石印本,题《笠翁十种曲》,上海图书馆藏。

(9) 民国上海大成书局石印本,题《笠翁十种曲》,上海图书馆藏。

子目:

《怜香伴》2卷

《风筝误》2卷

《蜃中楼》2卷

《意中缘》2卷

《凰求凤》2卷

《奈何天》2卷

《比目鱼》2卷

《玉搔头》2卷

《巧团圆》2卷

《慎鸾交》2卷

笠翁传奇十种校注　集部词曲类

2009年天津古籍出版社出版,王学奇等校注。

笠翁传奇十二种曲24卷　集部词曲类

(1) 清大知堂刻本,上海图书馆藏。

(2) 清大知堂刻经术堂印本，国家图书馆藏。

(3) 清刻本，南京图书馆藏。

按：这一种比《笠翁传奇十种》多出明汤显祖撰《邯郸梦传奇》2卷、《南柯记传奇》2卷两种。

怜香伴2卷　集部词曲类

(1) 清初刻本，南京图书馆藏。

(2) 清内府抄本，中国戏曲研究院图书馆藏。

(3) 2011年中国社会科学出版社校注本，杜书瀛校注。

风筝误2卷　集部词曲类

(1) 清乾隆间刻本，上海图书馆藏。

(2) 清光绪十三年(1887)上海点石斋石印本，上海图书馆藏。

(3) 清王韬抄本，国家图书馆藏。

(4) 抄本，存上卷，上海图书馆藏。

(5) 清光绪三十一年刻本，南京图书馆藏。

(6) 清末刻本，南京图书馆藏。

(7) 1985年上海古籍出版社《古代戏曲丛书》本。

(8)《续修四库全书》本。

(9)《中华再造善本》本。

蜃中楼传奇2卷　集部词曲类

清刻本，国家图书馆藏。

意中缘2卷　集部词曲类

(1) 清顺治间刻本，国家图书馆藏。

(2) 清康熙间刻本，国家图书馆藏。

(3) 清乾隆间刻本，上海图书馆藏。

凰求凤传奇2卷　集部词曲类

(1) 清康熙间刻本，上海图书馆藏。

(2) 清乾隆间刻本，上海图书馆藏。

奈何天　集部词曲类

(1) 清康熙五十三年抄本,中国戏曲研究院图书馆藏。

(2) 清刻本,南京图书馆藏。

比目鱼传奇 2 卷　集部词曲类

(1) 清顺治十八年刻本,上海图书馆藏。

(2) 清乾隆间刻本,上海图书馆藏。

玉搔头传奇 2 卷　集部词曲类

(1) 清初刻本,南京图书馆藏。

(2) 清康熙间刻本,上海图书馆藏。

(3) 清刻本,南京图书馆藏。

巧团圆 2 卷　集部词曲类

(1) 清康熙七年刻本,上海图书馆藏。

(2) 清刻本,南京图书馆藏。

慎鸾交 2 卷　集部词曲类

(1) 清康熙间刻本,上海图书馆藏。

(2) 清乾隆间刻本,上海图书馆藏。

(3) 清昇平署抄本,中国戏曲研究院图书馆藏。

(4) 清抄本,国家图书馆藏。

奇福记传奇 2 卷　集部词曲类

清抄本,中国戏曲研究院图书馆藏。

秦楼月 2 卷　集部词曲类

清朱皠撰　李渔评阅

清康熙间文善堂刻本,国家图书馆藏。

按:与陈素素撰《二分明月集》1 卷合刻,附名媛题评。

周处双瑞记(中庸解)2 卷　集部词曲类

清范希哲撰　李渔阅定

(1) 清初刻本,国家图书馆藏。

(2) 上海古籍出版社《古本戏曲丛刊五集》本。

李笠翁曲话　集部词曲类

(1) 1932 年上海启智书局铅印本，南京图书馆藏。

(2) 1933 年大中书局铅印本，南京图书馆藏。

(3) 1959 年中国戏剧出版社出版，1962 年重印。

(4) 1980 年湖南人民出版社出版。

李笠翁曲话注释　集部词曲类

1981 年安徽人民出版社出版，徐寿凯注释。

按：李渔《闲情偶寄》中的“词曲部”和“演习部”，通常被后人称为《李笠翁曲话》。这是全面系统论述戏曲创作和表演艺术的戏曲理论著作。

李渔全集　丛书类

(1) 1992 年浙江古籍出版社出版。

(2) 2010 年浙江古籍出版社出版。此版以 1991 年本《李渔全集》为原本，补入自 1990 年后的研究论著索引。

子目：

第一卷《笠翁一家言文集》

第二卷《笠翁一家言诗词集》

第三卷《闲情偶奇》

第四卷《笠翁传奇十种》(上)

第五卷《笠翁传奇十种》(下)

第六卷《笠翁阅定传奇八种》(上)

第七卷《笠翁阅定传奇八种》(下)

第八卷《无声戏》《连城璧》

第九卷《十二楼》《合锦回文传》《肉蒲团(故事梗概)》

第十卷《李笠翁批阅〈三国演义〉》(上)

第十一卷《李笠翁批阅〈三国演义〉》(下)

第十二卷《新刻绣像批评〈金瓶梅〉》(上)

第十三卷《新刻绣像批评〈金瓶梅〉》(中)

第十四卷《新刻绣像批评〈金瓶梅〉》(下)

第十五卷《古今史略》《千古奇闻》

第十六卷《资治新书》(初集)

第十七卷《资治新书》(二集)

第十八卷《评鉴传奇》二种、《韵书》三种、《杂著》

第十九卷《李渔年谱》《李渔交游考》《李渔研究资料选辑》

第二十卷《现代学者研究李渔论文精选》《李渔研究论著索引》

黄周星(1611—1680)

字景明、景虞,号九烟、而庵、圃庵。湖广湘潭人,生于上元。庶出子,被嫡母弃诸道,周翁拾养之,名星。明崇祯七年(1634)举人,十三年进士(榜名周星)。官户部主事,出理浙江榷务,迎养生母,复姓与籍。明亡,往来吴越间,以教书糊口。顺治十年(1654)改名人,字略似,号半非道人、汰沃主人,笔苍道人。交游必遗民逸士。以长子姓黄,次姓周,遣次子之湘潭。康熙十九年(1680)五月五日,醉泛湖,投水死于南浔。生平博极群书,工诗古文辞,惜明时诗稿尽失。善草书,工篆刻,尤精内典。

衡岳游记 1 卷　史部地理类

(1)《昭代丛书》(道光)本。

(2)《小方壶斋舆地丛钞》本。

黄九烟先生三字经 1 卷　子部儒学类

约康熙间精刻大字本。《贩书偶记》著录,今未见。

廋词 1 卷　子部艺术类

将就园记 1 卷　子部艺术类

酒壮刍言 1 卷　子部小说类

以上 3 种有《昭代丛书》(康熙、道光)本。

非想非想非非想不分卷　子部艺术类

清黄周星撰　张潮辑

清光绪十一年(1885)刻本,国家图书馆藏。

小半斤谣1卷　子部小说类

(1)《檀几丛书》本。

(2)《古今说部丛书》本。

张灵崔莹合传1卷　子部小说类

《香艳丛书》本。

郁单越颂1卷　子部佛教类

《檀几丛书》本。

夏为堂别集2卷　集部别集类

(1) 清康熙间刻本,国家图书馆藏。

(2)《清代诗文集汇编》本。

黄九烟诗钞前后集不分卷　集部别集类

1918年上海有正书局排印本。

九烟前身散见集编年诗续钞不分卷　集部别集类

(1)《南林丛刊》本。

(2) 1917年铅印本。

千春一恨集唐诗六十首1卷　集部别集类

黄九烟先生和楚女诗1卷　集部别集类

以上2种有《香艳丛书》本。

九烟先生遗集6卷　集部别集类

(1) 清道光二十九年(1849)七世孙周诒朴扬州寓馆刻本,国家图书馆藏。

(2) 清咸丰三年(1853)湘潭刻本,国家图书馆藏。

(3) 清光绪二十三年刻本,湖南省图书馆藏。

笑门诗集二十五卷　集部别集类

清戚玾撰　黄周星选

清康熙四十五年林任刻本,上海图书馆藏。

文纂不分卷　集部总集类

清黄周星辑

清初刻本，湖南省社会科学院图书馆藏，存册4—11。

唐诗快16卷选诗前后诸咏1卷　集部总集类

清黄周星选评

清康熙间刻本，中国人民大学图书馆藏。

按：《唐诗快》包括《惊天集》1卷、《泣鬼集》2卷、《移人集》13卷。

人天乐传奇2卷　集部词曲类

(1)《夏为堂集》本。

(2)《古本戏曲丛刊三集》本。

制曲枝语1卷　集部词曲类

(1)《夏为堂集》本。

(2)《昭代丛书》(康熙、道光)本。

(3)《美术丛书》本。

(4)《新曲苑》本。

夏为堂诗略刻11卷　丛书类

(1) 清顺治十三年自刻本，南京图书馆藏。

(2)《清代诗文集汇编》本。

子目：

《薇咢集》1卷

《和楚女诗》1卷

《西湖三战诗》1卷

《刍狗斋诗集》1卷

《闲情杂咏》1卷。

《龙沙八百地仙姓名歌》1卷

《咏物诗》1卷

《仙乩杂咏》1卷

《郁单越颂》1卷

《十二月读书》1卷

《潇湘八景诗》1卷

夏为堂集9种10卷　丛书类

清黄周星撰　子栒辑

清康熙二十七年朱日荃、张燕孙刻本，国家图书馆藏。

子目：

《夏为堂别集文》1卷

《夏为堂别集诗》1卷

《夏为堂人天乐传奇》2卷

《试官述怀》1卷

《惜花报杂剧》1卷

《夏为堂散曲》1卷

《制曲枝语》1卷

《复姓纪事》1卷

《百家姓新笺》1卷

杜　濬(1611—1687)

初名绍先。字于皇，号茶星、茶村老人，亦号西止。籍黄冈，明末随父祝进迁居金陵。明崇祯十二年(1639)副贡生，座师为吴梅村。入清不仕，与汪沁称“白门二老”。刻意为诗，名满天下，然家贫，柳敬亭常济之。嗜茗饮，尝言“吾有绝粮，无绝茶”。晚伤足而跛，因自号半翁。卒于扬州，无以为葬，陈鹏年知江宁府，始葬之金陵蒋山北梅花村。平生著述，手定凡47种，传世者不及十一。

无声戏合集　子部小说类

清李渔撰　杜濬评

清初刻本，存2篇，马廉跋，北京大学图书馆藏。

清初刻本，日本尊经阁文库藏。

连城璧十二集外编6卷　子部小说类

清李渔撰　杜濬评

(1) 清康熙间刻本，日本佐伯文库藏。

(2) 日本抄本，大连图书馆藏。

觉世名言 12 卷 38 回　子部小说类

清李渔撰　杜濬评

(1) 清顺治间刻本，国家图书馆藏。

(2) 清顺治间刻消闲居印本，中国社会科学院文学研究所藏。

(3) 清乾隆五十五年(1790)文宝堂刻本，北京大学图书馆藏。

(4) 清嘉庆九年(1804)宝宁堂刻本，北京大学图书馆藏。

(5) 清刻本，国家图书馆藏。

(6) 清末石印本，东北师范大学图书馆藏。

(7) 1991 年江苏古籍出版社出版《中国话本大系》本。

(8) 2012 年三秦出版社出版。

推枕吟 1 卷杜陵七歌 1 卷　集部别集类

清康熙间刻本，国家图书馆藏。

茶村诗 3 卷　集部别集类

清康熙五十三年(1714)静远堂刻本，上海图书馆藏。

杜茶村诗钞 8 卷　集部别集类

清乾隆八年刻本，上海图书馆藏。

变雅堂集外诗 1 卷　集部别集类

清抄本，中国科学院图书馆藏。

变雅堂文集 5 卷诗集 4 卷　集部别集类

清康熙间刻本，南京图书馆藏。

变雅堂文集不分卷　集部别集类

(1) 清康熙间刻本，国家图书馆藏。

(2)《四库禁毁书丛刊》本。

变雅堂文集 4 卷诗集 10 卷附录 1 卷　集部别集类

清同治九年(1870)刘维桢鄂垣刻本，复旦大学图书馆藏。

变雅堂文集 8 卷诗集 10 卷首 1 卷补遗 2 卷附录 2 卷　集部别集类

(1) 清光绪二十年(1894)黄冈沈氏刻本，南京图书馆藏。

(2)《黄冈二处士集》本。

(3)《清代诗文集汇编》本。

变雅堂文录 1 卷　集部别集类

《国朝文录续编》本。

茶村集 1 卷　集部词曲类

清孔传铎编《名家词钞六十种》本，国家图书馆藏。

方　畿

字奕于，一字少游，号还青。其父象乾自安徽桐城迁金陵，遂为上元人。清顺治九年（1652）拔贡，授河南府推官，升汉中府同知。谢事归。其书以钟王为法。晚年慕五柳先生陶渊明风，自号四松。工诗，入仕后益苦吟不辍。

四松斋集　集部别集类　佚

见《金陵通传》卷 25。《桐旧集》收其诗 16 首。

按：陈作霖《金陵通传》卷 25 有《诸方传》，收录自桐城迁金陵方氏家族人物传记。始自方象乾，云："方象乾，字圣则，号闻庵，明崇祯中官广西副使。自桐城徙金陵，遂为上元人。始居由正街，后移土街。"象乾传附有三子畿、戡、帜传。其下，依次列传，有方仲舒（帜子），方舟（仲舒长子），方先甲（舟五世孙），方苞（仲舒次子。附传有苞侄杓、苞孙惟寅），方拱乾（象乾弟。附传有拱乾长子孝标、次子亨咸、三子膏茂；侄兆及；孝标子登峄，登峄出嗣为兆及子；登峄子式济），方观承（式济次子），方维甸（观承子），方求义（观承弟受畴子），方裕曾（求义弟），以及与"二乾"（方象乾、方拱乾）同寄籍江宁之方中履、方中发等。陈氏论曰："桐城方氏寄籍江宁者不一族，而'二乾'为大。闻庵（象乾）之后，百川（舟）、灵皋（苞）文名冠海内。坦庵（拱乾）之后，敏恪（观承）勤义，同为宝臣，而来青（受畴）复能继之。奕世簪缨，可谓乔木故家矣。"

李　况

字同人，后易名蒿，字匪莪。清上元人。事亲孝。时与杜濬、胡其毅等唱酬。

梅花百咏　集部别集类　佚

半壑诗　集部别集类　佚

以上2种见同治《上江两县志》卷12。

方　文(1612—1669)

又名来，字尔止、尔子，号忍冬、明农、嵞山，别号淮西山人。桐城籍，后移居金陵。明天启诸生，入清后隐居不仕。少孤，长有才名，与复社诸人善。工诗，遍游各地，名闻南北。《嵞山集》附清朱书撰《方嵞山先生传》。

易稿　经部易类　佚

明崇祯间抄本。见刘城《峄桐文集》卷3《方尔止易稿序》。

六书贯　经部小学类　佚

见嘉庆《江宁府志》卷54。

讯雅　经部小学类　佚

见《桐城文献稿》。

字学蒙求　经部小学类　佚

清康熙间抄本。见方文《嵞山续集》卷3《癸卯除夕定陶署中写怀六首并呈正谊明府》其三注。

嵞山集12卷续集4卷又续集5卷　集部别集类

(1) 清康熙二十八年(1689)王槩刻本，国家图书馆藏。

(2) 1979年上海古籍出版社据王槩刻本影印本。

(3)《续修四库全书》本。

(4)《四库禁毁书丛刊》本。

(5)《清代诗文集汇编》本。

按：其“续集”又分为《北游草》《徐杭游草》《鲁游草》《西江游草》4集。清代列为禁书。

方畬山诗集　集部别集类

2010年黄山书社出版。

批杜诗　集部别集类

见《杜集书目》内编卷9，谓此书未刻，有抄本传世，丹徒吴庠（眉孙）曾手录一份，后不知归何处。其批语散见于清何焯《义门读书记》中甚多。

畬山集50卷　集部别集类

清初抄本。见潘江《龙眠风雅》卷33。

敂亭草　集部别集类

明崇祯末抄本。见施闰章《学余堂诗集》卷18《北风行怀方尔止》。

武林草　集部别集类

明崇祯十六年（1643）刻本。见戴重《河邨集》卷2《武林草序》。

畬山集30卷　集部别集类

清顺治九年（1652）抄本。见潘江《木厓集》卷17《方尔止以畬山集见示赋赠》其一。

畬山集30卷　集部别集类

清顺治十四年抄本。见王泽弘《北游草序》。

四游草　集部别集类

清顺治末、康熙初刊本。见潘江《木厓续集》卷20《齐方升归自白门，携王安节所刊〈畬山全集〉至，张灯快读，喜而有作，并柬安节》。

畬山诗1卷　集部别集类

清康熙间抄本。见钱谦益《有学集》卷22《送方尔止序》。

畬山诗钞　集部别集类

清抄本。此集编者及卷帙皆不详，乾隆间为清廷禁毁，列入《应缴违碍书籍各种名目》。

百韵诗注1卷　集部别集类

清刻本，存佚未详。见方文《西江游草·庐陵赵国子读李太虚先生召对录，悲其言之不用，作五言排律百韵，弘玮瑰异，洵诗史也，予欲取而注之，并刻以行世，先成三十韵，书其诗后》。

杜诗举隅　集部别集类

见1931年《江苏省立国学图书馆第四年刊》汪汝燮《江苏书征初稿》。《杜集书目》外编卷2云："方文另见汇评，《举隅》应为选本。"

丙午诗3卷　集部总集类

清康熙间抄本。见陈维崧《湖海楼诗集》卷2《嵞山丙午诗卷首二绝句》其二。

按：以上著作，参考了李圣华《方文年谱》附录一《方文著作考》（2007年人民文学出版社出版）。

周　勋

初名敏，字肤公，一字楚樵。清江宁人。少颖敏，长持正。明崇祯时为府尹徐虞求所重，专习《诗经》，从游者众。清康熙初始补诸生，时年已50。又20年犹应岁试，督学邵宗尧拔诸合府一等之上。

诗经论旨（一作诗经标志）　经部诗经类　佚

见同治《上江两县志》卷12。《国朝金陵诗征》卷3收其诗1首。

周亮工（1612—1672）

字元亮，一字减斋，号栎园，学者称栎下先生。清祥符籍，江宁人。先世自金陵迁抚州之栎下，祖父徙居祥符（今河南开封市），父复返江宁。亮工生于江宁，12岁时曾随父赴任诸暨，14岁复返江宁，遂全家定居。幼颖悟，20岁应童子试，忌之者百计阻之。不得已赴开封，边授馆边读书，入籍祥符。明崇祯十三年（1640）进士，除淮阴知县，迁浙江道试御史。明亡避居南京。清师至，迎降，官至按察使、布政使、户部右侍郎等。著述甚富。诗文多悲时感事之作，慷慨苍凉。精鉴赏，收藏图书、书画、古物甚富，尤爱藏印，亦善治印。

广金石韵府5卷　经部小学类

清咸丰七年(1857)理董轩张氏刻本。

按:此署作明朱云编、朱臣林尚葵广辑、阿灵李根校正、栎园周亮工鉴定、镜芝张凤藻增订篆刻。有康熙九年(1670)周亮工序,谓此书由自己与林尚葵等共为考订。

全潍纪略1卷　史部杂史类

(1) 清初抄本,山东省图书馆藏。

(2)《潍县文献丛刊》本。

(3)《山东文献集成》本。

按:《增订晚明史籍考》云:"是书记崇祯壬午(十五年)清兵围潍事。当清兵南下之时,到处掳掠,惨不忍闻。潍城因亮工固守,赖以得全。潍民至为生祠以祀。后亮工降清,再过其祠,不宿而去。盖不免有惭焉。此本亮工在时,亦自讳之,故传本极少。近潍县丁氏始为刊行。"

读画录(一作读画楼画人传)4卷　史部传记类

(1) 清康熙间云烟过眼堂刻本,国家图书馆藏。

(2) 清乾隆六年(1741)鱼元傅抄本,国家图书馆藏。

(3) 清乾隆间抄《四库全书》撤出本,故宫博物院图书馆藏。

(4)《读画斋丛书》本。

(5)《海山仙馆丛书》本。

(6) 清邹钟灵编《绘事晬编》本,北京大学图书馆藏清道光间依样壶卢山馆抄本。

(7)《风雨楼丛书》本。

(8)《丛书集成初编》本。

(9)《续修四库全书》本。

(10)《四库全书存目丛书》本。

(11)《四库禁毁书丛刊补编》本。

(12)《故宫珍本丛刊》本。

按:是编裒辑画家名氏,自明万历以来凡76人。各论其品第,亦间附题咏及其人简历。后附有名无传者69人。

删定虞山先生诗人传4卷　史部传记类　佚

见周在浚《栎园府君行述》。

印人传(一作周栎园印人传)3卷　史部传记类

(1) 清康熙十二年(1673)周在浚等刻本,国家图书馆藏。

(2) 清乾隆间抄《四库全书》撤出本,故宫博物院图书馆藏。

(3)《篆学琐著》本。

(4)《翠琅玕馆丛书》(冯兆年辑)本。

(5)《翠琅玕馆丛书》(黄任恒辑)本。

(6)《风雨楼丛书》本。

(7)《艺术丛书》本。

(8)《芋园丛书》本。

(9)《续修四库全书》本。

(10)《四库禁毁书丛刊补编》本。

(11)《故宫珍本丛刊》本。

按:亮工精于鉴别,集印千余方。所编《赖古堂印谱》为篆刻家所重。是编则谱之题跋,别编为传者。首载文天祥、海瑞、顾宪成三印,次及其父、弟及友许宰,次及文彭、李颖等,凡60人,附传3人,不知姓名1人。其有名无传者61人。于治印之源流正变,得其大概。

闽小纪2卷　史部地理类

(1) 清康熙六年周氏赖古堂刻本,南京图书馆藏。

(2) 清乾隆间抄文渊阁《四库全书》撤出本,故宫博物院图书馆藏。

(3) 清乾隆间抄文津阁《四库全书》撤出本,天津图书馆藏。

(4)《说铃》本。

(5)《龙威秘书》本。

(6)《古今说部丛书》本。

(7)《说库》本。

(8)《丛书集成初编》本。

(9)《小方壶舆地丛钞》本,作1卷。

(10) 1985年福建人民出版社出版来新夏校点本。

(11) 1985年上海古籍出版社《瓜蒂庵藏明清掌故丛刊》影印本。

(12)《续修四库全书》本。

(13)《四库禁毁书丛刊补编》本。

(14)《故宫珍本丛刊》本。

按:是编为亮工官福建布政使时所作。多述闽中物户民风,兼及遗闻琐事及诗话之类。

入闽记1卷　史部地理类　佚

见周在浚《栎园府君行述》。

字触6卷　子部术数类

(1) 清康熙六年周氏赖古堂刻本,南京图书馆藏。

(2) 清康熙六年怀德堂刻本,南京图书馆藏。

(3) 清康熙间刻吴门种书堂印本,中国科学院图书馆藏。

(4) 清咸丰元年刻本,国家图书馆藏。

(5) 清抄本,南京图书馆藏。

(6)《粤雅堂丛书》本。

(7)《笔记小说大观》本。

(8)《丛书集成初编》本。

(9)《四库未收书辑刊》本。

按:是编分庋部、外部、晰部、几部、谐部、说部。皆"因一字之离合,连数字而引申",就字说事之例。前有方文序曰:"栎园周先生通才博学,无所不能。间尝取谢石(拆字名家)之法,为人断疑,往往奇中。因捃摭古今字说之有据者,萃为一编,曰《字触》。触者,随意所触,不必其字本义也。"

赖古堂书画跋1卷　子部艺术类

《美术丛书》本。

赖古堂印谱不分卷　子部艺术类

清周亮工辑

清初钤印本,国家图书馆藏。

赖古堂印谱不分卷　子部艺术类

清周亮工辑

清初钤印本,清郭起隆跋,山东省图书馆藏。

赖古堂印谱 4 卷　子部艺术类

清周亮工辑

(1) 清康熙六年周氏赖古堂钤印本,国家图书馆藏。

(2) 1912 年神州国光社铜版印本,南京图书馆藏。

(3) 1992 年上海古籍出版社据原钤拓本影印本。

(4)《中华再造善本》本。

赖古堂祖孙三代自用印谱 1 卷　子部艺术类

钤印本,共集 279 印。内容有周亮工及其子、孙的字、号、斋馆名、诗词章句等,四川省博物馆藏。

赖古堂印谱不分卷　子部艺术类

清周亮工辑

清初钤印本,国家图书馆藏。

赖古堂印谱　子部艺术类

清周亮工篆印,清初钤印本,吉林大学图书馆藏。

赖古堂印谱 4 卷　子部艺术类

清周在浚编

清前期赖古堂钤印本,北京大学图书馆藏。

赖古堂印谱　子部艺术类

清周在延辑

清康熙三年钤印本,清华大学图书馆藏。

赖古堂印谱 4 卷　子部艺术类

清康熙六年周氏赖古堂钤印本,南京博物院藏。

赖古堂印谱 4 卷　子部艺术类

清周在浚、周在延、周在建辑

清康熙六年周氏赖古堂钤印本，国家图书馆藏。

赖古堂印谱4卷　子部艺术类

清周亮工辑

清康熙六年周氏赖古堂钤印本，4册，线装，容庚赠书，中山大学图书馆藏。

赖古堂印谱　子部艺术类

清康熙六年辑成。全书每页正背朱泥钤印，共1550方，杭州西泠印社藏。

赖古堂家印谱1卷　子部艺术类

收录印158方，高阜序，南京图书馆藏。

按：周亮工一生酷爱收集印章，曾延请名家巨匠镌刻印章。康熙六年，周亮工取家藏印章，集为一编，名《赖古堂印谱》。所收多为周氏家族成员的字号、斋室名章，也有见志怡情之闲章，约600方，均为明末清初篆刻家所镌精品。儿孙各藏一部，余尽散之友人。此谱后又有其子周在浚、周在延、周在建等在原本基础上几次钱行编选，各本选印数量有别。欧阳摩一《周亮工〈赖古堂印谱〉探析》（《新世纪图书馆》2014年第3期）一文对周亮工的生平事迹、学术、艺术及鉴藏成就、《赖古堂印谱》的成书经过、现存各种版本等作了梳理和研究。今主要依据此文，将《赖古堂印谱》的版本列举如上。

书影择录　子部艺术类

《美术丛书》本。

困学纪闻钞2卷　子部杂学类

宋王应麟撰　清刘孔中评　周亮工参订

清顺治八年（1651）刻本，北京大学图书馆藏。

因树屋书影（一作书影）10卷　子部杂学类

清周亮公撰　周在建、周在都录

（1）清康熙六年赖古堂刻本，国家图书馆藏。

(2) 清雍正三年(1725)周在延刻本,上海图书馆藏。

(3) 清雍正三年怀德堂重刻赖古堂本,上海图书馆藏。

(4) 清乾隆间抄《四库全书》撤出本,故宫博物院图书馆藏。

(5) 清嘉庆十九年(1814)周恒福刻本,南京图书馆藏。

(6) 清抄本,国家图书馆藏。

(7) 清末士林精舍石印本,国家图书馆藏。

(8)《中国文学参考资料小丛书》本,仅5卷。

(9) 1958年中华书局上海编辑所据雍正刻本排印本。

(10) 1981年上海古籍出版社校订重版1958年中华书局本。

(11)《续修四库全书》本。

(12)《四库禁毁书丛刊补编》本。

按:此书为亮工官户部侍郎时,缘事被逮,于狱中追忆平生见闻之作。因当时无书可检阅,遂取"老人读书,祇存影子"之语,题曰《书影》。书中有考证未精、立论偏颇之处,约十余条。其余大抵记述典赡,议论公允。遗闻旧事,足为文献之征。

同书4卷　子部杂学类

(1) 清顺治六年周氏楼林刻本,南京图书馆藏。

(2) 清乾隆间抄《四库全书》撤出本,故宫博物院藏,存卷2、4。

(3)《碧琳琅馆丛书》本。

(4)《芋园丛书》本。

(5)《四库禁毁书丛刊补编》本。

(6) 清紫萝仙馆抄本,2卷,东北师范大学图书馆藏。

按:是书钩稽典籍中各类故实,以行事或命意相同或相似者,分类汇编而成,用为龟鉴,故曰《同书》。又,此书亦为四库撤毁书,但《提要》已不存。

盐书不分卷　子部典故类

清初赖古堂刻本,大连图书馆藏。周在浚等编《栎园府君行述》作8卷。

莲书4卷　子部典故类　佚

耦隽4卷　子部典故类　佚

以上2种见周在浚等编《栎园府君行述》。

赖古堂集24卷附录6卷　集部别集类

(1) 清康熙十四年周在浚刻本,国家图书馆藏。

(2) 清乾隆二十一年怀德堂重刻本,河南师范大学图书馆藏。

(3) 1910年上海国学扶轮社刻本。

(4) 1979年上海古籍出版社影印康熙本。

(5)《续修四库全书》本。

(6)《四库禁毁书丛刊》本。

(7)《清代诗文集汇编》本。

(8) 2014年华东师范大学出版社出版《清人别集丛刊》本。

按:是编为亮工全集,诗、文各12卷。后附录《年谱》《栎园府君行述》等。

赖古堂诗文全集24卷附赖古堂藏书甲集十种12卷　集部别集类

清道光中汝南家塾刻本。前有道光九年(1829)周銮序,上海图书馆藏。

赖古堂诗集4卷　集部别集类

(1) 清初刻本,北京大学图书馆藏。

(2) 清康熙四十四年河南周氏重刻本,北京大学图书馆藏。

(3) 清康熙间刻本,国家图书馆藏。

(4) 清刻本,国家图书馆藏。

偶遂堂近诗1卷　集部别集类

清康熙间刻本,国家图书馆藏。

通烬集1卷　集部别集类

清抄本,国家图书馆藏。

周栎园诗选1卷　集部别集类

清周亮工撰　邹漪选

《名家诗选》本。

赖古集 1 卷　集部别集类

清周亮工撰　徐增选

《九诰堂诗选元气集》本。

赖古堂诗集选 1 卷　集部别集类

清周亮工撰　吴蔼编

清康熙间学古堂刻《大家诗钞》本，中国科学院图书馆藏。

赖古堂诗 12 卷　集部别集类

《国初十大家诗钞》本。

沧浪集 2 卷　集部别集类

宋严羽撰　清周亮工辑　朱霞重订

《樵川二家诗》本。

王王屋文集 3 卷诗集 1 卷　集部别集类

明王屽撰　清周亮工等评

清顺治二年周亮工等刻本，清华大学图书馆藏。

真山人集 8 卷　集部别集类

清李昌祚撰　周亮工订

(1) 清康熙七年周有德刻大业堂印本，中国科学院图书馆藏，存后集 4 卷。

(2) 清康熙十五年北山堂刻本，广东省图书馆藏。

赖古堂名贤尺牍新钞(一作尺牍新钞)12 卷　集部总集类

清周亮工选　周在浚、周在梁、周在延辑

(1) 清康熙元年周氏赖古堂刻本，国家图书馆藏。

(2)《海山仙馆丛书》本。

(3)《丛书集成初编》本。

(4)《中国文学珍本丛书》本。

(5) 1986 年岳麓书社出版米田点校本，收入《明清小品选刊》。

赖古堂尺牍新钞二选藏弆集 16 卷　集部总集类

清周亮工选　周在浚、周在梁、周在延辑

(1) 清康熙六年赖古堂刻本，国家图书馆藏。

(2) 清道光间重刻本。

(3)《中国文学珍本丛书》本。

赖古堂尺牍新钞三选结邻集16卷　集部总集类

清周亮工选　周在浚、周在梁、周在延辑

(1) 清康熙九年赖古堂刻本，国家图书馆藏。

(2) 清宣统三年(1911)上海国学扶轮社石印本。

(3)《中国文学珍本丛书》本。

赖古堂名贤尺牍新钞12卷　集部总集类

清高阜、罗燿选

清赖古堂刻情话轩印本，国家图书馆藏。

赖古堂文选20卷　集部总集类

清周亮工辑

(1) 清顺治间刻本，国家图书馆藏。

(2) 清康熙六年周亮工刻本，南京图书馆藏。

天中四君子集　集部总集类　佚

见清周在浚《栎园府君行述》。

瑞木纪不分卷　集部总集类

清周亮工、周亮节辑

清康熙间刻本，国家图书馆藏。

万山中诗不分卷　集部总集类

清周亮工等撰

清顺治四年刻本，中国社会科学院文学研究所藏。

赖古堂全集三种　集部总集类

清周亮工辑

清宣统三年上海国学扶轮社石印本，国家图书馆藏。

周亮工全集　丛书类

朱天曙编校整理，2008年凤凰出版社出版。

按：《全集》共18册。第1、2册《赖古堂集》，第3、4册《因树屋书影》，第5册《读画录》《印人传》《闽小纪》，第6册《通炘集》《全潍纪略》《字触》，第7册《同书》，第8、9册《尺牍新钞》，第10、11册《藏弆集》，第12、13册《结邻集》，第14、15册《赖古堂文选》，第16册《赖古堂藏书》，第17册《赖古堂印谱》，第18册《诗文补编》《白浪河上集》《万山中诗》《瑞木纪》《杨升庵朱郁仪两先生著述目录》《传记编》《序跋编》《集评编》，附录《周亮工年表》。

赖古堂藏书十种　丛书类

清周亮工辑　周在都续

(1) 清康熙十一年周亮工刻四十九年周在都递刻本，国家图书馆藏。

(2) 清道光中汝南家塾刻《赖古堂诗文全集》本附。

子目：

《观宅四十吉祥相》1卷　明周坦然撰

《释冰书》1卷　清孙沂如撰

《皱水轩词筌》1卷　清贺裳撰

《六研斋二集》1卷　明李日华撰

《陈子旅书》1卷　清陈璜撰

《客座赘语》1卷　明顾起元撰

《强聒录》1卷　清彭尧谕撰

《人谱正篇》1卷《续篇》2卷《讼过法》1卷《改过说》1卷　明刘宗周撰

《三十五忠诗》1卷　明孙承宗撰

《渔谈》1卷　清郭钦华撰

按：此书始订于亮工，未成而卒，末三种由其子在都补。

邓廷罗(1613？—?)

字叔奇，一字偶樵。清江宁人。顺治八年(1651)拔贡，官中书舍人。十三年出为漳州知府，十四年为东莱知府，十七年为湖广兵备道。博学工文，尤喜谈兵。

二远堂诗文集19卷　集部别集类

清刻本，南京图书馆藏。

按：其中诗集8卷，分为山居、入燕、入闽、再入燕、入齐、入楚、白云、三入燕8集。文集11卷。

兵镜(一作兵法全书)16卷　丛书类

(1) 清康熙五十一年(1712)刻本，中国军事科学院图书馆藏。

(2) 清同治间重庆桐石山房刻本，中国军事科学院图书馆藏。

(3) 清张鹏飞来鹿堂刻本，南京图书馆藏。

(4)《四库全书存目丛书》本。

子目：

《兵镜备考》13卷

《兵镜或问》2卷

《孙子集注》1卷

按：《四库全书总目》兵家类存目作《兵镜》11卷，云："是编凡《孙子集注》一卷，十三篇各为评释。殊嫌窜乱旧文。次为《兵镜或问》上下卷，各十五篇。次为《兵镜备考》八卷，则于十三篇中摘其要语为纲，而罗列史事以互证其说。摭拾颇为丛杂。"

罗宪汶

字篁庵。清南昌人，移居金陵。明崇祯十六年(1643)进士。入清，官检讨。顺治二年(1645)主顺天乡试，官终詹事。能诗。

古柏居诗集　集部别集类　佚

见《国朝金陵诗征》卷41，收其诗1首。

吴宗渭

字飞溶，一字姜纶。清上元人，先世自休宁迁金陵。绝意科举，究心理学，阐明朱陆异同。讲学之余，颇耽吟咏。

语录　子部儒学类　佚

见《金陵通传》卷26。

豹隐堂诗　集部别集类　佚

见《国朝金陵诗征》卷41，收其诗2首。

花　妥

字友莺。清上元妓。为学士方孝标赏识。

麋迷词　集部词曲类　佚

见清汪启淑编《撷芳集》。

方无隅

字仲礼，号抑叟。清桐城籍，江宁人。工诗，以隐终。

抑抑斋集　集部别集类　佚

见《金陵诗征》卷40。

萧　琯

字五云。清建水籍，金陵人。明崇祯九年(1636)举人。入清官扬州知府，以忤漕使，罢居金陵，诗酒自娱。

逌庵集　集部别集类　佚

见《金陵通传》卷26。

白梦鼐(1614？—1680)

字仲调，号蝶庵。清江宁人。明诸生。重义气，尤笃师友。与兄梦鼎齐名，称“金陵二白”。忤马、阮陷狱，入清后得释。康熙九年(1670)

进士。官大理寺评事。十九年典福建乡试,所拔多孤寒士。自闽还,过甬上卒。

天山堂稿　集部别集类　佚

见同治《上江两县志》卷 12。《国朝金陵诗征》卷 5 收其诗 8 首。

徐　惺

字子星,一字篇园。清江宁人。扬先孙。顺治二年(1645)举人,六年进士。历官工科右给事中,山东兖沂道,河南巡按,湖北布政使。康熙二十一年(1682)以奏销案罢归。

湖广崇祀名宦录 1 卷　史部传记类

清康熙二十三年刻本,美国国会图书馆藏,来源于清宫旧藏。

来鹿轩集　集部别集类　佚

雨梧堂诗　集部别集类　佚

以上 2 种见同治《上江两县志》卷 12。

按:《国朝金陵文钞》卷 2 收其文 1 篇,《国朝金陵诗征》卷 3 收其诗 3 首。

横江词 1 卷　集部词曲类

(1)《百名家词钞》本。

(2) 仇氏鞠宴斋抄《百名家词钞》本,南京图书馆藏。

方　帜(1615—1687)

字汉树,号马溪。清桐城籍,上元人。畿弟。以岁贡充芜湖训导,迁兴化教谕。方苞《望溪集》卷 17 有《大父马溪府君墓志铭》。

马溪集　集部别集类　佚

见《金陵通传》卷 25。

按:《国朝金陵诗征》卷 42 收其诗 1 首,小传注云:"方马溪集,潘木厓刻于《续龙眠风雅》仅百篇。其全稿万首;子仲舒尝梓之。"刻本今未见。

刘　达

字德孚，号梅坡。清顺治间上元人。工诗，为龚贤等人所称赏。

拳石斋集　集部别集类　佚

见同治《上江两县志》卷12。

按：《国朝金陵诗征》卷4收其诗7首。

王万壑

字寿甫。清上元人。万襥从弟。

咏物诗　集部别集类　佚

见同治《上江两县志》卷12。

罗学尹

原名光玺，字暇公。清上元人。尝与周亮工论风俗，反对浮华，为时人称赏。工诗。

搴壁斋稿　集部别集类　佚

见同治《上江两县志》卷12。《国朝金陵诗征》卷3收其诗8首。

金世仁

字潜五。清休宁籍，上元人。赵起元婿。能诗。

嵋山集　集部别集类　佚

见同治《上江两县志》卷12。《国朝金陵诗征》卷42收其诗1首。

杨国士

字淑家。清上元人。明诸生。入清隐居不出。性狷洁，取与不苟。喜读书，善饮酒。与陈宗来、胡长庚、钱珏结邻友善。

萧杨合易　经部易类　佚

见嘉庆《江宁府志》卷54。

按:《金陵通传》卷24云:“国士诵《易》至六十四卦,错综互体,逐卦拟议,著为一书,附萧氏《易说》之后,故名。”

昨日庵稿　集部别集类　佚

林岳诗文稿　集部别集类　佚

以上2种见同治《上江两县志》卷12。

卞梦珏

字玄文,号篆生。清江宁人。琳女。母吴山,长于诗。梦珏嫁江都举人刘峻度为继室,工诗文。

卞玄文诗1卷　集部别集类

清邹漪选刻《诗媛八名家选》本。

绣阁遗稿　集部别集类

见《众香词》“射集”小传,收其词6首。

家庭唱和集　集部总集类

见《历代妇女著作考》卷7。

余　怀(1616—1695)

字淡心,一字无怀,又字广霞,号曼翁,别号板桥老人,曼持老人、雁亭居士。清福建莆田人,侨居南京,因此自称江宁余怀、白下余怀。晚年隐居吴门。博学多通,熟于掌故。工诗词,颇为吴伟业、龚鼎孳所称赏。与杜濬、白梦鼐齐名,时号“余杜白”,市语谐音“鱼肚白”。又有砚癖,家中蓄砚甚多。著述颇富。

王翠翘传1卷　史部传记类

《香艳丛书》本。

宫闺小名后录1卷　史部传记类

(1) 清康熙二十九年(1690)刻本,清华大学图书馆藏。

(2)《四库全书存目丛书》本。

三吴游览志1卷　史部地理类

(1) 民国上海进步书局石印本，苏州图书馆藏。

(2)《笔记小说大观》本。

(3)《苏州文献丛钞初编》本。

(4) 台北新文丰出版公司《丛书集成三编》本。

按：此记余怀自南京通济门出发，往吴郡游览、访友之事。文笔清丽，吴伟业序称"尺幅中居然有万里之势"。

余子说史 10 卷　史部史评类

抄本，国家图书馆藏。

茶史补 1 卷　子部农家类

(1) 清康熙十四至十七年刘谦吉刻本，国家图书馆藏。

(2) 清雍正六年(1728)墨韵堂刻本，南京图书馆藏。

(3)《昭代丛书》(道光)本。

(4)《续修四库全书》本。

(5)《四库全书存目丛书》本。

妇人鞋袜考 1 卷　子部工艺类

(1)《檀几丛书》本。

(2)《香艳丛书》本。

砚林 1 卷　子部工艺类

《昭代丛书》(康熙、道光)本。

四莲华斋杂录 8 卷　子部杂学类

见《贩书偶记》卷 11，注云："旧抄本。"

古今精义抉录　子部小说类　佚

见《东山谈苑》自序，声称此书"大约弹击古人，镜无遁照"。

东山谈苑 8 卷　子部小说类

(1) 稿本，清余兆蛟、郭尚先、曾谨跋，南京大学图书馆藏。

(2) 清光绪三年(1877)酉腴仙馆铅印本，南京图书馆藏。

(3) 1944 年南京襄社影印胡小石藏手稿本。

(4) 旧抄本，见《贩书偶记》卷 11。

(5) 2017 年南京大学出版社影印《南京大学图书馆古籍珍本丛刊·稿抄本卷》本。

板桥杂记　子部小说类

(一) 1 卷本

(1)《昭代丛书》(道光)本。

(2)《艺苑捃华》本。

(3)《拜鸳楼校刻四种》本。

(4)《香艳小品》本,附录 1 卷。

(5) 清末石印本,南京图书馆藏。

(6) 抄本,南京图书馆藏。

(7) 1921 年扫叶山房石印本,续 1 卷。

(二) 3 卷本

(1)《说铃》(康熙、道光)本。

(2)《龙威秘书》本。

(3)《艳史丛钞》本。

(4)《金陵丛刻》本。

(5) 清步云轩刻本。

(6)《双楳景闇丛书》本。

(7)《香艳丛书》本。

(8)《郎园先生全书》本。

(9)《丛书集成初编》本。

(10) 1925 年上海扫叶山房排印唐志孝标点本。

(11) 1987 年江苏文艺出版社排印本。

(12)《续修四库全书》本。

(13)《四库全书存目丛书》本。

(14) 2002 年青岛出版社出版刘如溪点评本。

(15)《南京稀见文献丛刊》本。

(16) 2009 年上海古籍出版社出版李金堂校注本。

(17) 2016 年中州古籍出版社出版苗怀明注评本。

按:作者记明末清初南京秦淮南岸长板桥一带的梨园、秦淮河灯船、妓院和江南贡院情形,描写了顾媚、董小宛、卞玉京等秦淮群艳事迹。作者观一代之盛衰,发千秋之感慨,借以抒发亡国遗恨。鲁迅《中国小说史略》云:"唐人登科之后,多作冶游,习俗相沿,以为佳话……自明至清,作者尤夥,清余怀之《板桥杂记》尤有名。"

五湖游稿 3 卷　集部别集类

(1) 清初刻本,国家图书馆藏。

(2)《晨风阁丛书》本,1 卷。

甲申集 7 卷　集部别集类

(1) 清初刻本,国家图书馆藏。本书作于明崇祯十七年甲申(1644),故名。

(2) 清抄本,与《江山集》3 卷合抄,清华大学图书馆藏。

江山集 3 卷　集部别集类

(1) 清抄本,南开大学图书馆藏。

(2) 清抄本,与《甲申集》7 卷合抄,清华大学图书馆藏。

味外轩诗辑 1 卷　集部别集类

(1) 国学图书馆抄本,南京图书馆藏。

(2) 清畊冰寄庐抄本,上海图书馆藏。

(3)《清代诗文集汇编》本。

万卷山房诗集 9 卷　集部别集类

明王辂撰　清余怀等评

清康熙二十七年(1688)刻本。

余怀集　集部别集类

2006 年广陵书社出版陈虹等点校本。

余怀全集　集部别集类

2011 年上海古籍出版社出版。

同声集 1 卷　集部总集类

清吴时德、余怀、龚贤、张顶印、徐树丕、屈大均、吴绡、陈垲等合撰 吴时德辑

清雍正八年刻乾隆三年(1738)增刻本,中国社会科学院文学研究所藏。

按:本书作于康熙七年,由吴县吴时德辑诸人和其所作《敛性就幽蓬》诗而成。六合孙汧如为作序。

玉琴斋词　集部词曲类

(1) 稿本,南京图书馆藏。

(2) 国学图书馆抄本,南京图书馆藏。

(3) 1928年国学图书馆影印稿本。

(4)《续修四库全书》本。

(5)《清代诗文集汇编》本。

秋雪词1卷　集部词曲类

(1)《百名家词钞初集》本。

(2)《百名家词钞》本。

研山词1卷　集部词曲类

清抄《名家词钞六十种》本。

鸳鸯湖(传奇)　集部词曲类　佚

见《古典戏曲存目汇考》卷11。

封发记(传奇)　集部词曲类　佚

见《东山谈苑》卷8"贞女封发"条余宾硕注。

按:《东山谈苑》手稿本间有作者之子余宾硕夹注,其卷8"贞女封发"条下注云:"先子传奇四种,有《封发记》。"据此,则知作者撰传奇4种,除上述《鸳鸯湖》《封发记》外,余未详。《封发记》演唐贾直言妻董氏封发22年与夫再逢事,未见著录。

集翠裘(杂剧)　集部词曲类　佚

见《古典戏曲存目汇考》卷8。

吴调元

字雨苍。清上元人。顺治三年(1646)举人,历官东阿知县,兴化同知,福建漳州知府。有善政。晚年举乡饮大宾。

同善录　子部儒学类　佚

见同治《上江两县志》卷12,注谓本书辑古今善事数百条。

同归集　集部别集类　佚

见同治《上江两县志》卷12。同书卷24谓曾刊行,今未见。

宵征篇　集部别集类　佚

见《金陵通传》卷26。

按:《国朝金陵诗征》卷2收其诗1首。

方亨成

字吉偶,号邵村、邵城、姐哥。清桐城籍,上元人。拱乾次子。善书,工小楷。能画,与程正揆、顾大中齐名。顺治四年(1647)进士。任直隶获鹿知县,官陕西道监察御史。以科场案流放宁古塔,后释归。

班马笔记　史部正史类　佚

见《安徽艺文考》史类。

苗俗纪闻1卷　史部地理类

(1)《檀几丛书》本。

(2)《小方壶斋舆地丛钞》本。

怡亭杂记　子部杂学类　佚

楚粤使草　集部别集类　佚

邵村诗词　集部别集类　佚

以上3种见道光《桐城续修县志》卷21。

邵村诗文集　集部别集类　佚

塞外乐府　集部别集类　佚

以上2种见《桐城文献稿》。

按:《桐旧集》收其诗 9 首,《国朝金陵诗征》卷 41 收其诗 2 首。

刘思敬

字纯一,号觉岸。清上元人。顺治四年(1647)进士。任刑部郎中,以执法忤权贵,几遭不测。十二年充会试同考官,寻授广西左江道参议,以母老乞归。康熙间江南总督于成龙聘修《江南通志》,举乡饮大宾。

彻剩八编　史部传记类　佚

见嘉庆《江宁府志》卷 54。同治《上江两县志》卷 12 作《征剩》4 卷。

存征录 4 卷　史部传记类　佚

见同治《上江两县志》卷 12。《金陵通传》卷 11 云:"《存征录》四卷,载明南都士大夫言行甚备。"

按:以上 2 种或又以为是一书,清金鳌《金陵待征录》卷 10 即著录作《彻剩存征录》,云:"其书为佟县志(按指清佟世燕修康熙《江宁县志》)所取材,名贤亦赖以表章。唯以上水闸为天门,似涉青乌之陋,而其言亦好入禅空。"

存征续录　史部传记类　佚

见《金陵艺文志》。

刍询录□卷　史部传记类

清康熙六年(1667)周亮工刻本,有夏仁虎跋,存《存征》上下 2 卷。国家图书馆藏。同治《续纂江宁府志》卷 9 著录《刍谋录》,当为同书。

(康熙)江南通志 76 卷　史部地理类

清于成龙等修　刘思敬等纂

(1) 清康熙二十三年江南通志局刻本,南京图书馆藏。

(2)《中国地方志集成·省志辑》本。

(3)《金陵全书》本。

杜　岕(1617—1693)

字些山，号石廪，一名绍凯，字苍略。清黄冈籍，上元人。濬弟。诸生。家贫甚，少壮丧妻，不复娶。与濬行迹略同，退然避世。过戚友，倘有盛衣冠客在座即默然去之。行于途常避人，不中道与人语。好游，每独行墟墓间。工诗。

些山集辑3卷首1卷　集部别集类

1935年《黄冈二处士集》本。

于　征

字有生。清江宁人。磊落简傲，不因人可否。与侯方域友善。工行草，嗜酒，饮酣伸纸疾书数十幅不倦。顺治初家居吃素。

柿叶庵稿　集部别集类　佚

孤山游草　集部别集类　佚

以上2种见嘉庆《江宁府志》卷54。《金陵诗征》卷29收有其诗。

方膏茂

字敦四，号寄山、馀斋。清桐城籍，上元人。亨咸弟。顺治五年(1648)举人。以科场案谪宁古塔，后2年释归。

余斋集　集部别集类　佚

见道光《桐城续修县志》卷16。

何　采

字敬舆，一字濮源，号醒斋，又号芦庄、南涧，或作南硐。清桐城籍上元人。祖如宠为明武英殿大学士，赐第金陵。亮功兄。顺治五年(1648)举人，六年进士。累官翰林院侍读。工诗词，文章翰墨为一时词臣之冠。年30岁弃官归，徜徉山水间。诗词多讽刺玩世。为人持正气，凛然不可犯。与程邃、吴伟业友善。

让村集　集部别集类　佚

南涧集　集部别集类　佚

以上2种见同治《上江两县志》卷12。《国朝金陵文钞》卷2收其文1篇。《国朝金陵诗征》卷41收其诗7首。

南硐词1卷　集部词曲类

《百名家词钞》本。

南涧词选2卷　集部词曲类

《龙眠丛书》本。

顾　媚(1619—1664)

字眉生，又字眉庄、智珠，号横波，亦号梅生。后改姓徐。清上元人。工诗文，擅绘画，能歌善舞，与柳如是、董小宛、寇白门同称“秦淮四大名妓”。后为龚鼎孳妾。所画兰石山水，气韵在笔墨之外，时人珍之。所为诗词小令，有唐宋风格。

顾横波夫人兰竹卷　子部艺术类

民国间上海有正书局石印本，南京图书馆藏。

柳花阁集　集部别集类　佚

见《江苏诗征》卷162。

按：《国朝金陵诗征》卷47收其诗1首。《安徽名媛诗词征略》收其诗3首，词3阕。1988年7月重庆出版社出版马子华、温功义编著《读古指南——五百种要籍简介》云曾辑印单行。

龚　贤(1619—1689)

又名岂贤，字半千，又字野遗，号有柴丈人、钟山野老、半亩居人、清凉山下人等。祖籍昆山，明崇祯五年(1632)随家人迁居南京。与东林、复社人士过往甚密。后避乱走四方，曾客居扬州10余年。康熙三年(1665)回宁，五年定居清凉山下，筑半亩园，卖字画及授徒为生。与名士屈大均、周亮工、孔尚任等交善。因豪强强索书画，病气交煎，含恨长逝。孔尚任经理后事，收检遗作。工诗文，常流露反清情绪。善行草，画山水从董源奠基，用墨浓重，别开生面，为“金陵八家”之冠。传世名作甚多。《清史稿》有传。刘海粟主编有《龚贤研究集》(上下册，1988年江苏美术出版社出版)。

画诀 1 卷　子部艺术类

(1)《知不足斋丛书》本。

(2)《昭代丛书》(道光)本。

(3)《翠琅玕馆丛书》(冯兆年辑)本。

(4)《翠琅玕馆丛书》(黄任恒辑)本。

(5)《四铜鼓斋论画集刻》本。

(6) 清光绪八年(1882)岭南芸仙馆本。

(7)《清瘦阁读画十八种》本。

(8)《花近楼丛书补遗》本。

(9)《美术丛书》本。

(10)《论画辑要》本。

(11)《艺林名著丛刊》本。

(12) 覆桐花馆《画论丛刊》订正本。

(13)《画苑秘笈》初编本。

(14)《美术丛书》本。

(15) 1982 年文物出版社沈子丞编《历代论画名著汇编》本。

(16)《续修四库全书》本。

按：上述版本中(7)题作《半千画诀》，(8)、(9)、(12)三种题作《龚安节先生画诀》，(13)作《柴丈人画诀》。又，《画诀》非贤手定成书，乃后人汇印其课徒画稿解说而成。

龚半千授徒画稿　子部艺术类

(1) 贵州莫友芝旧藏本。

(2) 日人大村两崖影印上海蒋氏藏本，题为《龚半千画法册》，上海图书馆藏。

(3) 泰山残石楼影印本。

(4)《奚铁生树木山石画法册》(中华书局误题)影印本。

(5) 1935 年商务印书馆影印本。

(6) 稿本,四川省博物馆藏。

(7) 四川人民出版社影印本,据该省博物馆藏本影印。

龚贤山水 1 册(20 开)　子部艺术类

按:作于康熙十四年。

龚贤山水 1 册(8 开)　子部艺术类

以上 2 种皆原本,故宫博物院藏。

龚贤山水集锦 1 册(7 开)　子部艺术类

原本,北京市文物商店藏。

金陵画社 1 册(10 开)　子部艺术类

按:是册为康熙五年龚贤、樊圻、大云、适道人、髯残合作。

龚贤山水 1 册(12 开)　子部艺术类

按:作于康熙七年。

龚贤山水 1 册(12 开)　子部艺术类

按:作于康熙十五年。

龚贤山水 1 册(12 开)　子部艺术类

按:作于康熙十七年。

龚贤山水 1 册(12 开)　子部艺术类

按:作于康熙十九年。

龚贤山水 1 册(10 开)　子部艺术类

自题山水一册(8 开)　子部艺术类

以上 7 种皆原本,上海博物馆藏。

龚贤墨笔山水册　子部艺术类

原本,苏州博物馆藏。

按:龚贤书画原件以立轴、手卷、册页形式存世极多,散见于海内外公、私藏者手里,国外如美国堪萨斯市尼尔森美术馆、纽约大都会博物馆、日本大阪美术博物馆等都有收藏。本书无法一一著录。兹从略。

龚野遗山水真迹　子部艺术类

日本博文堂影印本。

龚柴丈山水册　子部艺术类

1929 年上海神州国光社影印本,南京图书馆藏。

龚半千山水册　子部艺术类

1931 年文明书局影印本,上海图书馆藏。

龚半千山水精品册　子部艺术类

1939 年长沙商务印书馆影印本,南京图书馆藏。

龚半千山水册　子部艺术类

1940 年影印本,上海图书馆藏。

龚半千细笔画册　子部艺术类

民国上海有正书局《中国名画集外册》本,南京图书馆藏。

龚贤册页　子部艺术类

1985 年江苏古籍出版社珂罗版本。是册收画 28 页。

龚贤精品集　子部艺术类

1997 年人民美术出版社出版。

龚贤山水册　子部艺术类

2007 年紫禁城出版社出版。

龚贤作品　子部艺术类

见 2014 年新世界出版社出版《中国历代名画作品欣赏高清图》。

草香堂集不分卷　集部别集类

清精抄本,安徽歙县文化馆藏。

按:是书载籍相传多名《香草堂集》,然皆未见书。此精抄本无序跋。扉页正中题"草香堂集"。右上题"龚半千先生著",左下署"金阊刘建之梓",书口皆有"草香堂集"四字。据纸墨及行款考证,为乾隆前据刻本过录者。是集分五言律、七言律、近集(各体诗)三类,共收 203 首(实为 205 首,缺最后 2 首)。参见汪世清《龚贤的〈草香堂集〉》,载《文物》1978年第5期。

龚半千诗稿　集部别集类

(1) 稿本,与《尺牍》合1册,上海图书馆藏。

(2)《上海图书馆未刊古籍稿本》本。

按:皆为入清后作。

龚半千七律诗稿　集部别集类

龚贤集　集部别集类

以上2种有抄本,上海博物馆藏。

半亩园诗草　集部别集类

见清卓子任《明末四百家遗民诗选》。

龚半千尺牍　集部别集类

稿本,与《诗稿》合1册,上海图书馆藏。

按:周亮工《赖古堂尺牍新钞三选》著录有龚贤《半亩园尺牍》。

半日堂集4卷　集部别集类

见清魏宪《诗持二集》序。

按:魏宪辑《诗持二集》有康熙十年刻本。其中选辑贤诗20首。皆出于《半日堂集》。魏为龚友,龚曾参与《诗持二集》卷3编选,故该卷首题"古闽魏宪惟度评选,昆山龚贤半千参阅"。这一卷选清初诗人林古度、施闰章等12家180首诗作。

诗遇　集部总集类

清龚贤辑

见孔尚任《湖海集》。

按:是书辑集并世人诗作。

中晚唐诗纪不分卷　集部总集类

清龚贤辑刻

清顺治、康熙间刻本,北京大学图书馆藏。

按:是集扉页题"半亩园藏板",当为龚自资辑刻原版。共收62家,分"行本""秘本"各31家。据周亮工《读画记》卷2,龚贤搜罗中晚唐诗人百余家，在广陵曾刻廿余家，“惜乎无力全梓”。然晚年定居金陵，仍“年年笔砚选中唐”（孙尚任诗句）。其于杨衡诗跋云：“衡诗出，是余《中晚唐诗纪》中之第七十二家。”可知贤生前付梓行世者多于北大藏本，尚有待发现。龚贤以清寒布衣独力辑梓是集，裨益百世，诚如周亮工所赞：“半千真中晚唐功臣也！”

同声集 1 卷　集部总集类

清吴时德、余怀、龚贤、张顶印、徐树丕、屈大均、吴绡、陈垲等合撰　吴时德辑

清雍正八年(1730)刻乾隆三年(1738)增刻本，中国社会科学院文学研究所藏。

按：本书作于康熙七年，由吴县吴时德辑诸人和其所作《敛性就幽蓬》诗而成。六合孙岍如为作序。

龚贤研究集上、下册　集部总集类

清龚贤撰　刘海粟主编　王道云、萧平、刘宇甲编注

1988 年江苏美术出版社出版。

按：是书上册辑注龚贤诗、词、画论、画跋、诗跋、尺牍数百首，附录有关诗、文若干及后评论节选。下册影印海内外藏龚贤书画真迹 268 幅，并附编注者有关龚贤论述 12 篇，以及年表 1 篇。是为龚贤撰著较为完备之辑集。

半亩园词草　集部词曲类

见《全清词钞》卷 3，收其词 4 首。

按：1978 年第三期《艺苑掇英》收词《渔歌子》9 首，据龚贤手书墨迹影印。

张　揔(1619—1694)

字僧持，号南村。清江宁人。琪子，补应天学生，以诗名江左。爱好山水，康熙十二年(1673)尝游黄山，过宣城。二十一年，与如皋冒襄、泰州邓汉仪等会海陵寓馆。二十八年在九华山修山志。性冲淡，诗以

王、孟为法。《虞初新志》卷16有先著撰《张南村先生传》。

宝华山志10卷　史部地理类

释德基辑　张揔编

(1) 清康熙二十九年(1690)刻本,华东师范大学图书馆藏。

(2)《四库全书存目丛书》本。

按:德基,号定庵,原籍福建莆田。宝华山隆昌寺第三代祖师。康熙十八年至四十年住持隆昌寺。宝华山在句容县北六十里,此山峰峦起伏,山势崛起而中凹,奇中见平,尊而不险,俨如花之有萼,莲之有房,名为宝华。此志首著开创兴起、次记山水、梵宇、纪载、规则、艺文。辑录了大量与宝华山有关的纪载与丛林规则。

南村觞政1卷　子部艺术类

(1)《檀几丛书》本。

(2)《翠琅玕馆丛书》(冯兆年辑)本。

(3)《翠琅玕馆丛书》(黄任恒辑)本。

(4)《艺术丛书》本。

(5)《芋园丛书》本。

蘼芜庵集　集部别集类　佚

南村集　集部别集类　佚

以上2种见同治《上江两县志》卷12。

金陵览古　集部别集类

清余宾硕撰　张揔编

版本参见"余宾硕"条。

唐风怀禅喜集　集部总集类

夕字倡和诗　集部总集类

清徐时盛、张揔撰

以上2种见同治《上江两县志》卷12。《国朝金陵诗征》卷5收其诗17首。

纪映淮

字冒绿，小字阿男。清上元人。青女，映钟妹。莒州诸生杜李妻。明崇祯十五年(1642)夫遇难，守寡30余年。诗词系少时作，夫亡后绝意吟咏。卒年50余。康熙中旌表。

真冷堂词　集部词曲类　佚

见《清诗纪事》册22。《江苏诗征》卷172收其诗2首。《国朝金陵词钞》收其词4首。

吴　琅

字宝树，号蓼园。清江宁人。发祥子，珊兄。诸生。负隽才，与施闰章、周亮工以文章道义订交，主持风雅。曾以卖文钱周济亲故。年92卒。

百尺楼居集　集部别集类　佚

瓮天居集　集部别集类　佚

以上2种见嘉庆《江宁府志》卷54。《国朝金陵诗征》卷5收其诗1首。

吴焕然

字钟阇。清江宁人。以贡生为歙县训导。素工医，多痊不起之症。

曙沤九镜　子部医家类　佚

见同治《上江两县志》卷12。

姚　淑

字仲淑，自号钟山秀才。清江宁人。明遗民李长祥继室。能诗，善绘墨竹。长祥为崇祯十六年(1643)进士，晚明转战南北，拥南明王于舟山。舟山破，亡命江淮，为清督陈锦捕得，安置江宁。妻王氏卒，淑毅然嫁之。相得甚欢。未几，夫妇逸去，康熙六年(1667)人遇之秦邮(今高邮）。晚岁随夫隐居毗陵，筑读易堂以老。

钟山秀才海棠居诗集1卷　集部别集类

（1）清康熙间刻本，附于李长祥《天问阁文集》后，题为《海棠居初集》1卷，中国人民大学图书馆藏。

（2）《求恕斋丛书》本，附于李长祥《天问阁文集》后，凡诗98首。

（3）清抄本，国家图书馆藏。附于李长祥《天问阁明季杂稿》后。

（4）方秀洁、伊维德主编《美国哈佛大学哈佛燕京图书馆藏明清妇女著述汇刊》本。

余二闻

字未也，号补庵。清江宁人。大成子。顺治七年（1650）恩贡。选襄城知县。博学多闻，著作甚富。

易原10卷　经部易类　佚

中庸大旨1卷　经部四书类　佚

史测八编　史部史评类　佚

南华奥旨2卷　子部周秦诸子类　佚

唐诗啸2卷　集部总集类　佚

以上5种见嘉庆《江宁府志》卷54。

词选　集部词曲类　佚

见同治《上江两县志》卷12。

李　南

字逸度。清江宁人。本为徐达后裔，袭明指挥职。明亡，偕李氏子遁居钱塘沙河塘。因改姓名，并自称遂初道人。筑师可斋以居，卖药自给。卒年85。

梦归吟　集部别集类　佚

村居漫兴　集部别集类　佚

梅花二百韵　集部别集类　佚

以上3种见同治《上江两县志》卷12。

陈奋飞

清宜兴籍，江宁人。康熙初，奋飞与父于庭、子玉裁三世并驰誉学校。居上新河，与胡第、王辑、陈子介、王正则、李望之为邻。卒年77。

检身三十六善格言　子部儒学类　佚

见同治《上江两县志》卷12。

蔡祖庚

字莲西，或廉犀，号抑庵。清上元人。屏周子。顺治五年(1648)举人，九年进士。除甘泉知县。招集流亡，垦种荒田，辄代民输正赋。擢户部郎中。补太原知府，后转真定，升通永道，迁河南按察副使。戒属僚省事省刑，与民休息。以亲老乞归，遂不出。家有嬾园，一时名流如杜濬、魏禧皆觞咏其中。

嬾园觞政1卷　子部艺术类

《昭代丛书》(康熙、道光)本。

淡简斋集　集部别集类　佚

见同治《上江两县志》卷12。《国朝金陵诗征》卷3收其诗4首。《金陵词钞续编》卷1收其词4首。

胡其毅

字致果，一名澂，字静夫。清上元人。正言子。精研性理，谦谨自持。晚年家益窘，未尝干人。康熙二十二年(1683)与叶燮、蔡玺、杜岕等在蔡壓家作秋会，二十八年与孔尚任、蔡玺、阮柽等大会冶山。诗存古格，时论重之。岭南陈鉴云："静夫诗敛气而神行，澄思而态曼。"

旧京风雅6卷　史部地理类　佚

见《曹楝亭书目》。

静拙斋诗　集部别集类　佚

微吟集　集部别集类　佚

以上2种见同治《上江两县志》卷12。

按:《静拙斋诗》成书于康熙十二年。《国朝金陵诗征》卷1收其诗20首。

胡虞逸

字澹喜。清上元人。与正言子其毅并居鸡笼山侧。聋一耳,瞽一目。工诗。旨趣不随世俗。其与友人书云:"古人闻忠孝节义事有三思:思效法,思赞叹激扬,思惭愧勉策。今有三疑:疑传闻或误,疑别有所为,疑出于一时之激烈。"

述德亭集　集部别集类　佚

见《国朝金陵诗征》卷1,收其诗4首。

王应宪

字德卿,一字德园。清上元人。博洽好古,通达时务,以文行推重于乡。明亡入清后隐居著述。与同里高阜善,并称"金陵二老"。卒后私谥贞靖先生。

历代帝王纪要10卷　史部史钞类　佚

名臣纪要20卷　史部史钞类　佚

以上2种见同治《上江两县志》卷12。

广万姓统谱24卷　史部传记类　佚

见嘉庆《江宁府志》卷54。

盐铁志20卷　史部政书类　佚

漕运考2卷　史部政书类　佚

兵屯志16卷　史部政书类　佚

以上3种见同治《上江两县志》卷12。

江防考3卷　史部政书类　佚

海防参6卷　史部政书类　佚

以上2种见嘉庆《江宁府志》卷54。

方舆图考20卷　史部地理类　佚

九边图说5卷　史部地理类　佚

黄河古今通志12卷　史部地理类　佚

以上3种见同治《上江两县志》卷12。

南北水利蠡海录12卷　史部地理类　佚

传习录辩8卷　子部儒学类　佚

以上2种见嘉庆《江宁府志》卷54。

按:《金陵诗征》卷32收有其诗。

高　皋

字康生。清江宁人。诸生。明天启五年(1625)与周亮工、罗燿等互为师友。崇祯元年(1628)与周亮工等为文以复古自任,不肯随附时调。工制举文,善画。与王应宪并称"金陵二老"。

赖古堂名贤尺牍新钞12卷　集部总集类

清高皋、罗燿选

清赖古堂刻情话轩印本,国家图书馆藏。

三苏谈10卷　集部总集类　佚

清高皋辑

见《明清江苏文人年表》康熙元年(1662)。

按:高皋与周亮工友情甚笃。周亮工《书影》一书成,高皋曾为作序。今《书影》卷8录存高皋"天下之谬莫谬于今相者之说"与"君子小人相为消长"二段议论。周亮工《赖古堂集》有与高皋书信及投寄诗篇多首。《江苏诗征》卷42收高皋诗2首。

介　石

俗姓尤,名瑛,字钟玉。清上元人。本秦淮旧院妓,精音律,工尺牍。后悔之,祝发为尼。

春水舫残稿　集部别集类　佚

见《国朝闺秀正始续集》。

何国祥

字紫雯。清凤阳籍，江宁人。顺治八年(1651)选贡，官云南易门知县。以母忧归里。服阕，补浙江归安知县。所至有政声。擢西城兵马司正指挥，以老致仕。

家世叙略　史部传记类　佚

纪游编　史部地理类　佚

以上2种见光绪《凤阳府志》卷18。

(康熙)归安县志10卷　史部地理类

清何国祥等修　严经世等纂

清康熙十二年(1673)刻本，南京图书馆藏。

壮游草　集部别集类　佚

见乾隆《凤阳县志》卷10。

程　邑

字幼洪，号翼苍。清新安籍，上元人。工诗。顺治八年(1651)举人，九年进士，选庶吉士。任苏州教授，迁国子助教。与修《明史》。

介轩集　集部别集类　佚

见《金陵通传》卷26。

花圃诗　集部别集类　佚

见《江苏诗征》卷74，收其诗1首。《国朝金陵诗征》卷41收其诗5首。

姚　佺

字仙期，自称山贞遗民。清顺治间江宁人。与同里周京、魏宪、叶阐、刘览元、陈莞等并称选家。

空洞集选 1 卷　集部别集类

明李梦阳撰　清姚佺、孙枝蔚选

大复集选 1 卷　集部别集类

明何景明撰　清姚佺、孙枝蔚选

沧溟集选 1 卷　集部别集类

明李攀龙撰　清姚佺、孙枝蔚选

弇州集选 1 卷　集部别集类

明王世贞撰　清姚佺、孙枝蔚选

以上 4 种有《四杰诗选》本。

诗源　集部总集类　佚

清姚佺、陈昭、罗源选刻

见《金陵通传》卷 26。

周亮节(1622—1670)

字靖公。清上元人。亮工弟。

银海精微 2 卷　子部医家类

唐孙思邈原辑　清周亮节校正

清康熙间光启堂刻本，板心下有“醉耕堂藏板”5 字，见《贩书偶记续编》附录。

醉耕堂集　集部别集类　佚

见《金陵通传》卷 24。

瑞木纪不分卷　集部总集类

清周亮工、周亮节辑

清康熙间刻本，国家图书馆藏。

孙　炎

字映辰，号雷谿。清顺治间江宁人。喜吟咏。

雷谿集　集部别集类　佚

见同治《上江两县志》卷12。《国朝金陵诗征》卷17收其诗1首。

兰江唱和集　集部总集类　佚

见嘉庆《江宁府志》卷54。

何亮功

字次德，号辨斋。清桐城籍，上元人。祖如宠乞休后居金陵。应璜次子，采弟。顺治十四年(1657)举人。官福建古田知县，为政宽，与民休息。常召诸生谈经论道，学风为之一变。康熙二十六年(1687)充乡试同考官。卒于任。

与稽堂集　集部别集类　佚

见《金陵通传》卷26。

长安道集　集部别集类　佚

见道光《桐城县志》卷16。

江元旭

字青城，自号梦痴子。清顺治间上元人。好吟咏，诗宗公安派。

桐雨阁闲吟　集部别集类　佚

见同治《上江两县志》卷12。《国朝金陵诗征》卷4收其诗2首。

张　晟

字德斋。清上元人。顺治间在世。嗜古好学，能书写大字，尤精易数，晚通佛典。

明德摄生宗法理家诸图说　子部儒学类

见同治《上江两县志》卷12。《金陵诗征》卷30收有其诗。

王仕云

字望如，号过客。清歙县籍，江宁人。笃志好学，手不释卷。尝与金陵胡禹冀、宋怿先、倪灿、张大受、胡宋等举五经会。顺治九年(1652)

进士。除泉州府推官,平反大狱。改浙江乌程知县,累至衡州、潮州知府,有政绩。

易解　经部易类　佚

见嘉庆《江宁府志》卷54。

通鉴易知录　史部史钞类　佚

见同治《上江两县志》卷12。

鉴略四字书1卷　史部史钞类

(1) 清乾隆间抄本,清翁方纲跋,清纪昀、秦大士批注,辽宁省图书馆藏。

(2) 清刻本,辽宁省图书馆藏。

(3) 清光绪三十年(1904)平湖绮春阁刻本,题《四字鉴略》,吉林省图书馆藏。

鉴略4卷　史部史钞类

清王仕云撰　周晓春注

(1) 清咸丰三年(1853)刻本,辽宁省图书馆藏。

(2) 清光绪元年刻本,题《重订鉴略》,辽宁省图书馆藏。

绘图四字鉴略1卷附新镌鉴略释义1卷　史部史钞类

(1) 清宝木氏刻本,南京图书馆藏。

(2) 民国间上海大成书局石印本,齐齐哈尔市图书馆藏。

(3) 民国间锦章书局石印本,上海图书馆藏。

鉴略四字书1卷附新镌鉴略释义1卷提纲释义历代国号歌1卷历代群英歌1卷　史部史钞类

(1) 清光绪十五年扫叶山房刻本,上海图书馆藏。

(2) 清光绪间李光明庄刻本,辽宁省图书馆藏。

(3) 清宛委山庄刻本,清林则徐增修,上海图书馆藏。

按:嘉庆《江宁府志》卷54云:"最便初学。"

论史同异全集本20卷　史部史评类

清康熙间钱汉楼刻本,国家图书馆藏。

格言谨录 1 卷　子部儒学类

《昭代丛书》本。

写心集　集部别集类　佚

见同治《上江两县志》卷 12。

按:《国朝金陵诗征》卷 3 收其诗 2 首。《金陵词钞续编》卷 1 收其词 1 首。

方兆及

字子诒,一字蛟峄。清上元人。拱乾从子,以登峄为过继子。顺治十一年(1654)举人,历官刑部郎中,山东济宁道。在官 7 年,有政声。

述古堂诗刊　集部别集类

见《金陵通传》卷 25。《桐旧集》收其诗 17 首。

周而淳

字黎同,号古村。清江宁人。顺治九年(1652)进士,官户部主事。以古文名,人谓其文波澜宏肆,得北宋气格。

古村条　集部别集类　佚

见同治《上江两县志》卷 12。《国朝金陵诗征》卷 3 收其诗 1 首。

周　京

字雨郇,一字向山。清江宁人。顺治九年(1652)武进士。累官至太原总兵。诗有豪气,同里张揔极推许之。康熙二十八年(1889)旅扬州,与孔尚任会洪衍堂。

医林绳墨大全 9 卷　子部医家类

明方隅撰　清周京辑

(1) 清康熙间周氏向山堂刻本,中医科学院图书馆藏。

(2) 清嘉庆二十一年(1816)松江陈熙重刻本。

刘览元

字观敂。清顺治年间江宁人。与同里周京、魏宪、叶阐、姚佺、陈莞，并称选家。

明诗敦　集部总集类　佚

见《金陵通传》卷26。

王廷铨

字璞庵。清顺治时上元人。事母孝。曾捐赀收养被遗弃孩童，查慎行以诗赠之。

吉山永泰寺志　史部地理类

见同治《上江两县志》卷12。《江苏诗征》卷50收其诗1首。《国朝金陵诗征》卷5收其诗13首。

汪怀廉

字介夫。清顺治间上元人。混迹市贾，以孝谨闻。后移居六合竹墩里，结怡老社。卒年84岁。

竹西草堂集　集部别集类　佚

见同治《上江两县志》卷12。

按:《国朝金陵诗征》卷2收其诗5首，小传注云:"《竹西集》有周而淳古村序。"

谢与辉

字宾旸。清江宁人。世泰孙，锡元子。精医术。

妙凝集　子部医家类　佚

见嘉庆《江宁府志》卷54。

吴嘉鼎

亦作吴家鼎。字公调。清歙县籍。上元人,工诗。

翠云庵集　集部别集类　佚

清吴嘉鼎撰　从子吴晟(俶明)辑

见同治《上江两县志》卷12。

按:《国朝金陵诗征》卷4收其诗2首。

吴　琦

字粲生,亦作灿生,号浮槎,别署浮楂生。清上元人。与王之仁交善,工诗。馆卓文龙家达30年,卒后即葬其侧。

浮槎诗集(一作浮楂诗集)　集部别集类　佚

见同治《上江两县志》卷12。《国朝金陵诗征》卷32收有其诗。

钱　珏

字中黄,一字犀浦,又字远庵。清江宁人。能诗文,善篆籀。亦精相术,尤通《葬经》。

远庵稿　集部别集类　佚

见同治《上江两县志》卷12。《国朝金陵诗征》卷3收其诗2首。

吴必奎

字志远。清上元人。庠生。尝从赵起元学,工诗。

粤西集　集部别集类　佚

见同治《上江两县志》卷12。《国朝金陵诗征》卷11收其诗1首。

罗德御

字文载,一字拓庵。清江宁人。必显子。治家严肃,性耽风雅。与同里卢贽、钦遴生、马白眉、夏履安、徐瑞芝、周伯重、沈德元、张宇明、王静卿、叶群硕、翁自新、王坦之、卢白贲、许继先、季风麓、施二水、普焕文、马星房为十九老会，诗歌唱和。后以子秉伦贵，赠通政使，崇祀乡贤。

偶吟编 6 卷　集部别集类　佚

见同治《上江两县志》卷 12。

按：《国朝金陵诗征》卷 3 收其诗 1 首。

俞　鉓

字竹公，一字此君。清江宁人。彦子。工诗。

放情集　集部别集类　佚

楚游草　集部别集类　佚

以上 2 种见同治《上江两县志》卷 12。《国朝金陵诗征》卷 4 收其诗 3 首。

俞氏家集　集部总集类　佚

明俞彦　清俞鉓、俞纯滋、俞月山合撰

见《国朝金陵诗征》卷 16。参“俞月山”条。

吴　晋

字介兹。一字介受。清上元人。国贤曾孙。顺治初以诸生举乡饮大宾。曾从周亮工游，诗格清丽。康熙二十八年(1689)与孔尚任、姜文登、郑簠、余宾硕等大会冶山，分韵联句，极一时之盛。

一砚斋诗(一作一砚斋近诗)　集部别集类　佚

见同治《上江两县志》卷 12。

按：清姜宸英《湛园未定稿》卷 4 谓此系作者于康熙十四年(1675)自编次。又，《国朝金陵诗征》卷 2 收其诗 5 首。

退庵文稿　集部别集类　佚

见同治《上江两县志》卷 12。

宾筵前集　集部别集类　佚

清吴晋撰　吴式遽辑

见《金陵通传》卷17。

吴　山

字映南，一字淡秋。清上元人。诸生。

淡秋集　集部别集类　佚

见同治《上江两县志》卷12。

按：《国朝金陵诗征》卷12收其诗2首。

金　钟(1622—?)

字声庵，晚号长干逸人，别署旧京孤臣。清江宁人。亮卿子。曾任南明永历朝河南道御史。入清，宦游陕西。康熙三十一年(1692)西安大饥，自彭衙主簿摄奉先令。晚归里，著述以终。

皇明末造录2卷　史部别史类

(1) 清抄本，李文田跋，国家图书馆藏。

(2) 周氏鄦公钟室抄本，周左季跋，国家图书馆藏。

(3) 清海宁张氏抄本，浙江图书馆藏。

(4) 清光绪三十四年(1908)天尺楼抄本，南京图书馆藏。

(5) 清龙龛精舍抄本，1985年北京市中国书店据以影印。

(6) 1986年浙江古籍出版社丁红校点本。

(7)《续修四库全书》本，据海宁张氏抄本影印。

(8)《中国野史集成》本。

按：卷端题"旧京孤臣金钟编辑，海滨遗民童本削定"。书撰于康熙三十四年，上卷为《东南纪略》，记弘光迄永历事，下卷为《永历入缅纪略》，记永历帝入缅事特详。

乘风居闻见录　史部传记类　佚

见同治《上江两县志》卷12。《国朝金陵诗征》卷6注云朱绪曾尝见此书，收其诗2首。

金 濬

字公济。清江宁人。诸生。精形家言。

金陵水利论1卷 史部地理类

清金濬撰 甘福汇辑

(1) 清道光十四年(1834)甘福津逮楼刻本,南京图书馆藏。

(2) 清同治十二年(1873)刻本,南京图书馆藏。

(3) 清光绪二十八年(1902)甘钟覆刻道光本。

(4)《中国水利志丛刊》影印清道光刻本。

按:本书实为一单篇文章。清汪栋谓此文约撰于康熙初年。主要记述金陵的山水地势,介绍水关构造及发水或干涸时的疏水开闸状况,说明水利对于周边居民的重要意义、防守作用以及历代的利用情况。所论多精到之处。初无传本,仅见于康熙《江宁县志》卷2。道光间甘福始汇汪评及诸家题跋刊刻行世。

路鸿休(1623—?)

字子仪。晚号青岩逸叟。清上元人。九同孙,汝捷子。明崇祯十三年(1640)补博士弟子员。博览群书,尤善诗古文辞。家素贫,卖诗画以自给。尝思以著述自见,康熙四十一年(1702)年80,鸿休以南京人文甲天下,而郡乘所载百无一二,乃与其友汪枞(字道邻)遍访各故家家谱,参阅《金陵琐事》《客座赘语》《存征录》等书,于四十五年撰成《帝里明代人文略》一书。

帝里明代人文略22卷订辑大意1卷总目条例1卷 史部传记类

(1) 清道光三十年(1850)甘煦津逮楼木活字本,南京图书馆藏。

(2)《江苏人物传记丛刊》影印甘煦本。

按:帝里,本泛指帝都,因金陵多次建都,此遂被用为南京的代称。本书为南京现存最早的断代人物传。正文22卷,仿正史、郡志体例,将王侯、官族、名流、技艺等各类人物以宗族为基础,分为天宗、王宗、懿宗、勋宗、品外宗、大学士宗、尚书宗、文武甲科宗、宗系可考、宗系未考十门。附后一卷包括《金陵名贤百一咏》《金陵诗品识》《金陵字画品识》《建康风尚论》《金陵垣局论》等，内容也多与金陵人文有关。因本书以宗族为基础，故对宗族之源流、迁移等情况，均有概要说明，对研究金陵旧族尤为有用。后陈作霖编《金陵通传》，即略仿其体例。本书刊成后，甘煦曾寄书金陵藏书家朱绪曾，邀其补阙数十条并志略。

青岩诗集 100 卷　集部别集类　佚

见同治《上江两县志》卷 12。《国朝金陵诗征》卷 7 收其诗 34 首。

杨士元

字届先。清江宁人。廷俊子。顺治五年(1648)举人，十八年进士。除东阿知县，修学课士，裁汰捐税，颇有政声。转洧川，擢沔阳知州，绘灾民图，请免赋税，民德之。善于识拔人才。告归时，宦囊萧然。卒年 78。

组霞亭集　集部别集类　佚

见嘉庆《江宁府志》卷 54。

龚　翰

字文思，一字苍岳，号郭园。清昆山籍，上元人。贤弟。康熙二十一年(1682)岁贡生，以明经举廷试，授训导。所居名竹深园，晚年吟啸其中。

十五国人物志　史部传记类　佚

见嘉庆《江宁府志》卷 54。

按:《金陵通传》卷 21 作《十三州人物志》，并云:“志载金陵人二卷。乾隆中修江宁县志多取资于是焉。”然嘉庆《江宁府志》卷 54 则云:“手著十五国人物志，内列金陵志二□□卷。”该志卷 55 又著录龚翰《金陵人物志》2 卷。据此似可推知:一、《十三州人物志》当为《十五国人物志》又名;而“十三”为“十五”之误。二、“十五国人物志”包括金陵人物志2卷。嘉庆《江宁府志》卷55所著录，当包括在《十五国人物志》内。

山水十页1册　子部艺术类

见《十百斋书画录》卷5。

宝香室诗集　集部别集类　佚

见《金陵通传》卷21。

廓园近稿　集部别集类　佚

见《国朝金陵诗征》卷6，收其诗24首。

刘　然

字简斋，一字文江，号西涧。清江宁人。明刘基后裔。诸生。家有玉穀堂、友声阁，名流争集，以著作自娱。康熙二年(1663)南京大水，曾作诗纪之。

四书通　经部四书类　佚

五经发微　经部群经总义类　佚

文书原　经部小学类　佚

韵书广义　经部小学类　佚

古今逸史约　史部别史类　佚

资治纲目续编　史部编年类　佚

读史证疑　史部史评类　佚

大儒出处录　史部传记类　佚

百畸人传　史部传记类　佚

经世书　史部政书类　佚

说林　子部杂学类　佚

左函合编　子部杂学类　佚

灵素真诠　子部医家类　佚

以上13种见同治《上江两县志》卷12。

西涧初集6卷　集部别集类

见《四库全书》别集类存目，谓卷首有康熙十七年杜濬序。

西涧二集　集部别集类　佚

见同治《上江两县志》卷12。

西涧诗文选　集部别集类　佚

见《金陵艺文志》。

古文统　集部总集类　佚

古诗词汇解　集部总集类　佚

以上2种见同治《上江两县志》卷12。

诗乘初集10卷　集部总集类

清刘然辑并评

清康熙玉穀堂刻本，南京图书馆藏。

国朝诗乘初集12卷诗乘发凡1卷　集部总集类

清刘然辑并评　朱豫增辑

(1) 清康熙四十九年玉穀堂刻拙真堂增刻本，中国科学院图书馆、吉林大学图书馆藏。

(2)《四库禁毁书丛刊》本。

按：此书刘然所辑未完，初订为10卷。今见其书目录，即仅列出10卷的作者，康熙四十九年原江宁知府陈鹏年序亦称“汇为十卷”。后由朱豫增辑完成。

国朝诗萃12卷　集部总集类

清刘然、朱豫辑

清乾隆三十年(1765)光霁堂刻本，南京图书馆藏。

按：参见“朱豫”条。

谚榷　集部总集类　佚

赤牍存雅　集部总集类　佚

以上2种见《金陵通传》卷15。

西涧词选　集部词曲类　佚

见同治《上江两县志》卷12。

鲍元华

字曼殊。清上元人。诸生。与芜湖萧云从读书摄山中。殁年30余。

鲸铿春丽集　集部别集类　佚

紫峰联义　集部总集类

以上2种见《国朝金陵诗征》卷5,收其诗1首。

陈　祺

字吉人。清上元人。赵起元弟子。诸生。有文名于顺治间。

定知录　子部儒学类　佚

天游集　集部别集类　佚

以上2种见同治《上江两县志》卷12。

董　白(1624—1651)

字小宛,号青莲。清江宁人。秦淮名姬。天姿巧慧,才色擅一时,针神、曲圣、食谱、茶经,莫不精晓。后归如皋冒襄。居艳月楼。年27以劳瘁死。葬影梅庵旁,冒襄作《影梅庵忆语》千四百言哭之。

奁艳3卷　子部杂著类　佚

董白辑

见清陈维崧《妇人集》。云:是书"集古今闺帏一事,荟为一书"。

庄臻凤(1624?—1667?)

字蝶庵,一字羽存,室名松风陶。清江宁人。工琴。王士禄、宋荦、汤斌皆推重之。称为秣陵高士。

琴学心声谐谱1卷附听琴诗1卷　子部艺术类

(1) 康熙间刻本,上海图书馆藏。

(2)《续修四库全书》本。

(3)《四库全书存目丛书》本。

(4)《故宫珍本丛刊》本。

按:《四库全书总目》子部艺术类存目云:"其书专论琴声,先考律吕之源,次辨指法之误。又自制新谱十二曲,增入旧调之中,并以同时赠诗附焉。"《国朝金陵诗征》卷7小传云:"有《琴学心声》,皆同时唱和之作。"《诗征》收其诗1首,另收有上元王一夔、许景由、嵇僎《听琴赠庄臻凤诗》各1首。

琴声十六法1卷　子部艺术类

《檀几丛书》本。

按:此为论指法之书,凡16节,分论指法之轻、松、脆、滑诸法。

指法　子部艺术类

见同治《上江两县志》卷12。此书或为《琴声十六法》之别称。

赵宏度

字德心。清上元人。起元子,宏年兄。

安定文存　集部别集类　佚

见《国朝金陵诗征》卷6。

魏　宪

字惟度,一字雨峰。清闽县籍,寓居江宁,居清凉寺侧。顺治十一年(1654)副贡生。

枕江堂集诗10卷文不分卷　集部别集类

清康熙十二年(1673)有恒书屋刻本,中国科学院图书馆藏。

魏惟度诗1卷　集部别集类

《皇清百名家诗》本。

诗持一集4卷二集10卷三集10卷　集部总集类

清魏宪辑

清康熙十年魏氏枕江堂刻本,上海图书馆藏。

诗持四集1卷　集部总集类

清魏宪辑

清康熙十九年魏氏枕江堂刻本,北京大学图书馆藏。

补石仓诗选14卷　集部总集类

清魏宪辑

清康熙十年魏氏枕江堂刻本,国家图书馆藏。

皇清百名家诗91种89卷　丛书类

清魏宪辑

(1) 清康熙十年魏氏枕江堂刻本,南京图书馆藏。

(2) 清康熙十年魏氏枕江堂刻二十一年聚锦堂印本,南京图书馆藏。

(3) 清康熙十年魏氏枕江堂刻二十四年圣益斋刻本,南京图书馆藏。

子目从略。

胡　第

字赓良,号怀斋。清上元人,其毅族弟。康熙三年(1664)举人。清寒自守,与王辑、陈玉裁、陈之介、王正则、李望之为邻,互相唱和,以《破屋》诗得名,人称“胡破屋”。

揖山楼集　集部别集类　佚

旅江吟　集部别集类　佚

半游草　集部别集类　佚

以上3种见《金陵通传》卷22。

梁　堳(？—1675)

清上元人。志仁从子。顺治八年(1651)举人。官仙游知县。死于耿精忠之乱。

艳山堂集　集部别集类　佚

见同治《上江两县志》卷12。《国朝金陵诗征》卷3收其诗1首。

吴　珊

字邺侯,号凤山,又号石庵。清江宁人。发祥子,琅弟。承家学,工诗。尝与张揔为南郊山水之游,杜绍凯以“长干二诗人”称之。

石头庵草　集部别集类　佚

也足轩稿　集部别集类　佚

以上2种见同治《上江两县志》卷12。《国朝金陵诗征》卷5收其诗4首。

赵宏年

字大有。清上元人。起元子,宏度弟。

百花围附记　集部别集类　佚

诗存　集部别集类　佚

以上2种见同治《上江两县志》卷12。

倪　灿(1626—1687)

字闇公,号雁园。清上元人。家贫,刻苦力学,长于史学,工诗文,书法冠一时。康熙十六年(1677)举人,十八年召试博学鸿儒,列一等二名,授翰林院检讨。与修《明史》,网罗富,考据精,为总裁所重。所撰《艺文志序》穷流溯源,与姜宸英的《刑法志序》并称杰作。康熙二十五年奉敕点勘《通鉴纲目》、十七史诸书。卒于官。《清史稿》有传。

崇祯长编　史部杂史类　佚

清乔莱等编　倪灿补

见清乔莱撰《倪检讨墓志铭》。

宋史艺文志补1卷　史部目录类

清黄虞稷撰　倪灿作序　卢文弨校录

补辽金元艺文志1卷　史部目录类

清黄虞稷撰　倪灿作序　卢文弨校录

元史艺文志补　史部目录类　佚

见《金陵通传》卷26。

明史艺文志稿　史部目录类

清黄虞稷撰　倪灿作序　卢文弨校录　吴骞再校录

按：据王重民考证，《宋史艺文志补》《补辽金元艺文志》《明史艺文志》均为黄虞稷撰，因前有倪灿序文，卢文弨误录为倪灿撰。见王氏《〈明史艺文志〉与补史艺文志的兴起》（收入《中国目录学史论丛》，中华书局，1984年）。参见“黄虞稷”条。

扬雄太玄经校正1卷　子部术数类

清倪灿撰　卢文弨录

《绍兴先正遗书》本。

明史五行志　子部术数类

清吴任臣编　倪灿续成

收入《明史》。见清乔莱撰《倪检讨墓志铭》。

雁园集　集部别集类　佚

见《清史稿》卷484本传。

按：《国朝金陵文钞》卷2收其文1篇。《国朝金陵诗征》卷5收其诗5首。

雁园词1卷　集部词曲类　佚

见《国朝金陵词钞》卷1，收其词1首。

十家宫词12卷　丛书类

清倪灿辑

(1) 清康熙二十八年胡介祉贞曜堂刻本，北京大学图书馆藏。

(2) 清康熙二十八年胡介祉贞曜堂刻乾隆八年(1743)史开基重修本，南京图书馆藏。

(3) 康熙二十八年胡介祉谷园刻本，南京图书馆藏。

(4) 清孔氏藤梧馆抄本，清孔继涵跋，山东省博物馆藏。

子目：

《宣和御制宫词》3卷　宋徽宗赵佶撰

《宋文安公宫词》1卷　宋宋白撰

《宫词》1卷　唐王建撰

《宫词》1卷　后蜀花蕊夫人撰

《宫词》1卷　宋王珪撰

《宫词》1卷　宋胡伟撰

《宫词》1卷　后周和凝撰

《宫词》1卷　宋张公庠撰

《宫词》1卷　宋王仲修撰

《宫词》1卷　宋周彦质撰

赵宏典

字慎五。清上元人。起元从子。

江山步记诗存　集部别集类　佚

见同治《上江两县志》卷12。

方　授(1627—1653)

字子留，一字季子，更名留，号月圃，自号圃道人。桐城籍，居江宁。明崇祯末诸生。工诗。入清为僧。顺治十年(1653)自天门山往石浦，探海上消息，以疾卒于象山。

三奔浙江草　集部别集类　佚

浙游四集　集部别集类　佚

以上2种见《安徽艺文考》。

奉川草　集部别集类　佚

见《千顷堂书目》卷28。

按：《国朝金陵诗征》卷41收有其诗。《明诗综》卷81收其诗1首。《明诗纪事》辛签卷16收其诗2首。《清诗纪事》明遗民卷收其诗1首。

陈玉裁

字天锡，号静厂。清江宁人。奋飞子。以孝闻。诸生。居上新河。康熙初，与胡第、王楫、陈子介、王正则、李望之等为邻，常相唱和。

孺子慕编 10 首　集部别集类

收入《国朝金陵诗征》卷 12。

星聚草堂集　集部别集类　佚

卧江吟　集部别集类　佚

以上 2 种见同治《上江两县志》卷 12。

汤　聘

字旌之，号止庵。原籍溧水，祖父有光迁上元。伯衡子。顺治十四年(1657)举人，十八年进士。授直隶平山知县。决疑狱，课农桑，兴学校，恤孤寡，有政声。卒于任。

(康熙)平山县志 5 卷　史部地理类

清汤聘修　秦有容纂

(1) 清康熙十二年(1673)刻本，国家图书馆藏。

(2)《故宫珍本丛刊》本。

再生事略　子部小说类　佚

见《金陵通传》卷 21。

按：《国朝金陵诗征》卷 4 收其诗 1 首。

赵家璧

字连城。清上元人。起元女，歙县上舍金潜五妻。夫死，以身殉。

花屿词　集部词曲类　佚

见同治《上江两县志》卷 12。

汪 沅

字右湘。清新安籍，上元人。汪洪度宗人。监生。与龚贤、郑簠善，尝绘《二老读书图》。

水香园遗诗　集部别集类

清康熙间刻本，国家图书馆藏。

研村集　集部别集类　佚

见《金陵通传》卷28。

按：《国朝金陵诗征》卷43收其诗2首。

朱 墉(1628—1705)

初名堪，一名城，字若张，一字鹿冈，号仅可，别号与可、鹿田农、与游夫。清上元人。胤昌长子。入武庠。娴弓马。好诗文，工擘窠书。将军蔡毓荣聘入幕，欲授以职，固辞而去。晚年课徒瓦官寺，又移摄山雪浪庵，其弟子皆兼擅文武。

毛诗通论　经部诗经类　佚

春秋通论　经部春秋总义类　佚

纲鉴汇纂　史部史钞类　佚

广百将论　史部传记类　佚

孙吴六韬注疏　子部兵书类　佚

以上5种见同治《上江两县志》卷12。

武经七书讲义全汇合参10卷　子部兵书类

清朱墉辑注

清康熙三十八年(1699)大盛堂刻本，国家图书馆藏。

武经七书汇解　子部兵书类

清朱墉辑注

(1) 无卷数，清康熙三十九年刻本，附《历代兵制》《策题详旨》《射义心传》3种。

(2) 7 卷首 1 卷末 1 卷，清康熙怀山园刻本，北京大学图书馆藏。

(3) 清抄本，中央民族大学图书馆藏。

重刊武经七书汇解 8 卷　子部兵书类

清朱墉辑

清光绪二年(1876)吉林辉发索绰络氏岭南校刻本，南京图书馆藏。

子目：

《孙子》2 卷

《吴子》1 卷

《司马法》1 卷

《唐李问对》3 卷

《尉缭子》1 卷

《黄石公三略》3 卷

《太公六韬》2 卷

鹰扬奇略武经诸子讲义合纂(一作决胜秘书)10 卷附六朝兵制考　子部兵书类

清朱墉辑注

清光绪二十五年刻本，中国军事科学院图书馆藏。

怀山园遗文 1 卷　集部别集类

雪浪集 1 卷　集部别集类

以上 2 种有：

(1)《金陵朱氏家集》本。

(2) 2015 年国家图书馆出版社出版社《清代家集丛刊》本。

李　邺

字泌仙。清顺治、康熙间上元人。父遂自闽迁来，乃定居。少孤，事母孝，50 年未尝离左右。棱棱有风骨。耻于科举，以布衣终。学问广博，谙悉史事，尤工书法。

金陵明人字学记 1 卷　经部小学类　佚

见嘉庆《江宁府志》卷54。

按:此书分类从《金陵艺文志》。同治《上江两县志》卷12著录于子部艺术类。

讲学考　子部儒学类　佚

见同治《上江两县志》卷24。

墨池编2卷　子部艺术类　佚

碎金录1卷　子部艺术类　佚

按:是书分类从同治《上江两县志》卷12。《金陵艺文志》著录于子部杂家类。

鸥天阁文集　集部别集类　佚

以上3种见嘉庆《江宁府志》卷54。

徐　芝

清金陵人。

适情雅趣9卷　子部艺术类

清徐芝选　陈学礼校正

(1) 清老贤会刻本,中国科学院图书馆藏。

(2) 清康熙间敦化怀德堂刻本,北京大学图书馆藏。

(3) 清刻本,国家图书馆藏。

杨东生

字为蒪,号谁子。清江宁人。顺治十年(1653)贡生。除南陵训导。制行端严。

读易私笺　经部易类　佚

四书全注　经部四书类　佚

保世禅音　子部儒学类　佚

居家金镜　子部儒学类　佚

以上4种见嘉庆《江宁府志》卷54。

胡玉昆

字元润，一字褐公。清上元人。崇智子。明清之际，客居维县、福州等地。康熙年间归里，八年(1669)与会周亮工、吴期远、樊圻、邹喆等人。十二年绘作《江南古迹诗图》《金陵古迹册》等。山水有家法，用笔虚无缥渺，咫尺千里。兼长花卉、兰竹，为胡氏一门之杰，称逸品。

金陵古迹册　子部艺术类

见《香祖笔记》。

栗园稿　集部别集类　佚

见《江苏诗征》卷21。

黄虞稷(1629—1691)

字俞邰，一字楮园。清江宁人。父居中，自福建晋江迁来，构千顷斋以藏书。虞稷生于江宁，7岁能诗，年20博洽群书。顺治十一年(1654)与江浦丁雄飞等结古欢社，互读所藏典籍。康熙十七年(1752)以诸生荐博学鸿词，越年丁母忧，未与殿试。二十年召入翰林院，授检讨。经左都御史徐元文荐，与纂《明史》《一统志》。在馆10余年，乞假归，益务收藏，有书8万卷，为金陵著名藏书家。学问渊博，文章雅健，能诗，在目录学方面有重要贡献。朱彝尊、王士禛、毛奇龄盛称之。《清史稿》有传。

授经图20卷　经部群经总义类

明朱睦㮮撰　清黄虞稷、龚祥麟编

(1) 清康熙间上元龚氏玉玲珑阁刻本，中国科学院图书馆藏。

(2)《四库全书》本。

(3)《惜阴轩丛书》本。

(4)《丛书集成初编》本。

(5) 抄本，南京图书馆藏。

按：此书为黄氏藏本，是《征刻唐宋秘本书目》之一。朱彝尊《经义考》卷294云:“《授经图》,钱塘龚御史未仕时刊于白门,俾黄征君虞稷增益之。凡增入古今作者二百五十五人,经解凡四百七十一部、六千二百一十八卷。”

千顷堂书目32卷　史部目录类

(1) 清吴骞手校本,吴骞录杭世骏、卢文弨校补,台湾“中央图书馆”原藏。

(2) 佚名录,上海图书馆藏。

(3) 清鲍氏知不足斋抄本,佚名录清卢文弨、吴骞校补,清潘志万跋,华东师范大学图书馆藏,存16卷。

(4) 清钱时霁抄本,清潘志万跋,安徽师范大学图书馆藏,存卷17—32。

(5)《四库全书》本。

(6) 高鸿裁辨蟫居抄本,南京图书馆藏。

(7) 铁琴铜剑楼藏书,王振声校本,南京图书馆藏。

按:此本有王振声用鲍廷博知不足斋抄本迻录卢文弨、吴骞校补及其他资料。上海古籍出版社本所引卢、吴两家校补,即参考此本。

(8) 王国维校并跋又录杭世骏跋及校,国家图书馆藏。

(9) 归安姚觐元咫进斋乌丝栏抄本,国家图书馆藏。

(10) 清道光六年(1826)刘氏味经书屋抄本,不分卷,共9册,国家图书馆藏。

(11) 清抄本,10行19字,小字双行同,无格,16册,国家图书馆藏。

(12) 清抄本,8行21字,红格,白口,四周双边,17册,国家图书馆藏。

(13) 清抄本,南京图书馆藏。

(14) 1913年张钧衡刻《适园丛书》本,以湖州陆氏十万卷楼抄本、萧山王氏藏汉唐斋抄本互校。

(15) 1920年《适园丛书》修补本。

(16) 民国初上海中国书店据《适园丛书》本石印巾箱本。

(17) 1990 年上海古籍出版社排印瞿凤起、潘景郑校点本。

按:此本以《适园丛书》本为底本,参考王振声本及其他抄本,精校排印,是现有《千目》中最完善的本子。

(18) 2001 年上海古籍出版社排印瞿凤起、潘景郑校点本,有索引。

(19)《丛书集成续编》本。

按:本书作者,自该书问世以来,学界皆认为是清黄虞稷。李言的博士论文《〈千顷堂书目〉新证》对此提出异议。论文指出,黄虞稷曾入《明史》馆,编修《艺文志》,有《明史艺文志稿》4 卷。黄氏《志稿》以明代著述为主,兼收宋、辽、金元四代艺文,但此《志稿》为人删改,仅余明代部分。王鸿绪的《明史稿·艺文志》即由此书删削而成。雍正九年(1731),杭世骏得到朱彝尊所藏《明史艺文志稿》后,利用《内阁藏书目录》对"地理类"进行了增补。乾隆十三年(1748),杭世骏写下《千顷堂书目跋》一文,这是"千顷堂书目"第一次出现在文献中。《千顷堂书目》与《明史艺文志稿》相比较有许多差异。论文认为:《千顷堂书目》是在黄虞稷《明史艺文志稿》的基础上,补充了《内阁藏书目录》《(雍正)浙江通志》《明诗综》诸书的诸多内容而成书的。《千顷堂书目》的作者并非黄虞稷,而是否是杭世骏所为,还是卢文弨所说的"书贾"所为,尚需进一步考证。

宋史艺文志补 1 卷　史部目录类

清黄虞稷撰　倪灿作序　卢文弨校录

(1)《抱经堂丛书》本。

(2)《八史经籍志》本。

(3)《绍兴先正遗书》本。

(4)《广雅书局丛书》本。

(5)《金陵丛刻》本。

(6)《史学丛书》本。

(7)《丛书集成初编》本。

(8)《二十五史补编》本。

(9) 清李慈铭越缦堂据卢文弨《抱经堂群书拾补初编》抄本，国家图书馆藏。

(10) 清光绪十三年(1887)上海蜚英馆石印《群书拾补初编》本。

(11) 1957 年上海商务印书馆与《宋史艺文志》《宋史艺文志附编》合刊本。

(12)《续修四库全书》本，据《广雅书局丛书》本影印。

补辽金元艺文志 1 卷　史部目录类

清黄虞稷撰　倪灿作序　卢文弨校录

(1)《抱经堂丛书》本。

(2)《八史经籍志》本。

(3)《绍兴先正遗书》本。

(4)《广雅书局丛书》本。

(5)《史学丛书》本。

(6)《丛书集成初编》本。

(7)《二十五史补编》本。

(8) 清李慈铭越缦堂据卢文弨《抱经堂群书拾补》抄本，北京图书馆藏。

(9) 清光绪十三年(1887)上海蜚英馆石印《抱经堂群书拾补初编》本。

(10) 1958 年商务印书馆合印《辽金元艺文志》本。

(11)《续修四库全书》本，据《广雅书局丛书》本影印。

明史艺文志稿　史部目录类

清黄虞稷撰　倪灿作序　卢文弨校录　吴骞再校录

(1)《抱经堂丛书》本。

(2)《绍兴先正遗书》本。

(3) 1959 年商务印书馆《明史艺文志　明史艺文志补编　明史艺文志附编》合订本。

按：据王重民考证，《宋史艺文志补》《补辽金元艺文志》《明史艺文志稿》均为黄虞稷撰，因前有倪灿序文，卢文弨误录为倪灿撰。卢文弨根据传抄本《明志稿》，将其中关于宋、辽、金、元的部分，编为《宋史艺文志补》《补辽金元艺文志》各1卷，刊入其《抱经堂丛书·群书拾补》中，以后有各种翻刻本。当时卢氏不知道《明志稿》为黄虞稷撰，因前面有倪灿《序》，遂误题为倪灿撰，后人又加上卢文弨校录字样，黄氏之名乃长期湮没。参见王氏《〈明史艺文志〉与补史艺文志的兴起》(收入《中国目录学史论丛》，中华书局，1984年)。《明志稿》在史馆中经王鸿绪、张廷玉两次删改，均有传本，见下。

明史稿艺文志　史部目录类

收入王鸿绪《明史稿》中(敬慎堂刊《横云山人集》本)。

按:康熙五十四年到六十一年(1715—1722)间王鸿绪修成《明史稿》，其中《艺文志》系改削《明志稿》而成。据王重民云，主要改动有以下几点:(1) 把黄虞稷所补宋、辽、金、元四朝艺文都删去;(2) 把黄《志》中“无卷帙氏里可考”或“书不甚著”者删去;(3) 据朱彝尊《经义考》，对“经部”作了一些增补。此外，还删去了倪灿长序。

明史艺文志4卷　史部目录类

收入通行本《明史》中。

按:继王鸿绪之后，张廷玉修《明史》，对王鸿绪删定的《艺文志》又作了某些删改。其改动，王重民认为是“功不抵过”。

征刻唐宋秘本书目　史部目录类

清黄虞稷、周在浚撰

《昭代丛书》(道光)本。

征刻唐宋秘本书目1卷附考证1卷征刻书启五先生事略1卷　史部目录类

清黄虞稷、周在浚撰　叶德辉撰附2卷

(1)《观古堂书目丛刊》本。

(2)《观古堂汇刻书》本。

(3)《郎园先生全书》本。

(4) 民国北平图书馆抄本,国家图书馆藏。

(5)《丛书集成续编》本。

楮园杂志　子部小说类　佚

朝爽阁集　集部别集类　佚

蝉窠集　集部别集类　佚

以上3种见同治《上江两县志》卷12。

我富轩集(一作我贵轩集)　集部别集类

见嘉庆《江宁府志》卷54。

钱静嵩

字子久。清上元人。朝天宫道士。曾受业于杜濬,通书史,工诗。

龙门集　集部别集类　佚

见同治《上江两县志》卷12。

吴　朔

字小曼。清江宁人。居长干。能诗,有名于时。

梅冈集　集部别集类　佚

见同治《上江两县志》卷12。

按:《国朝金陵诗征》卷5注,谓魏宪刻《百名家诗》,目列金陵纪映钟、黄虞稷、倪灿、吴朔四家,然仅刻纪集,黄、倪、吴三家皆云嗣出,竟未梓。又,《诗征》收其诗1首。

张　震

字玉成,一字止穉。清康熙间上元人。风子。善画,家藏金石甚富。

真一斋稿　集部别集类　佚

见同治《上江两县志》卷12。《国朝金陵诗征》卷12收其《梅花》诗7首。

柯允捷

字得先。清顺治、康熙间江宁人。凤梃子。

藻阴堂集　集部别集类　佚

见《国朝金陵诗征》卷1，并收其诗。

夏羽王

清江宁人。顺治、康熙间在世。尝除武昌推官，未赴。晚隐南郊芙蓉山，号芙蓉老人，纂集遗史遗诗。年84卒。

夏羽王诗1卷　集部别集类　佚

见《金陵通传》卷24。

朱　圻(1631—1702)

字次郊。清上元人。胤昌次子。廪生。性狷介，重义气。书法古雅，人争乞之。喜游山水。家有麟偿楼，晚年居之，自号砚北老生。

夏云堂稿1卷　集部别集类

(1)《金陵朱氏家集》本。

(2) 2015年国家图书馆出版社出版《清代家集丛刊》本。

天放居集　集部别集类　佚

见嘉庆《江宁府志》卷54。

按：《国朝金陵文钞》卷2收其文1篇。《国朝金陵诗征》卷2收其诗3首。

周亮臣

清上元人。

史鉴阐微　史部史评类　佚

见同治《上江两县志》卷12。

徐幼芬

清上元人。同邑举人李湓妻。

徐幼芬遗诗　集部别集类　佚

见《国朝金陵诗征》卷47,云:"王渔洋有《读〈徐幼芬遗诗〉兼寄李季子》之作。"收其诗1首。

张五向

字茀公。清上元人。赵起元弟子。清顺治、康熙年间在世。

山髻楼稿　集部别集类　佚

见同治《上江两县志》卷12。《国朝金陵诗征》收其诗2首。

应大用

字智回。清江宁人。赵起元弟子。

三注用世书存　史部政书类　佚

见同治《上江两县志》卷12。

按:《国朝金陵诗征》卷11收有其诗1首。

车万育(1632—1705)

字与三,号鹤田,一号敏州。世籍邵阳。康熙二年(1663)举湖广乡试,三年成进士,由庶吉士历官至兵科给事中。在朝指陈时政,侃侃不阿,直声闻天下。吴三桂乱时,随军南下,奉继母及兄弟百余口同迁金陵,遂为上元人,名其居曰"怀园"。年60归,不复用。康熙帝南巡,召询治河方略。卒后复召其子鼎晋问病状,谕令即葬江宁。熊赐履题墓曰"古之遗直"。生平博学工书,所藏明代墨迹甚富。《金陵通传》卷27有《车氏传》。

春秋易简12卷　经部春秋总义类

白门怀园刻本,南京图书馆藏。

全史一脔　史部史评类　佚

见《车都谏集》卷首。

按:此书与《春秋易简》据《车氏家谱》称已刻行,后因子鼎丰、鼎贲罹吕留良案,遭毁。

奏疏　史部政书类　佚

历代君臣交警　史部政书类　佚

以上 2 种见《金陵通传》卷 27。

祈岳游草　史部地理类　佚

见《车都谏集》卷首。

按:已刻行,后因子罹吕留良案,遭毁。

萤照堂法书(一名明代法书)10 卷　子部艺术类

清康熙三十三年车万育辑刻于长安,后载还南京。

按:据《宝庆府志艺文志》金石类记载,康熙三十二年夏五月,邵阳车氏萤照堂摹勒上石,金陵刘文焕镌,前有车万育自序。1932 年,车赓《邵阳车氏一家集》跋云,自遭吕留良书祸,版片无存。仅刘达武保存海内孤本。然迄今未见。

泼墨斋历代法帖 10 卷　子部艺术类　佚

见《车都谏集》卷首。

声律启蒙撮要　子部典故类

(一) 三卷本

(1) 清光绪十六年(1890)石经堂书局刻本,天津图书馆藏。

(2) 清光绪十九年文运书局刻本,复旦大学图书馆藏。

(二) 二卷本

(1) 清文益堂刻本,南京图书馆藏。

(2) 大兴堂刻本,南京图书馆藏。

声律启蒙对类 4 卷　子部典故类

清光绪三年宝经堂补刻本,国家图书馆藏。

车都谏集 2 卷　集部别集类

清车万育撰　刘达武辑

1933年长沙《邵阳车氏一家集》铅印本。

怀园杂普诗文24卷　集部别集类　佚

见《车都谏集》卷首。

怀园集李诗8卷　集部别集类

怀园集杜诗8卷　集部别集类

以上2种又名《李杜诗合选》，有清康熙三十三年自刻本，国家图书馆藏。

唐诗读余集　集部总集类　佚

清车万育辑

见《金陵通传》卷27。

戴天章

字麟郊，晚号北山，学者称北山先生。清顺治、康熙间上元人。诸生。少贫寒，持身以正，事亲以孝，勤奋力学。师林青雷，博闻强记，自天文地理、算学射弋及琴棋书画，无不深研。尤精医理，活人甚众，终以医名世。

广瘟疫论4卷末1卷　子部医家类

(1) 清乾隆四十八年(1778)赐书堂刻本，国家图书馆藏。

(2) 清道光八年(1828)扫叶山房刻本，南京图书馆藏。

(3) 清道光十四年刻本，国家图书馆藏。

(4) 清道光二十七年刻本，湖南省图书馆藏。

(5) 清咸丰四年(1854)安邑黄氏陈氏合刻本。

(6) 清咸丰经纶堂刻《医门普渡合编》本。

(7) 清同治十一年(1872)慎德堂刻本，湖南中医学院图书馆藏。

(8) 清光绪十三年(1887)长沙曹氏重刻咸丰陈、黄氏本，中国中医科学院图书馆藏。

(9) 清光绪二十五年石印本，上海中医药大学图书馆藏。

(10) 清光绪三十二年汉川刘氏果育轩铅印本，上海图书馆藏。

(11) 清光绪三十三年北京文成堂刻本，国家图书馆藏。

(12)《活人精言二种》本。

(13) 1914 年浙东书局铅印本。

(14) 1917 年上海昌民书局石印本。

(15) 1921 年天津金氏校刻本。

(16) 1935 年上海中医书局铅印本。

(17)《续修四库全书》本。

(18) 1992 年人民出版社刘祖贻、康承安点校本。

(19) 2009 年中国中医药出版社彭丽坤、陈仁寿注本。

广瘟疫论 4 卷附佛崖验方　子部医家类

(1)《活人精言》本。

(2) 清光绪二十年胡赞虞刻本，中医科学院图书馆藏。

(3) 清光绪二十一年澹雅堂刻本，上海中医药大学图书馆藏。

(4) 清光绪二十六年施霞九刻本，重庆图书馆藏。

重订广温热论 4 卷方 1 卷　子部医家类

清戴天章撰　陆懋修校订

《世补斋医书后集》本。

按：是书即《广温疫论》。陆氏将书中凡称“时行疫疠”处，均改为“温邪”，并对书名作如是改动，突出戴氏论一般温热内容，以推广其治瘟疫法于治温热。有光绪四年陆氏序跋。

重订广温热论 2 卷　子部医家类

清戴天章撰　陆懋修删订　何炳元编

(1) 1914 年绍兴育新书局铅印本。

(2) 1960 年人民卫生出版社本。

(3) 2005 年福建科技出版社张玮点校本。

按：何氏据陆订《广温热论》，博引前人名著，详加印证，条分缕析，将原书之缺者补之，讹者删之，重为订正，而为是书。理法方药俱备，并选古今温病家验案，评以己见，且偶引西说。

瘟疫明辨 4 卷方 1 卷　子部医家类

(1) 清乾隆十五年汪紫峰刻本，上海图书馆藏。

(2) 清乾隆十七年精刻本，上海图书馆藏。

(3) 清乾隆四十三年南京李光明书庄本。

(4) 清嘉庆二十二年(1817)晋祁书业堂刻本，南京图书馆藏。

(5) 清道光二年英华堂刻本，中医科学院图书馆藏。

(6) 清道光六年梧州府署重刻本，中医科学院图书馆藏。

(7) 清咸丰元年藜照楼重刻本，中医科学院图书馆藏。

(8) 清同治六年张绍祖刻本，重庆图书馆藏。

(9) 清光绪十四年重庆善成堂刻本，国家图书馆藏。

(10) 清光绪二十八年常州长年医局木活字本，中医科学院图书馆藏。

(11) 清光绪三十三年瑟斋铅印本，南京图书馆藏。

(12) 清末南京李光明庄刻本，中医科学院图书馆藏。

(13)《陈修园十六种》本。

(14)《陈修园医书五十种》本。

(15)《陈修园医书全集》本。

(16) 抄本，上海图书馆藏。

(17) 1916 年江东书局石印本。

(18) 1957 年上海卫生出版社铅印本。

(19) 1959 年上海科学技术出版社出版。

(20)《中国医学大成》本，民国曹炳章评。

(21) 2003 年学苑出版社出版。

按：是书即《广瘟疫论》。戴祖启于《广瘟疫论》乾隆四十三年重刻本序中云："近日书坊有刻本《瘟疫名辨》四卷，祖启购阅之，即先大父存存书屋《广瘟疫论》也。虽易其名，幸未改窜其文，不知何人误刻为歙人郑某(即郑奠一——引者)之书。在先大父固不争此，而子孙见之不容不正也。因出存存书屋本，校而刻之，以纠讹传，广先德。”

医学瘟疫指南4卷　子部医家类

民国间石印本，上海图书馆藏。

瘟疫辨明主治方法2卷　子部医家类

清戴天章撰　梁玉池辑　谢以度刊行

清光绪二十五年石印本(附《脉理汇精》)。

按：是书是由南海梁玉池将龙明觉道人《医宗宝训》与《广瘟疫论》(署名郑奠一《瘟疫明辨》)合而参改，辑而成之。谢以度将其父所辑之《脉理汇精》附而刊行。

存存书屋摘抄1卷　子部医家类

清杨润编《遵生集要》本。

舌镜1卷舌胎诸方1卷景冬阳增补方论1卷戴天章存存书屋摘抄1卷增补方论1卷　子部医家类

清刻本，南京图书馆藏，残本。

医镜　子部医家类　佚

见《金陵通传》卷29。

咳论注　子部医家类　佚

症论注　子部医家类　佚

以上2种见清乾隆四十三年《广温疫论》重刻本其孙戴祖启序。

罗　燿

字星子。清上元人。与周亮工友善。康熙元年(1662)尝与亮工及江宁高阜辑成《尺牍新钞》一书。

赖古堂名贤尺牍新钞12卷　集部总集类

清高阜、罗燿选

清赖古堂刻情话轩印本，国家图书馆藏。

崔秀玉

清秣陵人。女。父为学官,常口授书史,无不明晓。

耽佳阁诗集1卷　集部别集类　佚

见清陈维崧撰《妇人集》。

陈　莞

字笑轩。清江宁人。顺治中与周京、魏宪、叶阊、刘览元、姚佺并称选家。

竹窗汇集　集部总集类　佚

清陈莞辑

见《金陵通传》卷26,云:"莞选明代耆旧诗,名曰《竹窗汇集》,后已散。作者许榖、李言恭、李宗城、卜豫吉、卜履吉、李佺、蒋煜、王镂鼎、钱汇也,盖百分之一耳。"

按:《金陵诗征》卷34收有其诗。

陈殿夔

字子一。清上元人。赵起元弟子。起元明亡不仕,设帐授徒。从学甚众。殿夔与弟6人皆从其学,并有文名。

离骚解　集部楚辞类　佚

聚雪堂集　集部别集类　佚

以上2种见同治《上江两县志》卷12。

陈美发

字西文。清上元人。庠生。赵起元弟子。

四书讲义攀龙集　经部四书类　佚

见《清代各省禁书汇考》,云:"内讲题多引吕留良解说。"乾隆四十四年(1779)遭禁。

历选文集　集部总集类　佚

见同治《上江两县志》卷 12。

张　絮

字疏影。清江宁人。年 15 为汉阳农部许承钦妾，年 18 卒。工诗。

适燕吟(一作适燕杂咏)　集部别集类　佚

见同治《上江两县志》卷 12。

按：《宫闺氏籍艺文考略》引《神释堂脞语》云："絮诗止五七言绝句。五言数章绝佳，锻句炼字，深得古人之法，殊未易可到。"《江苏诗征》卷 167 收其诗 2 首，《金陵词钞续编》卷 6 收其词 3 首。

陈　菁

字幼木，一字梅巢。清江宁人。康熙二年(1663)举人。由苏州教授擢惠安知县，行取为御史。尝请删捐免保举例，不允。晚年家居，有浙僧于雨花山西设会悬旗，书"小南海"，招诱男妇，趋之若狂。菁见之，即命毁屋焚像，并语有司，逐僧出境。生平有梅癖，作《梅巢图》，更赋《忆梅诗》30 首以遗子孙。

梅巢诗集　集部别集类　佚

诗歌书法文法训　集部诗文评类　佚

以上 2 种见同治《上江两县志》卷 12。

按：《金陵通传》卷 27 云："菁孙式憬为菁刊其《诗歌书法文法训》。"刻本今未见。《江苏诗征》卷 25 收其诗 2 首。

丁　灏

字勗庵。一字皋亭。清上元人。康熙三十三年(1694)在世。

鼓枻文集 1 卷　集部别集类

清康熙间懒云阁刻本，国家图书馆藏。

北游草　集部别集类　佚

见《国朝金陵诗征》卷 12 小传。

方履咸

字祖襄，一字仙洲，号卓庵。清江宁人。康熙三年(1664)武进士。会试后以武改文，授吏部主事。精研诗赋，娴于骑射。后潜心理学。

雪窗集　集部别集类　佚

秦淮集　集部别集类　佚

以上 2 种见《金陵通传》卷 27。同治《上江两县志》卷 12 作方履成撰，疑字误。《江苏诗征》卷 67、《国朝金陵诗征》卷 5 各收其诗 1 首。

陈殿彨

字非彨。清上元人。殿夔弟。赵起元弟子。参“陈殿夔”条。

吴越草存　集部别集类　佚

见同治《上江两县志》卷 12。

徐时盛

字文虎，一字泰初。清上元人。必远子。拔贡生。

笛步集 1 卷诗余 1 卷　集部别集类

清康熙间刻本，国家图书馆藏。

燕台倡和　集部总集类　佚

清徐时盛、刘岩撰

见嘉庆《江宁府志》卷 54。

夕字倡和诗　集部总集类　佚

清徐时盛、张揔撰

见同治《上江两县志》卷 12。《国朝金陵诗征》卷 8 收其诗 1 首。

嵇永仁(1637—1676)

字留山，别号抱犊山农。清江宁人，徙居无锡。少好从士大夫游。

顺治八年(1651)读书淮安,旁及宋元人词曲小说。工诗词。康熙十二年(1673)入闽浙总督范承谟幕。次年为耿精忠拘禁,于狱中作《续离骚》杂剧4种。十五年在狱中自杀。四十七年追赠国子监助教。《清史稿》有传。

桑政备考　史部政书类　佚

见《清史稿》卷488本传。

东田医补12卷　子部医家类　佚

西京杂语　子部杂学类

以上2种见陈康祺《郎潜纪闻三笔》卷1“苏瑶青女士之才节”。

抱犊山房集6卷　集部别集类

(1) 清康熙四十三年嵇曾筠刻本,上海图书馆藏。

(2) 清康熙五十七年嵇氏家刻本,清华大学图书馆藏。

(3) 清雍正元年刻本,国家图书馆藏。

(4)《四库全书》本。

(5) 清同治元年(1862)长沙重刻本,南京图书馆藏。

(6)《无锡文库》本。

(7)《清代诗文集汇编》本。

按:是书卷一《吉吉吟》,卷二《百苦吟》,卷三《和泪谱》,卷四《葭秋集》,卷五《竹林集》,卷六附录同难会稽王龙光、华亭沈天成二人之诗文。

百苦吟1卷　集部总集类

(1) 收入《抱犊山房集》第2卷。

(2) 收入清范承谟《范忠贞集》10卷本第5卷,有《四库全书》本。

(3) 清光绪重刻《范忠贞公集》4卷本附刻本,名《百苦吟原唱》1卷。

按:《范忠贞集》卷5《百苦吟》序云:“嵇子与三山林子能任、会稽王子幼誉、华亭沈子天成同罹其难,阅今两载余矣。嵇子于困郁中游戏笔墨,作《百苦》七言绝句,而三子依韵答和,予读之不禁泫然心悲。”

双报应 2 卷　集部词曲类

(1) 清雍正间刻本，国家图书馆藏。

(2) 清刻本，国家图书馆藏。

(3)《奢摩他室曲丛》本。

扬州梦 2 卷　集部词曲类

(1) 清康熙葭秋堂原刻本，国家图书馆藏。

(2) 清雍正间刻本，上海图书馆藏。

(3) 清同治十一年永州刻本，南京图书馆藏。

(4)《奢摩他室曲丛》本。

游戏三昧　集部词曲类

珊瑚鞭　集部词曲类

以上 2 种见汪份《清义士赠国子助教嵇先生传》(嵇永仁《抱犊山房集》)。

续离骚 4 种 4 卷　集部词曲类

(1) 清雍正间刻本，国家图书馆藏。

(2) 清同治元年长沙抱犊山房集本，国家图书馆藏。

(3)《清人杂剧初集》本。

子目：

《刘国师教习扯淡歌》1 卷

《杜秀才痛哭泥神庙》1 卷

《痴和尚街头笑布袋》1 卷

《愤司马梦里骂阎罗》1 卷

抱犊山房三种　集部词曲类

清乾隆间刻本，四川省图书馆藏。

子目：

《扬州梦》2 卷

《双报应》2 卷

《续离骚》4 卷

叶方嘉

名亦作芳嘉。字平仲，号鸥庄。清康熙时江宁人。先世吴县籍，明季移家金陵。庠生。家多藏书，寒暑无辍读。尝读书天界寺中。又从学舅父汤圣宏，学有本原。工诗，筑绿梦山房为啸咏之所。

读史论断 20 卷　史部史评类　佚

见《七十二峰足征集》卷 47。

读史卮言　史部史评类　佚

见同治《上江两县志》卷 12。

学圃吟　集部别集类　佚

匏瓜集　集部别集类　佚

以上 2 种见《七十二峰足征集》卷 47。

鸥庄诗集　集部别集类　佚

同治《上江两县志》卷 12。

择雅堂诗选 100 卷　集部总集类　佚

见同治《上江两县志》卷 12。

按：《国朝金陵诗征》卷 7 注谓《择雅堂诗选》辑古人诗 2 万余首。又，《诗征》收其诗数十首。《七十二峰足征集》卷 47 收其诗 72 首。

方仲舒(1638—1707)

字南董，号逸巢。清上元人。帜子，苞父。有隽才，通六经三史。诗思秀拔，为人所称。入赘上元吴勉家，寓居江北者 10 年。晚与里中遗逸赵养真、陈书、汪咏思三人结为皓社。

棠村集　集部别集类　佚

爱庐渐律草　集部别集类　佚

甲新草　集部别集类　佚

卦初草　集部别集类　佚

以上 4 种见道光《桐城续修县志》卷 16，云："凡万余篇。子舟、苞、林请刊集以行，不许。”

瞻云堂集　集部别集类　佚

见《金陵通传》卷25。《国朝金陵诗征》卷6收其诗12首。

王　裕

字成公，号大江。清江宁人。少不羁，忌者嘱教官以劣行报。入试，名次在他人之上，遂获免。魏裔介闻而异之，招至京师。初甚相欢，后亦苦其兀傲。南还，日夜沉饮，而以载籍为轻。事迹见清方苞《望溪集外文补遗》卷1《闻见录》。

孟庄轶事　子部杂学类　佚

见清方苞《闻见录》，云：“将老，著《孟庄轶事》以视先君子（方仲舒），曰：‘此王氏之书也，故不袭《孟》《庄》一语，而二子若相见，舍此无可言者。’”

方中履(1638—?)

字素北，号合山，一号小愚。清桐城籍，江宁人。以智三子，中通弟。明末，阉党祸起，阮大铖追捕方以智不可得，中履时方7岁，乃代父诣狱。9岁随母跋涉闽粤间。清康熙十年(1671)方以智卒之明年，中履扶榇归。乃筑稻花斋，奉母隐居。晚年足不出户，以著书明道为己任。

明诗学　经部诗经类　佚

汗青阁诗指　经部诗经类　佚

以上2种见方昌翰辑《桐城方氏七代遗书》卷首方中履家传。

切字释疑1卷　经部小学类

(1)《昭代丛书》(道光)本。

(2)《丛书集成续编》本。

汗青阁隶事　史部杂史类　佚

过庭录　子部儒学类　佚

理学正训　子部儒学类　佚

学道编　子部儒学类　佚

寻亲记　子部杂学类　佚

以上5种见方中履家传。

古今释疑18卷附录1卷　子部杂学类

(1) 清康熙十八年安成杨霖太平郡署刻本，南京图书馆藏。

(2) 清康熙十八年汗青阁刻本，南京图书馆藏。

(3) 清康熙二十一年汗青阁刻本，北京大学图书馆藏。

(4) 清康熙二十一年方氏汗青阁刻方赐芗补刻本，辽宁省图书馆藏。

(5) 清康熙二十一年方氏汗青阁刻方赐芗补刻方膺闾再补本，辽宁省图书馆藏。

(6) 清康熙四十九年刻本，上海图书馆藏。

(7)《续修四库全书》本。

(8)《四库全书存目丛书》本。

按:《四库全书总目》子部杂家类存目云:皆考证之文，论及经籍、礼乐、天文、地理、小学、算术等。

汗青阁文集2卷　集部别集类

(1)《桐城方氏七代遗书》本。

(2) 2015年国家图书馆出版社出版《清代家集丛刊》本。

宋金元诗　集部总集类　佚

见《汗青阁文集》卷上《宋金元诗序》，略谓:"近年来见宋人集既多，因选而评之，遂及金元。"

四诗鼓吹　集部总集类　佚

见清方中德撰《〈汗青阁文集〉序》，云:"又辑《四诗鼓吹》一编。丙寅(康熙二十五年)之灾，忽罹煨烬。今仅宋诗残帙存。"

按:以上二总集疑为同一书。

汗青阁全书　丛书类　佚

见《清史列传》卷68本传，云："《汗青阁全书》数十种，发明天文、性命、经史之秘，足为后学津梁。"

陈殿虎

字子钦。清上元人。明诸生。殿彨弟。赵起元弟子。兄弟俱有文名。参"陈殿夔"条。

正伦录　子部儒学类　佚

见同治《上江两县志》卷12。

陈　舒

字原舒，一作元舒，号道山。清嘉善人。一作华亭人。侨居南京。顺治六年(1649)进士。官布政使参议。工画花鸟草虫，尤长画荷花，善诗词。

道山诗钞　集部别集类　佚

遣山词钞　集部词曲类　佚

以上2种见《金陵艺文志》。《全清词钞》卷2收其词1首。

邓　煊

字六御。清江宁人。旭三子。由贡生除贵池训导，迁临安府经历，署宁州知州。政通人和，以劳卒官。

青墉堂集　集部别集类　佚

见《金陵通传》卷25。

纪松实

字多零。清上元人。映钟女。幼敏慧，喜读书，教以词赋，试笔即工。适扬州诸生王易，日夕唱和，相得甚欢。年37卒。卒前焚其稿，云："留此徒增良人伤感耳。"

怀孟堂诗词　集部别集类　佚

见《众香词》“射集”，收其词5首。《国朝金陵词钞》收其词2首。

韦　村

清江宁人。

山响集　集部别集类　佚

见同治《上江两县志》卷12。

王泽弘(？—1708)

其名避清帝讳改作泽宏。字涓来，一字昊庐。清湖北黄冈人。顺治十二年(1655)进士，官编修，历至礼部尚书。喜与诸名士游，王士禛、姜宸英、洪昇等皆尝点定其诗。康熙三十九年(1700)致仕，定居金陵。

鹤岭山人诗集16卷　集部别集类

清王泽弘撰　王材振编次

(1) 清康熙间精刻本，中国科学院图书馆藏。

(2) 稿本，南京大学历史系藏。

(3)《四库全书存目丛书补编》本。

按:《四库全书总目》集部别集类存目云:“前三卷皆题已刻诗若干首，盖皆泽宏旧作。曾为魏宪录入《石仓诗选》者。四卷以下用编年体，自丁巳(康熙十六年)迄庚辰(三十九年)，题某年诗若干首，附注曰未刻稿，则材振所裒辑也。”陈作霖《金陵前明杂文钞》亦云:“有《鹤岭山人集》，少作，刻入《补石仓诗选》一百二十首。自庚辰解组，退休白下，戊子(四十七年)捐馆，遗稿千余首，合刻诗十六卷。”

王昊庐诗1卷　集部别集类

《皇明百家诗》本。

方中发(1639—1731)

字有怀，号鹿湖，又号沤叟。清桐城籍，江宁人。中履族弟。康熙年间贡生，考授州同知。性简嗜学，为文好湛深之思，善真草书及画。

隐居白鹿山庄,50年不近城市。

白鹿山房诗集15卷　集部别集类

清康熙三十一年(1692)方氏云松阁刻本,国家图书馆藏。

白鹿山房文集15卷　集部别集类　佚

见《安徽艺文考》别集14。乾隆四十四年(1779)遭禁。

栖碧堂文稿　集部别集类　佚

杜诗评注　集部别集类　佚

以上2种见道光《桐城续修县志》卷16。

汪　权(?—1706)

字道邻。清江宁人。有孚次子。太学生。博涉古今,酷爱故都遗文。将数十年积累悉赠路鸿休,助其纂成《帝里明代人文略》。喜寻山水。晚卜居郭南百里之白泽山,自号白泽山樵。

十二贤遗事记　史部传记类　佚

见《金陵通传》卷11。

按:《国朝金陵诗征》卷6收其诗1首。

徐必登

清江宁人。

合刻诗古文词　集部总集类

清徐必登、徐研撰

见同治《上江两县志》卷12。

吴　伯

字大宗,号让里。清上元人。顺治十七年(1660)武举人,康熙九年(1670)武进士。授陕西固原卫守备。寻擢宁夏屯田都司,未上任卒。

坐花集　集部别集类　佚

见同治《上江两县志》卷12。

周在浚(1640—?)

字雪客。清江宁人。亮工长子。以监贡生考取国子监教习,仕至太原府经历。以诗见赏于王士禛,复以善隶书篆刻,知名于世。

大梁守城记(一作攻□纪略)1卷　史部杂史类

(1)《明末稗史钞》本。

(2)《痛史·守郧纪略》附刻本。

南唐书注18卷音释1卷　史部载记类

(1) 清乾隆间吴氏拜经楼抄本,国家图书馆藏。

(2) 清抄本,上海图书馆藏。

(3)《嘉业堂丛书》本。

(4) 1982年文物出版社重印本。

(5)《续修四库全书》本。

栎园府君行述1卷　史部传记类

清周在浚、周在延撰

(1) 清康熙十一年(1672)自刻本,国家图书馆藏。

(2) 抄本,国家图书馆藏。

(3)《赖古堂集》附刻本。

钟山考3卷　史部地理类

清初抄本,北京大学图书馆藏。

金陵古迹诗1卷　史部地理类

清康熙间刻本,南京图书馆藏。

按:此见《中国古籍总目》著录,但南京图书馆图书检索系统并无此书。今姑录以备考。

访求中州先贤诗文集目1卷　史部目录类

清宋荦漫堂抄本,国家图书馆藏。

征刻唐宋秘本书目1卷首1卷　史部目录类

清黄虞稷、周在浚编

(1) 清抄本，张蓉镜跋，北京大学图书馆藏。

(2)《昭代丛书》(道光)本。

征刻唐宋秘本书目 1 卷附考证 1 卷征刻书启五先生事略 1 卷　史部目录类

清黄虞稷、周在浚编　附叶德辉撰

(1)《观古堂书目丛刊》本。

(2)《郎园先生全书》本。

(3) 民国间北平图书馆抄本，国家图书馆藏。

(4)《丛书集成续编》本。

天发神谶碑考 1 卷附录 2 卷　史部金石类

(1) 清抄本，清汪昉跋，台湾"中央图书馆"原藏。

(2) 抄本，上海图书馆藏。

天发神谶碑考 1 卷附录 1 卷续考 1 卷补考 1 卷　史部金石类

清周在浚撰　《附录》王蓍撰　《续考》汪曌撰　《补考》罗振玉撰

(1) 1926 年东方学会排印本，南京图书馆藏。

(2)《四库全书存目丛书》本，未收罗振玉补考。

按：《天发神谶碑》建于吴天玺元年(276)，记吴主孙皓功德，一名《天玺记功碑》《吴孙皓纪功碑》。是碑本在江宁城南之岩山，后在天禧寺门外。至宋，胡宗愈移置转运司后圃。元杨益又移置府学中。在宋代以前断为三石，所以又名《三段碑》。相传为皇象所书，但不可考。也有作苏建书写的。其字怪伟，兼以碑断裂，颇难辨识。周在浚在江宁观此碑，"合其石，贯以巨铁，重为释文"(《四库全书总目》)。因作《天发神谶碑考》，而以诸家题录附之。所列碑中残文，较宋赵明诚《金石录》多 177 字。后王蓍撰"附录"，辨周书之误。

赖古堂印谱 4 卷　子部艺术类

按：参见"周亮工"条。

烟云过眼录 2 册　子部艺术类

清周在浚辑

写本，见商务印书馆《四部总录·艺术编》。原注："卷前无标题，亦不著撰人姓氏。虞山赵次公题曰'周栎园先生藏书题记'。按《浙江采集遗书总录》载有写本《烟云过眼录》二册，清周在浚辑。云：'在浚因其父亮工所获明代及国初名人画册题跋，汇为是录。题曰《过眼烟云》，则袭周公谨之旧也。'今按此本卷帙、内容皆与《遗书总录》所述者合，又首帙有歙鲍氏知不足斋藏书一印，识是鲍渌饮藏本。"又，此书胡虔《四库附存目》《清史稿艺文志》均有著录。

黎庄集 1 卷　集部别集类　佚

遗谷集 1 卷　集部别集类　佚

以上 2 种见《金陵通传》卷 24。

竹枝词 1 卷　集部别集类

见同治《上江两县志》卷 12。

赖古堂名贤尺牍新钞 12 卷　集部总集类

赖古堂尺牍新钞二选藏弆集 16 卷　集部总集类

赖古堂尺牍新钞三选结邻集 16 卷　集部总集类

以上 3 种均清周亮工选，周在浚、周在梁、周在延辑。版本参见"周亮工"条。

黎庄词 1 卷　集部词曲类

(1) 清康熙间刻本，国家图书馆藏。

(2) 清孔传铎编《名家词钞六十种》本，清抄本，国家图书馆藏。

花之词 1 卷　集部词曲类

清康熙间刻本，国家图书馆藏。

佟世南

字梅岑。清辽阳人。其父随清军南下，后定居金陵。世南随父居城南金沙巷。家业富庶。穷经史，攻诗古文词，淡于仕进。康熙十七年(1678)游武林，与友人论词学，遂有志纂辑明以来词选。

东白堂文集不分卷　集部别集类

清康熙间刻本，南京图书馆藏。

东白诗集　集部别集类　佚

见同治《上江两县志》卷12。

古文瑚网　集部总集类　佚

见《东白堂文集》载《古文瑚网序》，云："夫上下千载，奇文之可欣赏者汗牛充栋，余仅选录四百余篇。……取精而会神也。且宝色灿烂，较之石氏珊瑚高六七尺者，光更百倍，因名其集曰《瑚网》。"

东白堂词1卷　集部词曲类

《百名家词钞》本。

东白堂词选初集15卷　集部词曲类

清佟世南辑

清康熙间刻本，国家图书馆藏。

徐　氏

清上元王禧母。

啸秋堂集　集部别集类　佚

见同治《上江两县志》卷12。

柳　堉

堉，一作焴。字公韩，号愚谷。清江宁人。诸生。善诗，有六朝风韵。画山水，得宋董源、巨然遗法，遒逸苍茫。康熙二十八年(1689)曾为宋荦写唐诗山水12页。兼工书，法李邕。与曾明新友善。

愚谷诗稿　集部别集类　佚

见同治《上江两县志》卷12。

杭　纶

字醇圃，自称梧冈樵侣。清康熙间江宁人。应试时，见官役搜检考生，愤然云："何为以盗贼待也！"遂弃去，读书赋诗以终。

电中吟　集部别集类　佚

见同治《上江两县志》卷 12。《金陵通传》卷 28 云："溧水陈欣藏之。"

原　亮

字暍涛，一季鹿翁。清江宁人。与原济同为西天寺僧。

鹿翁存诗　集部别集类　佚

见《金陵艺文志》。

龙　循

字素文。清安徽望江人，迁居金陵。茗麓女，给事中吴元安妻。

双清阁剩草　集部别集类　佚

见清汪启淑《撷芳集》。

袁　瑛(1642—1724)

字伍修，号古香。清上元人。述周子。贡生。少有文名，游京师时康亲王聘为世子师，劝以仕，辄辞。后归里，以贤良方正征，不就。让产诸兄弟，不以贫穷动心。日与马兆羲等人唱和。诗几 2 万首。自删藻艳，存其简淡。

古文辞　集部别集类　佚

听雪斋案　集部别集类　佚

以上 2 种见同治《上江两县志》卷 12。

朱　堂(1643—1709)

又名埈。字季升。清上元人。胤昌四子。诸生。喜读书，不苟言笑，落落寡和。两江总督于成龙欲延请主讲虹桥书院，固辞。能忘己济物，颇有高谊。

吉光集 1 卷　集部别集类

(1)《金陵朱氏家集》本。

(2) 2015 年国家图书馆出版社出版《清代家集丛刊》本。

张　集(1644—1702)

字殿英,号曼园。清上元人。康熙十五年(1676)进士。曾奉使两粤,由兵部督捕擢佥都御史,朝廷以漕糈重务擢为总督。悉心厘剔,积弊一清。后掌铨选之职,廉正平恕。丁艰回籍,遂杜门谢客。

爱日堂集　集部别集类　佚

见同治《上江两县志》卷 12。

按:《江苏诗征》卷 56 收其诗 3 首。《国朝金陵诗征》卷 42 收其《癸亥(康熙二十二年)自述》诗 1 首,有"四十年来荏苒过"之句。

白语生

字西来。清江宁人。梦鼐女,娄东吴石叶妻。

紫石吟　集部别集类　佚

见同治《上江两县志》卷 12。《国朝金陵诗征》卷 47 收其诗 1 首。

徐　佩

字子璲,号留仙。清康熙间上元人。必远侄。6 岁而孤,事母孝。家贫无书,每至书肆观之,过目辄不忘。长通六籍,与弟珊俱补诸生。

淡墨偶记　子部杂学类　佚

按:清金鳌《金陵待征录》卷 10 云:"予仅见手抄数纸,附载徐氏家事。"

斯泽堂文稿　集部别集类　佚

纫兰诗集　集部别集类　佚

青溪三才子集　集部总集类　佚

清徐佩、王鹏、严元撰　先著辑刊

以上 4 种见同治《上江两县志》卷 12。《江苏诗征》卷 8 收其诗 2 首。

顾 谦

字以牧。清江宁人。起元孙。生于清初。康熙时，家多藏书，尤好明季野史。

谀闻随笔不分卷　史部杂史类

清张怡辑　清顾谦录

（1）清初顾谦开泰堂抄本，上海图书馆藏。

（2）清抄本，上海图书馆藏。

按：参见“张怡”条。

王 槩(1645—1710?)

初名匄，一作改，亦作丏，字东郊。以其怪僻，乃改今名，字安节。清秀水籍，移居上元。画家。工诗文，兼喜篆刻。居城西郊外，罕与人接，然四方知名人士多就见之，与李渔、孔尚任、周亮工均相往还。山水学龚贤，善作大幅松石。传世作品有《硕辅耆英图》册，藏故宫博物院；《山卷晴云图》轴，藏中央美术学院。康熙二十年(1681)，与王著、恽格、王翚、笪重光、杨晋6人合作《岁寒图》。

大岳太和山纪略8卷　史部地理类

清王槩等撰

（1）清乾隆九年(1744)下荆南道署刻本，南京图书馆藏。

（2）《中国道观志丛刊》本。

（3）《故宫珍本丛刊》本。

高座寺志　史部地理类　佚

见清金鳌《金陵待征录》卷10，云：“先是僧海湛有《雨花山志》，已毁。此书自序言为泉石作，非为僧伽作，故体例清洁，盛仲交(时泰)后此为足传。”

王安节山水册不分卷　子部艺术类

1915年上海艺苑真赏社影印本，上海图书馆藏。

学画浅说 1 卷　子部艺术类

(1)《檀几丛书》本。

(2) 清道光间依样壶卢山馆抄《绘事晬编》本。

(3)《美术丛书》本。

(4) 收入 1943 年世界书局《历代论画名著汇编》,1982 年文物出版社重印。

青在堂画梅浅说 1 卷　子部艺术类

清乾隆四十七年金阊书业堂刻本,上海图书馆藏。

青在堂花卉草虫谱 4 卷　子部艺术类

民国石印本,上海图书馆藏。

芥子园画传(通称《芥子园画谱》)　子部艺术类

清王槩、王蓍、王臬三人先后合撰

此为著名的中国画技法图谱,分三集刊出,简介如下:

芥子园画传初集 5 卷(山水谱)

清王槩以明李长蘅流芳课徒画稿增编而成

(1) 清康熙十八年芥子园甥馆原刻彩色套印本,国家图书馆藏。

(2) 民国间上海有正书局据康熙本影印,书名页题"原板初印芥子园画谱"。

按:此书系李渔婿沈心友请王氏兄弟编绘。刻于李渔在南京之别墅"芥子园",故名。初集卷 1 为《青在堂画学浅说》,卷 2、3、4 为各种画法,卷 5 为摹仿各家画谱。由浅入深,为学山水画之入门书。

芥子园画传二集 8 卷首 1 卷末 1 卷(兰、竹、梅、菊四谱)

清诸昇、王质绘　王槩、王蓍、王臬论订

(1) 清康熙四十年芥子园甥馆原刻彩色套印本,国家图书馆藏。

(2) 清乾隆四十七年金阊书业堂刻彩色套印本,南京图书馆藏。

(3) 清嘉庆五年(1800)芥子园刻彩色套印本,上海图书馆藏。

(4) 清嘉庆二十二年芥子园焕记刻彩色套印本,国家图书馆藏。

(5) 清光绪成都薛崇礼堂刻本,南京图书馆藏。

按：谱前有画法歌诀起手式。书前有王槩序，各谱前有王蓍小序。内容包括《青在堂兰谱》《青在堂竹谱》《青在堂梅谱》《青在堂菊谱》。

芥子园画传三集 4 卷末 1 卷（花卉、草虫及花木禽鸟两谱）

清王槩、王蓍、王臬编绘

（1）清康熙四十年芥子园甥馆原刻彩色套印本，国家图书馆藏。

（2）清嘉庆间芥子园刻彩色套印本，国家图书馆藏。

（3）清光绪十四年（1888）刻本，南京图书馆藏。

（4）1934 年有正书局彩色石印本，南京图书馆藏。

按：此集包括《青在堂草上花卉谱》《青在堂翎毛花卉谱》，附有浅说并色样。坊刻本已多变乱原次。

芥子园画传 6 卷二集 9 卷　子部艺术类

清光绪十三年上海同文书局石印本，南京图书馆藏。

芥子园画传 5 卷二集 8 卷首 1 卷末 1 卷三集 4 卷末 1 卷　子部艺术类

（1）清乾隆间芥子园重刻套印本。

（2）清乾隆四十七年金阊书业堂刻本，上海图书馆藏。

（3）清嘉庆间芥子园重刻套印本。

（4）清光绪十三年上海鸿文书局石印本。

（5）1914 年共和书局石印本。

（6）日本宽政三年（1791）刻本，南京图书馆藏。

芥子园画传初集 6 卷二集 9 卷三集 6 卷　子部艺术类

（1）清光绪十四年上海天宝书局影印本，南京图书馆藏。

（2）清光绪十六年鸿宝斋石印本，南京图书馆藏。

（3）清光绪十六年荣宝斋刻本，南京图书馆藏。

（4）清光绪十九年上海点石斋石印本，国家图书馆藏。

（5）清光绪三十二年上海文新书局石印本，香港中文大学图书馆藏。

（6）1912 年上海章福记书局石印本。

（7）民国间上海天宝书局石印本，南京图书馆藏。

(8) 民国间上海启新书局石印本,南京图书馆藏。

(9) 1960 年人民美术出版社影印本。

(10) 1978 年人民美术出版社重印 1960 年本。

(11) 1982 年中国书店影印本。

(12) 1982 年上海书店影印本。

(13) 2015 年湖北美术出版社出版。

(14) 2015 年江苏凤凰美术出版社出版。

(15) 2015 年北京联合出版公司出版。

芥子园画谱初二三集 12 卷　子部艺术类

1926 年上海世界书局石印本,南京图书馆藏。

按:有学者指出,李渔之婿沈心友是中国画画谱《芥子园画传》全书三集的主要编刊者。他首先谋划编撰此书,制定了初、二、三集的编辑体例,为画谱搜集提供"摹古"素材,参与画论文字的汇编工作,为提高镌刻、印刷、装帧质量不惜重费投资,并全过程推动和主持了编撰与出版工作。但沈心友主持刻印的此书原刻本并未自署其名,此后各种清刻本及现代印刷本大都沿袭这种做法。参见黄强《谁是〈芥子园画传〉全三集的主要编刊者——论沈心友编刊〈芥子园画传〉的贡献》(《中山大学学报(社会科学版)》2016 年 第 1 期)

芥子园画传初集 5 卷二集 8 卷三集 4 卷四集 4 卷图章汇纂 1 卷　子部艺术类

清王槩、王蓍、王臬辑　《图章汇纂》清李渔撰

清康熙至嘉庆间芥子园刻本,哈尔滨师范大学图书馆藏。

芥子园画传二集不分卷三集不分卷　子部艺术类

清王槩、王蓍、王臬辑

清金陵文光堂刻彩色套印本,南京图书馆藏。

芥子园画传 5 卷二集 8 卷三集 4 卷四集 4 卷　子部艺术类

日本嘉永三年(1850)五东楼翻刻本。

按:王重民《中国善本书提要》云:"四集非嘉庆间伪作,盖割裂初集

卷四入三集，又从三集中别出《草虫华卉谱》为四集耳。”《四集》有嘉庆间刻本。

芥子园画传初集6卷二集9卷三集6卷四集4卷　子部艺术类

1930年扫叶山房石印本，南京图书馆藏。

芥子园画传初集6卷二集9卷三集4卷续集2卷　子部艺术类

清王槩、王蓍、王臬辑

清光绪十三至十四年鸿文书局石印本，上海图书馆藏。

芥子园画谱　子部艺术类

1988年天津市古籍书店影印本。

山飞泉立堂文稿不分卷　集部别集类

清康熙间刻本，国家图书馆藏。

谢　树(1645—1713)

字伯子。初名煦，字伯致。清上元人。玑嗣孙，愫子。诸生。年15随大父避兵龙都。潜心易学，博览群籍。著述甚多，学者称萝庄先生。

易诠20卷　经部易类　佚

考工记注1卷　经部周礼类　佚

左氏变例　经部春秋左传类　佚

家传1卷　史部传记类　佚

龙都风土记　史部地理类　佚

清谢树辑　汪挺元续

井观小史4卷　史部地理类　佚

按：张秉亮撰《谢萝庄先生墓志》云：“详载钟山胜概及路寝规制、典物品汇，可备文献。”

张子正蒙补注4卷　子部儒学类　佚

周易性理指趣　子部儒学类　佚

通鉴纪闰8卷　子部历算类　佚

春草堂文集 4 卷　集部别集类　佚

梦余草 2 卷　集部别集类　佚

以上 11 种见同治《上江两县志》卷 12。

按:《国朝金陵诗征》卷 7 收其诗 1 首。

程京萼(1645—1715)

字韦华,号祓斋。清歙县籍,上元人。莘乐子。性耿直,嗜读书,善属文,与兄京藩齐名。工书法,友人贫者月书数幅使鬻之。江宁织造曹寅欲致之,不可得。与同邑范莱友善。

金陵祀典　史部政书类　佚

见嘉庆《江宁府志》卷 3。

野处堂诗文钞　集部别集类　佚

见同治《上江两县志》卷 12。《国朝金陵诗征》卷 12 收其诗 5 首。

余宾硕

字鸿客,一字石农。清福建莆田人。怀子。宾硕随父寓居金陵,于城南筑园竹圃。承家学,读书嗜古,以诗名。康熙二十八年(1689)与孔尚任、郑簠、姜文登、吴晋等大会冶山,作诗纪事。

金陵览古(亦作金陵览古集、金陵览古诗)　史部地理类

清余宾硕撰　张揔编

(1) 清康熙初年万玉山房刻本,不分卷,上海图书馆藏。

(2) 清道光三十年(1850)文印书房刻本,4 卷,南京图书馆藏。

(3) 清抄本,1 卷。陈作霖跋。南京图书馆藏。

(4) 1983 年上海古籍出版社《瓜蒂庵藏明清掌故丛刊》影印康熙本,不分卷。

(5) 1990 年江苏广陵古籍刻印社影印清道光三十年刻本。

(6)《南京稀见文献丛刊》本。

(7) 2015 年广陵书社出版《中国风土志丛刊续编》本。

按：本书成于康熙五年。余宾硕曾出游匝月，遍访金陵名胜，地各为诗，诗各为记，诗文相辅，博稽载籍，对名胜之缘起、遗址、风景、史迹、掌故等，一一加以注释考证，次第汇成《金陵览古诗》60首。附录颠客（王琯）、和斋（王瑗）和诗各60首。作者借南京山水胜迹感慨兴亡。其诗始于《旧内》（明太祖初为吴王时居之），终于《大本堂》（儒臣教授太子及诸王公侯子弟就学之地），即蕴含追悼明王朝之意。其集有周亮工、尤侗、陈维崧3位清初文坛重要人物之序。

丁卯集　集部别集类　佚

见同治《上江两县志》卷12。《国朝金陵诗征》卷8注谓本书辑于康熙二十六年。

神京纪胜集　集部别集类　佚

见清刘廷玑、孔尚任《长留集》。

按：作者于康熙三十九年客北京，常与名流集孔尚任家。本书殆即辑此年所作而成。

十二家诗评　集部诗文评类　佚

见清余怀《东山谈苑》余兆蛟识语。

牛建章

字棐臣，号旭峰。清康熙间上元人。诸生。嗜学，耐艰苦。精易理。教弟子以躬行礼为要。

易经解义2卷　经部易类　佚

太极图说　子部儒学类　佚

通书广义　子部儒学类　佚

以上3种见同治《上江两县志》卷12。

蔓草斋诗　集部别集类　佚

见《国朝金陵诗征》卷12，收其诗1首。

大　龄

字笠山，又字石潮。清江宁天界寺僧。

卮言稿　集部别集类

见同治《上江两县志》卷12。《国朝金陵诗征》卷48收其诗14首。

陶　敬

字肃公，一字雪樵。清江宁人。康熙五年(1666)举人。除博罗知县。提倡读书，修建学官，刊刻《孝经》《小学》等书，朔望时，亲与士民讲解。潘耒来游罗浮，二人共辑山志。寻告归。年75时，尚与里中黄虞稷、何采、程邃等为真率会，吟咏无虚日。

罗浮山志12卷　史部地理类

清陶敬、潘耒撰

见《四库全书总目》史部地理类存目。

按：《四库全书总目》提要作陶敬益撰，《金陵通传》《金陵艺文志》皆曰误。清宋广业《罗浮山志会编》(清康熙间刻本)卷十《艺文志・序》，收录有陶敬《罗浮山志序》，署作："大清康熙己巳孟春博罗县知县白下陶敬课。"即其证。

偶存集32卷　集部别集类　佚

见同治《上江两县志》卷12。

程　禄

字于天，一字在天。清上元人。游两江总督于成龙幕为记室。他人多苦淡泊求去，禄独始终相从。成龙异之，寻荐授连城知县。在任捐修学官，增设桥梁，禁溺女婴，有政声。以父老乞归。乾隆二年(1737)举乡饮大宾。

乐志堂稿　集部别集类　佚

见同治《上江两县志》卷12。《国朝金陵诗征》卷14收其诗2首。

吴一俊

字慰先。清江宁人。诸生。尝举乡饮大宾。与同县李隐居钟山，俱嗜吟咏。

燕贻堂宾筵集　集部别集类　佚

见同治《上江两县志》卷12。《国朝金陵诗征》卷3收其诗1首。

吴睿思

字酷邻。清上元人。晋子。性孝友，慎交游。尝举乡饮大宾，其子搜其诗及事为《宾筵后集》。年80余卒。

宾筵后集　集部别集类　佚

清吴睿思撰　吴式蘧辑

见《金陵通传》卷17。

何以坊

字曰范。清上元人。栋如次孙。轻财好义。

钟影堂诗集　集部别集类　佚

见《金陵通传》卷17。

姜文登

字听吉，号补峰。清上元人。王仕云婿。工诗善词。康熙二十八年(1689)与孔尚任、阮柽、吴晋等大会冶山，作诗联句，极一时之盛。

兹泉集(一作兹泉外臣集)　集部别集类　佚

清姜文登撰　余怀选

见《国朝金陵诗征》卷11，收其诗10首。

松语堂稿　集部别集类　佚

豆庄词　集部词曲类　佚

以上2种见同治《上江两县志》卷12。

王　鹏

字扶九。号秋屏。清康熙间上元人。

青溪三才子集　集部总集类　佚

清徐佩、王鹏、严元撰　先著辑刻

见同治《上江两县志》卷12。《江苏诗征》卷51收其诗1首。

王　蓍(1649—1737)

初名尸，字弟为。以其怪僻，乃改今名。字宓草，号湖村。清秀水籍，移家上元。张揔婿。书画家。山水得黄公望笔意，善花卉、翎毛，兼工书法、篆刻，与兄槩齐名。康熙十一年(1672)与槩合作《寿南陔八十诗画册》。二十年与张揔、恽格、王翚等6人合作《岁寒图》。五十二年作《归去来辞图》册，今藏故宫博物院。

天发神谶碑考1卷附录1卷续考1卷补考1卷　史部金石类

清周在浚撰　《附录》清王蓍撰　《续考》清汪翯撰　《补考》罗振玉撰

(1) 1926年东方学会排印本。

(2)《四库全书存目丛书》本，未收罗振玉补考。

按：周在浚在江宁观此碑，作《天发神谶碑考》。王蓍撰《附录》即为辨周书之误。同治《上江两县志》卷12著录《天发神谶碑考释》，《金陵通传》卷24著录《三段碑考》，均作王槩撰，误。余参见“周在浚”条。

芥子图画传　子部艺术类

清王槩、王蓍、王臬合辑

按：此书流传极广，传本甚多，参见“王槩”条。

豆区八友传1卷　子部小说类　佚

见《四库全书总目》小说家类存目，云：“以制造菽乳，其名有八，因呼八友，各为寓名而传之。盖游戏小品。”

按：《四库全书总目》以其书后有己卯年胡奉衡跋，因谓其书成于明崇祯十二年(1639),误。以王蓍卒年为乾隆二年(1737)及其兄槩生年为顺治二年(1645)推之,己卯当为康熙三十八年。

瞰浙楼集　集部别集类　佚

见同治《上江两县志》卷12。《国朝金陵诗征》卷42收其诗2首。

田　林

字志山,号髯农。清江宁人。诸生。少孤介自立,构室长干里,曰南墅草堂。工诗文,善篆籀。亦通医。晚年自刊其诗。年84卒。

诗未2卷　集部别集类

清雍正七年(1729)南墅草堂刻本,国家图书馆藏。

按:此为编年诗,起康熙二十六年丁卯(1687),止雍正七年己酉。

严　元

字克宏。清康熙间江宁人。以诗名。

樗俨诗稿　集部别集类　佚

见嘉庆《江宁府志》卷54。《国朝金陵诗征》卷33有其诗1首。

青溪三才子集　集部总集类　佚

清徐佩、王鹏、严元撰　先著辑刻

见同治《上江两县志》卷12。

俞纯滋

字健宣,一作及宣。清江宁人。彦孙,鉾子。以诸生充康熙二十四年(1685)拔贡。立身端洁,好奖掖后学。某贵官延聘课子,而其子骄纵,遂坚辞不就。年60余卒。

梅海赋　集部别集类　佚

见《金陵通传》卷21。

俞氏家集　集部总集类　佚

明俞彦、清俞鉾、俞纯滋、俞月山合撰

见《国朝金陵诗征》卷16。参“俞月山”条。

柯 彧

字幼香。清江宁人。允捷子。居凤台侧，与金作鼎、黄遵晋等友善。

翼经堂集　集部别集类　佚

见同治《上江两县志》卷12。

本 源

字兀庵。清金陵天界寺僧。

翠微阁集　集部别集类　佚

侪鹤小稿　集部别集类　佚

见同治《上江两县志》卷12。《国朝金陵诗征》卷48收其诗2首。

王 楫

字汾仲。其先自安徽黟县迁金陵，遂为上元人。家有江栖阁，高吟其上，人称王江栖。入清不仕，与江宁陈玉裁等相唱和。年近90，书法尤妙。

江栖阁集　集部别集类

见同治《上江两县志》卷12。《江苏诗征》卷46收其诗1首。

周在梁

字园客。清祥符籍，上元人。亮工侄，在浚从弟。

赖古堂名贤尺牍新钞12卷　集部总集类

赖古堂尺牍新钞二选藏弆集16卷　集部总集类

赖古堂尺牍新钞三选结邻集16卷　集部总集类

以上3种均周亮工选，周在浚、周在梁、周在延辑。版本参见“周亮工”条。

黄　越(1653—?)

字际飞。清上元人。少以文名,而所交非人,方苞见而规之,遂闭户研经。康熙四十四年(1705)举人,四十八年进士,改庶吉士,五十三年散馆授编修,逾年告归。雅好地学,晚益潜心宋四子书。制举业尤负重名,偶为诗古文。雍正六年(1727)作《含饴图记》,时年75。

尚书古今文辨　经部尚书类　佚

见《四库全书总目》集部别集类存目《退谷文集》提要,云:是书"惟以蔡传折服诸家"。

三传得失辨　经部尚书类　佚

见《四库全书总目》集部别集类存目《退谷文集》提要,云:是书"惟以胡传断制众论",与《尚书古今文辨》皆是"举业绳尺也"。

订正春秋大全37卷　经部春秋总义类　佚

见同治《上江两县志》卷12。

四书或问语类大全合订41卷　经部四书类

清康熙间刻本,南京图书馆藏。

五经大全　经部群经总义类　佚

见同治《上江两县志》卷12。

天玉经3卷外编1卷天玉经说7卷附四十八局3卷穴法分受2卷　子部术数类

清康熙间刻本,南京图书馆藏。

退谷文集15卷诗集7卷附行述1卷　集部别集类

侄德基、德彝,门人俞养直、张溯蔺等校　《行述》黄自麟撰

(1) 清雍正五年光裕堂刻本,南京图书馆藏。

(2)《四库全书存目丛书》本。

(3)《清代诗文集汇编》本。

明文商　集部总集类　佚

今文商　集部总集类　佚

墨卷商　集部总集类　佚

考卷商　集部总集类　佚

以上4种黄越选评，见《四库全书总目》集部别集类存目《退谷文集》提要。4书均为选刻制义。

吴　熙

字紫照。清康熙时江宁人。精篆刻。

金石红文6卷　子部艺术类

清康熙四十年(1701)钤印本，南京图书馆藏。

周在延(1653—?)

字津客。一字龙客。清祥符籍，上元人。亮工三子，在浚弟。能诗。

朱子四书语类52卷　经部四书类

(1) 清康熙十七年(1678)金陵大业堂刻本，国家图书馆藏。

(2)《四库全书存目丛书》本。

按:《四库全书总目》经部四书类存目云:“其书乃于《朱子语类》中专取四书诸卷刊行，别无增损，亦无所考订发明。”

天盖楼四书语录46卷　经部四书类

清吕留良评选　周在延编次

清康熙二十三年钱陆灿序金陵正中堂刻本，南京图书馆藏。

栎园府君行述1卷　史部传记类

清周在浚、周在延撰

版本参见“周在浚”条。

摄山园诗集　集部别集类　佚

见《明清江苏文人年表》。

赖古堂名贤尺牍新钞12卷　集部总集类

赖古堂尺牍新钞二选藏弆集16卷　集部总集类

赖古堂尺牍新钞三选结邻集 16 卷　集部总集类

以上 3 种均周亮工选，周在浚、周在梁、周在延辑。版本参见“周亮工”条。

王　臬

初名孽，以其怪僻，乃改今名。字司直。清秀水人，侨寓上元。著弟。善画。

芥子园画传　子部艺术类

清王槩、王蓍、王臬合辑

按：此书流传极广，传本甚多，参见“王槩”条。

周在建(1655—?)

字榕客。清祥符籍，上元人。亮工四子，在延弟。

因树屋书影(一作书影)10 卷　子部杂学类

清周亮工撰　周在建、周在都录

版本参见“周亮工”条。

近思堂诗不分卷　集部别集类

(1) 稿本，上海图书馆藏。

(2) 清吴蔼编《大家诗钞》本，清康熙间学古堂刻本，中国科学院图书馆藏。

近思堂诗不分卷附顾曲亭词 1 卷　集部别集类

(1) 清康熙五十四年(1715)刻本，上海图书馆藏。

(2)《清代诗文集汇编》本。

周在都(1655—?)

字燕客。清祥符籍，上元人。亮工五子，在建弟。康熙十九年(1680)曾自扬州赴广东。

因树屋书影(一作书影)10 卷　子部杂学类

清周亮工撰　周在建、周在都录

版本参见“周亮工”条。

桑乾草 1 卷　集部别集类

响山楼稿 1 卷　集部别集类

餐云书屋稿 1 卷　集部别集类

雪舫吟 1 卷　集部别集类

以上 4 种有清康熙刻本，国家图书馆藏。

人谱　子部儒学类

明刘宗周撰

渔谈　子部杂学类

清郭钦华撰

三十五忠诗　集部别集类

明孙承宗撰

以上 3 种周在都辑，收入《赖古堂藏书十种》。

赖古堂藏书十种　丛书类

清周亮工辑　周在都续

(1) 清康熙四十九年刻本，台北师范大学图书馆藏。

(2) 清道光中汝南家塾刻《赖古堂诗文全集》本附。

参见“周亮工”条。

周邦光

字侣樵。清上元人。康熙间在世。与其弟龙光齐名。

啸雪园集　集部别集类　佚

见《金陵通传》卷 34。

谢文祥

清金陵人。工医。

救产全书　子部医家类

(1) 清康熙三十六年(1697)佟国翼刻本,南京中医药大学图书馆藏。

(2) 清抄本,重庆市图书馆藏。

王　琛

字洛珍。清上元人。浙江乌程沈家圻妾。

听香阁集　集部别集类　佚

见《众香词》"书集"小传,收其词4首。《金陵词钞续编》卷6亦收其词。

刘　仙

字蕊珠。清金陵名妓。萧疏逸致,澹宕佳怀,为青楼榜首。

醉白楼集　集部别集类　佚

见《众香词》"数集"小传。《众香词》收其词3首。

朱元会

一名琤,字绍前,一字绍先。清上元人。墉子。诸生。甚有文望,与同县黄越齐名。

绍前集　集部别集类

(1)《金陵朱氏家集》本。

(2) 2015年国家图书馆出版社出版《清代家集丛刊》本。

按:《金陵艺文志》著录作《绍先文集》。

刘辉祖

字北固,号静山。清桐城籍,江宁人。康熙二十九年(1690)解元。大将军年羹尧幼从其学,及贵,持千金延之,辉祖拒其使者门外。与方苞、何焯、储大文等人主盟文坛。门下士有张廷玉等。

藕浦诗古文集40卷　集部别集类　佚

见嘉庆《江宁府志》卷 54。

按:《江苏诗征》卷 79 收其诗 4 首。

曹　寅(1658—1712)

字子清,号楝亭,别署柳山居士等。清正白旗汉军。玺长子,雪芹祖父。康熙三十一年(1692)继其父官江宁织造,后兼理巡视两淮盐课监察御史,卒于官。少聪慧,尝伴读玄烨。多才艺,喜吟咏,又喜广交名士。精鉴赏,擅书画,藏书极富,刻书亦多。工诗,喜作剧曲。康熙四十四年董理扬州诗局,所刻书颇为时人所称。

楝亭书目　史部目录类

(1) 清抄本,16 卷,南京图书馆藏。

(2) 清道光六年(1826)刘氏味经书屋抄本,不分卷,国家图书馆藏。

(3) 清抄本,不分卷,国家图书馆藏。

(4) 清万宝斋抄本,不分卷,国家图书馆藏。

(5) 巽盦抄本,北京师范大学图书馆藏。

(6)《辽海丛书》本,4 卷。

(7)《丛书集成续编》本。

按:《清史稿艺文志》著录 4 卷。

居常饮馔录 1 卷　子部艺术类

见《清史稿艺文志》。

楝亭诗钞 4 卷　集部别集类

清康熙间自刻本,复旦大学图书馆藏。

楝亭诗钞 6 卷　集部别集类

(1) 清康熙间真州吴氏东园刻本,国家图书馆藏。

(2) 台北《近代中国史料丛刊三编》本。

楝亭诗钞 7 卷　集部别集类

清康熙四十年自刻本,中国社会科学院历史研究所藏。

按:寅早年所作名《荔轩草》,颇为时人所称道,今未见传本。

棟亭集笺注　集部别集类

胡绍棠笺注

2007 年北京图书馆出版社出版。

全唐诗 900 卷目录 12 卷　集部总集类

清曹寅等辑

(1)清康熙四十四年至四十六年扬州诗局刻本,国家图书馆藏。

(2) 清康熙四十四至四十六年扬州诗局刻开花纸印本,上海图书馆藏。

(3)《四库全书》本。

(4)《四库全书荟要》本。

(5) 清道光间江西彭年刻本,国家图书馆藏。

(6) 清光绪元年(1875)抚洲饶玉成双峰书屋刻本,国家图书馆藏。

(7) 清光绪十三年上海同文书局石印本,南京图书馆藏。

(8) 1960 年中华书局排印本。2003 年重印。

(9) 1986 年上海古籍出版社影印本。

(10) 1997 年河北人民出版社标点本。

(11) 2008 年三秦出版社出版。

(12) 2018 年中州古籍出版社出版。

按:曹寅董理扬州诗局,所刻之书用软体书写,秀丽天成,用纸洁白光亮,着墨乌黑均匀,成为清代雕版史上的佳作,被称为“康版”。刻书 10 余种。今列《全唐诗》一种。

荔轩词 1 卷　集部词曲类

《百名家词钞》本。

续琵琶 2 卷　集部词曲类

清抄本,国家图书馆藏。

虎口余生传奇(铁冠图)4 卷　集部词曲类

(1) 清乾隆间刻本,云南大学图书馆藏。

(2) 清坊刻巾箱本,国家图书馆藏。

(3) 清同德堂刻本，题《铁冠图》，北京大学图书馆藏。

(4) 清刻本，国家图书馆藏。

(5) 清抄本，存上卷，戏曲研究院图书馆藏。

按：本书题遗民外史撰，一名《铁冠图》，又名《表忠记》，系依清边大绶《虎口余生记》而演为传奇。据《花朝生笔记》，知为曹寅撰，有作者自序。详参谢国桢《增订晚明史籍考》卷24。

太平乐事1卷　集部词曲类

(1) 清康熙间自刻本，南京图书馆藏，有清陈鼎批。

(2) 清姚燮《今乐府选》本(稿本)。

按：本书题柳山居士撰。据考即为曹寅作。剧凡《灯赋》《山水清音》《太平有象》《风花雪月》《龙袖骄民》《货郎担》《日本灯词》《卖痴呆》《丰登大庆》9种，记京华上元盛况。

北红拂记　集部词曲类

抄本，文化部艺术局藏。

按：本书署"柳山"，亦为曹寅所作。

又按：以上2种均见《古典戏曲存目汇考》卷8。

楝亭集五种15卷　丛书类

(1) 清康熙五十一年至五十二年刻本，国家图书馆藏。

(2) 1976年南京图书馆静电复制本。

(3) 1978年上海古籍出版社影印本。

(4)《续修四库全书》本。

(5)《四库全书存目丛书》本。

(6)《清代诗文集汇编》本。

子目：

《楝亭诗钞》8卷

《楝亭诗别集》4卷

《楝亭词钞》1卷

《楝亭词钞别集》1卷

《楝亭文钞》1 卷

楝亭藏书十二种 69 卷　丛书类

清曹寅辑

(1) 清康熙四十五年扬州诗局刻本,南京图书馆藏。

(2) 1921 年上海古书流通处影印本,南京图书馆藏。

子目从略。

曹楝亭五种 65 卷　丛书类

清曹寅辑

清康熙四十五年扬州诗院刻本,上海图书馆藏。

子目:

《大广益会玉篇》30 卷　梁顾野王撰　宋陈彭年等重修

《大宋重修广韵》5 卷　宋陈彭年等撰

《集韵》10 卷　宋丁度等撰

《类篇》15 卷　宋司马光等撰

附《释文互注礼部韵略》5 卷　宋佚名撰

刘　捷(1658—1726)

字月三,号古塘。清桐城籍,江宁人。辉祖弟。少以雄豪自处,好气任侠。文风豪放,负有时誉。年羹尧督巡川陕,两延入幕。康熙五十年(1711)举人,礼部不喜其文,磨勘停一科。逾年将赴会试。因友人方苞为《南山集》案被捕,捷护送其妻子北上,遂失期,乃终身不复与试。

诗经臆说　经部诗经类　佚

古塘诗钞　集部别集类　佚

以上 2 种见嘉庆《江宁府志》卷 54。

古塘文集　集部别集类　佚

见刘声木《桐城文学渊源考》卷 2。《国朝金陵诗征》卷 11 收其诗 13 首。

刘必晖

字灿臣。清康熙间上元人。居芦渡桥侧,故又自号芦渡。诗才渊雅,为织造曹寅称赏。

芦渡诗钞　集部别集类　佚

见同治《上江两县志》卷12。《国朝金陵诗钞》卷14收其诗5首。

张文徽

字虞载。清上元人。怡从孙。好吟咏,尝与同邑吴烺等相唱和。

豹光集　集部别集类　佚

见同治《上江两县志》卷12。《国朝金陵诗征》卷4收其诗4首。

刘　书

字清隐。清康熙间上元人。必晖弟。

芦渡吟　集部别集类　佚

见同治《上江两县志》卷12。《江苏诗征》卷78收其诗1首。

朱元擢

一名元庠,字继芳。清上元人。墉次子。诸生。性峭洁。文章为时人推重。锐意著述,惜多散佚。与徐典升友善。

继芳集1卷　集部别集类

(1)《金陵朱氏家集》本。

(2) 2015年国家图书馆出版社出版《清代家集丛刊》本。

蔡　堃

字铉升,号甘泉。清上元人。祖庚子。年13作《明妃曲》,为周亮工、杜濬所赏。康熙三十五年(1696)举人,三十九年进士。除中书,改瓯宁知县。在任严禁米粮外流,决狱明敏,人称“蔡佛子”。致仕归。家有“懒园”,常与名士觞咏其间。与屈大均善。康熙二十二年曾与叶燮等秋会,二十八年与孔尚任等10余位名士大会冶山,作纪事诗以纪胜。四十六年曾参与朱彝尊、唐绍祖等平山堂之会。

香草堂集4卷　集部别集类　佚

见清法式善《梧门诗话》。

按:《国朝金陵诗征》卷9收其诗20首。《金陵蔡氏五世诗存》辑收其诗13首。

方登峄(1659? —1725?)

字凫宗,号屏垢、依园。清上元人。孝标子,后过继给兆及。少与刘辉祖等善,常相唱和。尝游端州,为陈恭尹等所推重。康熙三十二年(1693)贡生,授工部主事。五十年因戴名世《南山集》案之累,谪戍黑龙江卜魁,后卒于此。谪居中不废吟咏。古诗得乐府神理,七律亦雅健。

依园诗略1卷　集部别集类

星砚斋存稿1卷　集部别集类

垢砚吟1卷　集部别集类

葆素斋集3卷　集部别集类

如是斋集1卷　集部别集类

以上5种有《述本堂诗集》本。

葆素斋今乐府1卷　集部别集类

清抄《清诗钞》本,辽宁省图书馆藏。

汪　桢

字维周。清上元人。渤子。能继父志,监理普育四堂。

普育条规　史部政书类　佚

见《金陵通传》卷29,云:“辑有《普育条规》。”

朱元英(1660—1713)

字师晦,又字师亭、荔衣,自称虹城子。清上元人。圻长子。康熙二十九年(1690)举人,考授中书。四十八年进士,选庶吉士,散馆授编修。工诗古文辞,不事华藻,尤用力于《左传》。学尊朱子,躬行实践。

左传拾遗 2 卷　经部春秋左传类

(1)《春雨堂集》本。

(2)《四库全书存目丛书》本。

左传博议拾遗 2 卷　经部春秋左传类

(1) 清康熙四十三年刻本,南京图书馆藏。

(2)《小万卷楼丛书》本。

(3)《金陵丛书》本。

(4)《丛书集成初编》本。

(5) 清抄本,南京图书馆藏。

(6) 1991 年中华书局排印本。

助语小品 1 卷　经部小学类

《春雨堂集》本。

牧民通考　史部政书类　佚

治平新语　史部政书类　佚

以上 2 种见同治《上江两县志》卷 12。

治河要略　史部地理类　佚

见嘉庆《江宁府志》卷 54。

夏云存稿 5 卷　集部别集类

《春雨堂集》本。

南舟集 1 卷　集部别集类　佚

见同治《上江两县志》卷 12。

虹城子集 4 卷　集部别集类

(1)《金陵朱氏家集》本。

(2) 2015年国家图书馆出版社出版《清代家集丛刊》本。

春雨堂诗文全集　集部别集类　佚

见嘉庆《江宁府志》卷54。

诗学金丹1卷　集部诗文评类

《春雨堂集》本。

春雨堂集4种9卷　丛书类

清乾隆中刻本，上海图书馆藏。

子目见上。

王安修

初名文治，字后村。清歙县籍，康熙间移居江宁。少多病，乃绝意科举，键户读书。长于史学，多史论，论断谨严。工诗词，多发愤感慨之作。

昌志编2卷续编2卷附1卷三编2卷附1卷　集部别集类

清康熙间刻本，国家图书馆藏。

后村杂著3卷　集部别集类

清康熙四十七年(1708)挹香居刻本，南京图书馆藏。

吴越游草1卷　集部别集类

附刻于《昌志编》后。

刘　智(1660？—1730？)

字介廉，号一斋。清上元人。伊斯兰教学者。回族。出生于伊斯兰教经师世家，幼习《古兰经》，并阅读儒家经典及佛道著作。后学阿拉伯文、波斯文，遍访伊斯兰教经籍。学术思想深受清初伊斯兰教学者马注"以儒诠经""借儒以自重"之影响。晚年归金陵，居清凉山扫叶楼。生平著述凡数百卷。

天方礼法(一作天方礼经)　子部伊斯兰教类

清刘智译

见刘智《天方典礼择要解自序》，亦见《四库全书总目》杂家类存目《天方典礼择要解》提要，云："（智）回回裔也，尝搜取彼国经典七十种，译为《天方礼经》。"

天方典礼择要解 20 卷后编 1 卷　子部伊斯兰教类

（1）清康熙间杨斐菉刻本，南京图书馆藏。

（2）清乾隆五年（1740）童国选等刻本，国家图书馆藏。

（3）清同治元年（1862）山阳杨氏刻本，国家图书馆藏。

（4）清宣统三年（1911）著易堂铅印本，无后编，上海图书馆藏。

（5）清刻本，国家图书馆藏。

（6）清抄本，国家图书馆藏。

（7）《金陵丛书》本。

（8）1918 年中华书局石印本，日本东京大学图书馆藏。

（9）1922 年北京清真报社铅印本，东北师范大学图书馆藏。

（10）1933 年陈庆纶铅印本，南京图书馆藏。

（11）民国间铅印本，吉林大学图书馆藏。

（12）张嘉宾、都永浩点校本，1988 年天津古籍出版社出版。

（13）1990 年云南民族出版社出版纳文波译注本。

（14）《续修四库全书》本。

（15）《四库全书存目丛书》本。

按：此书亦名《天方典礼》，见《四库全书总目》子部杂家类存目。刘智既译《天方礼法》（见上），以其卷帙浩繁，乃于全书中择其最关民生日用者汇为此书。犹恐初学者不能解，因又分节而解之。前 4 卷介绍伊斯兰教的历史与道统，后 16 卷分述伊斯兰教礼法，时援儒家经书以为解释。附"采辑经书目"。

白话天方典礼　子部伊斯兰教类

清刘智著　马宝光、马子强译

1993 年中州古籍出版社出版。

天方性理 5 卷首 1 卷　子部伊斯兰教类

(1) 清乾隆二十四年金氏安愚堂重刻本。

(2) 清道光二年(1823)怀淳堂刻本,吉林省图书馆藏。

(3) 清同治十年宝真堂刻本,天津图书馆藏。

(4) 清同治间刻本,吉林大学图书馆藏。

(5)《续修四库全书》本。

(6) 1978 年台北黎明文化事业公司出版。

按:此书分"本经"(5 章)与"图传"(5 卷)两部分。为经立图,以图解经,吸收了儒家性理学说、程朱理学,用以阐释伊斯兰教关于宇宙起源与天人、性理诸关系。书前有"采辑经书目",列有当时在中国流传的阿拉伯文、波斯文经籍 40 种。本书与《天方典礼》为姊妹篇,作者自称:"《典礼》者明教之书也,《性理》者明道之书也。"两书常被中国伊斯兰教经堂选作语文教材。

天方性理图传 5 卷首 1 卷注释 1 卷　子部伊斯兰教类

(1) 清乾隆二十四年金氏安愚堂刻本,北京大学图书馆藏。

(2) 清乾隆二十五年京江谈氏刻本,南京图书馆藏。

(3) 清同治二年滇南刻本,南京图书馆藏。

(4) 清同治五年刻本,日本东京大学图书馆藏。

(5) 清敬灵堂刻本,天津图书馆藏。

(6) 1923 年铅印本,东北师范大学图书馆藏。

白话天方性理　子部伊斯兰教类

清刘智撰　马宝光等译

1994 年中州古籍出版社出版。

天方性理释解　子部伊斯兰教类

清刘智撰　马永刚编

2015 年宁夏人民出版社出版。

天方至圣实录(一作天方至圣实录年谱)20 卷首 1 卷　子部伊斯兰教类

(1) 清乾隆五十年石城袁国祚承堂刻本,国家图书馆藏。

(2) 清道光七年汉南还淳堂刻本,东北师范大学图书馆藏。

(3) 清同治十一年锦城宝真堂刻本,国家图书馆藏。

(4) 清同治十三年京口清真寺刻本,国家图书馆藏。

(5) 清光绪间刻本,国家图书馆藏。

(6) 清宣统三年镇江清真寺刻本,南京图书馆藏。

(7) 1924 年陇右马福祥印本,北京大学图书馆藏。

(8) 英籍基督教传教士伊萨克·梅伊逊英译本,1921 年分别在伦敦与纽约出版。

(9) 苏联艾哈迈德·勃列瓦涅夫据英译本转译成俄译本,名《俄语实录择要》。

(10) 法国人从俄译本译成法文本。

(11) 1941 年日本田中逸平译本。

(12) 冯增烈标点本,1984 年中国伊斯兰教协会印行。

(13)《续修四库全书》本。

(14) 1996 年黑龙江人民出版社出版,题《天方至圣穆罕默德传》。

按:此系用年谱体例编撰的穆罕默德传记。原为阿拉伯文。康熙、雍正年间,刘智以波斯语本为蓝本,参考阿拉伯、波斯,及中国的有关史料和传说编译而成。原以手抄本在穆斯林中流传,乾隆年间为清廷查禁,一度株连甚广,后经乾隆帝批示始免。因书中附见有关查禁资料,故亦称《御览天方至圣实录》。

天方至圣实录宝训 1 卷　子部伊斯兰教类

清刘智撰　马德新辑

清咸丰八年(1858)云南回教俱进会振学社刻本,南京图书馆藏。

礼书五功义(天方五功释义)1 卷　子部伊斯兰教类

(1) 清咸丰元年蓉城桂氏丹腴堂刻本,北京大学图书馆藏。

(2) 1920 年北京万全书局铅印本,大连市图书馆藏。

(3) 1924 年北京清真寺书报社铅印本,北京大学图书馆藏。

(4) 民国间复德堂刻本,上海图书馆藏。

礼书五功释义(天方五功释义)1卷　子部伊斯兰教类

清光绪二十四年(1898)广东濠畔古寺刻本,国家图书馆藏。

按:本书用中国儒家性理学说诠释伊斯兰教念真、礼真、斋戒、捐课、朝觐等"五功"意义。

尔勒璧春秋2卷　子部伊斯兰教类

清刘智撰　马德新辑

清刻本,国家图书馆藏。

真功发微2卷　子部伊斯兰教类

(1) 清乾隆五十八年刻本。

(2) 清光绪十九年遵行堂刻本。

按:光绪十九年遵行堂《再次重刻真功发微序》云:"此书板存于南京,已遭火焚,新板现存广东,路远难求。恐日久篇断简残。有负介廉刘君之至意,且广东板内刻错字甚多,有失经文正义。今将前书较对,重付梨枣。"是此书曾有多种刻本。

天方字母解义3卷　子部伊斯兰教类

清刘智撰　马德新补

(1) 清同治二年刻本,国家图书馆藏。

(2) 清光绪十二年成都周氏敬畏堂刻本,国家图书馆藏。

天方三字经幼义1卷　子部伊斯兰教类

(1) 清末滇南马联元刻本,国家图书馆藏。

(2) 民国间石印本,上海图书馆藏。

天方三字经　子部伊斯兰教类

清末王占超刻本,国家图书馆藏。

按:《国朝金陵诗征》卷11收其《勃泥国王墓》诗1首。

天方三字经注解浅说　子部伊斯兰教类

清刘智撰　袁国祚注

(1) 清同治九年镇江清真寺刻本,国家图书馆藏。

(2) 1919年天津景田真经公司石印本,大连图书馆藏。

天方三字经　子部伊斯兰教类

清刘智撰　余海亭译释

清光绪六年宝真堂刻本，国家图书馆藏。

正教真诠 2 卷　子部伊斯兰教类

清王岱舆撰　刘智注

版本参见“王岱舆”条。

祝天大赞 1 卷至圣赞 1 卷五更月 1 卷　子部伊斯兰教类

清冯德新译　《至圣赞》清马注撰　《五更月》清刘智撰

清同治二年云南回教俱进会振学社刻本，南京图书馆藏。

吴启昆(1660—1733)

字宥函，一字佑咸，号新亭。清江宁人。少以才著名庠序，与方舟兄弟齐名。康熙五十二年(1713)举人，六十年进士。改庶吉士，散馆授编修，转监察御史，巡视北城，所部肃然。雍正元年(1723)入《明史》馆。尝倡建金陵会馆于京师，往来交接多江宁文学之士。

索易臆说(一作周易臆说)2 卷　经部易类

(1) 清康熙五十二年怀新阁刻本，南京图书馆藏。

(2)《四库全书存目丛书》本。

诗经嗜风详解 8 卷图说 1 卷附备考　经部诗经类

清陈抒孝辑著　吴启昆阅定　汪基增订

(1) 清雍正十三年刻本，中国科学院图书馆藏。

(2) 清道光二十九年(1849)三益堂刻本，天津图书馆藏。

(3) 清光绪十年(1884)有益堂刻本，国家图书馆藏。

(4) 清光绪十三年刻善成堂印本，国家图书馆藏。

(5) 清苏州扫叶山房刻本，北京大学图书馆藏。

春秋臆说 4 卷　经部春秋总义类

清康熙五十九年怀新阁刻本。此本馆藏待查。

罗光忻

亦作光炘。字时先，一字庚斋。清上元人。宪汶子。康熙二十九年(1690)举人，官内阁中书。

汉柏山房集　集部别集类　佚

见同治《上江两县志》卷12。《国朝金陵诗征》卷8收其诗13首。

方　骏

字襄臣，一字刿舫。清上元人。康熙二十九年(1690)贡生，后遂不应举，成就后学甚众。卒年88。

刿舫老兴集1卷　集部别集类　佚

见同治《上江两县志》卷12。

周龙光

字震夫。清上元人。邦光弟。二人齐名。

研堂集　集部别集类　佚

见同治《上江两县志》卷12。

杜定基

字起元。清康熙间江宁人。

今文嘉言集　集部总集类　佚

清杜定基选

见张熙亭辑《金陵文征姓名小传》康熙朝续(收于陈作霖编《冶麓山房丛书》内)。

黄　瑞

字辑五。清上元人。道行孙。诸生。康熙三十五年(1696)岁贡，除震泽训导。卒于官。门人私谥孝洁先生。

四书讲议录　经部四书类　佚

四书会要录　经部四书类　佚

以上2种见嘉庆《江宁府志》卷54。

杜　掞

掞，一作炎。字量生，一字亮生，号渔村。清上元人。岕子。诸生。与方苞友善。

南泝草　集部别集类　佚

见《国朝金陵诗征》卷4，收其诗6首，云是集"乃乾隆癸酉（十八年，1753）、甲戌（十九年）二年游闽作也"。

朱玉芝

清上元人。圻（1631—1702）女，袁芳林妻。早寡，抚孤治家严。临殆自毁其稿，曰非妇人事。婿端木正礼存其旧钞数章。

霜筠集1卷　集部别集类

(1)《金陵朱氏家集》本。

(2) 2014年国家图书馆出版社出版《清代闺秀集丛刊》本。

(3) 2015年国家图书馆出版社出版《清代家集丛刊》本。

汪洪度

字于鼎，一字息庐。清康熙间新安籍，上元人。诸生。王士禛门人。好古能文。与弟洋度俱有名。尝结庐黄山之麓，而实家金陵。

新安女史征1卷　史部地理类

(1) 清康熙四十五年（1706）古墨斋刻本，上海图书馆藏。

(2) 清乾隆三十七年刻本，国家图书馆藏。

黄山领要录2卷　史部地理类

(1)《知不足斋丛书》本。

(2)《笔记小说大观》本。

(3)《黄山丛刊》本。

(4)《丛书集成初编》本

息庐诗6卷　集部别集类

清康熙间刻本，国家图书馆藏。

余事集　集部别集类　佚

见《金陵通传》卷28。

陈　诚

字孚荐，一字凸山。清江宁人。康熙时以诗著称。

凸山诗稿　集部别集类　佚

见同治《上江两县志》卷12。《江苏诗征》卷26收其诗3首。

马　虹

一名若駑，字云骧，号弱奴。清康熙间上元人。工诗。

称善堂集　集部别集类　佚

见同治《上江两县志》卷12。《国朝金陵诗征》卷12收其诗2首。

孟镓九

字百聚。清济宁籍，上元人。擅长书学，康熙间为文华殿大学士李之芳所知，荐授教习。

书法源辨　子部艺术类　佚

菊村诗集　集部别集类　佚

以上2种见同治《上江两县志》卷12。《国朝金陵诗征》卷14收其诗2首。

梁　镜

字素治。清康熙间江宁人。诸生。工诗。

慢云楼集　集部别集类　佚

见同治《上江两县志》卷12。《国朝金陵诗征》卷7收其诗2首。

何　李

字左车。清康熙间山阴籍江宁人，居铜井巷。抱负奇伟。将军王孝扬礼为上客，并为捐知县。候选京师几20年，抑郁以终。

千岩万壑草堂集　集部别集类

燕台杂咏　集部别集类　佚

以上2种见同治《上江两县志》卷12。《江苏诗征》卷44收其诗11首。

白德馨

字上闻，一字香山，号季子。清江宁人。康熙间在世。居鸡笼山侧，家有藏山亭、洗砚斋。工草书，书法二王。

书法金针1卷　子部艺术类

见《四部总录·艺术编》。

按：余绍宋《书画书录解题》云："是编摘汉魏以来迄于明代论笔法精语，凡七十七则，尚属简要。一一眉批。细加圈点，其旁复有评语，俱注云，李评。盖其甥李家果所为者。其所采亦及伪籍，又不按时代编次，则其失也。"

洗砚斋稿　集部别集类　佚

藏山亭稿　集部别集类　佚

白上闻诗集　集部别集类　佚

以上3种见同治《上江两县志》卷12。《国朝金陵诗征》卷9收其诗1首。

庾品集　集部总集类　佚

见同治《上江两县志》卷12。《国朝金陵诗征》卷9云："裒友朋投赠之诗，名曰《庾品集》，盖用庾肩吾书品事也。"

朱庭柏

字林修，号深村。清康熙间江宁人。诸生。性狷介。善诗古文辞。

乙丙侯官集　集部别集类　佚

甘白堂诗　集部别集类　佚

以上2种见同治《上江两县志》卷12。

按：《国朝金陵诗征》卷14收其诗4首。

寂　曙

字晓苍。清康熙时灵谷寺住持。

续修灵谷寺志16卷　史部地理类　佚

清释寂曙修　吴云纂

见《国朝金陵诗征》卷48，云："灵谷旧有景泰、嘉靖二志，岁久未修。康熙中豫章吴云来游，晓苍属以笔削。时关中马益卜居金陵，钱塘盛宏邃侨寓其家，共付之梓。旧志编年，吴易以分体。虽未能广引群籍，然于明代近事亦略可睹。"《诗征》收其诗1首。

许祖护

字皓孙，号竹侪。清康熙间上元人。诸生。

酣游草　集部别集类　佚

见同治《上江两县志》卷12。《国朝金陵诗征》卷13收其诗1首。

梁　震

字与青，一字石湖。清康熙间江宁人。梁镜宗人。

天然亭稿　集部别集类　佚

见同治《上江两县志》卷12。《国朝金陵诗征》卷13收其诗2首。

汪霨枚

字陶庵。清康熙间江宁人。庠生。居雨花山梅冈，杜门谢客，博览典籍。工词赋，画宗上元张风。

绣谷集　集部别集类　佚

宙合轩稿　集部别集类　佚

以上2种见嘉庆《江宁府志》卷54。《国朝金陵诗征》卷12收其诗1首。

徐廷翰

字荩臣。清康熙间江宁人。清远绝俗，慎于交游。

怡云堂集　集部别集类　佚

见同治《上江两县志》卷12。

按：《国朝金陵诗征》卷5收其诗2首。

徐　璞

字半石。清康熙间上元人。

历代都邑考　史部地理类　佚

水类备考　史部地理类　佚

澡雪堂稿　集部别集类　佚

以上3种见同治《上江两县志》卷12。《国朝金陵诗征》卷11收其诗6首。

佟世临

字醒园，一字越隽。清康熙间上元人。诸生。

如是游草　集部别集类　佚

见同治《上江两县志》卷12。《国朝金陵诗征》卷12收其诗3首。

梁园唱和词1卷　集部词曲类

清佟世临、程大戴、傅世尧撰

清康熙间刻本，国家图书馆藏。

程　祎

字阍章，一字允文。清康熙间上元人。性敦厚。早年丧妻不娶，侍父以孝闻。

尚友斋近草　集部别集类　佚

见同治《上江两县志》卷12。

先　著

字迁甫，一作迁夫，号染斋，又号蠲斋，或曰盍旦子。清康熙间江宁人，祖籍泸州。博览多闻，工诗词，古文亦有家法。

遗民行略1卷　史部传记类　佚

见同治《上江两县志》卷12。

之溪老生集8卷劝影堂词3卷　集部别集类

(1) 清康熙间刻本，国家图书馆藏。

(2) 1930年两汇陈氏铅印本。

(3)《四库未收书辑刊》本。

(4)《清代诗文集汇编》本。

青溪三才子集　集部总集类　佚

清徐佩、王鹏、严元撰　先著辑刻

见《金陵通传》卷23。

词洁6卷前集1卷　集部词曲类

清先著、程洪辑

(1) 清康熙间刻本，国家图书馆藏。

(2) 清刻本，国家图书馆藏。

(3) 2007年河北大学出版社点校本。2010年再版。

吴贯勉

字尊五，号秋屏。清新安籍上元人。诸生。工词，博学能文。康熙四十四年(1705)、四十五年曹寅刊《全唐诗》《广韵》《玉篇》诸书，聘以校雠，号为精审。年85卒。

秋屏词钞(一作绿意词)1卷　集部词曲类

清康熙五十二年扬州书局刻雍正二年续刻本，国家图书馆藏。

按：《北京图书馆善本书目》著录此书，卷数缺，而谓此书为黄贯勉撰，有清健碧山房刻本，即与上述为同一版本，而“黄”实为“吴”之误。

秋屏词续编(一作江花渔唱)1卷　集部词曲类

清康熙五十二年扬州书局刻雍正二年续刻本，国家图书馆藏。

按：《贩书偶记续编》卷20注谓本书有康熙甲辰(1664)刻本，误，此时作者尚未成人。故此甲辰应属雍正。即雍正二年(1724)，与上为同一刻本。

吴　炯

字初明，一字阿蒙。清上元人。贯勉族人。能诗。

雪篷集　集部别集类　佚

见同治《上江两县志》卷12。《国朝金陵诗征》卷8收其诗2首。

吴　烛

字调玉，一字橘州，号橘农。清上元人。贯勉族人。能诗。

橘圃集　集部别集类　佚

见同治《上江两县志》卷12。《国朝金陵诗征》卷8收其诗2首。

吴　燧

字遂人，一字雪樵。清上元人。贯勉族人。能诗。

雪樵集　集部别集类　佚

见同治《上江两县志》卷12。《国朝金陵诗征》卷8收其诗1首。

吴绍熹

字圣辅。清康熙间上元人。贯勉族人。能诗。

剑吼堂集　集部别集类　佚

见同治《上江两县志》卷12。《国朝金陵诗征》卷8收其诗3首。

曾明新

字锡侯，一字楠坡，或作南陂、楠波。清康熙间江宁人。工诗，兼擅书画。闭户读书，与同县柳熖友善。

楠坡存稿　集部别集类　佚

见同治《上江两县志》卷12。《国朝金陵诗征》卷5收其诗4首。

叶　森

字立庵，号苍雨。清安徽歙县人，康熙时以游击随征闽、粤，返居金陵龙江关，遂占籍上元。工诗。

学易堂稿　集部别集类　佚

见同治《上江两县志》卷12。《国朝金陵诗征》卷42收其诗1首。

范　莱

字北山，一字雪泉。清康熙间上元人。庠生。与程京萼交善。

雪泉稿　集部别集类　佚

见《金陵通传》卷29。

甘　亭

字去垢。清康熙间江宁人。诸生。能诗，与翁鸿熙、沈道初齐名。

蔚青诗稿　集部别集类　佚

见同治《上江两县志》卷12。

马　迅

清江宁人。

敦好堂旅草1卷　集部别集类

清康熙三十一年(1692)刻本,国家图书馆藏。

刘　姗

字梧冈。清康熙间上元人。早擅文誉,性矜重,不妄交际。居城外,终岁不入城市,授徒勤谨。

卢橘堂诗钞　集部别集类　佚

见同治《上江两县志》卷12。

罗光忭(1662—?)

字鹤侪。清上元人。宪汶子,光忻弟。

淡宁斋集　集部别集类　佚

见同治《上江两县志》卷12。《国朝金陵诗征》卷8收其诗1首。

程瑞禴

字孚夏,号云峰。清康熙间上元人。端德长子。贡生。

闻善堂集　集部别集类　佚

罗浮近草　集部别集类　佚

以上2种见同治《上江两县志》卷12。《江苏诗征》卷74收其诗2首。《国朝金陵诗征》卷12收其诗1首。

陈　钦

清上元人。殿夔子。

正伦录　子部儒学类　佚

见《国朝金陵诗征》卷11。

胡　暹

字进野。清康熙间上元人。

无行所悔斋稿　集部别集类　佚

见同治《上江两县志》卷12。

程九万

字周籍。号永江。清上元人。仲琏子。康熙三十二年(1693)武举人。至孝,以亲老不仕。嗜酒能诗。

俭可堂文集　集部别集类　佚

永江自删诗稿　集部别集类　佚

以上2种见同治《上江两县志》卷12。

朱　直

字少文。自号知耻生。清江宁人。庭柏弟。国子生。性耿直。康熙二十六年(1687)因指斥乡试舞弊,下狱。据理力争,主司心悸,获释。

绿萍湾史论初集1卷史论二集纲目议1卷　史部史评类

清康熙间刻本,湖北省图书馆藏。

绿萍湾史论初集1卷　史部史评类

清抄本,上海图书馆藏。

史论1卷　史部史评类

《悔堂手钞二十种》本。

纲目议2卷续议2卷　史部史评类

清朱直撰　续议清胡尔梅撰

清同治十年(1871)胡承志刻本,国家图书馆藏。

丁卯集　集部别集类　佚

见同治《上江两县志》卷12。

按:《国朝金陵诗征》卷14云:"《丁卯集》乃少文被系时作。"

西州感咏　集部别集类　佚

见同治《上江两县志》卷12。《国朝金陵诗征》卷14收其诗10首。

程瑞社

字次郊。号澹园。清康熙间上元人。端德次子。

孝友堂近草　集部别集类　佚

餐胜楼稿　集部别集类　佚

以上2种见同治《上江两县志》卷12。《国朝金陵诗征》卷12收诗1首。

方　舟(1665—1701)

字百川。清桐城人，寄籍金陵(乾隆《江南通志》卷167《人物志·文苑》)。仲舒长子。好读书。与其弟方苞谢绝人事，究天人性命之故，古今治乱之源，义利邪正之辨，用以立身行己。苞治古文，诂诸经，皆舟发其端绪。家贫，为授徒以赡养父母，乃补上元县学生。生平所交有高淳张自超、江宁刘捷等。方苞《望溪集》卷17有《兄百川墓志铭》。

方百川先生经义4卷　经部群经总义类

清方舟撰　方观承录次

清乾隆间桐城方氏刻本，华东师范大学图书馆藏。

广师说　子部儒学类

见《金陵通传》卷25。

方百川稿不分卷　集部别集类

(1) 清光绪间董惠堂刻本，首都图书馆藏。

(2) 2016年学苑出版社出版《稀见清代四部辑刊》本。

按：清戴田有《〈方百川稿〉序》《方舟传》。《传》云：“舟临卒时，自取其文稿烧之，今行世者仅六十余篇。”戴文见陈作霖辑《金陵传记杂文钞》。《国朝金陵诗征》卷10收其诗2首。

自知集　集部别集类

见清马其昶《桐城耆旧传》卷8《方舟传》,云:“徒友刊其课试时文曰《自知集》者行于世,韩文懿公(菼)见之叹曰:‘二百年无此矣!’先生以诸生终,而所为时文,自其同时以逮没后二百余年,天下学子皆诵习之。”

惟是集1卷　集部总集类

抄本,沁芳阁批,南京图书馆藏。

按:此书为方舟、韩菼、任启运等人合撰,摘取《论语》《孟子》之语而论之。

方正瑗

字景蘧。一字引除,号方斋。清江宁人。以智孙,中履长子。康熙间曾与南北名士何焯、储大文,顾嗣立等百数十人为诗社。康熙五十九年(1720)举人。雍正三年(1725)授内阁中书,次年擢内阁侍读。未几,转工部都水司郎中,厘剔积弊。授陕西布政司参议。分守潼商道。创关西书院。与诸生讲心性忠恕之学。在任10年罢归,囊空如洗,署所居曰潇洒园。在里多结交方外。优游10年以终。

河华讲易　经部易类　佚

读史大略　史部史评类　佚

后觉编　子部儒学类　佚

以上3种见方昌翰辑《桐城方氏七代遗书》卷首《方正瑗家传》。

方斋小言1卷　子部杂学类

关西讲堂客问1卷　子部杂学类

以上2种有:

(1)《桐城方氏七代遗书》本。

(2) 2015年国家图书馆出版社出版《清代家集丛刊》本。

方斋补庄七篇1卷　子部杂学类

(1) 清乾隆四十八年(1783)金石居刻本。

(2)《桐城方氏七代遗书》本。

(3)《四库全书存目丛书》本。

(4) 2015 年国家图书馆出版社出版《清代家集丛刊》本。

连理山人诗钞 17 卷　集部别集类

清方正瑗撰　子方张盘等编次

(1) 清乾隆十三年刻本,北京大学图书馆藏。

(2)《清代诗文集汇编》本。

按:诗钞包括《金石集》4 卷、《江淮集》3 卷、《京华集》2 卷、《关河集》5 卷、《潇洒集》3 卷,凡 5 种。

连理山人诗钞 9 卷文集 1 卷　集部别集类

清乾隆间刻本,安徽省图书馆藏。

白沙文集　集部别集类　佚

说诗一解　集部诗文评类　佚

论文一言　集部诗文评类　佚

以上 3 种见《方正瑗家传》。方昌翰谓《白沙文集》零落不成卷帙,《说诗一解》《论文一言》《后觉编》《读史大略》《河华讲易》诸书均搜采未之有获。

车鼎晋(? —1733)

字丽上,一字平岳。清上元人。万育次子。幼敏悟。7 岁能诗。康熙二十九年(1690)举乡魁。三十六年进士,改庶吉士,授编修。连主广西、顺天乡试。丁父忧归。康熙南巡。召校《全唐诗》。五十三年,服除,督学福建,以廉明称。又奉命浚河。后乞归养母。不复出。因弟罹吕留良文字狱案,忧愤而死。卒年未过 70。为学务实用,究心世务。书法尤超绝。曾以家藏唐邵阳胡曾咏史等诗 160 余首进呈,收入《全唐诗》。胡氏乃得名隐千余年后而始显。

天竹山房杂著 13 卷　子部杂学类　佚

天竹山房诗集 10 卷　集部别集类　佚

以上 2 种见《车督学集》卷首。

按:同治《上江两县志》卷 12 云:"其著述未刊。"实因吕留良案被毁。

车督学集 1 卷　集部别集类

《邵阳车氏一家集》本。

叶方标

亦作芳标。字苍舒,号濂峪。清江宁人。方嘉弟。与兄同学,下帷攻苦,研精书卷。诗宗李商隐。家本素封,藏书万余卷,皆手批,丹黄间错,有阅至三四遍者。后破家财,至贫窘老死。工诗。

深柳读书堂诗集　集部别集类　佚

濂峪偶存草　集部别集类　佚

冰雪编　集部别集类　佚

以上 3 种见同治《上江两县志》卷 12。

香草集　集部别集类　佚

见民国《吴县志》卷 58。

按:《国朝金陵诗征》卷 7 收其诗 3 首。《七十二峰足征集》卷 54 收其诗 74 首。

两朝国雅碎金集　集部总集类　佚

见同治《上江两县志》卷 12。

大　雪

字独任。清江宁僧。

莆庄吟　集部别集类　佚

见《江苏诗征》卷 181,收其诗 1 首。

程瑞祊(1666—1719)

字姬田。一字宗衍。号碧川,又号槐江。室名文山堂、一峰阁。清上元人。端德三子。官内阁中书。邃于理学,工诗古文。喜游历。

藜床呓语6卷　子部杂学类

清康熙五十九年(1720)一峰阁刻本,南京图书馆藏。

飘风过耳集4卷　集部别集类　佚

稿本,复旦大学图书馆藏。

黄山纪游诗不分卷　集部别集类

清康熙四十五年刻本,浙江图书馆藏。

槐江诗钞4卷　集部别集类

清乾隆二年(1737)赐书堂刻本,国家图书馆藏。

王元蘅

字符躬,号浔江。清上元人。尝从李堪游。康熙三十五年(1696)举人。四十八年进士。任河南新安知县,有政绩。晚归金陵城郊,足不入城市。卒年72。

蒿里集　集部总集类

见同治《上江两县志》卷12。

按:同治志以元蘅为王应宪子。《金陵通传》卷24则以元蘅为王应宪孙。又同治志以本集为王元蘅辑。云:"辑一时哀挽其父应宪之作。"《金陵通传》则以为王应宪子国珍诸人所辑,云:"(应宪)子国珍、国璠、国球,国瑜、国璋,辑其墓志哀诔为《蒿里录》。"因不能明,姑从同治志著录于元蘅名下。

朱　豫

名或作预。字介士,一字东田。清江宁人。睿炌子。康熙三十七年(1698)岁贡生,官训导。为文典雅。环堵萧然,手一编昕夕不倦。

拙真堂集　集部别集类　佚

见嘉庆《江宁府志》卷54。

按:《国朝金陵诗征》卷9小传云:"介士集有纪伯子及门人艾之骢、婿王徯服序。"收其诗8首。

诗乘初集 12 卷诗乘发凡 1 卷　集部总集类

清刘然选评　朱豫增辑

(1) 清康熙四十九年玉縠堂刻本，中国科学院图书馆、吉林大学图书馆藏。

(2)《四库禁毁书丛刊》本。

按：参见“刘然”条。

国朝诗萃 12 卷　集部总集类

清刘然、朱豫辑

清乾隆三十年(1765)光霁堂刻本，南京图书馆藏。

按：同治《上江两县志》卷 12 作朱豫、刘然同辑。《国朝金陵诗征》卷 9 朱豫小传云：“介士与刘然西涧合选《诗乘》，多载金陵耆旧诗，足资采掇。后有所增益。名曰《诗萃》，吴启昆宥函序。后板多断烂，孙去浮少梁克纂前志，重梓以行，葛祖亮闻桥复为之序。后梓人私为羼乱断烂，未能悉补。如以王元倬之诗蒙汪茗文之名，须求原印《诗乘》《诗萃》一订其讹。又纪伯子《梅花诗》十六首止存二首，而评语仍云十六首。此类不一而足。”

翁　荃

字止园，一字兰友。清江宁人。道明孙，椿龄子。诸生。性警敏，不事科举。尝从李塨学，得颜元之学。后入云台山研习经训，与方苞、张彝、刘捷并称四子。乾隆元年(1736)诏修《三礼》，公卿交荐，固辞，以弟子和风翔应征。亦能诗。

易经纂说　经部易类　佚

书经纂说　经部尚书类　佚

诗经纂说　经部诗经类　佚

礼记纂说　经部礼记类　佚

以上 4 种见同治《上江两县志》卷 12。

三礼纂说　经部三礼总义类　佚

见《国朝金陵诗征》卷11。

春秋纂说　经部春秋总义类　佚

孝经纂说　经部孝经类　佚

尔雅纂说　经部尔雅类　佚

以上3种见同治《上江两县志》卷12。

五经纂说　经部群经总义类　佚

止园诗文集　集部别集类　佚

以上2种见《国朝金陵诗征》卷11。

程瑞初

字旦明，一字讷庵，号松轩。清康熙间上元人。端德四子。

上诚堂偶钞　集部别集类　佚

见同治《上江两县志》卷12。《国朝金陵诗征》卷12收其诗1首。

方　苞(1668—1749)

字凤九。一字灵皋，号望溪。清桐城籍，上元人。舟弟。古文家。生于江宁府六合县留稼村。早年尝从万斯同游。一意治经学。康熙四十五年(1706)进士。五十年因戴名世案牵连入狱，被赦编入汉军旗下，入直南书房。六十一年任武英殿修书总裁。雍正元年(1723)赦归原籍。后充左春坊左中允、《一统志》总裁。乾隆元年(1736)再入值南书房，七年以病辞归江宁，杜门著述，不接宾客。论文提倡“义法”，为桐城派创始人。清苏惇元编有《方望溪先生年谱》。《清史稿》有传。

读易偶笔　经部易类　佚

见清戴钧衡《〈望溪先生集外文〉跋》。

尚书集注　经部尚书类　佚

见清孙葆田《〈望溪文集补遗〉序》，云：“望溪宗伯又有《尚书集法》稿本，存伯平(单为鏓)先生所。先生卒后，不知书归何人。予屡访未得。”

书义补正8卷　经部尚书类　佚

见刘声木《桐城文学撰述考》卷1,原注云:"为目有八:曰正义、曰考证、曰考定、曰辨正、曰通论、曰余论、曰存异、曰存疑,皆排比完竣。初授之门人单作哲,后归单为锪,又归胶州韩介侯,复归朝邑阎乃竹观察。"

按:以上2种疑为同书异名。

尚书述4册　经部尚书类　佚

见刘声木《桐城文学撰述考》卷1,原注云:"剪截通志堂刻本而连缀之,各明其去取之由。"

书义补正　经部尚书类

见刘声木《桐城文学撰述考》卷1,原注云:"马其昶专录《尚书述》中方苞案语以名之。"

读尚书偶笔　经部尚书类　佚

见清戴钧衡《〈望溪先生集外文〉跋》。

朱子诗义补正8卷　经部诗经类

清方苞撰　单作哲编

(1) 清乾隆三十二年单作哲刻本,国家图书馆藏。

(2) 清光绪三年(1877)南海冯氏重刻本,南京图书馆藏。

(3) 清抄本。原为李盛铎藏书,今藏北京大学图书馆。参见《木樨轩藏书题记及书录》。

(4)《续修四库全书》本。

周官集注12卷　经部周礼类

(1)《抗希堂十六种》本。

(2)《四库全书》本。

周官析疑36卷　经部周礼类

考工记析疑4卷　经部周礼类

以上2种有:

(1)《抗希堂十六种》本。

(2)《续修四库全书》本。

(3)《四库全书存目丛书》本。

按:以上2种亦见《四库全书总目》礼类存目,云:“是书以《周官》为一编,《考工记》为一编,各分篇第,世亦两本别行。然前有顾琮序,称合《考工》为四十卷,则本非两书,特不欲以河间献王所补与经相淆,故各为卷目耳。”

周官辨1卷　经部周礼类

(1)《方望溪先生经说四种》本。

(2)《抗希堂十六种》本。

(3)《续修四库全书》本。

(4)《四库全书存目丛书》本。

按:见《四库全书总目》礼类存目,云:“是书分别伪、辨惑二门,大旨以窜乱归之刘歆,凡十篇。已录入所著《望溪文集》中。此其初出别行之本也。”今《望溪先生集》卷1有《周官辨伪》2篇。

钦定周官义疏48卷　经部周礼类

(1)《御纂七经》本。

(2)《四库全书荟要》本。

(3)《四库全书》本。

按:此书为御定《三礼义疏》之第一部,题允禄等奉高宗命撰,实由方苞纂成。乾隆元年方苞充三礼义疏馆副总裁,四年落职,仍修《三礼》。六年书成,进呈高宗。高宗留览兼旬,命发刻,一无所更。参见清雷鋐撰方苞行状、沈运芳撰方苞传,并马其昶《桐城耆旧传》卷8方苞传。

点勘周礼订义80卷　经部周礼类

宋王与之撰　清方苞点勘

见刘声木《桐城文学撰述考》卷1,原注云:“方苞用绿色笔,董蔗经仪问用红色笔。原稿存乌程丁小雅(杰)家。”

仪礼析疑17卷　经部仪礼类

(1)《抗希堂十六种》本。

(2) 清乾隆十一年刻本，中国科学院图书馆藏。

(3)《四库全书》本。

丧礼或问　经部仪礼类

(一) 二卷本

(1) 清康熙五十五年刻本，清华大学图书馆藏。

(2) 清乾隆间刻本，上海图书馆藏。

(3)《龙眠丛书》本。

(4) 清木活字印本，天津图书馆藏。

(二) 一卷本

(1)《抗希堂十六种》本。

(2)《方望溪先生经说四种》本。

(3) 2016 年学苑出版社出版《稀见清代四部辑刊》本。

按：《望溪先生年谱》"康熙五十一年"云："初先生居丧准《礼》，里中戚友有感而相仿效者，古塘(刘捷)刊是书示朋友生徒，而江介服行者又渐多也。"

礼记析疑 48 卷　经部礼记类

(1)《抗希堂十六种》本。

(2)《四库全书》本。

评点大戴礼记　经部大戴礼记类　佚

见刘声木《桐城文学撰述考》卷 1。

左传义法举要 1 卷　经部春秋左传类

清方苞撰　王兆符、程崟录

(1)《抗希堂十六种》本。

(2)《榕园丛书》本。

(3) 清末盋园刻本，湖北省图书馆藏。

(4) 清长洲王氏抄本，香港大学图书馆藏。

(5) 民国间沈阳高等师范文学专修科铅印本，丹东市图书馆藏。

按：蒋元卿《皖人书录》卷1按语云："是书有果亲王刊本，大抵辞义精深处用丹笔，叙事奇变处用绿笔，脉络相灌输处用蓝笔，原印本甚罕见。金匮廉泉于荣城孙佩兰处获读是书，爰仿马平王氏辑归、方《史记》合评笔例，摘录起讫为二卷，以附《左传义法举要》之后。"

左传义法举要1卷附方氏左传评点2卷　经部春秋左传类

清方苞撰　廉泉辑

清光绪十九年金匮廉泉校刻本，国家图书馆藏。

春秋通论4卷　经部春秋总义类

（1）《抗希堂十六种》本。

（2）《方望溪先生经说四种》本。

（3）《四库全书》本。

（4）清木活字印本，北京大学图书馆藏。

春秋比事目录4卷　经部春秋总义类

（1）《抗希堂十六种》本。

（2）《四库全书存目丛书》本。

按：《四库全书总目》经部春秋类存目云："苞既作《春秋通论》，恐学者三传未熟，不能骤寻其端绪，乃取其事同书法互异者，分类汇录，凡八十有五类。"

春秋日讲　经部春秋总义类　佚

清方苞校订

见清顾琮《〈春秋通论〉序》。

春秋直解12卷　经部春秋总义类

（1）《抗希堂十六种》本。

（2）《续修四库全书》本。

春秋发疑1卷　经部春秋总义类

清钱复初传抄稿本，清杜镐跋，上海图书馆藏。

删取五经大全　经部群经总义类　佚

见刘声木《桐城文学撰述考》卷1。

读经 1 卷　经部群经总义类

《方望溪先生经说四种》本。

按:亦收入《望溪先生文集》卷 1。

方望溪说经 8 卷　经部群经总义类

清方宜田辑

清刻本,天津图书馆藏。

史记集解 130 卷附史记义法 1 卷　史部正史类

南朝宋裴骃撰　清方苞、储欣批

汲古阁刻本,北京大学图书馆藏。

按:《中国善本书提要》著录,谓卷内眉评及圈点甚工,《集解》序下题云:"朱笔、绿笔临方望溪先生阅本,黄笔临储在陆(欣)先生阅本。"卷端钞附方苞《史记义法》1 卷。

史记 130 卷附方望溪评点 4 卷　史部正史类

(1) 清光绪二年至四年武昌张裕钊刻本,国家图书馆藏。

(2) 1918 年交通图书馆影印武昌张氏本,上海图书馆藏。

按:刘声木《桐城文学撰述考》卷 1 著录《史记评点》4 卷,原注云:"张裕钊刊本,原本藏桐城倪达士家。"

批点史记　史部正史类

见刘声木《桐城文学撰述考》卷 1,原注云:"用绿色笔,原稿存北平黄氏。"

史记注补正 1 卷　史部正史类

(1)《抗希堂十六种》本。

(2)《广雅书局丛书》本。

(3) 清活字印本,天津图书馆藏。

(4)《丛书集成初编》本。

(5) 日本抄本,北京大学图书馆藏,见《北京大学图书馆藏李氏书目》。

按:方苞于《史记》用力甚勤。《望溪先生文集》卷 2《读子史》28 篇中，论《史记》的有22篇。又《望溪先生集外文补遗》卷2有其《史记评语》共59条，所附邵懿辰识语云："卢召弓尝言：'望溪先生评《史记》真本，藏北平黄氏。'甲辰、乙巳之间（道光二十四、二十五年），马平王定甫买得《史记》评本，不著评者名氏。细察之，与《望溪集》中读《史记》评语相应，知是望溪评而他人传录者，亟录存之。望溪别有《史记注补正》，而兹评所开发尤多，学者由是可悟作史为文之义法。"戴钧衡《〈方望溪先生集外文补遗〉序》亦云："予刊《望溪先生全集》既成……邵映垣比部（懿辰）又摘先生《史记评语》归予。"

评点汉书　史部正史类　佚

见刘声木《桐城文学撰述考》卷1。

望溪史论1卷　史部史评类

清熊译元辑《史论丛编》本，清光绪二十八年丰城熊氏旧补史堂刻本，上海图书馆藏。

闻见录　史部传记类

见《望溪先生集外文补遗》卷1，有其文3则。戴钧衡识语云："先生此录，盖别自为书，单氏（为鏓）只得其不全稿也。今附文后。"

按：《方望溪遗集》碑传类亦录《闻见录》之文3则，并有刘声木注云："此文从江浦刘大山太史岩《匪莪堂文集》中录出，桐城戴存庄孝廉钧衡编《望溪集外文补遗》亦录有三则。虽属纪事，实即碑传类，当是别自为书。嘉言懿行所录必多，惜未能得见其全也。"

征君孙先生年谱（一作孙夏峰年谱）2卷　史部传记类

清孙奇逢自编　汤斌、魏一鳌等编次　方苞订正

（1）清乾隆元年吴维垣刻本，上海图书馆藏。

（2）《孙夏峰全集》本。

（3）《畿辅丛书》本。

（4）《孙夏峰三谱》本。

（5）清光绪十三年继善堂刻本。

（6）《丛书集成初编》本。

(7)《北京图书馆藏珍本年谱丛刊》本。

按:此谱系谱主自撰大纲,门人汤斌、魏一鳌、赵御众、耿极等编次,后方苞应谱主曾孙用桢之请而订正。《望溪先生年谱》康熙五十四年云:“春,删定容城孙征君年谱,书成,序之;寻作征君传。”《孙征君年谱序》《孙征君传》分别见《望溪先生文集》卷4、卷8。参见来新夏《近三百年人物年谱知见录》。

汤文正公年谱定本1卷　史部传记类

清方苞考订　杨椿重编

(1) 清乾隆八年树德堂刻本,2卷,国家图书馆藏。

(2)《赵氏藏书·潜庵先生全集》本。

(3)《北京图书馆藏珍本年谱丛刊》本。

(4) 刘师培编《历代名人年谱大成》本,稿本,台湾“中央图书馆”原藏。

按:此为汤斌年谱。来新夏《近三百年人物年谱知见录》云:“题方苞编者,或当时借重望溪之盛名,实即杨椿所增编。”《望溪先生集外文》卷4有《汤文正公年谱序》,云:“乾隆七年首夏,公(汤斌)之叔子沆以时贤所为状志、传记,属余编定且序之。时余告归,行有日矣,乃以付武进杨椿农先。冬十月,沆使使奉书以谱来,去取详略,一无所苟。”是此谱由杨椿所编。然方苞与此谱编成不无关系,今《望溪先生集外文》卷2有《请以汤斌从祀文庙及熊赐履、郭琇入贤良祠札子》,卷6有《汤司空逸事》《汤潜庵先生逸事》等篇,表彰、述说汤斌事迹。其《汤潜庵先生逸事》下有戴钧衡识语云:“此篇,厚子(苏惇元)自汤公年谱录出。所叙康熙间免田租与王本(指清王廷灿编汤斌年谱)小异,而文较简明。今从苏(惇元)录,而分注王本之不同者于内。”是方苞于汤斌事迹颇多关注。

(江苏无锡)华氏溯源编3卷　史部传记类

清方苞纂修

清乾隆五十一年刻本,书名据谱序题,二修本,上海图书馆藏。

望溪奏议 2 卷　史部政书类

(1)《龙眠丛书》本。

(2) 清抄本,不分卷,国家图书馆藏。

按:此奏议由邵懿辰自《方氏家谱》中辑出,共 19 篇。后戴钧衡复增 9 篇,收入《望溪先生集外文》。

游雁荡记 1 卷　史部地理类

《小方壶斋舆地丛钞》本。

按:此记亦收入《望溪先生文集》卷 14。

删定管子 1 卷　子部周秦诸子类

(1)《抗希堂十六种》本。

(2) 清乾隆元年刻本,上海图书馆藏。

(3) 清刻增修本,天津图书馆藏。

管子补注　子部周秦诸子类

评点庄子　子部周秦诸子类

以上 2 种见刘声木《桐城文学撰述考》卷 1。

删定荀子 1 卷　子部周秦诸子类

(1)《抗希堂十六种》本。

(2) 清乾隆元年刻本,上海图书馆藏。

(3) 清刻增修本,天津图书馆藏。

荀子 1 卷　子部周秦诸子类

清方苞删定　顾琮参校

清刻本,上海图书馆藏。

荀子补注　子部周秦诸子类

见刘声木《桐城文学撰述考》卷 1。

读子史 1 卷　子部杂学类

《方望溪先生经说四种》附。

按:亦收入《望溪先生文集》卷 2。

望溪读经史不分卷　子部杂学类

清王兆符、程崟辑

清刻本。

按：书分2册，分别题作《读经》《读子史》（论文附）。篇题少于通行本《望溪先生文集》所收，篇次也有不同。所附“论文”部分今《望溪先生文集》题作“书后题跋”类，篇次也互有出入。又本书所收各文后有梅文鼎、程廷祚、顾琮、刘捷并单作哲、韩梦周、王兆符、程崟等人评语，通行本则无评语。

离骚经正义1卷　集部楚辞类

（1）《抗希堂十六种》本。

（2）清刻本，南京图书馆藏。

（3）2014年国家图书馆出版社出版《楚辞文献丛刊》本。

望溪文稿不分卷　集部别集类

稿本，安徽省博物馆藏，傅增湘跋；山西大学图书馆藏，傅增湘跋。

望溪存稿不分卷　集部别集类

稿本，安徽省图书馆藏。

抗希堂稿不分卷　集部别集类

稿本，首都图书馆藏。

望溪集不分卷　集部别集类

清顾琮辑

乾隆间顾琮刻本。

按：程崟撰《望溪先生文集序》云：“总督漕政御史大夫顾公惜之，复刻于淮南。”顾刻本今未见，通行本《望溪先生文集》有其乾隆五年所作之序，云：“方子之文，余共事时，爱而录之者十之四，邮致者十之二。姑就箧中所存，编而录之。”

方灵皋全稿不分卷　集部别集类

清刻本，国家图书馆藏。

望溪先生文不分卷　集部别集类

清王兆符、程崟同辑

（1）清乾隆十一年程崟刻本，清刘履芬抄补，章钰跋，国家图书馆藏。

（2）《抗希堂十六种》本。

按：此书由方苞门人王兆符辑于雍正年间，兆符早卒，方苞门人程崟复增辑于乾隆年间。有雍正元年王兆符、乾隆五年顾琮、十一年程崟序。

方望溪偶钞不分卷　集部别集类

清方苞撰　王兆符、程崟辑

抄本，日本静嘉堂文库藏。

望溪集8卷　集部别集类

（1）《四库全书》本。

（2）清稿本，收入台湾《国朝文会》。

望溪先生文外集不分卷　集部别集类

方苞曾孙传贵辑刻

《抗希堂十六种》本。

望溪先生文集18卷集外文10卷补遗2卷附录1卷年谱1卷　集部别集类

清戴钧衡辑　《年谱》清苏惇元编

（1）清咸丰元年(1851)戴钧衡刻二年增刻本，无《补遗》，复旦大学图书馆藏。

（2）清咸丰三年重刻本。

（3）《四部丛刊》本。

（4）《四部备要》本。

（5）台湾《近代中国史料丛刊》本。

（6）台湾新文丰出版公司《丛书集成三编》本。

（7）《续修四库全书》本。

（8）《清代诗文集汇编》本。

按：清戴钧衡以王兆符、程崟辑本未善，乃重编为18卷。后又就方传贵所辑刻《外集》,并合邵懿辰等人所辑佚文,附以尺牍,共 182 首,成《集外文》10 卷,又苏惇元撰《年谱》1 卷,刻于咸丰元年。后又以所得文为《补遗》2 卷,复刻于咸丰三年。

方望溪文钞 6 卷　集部别集类

清戴钧衡辑

(1) 清刻本。

(2) 1914 年上海广益书局排印本。

望溪文集补遗 1 卷　集部别集类

清孙葆田辑

《孙氏山渊阁丛刊》本。

按:孙葆田曾得清宋荦旧藏《望溪集》抄本 4 册,中多有王兆符、程崟所未收者。后又从潍县高翰生处得单为鏓旧藏《望溪遗稿》,乃合二本作《补遗》刊刻之。

望溪文集再续补遗 4 卷　集部别集类

(1)《直介堂丛刻初编》本。

(2) 台湾新文丰出版公司《丛书集成三编》本。

望溪文集三续补遗 3 卷　集部别集类

《直介堂丛刻初编》本。

按:刘氏于 1924 年购得《望溪集》旧抄本,其中多有戴钧衡、孙葆田二本未刊之文,又从《敬孚杂钞》等书中,搜得文 33 篇,诗 13 首,编为《再续补遗》。后复从合肥刘文典处得其所购《望溪手稿》两大册,刘声木乃为之录副,依类编辑,并增入自辑文 5 篇,诗 3 首,共 37 首,编为《三续补遗》。唯刘声木录副本讹误较多。

望溪文集四续补遗　集部别集类　佚

见刘声木《桐城文学撰述考》卷 1。

望溪先生文补遗 1 卷　集部别集类

清万卷楼抄本,上海图书馆藏。

方灵皋先生佚文　集部别集类

（1）1932年藏园傅氏乌丝栏钞本，国家图书馆藏。

（2）《国家图书馆藏钞稿本乾嘉名人别集丛刊》本。

望溪先生文不分卷　集部别集类

清同治十三年(1874)张鸣珂刻本，内蒙古图书馆藏。

方文别偶　集部别集类

清抄本，湖南省图书馆藏。

方望溪集外文补遗1卷　集部别集类

抄本，南京图书馆藏。

方望溪文钞1卷　集部别集类

王文濡辑

《明清八大家文钞》本。

望溪文钞1卷　集部别集类

《国朝二十四家文钞》本。

方望溪尺牍1卷　集部别集类

《明清十大家尺牍》本。

方苞集　集部别集类

刘季高校点

1983年上海古籍出版社出版。2008年、2009年再版。

按：此据咸丰三年戴钧衡刻本分段标点。

方望溪遗集　集部别集类

徐天祥、陈蕾点校

1990年黄山书社出版。2014年再版。

按：本书将孙葆田、刘声木二人辑本合而编之，厘为序跋、奏议、书牍等7类，订正了原刻讹误，复校以安徽省博物馆所藏刘文典捐赠之《望溪手稿》，又益以方氏旧抄方苞手批柳文批语。所收诗文均为上海古籍出版社《方苞集》所未收者。

方望溪全集　集部别集类

1991年中国书店出版。

望溪手稿　集部别集类

刘文典旧藏，2 册。后捐赠安徽博物馆。

按：清韩梦周、单为鏓、雷鋐、方道兴、王宝仁、汤品三等人均辑有方苞遗文。诸家辑本或已佚，或已收入通行本，兹不再一一列出。参见苏惇元《〈望溪先生文集〉跋》、戴钧衡《〈望溪先生集外文〉跋》等。

批杜诗　集部别集类　佚

见《杜集书录》内编卷 9，云："方氏批杜系据何本，不详。未见传本，或未梓行，但各注家颇有征引，乔亿曾见批。"

评点韩文　集部别集类　佚

见刘声木《桐城文学撰述考》卷 1，注云："原本藏单作哲家。"

评点朱子韩文考异　集部别集类　佚

见刘声木《桐城文学撰述考》卷 1。

评点柳文　集部别集类

原为方氏旧抄本，今收入黄山书社出版《方望溪遗集》附录一。

按：刘声木《桐城文学撰述考》卷 1 注云："手稿藏马其昶家，原用朱笔亲笔讲授，以授程崟。"

古文约选 10 卷　集部总集类

清允礼辑　方苞订

(1) 清雍正十一年果亲王府刻本，国家图书馆藏。

(2) 清同治八年盱眙吴棠望三益斋刻本，国家图书馆藏。

按：此书列名果亲王允礼辑，实成于方苞之手。《望溪先生年谱》雍正十二年云："奉果亲王教，约选两汉及唐宋八家古文，刊授成均诸生，其后于乾隆初诏颁各学官。"

评点古诗笺　集部总集类

见刘声木《桐城文学撰述考》卷 1。原注云："以上四书(指《评点汉书》《评点大戴礼记》《评点庄子》《评点古诗笺》)，后人录方苞、刘大魁、姚鼐三人评点成一书。"

评点唐宋八家文　集部总集类

见刘声木《桐城文学撰述考》卷 1，注云："藏孙葆田家。"

按：刘声木《桐城文学渊源考》卷 2 程崟传谓其编有《望溪删订评阅八家文读本》1 卷，或即指此书。

五七言古近体诗钞　集部总集类

清方苞、刘大櫆同选

见刘声木《桐城文学撰述考》卷 1"刘大櫆"条。

钦定四书文 41 卷　集部总集类

清方苞奉高宗命编

(1) 清乾隆五年武英殿刻本，国家图书馆藏。

(2)《四库全书》本。

(3) 清光绪二年湖北崇文书局刻本，国家图书馆藏。

(4) 清光绪十五年刻本，国家图书馆藏。

(5)《钦定四书文校注》，王同舟，李澜校注，2009 年武汉大学出版社出版。为体现制义"无一字无来历"的写作特色，本书在注释时注意对文中涉及的典章制度、历史文件、儒家义理等材料的出处加以说明。

按：此为乾隆初方苞奉高宗命，选明清两朝诸大家四书制义文数百篇，以为举业准的。

抗希堂十六种　丛书类

清康熙、嘉庆间桐城方氏抗希堂刻本。

子目见上。

按：日本《东方文化研究所汉籍分类存目录》著录有光绪二十四年嫏环阁活字本《抗希堂十六种全书》，此本今未见，不知与《抗希堂十六种》为同书否，姑录此俟考。

方望溪先生经说四种附一种　丛书类

清乾隆中方观承刻本，上海图书馆藏。

子目见上。此为方苞经说最初本。

删定通志堂宋元经解　丛书类　佚

见《望溪先生年谱》乾隆十四年。

按：方苞得徐乾学刻《通志堂经解》，乃取其粹言而会通之，20余年始成。戴钧衡《〈望溪先生集外文〉跋》谓方苞自称大有关于前贤后学者，莫过于此书，想其书亦在人间。马其昶《桐城耆旧传》卷8则谓未刊，无传本。

张秉亮

字熙人。一字啸耕。清上元人。谢煦弟子。康熙五十一年(1712)进士。充翰林院纂修官。性耿介。然遇人谦退。于古今人物，历代治乱，了如指掌。谒选得知县。未仕卒。祀乡贤祠。

清思堂集　集部别集类　佚

见同治《上江两县志》卷12。《国朝金陵诗征》卷11收其诗2首。

马几先

字祖修。一字秋田。号香林。清江宁人。生平笃于操行。以诗游京师，为红兰主人蕴端客。康熙三十七年(1698)，与周清原、叶藩、顾嗣协等16人先后为徐兰题《芷仙书屋图》。三十九年与余宾硕等集孔尚任宅，观演《桃花扇》。晚归里。自号天阙山樵。雍正初举贤良方正。辞不就。

敦好堂集3卷　集部别集类　佚

见同治《上江两县志》卷12。《江苏诗征》卷111收其诗2首。《国朝金陵诗征》卷13收其诗27首。

朱元璧(1669—1697)

字位子。清上元人。圻子。少颖悟，体素弱。与从弟昭朴、族弟西成读书宝华山中。以苦读致呕血不起，诗文多散失。

锦囊集1卷　集部别集类

(1)《金陵朱氏家集》本。

(2) 2015年国家图书馆出版社出版《清代家集丛刊》本。

方正琯

字虞律。号柴林。清江宁人。中履次子，正瑗弟。官盱眙训导。在任修学舍，恤寒素。

柴林诗钞　集部别集类　佚

见《金陵通传》卷25。

刘旂锡(1670—?)

字子望。号莪厓。清江宁人。章锡兄。补诸生。性孝友，博学工文。

白下余谈1卷　史部地理类　佚

见嘉庆《江宁府志》卷55。

按：《国朝金陵诗征》卷17云："《白下余谈》，乾隆庚午（十五年，1750）年作，莪厓时年八十余矣。"又云："其书流传渐罕，须重梓以行。"是此书本有刻本，今未见。金鳌《金陵待征录》卷10云："所居在孝侯台下，故东城水道言之侃侃。为学宫弟子，故庠序中事亦纪载维详。"

文家稽古编10卷　子部杂学类　佚

藏虚斋萃笔　子部小说类　佚

刘旂锡诗集　集部别集类　佚

以上3种见同治《上江两县志》卷12。《国朝金陵诗征》卷17收其诗11首。

刘树声

清上元人。与江宁刘旂锡同时。

金陵闻见杂著　史部地理类　佚

见同治《上江两县志》卷12。

余　诚

字自明。清上元人。通经学。擅古文。

周易讲义　经部易类　佚

批选时文小题　集部诗文评类　佚

以上2种见作者《重订古文释义序》,俱撰辑于乾隆初。

古文释义新编8卷　集部诗文评类

清余诚评注　其子余芝校定

(1) 清嘉庆十四年(1809)敦化堂刻本,国家图书馆藏。

(2) 清同治七年(1868)聚锦堂刻本,国家图书馆藏。

(3) 清同治九年江宁崇文堂刻本,北京师范大学图书馆藏。

(4) 清光绪六年(1880)紫文阁刻本,辽宁省图书馆藏。

(5) 清光绪十二年刻本,上海图书馆藏。

(6) 清光绪十七年刻本,国家图书馆藏。

(7) 清光绪二十三年善成堂刻本,国家图书馆藏。

(8) 清光绪二十四年扫叶山房刻本,辽宁省图书馆藏。

(9) 清光绪间文和堂刻本,国家图书馆藏。

(10) 清京都宝书堂刻本,辽宁省图书馆藏。

(11) 清经纶堂刻文光堂印本,辽宁省图书馆藏。

(12) 清金溪周光霁扫叶山房印本,辽宁省图书馆藏。

(13) 清末扫叶山房石印本,国家图书馆藏。

(14) 清末民国初上海锦章图书局石印本,国家图书馆藏。

(15) 1986年武汉古籍书店影印本。

按:本书原名《古文释义》,约初刊于康熙末年。后原版漫漶不清,乃于乾隆八年(1743)重新校刻,易名《古文释义新编》。作者并撰《序》冠于卷首,述其刊刻缘起颇详。本书异名甚多。如:《经纶堂重订古文释义新编》《重订古文释义新编》《书业堂重订古文释义新编》《重镌古文释义》《文成堂重订古文释义新编》《善成堂重订古文释义新编》《桂芳斋重订古文释义新编》《大文堂重订古文释义新编》《增辑古文释义新编》等。

吴式蘧

清上元人。晋孙，睿思子。

前后宾筵集　集部总集类　佚

清吴晋、吴睿思撰　吴式蘧辑

见《金陵通传》卷17。本书乃搜其祖、父为乡饮大宾之事而成，今未见。

张　棠

字南映，号吟樵。清上元人。集长子。康熙三十五年(1696)举人。官桂林知府。雍正间浚吴淞江，助工役。加太仆寺少卿衔。工诗。

赋清芊堂诗　集部别集类　佚

见《江苏诗征》卷56收其诗3首。

谢　烇

清康熙间江宁人。与辉孙。通医术。

外科或问　子部医家类　佚

燕贻堂稿　集部别集类　佚

以上2种见同治《上江两县志》卷12。

黄　嘉

字季雅。清上元人。《名媛诗话》韩矩序以“国士而为国色，美人原是才人”句赞之。

季雅遗诗　集部别集类　佚

见《清闺秀艺文略》。

徐　鹏

字鸣九，一字药川。号逸休。清江宁人。从师林正蕃。初习文，后改学骑射。工诗古文辞，兼善书弈。康熙四十一年(1702)武举人，四十二年武进士。兵部将截取选守备，以两兄没，母老辞不赴，侍奉终身。复因母病精通医理。衣粗食淡，处之怡然。

感旧录1卷　史部传记类　佚

虚白斋集30卷　集部别集类　佚

集杜诗词2卷　集部别集类　佚

以上3种见同治《上江两县志》卷12。《国朝金陵诗征》卷10云："晚年有集杜诗三十首，格法自然，朋侣助资刊之。"并收其诗14首。

桑　枢

字蓬户，一字矩斯。清江宁人。康熙四十一年(1702)岁贡。安贫乐道。吟啸于败屋之中。尝谓"千门万户，不知我荜门之乐也"，因自号荜门居士。

达意集　集部别集类　佚

见同治《上江两县志》卷12。《国朝金陵诗征》卷10收其诗2首。

蔡学洙

字心涵，一作皇涵，号阜亭。清江宁人。康熙四十五年(1706)进士。官编修。

蔡阜亭稿　集部别集类　佚

见戴名世《南山集》光绪二十六年(1900)重刻本卷3。《国朝金陵诗征》卷10收其诗4首。

牛天申

字蓼怀，一字令宜。清上元人。建章子。康熙四十二年(1703)举人，五十七年进士。历至大定知府。

梦草斋诗　集部别集类　佚

见《国朝金陵诗征》卷13，收其诗1首。

徐元肃

字括庵。初名征肃，字梦符。清上元人。佩次子。雍正二年(1724)举人。授浙江孝丰知县，调补台州太平县，以卓异升玉环同知。署台州知府，以劳瘁卒于官。工诗善书。

孝洁黄先生墓志铭1卷　史部传记类

清抄本，国家图书馆藏。

北行纪程　史部地理类　佚

求志集　集部别集类　佚

台南集　集部别集类　佚

古欢斋诗稿　集部别集类　佚

以上4种见同治《上江两县志》卷12。

林於阁

清康熙、雍正间江宁人。

林於阁集　集部别集类　佚

见同治《上江两县志》卷12。

义犬记　集部词曲类　佚

淮阴侯　集部词曲类　佚

中山狼　集部词曲类　佚

蔡文姬　集部词曲类　佚

以上4种杂剧见清黄文旸《曲海目》(著录于《扬州画舫录》卷5)。

刘章锡

字绥人，一字理堂。清江宁人。旂锡弟。诸生。

递嬗编　子部杂学类　佚

见同治《上江两县志》卷12。《国朝金陵诗征》卷17收其诗1首。

章秉法

字惺村。清会稽人，供职江南都使司，遂为上元人。

明道先生纪绩3卷(一作4卷)　史部传记类　佚

见同治《上江两县志》卷12。

按：《国朝金陵诗征》卷42云："惺村勤学好士，重葺明道书院。立射圃，列从祀，康熙乙酉(四十四年，1705)告成，即今明道程子祠也。"《诗征》收其《明道书院纪事》诗1首。

为人录　子部儒学类　佚

见《国朝金陵诗征》卷42。

何梦篆(1674—?)

字赓墀，一字耕迟，号退夫。清江宁人。云章子。康熙五十九年(1720)举人。雍正元年(1723)进士。官广东新安知县。乾隆元年(1736)巡抚杨永彬荐试博学鸿词落选，加中书衔还任。喜著述，诗摹昌黎，文则解经者多。

(乾隆)上元县志27卷首1卷末1卷　史部地理类

清蓝应袭修　何梦篆、程廷祚纂

(1) 清乾隆十六年刻本，南京图书馆藏。

(2) 抄本，南京图书馆藏。

(3) 1989年江苏广陵古籍刻印社影印乾隆本。

(4)《金陵全书》本。

思无邪斋文集10卷诗集4卷　集部别集类　佚

见同治《上江两县志》卷12。《国朝金陵诗征》卷15收其诗7首。

方正琪

字纮长。清江宁人。中履三子。正琯弟。

挪室诗略　集部别集类　佚

见《金陵通传》卷25。

王　霖

字岩夫，号澄斋。清上元人。康熙四十五年(1706)进士，除湖南南漳知县。在任疏浚河渠，灌溉农田，岁以大熟。母忧服阕。补四川彭县知县，调新繁县，以廉能称。入为礼部员外郎。殚精经史，凡郊之议均参酌经义，悉为厘订。告归，年80余卒。

澄斋集　集部别集类　佚

见同治《上江两县志》卷12。

秋游草　集部别集类　佚

北游草　集部别集类　佚

楚蜀行役草　集部别集类　佚

石梦山房草　集部别集类　佚

以上4种见《金陵通传》卷27。《国朝金陵诗征》卷10收其诗10首。

方式济(1676—1717)

字屋源，号沃园。清上元人。登峄子。康熙四十八年(1709)进士。官内阁中书。五十年父因戴名世案谪戍黑龙江卜魁，式济随父至戍所，服勤左右。暇则独处一室，网罗群经，著书立说。又据所见闻，考核古迹。喜吟咏，诗格矫矫不群，为沈德潜所称。后与父母同卒辽东。清方苞《望溪先生集外文》卷7有《弟屋源墓志铭》。

易学6卷　经部易类　佚

见清方苞《弟屋源墓志铭》。谓未定稿，藏于家。

五经一得　经部群经总义类　佚

见清蔡世远《〈陆塘初稿〉序》谓:“属草稿未定,未出也。”

龙沙纪略 1 卷　史部地理类

(1) 清乾隆二十年(1755)刻本,南京图书馆藏。

(2)《四库全书》本。

(3)《述本堂诗集》本。

(4)《借月山房汇钞》本。

(5)《指海》本。

(6)《泽古斋重钞》本。

(7)《昭代丛书》(道光)本。

(8)《式古居汇钞》本。

(9)《小方壶斋丛钞》本。

(10)《小方壶斋舆地丛钞》本。

(11)《满蒙丛书》本。

(12)《龙沙六种》本。

(13) 抄本,南京图书馆藏。

(14) 抄本,台湾“中央图书馆”原藏。

筮衬 2 卷　子部术数类　佚

见蒋元卿《皖人书录》引《方氏书目》。

陆塘初稿 1 卷　集部别集类

出关诗 1 卷　集部别集类

以上 2 种有《述本堂诗集》本。

方沃园杂诗 1 卷　史部地理类

清抄《清诗钞》本,辽宁省图书馆藏。

章　松

字敬夫,号木公。清康熙间江宁人。

识渔亭集　集部别集类　佚

见同治《上江两县志》卷12。《国朝金陵诗征》卷6收其诗6首。

朱　卉(1678—1757)

初名灏，字草衣，一字菱江，号草衣山人、织厩山人。清芜湖籍。康熙五十八年(1719)为江宁芮氏赘婿。游历半天下。乾隆十年(1745)与吴敬梓、涂逢豫等在南京芦渡园举行消寒会，谒孝陵。有"夕阳僧打破楼钟"之句，人遂称"朱破楼"。晚依一女，自营生圹于清凉山下。

草衣山人集4卷　集部别集类

清抄本，台湾"中央图书馆"原藏。

按：《贩书偶记续编》卷15著录有底稿本，谓首有康熙壬寅成永健、乾隆间天台齐□□，宝应王箴与雷方晓、常熟马阳等序。此本今未查到馆藏。《国朝金陵诗征》卷43收其诗28首。

鲍元方

字季昭。一字静溪，号朴园。清上元人。雍正五年(1727)岁贡生。与方苞为内弟兄。苦学励行，以翰墨自娱。工写生，花卉、禽鱼尤佳。

忆亡友诗　集部别集类　佚

见《金陵通传》卷28。《国朝金陵诗征》卷17收其诗2首。

周宗旦

字青溪。清江宁人。康熙四十七年(1708)武举人，五十一年武进士。官侍卫，广东大鹏营参将，摄南雄副将。

清毖堂集10卷　集部别集类　佚

见同治《上江两县志》卷12。《国朝金陵诗征》卷11收其诗5首。

王　禧

字元祉，一字澹余。清康熙间上元人。父卒，由母徐氏抚之，事母至孝。通群籍，善诗古文词。以诸生终。

金陵赋　集部别集类　佚

见嘉庆《江宁府志》卷36。

马　益

字惠我，一字文屏。清陕西绥德州人，定居江宁。康熙四十八年(1709)进士。官编修。

灵谷寺志　史部地理类　佚

见同治《上江两县志》卷12。

方根基

字省度，一字石邻，号善物。清江宁人。中发孙。生好读书，家贫，以授徒为生。

善佛山房诗文集　集部别集类　佚

西江游草　集部别集类　佚

以上2种见道光《桐城续修县志》卷21。

车鼎丰(？—1733)

一名道南，字迈上，号双亭。清上元人。万育三子。康熙四十七年(1708)副贡生，曾就教职。才华出众，内行纯笃，生平专力宋五子书，于吕留良思想多所暗契。雍正初吕案起，与弟鼎贲同被系。在狱5年，诵读著述不辍。事既白，卒以曾刊吕留良评语遇害。时在雍正十一年(1733)十一月二十六日，时值除夕夜。生平著述悉遭禁毁。

四书条辨精解　经部四书类　佚

四书大全精解　经部四书类　佚

中庸辑略或问考订2卷　经部四书类　佚

朱子文语纂编14卷　子部儒学类　佚

五车寸轨10卷　子部儒学类　佚

语类衷圣录　子部儒学类　佚

按:此书著于狱中。

以上6种见《车双亭集》卷首。据《车氏家谱》云,除《语类衷圣录》,其余几种均曾刊行于世,后皆罹吕留良祸被毁。

都学绳墨7卷　子部儒学类

清车鼎丰、车鼎贲编

清同治七年(1868)王禹畴、王颐正刻本,南京图书馆藏。

按:此书盛行于时。为东南学者所宗。

吕子评语正编42卷附刻1卷首1卷余编8卷附刻1卷首1卷　子部儒学类

清吕留良撰　车鼎丰辑

(1) 清康熙五十五年金陵顾麟趾刻本,国家图书馆藏。复旦大学图书馆著录作车氏晚闻轩刻本。

(2)《续修四库全书》本。

(3)《四库禁毁书丛刊》本。

车双亭集1卷　集部别集类

《邵阳车氏一家集》本。此集辑鼎丰诗4首、文1篇。

郭于鄙

字岐瞻。清江宁人。诸生。长春兄。

迂谈　子部儒学类　佚

见《金陵通传》卷28,云:"一戒炫己之长,形人之短;一戒浇俗日肆、日侈、日薄、日浮。"

医说　子部医家类　佚

见《金陵通传》卷28。

方根樾

字锦江。清江宁人。根基弟。

杜轩斅音稿　集部别集类　佚

见《金陵通传》卷25。

俞月山

字月山,以字行。清江宁人。纯滋子。工诗。

俞氏家集　集部总集类　佚

见同治《上江两县志》卷12。

按:《国朝金陵诗征》卷16注谓:朱绪曾尝得抄本,起俞彦,继俞簈、俞纯滋,终月山,而月山不著名。盖为月山所辑。今未见。

林　旷

字野平,号青雷。清江宁人。康熙四十九年(1710)恩贡生。授徒为生。年90卒。

易待　经部易类　佚

见嘉庆《江宁府志》卷54。

古今泉志　史部金石类　佚

见《金陵通传》卷28。

方根椅

字楚琴,号枕石山人。清江宁人。根樾弟。

隐岩诗存　集部别集类　佚

见《金陵通传》卷25。

蔡殿飏

字秦川。清上元人。玺十二子。国学生。工诗文。

悔斋集　集部别集类　佚

见同治《上江两县志》卷12。《金陵蔡氏五世诗存》收其诗3首。

姚　莹

字文洁，号玉亭。清乾隆间江宁人。性孝友。遗产尽以让兄。工诗善画，志耽山水，隐于医。与芮屿善，屿子芮宾王为作《环溪草堂歌》。

环溪草堂集　集部别集类　佚

见同治《上江两县志》卷12。《国朝金陵诗征》卷17收其诗16首。

朱　颎(1681—1757)

初名元度。字景略。清上元人。堂子。诸生。尝入都馆大学士朱轼家。精行楷书，遂充会典馆誊录。雍正时考授州同，分发湖南。署黔阳县事。调署桑植知县。补武冈州州同，摄知州事。所至有政声。年66告归。俭素如常。

武冈集1卷　集部别集类

(1)《金陵朱氏家集》本。

(2) 2015年国家图书馆出版社出版《清代家集丛刊》本。

张　坚(1681—1763)

字齐元，号漱石，别号洞庭山人。清江宁人。诸生。少有才名。受知于总督鄂尔泰。鄂尔泰选其古诗乐府入《南邦黎献集》。娴于音律词调，阴阳悉分，去上必谐。乾隆初开律吕正义馆，辞不入。乾隆十五年(1750)入九江关监督唐英幕。晚益潦倒，自号江南秀才。

玉燕堂四种曲8卷　丛书类

(1) 清乾隆间刻本，南京图书馆藏。

(2) 清刻本，南京图书馆藏。

子目：

《梦中缘》2卷

《梅花簪》2卷

《怀沙记》2卷

《玉狮坠》2卷

按:《梦中缘》演钟心得媚兰、丽娟两美,冒名顶替、女扮男装事。作于康熙三十八年(1699),乾隆十五年唐英出资为其刊刻。又《古典戏曲存目汇考》卷11谓此剧有升平署抄本,藏国家图书馆。《梅花簪》谱绿苞、杜冰梅以梅花撮合事。《怀沙记》演屈原事。《藤花曲话》认为此剧文词光怪,全部《楚辞》,隐括言下。《玉狮坠》演黄损、裴玉娥故事。作于乾隆二十五年。《词余丛话》云:"漱石四种中,惟《梦中缘》排场变幻,词旨精致,洵为昉思(洪昇)后劲,足开藏园(蒋士铨)先声,湖上笠翁(李渔)不足数也。"

梅瑴成(1681—1763)

字玉汝,号循斋。祖籍宣城。文鼎孙。康熙五十一年(1712)召入内廷供奉蒙养斋,汇编御制天文、地理、算法诸书。五十三年赐举人,明年殿试成进士。除编修。雍正七年(1729)改江南道御史,官至通政司参议。寻丁母忧。乾隆元年(1736)擢顺天府丞,二年充增修时宪算书馆总裁官,历至刑部右侍郎。京宦时尝会审浙江学政陈其凝舞弊案等,颇负政望。仰承家学,算学多突破前人成就,尝与编《明史·天文志》。卒谥文穆。《清史稿》有传。

按:南京梅氏来自安徽宣城。梅瑴成致仕南归,入居江宁,遂成江宁一支。《金陵梅氏支谱》卷1《世次》记道:"致仕南归,见旧村人多屋少,难以复居,乃卜迁江宁。陋巷一椽,闭门寂守,图书自适而已。"而梅寿康撰《金陵梅氏支谱小引》则谓:"吾江宁梅氏,自文穆公奉旨入籍。"陈作霖《金陵通传》卷31《梅氏传》亦云:"乾隆中,(梅瑴成)告归居江宁,卒。遗疏请入籍。诏许之。"说法略有差异,而均以梅瑴成为金陵梅氏一世祖。瑴成有六子。次子梅钛曾孙梅缵高(五世),三子梅钤、四字梅钫、五子梅镠,梅镠子梅冲(三世),梅冲长子梅曾亮、三子梅曾诏(四世),皆有著作。南京图书馆藏有清梅寿康纂《金陵梅氏支谱》10卷,今人梅健武著《金陵梅氏家史》(印行年份不详,有金陵梅氏九世梅健武

1998年撰序)。

操缦卮言　子部历算类

赤水遗珍1卷　子部历算类

以上2种有《梅氏丛书辑要》本。

测北极出地简法1卷　子部历算类

方田度里　子部历算类

以上2种有《历算汇编》本。

增删算法统宗11卷　子部历算类

清程大位撰　梅瑴成增删

《测海山房中西算学丛刻初编》本。

平立定三差详说1卷　子部历算类

(1) 兼济堂刻本,作《平立定三差解》。

(2)《梅氏丛书辑要》本。

兼济堂历算书刊谬1卷　子部历算类

抄本,日本内阁文库藏。

梅氏丛书辑要二十五种　丛书类

清梅文鼎撰　梅瑴成编

(1) 清乾隆二十六年承学堂刻本,南京图书馆藏。

(2) 清同治十三年(1874)梅缵高颐园刻本,南京图书馆藏。

(3) 清光绪二年(1876)颐园刻本,南京图书馆藏。

(4) 清光绪十四年上海鸿文书局石印本,南京图书馆藏。

子目从略。

按:瑴成惜魏念庭所刻《历算全书二十九种》校雠编次不善,而名为全书,亦非实录。故另为编次。更以今名。并以自作《赤水遗珍》《操缦卮言》附之。

顾国泰

字秋亭。清上元人。康熙五十年(1711)武举人,五十二年武进士。

宿卫禁中达11年。雍正元年(1723)改文职,官光禄寺卿。每决大事,侃侃而言,不避同列。二年引疾告归。方苞居金陵,少所许可,而独重秋亭。以为“文章品流,近世所难”。乾隆十年(1745)曾与吴敬梓、龚元忠等举消寒会。其后子铉官泉州及潮阳。迎养至署卒。

乐易堂诗集26卷　集部别集类

清乾隆四年刻本,南京图书馆藏。

粤游诗　集部别集类　佚

暮年诗　集部别集类　佚

以上2种见同治《上江两县志》卷12。

朱元律(1682—1755)

字夔声,号竹坡,晚号嶰谷老人。清上元人。圻六子。少师事张秉亮、季咸若。康熙四十四年(1705),帝南巡召试一等,除京职。以母老辞。俄补诸生。晚岁为保住祖茔,售宅鬻地,穷窘不悔,族人德之。

年谱　史部传记类　佚

笔记　子部杂学类　佚

以上2种见《嶰谷集跋》。

嶰谷集1卷　集部别集类

(1)《金陵朱氏家集》本。

(2) 2015年国家图书馆出版社出版《清代家集丛刊》本。

李芳春

字蔚也。清婺源籍,上元人。

乐缘堂稿　集部别集类　佚

见《国朝金陵诗征》卷43。

方正孺

字玫士,号寓安。清江宁人。中履四子。正琪弟。廪贡生,官训导。诗古文词雄俊。曾游京师,后倦游归。益博研书史。日记诵数千言。

义史题衣录　史部杂史类　佚

见《金陵通传》卷25。

管见录　子部杂学类　佚

见道光《桐城续修县志》卷16。

源庄集15卷　集部别集类

见道光《桐城续修县志》卷21。《金陵通传》卷25作《百结鹑源庄集》。

杜诗浅说　集部别集类　佚

见道光《桐城续修县志》卷16。

金　芝

字维蕃。清上元人。诸生。少孤力学,明敏多闻。事母以孝称。康熙末年,天下皆设书院,而江宁独缺。六十一年(1722),查弼纳任两江总督,因芝之请,以原明铸钱局为钟山书院,并起丽瞩楼以藏经史。

钟山书院志8卷　史部地理类　佚

见同治《上江两县志》卷12。

郭长春

字彧占,一字蔚瞻,号鹤巢。清江宁人。于郿弟。康熙五十二年(1713)举人,为方苞所重。博学多文,温文自谦。授徒为生,年80余卒。

翦韭斋稿　集部别集类　佚

见同治《上江两县志》卷12。《国朝金陵诗征》卷12收其诗1首。

孙　瞰

字于山。清上元人。康熙五十三年(1714)举人。性刚毅。精《易》

学及天文地理医卜，晚年究心程朱理学。年80余卒。

学易集　集部别集类　佚

见嘉庆《江宁府志》卷54。《国朝金陵诗征》卷13收其诗1首。

程　文

字在中，一字天逵。清上元人。康熙五十三年(1714)举人。工古文。

有怀堂稿　集部别集类　佚

见同治《上江两县志》卷12。《国朝金陵诗征》卷12收其诗1首。

朱元象(1685—1761)

字文安。号月峰。清上元人。堂次子，颎弟。精行楷，以国学生充会典馆誊录。考授天门县丞。

月峰集1卷　集部别集类

(1)《金陵朱氏家集》本。

(2) 2015年国家图书馆出版社出版《清代家集丛刊》本。

王　勋

清康熙末年江宁人。

漱石山房文集　集部别集类　佚

见同治《上江两县志》卷12。

孟　河

字介石。清江宁人。医家。

著石堂新刻幼科直言6卷　子部医家类

(1) 清雍正四年(1726)刻本，题《孟氏幼科》，南京图书馆藏。

(2) 清嘉庆三年(1798)刻本，题《幼幼指掌集成》，中国科学院图书馆藏。

(3)《中国医学大成》本。

幼科秘书　子部医家类

(1) 清康熙间宝光阁刻本,中华医学会上海分会图书馆藏。

(2) 抄本,上海中医药大学图书馆藏。

朱松年(1686—1730)

字眉长。一作枚长。清上元人。元英长子。诸生。性孝悌,与人为善。雍正元年(1723)有司以贤良方正荐,辞不就。俄以贡例授州同,未任卒。

江村集1卷　集部别集类

(1)《金陵朱氏家集》本。

(2) 2015年国家图书馆出版社出版《清代家集丛刊》本。

李　芳

字子玉。清康熙、雍正间上元人。诸生。与桑枢、陈宗渭等,时称高洁。家城中百花园,花木绕门,常张窗读书其中,以诗酒自娱。

梅溪草　集部别集类　佚

见同治《上江两县志》卷12。

戴　瀚(1686—1755)

字巨川,一字镇东,号雪村。清上元人。天章长子。雍正元年(1723)一甲二名进士,授编修。典贵州乡试。与修《子史精华》。督学福建。屡迁至侍讲学士,南书房行走,转左庶子。十二年坐陪祭失仪事落职,春复职,特诏军机房行走。乾隆即位,坐累下刑部狱。夺职归里。历仕清廉,贫至无室可栖。好奖掖后进,戴震师事之。诗文名天下,兼工篆籀,后右手病废,左手作书画,镌玉尤有古致。戴祖启撰有《雪村先生行状》。

戴瀚文集　集部别集类　佚

见嘉庆《江宁府志》卷54。

按:《行状》云:“藏于家。”

雪村编年诗剩12卷　集部别集类

《金陵丛书》本。

按:是集为乾隆十九年(1754)瀚手定。所收诗作于康熙四十八年(1709)至乾隆十三年间。

王如锡

清江宁人。

东坡养生集12卷　集部别集类　佚

清王如锡辑

见同治《上江两县志》卷12。

富梦琴

字韵清,一字隐兰。清江宁人。无为州邢苍友妻。幼从父宦游江西,逾10年始归。嫁后家贫,制女红以佐家用。寄情吟咏,不轻示人。

绣岩暇草(一作绣暇草)　集部别集类　佚

见同治《上江两县志》卷12。《国朝金陵诗征》卷47收其诗2首。

何玿玉

清金陵人。女。适沧州旧族,佚其姓氏。喜吟诗,尤工填词。

秀吟草　集部别集类　佚

见《历代妇女著作考》引《畿辅书征》。

车敏来(1688—1749)

字逊躬,号望亭。清上元人。鼎晋子。康熙五十二年(1713)举人。任教习,入诗经馆。纂修期满,试第一。除新会知县,改安邑,迁保德知州。丁父忧归。服阕改补隰州。居官不名一钱。所到之处,大书其厅事曰："勿作子孙计，是为父母官。"工吟咏。

偶然草堂诗文集　集部别集类　佚

见车鼎丰撰《车双亭集》卷首。

刘　敦

字艮吉，号兼山。清江宁人。捷子。廪生。能世其家学。

字学辨伪　经部小学类　佚

见嘉庆《江宁府志》卷54。同治《上江两县志》卷12、《金陵艺文志》均作《字体辨伪》。

集蓼吟　集部别集类　佚

见同治《续纂江宁府志》卷9。

按：《杜集书录》外编卷1谓其有《兼山遗稿》，未知即指此书否。《国朝金陵诗征》卷18收其诗16首。

杜诗注疏　集部诗文评类　佚

见嘉庆《江宁府志》卷54。

海　禄

字定夫。一字敬修。清上元人。出家为僧。

醉茶草　集部别集类　佚

见《江苏诗征》卷181，收其诗1首。

黄　河

字仑发。清上元人。曾于乾隆六年(1741)为吴敬梓《文木山房集》撰序。

自怡集　集部别集类　佚

见同治《上江两县志》卷12。

周　易

字在西。号莲峰。清上元人。康熙五十九年(1720)贡生。与同县黄越齐名。善诗文,工书。尤嗜性理,研读20余年。晚居莲花桥,沿堤夹植桃柳,自称"六桥种花翁"。

性理旨趣5卷　子部儒学类　佚

见《金陵通传》卷28。《国朝金陵诗征》卷14收其诗1首。

吴镜源

字方渚。清上元人。启昆子。雍正五年(1727)(一说四年)举人。

读书记　子部儒学类　佚

见《金陵通传》卷28。注谓其目凡五:识大、识小、订误、贤己编、余闲漫录。

杨　纲

清康熙、雍正间上元人。

弓矢小引　子部艺术类　佚

见《金陵通传补遗》卷3。

戴式金

字思玉,号虬山。清康熙、乾隆间江宁人。诸生。

烹雪吟　集部别集类　佚

冷涛集　集部别集类　佚

以上2种见《江苏诗征》卷140,收其诗4首。

车鼎贲(1691—1733)

字须上,号南东,别署双桐村学究。清上元人。万育四子。诸生。孝友好古,笃志经术,尤熟三《礼》。父卒,哀毁3年,独居蔬食如一日。

日常闭户著述，所居曰“双桐书屋”。读吕留良、张致祥书，与兄鼎丰同志趣，不仕清室。罹吕留良案系狱5年，与兄鼎丰同日遇害。临危谓其子曰：“吾上不愧天，中不辱祖，更何言！若归告汝兄弟，书不可不读，善不可不为，祸福听之，不可因噎废食也。”

小四书集注　经部四书类　佚

正正字通　经部小学类　佚

双桐书屋韵正　经部小学类　佚

识字瓿　经部小学类　佚

日记故事　史部杂史类　佚

惜宝录　子部儒学类　佚

自课方输集　子部儒学类　佚

续千字文　子部儒学类　佚

近思录录注析微　子部儒学类　佚

按：此书撰于狱中。

以上9种见《车双亭集》卷首。均因吕留良案被销毁。

三字经2卷　子部儒学类

清车鼎贲注并补

清康熙五十年(1711)刻本，南京图书馆藏。

按：《车双亭集》卷首谓其有《广三字经》《集古三字经》，因吕留良案被销毁。

都学绳墨7卷　子部儒学类

清车鼎丰、车鼎贲编

清同治七年(1868)王禹畴、王颐正刻本，南京图书馆藏。

按：此书盛行于时，为东南学者所宗。

老庄是论　子部周秦诸子类　佚

按：此书撰于狱中。

小歇处残稿　集部别集类　佚

双桐书屋集　集部别集类　佚

以上3种见《车双亭集》卷首。均因吕留良案被销毁。

车双桐集1卷　集部别集类

《邵阳车氏一家集》本。

按：是集收鼎贲诗7首，文6篇。

重订千家诗　集部总集类　佚

见《车双亭集》卷首。

程廷祚(1691—1767)

初名默，字启生，号绵庄。清歙县籍，上元人。京萼长子。诸生。少颖异。年14作《松赋》一千余言，受洪嘉植嘉赏，劝以治经。学宗颜元、李塨。康熙五十九年(1720)，李塨南游金陵，廷祚屡过问学。后读颜氏《存学编》，称颜元为"五百年间一人而已"。乃力屏异说，以颜氏为主，而参以顾炎武、黄宗羲。于天文、舆地、食货、河渠、兵农、礼乐之事，皆能竟委探源。其治经不尚墨守，贵乎深造自得，归于实用。雍正九年(1731)与修《江南通志》。乾隆元年(1736)举博学鸿词。不应要人招致，卒报罢。十六年荐举经明行修，复报罢。遂不应乡举，闭户究经。家近青溪，晚年自号青溪居士。《清史稿》有传。

大易择言36卷　经部易类

(1) 清乾隆十九年道宁堂刻本，上海图书馆藏。

(2)《四库全书》本。

(3)《四库全书珍本初集》本。

(4) 赵蕴如编《大易类聚初集》本，1983年台北新文丰出版公司影印。

读易管见1卷　经部易类

(1) 清乾隆间三近堂精刻本，国家图书馆藏。

(2)《续修四库全书》本。

易通三种6卷　经部易类

(1) 稿本，上海图书馆藏。

(2) 清乾隆十二年上元程氏道宁堂刻本，上海图书馆藏。

(3)《续修四库全书》本。

(4)《四库全书存目丛书》本。

子目：

《易学要论》2卷

《周易正解》10卷

《易学精义》1卷

附《占法订误》1卷

易说辩正4卷　经部易类

见《四库全书总目》经部易类存目。

彖爻求是说6卷　经部易类　佚

见嘉庆《江宁府志》卷54。

古文尚书冤冤词　经部尚书类

尚书通议20(一作30)卷　经部尚书类

以上2种见嘉庆《江宁府志》卷54。

晚书订疑3卷　经部尚书类

(1) 清乾隆间三余书屋刻本，浙江大学图书馆藏。

(2) 清道光二十七年(1847)方之湜刻本，中国科学院图书馆藏。

(3)《皇清经解续编》本。

(4)《聚学轩丛书》本。

(5) 清斡年堂刻朱印本，中山大学图书馆藏。

(6) 清抄本，佚名录清吴骞校，北京大学图书馆藏。

(7)《金陵丛书》本。

(8)《续修四库全书》本。

今古文尚书授受源流1卷　经部尚书类

清乾隆间三余书屋刻本，浙江大学图书馆藏。

青溪诗说20(一作30)卷　经部诗经类　佚

丧服琐言1卷　经部仪礼类　佚

礼学识余6卷　经部三礼总义类　佚

礼说 3 卷　经部三礼总义类　佚

以上 4 种见嘉庆《江宁府志》卷 54。

禘祫辨误 1 卷　经部三礼总义类

清道光五年(1825)曾孙大经等东山草堂精刻本,南京图书馆藏。

春秋识小录 9 卷附录 1 卷　经部春秋总义类

(1) 清乾隆八年三近堂刻本,名《春秋识小录初刻三书》,国家图书馆藏。

(2)《四库全书》本。

(3)《艺海珠尘》本,名《春秋识小录三种》。

(4)《金陵丛刻》本。

(5) 清光绪三十二年(1906)江宁傅氏晦斋刻《春秋识小录初刻三书》本,南京图书馆藏。

(6)《金陵丛书》本。

(7)《丛书集成初编》本。

子目:

《春秋职官考略》3 卷

《春秋地名辨异》3 卷附《晋书地理志证今》

按:《晋书地理志证今》另有清末翁长森抄本,南京图书馆藏。

《左传人名辨异》3 卷

按:《左传人名辨异》3 卷另有清抄本,上海图书馆藏。

又按:《四库全书总目》经部春秋类提要云:"读《经》、读《传》者往往因官名、地名、人名之舛异,于当日之事迹不能融会贯通。因于圣人之褒贬,不能推求详尽。如胡安国之误执季孙,横生异论,毛奇龄之附会尹氏,牵合正经者,盖有之矣。则廷祚是书,固读《春秋》家所当知也。"

论语说 4 卷　经部四书类

(1) 清道光十七年东山草堂刻本,南京图书馆藏。

(2) 清光绪间抄本,天津图书馆藏。

(3) 清抄本,国家图书馆藏。

(4)《金陵丛书》本。

(5)《续修四库全书》本。

通议补2卷　经部四书类

见嘉庆《江宁府志》卷54。

鲁论说4卷　经部四书类

清乾隆间抄本,上海图书馆藏。

律学启蒙　经部小学类　佚

清程廷祚、陶士琨辑

见同治《上江两县志》卷12。

(乾隆)上元县志27卷首1卷末1卷　史部地理类

清蓝应袭修　何梦篆、程廷祚纂

(1) 清乾隆十六年刻本,南京图书馆藏。

(2) 抄本,南京图书馆藏。

(3) 1989年江苏广陵古籍刻印社影印乾隆本。

(4)《金陵全书》本。

游周桥记1卷　史部地理类

《小方壶斋舆地丛钞》本。

占法订误1卷　子部术数类

《易通残稿三种》本。

读书管见1卷　子部杂学类　佚

见同治《上江两县志》卷12。

青溪集12卷　集部别集类

(1)《金陵丛书》本。

(2) 抄本,国家图书馆藏。

青溪文集12卷续编8卷　集部别集类

(1) 清道光十七至十八年程氏东山草堂刻本,复旦大学图书馆藏。

(2) 1936年国立北京大学影印道光本,《附录》1卷。胡适辑撰。

(3)《清代诗文集汇编》本。

盎园集　集部别集类　佚

见《清诗铎》。

盎园集续集　集部别集类　佚

岫云阁近体诗(一作野处堂类稿)　集部别集类　佚

以上2种见同治《上江两县志》卷12。

按:《国朝金陵文钞》卷4收其文9篇。《国朝金陵诗征》卷18收其诗57首。

程绵庄钱竹汀是仲明遗墨不分卷　集部总集类

清程廷祚、钱大昕、是镜撰

稿本,清袁枚跋,国家图书馆藏。

莲花岛　集部词曲类　佚

见《明清江苏文人年表》引《棕亭古文钞》卷6,谓乾隆三十年程廷祚以全稿寄示安徽金兆燕,金作《程绵庄先生莲花岛传奇序》。

陈其凝

字秋崖。清上元人。康熙六十年(1721)举人。雍正八年(1730)进士。官至太仆卿。

奏议3卷　史部政书类　佚

见《金陵艺文志》。

程　采

字凤若,一作凤箸。清江宁人。嘉应萧雪蕉妻。

来仪阁吟草　集部别集类　佚

见《历代妇女著作考》引《清闺秀艺文略》。

傅　彝

字阑乘,一字南窗。清上元人。出家为僧。

十笏斋集　集部别集类　佚

见《国朝金陵诗征》卷48,收其诗5首。

戴　濬

字粒民。一字渐东。清上元人。天章子,瀚弟。增生。性孤介,家酷贫而不苟取。乾隆十年(1745),有故人荐馆盐商家。坐馆三月无徒,不取一文弃去。曾与吴敬梓消寒会。早年工医,晚研究经学。

易隅稽疑考2卷　经部易类　佚

见清严长明《国子监学正戴君墓志铭》。

按:嘉庆《江宁府志》卷54作《易隅》2卷。同治《上江两县志》卷12作《易隅》2卷、《稽疑考》,则以"易隅稽疑考"为两种书。

樗园易粟草　集部别集类　佚

见《金陵通传》卷29。同治《上江两县志》卷12分作《樗园草》《易粟草》。

吴秉恕

字矩原。清江宁人。允诚弟。少有文名,与从兄孟孚齐名,长益肆力经术。康熙中上元知县唐开陶修县志,聘其助修。雍正十年(1732)中举。

(康熙)上元县志24卷　史部地理类

清唐开陶纂修　吴秉恕等助纂

(1) 清康熙六十年(1721)刻本,复旦大学图书馆藏。

(2) 抄本,上海图书馆藏。

(3)《金陵全书》本。

解中发

字节庵。清康熙、雍正间江宁人。居清凉山下。工诗,总督高其倬赏之,礼延入幕。

节庵诗钞　集部别集类　佚

见《金陵通传》卷36。

程嗣章(1693—1771)

字元朴。一字南耕。清上元人。京萼次子。国子监生。兄廷祚治经,嗣章则治史。办事精明干练。游幕公卿间,尝掌江苏巡抚晏斯盛笺奏事。

明史略首2卷 史部编年类

(1) 清乾隆二十九年(1764)道宁堂刻本,南京图书馆藏。

(2)《四库禁毁书丛刊补编》本。

明史纪略70卷 史部史钞类 佚

史学例议 史部史评类 佚

以上2种见嘉庆《江宁府志》卷54。

明宫词1卷 史部史评类

(1)《观自得斋丛书》本。

(2)《香艳丛书》本。

(3) 清宣统三年(1911)上海扫叶山房石印本,上海图书馆藏。

整敦说 史部政书类 佚

牧民琐言 史部政书类 佚

金陵识古录 史部地理类 佚

以上3种见同治《上江两县志》卷12。

明儒讲学考1卷 子部儒学类

(1) 清道光四年(1824)精刻本,国家图书馆藏。

(2)《四库全书存目丛书》本。

望岫亭诗稿 集部别集类 佚

见同治《上江两县志》卷12。《国朝金陵诗征》卷18收其诗2首,词92首。

沈 琯

字秋田。清康熙、雍正间上元人。少时喜爱音乐，长而益笃。潜心乐理几40年。

琴史6卷　史部传记类　佚

琴谱晰音6卷　子部艺术类　佚

以上2种见《琴学正声》前《香度楼琴学正声总目》。

琴学正声6卷　子部艺术类

(1) 清康熙五十四年(1715)香度楼刻本，南京图书馆藏。

(2)《四库未收书辑刊》本。

李义超

字语上。清上元人。仍治子。世居东乡咸墅。

蒿里集　集部总集类　佚

清李义超辑

见《金陵通传》卷29。是书辑乡里吊唁其父哀挽诗。

徐 发

字岫雯。号南枝。清上元人。诸生。留心时事。

古河考　史部地理类　佚

黄河源流考　史部地理类　佚

以上2种见《国朝金陵诗征》卷28，收其诗3首。

朱良翰

原名珊。字斌卿，号大瀛。清上元人。笃学嗜古，以文学名。

朱氏族谱　史部传记类　佚

见清朱士焕《上元朱氏一家言》，收其诗1首。

汪　阳

字晓山。清江宁人。诸生。

金陵古迹诗选　史部地理类　佚

见同治《上江两县志》卷12。

按:《国朝金陵诗征》卷27收其诗2首。

蔡　奡(? —1755后)

字元放,号野云主人、七都梦夫、金陵憨客等。清江宁人。

东周列国志23卷　子部小说类

清蔡奡评点

清乾隆十七年(1752)义合斋刻本,北京大学图书馆藏。

东周列国全志23卷108回　子部小说类

(1) 清乾隆十七年金阊书业堂刻本,上海图书馆藏。

(2) 清乾隆五十年刻本,南京图书馆藏。

(3) 清乾隆刻朱墨套印本,国家图书馆藏。

(4) 清咸丰四年(1854)书成山房刻朱墨套印本,南京图书馆藏。

(5) 清经纶堂刻本,辽宁省图书馆藏。

(6) 清文光堂刻本,南京图书馆藏。

(7) 清汉口森宝斋刻套印本,南京图书馆藏。

(8) 清光绪十二年(1886)上海江左书林刻本,南京图书馆藏。

(9) 清光绪十五年竹深山房刻套印本,辽宁省图书馆藏。

(10) 1955年作家出版社排印本。署冯梦龙编。

(11) 1955年人民文学出版社北京第1版。1978年4月广东第1次印刷本。署冯梦龙、蔡元放编。

(12) 1979年12月人民文学出版社北京第1版,署冯梦龙、蔡元放编。

(13) 1986年人民文学出版社整理排印本。

(14) 1986年中国书店影印点石斋本。

(15) 2008年凤凰出版社出版。

(16) 2009年中华书局出版。

订正东周列国志善本54卷108回　子部小说类

(1) 清乾隆间经袖堂刻本,国家图书馆藏。

(2) 清刻本,南京图书馆藏。

东周列国志27卷108回　子部小说类

(1) 清光绪十四年石印本,辽宁省图书馆藏。

(2) 清光绪十六年上海点石斋石印本,南京图书馆藏。

(3) 清光绪间上海书局石印本,国家图书馆藏。

绣像东周列国志善本27卷108回　子部小说类

(1) 清光绪三十一年上海商务印书馆铅印本,上海图书馆藏。

(2) 清末中新书局铅印本,上海图书馆藏。

(3) 民国间石印本,上海图书馆藏。

绣像绘图东周列国志16卷　子部小说类

1926年扫叶山房石印本,上海图书馆藏。

按:是书为蔡元放取冯梦龙《新列国志》略加增删润色,订正某些错讹,并加简要注释、大量评语而成。

水浒后传10卷40回　子部小说类

明陈忱撰　清蔡奡评定

(1) 清乾隆三十五年蔡元放序旧刊大字本。此本即奡改订陈忱原著。析为10卷。卷4回,回目及文字均非陈氏原本之旧。

(2) 清乾隆间刻本,国家图书馆藏。

(3) 清刻本,国家图书馆藏。

(4) 1924年上海亚东图书馆胡适序《水浒续集两种》本。

(5) 1934年大达图书供应社朱太忙序《标点水浒后传》本。

(6) 1936年世界书局《足本水浒续集》本。

(7) 1955年北京宝文堂书店排印本。

(8) 1956 年上海古典文学出版社据申报馆排印本印行。

(9) 1959 年 9 月中华书局本。

绘图混江龙 40 回　子部小说类

明陈忱撰　清蔡奡评定

民国间石印本，上海图书馆藏。

朱式谷

字兰谷，号用成。清上元人。性恬淡，尚孝友忠信。

兰谷诗钞　集部别集类　佚

见清朱士焕《上元朱氏一家言》，云："选入《所知集》。徐良辅撰序。"《一家言》收其诗 42 首，并录徐良辅序，谓："其诗皆至情懿性之所发抒，温柔敦厚，可效可师。读其诗而穷愁困顿之怀以忘，忠厚悱恻之思以生。"

行　荦

字伟然，号介庵。清江宁承恩寺僧。乐云游，喜为诗，得数千首。

介庵诗钞　集部别集类　佚

见同治《上江两县志》卷 12。《国朝金陵诗征》卷 48 收其诗 9 首。并言陈毅选其诗梓之。

芮　屿(？—1744)

名亦作玙。字瀛客，一字仙洲。清江宁人。康熙五十六年(1717)入泮，以国子生候选州同。留京时尝客和亲王邸。诗文为时折服，有"诗近风雅，文似南丰"之誉。

白燕方镜　子部杂学类　佚

见《金陵通传》卷 32。

凌云堂诗草　集部别集类　佚

见同治《上江两县志》卷 12。

按:是书于乾隆四十九年(1784)奏准为禁书。"罪名"为"诗内有应行敬避字样"。见雷梦辰《清代各省禁书汇考》。《国朝金陵诗征》卷17收其诗17首。

杨　法(1696—1747后)

字孝父,一字已军。清上元人。以孝称。曾客江都,与闵玉井诸人友好。工草隶。诗学汉魏。晚年自择诗9首刊于石,曰:"可传已。"余悉焚之。后人窃得其稿,编为集。

瓠尊集　集部别集类　佚

见《国朝金陵诗征》卷23,收其诗11首。

方张登(?—1766)

字午庄,号耘墨,一号褚堂。清江宁人。正瑗次子。乾隆十七年(1752)举人。先是以宗事牵累,乃从外家姓张。及任职礼部,复加以本姓。十九年会试中明通榜,拣发甘肃试用。因母年迈,改湖北,署德安府同知。次年丁内艰,起复甘肃平罗知县,署宁夏府同知。二十八年改官主事,去而南归。为官一本于真诚,并督民疏浚淤渠。平日手不释卷。好作山水游。

褚堂文集1卷　集部别集类

(1)《桐城方氏七代遗书》本。

(2) 2015年国家图书馆出版社出版《清代家集丛刊》本。

好影轩诗集　集部别集类　佚

见方昌翰辑《桐城方氏七代遗书》卷首《方张登家传》。方昌翰按云:"公所著《褚堂文集》因遭粤寇之乱,零落不完。《好影轩诗集》序文亦皆残失。今姑将所存残存文刻入《方氏丛书》,余待搜辑付梓。"

吕从律

字和声。清江宁人。雍正四年(1726)举人。

读书记 8 卷　子部杂学类　佚

见同治《上江两县志》卷 12。

按:《国朝金陵诗征》卷 16 收其诗 1 首。注谓本书“录入《四库存目》”。《金陵艺文志》因之,称“见《四库书目》”,均误。《四库全书总目》儒家类 2 著录之《读书记》乃宋真德秀撰,且为 61 卷。

吴元安

字静山。号芝江。清上元人。祖用先(先一作光)为明季巡抚,自桐城迁金陵,遂占籍上元。雍正四年(1726)举人。历官中书、江南道御史、兵科给事中等。善诗,格近唐大历十子。

葆光堂集 2 卷　集部别集类

清刻本,国家图书馆藏。

虚直斋诗钞 2 卷　集部别集类

清乾隆八年刻本,南京图书馆藏。

南池集　集部别集类　佚

见《国朝金陵诗征》卷 16。注谓本书乃作者乾隆六年(1741)巡漕时所作。有陈法序及自序。同治《上江两县志》著录为“南沙集”12 卷。

方　泽(1697—1767)

字涵斋。一字云梦。清江宁人。雍正七年(1729)举人。拣选授两淮盐大使。寻以母老欲归,母以“当以一命报君恩”止之。

吴越吟　集部别集类　佚

太华吟　集部别集类　佚

以上 2 种见《金陵通传补遗》卷 3。

涵斋诗集　集部别集类　佚

见道光《桐城续修县志》卷 16。《桐旧集》收其诗 6 首。

方观承(1697—1768)

字宜田，一字遐榖，号问亭。清上元人。式济子。父因《南山集》案谪戍黑龙江卜魁，观承与其兄观永岁徒步出关省视。雍正十年(1732)，清世宗赐中书衔，随平郡王福彭征准噶尔。返授内阁中书。乾隆二年(1737)，充军机处章京，七年授直隶清河道，八年迁按察使，寻擢布政使。十四年擢直隶总督。后累加太子太保，署陕甘总督。二十一年回直隶任。卒，谥恪敏。工诗，政务之余不废吟咏。《清史稿》有传。

五礼通考 262 卷　经部三礼总义类

清秦蕙田撰　方观承助纂

(1) 稿本，清宋宗元等眉校，复旦大学图书馆藏。

(2) 清乾隆十八年秦氏味经窝原刻本，南京图书馆藏。

(3)《四库全书》本。

(4) 清光绪六年(1880)江苏书局刻本，南京图书馆藏。

(5) 清光绪二十三年三味堂刻本，南京图书馆藏。

方百川先生经义 4 卷　经部群经总义类

清方舟撰　方观承录次

清乾隆间桐城方氏刻本，华东师范大学图书馆藏。

坛庙祀典 3 卷　史部政书类

清乾隆二十三年武英殿刻本，南京图书馆藏。

畿辅义仓图不分卷规条 1 卷(一作全直义仓图)　史部政书类

清乾隆十八年刻本，上海图书馆藏。

赈记 8 卷　史部政书类

(1) 清乾隆十九年刻本，南京图书馆藏。

(2)《四库未收书辑刊》本。

方恪敏公奏议 8 卷　史部政书类

(1) 清咸丰元年(1851)桐城方氏刻本，国家图书馆藏。

(2) 清抄本。题《述本堂奏议》，不分卷，国家图书馆藏。

直隶河渠书102卷　史部地理类

见嘉庆《江宁府志》卷54。

敕修两浙海塘通志20卷首1卷　史部地理类

清方观承、永贵修　查祥、杭世骏等纂

(1) 清乾隆十六年刻本,南京图书馆藏。

(2) 清抄本,浙江图书馆藏。

(3) 清浙江布政司海塘吏江授江鉴抄本,上海图书馆藏。

(4) 抄本,《通志》21卷,上海图书馆藏。

(5)《续修四库全书》本。

海塘新志6卷　史部地理类

清琅玕、方观承纂修

(1) 清乾隆刻本,南京图书馆藏。

(2) 清乾隆间刻道光修补本,南京图书馆藏。

(3) 清乾隆五十六年抄本,题《海塘新志稿》,故宫博物院藏。

(3) 台北成文出版社《中国方志丛书》本。

卜魁风土记1卷　史部地理类

《小方壶斋舆地丛钞》本。

卜魁竹枝词1卷　史部地理类

清抄《清诗钞》本,辽宁省图书馆藏。

从军杂记1卷　史部地理类

(1)《小方壶斋舆地丛钞》本。

(2)《古今游记丛钞》本。

莲池书院图咏不分卷　史部地理类

清方观承、张人叙等撰

清乾隆间刻本,天津图书馆藏。

棉华图说(一作棉华图)16幅　子部农家类

清方观承绘

(1) 清乾隆三十年刻墨拓本,南京图书馆藏。

（2）清宣统间刻本。

（3）民国间影印宣统刻本。

（4）2011年中国农业科学技术出版社出版《御题棉花图译注》，清方观承原著，李秋占、苏禄煊注译。

（5）2013年天津古籍出版社影印《御题棉花图》本。

按：方观承在直隶总督任内，将有关棉花的播种、收获到纺织、练染成布等事绘成图册。凡16图，依次为《布种》《灌溉》《耘畦》《摘尖》《采棉》《拣晒》《收贩》《轧核》《弹华》《拘节》《纺线》《挽经》《布浆》《上机》《织布》《练染》。图各有说。呈高宗御览，高宗乃各题以诗，并附方观承所撰诗于每幅图后。又连同康熙皇帝的《木棉赋》一起制成了《御制棉花图》，摹本付刻。

荔青轩墨本4册　子部艺术类

清刻本。

按：第1册高会《君子堂书》等4种，第2册赵松雪《秋兴赋》等5种，第3册荔青主人书《棉花赋》，第4册荔青主人临张长史《千字文》。参见《鸣野山房汇刻帖目》贞集。

看蚕词1卷　集部别集类

（1）清乾隆间写刻本，南京图书馆藏。

（2）《述本堂诗集》本。

（3）《赐砚堂丛书未刻稿》本。

（4）清光绪十一年(1885)刻本。

问亭集　集部别集类

见清马其昶《桐城耆旧传》卷9《方观承传》。

述本堂诗集16种18卷　丛书类

（1）清乾隆二十年桐城方氏刻本，南京图书馆藏。

（2）《清代诗文集汇编》本。

（3）2015年国家图书馆出版社出版《清代家集丛刊》本。

按：此为方氏三世集，收观承祖父登峄《依园诗略》等5种、父式济

《陆塘初稿》等3种，及观承自著诗文集《东间剩稿》等8种。

子目：

《依园诗略》1卷　清方登峄撰

《星砚斋存稿》1卷　清方登峄撰

《垢砚吟》1卷　清方登峄撰

《葆素斋集》3卷　清方登峄撰

《如是斋集》1卷　清方登峄撰

《陆塘初稿》1卷　清方式济撰

《出关诗》1卷　清方式济撰

《龙沙纪略》1卷　清方式济撰

《东间剩稿》1卷　清方观承撰

《入塞诗》1卷　清方观承撰

《怀南草》1卷　清方观承撰

《竖步吟》1卷　清方观承撰

《叩舷吟》1卷　清方观承撰

《宜田汇稿》1卷　清方观承撰

《看蚕词》1卷　清方观承撰

《松漠草》1卷　清方观承撰

述本堂诗续集3种5卷　丛书类

(1)清乾隆二十年桐城方氏刻嘉庆十四年(1809)方维甸增刻本，安徽省图书馆藏。

(2)《清代诗文集汇编》本。

(3)《四库全书存目丛书》本。

子目：

《薇香集》1卷

《燕香集》2卷

《燕香二集》2卷

按:《四库全书总目》集部别集类存目著录《薇香集》等3种，云:“旧所著有《东间剩稿》,共八种。皆编入《述本堂诗集》中。已别著录。是编三集则其为直隶总督时所作。其子维甸编录别行者也。”

述本堂诗集 18 卷续集 5 卷　丛书类

(1) 乾隆三十年桐城方氏刻本,辽宁大学图书馆藏。

(2)《四库全书存目丛书补编》本。

方望溪先生经说四种附一种　丛书类

清方苞撰　方观承辑录

清乾隆中方观承刻本,上海图书馆藏。

按:此为方苞经说最初本,参见“方苞”条。

刘梦芳

字春池。清上元人。必晖孙。居东仓巷,筑半野园,觞咏称盛。

秋水堂集　集部别集类　佚

见同治《续纂江宁府志》卷 9。《国朝金陵诗征》卷 26 收其诗 7 首。

岳梦渊(1699—?)

字峙亭,一字水轩。清上元人。诸生。学识渊博,为文敏捷,诗亦雄浑有奇气,绰有经济才。游幕四方,诸大府争延为上客。所作哈密、香山屿、苍梧道、芷江道诸边远地区诗,皆新颖可诵。

依红自惕录　子部小说类　佚

见同治《上江两县志》卷 12。

海桐书屋诗钞 8 卷　集部别集类

(1) 清乾隆三十二年(1767)刻本,北京大学图书馆藏。

(2) 清嘉庆二十四年(1819)刻本,中国社会科学院文学研究所藏。

(3)《清代诗文集汇编》本。

水轩集　集部别集类　佚

见《江苏诗征》卷 155。

俞士震

清雍正间江宁人。

倦轩吟　集部别集类　佚

见同治《上江两县志》卷12。

方求义

字质夫，一字绮亭，又字还溪清、乐巢。清上元人。雍正七年(1729)拔贡，任龙南知县，调安远。乾隆九年(1744)以葬亲告归。明年谒选知南安、上犹县，卒于官。

话桑麻图　子部农学类　佚

乐巢寄性篇　集部别集类　佚

以上2种见《金陵通传》卷25。“寄性篇”，同治《上江两县志》卷12作“寄兴篇”。《国朝金陵诗征》卷17收其诗1首。

虞化鹏

字今南，一字德纯。清雍正间江宁人。诸生。孝友笃学。修《族谱》，置祭田，热心族务。

族谱　史部传记类　佚

见《金陵通传》卷28。

期范堂集　集部别集类　佚

见同治《上江两县志》卷12。《国朝金陵诗征》卷17收其诗5首。

汪　基

字敬堂，号芳潮。清雍正间江宁人。坚子，度兄。性孝友，勤学博闻。

诗经嗜凤详解8卷图说1卷附备考　经部诗经类

清陈抒孝辑著　清吴启昆阅定　汪基增订

(1) 清雍正十三年(1735)刻本,中国科学院图书馆藏。

(2) 清道光二十九年(1849)三益堂刻本,天津图书馆藏。

(3) 清光绪十年(1884)有益堂刻本,国家图书馆藏。

(4) 清光绪十三年刻善成堂印本,国家图书馆藏。

(5) 清苏州扫叶山房刻本,北京大学图书馆藏。

周礼约编 6 卷　经部周礼类

(1)《三礼约编嗜凤》本。

(2) 清道光二十三年刻本,国家图书馆藏。

(3) 清大文堂刻本,湖北省图书馆藏。

仪礼约编 3 卷　经部仪礼类

(1)《三礼约编嗜凤》本。

(2) 清道光二十三年刻本,国家图书馆藏。

(3) 清大文堂刻本,湖北省图书馆藏。

礼记约编 5 卷　经部礼记类

(1)《三礼约编嗜凤》本。

(2) 清道光二十三年刻本,国家图书馆藏。

(3) 清大文堂刻本,湖北省图书馆藏。

(4) 清光绪三十四年上海广益书局石印本,北京大学图书馆藏。

(5) 清光绪间铸记书局石印本,上海图书馆藏。

(6) 清宣统三年(1911)直隶官书局刻本,南京图书馆藏。

(7) 1924 年上海锦章图书局石印本,国家图书馆藏。

礼记节本 10 卷　经部礼记类

(1) 清宣统元年上海会文学社石印本,浙江图书馆藏。

(2) 清宣统二年上海章福记石印本,辽宁省图书馆藏。

(3) 清宣统三年会文粹记书局石印本,上海图书馆藏。

三礼约编嗜凤三种 19 卷　经部三礼总义类

(1) 清乾隆四十八年(1783)刻本,天津图书馆藏。

(2) 清嘉庆间汪氏敬堂家塾刻本,北京大学图书馆藏。

(3) 清道光二十三年刻本,国家图书馆藏。

(4) 清大文堂刻本,湖北省图书馆藏。

(5)《四库全书存目丛书》本。

按:此包括《周礼约编》6 卷、《仪礼约编》3 卷、《礼记约编》10 卷。

三礼约编喈凤三种 13 卷　经部三礼总义类

(1) 清光绪三十二年至三十三年陕西学务公所铅印本,北京大学图书馆藏。

(2) 清嘉庆间汪氏敬堂家塾刻本,北京大学图书馆藏。

(3) 清道光二十三年刻本,国家图书馆藏。

(4) 清大文堂刻本,湖北省图书馆藏。

按:此包括《周礼约编》6 卷、《仪礼约编》2 卷、《礼记约编》5 卷。

三礼讲义　经部三礼总义类　佚

四书讲义　经部四书类　佚

以上 2 种见《金陵通传补遗》卷 3。

古文喈凤新编 8 卷　集部总集类

清汪基辑

(1) 清光绪间刻本,国家图书馆藏。

(2) 清大文堂刻本,辽宁省图书馆藏。

湛愚老人

佚其姓名。清雍正间上元人。

心灯录 6 卷　子部佛教类

(1) 清抄本,南京图书馆藏。

(2)《金陵丛书》本。

(3) 1930 年刘体乾铅印本,南京图书馆藏。

(4)《丛书集成续编》本。

陈士畴

字禹九。清乾隆间上元人。其《书慨》诗云："华发归来渐欲星，那堪生事竟飘零。"盖亦终生不得志者。

枳堂诗钞　集部别集类　佚

见《金陵艺文志》。

徐葆孙

初名祖贻。字荪溪，号迭泉。清雍正间江宁人。元肃长子。国子生。性孝友。考授州同。

学庸集腋　经部四书类　佚

严勖集　集部别集类　佚

乙丙集　集部别集类　佚

查浦诗钞　集部别集类　佚

蛾术斋诗存　集部别集类　佚

以上5种见同治《上江两县志》卷12。《国朝金陵诗征》卷17收其诗6首。

方　轼

字完车。清江宁人。正孺子。诸生。

观枰山房集　集部别集类　佚

见《金陵通传》卷25。

吴　江

字钟奇，一字岷川。清江宁人。廪生。善谈论，有文名。亦工医，好周济贫者。

痘疹心书　子部医家类　佚

见乾隆《江南通志》卷192。《国朝金陵诗征》卷18收其诗2首。

马　驯

字晴川。清雍正间江宁人。少读书长干寺中。晚居当涂，筑享愚园，与同县徐文靖等游燕其间。诗宗白居易，多近情语。

享愚园集　集部别集类　佚

见同治《上江两县志》卷12。《国朝金陵诗征》卷17收其诗5首。

屈景贤

字思齐。清江宁人。布衣。县令袁枚闻其名，邀见，辞以疾。故《随园诗话》云："康熙末年。布衣能诗者，金陵有屈思齐，苏州有李客仙。二人俱落落孤高。""屈长于五古。""余宰江宁，从不来一见。"

滋兰草堂诗钞　集部别集类　佚

清屈景贤撰　王之翰等选

见《金陵通传》卷32。《国朝金陵诗征》卷17收其诗16首。

雷　墩

清上元人。9岁祝发普德寺，后主讲席，说《楞严》《维摩》诸经。阐微抉奥，远近赞慕。

法华科拾集　子部佛教类　佚

钟影堂诗钞　集部别集类　佚

以上2种见嘉庆《江宁府志》卷51。

许泰交

清江宁人。

四书大全学知录23卷字画辨讹1卷　经部四书类

清许泰交纂辑

清雍正十三年(1735)三槐堂刻本，国家图书馆藏，缺《孟子》卷2。

徐祖泽

字白祥。清雍正间江宁人。元肃次子。

笔谏阁集　集部别集类　佚

见同治《上江两县志》卷12。《国朝金陵诗征》卷17收其诗1首。

元　祚

字鹤舟，一字文木。清金陵僧。

鹤舟诗存　集部别集类　佚

见《金陵艺文志》。《国朝金陵诗征》卷48收其诗3首。

汪　度

字郧楼，一字南庄，号白也，又号芳留。清上元人。坚子，基弟。诸生。工书法、填词。守礼为乡里称道。

玉山堂词1卷　集部词曲类

(1)《随园三十种》本。

(2)《随园三十八种》本。

按:《国朝金陵文钞》卷10收其文1篇。《国朝金陵诗钞》卷16收其诗1首。

童　均

字平子，号绛岩。清上元人。雍正十年(1732)举人。官武冈知县。喜弹琴赋诗，政务亦理。归里后不名一钱。善汉隶，常以书易米。

隶辨1卷　经部小学类　佚

见嘉庆《江宁府志》卷54。《国朝金陵诗征》卷17收其诗1首。

吴敬梓(1701—1754)

字敏轩，又字粒民。家有文木山房，故晚年亦自称文木老人。安徽全椒人。因移家至金陵秦淮河畔，故又称秦淮寓客。幼颖异，善记诵。稍长，补官学弟子员。尤精《文选》。雍正十三年(1735)，安徽巡抚赵国麟举以应博学鸿词，不赴。于此年移家金陵，居城东之大中桥。环堵萧然，拥故书数十册自娱。贫困之极，则以书易米。集同志建先贤祠于雨花山麓，祀泰伯以下230人。资不足，售所居屋以成之，家因益贫。晚年，往来真州(仪征)、淮安、扬州等地。后卒于扬州。

儒林外史56回　子部小说类

(1) 清嘉庆八年(1803)卧闲草堂刻本，国家图书馆藏。

(2) 清嘉庆二十一年艺古堂刻本，南京图书馆藏。

(3) 清嘉庆二十一年清江浦注礼阁本，国家图书馆藏。

(4) 清抄本，上海图书馆藏，清潘世恩跋，清潘祖荫补吴敬梓传并题识。

(5) 清同治八年(1869)苏州群玉斋木活字本，南京图书馆藏。

(6) 清同治八年苏州书局刻本，南京图书馆藏。

(7) 清同治十三年齐省堂刻本，题《(齐省堂增订)儒林外史》，南京图书馆藏。

(8) 张慧剑校注，1958年人民文学出版社出版，1978年、1995年重印。

(9)《儒林外史》，1972年中华书局出版，2009年重印。

(10) 1989年江苏古籍出版社出版，题《新批〈儒林外史〉》。

(11)《续修四库全书》本。

增补齐省堂儒林外史60回　子部小说类

(1) 清光绪十四年(1888)鸿宝斋石印本，南京图书馆藏。

(2) 清光绪二十五年慎记书庄石印本，北京大学图书馆藏。

(3) 清光绪三十二年上海海左书局石印本，南京图书馆藏。

(4) 1914年育文书局石印本，上海图书馆藏。

(5) 1922年上海二思堂石印本，南京图书馆藏。

(6) 1923年上海铸记书局石印本，南京图书馆藏。

(7) 1924 年上海海左书局石印本，上海图书馆藏。

(8) 1927 年上海受古书店石印本，南京图书馆藏。

儒林外史 60 回　子部小说类

清吴敬梓撰　张文虎评

清光绪七年《申报馆丛书》铅印本，南京图书馆藏。

儒林外史 55 回　子部小说类

1925 年世界书局铅印本，南京图书馆藏。

儒林外史评 2 卷　子部小说类

题清天目山樵（张文虎）评

(1) 清光绪十一年宝文阁刻本，上海图书馆藏。

(2) 抄本，上海图书馆藏。

儒林外史汇校汇评本　子部小说类

清吴敬梓撰　李汉秋汇校汇评

1999 年上海古籍出版社出版。

文木山房集 4 卷　集部别集类

(1) 清乾隆间仪征方嶟刻本，北京大学图书馆藏。

(2)《续修四库全书》本。

(3)《清代诗文集汇编》本。

文木山房集 4 卷附录 1 卷附春华小草 1 卷靓妆词钞 1 卷　集部别集类

清吴敬梓撰　附吴烺撰

(1) 1931 年上海亚东图书馆铅印本，南京图书馆藏。

(2) 1957 年古典文学出版社出版。

吴敬梓集系年校注　集部别集类

(1) 2011 年中华书局出版。

(2) 2016 年中华书局出版。

按：收录清吴敬梓《儒林外史》之外的全部著作。包括《文木山房集》4 卷、集外诗文 1 卷及《文木山房诗说》。

文木山房诗说笺证　集部诗文评类

清吴敬梓撰　周延良笺证

2002年齐鲁书社出版。

万裕昆

字启咸，号旭斋。清上元人。雍正十年(1732)举人。嗜古博学，居官有政声。历仕至台湾道。

十三经辨疑录　经部群经总义类　佚

防海兵备志　史部政书类　佚

燕翼官箴集　史部政书类　佚

燕越蜀闽山川人物风俗论　史部政书类　佚

秦汉图印存真谱　史部金石类　佚

卧游斋评画录　子部艺术类　佚

山雨草堂文集　集部别集类　佚

松涛客诗赋杂录　集部别集类　佚

环海楼稿　集部别集类　佚

以上9种见《金陵通传》卷31。《国朝金陵诗征》卷43收其诗1首。

王随悦

字澹安。清雍正间上元人。诸生。

掬芷园集　集部别集类　佚

见同治《上江两县志》卷12。《国朝金陵诗征》卷16收其诗1首。

周　庚

字肇基。清江宁人。雍正年间诸生。纯谨好学。

诗经摭余　经部诗经类　佚

四书萃余义　经部四书类　佚

以上2种见嘉庆《江宁府志》卷54。

王佃清

字松川。清雍正时江宁人。居家慈恕，御下宽平。性好诗。居横山山南里。

横望山房诗草　集部别集类　佚

信天集　集部别集类　佚

以上2种见同治《上江两县志》卷12。《国朝金陵诗征》卷17收其诗6首。小传云："其集有梓本，田志山序云：'性逸而清，清澹而永。'"刻本今未见。

王　瑄

字诚五，又字健行，号和斋。清雍正间上元人。瑗兄。附监生。

金陵览古诗　集部总集类

清王瑄、王瑗撰

清爱竹山房刻本，南京图书馆藏。

按：此集分城内、城外两部分，题咏金陵古迹。题下各有小叙，叙述所咏古迹之历史、掌故、方位、传说等，间附导游路线等。所咏古迹有旧内、郊坛、灵谷寺、钟山、半山园、昭明读书台、玄武湖、幕府山、燕子矶、栖霞寺、黄天荡、龙江关、石头城、莫愁湖、孙楚酒楼、白鹭洲、三山、板桥浦、新亭等。卷端题《金陵览古诗追和余石农先生原韵》。余石农即余宾硕，著《金陵览古》。王瑄等撰《金陵览古诗》亦附在余宾硕《金陵览古》之后，版本参见"余宾硕"条。

顾与孙

字謦庵，自号杏村老人、杏村野人。清雍正间江宁人。以诗著称于南京。

望云草　集部别集类　佚

见同治《上江两县志》卷12。

卞　岩

字慎旃。清上元人。雍正间诸生。工篆籀,论古今金石文甚悉。老而贫,每就市饮,辄鬻书。与同里鲍元方、曹联等最善。

一笑集　集部别集类　佚

见同治《上江两县志》卷12。《国朝金陵诗征》卷16收其诗2首。

张　谦

字和叔。清上元人。雍正间诸生。随父客亳州,亳人誉其孝友。

张谦诗2卷　集部别集类　佚

见同治《上江两县志》卷12。

王　瑗

字慕蘧,号颠客。清雍正间上元人。琯弟。善医。

金陵览古诗　集部总集类

清王琯、王瑗撰

清爱竹山房刻本,南京图书馆藏。

按:参见"王琯"条。

元　省

字少目。清上元人。白云寺僧。

少目诗存　集部别集类　佚

见《国朝金陵诗征》卷48。

朱鹤年(1705—1760)

字皋闻,晚号露鹤。清上元人。元英次子。廪贡生,官候选教谕。

朱雀桥边野草2卷　集部别集类

(1)《金陵朱氏家集》本。

(2) 2015年国家图书馆出版社出版《清代家集丛刊》本。

杨大灏

字翁穿。清上元人。雍正十三年(1735)举人。乾隆元年(1736)进士。曾设义学以教乡里。

诗古文集　集部别集类　佚

见嘉庆《江宁府志》卷54。

陈际春

字勉亭,一字苍培。清乾隆前期上元人。见陈作霖《金陵前明杂文钞》。

水北山庄集　集部别集类　佚

见同治《上江两县志》卷12。

葛祖亮

字超人、弢仁,号雨亭,闻桥。清上元人。雍正四年(1726)拔贡,七年举人,乾隆元年(1736)进士。除礼部主事,十年分校会试。晚岁家居。二十二年与陈毅、袁枚等集会岳梦渊竹轩。诗酒盘桓,袁枚据其所述河南强项吏鲁亮侪事,作《书鲁亮侪》文。赋性慷爽,雅爱山水,多游海内名胜。

礼经千古要义2卷　经部仪礼类　佚

服纪后篇　经部仪礼类　佚

以上2种见嘉庆《江宁府志》卷40。

两闲阁古文　集部别集类　佚

花妥楼诗集20卷　集部别集类　佚

以上2种见嘉庆《江宁府志》卷54。《国朝金陵诗征》卷19收其诗11首。《金陵通传》卷31录其《钱法议》全文。

陈际昌

字固存，号醒翁。清乾隆前期江宁人。见陈作霖《金陵前明杂文钞》。

醒翁老人遗书　集部别集类　佚

见同治《上江两县志》卷12。

谌永恕

字尊五。清上元人。精婴儿医，独冠一时。

幼幼心法粹纂　子部医家类　佚

见嘉庆《新修江宁府志》卷54。

曹　庚

字西有，号皃川。清上元人。雍正七年(1729)始应乡试，乾隆二十五年(1760)方中举。尝奉檄管守栖霞。笃学嗜古，工吟咏。

且想斋诗稿1卷　集部别集类

清抄本，南京图书馆藏。

朱延年(1710—1772)

字万斯。清上元人。松年从弟。家贫。乾隆中为友人所累，几被逮。尝戒子弟慎诗文交游。晚年游献县归，卒于家。

悬磬集1卷　集部别集类

(1)《金陵朱氏家集》本。

(2) 2015年国家图书馆出版社出版《清代家集丛刊》本。

陶　湘(1710？—1775)

字范文，号衡川、秋水，又号楚渔。清江宁人。敬孙。少孤贫，及长，肆力经训。后开馆授徒，束修所得，除衣食外，悉以购书。故藏书之富，甲于金陵。又好汉唐以来碑版法物及宋元人手迹，皆能辨其源流，识其真赝。善古文辞，与程廷祚齐名，有“南陶北程”之目。乾隆三十六年(1771)赴乡试，考官彭元瑞搜得其卷，惊称“宿儒”，取以殿榜。湘年已老颖，一试礼部不售，遂不出。著述甚众，太平天国期间大多散佚。卒年60余。

春秋经传集解补义　经部春秋总义类　佚

见同治《上江两县志》卷12。

衡川文集(一作陶湘文集)　集部别集类　佚

见嘉庆《江宁府志》卷54。

幽光集　集部总集类　佚

清陶湘辑

见《金陵通传》卷27，云：“取邑贤之未显达者，裒集其文，名《幽光集》。”

卢雅云

清上元人。丁辅之妻。

丁烈妇诗　集部别集类　佚

见《历代妇女著作考》引《清闺秀艺文略》。

黄怡祖

字寅先，号丹崖。清上元人。乾隆元年(1736)举人。博览群书，而虚怀自下。嗜饮工诗。

丹崖诗稿　集部别集类　佚

见同治《上江两县志》卷12。云诗稿曾藏于弟子王铭宗家。

陶绍景(1711—1801)

字京山，号慕庭。清江宁人。乾隆三年(1738)乡试第一。选云南大姚知县，调永善。丁忧归。服阕，补福建松溪知县。调台湾，摄淡水同知。任满当迁，引疾归。五十年，大荒，以千金遍散族人。家居近50年，嘉庆三年(1798)，重赴鹿鸣。工制义。与同县周际昌齐名。

陶周合稿　集部总集类　佚

清陶绍景、周际昌撰

见陈作霖《金陵前明杂文钞》。

焦桂芳

字秋堂，号景傅。清上元人。诸生。喜吟咏。

金陵图咏1卷　史部地理类　佚

见同治《上江两县志》卷12。《国朝金陵诗征》卷33收其诗2首。

周　榘(1712—1779)

字于平，一字幔亭。祖籍福建莆田，乾隆初其父荣臣迁上元。乾隆二十二年(1757)，与袁枚、陈毅、陶湘等集岳梦渊竹轩。三十六年客松江。尝应聘主讲清河书院，再受知曲阜衍圣公，馆孔府教其子。好学博览，雅有巧思。能造浑天球，以尺绡画江河万里。精篆籀文，穷六书源流，一波一磔不苟下。袁枚好畜金石，得残碑断碣，辄就正之。又尝订补翁方纲《焦山鼎铭考》等。袁枚《小仓山房文集》卷26有其墓志铭。

阙里小志　史部传记类　佚

见嘉庆《江宁府志》卷54。

二十二史讳略1卷　史部政书类

《啸园丛书》本。

清凉散1卷　史部地理类　佚

见清金鳌《金陵诗征录》卷10。云："未刊稿本也，一名《清凉小志》。序云：东麓多鸦臼映乌潭，西岸垂杨水榭，不减圣明湖品。目者辄曰小蓬莱、赛西湖、小金山。而灵应观侧有茶肆，榜曰'何必西湖'。"

幔亭诗钞　集部别集类　佚

见嘉庆《江宁府志》卷54。《国朝金陵诗征》卷22收其诗24首。

谈羽丰

字牧堂。清上元人。乾隆十三年(1748)举人。考取中书,出为武昌知府。历湖北盐粮二道,按察、布政两使。归筑室冶城山麓,读书讲学。卒年80岁。

四书汇解10卷　经部四书类　佚

晚翠轩文集8卷　集部别集类　佚

海桐书屋诗稿6卷　集部别集类　佚

以上3种见同治《上江两县志》卷12。

蔡应龙

字潜庄。自署玉麈山人。清江宁人。

潜庄删订增补紫玉记(一作紫玉钗)2卷　集部词曲类

(1) 清乾隆四年(1739)清梦山房刻本,国家图书馆藏。

(2)《古本戏曲丛刊》本。

按:是剧乃删订玉茗堂《紫箫》《紫钗》两记。取其便于排演。

琵琶重光记　集部词曲类　佚

见清徐绍桢《紫玉记》序,云:"潜庄先生修月神工,补天妙手,谓《琵琶记》前后照应之未满人意,为补缀之。作《琵琶重光记》,亟欲选集伶工,俾传盛事。"

宁　楷(1713—1802)

字端文,号栎山。清江宁人。奠宗子。少孤贫力学。钟山书院肄业,从师杨绳武。乾隆十六年(1751)南巡,召试二等。十九年进士。授泾县教谕,因事罢归。主讲菊江、敬亭、潜川、正谊、蜀山等书院。

系辞传2卷　经部易类　佚

左肩1卷　经部春秋左传类　佚

以上2种见嘉庆《江宁府志》卷54。

(嘉庆)增修宜兴县旧志10卷首1卷末1卷　史部地理类

清李先荣原本　阮升基增修　宁楷等增纂

(1) 清嘉庆二年(1797)刻本,补遗1册,事迹增补至雍正三年(1725)宜兴、荆溪分县止。南京图书馆藏。

(2) 清同治八年(1869)活字本,南京图书馆藏。

(3) 清光绪八年(1882)刻《宜兴荆溪旧志五种》本,书名题《重刊宜兴县旧志》。

(4) 民国间重印本。

(5) 台北成文出版社《中国方志丛书》本。

(6)《无锡文库》本。

(嘉庆)新修宜兴县志4卷首1卷　史部地理类

清阮升基修　宁楷纂

(1) 清嘉庆二年刻本,南京图书馆藏。

(2) 清同治八年活字本,南京图书馆藏。

(3) 清光绪八年刻《宜兴荆溪旧志五种》本,书名题《重刊宜兴县志》。

(4)《无锡文库》本。

(嘉庆)新修荆溪县志4卷首1卷　史部地理类

清唐仲冕修　宁楷纂

(1) 清嘉庆二年刻本,南京图书馆藏。

(2) 清道光间刻本,有补遗,南京图书馆藏。

(3) 清同治八年活字本,南京图书馆藏。

(4) 清光绪八年刻《宜兴荆溪旧志五种》本。书名题《重刊荆溪县志》。

(5)《无锡文库》本。

同学书院志　史部地理类　佚

见同治《上江两县志》卷12。

喻义堂医说　子部医家类　佚

怀德记 1 卷　子部杂学类　佚
闻见纪略　子部杂学类　佚
惬心堂闲话　子部杂学类　佚
菊圃偶谈　子部小说类　佚
以上 5 种见嘉庆《江宁府志》卷 54。
修洁堂初稿 22 卷　集部别集类
(1) 抄本,中国科学院图书馆藏。
(2)《中国科学院文献情报中心藏古籍珍本丛书》本。
修洁堂集略 16 卷　集部别集类
清宁楷撰　宁开熙、宁夔编
清嘉庆八年刻本,南京图书馆藏。

赵天祕

字鹤野。清上元人。乾隆九年(1744)举人。官青浦教谕。
南北集　集部别集类　佚
见《江苏诗征》卷 108,收其诗 1 首。

芮宾王

字鲁川。清江宁人。屿子。以文名。
凌云堂附集　集部别集类　佚
见同治《续纂江宁府志》卷 9。与父屿《凌云常诗草》同时为清廷禁毁。

秦大士(1715—1777)

字鲁一,一字涧泉,亦作磵泉,号秋田,别署秋田老人。清江宁人。邦灿孙。生而颖异,10 岁能属文。曾从袁枚学诗,名颇著。精篆籀及楷法。乾隆十三年(1748)举于乡,十七年成进士。廷试一甲一名,授翰林修撰,擢侍讲学士,选授皇子书。二十八年告归养亲,杜门不出。尝与翁方纲等奉命缮写《昭明文选》。晚年兼喜绘事，名重一时。

蓬莱山樵集　集部别集类　佚

抹云楼诗　集部别集类　佚

以上2种见《国朝金陵诗征》卷20，收其诗数十首。

秦状元稿1卷　集部别集类

清光绪铅印本，南京图书馆藏。

秦涧泉稿不分卷　集部别集类

清光绪二十四年(1898)镜湖书屋刻本，湖南省图书馆藏。

曹雪芹(1715？—1763？)

名霑，号雪芹、芹溪，芹圃。祖籍辽阳。先世是汉族。后为正白旗满洲“包衣”。寅孙，颙子(一说为頫子)。曹家自曾祖玺起，三代4人任江宁织造，长达60年。祖寅深得康熙帝信任。康熙6次南巡，4次由寅接驾，以江宁织造署为行宫。雪芹即出生于江宁。曹寅去世，子曹颙继任江宁织造，曹颙去世，由曹頫继任。雍正继位，曹頫即受冷遇。六年(1728)曹家被抄。雪芹不久被遣送回京，此后即过着穷困艰辛的生活。雪芹深切感受到世态炎凉，经过“十年辛苦不寻常”的写作，写成小说《红楼梦》(原名《石头记》)。雪芹并工诗善画，但流传绝少。

种芹人曹霑画册　子部艺术类

稿本，贵州省博物馆藏。

按：参见黄一农《曹雪芹唯一存世的画册再现》，2016年9月2日《文汇学人》。

红楼梦(原名石头记)　子部小说类

此书前80回曹雪芹作，后40回高鹗续作。其版本很多，大致可分为脂砚斋评80回抄本系统(简称“脂本”)和程伟元、高鹗120回排印本系统(简称“程本”)两大类。举要如下：

(1) 甲戌本　系“脂砚斋甲戌(乾隆十九年，1754)抄阅再评本”的简称。存16回，现藏美国康奈尔大学图书馆。有台湾商务印书馆、香港友联出版社、中华书局上海编辑所、上海人民出版社、上海古籍出版社等影印本。

(2) 己卯本　系"脂砚斋凡四阅评过""己卯(乾隆二十四年)冬月定本"的简称。存41回又2个半回,国家图书馆藏,其中55回下半到59回上半藏中国历史博物馆。此本是怡亲王弘晓府上抄本。弘晓与雪芹好友敦敏、敦诚等往来密切,其父允祥奉雍正之命"照看"曹頫。此本有上海古籍出版社影印本。

(3) 庚辰本　系"脂砚斋凡四阅评过""庚辰(乾隆二十五年)秋月定本"的简称。存78回(缺64、67两回),北京大学图书馆藏。此本与己卯本有密切关系。有文学古籍刊行社、人民文学出版社影印本。

按:以上3本都是雪芹在世时传抄流行的本子。

(4) 列藏本　系"前苏联亚洲人民研究院列宁格勒分院藏抄本《石头记》"的简称。是俄国人库尔梁德采夫在道光十二年(1832)带到俄国的。存78回(最后两回未分开)。似为几个本子的合抄本,眉批、夹批系后人所作。正文下双行小字批当是脂批旧文。有中华书局影印本。

(5) 戚张本　有乾隆三十四年进士戚蓼生写序的《石头记》称为"戚本",共有4种。此为第1种。戚张本系"张开模旧藏戚蓼生序本"的简称,是戚正本(有正书局本)据以影印的底本,存上半部,有正书局摄影时贴改及技术处理的痕迹还在。此本由上海古籍书店1975年在书库中发现。

(6) 戚正本　又叫"戚本""有正本",系"有正书局石印戚蓼生序本"的简称。所用底本印戚张本(见上)。此本80回,有狄葆贤的眉批,用贴条的办法加上。原有脂批的署名及纪年已全部删去,书名只题"石头记"3字。清末民元之交印行的是大字本,1920年又剪贴缩印为小字本。现有人民出版社影印本。

(7) 戚宁本　系"泽存书库旧藏戚蓼生序本"的简称。此本80回出昆山于氏,后归陈群泽存书库,今藏南京图书馆。其文字更接近戚张本。

(8) 王府本　又叫“蒙古王府本”，也是戚本的一种，国家图书馆藏。凡120回。其中57回至62回及后40回为后来补抄，其余部分和戚张本大体相同。此本亦渊源于己卯本、庚辰本，但有较大改动，并有大量行间批。今有书目文献出版社影印本。

(9) 杨本　又称“梦稿本”“百二十回全抄本”，系“杨继振旧藏红楼梦稿本”的简称，中国社会科学院文学研究所藏。此本首先用《红楼梦》作书名。120回一次过录完成，第41回至第50回及后40回的文字一部分大致同程乙本，另一部分与程甲本、程乙本都有较大差异，总的倾向是比较简略。扉页有咸同间人杨继振手书“兰墅太史(高鹗)手定红楼梦稿百二十回”题笺。此本现有中华书局、上海古籍出版社影印本。

(10) 舒本　又叫“己酉本”。前有杭州人舒元炜乾隆五十四年己酉所作序。存上半部(1—40回)，吴晓铃收藏。脂批已全删。文字来源比较复杂，仍属脂本系统。序中已提到120回本，可见在程本问世前两年已有后40回在流传。此本现有中华书局《古本小说丛刊》影印本。

(11) 郑本　系“郑振铎藏本”的简称，现由国家图书馆收藏。存第23、24两回。回前题名《石头记》，每页书口则署《红楼梦》。脂批已全删，文字有特异处，可与其他脂本参校。

(12) 靖本　系“扬州靖应鹍家藏本”的简称。此本20世纪50年代末出现于南京浦口，毛国瑶抄录其批语150条，60年代初寄给北京几位红学家。批语近于甲戌本，引人注目。但书于1964年即下落不明，仅留下“夕葵书屋《石头记》”一夹页。1975年南京师范学院(今南京师范大学)《文教资料简报》第21、22期发表了靖本批语及有关资料。

(13) 梦觉本　有梦觉主人乾隆四十九年甲辰所作序，故又叫“甲辰本”。此本发现于山西，故又叫“脂晋本”。国家图书馆藏。书名《红楼梦》，存80回，脂批大都删去。文字有删节、缩写，这一特点都反映在程甲本中。

(14) 程甲本　乾隆五十六年辛亥萃文书屋木活字本。120回。

(15) 程乙本　乾隆五十七年壬子萃文书屋木活字本。120回。

郑振铎藏本。

按：程伟元、高鹗两次排印《红楼梦》，结束了脂本以抄本流传的时代，开始了曹作高续的120回本的时代。程甲本文字比较接近脂本中甲戌、庚辰本，为以后多种版本所沿用。程乙本改动较大（约2万字），到1927年亚东图书馆根据胡适推荐的程乙本重排《红楼梦》以后才广泛流传。

（16）程丙本　有两说。1. 1977年台湾影印青石山庄本，曾以为是不同于程甲、程乙的第三种程本，即程丙本。到上海程丙本发现后，才知台湾本是将甲、乙、丙3种版本的散页凑集起来的混合本。2. 1984年上海顾鸣塘发现上海图书馆有一部原来作为程乙本收藏的《红楼梦》，是在排程乙本的同一年盛夏又一次重排的木活字本。其正文不同于甲、乙两本，因谓之程丙本。

（17）王雪香（希廉）评本　道光十二年（1832）双清仙馆刻本，以程甲本为底本。刊行后风行海内，引发了评点《红楼梦》的热潮。

（18）同文书局评本　光绪十年（1884）上海同文书局石印本。有王希廉、张新之、姚燮3家评。因光绪间《红楼梦》一再遭禁，故扉页题“增评补相全图金玉缘”。

（19）亚东初排本　1921年上海亚东图书馆铅印本。以双清仙馆本为底本，校以有正本及王、姚合评本。由汪原放分段，加新式标点。此本有胡适《红楼梦考证》、陈独秀序、蔡元培《石头记索隐第六版自序》等，标志着《红楼梦》版本进入了一个新的时代。

（20）亚东重排本　1927年上海亚东图书馆铅印本。底本改用胡适所藏程乙本，由汪原放重新校读改字后排印。卷首增加了胡适《重印乾隆壬子红楼梦序》、汪原放《重印乾隆壬子红楼梦校读后记》、高鹗序、兰墅小泉引言等。

（21）人文排印本　1957年人民文学出版社出版。以程乙本为底本，周汝昌、周绍良、李易校点，参校了7种版本，每回附校记。启功注释。

(22) 俞平伯校本　题名《红楼梦八十回校本》，1958 年人民文学出版社出版，1963 年出增订版。以有正本为底本，与甲戌本等 7 种本子互校。第 1、2 册为前 80 回正文，第 3 册为《校字记》，第 4 册为后 40 回，无校。

(23) 人文新校注本　中国艺术研究院红楼梦研究所校注，1982 年人民文学出版社出版。前 80 回以庚辰本为底本，所缺的第 64、67 回用程甲本配补，后 40 回以程甲本为底本。

(24) 香港中文大学校订本　香港中文大学新亚书院中文系学生、香港文化学院学生集体抄校，王三庆整理清抄，潘重规作序。题名《校定本红楼梦》，1983 年香港中国文化大学中文研究所印行。这是乾隆《百二十回红楼梦稿》的整理本。

(25) 石头记汇校本　题名《脂砚斋石头记汇校》，冯其庸主编，红楼梦研究所汇校。以甲戌本等 11 种脂本和程甲本汇校，以庚辰本列首行，依次排列。以各种符号标示异同，使各本原貌一目了然。1987 年文化艺术出版社影印本，16 开本精装 5 册。2008 年北京图书馆出版社出版冯其庸《脂砚斋重评石头记校汇评》。

按：雪芹在《红楼梦》中为塑造人物写了大量的诗、词、曲，其好友敦诚在《四松堂集·寄怀曹雪芹霑》一诗中云："爱君诗笔有奇气，直追昌谷(李贺)披篱樊。"但其一生坎坷，遗诗飘零，流传下来的仅有《题〈琵琶行传奇〉》诗两句，见敦诚《鷦鷯庵杂志》。兹转录于下："余(敦诚)昔为白香山《琵琶行》传奇一折，诸君题跋，不下数十家。曹雪芹诗末云：'白傅诗灵应喜甚，定教蛮奈鬼排场。'亦新奇可诵。曹平生为诗，大类如此。竟坎坷以终，余挽诗有'牛鬼遗文悲李贺，鹿车荷锸葬刘伶'之句。亦驴鸣吊之意也。"

周　梿

字于登，一字敛屋。清上元人。桀弟。

虹桥集　集部别集类　佚

见《金陵通传》卷34。《国朝金陵诗征》卷22收其诗4首。

吴禹洛

字书瑞,号猗园。清乾隆间上元人。约与秦大士同时。能诗。

北樵诗集　集部别集类　佚

见同治《上江两县志》卷12。《国朝金陵诗征》卷20收其诗1首。

谈羽仪

字毓奇。清上元人。羽丰从弟。诸生。援例为刑部郎中。诗为袁枚所赏识,与戴瀚、周际昌讲学清凉书屋。

固崖集　集部别集类　佚

见《金陵通传》卷34。

生香书屋诗集　集部别集类　佚

见同治《上江两县志》卷12。

溥　淳

字树居。清上元人。高座寺僧。工诗。

溥淳集(一作树居诗集)　集部别集类　佚

见同治《上江两县志》卷12。《国朝金陵诗征》卷48收其诗1首。

司马章

字石坡。清南京人。

花间乐　集部词曲类

双星会　集部词曲类

以上2种见《古典戏曲存目汇考》卷12。

按:《古典戏曲存目汇考》谓有抄本,见沈氏编《粹芬阁珍藏善本书目》。又称有乾隆五十七年(1792)刻本,傅惜华旧藏。今未见。袁枚《随园诗话补遗》谓司马章与周麟官校书有三生之约,而格于家范,乃撰

《双星会》以舒结辖云。

陈秀生

字友菊。清上元人。巡抚徐垣(1712—1762)妻。工吟咏。

望云楼集(一作友菊诗稿)　集部别集类　佚

见《国朝金陵诗征》卷47。收其诗1首。

车　研

字静年,一字养源。清上元人。敏来子。诸生。游幕督抚间。曾为崔应阶、胡宝瑔主章奏。为文敏捷,与同县岳梦渊齐名。

绿松花石山房集　集部别集类　佚

见同治《上江两县志》卷12。《江苏诗征》卷10收其诗1首。《国朝金陵诗征》卷18收其诗8首。

袁　枚(1716—1798.1.3)

字子才,号简斋,晚自号袁丝,又号随园老人。清钱塘籍,侨居江宁。乾隆四年(1739)进士。改翰林院庶吉士,出知溧水、江浦、沭阳、江宁等县6年,并著能声。年33即告归,卜筑随园,以书籍诗文为事。颇放情声色,尤好宾客,四方士投诗文无虚日。备林泉之清福,享文章之盛名,达50年。诗主性灵,为一代诗宗,与蒋士铨、赵翼并称三大家。文章横逸,工骈丽,深得六朝体格。其代表作《随园诗话》是清代重要的诗歌美学和诗歌理论著作。著述宏富。其中30余种均于生前开雕,只《随园随笔》因病未及刊。《清史稿》有传。

摘纂随园史论1卷　史部史评类

《青照堂丛书》本。

袁枚日记　史部传记类

抄本,袁枚八代孙袁建扬、袁建中兄妹藏。

按:2006年10月,王英志新发现手抄本《袁枚日记》(又名《随园纪游册》)。日记不分卷,内容完整,约35000字。正文前有后人俞樾、费念慈、袁润、蒋萼题诗或题辞,皆作于光绪十七年(1891)辛卯。日记正文凡83页,其中有袁枚亲笔抄写的20余页,约占全书的四分之一。日记涉及文学、交游、应酬、饮食、娱乐、女色、奇闻等方面内容。日记经整理连载于凤凰出版社《古典文学知识》2009年第1期至2011年第4期,亦收入《袁枚全集新编》。

(乾隆)江宁县新志26卷　史部地理类

清袁枚纂修

(1) 清乾隆十三年刻本,日本内阁文库藏。故宫博物院图书馆存卷1—20、卷25—26。

(2) 抄本。南京图书馆藏。

(3)《金陵全书》本。

游黄山记1卷　史部地理类

游黄龙山记1卷　史部地理类

游仙都峰记1卷　史部地理类

游武夷山记1卷　史部地理类

游庐山记1卷　史部地理类

游丹霞记1卷　史部地理类

游桂林诸山记1卷　史部地理类

以上7种有:

(1)《小方壶斋舆地丛钞》本。

(2)《随园三十种》本。

按:《随园三十种》是最早的袁枚著作汇编本,其后各种随园合集如《随园三十八种》等,收录袁枚的著作都不出《随园三十种》的范围,故本书有关袁枚著述的著录,凡已著录《随园三十种》本的,即不再标注其他随园合集本。

随园食单4卷　子部艺术类

(1)《随园三十种》本。

(2) 清嘉庆元年(1796)刻本,南京图书馆藏。

(3) 清光绪三十一年铅印本,南京图书馆藏。

(4)《续修四库全书》本。

(5)《南京稀见文献丛刊》本。

按:本书分为须知单、戒单、海鲜单、江鲜单、特牲单、杂牲单、羽族单、水族有鳞单、水族无鳞单、杂素菜单、小菜单、点心单、饭粥单、茶酒单 14 部,记述了明清时期流行的 300 余种菜肴、饭点、茶酒的用料和制作方法,其中大多数为江浙两地的传统风味。本书版本甚多,今仅举数种如上。

随园食单补证　子部艺术类

清袁枚原撰　夏曾传补证

(1) 1994 年中国商业出版社出版,有张玉范、王淑珍注释。

(2) 2016 年浙江人民美术出版社出版。

按:本书根据北京大学图书馆藏夏曾传(1843—1883,字薪卿,号笏床,别号醉犀生)手稿《钱塘夏氏杂稿》整理。

随园随笔 28 卷　子部杂学类

(1)《随园三十种》本。

(2) 1922 年上海云章书局石印本,南京图书馆藏。

(3)《续修四库全书》本。

新齐谐 24 卷续 10 卷(一作子不语)　子部小说类

(1)《随园三十种》本。

(2) 清光绪十八年上海图书集成印书局本,国家图书馆藏。

(3)《清代笔记丛刊》本。

(4)《笔记小说大观》本。

(5) 1986 年上海古籍出版社申孟、甘林点校本,书名《子不语》,全 2 册。

(6) 1986 年齐鲁书社崔国光点校本,无续书。2004 年再版。

(7) 1987 年河北人民出版社点校本,书名《子不语全集》。

(8) 1996年人民文学出版社校点本。

(9)《续修四库全书》本。

(10) 2015年北京联合出版公司出版，书名《子不语》。

(11) 2016年上海古籍出版社出版，书名《子不语》。

(12) 2019年中国致公出版社出版，书名《子不语》。

新齐谐8卷　子部小说类

(1) 1913年萃英书局铅印本。

(2) 1935年大达图书供应社铅印本。

缠足谈　子部小说类

《香艳丛书》本。

小仓山房文集35卷　集部别集类

(1)《随园三十种》本。

(2)《四部备要》本。

(3) 台湾《近代中国史料丛刊续编》本。

(4)《续修四库全书》本。

(5)《清代诗文集汇编》本。

小仓山房文集不分卷　集部别集类

(1) 清刻本，南京图书馆藏。

(2) 抄本，日本东京图书馆藏。

小仓山房外集8卷　集部别集类

(1)《随园三十种》本。

(2)《四部备要》本。

(3)《续修四库全书》本。

(4)《八家四六文钞》本，1卷。

(5)《清代诗文集汇编》本。

小仓山房文集补遗2卷　集部别集类

(1) 清道光二十六年(1846)四川东望堂刻本，四川省图书馆藏。

(2)《清代诗文集汇编》本。

小仓山房诗集 37 卷补遗 2 卷(一作 36 卷续 3 卷)　集部别集类

(1)《随园三十种》本。

(2) 清末文明书局石印本,中国科学院图书馆藏。

(3)《四部备要》本。

(4) 1913 年排印本。

(5) 1921 年上海著易堂书局排印本。

(6)《续修四库全书》本。

(7)《清代诗文集汇编》本。

随园集外诗 4 卷　集部别集类

清蒋敦复编

(1) 民国间国学研究会石印本,首都图书馆藏。

(2)《清代诗文集汇编》本。

小仓山房诗集 31 卷补遗 2 卷　集部别集类

清抄本,佚名批校,南京图书馆藏。

小仓山房诗集 34 卷补遗 2 卷文集 31 卷外集 7 卷　集部别集类

清乾隆五十八年刻本,国家图书馆藏。

随园家书不分卷　集部别集类

随园手翰　集部别集类

袁简斋手札 1 册　集部别集类

以上 3 种有稿本,国家图书馆藏。《手札》另有 1925 年伦敦大英博物馆摄影本。

袁太史时文 1 卷　集部别集类

清袁枚撰　秦大士编

(1)《随园三十种》本。

(2) 清光绪十九年希朴斋刻本,南京图书馆藏。

(3) 清末石印本,南京图书馆藏。

袁太史稿不分卷　集部别集类

(1) 清道光六年湖南宝庆经纶堂刻本,南京图书馆藏。

(2) 清道光十三年希朴斋刻本,国家图书馆藏。

(3)《清代诗文集汇编》本。

小仓山房外集摘句1卷　集部别集类

清袁祖惠抄本,中国科学院图书馆藏。

随园文钞1卷　集部别集类

(1)《国朝二十四家文钞》本。

(2) 清刻本,日本静嘉县图书馆藏。

(3) 日本安政四年(1857)江户山城屋佐兵卫刻本。

(4) 日本明治十八年(1885)东京木神原忠三郎刻本。

随园文钞2卷　集部别集类

(1) 清宣统二年(1910)上海国学扶轮社石印本。

(2) 1915年中华图书馆印行。

小仓山房文录2卷　集部别集类

《国朝文录》本。

袁子才文2卷　集部别集类

曹绣君音注,1928年上海文明书局铅印本。

袁太史文选1卷　集部别集类

清抄本,北京大学图书馆藏。

随园文粹6卷　集部别集类

(1) 日本明治十五年刻本,日本内阁图书馆藏。

(2) 日本明治二十五年嵩山堂刻本。

袁枚文选译　集部别集类

袁启明译注

1989年人民文学出版社出版。

袁文合笺16卷　集部别集类

清袁枚撰　王广业合笺

清光绪八年青箱塾刻本,国家图书馆藏。

袁文笺正16卷补注1卷　集部别集类

清石韫玉笺注

(1) 清嘉庆十七年鹤寿山堂写刻本,南京图书馆藏。

(2) 清道光七年松寿山房刻本。

(3) 清同治四年(1865)刻本。

(4)《扫叶山房丛钞》本。

(5) 清光绪八年汗青簃刻本,复旦大学图书馆藏。

(6) 清光绪十二年步月山房刻本。

(7) 清光绪十四年上海石竹山房印本。

(8) 上海鸿章书局石印本。

袁文笺注6卷　集部别集类

清石韫玉注　余岗等补注

清道光二十一年刻本。

袁文笺正补正1卷　集部别集类

清邹树荣补正

《南昌邹氏一粟丛书》本。

补校袁文笺正8卷　集部别集类

清周绂堂补校

(1) 清嘉庆二十五年廉本堂刻本。

(2) 清道光三年岭南丛雅居刻本,南京图书馆藏。

袁文补注2卷续刻2卷三刻2卷　集部别集类

清袁枚撰　石韫玉注　余岗补注

清道光二十一年刻本,浙江大学图书馆藏。

六大家笺注袁文大成6卷　集部别集类

清袁枚撰　石韫玉等注

(1) 民国上海碧梧山庄石印本,南京图书馆藏。

(2) 1922年求古斋石印本,上海图书馆藏。

袁文补笺2卷　集部别集类

清袁枚撰　王嘉树补注

清同治十年会稽王嘉树手定稿本，台湾“中央图书馆”原藏。

袁文笺正 4 卷　集部别集类

清袁枚撰　魏大缙笺正

清同治十三年刻本，南京图书馆藏。

小仓山房集注 16 卷　集部别集类

清袁枚撰　雷瑨集注

1921 年上海扫叶山房石印本，国家图书馆藏。

随园骈体文注 16 卷　集部别集类

清袁枚撰　黎光地注

(1) 清光绪五年长沙刻本，南京图书馆藏。

(2) 清光绪十二年刻本，书名页题《新增袁文笺正注释》，南京图书馆藏。

小仓选集 8 卷　集部别集类

清袁枚撰　张怀淮辑

《函海》本。

小仓山房尺牍 10 卷　集部别集类

(1)《随园三十种》本。

(2) 1917 年商务印书馆本，题为《袁简斋尺牍》。

(3)《清代诗文集汇编》本。

牍外余言 1 卷　集部别集类

(1)《随园三十种》本。

(2)《昭代丛书》(道光)本。

(3)《清代诗文集汇编》本。

小仓山房尺牍 6 卷　集部别集类

清陈各金辑注

清同治二年刻本，南京图书馆藏。

音注小仓山房尺牍 8 卷　集部别集类

清胡光斗笺

(1) 清同治六年五云楼刻本，南京图书馆藏。

(2)《申报馆丛书》本。

(3) 清末民国初石印本，南京图书馆藏。

(4) 1915 年上海锦章图书局石印本。

(5) 1925 年上海大成书局石印本，南京图书馆藏。

(6) 1931 年上海新国民印刷厂出版。

(7) 民国上海文益书局石印本，南京图书馆藏。

(8) 1925 年上海世界书局石印本，有徐祯增注。

新体广注小仓山房尺牍 8 卷　集部别集类

清袁枚撰　胡光斗、徐桢注

(1) 1918 年上海世界书局石印本，南京图书馆藏。

(2) 1919 年上海广文书局石印本，南京图书馆藏。

(增广详注言文对照)小仓山房尺牍　集部别集类

1929 年上海中亚书局石印本。

小仓山房尺牍　集部别集类

1929 年上海文光书局铅印本，南京图书馆藏。

小仓山房尺牍　集部别集类

清袁枚撰　许泽斋点注

1929 年上海群学社铅印本，南京图书馆藏。

小仓山房尺牍 4 卷　集部别集类

1932 年新文化书社出版，南京图书馆藏。

(广语注释)小仓山房尺牍　集部别集类

1937 年上海国学整理社出版。

小仓山房尺牍 8 卷　集部别集类

清袁枚撰　章荣译注

(1) 1936 年世界书局铅印本，南京图书馆藏。

(2) 1941 年世界书局铅印本，南京图书馆藏。

新式标点白话详注小仓山房尺牍□卷　集部别集类

清袁枚撰　许家思注

民国上海群学社石印本，存卷5、6，南京图书馆藏。

国语注解小仓山房尺牍　集部别集类

清袁牧撰　荫香注译

民国上海广益书店铅印本，南京图书馆藏。

小仓山房尺牍补遗2卷　集部别集类

清抄巾箱本，国家图书馆藏。

小仓山房往还书札全集8卷　集部别集类

清袁枚等撰　朱士俊、沈锦垣编校

(1) 清光绪间刻本。

(2) 巾箱本，南京图书馆藏。

随园诗草8卷附禅家公案颂1卷　集部别集类

清乾隆四十年刻本，日本爱知县图书馆藏。

随园诗选4卷　集部别集类

1925年广益书局石印本。

小仓山房诗1卷　集部别集类

清吴应和、冯洵选

《浙西六家诗钞》本。

随园诗稿1卷　集部别集类

(1) 稿本，国家图书馆藏。

(2) 稿本，南京图书馆藏。

(3) 清光绪间京江听花馆蓉卿抄本，湖南省图书馆藏。

袁简斋自钞诗稿1卷　集部别集类

袁枚手稿本，南京图书馆藏。

小仓山房诗集　集部别集类

抄本《六家七律选》本。见上海图书馆编《中国丛书综录补编》。

(音注)袁随园诗　集部别集类

陆律西音注

1928年文明书局排印本。

随园绝句抄10卷　集部别集类

(1) 日本弘化三年(1846)京山城屋佐兵卫刻本。

(2) 日本永嘉大阪书林嵩山堂刻《清六大家绝句抄》本。

小仓山房诗文集　集部别集类

清袁枚撰　周本淳校点

1988年上海古籍出版社排印本。

按:是集以乾隆《随园三十二种》本为底本,参以他本校点。

袁枚诗文选译　集部别集类

清袁枚撰　李灵年、李泽平译注

1990年巴蜀书社出版。

粲花阁诗　集部别集类

清袁涛撰　袁枚批

稿本,苏州古籍书店藏。

南园诗选2卷　集部别集类

清何士颙撰　袁枚辑刻

《随园三十种》本。

随园八十寿言6卷　集部总集类

清袁枚自辑

《随园三十种》本。

按:乾隆六十年三月,袁枚八十大寿。四方来诗有1300余首,袁枚选存若干首,编为《随园八十寿言》。集分6卷,其中卷6收有袁枚女弟子孙云凤、孙云鹤、金兑、骆绮兰、史鲍印、席佩兰、严蕊珠、廖云锦、张玉珍、庄焘、王碧珠、朱意珠、王静宜,并有侄妇戴兰英,世侄张铉、女弟子鲍之蕙夫妇所作寿诗。王鸣盛《祝随园先生八十寿序》云:"今兹乙卯三月,年且八十,神明不衰,眠食视听无恙,高睨大谈如故也。方纵游名山水,梯峻涉深,如少壮时。"可见其时袁枚神情。

袁家三妹合稿　集部总集类

清袁枚辑

《随园三十种》本。

子目：

《绣余吟稿》1卷　清袁棠撰

《盈书阁遗稿》1卷　清袁棠撰

《楼居小草》1卷　清袁杼撰

《素文女子遗稿》1卷　清袁机撰

随图女弟子诗选6卷　集部总集类

清袁枚辑

(1)《随园三十种》本。

(2) 1924年上海会文堂书局石印本，南京图书馆藏。

按：袁枚曾广收男女弟子，其随园女弟子是清代乾嘉时期诗歌写作成就最大、最有影响的一个女性群体。本书收录28位女弟子作品，作者有席佩兰、金逸、骆绮兰、鲍之蕙、归懋仪、吴琼仙等。"诗选"显示了女性的才情与文化修养。会文堂书局石印本题《增注随园女弟子诗》，是集于《随园女弟子诗》中所引典故，均注明出处。与《随园女弟子诗》相比，少卷5、卷6之张绚霄、毕智珠、屈秉筠、许德馨、归懋仪、袁淑芳、王蕙卿、汪玉轸、鲍尊古9人诗文。

续同人集15卷　集部总集类

清袁枚辑

(1)《随园三十种》本。

(2) 清光绪十八年著易堂排印本，17卷，南京图书馆藏。

按：本书辑录友人过访、投赠及宴集、唱和之作。按内容分为过访类、投赠类、宴集类、放灯类、寄怀类、和韵类、告存类、生挽类、题图类、送行留别类、庆贺类、答谢类、闺秀类、文类14类。其卷数光绪本作17卷，但内容无差异。此集可见乾隆年间各地文人与袁枚及江南地区文化的交流情况。

随园雅集图题咏1卷　集部总集类

清袁枚辑撰

(1)《邈园丛书》。

(2)《丛书集成续编》本。

按:《随园雅集图题咏》乃当时名流为《随园雅集图》所题。正文前附有罗振常所作《随园雅集图题咏序》、袁祖志《随园琐记三则》《随园雅集图题咏补目》,其后附有《随园雅集图》。正文收录了赵翼、蒋士铨、钱大昕等当时乾嘉名流45人为《随园雅集图》题咏的81篇记、文、诗、词。

随园诗话16卷补遗10卷　集部诗文评类

(1)《随园三十种》本。

(2) 清道光四年刻本,上海图书馆藏。

(3) 清道光七年小酉山房刻本,辽宁省图书馆藏。

(4) 清同治八年经纶堂刻本,上海图书馆藏。

(5) 稿本《待清书屋杂钞》本。

(6) 清光绪十八年上海图书集成印书局石印本,上海图书馆藏。

(7) 1919年上海柿叶山房石印本,首都图书馆藏。

(8) 1924年上海会文堂石印谢氏详注本,南京图书馆藏。

(9) 1932年上海扫叶山房石印本,南京图书馆藏。

(10)《续修四库全书》本。

(11) 1960年人民文学出版社排印顾学颉校点本,据《随园三十种》本校点。2006年重印。

按:《随园诗话》新点校本很多,此不一一列出。

随园诗话16卷补遗4卷　集部诗文评类

(1) 清乾隆小仓山房刻巾箱本,北京师范大学图书馆藏。

(2) 清光绪十八年袖海山房石印巾箱本,北京大学图书馆藏。

(3) 清宣统元年上海铸记书局石印本,北京师范大学图书馆藏。

(4) 1914年上海鸿宝斋书局石印增图本,北京大学图书馆藏。

批本随园诗话16卷补遗10卷附录1卷　集部诗文评类

冒广生撰

1919年上海铅印本，南京图书馆藏。

笺注随园诗话16卷补遗10卷　集部诗文评类

清袁枚撰　雷瑨注释

1932年上海扫叶山房石印本，南京图书馆藏。

随园诗话补遗4卷　集部诗文评类

民国间石印本，南京图书馆藏。

随园诗话补遗8卷　集部诗文评类

清嘉庆元年刻本，南京图书馆藏。

随园诗话摘艳1卷　集部诗文评类

清道光元年梁怀兴抄本，山东省图书馆藏。

随园诗话摘钞不分卷　集部诗文评类

清梁同书抄本，郭尚先、吴丰培跋，中央民族大学图书馆藏。

批本随园诗话1卷　集部诗文评类

(1) 清虞山周氏鸽峰草堂抄本，台湾"中央图书馆"原藏。

(2) 1934年上海商务印书馆铅印本，南京图书馆藏。

续诗品1卷　集部诗文评类

(1)《昭代丛书》(道光)本。

(2)《四品汇钞》本。

(3)《绿满书窗》本。

(4)《清诗话》本。

随园闺秀诗话1卷　集部诗文评类

约清乾隆间抄本，见《贩书偶记续编》卷12。

随园五种　丛书类

1968年台北市广文书局影印本。

随园全集二十六种　丛书类

清刻本巾箱本，北京师范大学图书馆藏。

随园二十八种　丛书类

清乾隆、嘉庆间刻本。

随园全集三十种　丛书类

（1）清乾隆、嘉庆间刻本，国家图书馆藏。

（2）清同治五年三让睦记刻本，清华大学图书馆藏。

（3）清光绪十七年经纶堂刻本，湖北省图书馆藏。

随园三十八种　丛书类

（1）清光绪十八年勤裕堂铅印本，上海图书馆藏。

（2）1918年上海文明书局石印本，北京师范大学图书馆藏。

按：《随园三十八种》多出《随园三十种》的图书如下：

《随园图》1卷　清袁起绘

《闽南杂咏》1卷　清袁绶撰

《湘痕阁诗稿》2卷《词稿》1卷　清袁嘉撰

《瑶华阁诗草》1卷《词钞》1卷《补遗》1卷　清袁绶撰

《随园琐记》2卷　清袁祖志撰

《涉洋管见》（《谈瀛录》）1卷　清袁祖志撰

《红豆村人续稿》4卷　清袁树撰

《诸子詹詹录》2卷　清袁树撰

随园三十二种　丛书类

清乾嘉间小仓山房刻本。

清宣统二年益州重刻本，北京大学图书馆藏。

随园三十六种　丛书类

清光绪十八年上海图书集成印书局石印本，北京师范大学图书馆藏。

随园全集四十种　丛书类

（1）1918年上海文明书局铅印本，南京图书馆藏。

（2）1921年上海中华图书馆铅印本，北京师范大学图书馆藏。

随园四十二种　丛书类

上海校经山房书局石印本。

随园四十三种　丛书类

(1) 1921年上海著易堂铅印本，南京图书馆藏。

(2) 1928年上海扫叶山房石印本，北京大学图书馆藏。

(3) 1930年国学书局铅印本，南京图书馆藏。

随园全集四十四种　丛书类

民国上海校经山房成记书局石印本，南京图书馆藏。

标点整理随园全集　丛书类

1960年台北市启明书局影印本。子目从略。

袁枚全集8册　丛书类

王英志主编

1993年江苏古籍出版社出版。

按：本书收袁枚自著、编著的著作及伪托袁枚的部分著作共21部。内容包括：

正编

第1册《小仓山房诗集》

第2册《小仓山房文集》《小仓山房外集》

第3册《随园诗话》，附《批本随园诗话》批语

第4册《子不语》《续子不语》

第5册《随园随笔》《袁太史稿》《小仓山房尺牍》《牍外余言》《随园食单》

副编

第6册《续同人集》《随园八十寿言》

第7册《红豆村人诗稿》《南园诗选》《碧腴斋诗存》《湄君诗集》《袁家三妹合稿》《随园女弟子诗选》

外编

第8册《详注圈点诗学全书》《怪异录》。附录《随园先生年谱》、袁枚传记资料、袁枚评论资料、随园轶事

袁枚全集新编　丛书类

王英志编

2015年浙江古籍出版社出版。内容包括：

正编

第1、2、3、4册《小仓山房诗集》《诗集补遗》

第5、6、7册《小仓山房文集》《续集》《外集》

第8、9册《随园诗话》

第10册《随园诗话补遗》，附录《批本随园诗话》批语

第11、12册《子不语》《续子不语》

第13、14册《随园随笔》《袁太史稿》

第15册《小仓山房尺牍》《牍外余言》《随园食单》

副编

第16册《双柳轩诗集》《双柳轩文集》《乾隆庚午辛未壬申手稿》《手抄本纪游册(日记)》

第17册随园集外诗、零散集外诗、零散集外文、零散集外尺牍

外编

第18、19册《续同人集》《随园八十寿言》《袁子才判牍菁华》

附录

第20册袁枚年谱资料、袁枚传记资料、袁枚评论资料、随园轶事、随园琐记

按：另有《镜花水月》一种，题随园主人撰，系民国初年人伪托。《申报馆丛书》本《镜花水月》，题清娄东羽衣客撰，当与袁枚无关。

翁梦旂

字时庵。清江宁人。荃子。诸生。能诗。乾隆末年尝与姚友贤、刘沅等同赴千叟宴。

雪鸿三爪诗文集　集部别集类　佚

见同治《上江两县志》卷12。《国朝金陵诗征》卷19收其诗2首。

胡莘隆

字礼田，又字砚农。清江宁人。乾隆六年(1741)举人。十三年进士。官太常博士，知县。

秦淮修禊赋　集部别集类　佚

见《金陵通传》卷20。

王天印

字山立。一字印否。清江宁人。安修侄。诸生。工诗。袁枚于金陵筑随园，天印与之诗酒唱和。年90余卒。

懋德堂集　集部别集类　佚

见同治《上江两县志》卷12。《国朝金陵诗征》卷17收其诗1首。

周际昌

字筠溪。清江宁人。乾隆六年(1741)举人。考取内阁中书，官至内阁侍读。性倜傥，居京师10余年，未尝干要人。与人交，有不合意处，即闭门与之绝，以故与俗多忤。卒年50余。与陶绍景齐名。

陶周舍稿　集部总集类　佚

清陶绍景、周际昌撰

见陈作霖《金陵前明杂文钞》。

汪　沁

字茹林，号蔗村。清江宁人。乾隆十二年(1747)举人。官至归化同知。

右山草堂集　集部别集类　佚

见同治《上江两县志》卷12。《国朝金陵诗征》卷18收其诗2首。

吴　烺(1719—?)

字荀叔，号杉亭。清安徽全椒籍，上元人。敬梓子。乾隆十六年(1751)召试举人，以内阁中书出为山西同知。工词，精通声韵、勾股之学。

五声反切正韵 1 卷　经部小学类

(1)《杉亭集》本。

(2)《安徽丛书》本。

周髀算经图注 1 卷　子部历算类

(1)《杉亭集》本。

(2) 清乾隆三十三年刻本，上海图书馆藏。

(3) 日本昭和十年(1935)西京学生影印本，国家图书馆藏。

杉亭集不分卷　集部别集类

清抄本，安徽省博物馆藏。

杉亭集 10 卷　集部别集类

清乾隆十九年刻本，国家图书馆藏。

杉亭集 16 卷　集部别集类

清抄本，中国社会科学院文学研究所藏。

春华小草 1 卷　集部别集类

靓妆词钞 1 卷　集部词曲类

以上 2 种附吴敬梓《文木山房集》后。版本略。

杉亭词 1 卷　集部词曲类

《琴画楼词钞》本。

学宋斋词韵 1 卷　集部词曲类

清吴烺、江昉、吴镗、程名世辑

(1) 清乾隆间刻本，国家图书馆藏。

(2) 清末石印本，国家图书馆藏。

杉亭集 2 种 2 卷　丛书类

清乾隆间刻本，国家图书馆藏。

子目见上。

袁　机(1720—1759)

字素文，别号青琳居士。清钱塘籍，江宁人。枚三妹，如皋高绎祖妻。襁褓中被指婚。夫放荡无行，袁机备受虐待，忍无可忍，与高氏断绝关系，归宁依兄而居。长斋，衣不纯采，不闻乐。有病不治，遇风辰花朝，辄背人而泣。好读书，能记稗官杂史、国家治乱、名臣言行。袁机卒于乾隆二十四年(1759)，其时袁枚人在扬州，闻病奔归，三妹已气绝。袁枚感到十分悲痛，又感到非常愧疚。时隔8年，袁枚将三妹安葬于江宁阳山。回忆往昔，不觉悲从中来，因写下了著名的《祭妹文》。

素文女子遗稿1卷　集部别集类

清袁机撰　袁枚辑

(1)《随园三十种》中《袁家三妹合稿》本。

(2) 2014年国家图书馆出版社出版《清代闺秀集丛刊》本。

朱遐年(1720—1793)

字敬闻。清上元人。元律子。从外祖王燕嘉学。姻亲宫兆麟为安陆太守，延其至署，不耐繁华遽归。晚岁体察父志，依东阳曹家边祖茔居，为村塾师。

洲居集1卷　集部别集类

(1)《金陵朱氏家集》本。

(2) 2015年国家图书馆出版社出版《清代家集丛刊》本。

朱裕观

字孚堂，号晚翠。清上元人。式谷子。少而力学，日有定程。有经济才，大府多延致幕中。乾隆十五年(1750)副榜，十八年举人。官安徽广德州学正。以书法、经术、文章与卢文弨、梁同书齐名。

晚翠轩诗文抄　集部别集类　佚

见清朱士焕《上元朱氏一家言》目录，收其诗 1 首。并云："诗选入《所知集》，文选入《金陵文征》。"

熊学骥

字蔗泉。清南昌籍，江宁人。乾隆十五年(1750)举人。历官湖南长宝道。

研雨斋集　集部别集类　佚

见《国朝金陵诗征》卷 45，收其诗 3 首。

韩泗芳

字近庭，亦作近亭，号邻竹。清上元人。嗜酒工诗，喜纵谈史事，与陈毅友善。家极贫，而不求贵戚。与同里邹森、任夔等同称狷洁。

近亭诗集　集部别集类　佚

见《金陵艺文志》。

按：《国朝金陵诗征》卷 24 收其诗 2 首。并引陈毅云："惜其才高负气，身殁而名湮，余欲梓其全豹以传，而未能也。"可知其诗身后即散佚。

汪以诚

字朴存。清江宁人。乾隆十五年(1750)举人，官渭南知县。五十一年升华州知州，在任 6 年，为政宽，办实事，有政声。

(乾隆)渭南志 14 卷　史部地理类

清汪以诚纂修

清乾隆四十三年刻本，上海图书馆藏。

(乾隆)再续华州志 12 卷　史部地理类

清汪以诚修　史萼纂

(1) 清乾隆五十四年刻本，清华大学图书馆藏。

(2) 清光绪八年(1882)《合刻华州志》本，南京图书馆藏。

(3) 1915年王淮浦修补重印光绪本，国家图书馆藏。

黄 晖

一作黄辉。清上元人。乾隆间在世。

浙游诗草　集部别集类　佚

粤游诗草　集部别集类　佚

以上2种见同治《续纂江宁府志》卷9。

刘 曾

字启昆，号悔庵。清乾隆间上元人。梦芳子。好古，尝以人所赠三千金悉用以购书。不省家事，人目为痴。晚岁穷居芦渡桥嘉树园，啸歌不辍。年80余卒。

习静山房集　集部别集类　佚

见同治《续纂江宁府志》卷9。袁枚《随园诗话》录其诗句。《国朝金陵诗征》卷30收其诗2首。

朱本楫(1721—1776)

字泾舟，号浩澜。清上元人。乾隆二十五年(1760)举人，官定远教谕。性淡远，常以诗酒自娱。好谈神仙缥缈事。王友亮曾师事之。

碧霞草堂诗(一作碧霞诗草)　集部别集类　佚

见《国朝金陵诗征》卷23，收其诗1首。

陈 瑚

字国士，号耀珊、隽亭、乐山。清上元人。吴九思外甥。乾隆间诸生。九思善琴，瑚闻母训，遂通琴理。

取斯集　集部别集类　佚

见同治《上江两县志》卷12。

汪　涛

字春江，号亦山。清上元人。乾隆十七年(1752)进士。官至卫辉知府。

畏天精语　子部儒学类　佚

天理劝惩录　子部儒学类　佚

三畏诂略　子部儒学类　佚

福慧录　子部儒学类　佚

胞与精言　子部儒学类　佚

以俟编　子部儒学类　佚

生生说　子部儒学类　佚

励行大文章　子部儒学类　佚

近山楼稿　集部别集类　佚

以上9种见同治《上江两县志》卷12。《国朝金陵诗征》卷19收其诗1首。

陈文枢

字郧侯，号西山。清上元人。乾隆十八年(1753)副贡。以教习议叙知县，分发湖北，补汉阳知县。后署武昌知府，引疾归。有善政，武昌民为立"去思碑"。

西山文稿　集部别集类　佚

见同治《上江两县志》卷12。

袁　杼

字静宜，号绮文。清钱塘籍。枚四妹。松江韩思永妻。早寡，依枚居随园。卒年50。

楼后小草1卷　集部别集类

清袁杼撰　袁枚辑

(1)《随园三十种》中《袁家三妹合稿》本。

(2) 清抄本,浙江图书馆藏。

朱　澜(1724—1796)

字问源,号安斋。清上元人。松年子。少孤,母舒氏命从师受章句,自课诵,教以为人。既长,游直隶总督方观承幕。历献县知县,保定、天津同知,升清河道。五署按察使事,平反冤狱甚多。以病乞归。修宗祠,置祭田,济贫困,族人德之。

历官纪要 2 卷　史部政书类　佚

待潮杂识 2 卷　子部杂学类　佚

待潮书屋存稿 4 卷诗 3 卷　集部别集类　佚

以上 3 种见同治《上江两县志》卷 12。

待潮集 1 卷　集部别集类

(1)《金陵朱氏家集》本。

(2) 2015 年国家图书馆出版社出版《清代家集丛刊》本。

戴翼子(1725—1776)

字燕诒,号艺泉。晚号上公山人。清上元人。瀚子。乾隆二十三年(1758)举人。三十一年进士。除工部主事,勤于职守。谙掌故,营建事,长官多所咨询。转山东道御史,凡事知无不言,得亢直声,时论推为端人正士。寻擢侍御,随扈热河,以劳卒。工于诗。文霈苏评曰"温文和粹"。

白蓉集 4 卷　集部别集类

清戴翼子撰　从子延祚、嗣子衍祐辑刻

(1) 清乾隆六十年义竹山房刻本,南京图书馆藏。

(2) 清嘉庆五年(1800)义竹山房重刻本,南京图书馆藏。

(3)《金陵丛书》本。

按:据戴衍祐称,是集延祚搜罗未竟而卒,衍祐等继之。10 余年间搜集、删订、抄校数十通，凡非翼子手书可辩识者概不入集。自注之外，不妄赘一字。有阙文者，亦谨仍之。书名从其手抄诗所定，尊前志也。

茹芝山房外集　集部别集类　佚

见《金陵通传》卷29。《国朝金陵诗征》卷24收其诗14首。

戴祖启(1725—1783)

字敬咸，别字东田，自号未堂。清上元人。濬子。弱冠受业于伯父瀚。乾隆二十七年(1762)，与戴震、戴翼子同举于乡。三十三年，李天植聘主潜川讲席。会修《四库全书》，大学士于敏中召之，辞不就。三十九年，毕沅聘主关中书院。四十三年进士，授中书。逾年经毕沅荐试，以国子监学正录用。工文辞，有志儒者体用之学。潜心经义，以治《春秋》《尚书》成绩最著。文与从兄翼子并称“二戴”。

尚书协异2卷　经部尚书类

(1) 清乾隆间戴氏抄本，不分卷，北京大学图书馆藏。

(2) 清嘉庆元年(1796)汾阳田畿刻资敬堂印本，南京图书馆藏。

(3) 1984年台北新文丰出版公司《尚书类聚初集三十八种》影印本。

(4)《续修四库全书》本。

尚书涉传4卷　经部尚书类

(1) 清乾隆间刻本，国家图书馆藏。

(2) 清嘉庆元年汾阳田畿刻资敬堂印本，南京图书馆藏。

(3)《四库未收书辑刊》本。

按:《清史列传》卷67著录为16卷，并引同里严长明评是书及《尚书协异》“谨严有义法，其道植根于彝伦秩序，其义资乎天下国家”。

春秋五测3卷　经部春秋总义类

清嘉庆元年资敬堂刻本，吉林省社会科学院图书馆藏。

按:《墓志铭》及《清史列传》著录为12卷。

史记协异6卷　史部正史类　佚

见《清史列传》卷67。

陕甘资政录60卷　史部政书类　佚

秦川劄记1卷　史部地理类　佚

以上2种见子衍善《师华山房文集》跋。

陕甘诸山考1卷　史部地理类

《小方壶斋舆地丛钞》本。

(乾隆)六合县志6卷　史部地理类

清廖抡升修　戴祖启纂

(1) 清乾隆五十年刻本,南京图书馆藏。

(2)《金陵全书》本。

道德经解1卷　子部周秦诸子类　佚

见《墓志铭》。衍善《师华山房文集》跋云:"至嘉庆十年有《老子新解》一卷。"又云:"未刻。"疑即是书。

制艺　子部儒学类　佚

见子衍善《师华山房文集》跋,云自刻。

医案2卷附关中书院语录1卷　子部医家类　佚

见子衍善《师华山房文集》跋。

师华山房文集4卷关中书院语录1卷末1卷　集部别集类

(1) 清嘉庆十年邗上刻本,南京图书馆藏。

(2) 清抄本,南京图书馆藏。

(3)《清代诗文集汇编》本。

半舫斋古文8卷　集部别集类

清夏之蓉撰　戴祖启批点

清乾隆三十六年序刻本,国家图书馆藏。

王廷言(1725—1807)

字顾亭,号庸斋。清江宁人。廷享兄。负干才,有胆略。初以赀为云南和曲知州,迁直隶顺德知府。年甫35,以目疾归。居家有临江之楼曰蔬香楼，因自号蔬香老人。工词。

自娱诗草　集部别集类　佚

自娱词草　集部词曲类　佚

以上2种见《金陵艺文志》，并参见清王友亮《双佩斋文集》卷3《〈自娱小草〉序》。同治《续纂江宁府志》卷9作《自娱小草词》。

李　葜(1725？—1800后)

字芳宇，号瘦人。清江宁人。诸生。家境奇寒而吟咏不绝，以诗名江南。嘉庆三年(1798)，洪亮吉等百余名俊雅集莫愁湖，葜以古稀之年在座中"五诗老"之列。五年，尚为江宁万荣恩《醒石缘传奇》题词。安徽方正澍为作长歌《瘦人行》。

瘦人诗集　集部别集类　佚

见同治《上江两县志》卷12。

瘦人诗余4卷　集部词曲类　佚

见《金陵词钞续编》卷1，收其词47首。《金陵清词钞》卷12收其词3首。

汪　涟

字枫溪。清乾隆间上元人。诸生。少孤，事叔如父。叔卒，抚盲从弟。客居扬州安定书院，受山长杭世骏赏识。

古文古今体诗　集部别集类　佚

见同治《上江两县志》卷12。

龚元超

字朗仙，一字旭开。清江宁人。镜子。国子监生。少聪颖，好博览，为袁枚诗弟子。《随园诗话》多引其诗，评为"淡而有味"。

双砚堂集　集部别集类　佚

淡和堂稿　集部别集类　佚

以上2种见《龚氏家集》,并云二书均毁于咸丰三年(1853)兵火。辑存佚诗仅7首,附零句,又词1首。

游栖霞诗草　集部别集类　佚

见张师鄘辑《金陵文征姓名小传》。

柏　铨

清上元人。

衡轩诗钞4卷　集部别集类　佚

见嘉庆《江宁府志》卷54。

叶廷芳(1726—1779)

字松亭。清江宁人。少时好藏书,闭户读之,遍览经史百家。乾隆十一年(1746)后侨居汉阳,往来湖湘各地,与人酬唱。二十九年归里,三十一年再游楚地。好善乐施,工诗,亦通医。

花余亭诗存1卷　集部别集类

清叶廷芳撰　其孙叶志诜编

清同治元年(1862)刻本,南京图书馆藏。

按:本书为编年,颇可考见作者行略。

何士颙(1726—1787)

亦作士容、士永,字南园。清江宁人。诸生。喜为诗,厌恶制艺,读儒书,乐近方外。诗作清婉,与同邑陈毅齐名,为袁枚所赏识。临终前后,枚收其诗稿,得300余首,为付梓行世。

南园诗选2卷　集部别集类

清何士颙撰　袁枚辑刻

(1)《随园三十种》本。

(2)《随园三十八种》本。

(3)清光绪十九年(1893)仓山旧主石印本,国家图书馆藏。

吴思忠

字靖陈，一字荩臣，别号孝侯。清江宁人。诸生。工诗，诗笔雄奇。有高适、岑参意致，颇为袁枚所赏。善书，精楷法。又精绘事，尤长于画猿。画界称为“吴猿”。年80余卒。

书画传　子部艺术类　佚

见嘉庆《江宁府志》卷54。

青溪草堂诗集　集部别集类　佚

见同治《上江两县志》卷12。《国朝金陵诗征》卷27收其诗4首。

金　钟

字鸣廷，号问山。清江宁人。祖本浙江永康人，宦游金陵，遂居南城。早岁丧父，事继母以孝闻。尝捐赀为黔西州典吏，劝民种麦，苗人得利。

倚云山房诗存　集部别集类　佚

见《国朝金陵诗征》卷28。收其诗5首。

单　达

字雪樵，号瑶阶。清江宁人。诸生。工诗，精形家言。

云窝诗草　集部别集类　佚

见同治《上江两县志》卷12。

孙　捷(？—1817)

字镜堂。清江宁人。以孝友闻，少读书不称意，入赀为河干县丞。宦游30年，仅以县佐终。精书法，喜吟咏，与黎重光多所唱和。黎称孙捷诗为清才。

护槐堂诗存1卷　集部别集类

清道光二十四年(1844)韩印校刻本，附于其婿韩廷秀《双牖堂集》后，南京图书馆藏。

管　霈(1727—1788)

字晴云。清上元人。轼孙，嘉获子。9岁能文。乾隆九年(1744)举顺天乡试副榜，以教习选颍上教谕，后转凤阳教授，再升四川仁寿知县。未上任卒。少以诗名，在京师日，所交游皆一时名彦。事迹见管同《因寄轩文初集》卷8《先大父家传》。

濠梁遗集1卷　集部别集类　佚

见《国朝金陵文钞》卷8。

蔡元春(1727—1814)

字育奇，号芷衫。清上元人。殿旸子。诸生。乾隆七年(1742)从方苞学古文。后客武昌，六十年掌教京口书院。嘉庆三年(1798)，与洪亮吉、李懿等会集金陵快园。晚年落拓，为童子师。举止迂朴，议论侃侃，郭麐称之为"金陵老名士"。作诗专主浑古，袁枚云"有少陵之风"。与同里陈毅并负诗名，时称"陈蔡"。

在山堂诗略6卷　集部别集类

清乾隆五十九年种竹轩刻本，广东省中山图书馆藏。

按：其诗集因贫不能付梓，由丹徒王豫谋刻之。《金陵蔡氏五世诗存》辑收其诗30首。

涂逢豫

字长卿，一字怿堂，号莼溪。清江宁人。少入秦淮文社，为世所重。督学梦麟欲延入幕，以母老辞，荐严长明代。乾隆二十二年(1757)优贡生，二十四年举人，选潜山教谕。

(乾隆)太谷县志6卷　史部地理类

清高继允修　姚孔硕、涂逢豫纂

清乾隆三十年刻本，上海图书馆藏。

红豆吟　集部别集类　佚

见同治《上江两县志》卷 12。

凤城编　集部别集类　佚

瀔阳录　集部别集类　佚

淮海录　集部别集类　佚

皖江集　集部别集类　佚

山壄集　集部别集类　佚

通潞集　集部别集类　佚

晋游草　集部别集类　佚

蜀游草　集部别集类　佚

以上 8 种见《金陵通传》卷 33。《江苏诗征》卷 10 收其诗 1 首。

林　筠

字骏声，一字个村。清上元人。少孤，事母孝。以家贫故，弃儒而医。岁歉，仍捐粟以赈饥。嗜琴书，工韵学。年 64 卒。

个村家言　子部儒学类　佚

见同治《上江两县志》卷 12。

雉膏诗集　集部别集类　佚

见嘉庆《江宁府志》卷 36。

李大绅

字謦旃，又字佩书，一字药塘，号榕庄。清乾隆间上元人。贡生。工诗。

红蔷轩集　集部别集类　佚

虫吟集　集部别集类　佚

且存草　集部别集类　佚

以上 3 种见同治《上江两县志》卷 12。

龚元忠

字集思，号退庵。清江宁人。元超从弟。诸生。性刚正，笃志积学，书法秀逸。乾隆十年(1745)曾参与吴敬梓南京芦渡园消寒会。

萍游稿　集部别集类　佚

群愠集　集部别集类　佚

近山阁诗钞　集部别集类　佚

以上3种见《龚氏家集》。龚乃保有跋云，三书皆毁于癸丑(咸丰三年，1853)兵火。

冯鹤年

清上元人。性严正，行善好义。

地理指掌　子部术数类　佚

见《金陵通传补遗》卷3。

岳树德

字滋园。清上元人。梦渊子。工诗，为袁枚所称赏。

滋园诗选　集部别集类　佚

见《金陵艺文志》。

方　杓

字建初，一字华南，号蝶巢。清桐城籍，上元人。少受经及古文法于其叔苞。乾隆三十年(1765)举人。为朱珪等所重，延课子侄。

梦香轩诗草　集部别集类　佚

见《金陵通传》卷25。《国朝金陵诗征》卷45收其诗2首。

杨　椿

椿，一作春，字灵泉，一字珍子。清乾隆间江宁人。诸生。工诗。

荣禧堂诗钞　集部别集类　佚

见同治《上江两县志》卷12。《国朝金陵诗征》卷28收其诗2首。

李　纮

纮，一作鋐，字同宇，号蓉溪。清江宁人。贡生。官训导。曾校经于扬州。

蛾术斋诗文集　集部别集类　佚

见《国朝金陵诗征》卷31。

陈　毅

字直方，号古渔。清上元人。少孤贫，奉母孝。工古文辞、书法，尤善于诗。性兀傲，不谐于俗。袁枚欲妻以女弟，力辞。当政者欲汲引之，以母老辞。遂以布衣终其身。其诗与同县何士颙齐名。毅诗矫健，何诗清婉，各擅其胜。乾隆二十二年(1757)曾与袁枚等集于岳梦渊之竹轩。

摄山志8卷首1卷　史部地理类

清陈毅撰　汪志伊删补　钱大昕考订

(1) 清乾隆五十五年苏州府署刻本，南京图书馆藏。

(2) 抄本，南京图书馆藏。

(3)《中国名山胜迹志丛刊》本。

(4)《中国佛寺史志汇刊》本。

(5)《故宫珍本丛刊》本。

(6)《中华山水志丛刊》本。

(7)《中国佛寺志丛刊》本。

(8) 2010年中国文史出版社点校本。

(9)《金陵全书》本。

按：摄山位于南京城东北22公里处。因山上盛产药草，可以摄生，故名。南朝时山中建有栖霞精舍，因又名栖霞山。山上有诸多名胜，如栖霞寺、千佛岩、舍利塔等。栖霞寺在栖霞山中峰，与山东灵岩寺、荆州玉泉寺、天台国清寺,并称“四大丛林”。作者此书以清初栖霞寺住持楚云上人撰《摄山志》为基础而重纂,后经苏州知府汪志伊删补,钱大昕考订,于乾隆五十五年付梓行世。书虽名为《摄山志》,但多为栖霞寺之志。

金陵闻见录 6 卷　史部地理类　佚

见同治《上江两县志》卷 12。

古渔诗概 6 卷　集部别集类

(1) 清乾隆二十五年眠云草堂刻本,中国科学院图书馆藏。

(2) 清光绪二十四年(1898)舒绍基木活字本,首都图书馆藏。

所知集初编 12 卷　集部总集类

清陈毅辑

清乾隆三十二年眠云阁刻本,南京图书馆藏。

所知集二编 8 卷　集部总集类

清陈毅辑

清乾隆三十八年眠云阁刻本,南京图书馆藏。

所知集三编 12 卷　集部总集类

清陈毅辑

清乾隆五十六年眠云阁刻本,南京图书馆藏。

按:所辑为同时布衣寒士诗。

陈　纲

字振三,一作宸三,号晓林。清上元人。乾隆二十五年(1760)贡生,官太平训导。文名藉甚。

百尺楼诗文稿　集部别集类　佚

水北山南吟卷　集部别集类　佚

游皖草　集部别集类　佚

饮香集　集部别集类　佚

以上 4 种见《金陵通传》卷 27。《江苏诗征》卷 25 收其诗 1 首。

胡本渊

字静夫，号愚溪。清上元人。困于诸生40年。顾槐三、胡大猷曾从而受业。乾隆五十六年(1791)为邓廷桢师，作《青嶰堂记》。五十七年举于乡，嘉庆元年(1796)进士。除国子监学正。以老乞归。性和易，有文名，工书画。

诗义辑解10卷　经部诗经类

清嘉庆二十四年春晖堂刻本，国家图书馆藏。

岁时纪事20卷　史部时令类　佚

物始考30卷　子部杂学类　佚

以上2种见同治《续纂江宁府志》卷9。

子史辑要诗赋题解4卷　子部典故类

清胡本渊辑

(1) 清乾隆六十年刻本，北京大学图书馆藏。

(2) 清维扬二酉堂刻本，黑龙江省图书馆藏。

子史辑要诗赋题解4卷后集4卷　子部典故类

清胡本渊辑

(1) 清嘉庆十五年书业堂刻本，辽宁省图书馆藏。

(2) 清嘉庆十七年山渊堂刻本，南京图书馆藏。

子史辑要题解4卷　子部典故类

清胡本渊、胡肇昕辑

清道光二十二年(1842)如汲斋刻本，上海图书馆藏。

愚溪诗集4卷文集4卷赋1卷　集部别集类　佚

见同治《续纂江宁府志》卷9。《国朝金陵诗征》卷30收其诗37首。

唐诗近体4卷　集部总集类

清胡本渊评选

(1) 清同治七年(1768)木樨山房刻本，上海图书馆藏。

(2) 清光绪二年(1876)李光明庄刻本,南京图书馆藏。

(3) 清光绪十七年李光明庄刻本,南京图书馆藏。

(4) 清光绪六年刻本,题清张锡麟评选,张熙麟、张仁麟校订,国家图书馆藏。

(5) 清光绪七年溧阳富经堂重刻本,题清张锡麟评选,张熙麟、张仁麟校订,上海图书馆藏。

(6) 清光绪十一年嘉荫堂刻本,题清张锡麟评选,国家图书馆藏。

按:据光绪二年江宁端木埰跋,是集由其门人张兆栴、兆东校刊,为童蒙读本,曾广传江南。二张从子张锡麟窜名窃书,并匿其板乡中,不见此书垂40年。同治三年,江宁观察桂嵩庆得此板,始重印流布。

史官廉

字清溪。清上元人。工诗。同县陈毅谓其所作皆含真性情。

清溪诗录　集部别集类　佚

见《国朝金陵诗征》卷28,收其诗5首。

薛　琏

清乾隆间上元人。诸生。所著《诗经韵说》与六合吴以诚《诗学博依》互为发明。

诗经韵说　经部诗经类　佚

四书管见　经部四书类　佚

以上2种见嘉庆《江宁府志》卷54。

龚　琛

字酌泉,号鹿樵。清江宁人。元超从弟。诸生。乡试七荐不售。工诗善书,书学颜柳。家藏金石甚富。

白门风雅集　集部总集类　佚

清龚琛辑刻

见同治《上江两县志》卷12。

金陵文征前集　集部总集类　佚

见《龚氏家集》卷1,收其诗15首。

杨国弼

字学舒。清江宁人。诸生。性朴厚,好学不倦,乡里称笃行君子。

晚香书屋诗文集2卷　集部别集类　佚

见同治《上江两县志》卷12。

胡大中

字致堂。清乾隆间江宁人。

枕藏外科形图诸症2卷　子部医家类

清乾隆五十年(1785)面极堂刻本。

临症经验各种杂病方1卷摘录经验良方1卷　子部医家类

清光绪二十六年(1900)刻本,南京图书馆藏。

韩　炎

字亦山,自号九子山僧。清江宁人。诸生。工词。

冶秋馆集　集部别集类　佚

见同治《续纂江宁府志》卷9。

冶秋馆诗余　集部词曲类　佚

见同治《上江两县志》卷12。

严长明(1731—1787)

字冬友,亦写作东友,一字道甫。清江宁人。少从方苞学。乾隆十六年(1751),与吴敬梓会文木山房。十九年假馆扬州,尽读马曰琯藏书。二十七年召试举人,授内阁中书。明年充方略馆纂修官,入直军机处7年。三十六年擢侍读。遭父母丧,遂不出,筑归求草堂以藏书。后游秦中、大梁，四十四年居西安毕沅幕。五十一年主合肥庐阳书院。充《一统志》《热河志》等纂修官。于书无所不读，通晓蒙古文字。《清史稿》有传。

毛诗地理疏证　经部诗经类　佚

见清钱大昕《潜研堂文集》卷37《严长明传》。

诗乐中声表　经部乐类　佚

见同治《上江两县志》卷12。

三经答问　经部群经总义类　佚

五经算术补正　经部群经总义类　佚

石经考异　经部群经总义类　佚

三史答问　史部正史类　佚

以上4种见清钱大昕《严长明传》。

御批历代通鉴辑览116卷附明唐桂二王本末4卷　史部编年类

清傅恒等奉敕撰　严长明等纂修

(1)《四库全书荟要》本。

(2)《四库全书》本。

(3) 清同治十年(1871)浙江书局刻本，国家图书馆藏。

(4) 清同治十一年湖北崇文书局刻本，南京图书馆藏。

(5) 清同治十三年文星书局刻本，南京图书馆藏。

(6) 清同治十三年湖南书局刻本，南京图书馆藏。

(7) 清光绪十一年(1885)同文书局石印本，南京图书馆藏。

(8) 清光绪二十年湖南澹雅书局刻本，南京图书馆藏。

(9) 清光绪二十五年新化三味堂重刻本，南京图书馆藏。

(10) 清光绪二十七年经香阁石印本，南京图书馆藏。

(11) 清光绪二十八年美华书局石印本，南京图书馆藏。

(12) 清光绪二十九年通元书局石印本，南京图书馆藏。

(13) 清光绪三十年商务印书馆铅印本，南京图书馆藏。

(14) 1919年锦章图书局石印本，南京图书馆藏。

(15) 1990 年上海古籍出版社影印本。

钦定平定准噶尔方略前编 54 卷正编 85 卷续编 33 卷　史部纪事本末类

清傅恒等撰　严长明等纂修

(1) 清乾隆武英殿刻本,南京图书馆藏。

(2) 清朱丝栏抄本,国家图书馆藏。

(3)《四库全书》本。

(4) 1990 年北京全国图书馆文献缩微复制中心影印本。

(5)《中国西北文献丛书》本。

(6)《故宫珍本丛刊》本。

(7) 2006 年北京图书馆出版社《清代方略全书》本。

师友渊源录总目 1 卷后案 28 卷　史部传记类

清严长明编总目　子严观辑后案

底稿本,南京图书馆藏。

按:《贩书偶记续编》卷 6 记述底稿本情形云:"总目之前有道光五年夏至日严观题识,墨格,版心下刊'金陵严氏钞校'六字,最后有'道光八年三月初八日严观校讫功成'十五字。"潘景郑《著砚楼书跋》述此编纂经过甚详,略云:"斯稿盖道甫(长明)历叙其生平师友。以存行谊。属稿未成而殁,仅成《总目》一册。子进(观)继成其业,而录为《后案》二十八卷。是录分类十四门,计四百余人。首册录总目,存先志也。第二册以下重为类次。自序于道光五年,盖稿成之岁。全书签注剜改,朱墨殆遍,每册后有子进重校,复校年月(自道光五年至八年)。盖初稿已成,复经勘正也。斯录所载,皆一时才能之士,足为《碑传集》之羽翼。"

师友渊源录 6 卷　史部传记类

《申报馆丛书》本。

按:《中国丛书综录》编者谓严氏此书收入《申报馆丛书》并已经刊行,但各图书馆收藏均缺。参见《中国丛书综录》第 1 册"编例"。

献征录　史部传记类

见《金陵通传》卷 34。

献征余录　史部传记类

见清钱大昕《严长明传》。

按:以上 2 种疑即《师友渊源录》之别称。

秦云撷英小谱 1 卷　史部传记类

清严长明等撰　王昶编

(1)《昭代丛书》(道光)本。

(2)《双梅景闇丛书》本。

三绝传 1 卷　史部传记类

清抄本,国家图书馆藏。

西清备对　史部政书类　佚

见清钱大昕《严长明传》。

(乾隆)西安府志 80 卷首 1 卷　史部地理类

清舒其绅修　严长明纂

(1) 清乾隆四十四年刻本,南京图书馆藏。

(2) 1970 年台北成文出版社《中国方志丛书》影印乾隆本。

汉中府志 40 卷　史部地理类　佚

知白斋金石类签　史部金石类　佚

汉金石例　史部金石类　佚

五陵金石考　史部金石类　佚

金石文字跋尾　史部金石类　佚

平原石迹表　史部金石类　佚

吴兴石迹表　史部金石类　佚

尊闻录　子部儒学类　佚

养生家言　子部儒学类　佚

素灵发伏　子部医家类　佚

淮南天文太阴解　子部历算类　佚

墨缘小录　子部艺术类　佚

五岳贞珉考　子部艺术类　佚

奇觚类聚　子部杂学类　佚

吴谐志　子部杂学类　佚

以上15种见钱大昕《严长明传》。

江淮旅稿1卷　集部别集类

《咫园丛书》本。

按：此为乾隆二十五年客长淮时仿枚乘《七发》之作，时年未及30。

金阙攀松集1卷　集部别集类

(1) 清乾隆间云台观刻本，南京图书馆藏。

(2)《金陵丛刻》本。

(3)《丛书集成初编》本。

按：此为乾隆二十五年登泰山所作诗，亦收入《严东有诗集》，版本另见。

玉井搴莲集1卷　集部别集类

(1) 清乾隆间云台观刻本，南京图书馆藏。

(2)《金陵丛刻》本。

(3)《房山山房丛书》本。

(4)《丛书集成初编》本。

按：此为乾隆四十年登华山所作诗。亦收入《严东有诗集》，版本另见。

秋山纪行集2卷　集部别集类

清抄本，国家图书馆藏。

按：亦收入《严东有诗集》，版本另见。

严东有诗集10卷　集部别集类

(1)《观古堂汇刻书》本。

(2)《郎园先生全书》本。

(3)《续修四库全书》本。

(4)《清代诗文集汇编》本。

内有:《归求草堂诗集》6 卷,《秋山纪行集》2 卷,《金阙攀松集》1 卷,《玉井搴莲集》1 卷。

按:宣统二年(1910)叶德辉题记云:“严冬友侍读《归求草堂诗集》六卷。始于江南召试。终于内官侍读。……余又藏有《秋山纪行集》二卷,乃先生手书真迹,盖木兰扈跸时沿途所作。”又宣统三年叶德辉序云:“始余获《归求草堂诗集》六卷、《秋山纪行集》二卷,均为原稿,未经前人刊行。”

怀袖集　集部别集类　佚

见钱大昕《严长明传》。

太谷山堂集 6 卷　集部别集类

清梦麟撰　严长明编

(1) 清乾隆十九年吴泰来近文斋刻本,国家图书馆藏。

(2) 清道光间木活字本,中国科学院图书馆藏。

官阁消寒集 1 卷　集部总集类

清严长明辑

(1) 清乾隆四十七年西安节署刻本,附《乐游联唱集》后。

(2)《咫园丛书》本。

按:此为乾隆年间在西安毕沅幕府时,与毕沅、吴泰来、洪亮吉等人唱酬之作。

八表停云录 38 卷　集部总集类

清抄本,浙江图书馆藏。

文选课读　集部总集类　佚

文选声类　集部总集类　佚

以上 2 种见清钱大昕《严长明传》。

南宋文鉴　集部总集类　佚

见嘉庆《江宁府志》卷 54。

千首宋人绝句 10 卷　集部总集类

清严长明选编

(1) 清乾隆三十五年毕沅刻本,南京图书馆藏。

(2) 1927 年商务印书馆排印本。

(3) 1935 年商务印书馆排印本。

(4) 1987 年上海书店影印 1935 年商务印书馆排印本。

(5) 1991 年天津市古籍书店影印 1927 年商务印书馆排印本。

千首宋人绝句校注　集部总集类

清严长明选编　吴战垒校注

(1) 1985 年浙江古籍出版社初版。

(2) 1988 年浙江古籍出版社二版修订本。

按:本书仿宋洪迈《万首唐人绝句》之例而去其尚奢之弊,选录宋人绝句 1 千首,作家 365 家,较全面地反映了宋人绝句的风貌和成就。

钱　遴

字厚堂。一字厚庵。清上元人。受业于张致和,工痘科。

沈氏遗书注　子部医家类　佚

见同治《上江两县志》卷 12。

梅　钤(1732—1777)

字二如,一字式堂。清上元人。縠成三子。乾隆十五年(1750)副贡,就职宣城州判。后曾入巡抚庄有恭幕,归而肆业钟山书院。更试 10 余科,竟老于牖下。留心经世之学,于诗、古文及书法皆有绝人处。古文一禀经训,非宗汉学不敢拟,与戴祖启、戴翼子、汪自占齐名。嗜书籍、金石、字画,多收藏。

三礼方隅　经部三礼总义类　佚

大事论　史部史评类　佚

方舆编　史部地理类　佚

以上 3 种见同治《续纂江宁府志》卷 9。

新晴阁诗草　集部别集类　佚

古文内外编　集部总集类　佚

梅铃辑

以上 2 种见同治《上江两县志》卷 12。

王廷亨(1732—1787)

字于庭，号愚溪，晚号约斋。清江宁人。廷言弟。诸生。乾隆五十年(1785)选授工部虞衡司员外郎。嗜读书，兼通医，尤精堪舆。好吟咏，诗作清新雅澹，然罕存稿。

约斋诗集　集部别集类

清乾隆五十八年刻本，中国科学院图书馆藏。

按：清王友亮《双佩斋文集》卷 4《仲兄〈约斋诗草〉序》云："其长子煊始得兄乙未、乙巳(乾隆四十年、五十年)两游草见寄，将校正付镌，余复出箧衍所藏十章合为一卷。"

王金英

字澹人，一字南庄，号秋士。清江宁人。乾隆二十七年(1762)举人，以教谕主讲河北永平书院。喜为诗，风格近宋末四灵，为清裘曰修、蒋士铨等礼重之。

(乾隆)峡江县志 14 卷首 1 卷　史部地理类

清张九钺、乔大椿修　王金英纂

清乾隆三十二年刻本，国家图书馆藏。

(乾隆)永平府志 24 卷首 1 卷末 1 卷　史部地理类

清李奉翰、顾学潮修　王金英纂

(1) 清乾隆三十九年刻本，南京图书馆藏。

(2) 清同治十二年(1873)补刻本。

菊庄诗稿　集部别集类　佚

见同治《上江两县志》卷 12。

冷香山馆未定稿 6 卷　集部别集类

(1) 清乾隆间刻本,国家图书馆藏。

(2)《清代诗文集汇编》本。

冷香山馆未定稿 2 卷冷香词偶刻 1 卷　集部别集类

清乾隆间刻本,北京大学图书馆藏。

冷香山馆诗钞□卷　集部别集类

清乾隆二十八年序刻本,南京图书馆藏。

按:此书南京图书馆藏本存卷 5、卷 6,副题作《龙塞草》上下,卷首有"龙塞草自序"。封面页题《冷香山馆诗钞》。

红鹤山庄诗 2 卷二集 1 卷红鹤词 1 卷　集部别集类

清胡慎容撰　蒋士铨、王金英评

清乾隆二十二年精刻本。

菊庄诗话　集部诗文评类　佚

见同治《上江两县志》卷 12。

侯学诗(1732? —1798)

字起叔,一字康衢,号苇园。清江宁人。芝父。梅曾亮外祖。幼孤贫力学,尤邃于诗。乾隆二十一年(1756)举人,三十六年进士。历任广东三水、新会、南海知县,兼虎门同知。升江西抚州知府。所至有政声,遽引疾归。

八月梅花草堂集 16 卷　集部别集类

(1) 清乾隆四十三年刻本,山西大学图书馆藏。

(2) 清嘉庆金陵刘文奎刻本,北京大学图书馆藏。

按:其集或作《梅花书屋集》。

冯钧年

清上元人。鹤年弟。工医。

医学探原　子部医家类　佚

本草备览　子部医家类　佚

以上2种见《金陵通传补遗》卷3。

黄之纪

字星岩，号允修。清上元人。监生。一生贫困，乾隆二十二年(1757)受雇为袁枚抄书。四十九年曾游西安等地。与汪炤、王开沃等联句送吴泰来赴开封。善诗古文辞，诗近宋范成大、陆游。读书多别解，史论有特点，如论李广而非其诱杀降羌及醉斩霸陵尉等。

抑末录4卷　子部杂学类

清乾隆年间编录堂刻本，河南省图书馆藏。

编录堂诗钞3卷文钞3卷　集部别集类

清嘉庆间刻本，国家图书馆藏。

按：嘉庆《江宁府志》卷54作《集》12卷。

古诗刊误10卷　集部诗文评类

清乾隆间编录堂刻本，国家图书馆藏。

丁　鳌

字云衢，一字戴山。清上元人。乾隆十八年(1753)副贡生。通经史，砺名节，笃孝友。岁饥，捐谷万石，又自设厂施粥。议叙以州同用。

易纂说　经部易类　佚

诗纂说　经部诗经类　佚

培风书屋文集　集部别集类　佚

戴山堂诗稿　集部别集类　佚

以上4种见同治《续纂江宁府志》卷9。《国朝金陵诗征》卷20收其诗1首。

叶光奕

初名之桧，字宣林。清江宁人。增生。性耿介，笃志为学，尤耽诗。能以左腕作大字，兼工小楷。相交多名流，约与秦承恩、曹言路同时。

卒年72。
愿学斋骈文5卷　集部别集类　佚
红雨轩集　集部别集类　佚
延碧山房诗稿30卷　集部别集类　佚

以上3种见同治《上江两县志》卷12。《国朝金陵诗征》卷22收其诗5首。

葛国玢

一名国宾，字文琳，号筠亭。清上元人。本居洞庭山，与弟国珏依伯父祖亮，入上元籍。乾隆四十九年(1784)岁贡生。性直谅，能规友过。工诗，善书画。

白下草　集部别集类　佚

见同治《续纂江宁府志》卷9。《国朝金陵诗征》卷26收其诗5首。

张　鹏

字扶万，一字雨峰，号仰山。清上元人。乾隆二十九年(1764)举人，官中书。工诗，喜谈古事。

读史别情吟　集部别集类　佚

见《金陵通传》卷36。《国朝金陵诗征》卷24收其《咏史诗》50首。

张　溎

字念劬。清上元人。好古嗜学，以诸生终。

金陵琐事4卷　史部地理类

明周晖撰　清张溎补辑

(1) 清乾隆四十年(1775)张溎活字刻本，南京图书馆藏。

(2) 清道光元年(1821)江宁李鳌文浩堂刻本，南京图书馆藏。

按：张溎补辑者均用“溎按”字样附列于各条之后。卷末有乾隆乙未(四十年)张溎识语，称周氏此书：“是集纪江宁之轶事，载先哲之嘉言。"又称己作:"正其字之舛误,补其句之脱遗,释其语之未明,附其史之相类。"《金陵通传》卷36谓"时称该洽"。参见"周晖"条。

琊环书屋集句　集部别集类　佚

见同治《续纂江宁府志》卷9。《国朝金陵诗征》卷27收其集句诗3首。

孙肇奎

字惟永。清上元人。与张溎同时。学极渊雅,所论皆有据。

壶中蠡说　子部杂学类　佚

见同治《续纂江宁府志》卷9。

周发春

字青原,号惠涵。清上元人。工诗古文辞。乾隆三十年(1765)拔贡。三十七年召试赐举人。授中书,入直军机处。生平言行不苟,有刚正名。尝题诗随园,为袁枚所深赏。

巩镜轩集　集部别集类　佚

见《国朝金陵词钞》卷1、《全清词钞》卷11,均收其词1首。《国朝金陵诗征》收其诗2首。

张师鄘

字荫鄘,一字熙亭。清上元人。乾隆间诸生。笃实好学,言行不苟。

金陵文征小传(一作金陵文征小传汇刊)不分卷　史部传记类

清张师鄘辑　张曾续辑

(1) 陈作霖辑《冶麓山房丛书》(《明清未刊稿汇编初辑》)本。

(2) 清光绪二年(1876)夏家镐京师刻本,南京图书馆藏。

(3)《清代地方人物传记丛刊》本。

(4)《中国古代地方人物传记汇编》本。

(5)《江苏人物传记丛刊》本。

按:本书乃集《金陵文征》人物小传别行者。收录清顺治朝至道光朝金陵作家,共计500余人。陈作霖《冶麓山房藏书跋尾》云:“同治丁卯岁(六年,1867)假《金陵文征》于方子涵(培容)处。举乡先生小传录为一册,以备志乘之采择。惟细核所载撰著,时艺以外,多未收录,殊不及《(金陵)诗征》小传之详备也。初集为上元张熙亭所辑,续集则其从子沂元踵成之。”

金陵文征5卷　集部总集类

见同治《续纂江宁府志》卷9。《金陵通传》卷30云:“尝因陶湘《幽光集》之选,扩为《金陵文征》行世。

按:《国朝金陵诗征》卷23收其诗1首。

黄家炳

字枢斋。清乾隆间江宁人。少能诗,壮游京师,以《咏秋蝶》诗得名,人呼“黄秋蝶”。

摅怀集5卷　集部别集类　佚

峡云词　集部词曲类　佚

以上2种见同治《续纂江宁府志》卷9。

刘文海

号�轩。清乾隆间上元人。有诗名。

筠轩诗草　集部别集类　佚

见《续金陵通传》。

邓宗洵

字竹人。清乾隆间江宁人。

天梦楼草　集部别集类　佚

见同治《上江两县志》卷12。

陈国治

字平斋,号禹甸。清上元人。乾隆间在世。

性初堂集　集部别集类　佚

见同治《上江两县志》卷12。

甘　京

清上元人。乾隆间在世。

轴园不焚诗　集部别集类　佚

见同治《续纂江宁府志》卷9。

甘　灼

字贲如。清江宁人。国相孙。乾隆间诸生。生平束躬谨饬,洁身自好,不苟取。

净心斋稿　集部别集类　佚

见同治《上江两县志》卷12。

顾士杰

字云岩。清乾隆间江宁人。家贫好学。为布店司帐,暇则临摹法帖,吟诵诗词。手抄书籍百余本,书法劲厚,殁后散佚。

留月读书楼诗　集部别集类　佚

见同治《上江两县志》卷12。

俞　瀜

字来溪。清上元人。诸生。少以《梅花》诗见重于戴翼子。为人伉爽,不谐于俗。所撰《凌云楼赋》曾为清高宗选刻行世。

秋水言集　集部别集类　佚

见同治《上江两县志》卷12。《国朝金陵诗征》卷23收其诗10首。

俞　瀚

清乾隆间江宁人。

居易集　集部别集类　佚

见同治《上江两县志》卷 12。

毕　桂

字酣亭。清乾隆间上元人。诸生。以乡试誊录官河北吴桥县丞。

春水画船诗草　集部别集类　佚

见同治《上江两县志》卷 12。《国朝金陵诗征》卷 25 收其诗 2 首。

谈　粹

字颖长，号一斋。清乾隆间江宁人。诸生。少孤家贫，事母孝。工古文辞，书法入晋人之室。卒年 57 岁。

瓣香斋笔录　子部杂学类　佚

见《金陵通传》卷 35。

瓣香斋文稿　集部别集类　佚

见同治《上江两县志》卷 12。

伍　抡

字孟琴。清乾隆间江宁人。诸生。

非非斋近稿　集部别集类　佚

见同治《上江两县志》卷 12。《国朝金陵诗征》卷 20 收其诗 1 首。

窦桂芳

字人杰，号香岩。清乾隆间江宁人。习武。

桂馨堂集　集部别集类　佚

见同治《上江两县志》卷 12。《国朝金陵诗征》卷 25 收其诗 1 首。

徐世昌

字景岐。清乾隆间江宁人。诸生。

伯子诗草　集部别集类　佚

见同治《上江两县志》卷12。《国朝金陵诗征》卷28收其诗1首。

谈承基

字念堂。清乾隆间上元人。贡生。工填词，清空婉丽，入南宋人室。文为姚鼐所赏识。筑石禅精舍于园中，日与名流诗酒游宴。

据梧集　集部别集类　佚

石禅精舍稿　集部别集类　佚

以上2种见同治《上江两县志》卷12。《国朝金陵诗征》卷27收其诗13首。

谈虎唱和诗　集部总集类　佚

清谈承基辑

见《金陵通传》卷34。

石禅精舍词集　集部词曲类　佚

见《金陵清词钞》卷20。收其词1首。

朱　紫

字纡青，一字仲与，又字西柯。清乾隆间上元人。

春晖堂集　集部别集类　佚

见同治《上江两县志》卷12。《国朝金陵诗征》卷20收其诗4首。

汇鸣集　集部总集类

清朱紫、卞玉洁等撰

清刻本，国家图书馆藏。

红雪斋诗余乐府　集部词曲类

见同治《上江两县志》卷12。

傅维德

字耕心。清乾隆间江宁人。

旧云山楼诗草　集部别集类　佚

见同治《上江两县志》卷12。《国朝金陵诗征》卷20收其诗4首。

朱　绎

字同有，号东亭。清乾隆间上元人。

种松堂诗　集部别集类　佚

见同治《上江两县志》卷12。《国朝金陵诗征》卷26收其诗2首。

朱　溶

原名文源，字季亭、春源。清乾隆间上元人。诸生。官河南按察司狱。

江干茅屋集　集部别集类　佚

见同治《上江两县志》卷12。

春风亭稿(一作春风轩集)集部别集类　佚

见《金陵通传补遗》卷3。《国朝金陵诗征》卷23收其诗2首。

汪　本

字清宸，号镜泉。清乾隆间上元人。遇开长子。少家贫，勤苦持家，乡居孚众望。读书不倦，为文敏捷，以岁贡生选沭阳训导。

四书集异　经部四书类　佚

五经考异　经部群经总义类　佚

清宇山房诗赋稿　集部别集类　佚

以上3种见同治《上江两县志》卷12。

许　锦

字湘城，号蓉裳。清乾隆间江宁人。诸生。

古液山房诗　集部别集类　佚

见同治《上江两县志》卷12。《国朝金陵诗征》卷29收其诗1首。

陆　易

一作易迁。清上元人。指挥徐大年妻。

绿窗吟草（一作绿窗偶吟、绿窗吟稿）　集部别集类　佚

见同治《上江两县志》卷12。《江苏诗征》卷176收其诗1首。

彭金度

清江宁人。

青溪酬唱集　集部总集类　佚

清彭金度辑

见同治《上江两县志》卷12。

袁士达

清江宁人。

金陵唱和诗1卷　集部总集类　佚

见同治《上江两县志》卷12。

梅　钫(1734—1759)

字导和。清上元人。毂成四子。潜心算学。笃好书籍，不惜质衣以购。早卒。

统宗图　经部三礼总义类　佚

清梅钫删定

见同治《上江两县志》卷12。

梅　镠(1734—1797)

字既美。号石居。清上元人，榖成五子。诸生。兄钫病卒，痛之，遂不应科举以养亲。通小学，工八分。

石居古文1卷　集部别集类　佚

见同治《续纂江宁府志》卷14。

刘从椝

字康衢，一字垌堂。清江宁人。敦子。乾隆间监生。

紫玻亭集　集部别集类　佚

见同治《上江两县志》卷12。《国朝金陵诗征》卷26收其诗1首。

欧阳珑

一作欧珑。字白神，号琼仙。清乾隆间江宁人。金山汤云开妾。

琼仙零翠集　集部别集类　佚

见同治《上江两县志》卷12。《江苏诗征》卷171收其诗1首。《全清词钞》卷32收其词1首。

张应金

字庚白。清乾隆间上元人。

逸堂遗稿　集部别集类　佚

见《国朝金陵诗征》卷23，收其诗1首。

陈如丰

字铁帆。清乾隆间上元人。官蕲阳知县。

石箫集　集部别集类　佚

从军集　集部别集类　佚

以上2种见同治《上江两县志》卷12。

胡　培

字参一,更字箫卿。清乾隆间上元人。诸生。长期佐幕于外。工于诗。

冷绿轩集　集部别集类　佚

青溪草堂诗稿　集部别集类　佚

以上2种见同治《上江两县志》卷12。

陈　立

字芷君。清浙江仁和人,上元胡培妻。博通经史,工诗。笃于伉俪之情,培殁,作《胡公墓志》百韵。多才艺,通算法、金石、医卜之学。姚鼐极称之。孀居34年。三子镇、鉴、镐,皆所亲授。卒年68岁。

女诫10篇　子部儒学类　佚

六箴1卷　子部儒学类　佚

妇女庸言2卷　子部儒学类　佚

合箫楼稿　集部别集类　佚

以上4种见嘉庆《江宁府志》卷54。《江苏诗征》卷165收其诗1首。

郭犹农

字牧人。清乾隆间上元人。精相墓术。

光霁堂诗草　集部别集类　佚

见《金陵通传补遗》卷3。《国朝金陵诗征》卷23小传作《光霁阁诗草》,收其诗2首。

顾　鉴

字东田。清上元人。官知州。

于役黔南草1卷　集部别集类

清乾隆间刻本,南京图书馆藏。

按：此记乾隆四十三年(1778)赴贵州省运饷事。

远音集 5 卷　集部别集类

(1) 清乾隆五十五年刻本，国家图书馆藏。

(2) 民国间棕丝栏抄《黔南游宦诗文征》本，国家图书馆藏。

施德栾(？—1800)

字兰皋，一字北山。清江宁人。少尝贩运木材。以办事敏捷，被推举总管江宁商务。暇则为诗，好陆游律体诗。

北山诗稿 1 卷　集部别集类

清嘉庆间刻本，南京图书馆藏。

按：此集卷首有乾隆五十一年(1786)，嘉庆十八年(1813)、二十年序。清胡永焕《施兰皋先生墓表》(载《北山诗稿》卷首)谓德栾著有《北山诗集》4 卷，藏于家。

严天祐

字橘田。清震泽诸生，改籍上元。乾隆间在世。

嘉树堂诗钞 7 卷　集部别集类　佚

见嘉庆《江宁府志》卷 54。《国朝金陵诗征》收其诗 1 首。

夏　统

字静斋，一字逸庵。清乾隆间江宁人。

山南集(一作诗莫)　集部别集类　佚

见同治《续纂江宁府志》卷 9。

按：《国朝金陵诗征》卷 20 收其诗 1 首。

曹言路

字嗣康，号淡泉。清上元人。廪贡生。刻意为诗，颇为袁枚所赏。亦善书。

淡泉诗集　集部别集类　佚

见《国朝金陵诗征》卷22收其诗11首。注谓："朱绪曾游太平门外曹村，憩于清果寺，佛龛中得诗一卷，乃淡泉诗也。皆近体，清婉有致，五言律尤长。"则是书或有抄本传世。

江朝宗

字汇川，一字公达。清上元人。从师朱墉。康熙十六年(1677)举人，二十年进士。官楚雄知县，汉中知府。多惠政。笃友谊。

松涛阁集　集部别集类　佚

见同治《上江两县志》卷12。《国朝金陵诗征》卷7收其诗15首。

周斯才

本名愐，字受谦，号梦溪。清上元人。榘子。以诸生入三通馆。乾隆四十六年(1781)，在四库全书馆助校《四库全书》。议叙州同，签分四川，历任名山、遂宁知县，叙州知州。嘉庆七年(1802)，转马边厅通判。在任公正廉惠，深得民心。

马边厅志略6卷首1卷　史部地理类

清周斯才纂修

(1) 清嘉庆十二年刻本，国家图书馆藏。

(2) 抄本，北京民族文化宫图书馆藏。

(3)《中国地方志集成》(四川府县志辑)本。

先集六世遗编　集部总集类

见《国朝金陵诗征》卷25。此为斯才编录其先祖莹、瑛、荦、轸、俅、宣6人之诗，共104首。

按:《国朝金陵诗征》卷25收其诗9首。

熊文泰

字退中，又字端人、实来。清潜山人，移居江宁。嘉庆间监生。工五言诗。

文昌摭史录 6 卷　史部史钞类　佚

春草闲房诗赋 3 卷　集部别集类　佚

以上 2 种见民国《潜山县志》卷 27。《国朝金陵诗征》卷 45 收其诗 2 首。

四十贤人集 1 卷　集部别集类

（1）《赐墨堂家集合编》本。

（2）2015 年国家图书馆出版社《清代家集丛刊》本。

徐　煜

字沧浔，一字苍晴。清上元人。程廷祚外孙。游幕淮海。性慷慨，善诗。

徐煜诗　集部别集类

见《国朝金陵诗征》卷 33 收其诗 20 首。

陈大容

字保和。清上元人。乾隆三十三年（1768）诸生。

宝村诗钞　集部别集类　佚

见同治《上江两县志》卷 12。

王锡琛

清上元人。者辅子，贞仪父。精于医。

医方验钞　子部医家类　佚

见清王贞仪《德风亭初集》卷 8《敬书家大人〈医方验钞〉后》。

按：锡琛行医，凡有验者均为立案，其例先录病之细原，次录合乎药性之宜，次录药方，有一病而参酌更易至数十方者。

孙乘苍

字润郊。清乾隆间上元人。

南州诗略2卷　集部总集类　佚

见同治《续纂江宁府志》卷9。

王鼎襄

字思轩。清乾隆时上元人。官杜渎场大使。

还读轩诗　集部别集类　佚

见同治《续纂江宁府志》卷9。《国朝金陵诗征》卷26收其诗20首。

方惟寅

字直清,号厚堂。清乾隆间上元人。苞孙。诸生。性淡泊,与人无竞,晚精医。

浣思斋学吟草　集部别集类　佚

见同治《上江两县志》卷12。

浣思斋诗文集　集部别集类　佚

见同治《续纂江宁府志》卷9。《国朝金陵诗征》卷23收其诗5首。

曹含晖

字玉蕴,号岫云。清上元人。庚子。诸生。家贫,有文名,亦工诗。

且想斋诗稿　集部别集类

清抄本,南京图书馆藏。

按:清濮文暹跋称其诗可与王渔洋相抗。又,本书与其父诗集同名,二书合为一册。

方裕曾

字光远。清上元人。初为丽江经历,署定远知县。清兵征金川,道出县境，裕曾筹办军需，未尝扰民。寻摄姚州知州，告归。

芝稼轩集　集部别集类　佚

见嘉庆《江宁府志》卷54。

陈淑兰

字蕙卿。清江宁人。乾隆三十六年(1771)生员邓宗洛妻。袁枚女弟子。能诗善文，尤工写兰竹。宗洛失授馆，投水死。淑兰急为立嗣营葬。事毕，自缢殉夫。

化凤轩稿　集部别集类　佚

见同治《上江两县志》卷12。

按：《历代妇女著作考》谓《江苏通志稿·列女志》作《听秋轩诗集》。《江苏诗征》卷165收其诗1首。

徐　炜

字朗庭，号梅仙。清上元人。程廷祚外孙，煜弟。监生。嗜吟咏。

旅窗积玉4卷　子部杂学类　佚

寒窗阁诗存　集部别集类　佚

倦游词钞1卷　集部词曲类 佚

以上3种见同治《上江两县志》卷12。《国朝金陵诗征》卷33收其诗1首。

龚如舍

字丙园，一字给衣。清江宁人。元忠子。诸生。敦品力学，极为学使李因培、刘墉所赏识。

据梧集　集部别集类　佚

见《龚氏家集》卷1，云“经乱无存”。

郁长裕

字雨堂。清江宁人。康熙四十八年(1709)进士郁瑞孙。以诸生游幕四方。

河千草堂集　集部别集类　佚

见《国朝金陵诗征》卷26。

白门风雅集　集部总集类　佚

清郁长裕辑

见《金陵通传》卷29。

熊宝泰

字善惟,又字芸眉、藕颐。清潜山人,移居江宁。文泰弟。诸生。工诗古文。

藕颐类稿20卷　集部别集类

以上2种有:

(1)《赐墨堂家集合编》本。

(2)《清代诗文集汇编》本,《藕颐类稿外集》7卷,附《畹香阁诗钞》1卷。

(3) 2015年国家图书馆出版社出版《清代家集丛刊》本。

赐墨堂家集合编8种31卷　丛书类

清熊宝泰辑

(1) 清嘉庆间性余堂刻本,国家图书馆藏。

(2) 2015年国家图书馆出版社出版《清代家集丛刊》本。

子目:

《西园遗稿》1卷　清熊良巩撰

《四十贤人集》1卷　清熊文泰撰

附《熊补亭遗诗》1卷　清熊象黻撰

《藕颐类稿》20卷　清熊宝泰撰

《藕颐类稿外集》5 卷　清熊宝泰撰

附《畹香阁诗钞》1 卷　清张淑撰

《三国志小乐府笺注》1 卷　清熊象援注

《闲居戏吟笺注》1 卷　清吴枢注

张　淑

字兰仲。清安徽怀宁人。潜山熊宝泰妻。随夫移居江宁。通经史。工诗。

畹香阁诗钞 1 卷　集部别集类

(1)《赐墨堂家集合编》本，附刻于熊宝泰《藕颐类稿外集》后。

(2) 2015 年国家图书馆出版社出版《清代家集丛刊》本。

按:《金陵艺文志》著录其《兰仲诗集》,《国朝金陵诗征》卷 47 收其诗 5 首。

汪　恺

字仲陶，号云樵。清上元人。监生。精声律之学，以诗遨游江淮间。乾隆三十六年(1771)曾为朱本楫《碧霞草堂诗》题诗。

云樵诗集　集部别集类　佚

见同治《上江两县志》卷 12。《国朝金陵诗征》卷 26 收其诗 17 首。

芙蓉剑　集部词曲类

见《古典戏曲存目汇考》卷 11。

王友亮(1742—1797)

字景南，号东田，中年又号葑亭。其父自安徽婺源迁居江宁，生友亮，遂为江宁人。廷享弟。诸生。乾隆三十年(1765)举人。三十四年考授中书舍人，直军机处。四十六年成进士，除刑部主事。总办秋审，以敏慎称。历员外郎，擢山东道监察御史。转礼科、兵科给事中，寻巡南漕。嘉庆初累擢通政司参议、太仆寺少卿、通政司副使。生平邃于文章，诗歌与吴锡麒、法式善等齐名。卒葬江宁。

金陵杂咏 1 卷　史部地理类

(1) 清乾隆六十年刻本，上海图书馆藏。

(2) 清嘉庆十四年(1809)新安王氏刻本，与《双佩斋诗集》合刻。

(3)《南京稀见文献丛刊》本。

按：此为题咏金陵山水胜景之作，计 231 题 263 首诗，分山岩、川梁、城市、第宅、园亭、祠庙、寺观、陵墓、宫祠、杂物十大类。《自序》云："乾隆丁亥六月，余居白鹭洲。偶读高季迪《姑苏杂咏》，因思金陵为六朝都会，继以南唐、有明，俱称繁盛。虽兵燹销蚀，陵谷变迁，故址遗墟十犹一二。宋张敦颐《事迹》一书已不概见，元明凭吊之作亦复无多，殊为觖事。窃不自揣，就郡乘所载，山屐所经者，仿青邱之例，分体咏焉。"《金陵杂咏》也收录在其文集中。

双佩斋诗集 8 卷文集 4 卷骈体文集 1 卷金陵杂咏 1 卷　集部别集类

(1) 清嘉庆十年刻本，附子王麟生《补梅书屋诗草》1 卷，南京图书馆藏。

(2)《清代诗文集汇编》本。

按：函套封面题《双佩斋全集》。诗集自乾隆十七年至嘉庆元年，存诗 963 首。

王友亮集　集部别集类

许隽超整理，2018 年凤凰出版社出版。

学诗集 2 卷　集部别集类　佚

见《双佩斋文集》卷 1《〈学诗集〉自序》。此乃友亮少年之作。

渡江集　集部别集类　佚

见《双佩斋文集》卷 1《〈渡江集〉自序》。此乃友亮乾隆三十七年至京供职、三十八年秋乞假南归二年间所作诗。

视漕小草 2 卷　集部别集类

清嘉庆元年刻本。

按：门人胡永焕《〈双佩斋诗集〉序》云："先生少时在金陵，有《金陵杂咏》。及后奉命巡视南漕，有《视漕小草》。”其书馆藏待查。

葑亭集6卷　集部别集类　佚

见《双佩斋诗集》卷首清姚鼐撰王友亮墓志铭。

日余吟稿　集部总集类　佚

见《双佩斋文集》卷1《〈日余吟稿〉引》。此乃乾隆三十三年友亮居金陵白鹭洲时，与黄家炳、吕宸唱和集。后黄、吕二人远游，友亮乃录其诗藏之。

朱逢年(1742—1821)

字大有。号云圃。清上元人。颎次子。事母孝。工书法，尝手抄《尔雅》。

云圃集7卷　集部别集类

(1)《金陵朱氏家集》本。

(2) 2015年国家图书馆出版社出版《清代家集丛刊》本。

方正澍(1743—1809)

字子云。清安徽歙县人，流寓江宁。监生。乾隆四十二年(1777)交袁枚，与其在诗坛争长。四十五年与阳湖孙星衍、金匮顾敏恒同在金陵瓦官寺读书。五十五年与严观同在毕沅幕，为校定其藏书数十种。工诗，造句新警，工于体物，时人评价甚高。毕沅辑《吴会英才集》，以正澍诗集为首。嘉庆十年(1805)旅扬州，客江振鸿康山草堂3年，得疾归，卒。清张维屏《国朝诗人征略》卷33小传云：“与袁简斋太史(枚)流寓金陵，激扬风雅，诗坛争长，照耀江东。居士赁屋长干，索居屏迹，于时词客，罕有颉昂。故袁有论诗绝句云：‘金陵从古诗人少，近有南园(何士颙)与古渔(陈毅)。更有闭门工索句，无人解扣子云居。’”

史籍考325卷　史部目录类　佚

清章学诚主纂　严观、方正澍等助纂

见清王昶《春融堂杂记·使楚丛谭》“乾隆五十五年十月十五日”

条。云:“毕制军(沅)招饮,子云、子进(严观)与焉。时与张廉船(舟)、章实斋(学诚)为毕公修《史籍考》。”《史籍考》全稿未及刊行,咸丰六年(1856)毁于火。今存章学诚《论修史籍考要略》,收入《章学诚遗书》。

伴香阁诗2卷　集部别集类

(1)《吴会英才集》本。

(2) 2016年国家图书馆出版社出版《历代地方诗文总集汇编》本。

花韵山房集　集部别集类　佚

清扬州江振鸿刻本。

按:此为方正澍卒后,江振鸿所刻书。江氏卒后,其本不传。参见清凌霄《快园诗话》。

子云诗集10卷　集部别集类

(1) 清乾隆五十一年刻本,国家图书馆藏。

(2)《清代诗文集汇编》本。

花韵轩词集3卷　集部词曲类

清刻本。

朱绍曾(1743—1815)

字衣言,又字用矩、赞化,号鲁门。清上元人。澜长子。监生。诗文敏捷,博涉子史,兵略、算法、占候、医术无不研讨。充方略馆誊录,议叙补云南维西通判,历至湖南布政使,署巡抚事。授太常卿,坐事罢归。

滇行日记　史部传记类　佚

威远纪略　史部传记类　佚

德轩时艺　集部别集类　佚

华峰文集　集部别集类　佚

以上4种见清朱绪曾《华峰集跋》。

华峰集2卷　集部别集类

(1)《金陵朱氏家集》本。

(2) 2015年国家图书馆出版出版《清代家集丛刊》本。

胡　钟(1743—1819)

字山音，号兰川、霭川，又号晚晴。清江宁人。乾隆四十二年(1777)拔贡。旋举于乡。以四库方略馆誊录议叙选云南太和知县，又迁贵州遵义知府。为政清勤，杜贿赂，黜奢靡，止械斗。捐俸修书院，大吏以为警敏。告归后，足不履公堂。嘉庆十九年(1814)江南大饥，创办义赈。学崇程朱，以存心养性为要道。工隶分篆楷，精鉴书画，尤擅人物画。

香续堂稿　集部别集类　佚

见同治《上江两县志》卷12。

朱启鉴

字镜秋。清江宁人。诸生。童年应郡邑院三试皆冠军。事亲孝。素工医，尝客苏州，为贫者诊治不计酬。

群玉山房诗稿　集部别集类　佚

江南春词三百六十阕　集部词曲类　佚

以上2种见《金陵通传》卷43。《国朝金陵诗征》卷35收其诗2首。

龚孙枝

原名如璋，字云若(弱)。一字梧生，号贵实。清江宁人。元忠子，如舍弟。乾隆十七年(1752)举于乡，十九年进士，除江西乐平知县。父丧服阕，选山西榆次，转山东曹县同知。母忧归。起补贵州理苗同知，又补东昌同知。四十八年调曹州同知，筑堤防洪于黄河北岸，奋然忘身，擢曹州知府。年80余卒于官，贫不能葬，弟子姚秉哲送柩归。能书画，知天文，喜骑射，娴武略。

四书苗曲　经部四书类　佚

读史识小录　史部史评类　佚

浚恒堂日记　史部传记类　佚

以上3种见《金陵通传》卷31。

夕可斋集　集部别集类　佚

垂荫堂集　集部别集类　佚

以上2种见《龚氏家集》卷1，云均毁于咸丰三年(1853)兵火。

批杜五律　集部诗文评类　佚

见《金陵通传》卷31。

萧　瑢(1745—1825?)

字珮珩。清江宁人。坐馆授童子书，并以诗自适。卒年80余。嘉庆十五年(1810)作《庚午自吟》云："老子今年六十六，少小耽吟今白头。"

于山集　集部别集类　佚

见《金陵通传补遗》卷3。《国朝金陵诗征》卷21收其诗11首。

杨　銮

字醒庵。清乾隆、嘉庆间江宁人。辅仁父。

自乐编　集部别集类　佚

见同治《上江两县志》卷12。《国朝金陵诗征》卷40云："乐山(辅仁)刻其父醒庵《自乐诗》，附己作于后。"

谌　□

佚其名字。清上元人。

伤寒论正误集注10卷　子部医家类

清嘉庆十九年(1814)明彰堂刻本，上海交通大学医学院藏。

朱　涟(1746—1803)

字文若，又字居敬。清上元人。鹤年次子。监生。幼从舅氏车绳远学。性仁厚，乡人尊为长者。

居敬集 1 卷　集部别集类

(1)《金陵朱氏家集》本。

(2) 2015 年国家图书馆出版出版《清代家集丛刊》本。

汪云松

字茂华。清上元人。涛子。诸生。

沧浪逸韵　集部别集类　佚

见《金陵通传》卷 33。《国朝金陵诗征》卷 24 收其诗 1 首。

朱廷葵

字向甫，号秋屿。清上元人。裕观子。嘉庆中举孝廉方正，辞不就。敦品勤学，里党宗之。

慎节斋诗　集部别集类　佚

见清朱士焕《上元朱氏一家言》，收其诗 1 首。并云："文选入《金陵文征》。"

陈　昆

字丹崖，号瑶渠。清江宁人。乾隆间诸生。

香月楼集(一作香月楼文)　集部别集类　佚

见同治《上江两县志》卷 12。

朱　濬(1747—1817)

字见虞。清上元人，大兴籍诸生。尧年子。工诗文。偕从子绍曾游滇楚，词翰极富，多散佚。酷嗜医术，毕生钻研，有神效。

朱氏宗支传(一作朱氏家谱)5 卷　史部传记类　佚

本草纪闻　子部医家类　佚

脉法集成　子部医家类　佚

以上3种见《金陵通传》卷25本传。

倦游集1卷　集部别集类

(1)《金陵朱氏家集》本。

(2) 2015年国家图书馆出版出版《清代家集丛刊》本。

秦承业(1747—1828)

字补之，号易堂。清江宁人。大士子。承恩弟。少聪慧，通经史。乾隆三十五年(1770)举人，四十六年进士，历官编修、国子司业、右赞善、司经局洗马、侍讲等。嘉庆间久直上书房，知遇颇深。尝与纂《高宗实录》。晚好形家言，日徘徊山水间。卒赠礼部尚书，谥文恚。

字学启蒙4卷　经部小学类　佚

地理源流　子部术数类

和养正书屋诗4卷　集部别集类　佚

瑞芝轩古文4卷　集部别集类　佚

馆阁诗赋2卷　集部别集类　佚

以上5种均见同治《上江两县志》卷12。《国朝金陵诗征》卷26收其诗2首。

万保廷

字裴园。清上元人。乾隆四十二年(1777)举人，以知县用，改教谕。不以进退介意，任教官数十年。好吟咏，至老不倦，人谓其诗近袁枚。年80，重与乡饮之典。

万裴园诗　集部别集类　佚

见清梅曾亮《柏枧山房文集》卷6《〈万裴园诗〉序》。

正　真(？—1821)

字达宗，号西斋。清湘潭人。后为金陵鹫峰寺僧。

西斋诗稿　集部别集类　佚

见同治《上江两县志》卷12。

程家珏

字揆百(葵百),一字双亭。清江宁人。精于医。

医林适用2卷　子部医家类

清乾隆五十二年(1787)刻本。

按:《国朝金陵诗征》卷20收其诗1首。

刘熙堂

字号未详,别署群玉山樵。清江宁人。

游仙梦　集部词曲类

清嘉庆三年(1798)敦美堂刻本,国家图书馆藏 。

朱续曾(1749—1824)

字序之,又字似堂,号芝园。清上元人。澜三子。嗜吟咏。以国子生充四库馆誊录,议叙布政司经历。历署湖北襄阳、应山、谷城、孝感等县事。升山东沂州通判,调甘肃西宁,擢灵州知州。改广西上思州,移署龙州同知,调太平知府。以老疾乞归,囊橐萧然。

璞疑诗集1卷　集部别集类

(1)《金陵朱氏家集》本。

(2) 2015年国家图书馆出版出版《清代家集丛刊》本。

董教增(1750—1822)

字益甫,号观桥。清上元人。以学子。少敏悟,既补诸生,为嘉定钱大昕所重。乾隆四十五年(1780)南巡,献诗赋,召试赐举人,授中书。五十二年廷试一甲第三名,除编修。散馆改吏部主事,累迁郎中,掌文选司印。嘉庆四年(1799),荐发四川署盐茶道,升贵州按察使,历四川、安徽、陕西、广东巡抚,摄陕甘总督,至浙闽总督。为政宽严得体,曾一时管五印，人以为荣。道光初乞疾归。寻卒，谥文恪。《清史稿》有传。

郭云川庸行图记　史部传记类　佚

见同治《续纂江宁府志》卷9。

按：《白下琐言》卷1云："郭孝子云川鸿事迹具载志乘。尝以生平孝行绘为二十四图，名曰《庸行图》，系之以说行世。"据此，是书疑为郭鸿自作。

董文恪公诗集　集部别集类

（1）陈作霖《冶麓山房丛书》抄本，台湾大学图书馆藏。

（2）台湾联经出版公司陈作霖《冶麓山房丛书》影印本。内题为《青琅玕山馆吟稿》。

朱应坊

原名廷薇。字向梅，号午晴。清上元人。裕观子，廷蕤弟。

咏花仙馆文钞　集部别集类　佚

咏花仙馆诗钞　集部别集类　佚

咏花仙馆词钞　集部别集类　佚

以上3种见清朱士焕撰《上元朱氏一家言》目录，云："文选入《金陵文征》，诗选入《白门诗萃》。"收其诗29首、词2首。其《谒方公祠》诗写道："十族千秋凝碧血，一身万古抱丹心。"表达了对方孝孺的敬仰之意。又有《满江红·方公祠》词一首，亦写方氏忠义，有句云："千古忠灵，到今日、犹思峻节。慨当初，大廷抗旨，麻衣溅血。"

张复纯

字仁斋，一字保初，号止原。清江宁人。乾隆间诸生。精医，工书法，善篆刻，镌有《诗品》及七十二候图章行世。与严长明友善。

止原印略（一作二十四诗品印谱）2卷　子部艺术类

清乾隆五十五年(1790)钤印本，南京图书馆藏。

按：此将唐司空图《二十四诗品》文句刻成小印，凡10年而成。

宝汉斋铜印略　子部艺术类　佚

清张复纯辑

见《中国印学年表》。

按:《国朝金陵诗征》卷28收其诗1首。

张逢年

字耕畬,号春泉,晚号顾痴老人。清上元人。乾隆四十五年(1780)贡生。工诗,人谓合李商隐、皮日休诗为一手。

红藤山馆集　集部别集类　佚

多黍堂集　集部别集类　佚

以上2种见同治《续纂江宁府志》卷9。《江苏诗征》卷60收其诗1首。

谈朴升

字尧阶,一字旦泉,号榆村。清江宁人。以岁贡选扬州训导。能诗。早工举子业,晚乃潜心经学。家有用拙斋、小酉山房,藏书甚富。

周易图象通解　经部易类　佚

见嘉庆《新修江宁府志》卷54。《国朝金陵诗征》卷20收其诗4首。

吴　履

号苦荼僧。清江宁人。能诗。

苦荼僧诗1卷　集部别集类

见《国朝金陵诗征》卷33。收其诗2首。

按:《金陵通传》卷39谓作者尝删其少作,都为一集,存25首,长沙唐仲冕为之题词。

蔡之钟

字剑伯，号云峰。清上元人。元春长子。诸生。负俊才而放荡不羁，能诗。

种竹轩余话　集部别集类　佚

见《国朝金陵诗征》卷27。《金陵蔡氏五世诗存》辑收其诗20首。

戴衍善

字元嘉，号绘轩。清上元人。祖启子。监生。有学行。

语孟征　经部四书类　佚

见嘉庆《新修江宁府志》卷34。《金陵通传》作《语蠡录》。

金陵先进人文略　史部传记类　佚

见同治《上江两县志》卷12。

刍荛编　子部杂学类　佚

见《国朝金陵诗征》卷32。

周　镛

字青山。清上元人。彭元瑞督学江南，镛赋独被赏。卢文弨主钟山书院，以诸生肄业其中。性耿介，因忤达官避地安徽当涂，逾年乃归。

四书遵朱求是录8卷　经部四书类

清道光十四年(1834)刻本，中国科学院图书馆藏。

说经考辨2卷　经部群经总义类　佚

十三经检字(一作十三经检字说文)　经部小学类　佚

书字总义1卷　经部小学类　佚

以上3种见同治《续纂江宁府志》卷9。

按：同治《上江两县志》卷24本传云："《十三经检字说文》一书尤足津逮后学。阅五十余年，博采众说，融会折衷，始定稿本。说分十类，凡七百余万言。"书未刻而遭火焚。又谓《说经考辨》已刊。书未见。

陈　鼎

字荆山，一字辅斋。清江宁人。乾隆间隐于市，居石头城下。工诗。

井天集　集部别集类　佚

见同治《上江两县志》卷12。《国朝金陵诗征》卷28收其诗。

孙　韶(1752—1811)

字九成，号莲水居士。清上元人。诸生。乾隆六十年(1795)在济南识阮元。嘉庆四年(1799)入阮元幕。以《春雨诗》为时人所赏，人呼为"孙春雨"，遂以名集。

春雨楼诗略　集部别集类

(1) 清嘉庆间刻本，7卷，国家图书馆藏。

(2) 清嘉庆间顾庆崖刻本，8卷，湖南省图书馆藏。

(3) 清嘉庆间刻本，10卷，广东省中山图书馆藏。

叶世倬(1752—1823)

字子云，号健庵。清上元人。均子，世经弟。少承家学，复从沈菊潭、朱宗哲、朱筠、李元镳等游，博涉多通。乾隆三十九年(1774)举人，历官四川长宁知县，浙江嘉兴、湖北德安、陕西西安等地同知，福建延建邵道，山西布政使，福建巡抚，闽浙总督等。所至兴办学校，整肃纪纲，政绩颇著。尝修复关中、养正、关南、海东诸书院。嘉庆十二年(1807)任陕西兴安知府时，教民以树桑养蚕之法，民获利甚丰，名为"叶公茧"。生平力学，宗法程朱，著书、刻书甚多。事迹见清端木从恒编《叶健庵先生年谱》。

四书论政集注　经部四书类　佚

按：本书摘录四书中有关论政之文，采古人论说分缀其下以相质证。书成于嘉庆元年。

四库全书辨正通俗文字　经部小学类

清陆费墀撰

清嘉庆叶世倬刻本。

按:《四库全书》总校官陆费墀撰有《辨正通俗文字》一书,专门讨论《四库全书》誊录中的俗体问题。嘉庆十二年,叶世倬任陕西兴安知府,曾刊刻此书。其撰《重刻四库全书辨正通俗文字示兴安诸生序》云:"昔陆少宰丹叔先生提调四库全书馆,刻《辨正通俗文字》一册,其原叙云:'正者,斯字之本体也;通者,古今繁简不同,凡隶省及前代碑碣可从者也;俗者,承袭谬俚,《后汉儒林传》所谓别字,今转音谓之白字,断不可从者也。'学者眼前,音画往往展转离宗而不自知,良由以俗与通混,遂并妄其正耳。此册卷帙无多,检阅甚易,爰付剞劂,以示兴安诸士,庶由此读《说文解字系传》诸书,以求古人造字之所以然,则此册正可为先路之道云。"(《退思堂文集》卷 2)叶氏非常关注地方教化问题,在兴安任上,专门重刻了陆费墀此书,希望通过用字的规范,达到端正学风的目的。叶世倬所刻书今未见。

叶健庵自订年谱 1 卷　史部传记类

(1) 稿本,书衣题《叶健庵四录汇抄》,国家图书馆藏。

(2)《北京图书馆藏珍本年谱丛刊》本。

叶氏世系考　史部传记类　佚

墓图功过格　史部传记类　佚

读令常言　史部政书类　佚

以上 4 种见《叶健庵先生年谱》。

山中律例须知　史部政书类

清嘉庆十二年刻本。

按:本书于《律例》中择民间最易犯者 90 余条汇为一编,意在便民知法。叶世倬撰序称:"绅民中有愿读者,并准赴本府署请领。倘家各一编,互相劝戒,咸知遵守,不致复罹法网,则默化潜移,所以保其身家者,正非浅尠。"(《退思堂文集》卷 2)刻本今未见。

保甲说(一作清查保甲说)1卷　史部政书类

清嘉庆十二年刻本。刻本今未见。

从政遗规2卷　史部政书类

清陈宏谋辑

在官法戒录4卷　史部政书类

清陈宏谋辑

佐治药言(一作佐治要言)1卷　史部政书类

清汪辉祖辑

以上3种有嘉庆十三年叶世倬刻本。馆藏待查。

同官须知　史部政书类

清叶世倬辑

清嘉庆十四年自刻本。刻本今未见。

按:作者自叙略谓:"天下亲民之官,莫如县令,其次莫如郡守。小民之疾苦体察未周,则守令贻之悲戚也。古来循良懿范,彰彰史册,苦不能读,读亦不能记。于是取前贤论说,截其浅显易明者,手录数则,藉以考镜。令敬付梓,公之同好,愿共勉之。"(《退思堂文集》卷2)

山西省赋役全书□卷　史部政书类

清叶世倬等纂修

清嘉庆间刻本,四川省图书馆藏。

(嘉庆)续兴安府志8卷　史部地理类

清叶世倬纂修

(1) 清嘉庆十七年刻本,国家图书馆藏。

(2) 清道光二十八年(1848)刻本,浙江图书馆藏。

(3) 清咸丰三年(1853)大竹王履亨刻本,国家图书馆藏。

(4) 台北成文出版社《中国方志丛书》本。

(嘉庆)安康县志20卷　史部地理类

清郑谦修　王森文、叶世倬等纂

(1) 清嘉庆二十年刻本,国家图书馆藏。

(2) 清咸丰三年刻本,上海图书馆藏。

(3) 台北成文出版社《中国方志丛书》本。

(4)《安康县志校注》,周海霞、周邦基校注,2015 年三秦出版社出版。

按:本书是自秦汉安康开县以来,留存至今的最早一部县志。内容包括纪年、舆地、建置、沿革、政略、人物、职官、选举、食货、山川、河流、关隘、水利、阵亡、烈女、阙防、文征等。

家祭仪节稿　子部儒学类　佚

过隙录　子部儒学类　佚

秉烛录　子部儒学类　佚

按:本书初名《鹿鹿录》,始撰于乾隆五十一年。五十九年曾易名《惜阴录》。至嘉庆八年方成书,前后达 18 年。

群书古义　子部儒学类　佚

按:本书摘录四书五经、《近思录》《通鉴》及程朱诸儒文集中有关身心修养者汇为一编,书成于嘉庆十八年。

以上 4 种均见《叶健庵先生年谱》。

近思录 4 卷　子部儒学类

宋朱熹、吕祖谦合辑

清嘉庆十六年叶世倬刻本,刻本今未见。

小学 6 卷附考异　子部儒学类

宋朱熹撰

清嘉庆二十四年叶世倬刻本,刻本今未见。

增辑桑蚕须知 1 卷　子部农家类

清同治七年(1868)刻十一年增刻本,国家图书馆藏。

按:本书系摘录清杨屾《豳风广义》中有关树桑饲蚕、缫丝织帛之法简明易晓者而成。嘉庆十二年叶世倬任陕西兴安知府,即教民以树桑养蚕之法。其在《劝业桑蚕告示》中指出蚕桑业的好处道:"桑蚕获利最厚。凡好田种麦谷,每亩丰年纵收二石,不过值银二三两。若使种桑,每亩采叶饲蚕，可收水丝九斤，值银十五六两。除去工本，所得仍多。”《再示兴郡绅民急宜树桑养蚕示》说明了本地植桑养蚕的有利条件：“兴安与四川、湖北接壤，更非西、同、凤三府可比。地湿宜桑，气暖宜蚕。”要求绅民预作准备：“春令瞬届，所有养蚕器具，急宜遵照前颁书内图式购办，并须预购蚕种，以备应用。切勿狐疑自误，有负本府钦遵圣谕，谆谆劝导，为谋小民衣食本意。”（均见《退思堂文集》卷 4）

树桑百益 1 卷　子部农家类

清同治七年刻十一年增刻本，国家图书馆藏。

按：叶世倬谓桑树除了采叶用以养蚕外，还有许多药用功能，但乡人不知。叶氏认为这非常可惜，因此编写了此书，附在《桑蚕须知》之后。其《树桑百益序》云：“山僻购药不易，而庸医率多以草药应之，往往杀人而人不知，诚大患也。爰检《本草纲目》，截录桑之修治、主治、气味，及附载各方，其有发明者，亦间采录。而柘亦附焉。续刻《桑蚕须知》之后，俾人人知桑之物薄而用重如此，颜曰《树桑百益》。而其实所益不仅以百计也。屋角田边，取携甚便，凡我士民，幸益努力焉。”（《退思堂文集》卷 2）可见编写此书，即为便民、利民。

救荒本草　子部农家类

明朱橚撰　清叶世倬选

清嘉庆十八年叶世倬刻本，刻本今未见。

按：本书选择《救荒本草》2 卷中适合陕西兴安地情者刊印行世，以利民种植。

全人矩矱 4 卷　子部杂学类

清孙念劬辑

清嘉庆七年叶世倬刻本，刻本今未见。

退思堂文集 4 卷退思堂诗集 2 卷附叶健庵先生年谱 2 卷　集部别集类

清叶世倬撰　门人张鹏翂、赵炳编次　年谱受业端木从恒、张鹏翂编次

(1) 清道光十四年刻本，南京图书馆藏。

（2）《清代诗文集汇编》本。

按：《叶健庵先生年谱》又有《北京图书馆藏珍本年谱丛刊》本。

吴集潭先生文稿　集部别集类

清吴光升撰　叶世倬辑

清嘉庆三年叶世倬刻本，刻本今未见。

按：作者尝于乾隆三十五年师事吴光升（号集潭，仁和人）。吴卒于乾隆三十七年四月，作者于嘉庆三年八月至杭州访吴墓。十月入京，遂辑其遗文。此前其舅氏范鏊尝刻吴文数十篇，作者因就所及见并加搜辑，复增数十篇。共百余篇刊之。

张横渠先生文集 12 卷　集部别集类

宋张载撰

清嘉庆十一年叶世倬刻本，刻本今未见。

毕蘅塘先生遗稿　集部别集类　佚

清毕所密撰　叶世倬辑

顺昌二廖先生遗集　集部别集类　佚

宋廖刚、廖德明合撰　清叶世倬辑

试帖指南　集部总集类　佚

按：本书乃作者为关南书院学生所选诗集。

以上 3 种均见《叶健庵先生年谱》。

戴　彻

自号彻道人。清上元人。翼子长女。同知冯晴谷妻，冯芝母。

彻道人诗存　集部别集类

彻道人词存　集部词曲类

以上 2 种有道光十三年（1833）刻本，刻本今未见。

阮思文

清上元人。诸生。居冶山下。父亦咸，生三子。父子兄弟自相授受切磋。以思文文才朴茂，名最显。

来鹤亭草　集部别集类　佚

见《金陵通传》卷35。

丁　垣

字栗园，号云门。清上元人。鳌次子。以岁贡选霍山训导。里中创立完节堂，与兄埙捐重赀助成之。

尚书揭要4卷　经部尚书类　佚

见同治《续纂江宁府志》卷9。

蔡之铭

字敬心，号琴叔，一作晴墅，又号谍庵。清上元人。元春次子。乾隆五十四年(1789)举人，拣选知县。侍亲20年不赴会试，人称其孝。嘉庆十九年(1814)大旱，与同里诸贤达劝银17万两，赈活饥民甚众，乡里德之。

惜余轩集　集部别集类　佚

见《金陵蔡氏五世诗存》，收其诗6首。并云：是书藏于家。咸丰癸丑(三年，1853)版俱被毁，欲求遗稿重刊而不可得。

向　辉

字保炎，一作保言，一字淡余。清上元人。乾隆四十九年(1784)岁贡生。性方直。不苟言笑。

浙游粤游诗草　集部别集类　佚

见《国朝金陵诗征》卷26。收其诗2首。

江义田

字晴帆。清乾隆间上元人。少有文誉，师从蒋士铨。尝游京师，弃簿尉不就，晚归秦淮著书。

梦笔楼词钞1卷　集部词曲类

清道光二十年(1840)刻本,南京图书馆藏。

按:与清于凤阳撰《桐花轩遗稿》1卷《诗余》1卷合刻。

丹桂传(一作折桂传)2卷　集部词曲类

清江义田填词　赵昆发正谱

清道光十年上元江氏彩笔堂刻本,国家图书馆藏。

按:清姚燮《今乐考证》作《折桂传》,注云:"与无名氏作同名异种。其他戏曲书簿未见著录。"

严　观

字子进,号述斋。清江宁人。长明子。乾隆三十八年(1773)其父去京职,携观南还。四十三年曾导钱大昕访江宁古迹。五十五年与方正澍等同在毕沅幕。嗜学,好金石文字。《清史稿》。

师友渊源录总目1卷后案28卷　史部传记类

清严长明编总目　子严观辑后案

底稿本,南京图书馆藏。

师友渊源录6卷　史部传记类

《申报馆丛书》本。

按:以上2种参见"严长明"条。

(嘉庆)江宁府志56卷　史部地理类

清吕燕昭修　姚鼐纂　严观等分纂

(1) 清嘉庆十六年(1811)刻本,南京图书馆藏。

(2) 清光绪六年(1880)刻本,南京图书馆藏。

(3) 台北成文出版社《中国方志丛书》本。

(4)《中国地方志集成》本。

(5)《续修四库全书》本。

(6)《金陵全书》本。

元和郡县补志9卷　史部地理类

清乾隆四十年蒲卢学舍刻本，南京图书馆藏。

按：唐李吉甫撰《元和郡县志》40卷，宋以后渐有亡佚，元明以来刻本缺卷19、20、23、24、35、36共6卷，又卷5、18、25这3卷各缺其半。严观乃据群书所引补之。

三峰图经六十咏　史部地理类　佚

见同治《续纂江宁府志》卷9。

史籍考325卷　史部目录类　佚

清章学诚主纂　严观、方正澍等助纂

参见“方正澍”条。

江宁金石记8卷附待访目2卷　史部金石类

(1) 清嘉庆九年赐书堂刻本。皖南农学院图书馆藏本有清叶志浩跋，国家图书馆藏本有清莫友芝订补、俞鸿筹跋。

(2) 清宣统二年(1910)江楚编译书局刻本，南京图书馆藏。

(3) 1977年台北新文丰出版公司《石刻史料新编》影印宣统二年刻本。

(4) 清抄本，缪荃孙跋，清华大学图书馆藏。

(5)《续修四库全书》本。

(6) 1998年出版《历代碑志丛书》本(第18册)。

(7) 2011年国家图书馆出版社出版《地方金石志汇编》本。

按：《江宁金石记》上起秦汉，下迄宋元，以时代为序，抄录金石原文，后附考证，“订以六书，征以史传”，包括江宁府所属七县百数十种。所辑颇有前人所未见者。又博稽群籍，取江宁金石至未经目睹者700余种，辑为《待访目》2卷。以时代为序，抄录金石原文或标题，并注明出处。钱大昕、彭兆荪、翁方纲、孙星衍、钱坫、章学诚等皆为作序跋。

江宁金石待访目2卷　史部金石类

(1)《灵鹣阁丛书》本。

(2)《丛书集成初编》本。

按：此“待访目”为别出单行者。

江宁石刻记1卷　史部金石类

稿本，北京大学图书馆藏。

按：以时代为序，抄录江宁地区秦汉至宋元的碑刻、墓志、寺瓦、寺碑、庙碑、洞记、塔铭、镜铭、池碑、石柱、祠牒、井题字、器记等金石原文凡52篇。

金陵石刻记不分卷　史部金石类

王仁俊撰并辑《正学堂杂著十七种》本，清稿本，国家图书馆藏。

湖北金石诗1卷　史部金石类

(1)《连筠簃丛书》本。

(2) 清光绪元年衢西张氏二铭草堂刻本，南京图书馆藏。

(3) 抄本，南京图书馆藏。

(4)《丛书集成初编》本。

(5) 2002年湖北教育出版社点校本，与明陶晋英《楚书》等合1册。

按：严观自序云："作客武昌，获读湖北现存金石文字七十八种，各系一诗，以志欣赏。"

寰宇访碑录12卷　史部金石类

清孙星衍、邢澍撰　严观校辑

(1)《平津馆丛书》本。

(2) 清光绪九年(1883)江苏书局刻本，南京图书馆藏。

(3)《行素草堂金石丛书》本。

(4)《丛书集成初编》本。

(5) 台北《石刻史料新编》本。

(6)《续修四库全书》本。

按：孙星衍《〈湖北金石诗〉序》云："子进所著有《江宁金石记》，又为予校辑《寰宇访碑录》。"

阅音斋集　集部别集类　佚

见同治《续纂江宁府志》卷9。《国朝金陵诗征》卷32收其诗22首。

孙毓瑾

字瑜怀，一字愚淮，号晚闻。清上元人。曾南游楚越，北适燕赵，其交多贤豪长者。与方中矩等俱以授徒得名。乾隆五十一年(1786)岁贡，选休宁训导，未赴任卒。

愚淮诗钞　集部别集类　佚

偶然吟小草　集部别集类　佚

以上2种见同治《续纂江宁府志》卷9。《国朝金陵诗征》卷26有其诗6首。

谈　泰

字阶平，一字星符。清上元人。羽仪孙。乾隆五十一年(1786)举人。官山阳、南汇教谕。嗜学博古，淹通经史，尤精律算，得梅文鼎之传。与钱大昕、阮元相交往，深受二人赞誉。曾助阮元编纂《畴人传》。

礼记义疏算法解1卷　经部礼记类

王制井田算法解1卷　经部礼记类

以上2种版本有：

(1)《金陵丛刻》本。

(2)《丛书集成初编》本。

(3) 亦收入清严杰辑《经义丛钞》，有《清经解》本。

王制里亩算法解1卷　经部礼记类

(1)《历算汇编》本。

(2)《金陵丛刻》本。

(3)《丛书集成初编》本。

(4) 亦收入清严杰辑《经义丛钞》，有《清经解》本。

礼记源流考2卷　经部礼记类　佚

古今乐疑义3卷　经部乐类　佚

丝竹考异与人歌谱3卷　经部乐类　佚

古今音韵识余 2 卷　经部小学类　佚
三十六字母阴阳辨 1 卷　经部小学类　佚
谈民族考 1 卷　史部传记类　佚
异途进身考 6 卷　史部传记类　佚
先圣生卒年月日辨 2 卷　史部传记类　佚
外傅传心录 2 卷　子部儒学类　佚
天元释例 4 卷　子部历算类　佚
推步稿 3 卷　子部历算类　佚
春秋战国岁次考 2 卷　子部历算类　佚
岁次月建异同辨 1 卷　子部历算类　佚
平方立方表 6 卷　子部历算类　佚
北斗考 3 卷　子部历算类　佚
明算津梁 4 卷　子部历算类　佚

以上 16 种见嘉庆《新修江宁府志》卷 54。

三统术谱　子部历算类　佚
古算书细草　子部历算类　佚
天官书节次斗分考 3 卷　子部历算类　佚
分野辨　子部历算类　佚
周经说 1 卷　子部历算类　佚
操缦卮言正误　子部历算类　佚

以上 6 种见同治《上江两县志》卷 12。

古今占筮杂录 4 卷　子部术数类　佚
遁甲日表 1 卷　子部术数类　佚
奇门疑义 2 卷　子部术数类　佚
锦囊 4 卷　子部术数类　佚
九宫辨 2 卷　子部艺术类　佚
偶读漫记 4 卷　子部杂学类　佚
多闻阙疑 6 卷　子部杂学类　佚

以上7种见嘉庆《新修江宁府志》卷54。

观书杂识20卷　子部杂学类　佚

见同治《上江两县志》卷12。

桐音馆杂文4卷　集部别集类　佚

桐音馆小柬2卷　集部别集类　佚

以上2种见嘉庆《新修江宁府志》卷54。

桂林书屋集4卷　集部别集类　佚

桐音吟草4卷　集部别集类　佚

以上2种见《金陵通传》卷34。《国朝金陵诗征》卷36收其诗1首。

桂林书屋诗话4卷　集部诗文评类　佚

见嘉庆《江宁府志》卷54。

涂　晓

字彻儒，号爽亭。清上元人。乾隆五十一年(1786)武举人。性孝谨，精医术。卒年84。

竹香堂近诗　集部别集类　佚

见同治《上江两县志》卷12。《国朝金陵征》卷26收其诗8首。

王寿恭

字山甫，号晴岚。清乾隆间上元人。颖悟好学。既补诸生，精心考订古文字，无间寒暑。敦仁谊，甘淡泊，尝与顾月樵等为真率会。晚号崆峒居士，年76卒。

崆峒近草　集部别集类　佚

见同治《续纂江宁府志》卷9。

司马高

字颊庵。清上元人。乾隆间诸生，官虞城县丞。工书善诗，袁枚曾采其诗入诗话。

春晖堂集　集部别集类　佚

见《金陵通传》卷 14。

张　基

字近溪。清江宁人。乾隆间在世。精于医，家甚贫，但不以行医牟利。

种竹山房集　集部别集类　佚

见同治《续纂江宁府志》卷 9。

张镜溪

清江宁人。乾隆间医家。

难经解　子部医家类　佚

见同治《续纂江宁府志》卷 9。

王官德

清上元人。乾隆间在世。

续金陵琐事　史部地理类　佚

见同治《续纂江宁府志》卷 9。

张汉昭

字卓山，自号清华居士。清上元人。乾隆间诸生。

金陵四十景诗　集部别集类　佚

见同治《续纂江宁府志》卷 9。《国朝金陵诗征》卷 20 收其诗 1 首。

张　汶

字鲁源，号蘧园。清乾隆间江宁人。壮年曾游楚粤，年 60 归里。卒年 77。

蘧园草　集部别集类　佚

见《国朝金陵诗征》卷23小传，收其诗1首。

张　琚

字朴夫，号石江。清乾隆间江宁人。工诗文。中年志于宋学，提倡敬恕。以诸生终。

集古斋印谱　子部艺术类　佚

红茶山馆诗钞　集部别集类　佚

以上2种见同治《上江两县志》卷12。

王　煊

字养中，号香田，晚号炯岩。清江宁人。廷享子。早年喜为诗，曾被采入《随园诗话》。以病，目几失明，遂弃举业，援例为监生。家教严肃，生平重交谊，乐施舍。嘉庆十九年(1814)江宁大旱，倾囊助赈。前此已入赀为候选道，至是议叙加纪录二次。爱书画，精鉴别，收藏甚富。

玉壶山人诗稿　集部别集类　佚

玉壶词　集部词曲类　佚

以上2种见同治《续纂江宁府志》卷9。

王嘉黼(1758—1790)

初名炳，字少文，号春潭。清江宁人。煊弟。乾隆四十九年(1784)高宗南巡，以诸生献赋，召试二等。居父丧，哀毁卒，年32。

春潭诗文集　集部别集类　佚

见《金陵通传》卷29本传。

方维甸(1758—1815)

字南耦，号葆岩。清上元人。观承子。年18补县学生，被召至京，赐举人，授内阁中书，军机处行走。乾隆四十五年(1780)进士，授吏部主事，随征台湾林爽文。五十四年充广西乡试正考官，后从福康安征讨廓尔喀，擢通政使，转副都御史。以事降员外郎，迁内阁侍读学士。出为山东按察使，历河南、陕西布政使，升陕西巡抚。嘉庆十四年(1809)进闽浙总督，以母老乞养归。丁母忧，哀毁卒。谥勤襄。《清史稿》有传。

勤襄公诗稿遗存2卷孝思留翰1卷附勤襄公行述1卷　集部别集类

清方维甸撰　方若蘅汇辑

(1) 清道光十三年(1833)镜清阁方若蘅汇刻本，南京图书馆藏。

(2) 清光绪二十二年(1896)曾孙女方琅上海石印本，国家图书馆藏。

按：此集包括《勤襄公诗稿遗存》2卷，由其五女若蘅搜辑校刊，有近体诗50余首，半属远役寄家之作。《孝思留翰》1卷，为寄呈母亲胡太夫人问安书札，由若蘅汇刊之。附子传穆撰《勤襄公行述》，及方维甸撰《胡太夫人行述》。清马其昶《桐城耆旧传》卷9《方维甸传》则云："奏议、诗篇，家人误投之火，长女仲惠汇录遗稿，得二卷。"

伍光瑜(1758—1830)

字孚尹，号屏秋。清上元人。生3月而孤，事母孝。能诗，邃于《易》。嘉庆十一年(1806)岁贡生，授候选训导。绝意进取，热衷于地方公益，乡民德之。曾与修乾隆《上元县志》，摹刻《天发神谶碑》。晚与乡老联诗饮酒自娱。

上江两县贞烈节孝妇女事略　史部传记类　佚

见同治《续纂江宁府志》卷14本传，云："凡两县之贞烈节孝妇女，俱为请旌入祀，并记其事略以备考。"

六事箴言续录1卷　子部儒学类

清伍光瑜辑

(1) 清道光二年(1822)补园刻本，南京图书馆藏。

(2) 清道光间黔筑家荫堂刻本，国家图书馆藏。

补园集　集部别集类　佚

见同治《续纂江宁府志》卷14本传。《金陵艺文志》作《补园文集》。

补园诗集8卷附录1卷　集部别集类

清道光十九年、二十四年序刻本，南京图书馆藏。

陈继昌(1758—1834)

字问舟，号醒翁。清江宁人。未冠即举秀才，嗣后累试不利。嘉庆十一年(1806)充岁贡生，已年近50。性高傲，戚党有显贵者，不通一字。毕生以授徒为事。

中庸阐义　经部四书类　佚

训家要言　子部儒学类　佚

醒翁老人遗书　集部别集类　佚

以上3种见《金陵通传》卷39。

朱性怛

清江宁人。

岩斋学记9卷　子部儒学类

清嘉庆三年(1798)青云楼刻本，北京大学图书馆藏。

沈佩兰

字纫斋，号沅溪。清上元人。诸生。性和易，慎交游。晚与二三老友棋酒盘桓，萧然自得。卒年75岁。

读史管见4卷　史部史评类　佚

见同治《上江两县志》卷12。

王嘉言

字缄庵，一字箴堂。清江宁人。乾隆五十四年(1789)举人。官金坛教谕。卒年81。

缄庵忆说　史部地理类　佚

见清金鳌《金陵诗征录》卷10，云："于学校祠祀多著名，论金陵风俗亦有慨乎其言之。"

按：《国朝金陵诗征》卷27小传云："《缄庵忆说》，余择钞数十条，亦《白下余谈》之亚。录诗数章，多有关于金陵旧闻者。缄庵殁，从弟嘉禾泽洪多出其手稿示余。"是其稿本清末尚存。

缄庵诗钞　集部别集类　佚

见同治《上江两县志》卷12。《国朝金陵诗征》卷27收其诗10首。

朱照廉

字晴溪，室名小云谷。清上元人。桂栋子。提举衔。

五音韵谱1卷　经部小学类

清嘉庆十六年(1811)刻《小云谷类集》本，国家图书馆藏。

名帖纪闻1卷　子部艺术类

清嘉庆十七年朱氏小云谷木活字本，国家图书馆藏。

小云谷文集8卷诗钞8卷附名帖纪闻1卷　集部别集类

清嘉庆十六年春雨堂木活字本，山东省图书馆藏。

同人集首集36卷二集□卷三集□卷　集部总集类

清朱照廉辑

清嘉庆刻本，南京图书馆藏。

王　岑

字渠封，一字樵岚。清嘉庆间上元人。铼桂父。以诸生肄业钟山书院，桐城姚鼐深器重之。

薜帷书屋集　集部别集类佚

见同治《上江两县志》卷12。《国朝金陵诗征》卷30收其诗1首。

陈元富

字子言、梓严，一字润之。清江宁人。毅子。嘉庆十三年(1808)岁贡生。家贫力学，手抄书不下百卷。尝言“东汉人误认气节，西晋人错解风流”，时人以为名言。博闻强记，弟子金鳌等极推重之。

陈元富诗14首　集部别集类

收入《国朝金陵诗征》卷31，有诗14首。

按：元富善五、七言古诗，所收诗多长篇。

孙金相

字其章。清江宁人。诸生。曾任职恤嫠局。

金陵节孝备考三编9卷　史部传记类

清孙金相撰　方明峻续　王锞桂再续

清嘉庆四年(1799)至道光间刻本，北京大学图书馆藏。

按：乾隆、嘉庆年间江宁设立恤嫠公局，于是节孝守礼之妇皆有所稽录赡恤。乾隆末年，孙金相任职管理局务期间，鸠集同人，广泛访求搜辑上元、江宁两县之节孝贞烈妇女名单，编为《金陵节孝备考》。已旌表者为前册，已殁未旌者为中册，现存之未旌者为后册，凡历7年，嘉庆四年始成。道光四年(1824)，方明峻仿其例，踵而行之，辑为续编。道光二十八年，王锞桂继之，续为三编。是书乃总三人所辑共226人汇为一编。书中所载人物皆为县志所未及载者，或为小传，或示节略。《金陵通传》卷37本传云：“以立节守礼之妇湮没者多，乃与同学生陈朝辑《金陵节孝备考》。嘉庆十七年，知府吕燕昭修府志，尽采录之。”

周之桂

字小山，号玉犀。清上元人。发春子。少倜傥，善谈论。乾隆五十九年(1794)举人，历任安徽歙县、蒙城知县，有政声。

午塘词集　集部词曲类　佚

见《国朝金陵词钞》卷2，收其词3首。《国朝金陵诗征》卷29收其诗7首。

徐文初

清江宁人。

戴经新旨合纂4卷　经部大戴礼记类

清徐文初纂辑　范翔参订

清嘉庆四年(1799)刻本。馆藏待考。

黄　墉

字实夫。清江宁人。家炳子。诸生。性刚正。言行不苟。

拾馀草　集部别集类　佚

见同治《上江两县志》卷12。

杨　勋

字承建。清乾隆、嘉庆间江宁人。性好吟咏，浏览甚博，隐于市贾。临终焚其负券曰："勿使子孙挟以累人也。"诗作寄丹徒颜耕与删选。遂散佚。

悟真庐集20卷　集部别集类　佚

见同治《续纂江宁府志》卷9。

苏亭叔

清上元人。

金陵考古略　史部地理类　佚

见同治《续纂江宁府志》卷9。

熊象慧

字芝霞。清江宁人。宝泰女，知县泾县吴栻室。幼从母学，通经史，善吟咏。婚后闺房唱和不辍。

芝霞阁学吟 1 卷附诗余 1 卷　集部别集类

清道光元年(1821)四川广安刻本，安徽省博物馆藏。

哀猿吟 1 卷　集部别集类

附刻于《芝霞阁学吟》。此为亡儿梦相而作。

汪　炯

字朗园，号也樵。清嘉庆间上元人。父早卒，事母孝，终身不娶。晚居鸡鸣山麓，自称桃花村人，又号白门呆汉子。

桃花村人诗　集部别集类　佚

见同治《上江两县志》卷 12。《国朝金陵诗征》卷 33 收其诗 3 首。

梅　冲(1762—1826)

字衷渊，号抱荪。清上元人。锡子。博雅淹通。乾隆四十四年(1779)与谈泰从钱大昕学算学。嘉庆五年(1800)举人。

然后知斋经义问答　经部群经总义类　佚

见同治《续纂江宁府志》卷 9。

庄子本义 3 卷　子部周秦诸子类

清道光元年(1821)承学堂刻本，南京图书馆藏。

勾股浅述 1 卷　子部历算类　佚

增订事类赋　子部典故类　佚

阴符经解　子部道教类　佚

以上 3 种见同治《续纂江宁府志》卷 9。

离骚经解　集部楚辞类

(1) 清嘉庆二十年刻本，上海图书馆藏。

(2) 2014 年国家图书馆出版社出版《楚辞文献丛刊》本。

然后知斋诗文集　集部别集类　佚

见同治《续纂江宁府志》卷 9。《国朝金陵诗征》卷 28 收其诗 8 首。

黄以旂(1762—1826)

字蛟门。清江宁人。诸生。事母孝。家贫，为童子师30余年。道光元年(1821)当事以孝廉方正举，不果。精历算，工诗，尝与张晋阶(月楼)相唱和。

忆书轩稿　集部别集类　佚

见《金陵文钞》卷8。

按：《国朝金陵诗征》云："殁后，弟子樊锦澜梓其集，管同为传弁于首。"其集今未见。又《诗征》卷27收其诗14首。

陈懋龄

字勉甫。清上元人。乾隆五十七年(1792)副贡。幼习历算，及为算学家梅瑴成孙婿，并学历于上元谢廷逸，遂尽得二氏之传。博学强记，兼通音韵、乐律。学识精审，著述甚富。主讲兴化10年，晚选青阳教谕。年70余，卒于官。

古今乐律工尺图1卷　经部乐类

清道光八年(1828)刻本，国家图书馆藏。

经书算学天文考(一作五经算学天文考)　经部群经总义类

(一) 一卷本

(1) 清嘉庆二年(1797)刻本，南京图书馆藏。

(2) 清道光邓廷桢刻本。

按：《邓尚书年谱》"道光十三年"云："公抚皖日，又为上元陈懋龄勉甫刻《算学》等书，因年月无考，附记于此。"

(3)《清经解》本。

(4) 清光绪十年(1884)江右养云书屋刻本，国家图书馆藏。

(5) 清光绪十六年湖南船山书局刻《皇清经解依经分订》本，国家图书馆藏。

(二) 二卷本

(1) 清光绪八年文选楼刻本,南京图书馆藏。

(2)《花雨楼丛钞》本。

(3)《玲珑山馆丛书》本。

春秋朔闰交食考　经部群经总义类　佚

见《金陵通传》卷34。

钟山忆　史部地理类　佚

见《金陵通传》卷34,云:"仿宁楷《同学书院志》。"

六朝地理考　史部地理类　佚

见同治《上江两县志》卷12。

刍荛编40卷　子部杂学类　佚

见同治《上江两县志》卷12。

骈枝补　子部杂学类　佚

见《金陵通传》卷34。

胡　镐(？—1847)

字圣基。号心斋。清上元人。培子。诸生。幼承母教,博闻强记,能背诵十三经注疏。师从姚鼐、卢文弨。假馆甘氏最久,得博览津逮楼藏书。《玉海》旧版有毁者,布政使康基田聘为校勘。年80余犹日读不息,篝灯作细草。学淹洽,治经兼采汉宋,熟精《三礼》,尤邃于《易》,晚更深于禅。为文浑朴渊茂,姚鼐称其似归震川。著述达20余种。道光二十四年(1844)赐副榜,又3年卒。

周易管窥4卷　经部易类

清道光二十六年上元王氏刻本,湖北省图书馆藏。

群经说　经部群经总义类　佚

按:此书毁于兵。

心斋文集　集部别集类　佚

以上2种见于同治《上江两县志》卷12。

吴官德

字槐云,一字征君。清上元人。诸生。与胡镐同时。博通经术,兼好乡邦掌故。工诗。著述甚富。殁后俱佚。

仪礼一得　经部仪礼类　佚

四书注疏参议　经部四书类　佚

续金陵琐事　史部地理类　佚

槐云古今录　子部杂学类　佚

槐云阅书记　子部杂学类　佚

古芳楼集　集部别集类　佚

春霭堂诗话　集部诗文评类　佚

以上7种均见同治《上江两县志》卷12。《国朝金陵诗征》卷34收其诗1首。

董　湜

清上元人。

韩文定　集部诗文评类　佚

唐韩愈撰　清董湜选评

见同治《上江两县志》卷12。

葛　光

字与林。清上元人。国玢子。诸生。工书画,擅梅兰花鸟,亦工诗文词曲。

双杏堂诗钞　集部别集类　佚

见同治《续纂江宁府志》卷9。

张　宝(1763—?)

字仙槎。清江宁人。善绘山川,曾游历河北、山西、陕西、河南、山东、湖北、湖南、广东、广西、江西、安徽、浙江、福建等地。每经名山大川，必摹绘而志之，写为图册。嘉庆二十三年(1818)自楚入粤，往观外国天主教徒所居之澳门，作《澳门远岛图》。道光十四年(1834)还居白下。

泛槎图1卷续1卷三集1卷四集1卷五集1卷六集1卷　子部艺术类

(1) 清嘉庆二十四年至道光十二年羊城精刻本，南京图书馆藏。

(2) 清光绪六年(1880)上海点石斋影印本，上海图书馆藏。

(3) 1988年北京古籍出版社影印本。

(4) 2012年国家图书馆出版社影印本。

盛世良图记不分卷　子部艺术类

清张宝绘　广玉编

清嘉庆间刻本。馆藏待查。

仙槎游草1卷　集部别集类

清嘉庆间刻本，中国科学院图书馆藏。

按：陈作霖辑《金陵诗文近录》收其诗83首，《金陵词钞续编》卷2收其词3首。

张　泺

字子澜。初名浩，字子浒。清上元人。诸生。性简亢耿介，有才气。诗为孙星衍所赏。家贫而藏书甚富。与顾櫰三夹河而居，时称"二妙"。

青溪书屋诗草　集部别集类　佚

见同治《续纂江宁府志》卷9。《国朝金陵诗征》卷35收其诗33首。《国朝金陵词钞》卷6收其词1首。

焦子洵

字少泉。清江宁人。诸生。从师方正澍，工诗文，遍游闽、浙、楚、蜀，所至多有题咏。为人直爽，喜济人难。

半瓶斋集　集部别集类　佚

见《金陵通传》卷34。

少泉诗稿　集部别集类　佚

见同治《上江两县志》卷12。

随　霖

字万宁。清山东人，后定居上元。三世业医，霖尽得祖传，尤精脉诊。乾隆五十八年(1793)瘟疫盛行，群医束手，唯霖与城南周魁治而见效，一时有"南周北随"之誉。乃撰《羊毛温证论》，其治法据《医宗金鉴》而细加推究，实多所发明。

羊毛温证论(一作羊毛温论、温症羊毛论)2卷附方1卷　子部医家类

(1) 清嘉庆元年(1796)孳善堂刻本，浙江大学图书馆藏。

(2)《三三医书》本。

(3)《中国医学大成》本。

胡　铸

字晞颜。清江宁人。培女。上元周斯才妻。从其母陈立学诗。

海棠居集　集部别集类　佚

望云轩集　集部别集类　佚

以上2种见同治《续纂江宁府志》卷9。《国朝金陵诗征》卷27收其诗。

陈　授(1764—1820)

字石渠，号松崖。清江宁人。作霖曾祖。性孝友，疏财仗义。父死，有贷金数百，贫不能偿者，遂焚其券。兄弟相继卒，敬事寡嫂，抚养诸侄。嗜古能文，以经学闻名于乾嘉间。工楷法。治宋儒理学，而尤精汉学。姚鼐主讲钟山书院，极重之。课徒首重立品，次艺文。后家道中落，而慷慨如旧。同治十二年(1873)入祀乡贤祠。

毛诗补笺 8 卷　经部诗经类　佚
小学广义 4 卷　经部小学类　佚
松崖文集 10 卷　集部别集类　佚

以上 3 种见同治《上江两县志》卷 12。

张之铭

字穆堂。清上元人。少通经训,乾隆五十九年(1794)举人。历署浙江於潜、富阳、昌化知县,衢州通判。五充乡试同考官。补武康知县时,为地方编保甲法。

滇南诗草　集部别集类　佚
惜剩草文稿　集部别集类　佚

以上 2 种见同治《续纂江宁府志》卷 9。

汪　均(1765—1832)

字落坪。清江宁人。士铎父。夙好儒书,尤嗜五经、《近思录》。不为词章,不应试。课徒自给,安贫乐道。

落坪语录　子部儒学类　佚

见同治《上江两县志》卷 12。

朱　涛(1765—1837)

字锦江。清上元人。逢年子。太学生。幼困苦,从兄澜资助从商,晚境富裕,乐于周济宗族朋友。不多为诗,喜读《尔雅》《论语》。

榅书集 1 卷　集部别集类

(1)《金陵朱氏家集》本。

(2) 2015 年国家图书馆出版社出版《清代家集丛刊》本。

侯云松(1765—1853)

字贞友,号青甫。清江宁人。学诗长子。嘉庆三年(1798)举人。

大挑选授歙县教谕，不数年归，主讲凤池书院。为文操纸立就。得画名40年，尤长于写意花卉，道光十年(1803)曾为邓廷桢作《秋海棠图》。参与汤贻汾于琴隐园所结诗社。又与汤贻汾、沈琮、马士图、崔溥、朱福田等作青溪耆老会。

薄游草 8 卷　集部别集类

清道光二十四年环胜阁刻本，中国科学院图书馆藏。

薄游草 1 卷补遗 1 卷　集部别集类

《金陵丛书》本。

薄游草 1 卷　集部别集类

清抄本，南京图书馆藏。

按：《国朝金陵文钞》卷 6 收其文 1 篇。《国朝金陵词钞》卷 3 收其词 1 首。

司马钧

字笙和。清上元人。高嗣子。工医，善治外证。尝谓医在临证审辨之细，药物运用之灵，不必泥于古方。

病机参要(一作病机参要)4 卷　子部医家类　佚

见同治《续纂江宁府志》卷 9。

周之桐

字琴材。清上元人。之桂弟。幼聪颖。乾隆五十四年(1789)拔贡。早卒。

延青阁诗钞　集部别集类　佚

镜玑词钞　集部词曲类　佚

以上 2 种见《金陵通传》卷 34。《国朝金陵诗征》卷 27 收其诗 2 首。

金德元

字布春，号梅峰。清上元人。诸生。尝课徒妙相庵。弟子堕水，往援之，亦落水死。道光中僧修本建屈子祠，为设木主于侧。能诗词。

梅峰诗钞　集部别集类　佚

见《国朝金陵诗征》卷 33。《国朝金陵词钞》卷 3 录其词 1 首。

雪　樵

清上元人。白云寺僧。清乾隆、嘉庆间在世。

秦淮闻见录 2 卷　史部杂史类

(1) 清道光十八年(1838)一枝山房刻本，南京图书馆藏。

(2) 清抄本，国家图书馆藏。

(3)《秦淮香艳丛书》本。

按：著者“旁搜往见，广辑前闻”，“录玉箫之杂咏，钞锦瑟之清辞”，辑成此书。书中多录时人题咏秦淮胜景之诗。

青溪风雨录 2 卷　子部小说类

(1) 嘉庆二十四年(1819)一枝山房刻本，南京图书馆藏。

(2)《秦淮香艳丛书》本。

按：青溪为“金陵四十八景”之一，后亦用作金陵之别称。本书杂记乾隆嘉庆时南京坊曲轶闻诗话掌故，其体例全仿《板桥杂记》。卷末附所作杂剧《牡蛎园》一种，写自己在金陵游踪。其引子云：“老夫霞城散客是也。天与闲身，日无宁晷，长携谢屐，惯倚庾楼。近爱白下栖迟，遍访青溪遗迹。渡迎桃叶，莺花似有前缘；曲唱杨枝，礼法难拘我辈。”与其所记可参看。

雪樵诗集　集部别集类　佚

见《金陵艺文志》。《国朝金陵诗征》卷 48 收其诗 1 首。

牡蛎园传奇 1 卷　集部词曲类

清姚燮编《复庄今乐府选》稿本，国家图书馆、浙江图书馆藏。

按：亦附于《青溪风雨录》卷末。

谈　晋

清乾隆间上元人。泰弟。工诗。受袁枚赏识。

北游诗草 2 卷　集部别集类　佚

见同治《上江两县志》卷 12。

龚　渤

字鲁州。清乾隆、嘉庆间江宁人。诸生。父宏畴卒于剑州官所，奔丧归，备历险阻。后坐馆，萧然一室，不与征逐交游。

在田诗集　集部别集类　佚

见同治《上江两县志》卷 12。

苏绍祖

字榕庵。清乾隆、嘉庆间江宁人。以工笔札为长官所重，官东河主簿。有友负官逋逋，倾家代偿，其人弋获，仍免职。

向山堂集　集部别集类　佚

见《金陵通传》卷 33。

山秀堂近稿　集部别集类　佚

见同治《上江两县志》卷 12。

汪来斋

佚其名，以字行。清嘉庆前后上元人。国子生。为石经馆供奉。

纪程诗稿　集部别集类　佚

见《国朝金陵诗征》卷 29，收其诗 1 首。

臧志仁

字元春，号纫斋。清上元人。嘉庆元年(1796)岁贡生。性嗜学，好施予。年80赐举人。

四书人物类典串珠40卷　经部四书类

(1) 清嘉庆四年上元臧氏刻本,南京图书馆藏。

(2) 清嘉庆六年刻本,上海图书馆藏。

(3) 清嘉庆十八年刻本,南京图书馆藏。

(4) 清嘉庆二十五年刻本,中国科学院图书馆藏。

(5) 清同治十二年(1873)刻本,上海图书馆藏。

(6) 清光绪五年(1879)宝兴堂刻本,国家图书馆藏。

(7) 清光绪十二年晓星里刻本,国家图书馆藏。

(8) 清光绪二十六年江左书林石印本,国家图书馆藏。版心题"增注人物类典"。

(9) 清经纶书坊刻本,上海图书馆藏。

(10) 清光绪三十一年文新书局石印本,辽宁省图书馆藏。

(11) 2001年台北老古文化事业公司出版。

金刚般若波罗蜜经句解　子部佛教类

清同治十一年北京范氏篆云斋刻本,齐齐哈尔图书馆藏。

金刚经直解倸1卷　子部佛教类

清光绪十二年刻本,天津图书馆藏。

楚游草　集部别集类　佚

见同治《上江两县志》卷12。《国朝金陵诗征》卷30收其诗2首。

章廷芳

字右纶。清上元人。痘医。

治痘秘要　子部医家类　佚

见嘉庆《江宁府志》卷43。

余　昱

一作余民。清上元人。嘉庆元年(1796)岁贡生。专心治经,颇为姚鼐赏识。亦能诗词，好藏书。

群玉山房集　集部别集类　佚

见同治《上江两县志》卷12。《国朝金陵诗征》卷30收其诗6首。

群玉山房词　集部词曲类　佚

见《国朝金陵词钞》卷1。

汪兆虹(1767—1792)

字澹生，一字玉飞。清上元人。诸生。笃信程朱，每日百省，为格致诚正之学。过于刻苦得咯血疾，早卒。

澹生日记　史部传记类　佚

存诚学舍文稿　集部别集类　佚

以上2种见同治《上江两县志》卷12。

朱桂桢(1767—1839)

字幹臣，号朴庵，自号觉修。清上元人。澜孙，续曾长子。幼随祖父居清河道署中，独嗜读书。乾隆五十三年(1788)举人。从邵晋涵游，学益进。嘉庆四年(1799)进士。授吏部主事，历官至广东巡抚。道光十三年(1833)引疾归。卒谥庄恪。为人纯朴节俭，和易近人。著述多散佚。《清史稿》有传。

庄恪集1卷　集部别集类

(1)《金陵朱氏家集》本。

(2) 2015年国家图书馆出版社出版《清代家集丛刊》本。

按:《国朝金陵文钞》卷6收其文1篇。《国朝金陵诗征》卷30收其诗3首。

王贞仪(1768—1797)

字德卿。清上元人。锡琛女，宣城詹枚妻。祖父者辅官宣化知府，因事遣戍，殁于吉林。贞仪奔丧关外，因尽读祖父藏书。又学射于蒙古阿将军之夫人。年16回江南。后随父由京至关西，复自楚至粤东。贞仪淹贯群籍，娴熟武艺，通医术，尤精梅文鼎天文算法。亦工绘画。诗文皆质实，说理不为藻饰。临终前，将所作书稿尽遗侨居金陵挚友、吴江蒯夫人钱与龄。后由其整理成编。

女蒙拾诵1卷　子部儒学类　佚

星象图释2卷　子部历算类　佚

西洋筹算增删1卷　子部历算类　佚

筹算易知1卷　子部历算类　佚

重订策算证讹1卷　子部历算类　佚

历算简存5卷　子部历算类　佚

象数窥余4卷　子部术数类　佚

绣线余笺10卷　子部杂学类　佚

沈疴呓语1卷　子部小说类　佚

以上9种见清朱述之《〈德风亭初集〉跋》。《德风亭初集》卷1有《象数窥余》《筹算易知》《历算简存》3书自序。

德风亭初集13卷　集部别集类

(1)《金陵丛书》本。内有文9卷、诗3卷、词1卷，首有小传及自序。

(2)清抄本，南京图书馆藏。

(3)《丛书集成续编》本。

(4)方秀洁、伊维德主编《美国哈佛大学哈佛燕京图书馆藏明清妇女著述汇刊》本。

(5)2015年中华书局出版《清代闺阁诗集萃编》本。

德风亭二集6卷　集部别集类　佚

见清朱述之《〈德风亭初集〉跋》，云："其二集六卷、《绣线余笺》十卷，瞿颖山有其书，余未见也。"

文选诗赋参评10卷　集部诗文评类　佚

见同治《续纂江宁府志》卷9。

德风亭词1卷　集部词曲类

《小檀栾室汇刻闺秀词》本。

杨　煊(1768—1827)

字桂堂。号煦亭。清江宁人。椿子。嘉庆九年(1805)举人,十三年进士。选庶吉士。散馆改四川屏山知县,复援例为吏部郎中。转御史,迁礼科给事中。历至工科掌印给事中。

防河疏1卷　史部政书类

《金陵通传》卷38全文载录。

侯　芝(1768—1830)

字香叶。号香叶阁主人、修月阁主人。清上元人。学诗女,梅冲妻,梅曾亮母。学有根柢,淹贯经史,理而不腐,朴而不陋。

香叶诗存　集部别集类

见《国朝金陵诗征》卷47。收其诗9首。

玉钏缘32卷　集部词曲类

(1) 清道光二十二年(1842)序文会堂刻本,国家图书馆藏。

(2) 清道光二十二年序善成堂刻本,南京图书馆藏。

(3) 清道光二十二年序静观斋刻本,南京图书馆藏。

(4) 清道光二十二年序学库山房刻本,南京图书馆藏。

(5) 清翰苑阁刻本,南京图书馆藏。

(6) 清大文堂刻本,辽宁省图书馆藏。

(7) 清抄本,国家图书馆藏。

(8) 清末石印本,国家图书馆藏。

(9) 上海石印本,南京图书馆藏。

再生缘20卷　集部词曲类

清陈端生撰　梁德绳续完　侯芝改定

(1) 清道光元年香叶阁主人刻本,中国社会科学院文学研究所藏。

(2) 清道光二年宝仁堂刻本,首都图书馆藏。

(3) 清道光二年松盛堂刻本,戏曲研究院图书馆藏。

(4) 清道光四年怀古堂刻本,首都图书馆藏。

(5) 清道光三十三年三益堂刻本,国家图书馆藏。

(6) 清同治十年(1871)右经堂刻本,北京师范大学图书馆藏。

(7) 清光绪二年(1876)松盛堂刻本,日本京都大学图书馆藏。

(8) 清光绪三十一年永记书庄石印本,湖南省图书馆藏。

(9) 清抄本,国家图书馆藏。

绣像绘图再生缘全传 20 卷　集部词曲类

(1) 清光绪二十一年上海肇记书局石印本,南京图书馆藏。

(2) 清末上海锦章图书局石印本,题清香叶阁主人撰,国家图书馆藏。

按:本书据清陈端生所著《再生缘》删改而成,著者通称侯芝。

再造天 16 卷　集部词曲类

题清侯香叶撰(一题清香叶阁撰)

(1) 清道光八年香叶阁刻本,国家图书馆藏。

(2) 清道光十年香叶阁刻本,北京师范大学图书馆藏。

(3) 清同治八年(1869)香叶阁刻本,南京图书馆藏。

(4) 清同治八年爱日堂刻本,南京图书馆藏。

(5) 清抄本,戏曲研究院图书馆藏。

(6) 1990 年黑龙江人民出版社出版,据同治八年香叶阁藏版整理。

按:此为陈端生所撰《再生缘》续书。

锦上花 48 回　集部词曲类

题清修月阁主人撰

(1) 清嘉庆十八年(1813)善成堂刻本,中国戏曲研究院藏。

(2) 清道光五年维扬同文堂刻本,北京大学图书馆藏。

(3) 清同治十年宝树堂刻本,国家图书馆藏。

(4) 清同治十三年学余堂刻本,北京大学图书馆藏。此本多误。

按：《中国俗文学史》云："《锦上花》，前半为《锦笺缘》，后半为《金陵冠记》，原为二书。而被合编为一者。"

金闺杰 16 本 32 回　集部词曲类

清道光四年怀古堂刻本，题清香叶阁主人撰，国家图书馆藏。

按：侯芝晚年以 10 载之功，将仅有抄本流传的弹词《玉钏缘》《再生缘》《再造天》和《锦上花》4 种改编加序刻印。其中以《再生缘》最为著名。又编写了《再生缘》的洁本，题名《金闺杰》。

甘　福(1768—1834)

字德基，号梦六。清江宁人。国栋子。事亲孝。治家严而有法。赈孤济贫，设义塾，创望江楼拯溺。道光十二年(1832)以助浚秦淮河议叙得按察司经历衔。嗜学慕古，能继父志，藏书达十余万卷。仿范氏天一阁楼，于十二年建成津逮楼。咸丰三年(1853)春，楼及藏书焚毁殆尽。

栖霞小志 1 卷　史部地理类

清嘉庆二十四年(1819)金陵甘福友恭堂刻本，南京图书馆藏。

按：此书版本甚多，参见"盛时泰"条。

金陵水利论 1 卷　史部地理类

清金濬撰　甘福汇辑

(1) 清道光十四年甘福津逮楼刻本，南京图书馆藏。

(2) 清同治十二年(1873)刻本，南京图书馆藏。

(3) 清光绪二十八年(1902)甘钟覆刻道光本。

(4)《中国水利志丛刊》影印清道光间刻本。

津逮楼书目 18 卷　史部目录类　佚

保彝斋日记 4 卷　史部传记类　佚

钟秀录　子部术数类　佚

以上 3 种见同治《续纂江宁府志》卷 9。

金陵诸山形势考 1 卷　子部术数类

清新安蒋绣岑著　甘福校刻

清道光十二年甘福津逮楼刻本，南京图书馆藏。

按：本书篇帙无多，从南北两大干龙入手，剖析金陵诸山形势。甘福从友人处得此书抄本，然后进行辑校。其序称："足以刊订陈沂《山水图考》及刘湘煃《上元水利论》诸篇之误。"又跋云："落落千余言，形势要害，指点分明。"

龙经 4 卷　子部术数类

题唐杨筠松撰　清甘福校

(1) 清道光二年友恭堂刻本，南京图书馆藏。

(2) 清光绪九年刻本，南京图书馆藏。

校定地理犀精 2 卷　子部术数类

(1) 清嘉庆二十四年金陵甘氏刻本，上海图书馆藏。

(2) 2016 年学苑出版社出版《稀见清代四部辑刊》本。

津逮楼地书 9 种　丛书类

清甘福辑刻

清道光十四年甘氏津逮楼刻本。

子目：

《鳞经》　晋郭璞撰

《龙经》　唐杨筠松撰

《寻龙记》　唐曾文迪撰

《论气正诀》　南唐何令通撰

《寓形论》　宋司马头陀撰

《雪心赋》　宋卜则巍撰

《堪舆管记》　明谢廷柱撰

《地理犀精》　无名氏撰

《金陵诸山形势考》《金陵水利论》　清金濬撰

按：此书原《江苏艺文志》著录，今未查到馆藏。姑仍其旧，录以待考。

翁恩元

字健一，号柳村。清江宁人。嘉庆三年(1798)举人，官桐城教谕。

柳村集　集部别集类　佚

见《金陵通传补遗》卷4。

柳村诗钞　集部别集类　佚

见同治《上江两县志》卷12。

秦朝选

字信缘。清上元人。少孤贫，游吴楚，年近40归里。以孝友睦姻称。嘉庆三年(1798)里人创同善堂于龙王庙侧以恤孤寡，朝选襄其事。

余荫录　子部儒学类　佚

闲中录　子部小说类　佚

以上2种见同治《上江两县志》卷12。《国朝金陵诗征》卷32收其诗2首。

杨辅仁

字乐山。清上元人。銮子。诸生。幼年多病废学，一日借得唐诗，朝夕吟诵，遂能为诗，得晚唐风致。中年嗜酒得狂疾，自号“杨风子”。

白云楼诗(一作白云轩诗钞)2卷　集部别集类

见清姚锡华《怡柯草堂诗钞》卷1。

按：姚云，是集由辅仁友顾秋碧序刻。《国朝金陵诗征》卷40云：“乐山刻其父醒庵《自乐诗》，附己作于后。”刻本今未见。

严　逊

清江宁人。好学。

四书口义6卷　经部四书类　佚

述怀诗6卷　集部别集类　佚

以上2种见嘉庆《江宁府志》卷54。

陶桂林

字又潜。清江宁人。嘉庆四年(1799)生员。嗜学工诗。家在祈陀林，有桫椤树一株，朝夕吟啸其旁，遂以名其集。与同县佘镛、陶悝、王克明、邓宗海、江山泰等俱称老宿。

桫椤馆集　集部别集类　佚

见同治《上江两县志》卷12。

柳际春

字意园，号碧村，又号香慈。清嘉庆间上元人。诸生。

春雨楼诗草　集部别集类　佚

见《国朝金陵诗征》卷34。

曹士蛟

字叔龙。清上元人。庚孙，含晖子。道光二年(1822)副榜，十二年举人，历官萧县、仪征教谕。工制艺，为人磊落有断。尝与兄淼、森及弟士鹤校定祖、父遗稿。

烬余草(一作烬余稿)　集部别集类　佚

见《国朝金陵诗征》卷37。

烬余诗钞　集部别集类　佚

烬余古文抄　集部别集类　佚

以上2种见同治《上江两县志》卷12。《国朝金陵诗征》卷37将二书合并，著录为《烬余诗文抄》，收其诗27首。

汪挺元

字鉴川，号晴峰。清上元人。嘉庆五年(1800)岁贡生。笃学好古，敦孝友，重然诺，有古义侠风。

龙都风土记　史部地理类　佚

清谢树辑　汪挺元续

见《金陵通传》卷37。

龙都山人集　集部别集类　佚

见同治《上江两县志》卷12。《国朝金陵诗征》卷30收其诗1首。

徐元韶

字夔生。清上元人。炜子。诸生。

吟红豆馆诗草　集部别集类　佚

见同治《上江两县志》卷12。《国朝金陵诗征》卷32收其诗1首。

程庆芝

字晓岚。清上元人。尚义气，游江苏巡抚幕。子传厚中道光五年(1825)举人。

湘飒吟草　集部别集类　佚

见《金陵通传》卷37本传。

陆锦源

字道南。清上元人。乾隆时曾游幕四方，后归里，卒。子长发，道光时举人，与弟长炘梓其诗。

雪鸿堂稿　集部别集类　佚

见同治《上江两县志》卷12。

甘鹤年(？—1825)

字鉴亭。清江宁人。福弟。性慈惠，修路赈贫，拾金不昧。和州俗多溺女，倡捐建留婴会，全活甚众。

鉴亭诗钞　集部别集类　佚

见《金陵通传》卷35。

蔡观潮

字北海。清上元人。嘉庆年间任江宁府志局采访事，搜求备具。

节孝备考补遗　史部传记类　佚

清蔡观潮辑

见《金陵通传》卷37。

陶涣悦

字观文，一字怡云。清江宁人。绍景孙。嘉庆十二年(1807)与弟济慎同举于乡。官至户部郎中。与洪亮吉友善。亮吉被谪戍，涣悦为题《万里荷戈集》。

自怡轩初稿4卷　集部别集类

清乾隆五十二年(1787)刻本，北京大学图书馆藏。

陈庆荪

字肖梅。清江宁人。嘉庆六年(1801)诸生。署两淮盐运使王风生姊子。幼孤贫，父殁于粤中，无力归葬，心常戚戚。舅父助成其志。后以养家客吴，卒于苏州。

词集　集部词曲类　佚

见《金陵通传》卷29。

王麟生

字孔翔，号香圃。清婺源籍，上元人。友亮次子。性豪善饮。工近体诗。尤长七律。以诸生终。客京师时尝问学于法式善，与张问陶诗酒往还。归金陵。与袁枚亦有交往。

补梅书屋诗草　集部别集类

(1) 清嘉庆十年(1805)刻本，附于王友亮诗文集后，南京图书馆藏。

(2)《清代诗文集汇编》本。

凌　霄(1772—1828)

一名延炯,或作延煜。字芝泉,号一飞,自号快园居士。清江宁人。诸生。幼丧父。家产颇丰。精通小学,善书画,旁通测算。乾隆五十七年(1792)袁枚荐入毕沅幕,与洪亮吉、孙星衍交契。议叙州判,以母老归里。得明徐霖快园,徙居之,宴请四方名士。母殁,游苏扬间,总督百龄聘其治河。后馆江宁布政使署,与姚鼐朝夕过从。

音韵异同　经部小学类　佚

见清孙星衍撰《芝泉集概序》,云:"岁丁丑(嘉庆二十二年,1817),著《测算指掌》《青韵异同》两书成。"

区田图说 1 卷　子部农家类

(1)《邾斋丛书》本。

(2)《南陵徐氏校刻三种》本。

测算指掌　子部历算类　佚

见清孙星衍《芝泉集概序》。

芝泉集概 8 卷(一作 7 卷)　集部别集类

清凌霄撰　孙星衍选

清道光间刻本,国家图书馆藏。

按:是书包括卷 1《巢凤集》,卷 2《云鹤集》,卷 3《溟鸥集》,卷 4《雪鸿集》(以上为诗),卷 5《湔薇集》(词),卷 6《振檀集》(曲),卷 7《剥蕉集》,卷 8《爨桐集》(以上为文)。其中卷 8"限于经费,迫于告成,此卷未刊"。

芝泉集概 2 卷词概 1 卷　集部别集类

抄本,上海图书馆藏。

蒲上题襟集 12 卷　集部总集类

清嘉庆二十二年刻本,南京图书馆藏。

溟沤集(一作溟鸥集)4 卷　集部总集类

清张镠辑,为汪坤、张镠、凌霄、江诩四人合集。

清嘉庆十六年序刻本，南京图书馆藏。

快园雅集　集部总集类　佚

见《清诗纪事》乾隆朝卷，并收其诗 1 首。

快园诗话 16 卷　集部诗文评类

(1) 清嘉庆二十五年凌霄刻本，南京图书馆藏。

(2)《续修四库全书》本。

湔薇集　集部词曲类

(1) 见孙星衍撰《芝泉集概序》，云："有郑任堂、姜千里代刊于雉皋。"

(2)《芝泉集概》收作卷 5。

严骏生(1772—?)

字小秋。清上元人。长明侄。肄业于钟山书院。乾隆五十八年(1793)举秀才。曾从袁枚游。工诗，尤长于词，为袁枚、王文治所赏。嘉庆二十三年(1818)，江宁同知联璧招海内名士 20 余人结诗会于盋山，骏生及管同等并在其中。

过庭集 1 卷　集部别集类　佚

按：此为少年时所作。

步尘集 1 卷　集部别集类　佚

按：此为弱冠时与诸老宿游时所作。

烟花集 1 卷　集部别集类　佚

苏台集 1 卷　集部别集类　佚

按：以上 2 种为严骏生从袁枚游，自广陵至金阊所作之诗。

霜铎集 1 卷　集部别集类　佚

风萍集 1 卷　集部别集类　佚

按：以上 2 种为游历下、入洛中所作。

搜春集 1 卷　集部别集类　佚

按：此为回到金陵后所作。

薤露集 1 卷　集部别集类　佚

按:此为感逝之作。

枯蟫集 1 卷　集部别集类　佚

鸥梦集 1 卷　集部别集类　佚

按:以上 2 种为晚年之作。

以上 10 种均见清蔡宗茂《〈餐花吟馆词钞〉跋》。

檐雷集 1 卷　集部别集类　佚

见《餐花吟馆词钞》附《檐雷集序》。

按:此为严骏生哀悼亡妻陈氏之作,其识语云:"余抱骑省之戚,先后成悼亡之诗百余首,都为一卷,取潘岳'晨雷承檐'句意,名曰《檐雷集》。题者甚夥,而弁言亦有不可不存者,因并付梓。"该书刻本未见。其各家题词则附于《餐花吟馆词钞》后。

小秋水轩诗钞　集部别集类　佚

见《餐花吟馆词钞》附《小秋水轩诗钞序》。

按:此为严骏生以上 11 种诗集,并加《联唱集》1 卷之合集,其识语云:"余年十七受诗于随园先生,从游三载,嘉庆丁巳二年(1797)冬先生归道山,余作远游,奔走四方者三十余年,成诗十二卷。篇帙稍繁,未能付梓。而师友弁言弗敢没也,爰先刊之,以志不忘期许之意。"是其集未刻,其各家题辞则附于《餐花吟馆词钞》后。又同治《上江两县志》卷 12 有《餐花吟馆诗钞》。与此当为一书。

联唱集 1 卷　集部总集类　佚

见清蔡宗茂《〈餐花吟馆词钞〉跋》。此为回到金陵后所作。

餐花吟馆词钞　集部词曲类

(1) 清嘉庆十一年自序仿宋写刻本,4 卷,南京图书馆藏。

(2) 清嘉庆二十四年刻本,6 卷,国家图书馆藏。

(3) 清嘉庆二十四年至道光十年刻本,7 卷,中国社会科学院文学研究所藏。

按:6 卷本与 7 卷本版式、行款等均相同,惟两本篇帙略有多寡,篇次前后也略有不同。

袁　通(1772—?)

字达夫,号兰村。清钱塘籍,江宁人。枚堂弟树子。乾隆四十年(1775)过于枚为嗣子。官河南汝阳,河内知县。

(道光)河内县志36卷　史部地理类

清袁通修　方履篯、吴育纂

(1) 清道光五年(1825)刻本,南京图书馆藏。

(2) 台北成文出版社《中国方志丛书》本。

捧月楼诗　集部别集类

(1) 稿本,4卷,清杨芳灿批并跋,国家图书馆藏。

(2) 抄本,3卷,国家图书馆藏。

捧月楼词□卷　集部词曲类

稿本,重庆博物馆藏。

捧月楼词2卷　集部词曲类

(1)《随园三十种》本。

(2) 清嘉庆四年(1799)刻本,上海图书馆藏。

(3) 清嘉庆九年杨芳灿刻本,缪荃孙批校,青海民族大学图书馆藏。

(4) 清嘉庆二十四年六合汪世泰刻本,香港中山图书馆藏。

(5) 清光绪十八年(1891)上海图书集成印书局铅印本,上海图书馆藏。

捧月楼绮语8卷　集部词曲类

(1) 清嘉庆二十年精刻本,南京图书馆藏。

(2) 清光绪十一年袁定宇随园刻本,南京图书馆藏。

按:《随园三十种》《三十八种》及《四十三种》本,收2卷。此集有《柳雪词》《伴云词》各2卷,《春影词》《泥忆云室词》《无定云庵词》《通璐泛舟词》各1卷。

捧月楼绮语 7 卷　集部词曲类

清刻本，北京师范大学图书馆藏。

燕市联吟集 4 卷讨春合唱 1 卷　集部词曲类

清嘉庆十九年刻本，南京图书馆藏。

饮水词钞 2 卷　集部词曲类

清纳兰性德撰　袁通选录

（1）《随园三十种》本。

（2）清嘉庆间小仓山房刻本，南京图书馆藏。

（3）清嘉庆二十四年袁通刻本，香港中山图书馆藏。

（4）《随园三十八种》本。

（5）清光绪十八年上海图书集成印书局铅印本，上海图书馆藏。

（6）清光绪十八年著易堂铅印《七家词钞》本。

（7）清抄本，国家图书馆藏。

三家词 3 卷　集部词曲类

清袁通编

清道光十一年袁祖惠刻本，上海图书馆藏。

子目：

《蕢香词选》1 卷　清高文照撰

《微波亭词选》1 卷　清钱枚撰

《悔存词选》1 卷　清黄景仁撰

万荣恩

字玉卿，号心青居士。清江宁人。诸生。工画，山水禽虫，并臻佳妙。精词曲。

新填潇湘怨曲本（红楼梦传奇）4 卷怡红乐 2 卷　集部词曲类

清万荣恩撰　车秋舲校谱

清嘉庆八年（1803）刻本，国家图书馆藏。

谪花楼　集部词曲类　佚

见清冯金伯《墨香居画识》,云:“万荣恩尤长词曲,著《谪花楼》传奇,潇洒倜傥,有六如、梦晋风。”

王　芾

字小石。清嘉庆间江宁人。壮年时曾应试中副榜,既而竟去。好大言无检束,谈经书务闳大奇伟,凿空以自恣。卒困顿而终,梅曾亮曾为之传。

庚辰杂记　子部杂学类　佚

见同治《续纂江宁府志》卷9。

方宫声

字子固,号东溪。初名梦松,字象三。清江宁人。县学生。幼嗜学,工诗文词赋,善小楷。见重于汪廷珍诸人。嘉庆十八年(1813)拔贡。寻以病卒,学者惜之。

读书随见录　子部杂学类　佚

东溪诗钞4卷　集部别集类　佚

以上2种见道光《桐城续修县志》卷16。

小嫏嬛阁诗集　集部别集类　佚

海棠楼诗集　集部别集类　佚

以上2种见《金陵通传补遗》卷4。

刘敏学

字问亭。清嘉庆间上元人。曾子。习医,称“刘一剂”。性懒不治生,以贫卒。

耐庵诗存　集部别集类　佚

见同治《续纂江宁府志》卷9。《国朝金陵诗征》卷34作《耐斋诗存》,收其诗1首。

朱桂森(1774—1831)

字翰臣，一字澹持。清上元人。续曾次子，景曾嗣子。监生。喜谈论，涉猎群书。屡试不售，援例官山东寿光县典史。调湖北广济县龙坪司巡检，署沔阳州同。道光三年(1823)病归。

澹持集1卷　集部别集类

(1)《金陵朱氏家集》本。

(2) 2015年国家图书馆出版社出版《清代家集丛刊》本。

董　进

字小狂。清上元人。诸生。喜为诗，随口立就，未尝起草。重交游，怜困乏。辟鸡鸣山麓荒地为窥园，与汤贻汾、何瑞芝友谊深笃。瑞芝客游，进为赡其母。

窥园草　集部别集类　佚

见同治《上江两县志》卷12。

按：《县志》云，是书曾由汤贻汾并瑞芝《澹生吟草》合刊之，今未见。同治《上江两县志》卷12著录有董进、何瑞芝《两生合稿》4卷，疑即《县志》所云合刊者。

两生合稿4卷　集部总集类

清董进、何瑞芝撰

见同治《上江两县志》卷12。

侯云锦

字子有，号抑庵。清江宁人。学谊子。嘉庆三年(1798)举人。性冲淡诚挚。工诗画，喜吟咏。与上元董进、何瑞芝友善。卒年57岁。

昙花书屋诗草　集部别集类　佚

见同治《上江两县志》卷12。《国朝金陵诗征》卷30收其诗10首。

何瑞芝

字蕉衫。清上元人。诸生。温文沉静。与董进、侯云锦相友善。

两生合稿 4 卷　集部总集类

清董进、何瑞芝撰

见同治《上江两县志》卷 12。

杨若楷

楷，一作偕。字仲麓。清江宁人。嘉庆九年(1804)贡生。少为袁枚、钱大昕所赏识。

环轩诗钞　集部别集类　佚

见同治《续纂江宁府志》卷 9。

按:《国朝金陵诗征》卷 31 收其诗 12 首。云:诗集为兄鼎乙所选，弟若瀛、若寻校刊。今未见。

秦耀曾(？—1851)

字远亭，号雪舫。清江宁人。承恩子，毕沅婿。少承家学，工诗古文辞，亦工词。嘉庆十四年(1809)举顺天乡试，官至兵部郎中。

(道光)普陀山志 20 卷首 1 卷　史部地理类

(1) 清道光十二年(1832)刻本，上海图书馆藏。

(2) 清道光十二年刻 1915 年修补印本，上海图书馆藏。

按:本书亦题作《重修南海普陀山志》。

凤梨书屋文集　集部别集类　佚

见同治《上江两县志》卷 12。

淡然居骈体文　集部别集类　佚

铜鼓斋诗钞　集部别集类　佚

冶城箫谱　集部词曲类　佚

白门词略　集部词曲类　佚

以上4种见《江东词社词选》卷首小传。

铜鼓斋词2卷　集部词曲类

清咸丰四年(1854)常熟刻本,南京图书馆藏。

冶城渔唱　集部词曲类

清道光末年孙麟趾刻本。

按:此据《铜鼓斋词》小残卷斋主识语著录。书未见,疑即是《冶城箫谱》。

青溪水榭唱和词1卷　集部词曲类

清秦耀曾、孙麟趾合著

清道光间韩崇、凌志郤刻本。

按:此亦据《铜鼓斋词》小残卷斋主识语著录。并谓有道光戊申二十八年孙叙。书未见。

雪园词话　集部词曲类　佚

见《江东词社词选》卷首小传。

毕　氏(1775? —1853)

字还珠。清镇洋人。镇洋毕沅次女,江宁秦耀曾妻。工诗词,善琴,以贤孝称。咸丰三年(1853)太平军攻江宁,毕氏率家人投水死。卒年近80岁。《清史稿》有传。

绛雪斋诗集　集部别集类　佚

词韵辩伪　集部词曲类　佚

以上2种见《金陵通传》卷33。

秦朝曾

清江宁人。

雪园诗话　集部诗文评类　佚

见同治《上江两县志》卷12。

按:朝曾生平事迹无考,疑与耀曾为同一人而县志著录有误。耀曾有《雪园词话》且生平可考。姑分录之。以俟考。

邓廷桢(1776.1.25—1846)

字维周,号嶰筠,晚号妙吉祥老人,又号刚木老人。清江宁人。抗英名臣。嘉庆四年(1799)入钟山书院从姚鼐学,六年成进士。历任延安、西安知府,湖北按察使,江西布政使,安徽巡抚。道光十五年(1835)迁两广总督,十九年协同钦差大臣林则徐严禁鸦片。后调闽浙总督,大力加强闽浙防务。二十年受排挤革职,充军伊犁。获释后继任陕西巡抚,甘肃总督等职,卒于任上。归葬金陵。政务之暇不废读书。女邦康编有《邓尚书年谱》。《清史稿》有传。

许氏说文解字双声叠韵谱 1 卷　经部小学类

(1) 清道光十八年精刻本,南京图书馆藏。

(2)《后知不足斋丛书》本。

(3) 清光绪九年(1883)上海同文书局石印本,国家图书馆藏。

(4)《丛书集成初编》本。

(5)《双砚斋丛书》本。

诗双声叠韵谱 3 卷　经部小学类

(1) 清道光十八年精刻本,南京图书馆藏。

(2)《双砚斋丛书》本,1 卷。

按:谱分错综、对待、累句、单辞 4 门。

邓制军款烟防海奏议 2 卷　史部政书类

清邓廷桢撰　邓邦述辑

(1) 清邓邦述辑刻《邓氏家集》本。

(2) 2015 国家图书馆出版社出版《清代家集丛刊》本。

按:奏议由邓邦述从《筹办夷务始末》中辑出,卷上为两广总督任内奏折,附从《林文忠公奏稿》中辑出折片 24 件。卷下为闽浙总督任内奏折。

(广东宝安)邓其璠族谱不分卷　史部传记类

清邓廷桢等纂修

清光绪间抄本，记事至光绪二十八年，英国国家图书馆藏。

议结教犯奏稿不分卷　史部政书类

清抄本，山东省图书馆藏。

（道光）安徽通志260卷首6卷　史部地理类

清陶澍、邓廷桢修　李振庸、韩玖纂

（1）清道光五年《安徽通志稿》纸稿本，湖南图书馆藏。存《艺文门》经、子。

（2）清道光十年刻本，南京图书馆藏。

（3）清道光间红格写本残本，安徽省博物馆藏。

（4）清抄本，华南师范大学图书馆藏。

（5）《中国地方志集成·省志辑》本。

蒙古诸部述略1卷　史部地理类

清道光间刻本，国家图书馆藏。

双砚斋笔记　子部杂学类

（1）清光绪二十二年刻本，4卷，上海图书馆藏。

（2）清光绪间邓氏刻本，5卷，南京图书馆藏。

（3）《双砚斋丛书》本，6卷。

（4）1987年中华书局出版冯惠民点校本，6卷。

嶰筠文集　集部别集类　佚

见《金陵艺文志》。

按：同治《上江两县志》卷12、《国朝金陵诗征》卷31及年谱等，均谓廷桢著有《青嶰堂文集》。查廷桢高祖辈邓煊有《青嶰堂集》，因疑同治《上江两县志》等著录有误。

双砚斋诗钞16卷　集部别集类

（1）清咸丰间刻本，国家图书馆藏。

（2）清光绪间石印本，山东省图书馆藏。

（3）《双砚斋丛书》本。

(4)《续修四库全书》本。

(5)《清代诗文集汇编》本。

(6) 陈作霖辑《冶麓山房丛书·邓林金汪金诗词钞》本,1卷。

邓林唱和诗词合刻4卷　集部总集类

清邓廷桢、林则徐撰　陈潜辑

清宣统元年(1909)江浦陈氏刻本,南京图书馆藏。

子目:

《双砚斋诗钞》1卷　清邓廷桢撰

《双砚斋词钞》1卷　清邓廷桢撰　以上邓邦康校字

《云左山房诗钞》1卷　清林则徐撰

《云左山房诗余》1卷　清林则徐撰　以上陈潜校字

巧搭约选不分卷　集部总集类

清邓廷桢评选　邓廷柱参校

清嘉庆二十一年序刻本,南京图书馆藏。

双砚斋词话1卷　集部诗文评类

《词话丛编》本。

按:此为《双砚斋笔记》卷6别出本。

双砚斋词钞2卷　集部词曲类

(1) 清咸丰间刻本,国家图书馆藏。

(2) 清光绪间石印本,山东省图书馆藏。

(3)《双砚斋丛书》本。

(4)《清代诗文集汇编》本。

(5) 陈作霖辑《冶麓山房丛书·邓林金汪金诗词钞》本,1卷。

按:邓廷桢在督抚等任内曾校刻著作多种。兹依刊刻年代先后将邓氏刻本并后人翻刻邓氏刻本列举于下。

勉行堂诗集24卷首1卷　集部别集类

清程晋芳撰

(1) 清嘉庆二十三年邓廷桢等刻本,南京图书馆藏。

(2)《续修四库全书》本。

林屋诗集 9 卷　集部别集类

清邓旭撰

(1) 清道光三年邓廷桢校刻本,南京图书馆藏。

(2)《邓氏家集》本。

(3)《四库未收书辑刊》本。

(4)《清代诗文集汇编》本。

(5) 2015 年国家图书馆出版社出版《清代家集丛刊》本。

按:邓廷桢跋云:"先太史公《林屋诗集》锓于康熙间,历年既多,版就残缺。惧其久而散佚,乃即印本校而重刊之。"

栟榈文集 25 卷　集部别集类

宋邓肃撰　清邓廷桢重订

清道光三年邓廷桢万竹园刻本,南京图书馆藏。

按:邓肃《栟榈文集》本有 30 卷,清四库馆采进本仅 16 卷。廷桢官编修时,从《永乐大典》中辑出词 1 卷,又从《宋百家诗存》中得诗 1 卷。后守宁波,乃得明正德十四年(1519)刻本。于是重为校订而刊刻之。

西域水道记 5 卷　史部地理类

清徐松撰

清道光三年刻本,南京图书馆藏。

按:《邓尚书年谱》"道光十七年"云:"公在粤,曾刻同年友大兴徐松《西域水道记》五卷并为之序。"邓廷桢序有"远承邮示,欣付梓人"之语。

屈子正音 3 卷　集部楚辞类

清方绩撰　清邓廷桢、方东树同订补

(1) 清道光七年邓廷桢精刻本,南京图书馆藏。

(2)《四库未收书辑刊》本。

佐治药言 1 卷　史部政书类

学治臆说 2 卷　史部政书类

以上 2 种清汪辉祖撰

清道光八年校刻本，浙江图书馆藏。

按：此为邓廷桢于安徽巡抚任上所刻。其序云："兹予巡抚安徽，特校而重刊之。以贻牧令及刑名钱谷之友同观焉。"

因寄轩文初集 10 卷二集 6 卷补遗 1 卷　集部别集类

清管同撰

清道光十三年邓廷桢刻本，南京图书馆藏。

按：管同与邓廷桢相交甚深。管同卒后，邓廷桢裒集其遗稿刊刻之。

经书算学天文考 1 卷　经部群经总义类

清陈懋龄撰

清道光间刻本。

按：《邓尚书年谱》"道光十三年"云："公抚皖日，又为上元陈懋龄勉甫刻《算学》等书，因年月无考，附记于此。"

学海堂二集　集部总集类

清吴兰修续编

清道光十六年刻本，南京图书馆藏。

按：吴兰修序云："邓制府课堂中士，屡询近选。于是二集刊成。"

江南春词　集部词曲类

元倪瓒等撰

见《邓尚书年谱》"道光十七年"。

按：邓廷桢《双砚斋笔记》卷 6 记刻印本书经过云："《江南春词》一册，后归武林赵诚夫。廷桢在广东时，诚夫之孙出以见示，拟赠。廷桢不欲夺其先德所藏，乃影钞付刊之，原书仍归赵氏。"刻本馆藏待查。

曹　奎

字蕴华，一字星堂。清嘉庆间江宁人。约与秦耀曾同时。

星堂诗钞　集部别集类　佚

见同治《上江两县志》卷 12。《国朝金陵诗征》卷 33 收其诗 2 首。

翁 瑛

字绣君，一字朝霞。清吴县人。上元金堤妻。工画。得恽南田笔意。亦工诗。

百花图 子部艺术类 佚

白云图 子部艺术类 佚

以上2种见同治《上江两县志》卷12。

朝霞阁集 集部别集类 佚

海曙轩草 集部别集类 佚

以上2种见同治《上江两县志》卷12、民国《吴县志》卷58。《国朝金陵诗征》卷47收其诗6首。

蔡世松

字听涛，一字友石。清上元人。嘉庆六年(1801)举人，十六年进士，选庶吉士。散馆改吏部主事。升郎中，转御史，出为安徽庐凤道。擢按察使，入补顺天府尹。以科场失察事，降太仆少卿，乞养归。迭主钟山、尊经两书院讲席。鸦片战争中，组织乡勇，日夜守御，乡里得安。宝山战败后，曾与和议。居鸡笼山后。筑园名晚香庄，擅泉石之胜。翰墨精妙，尝手摹古人墨迹。

墨缘堂法帖 子部艺术类 佚

清蔡世松摹刻

见同治《上江两县志》卷24。《国朝金陵词钞》收其词1首。

林 淳

字深甫。清上元人。诸生。居幕府山下。早岁工八韵赋，试必冠军。晚岁无子，手写其文赋诗词以付梓。诸体中，律赋为最，其音节段落，皆近唐人。

宁我斋稿赋2卷文2卷诗3卷词3卷 集部别集类

清嘉庆二十二年(1817)三山堂精刻本,台湾师范大学图书馆藏。

按:《国朝金陵诗征》卷29收其诗15首。

李光昱

字蕴山。清上元人。英子。光裕弟。嘉庆六年(1801)举人。进退淡如,自奉节俭而待人厚。十九年大旱,偕同里陶济慎等输金5万两倡办义赈,议叙加五品衔。

易解4卷　经部易类　佚

按:同治《续纂江宁府志》卷9著录为8卷。

诗解8卷　经部诗经类　佚

阅史辑要10卷　史部史钞类　佚

以上3种见同治《上江两县志》卷12。

李芝台(英)行述1卷　史部传记类

清李光昱等撰

清嘉庆间精刻本。刻本未见。

王凤生(1777—1835)

字振轩,号竹屿。清安徽婺源(今属江西)籍,侨居江宁白鹭洲,建有江声帆影阁、三山二水居。麟生弟。屡试不第。嘉庆十年(1805)援例以通判试用浙江,摄平湖知县。二十五年补嘉兴通判,迁玉环同知,留赈浙西水灾。后迁河北道。以病告归。道光九年(1829)荐入都,除两淮盐运使。为两江总督陶澍襄理盐务,定票盐章程。十二年湖北大潦,总督卢坤疏留凤生监筑江汉堤。后以道员奏,未及入都而卒。平生以仕为学,尤笃好图志。每官一方,辄审度情势,作为图志。《清史稿》有传。

读史汇说　史部史评类　佚

见清魏源撰王凤生墓表。谓未成书。

荒政备览(一作荒政备要)2卷　史部政书类

清道光三年刻本，日本东京大学东洋文化研究所藏。

学治体行录 2 卷　史部政书类

（1）清道光四年刻本，南京图书馆藏。

（2）2015 年台北经学文化事业有限公司影印本。

（3）2016 年学苑出版社出版《稀见清代四部辑刊》本。

按：此记治案、理财、催科并及操守诸事项，均经验之谈。

浙江平湖县查编保甲事宜 1 卷　史部政书类

清嘉庆间刻本，浙江图书馆藏。

按：魏源撰王凤生墓表云："所著《保甲事宜》册，总督汪公志伊刊为程式。"

浙省仓库清查节要 1 卷　史部政书类

两浙盐运库清查挈要 1 卷　史部政书类

以上 2 种有清道光间刻本，浙江图书馆藏。

越中从政录　史部政书类

清道光四年序刻本，日本东京大学东洋文化研究所藏。

按：此书包括《学治体行录》2 卷、《荒政备览》2 卷、《浙江平湖县查编保甲事宜》1 卷、《浙省仓库清查节要》1 卷、《两浙运库清查挈要》1 卷，均为王凤生任职浙江时所作有关治理地方之书。

宋州从政录　史部政书类

（1）清道光六年刻本，国家图书馆藏。

（2）1995 年上海古籍出版社出版《官箴书集成》本。

楚北江汉宣防备览（一作江汉宣防备考）2 卷　史部政书类

清道光十二年刻本，南京图书馆藏。

河北采风录 4 卷　史部地理类

（1）清道光六年河朔官舍刻本，南京图书馆藏。

（2）《中国水利志丛刊》本。

按：魏源撰王凤生墓表云："在河工，则檄取所属府州县地图，各系以利病，成《河北采风录》。"河北即豫北彰德、卫辉、怀庆三府。

浙西水利备考不分卷　史部地理类

(1) 清道光四年江苏江声帆影阁朱墨套印本，南京图书馆藏。

(2) 清光绪四年(1878)浙江书局重刻本，附图1卷，南京图书馆藏。

(3) 台北成文出版社《中国方志丛书》本。

乌程长兴二邑溇港说1卷　史部地理类

清光绪间刻本，国家图书馆藏。

江淮河及南北运道全图1卷　史部地理类

清王凤生绘

清道光六年刻本，国家图书馆藏。

按：本图采用传统画法绘制，重点反映了长江、黄河、淮河及运河水系情况，其中对黄、淮、长江下游与运河之关系表示尤为突出。

汉江纪程1卷图说1卷　史部地理类

(1) 清道光十一年刻本，上海图书馆藏。

(2) 2015年台北经学文化事业有限公司《稀见清代四部辑刊》(第8辑)影印本。

(3) 2016年学苑出版社出版《稀见清代四部辑刊》本。

按：此书附《江水自武昌东达海门入海图说》1卷、《大江自金陵以东至海门厅入海考》1卷、《江西全省水道汇入鄱阳湖图说》1卷。

感逝草1卷　集部别集类

清道光十二年刻本，国家图书馆藏。

江声帆影阁集　集部别集类　佚

见同治《续纂江宁府志》卷9。

竹屿集　集部别集类　佚

见《金陵通传》卷29。

沧江感旧集　集部总集类　佚

见同治《续纂江宁府志》卷9。《国朝金陵诗征》卷46收其诗19首。

甘延年(1777—1857)

字存仁,号静斋,晚号愿贤老人。清江宁人。国栋子,福弟。性孝友,乐于济人利物。曾筑石堤,治桥梁,修水利,为人称颂。咸丰三年(1853),避太平军至官山冢祠,家无长物。后卒于宜兴。

字说　经部小学类　佚

教学浅说(一作教受金针)　子部儒学类　佚

织说　子部工艺类　佚

以上3种见《金陵通传》卷35。

方明峻

字翼云。清上元人。诸生。以节妇贫寒无力请旌,乃汇辑一册上呈,求建总坊。后礼部遂通令各直省著为例。

金陵节孝备考三编9卷　史部传记类

清孙金相撰　方明峻续　王镤桂再续

清嘉庆四年(1799)至道光刻本,北京大学图书馆藏。

按:《金陵通传》卷37则谓明峻辑《节孝备考续编》,其子经锄参与校勘。参见“孙金相”条。

马光祖

字月川,一字定溪。清嘉庆间上元人。诸生。工诗,好游。每至好山水,必穷尽其胜,至人迹所不到处,啸歌以为乐。

钟山游草2卷　史部地理类

清马光祖、孙龄撰

清嘉庆间稿本,南京图书馆藏。

按:是书收录孙龄和其师马光祖历年和诗之作,多为游钟山时所作,兼及同人题咏。录马光祖游钟山之诗于前,附孙龄之诗于后,以志一时试图追随之谊。附有崔瑶《钟山长啸图》,前有胡钟、马梦魁《钟峰长啸图序》,孙龄《钟峰长啸图自序》。

笛楼诗稿　集部别集类　佚

见《国朝金陵诗征》卷 24 小传,收其诗 3 首。

孙若霖

字雨邨。清上元人。韶子。贡生。性冷静,工词。

双红豆阁词 3 卷　集部词曲类

清道光十七年(1837)精刻本。

按:此见《贩书偶记》卷 20 著录,刻本今未见。《国朝金陵诗征》卷 36 收其诗 3 首。

刘云上

字五桥。清江宁人。诸生。

春灯新集　子部艺术类

清魏湘洲等辑

清道光二十一年(1841)文英堂刻本,国家图书馆藏。

按:参见"魏湘洲"条。《国朝金陵诗征》卷 33 收其诗 3 首。

张印川

以字行。清嘉庆间上元人。

闲闲草堂集　集部别集类　佚

见同治《上江两县志》卷 12。

按:《国朝金陵诗征》卷 35 收其诗 1 首。另参见"魏湘洲"条。

张瑞岑

清江宁人。

狮岭英华诗选　集部总集类　佚

见同治《上江两县志》卷 12。

伍宏醇

字南陔，号厚庵。清嘉庆朝上元人。诸生。丰才博学。藏书极富，每岁换书签一次，至期喜集名流作书签之会。平生乐善好义。

诗文集　集部别集类　佚

摄山游草　集部别集类　佚

以上2种见同治《上江两县志》卷12。

洪　耀

清嘉庆间上元人。

重订壬戌齿录2卷　史部传记类

清洪耀重订

清嘉庆十九年(1814)刻本，国家图书馆藏。

伍正阿

字怿山。清嘉庆朝随驻军居江宁。旗人。记诵淹博，识见超卓。精篆法，工诗。由诸生考取笔帖式，掌理翻译满汉章奏文书。后游升协领。

列岫轩集　集部别集类　佚

楚使吟　集部别集类　佚

以上2种见同治《上江两县志》卷12。《国朝金陵诗征》卷36收其诗1首。

房登瀛

清嘉庆间江宁人。

作嫁集文稿　集部别集类　佚

见同治《上江两县志》卷12。

饶文铎

字畏斋。清嘉庆间上元人。居栖霞山。

山中吟　集部别集类　佚

见同治《上江两县志》卷12。

朱嵩寿

字晓峰。清嘉庆间上元人。诸生。专精古学。筑翠螺别墅于采石，以为游宴之所。

挹翠轩诗集　集部别集类　佚

翠竹江村集　集部别集类　佚

以上2种见同治《上江两县志》卷12。《国朝金陵诗征》卷35收其诗14首。

梁增修

字以安。清嘉庆间江宁人。诸生。性敏悟。家境日落，好学益力。卒后无子，书稿由妻胡氏收藏。胡氏病危时焚之。

读史释疑64卷　史部史评类　佚

瓣香斋笔录　子部杂学类　佚

笔记谈粹　子部杂学类　佚

诗词钞　集部别集类　佚

以上4种见同治《续纂江宁府志》卷9。

汪嘉昇

原名钧。字平甫。清嘉庆间上元人。诸生。工诗古文辞，与管同、梅曾亮友善。游幕公卿间。卒年58岁。

心筠堂诗钞　集部别集类　佚

见同治《上江两县志》卷12。《国朝金陵诗征》卷36收其诗8首。

心筠堂词钞　集部词曲类　佚

见《金陵词钞续编》卷1,收其词12首。

俞文宪

字继元。号云亭。清嘉庆间上元人。

云亭遗草　集部别集类　佚

见同治《上江两县志》卷12。

哈　份

字荫亭,号浓眉。清嘉庆间上元人。

可栖草堂集　集部别集类　佚

见同治《上江两县志》卷12。《国朝金陵诗征》卷31收其诗3首。

哈　桂

字月林。清上元人。与哈份同族。

竹林风雅集　集部总集类　佚

见同治《上江两县志》卷12。《国朝金陵诗征》卷34收其诗1首。

车持谦(1778—1842)

字子尊,号秋舲。清上元人。鼎贲曾孙。增生。家贫以书记幕游。与顾广圻、周济、梅曾亮等友善。道光十一年(1831),与杨辅仁、顾櫰三、王章等结苔岑诗社。博学嗜古,长于史学,尤致力于金石。游踪所到,必有椎拓。

纪元录　史部史钞类　佚

清车持谦辑

见同治《上江两县志》卷12。

按:《金陵通传》著录有《纪元通考》疑即是书。

顾亭林年谱1卷　史部传记类

（1）清道光十九年车秋龄刻本，国家图书馆藏。

（2）清抄本，国家图书馆藏。

（3）《四部丛刊三编》史部《天下郡国利病书》附钱邦彦校补本。

（4）《北京图书馆藏珍本年谱丛刊》本。

按：是书据昆山吴映奎《顾炎武年谱》增订而成。《金陵通传》云："考据详赡，后来撰述之家率以是书为权舆。"

秦淮画舫录 2 卷　史部传记类

（1）清嘉庆间原刻本，前有嘉庆二十二年（1817）捧花生自序，南京图书馆藏。

（2）《艳史丛钞》本。

（3）《秦淮香艳丛书》本。

（4）《申报馆丛书》本。

（5）《中国风土志丛刊》本。

按：此书题清捧花生撰。捧花生，即车持谦。是书成于画舫之游，故题曰《秦淮画舫录》。仿余怀《板桥杂记》之体，分纪"纪丽""征题"上下二卷，收录当时人作诗酬唱，内多记述 130 余位秦淮名妓之小传、轶事、掌故。《金陵通传》卷 27 云："虽纪冶游，而笔削有法。后深悔之。"

三十六春小谱 4 卷　史部传记类

（1）清光绪间刻本，南京图书馆藏。

（2）《秦淮香艳丛书》本。

（3）《申报馆丛书》本，1 卷。

按：此书题清捧花生撰。记道光年间秦淮河边 36 位歌妓之事迹。有陆爱龄、李小如、王筱玉、陈喜林、冯月莺、王宝琴、文凤音等。每人记其住所、简要事迹，还辑有时人所撰题咏、赠答诗词。分为孟册、仲册、季册、闰册，分而为 4 卷，合而为 1 卷。

画舫余谈 1 卷　史部地理类

（1）《艳史丛钞》本。

（2）《申报馆丛书》本。

(3)《秦淮香艳丛书》本。

按:此书题清捧花生撰。车持谦辑《秦淮画舫录》,又辑见闻杂感数十则,补缀其后,自成一卷。虽为信手编入,无所谓体例,但重在辑录秦淮民俗风情、饮食商贸,于戏曲百艺、名倡亦多着墨。

金石丛话　史部目录类　佚

见《舆地碑记目》道光十年梁章钜序。

舆地碑记目 4 卷校刊舆地碑记目序录 1 卷　史部目录类

宋王象之撰　明人抄摘　清车持谦、陈仲虎校勘

清道光十年上元车氏校刻本,南京图书馆藏。

钱谱 1 卷　史部金石类　佚

见同治《上江两县志》卷 12。

印谱　子部艺术类　佚

见《金陵通传》卷 27。

薇西小舫近稿　集部别集类　佚

遂园雅集诗钞　集部总集类　佚

清车持谦辑

以上 2 种见同治《上江两县志》卷 12。

捧花楼词　集部词曲类　佚

见《国朝金陵词钞》卷 4。《全清词钞》卷 16 收其词一首。

方　曜

字莲漪。清桐城人。车持谦妻。工诗。

红蚕阁遗稿 1 卷　集部别集类

清嘉庆十五年(1810)刻本,南京图书馆藏。

袁　青(?—1853)

字黛华。清上元人。车持谦继妻。太平军进南京时投水死。

燕归来轩吟稿 2 卷　集部别集类

清嘉庆二十二年(1817)刻本。

按:与方曜《红蚕阁遗稿》、王瑾《味檗居近稿》合刻。前有车持谦序及记、杨芳灿序。凡诗1卷、词1卷。

朱兰皋(约1778—1806)

字国香。清上元人。元象孙女,廪生汪鳌妻。

葛覃集1卷　集部别集类

(1)《金陵朱氏家集》本。

(2) 2015年国家图书馆出版社出版《清代家集丛刊》本。

郑光炜

字霞峰。清江宁人。之侨孙,大椿子。嘉庆十三年(1808)举人。工古文辞。

流芳集2卷　子部儒学类

清道光六年(1826)友松草堂刻本,南京图书馆藏。

愿学斋诗　集部别集类　佚

见同治《上江两县志》卷12。

伍思树

字滋园。清上元人。光瑜侄。少孤。事母孝,常济人难。议叙盐运副使。

补竹山房诗文集　集部别集类　佚

见《金陵通传》卷10本传。

蔡为雄

字得人。清上元人。之铭子。

金陵蔡氏五世诗存1卷　集部总集类

清蔡为雄辑刻

清同治十二年(1873)江西郡斋刻本,南京图书馆藏。

按:是书从《江苏诗征》等总集中辑出金陵蔡氏先世五代祖庚、埅、历、殿飏、渟、元春、之钟、之铭诸人诗作。人以其"五世继声",同出一集,感叹"猗与盛矣"。

伍长华

字实生,号云卿。清上元人。光瑜次子。天性孝友,有风骨。少从吴翼元学。嘉庆十八年(1813)举人,十九年进士。廷试一甲第三名,授编修。历充会试同考官、浙江乡试主考官、广东学政。出为广西右江道,历官至湖北巡抚。坐事夺职归。杜门不与外事,以书画自娱。善画花卉,工行楷书,能诗。

云南铜法志　史部政书类　佚

见《金陵通传》卷10。

两广盐法志35卷首1卷　史部政书类

伍长华等纂修

(1) 清道光十六年(1836)刻本,南京图书馆藏。

(2) 清抄本,四川省图书馆藏。

(3) 2015年广西师范大学《广西历代文献集成》本。

按:《国朝金陵诗征》卷33收其诗2首。

温肇江(1779—1842)

字翰初。清上元人。性情冲和,喜急人难。工诗文,兼工绘事。嘉庆十八年(1813)拔贡,道光八年(1828)举人,十二年进士。官户部主事,寻管捐纳房主稿3年,未几卒官。

钟山草堂遗稿不分卷　集部别集类

稿本,南京大学图书馆藏。

温肇江遗稿不分卷　集部别集类

清温肇江撰　潘铎等评注

稿本,1册,南京图书馆藏。

钟山草堂遗稿3卷(钟山草堂文1卷钟山草堂杂忆录2卷) 集部别集类

(1) 清光绪元年(1875)刻本,复旦大学图书馆藏。

(2)《清代诗文集汇编》本。

水仙花唱和诗1卷 集部总集类

清何兆瀛、温肇江、许宗衡等30人撰

清光绪十五年刻本,南京图书馆藏。

按:与何兆瀛《有棠梨馆笔记》1卷合刻。

云崖主人

清金陵人。姓名不详。

龙图刚峰公案合编12卷 子部小说类

清嘉庆十四年(1809)刻本,复旦大学图书馆藏。

按:正文上栏为《刚峰公案》6卷,下栏为《龙图公案》6卷。参见《中国通俗小说总目提要》。

任 婉

字静宜。清江宁人。遐祚女,扬州王子庄妻。

静宜诗稿 集部别集类 佚

见同治《上江两县志》卷12。《国朝金陵诗征》卷47收其诗2首。

管 同(1780—1831)

字异之。清上元人。霈孙,文郁子。道光五年(1825)举人。少负经世志。为学不分汉宋,惟是之从。从姚鼐学,与梅曾亮友善,终以古文名家,亦工诗。著述甚富。

诗经纪闻2卷 经部诗经类

民国间砚因女史抄本,复旦大学图书馆藏。

四书记闻2卷　经部四书类

(1) 清道光二十一年李宗沂刻本,南京图书馆藏。

(2) 清光绪十七年(1891)江宁翁氏心清平轩刻本,南京图书馆藏。

(3) 1948年重印光绪刻本,南京图书馆藏。

大学浅注(一作大学浅说)　经部四书类　佚

见同治《上江两县志》卷12。

七经纪闻4卷附治河书1卷　经部群经总义类

清管同撰　方东树评校

(1) 清道光十九年刻本,湖北省图书馆藏。

(2) 民国中国书店影印本,上海图书馆藏。

文中子考　史部传记类　佚

见同治《续纂江宁府志》卷9。

孟子年谱1卷　史部传记类

(1) 清嘉庆二十一年(1816)上元管氏刻本,国家图书馆藏。

(2) 清宝芸斋抄本,国家图书馆藏。

(3) 清抄本,佚名批校,国家图书馆藏。

战国地理考1卷　史部地理类　佚

见同治《上江两县志》卷12。

宝山纪游1卷　史部地理类

游南池记1卷　史部地理类

过关山记1卷　史部地理类

以上3种有《小方壶斋舆地丛抄》本。

因寄轩文初集10卷二集6卷补遗1卷　集部别集类

(1) 清道光十三年邓廷桢刻本,南京图书馆藏。

(2) 清光绪五年合肥张氏重刻本,邓嘉辑校,南京图书馆藏。

(3) 清光绪九年刻本,南京图书馆藏。

(4) 清抄本,一本《初集》10卷全,一本存《二集》卷4—6,《补遗》全,南京图书馆藏。

(5)《续修四库全书》本。

(6)《清代诗文集汇编》本。

按:本书附其子嗣复文4篇。

因寄轩诗集2卷　集部别集类

见同治《上江两县志》卷2。

因寄轩尺牍(一作管异之先生尺牍)1卷　集部别集类

《尺牍丛刻》本。

皖水词存　集部总集类　佚

见《清史列传》卷73。

朱　芳

字浣芳。清江宁人。管同妻。

浣芳轩诗　集部别集类　佚

见同治《上江两县志》卷12。《国朝金陵诗征》卷47收其诗1首。

李际春

字竹香。清嘉庆间上元人。贡生。

帆影草堂稿　集部别集类　佚

见同治《上江两县志》卷12。

张　翼

字毅斋。清上元人。鹏侄。嘉庆十五年(1810)岁贡生。以诗名。

笔余集　集部别集类　佚

见同治《续纂江宁府志》卷9。《国朝金陵诗征》卷33收其诗7首。

马士图

字宗瓒,号菊村。清江宁人。诸生。善画山水仕女墨竹。工诗,雅好金陵掌故。晚称无想山人。

莫愁湖志 6 卷首 1 卷　史部地理类

(1) 清嘉庆二十年(1815)刻本,南京图书馆藏。

(2) 清光绪八年(1882)重刻本,附《楹联便览》,南京图书馆藏。

(3) 清光绪十七年刻本,国家图书馆藏。

(4) 台北成文出版社《中国方志丛书》本。

(5)《故宫珍本丛刊》本。

(6)《中华山水志丛刊》本。

(7) 1933 年南京瀚文书店铅印本,题作《金陵莫愁湖志》,南京图书馆藏。

(8)《金陵全书》本。

按:莫愁湖在南京城西水西门外,传说因古代女子莫愁曾居于湖畔而得名。乾隆五十八年(1793),江宁知府李尧栋建郁金堂、湖心亭,杂植花柳。落成之日,招僚友宴赏,并先赋《重修莫愁湖棹歌》20 首。方正澍等争和此诗。马士图辑录往事,绘图标景,各纪其实,编成此志。民国年间,瀚文书店依据马氏之书,增收了《莫愁湖楹联便览》中的全部楹联,并增补了民国初期所撰楹联。书名改题为《金陵莫愁湖志》。

雷琴馆秘谱　子部艺术类　佚

见同治《续纂江宁府志》卷 9。

豆花庄诗初集 10 卷诗二集 12 卷杂著 1 卷诗余 1 卷　集部别集类

清嘉庆间松管斋刻本,中国社会科学院文学研究所藏。

豆花庄诗钞 10 卷　集部别集类

清嘉庆十五年刻本,国家图书馆藏。

玉　洁

清上元人。嘉庆间住华藏庵。作诗百首以明其学之等级。

山居稿　集部别集类　佚

见同治《续纂江宁府志》卷 9。同治《上江两县志》卷 12 作“祈泽寺僧”,与此疑为一人。

张商玉

清嘉庆间上元人。

恬溪诗草　集部别集类　佚

见同治《续纂江宁府志》卷9。

慵隐子

姓名、字号未详。清白下人。

增注分类饮香尺牍4卷首1卷　集部别集类

清饮香居士编　清白下慵隐子笺释

清光绪十八年(1892)上海图书集成印书局铅印本,国家图书馆藏。

按:此书原有道光刻本,题《详注饮香尺牍》4卷,今未见。

秦嵩年

字仁山,晚自号蛰民。清上元人。诸生。少孤,承母训,嗜古书,尤精小学。中年游关、陕间,每见残碣断碑,必手自摹拓,与同志相印证。晚归,境益窘,乃举所撰数十万言于除夕酹酒而焚之,生平著作散失殆尽。

字说(一作字说音义)　经部小学类　佚

女教四德箴1卷　子部儒学类　佚

以上2种见同治《上江两县志》卷12。

按:《金陵通传》卷36谓《女教四德箴》道光中作者孙婿陈衍吉曾梓之以传。今未见。

诗文杂著　集部别集类　佚

见《金陵通传》卷36。

薛　筠

字松龄。清金陵人。

姑射逸士剩稿　集部别集类　佚

见《国朝金陵诗征》卷32。

车持谨

字子廉。号淡修。清上元人。持谦弟。

草草草堂诗稿　集部别集类　佚

见同治《上江两县志》卷12。

王　瑾

字润如。清上元人。车持谦弟媳。工诗。

味檗居近稿1卷　集部别集类

清嘉庆二十三年(1818)刻本,南京图书馆藏。

何汝霖(1781—1853)

字雨人,一字润之。清江宁人。天锡子。少好学。嘉庆十八年(1813)拔贡。考授七品京官。道光五年(1825)举人。历官兵、户、礼部尚书,直军机处30余年。屡勘东南两河,振灾谳狱,克尽职守。咸丰二年(1852)以足疾乞归。未几,卒,谥恪慎。《清史稿》有传。

知所止斋自订年谱1卷补述1卷　史部传记类

清何汝霖撰　何兆瀛补编

(1) 清咸丰三年家刻本,南京图书馆藏。

(2)《北京图书馆藏珍本年谱丛刊》本。

按:汝霖自订年谱至咸丰二年十月止,后事为其子兆瀛补并注。

日记2册　史部传记类

(1) 稿本,上海图书馆藏。起于道光二十七年,迄二十九年。首尾无缺。

(2) 2017年国家图书馆出版社出版《上海图书馆藏稿钞本日记丛刊》本。

钦定平定回疆剿捦逆裔方略 80 卷首 6 卷　史部政书类

总裁曹振镛等　何汝霖等协修

(1) 清道光间刻本,南京图书馆藏。

(2) 台北文海出版社《近代中国史料丛刊》本。

(3)《四库未收书辑刊》本。

(4) 2006 年北京图书馆出版社《清代方略全书》本。

沈阳纪程 1 卷　史部地理类

(1) 清咸丰间刻本,国家图书馆藏。

(2)《辽海丛书》本。

何汝霖家书不分卷　集部别集类

稿本,上海图书馆藏。

按:《国朝金陵诗征》卷 36 收其诗 3 首。

王至淳

字璞山。清上元人。隐仙庵道士。善画梅,能书,工诗词。

江上吟草　集部别集类　佚

见同治《上江两县志》卷 12。《国朝金陵诗征》卷 48 收其诗 2 首。

金陵方外五家诗　集部总集类

清王至淳等撰　曹锡辰辑

见民国《上海县续志》卷 26,云:“锡辰客金陵,同与唱和,归而择其尤雅者存之。”

何　咏(? —1853)

字梅屋,一作梅坞。清江宁人。诸生。客游扬州。性高简,不轻见权要。与江都符葆森相唱和。

思古堂集　集部别集类　佚

见《金陵通传》卷 43 本传。

思古堂诗集　集部别集类　佚

见同治《上江两县志》卷12。

按:《国朝金陵文钞》卷10收其文1篇。《国朝金陵诗征》卷36收其诗3首。《国朝金陵词钞》卷1收其词1首。

邓廷柱

字小山。清江宁人。廷桢弟。

巧搭约选不分卷　集部总集类

清邓廷桢评选　邓廷柱参校

清嘉庆二十一年(1821)序刻本,南京图书馆藏。

涂元仪(1783—1864)

清上元人。贵州水西李再瀞妻。

淡静楼诗钞　集部别集类　佚

见《历代妇女著作考》引《贵州通志》。

焦若钤

字珠泉。清江宁人。以衍子。道光朝岁贡生。官阜宁训导,调兴化。

四书集解　经部四书类　佚

五经精义　经部群经总义类　佚

精金粹玉　子部典故类　佚

咫尺见闻录　子部小说类　佚

以上4种见同治《上江两县志》卷12。

胡　沛(1784—1853)

字爕园。清江宁人。诸生。钟季子。终养父母毕,始出游。乡里善举多竭力成之。太平军进南京,年70,投水死。精篆刻,法《峄山碑》,善四体书。

金陵祠祀乡贤汇传略2卷　史部传记类

清胡沛撰　周镛订

(1) 清道光十五年(1835)刻本,中国人民大学图书馆藏。

(2)《中国祠墓志丛刊》本。

按:此书收录金陵祠中所祀忠孝、廉节、政事、文章的乡贤,自汉吴尚书仆射唐固,迄清顺天府文安县主簿孝子端木心寅,共95人。每人一传,传后有赞。书前有陈作霖手书题记,道光十五年周镛序、章沅跋、彭承谟跋、作者自叙,《乡贤祠坛建思敬堂记》《重建应天府学乡贤祠记》。

顾逊之(1785? —1854?)

字子巽。清江宁人。廪贡生。与汪士铎为莫逆交。岁试辄冠其曹,为考官所激赏,然卒以贡生终。咸丰三年(1853)避兵走他乡,未几卒,年70。

顾子巽文集　集部别集类

见《金陵文钞》卷12。

王鍱桂(1785? —1865)

初名世杰。字竹楼。清上元人。岑子。诸生。家素贫,为学不倦。咸丰六年(1856)避居苏州,以课徒自给。同治年间以子贵得诰封。喜搜辑乡人事迹,自苏州归里后,入忠义局,主采访事。年80余卒。传见清高德泰《高子安遗稿·上元王竹楼丈传》。

忠义事实册　史部传记类　佚

见高德泰《高子安遗稿·跋王竹楼丈所辑忠义事实册》,云:"同治甲戌(十三年,1874)因谋修县志,从先生嗣君镜之二兄处借读是册。厥后县志开局,遂以先生所纪事实,由泰录选入《忠义传》者颇多。迨泰谬编《(忠烈)备考》一书,更赖是书之助。时值辑县志《耆旧》,泰因将是书转呈张冶秋明经(张铸)。"又《上元王竹楼丈传》云:"咸丰六年,避地苏州,因遍求同乡殉难事实,裒集一册,不下千余人,缮写成书。"即指此书稿。

金陵节孝备考三编 9 卷　史部传记类

清孙金相撰　方明峻续　王馃桂再续

清嘉庆四年(1799)至道光间刻本,北京大学图书馆藏。

按:参见"孙金相"传。

又按:《国朝金陵诗征》卷 40 收其诗 1 首。高德泰编《瓮芳录》有题《忠义事实册》诗 2 首。

杨　铨

字衡斋。清江宁人。国弼孙,长年父。诸生。力主儒家正学,务在力行,士林称"杨夫子"。以诸生举优行,力辞。年 54 卒。

易学史证一贯　经部易类　佚

见同治《续纂江宁府志》卷 9。

春秋集评　经部春秋总义类　佚

见《金陵通传》卷 37。

经学一贯　经部群经总义类　佚

见《妙香集》卷首《杨长年行略》,并云"未梓"。

日记善言 32 卷　子部儒学类　佚

见同治《续纂江宁府志》卷 9。

朱子文选　子部儒学类　佚

古诗雅正 30 卷　集部总集类　佚

以上 2 种见《妙香集》卷首《杨长年行略》,并云"未梓"。

载道集　集部总集类　佚

幽光初集二集　集部总集类　佚

以上 2 种见《金陵通传》卷 37。

续幽光集　集部总集类　佚

见同治《续纂江宁府志》卷 9。

按:《载道集》,《幽光》初、二、续集,皆杨铨评选时艺总集。

梅曾亮(1786—1856)

字伯言。初名曾荫,字葛君。清上元人。冲长子。少嗜骈俪文,嘉庆十年(1805)游姚鼐门,并与管同友善,乃一变为古文辞。十九年入全唐文局。道光元年(1821)举于乡,三年成进士。以知县用,援例为户部郎中,居京师20余年。及将迁,闻弟病,遽乞归。主讲扬州书院。咸丰四年(1854)移居兴化,又移居淮安,至清江,馆于河漕总督杨以增署之清宴园。寻卒。笃古嗜学,与宗稷辰、朱琦、龙启瑞、王拯等友善。在京为官,文名益重,一时碑版记叙之作,以出自其手为荣。诗亦清妙,为时推服。《清史稿》有传。

泛通河记1卷　史部地理类

游小盘谷记1卷　史部地理类

游瓜步山记1卷　史部地理类

以上3种有《小方壶斋舆地丛钞》本。

包世臣梅曾亮致至堂杨以增先生书不分卷　子部艺术类

清包世臣、梅曾亮撰并书

写本,天津图书馆藏。

离骚解　集部楚辞类

见同治《上江两县志》卷12。

按:曾亮父冲有《离骚经解》,姜亮夫《楚辞书目五种》于该书下引管同《与梅孝廉论离骚书》,文中即云"见示《离骚解》",可见二名实为一书。冲既作《离骚经解》,曾亮不可能再有《离骚解》之作。此盖志书之误记。今姑附记于此。

柏枧山房文集16卷骈文1卷　集部别集类

稿本,清高均儒、董文焕跋,国家图书馆藏。

柏枧山房文集16卷文续集1卷诗集10卷诗续集2卷骈体文2卷　集部别集类

(1) 清咸丰六年杨以增、杨绍穀慎修书屋刻本,南京图书馆藏。

(2) 清同治三年(1864)江苏补刻本,四川省图书馆藏。

(3) 清光绪二十一年(1895)刻本,南京图书馆藏。

(4) 清光绪二十七年刻本,北京师范大学图书馆藏。

(5) 清宣统三年(1911)上海国学扶轮社石印本,首都图书馆藏。

(6) 1921 年文明书局影印本,南京图书馆藏。

(7) 1933 年日本出版,南京图书馆藏。

(8)《续修四库全书》本。

(9)《清代诗文集汇编》本。

柏枧山房诗文集　集部别集类

彭国忠、胡晓明校点。2005 年上海古籍出版社出版。

柏枧未刻骈文 1 卷　集部别集类

清光绪甘元焕抄本,南京图书馆藏。

柏枧山房诗录 2 卷　集部别集类

油印本,国家图书馆藏。

柏枧山房文钞 2 卷　集部别集类

《涵通楼师友文钞》本。

柏枧山房集 1 卷　集部别集类

1922 年《半岩庐遗文》本。

柏枧山房骈体文钞 1 卷　集部别集类

《国朝十家四六文钞》本。

梅伯言文钞 1 卷　集部别集类

清梅曾亮撰　王文濡选

《明清八大家文钞》本。

梅伯言先生尺牍 1 卷　集部别集类

《尺牍丛书》本。

梅伯言选集　集部别集类

清梅曾亮撰　王先谦选

上海国学扶轮社石印本。

音注梅伯言文1卷　集部别集类

1927年中华书局铅印本，南京图书馆藏。

梅伯言全集　集部别集类

清宣统三年上海国学扶轮社石印本，上海图书馆藏。

柏枧山房诗文集　集部别集类

(1) 2005年上海古籍出版社点校本。

(2) 2012年上海古籍出版社点校本。

太乙舟文集8卷　集部别集类

清陈用光撰　梅曾亮编

(1)《清颂堂丛书》本。

(2) 清道光二十三年陈大焕孝友堂武昌刻本，天津图书馆藏。

(3) 清光绪八年刻本，湖南省图书馆藏。

(4) 清光绪二十一年长沙刻本，四川省图书馆藏。

闻妙香室集41卷　集部别集类

清李宗昉撰　梅曾亮编

清道光十五年刻本，国家图书馆藏。

龙壁山房文集5卷　集部别集类

清王拯撰　梅曾亮订

(1) 清光绪七年陈宝箴刻本，中国科学院图书馆藏。

(2) 清光绪九年刻《粤西五家诗文集》本。

古文词略24卷　集部总集类

清梅曾亮辑

(1) 清同治六年合肥李氏刻本，南京图书馆藏。

(2) 清光绪二十五年成都志古堂刻本，南京图书馆藏。

(3) 清光绪三十一年京师宏道学会铅印本，题《古文词略读》，上海图书馆藏。

(4) 清光绪三十四年学部图书馆铅印本，国家图书馆藏。

(4) 民国京师宏道学会铅印本，题《古文词略读本》，南京图书馆藏。

易长桢

初名长发。字子溶，号晴江。清上元人。少孤贫，初习贾，年 18 弃去，从兄长华读(长华尝从管镛游，学问精深)。嘉庆二十一年(1816)中举，道光九年(1829)成进士，授编修。后充十四年甲午山西主考官。未几，卒。

冶城山馆诗稿　集部别集类　佚

冶城山馆骈体文存　集部别集类　佚

以上 2 种见同治《上江两县志》卷 12。《国朝金陵诗征》卷 36 收其诗 29 首。

易孝敏

字颖思，号达庵。清上元人。嘉庆二十一年(1816)岁贡生。家贫，孝友，里党称之。居土山之骆村，为吴骆统故里，在石硊山左。旁有川竹、金星二山，因取土、石、竹、金，自号四音山人。能诗。

深柳书屋集　集部别集类　佚

见同治《上江两县志》卷 12。《国朝金陵诗征》卷 34 收其诗 6 首。

邢　昆

字醴泉，一字花农。清上元人。诸生。家有缘园，与袁枚随园并称。好宾客，诗酒博弈，连日夜不倦。同里梅曾亮与其交甚厚。

存不存诗集　集部别集类　佚

见同治《续纂江宁府志》卷 9。《国朝金陵诗征》卷 32 收其诗 10 首。

朱丞曾(1787—1806)

字毅堂。清上元人。澜六子。国子监生，纳粟从九品。苦志读书，早卒。

毅堂集 1 卷　集部别集类

(1)《金陵朱氏家集》本。

(2) 2015 年国家图书馆出版社出版《清代家集丛刊》本。

朱彦通

字鹿泉。清上元人。廷葵子。善书，尤工汉隶。

诗稿　集部别集类　佚

见清朱士焕《上元朱氏一家言》，收其诗 1 首。

程　璋

字达人。号梅生。清道光间上元人。善画山水人物花鸟，尤精传神。

桐华庵集　集部别集类　佚

见同治《上江两县志》卷 12。《国朝金陵诗征》卷 38 收其诗 3 首。

严　桐

清上元人。天祐孙。诸生。能诗。

金陵览古杂咏　集部别集类　佚

见《金陵通传补遗》卷 3。

张　淳

字学耕。清江宁人。善山水人物。

十竹斋书画谱　子部艺术类

明胡正言摹古　清张淳重校

(1) 清嘉庆二十二年(1817)芥子园刻本，上海图书馆藏。

(2) 清光绪五年(1879)校经山房刻本，南京图书馆藏。

(3) 清光绪五年邱瑞麟刻套印本，南京图书馆藏。

马大魁

字笙阶，一字星园。清上元人。嘉庆间在世。

群芳列传 4 卷　史部传记类

清道光三年(1823)餐秀阁刻本，附群芳图 50 种，南京图书馆藏。

按：此据《群芳谱》拟作名媛列传，有图有证，而以实事实理融贯其中。

洪崖合草 2 卷　集部总集类

清嘉庆二十年(1815)平山刻本，南京图书馆藏。

按：此为嘉庆十九年初夏大魁由江安观察署中至山西洪洞县北桥寺，与住持僧人及直隶魏亨逵等人唱和之作，由马大魁编纂成集。

齐　拯

字莘野，一字月潭。清嘉庆间上元人。

乐真堂吟稿　集部别集类　佚

见《国朝金陵诗征》卷 33 小传，收其诗 1 首。

马涌潮

字涵斋。清嘉庆间江宁人。

检媿诗草　集部别集类　佚

见同治《续纂江宁府志》卷 9。《国朝金陵诗征》卷 33 收其诗 1 首。

马　骝

字湘艇。清嘉庆间上元人。

茧绪韵词　集部词曲类　佚

见《金陵词钞续编》卷 1 小传，收其词 1 首。

刘卿芳

字近春。清嘉庆间上元人。

影梅山房诗集　集部别集类　佚

见同治《续纂江宁府志》卷 9。《国朝金陵诗征》卷 34 收其诗 3 首。

刘　淳

字朴初。清嘉庆间江宁人。官把总。

木雁吟　集部别集类　佚

见同治《续纂江宁府志》卷 9。《国朝金陵诗征》卷 33 收其诗 1 首。

端木瑚

清嘉庆间江宁人。

四书典释　经部四书类　佚

离骚补注　集部楚辞类　佚

种碧山房诗草　集部别集类　佚

以上 3 种见同治《续纂江宁府志》卷 9。

高大章

字松云。清嘉庆间上元人。

退一步斋诗草　集部别集类　佚

见同治《续纂江宁府志》卷 9。《国朝金陵诗征》卷 33 收其诗 2 首。

刘　逸

清嘉庆间上元人。工诗。

松鹤山房诗钞　集部别集类　佚

见同治《续纂江宁府志》卷 9。《国朝金陵诗征》卷 33 收其诗 2 首。

耿　□

清嘉庆间上元人。工儿科。

痘无死法说 1 卷　子部医家类　佚

见同治《续纂江宁府志》卷 9。

张永溥

字拙存，号耐庵。清嘉庆间上元人。

西慵诗略　集部别集类　佚

见同治《续纂江宁府志》卷 9。《国朝金陵诗征》卷 30 收其诗 2 首。

张永清

字载宁，一字谧斋。清嘉庆间上元人。应金长子。

谧斋遗稿　集部别集类　佚

见同治《续纂江宁府志》卷 9。《江苏诗征》卷 60 收其诗 2 首。

张保谦

字佑之，一字镜蓉。清嘉庆间上元人。

拜龙须馆诗草　集部别集类　佚

见同治《续纂江宁府志》卷 9。《国朝金陵诗征》卷 37 收其诗 5 首。

张儒球

字仲鸣，一字紫蓂。清江宁人。嘉庆间诸生。

雕虫小集　集部别集类　佚

见同治《续纂江宁府志》卷 9。

张　坦

字兰坪。清江宁人。嘉庆间诸生。少力学，以品谊为先，言行不苟。喜读吕坤《呻吟语》。

铁砚斋稿　集部别集类　佚

见《金陵通传补遗》卷4。《国朝金陵诗征》卷34收其诗2首。

张　琴

字碧川，一字石泉，自号乐曦子。清嘉庆间上元人。廪贡生，曾官训导。

璧园诗钞　集部别集类　佚

见同治《续纂江宁府志》卷9。《国朝金陵诗征》卷31收其诗7首。

周　鲲

字凤池。清嘉庆间上元人。

经解略　经部群经总义类　佚

见《金陵通传补遗》卷4。

周　淮

清上元人。

渠池诗草　集部别集类　佚

见《国朝金陵诗征》卷33小传，收其诗1首。

周　池

字菊潭。清嘉庆间上元人。

傲兀楼草　集部别集类　佚

见同治《续纂江宁府志》卷9。《国朝金陵诗征》卷34收其诗1首。

周　芳

清嘉庆间上元人。

经蘅碧杜山房诗稿　集部别集类　佚

国朝古体诗选　集部总集类　佚

驳正纪批瀛奎律髓　集部诗文评类　佚

以上3种见同治《续纂江宁府志》卷9。

周　魁

字杓元，亦作芍园，号澹然子。清江宁人。工儿科。凡痘症未发之前，轻重、死生能预决之。尤精治温病，能审气候、辨虚实。活人甚众，人称“周小仙”。

温证指归(一作温证指南)4卷　子部医家类

(1)《三三丛书》本。

(2)《中国医学大成》本。

陈　荣

字近光。清上元人。嘉庆二十三年(1818)举人。一上京师，即谢归。父其玑，博通内外科。荣早孤，亦工医，以外科著称。卒年71。

伤寒杂病说　子部医家类　佚

瘟疫合订　子部医家类　佚

痧证辩惑　子部医家类　佚

疹病简易方　子部医家类　佚

以上4见《金陵通传》卷10。

寇麟趾

字坦之。清道光间上元人。官都司。

秋水轩诗钞　集部别集类　佚

见同治《上江两县志》卷12。

朱彦华(？—1852)

字文卿。清上元人。应坊四子。工书善画，耽吟咏。每画成一幅必题一诗，时称三绝。道光二十三年(1843)举人，二十四年进士。授知县，补山东夏津，调峄县。充道光二十九年、咸丰元年(1851)乡试同考官。奉檄办赈，操守廉洁。与姚锡华并称“江南二华”。

纪游图　史部地理类　佚

见朱士焕《上元朱氏一家言》。

三江考　史部地理类　佚

兰陵消夏草　集部别集类　佚

以上2种见清朱士焕《远明文集·姑孰宗谱传略》。

翠萝山馆诗文钞　集部别集类　佚

见《上元朱氏一家言》，收其诗60首。小传云：“文选入《金陵文征》。”

谈志学

字习公。清上元人。工医。尤精幼科，全活婴儿甚众。贫者不取值，人皆德之。

温证指书4卷　子部医家类　佚

见同治《上江两县志》卷12。

梅曾诏

字念勤。清江宁人。曾亮三弟。后为舅侯云倬嗣子，更名敦复，字思白。诸生。尝与管同论诗，专主音节。谓：“诗本人乐，今之词曲乃诗之嫡派，而古近体更为别宗。”

念勤文稿　集部别集类　佚

见《金陵通传》卷30。

方为楫

字汝舟，号泾亭。清上元人。敦孝友，重公谊，里中诸事多赞助之。后以岁贡选合肥训导。年80卒。

四书精义 8 卷　经部四书类　佚

见同治《续纂江宁府志》卷 9。

郭　鸿

清江宁人。嘉庆二十四年(1819)优贡生。以孝旌门。

五世合稿　集部总集类　佚

见《国朝金陵诗征》卷 12“郭长春”小传。

欧阳长海

清江宁人。

小画舫斋词稿　集部词曲类　佚

见同治《续纂江宁府志》卷 9。

吴继昌

字述之。清江宁人。岐凤子。嘉庆二十四年(1819)举人,次年成进士。改庶吉士,散馆授编修。出知同州,再知绍兴,卒于官。有惠绩。

进奉文　集部别集类　佚

见同治《上江两县志》卷 12。

按:《金陵通传》卷 35 谓本书尝属梅曾亮序之,梅极为推服。

金德荣

字桐轩。清上元人。嘉庆二十四年(1819)举人。以知县迭任湖南、安徽二省,有政声。后坐事谪戍归。工诗。

(嘉庆)永定县志 8 卷　史部地理类

清金德荣修　熊国夏、王师麟纂

(1) 清嘉庆二十一年修道光三年(1823)刻本,湖南省图书馆藏。

(2)《中国地方志集成》本。

桐轩诗钞 1 卷　集部别集类

(1) 清道光十三年阮氏刻《宛上同人集》本。

(2) 清陈作霖辑《冶麓山房丛书》本。

按:《金陵通传》卷30称其有《珠江游草》《塞上诸作》。

林　端

字章甫。清上元人。捷孙,润子。嘉庆二十一年(1816)举乡试第一。初至京师,不屑入人门下。中年绝意仕进,选知县,议叙中书,皆不就。居乡乐善不倦,尝与友设育婴局,又为僧秀岚创翊善、义德两堂以济贫。文名籍甚,晚精医理。

医谈10卷　子部医家类　佚

见同治《续纂江宁府志》卷9。

偶然居士遗稿　集部别集类

清陈作霖辑《冶麓山房丛书》本。

龙溪草　集部别集类　佚

见同治《续纂江宁府志》卷9。《国朝金陵诗征》卷34收其诗11首。

偶然居士词稿　集部词曲类　佚

见《国朝金陵词钞》卷3。

钟华荣

字新田,号慧香。清宛平籍上元人。祖光豫,为江宁知府,罢官后居金陵。诸生。垂髫即能诗文,长而肄业成均书院。博览群书,尤以诗自负。屡试乡举不售,游幕江淮间。晚归里以诗酒自娱。

补梅书屋诗钞　集部别集类　佚

见同治《上江两县志》卷12。

金　澂

字秋潭。清上元人,一说太仓人。嘉庆二十五年(1820)进士。通经学,尤熟于四书。

四书味根录 37 卷　经部四书类

(1) 清道光二十五年(1845)粲花吟馆刻本,南京图书馆藏。

(2) 清光绪三年(1877)京都重刻本,南京图书馆藏。

(3) 清光绪八年玉尺山房重刻本,长沙萧晋蕃校补,南京图书馆藏。

(4) 清光绪十年韫玉山房刻本,39 卷,南京图书馆藏。

(5) 1927 年上海鸿宝斋书局石印本,南京图书馆藏。

叶　怡

字耳山。清上元人。诸生。家赤贫,课徒自给。工诗能文,管同、梅曾亮交称之。

耳山遗稿 1 卷　集部别集类　佚

见同治《上江两县志》卷 12。

吴绍堂

字紫裁。清嘉庆、道光间上元人。诸生。肄业钟山书院。通经学,深于《易》。

易义异解　经部易类　佚

见同治《上江两县志》卷 12。《国朝金陵诗征》卷 37 收其诗 1 首。

袁祖惠

号少兰。清钱塘籍,江宁人。通长子,祖志兄。官四川夔州知府。善书法。

玉芙蓉阁诗词稿　集部别集类　佚

见袁祖志《随园琐记》。

张汝南

字子和。清上元人。之铭子。能诗文,工书画,得晋人法。

诗臆说　经部诗经类　佚

见同治《续纂江宁府志》卷9。

乡音正讹1卷　经部小学类

清光绪十二年(1886)写刻本,南京图书馆藏。

金陵省难纪略不分卷　史部杂史类

(1) 清光绪十六年上海著易堂铅印本,南京图书馆藏。

(2) 中国史学会主编《中国近代史资料丛刊》之《太平天国》(四)。

(3)《中国野史集成》本。

按:是书记录作者在咸丰三、四年间(1853—1854)太平军攻破金陵城后困于城中的见闻。包括保卫原起、保卫大略、守城大略、城破大略、贼破城后大略、官绅殉难大略、内应未成大略、东北贼递杀大略8篇,详细记录了金陵城守备及攻破的始末。附"纪贼据城后大略",包括贼首居止、贼伪王及各贼称谓、贼伪官名、翼贼主军、贼招募操演、贼伪示、贼冠服、贼器用轿制、贼禁、贼刑、贼开市、贼伪书、洪贼天榜、洪贼改字删书、贼呓语、贼庆寿、贼称谓之诞17篇,记录太平军攻破金陵并建立政权后的各种政策制度。所记皆作者亲眼所见。

浙游日记　史部地理类

《小方壶斋舆地丛钞补编》本。

燹余赋草　集部别集类　佚

夜江集　集部别集类　佚

以上2种见同治《续纂江宁府志》卷9。

江南好辞　集部别集类

(1) 清光绪二十四年(1898)上海著易堂书局铅印本,南京图书馆藏。

(2)《中国史迹风土丛书》本。

(3)《南京文献》1948年第13号。

(4)《丛书集成续编》本。

(5)《清代诗文集汇编》本。

按:此《江南好》词百首,所咏皆南京风物,或咏山寺花木,或记繁盛景象,或赞园林行宫,或记生活琐事,或记风土习俗。其中城内70首,城外21首,咏金陵习俗9首,总共100首。诗各有注。《南京文献》本卷首有咸丰六年(1856)秋作者小序,云:"或作《哀江南》,伤今也;蒙作《江南好》,忆昔也。""口虽道好,心不仍哀耶!"

张 曾

字沂元。清江宁人。师鄘侄。嘉庆二十五年(1820)进士。由编修转御史,出为湖南衡永道。罢归。生平勤朴,性情孤冷,为俗所疾。既返里,嗜学如诸生。

金陵文征小传(一作金陵文征小传汇刊) 史部传记类

清张师鄘辑 张曾续辑

(1) 陈作霖辑《冶麓山房丛书》(《明清未刊稿汇编初辑》)本。

(2) 清光绪二年(1876)夏家镐京师刻本,南京图书馆藏。

(3)《清代地方人物传记丛刊》本。

(4)《中国古代地方人物传记汇编》本。

(5)《江苏人物传记丛刊》本。

按:参见"张师鄘"条。

金陵文征续集10卷 集部总集类

见同治《续纂江宁府志》卷9。

按:《金陵通传》卷30云:"念自《金陵文征》刊后,至是六十年,乡先辈逝者日积,乃与金绶、周鸿覃等搜辑《续集》。捐赀督工,曾以一人任之。"陈作霖辑《金陵诗文近录》收其诗2首。

梅 氏

号看云子。清上元人。冲女,曾亮妹。县尉朱某妻。

看云阁诗 集部别集类 佚

见清沈善宝《名媛诗话》卷11。并录其自序。

孙　氏

清上元人。梅绍恩妻。能诗。

鬘云阁诗词稿　集部别集类　佚

见《金陵通传》卷 31。

黄　鼎

字秋园。清江宁人。家炳孙。事亲孝，好施予。精篆刻，工书法，尤耽诗酒。

秋园吟草　集部别集类

清宣统三年(1911)江宁黄氏铅印《江宁白鹭洲黄氏全集五种》本，山东大学图书馆藏。

韩剑滨

字沃泉。清江宁人。生活于嘉庆、道光年间。

百春集　集部别集类　佚

见同治《上江两县志》卷 12。

周鸿覃

字云禓。清江宁人。道光元年(1821)恩贡生。性方严，工书善画，长制举文。

嘘灵书屋文钞　集部别集类　佚

见同治《上江两县志》卷 12。《国朝金陵诗征》卷 35 收其诗 1 首。

徐统伟

字星联。清上元人。升初子。年 18 补诸生，入将军幕掌笺奏事，兼主讲官学。知名士多出其门。道光元年(1821)举孝廉方正，力辞。赴顺天乡试，得誊录，改教谕。年 52 卒。门人私谥曰孝直。

龙池文集　集部别集类　佚

五桥诗钞　集部别集类　佚

以上2种见《金陵通传》卷37本传。

袁　嘉(？—1853)

字柔吉。清钱塘籍，江宁人。迟女，枚长孙女，天长诸生崇颖妻。幼端慧，家传渊源，善诗，尤工倚声。夫早卒，遗二子一女。二子又殇，携孤女返随园侍父母侧。弟辈先后卒，代理家务，勤抚三孤。未几，女又殇。太平军攻入南京，投水死未果，又服鸦片，辗转二日卒。葬小仓山麓。

湘痕阁诗稿2卷　集部别集类

(1)《随园三十种》本。

(2) 清光绪十八年(1892)上海图书集成印书局铅印本，国家图书馆藏。

(3) 清末民初上海校经山房成记书局石印本，国家图书馆藏。

按：此集《杭州府志》作《籍云阁诗稿》。

湘痕阁词稿1卷　集部词曲类

(1)《随园三十种》本。

(2) 清光绪十八年(1892)上海图书集成印书局铅印本，国家图书馆藏。

朱植桢

清江宁人。

医学心镜　子部医家类　佚

见同治《续纂江宁府志》卷9。

龚　林

字剩园。清江宁人。元忠孙，宏图子。诸生。嗜学好古，尝演习《周礼》。

周礼七字诗　经部周礼类　佚

见同治《上江两县志》卷12。

按:《金陵通传》卷31云:"阳湖孙星衍赞赏此诗,比之《急就章》《步天歌》。"

刘　澈

字云帆。清上元人。沅兄。官于楚上。

效颦草　集部别集类　佚

见《国朝金陵诗征》卷36小传,《诗征》收其诗1首。

陈维垣(1793—1827)

字丰之,号星台。清江宁人。授次子,作霖祖父。嘉庆二十三年(1818)举人,二十四年与弟维屏同榜进士。除内阁中书。旋丧母,继丧父。座主帅承瀛巡抚浙江,延请主讲紫阳书院。服阕赴官,充文渊阁校阅。考取军机章京。年35,卒于京邸。(卒年据陈鸣钟《南京近代学者陈作霖》,刊南京师范学院《文教资料》1983年第3期)

星台诗文稿　集部别集类　佚

见《金陵通传》卷45《叙传》。《国朝金陵诗征》卷30收其诗5首。

陈维屏(1794—1860)

字建之,号剑芝。清江宁人。授三子。作霖叔祖。嘉庆十八年(1813)举人,二十四年与兄维垣同榜进士。初任山西榆社知县,历知浮山、太平、阳曲,转潞安府同知,有政声。屡摄忻、解、绛、平定诸州知州,蒲州、潞安诸府知府。咸丰初以循吏荐,召对称旨,擢知柳州府。累官至右江兵备道,未赴。卒。

诗句题解韵编6卷(一作解题韵编)　子部典故类

(1) 清道光十三年(1833)刻本,上海图书馆藏。

(2) 清道光十七年棠芬书屋刻本,南京图书馆藏。

(3) 清道光二十年刻本，吉林省图书馆藏。

(4) 清道光间夕德堂刻本，南京图书馆藏。

(5) 清光绪五年(1879)清江绿荫山房刻本，南京图书馆藏。

诗句题解韵编 6 卷续集 6 卷　子部典故类

清同治八年(1869)大魁堂刻本，上海图书馆藏。

诗句题解韵编 5 卷　子部典故类

香海棠巢抄本，台湾"中央图书馆"原藏。

按：书有马沅序曰："《解题韵编》者，辑古人之诗句可命题者依韵次之，以便学子之观览者也。"

棠芬书屋诗集　集部别集类　佚

见《金陵通传》卷 45《叙传》。

叶庭銮(1794—1871)

字金甫。清江宁人。光奕孙，丰子。邃于经史，兼通古文辞。以经学受知于江苏学政祁寯藻。道光二十三年(1843)举于乡，十上春官不第。同治十年(1871)卒于京师。著述甚富，卒后散佚殆尽。

初学审音 2 卷　经部小学类

(1) 清光绪三年(1877)何承禧武林刻本，南京图书馆藏。

(2) 2013 年台中文听阁图书有限公司影印光绪三年本。

按：本书为作者道光戊申、己酉间(1848—1849)馆金陵何兆瀛家时所辑，由其弟子何承禧录副，故得留存并刊布。

夏　垲(1795—1862)

字子仪，一字紫嶷。清江宁人。性和厚。诗文极敏，兼工绘事。道光十一年(1831)举人。以教习选福建建阳知县，捐俸倡修被水冲塌之县城，又于城内重立考亭精舍。后坐亏空罢官，寓居杭州，流连诗酒。

信天阁诗草 4 卷词 1 卷帖体诗存 1 卷　集部别集类

(1) 清同治金陵盛德堂刻本，中国科学院图书馆藏。

（2）清光绪二年（1876）夏家镐刻本，南京图书馆藏。

罗凤藻（1795—1875）

字抑山，号双佩老人。清上元人。诸生。工诗善书。嘉庆四年（1799）外游，十五年自广州返里。复于道光二年（1822）、十一年、二十三年三游上海，旅食异乡垂50年。

梨云山馆集　集部别集类　佚

见同治《上江两县志》卷12。

梨云山馆禀言4卷　集部别集类　佚

清嘉庆间坊刻本。刻本今未见。

按：《海上鸿泥偶存》自序称，嘉庆十五年作者返里后，家居所作多为他人所抄录，某刻书坊遂编为一集，刊印行世。书未题撰者名，而谬误甚多。作者为此甚是悔恨，遂尽焚余稿，再度出游。

海上鸿泥偶存8卷　集部别集类

清道光二十八年文光堂刻本，南京图书馆藏。

烬余集2卷　集部别集类

1922年灌县罗骏声导江精舍刻本。附年谱。四川省图书馆藏。

按：骏声乃凤藻之孙，年谱编至同治十三年（1874）止。

甘　煦

字耆壬，亦作畸人、祺壬。清江宁人。福子。道光元年（1821）副贡生，摄宝应训导。俄选安徽太平教谕，以荐得知县。戆直嫉俗，淡于荣利。自京师归，修葺老屋颜曰"蛰龛"。晚热心赈贫、修河等善举。咸丰初避地淮安。年71卒。幼有神童之目。少师事胡镐，后师孙星衍，弱岁即通涉九经诸史，精《易》《春秋》学。治诗古文辞，渊源孙星衍、姚鼐，不泥于古，不囿于今。风格汪洋恣肆。文名噪于江左。

贞冬老人行年自述1卷　史部传记类

赵世暹抄本，上海图书馆藏。

梦六府君(甘福)行述 1 卷　史部传记类

清甘煦撰

清道光间刻本,南京图书馆藏。

杨时斋宫保中外勤劳录 1 卷　史部传记类

稿本,南京图书馆藏。

按:与甘煦稿本《贞冬诗前录》《诗录》《后录》合 7 册。

帝里明代人文略 22 卷首 1 卷附后 1 卷　史部传记类

清路鸿休撰　甘煦校订

(1) 清道光三十年(1850)甘煦津逮楼木活字本,南京图书馆藏。

(2)《江苏人物传记丛刊》影印甘煦本。

水法宗旨 2 卷　子部术数类　佚

纳音订正 1 卷　子部术数类　佚

以上 2 种见同治《续纂江宁府志》卷 9。

阳宅录要　子部术数类　佚

见《金陵通传》卷 35。

贞冬老人杂著不分卷　子部杂学类

稿本,4 册,南京图书馆藏。

贞冬杂录 1 卷　子部杂学类

清甘煦辑

稿本,良熙跋,1 册,南京图书馆藏。

贞冬诗前录□□卷诗录□□卷后录□□卷随笔 1 卷　集部别集类

稿本,7 册,南京图书馆藏。

按:存 16 卷,《前录》卷 7 至卷 10,《诗录》卷 3 至卷 10,《后录》卷 1 至卷 3,《随笔》全。

桐月楼诗稿 3 卷畸人诗草 3 卷　集部别集类

稿本,清管同、吴庠等跋,上海图书馆藏。

贞冬诗初稿不分卷　集部别集类

稿本,1 册,南京图书馆藏。

贞冬诗前录 4 卷后录 4 卷　集部别集类

清咸丰十年(1860)刻本,首都图书馆藏。

月波楼诗草 1 卷　集部别集类

《宛上同人集》本。

甘氏制艺 1 卷　集部别集类

清抄本,南京图书馆藏。

何　垠

字地山。清上元人。道光十五年(1835)前后馆于族侄何其兴湖南衡州幕府。诗风朴直。

聊斋志异注释 16 卷　子部小说类

清蒲松龄撰　何垠注释

(1) 清道光十九年花木长荣之馆刻本,南京图书馆藏。

(2) 清道光二十年南陵何彤文刻本,国家图书馆藏。

(3) 清道光二十三年刻本,题《注释聊斋志异》,上海图书馆藏。

聊斋志异新评全注 16 卷　子部小说类

清蒲松龄撰　王士禛评　但明伦新评　吕湛恩注　何垠补注　李璞山纂辑

清光绪七年(1881)刻本,国家图书馆藏。

仙居小稿不分卷仙居外集不分卷　集部别集类

(1) 清道光二十八年刻本,台湾大学图书馆藏。

(2) 抄本,南京图书馆藏。

凌志钰

字小芝,号式如。清道光间江宁人。霄长子。工诗。

快园咏物诗钞　集部别集类　佚

见同治《上江两县志》卷 12。《国朝金陵诗征》卷 35 收其诗 1 首。

刘 沅

字星槎，号仲萼。清上元人。灏弟。道光五年(1825)举人。

壮游草　集部别集类　佚

见《国朝金陵诗征》卷36小传。刘灏有《题星槎舍弟诗稿》，云："学未能优仕岂优，读书事业几时酬。有诗愧比《联珠集》，许武难禁此曰羞。"《国朝金陵诗征》卷36收其诗2首。

十二雅友声汇存　集部总集类　佚

见同治《续纂江宁府志》卷9。

夏 墺(? —1843)

字子俊，号去疾。清江宁人。垲弟。道光五年(1825)拔贡。十五年举人。久客京城，闻知英军攻打金陵，因念母心切，以忧卒。幼敏慧，善属文，工诗词。稿多散佚。

篆枚堂诗存5卷词存1卷　集部别集类

(1) 清同治七年(1868)刻本，南京图书馆藏。

(2)《清代诗文集汇编》本。

按：目录后有同治七年侄夏家镐叙，谓墺卒后，由何通甫观察经纪其丧。金陵被太平军攻陷后，其稿亦毁。后家镐官京师，通甫将抄存墺道光十八年后诗词11首，并旧存墺手录稿2本交家镐，共得诗385首，词17首。乃加校录，厘为5卷付刊。

章孝贞

字静仪，一字味琴。清江宁人。上元周观模妻。工琴善画。

镜倚楼小稿1卷　集部别集类

《国朝闺阁诗钞》本。

按：《诗钞》本收诗16首。此书同治《续纂江宁府志》卷9、同治《上江两县志》卷12均作《静仪楼小稿》。

袁　绶(1795—1864 后)

字紫卿。清钱塘籍，江宁人。枚孙女，通女。上元吴国梭(伯瑛)妻。工诗，尤嗜读史。喜以诗代史，不屑吟风弄月。

瑶华阁诗草 1 卷闽南杂咏 1 卷瑶华阁词钞 1 卷瑶华阁词补遗 1 卷　集部别集类

(1) 清同治二年(1863)刻本，国家图书馆藏。

(2) 清同治六年吴师祁刻本，南京图书馆藏。

(3) 清光绪十八年刻《随园三十八种》本。

(4) 清宣统二年(1910)陕西图书馆排印本，末有孙男廷锡跋，中国科学院图书馆藏。

(5)《清代诗文集汇编》本。

瑶华阁诗草 1 卷词草 1 卷　集部别集类

稿本，浙江图书馆藏。

瑶华阁诗草 1 卷词钞 1 卷补遗 1 卷　集部别集类

民国上海文明书局石印本，南京图书馆藏。

汪学昭

字静娴，号斯馨居士。清上元人。泌女。武进庄隽甲妻。幼从父宦游，女红之暇雅好笔墨。

花福楼诗集　集部别集类　佚

见同治《上江两县志》卷 12。《江苏诗征》卷 169 收其诗 1 首。

汤鹏乎

清江宁人。

离骚经贯　集部楚辞类　佚

见同治《上元县志》卷 12。

蒋 篔

字楚亭。清嘉庆、道光间上元人，居江浦。性豪宕，喜游览，足迹遍江南。好吹箫，工画梅，善诗，精行草兼及篆隶。晚年犹日作草书一幅，笔墨不苟，势宦求之不得。年70卒。

求纯集　子部儒学类　佚

见《金陵通传》卷39。

翠羽山樵外集　集部别集类　佚

见同治《续纂江宁府志》卷9。

碧萝村人唱和诗1卷　集部总集类

清蒋篔等撰

清道光二十六年(1846)刻本。刻本未见。

潇湘馆词1卷　集部词曲类

清道光间刻本，国家图书馆藏。

范承恩

字觐枫，号小蘅。清江宁人。鳌从子。监生，以例为云南通判。工诗。

小蘅诗钞　集部别集类　佚

见《国朝金陵诗征》卷40，收其诗4首。

李 鳌

字沧容，一字默夫。清江宁人。

表忠祠录　史部地理类　佚

见同治《上江两县志》卷12。

金陵琐事4卷　史部地理类

明周晖撰　清张潋补辑　李鳌刻

清道光元年(1821)江宁文浩堂重刻本，南京图书馆藏。

按：参见“周晖”条。

金陵名胜诗钞 4 卷　集部总集类

清李鳌辑

(1) 清道光十二年宝仁堂刻本，南京图书馆藏。

(2) 2016 年学苑出版社出版《稀见清代四部辑刊》本。

按：本书专录本朝诸名家诗，以金陵名胜古迹之名为条目，集录诸人题咏诗。题下记其地理位置、古今沿革、历史典故。附有作者简介。

秦淮诗钞 2 卷　集部总集类

清李鳌辑

(1) 清道光元年江宁文浩堂刻本，南京图书馆藏。

(2) 清道光十二年宝仁堂刻本，南京图书馆藏。

(3) 2016 年学苑出版社出版《稀见清代四部辑刊》本。

按：李鳌翻阅本朝各名家诗集，遇题有秦淮而作者，即手为抄录，于道光元年辑为本书。起自清初，迄于嘉道时贤，凡 251 家，录诗 400 余首。

甘可贞(？—1882)

字虹桥、洪乔。清上元人。以诸生举道光元年(1821)孝廉方正。咸丰初馆浙江学使幕中。母殁江宁，痛哭自咎，3 年不茹荤。性耿介而奇穷，田宝瑚屡周济之。总督沈葆桢闻其贤，曾恤以五十金。

群经定　经部群经总义类　佚

虹桥文集　集部别集类　佚

胥江草　集部别集类　佚

寒鸦集　集部别集类　佚

皋亭唱和集　集部总集类　佚

清甘可贞辑

以上 5 种见《金陵通传》卷 35。

金淑娴

字静芳，一作静芬。清江宁人。曹县管河巡检金堤女，萧县张仁寅妻。幼从母翁瑛学吟咏。

仙琴轩诗集(一作修琴轩诗集)　集部别集类　佚

见《徐州诗征》卷8。

金　庄

字子严。清上元人。云门王某妻。能词。

怡堂诸刻　集部词曲类　佚

见《全清词钞》卷31。《众香词》著录为《怡庄诸刻》，并谓有张南村序。同治《上江两县志》则著录为《怡堂词》。《国朝金陵词钞》附卷收其词2首，谓为江宁人。

袁祖志(1796—1877)

字翔甫，号仓山旧主。清钱塘籍，江宁人。枚孙，通子。生长于随园。咸丰时官同知、县令，后寓沪。晚年结庐曰吟社，题"杨柳楼台"。

孤忠录2卷　史部传记类

清吴可读、袁祖志编

(1) 清同治间刻本，南京图书馆藏。

(2) 清光绪六年(1880)新报馆铅印本，南京图书馆藏。

(3) 清光绪十二年上海文瑞楼刻本，南京图书馆藏。

(4) 清光绪十二年吴县永凝堂刻本，南京图书馆藏。

出洋须知1卷　史部政书类

(1)《谈瀛录》本。

(2)《小方壶斋舆地丛钞》本。

重修沪游杂记4卷　史部地理类

清葛元煦(西泠啸翁)撰　袁祖志重修

《申报馆丛书》余集本。

西俗杂志 1 卷　史部地理类

瀛海探问纪实 1 卷　史部地理类

以上 2 种有：

(1)《谈瀛录》本。

(2)《小方壶斋舆地丛钞》本。

涉洋管见 1 卷　史部地理类

(1)《随园三十种》本。

(2)《随园四十三种》本。

(3)《谈瀛录》本。

(4)《小方壶斋舆地丛钞》本。

随园琐记 2 卷　子部杂学类

(1)《随园三十种》本。

(2)《随园四十三种》本。

(3)《申报馆丛书》续集本，作 1 卷。

谈瀛录　丛书类

清光绪十七年同文书局石印本。

子目：

《瀛海探问纪实》1 卷

《涉洋管见》1 卷

《西俗杂志》1 卷

《出洋须知》1 卷

《海外吟》2 卷

《海上吟》1 卷

甘　熙(1797—1852)

字实庵，一作石安，号二如居士。清江宁人。福次子。嘉庆十八年(1813)，与兄煦同游泮，道光十七年(1837)举于乡，明年成进士。以知县签分广西，未赴任。因预海防事，二十二年议叙改郎中，后迁选户部广东司兼云南司主稿。以通晓堪舆，咸丰元年(1851)受诏进京重安道光柩于陵墓，工成纪名道员。二年复勘咸丰陵地，旋病卒于邸舍。与同里金鳌、朱绪曾等友善。博识强记，好搜辑乡邦文献，勤事纂述。为文详赡典雅，切中事理。甘氏津逮楼藏书在熙主事时，甲于金陵。

金陵忠义孝悌祠传赞2卷　史部传记类

清道光二十年甘氏津逮楼刻本，南京图书馆藏。

按：本书按碑石位次编排。上卷忠义篇，下卷孝悌篇。每人之下附有小传，简要记述传主的生平和主要事迹，亦可作为立碑立传的缘由。传后有四言赞文，间有按语。

灵谷禅林志14卷首1卷　史部地理类

(1) 清道光二十年刻本，南京图书馆藏。

(2)《金陵全书》本。

按：灵谷寺现址在南京钟山南麓中山陵之东，原址在钟山南麓玩珠峰的独龙阜，初名开善寺。明洪武十四年(1381)，明太祖朱元璋在独龙阜建皇陵，迁寺至现址，并取“诸佛念生灵慈佑于民，如呼谷谷应”之意，改称灵谷寺。本书记录了清道光前灵谷寺的沿革、建置、旧迹、寺产、高僧等概况。卷9至卷14收录有关诏敕、祭文、榜文、碑文、游记、书、序、赞、跋、疏、诗歌等。后广西临桂人谢元福编有《灵谷禅林志》15卷。

栖霞寺志　史部地理类

见1986年江苏古籍出版社《南京简志》第25篇。

白下琐言10卷　史部地理类

(1) 稿本，9册，南京图书馆藏。

(2) 清光绪十六年(1890)江宁傅氏筑野堂刊本，南京图书馆藏。

(3) 1926年江宁甘氏重刻本，南京图书馆藏。

(4) 1987年江苏广陵古籍刻印社影印本。

(5)《南京稀见文献丛刊》本。

按：甘熙自嘉庆中年以迄道光二十七年，凡所睹记，随时掇录，编成本书8卷。光绪十六年授梓之时，甘氏后裔又从甘熙《日下杂录》中择出关系金陵掌故者26则，厘为2卷，附于其后，合为10卷。该书事综乡故，体别方言，内容涉及山水脉络、街巷城垣、乡土风物、历史掌故、轶事趣闻等，共计570余则。仇继恒序称此书"关系于吾乡文献者甚巨"。方俊序曰："异日贤守令重修志乘，征文考献，必将有取于是书。"

金石题咏汇编46卷　史部目录类　佚

见《白下琐言》方俊道光二十七年序。

订补浑盖通铨2卷　子部历算类　佚

堪穀类书　子部术数类　佚

桐荫随笔10卷　子部小说类　佚

日下杂识14卷　子部小说类　佚

寿石轩诗文集10卷　集部别集类　佚

以上5种均见同治《续纂江宁府志》卷9。

按：甘煦《白下琐言》序诗云，《寿石轩诗文集》4卷，未刻。《国朝金陵诗征》卷38收其诗7首。

顾槐三(？—1853)

亦作槐三。字秋碧。清上元人。少孤贫，赖母十指为生。弱冠补诸生，课徒里中。才思敏捷，工诗古文辞，学识博赡，为时所重。道光十一年(1831)与车持谦、王章等结苔岑诗社。咸丰三年(1853)死于战乱。治经通训诂，尤长史学。以《后汉书》无艺文志，竭十数年精力补成之。著作甚众，惜多为人剽窃，存者十不一二。

三礼补注　经部三礼总义类　佚

见同治《续纂江宁府志》卷9。

通俗文1卷补音1卷　经部小学类

汉服虔撰　清顾槐三辑并补音

(1)《小方壶斋丛书》本。

(2)传抄本，见《贩书偶记续编》。

补后汉书艺文志　史部目录类

(1) 稿本,不分卷,山东师范大学图书馆藏。

(2)《小方壶斋丛书》据手稿排印本,31卷。

(3) 清末艺风堂抄本,29卷,国家图书馆藏。

(4) 清光绪二十二年(1896)晦斋刻本,10卷。

(5) 清光绪十三年翁长森家抄本,10卷,南京图书馆藏。

(6) 清抄本,29卷,清何澂跋,温州市图书馆藏。

(7) 缪荃孙艺风堂抄本,国家图书馆藏。

(8)《金陵丛书》本,10卷。

(9)《二十五史补编》本,10卷。

(10)《丛书集成续编》本。

按:支伟成《清代朴学大师列传》曰:櫰三"乃竭十数年之力,旁搜博采,成《补后汉书艺文志》三十一卷,分二十九类。既逐条疏其出处,而录《诗》小序,《书》古文,郑、贾、服诸儒所撰著之荦荦大者,辩证加详。凡群书佚文有可见,亦复辑载无遗。末附《经学师承》及《明习谶纬》两门,较《儒林传》所载尤多倍蓰,迥非钱(大昭)、侯(康)、姚(振宗)等补志所能望其项背"。

补五代史艺文志1卷　史部目录类

(1)《仰视千七百二十九鹤斋丛书》本。

(2)《广雅书局丛书》本。

(3)《金陵丛刻》本。

(4)《史学丛书》本。

(5)《金陵丛书》本。

(6)《丛书集成初编》本。

(7)《二十五史补编》本。

(8) 清姚振宗抄本,国家图书馆藏。

(9)《续修四库全书》本。

按:支伟成曰:是书"仅一卷,且考释无多,或非其定本也"。

补五代史志20篇　史部目录类

见《金陵通传》卷31。

风俗通义佚文1卷　子部杂学类

汉应劭撰　清顾櫰三辑

(1)《小方壶斋丛书》本。

(2)《会稽徐氏初学堂群书辑录》本。

(3)《金陵丛书》本,题作《辑补风俗通义佚文》。

(4) 清末翁长森家抄本,南京图书馆藏。

(5)《丛书集成续编》本。

然松阁诗钞5卷　集部别集类

稿本,鲁一同校,南京图书馆藏。

然松阁诗钞4卷　集部别集类

稿本,浙江图书馆藏。

然松阁诗钞不分卷　集部别集类

(1) 陈作霖辑手稿本《冶麓山房丛书》,台湾"中央图书馆"原藏。

(2) 1976年台湾联经出版事业公司影印《冶麓山房丛书》手稿本。

按:该本前有作霖题记,谓是本借自甘元焕藏本,作霖并作订补。

然松阁诗钞1卷赋钞2卷　集部别集类

清道光十二年刻本,国家图书馆藏。

按:前有李学璜序及作者自序,谓是编皆其30岁以前作,起嘉庆九年(1804),迄十七年。

然松阁存稿3卷　集部别集类

《友声集》本。

然松阁诗钞3卷续编3卷　集部别集类

清光绪二十二年王泌我舫铅印本,南京图书馆藏。

按:是书有《诗钞》3卷,《续钞》3卷。本书卷末王泌《然松阁存稿》跋尾曰:"泌春间排印《然松阁诗钞》三卷,校雠鱼豕,阅月而成。长夏无事,于秀水王氏《友声集》中,又搜得如干首,爰编为《续集》三卷,仍付手民。盖初印皆先生少作，此则中年格调矣。”

然松阁赋钞1卷诗钞3卷存稿3卷　集部别集类

(1)《金陵丛书》本。

(2)《丛书集成续编》本。

古今风谣补　集部总集类　佚

见同治《续纂江宁府志》卷9。

胡大猷

本名三槐，字新斋。清上元人。稍长与顾櫰三同受业于胡本渊，本渊极重之，署其读书处曰“六槐书屋”。晚以医名。

约退斋医说　子部医家类　佚

辨证录　子部医家类　佚

舌苔说　子部医家类　佚

以上3种见同治《续纂江宁府志》卷9。

袁　淑

字疏筠。清钱塘籍，江宁人。枚孙女，通女。王豫斋妻。扶病于归，结褵之日，卒于礼筵。

剪湘楼遗稿　集部别集类

剪湘亭词　集部词曲类

以上2种见清徐乃昌《小檀栾室闺秀词钞》。

杨大坊

字育斋。清江宁人。勋子，大堉兄。能诗。

梧影山房集　集部别集类　佚

见同治《上江两县志》卷12。《国朝金陵诗征》卷37收其诗8首。

程传彦

字符卿。清上元人。诸生。

晚香阁诗集　集部别集类　佚

晚香阁词　集部词曲类　佚

以上2种见同治《续纂江宁府志》卷9。

刘恒春

字熙台。清上元人。文海孙。道光八年(1828)举人。以大挑得知县,性甘淡泊。改教谕,寻迁安东县学。任满为书院掌教,肄业者甚众。生平恪守程朱理学,文以理胜,为姚鼐所称。卒于直隶献县。著述甚富,咸丰三年(1853)捻军攻破献县,悉毁。

熙台诗文词稿　集部别集类　佚

见《续金陵通传》。

王肇宗

清上元人。

周易图4卷续编1卷　经部易类

清道光九年(1829)金陵王氏精刻本,国家图书馆藏。

按:《贩书偶记》著录作《周易图说》,误。该书版心作“周易图”,“周易图说”乃书前总论。

刘　澄

字清宇,号季萼。清上元人。沅弟。诸生,工书画。

季萼诗钞　集部别集类　佚

见同治《续纂江宁府志》卷9。《国朝金陵诗征》卷36收其诗2首。

陈大铉(? —1840)

字少苍,号古陶。清上元人。诸生,同县陈昆玉官山西知县,招入幕,以国士礼之。意少不合,辄襆被去。为诗文敏捷,日未移影,已数百言。道光十九年(1839)乡试报罢,得心疾,后自经死。清许宗衡《玉井山馆文略》卷5有传。

虱我厦诗古文集2卷　集部别集类　佚

晋游草2卷　集部别集类　佚

以上2种见同治《上江两县志》卷12。

按:《金陵通传》卷43云著有《虱我厦诗》3卷,存其弟大钧家。

马　沅(? —1850)

字湘帆,一字韦伯。清上元人。道光九年(1829)进士。以庶吉士授编修,改户部山东司主事,转员外郎,迁湖广道监察御史。奏开五营减坝,以解里下河之危。宣宗下其奏于江督及南河总督查办,会沅卒,事遂未成。工诗,时人评为才情艳发,气骨遒健。

八箴堂诗课不分卷　集部别集类

清道光十年刻本,上海图书馆藏。

驻飒阁文钞1卷　集部别集类

(1) 清咸丰同治间刻本,中国科学院图书馆藏。

(2) 陈作霖辑《冶麓山房丛书》本。

驻飒阁骈体文2卷　集部别集类

清光绪七年(1881)合肥张士珩刻本,南京图书馆藏。

尘定轩诗集　集部别集类　佚

见陈作霖《可园诗话》。《国朝金陵诗征》卷36有其诗14首,小传谓其稿藏门人何兆瀛家。

尘定轩词　集部词曲类　佚

见《国朝金陵词钞》卷4小传,收其词1首,亦见《全清词钞》卷19。

温葆深(1800—1883)

原名肇洋，字明叔。清上元人。肇江弟。少从兄读。道光元年(1821)举人，二年进士。授编修，累官至户部右侍郎。道光二十年典福建学政，大学士宝鋆、左宗棠皆其所荐。以重宴鹿鸣琼林，加太子少保衔。

春树斋丛说 1 卷附录天步真原中卷 1 卷　子部术数类

(1) 清光绪二年(1876)至五年金陵温氏自刻本。

(2)《四库未收书辑刊》本。

春树斋杂著不分卷　子部杂学类

稿本，12 册，南京图书馆藏。

按:《国朝金陵文钞》卷 7 收其文 4 篇。《国朝金陵诗征》卷 36 收其诗 1 首。

潘　铎(？—1863)

字木君，号振之。清江宁人。道光十二年(1832)进士。选庶吉士，散馆改兵部主事。历官至河南巡抚，署云贵总督。以持正为属吏所怨，于同治二年(1863)为练总马荣所害，谥忠毅。《清史稿》有传。

评辑战功考　史部政书类　佚

见同治《上江两县志》卷 12。

方舆纪要简览 34 卷　史部地理类

清潘铎编

(1) 清咸丰八年(1858)红杏书屋刻本，南京图书馆藏。

(2)《小方壶斋舆地丛钞》本，1 卷。

谢上蔡语录阐义　子部儒学类　佚

见同治《上江两县志》卷 12。《国朝金陵文钞》卷 7 收其文 3 篇。

战略考 31 卷　子部兵书类

明茅元仪撰　清潘铎评

清咸丰十年潘铎刻本，南京图书馆藏。

温肇江遗稿不分卷　集部别集类

清温肇江撰　潘铎等评注

稿本，1册，南京图书馆藏。

王瑶芬(1800—1883)

字云蓝。清江宁人。凤生女，云南顺宁知府、浙江桐乡严廷钰妻。至严家，即劝行育婴、恤寡及施药、施棺诸善事。晚年归里，又以千金助赈。

写韵楼诗钞1卷　集部别集类

清同治十年(1871)京江榷署重刻本，南京图书馆藏。

吴　双(1800?—?)

字兰畬。清上元人。道光十五年(1835)举人，十八年成进士。官工部虞衡司主事。读书有神悟，过目不忘。识天象，亦工诗。尝主讲太平、赣江诸书院，晚年隐居江西新建墩子塘。光绪七年(1881)年80外尚手不停写。卒葬南昌永和门外。

赣江讲事录　子部儒学类　佚

后丹堂拾沈　子部杂学类　佚

以上2种见《彬雅堂遗稿》序。前1种并见《国朝金陵诗征》卷2。

彬雅堂遗稿(一作彬雅堂诗集)1卷　集部别集类

1933年铅印本，附其侄吴鸣麒《蘧然觉斋诗录》后，南京图书馆藏。

刘廷銮

清江宁人。约嘉庆、道光间在世。

金陵访墓诗　集部别集类　佚

见同治《上江两县志》卷12。

罗凤仪

字威伯，一字亦凡。清上元人。凤藻弟。少沉默好学，从同县徐学易、朱兰游。工诗。道光二年(1822)中举，公车将发，值兄凤藻病甚，遂不赴。十六年成进士，除荥阳知县，调赴祥工局，以功加知州衔。廉勤明敏，案无留牍。巡抚鄂顺安奏保以直隶州用。二十七年祈雨救灾，寻以散赈至须水致疾归。

尺蠖集　集部别集类　佚

楚游草　集部别集类　佚

汴游草(一作汴梁草)　集部别集类　佚

以上3种见同治《上江两县志》卷12。

濠游草　集部别集类　佚

见《国朝金陵诗征》卷38，收其诗4首。

顾南琴

清末江宁人。诸生。

阴骘文制艺试帖合璧2卷　子部道教类

清光绪五年(1879)刻本，南京图书馆藏。

按：此为程鹤樵、顾南琴合著。卷首有道光七年(1827)祝淳禧序，云："甲申(道光四年)以文来受业。乙酉(道光五年)诗北闱，果高捷。"

陈宗彝

原名秋涛，字仲虎，一字雪峰，号嗜古。清江宁人。继昌子。诸生。学求本源，不屑举业。与朱绪曾、金鳌往来最密。绪曾作《修利涉桥碑》，宗彝为篆额。有所得亦必互相考订。酷嗜金石，搜拓无虚日。著录极多，好古籍，每日晡，辄出游书肆。所校古籍甚富，而以景泰本《尔雅郭注》《章草急就篇》《华严经音义》最精。家贫而好行善事，以冬月散粥昼夜行风雪中感疾卒。

读礼识疑　经部三礼总义类　佚

见同治《上江两县志》卷 12。

重次臧氏经义杂记　经部群经总义类　佚

见《金陵通传》卷 39。

汉石经残字(一作熹平石经残字)1 卷　经部群经总义类

(1)《独抱庐丛刻》本。

(2)《百一庐金石丛书》本。

(3) 1918 年有正书局石印本。

蜀石经残字 1 卷　经部群经总义类

(1)《独抱庐丛刻》本。

(2)《百一庐金石丛书》本。

尔雅 3 卷附音释 3 卷　经部尔雅类

晋郭璞注　《音释》佚名撰　清陈宗彝校刊

急就 1 卷　经部小学类

汉史游撰　清陈宗彝校刊

续古篆韵 6 卷　经部小学类

元吾立衍撰　清陈宗彝校刊

以上 3 种有《独抱庐丛刻》本。

六书偏旁析疑　经部小学类　佚

见《金陵通传》卷 39。

资治通鉴刊本识误 3 卷　史部编年类

清张敦仁撰　陈宗彝校刊

严永思先生通鉴补正略 3 卷　史部编年类

明严衍撰　清张敦仁辑录　陈宗彝校刊

以上 2 种有《独抱庐丛刻》本。

陆文慎公年谱 2 卷　史部传记类

清陆宝忠撰　陈宗彝续撰

(1) 1923 年刻本，南京图书馆藏。

(2)《北京图书馆藏珍本年谱丛刊》本。

平津馆鉴藏记书籍3卷补遗1卷续编1卷　史部目录类

清孙星衍撰　陈宗彝校刊

廉石居藏书记2卷　史部目录类

清孙星衍撰　陈宗彝校刊

以上2种有《独抱庐丛刻》本。

重编访碑录　史部目录类　佚

重编金石文跋　史部目录类　佚

以上2种见同治《上江两县志》卷12。

钟鼎古器录　史部目录类　佚

古砖文录　史部金石类　佚

以上2种见《金陵通传》卷39。

平津馆鉴藏书画记1卷　子部艺术类

清孙星衍撰　陈宗彝校刊

新译大方广佛华严经音义2卷　子部佛教类

唐释慧苑撰　清陈宗彝校刊

以上2种有《独抱庐丛刻》本。

嗜古稿(一作嗜古编)　集部别集类　佚

汉经斋稿　集部别集类　佚

仓山文存　集部别集类　佚

仓山诗存　集部别集类　佚

以上4种见同治《上江两县志》卷12。

独抱庐丛刻　丛书类

清陈宗彝辑

清道光中金陵陈氏刻本，上海图书馆藏。

子目见上。

陈宗渭

字熊占。清上元人。贡生。工诗文。结屋数椽，颜之曰“茧园”，与弟宗范坐卧其间，考论经史。与朱绪曾等同时。

茧园集(一作茧圃集)　集部别集类　佚

见同治《上江两县志》卷12。

朱云路

字小峰。清咸丰、同治间上元人。珏长子。诸生。以文学受知于学使，不汲汲仕进。工为诗，嗜饮。重族谊，乱后，罄所蓄济贫寒。

瘦吟轩诗集　集部别集类　佚

瘦吟轩词集　集部词曲类　佚

以上2种见清朱士焕《上元朱氏一家言》，收其诗词84首。

小罗浮馆词　集部词曲类　佚

见《金陵词钞续编》卷2，收其词1首。

凌志珪

字桐叔，号竹泉。清道光间江宁人。霄次子。诸生。传其家学，工书能诗。官候选训导。

忏绮轩外集6卷　集部别集类　佚

惜分阴馆诗20卷　集部别集类　佚

题画诗2卷　集部别集类　佚

以上3种见同治《上江两县志》卷12。《国朝金陵诗征》卷39收其诗1首。

琐尾庐诗草　集部别集类　佚

见《清诗纪事》同治朝卷，收其诗3首。

惜分阴馆词(一作忏绮轩词，又作桐叔词)1卷　集部词曲类　佚

见同治《上江两县志》卷12。《国朝金陵词钞》收其词3首。

汪汝式

字子经。清道光间江宁人。本孙。嘉德子。诸生。从师何汝霖、章沅、周开麒等,尤肆力古学。屡试不售,乃弃举子业,幕游皖南。常与同里金德荣、甘煦举办文酒之会。

周易一贯　经部易类　佚

见同治《续纂江宁府志》卷9。

诗经精义集钞4卷　经部诗经类

清梁中孚撰　汪汝式参订

清道光七年(1827)宁国刻本,上海图书馆藏。

信芳阁诗存(一作信芳阁集)1卷　集部别集类

(1)《宛上同人集》本。

(2) 手抄本,中国科学院图书馆藏、台湾"中央图书馆"原藏。

(3) 陈作霖辑《冶麓山房丛书》本。

陶韵梅

字春卿。清江宁人。涣悦女,盐知事朱桂梁妻。同治朝在世。

香雪轩吟　集部别集类　佚

见同治《上江两县志》卷12。

陶淑宇

字胥来。清上元人。广子。首创义塾,又与族人设义成会,乐于施舍。

命度盘说2卷外补度数表1卷　子部术数类

清道光心远堂刻本,南京图书馆藏。

陈　醇

字秋士。清道光间上元人。与阮镛相友善,其诗亦为镛所赏。

秋士诗钞　集部别集类　佚

见《金陵艺文志》。《国朝金陵诗征》卷40收其《访阮蝶仙(镛)不值》诗1首。

萧人官(？—1853)

字唐卿，又称萧六。清上元人。诸生。少贫不能读，贫甚则卖卜，怒其所得少，去为医。好神其言，人以为诞。30岁应试补诸生，40始有妇。游扬州，仍贫。复取岐黄书，求精医术，然无信之者。太平军克金陵，与妇自经死。貌短小，而气磅礴，喜议论，声若洪钟。与王章、朱琦交，亦能诗。

哑科3卷　子部医家类　佚

见《金陵通传》卷41。

龚赐书(？—1853)

字古愚。清江宁人。涵子。岁贡生。候选训导。赠国子监学录衔。咸丰元年(1851)举孝廉方正，力辞不就。性孝友，以课徒济贫。三年太平军入金陵，不从而死。

垂荫堂文钞　集部别集类　佚

见同治《上江两县志》卷12。

按：此书毁于咸丰三年。《龚氏家集》卷1录其佚诗3首。

赵　模

字楷亭。清嘉庆、道光间上元人。诸生。

玉液流香集　集部别集类　佚

见《国朝金陵诗征》卷39。

何桂芬(1801—1868)

字新甫。原名其盛，字茂坦。清上元人。辉孙，友蘅三子。道光十五年(1835)举人，二十五年进士。选庶吉士，授编修。三十年充会试同考官。咸丰中转御史，上统筹东南军务全局疏。同治元年(1862)授陕安道，卒于官。

自乐堂遗文 1 卷　集部别集类

清同治八年(1869)子忠万辑刻本，南京图书馆藏。

按:《国朝金陵诗征》卷 39 著录其有《自乐堂诗文集》，收其诗 5 首。

魏湘洲

字楚潭。清上元人。

春灯新集 1 卷　子部艺术类

清魏湘洲等辑

清道光二十一年(1841)文英堂刻本，国家图书馆藏。

按:《国朝金陵诗征》卷 33 刘云上小传云:“(刘)五桥与魏湘洲翥南、庞庶咸鹿门、龚有成、费晓林、张锡五、曹桂林、黄绮园、张鹿友、周印川、张印川、汪允升、丁南山、随松厓、刘平山、董叔山、韩剑溪、韩见斯、周雨香、魏竹亭、谢燮堂，共辑《春灯新集》。程有年亦秋、张庆扬芝田为之序跋。”

陈大钧(？—1875?)

字子韶。清上元人。大铉弟。诸生。家虽贫，不妄取。同治初与改建府学事，并兴举乐舞。光绪元年(1875)举贤良方正，寻卒。

近思录集解　子部儒学类　佚

宋朱熹、吕祖谦辑　清陈大钧集解

海上行吟草　集部别集类　佚

以上 2 种见光绪《续纂江宁府志》卷 14。

汪士铎(1802—1889)

初名鏊。字振庵，一字晋侯，别字梅村，晚号无不悔翁，简称悔翁。

清江宁人。性恬退，少贫力学，从师胡培翚、任泰。博览群籍，根柢经训，尤精《三礼》及舆地之学。道光二十年(1840)举人。咸丰初避兵走安徽绩溪，居山间5年，授徒为生。九年(1859)起先后入胡林翼、严树森幕。太平军失败后返里，不复出。光绪十一年(1885)，江苏学政黄体芳荐授国子监助教。藏书近3万卷，勤学嗜读，著述宏富。咸丰五、六年间所写《日记》提出人口论，把世乱之由归之于"人多"。

韩诗外传疏证　经部诗经类

仪礼钞略　经部仪礼类

仪礼郑注今制疏证　经部仪礼类

丧服经传补疏　经部仪礼类

丧服大功章考文　经部仪礼类

礼服记　经部仪礼类

庙制考补正　经部三礼总义类

邵氏两刻尔雅正义校语　经部尔雅类

石经考补正　经部群经总义类

汉唐儒疏抄　经部群经总义类

说文疏证　经部小学类

广韵雅　经部小学类

广韵声纽表　经部小学类

仓颉篇补　经部小学类

急就章补　经部小学类

以上15种见朱士焕撰《汪梅村先生家传》(载《远明文集》卷4，下简作《家传》)，云："存而未刻者，俱藏于家。"

汉志志疑1卷　史部正史类

(1) 清咸丰十一年《水经注图》附刻本。

(2)《二十五史补编》本。

诸史考异不分卷　史部史评类

稿本，2册，南京图书馆藏。

汪悔翁乙丙日记3卷　史部传记类

清汪士铎撰　邓之诚辑录

(1) 1935年江宁邓氏铅印本,南京图书馆藏。

(2)《近代中国史料丛刊》本。

(3)《历代日记丛钞》本。

按:此书原稿为《乙卯随笔》《丙辰备遗录》两种,1935年由邓之诚整理编次,题名《乙丙日记》。所述起自咸丰三年,止于咸丰六年,多咸丰五年乙卯、六年丙辰间亲身经历及见闻。日记中多叙述江南地区太平天国战事。邓之诚序云:"盖先后七八年间,耳闻目击,知之甚审,笔之于书,不同虚构。"对其书评价甚高。后张尔田撰有《汪悔翁乙丙日记纠缪》一卷,1941年铅印本,上海图书馆藏。

汪悔翁自书纪事1卷　史部传记类

(1) 抄本,上海图书馆藏。

(2)《北京图书馆藏珍本年谱丛刊》本。

汪悔翁自书纪年　史部传记类

清汪士铎自编

录入邓之诚《骨董琐记》卷4。

汪氏支谱　史部传记类

见清甘元焕撰《悔翁先生行状》(下简作《行状》),云:"今存稿者。"

释汪1卷　史部传记类

清道光二十年刻本,与《孤儿编》合1册,南京图书馆藏。

上江二县忠义孝弟录1卷　史部传记类

清同治十三年(1874)刻本,南京图书馆藏。

帝王年表补　史部传记类

金元氏族考　史部传记类

以上2种见《家传》,云:"存而未刻者。"

金陵普育堂志4卷　史部政书类

见《家传》,云:"为人纂校者。"

按：今存金陵普育堂志有《江宁府重建普育堂志》8卷，江宁知府涂宗瀛辑，同治十年刻本；《江宁府重修普育四堂志》6卷，涂宗瀛原辑、后任江宁知府孙云锦重纂，光绪十二年重刻本。未知汪士铎所纂校者为哪一部。

南北史补志14卷附赞1卷　史部政书类

(1) 清光绪四年淮南书局刻本，南京图书馆藏。

(2) 清抄本，北京大学图书馆藏。

(3)《二十五史补编》本。

(4)《四库未收书辑刊》本。

按：《行状》云："《南北史补志》三十卷《表》一卷，今淮南局本只天文、地理、五行、仪礼十四卷，舆服、乐律、刑法、职官、食货、氏族、释老、艺文十六卷，表一卷，经乱佚。"

南北史补志未刊稿13卷　史部政书类

《二十五史补编》本。

金元部帐钞　史部政书类

见《家传》，云："存而未刻者。"

胡文忠公抚鄂记3卷　史部政书类

清汪士铎辑

(1) 清末朱丝栏抄本，国家图书馆藏。

(2) 1988年岳麓书社出版《湘军史料丛刊》本。

按：本书共3卷，记咸丰五年至九年，清军与太平军在湖北地区的历次战斗情况，胡林翼在吏治、团练等方面的政治措施。《家传》记有《抚鄂记》6卷，称"存而未刻者"，不知与此是否为一书。

胡文忠公抚楚记4卷　史部政书类

清末朱格抄本，国家图书馆藏。

汉志释地略1卷　史部地理类

(1) 清咸丰十一年《水经注图》附刻本。

(2)《二十五史补编》本。

水经注图1卷附录1卷　史部地理类

(1) 清咸丰十一年益阳胡林翼刻本，南京图书馆藏。

(2) 清末石印本，南京图书馆藏。

(3)《四库未收书辑刊》本。

(4) 2003年山东画报出版社出版。

(同治)上江两县志29卷首1卷　史部地理类

清莫祥芝、甘绍盘修　汪士铎总纂

(1) 清同治十三年刻本，南京图书馆藏。

(2) 清同治十三年刻光绪二年重印本，苏州博物馆藏。

(3) 台北成文出版社《中国方志丛书》本。

(4)《中国地方志集成》本。

(5)《金陵全书》本。

(同治)续纂江宁府志15卷首1卷　史部地理类

清蒋启勋、赵佑宸修　汪士铎总纂

(1) 清同治十三年修光绪六年刻本，南京图书馆藏。

(2) 清光绪十年重印本。

(3) 台北成文出版社《中国方志丛书》本。

(4)《中国地方志集成》本。

(5)《金陵全书》本。

绩溪山水记1卷　史部地理类

《小方壶斋舆地丛钞》本。

汉书检地1卷　史部地理类

清光绪十六年心清平轩抄本，南京图书馆藏。

禹贡图说10篇　史部地理类

毛诗地理图15篇　史部地理类

梁陈州郡志(一作梁百五郡州县考)2卷　史部地理类

宋元通鉴地理注2卷　史部地理类

辽金元地理志图考　史部地理类

明大内宫成二图考　史部地理类

明九边图考　史部地理类

乾隆府厅州县志补录　史部地理类

畿辅河道水利图说　史部地理类

沿海海运图说　史部地理类

南山图考　史部地理类

襄郧山城乡寨图说　史部地理类

菏泗汴沸诸图　史部地理类

淮阳下河运河图　史部地理类

秦蜀滇黔粤西五省舆图　史部地理类

水道提纲补正　史部地理类

万刻寰宇记校语　史部地理类

冯刻九域志校语　史部地理类

聚珍黄氏二本舆地广记校语　史部地理类

元和郡县志补图　史部地理类

以上 20 种见《家传》,云:"存而未刻者。"

通鉴地里年表 4 卷　史部地理类

海国图志 60 卷　史部地理类

以上 2 种见《家传》,云:"为人纂校者。"

按:清魏源撰《海国图志》,道光二十二年初刻本仅 50 卷,二十七年扩充为 60 卷。汪士铎或参与此扩充本的撰写。《通鉴地里年表》4 卷,不知所指。

皇朝中外一统舆图 32 卷　史部地理类

清胡林翼、严树森主纂　清邹世诒等编绘　汪士铎等核校

清同治二年湖北抚署刻本,国家图书馆藏。

按:中 1 卷、南 10 卷、北 20 卷、首 1 卷,卷口题名"大清一统舆图"。胡林翼任湖北巡抚期间请邹世诒、晏启镇根据清康熙、乾隆内府舆图精心编绘,图未成而胡身故。严树森继任后,又请李廷箫、汪士铎等详加

核校，于同治二年成图，并用线装书本形式刻印。

舆图稿不分卷　史部地理类

稿本，1册，南京图书馆藏。

佚存书目（一作悔生书目，又作见未见书目）　史部目录类

见《行状》，云："今存稿者。"

隋志校语　史部目录类

见《家传》，云："存而未刻者。"

读史兵略46卷　子部兵书类

见《家传》，云："为人纂校者。"

按：《读史兵略》46卷，署胡林翼编，咸丰十一年武昌抚署刻本。

东汉朔闰考　子部历算类

汉隶日月年表　子部历算类

比例规解补　子部历算类

八线表钞要　子部历算类

校订算书十三种　子部历算类

景梅札记　子部历算类

以上6种见《家传》，云："存而未刻者。"

数理精蕴53卷　子部历算类

见《家传》云："为人纂校者。"

按：《数理精蕴》上编5卷、下编40卷、表8卷，是康熙间编纂的著名数学百科全书，有内府刻本，光绪间江南书局重刻本。汪氏或主持重刻工作。

悔翁笔记6卷　集部别集类

(1) 清光绪九年、十年合肥张士珩味古斋刻本，南京图书馆藏。

(2)《续修四库全书》本。

(3) 稿本，1卷，南京图书馆藏。

按：其书由后学、受业罗震亨、朱桂模、侯宗海、秦际唐、甘元焕、陈作霖、田曾、翁长森等分头校字。

悔翁杂钞2卷　子部杂学类

稿本，邵章跋，中央民族大学图书馆藏。

抱虚良方　子部杂学类

缘学道斋札记　子部杂学类

不贤识小录　子部杂学类

乙卯随笔　子部杂学类

丙辰备遗录　子部杂学类

彊吾大欢乐　子部杂学类

按：当为"强圉大荒落"，意为丁巳年，即咸丰七年。

著雍敦牂　子部杂学类

按：意为戊午年，即咸丰八年。

别益阳集　子部杂学类

退院僧语　子部杂学类

病亟录　子部杂学类

五杂俎　子部杂学类

彪毒日录　子部杂学类

金陵有发僧语录　子部杂学类

思无斁语录　子部杂学类

新亭父语录　子部杂学类

茶余语录　子部杂学类

无不悔翁语录　子部杂学类

起废语录　子部杂学类

属纩语录　子部杂学类

以上19种见《行状》云："今存稿者。"

汪子语录不分卷　子部杂学类

稿本，1册，南京图书馆藏。

梁安杂钞不分卷　子部杂学类

稿本，1册，南京图书馆藏。

鲍刻太平御览校语　子部典故类

华严音义补　子部佛教类

以上2种见《家传》,云:"存而未刻者。"

汪梅村先生文集12卷外集1卷　集部别集类

清汪士铎手定

(1) 清光绪七年合肥张士珩味古斋刻本,中国科学院图书馆藏。

(2)《续修四库全书》本。

(3)《清代诗文集汇编》本。

梅村剩稿2卷　集部别集类

《金陵丛书》本。

汪士铎文　集部别集类

收入《国朝金陵文钞》卷12。

无不悔斋骈文2卷　集部别集类

清末紫印刻《味古斋所见集》本,国家图书馆藏。

汪先生骈文2卷　集部别集类

抄校本,南京图书馆藏。

梅村剩稿2卷　集部别集类

清抄本,南京图书馆藏。

汪士铎书札不分卷　集部别集类

稿本,1册,国家图书馆藏。

悔翁诗钞15卷补遗1卷诗余5卷笔记6卷　集部别集类

(1) 清光绪九年、十年合肥张士珩味古斋刻本,南京图书馆藏。

(2) 上元吴达铜鼓轩重刻本。

(3) 1935年燕京大学图书馆补刊铜鼓轩本,南京图书馆藏。

(4)《续修四库全书》本,无《诗余》《笔记》。

(5)《清代诗文集汇编》本,无《笔记》。

按:汪士铎词亦收入《国朝金陵词钞》卷4,有词79首。

汪梅村先生遗诗不分卷　集部别集类

江宁邓氏宝丰堂手抄石印本,南京图书馆藏。

汪悔翁诗续钞1卷　集部别集类

(1) 1922年影印江宁邓氏宝丰堂抄本,南京图书馆藏。

(2)《清代诗文集汇编》本。

汪士铎诗　集部别集类

收入《续金陵诗征》卷3,共有诗239首。

汪悔庵诗文集不分卷　集部别集类

清末抄本,佚名批校,广东中山图书馆藏。

胡文忠公遗集10卷　集部别集类

孙淮海先生集　集部别集类

以上2种见《家传》云:“为人纂校者。”

说诗晬语　集部诗文评类

见《行状》,云:“今存稿者。”

龚元藻

字伽生,一字伯华。清道光、咸丰间江宁人。诸生。与陈宗彝为契友。癖好古书,留心文献,收录近人文字为多。考订印谱,旦夕不辍。

印谱考订　子部艺术类　佚

见《国朝金陵诗征》卷39,收其诗9首。

周葆元

字元甫。清江宁人。道光十二年(1832)举人,大挑得知县,签分安徽。从事谳局,听讼必求其平,使无冤抑。累保以同知直隶州升用。二十九年、三十年间江水大涨,乃兴修堤岸。中间补太平、婺源知县,署亳州知州。不之官,为忌者所构,改就教职,选授泰州学正。卒年71。

皖游便览　史部地理类　佚

见同治《续纂江宁府志》卷9。

爱日轩诗文稿　集部别集类　佚

见《金陵通传》卷38。《国朝金陵诗征》卷37收其诗1首。

昌　法

字华雨，一字偶然。清上元人。初居鹭洲观音寺，喜吟诗。既而寺毁于水，乃去为焦山司客。道光二十二年(1842)，英国舰队侵入焦山，群僧皆逃，昌法独留。寺以无恙。后归金陵报恩寺，与僧通汇友善，亦广交名士。

水石轩稿　集部别集类　佚

见同治《上江两县志》卷12。

郭宝善

字培初。清上元人。诸生。

东瓯吟　集部别集类　佚

见《国朝金陵词钞》卷8小传。收其词2首。

徐兰生

字湘秋。清道光间上元人。工骈俪，屡试不售，壮年后绝意举业。与萧光业、华景孝等友善。

裁花吟馆集词诗钞2卷忏春词1卷　集部别集类

清道光十二年(1832)春云堂刻本，南京图书馆藏。

方　俊(1803—1877)

字伯雄。清上元人。少好学，工诗文，尤喜《离骚》《史记》。道光十六年(1836)进士。选庶吉士，散馆授编修。咸丰初记名御史，三年(1853)，补山东道监察御史。太平军攻克金陵，俊疏论陆建瀛败覆之事。后掌贵州道，历署陕西、江西道事，授云南临安知府。以功擢道员，加按察使。早年以制艺试律知名于时。丁母忧，遂不出，主讲山西宏运书院。同治三年(1864)归江宁，曾国藩延主采访忠义局事。因自号枕善巢老人，与里中高年为文酒之会。

谏垣奏稿 1 卷　史部政书类　佚

暖春书屋杂著 1 卷　子部杂学类　佚

以上 2 种见刘寿曾代作《方伯雄府君行述》，载陈作霖辑《金陵传记杂文钞》。并参见清龚自宏《〈暖春书屋试律偶存〉序》。

暖春书屋诗文略 3 卷　集部别集类

(1) 清道光间刻本，与《沧浪轩小稿》、方夏《昙花集》合刻。

(2) 清咸丰五年刻本，南京图书馆藏。

按：此包括道光十二年、十四年的乡试卷，十五年的会试硃卷等。首有《亡儿墓铭》。

沧浪轩小稿　集部别集类

清道光年间刻本，见上。

暖春书屋诗删 3 卷　集部别集类

(1) 清咸丰十年秦中刻本，南京图书馆藏。

(2) 清抄本，浙江图书馆藏。

(3)《清代诗文集汇编》本。

暖春书屋诗删续 1 卷　集部别集类　佚

见刘寿曾代作"行述"，谓未刊。

暖春书屋试律偶存 1 卷　集部别集类

清同治四年宏运书院刻本，南京图书馆藏。

暖春书屋时文略 1 卷　集部别集类

清同治五年宏运书院刻本，南京图书馆藏。

国朝试律八集　集部别集类　佚

见刘寿曾代作"行述"。

律诗六钞 1 卷　集部诗文评类

清同治九年金陵书局刻本，南京图书馆藏。

按：刘寿曾代作"行述"云："评论诗法，以诏初学。"

江蘇藝文志

顧廷龍題

国家古籍整理出版专项经费资助项目

江苏省地方志编纂委员会办公室组织编纂

江苏艺文志

（增订本）

苏州卷

四

原 主 编　赵国璋

增订本主编　江庆柏

本 卷 主 编　孙中旺　曹培根

撰 稿 人　孙中旺　曹培根　卿朝晖　姜雨婷

白帅敏

凤凰出版社

苏州四

李希纲

字山夫。清吴县人。

光福全真道院小志 1 卷　史部地理类

清李希纲等参辑

见"顾承"条。

董国容(1787—1803)

字绮琴,号灵琼。清吴县人。县佐如兰女,国华妹,字马氏。

绣墨轩遗稿　集部别集类

清嘉庆八年(1803)刻本,上海图书馆藏。

按:前有潘奕隽序,董如兰识,黄丕烈、徐云路等题评,董国华小传(云诗 4 卷,删存 84 首),后有兄董国琛跋。

陈　墫(1787—1849)

名一作樽,字仲尊,又字古衡、复初,号苇汀、西畇居士。清长洲人。工画山水,得嘉兴翟大坤传,潜心学古,布墨用笔近董其昌。

西畇寓目编 7 卷　子部艺术类

(1) 清抄本,国家图书馆藏。

(2) 清抄本,16 卷,北京大学图书馆藏。

(3) 清韩氏宝铁斋抄本,1 卷,南京图书馆藏。

古衡山房诗集 12 卷　集部别集类

(1) 清刻本,北京大学图书馆藏。

(2)《续修四库全书》本,影印清刻本。

朱　纮(1787—1849)

字蔚庵,号懒樵。清吴县人。本姓沈。小试一不售,即弃举子业。蔬布自安,以穷约终身。

自是吟稿　集部别集类

见《共赏集初编》,并收其诗20首。

褚逢椿(1787—?)

字锡庚,号仙根。清长洲人。贡生。幼能诗,有神童之目。嘉庆五年(1800),与朱骏声、张紫琳肄业平江书院。道光元年(1821),与宋翔凤、王嘉禄等作消寒会。二年,赴河南,入吴慈鹤学幕。二十年仍在世。工诗古文词,隶楷并浑厚秀润。律己甚严。

公羊测义　经部春秋公羊传类　佚

见《吴县志·艺文考三》。

吴趋岁时记1卷　史部地理类　佚

见《吴县志·艺文考八》。

按:朱绶序,撰于嘉庆十九年。

泉志备考　史部金石类　佚

桐荫丛话2卷　子部小说类　佚

桐荫笔谈4卷　子部杂学类　佚

以上3种见《吴县志·艺文考三》。

烟草录1卷　子部艺术类

清褚逢椿、顾禄辑

《颐素堂丛书》本。

行素斋诗集10卷文集2卷外集1卷　集部别集类

(1) 清咸丰元年(1851)至四年活字本,南京图书馆藏。

(2) 清光绪元年(1875)吴嘉椿抄本,诗集10卷,苏州图书馆藏。

清籁阁集不分卷　集部别集类

清抄本,国家图书馆藏。

午月楼词1卷　集部词曲类

见《全清词钞》卷20,并收其词1首。

按:《国朝文汇》丙集卷3收其文1篇,《国朝词综续编》收其词2首。

蔡九龄

字步蟾，号芗城。清吴县西山人。乾隆五十一年(1786)举人。官六安学正。

西洞庭贞孝节烈志略3卷　史部传记类

清蔡九龄编辑

清道光二年(1822)刻本，国家图书馆藏。

西洞庭芳徽录2卷　集部总集类

清葛祚增、蔡九龄、陆费荣、蔡升茂同辑

清道光二年刻本，苏州图书馆藏。

按：上两书一为传记，一为诗文，皆蔡九龄主持编辑，葛氏诸人参与搜罗。

晚香书屋诗存2卷　集部别集类

清刻本，苏州图书馆藏。

龚文照

字旭升，号野夫。室名群玉山房。清长洲人。喜收藏，藏书多批点。约生活于道光间。

群玉山房聊草　集部别集类　佚

蛛隐斋集　集部别集类　佚

以上2种见《吴县志·艺文考三》。

按：《印须集又续》卷2收其诗7首。

潘遵礼(1788—1836)

字典之，号子雅。清吴县人。世经次子。嘉庆二十三年(1818)恩科副贡生，次年举人。候选太常寺博士。道光六年(1826)大挑二等，为广德州学正，署江阴县训导。

草绿书窗剩稿1卷　集部别集类

《陟冈楼丛刊》甲集本。

朱骏声(1788—1858)

字丰芑，一字通追，号允倩，晚自号石隐山人。清元和人。孔彰父。4岁解四声，年13受《说文》，年15补府学生。钱大昕主紫阳书院，奇其才，遂授业门下。专力古学，以著述为事。嘉庆二十三年(1818)举于乡。七上春官不第，经林则徐荐，主江阴暨阳书院讲席，历主吴江、萧山等地书院。道光间，选授黟县训导。咸丰元年(1851)，献所撰《说文通训定声》等，诏加国子监博士衔。旋升扬州府学教授。引疾未之官，侨居黟县石村。凡六经三史诸子骚选，并有撰述，尤精天算，七百八十三座之星皆能指而明之。

学易札记3卷　经部易类

(1) 稿本，浙江图书馆藏。

(2) 清抄本，浙江图书馆藏。

(3) 抄本，不分卷，浙江图书馆藏。

易消息升降图1卷　经部易类

见《吴县志·艺文考四》。

易郑氏爻辰广义1卷　经部易类

(1) 稿本，浙江图书馆藏。

(2) 清张宗祥抄本，浙江图书馆藏。

易经传互卦卮言1卷　经部易类

(1) 稿本，浙江图书馆藏。

(2) 清张宗祥抄本，浙江图书馆藏。

易章句异同1卷　经部易类

(1) 稿本，浙江图书馆藏。

(2) 清张宗祥抄本，浙江图书馆藏。

六十四卦经解8卷　经部易类

(1) 稿本，一种8卷，一种不分卷，浙江图书馆藏。

(2) 清抄本,不分卷,浙江图书馆藏。

(3) 清张宗祥抄本,8 卷,浙江图书馆藏。

(4)《续修四库全书》本,影印稿本。

(5)《清经解四编》本。

(6) 2008 年国家图书馆出版社出版。

(7) 2009 年中华书局出版。

尚书古注便读 4 卷　经部尚书类

(1) 稿本,浙江图书馆藏。

(2)《华西国学丛书》本。

(3)《尚书聚类初编》本。

(4)《续修四库全书》本,影印《华西国学丛书》本。

诗序异同汇参不分卷　经部诗经类

稿本,浙江图书馆藏。

毛诗异文 1 卷　经部诗经类

稿本,浙江图书馆藏。

诗集传改错 4 卷　经部诗经类

诗传笺补 12 卷　经部诗经类

诗地理今释 2 卷　经部诗经类

三代礼损益考 1 卷　经部三礼总义类

大戴礼校正 1 卷　经部大戴礼记类

以上 5 种见《吴县志·艺文考四》。

夏小正补传 2 卷　经部大戴礼记类

《朱氏群书》本。

仪礼经注一隅 2 卷　经部仪礼类

(1)《朱氏群书》本。

(2) 清道光二十九年(1849)朱氏刻本,上海图书馆藏。

(3)《续修四库全书》本,影印道光刻本。

春秋左传识小录 2 卷　经部春秋左传类

(1)《朱氏群书》本。

(2) 稿本,浙江图书馆藏。

(3) 清抄本,浙江图书馆藏。

(4)《续修四库全书》本,影印《朱氏群书》本。

春秋三家异文覈 1 卷　经部春秋总义类

(1) 稿本,浙江图书馆藏。

(2)《聚学轩丛书》本。

(3)《续修四库全书》本,影印《聚学轩丛书》本。

春秋乱贼考 1 卷　经部春秋总义类

(1) 稿本,浙江图书馆藏。

(2)《聚学轩丛书》本。

(3)《续修四库全书》本,影印《聚学轩丛书》本。

春秋平议 1 卷　经部春秋总义类

(1) 稿本,浙江图书馆藏。

(2)《木犀轩丛书续刻》本。

(3)《续修四库全书》本,影印《木犀轩丛书续刻》本。

春秋阙文考 1 卷　经部春秋总义类

稿本,浙江图书馆藏。

春秋经传旁通目 10 卷　经部春秋总义类

春秋列女表 1 卷　经部春秋总义类

春秋地名人名考略 2 卷　经部春秋总义类

以上 3 种见《吴县志·艺文考四》。

春秋国名今释　经部春秋总义类

见朱师辙《吴郡朱氏两代遗著书目》。

四书墒解 4 卷　经部四书类

稿本,浙江图书馆藏。

古说字形谬误 2 卷　经部小学类

小字本说文简端记 2 卷　经部小学类

经韵楼说文注商1卷　经部小学类

说文引书分录1卷　经部小学类

说解商10卷　经部小学类

七经纬韵1卷　经部小学类

释农具1卷　经部小学类

释色1卷　经部小学类

以上8种见《吴县志·艺文考四》。

江晋三音学十书订补4卷　经部小学类

见朱师辙《吴郡朱氏两代遗著书目》。

释词　经部小学类

(1) 清抄本,题《释词补注》,浙江图书馆藏。

(2) 稿本,题《释词补笺》,浙江图书馆藏。

(3)《五释》本。

五释　经部小学类

(1) 稿本,浙江图书馆藏。

(2) 1934年华西学报铅印本,北京师范大学图书馆藏。

按:包括《古字释义》《释词》《释庙》《释帛》《释车》五种。

说文通训定声18卷分部柬韵1卷说雅1卷古今韵准1卷　经部小学类

(1) 清道光二十八年刻本,上海图书馆藏。

(2) 清咸丰元年临啸阁补刻本,上海图书馆藏。

(3) 清同治九年(1870)补刻本,上海图书馆藏。

(4) 清光绪十三年(1887)积山书局石印本,上海图书馆藏。

(5) 1928年扫叶山房石印本,苏州大学图书馆藏。

(6)《经学辑要》本。

(7)《续修四库全书》本,影印道光二十八年刻本。

朱氏说文通训定声序注1卷　经部小学类

清朱骏声撰　宋文蔚注

1935年商务印书馆石印本，上海图书馆藏。

说文通训定声补遗18卷　经部小学类

(1) 稿本，不分卷，浙江图书馆藏。

(2) 清朱孔彰抄本，浙江图书馆藏。

(3)《朱氏群书》本。

小尔雅约注1卷　经部小学类

(1) 清道光刻本，上海图书馆藏。

(2)《朱氏群书》本。

(3)《续修四库全书》本，影印《朱氏群书》本。

六书假借经征4卷　经部小学类

(1) 稿本，浙江图书馆藏。

(2) 清光绪十八年金陵刻本，上海图书馆藏。

(3)《大亭山馆丛书》本。

(4) 清朱孔彰抄本，浙江图书馆藏。

(5)《续修四库全书》本，影印光绪十八年刻本。

说雅2卷　经部小学类

(1)《说文通训定声》附录本，1卷。

(2)《花雨楼丛钞》本，2卷。

(3)《小学五种》本。

小学识余5卷　经部小学类

(1) 稿本，一种2卷，一种5卷，浙江图书馆藏。

(2)《稷香馆丛书》本。

说文段注拈误1卷　经部小学类

(1) 清抄本，浙江图书馆藏。

(2)《稷香馆丛书》本。

苏语分韵　经部小学类

见《吴县志·艺文考四》。

逸周书集训校释增校1卷　史部别史类

稿本,浙江图书馆藏。

战国策评语1卷　史部史评类

见《吴县志·艺文考四》。

汉书隽语4卷　史部史钞类

稿本,浙江图书馆藏。

孔孟纪年2卷　史部传记类

稿本,浙江图书馆藏。

传经表1卷　史部传记类

朱氏世系考1卷　史部传记类

以上2种见《吴县志·艺文考四》。

朱氏宗谱不分卷　史部传记类

(1) 稿本,浙江图书馆藏。

(2) 稿本,朱师辙补,浙江图书馆藏。

吴中朱氏史传　史部传记类

稿本,浙江图书馆藏。

杜少陵年谱1卷　史部传记类

(1)《求恕斋丛书》本。

(2)《北京图书馆藏珍本年谱丛刊》本。

石隐山人自订年谱1卷　史部传记类

清朱骏声撰　黟县程朝仪补　朱师辙补注

(1) 稿本,浙江图书馆藏。

(2) 清抄本,国家图书馆藏。

(3) 清抄本,南京图书馆藏。

(4)《吴中文献小丛书》本。

(5)《北京图书馆藏珍本年谱丛刊》本。

朱骏声日记1卷　史部传记类

稿本,浙江图书馆藏。

按:纪事为道光五年二月初四至六月十九。

井田贡税法 1 卷　史部政书类

十六国考 2 卷　史部地理类

以上 2 种见《吴县志·艺文考四》。

秦汉郡国考 1 卷　史部地理类

稿本,浙江图书馆藏。

名人占籍今释 1 卷　史部地理类

稿本,浙江图书馆藏。

山名今释 1 卷　史部地理类

管子简端记　子部法家类

以上 2 种见《吴县志·艺文考四》。

韩非子札记　子部法家类

稿本,浙江图书馆藏。

按:《吴县志·艺文考四》作《读韩非子简端记》。

老子简端记　子部道教类

晏子春秋简端记　子部儒学类

庄子简端记　子部道教类

列子简端记　子部道教类

以上 4 种见《吴县志·艺文考四》。

轩岐至理不分卷　子部医家类

稿本,浙江图书馆藏。

数度衍不分卷　子部历算类

清方中通撰　朱骏声补

稿本,浙江图书馆藏。

天学札记 2 卷　子部历算类

稿本,浙江图书馆藏。

按:疑即《吴县志·艺文考四》所收《天算琐记》,《吴县志》云 4 卷。

岁星表　子部历算类

(1)《聚学轩丛书》本。

(2) 清抄本，浙江图书馆藏。

经史答问 4 卷　子部杂学类

(1) 稿本，不分卷，浙江图书馆藏。

(2) 清光绪二十年金陵刻本，上海图书馆藏。

(3)《续修四库全书》本，影印光绪二十年本。

学礼琐记 1 卷读史札记 1 卷　子部杂学类

稿本，浙江图书馆藏。

临啸阁笔记　子部杂学类

(1) 稿本，浙江图书馆藏。

(2) 抄本，见《贩书偶记》。

说丛 6 卷　子部杂学类

见《吴县志·艺文考四》。

按：《国朝未刊遗书志略》作 12 卷。

说苑新序校评 6 卷附荀子校评 1 卷　子部杂学类

(1) 稿本，浙江图书馆藏。

(2) 1951 年岭南大学铅印本，中山大学图书馆藏。

按：《吴县志·艺文考四》作《说苑简端记》《新序简端记》。国家图书馆藏朱骏声《说苑》校本，底本为嘉靖二十六年(1547)何良俊刻本。

吕览简端记　子部杂学类

淮南子简端记　子部杂学类

论衡简端记　子部杂学类

盐铁论简端记　子部杂学类

荀悦申鉴简端记　子部杂学类

刘昼新论简端记　子部杂学类

风俗通义简端记　子部杂学类

俪语拾锦 4 卷　子部类书类

以上 8 种见《吴县志·艺文考四》。

朱骏声杂稿不分卷　子部杂学类

稿本，浙江图书馆藏。

离骚赋注1卷　集部楚辞类

(1) 清道光刻本，上海图书馆藏。

(2)《朱氏群书》本。

朱骏声文集5卷补遗1卷　集部别集类

(1) 1918年心社铅印本，上海图书馆藏。

(2) 抄本，不分卷，国家图书馆藏。

(3) 稿本，不分卷，浙江图书馆藏。

传经室文集10卷赋抄1卷　集部别集类

(1)《求恕斋丛书》本。

(2)《清代诗文集汇编》本，影印《求恕斋丛书》本。

(3)《续修四库全书》本，影印《求恕斋丛书》本。

临啸阁文集补遗1卷　集部别集类

稿本，浙江图书馆藏。

传经室骈体文存1卷　集部别集类

稿本，浙江图书馆藏。

传经室诗稿试帖1卷　集部别集类

清抄本，浙江图书馆藏。

庚午女史百咏稿1卷怀古诗1卷　集部别集类

稿本，浙江图书馆藏。

传经室诗存4卷　集部别集类

(1) 稿本，附五言律诗1卷，浙江图书馆藏。

(2) 1955年油印本，南京图书馆藏。

(3) 清抄本，一种5卷，一种4卷，浙江图书馆藏。

如话诗钞1卷　集部总集类

(1) 稿本，浙江图书馆藏。

(2) 清抄本，浙江图书馆藏。

(3) 1921年上海广益书局铅印本，上海图书馆藏。

古今体诗选8卷　集部总集类

见《吴县志·艺文考四》。

李杜韩苏诗评选不分卷　集部总集类

稿本，浙江图书馆藏。

选词九十调谱2卷　集部词曲类

词话2卷　集部词曲类

西厢评语2卷　集部词曲类

以上3种见《吴县志·艺文考四》。

临啸阁词4卷　集部词曲类

(1) 稿本，题《临啸阁词选》，不分卷，浙江图书馆藏。

(2) 稿本，浙江图书馆藏。

(3) 清抄本，附拾遗2卷，浙江图书馆藏。

(4) 清朱师辙抄本，浙江图书馆藏。

(5) 1954年油印本，上海图书馆藏。

按：《全清词钞》卷18，并收其词4首。

拜石词1卷　集部词曲类

(1) 清抄本，北京师范大学图书馆藏。

(2) 清朱孔彰抄本，浙江图书馆藏。

忆拙词1卷　集部词曲类

稿本，浙江图书馆藏。

丰艺先生遗稿5种5卷　丛书类

稿本，浙江图书馆藏。

子目：

《晋代谢氏世系考》1卷

《春秋地名辩异摘》1卷

《春秋职官考略》1卷

《各府州县人物志》1卷(《吴县志·艺文考四》作20卷)

《徐中山王谱系》1卷

朱氏群书6种　丛书类

清光绪八年临啸阁刻本，南京图书馆藏。

子目见上。

按：朱氏著述稿抄本多存浙江图书馆。

徐　德

字君怀，号半江。清元和人，居周庄镇。敦仁孙，廖兄。善医。于妇科尤神而明之。工诗。

半江诗稿　集部别集类　佚

见《吴县志》卷75下。

按：《贞丰诗萃》卷4收其诗2首。

徐元蓉（？—1848）

字研珊，一作研山。清吴县木渎人。维撰子。道光十七年（1837）岁贡生。候选训导。

小海棠巢文稿　集部别集类　佚

玉台仙馆诗钞　集部别集类　佚

以上2种见《吴县志·艺文考二》。

按：《木渎诗存》卷8收其诗1首。

陆南衡

字景元，号梅泉。清元和人。国子生。

写心集　集部别集类　佚

见《印须续集》卷5，并收其诗5首。

顾翔云

字凤辉，号侍萱。清元和人。若霖曾孙。嘉庆二十四年（1819）举人。

寄庐吟草　集部别集类　佚

见《吴县志·艺文考四》。

张景庆

字莲民。清元和人。

通隐堂诗存　集部别集类

叶廷琯辑《劫余所见诗录》本，苏州图书馆藏。

杨　介

字松轩。清长洲人。工诗，有晚唐人风致。家贫甚，以切帛为业，日握刀自食其力，不妄取一钱，人呼束帛居士。

半村诗稿　集部别集类　佚

见《吴县志·艺文考三》。

按：《印须又续集》卷4作《半斋诗稿》，并收其诗5首。

韩逢源

字汉回，号秋槎。清长洲人。国子生。

敦厚堂诗稿　集部别集类

见《吴县志·艺文考三》。

寄红生诗存2卷　集部别集类

清道光二十一年(1841)刻本，南京图书馆藏。

按：《印须又续集》卷4收其诗7首。

李荣祺

号稚怀。清吴县人。

下里余音1卷　集部别集类　佚

见《吴县志·艺文考二》。

李继沆

字砚渠。清吴县人。锐从子。道光十一年(1831)举人。

张易参义 1 卷　经部易类

清刘履芬抄本,题李沆撰,国家图书馆藏。

顾卿云

字汉章,号淼庵。清吴县人。

学古集　集部别集类　佚

见《埭川顾氏旧闻考佚》。

淼庵吟草　集部别集类　佚

风世韵语　集部别集类　佚

以上 2 种见《顾氏宗谱》。

武陵历代诗选初二集附三种　集部总集类

清顾卿云、顾震涛、顾锡周同辑

清嘉庆十九年(1814)毛上珍局刻本,苏州图书馆藏。

潘士淳(1789—1819)

字拙民。清吴县人。诸生。

天香斋词　集部词曲类　佚

古香山馆诗余　集部词曲类　佚

以上 2 种见《吴县志·艺文考二》。

按:《国朝词综续编》卷 8 收其词 1 首。

顾锡周

字载光。清吴县人。府学生。

武陵历代诗选初二集附三种　集部总集类

清顾卿云、顾震涛、顾锡周同辑

清嘉庆十九年(1814)毛上珍局刻本,苏州图书馆藏。

朱　绶(1789—1840)

字仲环,又字环之、仲洁,号酉生。清元和人。鉴子。道光十一年(1831)举人。尝佐梁章钜幕,章奏多出其手。勤学敦行,廉清简默,为众所重。以诗古文著声大江南北,与顾莼等称"吴中后七子",又与王嘉禄并称"朱王"。论诗主格律,痛诋袁枚而盛称蒋士铨、黄景仁。自谓其诗得力于洁,故晚年更字仲洁。古文亦以洁为体,初多峭邃之作,后乃从容大适。

香炉峰纪游1卷　史部地理类

摄山纪游1卷　史部地理类

以上2种有《小方壶斋舆地丛钞》本。

遗砚楼小集1卷　集部别集类

清嘉庆二十二年(1817)刻本,附其妻高篃《绣箧小集》1卷,上海图书馆藏。

印轩吟稿1卷　集部别集类

(1) 清抄《名家诗词丛钞》本,国家图书馆藏。

(2)《清代诗文集珍本丛刊》本。

知止堂文集8卷补遗1卷诗录12卷词录3卷　集部别集类

(1) 清道光二十年至二十一年刻本,上海图书馆藏。

(2)《清代诗文集汇编》本。

知止堂诗录1卷　集部别集类

叶廷琯《劫余所见诗录》本,苏州图书馆藏。

环�吟馆诗集不分卷　集部别集类

稿本,浙江图书馆藏。

茉花馆古文杂抄□□卷　集部别集类

清抄本,浙江图书馆藏。

西泠怀古集10卷　集部别集类

清陈文述撰　王嘉禄、朱绶编

清道光刻本，苏州图书馆藏。

知止堂词录3卷　集部词曲类

(1)《知止堂集》本。

(2) 清光绪二十年(1894)湖南思贤书局刻本，上海图书馆藏。

按：是书分《缇锦词》《湘弦别谱》《黛湖渔唱》各1卷。

湘弦别谱1卷　集部词曲类

《吴中七家词》本。

国朝词选　集部总集类

见《吴县志·艺文考四》，云潘曾沂为之序。

按：《国朝文汇》丙集卷8收其文8篇。

高　篃

字湘筠。清元和人。经历敬长女，举人朱绶妻。

绣箧小集1卷　集部别集类

清嘉庆二十二年(1817)朱绶《遗砚楼小集》附录本，有朱绶序。

韦光黻(1789—1853)

字君绣，号涟怀，又号洞虚子。清长洲人。诸生。少受业于顾元熙，所为制举文及书法皆酷肖之。嘉庆十一年(1806)，从夏之鼎学画。尤工于诗，怪伟奇特。善鼓琴。兼通医理。晚年居枫桥老屋行医。

蕊珠居集论2卷　子部杂学类

清道光刻本，浙江图书馆藏。

闻见阐幽录1卷　子部杂学类

(1)《吴中文献小丛书》本。

(2) 清抄本，苏州图书馆藏。

杂纂新续1卷　子部杂学类

《颐素堂丛书》本。

在山堂五箴 1 卷　子部杂学类

《颐素堂丛书》本。

在山草堂吟稿　集部别集类

(1) 清嘉庆刻本,2 卷,苏州图书馆藏。

(2) 清道光刻本,6 卷,南京图书馆藏。

(3) 清道光刻本,8 卷,南京图书馆藏。

(4) 叶廷琯辑《劫余所见诗录》本,苏州图书馆藏。

涟怀賸稿 1 卷　集部别集类

清抄本,苏州图书馆藏。

寒山寺铜佛像题咏汇编 4 卷　集部总集类

(1) 清道光二十三年(1843)刻本,苏州图书馆藏。

(2)《寒山寺志三种》本,苏州图书馆藏。

二柳村庄酬唱诗选不分卷　集部总集类

清韦光黻选

清道光间鹅湖小绿天刻本,复旦大学图书馆藏。

按:是书内封题“二柳村庄吟社二集”,盖续无锡华文彬等编《二柳村庄吟社诗选》之后而编,共分酬唱、题赠,杂咏三门,今存酬唱 1 册。

又按:《共赏集二编》收其诗 4 首。

蒋棨渭(1789—1858)

字师望,号遇溪。清吴县人。诸生。

苕岑集初刊 8 种 22 卷　丛书类

清蒋棨渭辑刻

清道光三十年(1850)蒋棨渭刻本,苏州图书馆藏。

子目:

《味清堂诗钞》2 卷《补钞》1 卷　清陈基撰

《半间云诗》2 卷　清马镇撰

《焦尾编》2 卷　清钱瑶鹤撰

《霏玉轩诗草》2卷　清吴均撰

《万壑云楼诗》2卷　清蒋桨渭撰

《小红薇馆吟草》4卷　清毛永柏撰

《思无邪室吟草》3卷　清毛永椿撰

《小红薇馆拾余诗钞》4卷　清毛永柏撰(咸丰七年刻)

金　恭(1789—?)

字寿人。清元和县人。所居曰如意花馆。工诗,善画,尤喜墨梅。并工仕女。

玉尺楼画说2卷　子部艺术类

《艺海一勺》本。

玉尺楼集4卷　集部别集类

清嘉庆二十四年(1819)刻本,上海图书馆藏,见柯愈春《清人诗文集总目提要》。

秋水芙蓉馆诗草2卷　集部别集类

稿本,中国社会科学院文学研究所藏。

张大爔

名一作大曦,字仲华,号爱庐。清吴县人。住苏城胥门外。善治伤寒,著声于嘉庆道光间。论病用药,思路深细,发前人所未发。晚年精于临症验方。

临症验方1卷　子部医家类

(1) 清道光二十五年(1845)古吴张氏抄本,2卷,存1卷,苏州大学图书馆藏。

(2) 清道光二十七年养恬书屋刻本,苏州大学医学院图书等藏。

(3) 清光绪八年(1882)刻本,国家图书馆藏。

(4) 清抄本,国家图书馆藏。

爱庐医案(一作爱庐方案)1卷　子部医家类

(1) 清道光二十六年抄本,南京中医药大学图书馆藏。

(2) 清光绪八年刻本,国家图书馆藏。

(3) 清光绪二十二年抄本,上海中医药大学图书馆藏。

(4)《柳选四家医案》本。

(5) 清光绪三十年石印本,四川大学华西医学中心图书馆藏。

(6) 抄本,苏州中医院图书馆藏。

按:柳宝诒序云有咸丰刻本,未及板毁于兵火,故存本不多。咸丰本未见。

夏菊初

字闺英。清吴县人。文焘孙女。南汇举人海州训导王蓉生妻。通五经,工诗。难产早亡。

栖香阁赋稿 1 卷诗草 2 卷　集部别集类

清光绪八年(1882)栖香阁刻本,国家图书馆藏。

王汝平

字禹功,号耐轩。清吴县人。鸣盛孙,嗣获长子,汝翼兄。屡应童子试不售,遂弃举子业。工诗。

耐轩诗钞 4 卷　集部别集类　佚

见《续王氏世谱》卷 9。

蔡光裕

字芝畇。清吴县木渎人。诸生。

粤中吟　集部别集类　佚

见《木渎诗存》卷 6,并收其诗 2 首。

沈孚中

字若茂,号柳裳。清元和人。工诗,年 20 卒。

采雨山房草　集部别集类　佚

见《印须又续集》卷4,并收其诗2首。

汪翼铭

字希张,号豫庵。清吴县人。贡生。官丹徒县训导、太常寺博士。为人宅心仁厚,乐于为善。尝佐修郡学,倡立义庄。又倡济机匠,请留江北流民。

贻经书屋诗文集　集部别集类　佚

见《吴县志·艺文考二》。

汪福辰

字芷塘、致堂。清吴县人。道光岁贡生。善隶书,精堪舆。耽于酒。

茗华馆诗钞　集部别集类　佚

见《印须续集》卷3,并收其诗8首。

春水词　集部词曲类　佚

见《国朝词综补》。

按:《全清词钞》卷20收其词1首。

谈升吉

字南仲,号楚亭。清吴县木渎人。师吉弟。苏州府学生。工词藻。

楚亭遗草　集部别集类　佚

见《木渎小志》卷6。

按:《木渎诗存》卷8收其诗1首。

徐　昇

字旭楼。清吴县人。候选州佐。

竹声书屋诗钞2卷　集部别集类　佚

见《吴县志·艺文考二》。

按:《印须续集》卷 3 收其诗 6 首。

杨同人

号野舲。清吴县人。

重修湖田杨氏族谱不分卷　史部传记类

清抄本,苏州图书馆藏。

按:后人补至民国。

朱宗淑

字德音,一字翠娟。清长洲人。云骧女。工诗词及骈文,风格遒上。清溪吟社十子之一。

修竹庐吟稿 1 卷　集部别集类

(1)《吴中女士诗钞》本。

(2)《国朝闺阁诗钞》本。

(3) 清胡文楷抄本,上海图书馆藏。

德音近草　集部别集类

见《小檀栾室闺秀词钞》卷 12,并收其词 1 首。

按:《江苏诗征》卷 164 收其诗 7 首,《全清词钞》卷 32 收其词 1 首。

顾步青

字广涵。清长洲人。

武陵宗谱汇编 7 卷首 2 卷　史部传记类

清顾步青等编　顾震涛等编辑

(1) 清嘉庆十八年(1813)刻本,浙江图书馆藏。

(2) 清抄本,题《武陵埭川支宗谱》,苏州图书馆藏。

李　璋

字澹人。清吴县人。豫同高祖。廪贡生。官荆溪训导、丹徒教谕、华亭教谕。

澹人文稿　集部别集类　佚

见《清代硃卷集成》"李豫同"条。

蒋元甄(1790—1835)

字钧陶,号黼庭。清吴县人。曾荣六子,元封弟。诸生。

玉筍仙馆诗集　集部别集类　佚

见《吴县志·艺文考二》。

顾元震(1790—1860)

原名震兹,字侣孟,又字敏求,号礼门。清元和人。庠生。

戒溺女十惨说　子部儒学类　佚

不孝必录文赘说　子部儒学类　佚

以上2种见《唯亭顾氏宗谱》。

陆费荣(1790—1862)

字玉堂,号韵初,又号少怀。清吴县西山人。平生慷慨尚义,重桑梓谊。

包山后埠支陆费氏支谱不分卷　史部传记类

清陆费荣等辑

清道光六年(1826)刻本,南京大学图书馆藏。

西洞庭芳徽录2卷　集部总集类

清葛祚增、蔡九龄、陆费荣、蔡升茂同辑

清道光二年刻本,苏州图书馆藏。

顾震涛(1790—?)

字默庵,又名瀚,字景澜,号小野、非之、墨安。清长洲人。历境坎坷,洁修内行,以礼自持。终年著述,无间寒暑。幼专谱学,尤好吟咏,吴中山林古迹,题咏殆遍。

吴郡忠孝汇录10卷　史部传记类

广订百家姓1卷　史部传记类

程氏表忠录　史部传记类

清顾震涛、程秉仁辑

道学源流续图　史部传记类

清任兆麟、顾震涛等辑

吴门公祠崇祀姓名录　史部传记类

清蒋庭英、顾震涛等辑

长元节孝祠续志　史部传记类

清顾凤藻、顾震涛等辑

武陵故事2卷　史部传记类

仁孝里支谱　史部传记类

清顾震涛、顾隆昌等辑

以上8种《吴门表隐》附顾震涛小传。

武陵宗谱汇编7卷首2卷　史部传记类

清顾步青等编　顾震涛等编辑

(1) 清嘉庆十八年(1813)刻本,浙江图书馆藏。

(2) 清抄本,题《武陵埭川支宗谱》,苏州图书馆藏。

吴门表隐20卷补录1卷附集1卷　史部地理类

清顾震涛撰　潘曾沂编

(1) 清抄本,24卷,清潘遵祁跋,苏州图书馆藏。

(2) 清抄本,国家图书馆藏。

(3) 清道光刻本,南京图书馆藏。

(4) 1986年江苏古籍出版社铅印本。

游山纪略2卷　史部地理类

吴县学乡贤祠小志1卷　史部地理类

朝真观志　史部地理类

清顾承、顾震涛辑

北郭小志　史部地理类

清王钟甲、顾震涛辑

娄关小志　史部地理类

崇真宫志　史部地理类

以上2种清莫颐、顾震涛辑

七姬祠墓志　史部地理类

清贝墉、顾震涛辑

按:疑即《七姬咏林》,见"贝墉"条。

以上7种见《吴门表隐》附顾震涛小传。

吴门古迹4卷　史部地理类

清抄本,国家图书馆藏。

按:本书记载苏州建城以来的名胜古迹。

光福全真道院小志1卷　史部地理类

清顾承阅定　马良玉编录　顾震涛等参辑

清道光二十年(1840)刻本,苏州图书馆藏。

顾氏金阊祠堂志(金阊陈乡贤顾将军祠堂志)8卷　史部地理类

清顾震涛、顾宗甲等辑

(1) 清道光二十六年顾兆熊刻本,未见,疑未刊。

(2) 清光绪五年(1879)顾毓训等抄本,苏州图书馆藏。

按:此书始自顾锡畴,历代都有增补。道光间,顾兆熊命孙宗甲、族孙震涛重订。

自省谱1卷　子部儒学类

随笔8卷　子部小说类

采可观20卷　子部小说类

小辟疆园诗稿94卷　集部别集类

燃松堂文集4卷　集部别集类

来鹭集　集部总集类

　　清顾世琦、顾震涛辑

武陵家咏8卷　集部总集类

续停云集4卷　集部总集类

　　以上8种见《吴门表隐》附顾震涛小传。

吟香阁倡和诗　集部总集类

　　清顾翰、顾震涛辑

　　见《吴门表隐》卷1。

武陵历代诗选初二集附三种　集部总集类

　　清顾卿云、顾震涛、顾锡周同辑

　　见“顾卿云”条。

　　按:据小传,震涛还参与《吴郡名贤像传赞》《清嘉录》《名贤祠补遗》《醒世韵语》《吟香阁集》(当即《吟香阁倡和诗》)、《易说》《光福记》诸书的编写。

曹士杰

　　号石村。清吴县人。允源曾祖。国学生。绩学孝友,乡党称之。

读史质疑　史部史评类　佚

焠掌录　子部杂学类　佚

加减乘除补释　子部历算类　佚

春晖堂诗文集　集部别集类　佚

　　以上4种见《清代硃卷集成》“曹允源”条。

屠震宗

　　清吴县洞庭阴山人。

屠氏族谱 3 卷　史部传记类

清道光二十九年(1849)刻本,中国社会科学院图书馆藏。

莫　颐

字养恬。清长洲人。

娄关小志　史部地理类　佚

崇真宫志　史部地理类　佚

以上 2 种见《吴县志·艺文考八》。

按:《吴门表隐》附顾震涛小传云上两种皆莫颐、顾震涛同辑。

曹庭柏

号墨池。清吴县人。吴下名医。尝与顾震涛等在郡城设“周急代赊局”。

难经集注考证　子部医家类　佚

医学一得　子部医家类　佚

伤寒金鉴校刊　子部医家类　佚

校刊王冰素问　子部医家类　佚

以上 4 种见《清代硃卷集成》“曹允源”条。

蔡升茂

号芝轩。清吴县西山人。

西洞庭芳徽录 2 卷　集部总集类

清葛祚增、蔡九龄、陆费荣、蔡升茂同辑

清道光二年(1822)刻本,苏州图书馆藏。

王钟甲

清长洲人。

北郭小志　史部地理类　佚

见《吴门表隐》附顾震涛小传，云与顾震涛同辑。

潘良敬

号筠坡。清吴县东山人。道光十九年(1839)举乡饮。

潘氏宗谱3卷首1卷　史部传记类

清道光木活字印本，上海图书馆藏。

沈德培

字燮臣，号理堂。清吴县人。

洞庭沈氏重修宗谱6卷　史部传记类

清道光十二年(1832)沈氏静善堂木活字印本，国家图书馆藏。

程秉仁

清苏州人。

程氏表忠录　史部传记类　佚

见《吴门表隐》附顾震涛小传，云与顾震涛同辑。

蒋庭英

字兰如。清元和人。嘉庆二十四年(1819)举人。

吴门公祠崇祀姓名录　史部传记类　佚

见《吴门表隐》附顾震涛小传，云与顾震涛同辑。

严良训(1790—1852)

字叔彝，号迪甫，又号楚桥。清吴县东山人。荣三子。道光十一年(1831)举人，十二年进士。选翰林院庶吉士，散馆授编修，充国史馆协修、奏办院事等。二十年，顺天乡试同考官，简授江西建昌知府，兼摄建昌县。官至河南布政使，护理河南巡抚，兼提督军门。

池上庐稿　集部别集类

见《六修江苏洞庭安仁里严氏族谱》卷11。

三家书札　集部总集类

清吴式芬、严良训、周尔墉撰

稿本，国家图书馆藏。

汪　棨(1790—1853)

字伯衣，号易门，自号玉田生。清元和人。嘉庆二十四(1819)优贡生。官安徽太和训导，候选内阁中书。

潄润斋诗存2卷　集部别集类

清光绪二年(1876)汪氏刻本，上海图书馆藏。

律赋英华初集不分卷　集部总集类

清许沄、汪棨等辑

清道光三年(1823)青鉴草堂刻本，苏州大学图书馆藏。

吴嘉洤(1790—1865)

字清如，号澄之。清吴县人。道光八年(1828)举人，十八年进士。官内阁中书、户部员外郎、四川副主考。主平江书院讲席。雅负诗名，初学明七子，后学宋人。

十七史撷华　史部正史类

见《吴县志·艺文考二》。

潘功甫舍人家传1卷　史部传记类

清咸丰二年(1852)刻本，郑州大学图书馆藏。

仪宋堂诗集10卷诗外集1卷词集2卷文外集3卷　集部别集类

(1) 清咸丰元年刻本，苏州图书馆藏。

(2) 1921年刻本，上海图书馆藏。

仪宋堂文集10卷　集部别集类

清同治十年(1871)刻本，首都图书馆藏。

仪宋堂文二集10卷　集部别集类

(1) 清光绪五年(1879)刻本,国家图书馆藏。

(2) 清抄本,6卷,上海图书馆藏。

新有轩诗钞　集部别集类

见《印须集》卷7,并收其诗23首。

珠尘集2卷　集部别集类

清道光刻本,南京图书馆藏。

使蜀小草2卷　集部别集类

(1) 清道光二十七年刻本,国家图书馆藏。

(2)《清代诗文集珍本丛刊》本。

乘桴小草2卷　集部别集类

见《吴县志·艺文考二》。

蝉前蝶后词　集部词曲类

见《国朝词综续编》卷16,并收其词3首。

秋绿词1卷　集部词曲类

《吴中七家词》本。

陈彬华(1790—?)

原名兆元,字元之,号小松。清吴县人。与同郡朱酉生、沈闰生相唱和,为"吴中七子"之一。石韫玉门人。

百尺楼吟草　集部别集类

见《印须集》卷7,并收其诗3首。

文选编珠2卷　集部总集类

清石韫玉原本　陈彬华编校

《碧琳琅馆丛书》本。

瑶碧词1卷　集部词曲类

《吴中七家词》本,浙江图书馆藏。

绮玉词　集部词曲类

见《国朝词综续编》卷16,并收其词4首。

吴　浩(? —1851)

原名元浩,字养之,号拙存。清元和人。年 12 与弟同入道于元和县崇元道院,以徐春漪为师。能诗。工隶法,得钟、蔡法。性好梅,时携百衲琴吟啸古梅花下。尤善画墨梅,得齐己笔意。又精岐黄,善治疯瘫。

倚石吟 1 卷　集部别集类

清道光二十一年(1841)精刻本,上海图书馆藏。

按:《印须续集》卷 6 收其诗 4 首。

寒馥山居集古　集部总集类

清吴浩辑

清嘉庆刻《咏梅集古合璧》本,上海图书馆藏。

吕仁杰

清吴县人。诸生。为人寡交游。中年绝意进取,闭门教授。其徒有能背诵《仪礼》者 10 余人。约 60 余卒。

仪礼先易 6 卷首 1 卷　经部仪礼类

清道光二十六年(1846)师教书屋刻本,南京图书馆藏。

仪礼要读 6 卷　经部仪礼类

清道光苏州绿荫堂刻本,南京图书馆藏。

仪礼通论 2 卷　经部仪礼类

见《吴县志·艺文考二》。

按:泾县朱琦对《先易》《通论》二书颇称之。

胡希周(? —1853)

字硕肤。清吴县人。嘉庆二十五年(1820)进士。官工部主事,河南归德知府。缘事降调,流寓休宁。咸丰三年(1853),太平军入休宁,被执不屈死。

崇辨堂文稿不分卷　集部别集类

清光绪元年(1875)四明茹古斋刻本,南京图书馆藏。

崇辨堂墨选不分卷　集部总集类

清胡希周评选

清道光崇辨堂刻本,苏州大学图书馆藏。

唐古赋选不分卷　集部总集类

清胡希周评选

清刻本,国家图书馆、南京图书馆藏。

宣　恒

字亘卿,号也憨。清元和甪直人。性落拓,富才艺。山水得意处似王翚。

憨龛诗稿　集部别集类　佚

姑存草　集部别集类　佚

以上2种见《吴县志·艺文考三》。

按:《印须集》卷4收其诗8首。

沈沂曾

字宗哲,一字稣羹,号雩门。清吴县人。清瑞子。嘉庆二十四年(1819)举人。早卒。

瘦吟草3卷　集部别集类

1942年吴县沈氏铅印本,上海图书馆藏。

春风庐词(一作瘦吟诗余)　集部词曲类

见《吴县志·艺文考二》。

按:《印须集》卷6收其诗8首。《国朝词综续编》卷8收其词2首。

谈履吉

字平之。清吴县木渎人。县学生。汪芑师从之。

抱香居吟草　集部别集类

见《木渎诗存》卷8,云稿藏汪芑家,并收其诗2首。

褚亨奭

字似召。清吴县人。

姑苏名贤后纪1卷　史部传记类

(1)《乙亥丛编》本。

(2) 清道光刻本,南京图书馆藏。

(3) 稿本,题《吴中先贤品节》,南开大学图书馆藏。

(4)《丛书集成续编》本,影印《乙亥丛编》本。

(5)《江苏人物传记丛刊》本。

按:道光《苏州府志》作《南濠人物纂》、同治《府志》作《吴中先贤品节》,王大隆以为即一书。

朱大焕

字启文。清元和人。精医理,好吟咏。候选县丞。

读易居吟稿　集部别集类　佚

见《吴县志·艺文考四》。

朱廷嘉

字心柏。清吴县人。精幼科。

朱氏实法10卷　子部医家类

清抄本,中国社会科学院图书馆藏。

按:包括《朱氏实法》4卷、《幼科》6卷、《伤寒科》1卷。

朱氏实法5卷　子部医家类

清抄本,苏州图书馆藏。

按:即《朱氏实法》4卷、《伤寒科》1卷。

朱氏实法幼科5卷　子部医家类

清抄本，上海中医药大学图书馆藏。

徐　麐

字架珊，号东山。清元和人。德弟。候选布政司经历。博学能文，专耽吟咏。道光十一年(1831)北旱南潦，作《惊洪涛》《睹哀鸿》诗伤之。卒年72。

东山诗草2卷　集部别集类

清同治六年(1867)徐氏赐书堂刻本，苏州图书馆藏。

蔡嘉玉

字静甫，初名习安，又名学海，字听香。清吴县人。道光二年(1822)优贡生。官四川汉州知州，署巴州、邛州。政得民心，有蔡青天之目。终浙江温州知府。暮年家居，贫甚，卖屋瓦门窗以食，汉、巴、邛三州人鸠数百金资之。未几卒。

听香诗草　集部别集类

见《吴县志·艺文考二》。

蜀中丛稿不分卷温州送别诗存1卷　集部别集类

清同治四年(1865)刻本，南京图书馆藏。

按：《丛稿》包括《汉州纪事诗》《重修汉州燕子堤诗》《汉州公署诗》《汉州续纪事诗》《汉州送别诗》《巴州邛州杂诗》等以及文若干。

念二史咏史诗注2卷　集部别集类

清道光十二年涵虚阁刻本，无锡市图书馆藏。

蔡　琨

字慎恭，号芷香。清吴县木渎人。诸生。工书法。

芷香诗钞　集部别集类　佚

见《吴县志·艺文考二》。

按：《木渎诗存》卷6收其诗2首。

李　珍

字浣霞。清吴县人。邦荣女，周素芳从女，举人赵嘉亨室。受诗于素芳。

裁云诗草　集部别集类　佚

见《吴县志·艺文考五》。

吴　均(？—1831)

字兰阶，号艺卿。清元和人。

霏玉轩诗草2卷　集部别集类

清道光刻《苔岑集初刊》本，北京大学图书馆藏。

陶怀诚

字芳芸。清长洲人。梁长女，知府郑训常室。

红豆馆诗草　集部别集类

见《小黛轩论诗诗》。

红豆树馆清芬集1卷　集部别集类

清刻本，苏州图书馆藏。

徐　淑

字慈岩。清吴县人。王子良妻。

兰笑词　集部词曲类

见《小檀栾室闺秀词钞》。

祝瑶绅(1791—1836)

字漱英。清苏州人。举人潘奕揆妻。年33守节。

漱英诗钞2卷　集部别集类　佚

见《吴县志·艺文考五》。

高骏烈(1791—1860)

字扬庭。清吴县人。附生。天资明敏,精于医学,活人无算。咸丰十年(1860)办团练抗太平军,战死,时年70。

医学明辨　子部医家类　佚

病证入门　子部医家类　佚

临证医案　子部医家类　佚

以上3种见《吴县志·艺文考二》。

按:《吴县志》本传云所著医书三种,遭兵燹散失。

陆　嵩(1791—1860)

原名介眉,字希孙,号方山,别号茗山外史。清元和人。文子,懋修父。道光十八年(1838),以优贡生授镇江府学训导。咸丰三年(1853),太平军逼京口,安置郡城逃亡南乡老弱妇幼,皆得晏然。为官操守廉洁,教士以品学为先。有经世才。儒而医,亦以学问行之。著述甚富。

诗说琐言　经部诗经类

诗地理证今　经部诗经类

说文引经异字考　经部小学类

五经集解　经部群经总义类

新旧唐书参考　史部正史类

以上5种见《吴县志·艺文考四》。

润州见闻录　史部杂史类

(1) 清末抄本,国家图书馆藏。

(2)《古红梅阁丛钞》本。

按:此书署茗山外史撰。陆嵩尝官镇江府训导,因记咸丰三年太平军入镇江事。

吴门已未纪事本末1卷　史部杂史类

吴门青衿录考证3卷　史部传记类

以上 2 种见《吴县志·艺文考八》。

癸丑京口日记 1 卷　史部传记类

稿本，上海图书馆藏。

按：癸丑为咸丰三年，卷端有茗山外史序。

吴郡陆氏族谱 16 卷首 1 卷　史部传记类

清咸丰间抄本，苏州图书馆藏。

庚癸日记 7 卷　史部传记类

医门辨证引方 2 卷　子部医家类

以上 2 种见《吴县志·艺文考四》。

易卢孙三家医案　子部医家类

清方山抄本，苏州图书馆藏。

续宋柴望丙丁龟鉴　子部术数类

见《吴县志·艺文考四》。

愤生野叟笔谈 1 卷　子部杂学类

稿本，苏州图书馆藏。

苏诗注集成　集部别集类

古文 2 卷　集部别集类

以上 2 种见《吴县志·艺文考四》。

愤生野叟文集 1 卷　集部别集类

稿本，苏州图书馆藏。

意茗山馆诗集 16 卷　集部别集类

(1) 清光绪十八年(1892)陆润庠京都刻本，上海图书馆藏。

(2) 叶廷琯《劫余所见诗录》本，1 卷，苏州图书馆藏。

(3)《续修四库全书》本，影印光绪刻本。

读杜一得　集部诗文评类

玉溪生诗解义　集部诗文评类

以上 2 种见《吴县志·艺文考四》。

黄寿凤(1791—?)

号桐叔，一作同叔。清长洲人。丕烈次子。诸生。兼擅篆刻，刻石仿文彭、何震，篆书学钱坫。

说文部首韵语1卷释1卷　经部小学类

(1) 清道光刻本，国家图书馆藏。

(2) 清同治十一年(1872)赖氏湖州刻本，南京图书馆藏。

(3) 1917年仓圣明智大学石印本，上海图书馆藏。

书印谱　子部艺术类

见王大隆《黄荛圃先生年谱补》。

郑　栋

字廷载，号可亭。清长洲人。诗有先民风范。尤工细楷，临摹从祖廷旸遗迹，几欲乱真。

养素庐诗3卷　集部别集类　佚

见《吴县志·艺文考三》。

徐　昀

字涧琴。清吴县木渎人。维撰子，元蓉弟，士伟父。太学生。

五星默识3卷　子部杂学类

见《吴县志·艺文考二》。

陈学诗(?—1849)

清元和人。本直子，光照弟。髫龄失怙，抱憾终天。屡应乡闱不售。后患心悸而亡。

烬余词草1卷　集部词曲类

清同治十二年(1873)陈光照刻《覆瓿诗草》附录本，北京大学图书馆藏。

陈兆虎(1792—1824)

字伯卿,号金门,又号金溪。清长洲人。三祝子。国学生。候选布政司经历。

醉月斋诗稿　集部别集类　佚

见《陈氏颍川支谱》。

石嘉吉(1792—1835)

字随五,号蔼士。清吴县人。钧子,渠父。善诗,为徐熊飞所赏识,石韫玉云其诗"志和音雅,守唐贤之正宗"。

观泉阁泉谱(一作听雨楼泉谱)12 卷　史部金石类

见《吴县志·艺文考二》。

听雨楼诗 1 卷　集部别集类

(1)《滂喜斋丛书》本(《石氏乔梓诗集》本)。

(2)《丛书集成初编》本。

(3) 稿本,存卷 2,上海图书馆藏。

按:《吴县志》作 4 卷。

同音集 56 卷　集部总集类

清王昶、许宝善选　石钧辑　石嘉吉编次

见"石钧"条。

本事诗 6 卷　集部总集类

未庭诗忆 6 卷　集部总集类

以上 2 种见《吴县志·艺文考二》。

三吴诗选　集部总集类

来鹤馆词稿　集部词曲类。

以上 2 种见《石氏宗谱》

顾　蕙(1792—1842)

字畹芳,一字纫秋。清吴县人。湘筠女,毛庆善妻。幼禀庭训,癖耽诗书,颜其居曰红豆书楼。擅山水,善写生,工诗。董国华、王壡、潘曾莹、王汝玉为作传。

劝孝编　子部儒学类　佚

格言类编　子部儒学类　佚

按:《吴县志》本传作《格言类纂》。

酿花庵小草　集部别集类　佚

以上3种见《吴县志·艺文考五》。

按:《闺秀词钞》卷13、《国朝词综续编》卷22各收其词1首。

沈传桂(1792—1849)

字隐之,一字闰生,号伽叔。清长洲人。道光十二年(1832)举人。好为诗,尤工于词,兼有南宋诸家之胜,与朱绶、沈彦曾等称"吴中七子"。主讲松陵书院。

东云草堂诗文集　集部别集类

匏叶斋诗稿　集部别集类

以上2种见《吴县志·艺文考三》。

海粟斋诗钞　集部别集类

见《印须集》卷7,并收其诗25首。

清梦庵二白词5卷附刻1卷　集部词曲类

(1) 清道光二十五年刻本,上海图书馆藏。

(2) 清同治十一年(1872)沈宝恒补刻本,上海图书馆藏。

(3)《续修四库全书》本,影印道光刻本。

帚云词　集部词曲类

见清邵堂《大小雅堂诗钞》卷4。

按:《全清词钞》卷20收其词10首。

潘曾沂(1792—1853)

字企曾,号功甫,又号春泉、瑟庵、小浮山人。清吴县人。世恩长子。嘉庆二十一年(1816)举人。历内阁中书、国史馆分校、议叙光禄寺署正衔。藏书数栋,毁于咸丰九年(1859)战火。

潘功甫自订年谱1卷续1卷(又名小浮山人年谱)　史部传记类

清潘曾沂自订　子仪凤续

清刻本,南京图书馆藏。

吴门表隐24卷　史部传记类

清顾震涛撰　潘曾沂编

见“顾震涛”条。

开元寺志不分卷　史部地理类

1921年武进冯嘉锡铅印本,上海图书馆藏。

丰豫庄本书1卷　子部农家类

(1) 清道光刻本,苏州图书馆藏。

(2)《莲池四种》本。

(3)《津河广仁堂所刻书》本。

(4) 清抄《区种五种》本,国家图书馆藏。

(5)《区种十种》本,题《区田法》。

(6) 清光绪三年(1877)获训堂刻本,吉林大学图书馆藏。

功甫小集11卷　集部别集类

(1) 清嘉庆刻本,5卷,南京图书馆藏。

(2) 清嘉庆刻本,8卷,中国社会科学院图书馆藏。

(3) 清嘉庆刻本,上海图书馆藏。

(4) 清咸丰四年重刻本,苏州图书馆藏。

(5) 清同治八年(1869)潘仪凤重刻本,上海图书馆藏。

放猿集1卷桐江集1卷江山风月集1卷附船庵词1卷年谱1卷　集部别集类

清咸丰二年刻本,苏州图书馆藏。

东津馆文集3卷　集部别集类

清咸丰八年刻本,苏州图书馆藏。

船庵集诗12卷闭门集6卷船庵词1卷　集部别集类

(1) 清光绪五年潘祖荫滂喜斋刻本,国家图书馆藏。

(2) 清抄本,《闭门集》12卷词1卷,无锡市图书馆藏。

小浮山梦志2卷　集部别集类

护生庵集1卷　集部别集类

临顿郊居集　集部别集类

以上3种见《吴县志·艺文考二》。

按:《印须集》卷8收其诗24首,《国朝词综》卷7收其词2首。

王汝翼(1792—1853)

字右民,号静轩。清元和人。鸣盛孙,汝平弟。增生。性醇谨。从高毓岱游。治学以主静存诚为本,以通经致用为务,不专治词章。中年三子继亡,中怀抑郁,遂闭户读书,不问世事。卒葬吴县支硎山先茔。

蟫余经说　经部群经总义类　佚

两汉析疑8卷　史部史评类　佚

述祖录　史部传记类　佚

静轩印存　史部金石类　佚

朴学斋诗文钞　集部别集类　佚

田泾小录　集部别集类　佚

以上6种见《续王氏世谱》卷9。

静轩骈文剩稿1卷　集部别集类

《先泽残存》本。

顾元凯(1792—1857)

字佐虞,号杏楼,又号宾四。清长洲人。若曾子。居城中因果巷。

副贡。官至浔州知府。

订证十三经注疏　经部群经总义类　佚

读史节要　史部史钞类　佚

订证玉海　子部类书类　佚

小小秀野草堂诗集　集部别集类　佚

茶余草　集部别集类　佚

于役草　集部别集类　佚

待雪舫草　集部别集类　佚

订证昭明文选　集部总集类　佚

以上8种见《吴县志·艺文考三》。

秀野草堂集66卷秀野公自订年谱1卷　集部别集类

清顾嗣立撰

清道光二十八年(1848)顾氏浔阳郡舍刻本,国家图书馆藏。

宝铁斋诗录不分卷　集部别集类

清韩崇撰

清道光二十九年顾氏浔阳郡舍刻本,国家图书馆藏。

按:韩崇与顾元凯为姻亲。

顾氏七种9卷　丛书类

清道光二十八年顾氏浔阳郡署刻本,复旦大学图书馆藏。

彭蕴章(1792—1862)

原名琮达,小字铁宝,后改今名,以原名为字,号咏莪、小园。清长洲人。启丰曾孙。道光十五年(1835)进士。改主事,累官尚书、军机大臣、武英殿大学士。前后值枢垣最久,明习掌故,襄赞军国大事,甚得宠信。咸丰十年(1860)乞归。原本家学,诵法洛闽,邃义理之学。工诗文,亦善书画。同治元年(1862)卒,谥文敬。

大学古本辑注1卷　经部四书类

见《彭氏家谱》。

小园纪年1卷　史部传记类

稿本，南京图书馆藏。

诒谷老人自订年谱1卷　史部传记类

(1)《彭文敬公全集》本。

(2) 清光绪六年(1880)彭慰高刻本，增行状1卷，上海图书馆藏。

钦定续纂外藩蒙古回部王公传12卷表12卷　史部传记类

清咸丰九年内府刻本，台北故宫博物院等藏。

内阁汉票签中书舍人题名1卷　史部传记类

清彭蕴章、鲍康等辑

(1) 清咸丰十一年直房刻本，浙江图书馆藏。

(2) 清咸丰十一年刻光绪十六年王鹏运增刻本，绍兴鲁迅纪念馆藏。

彭中堂陈情查办古吴老农书本　史部政书类

清抄本，国家图书馆藏。

归朴庵金石跋1卷　史部目录类

清抄本，浙江图书馆藏。

徇铎庄言1卷　子部儒学类

(1) 清道光刻本，华东师范大学图书馆藏。

(2) 清咸丰刻本，平湖市图书馆藏。

老学庵读书记4卷　子部儒学类

《彭文敬公全集》本。

榕窗随笔1卷　子部杂学类

见《彭氏家谱》，云待刊。

归朴庵丛稿12卷续编4卷　集部别集类

(1) 清道光二十八年刻本，无续编，中山大学图书馆藏。

(2)《彭文敬公全集》本。

松风阁诗钞26卷　集部别集类

《彭文敬公全集》本。

松风阁诗钞 8 卷附瓜蔓词 1 卷　集部别集类

清道光二十六年刻本，浙江图书馆藏。

鹤和楼制义 2 卷补编 1 卷　集部别集类

(1) 清光绪《长洲彭氏家集》本。

(2)《彭文敬公全集》本，不分卷。

松风阁诗钞不分卷榕窗随笔不分卷　集部别集类

稿本，国家图书馆藏。

涧东集 3 卷　集部别集类

清道光刻本，浙江图书馆藏。

彭文敬公全集 42 卷年谱 1 卷　集部别集类

(1) 清同治间长洲彭氏汇刻本，上海图书馆藏。

(2)《清代诗文集汇编》本，影印同治刻本。

(3)《续修四库全书》本，影印同治刻本。

按：《全清词钞》卷 20 收其词 2 首。

叶廷琯(1792—1869)

字紫阳，号调生，又号爱棠、苕生，晚号蜕翁、蜕庐病隐、十如老人。清吴县人。陈文述婿。嘉庆十七年(1812)补县学生，道光五年(1825)贡成均。咸丰五年(1855)助饷，例得复授训导候选。十年，避地上海。同治初，举孝廉方正，不就。淡于荣利，潜心朴学，一以考订经史为乐。工诗文。与王汝玉、张熠友。家素丰，多藏书，喜金石书画，兼通医理。

石林先生礼记解 2 卷　经部礼记类

宋叶梦得撰　清叶廷琯辑

稿本，南京图书馆藏。

四书辨释备考 1 卷补遗 1 卷　经部四书类

(1) 稿本，苏州图书馆藏。

(2) 张炳翔抄本，苏州图书馆藏。

文献通考采石林先生诸说 1 卷　史部政书类

清叶廷琯辑

稿本，南京图书馆藏。

读鉴琐言2卷　史部史评类

清咸丰九年抄本，苏州图书馆藏。

楙花庵日记　史部传记类

稿本，自咸丰十年正月迄十一年十二月，南京图书馆藏。

按：南京图书馆又著录有《叶调生日记》稿本一种，经李军考订为陈德铭撰。

吴城日记3卷附眉叟年谱1卷　史部传记类

清佚名撰　《年谱》许洽撰　叶廷琯辑

(1) 清抄本，苏州博物馆藏。

(2) 潘琢如抄本，南京图书馆藏。

(3) 1985年江苏古籍出版社《江苏地方文献丛书》本。

按：《吴城日记》记顺治二年(1645)清兵初到吴门诸事。始于顺治二年五月十一日，终于顺治十年八月。日记记录有不少清兵的残暴行径，亦记有吴地民众的各种抵抗。而其所记吴地民众心态，尤值得关注。

游石公山记1卷　史部地理类

(1)《小方壶斋舆地丛钞》本。

(2)《吴中小志丛刊》本。

按：石公山位于太湖中，此记作者游览石公山所见。作者写湖、山、亭、洞、禅院、众峰胜景，真切自然，让后人亦如见此佳境。

吹网录6卷　子部杂学类

(1) 清同治八年(1869)刻本，与《鸥陂渔话》合刻，名《叶调生遗书》，苏州图书馆藏。

(2)《清代笔记丛刊》本。

(3)《笔记小说大观》本。

(4) 稿本，南京图书馆藏。

(5) 稿本，存卷3—6，附《余录》6卷，中国科学院图书馆藏。

(6) 1935年大连图书供应社铅印本，上海图书馆藏。

(7)《续修四库全书》本，影印同治刻本。

鸥陂渔话6卷　子部杂学类

(1) 清同治八年刻本，与《吹网录》合刻，苏州图书馆藏。

(2)《清代笔记丛刊》本。

(3)《笔记小说大观》本。

(4) 稿本，南京图书馆藏。

(5)《续修四库全书》本，影印同治刻本。

岩下放言3卷拾遗1卷　子部杂学类

宋叶梦得撰　清叶廷琯辑校

清道光二十六年吴中叶氏刻本，国家图书馆藏。

按：苏州图书馆另藏叶氏两部批校本。

石林燕语集辨10卷附录1卷　子部杂学类

清叶廷琯、胡珽集辨

稿本，南京图书馆藏。

楙花庵诗2卷附录1卷外集1卷　集部别集类

(1)《滂喜斋丛书》本(《二苕诗集》本)。

(2)《丛书集成初编》本。

(3)《续修四库全书》本，影印《滂喜斋丛书》本。

楙花庵遗文1卷存诗1卷　集部别集类

稿本，苏州图书馆藏。

叶调生诗稿6种6卷　集部别集类

稿本，南京图书馆藏。

按：包括《碧螺山馆诗草》《病中摘句怀人诗》《劫余草》《海角畸人诗》《楙花庵诗忆存草》《楙花庵诗钞》各1卷。

石林居士建康集8卷补遗1卷石林先生两镇建康纪年略1卷　集部别集类

宋叶梦得撰　《两镇建康纪年略》清叶廷琯撰

清道光二十四年刻本,国家图书馆藏。

元遗山诗选2卷补遗1卷中州集选1卷补遗1卷　集部别集类

金元好问撰　清叶廷琯辑

稿本,上海图书馆藏。

苔岑诗录不分卷　集部总集类

稿本,上海图书馆藏。

蜕翁所见诗录前编10卷后编□□卷　集部总集类

清叶廷琯辑

(1) 稿本,前编存卷1—2、4—10,后编存卷3,苏州图书馆藏。

(2) 稿本,前编存卷1—4,苏州图书馆藏。

(3) 清光绪六年潘氏滂喜斋刻本,前编10卷,上海图书馆藏。

按:此书一名《劫余所见诗录》,前编一名《感逝集》,后编一名《赏奇集》。所辑皆太平天国以后诸家诗文,尤以江浙沪诗人居多,共计128家,其中苏州一地62家,不但是研究吴越诗人的重要文献,而且还是研究太平天国起义时期社会民生的重要资料。

金文最拾遗1卷　集部总集类

清叶廷琯辑

(1) 稿本,南京图书馆藏。

(2)《续修四库全书》本,影印稿本。

石林诗话3卷拾遗1卷附录1卷拾遗补1卷附录补遗1卷　集部诗文评类

宋叶梦得撰　《拾遗》《附录》叶廷琯辑　《拾遗补》《附录补遗》近人叶德辉辑

(1) 清道光二十四年叶孝培等刻本,叶廷琯校并跋,南京图书馆藏。

(2)《石林遗书》本。

(3)《郎园先生全书》本。

石林词1卷补遗1卷　集部词曲类

宋叶梦得撰　清叶廷琯校并补遗

清道光二十九年吴门叶氏楙花庵刻本,国家图书馆藏。

叶祖培

字天承。清吴县人。

玉峰吟稿　集部别集类

见《印须又续集》卷6,并收其诗5首。

顾大田

字春林。清长洲人。文烜孙。从徐锦习医,名亦颇著于时。

利济堂医案　子部医家类

清顾大田撰　金鼎辑

清抄本,中国科学院图书馆藏。

医门秘籍附良方验案　子部医家类

清顾大田撰　金鼎辑

清平远楼抄本,苏州中医院图书馆藏。

潘维城

字阆如、朗如。清吴县人。道光岁贡生,候选训导。从同里夏文焘游,继受业元和李锐,为钱大昕再传弟子。治经有师法,以《论语》为何晏所乱,惟笃于郑注,并采汉魏古义及近儒之说为笺证。

鲁诗述故2卷　经部四书类　佚

见徐世昌《清儒学案》,云已佚。

论语古注集笺10卷考1卷　经部四书类

(1) 清光绪七年(1881)江苏书局刻本,苏州图书馆藏。

(2)《续修四库全书》本,影印江苏书局刻本。

论语古注集笺20卷　经部四书类

《皇清经解续编》本。

群经索引2卷　经部群经总义类

说文索引2卷　经部小学类

以上2种见徐世昌《清儒学案》，皆未写定。

虚字韵薮5卷　经部小学类

(1) 清道光二十八年(1848)刻本，南京图书馆藏。

(2) 清光绪二年京都尚有堂刻本，北京大学图书馆藏。

(3) 清抄本，苏州图书馆藏。

(4) 清张炳翔增订本，6卷，苏州图书馆藏。

(5)《诗韵全璧》附录本，1卷。

寿花庐偶录草2卷　集部别集类

见徐世昌《清儒学案》，未写定。

毛永柏

字素存。清吴县人。永椿兄。咸丰间官山东青州知府。

(咸丰)青州府志64卷　史部地理类

清毛永柏修　李图、刘耀椿纂

(1) 清咸丰九年(1859)刻本，南京图书馆藏。

(2)《中国地方志集成》本。

小红薇馆吟草4卷　集部别集类

小红薇馆拾余诗钞4卷　集部别集类

(1) 以上2种有《苔岑集初刊》本，见“蒋棨渭”条。

(2)《清代诗文集汇编》本，影印《苔岑集初刊》本。

钱瑶鹤(? —1830)

字白仙，号子霞。清长洲人。国子生。楷书精绝，得意处往往在顾元熙上。

焦尾编2卷　集部别集类

《苔岑集初刊》本。

敝帚草　集部别集类

见《吴县志·艺文考三》。

按:《印须集》卷 5 收其诗 18 首。

谢兰因

字雪卿。清元和人。钱瑶鹤妻。嫁 10 年卒。

同心栀子室剩草　集部别集类

见《柳絮集》。

俞汝昌

字乃凡。清吴郡人。博学好古,于载籍多所通览,尤好读唐诗。

唐诗别裁集引典备注 20 卷　集部总集类

清沈德潜辑　俞汝昌注

(1) 清道光十八年(1838)白鹿山房刻本,温州市图书馆藏。

(2) 清资善堂刻本,绍兴图书馆藏。

(3) 清富春堂刻本,辽宁大学图书馆藏。

(4) 清光绪二十一年(1895)文海书局石印本,苏州大学图书馆藏。

(5) 清光绪二十四年上海观澜阁石印本,浙江图书馆藏。

按:是集有阮元、叶绍本和汪棨序,俱对俞注备加赞赏。

夏学礼

字立卿,号鹅溪。清元和人。苏州府学生。

兰亭序印存 1 卷　子部艺术类

清道光七年(1827)钤印本,西泠印社藏。

吟梅花馆诗存　集部别集类

见《吴县志·艺文考四》。

按:《印须又续集》卷 4 收其诗 2 首。

刘　纲

字孚三。清元和甪里人。与严兆麒等结诗文社，以古学相砥砺。

双杏轩賸稿　集部别集类　佚

见《吴郡甪里人物考》卷13。

顾开均

字仲安。清吴县人。国子生，候选理问。家植紫薇，故以名馆。又筑清闷阁，藏玉玲珑琴。

紫薇花馆诗钞　集部别集类

见《吴县志·艺文考二》。

颐素草堂诗　集部别集类

见《印须续集》卷3，并收其诗4首。

玉玲珑馆盆梅唱和集2卷　集部总集类

清顾开均辑

清道光刻本，南京图书馆藏。

玉玲珑馆盆梅唱和二集1卷　集部总集类

清顾开均辑

清刻本，上海图书馆藏。

叶保元

字掌和，号熙亭。清吴县东山人。太学生。精岐黄。卒年73。

伤寒玉液　子部医家类

见《吴中叶氏族谱》卷57。

徐宗旸

字清华，号臼谷。清吴县西山人。岁贡生。师木渎徐华岳。能诗，精于医。

红芍药斋医草 16 卷　子部医家类

诗稿 10 卷　集部别集类

以上 2 种见《吴县志·艺文考二》，潘世恩为之序。

按：《木渎诗存》卷 8 收其诗 2 首。

彭兆梅

字子俞，号秋子，一号小桐。清元和人。国子生。

谏果斋诗　集部别集类　佚

见《印须续集》卷 3，并收其诗 8 首。

金　鼐

字煦堂。清吴县人。

光福全真道院小志 1 卷　史部地理类

清顾承阅定　马良玉编录　顾震涛、金鼐等参辑

清道光二十年(1840)刻本，苏州图书馆藏。

汪宝崧(1793—1835)

字生甫，号友竹，又号小鹤。清吴县人。监生。善属文，长于律赋。家藏历代名画甚夥，澄怀博观，遂悟画法。作花卉山水，雅近华嵒，间写细竹，尤为时称。

玉树山房遗集 4 卷　集部别集类

(1) 清抄本，国家图书馆藏。

(2) 民国铅印本，苏州图书馆藏。

按：此集为归安钱振纶于咸丰十年(1860)辑编，包括古赋 1 卷、骈体文 1 卷、古今体诗并诗余 1 卷、律赋试帖 1 卷。

沈　亮

字寅生，号朗亭。清长洲人。诸生。曾任泰县胡公书院山长。精

六书。佐魏茂林校《骈雅训纂》。与夏荃友善。

松籁阁遗诗 4 卷　集部别集类

见《吴县志·艺文考三》。

按:《印须又续集》卷 1 收其诗 18 首。

陶怀瑾

号啸谷。清元和人。

斜川书屋吟稿　集部别集类

见《印须又续集》卷 4,并收其诗 2 首。

王嘉福

字谷之,号二波。清长洲人。芑孙次子,嗣翼孙。诸生。荫云骑尉世职,官至靖江营守备。工诗词。道光十六年(1836)前后仍在世。

仲雅堂诗稿　集部别集类

见《吴县志·艺文考三》。

二波轩诗选 4 卷　集部别集类

清道光十七年刻本,南京图书馆藏。

二波轩词选　集部词曲类

(1) 清道光十四年刻本,2 卷,上海图书馆藏。

(2) 清道光刻本,3 卷,北京师范大学图书馆藏。

(3) 清道光十七年刻本,4 卷,华东师范大学图书馆藏。

丽香馆诗词话　集部诗文评类

见《吴县志·艺文考三》。

按:《印须集》收其诗 17 首,《国朝词综续编》收其词 11 首。

蒋庆保(? —1859)

字伯醇,号佑卿。清元和人。湖南候补州吏目,署东安县典史。咸丰九年(1859)粤军攻东安,偕守令据守,城破死。

碧螺馆诗录　集部别集类

见《吴县志·艺文考四》。

按:《印须又续集》卷1收其诗4首。

吴钟庆

字云陛。清长洲人。嘉庆二十四年(1819)举人。

归真返璞斋诗草1卷　集部别集类

稿本,苏州图书馆藏。

韩全仁

清长洲人。云骏高祖。

昼锦堂家训　子部儒学类　佚

见《清代硃卷集成》"韩云骏"条。

吴经堃(1794—1838)

字厚安,号慎庵。清吴县人。大澂祖父。

皋庑吴氏家乘6卷　史部传记类

清吴经堃等修

清道光九年(1829)至十一年刻本,苏州图书馆藏。

陈　烱(1794—1840)

字寅甫,号月坨。清元和人。朴次子。幼慧而体弱,年26始补博士弟子员。道光十二年(1832)举人。少从江沅学,又从其从兄奂讲习,故精通汉学,并肆力于诗,兼及书画。

煮凌霄榭诗集6卷　集部别集类

(1) 清道光二十一年刻本,国家图书馆藏。

(2) 清光绪十一年(1885)刻本,南京图书馆藏。

(3) 叶廷琯《劫余所见诗录》本,1卷,苏州图书馆藏。

按:与陈朴《草草书屋賸稿》同刻。

彭　翊(1794—1852)

字尹达,号仲山。清长洲人。启丰曾孙,蕴章弟。隐居不仕,并力为古文。工花卉,善隶书,书法唐人。好施予。

彭氏宗谱 8 卷　史部传记类

清彭翊增修

清道光九年(1829)苏州彭氏刻本,南京图书馆藏。

无近名斋文钞 4 卷杂著 2 卷论文杂忆 1 卷时文 1 卷　集部别集类

清道光二十二年苏州彭氏刻本,国家图书馆藏。

无近名斋文钞 4 卷二编 2 卷外编 1 卷杂著 2 卷二编 1 卷　集部别集类

清光绪十年(1884)重刻本,上海图书馆藏。

历代诗钞不分卷　集部总集类

稿本,南京图书馆藏。

词余偶钞不分卷　集部词曲类

清彭翊辑评

稿本,吴梅跋,国家图书馆藏。

严兆鹤(1794—1852)

字翔霄,一字于野,号芝田。清元和人。家善长子。诸生。

学吟草　集部别集类

见《印须又续集》卷 4,并收其诗 2 首。

存素堂诗 8 卷　集部别集类

清同治抄本,南京图书馆藏。

高云逵

字鉴湖。清吴县人。

慈石山房诗钞 4 卷　集部别集类　佚

见《吴县志·艺文考二》。

按:《印须续集》卷3收其诗5首。

周世椿

字云枝。清吴县人。

醉红仙馆学吟稿　集部别集类　佚

见《吴县志·艺文考二》。

按:《印须续集》卷3收其诗3首。

戴赓保

字勉斋。清元和人。官浙江布政司理问。咸丰之乱殉难。

忆梅词(一作小石山馆词)　集部词曲类　佚

见《国朝词综续编》卷21,并收其词1首。

彭兆梧

字遹孙,号镜山,一号小陶。清元和人。

停琴伫月轩稿　集部别集类　佚

见《印须续集》卷6,并收其诗3首。

陆　椿

字灵一,号散木。清元和人。吴庠生。起仙从子。博学经史,尤精选学。其余课艺,无不继武起仙。

增广事类赋40卷　子部类书类

见《吴县志·艺文考二》。

李德馨

字万荣,号希白。清元和人。

学吟小草　集部别集类　佚

见《印须又续集》卷4,并收其诗2首。

黄容彦

字实卿,号霞轩。清元和人。诸生。

丰玉堂诗钞　集部别集类　佚

见《印须又续集》卷2,并收其诗4首。

顾　锦

字日瞿,后改名惺,字术民,号少竺、涤庵。清新阳人,迁元和甫里。从沈焘学医,名重一时。年76。

用药分类1卷　子部医家类　佚

见《吴县志·艺文考四》。

用药要诀1卷　子部医家类　佚

见《吴县志》卷75下本传。

涤盦诗钞4卷　集部别集类

清咸丰七年(1857)刻本,南京图书馆藏。

宋清寿(?—1860)

字介眉,一作介楣。清元和人。廪贡生。太仓州学正。咸丰元年(1851),举孝廉方正。十年六月,死于太平军战事。

鹤巢经笺20卷鳣序琐闻4卷续4卷　经部群经总义类

(1) 清道光二十四年(1844)刻本,上海图书馆藏。

(2)《四库未收书辑刊》本,影印道光刻本。

颐道堂试帖诗1卷　集部别集类

清刻本,苏州大学图书馆藏。

就正斋帖题诗注4卷　集部别集类

清陈钟麟撰　宋清寿注　金凤沼校

清道光十年文渊堂刻本,北京大学图书馆藏。

金研香先生文稿1卷续稿1卷　集部别集类

清金澄撰　宋清寿、金凤沼校

清道光九年刻本，无锡市图书馆藏。

新科乡墨衡裁1卷　集部总集类

清宋清寿、吴钟骏选

清道光二十六年刻本，浙江图书馆藏。

小试拾芥编初集不分卷二集不分卷　集部总集类

清宋清寿、吴钟骏选

清道光十年刻本，苏州大学图书馆藏。

沈彦曾

字士美，号兰如。清长洲人。诸生。喜游历。工于词，与沈传桂、王嘉禄等称“吴中七子”。

兰素词1卷　集部词曲类

(1)《吴中七家词》本。

(2) 清抄《吴中五家词》本，国家图书馆藏。

按:《国朝词综续编》卷17收其词10首。

徐士伟

号藕舲。清吴县木渎人。维撰孙，毓骏父。精篆刻。

花屿吟草　集部别集类

见《木渎小志》卷3。

钵华馆诗钞2卷　集部别集类

清道光七年(1827)翔晖阁刻本，上海图书馆藏。

俞澍霖

字雨亭。清元和人。

半间楼小草　集部别集类

见《印须续集》卷6,并收其诗4首。

陆毓麟

号云峰。清吴县人。道光岁贡生。候选训导。

光福全真道院小志1卷　史部地理类

清顾承阅定　马良玉编录　顾震涛、陆毓麟等参辑

清道光二十年(1840)刻本,苏州图书馆藏。

按:《印须又续集》卷5收其诗2首。

吴士俊

字惕如。清长洲人。邦达子。

陔余丛草14卷　集部别集类

半闲斋吟草1卷　集部别集类

以上2种见《吴县志·艺文考三》。

吴士俊诗文集不分卷　集部别集类

稿本,南京图书馆藏。

按:同时另有一吴士俊,字傅岩,直隶天津人,著有《蕉雨山房诗钞》《傅岩读史闲评》等。

翁　昱

字旭升。清吴县人。以廪生充文颖馆誊录,铨江西安仁、上犹县丞,摄宜黄知县。卒于官。

试律须知1卷　集部诗文评类

《逊敏堂丛书》本。

申昭模

改名廷锐,字范之,号子梁,又号吉庭。清元和人。治安子。诸生。工诗词。

刻楮草　集部别集类

见《印须又续集》卷5，并收其诗14首。

织绡庐词　集部词曲类

见《国朝词综续编》卷18。

叶　珪

清吴县东山人。

自怡轩屏锦诗词集　集部别集类

见《乡志类稿·艺文》。

按：《吴中叶氏族谱》卷23有叶珪（1798—1860），字桐君，署吴江县教谕，不知即此人否。

王玉桂（1795—1821）

字子阳，号东桥。清吴县人。心一六世孙，滋畹子。年弱冠补博士弟子员，道光元年（1821）恩科赴省试，疾作，未及归，卒于毗陵。

述雅若干卷　经部小学类　佚

诗文稿若干卷　集部别集类　佚

以上2种见顾承《吴中耆旧记》。

林　璨

字素卿，号珠史。清元和人。王玉桂妻。

玉屑诗　集部别集类　佚

见《柳絮集》。

周曾毓（1795—1859）

字采三，一字格人、莴珊。清吴县人。宗元孙。嘉庆二十一年（1816）举人，二十四年进士。官国子监学正。妻吴佩萱、女周莲甫皆能诗。

河东盐法志　史部政书类　佚

水利考　史部地理类　佚

阳城小草2卷　集部别集类　佚

以上3种见《吴县志·艺文考二》。

夏尚志(1795—?)

字静甫。清吴县人。官武康县丞。历游蜀、晋、浙、闽等地,见闻皆结为诗文。

尘海劳人草18卷关河清啸词1卷退思居杂著5卷　集部别集类

(1) 清咸丰四年(1854)刻本,复旦大学图书馆藏。

(2)《清代诗文集汇编》本。

按:《国朝词综续编》卷8收其词2首。

孙麟趾(?—1860)

字清瑞,号月坡。清长洲人。诸生。有才不遇,幕游数十年,后入宝山令张某幕。晚乃归里,居城东陋巷,未数月,太平军陷苏城,不知所终。

长啸轩诗稿1卷月坡词1卷　集部别集类

(1) 清潘钟瑞抄本,上海图书馆藏。

(2) 叶廷琯《劫余所见诗录》本,无《月坡词》,苏州图书馆藏。

(3) 稿本,诗1卷,苏州图书馆藏。

□左草1卷　集部别集类

清抄《名家诗词丛钞》本,国家图书馆藏。

虎口余生集　集部别集类

见《吴县志·艺文考三》。

无隐斋文集　集部别集类

白云庵诗　集部别集类

洗钵录　集部别集类

冷云居录　集部别集类

石臼集选　集部别集类

清邢昉撰　孙麟趾辑

陋轩集选　集部别集类

清吴嘉纪撰　孙麟趾辑

碎锦集　集部别集类

以上7种见汤贻芬《江东词社词选》卷首小传。

秋露词1卷　集部词曲类

清抄本，南京图书馆、天一阁藏。

绣鸳词1卷　集部词曲类

清抄本，天一阁藏。

拜玉词1卷　集部词曲类

清刻本，中山大学图书馆藏。

凤箫词1卷　集部词曲类

清道光二十九年(1849)刻本，上海图书馆藏。

零珠词1卷　集部词曲类

清咸丰六年(1856)刻本，上海图书馆藏。

采药词1卷　集部词曲类

清咸丰五年刻本，上海图书馆藏。

倚兰词1卷　集部词曲类

清咸丰刻本，浙江图书馆藏。

月坡词2卷拾遗1卷　集部词曲类

清潘钟瑞抄本，上海图书馆藏。

碎玉词1卷　集部词曲类

见《全清词钞》卷26，并收其词3首。

海角词1卷　集部词曲类

说梦词　集部词曲类

补篱词　集部词曲类

岚漪词　集部词曲类

听艨词　集部词曲类

问鹤词　集部词曲类

水榭词　集部词曲类

敂门词　集部词曲类

秦淮枯柳唱和词　集部词曲类

琴川词　集部词曲类

以上10种见《吴县志·艺文考三》。

孙清瑞词11种　集部词曲类

残抄本，见《著砚楼书跋》。

按：十一种为《倡和词》《说梦词》《秋露词》《拜玉词》《凤箫词》《叩门词》《补篱词》《折柳词》《倚兰词》《问鹤词》《绣鸳词》。

绝妙近词6卷　集部词曲类

孙麟趾辑

清咸丰五年刻本，南京图书馆藏。

国朝七家词选不分卷　集部词曲类

(1) 清抄本，上海图书馆藏。

(2) 清抄本，南京图书馆藏。

(3) 清光绪二十四年(1898)刻本，张鸣珂续选1卷，苏州图书馆藏。

按：选厉鹗、林蕃钟、郭麐、吴锡麒、周之琦、吴翌凤、汪全德七家词。

雅词万选　集部词曲类

一鱼庵词话　集部词曲类

词的　集部词曲类

词学正宗　集部词曲类

以上4种见汤贻芬辑《江东词社词选》卷首小传。

词韵指南1卷　集部词曲类

见《全清词钞》卷26。

绝妙近词续选 1 卷　集部词曲类

清抄本，南京图书馆藏。

词径 1 卷　集部词曲类

(1)《词话丛钞》本。

(2)《词话丛编》本。

(3) 清抄本，上海图书馆藏。

张锦珠(1796—1856)

字紫崖，又字渊生。清吴县人，一作长洲人。道光五年(1825)副榜贡，十二年举人。官宝山训导。咸丰初，委署丹徒县教谕，选授萧县教授，皆不赴。年 61 卒于家。

诗集说 4 卷　经部诗经类　佚

礼说 10 卷　经部三礼总义类　佚

以上 2 种见《吴县志·艺文考二》。

程庭桂(1796—1868)

字芳仲，号楞香(亦作轮香)、琴孙。清吴县人。住阊门外南濠葱菜河头。道光六年(1826)进士。由主事历官都察院左副都御史、顺天学政、山东按察司使。咸丰八年(1858)，任顺天乡试副考官，以科场案获谴，减死，谪戍黑龙江，久之赦还。后为苏州紫阳书院山长。

春秋希通 1 卷　经部春秋总义类

清咸丰十一年刻本，苏州图书馆藏。

戍庐随笔 1 卷　子部杂学类

清刻本，上海图书馆藏。

二乐堂稿　集部别集类

见《清代硃卷集成》“程铭敬”条。

王嘉福(1796—1877)

字映萱,一字孟康,号铁卿。清长洲人。道光十七年(1837)举人。授淮安府安东县教谕,升广东始兴县知县。与太平军战,加同知衔,旋以表病乞归,卒年82。

按:同时另有一王嘉福,字谷之,号二波,著有《二波轩诗词选》。

正心堂诗稿　集部别集类

见《吴县志·艺文考三》。

顾春福(1796—?)

字梦芗。清吴县洞庭东山人。善画人物,笔意颇似改琦。家有隐梅庵,环植梅数百本,营生圹其中,自度新曲,曰《隐梅乐》。

隐梅庵日记　史部传记类

稿本,同治元年(1862)四月至十二月,南京图书馆藏。

隐梅集　集部别集类

见《吴县志·艺文考二》。

隐梅乐1卷七夕词1卷　集部词曲类

(1) 清咸丰八年(1858)刻本,温州市图书馆藏。

(2) 清抄本,南京图书馆藏。

徐士鋐

清吴县人。

濠南吟草　集部别集类

见《吴县志·艺文考二》。

按:《清嘉录》中多引徐士鋐《吴中竹枝词》,《桐桥倚棹录》又引徐士鋐《里俗聊闻》,疑皆一人。

徐　堂

清吴县人。

吴郡徐氏宗谱不分卷　史部传记类

清同治抄本，苏州博物馆藏。

叶良璧

字侣苍。清吴县杨湾人。

英云梦诗草　集部别集类　佚

见《吴中叶氏族谱》卷57。

宋景卫

字茂漪。清元和人。同知敷伦女，受聘长洲诸生程树。树年11补县学生，有神童之目，未几夭折，景卫过门守贞。

宋贞女诗　集部别集类

见《柳絮集》。

按：《吴县志·杂记二》云有《正俗歌》《修身尽伦歌》。

按：《江苏诗征》卷174收其诗1首。

彭兆桢

字元起，号小飔。清元和人。父庆长，畜书画数万卷。兆桢幼体弱而聋，不能读书，从昭文蒋宝龄学画，其用笔近王学浩。诗承家学。

画话　子部艺术类　佚

优钵罗花馆吟稿　集部别集类　佚

以上2种见《吴县志·艺文考四》。

涧南书屋吟草　集部别集类　佚

见《印须续集》卷6，并收其诗3首。

严良杕

字左生。清吴县人。与张尔旦等善。妾翁素鸾，亦擅诗。

冰瓯馆诗存　集部别集类

王仁福抄本，见《乡志类稿·艺文》。

周锡瓒

字钟溪，号芥舟，晚号葭湄居士。清苏州人。初攻时艺，一试不售辄弃去，惟以教授自给。字法端楷，手抄唐宋人诗及里中前辈诗文集，裒然可观。

寄寄吟稿　集部别集类　佚

见《贞丰诗萃》卷3，并收其诗12首。

王嘉禄(1797—1824)

字绥之，号井叔。清长洲人。芑孙季子。诸生。年14入庠。诗宗汉魏盛唐，才调宏富，与朱绶齐名，号为"朱王"。亦善填词。卒时嘱元和蒋志凝定其诗。

嗣雅堂诗存5卷　集部别集类

(1) 清道光二十六年(1846)彭蕴章刻本，上海图书馆藏。

(2) 清光绪三十二年(1906)重刻本，南开大学图书馆藏。

按：《吴县志·艺文考三》作《嗣雅堂诗》20卷。

井叔诗钞1卷　集部别集类

清抄本，苏州大学图书馆藏。

冬读书斋集　集部别集类

见《印须集》卷8，并收其诗23首。

西泠怀古集10卷　集部别集类

清陈文述撰　王嘉禄、朱绶编

清道光刻本，苏州图书馆藏。

桐月修箫谱1卷　集部词曲类

(1)《丁丑丛编》本。

(2)《吴中七家词》本。

(3) 清抄《吴中五家词》本,国家图书馆藏。

(4) 清陈如升抄本,国家图书馆藏。

按:《国朝词综续编》收其词13首。

曹　垠(?—1824)

字小琴,号佩英。清苏州人。炳女,王嘉禄继室。夫亡,绝食6日死。

湘弦阁诗钞　集部别集类　佚

见《吴县志·艺文考五》。

按:《国朝词综续编》卷22收其词1首,《全清词钞》卷32收其词1首。

贝仲堉(1797—1841)

字致和,号子雅。清吴县人。国子监生。少孤好学,怡志养母,恂恂儒雅。

闻妙居遗集　集部别集类　佚

见《吴县志·艺文考二》。

陈　焌(1797—1844)

字允桢,号楞香。清长洲人。格次子。苏州府学附生。

延月楼诗草　集部别集类　佚

见《陈氏颍川支谱》。

丁锦涛(1797—1847)

字文江,号月波。清元和人。荆堂三子。监生。镇江府金坛县学训导。孜孜好古，历32年积书累万卷，唐宋以来法书图画尤称善本。所居曰蓝瑛堂。在里建义塾，训教族姓，并修宗谱。

丁氏宗谱12卷　史部传记类

见《丁氏宗谱》卷20。

吕震名(1797—1852)

字建勋，号楪村。清杭州人，侨寓苏州20年。道光五年(1825)举人。署荆门州同知。以医名世。谙熟《内经》六气五运法，遍览诸家，而一以张机为宗。为医急人病如己病，后中风，卒于吴门。

伤寒寻源3卷　子部医家类

(1) 清咸丰四年(1854)吴门潘氏刻本，浙江省中医药研究院图书馆藏。

(2) 清光绪七年(1881)重刻本，国家图书馆藏。

(3)《影印古本医学丛书》本。

(4)《珍本医书集成》本。

(5) 清抄本，国家图书馆藏。

内经要论1卷　子部医家类

清咸丰五年管庆祺抄本，上海图书馆藏。

叶承桂(?—1853)

号渔庄。清吴县人。

太湖竹枝词2卷　集部别集类

(1) 清咸丰三年(1853)石林园刻本，苏州图书馆藏。

(2) 2015年广陵书社出版《中国风土志丛刊续编》本。

按：叶承桂平生喜山水，嗜吟咏。既游而归，所历奇境，必发之于诗。太湖为东南巨浸，峰峦杂沓，烟云窅漫，灵奇俶诡，不可胜状。而又民物繁昌，风俗淳茂。更兼名胜古迹，遗闻轶事甚多。作者因成此《太湖竹枝词》百首，专记风土之概，凡山水、景物、物产、传说、史迹、风俗、社会生活等，都有反映。各诗下之注解，大量引用方志、野史、笔记、文集中资料，详赡充实。

五湖渔庄图题咏 4 卷　集部总集类

(1) 清咸丰三年石林园刻本，苏州图书馆藏。

(2) 1911 年刻本，无锡市图书馆藏。

(3) 2015 年广陵书社出版《中国风土志丛刊续编》本。

按：叶承桂所居在太湖洞庭莫厘峰之侧，其地林石葱秀，水竹环绕，远隔尘嚣。作者常洁治一室，焚香读画其中。风日清美，则行吟太湖旁。因思在湖旁置茅屋数椽。然有其志而未能办成，于是请沈焯作《五湖渔庄图》，以寄清闲之志。四方名士听说此事，诗筒画卷，题赠甚多。先后凡得图 120 帧，题诗则有千余首。叶承桂因选择其诗，手录为 12 册，又自制《太湖竹枝词》百首，欲付刊刻。书成未及刊刻而承桂卒，遂由其子叶铸刊出。

钱　绮(1797—1858)

字子文，号映江，一号竺生。清元和浦庄人。士铨子。诸生。于书无所不读，潜心经学及天文历算诸书，能发古人未发之秘，从游者数百人。林则徐抚吴时延入署，咨访政治，极为赏识。常熟翁同龢以国士目之。咸丰初，翁入相，欲以经学荐，致书力辞。工诗，宗晚唐。

左传札记 7 卷石经札记补遗 1 卷　经部春秋左传类

(1) 清咸丰七年(1857)钝研庐刻本，国家图书馆藏。

(2)《续修四库全书》本，影印咸丰刻本。

四书管见 1 卷　经部四书类

清抄本，南京图书馆藏。

明督师卢忠肃公毁玉双印记　史部传记类

清光绪刻本，国家图书馆藏。

南明书 36 卷　史部正史类

见《续碑传集》卷 79《怀旧记》。

东都事略校勘记1卷　史部别史类

(1) 稿本,见《艺风藏书续记》卷4,未见。

(2)《适园丛书》本。

钱绮自订年谱　史部传记类

天文算学杂说2卷　子部历算类

苏城晷景表1卷　子部历算类

以上3种见《吴县志·艺文考四》。

钝砚卮言不分卷　子部儒学类

清道光二十八年(1848)刻本,国家图书馆藏。

穿珠集1卷　集部别集类

钝砚庐诗集1卷文集1卷　集部别集类

以上2种见《吴县志·艺文考四》。

钱绮文集1卷　集部别集类

清抄本,南京图书馆藏。

袁继祖(1797—1858)

原名钦钊,字俊原,号晓峰。清吴县人。仁虎兼祧子。工诗文书法。屡试辄病,遂弃举子业,以医名世。

医理心悟　子部医家类　佚

研山堂吟稿　集部别集类　佚

以上2种见《吴门袁氏家谱》卷6。

蒋如沂(1797—1859)

字梦征,号鲁南,一号澹轩。清元和人。锡琳子。贡生。官无锡训导。

晚翠轩诗文赋抄　集部别集类　佚

花影吟庐吟稿　集部别集类　佚

以上2种见《吴县志·艺文考四》。

李德纯

字畹耘，号树兰。清昆山人。存厚次女，蒋如沂妻。工篆法，善画兰，能诗。

兰韵楼草　集部别集类　佚

见《吴县志・艺文考五》。

陶文潞(1797—1879)

谱名忠潞，字希彦，号桂门。清吴县人。怀玉子。嘉庆二十四年(1819)举人，道光九年(1829)进士。授刑部主事。迎养父母入都，后告养回籍。父殁，哀毁终丧。居乡时，提倡善举，吴中大水，捐银赈灾。服阕，入都，授四川潼川知府，历署重庆知府、建昌兵备道。

十三经字音义　经部小学类

哀矜别录　史部传记类

折狱备考　史部政书类

汉唐宋儒臣言行节要　子部儒学类

明伦集说　子部儒学类

敬修堂剩稿　集部别集类

以上6种见《吴县志・艺文考二》。

秦　锦(1797—?)

字春庭，号步农。清吴县人。

洞庭秦氏宗谱5卷首4卷末16卷　史部传记类

清秦锦、秦敏树等纂

清同治十二年(1873)咏烈堂刻本，北京大学图书馆藏。

徐朝彝(1797—?)

字商侯。清吴县人。嘉庆二十一年(1816)得瘫疾，双手差能书。

道光四年(1824),游食湘东,寓沩水侧。十六年,旅居长沙。十八年,再客澧县。卒年不知。

梦恬书屋诗钞4卷续集1卷三集1卷拟古乐府1卷桃花缘填词1卷 集部别集类

清道光十一年红蕉馆刻本,浙江图书馆藏。

徐　倬

字柳福。清吴县人。朱绶弟子。

心远楼诗钞1卷　集部别集类

《三节合编》本。

朱　棆(1798—1839)

字条生。清吴县人。道光五年(1825)拔贡生。官工部虞衡司主事。卒年42。

借绿轩试律1卷　集部别集类

(1) 清光绪元年(1875)刻本,国家图书馆藏。

(2) 清抄本,上海图书馆藏。

借绿轩诗　集部别集类

见《吴县志·艺文考二》,印康祚为之序。

万卷书屋诗存1卷　集部别集类

(1)《滂喜斋丛书》本。

(2)《丛书集成初编》本。

(3) 清光绪九年刻《二茗诗集》本,南京图书馆藏。

借绿轩试帖读本2卷　集部总集类

清朱棆辑注

清道光刻本,国家图书馆藏。

王汝玉(1798—1852)

字润甫,号韫斋。清吴县人。道光二十七年(1847)岁贡生。工诗。与叶廷琯友。廷琯评曰:“为人浑厚和平,诗古文辞亦绝不矜才使气。”咸丰二年(1852)春病卒。

纪闻 1 卷　子部杂学类

清刘履芬《古红梅阁丛钞》本,国家图书馆藏。

九九消寒录 1 卷　集部别集类

见《吴县志·艺文考二》。

闻妙轩诗存 18 卷　集部别集类

(1) 清抄本,10 卷,苏州图书馆藏。

(2) 清抄本,中山大学图书馆藏。

(3) 稿本,12 卷,上海图书馆藏。

梵麓山房丛稿不分卷续稿 1 卷再续稿 1 卷　集部别集类

(1) 稿本,清季锡畴、董兆熊等批跋,上海图书馆藏。

(2)《上海图书馆未刊古籍稿本》本。

梵麓山房笔记 6 卷　集部诗文评类

(1)《己卯丛编》本。

(2) 稿本,1 卷,苏州图书馆藏。

(3) 清抄本,7 卷,上海图书馆藏。

伴梅花馆词存 3 卷　集部词曲类

稿本,戈载跋,南京图书馆藏。

汪亨衢(1798—1860)

字兰生,号德门。清吴县人。住古市巷(今白塔西路西段),经商。死于咸丰之乱。

德门公手书日记 1 卷附徐研渔笔记 1 卷(一名庚申殉难日记)　史部传记类

1923年苏州华兴印书局铅印本,苏州图书馆藏。

按:记太平军攻陷苏州事。

谢元庆(1798—1860)

字蕙庭、肇亨,号东皋、淡然。清吴县人。以医名世,常携药深入委巷,救人贫病。有人赠联云:"一生行脚衲,斯世走方医。"咸丰十年(1860),走避黄埭,六月卒。吴门中以好善乐施闻名者,首潘曾沂,次即元庆。

良方集腋2卷续附1卷　子部医家类

(1) 清道光二十二年(1842)留耕堂刻本,上海图书馆藏。

(2) 清道光二十八年汪曜奎重刻本,浙江图书馆藏。

(3) 清同治二年(1863)留耕堂刻本,上海图书馆藏。

(4) 清光绪五年(1879)汪肇敏桐乡重刻本,浙江中医药研究所藏。

(5) 清光绪二十六年浙西《鸳鸯湖三种》刻本,上海图书馆藏。

(6) 清咸丰五年苏州扫叶山房刻本,上海图书馆藏。

(7)《桃坞谢氏汇刻方书》本(《谢元庆医书三种》本)。

(8) 清光绪二十三年抄本,天津中医药大学图书馆藏。

按:此书初刻于道光二十二年,道光二十八年汪曜奎重刻于京师,光绪三年,其子汪肇敏重刊于浙江桐乡,增补《内外两科历验旧方》2卷附后,光绪五年竣工,版存薛锦昌刻字铺。光绪二十一年版毁于火,薛锦昌刻字铺重雕,二十六年刻成。此书又有所谓《合璧》本,亦两卷,前有咸丰二年王庆霄序、咸丰五年潘曾莹序。王序云:"汪君星阶(曜奎)复镂版于京师,而四方好善同志得有经验奇方,不惮路遥,驰书寄赠,欲藉君以寿世也。及今复有试验者,共得方若干,委余再为纂校,欲付梨枣,以应同志企望。"则此本虽卷端云谢元庆编辑,实已非其书。光绪八年,桃坞谢氏汇集《良方集腋》及《合璧》二书,又刊入《桃坞谢氏汇刻方书》中。

蒋书衔(1798—1860)

字纶宣,号小琴、孙竹。清长洲人。国学生。国子监典籍。咸丰十年(1860),苏城陷太平军,被杀。清廷赠武德骑尉。

月明华屋杂录　子部杂学类

见《吴县志·艺文考三》。

绣谷图卷题咏汇钞　集部总集类

清蒋书衔辑

清咸丰二年吴门蒋氏抄本,浙江图书馆藏。

郑启抡(1798—1868)

原名大诚,字通甫。清吴县人。少孤,橐笔游豫,遂籍祥符。道光二十年(1840)进士。官翰林院编修,充国史馆协修。咸丰三年(1853)归豫,主讲开封彝山书院。性和而介,与物无竞。年71卒。

水流云在轩全集　集部别集类

见《太湖备考续编·书目》。

水流云在轩试帖2卷　集部别集类

清光绪八年(1882)石印本,上海图书馆藏。

按:从弟郑言绍序。

潘　雷(1798—1873)

字雨田,号迂恬。清吴县人。遵澄次子。附贡生,议叙同知,钦加盐同衔。

浮白小草1卷　集部别集类

《陟冈楼丛刊》甲集本。

毛永椿(1798—?)

字抑锋。清吴县人。永柏弟。武清县丞。《正雅集》作直隶河北同知。

思无邪室吟草3卷　集部别集类

（1）《苔岑集初刊》本。

（2）《清代诗文集汇编》本。

王世筠(1798—?)

字竹均。先世歙籍，随父迁吴郡，入元和籍。炳燮父。

睢园诗稿　史部传记类　佚

见《清代硃卷集成》“王炳燮”条。

顾　沅(1799—1851)

字澧兰，号湘舟。清长洲人。道光间官教谕。先世得顺治颁赐古砚，因颜所居曰赐砚堂。喜收藏宋元旧籍及金石文字，筑艺海楼贮之，收藏之富甲于三吴。庚申之变后，其书尽为丁日昌所得。又筑辟疆小筑，饶泉石亭馆之胜，交游多名流耆宿，觞咏其中，以文采风流著称。

吴郡名贤图传赞20卷　史部传记类

（1）清道光九年(1829)顾氏刻本，苏州图书馆藏。

（2）清拓本，不分卷，上海图书馆、苏州图书馆藏。

（3）彩绘本，残存1册，南京图书馆藏。

（4）《江苏人物传记丛刊》本。

按：顾沅此书合画像传赞为一，阳页画像，阴页书传。上溯周汉，下讫清代，收录吴郡名贤570位。每位人物刊刻一图。各撰有传记，传记末有赞语。因前人诸传中于各名贤之年寿、第宅、祠墓等往往略而弗载，顾氏遂广搜志铭传记以补其阙。另有先贤之嘉言懿行散见于载籍及遗老传闻，凡有关掌故者，顾氏悉于本传之后略志一二，以广见闻。本书所收人物与《吴郡名宦先贤遗像》重复者不多；即为同一人，所绘人像亦略有出入。

吴郡名宦先贤遗像不分卷　史部传记类

清拓本，南京图书馆藏。

按：此绘吴地、包括流寓吴地之先贤图像。始于周吴延陵季子札，终于清清江知县加知州衔韩畅。顾沅曾收集吴郡先贤三百余人真像，请善画者孔继尧摹绘之，藏于家。道光七年，江苏巡抚陶澍复命广为搜访，先后共得五百余人，仍请孔氏绘之，并刻之石上。图各有杨文荪四言题赞。陶澍等重修沧浪亭，将康熙年间所建之苏公祠改建为五百名贤祠，遂将其像嵌入庭壁。此书原无书名，道光七年汤金钊跋云："顾君湘舟绘吴郡名宦先贤遗像，凡五百余人。"南京图书馆遂据以定作书名。苏州市图书馆作《五百名贤图墨拓本》，与此当为同一书。

古圣贤像 16 卷　史部传记类

清道光十年刻本，南京图书馆藏。

吴郡名贤补遗不分卷　史部传记类

清徐僖、蒋赓埙、尤崧镇、顾沅辑

(1) 清道光十五年刻本，南京博物院藏。

(2)《江苏人物传记丛刊》本。

按：道光七年，江苏巡抚陶澍于苏州沧浪亭建五百名贤祠，刻顾沅所收集吴郡先贤三百余人真像于其中，春秋享祀。徐僖等因吴郡历代人物贤而无像者亦不少，于是复收罗载籍，又考得 596 人，汇为一册。本书仅著录人名，无事迹。人名下各注明见于某书。按石韫玉书写位式编排，拟与图像同祀顾沅景贤阁，并附祀沧浪亭。

花溪祠堂志　史部地理类

清抄本，苏州古旧书店藏。

韩蕲王祠墓志 6 卷首 1 卷　史部地理类

(1) 清道光十三年刻本，上海图书馆藏。

(2) 1933 年国光书局铅印本，上海图书馆藏。

(3)《中国祠墓志丛刊》本。

(4) 2013 年上海古籍出版社出版。

按：韩忠武王即韩世忠。书分 6 卷首 1 卷，卷首为宸翰及墓图匾额,卷1为《宋史》本传,卷2为本志,卷3、卷4为金石,卷5、卷6为诗文。

沧浪亭志　史部地理类

七姬庙志　史部地理类

以上2种见《吴县志·艺文考八》。

元妙观志12卷首1卷　史部地理类

(1) 清道光十二年苏州弥罗宝阁刻本,苏州图书馆藏。

(2) 1927年苏州观前市民公社铅印本,上海图书馆藏。

(3)《中国道观志丛刊》本。

按:元妙观,即苏州城中之玄妙观。创自晋咸宁三年(277),号真庆道院,唐为开元宫,宋祥符中更名天庆观,元元贞元年(1295)改名玄妙观。清代避康熙讳,改为元妙观。该观向无专志,顾沅因仿《洞霄宫志》例编辑志书。卷首为宸翰及玄妙观图四幅。卷1为本志,卷2为观内屋宇古迹,卷3和卷4为道流传记,卷5为金石,卷6至卷10为诗文,后两卷为杂志。

苏祠小志10卷首1卷　史部地理类

清李彦章辑

(1) 清道光十七年顾沅刻本,苏州图书馆藏。

(2)《中国地方志集成》本。

吴下寻山记1卷　史部地理类

清黄安涛、顾沅编

稿本,见《持静斋书目》卷4。

焦山志28卷　史部地理类

清顾沅辑

清道光十九年刻本,苏州图书馆藏。

按:此书记载了焦山之建置、方外、流寓、周鼎等内容,收录了大量有关焦山的诗、赋、序、跋。

昆山志　史部地理类

建隆寺志　史部地理类

莫愁湖志　史部地理类

以上3种见《吴县志·艺文考三》。

吴郡文编目录　史部目录类

近人潘圣一抄本，苏州图书馆藏。

圣庙祀典图考5卷首1卷附崇圣祠考1卷圣迹图1卷孟子圣迹图1卷　史部政书类

(1) 清道光六年刻本，上海图书馆藏。

(2) 清光绪上海同文书局石印本，3卷首1卷附1卷，上海图书馆藏。

上清真人许长史旧馆坛碑1卷　史部金石类

清顾沅钩

(1) 清光绪二年(1876)飞青阁刻本，苏州图书馆藏。

(2)《石刻史料新编》本。

金石萃编1卷　史部金石类

抄本，见《持静斋书目续增》。

艺海楼金石文字1卷　史部金石类

1922年震亚书局影印本，国家图书馆藏。

韩蕲王碑释文2卷　史部金石类

(1)《吴中金石志》本。

(2) 民国间瑞安陈氏湫漻斋刻本，上海图书馆藏。

按：韩蕲王即韩世忠，南宋名将。死后拜为太师，追封通义郡王。宋孝宗赵昚即位后，追封韩世忠为蕲王，谥号忠武，赐于苏州灵岩山建墓。山上的灵岩寺改名崇报寺，以表示崇德报功之意。韩世忠墓依山势建立，墓前神道碑上刻有宋孝宗亲笔所写“中兴佐命定国元勋之碑”碑额。碑文记载着韩世忠的生平事迹，为赵雄奉敕所撰，周必大书写，共约一万三千九百多字，是我国石刻文字最多的石碑之一。此通石碑之高，碑文之长，均为世上罕见，有“天下第一名碑”之誉。

吴中金石志 2 卷　史部金石类

清刻本，南京图书馆藏。

按：上卷辑录韩蕲王（韩世忠）碑文，下卷是顾沅之校文。

历代钱币图考 24 卷　史部金石类

见《吴县志·艺文考三》。

辟疆园帖 6 卷　子部艺术类

见《张伯英碑帖论稿》，唐宋元各 1 卷，明 3 卷，不详藏处。

吴中画派不分卷吴中墨妙册不分卷四朝墨妙册不分卷　子部艺术类

清抄本，中国科学院图书馆藏。

按：《吴中画派》收录明代以下 256 家，专收画扇，录有唐寅、文徵明等人所绘扇面的款识、题识等。《吴中墨妙册》录有诗家 307，大率以书家为主。人名下有作者小传。录有高启、杨基、张羽、徐贲、沈贞吉、唐寅等人诗笺尺牍。《四朝墨妙册》收录宋、元、明、清四朝墨妙册，著录各画册每一帧尺寸、印章等。

文昌化书像注 4 卷签 2 卷　子部道教类

清王轂辑　孔继尧绘图　顾沅校

清道光三年刻本，南开大学图书馆藏。

关帝宝训　子部道教类

阴骘文图注　子部道教类

燃松书屋诗钞　集部别集类

游山小草　集部别集类

以上 4 种见《吴县志·艺文考三》。

听漏吟草　集部别集类

稿本，见《持静斋书目续增》。

赐砚堂诗集　集部别集类

见《吴县志·艺文考三》。

湘洲文前后集 2 卷　集部别集类

稿本，苏州大学图书馆藏。

按:包括《湘洲国风文》1卷、《湘洲小雅文》1卷。

东堂集10卷　集部别集类

宋毛滂撰　顾沅、邵廷烈校

清顾氏艺海楼抄本,浙江图书馆藏。

娄东文略　集部总集类

见《吴县志·艺文考三》。

今雨集20卷　集部总集类

(1) 清道光二十四年顾氏赐砚堂刻本,上海图书馆藏。

(2) 清道光顾氏赐砚堂增刻本,24卷,温州市图书馆藏。

乾坤正气集20卷　集部总集类

(1) 清道光二十三年顾氏艺海楼刻本,上海图书馆。

(2) 清同治六年(1867)皖江臬署重刻本,上海图书馆藏。

(3)《半亩园丛书》本。

吴郡文编246卷　集部总集类

清顾沅辑

(1) 手稿本,王同愈跋,苏州博物馆藏。

(2) 2011年上海古籍出版社影印本。

按:本书以宋郑虎臣《吴都文粹》、明钱谷《吴都文粹续集》、清吴伟业《吴郡文献》为底本,复采吴地府州县志及名胜小志、历代作家文集,并旁搜金石书画等,辑录了有关吴地的文献四千余篇。本书内容极为丰富,将有关苏州的历史、人文、风情、文学、民俗等文献分类汇辑,极大地方便了对苏州的研究。

赐砚堂丛书新编　丛书类

清顾沅辑

清道光十年长洲顾氏刻本,上海图书馆藏。

子目略。

按:共4集40种40卷附录2卷,原计划辑10种100卷。

赐砚堂丛书未刻稿　丛书类

清顾沅辑

清抄本,一种存5种,一种46种,上海图书馆藏。

子目略。

按:又浙江图书馆藏顾氏艺海楼抄本数十种,此不例举。

万履成(1799—?)

字仪九,号翰乡,又号退翁。清吴县东山人。

洞庭东山万氏宗谱8卷首1卷末1卷　史部传记类

清抄本,上海图书馆藏。

按:清道光二十三年(1843)修。

顾　炳

字虎文。清长洲人。亦梁子。

浣花居诗草　集部别集类　佚

见《埭川顾氏旧闻考佚》。

金凤沼

字蔼如。道光十二年(1832)举人,官宝山训导。按月课士,兼重学行。值岁饥,四处募捐以舒民困。卒于官,乡民为禄位尸祝之。

就正斋帖题诗注4卷　集部别集类

清陈钟麟撰　宋清寿注　金凤沼校

清道光十年文渊堂刻本,北京大学图书馆藏。

金研香先生文稿1卷续稿1卷　集部别集类

清金澂撰　宋清寿、金凤沼校

清道光九年刻本,无锡市图书馆藏。

排律初津4卷　集部别集类

(1) 清咸丰四年(1854)来青阁刻本,苏州吴江区图书馆藏。

(2) 清同治四年(1865)刻本,上海图书馆藏。

（3）清光绪五年(1879)小石头山房刻本，湖州市图书馆藏。

（4）清光绪七年求是斋刻本，苏州大学图书馆藏。

金宝训

清吴县人。传经孙。

花溪春晖草堂文稿4卷　集部别集类

清金传经撰　金宝训、金宝树辑

清咸丰刻本，上海图书馆藏。

抱膝居吟3卷　集部别集类　佚

见《吴县志·艺文考二》。

吴钟骏(1799—1853)

字崧甫，号姓舫。清吴县人。颐子。道光十二年(1832)殿试第一人。授修撰。历官礼部左侍郎，兼仓场侍郎，曾典乡试，四督学政。

禹贡举要1卷　经部尚书类

师汉斋经义杂识10卷　经部群经总义类

群经音辨录7卷　经部小学类

说文段注辑览4卷　经部小学类

骈雅辑证7卷　经部小学类

汉书地理志校勘记1卷　史部正史类

以上6种见《吴县志·艺文考二》。

浙江学政吴大宗师给各属应试生童谕1卷　史部政书类

清光绪十七年(1891)慈溪杨氏经畬塾刻本，上海图书馆藏。

悟云书屋诗文集6卷　集部别集类

蓬莱仙馆律赋试帖6卷　集部别集类

师汉斋制艺2卷　集部别集类

以上3种见《吴氏支谱·吴崧甫师家传》。

妙香阁文稿3卷诗稿1卷　集部别集类

清孙云桂撰　吴钟骏校刻

清咸丰二年(1852)吴钟骏浙江铜活字印本,苏州图书馆藏。

新科乡墨衡裁1卷　集部总集类

清宋清寿、吴钟骏选

清道光二十六年刻本,浙江图书馆藏。

小试拾芥编初集不分卷二集不分卷　集部总集类

清宋清寿、吴钟骏选

清道光十年刻本,苏州大学图书馆藏。

闽中校士录不分卷　集部总集类

清道光二十四年刻本,浙江图书馆藏。

两浙校士录不分卷　集部总集类

清道光二十六年刻本,国家图书馆藏。

注释华样赋钞不分卷　集部总集类

清道光二十九年英德堂刻本,临海市图书馆藏。

同馆试律诗4卷首1卷　集部总集类

清吴钟骏、徐经、龙英辑

清道光二十年刻本,浙江图书馆藏。

小题正轨初编不分卷　集部总集类

清吴钟骏鉴定　袁廷璜汇编

(1) 清咸丰二年刻本,嵊州市图书馆藏。

(2) 清光绪元年修斋堂刻本,苏州大学图书馆藏。

选定汉唐宋元古文50余卷　集部总集类　佚

见《吴氏支谱·吴崧甫师家传》。

唐　绩(1799—1857)

字方士,号淇园。清长洲人。诸生。道光十四年(1834)以《防贼》《领赃》《大水》《米贵》四题作《吴门近事》诗。精于考据,诗乃其余事也。

五经韵语录1卷　经部群经总义类　佚

不求甚解录 1 卷　子部杂学类　佚
偶然居存草 1 卷　集部别集类　佚

以上 3 种见《吴县志·艺文考三》。

尤　坚(1799—1862)

字叔固，一字信甫。清长洲人。维熊侄。道光元年(1821)举人。授徐州府沛县教谕。

采绿词　集部词曲类

见《全清词钞》卷 21，并收其词 2 首。

朱希蕴

字玉英。清吴县人。棆妹，黄美之(绍赞)妻。偕夫入川，多居巴蜀。年未 30 而卒。诗作清新淡逸，多可传者。

昙华阁诗钞　集部别集类

见《退庵诗话》。

祖　观

字觉阿，俗姓张，名京度，字莲民。清元和人。幼不聘室，为学官弟子，名声籍甚。尝佐州县幕，后与父母及弟同时出家。至常州天宁寺，受具戒。复谒金山，归吴就支遁栖隐处，筑室西津桥畔，颜曰“通济庵”，绕屋种梅五百树，课诵其间，不辍吟咏。庚申间避乱太湖冲山，募捐田百余亩，建仓山颠，遇饥则开仓赈之，山中人尤感其德。未几示寂，老少咸顶礼哀悼之。

梵隐堂诗存 10 卷　集部别集类

(1) 稿本，上海图书馆藏。

(2) 清同治五年(1866)通济庵刻本，国家图书馆藏。

(3) 清刘履芬抄本，8 卷，上海图书馆藏。

(4) 清抄本，5 卷，浙江图书馆藏。

(5) 清抄本,6卷,南京图书馆藏。

(6) 稿本,不分卷,北京大学图书馆藏。

通隐堂诗存4卷　集部别集类

(1) 清咸丰八年(1858)冯桂芬木活字本,上海图书馆藏。

(2) 清同治六年百楼花草堂刻本,苏州图书馆藏。

(3) 清抄本,3卷,浙江图书馆藏。

梵隐堂集不分卷　集部别集类

清光绪八年(1882)凌霞抄本,南开大学图书馆藏。

按:《通隐堂诗存》题张京度撰,为其出家前所作诗,《梵隐堂诗存》为其出家后所作诗。

曹宗溥

清元和甫里人。

甫里曹氏世谱3卷　史部传记类

清抄本,南京图书馆藏。

按:纪事至光绪二十七年(1901)。

浦毓潮

清吴县人。

吴郡浦氏宗谱2卷　史部传记类

清道光二十四年(1844)稿本,苏州博物馆藏。

顾　步

字佩薇,自号定阁女史。清青浦人。元和县周庄徐舜庭妻。早寡子殇,寻卒。生前悲情哀思,一发于诗。道光十四年(1834)旌节妇。

絜愁集　集部别集类　佚

见《吴县志》卷74下本传。

潘　霆(1800—1844)

字寅斋。清吴县人。遵澄三子。

鄂省丁漕指掌　史部政书类

清光绪元年(1875)刻本,苏州图书馆藏。

沈谨学(1800—1847)

字诗华,号秋卿。清元和人,居甫里西之枫庄。家世业农,父延里儒教之。家境贫困,为人佣耕而歌啸自如。善画兰,喜古诗。所交朋友皆同郡之能诗者。潘曾沂称其"沈四山人",比之为唐高士沈千运。谭献称其诗"山水清音",乃"有道之言"。

沈四山人诗录6卷附录1卷　集部别集类

(1) 清道光三十年(1850)刻本,国家图书馆藏。

(2)《滂喜斋丛书》本。

(3) 民国铅印本,上海图书馆藏。

沈四山人诗录1卷　集部别集类

叶廷琯《劫余所见诗录》本,苏州图书馆藏。

沈四山人诗选1卷　集部别集类

民国常熟言氏铅印本,上海图书馆藏。

金宝树(1800—1857)

字仲珊、瑶珂,号吟香。清元和人。传经孙。道光十八年(1838)进士。湖北即用知县,补利川,调通山,历署蕲水、蕲州。丁母忧归。由捐输得知州,拣发安徽,署和州,移六安州。殁于太平军战事。雅擅诗文,既成进士,不乐外职,政事之暇,跌宕文史。

曼陀罗馆诗集8卷　集部别集类

(1) 稿本,清叶廷琯跋,蒋德馨、尤崧镇、范来治批并跋,苏州图书馆藏。

(2) 叶廷琯《劫余所见诗录》本，1卷，苏州图书馆藏。

按：8卷即《溪居集》《岩栖集》《踏槐集》《飞凫集》《聊尔集》《蓬心集》《眠琴集》《腾笑集》各1卷。

芳草园文甲集不分卷乙集不分卷　集部别集类

稿本，苏州图书馆藏。

曼陀罗室文集22卷　集部别集类

花溪草堂诗集24卷　集部别集类

以上2种见《吴县志·艺文考四》。

花溪春晖草堂文稿4卷　集部别集类

清金传经撰　金宝训、金宝树辑

清咸丰刻本，上海图书馆藏。

曼陀罗馆古文8卷　集部别集类

芳草园时文1卷　集部别集类

花溪草堂四六文16卷　集部别集类

以上3种见《清代硃卷集成》“金文梁”条。

吴仁荣(1800—1863)

字晋彦、彦钦。清吴县人。诸生。以维持名教自任，采访里中贞孝节烈，汇案呈旌，并创节孝祠，立局宣讲乡约，以励风化。乡里善举，大小皆竭力首创。咸丰八年(1858)以团练功加六品衔。吴嘉淦为作传。

清道咸间苏州府禁淫书画告示不分卷　史部政书类

清吴仁荣辑

清咸丰八年刻本，苏州图书馆藏。

按：上海图书馆藏咸丰刻本《查禁淫书春方告谕》，疑即一书。

王朝忠(1800—1875)

原名希堂，一名希忠，字振声，号蕴香，又号二兰，晚号梦霞。清吴县东山人，侨居常熟。仲洪子，希廉从兄。监生。候选盐运司知事，浙江处州府景宁县典史,代理知县。少勤学,善属文,工书,能作微书。与蒋因培、赵允怀、张尔旦为文字交。恒以诗酒自娱。

法苑珠林 100 卷附音释　子部佛教类

唐释道世撰　清王朝忠校对

清道光七年(1827)蒋氏燕园刻本,天一阁藏。

焚余诗钞 1 卷　集部别集类

见《莫厘王氏家谱》卷 6。

俟庵剩稿 2 卷续编 2 卷　集部别集类

清毛琛撰

清道光昭文王蕴香刻本,南京图书馆藏。

域外丛书 9 种 9 卷　丛书类

清王蕴香(朝忠)编

清道光二十二年王氏静观斋刻本,苏州图书馆藏。

子目略。

海外番夷录 10 种 10 卷　丛书类

清王蕴香(朝忠)编

清道光二十四年漱六轩刻本,南京图书馆藏。

按:此书较《域外丛书》多佚名《台湾纪略》一种。

王仲鉴(1800—1878)

字子芳,号灏生。清吴县东山人。少与王塗相切磋。屡踬场屋,援例授安徽滁州大枪岭巡检,改官淮北盐曹。咸丰十年(1860),设局募勇,抗击太平军,以功奖五品衔。

太原家谱 20 卷首 1 卷末 1 卷　史部传记类

清王关伯、王晋阶修　王仲鉴、王塗纂

清道光八年(1828)刻本,苏州图书馆藏。

凤觐宸(1800—1880)

字秋白,号竹塘、退庵。清吴县人。道光五年(1825)举人。咸丰四年(1854),办团练抗击太平军。六年,升冀州知府。后主讲五湖书院。

铁砚山房文集　集部别集类

海红花馆诗稿　集部别集类

以上2种见《洞庭凤氏宗谱》。

退庵遗书4卷　丛书类

稿本,4册,复旦大学图书馆藏。

按:此书包括《行年纪略》《杂文》《公私牍草》,附徐正琳《如心道人诗词》,凤仪阁《仁巢翁诗草》,于鸿藻《于八先生诗草》等。

徐正琳

字琢斋,号如心道人。清吴县人。

按:徐正琳,《清人诗文集总目提要》云凤觐宸妻,然《吴门补乘》云:"徐正琳,字琢斋,西洞庭山人,沅江籍,馆黟县主事。"则非其妻可知。

如心道人诗词不分卷　集部别集类

《退庵遗书》本,复旦大学图书馆藏。

顾元晖(1800—?)

字再阳,号柘坪,更名元湛。清长洲人。

二雅草堂诗　集部别集类　佚

见《吴县志·艺文考三》。

李兆勳(1800—?)

字骏功,号蕙圃,更号慧甫。清吴县人。

李氏宗谱不分卷　史部传记类

清李兆勳等修

(1) 清道光十三年(1833)刻本,苏州图书馆藏。

(2) 清抄本,苏州图书馆藏。

程宣溥(1800—?)

字受滋,号春生。清吴县人。

程氏迁吴支谱4卷首1卷末1卷　史部传记类

清程宣溥等修

清道光二十四年(1844)刻本,国家图书馆藏。

贝省三(1800—1862)

字希曾,号吉云。清长洲人。墉长子。

白香山年谱1卷　史部传记类

清贝省三辑

稿本,上海图书馆藏。

按:署贝省山。

樊榭先生年谱1卷附文集1卷　史部传记类

清贝省三辑

稿本,上海图书馆藏。

吉云室日钞10卷　子部儒学类

清道光贝氏千墨庵刻本,南京图书馆藏。

晋王大令保母帖题词1卷　子部艺术类

清贝省三辑

稿本,上海图书馆藏。

马学易(? —1843)

字吉人。清长洲人。道光十一年(1831)经魁,礼部试第一。官刑部主事。为人慷慨好义勇,早卒。

饮渌舫遗诗1卷　集部别集类

丛稿1卷　集部别集类

以上2种见《吴县志·艺文考三》。

程寅锡(?—1853)

字仲虎,号砚香。清吴县人。年13应童子试,主司奇其文而终摈之,遂弃举子业,肆力于诗古文及书画,并轩岐之学。性好洁,志在山林,胸怀经济,虚心接物,乐善好施。咸丰三年(1853)避嚣山中而卒。

莲勺草堂诗草2卷　集部别集类

(1) 清咸丰二年刻本,苏州图书馆藏。

(2) 清光绪十三年(1887)铅印本,苏州图书馆藏。

按:《共赏集》收其诗5首,《共赏集二编》收其诗1首。

沈　赞(?—1860)

字仲行,一字翼卿。清元和唯亭镇人。巽从子。道光十四年(1834)举人。官安东教谕。咸丰十年(1860)四月率乡勇与太平军战,死难。

唯亭志　史部地理类

见《吴县志·艺文考八》。

张金鉴(?—1862)

字铭三。清长洲人。廷骧父。性嗜古,金石楮墨,一瓷一玩皆究所自,卓然有见。

礼塔龛考古偶编1卷　史部金石类

清光绪三年(1877)刻本,浙江图书馆藏。

沈藻采

字继彭,又字于蘋,号九如。清元和人。监生。

(道光)元和唯亭志20卷首1卷末1卷　史部地理类

(1) 清道光二十八年(1848)刻本,国家图书馆藏。

(2) 1934年元和沈三益堂铅印本,南京图书馆藏。

(3)《中国地方志集成》本。

沈荫桦

字朗斋。清吴县木渎横金人。以郱从父。

敬修堂稿　集部别集类

见《木渎诗存》卷8,并收其诗1首。

宋体淳

字契莲。清元和人。

慕虞轩骈体尺牍　集部别集类

清道光刻本,南京图书馆藏。

契莲先生骈体文2卷　集部别集类

清同治十三年(1874)柏契斋刻本,国家图书馆藏。

叶香书屋文賸1卷诗賸1卷　集部别集类

清咸丰三年(1853)刻本,复旦大学图书馆藏。

邹祖堂

字锡蕃,号康斋。清吴县人。馆建平县梅渚巡检。在任13年,宵小匿迹。民间不解蚕桑,祖堂自购桑种,令妻饲蚕缫丝,民传其法,得蚕桑之利。

人生必读书12卷开蒙必读1卷蚕桑事宜1卷　子部杂学类

(1) 清道光二十九年(1849)刻本。

(2) 清同治五年(1866)仁和周氏雪堂刻本,上海图书馆藏。

(3) 清同治十年邹钟俊刻本,上海图书馆藏。

按:此书邹钟俊刻本前有牌记,云“道光己酉初镌,同治辛未重刊”,邹钟俊乃祖堂子,所言定不虚,可见初刊在道光二十九年,《贩书偶记》

云有道光二十六年刻本，疑误。道光本未见。

高良玉

号阆如。清长洲人。诸生。咸丰中殉难。

秦游托钵吟　集部别集类　佚

见《吴县志·艺文考三》。

章安行

号铁珊。清元和人。道光十一年(1831)举人。考取宗室官学教习。历任上海县教谕、淮安府教授。上海设广方言馆，安行任监院，择地购料，有筹建之功。

郇笏楼诗稿 4 卷　集部别集类

见《吴县志·艺文考四》。

蘋花社消寒诗课 9 集　集部总集类

清章安行等撰

清同治六年(1867)刻本，苏州大学图书馆藏。

郭佩芳

字慧瑛，一作慧媖。清吴县人。镇海县丞荣光女。年 13，父患肝疾甚剧，割股救父。通经史，工书善画。许字蒋沄，未嫁而卒，年 23。

凤池仙馆诗存 1 卷诗余 1 卷　集部别集类

清道光二十年(1840)精刻本，国家图书馆藏。

按：《全清词钞》卷 33 收其词 1 首，《闺秀词钞》卷 13 收其 3 首。

金祥麟

清吴县人。

盎春馆小草　集部别集类　佚

见《吴县志·艺文考二》。

周国桢

字子莲。清吴县人。道光十七年(1837)拔贡生。熟精《文选》,以《文选楼赋》受知学使龚守正。未及廷试,丁母忧,隐居教授,不复试。长于诗,七古尤神似太白。

青芝山馆诗录 6 卷　集部别集类

见《吴县志·艺文考二》。

青芝山馆试帖不分卷　集部别集类

清抄本,南开大学图书馆藏。

顾静婉

字长卿。清元和人。小坡女,宋念劬室。

钞韵轩诗稿　集部别集类

清手稿本,有徐振熙题辞,宋念劬序,自序于道光十六年(1836),共221 首,见《昆山胡氏书目》。

孙宗朴

字湘云。清元和人。诸生。久客山左,有奇志。善骑射,又精申韩之术。性好音律篆刻,尤工长短句。

花桥词钞 3 卷　集部词曲类

清济南映雪山房刻本,南京图书馆藏。

顾文禄

字远峰。清吴县人。

光福全真道院小志 1 卷　史部地理类

清顾承阅定　马良玉编录　顾震涛、顾文禄等参辑

清道光二十年(1840)刻本,苏州图书馆藏。

张廷翰

字闻珊。清吴县人。

寒山寺汉铜佛像题咏汇编 4 卷　子部佛教类

清韦光黻、张廷翰辑

(1) 清道光二十三年(1843)刻本,苏州图书馆藏。

(2)《寒山寺志三种》本。

孔广焘

字叔琴。清吴县人。诸生。传洛侄孙。

篆楷异同考　子部艺术类

见《孔氏家谱》。

湖山草堂吟稿 4 卷　集部别集类　佚

见《吴县志·艺文考二》。

王寿庭(? —1860)

字养初。清吴县人。苏州府藩吏。布政司理问衔。工古今体诗,隽逸高超,兼善词曲。咸丰中,为太平军所杀。

十国宫词 1 卷　史部史评类

吟碧山馆诗 8 卷词 4 卷　集部别集类

以上 2 种见《吴县志·艺文考二》。

吟碧山馆诗钞 1 卷　集部别集类

叶廷琯《劫余所见诗录》本,苏州图书馆藏。

吟碧山馆词钞 4 卷　集部词曲类

(1) 清同治六年(1867)刘履芬抄本,潘钟瑞校并跋,国家图书馆藏。

(2) 清咸丰八年(1858)刻本,上海图书馆藏。

(3)《四家诗词合刻》本(《香禅精舍集》附),1 卷。

按:《吴县志·艺文考二》云:"潘钟瑞曾辑寿庭及潘遵璥词为《碧香词选》。"《全清词钞》卷25收其词2首。

柳尔康

清吴县人。商贤伯父。

西斋诗稿　集部别集类　佚

见《吴县志·艺文考二》。

盛树基

字艮山。清元和人。少习举子业,既为诸生,即弃去,力为诗,既而薄为小技不足为,复弃去,讲求古圣贤躬行实践之学。年27殇。最相契者,长洲江湜、同邑顾世镇。湜收其遗诗,未几湜又殇,吴县叶廷琯得其残稿,选入《感逝集》中。

艮山诗录　集部别集类　佚

见《吴县志·艺文考四》。

按:《全清词钞》卷24录其词3首。

吴诗庭

字质夫。清元和人。道光二十三年(1843)优贡生。举孝廉方正,未应朝考。以著述自娱。

传家宝训　子部儒学类　佚

见《吴县志》卷68本传。

吴思树

字念之。清吴县人。廷琛子。道光五年(1825)举人。官乐昌知县,连州、嘉应知州,旋调知香山县事。二十一年二月与英人战,在海口设梅花桩阻英人舰,又命敢死队焚英船,英人乃退,得军功,随带加一级。母忧归家,居家20余年卒。

棣华府君行述1卷　史部传记类

清吴思树等撰

吴廷琛《池上老人遗稿》附录本。

戴静仪

清长洲人。举人寿南女,从继母徐氏学诗,适昆山张氏,粤乱,流离转徙而死。

绣余诗稿　集部别集类　佚

见《昆新两县续修合志》卷41本传。

戴慎仪

清长洲人。举人寿南次女,适昆山王震福。慎仪母徐昫,通文史,善吟咏。慎仪幼诵《毛诗》,稍长,忽若有悟,遂耽韵语,出笔秀雅,近体尤工。清咸丰间,流离颠沛卒。

醉月簃诗草　集部别集类　佚

见《昆新两县续修合志》卷41本传。

张鸿基(?—1843)

字仪祖,号砚孙。清吴县人。吉安孙。8岁赋《雁来红》诗,李福以为神童。以诸生贡成均。中年游幕于闽,往来岭海。归里仍依州县署司笔札糊口,侘傺无聊,殁年40余岁。诗宗法少陵,其《有感》《读史》《咏史》诸作,愤时感事,悲天悯人,"几于一字一泪"。妻陶桂贞,亦能诗。女婉,字锦梭,兼善诗画。

传砚堂诗录8卷　集部别集类

(1)清同治七年(1868)石渠葵青居刻本,苏州图书馆藏。

(2)清抄本,中国科学院文学研究所藏。

传砚堂初稿1卷附诗余　集部别集类

抄本,南开大学图书馆藏。

传砚堂试律 1 卷　集部别集类

（1）清光绪元年(1875)刻本,国家图书馆藏。

（2）清抄本,上海图书馆藏。

按:与朱棆《借绿轩试律》合刻。

传砚堂词 1 卷　集部词曲类

《国朝词综补》本。

按:《共赏集》收其诗 5 首。林昌彝《射鹰楼诗话》录其诗 20 首。

陶桂贞(1806—1857)

字季芬。清苏州人。诸生张鸿基妻。以孝闻乡里。

绣佛庵诗稿　集部别集类　佚

见《吴县志·艺文考五》。

张肇辰(1801—1851)

字同甫,一作子同,号咏仙。清元和人。道光八年(1828)举人,选安徽怀远县训导,以母老不赴。署宝山县、镇江府训导,升隆平知县。甫三月,卒于任,年 51。工制艺,操笔立就,而精深奥衍,自成一家。

万松云海堂诗录□卷文录□卷　集部别集类

清刻本,文录存卷 2—6、诗录存 2—7,苏州图书馆藏。

陆元纶(1801—1859)

字绩铭。清长洲人。道光二十三年(1843)副贡生。充八旗官学教习。咸丰元年(1851)举孝廉方正,辞不受。少从吴钟骏游,肆力于经学,中年于三礼义疏用力最深。屡访陈奂,研究六书。晚更醉心宋五子书,以为立身事亲之法。朱琦以“吴中硕士”许之。所著遭乱散佚。

三礼汇钞　经部三礼总义类　佚

见《清史列传》卷 69。

说文小笺　经部小学类

清抄本,复旦大学图书馆藏。

宗辉录6卷　子部儒学类

清抄本,台湾"中央图书馆"原藏。

御珍驾斋集　集部别集类　佚

见《清史列传》卷69。

陶惟熻(1801—1878)

号春亭。清吴县人。

陶氏家谱6卷　史部传记类

清陶惟熻等纂修

清光绪三十四年(1908)义庄木活字印本,国家图书馆藏。

顾镇生(1801—1884)

字安人,号范楼、昔莪,别号苏人。清吴县人。生于镇江,故名。堃子。后隐镇江象山。

劝人读圣谕广训　子部儒家类

小学说　子部儒家类

名文类钞　集部总集类

复斋賸稿四种　丛书类

以上4种见刘奉璋《苏人公行状》,书皆未见。

祖　喆(?—1860)

字骈吉,号成叔。清吴县人。陈奂弟子。死于兵燹。

成叔文存5卷　集部别集类

清抄本,中国社会科学院文学研究所藏。

费宝锷(?—1860)

字禹三。清吴县人。府庠生。陈奂弟子。治《毛诗》。城陷日,眷属皆投井死，弟宝铨亦殉难，宝锷被掳，不数月死。

先郑周官解诂疏　经部周礼类　佚

见陈倬《申江怀旧诗》，云“书未成而吾苏陷，禹三殉难，遗稿无存”。

顾曰松

字鹤翔，号巢云，一号秋涛。清元和人。堃侄。

埭川谱　史部传记类　佚

见《吴门表隐》卷17引文注。

苍葭小稿　集部别集类　佚

见《吴县志·艺文考四》。

巢云诗钞　集部别集类　佚

见《埭川顾氏旧闻考佚》。

倪　栋

字小迂。清元和人。诸生。

听秋阁诗钞　集部别集类　佚

见《吴县志·艺文考四》，云程庭鹭为之序。

程静宜

字仁卿。清元和人。归安吴澄秋妻。

雪香吟馆诗草　集部别集类　佚

见《两浙輶轩续录》卷54。

杨　白

字元絜，号采之。清吴县人。庚申(1860)之后，不知所终。

独石轩诗钞4卷　集部别集类

稿本，南京图书馆藏。

独石诗存1卷　集部别集类

《名家诗词丛钞》本，国家图书馆藏。

百甓斋汇刊诗1卷　集部总集类

清杨白辑

清刻本，国家图书馆藏。

钱慧贞

字玉雯。清长洲人。诸生胡赓扬继妻。

天香阁词　集部词曲类　佚

见《小檀栾室闺秀词钞》卷7，并收其诗5首。

蒋志凝(1802—1863)

一作志宁，字子于，号仙洲、又号澹怀。清元和人。诸生。诗体严洁，才富而能约，朱绶、曹楙坚辈皆推服之。性兀傲，以贫故，常为人幕下客，然不可其意即谢去。又不得于其妇，恒独居僧舍，后依楙坚于京师，未几卒。楙坚为刻其遗诗而归其骨于乡。

心白日斋诗钞4卷　集部别集类

(1) 清道光二十三年(1843)曹楙坚刻本，浙江图书馆藏。

(2) 叶廷琯《劫余所见诗录》本，1卷，苏州图书馆藏。

熨斗柄庐诗钞　集部别集类　佚

见《吴县志·艺文考四》。

蕙绸室初稿　集部别集类　佚

见《印须集》卷6，并收其诗22首。

心白日斋词　集部词曲类　佚

见《全清词钞》卷24，并收其词1首。

王懋功(1802—?)

字允成，号迪甫。清吴县人。

太原王氏宗谱不分卷　史部传记类

清咸丰四年(1854)抄本,上海图书馆藏。

徐　傅

字月坡。清吴县光福人。增子。博涉经史,久客楚湘,交诸名士,归筑园林自娱。

光福志12卷首1卷　史部地理类

(1) 稿本,南京图书馆藏。

(2) 清抄本,苏州图书馆藏。

(3) 1929年毛上珍铅印本,增补编1卷(张郁文辑)、附录1卷,苏州图书馆藏。

(4)《中国地方志集成》本(据民国本影印)。

东崦草堂诗钞4卷　集部别集类

清道光二十八年(1848)刻本,苏州图书馆藏。

东崦草堂杂著1卷　集部别集类

稿本,浙江图书馆藏。

谭光烈

号松门。清吴县人,寄籍江西南丰。诸生。

四书蠡言7卷　经部四书类

清咸丰二年(1852)嘉禾寄生斋刻本,上海图书馆藏。

柳尔柏(?—1860)

清吴县人。商贤伯父。八品职衔。骂贼殉难。

香谷吟草　集部别集类　佚

见《吴县志·艺文考二》。

董世蓉

字绣霞,号绿英。清吴县人。举人国琛女,戈昌颐妻。

餐花小榭吟稿　集部别集类　佚

见《吴县志·艺文考五》。

张　淑

字静和。清长洲人。钱大毓室。

哦香小草　集部别集类　佚

见《小檀栾室闺秀词钞》,并收其词 5 首。《全清词钞》卷 30 收其词 1 首。

陆　敏

字若士。清长洲人。诸生顾端文妻。

纴余草　集部别集类

见《小檀栾室闺秀词钞》卷 3,并收其词 4 首。《吴县志·艺文考五》误作《红余草》。

郭凤冈(1803—1843)

字于阳,号桂舲。清吴县人。一临孙,凤梁兄。道光十一年(1831)进士。选庶吉士。

粤海关志 30 卷　史部地理类

(1) 清道光刻本,南京图书馆藏。

(2)《续修四库全书》本,影印清道光刻本。

按:《贩书偶记续编》卷 8 著录此书,不著撰人姓名。考《吴县志》卷 66 本传云:"尝为长白某公纂《粤海关志》,于海国名号、道里、物产、夷情正诡无不备载。不数年,各国通商事起,深赖其书焉。"则当为郭凤冈纂,然实际上此书的编纂,叠经彭年、梁廷枏等多人,最后由梁氏总纂而成,郭凤冈仅为参写者之一,《吴县志》不免有夸大之词。

言行汇编 12 卷　子部儒学类

金粟楼古今体诗 2 卷　集部别集类

以上 2 种见《吴县志·艺文考二》。

严福基(1803—1853)

字介绥,号眉岑,一作梅岑。清长洲人。精金石之学。

葑溪严氏家谱　史部传记类　佚

见《吴县志·艺文考八》。

严氏古砖录　史部金石类

(1) 清道光十九年(1839)拓本,上海图书馆藏。

(2) 清道光二十一年拓本,2 卷,见施蛰存《北山四窗》。

汪　正(1803—1863)

原名天麟,字石心,号息斋。清长洲人,原籍仁和。顾广誉为之传。

皇朝贞孝节烈文编 6 卷　史部传记类

清道光仁和香溪节烈祠刻本,上海图书馆藏。

按:见《吴县志·艺文考三》作 12 卷。

续碧血录补 10 卷　史部传记类

胜朝殉节诸臣遗墨录 6 卷　史部传记类

再续疑年录　史部传记类

以上 3 种见《吴县志·艺文考三》。

儒门慎言录 2 卷　子部儒学类

清咸丰七年(1857)刻本,上海图书馆藏。

先正遗规 4 卷　子部儒学类

(1) 清道光二十四年(1844)刻本,上海图书馆藏。

(2) 清光绪十九年(1893)浙江书局刻本,上海图书馆藏。

国朝儒林正论 4 卷　子部儒学类

清道光二十年刻本,上海图书馆藏。

息斋丛钞 12 卷　子部杂学类

见《吴县志·艺文考三》。

木渎诗存8卷　集部总集类

(1) 1922年苏州观西华兴印书局铅印本，国家图书馆藏。

(2) 清抄本，14卷，浙江图书馆藏。

按：《吴县志·艺文考三》作14卷。

灵岩诗不分卷　集部总集类

见《吴县志·艺文考八》。

木渎文征16卷　集部总集类

见《吴县志·艺文考八》。

按：《木渎小志》作8卷。

叶　苞

字凤芙，号九仪。清苏州人。汪正妻。

九仪女史诗稿3卷　集部别集类

见《吴县志·艺文考五》。

金碧山庄诗草　集部别集类

见潘曾绶《陔兰书屋诗集》卷1。

石　渠(1803—1876)

原名礼安，庠名麟，字宝摩，更名渠，字汉阁，号梅孙。清吴县人。嘉吉子。道光贡生。五入乡闱，皆落孙山。同治元年(1862)，举孝廉方正。后任直隶州州判。创石湖家祠。晚主平江书院。善隶，工诗文。

律例荟钞　史部政书类

仅存集　集部别集类

适适吟　集部别集类

以上3种见《吴县志·艺文考二》，云皆未刊。

葵青居诗1卷附梦蝶草1卷　集部别集类

(1)《滂喜斋丛书》本(《石氏乔梓集》本)。

(2)《丛书集成初编》本。

葵青居制义试帖稿不分卷　集部别集类

稿本，上海图书馆藏。

葵青居试律2卷　集部别集类

清同治七年刻本，上海图书馆藏。

葵青居分韵试帖读本2卷　集部别集类

清光绪十七年(1891)姑苏姚氏松下清斋刻本，上海图书馆藏。

葵青居诗文5卷文录1卷　集部别集类

清抄本，国家图书馆藏。

定思近稿1卷　集部别集类

稿本，上海图书馆藏。

葵青居七绝诗三百首纂释4卷　集部总集类

清同治十二年清素堂刻本，上海图书馆藏。

按:《吴县志》另收《石田子诗草》《翠茗馆诗》2种，此娄县石渠(字午桥)撰，《吴县志》误收。

席香谷(1803—?)

清苏州洞庭人。寄籍上元，适张氏。

茹蘖斋遗稿1卷　集部别集类

(1) 清光绪十五年(1889)大同石印馆石印本，上海图书馆藏。

(2) 清宣统二年(1910)石印本，首都图书馆藏。

蔡复民(1803—?)

字南美，号利宾。清吴县西山人。

洞庭阳坞蔡氏宗谱不分卷　史部传记类

清蔡复民等纂修

清光绪十年(1884)木活字印本，美国哥伦比亚大学图书馆藏。

陈学瀚

字实甫，号尧峰逸老。清吴县人。

容膝庐吟稿2卷　集部别集类

《颍川合集》本，苏州图书馆藏。

陈学霖

号桂龛。清吴县人。

蕉叶山房吟稿1卷　集部别集类

《颍川合集》本，苏州图书馆藏。

施传镳

字云门。清元和郭巷人。贡生。与袁学澜、王国宝并负时名，人称“两脚书橱”。晚年名愈噪，目无余子。而奖掖后进不遗余力，成就者数百计。

西台诗草　集部别集类　佚

见《吴县志·列传六》。

蒋如洛(？—1860)

字康耆，号英亭。清长洲人。锡琳次子。诸生。咸丰十年(1860)，死于苏城之役。

闽游草1卷　集部别集类

清抄本，浙江图书馆藏。

袁学澜(1804—1879)

一名景澜，字文绮，号春巢。清元和人。世居尹山乡袁村。诸生。少从吴江殷寿彭游。秋试金陵，八次未中。以能诗著声吴下。同治四年(1865)，迁入吴门浮溪新宅。后业医。耄年好学，犹应书院课。室中图书满架，著作甚富。

己未诸生案始末　史部杂史类

清抄本，国家图书馆藏。

吴郡岁华纪丽12卷吴俗箴言1卷附吴俗讽喻诗1卷　子部类书类

(1) 稿本，南京图书馆藏。

(2) 清节抄本，苏州图书馆藏。

(3) 清抄本，国家图书馆藏。

适园杂抄不分卷　子部杂学类

稿本，南京图书馆藏。

适园杂俎4卷　子部杂学类

清刻本，国家图书馆藏。

拟古诗1卷　集部别集类

咏物诗2卷　集部别集类

咏古诗1卷　集部别集类

春秋宫词1卷　集部别集类

乔羽嘤鸣集1卷　集部别集类

题画诗1卷　集部别集类

遣秋集5卷　集部别集类

按：疑是《遣愁集》。

消寒杂咏　集部别集类

消夏集2卷　集部别集类

寒夜杂赋　集部别集类

所闻诗　集部别集类

落叶唱和诗　集部别集类

编年诗　集部别集类

以上13种见《吴县志·艺文考四》。

梓里从公集1卷　集部别集类

游吴郡西山诗1卷　集部别集类

吴中岁时诗 2 卷　集部别集类

衡栖鹤警集 1 卷　集部别集类

以上 4 种见《吴县志·艺文考八》。

适园诗集 1 卷　集部别集类

叶廷琯《劫余所见诗录》本,苏州图书馆藏。

乐闲娱老集 4 卷　集部别集类

清刻本,国家图书馆藏。

雪鸥消寒集 4 卷　集部别集类

(1) 清刻本,国家图书馆藏。

(2) 稿本,南京图书馆藏。

风雪咏归集 1 卷游吴郡园林诗 1 卷定思唱和诗 1 卷　集部别集类

清刻本,国家图书馆藏。

适园古文稿 2 卷赋稿 2 骈体文 2 卷　集部别集类

清刻本,国家图书馆藏。

适园诗集 52 卷　集部别集类

稿本,香港中文大学图书馆藏。

按:包括《田家四时诗》1 卷、《十国宫词》1 卷、《续咏春秋乐府》1 卷、《姑苏竹枝词》1 卷、《西泠游草》1 卷、《续咏姑苏竹枝词》1 卷、《蘖林操缦集》1 卷、《沪游集》1 卷、《庑下遣愁集》1 卷、《海上归帆集》1 卷、《廛隐集》1 卷,余卷皆古今体诗。

适园诗稿 2 廛隐集诗草 1 卷文稿 1 卷　集部别集类

稿本,南京图书馆藏。

适园賸稿不分卷　集部别集类

稿本,南京图书馆藏。

沪上题襟集　集部总集类

见《吴县志·艺文考四》。

零锦集词稿 2 卷　集部词曲类

清文学山房刻本,苏州图书馆藏。

吴苑嬉春词 1 卷　集部词曲类

见《吴县志·艺文考八》。

适园丛稿不分卷　丛书类

稿本,苏州图书馆藏。

按:包括《乙丑诗稿》1 卷、《癸巳年沪游吟稿》1 卷等。

适园丛稿 4 卷　丛书类

稿本,浙江图书馆藏。

按:包括《诗草》1 卷、《文稿》1 卷、《西山探桂集》1 卷、《杏花村消寒会友诗》1 卷。

适园丛稿 12 卷　丛书类

清同治十一年香堂溪草堂刻本,上海图书馆藏。

子目:

《苏台揽胜词》2 卷

《虎丘杂事诗》1 卷

《姑苏竹枝词》2 卷

《田家四时诗》

《吴俗讽喻诗》(以上 2 种合 1 卷)

《西泠游草》1 卷

《金陵游草》1 卷

《春归词》

《海昌观潮集》

《柘湖道情》(以上 3 种合 1 卷)

《吴郡新年杂咏》

《吴门岁暮杂咏》(以上 2 种合 1 卷)

《春秋乐府》1 卷

《十国宫词》1 卷

谭文炳

字青藜。清吴县人。

论文新稿 5 卷　集部诗文评类

见《吴县志·艺文考二》,并注云:"稿本,藏邑中蒋氏留庵。王氏海粟楼有传抄本。"

顾士英

清长洲人。直隶吴桥县典史。

(道光)蓬溪县志 16 卷图 1 卷　史部地理类

清钱塘吴章祁修　长洲顾士英等纂

(1) 清道光二十五年(1845)刻本,国家图书馆藏。

(2) 清咸丰十一年(1861)补刻本,南京大学图书馆藏。

(3)《中国地方志集成》本。

王寿田

清吴县人。精幼科。其婿钱铸(字青选),得其传。

痘诊拟案 1 卷　子部医家类　佚

清王寿田、吴晋光合撰

见《吴县志》王寿田本传。

吴晋光

清吴县人。

痘诊拟案 1 卷　子部医家类　佚

清王寿田、吴晋光合撰

见"王寿田"条。

彭蕴瑜(1804—1844)

字子瑾,号莲堂。清长洲人。庠生。以孝称。道光间,郡中大水,主赈事,以私财济不足,林文忠公嘉之,手书"痌瘝在抱"四字以赠。

正蒙三字文1卷　经部小学类　佚

经世述文4卷　子部儒学类　佚

诗古文词4卷　集部别集类　佚

按:诗1卷,词1卷,制艺2卷。

以上3种见《彭氏家谱》,云皆遭乱毁失。

屠　苏(1804—1853)

字元饮,原名钟,字伯洪,别号鹤主人。清元和籍乌程人。少习应制文,不求工。耽诵古书,藏庋多善本,手自批校。拙于治生,为童子师,得银即买书画金石。爱鹤喜酒,精鉴赏。为诗似宋人。

小草庵诗钞1卷　集部别集类

(1)《滂喜斋丛书》本。

(2)《丛书集成初编》本。

按:《吴县志·艺文考四》作《小草庵近体诗存》1卷。

蒋文勋(1804? —1860)

号梦庵,又号胥江。清吴县人。居胥门外万年桥。少嗜音乐,先后从谈荫人、韩古香(桂)学琴,从戴雪香(长庚)学音律,尽得二香真传。尝得梅花断纹琴,乃筑梅花庵藏之,颜其室曰"二顾书屋"。

律吕剩言3卷　子部艺术类

(1) 清道光十四年(1834)梅花庵刻本,上海图书馆藏。

(2)《续修四库全书》本,影印清道光刻本。

梅华庵二香琴谱10卷首1卷　子部艺术类

清道光十三年蒋氏梅花庵刻本,苏州图书馆藏。

律话 3 卷　子部艺术类

清戴长庚撰　蒋文勋校

清道光十三年吾爱书屋刻本，浙江图书馆藏。

廖惟珍(1804—1861)

字韵香。清嘉定县人。文锦女，元和蒋士琛妻。

伤心集　集部别集类　佚

按：是书卷首有咸丰甲寅(1854)秋日自序，皆哭兄哭弟之诗，全集名《慧花轩稿》。

慧花轩稿　集部别集类　佚

以上 2 种见俞樾《春在堂随笔》。

借凡居稿　集部别集类　佚

见《嘉定县志》。

陆文灏(1804—1874)

字运开。清吴县人。

包山后埠支陆费氏支谱不分卷　史部传记类

清陆文灏等辑

清光绪二年(1876)三听堂木活字印本，南京大学图书馆藏。

王承楷

字石琴。清吴县人。道光十一年(1831)举人。官浙江分水知县、温州知府。

(道光)分水县志 10 卷首 1 卷末 1 卷　史部地理类

清王承楷、福增修　分水王椿煜等纂

清道光二十五年刻本，南京图书馆藏。

按：此志王氏修成，继任福增梓行。

赵文龙

字云槎。清吴县人。道光七年(1827)举人。

瑞兰轩诗钞 2 卷　集部别集类

见《吴县志·艺文考二》。

孔广绶

清吴县人。妾周荣桂,耽吟咏,与广绶唱酬无虚日。

醉红楼词草　集部词曲类

见《吴县志·艺文考二》。

柳尔信

清吴县人。商贤伯父。

谷生日记 24 册　集部别集类　佚

制艺　集部别集类　佚

惕庵诗钞　集部别集类　佚

以上 3 种见《横金志·艺文》。

许绍洙

字芝生。清长洲人。李福婿。诸生。家业中落,授徒自给。性狷介,然于里中善举咸助成之。咸丰十年(1860)避乱狮山,受刃伤。友人朱鼎青招往上海,忧郁卒,年 55。

野芳退翁遗稿　集部别集类　佚

见《吴县志·艺文考三》。

吉光片羽　集部别集类

稿本,上海图书馆藏。

按:《共赏集二编》卷 7 收其诗 8 首。

徐兰初

号纫香。清元和人。诸生严文海妻。

红余百咏　集部别集类

见《柳絮集》。

李宗萼

清吴县人。

庄渠李氏世谱12卷　史部传记类

清抄本，南京图书馆藏。

李毓金

清吴县人。

锡山李氏迁苏支谱不分卷　史部传记类

清李毓金等修

清同治四年(1865)抄本，日本东洋文库藏。

曹培英

号小琴。清长洲人。陈文述女弟子。

枫溪仙馆诗1卷　集部别集类

《碧城仙馆女弟子诗》本。

顾绍濂(1805—1856)

字希周，号蕴山。清元和人。庠生。精于医。

病机辑要　子部医家类　佚

疫痧草　子部医家类　佚

以上2种见《吴县志·艺文考三》。

程植义(1805—1860)

字培初,号立山。清吴县人。汪承照婿。光禄寺典部衔。志趣高淡。善书,工写墨梅。事亲尤孝。

程氏支谱不各卷　史部传记类

清咸丰元年(1851)至三年程氏资敬堂义庄刻本,苏州图书馆藏。

凤文祺(1805—1869)

字九成,号梅溪。清吴县人。

山左游草1卷　集部别集类　佚

见《吴县志·艺文考二》。

王希廉(1805—1877)

原名希棣,字旭升,号雪芗、雪香,晚号雪髯老人。清吴县东山人。仲沅子,朝忠从弟。监生,浙江候补府经历。工书,善诗文,才华艳发。因评赞《红楼梦》,自号洞庭护花主人。曾侨寓虞山,聘才媛周绮为副室,唱和风雅,共研红学,人艳羡之。卒葬太湖莳山。

孪史48卷　子部杂学类

(1)《申报馆丛书》本。

(2)清抄本,10卷,上海图书馆藏。

(3)稿本,14卷,上海图书馆藏。

红楼梦120回　子部小说类

清曹雪芹、高鹗撰　《总评》《分评》《大观园图说》清王希廉撰　《题词》清周绮撰　《论赞》《问答》《存疑》清徐瀛撰

(1)清道光十二年(1832)吴县王氏刻本,题《新评绣像红楼梦全传》,浙江图书馆藏。

(2)清光绪二年(1876)聚珍堂活字印本,国家图书馆藏。

(3)清光绪三年翰苑楼刻本,上海图书馆藏。

(4) 清光绪三年芸居楼刻本，复旦大学图书馆藏。

(5) 清光绪十八年古越诵芬阁铅印本，王希廉、姚燮合评，海宁市图书馆藏。

(6) 清光绪三十四年求不负斋石印本，王希廉、姚燮、张新之合评，上海图书馆藏。

(7)《万有文库》本，王希廉、姚燮合评。

(8) 商务印书馆《国学基本丛书》本，王希廉、姚燮合评。

按：《乡志类稿》卷 7 本传云："著《红楼梦》词赞，自号洞庭护花主人，所传王本《石头记》，为之序而写刊。"

又按：王氏所据本为程甲本，王本刊行后成为程本系统中流行最广的版本，翻刻影印甚多，余皆从略。

石头记评赞不分卷　子部小说类

(1) 清同治十三年(1874)金陵张盛藻刻本，国家图书馆藏。

按：包括《大观园图说》《问答》《存疑》《总评》《评花》《音释》《论赞》《分评》。

(2)《香艳丛书》本。

按：包括沈锽《石头记评赞序》、佚名《石头记评花》、周绮《题词》、卢先骆《竹枝词》、沈谦《赋》、江顺怡《杂记》，王评未收，且附此。

(3) 清光绪二年沪上重刻本，附刻 4 种，上海图书馆藏。

按：附刻为周绮《题词》、卢先骆《竹枝词》、沈谦《赋》、江顺怡《杂记》。

(4)《红楼梦附集十二种》本。

按：较以上各本再增潘孚美《红楼百美诗》1 种。

吴从本

字剑秋，号耕云。清吴县人。庄族孙。诸生。颇留心文献，庄未成之书，从本赓续成之。咸丰庚申(1860)后，网罗搜采，尤有发潜阐幽之功。

东山孝贞节烈编8卷补编1卷　史部传记类

（1）稿本，上海图书馆藏。

（2）清同治四年（1865）刻本，苏州大学图书馆藏。

按：乾隆间翁志琦、吴庄、金有理始辑此书，编入金氏《太湖备考》中，后翁奎、金相、郑昺荣等人续辑，收至道光二十六年（1846），然因兵乱未刊。从本取二书重为订正，并补录小传，刊于松江。

洞庭忠义编1卷　史部传记类

（1）稿本，补遗1卷，上海图书馆藏。

（2）清同治刻本，苏州大学图书馆藏。

洞庭孝弟编1卷　史部传记类

（1）稿本，补遗1卷，上海图书馆藏。

（2）清同治六年刻本，苏州大学图书馆藏。

按：《吴县志·艺文考八》作吴从亦编，疑误。

石笑轩诗存2卷　集部别集类　佚

见《吴县志·艺文考二》。

华翊亨（？—1849）

原名宝仁，字赞之，号卓卿。清吴县人。道光十五年（1835）举人，二十年进士。以知县分发四川，改山东，署观城、朝城县事。丁忧，服阕，仍发四川广符县。未几殇，以亏帑，棺木几不能归，缙绅父老助之始东下。

蜀游纪事诗　集部别集类　佚

见《吴县志·艺文考二》。

杭　锦

字七襄。清吴县人。正言女。许字武林陆氏，早夭。

物外亭草　集部别集类　佚

见《闺秀词钞》卷6，并收其诗1首。

柳尔雅(? —1839)

字希声,号乐池。清吴县人。商贤父。早卒。

乐池诗草　集部别集类　佚

见《吴县志·艺文考二》。

潘遵颜(1806—1860)

字卓如,号竹儒。清吴县人。世杰长子。国子生,候选中书科中书,山西沁州知州,署绛州直隶州知州。

二十四琅玕仙馆诗钞1卷　集部别集类

《陟冈楼丛刊》甲集本。

费德元

字树人,号稚莼。清吴县人。附贡生。候选训导。

五毋欺斋诗钞8卷　集部别集类

见《吴县志·艺文考二》。

蒋桂芳(1807—1825)

字步云,号香蟾。清吴县人。诸生。早卒。

步云遗稿　集部别集类　佚

见《吴县志·艺文考二》。

汪纫兰(1807—1839)

字佩之。清吴县人。诒德女,潘曾绶妻,潘祖荫母。工楷书,善画花卉。与陆琇卿齐名。

睡香花室诗钞1卷　集部别集类

潘曾绶《陔兰书屋诗集》附录本。

按:《国朝闺阁诗钞续编》收其诗18首。

宋来凤(1807—1863)

字翼圣,号石琴。清长洲人。翔凤弟。诗格坚洁无俗韵,脱胎汉魏,高淡简古。

钝石斋诗稿 8 卷　集部别集类

叶廷琯《劫余所见诗录》本。

蛾术轩文稿　集部别集类　佚

见《长洲宋氏世谱》。

王仲贤(1807—1855)

原名庆华,字宾书,号远峰。清吴县东山人。伯昆子。监生。候选布政司经历。

远峰公诗稿 1 卷　集部别集类　佚

见《莫厘王氏家谱》卷 17。

潘筠基(1807—1871)

字鸣盛,号鹤笙,又号萼生。清元和人。附贡生。河南怀庆府通判。历署广德州知州、太平府知府,兼安徽宁池太广兵备道。

薇红山馆诗草　集部别集类

见《吴县志·艺文考四》。

按:《清代硃卷集成》"潘立书"条云:"著有《薇红馆诗钞》,庚子在津开雕,燬于兵燹。"

春晖阁诗钞选 6 卷　集部别集类

清蒋湘南撰　潘筠基选

清道光十六年(1836)潘筠基刻本,浙江图书馆藏。

管庆祺(1807—1871)

字洵美,号心梅、吉也。清元和人。道光十九年(1839)庠生。师陈奂，曾手校陆氏《经典释文》。兼精岐黄，曾为奂治病，与时医异，服其药得愈。晚年丁日昌延入江苏书局办理校勘，生平校正经学小学书籍甚多。

征君陈先生年谱 1 卷　史部传记类

(1) 稿本，上海图书馆藏。

(2)《戊寅丛编》本，附录 1 卷。

王　鸿(1807—1876)

字子梅，后改名鹄，别字天全，大淮子。清天津人，寄籍长洲。曾官聊城县丞。

王子梅诗词集　集部别集类

稿本，张仲元等跋，山东省图书馆藏。

喝月楼诗录 2 卷　集部别集类

稿本，天津图书馆藏。

喝月楼诗录 20 卷　集部别集类

(1) 清道光十九年(1839)刻本，原目作 21 卷，卷 21《盗诗图诗录》未刻，北京大学图书馆藏。

(2)《清代诗文集汇编》本，影印道光十九年刻本。

盗诗图诗录 1 卷闺秀 1 卷附原作 1 卷　集部总集类

清道光刻本，国家图书馆藏。

明湖唱和集　集部总集类

清刻本，国家图书馆藏。

顾祠听雨图诗录 2 卷续 1 卷　集部总集类

清同治元年(1862)刻本，国家图书馆藏。

天全诗钞 1 卷　集部总集类

(1) 清同治元年刻本，无锡市图书馆藏。

(2) 清抄本，北京大学图书馆藏。

高石麟(1807—?)

字少徐,号眉松,生于嘉庆丁卯(1807),故又号丁卯生。清元和人。以授徒养亲,孤贫无力者无力供脩脯,亦不计。恬于进取,足迹不入城市。不喜时文,而酣嗜诗歌古文,独具天然。

匏瓜居诗草　集部别集类　佚

见《吴县志·艺文考四》。

王友光(1807—?)

字恭甫,号海客。清华亭人。原籍吴县东山。松江府庠增生。

王海客日记不分卷　史部传记类

稿本,上海图书馆藏。

按:起咸丰九年(1859),止同治二年(1863)。

华亭姜氏恩庆编 2 卷首 1 卷附录 1 卷敬学堂续附投赠碑记序跋铭赞 1 卷酬赠诗词 1 卷　史部传记类

清王友光、雷莹、朱逢寅编

清道光二十一年(1841)姜氏敬学堂刻本,浙江图书馆藏。

谵语 1 卷　子部杂学类

清姚镜塝抄本,复旦大学图书馆藏。

味义根斋诗 6 卷词 2 卷　集部别集类

清光绪十二年(1886)华亭王氏刻本,清华大学图书馆藏。

按:《清人诗文集总目提要》云上海图书馆有藏本,多《剩语》1 卷,未见。

谢攀瀛

清吴县人。翰林院待诏。

劫余小乘 1 卷　史部传记类

清同治七年(1868)稿本,苏州博物馆藏。

顾文柏

清长洲人。

蠡墅顾氏本支录　史部传记类

清咸丰八年(1858)刻本,美国国会图书馆藏。

胡文柔

字兰韵。清元和人。监生陆润妻。

绣箧吟草1卷　集部别集类

清道光刻本,厦门大学图书馆藏。

李可久(?—1848)

字次玉,号小香。清吴县人。庠生。少孤,仪征阮元扶植之,得成立。寓昆山张氏眠琴窝。道光二十八年(1848)自宣城回,西渡高淳湖,覆舟死。工骈体文。

遗诗1卷　集部别集类　佚

见光绪《昆新两县续修合志》卷34本传。

宋景宣(1808—1835)

字稺宣。清长洲人。翔凤子。监生,能诗,先翔凤卒。

青盖楼诗　集部别集类　佚

见《吴县志·艺文考三》。

陈玉声(1808—1853)

字振卯,号韵球。清吴县人。

陈氏世谱不分卷　史部传记类

清陈玉声等纂修

清道光二十五年(1845)刻本,日本东京大学图书馆藏,上海图书馆藏胶卷。

钱　辰(1808—1863)

字秋潭,号龠翁。清吴县人。大德孙,光华次子。室名跃龙云窟。自幼好学,潜心经术,尤邃于《易》。工诗,五言短古,雅近柴桑。年30后为廪膳生,例叙训导。咸丰十年(1860),组织乡勇团练对抗太平军。曾往上海谒李鸿章,进扑灭太平军之策,会中暑疾而卒。汪鸣銮为撰墓志铭。

易经10卷　经部易类　佚

见汪鸣銮《钱先生墓志铭》。

按:《吴县志·艺文考二》作《易解》4卷。

龠翁日记不分卷　史部传记类

(1) 稿本,上海图书馆藏。

(2) 稿本(同治二年),上海图书馆藏。

跅驰录不分卷　史部杂史类

清黄叔涛抄本,无锡市图书馆藏。

松鹤编不分卷　子部杂学类

清抄本,无锡市图书馆藏。

听鱼轩诗钞　集部别集类

见《吴县志·艺文考二》。

龠翁诗钞4卷　集部别集类

(1) 清光绪八年(1882)钱国祥南钱草堂刻本,附钱家吉《寄生吟草》1卷,苏州图书馆藏。

(2) 稿本,2卷,上海图书馆藏。

龠翁文集不分卷　集部别集类

稿本,上海图书馆藏。

共赏集初编1卷附录1卷二编1卷续1卷附录1卷　集部总集类

清钱辰辑

(1) 清咸丰七年跃龙云窟刻本,仅刻初编,苏州图书馆藏。

(2) 清光绪三十三年钱国祥刻本,上海图书馆藏。

(3) 稿本,上海图书馆藏。

(4) 抄本,南京图书馆藏。

按:此集为钱氏辑濠南故友诗,咸丰七年刻初编,后因兵乱板毁。二编未及刻而钱辰卒,其子钱国祥遂于光绪三十三年刻成之。

金　兰(1808—1879?)

字子春,自号碧螺山人。清吴县人。启鹏子。居皋尧二山间,地名葑溪,碧螺墩在焉,故颜其室曰碧螺山馆。幼承家学,究心经传,力辟释老神鬼之说,反对淫祀。冯桂芬修《苏州府志》,属为采访。光绪元年(1875),举孝廉方正,未几卒。

横金志 18 卷首 1 卷　史部地理类

清柳商贤、柳尊贤纂　沈以郊、金兰同纂

见“柳商贤”条。

左史互异考　史部正史类　佚

政治类钞　史部政书类　佚

竹轩瓒语　子部杂学类　佚

狐穴诗料　子部类书类　佚

以上 4 种见韦光黻《碧螺山馆诗钞序》。

碧螺山馆诗钞 8 卷补遗 1 卷　集部别集类

(1) 清咸丰六年(1856)刻本,6 卷,苏州图书馆藏。

(2) 清咸丰六年刻光绪三年增刻本,浙江图书馆藏。

(3) 1921 年吴县柳宗棠修板重印本,上海图书馆藏。

(4)《清代诗文集汇编》本,影印清光绪刻本。

按:《共赏集二编》收其诗 4 首。

三布衣诗存 3 种 3 卷　丛书类

清金兰编辑

清同治十二年(1873)吴县金氏刻本,上海图书馆藏。

按:收钮树玉、徐筠、张绍松三家诗。

按:又吴江区图书馆藏道光二十一年(1841)刻本《金氏义庄》一种,署金兰原辑,是否即子春,待考。

潘曾莹(1808—1878)

字申甫,号星斋、黼廷。清吴县人。世恩次子。道光十四年(1834)举人,二十一年进士。官翰林院庶吉士、翰林院编修,历至礼部、户部左侍郎,兼管三库事务。学植深厚,尤长于史学。工诗古文词。画以青藤、白阳为宗,书法初学赵孟頫,晚学米芾,得其神髓。家有小鸥波馆,以收藏书画著名。

读史杂钞 1 卷　史部史钞类

稿本,苏州博物馆藏。

潘黼廷先生日记不分卷　史部传记类

稿本,道光十四年至十六年,二十四年至二十五年,咸丰八年(1858)至十年,天津图书馆藏。

小鸥波馆日记不分卷　史部传记类

稿本,道光十九年至光绪四年(1878),上海图书馆藏。

锁闱偶记 1 卷　史部传记类

(1) 稿本,道光三十年三月至四月,苏州博物馆藏。

(2) 1940 年潘承厚、潘承弼影印本,苏州图书馆藏。

(3)《苏州博物馆藏晚清名人日记稿本丛刊》本。

癸丑锁闱日记 1 卷　史部传记类

(1) 稿本,咸丰三年三月至四月,苏州博物馆藏。

(2) 1940 年潘承厚、潘承弼影印本,上海图书馆藏。

(3)《历代日记丛钞》本。

(4)《苏州博物馆藏晚清名人日记稿本丛刊》本。

按:此记咸丰三年癸丑任会试副考官阅卷之事。

墨缘小录1卷　史部传记类

(1) 稿本，上海图书馆藏。

(2) 清咸丰七年刻本，国家图书馆藏。

(3)《文学山房丛书》本。

(4) 1922年西泠印社活字本，国家图书馆藏。

丙午使滇日记　史部地理类

(1) 稿本，苏州博物馆藏。

(2)《陟冈楼丛刊》本。

(3)《历代日记丛钞》本。

(4)《苏州博物馆藏晚清名人日记稿本丛刊》本。

小鸥波馆画识3卷画寄1卷　子部艺术类

(1) 清光绪十四年嘉兴金吴澜悦止斋活字本，上海图书馆藏。

(2)《文学山房丛书》本。

红雪山房画品1卷　子部艺术类

《二十四画品》本。

小鸥波馆画集初编　子部艺术类

1944年潘承弼影印本，上海图书馆藏。

潘星斋山水册　子部艺术类

1929年商务印书馆影印本，上海图书馆藏。

小鸥波馆随笔1卷　子部杂学类

清抄本，苏州博物馆藏。

西清偶笔1卷　子部杂学类

稿本，苏州博物馆藏。

潘文恭遗训1卷　子部儒学类

清潘世恩撰　潘曾莹辑

见“潘世恩”条。

使滇吟草　集部别集类

清道光二十六年刻本，上海图书馆藏。

小鸥波馆诗钞 12 卷诗补录 2 卷词钞 1 卷　集部别集类

(1) 清道光刻本,4 卷,温州图书馆藏。

(2) 清刻本,诗钞 8 卷,南京图书馆藏。

(3) 清刻本,诗钞 10 卷,国家图书馆藏。

(4) 清刻本,苏州图书馆藏。

(5)《清代诗文集汇编》本,影印清刻本。

按:此集乃不断续刻而成,历道光、咸丰、同治、光绪等朝,各家著录往往皆作道光刻本,误。

红蕉馆诗集　集部别集类

(1) 清道光刻本,10 卷,国家图书馆藏。

(2) 清刻本,12 卷,清华大学图书馆藏。

(3) 清道光刻本,18 卷,南京图书馆藏。

蓼莪余咏 1 卷　集部别集类

稿本,苏州博物馆藏。

木田清课不分卷　集部别集类

稿本,上海图书馆藏。

小鸥波馆诗钞 1 卷　集部别集类

稿本,清穆彰阿等跋,沈祖望题款,苏州博物馆藏。

小鸥波馆诗钞　集部别集类

稿本,存卷 9—11、13—15,清张金镛圈评并跋,苏州博物馆藏。

小鸣波馆诗钞 3 卷　集部别集类

清抄本,苏州博物馆藏。

小鸣波馆文稿 1 卷　集部别集类

稿本,苏州博物馆藏。

小鸥波馆文钞不分卷　集部别集类

稿本,苏州博物馆藏。

小鸣波馆骈体文钞 2 卷诗钞 8 卷　集部别集类

清道光刻本,上海图书馆藏。

赐锦堂经进文钞1卷小鸥波馆文钞2卷骈体文钞1卷　集部别集类

(1) 1937年潘氏岁可堂刻本，上海图书馆藏。

(2)《清代诗文集汇编》本，影印岁可堂刻本。

芸馆簪毫集1卷　集部别集类

清道光刻本，南京图书馆藏。

小鸣波馆诗钞3卷词钞1卷　集部别集类

清抄本，苏州博物馆藏。

庚戌春闱纪事诗1卷附锁闱偶记1卷

1940年潘承厚、潘承弼影印本，苏州图书馆藏。

按：《庚戌春闱纪事诗》及《锁闱偶记》记潘曾莹道光三十年庚戌奉命分校礼闱之事。

直省三科试帖精选3卷　集部总集类

清潘曾莹辑

清道光二十年红蕉馆刻本，上海图书馆藏。

玉堂试帖振采集6卷　集部总集类

清潘曾莹辑

清道光二十三年刻本，苏州大学图书馆藏。

国朝闺阁诗钞100卷　集部总集类

清蔡殿齐编次　甘晋辑传　潘曾莹覆辑

清道光二十四年蔡氏嫏嬛别馆刻本，浙江图书馆藏。

小鸥波馆词1卷　集部词曲类

清抄本，苏州博物馆藏。

小鸥波馆词钞　集部词曲类

(1)《小鸥波馆诗钞》附录本，1卷。

(2) 清刻本，2卷，国家图书馆藏。

(3) 稿本，存2卷，后附《花间笛谱》1卷，苏州博物馆藏。

鹦鹉帘栊词钞2卷　集部词曲类

清刻本，上海图书馆藏。

花间笛谱1卷　集部词曲类

(1)《小鸥波馆词钞》稿本后附,苏州博物馆藏。

(2) 1940年潘承厚、潘承弼影印本,上海图书馆藏。

按:《国朝词综续编》卷17收其词10首。

张世棠(1808—1860)

字咏如,号味鲈、味鲁。清长洲人。廪生。是彝父。咸丰七年(1857)议叙训导选用。

一经堂诗稿8卷　集部别集类

见《吴县志·艺文考三》。

寄篱吟　集部别集类

见《清代硃卷集成》"张是彝"条。

生余留草1卷　集部别集类

(1) 清潘钟瑞《十家诗》抄本,苏州图书馆藏。

(2)《心太平室集》附录本。

陆韵梅(1808—1878)

字琇卿。清吴县人。光禄寺典簿澧女,潘曾莹妻。能书画,工花卉。

玉团花馆诗钞　集部别集类

见《正始集》。

按:《安徽名媛诗征略》收其诗词各1首。

小鸥波馆诗钞1卷　集部别集类

《国朝闺阁诗钞》本。

曹云祥(1808—1885)

字学庭,号翰香。清吴县人。

曹氏宗谱1卷　史部传记类

抄本，国家图书馆藏，后人续增至民国。

潘遵祁(1808—1892)

字觉夫，号顺之，又号西圃。清吴县人。世璜长子。道光十七年(1837)拔贡。分发试用教谕，官内阁中书、国史馆分校、本衙撰文。二十三年举人，二十五年进士。官翰林院庶吉士、编修、国史馆协修，加侍读衔。

大佛潘氏支谱24卷首1卷　史部传记类

清咸丰四年(1854)刻本，苏州博物馆藏。

尚友录续编22卷　史部传记类

清光绪十四年(1888)点石斋石印本，海宁市图书馆藏。

长元吴丰备义仓全案8卷首1卷末1卷　史部政书类

清潘遵祁编

清光绪八年刻本，华东师范大学图书馆藏。

西圃藏书目不分卷　史部目录类

稿本，南开大学图书馆藏。

香雪草堂书目不分卷　史部目录类

稿本，南开大学图书馆藏。

重建紫阳书院记　史部地理类

清张树声撰　潘遵祁书

清拓片，苏州图书馆藏。

须静斋云烟过眼录1卷　子部艺术类

清潘世璜撰　潘遵祁辑录

见“潘世璜”条。

卫生要录　子部儒学类

节饮集说　子部儒学类

以上2种见《吴县志·艺文考二》。

西圃题画诗2卷　子部艺术类

《江氏聚珍版丛书》本。

西圃集10卷续集4卷补遗1卷词续1卷词三续1卷题画诗1卷题画诗续1卷文集4卷补遗1卷　集部别集类

(1) 清同治至光绪间刻本，苏州图书馆藏。

(2)《清代诗文集汇编》本，影印同光间刻本。

按：此集亦不断续刻而成，其余版本不录。

又：诗集卷10即诗余，故无词集，而有词续、词三续。

西圃文稿无卷数　集部别集类

清亢氏抄本，原昆山图书馆藏。

小松鳞书屋诗赋偶存不分卷　集部别集类

清刻本，南京图书馆藏。

小松鳞书屋制义偶存不分卷　集部别集类

清抄本，杭州图书馆藏。

紫阳书院课艺17编　集部总集类

清潘遵祁鉴定　方其洪、程诒孙等编次

清同治十二年(1873)至光绪十八年刻本，南京图书馆藏。

唐律赋钞不分卷　集部总集类

清潘遵祁编

(1) 清道光二十八年三松堂刻本，上海图书馆藏。

(2) 清同治八年景贤书院重刻本，未见。

(3) 清光绪十一年三松堂刻本，浙江图书馆藏。

(4) 2017年国家图书馆出版社《历代赋学文献汇刊》本。

不远复斋丛书　丛书类

清潘世璜辑撰　潘遵祁校刻

见“潘世璜”条。

闺门必读5种5卷　丛书类

清潘遵祁辑

清同治十三年陶漱艺斋刻本，上海图书馆藏。

按：子目见《中国丛书综录》。

樊景烜

字晓埭。清元和人。

鸥景山房诗钞　集部别集类　佚

见《吴县志·艺文考四》。

刘　江

号迂岑。清吴县人。

鸣秋馆诗钞　集部别集类　佚

见《吴县志·艺文考二》。

汪亦揆

字萼亭。清吴县人。

清夜吟　集部别集类　佚

见《共赏集》。

袁奎福

字养田。清元和人，世居尹山。

海粟楼诗钞 2 卷　集部别集类

海粟楼词 1 卷　集部词曲类

以上 2 种见《袁氏世范》，皆云待梓，未见。

郑树珪

字桐山。清吴县人。业医。

七松岩集 2 卷　子部医家类

(1) 清同治四年(1865)抄本，苏州中医院图书馆藏。

(2) 清光绪三十年(1904)抄本，中国中医科学院图书馆藏。

(3) 清抄本,苏州大学医学院图书馆藏。

(4) 1980 年河北人民出版社点校本。

陈莘田

清吴县人,居长洲枫桥。通内外科,以疡科名世,声动公卿。与光福顾介标、跨塘顾庭纲先后驰名。其医案皆及门所集,散失甚多。

陈氏秘方 1 卷　子部医家类

抄本,苏州图书馆藏。

陈莘田外科临证医案 1 卷　子部医家类

(1) 清抄本,中国中医科学院图书馆藏。

(2)《黄寿南抄辑医书二十种》本。

陈莘田外科临证医案续集 1 卷　子部医家类

(1) 清抄本,上海中医药大学图书馆藏。

(2)《黄寿南抄辑医书二十种》本。

陈莘田外科方案 5 卷　子部医家类

(1) 清抄本,南京中医院大学图书馆藏。

(2)《中医古籍珍稀抄本精选》本,据南京中医院大学图书馆藏抄本点校。

陈莘田医案 4 卷(又名外科摘要、枫江疡案)　子部医家类

清抄本,中国中医科学院图书馆藏。

枫江合药方 1 卷　子部医家类

见《吴县志·艺文考二》。

陈　标

字少霞。清长洲人。受业王寿田,精儿科。

痧痘金针 2 卷　子部医家类

(1) 清抄本,苏州中医院图书馆藏。

(2)《黄寿南抄辑医书二十种》本。

按:《吴县志》本传作 3 卷。

陈氏幼科医案　子部医家类

清抄本,上海中医药大学图书馆藏。

诗钞　集部别集类

见《吴县志·艺文考三》。

潘筠华(1809—1851)

原名筠实,字茂先,号朴斋。清长洲人。候选布政司经历。

听雨室文钞　集部别集类　佚

载月艇诗钞　集部别集类　佚

以上 2 种见《东汇潘氏族谱》,云咸丰乱中散佚,仅存数篇。

蒋锡宝(1809—1859)

字伯申,号崧生,一号自岳。清元和人。廷皋父。道光二十四年(1844)进士。官淮安府学教授。

娄关蒋氏本支录右编 12 卷首 1 卷末 1 卷　史部传记类

清蒋锡宝等纂

清活字印本,南京图书馆藏。

散天香馆文集　集部别集类　佚

见《吴县志·艺文考四》。

冯桂芬(1809—1874)

字林一,号景亭、愢叟,晚年自号邓尉山人。清吴县人。精小学、算法、天文。道光八年(1828)副榜贡,十二年举人,二十年榜眼。授编修,官至詹事府左春坊右中允。林则徐抚苏辑《西北水利说》,桂芬与编校。咸丰十年(1860)苏城破,在上海议设会访局。曾主讲金陵、上海、苏州诸书院。主张变法图强,提倡采西学,制洋器,筹国用,改科举。晚岁迁居木渎,即家开志局,修纂《苏州府志》。

说文部首歌1卷　经部小学类

清冯桂芬撰　冯世澂按

(1)《许学丛书》本。

(2)《校邠庐逸笺》本。

(3)《丛书集成初编》本。

(4)《牖蒙丛编》本。

(5) 清光绪蒲圻但氏刻本，华阳刘铭鼎篆，并附刘氏《说文用功次第说》1卷，见《贩书偶记》。

(6) 清李文田抄本，杭州市图书馆藏。

说文解字段注考正15卷　经部小学类

(1) 稿本，苏州图书馆藏。

(2) 1928年据手稿影印本，上海图书馆藏。

(3) 抄本，苏州图书馆藏。

(4)《续修四库全书》本，影印1928年影印本。

(5)《中华再造善本》本，影印稿本。

说文解字韵谱10卷　经部小学类

(1) 稿本，上海图书馆藏。

(2) 清同治三年(1864)冯桂芬刻本，未见。

(3) 清同治三年刻六年增刻本，浙江图书馆藏。

说文解字韵谱补正　经部小学类

清冯桂芬、龚丙孙撰

稿本，复旦大学图书馆藏。

本字考　经部小学类

汉书集疏　史部正史类

历代职官考　史部政书类

以上3种见冯桂芬《五十初度自题小影》，皆云未成。

两淮盐法志　史部政书类

按：未见刻本。道光二十九年陆建瀛出任两江总督，次年提议整顿盐务，遂在扬州设局，聘冯桂芬修志。

两淮盐法志北票录要2卷　史部政书类

(1) 清抄本，国家图书馆藏。

(2) 盐务图书馆抄本，南京图书馆藏。

使粤纪程　史部传记类

见《吴县志·艺文考二》。

冯氏家谱　史部传记类

见《吴县志·艺文考八》。

(同治)苏州府志150卷首3卷附金石目录1卷　史部地理类

清李铭皖修　冯桂芬纂

(1) 稿本，存122卷、首全、附全，苏州图书馆藏。

(2) 稿本，存4卷，苏州图书馆藏。

(3) 清光绪八年(1882)江苏书局刻本，苏州图书馆藏。

(4)《中国地方志集成》本。

西算新法直解8卷丈田绘图章程1卷　子部历算类

清冯桂芬、陈瑒撰

(1) 稿本，苏州博物馆藏。

(2) 清抄本，苏州博物馆藏。

(3) 清光绪二年冯氏校邠庐刻本，南京图书馆藏。

(4)《续西学大成》本。

(5)《艺经斋西算新法丛书》本。

弧矢算术细草图解1卷　子部历算类

清李锐撰　冯桂芬解

见"李锐"条。

咸丰元年中星表　子部历算类

清咸丰六年刻本，南京图书馆藏。

道光甲辰元赤道恒星图　子部历算类

清同治刻本，上海图书馆藏。

校邠庐抗议2卷　子部杂学类

(1) 誊清稿本,原藏上海图书馆,今查未见。

(2) 稿本,上海社会科学院图书馆藏。

(3) 清光绪九年津河广仁堂刻本,不分卷,苏州图书馆藏。

(4) 清光绪十年冯芳植豫章刻本,华东师范大学图书馆藏。

(5) 清光绪十一年王韬(弢园老民)活字印本,版心题广仁堂校本,上海图书馆藏。

(6) 清光绪十八年敏德堂刻本,卷端题潘霨校刊,南京图书馆藏。

(7) 清光绪二十三年聚丰坊刻本,温州市图书馆藏。

(8) 清光绪二十四年上海书局石印本,天一阁藏。

(9) 清光绪二十四年仿泰西法石印本,瑞安市玉海楼藏。

(10) 清光绪二十四年北洋官书局石印本,南京图书馆藏。

(11) 清抄本,清谢章铤校并跋,福建省图书馆藏。

(12) 清抄本,清林寿图批校并跋,潘霨题识,苏州图书馆藏。

(13)《自强学斋治平十议》本。

(14)《续修四库全书》本,影印光绪十年豫章刻本。

按:此书共四十议,稿本与刻本、石印本之间区别很大。据冯芳植跋,光绪二年校刻《显志堂稿》时,仅选刻十四议。后潘霨再为校勘,又取津郡(广仁堂)刻本对勘,再次付梓。而王韬又取广仁堂本以活字刊行。余版本甚多,不录。

盛世危言外编2卷　子部杂学类

清光绪二十一年上海赐书堂石印本,平湖市图书馆藏。

按:此书上卷选冯桂芬《采西学》《制洋器》文十余篇,下卷与冯无关。

柔远策　子部杂学类

清冯桂芬摘录

清同治二年抄本,上海图书馆藏。

乡贤冯桂芬先生真迹　子部艺术类

稿本，苏州图书馆藏。

张叔未冯桂芬隶草合璧2卷　子部艺术类

清张廷济、冯桂芬书

民国求古斋影印本，温州市图书馆藏。

显志堂稿12卷梦柰诗稿1卷崇祀录1卷　集部别集类

(1) 清光绪二年冯氏校邠庐刻本，苏州图书馆藏。

(2) 清抄本，苏州图书馆藏。

(3)《续修四库全书》本，影印光绪二年刻本。

(4)《清代诗文集汇编》本，影印光绪二年刻本。

显志堂稿外集4卷　集部别集类

清抄本，卷4配王大隆补辑本，王大隆跋，复旦大学图书馆藏。

冯林一稿(冯太史制艺)1卷　集部别集类

清光绪二年铅印本，南京图书馆藏。

显志堂稿外稿1卷　集部别集类

清抄本，南京图书馆藏。

显志堂稿不分卷剩稿不分卷制艺不分卷　集部别集类

稿本，上海社会科学院历史研究所藏。

冯经生杂稿不分卷　集部别集类

汇辑底稿本，台湾"中央图书馆"原藏。

显志堂楹联　集部别集类

抄本，复旦大学图书馆藏。

惜阴书舍课艺3卷　集部总集类

清冯桂芬评

清刻本，上海图书馆藏。

正谊书院课选三集　集部总集类

清光绪刻本，苏州图书馆藏。

按：此书初集冯桂芬选，二集蒋德馨选，三集朱以增选。

校邠庐逸笺3种4卷　丛书类

清冯桂芬撰　冯世澂补释

清光绪十一年上海点石斋石印本，上海图书馆藏。

子目：

《说文部首歌》1卷

《周礼职官分属歌》1卷

《山海经表目》2卷

杨　渊(1809—?)

字子安，号寿山。清长洲人。沈焘高足，以治伤寒称。

寿山笔记 1 卷　子部医家类

按：此本有《清代秘本医书四种》点校本。

杨子安方案 1 卷　子部医家类

按：上 2 种皆王卓若抄本，藏处不详，疑藏苏州中医院，王氏书多在此。

曹维坤

字云洲，清吴县人。炯子，福元祖父。精内科方脉，医德盛吴中。

曹氏平远楼秘方 4 卷　子部医家类

清抄本，苏州大学医学院图书馆藏。

吴医方案　子部医家类

王守恒抄本，南京大学医学院图书馆藏。

王元吉

原名大庆，字履斋。清长洲人。先世浙江绍兴人，以业绣来吴。道咸间居红板桥。兼小儿科，活人无算。善书。

代啸诗钞　集部别集类　佚

见《吴县志·艺文考三》。

汪仲媛

字香荃。清浙江钱塘人。吴县中书张毓蕃继室。

怡云馆诗钞1卷词钞1卷　集部别集类

清张毓蕃刻本，南京图书馆藏。

按：《国朝词综续编》卷24收其词1首。

陈　熠(1810—1858)

字强生，号子良。清长洲人。格四子。

因树为屋诗草　集部别集类　佚

见《陈氏颍川支谱》。

贝青乔(1810—1863)

字子木，一字胜之，号无咎。清吴县人。诸生。有经济之才，熟谙武备诸事。道光二十年(1841)入抗英军幕，尝佐扬威将军奕经，有所树立。既而往游京师、浙、黔、滇、蜀等地，足迹半天下。咸丰十年(1860)，太平军陷苏州，迎母至杭城，杭城再陷，母子相失，青乔出没死生，寻母不获，就直隶制军刘公之聘，道卒旅邸。曾问诗法于朱绶，后又得叶廷琯激奖，瓣香于老杜，跌宕沉郁。绶卒后10余年，青乔继起，称诗吴下。

爬疥漫录不分卷　史部杂史类

(1) 吴县王氏学礼斋抄本，复旦大学图书馆藏。

(2) 清抄本，罗尔纲藏，收入《中国近代史料丛刊续编》。

(3) 抄本，上海图书馆藏。

(4) 抄本，国家图书馆藏，有残缺。

按：署吴郡木居士撰，记太平天国攻占安徽事。

咄咄吟2卷附录1卷　史部史评类

(1) 清光绪元年(1875)不惧无闷斋刻本，上海图书馆藏。

(2)《嘉业堂丛书》本。

(3) 清刘履芬抄本,无附录,国家图书馆藏。

(4) 清抄本,北京大学图书馆藏。

(5) 清抄本,南京图书馆藏。

(6)《清代诗文集汇编》本,影印《嘉业堂丛书》本。

(7)《续修四库全书》本,影印《嘉业堂丛书》本。

苗俗记 1 卷　史部地理类

《小方壶斋舆地丛钞》本。

苗妓诗 1 卷　集部别集类

《香艳丛书》第 6 集本。

半行庵诗存稿 8 卷附录 1 卷　集部别集类

(1) 底稿本,见《古书经眼录》。

(2) 清同治五年(1866)叶廷琯校刻本,上海图书馆藏。

(3) 清抄本,国家图书馆藏。

(4) 清抄本,2 卷,国家图书馆藏。

(5)《清代诗文集汇编》本,影印同治五年刻本。

(6)《续修四库全书》本,影印同治五年刻本。

刘禧延(1810—1863)

字辰孙,号翠峰。清吴县人。诸生。工诗词,与贝青乔齐名。善书画,喜谈金石,而尤精于音韵之学。执前人著书忌早之说,必俟年逾 60 方可著书,及遭离乱,殁于上海。

古韵通说札记 1 卷　经部小学类

见《吴县志·艺文考二》。

刘氏碎金(一名衺轩杂缀)1 卷　经部小学类

(1)《雷氏八种》及《雷氏四种》本。

(2)《刘氏遗著》本。

刘氏遗著 1 卷　子部杂学类

(1)《滂喜斋丛书》本。

(2)《丛书集成初编》本。

按:收《刘氏碎金》《中州切韵谱赘论》《衮轩题跋》。

衮轩诗钞 4 卷　集部别集类

见叶廷琯辑《蜕翁所见诗录前编》卷 9。

柳文独契 1 卷　集部诗文评类

稿本,上海图书馆藏。

中州切韵谱赘论 1 卷　集部词曲类

(1)《刘氏遗著》本。

(2)《新曲苑》本。

翠峰词　集部词曲类

见《吴县志·艺文考四》,误作刘延禧。

陆恩澍(1810—1869)

初名云鹤,谱名行澍,字允郇,一字云岑,号笛潛。清吴县涵村人。廪生。

鲍靓山楼随笔 18 卷　子部杂学类

稿本,北京师范大学图书馆藏。

鲍靓山楼诗稿　集部别集类

见《吴县志·艺文考四》。

小睡足寮二友诗录 1 卷附录 1 卷　集部总集类

清陆恩澍、凤锡纶撰

清光绪刻本,浙江图书馆藏。

按:与秦敏树《小睡足寮诗录》合刻。

金亨棨(1810—1879)

原名绍棻,号香树。清吴县人。屡困场屋,以例贡生议叙郎中。

仙桂庐续草　集部别集类

见《枫江金氏谱略·诗集》,云前稿经庚申兵燹散佚,并收其诗 63 首。

沈宝谦(1810—1880)

字六皆,号济之。清元和人。贡生。

平畯子随笔2卷　子部杂学类　佚

海粟斋文集4卷　集部别集类　佚

以上2种见《清代硃卷集成》"沈维骥"条。

潘曾绶(1810—1883)

原名曾鉴,字若甫,号绂庭,一号小轩。清吴县人。世恩三子。道光十五年(1835)顺天乡试,挑取誊录。二十年举人。后考取内阁中书,记名补授协办、侍读等。赠三品卿衔。

潘绂庭年谱(又名潘曾绶自订年谱)1卷　史部传记类

清潘曾绶、潘祖荫等撰

(1) 清光绪九年(1883)吴县潘氏刻本,苏州图书馆藏。

(2) 稿本,上海图书馆藏。

陔兰书屋日记不分卷　史部传记类

(1) 稿本,上海图书馆藏。

(2) 2017年国家图书馆出版社出版《上海图书馆藏稿钞本日记丛刊》本。

按:此为道光二十七年至咸丰元年(1851)日记。

绂庭日记不分卷　史部传记类

稿本,道光十四年至十六年、二十年至二十一年、二十四年至二十五年、咸丰八年至十一年,天津图书馆藏。

绂庭日记不分卷　史部传记类

(1) 稿本,咸丰十年至十一年,上海图书馆藏。

(2) 2017年国家图书馆出版社出版《上海图书馆藏稿钞本日记丛刊》本。

潘曾绶日记不分卷　史部传记类

（1）稿本，自光绪四年一月至七年十二月，苏州博物馆藏。

（2）《苏州博物馆藏晚清名人日记稿本丛刊》本。

绂庭日记　史部传记类

稿本，起咸丰五年九月至七年除夕，上海图书馆藏。

陔兰书屋笔记 2 卷　子部杂学类

清刻本，南京图书馆藏。

花影吹笙室笔记 3 卷　子部杂学类

清刻本，苏州图书馆藏。

陔兰书屋诗集 6 卷诗二集 3 卷补遗 1 卷试帖 3 卷睡香花室诗钞 1 卷睡香花室词 1 卷秋碧词 1 卷同心室词 1 卷忆佩居词 1 卷蝶园词 1 卷花好月圆室词 1 卷　集部别集类

清潘曾绶撰　《睡香花室诗钞》汪纫兰撰

（1）清道光至同治年间刻本，苏州图书馆藏。

（2）《清代诗文集汇编》本，影印道光至同治间刻本。

陔兰书屋文集 1 卷　集部别集类

清道光刻本，复旦大学图书馆藏。

钦取中书卷　集部别集类

清道光二十一年刻本，国家图书馆藏。

黄蓼花唱和词 1 卷　集部总集类

清潘曾绶等撰

清道光刻本，复旦大学图书馆藏。

按：《国朝词续编》卷 17 收其词 4 首。

蒋德馨(1810—1893)

初名德福，字心芗，号且园。清长洲人。道光十五年(1835)进士。授工部主事。去官归里，泛览群籍，手不释卷。晚岁久主正谊书院。卒年 84。

且园杂体文存　集部别集类

见《吴县志》卷68本传。

且园诗存4卷　集部别集类

清抄本,中国社会科学院文学研究所藏。

正谊书院课选三集　集部总集类

清光绪刻本,苏州图书馆藏。

按:此书初集冯桂芬选,二集蒋德馨选,三集朱以增选。

李跃云

字耕陶。清吴县人。璋子,豫同曾祖。

六书汇编　经部小学类　佚

见《清代硃卷集成》"李豫同"条。

盛观潮

字石卿。清元和人。大琛从父。庠生。有文名,工赋律。

注释水竹居赋不分卷　集部别集类

(1) 清道光二十八年(1848)虞山梦花斋刻本,上海图书馆藏。

(2) 清道光三十年德义堂刻本,天津图书馆藏。

(3) 清同治六年(1867)扫叶山房刻本,苏州大学图书馆藏。

(4) 清光绪十二年(1886)刻本,贵州省图书馆藏。

(5) 清抄本,上海图书馆藏。

金德鉴(? —1889)

字保三。清元和人。精研《灵枢》《素问》《难经》诸书,能灵活运用,心殷济时,为士大夫所推服。

按:《吴县志·艺文考四》误作金宝鉴。

小耕石斋医书四种(一名金氏医书四种)　子部医家类

清同治七年(1868)金云斋刻本,中国中医科学院图书馆藏。

子目:

《焦氏喉科枕秘》

《急救霍乱方》附《急救腹痛暴卒病解》　清华岳撰

《烂喉痧痧辑要》

《十药神书》　元葛可久撰

急救霍乱方附急救腹痛暴卒病解　子部医家类

清华岳撰　金德鉴增删

(1)《小耕石斋医书四种》本。

(2) 清咸丰七年(1857)刻本,北京中医药大学图书馆藏。

(3) 清光绪八年(1882)两广都转盐运使司刻本,中国中医科学院图书馆藏。

焦氏喉科枕秘 2 卷　子部医家类

(1)《小耕石斋医书四种》本。

(2) 清光绪九年金氏小耕石斋重刻本,国家图书馆藏。

(3) 1957 年上海卫生出版社铅印本。

烂喉痧痧辑要 1 卷　子部医家类

(1)《小耕石斋医书四种》本。

(2) 清皖省陵阳崇伦堂刻本,中国中医科学院图书馆藏。

(3) 清同治十一年苏城丽记刻字铺刻本,长春中医学院图书馆藏。

(4) 清光绪十七年刻本,宁波市图书馆藏。

(5) 清光绪十八年海上陆氏刻本,上海图书馆藏。

(6) 清光绪二十五年上海千顷堂石印本,上海图书馆藏。

(7) 清光绪二十七年苏城毛上珍刻字铺刻本,上海图书馆藏。

(8) 清光绪二十七年铅印本,苏州图书馆藏。

(9) 清光绪三十年刻本,南京图书馆藏。

(10) 清光绪间王文斋刻本,上海中医药大学图书馆藏。

(11) 清光绪三十一年铅印本,上海图书馆藏。

(12) 抄本,广西壮族自治区第二图书馆藏。

(13) 1920 年上海进化书局石印本,上海图书馆藏。

(14)《陈修园医书四十八种》本。

金簠集

清元和人。生活于嘉庆、道光年间。

转筋症治遗书1卷　子部医家类　佚

见《吴县志·艺文考四》。

吴金凤

字桐仙。清吴县人。道光间演剧京师。聪明特达，文而又儒，时称“吴下阿凤”。

快人心　集部词曲类　佚

见《古典戏曲存目汇考》卷8转引杨懋建《玉笥志》。

徐文锡

字韶符，号竹所。清元和人。诸生。

徐竹所先生遗稿2卷　集部别集类

《三节合编》本附。

按：《江苏诗征》卷8收其诗3首。

圆　根(？—1877)

字志道，又字古愚。清长洲人。全福寺方丈。终日诵经不少懈。后付法其徒，参历诸方。光绪三年(1877)，示寂常州天宁寺。

水明楼集　集部别集类　佚

见《吴县志·艺文考六》。

邵炳扬

号杏泉。清元和人。登瀛曾孙。道光七年(1827)庠生。后弃举子业，专攻岐黄。

邵氏方案6卷　子部医家类

抄本,上海中医药大学图书馆藏。

三折肱医案2卷　子部医家类

民国抄本,上海中医药大学图书馆藏。

四时病机14卷附瘟毒病论1卷女科歌诀6卷附经验方1卷　子部医家类

清邵登瀛撰　邵炳扬辑

见“邵登瀛”条。

周赞鸿

字伯卿。清长洲人。

养心堂医论读本8卷　子部医家类

清同治三年(1864)稿本,上海中医药大学图书馆藏。

戈馥华

字如芬。清吴县人。诸生载女。幼即工诗,9岁作《凤仙花》,名动乡里。

课鹦短句　集部别集类　佚

见《吴县志》卷74下本传。

韩文辉

字山如。清苏州人,侨居江阴。诸生。博学能文。号《春秋》名家,邑中经师搢绅高弟者,半出门下。

春秋集成　经部春秋总义类　佚

见《续江阴县志》卷18。

王　瑗

字佩霞。清吴县人。闺秀徐淑女,黄瑞瑜妻。

咀华小草　集部别集类　佚

见《昭代词选》卷37,并收其词8首。

按:《闺秀词钞》卷11收其词9首。

吴仕能

清吴县人。

吴氏宗谱不分卷　史部传记类

清吴仕能等修

清同治十年(1871)延陵堂石印本,吴龙晏私藏。

潘希甫(1811—1858)

字保生,号补之。清吴县人。世璜次子。道光十五年(1835)恩科举人。拣选知县,候选太常寺博士、内阁中书,升用主事,钦加员外郎衔。

道光起居注奏折　史部政书类

清抄本,苏州图书馆藏。

产孕集2卷　子部医家类

清张曜孙撰　潘希甫校

(1) 清道光二十六年刻本,国家图书馆藏。

(2) 清同治七年(1868)三松堂刻本,上海图书馆藏。

花隐庵遗稿1卷诗余1卷鸳湖日记1卷　集部别集类

(1) 清光绪九年(1883)刻本,上海图书馆藏。

(2) 1919年潘氏铅印本,增遗稿补1卷、诗余补1卷,南京图书馆藏。

(3)《鸳湖日记》,另有《历代日记丛钞》本。

花隐庵学对　集部别集类

稿本,苏州图书馆藏。

按:《国朝词综续编》卷16收其词2首。

吴潮生(1811—1865)

字仲觉,号海涛,又号觉舟。清吴县人。诸生。兴让祖。官陕西保安、延长、平利、宜川知县。

周易经纬　经部易类

学庸讲义　经部四书类

以上2种见《吴氏支谱》卷3本传,言未刊。

(咸丰)保安县志8卷　史部地理类

清张嗣贤编　吴潮生增纂　彭瑞麟补修

(1) 清末抄本,浙江图书馆藏。

(2)《中国地方志集成》本。

多心经切近解　子部佛教类

见《清代硃卷集成》"吴兴让"条。

觉世经心解　子部道教类　佚

诵苏楼诗集　集部别集类　佚

以上2种见《吴氏支谱》卷3本传,言未刊。

贝信三(1811—1875)

原名益三,字裕德,又字闰生,号润荪。清长洲人。道光二十年(1840)举人。读书喜研经传,终日键户,专心汲古。晚年授经周氏红蕉馆,主禊湖书院。

宋史遗闻4卷　史部杂史类

见《吴县志·杂记二》。

桐桥渔隐记1卷附录1卷　史部传记类

清张元培撰　贝信三编

稿本,上海图书馆藏。

颜氏家训节要1卷　子部儒学类

清贝信三节录

清同治八年(1869)简园旧主稿本,上海图书馆藏。

简园琐录4卷　子部杂学类

见《吴县志·杂记二》。

简园试帖不分卷　集部别集类

清同治刻本,苏州图书馆藏。

宝墨龛稿3卷　集部别集类

清咸丰九年(1859)刻本,苏州大学图书馆藏。

仛鹤巢试艺1卷　集部别集类

清道光十年刻本,苏州大学图书馆藏。

宋诗纪事钞4卷　集部总集类

稿本,上海图书馆藏。

按:此书选自厉鹗《宋诗纪事》,共130余人。卷端题“桐桥渔隐编次”,钤“润翁”章。

凤仪阁(1811—1879)

字宇安。清吴县人。觐宸弟。

仁巢翁诗草1卷　集部别集类

《退庵遗书》本,复旦大学图书馆藏。

彭慰高(1811—1887)

字经伯,号讷生,又号钝舫老人。清长洲人。蕴章子。道光二十三年(1843)举人。国子监助教,分发浙江,补温州同知,绍兴府掾。在浙凡20年,多惠政。归里后,优游林下,课孙自娱。

彭氏宗谱4卷　史部传记类

清同治六年(1867)彭氏衣言堂刻本,国家图书馆藏。

彭氏家谱12卷首1卷　史部传记类

清彭慰高、彭祖贤编

清光绪彭氏衣言堂刻本,南京大学图书馆藏。

松间柳下斋随笔不分卷　史部传记类

稿本，苏州图书馆藏。

按：此乃日记，时间起止为光绪九年(1883)十月初一至光绪十一年八月二十九。

诒谷老人自订年谱1卷行状1卷　史部传记类

清彭蕴章撰　《行状》彭慰高撰

清光绪六年彭慰高刻本，上海图书馆藏。

彭氏谊庄规条1卷　子部儒学类

清彭慰高、彭祖贤撰

清光绪四年刻本，上海图书馆藏。

竹舫制艺　集部别集类

见《彭氏宗谱·碑铭撰述六》。

东瓯游草1卷　集部别集类

稿本，苏州图书馆藏。

仙心阁诗钞4卷续钞2卷　集部别集类

清光绪刻本，苏州图书馆藏。

仙心阁诗钞8卷文钞2卷纪时略1卷省身杂录1卷　集部别集类

(1) 清光绪刻本，上海图书馆藏。

(2)《清代诗文集汇编》本，影印光绪刻本。

顾文彬(1811—1889)

字蔚如，号子山、紫珊，晚号艮庵。清元和人。承父。道光十一年(1831)举人，二十一年进士。官刑部主事，升员外郎。出知湖北汉阳府，擢武昌盐法道，以父忧去职。后从曾国藩镇压太平军，补宁绍台道。工书，尤擅倚声。官囊充斥，筑怡园为义庄。逍遥诗酒，家多藏法书名画。

周草窗年谱1卷　史部传记类

清光绪八年(1882)顾氏刻本，国家图书馆藏。

过云楼日记不分卷　史部传记类

(1) 稿本,光绪五年至十年,上海图书馆藏。

(2) 稿本,苏州市档案局藏。

(3) 2015 年文汇出版社点校本。

过云楼书画记 10 卷　子部艺术类

(1) 稿本,苏州图书馆藏。

(2) 稿本,《顾氏家集》本,苏州图书馆藏。

(3) 稿本,上海图书馆藏。

(4) 清光绪八年顾氏刻本,苏州图书馆藏。

(5)《江苏地方文献丛书》本,点校本。

(6)《续修四库全书》本,影印光绪刻本。

(7) 2011 年上海古籍出版社点校本。

按:此书稿本与刻本有出入。

过云楼法帖 8 卷　子部艺术类

清元和顾氏本,苏州碑刻博物馆藏。

眉绿楼词联 1 卷　子部艺术类

《吴中文献小丛书》本。

集词楹帖 1 卷　子部艺术类

(1) 稿本,苏州图书馆藏。

(2) 清抄本,上海图书馆藏。

宦游鸿雪　集部别集类

稿本,苏州档案馆藏,皆顾氏信札。

过云楼诗 7 卷　集部别集类

稿本,苏州图书馆藏。

哭三子承诗 1 卷艮庵手稿不分卷　集部别集类

稿本,《顾氏家集》本,苏州图书馆藏。

可自怡斋试帖诗注释 2 卷　集部别集类

清同治十三年(1874)刻本,上海图书馆藏。

可自怡斋试帖诗辑注1卷　集部别集类

清刻本,苏州大学图书馆藏。

眉绿楼诗2卷　集部别集类

清光绪刻本,国家图书馆藏。

春水词1卷　集部词曲类

(1) 清咸丰十年(1860)武昌郡斋刻巾箱本,南京图书馆藏。

(2) 稿本,苏州图书馆藏。

(3) 清抄本,国家图书馆藏。

百衲琴言7卷　集部词曲类

稿本,苏州图书馆藏。

眉绿楼词附春水词唱和4卷　集部词曲类

(1) 稿本,清庄受祺等跋,苏州图书馆藏。

按:此稿本各集内容多有重复,又不尽相同,词集小题亦屡易,乃初稿本。

(2) 清光绪十年顾氏刻本,上海图书馆藏。

(3)《清代诗文集汇编》本,影印光绪刻本。

(4)《清代诗文集珍本丛刊》本。

子目:

《灵岩樵唱》1卷

《今雨吟》1卷

《小横吹剩谱》1卷

《莺花醉吟》1卷

《撷芳词》1卷(又名《蝶板新声》)

《蟭巢碎语》1卷

《百衲琴言》1卷

《跨凤吹笙谱》1卷

《春水词》1卷(稿本)

眉绿楼词不分卷　集部词曲类

稿本，清刘履芬等题识，苏州图书馆藏。
跨凤吹笙续谱 1 卷　集部词曲类
1933 年顾则奂刻本，上海图书馆藏。

管庆澜(1812—1841)

字海帆，号大波。清吴县人。鼎孙，汝瑞子。吴庠生。
安拙生笔余　子部杂学类
安拙生文稿　集部别集类
以上 2 种见《管氏宗谱》。

彭孚甲(1812—1856)

字树荣，号乔仙。清吴县人。庠生。苦志力学，试辄高等。咸丰六年(1856)，入吉雨山镇江幕。九华山营溃，骂敌不屈死。赠武德骑尉。
三传异文编 1 卷　经部春秋总义类
清道光二十八年(1848)刻本，见《贩书偶记续编》。

陈克家(1812—1860)

字子刚，号梁叔。清元和人。鹤孙。少英异，家贫力学，为桐城姚莹所器重。及长，抗心希古，从毛岳生、陈瑑、潘德舆、姚椿游。文章自许北宋，俪体宗六朝，诗学黄庭坚，思力骨韵俱超俗。道光二十四年(1844)举于乡。咸丰三年(1853)，大挑以教职用，张国梁聘为掌书记。与太平军战，溃败死之。
明纪 60 卷　史部编年类
清陈鹤撰　陈克家续撰
见“陈鹤”条。
蓬莱阁诗录 4 卷　集部别集类
(1) 清同治刻本，上海图书馆藏。
(2) 清刘履芬抄校本，上海图书馆藏。

(3) 清咸丰抄本，嘉兴市图书馆藏。

溪盎室稿　集部别集类

见《吴县志·艺文考四》。

潘世湉(1812—1883)

后名世昀，字居易，号小白。清吴县人。奕揆子。苏州府庠生。

苏州府学明伦堂扁额志不分卷　史部传记类

清华亭王其福撰　潘世湉续纂

清同治八年(1869)刻本，苏州图书馆藏。

按：潘遵祁同治八年识云："因属家小白叔覆加考核，讹者正之，缺者补之，大率循其旧例而综括之，为扁六十有四，视时代先后，以次悬列，又续为之志，各系小传。"

申　濬(1812—?)

原名范洵，字朝宗，号滋畦。清元和人。

申氏谱系略不分卷　史部传记类

清申濬纂修

清同治十年(1871)赐闲堂抄本，苏州图书馆藏。

申氏条规1卷　史部传记类

清申濬等纂修

清同治十三年赐闲堂刻本，苏州博物馆藏。

吴艾生(1812—?)

字绳武，号引之。清吴县人。道光二十一年(1841)进士。浙江候补道、衢州知府，以病归，宦橐萧然。

三守衢州记1卷　史部杂史类

清刻本，浙江图书馆藏。

吴氏支谱12卷　史部传记类

清光绪八年(1882)刻本,苏州图书馆藏。

吴引之自订年谱　史部传记类

稿本,上海图书馆藏。

王　杭

初名桢,字贞木,一字少摩。清吴县人。官河南知县。

鞓红馆吟稿　集部别集类

见《吴县志·艺文考二》及《续修四库全书提要》未见。

石守彝

字少岳。清吴县人。诸生。

栖云琴趣词　集部词曲类　佚

见《国朝词综续编》卷21,并收其词2首。

朱和羹

号指山。清吴县人。善书。

临池心解1卷　子部艺术类

(1) 清咸丰二年(1852)朱运鸿刻本,南京图书馆藏。

(2)《啸园丛书》本。

(3)《美术丛书》本。

朱世樾

字念卿。清吴县洞庭西山人。课徒自给。

朱世樾文集1卷诗集1卷　集部别集类　佚

见《吴县志·艺文考二》。

高春生

清吴县人。

高氏族谱不分卷　史部传记类

清高春生等纂修

清同治十年(1871)余庆堂刻本,苏州博物馆藏。

朱和羲

字紫鹤、子鹤,自号么凤词人。清吴县东山人。诸生。官国子监典簿。后客游外地。

万竹楼词 3 卷　集部词曲类

清道光刻本,上海图书馆藏。

万竹楼词选 1 卷　集部词曲类

清刻本,与张鸿卓《绿雪馆词钞》合刻,南京师范大学图书馆藏。

新声谱 1 卷　集部词曲类

《怀豳杂俎》本。

东山寓声乐府 2 卷　集部词曲类

宋贺铸撰　清朱和羲校

清道光二十八年(1848)万竹楼刻本,上海图书馆藏。

全芳备祖 6 卷　集部词曲类

宋陈景沂撰　清朱和羲增订

清万竹楼抄本,国家图书馆藏。

词律拾遗刊误 1 卷　集部词曲类

见《吴县志·艺文考二》。

周曰蕙(1813—1850)

字佩兮。清吴县东山人。亦铻女,同县朱和羲妻。善花卉,以灵慧得生趣。小楷学晋唐,尤深得欧法。

树香阁遗诗 1 卷　集部别集类

清咸丰二年(1852)刻本,上海图书馆藏。

按:凡诗 50 首,词 8 首,戈载序,后附《绿凤仙花唱和诗》1 卷。

又:《闺秀词钞》卷13收其词8首。

陶　璋(1813—1857)

谱名怀璋,字达夫,一字彦寿,号筱香。清长洲人。梁子。国学生。历署安徽来安、南陵、芜湖等县,无为州知州,凤颍分防同知。咸丰七年(1857)殉难。

皃芗府君行述1卷　史部传记类

清咸丰刻本,北京大学图书馆藏。

马　钊(1813—1860)

字燕郊,号远林。清长洲人。道光二十四年(1844)举人。从陈奂游,通六书音韵,又尝为畴人术。从军得中书衔,随向荣战太平天国军,死于丹阳。

经义丛钞30卷　经部群经总义类

见冯桂芬《显志堂稿》卷6《马中书传》,云失于军幕。

集韵校勘记10卷　经部小学类

(1) 清丁士涵家抄本,南京图书馆藏。

(2) 清同治十二年(1873)孙氏玉海楼抄本,浙江大学图书馆藏。

(3) 清长洲马氏抄本,复旦大学图书馆藏。

淮南万毕术1卷　子部术数类

清马钊辑

清抄本,上海图书馆藏。

袁寿昌(1813—1860)

字醉伯,号坚定山人。清吴县人。维镛子。襟怀淡泊,博览群书。

罹难日记　史部传记类　佚

坚定山人集　集部别集类　佚

以上2种见《吴门袁氏家谱》卷5本传。

陶宣炡(1813—1863)

改名忠炡,字欣荣,号松存。清吴县人。

浔阳支谱16卷　史部传记类

清咸丰七年(1857)稿本,国家图书馆藏。

续圣贤群辅录9卷历代陵墓考2卷　子部儒学类

清抄本,上海图书馆藏。

按:《续圣贤群辅录》题碧萝樵隐东篱氏集。

祭礼辑要5卷　子部儒学类　佚

圣门弟子言行录8卷　子部儒学类　佚

东篱诗文钞8卷　集部别集类　佚

以上3种见《吴县志·艺文考二》。

吴金梁(?—1860)

字来士。清吴县人。仁荣从弟。勤学好文,工诗善画。风骨棱棱,耻随流俗,咏竹以"霜欺雪压不低头"自况。

随安居诗钞1卷　集部别集类

清光绪二十六年(1900)从孙吴荫培刻本,苏州图书馆藏。

按:与吴重熙《藕舫焚余诗草》合刻。《共赏集二编》收其诗6首。

韩　畴

清长洲人。云骏曾祖。

绿竹轩诗钞　集部别集类　佚

见《清代硃卷集成》"韩云骏"条。

曹珏英

字盥华。清元和人。梧冈女。

希韫斋小集　集部别集类

见《柳絮集》。

蒋　沅(1814—1839)

字兰皋，号芷香。清长洲人。工诗。

咏花草堂诗集　集部别集类　佚

见《吴县志·艺文考三》。

汪　藻(1814—1860)

字翰辉，号鉴斋，又号小珊。清吴县人。道光十五年(1835)举人，二十一年进士。以知县用。自河南归本籍后，报捐盐运使衔，官工部主事。

静怡轩诗钞5卷附录1卷绣蝶庵词钞5卷附录1卷　集部别集类

清光绪四年(1878)刻本，苏州图书馆藏。

周　绮(1814—1861)

字绿君，号可琴，小字琴娘。清常熟人。王氏遗腹子，随母依舅氏，遂姓周。吴县东山王希廉副室。工韵语，能篆刻，兼擅山水花鸟，得萧远生动之致，常戏写荷花、山水。且解音律，精医术。卒葬太湖莳山。

红楼梦题词1卷　子部小说类

见“王希廉”条。

双清仙馆诗钞4卷诗余1卷　集部别集类

(1) 清南崖堂抄本，杨无恙跋，常熟市图书馆藏。

(2) 民国抄本，南京图书馆藏。

按:《碧城仙馆女弟子诗》收其诗1卷。

擘绒余事集　集部别集类

见《闺秀诗话》。

钱家谟(1814—1883)

字兆柏,号讦堂。清吴县人。人龙祖父。以世家子游幕燕赵,咸丰末随邹中丞官粤西,有军功,得县丞。移浙江委办军需局,终秀水丞。

彭城钱氏宗谱　史部传记类

清钱家谟等纂修

清同治十三年(1874)刻本,美国国会图书馆藏。

半舫吟草　集部别集类　佚

见《吴县志》本传。

雷　浚(1814—1893)

字深之,一字广文,号寓楼、甘溪。清吴县人。爕琛子。受经江沅,补博士弟子员。八试五荐,卒不获售。同治八年(1869)贡成均,佐冯桂芬修《苏州府志》。嗣后闭户著书,讲经义于苏城学古堂。以刊书为业,精校雠,通小学,尤留心《说文》。时吴中经师称三:陈培之、丁士涵、雷浚。三人相继谢世,吴中经学遂一蹶不振。

说文段注集解不分卷　经部小学类

稿本,上海图书馆藏。

独翁随笔不分卷　子部杂学类

稿本,苏州图书馆藏。

道福堂诗草 4 卷　集部别集类

(1) 稿本,苏州图书馆藏。

(2)《雷刻八种》本。

(3)《雷浚稿本八种》本,5 卷。

(4)《清代诗文集汇编》本,影印《雷刻八种》本。

道福堂续集 3 卷　集部别集类

见《雷刻八种》目录,未刊。

甘翁诗草 1 卷　集部别集类

稿本,国家图书馆藏。

两当轩集 16 卷　集部别集类

清黄景仁撰　雷浚辑

稿本,中国科学院图书馆藏。

后八家文钞 28 卷　集部总集类

清雷浚辑

稿本,苏州图书馆藏。

雷浚稿本八种　丛书类

稿本,苏州图书馆藏。

按:此书包括《己巳初稿》1 卷、《己巳西山纪游诗》1 卷、《戊辰初稿》1 卷、《睡余偶笔》3 卷、《道福堂诗草》5 卷、《通波阁未定稿》1 卷、《夫容江馆幸存草》1 卷、《邱南池馆诗草》2 卷。

雷刻八种　丛书类

清雷浚辑撰

清光绪吴县雷氏刻本,苏州图书馆藏。

子目:

《说文引经例辨》3 卷

《说文外篇》15 卷《补遗》1 卷

《韵府钩沉》5 卷

《睡余偶笔》2 卷

《道福堂诗集》4 卷

《乃有庐杂著》1 卷

附刻:

《刘氏碎金》1 卷　清刘禧延撰

《说文辨疑》1 卷　清顾广圻撰

续刻:

《豫章语录》1 卷　明雷翀撰

《琴韵居诗存》1 卷　清雷大升撰

按:《说文引经例辨》《说文外篇》又有《续修四库全书》影印本,《乃有庐杂著》有《清代诗文集汇编》影印本。

雷刻四种　丛书类

清光绪十年(1884)刻本,国家图书馆藏。

按:包括上述《说文引经例辨》《说文外篇》《刘氏碎金》《说文辨疑》4书。

学古堂日记44种54卷　丛书类

清雷浚、汪之昌编

(1) 稿本,南京图书馆藏。

(2) 清光绪十六年刻二十二年续刻本,上海图书馆藏。

子目略。

劳克柔(1814—?)

字子明。清吴县人。

洞庭劳氏支谱6卷首1卷末1卷　史部传记类

清劳克柔等修

清道光二十一年(1841)刻本,上海图书馆藏。

徐　康(1814—?)

字子晋,号窳叟。清长洲人。锦孙。诸生。工诗画篆隶刻印,尤精鉴别书画金石,兼通岐黄。

窳叟墨录1卷　子部艺术类

《十六家墨说》本。

前尘梦影录2卷　子部艺术类

(1)《灵鹣阁丛书》本。

(2)《美术丛书》本。

(3)《丛书集成初编》本。

(4) 清抄《墨乘》本,1卷,国家图书馆藏。

(5)《续修四库全书》本，影印《灵鹣阁丛书》本。

前尘梦影录摘抄1卷　子部艺术类

《玉说荟刊》本。

窳叟真迹8帧　子部艺术类

稿本，苏州图书馆藏。

石室秘藏诗1卷神明竟诗1卷　集部别集类

(1) 清光绪十五年(1889)家刻本，上海图书馆藏。

(2) 清抄本，潘钟瑞校并跋，苏州图书馆藏。

(3) 稿本，存《神明竟诗》1卷，上海图书馆藏。

按:《吴县志·艺文考二》作《神明竟诗》2卷《石室秘藏诗》2卷。

王　复

字彦卿，字愧庵。清吴县人。诸生。向住查家桥，出游为幕客。咸丰末在杭州，后不知所终。擅诗词，风格清遒，词旨沉着。

烟波阁诗1卷　集部别集类

《名家诗词丛钞》本，国家图书馆藏。

烟波阁词　集部词曲类　佚

见《全清词钞》卷24，并收其词1首。

艳禅　集部词曲类

《今乐府选》本。

倪世珍

字朗山。清吴县人。道光末年，就贾北行，自袁江越山左入京师。尝出居庸关，赴宣郡，又抵古北口，所至邮亭堠壁之题诗，皆手录成帙。

雪鸣偶钞诗4卷词1卷　集部总集类

清倪世珍辑

清光绪四年(1878)刻本，苏州图书馆藏。

韩文和(? —1889)

字育万,号仁山。清元和人。潘曾沂婿。道光十四年(1834)举人,由内阁中书补用山东直隶州。初知滨州,继知邹县,后知安邱,所至有循声。

寒碧斋诗稿　集部别集类　佚

见《吴县志》卷68下本传。

郭凤梁

字季虎。清吴县人。太史凤冈弟。工书,飞白隶草,名冠一时。家住城东涉园(今狮子林)。年32卒。

碧云仙馆诗稿12卷　集部别集类　佚

见《吴县志·艺文考二》。

按:《共赏集》收其诗4首。

蒋　蕙

字佩芳。清吴县人。同邑诸生许其淮妻。幼时曾随祖父游西北。

玉树楼诗集　集部别集类

见《正始续集》。

按:玉树楼为佩芳旧居,在芙蓉江上,故以之名集。蕙自关外归吴,作《出关八咏》七绝8首,现存。

顾一鸣(1815—1846)

字纯和,号石蘅。清长洲人,一作吴县人。廪生。

蔗境书屋杂稿　子部杂学类　佚

所好集　集部别集类　佚

藕花窗下谈诗　集部诗文评类　佚

以上3种见《吴县志·艺文考二》。

陈汝霖(1815—1846)

字宫云,号雨人,又号紫眉、铁蓑。清长洲人。兆虎长子。道光十二年(1832)赈灾有功,议叙八品职衔。

说饼 4 卷　子部杂学类　佚

绿香馆诗 4 卷　集部别集类　佚

以上 2 种见《陈氏颍川支谱》。

顾大昌(1815—?)

字子长,号楞伽山民。清吴县人。好吟咏,喜禅悦。尤工六书,能画丈余松柏梅石人物。庚申之乱,避地闽中,以医见知某中丞。事平回吴,声名益高。

顾氏原始 1 卷　史部传记类

清顾大昌抄录

清同治刻本,吉林大学图书馆藏。

万卷楼楞伽山民甲子以后所收书记目 1 卷　史部目录类

稿本,南京图书馆藏。

按:南京图书馆作顾曾寿撰,误,辨见下。

归实斋画计 1 卷不可必录 1 卷雪泥爪印 1 卷　子部艺术类

稿本,南京博物院藏。

鞲语 1 卷　子部艺术类

稿本,南京博物院藏。

惟德堂五种　子部道教类

清刻本,上海图书馆、国家图书馆藏。

按:此书题楞伽山民辑,以往皆以为顾曾寿。据邹绵绵考证,楞伽山民乃顾大昌号,非其子曾寿号。

王　庚

字尔谷，又字西垣，号蓼村遁客。清吴县新郭村人。国宝兄。诸生。为三邑讲师，与人交极谦逊。

虎窟记1卷　史部杂史类

(1) 见卫顾德《石湖櫂歌》附录。

(2) 清抄本，题《虎窟纪略》，上海图书馆藏。

蓼花馆吟草　集部别集类

稿本，中国社会科学院文学研究所藏。

泽畔吟1卷　集部别集类

见《吴县志·艺文考二》。

周兆鳌

清吴县人。入吴县昭忠录。

释名疏　经部小学类　佚

见《吴县志·艺文考二》。

马则敏

原名章墀，字觐宸，号陛卿，又号慕常。清吴县人。

洞庭林屋马氏宗谱8卷首1卷　史部传记类

清马则敏等纂

清光绪元年(1875)刻本，南京图书馆藏。

陆世泰

清吴县人。

史幐　史部杂史类

(1) 稿本，见《吴县志·艺文考二》，云："此书卷页甚富，陆无子，稿本今归乌程刘氏。"

（2）稿本，360 卷，题《说药斋史媵稿》，香港中文大学图书馆藏。

按：2006 年 12 月，南京盘龙拍卖公司拍卖此书稿本一种，总计 55 册 238 卷，书名题作《迦摈斋史媵稿》，疑即《吴县志》所言本，不详买者何人。

马钟彦

字兰士。清吴县人。工画，为程庭鹭弟子。

翠浮阁诗存 1 卷　集部别集类　佚

见《吴县志·艺文考二》。

顾世镇

初名世沅，字湘艇。清元和人。诸生。早殁。诗似宋人，极自然之致。乱后尽散佚。

湘艇遗诗　集部别集类　佚

见《吴县志·艺文考四》。

按：《全清词钞》卷 24 收其词 1 首。

张　镜

号蓉亭。清吴县人。擅外科。咸丰十年（1860）航海至慈溪，求得应侣笙刺疔之秘，每治皆有效。

刺疔捷法 1 卷　子部医家类

（1）清光绪五年（1879）长洲王鋆校刻本，浙江省中医药研究院藏。

（2）清光绪十一年三省书屋《急救喉症全集》本，国家图书馆藏。

（3）清光绪十四年松江占星堂唐氏刻本，浙江省中医药研究院藏。

（4）《陈修园医书》本。

（5）《南雅堂医书全集》本。

（6）1926 年广益书局石印本，绍兴图书馆藏。

（7）1929 年石印本，天一阁藏。

(8) 1936 年上海元丽印刷公司石印本，避器庐主杨氏重编，绍兴图书馆藏。

(9) 1936 年梁溪侯氏石印本，中国中医科学院图书馆藏。

(10) 上海国医书局铅印《国医小丛书》本。

按：此书多误作《刺疗捷法》，版本甚多，余不录。

王南畴

清元和人。事迹不详。

寓意俟裁(一名养心庐医案)4 卷　子部医家类

见《吴县志·艺文考四》。

王南畴方案 6 卷　子部医家类

清抄本，苏州大学医学院图书馆藏。

程仁柱

字础卿。清吴县人。咸丰八年(1858)因捐饷赐举人。

润雨山房吟稿　集部别集类　佚

见《吴县志·艺文考二》。

王万来

字应之，号艮山。清吴县人。官山西按察司司狱。

卧云山馆遗诗 2 卷　集部别集类

见《吴县志·艺文考二》。

蒋德馥(？—1860)

号吉庭。清元和人。诸生。咸丰中司团练局务。太平军至，战死。

借绿龛诗稿 6 卷　集部别集类　佚

词苑异闻 4 卷　集部词曲类　佚

以上 2 种见《吴县志·艺文考四》。

蒋锡宠(？—1860)

字湛承,号婴竹。清长洲人。咸丰十年(1860)死于太平军攻入苏城之役。

学古录　子部杂学类

桐荫咫闻　子部杂学类

以上2种见《吴县志·艺文考三》。

宋　氏

清长洲人。元英女,举人陆元绶继妻。时称孝女。祖母汤氏,通经史,雅爱女,躬自抚教。

餐霞楼诗钞　集部别集类

见《清闺秀艺文略》。

顾德昌

字庭纲。清吴县人。德华兄。精内外科,尤擅内科杂症。生平不事著述,仅存医案若干,曾孙顾允若、弟子宋爱人编辑成书。

顾庭纲医案8卷　子部医家类　佚

见《江苏历代医人志》"宋爱人"条。

蒋锡绶(1816—1861)

字印若,号友竹。清长洲人。道光十七年(1837)拔贡。官安庆知府、护理按察使、总办粮台,积劳病故,赠太仆寺卿。

春明吟稿　集部别集类　佚

求放心斋骈体杂文　集部别集类　佚

以上2种见《吴县志·艺文考三》。

桐荫书屋制艺试帖　集部别集类　佚

见《娄关蒋氏本支录右编》。

蒋嘉棫(1816—1878)

字季良,号子朴,又号莼顷。清吴县人。咸丰元年(1851)恩科举人。拣选知县。

三吴惨览　史部杂史类　佚

平寇小识　史部杂史类　佚

退耕随笔　子部杂学类　佚

以上3种见《娄关蒋氏本支录右编》。

潘　霨(1816—1894)

字伟如、赓纨,号韡园。清吴县人。遵渊长子。国学生。初读《儒门事亲》,医术未精。后司顺天府西路厅司狱,为犯人诊治,术益精进。咸丰五年(1855),以医知名,召入寿康宫视脉,声誉鹊起。累官至贵州巡抚,兼提督全省军务。所莅每设医局,刊刻医籍。

韡园学易图说1卷　经部易类

清光绪十四年(1888)井养斋刻本,国家图书馆藏。

左传事纬12卷字释1卷　经部春秋左传类

清马骕编论　潘霨校订

清光绪四年潘氏敏德堂刻本,苏州大学图书馆藏。

东瀛随笔4卷　史部地理类

清抄本,上海图书馆藏。

福山烟台至蓬莱岳家圈新开车道全图　史部地理类

清潘霨绘图

清同治七年(1868)刻本,国家图书馆藏。

韡园自订年谱不分卷　史部传记类

(1) 稿本,福建师范大学图书馆藏。

(2) 民国合众图书馆抄本,上海图书馆藏。

韡园岁计录不分卷　史部传记类

稿本，上海图书馆藏。

水沙连钞案不分卷　史部政书类

清潘霨抄本，苏州图书馆藏。

牧令须知四种　史部政书类

清潘霨辑

清光绪八年苏州潘氏刻本，上海图书馆藏。

全台要略1卷　史部政书类

清铜井山房抄本，上海图书馆藏。

东坡诗目韵编1卷　史部目录类

清潘霨抄本，苏州图书馆藏。

福省重刻武英殿聚珍版书目　史部目录类

清潘霨编

清同治十年刻本，上海图书馆藏。

壶天老人字册　子部艺术类

清潘霨书，苏州图书馆藏。

书谱释文1卷　子部艺术类

清刻本，苏州图书馆藏。

可园宦绩诗册画　子部艺术类

清潘霨绘

稿本，北京大学图书馆藏。

红豆树馆书画记8卷　子部艺术类

清陶梁撰

清光绪八年吴县潘氏韡园刻本，南京图书馆藏。

校邠庐抗议2卷　子部杂学类

清冯桂芬撰　潘霨校刊

见“冯桂芬”条。

家范10卷　子部儒学类

宋司马光撰　清潘霨校刊

清光绪四年潘氏敏德堂刻本，无锡市图书馆藏。

伤寒论类方 4 卷　子部医家类

清徐大椿撰　潘霨增辑

(1) 清同治五年古吴潘氏刻本，上海图书馆藏。

(2)《铧园医学六种》本。

长沙方歌括 1 卷　子部医家类

清陈念祖撰　萧庭滋、潘霨增辑

(1) 清同治五年古吴潘氏刻本，上海图书馆藏。

(2)《铧园医学六种》本。

医学金针 8 卷　子部医家类

清陈念祖撰　潘霨增辑

(1) 清光绪四年潘氏敏德堂刻本，上海图书馆藏。

(2)《铧园医学六种》本。

医学易通 8 卷　子部医家类

清陈念祖撰　潘霨增辑

民国上海中华新教育社石印本，苏州大学医学院图书馆藏。

十药神书 1 卷　子部医家类

元葛乾孙撰　清潘霨注

(1)《铧园医学六种》本。

(2)《吴中文献小丛书》本。

(3)《中国医学大成》本。

产宝 1 卷　子部医家类

清倪枝维撰　潘霨增辑

(1)《铧园医学六种》本。

(2) 清光绪三年湖北藩署刻本，上海图书馆藏。

(3)《桃坞谢氏汇刻方书》本。

女科要略 1 卷　子部医家类

(1) 清光绪三年湖北藩署刻本，上海图书馆藏。

(2)《铧园医学六种》本。

外科症治全生集4卷　子部医家类

清王维德编

(1) 清光绪四年潘氏敏德堂刻本,衢州市博物馆藏。

(2)《铧园医学六种》本。

脉药联珠1卷　子部医家类

清龙柏辑　潘霨增辑

清抄本,清潘霨跋,苏州图书馆藏。

古方集解1卷　子部医家类

清徐大椿撰　潘霨增辑

《徐灵胎医书三十二种》本。

卫生要术1卷　子部医家类

(1) 清咸丰八年刻本,国家图书馆藏。

(2) 清同治十一年范明山抄本,山东中医学院图书馆藏。

(3) 清光绪二年刻本,苏州图书馆藏。

(4) 清光绪十五年积山书局石印本,天一阁藏。

(5) 清京口文成堂刻本,无锡市图书馆藏。

(6) 清京都琉璃厂刻本,浙江图书馆藏。

(7) 抄本,上海中医药大学图书馆藏。

(8) 民国苏州振新书社影印咸丰刻本,绍兴图书馆藏。

(9) 1931年益新书社影印咸丰刻本,国家图书馆藏。

按:此书版本甚多,余从略。

十二段锦易筋经义1卷　子部医家类

清潘霨增辑

(1) 民国常州日新书庄刻本,上海图书馆藏。

(2)《陈氏志学斋丛刊》本。

(3) 清抄本,浙江图书馆藏。

内功图说1卷　子部医家类

(1)《天壤阁丛书》本。

(2)《丛书集成初编》本。

(3) 1934 年北京宝仁堂影印本,中国中医科学院图书馆藏。

灵芝益寿草 2 种 3 卷　子部医家类

清潘霨辑

(1)《桃坞谢氏汇刻方书》本。

(2) 清光绪二十二年桂垣书局刻本,北京大学图书馆藏。

子目:

《慎疾刍言》1 卷　徐大椿撰

《世补斋不谢方》1 卷　陆懋修撰

附《外科症治全生择要诸方》1 卷

烂存诗钞 1 卷　集部别集类

《陟冈楼丛刊》甲集本。

恭亲王等致潘霨信札不分卷　集部别集类

清潘霨集

稿本,苏州图书馆藏。

文文达公纪事诗不分卷　集部别集类

清文煜撰　潘霨编

清抄本,中央民族大学图书馆藏。

铧园医学六种　丛书类

清潘霨辑

清光绪九年江西书局刻本,上海图书馆藏。

按:子目见《中国丛书综录》。

江　水(? —1839)

一名兰滋,字慎余,一字练飞。清长洲人。湜从兄。

春晖堂遗诗　集部别集类　佚

见《吴县志·艺文考三》。

刘廷桢

字士刚，号砚青。清吴县人。澄子，廷枚长兄。优贡生。候选训导。

说文引经异字考　经部小学类　佚

字惜举要　经部小学类　佚

篆文正俗辨　经部小学类　佚

铭米斋诗文集　集部别集类　佚

以上4种见《清代硃卷集成》“刘廷枚”条。

孙春谷

清吴县人。

孙春谷遗诗1卷　集部别集类　佚

见《吴县志·艺文考二》。

姚灿庭

清吴县香山人。承祖祖父。曾设姚开泰木作于苏州。

梓业遗书5卷　子部工艺类　佚

见陈从周《梓室余墨·姚承祖与〈营造法原〉》(三联书店，1999)。

王之翰(1817—1847)

原名庆云，字仲翔，号申甫。清吴县人。鸣盛重孙，汝翼次子。年17补弟子员，就读苏州紫阳书院。林则徐奇其才，招入官廨读书，以内侄女妻之。肄业金陵钟山、惜阴两书院，一时才名蔚起。林则徐评其文谓：“本隆万之法，行天崇之才，更能于国初诸家破其藩篱而蹊径独辟者。”通五经，尤邃《易》学。见有善本，借读手抄，寒暑无间暇。卒于金陵旅馆，葬于苏州吴县支硎山。

易学管窥　经部易类

按:本传云未弱冠时著。

周易集解补注　经部易类

按:王氏以诸儒注《易》残缺不全,后得虞仲翔注,以为"虞氏传孟氏之学,俱汉儒言《易》心法也",乃改字仲翔,为作补注。

诗说　经部诗经类

毛诗草木鸟兽鱼虫疏证　经部诗经类

蟫巢经余　经部群经总义类

赣榆县志　史部地理类

按:据《续王氏世谱》本传云应罗鹤祥聘修纂。

盛弘之荆州记　史部地理类

说经堂藏书志　史部目录类

淮南草木疏　子部杂学类

泉录　子部类书类

红蕉仙馆诗钞　集部别集类

红蕉仙馆文草　集部别集类

北游草　集部别集类

以上13种见《续王氏世谱·遗著》。

荭花榭诗钞1卷　集部别集类

紫萸香馆词钞1卷　集部词曲类

以上2种有《先泽残存》本。

戴其章(1817—?)

原名钧曾,字子秉,号双柑。清长洲人。其相兄。附监生。能文,小试则前列。后得咯血疾,弃举子业,寄情吟咏。晚益病,杜门不出,历10年卒。

双柑诗草　集部别集类　佚

见《周庄镇志》卷4。

戴其相(1817—1860)

原名钰曾,字子式,号笠农。清长洲人。其章孪生弟。咸丰九年(1859)副榜。次年募丁防御太平军,积劳以殁,卒年44岁。工汉隶。

棠巢诗录　集部别集类

见《吴县志·艺文考三》。

贞丰八景唱和集不分卷　集部总集类

清戴其相等撰

清道光二十四年(1844)刻本,苏州吴江区图书馆藏。

按:《贞丰诗萃》卷4收其诗16首。

丁士良(1817—1865)

原名淳,字师陈,一字筱坡,晚号性存。清元和人。锦涛子。少从沈翊卿学,弱冠以古学第一入府庠。选授金坛训导。

金坛守城记1卷　史部杂史类　佚

义庄规议1卷　子部儒学类　佚

义宅规条1卷　子部儒学类　佚

蓝瑛遗著5卷附录1卷(一名蓝瑛书画录)　集部别集类　佚

清丁士良辑

以上4种见《丁氏宗谱·著述考》。

蜀游纪程　集部别集类　佚

见《清代硃卷集成》"丁有庚"条。

蒋彬蔚(1817—1873)

字颂芬,号子良,又号芷梁。清吴县人。六应省试皆不售。道光二十九年(1849)举于顺天乡试,咸丰六年(1856)成进士。历充文渊阁校理、武英殿纂修官、乡会试同考官、江西乡试副考官等,后转刑科给事中。平生所学,以《史》《汉》《三国志》为精深,地舆学为最。

道光己酉科直省举贡同年录不分卷　史部传记类

清蒋彬蔚等纂

清同治十二年(1873)刻本，上海图书馆藏。

汉官谱　史部政书类

清董祐诚撰　蒋彬蔚续

见清锡缜《刑科给事中蒋君墓志铭》，载《续碑传集》卷19。

丘长春西游记注　史部地理类

见锡缜《刑科给事中蒋君墓志铭》，云："又取李志常之《丘长春西游记》，考其山川道里，释以今名，累数千百言，以补自来舆地书之所未备。"

陈汝器(1817—1879)

字越瑚，号子冶，又号铸江。清长洲人。兆虎三子。同治七年(1868)随剿捻军有功，李鸿章奏保五品衔，即选巡检，赏戴蓝翎。

朝议公支谱8卷　史部传记类　佚

藏芝阁诗草　集部别集类　佚

以上2种见《陈氏颍川支谱》。

顾济乾(1817—1879)

字诸和、子和，号载坤，咸丰十年(1860)难后，自号虎余。清元和人。诸生。咸丰四年岁贡生。尝游浙幕，遭难归，作《杭城纪事诗》，并集《文选》四言成《哀江南文》，为朋辈传观。复就某总戎幕书记，舟营无定，几濒于难。后归乡教授，举文会二百数十次，为远近导师。工行草各体。

养心堂诗钞3卷附事状1卷　集部别集类

清光绪十五年(1889)元和顾氏刻本，南京图书馆藏。

亢树滋(1817—1889)

字铁卿。清吴县人。少好读书，不屑举子业。稍长，弃儒习贾。出则与市贩为伍，入则手持一编讽诵不缀。道光季年，同县顾承以古文名于时，树滋得其传。又与韦光黻诸人游，工诗。咸丰十年(1860)，避地崇明。曹允源为作传。

藏书目录1卷　史部目录类　佚

见《吴县志·艺文考二》。

市隐书屋文稿11卷诗稿5卷卮言2卷　集部别集类

(1) 清同治六年(1867)刻本，又名《市隐初稿》，诗仅2卷，苏州图书馆藏。

(2) 清光绪三年(1877)刻本，上海图书馆藏。

(3) 清光绪十五年刻本，上海图书馆藏。

(4)《清代诗文集汇编》本，影印光绪三年刻本。

随安庐文集6卷诗集6卷补遗1卷画意百绝2卷　集部别集类

(1) 清光绪刻本，上海图书馆藏。

(2)《清代诗文集汇编》本，影印光绪刻本。

赘翁吟草3卷　集部别集类

清光绪二十一年刻本，浙江图书馆藏。

市隐庐初稿不分卷　集部别集类

(1) 稿本，国家图书馆藏。

(2) 稿本，上海图书馆藏。

丁我庐小草1卷　集部别集类

稿本，国家图书馆藏。

湖上杂诗1卷　集部别集类

稿本《香禅精舍集》附录本，南京图书馆藏。

邓尉探梅诗4卷　集部总集类

清亢树滋等撰

(1) 清光绪二十年刻本，上海图书馆藏。

(2)《望炊楼丛书》本。

(3) 2016年国家图书馆出版社《历代地方诗文总集汇编》本。

课余随录11种38卷　丛书类

稿本，浙江图书馆藏。

按：此书乃亢树滋手抄各家著作。

按：《国朝文汇》丙集卷25收其文2篇。

顾德华(1817—?)

字鬘云。清吴县人。州同开均女。工诗，受学于韦君绣。为苏州名医顾允若之太姑母，妇科名医，吴下士大夫皆争相延诊，名盛一时。

花韵楼医案1卷　子部医家类

(1) 抄本，浙江图书馆、中国中医科学院图书馆藏。

(2)《珍本医书集成》本。

调治伤寒论1卷附产宝百问2卷　子部医家类

清顾德华编

按：《全国中医图书联合目录》云苏州图书馆藏稿本，经查未见。

花韵楼诗稿　集部别集类　佚

见同治《苏州府志·艺文四》。

江文炜(?—1859)

字彤甫。清吴县人。沅孙。诸生。

石鼓文考　史部金石类　佚

芳草堂诗集　集部别集类　佚

以上2种见《吴县志·艺文考二》。

刘廷标

字建高，号霞城。清吴县人。澄子，廷枚兄。吴庠生。

台南山人诗稿　集部别集类　佚

朗陵游草　集部别集类　佚

以上2种见《清代硃卷集成》"刘廷枚"条。

张　镛

字金声，一作经笙，号已山。清吴县洞庭西山人。年过20始刻励自奋。制艺守望溪、震川之法，屡应省试不售，以监生终。善古文，博大沉雄而有法。诗工古风，出入李杜两家。

三礼典要　经部三礼总义类　佚

考古源流　子部杂学类　佚

以上2种见《吴县志·艺文考二》。

思诚堂文钞8卷末1卷诗钞8卷冷香吟唱和稿合抄1卷　集部别集类

稿本，存13卷，即文钞1—4、7—8，卷末，诗钞4—8，《冷香吟唱和稿》全，复旦大学图书馆藏。

思诚堂集6卷诗集2卷　集部别集类

清光绪十三年(1887)刻本，苏州图书馆藏。

项酚兰

清长洲人。曾应省试赴江宁。

杏华巢诗余剩1卷　集部词曲类　佚

杏华巢曲剩　集部词曲类　佚

见《全清散曲》第1638页，并收其散曲29首。

张源达(1818—1860)

一名逢源，字子上。清吴县人。锦珠子。道光二十九年(1849)拔贡。工诗。

宋史辑传4卷　史部传记类

见《吴县志·杂记二》，注云“稿本见《海粟楼书目》”，“文钞、日记稿本未刊，藏曹胡徐巷张蟫庼家”。

学为福斋诗钞1卷　集部别集类

长洲潘氏香禅精舍《四家诗词合刻》本。

学为福斋诗选1卷文1卷日记1卷　集部别集类

见《吴县志·艺文考二》。

金邦桢(1818—1891)

原名良棐,号鲁卿。清吴县人。长洲附贡生。江宁县学训导。

诗集　集部别集类　佚

《枫江金氏谱略·诗集》收录其诗65首。

潘绍澂(1818—?)

原名绍淳,字英如,号兰沚。清长洲人。

东汇潘氏族谱8卷首4卷末1卷　史部传记类

清光绪十八年(1892)承志堂刻本,上海图书馆藏。

汪献玗(?—1848)

字彦石,号月生。清长洲人。诸生。师从陈奂,治经学。淡于荣利。诗初效温、李,既而归依韩、孟、苏、黄,力扫疲软熟滑。年逾30遽卒。

禹贡锥指节要1卷　经部尚书类

(1) 清同治九年(1870)群玉斋刻本,附《夏小正传》1卷,南京图书馆藏。

(2) 清咸丰三年(1853)汪氏恩晖堂刻本,苏州图书馆藏。

说文古本考　经部小学类　佚

见《吴县志·艺文考三》。

景鄦斋诗录2卷　集部别集类

(1) 清同治元年定州官廨刻本,上海图书馆藏。

(2)《名家诗词丛钞》本,1卷,国家图书馆藏。

(3) 叶廷琯《劫余所见诗录》本,1卷,苏州图书馆藏。

(4)《清代诗文集珍本丛刊》本。

嗣安堂诗录1卷　集部别集类

(1)《名家诗词丛钞》本，国家图书馆藏。

(2)《清代诗文集珍本丛刊》本。

太华山馆诗录　集部别集类

月近词1卷　集部词曲类

以上2种见《吴县志·艺文考三》。

戴令仪

字德珈，一字松琴。清吴县人。汪献玗妻。

蓉镜楼诗钞　集部别集类　佚

见《清闺秀艺文略》。

江　湜(1818—1866)

字弢叔，一字持正。清长洲人。水从弟。附生。少时不得志于场屋，入赀官浙江候补县丞，尝摄长林场盐课司，中年殁于浙。其诗以情为主，归于一真字，纯用白描抒骨肉朋友之情、死生离别之感，有诗名同光间。叶廷琯评其诗曰："以情为主，不假雕饰，其意欲独立门户，不肯步人后尘。"今人诸祖耿撰其年谱。(见1937年《齐大季刊》第八期)

伏敔堂诗录15卷附续录4卷首1卷　集部别集类

(1) 清同治元年(1862)至五年福州学署刻本，国家图书馆藏。

按：此书续录有一卷本、二卷本、四卷本之别，乃不断增刻所致。

(2)《清代诗文集汇编》本，影印同治刻本。

(3) 2008年上海古籍出版社出版左鹏军点校本。

伏敔堂诗录选1卷　集部别集类

(1) 1926年黄华石印本，上海图书馆藏。

(2) 1928年常熟言氏铅印本，上海图书馆藏。

伏敔堂诗集1卷　集部别集类

(1)《诒安堂所刻书》本。

(2) 叶廷琯《劫余所见诗录》本，苏州图书馆藏。

精选伏敔堂诗录 2 卷　集部别集类

民国戴炳骢抄本，温州市图书馆藏。

集道堂外集诗 2 卷　集部别集类

(1)《名家诗词丛钞》清抄本，国家图书馆藏。

(2)《清代诗文集珍本丛刊》本。

顾世骏(1818—1865)

字轶才，号逸侪。清长洲人。厚焜父。道光二十九年(1849)举人。以孝行著。

中庸口义　经部四书类　佚

感应篇集注　子部道教类　佚

寄鹤草　集部别集类　佚

小秀野草堂诗钞　集部别集类　佚

续元百家诗选　集部总集类　佚

以上 5 种见《吴县志·艺文考三》。

潘曾玮(1818—1885)

字宝臣，一字季玉，号玉泉、玉洤。清吴县人。世恩四子。道光二十三年(1843)顺天乡试，挑取誊录，太常寺博士，京察一等，记名外用。官刑部员外郎、福建司郎中等。与太平军战，统领前敌各营克复苏州。

吴县潘氏备乘不分卷　史部传记类

清养闲草堂刻本，南京图书馆藏。

潘曾玮日记　史部传记类

稿本，南京图书馆藏。

养闲年谱 1 卷　史部传记类

清光绪十三年(1887)刻本，国家图书馆藏。

正学编 8 卷　子部儒学类

清潘世恩辑　潘曾玮疏解

见“潘世恩”条。

青棠花室偶笔不分卷　子部杂学类

稿本，苏州博物馆藏。

自镜斋文钞1卷养闲杂录1卷诗钞1卷补遗1卷试帖1卷咏花词1卷附1卷　集部别集类

(1) 清光绪十三年刻本，国家图书馆藏。

(2)《清代诗文集汇编》本，影印光绪刻本。

自镜斋文钞1卷　集部别集类

清抄本，苏州图书馆藏。

养闲草堂图记1类　集部别集类

横塘泛月图记　集部别集类

以上2种有《陟冈楼丛刊》甲集本。

潘曾玮家书不分卷　集部别集类

稿本，南京图书馆藏。

丙子元旦唱和诗1卷　集部总集类

清刻本，苏州图书馆藏。

岁朝赏菊诗续集1卷　集部总集类

清光绪十年刻本，上海图书馆藏。

玉淦词1卷　集部词曲类

(1) 清咸丰四年(1854)刻本，苏州图书馆藏。

(2)《同声集》本。

陆懋修(1818—1886)

字九芝，又字勉旃，号江左下工，又号林屋山人，别号窳翁。清元和人。嵩子，润庠父。廪生，考授恩贡，授直隶州州判。先世皆通医，继家学，中年益肆力于医，从海门袁雪斋受业。咸丰年间徙居上海，以医名。精研《素问》，恪守仲景家法，博通汉以后伤寒学派诸家论述。尝谓柯琴、尤怡两家得仲景之意颇多，故每以两家之论评述清代医家得失，究研30余年，至老不倦，撰述宏富。

乡音字类　经部小学类

稿本，南京图书馆藏。

杭湖扫墓记3卷　史部传记类

稿本，苏州大学图书馆藏。

按：此书包括《光绪丙子杭湖扫墓记》《光绪五年己卯懋修省墓记》《光绪六年庚辰懋修弟启贤省墓记》各1卷。

国朝苏州长元吴三邑科第谱4卷　史部传记类

清陆懋修辑　陆润庠补辑

(1) 清光绪三十二年(1906)刻本，苏州图书馆藏。

(2) 清光绪刻宣统补修本，南京图书馆藏。

意茗山馆日记1卷　史部传记类

稿本，上海图书馆藏。

按：陈左高《历代日记丛刊》等皆云陆嵩撰，然据其披露内容，日记中有光绪行医、儿润庠之语，可见乃懋修无疑。而陆嵩光绪时已去世多年，日记非其所作明矣。

补张机传　史部传记类

清抄本，上海医科大学图书馆藏。

义夫倪静轩传　集部别集类

清抄本，上海图书馆藏。

太阳寒水病方说　子部医家类

抄本，国家图书馆藏。

明道藏本史崧灵枢音释附内经难字音义　子部医家类

清红格抄本。

宏维新编　子部医家类

稿本。

仲景方汇录　子部医家类

稿本。

水饮治法　子部医家类

同治八年(1869)稿本。

按:以上4种《全国中医图书联合目录》俱云国家图书馆藏,未见。《仲景方汇录》有陆氏林屋丹房抄本,中国中医科学院图书馆藏。

素灵约囊　子部医家类

清同治四年抄本,浙江中医药大学图书馆藏。

灵素音释汇钞　子部医家类

清光绪十年抄本,国家图书馆藏。

随息居霍乱论1卷　子部医家类

清王士雄撰　陆懋修摘

(1) 清同治九年刻本,中国中医科学院图书馆藏。

(2) 清光绪八年刻本,国家图书馆藏。

(3) 1926年铅印本,南京图书馆藏。

伤寒指掌4卷　子部医家类

清吴贞撰　陆懋修订

1918年上海鸿宝斋书局石印本,上海图书馆藏。

本草二十四品　子部医家类

清宣统二年(1910)冯汝玖抄本,中国中医科学院图书馆藏。

不谢方1卷　子部医家类

(1)《世补斋医书》本。

(2)《灵芝益寿草》本。

(3)《桃坞谢氏汇刻方书》本。

(4) 清光绪九年铅印本,上海图书馆藏。

(5) 清宣统二年天鬻阁铅印本,国家图书馆藏。

(6) 1922年香光庄严室刻本,国家图书馆藏。

(7) 稿本,国家图书馆藏。

(8) 稿本,题初稿,国家图书馆藏。

按:此书版本较多,余不录。

理虚元鉴5卷　子部医家类

(1)《啸园丛书》本,2卷。

(2)《世补斋医书》本。

(3) 清宣统元年冰瓮铅印本,国家图书馆藏。

(4) 清抄本,2卷,国家图书馆藏。

随笔所到　子部医家类

稿本,国家图书馆藏。

二十四品再易稿2卷　子部医家类

稿本,国家图书馆藏。

陆九芝手批本草述钩玄32卷　子部医家类

清刘若金撰　杨时泰集　陆懋修批点

1985年天津中医药大学图书馆影印本,国家图书馆藏。

按:此书藏天津中医药大学图书馆,所批底本为道光二十二年涵雅堂刻本。

女科　子部医家类

清傅山撰　陆懋修订

(1)《世补斋医书》本,3卷。

(2) 清抄本,8卷,国家图书馆藏。

(3) 稿本,2卷,上海图书馆藏。

(重订)广温热论4卷方1卷　子部医家类

清戴天章撰　陆懋修重订

(1)《世补斋医书》本。

(2) 清光绪三十四年冯汝玖抄本,国家图书馆藏。

(3) 民国铅印本,题《温热学讲义》,2卷,上海图书馆藏。

(4) 1925年宣化坊何氏医家铅印本,2卷,国家图书馆藏。

按:此书其余版本较多,不录。

医林琐语附世补斋杂缀　子部医家类

稿本,国家图书馆藏。

防世急编　子部医家类

稿本，国家图书馆藏。

病家须知　子部医家类

稿本，国家图书馆藏。

神农本草经摘谈　子部医家类

稿本，国家图书馆藏。

金鉴伤寒论方　子部医家类

稿本，国家图书馆藏。

时医集四书文　子部医家类

(1) 稿本，上海图书馆藏。

(2)《世补斋医书十种》本。

世补斋医书续集3卷　子部医家类

稿本，国家图书馆藏。

世补斋医书刊后续论　子部医家类

稿本，国家图书馆藏。

世补斋医论　子部医家类

(1) 稿本，国家图书馆藏。

(2)《世补斋医书十种》本。

世补斋乙酉以后杂识　子部杂学类

稿本，国家图书馆藏。

采药第三图　子部艺术类

清陆懋修辑

绘本，国家图书馆藏。

岭上白云集12卷窳翁文钞4卷　集部别集类

(1) 清光绪二十三年陆润庠刻本，南京图书馆藏。

(2)《清代诗文集汇编》本，影印光绪刻本。

诵我清芬室文钞1卷　集部别集类

清抄本，上海图书馆藏。

世补斋医书前集6种后集4种附5种　丛书类

(1) 稿本，中国中医科学院图书馆藏。

(2) 清光绪十年至宣统二年刻本，国家图书馆藏。

(3) 清光绪十二年山左书局重印本，上海图书馆藏。

(4) 1913—1915年上海江东书局石印本，上海图书馆藏。

按：此书前集刻于光绪十年，陆懋修过世后，其门人冯叔莹助其子陆润庠刻后集4种附5种，此后翻印甚多，不录。子目见《中国丛书综录》。

世补斋医书10种　丛书类

稿本，上海图书馆藏。

按：包括《世补斋医书文》16卷、《世补斋不谢方》1卷、《伤寒论阳明病释》1卷、《内经运气表》1卷、《内经难字音义》1卷、《医家集四书文》不分卷、《世补斋医论》不分卷、《转旋丸初稿》不分卷、《兰台秘本》不分卷、《村庽读书记》不分卷。

陆九芝先生遗稿7种　丛书类

稿本，国家图书馆藏。

按：包括《内经音义初稿》《内经音义再稿》《内经音义三稿》《内经音义四稿》《素问难字略》《慧琳大藏经音义摘》《杂稿》。

顾复初(1818—1894)

字子远，号幼耕、道穆、听雷，别号曼罗山人。清元和人。元熙子。贡生。候选县丞，官光禄寺署正。先后为吴棠、丁宝桢、刘秉璋、何绍基幕客，终老于蜀华阳县。通词章，工书，间作山水，合宋元人法。

昌黎诗选1卷　集部别集类

清光绪七年(1881)抄本，四川图书馆藏。

乐余静廉斋诗稿1卷　集部别集类

稿本，成都杜甫草堂藏。

乐余静廉斋文稿1卷诗稿初集1卷二集1卷三集2卷续集1卷梅影庵

词集 4 卷　集部别集类

清同治至光绪成都刻本，中国人民大学图书馆藏。

按：词集包括《蜀桐弦词》《海风箫词》《绛河笙词稿》《梵天璱词》4 种。

游华山诗 1 卷　集部别集类

清同治三年(1864)锦城刻本，上海图书馆藏。

六贤诗 1 卷　集部别集类

清刻本，国家图书馆藏。

顾道穆尺牍 1 卷　集部别集类

清光绪二十二年刻本，上海图书馆藏。

小南海集钞 2 卷　集部别集类

清徐同善撰　顾复初选

清同治五年刻本，北京大学图书馆藏。

按：《国朝文汇》丙集卷 24 收其文 1 篇。《全清词钞》卷 27 收其词 2 首。

吴宗发

清吴县人。

约斋吟稿 1 卷　集部别集类　佚

见《吴县志·艺文考二》。

许　锷

名一作谔，字达夫，号颖叔，自号瓢隐居士。清吴江人，迁居吴县人。家葑门。布衣。工诗豪饮，又善楷书。遭乱寓越来溪，应蠡墅张涌(字猗兰)聘，教授其子弟。主人多佳墨，喜甚，极觅隙地种蕉数十本，代纸学书，名益噪。

瓢史遗诗 4 卷　集部别集类

稿本，藏其孙祖烈处。

瓢史诗剩 1 卷　集部别集类

沈昌眉抄本。

以上 2 种见柳亚子《磨剑室文录》。

石湖棹歌百咏　集部别集类

稿本，今人谢国桢藏，见《江浙访书记》。

异苔同岑诗　集部总集类

见《吴县志·艺文考二》。

王尧栋

字松生。清元和人。道光二十九年(1849)举人。善书。

王氏家乘不分卷　史部传记类

清咸丰四年(1854)抄本，上海图书馆藏。

刘廷枚(1819—1885)

字赞虞，号叔涛，一号迈皋。清吴县人。澄幼子。咸丰二年(1852)举人。同治七年(1868)进士。朝考散馆俱第一。与纂《穆宗实录》，书成，累迁至国子监祭酒。光绪十年(1884)视学两浙，卒于武林官舍。通经学，善诗文。

慊斋诗钞 2 卷文钞 1 卷　集部别集类

(1) 清光绪十八年刻本，苏州图书馆藏。

(2)《清代诗文集汇编》本，影印光绪刻本。

彭祖贤(1819—1885)

字商者，号芍庭。清长洲人。蕴章四子。咸丰五年(1855)举人。补员外郎，历官至顺天府尹。光绪四年(1878)，授江西布政使，后擢湖北巡抚，未几权湖广督篆，卒。

南畇老人自订年谱 1 卷　史部传记类

清彭定求撰　彭祖贤重编

(1)《长洲彭氏家集》本。

(2)《北京图书馆藏珍本年谱丛刊》本。

彭氏家谱 12 卷首 1 卷　史部传记类

清彭慰高、彭祖贤编

清光绪彭氏衣言堂刻本,南京大学图书馆藏。

咸丰乙卯直省乡试同年齿录不分卷　史部传记类

清彭祖贤等编

清同治八年(1869)北京精华斋刻本,苏州大学图书馆藏。

同治癸丑科各省选拔同年明经通谱不分卷　史部传记类

清彭祖贤等编

清同治十二年北京文锦斋、精华斋等刻本,河南大学图书馆藏。

彭氏谊庄规条 1 卷　子部儒学类

清彭慰高、彭祖贤撰

清光绪四年刻本,上海图书馆藏。

代量新度图说 1 卷　子部历算类

清光绪刻本,南京图书馆藏。

玉屏仙馆诗草　集部别集类

见《吴县志·艺文考三》。

长洲彭氏家集　丛书类

清同治光绪间彭祖贤等刻本,苏州图书馆、上海图书馆藏。

子目:

《南畇诗稿》10 卷《续稿》17 卷《文稿》12 卷《小题文稿》1 卷　彭定求撰

《南畇自订年谱》1 卷　彭定求撰

《儒门法语辑要》1 卷　彭定求撰

《姚江释毁录》1 卷《密证录》1 卷　彭定求撰

《芝庭先生集》18 卷附 1 卷　彭启丰撰

《不谖录》1 卷　彭绍升辑

按:此书收录有关彭定求的寿序、祭文、行状等。

《二林居士集》24 卷　彭绍升撰

《测海集》6 卷　彭绍升撰

《秋士先生集》6 卷　彭绩撰

《松风阁诗钞》26 卷《归朴龛丛稿》12 卷续编 4 卷　彭蕴章撰

《鹤和楼制义》2 卷《补编》1 卷　彭蕴章撰

《诒谷老人自订年谱》1 卷　彭蕴章撰

严家畴(1819—1889)

字兰史,号锡之。清吴县东山人。良训四子。二品荫生,记名外用,候选通判,改主事,分兵部武选司行走,保升知府,分发广东候补,署嘉荫直隶州、阳江同知,雷州府知府。

按:传记据家谱,考广东无嘉荫,疑是嘉应之误。嘉应,雍正间置直隶州,即今梅州。

兰言馆分韵试帖 1 卷　集部别集类

清光绪六年(1880)羊城刻本,上海图书馆藏。

按:《六修江苏洞庭安仁里严氏族谱》亦著录,并云:"诗共一百八首,上下平三十韵,浙西孙福清、江西金武祥序,衡阳彭玉麟跋。"

陈　隐

名仁爵,号杏川。清吴县木渎人。酷嗜诗,得疯病。死咸丰之乱。王炳燮为之传。

杏川诗稿　集部别集类　佚

见《吴县志·艺文考二》。

真　鉴(? —1890)

字志明,号听泉,自号菥溪老人。清苏州人。少从陆绍曾游。书法工绝,耽禅学。妻卒,竟挈子入秦余杭山景福庵为僧。晚岁始复入城,主东竹堂寺。

竹堂寺志1卷补1卷附阳山景福庵纪略　史部地理类

清释真鉴撰　释融泉补

(1) 清宣统元年(1909)铅印本,上海图书馆藏。

(2) 1917年铅印本,上海图书馆藏。

(3) 民国王氏海粟楼油印本,无《补》及《纪略》,附《竹堂寺诉讼事件》,上海图书馆藏。

吴嘉猷(? —1894)

后名猷,字友如,以字行。清元和人。少孤家贫,自幼大父抚之。稍长,入阊门裱店为徒,习丹青。擅工笔人物仕女,山水界画、花鸟虫鱼,靡不精能,亦擅写意人物。后寓居上海,以卖画为生。同治初,曾国藩延请绘《克复金陵功臣战绩图》,声誉大著。光绪十年(1884)应聘主编《点石斋画报》。十六年,又自创《飞影阁画报》,随《申报》附送,名声更显。郑振铎曾评价道,他的"许多生活画,乃是中国近百年很好的画史"。

点石斋画报　子部艺术类

清吴嘉猷等绘

清光绪石印本,上海图书馆藏。

按:该画报创刊于1884年5月,终刊于1898年9月,为旬刊。吴友如为画报主绘,1890年离去,创《飞影阁画报》。

飞影阁画报　子部艺术类

清光绪十六年至二十一年石印本,国家图书馆藏。

按:该画报创刊于1890年10月,终刊于1895年10月,初为旬刊,后改月刊,共出135期。该报本由吴友如主编,1893年让于周慕桥,另创《飞影阁画册》。

飞影阁画册　子部艺术类

清光绪石印本,国家图书馆藏。

吴友如画宝12集　子部艺术类

(1) 清宣统元年(1909)上海璧园会社石印本,国家图书馆藏。

(2) 1925年上海文瑞楼石印本,13集,浙江图书馆藏。

按:包括《古今人物图》《古今百美图》《海上百艳图》《中外百兽图》《中外百鸟图》《海国丛谈图》《山海志奇图》《古今谈丛图》(共二集)、《风俗志图》(共二集)、《名胜图》《花卉图》(与前《名胜图》合一集)、《满清将臣图》以及补遗(合一集)。

吴友如真迹画集6集　子部艺术类

1930年大东书局石印本,国家图书馆藏。

吴友如绘图平长毛书　子部艺术类

清光绪十九年石印本,苏州图书馆藏。

二十四悌图1卷女二十四孝图1卷　子部艺术类

清末石印本,浙江图书馆藏。

申江胜景图2卷　子部艺术类

清光绪十年点石斋石印本,上海图书馆藏。

阴骘果报图注1卷　子部艺术类

清吴嘉猷绘图

(1) 清光绪十七年石印本,上海图书馆藏。

(2) 民国宏大书局石印本,上海图书馆藏。

紫光阁功臣小像1卷湘军平定粤匪战图1卷　子部艺术类

清光绪二十七年点石斋石印本,浙江图书馆藏。

平定粤匪功臣战绩图1卷　子部艺术类

清光绪二十年石印本,浙江图书馆藏。

中兴名将图　子部艺术类

清光绪二十七年点石斋石印本,国家图书馆藏。

凌烟图画2卷　子部艺术类

清光绪二十年石印本,吉林大学图书馆藏。

剿逆图考2卷　子部艺术类

清光绪十八年上海书局石印本，辽宁大学图书馆藏。

绘图蚕桑络丝织绸　子部艺术类

清光绪十九年石印本，中国人民大学图书馆藏。

绘图上海杂记 8 卷　子部艺术类

清光绪三十一年上海文宝书局石印本，浙江图书馆藏。

吴友如百美图画谱 2 卷　子部艺术类

1926 年上海世界书局影印本，温州市图书馆藏。

百美图新咏不分卷　子部艺术类

清上海瑯環仙馆影印本，浙江图书馆藏。

吴友如仕女走兽墨宝 2 卷　子部艺术类

1915 年上海书局石印本，浙江图书馆藏。

淞隐漫录 12 卷　子部小说类

清王韬撰　吴嘉猷绘图

清光绪十三年点石斋石印本，绍兴图书馆藏。

三续聊斋志异 10 卷　子部小说类

清吴嘉猷绘图

清光绪二十年袖海山房石印本，复旦大学图书馆藏。

第一情书听月楼全传　集部词曲类

清吴嘉猷绘图

清光绪二十年石印本，苏州图书馆藏。

风筝误传奇　集部词曲类

清李渔编　吴嘉猷绘图

清光绪石印本，苏州图书馆藏。

汪锡珪

字秉斋，一字雨孙。清长洲人。贡生。官江阴训导。

翡翠巢诗钞　集部别集类　佚

见《吴县志·杂考二》。

李文通

字经畬，号听雨。清长洲人。诸生。早岁能诗，兼通杂艺，颇负狂名。行医于胥门万年桥畔。喜谈兵，不能为时用，复遁而为丹术。后穷困，卖药吴江芦墟。卒年仅40余。

武林纪游草4卷惠山纪游草1卷邓尉纪游草1卷　集部别集类

清道光二十七年(1847)刻本，南京图书馆藏。

天末凉风集1卷邓尉纪游草1卷　集部别集类

清抄本，上海图书馆藏。

拥书楼诗钞不分卷壮年听雨词人稿不分卷　集部别集类

稿本，台湾“中央图书馆”原藏。

拥书楼诗草1卷　集部别集类

(1) 叶廷琯《劫余所见诗录》本，苏州图书馆藏。

(2) 清钱国祥抄本，5卷，苏州图书馆藏。

按：《吴县志·艺文考三》作4卷。《共赏集》卷62收其诗24首。

丁蕴琛

字月娟。清吴县人。归颖川陈氏。早寡。工诗画，教子有成。

黹余吟稿1卷续稿1卷　集部别集类

清同治七年(1868)无诸城刻本，国家图书馆藏。

按：诗集按年编次，起于道光十九年(1839)，讫于咸丰二年(1852)，二年后为续稿。有吴嘉洤序，自识及丁绍仪跋。

尹锡瓒

字菊圃。清元和人。诸生。精算学。

天元算术10卷　子部历算类

见《吴县志·艺文考四》，冯桂芬为之序，未刊。

陈　圻(1820—1860)

字韬阿，一字千里，号弢甫。清长洲人。焌子。咸丰庚申(1860)殉难。

弢盦初稿　集部别集类　佚

见《陈氏颍川支谱》。

陆　珊(1820—1862)

字佩琄，号珊珊。清元和人。钱塘中书张应昌妾。

闻妙香室词1卷　集部词曲类

(1)《彝寿轩全集》本。

(2)《小檀栾室汇刻闺秀词》本。

按：《全清词钞》卷32收其词2首。

费宝琳(1820—1873)

本名文泽，字霖苍，号纯生。清吴县西山人。太学生。

求旧居诗稿　集部别集类　佚

见《吴县志·艺文考二》。

蒋嘉栋(1820—1874)

字良伯，号松生。清吴县人。如沂子。同治六年(1867)举人。官工部营缮司主事、总理衙门章京。

鸿雪巢诗词稿　集部别集类　佚

见《吴县志·艺文考二》。

彭凤高(1820—1889)

字赓阿，号箫九。清长洲人。绍咸曾孙。道光二十六年(1846)举人。官沁阳知府。生平著述多毁于兵火。

乐律图考1卷　经部乐类

稿本，上海图书馆藏。

长洲彭氏述官录1卷　史部传记类

清抄本，上海图书馆藏。

宛南陕右行役记8卷　史部传记类

(1) 稿本，上海图书馆藏。

(2) 稿本，《宛行记》4卷《陕行记》4卷，上海图书馆藏。

积勤续录不分卷　子部儒学类

(1) 稿本，上海图书馆藏。

(2) 抄本，2卷，无锡市图书馆藏。

叶选医衡2卷　子部医家类

清叶桂选　彭凤高、管晏校

见“叶桂”条。

卷楼诗草24卷文草6卷　集部别集类

稿本，上海图书馆藏。

卷楼制艺初集2卷二集2卷三集2卷四集2卷　集部别集类

稿本，上海图书馆藏。

卷楼诗草1卷　集部别集类

抄本，北京大学图书馆藏。

卷楼诗钞24卷文草6卷　集部别集类

稿本，上海图书馆藏。

白云山房禀启不分卷　集部别集类

稿本，上海图书馆藏。

春照楼试帖2卷　集部别集类

(1) 稿本，上海图书馆藏。

(2) 稿本，附赋1卷，上海图书馆藏。

卷楼课徒草1卷　集部别集类

稿本，上海图书馆藏。

卷楼时文不分卷　集部别集类

稿本，上海图书馆藏。

乘查乐府1卷　集部词曲类

稿本，上海图书馆藏。

词削不分卷　集部词曲类

(1) 稿本，上海图书馆藏。

(2) 清抄本，8卷，四川省图书馆藏。

卷楼词钞4卷　集部词曲类

清抄本，上海图书馆藏。

彭箫九遗稿7种　丛书类

稿本，上海图书馆藏。

赵德煃

清吴县人。

武林赵氏家乘1卷　史部传记类

清光绪六年(1880)抄本，上海图书馆藏。

翁先声

字惕三，别字铁珊。清吴县东山人。监生。

洞庭翁氏世谱不分卷　史部传记类

清抄本，上海图书馆藏。

按：清光绪七年(1881)修，佚名增补至1938年。

陶琴泉

原名元熙，字载尧，号勤补。清元和人。煦从兄。国学生。性洒落，喜吟咏，尝从叶树枚游，诗学益进。卒年42。

有真意斋吟草　集部别集类　佚

见《吴县志·艺文考四》。

按:《贞丰诗萃》卷4收其诗6首。

王　彬

谱名远之,字叔璘,号桂樵。清吴县人。有德父。廪生。候选训导。咸丰十年(1860)太平军破苏,出游沪上,以卖文鬻字自给。书法宗颜柳。

劫余吟草1卷　集部别集类

见《清代硃卷集成》“王有德”条,云:“诗文稿燬于兵燹,存有《劫余吟草》一卷。”

宋祖骏

字伟度。清长洲人。官山东东平知州。

周易卦变图说1卷　经部易类

(1)《朴学庐丛刻》本。

(2)《会稽徐氏述史楼》本。

补五代史艺文志　史部正史类

《朴学庐丛刻》本。

朴学庐文初钞1卷诗初钞5卷外集钞文1卷诗1卷律陶1卷律杜1卷　集部别集类

《朴学庐丛刻》本。

潘　荦

字仲超。清长洲人。咸丰十年(1860)太平军至苏州,迁嘉兴,病殁。

物外轩诗草　集部别集类

叶廷琯《劫余所见诗录》本,苏州图书馆藏。

按:《吴县志·艺文考三》作《物外轩诗词草》12卷。

锦瑟词　集部词曲类　佚

见《吴县志·艺文考三》。

朱 堉

字子馨，自号天平山人。清元和人。9岁即能诗，稍长，与茶磨山人汪芑、胥母山人秦云齐名。咸丰十年(1860)破苏城，一门死者7人。事平，入赀为安徽巡检。晚岁流寓凤阳，憔悴以死。

小姑山志12卷 史部地理类 佚

见《吴县志》卷69下本传。

万卷书楼诗钞1卷 集部别集类

清咸丰七年汪芑蚌研窝刻《吴中三山人诗略》本，苏州图书馆藏。

按：《吴中三山人诗略》包括朱堉此集，及秦云《富山楼诗钞》1卷、汪芑《覆瓿诗草》1卷。

又：《吴县志》本传云《万卷楼诗集》20余卷。

词若干卷 集部词曲类 佚

见《吴县志》本传。

按：《共赏集二编》收其诗1首。

俞世铨

字倍卿。清吴县人。咸丰六年(1856)进士。十年，知榆次县。同治二年(1863)，调知阳曲县。候补直隶州知州。

(同治)榆次县志16卷首1卷 史部地理类

清俞世铨、陶良骏修 王平格、王序宾纂

(1) 清同治二年凤鸣书院刻本，上海图书馆藏。

(2) 清光绪十一年(1885)重印本，华东师范大学图书馆藏。

(3)《中国地方志集成》本。

宋文翰

清长洲人。

诗义广诠30卷　经部诗经类　佚

见《吴县志·艺文考三》。

按:《郘亭知见书目》云,本书又名《皇清诗义合钞》,始顾炎武,迄王引之,皆能发明声音训故者。未刊。

罗志杰

字迥凡。清无锡人,赘长洲浒墅关夏王村吴氏。以师道自任,多所成就。

半凡诗草　集部别集类　佚

见《浒墅关志》卷17。

朱　振

字仲谋。清长洲浒墅关人。宋朱长文后裔。

阳山朱氏宗谱　史部传记类

见《浒墅关志》卷17,云此谱振与其从祖泰收罗数十年方成。

施欧仲

名佚。清长洲浒墅关人。诸生。有学行。

酿花斗草　集部别集类　佚

见《浒墅关志·艺文》。

汤瑞方

清吴县东山人。

汤氏家谱1卷　史部传记类

清汤瑞方等纂

见《东山艺文志》,云修于光绪二十九年(1903),俞樾作序,清抄本,未见。

蒋清翊(1821—1860)

字敬臣。清吴县人。锡宝子,嗣锡璜。才学淹雅。知浙江武义县。去官后,卜宅淮安以养老,遂卒于淮。

选钱丛说 4 卷　史部金石类　佚

洪遵泉志集证 15 卷　史部金石类　佚

治县新谱 8 卷　史部政书类　佚

以上 3 种见《续纂山阳县志·艺文》。

纬学源流兴废考 3 卷　子部术数类

(1) 清光绪二十三年(1897)蒋氏双唐碑馆刻本,南京图书馆藏。

(2)《会稽徐氏初学堂群书辑录》本。

(3)《续修四库全书》本,影印光绪刻本。

支遁集 2 卷首 1 卷补遗 1 卷　集部别集类

晋释支遁撰　补遗清蒋清翊辑

《邵武徐氏丛书初刻》本。

王子安集笺注 20 卷首 1 卷末 1 卷　集部别集类

唐王勃撰　清蒋清翊笺注

(1) 清光绪九年吴县蒋氏双唐碑馆刻本,南京图书馆藏。

(2) 1943 年上海铸记书局影印本,南京图书馆藏。

(3)《续修四库全书》本,影印光绪九年刻本。

任彦升集笺注 6 卷　集部别集类　佚

投间录 10 卷　集部别集类　佚

陈孔璋集辑存 1 卷　集部别集类　佚

以上 3 种见《续纂山阳县志·艺文》。

初唐四杰集注 4 种　丛书类

清蒋清翊笺注

见《吴县志·艺文考二》。

按:《王子安集笺注》见前,余未见刊本。

彭祖彝(1821—1870)

字秉常,号榴仙。清长洲人。蕴章五子。道光二十年(1840)副榜。咸丰间因劝捐有功,议叙教谕,迁知县。后随张文达剿捻,加道衔。为文一秉先正,书学率更,诗学昌黎。

养余书屋诗钞　集部别集类　佚

见《彭氏家谱》。

王仁寿(1821—1889)

原名仁禄,字曼甫,号慧生,又号蕙荪,晚号墨髯。清吴县东山人。蕴香次子。少聪颖,善书翰。道光二十九年(1849)补景宁县尉,旋加五品衔,代理景宁县事。以父母年迈,假归不复出。

十竹山房诗钞　集部别集类　佚

见《莫厘王氏家谱》卷15。

陶孝达(1821—1891)

字春伯,号望山,一号心源。清吴县人。忠宝嗣子。

孝弟录　子部儒学类　佚

品莲集诗稿　集部别集类　佚

以上2种见《陶氏家谱》。

沈　英(1821—1895)

字湘芝。清长洲人。候选从九品基庶女,广东盈库大使、金匮邓式如妻。好吟咏,兼通岐黄。

望月轩诗词稿2卷　集部别集类

(1) 清光绪二十一年(1895)广东萃经堂刻本,无锡市图书馆藏。

(2) 钞本,无锡市图书馆藏,作邓沈英撰。

按:《锡山历朝书目考》卷9误作沈竺(字湘英)。

俞　樾(1821—1907)

字荫甫，一字中山，号绚岩，又号曲园居士。清浙江德清人。道光三十年(1850)进士。官河南学政。中年罢官后，寓居苏州，筑曲园。主讲紫阳书院，专治经学。

周易互体征 1 卷　经部易类

诗名物证古 1 卷　经部诗经类

以上 2 种有：

(1)《皇清经解续编》本。

(2)《春在堂全书》本。

读韩诗外传 1 卷　经部诗经类

(1)《郑氏四种》本。

(2)《春在堂全书》本。

士昏礼对席图 1 卷　经部仪礼类

礼记异文笺 1 卷　经部礼记类

礼记郑注考 1 卷　经部礼记类

郑君驳正三礼考 1 卷　经部三礼总义类

春秋名字解诂补义 1 卷　经部春秋总义类

论语郑义 1 卷　经部四书类

续论语骈枝 1 卷　经部四书类

以上 7 种有：

(1)《皇清经解续编》本。

(2)《春在堂全书》本。

校正四书新论 4 卷　经部四书类

清俞樾原选　冯一梅校刊

清光绪二十七年(1901)石印本，苏州大学图书馆藏。

群经平议 35 卷　经部群经总义类

(1)《皇清经解续编》本。

(2)《春在堂全书》本。

(3) 稿本，华东师范大学图书馆藏。

群经賸义 1 卷　经部群经总义类

(1)《南菁书院丛书》本。

(2)《春在堂全书》本。

四书五经义读本不分卷　经部群经总义类

清光绪二十八年美华书馆铅印本，浙江缙云县图书馆藏。

四书六经义新编 7 卷　经部群经总义类

清张之洞鉴定　俞樾选

清光绪二十八年望虹山馆刻本，国家图书馆藏。

俞曲园太史考定文字议 1 卷　经部小学类

(1) 稿本，浙江图书馆藏。

(2) 清朱希祖抄本，国家图书馆藏。

湖楼笔谈说文经字 1 卷　经部小学类

1934 年上海商务印书馆影印本，浙江图书馆藏。

俞曲园日记　史部传记类

抄本，上海图书馆藏。

俞曲园日记　史部传记类

民国石印本，光绪十八年二月至四月，浙江图书馆藏。

曲园先生日记残稿　史部传记类

《吴中文献小丛书》本。

葛氏两世墓表志铭　史部传记类

民国石印本，上海图书馆藏。

钱母蒯太淑人传　史部传记类

清石印本，苏州大学图书馆藏。

彭刚直公神道碑文　史部传记类

清光绪铅印本，无锡市图书馆藏。

薛母郭太恭人家传　史部传记类

清末石印本，浙江图书馆藏。

陈女绣君墓志铭　史部传记类

清光绪铅印本，浙江图书馆藏。

张梦周墓志铭　史部传记类

拓本，海宁市图书馆藏。

丁君松生家传　史部传记类

清光绪二十五年刻本，上海图书馆藏。

陈炘煜墓志铭　史部传记类

清光绪石印本，上海图书馆藏。

吴绛雪年谱1卷　史部传记类

(1) 清光绪石印本，上海图书馆藏。

(2) 清光绪指南报馆铅印本，上海图书馆藏。

(3) 清光绪元年云鹤仙馆刻本，上海图书馆藏。

(4)《春在堂全书》本。

银瓶征1卷　史部传记类

(1)《春在堂全书》本。

(2)《武林掌故丛书》本。

(3)《香艳丛书》本。

曲园琐记20卷　史部传记类

1913年中华图书馆石印本，嘉兴市图书馆藏。

闽行日记1卷　史部地理类

(1)《春在堂日记》本。

(2)《小方壶斋舆地丛钞》本。

(同治)上海县志32卷首1卷末1卷　史部地理类

清应宝时等修　俞樾等纂

(1) 稿本，上海图书馆藏。

(2) 清同治十年(1871)刻本，上海图书馆藏。

(3)《中国地方志集成》本。

(光绪)川沙厅志 14 卷首 1 卷末 1 卷　史部地理类

清陈方瀛修　俞樾等纂

(1) 清光绪五年刻本,上海图书馆藏。

(2)《中国地方志集成》本。

(同治)续天津县志 20 卷首 1 卷　史部地理类

清吴惠元修　俞樾、蒋玉虹纂

(1) 清同治九年刻本,上海图书馆藏。

(2) 稿本,浙江图书馆藏。

(3)《中国地方志集成》本。

(光绪)镇海县志 40 卷　史部地理类

清于万川修　俞樾等纂

(1) 清光绪五年刻本,上海图书馆藏。

(2)《续修四库全书》本,影印光绪刻本。

(3)《中国地方志集成》本。

(4) 残稿本,浙江图书馆藏。

俞楼诗纪 1 卷　史部地理类

《武林掌故丛书》本。

读书录 1 卷　子部杂学类

稿本,上海图书馆藏。

湖楼笔谈 7 卷　子部杂学类

(1) 稿本,存卷 7,上海图书馆藏。

(2)《春在堂全书》本。

诸子平议 35 卷　子部杂学类

(1) 稿本,6 卷,上海图书馆藏。

(2)《春在堂全书》本。

(3)《春在堂杂稿》本。

诸子平议补录　子部杂学类

1922 年双流李念劬刻本,国家图书馆藏。

琼英小录 1 卷　史部传记类

(1)《春在堂全书》本。

(2)《武林掌故丛书》本。

惠耆录不分卷　史部传记类

清光绪二十九年刻本,南京图书馆藏。

曲园老人经济备考 1 卷　子部儒学类

清光绪二十三年思古书堂刻本,南京图书馆藏。

孔子家语纲目 1 卷孔庙正位图形 1 卷　子部儒学类

清俞樾辑

清光绪二十四年刻本,浙江图书馆藏。

太上感应缵义 2 卷　子部道教类

(1)《道藏精华录》本,1 卷。

(2)《春在堂全书》本。

(3) 清光绪二十五年正定王氏刻本,4 卷,题《太上感应篇集传》,上海图书馆藏。

(4) 1930 年潮阳郭氏百鹿斋刻本,上海图书馆藏。

金刚般若波罗密经注 2 卷　子部佛教类

(1)《春在堂全书》本。

(2) 清光绪湘乡蒋氏龙安郡署刻本,北京大学图书馆藏。

(3) 1915 年孙锵铅印本,北京大学图书馆藏。

中西武备兵书 20 卷　子部兵书类

清俞樾编辑

清光绪二十九年石印本,北京大学图书馆藏。

第一楼丛书附考 1 卷　子部杂学类

《金峨山馆丛书》本。

荟蕞编 20 卷耳邮 4 卷　子部杂学类

(1)《申报馆丛书》本。

(2)《笔记小说大观》本。

（3）《清代笔记丛刊》本，收录《荟蕞编》20卷。

九族考1卷　子部杂学类

玉佩考1卷　子部杂学类

达斋丛说1卷　子部杂学类

以上3种有：

（1）《皇清经解丛书》本。

（2）《春在堂全书》本。

古书疑义举例7卷　子部杂学类

（1）《皇清经解丛书》本。

（2）《春在堂全书》本。

（3）《江氏聚珍版丛书》本。

学创建骊山老母祠议　子部杂学类

（1）清抄本，浙江图书馆藏。

（2）《周汉两神祠考》本。

儿苫录4卷　子部杂学类

（1）《春在堂全书》本。

（2）《观鉴庐丛书》本。

十二月花神议　子部杂学类

《香艳丛书》本。

文昌改称梓潼文君议　子部杂学类

《周汉两神祠考》本。

曲园篆书五种　子部艺术类

清光绪三十三年江苏刷印局影印本，上海图书馆藏。

按：包括《书冢碑》《春在堂铭》《周孝女传》《先府君家传》《奏定文朝礼典记》。

春在堂随笔10卷　子部杂学类

（1）《春在堂全书》本。

（2）稿本，不分卷，北京师范大学图书馆藏。

(3) 1984 年江苏人民出版社出版。

(4) 2018 年朝华出版社出版。

傒疑录不分卷　子部杂学类

稿本,复旦大学图书馆藏。

先师俞氏手授副墨　子部杂学类

清刻本暨石印本,国家图书馆藏。

曲园老人遗墨　子部艺术类

民国石印本,上海图书馆藏。

楹联录存　子部艺术类

(1) 清刻本,3 卷,上海图书馆藏。

(2)《春在堂全书》本,5 卷附录 1 卷。

(3) 1934 年扫叶山房石印本,7 卷,上海图书馆藏。

(4) 稿本,华东师范大学图书馆藏。

灯谜　子部艺术类

(1) 清光绪刻本,上海图书馆藏。

(2) 清光绪梅华馆刻本,题《灯谜新编》,2 卷,上海图书馆藏。

(3) 清光绪三十年上海书局石印本,题《新编灯谜大观》2 卷,浙江图书馆藏。

(4) 清末石印本,又增续集 1 卷,绍兴图书馆藏。

隐书 1 卷　子部艺术类

(1)《春在堂全书》本。

(2) 清光绪梅华馆刻本,国家图书馆藏。

七侠五义传　子部小说类

清石昆玉撰　俞樾重订

(1) 清光绪十六年铅印本,苏州图书馆藏。

(2) 1916 年上海广益书局石印本,浙江图书馆藏。

内经辨言　子部医家类

《三三医书》本,即《读书余录·素问四十八条》。

百大家评点王注楚辞17卷　集部楚辞类

1918年中华书局石印本，嘉兴市图书馆藏。

俞曲园先生书札手稿　集部别集类

清光绪三十三年影印本，上海图书馆藏。

曲园尺牍　集部别集类

(1) 民国锦文堂影印本，上海图书馆藏。

(2)《近代十大家尺牍》本。

曲园手札　集部别集类

稿本，南京图书馆藏。

曲园老人书札　集部别集类

稿本，国家图书馆藏。

春在堂尺牍1卷金峨山人尺牍1卷　集部别集类

(1) 稿本，华东师范大学图书馆藏。

(2) 稿本，日本早稻田大学图书馆藏。

俞曲园手札·曲园所留信札　集部别集类

上海图书馆编，2011年上海科学技术文献出版社出版。

按：此为影印上海图书馆藏俞樾与友人往来之书札。《俞曲园手札》乃俞樾致亲友知交之尺牍，系从上海图书馆珍藏清人手稿中精选而出；《曲园所留信札》乃旧雨新知致俞樾之书简，系前人所编定。

俞樾函札辑证　集部别集类

张燕婴整理。2014年凤凰出版社出版。

本书辑录俞樾致卞宝第、陈汉第、戴望、丁日昌、杜文澜、端方、冯桂芬、黄以周、金武祥、李慈铭、李瀚章、李鸿藻、李鸿章等友人函札近900通。或探究故实，切磋学艺；或吟咏赠答，披露心性；或不避琐碎，铺陈日常行止；或事无巨细，关照文化大业。从中可以窥见俞氏之学识、品格、胸怀与情趣。

曲园制艺1卷　集部别集类

清光绪十四年刻本，镇江图书馆藏。

春在堂杂诗1卷　集部别集类

稿本，瑞安玉海楼藏。

四书文1卷　集部别集类

(1) 清同治十二年京都福文堂刻本，绍兴图书馆藏。

(2) 清光绪十八年浙江书局刻本，奉化市文管会藏。

(3)《春在堂全书》本。

(4) 清光绪十九年粤东试院校经庐刻本，2卷，湖州市博物馆藏。

(5) 清光绪二十三年学海堂刻本，浙江文成县图书馆藏。

曲园自述诗1卷　集部别集类

日本井上陈政辑

日本明治二十三年(1890)博文馆刻本，上海图书馆藏。

越中纪游诗1卷　集部别集类

清光绪十三年宋文蔚刻本，上海图书馆藏。

草草庐骈体文钞2卷好学为福斋诗钞3卷　集部别集类

清道光刻本，南京图书馆藏。

春在堂论编1卷　集部别集类

清刻本，国家图书馆藏。

骈文杂钞1卷　集部别集类

清抄本，临海市博物馆藏。

重游泮水诗草1卷　集部别集类

清光绪二十二年刻本，浙江图书馆藏。

好学为福斋文钞2卷　集部别集类

(1) 清咸丰元年(1851)孙氏萱荫堂刻本，国家图书馆藏。

(2)《清代诗文集珍本丛刊》本，据稿本影印。

曲园拟墨1卷　集部别集类

(1) 清光绪二十四年爱竹庐刻本，国家图书馆藏。

(2) 清光绪十八年浙江书局刻本，徐州市图书馆藏。

(3)《清代诗文集珍本丛刊》本。

曲园拟赋 1 卷　集部别集类

清光绪二十四年爱竹庐刻本,国家图书馆藏。

曲园诗翰　集部别集类

稿本,湖南省图书馆藏。

春在堂诗文賸稿不分卷　集部别集类

(1) 稿本,中国科学院图书馆藏。

(2)《中国科学院文献情报中心藏古籍珍本丛书》本。

曲园课孙草 1 卷　集部别集类

(1) 清光绪八年常熟抱芳阁刻本,上海图书馆藏。

(2) 清李光明庄刻本,绍兴图书馆藏。

(3) 清光绪八年刻本,续刻 1 卷,绍兴图书馆藏。

日损益斋骈俪文钞 4 卷诗钞 10 卷　集部别集类

清咸丰九年吴门刻本,上海图书馆藏。

日损益斋骈体文钞 1 卷　集部别集类

清抄本,中山大学图书馆藏。

曲园遗诗 1 卷遗言 1 卷　集部别集类

民国影印本,上海图书馆藏。

广堪小集 1 卷　集部别集类

清光绪二十四年石印本,上海图书馆藏。

经义塾钞 1 卷　集部别集类

清光绪二十七年曲园刻本,上海图书馆藏。

春在堂诗稿 5 卷　集部别集类

稿本,上海图书馆藏。

诂经精舍自课文 1 卷　集部别集类

(1) 稿本,上海图书馆藏。

(2)《春在堂全书》本,2 卷。

诂经精舍三集经解 2 卷辞赋 3 卷戊辰己巳庚午年官师课合刻 6 卷四集 16 卷续选 1 卷五集 12 卷六集 12 卷七集 12 卷八集 12 卷　集部总集类

清俞樾选

清同治至光绪间刻本，上海图书馆藏。

东瀛诗选 40 卷补遗 4 卷诗纪 2 卷　集部总集类

清俞樾选

清光绪九年刻本，上海图书馆藏。

紫阳书院课艺不分卷　集部总集类

清俞樾鉴定

清光绪铅印本，苏州吴江区图书馆藏。

精选江南全省大学堂课艺初编 4 卷　集部总集类

清俞樾鉴定

清光绪二十八年上海森记书庄石印本，苏州大学图书馆藏。

上海求志书院课艺不分卷　集部总集类

清俞樾辑

清光绪三年刻本，上海图书馆藏。

求志书院春季课艺不分卷　集部总集类

清俞樾辑

清光绪铅印本，上海图书馆藏。

韩俞合稿 1 卷　集部总集类

清韩栋、俞樾辑

清光绪十九年铅印本，天一阁藏。

琴音三叠集 2 卷　集部总集类

清徐琪、俞樾、金保权辑

清光绪二十六年刻本，浙江图书馆藏。

金缕曲二十四叠均 1 卷　集部词曲类

（1）清光绪十三年石印本，上海图书馆藏。

（2）1934—1935 年《青鹤》杂志连载本。

老圆曲 1 卷　集部词曲类

（1）清光绪三十三年西湖悦圃铅印本，南京师范大学图书馆藏。

(2)《春在堂全书》本。

(3) 1925 年铅印本，上海图书馆藏。

(4) 稿本，俞平伯旧藏。

(5)《清人杂剧二集》本。

学诗捷径 1 卷　集部诗文评类

清光绪二石轩主人刻本，上海图书馆藏。

春在堂杂稿 4 种　丛书类

稿本，上海图书馆藏。

按：包括《楹联录存》(卷下)、《内经素问》1 卷、《诸子评议》(卷 17—19)、《集汉隶四种》1 卷。

俞荫甫先生遗稿 9 种　丛书类

稿本，国家图书馆藏。

包括《群经平议》《诸子平议》《易贯》《春在堂诗壬戌编》《读书余录》《春秋名字解诂补义》《古书疑义举例》《玩易编》《遁甲编》。

曲园手稿 4 种　丛书类

稿本，华东师范大学图书馆藏，见前。

德清俞荫甫所著书　丛书类

清同治十年刻本，国家图书馆藏。

按：此书后续刻为《春在堂全书》。

春在堂全集　丛书类

(1) 清光绪刻本，苏州图书馆藏。

(2)《续修四库全书》本，非全帙，散见四部。

(3) 2010 年凤凰出版社影印本。

按：子目甚多，见《中国丛书综录》。丛书别集部分有《清代诗文集汇编》影印本。又，松江博物馆亦藏有俞氏不少抄稿本。

江　赓(1821—?)

字韵伯，号云史。清吴县人。嘉福从子。

萧江家乘 12 卷　史部传记类

清道光三十年(1850)刻本,上海图书馆等藏。

兰陵江氏著述考 1 卷　史部目录类

清道光二十九年刻本,见《贩书偶记续编》,传本甚少,未见。长泽规矩也《中国版本目录学书籍解题》亦著录。

月箫楼藏贴　子部艺术类

见《萧江家乘》。

吴清莲(1822—1851)

字菡生,一字佩云。清长洲人。缦士女,蒋锡绶继室。

定香楼小草 1 卷　集部别集类

清咸丰元年(1851)刻本,上海图书馆藏。

按:此书录诗 26 首词 3 首,《吴县志》误作《定生楼草》。《全清词钞》卷 32 收其词 1 首。

袁泰生(1822—1860)

字履安,号礼韩。清元和人。绍丰子,宝璜父。咸丰九年(1859)举人。候选知县。英敏绩学,治经学,工诗古文辞,书法精隶楷。

小学存稿　经部小学类　佚

见《吴门袁氏家谱》卷 7。

读书随笔　子部杂学类　佚

拜韩揖庄室诗文集　集部别集类　佚

以上 2 种见《吴县志・艺文考四》。

胡　珽(1822—1861)

字心耘。清仁和人,休宁籍,寓吴。树声子。官太常寺博士。树声藏书甚富,颜其居曰琳琅秘室,珽秉父遗志,收藏刊刻,有功于后人。

石林燕语集辨 10 卷附录 1 卷　子部杂学类

清叶廷琯、胡珽集辨

稿本,南京图书馆藏。

懒真子录5卷　子部杂学类

清胡珽集证

稿本,南京图书馆藏。

净土圣贤录9卷续编4卷附种莲集1卷　史部传记类

清彭希涑、彭绍升编　《续编》胡珽编

见“彭希涑”条。

琳琅秘室丛书　丛书类

清胡珽辑

(1) 清咸丰三年(1853)仁和胡氏活字印本,上海图书馆藏。

(2) 清光绪十三年(1887)会稽董氏云瑞楼活字本,国家图书馆藏。

(3) 清光绪十四年会稽董氏取斯家塾木活字印本,上海图书馆藏。

按:胡氏著述皆收于此丛书,子目参见《中国丛书综录》。《续修四库全书》影印《艇斋诗话》《莲堂诗话》《伤寒九十论》三部。

王炳燮(1822—1879)

原名炳,字璞臣、缃斋,自号胥山瘿人。清元和人,先世歙籍。同治三年(1864)举人。事母极孝。咸丰粤乱,迁居木渎,与金兰、沈渊辈结碧螺吟社。事平还郡,冯桂芬议减赋,炳燮与有力焉。性喜先儒性理及一切经世之学,其《上李抚军状》论省城善后事宜,《上曾侯相书》论外交换约事,皆深识远虑。同治十年补知县,李鸿章留办赈济及北河工程。光绪二年(1876)始成进士,官邯郸、天津知县。

国朝名臣言行录16卷　史部传记类

清光绪十一年津河广仁堂刻本,南京图书馆藏。

碧血录再补不分卷　史部传记类

稿本,苏州图书馆藏。

近思录校勘记1卷　子部儒学类

(1) 清同治八年江苏书局刻本，浙江图书馆藏。

(2) 清光绪九年武昌书局刻本，上海图书馆藏。

按：是书附婺源江永《近思录集注》《考订朱子世家》后。

毋自欺室文集 10 卷　集部别集类

(1) 清光绪十一年津河广仁堂刻本，国家图书馆藏。

(2)《清代诗文集汇编》本，影印光绪刻本。

闇然居诗钞 8 卷　集部别集类

清咸丰刻本，浙江图书馆藏。

元和王璞臣先生手抄文不分卷附救命书 1 卷　集部别集类

清王炳辑

抄本，南京图书馆藏。

按：《国朝文汇》丁集卷 8 收其文 2 篇。

凤在元(1822—1879)

字实夫，号春波。清吴县洞庭人。擅喉科。

喉痧辑要 1 卷　子部医家类

稿本，自序于同治五年(1866)，南京中医药大学图书馆藏。

按：读秀有全文，实即金德鉴《烂喉痹痧辑要》。

凤氏医书三种　子部医家类

稿本，上海中医药大学图书馆藏。

子目：

《临证经验方》4 卷　清凤在元撰

《医师秘籍》2 卷　清薛雪撰

《内科脉镜》2 卷

沈祥年

字守之。清吴县人。

借巢笔记　史部杂史类

《吴中文献小丛书》本。

沈　谔

字昂若，号懋堂。清元和人。士奇（天相）子。嗜吟咏，精医理，得内养之功，享寿9旬。

行余小草　集部别集类　佚

见《贞丰诗萃》卷3，并收其诗9首。

吴文媛(1822—?)

字亚兰，自号愚愚氏。清元和人。幼承祖训，7岁识字，13岁学史文词赋、书画诗棋。道光二十六年(1846)适湘湖某氏，所遭非偶，颇受凌辱。咸丰年间，家产荡尽，哀凄之情发于诗文。

女红余绪1卷　集部别集类

(1) 清同治七年(1868)巾箱本，见《昆山胡氏书目》。

(2) 1947年昆山胡氏覆写本，上海图书馆藏。

按：是集为编年诗集，起道光二十三年，迄同治六年，并有自序述生平遭际。

袁　柳(1822—?)

字景五。清元和人。

按：南京图书馆藏稿本作袁榴。从字景五来看，似取五柳先生之典，作柳未必错误。

木青山人初稿1卷　集部别集类

叶廷琯《劫余所见诗录》本，苏州图书馆藏。

木青山人初稿7卷　集部别集类

稿本，南京图书馆藏。

王荫之

清元和人。精于医。

补拙集方歌3卷　子部医家类　佚

见《吴县志·艺文考四》。

时症录要　子部医家类

清同治友兰书屋刻本,河南省图书馆藏。

沈　渊

字少愚,号涧青。清吴县木渎人。鲲子。能诗工书,诗宗盛唐,多感慨悲凉之作。精医术,病贫者不取酬。性孝。年62卒。

青芙蓉楼诗4卷词钞1卷　集部别集类　佚

见《木渎小志》卷6。

管元翰(?—1884)

字翰云。清吴县人。适汤氏。伯繁母。

鹤麘轩诗存1卷　集部别集类

(1) 清光绪十六年(1890)刻《汤氏家集》本,南京图书馆藏。

(2) 1923年重刻本,浙江图书馆藏。

赵传藻

字翔之。清元和人。文麟孙。由枫桥迁甫里。母喜阅闲书小说,无力购置,传藻辄往茶楼听人演讲,归而说之,无不曲尽其妙。年27妻殁,不续娶,独居六七年,始遵母命纳妾。咸丰十年(1860),祖父母及父相继殁。迨母殁,忧伤不复作诗。

琴清书屋诗稿2卷　集部别集类

1916年铅印本,南京图书馆藏。

张光阶

清吴县木渎人。郁文祖。

辽金元史地略　史部地理类

附张郁文《元史地理通释》后。

赵　琪

字东间。清吴县人。

医学指迷贯草集 2 卷　子部医家类

清抄本，军事医学科学院图书馆藏。

王叔钊(1823—1860)

字拙孙。清长洲人。少力学，应童子试，以诗未成被斥。归即日课一诗，间为长律至三四十韵，遂以诗名。卒于太平军事。

息影庐残稿 1 卷　集部别集类

(1) 潘氏香禅精舍《四家诗词合刻》本。

(2) 叶廷琯《劫余所见诗录》本，苏州图书馆藏。

秋裳花馆诗余　集部词曲类　佚

见《吴县志·艺文考三》。

彭惠高(1823—1884)

字企侨，一字紫函，号子方。清长洲人。山东滋阳知县。工文词，精艺术，善象纬舆地之学。服官 30 年，洁身自好。勤政慎神，狱无枉纵。

祥刑古鉴　史部政书类

数理精蕴　子部术数类

自怡轩诗草　集部别集类

以上 3 种见《彭氏宗谱》，后 2 种云待刊。

潘钟瑞(1823—1890)

原名振先,字圜云,又字麟生,号瘦羊,晚号香禅居士。清长洲人。诸生。太常寺博士。少孤力学,精篆隶,工词章,长于金石考证,究心文献,熟诸掌故。嗜爱山水,所游诸名胜,皆有记考。所交皆当世名士。30岁丧偶,不再娶,卒年68。

胥台麋鹿记不分卷　史部杂史类

稿本,南京图书馆藏。

苏台麋鹿记2卷附逆党姓名纪略　史部杂史类

(1)《香禅精舍集》本。

(2) 中国史学会主编《中国近代史资料丛刊》之《太平天国》(五)。

(3)《中国野史集成》本。

(4)《续修四库全书》本。

按:此记咸丰十年(1860)四月十三日太平军攻陷苏州,苏州民众之遭遇。时潘钟瑞方在城中,困处多日,始克逃出,故所记多直接见闻。

庚申噩梦记2卷　史部杂史类

《香禅精舍集》本。

按:此记咸丰十年四月初一至七月二十日遭遇太平军之事。潘钟瑞时奔走于育婴堂、安民局、收尸局之间,故其言皆确实可信。中如忠王李秀成委派部下在六城门各设一局编查户口,禁止官兵滋扰民众等事,皆可入史志。此与《苏台麋鹿记》有联系,但《庚申噩梦记》是日记形式,内容不如《苏台麋鹿记》可观。

奉思录4卷　史部传记类

《香禅精舍集》本。

按:此实为潘氏家传,卷1为潘钟瑞五世祖敷九公年谱,卷2至卷3为潘钟瑞母事迹及诸家题词,卷4为潘钟瑞姊事迹及诸家题词。

贞烈编1卷附卢烈妇诗　史部传记类

敷九自订年谱1卷续辑1卷　史部传记类

清潘兆鼎撰　潘钟瑞续撰

以上2种有《香禅精舍集》本。

鄂行日记2卷　史部传记类

(1) 稿本,1卷,光绪三年(1877)记,上海图书馆藏。

(2)《香禅精舍集》本。

(3)《历代日记丛钞》本。

歙行日记2卷　史部传记类

(1)《香禅精舍集》本。

(2)《历代日记丛钞》本。

香禅日记不分卷　史部传记类

(1) 稿本,起光绪十年,迄十六年,苏州博物馆藏。

(2)《苏州博物馆藏晚清名人日记稿本丛刊》本。

潘钟瑞日记　史部传记类

《中国近现代稀见史料丛刊》(第六辑)本。

香禅游记3卷　史部地理类

(1)《香禅精舍集》本。

(2)《历代日记丛钞》本。

香禅纪游草4卷　史部地理类

金石文字跋尾2卷　史部金石类

以上2种《香禅精舍集》本。

虎阜石刻仅存录1卷附旧佚录1卷旧存今佚录1卷　史部金石类

(1) 稿本,南京图书馆藏。

(2)《香禅精舍集》本。

(3)《南京图书馆藏稀见书目书志丛刊》本。

按:光绪十四年正月至二月中旬,潘钟瑞应从弟潘祖荫之请,遍拓虎丘周边石刻,得一百十余种。所拓唐以前碑无一仅存,宋碑亦属罕见。钟瑞嗣后又取志书相校,将有清以前旧碑散佚者罗列在后,编成此书,以资考核。所辑有虎丘剑池、生公讲堂、铁华岩、可中亭、憨憨泉、重建仰苏楼功德记、海涌峰等处石刻。各处均有详细考证。

麟生闲笔不分卷　子部杂学类

清稿本，苏州图书馆藏。

按：此书共两篇，一为《书赵莼客爱莼斋诗后》，一为《香禅杂识》。《香禅杂识》共十条，尤多苏州掌故。如记庚申兵燹虎丘之残败，刘总戎谋建虎丘观音堂事等，皆可补他史之不足。

百不如人室诗稿　集部别集类

叶廷琯《劫余所见诗录》本，苏州图书馆藏。

百不如人室诗草3卷词草7卷　集部别集类

(1) 稿本，国家图书馆藏。

(2)《清代诗文集珍本丛刊》本。

百不如人室诗草不分卷文草不分卷词草不分卷　集部别集类

稿本，21册，苏州博物馆藏。

香禅精舍集1卷　集部别集类

(1) 稿本，苏州图书馆藏。

(2)《香禅精舍集》本。

二茗诗集2种5卷　集部总集类

清潘钟瑞辑

《滂喜斋丛书》本。

按：此书为叶廷琯《楙花盦诗》2卷《附录》1卷《外集》1卷、朱枨《万卷书屋诗存》1卷合集。朱枨字茗生，叶廷琯号茗生，故名《二茗诗集》。

石氏乔梓集2种3卷　集部总集类

潘钟瑞辑

《滂喜斋丛书》本。

四家诗词合刻4卷　集部总集类

清光绪十年吴郡潘氏香禅精舍刻本，南京图书馆藏。

昭代诗文钞不分卷　集部总集类

稿本，上海图书馆藏。

沧浪唱和诗不分卷　集部总集类

稿本,上海图书馆藏。

香禅词 4 卷　集部词曲类

(1)《香禅精舍集》本。

(2) 稿本,不分卷,上海图书馆藏。

按:一作《百不如人室词草》。

碧香词选　集部词曲类

清潘钟瑞辑

稿本,国家图书馆藏。

按:此书包括吴县戈载《翠薇雅词》、长洲沈彦曾《兰素词》、吴县陈彬华《瑶碧词》、长洲沈传桂《二白词》、长洲王嘉禄《桐月修箫谱》等 5 种,为吴中词学之盛的又一见证。亦题《吴中五家词》。

香禅精舍集 16 种　丛书类

(1) 清光绪长洲香禅精舍刻本,上海图书馆藏。

(2)《清代诗文集汇编》本,影印自著 10 种。

按:潘氏自撰子目见上,另附他人著述有:《息影庐残稿》1 卷,清王叔钊撰;《学为福斋诗钞》1 卷,清张源达撰;《吟碧山馆词》1 卷,清王寿庭撰;《香隐庵词》1 卷,清潘遵璈撰,即《四家诗词合刻》。

香禅精舍集 8 种 8 卷　丛书类

稿本,清雷浚、亢树滋跋,南京图书馆藏。

子目:

《湖上春游诗草》1 卷附《湖上杂诗》1 卷

《两山游草》1 卷

《探梅草》1 卷

《西山探梅稿》1 卷

《游两山记》1 卷

《洞庭邓尉探梅日记》1 卷

《湖上春游日记》1 卷

昆山片玉 3 种 3 卷　丛书类

潘钟瑞辑

稿本,南京图书馆藏。

子目:

《亭林先生余集》1 卷　清顾炎武撰

《樊榭山房集外诗》1 卷　清厉鹗撰

《有正味斋集外诗》1 卷　清吴锡麒撰

十家诗 10 种 10 卷　丛书类

清潘钟瑞抄本,苏州图书馆藏。

按:包括印康祚《鸥天阁遗著》、印铭祚《安处庐稿》、陈寿熊《静远堂集》、姜皋《荒江老屋诗识》、陈长孺《桐屋剩稿》、王诚《甫远山人遗稿》、张世棠《生余留草》、戴熙《留苦斋诗约钞》、朱兆杓《亦净居诗钞》、陈翰芬《修慧室诗草》各 1 卷。

潘文榜(1824—1873)

字品标,号璇卿。清吴县人。士淳子。业贾。咸丰庚申(1860)后,以施善为事。善书,曾校刻《劝孝歌》。

潘氏家谱 7 卷　史部传记类

清潘文榜编辑　潘廷燮增修

1914 年铅印本,苏州图书馆藏。

袁来儁(1824—1907)

字叔英,号鹓卿,原名来庭,字叔平,晚岁自号寄翁。清吴县人。附贡生,例议叙训导。读书务求根柢,凡字学、韵学、医学、音律无不精究。书法上追魏晋。

吴门袁氏家谱 8 卷　史部传记类

清袁来儁、袁均纂修

1919 年石印本,苏州图书馆藏。

周信昭(1825—1860)

字茂卿,号赋琴。清吴县木渎人。国学生。咸丰十年(1860),太平军陷苏州,死。

秋水斋诗集　集部别集类　佚

见《木渎诗存》卷8,并收其诗5首及摘句。

顾来章(1825—1887)

字有庆,号玉松。清吴县人。附贡生。候选训导。

重修唯亭顾氏家谱14卷附庄规3卷　史部传记类

清顾来章等纂修

清光绪二十九年(1903)刻本,苏州大学图书馆藏。

俞廷瑛(1825—?)

字筱甫、小圃,号紫卿。清吴县人。官鄞县县丞、浙江通判。安贫乐道,不乐干人。

琼华集4卷词集2卷　集部别集类

(1) 清光绪九年(1883)刻本,浙江图书馆藏。

(2) 清光绪刻本,增续集1卷、词续1卷,南京图书馆藏。

(3)《清代诗文集汇编》本,影印光绪九年刻本。

销魂集4卷　集部别集类

稿本,河南省图书馆藏。

琼华续集5卷　集部别集类

稿本,国家图书馆藏。

屑琼集4卷补遗1卷　集部别集类

清刻本,浙江图书馆藏。

琼花词1卷　集部词曲类

清光绪十一年《侯鲭词》本。

按:《全清词钞》收其词1首。《吴县志·艺文考二》作俞廷暵,误。

孔继琭

字玉泉,号也鲁。清吴县人。传洛长子。昭晋祖父。贡生。

分韵与稽18卷　子部类书类　佚

栖月轩课艺12卷吟稿10卷　集部别集类　佚

历试存草2卷　集部别集类　佚

二十四孝启蒙试帖1卷　集部别集类　佚

以上4种见《清代硃卷集成》"孔昭晋"条。

沈　焯

清吴县东山人。幼孤力学,工诗文。事母蒋氏以孝闻,母在不远出,以医自给。

雨窗随笔4卷　子部杂学类　佚

体生编1卷　子部医家类　佚

诗文集12卷　集部别集类　佚

泠泠小草2卷　集部别集类　佚

泠泠外集12卷　集部别集类　佚

以上5种见同治《苏州府志·艺文一》。

徐起凤

字蟾香。清长洲人。嗜学好古,工诗文。晚年以经学教子侄。

愧漏居学吟草1卷　集部别集类　佚

见《吴县志·艺文考三》。

蔡振铭(?—1860)

字湘浦。清吴县木渎人。诸生。工书法,操行方正。卒于咸丰战乱。

困学斋诗草　集部别集类

见《木渎诗存》卷8,并收其诗13首。

董惠璠

清吴县人。原籍安徽婺源。无子,嗣瑞椿。不乐仕进。

香石斋吟草1卷　集部别集类

研花馆吟草2卷　集部别集类

以上2种有《勉不足斋四种》本。

孔继琳

字仲球,号咏笙。清吴县人。传洛子,继瑹弟,广彪父。国学生。

导性集诗稿　集部别集类　佚

见《清代硃卷集成》"孔广彪"条,云未刊。

范用球

清长洲人。

范氏家乘16卷首1卷　史部传记类

清范用球等修纂

清同治九年(1870)刻本,日本东京大学图书馆藏,上海图书馆藏胶卷。

顾蕴吾

字蕙卿。清长洲人。元凯女。随父宦粤西,母殁于官舍,扶柩归里。因父老,不许字。父丧,哀毁濒死,日奉父母遗像持斋诵经,咸丰十年(1860)避乱,仓皇颠沛中携遗像不离。年39卒。同治十年(1871),以孝节旌。

评花阁古今体诗4卷　集部别集类　佚

瓶红绣草　集部别集类　佚

以上2种见《吴县志·艺文考五》。

孙尔成

字竹仙，号侍兰。清吴县人。传凤父。附贡生。候选训导。少受学于元和江氏，精小学。

群经札记　经部群经总义类　佚

六书溯源　经部小学类　佚

侍兰堂丛稿　集部别集类　佚

以上3种见《清代硃卷集成》"孙传凤"条。

兰修馆诗集　集部别集类　佚

见曹元弼《孙得之孝廉传》(1943年《江苏文献》九、十期合刊)。

陈昌年

字龄昉，号菱舫。清吴县人。同治元年(1862)举人。官户部郎中。

陈氏家谱不分卷　史部传记类

清同治九年刻本，中国人民大学图书馆藏。

吕子节录不分卷　子部儒学类

清光绪八年(1882)清溪草堂刻本，北京大学图书馆藏。

按：摘录吕坤《呻吟语》。

清溪草堂诗集9卷续集4卷　集部别集类

清光绪刻本，浙江图书馆藏。

江　堧

清吴县人。

萧江家乘2卷　史部传记类

清江堧、江埰纂

清抄本，南京图书馆藏。

按：纪事至同治十年(1871)。

江　琛

清吴县人。

萧江家乘2卷　史部传记类

清江璞、江琛纂

清抄本，南京图书馆藏。

朱克容

清吴县人。

朱氏总谱1卷　史部传记类

清朱克容等纂

清光绪二十一年(1895)修朱范抄本，苏州博物馆藏。

按：原本修于同治十三年(1874)。

盛孚泰

字叔允。清吴县人。咸丰五年(1855)入都，同治四年(1865)出都。光绪二十九年(1903)举人。与费树蔚等友善。

适庵诗稿4卷　集部别集类

稿本，存3卷，苏州图书馆藏。

适斋诗存1卷　集部别集类

稿本，苏州图书馆藏。

适斋诗余2卷　集部词曲类

稿本，苏州图书馆藏。

吴丽生

号茧缘。清长洲人。

蛹华龛草1卷　集部别集类　佚

见《吴县志·艺文考三》。

按:同时又有丹徒吴丽生,字淦泉,著有《读易一斑》《修月山房诗钞》等书。

潘锡爵

字鬯侯,又字梅孙。清吴县人。咸丰四年(1854)岁贡,维城子。长于经学。与修府志,冯桂芬颇敬礼之,殁于冯氏局中。

左传古注　经部春秋左传类

见《吴县志》卷66下本传,云采先郑、贾、服诸家而折衷之,未竟。

乡党图考补正2卷　经部四书类

清潘锡爵辑

清同治十二年(1873)刘履芬抄本,南京图书馆藏。

钮树玉群经总义参证1卷　经部群经总义类

见同治《苏州府志·艺文一》。

金文榜

字静知,一作静如、静之,号步瀛。清吴县人。宝树长子。居城北花溪。光绪元年(1875)举孝廉方正,以教职用。

小学读辑1卷　经部小学类

稿本,上海图书馆藏。

禁烟论1卷　史部政书类

见《吴县志》卷70上本传。

忧患寓集不分卷　集部别集类

稿本,苏州图书馆藏。

按:《国朝文汇》丁集卷5收其文2篇。

张　婉(? —1848)

字锦梭。清吴县人。鸿基女。父殁以毁卒。

张孝女诗　集部别集类

见胡文楷《历代妇女著作考》，云出《苏州府志》，查未见。

按：此人多与镇洋王敬项妻张婉相涸，王妻字容甫，号霁筠，著有《三省堂賸稿》，卒年72。

潘遵璈(1826—1860)

原名遵爵，字修玉，号子绣、谱士。清吴县人。咸丰九年(1859)附贡生。卒于太平军陷苏城时。

香隐庵词2卷　集部词曲类

(1) 清咸丰八年刻本，南京图书馆藏。

(2) 1918年潘志询刻本，上海图书馆藏。

(3)《四家诗词合刻》本，1卷。

(4)《香禅精舍集》本。

按：包括《小蕢洲笛弄》和《鹤戾瑶天谱》。《全清词钞》卷25作4卷，并收其词5首。

许德蘋(1826—1861)

字香滨，自号采白仙子。本扬州邓氏女，父母早亡。从母嫁苏州许氏，无子女，育于家。朱和羲侧室。咸丰十一年(1861)，太平军攻东山，匿石家坞，被杀。冯桂芬为作传。

和漱玉词1卷涧南词1卷　集部词曲类

(1) 清同治三年(1864)刻本，上海图书馆藏。

(2)《小檀栾室汇刻闺秀词》本。

彭来保(1826—1863)

字岵瞻，号佑之。清长洲人。附贡生。事母孝，母殁，哀毁逾常，不十日而陨。

退一步居箧余稿不分卷　集部别集类

(1) 稿本，苏州图书馆藏。

(2) 清同治十三年(1874)彭应箕刻本,苏州图书馆藏。

顾翼基(1826—1880)

字伯昂,号肯堂,又号诒之。清长洲人。元凯子。

按:《吴县志》作顾翼苓,此从《唯亭顾氏家谱》。

紫薇仙馆吟草　集部别集类　佚

澄碧亭闲吟　集部别集类　佚

瓯江唱和诗　集部别集类　佚

以上3种见《吴县志·艺文考三》。

陈　倬(1826—1882)

字云章,号培之。清元和人。少熟《文选》,能背诵。师陈奂,学《礼》。咸丰二年(1852)举于乡,九年成进士。同治元年(1862),主讲上海广方言馆。光绪三年(1877),补云南司主事。后官至户部郎中。

课经笔记1卷　经部群经总义类

(1)《孙溪朱氏经学丛书》初编。

(2)《槐庐丛书》本。

(3) 稿本,上海图书馆、国家图书馆藏。

(4)《丛书集成续编》本。

说文义例征订不分卷　经部小学类

稿本,南京图书馆藏。

十七部分字表1卷许书汉制1卷　经部小学类

稿本,上海图书馆藏。

今韵正义10卷　经部小学类

(1) 稿本,存卷1—3、5—10,上海图书馆藏。

(2) 稿本,南京图书馆藏。

今有古无字　经部小学类

见《吴县志·艺文考四》。

汉书人名表　史部正史类

稿本，上海图书馆藏。

陈培之自订年谱　史部传记类

稿本，上海图书馆藏。

陈培之先生日记　史部传记类

(1) 稿本，清同治十三年至光绪元年，上海图书馆藏。

(2) 2017年国家图书馆出版社出版《上海图书馆藏稿钞本日记丛刊》本。

隐蛛庵日记　史部传记类

(1) 稿本，光绪六年至七年，上海图书馆藏。

(2) 2017年国家图书馆出版社出版《上海图书馆藏稿钞本日记丛刊》本。

日余笔记　子部杂学类

隐蛛庵杂记　子部杂学类

以上2种见《吴县志·艺文考四》。

文选笔记7卷　子部杂学类

清抄本，国家图书馆藏。

燕台杂记不分卷　子部杂学类

稿本，上海图书馆藏。

隐蛛庵笔记　子部杂学类

稿本，上海图书馆藏。

隐蛛庵文集不分卷外集1卷词稿1卷　集部别集类

稿本，上海图书馆藏。

隐蛛庵诗集4卷词稿1卷　集部别集类

稿本，清蒋德馨等跋，陆懋修评，南京图书馆藏。

隐蛛庵诗集不分卷　集部别集类

抄本，中国社会科学院文学研究所图书馆藏。

文选注引群书分纂不分卷　集部总集类

稿本，北京大学图书馆藏。

唐五代十国词选1卷北宋引令选1卷南宋引令选1卷金元引令选1卷　集部词曲类

稿本，上海图书馆藏。

香影余谱1卷（一作隐蛛庵词稿）　集部词曲类

（1）《庚辰丛编》本。

（2）《丛书集成续编》本。

董廷策（1826—？）

字勉斋。清吴县人，原籍安徽婺源。瑞椿本生父。附贡生。江苏候补知县，补用直隶州知州。

退补斋杂录　子部杂学类

修复庐蛰存吟　集部别集类

退补斋诗集　集部别集类

以上3种见《清代硃卷集成》"董瑞椿"条。

勉不足斋四种　丛书类

1921年铅印本，上海图书馆藏。

按：包括《香石斋吟草》1卷、《退补斋随笔》1卷、《研花馆吟草》2卷、《传经堂家规》1卷、《妻子哀余录》1卷。

朱熊飞（1826—？）

字梦祥，又字次虎，号悦樵。清吴县人。

紫阳家谱不分卷　史部传记类

清朱熊飞等纂

清咸丰六年（1856）抄本，苏州博物馆藏。

钱朝栋

号敏甫。清元和人。绮子。诸生。精算学。小词逼近宋人。早卒。

天元启蒙2卷　子部历算类　佚

见《吴县志·艺文考四》。

祝庆云

字日卿，号石鲸。清元和人。

听潮诗词稿　集部别集类

见《吴县志·艺文考四》。

香草集(一作香草美人集)1卷　集部总集类

清光绪九年(1883)苏州管宅铅印本，上海图书馆藏。

潘　露(1827—1890)

原名廷荣，字湛廷，号镜如。清吴县人。遵渊次子，霨弟。国学生。历署茂晖、电茂等场大使，升用同知，补用知府、候选道。后办理贵州矿务。

仙佛真传2卷　子部道教类

清同治九年(1870)栖鹤山馆刻本，苏州图书馆藏。

柳华阳禅师金仙证论慧命经合刻2卷　子部道教类

清同治九年栖鹤山馆刻本，上海图书馆藏。

许玉瑑(1827—1893)

原名赓飏，字鹤巢，改名后字起上，号鹤巢。清吴县光福人。长及冯桂芬之门，与汪芑、缪希贤辈为诗友。同治三年(1864)举人。累上春官不第，留寓京师，入赀为中书舍人，后为刑部郎中。工诗古文辞，书法出入颜、苏。历充玉牒、实录、会典馆诸差。公余辄读两《汉》《文选》，校录王念孙《杂志》。晚年与端木埰、王鹏运相酬唱。年68卒。文稿及日记藏其婿胡玉缙家。

诗契斋文集　集部别集类

见《吴县志·艺文考二》，云未刊。

诗契斋诗集 5 卷　集部别集类

1912 年潘祖年刻本，上海图书馆藏。

草心吟馆骈体文初钞 2 卷　集部别集类

稿本，南京图书馆藏。

诗契斋骈体文钞 1 卷外集 1 卷　集部别集类

稿本，章钰校，上海图书馆藏。

诗契斋骈体文钞 1 卷词钞 1 卷　集部别集类

稿本，上海图书馆藏。

诗契斋骈体文钞不分卷草心吟馆骈体文初钞不分卷外集不分卷　集部别集类

清抄本，南京图书馆藏。

诗契斋诗钞□□卷　集部别集类

清抄本，存 14 卷，南京图书馆藏。

诗契斋寿言集不分卷　集部别集类

稿本，上海图书馆藏。

诗契斋骈文选 1 卷　集部别集类

抄本，上海图书馆藏。

诗契斋晚年诗文稿 1 卷　集部别集类

清许玉瑑撰　胡玉缙辑

稿本，复旦大学图书馆藏。

鹤巢小词 1 卷　集部词曲类

稿本，苏州大学图书馆藏。

独弦词 1 卷　集部词曲类

《薇省同声集四种》本。

诗契斋词钞 1 卷　集部词曲类

稿本，清陈少春、潘钟瑞跋，天一阁藏。

诗契斋词钞 6 卷　集部词曲类

民国刻本，苏州图书馆藏。

诗契斋10种38卷　丛书类

清许玉瑑撰

稿本,清潘蔚、王炳燮跋、金益客题款,苏州图书馆藏。

子目:

《诗钞》7卷、《骈体文录》18卷、《丛稿》3卷(己巳、庚午、辛未)、《晋隽》3卷、《日知小录读管子》1卷、《日知小录读水经注》1卷、《读史记》2卷、《校读汉书笔记》1卷、《读文选》1卷、《读书日记》1卷。

按:《吴县志·杂考二》云有《晋隽》4册、《史汉三国札记》3册,此稿本未见《三国》笔记。

敏　曦(1827—1899)

字日种,一字古朗。俗姓安,字荣清。浙江台州人。早年出家黄岩崇德院,后往江苏、浙江、日本各地讲说经论。光绪间,主苏州报恩寺。弘法50余年,刊书24种160余卷。

江南苏州府报恩讲寺志不分卷附续志不分卷　史部地理类

清释敏曦修　《续志》释昭三修纂

1933年刻本,苏州图书馆藏。

程为烜(1827—?)

字君宣,号亘之。清吴县人。植义子。廪生,兼袭云骑尉世职。

程氏支谱4卷　史部传记类

清程为烜、程昽等纂修

(1) 清光绪三十年(1904)资敬堂活字印本,苏州图书馆藏。

(2) 清成训义庄活字本,6卷,吉林大学图书馆藏。

劳世望(1827—?)

字遇文。清吴县人。

劳氏草谱1卷　史部传记类

稿本,南京图书馆藏。

汪孙仪

字士松。清长洲人。

延秋声馆词　集部词曲类

见《吴县志·艺文考三》。

江　云(1828—1860)

原名保庆。清元和人。标父。吴庠生。翰林院待诏。庚申城陷,抑郁而卒,年33。

墨林书屋制艺1卷试帖1卷　集部别集类　佚

见《清代硃卷集成》"江标"条。

凤友麟(1828—1871)

一名锡纶,字芝涵,号天石。清吴县人。觐宸子。

汉书辨证2卷　史部正史类

见《吴县志·艺文考二》。

汉书劄记2卷　史部正史类

读汉书偶笔4卷　史部正史类

读后汉书偶笔4卷　史部正史类

三国志摘隽4卷　史部史评类

南北史摘隽4卷　史部史评类

以上5种见《洞庭凤氏宗谱》。

味道堂诗文稿　集部别集类

稿本,南京图书馆藏。

按:《洞庭凤氏宗谱》作文稿4卷诗稿4卷。

小睡足寮二友诗录1卷附录1卷　集部总集类

清陆恩澍、凤锡纶撰

清光绪刻本，浙江图书馆藏。

按：与秦敏树《小睡足寮诗录》合刻。

潘介繁(1828—1893)

字谷人，号椒坡。清吴县人。希甫长子。咸丰元年(1851)顺天乡试挑取誊录，次年中举，候选国子监学正学录，历署湖北咸宁、麻城等地知县，充光绪元年(1875)恩科湖北乡试同考官。改湖南茶陵州知州，临湘、永顺、清泉、衡山等县知县。

桐西书屋藏书目1卷　史部目录类

清潘介繁藏　潘志万编

(1) 笏盦抄本，南京图书馆藏。

(2)《南京图书馆藏稀见书目书志丛刊》本。

桐西书屋诗钞1卷文钞1卷　集部别集类

《陟冈楼丛刊》甲集本。

国朝各家诗钞不分卷　集部总集类

清潘介繁辑　王鸿朗评

稿本，清徐鋆跋，复旦大学图书馆藏。

宣南鸿雪集2卷　集部总集类

清潘介繁、潘诚贵辑

清同治十年(1871)刻本，上海图书馆藏。

晓梦春红词1卷　集部词曲类

清同治八年刻本，上海图书馆藏。

按：《国朝词续编》卷20收其词20首。

潘观保(1828—1894)

字玉生，号辛芝。清吴县人。遵祁长子。咸丰八年(1858)顺天中式举人。署彰卫怀兵备道。少禀庭诰，博通楹书。又作壮游，出入燕赵，登涉齐鲁。生平潜心经史，诗学韦、孟，兼工西昆。

十三经异文考异 30 卷　经部群经总义类

(1) 稿本,上海图书馆藏。

(2) 稿本,苏州博物馆藏。

大阜潘氏支谱 24 卷首 1 卷　史部传记类

清潘观保等修

清光绪十三年(1887)潘氏松籁阁刻本,中国人民大学图书馆藏。

潘观保日记不分卷　史部传记类

(1) 稿本,存咸丰十年、同治六年(1867)、同治九年至光绪七年、光绪十一至十三年,南京图书馆藏。

(2) 稿本,光绪八年至光绪十年,苏州博物馆藏。

(3)《苏州博物馆藏晚清名人日记稿本丛刊》本。

疑年汇编　史部传记类

(1) 清光绪二十二年稿本,16 卷,苏州图书馆藏。

(2) 稿本,20 卷,上海图书馆藏。

初学先导集 1 卷　子部儒学类

清木犀香居士编

清光绪二十年潘观保刻本,浙江图书馆藏。

鹊泉山馆集 8 卷　集部别集类

(1) 清光绪十五年复始堂刻本,上海图书馆藏。

(2) 1914 年潘承谋刻本,国家图书馆藏。

按:包括诗 7 卷、词 1 卷。

书五色云斋试帖诗钞 4 卷附录 1 卷　集部别集类

稿本,杭州图书馆藏。

复始堂集 2 卷　集部别集类

稿本,南京图书馆藏。

王　韬(1828—1897)

初名利宾,字紫铨,号子久,又名瀚,后改名韬,字仲弢,号弢园、天南遁叟、遁窟废民等。清元和甫里人。年18中秀才，后屡试不中。道光间，在上海英人麦都斯所办墨海书馆主笔政，所交多海内名士，与李善兰、蒋敦复以诗酒徜徉海上，时目为“三异民”。咸丰间，遭清政府通缉，逃往香港。后受英人聘，赴英译五经，因得游历法、俄诸国。既而至日本，与彼邦人士唱和。同治间回香港，创办《循环日报》，宣传变法自强。光绪九年(1883)，以养疴返沪。十年，主讲上海格致书院。筑园城西，名弢园。生平著述甚富，重中西经世之学。能诗，工骈文，尤好作传奇文，亦研经学。与丁日昌、盛宣怀交游极密。

毛诗集释　经部诗经类

稿本，纽约公共图书馆藏。

按：王韬《弢民老农自传》，言见陈奂《毛氏传》等书，遂废不作。

春秋左氏传集释不分卷　经部春秋左传类

(1) 稿本，17册，上海图书馆藏。

(2) 稿本，2册，上海图书馆藏。

按：《弢民老农自传》作60卷。

弢园经学辑存　经部春秋总义类

(1) 清光绪十五年长洲王氏淞隐庐铅印本，上海图书馆藏。

(2)《续修四库全书》本，影印淞隐庐铅印本。

子目：

《春秋朔闰至日考》3卷(稿本2卷，上海图书馆藏)

《春秋日食辨证》1卷(稿本1卷，题《春秋日食考》，上海图书馆藏)

《春秋朔至表》1卷

附《弢园著述总目》1卷

皇清经解校勘记24卷　经部群经总义类

见《吴县志·艺文考三》。

按：《弢民老农自传》作《皇清经解札记》24卷。

弢园笔乘1卷　史部杂史类

《满清野史》本。

饔牖余谈 8 卷　史部杂史类

(1)《申报馆丛书正集》本。

(2)《清代笔记丛刊》本。

(3)《笔记小说大观》本。

(4) 清光绪元年铅印本,上海图书馆藏。

(5)《续修四库全书》本,影印《申报馆丛书》本。

按:《弢民老农自传》作 12 卷。

台事纪闻 1 卷　史部杂史类

清抄本,国家图书馆、上海图书馆藏。

台事窃愤录 3 卷　史部杂史类

见《吴县志·艺文考三》。

华英通商事略 1 卷　史部杂史类

(英)伟烈亚力口译　王韬笔述

《西学辑存》本。

忠义录 1 卷　史部传记类

《弢园丛书》本。

弢园日记　史部传记类

稿本,国家图书馆藏。

东游日记　史部传记类

稿本,国家图书馆藏。

蘅花馆日记悔余漫录　史部传记类

(1) 稿本,咸丰七年(1857)至同治元年(1862),上海图书馆藏。

按:同治元年题《悔余漫录》。

(2)《续修四库全书》本。

(3) 2017 年国家图书馆出版社出版《上海图书馆藏稿钞本日记丛刊》本。

蘅花馆日记　史部传记类

1921 年《新声》杂志刊载,为咸丰五年七月初一至八月三十日记。

蘅花日记　史部传记类

(1) 稿本，台湾“中研院”傅斯年图书馆藏。

(2)《傅斯年图书馆未刊稿钞本》本。

按：日记包括：

《苕花庐日记》（道光二十九年闰四月二十一至二十八）

《茗薌寮日记》（咸丰二年六月初一至八月二十九）

《蘅花馆日志》（即《瀛壖杂记》《粤西杂记》）

《沪城见闻录》（记小刀会起义事）

《瀛壖日志》（咸丰三年至四年）

《甲寅夏五回里日记》（咸丰四年五月初七至二十四）

《蘅花馆日记》（咸丰四年八月初一至十二月十三，咸丰五年正月初一至三月十九）

《蘅花馆杂录》

《蘅花馆印谱》

《石经考文提要》

《夏日闺中杂咏》等

参见陈正青《王韬未刊日记杂录》一文。

瑶台小录 1 卷　史部传记类

《清代燕都梨园史料》本。

鸳鸯谋 1 卷　史部传记类

稿本，上海图书馆藏。

吴中财赋考 1 卷　史部政书类

《弢园丛书》本。

滇南铜政考 1 卷　史部政书类

(1)《弢园丛书》本。

(2) 稿本，上海图书馆藏。

洋务纪要初编 1 卷　史部政书类

稿本，上海图书馆藏。

自强斋保富兴国论初编 6 卷　史部政书类

清王韬原辑　二西主人校订

清光绪二十四年日本阁石印本，吉林大学图书馆藏。

治安八议 1 卷　史部政书类

《弢园丛书》本。

瀛壖杂志 6 卷　史部地理类

(1)《笔记小说大观》本。

(2)《小方壶斋舆地丛钞》本，1 卷。

(3) 清光绪元年刻本，南京图书馆藏。

(4) 清抄本，1 卷，上海图书馆藏。

(5)《蘅华馆杂稿》本，1 卷，见下。

(6)《蘅花日志》本，见前。

漫游随录 1 卷　史部地理类

(1)《小方壶斋舆地丛钞》本。

(2) 稿本，3 卷，上海图书馆藏。

(3) 稿本，3 卷，存卷 1—2，上海图书馆藏。

(4) 清光绪十三年石印本，上海图书馆藏。

(5) 1982 年湖南人民出版社出版《走向世界丛书》本。

亚细亚疆域说 1 卷　史部地理类

稿本，上海图书馆藏。

日本通中国考 1 卷　史部地理类

《小方壶斋舆地丛钞》本。

扶桑游记 3 卷　史部地理类

(1) 日本明治十三年(1880)东京报知社铅印本，国家图书馆藏。

(2)《小方壶斋舆地丛钞》本，1 卷。

(3) 1982 年湖南人民出版社出版《走向世界丛书》本。

日本疆域考 1 卷　史部地理类

清抄本，上海图书馆藏。

琉球朝贡考1卷　史部地理类

琉球向归日本辨1卷　史部地理类

以上2种《小方壶斋舆地丛钞》本。

普法战事辑要4卷　史部地理类

清张宗良译　王韬、李光廷辑

(1)《反约篇》本。

(2)《榕园丛书》本。

(3)《富强斋丛书》本。

普法战纪20卷　史部地理类

(1) 清同治十二年中华印务总局铅印本,14卷,苏州图书馆藏。

(2) 清光绪十二年刻本,南京图书馆藏。

(3) 清光绪二十一年弢园王氏重刻本,南京图书馆藏。

(4) 清光绪二十三年弢园王氏刻本,上海图书馆藏。

(5) 清光绪二十四年排印本,台湾"中研院"历史语言研究所藏。

(6) 日本明治十一年(1878)刻本,上海图书馆藏。

(7) 日本明治二十年铅印本,14卷,南京图书馆藏。

重订法国志略24卷　史部地理类

(1) 清光绪十五年弢园老民铅印本,上海图书馆藏。

(2) 清光绪十六年淞隐庐铅印本,浙江图书馆藏。

漫游随笔8卷附图说　史部地理类

见《吴县志·艺文考三》。

探地记1卷　史部地理类

《小方壶斋舆地丛钞》本。

舆地丛钞目录1卷　史部地理类

清抄本,上海图书馆藏。

法兰西志8卷　史部地理类

按:疑即《法国志略》。

俄罗斯志8卷　史部地理类

美利坚志 8 卷　史部地理类
乘桴漫记 1 卷　史部地理类

以上 4 种见《弢园老民自传》。

西事凡 4 卷　史部地理类

按:《弢园老民自传》作 16 卷。

西古史 4 卷　史部地理类
南北美洲战纪 12 卷　史部地理类
四溟补乘 120 卷　史部地理类

按:《弢园老民自传》作 36 卷。

国朝经籍志 8 卷　史部目录类

以上 5 种见《吴县志·艺文考三》。

日本书籍杂记 1 卷　史部目录类

稿本,上海图书馆藏。

弢园所藏续汇刻书目 1 卷　史部目录类

稿本,上海图书馆藏。

弢园藏书志 2 卷　史部目录类

稿本,国家图书馆藏。

弢园藏书目　史部目录类

稿本,国家图书馆藏。

遁叟藏书目不分卷　史部目录类

稿本,上海图书馆藏。

泰西著述考 1 卷　史部目录类

(1)《西学辑存》本。

(2)《群书宝窟残存》本。

(3)《校刻西学八种》本。

(4)《富强斋丛书》本。

火器略说(一名操胜要览)1 卷　子部兵书类

清王韬述　黄达权笔录

(1) 清光绪六年铅印本,上海图书馆藏。

(2) 清光绪十三年敦怀书屋刻本,南京图书馆藏。

(3)《西学大成》辰编本。

按:《弢园老民自传》作3卷。

衿阳杂录1卷　子部农家类

农事直说1卷　子部农家类

以上2种《弢园丛书》本。

按:二书为朝鲜人作,有王韬跋。

光学图说1卷　子部工艺类

格致新学提纲1卷　子部工艺类

以上2种见《吴县志·艺文考三》。

重学浅说1卷　子部工艺类

《西学辑存》本。

西算明镜录5卷　子部历算类

清王韬口译

清光绪二十三年算学日新会石印本,苏州大学图书馆藏。

西国天学源流1卷　子部历算类

(英)伟烈亚力撰　王韬译

(1)《群书宝窟残存》本。

(2)《西学辑存》本。

西学原始考1卷　子部杂学类

(1)《群书宝窟残存》本。

(2)《西学辑存》本。

西学图说1卷　子部杂学类

(1)《西学辑存》本。

(2)《续修四库全书》本,影印《西学辑存》本。

蘅华馆杂稿不分卷　子部杂学类

稿本,7册,国家图书馆藏。

蘅华馆杂著五种7卷　子部杂学类

稿本，2册，国家图书馆藏。

按：包括《蘅华馆日记》1卷、《苕华庐日记》2卷、《书目》2卷、《茗芗寮志》1卷、《瀛壖杂志》1卷。

蘅华山馆杂录　子部杂学类

民国王伟雄抄本，国家图书馆藏。

按：包括《蘅华日记》《苕华庐日记》《沪城见闻录》《茗芗寮日记》《瀛壖杂志》等。

珊瑚舌雕谈初笔8卷　子部杂学类

清许起撰　王韬校刻

清光绪十一年弢园活字本，国家图书馆藏。

淞隐庐杂识不分卷　子部杂学类

稿本，南京图书馆藏。

寄生山馆随笔1卷　子部杂学类

稿本，上海图书馆藏。

弢园笔记不分卷　子部杂学类

《文学笔记丛书》本。

天南遁叟论说选　子部杂学类

光绪《申报》剪帖本，上海图书馆藏。

校邠庐抗议2卷　子部杂学类

清冯桂芬撰

清光绪十一年弢园老民活字印本，版心题广仁堂校本，上海图书馆藏。

剑华堂续罪言　子部杂学类

清吴广霈撰　王韬校

清光绪十六年弢园铅印本，北京大学图书馆藏。

戒礼须知1卷　子部杂学类

西洋傅雅兰撰　王韬译

清光绪十二年刻本，北京大学图书馆藏。

海陬冶游录3卷附录3卷余录1卷　子部小说类

署淞北玉鲂生撰

(1)《艳史丛钞》本。

(2)《香艳丛书》本。

(3)《国学珍本文库》本，1卷。

花国剧谈2卷　子部小说类

题淞北玉鲂生撰

(1)《艳史丛钞》本。

(2)《香艳丛书》本。

遁窟谰言12卷　子部小说类

(1)《申报馆丛书正集》本。

(2) 清光绪六年铅印本，南京图书馆藏。

(3) 清光绪二十六年江南书局铅印本，绍兴图书馆藏。

(4) 1913年惜阴书屋石印本，浙江图书馆藏。

(5) 1923年大文书局石印本，上海图书馆藏。

淞隐漫录(一名后聊斋志异)12卷　子部小说类

(1) 清光绪十年石印本，上海图书馆藏。

(2) 清光绪十三年点石斋石印本，续录1卷，上海图书馆藏。

(3) 清光绪十三年大同局石印本，天一阁藏。

(4) 清光绪二十九年点石斋石印本，上海图书馆藏。

(5) 1921年广华书局石印本，上海图书馆藏。

(6) 1983年人民文学出版社王思宇校点本。2006年再版。

(7) 稿本，1卷，上海图书馆藏。

按：此书版本甚多，余略。

松滨琐话12卷　子部小说类

(1) 清光绪十三年淞隐庐铅印本。

(2) 清光绪十九年淞隐庐铅印本，上海图书馆藏。

（3）清宣统三年（1911）著易堂石印本，南京图书馆藏。

（4）1935 年新文化书社铅印本，南京图书馆藏。

（5）《笔记小说大观》本。

（6）《香艳丛书》本。

（7）1986 齐鲁书社刘文忠校点本。

按：王韬又有䄂海山房石印《三续聊斋志异》10 卷，实即《松滨琐话》和《漫游随录》混编本。

眉珠庵忆语 1 卷　子部小说类

题华鬘生撰

《申报馆丛书正集》本。

三恨录 3 卷　子部小说类

歇浦芳丛记 4 卷　子部小说类

以上 2 种见《弢园著述总目》。

老饕赘语 4 卷　子部小说类

（1）稿本，1 卷，上海图书馆藏。

（2）清光绪字林沪报馆铅印本，南京图书馆藏。

按：《吴县志・艺文考三》作 8 卷，《弢园老民自传》作 16 卷。

古今名人画稿不分卷　子部艺术类

清王韬辑

清光绪十九年鸣宝斋影印本，南京图书馆藏。

蘅华馆印存不分卷　子部艺术类

清弢园王氏钤印本，南京图书馆藏。

弢园尺牍 12 卷　集部别集类

（1）清光绪六年天南遁窟铅印本，天一阁藏。

（2）清光绪十三年大文书局铅印本，上海图书馆藏。

（3）清光绪十九年沪北淞隐庐铅印本，上海图书馆藏。

（4）清宣统二年铅印本，国家图书馆藏。

（5）《清代诗文集汇编》本，影印光绪十九年铅印本。

弢园尺牍 8 卷　集部别集类

清光绪二年铅印本,国家图书馆藏。

弢园尺牍续钞 6 卷　集部别集类

(1) 清光绪十五年铅印本,上海图书馆藏。

(2)《清代诗文集汇编》本,影印光绪十五年铅印本。

弢园尺牍 2 卷　集部别集类

文明书局《明清十大家尺牍》本。

弢园尺牍钞 1 卷　集部别集类

日本明治十六年铅印本,日本国会图书馆藏。

弢园尺牍　集部别集类

1959 年中华书局汪北平、刘林整理本。

蘅华馆诗录 6 卷　集部别集类

(1) 清光绪六年天南遁窟铅印本,5 卷,北京大学图书馆藏。

(2) 日本明治十三年刻本,台湾大学图书馆藏。

(3)《弢园丛书》本(光绪十六年铅印本)。

(4)《续修四库全书》本,影印光绪六年铅印本。

(5)《清代诗文集汇编》本,影印光绪六年铅印本。

(6) 稿本,4 卷,日本京都大学图书馆藏。

弢园文录外编 12 卷　集部别集类

(1) 清光绪铅印本,5 卷,南京图书馆藏。

(2) 清光绪九年弢园老民香海铅印本,10 卷,北京大学图书馆藏。

(3) 清光绪弢园老民香海铅印本,浙江图书馆藏。

(4) 清光绪二十三年时务学社刻本,10 卷,上海图书馆藏。

(5) 清光绪二十三年沪上弢园老民铅印本,上海图书馆藏。

(6)《续修四库全书》本,影印光绪九年铅印本。

(7)《清代诗文集汇编》本,影印光绪九年铅印本。

(8) 1959 年中华书局汪北平、刘林整理本。

按:此书最初为 5 卷,后增为 12 卷。据存书牌记,光绪九年本有

10卷、12卷之别，不合逻辑。考光绪十年王韬致矢野龙溪信札，云尚有卷十一、卷十二未付梓，则光绪九年必无12卷，12卷本乃后面增编，而牌记未改也。

弢园文录内编　集部别集类　佚

按：见王韬《弢园老民自传》，皆性理之书，云“辛酉冬间溺于水中，一字无存”。

弢园未刻诗稿1卷　集部别集类

弢园杂录（一作弢园诗词）1卷　集部别集类

弢园集外诗存1卷　集部别集类

以上3种稿本，上海图书馆藏。

弢园文录□卷杂录1卷　集部别集类

稿本，存文录卷2—6、卷8，杂录全，南京图书馆藏。

畹香仙馆遣愁编诗集　集部别集类

稿本，台湾“中研院”傅斯年图书馆藏。

王韬诗集　集部别集类

2017年上海古籍出版社出版陈玉兰点校本。

啸古堂文集8卷遗集1卷芬陀利室词集5卷遗集1卷词话3卷丽农山人事实杂录1卷　集部别集类

清蒋敦复撰　杂录王韬撰

清光绪十一年淞隐庐刻本，浙江图书馆藏。

格致书院课艺不分卷　集部总集类

清王韬辑

清光绪十三年至二十年大文书局铅印本，上海图书馆藏。

格致书院课艺13卷　集部总集类

清王韬辑

（1）清光绪二十二年袖海山房石印本，光绪十二年至十九年，南京图书馆藏。

（2）清光绪二十二年上海书局石印本，不分卷，绍兴图书馆藏。

(3) 清光绪二十二年扫叶山房刻本,不分卷,浙江图书馆藏。

(4) 清光绪二十三年上海书局石印本,13卷,浙江图书馆藏。

(5) 清光绪二十九年上海书局石印本,增续集4卷,无锡市图书馆藏。

按:光绪十五年己丑以前不分卷(或云1卷),己丑及以后每年2卷,计13卷。

格致书院课艺丙戌1卷丁亥1卷戊子1卷己丑2卷庚寅2卷辛卯2卷壬辰2卷　集部总集类

清王韬辑

清光绪十年至十八年弢园铅印本,上海图书馆藏。

格致书院课艺不分卷　集部总集类

清王韬辑

(1) 清光绪二十八年上海图书集成公司铅印本,上海图书馆藏。

(2) 清光绪二十四年上海图书集成公司铅印本,南京图书馆藏。

东人诗话2卷　集部诗文评类

《弢园丛书》本。

眉珠庵词钞4卷　集部词曲类

见《吴县志·艺文考三》。

西学辑存6种6卷　丛书类

清光绪十六年淞北寄庐铅印本,南京图书馆藏。

按:子目见上。

弢园丛书　丛书类

(1) 稿本,上海图书馆藏。

(2) 抄本,不全,上海图书馆藏。

按:子目除上引各种外,尚有《进呈鹰论》1卷,清西洋利类思译;《续墨客挥犀》10卷,宋彭乘撰;《东坡先生仇池笔记》2卷,宋苏轼撰;《朱淑贞断肠诗集》10卷补遗1卷词1卷,宋朱淑贞撰。

艳史丛钞十二种　丛书类

题淞北玉魫生辑

(1) 清光绪四年弢园铅印本,上海图书馆藏。

(2) 1929年上海汉文渊书肆石印本,上海图书馆藏。

按:子目除上引各种外,尚有《板桥杂记》3卷,清余怀撰;《吴门画舫录》1卷,清西溪山人撰;《吴门画舫续录》3卷,清个中生撰;《续板桥杂记》3卷,清珠泉居士撰;《秦淮画舫录》2卷,清捧花生撰;《画舫余谈》1卷,清捧花生撰;《白门新柳记》1卷《补记》1卷《附记》1卷,清懒云山人(许豫)撰、《补记》杨亨撰;《十洲春语》2卷,清二石生读;《竹西花事小录》1卷,清芬利它行者(苏敦复)撰。

许　起(1828—1903)

字壬甫、壬瓠,号吟隝,自号江左老瓠。清元和甫里人。从长洲顾惺游于医。曾立诗社于清风亭,唱酬其中。晚年拟修里乘,属稿未半而殁,时年76。

(光绪)甫里志稿1卷　史部地理类

清许起、许玉瀛撰

稿本,苏州吴中区档案馆藏。

按:此书凡31目,许起纂修,许起殁后,由其长子许玉瀛续成。

霍乱燃犀说2卷末1卷　子部医家类

(1) 清光绪十四年(1888)刻本,天一阁等藏。

(2)《珍本医书集成》本。

珊瑚舌雕谈初集8卷　子部杂学类

(1) 清光绪十一年弢园王氏木活字印本,上海图书馆藏。

(2)《续修四库全书》本,影印光绪十一年活字本。

珊瑚舌雕谈摘抄1卷　子部杂学类

《吴中文献小丛书》本。

网师拾人牙慧录　集部别集类　佚

樗园尺牍3卷　集部别集类　佚

翦莱草堂诗录8卷续4卷　集部别集类　佚

以上3种见《吴县志·艺文考四》。

亢树枏(1828—1904)

字匀山。清吴县人。树滋弟。读书敏慧，年13能诗文。家贫，弃儒学贾于缗钱业。同治三年(1864)，设肆于金阊中市，创业甚大。光绪十年(1884)，于宅旁筑惜旷轩书室，广购书籍，藏书达数万卷。同年纂修宗谱，于是冬刻之。

京兆亢氏苏州分支族谱不分卷　史部传记类

清亢树枏纂修

清光绪十五年稿本，四川省图书馆藏。

偷闲小草2卷附1卷　集部别集类

(1) 1926年亢衣怀堂刻本，浙江图书馆藏。

(2)《清代诗文集珍本丛刊》本。

按：亦名《惜旷轩诗集》，《吴县志·艺文考二》误作2种。

秦敏树(1828—1910?)

原名嘉树，字林屋，一字散之，号稚梅，晚号林屋散叟、冬木老人。清吴县西山人。曾任浙江天目山巡检，候补知县。室名小睡足寮。能诗。工山水画及篆刻，曾为亢树滋作《西湖载酒图》，为周梦坡作《灵峰补梅图》等。

秦氏宗谱5卷首3卷末1卷　史部传记类

清同治十二年(1873)咏烈堂刻本，吉林大学图书馆藏。

百衲琴2卷　子部艺术类

清秦云、秦敏树撰

见“秦云”条。

林屋山民送米图　子部艺术类

清秦敏树绘并作歌

1948年影印本，苏州图书馆藏。

小睡足寮诗存7卷　集部别集类

稿本，苏州图书馆藏。

旧雨集4卷　集部别集类

稿本，上海图书馆藏。

小睡足寮诗录4卷补录2卷续录4卷散叟倦稿1卷附录1卷　集部别集类

(1) 清光绪至宣统二年(1910)递修本，国家图书馆藏。

(2)《清代诗文集珍本丛刊》本。

按：清张鸣珂《寒松阁谈艺琐录》收其诗1首，郑言绍《太湖备考续编》收其诗1首。

丁士涵(1828—?)

字永之，一字刚臣。清元和人。锦涛子。幼受业于陈奂，以经学、小学著名。同治九年(1870)举人。官工部员外郎。归里后闭门谢客，贵筑黄彭年聘为学古堂山长。积书数十万卷，年60余犹灯下著述不少衰。

穀梁逸礼1卷　经部春秋穀梁传类

吴县王氏传抄本，复旦大学图书馆藏。

说文读若考1卷　经部小学类

集韵札记不分卷　经部小学类

韵篇合校不分卷　经部小学类

唐韵校正不分卷　经部小学类

唐韵校稿不分卷　经部小学类

类篇索隐14卷　经部小学类

长元节孝祠志5卷　史部传记类

按：同治、光绪间苏州采访局编有《旌表事实姓氏录》，多采其说。

国朝名宦传略1卷　史部传记类

以上8种皆稿本，上海图书馆藏。

昭信编2卷　史部传记类

清抄本，苏州图书馆藏。

丁氏宗谱24卷首1卷　史部传记类

清光绪十六年(1890)刻本，南京图书馆藏。

汉书集注引书目　史部目录类

清张炳翔抄本，苏州图书馆藏。

管子释文　子部法家类

见《丁氏宗谱》卷4。

管子校议不分卷　子部法家类

稿本，南京图书馆藏。

管子校本2卷　子部法家类

稿本，南京图书馆藏。

管子案残稿　子部法家类

(1) 稿本，上海图书馆藏。

(2) 稿本，复旦大学图书馆藏。

补注黄帝内经素问校记24卷灵枢校记12卷　子部医家类

清高德馨钞稿本，复旦大学图书馆藏。

济阳诗选　集部总集类　佚

清丁锦麟、丁士涵选

见《丁氏宗谱》卷3丁锦麟本传。

谭曾凤

清吴县人。

邗游吟草2卷　集部别集类　佚

见《吴县志·艺文考二》。

程　栋

字雯舫。清吴县人。为人至孝。家本小康,咸丰二年(1852)避警居邓尉山中,三年转徙沪上,家业中落。乱后归里,授徒自给。

渔隐吟草1卷　集部别集类　佚

见《吴县志·艺文考二》。

按:《共赏集二编》收其诗1首。

李　华

字秾如。清吴县人。尤程镳室。程镳曾与纂民国《吴县志》,纂《水志》。

金石山房遗稿1卷　集部别集类　佚

见《清闺秀艺文略》,雷浚序。

潘诚贵(1829—1855)

字宜亭,号树轩、时轩。清吴县人。希甫次子。咸丰元年(1851)举人,候选国子监学正学录。

听香室遗稿5卷　集部别集类

清光绪五年(1879)刻本,苏州图书馆藏。

按:包括《诗钞》1卷、《篛红词》1卷、《赋钞》1卷、《试帖》2卷。

宣南鸿雪集2卷　集部总集类

清潘介繁、潘诚贵辑

清同治十年(1871)刻本,上海图书馆藏。

历代词选4卷　集部词曲类

见《吴县志·艺文考二》。

按:《国朝词综续编》卷20收其词6首。

顾元熊(1829—1862)

字梦飞,号别瓯。清长洲人。嗜书法诗学,不屑帖括。咸丰之乱,避难乡间,辗转无定,以穷困死。

醉鸥诗集3卷　集部别集类　佚

瓯香馆集　集部别集类　佚

虎口余生吟稿　集部别集类　佚

以上3种见《吴县志·艺文考三》。

沈恩华(1829—1883)

字伟卿。清吴县人。同治四年(1865)进士。五年,以候补知府任南康知县。

(同治)南康县志14卷首1卷　史部地理类

清沈恩华修　卢鼎刚等纂

(1) 清同治十一年刻本,南京图书馆藏。

(2)《中国地方志集成》本。

杨引传(1829—1889)

原名延绪,字引传,号醒逋,以字行,更字薪圃,号独悟庵居士,又号苏补。清吴县人,居角直镇。王韬妻兄。同治十一年(1872)恩贡。少曾随父游川督幕府,庚申战事中,被斫不死。晚岁教授正谊书院,课辄冠其曹,与陶然齐名。好饮酒,善词赋,手抄宋人诗数十巨帙。曾于冷摊得沈复《浮生六记》残稿,予以刊行。陶煦修《周庄镇志》,多与之商榷,多所是正。

杨隐禅先生甫里守望记甫里被难纪略真迹稿本　史部杂史类

清咸丰十年(1860)稿本,国家图书馆藏。

按:国家图书馆以此书作抄本,非是。此为作者稿本,其书页题“真迹稿本”,甚是。卷首有“隐禅”圆形朱文印章。书中有朱笔圈点。甫里为古地名，即今角直镇，在苏州葑门外四十里，为元和、昆山两县交界处。咸丰十年，苏州城被太平军攻占，甫里也遭兵燹。杨氏为本地人，因记其所见。《甫里守望记》为骈文一篇，记叙太平天国战争期间吴江所受之劫难。“凄风刺骨，谁招屋上之魂；饥火煎心，几作墦间之鬼”，显示了战争期间个人的不幸遭遇。

甫里寇难纪略1卷野烟录1卷　史部杂史类

（1）清王韬弢园精抄本，上海图书馆藏。

（2）清咸丰十年稿本，与《杨隐禅先生甫里守望记》合1册，国家图书馆藏。

按：《甫里寇难纪略》记里中抵御太平军及自己遭太平军砍杀之事。此书述太平天国战争期间里人自保事颇详，亦最具史料价值。作者又续记太平天国战争期间甫里遭难事，取王维“万户伤心生野烟”之意，名之为《野烟录》。其中多记战争中死亡人员，亦写了战争期间甫里因避难人口的涌入而引发的物价腾跃，以及地方土匪的趁乱抢掠等事。

独悟庵丛钞不分卷　集部别集类

《申报馆丛书续集》本。

独悟庵诗1卷　集部别集类

清咸丰六年抄本，中国社会科学院文学研究所藏。

薪圃诗文稿　集部别集类

见《吴县志·杂记二》。

劫后愁吟1卷　集部别集类

宋诗钞10卷　集部总集类

以上2种见《吴县志·艺文考二》。

独悟庵唐宋绝句钞40卷明诗偶钞10卷　集部总集类

清杨引传手抄本，同郡石渠、潘钟瑞、许起题跋，见1933年《来青阁书目》第1期。

潘祖同(1829—1902)

字桐生,号谱琴。清吴县人。曾莹长子。咸丰元年(1851)顺天乡试,挑取誊录。三年钦赐举人。考取国子监学正学录记名,补授学录,署学正,兼管典簿厅事务,国史馆分校、覆校。六年进士。选翰林院庶吉士、国史馆协修。八年,因顺天乡试舞弊案,免官居家。建"竹山堂",藏书四万余卷。

星斋府君暨陆太夫人行述 1 卷　史部传记类

清吴县潘氏刻本,南京图书馆藏。

潘谱琴日记不分卷　史部传记类

(1) 稿本,咸丰元年至三年,苏州博物馆藏。

(2)《苏州博物馆藏晚清名人日记稿本丛刊》本。

岁可堂书目 4 卷　史部目录类

清潘祖同编　潘承弼重编

稿本,上海图书馆藏。

竹山随笔不分卷　子部杂学类

稿本,苏州博物馆藏。

分韵杜句不分卷　子部类书类

清潘祖同辑

清抄本,上海图书馆藏。

竹山堂诗稿 2 卷词 1 卷　集部别集类

(1) 清咸丰八年刻本,南京图书馆藏。

(2) 1918 年潘氏岁可堂刻本,南京图书馆藏。

(3)《清代诗文集汇编》本,影印 1918 年刻本。

竹山堂文剩 1 卷诗补 1 卷　集部别集类

(1) 1936 年岁可堂刻本,南京图书馆藏。

(2)《清代诗文集汇编》本,影印 1936 年刻本。

竹山堂联语 1 卷　集部别集类

《陟冈楼丛刊》甲集本。
词律便检 1 卷　集部词曲类
稿本，上海图书馆藏。

徐敦仁(1829—?)

字爱杉、艾衫。清吴县洞庭西山人。光绪二年(1876)优贡生。与纂《苏州府志》。后官江西知县。
日损斋日记不分卷　集部别集类
(1) 稿本，同治七年(1868)至九年，上海图书馆藏。
(2) 2017 年国家图书馆出版社出版《上海图书馆藏稿钞本日记丛刊》本。
日损斋诗稿 1 卷文稿 1 卷　集部别集类
清光绪十五年江西书局刻本，苏州图书馆藏。
崦西小堂诗稿不分卷　集部别集类
清抄本，国家图书馆藏。
随园骈文补笺　集部别集类
清袁枚撰　徐敦仁笺注
见《清代硃卷集成》"徐沅"条。

顾来祺(1829—?)

字寿维，号椿生。清长洲人。监生。
庚申岁避难记 2 卷　史部杂史类　佚
粤游笔记 2 卷　史部地理类　佚
寄沪闲编吟稿 4 卷　集部别集类　佚
以上 3 种见《吴县志·艺文考三》。

周祖升

清吴县人。同治八年(1869)，任浙江宁海县令。

(同治)宁海志稿14卷　史部地理类

清周祖升等修　宁海邬凯之等纂

清同治间修，稿本未刊，《台州经籍志》卷13注云"今存"，未见传本。

按：据《全国中医图书联合目录》，云南图书馆藏光绪十八年(1892)刻本《急救医方撮要》，亦云周祖升撰，不知即一人否。

柳尊贤

字达甫。清吴县横金人。商贤兄。

横金志18卷首1卷　史部地理类

清柳商贤、柳尊贤纂　沈以邠、金兰同纂

见"柳商贤"条。

马如飞

本名时霏，字吉卿。清长洲人。咸丰、同治间著名艺人。春帆子。幼学刑名，充书吏。父卒后，从表兄桂秋荣学习弹词，创"马调"，流传至今。其父编撰《珍珠塔》，经其改定演唱，成为传世经典。

稗官必读(出道录)　子部杂学类

见《光裕社一百五十年纪念册》。

按：又名《南词必览》，所记乃评弹行规。

马吉卿先生诗稿　集部别集类

清抄本，国家图书馆藏。

马如飞先生南词小引初集(马如飞开篇)2卷　集部词曲类

清马如飞撰　卧读生校

(1) 清刻本，上海图书馆、苏州图书馆藏。

(2) 1921年何骏飞抄本，苏州图书馆藏。

马如飞雅调开篇4卷　集部词曲类

清光绪二十二年(1896)上海书局石印本，苏州图书馆藏。

按:附锦囊氏《绘图白蛇传后传》之后。

马如飞马调开篇2卷　集部词曲类

清光绪三元堂刻本,上海图书馆藏。

马如飞真本开篇　集部词曲类

1933年上海新春秋报馆铅印本,上海图书馆藏。

按:此书原藏陈士林处,后由其子陈锡麟交报馆刊印,收马如飞开篇60余篇。

绘图孝义真迹珠塔缘4卷24回　集部词曲类

(1) 清光绪二十年上海书局石印本,附《马如飞时调开篇》,上海图书馆藏。

(2) 民国文元书局石印本,复旦大学图书馆藏。

(3) 民国文益书局石印本,武汉大学图书馆藏。

(4) 民国天宝书局石印本,绍兴图书馆藏。

(5) 1916年上海徐沧记书局石印本,上海图书馆藏。

绘图孝义真迹珠塔缘8卷46回　集部词曲类

(1) 清光绪二十一年石印本,苏州大学图书馆藏。

(2) 清光绪三十二年上海海左书局石印本,扉页题“马如飞重谱时调”,平湖市图书馆藏。

徐永龄(1830—1849)

字嵩甫,号祝卿。清吴县洞庭西山人,寓木渎。与徐诵芬、周信昭为诗友。性至孝,道光二十九年(1849)秋,祖母病剧,刺臂血作疏以祈祖母寿。祖母愈,而永龄以暴病卒,年甫弱冠。

桂芬轩草2卷　集部别集类　佚

见《吴县志·艺文考二》。

按:《木渎诗存》卷8收其诗7首。

宋志沂(1830—1860)

字铭之,号咏春、去垢、浣花。清长洲人。诸生。嗜词,与孙麟趾为友。太平军兴,被掠而死。

红杏楼诗剩稿1卷梅笛庵词剩稿1卷　集部词曲类

清宋志沂撰　刘履芬辑

清同治十二年(1873)门人李炜、弟宋有年刻本,南京图书馆藏。

按:《吴县志·艺文考三》作诗稿6卷词稿4卷。词稿另有《甲戌丛编》本。

浣花词1卷　集部词曲类

《名家诗词丛钞》本。

按:《全清词钞》卷23云其词草为4卷,并收其词7首。

顾培庆(1830—1871)

字心栽,号滋真。清元和人。绍濂子。咸丰九年(1859)举人。官桃源教谕。先后三上春官不售。年42卒。

遣愁吟1卷　集部别集类　佚

见《吴县志·艺文考四》。

课徒草　集部别集类　佚

见《吴县志·艺文考三》。门人尤先甲序。

吴恩熙(1830—1880)

字定甫,号菡青、觉迟居士。清吴县人。荫培父。恩贡生。幼慧。9岁能诗。咸丰中避乱香山,后徙上海。乱平,返吴讲学20余年。光绪初,赏五品。卒后以孝子旌。

诵芬堂制义2卷　集部别集类

觉迟居士自订年谱1卷　史部传记类

以上2种见《养寿录诗集》附《行述》。

养寿庐诗集(一名遗集)10卷　集部别集类

清光绪二十六年(1900)吴荫培刻本,苏州图书馆藏。

按:包括诗文8卷、《旅窗听月词》1卷、《玉笛词》1卷(南北曲4首附)。

按:《全清词钞》卷29收其词2首,《全清散曲》收其散曲小令3首。《共赏集二编》录其诗9首。

陶　然(1830—1880)

原名元烈,字藜青,号芑孙。清元和周庄人。咸丰十一年(1861)拔贡。少有隽才,性好词章,苏松常诸镇咸慕其名。不附权贵,功名蹭蹬。琉球国闻其诗名,遣使征聘,不就。

味闲堂遗集1卷附亦吾庐词1卷　集部别集类

清王氏拜鄦师郑室抄本,南京图书馆藏。

味闲堂赋钞前集1卷续集1卷　集部别集类

清光绪刻本,南京图书馆藏。

味闲堂课钞4卷续刻1卷三刻2卷　集部别集类

清光绪刻本,上海图书馆藏。

味闲堂课钞不分卷　集部别集类

清抄本,上海图书馆藏。

蚬江渔唱1卷　集部别集类

见《吴县志·艺文考三》,云:“孙善钟、善镛刊本。”

按:刊本未见。《周庄镇志》前有《贞丰八景》,皆陶然作诗,中有《蚬江渔唱》,不知即此否。

无双诗合刻不分卷　集部总集类

清凌泗、陶然撰

清同治十一年(1872)亦吾庐刻本,南京图书馆藏。

娄县小课不分卷　集部总集类

清陶然等辑

清同治十年刻本，温州市图书馆藏。

律赋初集二集三集　集部总集类

小题采新　集部总集类

以上2种见《清代硃卷集成》“陶惟坻”条。

味闲堂词钞1卷　集部词曲类

1929年中华书局铅印本，南京图书馆藏。

十愿窝词录1卷　集部词曲类

旧写本，见柳亚子《养余斋松陵书目》。

按：《全清词钞》卷25收其词1首。

潘绍诒(1830—1880)

字焕声，号芸台。清元和人。同治间，任浙江处州知府。

(光绪)处州府志30卷首1卷末1卷　史部地理类

清潘绍诒修　秀水周荣椿等纂

(1) 清光绪三年(1877)刻本，上海图书馆藏。

(2)《中国地方志集成》本。

(3) 台北成文出版社《中国方志丛书》影印本。

潘祖荫(1830—1890)

字东镛，号伯寅、凤笙、郑庵。清吴县人。住钮家巷。曾绶长子。道光二十八年(1848)赏举人，咸丰二年(1852)一甲三名进士。任翰林院编修、侍读、南书房行走、侍讲学士等，历至工部尚书、刑部尚书、军机大臣。卒，晋赠太傅，谥文勤。从政近40年，以“学问渊通，才猷练达”称，手写告灾乞赈之书达千数百件，为时人所称道。家富图籍。工诗词，精楷书，尤善校雠之学，颇留心金石文字。

洪文安公(遵)年谱　史部传记类　佚

见《潘文勤公遗集目》。

潘绂庭年谱(又名潘曾绶自订年谱)1卷　史部传记类

清潘曾绶、潘祖荫等撰

见“潘曾绶”条。

秦辅日记1卷　史部传记类

(1) 清咸丰八年潘祖年刻本,上海图书馆藏。

(2) 1914年西泠印社铅印本,上海图书馆藏。

(3)《潘文勤公杂著》本,见下。

东陵日记　史部传记类

《历代日记丛钞》本。

潘祖荫日记不分卷　史部传记类

(1) 稿本,同治二年(1863)、光绪七年(1881)至十六年,苏州博物馆藏。

(2)《苏州博物馆藏晚清名人日记稿本丛刊》本。

潘文勤日记1卷　史部传记类

(1) 稿本,清光绪十四年,上海图书馆藏。

(2) 2017年国家图书馆出版社出版《上海图书馆藏稿钞本日记丛刊》本。

咸丰八年戊午科陕甘乡试录　史部政书类

清潘祖荫、翁同龢编

清刻本,常熟市图书馆藏。

阅卷记录　史部政书类

稿本,上海图书馆藏。

己丑恩科乡试监临记事1卷附武乡试监临纪事1卷　史部政书类

《陟冈楼丛刊》甲集本。

沈阳纪程1卷　史部地理类

《辽海丛书》本。

藏书家印记序跋不分卷　史部目录类

清潘氏滂喜斋抄本,清潘祖荫批校,上海图书馆藏。

滂喜斋藏书记3卷　史部目录类

(1) 稿本,上海图书馆藏。

(2) 稿本,残卷,国家图书馆藏。

(3) 1924 年海宁陈乃乾慎初堂铅印本,上海图书馆藏。

(4) 1928 年潘承厚、潘承弼刻本,潘承弼补,苏州图书馆藏。

(5) 民国江阴缪氏艺风堂抄本,上海图书馆藏。

(6)《书目类编》本。

(7)《续修四库全书》本,影印 1928 年刻本。

按:潘氏家世显赫,而好收藏,古刻名槧,金石碑版,毕集其斋。其中,尤以宋刻《金石录》10 卷最为著名。此《藏书记》乃潘氏门生叶昌炽应潘祖荫弟潘祖年之请代撰。全书按四部分类。每种详记书名、卷数、版本、行款外,列举其递藏情况,迻录书中题跋,并逐一记录各家藏印。

滂喜斋宋元本书目 1 卷　史部目录类

(1) 1924 年海宁陈乃乾慎初堂铅印本,上海图书馆藏。

(2)《晨风阁丛书》本。

(3) 民国江阴缪氏艺风堂抄本,上海图书馆藏。

按:光绪十年,祖荫延叶昌炽就家藏珍本 135 部,编成《滂喜斋书目》,后易名《滂喜斋读书记》。祖荫死后,再改为《滂喜斋藏书记》,并嘱潘祖年以祖荫名付刊。刻成后,祖年因与缪荃孙为借书事牴牾,未曾发行流传。后陈乃乾于缪氏处得此书,遂于 1924 年铅印出版,在序文中对潘氏后人有所指毁。1928 年,潘承厚兄弟以祖年旧版刊行,并附序辩诬。

潘文勤遗集目 1 卷　史部目录类

清费念慈编

稿本,上海图书馆藏。

士礼居藏书题跋记 6 卷　史部目录类

清黄丕烈撰　潘祖荫辑

见“黄丕烈”条。

古埙考释 1 卷　史部金石类

《陟冈楼丛刊》甲集本。

攀古楼藏陶拓本　史部金石类

清潘祖荫辑

清拓本，苏州图书馆藏。

攀古楼彝器款识2卷　史部金石类

（1）清同治十一年滂喜斋刻本，上海图书馆藏。

（2）《续修四库全书》本，影印同治刻本。

攀古楼款识目不分卷　史部金石类

（1）清抄本，清陈介祺批校并跋，山东省博物馆藏。

（2）写本，南京图书馆藏。

攀古楼款识册校记不分卷　史部金石类

清抄本，北京大学图书馆藏。

攀古楼汉石纪存1卷　史部金石类

清同治十二年滂喜斋刻本，华东师范大学图书馆藏。

按：此书吴大澂钩摹，张之洞、吴大澂、王懿荣释文，潘祖荫序。

攀古楼金文目1卷　史部金石类

清抄本，国家图书馆藏。

攀古楼藏器目不分卷　史部金石类

清潘祖荫藏　吴大澂辑

稿本，重庆市图书馆藏。

郑庵所藏泥封1卷　史部金石类

清光绪二十九年上虞罗振玉影印本，北京师范大学图书馆藏。

郑庵藏金拓本　史部金石类

清拓本，苏州大学图书馆藏。

两汉碑表　史部金石类

见《潘文勤公年谱》。

延煦堂金文拓本目1卷　史部金石类

清潘祖荫编辑

清抄本，上海图书馆藏。

海东贞石志1卷　史部金石类

清光绪九年刻本，上海图书馆藏。

按：《碑传集补》卷4李慈铭《潘文勤公墓志铭》，云潘祖荫有《东海金石录》24卷，撰于咸丰四年，辑朝鲜碑刻，附以日本碑刻，疑即此本。

八喜斋随笔1卷　子部杂学类

清潘祖荫撰　李少微编辑

1936年铅印本，浙江图书馆藏。

潘文勤手札　集部别集类

稿本，南开大学图书馆藏。

郑庵书札　集部别集类

稿本，国家图书馆藏。

潘伯寅致陈簠斋书札　集部别集类

稿本，国家图书馆藏。

潘文勤公书札　集部别集类

稿本，国家图书馆藏。

郑庵诗存1卷文存1卷　集部别集类

(1)《陟冈楼丛刊》甲集本。

(2)《清代诗文集汇编》本，影印《陟冈楼丛刊》本。

涟漪阁琴意　集部词曲类

见《潘文勤公年谱》。

南苑唱和集1卷　集部总集类

清潘祖荫辑

《滂喜斋丛书》本。

按：同治十三年秋八月，潘祖荫与黄钰、徐郙、孙贻经、欧阳保极四人同游南苑，相互唱和。

潘文勤公杂著(郑盦遗集)6种　丛书类

清刻本，北京大学图书馆藏。

按:此书包括《潘文勤公奏疏》《秦輶日记》《东陵日记》《西陵日记》《沈阳日记》《芬陀利室词》各 1 卷。《清代诗文集汇编》影印《芬陀利室词》一种。

潘刻五种 15 卷　丛书类

清潘祖荫辑

清光绪二十九年北京翰文斋据吴县潘氏刊版重编印本,国家图书馆藏。

子目:

《恩补斋笔记》8 卷　清潘世恩撰

《百宋一廛赋》1 卷　清顾广圻撰,黄丕烈注

《藏书纪要》1 卷　清孙从添撰

《古泉丛话》3 卷　清戴熙撰

《日记钞》2 卷　清钱大昕撰,何元锡辑

功顺堂丛书 18 种　丛书类

清潘祖荫辑

清光绪吴县潘氏校刻本,上海图书馆藏。

滂喜斋丛书　丛书类

清潘祖荫辑

清同治光绪间吴县潘氏京师刻本,上海图书馆藏。

按:以上 2 种子目见《中国丛书综录》。

又按:潘祖荫滂喜斋刻书多种,除上引以外,尚有朝鲜金正喜《东古文存》、叶廷琯《感逝集》《叶氏百三十家诗选》、钱杜《松壶先生集》《松壶画赘》、潘曾沂《小浮山人集》、许梿《洗冤录详义》、彭兆荪《小谟觞馆诗文集》、吴大澂摹《汉沙南侯获刻石双钩本》(又名《攀古楼汉石纪存》)、王之象《舆地记碑目》、潘世恩《有真意斋集》、沈涛《说文古本考》、陈崇砥《治蝗书》等。

严良彦(1830—1890)

改名寅,字士美,号若珊。清吴县东山人。国弼长子。吴庠生。候选布政司理问。

聊以自娱稿　集部别集类　佚

见《六修江苏洞庭安仁里严氏族谱》卷11。

严福保(1830—1892)

原名征炳,字寅堂,号蔚轩。咸丰五年(1855)举人。同知衔,武昌知县,调补竹山县,署理均州。光绪十一年(1885),任湖北乡试同考官。

上庸课士录1卷　集部别集类　佚

艺兰书屋文集4卷　集部别集类　佚

以上2种见《六修江苏洞庭安仁里严氏族谱》卷11。

沈国琛(1830—1892)

原名绪文,字宽夫。清元和人。福源父。国学生。遵遗命独立建置义庄。顺直豫东等省灾,出金助赈。又与当道兴筑金鸡河堤,创设甫里书院。屡奉嘉奖,大吏手赠匾额。

居易书屋诗稿4卷　集部别集类

见《清代硃卷集成》"沈福源"条,云待刊。

王沅芷

字苠之,号玉洲。清吴县人,元和籍。元吉子。少遭乱离,投笔从戎。苏浙克复,屡建功勋。后入马新贻、李瀚章幕,足迹遍及十三行省。

滇蜀志程记1卷　史部地理类

稿本,见《吴县志·艺文考二》,云"藏于家"。

陈光照

字讷人。清元和人。本直曾孙。

汇刻书目初编10卷续编2卷　史部目录类

初编桐州顾修辑　续编陈光照辑

清光绪元年(1875)长洲无梦园陈氏刻本,国家图书馆藏。

按:续编分仁义礼智信5册,末附增辑、补编、新编、续编。

许　馨

字令芬。清吴县人。周星誉妾。

令芬诗稿　集部别集类

见《清闺秀艺文略》。

顾元馨

字舜臣。清元和人。家藏古今算书至广且备。锐志算学,尤长于勾股和较之术。

周髀赵注补图　子部历算类　佚

勾股释要　子部历算类　佚

勾股六术　子部历算类　佚

以上3种见《吴县志》卷75下本传,云金匮华世芳序。

徐诵芬

字红荃,号赋秋。清吴县木渎人。彦英子。同治七年(1868)岁贡生。冯桂芬修府志,任分纂事。诗宗盛唐。

赋秋声馆诗26卷词2卷　集部别集类

见《吴县志·艺文考二》。

白门于役草1卷　集部别集类

稿本,南京图书馆藏。

乔声集3卷　集部别集类

抄本，中国社会科学院图书馆藏。

赋秋声馆诗钞不分卷　集部别集类

清亢氏抄本，原昆山市图书馆藏。

赋秋声馆录1卷　集部别集类

清抄本，南京图书馆藏。

感秋声馆词录1卷　集部词曲类

(1)《名家诗词丛钞》本，国家图书馆藏。

(2)《清代诗文集珍本丛刊》本。

按：《全清词钞》作《赋秋声馆词》2卷。

诸　策

字锡恭，号书城。清元和人。客授四方，耽于吟咏，即以所主之地自名其集。

葭村吟草　集部别集类　佚

西园吟草　集部别集类　佚

迎翠楼吟草　集部别集类　佚

杏花村吟草　集部别集类　佚

以上4种见《吴县志·艺文考四》。

按：《贞丰诗萃》卷4收其诗9首。

韩清桂

清元和人。监生。同治十三年(1874)，任铜梁知县。

(光绪)铜梁县志16卷首1卷　史部地理类

清韩清桂、邵坤修　铜梁陈昌等纂

(1) 清光绪元年(1875)刻本，上海图书馆藏。

(2)《中国地方志集成》本。

浦毓慈

字莲航。清吴县人。府学生。咸丰九年(1859)举人。

莲航诗钞　集部别集类　佚

见《吴县志·艺文考二》。

袁兰升

字青士。清元和人,世居尹山。诸生。尝作《高士赞》19 首以自况。吴江费宫詹督学河南,延聘兰升襄校。所过名山大川,皆有歌咏。

双藤花馆识小录　子部杂学类

见《袁氏世范》。

西山游记 1 卷　集部别集类

清贝省三抄本,苏州图书馆藏。

铜井山房诗类稿 2 卷　集部别集类

清光绪二十一年(1895)刻本,南京图书馆藏。

铜井山房诗诗稿 1 卷　集部别集类

稿本,南京图书馆藏。

农庆堂诗稿 1 卷　集部别集类

清抄本,苏州大学图书馆藏。

游梁草　集部别集类　佚

见《袁氏世范》,云待镌。

童锡宽

字栗仲。清长洲人。

栗仲遗诗 1 卷　集部别集类　佚

见《吴县志·艺文考三》。

程龙光

号杏楼。清长洲人。工画。同治元年(1862)任温岭知县。

和朱竹垞太史鸳鸯湖棹歌一百首用原韵　集部别集类

清同治十二年紫薇馆刻本,复旦大学图书馆藏。

湖山策马图题咏　集部总集类

清同治六年刻本,上海图书馆藏。

钱家吉(1831—1858)

字辛伯,号辛生,又自号寄生。清吴县人。辰子,国祥兄。

寄生吟草 1 卷　集部别集类

清光绪八年(1882)南钱草堂刻本,苏州图书馆藏。

按:此集附刻于钱辰《龠翁诗钞》后。

袁启潮(1831—1861)

字莘生,号子辛。清吴县人。继祖子。例贡生。处约劬学,尤精音律。咸丰间,弃帖括,专精绘事,花鸟人物无不活色生香,踵门求者应接不暇。

修竹山房笔记　子部杂学类　佚

见《吴门袁氏家谱》卷 6。

蒋廷桂(1831—1892)

字步诜,号梅生、嵋僧。清吴县人。如沂三子。同治九年(1859)举人。光绪十三年(1887)任石城知县。

(光绪)石城县志 9 卷首 1 卷末 1 卷　史部地理类

清蒋廷桂主修　吴川陈兰彬总纂

(1) 清光绪十八年石城县署刻本,上海图书馆藏。

(2)《中国地方志集成》本。

吴中彦(1831—?)

字轶群，号晓沧。清吴县人。官广平府知府。

(光绪)重修广平府志63卷首1卷　史部地理类

清吴中彦修　胡景桂等纂

(1) 清光绪二十年(1894)刻本，上海图书馆藏。

(2)《中国地方志集成》本。

退思斋诗集6卷杂著1卷　集部别集类

(1) 清光绪二十一年聊城马镇刻本，南京图书馆藏。

(2)《清代诗文集汇编》本，影印光绪刻本。

按：诗包括《楚游吟》《听鼓吟》《政余吟》各2卷。

刘　炳

字藜芳，晚号无竞子。清吴县人。工诗文，善书，得汉《曹全碑》笔意。诗随作随弃。

吴中胜迹诗50首　集部别集类　佚

见《吴县志·杂记二》。

姚印诠

号惕斋，一号月川散人。清长洲人。

昭代群真录　史部传记类　佚

昭代经史义解　子部杂学类　佚

降心录　子部杂学类　佚

以上3种见《吴县志·艺文考三》。

增注知愧庐尺牍16卷　集部别集类

清管斯骏撰　姚印诠注　王廷学校

(1)《申报馆丛书》本。

(2) 清光绪十四年(1888)简玉山房套印本，中国人民大学图书馆藏。

三百六十行必要尺牍19卷对联1卷通商章程善后条约1卷　集部别集类

清管斯骏撰　姚印诠注　王廷学校

(1) 清光绪二十年崇文书局石印本,无锡市图书馆藏。

(2) 清光绪二十一年上海点石斋记石印本,平湖市图书馆藏。

孙　周

字则庄。清元和人。布衣。幼业申韩学,好吟咏,从诗僧觉阿受业,得其传。晚年不遇,以课蒙终。

大瓠堂诗录8卷　集部别集类

(1)《观自得斋丛书》本。

(2)《清代诗文集汇编》本,影印《观自得斋丛书》本。

大瓠堂诗录不分卷　集部别集类

叶廷琯《劫余所见诗录》本,苏州图书馆藏。

屠嘉瑞

字灿芝。清吴县人。

蕉绿龛吟草1卷　集部别集类　佚

见《吴县志·艺文考二》。

吴本翰(?—1860)

字平友,号少山。清吴县人。诸生。才思敏捷,工诗。咸丰十年(1860)苏城陷,赴水死。所著散佚。

墨林吟草　集部别集类　佚

见《吴县志·艺文考二》。

许虎炳

号息嵎。清元和甫里人。

蓼庵诗文杂稿 1 卷　集部别集类　佚

见《吴县志·艺文考四》。

自娱堂诗集　集部别集类　佚

见光绪《甫里志·著述》。

吴重熙

字莲敷，一作廉夫。清吴县人。金梁子，荫培从父。庠生。同治时，避警孑身沪上，日与叶调生、刘翠峰往来吟咏。后游幕山西 10 余年，归里旋卒。

藕舫焚余诗草 1 卷词草 1 卷文草 1 卷　集部别集类

清光绪二十六年(1900)吴荫培刻本，上海图书馆藏。

麻鞋草 1 卷　集部别集类

稿本，见《中国书店三十年所收善本书目》，不详藏处。

周华清(1832—1887)

原名信华，字藻如，号咏春。清吴县木渎人。浙江龙游县湖镇巡检。

芗草轩诗集　集部别集类　佚

见《木渎周氏家谱》。

吴宝恕(1832—1890)

字子实、翰文、桂诜，号絜斋。清吴县人。廷琛孙，思树子。同治元年(1862)顺天中式举人，七年进士。官编修，典陕甘、广东乡试，旋授侍读学士，督学广东。按治豪门子弟科场作弊，如律不阿，士林悦服，权贵嫉忌，被劾降级。归里后，于苏城胥门外建牛庙，收养老病耕牛。年 59 卒于家。

佩文诗韵释要 5 卷辨证补遗 1 卷　经部小学类

清周兆基辑　吴宝恕录

清光绪三年(1877)粤东使署刻本,苏州大学图书馆藏。

陕西乡试题名录　史部传记类

清吴宝恕等编

清同治刻本,南京图书馆藏。

吴宝恕会试朱卷　集部别集类

清刻本,南京图书馆藏。

絜斋老人遗稿不分卷　集部别集类

(1) 1919年铅印本,北京大学图书馆藏。

(2) 1924年铅印本,南京图书馆藏。

(3) 民国吴钧溥抄本,苏州图书馆藏。

谢　庸(1832—1900)

号梅石。清吴县人。杨澥弟子。工篆刻,尤擅刻碑,号吴中第一。

谢梅石印存1卷　子部艺术类

清钤印本,上海图书馆藏。

梅石庵印鉴1卷　子部艺术类

清钤印本,西泠印社藏。

梅石临百二古铜印谱　子部艺术类

清钤印本,哈尔滨图书馆藏。

王朝俊(1832—1901)

原名文澧,字兰伯,号寿泉,又号吟春。清吴县人。光绪二年(1876)进士。官颍上知县,有惠政,民爱之。后主讲安庆凤鸣书院。

太原王氏皋桥支谱不分卷　史部传记类

清光绪二十四年木活字印本,上海图书馆藏。

王鸿谟(1832—1902)

原名士英,字静远,号潜卿。清吴县东山人。嘉仲子。长洲县庠生。事亲孝，与人信。应童子试，以理学受知于宗师。咸丰庚申(1860)，被太平军俘至溧阳，脱归。嗣后侨居沪上，襄汪廷柟办饷捐。同治四年(1865)，委治运河镇江段。晚年办吴郡机捐，机户多饥寒，请大吏发粟平粜以济之，机民德之。

江阴图经　史部地理类　佚

见《莫厘王氏家谱》卷15。

郑言绍(1832—1908)

字德闻，号季雅。清吴县东山人。栋玄孙，长昕子。少遭丧乱，刻苦励学。光绪六年(1880)进士。以知县分河南，奉勘彰府灾赈。署新蔡，以工代施修河堤，悉允当。旋知祥符、永城、安阳诸县，听断明察。改浙江候补知府，管榷兰溪。后归不出。二十四年，仿新政办养正学堂，旋改五湖两等小学，咸主其事。晚年著述不倦。

禹贡图注汇纂1卷　经部尚书类

清光绪二十一年刻本，苏州图书馆藏。

七十纪年册1编　史部传记类

见《乡志类稿·艺文》。

吴县武山郑氏家谱不分卷　史部传记类

清抄本，上海图书馆藏。

太湖备考续编4卷　史部地理类

清光绪二十九年憩园刻本，苏州图书馆藏。

按:《太湖备考》，金友理撰，经太平天国战事后，原本已难觅。光绪二十九年春，郑言绍访知旧版所在，告太湖同知程良驭，良驭索回，缺八十余页，命工锓补之，重加校印，以成完璧。言绍又虞时事迭更，续纂无人，遂勤加搜辑，成续编四卷。

拜庚随笔2卷　子部杂学类　佚

见《吴县志·艺文考二》。

慎余录2卷　子部杂学类

清光绪十五年刻本，苏州图书馆藏。

憩园制艺存1卷　集部别集类　佚

见《乡志类稿·艺文》。

蒋廷皋(1832—?)

原名清襄，字采臣。清元和人。锡宝长子。永定河南河同知，汛中抢险受伤卒，恤赠太仆寺卿。

永定河续志16卷首1卷　史部地理类

清朱其诏修　蒋廷皋纂

(1) 清光绪八年(1882)重刻本，南京图书馆藏。

(2)《中国地方志集成》本。

荒政便览2卷　史部政书类

清光绪九年李氏刻本，南京图书馆藏。

詅痴集4卷　集部别集类

(1) 清同治十三年(1874)刻本，3卷，国家图书馆藏。

(2) 清光绪九年刻本，苏州图书馆藏。

蒋兆棠(1832—?)

字企奭，号芸生，一号云笙、波云词客。清元和人。如沂四子。庠生，选县学训导。

波云吟舫诗文稿　集部别集类　佚

见《吴县志·艺文考二》。

吴昆田

生平不详。清吴县人。

存素堂诗　集部别集类　佚

见《吴县志·艺文考二》。

徐同人

字蘋乡。清吴县光福人。诸生。文名籍甚，而道貌粹然，绝不以齿德自多。

淳古堂诗钞　集部别集类　佚

见《光福志补编》本传。

秦　云(1833—1890)

字肤雨，号西脊山人。清长洲人。诸生。工诗词，诗得宋人神韵。善书，学褚河南。与汪芑、朱堉友善。

十国宫词 1 卷　史部史评类

《香艳丛书》本。

百衲琴 1 卷　子部艺术类

清秦云、秦敏树撰

(1)《江阴季氏丛刊》本。

(2)《缪萱室小品》本。

(3)《古今文艺丛刊》本，2 卷。

(4) 清光绪十二年(1886)管可寿斋刻本，2 卷，上海图书馆藏。

富山楼诗钞 1 卷　集部别集类

《吴中三山人诗略》本，苏州图书馆藏。

伏鸾堂诗剩 4 卷　集部别集类

清光绪四年刻本，苏州图书馆藏。

西脊山人诗稿　集部别集类

见《海上墨林》。

裁云阁词钞 6 卷附曲 1 卷词余 1 卷　集部词曲类

清同治七年(1868)至光绪四年刻本，南京图书馆藏。

按：词钞不断续刻而成，故有 4 卷、5 卷、6 卷本之别。词余即《花间剩谱》。

花间剩谱 1 卷　集部词曲类

《饮虹簃校刻清人散曲》本。

按:《全清词钞》卷 26 收其词 3 首。

吴大根(1833—1899)

字培卿,号澹人。清吴县人。立纲子,大澂兄。咸丰元年(1851)吴县附生,后捐监生,选用县丞。以弟大澂赐封荣禄大夫二品顶戴三品卿衔,河南河北兵备道。

吴氏家乘 10 卷　史部传记类

清吴大根、吴大渥纂修

清光绪七年(1881)刻本,苏州图书馆藏。

长吴元丰备义仓全案续编 6 卷首 1 卷末 1 卷　史部政书类

清吴大根辑

(1) 清光绪二十四年至光绪二十五年刻本,苏州图书馆藏。

(2)《中国荒政全书》本。

(3) 2015 年凤凰出版社出版《江苏近现代社会救济与慈善文献丛刊》本。

(4) 台湾文听阁图书有限公司出版《晚清四部丛刊》本。

按:道光间,陶澍、林则徐二人始议创办苏州丰备义仓,咸丰十年兵燹后,旧仓全毁,邑人潘遵祁复兴之,改为官绅会办。新定章程、细目刻成《义仓全案》十卷。光绪四年起,义仓由吴大根接替主持。光绪二十四年,吴大根以精力衰退提出辞呈,并把此间二十一年长吴元三县义仓的一切制度章程,积谷收租情况以及相关开支细目汇刻成此书。

澹人自怡草 1 卷　集部别集类

(1) 1944 年吴湖帆梅景书屋铅印本,苏州图书馆藏。

(2)《续修四库全书》本,影印 1944 年铅印本。

按:此集后与吴大澂《窸斋诗存》合刻。

冯芳缉(1833—?)

字熙孙,号申之,一号稺林。清吴县人。桂芬长子。同治七年(1868)进士。官刑部郎中、监察御史、记名海关道,以廉平著。桂芬修《苏州府志》未竟而殁,芳缉与同人足成刊行之。

冯申之先生日记不分卷　史部传记类

稿本,咸丰七年(1857)、十一年,上海图书馆藏。

冯芳缉日记不分卷　史部传记类

稿本,光绪三年(1877)至四年、十年正月至闰五月,上海社会科学院图书馆藏。

增订传家格言 2 卷图 1 卷　子部儒学类

清陈研楼原辑　冯芳缉重编

清光绪九年存疚堂铅印本,上海图书馆藏。

梵隐堂诗存 10 卷　子部儒学类

清释祖观撰　冯芳缉校

稿本,上海图书馆藏。

吴韶生(1833—?)

字箫成,号子和。清吴县人。宝恕弟。增贡生。江宁府训导。

冷斋汇集 4 卷附寿序杂说　集部别集类

清宣统元年(1909)铅印本,上海图书馆藏。

按:包括《遣愁集》1 卷、《冷吟集》1 卷、《痴人梦语纪事百首》1 卷、《词稿》1 卷。

陆行贞(1833—?)

字怀莫,号琬卿。清吴县人。

陆氏世谱不分卷　史部传记类

清陆行贞等纂修

清同治十二年(1873)三听堂刻本,美国国会图书馆藏。

韩嘉会

字心庵。清长洲人。候选府经历。云骏祖父。

说论集注 20 卷　子部儒学类　佚

见《清代硃卷集成》"韩云骏"条。

汪　熙

字慧生。清吴县人。咸丰八年(1858)举人。官内阁中书。

縨簃诗草　集部别集类　佚

见《吴县志·杂考二》。

潘绍荃(1834—1878)

字揆中,号兰俦。清长洲人。

按:另有咸丰九年(1659)举人潘绍铨,官开化知县,乃其族人,非一人。

种松居诗钞偶存 1 卷　集部别集类

见《吴县志·艺文考四》。

潘康保(1834—1881)

原名贵生,字良士,号秋谷。清吴县人。遵祁次子。咸丰九年(1859)恩科并补行咸丰五年举人。同治元年(1862)考取咸安官教习,次年考取国子监学正学录,湖北候补知县,先后知嘉鱼、钟祥、麻城等县。历充同治庚午科、癸酉科、光绪丙子科湖北乡试同考官。回避改浙江,署诸暨县知县,补用知府。

迦兰陀室诗钞 1 卷　集部别集类

《陟冈楼丛刊》甲集本。

顾　承(1834—1882)

初名廷烈，字承之，后改今名，字骏叔，号乐泉。清元和人。文彬子。翰林院待诏。

古泉略释 6 卷　史部金石类

清顾承藏　金嘉穗释

(1) 稿本，苏州图书馆藏。

(2) 稿本，浙江图书馆藏。

画余庵古泉谱 4 卷　史部金石类

清拓本，清顾大昌、俞樾、蒋德馨跋，苏州图书馆藏。

借碧簃集印 1 卷　子部艺术类

清钤印本，南京图书馆藏。

过云楼丛帖　子部艺术类

见《吴县志·艺文考四》。

过云楼书画记　子部艺术类

清顾文彬撰　顾承编

见“顾文彬”条。

楚游寓目编 2 卷附 1 卷　子部艺术类

清抄本，苏州图书馆藏。

顾承手录前贤题画语 1 卷　子部艺术类

稿本，苏州图书馆藏。

坡仙琴馆随笔 5 编　子部杂学类

稿本，南京图书馆藏。

按：亦见顾文彬《哭三子承诗》。

彭翰孙(1834—1886)

字馥森，号南屏。清长洲人。附贡生。历署东莞、龙门知县，嘉应直隶州知州，广州、惠州知府。光绪间保荐入部，卒于京邸。

良方便检不分卷　子部医家类

清光绪五年(1879)羊城郡斋刻本,苏州大学图书馆藏。

师矩斋诗录3卷　集部别集类

(1) 清光绪十七年活字印本,附吴清蕙《写韵楼吟草》1卷,吴毓荪《意兰吟賸》1卷,苏州图书馆藏。

(2) 稿本,南京图书馆藏。

(3)《清代诗文集汇编》本,影印光绪十七年活字印本。

吴清蕙(1834—1885)

字佩湘,号建之。清吴县人。礼部左侍郎钟骏女,彭翰孙妻。幼禀夙慧,涉猎文史,喜吟咏,兼善楷法。庚申战乱中,仓皇出走,徙江北,复还上海。

写韵楼诗草1卷词草1卷　集部别集类

清光绪十七年(1891)活字印本,苏州图书馆藏。

按:此集附彭翰孙《师矩斋诗录》后。《全清词钞》收其词1首。

张是彝(1834—1889)

字秉之,号潮生,又号韶笙。清长洲人。世棠长子。同治十二年(1873)举人,光绪六年(1880)进士。官正定县知县,调补平乡县知县。

虹桥张氏家谱　史部传记类

清张是彝、张是保编

见《吴县志·艺文考八》。

甲申小阳贲饷天雄途存1卷　集部别集类

《心太平室集》附录本。

柳商贤(1834—1900)

字质卿,号蘧庵。清元和县横金人。师从冯桂芬。同治九年(1870)举于乡。首议筑太湖石塘及分纂府志。晚官浙江宁海县,购桑秧以兴蚕业，围沙滩给贫民耕种，并创建清节堂、育婴堂、忠义孝悌及贞孝节烈祠。奖励文学，立藏书楼于缑城书院。归居木渎遂初园，未几卒。宁海士绅请祀名宦祠。

横金志18卷首1卷　史部地理类

清柳商贤、柳尊贤纂　沈以邠、金兰同纂

(1) 稿本，苏州博物馆藏。

(2) 抄本，20卷，苏州博物馆藏。

(3) 1933年沈三益堂铅印本，上海图书馆藏。

(4) 民国孔陟岵续补稿本，浙江大学图书馆藏。

(5) 1992年江苏古籍出版社影印苏州博物馆藏抄本，附民国孔陟岵续补1卷。

(6)《中国地方志集成》本。

按：《吴县志・艺文考四》作24卷。第宅园林1卷原阙未撰。

蘧庵诗钞11卷蘧庵文钞不分卷　集部别集类

清光绪十五年(1889)闲存小舍刻本，南京图书馆藏。

蘧庵诗钞不分卷　集部别集类

抄本，南京图书馆藏。

万履占(1834—?)

字兆元，号梅峰。清吴县东山人。在沪开办恒兴祥商号，经营纱布，遂成巨富，后又开设多家钱庄。子祥铎，继其业。

洞庭东山万氏宗谱10卷首1卷后1卷　史部传记类

清同治十年(1871)霭吉堂刻本，国家图书馆藏。

盛朝彦(1834—?)

谱名国椿，字士美，一字耆卿，号稚秋、迟翁。清吴县人。钰玄孙。幼业儒，性孝友，仗义疏财，有大志。尤喜吟咏。

拙娱轩吟钞5卷　集部别集类

稿本，苏州图书馆藏。

抽娱轩诗钞 2 卷　集部别集类

清宣统元年(1909)奉天太古山房刻本，上海图书馆藏。

钮惟善

清吴县人。树玉孙。

说文解字校录 15 卷　经部小学类

清光绪四年(1878)钮惟善抄本，南京师范大学图书馆藏。

启蒙法律　史部政书类

抄本，见《乡志类稿·艺文》。

金嘉穗

原名守正，字子则，又字郊怀，号病鹤，又号芷衫。清长洲人。诸生。后往日本。工书法、篆刻。

洪氏泉志校误 4 卷　史部金石类

《观自得斋丛书》本。

古泉略释 6 卷　史部金石类

清顾承藏　金嘉穗释

见“顾承”条。

秋灯迟梦词　集部词曲类　佚

见《吴县志·艺文考三》。

按:《全清词钞》卷 29 收其词 1 首。

席世能

字且愚。清吴县东山人。业商。

醒世日记 2 卷　史部传记类

清光绪二十二年(1896)洞庭席氏刻本，国家图书馆藏。

沈以郊

字守愚。清吴县木渎横金人。荫桦从子。

横金志18卷首1卷　史部地理类

清柳商贤、柳尊贤纂　沈以郊、金兰同纂

见“柳商贤”条。

日余随笔　子部杂学类　佚

尺五堂诗集　集部别集类　佚

以上2种见《吴县志·艺文考二》。

带五庐诗钞　集部别集类　佚

见《木渎诗存》卷8。

吴　茝(1835—1874)

字珮纕，一字纫之。清吴县人。汪凤九妻，内阁中书汪钟霖母。年22出嫁，七月而寡。同治十二年(1873)舅殁，成疾，越载卒。以苦节旌表，入祀节孝。生平耽翰墨，工吟咏。

佩秋阁诗稿2卷词稿1卷骈文稿1卷　集部别集类

(1) 清光绪元年(1875)刻本，南京师范大学图书馆藏。

(2) 清光绪十四年增刻本，国家图书馆藏。

(3) 清光绪十四年增刻1922年印本，国家图书馆藏。

佩秋阁词1卷　集部词曲类

《小檀栾室汇刻闺秀词》本。

按:《全清词钞》卷34收其词3首。

何秀倬(1835—1890)

字焕文，号云卿。清吴县人。

庐江何氏家谱不分卷　史部政书类

清光绪示志堂稿本，中国社会科学院图书馆藏。

吴大澂(1835—1902)

原名大淳,字清卿,一字止敬,号恒轩,别号白云山樵、愙斋、白云病叟等。清吴县人。同治七年(1868)进士。授翰林院编修。十二年,官陕甘学政。光绪四年(1878),改授河北道,升都察院副都御使。十一年,代表中方与沙俄签订《珲春界约》。后历广东巡抚、河道总督、湖南巡抚。中日甲午之战,兵败革职,永不叙用。喜收藏金石,精鉴别考证。善画山水,书法遒丽。尤工篆书,又善治印。

篆文论语2卷　经部四书类

(1) 清光绪十一年上海同文书局石印本,上海图书馆藏。

(2) 民国苏州振新书社影印本,上海图书馆藏。

(3) 民国东方书局影印本,上海图书馆藏。

篆文孝经1卷　经部孝经类

(1) 清光绪十一年同文书局石印本,上海图书馆藏。

(2) 民国苏州振新书社影印本,上海图书馆藏。

(3) 1926年碧梧山庄石印本,上海图书馆藏。

(4) 1939年扫叶山房石印本,上海图书馆藏。

说文古籀补14卷补遗1卷附录1卷　经部小学类

(1) 清光绪七年刻本,上海图书馆藏。

(2) 清光绪十二年点石斋石印本,上海图书馆藏。

(3) 清光绪二十四年长沙重刻本,上海图书馆藏。

(4) 民国苏州振新书社石印本,苏州图书馆藏。

(5) 民国扫叶山房石印本,上海图书馆藏。

(6) 民国田潜增订稿本,国家图书馆藏。

(7)《续修四库全书》本,影印光绪七年刻本。

吴愙斋篆书说文部首1卷　经部小学类

(1) 民国振新书局影印本,上海图书馆藏。

(2) 民国商务印书馆影印本,题《说文解字建首》,上海图书馆藏。

说文广义　经部小学类

稿本，见《吴县志·艺文考二》，云“未竟”。

字说不分卷　经部小学类

(1) 清光绪十九年思贤讲舍重刻本，上海图书馆藏。

(2) 民国苏州振新书社影印本，上海图书馆藏。

石鼓文 1 卷　经部小学类

清吴大澂摹

(1) 1928 年扫叶山房石印本，上海图书馆藏。

(2) 1925 年京华印书局石印本，上海图书馆藏。

(3) 1925 年上虞罗氏影印本，国家图书馆藏。

小学纂注 4 卷　经部小学类

清彭定求撰　吴大澂抄

清抄本，上海图书馆藏。

洪母潘夫人墓志铭 1 卷　史部传记类

稿本，上海图书馆藏。

愙斋自订年谱 1 卷　史部传记类

(1) 清潘省安抄本，上海图书馆藏。

(2)《青鹤》杂志本，卷 1、卷 2 连载。

辛酉日记 1 卷　史部传记类

(1) 稿本，咸丰十一年(1861)辛酉，上海图书馆藏。

(2) 2017 年国家图书馆出版社出版《上海图书馆藏稿钞本日记丛刊》本。

恒轩日记不分卷　史部传记类

稿本，自同治六年七月至九年五月、七月至八月，上海图书馆藏。

奉使吉林日记 1 卷　史部传记类

稿本，自光绪六年四月至十二月，南京图书馆藏。

北征日记 1 卷　史部传记类

(1) 稿本，光绪八年至九年，上海图书馆藏。

(2) 2017年国家图书馆出版社出版《上海图书馆藏稿钞本日记丛刊》本。

皇华纪程1卷　史部政书类

(1)《殷礼在斯堂丛书》本。

(2) 1940年张厚琬铅印本,上海图书馆藏。

按:原稿藏秀水王大成处。

吉林勘界记1卷　史部政书类

《小方壶斋舆地丛钞》本。

中俄边界铜柱铭1卷　史部政书类

1920年苏州振新书社影印本,南京图书馆藏。

吴清卿中丞电稿附信稿不分卷　史部政书类

稿本,上海图书馆藏。

吴愙斋公函不分卷　史部政书类

吴愙斋奏摺不分卷　史部政书类

吴愙斋光绪甲午中日战事电报手稿不分卷　史部政书类

以上3种稿本,上海博物馆藏。

愙斋抚湘奏稿不分卷　史部政书类

吴愙斋奏稿不分卷　史部政书类

以上2种稿本,上海图书馆藏。

愙斋奏议　史部政书类

清孙翼燕辑补

见《吴县志·艺文考二》,先成目1卷。

愙斋电稿　史部政书类

清许同莘辑

见《吴县志·艺文考二》,云藏费树蔚家。

吴愙斋抚湘书牍稿　史部政书类

清抄本,国家图书馆藏。

湖南巡抚吴大澂手谕各厅州县书1卷附手谕各属举贡监书　史部政书类

清光绪十八年刻本,上海图书馆藏。

攀古楼藏器目不分卷　史部金石类

清潘祖荫藏　吴大澂辑

稿本,重庆市图书馆藏。

古玉图考1卷　史部金石类

(1) 清光绪十五年吴氏刻本,上海图书馆藏。

(2) 清光绪十五年上海同文书局影印本,苏州图书馆藏。

(3)《续修四库全书》本,影印同文书局本。

愙斋集古录26卷释文賸稿2卷　史部金石类

(1) 1918年涵芬楼石印本,上海图书馆藏。

(2) 稿本,12卷,上海图书馆藏。

(3) 稿本,不分卷,上海图书馆藏。

(4)《续修四库全书》本,影印涵芬楼本。

愙斋集古录敦文考释1卷爵文考释1卷　史部金石类

稿本,上海图书馆藏。

石门访碑记1卷　史部金石类

稿本,国家图书馆藏。

两罍轩校汉碑录6卷　史部金石类

清吴云撰　吴大澂校订

稿本,国家图书馆藏。

恒轩所见吉金录不分卷　史部金石类

(1) 清光绪十一年刻本,苏州图书馆藏。

(2) 1919年西泠印社石印本,国家图书馆藏。

毛公鼎释文(一作周诰遗文)1卷　史部金石类

清光绪十三年上海同文书局石印本,上海图书馆藏。

蜀中古刻补编1卷古陶稽证录1卷唐善业泥造像拓本题咏1卷　史部金石类

愙斋金石砖瓦跋1卷恒轩诗存1卷　史部金石类

以上2种稿本,上海图书馆藏。

愙斋砖瓦录不分卷　史部金石类

民国西泠印社石印本,上海图书馆藏。

簠斋藏五印　史部金石类

清吴大澂辑

民国国光社影印本,上海图书馆藏。

吴清卿摹彝器款识真迹　史部金石类

民国中华书局《名人真迹》本,上海图书馆藏。

愙斋公手书金石书画草目1卷　史部金石类

稿本,上海图书馆藏。

愙斋杂录7种不分卷　史部金石类

稿本,上海图书馆藏。

按:包括《百宋陶斋藏匋目》《古玉图考目》《集古器寿字》《李山农藏器目》《古陶文字目》《集古录目》《清相国治录》。

吴愙斋手书金石目录3种3卷　史部金石类

稿本,吴湖帆题识,上海博物馆藏。

按:包括《师籀堂金文目》《海丰吴氏藏瓦目》《愙斋所藏古刻目》各1卷。

权衡度量实验考1卷　史部金石类

(1) 清光绪二十年长沙节署刻本,南京图书馆藏。

(2)《永慕园丛书》本。

(3) 1915年上虞罗氏校勘本,天一阁藏。

愙斋藏器目1卷　史部金石类

(1) 稿本,南京图书馆、国家图书馆藏。

(2)《灵鹣阁丛书》本。

(3)《丛书集成初编》本。

古器考目1卷　史部金石类

稿本,国家图书馆藏。

论古杂识1卷　史部金石类

(1)《吴中文献小丛书》本。

(2) 稿本,上海图书馆藏。

三代古陶文字释4卷　史部金石类

稿本,南京博物院藏。

按:《吴县志·艺文考二》言此书“未竟”。

簠斋古陶文字考释不分卷　史部金石类

稿本,国家图书馆藏。

沙南侯获刻石释文1卷　史部金石类

清吴大澂、张之洞、王懿荣合释

清同治十二年潘氏滂熹斋刻本,国家图书馆藏。

百二长生馆藏瓦目1卷　史部金石类

抄本,清陈介祺批注,国家图书馆藏。

吴清卿学使读古陶文记1卷金文考1卷　史部金石类

(1) 稿本,国家图书馆藏。

(2) 1938年商务印书馆影印本,上海图书馆藏。

续百家姓印谱考略1卷　史部金石类

《殷礼在斯堂丛书》本。

续百家姓印谱1卷　史部金石类

《舂古丛编》本。

周秦两汉名人印考1卷　史部金石类

(1) 民国上虞罗氏影印本,上海图书馆藏。

(2) 清光绪二十年石印本,南京图书馆藏。

(3) 稿本,上海图书馆藏。

窸斋所藏封泥目1卷　史部金石类

吴氏十二金符斋抄本,清陈介祺校并跋,国家图书馆藏。

窸斋所藏封泥考识　史部金石类

稿本,见《吴县志·艺文考二》,云藏赵叔孺家。

十二金符斋印存不分卷附藏符1卷汉人名印考1卷　史部金石类

清光绪七年钤印本，上海博物馆藏。

十六金符斋印存不分卷　史部金石类

(1) 清光绪十四年钤印本，吴大澂跋，上海图书馆藏。

(2) 清光绪钤印本，河北省博物馆、苏州图书馆、南京图书馆藏。

(3) 清宣统元年(1909)西泠印社钤印本，南京图书馆、浙江图书馆藏。

千鉨斋古鉨选不分卷　史部金石类

清陈介祺藏　吴大澂辑

清光绪元年钤印本，上海博物院藏。

簠斋藏玉印1卷　史部金石类

清陈介祺藏　吴大澂辑

民国神州国光社影印本，国家图书馆藏。

古鉨印文传不分卷　史部金石类

清吴大澂原辑　陈佩纲摹刻

民国钤印本，上海图书馆藏。

吴愙斋所藏历代玉印章　史部金石类

清钤印本，南京图书馆藏。

吴愙斋所藏秦汉瓦当　史部金石类

清拓本，北京大学图书馆藏。

吴愙斋所得吉金　史部金石类

清拓本，北京大学图书馆藏。

吴愙斋古金石砖瓦文字集　史部金石类

拓本，中国人民大学图书馆藏。

吴愙斋瓦当文　史部金石类

潘氏拓本，苏州大学图书馆藏。

愙斋题跋　史部金石类

稿本，见《吴县志·艺文考二》，云家藏。

两罍轩校汉碑录6卷　史部金石类

清吴云撰　清吴大澂校订

稿本,清吴大澂、俞樾跋,张之洞、叶昌炽题记,国家图书馆藏。

陆桴亭先生志学录节钞不分卷　子部儒学类

清吴大澂辑

清同治八年吴氏辑抄本,上海图书馆藏。

枪法准绳1卷　子部兵书类

(1) 清光绪十年湖北抚署刻本,上海图书馆藏。

(2) 清光绪二十年宁绍台道重刻本,临海市图书馆藏。

按:此书旧志著录,无撰者姓名,前有吴大澂叙,云"示以《准绳》,俾知练习精益求精",疑书非吴氏自著。

愙斋自省录不分卷　子部儒学类

(1) 稿本,上海图书馆藏。

(2)《续修四库全书》本,影印稿本。

辨党论　子部儒学类

《殷鉴论》本,北京大学图书馆藏。

弟子箴言16卷　子部儒学类

清胡达源撰　吴大澂评

(1) 清道光十五年(1835)闻妙香刻本,吴大澂手批,湖南省图书馆藏。

(2) 清光绪二十一年湖南粮储道署刻本,湖南省图书馆藏。

吴大澂衡岳纪游图　子部艺术类

民国天绘阁影印本,上海图书馆藏。

吴愙斋仿古山水册　子部艺术类

民国天绘阁影印本,南京图书馆藏。

愙斋临黄小松司马嵩洛访碑二十四图　子部艺术类

民国有正书局影印本,上海图书馆藏。

愙斋临沈石田张公洞卷　子部艺术类

民国影印本，浙江图书馆藏。

吴清卿中丞赵撝叔大令墨剩合璧　子部艺术类

清末影印本，国家图书馆藏。

吴愙斋篆书周真人庙碑　子部艺术类

民国苏州振新书社影印本，浙江图书馆藏。

吴大澂隶书三关口凿道记　子部艺术类

吴大澂撰并书

1921年苏州振新书社影印本，浙江图书馆藏。

吴大澂篆书陶公庙碑　子部艺术类

1920年苏州振新书社影印本，浙江图书馆藏。

汉郭泰碑　子部艺术类

民国艺苑真赏社影印本，国家图书馆藏。

吴大澂篆书李公庙碑　子部艺术类

民国苏州振新书社影印本，华东师范大学图书馆藏。

吴愙斋篆书夏小正　子部艺术类

民国影印本，浙江图书馆藏。

吴愙斋先生篆书白鹤泉铭1卷　子部艺术类

民国苏州振新书社影印本，浙江图书馆藏。

吴愙斋楷书李仙女庙碑　子部艺术类

清吴大澂撰并书

1921年苏州振新书社印本，国家图书馆藏。

吴大澂字册　子部艺术类

吴大澂墨迹　子部艺术类

以上2种稿本，苏州图书馆藏。

金台书院试卷　集部别集类

稿本，上海图书馆藏。

愙斋先生诗钞　集部别集类

清光绪十三年二则堂石印本，上海图书馆藏。

窸斋诗存 9 卷　集部别集类

(1) 1944 年吴县吴氏梅景书屋活字印本，苏州图书馆藏。

(2)《清代诗文集汇编》本，影印 1944 年活字印本。

按：此集与《澹人自怡草》合刻。

谒胡文忠公祠诗　集部别集类

拓本，复旦大学图书馆藏。

吴大澂书札　集部别集类

稿本，国家图书馆、北京大学图书馆藏。

吴大澂手札　集部别集类

稿本，中国国家博物馆藏。

吴清卿尺牍 1 卷　集部别集类

(1) 稿本，上海图书馆藏。

(2) 民国商务印书馆影印本，上海图书馆藏。

按：商务印书馆 1919 年、1922 年、1938 年等多次影印。

窸斋公遗稿不分卷　集部别集类

窸斋文稿 1 卷　集部别集类

以上 2 种稿本，上海图书馆藏。文稿另有《清代诗文集汇编》影印本。

吴大澂稿 4 页　集部别集类

稿本，南京图书馆藏。

吴大澂书信四种　集部别集类

2016 年凤凰出版社《中国近现代稀见史料丛刊》(第三辑)本。

按：收录吴大澂《吴窸斋大澂尺牍》《吴窸斋尺牍》《吴大澂手札》《近代史所藏吴大澂档》等手札。前三种是吴氏给陈介祺、王懿荣、徐熙的书信与手札，后一种为吴氏在吉林期间给李鸿章、依克唐阿等人的书信。整理本对手札中所涉及的人物、事件、金石术语、名物制度等作有注释。

窸斋诗余　集部词曲类

见《全清词钞》卷27,并收其词1首。

冯应图(1835—?)

又名壮图,字小尹、啸瀛,号瑞生。清吴县人。沛霖孙、卫极子。咸丰战乱,从军五年。年39入吴县学,年43捐训导。读书作诗文、论时事,皆能见其大难,指其利弊。因头痛,为庸医所误,所读书全忘。

尚志堂诗草4卷　集部别集类

清光绪十六年(1890)刻本,上海图书馆藏。

宋兆祺

字佑甫。清吴县人。名医薛公望外孙,幼喜医书,治病之暇,朝夕披览,详加注释。毕长庆得不眠症,诸医束手,兆祺应手而愈。

南病别鉴3卷附节录辨证要略1卷　子部医家类

(1) 清光绪五年(1879)刻本,南京图书馆藏。

(2) 清光绪九年刻本,上海图书馆藏。

(3) 抄本,福建中医药大学图书馆、无锡市图书馆藏。

(4) 1958年上海卫生出版社铅印本。

(5)《三三医书》本。

(6)《中国医学大成》本。

(7)《续修四库全书》本,影印光绪刻本。

按:宋氏以为江南地多卑湿,患热湿者十之八九,乃集叶天士《温症论治》、薛雪《湿热条辨》、薛公望《伤寒古风》三家之言增注校订,于光绪四年付梓,名曰《南病别鉴》。

马氏医案1卷　子部医家类

清马枟撰　宋兆祺辑

清光绪二十二年刻本,云南省图书馆藏。

钱国祥(1835—?)

字乙生,一字南泉,号吴下迂叟。清吴县人。辰次子。贡生,候选训导。授徒自给。汪鸣銮视学陕甘,延往襄校。光绪十七年(1891),总督刘坤一聘为上海制造局兼翻译馆校勘,教习方言馆、画图馆工艺学徒,从事十年,造就甚众。纂述不下数十种,在沪局编校《各国交涉公法论》《交涉便法论》,风行海内外,称为善本。精通医术。

春秋定义不分卷　经部春秋总义类

稿本,上海图书馆藏。

群经解诂　经部群经总义类

字泭说郛　经部小学类

以上2种见民国《吴县志·艺文考二》。

式诂堂经文不分卷　经部群经总义类

稿本,上海图书馆藏。

肄许外篇2卷述许8卷　经部小学类

稿本,上海图书馆藏。

字泭2卷　经部小学类

稿本,上海图书馆藏。

扶桑纪年4卷　史部编年类

(1) 稿本,无锡市图书馆藏。

(2) 稿本,增《日本历代在位年齿表》1卷,上海图书馆藏。

适秦日记　史部传记类

(1) 稿本,清同治九年(1870),上海图书馆藏。

(2) 2017年国家图书馆出版社出版《上海图书馆藏稿钞本日记丛刊》本。

闽游日记　史部传记类

(1) 稿本,清光绪八年至十年,上海图书馆藏。

(2) 2017年国家图书馆出版社出版《上海图书馆藏稿钞本日记丛

刊》本。

东游日记　史部传记类

(1) 稿本,清光绪十年至十一年,上海图书馆藏。

(2) 2017年国家图书馆出版社出版《上海图书馆藏稿钞本日记丛刊》本。

后东游日记　史部传记类

(1) 稿本,清光绪十一年至十四年,上海图书馆藏。

(2) 2017年国家图书馆出版社出版《上海图书馆藏稿钞本日记丛刊》本。

式古堂自订年谱　史部传记类

稿本,中国科学院图书馆藏。

钱国祥日记　史部传记类

(1) 稿本,上海图书馆藏。

(2) 2017年国家图书馆出版社出版《上海图书馆藏稿钞本日记丛刊》本。

按:存清咸丰三年(1877)至四年、咸丰七年、清咸丰十年至十一年、光绪十五年、光绪二十二年至二十三年。

孔子弟子录1卷孟子弟子录1卷　史部传记类

清抄本,上海图书馆藏

苏州府长元吴三邑诸生谱9卷首1卷　史部传记类

钱国祥辑

(1) 清光绪三十一年稿本,苏州图书馆藏。

(2) 清光绪三十二年郡学洒扫所刻本,苏州图书馆藏。

按:苏州长洲、元和、吴县三县旧有青衿录而无刻本,各家抄录亦罕有全者,而苏属外六邑诸生名录皆有刻本,苏郡独无,且苏州经咸丰十年兵燹之后,学册尽失。钱氏远绍旁搜,辑成此书。按年著录顺治二年(1645)至光绪三十一年苏州府属长洲、元和、吴县三县历届诸生名录。

苏州府长元吴三学青衿录不分卷　史部传记类

钱国祥辑

清光绪三十一年抄本，南京图书馆藏。

按：此亦苏州府长元吴三县学册，与《苏州府长元吴三邑诸生谱》相同。据里封所题，此学册共抄录四本。咸丰十年初抄，同治四年再抄，光绪二十六年三抄，光绪三十一年据钱人龙、朱铭绶两本校对四抄。始于顺治二年，终于光绪三十一年。

各国交涉公法论初二三集16卷附校勘记1卷中西纪年1卷　史部政书类

(英)费利摩罗巴德撰　(英)傅兰雅口译　清俞世爵笔述　汪振声校正　钱国祥覆校

(1) 清光绪二十年江南制造局活字印本，苏州图书馆藏。

(2) 清光绪二十二年慎记书庄石印本，苏州图书馆藏。

各国交涉便法论6卷　史部政书类

(英)费利麻罗巴德撰　(英)傅兰雅口译　钱国祥校译

(1) 清光绪江南制造局活字印本，南京图书馆藏。

(2) 清光绪二十四年上海书局石印本，北京大学图书馆藏。

中西纪年1卷附录1卷　史部政书类

清钱国祥编

《富强丛书》本。

海上近闻8集　史部地理类

(1) 清抄本，上海图书馆藏。

(2) 稿本，阙第七集，上海图书馆藏。

(3) 清抄本，6卷，国家图书馆藏。

疗忘录不分卷　子部杂学类

稿本，上海图书馆藏。

经余不分卷　子部杂学类

抄本，上海图书馆藏。

元会运世年卦考　子部历算类

见《清代硃卷集成》“钱宝镕”条。

勾股广演代1卷　子部历算类

稿本，上海图书馆藏。

勾股中西集解1卷　子部历算类

清光绪二十七年稿本，上海图书馆藏。

式诂堂算草不分卷　子部历算类

稿本，上海图书馆藏。

用矩之道1卷　子部历算类

稿本，上海图书馆藏。

筹算易知初编3卷　子部历算类

稿本，上海图书馆藏。

孙子算经筹解　子部历算类

测量算式图解　子部历算类

代数演草　子部历算类

身体解　子部医家类

以上4种见《吴县志·艺文考二》。

按：国祥以为医家当熟谙人体内部构造及功能，乃著《身体解》一书。

药性要略1卷　子部医家类

清宣统二年(1910)抄本，中国中医研究院图书馆藏。

按：国祥以为欲辩证施治必先明药性，乃著是书。

外科肿疡主治类方1卷　子部医家类

稿本，中国科学院图书馆藏。

外科便方5卷　子部医家类

抄本，中国科学院图书馆藏。

按：国祥悯贫病之家，乡僻之人就医购药之难，又多外科症候，乃选录内服汤药及外敷膏丹之简效稳便之方，撰成以上外科2书。

南泉诗集　集部别集类

南泉外集　集部别集类

以上2种见《吴县志·艺文考二》。

南钱文稿不分卷　集部别集类

手稿本，上海图书馆藏。

龠翁诗钞4卷　集部别集类

清钱辰撰

清光绪八年钱国祥南钱草堂刻本，苏州图书馆藏。

式诂堂时文1卷　集部别集类

清光绪十六年刻本，苏州大学图书馆藏。

南游草1卷东游草1卷　集部别集类

清抄本，无锡市图书馆藏。

式诂堂诗稿9卷文稿2卷　集部别集类

稿本，上海图书馆藏。

自鸣集1卷　集部别集类

稿本，上海图书馆藏。

南泉信稿1卷　集部别集类

稿本，上海图书馆藏。

南钱草堂诗集2卷文集2卷　集部别集类

稿本，上海图书馆藏。

乙仲氏诗集5种8卷南钱草堂诗集5种5卷　集部别集类

（1）稿本，清叶廷琯、潘钟瑞、汪芑、刘禧延跋，南京大学图书馆藏。

（2）2017年南京大学出版社影印《南京大学图书馆藏古籍珍本丛刊·稿抄本卷》本。

按：《乙仲氏诗集》5种是《幼学吟草》《弱冠吟草》《庄缶集》《蚊睫居吟草》《剑炊集》。《南钱草堂诗集》5种是《南钱集》《乘桴集》《诗余》《孤篷集》《既壮吟》。

乘桴集1卷　集部别集类

稿本，上海图书馆藏。

兴赏集1卷二集1卷续1卷联句1卷　集部总集类

清钱辰辑　钱国祥注

参见“钱辰”条。

式诂堂杂录不分卷　集部总集类

稿本,上海图书馆藏。

古稀唱和录1卷　集部总集类

清光绪三十年铅印本,上海图书馆藏。

跃龙云窟唱和集不分卷　集部总集类

稿本,上海图书馆藏。

腊八唱和集不分卷曹南佳话1卷　集部总集类

稿本,上海图书馆藏。

闽中唱和集1卷　集部总集类

稿本,上海图书馆藏。

竿山草堂唱和诗　集部总集类

稿本,上海图书馆藏。

山海题襟集　集部总集类

(1) 清式诂堂抄本,国家图书馆藏。

(2) 稿本,上海图书馆藏。

(3)《清代诗文集珍本丛刊》本。

式诂堂词谱证异5卷　集部词曲类

(1) 稿本,南京大学图书馆藏。

(2) 2017年南京大学出版社影印《南京大学图书馆藏古籍珍本丛刊·稿抄本卷》本。

忆南濠词1卷续1卷　集部词曲类

清光绪三十年刻本,南京图书馆藏。

庄定域

字范村。清元和人。监生。任彭水、綦江、丹棱等地知县。

（光绪）彭水县志 4 卷首 1 卷　史部地理类

（1）清光绪元年（1875）刻本，南京图书馆藏。

（2）《中国地方志集成》本。

陈宏裕（1836—1859）

字张浚，号芸山。清吴县人。

陈氏世谱 4 卷　史部传记类

清陈宏裕等纂修

清光绪二十八年（1902）绳德堂木活字印本，国家图书馆藏。

顾绍申（1836—1880）

字辅周，号尹甫。清元和人。绍丙弟。光绪二年（1876）举人。研求经义，辑先儒语，为《易书丛说》；又精研《康熙字典》，为《字典丛释》。为文根底深厚，有先正典型。

易书丛说　经部易类　佚

毛诗陈疏摘要　经部诗经类　佚

字典摘录　经部小学类　佚

字典丛释　经部小学类　佚

以上 4 种见《吴县志·艺文考三》，中间 2 种误作顾绍中撰。

王其康（1836—1890）

字寿承，号子传，一号紫躔、芝廛。清吴县人。翰长子。庠生。咸丰十年（1860）迁居昆山，十一年迁川沙。同治四年（1865）为诸生，后住嘉定。嗜小学、术数，善小篆，擅印章。

王氏世谱 2 卷　史部传记类

明王同祖辑　王在公修　清王其康辑校

1925 年王元增铅印本，苏州图书馆藏。

寿承印存　史部金石类

见《续王氏世谱》卷5本传。

王氏艺文目1卷　史部目录类

《先泽残存》本。

严　潆(1836—1903)

谱名征潆,字瑞常,号芝楣。清吴县人。

荐堇思报图题辞不分卷感蓼废吟图题辞不分卷　集部总集类

清严潆辑

清光绪二十一年(1895)刻本,上海图书馆藏。

程炳蟾(1836—?)

字耀玉,号朗甫。清吴县人。太学生,同知衔。

自怡轩诗钞1卷　集部别集类　佚

见《吴县志·艺文考二》。

马　骝

字子骏,号湘艇、兰绪。清吴县人。嘉桢父。工诗,善画。

伏蜥小草　集部别集类　佚

青城纪游　集部别集类　佚

海滨酬唱集　集部总集类　佚

以上3种见《清代硃卷集成》"马嘉桢"条。

林祖隽

字养庭。清元和人。咸丰六年(1856)入庠。十年,被掳至广德。兵燹后回乡,先至甪直镇访寻父骨归葬。光绪七年(1881)恩贡。二十五年,举孝廉方正。夙著医名,善治风病,药不误病,活人甚多,门弟子三百余人。年80卒。

再生记1卷　史部传记类

见《吴县志》卷68下本传。

砚耕堂文集7卷　集部别集类

清宣统元年(1909)抄本,苏州图书馆藏。

申范荣(?—1860)

字仁孚。清吴县人。诸生。太平军至,不肯去。城陷,死难。

陔兰新雅(一作怡萱阁词)1卷　集部词曲类

见《全清词钞》卷21,并收其词1首。

蒋祖芬(1837—1878)

字韫孙,号诵清。清吴县人。庠生。

娄关蒋氏本支录不分卷　史部传记类

清同治稿本,国家图书馆藏。

按:据《娄关蒋氏本支录右编》记载,此书未完稿,祖芬即谢世。

袁世俊(1837—1890)

字忆江。清吴县人。宜德嗣子。太学生。候选布政司理问,钦加五品衔,赏戴蓝翎。

艺兰述略4卷附艺兰总论1卷　子部农家类

(1) 清光绪二年(1876)六俊世家刻本,苏州图书馆藏。

(2) 清光绪二十三年六俊世家重刻本,浙江图书馆藏。

(3) 清逸书楼抄本,南京图书馆藏。

严隽熙(1837—1914)

字引官,又字康民,号子载,一号绍光。清吴县东山人。绶次子。监生。从戎云南,荐保通判,历署普安直隶同知,平越直隶州、遵义、都匀、镇远、贵阳知府,简授贵州按察使,改授贵州提法使,充贵州洋务总局、警查总局总办。黔民私谥惠敏先生。

毕节赈录　史部政书类

见《六修江苏洞庭安仁里严氏族谱》卷11。

羌堰王氏宗谱10卷　史部传记类

清光绪三十一年(1905)三槐堂木活字本,上海图书馆藏。

劝学编2卷　子部儒学类

清张之洞撰

清光绪二十四年严隽熙刻本,南京图书馆藏。

王凤英

字桐花。清长洲人。嘉福(二波)女。中书仪征张丙炎妻。

桐花仙馆吟稿　集部别集类　佚

见《小黛轩论诗诗》。

丁士济(1838—1886)

字璋莪,一字侣鱼。清元和人。锦涛子。咸丰八年(1858)副贡。充实录馆誊录,例授内部主事。与丁士涵修刻族谱,分田营塾,聚图书,办郡学。

尔雅直音1卷　经部小学类　佚

三国志集校8卷选注集校6卷　史部正史类　佚

仁孝纪略　史部传记类　佚

以上3种见《丁氏宗谱》卷4。

祝寿眉(1838—?)

原名洪彦,字子安,号耔庵,又号揖梅。清元和人。诸生。咸丰至同治间,避乱迁居崇明岛。家有琢园,乃高士徐波旧宅,在悬桥巷。

祝氏谱略8卷　史部传记类

清同治十二年(1873)刻本,中国民族大学图书馆藏。

耔庵诗稿1卷　集部别集类

(1) 稿本,复旦大学图书馆藏。

(2) 未刊本,今人钱仲联藏,见钱氏《梦苕庵诗话》,计有咸丰十年(1860)至同治五年间诗作一百几十首。

枝山文集4卷野记4卷　集部别集类

明祝允明撰　清祝寿眉辑

清同治十三年元和祝寿眉刻本,上海图书馆藏。

姚孟起(1838—?)

字凤生,一作凤笙。清吴县人。贡生。早岁从陆绍景学书,得其笔法,凡遇名帖,心摹手追,得悟晋唐相承原委,正书宗欧阳询,隶书略仿陈鸿寿。兼治印,得蒋仁秀劲之气。偶作画,古拙如金农。

齐豫晋直赈捐征信录　史部政书类

清姚孟起书　田琳绘

清光绪桃花坞晋赈公所刻本,上海图书馆藏。

字学臆参1卷书论1卷　子部艺术类

(1) 清光绪十七年(1891)姚氏松下清斋刻本,上海图书馆藏。

(2)《美术丛书二集》本。

姚凤生书吴歈百绝册　子部艺术类

民国姚氏松下清斋石印本,国家图书馆藏。

姚孟起陋室铭　子部艺术类

上海尚古山房石印本,南京图书馆藏。

行道有福1卷　子部艺术类

清姚孟起书　清田琳绘

清光绪五年王氏桂香书屋刻本,南京图书馆藏。

姚孟起砖塔铭　子部艺术类

(1) 民国文明书局石印本,杭州图书馆藏。

(2) 民国进步书局石印本,诸暨市图书馆藏。

松下清斋书法1卷　子部艺术类

清刻本，南京图书馆藏。

临池秘奥1卷　子部艺术类

清石印本，南京图书馆藏。

陆研北临砖塔铭不分卷　子部艺术类

清姚孟起钩

清光绪七年刻本，苏州图书馆藏。

蒋凤藻

字香孙，一作香生。清长洲人。官福建知府。家富藏书，喜传播善本，辑刻颇多，亦甚精善。

保越录1卷　史部杂史类

清蒋凤藻心矩斋抄本，浙江图书馆藏。

常熟蒋氏书目1卷　史部目录类

清抄本，北京大学图书馆藏。

按：此为蒋凤藻私人藏书书目，分经、史、子、集四部，下不分小类。共著录图书1311种，其中宋本27种，元本42种，另外还有明刻本、抄本、景宋本、聚珍本、稿本等1200余种。书目只记书名、版本的基本情况，每书下开列索价银两，一千余种书共计银10819两。其中较珍贵的书有惠定宇手校宋本《周易正义》，索价二十两，陈寿祺《周礼正义》稿本，索价三十两，黄丕烈旧藏题跋精校本《洛阳伽蓝记》，索价十两，宋宾王手校宋本黄丕烈题跋《吴郡志》，索价一百两，聚珍本《旧五代史》，索价二十两。书目篇末有朱笔细字曰："细阅目中精本可留者不过对成，索价太昂，不值收买。"疑是蒋氏或是其后人的鬻书书目。

铁华馆藏书目录不分卷　史部目录类

(1) 稿本，上海图书馆藏。

(2)《湫漻斋丛书》本，题《铁华馆藏集部善本书目》。

按：此册仅著录集部之书，记载未全，极为简略。

铁华馆实存书目不分卷　史部目录类

(1) 清末民国抄本，南京图书馆藏。

(2)《南京图书馆藏稀见书目书志丛刊》本。

按：此为家藏图书目录，包括经史子集各部图书。每部图书著录书名、册数、版本。版心有栏线。

蒋香生家藏书目不分卷　史部目录类

(1) 抄本，南京图书馆藏。

(2)《南京图书馆藏稀见书目书志丛刊》本。

按：此亦为家藏图书目录，包括经史子集各部图书。每部图书著录项目与以上《铁华馆实存书目》同。版心无栏线。《铁华馆实存书目》与此《蒋香生家藏书目》著录图书有相同之处，也有不少图书不相重复。

秦汉十印斋藏书目 4 卷　史部目录类

(1) 稿本，国家图书馆藏。

(2) 抄本，苏州图书馆、南京图书馆、北京大学图书馆藏。

(3)《中国著名藏书家书目汇刊》本。

心矩斋尺牍 1 卷　集部别集类

(1) 稿本，苏州图书馆藏。

(2)《吴中文献小丛书》本，据稿本选编。

心矩斋丛书 8 种 33 卷　丛书类

清蒋凤藻辑

(1) 清光绪八年(1882)至十四年蒋氏刻本，国家图书馆藏。

(2) 清光绪刻 1925 年苏州文学山房重印本，中国人民大学图书馆藏。

子目：

《汉志水道疏证》4 卷　清洪颐煊撰

《姑苏名贤小记》2 卷　明文震孟撰

《南江札记》1 卷　清邵晋涵撰

《苏诗查注补正》4 卷　清沈钦韩撰

《铁桥漫稿》8 卷　清严可均撰

《札朴》10 卷　清桂馥撰

《经传释词补》1卷　清孙经世撰

《六九斋馔述稿》3卷　清陈瑑撰

铁华馆丛书6种45卷　丛书类

清蒋凤藻辑

清光绪九年至十一年蒋氏刻本，国家图书馆藏。

子目：

《通玄真经》12卷　周辛钘撰，唐徐灵府注

《冲虚至德真经》8卷　周列御寇撰，晋张湛注

《新序》10卷　汉刘向撰

《群经音辨》7卷　宋贾昌朝撰

《佩觿》3卷　后周郭忠恕撰

《字鉴》5卷　元李文仲撰

陈祖昭

字子宣，号枫江渔子。清吴县人。师从俞樾。光绪二十七年(1901)摄宁海丞。

佐宁见闻录　史部地理类

见俞樾《陈子宣佐宁见闻录序》。

西湖棹歌附鉴湖棹歌2卷　集部别集类

清光绪十三年刻本，南京师范大学图书馆藏。

镜重圆2卷　集部词曲类

抄本，光绪十八年俞樾序，国家图书馆藏。

甕中天1卷　集部词曲类

抄本，光绪十五年朱凤毛序，山东图书馆藏。

俞　达(？—1884)

一名宗骏，字吟香，号慕真山人。清吴县人。与无锡邹弢为患难交。中年颇作冶游，后欲潜隐，而尘世羁绊，遽难摆脱。光绪十年

(1884)初夏，以风疾暴亡。善词曲，所著五言诗，力追汉魏，近体专宗晚唐。以坐馆为生。

吴中考古录　史部金石类

见邹弢《三借庐笔谈》。

艳异新编 5 卷　子部小说类

清光绪九年上海王氏刻本，浙江图书馆藏。

按：署俞宗骏，又名《新闻新里新》。

吴门百艳图　子部小说类

见邹弢《厘峰俞吟香吴门百艳图序》。

按：一说即《上海品艳百花图》，5 卷，题司香旧尉评、花下解人撰，清光绪十年上海王氏刻本，国家图书馆有藏。

青楼梦 64 回（一名奇红小史）　子部小说类

(1) 清光绪十四年文魁堂刻本，南京图书馆藏。

(2)《申报馆丛书续集》本。

(3) 清光绪二十一年上海书局石印本，北京大学图书馆藏。

(4) 1928 年上海受古书店石印本，郑州大学图书馆藏。

(5) 1990 年北京大学出版社出版。

(6) 1993 年花城出版社出版，题《香腮春宵镜》。

(7) 1993 年齐鲁书社出版。2008 年重印。

(8) 1994 年上海古籍出版社出版。

(9) 2001 年中国戏剧出版社出版。

(10) 2001 年新疆克孜勒苏柯尔克孜文出版社出版。

(11) 2013 年、2014 年华夏出版社出版。

醉红轩笔话　子部杂学类

闲鸥集　集部别集类

以上 2 种见邹弢《三借庐笔谈》卷 4。

按：《清人诗文集总目提要》云国家图书馆藏清末刻本《闲鸥集》1 卷、《醉红轩诗稿》2 卷，检目录未见。

花间棒　集部词曲类

见邹弢《三借庐笔谈》卷 4。

梅庵道人

清吴中人。

四巧说 4 种 4 卷　子部小说类

(1) 清刻本，中国艺术研究院戏曲研究所、日本东京大学东洋文化研究所等藏。

(2)《古本小说集成》本。

按：此书题“吴中梅庵道人编辑”，包括《补南陔》《反芦花》《赛他山》《忠义报》4 种，皆选自清初话本小说《八洞天》《照世杯》。

缪宝娟

字珊如。清常熟人。吴县李振鹏妻。性耽翰墨，工书能画。幼随其父树本、叔父萼联游鄂、陕诸省。诗承家学，益以游历，所作愈进。婚后伉俪唱和，极闺房之乐。

倦绣吟草 1 卷附诗余　集部别集类

清光绪四年(1878)铅印本，上海图书馆藏。

吟秋阁诗草 1 卷　集部别集类

(1) 清光绪十八年刻本，苏州图书馆藏。

(2) 清光绪三十四年铅印本，续编 1 卷，华东师范大学图书馆藏。

(3) 2015 年中华书局出版《清代闺阁诗集萃编》本。

曹景芝

字宜仙，清吴县人。毓秀、毓英姐。陆元第妻。姐弟三人皆工词。矢志守贞。

寿研山房词 1 卷　集部词曲类

(1)《华萼联吟集》本。

（2）《小檀栾室汇刻闺秀词》本。

按：此集与弟毓秀《桐华馆词》、毓英《锄梅馆词》合刻为《华萼联吟集》。

汪　芑(1839—1899)

字燕庭，别号茶磨山人。清吴县人。增生。沪北鸿文书局曾延聘校勘文字。工词赋，名噪一黉，时称盘溪才子。爱交游，与朱堉、秦云友善。书法洒脱。

虫天志约　子部类书类

青山馆赋文钞　集部别集类

以上2种见《清代硃卷集成》"汪钟霖"条，云待梓。

覆瓿诗草1卷　集部别集类

《吴中三山人诗略》本，苏州图书馆藏。

茶磨山人诗钞8卷　集部别集类

（1）清光绪十年(1884)潘祖荫刻本，苏州图书馆藏。

（2）《清代诗文集汇编》本，影印光绪刻本。

茶磨山人词稿　集部词曲类

见《全清词钞》卷24，收其词1首。

洪　钧(1839—1893)

字陶士，号文卿。清吴县人。坦子。从小聪颖，家道中落，借居西山岛显庆寺用功苦读。同治七年(1868)进士第一。任修撰，历湖北学政、侍读学士、内阁学士，兼礼部侍郎等。使俄国、德国、澳大利亚、荷兰，晋兵部左侍郎，总理各国事务衙门行走。与纂《咸丰实录》。谙熟西北舆地，于《元史》致力尤深。工书法，专攻碑刻。

四书文华渊鉴33卷　经部四书类

清光绪十六年(1890)铜活字印本，嵊州市图书馆藏。

元史译文证补30卷附元经世大典地图1卷　史部正史类

(1) 稿本,张尔田题识,存卷1、26及图,上海图书馆藏。

(2) 清光绪二十三年元和陆润庠刻本,苏州图书馆藏。

(3) 清末石印光绪二十三年刻本,国家图书馆藏。

(4)《广雅书局丛书》本。

(5)《皇朝藩属舆地丛书》本。

(6)《丛书集成初编》本。

(7)《续修四库全书》本,影印陆润庠刻本。

清穆宗毅皇帝圣训160卷　史部编年类

清洪钧、叶大焯等辑

(1) 稿本,国家图书馆藏。

(2) 抄本,国家图书馆藏。

木剌夷补传稿1卷　史部杂史类

《振绮堂丛书》本。

洪钧日记不分卷　史部传记类

稿本,同治及光绪年间陆续之作,苏州博物馆藏。

洪钧奏稿不分卷　史部政书类

稿本,苏州博物馆藏。

中俄交界图35幅　史部地理类

(1) 清光绪十六年石印本,北京大学图书馆藏。

(2) 1934年北平民社石印本,前有洪钧识,北京大学图书馆藏。

中俄界约斠注7卷首1卷　史部地理类

(1) 清光绪二十年醉六堂刻本,浙江图书馆藏。

(2) 清末上海书局石印本,吉林大学图书馆藏。

按:此书前有刘郁盘序,云"吴县洪侍郎罗搜散佚……撰《中俄界约斠注》6卷,又《中俄界线简明说》1卷",而钱恂序则云"(余)因荟萃中俄交界各约,略采官私记载,考界线之沿革,订约文之异同,为之疏通而证明",则此书乃钱恂所著无疑,洪氏书或为别本。钱氏此书多采洪钧界图,故权附此。

经训书院文集12卷　集部总集类

清光绪九年江西书局刻本,绍兴图书馆藏。

按:此书前有江西巡抚李文敏、江西学政洪钧修整省城经训书院奏折。文集乃政府督促编成,未必即出洪钧之手。

试律时宜不分卷　集部总集类

清翁叔平鉴定　洪钧辑

清光绪石印本,苏州市吴江区图书馆藏。

冯芳植(1839—1897)

字申眉,号培之,又号珏庵。清吴县人。桂芬次子。同治三年(1864)举人。官内阁中书,江西饶州知府。

冯景亭行状1卷　史部传记类

清冯芳缉、冯芳植撰

《显志堂稿》附录本。

校邠庐抗议2卷　子部杂学类

清光绪十年(1884)冯芳植豫章刻本,华东师范大学图书馆藏。

陈孚益(1839—?)

字友三,号春珊,又号守拙、短学子。清长洲人。住葑门内南仓桥沈衙巷。同治三年(1864)举人。

余生纪略　史部传记类

稿本,苏州图书馆藏。

按:此记咸丰十年(1860)四月初四至五月十二陈氏在苏州遭遇太平军的经过。书中所记清军马德昭为坚壁清野,烧毁山塘、阊门诸事,可补史志不足。

陈　焘(1839—?)

原名炖,字幼吾,号希甫,又号映薇。清元和人。朴十子。浙江候补县丞，历署永嘉、乐清、长兴县丞。

颍川陈氏支谱20卷首1卷　史部传记类

清陈焘等纂修

清光绪二十六年(1900)木活字印本，上海图书馆藏。

按：始祖朝玉，先迁海门，再迁吴县。此为海门、吴县合谱。

潘介祉(1840—1891)

原名念慈，字玉荀，号叔润。清吴县人。希甫三子。吴县庠生。候选训导，议叙员外郎衔。喜藏书，家有渊古楼、桐西书屋、藕花香榭等。

明诗人小传稿14卷　史部传记类

稿本，台湾"中央图书馆"原藏。

藕花香榭吟草1卷　集部别集类

《陟冈楼丛刊》甲集本。

鲍　晟(1840—1900)

字竺生。清吴县人。诸生。后改习医，著名于时。然倨傲忌刻，未能奖掖后进，常菲薄他医，时人颇有微词。

医学读书记3卷续记1卷医案1卷　子部医家类

清尤怡撰　鲍晟、谢森墀校刊

清光绪十四年(1888)行素草堂刻本，上海图书馆藏。

鲍氏读易堂丸散集　子部医家类

清光绪二十六年刻本，苏州中医院图书馆藏。

鲍竺生医案　子部医家类

清抄本，苏州大学医学院图书馆藏。

江　澄(1840—?)

字梅生。清长洲人。湜八弟。

吟秋馆诗存4卷　集部别集类

清光绪七年(1881)刻本,上海图书馆藏。

退轩居士

名字不详,号百坡、艺兰旧生。清吴县人。咸丰九年(1859)随宦长沙,后流寓湖广,迁居鄂省。

自娱斋集6卷　集部别集类

稿本,武汉大学图书馆藏。

陶　甄

字在和,号菉坪。清苏州人。琴泉子。国学生,候选同知。受业朱霞灿,读书聪慧,字法亦娟秀。屡试不售,乃寄情诗酒,尝入棠巢吟社。晚年营别业于宅左,颜曰"息庐",因以自号,绘图征题,得诗颇富。卒年55。

息庐吟稿　集部别集类

见《周庄镇志》卷4。

冯　懋

字桂槎。清吴县香山人。父业农,幼随舅氏习贾昆山,旁及医理。后奋知读书,得入郡学。移家郡治西廓,拓隙地,植桑数百株,著书以导里民。

洗尘丌诗文稿　集部别集类　佚

见《吴县志》卷66下本传。

钱元怡

字喜堂,号诜礎。清吴县人。

安山钱氏支谱　史部传记类

清钱元怡等纂修

清光绪二十三年(1897)锦树堂木活字印本,美国国会图书馆藏。

浦仁溢

清吴县人。

浦氏金阊支家谱不分卷　史部传记类

清浦仁溢、浦仁寿纂修

清光绪十五年(1889)抄本,上海图书馆藏。

浦仁寿

清吴县人。

浦氏金阊支家谱不分卷　史部传记类

清浦仁溢、浦仁寿纂修

清光绪十五年(1889)抄本,上海图书馆藏。

高治源

清长洲人。

吴郡枫江派高氏家谱 12 卷　史部传记类

清高治源等纂修

清光绪二十五年(1899)刻本,吉林大学图书馆藏。

顾行樵

清长洲人。

武陵顾氏宗谱 8 卷　史部传记类

清光绪二十五年(1899)刻本,吉林大学图书馆藏。

徐莘芝

字芸钿。清吴县人。郭仲建妻。

按:《吴县志·艺文考二》作徐莘之,误。

钮月轩学吟 1 卷　集部别集类

清光绪十八年(1892)海宁蒋氏茹实斋刻本,浙江图书馆藏。

朱 源

字醴泉,号瘦峰。清元和人。允坚从子。落拓不羁,人以狂生目之。擅岐黄术,治疾多奇中。

雏吟集 集部别集类 佚

见《贞丰诗萃》卷3,并收其诗2首。

朱记荣(? —1914)

字懋之,号槐庐。清吴县人。宅在苏州八字桥。以刻书贩书为业,与吴县东山席威在上海掌书坊行会,辑刊丛书多种。光绪间侨居松江,筑槐庐以藏书。

行素堂目睹书录10卷附汲古阁珍藏秘本书目 史部目录类

清光绪十年(1884)朱氏槐庐刻本,上海图书馆藏。

国朝未刊遗书志略1卷 史部目录类

(1)《观自得斋丛书》本。

(2) 抄本,国家图书馆、上海图书馆藏。

行素草堂集古印存2卷 史部金石类

(1)《扫叶山房丛钞》本。

(2) 清光绪钤印本,4卷,国家图书馆、上海图书馆藏。

历朝纪事本末 史部纪事本末类

清陈如升、朱记荣辑

(1) 清光绪十四年上海书业公所崇德堂铅印本,7种,上海图书馆藏。

(2) 清光绪二十八年捷记书局石印本,8种,捷记主人增,国家图书馆藏。

(3) 清宣统二年(1910)文盛书局石印本,8种,国家图书馆藏。

(4) 清上海玉麟书局石印本,9种,浙江图书馆藏。

(5) 清光绪二十五年慎记书局石印本,9 种,上海图书馆藏。

徐氏医书 8 种　子部医家类

清徐大椿编　朱记荣校

清光绪十五年江左书林刻本,国家图书馆藏。

孙渊如先生全集 12 卷　集部别集类

清光绪十一年吴县朱氏槐庐刻本,国家图书馆藏。

亭林先生遗书 10 种　丛书类

清顾炎武撰　朱记荣编

清光绪十一年扫叶山房刻本,南京师范大学图书馆藏。

亭林先生遗书汇辑　丛书类

清顾炎武撰　席威、朱记荣编

(1) 清光绪十四年扫叶山房刻汇印本,20 种附 3 种,国家图书馆藏。

(2) 清光绪十四年校经山房刻汇印本,20 种附 3 种,国家图书馆藏。

(3) 清光绪十一年至三十二年朱氏槐庐家塾刻本,国家图书馆藏。

拜经楼丛书 10 种　丛书类

清吴骞撰　朱记荣编

清光绪二十年朱氏校经堂刻本,上海图书馆藏。

金石全例 10 种　丛书类

清朱记荣辑

清光绪吴县朱氏刻光绪十八年汇印本,国家图书馆藏。

行素草堂金石丛书(又名孙溪朱氏金石丛书)21 种　丛书类

清朱记荣辑

清光绪吴县朱氏行素草堂刻十四年汇印本,无锡市图书馆藏。

槐庐丛书五编　丛书类

清朱记荣辑

清光绪吴县朱氏槐庐家塾刻本,上海图书馆藏。

校经山房丛书27种　丛书类

清朱记荣辑

清光绪三十年孙溪朱氏槐庐家塾据《式训堂丛书》重编本，国家图书馆藏。

孙溪朱氏经学丛书初编13种　丛书类

清朱记荣辑

清光绪十一年至十三年吴县朱氏槐庐刻本，上海图书馆藏。

平津馆丛书10集　丛书类

清孙星衍辑

清光绪十一年吴县朱氏槐庐家塾刻本，国家图书馆藏。

按：上述丛书子目俱见《中国丛书综录》。

缪希贤

字守士，号懒沤、沤道人。清吴县人。与许玉瑑、汪芑等善。

蕉白竹白斋杂著1卷　子部杂学类

稿本，苏州图书馆藏。

曹心怡

字叔培，一字侯甫。清吴县人。承家学，业医，精喉痧症。谓喉痧重在痧子，当主发表，发表非难，清里为难，清之而适如其分尤难。

痧喉正的1卷　子部医家类

(1) 清光绪十六年(1890)苏州曹氏朗斋刻本，上海图书馆藏。

(2) 清光绪二十三年同心堂刻本，南京大学医学院图书馆藏。

(3) 清善成堂刻本，浙江中医药研究所藏。

(4)《陈修园医书》本。

(5)《南雅堂医书全集》本。

张廷骧

字翰伯，自号继龛老人。清元和人。金鉴子。夙精申韩之学，南北名公争相延致，奉为上宾。

不远复斋见闻杂志10卷　子部杂学类

(1) 1915年铅印本，上海图书馆藏。

(2) 稿本，存卷4—10，苏州图书馆藏。

鱼鸿剩牍不分卷　集部别集类

稿本，中国人民大学图书馆藏。

入幕须知5种8卷　丛书类

清张廷骧辑

(1) 清光绪十三年(1887)荣录堂刻本，国家图书馆藏。

(2) 清光绪十八年浙江书局刻本，上海图书馆藏。

(3) 清光绪二十二年刻本，增为10种，上海图书馆藏。

子目：

《幕学举要》1卷　清万维翰撰

《佐治药言》1卷《续》1卷　清汪辉祖撰

《学治臆说》2卷《续说》1卷《说赘》1卷　清汪辉祖撰

《办案要略》1卷　清王又槐撰

《刑幕要略》1卷附《赘言十则》　清张廷骧撰

曹毓骏

清吴县人。天资聪颖，孝悌成性。11岁即熟读十三经及医学各书，惜早卒。

史论1编　史部史评类　佚

见《清代硃卷集成》“曹福元”条。

谢家树

清吴县人。县有轮香局，主施棺掩埋诸事，咸丰十年(1860)遭兵火废。谢氏于同治四年(1865)重建之。

程竹溪先生年谱不分卷　史部传记类

清严宝枝、谢家树编

(1) 清光绪三年(1877)吴县谢家树刻本，南京图书馆藏。

(2)《北京图书馆藏珍本年谱丛刊》本。

顾荣达

字上元。清吴县人。同治六年(1867)举人。

箴玉词　集部词曲类

见《国朝词综补》。

按：《全清词钞》卷26收其词2首。

杨廷杲(1841—1905)

字旭初，号子萱。清吴县人。富商。河南候补道、江浙义赈公所职员、上海电报总局提调。

杨氏支谱不分卷　史部传记类

(1) 稿本，上海图书馆藏。

(2) 清光绪三十年(1904)刻本，上海图书馆藏。

苏荟录　史部政书类

清谢家福、杨廷杲编

清光绪刻本，北京大学图书馆藏。

金　彭(1841—1909)

字心兰，号阿心，又号冷香主人、冷香居士、冷香馆主、瞎牛、瞎牛庵主、心道人、彭城子。室名冷香馆、瞎牛庵。清吴县人。性豪爽，与士大夫谈艺，间及当世事，不当意辄踞坐诟詈。善画，所作梅花浑厚疏秀。尝曰：“愿吾梅花遍天下也。”晚年病目，故名瞎牛。

瞎牛题画诗 1 卷　集部别集类

清光绪二十五年(1899)刻本，上海图书馆藏。

石方洛(1841—1909)

字仲兰，号问壶。清吴县人，世住清嘉坊。十四岁孤，嗣伯父渠，得其庭训。咸丰十年(1860)避居上海，卖文为生。同治四年(1865)为府增生。因参与乱后苏城善事，李鸿章保举以训导选用，晋五品衔。九年，往锡金东林书院校艺。十三年，摄永嘉县丞。光绪六年(1880)，改官府经历，又以知县需次浙江。次年，办海关洋务。十六年，理东瓯海关榷务。

且瓯歌 1 卷附楠溪竹枝词 1 卷问壶述怀诗 1 卷再至瓯江临行留别诗 1 卷　集部别集类

清光绪十七年叶怀古斋刻本，国家图书馆藏。

桃坞百绝一卷后桃坞百绝一卷　集部别集类

清石方洛撰　谢家福辑

(1)“壶中丛稿”绿格纸抄存稿本，1 册，苏州图书馆藏。

(2) 稿本，2 种，苏州图书馆藏。

(3) 稿本，1 册，南京图书馆藏。

(4) 清光绪十五年刻本，《待辅集》本，南京图书馆藏。

(5) 清光绪二十一年刻本，苏州图书馆藏。

(6) 清光绪三十年刻本，南京图书馆藏。

按：桃坞，即桃花坞。光绪间，谢家福撰成《五亩园小志》，遍征题咏，因寄书及志于方洛。方洛先作七绝百首应命。家福复以近作《桃坞名胜记》寄示，索续咏，又得百首，乃合编为《桃坞百绝》。

待辅集　集部别集类

清光绪三十年刻本，南京图书馆藏。

按：石方洛诗集总名《待辖集》，刻本不分卷，包括《西湖千咏》《前后桃坞百绝》《西湖五十二景诗》《前后吴中吟》《杭州四时杂咏》《镇海四时杂咏》《雁宕山胜迹诗》《秦晋铁泪歌》《瑞石山歌》《白雀烧香诗》《句甬竹枝词》《(正续)且瓯歌》《乌墩竹枝词》《楠溪竹枝词》《申江竹枝词》《海错分咏》《乌墩土产分咏》《浙西乡婚嫁词》《里门古迹随记》《得得吟》《纪寿诗》《前后吴中吟》《吴门岁朝词》《元都观戏咏》《石湖棹歌》。

顾肇熙(1841—1910)

字皞民，号缉庭。清吴县人。同治三年(1864)举人。越二年，官工部主事，擢道员。后奉特简赴吉林。逾年，创设分巡道，首任之，在官五年。去官后，课崇文书院。又历陕西凤邠盐法道，署粮储道，改台湾道，兼按察使衔。晚居吴县木渎。光绪三十年(1904)，创办小学堂，开风气之先。诗宗北宋，书法眉山。

顾肇熙日记　史部传记类

稿本，同治三年至光绪二十四年，苏州图书馆藏。

问津日录不分卷　史部传记类

稿本，光绪三年至四年，上海图书馆藏。

吉林日记不分卷　史部传记类

(1) 稿本，光绪六年至十一年，上海图书馆藏。

(2) 2017 年国家图书馆出版社出版《上海图书馆藏稿钞本日记丛刊》本。

吉林公牍不分卷　史部政书类

清光绪十一年顾氏抄本，北京大学图书馆藏。

宣南随笔不分卷吉林录存不分卷时务不分卷　史部政书类

稿本，苏州图书馆藏。

陆润庠(1841—1915)

字云洒，号凤石。清元和人。懋修子。同治十三年(1874)第一名进士。授翰林院修撰。光绪初,历主试事。入值南书房,充侍读。后出督山东学政,迁国子监祭酒。光绪二十二年(1897),于苏州集资创办苏纶纱厂。二十四年,署工部侍郎。三十二年,任工部尚书。明年,迁吏部尚书,参与政务大臣。宣统二年(1910),任东阁大学士。明年,任弼德院院长。辛亥革命后,留毓庆宫,为溥仪师,授太保。书法清华朗润,意近欧、虞。

选韵1卷　经部小学类

清光绪十二年刻本,国家图书馆藏。

国朝苏州长元吴三邑科第谱4卷　史部传记类

清陆懋修辑　陆润庠补辑

见"陆懋修"条。

大清德宗景皇帝实录　史部编年类

清陆润庠等纂修

(1) 稿本,786册,国家图书馆藏。

(2) 抄本,中国第一历史档案馆、辽宁省档案馆藏。

(3) 抄本(定本),北京大学图书馆藏。

陆文慎公奏议1卷　史部政书类

清陆润庠撰　唐文治选

清宣统三年铅印本,国家图书馆藏。

佩文诗韵释要5卷　子部类书类

清周兆基撰　陆润庠重校

(1) 清光绪十二年刻本,国家图书馆藏。

(2) 清宣统三年上海商务印书馆影印本,上海图书馆藏。

按:商务印书馆曾有多次重印。

官乡要则8卷首1卷　子部杂学类

清陆润庠增订

清光绪十八年铅印本,上海图书馆藏。

陆润庠楷书习字帖(钱母蒯太淑人传)　子部艺术类

(1) 1919年上海进步书局石印本,杭州图书馆藏。

(2) 1926年上海文明书局石印本,杭州图书馆藏。

(3) 民国鸿文堂石印本,海盐县博物馆藏。

朱买臣传　子部艺术类

清陆润庠书

民国文成堂书帖庄石印本,国家图书馆藏。

说难小楷　子部艺术类

清陆润庠书

民国瑞文书局石印本,北京大学图书馆藏。

陆润庠书西湖风景记帖　子部艺术类

民国尚古山房石印本,国家图书馆藏。

陆润庠书曹子建洛神赋　子部艺术类

民国育古山房石印本,海盐县博物馆藏。

陆润庠家书不分卷　集部别集类

稿本,上海图书馆藏。

槐市联吟集2卷　集部总集类

清翁同龢、陆润庠选

清光绪十年刻本,上海图书馆藏。

经艺猎艳五十品不分卷　集部总集类

清陆润庠选

(1) 清光绪二年刻本,宁波市图书馆藏。

(2) 清光绪五年铅印本,天一阁等藏。

山左校士录6卷　集部总集类

清陆润庠评选

清光绪十四年吴门刻本,国家图书馆藏。

沈　铿

字子坚,号洞石。清吴县洞庭西山人。光绪六年(1880)岁贡。粤军入苏，奉母避居湘应书院。时何兆基主讲城南，得卷辄喜，屡列高等。督粮道陆增祥闻其名，延课诸子。后应广东学政吴宝恕聘，襄校试卷。贡成均，遂不复远游。

经解剩稿　经部群经总义类

读史劄记　史部史评类

变法论　史部政书类

筹海刍言　史部政书类

以上4种见《吴县志》卷66下本传。

洞石老人遗稿文2卷　集部别集类

见《吴县志·艺文考二》。

峰抱楼诗4卷杂文1卷楹帖2卷　集部别集类

清光绪三十二年长沙刻本，上海图书馆藏。

按：又名《洞石老人遗稿》。

清诗三百首古体选2卷　集部总集类

清寓言报馆铅印本，南京图书馆藏。

鹤和集1卷　集部总集类

清沈铿、沈敬学撰

清光绪十九年铅印本，无锡市图书馆藏。

按：敬学乃沈铿子。

吴懋煜

清吴县东山武山人。

洞庭吴氏族谱不分卷　史部传记类

清光绪抄本，中国科学院图书馆藏。

叶　铨

原名衍昱，字明昭，号朗汀。清吴县东山人。

大湖头北叶河叶氏支谱2卷　史部传记类

清光绪七年(1881)敦睦堂刻本，南京图书馆藏。

王肇鋐

字振夫。清元和人。曾东游日本。

图形一斑 1 卷　史部地理类

清光绪二十七年(1901)日本石印本，国家图书馆藏。

铜刻小记 1 卷　史部地理类

清光绪十五年石印本，苏州图书馆藏。

北徼水道考 6 卷星度考 1 卷　史部地理类

清光绪袁氏渐西村舍抄本，上海图书馆藏。

界片卡伦考 7 卷　史部地理类

稿本，上海图书馆藏。

日本环海险要图志 20 卷　史部地理类

清末抄本，国家图书馆藏。

界片卡伦考 7 卷中俄交界地名表 1 卷北徼水道考 2 卷北徼地名异同表 1 卷北徼星度考 1 卷　史部地理类

清抄本，国家图书馆藏。

刻图学课程 1 卷　史部地理类

清光绪二十七年湖北洋务局编译科铅印本，衢州市博物馆藏。

测图学讲本不分卷测图及侦查法不分卷　史部地理类

少耕草堂抄本，北京大学图书馆藏。

兵器学讲本　子部兵书类

(日)西岛助义撰　王肇鋐译

少耕草堂抄本，北京大学图书馆藏。

日本普通体操学 1 卷　子部兵书类

清光绪二十六年武备学堂刻本，国家图书馆藏。

普通体操摘要 1 卷　子部兵书类

《湖北武学》本，国家图书馆藏。

普通体操学教科书 1 卷　子部兵书类

清光绪三十年上海文明书局石印本，南京图书馆藏。

译文须知 4 卷　子部杂学类

清抄本，国家图书馆藏。

金德鸿(? —1882)

字少愚。清吴县人。从江阴六严游，通九章、天元及欧西借根方、八线诸法。同治初，大吏奏设江苏舆图局，测绘大江以南州县各图，董其事者，德鸿与焉，西人见之，亦称精密。又独任各处营汛墩铺、驻兵防守及水利兴废分图，襄办清量及赋役全书。光绪八年(1882)卒，葬石湖左磨盘山下。

吴县图图(腹里图)324 图　史部地理类

清同治十三年(1874)刻本，苏州图书馆藏。

苏省舆地图说　史部地理类

清沈宝禾、褚成绩、金德鸿总校　沈善登、李凤苞纂订　顾沄、郭冈寿、黄瑢测绘

清同治七年刻本，苏州图书馆藏。

按：同治二年，上谕各省厘正疆域，各为绘图。时巡抚李鸿章虽设舆图局，但力有未逮，未能绘成。同治七年，丁日昌任江苏巡抚，以沈宝禾、褚成绩、金德鸿为总校，沈善登、李凤苞为纂订，顾沄、郭冈寿、黄瑢任测绘，成《苏省舆地图说》，计图 42 幅，使布政使杜文澜刊之。

苏省舆图测法绘法条议图解　史部地理类

清沈宝禾、沈善登、金德鸿编

(1) 稿本，中国科学院图书馆藏。

(2) 清同治四年刻本，南京图书馆藏。

(3)《中国科学院文献情报中心藏古籍珍本丛书》本。

舆地测规章程 1 卷　史部地理类

清刻本，南京图书馆藏。

管礼昌(1842—1902)

字叔壬。清吴县人。庆祺次子。附生。少好释经,日夕诵读不辍。著述甚多,均散失。

新灯合璧3卷首1卷　子部小说类

清管礼昌编

(1) 清光绪十四年(1888)刻本,国家图书馆藏。

(2) 抄本,国家图书馆藏。

按:抄本与刻本内容不尽相同。

中论润文略解4卷　子部佛教类

1919年有正书局铅印本,上海图书馆藏。

中论注疏2卷　子部儒学类

大安般若守义经注疏2卷　子部佛教类

华严经释不分卷　子部佛教类

华严新解6卷　子部佛教类

养心论6卷　子部佛教类

以上5种见《吴县志·艺文考二》。

金　馥(1842—1903)

字小香。清元和人。咸丰八年(1858)恩赏举人吴县程兆鸾妻。

静香居词1卷　集部词曲类

清宣统二年(1910)刻本,收词84首,有其子程邦达跋,上海图书馆藏。

按:《全清词钞》卷34收其词2首,作《静乡居词》。《吴县志·艺文考五》云戊午恩赏举人陈仁柱室,误。

管礼墀(1842—1907)

字步玉,号丹卿。清吴县人。遵松次子。议叙从九品。

吴县管氏宗谱不分卷　史部传记类

清管礼墀、管礼秉纂修

1920年管氏癖斯堂铅印本，苏州图书馆藏。

曹毓秀(1842—1912)

字实夫，号春洲。清吴县人。维坤子，景芝、毓骏弟，毓英兄，元忠父。工词。

桐华馆诗集　集部别集类

见《清代硃卷集成》“曹元忠”条。

桐华馆词1卷　集部词曲类

《华萼联吟集》本。

按：与弟毓英《锄梅馆词》、姊景芝《寿研山房词》合刻。

雪蕉轩词集6卷　集部词曲类

见《吴县志·杂记二》。

按：《全清词钞》卷27收其词1首。

曹毓英(1842—1905)

字子千、紫荃，后改名钟英。清吴县人。咸丰九年(1859)举人，官浙江同知。

藤花吟馆诗课1卷　集部别集类

清抄本，上海图书馆藏。

锄梅馆词1卷　集部词曲类

《华萼联吟集》本。

按：与兄毓秀《桐华馆词》、姊景芝《寿研山房词》合刻。《全清词钞》卷25收其词2首。

朱孔彰(1842—1919)

字仲我，原名孔阳，字仲武，晚自号圣和老人。清元和人。骏声子。

光绪八年(1882)举人。少承家学,通经学、小学。咸丰十年(1860),入曾国藩军幕。旋襄校江南官书局,兼主淮南书局。曾与纂《两淮盐法志》《凤阳府志》。又掌教安徽存古学堂、蒙城书院,历江苏编辑局、江南通志局协修等。清亡后,应清史馆聘,撰传稿30余篇。

周易说文字校1卷　经部易类

稿本,浙江图书馆藏。

周易汉注不分卷　经部易类

稿本,浙江图书馆藏。

按:《吴县志·艺文考三》作10卷。

尚书汉注不分卷　经部尚书类

稿本,浙江图书馆藏。

按:《吴县志·艺文考三》作20卷。

诗经汉注不分卷　经部诗经类

稿本,浙江图书馆藏。

按:《吴县志·艺文考三》作20卷。

仪礼汉注17卷　经部仪礼类

周礼汉注42卷　经部周礼类

礼记汉注49卷　经部礼记类

春秋左氏传汉注30卷　经部春秋左传类

春秋公羊传汉注28卷　经部春秋公羊传类

春秋穀梁传汉注20卷　经部春秋穀梁传类

以上6种见《吴县志·艺文考三》。

论语汉注不分卷　经部四书类

(1) 稿本,浙江图书馆藏。

(2) 抄本,浙江图书馆藏。

按:《吴县志·艺文考三》作20卷。

孟子汉注不分卷　经部四书类

稿本,浙江图书馆藏。

按:《吴县志·艺文考三》作14卷。

孝经汉注不分卷　经部孝经类

稿本,浙江图书馆藏。

按:《吴县志·艺文考三》作9卷。

尔雅汉注不分卷　经部尔雅类

(1) 稿本,浙江图书馆藏。

(2) 抄本,3卷,北京大学图书馆藏。

按:《吴县志·艺文考三》作10卷。

又:上4种又名《论语孝经尔雅孟子古注汇辑》。

说文粹初编3卷二编3卷三编3卷　经部小学类

(1) 稿本,浙江图书馆藏。

(2) 民国石印本,三编3卷,实仅三编卷上,上海图书馆藏。

按:尹炎武《朱李二先生传》作初编14卷二编14卷三编14卷。

说文重文笺5卷　经部小学类

(1) 稿本,浙江图书馆藏。

(2) 稿本,2卷,浙江图书馆藏。

按:尹炎武《朱李二先生传》作6卷。

说文重文补笺3卷　经部小学类

(1) 稿本,浙江图书馆藏。

(2) 抄本,浙江图书馆藏。

说文重文约笺3卷　经部小学类

(1) 稿本,浙江图书馆藏。

(2) 稿本,2卷,浙江图书馆藏。

说文重文集训1卷　经部小学类

稿本,浙江图书馆藏。

说文重文校不分卷　经部小学类

稿本,浙江图书馆藏。

释说文读若例1卷　经部小学类

(1) 稿本,浙江图书馆藏。

(2) 清刻朱印本,浙江图书馆藏。

(3) 民国铅印本,浙江图书馆藏。

说文札记 4 卷　经部小学类

见尹炎武《朱李二先生传》。

说文谈助 1 卷　经部小学类

稿本,浙江图书馆藏。

说文杂记不分卷　经部小学类

稿本,浙江图书馆藏。

说文杂录不分卷　经部小学类

抄本,浙江图书馆藏。

说文杂录第二种 1 卷　经部小学类

稿本,浙江图书馆藏。

说文重文考 1 卷　经部小学类

民国铅印本,国家图书馆藏。

说文简本初编□□卷　经部小学类

民国油印本,浙江图书馆藏。

说文二徐注补订 1 卷经传虚字义说 1 卷　经部小学类

稿本,浙江图书馆藏。

说文通训定声续补遗 1 卷　经部小学类

稿本,浙江图书馆藏。

三国志裴注引用书目 1 卷　史部正史类

稿本,浙江图书馆藏。

清史稿帝纪□□卷　史部正史类

稿本,浙江图书馆藏。

清史列传稿　史部正史类

稿本,浙江图书馆藏。

三朝闻见录 1 卷　史部杂史类

清活字本，浙江图书馆藏。

曾文正公传略　史部传记类

稿本，浙江图书馆藏。

左文襄公别传　史部传记类

稿本，浙江图书馆藏。

中兴将帅杂记不分卷　史部传记类

稿本，浙江图书馆藏。

国朝名人姓氏韵编不分卷　史部传记类

稿本，浙江图书馆藏。

古今女将传赞2卷　史部传记类

1937年成都茹古书局刻本，国家图书馆藏。

中山王徐达传注1卷　史部传记类

见尹炎武《朱李二先生传》。

中兴将帅别传30卷　史部传记类

(1) 清光绪二十三年江宁刻本，上海图书馆藏。

(2) 清光绪二十五年扫叶山房石印本，北京师范大学图书馆藏。

(3)《四部备要》本。

(4)《渐学庐丛书》本，题《咸丰以来功臣别传》。

(5) 清光绪二十三年刻三十二年增刻本，增续编6卷，上海图书馆藏。

(6)《湘军史料丛刊》本。

(7)《续修四库全书》本，影印光绪二十三年刻本。

中兴名臣事略8卷　史部传记类

(1) 清光绪二十四年上海书局石印本，国家图书馆藏。

(2) 清光绪二十五年上海图书集成印书局铅印本，国家图书馆藏。

(3) 清光绪山东官印书局铅印本，国家图书馆藏。

(4) 清光绪二十九年同文社铅印本，中山大学图书馆藏。

国朝先正事略续编4卷　史部传记类

(1) 清光绪二十七年文盛书局石印本,8卷,国家图书馆藏。

(2) 清光绪二十八年锦章书局石印本,南京图书馆藏。

(3) 清光绪二十八年广益书局石印本,国家图书馆藏。

按:上三书实为一书,书商屡换名目也。其余翻版甚多,不录。

刘尚书奏议8卷　史部政书类

清刘秉璋撰　朱孔彰辑

(1) 清光绪三十四年江宁刻本,国家图书馆藏。

(2) 民国铅印本,题《刘文庄公奏议》,上海图书馆藏。

淮甸志10卷　史部地理类

古今理学家言30卷　子部儒学类

血性语3卷　子部儒学类

小桃源笔记3卷　子部杂学类

以上4种见《吴县志·艺文考三》。

说苑新序校评6卷荀子校评1卷　子部杂学类

稿本,浙江图书馆藏。

仲我笔记不分卷　子部杂学类

稿本,浙江图书馆藏。

按:包括《墨子羊鉏解》《诗双声叠韵谱》《易经说文字校》《小学师承记》《拟续修儒林文苑传条例》《说文古文考证》《函稿》《半隐庐笔记》《书目》《说文譔语》。

半隐丛谈2卷　子部杂学类

稿本,浙江图书馆藏。

按:前卷为杂抄,后卷为《林和靖年谱》。

释讥　集部别集类

稿本,浙江图书馆藏。

圣和老人诗文集10卷　集部别集类

江东半隐诗文集8卷赋2卷　集部别集类

以上2种见《吴县志·艺文考三》。

题曾文正公祠百咏1卷　集部别集类

(1) 清光绪十三年金陵刻本，上海图书馆藏。

(2) 清光绪刻1935年朱师辙补刻本，上海图书馆藏。

朱孔彰等呈请稿　集部别集类

稿本，浙江图书馆藏。

仲我协修代江宁藩司许振祎函稿不分卷　集部别集类

稿本，浙江图书馆藏。

合肥董氏谱叙　集部别集类

(1) 稿本，浙江图书馆藏。

(2) 抄本，浙江图书馆藏。

上教育部书　集部别集类

民国民立石印局石印本，浙江图书馆藏。

潘毅远孝经郑氏解疏序　集部别集类

(1) 稿本，浙江图书馆藏。

(2) 抄本，浙江图书馆藏。

汪母黄太淑人八十寿序　集部别集类

稿本，浙江图书馆藏。

太子少保刘尚书神道碑铭　集部别集类

稿本，浙江图书馆藏。

濠梁送行集不分卷　集部别集类

稿本，浙江图书馆藏。

朱孔彰尺牍1卷　集部别集类

稿本，浙江图书馆藏。

登黄鹤楼赋　集部别集类

稿本，浙江图书馆藏。

中华民国击壤歌　集部别集类

稿本，浙江图书馆藏。

半隐山人诗稿　集部别集类

稿本,浙江图书馆藏。

仲我诗文集　集部别集类

抄本,浙江图书馆藏。

半隐杂录　集部别集类

稿本,浙江图书馆藏。

半隐山人文集不分卷　集部别集类

抄本,浙江图书馆藏。

朱孔彰杂录　集部别集类

稿本,浙江图书馆藏。

圣和老人诗文稿　集部别集类

稿本,浙江图书馆藏。

圣和老人杂稿　集部别集类

稿本,浙江图书馆藏。

圣和老人文钞　集部别集类

(1) 抄本,浙江图书馆藏。

(2) 稿本,浙江图书馆藏。

半隐庐丛稿6卷附行状　集部别集类

(1)《华西协和大学丛书》本,国家图书馆藏。

(2)《清代诗文集汇编》本,影印《华西协和大学丛书》本。

林和靖诗集4卷拾遗1卷附录1卷　集部别集类

宋林逋撰　《拾遗》《附录》朱孔彰辑

《四部备要》本。

徐骑省集30卷补遗1卷附录1卷附校勘记1卷　集部别集类

宋徐铉撰　《补遗》《附录》朱孔彰辑　《校勘记》李英元撰

(1) 清光绪十六年至十七年黟南李宗榍刻,无校勘记,上海图书馆藏。

(2) 清光绪十六年至十七年黟南李宗榍刻十九年李英元三校本,天一阁藏。

按:朱骏声、朱孔彰二人稿本多藏浙江图书馆。

潘祖谦(1842—1924)

字济之。清吴县人。曾玮子。同治十二年(1873)优贡。十三年,任内阁中书。光绪二十五年(1899),接替吴大根主持长吴元义仓。二十九年,与王同愈等组织苏州商会。1912年被推举为苏州商团公会会长。潘祖谦自光绪二十五年主持义仓,至宣统三年(1911)共十二年。1912年三月潘祖谦提出辞呈,义仓所有事务由苏州城市公所接管。

长吴元丰备义仓全案三续编12卷首1卷末1卷　史部政书类

清潘祖谦辑

(1) 清宣统三年至1912年刻本,苏州图书馆藏。

(2)《中国荒政全书》(第3辑)本。

(3) 2015年凤凰出版社出版《江苏近现代社会救济与慈善文献丛刊》本。

(4) 台湾文听阁图书有限公司出版《晚清四部丛刊》本。

按:此书12卷,分接管仓务、添筑廒屋、采办积谷、征收田租、领存商息、协济粥厂、赈恤机户、历届平粜、拨借各项、寄库存款、收支息余、造册报销12项。比较吴大根所编《长吴元丰备义仓全案续编》可以发现,丰备义仓致力的公共事务更为广泛,不仅赈恤机户已成常务,而且还参与了铁路建设、丝厂经营、专祠修建、学堂资助、流民扶助等其他公益事业。

程　昽(1842—?)

原名熙,字幼耕,号锦墀。清吴县人。云璈子。

程氏支谱4卷　史部传记类

清程为烜、程昽等纂修

(1) 清光绪三十一年(1905)资敬堂活字印本,苏州图书馆藏。

(2) 清成训义庄活字本,6卷,吉林大学图书馆藏。

郑思聪

字敏斋，号梦吟山人。清吴县东山人。家贫，擅岐黄之术。嗜好书画，书临柳、董，画宗所南、板桥法。与弟思慧齐名。

汤头歌诀续编 4 卷　子部医家类

1927 年中华教育社铅印本，国家图书馆藏。

梦吟诗草 1 卷　集部别集类

清同治稿本，浙江图书馆藏。

孔广渊

字克齐，号静濡。清吴县人。庠生。昭乾父。

月无忘记 10 卷　子部杂学类　佚

家常话 4 卷　子部杂学类　佚

静读书寮文集 12 卷　集部别集类　佚

静坐庐吟稿 8 卷　集部别集类　佚

以上 4 种见《清代硃卷集成》“孔昭乾”条。

蒋　靖(1843—1864)

字介青，号剑龛。清元和人。无锡秦缃业为之传。

画竹 1 册　子部艺术类　佚

印谱 1 卷　子部艺术类　佚

以上 2 种见秦缃业《蒋介青传》。

拳石山房遗稿 1 卷　集部别集类

清同治六年(1867)仁和高望曾刻本，上海图书馆藏。

陈宗浩(1843—?)

字益勤，号养泉。清吴县人。国学生。光绪二十二年(1896)创建陈氏义庄，在黄鹂坊巷。

陈氏世谱4卷首1卷　史部传记类

清陈宗浩等纂修

清光绪十六年(1890)刻本,上海图书馆藏。

诸福坤(1843—1902)

字元简,号安员。清长洲人。增广生。善古文,宏博奥衍,取材两汉。

陈氏易说4卷附录2卷　经部易类

清陈寿熊撰　诸福坤、陶惟坻辑

(1) 清光绪二十一年(1895)木活字印本,国家图书馆藏。

(2)《续修四库全书》本。

重刻劲节楼图纪3卷首1卷末1卷　史部传记类

清徐德原编　诸福坤、查德基校

清光绪十年枫江徐氏刻本,苏州大学图书馆藏。

淀湖小志8卷　史部地理类

清诸福坤纂　陈庆林(去病)续纂

稿本,上海图书馆藏。

杏庐文钞8卷　集部别集类

清光绪二十七年刻本,上海图书馆藏。

杏庐遗集　集部别集类

1922年刻本,国家图书馆藏。

按:包括《文钞》8卷、《诗钞》2卷、《词钞》1卷、《集外文》1卷、《集外诗》1卷、《投赠集》1卷,附诸福履《静斋诗賸》1卷、诸宝镛《弘肃文存》1卷《弘肃诗存》1卷。

二熊君诗剩3种3卷　集部总集类

清诸福坤辑

清光绪刻本,复旦大学京图书馆藏。

按:辑青浦熊其英、熊其光二家诗。

杏庐词钞 1 卷　集部词曲类

见《全清词钞》卷 26,并收其词 1 首。

按:《国朝文汇》丁集卷 7 收其文 11 篇。

查燕绪(1843—1917)

字翼甫,号檵亭。清海宁人,寓居苏州。咸丰庚申(1860)之乱,避地武昌,从张裕钊游。清光绪十一年(1885)举人,补松江海防同治。辛亥后弃官。

春秋地理异同考　经部春秋总义类

大戴礼笺疏　经部大戴礼记类

以上 2 种见丁辉《嘉兴历代进士研究》。

说文部目分韵 1 卷　经部小学类

清陈奂撰

清光绪七年查燕绪苏州刻本,国家图书馆藏。

说文解字注 15 卷六书音韵表 2 卷　经部小学类

清段玉裁撰

清光绪七年查燕绪苏州刻本,国家图书馆藏。

史记校异　史部正史类

见丁辉《嘉兴历代进士研究》。

查公(湄)行述 1 卷　史部传记类

清光绪刻本,北京大学图书馆藏。

海宁查氏年谱 16 卷世系 5 卷首 1 卷末 1 卷　史部传记类

清查燕绪编

清宣统元年(1909)刻本,国家图书馆藏。

群书异话　子部杂学类

曝书小志　子部杂学类

檵亭诗文集　集部别集类

以上 3 种见丁辉《嘉兴历代进士研究》。

柳下集1卷　集部别集类

稿本，南京图书馆藏。

濂亭文集8集　集部别集类

清张裕钊撰　查燕绪编次

(1) 清光绪八年查氏木渐斋苏州刻本，浙江图书馆藏。

(2) 清宣统元年五色古文山房刻本，浙江图书馆藏。

(3) 清宣统三年扫叶山房石印本，河南大学图书馆藏。

严兴杰(1843—?)

字紫缦，号子万，又号摅旧居士。清元和人。宪曾孙。长洲张炳翔师。

松陵杂事诗　集部别集类

清严兴杰撰　张炳翔注

(1) 3卷，稿本，苏州图书馆藏。

(2) 2卷，稿本，苏州图书馆藏。

按：此书一名《松陵百咏》。严氏原籍吴江，居住角直。咸丰兵乱后，苏郡事迹多有散佚，严氏因取稗史、志乘、文集、丛书有关松陵事实者，付之歌咏。初103篇，张炳翔定为百篇。

秦长熿(1843—?)

字寿屏，号星楼。清吴县东山人。

东山杂录初编不分卷　史部地理类

(1) 稿本，题初编，苏州图书馆藏。

(2) 稿本，南京图书馆藏。

按：此书编纂始于光绪十八年(1892)，后屡有增续，纪事至1914年止。书中内容皆随记随录，大致可分遗迹、职官、选举、乡宦、烈女、祥异几类，对咸丰十年(1860)乱后情况记录较多。其他如记道光至民国东山一地钱币使用情况、同光间东山各处遗迹修复情况等等，亦是重要的经济、文化史料。

尊　泽

字牧崖，号东岩。清元和僧。初为行脚僧，所至丛林悉交其名长老。工诗，亦不多作。后主全福寺，仅三月而卒。

禅余小草 1 卷　集部别集类　佚

见《吴县志》卷 77 上。

孙传鹤

字屿之，后改名传鳫。清吴县人。咸丰副榜贡生。

三吴翘秀集不分卷　集部总集类

清同治十二年(1873)刻本，苏州大学图书馆藏。

顾之义(1844—1909)

原名鸿吉，字渐之，号廉军。清吴县人。与钱塘诸可宝同究许氏《说文》，旁及金石文字，最好石鼓文，搜集图书拓本甚多。篆书一宗邓石如，尤工铁笔，与浙派徐三庚相颉颃。

说文通俗 6 卷　经部小学类

油印本，上海图书馆藏。

唯亭顾氏家谱　史部传记类

清顾光昌、顾之义纂修

清光绪二十九年(1903)刻本，苏州大学图书馆藏。

按：《吴县志》本传作 14 卷。

古慕轩印蜕　子部艺术类

清钤印本，王湜华旧藏，原 4 册，存 2 册，今不知藏处。

陆法言(1844—1914)

字芰农。清元和人。

蜩翼庵遗诗2卷　集部别集类

1919年砚石山房刻本，复旦大学图书馆藏。

钱福年(1844—?)

字耕伯、兰生，号幼竹、灵岩山人。清吴县木渎人。光绪元年(1875)举人。曾官浙江知县。工诗词，善书，藏碑版集帖甚夥。

昚斋金石跋尾(一名鼓棹舫金石跋尾)　史部金石类

稿本，见《吴县志·艺文考八》，云藏其孙家桢处。

木渎钱氏家谱　史部传记类

清钱照纂　钱福年续纂

见《吴县志·艺文考八》。

读莪庐诗钞2卷　集部别集类

见《吴县志·艺文考三》。

按：《吴县志》本传作《蓼莪庐诗草》。

读莪庐诗词钞不分卷　集部别集类

稿本，有诗无词，苏州博物馆藏。

取义图题辞汇钞不分卷　集部总集类

清钱福年辑

清光绪抄本，苏州大学图书馆藏。

按：福年父钱坚纯孝，咸丰中阖门殉难，福年请郑炎写图、冯桂芬作传、俞樾等题辞。

蛛寄窝吟草2卷　集部别集类

稿本，苏州图书馆藏。

蛛寄窝词钞1卷　集部词曲类

稿本，苏州图书馆藏。

顾厚焜(1844—?)

字以崇，一字固庐，号少轶，又号敦庵。清长洲人。世骏子。光绪九年(1883)进士。官刑部主事,出为安徽庐州府同知。曾出游日本、巴西等地。

新政应试必读6种　史部政书类

清顾厚焜鉴定

清光绪二十七年石印本,浙江图书馆藏。

按:包括《中国政治策论》《中国史事》《各国政治策论》《各国艺学》《四书义》《五经义》各1卷。

新编各国政治艺学策论2卷　史部政书类

清顾厚焜鉴定

清光绪二十八年上海书局石印本,复旦大学图书馆藏。

廿四史新论二集24卷　史部史评类

清顾厚焜编辑

清光绪二十九年上海书局石印本,海宁市图书馆藏。

日本新政考2卷　史部地理类

(1)清光绪十四年铅印本,南京图书馆藏。

(2)清光绪二十年上海书局石印本,苏州大学图书馆藏。

(3)慎记书庄《西政丛书》本。

(4)鸿宝书局《新编各国政治艺学全书》本。

东游日记2卷　史部地理类

日游随笔1卷　史部地理类

后瀛游集1卷　史部地理类

以上3种见《吴县志·艺文考三》。

瀛游集1卷　史部地理类

清光绪十四年日本铅印本,苏州图书馆藏。

对马岛考1卷　史部地理类

《小方壶斋舆地丛钞》本。

巴西地理兵要1卷巴西政治考1卷　史部地理类

(1)清光绪十五年石印本,苏州大学图书馆藏。

(2)《小方壶斋舆地丛钞》本。

美国地理兵要4卷　史部地理类

(1) 清光绪十五年上海仁记石印本,上海图书馆藏。

(2)《小方壶斋舆地丛钞》本,1卷。

美利加英属地小志1卷　史部地理类

《渐学庐丛书》本。

秘鲁政治考1卷　史部地理类

古巴小志1卷　史部地理类

加拿大小志1卷　史部地理类

墨游集1卷　史部地理类

固庐集1卷　集部别集类

桂香斋散体文2卷　集部别集类

桂香斋骈体文2卷　集部别集类

桂香斋诗草2卷　集部别集类

锦里闲吟1卷　集部别集类

敦庵外集2卷　集部别集类

以上10种见《吴县志·艺文考三》。

敦庵诗钞3卷附东游赠言1卷　集部别集类

稿本,上海图书馆藏。

桂堂东词稿　集部词曲类

见《吴县志·艺文考三》。

顾培善

字莘斋。清元和人。曰松孙。

韩溪诗草　集部别集类　佚

见《埭川顾氏旧闻考佚》。

孔广源

字铁芸,号景颜。清吴县人。庠生。昭晋父。

溆庄小渔吟稿 4 卷　集部别集类　佚

见《清代硃卷集成》"孔昭晋"条。

吴大渥(1845—1879)

字润之,号慎之。清吴县人。立镕子,大澂同祖弟。

吴氏家乘 10 卷　史部传记类

清吴大根、吴大渥纂修

清光绪七年(1881)刻本,苏州图书馆藏。

按:是谱为吴县皋庑支谱。

孙传凤(1845—1890)

字得之,号浟民。清吴县人。传鹤弟,传骧兄。光绪十五年(1889)举人。曾佐粤东、山左学幕,得硕士甚多。潜心著述,通经学、小学。

按:传凤朱卷生年作 1850 年,但据曹元弼《孙得之孝廉传》(1943 年《江苏文献》九、十期合刊),传凤光绪庚寅(1890)应礼部试,报罢,未及归,卒,年四十有六,则孙生卒年为 1845—1890。朱卷及官员履历多有虚报,应以曹传为是。

夏小正校勘记　经部大戴礼记类

校定皇象本急就章 1 卷　经部小学类

以上 2 种见《吴县志·艺文考二》。

说文古本考补正 2 卷　经部小学类

吴县王氏学礼斋抄本,复旦大学图书馆藏。

六书证疑　经部小学类

见《清代硃卷集成》"孙传骧"条。

中越东西定议全界约文 1 卷　史部政书类

清孙传凤录

《渐学庐丛书第十集》本。

汶民丛稿 1 卷　子部儒学类

清光绪二十二年味经庐刻本，上海图书馆藏。

汶民遗文 1 卷　子部儒学类

《灵鹣阁丛书》本。

味经庐丛稿　集部别集类

见《清代硃卷集成》“孙传骧”条。

彭祖润(1845—1892)

字德身，号岱霖。清长洲人。同治十二年(1873)举人。官内阁中书、浙江候补道。

玉屏山馆诗草 4 卷　集部别集类

清光绪十三年(1887)刻本，苏州图书馆藏。

玉屏山馆诗草 5 卷　集部别集类

清光绪十八年刻本，苏州图书馆藏。

陶怀照(1845—1894)

号荣生。清吴县人。

陶氏家谱 6 卷　史部传记类

清陶怀照等纂修

1920 年刻本，国家图书馆藏。

钱庆戴(1845—1904)

字敦安，号逵溪。清吴县人。五品衔，历任两浙黄湾西路盐课大使。

彭城钱氏支谱　史部传记类

清钱庆戴等纂修

清光绪二十六年(1900)刻本,美国国会图书馆藏。

陈应祥

字子吉。清元和人。倬子。

松翠馆词稿　集部词曲类　佚

见《全清词钞》卷26,并收其词1首。

梦花居士

清吴中人。

奇遇记12回　子部小说类

清光绪三十三年(1907)上海新小说社铅印本,上海图书馆藏。

按:此梦花居士与《蜃楼外史》作者是否即一人,尚待考,权附此。

蜃楼外史(一作芙蓉外史)4卷40回　子部小说类

雪溪八咏楼主述　吴中梦花居士编

(1) 清光绪字林沪报馆铅印本,苏州大学图书馆藏。

(2) 清光绪二十一年上海文海书局石印本,30回,复旦大学图书馆藏。

龚清棠

字剑芝。清长洲人。诸生。

银杏庐诗稿　集部别集类

见《吴县志·艺文考三》,云未刊。

管念慈(？—1909)

字劬安,一作劬庵,号横山樵客。清吴县人。因善画召入内廷,改号蘧庵。德宗尊称横山先生,名重一时。喜鼓琴,善篆刻。

山水画集　子部艺术类

清光绪彩绘本,国家图书馆藏。

弓砚缘传奇　集部词曲类

见《吴县志·列传艺术一》。

胡祥鑅(？—1909)

字劭介。清元和人。光绪二十四年(1898)进士。官商部郎中。唐文治为之传。

帕米尔辑略　史部地理类

(1)《渐学庐丛书》本。

(2)《皇朝藩属舆地丛书》本。

印度喀楚特图说1卷　史部地理类

《小方壶斋舆地丛钞三补编》本(稿本)。

渐学庐丛书第一集16种　丛书类

清胡祥鑅辑

清光绪元和胡氏石印本,上海图书馆藏。

按:子目见《中国丛书综录》。

袁宝璜(1846—1897.1.23)

字珍夏,一字瓌禹,或作渭渔,号寄蛣。清元和人。受知冯桂芬。光绪十八年(1892)进士。官刑部主事,充日本出使大臣随员。甲午后回国,主苏垣学古堂讲席,增治事学科,厥后院生之应经济特科者甲于他省,以其提倡之故。

袁氏艺文志1卷文录1卷诗录1卷金石录1卷附录1卷　集部总集类

清袁宝璜等撰　袁昶辑

《渐西村舍汇刊》本。

袁宝璜信稿　集部别集类

稿本,苏州图书馆藏。

寄蛣庐诗集2卷文集2卷　集部别集类

(1) 1920年铅印本,苏州图书馆藏。

(2) 1936年铅印本,上海图书馆藏。

(3) 抄本,诗集3卷,中国科学院图书馆藏。

彭锡保(1846—1901)

字鸥舫,号永伯、紫归。清元和人。附监生。五品衔。广东新会县牛肚湾巡检。

紫归诗词　集部别集类

见《彭氏家谱》,云待梓。

汪体椿(1846—1908)

字潞年,号铜士。清吴县人。增贡生。

吴趋汪氏支谱21卷　史部传记类

清汪体椿等纂

(1) 清光绪二十三年(1897)耕荫庄木活字印本,国家图书馆藏。

(2) 清宣统二年(1910)耕荫庄木活字印本,国家图书馆藏。

严良勋(1846—1914)

字子猷。清吴县东山人。国栊长子。吴庠生。肄业广方言馆,赏内阁中书,候选主事。授福建福宁府知府,调署汀州、福州等府,调补泉州知府,再任候补道。大计卓异,加盐运使衔。

四裔编年表4卷　史部编年类

清严良勋、美国林乐知同译　崇明李凤苞汇编

(1)《江南制造局所刻书》本。

(2) 清著易堂石印本,国家图书馆藏。

(3) 清光绪二十七年(1901)江南机器制造总局铅印本,国家图书馆藏。

埏纮外乘25卷续编1卷补遗1卷　史部杂史类

清严良勋、美国林乐知同译

《江南制造局所刻书》本。

航海通书算例不分卷　子部历算类

美国金楷理译　清严良勋笔述

清光绪抄本，苏州图书馆藏。

戴锡钧(1846—?)

字毅夫，号艺郛、艺甫、刈芜，又号知甜生。清长洲人。同治十三年(1874)进士。与王颂蔚齐名。生平笃尚风义，咸以穷孟尝称之。后随李鸿章督办河工，出守大名府，积劳遽卒。

不薄今斋时文不分卷　集部别集类

清光绪六年(1880)刻本，国家图书馆藏。

不薄今斋时文二集不分卷　集部别集类

清光绪十二年刻本，无锡市图书馆藏。

采百集 2 卷　集部总集类

清光绪十四年铅印本，上海图书馆藏。

程肇清

字藻安。清吴县人。商人起家，好行善举。尝创办和参与推仁局、粥厂、栖流所等慈善事业。光绪五年(1879)前后，接顾文彬主持苏郡育婴堂事。

苏郡育婴堂志 1 卷　史部政书类

清程肇清辑

(1) 清光绪九年(1883)苏郡育婴堂刻本，上海图书馆藏。

(2) 2015 年凤凰出版社出版《江苏近现代社会救济与慈善文献丛刊》本。

蒋廷墀(1847—1891)

字丹九，号吟薇，自署红薇书屋主人。清元和人。附贡生。性喜读书，工诗古文，不屑举子业。尤喜临池作书。

红薇书屋文钞4卷诗钞2卷词钞2卷　集部别集类　佚

见《邓巷蒋氏宗谱》。

谢家福(1847—1896)

字绥之，号望炊。清吴县人。元庆子。家住苏州桃花坞。邑庠生。咸丰十年(1860)太平军入苏时被俘，以计脱。后任上海电报总局提调。

燐血丛钞4卷　史部杂史类

(1) 稿本，苏州博物馆藏。

(2) 抄本，南京图书馆藏。

桃坞名胜记8卷　史部地理类

(1) 稿本，苏州博物馆藏。

(2) 稿本，南京图书馆藏。

按：此书卷首有光绪十八年(1892)作者《桃坞名胜记》，云桃坞在苏城西北隅，多旧迹，因"不揣固陋，甄采群籍(凡乡管、城门、坊巷、河道、桥梁、廨宇、祠墓、第宅、园林、寺观，悉详记之)，都成《桃坞名胜记》八卷"。本书著录桃坞名胜极为详尽，各名胜多引前人诗词为证。

五亩园小志1卷志余1卷题咏1卷五亩园怀古1卷桃花坞百咏1卷　史部地理类

(1) 清光绪十六年苏城徐文艺斋刻本，上海图书馆藏。

(2)《望炊楼丛书》本。

(3)《中国园林名胜志丛刊》本。

和约汇钞6卷首1卷　史部政书类

(1)《柔远丛书》本。

(2)《申报馆丛书》本。

苏灾录1卷　史部政书类

清谢家福、杨廷杲编

(1) 清光绪十六年刻本，南京图书馆藏。

（2）2015 年凤凰出版社出版《江苏近现代社会救济与慈善文献丛刊》本。

按：光绪十五年八月，吴中大水，吴江震泽因地势洼下，遭灾尤为严重。此《苏灾录》，即辑录有关捐款、赈灾的函牍等。

孟莳谢氏宗乘 6 卷校补 1 卷　史部传记类

（1）稿本，苏州博物馆藏。

（2）清光绪十四年刻本，浙江图书馆藏。

李金镛行状 1 卷　史部传记类

稿本，苏州博物馆藏。

桃坞百绝 1 卷后桃坞百绝 1 卷　集部别集类

清石方洛撰　谢家福辑

（1）“壶中丛稿”绿格纸抄存稿本，1 册，苏州图书馆藏。

（2）稿本，2 种，苏州图书馆藏。

（3）稿本，1 册，南京图书馆藏。

（4）清光绪十五年刻石方洛《待辅集》本，南京图书馆藏。

（5）清光绪二十一年刻本，苏州图书馆藏。

（6）清光绪三十年刻本，南京图书馆藏。

按：桃坞，即桃花坞。光绪间，谢家福撰成《五亩园小志》，遍征题咏，因寄书及志于方洛。方洛先作七绝百首应命。家福复以近作《桃坞名胜记》寄示，索续咏，又得百首，乃合编为《桃坞百绝》。

邓尉探梅诗 4 卷　集部别集类

（1）清光绪二十年刻本，上海图书馆藏。

（2）《望炊楼丛书》本。

（3）2016 年国家图书馆出版社《历代地方诗文总集汇编》本。

按：此书旧有 3 卷本，光绪二十年刻，4 卷本乃续刻本。光绪十七年，谢家福与凌泗、施绍书、任艾生、姚孟起四人相约来苏州光福邓尉山赏梅，相谈甚欢，并定次年之约。光绪十八年，五人再聚邓尉，费延厘、沈景修二人也应谢氏之约而来，谢氏作《七友探梅图》记之。此后二年，诸人又作邓尉之游。光绪二十年,谢家福将四年游历唱和之作汇集成书。书分3卷,按年编排。光绪二十一年,谢氏再订探梅之约,却因中日战起,多人未往。谢家福于是集诸同人此年游览诗作并前游补记,以及凌淦挽诗数首,订为卷4,重新镂板。

谢家福档案　集部别集类

稿本,苏州博物馆藏。

按:目前苏州博物馆已整理出版《谢家福日记》(《欺天乎日记》《齐东日记》,附《燐血丛钞》)《谢家福书信集》(赈函、杂著、文牍、电报等),《诗文稿》《友朋信札》尚在整理中。

庶几堂今乐二集12种12卷　集部词曲类

题望炊楼主人编次

(1) 清光绪六年苏州得见斋书坊刻本,南京图书馆藏。

(2) 2003年学苑出版社《不登大雅文库珍本戏曲丛刊》本,收录六种。

按:此书初集由无锡余治编次,二集由谢家福编次。参见《无锡卷》"余治"条。

望炊楼丛书　丛书类

清谢家福编撰

清光绪吴县谢氏刻1924年苏州文学山房汇印本,国家图书馆藏。

子目:

《吴中旧事》1卷　元陆友仁撰

《平江记事》1卷　元高德基撰

《烬余录》2卷　元徐大焯撰

《邓尉探梅诗》4卷　清谢家福辑

《五亩园小志》1卷《志余》1卷《题咏》1卷　清谢家福撰,《志余》清凌泗、谢家福辑,《题咏》谢家福辑

附:

《桃坞百咏》1卷　凌泗辑,谢家福注

《五亩园怀古》1卷

柔远全书 5 种 42 卷　丛书类

清谢家福辑

稿本，上海图书馆藏。

子目：

《国初成案》2 卷

《道咸成案》10 卷

《和约汇编》6 卷首 1 卷附 1 卷

《善后杂钞》10 卷

《中外纪事本末》11 卷《备录》1 卷

桃坞谢氏汇刻方书 9 种 13 卷　丛书类

清光绪二十一年谢氏望炊楼刻本，苏州图书馆藏。

子目：

《慎疾刍言》1 卷　清徐大椿撰

《世补斋不谢方》1 卷　清陆懋修撰

《良方集腋》2 卷附 1 卷　清谢元庆撰

《良方集腋合璧》2 卷附 1 卷　清谢元庆撰

《拔萃良方》1 卷　原题张昭撰，清恬素氏编

《妇婴至宝》　清亟斋居士编，潘理斋增补

《产宝》1 卷　清倪枝维撰，潘霨增补

《痨症十药神书》1 卷　元葛可久编

《外科证治全生集》1 卷　清王维德辑

袁　遂(1847—1897)

原名培俊，字敬孙，一字觐舫，号颐萱、危楼，晚号杞斋。清吴县人。寿康长子，兼祧寿华后。贡生。特授天津沧州知州，历任宝坻、饶阳知县，北运河阳村通判等。

永慕堂葬法 1 卷　子部术数类

清光绪十八年(1892)津门刻本，上海图书馆藏。

袁遂文集　集部别集类

见《吴门袁氏家谱》卷5。

柔远全书8种16卷　丛书类

清抄本，福建省图书馆藏，国家图书馆藏缩微胶卷。

按：存7种，包括《成宪录》1卷、《德威录》5卷、《洋绩汇案》1卷、《朔游随录》1卷、《嘉谋录》1卷、《还治录》1卷、《管窥录》1卷。又《郭嵩焘日记》（光绪五年四月廿七日）云："余莘皋言苏人袁镜村辑《柔远全书》十帙，汇次国朝以来与西洋交涉情形，分为十类，亦士大夫考古镜今不可少之书也。"则八种似亦不全。

许玉瀛

字莲士。清元和甫里人。起长子。起晚年编纂里乘，未竟而殁，玉瀛续成之。

（光绪）甫里志稿1卷　史部地理类

清许起、许玉瀛撰

见"许起"条。

金恩焘

字默庵，号祐之，自称百花村农。清元和人。附贡生。山东候补道库大使。

诗1卷　集部别集类　佚

金承烈《枫江金氏家稿》收录192首。

管礼耕(1848—1887)

字申季，号操敦。清元和人。庆祺子。同治九年（1870）岁贡生。少颖慧，作文一字不苟，冯桂芬奇赏之。肄业正谊书院，守家学，长于训诂。冯桂芬为《说文段氏注考证》，嘱成15卷。多年治三礼，并精算术，与王颂蔚、叶昌炽齐名，然南北闱屡试辄左。光绪十六年（1890），汪鸣銮视学广东，招往襄校，以病归。旋卒，年40。

六艺纲目2卷附发原1卷字原1卷札记1卷　经部群经总义类

元舒天民述　元舒恭注　明赵宜中附注　《札记》管礼耕撰

清光绪八年汪鸣銮籀书簃刻本，上海图书馆藏。

闲存小舍日记1卷　史部传记类

稿本，苏州图书馆藏。

操养斋遗书4卷　集部别集类

《南菁书院丛书》第二集本。

操养斋诗解1卷　集部别集类

民国金山高氏食古书库传抄本，复旦大学图书馆藏。

王颂蔚(1848—1895)

原名叔炳，字芾卿、弗卿，号蒿隐、笔佣。清长洲人。弱冠就冯桂芬聘修郡志，与叶昌炽、管礼耕最善，同为常熟瞿氏校定铁琴铜剑楼书目。光绪六年(1880)进士，选庶吉士。散馆改户部主事，后补军机章京，襄赞军务。甲午之战，清廷节节失利，割地偿金，益悲愤，郁郁而卒。

周礼疏稿7卷　经部周礼类

王季烈录校稿本，苏州图书馆藏。

按：《莫厘王氏家谱·艺文》作10卷。

隋志姓氏韵编　史部正史类

稿本，上海图书馆藏。

明史考证捃逸42卷　史部正史类

(1) 稿本，不分卷，上海图书馆藏。

(2)《嘉业堂丛书》本，附王季烈《补遗》1卷。

(3)《百衲本二十四史·明史》附录本，有《附录》《补遗》各1卷。

(4)《续修四库全书》本，影印《嘉业堂丛书》本。

写礼庼碑目2卷　史部金石类

清抄本，北京大学图书馆藏。

古书经眼录1卷　史部目录类

(1)《写礼庼遗著》本。

(2) 1985年齐鲁书社雷梦水校订本。

非石日记钞1卷杂文1卷　史部传记类

清钮树玉撰　王颂蔚辑

(1)《滂喜斋丛书》本。

(2)《丛书集成初编》本。

(3)《晋石厂丛书》本,无杂文。

陈母俞太宜人九十寿征诗文启1卷　集部别集类

清王颂蔚撰

清光绪十二年刻本,上海图书馆藏。

写礼庼遗词1卷　集部词曲类

《丙子丛编》本。

写礼庼遗著4种　丛书类

(1) 1915年鲟溪王氏刻本,上海图书馆藏。

(2)《清代诗文集汇编》本,影印1915年刻本。

按:包括《古书经眼录》1卷、《写礼庼读碑记》1卷、《写礼庼文集》1卷《补遗》1卷、《写礼庼诗集》1卷。

王颂蔚遗稿12种　丛书类

稿本,42册,上海图书馆藏。

按:遗稿包括《周礼义疏长编》《说文杂记》《昆山名迹录》(明朱珪撰)、《尔雅说》《大戴礼记补逸》《纬书》《礼记音义校记》《古书经眼录》《写礼庼读碑记》《写礼庼遗诗遗文》《写礼庼杂录》《写礼庼佚书辑》等。

又:据顾颉刚所记,王颂蔚遗稿原在琴川书店,苏南文管会本拟购买,却先期为上海文管会所得,书送上海图书馆。

陶治元(1848—1917)

谱名诒元,字三辰,号念乔。清吴县人。贡生,官常州府阳湖县训导。光绪八年(1882)举人。会试挑取誊录,分国史馆,议叙以知县用,改内阁中书。秉性廉介,事必躬亲。代理庄正,任劳任怨。

皇清经解敬修堂编目16卷　史部目录类

清光绪十二年石印本,上海图书馆藏。

皇清经解缩版编目16卷　史部目录类

清光绪十七年鸿宝斋石印本,上海图书馆藏。

诗赋类联采新12卷　子部类书类

见《陶氏家谱》。

按:《诗赋类联采新》有光绪十三年积山书局石印本,作者不详,不知即此书否。另有《诗韵全璧》本。

陆　荣

清吴县人。

薜萝馆诗余1卷　集部词曲类

抄本,上海图书馆藏。

按:《乡志类稿·艺文》云有稿本藏作者处。

黄兆麟

字公振。清长洲县人。诸生。

瀛珠仙馆赘笔3卷　集部别集类

稿本,上海图书馆藏。

按:《吴县志·艺文考三》作4卷。

潘志万(1849—1899)

字子俣,号笏庵、硕庭。清吴县人。介繁子。苏州府岁贡生,议叙主事衔。

金石补编不分卷　史部金石类

稿本,上海图书馆藏。

书籍碑版题跋偶录不分卷　史部目录类

清潘志万辑

清抄本，国家图书馆藏。

桐西书屋藏书目　史部目录类

清潘介繁藏　潘志万编

稿本，南京图书馆藏。

潘氏三松堂书画记1卷　子部艺术类

清潘志万辑

《合众图书馆丛书》本。

还砚堂金石书画题跋1卷　子部艺术类

清潘志万辑

稿本，南京图书馆藏。

按：此书系潘氏为所藏及寓目书画、藏书、金石拓本等所作题跋，约70种。

随轺杂录2卷　子部杂学类

稿本，南京图书馆藏。

笏庵集诗1卷词1卷　集部别集类

《陟冈楼丛刊》甲集本。

笏庵词1卷　集部词曲类

民国抄本，据江标刻样抄写，上海图书馆藏。

笏庵诗辑2卷　集部总集类

稿本，上海图书馆藏。

潘氏一家言11种13卷　丛书类

清潘志万辑　潘承弼补辑

《陟冈楼丛刊》甲集本。

按：子目从略。据王謇《续补藏书纪事诗》记载，此书原有22种，在张炳翔处。

娱意录18种　丛书类

清潘志万辑

清桐西书屋抄本,清华大学图书馆藏。

按:子目从略。

管斯骏(1849—1906)

字秋初,号藜床旧主、藜床卧读生。清吴县人。庆甲子。诸生。世袭云骑尉。刊书甚多。

叠字考1卷　子部小学类

清汪汲辑

清光绪十三年(1887)管可寿斋刻本,国家图书馆藏。

各省府州县斤异名录1卷　史部地理类

(1) 清光绪十二年管可寿斋刻本,浙江图书馆藏。

(2)《小方壶舆地丛钞》本。

台湾小志1卷　史部地理类

清龚柴撰

清光绪十年管可寿斋刻本,浙江图书馆藏。

俄疆客述1卷　史部地理类

《小方壶舆地丛钞》本。

泰西风土事物考4卷　史部地理类

(1) 清光绪二十八年铅印本,吉林大学图书馆藏。

(2) 清宣统三年(1911)铅印本,浙江图书馆藏。

新辑上海彝场景致4卷　史部地理类

(1) 清光绪二十年管可寿斋石印本,国家图书馆藏。

(2) 清光绪三十一年文宝书局石印本,题《上海杂记》,浙江图书馆藏。

申江名胜图说2卷　史部地理类

清光绪十年管可寿斋刻朱墨套印本,国家图书馆藏。

增广详注月令粹编24卷图说1卷　史部时令类

清秦嘉谟编　管斯骏增编

清光绪十五年管可寿斋铅印本，国家图书馆藏。

管刻洋务抉要易言2卷　史部政书类

清郑观应撰　管斯骏校

(1) 清光绪十二年管可寿斋刻本，卷端题“管刻易言”，嘉兴市图书馆藏。

(2) 清光绪十三年管可寿斋刻本，温州市图书馆藏。

西例便览5卷　史部政书类

清冯钧保编

清光绪二十二年管可寿斋石印本，金华市博物馆藏。

洋务自强新论4卷　史部政书类

清管斯骏辑

清光绪二十二年上海书局石印本，苏州大学图书馆藏。

保富国论4卷附保富国策4卷　史部政书类

清管斯骏辑

清光绪二十四年自强斋石印本，苏州大学图书馆藏。

西学雕龙10卷　史部政书类

清张罗澄撰　管斯骏辑

清光绪二十八年石印本，无锡市图书馆藏。

巾帼英雄传4卷　史部传记类

(1) 清光绪二十年管可寿斋石印本，南京图书馆藏。

(2) 清上海书局石印本，南京图书馆藏。

(3) 清光绪三十一年文宝书局石印本，更名《钗光剑影》，复旦大学图书馆藏。

(4) 1914年上海时务图书馆石印本，吉林大学图书馆藏。

黑旗刘大将军事实1卷　史部传记类

(1) 清光绪十年管可寿斋刻本，北京大学图书馆藏。

(2) 清光绪十二年楚北李氏森宝斋刻本，上海图书馆藏。

(3) 清光绪二十一年务实斋石印本，国家图书馆藏。

(4) 清上海书局石印本，题《刘渊亭大帅事实》，32 回，嘉兴市图书馆藏。

按：此书又被书坊更名《刘大将军平倭百战百胜图说》。

算学实在易 4 卷　子部天文历算类

清唐再丰撰

清光绪二十二年管可寿斋石印本，苏州大学图书馆藏。

百衲琴 2 卷　子部艺术类

清秦云、秦敏树撰

清光绪十二年管可寿斋刻本，上海图书馆藏。

详要胎产问答 1 卷　子部医家类

清亟斋居士编　三农老人注

清光绪十九年管可寿斋铅印本，国家图书馆藏。

经验急痧方法 3 卷　子部医家类

清光绪二十一年管可寿斋石印本，浙江省中医药研究院藏。

管氏儿女至宝 1 卷　子部医家类

清光绪十九年管可寿斋铅印本，浙江图书馆藏。

闺律 1 卷妒律 1 卷　子部小说类

《闺律》芙蓉外史撰　《妒律》广野居士撰

清光绪十年管可寿斋刻本，国家图书馆藏。

五大洲述异录 4 卷　子部小说类

清光绪石印本，无锡市图书馆藏。

原红楼梦　子部小说类

清光绪十三年管可寿斋刻本，国家图书馆藏。

昕夕闲谈上卷 31 回下卷 24 回　子部小说类

清管可寿译

清光绪三十年文宝书局石印本，郑州大学图书馆藏。

按：此书即外国小说《夜与晨》，最先在杂志《瀛寰琐记》上刊载，蠡勺居士翻译。但据阿英《晚清戏曲小说目》记载，有“光绪三十年藜床卧读生重译本，文宝书局刊”，则此本也。

三借庐赘谈12卷　子部杂学类

清邹弢撰

清光绪十一年管可寿斋铅印本，南京图书馆、无锡市图书馆藏，皆不全。

彭刚直公诗集8卷　集部别集类

清彭玉麟撰

清光绪十七年管可寿斋铅印本，浙江图书馆藏。

香草集1卷　集部别集类

清祝庆云撰

清光绪九年苏州管宅铅印本，上海图书馆藏。

管注秋水轩尺牍4卷续刻1卷　集部别集类

清许思湄撰　娄世瑞注　管斯骏补注

(1) 清光绪十年管可寿斋刻朱墨套印本，天一阁藏。

(2) 清光绪十二年蠡城春草堂刻朱墨套印本，北京大学图书馆藏。

(3) 清上海简玉山房刻朱墨套印本，瑞安市玉海楼藏。

按:续刻为《详注写信要览》。

管注合刻春云阁尺牍4卷　集部别集类

清龚萼撰　管斯骏重订

(1) 清光绪十七年奎照楼刻朱墨套印本，版心刻管可寿斋，绍兴图书馆藏。

(2) 1914年上海会文堂石印本，作《管注合刻鸿雪轩尺牍》2卷，奉化市文管会藏。

(3) 民国上海锦章书局石印本，作《管注合刻鸿雪轩尺牍》2卷，奉化市文管会藏。

管可寿斋尺牍2卷　集部别集类

清光绪十二年管可寿斋刻本，苏州图书馆藏。

双鲤庵尺牍 1 卷　集部别集类

清光绪八年管家园管宅刻本,平湖市图书馆藏。

联珠集 2 卷　集部别集类

清光绪十年管可寿斋刻本,复旦大学图书馆藏。

增注知愧庐尺牍 16 卷　集部别集类

清管斯骏撰　姚印诠注　王廷学校

(1)《申报馆丛书本》。

(2) 清简玉山房套印本,中国人民大学图书馆藏。

(3) 清扫叶山房刻朱墨套印本。

三百六十行必要尺牍 19 卷对联 1 卷通商章程善后条约 1 卷　集部别集类

清管斯骏撰　姚印诠注　王廷学校

(1) 清光绪二十年崇文书局石印本,无锡市图书馆藏。

(2) 清光绪二十一年上海点石斋石印本,平湖市图书馆藏。

可寿斋诗集　集部别集类

见《管氏宗谱》本传。

悼红吟 1 卷　集部总集类

清光绪十年苏州管可寿斋刻本,南京师范大学图书馆藏。

管刻文选集腋 2 卷　集部总集类

清胥斌纂辑　管斯骏校

清光绪十三年管可寿斋刻本,复旦大学图书馆藏。

诗梦钟声录 1 卷　集部总集类

清李嘉乐等撰　管斯骏辑

清光绪十三年管可寿斋刻本,苏州图书馆藏。

管刻诗学问难 1 卷　集部诗文评类

清陈仅撰

清光绪十二年管可寿斋刻本,国家图书馆藏。

邹采霞

号兰芬。清苏州人。孝廉邹熙妹，胡善裕妻。耽吟咏，工绘事。

兰芬小草　集部别集类　佚

见《清画家诗史》癸下。

潘志诒(1850—1868)

字汝翼，号燕庭。清吴县人。观保长子。庠生。

燕庭遗稿1卷　集部别集类

《陟冈楼丛刊》甲集本。

陈丙喜(1850—1896)

字孟午，号倬孙。清元和人。住大新桥巷。光绪五年(1879)举人。授教谕，寻改训导。

钦定钱录附考1卷　史部金石类　佚

见《陈氏颍川支谱》。

�川陈氏宗谱4卷　史部传记类

清陈丙喜等修

1935年木活字印本，国家图书馆藏。

贝蕴章(1850—1907?)

谱作蕴璋，字念椿，号达夫。清长洲人。光绪二十八年(1902)，任浙江寿昌知县。

(光绪)寿昌县志11卷　史部地理类

清贝蕴章修　仁和黄标等纂

清抄本，嘉兴市图书馆存残本卷1—3、卷7—11，上海图书馆存残本卷4。

郑谋瑄(1850—?)

字玉冈，号朗峰，又号颜如。清吴县人。

包山郑氏族谱12卷　史部传记类

清郑谋瑄等纂修

清光绪二十四年(1898)刻本，苏州图书馆藏。

陆锦焜(1850—?)

字蔚如，号炳甫。清长洲人。

陆氏葑门支谱17卷首1卷　史部传记类

清光绪十四年(1888)丰裕义庄刻本，上海图书馆藏。

金承烈(1850—?)

字守黑，号柳君。清吴县人。附贡生，候选州同知。光绪十六年(1890)徙居双林里，遂自号霜林老樵。

左传　经部春秋左传类

见《枫江金氏谱略·诗集》，云"手辑《左传》，一名《留稿待商》"，书名尚未定。

枫江金氏谱略　史部传记类

清金承烈纂

稿本，苏州图书馆藏。

按：包括《休宁金氏宗谱》3卷、《谱略》2卷、《世系图》1卷、《世系表》1卷、《诗集》1卷、《文集》1卷、《杂录》1卷，并收金氏作者8人诗300余首、文14篇。

霜林唱和1卷　集部总集类

清金承烈辑

1920年刻本，上海图书馆藏。

张是孚(1851—1909)

字屏侯,号信鱼。清长洲人。世棠六子。恩贡生。候选直隶州。

张氏族谱不分卷　史部传记类

清张是孚编　张是謇、张一爵续编

1928年著易堂铅印本,苏州图书馆藏。

潘　珠(1852—1879)

字素五。清元和甪直人。管斯骏室。

补红吟草4卷　集部别集类

见管斯骏辑《悼红吟》,云500余首。

按:潘氏殁,管斯骏悲不自胜,作律诗30首名《悼红吟》怀之,友朋投赠亦多,光绪十年(1884)管氏刊印行世。

顾承皋(1852—1896)

原名德焜,字鹤声,号蓉舫,又号乐园。清长洲人。世骏次子。县学生。光绪八年(1882)举人。任嘉定县教谕。

尔雅检字　经部小学类　佚

读史骈言　史部史评类　佚

以上2种见《吴县志·艺文考三》。

李秀云

清苏州人。

遏云阁曲谱不分卷　集部词曲类

清南清河王锡纯熙台氏辑　苏州李秀云拍正

(1) 清同治九年(1870)扫叶山房刻本,未见。

(2) 清光绪十九年(1893)著易堂铅印本,国家图书馆等藏。

(3)《续修四库全书》本,影印清刻本。

按:著易堂本光绪至民国间多次重版此书。

许大椿

以字行。清长洲金墅航船浜人。业疡医,兼精伤科。行医40余年,常救治危症。辨证与用刀,独有薪传,医名播于江浙。子鸿年,字鹤丹,亦以医著名。诊所在今山塘街许宅。

外科辨疑8卷　子部医家类　佚

合药指南4卷　子部医家类　佚

以上2种见《吴县志》卷75下本传。

金　梧

清苏州人。

清和金氏家谱不分卷　史部传记类

稿本,上海图书馆藏。

按:纪事至光绪间。

奕志畲

清吴县人。

吴县奕氏四修支谱不分卷　史部传记类

清奕志畲等修

清光绪三十三年(1907)稿本,吉林大学图书馆藏。

汤善征

清吴县人。

唐人姓氏诗汇16卷　集部总集类

旧抄本,南京图书馆藏。

融　泉

字馥尘。清苏州竹堂寺僧。真鉴大弟子。

竹堂寺志1卷补1卷附阳山景福庵纪略　史部地理类

清释真鉴撰　释融泉补

见“真鉴”条。

王　霖

一名铭盘，字新之。清长洲人。精于医，平生著述甚富，于名家医论稿本搜罗极详。身后乏嗣，稿归其婿，传于世。

金匮类补22卷　子部医家类

清留耕堂丛钞本，苏州中医院图书馆藏。

金燮堂方案　子部医家类

清金燮堂撰　王霖辑

清光绪三十一年(1905)留耕堂抄本，成都中医药大学图书馆藏。

汇集前辈诸名家方案　子部医家类

清光绪抄本，中国中医科学院图书馆藏。

吴医汇案12卷　子部医家类

稿本，苏州中医院图书馆藏。

黄芸台治病纪效3卷　子部医家类

证方类稿140卷　子部医家类

医林艺文志18卷　子部医家类

医学书目志　子部医家类

以上4种抄本，苏州中医院图书馆藏。

十三科医学本草书目　子部医家类

见“黄钧”条。

戴景迁(? —1908)

字沧邻。清吴县人。工篆刻。

邻右阁印存1卷　子部艺术类

1938年石印本,上海图书馆藏。

按:乃其子戴誉编辑遗印而成。

王　氏

清元和人。后学孙女。家近淀山湖,自号钿湖女史。幼秉家范,博通今古。女红之暇,兼肄经史。归某氏,旋卒,年20。

琴言馆诗4卷　集部别集类　佚

见《吴县志》卷74下本传。

潘成谷(1853—1875)

字丽川,号钧伯。清吴县人。祖喜子、祖同嗣子。同治元年(1862)四品荫生,光禄寺典簿。

碧云仙馆吟草1卷　集部别集类

《陟冈楼丛刊》甲集本。

孔昭乾(1853—1886)

字伯南,号樛园,又号九缘,别号经锄。清吴县人。孔昭从兄。光绪九年(1883)进士。选翰林院庶吉士,刑部江西司主事。钦派英法两国游历,官采访,在英吞食鸦片而死。

海外鸿泥日记4卷　史部传记类

印政备考2卷　史部政书类

以上种2见《清代硃卷集成》"孔昭晋"条。

英政备考2卷　史部政书类

抄本,北京大学图书馆藏。

陶承潞(1853—1889)

原名毓麟,谱名忠潞,庠名承潞,字虞文,号子绂。清吴县人。怀增三子。廪生。性好学,精研经训。光绪八年(1882)、十四年两科,备取优贡。五品衔,国子监典籍、候选训导。

列星传全集　子部小说类　佚

虞文丛书12卷　集部别集类　佚

以上2种见《陶氏家谱》卷5。

顾　沄(1853—1896)

字若波,号云壶。清吴县人。工书善画,又通畴人术。同治四年(1865),大府奏设舆图局,沄与焉。十三年,随知府林海岩赈济徐海各属灾民。曾游历大江南北,访诸名胜,得山水真趣,下笔清丽疏古,惟魄力纤弱。间绘花卉人物。光绪十四年(1888)应黎庶昌之招,从游日本,购古币、古印、古籍以归。

溯运摭略1卷　史部地理类

稿本,苏州图书馆藏。

苏省舆地图说　史部地理类

清沈宝禾、褚成绩、金德鸿总校　沈善登、李凤苞纂订　顾沄、郭冈寿、黄瑢测绘

清同治七年刻本,苏州图书馆藏。

四币范斋钱录　史部金石类

拓本,苏州图书馆藏。

顾若波山水册　子部艺术类

(1) 1926年苏州振新书社影印本,苏州图书馆藏。

(2) 1926年有正书局影印本,上海图书馆藏。

(3) 民国神州国光社影印本,国家图书馆藏。

顾若波墨戏小册　子部艺术类

民国天绘阁影印本，上海图书馆藏。

顾若波生平第一精品　子部艺术类

民国天绘阁影印本，上海图书馆藏。

宋　氏(1855—1906)

清长洲人。孝廉迩先女，隆昌曾广益妻。

荫远堂诗草 1 卷　集部别集类

民国曾氏铅印本，上海图书馆藏。

吴寿萱(1855—1909)

字紫珺，一作子均。清吴县人。诸生。家贫力学，一介不苟取。后入学古堂，充斋长。年未 50 而卒。

易鉴　经部易类

书鉴　经部尚书类

吴疆域图说　史部地理类

江苏地理志　史部地理类

中国地理志　史部地理类

欧洲列国志　史部地理类

二绳日记　史部传记类

养正类编　子部儒家类

以上 8 种见《太仓延陵宗谱》卷 14。

治算学日记 3 种 3 卷　子部历算类

《学古堂日记》本。

按：包括《垂线互求术》《平方和较术》《叠征比例术》各 1 卷。

卫顾民(1855—1910)

原名肇修，更名顾修，因考改今名。字懋钦，号鉴人，别号退思。近吴县人。诸生。

卫氏家乘不分卷　史部传记类

清光绪二十一年(1895)抄本,后人有增补,美国国会图书馆藏。

沈来亨

字菊人。清元和人。生于咸丰间,光绪四年(1878)从父居松江千山。能诗画,尤善医,晚年术益精。治病必探究病源,以此用药,应手多愈。门人有李筱云、吕伯纯等。

沈菊人医案2卷　子部医家类

(1) 抄本,上海中医药大学图书馆藏。

(2) 2004年上海科技出版社高毓秋点校本。

徐德媛(1857—1890)

字婉君。清长洲人。张炳翔室。从吴江王梦薇、王廷鼎学。

俪凤楼诗存1卷　集部别集类

清张炳翔抄本,2种,苏州图书馆藏。

蒋东培(1857—1893)

原名恩桂,字蕙隐,号仰高、仰皋。清吴县人。光绪十七年(1891)举人。

春秋条例论30篇　经部春秋总义类

辑大戴礼记郑众注　经部大戴礼记类

辑论语马注　经部四书类

辑刘熙孟子注　经部四书类

韵音声类　经部小学类

辑埤苍　经部小学类

辑贾逵国语注　史部杂史类

辑桂苑珠藂　子部类书类

群书字要　子部类书类

以上9种见《吴县志·艺文考二》。

王　堡(1857—1898)

原名恩堡，字济田，号念溪。清吴县人。庠生。

太原王氏皋桥支谱不分卷　史部传记类

清王堡修　王鸿翱等续修

1921年石印本暨铅印本，国家图书馆藏。

王祖锡(1858—1908)

字二朗，一字孟麟、梦龄，号惕安、惕盦。清秀水县人，寓吴。以廪贡出知将乐县，迁龙溪，奉调建安，后回将乐原任。所收金石书画甚多，筑室藏之。

尚古录　集部别集类

见《吴县志》卷76上，云“未刊”。

韩德玉(？—1899)

字浣云，自署选绿斋主人。清长洲人。资政莲洲女，刘永诗妻。

选绿斋诗钞3卷诗余1卷　集部别集类

清光绪三十四年(1908)唐县刻本，苏州图书馆藏。

按：是书前有礼部奏文、叶昌炽《家传》，刘永诗《事略》及悼亡诗并序。卷一曰《绣余集》、卷二曰《镜台集》、卷三曰《官阁集》。后有侄炳蔚跋。

江　标(1860—1899)

初名善寰，字建霞，号师鄦、萱圃、笘誃、灵鹣阁主。清元和人。光绪十五年(1889)进士。改庶吉士，授编修。二十年，授湖南学政，会与日本交战，战败割地偿金，愤甚，力求富强实学，即长沙旧有之校经堂改订章程，分史学、舆地、算学、方言诸门以课士，湘人日趋新学途径，标有诱掖之功。任满，以四品京堂擢用。二十四年，为言官劾罢。未几卒。

仓颉篇疏证　经部小学类　佚

声类考异2卷　经部小学类　佚

说文经字疏证　经部小学类　佚

以上3种见《笘誃日记》。

史目表补2卷　史部编年类

清洪饴孙撰　江标、王仁俊补　陈钟凡续补

1921年石印本，南京大学图书馆藏。

笘誃日记不分卷　史部传记类

稿本，国家图书馆藏。

江标日记　史部传记类

《中国近现代稀见史料丛刊》(第六辑)本。

黄荛圃先生年谱2卷　史部传记类

(1)《灵鹣阁丛书》本。

(2)《丛书集成初编》本。

(3)《续修四库全书》本，影印《灵鹣阁丛书》本。

(4) 1988年中华书局点校本，有王大隆撰年谱补，书名改题《黄丕烈年谱》。

(5)《北京图书馆藏珍本年谱丛刊》本。

咸同以来中俄交涉记2卷　史部政书类

清江标译

清光绪二十一年味经刊书处刻本，国家图书馆藏。

格致精华录4卷附德国议院章程1卷德国合盟纪事本末1卷　史部政书类

清王仁俊述　江标辑

清光绪二十二年石印本，上海图书馆藏。

中外经济政治汇考16卷　史部政书类

清江标辑

清光绪二十七年自强学斋石印本，国家图书馆藏。

经济实学考8卷　史部政书类

清江标辑

清光绪上海博济书局石印本，南京图书馆藏。

水经注引书目　史部地理类　佚

见《笘誃日记》。

江氏灵鹣阁藏书残目　史部目录类

抄本，复旦大学图书馆藏。

丰顺丁氏持静斋书目1卷　史部目录类

(1) 清光绪二十一年元和江氏刻本，上海图书馆藏。

(2)《江刻书目三种》本(民国振新书社据刻本重印)。

海源阁藏书目1卷　史部目录类

(1) 清光绪十四年元和江氏师鄦室刻本，上海图书馆藏。

(2)《江刻书目三种》本(民国振新书社据刻本重印)。

铁琴铜剑楼藏宋元本书目4卷　史部目录类

清江标辑

(1) 清光绪二年长沙刻本，上海图书馆藏。

(2)《江刻书目三种》本(民国振新书社据刻本重印)。

钦定四库全书总目提要四部类叙1卷　史部目录类

《灵鹣阁丛书》本。

宋元本行格表2卷补遗1卷附录1卷　史部目录类

清江标辑

(1) 清光绪二十三年湘潭刘氏潇湘书库刻本，上海图书馆藏。

(2) 1914年上海文瑞楼石印本，南京图书馆藏。

(3)《续修四库全书》本，影印刘氏刻本。

双钩残宋拓瘗鹤铭　史部金石类

清江标摹

清光绪二十二年刻本，上海图书馆藏。

古泉拓存1卷　史部金石类

清江标辑

民国神州国光社石印本，据稿本影印，上海图书馆藏。

四照读碑记　史部金石类　佚

唐墓志例　史部金石类　佚

唐墓志年表　史部金石类　佚

以上3种见《笘誃日记》。

江建霞来蝶仙堂诗画册　子部艺术类

1937年南京国学图书馆珂罗版影印本，南京图书馆藏。

江建霞先生修书图　子部艺术类

民国振新书局影印本，上海图书馆藏。

灵鹣阁稿　集部别集类　佚

见《笘誃日记》。

江建霞尺牍　集部别集类

稿本，国家图书馆藏。

音注龚定庵文不分卷　集部别集类

清龚自珍撰　江标选　朱宝瑜音注

1925年文明书局铅印本，上海图书馆藏。

张忆娘簪华图卷题咏1卷　集部总集类

清江标辑

(1)《灵鹣阁丛书》本。

(2)《丛书集成初编》本。

沅湘通艺录8卷四书文2卷　集部总集类

清江标辑

(1)《灵鹣阁丛书》本。

(2)《丛书集成初编》本。

新斆分类文编不分卷　集部总集类

清江标评选

清光绪二十四年劲草主人刻本，南开大学图书馆藏。

红蕉词1卷　集部词曲类

(1) 清光绪十四年元和江氏师鄦室刻本，国家图书馆藏。

(2)《又满楼丛书》本。

宋元名家词15种17卷　集部词曲类

清江标辑

清光绪二十一年湖南思贤书局刻本，国家图书馆、南京图书馆藏。

唐人五十家小集　丛书类

清光绪二十一年元和江氏影宋刻本，上海图书馆藏。

灵鹣阁丛书6集　丛书类

清江标辑

清光绪元和江氏湖南使院刻本，上海图书馆藏。

按：子目见《中国丛书综录》。此书因江标早逝，疑未刻竟。苏州图书馆藏《汪胡尺牍》2卷红印本，版心题"灵鹣阁刊本"，而不见子目。

汪鸣琼

字静君。清浙江钱塘县人。江标妻。

瑶碧词　集部词曲类

见《全清词钞》卷34，并收其词2首。

秀　卿

姓氏佚，或云吴姓。清吴县名妓。与姊妹爱卿均善诗。

按：王韬《海陬冶游录》有黄云卿，云"吴门人，至沪，居寻芳里。其姊爱卿、秀卿工弹唱，方以艳名噪一时"。疑即此二人。

碧桐花馆诗草2卷　集部别集类

秀卿、爱卿撰

稿本，见《闺籍经眼录》，云首有江标题签，及秀卿、爱卿手稿各一页，并画像。上卷为《秀卿遗稿》，凡诗19首；下卷为《爱卿遗稿》，凡诗29首。

碧桐花馆吟稿 1 卷绿么韵语 1 卷　集部别集类

秀卿、爱卿撰

(1) 清光绪十七年(1891)刻本,南京图书馆藏。

(2) 抄本,雅昌拍卖公司拍品。

按:书前有蛰庵序,题春江过客录。凡诗 75 首,合二人诗为一卷。后附《绿么韵语》,题碧桐花馆女郎录。胡文楷《历代妇女著作考》又云:"曾见报纸剪贴本,知此书曾登载于报。"

爱　卿

清吴县名妓。

碧桐花馆诗草 2 卷　集部别集类

爱卿、秀卿撰

参见"秀卿"条。

碧桐花馆吟稿 1 卷绿么韵语 1 卷　集部别集类

爱卿、秀卿撰

参见"秀卿"条。

吴毓荪(1861—1878)

字意兰。清浙江归安人。云孙(承潞)女,吴县彭泰士妻。

意兰吟賸 1 卷　集部别集类

清光绪十七年(1891)活字印本,苏州图书馆藏。

按:附彭翰孙《师矩斋诗录》后。

彭同孙(1861—1889)

字季子,号文伯。清吴县人。翊孙,祖籛子。庠生。

北行日记不分家　史部传记类

稿本,苏州博物馆藏。

按:此书不题撰人姓名,记光绪十五年己丑(1889)北上应顺天乡试事。据日记所载事实推断，此人姓彭，与父亲皆取青浦何氏女，且与彭诒孙同辈，查《彭氏家谱》仅彭同孙符合。但其中亦有一事不符，即称彭庚孙（1860—1919）为弟，而据家谱，则当为兄。姑暂定同孙撰，待考。

李　福（1862—1886）

字安浦，一作安圃。清元和人。光绪五年（1879）举人。与章铁珊为儿女亲家。曾课紫阳书院、平江书院、正谊书院，讲授经学及词章。

李安浦遗著 1 卷　集部别集类

1931 年新阳汪氏青学斋附刻本，苏州图书馆藏。

按：扉页题《李孝廉遗箸》，附汪元昌《青学斋集》后。

诸福履（1864—1895）

字旋庆，号绥之，静斋。清长洲人。福坤从弟，师福坤受古文法。锐意治诗，力追古人。

静斋诗賸 1 卷　集部别集类

《杏庐遗集》本。

蒋　黼（1866—1911）

一名斧，字伯斧。清吴县人。清翊子。尝与罗振玉在上海创办农学会。

隶古文尚书顾命残本附校勘记补考　经部尚书类

蒋斧校勘　罗振玉补考

《敦煌石室遗书》本。

东游日记 1 卷　史部地理类

清光绪苏州刻本，上海图书馆藏。

中国教育史略　史部政书类

清光绪三十三年（1907）东学务公所印刷处铅印本，临海市图书馆藏。

中国货币史　史部金石类

见金品元《历代钱谱目录》。

蒙学修身书 6 卷　子部儒家类

(1)《蒙学丛书》本。

(2)《便蒙丛书》本。

盐城物产表 1 卷　子部农家类

《农学丛书》本。

粤东饲蚕八法 1 卷　子部农家类

(1)《农学丛书》本。

(2)《农荟》本。

蚕桑答问 2 卷续编 1 卷　子部农家类

朱祖荣撰　蒋斧重编

(1)《农学丛书》本。

(2) 清光绪二十五年尊经学舍刻本，吉林大学图书馆藏。

(3) 民国石印本，浙江图书馆撰。

老子化胡经残 2 卷考 1 卷轶文 1 卷补考 1 卷校勘记 1 卷　子部道教类

蒋斧撰辑　罗振玉补考

《敦煌石室遗书》本。

摩尼教流行中国考略 1 卷　子部其他宗教类

《敦煌石室遗书》本。

沙洲文录 1 卷　集部总集类

《六经堪丛书》本。

按：署名蒋斧。

陆锦兰(1868—1895)

字畹九，号湘芬。清长洲人。张炳翔继室。

留月簃诗存 1 卷　集部别集类

清张炳翔抄本，苏州图书馆藏。

曹元达

字花农。清吴县人。元忠弟。府庠生。绩学孝行，英年早逝。

唐本说文考　经部小学类　佚

白华阁文集　集部别集类　佚

以上 2 种见《清代硃卷集成》“曹元忠”条。

曹元文

原名元熙，字叔明。清吴县人。元忠弟。劬学，早逝。

刘歆期交州记辑本　史部地理类　佚

茹经楼文集　集部别集类　佚

以上 2 种见《清代硃卷集成》“曹元忠”条。

曹元琦

字香圃。清吴县人。元忠弟。早逝。

脉经校议　子部医家类　佚

见《清代硃卷集成》“曹元忠”条。

潘季兰

清吴县人。汪峻卿妻。工诗词，所作多不存。

倦绣吟遗稿 1 卷　集部别集类　佚

见《三借庐笔谈》卷 2。

吴本贞

字德音。清吴县人。张柽妻。

松韵馆诗钞　集部别集类　佚

见《清闺秀艺文略》。

王嗣晖(1875—1903)

清浙江海宁人。上海知县豫熙女,候选道吴县张元谷(字荫玉)继室。工诗,耽古风,酷嗜楚骚,故诗作脱俗,不假文绣。

滋兰室遗稿 1 卷　集部别集类

(1) 清宣统元年(1909)铅印本,上海图书馆藏。

(2) 1922 年铅印本,上海图书馆藏。

按:与次兄宾基所著《堇庐遗稿》一并刊行。

江　熹(1882—1901)

字缃芬。清元和人。衡女。年 20 许嫁顾熙龄,未及成礼,染病卒。

西楼遗稿 2 卷　集部别集类

清光绪二十八年(1902)元和江氏一溉斋刻本,苏州图书馆藏。

按:包括《算草》1 卷、《诗草》1 卷。

民　国

叶昌炽(1849—1917)

字颂鲁，号鞠裳，一号缘裻，自号缘督庐主人。清末民初长洲人。光绪十五年(1889)进士。选庶吉士，散官授编修。历任国子监司业、翰林院侍讲、甘肃学政。以裁缺归，著述终老。长于校勘。瞿氏铁琴铜剑楼书目、潘氏功顺堂丛书，均由其审定。家富藏书，积三万余卷，藏书处有曰奇觚庼、治廧室、五百经幢馆、明哲经纶楼等。

毛诗正义惠氏校本录存不分卷　经部诗经类

清惠士奇、惠栋撰　叶昌炽辑

稿本，复旦大学图书馆藏。

朱参军画象题词1卷　史部传记类

清叶昌炽辑

(1)《合众图书馆丛书》本。

(2) 合众图书馆抄本，1卷，上海图书馆藏。

刘师母韩恭人(德玉)家传1卷　史部传记类

清光绪三十四年唐县刻本，国家图书馆藏。

梨云仙馆日记1卷　史部传记类

稿本，上海图书馆藏。

按:此为同治七年(1868)至九年日记。

缘督庐日记不分卷　史部传记类

(1) 稿本，王季烈跋，苏州图书馆藏。

(2) 1990年扬州广陵古籍社据原稿影印本。

(3) 2002年江苏古籍出版社影印本。

(4) 2011年吉林文史出版社王立民校点本。

按:日记自同治九年闰十月十三日起,至民国六年(1917)九月十五日止,前后达48年。

缘督庐日记抄16卷　史部传记类

(1) 王季烈摘抄稿本,苏州图书馆藏。

(2) 1933年上海蟫隐庐石印本,南京图书馆藏。

(3)《续修四库全书》本,影印1933年石印本。

(4) 2007年北京图书馆出版社影印本。

(5)《历代日记丛钞》本。

寒山寺志3卷　史部地理类

(1) 稿本,苏州博物馆藏。

(2) 1922年吴县潘氏刻本,上海图书馆藏。

(3)《寒山寺三种》本。

(4)《江苏地方文献丛书》本。

(5)《中国名山胜迹志丛刊》本。

(6)《中国佛寺志丛刊》本。

按:寒山寺在阊门外枫桥下,始建于梁代,原名妙利普明塔院。相传唐时曾为诗僧寒山、拾得驻锡之所,乃改今名,后因张继《枫桥夜泊》一诗而名扬天下。清咸丰时曾遭兵燹,宣统二年(1910),程德全任江苏巡抚,图谋重建。叶昌炽应程氏之请编纂此书。后又根据旧稿,重新订正。卷一志桥、志寺、志象、志钟;卷二志碑、志僧、志产、志游、志事;卷三志诗。

五百经幢馆藏书目录不分卷　史部目录类

(1) 稿本,南京图书馆藏。

(2) 民国抄本,复旦大学图书馆藏。

(3) 1919年姚钟藻抄本,上海图书馆藏。

(4) 1935年北平燕京大学图书馆抄本,北京大学图书馆藏。

按:复旦大学图书馆藏《五百经幢馆藏书目录》,写于红格账簿之上，似为叶氏家藏底簿。书目虽标四部，而未分别部居，往往诸部杂出，且多讹字。全目著录藏书近千种，其中以吴中文献居多。北京大学图书馆藏有燕京大学图书馆传抄本，卷首有薛祈龄题记，知当日据书坊抄本录副，一存燕大，一存哈佛燕京图书馆，而其收书次第与上海图书馆本同。

叶氏治廧室善本书目　史部目录类

香影庵抄本，1册，复旦大学图书馆藏。

按：是书写于“香影庵校录”绿格稿纸上，每半页10行，行18字。正文首页首行顶格题“叶氏治廧室善本书目”，著录叶氏所藏善本94种，多为明刻明人别集。

缘督庐善本书目1卷　史部目录类

抄本，上海师范大学图书馆藏。

藏书纪事诗6卷目录1卷　史部目录类

(1)《灵鹣阁丛书》本。

(2) 清宣统二年长沙叶氏刻本，上海图书馆藏。

(3) 清宣统二年刻苏州文学山房印本，上海图书馆藏。

(4) 稿本，残，上海图书馆藏。

(5) 1987年上海古籍出版社出版，附《补正》。

(6) 1989年书目文献出版社出版马同俨校注本。

滂喜斋藏书记3卷滂喜斋宋元本书目1卷　史部目录类

清潘祖荫撰　叶昌炽编

见“潘祖荫”条。

邠州石室录3卷　史部金石类

(1)《嘉业堂金石丛书》本。

(2)《续修四库全书》本，影印《嘉业堂丛书》本。

语石10卷　史部金石类

(1) 清宣统元年自刻本，上海图书馆藏。

(2)《国学基本丛书》本。

(3) 初稿本，1卷，上海图书馆藏。

(4) 稿本，张炳翔等校，上海图书馆藏。

(5)《续修四库全书》本，影印宣统元年自刻本。

按：《清史稿·艺文志》作6卷。

语石叙目1卷　史部金石类

稿本，上海图书馆藏。

叶昌炽金石学1卷　史部金石类

民国抄本，浙江图书馆藏。

按：节录《日记》中有关金石部分。

五百经幢馆碑目初稿不分卷　史部金石类

稿本，上海图书馆藏。

按：此仅著录作者所藏拓片目录，包括拓片名称、年代、书体（正书、唐梵等），并记拓片内容所反映的地点。

五百经幢馆碑目不分卷　史部金石类

(1) 稿本，南京图书馆藏。

(2) 燕京大学抄本，北京大学图书馆藏。

(3)《南京图书馆藏稀见书目书志丛刊》本。

按：此为叶昌炽收藏碑刻目录。

五百经幢馆唐志跋1卷　史部金石类

稿本，上海图书馆藏。

按：这是叶昌炽为自己所藏唐志撰写的提要，包括《汤君夫人伤氏墓志》（永徽二年）、《张懿墓志》（永淳二年）、《李从征墓志》（大中五年）、《比丘尼广惠墓志》（大中十一年）等。考订极为翔实。

史学讲义　史部史评类

见《民国人物小传》，云光绪三十三年，应江苏巡抚陈启泰之聘，任学古堂史学总教习，为诸生编写此书。

辛白簃诗讔3卷　集部别集类

(1) 稿本，2卷，上海图书馆藏。

(2) 1923 年刻本，南京图书馆藏。

(3)《清代诗文集汇编》本，影印刻本。

奇觚庼文集 3 卷文外 1 卷　集部别集类

(1) 1921 年吴县潘氏刻本，上海图书馆藏。

(2)《清代诗文集汇编》本，影印 1921 年刻本。

(3)《续修四库全书》本。

奇觚庼诗集 3 卷前集 1 卷遗词 1 卷补遗 1 卷　集部别集类

(1) 1926 年刻本，上海图书馆藏。

(2)《续修四库全书》本，影印 1926 刻本。

(3) 2017 年广陵书社出版《民国诗集选刊》本。

(4)《清代诗文集汇编》本。

文选注引不分卷　集部总集类

稿本，苏州博物馆藏。

奇觚庼词　集部词曲类

见《全清词钞》卷 36，并收其词 1 首。

湖海诗文传续　集部诗文评类

见《吴县志·艺文考三》。

缘督庐遗书　丛书类

民国苏州文学山房汇印本，复旦大学图书馆藏。

按：汇印《藏书纪事诗》《语石》《寒山寺志》《奇觚庼文集》《辛臼簃诗讔》《邠州石室录》6 种。

段淡庐丛稿　丛书类

清叶昌炽辑

稿本，上海图书馆藏。

按：皆魏晋六朝地志，上海图书馆目录作《缘督庐丛稿》。

缘督庐秘乘 15 种　丛书类

清叶昌炽辑

(1) 丁敦甫抄本，存 3 种，浙江图书馆藏。

(2) 抄本,扬州大学图书馆藏。

(3) 泰州新华书店古旧部传抄本。

按:汇钞时人记述咸丰战乱之书。

按:以上两种子目从略。

曹沧洲(1849—1931)

名元恒,字智涵,号沧洲,晚号兰雪老人。清末民初苏州人,居阊门西街。祖云洲,父承洲,累代行医,医术医德誉满吴中。沧洲幼承庭训,弃举业而习医,博涉经方,辩证精确,处方灵巧,治多良效。尤擅时症,效法叶天士。于贫民则给药送诊,居心仁厚。光绪三十三年(1907),南京制军保荐与陈莲舫入京为帝治病,名重清宫。翌年告归,谢绝诊事。

御医曹沧洲医案秘本2卷　子部医家类

门人屠锡淇编

1924年江左书林石印本,上海图书馆藏。

曹氏外科医案1卷　子部医家类

民国陈绍融抄本,绍兴图书馆藏。

曹沧洲医案　子部医家类

稿本,苏州中医院图书馆藏。

救急便览1卷　子部医家类

民国苏城虹桥高义泰铅印本,浙江图书馆藏。

戒烟有效无弊法　子部医家类

内科医案二集　子部医家类

以上2种见1963年《上海中医药杂志》董雪帆《曹沧洲先生医学经验简介》。《内科医案》董雪帆编,未梓行。

御医请脉详志　子部医家类

抄本,上海中医药大学图书馆藏。

按:此书乃光绪三十四年御医曹沧洲、陈莲舫诊疗脉案、药方。

孙真人备急千金方30卷　子部医家类

唐孙思邈撰　清张璐衍义　席世臣校　曹智涵校正

1915年江左书林石印本，绍兴图书馆藏。

何鸿舫曹智涵方案真迹　子部医家类

清何长治撰、曹元恒撰

稿本，苏州中医院图书馆藏。

钱嘉谟(1849—1932)

字远甫。清末民初元和郭巷人。鼎父。县庠生。性孝友，服膺宋儒性理之书，能身体力行。又好施乐善，戚里间有求必应。

养余轩吟草1卷　集部别集类

稿本，复旦大学图书馆藏。

冯世澂(1850—1917)

字澈源，号伯渊，一号郊孙。清末民初吴县人。桂芬孙，芳缉长子。附贡生。与钱人龙、费廷璜等同肄业于正谊书院。经义、小学、诗古文辞皆精，尤研数理，人称校郊先生。

冯氏家谱不分卷　史部传记类

清冯智懋修　冯世澂等续修

抄本，冯氏后人私藏。

读段注说文解字日记1卷　经部小学类

《学古堂日记》本。

说文部首歌1卷　经部小学类

清冯桂芬撰　冯世澂案

见“冯桂芬”条。

读说文述13卷六书偏旁通考□□卷说文义辨□□卷　经部小学类

稿本，存《读说文述》1—13、《六书偏旁通考》卷2、《说文义辨》卷1—2，上海图书馆藏。

考定文字议疏证不分卷　经部小学类

稿本，南京图书馆藏。

如积蒙求 2 卷附和较开方式 1 卷　子部历算类

清光绪二十二年(1896)冯氏校邠庐刻本，苏州图书馆藏。

读郿簃算稿 4 种　子部历算类

清光绪二十八年刻本，南京图书馆藏。

按：包括《如积蒙求》2 卷、《和较开方式》1 卷、《笔算蒙求》1 卷、《方程天元术》2 卷。

两元钩要　子部历算类

开方钥　子部历算类

弧矢补草图解　子部历算类

以上 3 种见《冯氏族谱》。

笔花医镜增补　子部医家类

清冯世澂增补　汪可纕续增

稿本，北京大学图书馆藏。

张武镛(1850—?)

字知笙。清末民初吴县东山人。文均次子。在沪行商，通大义，性刚直。历任上海钱业公会会长、洞庭旅沪同乡会会长、上海总商会议员等职。在乡修筑道路，兴建学校，乡民德之。

东山张氏族谱 1 卷　史部传记类

(1) 1917 年铅印本，上海图书馆藏。

(2) 抄本，上海图书馆藏。

张公平甫(张文均)哀挽录不分卷　史部传记类

张武镛编

1917 年铅印本，上海图书馆藏。

郑子振

近吴县东山人。

集善录 2 卷　子部医家类

见《中医人物词典》。

按：上海藏佚名《集善录》一种，存卷上，1921 年铅印本，不知即此书否。

经验良方　子部医家类

1918 年大昌元铅印本，中国中医科学院图书馆藏。

按：此书即《集善录》第 2 卷。

黄寿南(1851—1914?)

名福申，号心梅、沁梅。近吴县人。精研医药，复工书法，访求名医遗书方案，手自抄辑，并自撰妇、喉、伤寒等科。

七家诊治伏邪方案　子部医家类

清抄本，南京图书馆藏。

黄寿南抄辑医书二十种　子部医家类

抄本，中国中医科学院图书馆藏。

好瘘遗书　子部医家类

清顾苍竹撰

黄寿南抄本，中国中医科学院图书馆藏。

纪效新书 2 卷　子部医家类

清黄堂撰

黄寿南抄本，中国中医科学院图书馆藏。

心太平轩医案　子部医家类

清徐锦撰

黄寿南抄本，中国中医科学院图书馆藏。

圣济方案　子部医家类

清王士雄编

黄寿南抄本，中国中医科学院图书馆藏。

汪凤藻(1851—1918)

字云章,号芝房。近元和人。先后入广方言馆、京师国文馆学习。光绪九年(1883)进士。授翰林院编修。后任驻德驻俄参赞、出使日本国大臣、上海南洋公学总办、翰林院侍讲、日讲起居注官等。

中外政治类编 15 卷　史部政书类

清光绪二十五年上海图书集成印书局铅印本,宁波市图书馆藏。

富国策 3 卷　史部政书类

(英)法思德撰　丁韪良、汪凤藻译

(1) 清光绪六年同文馆铅印本,嘉兴市图书馆藏。

(2) 清光绪二十五年上海美华馆铅印本,绍兴图书馆藏。

(3) 清光绪二十八年鸿宝书局石印本,国家图书馆藏。

公法便览 4 卷总论 1 卷续 1 卷　史部政书类

(英)法思德撰　丁韪良译　汪凤藻删

清光绪三年铅印本,上海图书馆藏。

中国古世公法 1 卷　史部政书类

丁韪良撰　汪凤藻译

清光绪二十三年慎记书庄石印本,河南大学图书馆藏。

英文举隅　子部杂学类

汪凤藻译

清光绪五年铅印本,国家图书馆藏。

海东酬唱集 1 卷　集部总集类

汪凤藻辑

稿本,北京大学图书馆藏。

吴荫培(1851—1931)

字树百,号颖芝、云庵、平江遗民。近吴县人。恩熙子。光绪十六年(1890)进士第二人。授翰林院编修。后历官京兆、礼部、福建乡试考官。曾自费至日本考察，回国后，上女子师范幼稚园、水产农林讲习所、试验场、银行储蓄、戏剧改良五事疏，为清廷采纳。后任廉州、潮州、镇远府事。辛亥革命后息影家园，任吴县普济堂董事。民国间编《吴县志》，任总纂之一。喜鉴藏书画，遨游山水。

吴荫培日记不分卷　史部传记类

稿本，光绪二十六年、三十二年至三十三年，苏州博物馆藏。

平江吴氏两代孝子画象征题汇录6卷首1卷　史部传记类

吴荫培辑

1924年吴县吴氏刻本，无锡市图书馆藏。

同治庚午科大同年齿录不分卷　史部传记类

吴荫培辑

清光绪三十二年吴氏京师刻本，北京大学图书馆藏。

吴中保墓会戊午六月前报告1卷　史部地理类

吴荫培辑

1918年铅印本，苏州图书馆藏。

按：民国初，吴地盗墓成风。吴荫培感于遗迹破坏、文物流失，遂于1915年秋与同人捐资创立“吴中保墓会”。吴荫培与吴中保墓会对吴县境内无主墓地编号立碣、丈量绘图，责成地保督同守坟人守护，众多名人古墓赖以全存。此报告共二十篇，内容包括吴县境内试办保墓会简章、吴中保墓会续议章程十四则（民国六年）、吴中试办保墓会记等。吴中保墓会续议章程十四则包括推广、大纲、调查、保护、责任、告发、调和、便利、限制、防弊、经济、名墓、职（会）务事务所、附则等项。

吴中保墓会十年报告录1卷　史部地理类

吴荫培辑

1925年铅印本，苏州图书馆藏。

按：1918年，吴中保墓会就民国四年至民国七年三年间收支曾有报告录刊行。此本据以重订，续增民国七年至民国十四年七年间的有关内容。

吴县冢墓志2卷　史部地理类

吴荫培辑　李根源补

1931年铅印本，苏州图书馆藏。

按：此为民国《吴县志》卷四十、卷四十一抽印本。1918年修《吴县志》时，吴荫培为总纂之一，其所纂墓志一门收入志书。1931年春，吴荫培逝世，李根源继任为总纂，又对墓志一门进行了增补。吴中保墓会为了稽查方便，请《吴县志》修志局抽印该部分，先行印行。

(民国)吴县志80卷　史部地理类

曹允源、吴荫培等纂修

(1) 1932年江苏省立苏州图书馆铅印本，苏州图书馆藏。

(2)《中国地方志集成》本。

丙午东游杂诗(版心作岳云庵诗存)1卷丙午扶桑游记(版心作岳云庵杂著)3卷附文存　集部别集类

清刻本，苏州图书馆藏。

按：文存包括《出洋游历回国奏折》《东游归国致都门诸友书》《庚戌新安游录》诸篇，无卷次，版心题"文存"。

西山游记1卷　集部别集类

民国抄本，苏州图书馆藏。

岳云庵词稿不分卷　集部别集类

1925年抄本，国家图书馆藏。

岳云庵诗钞22卷　集部别集类

1943年合众图书馆据吴氏原稿抄本，上海图书馆藏。

义门先生集12卷附录1卷弟子姓氏录1卷家书4卷　集部别集类

清何焯撰　韩崇等辑　《家书》吴荫培辑

清宣统元年(1909)平江吴氏刻本，上海图书馆藏。

管礼秉(1851—1932)

官名邵炳，字钧若，号衡甫。近吴县人。遵模次子。监生。同治四年(1865)在德州行营,襄理文牍、差遣、粮台事,保举为五品花翎。

吴县管氏宗谱不分卷　史部传记类

管礼墀、管礼秉纂修

1920年管氏癖斯堂铅印本,苏州图书馆藏。

顾有梁(1851—?)

字申伯,号虹玉,又号器之。近元和人。同治六年(1867)解元。

四书义论文汇述2卷　经部四书类

清光绪十五年(1889)顾氏刻本,苏州图书馆藏。

顾有梁乡试硃卷　集部别集类

清刻本,南京图书馆藏。

徐翥先

字鹓清,一作畹青,号劲松。近吴县香山人。年未冠,补博士弟子员。小学诗赋为紫阳、正谊两书院山长所激赏,然累荐不售。与修《吴县志》,志成已亡。

碧落碑字释　经部小学类

读资治通鉴日记　史部编年类

以上2种见《吴县志·杂记二》,云未刊。

香山小志不分卷　史部地理类

(1) 稿本,南京图书馆、上海图书馆藏。

(2) 清稿本,苏州图书馆藏。

(3) 抄本,13卷,国家图书馆藏。

(4)《中国地方志集成》本。

路髓　子部杂学类

蛾术轩诗文集　集部别集类

以上2种见《吴县志·杂记二》,云未刊。

邹福保(1852—1915)

字咏春,号芸巢,又号巢隐老人。近元和人。光绪五年(1879)举人,十二年进士。官编修、侍讲,历典江西、福建乡试。

芸巢书目　史部目录类

见《吴县志·艺文考四》。

癸甲邮传印存1卷　史部金石类

邹福保辑

清光绪二十一年钤印本,苏州图书馆藏。

绅范1卷附谐说八则　子部儒学类

1912年稿本,苏州图书馆藏。

懒云主人口头禅不分卷　子部儒学类

清光绪三十四年稿本,苏州图书馆藏。

矩心丛说　子部儒学类

见《吴县志·杂记二》。

国朝名家褒孝文编不分卷　子部儒学类

稿本,苏州图书馆藏。

彻香堂经史论1卷　子部杂学类

(1) 清宣统元年(1909)存古堂铅印本,南京图书馆藏。

(2) 抄本,上海图书馆藏。

墨林群玉　子部艺术类

稿本,苏州图书馆藏。

按:此书邹福保汇辑,收录洪钧、陆润庠、吴大澂等人墨迹。

示儿诗1卷　集部别集类

见《吴县志·艺文考四》。

巢隐老人自祭文1卷呻吟语1卷自挽诗联1卷　集部别集类

1915年影印本,据稿本影印,上海图书馆藏,稿本未见。

巢隐老人诗文集　集部别集类

清石印本，南京图书馆藏。

彻香堂诗集12卷　集部别集类

民国合众图书馆抄本，据稿本抄写，上海图书馆藏，稿本未见。

芸碧巢时艺1卷　集部别集类

(1) 清光绪十一年刻本，嘉善县图书馆藏。

(2) 清光绪十三年铅印本，苏州大学图书馆藏。

邹咏春时文1卷　集部别集类

清光绪十三年石印本，苏州大学图书馆藏。

青霞仙馆古今体诗初稿　集部别集类

青霞仙馆散体文　集部别集类

听秋馆诗存　集部别集类

十玲珑山馆文集　集部别集类

十玲珑山馆诗存　集部别集类

懒云草堂文集　集部别集类

巢隐护龙集　集部别集类

自祭文　集部别集类

倩沟诗家集　集部别集类

以上9种稿本，苏州博物馆藏。

懒云草堂诗存不分卷　集部别集类

残明文賸　集部总集类

以上2种见《吴县志·杂记二》。

江苏校士馆变法课艺4卷二集2卷　集部总集类

邹福保选

清光绪二十八年镕铸书斋石印巾箱本，上海图书馆藏。

按：本选所辑，皆有关经世致治者。其题如《抵制洋货舍自行制造外，尚有何术？制造之事重合公司，中国公司宜如何振兴？各省矿务洋人视为利薮，今若各省招商设立公司，认定地段，酌量开采，藉杜外人觊觎，是否可行？试详议之，以备采择》《欧洲各国所设学校规制何国最善?》《欧洲各国地理兵要略》《中西农政异同考》《中西刑律异同考》《问:近人出使外洋,或游历各国,撰述颇夥。其最为精覈有用者何书?今欲广劝游历,令各直省府厅州县均须公举通才,就地醵资,以助旅费,其法果可行欤?若何而章程美善?试悉心筹之》。皆涉及清廷内政、外交急需解决的问题,反映了清末考试内容一定程度上的改革。试题将引导士子更多地关注社会现实问题,给传统的经世致治思想,赋予了时代的内容。邹福保序称,"读是编者,勿忘其经世之深心可也",体现了编者的期望。

读书灯不分卷　集部诗文评类

(1) 清江苏存古学堂铅印本,苏州图书馆藏。

(2) 武进石仓簃铅印本,南京图书馆藏。

文钥2卷　集部诗文评类

(1) 清宣统元年江苏存古学堂铅印本,苏州图书馆藏。

(2) 抄本,南京图书馆藏。

徐寿兹(1852—1917)

原名谦,字受之,一字袖芝,号亢庵。近元和人。光绪五年(1879)举人,官河南上蔡、许州知州。

豫南水利卮言1卷学治识端1卷　史部地理类

清光绪二十七年大梁刻本,上海图书馆藏。

学治识端续编2卷补1卷　史部政书类

1926年吴门徐氏刻本,苏州图书馆藏。

亢庵遗稿2卷　集部别集类

(1) 1932年铅印本,诗1卷、词1卷,上海图书馆藏。

(2) 抄本,苏州图书馆藏。

济游词钞1卷　集部词曲类

1916年铅印本,南京图书馆藏。

亢艺堂词　集部词曲类

见《吴县志·艺文考二》

按:《全清词钞》卷35,并收其词2首。

邹嘉来(1852—1921)

字孟方,号紫东、遗庵。近吴县人。光绪十二年(1886)进士。官礼部主事、总理衙门章京、外务部庶务司主事、外务大臣、国务大臣、弼德院副院长等。辛亥革命后,避居青岛。1921年死于苏州寓所。

遗庵日记不分卷　史部传记类

稿本,1912—1914年,上海图书馆藏。

怡若日记不分卷　史部传记类

稿本,清光绪三十四年至宣统二年(1910),上海图书馆藏。

金文梁(1852—?)

字养知,号企桥,别号倚雪。近元和人。宝树子。光绪十五年(1889)举人。

周易郑注辑　经部易类

尚书郑注辑　经部尚书类

诸经丛说　经部群经总义类

读史杂录　史部史评类

一切经音义引书目　史部目录类

倚雪庐诗草　集部别集类

抗虹轩词草　集部词曲类

以上7种见《清代硃卷集成》"金文梁"条。

鴂鸣馆诗稿　集部别集类

稿本,见《吴县志·艺文考二》,云"藏于家"。

蝴蝶诗三百六十首1卷　集部别集类

(1) 清光绪刻本,苏州图书馆藏。

(2) 清抄本,题《蝴蝶诗三百首》,国家图书馆藏。

鸫鸣馆词集 2 卷　集部词曲类

稿本，见《吴县志·艺文考二》，云“藏于家”。

倚雪山房鹈鴂词 3 卷　集部词曲类

稿本，不详藏处，见《清词序跋汇编》，金文梁自序，朱祖谋跋。

按：《全清词钞》卷 29 收其词 2 首。

徐毓骏(1852—?)

字遹声，号桐盦、月声。近吴县木渎人。光绪二年(1876)举人。

医学真原　子部医家类　佚

伤寒录要　子部医家类　佚

以上 2 种见《清代硃卷集成》“徐毓骏”条。

江　衡(1852—?)

幼名善宜，字霄纬。近元和人。标兄，熹父。光绪二十年(1894)进士。选庶吉士。知陕西城固县。民国间，任苏州府官立中学监督、元和县官立高等小学堂校长、师范传习所经理等职。博综旧闻、贯通新学、素精算学。晚年侨居无锡，年 75 犹在世。

人道须知 8 卷　子部儒学类

1930 年无锡荣宗铨铅印本，上海图书馆藏。

溉斋算学 5 种 7 卷　子部历算类

清光绪十四年至二十六年元和江氏一溉斋刻本，上海图书馆藏。

子目：

《学计韵言》1 卷(另有《算学丛钞》本、《牖蒙丛编》本)

《句股演代》2 卷(另有《南菁书院丛书》本、《算学丛钞》本)

《纵方备证》1 卷

《对数浅释》1 卷

《垛积解义》2 卷

算学理 9 卷附 1 卷　子部历算类

(英)棣麽甘撰　(英)傅雅兰口译　赵元益笔述　江衡、沈善蒸校算

《江南制造局丛书》本。

勾股朴说1卷　子部历算类

见《清代硃卷集成》“江衡”条。

天算策学通纂10卷　子部历算类

(1) 清光绪十四年上海书局石印本,中国人民大学图书馆藏。

(2) 清光绪十五年积山书局石印本,上海图书馆藏。

(3) 清鸿宝斋石印本,绍兴图书馆藏。

(4)《中西新学大全》本。

中西天文算学问答10卷　子部历算类

清光绪二十二年积山书局石印本,上海图书馆藏。

算式集要4卷　子部历算类

(英)哈司韦著　(英)傅雅兰口译　江衡笔述

(1)《江南制造局丛书》本。

(2)《测海山房中西算学丛刻》本。

(3)《西学富强丛书》本。

锌印法1卷　子部杂学类

见《学计韵言》序。

按:《清代硃卷集成》“江衡”条作《锌影法》。

溉斋杂识3卷　子部杂学类

1925年铅印本,上海图书馆藏。

溉斋诗存3卷附诗钟1卷　集部别集类

1925年铅印本,上海图书馆藏。

霄纬诗文集　集部别集类

见《吴县志·艺文考四》。

曹福元(1853—1920)

原名元荚，字邃翰，号再韩，清吴县人。维坤孙，元弼兄。光绪九年(1883)进士。改庶吉士，授编修。充广西、山西正考官。补河南开归陈许道，治河有成。宣统元年(1909)，调南汝光淅道。辛亥革命后，不复出。

桂轺纪程集1卷秦晋封轺集1卷西泠纪事集1卷　集部别集类

清光绪刻本，上海图书馆藏。

花萼交辉集8卷　集部别集类

清光绪至民国刻本，国家图书馆藏。

按：包括《邃庵类稿》4卷、《公牍存稿》1卷、《代言稿》1卷、《经进稿》1卷、《馆赋存稿》1卷。

徐新周(1853—1925)

或作星舟、星洲、星周。近吴县人。室名藕花庵。吴昌硕弟子。

藕花盦印存　子部艺术类

见《江苏印人传》，云刊于1918年，有吴昌硕序。未见。

徐星洲印存五集　子部艺术类

民国宣和印社钤印本，天一阁藏。

马文苑(1853—?)

字兰台，号蔼香。近长洲人。铭子，嗣钊。光绪八年(1882)举人。

蔼香词　集部词曲类　佚

见《全清词钞》卷38，并收其词1首。

钦其宝(1853—?)

字钰如，一字觉迟，晚号澹庵。近吴县人。庠生。贡中书，加四品衔。

钦氏世系考1卷　史部传记类

清宣统元年(1909)铅印本,上海图书馆藏。

钦氏遗谱不分卷　史部传记类

稿本,上海图书馆藏。

陆文泰(1853—?)

字岱峰。近吴县人。

包山后埠支陆费氏支谱不分卷　史部传记类

陆文泰等辑

清同治十二年(1873)刻本,日本国会图书馆藏。

按:《中国家谱总目》著录如此,谱成时文泰仅20岁,疑有误,待考。

潘常翰

字瀛士。近吴县人。1934年尚为洞庭王氏作《苏城家祠记》。

粤峤吟草杂稿　集部别集类

稿本,见《乡志类稿·艺文》。

韩庆澜

原名宝英,号九兰。近长洲人。附贡生。云骏父。宣统二年(1910)七月,曾与苏绍柄、蔡廷恩等人在苏州阊门外渡僧桥四隅发起组织市民公社。

汉书地理志考证　史部地理类　佚

医书辨几　子部医家类　佚

以上2种见《清代硃卷集成》"韩云骏"条。

郑鼎元

字勋伯。近元和人。附生。

读毛诗日记不分卷　经部诗经类

《学古堂日记》本。

叶梦熊(1854—1913)

原名哲惠，谱名祥惠，更名梦熊，字祉繁，号子范。近吴县东山人。宣统元年(1909)恩科举人。任桃源、沛县训导。辛亥革命后，息影家居。

点易山房文集　集部别集类

见《乡志类稿·人物》。

汪凤瀛(1854—1925)

字志澄，号荃台。近吴县人。文采学望，称道一时。章炳麟为作墓志。

救亡论　子部杂学类

1918 年尚古山房石印本，上海图书馆藏。

吴郁生(1854—1940)

字蔚若，号钝斋。近元和人。廷琛孙。光绪三年(1877)进士。授翰林院编修。历官四川学政、邮传部左侍郎、军机大臣、弼德院顾问大臣等。辛亥革命后，避居青岛。

陆文端公(陆润庠)行状　史部传记类

1915 年刻本，浙江图书馆藏。

洞泾吴氏支谱不分卷　史部传记类

(1) 清光绪二年刻本，辽宁图书馆藏。

(2) 1915 年木活字印本，吉林大学图书馆藏。

黄曾源行状　史部传记类

1936 年铅印本，浙江图书馆藏。

东莱祥斋赵公(赵连吉)墓表　史部传记类

民国石印本，国家图书馆藏。

徐　銮(1854—?)

谱名廷衔，字凤书，号子丹。近吴县人。光绪二十年(1894)进士。官内阁中书，山东知县。曾参与校正汪绂《医林纂要探源》。

辛丑日记不分卷　史部传记类

台北《近代中国史料丛刊》影印本。

按：此据稿本影印，稿本旧藏沈云龙处。记光绪二十七年宦游山东省垣事。

张正芳(1854—?)

近长洲人。世居山塘薛家湾。

极乐世界经歌1卷　集部词曲类

民国铅印本，国家图书馆藏。

消闲山歌(一名正芳民歌集)不分卷　集部词曲类

(1) 1928年苏州文新印刷公司铅印本，苏州图书馆藏。

(2) 1929年文瑞楼石印本，复旦大学图书馆藏。

(3) 1931年文瑞楼石印本，浙江图书馆藏。

玉历室宝钞劝世文宝卷1卷　集部词曲类

1926年文瑞楼石印本，复旦大学图书馆藏。

看破世界山歌　集部词曲类

1925年铅印本，国家图书馆藏。

王大纶

字毓仙。近吴县人。光绪岁贡生。曹元弼治经，多与之商榷，及刊《孔经校释》，大纶为之雠校。好《资治通鉴》，采缉群言，参互正史，钩稽得失，积20余年成帙。

资治通鉴校述294卷　史部编年类

王氏学礼斋誊清稿本，复旦大学图书馆藏。

按：《吴县志》卷66下本传云“稿本存元弼家”。

括地志补辑1卷附考异　史部地理类

王大纶辑　曹元忠校注

稿本，复旦大学图书馆藏。

盛弘之荆州记佚文1卷　史部地理类

王大纶、曹元忠辑

稿本，复旦大学图书馆藏。

祝　氏

字梅君，号瑶华仙史。近吴县人。崇明童叶庚妻，怀真子垂绅次女。工诗画。童氏光绪间卜居吴门城西朱家园。

益智字图　子部儒学类

(1) 清光绪十一年(1885)刻本，南京图书馆藏。

(2) 1933年上海商务印书馆石印本，南京图书馆藏。

按：续童叶庚《益智图》，共120幅字。

读词稿　集部词曲类　佚

见徐澂《卓观斋脞录》。

杭祖良(1855—1918)

号筱轩。近元和人。曾任吴县城市董事会代理总董、苏州总商会董事、全国商会联合会苏州支部长。

筱轩先生遗文1卷遗诗1卷哀挽录1卷　集部别集类

1919年铅印本，苏州图书馆藏。

王同愈(1855—1941)

字文若，一字栩缘，号胜之。近元和人。光绪十五年(1889)进士。官湖北、江西学政。辛亥革命后，隐居上海。长于算术。

说文检疑不分卷　经部小学类

民国合众图书馆抄本，上海图书馆藏。

按：此书后改名《小篆疑难字字典》，由上海书画出版社出版。

栩缘日记 2 卷　史部传记类

1942 年合众图书馆抄本，叶景葵跋，上海图书馆藏。

按：清光绪十九年至二十九年、三十四年。

校士算不分卷　子部历算类

王同愈辑

清光绪二十六年湖北督学使署刻本，上海图书馆藏。

栩缘画集不分卷　子部艺术类

1944 年影印本，上海图书馆藏。

朱柏庐治家格言　子部艺术类

王同愈书

(1) 1917 年苏州上艺斋石印本，中山大学图书馆藏。

(2) 1927 年三友实业社石印本，平湖市图书馆藏。

栩缘随笔 1 卷　子部杂学类

民国合众图书馆抄本，上海图书馆藏。

栩栩盦遗著 2 种　子部杂学类

1942 年合众图书馆抄本，上海图书馆藏。

王同愈集　集部别集类

顾廷龙辑

1998 年上海古籍出版社出版。

吴献书(1855—1944)

字鹤年。近吴县人。东吴大学毕业，并留校任教。翻译家。

最新欧洲史　史部杂史类

杰克逊撰　吴献书译

1934 年中华书局铅印本，国家图书馆藏。

社会论　史部政书类

(英)柯尔撰　吴献书译

1922 年上海商务印书馆铅印本,国家图书馆藏。

理想国 2 卷　史部政书类

(古希腊)柏拉图撰　吴献书译

1920 年上海商务印书馆铅印本,国家图书馆藏。

英文汉译的理论与实际　子部杂学类

1939 年开明书局铅印本,国家图书馆藏。

英语正误自修册答案　子部杂学类

1934 年商务印书馆铅印本,江西省图书馆藏。

初中英文背诵文选　子部杂学类

1933 年普及出版社铅印本,国家图书馆藏。

初级英文法英作文合编　子部杂学类

1917 年上海商务印书馆铅印本,国家图书馆藏。

高等小学英文新读本　子部杂学类

1917 年上海商务印书馆铅印本,国家图书馆藏。

中学实用英文读本　子部杂学类

1920 年上海商务印书馆铅印本,江西省图书馆藏。

实验英文文法读本　子部杂学类

1930 年世界书局铅印本,国家图书馆藏。

英语文学入门　子部杂学类

1929 年上海商务印书馆铅印本,浙江图书馆藏。

英语正误详解　子部杂学类

1934 年上海商务印书馆铅印本,浙江图书馆藏。

科学之将来　子部杂学类

杰克逊撰　吴献书译

1931 年上海商务印书馆铅印本,国家图书馆藏。

蒋德骅(1855—?)

原名德润,字如愿,号树臣。近吴县人。连璧孙,清培子。

娄关蒋氏本支录右编 12 卷首 1 卷末 1 卷　史部传记类

蒋清培、蒋德骅等纂修

清光绪三十一年(1905)刻本,苏州大学图书馆藏。

贝允章

字光泽,号赋琴。清吴县人。居桃花坞,年少入泮,后习医,以儒医自鸣。

按:此据《吴中名医录》著录,疑有误。考《吴中贝氏族谱》有贝允章,毓梅四子,原名受豫,字立诚,号意琴,咸丰五年(1855)生,光绪元年(1875)恩科举人,疑即此人;《吴县志》亦作意琴,《国朝三邑诸生谱》作倚琴,音近。号赋琴者,乃毓梅长子贝福保,原名受谦,字申之,见《族谱》。

淑纪轩日记不分卷　史部传记类

稿本,题意琴氏撰,光绪五年至七年,上海图书馆藏。

医经序跋　子部医家类

抄本,见《全国中医图书馆藏书卡片》。

运气疏证　子部医家类

抄本,南通大学医学院图书馆藏。

朱锦绶

字建侯。近吴县人。光绪二十八年(1902)举人。官山东候补知县。

汉书识小 1 卷学古堂读汉书日记 1 卷　史部正史类

清光绪二十六年师竹亭抄本,上海图书馆藏。

读史记日记 1 卷读汉书日记 1 卷　史部正史类

《学古堂日记》本。

东国观学记 1 卷　史部政书类

朱锦绶等撰

清宣统元年(1909)江苏学务公所铅印本,上海图书馆藏。

读书随笔 1 卷　子部杂学类

清光绪十六年抄本,上海图书馆藏。

七十家赋抄 6 卷札记 6 卷　集部总集类

清张惠言辑　《札记》朱锦绶撰

清光绪二十三年江苏书局刻本,上海图书馆藏。

秦炳直

字子质。近吴县人,湘潭籍。簧子。端重明敏,博览群书。光绪元年(1875)举于乡。官京曹 10 余年,后署福州知府、江西按察使。卒年 83。

秦鹿笙行述 1 卷　史部传记类

清光绪十六年刻本,上海图书馆藏。

按:簧字鹿笙。

湘潭节义贺张氏传表并征诗 1 卷　史部传记类

赵启霖、秦炳直辑

1918 年刻本,湖南省图书馆藏。

湘潭重修陈孝子墓记　史部传记类

秦炳直撰并书

1932 年文华书局影印本,湖南省图书馆藏。

习冠老人书千字文　子部艺术类

秦炳直书

稿本,湖南省图书馆藏。

簧进主人里居信札钞存不分卷　集部别集类

民国抄本,湖南省图书馆藏。

箦往居文稿 2 卷诗稿 2 卷杂著 2 卷文牍 10 卷　集部别集类

见《唐至清代湘潭人士著述目录》。

吴章澧

字伊耕。近吴县人。廪生。师事同郡名儒管礼耕、叶昌炽，自十三经、诸子史志无不析其条流，尤精《说文》、毛郑《诗》及班、范之史。

两汉韵珠 10 卷　史部史抄类

清光绪十八年(1892)吴县吴氏刻本，苏州图书馆藏。

汪远翥

字凤生。近吴县人。先后委浙江德清、仙居等地知县，皆不就。

琴韵生香室随笔　子部杂学类

楚游诗草　集部别集类

北征诗草　集部别集类

龙江游记　集部别集类

以上 4 种见《瞻麓图题辞初刊》卷 2。

唐再丰

字芸洲，号桃花馆主人。清元和人。

考正字汇摘要 1 卷　经部小学类

清末石印本，绍兴图书馆藏。

七剑十三侠(一名七子十三生)3 集 180 回　子部小说类

(1) 清光绪二十三年(1897)上海书局石印本，复旦大学图书馆藏。

(2) 清光绪二十七年申江书局石印本，南京图书馆藏。

(3) 清光绪三十四年上海书局石印本，浙江图书馆藏。

(4) 民国上海进步书局石印本，上海图书馆藏。

(5) 民国萃英书局石印本，12 卷 180 回，上海图书馆藏。

(6) 1922 年铸记书局石印本，南京图书馆藏。

按：演王守仁平宸濠事，侈言剑术，亦多妖异之谈。署唐芸洲。

鹅幻汇编（一名中外戏法图说）12卷附中东戏法　子部艺术类

（1）清光绪十五年姑苏桃花仙馆石印本，南京图书馆藏。

（2）清光绪十九年姑苏桃花仙馆石印本，常熟市图书馆藏。

（3）清光绪三十一年春观澜阁书局石印本，上海图书馆藏。

（4）清光绪三十二年上海书局石印本，上海图书馆藏。

（5）清光绪上海广益书局石印本，中国人民大学图书馆藏。

（6）清光绪二十年上海晋记书局石印本，苏州大学图书馆藏。

（7）1928年上海广雅书局石印本，上虞市图书馆藏。

按：此书翻本甚多，余皆从略。

算学实在易4卷　子部天文历算类

清光绪二十二年管可寿斋石印本，苏州大学图书馆藏。

写信必读10卷　集部总集类

（1）清光绪二十五年扫叶山房刻本，北京大学图书馆藏。

（2）清光绪三十年广州时雅书局刻本，澳门大学图书馆藏。

（3）清宣统三年（1911）姚文海书局石印本，绍兴图书馆藏。

（4）民国广益书局石印本，温州市图书馆藏。

（5）民国上海锦章书局石印本，绍兴图书馆藏。

（6）民国上海大北书局石印本，绍兴图书馆藏。

（7）1927年世界书局石印本，绍兴图书馆藏。

按：此书翻版甚多，或名《无师自通尺牍》，以序文为例，有署“光绪二十九年瘦梅生”者，有署“民国四年瀛园旧主施世守”者，而内容大同小异，全书亦增减不一，故举要列于上，余从略。

一笔写算全集4卷　丛书类

清光绪二十二年桃花仙馆石印本，上海图书馆藏。

曹允源（1856—1927）

字根荪，号赓笙、耕荪，又号复庵。近吴县人。元锦孙，恺业子。9

岁能成五言诗，后工骈文，继而锐志经世之学，治古文词。光绪八年(1882)举人。主讲淮南书院。十二年进士。观政兵部，由主事迁员外郎中。二十七年，出守宣化府。历守青州、徽州、襄阳。三十四年，调汉阳府，兼新堤关监督，权口北道、安襄郧荆道兵备。辛亥革命后，卜居苏州，闭门读书。1915年，任江苏省立第二图书馆(即苏州图书馆)馆长，兼任吴县修志局主任、总纂。

苏州文征乙编姓氏小传1卷　史部传记类

《江苏人物传记丛刊》本。

按：作者编《苏州文征乙编》书前有姓氏小传，以曹氏之精熟吴地文献，寥寥数十字，其人事迹昭然于世。“小传”原载《复盦外稿》卷二，《丛刊》据以影印。

汪侍读家传1卷　史部传记类

1920年刻本，苏州图书馆藏。

(宣统)吴长元三县合志稿　史部地理类

吴秀之、曹允源等纂

稿本，南京图书馆藏。

按：此书81册，实际包括三种书，即《吴长元三县合志》《吴长元三县编纂稿》《吴长元三县合志采访稿》，即民国《吴县志》之前身。

(民国)吴县志80卷　史部地理类

曹允源、李根源等纂

(1) 1933年江苏省立苏州图书馆铅印本，苏州图书馆藏。

(2)《中国地方志集成》本。

江苏省立第二图书馆书目续编6卷　史部目录类

(1) 1917年江苏省立第二图书馆刻本，苏州图书馆藏。

(2)《明清以来公藏书目汇刊》本。

按：《书目续编》收录曹允源就任馆长以后所购置之图书，共著录27514卷。1915年7月以前旧藏及新购之书未编入其中。在他所编纂的《省立第二图书馆书目续编》和《书目三编》中，于传统的经史子集丛五部外，增设了新部。在“新部”中他以实业与文学、政事并列为三类，为的是“欲学者讲求实业以为世用”。

江苏省立第二图书馆书目三编 7 卷　史部目录类

(1) 1921 年江苏省立第二图书馆刻本，苏州图书馆藏。

(2)《明清以来公藏书目汇刊》本。

按：《书目三编》收录 1917 年以后购入之图书，分为经部、史部、子部、集部、丛部、新部、赠书七卷。其中经史子集四部图书断自 1919 年秋，丛新二部图书断自 1920 年春季。全部图书为 44774 卷。赠书亦分六部，共 3159 卷。

淮南杂著 2 卷　子部杂学类

清光绪十七年刻本，苏州图书馆藏。

复庵外稿不分卷　集部别集类

稿本，上海图书馆藏。

壬戌丛稿不分卷　集部别集类

稿本，北京大学图书馆藏。

复庵文集 23 卷　集部别集类

清光绪至民国刻本，苏州图书馆藏。

按：包括《鬻字斋诗略》4 卷《诗续》1 卷、《复庵类稿》8 卷《续稿》4 卷《外稿》2 卷、《复庵公牍》4 卷。

苏州文征甲编□□卷　集部总集类

见张一麐《曹允源墓志铭》。

苏州文征乙编 24 卷　集部总集类

稿本，苏州图书馆藏。

按：曹氏擅长骈文，因取各家骈体汇成此编，初名《吴中骈体文录》，后改今名。所选作者包括顾炎武、汪琬、叶昌炽等 66 人，皆有小传。

复庵友朋往来函牍不分卷　集部总集类

稿本，南京图书馆藏。

严国芬(1856—1927)

字德周,号吾馨,又号愚庵,晚号璞叟。近吴县东山人。光绪二十二年(1896)岁贡。

读左鉴古录　经部春秋左传类　佚

愚庵诗文草　集部别集类　佚

以上2种见《东山镇志》。

沈维𫘤(1856—?)

字季调,号子良,别号资谅。近吴县人。宝谦子。光绪十四年(1888)举人。曾任江苏通志局协纂。1914年,呈请江苏巡按使韩国钧在沧浪亭可园筹办图书馆。九月,图书馆开馆,定名江苏省立第二图书馆(今苏州图书馆前身),维𫘤任首任馆长,次年辞职。

江苏学校志2卷　史部政书类

稿本,南京图书馆藏。

江宁扬州府学堂志1卷　史部政书类

稿本,南京图书馆藏。

海粟子初存文1卷续存文1卷　集部别集类

1915年京华印书局铅印本,上海图书馆藏。

周邦翰(1856—?)

原名德闲,字文川,号季谦。近吴县东山人。光绪五年(1879)举人。官江西上饶知县,候选知府。

洞庭东山周氏支谱不分卷　史部传记类

1916年石印本,上海图书馆藏。

陆雨盦

近长洲人。执教崇辨蒙塾。

吴郡地理志要1卷　史部地理类

清光绪崇辨蒙塾刻本，苏州图书馆藏。

钮嘉荫(1857—1915)

字叔闻，号闻叔。近吴县人。精鉴别，工书、篆刻及金石考证，真草篆隶，均能入古。山水初宗王翚，后泛滥元、明及清初诸大家，苍润古秀，几自成家。临摹古迹，尤为精绝。间写花卉草虫，亦有韵致。

结古欢室印存　子部艺术类　佚

见《清代毗陵书目》卷3。

陈恩梓(1857—1923)

字伯材。近吴县人。廪生。出使美国，保举同知。后任江南水利局委员。

读通鉴日识2卷　史部编年类

见《吴县志·杂记二》。

申瀇元(1857—?)

字商音，号辛篁，又号稊巢。近元和人。光绪十七年(1891)举人。官福建罗源知县。

读毛诗日记不分卷　经部诗经类

《学古堂日记》本。

蛰吟草1卷　集部别集类　佚

见《吴县志·杂记二》。

彭文杰

字小和，号汉三。近吴县人。国学生。同知衔。安徽试用知县。

彭氏宗谱12卷首1卷　史部传记类

彭文杰修　彭钟岱纂

1922年衣言庄刻本,国家图书馆藏。

程增瑞(1858—?)

字觐岳。近吴县人。

吴郡程氏支谱6卷　史部传记类

清程增瑞等纂修

清光绪三十一年(1905)成训义庄木活字印本,苏州图书馆藏。

林履庄(1858—?)

字康甫。近吴县人。希祖子。光绪二十年(1894)举人。

鉴园主人年谱(又名至山年谱)1卷　史部传记类

林履庄编

清光绪十三年大梁刻本,国家图书馆藏。

按:此乃其父希祖年谱。

又:北京大学图书馆藏《明伦辑要》(光绪三十二年铅印本)、《试场新则》(光绪二十四年刻本)两种,皆署林履庄撰,是否即康甫,尚待考。

徐德原

近长洲人。景章子。

重刻劲节楼图纪3卷首1卷末1卷　史部传记类

徐德原辑　诸福坤、查德基编

清光绪十年(1884)枫江徐氏刻本,苏州大学图书馆藏。

按:纪德原母陆氏苦节。

马平章

近吴县人。

吴县马氏家谱2卷　史部传记类

清宣统元年(1909)稿本,上海图书馆藏。

张炳翔(1859—1932)

原名翔，字叔鹏，号讷人、忍庵、六恨词人、养济老人、病羊、仪凤楼主人等。清长洲人。光绪十九年(1893)举人。精研《说文》，有著述多种。家世医学，曾创办张养济制药所，为民众施送丸药。

春秋考 16 卷　经部春秋总义类

宋叶梦得撰　张炳翔校

清抄本，苏州图书馆藏。

春秋三传分类集说　经部春秋总义类

四书故训目录　经部四书类

以上 2 种稿本，苏州图书馆藏。

四书辨释备考　经部四书类

清叶廷琯撰

张炳翔抄本，苏州图书馆藏。

经义考目　经部群经总义类

仪许庐经义丛录 12 卷　经部群经总义类

皇清经解正讹　经部群经总义类

以上 3 种稿本，苏州图书馆藏。

说文解字　经部小学类

汉许慎撰

说文统释自序　经部小学类

清钱大昭撰

说文引经考异 16 卷　经部小学类

清柳荣宗撰

说文辨字正俗　经部小学类

清李富孙撰

说文解字述谊 2 卷　经部小学类

清毛际盛撰

说文逸字附辨证　经部小学类

　　清郑珍撰

　　以上6种张炳翔抄本，苏州图书馆藏。

文选古字通疏证补　经部小学类

说文古本续考　经部小学类

　　以上2种见《清代硃卷集成》“张炳翔”条。

重订虚字韵薮6卷　经部小学类

许学文钞16卷　经部小学类

说文篆汇12卷续12卷　经部小学类

说文易检　经部小学类

说文统系图识　经部小学类

说文经典异字通义　经部小学类

说文段桂筌6卷　经部小学类

许学考　经部小学类

说文段注检字4卷　经部小学类

说文答问疏证目录4卷　经部小学类

宋本说文解字韵谱校勘记　经部小学类

小学考目　经部小学类

说文统检二易稿　经部小学类

经义述闻附见目录　经部小学类

　　以上14种稿本，苏州图书馆藏。

汉书集注引书目　史部正史类

　　清丁泳之辑

通鉴触绪　史部编年类

　　清易佩绅辑

　　以上2种清张炳翔抄本，苏州图书馆藏。

改元考同　史部编年类

历代史论萃编　史部史评类

忍庵读史纪闻16卷　史部史评类

以上3种稿本，苏州图书馆藏。

苏州张氏家谱4卷　史部传记类

稿本，上海图书馆藏。

二十四史纪传目　史部目录类

稿本，苏州图书馆藏。

四库书目　史部目录类

玉函山房辑佚书目　史部目录类

以上2种张炳翔抄本，苏州图书馆藏。

仪鄦庐所藏本书目　史部目录类

见王謇《续补藏书纪事诗》“张炳翔”条，云文孙辛楣及曾孙熙咸编，王謇鉴定。

白虎通目录　子部儒学类

稿本，苏州图书馆藏。

治家格言绎义2卷首1卷　子部儒学类

清戴翊撰　张炳翔重刊

1916年朱锦堂铅印本，宁波市镇海区文物保护所藏。

制药闲谈不分卷　子部医家类

卫生新语4卷　子部医家类

医药丛话不分卷　子部医家类

医论不分卷　子部医家类

以上4种稿本，苏州图书馆藏。

寒星医学论稿　子部医家类

《绍兴医药学报》刊载。

按：张氏在《神州医学报》也发表多篇制药论文。

忍庵临秦会稽石刻　子部艺术类

张炳翔书

仪许庐笔记不分卷　子部杂学类

养济老人笔记旧闻 21 编　子部杂学类
淞滨见闻录 20 卷　子部杂学类
忍盦随笔不分卷　子部杂学类
寄梦庐杂钞　子部杂学类
病羊读书杂钞　子部杂学类
罪言 4 卷　子部杂学类
养疴漫录 30 卷　子部杂学类
家庭常识随录不分卷　子部杂学类
客座旧闻　子部杂学类
随园随笔目录　子部杂学类

以上 12 种稿本，苏州图书馆藏。

道德经疏 2 卷　子部道教类

张炳翔辑

稿本，苏州图书馆藏。

夹注辅教编原教要义　子部佛教类

宋释契嵩撰

清光绪张炳翔影元抄本，南京图书馆藏。

大藏经音义检目引书目　子部佛教类

见《清代硃卷集成》“张炳翔”条。

忍盦诗初稿　集部别集类
长寿砖砚室诗初稿不分卷　集部别集类
管领春风楼试律附管领春风楼笔记　集部别集类
寄梦庐诗钞　集部别集类
忍盦未定稿 12 卷　集部别集类
忍盦窗课　集部别集类
忍盦经艺偶存　集部别集类
汉晋砖研楼文稿 7 卷　集部别集类
读有用书斋文不分卷　集部别集类

汉晋砖研楼文稿 30 卷　集部别集类
忍盦诗存摘抄就正稿 2 卷　集部别集类
忍庵小题文 1 卷　集部别集类
正谊书院课卷 1 卷　集部别集类
忍盦集外文不分卷　集部别集类
忍盦诗存 20 卷　集部别集类
忍盦诗存续编　集部别集类
忍盦诗草 8 卷续编 8 卷屑泪吟 1 卷　集部别集类
孤山梦冷图 1 卷孤吟感旧集 1 卷　集部别集类
　　按:悼亡诗。
松陵杂事诗(松陵百咏)3 卷　集部别集类
　　清严兴杰撰　张炳翔注
　　以上 19 种稿本,苏州图书馆藏。
忍庵学吟草　集部别集类
　　见《清代硃卷集成》"张炳翔"条。
有学集未刻稿 1 卷　集部别集类
　　清钱谦益撰
澄怀堂诗存真录 8 卷　集部别集类
　　清陈裴之撰
讥讽谭序初太守吴歈卅绝不分卷　集部别集类
　　清佚名撰
　　以上 3 种张炳翔抄本,苏州图书馆藏。
国朝咏物诗续钞　集部总集类
　　见《清代硃卷集成》"张炳翔"条。
忍盦苔岑杂抄　集部总集类
养济老人七十寿诗唱和册不分卷　集部总集类
　　张炳翔辑
三珠诗草　集部总集类

清张淑贞、张淑昭、张淑华撰　张炳翔辑

通俗编目录　集部总集类

经史文编目录　集部总集类

国朝咏物诗目录　集部总集类

国朝古文汇钞编目不分卷　集部总集类

游戏文选初编二编三编四编五编不分卷　集部总集类

张炳翔辑

论文楷则丛稿不分卷　集部诗文评类

读书论文述闻不分卷　集部诗文评类

留月簃诗话 12 卷　集部诗文评类

按:另一种不分卷。

双凤砖研室词　集部词曲类

忍庵顾曲吟 1 卷　集部词曲类

以上 13 种稿本,苏州图书馆藏。

许学丛书三集 14 种　丛书类

张炳翔辑

清光绪长洲张氏仪鄦庐刻本,南京图书馆藏。

按:子目略。

按:在"文化大革命""破四旧"期间,张炳翔孙张辛楣先生虑先人著述不能保全,特致电苏州图书馆,将张氏仪鄦庐藏书全部捐献,总计二十余箱,今皆幸存。

胡玉缙(1859—1940)

字绥之。近元和人。光绪十七年(1891)举人。二十九年,以经济特科入张之洞湖北总署幕。三十年,东渡日本,考察政务。三十二年,补学部主事,升员外郎。辛亥革命后,历任北京大学、北京高等师范学校教授。晚年专事著述。通文字、音韵之学。

周易注疏校勘记续 4 卷周易释文校勘续记 1 卷　经部易类

毛诗草木今名释 2 卷补遗 1 卷附录 1 卷　经部诗经类
周礼学不分卷　经部周礼类
周礼琐记不分卷　经部周礼类
周礼注引汉制不分卷　经部周礼类

许克勤辑　胡玉缙增补

以上 5 种稿本，复旦大学图书馆藏。

穀梁大义述补阙不分卷　经部春秋穀梁传类

张慰祖撰

国学图书馆影印本，南京图书馆藏。

按：王欣夫《吴县胡先生传略》云胡玉缙作，7 卷，假名张慰祖。

读说文段注记不分卷　经部小学类

(1) 稿本，复旦大学图书馆藏。

(2) 抄本，30 卷，复旦大学图书馆藏。

说文旧音补注 1 卷补遗 1 卷续 1 卷改错 1 卷　经部小学类

《南菁书院丛书》本。

按：是书为毕沅《说文旧音》考订出处，详加疏证，补其所漏，正其所误。

释名疏证　经部小学类

见王欣夫《吴县胡先生传略》。

群经要略教授法 2 卷群经资料通检不分卷　经部群经总义类
经解杂编不分卷　经部群经总义类
两汉书校记不分卷　史部正史类
唐书偶注不分卷　史部正史类
明史正误不分卷　史部正史类
西安行宫纪事　史部杂史类
兴化教事录不分卷京师大学堂教事录不分卷　史部杂史类

以上 7 种稿本，复旦大学图书馆藏。

周孟舆先生传 1 卷　史部传记类

1933 年影印本，上海图书馆藏。

周密年谱　史部传记类

稿本，复旦大学图书馆藏。

甲辰东游日记 1 卷　史部传记类

(1) 清光绪三十年日本并木活版所铅印本，南京图书馆藏。

(2)《游记丛钞》本，国家图书馆藏。

(3)《历代日记丛钞》本。

政治刍言 1 卷　史部政书类

1916 年铅印本，南京图书馆藏。

为束装赴试报请宪台赶委人员接印任事文　史部政书类

京畿金石考正误不分卷寰宇访碑录正误不分卷　史部金石类

金石萃编正续订不分卷金石萃编小记不分卷　史部金石类

按：王欣夫《吴县胡先生传略》云有《金石萃编补正》《金石续编补正》，并云“稿逸待访”，疑即此书。

访书录不分卷　史部目录类

陶方琦傅云龙二家著述目 1 卷　史部目录类

张金吾爱日精庐藏书志别录 1 卷　史部目录类

鄦斋遗集目　史部目录类

王欣夫编

鄦斋经籍题跋目录 1 卷　史部目录类

王欣夫编

以上 8 种稿本，复旦大学图书馆藏。

四库全书总目提要补正　史部目录类

(1) 稿本，复旦大学图书馆藏。

(2) 王欣夫辑，1962 年中华书局出版。

按：此书包括《总目补正》60 卷《补遗》1 卷、《未收书目补正》2 卷。

续修四库提要三种　史部目录类

(1) 稿本，复旦大学图书馆藏。

（2）吴格点校本，2002年上海书店出版社出版。

按：此书包括《四库未收书目提要续编》4卷、《许庼经籍题跋》4卷、《续修四库全书总目提要礼类稿》1卷。

商君书校正1卷　子部先秦诸子类

稿本，复旦大学图书馆藏。

读墨子间诂小记1卷　子部先秦诸子类

礼制祀典通论不分卷　子部儒学类

论衡考证不分卷论衡资料通检不分卷　子部儒学类

以上3种稿本，复旦大学图书馆藏。

论衡注　子部儒学类

见王欣夫《吴县胡先生传略》，云"稿逸待访"。

汉礼器制度疏证不分卷　子部儒学类

辨俗编不分卷　子部儒学类

吴中学术源流考不分卷　子部杂学类

辨志汉学卷不分卷辨志宋学卷不分卷　子部杂学类

许庼读书杂录不分卷　子部杂学类

许庼日钞不分卷　子部杂学类

以上6种稿本，复旦大学图书馆藏。

许庼随笔8卷　子部杂学类

（1）稿本，复旦大学图书馆藏。

（2）王氏蛾术轩抄本，复旦大学图书馆藏。

群书答问不分卷　子部杂学类

许庼杂摘不分卷　子部杂学类

许庼琐记不分卷　子部杂学类

能自反斋漫录不分卷　子部杂学类

以上4种稿本，复旦大学图书馆藏。

读书偶记1卷　子部杂学类

（1）稿本，复旦大学图书馆藏。

(2) 王氏蛾术轩抄本,复旦大学图书馆藏。

说苑考证1卷新序考证1卷资料通检不分卷　子部杂学类

稿本,复旦大学图书馆藏。

说苑注新序注　子部杂学类

见王欣夫《吴县胡先生传略》,云“稿逸待访”。

独断疏证　子部杂学类

见王欣夫《吴县胡先生传略》,云“稿逸待访”。

日知录正误不分卷　子部杂学类

(1) 稿本,复旦大学图书馆藏。

(2) 抄本,2卷,王欣夫辑,复旦大学图书馆藏。

鄦膏少作五篇1卷　集部别集类

许庼诗文稿不分卷　集部别集类

许庼诗稿不分卷　集部别集类

许庼集联1卷　集部别集类

以上4种稿本,复旦大学图书馆藏。

许庼遗集16卷附胡绥之先生雪夜校书图题咏1卷　集部别集类

王氏蛾术轩抄本,复旦大学图书馆藏。

许庼学林20卷　集部别集类

胡玉缙撰　王欣夫辑

(1) 1958年中华书局铅印本。

(2) 钞稿本,复旦大学图书馆藏。

鄦庵朋旧书牍偶存1卷　集部总集类

胡玉缙辑

国文学预备2卷　集部总集类

许庼诗话不分卷　集部诗文评类

诗事举例不分卷　集部诗文评类

以上4种稿本,复旦大学图书馆藏。

按:胡玉缙著作稿抄本多在复旦大学图书馆。

吴荣尌(1859—?)

字伟堂,号子石。近吴县西山人。为人急公好义,为善不倦。

洞庭明月湾吴氏世谱6卷　史部传记类

吴荣尌等修

1921年木活字印本,上海图书馆藏。

朱云祚

近吴县人。

朱氏世谱不分卷　史部传记类

朱云祚等纂

清抄本,中国社会科学院历史研究所藏。

按:纪事至光绪二十三年(1893)。

王　堉

近吴县人。

王氏宗谱8卷　史部传记类

王堉等纂修

清光绪三十一年(1905)三槐堂木活字印本,南京图书馆藏。

吕惟柏

近苏州人。

吕氏支谱不分卷　史部传记类

清光绪三十一年(1905)抄本,苏州吴江区图书馆藏。

叶庆敦(1860—1924)

原名昭敦,字诗华,号咏霓。近吴县东山人。太学生。捐县丞,指分浙江补用,任乐清、大荆县丞,历署永嘉、嘉兴、诸暨、永康、松阳、秀水等县。捐升双月候选道,加盐运使衔。曾捐资助修家谱。

借铎1卷　史部政书类

清郭钟岳编　叶昭敦参订

清光绪二十三年(1897)刻本,温州市图书馆藏。

题红馆诗草1卷　集部别集类

稿本,上海图书馆藏。

颜　元(1860—1934)

字纯生,一作莼生,号半聋居士。近吴县人。文梁父。擅画,师从任伯年等。

半聋居士画集　子部艺术类

1931年上海慎修书社影印本,浙江图书馆藏。

观我斋主人

近元和人。

鹦粟花25回　子部小说类

(1) 清光绪三十三年(1907)自印本,东京活版所,见《中国通俗小说书目》。

(2) 清木活字本,题《通商原委演义》,国家图书馆藏。

(3)《中国近代珍稀小说》点校本。

汪家玉(1861—1935)

字鼎臣。近吴县人。光绪十九年(1893)举人。历任吴县县立第一中学、江苏省立第二中学校长。

华严字母音义1卷　子部佛教类

1929年苏州振新书社石印本,苏州图书馆藏。

青学斋五种　丛书类

清汪之昌撰　汪家玉辑

《耕荫丛刊》本。

陆　龙(1861—?)

字霖苍，号铁夫。近吴县人。少孤贫多病，年18习商，而有志于学。从王镛习字，又游陈芹香门习画花鸟，再游任伯年门习人物走兽，又从许子贞画山水，并追随吴昌硕、顾麟士诸名家，日夕探讨，得以博览精术而临摹之，画理日臻于邃。长于测算，清末入政界，曾任沪宁铁路局购地委员、清江电报局局长。后僦居焦山碧山庵4年。抗战时卒，年70余。

焦山十六图(焦山风景图)　子部艺术类

1930年上海文华美术图书印刷有限公司珂罗版本，苏州图书馆藏。

卜　娱(?—1924)

字清姒。近吴县人。况周颐继室。

织余璅述2卷　集部别集类

1919年木活字印本，南京图书馆藏。

柳蓉春

号蓉村。近吴县东山人。民国初，设博古斋书肆于上海三马路，获交江标等人。精于版本之学，人称“柳树精”。

博古斋旧本书经眼录　史部目录类

稿本，复旦大学图书馆藏。

孙福保

字玉如。近吴县人。清光绪十五年(1889)举人。光绪末年，在灵岩山栽种桑树，颇有成效。

吴苑栽桑记1卷　子部农家类

《农学丛书》本。

植物近利志1卷　子部农家类

(1)《农学丛书》本。

(2)《通学斋丛书》本。

沈　修(1862—1921)

字绥成,一字休穆。近吴县人。曾任苏州存古学堂教授、民国《吴县志》采访。好《尔雅》,重《说文》,言必称《尚书》。治经以陈奂《诗毛氏传疏》为主,参以王念孙《广雅疏证》、郝懿行《尔雅义疏》、段玉裁《说文解字注》等书,以此教授学生。金松岑视为"苏州五奇人"之一。

说文订许14卷　经部小学类

休穆文钞　集部别集类

休穆骈体文　集部别集类

休穆诗钞　集部别集类

以上4种见《吴县志·艺文考三》。

未园集略8卷　集部别集类

(1) 1935年苏州上艺斋石印本,吴梅选,国家图书馆藏。

(2)《未园著薮》本。

(3)《清代诗文集珍本丛刊》本,影印《未园著薮》本。

宰诉轩文集1卷　集部别集类

抄本,上海图书馆藏。

餐星阁文集2卷　集部别集类

稿本,苏州大学图书馆藏。

广变落花诗1卷　集部别集类

稿本,浙江省博物馆藏。

宝书堂诗集8卷　集部别集类

稿本,南京图书馆藏。

驾辨庼词1卷　集部词曲类

民国抄本，天津图书馆藏。

未园著薮　丛书类

稿本，国家图书馆藏。

按：包括《宝书堂诗集》27 卷、《未园集略》8 卷、《原书》60 卷、《冷雅》1 卷、《未园集选》4 卷。

张茂镛(1863—1924)

初名懋镛，字声伯，又作申伯。近吴县人。炯兄。光绪十七年(1891)举人。官浙江金华府知府。

鄦庵日记不分卷　史部传记类

稿本，光绪二十年，上海图书馆藏。

鄦庵主人自订谱 1 卷　史部传记类

1912 年铅印本，苏州图书馆藏。

吴县张氏宗谱 1 卷　史部传记类

清光绪二十五年刻本，辽宁图书馆藏。

巽庵漫稿(一作遗稿)不分卷　集部别集类

1912 年苏州启新公司铅印本，国家图书馆藏。

按：《诗》1 卷《诗余》1 卷《文钞》1 卷。

巽庵词稿　集部词曲类

见《全清词钞》卷 29，并收其词 1 首。

王雍熙(1863—1930)

字伯和，号可南、通庵。近吴县人。贡生。候选训导。

王氏皋桥支谱不分卷　史部传记类

王雍熙等修

1921 年铅印本，吉林大学图书馆藏。

通庵笔缘 3 卷　集部别集类

庚申惜吟 2 卷　集部别集类

以上2种见《王氏皋桥支谱》。

席裕康(1863—1933)

字锡蕃，别字慰根。近吴县东山人。银行买办。东山旅沪同乡会创办者之一。又在沪创办惠旅医院。

席氏宗贤像赞1卷　史部传记类

席裕康辑

1925年石印本，上海图书馆藏。

洞庭东山会馆落成报告全书　史部政书类

席裕康辑

民国商务印书馆石印本，北京大学图书馆藏。

洞庭东山会馆报告书续编　史部政书类

席裕康辑

1920年石印本，上海图书馆藏。

内外功图说辑要2卷　子部医家类

席裕康辑

1919年石印本，浙江图书馆藏。

席嘏卿言行录4卷　子部儒学类

(1) 1918年石印本，上海图书馆藏。

(2) 初稿，铅印本，1卷，嘉兴市图书馆藏。

按：录其父席素煊言行。

颐性室书画留真谱1卷　子部艺术类

1928年勤记印务局影印本，苏州图书馆藏。

张郁文(1863—1938)

又名学文，字壬士，晚号訚如。近吴县胥口人。光阶孙。光绪贡生。曾任木渎吴县第六高等小学校长，热心慈善事业。从小勤奋好学，少随父寓居木渎冯桂芬家，遍览冯家藏书。晚年丧子，双目失明。善操琴，工诗文，深于史地之学。

晋书微　史部正史类

见《木渎小志》张荫培序。

元史地理通释4卷　史部地理类

1925年铅印本，苏州图书馆藏。

木渎小志6卷首1卷附光福诸山1卷　史部地理类

(1) 稿本，苏州博物馆藏。

(2) 1921年苏州华兴印书局铅印本，苏州图书馆藏。

(3) 1928年利苏印书社铅印本，上海图书馆藏。

(4)《中国地方志集成》本。

(5) 三益堂张虹渊抄本，南京图书馆藏。

光福志12卷首1卷补编1附录1卷　史部地理类

清徐傅撰　张郁文补

(1) 1929年苏城毛上珍铅印本，苏州图书馆藏。

(2)《中国地方志集成》本。

灵岩山志　史部地理类

火天居笔记　子部杂学类

以上2种见《吴县历史名人》本传。

木渎诗存8卷　集部总集类

清汪正编　郭绍裘、张郁文重订

1928年苏州华兴印书局铅印本，苏州图书馆藏。

汤宝荣(1863—?)

字伯迟。原名鞠荣，字伯繁。近长洲人。早年师事俞樾，后供职商务印书馆。

内阁中书余姚县教谕徐公行状　史部传记类

1915年上海商务印书馆石印本，嘉兴市图书馆藏。

黄绣球2卷30回　子部小说类

(1) 载1905年《新小说》第2卷3—12号，仅前26回。

(2) 1907年新小说社铅印本，上海图书馆藏。

(3)《晚清小说丛钞》本。

(3)《中国近代文学大系》本。

按：此书署颐琐撰，二我(陈其渊)评。

颐琐室诗4卷　集部别集类

宾香词1卷　集部词曲类

以上2种有《汤氏家集》本，上海图书馆藏。

语溪骊唱集1卷　集部总集类

汤宝荣辑

清光绪三十四年(1908)武林刻本，浙江图书馆藏。

彭诒孙(1864—1921)

字谷人，号翼仲。近吴县人。光绪十一年(1885)顺天乡试，挑选誊录。后弃官办报，提倡改革，见忤执政，囚禁新疆。民国改元，得赦回京。再办《京话日报》，1922年因财力不济停刊。

彭翼仲五十年历史(上编)　史部传记类

1913年铅印本，国家图书馆藏。

孔昭晋(1864—1936)

字康侯，号守谦。近吴县人。光绪二十五年(1899)进士。官礼部主事。曾与章钰、张一麐等创办苏学会。宣统二年(1910)，在娄葑创办吴县官立初等小学堂第二十九校。辛亥革命后，任吴县议事会议长、江苏省议员。

(民国)吴县志80卷　史部地理类

曹允源、吴荫培、蒋炳章、孔昭晋等纂修

(1) 1932年江苏省立苏州图书馆铅印本，苏州图书馆藏。

(2)《中国地方志集成》本。

陈 章

字焕云。近吴县人。祖陈子云、父陈西亭均擅咽喉科。章承家学，治病多验。民国间与戚景如等在苏创办《寿世医报》。

重古三何医案 3 卷　子部医家类

陆晋笙、陈章选　陆培勋、陆培治、陆培良校

1919 年吴县陆氏石印本，国家图书馆藏。

汤声清

字叔英。清吴县人。宝荣弟，年未 50 而卒。

怡怡室诗 1 卷词 1 卷　集部别集类

(1) 清光绪十六年(1890)刻《汤氏家集》本，南京图书馆藏。

(2) 1923 年刻本，南京图书馆藏。

郭绍裘

字醒春。近吴县木渎人。早年师从俞樾，并创办《木铎周刊》。光绪末，随伍廷芳出使美、墨、秘、古等国。

异名录　史部传记类

鄙事杂识　子部杂学类

小灵香馆诗文集别集外集　集部总集类

以上 3 种见《虞社精华录》卷 2。

木渎诗存 8 卷　集部总集类

清汪正编　郭绍裘、张郁文重订

1928 年苏州华兴印书局铅印本，苏州图书馆藏。

戴 筠

字汲瓶。近吴县人。工诗词，尤专篆刻。

治印琐录　子部艺术类

云庵诗存　集部别集类

白下集　集部别集类

竹韵斋词存　集部词曲类

以上4种见《虞社精华录》卷2。

蒋炳章(1864—1930)

字季和,号虎文,别号留庵。近吴县人。光绪十九年(1893)举人,二十四年进士。庶吉士,官编修。宣统元年(1909)议员。民国初,任江苏咨议局副议长。民国《吴县志》总纂之一。

虎文先生日记　史部传记类

稿本,南开大学图书馆藏。

葑田日记不分卷　史部传记类

抄本,南开大学图书馆藏。

平回奏稿不分卷　史部传记类

蒋炳章辑

抄本,南开大学图书馆藏。

蒋氏宗谱不分卷　史部传记类

清光绪二十年稿本,南开大学图书馆藏。

(民国)吴县志80卷　史部地理类

曹允源、吴荫培、蒋炳章等纂修

(1) 1932年江苏省立苏州图书馆铅印本,苏州图书馆藏。

(2)《中国地方志集成》本。

留庵诗文集　集部别集类　佚

见《吴县志·艺文考二》。

陆锦燧(1864—?)

字季农,号晋笙、叔岳。近吴县人。光绪十九年(1893)举人。知福建崇安。少专经学小学,兼攻古文辞。1913年,行医沪上,不主一家,择善从之。后寄寓山东济南，刊医书多种。1922年，出任济阳知县。

读尔雅日记1卷　经部小学类

《学古堂日记》本。

鬼僦术3卷　子部医家类

1935年苏州毛上珍铅印本，上海图书馆藏。

按：摘录《内经》《难经》经文，及薛生白《医经原旨》。

香岩径2卷　子部医家类

1929年陆氏铅印本，上海图书馆藏。

景景医话1卷附医谈录旧1卷　子部医家类

(1) 1916年铅印本，上海图书馆藏。

(2)《鲟溪陆氏医述》本。

按：1913年余伯陶在上海创立《神州医药学报》，约陆氏撰写医话，刊该报1—5期，后补充少许，遂成此书。

景景室医稿杂存1卷　子部医家类

民国苏州毛上珍印本，浙江图书馆藏。

鲟溪单方选2卷外治方选2卷重古三何医案3卷　子部医家类

1919年吴县陆氏石印本，国家图书馆藏。

按：《三何医案》陈章、陆晋笙同选。

学医便读2卷　子部医家类

(1) 民国铅印本，绍兴图书馆藏。

(2) 1987年中国书店影印本，国家图书馆藏。

认病识证辞典1卷　子部医家类

陆晋笙撰　陈存仁辑

1920年健康报馆铅印本。

按：此书有陈存仁序，云："此篇取陆晋笙《外候答问》为蓝本，分条重编，可作诊断学书籍读，可作诊断学辞典看。"

王旭高医生6种　丛书类

清王泰林撰　陆晋笙订正

民国石印本，南京图书馆藏。

鲟溪陆氏医述15种(刻9种)　丛书类

1931年绍兴医药学报社铅印本，苏州图书馆藏。

子目：

《外候问答》12卷　陆晋笙辑

《病症辨异》4卷　陆成一辑

《据证分经》(未刻)

《据证定名》(未刻)

《治法述》(未刻)

《百药能力类选》(未刻)

《要药选》1卷　陆咏媞辑

《鲟溪内服单方选》2卷(刻)《二集》(未刻)　陆晋笙辑

《鲟溪外治方选》2卷　陆晋笙辑

《鲟溪医案选择要》4卷　陆咏婺辑

《鲟溪医论选》6卷　陆平一辑

《用药禁忌书》2卷　陆循一辑

《景景医话》附《医谈录旧》　陆晋笙撰

《诸家得失论》(未刻)

按：此书乃陆晋笙及其子女协同编纂，由其审定而成，前有陆晋笙1919年自序，云15种。

沈恩孚(1864—1944)

字信卿，号渐庵、心磬、虚舟、奉梧。近吴县人。上海龙门书院肄业。光绪三十年(1904)，赴日考察教育。归国后，任龙门师范学校监督。后创江苏学务总会，任会长，致力革新教育。辛亥革命后，供职江苏都督府。后董理同济大学，创办鸿英图书馆。病卒于上海。

注音字母发音部位图表附文字形体学要旨　经部小学类

1918年江苏教育会铅印本，国家图书馆藏。

渐盦东游记1卷　史部地理类

清光绪三十一年(1905)时中书局铅印本,南京图书馆藏。

澳大利亚洲志译本1卷　史部地理类

(1)《渐学庐丛书》本。

(2)《皇朝藩属舆地丛书》本。

国文自修书辑要　史部目录类

1932年铅印本,南京图书馆藏。

列子精华　子部道教类

沈恩孚编

民国中华书局铅印本,国家图书馆藏。

沈信卿先生文集16卷　集部别集类

(1) 1931年铅印本,南京图书馆藏。

(2) 1949年铅印本,武汉师范学院图书馆藏。

按:是集收《趟庵诗存》6卷、《搴梧轩文存》4卷、《春秋左氏传汉谊》4卷、《春秋地名考略》1卷、《教学片羽》1卷。

叶庆元(1864—?)

原名耀元,字子诚,号味道,别号电苏,又号学达我天。近吴县木渎人。吴县附贡生。上海广方言馆、北京同文馆优等毕业,光绪十四年(1888)算学特科第三名。通算学、天文、兵学、测绘、政法、物理、地理各科。任南菁高等学堂正学长,兼兵学科、地理科教员,金沙师范学堂教务长,温州玉环舆图局董事等职。宣统间,曾续修族谱。

王紫诠春秋朔闰日至考4卷　经部春秋总义类

字课图说释名4册　经部小学类

按:入《蒙学丛书》。

广切音法1卷　经部小学类

按:入《蒙学丛书》。

玉环舆图志4卷　史部地理类

以上4种见《吴中叶氏族谱》卷57。

太原家谱28卷首1卷末1卷　史部传记类

王熙桂修　叶耀元纂

清宣统三年(1911)活字印本,苏州大学图书馆藏。

吴中叶氏族谱66卷末1卷　史部传记类

叶德辉、叶庆元纂修

清宣统三年活字本1912—1914年增补本,苏州图书馆藏。

学校新章2卷　史部政书类

按:刊《新学报》。

教科书书目提要1卷　史部目录类

陆军新书(又名陆军刍言)6卷　子部兵书类

御海策1卷　子部兵书类

按:刊广东王氏《中日战辑》、山东孔氏《普天忠愤集》等书。

简算新法2卷　子部历算类

清光绪二十九年上海书局石印本,见《近代中算著述记》。

金沙师范学校算学地理物理图画讲义4册　子部历算类

味道算艺6卷　子部历算类

王紫诠西学辑存6卷　子部历算类

笔算3卷　子部历算类

按:入《蒙学丛书》。

句股学1卷　子部历算类

按:入《蒙学丛书》。

代数学4卷　子部历算类

按:入《蒙学丛书》。另有《教科百种全书》本,3卷。

几何学新发明(又名形学补编)1卷续稿1卷　子部历算类

《古今算学丛书》本,续稿《南菁书院课艺》本。

岭南三友几何快读10卷　子部历算类

海镜图解2卷　子部历算类

《古今算学丛书》本。

天文图志1卷　子部历算类

地文图志1卷　子部历算类

发明物理各学新理不分卷　子部工艺类

测绘舆地学8卷续稿4卷　子部工艺类

按：入《蒙学丛书》。

佛遗教经章句1卷　子部佛教类

王紫诠蘅华馆诗录4卷　集部别集类

味道文稿2卷诗稿1卷　集部别集类

蒙学丛书16册　丛书类

列国政要丛书60卷　丛书类

与英国布茂林同译，稿存两湖翻译馆。

陈仲周中西算学大成70卷　丛书类

内《重学》5卷，叶庆元纂述。

刘振愚古今算学丛书50卷　丛书类

以上25种见《吴中叶氏族谱》卷57《艺文甲》，其版刻情况，据谱如实著录，有未见者。

高　莹(1865—1920)

字俊芬，后改名翀(或作冲)，字莹玉，号太痴，别署太痴生、悟轩、侣琴、清远道人、云水山人、漱芳斋主、孤芳、独行、濯缨子等。近长洲人。早年任《申报》馆助理编辑，后入《字林沪报》馆、《苏报》馆、《同文沪报》馆。在《字林沪报》文艺副刊《消闲报》任主笔，有《感事》等诗作传世。

梦平倭奴记　子部小说类

(1) 清光绪二十一年(1895)《新闻报》连载。

(2) 清光绪二十一年陈耀卿《时事新编》卷6全文转载。

(3) 阿英主编《甲午中日战争文学集》本。

薛茗华　子部小说类

《虞初广志》本。

千金诺　子部小说类

(1) 1916年上海中华书局铅印本，上海图书馆藏。

(2) 1928年上海中华书局2版，上海图书馆藏。

曹元忠(1865—1923)

字君直，号夔一，一作葵一，又号瓯云。近吴县人。光绪二十年(1894)举人。官玉牒馆校对，学部图书馆、礼学馆纂修。宣统元年(1909)，官内阁侍读、资政院议员。辛亥革命后，家居讲学。学问淹博，文章尔雅，海内奉为泰斗。精鉴古籍，长于校勘。有藏书室曰笺经堂，家藏宋、元本极富。

礼记引书考1卷　经部礼记类

稿本，复旦大学图书馆藏。

月令章句3卷　经部礼记类

汉蔡邕撰　曹元忠辑

(1) 稿本，国家图书馆藏。

(2) 稿本，复旦大学图书馆藏。

礼议2卷　经部三礼总义类

(1)《求恕斋丛书》本。

(2) 抄本，国家图书馆藏。

说文考逸1卷　经部小学类

说文引方言考不分卷　经部小学类

小学钩沉续编不分卷　经部小学类

以上3种稿本，复旦大学图书馆藏。

桂苑珠丛1卷　经部小学类

隋曹宪撰　曹元忠等辑

(1) 稿本，复旦大学图书馆藏。

(2)《南菁札记》本。

仓颉篇补本续 1 卷　经部小学类

纂要 1 卷　经部小学类

梁元帝撰　曹元忠辑

纂要解 1 卷　经部小学类

刘宋颜延之撰　曹元忠辑

以上 3 种《南菁札记》本。

三国志校文 1 卷　史部正史类

王隐晋书不分卷　史部正史类

晋王隐撰　曹元忠辑

元史纂修凡例 1 卷　史部正史类

世本不分卷　史部杂史类

曹元忠辑

以上 4 种稿本，复旦大学图书馆藏。

括地志 1 卷　史部地理类

唐李泰等撰　曹元忠辑

两京新记 2 卷　史部地理类

唐韦述撰　曹元忠辑

以上 2 种《南菁札记》本。

按：《两京新记》另有稿本，复旦大学图书馆藏。

荆州记 3 卷　史部地理类

南唐盛弘之撰　曹元忠辑

(1)《笺经室丛书》本。

(2) 清光绪二十七年江陵田氏刻本，国家图书馆藏。

(3) 稿本，题《荆州记佚文》，1 卷，复旦大学图书馆藏。

吴地记佚文 1 卷附吴地志佚文 1 卷　史部地理类

舆地志 1 卷　史部地理类

梁顾野王撰　曹元忠辑

三儒从祀录 4 卷　史部传记类

四续畴人传 1 卷　史部传记类

以上 4 种稿本，复旦大学图书馆藏。

庐行日记 1 卷　史部传记类

稿本，清光绪三十年，复旦大学图书馆藏。

曹母马太恭人八秩寿言集 1 卷　史部传记类

曹元忠编

刑政礼制偶钞 1 卷　史部政书类

以上 2 种稿本，复旦大学图书馆藏。

蒙鞑备录校注 1 卷西使记校注 1 卷　史部政书类

(1) 稿本，上海图书馆藏。

(2) 稿本，国家图书馆藏，无《西使记》。

(3)《笺经室丛书》本，无《西使记》。

(4) 稿本，存《西使记》，复旦大学图书馆藏。

(5)《续修四库全书》本，影印《笺经室丛书》本。

沙州石室文字记 1 卷　史部目录类

《敦煌石室遗书》本。

笺经室藏书目录　史部目录类

晒印本，北京大学图书馆藏。

笺经室所见宋元书题跋 1 卷　史部目录类

(1)《吴中文献小丛书》本。

(2) 稿本，题《笺经室古书题跋》，浙江图书馆藏。

(3) 民国华亭孙传远抄本，题《笺经室古书题跋》，上海图书馆藏。

(4) 稿本，题《笺经室题跋》，复旦大学图书馆藏。

按：《吴县志·杂考二》作《宋元古本书考证》4 卷。

凌波经眼录 1 卷　史部目录类

内阁大库见存宋元椠书目 1 卷　史部目录类

以上 2 种稿本，复旦大学图书馆藏。

读有用书斋目录 1 卷附藏书记 11 篇　史部目录类

清韩应陛撰　《藏书记》曹元忠撰

民国石印本，上海图书馆藏。

学志不分卷　子部杂学类

鉴古偶记1卷　子部杂学类

笺经室杂识不分卷　子部杂学类

北堂书钞引郑氏笺注异文摘抄1卷　子部类书类

过云楼书画记刻误1卷　子部艺术类

刘涓子鬼遗方不分卷　子部医家类

曹元忠辑

吴普本草1卷　子部医家类

曹元忠辑

治奇疾方1卷　子部医家类

宋夏子益撰　曹元忠辑校

以上8种稿本，复旦大学图书馆藏。

司马法3卷音义1卷　子部兵书类

(1) 稿本，复旦大学图书馆藏。

(2)《笺经室丛书》本。

笺经室遗集20卷　集部别集类

(1) 1941年吴县王氏学礼斋铅印本，上海图书馆藏。

(2) 王欣夫辑稿本，复旦大学图书馆藏。

(3)《清代诗文集汇编》本，影印学礼斋铅印本。

(4) 2017年广陵书社出版《民国诗集选刊》本，收录《笺经室遗集》卷17至20诗集4卷。

曹君直策论稿不分卷　集部别集类

曹君直书启稿不分卷　集部别集类

桂苑余音不分卷　集部别集类

按：即曹氏代安徽学政毓隆所撰函稿，计30篇。

笺经室文初稿不分卷　集部别集类

笺经室文稿不分卷　集部别集类
土室诗存 1 卷　集部别集类
笺经室遗集不分卷　集部别集类
曹君直课艺 4 种不分卷　集部别集类
曹君直少作初稿不分卷　集部别集类
笺经室文录不分卷赋录 2 卷逸集 1 卷　集部别集类
　　曹元忠撰　王欣夫辑
云瓿文集不分卷　集部别集类
云瓿诗词初稿不分卷　集部别集类
笺经室文录 2 卷文存不分卷诗存 1 卷　集部别集类
笺经室学术文稿不分卷　集部别集类
笺经室诗存稿不分卷联语偶存 1 卷　集部别集类
五晦园诗 1 卷　集部别集类
云瓿所为古今体诗賸不分卷　集部别集类
凌波集联 1 卷集李诗 1 卷偶存诗 1 卷外集 1 卷　集部别集类
　　以上 18 种稿本，复旦大学图书馆藏。
锡福堂诗词稿 4 卷　集部别集类
笺经室文集 2 卷　集部别集类
　　以上 2 种见《吴县志·杂考二》。
丹邱生集 5 卷附录 1 卷　集部别集类
　　明柯九思撰　《附录》缪荃孙、曹元忠编
　　清光绪三十四年息园刻本，上海图书馆藏。
兰台集 1 卷　集部别集类
　　汉李尤撰　曹元忠辑
　　稿本，复旦大学图书馆藏。
徽庙御集辑佚　集部别集类
　　宋徽宗撰　曹元忠辑
　　民国抄本，国家图书馆藏。

笺经室朋旧书牍偶存不分卷　集部总集类

枣庄唱和集 1 卷　集部总集类

以上 2 种稿本，复旦大学图书馆藏。

云瓿词 1 卷　集部词曲类

(1)《题襟集》本，南京图书馆藏。

(2) 稿本，有 5 种，复旦大学图书馆藏。

凌波词 1 卷　集部词曲类

(1)《彊村丛书》本。

(2) 稿本，复旦大学图书馆藏。

南唐二主词补遗 1 卷　集部词曲类

白石道人歌曲考证 1 卷　集部词曲类

以上 2 种稿本，复旦大学图书馆藏。

乐府补亡 1 卷　集部词曲类

(1)《笺经室丛书》本。

(2) 稿本，复旦大学图书馆藏。

凌波读曲记 1 卷　集部诗文评类

凌波榭诗话 1 卷词话 1 卷词话续 1 卷　集部诗文评类

以上 2 种稿本，复旦大学图书馆藏。

笺经室丛书 3 种 8 卷　丛书类

清光绪曹氏笺经室刻本，国家图书馆藏。

按：收《司马法古注》3 卷附《音义》1 卷(稿本藏复旦大学图书馆)、《荆州记》3 卷、《乐府补亡》1 卷，后增刻《蒙鞑备录校注》1 卷。

笺经室辑佚书 5 种 6 卷　丛书类

稿本，复旦大学图书馆藏。

按：《全清词钞》卷 36 收其词 2 首。

顾麟士(1865—1930)

字鹤逸、谔一，号西津、西津散人、西津渔父、晋叔、一峰亭长、筠邻、鹤庐、鹤庐主人，又署顾六。近元和人。文彬孙。家怡园义庄，水木清华，顾氏常与契友绘画其中，有云林清秘遗风。室名过云楼，收藏之富，甲于吴下。善画山水，长于摹古，曾为张诗舲作山水册。

顾鹤逸藏书目　史部目录类

(1) 金陵大学中国文化研究所抄本，南京大学图书馆藏。

(2)《国立北平图书馆馆刊》第 5 卷第 6 号，傅增湘编。

霞晖渊映——南京图书馆藏过云楼珍本图录　史部目录类

南京图书馆编

2007 年中华书局出版。

按：本书从南京图书馆所藏 541 部过云楼藏书中，遴选 91 部做成图录。

西津所藏书画目　子部艺术类

见《吴县志·艺文考二》。

汉玉钩室印存不分卷　子部艺术类

清王大炘篆　顾麟士辑

清光绪二十六年(1900)钤印本，苏州图书馆藏。

过云楼续书画记 6 卷　子部艺术类

(1) 1927 年铅印本，上海图书馆藏。

(2) 1953 年铅印本，上海图书馆藏。

(3) 稿本，不分卷，苏州图书馆藏。

顾麟士赏画题跋不分卷　子部艺术类

稿本，苏州图书馆藏。

读书随笔不分卷　子部艺术类

稿本，苏州图书馆藏。

鹤庐画赘 2 卷附鹤庐题画录 2 卷　子部艺术类

(1) 1941 年顾则扬蓝印校样刻本，南京图书馆藏。

(2) 1961 年上海古籍书店铅印本。

(3) 稿本，苏州图书馆藏。

鹤庐画识　子部艺术类

鹤庐画趣　子部艺术类

因因庵石墨记　子部艺术类

甄印阁印谱　子部艺术类

鹤庐集帖　子部艺术类

以上5种见《吴县志·杂记二》，云《石墨记》未成，《甄印阁印谱》待刊。

顾西津仿宋元山水十二帧　子部艺术类

民国上海天绘阁影印本，苏州图书馆藏。

顾鹤逸中年山水精品　子部艺术类

民国上海天绘阁影印本，南京图书馆藏。

顾鹤逸山水精品　子部艺术类

民国中华书局影印本，苏州图书馆藏。

顾鹤逸山水册　子部艺术类

民国杭州西泠印社影印本，上海图书馆藏。

高德馨(1865—1934)

字远香，号鲟隐。近吴县人。附贡生。浙江候补知县。

易经大义　经部易类

清光绪江苏高等学堂石印本，平湖市图书馆藏。

攈古录校勘记1卷　史部金石类

稿本，上海图书馆藏。

虎丘访碑偶记　史部金石类

稿本，国家图书馆藏。

小逍遥行馆遗抄　集部别集类

抄本，国家图书馆藏。

远香诗词遗稿　集部别集类

抄本，苏州图书馆藏。

陶楼文钞14卷　集部别集类

清黄彭年撰　章钰、高德馨编

抄本，国家图书馆藏。

高德馨诗词与友朋函赠　集部别集类

2015年苏州大学出版社点校本。

鲟隐词钞　集部词曲类

1935年铅印本，上海图书馆藏。

章　钰(1865—1937)

谱名鸿钰，字式之，号坚孟、茗簃、汝玉，别号蛰存、霜根老人等。近长洲人。光绪二十九年(1903)进士。刑部主事，调外务部一等秘书，兼京师图书馆纂修。辛亥革命后，寓居天津，以收藏、著述为业，并任清史馆编修。病逝于北京。家有藏书处曰四当斋，储书万册，悉捐予燕京大学。

宋史校录不分卷　史部正史类

1939年蓝色晒印本，上海图书馆藏。

胡刻通鉴正文校宋记30卷附录3卷述略1卷　史部编年类

(1) 1931年长洲章氏刻本，上海图书馆藏。

(2)《续修四库全书》本，影印章氏刻本。

黑鞑事略校记1卷　史部杂史类

《六经堪丛书》本。

霸县志5卷首1卷　史部地理类

唐肯等修　崔汝襄、章钰纂

(1) 1923年铅印本，上海图书馆藏。

(2)《中国地方志集成》本。

各国约章专条偶抄不分卷　史部政书类

章钰辑

长洲章氏算鹤量鲸室抄本，国家图书馆藏。

刘凤翰墓志铭1卷　史部传记类

1934年石印本，上海图书馆藏。

章兰舟先生(章瑞征)事略1卷　史部传记类

清宣统三年(1911)刻本，上海图书馆藏。

按：附《先妣刘太恭人事略》《母弟亮之家传》《元配胡恭人家传》。

读书敏求记校证补辑类记1卷　史部目录类

清钱曾撰　章钰补辑

1924年铅印本，南京图书馆藏。

钱遵王读书敏求记校证4卷佚文1卷序跋题记1卷附录1卷后记1卷校证补遗1卷　史部目录类

清钱曾撰　管庭芬辑　章钰补辑

(1) 1926年长洲章氏刻本，上海图书馆藏。

(2) 1987年江苏广陵古籍刻印社影印本。

(3) 1987年中华书局《清人书目题跋丛刊》本。

(4) 1987年上海古籍出版社《中国历代书目题跋丛书》本。

(5) 2007年上海古籍出版社点校本。

(6) 2012年中华书局《藏园批注读书敏求记校证》本。

荛圃藏书题识10卷补遗1卷附刻书题识1卷补遗1卷　史部目录类

清黄丕烈撰　江阴缪荃孙、长洲章钰、仁和吴昌绶同辑

1916—1919年金陵书局刻本，南京图书馆藏。

滂喜斋藏书记目3卷附湖海楼词所见人名1卷道光五年夏季搢绅录辑要1卷国朝章氏进士题名录1卷　史部目录类

章钰编

清末京师图书馆抄本，国家图书馆藏。

清史稿艺文志4卷　史部目录类

章钰、吴士鉴撰　朱师辙订补

(1) 民国铅印本，上海图书馆藏。

(2) 朱师辙稿本，浙江图书馆藏。

广化寺图书馆检书草目　史部目录类

章钰编

清京师图书馆抄本，国家图书馆藏。

太平御览经史图书纲目不分卷太平广记引用书目不分卷　史部目录类

章钰编

学古堂抄本，国家图书馆藏。

滂喜斋藏书记目 3 卷　史部目录类

章钰编

清京师图书馆抄本，国家图书馆藏。

小浮山人所藏词翰录存 1 卷　史部目录类

章钰编

清抄本，国家图书馆藏。

国朝古文汇钞补目　史部目录类

章钰编

清抄本，国家图书馆藏。

章氏四当斋藏书目 3 卷通检 1 卷　史部目录类

章钰撰　顾廷龙编

1938 年燕京大学图书馆铅印本，国家图书馆藏。

雪堂所藏古器物图　史部金石类

章钰撰　顾廷龙编

1923 年影印本，中山大学图书馆藏。

语石校读别录 1 卷　史部金石类

抄本，天津图书馆藏。

四当斋读书札录　子部杂学类

(1) 民国算鹤量鲸室抄本，北京大学图书馆藏。

(2) 1940 年燕京大学图书馆晒印本，北京大学图书馆藏。

负翁书课　子部艺术类

1933 年石印本，上海图书馆藏。

章式之先生临明征君碑　子部艺术类

1937年石印本，上海图书馆藏。

集殷虚文字楹联汇编　子部艺术类

《东方学会丛书》本。

四当斋心印1卷　子部艺术类

钤印本，上海图书馆藏。

长洲章氏用印1卷　子部艺术类

钤印本，国家图书馆藏。

章钰书札　集部别集类

稿本，北京大学图书馆藏。

章式之课艺稿1卷　集部别集类

胡玉缙抄本，复旦大学图书馆藏。

四当斋集14卷　集部别集类

1937年章元善铅印本，上海图书馆藏。

陶楼文钞14卷　集部别集类

清黄彭年撰　章钰、高德馨编

抄本，国家图书馆藏。

存社征文选卷汇存第一二集　集部总集类

章钰评选

1926—1928年天津存社铅印本，吉林大学图书馆藏。

不堪把玩3种　丛书类

章钰编

清刻暨抄本，国家图书馆藏。

潘廷燮(1865—?)

原名家畚，字艺五，号稼夫、介孚。近吴县人。梁子、家苹弟。元和县庠生。光绪二十三年(1897)举人。年24与会试。

歙县迁苏潘氏家谱7卷首1卷　史部传记类

清潘文榜编辑　潘廷燮增修

1913年铅印本，苏州图书馆藏。

徐爱鸿

清吴县人。女。沈彤甫弟子。年17未字而殁。

吟秋阁遗诗　集部别集类

见《南社文选》第14集顾无咎《吟秋阁遗诗序》。

吴传沄

字升之。近元和人。顾颉刚戚属。

艺兰要诀1卷　子部艺术类

《艺海一勺》本。

陆　丰

字少坪。近吴县人。候补知县海宁查潾妻。事父母以孝称。家道中落，时典嫁衣，供堂甘旨。

棠苑春吟诗草　集部别集类　佚

见民国《海宁州志稿·艺文》。

汪淑珍

近安徽旌德人。候选知县长洲刘骞妻。浙江俞陛云为作墓志。

吴苑小志　史部地理类　佚

瑞仙楼诗钞1卷　集部别集类　佚

以上2种见《吴县志·列女十一》。

王仁俊(1866—1913)

字籀鄦、捍郑，一字干臣、感莼。近吴县东山人。受业于俞樾。初为黄彭年、张之洞幕僚。光绪十八年(1892)进士。授翰林院庶吉士，散馆，改吏部主事。二十三年，在上海创办《实学报》。明年，赴日考察学务，继署宜昌、黄州府事。三十一年，任武昌存古学堂教务长。三十三年，任清廷学部图书局副局长、兼京师大学堂教习。宣统三年(1911)，南下家居。后卒于北京。家素寒，除书籍碑版外无长物，以研究经学、保存国粹为己任。中年研究金石文字，斋名“籀鄦斋”。著述极丰。

正学堂尚书说1卷　经部尚书类

稿本，国家图书馆藏。

毛诗草木今名释1卷　经部诗经类

清光绪三十四年存古学堂铅印本，上海图书馆藏。

诗解1卷　经部诗经类

民国金山高氏抄本，复旦大学图书馆藏。

论语古注笺2卷　经部四书类

见《吴县志·艺文考二》。

孝经古本考1卷　经部孝经类

清湖北存古学堂活字本，见《续修四库全书提要(稿本)》。

群经讲义3卷　经部群经总义类

见阚铎《吴县王捍郑先生传略》。

梦花馆精选注解1卷　经部群经总义类

稿本，上海图书馆藏。

易书诗经学课程不分卷　经部群经总义类

清末存古学堂铅印本，湖北图书馆藏。

群经疑义　经部群经总义类

说文解字师说旁证　经部小学类

以上2种见《清代硃卷集成》“王仁俊”条。

说文解字考异订叙例1卷　经部小学类

民国铅印本，国家图书馆藏。

说文解字考异补1卷　经部小学类

清姚文田辑　王仁俊补

稿本，北京大学图书馆藏。

旧说文录36卷　经部小学类

清严可均辑　王仁俊校

清王仁俊抄本，上海图书馆藏。

说文解字考异三编14卷　经部小学类

稿本，上海图书馆藏。

按：是书《正编》严可均撰，《续编》郑知同撰。《吴县志・艺文考二》作《说文翼三续》。

说文要旨明例1卷　经部小学类

底稿本，见《贩书偶记》。

说文引汉律令考2卷附录2卷　经部小学类

(1) 清光绪三十三年籀鄦斋刻本，上海图书馆藏。

(2) 稿本，上海图书馆藏。

说文解字讲义　经部小学类

民国京师大学堂油印本，国家图书馆藏。

许君说文多采用淮南说　经部小学类

抄本，国家图书馆藏。

说文一家学1卷　经部小学类

说文独字成部考1卷　经部小学类

以上2种见阚铎《吴县王捍郑先生传略》。

小学钩沉　经部小学类

见《清代硃卷集成》"王仁俊"条。

小学钩沉补续　经部小学类

见《吴县志・艺文考二》。

王氏读尔雅日记1卷　经部小学类

《学古堂日记》本。

尔雅学不分卷　经部小学类

稿本，国家图书馆藏。

尔雅释草释木统笺2卷后案1卷　经部小学类

稿本，有光绪十四年自序，国家图书馆藏。

尔雅注蜀校记　经部小学类

尔雅疑谊　经部小学类

以上2种见《吴县志·艺文考二》。

仓颉篇辑补斠证3卷　经部小学类

清光绪三十三年籀鄦斋刻本，上海图书馆藏。

汉书许注辑证　史部正史类

见阚铎《吴县王捍郑先生传略》。

编新旧唐书　史部正史类

见《吴县志·艺文考二》。

史目表补2卷　史部编年类

清洪饴孙撰　江标、王仁俊补　陈钟凡续补

1921年石印本，南京大学图书馆藏。

关帝遗事辑　史部传记类

抄本，国家图书馆藏。

太原王氏家谱若干卷　史部传记类

见阚铎《吴县王捍郑先生传略》。

郑崟阳辩诬录4卷　史部传记类

稿本，上海图书馆藏。

武庙祀典考不分卷　史部政书类

稿本，见《贩书偶记》。

中西政学问对36卷首1卷　史部政书类

清光绪二十三年实学报馆石印本，上海图书馆藏。

正学报稿　史部政书类

稿本，北京大学图书馆藏。

洋报辑译　史部政书类

稿本，北京大学图书馆藏。

江苏存古学堂纲要　史部政书类

清光绪三十四年刻本，国家图书馆藏。

按：包括《江苏存古学堂史学课程》《江苏存古学堂词章学宗旨教法》《江苏存古学堂算学纲要》。

格致精华录4卷附德国议院章程1卷德国合盟纪事本末1卷　史部政书类

王仁俊述　江标辑

清光绪二十二年石印本，上海图书馆藏。

籀鄦簃书目　史部目录类

见《吴县志·艺文考二》。

海王村所见金石书画记1卷附日记1卷　史部目录类

(1) 稿本，国家图书馆藏。

(2) 燕京大学抄本，北京大学图书馆藏。

小方壶斋舆地丛钞目录　史部目录类

稿本，国家图书馆藏。

拟汇刊周秦诸子校注辑补善本叙录　史部目录类

(1) 清光绪三十四年存古学堂铅印本，上海图书馆藏。

(2) 民国北平图书馆传抄本，国家图书馆藏。

(3) 民国天倪楼抄本，国家图书馆藏。

历代传经表通经表　史部目录类

汉艺文志隋经籍志续考证　史部目录类

以上2种见《清代硃卷集成》"王仁俊"条。

补宋书艺文志1卷　史部目录类

(1) 稿本，上海图书馆藏。

(2)《经籍佚文》本。

辽史艺文志补证1卷　史部目录类

(1)《辽海丛书》本

(2)《经籍佚文》本。

(3)《二十五史补编》本。

陶斋吉金续录目录1卷　史部金石类

(1) 清抄本,浙江图书馆藏。

(2) 容庚抄本,中山大学图书馆藏。

盂鼎集释1卷克鼎集释1卷　史部金石类

金石续补跋4卷　史部金石类

金石簿录不分卷　史部金石类

以上3种稿本,见《贩书偶记》。

金石通考不分卷　史部金石类

(1) 抄本,国家图书馆藏。

(2) 稿本,见《贩书偶记》。

金石三编24卷通考6卷　史部金石类

稿本,国家图书馆、上海图书馆藏。

金石萃编补跋24卷　史部金石类

(1) 稿本,国家图书馆藏。

(2) 稿本,浙江省博物馆藏。

(3) 武林叶氏抄本,160卷,上海图书馆藏。

郑文公下碑考　史部金石类

见《吴县志·杂记二》。

籀鄦簃金石文字跋尾　史部金石类

见《吴县志·艺文考二》。

敦煌石室真迹录6卷附1卷　史部金石类

清宣统元年国粹堂石印本,上海图书馆藏。

盖天说1卷　子部历算类

稿本,上海图书馆藏。

白虎通义引书表1卷　子部儒家类

清光绪三十四年存古学堂木活字本,上海图书馆藏。

孔子集语补遗 1 卷　子部儒学类

清光绪三十二年王氏正学堂刻本，北京大学图书馆藏。

辟谬篇 2 卷　子部儒学类

(1) 清光绪二十四年存古学堂铅印本，上海图书馆藏。

(2) 抄本，1 卷，北京大学图书馆藏。

正学篇 3 卷　子部儒学类

清光绪三十四年存古学堂铅印本，上海图书馆藏。

墨子经说疏(一作墨子经注)1 卷　子部墨家类

鹖冠子间诂 3 卷　子部道教类

以上 2 种底稿本，见《贩书偶记》。

邓析子通考 2 卷　子部道教类

清抄本，国家图书馆藏。

感应篇儒义 6 卷附古本考 1 卷　子部道教类

清光绪三十二年刻本，上海图书馆藏。

商君书发微 5 卷　子部法家类

稿本，北京大学图书馆藏。

管子考证不分卷　子部法家类

清抄本，辽宁图书馆藏。

管子集注 24 卷　子部法家类

(1) 稿本，辽宁省图书馆藏。

(2)《续修四库全书》本，影印稿本。

淮南万毕术辑政 1 卷　子部术数类

清光绪三十三年铅印本，复旦大学图书馆藏。

格致古微 5 卷表 1 卷　子部杂学类

(1) 清光绪二十三年吴县王氏刻本，上海图书馆藏。

(2)《质学丛书》本。

(3)《续修四库全书》本，影印吴县王氏刻本。

淮南鸿烈解　子部杂学类

抄本，国家图书馆藏。

淮南子扬榷1卷　子部杂学类

(1) 稿本，见《贩书偶记》。

(2) 抄本，国家图书馆藏。

淮南子许注异同诂4卷补遗1卷续补1卷　子部杂学类

清陶方琦撰　王仁俊补校

光绪七年陶氏汉孳室刻本，国家图书馆藏。

淮南子许注异同诂三续9卷首1卷　子部杂学类

(1) 抄本，国家图书馆藏。

(2) 抄本，1卷，国家图书馆藏。

意林周注5卷补逸1卷　子部杂学类

底稿本，见《贩书偶记》。

籀鄦类稿不分卷　子部杂学类

稿本，上海图书馆藏。

存古学堂丛刻　子部杂学类

(1) 底稿本，见《贩书偶记》。

(2) 清光绪三十三年存古学堂铅印本，苏州图书馆藏。

餐三花室印谱1卷　子部艺术类

王仁俊辑

钤印本，上海图书馆藏。

山公集1卷　集部别集类

晋山涛撰　王仁俊辑

稿本，上海图书馆藏。

正学堂集内篇20卷外篇2卷附篇1卷　集部别集类

稿本(散叶)，国家图书馆藏。

按:《贩书偶记》著录。

籀鄦誃经艺5卷　集部别集类

清光绪二十三年实学报馆石印本，苏州大学图书馆藏。

学堂歌笺　集部别集类

清光绪湖北黄州府劝学所刻本，南京图书馆藏。

辽文萃 7 卷辽史艺文志补证 1 卷　集部总集类

王仁俊辑

(1)《辽海丛书》本。

(2)《实学丛书》本。

西夏文缀 2 卷西夏艺文志 1 卷　集部总集类

王仁俊辑

《实学丛书》本。

豹隐纪谈佚文 1 卷　集部诗文评类

宋周遵道撰　王仁俊辑

(1) 稿本，上海图书馆藏。

(2)《经籍佚文》本。

籀鄦簃杂著 10 种 21 卷　丛书类

稿本，国家图书馆藏。

子目：

《汉碑征经补》1 卷

《希麟音义引说文考》1 卷

《释名集校》2 卷

《汉书艺文志考证校补》10 卷

《补宋书艺文志》1 卷

《补梁书艺文志》1 卷

《金石萃编统补稿》1 卷

《碑版丛录》1 卷

《积古斋钟鼎彝器款识补遗》

《籀鄦斋赋筌》2 卷

正学堂杂著 17 种　丛书类

稿本，国家图书馆藏。

子目：

《金石续编补跋》不分卷　王仁俊辑

《金石题跋》不分卷　王仁俊辑

《商君书表微》不分卷　王仁俊辑

《淮南子许注考证》不分卷　王仁俊撰

《白虎通集校》不分卷　王仁俊撰

《籀鄦斋读碑记》不分卷　王仁俊辑

《顾氏群书集说补证》不分卷　王仁俊辑

《群书校文辑佚》不分卷　王仁俊辑

《东西文精华》不分卷　王仁俊辑

《西夏文缀外编》不分卷　王仁俊辑

《校正元亲征录》不分卷　清何秋涛撰、王仁俊辑

《金陵石刻记》不分卷　清严观撰、王仁俊辑

《壶公师考金释稿》不分卷　王仁俊辑

《西域传抄》不分卷　王仁俊辑

《天山自叙年谱》不分卷　明郑鄤撰，王仁俊辑

《顾亭林祠会祭题名》2卷　王仁俊辑

《景祐六壬神定经》不分卷　宋杨惟德撰，王仁俊辑

玉函山房辑佚书续编269种274卷补编138种138卷　丛书类

(1) 稿本，上海图书馆藏。

(2)《续修四库全书》本，影印稿本。

十三经汉注40种40卷　丛书类

稿本，上海图书馆藏。

按：《吴县志·艺文考二》有《群经汉注辑证》50种，疑即此书。

经籍佚文116种121卷　丛书类

(1) 稿本，上海图书馆藏。

(2)《续修四库全书》本，影印稿本。

按：此三种后皆影印出版，题《玉函山房辑佚书续编三种》，子目从略。

佚书斠补　丛书类

见《清代硃卷集成》"王仁俊"条。

群书拾补再补　丛书类

见《吴县志·艺文考二》。

按：《玉函山房辑佚书续编三种》末附王氏门生阚铎撰《吴县王捍郑先生传略》，列王氏手自编订、先后刊行著述24种，属草已定或尚待理董者56种，除上面已经著录的以外，尚有《孔子经解》《两汉传经表通经表订补》《吴郡汉学师承表》《吴郡著述考》《群经汉注辑证》《春秋左氏传学》《尔雅读》《尔雅大学本校勘记》《续释名校补》《三代教育史》《大学堂文学研究法》《周秦学术源流考》《古今中外文字考》《老子正谊》《诸子札记》《秘府略笺》《隋书经籍志校补》《古类书辑录存佚表》《许学》《郑学》《西辽书》《三代吉金跋》《秦权衡度量考》《荥阳郑氏石刻考》《历朝石刻跋》《寰宇吉金录》《寰宇访碑录》《新墨缘汇观》《小畜集考证》《王氏文献录》《正学堂笔记》《军歌笺》《吴谚证》。

王熙桂(1866—1929)

字一枝，号馨山。近吴县人。监生，候选同知。

洞庭王氏家谱28卷首1卷　史部传记类

王熙桂修　叶耀元纂

清宣统三年(1911)木活字印本，上海图书馆藏。

姚承祖(1866—1938)

字汉亭，号补云。近吴县香山人。世袭营造业，修建苏州多处住宅、庭院、寺庙。后任苏州工业专科学校教授、鲁班会首任会长。

营造法原　子部工艺类

姚承祖原著　张至刚增编　刘敦桢校阅

(1) 1959年北京建筑工程出版社出版。

(2) 1986年中国建筑工业出版社出版。

按:此书在作者生前已脱稿,迟至解放后才出版。

姚承祖营造法原图　子部工艺类

1979年同济大学建筑系影印本,苏州图书馆藏。

按:前有陈从周序,云乃姚氏原图,邹宫伍得之于苏州。

《营造法原》诠释　子部工艺类

祝纪楠著。2012年中国建筑工业出版社出版。

范　祎(1866—1939)

字子美,号皕诲。近吴县人。5岁随父迁居上海。光绪十九年(1893)举人。先后出任《苏报》《实学报》《中外日报》记者。后主持林乐知《万国公报》及青年会《进步》杂志。

俄国历皇纪略2卷　史部杂史类

(美)林乐知译　范祎笔述

清光绪二十九年石印本,北京大学图书馆藏。

俄国政俗通考3续编1卷　史部政书类

(美)林乐知译著　范祎笔述

清光绪三十二年上海广学会石印本,中国人民大学图书馆藏。

美国治法要略3卷　史部政书类

(美)林乐知译著　范祎笔述

(1) 清光绪二十九年上海广学会石印本,山东大学图书馆藏。

(2) 清光绪上海商务印书馆铅印本,国家图书馆藏。

中等地理教本3卷　史部地理类

英国汉勃森撰　任廷旭、范祎译

清光绪三十三年上海广智书局铅印本,浙江图书馆藏。

勾股拾遗1卷四元演代1卷　子部历算类

清光绪石印本,苏州大学图书馆藏。

老学蜕语　子部杂学类

1934 年青年协会书报部铅印本，国家图书馆藏。

道之桴　子部杂学类

1914 年青年会铅印本，国家图书馆藏。

他山语石　子部杂学类

1921 年青年协会书报部铅印本，国家图书馆藏。

少年弦韦　子部小说类

1917 年青年会全国书报部铅印本，国家图书馆藏。

皕诲诗钞　集部别集类

1924 年铅印本，浙江图书馆藏。

皕诲杂著 4 种　丛书类

1934 年青年协会书局铅印本，上海图书馆藏。

钱文霈(1866—?)

字汝霖。近元和人。涉猎广泛，20 岁学词章，30 岁治医药，皆得古人真意。

钱苏斋述学 1 卷　子部杂学类

1924 年苏州钱氏仁寿堂刻本，上海图书馆藏。

叶祥青(1866—?)

原名青，字友琴，号镜湖。近吴县人。春田子。县丞衔。习格致写真、天文历算之学，时有“天学专家”之称。光绪二十四年(1898)，张之洞聘充武昌经心、江汉两书院天文分校官，管理武昌观星台事务。后入经济特科，历山西大学堂译员、苏州铁路学堂教员、上海中学堂教员、上海统计局调查员、沪学会教育会会员等职。又倡修家谱，有功家乘。

最新天文图志　子部历算类

(英)希特撰　叶祥青译

最新地文图志　子部历算类

(英)崎冀撰　叶祥青译

以上2种《山西大学译书院编译书》本,国家图书馆藏。

天文溥通学　子部历算类

恒星赤道经纬简表　子部历算类

叶祥青译

古今日食考　子部历算类

以上3种见《吴中叶氏族谱》卷57。

古今彗星考　子部历算类

清宣统二年(1910)时中书局石印本,上海图书馆藏。

杨赓元(1866—?)

原名载赓,字柳春,号良孚。近吴县人。光绪二十年(1894)副榜贡生。官主事。

读毛诗日记不分卷　经部诗经类

杨氏读尔雅日记1卷　经部小学类

以上2种有《学古堂日记》本。

卫顾德(1866—?)

原名余,字一新,号恕庵、石湖遗老,又号选青、先醒。近吴县蠡墅人。

农民须知1卷　子部农家类

见《恕庵诗文选·石湖遗老传》。

石湖櫂歌1卷附录2卷恕庵诗文选不分卷　集部别集类

稿本,苏州图书馆藏。

强恕庵集10卷年谱1卷　集部别集类

劫余杂吟　集部别集类

自寿吟　集部别集类

寒夜睡余吟　集部别集类
开九吟　集部别集类
　　以上5种见《恕庵诗文选·石湖遗老传》。

吴光奇(1867—1928)

　　字子瑾，号梅隐。近吴县人。家住桃花坞，辟一小园于宅之西偏，颜曰“蜗园”，备极花木之胜，啸吟其间。喜游历，曾南至广州。好慈善，常腊月施粥救济贫民。

蜗园诗钞1卷附梅隐庐楹联1卷　集部别集类
　　清宣统二年(1910)石印本，苏州图书馆藏。

管尚忠(1867—1928)

　　字祖丁，一字佐鼎。近吴县人。家在杉渎桥。礼昌子。嗜诗酒、丹青、艺花。喜跣足，虽隆冬不改，人称奇人。善勾股术，手制机括，所制日晷、钟表，人服其妙。著述綦富。

日记50卷　史部传记类
读史抉微5卷　史部史评类
六法新论2卷　史部政书类
兰蕙同心录补2卷　子部农家类
默竹和谱1卷　子部艺术类
面圃诗12卷词2卷　集部别集类
　　以上6种见《吴县志·杂记二》。

汪钟霖(1867—1933)

　　字岩征，号甘卿，一号蟠隐。近吴县人。光绪十九年(1893)举人。官内阁中书、出使奥国大臣参赞。光绪二十三年，赴上海创办《蒙学报》。

诸子音训拾　经部小学类

方言考证　经部小学类

读史钩沉　史部史评类

以上3种见《清代硃卷集成》"汪钟霖"条。

九通分类总纂240卷　史部政书类

清光绪二十八年文澜书局石印本，浙江图书馆藏。

赣中寸牍不分卷　集部别集类

清光绪三十四年铅印本，上海图书馆藏。

清芬堂文集　集部别集类

帘影楼诗词钞　集部别集类

以上2种见《清代硃卷集成》"汪钟霖"条。

蒙学丛书8种48卷　丛书类

清光绪二十九年铅印本，北京大学图书馆藏。

教科百种丛书10类71种附1种　丛书类

清光绪吴县汪氏石印本，北京大学图书馆藏。

张一麐(1867—1943)

字仲仁，号峥角、公绂、民佣、大圜居士。近吴县人。是彝子。光绪二十九年(1903)，录取经济特科。同年，入袁世凯幕。宣统二年(1910)，在浙抚增韫幕。辛亥间，协助江苏都督程德全筹办民政。1915年，任徐世昌内阁教育总长。后在家闲居，与张謇组织苏社。抗日战争爆发，力主抗战。1938年选国民参政员，病卒于重庆。民国《吴县志》总纂之一。

故代理大总统冯公(冯国璋)事状　史部传记类

民国刻本，上海图书馆藏。

费仲深先生(费树蔚)家传　史部传记类

1935年铅印本，上海图书馆藏。

直皖秘史1卷　史部杂史类

1920年世界书局石印本，上海图书馆藏。

克利荷兰财政支配法译稿 1 卷　史部政书类

张一麐译

稿本，浙江图书馆藏。

五十年来国事丛谈　史部政书类

收入《古红梅阁笔记》。

（民国）吴县志 80 卷　史部地理类

曹允源、吴荫培、张一麐等纂修

见“曹允源”条。

古红梅阁笔记　子部杂学类

(1) 稿本，苏州图书馆藏。

(2)《民国史料笔记丛刊》本。

现代兵事集　子部兵书类

古红梅阁别集　集部别集类

以上 2 种见《中国革命史人名大辞典》等书。

心太平室集 10 卷补遗 1 卷附录 1 卷先德录 1 卷　集部别集类

张一麐撰　《先德录》张世棠等撰

(1) 1947 年排印本，苏州图书馆藏。

(2)《民国丛书》二编本。

(3)《近代中国史料丛刊初编》本。

陈希濂(1867—1945)

字吐玉，号舲诗、麟书、琢孙。近元和郭巷人。光绪十七年(1891)举人。江阴县教谕，后主苏州晏成中学、东吴大学讲席。与张一麐、陶惟坻等相友善。

读史百咏 1 卷　史部史评类

1932 年铅印本，上海复旦大学图书馆藏。

美人百咏 1 卷　集部别集类

1929 年苏州毛上珍铅印本，上海图书馆藏。

吴门百咏　集部别集类

民国苏州毛上珍铅印本，藏其后人手中。

吴门陈舲诗诗稿　集部别集类

抄本，藏其后人手中。

按：包括《金陵杂咏》《申江吟》等。

记得诗82首　集部别集类

抄本，藏其后人手中。

舲诗先生自述诗1卷　集部别集类

(1) 抄本，藏其后人手中。

(2) 民国铅印本，浙江图书馆藏。

按：后四种施晓平处藏有复印件，《记得诗》曾经整理发表在2001年《苏州史志资料选辑》中。

周德馨(1867—?)

字兰佩，一字丰玉，号仲芬，又号俊公。近吴县人。光绪二十年(1894)举人。官湖北知县。善篆书，尤工墨兰。且每画兰必有诗，语多刻画。父开稷，字谷臣，亦善画。

千镜万泉楼镜钱谱录考释　史部金石类　佚

见《吴县志·艺文考二》。

王家宾(1867—?)

谱名绳藻，字研傭，号文伯，一号余盦。近吴县人。原籍太仓。光绪三十二年(1906)优贡。

两汉类编　史部杂史类

中外舆地述　史部地理类

铁研庐读书胜录　子部杂学类

国朝理学撮要　子部儒学类

余庵诗文稿　集部别集类

以上5种见《清代硃卷集成》“王家宾”条。

程敬钊

字颂周，号容斋。近吴县人。曾在上海总商会商事公断处任职10年。

颂周七十征和诗集不分卷　集部总集类

1937年稿本，苏州图书馆藏。

按：程氏七十寿辰征文。

潘诵芬

字芴南，号小迂。近吴县人。光绪十一年(1885)拔贡。

焦轩遗稿　集部别集类

清光绪二十六年刻本，见《苏州市志》，未见。

潘家元

近元和人。宣统元年(1909)拔贡。日本明治大学法科专名部毕业。

大阜潘氏支谱正编14卷附编10首1卷　史部传记类

1927年松麟庄铅印本，国家图书馆藏。

吴曾源

字伯渊，一字守经，号九珠。近吴县人。廷琛曾孙。光绪二十三年(1897)举人。官内阁中书。入民国卒。

吴氏义庄条规1卷　史部目录类

清宣统三年(1911)刻本，苏州图书馆藏。

井眉轩长短句2卷　集部词曲类

1933年刻本，苏州图书馆藏。

按：《全清词钞》卷38收其词2首。

钱人龙(1868—1920)

字卧公，号幼逵，一号友夔。近吴县人。光绪二十三年(1897)拔贡生。官安徽舒城知县。民国间知金华县、鄞县事。

读毛诗日记不分卷　经部诗经类

《学古堂日记》本。

说文经字考疏证 6 卷　经部小学类

(1) 清光绪二十三年铅印本，复旦大学图书馆藏。

(2)《说文钥》本。

小婴兰堂经说 2 卷　经部群经总义类

清抄本，上海图书馆藏。

卧盦日记不分卷卧盦杂存 1 卷　史部传记类

稿本，日记光绪十七年至二十二年、二十五年至二十七年、宣统二年(1910)，上海图书馆藏。

金华县知事造送从前详请旌表各妇女姓氏事实清册 1 卷　史部传记类

稿本，浙江图书馆藏。

鄞县知事呈送节孝各妇女姓氏清册 1 卷　史部传记类

稿本，浙江图书馆藏。

(光绪)续修舒城县志 50 卷首 1 卷末 1 卷　史部地理类

清钱人龙等修

(1) 清光绪三十三年木活字印本，南京图书馆藏。

(4)《中国地方志集成》本。

(光绪)金华县志 16 卷首 1 卷　史部地理类

清邓钟玉等纂

(1) 1915 年钱人龙铅印本，浙江图书馆藏。

(2)《中国地方志集成》本。

潘敦先(1868—1932)

字叔重,号符生。近吴县人。遵祁三子。贡生。江西候补同知,署庐陵县知县,二品衔,直隶候补道。

吴郡通典不分卷　史部地理类

稿本,南京图书馆藏。

清光绪二十九年七月十五日至三十一年五月十二日庐陵县正杂钱粮以及例应交待各款清册不分卷　史部政书类

稿本,苏州图书馆藏。

小三松堂诗集4卷附杂著1卷　集部别集类

1935年铅印本,苏州图书馆藏。

佛香酬唱集初二三集3卷　集部总集类

1922年铅印本,上海图书馆藏。

徐绪霆(1868—?)

字圭庵。庠名廷梁,后改名鸿钧。近吴县西山人。优贡生。

毛诗传笺质疑　经部诗经类

见《堂里徐氏家谱》。

治诗偶得不分卷　经部诗经类

稿本,上海图书馆藏。

读毛诗日记不分卷　经部诗经类

《学古堂日记》本。

读汉书日记不分卷　史部正史类

《学古堂日记》本。

按:疑即《堂里徐氏家谱》所载《汉书颜注纠缪》。

洞庭西山堂里徐氏家谱2卷　史部传记类

1924年石印本,国家图书馆藏。

史记注引汉律令考1卷汉书注引汉律令考1卷说文解字引汉律令考1

卷　史部政书类

抄本，上海图书馆藏。

史记注引汉律令考 1 卷　史部政书类

稿本，上海图书馆藏。

功过格汇纂　子部儒学类

收心良法　子部儒学类

玉皇经注解　子部道教类

玉露金盘道书　子部道教类

以上 4 种见《堂里徐氏家谱》，云其晚年所撰。

张文焕

近吴县人。文寿兄。庠生。

梅花吟龛诗钞　集部别集类　佚

见《清代硃卷集成》"张文寿"条。

杨宝镛(1869—1917)

字序东，号篴庵。近元和人。喜藏书画金石，精鉴别。又工篆刻。

观古碑法 1 卷　史部金石类

稿本，浙江图书馆藏。

古碑古拓说明 1 卷附古碑孤本 1 卷　史部金石类

稿本，浙江图书馆藏。

篴庵藏书画金石目 1 卷书目 1 卷　史部目录类

稿本，南京图书馆藏。

书画考略 4 卷　子部艺术类

见《江苏印人传》，书未见。

篴庵题跋 2 卷　子部艺术类

稿本，上海图书馆藏。

按：卷上为金石跋尾，卷下为书画题记。

龙渊炉斋金石丛书 19 种　丛书类

稿本，上海图书馆藏。

子目：

第一册

《昭代分隶名人小传》1 卷

第二册

《昭代分隶名人小传清本》1 卷

第三册

《群碑旧拓本辨》1 卷

《古碑孤本录》1 卷

《伪刻重樵碑记》1 卷

《书画家斋名录》1 卷

《日本注重书画姓氏》1 卷

第四册

《龙渊炉斋考藏皕种金石书目金石书目》1 卷

《古碑证文选本》1 卷

第五册

《汉墓阙神道考》1 卷

《石门碑刻见存目考》1 卷

《江宁萧梁石刻见存目》1 卷

《龙门山魏刻造像目》1 卷

《邹县四山摩厓目》1 卷附《徂来山水牛山经石峪摩崖》

《逊国遗文考》1 卷

第六册

《续隶篇所据碑目》1 卷

《石经传本汇跋》1 卷

第七册

《复初斋文集补遗》1 卷　清翁方纲撰　杨宝镛辑

《孙赵寰宇访碑录刊误补遗》1卷

第八册

《三续疑年录补正》1卷

王大炘(1869—1924)

字冠山、巏山,号冰铁。近吴县人。少居苏州萧家巷,20余岁即移居上海。精岐黄,尤善刻竹及治印。晚好神仙丹药之术,以病痫死。

陶斋彝器图释1卷　史部金石类

清抄本,宣统元年(1909)钦其宝题识,苏州图书馆藏。

冰铁印存1卷　子部艺术类

(1) 清钤印本,上海图书馆藏。

(2) 民国中华书局石印本,上海图书馆藏。

(3) 民国文明书局石印本,上海图书馆藏。

(4) 清宣和印社钤印本,中国美术学院图书馆藏。

汉玉钩室印存　子部艺术类

清光绪二十六年钤印本,苏州图书馆藏。

梅鹤山房印谱　子部艺术类

清钤印本,浙江博物馆、浙江图书馆藏。

大鹤山房印谱　子部艺术类

清吴昌硕、王大炘篆刻

清钤印本,浙江博物馆藏。

郁清耀(1869—?)

字炎远,号垠南、鼎伯。近吴县人。

黎阳郁氏支谱4卷　史部传记类

郁清耀等纂

清光绪二十五年(1899)惇叙堂木活字印本,美国哥伦比亚大学图书馆藏。

贝传礼(1869—?)

原名保泰,号仪百。清吴县人。

吴中贝氏家谱不分卷　史部传记类

贝传礼纂　贝光礼、贝理泰续修

1920年石印本,苏州博物馆藏。

范端信(1869—?)

字志澄,号厚甫。近吴县人。附贡生。

范氏家乘左编24卷首1卷末1卷右编16卷首1卷　史部传记类

范端信等纂

清光绪二十五年(1899)木活字印本,苏州图书馆藏。

曹元森(1869—?)

字巽轩。近吴县人。元忠弟。京师官医院医官。

先室郑兰真夫人讣告不分卷　史部传记类

1931年铅印本,国家图书馆藏。

传染病八种证治晰疑10卷　子部医家类

(1) 稿本,国家图书馆藏。

(2) 1932年京师铅印本,国家图书馆藏。

郑道馥(1874—1931)

字兰真,又字梅邻。近吴县人。曹元森室。

素心阁遗稿3卷　集部别集类

1932年文岚簃古宋印书局铅印本,南京图书馆藏。

潘志询(1869—?)

字叔同,号侣虞、冷庵。近吴县人。光绪十七年(1891)举人。徐州府沛县教谕,兼理训导,候选知县,同知衔。

己未觞咏集 6 卷　集部总集类

潘志询等撰

1919 年刻本,苏州图书馆藏。

按:包括《春盘吟》1 卷、《麴尘吟》1 卷、《天香吟》1 卷、《松楸吟》1 卷、《流云吟》1 卷、《青溪吟》1 卷。

香隐庵词 2 卷　集部词曲类

潘遵璈撰

1918 年潘志询刻本,上海图书馆藏。

严庆祺(1869—?)

字小增,号仲麟、仲琳,晚号泰叟。近吴县东山人。隽熙子。监生。充玉牒馆誊录,议叙同知,云南候补。三署东川府知府,历充云南宝云局总办、六城厘金局督办、谳局及洋务局提调等职。

六修江苏洞庭安仁里严氏族谱 12 卷首 1 卷　史部传记类

1932 年中华书局铅印本,国家图书馆藏。

毛契农中将侯命藏铭 1 卷　史部传记类

严庆祺撰并书

1935 年石印本,浙江图书馆藏。

迤东铜务纪略　史部政书类

清宣统元年(1909)贵州省调查局铅印本,国家图书馆藏。

温病辨证撮要 1 卷　子部医家类

1918 年铅印本,国家图书馆藏。

费廷璜(1869—?)

字玉如。近吴县西山人。钧子。宣统元年(1909)优贡。同年,荐辟安徽补用知县,咨议局议员。后赴日,留学日本法政大学。归国后,任法政学堂教习、江苏都督府民刑科科长等职。

读说文玉篇日记 1 卷　经部小学类

《学古堂日记》本。

古文官书 1 卷　经部小学类

汉卫宏撰　费廷璜辑

《南菁札记》本。

洞庭西山费氏先德录不分卷　史部传记类

费廷琛、费廷璜等编

(1) 民国铅印本，苏州图书馆藏。

(2) 1922 年铅印本(增补本)，苏州图书馆藏。

按：以廷璜父费钧事实为主。

祖德颂　史部传记类

民国铅印本，苏州图书馆藏。

挽回世道人心标本同治录 1 卷　子部儒学类

1910 年隐庐印书处石印本，上海图书馆藏。

小谟觞馆文集注 4 卷续集注 2 卷附补注续 1 卷勘误记 1 卷　集部别集类

清彭兆荪撰　孙元培、孙长熙纂辑　费廷璜补注

1930 年利苏印书社铅印本，上海图书馆藏。

凤锡祚(1869—?)

一名恭宝，字雍肃，号庸朔。近吴县人。攻法文，考取国史馆誊录。出使意国，意国君主赠四等王冕。回国后直升直隶知州。后官外交部主事。

洞庭凤氏宗谱不分卷　史部传记类

1918 年木活字印本，苏州大学图书馆藏。

潘祖年(1870—1925)

字仲午，号西园，别署拙速。近吴县人。曾绶次子，祖荫弟。议叙

州同衔，特赏郎中，选补刑部云南司郎中，兼福建司行走记名，加盐运使衔。

抽速日记不分卷　史部传记类

稿本，光绪二十七年(1901)至1924年，7册，上海图书馆藏。

潘文勤公年谱不分卷　史部传记类

潘祖年撰

(1) 清光绪十七年吴县潘氏刻本，苏州图书馆藏。

(2) 台北《近代中国史料丛刊》本。

(3)《北京图书馆藏珍本年谱丛刊》本。

抽速诗存1卷　集部别集类

《陟冈楼丛刊》本。

潘祖芬(1870—?)

字德葆，号著先。近长洲人。

东汇潘氏族谱8卷首4卷末1卷　史部传记类

1919年承志堂刻本，吉林大学图书馆藏。

董瑞椿(1870—?)

谱名迪根，字俪宪，号楙堂、茂堂，别号仪郭。近吴县人。原籍安徽，曾祖国英经商来苏，遂置田庐于吴。光绪十九年(1893)副榜。官学部小京官。

尔雅异读(尔雅疑谊)　经部小学类

见《清代硃卷集成》"董瑞椿"条。

读尔雅日记1卷续记1卷　经部小学类

(1)《学古堂日记》本。

(2)《续修四库全书》本，影印《学古堂日记》本。

十九世纪大事纪略1卷　史部编年类

董瑞椿译述

(1) 清光绪刻本,无标点,浙江图书馆藏。

(2) 清光绪刻本,与王季点《小学理科新书》等合刻,有标点,温州市图书馆藏。

(3) 清光绪二十八年石印本,题《新译万国近世大事表》,金华市博物馆藏。

世界实业大王　史部传记类

董瑞椿译

1920年上海中华书局铅印本,江西省图书馆藏。

统合新教授法2卷　史部政书类

(日)樋口勘次郎撰　董瑞椿译

清光绪二十七年南洋公学铅印本,国家图书馆藏。

伦理教科范本1卷　史部政书类

(日)秋山四郎撰　董瑞椿译

清光绪三十一年文明书局石印本,上海图书馆藏。

社会的国民教育　史部政书类

(日)田中义一撰　董瑞椿译

1917年通俗教育研究会铅印本,上海图书馆藏。

小地文学5章　史部地理类

(日)菊池熊太郎撰　董瑞椿译

吴县汪氏《教科百种全书》本。

心算教授法　子部历算类

(日)金泽长吉撰　董瑞椿译

清光绪二十六年上海南洋公学铅印本,上海图书馆藏。

蒙学珠算教科书　子部历算类

董瑞椿编

清光绪上海文明书局铅印本,华东师范大学图书馆藏。

中学矿物教科书　子部工艺类

(日)石川成章撰　董瑞椿译

清光绪三十三年上海文明书局铅印本，国家图书馆藏。

学古小志5卷　子部杂学类

清抄本，上海图书馆藏。

贡并求放斋董董稿　集部别集类

见《清代硃卷集成》“董瑞椿”条。

按：《清代硃卷集成》董瑞椿履历如下：“系江南苏州府吴县优附生，民籍，祖籍安徽婺源县。肄业郡城学古堂，草成尔雅异读案尔雅疑谊贡并求放斋董董稿各若干卷。”最后一句似当断为：“草成《尔雅异读》(案：《尔雅疑谊》)、《贡并求放斋董董稿》各若干卷。”贡乃是求功名，放乃是回山林之义。

王　璋

字钦斋。近长洲人。省试七次不就，遂寄于山水，游历皖蜀之间。

吴谚诗钞1卷　集部总集类

1921年铅印本，南京图书馆藏。

包锡咸

字熙士。近吴县人。光绪十九年(1893)举人。

包氏读尔雅日记1卷　经部小学类

《学古堂日记》本。

陈贻范(1871—1919)

字安生。近吴县人。早年入上海广方言馆习英文，后为总理衙门七品翻译，派送英国林肯法学院学习法律，任职清廷驻英史馆参赞。1913年出任西藏宣抚使，参加印度西姆拉会议，旋被免职。1918年复任江苏交涉使。

俄人蚕食太平洋迆北边地考　史部杂史类

陈贻范译

清光绪二十三年(1897)《实务报》连载。

饲育野蚕识略　子部农家类

(法)魏雷撰　陈贻范译

《农学丛书》本。

朱锡梁(1871—1932)

字梁任。近吴县人。早年东渡日本,后入同盟会。担任过东南大学教授、江苏古物保管委员会委员等职。不幸落水死。

商文十干说　经部小学类

见《吴县志·杂记二》。

按:金天羽《朱锡梁传》详载之。

草书探源　经部小学类

甲骨文释　经部小学类

历算超辰　子部历算类

词律补体　集部词曲类

以上4种见《续补藏书纪事诗》。

陆启杲(1871—1940)

字旭东,一字明若。清吴县人。

陆氏六支谱家谱1卷　史部传记类

民国年间抄本,上海图书馆藏。

张一鹏(1871—1944)

字荀颂,号云搏。近元和人。一麐弟。近元和人。光绪十九年(1893)举人。早年留学日本。历任法部主事、京师地方检察厅检察长、云南高等检察厅检察长。1917年任江西财政厅长。1920年代理司法部总长。后寓沪。

读毛诗日记不分卷　经部诗经类

《学古堂日记》本。

诗笺释例　经部诗经类

仪礼汉读续考　经部仪礼类

以上 2 种见《清代硃卷集成》“张一鹏”条。

皇朝掌故 2 卷　史部政书类

清光绪二十八年杞庐刻本，上海图书馆藏。

刑事诉讼法　史部政书类

（日）板仓松太郎撰　张一鹏译

清光绪三十三年天津丙午社本，国家图书馆藏。

普通学歌诀 1 卷　史部政书类

（1）清光绪二十六年苏州中西小学堂刻本，上海图书馆藏。

（2）清光绪二十七年杭州小学堂刻本，中国人民大学图书馆藏。

（3）《便蒙丛书》本。

便蒙丛书初二集 17 种　丛书类

清光绪二十八年苏州开智书室刻本，上海图书馆藏。

按：子目略。

张国华（1871—1945）

原名树椿，字寿庭，改名国华，字菊圃。近吴县人。钱恂外甥。经钱氏荐，充清廷驻荷兰、意大利使馆书记。1912 年，任粤省都督府秘书长、广东地检厅书记官等职。晚年任教广州女子师范、广东法政学校等处。

周易新理解 3 卷　经部易类

稿本，国家图书馆藏。

张菊圃自订年谱不分卷　史部传记类

秦翰才手抄本，上海图书馆藏。

外国列女传　史部传记类

日本司法纲要　史部政书类

以上 2 种见《广东文征续编》卷 4。

不薄斋文存(大同论说)　集部别集类

1950 年油印本,国家图书馆藏。

不薄斋诗文集简编　集部别集类

1952 年油印本,国家图书馆藏。

不薄斋存稿　集部别集类

1957 年油印本,国家图书馆藏。

沈敬学(1871—?)

字习之,号悦庵。近吴县西山人。铿子,谭献弟子。后游沪上,主办《寓言报》《医学报》等报纸。光绪二十八年(1902),西至汉上,与吴趼人主《汉口日报》。未几,复由汉而湘,为湘省官报主持笔政。忧时感事之慨,一寄乎诗。

思归草 1 卷息游草 1 卷　集部别集类

清光绪刻本,上海图书馆藏。

悦庵诗剩 2 卷　集部别集类

清光绪三十二年刻本,苏州图书馆藏。

鹤和集 1 卷　集部总集类

沈铿、沈敬学撰

清光绪十九年铅印本,无锡市图书馆藏。

蒋宗城(1871—?)

原名肇基,字根僧,号叔雷,一号粟来。清吴县人。

八修娄关本支录 12 卷墓考 1 卷祖范 1 卷　史部传记类　佚

见《娄关蒋氏本支录右编》。

杨文翰(1871—?)

字振声,号藻庵,一号亦堂。清吴县人。

弘农杨氏家谱 1 卷　史部传记类

清光绪二十四年(1898)抄本,中国社会科学院图书馆藏。

陈菊贞(1874—1895)

字餐英,一字参因。近浙江海宁人。鸿基女,吴县蒋宗城妻。10余岁即通经史大义,尤耽翰墨,工诗能画。年22卒。

晚香馆遗诗1卷　集部别集类

清光绪吴县蒋氏刻本,南京图书馆藏。

晚香馆诗稿8卷词稿2卷文稿2卷试帖2卷庾词1卷　集部别集类

稿本,上海图书馆藏。

晚香馆遗稿1卷　集部别集类

清抄本,国家图书馆藏。

蒋德浩

近吴县人。

武山蒋氏支谱　史部传记类

见《东山艺文志》,云1924年纂修,抄本,未见。

殷履元

字伯虔,一作柏坚。近吴县甫里人。善绘事。

题画诗稿　集部别集类

民国上海中华书局铅印本,苏州图书馆藏。

殷柏坚先生六十寿诗征和集　集部总集类

1932年中华书局铅印本,上海图书馆藏。

沈　寿(1872—1921)

原名云芝,字雪君,晚署雪宦,号天香阁主。近吴县人,后寓南通。山阴余觉妻,故又称余沈寿。精刺绣,为顾绣派名手。贡所绣佛像于西太后,获赐福寿二字,因更名寿。所绣《意大利皇后肖像》,清廷赠与意大利;《世界救主耶稣绣像》,获1915年巴拿马万国博览会一等大奖。初,沈氏夫妇在苏州创办福寿绣品公司,后张謇聘寿至南通,主持女工传习所,卒葬南通黄泥山。

雪宧绣谱1卷　子部艺术类

沈寿述　张謇录

(1) 1919年翰墨林书局铅印本,浙江省博物馆藏。

(2)《喜咏轩丛书》甲编本。

吴兴让(1872—?)

字再伯,号祝龄、竹林。近吴县人。少孤贫力学。光绪十六年(1890)入泮,以经世自期。二十年副贡,二十三年举人。袁世凯罗致幕下,课督诸子。后游学日本,毕业东京私立政法大学,归国任馆职。邃于算学,著述亦富。诗冲淡有韵致。

光绪外交史1卷　史部杂史类

宪法平议1卷　史部政书类

以上2种见《城隐庐诗钞》。

划分财政管见1卷　史部政书类

民国铅印本,上海图书馆藏。

试办天津县地方自治章程理由书1卷　史部政书类

民国铅印本,上海图书馆藏。

虚金本位讲义1卷　史部政书类

1924年铅印本,北京大学图书馆藏。

宪法研究书　史部政书类

(日)富冈康郎撰　吴兴让译

(1) 清光绪三十三年商务印书馆铅印本,国家图书馆藏。

(2) 1916年商务印书馆铅印本,国家图书馆藏。

按:此书多次再版。

货币学1卷　史部政书类

(1) 稿本,南京图书馆藏。

(2)《拙簃丛稿》本,南京图书馆藏。

弧三角释术 1 卷　子部历算类

清刻本,南京图书馆藏。

客津文存 1 卷　集部别集类

见《城隐庐诗钞》。

城隐庐诗钞 1 卷　集部别集类

1934 年刻本,苏州图书馆藏。

张荣培(1872—?)

字植甫,号蛰公。清长洲人。

吴谚破涕录 1 卷　子部杂学类

稿本,苏州图书馆藏。

食破砚斋诗存 2 卷惜余春馆读画集 1 卷　集部别集类

1928 年铅印本,浙江图书馆藏。

食破砚斋词钞 1 卷附耦园课存 1 卷　集部词曲类

1927 年利苏印书社铅印本,苏州大学图书馆藏。

陈开骥

字俊轶。近长洲人。光绪二十五年(1899)贡生。

左传课本 8 卷　经部春秋左传类

清光绪三十一年油印本,苏州图书馆藏。

致远堂诗录 2 卷　集部别集类

稿本,苏州图书馆藏。

袁　均(1873—?)

字颂平,号希庄。近吴县人。来雋四子。国学生。曾从叔父来保宦游严州、台州、绍兴等处,襄理政务。荫给巡检,分发山东兖州、青州,历临朐县典史、怀安县管狱官。民国间，充高等审判厅职员、吴县警察分所长等职。

吴门袁氏家谱 8 卷　史部传记类

袁来隽、袁均纂修

1919 年石印本，苏州图书馆藏。

袁藻楼(1873—?)

原名文凤，以字行。近吴县人。宝璜子。吉林审判讲习所毕业，历署元氏县典史、双城府司狱、黑龙江榷运海伦分局长、吉林方正县清文分局长。

苏风百咏　集部别集类

1937 年铅印本，苏州图书馆藏。

春明胜迹百咏　集部别集类

1935 年铅印本，国家图书馆藏。

藻楼诗稿 7 种 8 卷　集部别集类

稿本，南京图书馆藏。

按：包括《吴郡新诗》1 卷、《燕游吟》1 卷、《颐和百一诗》1 卷、《叠韵联吟》1 卷《续集》1 卷、《圣迹图咏》1 卷、《清嘉竹枝》1 卷、《风景吟稿》1 卷。

孙德谦(1873—1935)

字受之，号益庵、隘堪居士。近元和人。诸生。少习声韵训诂，尤推尊徐锴《说文系传》。进而赞仰高邮王念孙、王引之父子之学。后又改事会稽章学诚，习《文史通义》。历任江苏通志局纂修、江苏存古学堂教员。又任苏州东吴大学、上海政治大学、大夏大学、交通大学教授及广州学海书院讲习。著述甚富。

汉书艺文志举例 1 卷　史部目录类

(1)《孙隘堪所著书》本。

(2)《二十五史补编》本。

刘向校雠学纂微 1 卷　史部目录类

(1)《孙隘堪所著书》本。

(2) 民国南京高等师范学校铅印本，上海图书馆藏。

南北史艺文志　史部目录类

见夏敬观《忍古楼诗话》。

金史艺文志 6 卷　史部目录类

稿本，上海图书馆藏。

浙江通志补编经籍志不分卷　史部目录类

民国刘氏嘉业堂抄本，上海图书馆藏。

太史公书义法 2 卷　史部史评类

《孙隘堪所著书》本。

金稷山段氏二妙年谱 2 卷　史部传记类

(1) 抄本，上海图书馆藏。

(2) 1913 年《孔教会杂志》第 1 卷第 2、3、5、7 期连载本。

(3)《中国学报》第 7 卷第 8 期本。

(4)《求恕斋丛书》本。

按：段氏二妙，即段成己、克己兄弟。

金遗民录 1 卷　史部传记类

稿本，上海图书馆藏。

孙卿子通谊　子部儒学类

吕氏春秋通谊　子部杂学类

诸子要略　子部杂学类

古书录辑存补　子部杂学类

以上 4 种见夏敬观《忍古楼诗话》。

古书读法略例　子部杂学类

(1) 民国上海印书馆铅印本，华东师范大学图书馆藏。

(2) 1984 年中国书店影印本，国家图书馆藏。

(3) 2006 年广西师范大学出版社黄曙辉整理本。

诸子通考 3 卷　子部杂学类

清宣统二年(1910)江苏存古学堂《四益宧丛书》本。

诸子通考内外篇　子部杂学类

诸子觝异 1 卷　子部杂学类

以上 2 种稿本,上海图书馆藏。

诸子概论讲义　子部杂学类

上海商务印书馆铅印本,苏州图书馆藏。

新学商兑 1 卷附录 1 卷　子部杂学类

孙德谦辨证　钱塘张采田申义

清光绪三十四年(1908)多伽罗香馆木活字本,南京图书馆藏。

按:批驳康梁变法之作。

四益宧骈文稿 2 卷　集部别集类

孙德谦撰　吴丕绩辑

1936 年双梧轩铅印本,上海图书馆藏。

善夫先生集 1 卷　集部别集类

金杜仁杰撰　孙德谦辑

(1) 抄本,国家图书馆藏。

(2) 清宣统元年元和孙氏刻本,2 卷,北京大学图书馆藏。

六朝丽指 1 卷　集部诗文评类

《孙隘堪所著书》本。

文选学通谊　集部诗文评类

见夏敬观《忍古楼诗话》。

全金词 8 卷　集部词曲类

稿本,南京图书馆藏。

鹭音集 2 种 2 卷　集部词曲类

孙德谦辑

《孙隘堪所著书》本。

按：包括朱孝臧《彊邨乐府》1卷、况周颐《蕙风琴趣》1卷。

金源七家文集补遗　丛书类

孙德谦辑

稿本，上海图书馆藏。

子目：

《明秀集补遗》1卷　金蔡松年撰

《滏水集补遗》1卷　金赵秉文撰

《滹南遗老集补遗》1卷　金王若虚撰

《遗山集补遗》1卷　金元好问撰

《庄靖集补遗》1卷　金李俊民撰

《二妙集补遗》1卷　金段克己、段成己撰

《天籁集补遗》1卷　元白朴撰

孙隘堪所著书　丛书类

1923年元和孙氏四益宧刻本，上海图书馆藏。

子目见上。

按：据王蘧常《元和孙氏行状》，孙氏尚有未成书《群经谊纲》《春秋通谊》《小学钩沉补编》《续编》《诸子发微》《墨子通谊》《列子通谊》《贾子新书通谊》《古今伪书辨惑》《四库提要校订》《靖节年谱》《章实斋年谱》《中国文学通志》各若干卷，成而已佚的有《吴彦高年谱》若干卷。

葛其忠（1873—？）

字揆中，号丹忱，别号莫厘旧友。近吴县东山人。

洞庭东山葛氏第四次重修宗谱10卷　史部传记类

清葛其忠等纂修

1924年石印本，上海图书馆藏。

邹尊莹

字湛如，号谱笙。近吴县人，原籍青浦。清末诸生。

谷春轩笔记　子部杂学类　佚

见《虞社菁华录》卷2。

甓庐诗钞　集部别集类

见张一麐《心太平室集》卷2《青浦邹湛如甓庐诗钞序》。

谢池春

字友伯，一作友柏。近吴县相城人。初业儒，戊戌政变后去上海，受业于女科金绍山门，遂精调经胎产之学，又从章自求臻力于伤寒、温疫。1914年瘟疫大作，救活甚众。其生平治验各方，多刊行于上海神州医药会月报。

衲庵残稿　子部医家类

见民国《相城小志·人物》。

潘承谋(1874—1934?)

字聪彝，一字轶仲，号省安。近吴县人。志诒嗣子。光绪二十三年(1897)顺天副贡。内阁候补中书，方略馆校对，调商部通艺司行走、农工商部主事、工务司行走，升员外郎。

彦均室歙行日记不分卷　史部传记类

(1) 稿本，苏州博物馆藏。

(2)《苏州博物馆藏晚清名人日记稿本丛刊》本。

大阜潘氏支谱24卷首1卷　史部传记类

潘志畬、潘承谋等纂修

清光绪三十四年潘氏松鳞庄铅印本，苏州图书馆藏。

小松麟书屋诗3卷　集部别集类

抄本，南京图书馆藏。

瘦叶词1卷附编2卷　集部词曲类

(1) 民国石印本，苏州图书馆藏。

(2) 2015年国家图书馆出版社《民国名家词集选刊》本。

按:附编即《己巳消寒词》1卷、《庚午消夏词》1卷。《全清词钞》卷38收其词2首。

潘灏芬(1874—?)

字润荪,号若粱。近吴县人。光绪三十一年(1905),江苏巡抚陆鼎元于江苏游学预备科设英、法、东文学三班,灏芬因成绩优异资送留英。1912年长吴元义仓归苏州自治公所管理,灏芬领其事。

长吴元丰备义仓全案四续编7卷首1卷　史部政书类

清潘灏芬辑

(1) 1914年刻本,苏州图书馆藏。

(2) 2015年凤凰出版社出版《江苏近现代社会救济与慈善文献丛刊》本。

徐世本

字君培,号退省居士。近吴县人。

调经受胎护产保赤宜忌各方书1卷　子部医家类

1926年铅印本,苏州图书馆藏。

彭养鸥

近长洲人。生平不详。

黑籍冤魂3编24回　子部小说类

(1) 清宣统元年(1909)改良小说社《说部丛书》本。

(2)《晚清文学丛钞》本。

张国珍

字芾亭。近吴县人。国华从弟。

恕庐存稿约编不分卷　集部别集类

民国铅印本,苏州图书馆藏。

张茂炯(1875—1936)

字珊珊，一字颂清，一作仲清，号忏盦、君鉴。近吴县人。茂镛弟。光绪三十年(1904)进士。官度支部员外郎。

吴九珠孝廉家传　史部传记类

1934 年铅印本，吉林大学图书馆藏。

清盐法志 300 卷附勘误表 1 卷　史部政书类

张茂炯等纂

1920 年盐务署铅印本，苏州大学图书馆藏。

万国演义 60 卷　子部小说类

清沈惟贤辑撰　高尚缙鉴定　张茂炯述章

清光绪上海作新社铅印本，上海图书馆藏。

艮庐词 1 卷续集 1 卷附外集 1 卷自述诗 1 卷　集部别集类

1934 年石印本，苏州图书馆藏。

艮庐词 1 卷　集部词曲类

1930 年石印本，苏州图书馆藏。

王季同(1875—1948)

字孟晋，又名季锴，字小徐。近吴县人。颂蔚次子。光绪二十一年(1895)，毕业京师同文馆。后赴英留学，在英吉利电气公司及西门子电机厂实习。回国后在镇江大照电气公司等任职，并在沪创办大效机器厂。1927 年应蔡元培聘，担任中央研究院工学研究所专任研究员。擅数学，有著作多种。对佛学亦素有研究。

泛倍数术 1 卷积较补解 1 卷(即孟晋堪所著书)　子部历算类

清光绪十七年刻本，上海图书馆藏。

关于分解电网络之新方法　子部工艺类

1934 年上海工程研究所铅印本，国家图书馆藏。

略论佛法要义　子部佛教类

1941年上海佛学书局铅印本，上海图书馆藏。

因明入正理论摸象（一名东西洋论理学之比较研究） 子部佛教类

1940年长沙商务印书馆铅印本，国家图书馆藏。

佛法与科学之比较研究不分卷 子部佛教类

1942年弘化社铅印本，北京大学图书馆藏。

按：此书多次重版。

佛法省要 子部佛教类

1947年大法轮书局铅印本，上海图书馆藏。

一桩轮回确证讨论集 子部佛教类

1947年大法轮书局铅印本，上海图书馆藏。

唯识研究序 子部佛教类

民国铅印本，嘉兴市图书馆藏。

马克思主义批判及附录 子部杂学类

1936年中国科学公司铅印本，上海图书馆藏。

陈其蕃

别署蚊睫巢父。近吴县人。

增篆中华字典 经部小学类

(1) 民国上海鸿文书局石印本，迟铎旧藏。

按：见迟铎《康熙字典一段鲜为人知的历史》一文。

(2) 1914年上海广益书局石印本，陕西师范大学图书馆藏。

按：此书乃《康熙字典》的改编版。

蚊睫巢笔记 子部杂学类

1921年上海中华图书馆排印本，苏州图书馆藏。

沈伯新

近苏州人。

探险小说10回 子部小说类

苏州沈伯新编述　浙江杨墨林校阅

清光绪三十三年(1907)上海科学书局铅印本,苏州图书馆藏。

叔　夏

近吴人。就学于越。性洒落,尤喜稗官野史,以为小说足以开发民智,乃当今所急。

新意外缘 14 卷　子部小说类

清宣统元年(1909)小说进步社《说部丛书》本。

马汝贤

字仰禹。近元和人。

维新三杰 3 卷　史部传记类

(日)北村紫山撰　马汝贤译

《励学译社丛刊》本。

东洋之佳人 1 卷　史部传记类

(日)柴四郎撰　马汝贤译述

清光绪二十九年(1903)上海书局铅印本,浙江图书馆藏。

万国地理统记 1 卷　史部地理类

(日)若原撰　顾培基、马汝贤译

《励学译社丛刊》本。

黄金骨(福尔摩斯侦探案)　子部小说类

马汝贤译

1906 年小说林社铅印本,上海图书馆藏。

蠹余录　子部小说类

《小说大观》1916 年第 5 期。

顾培基

字慧僧。近吴县人。与汪郁年、包天笑、马汝贤、汪荣宝、李志仁、周先振、戴昌熙等同为励学译社成员。

万国地理统记 1 卷　史部地理类

(日)若原撰　顾培基、马汝贤译

《励学译社丛刊》本。

欧洲近代史 1 卷　史部杂史类

(英)阚磻师撰　顾培基译

《励学译社丛刊》本。

李志仁

字叔良。近吴县人。

日本政体史 1 卷　史部政书类

(日)秦政治郎撰　李志仁译

《励学译社丛刊》本。

周先振

字克家。近吴县人。

普通地理学 1 卷　史部地理类

周先振译　戴昌熙校

《励学译社丛刊》本,南京图书馆藏。

戴昌熙

字冰溪,号梦鸥。近长洲人。励学译社成员。

普通地理学 1 卷　史部地理类

周先振译　戴昌熙校

《励学译社丛刊》本,南京图书馆藏。

印度蚕桑史 4 卷　子部农家类

(日)羽化生涩江保撰　汪郁年译　戴昌熙校

《励学译社丛刊》本,南京图书馆藏。

潘亨谷(1876—1918)

字仲衢,号子嘉。近吴县人。祖同嗣子。庠生。

潘子嘉日记不分卷　史部传记类

(1) 稿本,光绪三十年(1904)至宣统元年(1909),苏州博物馆藏。

(2)《苏州博物馆藏晚清名人日记稿本丛刊》本。

耐庵诗存1卷附行实　集部别集类

1928年家刻本,上海图书馆藏。

汪郁年(1876—1944)

字味根,号棣卿。近吴县人。钟霖从弟。日本明治大学法科专门部毕业。宣统元年(1909)法政科举人。尝在苏创办励学社及刊物《励学译编》。后任宁波地方监察厅检察长,江苏高等审判庭庭长、代厅长,伪维新政府教育厅参事等。

改正府县制郡制要义　史部政书类

(日)美浓部达吉著　汪郁年译

清光绪三十三年(1907)上海普及书局铅印本,南京图书馆藏。

新体欧洲教育史要2卷　史部政书类

(日)谷本富撰　汪郁年译

清光绪二十九年北京大学堂官书局铅印本,上海图书馆藏。

最新社会教育法　史部政书类

(日)佐藤善治郎撰　汪郁年译

《教科百种全书》本,北京大学图书馆藏。

小学校管理法　史部政书类

(日)小泉又一撰　汪郁年译

《教科百种全书》本,北京大学图书馆藏。

京兆地方自治暂行章程讲义1卷　史部政书类

《京兆地方自治研究所讲义》本,国家图书馆藏。

国际法学　史部政书类

汪郁年译

清光绪二十九年《蒙学报馆》铅印本，国家图书馆藏。

中学地文教科书　史部地理类

（日）神谷市朗著　汪郁年译补

清光绪二十九年教科书译辑社铅印本。

按："读秀"有全文。

印度蚕桑史 4 卷　子部农家类

（日）羽化生涩江保撰　汪郁年译　戴昌熙校

《励学译社丛刊》本，南京图书馆藏。

单　镇(1876—?)

字束笙，一字俶生，号殿侯，又署琴漏、醒隐君。近吴县人。光绪二十九年(1903)进士。官农工商部郎中。曾任《齐溪小志》参订、《吴县志》分纂。

苏空头 5 章　子部小说类

清宣统二年(1910)改良小说社石印《说部丛书》本。

按：此为初编，续编及三编仅有目录。

桂荫课子图记 1 卷　集部别集类

清光绪三十三年铅印本，复旦大学图书馆藏。

顾影怜

字媚香。近吴县人。与陈蝶仙为戚属，不得为婚姻，抑郁堕水而卒。

小桃花馆诗集 8 卷　集部别集类

见《著作林》第 4 期《栩园诗话》。

按：载《小说丛报》1915 年周年增刊，收诗词 90 余首。

潇湘影（一名桃花影）弹词　集部词曲类

清天虚我生(陈蝶仙)撰　顾影怜评点

(1) 1914 年《女子世界》第 2 期刊载。

(2) 1916 年中华图书馆铅印本,国家图书馆藏。

张淑贞(1877—1895)

字静娴。清长洲人。炳翔长女。

织云楼诗课 1 卷　集部别集类

清张炳翔编《三珠诗草》本,苏州图书馆藏。

诸宝镛(1877—1919)

字宏肃,号光廷。近长洲人。福坤子。诸生。幼秉家学,缀文才气舒溢。历主《警钟》《民意》两报,有所议论,多刊入其中。

倚云轩杂著　子部杂学类

《江苏革命博物馆月刊》第 11 期刊载。

宏肃诗存 1 卷文存 1 卷　集部别集类

《杏庐遗集》本。

汪荣宝(1878—1933)

字衮父,号怀之,又号衮甫、太玄。近元和人。光绪二十三年(1897)拔贡生。以七品官兵部任职。二十六年,入南洋公学堂。后赴日本,入早稻田大学及庆应义塾。三十二年,任京师译学馆教习。1913 年任国会众议院议员。自三年起,历任驻比利时、瑞士、日本公使。1931 年任陆海空军副司令行营参议、外交委员会委员长。1932 年国联调查团来华,为北平方面招待委员。工诗词及考据之学,书法亦佳。1923 年发表《歌戈鱼虞模古读考》,引发古音学大论战。

新尔雅(一名新辞典)14 卷　经部小学类

汪荣宝、叶澜同纂

清光绪三十年刻本,南京图书馆藏。

新尔雅3卷　经部小学类

(1) 清光绪二十九年国学社铅印本,1卷,南京图书馆藏。

(2) 清宣统三年(1911)石印本,南京图书馆藏。

京师译学馆本朝史讲义3编　史部杂史类

(1) 清光绪三十二年京师官书局铅印本,南京图书馆藏。

(2) 清湖北陆军特别小学堂铅印本,瑞安中学图书馆藏。

清史讲义4卷　史部杂史类

汪荣宝、许国英同编

1914年上海商务印书局铅印本,南京图书馆藏。

按:商务印书馆此书多次重版。

汪荣宝日记　史部传记类

(1) 稿本,宣统元年至1912年,北京大学图书馆藏。

(2)《近代史料丛刊三编》本。

《北京大学图书馆馆藏稿本丛书》本。

世界大同议1卷　史部政书类

(日)藤泽南岳撰　汪荣宝译述

(1) 民国砚云译书斋石印本,国家图书馆藏。

(2) 民国上海仁记书局石印本,南京图书馆藏。

法言疏证13卷校补1卷勘误1卷　子部儒学类

(1) 清宣统三年金薤琳琅斋铅印本,上海图书馆藏。

(2) 1933年商务印书馆铅印本,20卷,南京图书馆藏。

(3) 1987年中华书局陈仲夫点校本。

汪荣宝法言注释残稿三种　子部儒学类

徐兴无编。2017年凤凰出版社出版。

按:此辑录汪荣宝《法言疏证残稿》《疏义残稿》《义疏残稿》三种。一、三种藏其台湾孙女手中,第二种藏国家图书馆。

思玄堂诗集一集1卷二集1卷　集部别集类

(1) 1937年刻本,南京图书馆藏。

（2）2017年广陵书社出版《民国诗集选刊》本。

黄　钧(1878—1934)

字颂尧，号次欧。近长洲人。精通版本目录之学，历任东吴大学、实学专修馆、女子职业中学、苏州美术专科学校教授。参修《吴县志》。家藏吴中乡哲医书甚多，王新之以其藏品为主，编成《十三科医学本草书目》一书。

校正万古愁卷　集部词曲类

清归庄撰　黄钧校正

《又满楼丛书》本。

清人题画诗选1卷　集部总集类

抄本，苏州图书馆、上海图书馆藏。

潘承锷(1878—1949)

原名承钰，字蕴伯，号念孙，一云砚生，官名尧奎。近长洲人。志溥子。廪生。曾留学日本大学法科，毕业后任苏州法政学堂教习。宣统元年(1909)，为咨议局议员。

中国之金融2卷　史部政书类

清光绪三十四年(1908)中国图书公司铅印本，苏州图书馆藏。

欧美日本审判厅编制法通义2卷　史部政书类

清宣统元年中国图书公司铅印本，苏州图书馆藏。

违警律通俗解说　史部政书类

清宣统元年中国图书公司铅印本，南京图书馆藏。

新译国际私法　史部政书类

(日)中村进午著　袁希濂译　潘承锷校订

清光绪三十三年中国图书公司铅印本，国家图书馆藏。

国际民商法论　史部政书类

(瑞士)贾利著　潘承锷译

清光绪三十四年中国图书公司铅印本，苏州图书馆藏。

各国宪法源泉三种合编　史部政书类

(德)埃里捏克著　(日)美浓部达吉译　林万里、陈承泽重译　潘承锷校订

清光绪三十四年中国图书公司铅印本，中国人民大学图书馆藏。

龚　杰

字子英。近元和人。精数学。与汤化龙等创办中华职业教育社，又与陈景韩编纂《新新小说》。

立方奇法1卷求一捷术1卷　子部历算类

《渐学庐丛书》本。

龚杰读勾股六术1卷附1卷　子部历算类

清光绪二十六年(1900)算学书局石印本，浙江图书馆藏。

古歌解　子部历算类

中西通术　子部历算类

以上2种见熊月之《晚清新学书目提要》。

何实睿

字安荪，晚号赘翁。近吴县人。师从陆润庠。豪于饮，为文冲淡醇雅，有桐城方姚之风。

陆文端公荣哀录不分卷　史部传记类

何实睿辑

民国苏州观西萃成祥印刷所铅印本，苏州图书馆藏。

盐场志　史部政书类

安荪文集　集部别集类

以上2种见《吴县志·艺文考二》。《吴县志·杂记二》又云："有遗稿一卷，藏其弟子陆翔家。"

尺牍释例　集部总集类

1919 年上海中华书局铅印本，国家图书馆藏。

古今尺牍大观中编　集部总集类

姚汉章、何实睿辑

民国上海中华书局铅印本，浙江图书馆藏。

管尚平(1879—?)

字雍已，号成夫。近吴县人。礼耕四子。北京同文馆毕业，游学俄国。历总理衙门翻译官、驻俄使馆翻译官、考察各国政治大臣参赞官、伊犁交涉局总办。民国成立后，任外务部黑龙江瑷珲交涉员、驻伊尔库次克领事、驻赤塔领事、驻伯力领事。

关东半岛图　史部地理类

管尚平、黄仕福编

清光绪三十年(1904)彩印本，国家图书馆藏。

范承绶(1879—?)

字印若，号佩恒。改名承裕。近长洲人。

甫里范氏族谱 1 卷　史部传记类

清范承绶等修纂

1915 年万卷楼抄本，苏州吴中区图书馆藏。

唐　鋆(1879—1925)

原名承鋆，号省之。吴县人。

苏州唐氏家谱 6 卷　史部传记类

1927 年石印本，上海图书馆藏。

程文棪(1879—1943)

字观钦，号瞻庐、望云居士。近吴县人。“鸳鸯蝴蝶派”作家。毕业于江苏高等学堂。曾执教景海中学，后就职江苏省立苏州图书馆，任总务部主任，负责编纂《苏州明报》副刊《读书乐》。善作报刊补白文，如《沧浪小志补遗》《沈三白轶闻》《四库全书仅存录》等。创作小说甚多，语言幽默生动。

鸳鸯小印　子部小说类

1917 年中华书局铅印本，南京图书馆藏。

唐祝文周四杰传　子部小说类

1932 年大众书局铅印本，国家图书馆藏。

唐祝文周四杰传续集　子部小说类

1934 年大众书局铅印本，上海图书馆藏。

茶寮小史　子部小说类

1920 年上海商务印书馆铅印本，国家图书馆藏。

按：1919 年《小说月报》刊载。

新旧家庭　子部小说类

1922 年上海商务印书馆铅印本，国家图书馆藏。

按：1920 年《小说月报》刊载。

新旧家庭续集　子部小说类

1922 年上海商务印书馆铅印本，国家图书馆藏。

按：1920 年《小说月报》刊载。

滑稽新史　子部小说类

1929 年《红玫瑰》第 5 卷连载。

月下葡萄　子部小说类

1933 年上海世界书局铅印本，不详藏处。

废妾　子部小说类

(1) 1923 年新声书局铅印本，见付建舟《清末民初小说版本经眼录》，不详藏处。

(2) 1925 年新声书局第 2 版，“读秀”有全文。

风月泪史　子部小说类

1939 年奉天东方书店铅印本，首都图书馆藏。

依旧春风　子部小说类

1928—1930 年《联益之友》杂志连载。

凤英惨史　子部小说类

1917 年《妇女杂志》第 3 卷连载。

抱蛇记　子部小说类

1911 年《吴声》杂志刊载，未完，仅见 2 回。

不可思议　子部小说类

1932—1933 年《珊瑚》杂志连载。

黑暗天堂　子部小说类

1934 年上海新书局铅印本，南京图书馆藏。

雨中花　子部小说类

1933—1934 年《金刚钻月刊》连载。

街谈巷语　子部小说类

1928 年世界书局铅印本，国家图书馆藏。

葫芦　子部小说类

1929 年世界书局铅印本，国家图书馆藏。

按：1928 年《红玫瑰》杂志第 4 卷连载。

快活神仙传　子部小说类

1929 年世界书局铅印本，国家图书馆藏。

按：1927 年《红玫瑰》杂志第 3 卷连载。

情茧　子部小说类

1929 年世界书局铅印本，国家图书馆藏。

按：1928 年《红玫瑰》杂志第 4 卷连载。

滑头国　子部小说类

1935 年大众书局铅印本，上海图书馆藏。

健忘国　子部小说类

1933 年大众书局铅印本，上海图书馆藏。

原谅　子部小说类

1925年新声书局铅印本,国家图书馆藏。

写真箱　子部小说类

民国宝华书局铅印本,国家图书馆藏。

按:1921—1922年《礼拜六》杂志连载。

奇缘艳史　子部小说类

1942年三友书局铅印本,国家图书馆藏。

湖海英雄传　子部小说类

1936年文业书局铅印本,国家图书馆藏。

绘图情血　子部小说类

李东野、程瞻庐合撰

1924年世界书局铅印本,首都图书馆藏。

富贵春梦　子部小说类

1939年大东书局铅印本,首都图书馆藏。

众醉独醒　子部小说类

1925年自由杂志社铅印本,上海图书馆藏。

镜中人影　子部小说类

1931年大益图书馆局铅印本,江西省图书馆藏。

瞻庐小说集　子部小说类

1926年世界书局铅印本,南京图书馆藏。

新广陵潮　集部词曲类

李涵秋、程瞻庐撰

1929年上海世界书局铅印本,国家图书馆藏。

按:1924—1926年《红玫瑰》杂志连载。

孝女蔡蕙弹词　集部词曲类

1925年上海商务印书馆铅印本,国家图书馆藏。

按:1917年《小说月报》第8卷刊载。

哀梨记弹词　集部词曲类

1927年上海商务印书馆铅印本,国家图书馆藏。

按:1918 年《妇女杂志》第 4 卷刊载。

明月珠弹词　集部词曲类

1920 年上海商务印书馆铅印本,南京图书馆藏。

按:1918 年《小说月报》刊载。

同心栀弹词　集部词曲类

1919 年上海商务印书馆铅印本,国家图书馆藏。

按:1918 年《妇女杂志》第 4 卷刊载。

藕丝缘弹词　集部词曲类

1920 年上海商务印书馆铅印本,首都图书馆藏。

按:1920 年《小说月报》刊载。

按:程文棪另有小说《婴宁第二》《大梦大觉》《慈母泪》《罗雀儿》《圆月》《翩鸿》《秋蘋》等,发表在《小说名画大观》上。又在《社会月报》《半月》《红杂志》《红玫瑰》《侦探世界》《小说丛报》《新上海》《小说月报》《联益之友》《中华小说界》《小说海》《妇女杂志》等刊物发表小说及补白文章数百篇。

奚　若(1880—1914)

字伯绶。近元和人。翻译家。曾任商务印书馆编辑。

世界新舆图　史部地理类

奚若编

清宣统元年(1909)彩印本,国家图书馆藏。

瀛寰全志　史部地理类

谢洪赉编纂　奚若校勘

清光绪三十二年(1906)上海商务印书馆铅印本,国家图书馆藏。

最新中学教科书地文学　史部地理类

(美)忻孟撰　王键极、奚若译订

1914 年上海商务印书馆铅印本,江西省图书馆藏。

计学教科学　史部政书类

(美)罗林撰　奚若译述

清光绪三十二年上海商务印书馆铅印本,南京图书馆藏。

胡尔德氏植物学教科书　子部农家类

(美)胡尔德撰　奚若、蒋维乔译

清宣统三年上海商务印书馆铅印本,浙江图书馆藏。

最新中学教科书动物学　子部农家类

(美)白纳撰　奚若校订　黄英译述

1912年上海商务印书馆铅印本,国家图书馆藏。

成功宝诀1卷　子部其他宗教类

(美)马尔腾撰　奚若译

1912年基督教青年会铅印本,浙江图书馆藏。

读经指南2卷　子部其他宗教类

(美)韬雷撰　奚若译

清宣统三年基督教青年会铅印本,国家图书馆藏。

立德篇　子部其他宗教类

(美)穆德、艾迪撰　奚若译

1914年基督教青年会铅印本,国家图书馆藏。

侦探小说大复仇　子部小说类

(英)柯南达尔撰　奚若译

清光绪三十年上海小说林社铅印本,浙江图书馆藏。

骷髅杯　子部小说类

(英)楷陵撰　奚若译

清光绪三十二年上海小说林社铅印本,首都图书馆藏。

按:《游戏世界》曾刊载。

天方夜谭　子部小说类

奚若译　叶绍钧校注

1924年上海商务印书馆铅印本,国家图书馆藏。

按:此书多次重版。

秘密隧道　子部小说类

(英)和米撰　奚若译

民国小说林总发行所铅印本,南京图书馆藏。

秘密海岛　子部小说类

(英)焦士威奴撰　奚若译　蒋维乔润辞

清光绪三十一年上海小说林社铅印本,南京图书馆藏。

爱河潮　子部小说类

(英)哈葛得撰　奚若、许毅译

清光绪三十一年上海小说林社铅印本,上海图书馆藏。

福尔摩斯再生后　子部小说类

奚若译

民国上海小说林社铅印本,南京图书馆藏。

朱　琛(1880—1936)

字献淮。近吴县东山屯湾村人。自幼聪颖,有豪气,喜读异书。早年在沪经商,经营丝经。1925年在沪创办《莫厘沪保》。

洞庭东山物产志考4卷首1卷　子部农家类

1920年铅印本,苏州图书馆藏。

徐　沅(1880—?)

字芷升,号姜庵、珊村。近吴县人。光绪二十九年(1903)经济特科进士。官山东聊城知县,未到任,保升知府,擢道员。后任直隶洋务局会办、天津海关监督、肃政厅肃政使。

钱公(锦孙)行状1卷　史部传记类

1937年石印本,上海图书馆藏。

清秘述闻再续3卷　史部传记类

徐沅、祁颂威等撰

(1) 抄本,湖南省图书馆藏。

(2) 中华书局《清秘述闻三种》本。

檐醉杂记3卷　子部杂学类

署夫椒苏何圣生

《云在山房杂记》本。

珊村语业　子部杂学类

珊村笔记　子部杂学类

云到闲房笔记　子部杂学类

云到闲房杂钞　子部杂学类

以上4种见《天津近代人物录》。

珊村随笔　子部杂学类

《雅言》1943年第9—10期，共9条。

白醉拣话　子部杂学类

1936年2月在《青鹤》杂志连载，署珊瑚村人。

小薜荔园词钞2卷　集部词曲类

1925年铅印本，国家图书馆藏。

省非子

近长洲人。

改良绘图新聊斋初集2卷48篇　子部小说类

署茂苑省非子撰

(1) 清宣统元年(1909)亚东书局石印本，吉林大学图书馆藏。

(2) 1915年亚东书局石印本(萃英书庄发行)，嵊州市图书馆藏。

李楚石

近吴县人。品敦励行，劬学媚古。工吟咏，长考据。尤热心乡邦事业。

(民国)齐溪小志不分卷　史部地理类

(1) 1926年朱善硅食旧德之庐铅印本，苏州图书馆藏。

(2)《中国地方志集成》本。

施兆麟

又名则行，字济众。近吴县相城人。曾任《吴县志》采访员、省通志馆协助采访员、吴中保墓会董事。

(民国)相城小志6卷　史部地理类

陶惟坻修　施兆麟纂

(1) 1930年上艺斋铅印本，苏州图书馆藏。

(2)《中国地方志集成》本。

钱焕绮

字霞初。近吴县人。光绪二十九年(1903)举人。

(民国)定海厅续志　史部地理类

吴县钱焕绮修　定海汤浚等纂

(民国)定海县新志　史部地理类

吴县钱焕绮修　定海汤浚、王昌科、孙尔瓒等纂

(民国)定海县续志　史部地理类

吴县钱焕绮修　定海汤浚等纂

以上3种见1923年《定海县志·艺文》。

按：以上3种均1920年修，皆未刊，亦未见传本。

朱惠元

号枫隐。近吴县人。曾任公立吴县第三学区第一国民小学校长。

爱晚轩诗存　集部别集类

1930年铅印本，苏州图书馆藏。

张淑昭(1881—1897)

字班香。清长洲人。炳翔次女。

宜春阁诗课1卷　集部别集类

清张炳翔编《三珠诗草》本，苏州图书馆藏。

陆培勋(1881—1928)

字心竹。近吴县人。晋笙侄，锦烺三子。

鲟溪单方选2卷外治方选2卷　子部医家类

陆晋笙撰　陆培勋、陆培治、陆培良、陆咏媞、陆咏嫛校

《鲟溪陆氏医述》本。

重古三何医案3卷　子部医家类

陆晋笙、陈焕云选　陆培勋、陆培治、陆培良校

1919年吴县陆氏石印本，国家图书馆藏。

殷受田(1881—1932)

原名锡璋。近吴县人。少时随父习医，最精儿科。任上海中国医学院院长、中国红十字会上海分会副会长、上海市卫生局医士考试委员会委员。

殷受田儿科医案类辑　子部医家类

抄本，上海中医药大学图书馆藏。

按：据手稿重编。

江杏溪(1881—1949)

原名如礼，字杏溪，以字行。近苏州人。椿山子。娴熟版本目录，善访古籍。光绪二十五年(1899)，在苏创设文学山房书店。南北名家，时聚山房。

文学山房书目　史部目录类

1935年石印本，国家图书馆藏。

文学山房丛书(一作江氏聚珍版丛书)29种172卷　丛书类

江杏溪编

(1) 1924 年苏州文学山房木活字本,国家图书馆等藏。

(2) 2010 年巴蜀书社影印本。

望炊楼丛书　丛书类

清谢家福辑

1924 年文学山房汇印本,国家图书馆藏。

见“谢家福”条。

心矩斋丛书　丛书类

清蒋凤藻辑

1925 年文学山房重印本,中国人民大学图书馆藏。

见“蒋凤藻”条。

按:以上 3 种子目见《中国丛书综录》。

缘督庐遗书　丛书类

民国苏州文学山房汇印本,复旦大学图书馆藏。

见“叶昌炽”条。

按:文学山房借版、买版刷印的书籍甚多,其零种皆从略。

蒋忠鐕(1881—?)

原名光坫,字敏学,一字悔庵,号鸣玉。近元和人。留学日本警监学校,本科毕业生。浙江候补巡检。

邓巷蒋氏宗谱 10 卷　史部传记类

清蒋忠鐕等修

1921 年木活字印本,南京图书馆藏。

李遂贤(1881—?)

字仲都。近吴县人。先后肄业苏州、温州、杭州等地书院,后又肄业浙江法政学校。供职京绥、京汉、中东等铁路局,并兼任哈尔滨法政大学讲师。晚年退居北京。

十三经说义 1 卷学说 1 卷　经部群经总义类

1919年铅印本，国家图书馆藏。

古余府君事略　史部传记类

民国铅印本，国家图书馆藏。

先考古余府君挽词初编3卷　史部传记类

民国石印本，国家图书馆藏。

京汉铁路防疫始末记　史部杂史类

清光绪二十六年(1900)京汉铁路管理局铅印本，北京师范大学图书馆藏。

京汉铁路沿革史　史部杂史类

1918年铅印本，国家图书馆藏。

达生编韵言1卷　子部医家类

清光绪二十七年刻本，苏州中医院图书馆藏。

客梦留痕集　集部词曲类

稿本，见涂宗涛《苹楼藏书琐谈》，不知藏处。

懊侬词1卷　集部词曲类

1930年哈尔滨铅印本，浙江图书馆藏。

罗阳秋忆1卷信香秋梦1卷　集部词曲类

《罗阳秋忆》李遂贤填词、泉唐陈栩正谱、元和陆沄评文　《信香秋梦》瑞安洪炳文填词、吴县陈廷韶评文、李遂贤正谱

清末油印本，温州市图书馆藏。

陆　沄

字子枚。近元和人。

罗阳秋忆1卷　集部词曲类

李遂贤填词　陈栩正谱　陆沄评文

清末油印本，温州市图书馆藏。

陈廷韶

字子虞。近吴县人。

信香秋梦 1 卷　集部词曲类

洪炳文填词　陈廷韶评文　李遂贤正谱

清末油印本，温州市图书馆藏。

顾建勋(1881—?)

字巍成，号瓠斋。近吴县人。诸生。存古学堂毕业。《吴县志》分纂。家富藏书，所藏清人词集五百余种。

吴昙绣先生年谱　史部传记类

《江苏文献》续编第 1 卷第 5—10 期连载。

顾千里年谱　史部传记类

花溪词稿　集部词曲类

以上 2 种见《瞻麓图题辞初刊》卷 3。

辽金元文学史　集部诗文评类

1934 年商务印书馆铅印本，国家图书馆藏。

按：代吴梅作，见“吴梅”条。

谢行惠

字安生。近吴县人。费树蔚甥。

谢氏家藏同光诸老尺牍 6 卷　集部总集类

谢行惠辑印

1927 年吴县谢氏影印本，南京图书馆藏。

李尹桑(1882—1945)

原名茗柯，以字行，号玺斋、壶甫、秦斋。近吴县人，寓广州。工篆刻，从黄士陵学。

大同石佛龛印存　子部艺术类

异钩堂玺印集存　子部艺术类

李玺斋印存　子部艺术类

戊寅玺印稿　子部艺术类

秦斋魏斋玺印合稿　子部艺术类

　　与易孺合纂

　　以上5种见《江苏印人传》。

李尹桑印存　子部艺术类

　　1981年香港于今书屋影印本，国家图书馆藏。

吴继杲(1882—?)

　　字步云。近吴县人。南洋公学毕业。精通英文，经曾朴介绍，入《小说林》社任译员。后入商务印书馆编译部，担任《英文杂志》编辑。因肺结核去世。

麦皋莱约翰生行述译注　史部传记类

　　裘锴、吴继杲译

　　1918年上海商务印书馆铅印本，首都图书馆藏。

英语歧字辨异　子部杂学类

　　周之彦、吴继杲译

　　1912年商务印书馆铅印本，中山大学图书馆藏。

格致物理实物教授　子部杂学类

　　(英)墨区撰　徐善详、吴继杲译

　　1912年商务印书馆铅印本，首都图书馆藏。

高级英语会话教科书　子部杂学类

　　沈祖贤编纂　吴继杲校对

　　1917年上海商务印书馆铅印本，国家图书馆藏。

实习英语教科书　子部杂学类

　　吴继杲译

1925 年上海商务印书馆铅印本，国家图书馆藏。

英文第一新读本　子部杂学类

吴继杲编纂

1925 年上海商务印书馆铅印本，国家图书馆藏。

英文第二新读本　子部杂学类

吴继杲译

1925 年上海商务印书馆铅印本，国家图书馆藏。

英语商业读本　子部杂学类

吴继杲译

1934 年上海商务印书馆铅印本，国家图书馆藏。

按：吴继杲为《小说林》社翻译小说多种，有《一封书》《彼得警长》《女魔力》《万里鸳》，皆署“吴步云”，上海图书馆、首都图书馆等藏。后又在商务印书馆参加多部词典的编订，如《辞源》《袖珍英华成语词典》《英华日用词典》等。

欧阳巨源(1882? —1907)

原名淦，字钜元、钜源、巨源，笔名惜秋、惜秋生、茂苑惜秋生等。近苏州人。长期为李伯元助手，在上海编辑《游戏报》《繁华报》《绣像小说》，其作品亦多刊于其中。

负曝闲谈 30 回　子部小说类

(1) 清光绪二十九年(1903)《绣像小说》连载。

(2) 1933 年《时事新报》重载，徐一士评考。

(3) 1934 年上海四社出版社《四社文库》本，徐一士评考，南京图书馆藏。

按：此书题蘧园著，有人认为即欧阳巨源，亦有人持反对意见。

活地狱 43 回　子部小说类

李伯元(宝嘉)著　吴趼人、欧阳巨源续撰

清光绪二十九年《绣像小说》连载。

按:此书光绪二十九年五月在《绣像小说》上连载,李伯元在撰写前39回后去世,后吴趼人续写40—42回,欧阳巨源续写43回,遂不了了之。

官场现形记60回　子部小说类

李伯元(宝嘉)著　欧阳巨源续撰

《世界繁华报》连载。

按:此书多云欧阳巨源续成,但李伯元堂弟则言书早成,并经其目验。

玉钩痕传奇　集部词曲类

庞树柏、欧阳巨源撰

《游戏报》连载。

维新梦16出　集部词曲类

欧阳巨源等撰

清光绪二十九年《绣像小说》连载。

按:此书前6出题惜秋撰,第7出鲫生撰,8—14出旅生撰,15—16出遯庐撰。

彭清鹏(1883—?)

原名清栋,字彦颐,号云伯。近吴县人。福孙子。日本东京物理学校毕业,格致科举人。历任教育部编审员,记名教育厅厅长、国家图书馆主任等职。

彭母王夫人讣告1卷　史部传记类

1931年长洲彭氏铅印本,上海图书馆藏。

实际教育学　史部政书类

(日)泽柳政太郎撰　彭清鹏译

1914年吉林教育杂志社铅印本,国家图书馆藏。

单级教授训练法　子部历算类

(日)黑田定治、大元茂一郎撰　彭清鹏译

1912 吉林学务公所铅印本，北京师范大学图书馆藏。

京师图书馆善本简明目录　史部目录类

夏曾佑、彭清鹏编

1916 年铅印本，华东师范大学图书馆藏。

微分积分学　子部历算类

1915 年中华书局铅印本，国家图书馆藏。

立体几何教科书　子部历算类

（日）林鹤一撰　彭清鹏译

清光绪三十二年(1906)上海普及书局石印本，河南图书馆藏。

儒门法语 1 卷　子部儒学类

清彭定求编　彭清鹏补编

1922 年长洲彭氏铅印本，浙江图书馆藏。

普通儿童心理学　子部杂学类

（日）松本孝次郎撰　彭清鹏译

1914 年吉林图书馆铅印本，国家图书馆藏。

曹　麐

字志翔。近吴县东山人。

醉红函稿不分卷　史部传记类

稿本，上海图书馆藏。

环翠轩诗钞 10 卷附删余 1 卷环翠轩同人集不分卷　集部别集类

民国稿本，苏州图书馆藏。

程锦熙

字质卿。近吴县黄埭人。

（民国）黄埭志 4 卷　史部地理类

朱福熙、杨政董事　程锦熙编辑

（1）1922 年黄埭公益事务所（振新书社）石印本，苏州图书馆藏。

(2)《中国地方志集成》本。

黄剑莽

近长洲人。生平不详。

东艳祸传奇　集部词曲类

南冠血传奇　集部词曲类

以上 2 种黄剑莽撰、吴梅校阅,见“吴梅”条。

情环劫传奇　集部词曲类

(1) 1931—1932 年《戏剧月刊》第 3 卷第 10—11 期连载。

(2) 抄本,国家图书馆藏。

吴应机

近吴县人。京师大学堂法文肄业。

用器画教科书不分卷几何画法不分卷　子部历算类

(日)平濑作五郎撰　吴应机、吴应权译

清宣统二年(1911)上海商务印书馆铅印本,国家图书馆藏。

吴应权(1884—1938)

字掌衡。近吴县人。京师大学堂英文肄业。留学美国。归国后任教沈阳贵胄学堂。

用器画教科书不分卷几何画法不分卷　子部历算类

(日)平濑作五郎撰　吴应机、吴应权译

清宣统二年(1911)上海商务印书馆铅印本,国家图书馆藏。

吴　梅(1884—1939)

字瞿安,又字灵鳷,晚号霜厓,别署逋飞、厓叟、瘿道人、孤屿学人等。近长洲人。光绪二十七年(1901)补学生员。三十一年,任东吴大学堂教习。宣统元年(1909),入南社。辛亥革命期间,鼓吹革命。先后任教南京第四师范、北京大学、东南大学、上海光华大学、广州中山大学、中央大学、金陵大学等处。抗战爆发后,举家迁湘潭,后转赴云南,病卒于大姚县。工古文诗词,古文师桐城,诗得同光大家陈三立指点,词得朱祖谋亲授。尤深于曲,著、度、演、藏各色俱全,藏曲不下二万种。

瞿安日记16卷　史部传记类

(1) 写本,国家图书馆藏。

(2)《吴梅全集》本。

按:据王为民《吴梅全集》介绍,吴梅日记共三种,一种是执教北京大学时(1917—1922)所记,一种是执教中山大学时(1927—1928)所记,一种是执教南京中央大学时(1928—1937)所记。

蠡言　史部传记类

1913—1914年《小说月报》第4卷9—12号连载。

霜厓曲跋3卷　史部目录类

(1)《国学丛刊》第3卷第1期。

(2)《新曲苑》本。

瞿安书目　史部目录类

稿本,国家图书馆藏。

瞿安藏曲目　史部目录类

抄本,华东师范大学图书馆藏。

奢摩他室曲丛草目　史部目录类

《国立第一中山大学语言历史研究所周刊》第21期。

奢摩他室藏曲待价目　史部目录类

青木正儿《中国近世戏曲史》附录本。

霜厓读画录1卷　子部艺术类

(1)《乙亥丛书》本。

(2) 1935年《正论》特刊刊载。

霜厓文录2卷　集部别集类

稿本。

按：1938年，吴氏殁前三月，致函卢前，云尚未及誊清，今未见。

霜厓遗札　集部别集类

1942年《文讯》第2卷第1期刊载。

霜厓书札　集部别集类

《戏曲》第1卷第3辑刊载。

吴瞿安先生手札　集部别集类

稿本，国家图书馆藏。

霜厓叙跋　集部别集类

《戏曲》第1卷第3辑刊载。

霜厓诗录4卷　集部别集类

吴梅撰　卢前辑

(1)《陟冈楼丛刊》本。

(2) 1941年文通书局铅印本，上海图书馆藏。

(3) 2017年广陵书社出版《民国诗集选刊》本。

未园集略8卷　集部别集类

清沈修撰　吴梅选辑

见“沈修”条。

吴梅全集　集部别集类

王为民编校

2002年河北教育出版社出版。

按：全集分《南北词简谱卷》《理论卷》《作品卷》《日记卷》。

中国文学史　集部诗文评类

油印本，法兰西学院汉学研究所藏。

按：此书乃执教北京大学时讲义，实黄人《中国文学史》之增删本。

辽金元文学史　集部诗文评类

1934年商务印书馆铅印本，国家图书馆藏。

按：此书由商务印书馆约稿，“一·二八”事变后，原稿被焚，商务印书馆委重撰，吴氏约顾巍成代作，1933 年十二月顾撰成，经吴氏校阅付印。

近世文学史述义 1 卷　集部诗文评类

吴梅撰　王鼎笔述

抄本，上海图书馆藏。

霜厓词录 1 卷　集部词曲类

吴梅撰　卢前辑

（1）《陟冈楼丛刊》本。

（2）1942 年贵阳文通书局铅印本，上海图书馆藏。

（3）民国油印本，上海图书馆藏。

（4）《制言》第 48—51 期连载。

（5）2015 年国家图书馆出版社《民国名家词集选刊》本。

南北词简谱 10 卷首 1 卷附吴霜厓先生年谱　集部词曲类

（1）稿本，国家图书馆藏。

（2）民国石印本，4 卷首 1 卷，上海图书馆藏。

（3）1939 年石印本，北京大学图书馆藏。

（4）1958 年郁元英抄本，台湾“中央图书馆”原藏。

（5）苏州文联油印本，苏州大学图书馆藏。

（6）1936—1937 年《国学论衡》连载。

中国戏曲概论　集部词曲类

1926 年大东书局铅印本，国家图书馆藏。

瞿安笔记　集部词曲类

《小说报》1914 年第 5 卷 1—2、5 期，1915 年第 6 卷 6—8、11 期连载。

长生殿传奇斠律　集部词曲类

1934 年《国立中央大学文艺丛刊》第 1 卷第 2 期刊载。

瞿安读曲记　集部词曲类

《珊瑚》杂志第 1 卷第 1、3、5、7、11 期，第 2 卷第 1、6、8、10、12 期，

第3卷第1、11、12期，第4卷第38、41期连载。

朝野新声太平乐府9卷校勘记1卷　集部词曲类

元杨朝英辑　《校勘记》吴梅撰

(1)《华国》月刊1924年第2期第9、10、12册、1925年第3期第3册连载。

(2) 1923年武进陶氏影元刻本，吉林大学图书馆藏。

顾曲麈谈2卷　集部词曲类

(1)《文艺丛刻》本。

(2) 1916年上海商务印书馆铅印本，国家图书馆藏。

(3) 1914—1915年《小说月报》第5—6卷连载。

按：此书商务印书馆多次重版。

奢摩他室曲韵　集部词曲类

1928年石印本，南京图书馆藏。

按：此书乃《顾曲麈谈》的抽印本。

奢摩他室曲话　集部词曲类

清光绪三十三年《小说林》第2、3、4、6、8、9期连载。

霜厓曲话4卷　集部词曲类

(1) 1921—1922年《通俗教育丛刊》连载。

(2) 稿本，16卷，台湾"中央图书馆"原藏。

奢摩他室曲旨　集部词曲类

《民国新闻报》1912年7月26日至9月10日刊载。

元词斠律4卷　集部词曲类

王玉章撰　吴梅校阅

1936年上海商务印书馆铅印本，浙江师范大学图书馆藏。

词源2卷　集部词曲类

宋张炎撰　吴梅校勘

1925年国立北京大学出版部铅印本，温州市图书馆藏。

诚斋乐府2卷辑补1卷　集部词曲类

明朱有燉撰　吴梅辑补

稿本,国家图书馆藏。

曲品2卷传奇品2卷　集部词曲类

《曲品》明吕天成撰　《传奇品》明高奕撰　吴梅校

(1) 1918年国立北京大学出版部铅印本,上海图书馆藏。

(2) 1922年国立北京大学出版部铅印本,桐乡市图书馆藏。

曲律易知2卷　集部词曲类

吴梅覆订　许之衡撰述

1922年钦流斋刻本,温州市图书馆藏。

词余讲义1卷　集部词曲类

(1) 1919年北京大学出版部铅印本,浙江图书馆藏。

(2) 1929年北京大学出版部铅印本,上海图书馆藏。

(3) 1927年广州国立第一中山大学出版部铅印本,南京图书馆藏。

(4) 1935年上海商务印书馆《国学小丛书》本,易名《曲学通论》。

(5) 民国东南大学铅印本,题《曲学通论》,上海图书馆藏。

(6) 民国油印本,上海图书馆藏。

(7)《万有文库》本。

词学通论　集部词曲类

(1) 民国东南大学铅印本,中国人民大学图书馆藏。

(2) 1931年国立成都师范大学铅印本,四川大学图书馆藏。

(3) 1932年上海商务印书馆铅印本,国家图书馆藏。

论词法1卷　集部词曲类

《词学小丛书》本。

古今词论1卷　集部词曲类

《词学小丛书》本。

元剧研究ABC　集部词曲类

1929年ABC丛书社铅印本,国家图书馆藏。

元剧略说　集部词曲类

(1)《东南论衡》第11—13期。

(2)《文社月刊》第1卷第11—12期。

元剧小史　集部词曲类

《文哲季刊》第1卷第1期。

袁大化杀贼　集部词曲类

《中国白话报》清光绪三十年第5期刊载。

镜因记　集部词曲类

《民国新闻》1912年7月25日至9月10日连载。

按:40折,仅载9折。

落茵记　集部词曲类

(1)《小说月报》1913年第4卷第1号刊载。

(2) 民国长洲张氏敬苍水馆刻本,题《落溷记》。

煖香楼　集部词曲类

(1)《奢摩他室曲丛》本。

(2)《小说林》1907年第1期。

(3)《霜厓三剧》本,题《湘真阁》,为《煖香楼》改本。

湘真阁　集部词曲类

(1) 油印本,苏州图书馆藏。

(2) 1927年利苏书社石印本,浙江图书馆藏。

(3)《戏剧月刊》第1卷第4期。

(4)《光华期刊》1929年第4期,1折。

无价宝　集部词曲类

(1) 1917年《小说月报》8卷第7、8期连载。

(2)《霜厓三剧》本。

惆怅爨　集部词曲类

(1)《霜厓三剧》本。

(2) 抄本,浙江图书馆藏。

(3)《小说月报》1917年第8卷第9期。

按：包括《杨枝伎》《钗凤词》《湖州守》《国香曲》4种。

义士记　集部词曲类　佚

见《霜厓三剧》自序，记谢翱西台恸哭、唐珏《冬青行》事。

双泪碑　集部词曲类

1916年《小说月报》7卷第4、5期连载。

东海记　集部词曲类

1916年《春声》杂志第2、4期连载。

才人福　集部词曲类

1916年《春声》杂志第3期刊载。

伏虎韬传奇　集部词曲类

1917年《小说大观》第10期刊载。

针师记传奇　集部词曲类

1918年《小说月报》第9卷第3—8期连载。

风洞山　集部词曲类

(1)《中国白话报》第4、6期。

(2) 1936年文盛堂书局铅印本，天津图书馆藏。

(3) 1938年风雨书屋铅印本，国家图书馆藏。

(4) 1904年《广益丛报》刊载。

苌弘血　集部词曲类　佚

见《霜厓三剧》自序。

按：盖为戊戌政变死事六君子作，时吴氏20岁，亦名《血花霏》。其祖父惧以文字贾祸，取焚其稿。

绿窗怨　集部词曲类

(1) 稿本，赵景深曾见之。

(2) 1914年《游戏杂志》第10—13、15—18期共刊出10折。

轩亭秋　集部词曲类

《小说林》清光绪三十三年第6期。

枯井泪杂剧　集部词曲类

《学衡》1924年第33期。

湖州守　集部词曲类

(1) 1924年《华国》月刊第1卷9—10期刊出。

(2) 油印本,题《湖州守乾作风月司》,上海图书馆藏。

东艳祸传奇　集部词曲类

黄剑莽撰　吴梅校阅

(1) 1932年《万岁杂志》第1卷连载。

(2) 黄氏稿本,中国艺术研究院戏曲研究所藏。

南冠血传奇　集部词曲类

黄剑莽撰　吴梅校读

稿本,中国艺术研究院戏曲研究所藏。

无为州杂剧　集部词曲类

卢前填词　吴梅拍正

1927年《国闻周刊》第7卷第7期刊载。

枯井泪杂剧　集部词曲类

赵祥瑗原稿　吴梅润辞

1924年《学衡》杂志第33期刊载。

竹洲泪点图散曲　集部词曲类

吴承烜倚声　吴梅拍正

1936年《皖事汇报》第32—33期刊载。

词选(诗余选)1卷　集部词曲类

吴梅辑

(1) 民国东南大学铅印本,附散文1卷,浙江图书馆藏。

(2) 民国油印本,上海图书馆藏。

曲选(百嘉室曲选)1卷　集部词曲类

吴梅辑

(1) 1924年东南大学铅印本,浙江图书馆藏。

(2) 1927 年国立第一中山大学出版部铅印本,国家图书馆藏。

(3) 民国国立成都大学铅印本,四川大学图书馆藏。

(4) 1930 年商务印书馆本,国家图书馆藏。

霜厓曲录 2 卷　集部词曲类

吴梅撰　卢前编

(1) 1931 年上海商务印书馆铅印本,上海图书馆藏。

(2) 1934 年上海商务印书馆铅印本,上海图书馆藏。

(3)《饮虹簃丛书》本,收入 1936 年吴氏自续稿,上海图书馆藏。

(4) 1942 年贵阳文通书局铅印本,绍兴图书馆藏。

题董画十曲　集部词曲类

1939 年《国光艺刊》第 1—2 期刊载。

古今名剧选 3 卷　集部词曲类

吴梅辑

1919 年北京大学铅印本,上海图书馆藏。

按:此书民国期间北京大学多次重版。

潜社汇刊词刊 4 集续刊 6 集曲刊 10 集　集部词曲类

吴梅编

1936 年铅印本,上海图书馆藏。

霜厓三剧　丛书类

1933 年刻本,上海图书馆藏。

按:各附谱 1 卷。

吴梅戏曲论文集　集部别集类

王卫民编

1983 年中国戏剧出版社出版。

奢摩他室曲丛第一集　丛书类

吴梅辑

清宣统二年长洲吴氏刻本,上海图书馆藏。

子目:

《梅村乐府》二种　清吴伟业撰

《临春阁》1卷

《通天台》1卷

《煖香楼杂剧》1卷　吴梅撰

奢摩他室曲丛　丛书类

吴梅辑

民国上海商务印书馆排印本，上海图书馆藏。

按：是书第一集收清人作品6种，第二集收明人作品29种，共35种，子目从略。吴氏此书初拟选264种，虑尺帙浩繁，学者难以购买，先印4集152种，每种附跋，交上海商务印书馆印行。"一·二八"事变爆发，四集刻板俱毁，底本亦毁27种，商务印书馆仅印行初、二集35种，以后遂不复印行。解放后，吴梅家属将底本悉数捐献给国家图书馆。

汪朝甲(1884—1949)

字逢春。近吴县人。10余岁从艾步蟾学医，后入京任法医。1914年辞去法医职务，开业行医。与肖龙友、孔伯华、施今墨并称，号京城四大名医。

泊庐医案　子部医家类

1941年铅印本，国家图书馆藏。

袁熙沐(1884—?)

字肖慰，号滋廉。近吴县人。

吴门袁氏家谱8卷　史部传记类

1919年石印本，苏州图书馆藏。

张廷治(1884—?)

号清笙。近吴县人。

吴县张氏家谱7卷　史部传记类

1928年铅印本，常州图书馆藏。

徐子云

近吴县光福人。徐芝田叔父，擅内科。

行医不忘　子部医家类

中医必读　子部医家类

以上2种见《吴中名医录》“徐芝田”条，云子云口述，芝田执笔写成。未见。

张淑华(?—1905)

字藻荪。清长洲人。炳翔季女。

绣墨轩诗课1卷　集部别集类

清张炳翔编《三珠诗草》本，苏州图书馆藏。

汪思瑶

字鹤琴。近吴县人。吴章模室。

醉月轩遗稿1卷　集部别集类

1923年苏州兴华印书局铅印本，上海图书馆藏。

彭世芳(1886—1940)

字景贤，号型伯。近吴县人。康保次子。留学日本高等师范学校，回国后任北京高等师范学校、北京女子高等师范学校教授。

参观南满教育品展览会报告书　史部政书类

1919年教育部铅印本，国家图书馆藏。

中华心理学教科书　史部政书类

1913年中华书局铅印本，国家图书馆藏。

中华高等小学理科教科书　史部政书类

彭世芳、顾树森撰

1912 年中华书局铅印本，国家图书馆藏。

理化辞典　子部工艺类

陈英才、彭世芳等编

1940 年中华书局铅印本，上海图书馆藏。

博物辞典　子部工艺类

彭世芳等编

1933 年中华书局铅印本，国家图书馆藏。

自然分类普通植物检索表　子部农家类

1920 年中华博物学会铅印本，江西省图书馆藏。

实用观察植物形态学　子部农家类

1928 年上海商务印书馆铅印本，国家图书馆藏。

实用观察植物组织学　子部农家类

1936 年中华书局铅印本，浙江图书馆藏。

中华中学植物教科书　子部农家类

1919 年中华书局铅印本，江西省图书馆藏。

植物学　子部农家类

1923 年上海商务印书馆铅印本，国家图书馆藏。

新制植物学教本　子部农家类

吴家煦、彭世芳撰

1919 年上海中华书局铅印本，首都图书馆藏。

陆培治(1886—1944)

原名培根，字君理，号平一。近吴县人。晋笙次子。

鲟溪医论选 6 卷　子部医家类

《鲟溪陆氏医述》本。

鲟溪单方选 2 卷外治方选 2 卷　子部医家类

陆晋笙撰　陆培勋、陆培治、陆培良、陆咏媞、陆咏嫈校

《鲟溪陆氏医述》本。

重古三何医案 3 卷　子部医家类

清陆晋笙、陈焕云选　陆培勋、陆培治、陆培良校

1919 年吴县陆氏石印本，国家图书馆藏。

江宗楧(1887—?)

字范卿。近吴县人。国钧子。

济阳家谱 1 卷续编 1 卷　史部传记类

民国抄本，苏州图书馆藏。

徐日堃(1888—1924)

号意园。近吴县木渎人。毕业于杨氏私立浦东中学，后任吴县第六高等小学教员。笃好词章，主《木铎》周刊笔政。父丧，哀毁卒。

意园遗稿　集部别集类

民国铅印本，苏州图书馆藏。

顾恩湛(1888—1940)

字允若。近吴县人。家世医，尤精内科。尝任吴县医学会会长、中央国医馆医务顾问等职。

顾氏医经读本 6 卷　子部医家类

1934 年铅印本，上海图书馆藏。

游艺室医案 4 卷　子部医家类

抄本，上海中医药大学图书馆藏。

按：《全国中医图书联合目录》云苏州图书馆另有《顾允若医案》《九折斋医案》，经查皆未见。

顾培吴(1890—1939)

字福如。近元和人。名医伯平子。天资聪颖，光绪间举秀才。后

科举废，随父习医。光绪三十三年(1907)，考入苏州博习医院医学堂，学习西医。毕业后悬壶苏城，医名籍甚。曾任中央国医馆吴县分馆馆长等职。

顾福如医案　子部医家类

见《吴中名医录》。

蒋祖润(1890—?)

字骥元。近吴县人。

蒋般续修支谱11卷首1卷　史部传记类

1916年抄本，上海图书馆藏。

汪懋祖(1891—1949)

字典存。近吴县人。15岁入苏州府中学堂，后转上海广方言馆、江苏高等学堂。1916年赴美，就读哥伦比亚大学教育学院，受教于杜威。回国后任北京师范大学教务长、国立东南大学教育系主任、江苏省督学等。后辞去大学教职，回乡任苏州中学首任校长。1949年1月病逝苏州。

美国教育彻览　史部政书类

1923年中华书局铅印本，国家图书馆藏。

第二次全国教育会议始末记　史部政书类

汪懋祖等撰

1930年江东书局铅印本，国家图书馆藏。

教育学　史部政书类

1948年正中书局铅印本，国家图书馆藏。

国防教育与各科教学　史部政书类

汪懋祖等撰

1947年正中书局铅印本，国家图书馆藏。

国防中心教育概观　史部政书类

1938年正中书局铅印本，国家图书馆藏。

师范教育问题　史部政书类

民国铅印本，天津图书馆藏。

国文精选　集部总集类

1948年正中书局铅印本，国家图书馆藏。

按：汪氏另有校订他人著作多种，兹从略。

姚心源（？—1946）

字滋常。近苏州人。文藻子。承家学，游于名医徐承桢之门。1915年从丹徒举人赵宗忭学儒，旁及诙谐杂著，均爱浏览。1928年北上，又从上道上人学医。行医沪上，性傲志高，诊病矜于奇，用方独到。

心源一家言　子部医家类

载上海《和平医社月刊》第1—11期，上海图书馆等藏。

海上效方1卷　子部医家类

1929年铅印本，浙江图书馆藏。

病理学稿裁2卷　子部医家类

(1) 1931年上海《和平医社丛书》本，上海图书馆藏。

(2) 1937年《国医砥柱》月刊连载。

国医标准原则　子部医家类

1934年上海和平医社铅印本，上海中医药大学图书馆藏。

一九三四年中国最新医术之发明　子部医家类

(1) 1934年上海和平医社铅印本，上海中医药大学图书馆藏。

(2) 1934年《医药新闻》连载，题《民国念三年中国最新医术之发明》。

汉医三部脉法议程　子部医家类

稿本，上海中医药大学图书馆藏。

脉学复古　子部医家类

(1) 民国上海佛化医院铅印本,宁波市镇海区文物保护管理所藏。

(2) 1937 年《文医》半月刊连载。

(3) 1937—1938 年《国医砥柱》月刊连载。

增订脉学丛书 4 集　子部医家类

张子英、姚心源撰

(1) 1941 年柳州复兴医药杂志社铅印本,重庆图书馆藏。

(2) 1947 年贵阳现代医学杂志社铅印本,国家图书馆藏。

陆培初

号成一。近吴县人。晋笙子。

病症辨异 4 卷　子部医家类

《鲟溪陆氏医述》本。

香岩径 2 卷　子部医家类

陆培初、陆培善辑　陆晋笙审定

1929 年苏州陆氏铅印本,上海图书馆藏。

按:是集辑选叶天士方案。

女界须知不分卷　子部医家类

民国苏州景景医室铅印本,苏州图书馆藏。

陆培善

号膺一。近吴县人。晋笙子。

香岩径 2 卷　子部医家类

陆培初、吴廷标、陆培善辑　陆晋笙审定

1929 年苏州陆氏铅印本,上海图书馆藏。

陆培良

号循一。近吴县人。晋笙子。

用药禁忌书 2 卷　子部医家类

《鲟溪陆氏医述》本。
鲟溪单方选2卷外治方选2卷　子部医家类
陆晋笙撰　陆培勋、陆培治、陆培良、陆咏媞、陆咏嫈校
《鲟溪陆氏医述》本。
重古三何医案3卷　子部医家类
陆晋笙、陈章选　陆培勋、陆培治、陆培良校
1919年吴县陆氏石印本，国家图书馆藏。

葛兰生

近苏州人。蕙生妹。姊妹皆学诗无锡邹翰飞，互相唱和，诗皆清丽。
问花楼诗稿　集部别集类
见《闺秀诗话》。

陈懋烈

近吴县人。曾留学日本。
欧战小史　史部杂史类
1931年中华书局铅印本，国家图书馆藏。
最近之日本　史部地理类
1926年中华书局铅印本，上海图书馆藏。
英汉缩语辞典　子部杂学类
陆费执、陈懋烈编
1936年中华书局铅印本，上海图书馆藏。

潘树春(1893—1939)

字静淑，号倩庵。近吴县人。吴湖帆妻。濡染家学，能画草虫花卉。雅好填词，有“绿遍池塘草”句，为世传诵。
梅景书屋画集　子部艺术类

(1) 1939 年吴氏四欧堂影印本,上海图书馆藏。

(2) 1940 年《梅景书屋画集》第一辑本。

绿草集　集部词曲类

(1) 1938 年吴氏四欧堂铅印本,北京大学图书馆藏。

(2) 1953 年吴氏梅景书屋影印本,南京图书馆藏。

(3)《民国名家词集选刊》本。

潘夫人静淑千秋岁月稿　集部词曲类

1939 年石印本,国家图书馆藏。

陆子美(1893—1915)

原名遵熹,号焕甫,以号行。近吴县人。风度朗秀,擅演悲剧,与梅兰芳齐名。

子美集　集部总集类

柳亚子编

1914 年光文印刷所铅印本,国家图书馆藏。

按:此书分四编,乃南社诸人为陆子美所作传记、演剧评论等。

汪华熙

字重英。近吴县人。汪森宝长女。适丹徒何墨,期年而卒。年 26。

璞庐诗草 1 卷　集部别集类

1922 年京师文楷斋刻本,国家图书馆藏。

张一留(? —1949)

名援,字涤珊,法号一留。近江苏靖江人,寄籍苏州。幼年学佛,晚年皈依印光大师。

日鲜旅行记　史部地理类

1919 年共和书局铅印本,南京图书馆藏。

灵岩山志8卷首1卷　史部地理类

(1) 1948年上海印公纪念会铅印本,南京图书馆藏。

(2)《中国佛寺志丛刊》本。

老农今话　子部农家类

1927年靖江庆农轩铅印本,南京图书馆藏。

大中华农业史　子部农家类

中国农业新史　子部农家类

以上2种1934年上海世界书局铅印本,上海图书馆藏。

中华农业地理　子部农家类

1917年上海商务印书馆铅印本,上海图书馆藏。

弘法于狮子口监狱记　子部佛教类

民国铅印本,重庆图书馆藏。

驮沙净土教文　子部佛教类

1949年苏州修忍堂铅印本,南京图书馆藏。

净宗诸祖教理观　子部佛教类

1954年上海弘化社铅印本,见孔夫子旧书网。

居士成就论　子部佛教类

1948年《弘化月刊》连载。

修忍堂随笔　子部佛教类

1947年苏州修忍堂铅印本,上海图书馆藏。

净土宏纲论1卷西方认识论1卷　子部佛教类

1944年中联印刷公司石印本,上海图书馆藏。

佛能　子部佛教类

1948年大法轮书局铅印本,上海图书馆藏。

四十八愿略解　子部佛教类

季圣一撰　张一留校订

七十五法略解　子部佛教类

季圣一撰　张一留校订

以上2种1935年苏州古吴佛经流通处铅印本，上海图书馆藏。

净土本经说　子部佛教类

1941年《弘化月刊》第5期刊载。

阿弥陀经四要证　子部佛教类

1949年《弘化月刊》第5期刊载。

中国净土教史　子部佛教类

张一留译，未刊。

见《净土圣贤录易解》，圆瑛序。

田园诗选　子部别集类

民国铅印本，绍兴图书馆藏。

按：据《近代往生随闻录》等书，张一留尚有《修忍堂诗钞》《中国白衣集》等著作，皆未见。

吴大镛

字佩瑜。近吴县人。女史。

燕云楼遗集1卷诗1卷　集部别集类

稿本，上海图书馆藏。

陆　龙(1897—1918)

字在田，号研农。近元和人。早卒。

春晖堂遗稿1卷　集部别集类

(1) 1920年铅印本，上海图书馆藏。

(2) 1932年铅印本，无锡市图书馆藏。

陈彬龢(1897—1945?)

江苏吴县人。早年留学日本。曾任中山文化教育馆出版部主任、《申报》社评主撰。1942年，出任伪《申报》社社长，发起组织伪上海新闻联合会，自任会长。日本投降后，逃亡日本。旋病逝。

经传释词　经部小学类

清王引之撰　陈彬龢点注

1932 年上海商务印书馆铅印本，上海图书馆藏。

元朝秘史　史部杂史类

1928 年上海商务印书馆铅印本，上海图书馆藏。

帝国主义侵略中国史　史部杂史类

陈彬龢、汤彬华撰

1927 年世界书局铅印本，上海图书馆藏。

东北义勇军　史部杂史类

1927 年日本研究社铅印本，上海图书馆藏。

满洲伪国　史部杂史类

1933 年日本研究社铅印本，上海图书馆藏。

日本历史大纲　史部杂史类

(美)哥温撰　陈彬龢译述

1930 年上海商务印书馆铅印本，上海图书馆藏。

希特勒侵波记　史部杂史类

1940 年香港太平洋出版公司铅印本，南京图书馆藏。

日苏战争之预测　史部杂史类

1934 年铅印本，上海图书馆藏。

意阿战争谈　史部杂史类

1936 年上海生活书店铅印本，南京图书馆藏。

读《远东的危机》　史部杂史类

1937 年桂林前导书局铅印本，南京图书馆藏。

中苏复交问题　史部杂史类

1933 年上海良友图书印刷公司铅印本，上海图书馆藏。

战后的德国　史部杂史类

1927 年世界书局铅印本，上海图书馆藏。

战争前夜的阿比西尼亚　史部杂史类

(匈)雷笛士拉斯·发拉哥著　陈彬龢译

1936年商务印书馆铅印本，上海图书馆藏。

日本故事　史部杂史类

1930年日本研究月刊社铅印本，国家图书馆藏。

孔子　史部传记类

(日)宇野哲人著　陈彬龢译

1930年上海商务印书馆铅印本，上海图书馆藏。

新中国的救星孙中山先生　史部传记类

1928年上海彬彬书店铅印本，上海图书馆藏。

论蒋介石　史部传记类

民国太平书局铅印本，南京图书馆藏。

三民主义考试指南　史部政书类

1928年上海彬彬书店铅印本，国家图书馆藏。

三民主义注释与索引　史部政书类

陈彬龢、宗幼泽编

1930年上海商务印书馆铅印本，上海图书馆藏。

妇女运动　史部政书类

1928年上海商务印书馆铅印本，浙江图书馆藏。

苏联现状论　史部政书类

1928年上海申报社铅印本，上海图书馆藏。

苏俄政治组织和共产党　史部政书类

1927年上海共和书局铅印本，上海图书馆藏。

苏俄治下的劳动反动派　史部政书类

1927年上海共和书局铅印本，上海图书馆藏。

苏俄经济组织与实业政策　史部政书类

1927年上海共和书局铅印本，上海图书馆藏。

法国之产业政策　史部政书类

1927年上海世界书局铅印本，上海图书馆藏。

日本现状论　史部政书类

1933 年上海美华书馆铅印本,上海图书馆藏。

日本研究　史部政书类

1928 年铅印本,上海图书馆藏。

日本研究读本　史部政书类

1930 年日本研究月刊社铅印本,上海图书馆藏。

谈谈教育　史部政书类

1929 年上海彬彬书店铅印本,上海图书馆藏。

中国书史　史部目录类

1931 年商务印书馆铅印本,南京图书馆藏。

申报评论选第一集　子部杂学类

1932 年上海申报馆铅印本,上海图书馆藏。

陈彬龢论文集　子部杂学类

1933 年上海美华书馆铅印本,上海图书馆藏。

陈彬龢论文选　子部杂学类

1934 年上海美华书馆铅印本,上海图书馆藏。

东行观感　子部杂学类

1943 年上海申报馆铅印本,国家图书馆藏。

战地通信　子部杂学类

1937—1938 年香港战地通讯社铅印本,国家图书馆藏。

中国佛教小史　子部佛教类

1927 年上海世界书局铅印本,国家图书馆藏。

道教概说　子部道教类

(日)小柳司气太著　陈彬龢译

1926 年上海商务印书馆铅印本,上海图书馆藏。

中国美术史　子部艺术类

(日)大村西崖著　陈彬龢译

1928 年上海商务印书馆铅印本,上海图书馆藏。

当代名人真迹第一集　子部艺术类

1920 年影印本，浙江图书馆藏。

中国文字与书法　子部艺术类

1935 年上海商务印书馆铅印本，南京图书馆藏。

中国文学概论　集部诗文评类

（日）盐谷温著　陈彬龢译

1926 年上海朴社出版经理部铅印本，上海图书馆藏。

中国文学论略　集部诗文评类

1931 年上海商务印书馆铅印本，上海图书馆藏。

陆咏媞（？—1919）

字佩玢。近吴县人。晋笙女。1918 年出嫁冯氏。明年，因妊娠暴亡。

要药选 1 卷　子部医家类

（1）《鲟溪陆氏医述》本。

（2）抄本，中国中医科学院图书馆藏。

鲟溪单方选 2 卷外治方选 2 卷　子部医家类

陆晋笙撰　陆培勋、陆培治、陆培良、陆咏媞、陆咏娶校

《鲟溪陆氏医述》本。

陆咏娶

字佩珣。近吴县人。晋笙女。

鲟溪医案选摘要 4 卷　子部医家类

《鲟溪陆氏医述》本。

鲟溪单方选 2 卷外治方选 2 卷　子部医家类

陆晋笙撰　陆培勋、陆培治、陆培良、陆咏媞、陆咏娶校

《鲟溪陆氏医述》本。

汪复熙

字曼芸。近吴县人。森宝小女。王昆民妻。

曼芸女史遗稿　集部别集类

抄本，见《清闺秀艺文略》。

潘承厚(1904—1943)

字温甫，号少卿，又号博山，别署蘧庵。近吴县人。亨谷子，承弼兄。早年丧父，长撑门户，经商有成，振兴潘氏百年酱业，且倡组吴县电气公司、田业银行。抗战初期，创设通惠银号于上海。与弟力承家学，志同藏书。家原有竹山堂，藏书四万卷，博山积至三十万卷，号"宝山楼"。善山水，学王翚、王原祁，花卉宗恽南田，设色工致。惜英年早逝。

郑斋金石题跋记　史部金石类

清沈树镛撰　潘承厚、吴湖帆增辑

稿本，上海图书馆藏。

蘧庵所藏尺牍　丛书类

潘承厚辑著　潘承弼续辑

1942—1944年吴县潘氏影印本，上海图书馆藏。

按：包括《蘧庵遗墨》《明清藏书家尺牍》《明清两朝画苑尺牍》《明季吴中三老手札》《元明诗翰》《明季忠烈尺牍初编》《明季忠烈尺牍二编》，以及潘承厚藏潘承弼续辑《瞿忠宣公蜡丸书侯忠节公绝缨书合璧》《杨忠烈公左忠毅公遗札合璧》二种。

吴闻天(1904—1947)

字鹤年。近吴县黄埭人。早年参加星社，与范烟桥等人编写《星光》杂志，发表小说多种。1928年赴美留学，获哥伦比亚大学经济学硕士学位。回国后担任国民政府事业部秘书、立法院立法委员。

世界移民问题　史部政书类

孔士锷、吴闻天编

1937年上海商务印书馆铅印本，国家图书馆藏。

按：此书多次重版。

政治经济学概要　史部政书类

见1994年新编《吴县志》，书未见。

吴昔芾(1906—1946)

原名锡福。近吴县木渎人。嗜绘事，从郑午昌游。抗战爆发后，立志报国，徒步至川。任职青年服务团、经济部燃料供应处、公益铁厂、金陵化学厂等处。

木渎伴游若干卷　史部地理类

见《民国书画家汇传》，云脱稿即逝。

徐芝田(1907—1944)

原名秀贤，一作修贤。近吴县光福人。学医叔父徐子云，兼攻内科，尤擅伤寒。

新伤寒论　子部医家类

医疗须知　子部医家类

以上2种见《吴中名医录》。

王守梧(1911—1928)

字孙琴，号香圃。近吴县东山人。季铭子。父早卒，母朱氏苦节抚之成立。髫龄即锐于学，诗词清丽，书法秀整。早逝。

柳波舫集3卷补遗1卷　集部别集类

1929年铅印本，上海图书馆藏。

贝　琪(1915—1941)

谱名聿琚，又名充，字仲珩，号仲琪，一作仲琦。近吴县人。少好学，从章太炎问学。后任教云南大学。尝入卢前襄社，又创办考文学会。

谢母贝宜人讣告1卷附传　史部传记类

1934年铅印本，上海图书馆藏。

五百唐碑庐丛稿目录　史部金石类

1934年铅印本，国家图书馆藏。

考文学会杂报　史部政书类

1937年铅印本，国家图书馆藏。

吴学甄微1卷　子部杂学类

稿本，上海图书馆藏。

列子杨朱篇新解1卷　子部道教类

稿本，上海图书馆藏。

老庄哲学研究　子部道教类

1932年铅印本，上海图书馆藏。

博望楼文钞2卷　集部别集类

1940年铅印本，上海图书馆藏。

按：署贝充。

沈　华(1919—1939)

字菡秋。近吴县人。尝从陈子清学画。以急病卒，年仅弱冠。

秋影录不分卷　集部别集类

1940年影印本，苏州图书馆藏。

江蘇藝文志

顧廷龍題

国家古籍整理出版专项经费资助项目

江蘇藝文志

顧廷龍題

国家古籍整理出版专项经费资助项目

江苏省地方志编纂委员会办公室组织编纂

江苏艺文志

（增订本）

苏州卷

七

原　主　编　赵国璋

增订本主编　江庆柏

本卷主编　孙中旺　曹培根

撰　稿　人　孙中旺　曹培根　卿朝晖　姜雨婷

白帅敏

凤凰出版社

昆山

隋至元

张　冲

字叔玄。昆山人。梁零陵太守僧绍子。仕陈为左中郎将,非其好也。乃覃思经典,潜心著述。入隋,汉王谅出牧并州,引为博士,后官至汉王侍读。《隋书》有传。

仪礼传 80 卷　经部仪礼类　佚

丧服义 3 卷　经部仪礼类　佚

按:见《隋书》本传。

春秋左氏义略 30 卷　经部春秋左传类　佚

按:《隋书》本传作《春秋义略》,云:"异于杜氏七十余事。"《隋书·经籍志》作《春秋义略》30 卷。《旧唐书·经籍志》《新唐书·艺文志》均作《春秋左氏义略》30 卷。

论语义疏 2 卷　经部四书类　佚

按:《隋书·经籍志》同。

论语旨义 12 卷　经部四书类　佚

按:《隋书》本传作《论语义》10 卷。

孝经义 10 卷　经部孝经类　佚

按:《隋书》本传作 3 卷。

前汉书音义 12 卷　史部正史类　佚

按:《隋书》本传作《前汉音义》12 卷。

以上 7 种见光绪《昆新两县续修合志》卷 49。

陶 岘

晋陶潜后裔。唐开元中居昆山。富有田业，择家人悉付之，遍游江湖，往往数岁不归。学娴经济，而疏脱不谋宦达。通八音，撰《乐录》八章。自制三舟，备极坚巧。一舟自载，一舟置宾，一舟贮饮馔。日与孟云卿辈探幽访胜，逢佳山水，必穷其境。有女乐一部，奏清商曲。逢奇遇兴，则穷其景物，兴尽而行。名闻朝廷，吴越之士号为水仙。浪迹30余年，归老于吴。

乐录八章　子部艺术类　佚

见光绪《昆新两县续修合志》卷50“游寓”。

按：唐袁郊《甘泽谣》中有传，并收其诗一首。

法 钦(714—792)

唐释。一作道钦，俗姓朱。昆山人。早业儒，后游历丛林。年28(一说22)从鹤林玄素禅师出家，修习牛头禅法。抵临安，驻锡径山龙潭，筑庵其上。为径山寺开山大师。大历三年(768)，代宗召至阙下，亲加瞻礼，赐号国一。朝士崔涣、裴度均师事之。后辞归本山，贞元八年(792)十二月示寂，赐谥大觉禅师。

法达九带　子部佛教类　佚

偈语妙密　子部佛教类　佚

唐僧诗3卷　集部总集类　佚

以上3种见光绪《昆新两县续修合志》卷49。

按：《直斋书录解题》卷15载《唐僧诗》三卷云：“吴僧法钦集唐僧三十四人诗二百余篇，杨杰次公为之序。”《文献通考》卷248所记略同。

张 镒(？—783)

字季权，一字公度。唐昆山人。以父荫授左卫兵曹参军。郭子仪表为元帅府判官。累迁殿中侍御史。乾元初贬抚州司户参军，徙晋陵令。后迁屯田、右司二员外郎。居母忧，以孝闻。不妄交游，与杨琯、崔祐甫善。大历初出为濠州刺史。政务清简，延经术士，讲教生徒。李灵耀反，镒严守御，擢侍御史，兼缘淮镇守使，迁寿州刺史，历江西、河中观察使，改汴滑节度使，以病辞。建中二年(781)拜中书侍郎同中书门下平章事，以中书侍郎为凤翔、陇右节度使。楚琳作乱，镒缒城走，被杀。新、旧《唐书》有传。

张氏三礼图1卷　经部三礼总义类

《玉函山房辑佚书》本。

按：光绪《昆新两县续修合志》卷49作《三礼图》9卷。

孟子张氏音义1卷　经部四书类

《玉函山房辑佚书》本。

按：光绪《昆新两县续修合志》卷49作《孟子音义》3卷。

五经微旨14卷　经部群经总义类　佚

见光绪《昆新两县续修合志》卷49。

慧　则(835—908)

唐释。昆山糜氏子。大中七年(853)出家于京兆西明寺。广明元年(880)出华州下邽避乱。乾宁元年(894)至明州育王寺，撰《塔记》《出集要记》。清苦执持，近古罕有。后梁开平二年(908)示寂，年74。

塔记1卷　子部佛教类

出集要记12卷　子部佛教类　佚

以上2种见《宋高僧传》卷16本传。

龚宗元

字会之。宋昆山人。识子。自幼颖悟绝人，读书于虎丘寺，昼夜不绝。天圣五年(1027)进士。授杭州仁和主簿，转句容县令，摘伏发奸如神。迁大理评事，衢、越二州通判，擢都官员外郎致仕。初官仁和时，知州范仲淹称其文温厚和平，而不乏正气，似其为人。谢事居黄姑村，作中隐堂，与程适、陈之奇为文酒之乐，皆以耆德称，吴人谓之“三老”。

武丘居士遗稿10卷　集部别集类　佚

见《中吴纪闻》卷2，并收其诗5首。

郑亿年

字长卿，宋开封人，居中子。政和七年(1117)进士，建炎三年(1129)郑氏举宗南迁，与兄修年、弟侨年奉母越国夫人居昆山之通德坊。官至资政殿大学士。与秦桧善，主与金和，为朝论所唾。

述古录20卷　史部杂史类　佚

见光绪《昆新两县续修合志》卷49。

按:《昆山杂咏》卷20收其诗1首。

郑侨年

字清卿。宋开封人，亿年弟，迁居昆山。绍兴十五年(1145)提举浙东常平，十七年除江东运使。

诗文集16卷　集部别集类　佚

见光绪《昆新两县续修合志》卷49。

孙　载

字积中。宋昆山人。治平二年(1065)进士，为河中府护曹，历事三守，皆侃侃与争曲直。后知德清县。以德化民，不任刑罚。元祐初，通判陕州，迁广东转运判官。绍圣初，除河北西路常平，改知海、沂二州。延聘名儒兴学养士。迁朝奉大夫，知婺州，除河东转运判官，移淮西提点刑狱。建中靖国初迁朝请大夫，知亳州。所至务持大体，号循吏。大观中以朝议大夫致仕。卒年75。天资乐易，爱读书，好汲引士类，受荐者至400余人，多知名。

易释解5卷　经部易类　佚

文集50卷　集部别集类　佚

以上2种见光绪《昆新两县续修合志》卷49。

冲邈

宋释。居昆山马鞍山之翠微阁。好为诗,闲澹孤远。侍郎姚舜明及邑宰盖玙皆以诗赠之。卒年88。

翠微集　集部别集类　佚

见《中吴纪闻》卷5本传。

按:《昆山杂咏》卷20收有其《翠微山居诗》20首。

龚况

字浚之。宋昆山人。宗元孙,程子。崇宁五年(1106)进士。文章学术与苏过齐名,号"龚苏"。叶石林俊声籍甚,尝为文字交。其他所与酬唱者,如洪玉父、朱新仲、王丰父、张敏叔,亦皆一时名士。因其祖有中隐堂,自称起隐子。官至祠部员外郎。善诗,格调清古。

起隐集30卷　集部别集类　佚

见光绪《昆新两县续修合志》卷49、《中吴纪闻》卷5。

王绹(1074—1137)

字唐公。宋开封人,南渡后寓居昆山。审琦五世孙。宣和七年(1125)廷试为详定官。建炎初,为御史中丞。金人入寇,具陈攻守之策,宰相不能用。扈从车驾南渡,东宫建,以资政殿学士权太子少傅,拜参知政事,后罢。绍兴三年(1133),除知绍兴府兼浙东安抚使。为人刚正自守,立朝无所阿附。虽为执政,自奉俭薄。仕宦20年,无寸椽可居。后寓昆山僧舍,萧然一室,服食器用,无异寒士。天性仁孝,平居唯以读书为乐。其文温润典雅,深于理致。绍兴七年卒,年64,谥文恭。

论语解20卷　经部四书类　佚

孝经解5卷　经部孝经类　佚

群史编80卷　史部杂史类　佚

奏议30卷　史部政书类　佚

内外制40卷　史部政书类　佚

进读事实5卷　子部儒学类　佚

内典略录100卷　子部佛教类　佚

以上7种见光绪《昆新两县续修合志》卷50。

按:《全宋文》卷3135收有其文。

龚明之(1091—1182)

字熙仲,自号五休居士。宋昆山人。宗元曾孙,昱父。性至孝。绍兴二十年(1150)年60始举乡贡。三十年以特恩召廷试成进士,授高州文学。年80应致仕,吴士在朝者列其行义荐之,监潭州岳庙,后超擢宣教郎致仕。归居黄姑别墅,作期颐堂,吟啸其中。年92卒。

中吴纪闻6卷　史部地理类

(1) 明弘治七年(1494)严春刻本,蒋杲校并跋,国家图书馆藏。

(2) 明弘治七年严春刻本,沈钦韩校,上海图书馆、复旦大学图书馆藏。

(3) 明正德九年(1514)龚弘刻本,明钱谷校,叶景葵跋,上海图书馆藏。

(4) 明正德九年龚弘刻本,李盛铎跋,北京大学图书馆藏。

(5) 明末毛氏汲古阁刻本,毛晋、毛扆校,陆贻典校并跋,国家图书馆藏。

(6) 明末毛氏汲古阁刻本,王峻校并录毛扆跋,胡珽校跋并录程世鋐题识,程钟跋,国家图书馆藏。

(7) 明末毛氏汲古阁刻本,黄丕烈校并跋,国家图书馆藏。

(8) 明末毛氏汲古阁刻本,劳权跋并录何焯、卢文弨校跋,劳健跋并录毛扆跋,国家图书馆藏。

(9) 明末毛氏汲古阁刻本,吴志忠跋并录陆贻典、毛扆校跋,何焯校,丁丙跋,南京图书馆藏。

(10) 明末若墅堂刻本,陆贻典、毛扆校并跋,国家图书馆藏。

(11) 明抄本,河南省社科院图书馆藏。

(12) 清乾隆间张希杰铸雪斋抄本,南京图书馆藏。

(13) 清抄本,赵宗建跋并录清顾沄校,国家图书馆藏。

(14)《四库全书》本。

(15)《知不足斋丛书》本。

(16)《墨海金壶》本。

(17)《珠丛别录》本。

(18)《学海类编》本。

(19)《粤雅堂丛书》本。

(20)《槐庐丛书》本。

(21)《诵芬室丛刊》本。

(22)《笔记小说大观》本。

(23)《丛书集成初编》本。

(24)《汇刻太仓旧志五种》本,附《校勘记》1卷。

(25) 1986年上海古籍出版社出版,孙菊园校点本。

(26)《中华再造善本》本。

中吴纪闻1卷　史部地理类

(1)《说郛》本。

(2)《旧小说》本,录3则。

(3) 民国间交通图书馆石印本,上海图书馆藏。

王　葆

字彦光。宋昆山人。弱冠通诸经,宣和六年(1124)进士,授丽水主簿。绍兴中迁知宜兴县,累迁考功御史。秦桧专政,百司莫敢可否,葆独伸滞直枉,当官不避。出知广德军,移守汉、泸二州,历浙东提刑,皆著政绩。学行俱高,潜心古道,其学精于《春秋》。教诱后生,如亲子弟。李衡、周必大、范成大等皆出其门下。

春秋集传15卷　经部春秋总义类　佚

见《郡斋读书志》卷1。

春秋备论2卷　经部春秋总义类　佚

见《直斋书录解题》卷3。

东宫讲义3卷　子部儒学类　佚

见光绪《昆新两县续修合志》卷49。

道　川

宋释。昆山人。翟(一作狄)氏子,名超,人称翟三。以勇力名,初为县弓手,闻东斋谦首座演法,往从之,习坐不倦。日失职遭笞,忽于杖下大悟,遂辞役依谦,为改名道川。建炎元年(1127)遍游江湖。归憩东斋,学者请益,乃依《金刚经》逐章撰颂,行于世。隆兴元年(1163),主淮西冶父,名益噪。日书偈四句,危坐脱去。

金刚经注　子部佛教类　佚

金刚般若颂　子部佛教类　佚

见清康熙《昆山县志·人物·方外》。

马先觉

字少伊。宋昆山人。以文章名。绍兴三年(1133)进士(一说乾道初进士),授海门主簿,调常州教授。辟为沿海制置司干官,出为浙西常平干官,以承议郎主台州崇道观,号得闲居士。

少伊惭笔(一作惭笔集)　集部别集类　佚

见光绪《昆新两县续修合志》卷49。

慈　照(?—1166)

名子元,号万事休。宋释。昆山人。原为茅氏子,诞前母梦一佛入门,因名佛来。父母早亡,投延祥寺出家,习颂法华经,年19祝发,习止观禅法。后创净土白莲宗,教人专念弥陀,同生净土,宗风大振,宋高宗加赐"劝修净业莲宗导师慈照宗主"称号。乾道二年(1166)三月示寂,塔于淞江吴觉昌港,敕号最胜之塔。

晨朝忏仪　子部佛教类　佚

见清同治《苏州府志》卷139引《净土圣贤录》。

弥陀节要　子部佛教类　佚

法华百心论　子部佛教类　佚

风月集　集部别集类　佚

以上3种见光绪《昆新两县续修合志》卷50。

证道歌　集部别集类　佚

见清康熙《昆山县志·人物·方外》。

龚　昱

字立道,一字邱道。宋昆山人。明之子。少从侍御李衡学,有学行,安贫乐道,人称龚山长,名不逮才,识者惜之。所居曰栖贤堂,陆游、刘过皆为赋诗。

昆山杂咏3卷　史部地理类

宋龚昱辑

(1) 宋开禧三年(1207)昆山县斋刻本,国家图书馆藏。

(2)《峭帆楼丛书》本。

(3)《中华再造善本》本。

(4)《中国风土志丛刊》本。

按:参见李致忠《宋版书叙录》。光绪《昆新两县续修合志》卷49作4卷。

乐闲先生格言　子部儒学类　佚

见光绪《昆新两县续修合志》卷49。

乐庵遗书4卷　子部杂学类

题宋李衡撰　龚昱辑

(1) 明万历四十六年(1618)李通刻本,国家图书馆藏。

(2) 旧抄本,见《持静斋书目》卷3。

乐庵语录5卷　子部杂学类

宋李衡撰　龚昱辑

(1)《四库全书》本。

(2)《四库全书珍本初集》本。

姚申之

字崧卿。宋昆山人。天姿俊爽,少负远略。隆兴元年(1163)进士。时张浚主战,汤思退等主和,申之以相臣不和,难以抒志,遂高隐不仕。筑别业于吴淞江上,题其亭曰"水云千顷"。与范成大为忘形交,成大尝为长歌赠之。

水云千顷亭集　集部别集类　佚

见民国《昆新两县续补合志》卷19。

按:《昆山杂咏》卷8、卷20、卷22均收有其诗。

郑兴裔(1126—1199)

字光锡,初名兴宗。宋开封人,其族祖亿年始迁居昆山。徽宗后外家三世孙,蕃子。以恩授成忠郎。历福建路兵马钤辖。孝宗时知庐、扬二州,皆有政绩。宁宗即位,除知明州,告老,授武泰军节度使。历事四朝,以才名结主知,当时外族之贤未有其比。卒年74,谥忠肃。《宋史》有传。

四朝奏议30卷　史部政书类　佚

见民国《昆新两县续补合志》卷19。

(绍熙)广陵志12卷　史部地理类　佚

宋郑兴裔修　郑少魏、姚一谦纂

见《直斋书录解题》卷8。

按:参见《中国古方志考》《江苏旧方志提要》。

见闻录60卷　子部杂学类　佚

退庵集 3 卷　集部别集类　佚

以上 2 种见民国《昆新两县续补合志》卷 19。

郑忠肃奏议遗集 2 卷　集部别集类

(1)《四库全书》本。

(2)《四库全书珍本初集》本。

按:《四库全书总目》别集类 11 云:"此集虽以奏议为名,实则裒集杂文,共为一集,故录之别集类中。"

郑忠肃公奏议遗集 1 卷附年谱 1 卷　集部别集类

(1)《郑氏六名家集·郑忠肃公奏议遗集》附本。

(2) 抄本《郑忠肃公奏议遗集》附,清丁丙跋,南京图书馆藏。

按:《年谱》宋郑竦编,明郑若曾重订。

吴仁杰(1137—1200?)

字斗南,一字汉英,自号蠹隐。宋昆山人,祖籍洛阳,信子。博洽经史,以诗文名时,讲学于朱熹之门。登淳熙五年(1178)进士第,历罗田令,仕至国子学录。

集古易 1 卷　经部易类　佚

见《宋史·艺文志》。

易图说 3 卷　经部易类

(1)《通志堂经解》本。

(2)《四库全书》本。

按:《宋史·艺文志》作《周易图说》2 卷。

古易 12 卷　经部易类　佚

尚书洪范图辨 1 卷　经部尚书类　佚

按:《宋史·艺文志》作《尚书洪范辨图》1 卷。

礼记解　经部礼记类　佚

郊祀赘说 2 卷　经部三礼总义类　佚

禘祫绵蕞书 3 卷　经部三礼总义类　佚

按:《吴中人物志》卷六作“褅祫绵蕞书”。

庙制罪言2卷　经部三礼总义类　佚

乐舞新书2卷　经部乐类　佚

以上7种见光绪《昆新两县续修合志》卷49。

西汉刊误补遗17卷　史部正史类　佚

见《直斋书录解题》卷4,注:“补三刘之遗也。”

按《直斋书录解题》不收《两汉书刊误补遗》,而《宋史·艺文志》不收《西汉刊误补遗》。

两汉刊误补遗10卷　史部正史类

(1) 清抄本,丁宗洛校并跋,国家图书馆藏。

(2) 清抄本,清丁丙跋,南京图书馆藏。

(3)《四库全书》本。

(4)《武英殿聚珍版》本。

按:福建本、广雅书局本附清孙星华撰《校勘记》1卷。

(5)《反约篇》本。

(6)《翠琅玕馆丛书》本。

(7)《芋园丛书》本。

(8) 影宋抄本,见《适园藏书志》卷3。

(9) 开万楼抄本,见《浙江采集遗书总录》戊集。

(10) 旧抄本,见《抱经楼藏书志》卷15。

(11) 清抄本,李盛铎旧藏,北京大学图书馆藏。

(12) 清同治七年(1868)金陵书局聚珍本,复旦大学图书馆藏。

(13) 清光绪傅氏寄傲轩刻本。

两汉刊误补遗10卷附录1卷　史部正史类

(1)《知不足斋丛书》本。

(2)《榕园丛书乙集》本。

陶靖节先生年谱1卷　史部传记类

(1) 宋刻陶靖节先生集本,上海图书馆藏。

(2) 明万历刻本，附于《苏东坡和陶诗》后，上海图书馆藏。

(3) 清吴瞻泰《陶诗汇注》附刻本。

(4)《合刻忠武靖节二编》本。

(5)《云南丛书》本。

(6)《古典文学研究资料汇编·陶渊明卷》本。

杜子美年谱 1 卷　史部传记类　佚

盐铁论丙丁 2 卷　子部儒学类　佚

按：《宋史·艺文志》作《盐石论丙丁》2 卷。

以上 2 种见光绪《昆新两县续修合志》卷 49。

离骚草木疏 4 卷　集部楚辞类

(1) 宋庆元六年(1200)罗田县庠刻本，国家图书馆藏。

(2) 元刊本，《带经堂书目》云："《离骚草木疏》四卷，元刊本，明叶石君藏书，宋吴仁杰撰。"

(3) 明抄本，国家图书馆藏。

(4) 明范大澈抄本，黄裳藏，见《来燕榭书跋》。

(5) 常熟钱氏抄曹秋岳本，见钱曾《读书敏求记》。

(6) 毛氏汲古阁抄本，哈佛大学图书馆藏。

(7) 清方甘白抄本，国家图书馆藏。

(8) 影宋抄本，见《铁琴铜剑楼藏书目录》卷 19。

(9)《四库全书》本。

(10)《知不足斋丛书》本。

(11)《龙威秘书二集》本。

(12)《反约篇》本。

(13)《榕园丛书》本。

(14)《艺苑捃华》本。

(15)《崇文书局汇刻书》本。

(16)《离骚三种》本。

(17)《丛书集成初编》本。

(18)《古逸丛书三编》本。

(19)《中华再造善本》本。

离骚草木疏补 4 卷　集部楚辞类

宋吴仁杰疏　明屠本畯补

(1) 明万历刻本，北京大学图书馆藏。

(2)《四库全书存目丛书》本。

按：参见《四库全书总目》楚辞类存目，并见《天一阁书目》《浙江采集遗书总录》辛集。

边惇德

字公辩。宋昆山人，其先开封人。高祖仕于吴，始迁昆山。幼孤，至孝，贫不废礼。才思敏给。以诗名，为范成大所知。绍兴十五年(1145)进士，年逾 60 致仕。郡县列其行义，特改通直郎，仍著为令。

脂韦子 50 卷　集部别集类　佚

见光绪《昆新两县续修合志》卷 49。

范之柔

字叔刚，号墨庄。宋昆山人。仲淹玄孙，纯祐曾孙，公武子。自郡城徙居昆山。乾道八年(1172)进士。嘉定初拜监察御史，历右正言、左司谏，起居、中书二舍人，刑、礼二部尚书，太子詹事，封昆山县开国子。奉君事亲，以仲淹为法，知止畏盈，累章乞休。以通议大夫礼部尚书致仕。卒年 66，赠特进、端明殿学士，谥清献。

范文正公年谱补遗 1 卷　史部传记类

(1) 明刻《范文正公集》本，国家图书馆藏。

(2)《四库全书存目丛书》本。

墨庄诗集 10 卷　集部别集类　佚

见光绪《昆新两县续修合志》卷 49。

郑 准

字器先。宋昆山人。居中曾孙，亿年孙。本开封人，宋建炎三年(1129)郑氏举宗随驾南迁，居昆山之通德坊。庆元二年(1196)登进士，历知袁州，终中奉大夫、昆山县开国男。准生王侯家，气象若儒素，薄于功名，厚于道义，轻财好客，赴人之急。买田赡族，有高平范氏义庄之风。

经世鸿编 40 卷　史部政书类　佚

泮宫仪制 4 卷　史部政书类　佚

诗文集 16 卷　集部别集类　佚

以上 3 种见光绪《昆新两县续修合志》卷 49。

开国公遗集 1 卷附录 1 卷　集部别集类

《郑氏六名家集》本。

刘 过(1154—1206)

字改之，自号龙洲道人。宋吉州庐陵人。尚气节，喜饮酒。为词章豪放英特，高视一世。陈亮、陆游、辛弃疾皆折节与交。尝试有司，屡不第，以书干当道，陈恢复方略，不省。故人潘友文宰昆邑，过客其所，遂娶妇而居昆山。既卒，无子，贫不能葬，友文与主簿赵希楙买地马鞍山葬之，并立祠东斋之侧。吕大中裒名人题咏曰《楚些遗音》，行于世。昆山人集其事为《怀贤录》。

龙洲集 14 卷附录 2 卷　集部别集类

(1)《四库全书》本。

(2) 清乾隆间刻本。

(3) 清抄本，题《龙洲道人集》14 卷，鲍廷博手校。傅增湘藏。

(4) 清光绪二十五年(1899)泰和萧作梅刻本，前有首 1 卷，无附录，上海图书馆藏。

龙洲集 10 卷　集部别集类

(1)《函海》本。

(2)《丛书集成初编》本。

(3) 活字本,清吴骞校并跋,上海图书馆藏。

(4) 活字本,清陈鳣校并跋,上海图书馆藏。

(5) 活字本,叶德辉跋,卷端题“斜川诗集”,上海图书馆藏。

龙洲道人集 1 卷　集部别集类

《宋百家诗存》本。

龙洲道人诗集 1 卷　集部别集类

(1)《南宋群贤小集》本。

(2)《宋人小集四十二种》本。

(3) 汲古阁影抄《南宋六十家小集》本。

龙洲集 3 卷　集部别集类

(1)《两宋名贤小集》本。

(2) 清嘉庆抄本,中国社会科学院文学研究所藏。

龙洲先生集 1 卷附录 1 卷　集部别集类

清抄本,翁同书跋,国家图书馆藏。

龙洲道人诗集 15 卷　集部别集类

(1) 明嘉靖王朝用刻本,丁丙跋,南京图书馆藏。

(2) 清抄本,浙江大学图书馆藏。

(3) 清抄本,丁丙跋,南京图书馆藏。

龙洲道人诗集 12 卷　集部别集类

清抄本,丁丙跋,南京图书馆藏。

龙洲道人诗集 10 卷　集部别集类

(1) 清抄本,陈咸录,邵罗涵校跋,复旦大学图书馆藏。

(2) 清知不足斋抄本,鲍廷博校并跋,浙江大学图书馆藏。

龙洲道人诗集 15 卷刘龙洲墓诗 1 卷　集部别集类

《墓诗》清顾湄辑

清抄本,国家图书馆藏。

龙洲先生剩诗2卷剩词1卷　集部别集类

清抄本，上海图书馆藏。

龙洲先生賸稿诗　集部别集类

马光楣梅轩氏传抄本，列入民国间彭治辑录《昆山丛书》抄本，国家图书馆藏。

东斋遗稿　集部别集类　佚

楚些遗音　集部总集类　佚

以上2种见光绪《昆新两县续修合志》卷50。

龙洲词1卷　集部词曲类

(1)《宋名家词》本。

(2)《四库全书》本。

(3)《蟫隐庐丛书》本。

(4)《中国文学珍本丛书》本。

(5)《四部备要》本。

龙洲词2卷　集部词曲类

(1)《百家词》本。

(2) 明写本，有吴城藏印，见《藏园订补郘亭知见传本书目》。

龙洲词2卷补遗1卷附校记1卷　集部词曲类

《彊村丛书》本。

敖陶孙(1154—1227)

字器之，号臞翁，一号臞庵。宋长乐人，赘居昆山。少倜傥有大志，为文援笔立就。弱冠魁乡试，入太学，以诗名于时。作诗刺韩侂胄，几为捕者所得。侂胄死，登庆元五年(1199)进士，官奉议郎，佥判泉州。

臞翁诗集2卷　集部别集类

(1)《南宋群贤小集》本。

(2)《两宋名贤小集》本。

(3) 汲古阁影钞《南宋六十家小集》本。

臞翁集 1 卷　集部别集类

《宋百家诗存》本。

按:光绪《昆新两县续修合志》卷 50 作《敖臞庵集》。

诗评 1 卷　集部诗文评类

明程兆胤录

(1)《天都阁藏书》本。

(2)《丛书集成初编》本。

敖器之诗话 1 卷　集部诗文评类

《说郛》本。

陈　振

字震亨,晚自号止安居士。宋昆山人。昌世养父。父遵,画家,赘侍御李衡女,因家于昆山。振少贫,孝于亲。举绍熙元年(1190)进士。平生急义乐善,好汲引后进,有过必规。为文简健高雅,文词温雅,善楷法,得欧、虞气骨。官至太府丞,知永、瑞二州。以朝议大夫致仕,卒赠通议大夫。

止安斋集 18 卷　集部别集类　佚

见《直斋书录解题》卷 18。

范良遂(1155—1232)

初名之传,字次卿。宋昆山人。之柔弟。放情山水,不慕荣利,长于诗歌。卜居车塘。

次卿诗集 10 卷　集部别集类　佚

见光绪《昆新两县续修合志》卷 49。

卫　泾(1159—1226)

字清叔,号西园居士。其先齐人,徙居昆山。季敏子,湜兄。于所居石浦辟西园,取先贤范仲淹语,名其堂曰后乐,因又号后乐居士。淳熙十一年(1184)进士第一。开禧中官至参知政事,封秦国公。在朝孤立自守,不畏强御,以贤才为立国之基,荐举后进如不及。诛韩侂胄其力也,后为史弥远所忌,罢归。知潭州时与朱熹交好,侂胄斥熹为伪学。侂胄既诛,而熹已卒,泾乃移文新安,取熹诸经四书传注刊刻以传。宝庆二年(1226)卒,谥文节。

后乐集 20 卷　集部别集类

(1) 清咸丰八年(1858)潘道根抄本,上海图书馆藏。

(2) 清光绪八年(1882)友顺堂活字本,复旦大学图书馆藏。

(3) 抄本,存卷 2 至卷 20,上海图书馆藏。

(4)《四库全书》本。

按:原本 70 卷,刊于元代,后散佚。此本从《永乐大典》辑出。

别本后乐集 10 卷附录 2 卷　集部别集类佚

见《四库全书总目》别集类存目 1。

卫　湜

字正叔。宋昆山人。泾弟。好古博学。屡中锁厅,除太府寺丞、将作少监,皆不赴。著《礼记集说》,宝庆二年(1226)官武进令时,表上于朝。得擢直宝谟阁,后知袁州,终于朝散大夫。学者称栎斋先生。

礼记集说 160 卷　经部礼记类

(1) 宋嘉熙四年(1240)新定郡斋刻本,后有《统说》1 卷,黄丕烈跋,国家图书馆藏。有 17 卷配清抄本。

(2)《通志堂经解》本。

按:傅增湘《订补郘亭知见传本书目》引何义门云:"徐刻此书据两抄本,皆未尽善,顾伊人意为改订,大有乖误。"

(3)《四库全书》本。

按:《四库全书总目》云:其书采摭群书凡 144 家,自郑注、孔疏而外,原书无存者。

(4)《摛藻堂四库全书荟要》本。

(5) 明抄本,清丁丙跋,南京图书馆藏。

(6) 明抄本,存24卷(113—136),天一阁藏。

(7) 明抄本,李盛铎跋,北京大学图书馆藏。

杨应龙

字汝济,号性斋。宋昆山外冈人。才兼文武,为戚里吴郡王婿。宁宗时官武功大夫,两浙西路兵马钤辖。暮年丐祠,主管建宁府冲祐观。所著50万言,名曰《进授册》,嘉言谠论,发于忠忱。手抄六经百家之说,为《性斋知见录》30卷。又有《性斋诗稿》。王衮、黄由皆以将帅荐之。未几,卒。

进授册　史部政书类　佚

性斋知见录30卷　子部杂学类　佚

性斋诗稿　集部别集类　佚

以上3种见光绪《昆新两县续修合志》卷30本传、卷49。

王　圭

字君玉,号静观。父迈,本安吉人,妻范成大女,依妻家居,遂为昆山人。圭幼孤,忍贫力学,嘉定十年(1217)中进士,授处州松阳县主簿,以才干升为令。讲行经界,版绘其式,行于天下。淳祐八年(1248)出知常州,屡蒙升赏。十年又以职事修举转朝奉大夫,入为司封郎中。终朝散大夫。圭幼时孤贫力学,孝母,居官清廉。

静观文集10卷　集部别集类　佚

见光绪《昆新两县续修合志》卷49。

王执中

字叔权。宋昆山人。博综经史,声腾庠序。为患血疾,遂改习医,精研《内》《难》二经,搜剔仲景、东垣、节庵异同之旨。宝祐二年(1254)避居宜阳,以一剂起万氏夫人十二年之翻胃,自是振沉疴,决疑滞,名动吴越，活人无算。

针灸资生经7卷　子部医家类

(1) 宋嘉定十三年(1220)徐正卿刻本。

(2) 宋绍定四年(1231)赵纶重刻本。

(3) 元广勤书堂刻本，另有目录2卷，国家图书馆藏。

(4) 明正统十二年(1447)刻本，另有目录2卷，上海图书馆藏。

(5) 日本宽文九年(1669)村上勘兵卫刻本，上海图书馆藏。

(6) 影抄元刻本，见《善本书室藏书志》卷16。

(7)《四库全书》本。

重校东垣先生正脉12卷　子部医家类

明万历八年(1580)姚氏世征堂刻本，上海图书馆藏。

伤寒纲目(一作伤寒纲目益寿全书)　子部医家类　佚

既效方　子部医家类　佚

以上2种见《江苏历代医人志》。

郑　竦

宋昆山人。准侄，端弟。知泰、邵、韶三州，奉祠里居，在马鞍山前筑园以居，中有止足堂。谦和乐易，不与物忤。

五经衍训30卷　经部群经总义类　佚

见光绪《昆新两县续修合志》卷49。

郑忠肃公(兴裔)年谱1卷　史部传记类

宋郑竦编　明郑若曾重编

(1)《郑氏六名家集·郑忠肃公奏议遗集》附本。

(2) 抄本《郑忠肃公奏议遗集》附，清丁丙跋，南京图书馆藏。

奏议10卷　史部政书类　佚

退耕初集10卷二集8卷　集部别集类　佚

以上2种见光绪《昆新两县续修合志》卷49。

刘必成

字景万，一字与谋，晚自号爱闲翁。宋昆山溢浦人，其先福安人。少游国学。嘉熙元年(1237)七士同叩阍极言时事，必成实为之倡。是年为武举解元，明年遂魁天下。淳祐九年(1249)复中锁厅，盖以文武全才自负。历守清、浔，终湖南安抚副使。尝两入阁轮对，皆慷慨言边事，上深褒美，后皆行之。

三分诗稿　集部别集类　佚

见光绪《昆新两县续修合志》卷49。

薛　辛

字将仕，号古愚。宋昆山人。精于医术，尤擅女科，闻名遐迩。因无子嗣，传医术于女婿钱氏，钱复传于女婿郑氏，郑氏遂世以女科名。

女科胎产问答要旨2卷　子部医家类

女科万金方1卷　子部医家类

家传产后歌诀治验录不分卷　子部医家类

抄本，南京中医药大学图书馆藏。

玉峰郑氏女科秘传3卷　子部医家类

昆山平桥抄本，存卷1至卷2，辽宁省中医图书馆藏。

薛氏济阴万金书3卷　子部医家类

宋薛古愚撰　清郑敷政编

(1) 清潘道根、王汾阳抄本。

(2)《中医古籍珍稀抄本精选》本。

按：以上5种详见《中国医籍大辞典》。

郑　紘

宋昆山人。

容安集8卷　集部别集类　佚

见光绪《昆新两县续修合志》卷49。

凌万顷

字叔度，号松臞(一作曜)。宋昆山人，祖籍阳羡，其父入赘昆山颜氏。博学多闻。景定三年(1262)进士，终直学。淳祐中，邑令永嘉项公泽重之，请与边实同纂《玉峰志》，期年而成。邑之有志自兹始。

(淳祐)玉峰志3卷(咸淳)续志1卷　史部地理类

宋凌万顷、边实纂　《续志》边实纂

(1)《宛委别藏》本。

(2)《汇刻太仓旧志五种》本，附清缪朝荃撰《校勘记》。

(3) 清黄氏士礼居抄本，黄丕烈跋，国家图书馆藏。

(4) 清抄本，佚名录清吴翌凤校，云南省图书馆藏。

(5) 清蒋维培求是斋抄本，国家图书馆藏。

(6) 清抄本，潘道根校并跋，南京博物院藏。

(7) 清抄本，佚名校，丁丙跋，南京图书馆藏。

(8) 清抄本，缪荃孙校并跋，吉林大学图书馆藏。

(9) 清抄本，李盛铎校并跋，北京大学图书馆藏。

(10) 清道光二十年(1840)昆山吴以淳抄本，现存台湾。

(11) 清传抄阮福抄本，南通市图书馆藏。

(12) 清抄本，两种，上海图书馆藏。

(13)《续修四库全书》本。

按:此书为最早的昆山地方志，参见《中国古方志考》。

边　实

字宜学。宋昆山人，其先开封人。惇德曾孙，应升子。咸淳六年(1270)已预解额，以写题小误被摈归。曾与凌万顷同纂《玉峰志》，至是乃复辨证前书，以所闻见为《玉峰续志》。

(淳祐)玉峰志3卷(咸淳)续志1卷　史部地理类

宋凌万顷、边实纂　《续志》边实纂

本书版本及按语，见“凌万顷”条。

殷震亨(1248—1332)

字元震，号在山。元崇明人。大德初来昆山，为岳宫开山住持，在岳楼之右，筑室治圃，号在山吟墅，日与骚人墨客觞咏其间，性嗜书，经史外，尤好岐黄术，至顺三年(1332)趺坐长逝，年85。

释感应篇　子部道教类　佚

简验方传　子部医家类　佚

在山吟稿　集部别集类　佚

以上3种见至正《昆山郡志》卷5。

王惟一(？—1326)

自号景阳子。元处州人，从父官华亭，晚居昆山之太仓。初以儒为吏，已而弃去为道士。遇异人授以还丹九转法。晚居樊泾岳祠，泰定三年(1326)，自草遗事及偈，端坐而逝。

了明篇1卷　子部道教类

《道藏》本。

明道篇1卷　子部道教类

《道藏》本。

按：光绪《昆新两县续修合志》卷50作《景阳明道篇》。

道法心传1卷　子部道教类

(1)《道藏》本。

(2)《道藏辑要》本。

金丹枢要　子部道教类　佚

行雷心传　子部道教类　佚

先天易赞　子部道教类　佚

祈祷问举　子部道教类　佚

道法精微　子部道教类　佚

明堂元真经诀 1 卷　子部道教类　佚

明堂经 3 卷　子部道教类　佚

以上 7 种见光绪《昆新两县续修合志》卷 50。

李季高

号蓉月。元昆山人。性慎谨，博览群书，与卫培同以隐德老于林下。郭翼谓二人耆儒硕德，典章老成，表表楷模，师儒之宗。

蓉月集　集部别集类　佚

见嘉靖《昆山县志》卷 11。

卫　培

字宁深。元昆山人。泾曾孙。性端恪，博通经史，熟悉典故。延祐七年(1320)郡府以培充贡，试龙虎榜赋，文不起草，人谓有扬、马才。时虽被黜，识者推之，知州王安贞聘为州学训导，号月山先生。与同邑李季高并以著述称。

过耳集 10 卷　集部别集类　佚

见光绪《昆新两县续修合志》卷 49。

按:《元诗选癸集》丙收有其诗。

朱德润(1294—1365)

字泽民。其先睢阳人，元代居昆山。吉父。延祐六年(1319)荐授翰林应奉。至治元年(1321)以赵孟頫荐官征东儒学提举。英宗崩，南归不复仕。诗师李白，书师王羲之，字画遒劲。画山水学郭熙，在黄公望、倪瓒、吴镇之外，另辟蹊径，笔墨秀健有力，亦善人物。《新元史》有传。

古玉图考 1 卷　史部金石类

《说郛》本。

集古考图 1 卷　史部金石类

明万历间吴兴茅氏刻《欣赏编》本，四川大学图书馆、上海图书馆藏。

亦政堂重修古玉图 2 卷　史部金石类

(1) 清乾隆十八年(1753)黄晟槐荫草堂刻本，国家图书馆藏。

(2)《三古图》本。

宝古堂重考古玉图 2 卷　史部金石类

(1) 明万历三十一年(1603)吴万化泊如斋刻本，宁夏大学图书馆、中山大学图书馆藏。

(2)《得月簃丛书初刻》本。

水银海记 1 卷　子部小说类

明刻《剪灯丛话》本，国家图书馆藏。

存复斋集 10 卷　集部别集类

元刻本，卷首有黄丕烈跋，见罗振常《善本书所见录》卷 4。

存复斋文集 10 卷附录 1 卷　集部别集类

(1) 明成化十一年(1475)项璁刻本，清顾广圻抄配，黄丕烈跋，上海图书馆藏。

(2) 明刊抄配本，有季振宜印，南京图书馆藏。

(3) 清康熙间抄本，宋宾王校并跋，南京图书馆藏。

(4) 清抄本，周叔弢校并跋，国家图书馆藏。

(5) 清抄本，北京大学图书馆藏。

(6) 清抄本，上海图书馆藏。

(7)《四部丛刊续编》本。

(8)《涵芬楼秘笈》第五集本。

(9)《续修四库全书》本。

(10)《四库全书存目丛书》本。

按：参见《四库全书总目》别集类存目 1。

存复斋集 10 卷续集 5 卷　集部别集类

旧抄本，见《艺风堂藏书续记》卷7。

存复斋集5卷　集部别集类

抄明嘉靖刻本，南京图书馆藏。

存复斋集1卷　集部别集类

《元诗选》初集本。

存复斋续集1卷　集部别集类

(1)《元诗选》初集附本。

(2)《涵芬楼秘笈》第七集本。

(3)《续修四库全书》本。

成性斋文集9卷　集部别集类

旧抄本，丁丙跋，南京图书馆藏。

文　质

字学古，号海屋，晚号雁门叟。元昆山人。本甬东人，居娄江之上。学行卓然，词章奇放，好为长吉体。尝与杨维祯挑梅花灯夜行，命赋诗立就，为杨称赏。卒年96。

学古集1卷　集部别集类

《元诗选》三集本。

金至善

字伯明，晚号菊逸老人。元昆山人，居淀湖之阳。老而力学，修德乐施，教导乡里，多所成就。

菊逸集　集部别集类　佚

见钱大昕《补元史艺文志》、光绪《昆新两县续修合志》卷49。

郑公显

元昆山人。忆年五世孙。荫从政郎，潜隐不仕，得岳父钱氏传外家薛将仕医术，施诊济人，遂擅名一时。郑氏累世业医，皆自公显始。

惠民方3卷　子部医家类　佚

见民国《昆新两县续补合志》卷19。

郑文祐

字祐之，号逸庵。元昆山人。公显长子，继祖业，为儒医。

逸庵集9卷　集部别集类　佚

见光绪《昆新两县续修合志》卷49。

卢　观(1298—1362)

字彦达。元昆山人。熊父。观少有秀才，深湛于学。受业汤弥昌、钱重鼎之门。时公卿多欲引荐，力辞，隐居教授终其身。暮年得羸疾，犹手不释卷，凡经史礼乐，百氏之书，下至医卜小说，多细书成帙。卒年65，门人私谥夷孝先生。

易集图　经部易类　佚

诗集说　经部诗经类　佚

草翠轩集(一作草翠轩文稿)　集部别集类　佚

乐府声调集　集部别集类　佚

以上4种见《补元史艺文志》、光绪《昆新两县续修合志》卷49。

余日强(1303—1354)

字伯庄，改字彦庄，晚号渊默叟。原为福建古田人，其父与可为武夷书院山长，迁居昆山。日强笃志于学，周览经史，为文博辨弘雅，追古作者，奉母以孝闻。

尚书补注　经部尚书类　佚

渊默叟集　集部别集类　佚

伯庄文集　集部别集类　佚

以上3种见光绪《昆新两县续修合志》卷49。

瞿 智

一名荣智。字睿夫，一作慧夫。元昆山人。其先嘉定人，父晟迁昆山。敦儒术，明《易》，博学善诗，以书法勾勒兰花尤妙。至正初授青龙镇学教谕，迁镇江路学录，后摄绍兴录判，寻弃去。与弟信并号二瞿先生。

睿夫集 1 卷　集部别集类

《元诗选》三集本。

姚文奂

字子章，自号娄东生。元昆山人。家有书声斋、野航亭，人称姚野航。聪敏好学，博涉经史，兼工诗。与顾瑛、郭翼等相唱和。至正末辟浙东宣慰司令史。虽公事旁午，不废吟咏。把酒论诗，意气豁如。

野航亭稿 1 卷　集部别集类

(1)《元诗选》二集本。

(2) 旧抄本，《元人小集》第 2 册，南京图书馆藏。

文质学古集　集部别集类　佚

见清宣统《太仓州志》卷 25。

盛德瑞(1304—1371)

字祥夫，一作祥父。元江阴人。少孤，始冠，徙昆山。以《周易》教授闾里。至正中聘为州训导，历事 7 年，教绩甚著。

易辨 5 卷　经部易类　佚

见光绪《昆新两县续修合志》卷 50。

郭 翼(1305—1364)

字羲仲，自号东郭生，又号野翁。元昆山人。修学好古，工诗。从卫培学，尤精于《易》。尝献策张士诚，劝其反元，不用，归耕娄上，自称野翁。为文词追古作者，尤与世寡合。老得训导，偃蹇以终。杨维祯为之传，卢熊题其墓曰迂善先生。

雪履斋笔记1卷　子部杂学类

(1)《四库全书》本。

(2)《函海》本。

(3)《娄东杂著》本。

(4) 十万卷楼抄本《林外野言》附。

(5) 清抄本，上海图书馆藏。

林外野言2卷　集部别集类

(1)《四库全书》本。

(2) 清抄本，国家图书馆藏。

(3) 清抄本，上海图书馆藏。

(4) 清乾隆抄本，鲍廷博批校，丁祖荫跋，苏州博物馆藏。

按:《千顷堂书目》卷17作8卷。

林外野言2卷补遗1卷　集部别集类

(1) 旧抄本，见《江苏省立国学图书馆图书总目》卷21。

(2) 十万卷楼抄本(附《雪履斋笔记》1卷)，见上。

(3) 清环碧山房抄本，国家图书馆藏。

(4)《又满楼丛书》本。

按:《元诗选》二集收有其诗。又，《明诗别裁》卷2收其诗1首。

郑　东

字季明，号杲斋。元温州平阳人，寓于昆山。采兄。天分绝人，幼嗜书，明《春秋》。再践场屋不遇，遂弃去。游浙江，肆力于古文，久之，思如泉涌，文益奇峭。欧阳玄欲荐之，会病卒。

联璧集14卷　集部总集类　佚

见光绪《昆新两县续修合志》卷50。

按:《合志》卷34本传云:宋濂尝序其《联璧集》，“评东之文气韵沉雄,采之文规制峻整”,论者以为知言。

郑氏联璧集1卷　集部总集类

元郑东、郑采撰

《元诗选》三集本。

郑　采(1309—1365)

字季亮,号曲全。元温州平阳人,寓居昆山。东弟。工诗。下笔为文皆有矩度,性狷介,刚毅忤物,以坎坷终。

古文30卷　集部别集类　佚

见民国《昆新两县续补合志》卷19,注:学士宋濂序。

郑氏联璧集1卷　集部总集类

元郑东、郑采撰

《元诗选》三集本。

顾德辉(1310—1369)

一名瑛。字仲瑛,别名阿瑛。元昆山人。元臣父。家世素封,轻财结客,豪宕自喜,年30始折节读书,购古书名画、彝鼎秘玩,筑别业于昆山茜泾西,曰“玉山佳处”,晨夕与客置酒赋诗其中。园池亭榭之盛,图史之富,及饩馆声伎,并冠绝一时。年40,即以家产付其子元臣。德辉才情妙丽,工山水花卉翎毛,以诗名。尝举茂才,授会稽教谕,辟行省属官,皆不就。张士诚据吴,欲强以为官,去隐于嘉兴之合溪。母丧归绰溪,士诚再辟之,遂断发庐墓,自号金粟道人。洪武初随其子徙临濠,二年(1369)卒。《明史》《新元史》有传。

昆山续志　史部地理类　佚

见《信义志稿》卷17,注:未刻。

玉山名胜集不分卷　史部地理类

清钱大昕抄本,上海图书馆藏。

玉山名胜集1卷外集1卷　史部地理类

(1) 清抄本,黄廷鉴校并跋,国家图书馆藏。

(2) 清抄本,佚名录临何焯校,上海图书馆藏。

玉山名胜集2卷　史部地理类

明抄本,朱存理校补,顾渚跋,何焯校并跋,国家图书馆藏。

玉山名胜集2卷外集1卷　史部地理类

清抄本,上海图书馆藏。

玉山名胜集4卷　史部地理类

清抄本,国家图书馆藏。

玉山名胜集6卷　史部地理类

(1) 抄本,华东师范大学图书馆藏。

(2) 抄本,上海图书馆藏。

玉山名胜集8卷外集1卷　史部地理类

(1)《四库全书》本。

(2) 旧抄本,南京图书馆藏。

(3) 劳季言精校本,南京图书馆藏。

玉山名胜集26卷外集1卷　史部地理类

清抄本,鲍廷博校,国家图书馆藏。

玉山名胜外集2卷　史部地理类

(1) 清雍正九年(1731)戴范云抄本,国家图书馆藏。

(2) 精抄本,南京图书馆藏。

玉山纪游1卷　史部地理类

元顾瑛等撰　袁华编

(1)《四库全书》本。

(2)《四库全书珍本初集》本。

(3) 清抄本《玉山璞稿》附本,国家图书馆藏。

(4) 精抄本《玉山名胜外集》附本,南京图书馆藏。

玉山璞稿2卷　集部别集类

(1) 清抄本,国家图书馆藏。

(2) 抄本,南京图书馆藏。

(3)《宛委别藏》本。

(4)《读画斋丛书》本。

(5)《丛书集成初编》本。

玉山璞稿 1 卷　集部别集类

(1)《四库全书》本。

(2)《元诗选初集》本。

(3) 清抄本,国家图书馆藏。

(4) 清抄本,黄廷鉴跋(与《玉山纪游》合一册),国家图书馆藏。

(5) 清抄本,上海图书馆藏。

玉山璞稿 20 卷　集部别集类　佚

见《千顷堂书目》卷 29,校云:见殷奎所作《墓志》,今存者 2 卷而已。

玉山草堂集 2 卷集外诗 1 卷　集部别集类

明崇祯间虞山毛氏汲古阁刻《元人十种诗》本。

玉山草堂集 8 卷　集部别集类

明崇祯元年(1628)刻本,上海图书馆藏。

按:并见光绪《昆新两县续修合志》卷 49。

金粟道人逸诗 4 卷　集部别集类

清鲍廷博辑

稿本,国家图书馆藏。

玉山逸稿 4 卷附录 1 卷　集部别集类

清鲍廷博辑

抄本,南京图书馆藏。

玉山逸稿 4 卷续补 1 卷附录 1 卷　集部别集类

(1)《读画斋丛书》本。

(2)《丛书集成初编》本。

金粟道人诗集　集部别集类

民国间吴东彭治辑录《昆山丛书》抄本，国家图书馆藏。

玉山草堂雅集13卷　集部总集类

(1) 明末抄本，李文田跋，国家图书馆藏。

(2) 旧抄本，南京图书馆藏。

(3) 清抄本，翁同龢摹金粟道人小像并跋，孙衣言跋，国家图书馆藏。

(4) 清抄本，瞿熙邦校并跋，国家图书馆藏。

(5) 清初抄本，国家图书馆藏。

(6) 清赵氏小山堂抄本，国家图书馆藏。

(7) 清抄本，上海图书馆藏。

(8)《四库全书》本。

草堂雅集13卷后4卷　集部总集类

(1) 清抄本，鲍廷博抄补并校，国家图书馆藏。

(2) 清抄本，国家图书馆藏。

(3)《玉海堂影宋元丛书》本。

草堂雅集16卷　集部总集类

(1) 清抄本，徐渭仁跋，国家图书馆藏。

(2) 清抄本，宋宾王校并跋，国家图书馆藏。

(3) 清抄本，佚名录临何焯校，上海图书馆藏。

(4) 1935年武进陶氏影刻本，北京大学图书馆藏。

玉山草堂雅集　集部总集类

民国间吴东彭治辑录《昆山丛书》抄本，国家图书馆藏。

按：此杂录有关文献，与传世之玉山草堂雅集文献多有不同。

玉山倡和2卷遗什2卷　集部总集类

(1) 影抄本，南京图书馆藏。

(2) 清经钼堂抄本，国家图书馆藏。

玉山倡和1卷遗什1卷附录1卷　集部总集类

(1) 清经钼堂抄本，国家图书馆藏。

（2）清抄本，国家图书馆藏。

玉山饯别燕赠诗1卷　集部总集类　佚

见光绪《昆新两县续修合志》卷49。

制曲十六观1卷　集部诗文评类

（1）《学海类编》本。

（2）《丛书集成初编》本。

马　麐

字公振，一字国瑞。元末昆山东沧人。幼酷志读书，善文工诗。后避兵松江之南，筑室凿池，有田园花木之胜，屏绝世虑，日诵经史，与世泊如也。杨维祯器之，称忘年友。

醉渔集　集部别集类　佚

草堂集　集部别集类　佚

以上2种见《千顷堂书目》卷7。

淞南渔唱集　集部别集类　佚

见光绪《昆新两县续修合志》卷49。

公振集1卷　集部别集类

《元诗选》三集辛集本。

按：《列朝诗集》甲集收其诗、《明诗综》卷17收其诗1首。《娄东诗派》卷1收其诗2首。

顾　坚

自号风月散人。元末昆山人。居邑之千墩山以习南词。与当时文人杨维祯、顾德辉、倪瓒等相友善。明魏良辅《南词引正》云：坚“善发南曲之奥，故国初有昆山腔之称”。被认为昆山腔之创始人。

陶真野集10卷　集部别集类　佚

风月散人乐府8卷　集部词曲类　佚

以上2种见《明清江苏文人年表》引《南词引正》。

按：关于顾坚生平，详吴新雷《关于明代魏良辅的曲论〈南词引正〉》（载《河北师院学报》1993年第1期）。

陆 仁

字良贵，自号樵雪生、乾乾居士。元末明初河南人，寓居昆山。为水军都万户幕僚。为人沉静简默，明经好古文。其诗清隽奇伟，为时称道，与郭翼、吕诚相唱和。工书法，欧楷章草，皆洒然可观。

乾乾居士集1卷　集部别集类

《元诗选》三集本。

杨 谌

字履祥，自号东溪老人。元浦城人，明初徙太仓，为昆山州学训导。与秦约、袁华为友。博学有才行，不慕声华，专工著述。

宋著龟录　史部杂史类　佚

按：《千顷堂书目》卷5入别史类。

帝王图辨　史部传记类　佚

素王道史　史部传记类　佚

姓氏通辨　史部传记类　佚

以上4种见杨维祯《昆山郡志》序、光绪《昆新两县续修合志》卷49。

（至正）昆山郡志6卷　史部地理类

元孛罗帖木尔修　杨谌纂

(1) 元至正元年(1341)修，清抄本，佚名录钱大昕跋，国家图书馆藏。

(2) 清嘉庆七年(1802)邹鸣皋抄本，黄丕烈跋，国家图书馆藏。

(3)《宛委别藏》本。

(4)《清锄月种梅室抄本》，无锡市图书馆藏。

(5) 清咸丰元年(1851)嘉定钱氏刻本。

(6) 清光绪二十八年(1902)缪氏东仓书库刻本。

(7)《观自得斋丛书》本。

(8)《汇刻太仓旧志五种》本。

(9)《续修四库全书》本。

按:杨维祯《序》作 22 卷,今止 6 卷,首尾已完具。参见《中国古方志考》《江苏旧方志提要》。

吴地广记 50 卷　史部地理类　佚

见清乾隆《苏州府志》。

按:《中国古方志考》引此条,谓"盖即《昆山郡志》之误"。

明

吕　诚

一名肃，字敬夫。明昆山人。得茂子。博通经史，精楷法，尤工吟咏。诗格清丽，与同里郭翼、陆仁等相唱和。邑令屡聘为训导不就，卒老于乡。杨维祯盛赞其诗，时与袁华齐名，而慎密过之。所居园林尝蓄一鹤，有一鹤自来为侣，遂构亭，名曰来鹤。洪武二十六年(1393)犹在世。

来鹤亭诗 8 卷补遗 1 卷　集部别集类

《四库全书》本。

按:《四库全书总目》别集类 21 云:诗中有洪武癸酉纪年。计其时诚已耄矣。

来鹤亭集 9 卷　集部别集类

(1) 清抄本(四库底本),国家图书馆藏。

(2)《枕碧楼丛书》本,有《校语》1 卷。

来鹤集 4 卷　集部别集类

清抄本,上海图书馆藏。

来鹤草堂稿不分卷　集部别集类

清抄本,福建师范大学图书馆藏。

来鹤草堂稿 6 种　集部别集类

清抄本,何焯等跋,福建师范大学图书馆藏。

来鹤草堂稿 1 卷既白轩稿 1 卷竹洲稿 1 卷归田稿 1 卷来鹤亭倡和稿 1 卷　集部别集类

(1) 清抄本,黄丕烈校并跋,国家图书馆藏。

（2）清抄本，国家图书馆藏。

（3）《元诗选》三集本，无《来鹤亭倡和稿》。

按：光绪《昆新两县续修合志》卷49作《吕敬夫集》6卷，多《番禺集》，并云有至正七年杨维祯序。

吕敬夫诗4卷来鹤亭倡和1卷　集部别集类

（1）明抄本，清何焯批校并跋，国家图书馆藏。

（2）旧抄本，作5卷，南京图书馆藏。

（3）清董氏味无味斋抄本，南京图书馆藏。

吕敬夫集2卷　集部别集类

十万卷楼抄本，南京图书馆藏。

吕敬夫集3卷来鹤亭倡和诗1卷　集部别集类

清抄本，国家图书馆藏。

吕敬夫诗集不分卷　集部别集类

清抄本，湖北省图书馆藏。

番禺稿　集部别集类　佚

见《明清江苏文人年表》引《寒瘦山房鬻存善本书目》云：洪武四年吕诚自广东谪所放回，辑此期诗为《番禺稿》。

乐志园诗集8卷补遗1卷　集部别集类

（1）清抄本，鲍廷博校并跋，南京图书馆藏。

（2）清抄本，吴骞校，黄丕烈校并跋，朱昌燕跋并题诗，国家图书馆藏。

按：《千顷堂书目》卷29“杭补”：吕肃有《来鹤亭集》《既白轩稿》《番禺稿》《竹洲归田稿》。又，《明诗综》卷16收其诗2首。

袁　华(1316—1382?)

字子英。明昆山人。少颖悟不群。工诗，尤长乐府，兼善书画品题。与顾瑛（德辉）友善。杨维祯序其诗曰：“吾铁门称能诗者，南北凡百余人，求如山阴张宪及华辈者不能十人。”洪武初为苏州府训导，后以子生申为县吏，坐累被逮，死于京师。《明史·赵德胜传》附。

玉山纪游1卷　史部地理类

元顾瑛等撰　明袁华辑

(1) 清抄本，丁申、丁丙跋，南京图书馆藏。

(2) 精抄本，《玉山名胜外集》后附，南京图书馆藏。

(3)《四库全书》本。

(4)《四库全书珍本初集》本。

耕学斋诗集12卷　集部别集类

(1) 明抄本，清黄丕烈跋，国家图书馆藏。

(2) 清桐乡金氏文瑞楼抄本，上海图书馆藏。

(3) 民国庐江刘氏远碧楼抄本，上海图书馆藏。

(4)《四库全书》本。

(5)《四库明人文集丛刊》本。

耕学斋诗集10卷　集部别集类

(1) 清抄本，南京图书馆藏。

(2) 清抄本，北京大学图书馆藏。

可传集1卷　集部别集类

明袁华撰　其师杨维祯删定

(1) 清抄本，国家图书馆藏。

(2)《四库全书》本。

(3)《四库全书珍本初集》本。

(4)《四库明人文集丛刊》本。

郁　震

字鼎文。明昆山人。继善子。世业医，读书尚气节。初以名医召入京师，复以才武从偏师经略西域，出玉门关，逾葱子岭，以至土火罗及五印度，则偕土著徇海从西南夷与舟师会。如是者三，皆得其要领，而诸国遂义属为外臣，以功授苏州府医学正科，赐三品服，致仕，徜徉诗酒，年81而终。弟性，字鼎志，亦以医名，任常熟医学训科者30余年。

医学纂要集　子部医家类　佚

《江苏历代医人志》引《中国医籍考》。

郑子华(1323—1403)

字彦实。明昆山人。文祐子。博涉经史，潜修养晦。平江路总管高履曾辟为文学书院山长，力辞不就。洪武初，荐举潜德，终不愿仕。以乐志名亭，积书数千卷，手自校阅。卒年81，葬马鞍山西麓。

乐志亭集5卷　集部别集类　佚

见光绪《昆新两县续修合志》卷49。

殷　奎(1331—1376)

字孝伯，一字孝章，号强斋。明昆山人。受业于盛德瑞，学《春秋》于杨维祯。刻意学古，学行纯正，勤于纂述。洪武四年(1371)，以荐赴京师，试高等，官咸阳教谕。七年解职。九年念母致疾，卒于任所。门人私谥文懿先生。

家祭仪　史部政书类

《合志》卷49谓收入《强斋集》。

昆山志8卷　史部地理类　佚

苏州志　史部地理类　佚

兖州志　史部地理类　佚

按：同时人卢熊撰有《苏州府志》《兖州府志》，此二书或为误载。

咸阳志　史部地理类

关中名胜集　史部地理类

关陕图经(一作陕西图经)　史部地理类

道学统绪图1卷　子部儒学类

渭城寤语　子部儒学类

法宝志1卷　子部佛教类

支离稿　集部别集类

娄曲丛稿　集部别集类

以上8种《合志》卷49谓门人余熑收入《强斋集》。

以上12种见光绪《昆新两县续修合志》卷49。

殷强斋先生文集(或作强斋集、强哉先生集)10卷　集部别集类

明殷奎撰　余熑编

(1) 明洪武十五年余熑刻本,陈振祖序,国家图书馆藏。

(2) 明正统十三年(1448)刻本,南京图书馆藏。

(3) 明抄本,日本静嘉堂文库藏。

(4)《四库全书》本。

(5)《四库明人文集丛刊》本。

按:《明诗综》卷15收其诗1首。

卢　熊(1331—1380)

字公武。明昆山人。观子,熙兄。元季授吴县教谕,张士诚据吴辟为掾,明洪武八年(1375)以故官起,除工部照磨。以善书擢中书舍人,十年,迁兖州知府。时兵革甫定,大役并兴,能尽心调度,民以不扰。十三年,坐累下狱死。熊少从杨维祯学,博学工文词,尤精篆籀。《明史》有传。

说文字原章句　经部小学类　佚

见光绪《昆新两县续修合志》卷49。

孔颜世系谱2卷　史部传记类　佚

见《明史·艺文志》。

吴中氏族志1卷　史部传记类　佚

兖州府志　史部地理类　佚

以上2种见光绪《昆新两县续修合志》卷49。

(洪武)苏州府志50卷图1卷　史部地理类

(1) 明洪武十二年刻本,毛氏汲古阁补抄,黄丕烈校,国家图书馆藏。

(2) 明洪武十二年刻本，过云楼旧藏，凤凰出版传媒集团藏。

(3) 旧抄本，上海图书馆藏。

(4) 清乾隆间抄本，辽宁省图书馆藏。

(5) 清抄本，王欣夫跋，苏州博物馆藏。

(6) 台湾成文出版社影印本。

按：此书初名《吴郡广记》，《千顷堂书目》卷六著录，《明史·艺文志》误为《吴邦广记》。详见宋濂《吴郡广记序》，载于《宋学士文集》中。

鹿门隐书（一作鹿城隐书） 集部别集类 佚

蓬蜗集（一作蓬蜗录） 集部别集类 佚

幽忧集 集部别集类 佚

石门集 集部别集类 佚

清溪集 集部别集类 佚

以上5种见光绪《昆新两县续修合志》卷49。

按：《明诗综》卷14收其诗1首。

王 履（1332—1391）

字安道，号奋翁，又号畸叟，别号溯洄老人。明昆山人。博通群籍，教书乡里。学医于义乌朱震亨，尽得其术。明初为秦府良医，著作颇丰，能贯穿会通，洞见本源，医家宗之。工诗文，善绘事，师法夏圭，主张不限古人成法，须自出意匠。尝游华山，绘图四十，奇秀绝伦，各题纪游诗其上。《明史》有传。

医经溯洄集（一作溯洄集）1卷 子部医家类

(1) 明初刻本，南京图书馆、上海图书馆藏。

(2) 日本贞亨五年（1688）养志堂刻本，林恒斋标注，中国中医科学院图书馆藏。

(3) 清光绪七年（1881）广州云林阁刻本，上海图书馆藏。

(4) 清光绪三十四年上海章福记书局石印本，苏州大学图书馆藏。

(5) 明刊本《古今医统正脉全书》本，辽宁省图书馆、上海图书馆藏。

（6）清光绪刊本《古今医统正脉全书》本，上海图书馆藏。

（7）日本刻本，吉林大学白求恩医学部图书馆藏。

（8）吴佩芳抄本，中国中医科学院图书馆藏。

（9）《东垣十书》本。

（10）《丛书集成初编》本。

医经溯洄集 2 卷　子部医家类

《四库全书》本。

按：此书为医学论文集，共 21 篇，对中医理论，多有阐发。

伤寒立法考　子部医家类　佚

标题原病式 1 卷　子部医家类　佚

百病钩玄（一作百疾钩玄）20 卷　子部医家类　佚

医统（一作医韵统）100 卷　子部医家类　佚

以上 4 种见光绪《昆新两县续修合志》卷 49。

华山图册　子部艺术类

明王履画　张一协助

纸本，故宫博物院、上海博物院藏。

按：王履《华山图册》为纸本，墨笔或设色，图页 40 幅，另有自作记、跋、诗叙、图叙共 66 幅，合成一册。故宫藏图页 29 幅，余藏上海博物馆。每幅一景，每景均有精妙的描绘。另，《铁网珊瑚》云洪武十六年（1383）王履登华山，在张一帮助下作图 40，另作记 4，作诗 150。

游华诗　集部别集类　佚

见光绪《昆新两县续修合志》卷 49。

易　恒

字久成。明昆山人，祖籍庐陵。伟子。性简淡。洪武中尝应荐至京师，以老辞归。卜居淞南大泗瀼，家贫不给，处之泰然。辟地数百弓，引泉艺花竹，名曰泗园。自号泗园叟，兴至辄吟啸自适。

陶情稿（一作陶情集）6 卷　集部别集类

(1) 明永乐刻本,明陆嘉绩、清盛昱跋,南京图书馆藏。

(2) 清道光十三年(1833)影刻本,北京大学图书馆藏。

(3) 清初抄本,国家图书馆藏。

(4) 清抄本,国家图书馆藏。

(5) 影抄本,南京图书馆藏。

(6)《四库未收书辑刊》本。

朱 珪

字伯盛,自号静寄居士。明昆山人。笃学好古,从钱塘吴睿学书,凡三代以来金石刻靡不规仿,篆画摹刻为吴中绝艺。凡朝廷制诰、词命与公卿大夫家志铭碑版,一时多出其手。清修寡欲,读书 10 年不下楼,年 50 不娶,翛然有出尘之趣。

名迹录 6 卷附录 1 卷　史部金石类

(1)《四库全书》本。

(2) 清抄本,缪荃孙校,国家图书馆藏。

(3) 清抄本,佚名校,北京师范大学图书馆藏。

(4) 清抄本,蔡更年跋,天津市图书馆藏。

(5) 徐虹亭抄本,南京图书馆藏。

(6) 抄本,清吴县顾辑庭题识,上海图书馆藏。

(7) 江都秦氏抄本,2 卷,上海图书馆藏。

按:明洪武九年(1376)珪裒集生平所刻碑文编为此书。参见《四库全书总目》目录类。

印文集考　史部金石考　佚

按:元至正十九年(1359)珪取宋王顺伯、元吾丘衍、赵孟頫诸家印并吴睿所书及自制印篆,纂为此书。

字原表目　史部金石类　佚

按:珪摹吴睿所书《说文》为此书。

以上 2 种见光绪《昆新两县续修合志》卷 33 本传。

沈　真

一作贞，字士怡。明昆山人，自浙迁吴。方父。所操简澹，不事华饰，精于医，志在济人，未尝嗜利。鉴于伤寒难治，因以张仲景《伤寒论》为主，间取李浩《或问》、郭雍《补亡》，由汉以下，凡论伤寒者，裒集成《伤寒会通》，能补仲景所未备。

伤寒会通　子部医家类　佚

见光绪《昆新两县续修合志》卷49。

王　彝(？—1374)

字常宗，自号妫蜼子。其先蜀人，本姓陈。父仕元，官昆山州教授，遂居留于昆。彝从金履祥弟子王贞文受业，为文精严缜密，明畅英发，不为谀词以逐时好。洪武初与修《元史》，赐金币遣返。又荐入翰林，以母老辞归。后与高启俱坐魏观事被杀。《明史》赵埙传附。

三近斋稿(一作妫蜼子)4卷　集部别集类　佚

见光绪《昆新两县续修合志》卷50。

王常宗集4卷补遗1卷续补遗1卷　集部别集类

(1)《四库全书》本。

(2) 旧抄本，见《滂喜斋藏书记》卷3。

(3) 抄本，清张蓉镜跋，上海图书馆藏。

王徵士集4卷附录1卷　集部别集类

明王彝撰　明都穆辑　清陆廷粲重校辑

清康熙三十九年(1700)陆廷粲刻本，复旦大学图书馆、国家图书馆藏。

张　一

明昆山人。为著名画家王履僮仆。颇慧闻，王履有登山之谋，力劝行，及入山方体会到王履爱画之癖。

华山图册　子部艺术类

明王履画　张一协助

纸本，故宫博物院、上海博物院藏。详见“王履”条。

偶　桓(1339—1420)

字武孟，号海翁。明昆山人，家于桃源泾，筑室曰江雨轩。洪武二十四年(1391)应秀才，举为福建崇安从事，授桂林河泊大使，终荆门州吏目。永乐六年(1408)还居金陵，放情觞咏，久之乃还。十八年卒，年82。喜吟咏，尝贽其诗谒杨维祯、倪瓒，瓒亟称之。书法大雅不群，墨林称之。

江雨轩集20卷　集部别集类　佚

按：明清《江苏文人年表》作《醉吟轩稿》8卷。

醉吟录3集　集部别集类　佚

以上2种见《千顷堂书目》卷18。

凤台吟啸集　集部别集类　佚

见光绪《昆新两县续修合志》卷49。

乾坤清气集15卷　集部总集类

明偶桓辑

(1) 清康熙抄本，见《藏园订补郘亭知见传本书目》卷16上。

(2) 清抄本，国家图书馆藏。

(3) 抄本，北京大学图书馆藏。

乾坤清气集14卷目录1卷　集部总集类

(1) 清道光四年(1824)刘氏味经书屋抄本，清刘喜海跋并题诗，国家图书馆藏。

(2) 清抄本，鲍廷博校。

(3) 清抄本，上海图书馆藏。

(4) 旧抄本，南京图书馆藏。

(5) 民国间安次马氏抄本，国家图书馆藏。

(6)《四库全书》本。

(7)《宋元人诗集三十八种》本。

林　钟

字仲镛,号松谷道人。世居华亭,洪武二十二年(1389)辟为昆山儒学训导,因家焉。后升湖广慈利知县。永乐初任吏部考功郎,拜山东布政使参政,修葺孔庙,择孔氏子弟,授以经史。后以事罢,卒于官。

松谷集　集部别集类　佚

见《千顷堂书目》卷 18、光绪《昆新两县续修合志》卷 49。

朱　吉(1342—1422)

字季宁,原名逢吉,太祖改单名。其先睢阳人,避乱居吴。德润子,希周高祖。幼年丧母,值元季兵乱,奉父周旋患难。张士诚据吴,游士多苟从之,唯吉不从。昆山州判徐石麟妻以女,因自郡迁昆山。洪武二十五年(1392),以能书荐入中书,首疏请宽胡、蓝党禁,以安反侧。又二年擢户科给事中,寻改中书舍人,迁翰林院文翰馆侍书,供奉内廷 10 年。擢湖广肃政按察司佥事。成祖登极,复召入中书,奉敕改题高庙神主。告归,箧中唯法书名画,遇故人负租抵罪,即售以偿之。其学以圣贤为师,谨言慎行,处己待人,表里如一。

三畏斋集 2 卷　集部别集类

(1) 清抄本,复旦大学图书馆藏。

(2)《四库全书存目丛书》本。

按:《四库全书总目》别集类存目 2 著录此书凡 4 卷,其中诗 2 卷、杂文 2 卷。据其后序,当时尝刊行,印本久佚,四库所见乃汪启淑藏抄本。今本仅存 2 卷。

五斋集诗纂　集部总集类　佚

见光绪《昆新两县续修合志》卷 49。

史　谨

字公敏，一作公谨，号吴门野樵。明昆山人，侨居金陵。早从倪瓒、高启游。洪武初以事谪居云南，三十一年(1398)以翰林学士王景荐授应天府推官，左迁湘阴丞。寻罢。性高洁，耽吟咏，工绘事。画得倪瓒法，长于寒林雪景，疏旷有致。构独醉亭，卖药自给，以诗画终其身。卒年70余。

独醉亭集3卷　集部别集类

(1)《四库全书》本。

(2)《四库全书珍本初集》本。

(3)《四库明人文集丛刊》本。

按:《明诗综》卷17收其诗1首。

陈　则

字文度。明昆山人。家贫力学，授徒为生。诗文清丽，与高启、徐贲、张羽、杨基辈唱和，为北郭十友之一。尝赋紫菊，一时传诵，人呼陈紫菊。洪武六年(1373)以秀才举，任应天府治中，进户部侍郎，调大同府同知，迁知府。《明史》有传。

紫菊翁集　集部别集类　佚

见光绪《昆新两县续修合志》卷49。

按:《列朝诗集》甲前集收有其诗，《明诗综》卷11收其诗1首。

余　熂(？—1385)

字茂本。明昆山人。少从殷奎、陈潜夫学，得《春秋》之传。洪武十年(1377)以明经试入太学，授承敕郎。十五年进通政司参议，转奉议大夫，试左通政。十七年拜吏部尚书。次年，学录金文徵畏祭酒宋讷严，诬讷罪，嗾熂移文令致仕。为上察觉，与文徵并赐死。熂为人长者，生平未尝谮毁人，为人所误，闻者伤之。

殷强斋先生文集(或作强斋集、强哉先生集)10卷　集部别集类

明殷奎撰,余熂编。详见“殷奎”条。

范从文

字复之。明昆山人。之柔六世孙。洪武初以国子生举使称旨,擢监察御史,改户部主事。为同官所陷,谪戍庄浪、金齿,徙广南。永乐初,起为金华训导,历东安、金乡三学。致仕归,复墓、建祠,修范氏宗谱,卒年87。

小学章诂　经部小学类　佚

宗牒补遗　史部传记类　佚

复斋集　集部别集类　佚

以上3种见光绪《昆新两县续修合志》卷49。

沈　丙

字南叔。明昆山人。余庆父。洪武时以才荐庆元知县,曾筑北山草堂以居。后以子余庆赠礼部主事。

白云集　集部别集类　佚

见光绪《昆新两县续修合志》卷49。

吕　昭

字克明。明昆山人。旦父。嗜学敦行,性廉介。永乐中授徐州训导,升沁州知州。子旦,永乐四年(1406)举进士,昭遗书诫之曰:“进士美官,然不能廉,终非吾子。”

吕文州文集　集部别集类　佚

见光绪《昆新两县续修合志》卷49。

朱永安

字士常,后以字行。明昆山人,一说长洲人。定安弟。博学工诗,

为文主性理。善真草书，得晋人笔意。好书籍，购蓄甚富，暇则焚香鼓琴而已。

尚志斋稿　集部别集类　佚

见光绪《昆新两县续修合志》卷49。

许　谌

字元孚，号娄愚。明昆山人。其先銮江人，南宋徙昆山。少从王履游，博通儒书，深造医道。传其学于婿陶浩，能起奇疾。

野情集　集部别集类　佚

见光绪《昆新两县续修合志》卷49。

文　琇(1345—1418)

俗姓李。号南石。明昆山人。出家淞南绍隆庵，谒行中至仁禅师得法，为南岳二十世。洪武间住郡之普门，迁灵岩之万寿。永乐初，召预纂《永乐大典》，书成，七年(1409)敕住杭州之径山，越四载退归苏之北山松院。十六年示寂，世寿74。

增集续传灯录6卷　子部佛教类

《续藏经》本。

按:《千顷堂书目》卷16作"伯莹，字文琇，号南石"。

五灯会元补遗1卷　子部佛教类

《续藏经》本。

南石和尚语录4卷　子部佛教类

门人宗谧、妙门等编

《续藏经》本。

四会录　子部佛教类　佚

见光绪《昆新两县续修合志》卷50。

卢充耜(1360—1402)

字次农,号竹泉。明昆山人。观孙,熙子。传其家学,制行尤笃。工诗文,书法颜、柳,兼精篆隶。以能书荐至京师,将授官,闻世父熊死非罪,即抱骸骨归,隐居山林。卒年43。

可传集　集部别集类　佚

见《明人传记资料索引》。

按:《娄东诗派》卷1收其诗1首。

陶　浩

字巨源。明昆山人。许谌赘婿。少业儒,寄读于许谌家。谌为名医,浩传其业,能起奇疾,远近闻名。性素清俭,有声士林。

药案　子部医家类　佚

见《江苏历代医人志》引《昆山县志》。

范　能

字仲能。明昆山人。少从毗陵谢应芳游,精医善吟,尤工书法。永乐十五年(1417)诏修县志,与盛颐等编纂成书,上之。被征至郡,以母老辞归。日以诗酒自娱,不入城市。卒年80余。

昆山志8卷　史部地理类　佚

明范能、盛颐纂修

淞南集　集部别集类　佚

南溪草堂集　集部别集类　佚

按:此书当为能门人孙俊撰,详见《皇明昆山人物传》卷一,作"溪南集"并云有叶文庄(盛)序。

以上3种见光绪《昆新两县续修合志》卷49。

王　资

字之深。明昆山人。庭从父。洪武初自金华徙居昆山甲子里。性凝重，才学人品为时所重。通《易》。永乐二十一年(1423)领乡荐。宣德间，以乙榜授浙江武康训导，升翰林院孔目，以荐授检讨。读书励行，勤于政事。

瑞菊堂集　集部别集类　佚

易斋集　集部别集类　佚

以上2种见光绪《昆新两县续修合志》卷49。

陈　皞(1381—1455)

字孟东，号安止。明昆山人，祖籍奉化。少孤贫，习法律算数。永乐初，邑宰芮翀选为吏。常以夜学《春秋》于林钟，学《诗》于偶桓。久之，悉能领会群经要旨。入都从丰城侯平交趾，以年劳授会稽知县，有政绩，改知淳安。及归，不能自给，处之怡然。卒年75。

安止斋稿　集部别集类　佚

见光绪《昆新两县续修合志》卷49。

郑　壬(1382—1448)

字有林，号双松。明昆山人。庚弟，文康父。谨言笑，不喜闻人过，或以相告，辄默然正容待之。事母至孝，兄庚亡无后，事寡嫂如母。读书务探义理，尤喜谈史，于历代世次年月，人物姓氏，历历指陈不遗。诗宗少陵，学行表于乡，人称双松先生。郑氏世传医学，壬亦以医术鸣吴下，永乐十二年(1414)，以儒医荐征南京太医院医士，洪熙元年(1425)诏入北京太医院，赐三品服俸，宣德初以老告归。妻卢氏，亦善医。

杜诗集注8卷　集部别集类　佚

唐杜甫撰　明郑壬注

双松草堂集10卷　集部别集类　佚

以上2种见光绪《昆新两县续修合志》卷49。

龚　诩(1382—1469)

一名翊，字大章，号钝庵。明昆山人。詧子。年17为金川门卒。燕王兵至，恸哭去之，隐居教授。正统四年(1439)巡抚周忱欲荐为松江、太仓学官，皆不就。成化五年(1469)卒，年88，门人私谥安节先生。《明史·牛景先传》附。

钝庵事宜　子部杂学类　佚

见《信义志稿》卷17。

野古集3卷附录1卷　集部别集类

(1) 明崇祯八年(1635)八世从孙龚挺刻本，上海图书馆藏。

(2) 清康熙十八年(1679)龚氏补刻本，国家图书馆藏。

(3) 清光绪二十八年(1902)新阳赵氏刻本，北京师范大学图书馆藏。

(4) 蓝格抄本，南京图书馆藏。

(5)《四库全书》本。

(6)《四库明人文集丛刊》本。

(7)《对树书屋丛刻》本。

(8)《丛书集成续编》本。

野古集5卷　集部别集类

清道光元年(1821)贻安堂刻本，后附诩族侄绂编《龚安节先生年谱》1卷，上海图书馆藏。

龚安节先生遗文1卷　集部别集类

《又满楼丛书》本。

按:《明诗综》卷18收诩诗2首。

丁　晋

字仲敏。明昆山人。洪武中谪戍庄浪，永乐中选为肃府校尉。能诗。与吴江邹奕、吴县沈绎为唱和友，诗文甚多。居兰州日久，与绎及钱塘杨志善，俱以齿德见重，称“金城（指兰州）三老”。

樵云集　集部别集类　佚

见《千顷堂书目》卷18、光绪《昆新两县续修合志》卷49。

卢　儒

字为己，号重斋。明昆山人。充耨子。学问赅博，善笔札，文师韩、柳，书法欧、颜。自负甚高，或请其文稿，辄捧腹曰：“彼中有笥，卒难相尽。”天顺初以荐授中书舍人。尝在翰林，上命撰《雪赋》甚急，援笔立就，上深器之。叶盛《水东日记》卷五记其遗事。

重斋先生文集10卷　集部别集类

抄本，见《振绮堂书录》。

按：光绪《昆新两县续修合志》卷49作《重斋稿》。又《明诗综》卷27收其诗2首。

夏　昶(1388—1470)

榜姓朱，名昶，字仲昭，号自在居士，又号玉峰。明昆山人。昺弟。永乐十三年(1415)进士。官太常寺卿，入直内阁。诗文书法皆臻妙境，画竹石师王绂，与上元张益齐名。永乐中与兄昺同为中书舍人，时称大小中书。为政不事虚誉，诗词清丽，与墨竹擅绝一时，朝鲜、日本诸国皆悬金购之。《明史》有传。

隋书85卷　史部正史类

明景泰元年(1450)夏昶刻本，天一阁藏。见《增订四库简明目录标注》。

淇澳清风图卷　子部艺术类

明夏昶等绘

《中国传世书画经典百部·绘画编》本。

名人写竹　子部艺术类

明夏昶等绘

1930 年商务印书馆影印本,国家图书馆藏。

智光塔铭　子部艺术类

明杨荣撰　夏昶正书　程南云篆额

宣德十年(1435)原碑,国家图书馆藏拓片。

正统元年进士题名碑　子部艺术类

明王直撰　夏昶正书并篆额

正统二年(1437)原碑,国家图书馆藏拓片。

法华寺碑　子部艺术类

明杨溥撰　夏昶正书　程南云篆额

正统二年原碑,国家图书馆藏拓片。

崇化寺碑　子部艺术类

明杨溥撰　夏昶正书　程南云篆额

正统二年原碑,国家图书馆藏拓片。

居易稿　集部别集类　佚

见光绪《昆新两县续修合志》卷 49。

费　信(1388—?)

字公晓,一作公晚。明昆山人。永乐间郑和航海使西洋,选文士随行纪事,以备上览,信首预选。船由东海出发,历广闽诸岛,凡 40 余邦,计程 8 万,自永乐七年(1409)至宣德八年(1433),岁逾二纪。信每莅番城,辄伏几濡毫,叙缀篇章,标其山川、物候、风习,诸光怪奇诡之事,以备采纳,题曰《星槎胜览》。邑人周复俊为删析,附《玉峰诗纂》行世。

天心纪行录 1 卷　史部地理类　佚

见光绪《昆新两县续修合志》卷 49,注:“永乐中从郑和使西所纪。”又,《千顷堂书目》卷 8 卢校云:“《明史》作一卷,《明史・艺文志》作二卷。”

星槎胜览 4 卷　史部地理类

(1) 明嘉靖二十三年(1544)陆楫刻《古今说海》本。

(2) 清道光间邵松年刻本。

(3)《借月山房汇钞》本。

(4)《泽古斋重钞》本。

(5)《学海类编》本。

(6)《逊敏堂丛书》本。

(7)《续修四库全书》本。

星槎胜览 1 卷　史部地理类

(1)《历代小史》本。

(2)《纪录汇编》本。

(3)《景印元明善本丛书十种》(历代小史、纪录汇编)本。

(4)《格致丛书》本。

星槎胜览前集 1 卷后集 1 卷　史部地理类

(1)《六经堪丛书初集》本。

(2)《国朝典故六十种一百十卷》本。

按:正统元年(1436)信自编《星槎胜览》前后集。

星槎胜览 2 卷　史部地理类

《国朝典故六十种一百二十卷》本。

新刻星槎胜览 1 卷　史部地理类

《百家名书一百种二百二十三卷》本。

星槎胜览校注　史部地理类

明费信撰　今人冯承钧校注

1954 年中华书局排印本。

郑　庚

字叔巽。明昆山人。壬兄。永乐三年(1405)举人,官安仁教谕。精儒术。

周易纂义 10 卷　经部易类　佚

诗文集 8 卷　集部别集类　佚

以上 2 种见光绪《昆新两县续修合志》卷 49。

葛　哲(1389—1461)

字明仲。明昆山人。世业儒,尤精医药。永乐间入太医院。宣德初授荆府良医,所著有《保婴集》,上之朝,宣宗亲览,赐宴奖劳,仕为迪功郎。其弟睿,字季真,亦善医,起为本县医学训科,时称“二葛”。

保婴集 4 卷　子部医家集　佚

见《千顷堂书目》卷 14、光绪《昆新两县续修合志》卷 49。

蒋　明

字奎章。明昆山人。少孤力学,举永乐二十一年(1423)乡试,授湖南慈利教谕。方严廉谨,以道自高。曾考订今昔,作《昆山志》若干卷行于世,并注文公小学。

昆山志　史部地理类　佚

明蒋明纂　邑令郑达刊

文公小学注　子部儒学类　佚

按:此书见《千顷堂书目》卷 3。

东归集　集部别集类　佚

以上 3 种见光绪《昆新两县续修合志》卷 49。

张　倬

字士昭。明山阴人。正统间,以乡举分校昆山。时年尚少,师范甚严,以聪敏闻。凡有裨风化之事,毅然力行。

毅斋集 20 卷　集部别集类　佚

笔录 10 卷　集部别集类　佚

以上 2 种见光绪《昆新两县续修合志》卷 49。

王永和(1390—1449)

字用节，一字以正，号梧竹。明昆山人。永乐十二年(1414)举人，选严州训导，改饶州。秩满试吏部，奏为兵科给事中。劾都督王彧及锦衣马顺，以劲直闻。正统六年(1441)进都给事中，明年升工部右侍郎。十四年从驾至土木，死之，年60。赠资善大夫，工部尚书，谥襄愍。永和器宇宏廓，威仪庄重，博学强记，为诗文清丽条畅。《明史》有传。

梧竹集　集部别集类　佚

见光绪《昆新两县续修合志》卷49。

屈　昉

字季恒。明昆山人。才情倜傥，读书不事章句。尝从军崇明，写怀寄远，诗篇传播，为庐陵杨士奇所知。适诏举经明行修之士，邑令罗永年荐授南海县丞。久之，乞致仕未果，卒于官。

寓庵集　集部别集类　佚

见光绪《昆新两县续修合志》卷49。

卫　靖

字以嘉。明昆山人。熙祖。性谨厚，工诗，善画枯木竹石。洪熙元年(1425)以能书荐授中书舍人，直文渊阁。升吏部主事，预修《宣宗实录》。

公余清兴集　集部别集类　佚

见光绪《昆新两县续修合志》卷49。

沈　愚

字通理，号倥侗生。明昆山人。方长子，鲁兄。博涉百氏，以诗名吴下。与刘溥、汤胤绩、苏平、苏正、蒋主孝、蒋主忠、邹亮、王淮、王贞庆等称“景泰十才子”。其诗清美圆熟，尤长于古风。善行草，晓音律，诗余乐府，传播人口。或劝之仕，不答。业医授徒，以终其身。卒年69。《明史》有传。

怀贤录1卷　史部传记类

明沈愚辑

(1) 明正统三年(1438)刻本，见《持静斋书目》卷2。

(2) 明弘治十年(1497)刻本，上海图书馆藏。

(3) 民国罗振常订补，《蟫隐庐丛书》本。

按：光绪《昆新两县续修合志》卷49注："为刘过作。"

药能　子部医家类　佚

见《江苏历代医人志》。

沈通理诗稿1卷　集部别集类

精抄本，见《振绮堂书录》。

筼簃(一作筜)集20卷　集部别集类　佚

吴歈集5卷　集部别集类　佚

以上2种见《千顷堂书目》卷19、光绪《昆新两县续修合志》卷49。

按：《明诗综》卷19收其诗11首。

沈　鲁

字诚学。明昆山人。愚弟。尝应乡闱试，以被发跣足为耻，弃去。工古文词，闳博豪壮，凡大家贵族碑版之制，多出其手。制行修洁，居家孝友，笃伦理，重风教，以《春秋》指授学者，人称玄谷先生。巡抚周忱下车问政，郡守况钟赠以金，力辞不受。与同邑顾恂等为斯文会，韵译稠叠，意兴高远。卒年74。

坐道论2卷　子部儒学类　佚

经制权略3卷　子部儒学类　佚

人伦师表　子部儒学类　佚

老成集　集部别集类　佚

元谷集　集部别集类　佚

薄游草　集部别集类　佚

灵岩稿　集部别集类　佚

金陵集句　集部别集类　佚

古风集句　集部别集类　佚

以上9种见光绪《昆新两县续修合志》卷49。

斯文会诗1卷　集部总集类

明沈鲁等撰

《玉峰雍里顾氏六世诗文集·桂轩先生全集》附本。

张　奎

字景文。明昆山人。正统时荐举孝廉，任茌平知县。

(正德)金山卫志6卷　史部地理类

明张奎修　夏有文等纂

(1) 明正德十二年(1517)刻本，国家图书馆藏。

(2)《松江府属旧志二种》本。

(3) 抄本，三种，上海图书馆藏。

云陂集　集部别集类　佚

见光绪《昆新两县续修合志》卷49。

龚　理(1407—1457)

字彦文，号静轩。明昆山人。绂父，乾祖。性方正沈毅，宣德八年(1433)以乡荐中乙榜，诏赐冠带，与庶吉士同课翰林。正统元年(1436)中进士，授工部主事，进郎中。历官山东左布政使，兴礼劝学，以廉洁称。景泰七年(1456)中风疾告归。明年卒，年51，乡里私谥清惠。

最美集80卷　集部别集类　佚

见光绪《昆新两县续修合志》卷49。

按:《续修合志》卷17“选举表”作宣德四年举人。

张　能

字尚德。明昆山人，祖籍汴梁，南宋时渡江。注父，栋六世祖。正统间贡生，景泰二年(1451)官浙江新城县令。性耿介，好施与，喜吟咏。在任12年，坚请致仕。卒年87。

三张先生遗诗　集部总集类　佚

明张能、张注、张銮撰　张栋订定

见光绪《昆新两县续修合志》卷30张士瀹传。

虞　震

字启东，自号常春散人。明昆山人。祥子。父卒，家无余赀，租屋以养母。性刚介，不乐仕进，当道以荐之，以亲老辞。读书工诗。家有遗书，手自勘校，至老未尝一日离几案。

樗庵暇笔　子部杂学类　佚

旅寓杂抄　子部杂学类　佚

常春稿　集部别集类　佚

江湖小稿　集部别集类　佚

按：清宣统《太仓州志》卷25作2卷。

以上4种见光绪《昆新两县续修合志》卷49。

张　和(1412—1464)

字节之。明昆山人。穆兄。正统四年(1439)与弟穆同登进士，官至浙江提学副使。读书数行俱下，既仕犹苦学。读《汉书》必30遍。景泰六年(1455)召入翰林，分修《宋元通鉴纲目》，义例多出其手。

秋台清话　子部杂学类　佚

篠庵论抄　集部别集类　佚

篠庵集10卷　集部别集类　佚

按：《千顷堂书目》卷19作15卷，清康熙《昆山志稿》作5卷。

以上3种见光绪《昆新两县续修合志》卷49。

柳待制文集20卷标目2卷附录1卷　集部别集类

元柳贯撰　明张和、欧阳溥存刊

明天顺七年(1463)浙江刻本。

新雕宋朝文鉴150卷　集部总集类

宋吕祖谦编　明张和、张永校刊

明天顺八年严州刻本,浙江图书馆藏。

按:张和在浙江学使任,以所得宋本《宋文鉴》命严州知府张永(邵龄)刊行。见《善本书室藏书志》卷38。

又按:《明诗综》卷24、《明诗别裁集》卷3均收其诗。

郑文康(1413—1465)

字时乂,号介庵。明昆山人。壬子,膏父。正统十三年(1448)进士,观政大理寺。以父母相继亡,遂绝意仕进。家居枕籍经史,为文顷刻千言。兼工医,尤精女科。筑书院于家庙旁,开门授徒讲学,经诲导者多取科第。与叶盛交最善。

介庵杂录6卷　子部杂学类　佚

平桥漫录1卷　子部杂学类　佚

以上2种见光绪《昆新两县续修合志》卷49。

产宝百问2卷　子部医家类

抄本,国家图书馆藏。

平桥稿18卷　集部别集类

(1) 明天顺五年(1461)刻本,见《藏园订补郘亭知见传本书目》。

(2) 清康熙三十二年(1693)裔孙起泓重刻本,南京大学图书馆、清华大学图书馆藏。

(3)《四库全书》本。

(4)《四库明人文集丛刊》本。

(5) 清抄本,国家图书馆藏。

平桥稿18卷附录1卷　集部别集类

《郑氏六名家集》本。

按:《明诗综》卷24收其诗1首。

沈　讷(1414—1459)

字文敏。明昆山人。方三子,鲁弟,僎嗣父。正统七年(1442)进士。授大理寺评事,升寺副。景泰元年(1450)擢福建佥事,有政声。天顺二年(1458)升按察司副使,年余卒于官,年46。讷身不逾中人,而饶胆略,多智算,文章有奇气。善小楷,得宋克笔意。

兔园遗册　子部典故类　佚

下里余音　集部别集类　佚

以上2种见光绪《昆新两县续修合志》卷49。

钱道华

号无瑕子。明昆山人。正统八年(1443)曾作《注敲爻歌序》。

敲爻歌沁园春注解1卷　子部道教类

明钱道华注

清同治七年(1868)刻《吕祖全书》本,见《江苏省立国学图书馆图书总目》。

朱　夏

字日南,号勉斋。明昆山人。德润曾孙,希周祖。刻志励行,不求仕进。喜作诗,尤精书法。负气尚节。家藏法书名画多散佚,夏力购完之。授徒讲学,师范卓然,巨族争延课子弟。晚岁与甘霖、沈鲁诸人为斯文会,绘图纪盛。卒年71。

家乘10卷　史部传记类　佚

见《昆山人物志》卷5本传。

邓析子2卷　子部周秦诸子类

周邓析撰　明朱夏刊

明成化十四年(1478)朱夏刻本。

朱勉斋诗集1卷　集部别集类

抄本,见《振绮堂书录》。

存复斋文集10卷　集部别集类

元朱德润撰　明朱夏重编

《四部丛刊续编》本。

张　穆(1415—1487)

字敬之。明昆山人。文章与兄和颉颃。宣德十年(1435)举于乡,正统四年(1439)与兄和同登进士。授行在工部主事,改刑部,历员外郎、郎中。天顺元年(1457)擢山东副使兼理学政,为政廉明,倡儒学,重名教。成化初进浙江参政。因事罢官归,贫无以自给,门人故吏为买田淞江之浒。卒年73。

勿斋集20卷　集部别集类　佚

见光绪《昆新两县续修合志》卷49。

项　璁

字彦辉。明昆山人。正统十年(1445)进士,历官江西布政使、广东道御史。

存复斋文集10卷附录1卷　集部别集类

元朱德润撰　明项璁刊

明成化十一年(1475)刻本,国家图书馆藏。

按:朱德润,字泽民,睢阳人。参见《四库全书总目》别集类存目1。

顾　恂(1418—1505)

字惟诚,号桂轩。明昆山人。鼎臣父。性和厚,与沈愚、沈鲁为忘年交,唱和成卷。喜吟咏,感时触事,发为诗歌,温柔典则,类其为人。

以孝友勤俭训子孙，为乡里所称。

桂轩先生集　集部别集类

明正德刻本，原朱偰藏，见《中国历代人物年谱考录》。

桂轩先生全集　丛书类

《玉峰雍里顾氏六世诗文集》本。

子目：

《永思录》1卷附《赠言》1卷

《鳌峰稿》5卷

《百咏天香集》1卷

《西湖纪游》1卷

《啖蔗余甘词》1卷

附

《斯文会诗》1卷　明沈鲁等撰

《先桂轩府君(恂)年谱》1卷　清顾易撰

钱　用

字尚宾，号履素。明昆山人。少能文。天顺七年(1463)以贡授三河教谕，改江西乐安。旌勤警惰，多所造就。署宜黄县事，民皆悦服。升赣州府教授，署府事。以母老乞归。

履素稿　集部别集类　佚

见光绪《昆新两县续修合志》卷49。

叶　盛(1420—1474)

字与中。明昆山人。春子。正统十年(1445)进士，授兵科给事中。代宗立，进都给事中，擢山西右参政，督饷宣府，协赞军务。天顺二年(1458)召为右佥都御史，巡抚两广。成化三年(1467)秋，入为礼部右侍郎，转吏部左侍郎。十年卒，谥文庄。盛喜读书，簿牍戎马之暇，手不释卷。性尤俭约，俸赐所入，购书万卷，欲筑堂以贮之，而力不能，世所传

“菉竹堂”者特虚名耳，至玄孙恭俭始葺成。《明史》有传。

经史言天录　经部群经总义类　佚

见光绪《昆新两县续修合志》卷49。

水东日记30卷　史部杂史类

明万历间刻本，复旦大学图书馆藏。

水东日记38卷　史部杂史类

（1）明刻本，中国科学院图书馆藏。

（2）明常熟徐氏刻本，明王玉芝题款，国家图书馆藏。

按：参见《藏园群书题记》卷8。

（3）《四库全书》本。

水东日记40卷　史部杂史类

（1）明万历间六世孙叶重华赐书楼刻本，清祁理孙题款，丁丙跋，南京图书馆藏。

（2）明徐氏刻本，序目及卷39、卷40宋育德据清康熙刻本补抄，上海图书馆藏。

（3）清康熙十九年（1680）七世孙叶方蔚重刻本。

（4）台湾学生书局吴相湘编《中国史学丛书》影印缪荃孙本。

（5）《历代日记丛钞》本。

水东日记1卷　史部杂史类

《金声玉振集》本。

水东纪略1卷　史部杂史类

《说郛续》本。

水东日记　史部杂史类

《胜朝遗事二编》本。

水东日记摘抄7卷　史部杂史类

（1）《纪录汇编》本。

（2）《景印元明善本丛书十种·纪录汇编》本。

（3）《历代日记丛钞》本。

泾东小稿 9 卷　史部杂史类

(1) 明弘治二年(1489)刻本,上海图书馆藏。

(2)《续修四库全书》本。

水东稿 8 卷　史部杂史类

1914 年武林叶氏抄本,上海图书馆藏。

卫族考 1 卷　史部传记类　佚

见《千顷堂书目》卷 10“谱系类”。

宣镇诸序 1 卷　史部政书类　佚

见光绪《昆新两县续修合志》卷 49。

西垣奏草 9 卷附录 1 卷　史部政书类

明嘉靖九年(1530)其孙叶梦淇衡州刻本,国家图书馆藏。

两广奏草 16 卷　史部政书类

明嘉靖三十年张寰序刻本,见《四库全书总目》诏令奏议类存目。

叶文庄公奏疏(西垣奏草 9 卷边奏存稿 7 卷两广奏草 16 卷上谷奏草 8 卷)40 卷　史部政书类

(1) 明嘉靖间其孙叶梦淇刻本,见《四库全书总目》诏令奏议类存目。

(2) 明崇祯四年(1631)叶重华赐书楼重刻本,国家图书馆、上海图书馆藏。

(3)《续修四库全书》本。

(4)《四库全书存目丛书》本。

开封纪行稿 5 卷　史部地理类

1914 年武林叶氏抄本,上海图书馆藏。

按:并见《明清江苏文人年表》“景泰二年(1451)”引。

五岭奇观　史部地理类　佚

见《明清江苏文人年表》“天顺七年”云:“叶盛在粤辑《五岭奇观》。”

菉竹堂书目 6 卷　史部目录类

(1)《粤雅堂丛书》本。

(2)《丛书集成初编》本。

(3) 清叶奕苞经锄堂刻本。

(4) 台北成文出版社《书目类编》本。

按:参见《四库全书总目》目录类存目。

菉竹堂书目不分卷　史部目录类

(1) 清抄本,上海图书馆藏。

(2) 清道光六年(1826)刘氏味经书屋抄本,刘喜海跋,国家图书馆藏。

(3) 清抄本,周星贻校跋,国家图书馆藏。

(4)《四库全书存目丛书》本。

菉竹堂碑目 6 卷　史部金石类

(1)《粤雅堂丛书》本。

(2)《丛书集成初编》本,题《叶氏菉竹堂碑目》。

(3) 清咸丰八年(1858)刻本,清许瀚校补,见《贩书偶记》。

(4) 红格抄本,南京图书馆藏。

菉竹堂稿 8 卷　集部别集类

(1) 明嘉靖八年其孙叶梦淇刻本,南京图书馆藏。

(2) 明嘉靖八年其孙叶梦淇刻本,明叶恭焕、叶古愚跋,清缺名签校,民国王礼培跋,上海图书馆藏。

(3)《四库全书存目丛书》本。

按:参见《四库全书总目》别集类存目 2,云:"是集乃盛所自订,凡诗词 4 卷、文 4 卷。"

菉竹堂稿 8 卷　集部别集类

(1) 清初抄本,山东省图书馆藏。

(2) 2013 年黄山书社出版《明别集丛刊》本。

幸学诗跋 1 卷　集部别集类

稿本,清叶国华跋,黄国瑾题诗并跋,叶恭绰跋,上海图书馆藏。

叶文庄公全集 16 卷　集部别集类

清叶氏五百经幢馆抄本，南京图书馆藏。

叶文庄公全集30卷　集部别集类

(1) 清康熙间叶氏赐书楼刻本，见《贩书偶记》。

(2) 清康熙间赐书楼刻、清乾隆四年(1739)印本，国家图书馆藏。

(3) 清雍正叶氏刻本，南京图书馆藏。

叶文庄集90卷　集部别集类

明嘉靖间其孙叶梦淇刻于衡州，其中包括《奏疏》40卷，见上。

按：据《四库全书总目》诏令奏议类存目云：此90卷中除《奏疏》40卷外，尚有《水东稿》《开封纪行稿》《菉竹堂稿》《泾东稿》等。

又按：据《千顷堂书目》卷19，叶盛有《水东文稿》2卷、《水东诗稿》2卷、《菉竹堂小稿》1卷、《泾东小稿》1卷、《菉竹堂集》□卷，当亦在此90卷中。

秋台诗话1卷　集部诗文评类　佚

见光绪《昆新两县续修合志》卷49、《明清江苏文人年表》。

按：《明诗综》卷24收其诗4首。

周元学(1422—1481)

初名勉，字元学，以字行。明昆山人。垚父。官上林丞，以孙复俊赠云南布政使。

先祖通奉府君遗稿1卷　集部别集类

明周元学撰　民国周壵辑

(1) 1937年娄东周氏冰壶堂影印《娄东周氏丛刊》本。

(2) 2013年黄山书社出版《明别集丛刊》本。

按：此书《娄东周氏艺文志》云有隆庆五年(1571)刻本。

孙　琼(1424—1491)

字蕴章。明昆山人。宗子。正统十三年(1448)进士，历刑部郎中，凡15年，于权倖势要，一无畏忌。天顺中锦衣指挥门达，罗织人罪，往往死于非命。惟琼多所平反。宦官牛玉养子犯法，以嘱琼，琼执法不少贷。由是积怨，坐他事谪戍辽阳。成化初复职，官月余，乞归。居家30年，笃守礼度，未尝一入公府。所居朴陋，而处之裕如。

鹿城遗稿　集部别集类　佚

见光绪《昆新两县续修合志》卷49。

赵　博

字克周。明昆山人。景泰五年(1454)进士，官兵部主事。

效颦集　集部别集类　佚

味易稿　集部别集类　佚

以上2种见光绪《昆新两县续修合志》卷49。

叶　益

字与谦，号桥东。明昆山人，盛弟。少赘于姜，事兄友恭。尝征文学之士搜集家谱成书，吴宽等为其作序。卒葬菉葭浜木瓜泾东。

桥东诗草　集部别集类　佚

见光绪《昆新两县续修合志》卷49。

孙　俊

字叔英，自号南溪遁叟。正统中随其兄由华亭徙居昆山淀山湖之滨。从范能游。性敦朴，不慕声利，嗜读古书，尤工于诗。晚筑草堂于碛溪之南，与乡老日觞咏其中。

南溪草堂集　集部别集类　佚

见光绪《昆新两县续修合志》卷49。

按：《千顷堂书目》卷19杭世骏补目作《南溪集》。

李　昊(1431—1508)

字志远，一作致远，号坦拙。明昆山人，上元籍。成化五年(1469)

进士。授翰林院检讨。工诗。侍忻穆王,王卒,迁南京礼科给事中,升浙江左参议,终广西太平知府。

坦拙稿 10 卷　集部别集类　佚

谪居录 4 卷　集部别集类　佚

以上 2 种见《千顷堂书目》卷 20。

王　鉴(? —1481)

字与修。明昆山人。世居邑之度城。天顺六年(1462)举人。好读《尚书》。尝大书"忠孝"二字于壁以自勉。成化十七年(1481)卒于逆旅。

孝行录　子部儒学类　佚

贤关录　子部儒学类　佚

以上 2 种见光绪《昆新两县续修合志》卷 49。

按:《四库全书总目》卷 13 经部尚书类存目 1,载有明嘉靖间王鉴著《禹贡山川郡邑考》四卷,并云"字汝明,无锡人"。或以为其人即昆山王鉴,按南京图书馆藏清抄本卷首载明其籍贯为锡山,则其为无锡人无疑。

王　庭(1434—1493)

字元直。明昆山人。资侄。少学于叶文庄,为所器许。天顺六年(1462)举经魁,授鄜州学正,迁国子学录。成化七年(1471)典试江西。再迁浦王府长史,卒。

崔莺莺考证　集部词曲类　佚

见清王仁宝辑《娄水文征》(清道光刻本)。

按:光绪《昆新两县续修合志》卷 26 本传云:"王尝命作《崔徽负心论》,庭敛容曰:'此元稹浮淫假托之词,非庭所闻。'王改容谢之。"

张　注

字时雨，号雨轩。明昆山人。能子，銮父，栋五世祖。性孝友，成化间贡生，历宜春、潮阳二学训导。在潮5年，以诚感人，士风丕变。卒年87。

三张先生遗诗　集部总集类　佚

明张能、张注、张銮撰　张栋订定

见光绪《昆新两县续修合志》卷25张宽传、卷30张士淪传。

郑　膏

字山龄，号甓庵。明昆山人。文康子。成化四年(1468)举人，吉水县丞。

甓庵集4卷　集部别集类　佚

见光绪《昆新两县续修合志》卷49。

张　泰(1436—1480)

字亨父，本姓姚。明昆山人。少有才名，与陆钺、陆容号"娄东三凤"。天顺八年(1464)进士。成化十六年(1480)升翰林院修撰。逾月，得暴疾卒，年45。泰为人恬淡，独喜为诗，与李东阳齐名。不幸早逝，故声华销歇。《明史》有传。

沧洲诗集10卷续集2卷附录1卷　集部别集类

(1) 明弘治三年(1490)成桂刻、嘉靖十三年(1534)毛渊增修本，国家图书馆藏。

(2)《四库全书存目丛书》本。

按：参见《四库全书总目》别集类存目2。又，《列朝诗集》丙集收其诗。

张　翼

字汝敬。明昆山人。性简质,嗜学,通《春秋》。累试不售,卜筑马鞍山东麓,授徒隐居。日对岩岫,哦吟不辍。与戚轩为莫逆交,衣冠朴雅,里人羡之,称"东岩二逸"。

农田余话 2 卷　子部杂学类　佚

见光绪《昆新两县续修合志》卷 49。

按:此条疑误收,考嘉靖《昆山县志》《皇明昆山人物传》、康熙《昆山县志》都没有著录张翼著有此书,而光绪《昆新两县续修合志》有,疑与吴县张翼相溷。

戚　轩

字宗轼。明昆山人。杜门教授,所居杏林书屋,竹垆瓦灯,帘帏楚楚,赋诗简淡真至,有陶韦之风,与张翼最善。

敏慎斋稿 4 卷　集部别集类　佚

见光绪《昆新两县续修合志》卷 49。

冯　钱

字仲举。明昆山人。天顺六年(1462)举人,授永州东安教谕,左迁贵溪训导。尝校文河南、江西,有权贵关说,钱唯唯。事竣无验,谢之曰:"偶忘之耳。"寻卒于官。

晋斋稿　集部别集类　佚

见光绪《昆新两县续修合志》卷 49。

陆　钱(1439—1489)

初冒吴姓,后改姓陆。字鼎仪,号静逸。明昆山人。爰父。天顺七年(1463)进士第二。授翰林院编修,预修《英宗实录》,书成,迁修撰、谕德。孝宗立,以东宫讲读劳,进太常少卿,兼侍读。得疾乞归,卒。性嗜学，长于《春秋》。工诗，与太仓陆容、昆山张泰齐名，号“娄东三凤”。卒年51。《明史》有传。

春秋钞略　经部春秋总义类　佚

礼记参注约言　经部礼记类　佚

以上2种见清宣统《太仓州志》卷25。

病逸漫记1卷　史部政书类

(1)《明六十家小说》本。

(2)《顾氏明朝四十家小说》本。

(3)《胜朝遗事》二编本。

(4)《历代小史》本。

(5)《明抄五种》本。

(6)《纪录汇编》本。

(7)《说郛续》本。

(8)《五朝小说·皇明百家小说》本。

(9)《五朝小说大观·皇明百家小说》本。

(10)《娄东杂著》本。

(11)《说库》本。

(12)《丛书集成初编》本。

(13)《景印元明善本丛书十种·历代小史》本。

(14)《景印元明善本丛书十种·纪录汇编》本。

(15)《国朝典故六十二种》本。

(16)《国朝典故六十种》本。

(17)明白鹤山房抄本，中国科学院图书馆藏。

(18)《续修四库全书》本。

(19)《四库全书存目丛书》本。

按：参见《四库全书总目》小说类存目1、《郑堂读书记》卷65。

春雨堂稿30卷　集部别集类　佚

见《千顷堂书目》卷19。

守溪文集36卷　集部别集类　佚

见光绪《昆新两县续修合志》卷49。

按:《明诗综》卷26收其诗1首。

又按:清光绪《昆新两县续修合志》卷49、《明清江苏文人年表》均载陆钱还著有《贤识录》1卷,而《四库全书总目》小说类存目1、《郑堂读书记》卷65均以为此书为鄞县陆钱所著。检民国间涵芬楼《景印元明善本丛书十种·今献汇言》本《贤识录》卷首,明载此书为四明陆钱所著,可见清光绪《昆新两县续修合志》卷49及《明清江苏文人年表》均记载有误。

龚　绂

字朝美,号逊敏。明昆山人。诩族孙。成化十年(1474)举人,官青县教谕。十三年撰成龚诩年谱。

龚安节先生(诩)年谱1卷　史部传记类

(1) 龚诩《野古集》附本。

按:《野古集》《四库全书总目》于此谱是否绂作有疑词。

(2)《又满楼丛书》本。

(3)《北京图书馆藏珍本年谱丛刊》本。

(4)《丛书集成续编》本。

按:谢巍《中国历代人物年谱考录》谓:此本赵诒琛有所订正,或谓有赵经达编龚谱,即此本。

张汝舟

字济民,号二南。明昆山人。成化十年(1474)举人。授南昌同知,在任9年,刚正廉明,政声卓著,仕终思南知府。

山谷老人刀笔20卷　集部别集类

宋黄庭坚撰　明张汝舟刊

明弘治十二年(1499)张汝舟刻本。

按:此书为尺牍,以年为次。参见《四库全书总目》别集类存目1。

周　恭

字寅之。明昆山人。世昌祖。博洽群书,为诗古雅典则。好方书,精通医理。甘贫养晦,授徒市药以自给。时与高士沈周辈谈论古今,以士风民俗为念。性嗜梅,年40始得数亩之宅,环树以梅,自号梅花主人。所作《八哀诗》盛行于时。

西浜丛话(一作西滨丛语、西洪丛语)4卷　子部杂学类　佚

事亲须知50卷　子部医家类　佚

医效日抄(一作医效日记)4卷　子部医家类　佚

医史　子部医家类　佚

以上4种见光绪《昆新两县续修合志》卷49。

医说续编18卷　子部医家类

(1) 明弘治六年(1493)刻本,南京图书馆藏。

(2) 明嘉靖间刻本,见《贩书偶记》。

(3) 明隆庆三年(1569)曹用晦刻本,国家图书馆藏。

按:此书系将宋张杲所著《医说》加以补充增益而成,参见《续修四库全书提要》。又,此书《千顷堂书目》卷14作50卷。

卜史　子部术数类　佚

枕流集　集部别集类　佚

樵玉稿10卷　集部别集类　佚

以上3种见光绪《昆新两县续修合志》卷49。

郑宗儒

字希大,号勿欺。明昆山人。同仁长子。继祖业,精医术。明正德十三年(1518)被荐入太医院,授御医.后晋升为院判。明嘉靖年间赐五品服。卒年81岁。

诗文集8卷　集部别集类　佚

见民国《昆新两县续补合志》卷19。

吴 瑞

字德徵。明昆山人。成化十一年(1475)进士，授南京吏部主事。忧归6年，改补工部。出理徐州，奉敕督理济宁以南河道。尝凿高邮内湖以避风涛，民利赖之。以疾归。少以《易》学起家，居官未尝废学，尝榜其徐州署曰“穷经”。家居20年，唯以书自课。工古文词，求者户恒满。别业在玉山西，尝棹小舟看山，混迹田夫野老中，自号西溪居士。晚岁营地陈墓镇，题曰紫霞堆，自为之志。

西汉集　集部别集类　佚

宦游稿　集部别集类　佚

居闲稿　集部别集类　佚

以上3种见光绪《昆新两县续修合志》卷49。

卫 卷

字匪席。明昆山人，流寓青浦。自号昌亭饿夫。有哀其贫而裹饭食之者，拒不受。游于陈瑚之门，每一相思，辄呼僮櫂孤篷径访。性好游，非方外士不交。

离忧集　集部别集类　佚

见光绪《昆新两县续修合志》卷49。

秦 巘(1442—1497)

字廷贽。明昆山人。少失学，及长，励志读书。成化十一年(1475)进士。授刑部主事，有能声。历员外郎中，升贵州副使。逾年，为省母自劾免。家贫，枯鱼麦饭，对客欣然。诗文俊逸无尘，人传诵之。

廷贽集　集部别集类　佚

见光绪《昆新两县续修合志》卷49。

按：《明诗综》卷29收其诗1首。

虞　臣(1442—1520)

字元凯,号竹西。明昆山人。祥孙。成化十四年(1478)进士,授兵部车驾主事,奉敕安置降夷于广西,迁职方郎中。在兵部垂20年,清慎自持,遇事刚正不屈。弘治十年(1497)迁四川布政司右参议,居2年致仕。归橐萧然,敝庐膳粥如布衣。平居手不释卷。能诗文,散曲。

竹西奏草3卷　史部政书类　佚

丙辰奏草2卷　史部政书类　佚

述古录8卷　史部杂史类　佚

以上3种见光绪《昆新两县续修合志》卷49。

竹西亭稿　集部别集类　佚

竹西回文(一作回文效体诗)1卷　集部别集类　佚

以上2种见《千顷堂书目》卷20。

散曲　集部词曲类

《南词韵选》中收录,见《明清江苏文人年表》。

卢　志

字宗尹,号丹谷。明昆山人。精研《素问》《难经》,洞悉诸家之书。弘治中应诏至京,就礼部试。明正德中擢太医院判,供奉御药房。诊视太后、皇后病立愈,授御医,寻致仕。谈脉理独明标本,年逾80卒。

脉家奥学　子部医家类　佚

按:《千顷堂书目》卷14作《脉家典要》,卢文弨校改"典"为"奥"。

医学百问辨　子部医家类　佚

增定医学纲目　子部医家类　佚

以上3种见光绪《昆新两县续修合志》卷49。

沈本初

字大中。明昆山人。幼孤力学。居家严肃有法。诗有韦、孟风,小楷绝类颜真卿，时称二绝。浒关分司郑主事延为义塾师，以郑不迎谒，即辞归。大学士杨一清被征，欲载与俱，赋诗力辞，后又以币强之，又辞。卒年80余。

娄曲山人集　集部别集类　佚

见《千顷堂书目》卷20、光绪《昆新两县续修合志》卷49。

按：《明诗综》卷30收其诗2首。

黄　云

字应龙，号丹岩。明昆山人。原籍分宜，明初其祖泽入籍昆山。少从沈鲁游，家贫好学。尝借录藏书家卷帙，甫毕即了然。凡刑名、钱谷、水利、算数、军旅、仪制无不究心，期为有用之学。弘治中以贡生授瑞州训导。丁外艰归，绝意仕进。为文得眉山遗意，一时碑版之作多出其手。性严，对后辈多加训戒。卒年70余。

黄丹岩先生集10卷　集部别集类

（1）明嘉靖四年（1525）王朝用刻本，存卷1至4，南京图书馆藏。

（2）《四库全书存目丛书》本。

按：《四库全书总目》别集类，存目3云：是集凡诗四卷文六卷，其门人巡按御史高安朱实昌所编，中多与沈周、文徵明诸人往来题咏之作。又，《明诗综》卷30收其诗11首。

李元寿

字仁山，号鹿野翁。明昆山人。少工书，尝书诸经、四书小本，楷法精善。王恕巡抚江南，见而爱之，呼为李生，舟行巡视必携。邑中文字，必经其手，他州碑石，亦多其所书。为人淳笃，训弟子有法。归有光为撰传。

韵要5卷　经部小学类　佚

见明高儒《百川书志》卷2，注云：凡一百五韵，八千九百五字。

顾　左(1448—1521)

字宜之,号自如。明昆山人。恂二子,鼎臣兄。天性孝友,尤喜赈恤,不殖资产。与邑中耆宿张汝舟、高以政辈结社,饮酒赋诗以终。

朋寿图诗1卷　集部别集类

附:先自如府君(左)年谱1卷(清顾易撰)

《玉峰雍里顾氏六世诗文集》本。

按:《朋寿图》乃明正德十二年(1517)顾左70岁时所绘,其弟鼎臣有序。

管　琪(1449—?)

字儒珍。明昆山人。昌子。器宇宽厚,律身清谨。成化十四年(1478)进士,授中书舍人。历官郎署,出为广东参政,累至湖广左布政使。以夤缘为耻,不肯通声气,竟以年老致仕。与侍郎王倬同年相善。

国朝登科录　史部政书类　佚

见光绪《昆新两县续修合志》卷49。

按:管琪生年及家世见《成化十四年进士登科录》。

张　桢(1449—1507)

字维庆,号梓庵。明昆山人。少习举业,父丧后力任门户,弃举业。雅尚诗礼,中岁好吟咏。感物写怀,不事雕琢,时有新意,为人传诵。性笃朴,以孝闻。晚年家事日落,处之泊如。以幼子张意赠营缮司主事。

梓庵集　集部别集类　佚

见光绪《昆新两县续修合志》卷49。

严　春

字景和。明昆山人。居淞南,家素饶,仁厚好善,为承事郎。明正德间水灾,积尸盈河,出己地瘗之。

中吴纪闻6卷　史部地理类

宋龚明之撰　明严春刊

明弘治七年(1494)严春刻本,国家图书馆藏。

按:《藏园订补郘亭知见传本书目》卷5下傅增湘注云:“此书原有弘治七年(昆山知县)杨子器序,言‘重校命义民严春刻而传之’。多为估人撤去,以充元刊。余藏一本,亦失杨氏序,董氏诵芬室,用以覆雕。此本雕工精雅,而讹夺甚多,非佳本也。”

唐甫里先生文集20卷　集部别集类

唐陆龟蒙撰　明严春刊

明成化二十三年(1487)严春刻本,国家图书馆藏。

龚　弘(1451—1526)

字元之,号蒲川。明昆山人,亦作嘉定人。成化十四年(1478)进士,授严州推官。明正德中累官湖广布政使,中贵纵仆从殃民,弘尽收系之。黄河溢,弘由应天尹擢右副都御史,总督河道。武宗南巡,称为“干事老臣”。再迁工部尚书,并领河事,河道之设专官自弘始。明嘉靖五年(1526)卒,年76。

中吴纪闻6卷　史部地理类

宋龚明之撰　明龚弘刊

明正德九年(1514)龚弘刻本,有朱笔校宋本,北京大学图书馆藏。

续中吴纪闻6卷　史部地理类　佚

嘉定县志5卷　史部地理类　佚

兖州杂记4卷　史部地理类　佚

以上3种见光绪《昆新两县续修合志》卷49。

按:《合志》作“宋龚宏,《续中吴纪闻》60卷”,误。《千顷堂书目》卷6作6卷。

水经补1卷　史部地理类　佚

黄河或问　史部地理类　佚

以上2种见《千顷堂书目》卷8。

玉书楼稿6卷　集部别集类　佚

蒲川稿4卷　集部别集类　佚

以上2种见《明清江苏文人年表》引《练川名人画象》卷2

张安甫(1454—1537)

字汝勉。明昆山人。和从子。弘治三年(1490)进士,授祁州知州。平徭简讼,与民休息。构洗心斋,日与诸生讲学。丁母忧归,服除引疾乞休。先业在横塘,凿池筑亭其上,自号天方。性坦旷,绝欲茹淡。好登览,吴越名胜无不游,游辄有题咏。卒年84。

燕寿堂集　集部别集类　佚

天方集20卷　集部别集类　佚

以上2种见光绪《昆新两县续修合志》卷49。

周　垚(1457—1520)

字承勋,号同野。明昆山人,勉四子。

周氏家塾规则1卷　史部传记类　佚

见《娄东周氏艺文志》。

朱　栻

字良用。明昆山人。隆禧祖。少颖敏好学,尤精《易》,讲析疑义,多前人所未发。成化十七年(1481)进士,授萧山(一作兰溪)知县,擢南京御史。遇事敢言,论劾文选郎中贡钦招权纳贿,罢之。秩满,便道省母,卒于家。为人简易沈默,言动不苟。

祖孙台谏集　史部政书类　佚

明朱栻、朱隆禧合撰

见光绪《昆新两县续修合志》卷49。

周　瑞

字应祥，号秋汀。明昆山人。博学工诗文，试辄高等，将受饩，而亚瑞者其师也，白御史请让，许之。弘治中贡成均，廷试第一，授江西德兴教谕，摄县事。谢官归，以诗酒自娱。卒年94。

银峰玉峰集　集部别集类　佚

见光绪《昆新两县续修合志》卷49。

按：《皇明昆山人物传》卷五云周瑞"所著银峰、玉峰诸稿，迥出尘外，如其为人"，疑"银峰""玉峰"分别为两集名。

龚　乾

字敬法。明昆山人。理孙。性倜傥好学，喜读秦汉之书，不屑制举业。名不隶学官籍而名声独噪。友人朱希周、顾潜表为附马宾客，谢不就。去隐江上，终身不入城市。

春秋姓名杂记　史部传记类　佚

见《信义志稿》卷17。

遗怀稿　集部别集类　佚

备忘录　集部别集类　佚

以上2种见光绪《昆新两县续修合志》卷49。

拟和唐人许郢州集　集部别集类　佚

见《信义志稿》卷17。

沈　鲤

明昆山人。

六书赋24卷　经部小学类　佚

见光绪《昆新两县续修合志》卷49。

王　纶(1460—1534)

字理之，以字行。明昆山人。伟貌修髯，喜吟善画，又长写貌，为长洲沈周入室弟子，尤工篆隶楷法。阙里重建圣庙东庑，以礼聘往，穹碑大额皆出其手。尝预修《武宗实录》。所居城中隙地数弓，种竹数十竿，篆题之曰“君子林”。

昆山杂咏 6 卷　史部地理类

宋龚昱辑　明王理之增辑

明嘉靖二十年(1541)孟绍曾刻本，见李致忠《宋版书叙录》。

昆山邑志正误　史部地理类　佚

节烈编　史部传记类　佚

昆山倡和集　集部总集类　佚

以上 4 种见光绪《昆新两县续修合志》卷 49。

张　銮

明昆山人。注子，宽父，栋四世祖。銮亦以孝闻。以子宽封刑部主事。

清隐先生集　集部别集类　佚

见光绪《昆新两县续修合志》卷 49。

三张先生遗诗　集部总集类　佚

明张能、张注、张銮撰　张栋订定

见光绪《昆新两县续修合志》卷 30 张士瀹传。

毛　澄(1461—1523)

字宪清，号白斋，晚更号三江。明昆山人。弘治六年(1493)进士，廷试第一。授翰林院修撰，累官礼部尚书，充经筵官东宫侍讲。与修《会典》《通鉴辑要》《孝宗实录》《武宗实录》，主考乡试、会试。端亮有学术，论事侃侃不挠，世宗敬惮之。虽数忤旨，恩礼不衰。明嘉靖二年

(1523)议礼不合,致仕归,道卒,年63。赠少保,谥文简。《明史》有传。

临雍录(一作圣驾临雍录)1卷　史部政书类　佚

按:《千顷堂书目》卷5入别史类。

大礼奏议1卷　史部政书类　佚

以上2种见光绪《昆新两县续修合志》卷49。

明嘉靖二年会试录　史部政书类

明嘉靖十八年礼部刻本。见《明代版刻综录》卷7。

明正德五年顺天府乡试录　史部政书类

明傅珪、毛澄主修

《天一阁藏明代科举录丛刊》本。

朱景墓志　子部艺术类

明毛澄撰　张纶正书　俞琳篆盖

明正德十五年(1520)原碑,国家图书馆藏拓片。

三江遗稿2卷　集部别集类

(1) 清抄本,南京图书馆藏。

(2)《四库全书存目丛书》本。

类稿(一作毛文简公类稿)18卷　集部别集类　佚

见《千顷堂书目》卷21、光绪《昆新两县续修合志》卷49。

毛文简公遗稿2卷　集部别集类

清潘道根抄本,国家图书馆藏。

毛文简集2卷　集部别集类　佚

见《四库全书总目》别集类存目3。

按:据《提要》,此书或为上书之重刊本。

周　在(1463—1519)

字承德,一字德永,号除庵。明昆山人。勉六子,复俊父。早孤力学,言貌雅重有古人风,尤善楷书,整劲如其人。入赘吴氏,置义庄以赡族人。立义塾以教族之子弟。举弘治五年(1492)乡荐,疏上十事,皆中吴中利病。授养利知州,即致仕。

周氏义庄条约 1 卷 史部传记类

见《娄东周氏艺文志》。

古今诗纂 集部总集类 佚

见光绪《昆新两县续修合志》卷 49。

周 伦(1463—1542)

字伯明,号贞翁。明昆山人。凤鸣父。弘治十二年(1499)进士,授河南新安知县,有政绩,擢御史。累官至南京刑部尚书,明嘉靖十一年(1532)解职归。卒年 80,谥康僖。伦为人坦易,而操履特严。诗词清健,行草有晋人风。兼通医学。《明史》有传。

西台纪闻 2 卷 史部杂史类 佚

奏议 2 卷 史部政书类 佚

按:清康熙《昆山志稿》作 12 卷。

医略 4 卷 子部医家类 佚

诗集 8 卷 集部别集类

以上 4 种见光绪《昆新两县续修合志》卷 49。

贞翁净稿 12 卷拾遗 1 卷 集部别集类

明周伦撰 赵士英删定。

(1) 明万历四十五年(1617)周凤起刻本,苏州图书馆藏。

(2)《四库全书存目丛书》本。

按:参见《四库全书总目》别集类存目 3。《明诗综》卷 32 收有其诗。

周 佑(1464—?)

字时弼,号春谷。明昆山人。廪膳生。喜吟咏,缘物托兴,或讥切时事,辄为绝句。又精于医,不拘古法,而悬中绳墨,试辄效。

素问笺解 2 卷 子部医家类 佚

见《娄东周氏艺文志》。

顾邦石(1467—1536)

初名直谿，字孔安，号南岩。明昆山人。式子，鼎臣侄。正德八年(1513)举乡荐，选授南昌通判，有政绩。耻谒中贵，自劾归。就鹿城之原，筑台榭，莳花木，制乐府十数阙，令家乐杂歌之。卒年70。

纲目要略　史部编年类　佚

玉阜奇珍　子部杂学类　佚

梅花百咏　集部别集类　佚

顺安楼稿　集部别集类　佚

以上4种见《雍里顾氏族谱》卷8。

吴大有

字元亨。明昆山人。璘子，上元匠籍。弘治九年(1496)进士，授湖广参政。

古贤小字录1卷　史部传记类

宋陈思撰　明吴大有刊

明弘治十七年吴大有校刻本，国家图书馆藏。

夏　津

字时济，号澹庵。明昆山人。昺孙，锦子。性至孝，家贫好学。明正德十二年(1517)举人，授象山知县，迁昌化，所在有治绩。以病乞归，卒。

夏氏世谱　史部传记类　佚

见《昆山人物传》卷二。

方　鹏(1470—?)

字时举，号矫亭。明昆山人。幼岐嶷。明正德三年(1508)与弟凤同年中进士。授南京礼部主事，历南京刑部员外郎中，改吏部。未几，升浙江参议，迁山西提学副使。后召为右春坊右庶子，兼翰林院修撰，充经筵讲官，主顺天乡试。迁南京太常寺卿，引疾致仕。家居10余年，与弟凤同居南渎里，足迹不入城市，独坐一斋以著述为事。诗文典雅，无雕琢之习。

明嘉靖七年顺天乡试录　史部政书类

明韩邦奇、方鹏主修

《天一阁藏明代科举录丛刊》本。

纪元要览　史部史表类　佚

见光绪《昆新两县续修合志》卷49。

责备余谈2卷附录1卷　史部史评类

(1)《知不足斋丛书》本。

(2)《笔记小说大观》本。

(3)《丛书集成初编》本。

(4)《四库全书存目丛书》本。

按：此书明嘉靖五年(1526)著。

续观感录6卷　史部史评类

明嘉靖刻本，南京图书馆藏。

续观感录10卷　史部史评类

明刻本，国家图书馆藏。

按：并见《浙江采进遗书总录》。

续观感录12卷　史部史评类

(1) 明张元电刻本，湖北省图书馆藏。

(2)《续修四库全书》本。

(3)《四库全书存目丛书》本。

昆山人物志10卷　史部传记类

(1) 明嘉靖间刻本，台湾汉学研究中心藏。

(2)《四库全书存目丛书补编》本。

(3)《江苏人物传记丛刊》本。

(嘉靖)昆山县志16卷　史部地理类

明杨逢春修　方鹏纂

(1) 明嘉靖十七年刻本,天一阁藏。

(2) 民国间燕京大学图书馆晒印本,北京大学图书馆藏。

(3) 1963年《天一阁藏明代地方志选刊》本。

邑志续补　史部地理类　佚

六子(老庄荀杨董韩六子)摘抄　子部诸子类　佚

续治心要语1卷　子部儒学类　佚

珠玉类编3卷　子部典故类　佚

以上4种见光绪《昆新两县续修合志》卷49。

矫亭存稿18卷续稿8卷　集部别集类

(1) 明嘉靖十四年刻十八年续刻本,南京图书馆藏。

(2) 明嘉靖十八年魏校刻本。见《明代版刻综录》卷7。

(3)《四库全书存目丛书》本。

矫亭集18卷续集8卷诗集8卷　集部别集类

见《千顷堂书目》卷22。

按:《昆山人物志》《责备余谈》《续观感录》6卷、《矫亭存稿》《续稿》均见《四库全书总目》存目。《明诗综》卷38谓其生于明成化六年(1470),并收其诗11首。

吴守大

字有君。明昆山人。

皇明名臣像图1卷　史部传记类　佚

见《四库全书总目》传记类存目3,云:"是书成于明正德丙子(1516),录徐达以下至杨继宗,凡49人。人绘一图,图后各叙仕履,系之以《赞》。其书刻于广西,纸版拙恶。四十九人面貌相同,惟以题名别识,殆如儿戏。"

顾　潜(1471—1530)

字孔昭，号桴斋，晚号西岩。明昆山人。左子，鼎臣从子，梦圭父。弘治二年(1489)领乡荐，九年成进士，选庶吉士，改授山西道御史，十六年补山东道御史。出督京畿学政。以顺德、永平诸郡，士鲜知学，择其秀颖者之京师，从名师授业，士风丕变。明正德初，忤刘瑾，出为四川马湖知府，未任，罢归。生平以礼自持，燕居如对宾客，时手一编，不问户外事。事亲12年，于舍南凿池叠山，为展桂堂娱之。

稽古治要　史部杂史类　佚

惇史　史部杂史类　佚

梦林　史部杂史类　佚

按：清康熙《昆山志稿》作《惇史梦林》。

林下纪闻　史部杂史类　佚

玉峰文献录　史部杂史类　佚

读史新知　史部史评类　佚

以上6种见光绪《昆新两县续修合志》卷49。

慎独箴　子部儒学类　佚

见光绪《昆新两县续修合志》卷23本传。

(弘治)昆山县志14卷　史部地理类

明吴祺修　顾潜纂

(1) 稿本，存卷1至卷12，苏州博物馆藏。

(2) 明万历刻本，国家图书馆藏。

(3) 清桂云堂抄本，国家图书馆藏。

(4) 抄本，上海图书馆藏。

湖墺醉歌　集部别集类　佚

见光绪《昆新两县续修合志》卷49。

静观堂集14卷　集部别集类

(1)《玉峰雍里顾氏六世诗文集》本。

(2)《四库全书存目丛书》本。

按:参见《四库全书总目》别集类存目3。《明词综》卷2收其词3首。

柴 奇(1471—1543)

字德美。明昆山人。秩父。明正德六年(1511)进士,观政吏部,上书言东南水利,被采纳,授吏科给事中。谏南巡,劾权幸,又上边储屯政诸疏,颇著直声。内艰服除,升南京光禄少卿。明嘉靖八年(1529)迁应天府丞,旋进府尹。十三年,拓贡院,会南太庙灾,引咎乞休。家居10余年,卒年73。

嘉树轩纪闻　子部杂学类　佚

石池稿　集部别集类　佚

气遗集10卷　集部别集类　佚

以上3种见光绪《昆新两县续修合志》卷49。

黼庵遗稿2卷　集部别集类

明正德十六年刻本,上海图书馆藏。

黼庵遗稿10卷　集部别集类

(1) 明嘉靖间刻明崇祯八年(1635)柴胤璧修补本,上海图书馆藏。

(2) 抄本,无卷数,国家图书馆藏。

(3) 抄本,见《江苏省立国学图书馆图书总目》卷34。

(4)《四库全书存目丛书》本。

按:《四库全书总目》别集类存目3引书前明正德十六年题识称"旧有《石池诗稿》《石池文稿》《嘉树轩纪闻》各一册,己卯(明正德十四年)转南光禄,失之。重置一册,录后来之作,时有所忆,或就人录得,亦错置其间"云云。此书盖犹奇所手编也,凡诗6卷、杂文4卷。另见《著砚楼书跋》。

又按:《明诗综》卷39收其诗1首。

郑近仁

字子充,号小山。明昆山人。文康孙。明嘉靖七年(1528)贡生。任瑞安训导。

丛桂斋集 10 卷　集部别集类　佚

见光绪《昆新两县续修合志》卷 49。

郑同仁

字思庄,号昕天。明昆山人。文康孙,育长子。庠生。

玉山集 5 卷　集部别集类　佚

见光绪《昆新两县续修合志》卷 49。

杨　起

字文远。明昆山人。其先本陈氏,有贫人将发父棺鬻其地,如其数与之,冢得免。

名医验方 10 卷　子部医家类　佚

见清同治《苏州府志》卷 137。

陆　表

字天章,号臞庵。明昆山人。弘治十七年(1504)举人。学问赅博。

臞庵文集　集部别集类　佚

墨波亭稿　集部别集类　佚

以上 2 种见光绪《昆新两县续修合志》卷 49。

顾鼎臣(1473—1540)

字九和,号未斋。明昆山人。恂子,履方父。弘治十八年(1505)进士,授修撰。明嘉靖初官礼部右侍郎。世宗好神仙术,内殿设斋醮,鼎臣进《步虚词》七章,优诏褒答。明代词臣以青词结主知,自鼎臣始。十七年(1538)以礼部尚书兼文渊阁大学士,参机务。时夏言专权,鼎臣不能有为。昆山旧无城,鼎臣言于当事而筑城,后倭乱获全。十九年卒官,谥文康。《明史》有传。

洪范讲章 1 卷　经部尚书类　佚

见光绪《昆新两县续修合志》卷 49。

明状元图考 5 卷　史部传记类

明顾鼎臣汇编　吴承恩、程桢补　黄应澄绘图

(1) 明万历三十五年(1607)吴承恩、黄文德原刻,清初陈氏文治堂增刻本,国家图书馆藏。

(2) 明万历三十五年刻明崇祯增刻本,南京图书馆藏。

(3) 清道光三十年(1850)汉阳叶氏平安馆刻本,北京大学图书馆、南京大学图书馆藏。

(4) 清咸丰六年(1856)福元书室刻本,三卷本,北京大学图书馆、复旦大学图书馆藏。

(5) 1999 年中国书店重印本。

赐号太和先生(唐王旻)图相赞不分卷　史部传记类

明嘉靖刻本,国家图书馆藏。

先桂轩府君(顾恂)年谱 1 卷　史部传记类

明正德刻本《桂轩先生集》卷首附本。参见"顾易"条。

明正德十一年顺天乡试录　史部政书类

明汪俊、顾鼎臣主修

《天一阁藏明代科举录选刊》本。

文康奏议 1 卷　史部政书类　佚

见光绪《昆新两县续修合志》卷 49。

杜旻妻陈氏墓志　子部艺术类

明顾鼎臣撰　杨志学正书　崔杰篆盖

明嘉靖六年(1527)原碑,国家图书馆藏拓片。

医眼方论 1 卷　子部医家类　佚

经验方1卷　子部医家类　佚
未斋集22卷　集部别集类

以上3种见光绪《昆新两县续修合志》卷49。

顾未斋稿1卷　集部别集类

明顾鼎臣撰　清俞长城选评

(1) 清康熙刻本，国家图书馆藏。

(2) 清康熙间步月楼令德堂刻本，国家图书馆藏。

(3) 清乾隆三年(1738)文盛堂怀德堂刻本，国家图书馆藏。

按：收入《名家制义六十一家》《可仪堂一百二十名家制义》。

顾文康公文草10卷诗草6卷首1卷　集部别集类

明崇祯十二年(1639)顾晋璠、顾咸建刻本，国家图书馆藏。

顾文康公文草10卷首1卷诗草6卷续稿6卷三集4卷　集部别集类

(1) 明崇祯十二年(1639)刻清顺治二年(1645)顾氏桂云堂刻本，国家图书馆藏。

(2) 明崇祯十六年顾晋璠等刻本，上海图书馆藏。

(3)《四库全书存目丛书》本。

顾文康公续稿6卷　集部别集类

(1) 明崇祯十六年刻本，中国科学院图书馆藏。

(2)《四库禁毁书丛刊》本。

顾文康公全集25卷　集部别集类

明崇祯刻本，南京图书馆藏。

按：《明诗综》卷33收其诗1首，《南北宫词纪》收其散曲。

朱希周(1473—1557)

字懋忠，号玉峰。明昆山人，徙居吴县。文子。弘治九年(1496)进士第一，授修撰。进侍读学士，擢南京吏部右侍郎，阅五年，召为礼部右侍郎。明嘉靖中迁南京吏部尚书，称疾乞休。林居30年，中外论荐者30余疏，竟不复起。性恭谨不妄取予。卒，赠太子少保，谥恭靖。《明史》有传。

明正德五年应天府乡试录　史部政书类

明蒋冕，朱希周主修

《天一阁藏明代科举录丛刊》本。

大明会典(一作明会典)　史部政书类

明徐溥等奉敕纂修　朱希周等与纂

(一) 180 卷弘治本，明正德内府刻本，国家图书馆藏。

(二) 228 卷明万历重修本。

(1) 明万历内府刻本。

(2)《万有文库二集》影印本。

(3) 1976 年台北新文丰出版公司影印本。

(4) 1989 年中华书局影印本。

按：参见《四库全书总目》政书类。

明伦大典 24 卷　史部政书类　佚

恭靖公集　集部别集类　佚

以上 2 种见光绪《昆新两县续修合志》卷 49。

周　广(1474—1531)

字充之，号玉岩，又号抑斋。明昆山人。弘治十八年(1505)进士。历知莆田、吉水二县，明正德中以治最擢浙江道御史。疏陈四事，几为武宗义子刘宁所害。世宗即位，复故官，历江西副使，提督学政。明嘉靖二年(1523)擢福建按察使。六年以右佥都御史巡抚江西，明年，拜南京刑部右侍郎。居二年，暴疾卒，赠右都御史。广初入太学师章懋，在里与魏校友善。诗文古淡，自成家言。《明史》有传。

(嘉靖)江西通志 37 卷　史部地理类

明林廷棉修，周广纂

(1) 明嘉靖四年(1525)刻本，江西省图书馆藏。

(2) 补刻本，日本尊经阁文库藏。

(3)《四库全书存目丛书》本。

玉岩先生文集 9 卷附录 1 卷　集部别集类

(1) 明嘉靖三十七年杏华书屋刻本,上海图书馆藏。

(2) 明嘉靖三十七年刻清乾隆九年(1744)周挺重修本,重庆市图书馆藏。

(3)《四库全书存目丛书》本。

按:参见《四库全书总目》别集类存目 3、《明代版刻综录》卷 2。

慈湖先生遗书 18 卷续集 2 卷　集部别集类

宋杨简撰　明秦钺、周广辑校

(1) 明嘉靖四年周广序刻本,见《中国善本书提要》。

(2)《四库全书》本。

慈湖先生遗书 18 卷续集 2 卷补编 1 卷附新增附录 1 卷　集部别集类

《四明丛书》第 4 集本。

按:《明诗综》卷 33 收其诗 1 首。

张　祥

字惟瑞,号子和。明昆山人。情父。肆力于学,有隽声,正德时贡生,以子情赠南京工部主事。

张子和诗集　集部别集类　佚

见光绪《昆新两县续修合志》卷 49。

方　凤

字时鸣,号改亭。明昆山人。鹏弟。初受学于兄鹏。正德三年(1508)进士,授行人,擢南京御史。母丧服除,改北京,出按真定。累谏武宗游幸,帝皆优容之。凡历南北御史四任。明嘉靖间数争大礼,以灾异指切弊政,出为广东提学佥事,旋自免去。与兄鹏极友爱,而议礼各行所是。凤归,鹏亦继之,同居南渎里。性逸宕,多管弦之乐,山林觞咏怡怡如也。卒年 77。

家礼俗宜　史部政书类　佚

见光绪《昆新两县续修合志》卷49。

改亭奏疏1卷　史部政书类

抄本，见《江苏省立国学图书馆图书总目》卷16。

改亭奏草不分卷　史部政书类

(1) 清抄本，南京图书馆藏。

(2)《四库全书存目丛书》本。

论吴中水利　史部地理类　佚

见康熙《昆山县志稿》卷14。

南渎子　子部杂学类　佚

见光绪《昆新两县续修合志》卷49。

改亭存稿10卷续稿6卷　集部别集类

(1) 明崇祯十七年(1644)方士骥刻本，中国社会科学院文学研究所藏。

(2) 抄本，南京图书馆藏。

(3)《续修四库全书》本。

改亭存稿10卷续稿2卷　集部别集类

清抄本，国家图书馆藏。

改亭存稿10卷　集部别集类

清咸丰六年(1856)潘道根抄本，南京图书馆藏。

改亭续稿6卷　集部别集类

清咸丰六年潘道根抄本，中国社会科学院文学研究所藏。

按：光绪《昆新两县续修合志》卷49另著录《物异考》1卷，注云“见四库书目”。按：《四库全书总目》杂家类存目8以为明方凤撰，据《中国丛书综录》应为宋方凤撰。

姜　龙

字梦宾。明昆山人。昂子。明正德三年(1508)进士，历官礼部仪制司郎中。因谏武宗南巡,杖几死,黜为建宁府同知。寻迁云南按察副使,在滇4年,治绩甚著。罢归20年,卒。《明史》有传。

时川小稿　集部别集类　佚

见光绪《昆新两县续修合志》卷49。

周复吴(1482—?)

字子东,号思恒。明昆山人。性爽直,好使酒,喜扬人善,而面折人过亦不稍回。以荐举名医,授太医院冠带医士,擢院判,造诣益深。

难经述解2卷　子部医家类　佚

见《娄东周氏艺文志》。

叶梦淇(1482—1530)

字尚源,号约斋。明昆山人。盛孙,晨子。以荫历大名、台州通判,衡州同知,清严英敏,廉能公正,所至有声。盛所遗著述,悉捐俸刻之。以疾卒于官,年49。

叶文庄公奏疏(西园奏草9卷边奏存稿7卷两广奏草16卷上谷奏草8卷)40卷　史部政书类

明叶盛撰　其孙梦淇辑刊

明嘉靖间叶梦淇衡州刻本,见《四库全书总目》诏令奏议类存目。

叶文庄公集90卷　集部别集类

明叶盛撰　其孙梦淇辑刊

明嘉靖间叶梦淇衡州刻本,见《四库全书总目》诏令奏议类存目。

按:梦淇所刻叶盛集传世似无全本,今存《西园奏草》9卷、《菉竹堂稿》8卷,见"叶盛"条。

梁鸣鸾

字九章。明昆山人。纨子,与兄鸣凤齐名。好读史,仿古论赞体作《史论》40卷,凡数十年而后成,所至必以自随。学者争师尊之。明嘉靖初,以贡授黄冈教谕,罢归,贫甚,不改其节。

读史笺见(一作史论)40卷　史部史评类　佚

见光绪《昆新两县续修合志》卷49。

按:《合志》卷30本传作《史论》,谓归有光为作序,门人秦鳌欲梓行,未果而鳌卒。

马　绶

明昆山人。在甫里筑乐圃,文徵明有赠诗。

乐圃随笔　集部别集类　佚

见民国《昆新两县续补合志》卷19。

魏　校(1483—1543)

字子才。其先本李姓。居苏州葑门之庄渠,因自号庄渠。明昆山人。李时孚嗣父。弘治十八年(1505)进士,授南京刑部主事,历迁郎中。不为太监刘瑾所屈,召为兵部郎中,移疾归。明嘉靖初,起为广东提学副使,官至太常寺卿,迁国子监祭酒,未上,卒,谥恭简。校私淑胡居仁主敬之学,择执尤精。《明史》有传。

周礼沿革传4卷　经部周礼类

(1)《庄渠先生遗书》本。

(2)《四库全书存目丛书》本。

按:见《四库全书总目》礼类存目1,云:"仅有天官、地官、春官,盖未成之稿。"《千顷堂书目》作《周礼天官沿革传》6卷。

周礼义疏　经部周礼类　佚

郊祀论　经部周礼类　佚

以上2种见光绪《昆新两县续修合志》卷49。

春秋经世(一作春秋经世书)1卷　经部春秋总义类

(1)《庄渠先生遗书》本。

(2)《四库全书存目丛书》本。

按:见《四库全书总目》春秋类存目 1,云:“所注惟隐公一卷,其注多从左氏。”

四书章句集注 30 卷　经部四书类

宋朱熹撰　明魏校批　民国袁克文跋

元刻本,上海图书馆藏。

大学指归 2 卷附考异 1 卷　经部四书类

(1)《庄渠先生遗书》本。

(2)《四库全书存目丛书》本。

按:见《四库全书总目》四书类存目,云:“首以古篆写古本正文,次乃为《指归》一卷,《考异》一卷,凡十五条。”《千顷堂书目》卷 2 作《大学古文》1 卷,无《考异》。《信义志稿》卷 17 作《古文》1 卷,另列《大学指归》2 卷附《考异》1 卷。

经义考 6 卷　经部群经总义类　佚

见光绪《昆新两县续修合志》卷 49。

六书精蕴 6 卷音释(一作音释举要)1 卷　经部小学类

《音释》门人徐官撰

(1) 明嘉靖十九年(1540)魏希明刻本,国家图书馆藏。

(2) 日本享保十二年(1727)沙门势阳潭龙刻本,上海图书馆藏。

(3)《续修四库全书》本。

(4)《四库全书存目丛书》本。

按:见《四库全书总目》小学类存目 1、《中国善本书提要》。

经世策 1 卷　史部编年类

(1)《庄渠先生遗书》本。

(2)《四库全书存目丛书》本。

按:见《四库全书总目》编年类目,云:“起汉高祖奉楚怀王命伐秦之岁,止文帝末年。”

奕世增光集(一作奕世增光录)8 卷　史部传记类　佚

见《千顷堂书目》卷 10 谱系类吴骞补目。

官职会通2卷　史部政书类

《庄渠先生遗书》本。

按:《千顷堂书目》卷2归入周礼类。《四库全书总目》职官类存目云:"以明之六部配之六官。"

体仁说1卷　子部儒学类　佚

师说　子部儒学类　佚

门下质疑10卷　子部儒学类　佚

庄渠语录　子部儒学类　佚

以上4种见光绪《昆新两县续修合志》卷49。

庄渠先生门下质疑录2卷　子部儒学类

(1) 清潘道根抄本,南京图书馆藏。

(2)《续修四库全书》本。

魏庄渠粹言　子部儒学类

明陈继儒辑

《古今粹言》本,南京图书馆藏。

巷牖录　子部杂学类　佚

见《信义志稿》卷17。

庄渠遗书(一作庄渠文集)16卷　集部别集类

门人归有光编次

(1)《庄渠先生遗书》本。

按:《中国善本书提要》,苏州知府太原王道行得遗稿于校婿郑若曾,因送校门人归有光编次,由道行与昆山知县张大年同梓。又云《四库全书》本实亦16卷,《总目》《简目》作12卷者,字之误也。

(2)《四库全书》本,《提要》作12卷。

魏庄渠先生遗书6卷附录1卷　集部别集类

清潘道根抄本,南京图书馆藏。

魏庄渠先生书3卷　集部别集类

《六子书》(于孔兼辑)本。

魏庄渠先生集 2 卷　集部别集类　佚

(1)《正谊堂全书》本。

(2)《丛书集成初编》本

庄渠文录 16 卷　集部别集类　佚

按:疑即上列《庄渠遗书》《庄渠文集》。又,《信义志稿》卷 17 有《庄渠文选》16 卷。

庄渠遗书 10 卷　集部别集类　佚

按:《千顷堂书目》卷 11 儒家类、《信义志稿》卷 17 有《庄渠全书》10 卷。

庄渠诗稿全编 4 卷　集部别集类　佚

以上 3 种见《千顷堂书目》卷 21。

矫亭存稿 18 卷续稿 8 卷　集部别集类

明方鹏撰　魏校刊

明嘉靖十八年(1539)魏校刻本。

庄渠先生遗书 7 种 27 卷　丛书类

明魏校撰　门人归有光编次

明嘉靖四十年苏州知府王道行昆山知县张大年刻本,上海图书馆藏。

子目:

《大学指归》2 卷《考异》1 卷

《周礼沿革传》4 卷

《春秋经世》1 卷

《经世策》1 卷

《官职会通》2 卷

《庄渠文集》16 卷

张　宽

字德宏,号碧虚。明昆山人。注孙,銮子,栋曾祖。弘治十八年

(1505)进士，授钱塘知县，省赋轻调，民大悦服。水灾，请发储赈济，存活无算。迁刑部广西司主事，晋员外。正德十二年(1517)擢广东按察佥事。以疾归，卒。

归闲集　集部别集类　佚

见光绪《昆新两县续修合志》卷49、卷30张士瀹传。

按：《明诗综》卷33收其诗2首。

周　震

字世亨，号半塘。明昆山人。寿谊六世孙。正德六年(1511)进士，授鄱阳知县。公暇与诸生讲经课业，治声大著。擢监察御史。十五年还朝，次年巡按河南，寻迁浙江按察佥事，转广东参议。以不能逢迎，罢归。

正德南巡录1卷　史部杂史类　佚

西台奏议　史部政书类　佚

半塘稿　集部别集类　佚

以上3种见光绪《昆新两县续修合志》卷49。

世寿堂集　集部别集类　佚

同上，署名“周世亨”，当即周震。

按：震六世祖寿谊，享年116岁，子孙多寿考，后人名其堂曰“世寿堂”，震因用以名其集。

张　羽

字子仪。明昆山人。幼孤贫向学，正德十六年(1521)进士，授工部都水司主事，进刑部员外郎。大礼议起，伏阙谏，廷杖几死。改南京刑部郎中。罢归，辟一圃，客至，相与啸咏其间。旋以哭母丧明，林居40年，卒年79。

东田集2卷　集部别集类

见《千顷堂书目》卷22，注：“字子仪，昆山人，刑部员外郎，谏大礼被杖。”应即此人。

按:《明诗综》卷42收其诗1首。

又按:明代名张羽者有数人。《静居集》《静庵集》均洪武时苏州张羽所著;《东田遗稿》为弘治九年(1498)进士泰兴人张羽著,均见《四库全书总目》。光绪《昆新两县续修合志》卷49乃误录于昆山张羽名下,今删。

徐 申

字周翰。明昆山人。明嘉靖初由乡举除蕲水知县,改知上饶,征授刑部主事。忤旨廷杖,谪外任,不赴。归与同里魏校、方凤辈优游啸咏为乐,久之,卒,人称南川先生。《明史》有传。

诸儒奥论　子部儒学类　佚

见光绪《昆新两县续修合志》卷49。

杨 伟

字允奇,号渐斋。明昆山人。楷子。正德十年(1515)举人,任台州推官。

渐斋集　集部别集类　佚

见光绪《昆新两县续修合志》卷49。

张 寰(1486—1561)

字允清,号石川。明昆山人。安甫子。正德十六年(1521)进士。授济宁知州,调濮州,内艰服除,补开州,俱有治绩。入为刑部员外郎,乞养归。父卒,补故官,升通政司右参议,嘉靖二十四年(1545)致仕。筑崇古楼,聚书甚富。纵意山水,与归安蒋瑶、上元刘麟等15人,结岘山逸老之社。

耆龄考终录2卷　史部传记类　佚

见光绪《昆新两县续修合志》卷49。

两山游录6卷　史部地理类　佚

见明朱曰藩《两山游录序》(《山带阁集》卷28)。

按:两山指庐山、武夷山。

川上稿2卷　集部别集类　佚

见《千顷堂书目》卷22。

蓬窗稿　集部别集类　佚

见《明清江苏文人年表》“明嘉靖三十六年”引《吴郡文编》。

张通参集1卷　集部别集类

明嘉靖隆庆间刻本,国家图书馆藏。

按:收入俞宪辑《盛明百家诗》。

陈白阳集附录叙事1卷诗1卷志铭1卷题跋1卷　集部别集类

明张寰等撰

明万历四十三年(1615)陈仁锡阅帆堂刻本,国家图书馆藏。

按:附于《陈白阳集》后。

卢溪先生文集50卷　集部别集类

宋王庭珪撰　明张寰校刊

明嘉靖五年张寰以菉竹堂藏本付常熟县令梁英刊行。

魏　庠(1487—1554)

字子秀。明昆山人。校从弟。以贡入太学,选授南京骁骑卫知事。仕至光禄寺典簿致仕。袭父遗田数百顷,多为德于乡。

六书精蕴6卷音释举要1卷　经部小学类

明魏校、徐官撰

明嘉靖间魏庠刻本。参见“魏校”条。

冯　淮

字会东。明昆山人。性潇洒,好吟诗。又好游山水,所至辄有诗。同邑张寰、吴琉、陆昆等结诗社,邀淮入社,推为笃实君子。久之病目,率二子迁、邃力耕自给。卒年79，归有光志其墓。

江皋集6卷遗稿1卷　集部别集类

明刻本，国家图书馆藏。

吴中英(1488—1538)

字秀甫，一字纯甫。明昆山人。生而奇颖，好读书。童年入乡校，师事黄云，为古文词，试辄高等。县令方豪引与游。性豪爽，父卒，遗赀甚厚，视故券有不能偿者，悉焚之。好以声色、六博自豪，倾其家。久之，折节自矜饬，然不屑为龌龊小儒。平居与其徒考古论学，虽先儒已有成说，必反复其所以，不苟同。兼精风鉴，所奖许多成佳士。嘉靖十年(1531)始举于乡，年44。试礼部不第，遂屏世事，营城东地，艺桔千株自给。卒年51。

东皋集　集部别集类　佚

见光绪《昆新两县续修合志》卷49。

李　棠

字述卿。明昆山人。谨孙，同芳父。少业儒，因病辍业。习医术，家贫好施予，旦夕储药以活贫者。邑举乡饮不赴，卒年78。

原病治要　子部医家类　佚

刑家百咏　集部别集类　佚

以上2种见光绪《昆新两县续修合志》卷49。

按：清同治《苏州府志》卷137作《医病治效》《型家百咏》。

周凤鸣(1489—1550)

字于岐，号山斋。明昆山人。伦子。正德九年(1514)进士，授刑部主事。嘉靖二年(1523)迁员外，历郎中。在刑曹久，明练法律。尚书李承勋知其才，承勋改兵部，七年荐凤鸣为兵部职方司。尝绘《九边图》以献，欲上知边隅要害。九年擢大理寺丞。因忤张孚敬夺官。家居18

年，荐者60疏，竟不起。性孝友，励廉隅，干练多才，以无罪去，士论惜之。

职方奏议　史部政书类　佚

西曹弼教录　史部政书类　佚

东田集2卷　集部别集类　佚

以上3种见光绪《昆新两县续修合志》卷49。

后乐堂集　集部别集类　佚

见《明清江苏文人年表》引《疣赘录》。

郑若庸(1489—1577)

字中伯，号虚舟。明昆山人。年16为诸生，以诗名吴下，三试皆首，连入棘闱不售，遂隐吴县支硎山，殚精古文辞。正德十六年(1521)以任侠不羁被斥，赵康王厚煜聘入邺，王父子接席与交。学士程敏政延至都，严嵩父子请见，不往，仍返邺。为赵王著书，历20年书成，名曰《类隽》。嘉靖三十九年(1560)厚煜卒，去赵居山西清源。诗与谢榛齐名，又善度曲。

类隽30卷　子部典故类

(1) 明万历四年(1576)汪珙刻本，中央民族大学图书馆、北京大学图书馆藏。

(2) 明万历四年汪珙刻本，清汪昉跋，山东师大图书馆藏。

(3)《四库全书存目丛书》本。

(4)《续修四库全书》本。

按:参见《四库全书总目》类书类存目2。

蛣蜣集8卷　集部别集类

(1) 明隆庆四年(1570)胡迪刻本，国家图书馆藏。

(2)《四库全书存目丛书》本。

按:参见《四库全书总目》别集类存目5。

北游漫稿文3卷　集部别集类

(1) 明隆庆三年汪良迪刻本,天津图书馆藏。

(2)《四库全书存目丛书》本。

北游漫稿诗 2 卷　集部别集类

(1) 清蓝格抄本,上海图书馆藏。

(2)《四库全书存目丛书》本。

按:参见《四库全书总目》别集类存目 5。

虚舟尺牍 2 卷　集部别集类　佚

市隐园文纪 3 卷　集部别集类　佚

以上 2 种见光绪《昆新两县续修合志》卷 49。

玉玦记 2 卷(传奇)　集部词曲类

(1) 明刻本。

(2)《六十种曲》本。

新镌王商玉玦记 2 卷　集部词曲类

明刻本,国家图书馆藏。

重校玉玦记 2 卷　集部词曲类

明刻本,有评有图,上海图书馆藏。

新刻出像音注释义王商忠节癸灵庙玉玦记 4 卷　集部词曲类

(1)《绣刻演剧》富春堂刻本。

(2)《古本戏曲丛刊初集》影印富春堂本。

五福记 2 卷(传奇)　集部词曲类

《古本戏曲丛刊三集》据清初抄本影印本。

按:或以此剧非若庸作,俟考。

大节记 1 卷(传奇)　集部词曲类

见明吕天成《曲品》。

按:叙孝子、仁人、义士三事,参见《古典戏曲存目汇考》。

珠球记(传奇)　集部词曲类　佚

见《古典戏曲存目汇考》。

词余 1 卷　集部词曲类

清康熙三十八年(1699)程定远刻本,国家图书馆藏。

按:为《荥阳杂俎八种》本。

稗史乐府　集部词曲类　佚

见光绪《昆新两县续修合志》卷49。

按:《列朝诗集》丁集收其诗,《明诗综》卷54收其诗5首。郑若庸生平详见徐朔方《晚明曲家年谱》中的《郑若庸年谱》。

周凤起

字于霄。明昆山人。伦子,凤鸣弟。以父荫为光禄寺署正,终辽左行太仆寺丞。

贞翁净稿12卷拾遗1卷　集部别集类

明周伦撰　赵士英删定

(1) 明万历四十五年(1617)周凤起刻本,苏州图书馆藏。

(2)《四库全书存目丛书》本。

顾　济

字舟卿。明昆山千墩人。章志父。正德十二年(1517)进士,擢刑科给事中。世宗即位,上疏云:"立法非难,守法为难,听谏非难,乐谏为难。"帝颇嘉纳。乞归养,越数年卒。《明史》有传。

谏垣疏1卷　史部政书类　佚

见光绪《昆新两县续修合志》卷49。

陆　鳌

字伯载。明昆山人。容孙。正德十六年(1521)进士。自评事历光禄寺丞。性谨恪,不为营竞,中岁引退。家贫嗜古,周复俊称其著作典质有原本。卒年83。

易说2卷　经部易类　佚

骈枝集　集部别集类　佚

以上 2 种见光绪《昆新两县续修合志》卷 49。

秦　鳌(1493—1550)

字子元，号娄江。明昆山人。嘉靖五年(1526)进士。授行人，擢兵科给事中。劾徐鹏举、赖义，又劾罢张璁。璁再相，谪鳌东阳县丞，历任乐清知县、九江通判、德安同知，所至有善政。屡迁福建参政，升按察使，未任，卒，年 58。

兵垣奏疏　史部政书类　佚

见光绪《昆新两县续修合志》卷 49。

周　诗(1494—1556)

字以言，号虚岩。明昆山人。佑子。少承家学，风致倜傥，重然诺。精医理，名闻吴下。尝至京师，以诗文游公卿间，试方药皆神验。欲以尚医官之，拂袖去。与皇甫冲兄弟善，遂主皇甫氏。著书多不起草，成辄散去。晚居常熟，卒于父执孙艾家。

内经解(一作素问笺解、内经笺解)　子部医家类

见 1933 年王颂文编《昆山图书馆先哲遗书目录》。

周山人集 1 卷　集部别集类

明嘉靖隆庆间刻本，国家图书馆藏。

按：收入俞宪辑《盛明百家诗》。

虚岩山人诗集 6 卷集外诗 1 卷　集部别集类

(1) 明嘉靖三十五年孙取益刻本，南京图书馆藏。

(2) 抄本，上海图书馆藏。

按：《明诗综》卷 55 收其诗 1 首。

邂逅集　集部别集类　佚

见《娄东周氏艺文志》。

周复俊(1496—1574)

初名复辰,字子枢。一字子吁,号木泾子。明昆山人。在子,玄玮祖。嘉靖十一年(1532)进士。历工部都水主事、员外、郎中,二十年擢四川提学副使,云南左布政使。四十一年官南京太仆寺少卿。卒以清廉遭忌,请致仕。复俊少游方鹏之门,精研理要,性孝友,学问赅博,与王同祖、顾梦圭称"昆山三杰"。在滇时与杨慎切磋,学益进。

四书解　经部四书类　佚

见《娄东周氏艺文志》。

元史弼违2卷　史部编年类

(1) 明嘉靖三十五年自刻本。

(2)《对树书屋丛刊》本。

(3) 1986年广陵古籍刻印社重印本。

东吴名贤记2卷　史部传记类

(1) 明万历二年(1574)刻本,上海图书馆藏。

(2) 抄本,北京大学图书馆藏。

(3)《娄东周氏丛刊》本。

(4)《四库全书存目丛书》本。

(5)《江苏人物传记丛刊》本。

按:参见《四库全书总目》传记类存目3。

南中忠烈遗迹　史部传记类　佚

见《娄东周氏艺文志》,云有嘉靖乙未、壬戌间刻本。

同年序齿录　史部传记类　佚

见《娄东周氏艺文志》,云有嘉靖间刻本。

马鞍山志1卷　史部地理类

《娄东周氏丛刊》本。

(嘉靖)霸州志9卷　史部地理类

明唐交等修　高浚、周复俊等纂

(1) 明嘉靖二十七年刻本。

(2) 1963年《天一阁藏明代地方志选刊》本。

(3) 抄本,上海图书馆藏。

(嘉靖)四川总志80卷　史部地理类

明杨慎、杨名、王元正初编　周复俊、崔廷槐重编

(1) 明嘉靖二十四年(1545)刻本,国家图书馆、天津图书馆藏。

(2)《北京图书馆古籍珍本丛刊》本。

泾林杂记2卷　子部杂学类

(1) 明刻本,上海图书馆藏。

(2)《续修四库全书》本。

按:见光绪《昆新两县续修合志》卷49。

泾林诗文集8卷　集部别集类

(1) 明万历二十年周玄暐刻本,国家图书馆藏。

(2)《四库全书存目丛书》本。

按:《四库全书总目》别集类存目4作《泾林集》8卷。

泾林诗集10卷　集部别集类　佚

见光绪《昆新两县续修合志》卷49。

泾林集再补不分卷　集部别集类

民国间娄东周氏冰壶堂抄本,上海图书馆藏。

周太仆集1卷　集部别集类

(1)《盛明百家诗》本。

(2)《明别集丛刊》第五辑本。

太仆集(一作六梅馆集)16卷　集部别集类

抄本,见《明清江苏文人年表》引用书目。

梁昭明太子文集5卷　集部别集类

梁萧统撰　明杨慎、周复俊校

明嘉靖三十四年周满刻本,国家图书馆藏。

南中集抄　集部别集类

明杨慎撰

明嘉靖三十二年周复俊刻本。

七十行戍稿 2 卷　集部别集类

明杨慎撰

明嘉靖三十八年周复俊刻本。

玉峰诗纂 6 卷　集部总集类

(1) 明隆庆六年(1572)孟昭曾刻本,国家图书馆藏。

(2)《四库全书存目丛书补编》本。

按:参见《四库全书总目》总集类存目 2。

全蜀艺文志 64 卷　集部别集类

明杨慎、周复俊编

(1) 明嘉靖刻本,南京图书馆藏。

(2) 明万历刻本,见《藏园订补郘亭知见传本书目》。

(3)《四库全书》本。

(4) 清嘉庆二十二年张氏小书楼刻本,华东师范大学图书馆藏。

(5) 清光绪十五年(1889)雨余山房刻本,复旦大学图书馆藏。

(6) 1914 年成都昌福公司铅印本,华东师范大学图书馆藏。

(7) 2003 年线装书局标点本。

太仓文略 6 卷　集部总集类　佚

见《千顷堂书目》卷 31、光绪《昆新两县续修合志》卷 49。

批点唐音 15 卷　集部总集类

元杨士弘、明顾璘批点　周复俊重订

明嘉靖四十年顾履祥刻四十四年李蓘重修本,中山大学图书馆藏。

唐诗七言律选　集部总集类　佚

见《娄东周氏艺文志》。

柴　秩

字虞叔。明昆山人。奇季子。10 岁通《春秋》,20 岁入太学。平居寡交游,慎言笑,嗜读书,无间寒暑。拒倭寇不言功。嘉靖三十六年(1557)选得浙江布政司都事,摄篆临安,升宁州判官,署州事,廉明尤著。乞归养母,卒年60。

西湖吏隐稿　集部别集类　佚

怡颜堂杂集　集部别集类　佚

以上2种见光绪《昆新两县续修合志》卷49。

秦　云

字起和。明嘉靖间昆山人。以监生授霍州判官。奉命往赈山西三十州县旱饥,有政声。调夷陵州,被檄往施州治狱,有土司以百镒金苞苴中,云却之。都御史顾璘闻而贤之,升开建知县。不赴,归。

史统节略　史部史钞类　佚

地理正脉　子部术数类　佚

荆南行稿　集部别集类　佚

以上3种见光绪《昆新两县续修合志》卷49。《地理正脉》并见《千顷堂书目》卷13。

王同祖(1497—1551)

字绳武。明昆山人。文徵明甥。少孤。正德十六年(1521)进士,选庶吉士,授编修。绩学有闻。读书中秘,益事宏博。六经子史外,阴阳律历,山经地志,靡不记览。为文操笔立书,融畅尔雅。因议礼与张孚敬不合被斥逐。后为春坊校书,迁南京国子司业。嘉靖二十一年(1542)以上疏言事忤旨落职。通籍30年,立朝仅5年,时论惜之。

重修明刻王氏世谱2卷　史部传记类

明王同祖辑　王在公修　王胤玉重修

明崇祯四年(1631)纂修本,1925年铅印并增订,上海图书馆藏。

按:卷首为谱序等,卷一、二世系,卷末附跋、正系图、祠记、墓记等。

昆山续志8卷　史部地理类　佚

东南水利通考　史部地理类　佚

天元六符图经　子部历算类　佚

载笔录　子部杂学类　佚

五龙山人集60卷　集部别集类　佚

以上5种见光绪《昆新两县续修合志》卷49。

王太史集60卷　集部别集类　佚

见《千顷堂书目》卷22。

五龙山人集10卷　集部别集类

明嘉靖五年王同祖刻本,见《明代版刻综录》卷1。

五龙山人集10卷附录1卷　集部别集类

明万历刻本,国家图书馆藏。

五龙山人集6卷　集部别集类

明万历刻本,国家图书馆藏。

按:《明诗综》卷42收其诗1首。

晋　骥

字子良。明昆山人。宪子。事父甚孝,修植桑果,种桔千章,发明轩岐之说,历滇、辽、中都幕府。医宗王叔和,书法颜平原,学者称栎庵先生。

伤寒辨论　子部医家类　佚

见光绪《昆新两县续修合志》卷49。

按:《江苏历代医人志》引清光绪《苏州府志》作《伤寒论辨》。

朱隆禧(?—1556)

字子谦,号二峰。明昆山人。栻孙。嘉靖八年(1529)进士,授行人,历兵科都给事中,迁顺天府丞,坐大计黜。世宗好长生,隆禧因陶仲文以所传长生秘术及所制香衲进。帝悦,赐白金飞鱼服,加太常卿,致仕，卒于家。隆庆初褫官。

祖孙台谏集　史部政书类　佚

明朱栻、朱隆禧合撰

见光绪《昆新两县续修合志》卷49。

张　情(1499—1566)

字约之，号少峰。明昆山人。意兄，应文、应武、应忠父。嘉靖十七年(1538)进士。授处州府推官，有政绩。迁刑部主事，以母老乞养，改南京兵部，累迁郎中。母忧服除，补南京车驾司，出知九江府。为政清静俭约。备倭寇有功，迁福建兵备副使。病假归，又7年卒。

括苍案牍　史部政书类　佚

浔阳案牍　史部政书类　佚

诗集2卷　集部别集类　佚

少峰文集3卷　集部别集类　佚

公余寄拙集　集部别集类　佚

以上5种见光绪《昆新两县续修合志》卷49。

顾梦圭(1500—1558)

字武祥，号雍里。明昆山人。潜子，允默父。嘉靖二年(1523)进士。授刑部主事，改南京吏部，迁郎中。十七年擢广东参议。父忧服除，起江西左参议，升山东副使。寻改河南提学副使，迁福建参政。十九年擢按察使，升江西右布政使，致仕归。为人敦重，好读书，自奉如寒素。诗文通达，直抒胸襟，善词曲。

疣赘录9卷续录2卷　集部别集类

(1) 明嘉靖三十三年刻本，华东师范大学图书馆藏。

(2)《玉峰雍里顾氏六世诗文集》本。

(3)《四库全书存目丛书》本。

按：参见《四库全书总目》别集类存目4。

入蜀稿 2 卷　集部别集类　佚

见《千顷堂书目》卷 23。

北海集　集部别集类　佚

齐梁集　集部别集类　佚

武平集　集部别集类　佚

还山集　集部别集类　佚

以上 4 种见光绪《昆新两县续修合志》卷 49。

顾廉访集 1 卷　集部别集类

明嘉靖隆庆间刻本，国家图书馆藏。

按：收入俞宪辑《盛明百家诗》。

又按：《列朝诗集》丁上、《明诗综》卷 39 收有其诗，《南词韵选》收其散曲。

王应电

字昭明，号明斋。明昆山人。受业于魏校，好《周礼》，覃精十数载，因显以探微，因细而绎大，成《周礼》传诂数十卷。嘉靖三十二年(1553)家毁于倭乱，流寓江西泰和，以其书就正罗洪先，洪先大服。翰林陈昌积，以师礼事之。胡松抚江西，刊行于世。应电又精研字学，订正讹谬，著《同文备考》等。《明史》有传。

周礼传 10 卷图说 2 卷翼传 2 卷　经部周礼类

(1) 明嘉靖四十二年永丰令吴凤瑞刻本，国家图书馆，上海图书馆藏。

(2) 明抄本，武汉大学图书馆藏。

(3)《四库全书》本。

按：《翼传》上卷凡分 4 篇，曰：《冬官补义》《天王会通》《学周礼法》《治地事宜》；下卷分 3 篇，曰《握奇经传》《非周礼辨》《经传正讹》。此 7 篇，光绪《昆新两县续修合志》卷 49 俱各自为卷，分别著录。参见《四库全书总目》礼类 1。

冬官补义　经部周礼类

天王会通　经部周礼类

学周礼法　经部周礼类

治地事宜　经部周礼类

握奇经传　经部周礼类

非周礼辨　经部周礼类

经传正讹　经部周礼类

以上7种为《周礼翼传》的篇目,《合志》卷49均单独著录。

五经绎1卷　经部群经总义类　佚

见光绪《昆新两县续修合志》卷49。

同文备考8卷首3卷声韵会通1卷韵要粗释1卷　经部小学类

(1) 明嘉靖十八年自刻本,见《天一阁书目内编》。

(2) 明嘉靖三十六年王宗沐刻本,北京大学图书馆藏。

(3) 明嘉靖三十六年刻明万历三十年(1602)重修本,山东省图书馆藏。

(4) 抄本,中山大学图书馆藏。

按:《郑堂读书记》卷14谓此书乃"丛杂之书也"。

翻楷举要1卷　经部小学类　佚

字声定母1卷　经部小学类　佚

书法指南(要)1卷　经部小学类　佚

以上3种见光绪《昆新两县续修合志》卷49。

六义音切贯珠图　经部小学类

六义相关图　经部小学类

以上2种见《明史》卷282魏校传附应电传。

六义图解1卷　经部小学类

(1)《居家必备》本。

(2)《说郛》宛委山堂本。

按:此书作者,以上丛书以为宋人,误。

握机经附非周礼辨、经传正讹　子部兵书类

明王应电撰

明嘉靖间刻本，国家图书馆藏。见《中国兵书知见录》。

握机经 1 卷　子部兵书类

清抄《经武秘要》九种 18 卷本，湖北省图书馆藏。

守堞议　子部兵书类　佚

天文会通 1 卷　子部历算类　佚

以上 2 种见光绪《昆新两县续修合志》卷 49。

按：《天文会通》或为《天王会通》之误，乃《周礼翼传》之 1 篇。

东吴王氏 3 种 3 卷丛书类　佚

明嘉靖刻本，复旦大学图书馆藏。

张廷臣

字元忠。明昆山人。宽子，栋祖。幼警慧，随父之任钱塘。后以诸生入太学，为增城湛若水所知。中嘉靖七年(1528)举人。久之不第，卒，年 43。

张氏说诗(一作娄上张氏说诗)1 卷　经部诗经类

明万历二十九年(1601)刻本，山西省文物局藏。

按：参见《四库全书总目》诗类存目 1。

玉山草堂集 2 卷附录 1 卷　集部别集类

明万历二十八年张氏木雁轩刻本，国家图书馆藏。

按：并见光绪《昆新两县续修合志》卷 49、卷 30 张士瀹传。收入《娄上编》。

国朝文纂 50 卷　集部总集类

明张廷臣纂　其子士瀹续纂

明隆庆六年(1572)吴梦铜活字印本，上海图书馆、国家图书馆藏。

按：《续文献丛考·经籍考》著录为“皇明文纂”。

尤　敷

字尚虞。本姓王，以高祖赘外家而改姓。明昆山人。彻兄。与张情、张意为表兄弟，自少以学行相磨切。嘉靖元年(1522)举乡试，授湖广宜春知县，改福建诏安，多所平反。后以事辞官归。

敬斋年谱　史部传记类　佚

安安堂稿　集部别集类　佚

以上2种见光绪《昆新两县续修合志》卷49。

沈　潞

字子伯。明昆山人。嘉靖十九年(1544)举人，官至南安知州。

我斋集　集部别集类　佚

见光绪《昆新两县续修合志》卷49。

尤　彻

字尚周。明昆山人。敷弟。早岁能文，淳谨如其兄，时称"二尤"。明嘉靖间以岁贡终。

秋亭稿　集部别集类　佚

见光绪《昆新两县续修合志》卷49。

顾梦鲤

字熙宇，一字仲龙。明昆山人。万历二年(1574)进士，九年任仪封知县，官至礼科给事中。

仪封县志4卷　史部地理类

明顾梦鲤修　张卤纂

明万历刻本，国家图书馆藏，存卷3至4。

按:参见《稀见地方志提要》卷11。

陈　儒

字子醇，号为斋。明昆山人，嘉猷父。嘉靖八年(1529)进士，历任兴化推官、青州通判、顺德通判，官至南京刑部主事。劲挺有直声。

宗道集　集部别集类　佚

见光绪《昆新两县续修合志》卷49。

郑若曾(1503—1570)

字伯鲁，号开阳。明昆山人。文康玄孙，魏校婿。少师魏校，又师湛若水、王守仁，与归有光、唐顺之互相切磋，有经世之志。佐胡宗宪平倭，叙功授锦衣世荫，不受。荐修国史亦不就。

尚书集义6卷　经部尚书类　佚

重辑诗谱3卷　经部诗经类　佚

士冠礼解1卷　经部仪礼类　佚

五服图论1卷　经部三礼总义类　佚

宗法1卷　经部三礼总义类　佚

宗祭仪考2卷　经部三礼总义类　佚

孝经阐注1卷　经部孝经类　佚

以上7种见光绪《昆新两县续修合志》卷49。

郑忠肃公(兴裔)年谱1卷　史部传记类

宋郑竦编　明郑若曾重编

(1)《郑氏六名家集·郑忠肃公奏议遗集》附本。

(2)抄本《郑忠肃公奏议遗集》附本，清丁丙跋，南京图书馆藏。

江防图考1卷　史部政书类

《郑开阳杂著》本。参见《四库全书总目》地理类存目4。

万里海防(一作万里海防图说)2卷　史部政书类

《郑开阳杂著》本。参见《四库全书总目》地理类存目4。

海防图论(一作海防一览图)1卷　史部政书类

(1)《兵垣四编》附本，题明胡宗宪撰。

(2)《郑开阳杂著》本。

(3)《长恩书室丛书》本。

(4)《后知不足斋丛书》本。

(5)《半亩园丛书》本，题明胡宗宪撰，附补辑 1 卷。

按：参见《四库全书总目》地理类存目 4。

黄河图议 1 卷　史部政书类

《郑开阳杂著》本。参见《四库全书总目》地理类存目 4。

海运图说 1 卷　史部政书类

《郑开阳杂著》本。参见《四库全书总目》政书类存目 2。

苏松浮赋议 1 卷　史部政书类

《郑开阳杂著》本。参见《四库全书总目》政书类存目 2。

筹海图编 13 卷　史部政书类

明郑若曾、邵芳辑　题明胡宗宪撰

(1) 明嘉靖四十一年(1562)胡宗宪刻本，国家图书馆藏。

(2) 明隆庆刻本，北京大学图书馆藏。

(3) 明天启二年(1622)胡维极刻本，国家图书馆藏。

(4) 清康熙三十二年(1693)郑起泓刻本，国家图书馆藏。

(5)《四库全书》本，题明胡宗宪撰。

(6)《中华再造善本》本。

筹海重编 12 卷　史部政书类

明郑若曾辑　邓钟重辑

(1) 明万历刻本，国家图书馆藏。

(2) 清抄本，北京大学图书馆藏。

(3)《四库全书存目丛书》本。

按：参见《四库全书总目》地理类存目 4。

严城守 1 卷　史部政书类

明刻本，国家图书馆藏缩微胶卷。

四隩图论 2 卷　史部政书类　佚

苏淞税法 2 卷　史部政书类　佚

海图 12 幅　史部地理类　佚

武林志　史部地理类　佚

八闽通志 87 卷　史部地理类　佚

以上 5 种见光绪《昆新两县续修合志》卷 49。

琉球图说 1 卷　史部地理类

(1) 清康熙三十七年郑定远刻本，国家图书馆藏。

(2)《郑开阳杂著》本。

安南图说 1 卷　史部地理类

(1) 清康熙三十七年郑定远刻本，国家图书馆藏。

(2)《郑开阳杂著》本。

按：参见《四库全书总目》地理类存目 7。

日本图纂 1 卷　史部地理类

(1) 明抄本，国家图书馆藏。

(2) 清康熙三十年郑起泓刻本，国家图书馆藏。

(3)《郑开阳杂著》本。

按：参见《四库全书总目》地理类存目 7。

朝鲜图说 1 卷　史部地理类

(1) 清康熙三十七年郑定远刻本，国家图书馆藏。

(2)《郑开阳杂著》本。

家范 2 卷　子部儒学类　佚

原性录 1 卷　子部儒学类　佚

苏州府城守事宜 1 卷　子部兵书类　佚

以上 3 种见光绪《昆新两县续修合志》卷 49。

江南经略 8 卷　子部兵书类

(1) 明隆庆二年(1568)林润时刻本，吉林大学图书馆藏。

(2) 清康熙间郑起泓、郑定远刻本，华东师范大学图书馆、国家图书馆藏。

(3) 抄本,南京图书馆藏。

(4)《四库全书》本。

燕台杂录5卷　子部杂学类　佚

金阊遗稿12卷　集部别集类　佚

留耕书草10卷　集部别集类　佚

以上3种见光绪《昆新两县续修合志》卷49。

郑开阳杂著10种11卷　丛书类

明郑若曾撰　清郑起泓、郑定远重编

(1) 清康熙三十年若曾五世孙起泓及子定远刻本,复旦大学图书馆藏。

(2) 1932年陶风楼影印清康熙本。

(3) 抄本,南京图书馆藏。

(4)《四库全书》本。

子目从略。

张　意(1504—1570)

字诚之,号余峰。明昆山人。情弟。嘉靖七年(1528)举人,次年成进士,授部主事。迁郎中,擢山东副使,后因事罢归。意性高简,好游历。卒年67。

齐云岩游览志　史部地理类　佚

楚吟　史部地理类　佚

以上2种见《安亭志》卷15。

日涉园稿4卷　集部别集类　佚

见《千顷堂书目》卷23、光绪《昆新两县续修合志》卷49。

日涉园诗集3卷　集部别集类　佚

日涉园文集2卷　集部别集类　佚

以上2种见《安亭志》卷12。

张皋付集1卷　集部别集类

明隆庆间刻本，国家图书馆藏。

按：收入俞宪辑《盛明百家诗》。

潘德元

字子懋，一字邻玉。明昆山人。其先汴人，宋潘美之裔。德元以《春秋》举嘉靖十三年（1534）顺天乡试，一时治《春秋》者争师之，王锡爵即其入室弟子。授商河知县，升承天府同知。坐累降信阳知州，复擢应天府治中，以太仓粮役事罢归。工诗文，兼善书翰，为归有光称赏。卒年66。

京兆集　集部别集类　佚

见光绪《昆新两县续修合志》卷49。

江西轩集　集部别集类　佚

醉吟集　集部别集类　佚

以上2种见清宣统《太仓州志》卷25。

王　亿

字辅之。明昆山人。幼孤，奉母孝。精易理，抗颜自负，不徒章句之工，里中称王夫子、后舟先生。

三江图说　史部地理类　佚

养心录　子部儒学类　佚

读书要语集3卷　子部杂学类　佚

以上3种见光绪《昆新两县续修合志》卷49。

徐一元

字伯阳，明昆山人。申子，应聘祖。以诸生入太学，大学士严讷时官翰林，延以课子。谒选，得交河主簿，有治绩。

光训堂集　集部别集类　佚

见光绪《昆新两县续修合志》卷49。

马 淮

字子洪，号修亭。明昆山人。长洲庠生。高才绝学，数试不第。由太学授广东海南主簿，转福建邵武知事。不愿为官，致仕归。徜徉诗酒，萧然物外。卒年78，私谥贞孝先生。

马氏世谱　史部传记类　佚

修亭稿　集部别集类　佚

以上2种见民国《昆新两县续补合志》卷19。

陆 郊

字子野，号三浦。明昆山鸡鸣塘人。应旸父。诸生。俊迈力学。其祖天秩以资雄于乡，至郊家日落，晨昏不给，不顾也。与武进唐顺之、海盐钱薇为文字交。华亭莫如忠称其诗类孟襄阳，书类颜平原，人品类王孺仲。卒年44。

子野集　集部别集类　佚

见光绪《昆新两县续修合志》卷49。

归有光(1507.1.6—1571)

字熙甫。明昆山人。子慕父。嘉靖十九年(1540)试进士不第，退居嘉定安亭江上，读书讲学20余年，学者称震川先生。四十四年，年60始成进士，授长兴知县，以古教化为治，大吏多恶之，调顺德通判。隆庆四年(1570)大学士高拱、赵贞吉荐为南京太仆寺丞，留掌内阁制敕房，修《世宗实录》，卒于官。有光为明代古文中坚。当时王世贞主盟文坛，有光目之为妄庸巨子。殁后，世贞为之赞曰："千载有公，继韩、欧阳。余岂异趋，久而自伤。"其推重如此。或以之与王世贞、唐顺之并称为"嘉靖三大家"，或以宋濂、方孝孺、王守仁及王、唐、归并称为"明六大家"。后桐城派作者尤尊重之。其为文，原本经术，最好太史公书而得其神理，于叙事文尤善。《明史》有传。

易经渊旨 3 卷　经部易类

(1) 清乾隆间归朝煦玉钥堂刻本，云南大学图书馆藏。

(2)《四库全书存目丛书》本。

按：《四库全书总目》易类存目 1，作 1 卷，并见《清代禁书知见录》。

易图论上下篇　经部易类　佚

大衍解　经部易类　佚

尚书叙录　经部尚书类　佚

尚书别解　经部尚书类　佚

洪范传 1 卷　经部尚书类　佚

考定武成 1 卷　经部尚书类　佚

冠礼　经部仪礼类　佚

宗法　经部三礼总义类　佚

孝经叙录 1 卷　经部孝经类　佚

中庸解 1 卷　经部四书类　佚

以上 10 种见光绪《昆新两县续修合志》卷 49。

史记 130 卷　史部正史类

汉司马迁撰　明归有光等评

(1) 明万历二十四年(1596)南京国子监刻明清递修本，佚名录明归有光，清何焯、方苞、王念孙、曾国藩批校，湖南省图书馆藏。

(2) 明崇祯刻本，明陈仁锡评，清骆士奎跋并录清钱泰吉校跋，又传录归有光评点，国家图书馆藏。

(3) 明崇祯刻本，明陈仁锡评，清董文焕跋并录明归有光、清方苞评点，上海图书馆藏。

归方合评史记 130 卷　史部正史类

汉司马迁撰　明归有光、清方苞评点

清光绪二年(1876)刻本，北京师范大学图书馆藏。

归方评点史记合笔 6 卷附震川大全集载评点史记例意刘海峰氏论文偶

记　史部正史类

明归有光、清方苞评点　清王拯纂

1918年刻本，四川大学图书馆藏。

备倭事略1卷　史部杂史类

《说郛续》本。

壬戌纪行2卷　史部杂史类

见《震川别集》卷6。

按：壬戌（嘉靖四十一年），赴京会试，还著《纪行》2卷。

世谱2卷　史部史表类　佚

读史纂言10卷　史部史评类　佚

壬午功臣记1卷　史部传记类　佚

以上3种见光绪《昆新两县续修合志》卷49。

归氏二孝子传1卷　史部传记类

书郭义官事　史部传记类

书张贞女死事　史部传记类

书里泾张氏妻事　史部传记类

王烈妇传　史部传记类

陶节妇传　史部传记类

以上6种有1915年商务印书馆铅印本，国家图书馆藏。

论赋役书　史部政书类　佚

见光绪《昆新两县续修合志》卷49。

马政志1卷　史部政书类

《说郛续》本。

三吴水利录4卷续增1卷　史部地理类

（1）明刻本，国家图书馆藏。

（2）清抄本，上海图书馆藏。

（3）《四库全书》本，无《续增》1卷。

三吴水利录4卷续录1卷附录1卷　史部地理类

明归有光撰 《附录》归子宁撰

(1)《涉闻梓旧》本。

(2)《丛书集成初编》本。

(3)《中国水利志丛刊》本。

荀子叙录1卷 子部周秦诸子类 佚

见光绪《昆新两县续修合志》卷49。

道德经评注2卷 子部周秦诸子类

题汉河上公章句 明归有光批阅 文震孟订正

(1) 明天启四年(1624)竺坞刻本。

(2) 民国间上海著易堂书局铅印本,北京大学图书馆藏。

(3) 清嘉庆九年(1804)苏州聚文堂刻本,中国人民大学图书馆藏。

(4) 清宣统三年(1911)上海大通书局石印本,浙江师范大学图书馆藏。

(5)《十子全书》本。

(6)《增订汉魏丛书》本。

老庄评注(一作道德南华经评注)12卷 子部周秦诸子类

明归有光、文震孟评注

明天启四年刻本,北京大学图书馆、华东师范大学图书馆藏。

庄子释义3卷 子部周秦诸子类

明归有光原评

清康熙二十九年(1690)文萃堂刻本,北京师范大学图书馆、中国人民大学图书馆藏。

归震川评点百二十子26卷补遗13卷 子部周秦诸子类

1925年上海会文堂石印本,北京大学图书馆藏。

兔园杂抄2卷 子部典故类

明万历七年顾天圻刻本,上海图书馆藏。

归震川先生兔园杂抄10卷 子部典故类

(1) 明隆庆刻本,南京图书馆藏。

(2) 明万历七年刻本，南京图书馆藏。

(3) 常熟归氏寿与读书室抄本，北京大学图书馆藏。

(4) 抄本，见《著砚楼书跋》。

唐大家韩昌黎文选 8 卷　集部别集类

唐韩愈撰　明归有光选

明末刻本，上海图书馆藏。

唐大家柳柳州文选 8 卷　集部别集类

唐柳宗元撰　明归有光选

明末刻本，上海图书馆藏。

宋大家苏文忠公文选 16 卷　集部别集类

宋苏轼撰　明归有光辑

明末刻本，中国人民大学图书馆藏。

欧阳文忠公文选 10 卷　集部别集类

宋欧阳修撰　明归有光选

刻本，华东师范大学图书馆藏。

归震川先生文集 20 卷　集部别集类

明万历二年常熟归道传刻本，见《郎园读书志》卷 9。

归先生文集 32 卷附录 1 卷　集部别集类

明归有光撰　其子子祐、子宁辑　门人王执礼校

(1) 明万历四年翁良瑜雨金堂刻本，北京大学图书馆、国家图书馆藏。

(2) 明万历四年翁良瑜雨金堂刻本，汪琬校注，夏孙桐题记，中国科学院图书馆藏。

(3) 明万历四年刻本，佚名录黄宗羲、释宝云批，南京图书馆藏。

(4) 明万历四年刻本，临钱谦益批点，山西省文物局藏。

(5) 明万历四年刻本，方苞批并跋，武汉市图书馆藏。

(6)《四库全书存目丛书》本。

按：参见《四库全书总目》别集类存目 5，题《震川文集初本》32 卷。

蒋以忠校定震川文集 25 卷　集部别集类

见《千顷堂书目》卷 23。

震川全集首 1 卷大全集 30 卷余集 8 卷别集 10 卷补集 8 卷附录 1 卷　集部别集类

(1) 清嘉庆四年玉钥堂刻本,辽宁大学图书馆藏。

(2) 清宣统二年国学扶轮社石印本,北京大学图书馆藏。

(3) 1916 年上海中国图书公司和记石印本,武汉大学图书馆藏。

归震川先生大全集 56 卷　集部别集类

清嘉庆四年刻本,南开大学图书馆藏。

震川先生集 30 卷别集 10 卷附录 1 卷　集部别集类

明归有光撰　曾孙庄辑刊

(1) 清康熙十四年归庄、归玠刻本,北京大学图书馆藏。

按:《震川别集》清代列为禁书。

(2) 清康熙十四年归庄、归玠刻本,佚名录董说批注,清庞钟潞、翁同龢跋,国家图书馆藏。

(3) 清康熙十四年刻本,徐鸿熙录多家校,钱泰吉手札 2 纸、叶景葵跋,上海图书馆藏。

按:参见叶景葵《卷庵书跋》。

(4) 清康熙十四年刻本,钱泰吉跋并录王元启批点,潘蔼人录方坰、张鲈江评语,附录潘蔼人抄本,国家图书馆藏。

(5) 清康熙十四年刻本,附录管廷芬抄本,国家图书馆藏。

(6) 清康熙十四年刻、清乾隆四十八年(1783)归景灏、归景伊重修本,王振声跋并录钱陆灿、释宝云、彭绍升、冯伟批校,常熟市图书馆藏。

(7) 清康熙十四年刻本,范械士跋并录董说等批点,西南师范学院图书馆藏。

(8) 清康熙十四年刻本,庞钟潞跋并录董说评,徐恕转录钱谦益、彭绍升、冯伟、董采评,武汉市硚口区图书馆藏。

(9) 清康熙十四年刻本,翁同龢录钱良择、董说评点,中国社会科学院文学研究所藏。

(10) 清康熙十四年刻本,李国松跋并录姚姬传评点及诸名家评语,湖北省图书馆藏。

(11) 清康熙十四年刻本,盛百二录王元启批点,上海图书馆藏。

按:参见《著砚楼书跋》。

(12) 清康熙十四年刻本,杨伦批校并跋,天津市图书馆藏。

(13) 清康熙十四年刻本,王芑孙批,上海图书馆藏。

(14) 清康熙十四年刻本,鲍倚云批点并跋,上海图书馆藏。

(15) 清康熙十四年刻本,李兆洛批校并跋,山东省图书馆藏。

(16) 清康熙十四年刻本,翁心存录佚名圈批,国家图书馆藏。

(17)《四库全书》本。

(18)《摛藻堂四库全书荟要》本。

(19)《四部丛刊》本。

(20)《四部备要》本。

(21) 1991 年上海古籍出版社《四库明人文集丛刊》本。

归震川先生文萃 5 卷　集部别集类

日本天保八年(1837)大阪青木嵩山堂刻本,复旦大学图书馆藏。

归震川稿　集部别集类

明归有光撰　清俞长城选评

清康熙刻本,国家图书馆藏。

按:为《可仪堂一百二十名家制义》本。

归震川先生全稿不分卷　集部别集类

明归有光撰　清吕留良评点

清康熙十八年吕氏天盖楼刻本,国家图书馆藏。

按:吕留良评《归震川集》清代列为禁书。

新刊震川先生集 8 卷　集部别集类

(1) 清康熙四十三年王枟刻本,湖北省图书馆、复旦大学图书馆藏。

(2)《续修四库全书》本。

归震川先生未刻稿25卷　集部别集类

(1) 清初抄本,诸锦跋,上海图书馆藏。

(2) 清抄本,清吴以淳校并跋,邓邦述、宗舜年跋,台湾“中央图书馆”原藏。

抄本震川先生未刻稿4卷　集部别集类

见《著砚楼书跋》。

归震川先生未刻集　集部别集类

清光绪八年吴祖畲抄本,北京大学图书馆藏。

归震川时文稿　集部别集类　佚

见《清代禁毁书目·补遗二》,注:“内有吕留良评选,铲除,余书仍行世。”

音注震川文不分卷　集部别集类　佚

1924年文明书局石印本,复旦大学图书馆藏。

震川先生集选读不分卷　集部别集类

明归有光撰　清张士元选

清咸丰四年(1854)吴江李龄寿抄本,上海图书馆藏。

震川先生应试策论集2卷　集部别集类

清抄本,国家图书馆藏。

新刊批释举业切要古今文则5卷　集部别集类

明隆庆六年吴县书林郑子明刻本,北京大学图书馆藏。

归震川集10卷　集部别集类

明归有光撰　清张汝瑚选

清康熙间郢雪书林刻本,复旦大学图书馆藏。

归震川文选2卷　集部别集类

清刘肇虞选评《元明八大家古文选》本。

归震川先生文选6卷　集部别集类

(1) 清道光二十五年(1845)刻本,中国人民大学图书馆藏。

(2)《金元明八大家文选》本。

归太仆文定(一作归文定)4卷　集部别集类

明归有光撰　清崔徵麟辑

清康熙间刻本,北京师范大学图书馆藏。

按:另见《贩书偶记》。

归震川先生文抄　集部别集类

(1)清张士元手抄评点本,见叶景葵《卷庵书跋》。

(2)《明清八大家文钞》本。

震川文抄2卷　集部别集类

明归有光撰　周云辑

民国间抄本,天津图书馆藏

归震川文抄1卷　集部别集类

明归有光撰　民国王文濡选

《明清八大家文抄》本。

归熙甫文抄4卷　集部别集类

清末唐炯抄本,北京大学图书馆藏。

归熙父文抄不分卷　集部别集类

明末刻本,中国人民大学图书馆藏。

按:此书为《八代文钞》之另种。

震川尺牍2卷　集部别集类

(1)《归钱尺牍》本。

(2)《四库禁毁书丛刊》本。

归震川尺牍1卷　集部别集类

《明清十大家尺牍》本。

归有光散文选注　集部别集类

今人张家英选注

1985年上海古籍出版社排印本。

归震川诗文选　集部别集类

陆林、吴家驹选注评析

2002年江苏古籍出版社出版《昆山三贤丛书》本。

归诗考异1卷　集部别集类

清汪琬撰

《钝翁全集·钝翁类稿》本。

震川先生大全集正集30卷别集10卷补集8卷余集8卷先太仆评史记例意1卷归震川先生论文章体则1卷　集部别集类

(1) 清嘉庆元年(1796)七世孙朝煦玉钥堂刻本，宋钺录各家评，上海图书馆藏。

(2) 清嘉庆元年七世孙朝煦玉钥堂刻本，清何绍基批点，徐桢立跋，湖南省社科院图书馆藏。

按：孙殿起《清代禁书知见录》著录此《大全集》有附刻《易经渊旨》3卷。

震川先生集40卷　集部别集类

今人周本淳点校

1981年上海古籍出版社排印本。

按：此书以《四部丛刊》影印清康熙刻本为底本，用清嘉庆玉钥堂刻《大全集》本校勘。

又按：《明诗综》卷49收其诗6首。

唐宋八大家文选59卷　集部总集类

明归有光选辑　顾锡畴评

明崇祯四年(1631)刻本，复旦大学图书馆藏。

古文举例不分卷　集部总集类

明归有光辑　清邹夺祺重辑

清光绪三十一年刻本，复旦大学图书馆藏。

钦定明朝四书文　集部总集类

清光绪二年刻本，华东师范大学图书馆藏。

文章指南5卷　集部总集类

明归有光编

(1) 清光绪二年刻本,湖北省图书馆藏。

(2) 1924 年上海大东书局石印本,复旦大学图书馆藏。

(3)《四库全书存目丛书》本。

按:参见《四库全书总目》总集类存目 2。沈廷芳于清乾隆二十八年在闽重订《文章指南》为 8 卷刊行,见《隐拙斋集》卷 39。另见光绪《昆新两县续修合志》卷 49。

诸子汇函 26 卷附诸子评林姓氏 1 卷诸子汇函谈薮 1 卷　丛书类

旧题明归有光辑评

(1) 明万历书林石经堂刻本,见《明代版刻综录》卷 1。

(2) 明天启五年达古堂刻本,北京大学图书馆、辽宁省图书馆藏。

(3)《四库全书存目丛书》本。

按:参见《四库全书总目》杂家类存目 8。共辑评明以上著作 93 种。子目从略。

庄渠先生遗书 16 卷　丛书类

明魏校撰　归有光编

明嘉靖四十年苏州知府王道行昆山知县张大年刻本,上海图书馆、美国哈佛大学图书馆藏。

按:参见"魏校"条。

归有光全集　丛书类

2015 年上海人民出版社出版。

按:整理团队将国内各地图书馆、博物馆珍藏的归氏论著孤本及善本予以搜集、考订、整理、校勘,全面结集。其中大量珍本、孤本整理面世,属抢救性编纂出版。《全集》以经、史、子、集分类。

张　荆

明昆山人。曾与归有光游。

滕阳集　集部别集类　佚

纪游集　集部别集类　佚
灯花集　集部别集类　佚
野航漫兴　集部别集类　佚
天留子稿　集部别集类　佚
娄阳唱和集　集部总集类　佚

以上6种见光绪《昆新两县续修合志》卷49。

沈　铨

明昆山人。

畸亭述略　集部别集类　佚

见民国《昆新两县续补合志》卷19。

李时孚

本名续。字仁甫，号占泉。明昆山人。魏校从子。校上《复姓疏》，续领嘉靖二十二年(1543)乡荐，始改李姓。授慈溪教谕，迁缙云知县，为政清简。性诚坦，善音律。卒年54。

仙都志5卷　史部地理类

明隆庆五年(1571)刻本，见《续修四库全书提要》。

按：仙都山古名缙云山，在浙江缙云县东23里。山中有玉虚宫，为道书36洞天第29玄都祈仙洞天。元道士陈性定撰《仙都志》2卷，见《四库全书总目》地理类存目5。时孚书分6门：山川、神仙(附羽士)、寓游、灵异、土产、艺文。

蟠桃记(传奇)　集部词曲类　佚

见《信义志稿》卷5本传，传名李续。

龚邦衡(1510—1588)

字世美。明昆山人。理玄孙。13岁能文章，稍长，考究经史，期有用于世。家贫，授徒养亲，从游者多取科第，邦衡则屡试不售。卒年79。

崇基录　子部儒学类　佚

见《信义志稿》卷17。

正俗编　子部儒学类　佚

独鹤轩稿　集部别集类　佚

以上2种见光绪《昆新两县续修合志》卷49。

周世昌(？—1576?)

明昆山人。恭孙。太学上舍生。平生热心地方文献。

(万历)昆山县志8卷　史部地理类

(1) 明万历四年(1576)申思科刻本,上海图书馆藏。

(2) 1983年台北成文出版社《中国方志丛书》影印本。

按:万历四年有司檄修郡志,知县申思科访得世昌旧稿,促其补充完善,成书12卷,遽卒。思科将书稿交县学教谕王体升等校订,厘为8卷付刊。参见《江苏旧方志提要》。

龚　埏

字季宏。明昆山人。理五世孙。好读书,工行草,每贷书于人,作行草偿之。亦时赁写不受值,以古书相抵,至堆积盈架,一一抉奥摘微。居傍城西,仅蔽风雨。编辑古今遗文多至千余卷。急人之难,胆力过人。

昆山人物纪略　史部传记类　佚

名家谱牒　史部传记类　佚

明代传志考　史部传记类　佚

黔游杂记2卷　史部地理类　佚

续游名山记　史部地理类　佚

续订墨庄40卷　子部周秦诸子类　佚

救荒草木疏1卷　子部农家类　佚

古今遗文1000卷　集部总集类　佚

以上8种见光绪《昆新两县续修合志》卷49。

冯　迁

明昆山人。淮子。

长铁斋稿7卷　集部别集类　佚

见光绪《昆新两县续修合志》卷49。

冯　邃

明昆山人。淮次子。

冯子潜诗稿　集部别集类　佚

云水道人集　集部别集类　佚

半舫斋稿　集部别集类　佚

南游稿　集部别集类　佚

以上4种见光绪《昆新两县续修合志》卷49。

张元阳

明昆山人，一说海盐人。以豪杰自命，好谈天下事。游嘉定，与张名由友善。

方隅武备书16卷　子部兵书类　佚

见光绪《昆新两县续修合志》卷49。

按:《千顷堂书目》卷6史部地理类上作:张玄阳《方隅武备》16册，注:"一作《方隅武事考》，部分省会，条列战阵、攻守、方略。玄阳，吴人。"《明史·艺文志》地理类作张元阳《方隅武备》16卷。

许从龙

字伯云，号云峰。明昆山人。志学子。嘉靖三十二年(1553)进士。授分宜知县，迁户科给事中，升吏科右给事中。严嵩败，以累罢归，在马鞍山西麓筑养余园以居。

吴中水灾书　史部政书类　佚

琐闱管见　史部政书类　佚

以上2种见光绪《昆新两县续修合志》卷49。

李　璧

字德玉，号介庵。明昆山人。魏校(校本姓李)女，适周氏。能诗，赵宧光妻陆卿子亟称之，为其集作序。

介庵集　集部别集类　佚

见《历代妇女著作考》引《燃脂集》。

吴　扩

字子充，自称河岳顽仙。明昆山人，一作长洲人。工诗，以布衣游缙绅间。遍历南北诸名胜，至老不衰。嘉靖三十四年(1555)避倭乱居金陵，筑长吟阁于秦淮上。尝元日赋诗《奉怀分宜相公》(严嵩)，为人所笑。

长吟阁稿　集部别集类　佚

贞素堂集5卷　集部别集类　佚

以上2种见《千顷堂书目》卷23。

吴之山集1卷　集部别集类

《盛明百家诗后编》本。

按：《列朝诗集》丁集上、《金陵诗征》卷39收有其诗，《明诗综》卷55，收其诗2首。

周　美(1512—1564)

字济叔。明昆山人。幼慧而贫，沈大楠见而奇之，引与子绍庆同学，授以《易》。嘉靖二十三年(1544)进士，授进贤知县，改刑部主事，进员外郎。历湖广佥事，四川参议，官至广东副使，丁外艰归。有诬以受赃枉法者，遂致仕。美起家艰难，清操自励，忽遭谗谤，竟以狂疾卒。

七十二贤像赞　史部传记类　佚

考定八阵图变　子部兵书类　佚

四言诗　集部别集类　佚

见光绪《昆新两县续修合志》卷23本传。

张宪臣(1512—1573)

字钦伯,号虚江。明昆山人。鲁得、鲁传、鲁唯之祖。性宽大,多隐其德行。嘉靖三十八年(1559)进士,授南昌知县,改花县,有政声。严嵩败,拜工科给事中,进户科都给事中。隆庆元年(1567)出为浙江左参政,分守金、衢、严三府。迁云南按察使,寻以都御史某有隙,免归。

礼记妙指10卷　经部礼记类　佚

游滇稿1卷　集部别集类　佚

以上2种见光绪《昆新两县续修合志》卷49。

俞允文(1513—1579)

初名允执。字质甫,一字仲蔚,号紫芝。明昆山人。璋子。年12而孤,家贫,奉祖母及母,事兄抚弟,以孝友闻。年15为《马鞍山赋》,长老异之,寻补郡诸生。好为诗歌、古文词。两母殁,谢去诸生,一意读书著作,直规古人。善行楷,绝无凡笔。张寰偕之赴茗上诗社,王世贞折节与交,列之广五子之首,由是名日起。中岁患头风,终岁不至公庭。都穆尝谓昆山有三绝,仲蔚诗,熙甫文,子宾举子业,无所用吾手矣。《明史》有传。

昆山杂咏28卷　史部地理类

(1) 明隆庆四年(1570)孟绍曾刻本,郑振铎跋,国家图书馆藏。

(2)《四库全书存目丛书》本。

(3) 1997年台北新文丰出版公司《丛书集成三编》本。

按:此书继宋龚昱《昆山杂咏》3卷、明王纶《昆山杂咏》6卷辑成。参见《四库全书总目》总集类存目。

秘笈类函22册　子部典故类　佚

见光绪《昆新两县续修合志》卷49。

仲蔚先生集24卷附录1卷　集部别集类

(1) 明万历十年(1582)休宁程善定刻本,国家图书馆藏。

(2)《续修四库全书》本。

(3)《四库全书存目丛书》本。

按:参见《四库全书总目》别集类存目5。

俞仲蔚集1卷　集部别集类

(1)《盛明百家诗前编》本。

(2)《明别集丛刊》第五辑本。

俞仲蔚文稿不分卷　集部别集类

稿本,金农跋,上海图书馆藏。

真逸稿　集部别集类　佚

见《千顷堂书目》卷23。

荆南倡和诗1卷　集部总集类　佚

见光绪《昆新两县续修合志》卷49。

按:《四库全书总目》总集类存目2作《荆溪唱和诗》,明嘉靖四十年(1561)俞允文、顾从义等8人游宜兴所作,允文为合而刊之。

名贤诗评20卷　集部诗文评类

明俞允文、李仲芳辑

(1) 明隆庆五年俞允文刻本,国家图书馆藏。

(2) 明万历四十一年刻本,北京师范大学图书馆藏,存卷1至10。

(3)《中国诗话珍本丛书》本。

按:《列朝诗集》丁集上收有其诗,《明诗综》卷52收其诗4首。

名贤诗评5卷　集部诗文评类

明俞允文、李仲芳评

明刻本,清华大学图书馆藏。

孟绍曾

字少鲁，号守约。明昆山人。世居张浦。昆山儒学生，由太学选光禄寺署丞，旋移疾归。在张浦筑怡老园以居，觞咏自乐。闻义必徙，见难必恤。卒年55。

昆山杂咏28卷　史部地理类

明隆庆四年(1570)孟绍曾刻本，郑振铎跋，国家图书馆藏。

玉峰诗纂6卷　集部总集类

明周复俊辑　孟绍曾刊

明隆庆六年刻本，南京图书馆藏。

按：此辑录西晋至明代昆山诗人之作，按朝代为次。始于西晋陆机、陆云。各附小传。

顾梦羽(1516—1593)

字舜祥，号寅斋。明昆山人。懋弘从父。嘉靖中以例贡历官四川盐课提举，蕲州同知，致仕。卒年78。

义勇武安王(关羽)集8卷　史部传记类

明顾问辑　顾梦羽刊

明嘉靖四十三年(1564)顾梦羽刻本，国家图书馆藏。

梁辰鱼(1521—1594)

字伯龙，号少白，自署仇池外史。明昆山人。介子。身长八尺有奇，疏眉虬髯，好任侠，不屑就诸生试，以例贡入太学，竟弗就。营华屋，招徕四方豪杰，有志于报国立功。明嘉靖间，李攀龙、王世贞等七子皆折节与交。王世贞、戚继光特造其庐。辰鱼广交游，足迹遍吴楚间。于楼船箫鼓中，仰天歌啸，旁若无人。喜酒，尽一石弗醉。尤善度曲，得魏良辅之传，转喉发响，声出金石。晚年，写出第一部昆曲剧本《浣纱记》。其风流豪举，论者谓与元之顾德辉(仲瑛)相仿佛。卒年74。

送春赋跋　子部艺术类

明梁辰鱼撰并正书　莫后昌临

拓本，国家图书馆藏。

鹿城诗集 28 卷　集部别集类

清抄本，国家图书馆藏。

鹿城诗二集 18 卷　集部别集类

清抄本，国家图书馆藏。

鹿城诗集 10 卷　集部别集类

明万历刻本，见《续修四库全书提要》。

伯龙诗 3 卷　集部别集类　佚

见光绪《昆新两县续修合志》卷 49。

远游稿　集部别集类　佚

见《千顷堂书目》卷 23、光绪《昆新两县续修合志》卷 49。

梁国子生集 1 卷　集部别集类

《盛明百家诗》本。

江东廿一史弹词 1 卷　集部词曲类　佚

见光绪《昆新两县续修合志》卷 49。

红绡记(杂剧)　集部词曲类

无双传补　集部词曲类

以上 2 种见《古典戏曲存目汇考》。

红线女(杂剧)1 卷　集部词曲类

(1)《盛明杂剧》本。

(2)《新镌古今名剧酹江集三十种》本。

(3)《诵芬室丛刊二编》本。

(4)《古本戏曲丛刊四集·古今名剧合选·新镌古今名剧酹江集》本。

浣纱记(传奇)2 卷　集部词曲类

(1) 清乾隆内府抄本，国家图书馆藏。

(2)《六十种曲》本。

怡云阁浣纱记2卷　集部词曲类

(1) 明天启间杭州段景亭读书坊刻本,国家图书馆藏。

(2)《古本戏曲丛刊初集》本。

重刻出像浣纱记4卷　集部词曲类

(1)《绣刻演剧》本。

(2) 明万历间金陵唐氏富春堂刻本,国家图书馆藏。

(3) 明万历继志斋刻本。

(4) 明万历金陵文林阁刻本。

重校浣纱记4卷　集部词曲类

明刻本,国家图书馆藏。

李卓吾先生批评浣纱记2卷　集部词曲类

明梁辰鱼、李贽评

明末刻本,上海图书馆藏。

新刻吴越春秋乐府2卷　集部词曲类

明刻本,国家图书馆藏。

按:此即《浣纱记》别名。

浣纱记校注　集部词曲类

今人张忱石等校注

1994年中华书局排印本。

江东白苎(散曲)2卷续2卷　集部词曲类

(1) 明崇祯毛氏汲古阁刻本,国家图书馆、上海图书馆藏。

(2)《诵芬室丛刊初编》本。

(3)《汇刻传剧·别行》本。

(4)《曲苑》本。

(5)《续修四库全书》本。

坐隐先生精订梁少白江东白苎1卷　集部词曲类

明汪氏环翠堂刻本,国家图书馆藏。

按:为《四词宗合刻》本。

鸳鸯记(传奇)　集部词曲类

见《明清江苏文人年表》。

按:《明诗综》卷55收其诗1首。

叶恭焕

字伯寅,号台山,晚号括苍老人。明昆山人。盛玄孙。归有光弟子。嘉靖二十五年(1546)举人。叶盛富藏书,家有菉竹堂名,至恭焕始葺成。喜刻书。

云仙杂记10卷　子部小说类

唐冯贽撰　明叶恭焕刊

(1) 明隆庆五年(1571)叶恭焕菉竹堂刻本。

(2)《四部丛刊续编》影印本。

清异录2卷　子部典故类

宋陶穀撰　明叶恭焕刊

明隆庆六年叶恭焕菉竹堂刻本,国家图书馆藏。

吴下冢墓遗文续1卷　集部总集类

明叶恭焕辑

清初叶氏赐书楼抄本,上海图书馆藏。

按:此书为续都穆《吴下冢墓遗文》。

吴下冢墓遗文续3卷　集部总集类

明叶恭焕辑

铁琴铜剑楼抄本,国家图书馆藏。

周后叔

字胤昌。明昆山人。嘉靖二十九年(1550)进士,授工部主事,视榷荆州。政务宽简,迁员外郎。忤严嵩父子,谪武冈州同知,迁金华府同知,有政绩,进知府。坐与御史争试事被劾归。营室东林萧寺左,度曲养疴。为诗有清思，晚嗜内典，自号空空居士。卒年52。

楚游篇　集部别集类　佚

越中稿　集部别集类　佚

以上2种见光绪《昆新两县续修合志》卷49。

按：《昆山杂咏》卷20收其诗1首。《全明词补编》收其词5首。

王可仪

明昆山人。

荒游纪迹　集部别集类　佚

见光绪《昆新两县续修合志》卷49。

顾章志(1523—1586)

字行之，号观海。明昆山人。济子，绍芳父。嘉靖三十二年(1553)进士，授行人。时严嵩父子专权，人争趋之，章志独不往。历刑部郎中，出知饶州府，有政绩。擢湖广副使，进贵州参政，广西按察使。乞休家居7年，复以原官补山东，旋升南京光禄卿、应天府尹，进南京兵部右侍郎，以勤干著。未几卒于位。

船政疏1卷　史部政书类　佚

见光绪《昆新两县续修合志》卷49。

丁允亨

榜姓秦。字孟嘉。明昆山人。嘉靖三十年(1551)举人，晚授安徽太湖县教谕，县令王大谟请修县志，《志》无滥者。升临漳知县。修堤45里以御漳水，漳人赖之。未几病卒。年64。

太湖志　史部地理类　佚

见光绪《昆新两县续修合志》卷49、卷25本传。

沈绍庆

字子善。明昆山人。大楠子。嘉靖二十九年(1550)进士,历任鄱阳、光山令,所在有声。擢礼部主事,迁员外,督学云南,乞养归,卒。

(嘉靖)光山县志 9 卷　史部地理类

明沈绍庆修　王家士纂

(1) 明嘉靖三十五年刻本,上海图书馆藏。

(2)《天一阁藏明代方志选刊》本。

按:详见《稀见方志提要》第 771 页。

张士瀹(1526—1568)

字心父,自号乐住先生。明昆山人。廷臣子,栋父。少工词赋,尝为上舍生,与海内贤豪游,不售,遂一意搜讨。随所览涉,务穷其奥,必令了然于心,然后满志。以家难中落,惟拥先世千卷自娱。又独肩赋役,困甚,乃赁屋留都,迁居南京。家居秦淮上,有"清懒窝",至不蔽风日。留曹有知其才者,为买田以赡,益敷文析理无虚日,时偕词客冥搜石城、牛首、栖霞、乌衣诸胜。侠骨益坚,诗律更细。寻以哭母过伤,修岁祀归,道遘疾卒。

昆山往哲言行录　史部传记类　佚

明张士瀹编

续博物志 10 卷　子部杂学类　佚

清懒窝笔记　子部杂学类　佚

以上 3 种见《金陵诗征》卷 38 传注。

张心父集 10 卷附录 1 卷　集部别集类

明万历二十八年(1600)张氏木雁轩刻本,国家图书馆藏。

按:收入《娄上编》。

张心父集 1 卷　集部别集类

《盛明百家诗后编》本。

国朝文纂 50 卷　集部总集类

明张廷臣纂　其子士瀹续纂

明隆庆六年(1572)吴梦铜活字印本,上海图书馆、国家图书馆藏。

按:《续文献丛考·经籍考》著录为"皇明文纂"。

嘉靖集 20 卷　集部总集类　佚

见光绪《昆新两县续修合志》卷 49。

按:《明诗综》卷 55 收其诗 1 首。《全明词补编》收其词 5 首。

三张先生诗　集部总集类　佚

明张士瀹辑

见《金陵诗征》卷 38 传注:"搜其先世德字尚猷、注字时雨、銮字与鸣为《三张先生诗》。"

诗话　集部诗文评类　佚

见《金陵诗征》卷 38 传注。

张名由(1526—1604?)

初名凡,字公路。明嘉定人,居昆山安亭江上。年 30 即弃诸生业,通古今学,好奇计。博考前代掌故,于兵农礼乐,星占分野,舆图阨塞,皆如指掌。素工诗,历游燕、赵、韩、魏间,吊古兴怀,诗笔益雄健。所居江有第六泉,因以六泉自号。卒年 79,一说 91。

四海略　史部地理类　佚

经星图说 1 卷　子部历算类　佚

以上 2 种见光绪《昆新两县续修合志》卷 50。

张公路诗集 8 卷　集部别集类

明刻本,北京大学图书馆藏。

顾允默(1528—1592)

字懋仁,一字希雍。明昆山人。梦圭长子,允焘(懋弘)、采屏兄,天埈父。为文根柢理要,宏赡赅博。嘉靖四十年(1561)下第南都,隆庆五年(1571)继续在南国子监读书,终生浮沉诸生间。�谨如处子,耻谈先世功伐。遇游冶贵介,辄障其面而不与通。万历二十年(1592)病垂死,闻子天埈及第,索笔赋诗,病噎而瞑。与弟、妹均以善作曲名。

顾伯子集 1 卷　集部别集类

《盛明百家诗后编》本。

五鼎记(传奇)1 本　集部词曲类　佚

见明吕天成《曲品》。

按:《古典戏曲存目汇考》云:此剧写汉主父偃故事,《群音类选》中残存佚曲。

傅　逊

字士凯。明嘉定人,徙昆山。少游归有光之门。晚年以岁贡为嵊县训导,迁建昌教谕。仪观修伟,喜谈兵,明习世务,尤嗜左氏。家素封,苍头百余人,兴至或小试勒兵,以行其意。

春秋左传属事 20 卷　经部春秋左传类

(1) 明万历十三年(1585)吴郡傅氏日殖斋刻本。国家图书馆藏。

(2) 明万历十三年刻二十六年递修本,丁丙跋,南京图书馆藏。

(3)《四库全书》本。

(4)《浦东历代要籍选刊》本。

春秋左传注解辨误 2 卷补遗 1 卷　经部春秋左传类

(1) 明万历十三年吴郡傅氏日殖斋刻本。国家图书馆藏。

(2) 日本延享三年(1746)皇都书嗣影刻本,上海图书馆藏。

(3) 日本宽政六年(1794)刻本,北京大学图书馆藏。

(4)《续修四库全书》本。

(5)《四库全书存目丛书》本。

按:参见《四库全书总目》春秋类存目 1。

左传古字奇字音释 1 卷　经部春秋左传类

《春秋左传属事》附刻本。

春秋古器图1卷　经部春秋左传类

其孙熙汇辑

《春秋左传属事》附刻本。

戴九容

字允正。明昆山人。嘉靖三十四年(1555)举人。

凤陵山人集　集部别集类　佚

见光绪《昆新两县续修合志》卷49。

张志美

字济卿。明昆山人。明崇祯朝以子鲁唯赠福建左布政。卒葬真义。

礼记采辑　经部礼记类　佚

笔花馆集10卷　集部别集类　佚

以上2种见光绪《昆新两县续修合志》卷49。

张应文(1530—1595)

字茂实,号彝甫,又号被褐先生。明昆山籍,嘉定人。情长子,丑父。博综古今,善属文,工书画,旁及星学阴阳家言。与王世贞交善。自嘉定徙居长洲,搜讨古今法书名画甚勤。藏书处曰清秘藏,取倪瓒清秘阁之意。

天台游记1卷　史部地理类　佚

雁荡游记1卷　史部地理类　佚

以上2种见光绪《昆新两县续修合志》卷49。

清秘藏摘抄1卷　史部金石类

(1)《玉说荟刊》本。

(2)1931年铅印本,北京大学图书馆藏。

清秘藏1卷　子部艺术类

清李癯叟抄本,国家图书馆藏。

清秘藏 2 卷　子部艺术类

(1)《四库全书》本。

(2)《述古丛抄》本。

(3)《藏修堂丛书》本。

(4)《翠琅玕馆丛书》(黄任恒辑)本。

(5)《艺术丛书》本。

(6)《芋园丛书》本。

(7)《美术丛书》初集 8 辑本。

(8) 知不足斋刻本,见《郑堂读书记》卷 58。

(9) 明抄本,见《善本书室藏书志》卷 19。

罗钟斋兰谱 1 卷　子部艺术类

《美术丛书》四集 10 辑本。

山房四友谱附先天换骨新谱 1 卷图 1 卷　子部艺术类

明万历二十四年(1596)刻本,南京图书馆藏。

古董秘诀鉴定新书 3 卷　子部艺术类

明张应文撰　日本杉山鸡儿训点

日本明治十二年(1879)沈香阁刻本,北京师范大学图书馆藏。

国香集 1 卷　集部别集类　佚

巢居小稿 1 卷　集部别集类　佚

以上 2 种见光绪《昆新两县续修合志》卷 49。

罗钟斋集 1 卷　集部别集类　佚

见《明清江苏文人年表》。

张氏藏书 4 卷　丛书类　佚

见《四库全书总目》杂家类存目 11、《浙江采集遗书总录》庚集。

张氏藏书 12 种 15 卷　丛书类

明万历二十四年刻本,叶德辉、叶启勋、叶启发跋。湖南省图书馆藏。

子目如下：

《箪瓢乐》1卷　张应文撰

《老圃得》3卷　张应文撰

《兰谱(一名罗钟斋兰谱)》1卷　张应文撰

《菊书(一名彝斋艺菊谱)》1卷　张应文撰

《焚香略》1卷　张应文口述,张丑笔录

《清秘藏》2卷　张应文撰

《山房四友谱》1卷　张丑撰

《茶经》1卷　张丑撰

《瓶花谱》1卷　张丑撰

《清供品》1卷　张应文撰

《朱砂鱼谱》1卷　张丑撰

按:上列子目缺1种1卷。另据南京图书馆所藏残本可补1种2卷：

《先天换骨新谱》1卷　张应文撰(或谓张丑撰)

《野服考》1卷　张丑撰

陈允升(1532—1604)

字晋卿,号霁岩。明昆山人。彝曾孙。隆庆二年(1568)进士,选知开州。治行为畿辅第一,擢兵部员外郎,升湖广提学佥事。自楚归,岁灾,以书抵张居正,祈蠲赈,词旨激切,语侵抚臣,吴民实受其惠。

周易程朱传义24卷(宋程颐、朱熹撰)上下篇义1卷(程颐撰)周易朱子图说1卷周易五赞1卷筮仪1卷(朱熹撰)　经部易类

明万历陈允升刻本,见《中国古籍善本书目·经部》。

痘疹世医心法12卷痘疹格致要论11卷　子部医家类

明万全撰

明万历十一年(1583)陈允升刻本,南京中医药大学图书馆、国家图书馆藏。

按:此书为陈允升官湖广时,在均州所访得,为孙应鳌刻本,后带回苏州重刻。前有孙应鳌《痘疹心要序》及陈允升《刻痘疹心要序》。详见毛德华著《万全生平著述考》。

王逢年

字舜华。初名治,字明佐,号玄阳山人。明昆山人。同祖子。年14通三经,补诸生。性奇特,以古文自负。试义多入古文奇字,为有司所黜。工诗,王世贞甚相推挹。工诸体书,时称小王右军。曾收藏过蔡邕的焦尾琴。卒年75。

天禄阁外史(一作秘传天禄阁寓言外史)8卷　子部杂学类

题汉黄宪撰　明王逢年伪托　钟惺评

(1) 明隆庆四年(1570)昆山沈松石留春书馆刻本,国家图书馆、北京大学图书馆藏。

(2)《广汉魏丛书》本。

(3)《秘书九种》本。

(4)《增订汉魏丛书》本。

(5)《丛书集成初编》本。

(6)《增定汉魏六朝别解》本,作1卷。

按:此书为逢年伪托汉黄宪之名所撰,详见《四库全书总目》杂家类存目1。疑下列《於陵子》《计然子》等盖亦为其伪托之书。

於陵子　子部杂学类　佚

计然子　子部杂学类　佚

枝语　子部杂学类　佚

巢语　子部杂学类　佚

海岱集12卷　集部别集类　佚

按:明嘉靖四十年(1561)之际逢年从北京南下,困居淮阴,得山阳鲁道资助归。道并辑逢年此期诗为《海岱集》。

文统100卷　集部总集类　佚

以上6种见光绪《昆新两县续修合志》卷49。

按:《明诗综》卷55收其诗1首。详见《王氏世谱》卷三。

张应武(?—1607)

字茂仁,号三江。明昆山人。情次子。与兄应文、弟应忠师事归有光,务穷根柢,自成一家。上述六经,下钩诸史,抵掌论古今人物,山川厄塞,兵农战守之事,皆若身在其中。尝慨三吴水利不修,操小艇出没太湖、吴淞间,著《水利论》三篇,时公卿县宰造访其庐。嘉定令韩浚,曾延修邑志,为通人所称。

(万历)嘉定县志22卷　史部地理类

明韩浚修　张应武纂

(1) 明万历三十三年(1605)嘉定县署刻本,北京大学图书馆藏。

(2) 抄本,南京图书馆藏。

三吴水利论3篇　史部地理类　佚

文起斋文集6卷诗集1卷　集部别集类　佚

以上2种见光绪《昆新两县续修合志》卷49。

王执礼

字子敬。明昆山人。嘉靖四十四年(1565)进士。观政兵部,上《备倭议》,授建宁推官,历光禄少卿,至应天府丞。卒年70。

栾城集50卷后集24卷三集10卷应诏集12卷　集部别集类

宋苏辙撰　明王执礼校刻

明万历间王执礼清梦轩刻本,国家图书馆、上海图书馆藏。

归先生文集32卷　集部别集类

明归有光撰　王执礼校

明万历四年(1576)翁良瑜雨金堂刻本,北京大学图书馆、中国人民大学图书馆藏。

张应忠

字茂良。明昆山人。情三子,振德父。年 14 补诸生。治《诗》,尤精《左氏春秋》。性和厚。与兄应文、应武称"三杰"。

谢墩集　集部别集类　佚

见光绪《昆新两县续修合志》卷 49。

周汝砺

字若金,号用斋。明昆山人。瑞玄孙。性木讷,善属文。隆庆元年(1567)乡试第一,万历五年(1577)进士。官南京礼部主事。

新刊周解元精选艺圃萃盘录 6 卷　子部典故类

明周汝砺选　蒋以忠纂　蒋以化辑

(1) 明金陵徐小山书坊刻本,上海图书馆藏。

(2)《四库全书存目丛书》本。

按:参见《四库全书总目》类书类存目 2,作 10 卷。

真　觉(1537—1589)

明释。号妙峰,一号百松。昆山王氏子。初居杭州径山传衣庵。谒千松于湖州,嗣其法绪,贯通内外,议锋尤不可当。自嘉靖四十三年(1564)以道化台南,至万历十七年(1589),26 年间岁无虚席。妙辩纵横,凌厉千众,而学人趋之,唯恐不及。

净土梦谈记　子部佛教类　佚

有门颂解　子部佛教类　佚

法华披荆钺　子部佛教类　佚

楞严百问　子部佛教类　佚

以上 4 种见光绪《昆新两县续修合志》卷 50。

许承周

字公旦，一作公瑜。明昆山人。隆庆二年(1568)进士。授萧山知县，有政绩，坐蜚语罢。卒年54。

西园公文集8卷　集部别集类

清康熙三十三年(1693)许士翙肯获堂刻本，北京大学图书馆、国家图书馆藏。

顾懋弘(1538—1608)

庠名允焘。字靖甫，又字茂俭、懋俭，号蓉山。明昆山人。梦圭次子，允默弟。年13补诸生，才高气傲，以口过被祸下狱。事白，家壁立，依从父梦羽蕲州官舍，以蕲籍再为诸生。寻东还，游太学，万历十六年(1588)中举，授休宁教谕。二十九年任莒州知州，自劾免。筑室东郊，植梅数十株，吟啸以老。与兄允默、妹采屏均以善制曲名。

炳烛轩诗集5卷　集部别集类

南雍草1卷　集部别集类

楚思赋1卷　集部别集类

以上3种均有《玉峰雍里顾氏六世诗文集》本。

椒觞记(传奇)本　集部词曲类　佚

见明吕天成《曲品》。

按:《古典戏曲存目汇考》云:此剧演宋陈亮事，仅《群音类选》《月露音》残存佚曲。

朱柔英

明昆山人。侍郎隆禧女，顾懋弘妻，天阶嫡母。早慧，通书史。与夫互相唱和，扬榷古今，其诗音节逼唐人。

双星馆集1卷　集部别集类

《玉峰雍里顾氏六世诗文集》本。

按：凡收赋2篇，诗70首，词36首。见《历代妇女著作考》。

冯　湘

字静容。明昆山人。玉峰名妓，常乘画舫泛半塘、石湖间。后得武弁吴某赏识，置之碧楼。后为倭寇杀害，诗词多散佚。

淡宜吟　集部别集类　佚

见《历代妇女著作考》引《众香词》。

按：彭蕴璨《历代画史汇传》卷66《女史门》载："冯湘，字静香，昆山人。武进某相国姬，工兰竹，善歌舞，为海寇所杀。"

陆　随

字宜声。明昆山人。杨某妻。夫妇皆能诗。

闲草编　集部别集类　佚

见光绪《昆新两县续修合志》卷41本传。

朱　鼎

字永怀。明昆山人。与顾允默弟兄友善。善为曲，著《玉镜台》传奇，演温峤婚姻故事。

玉镜台记（传奇）　集部词曲类

（1）《六十种曲》本，1卷。

（2）《古本戏曲丛刊二集》本，2卷。

顾采屏

明昆山人。梦圭女，懋弘妹。太学生李延实妻。

摘金圆（传奇）本　集部词曲类　佚

见《历代妇女著作考》引《传奇汇考》，云："《列朝诗集》（闰集）有顾氏妹，昆山人，顾茂（懋）俭之妹，雍里（顾梦圭之号）方伯之女。嫁孙佥宪家为妇（《合志》卷41注：据《顾氏家谱》应为李延实妻），甚有才情。

案:方伯及茂俭兄弟,均善制词曲,则采屏或即其人欤?”

按:《古典戏曲存目汇考》以此传奇为《摘金园》,乃嘉兴顾必泰(来屏)作,来屏为吴江沈璟从孙女沈蕙端婿。

又按:《明诗综》卷84收顾采屏诗1首。

王文昌

字允庆。明昆山人。隆庆四年(1570)举人,谒选授开化令。编徭定赋,轻重得宜。政暇则课诸生以文艺。左迁湖广按察司知事,擢黄梅县令,因事拂大吏意,夺官归。以诗文自娱。

螺汀稿　集部别集类　佚

奕世堂遗稿　集部别集类　佚

见光绪《昆新两县续修合志》卷25本传。

支可大

字有功,号鉴亭。明昆山信义镇人。良知子。万历二年(1574)进士,授礼部主事,清介自守。张居正欲引为铨曹,辞不受。累官湖广巡抚,时宦者陈奉欲构大狱,可大揭其诈,事乃得解。寻告归,又10余年卒,年74。

督抚楚台奏议10卷　史部政书类

(1)明万历刻本,南京图书馆藏。

(2)《中国文献珍本丛书》本。

陆孚敬

字懋恭,号海日。明昆山人,寓长洲县甫里。弱冠游庠,浮沉30余载,遂投牒学使者,谢弗事。年80外,健康如常。

竹亭吟稿　集部别集类　佚

见清光绪《甫里志·著述》。

沈松石

明昆山人。

天禄阁外史(一作秘传天禄阁寓言外史)8卷　子部杂学类

题汉黄宪撰　明王逢年伪托　钟惺评

(1) 明隆庆四年(1570)昆山沈松石留春书馆刻本,北京大学图书馆藏。

(2)《广汉魏丛书》本。

(3)《秘书九种》本。

(4)《增订汉魏丛书》本。

(5)《丛书集成初编》本。

(6)《增定汉魏六朝别解》本,作1卷。

按:参见"王逢年"条。

王伯稠(1542—1614)

字世周。明常熟人,移家昆山。少随父入京师,见城阙戚里之盛,辄有歌咏,时号神童。见赏于王世贞,曰:"故是吾辈中人。"以顺天籍为诸生,寻谢去,东归。闭居僧舍,常经月不窥户。诗名大噪,好事者争相传写。与王逢年为中表兄弟,其依隐傲世略相似。卒年73。

王世周先生诗集20卷　集部别集类

(1) 明万历刻本,南京图书馆藏。

(2)《四库全书存目丛书》本。

(3)《四库禁毁书丛刊》本。

按:详见《四库全书总目》别集类存目5。《千顷堂书目》卷26作《白虹集》20卷。

乐府古诗　集部别集类　佚

见光绪《昆新两县续修合志》卷49。

按:《明诗综》卷68收其诗1首。

李 辂

号绣云居士。明昆山人。太学生，约生活于万历间。

掌录 子部杂学类

见光绪《昆新两县续修合志》卷49。

(1) 清嘉庆二十年(1815)福申抄本，中国科学院图书馆藏。

(2)《四库全书存目丛书》本。

按：参见《四库全书总目》杂家类存目9。

夏 晧

字士炎，号青岩。明昆山人。喜读先秦两汉诸书，以教授自给，不屑世务。诗文磊落自异，工书善弈。性孝友。提学御史慎选优行之士，唯晧两膺是举，人咸以为无愧。卒年74。

星溪杂志(即信义镇志) 史部地理类 佚

谷庵杂志 子部杂学类 佚

禅传汇编 子部小说类 佚

越游集 集部别集类 佚

逸野堂诗集 集部别集类 佚

小题情言 集部别集类 佚

城南倡和集 集部总集类 佚

明薛学闵、夏晧撰

以上7种见光绪《昆新两县续修合志》卷49。

薛学闵

字君叔。明昆山人。工诗文，与俞允文、梁辰鱼辈相切磋。教授生徒，不计脩脯，惟以造就后学为事。万历四十年(1612)以首荐仅得副贡。晚益工诗，与夏晧唱和，人争传写，名《城南倡和集》。

敝帚草 集部别集类 佚

见光绪《昆新两县续修合志》卷49。

城南倡和集　集部总集类　佚

明夏玮、薛学闵撰

见光绪《昆新两县续修合志》卷30本传。

李大昌

字阳开。明昆山人。魏庠孙，李希直子，魏尚贤弟，魏文心父。万历三十四年(1606)举人。

周易觿1卷　经部易类　佚

四书翼1卷　经部四书类　佚

董公帷中书　子部儒学类　佚

释躁志儆旨言　子部儒学类　佚

宝笏堂书抄　子部杂学类　佚

尊生别笺　子部杂学类　佚

陶瓶笔丛　子部杂学类　佚

小秦镜　子部杂学类　佚

蓄艾抄　子部杂学类　佚

粲林　子部杂学类　佚

以上10种见《信义志稿》卷17。

顾绍芳(1547—1593)

字实甫。明昆山人。章志子，同应父。万历五年(1577)进士，选庶吉士，授检讨。官终左春坊左赞善，假归卒。绍芳孝友廉介，好义，立义学以教族人。生平不妄交，独与同里张栋相善。以古学自励，好读先秦、两司马书。尤工诗，朱彝尊称其工于五律，不露新颖，出以矜炼，颇有近于孟襄阳、高苏门者。

宝庵集24卷　集部别集类

(1) 明万历四十年赵标刻本，山东省图书馆、国家图书馆藏。

(2)《四库禁毁书丛刊补编》本。

宝庵集 8 卷附录 1 卷　集部别集类

(1) 明万历赵标刻本，中国科学院图书馆藏。

(2)《四库全书存目丛书补编》本。

顾天圻(1549—1582)

字甸伯，号春庵。明昆山人。允烈子，天埈族兄。

兔园杂抄 2 卷　子部典故类

明归有光撰　顾天圻刊

明万历七年(1579)刻本，南京图书馆藏。

张　栋

字伯任，号可庵。明昆山人。宽曾孙，士瀹长子。万历五年(1577)进士。除新建知县，征授工科给事中。请蠲度田虚赋，吴中白粮为累，疏请令民出资助漕舟附载，俱格不行，遂移疾归。起兵科都给事中，出巡固原，单骑历险，尽得边事虚实，多所论建。母卒，栋年已 60，毁瘠庐墓，卒于墓所。天启中赠太常少卿。自六世祖能以下，注、銮、宽、廷臣、士瀹，俱有著作，栋悉为之订定。《明史》有传。

张可庵先生疏稿 6 卷　史部政书类

明万历四十一年王廷瑜(俞)刻本，国家图书馆藏。

按:参见《增订晚明史籍考》卷 2。

张可庵先生书牍 10 卷　集部别集类

明张栋撰　王焕编

(1) 明天启元年(1621)徐洌刻本，清华大学图书馆藏。

(2)《四库全书存目丛书》本。

按:《四库全书总目》别集类存目 6 作《可庵书牍》10 卷。

可庵集　集部别集类　佚

见光绪《昆新两县续修合志》卷 49。

张文柱

字仲立，号溟池。明昆山人，寓金陵。士淪次子，栋弟。博学工诗，与兄齐名。万历元年(1573)与上元陆芹、长洲魏学礼等集南京，再结青溪诗社。十六年中举，官山东临清知州，在任4年，治声卓著，暴疾卒。

批释校注世说新语补20卷附释名1卷　子部小说类

刘宋刘义庆撰　梁刘孝标注　宋刘辰翁批　明何良俊增　张文柱校注

(1) 明万历十三年(1585)张文柱刻本，中山大学图书馆、吉林大学图书馆藏。

(2) 清乾隆二十七年(1762)茂清书屋刻本，南京大学图书馆藏。

(评注)世说新语补20卷　子部小说类

刘宋刘义庆撰　明何良俊增　王世贞删　王世懋评　张文柱注

1920年上海扫叶山房石印本，上海图书馆藏。

世说新语补4卷　子部小说类

明何良俊撰　王世贞删定　张文柱校注

1917年四川杨氏铅印本，上海图书馆藏。

李卓吾批点世说新语补20卷附释名1卷　子部小说类

刘宋刘义庆撰　梁刘孝标注　宋刘辰翁批　明何良俊增　李贽评点　张文柱校注

明万历间刻本，南开大学图书馆、河南大学图书馆藏。

陆子野集1卷　集部别集类

明陆郊撰　张文柱编

明隆庆间刻本，见《中国善本书提要》。

泾林集8卷　集部别集类

明周复俊撰　张文柱刊

明万历间张文柱刻本，见《明代版刻综录》卷4。

溟池集16卷　集部别集类　佚

见《四库全书总目》别集类存目6。

张文学集1卷　集部别集类

《盛明百家诗后编》本。

按:《列朝诗集》、《明诗综》卷60、《金陵诗征》卷39收有其诗。

周玄暐(？—1615)

字叔懋,一字缄吾,号青阳。明昆山人。复俊孙。万历十四年(1586)进士,授广东电白知县,累官云南道御史。四十三年,以所作《泾林续记》中有刺时语,逮系京狱死。

东吴名贤录　史部传记类　佚

泾林类记　子部小说类　佚

以上2种见光绪《昆新两县续修合志》卷49。

按:其祖复俊撰《东吴名贤记》《泾林杂记》,不知与玄暐此二书是否有关。

泾林续记1卷　子部小说类

(1)《功顺堂丛书》本。

(2)《丛书集成初编》本。

(3)《涵芬楼秘笈》本,不分卷。

按:参见《续修四库全书提要》《增订晚明史籍考》卷21。

泾林续记2卷　子部小说类

(1) 明刻本,上海图书馆藏。

(2)《续修四库全书》本。

泾林诗文集8卷　集部别集类

明周复俊撰　周玄暐刊

(1) 明万历二十年周玄暐刻本,中国社会科学院文学所、国家图书馆藏。

(2)《四库全书存目丛书》本。

马玉麟

字德徵。明昆山人。居甫里。万历五年(1577)进士，授工部主事，有治绩，累迁云南参政，甫3月罢归。辟园于西郊，饮酒赋诗以终。

静观堂文稿38卷　集部别集类

明万历刻本，日本内阁文库藏。

按：此书《千顷堂书目》卷25及光绪《昆新两县续修合志》卷49均著录。卷首有申时行、顾秉谦、王稚登等序，详见黄仁生著《日本现藏稀见元明文集考证与提要》。

张厚德(1549—?)

字伯含，更名德程，字以绳，号坤甫。明昆山籍嘉定人，情孙。隆庆元年(1567)举人。

张坤甫集　集部别集类　佚

见光绪《昆新两县续修合志》卷49。

郑永亨

明昆山人。

先儒格言3卷　子部儒学类　佚

见光绪《昆新两县续修合志》卷49。

叶良材

明昆山人。

昆山叶氏文庄公世谱　史部传记类

明抄本，上海图书馆藏。

归子宁

字仲敉，号澈园。明昆山人。有光子。万历四年(1576)武举人。

三吴水利录4卷续录1卷附录1卷　史部地理类

明归有光撰　《附录》归子宁撰

（1）《涉闻梓旧》本。

（2）《丛书集成初编》本。

（3）抄本，上海图书馆藏。

归先生文集32卷附类1卷　集部别集类

明归有光撰　其子子祐、子宁辑　门人王执礼校

明万历四年翁良瑜雨金堂刻本，北京大学图书馆、中国人民大学图书馆藏。

胡嘉鱼

字丽甫。明昆山人。幼慧，为王世贞器重。童试以额窄被遗，乃放情博览。性亢直好义，晚益坚持傲骨，厌薄市井。僦居城南以终，卒年70。

严陵游草　集部别集类　佚

适适草　集部别集类　佚

以上2种见光绪《昆新两县续修合志》卷49。

顾绍夔

字和甫，号恬庵。明昆山人。幼失怙恃，抚于叔章志。补太仓诸生。领万历十六年（1588）乡荐，选海州学正，迁四川郫县知县，有政声。以疡疾卒。

麟经指月　经部春秋总义类　佚

恬庵集　集部别集类　佚

朐山倡和　集部总集类　佚

以上3种见光绪《昆新两县续修合志》卷49。

李同芳

字济美，号晴原。明昆山人。胤昌父。万历八年(1580)进士，授刑部主事，迁礼部。出为浙江提学副使，所拔多名士。升广东按察使，擢副都御史，巡抚山东。所至有惠政。致仕归，卒年80余，赠工部右侍郎。

居官方便　史部政书类　佚

天鉴隐衷1卷　史部传记类　佚

以上2种见光绪《昆新两县续修合志》卷49。

皇明将略2卷　史部传记类

明顾少轩纂　李同芳缩编。

明天启间茅氏朱墨套印本，国家图书馆藏。

视履类编2卷　史部传记类　佚

刻本，见《浙江采集遗书总录》已集。

按：此书自录其善迹，40门。参见《四库全书总目》传记类存目6。

又按：《合志》卷32同芳七世孙云灿传云"手辑中丞《视履类编》若干卷"。云灿为清道光、清咸丰间人，或曾增辑同芳之书。

沈松年

字伯奋。明昆山人。沈孝(敬甫)子。孝，归有光弟子。

续马鞍山志　史部地理类　佚

见光绪《昆新两县续修合志》卷30沈孝传附。

陈应期

字襟寰。明昆山人。淮子。万历二十二年(1594)举人，授东安知县。

考古微言　史部杂史类　佚

读史类事　史部杂史类　佚

颐阁集　集部别集类　佚

以上3种见光绪《昆新两县续修合志》卷49。

周玄昭

字季荣，号麟阳。明昆山人。玄暐弟。万历二十五年(1597)举人，授兴安知州。

多云阁诗草　集部别集类　佚

见光绪《昆新两县续修合志》卷49。

徐应聘(1554—1616)

字伯衡。明昆山人。一元孙。12岁应童子试，万历十一年(1583)进士，选庶吉士，授检讨，在馆搜讨朝章典故。坐累家居10余年，三十五年始起行人司副，进尚宝丞，升光禄少卿。四十三年进太仆少卿，次年卒于官，年63。

春王正月辨　经部春秋总义类　佚

友竹居诗集　集部别集类　佚

以上2种见光绪《昆新两县续修合志》卷49。

按:《明诗综》卷59收其诗1首。

诸寿贤(1554—1624)

字延之。先世本姓朱，因避国姓改诸。明昆山澜漕人。宪孙。万历十四年(1586)进士。既释褐，上疏曰:"愿放归田力学十年，然后从政。"章下所司，寝不奏。因疏劾房寰欺罔罪，被夺官还家省愆。久之，起南阳教授，入为国子助教，擢礼部主事，乞病归。隐居吴县宝华山讲学。蔡懋德、俞琬纶、朱大典、王应程皆入室弟子。卒年71。明崇祯初赠尚宝司丞。《明史》有传。

周易纂　经部易类　佚

见光绪《昆新两县续修合志》卷24本传，云:"纂《周易》，疾作，绝笔于蹇。"

诸延之先生宝华山房近稿　集部别集类　佚

见《吴县志艺文考》《木渎小志》。

张大复(1554—1630)

字元长。明昆山人。3岁能以指画腹作字。既长,通汉唐以来经史词章之学。中岁,双目失明,乃口授由嗣子桐笔录。卒年77。

两朝实录备纂3卷　史部编年类

清抄本,南京图书馆藏。

皇明昆山人物传11卷　史部传记类

(1) 明崇祯刻清补修汇印《梅花草堂集三种》本,中国科学院图书馆藏。

(2) 明刻清雍正二年(1724)汪中鹏重修本,北京大学图书馆藏。

(3)《续修四库全书》本。

(4)《四库全书存目丛书》本。

(5)《江苏人物传记丛刊》本。

昆山名宦传1卷　史部传记类

(1) 明刻清雍正二年汪中鹏重修本,北京大学图书馆藏。

(2)《江苏人物传记丛刊》本。

按:以上2种见《四库全书总目》传记类存目3。《提要》云:"是书旧本题曰《梅花草堂集》,而以《昆山人物传》《昆山名宦传》为子目,盖皆编入集中。故总以集名,实则各一书也。先是,方鹏有《昆山人物志》六卷。此则断自明代,起洪武至万历,得三百余人。其间父子祖孙以类附传,略如史体。又于官是土者取十五人,为《名宦传》附之。叙述尚为雅洁,而词多扬诩,亦不免标榜之习。其《名宦传》别有抄本,题曰《玉峰名宦传》,析为二卷。佚其中《王南昌传》一篇,仅有十四人,又佚其论尾数行。盖传钞脱漏,不及集本之完整也。"

节孝录　史部传记类　佚

广皇舆考12卷　史部地理类　佚

昆山城隍庙志　史部地理类　佚

以上3种见光绪《昆新两县续修合志》卷49。

梅花草堂集10卷　子部小说类

明刻本，南京图书馆藏。

梅花草堂笔谈14卷　子部小说类

(1) 明崇祯三年(1630)刻清顺治十二年(1655)其孙安淳重修本，上海图书馆藏。

(2)《中国文学珍本丛书》本。

(3)《笔记小说大观·外集》本，题“梅花草堂集”。

(4)《四库全书存目丛书》本。

闻雁斋笔谈14卷　子部小说类

见《千顷堂书目》卷12。

梅花草堂二谈6卷　子部小说类

见光绪《昆新两县续修合志》卷49。

按：《梅花草堂笔谈》14卷、《二谈》6卷，均见《四库全书总目》杂家类存目5。

闻雁斋笔谈1卷　子部小说类

(1)《说郛续》本。

(2) 刻本，见《浙江采集遗书总录》。

闻雁斋笔谈6卷　子部小说类

(1) 明万历三十三年(1605)顾孟兆、唐淳伯刻本，国家图书馆藏。

(2)《北京图书馆古籍珍本丛刊》本。

(3)《四库全书存目丛书》本。

(4)《续修四库全书》本。

按：此书见《四库全书总目》杂家类存目5，云：“是编大抵欲仿苏轼《志林》，故多似古人杂帖短跋之格。然所推重者李贽，所规摹者屠隆也。”

闻雁斋稿　集部别集类　佚

见光绪《昆新两县续修合志》卷49。

梅花草堂集16卷　集部别集类

(1) 明崇祯刻本,中国科学院图书馆、华东师范大学图书馆藏。

(2)《续修四库全书》本。

梅花草堂集14卷　集部别集类

见《千顷堂书目》卷27。

梅花草堂曲谈1卷　集部词曲类

《新曲苑》本。

归子骏(1554—?)

字叔永,号浑庵。明昆山人。有光四子。监生。

字学考要　经部小学类　佚

通鉴通编　史部编年类　佚

灌畦余录　子部杂学类　佚

以上3种见光绪《昆新两县续修合志》卷49。

按:“通鉴通编”《京兆归氏世谱》作“通鉴类编”。

王临亨(1556—1603)

字止之,号延庵。明昆山人。志坚父。万历十七年(1589)进士,授浙江西安、临海县令,迁刑部主事,升郎中。发奸擿暴,无敢夤缘为非者。时缇骑多罗织,临亨得情必平反之。擢杭州知府,便道归,卒。

古娄方言通　经部小学类　佚

王氏三训　子部儒学类　佚

以上2种见光绪《昆新两县续修合志》卷49。

粤剑编4卷　子部小说类

(1) 明万历三十二年(1604)刻本,国家图书馆藏。

(2)《玄览堂丛书续集》本。

(3)《元明史料笔记丛刊》本。

按:此书明万历二十九年著。

诗文集　集部别集类　佚

见光绪《昆新两县续修合志》卷49。

许伯衡

字参之,号听庵。明昆山人。万历二十八年(1600)举人。由云和教谕迁曲阳知县,吏部尚书赵南星称为廉卓第一。移云南晋宁知州,升江西饶州同知,告归。

晋宁志　史部地理类　佚

见《四库全书总目》卷77。

滇南杂记2卷　史部地理类　佚

见《千顷堂书目》卷7。

按:《四库全书总目》卷77云:"伯衡尝辑《晋宁志》,复杂采滇事为此书。体例与舆记略同,惟不列仕宦人物姓名坊巷公署之类及杂事,各自标目,为小异耳。大抵略于古迹而详于时事,故下卷自《丁产》以下所载公牍为最详。自序谓'于滇事无损益,而要不为游谈'。其大旨可见矣。"

荞甸记　史部地理类

油印本,国家图书馆藏。

按:收入云南大学历史系历史民族研究室编《云南史料丛刊》第36辑。

南行集　集部别集类　佚

芝城集　集部别集类　佚

以上2种见光绪《昆新两县续修合志》卷49。

陆梦履

字元礼。明昆山人。曾与陈嘉猷、张文柱、徐应聘为四子金兰社。万历十七年(1589)进士,授刑部主事。二十二年主云南试,迁荆州知府。洁身率属颇严。迁山东运司，沂州副使，改东昌兵备，积劳卒于官。

世说补 8 卷　子部小说类　佚

燕台类编　子部杂学类　佚

左湖纂　子部杂学类　佚

萃和堂稿　集部别集类　佚

以上 4 种见光绪《昆新两县续修合志》卷 49。

归子顾(1559—1628)

字春阳，号贞复。明昆山人，迁居嘉定。有光族子。为文有师法。生性恬淡寡欲，人呼为佛子。万历二十六年(1598)进士，由中书舍人累官刑部左侍郎。致仕卒。

删正纲目通鉴　史部编年类　佚

见《明人传记资料索引》。

备我集 100 卷　子部典故类　佚

天绚集 200 卷　集部总集类　佚

见《明清江苏文人年表》引《练川名人画象》2。

白衣观音庵碑　子部艺术类

明归子顾撰

明万历刻碑，国家图书馆藏拓片。

按：首题“白衣观音庵碑文”，额篆书题“重建白衣观音庵碑文”。

顾天埈(1560—1625)

字升伯，号开雍。明昆山人。梦圭孙，允默子。弱冠中万历七年(1579)举人，二十年登第三名进士。授编修，考最，升修撰。奉使朝鲜。还，迁左春坊左谕德，兼翰林院侍讲，谢政归。卒年 67。天埈读书多超悟，为文沈博绝丽，以艺就正者，每经点窜，烂然成章。与金坛王肯堂友善。

四书说意　经部四书类　佚

毁余稿2卷　集部别集类　佚

以上2种见光绪《昆新两县续修合志》卷49。按《雍里顾氏宗谱》卷8作"制义毁余稿",并注明"已刻"。

顾太史文集8卷　集部别集类

(1) 明崇祯九年(1636)刻本,上海图书馆藏。

(2)《四库禁毁书丛刊》本。

(3)《原国立北平图书馆甲库善本丛书》本。

顾开雍稿1卷　集部别集类

(1) 明末陈氏石云居刻本,国家图书馆藏。

按:收入陈名夏编《国朝大家制义》。

(2) 清康熙间步月楼令德堂刻本,国家图书馆藏。

按:收入《可仪堂一百二十名家制义》。

顾震宇

字宇清,号台室。明昆山人。咸和子。万历十三年(1585)举人。授沧州学正,升仙居知县。仙居故无志,为聘诸生领其事,而自考成之。历顺德府经历、五台知县,卒于官,年59。

(万历)仙居县志12卷　史部地理类

明顾震宇、王湛等纂辑

(1) 明万历三十六年(1608)修,次年刻本,国家图书馆藏。

(2) 旧抄本,4册,日本静嘉堂文库藏。

(3) 清道光十八年(1838)王魏胜活字本。

(4) 民国抄本,湖北省图书馆藏。

(5)《仙居丛书第一集》本。

李　鸿

字仪羽,一作羽仪,一字渐卿,号可可生。明昆山人,家真义。一说长洲人。魏校族曾孙,李坦子,长洲申时行婿。万历十六年(1588)顺天乡试举人，二十三年成进士，授江西上饶知县。至则榜二语于庭："三尺矢诸天地，方寸留与子孙。"课诸生艺文，令通经学古，文风兴起。阉党爪牙陆泰等为害于民，毙其党30人于狱，因此罢归。鸿博学嗜文，著述甚富。卒年50。

书经讲义会编12卷　经部尚书类

明申时行撰　李鸿编辑　申用懋、用嘉校正　徐铨初刊

(1) 明万历二十五年徐铨刻本，中国科学院图书馆藏。

(2)《四库全书存目丛书》本。

禹贡互释　经部尚书类　佚

讲义会编　经部四书类　佚

国宪识略　史部政书类　佚

封禁录　史部政书类　佚

伤寒纂要　子部医家类　佚

本草纂要　子部医家类　佚

脉法指要　子部医家类　佚

九章算法　子部历算类　佚

子平元理　子部术数类　佚

以上9种见《信义志稿》卷17。

间间语1卷　子部杂学类

明李袭芳刻本，南京图书馆藏。

嗜蔗编　子部杂学类　佚

宝笏堂集　集部别集类　佚

以上2种见《信义志稿》卷17。

两汉文苑10卷　集部总集类

明李鸿、申用懋、申用嘉编

明刻本，天一阁等藏。

按：据申用嘉凡例，此书"经始于李仪羽氏鸿，更家兄敬仲懋，而成于不佞嘉。"

赋苑 8 卷　集部总集类

(1) 明万历刻本，北京师范大学图书馆、山东省图书馆藏。

(2)《四库全书存目丛书》本。

归子慕(1563—1606)

字季思，号陶庵。明昆山人。有光少子。万历十九年(1591)补郡诸生，即中是科举人，再试礼部不第。筑室三江口，槿篱茅屋，植梅柳数株，家贫，授徒自给。与高攀龙、吴志远交契，讲求性命之学。其诗文淡雅如其人。病呕血，犹读书不辍，学者称清远先生。卒后巡按御史祁彪佳请于朝，赠翰林待诏。《明史》归有光传附。

季思语录　子部杂学类　佚

陶庵杂著三则　子部杂学类　佚

以上 2 种见《归氏世谱》卷 8。

陶庵集 4 卷　集部别集类

明崇祯四年(1631)嘉善吴熙祖刻本。

按：参见《续修四库全书提要》。

归季思陶庵遗稿 2 卷续稿 2 卷拾遗 1 卷　集部别集类　佚

见《持静斋书目》。

陶庵遗稿 3 卷札记 2 卷续稿 1 卷行略 1 卷　集部别集类

(1) 1913 年常熟归氏寿与读书室铅印本，复旦大学图书馆藏。

(2) 国家图书馆藏缩微胶片。

陶庵遗稿诗 2 卷文 1 卷劄记 2 卷　集部别集类

明万历刻本，上海图书馆藏。

归季思诗 1 卷　集部别集类

清初刻本，国家图书馆藏。

按：为陈济生刻《启祯两朝遗诗》本。

归陶庵集 6 卷　集部别集类

明归子慕撰　顾绍芾选刊　清归庐校订

1911年常熟归氏寿与读书室重印本，南京大学图书馆藏。

清远集　集部别集类　佚

见光绪《昆新两县续修合志》卷49。

按：《明诗综》卷61收其诗19首，《明诗别裁集》卷9收其诗9首。

陶庵制艺全稿　集部别集类　佚

见《归氏世谱》卷8，并云“昆山叶淳刊”。

顾绍芾(1563—1641)

字德甫，号蠡源。明昆山人。绍芳异母弟。以诸生入太学。天才俊逸，工诗，奇奥秀拔，在太白、长吉间，尤善书法。万历十年(1582)与同里归子慕结社。少壮时，其兄方显贵，绍芾约身苦志，力学不怠。中年后，益务讲求经世之学。明崇祯间手抄15年中邸报，得25册。卒年79。

梦庵集10卷　集部别集类　佚

见光绪《昆新两县续修合志》卷49。

顾德甫诗　集部别集类　佚

见《明清江苏文人年表》。

归陶庵集6卷　集部别集类

明归子慕撰　顾绍芾选刊　清归庐校订

1911年常熟归氏寿与读书室重印本，南京大学图书馆藏。

顾秉谦

字益庵。明昆山人。永庆子。万历二十三年(1595)进士，授编修。天启中仕至礼部尚书，以谄附魏忠贤，入参机务，官至中极殿大学士。既而同党倾轧，不自安，乞归。明崇祯初，入逆案论徒，赎为民。《明史》有传。

神宗显皇帝实录596卷　史部编年类

明顾秉谦等修

(1)《明实录》本。

(2) 抄本,国家图书馆藏。

(3) 抄本,南京图书馆藏。

三朝要典24卷原始1卷　史部政书类

明顾秉谦、黄立极、冯铨等奉敕撰

(1) 明天启六年(1626)刻大字本,国家图书馆藏。

(2) 明天启间刻小字本,国家图书馆藏。

(3) 抄本,国家图书馆藏。

(4) 影写本,南京图书馆藏。

(5)《四库禁毁书丛刊》本。

按:此书为记载晚明有关党争的梃击、红丸、移宫三大案的著作,纂辑三案的示谕、奏疏档册,加上案语而成。初拟名《从信鸿编》,又曰《三大政纪》,后改今名。编者均魏忠贤党羽,是书奉承阉党,诬陷东林党人。明崇祯即位,下诏毁《要典》,以《钦定逆案》的罪名粉碎阉党集团。参见《增订晚明史籍考》《中国禁书大观》。

吕纯阳祠碑　子部艺术类

明顾秉谦撰　张惟贤正书　王毓宗篆额

明万历四十一年刻碑,国家图书馆藏拓片。

宝应寺碑　子部艺术类

明顾秉谦撰　徐正学正书　徐治民篆额

明万历三十年刻碑,国家图书馆藏拓片。

顾天叙(1565—1645)

字礼初,号笋洲。明昆山人。允元子,锡畴父。万历十六年(1588)领乡荐,授铅山知县,其俗嫁女费不赀,贫者多不举。为正婚姻礼,自是育女皆生。优归服阕,补元城,调嘉鱼县。以子锡畴贵,自免归。结庐邓尉山,构得闲亭,又作半九轩以自励。不入城市垂30年。及两都沦亡,趋子赴闽,绝粒7日死,年81。

法言类编　子部儒学类　佚

删定百稽篇 1 卷　子部杂学类　佚

五云洞集　集部别集类　佚

以上 3 种见光绪《昆新两县续修合志》卷 49。

得闲亭稿　集部别集类　佚

《雍里顾氏宗谱》卷 8。

杜　松(? —1619)

字来青。明昆山人。桐弟，文焕叔。有智勇，由舍人从军，累功为宁夏守备，进游击将军、延绥参将、孤山副总兵。万历三十三年(1605)擢署都督佥事。四十五年，蓟辽边多事，特设总兵官，镇山海关，以松任之。四十七年，与清军战，殁于阵。天启初赠少保，左都督，世荫千户，立祠赐祭，谥武庄。《明史》有传。清追谥忠烈。

经武秘笈　子部兵书类　佚

见光绪《昆新两县续修合志》卷 49。

张振德(? —1621)

字季修。明昆山人。情孙，应忠子，绲父。万历四十四年(1616)由选贡生授四川兴文知县。性耽文史，虽簿书堆案不释卷，下笔滚滚皆成文章。天启元年(1621)永宁宣抚奢崇明有异志，部将樊龙据重庆叛，时振德兼署长宁，与之战，不敌，自刭死。事闻，赐祭葬，谥烈愍。《明史》有传。

晏山吏牍 2 卷　史部政书类　佚

大峩游记　史部地理类　佚

越游记　史部地理类　佚

烈愍公全集 4 卷　集部别集类　佚

以上 4 种见光绪《昆新两县续修合志》卷 49。

按:《明诗综》卷 75 收其诗 1 首。又，关于奢崇明举事经过，昆山李珍《水西记略》记之。

郑应龙

明昆山人。

诗文集 6 卷　集部别集类　佚

见民国《昆新两县续补合志》卷 19。

沈际飞

字天羽。明昆山人。崇祯年间在世。

按:沈际飞籍贯,或署鹿城,或署娄城,当是昆山人。

周易来注 15 卷首 2 卷　经部易类

明来知德撰　沈际飞订补

明崇祯五年(1632)刻本,南京图书馆藏。

脉经 10 卷人元脉影归指图说 2 卷　子部医家类

晋王叔和撰　明沈际飞重订

(1) 明天启六年(1626)金阊龚绍山刻本,美国哈佛大学燕京图书馆藏。

(2) 日本庆安三年(1650)村上平乐寺刻本,浙江省中医药研究院图书馆藏。

玉茗堂尺牍 6 卷　集部别集类

明汤显祖撰　沈际飞辑

(1) 明崇祯刻本,浙江图书馆藏。

(2) 民国有正书局铅印本,浙江图书馆藏。

独深居点定玉茗堂集 30 卷　集部别集类

明汤显祖撰　沈际飞选

明崇祯九年沈际飞刻本,浙江图书馆藏。

按:包括《赋集》4 卷、《诗集》13 卷、《文集》7 卷、《尺牍》6 卷。

(新刻分类评释)草堂诗余 6 卷附诗余 2 卷　集部总集类

明顾从敬编　沈际飞编

明万历四十二年(1614)东璧轩刻本,华东师范大学图书馆藏。

草堂诗余正集6卷续集2卷别集4卷新集5卷　集部总集类

《正集》明云间顾从敬选、吴郡沈际飞评　《续集》毗陵长湖外史辑　《别集》《新集》沈际飞选

(1) 明天启崇祯间刻本,上海图书馆、国家图书馆藏。

(2) 明刻翁少麓印本,浙江图书馆藏。

(3) 明刻童涌泉印本,浙江图书馆藏。

南柯梦2卷牡丹亭还魂记2卷　集部词曲类

明汤显祖撰　沈际飞辑

《独深居点次玉茗堂传奇二种》本,国家图书馆藏。

古今类书纂要增删12卷　丛书类

明璩昆玉集纂　叶文懋阅较　沈际飞鉴定

明崇祯七年刻本,中国人民大学图书馆藏。

李胤昌(1571—1622)

字文长,号集虚。明昆山人。同芳长子。天姿颖异,力学好修。虽文誉翕然,常折节自下。万历二十八年(1600)乡荐第一,二十九年进士,选庶常,授翰林院编修。主楚试,尤号得人。里居清白,耻言干谒。卒年52。

易学异窾　经部易类　佚

翰林馆课　集部别集类　佚

以上2种见光绪《昆新两县续修合志》卷49。

归昌世(1574—1644)

字文休,号假庵。明昆山人。有光孙,庄父。诸生。10岁能诗歌,与嘉定李流芳及同里王志坚称三才子。李、王相继取科第,独昌世艰于遇合。乃发愤为古文词。中年益放意为诗,晚岁诗律更细。工书法,小

楷行草直逼晋唐，尤善画竹。时游历人间，倚弦度曲，而严于律己。崇祯十七年(1644)以翰林待诏征，不应。时遭明亡，以感愤发疾卒。

假庵集3卷　集部别集类

1924年王德森据潘道根手抄诗稿抄录。

按：《京兆归氏世谱》卷八作四卷。

和陶诗集二卷　集部别集类　佚

见《京兆归氏世谱》卷八。

假庵诗草不分卷　集部别集类

(1) 稿本，郭鸣之跋，国家图书馆藏。

(2) 清咸丰五年(1855)潘道根抄本，四川大学图书馆藏。

按：光绪《昆新两县续修合志》卷49作10卷。

假庵杂著1卷纪季父遗言遗事1卷　集部别集类

(1) 稿本，国家图书馆藏。

(2) 1983年上海古籍出版社《瓜蒂庵藏明清掌故丛刊》本。

按：《明诗综》卷70收有其诗。

顾晋璠(1574—1648)

字长佩，号啬庵。明昆山人。鼎臣曾孙。震宇子。为诸生有学行，举乡饮宾。崇祯九年(1636)修辑族谱12卷。

雍里顾氏宗谱18卷首1卷末1卷　史部谱录类

明顾晋璠等增修　清顾升辅续修　顾茂增订

清乾隆刻本，苏州市吴中区图书馆藏。

顾文康公文草10卷诗草6卷首1卷续稿6卷三集4卷　集部别集类

明顾鼎臣撰　顾晋璠、顾咸远刊

明崇祯十二年刻本，国家图书馆藏。

吝庵存稿　集部别集类　佚

见《雍里顾氏宗谱》卷8《著述考》。

归奉世

字文若。明昆山人，昌世弟。曾上顾秉谦书，正直无忌。

桐下听然　子部杂学类　佚

见《归氏世谱》卷8。

王志坚(1576—1633)

字弱生，更字淑士，亦字闻修，号珠坞山农。明昆山人。临亨长子。万历三十八年(1610)进士，授南京兵部主事，崇祯四年(1631)升佥事，督湖广学政，礼部推为学政第一。六年，卒于官。通籍后，卜居吴门古南园，杜门却扫，肆志读书。与李流芳、归昌世并称三才子。读书有法，读经先笺疏后辨论；读史先证据后发明；读子则谓唐宋而后无子，当取说家之有裨经史者补之；读集则定秦汉以后古文为五编，考核唐宋碑志，援史传，摭杂说，以参核其事之异同，文之纯驳。作诗甚富，自选止70余首。诗文法唐宋，兼通内典。《明史》有传。

读史商语4卷　史部史评类

(1) 明万历四十七年刻本，中国科学院图书馆、上海图书馆藏。

(2) 明刻本，陈继训跋，湖南省社会科学院图书馆藏。

(3) 清抄本，北京大学图书馆藏。

(4)《续修四库全书》本。

(5)《四库全书存目丛书》本。

按：《四库全书总目》史评类存目2云：志坚为南京兵部郎中时，要同舍郎为读史社，撰此书。以十七史之文与《资治通鉴》参核，随事论断，较他家史论抱残守匮者颇殊。

昆山人物略　史部传记类　佚

苏州府志稿14册　史部地理类　佚

按：此14册为志坚所撰《宦绩》《人物》稿，清乾隆时尚存，后佚。参见《江苏旧方志提要》。

以上 2 种见光绪《昆新两县续修合志》卷 49。

表异录(一作名句文身表异录)20 卷　子部典故类

(1) 明崇祯十三年刻本,南京图书馆藏。

(2) 清康熙四十七年(1708)漱六阁刻本,清陈伟昌批校,天一阁藏。参见《续修四库全书提要》。

(3) 清康熙四十七年最宜草堂刻本,上海图书馆藏。

(4) 清道光二十六年(1846)宏道书院刻本,华东师范大学图书馆藏。

(5) 清光绪二年(1876)海昌陈氏庸闲斋刻本,清郑文焯批,湖北省图书馆藏。

(6) 清光绪十四年长沙惜阴书局刻本,北京大学图书馆藏。

(7) 清光绪二十二年刻本,南开大学图书馆藏。

(8) 清刻本,日本静嘉堂文库藏。

(9) 1920 年吴昌绶刻本。

(10)《惜荫轩丛书》本。

(11)《申报馆丛书续集》本。

(12)《陈刻二种》本。

(13)《丛书集成初编》本。

说郛 16 卷　子部小说类　佚

河渚笔记 8 卷　子部小说类　佚

以上 2 种见光绪《昆新两县续修合志》卷 49。

砚北琐言(一作研北琐言)　子部小说类　佚

见《千顷堂书目》卷 12、光绪《昆新两县续修合志》卷 49。

感应篇续传 2 卷　子部道教类　佚

见光绪《昆新两县续修合志》卷 49,注“续李昌龄书”。

王闻修先生河渚集□□卷　集部别集类

清初王文谟等抄本。

河渚集 27 卷　集部别集类　佚

香严室诗草　集部别集类　佚

以上2种见光绪《昆新两县续修合志》卷49。

四六法海12卷　集部总集类

明王志坚编

(1) 明天启七年(1627)载德堂刻本,上海图书馆藏。

(2) 明天启七年刻本,清殷孙批校,北京师范大学图书馆藏。

(3) 明天启七年刻,养正堂印本,清徐崧跋,并录汪履基批点,中国科学院图书馆藏。

(4) 清初禅山金玉楼刻本,苏州大学图书馆藏。

(5) 清乾隆二十三年(1758)王氏载德堂补刻本,清华大学图书馆、上海图书馆藏。

(6) 朱丝栏抄本,国家图书馆藏。

(7)《四库全书》本。

(8) 2010年辽海出版社校点本。

按:《四库全书总目》总集类4云:"俾读者知四六之文,运意遣词,与古文不异。于兹体深为有功。至于每篇之末,或笺注其本事,或考证其异同,或胪列其始末,亦皆元元本本,语有实征,非明代选本所可及。"

忠雅堂评选四六法海8卷　集部总集类

明王志坚原选　清蒋士铨评选

(1) 清同治十年(1871)藏园刻本,清华大学图书馆、南开大学图书馆藏。

(2) 清光绪元年寄螺斋刻本,国家图书馆藏。

古文读编29卷　集部总集类

(1) 明崇祯六年刻本,山东省图书馆藏。

(2)《四库全书存目丛书》本。

按:《四库全书总目》总集类存目3著录。此书为督学湖广时所选唐宋八家古文。渎者,独也。盖以八家为正派,余为支流。

古文澜编20卷　集部总集类

(1) 明崇祯五年刻本,北京师范大学图书馆藏。

(2) 明崇祯五年刻,槐荫堂印本。

古文耦编　集部总集类　佚

见《明清江苏文人年表》。

张　丑(1577—1643)

原名谦德,一作广德,字叔益。后改今名,字青甫、青父。明昆山人。应文子。善鉴藏,知书画。万历四十三年(1615)得米芾《宝章待访录》墨迹,名其书室曰宝米轩,自号米庵。又为戏曲家,曾编辑《新词定本》,校定《西厢记》《琵琶记》《幽闺记》《荆钗记》《白兔记》等。尤嗜《史记》,考订注释,历时10年。

校定太史公史记130卷　史部正史类　佚

见民国《昆新两县续补合志》卷19。

按:《四库全书总目》杂家类存目11"张氏藏书"中云:"其《山房四友谱》中所称以《史记》真本刊今本之讹者,诡诞无稽,不足与辨。"或指此书。

名山藏书目　史部目录类

明万历刻本,国家图书馆藏。

瓶花谱1卷　子部农家类

(1)《张氏藏书》本。见"张应文"条。

(2)《广百川学海》本。

(3)《重订欣赏编》本。

(4)《宝颜堂秘笈》本。

(5)《说郛续》本。

(6)《古今说部丛书》本。

(7)《丛书集成初编》本。

(8)《美术丛书》本。

按:此书《中国丛书综录》归入艺术类,今改入农家类。

朱砂鱼谱1卷　子部农家类

(1)《张氏藏书》本。见“张应文”条。

(2)《美术丛书》本。

茶经1卷　子部农家类

(1)《张氏藏书》本。见“张应文”条。

(2)《美术丛书》本。

焚香略1卷　子部工艺类

《张氏藏书》本。见“张应文”条。

论墨1卷　子部工艺类

《十六家墨说》本。

野服考1卷　子部工艺类

(1) 明抄本,见《善本书室藏书志》卷18。

(2)《美术丛书续集》本。

山房四友谱1卷附野服考1卷茶经1卷瓶花谱1卷朱砂鱼谱1卷　子部工艺类

明抄本,南京图书馆藏。

山房四友谱1卷附瓶花谱1卷茶经1卷先天换骨新谱1卷图1卷梦香略1卷　子部工艺类

明万历刻本,南京图书馆藏。

按:以上2书当为张应文《张氏藏书》之残本。

鉴古百一诗1卷　子部艺术类

(1)《清河书画舫》附刻本。

(2)《扫叶山房丛抄》本。

(3)《美术丛书》本,题《米庵鉴古百一诗》。

按:此书收题咏历代著名书画碑帖诗101首。参见余绍宋《书画书录解题》卷5。

法书名画见闻表1卷　子部艺术类

南阳法书表1卷　子部艺术类

南阳名画表1卷　子部艺术类

南阳书画表2卷　子部艺术类

按:以上3种皆长洲韩存良(世能)家所藏真迹。世能隆庆二年(1568)进士,官至礼部尚书,喜收名迹。南阳,韩氏郡望也。

清河书画表(一作清河秘箧书画表)1卷　子部艺术类

以上5表有下列版本:

(1) 知不足斋别刊本。

(2) 清乾隆间仁和吴氏池北草堂刻本。

(3)《四库全书》本。

(4)《述古丛抄》本。

(5)《藏修堂丛书》本,合题《张氏四种》。

(6)《翠琅玕馆丛书》(黄任恒辑)本,合题《张氏四种》。

(7)《芋园丛书》本,合题《张氏四种》。

(8)《艺术丛书》本,合题《张氏书画四表》。

(9) 清李瓙叟抄本,附《真迹日录》3卷后,国家图书馆藏。

(10) 清初抄本,路工藏。

按:参见《郑堂读书记》卷48、《书画书录解题》卷6。

清河秘箧书画表1卷　子部艺术类

(1) 清乾隆间仁和吴氏池北草堂刻本,北京大学图书馆藏。

(2)《丛书集成续编》本。

清河书画舫12卷　子部艺术类

(1) 清内府抄本,故宫博物院藏。

(2) 清释就堂抄本,宋宾王校,国家图书馆藏,11卷。

(3) 清初抄本,上海图书馆藏,11卷。

(4) 清六川书屋抄本,陆僎批并跋,浙江图书馆藏。

(5) 清初抄本,路工藏。

(6) 清乾隆二十年(1755)仁和吴氏池北草堂刻本。

(7)《四库全书》本。

(8)《扫叶山房丛抄》本。

按:参见《郑堂读书记》卷48、《书画书录解题》卷6。

历代书画舫12卷　子部艺术类

1921年上海锦文堂石印本,复旦大学图书馆藏。

清秘藏2卷　子部艺术类

明张应文著　张丑述

清乾隆间仁和吴氏池北草堂刻本,北京大学图书馆藏。

真迹日录1卷二集1卷三集1卷　子部艺术类

(1) 知不足斋别刊本,见《书画书录解题》卷6。

(2) 清乾隆间仁和吴氏池北草堂刻本,《郑堂读书记》卷48作1卷。

(3) 抄本,南京图书馆藏。

(4) 清抄本,国家图书馆藏。

(5) 清初抄本,足本,路工藏。见所著《访书见闻录》"魏良辅和他的《南词引正》"条。

(6)《四库全书》本(《四库全书总目》目录作5卷)。

(7) 1928年刊本,见《江苏省立国学图书馆图书总目》卷26。

名山藏100卷　子部艺术类　佚

见光绪《昆新两县续修合志》卷49。

按:明万历二十七年长洲王稚登为此书作序,见《清河书画舫》卷12。

又按:明末何乔远辑明代史料为《名山藏》100卷,见罗振常《善本书所见录》卷2、孙殿起《清代禁书知见录》。

名山藏广记205卷　子部小说类

明万历三十三年刻本,上海图书馆藏。

按:并见《明清江苏文人年表》。

新词定本18卷　集部词曲类

见《明清江苏文人年表》。

按:《年表》云:《新词定本》包括《海岳镜》传奇 2 卷、《清烈乘》传奇 2 卷、《字字锦》2 卷、《颗颗珠》2 卷。

又按:《明诗综》卷 67 收有其诗。

张米庵六种　丛书类

清乾隆间仁和吴氏池北草堂刻本,北京大学图书馆藏。

子目:

《名迹日录》3 集

《南阳名画表》1 卷

《法书名画见闻表》1 卷

《清河秘箧书画表》1 卷

《清秘藏》2 卷

《南阳法书表》1 卷

葛锡璠(1579—1634)

字鲁生,号中恬。明昆山人。鼎父。万历二十五年(1597)举于乡,二十九年成进士。授刑部主事,迁员外郎。出知兖州府,擢河南按察副使,进山东兖西道参政。未行,升河南按察使。闻父病亟,请终养,归卒。性恬洁,居家勤俭自持,门庭肃然。邑中言家法者必推葛氏。南都建,赠太常寺卿。

汉书 100 卷　史部正史类

汉班固撰　明葛锡璠汇评

(1) 明崇祯十二年(1639)葛鼎刻本,邓之诚跋,清华大学图书馆藏。

(2)《〈汉书〉研究文献辑刊》本。

省心微言 1 卷　子部儒学类

清乾隆刻本,北京大学图书馆藏。

按:附于《永怀堂日录》等书后。

留耕堂集 3 卷　集部别集类

明葛锡璠撰　清葛泰临辑

清宣统元年(1909)铅印本,山东大学图书馆、国家图书馆藏。

王胤玉

字豫泉,明昆山人。崇祯四年(1631)曾修宗谱。

重修明刻王氏世谱2卷　史部传记类

明王同祖辑　王在公修　王胤玉重修

明崇祯四年纂修本,1925年铅印并增订,上海图书馆藏。

按:卷首为谱序等,卷一、二世系,卷末附跋、正系图、祠记、墓记等。

陈可言

字以忠。明昆山人。

春秋经传类事36卷　经部春秋总义类　佚

见光绪《昆新两县续修合志》卷49。

按:光绪《昆新两县续修合志》卷30载陈可言所撰此书与同时人傅逊所撰的《春秋左传属事》相似,“而逊书独传”。

李延节

明昆山人。以父宪卿任南京詹事主簿,历太仆寺丞。

周易大衍法　经部易类　佚

见光绪《昆新两县续修合志》卷49。

庄　雅

字晏如,号过庵。明昆山人。世居鸡鸣塘。少负奇气,明亡后曾从陆世钥起兵攻苏州盘门,败退湖中,后依陈子龙于松江。子龙死,隐居里中教授。后流寓嘉定,卖卜自给。好咏吟,野服黄冠,时与山野畸人唱和。

过庵诗稿　集部别集类　佚

见光绪《昆新两县续修合志》卷49。

施僧潜

明昆山人。

自鸣集　集部别集类　佚

见光绪《昆新两县续修合志》卷49。

朱大经

明昆山人。

守庵集　集部别集类　佚

见光绪《昆新两县续修合志》卷49。

张重德

字仲服。明昆山人。丑兄,亦喜书画收藏。

西鹿草堂诗抄　集部别集类　佚

见光绪《昆新两县续修合志》卷49。

张慎德

字宾明。明昆山人。丑弟。诸生。教授生徒为业。

香雪居诗稿(一作香雪居吟稿)　集部别集类　佚

见光绪《昆新两县续修合志》卷49。

周公鲁

字公望。明昆山人。约明崇祯初在世。工曲。

锦西厢(传奇)　集部词曲类　佚

见《曲海总目提要》。

按:《古典戏曲存目汇考》云:《曲录》据《传奇汇考标目》下作《翻西厢》,误。《翻西厢》或为丹徒秦之鉴所作(见本书《镇江卷》)有明末刊本，首叶署“研雪子”撰。收入《古本戏曲丛刊三集》，该集目录题“周公鲁（研雪子）撰”，实误。

吴义斋

明歙县人，服贾居昆山。有儒行。好济物不求人知。所为诗及小令聊以寄意，而音节圆美，翛然尘外。其诗集嘉定黄淳耀为作序。

经畬堂集　集部别集类　佚

见光绪《昆新两县续修合志》卷50。

杜文焕

字弢武。明昆山人。桐长子，松侄。善骑射，精兵法，兼通《左氏春秋》，旁及诸子百家，尤工六朝、初唐诸体。由荫授延绥游击将军，累进参将副总兵。万历四十三年（1615）擢署都督佥事、宁夏总兵官。后被劾褫职。谢病去。此后起废者屡，官终浙江总兵。明亡后归昆山，杜门不与外事。卒年70。《明史》有传。

五岳志概　史部地理类　佚

餐霞漫笔10卷　子部杂学类　佚

餐霞秘笈8卷　子部杂学类　佚

三教会宗　子部杂学类　佚

六韬广义　子部兵书类　佚

弢武全集　集部别集类　佚

太霞集（一作太霞洞集）　集部别集类　佚

八溪集　集部别集类　佚

以上8种见光绪《昆新两县续修合志》卷49。

太霞集选28卷　集部别集类

明杜文焕撰　钱希言选

明天启刻本，国家图书馆藏。

龚 挺

字无竞。明昆山人。诩八世从孙。诸生。性敦朴，工古文，以隐逸终。生平酷慕其先人安节公（即龚诩），故诗文亦似《野古集》。

龚安节先生（诩）年谱 1 卷　史部传记类

明龚绂编

明崇祯八年（1635）龚挺刊《野古集》附本。

野古集 3 卷附录 1 卷　集部别集类

明龚诩撰　李继贞选订　龚挺校辑

（1）明崇祯八年龚挺刻本。

（2）清光绪二十八年（1902）新阳赵氏刻本，北京大学图书馆藏。

（3）1935 年刻本，南京大学图书馆藏。

拙庵诗钞 2 卷　集部别集类

1923 年铅印本，南京师范大学图书馆藏。

按：《娄东诗派》卷 11 收其诗 4 首。

胡甲桂（1583—1646）

字秋卿，号石远。明昆山人。溶时父。崇祯十二年（1639）乡试副榜。累官广信同知。清军至，广信仅疲卒千人。会黄道周以募兵至，相与议城守。已而道周败殁，势益孤，效死不去。城破被执，自缢死，年64。《明史》有传。乾隆四十一年（1776）追谥忠节。

远斋诗草　集部别集类　佚

见光绪《昆新两县续修合志》卷 49。

按：《明诗综》卷 76 收其诗 1 首。

王 焘（？—1637）

字浚仲。明昆山人。万历四十六年（1618）举人。崇祯初为随州知州。十年（1637）死于张献忠之难，谥忠愍。《明史》有传。

江皋集　集部别集类　佚

见光绪《昆新两县续修合志》卷49。

按：此条又见于嘉庆《太仓州志》，疑误收，而与常熟王焘相溷。

王焕如

字仲至。明昆山人。景阳弟。补邑诸生，改入吴县学，徙居郡城。读书嗜古，以经济自负。凡先代典故，无不搜讨熟练。明崇祯中巡抚张国维汇订《吴中水利书》多出其手。

苏州府志稿　史部地理类　佚

圣恩寺志　史部地理类　佚

以上2种见光绪《昆新两县续修合志》卷49。

吴中水利全书28卷　史部地理类

明张国维撰　王焕如参与

(1) 明崇祯十一年(1638)刻本，华东师范大学图书馆藏。

(2)《四库全书》本。

(崇祯)吴县志54卷首1卷　史部地理类

明牛若麟修　王焕如纂

(1) 明崇祯十五年刻本，北京大学图书馆藏。

(2) 清抄本，苏州图书馆藏。

苏州府学志　子部儒学类　佚

苏学景贤录　子部儒学类　佚

以上2种见光绪《昆新两县续修合志》卷49。

顾同应(1584—1626)

字仲从，号宾瑶。明昆山人。绍芳次子，炎武父。少工诗文，两中副榜。以父恩荫国子生，与同邑诸生为遗清堂社。不逾年卒，年43。性卓荦好义。其文海内传之，其诗辞澹意远。

药房集　集部别集类　佚

秋啸集　集部别集类　佚

遗清堂文集　集部总集类　佚

以上3种见同治《苏州府志》卷137。

按:前2种见《千顷堂书目》卷26。又,《明诗综》卷70收其诗1首,《明词综》卷5收其词3首。另《药房集》《秋啸集》一作《药房秋啸集》。

何　氏

明昆山人。顾同应妻。

戋戋阁草　集部别集类　佚

见《历代妇女著作考》引《然脂集》。

顾锡畴(1585—1646)

字九畴,号瑞屏。明昆山人。天叙子。万历四十七年(1619)进士,改庶吉士,授检讨。天启四年(1624)典试福建,出试题诟魏忠贤,削籍归。明崇祯中起,历礼部左侍郎,福王时进尚书。请补建文帝、景皇帝庙号及建文朝忠臣赠谥,又请夺温体仁谥。与马士英不协,去。顺治三年(1646)寓温州江心寺,为总兵贺君亮所害。乾隆四十一年(1776)追谥节愍。《明史》有传。

尚书讲意　经部尚书类　佚

见光绪《昆新两县续修合志》卷49。

新镌顾九畴四书评说10卷　经部四书类

明天启二年刻本,山东省图书馆藏。

王凤洲先生纲鉴正约汇纂36卷　史部编年类

清康熙三年(1664)刻本,苏州大学图书馆藏。

纲鉴正史约36卷　史部编年类

(1) 明崇祯刻本,清华大学图书馆藏。

(2)《四库全书存目丛书》本。

纲鉴正史约36卷　史部编年类

明顾锡畴原编　清陈弘谋增订

(1) 清乾隆二年刻本,北京大学图书馆藏。

(2)《培远堂全集》本。

(3) 清同治八年(1869)浙江书局刻本,北京大学图书馆藏。

(4) 清光绪九年(1883)湖南官书局刻本,北京大学图书馆藏。

(5) 清光绪十七年云南书局刻本,中国人民大学图书馆藏。

按:参见《四库全书总目》编年类存目。

典礼奏疏　史部政书类　佚

见光绪《昆新两县续修合志》卷49。

迪吉录8卷首1卷　子部杂学类　佚

明颜茂猷编辑　顾锡畴评定

(1) 明崇祯间吴郡顾氏刻本,北京大学图书馆藏。

(2) 清初刻本,中国人民大学图书馆藏。

按:参见《四库全书总目》杂家类存目9。

古学汇纂　子部典故类　佚

见光绪《昆新两县续修合志》卷49。

天文易学　子部术数类

明刻本,北京大学图书馆藏。

按:此书又名《天文图说》。

齐谐　子部小说类　佚

见《雍里顾氏宗谱》卷8。

文汇稿　集部别集类　佚

见光绪《昆新两县续修合志》卷49。

顾瑞屏稿1卷　集部别集类

(1) 清康熙间步月楼令德堂刻本,国家图书馆藏。

(2) 清乾隆三年文盛堂怀德堂刻本,国家图书馆藏。

按:为《可仪堂一百二十名家制义》零种本。《明诗综》卷66收其诗1首。

握日草　集部别集类　佚

见《千顷堂书目》卷 26。

百一草　集部别集类　佚

见《雍里顾氏宗谱》卷 8。

顾瑞屏太史评阅韩昌黎先生全集 40 卷　集部别集类

唐韩愈撰　明顾锡畴等评

明崇祯间明德堂刻本，国家图书馆藏。

古文提奇　集部总集类　佚

见《雍里顾氏宗谱》卷 8。

先秦鸿文 5 卷　集部总集类

明崇祯刻本，国家图书馆藏。

秦汉鸿文 25 卷　集部总集类

(1) 明崇祯刻本，北京师范大学图书馆藏。

(2)《四库全书存目丛书》本。

按:见《四库全书总目》总集类存目。

两汉鸿文 20 卷　集部总集类

明崇祯刻本，华东师范大学图书馆藏。

唐宋八大家文选 59 卷　集部总集类

明归有光选辑，顾锡畴评

明崇祯四年(1631)刻本，复旦大学图书馆藏。

韩柳欧苏文选　集部总集类　佚

见《雍里顾氏宗谱》卷 8。

三苏文约 27 卷　集部总集类

明崇祯六年序刻本，安徽师范大学图书馆藏。

国朝制义选　集部总集类　佚

制义文汇全稿　集部总集类　佚

约言六集　集部总集类　佚

以上 3 种见《雍里顾氏宗谱》卷 8。

朱汉徵(? —1645)

字方黯。明昆山人。从张大复游。博学嗜古，补诸生后客京邸，以诗文名辇下。家贫，资修脯养母。晚益讨求典故，盐屯律历，悉能详其原委。旋保举贤良方正，当得县令，未仕，告归。死乙酉(顺治二年，1645)之难。

荆遂堂集　集部别集类　佚

蕉雨轩初郢集 20 卷　集部别集类　佚

以上 2 种见光绪《昆新两县续修合志》卷 49。

郑之郊

字宋孟。明昆山人。博学多识，尤精医术。匕匙所投，无不立效。天启朝征授太医院吏目，疗疾多奇效，进秩御医。

医学发明 10 卷　子部医家类　佚

本草辨疑 12 卷　子部医家类　佚

以上 2 种见光绪《昆新两县续修合志》卷 49。

蔡懋德(1586—1644)

榜姓陈。字维立，又字公虞，号云怡。明昆山人。允中子，方炳父。慕王守仁为人，宗良知之说。万历四十七年(1619)进士，授杭州推官。明崇祯初，出为江西提学副使，迁浙江右参政，又迁山东按察使，河南右布政使。十四年(1641)冬，擢右佥都御史，巡抚山西。与李自成战，兵败，自缢死。谥忠襄。《明史》有传。乾隆四十一年(1776)追谥忠恪。

抚晋疏草 5 卷　史部政书类　佚

按:《千顷堂书目》卷 30 作《忠襄公抚晋疏草》5 卷。

治谱 10 卷续集 1 卷　史部政书类

明佘自强撰　李长德汇　蔡懋德订　陈龙正评

明崇祯十二年(1639)北京胡璇刻本，北京大学图书馆藏。

三关政纪　史部政书类　佚

论辽质言　史部政书类　佚

召对录　史部政书类　佚

愤助编　史部政书类　佚

按:其子方炳仿此书体例著《愤助编》2卷。

吴中水利全书28卷　史部地理类

明张国维纂辑　蔡懋德编次

(1) 明崇祯九年刻本,国家图书馆藏。

(2)《四库全书》本。

按:参见《中国善本书提要补编》。

圣学薪传　子部儒学类

理学管见　子部儒学类

李杭问心西江问心二牍　子部儒学类

臆测　子部儒学类

以上9种见光绪《昆新两县续修合志》卷49。

蔡忠恪公语录1卷　子部儒学类

《乾坤正气集》本。

浙西备兵杞言　子部兵书类　佚

见光绪《昆新两县续修合志》卷49。

西江问心牍13种　丛书类

署蔡懋德撰

明刻本,见《江苏省立国学图书馆图书总目》卷44。

子目从略。

按:清同邑赵诒翼撰《蔡忠襄公遗事》3卷,见该条。

叶重华

字德元。明昆山人。盛六世孙,方蔼父。崇祯元年(1628)进士,授工部主事,历礼部郎中,出为浙江参议,改河南分守,迁山东副使,转广东参政，升广西按察使，未赴。转太常寺少卿。谢归，不复出。卒年69。

水东日记40卷　史部杂史类

明叶盛撰　六世孙重华刊

明末叶重华赐书楼刻本，参见“叶盛”条。

叶文庄公奏疏40卷　史部政书类

明叶盛撰　六世孙重华汇梓

明崇祯四年序刻本，见《中国善本书提要》。

按：《四库全书总目》诏令奏议类存目著录此本。

香城老人近存稿　集部别集类

民国间吴东彭治辑录《昆山丛书》抄本，国家图书馆藏。

旧存近存二稿　集部别集类　佚

见光绪《昆新两县续修合志》卷49。

林　皋(？—1646)

明释。姓陈，字本豫，晚号晦夫。昆山人。年19脱白于姑苏之尧峰，初参博山元来禅师，次参密云悟和尚，后参磬山修和尚。师开法中山石湫，乃过报恩寺谢法修。住夹山竹林寺。

宗门成范4卷　子部佛教类　佚

见清嘉庆《丹徒县志》卷31。

孙道民(？—1645)

字霜奇。明昆山人。10岁作《饮酒》诗，为时所称。补诸生后，绝荣利，耽吟咏，遇溪山佳处，辄赋诗。顺治二年(1645)六月预守城，城陷，遇兵于县廨，胁之不屈，断颈死。

诗稿1卷　集部别集类　佚

吞毡集1卷　集部别集类　佚

以上2种见光绪《昆新两县续修合志》卷49。

王志庆(1591—1642)

字与游。明昆山人。临亭少子,志长弟。天启七年(1627)举人。兄弟终身相师友。尤长于《通鉴》。与兄志长、顾炎武、归庄等先后入复社。

历代图考17卷闰集1卷　史部杂史类

抄本,北京大学图书馆藏。

读史日录4卷　史部史钞类

清刻本,国家图书馆藏。

史疑　史部史评类　佚

史断　史部史评类　佚

史释　史部史评类　佚

同姓名录　史部传记类　佚

以上4种见光绪《昆新两县续修合志》卷49。

古俪府12卷　子部典故类

《四库全书》本。

勉学训　子部儒学类　佚

清思集　集部别集类　佚

慎尔堂诗集　集部别集类　佚

慎尔堂文稿　集部别集类　佚

丙(一作西)园诗文稿　集部别集类　佚

以上5种见光绪《昆新两县续修合志》卷49。

王与游诗稿不分卷　集部别集类

稿本,清王所简跋,上海图书馆藏。

顾咸正(1591—1647)

字端木,号鲏庵。明昆山人。鼎臣曾孙。咸建兄。万历四十四年(1616)与张大复、归昌世等在里结雪堂社。崇祯六年(1633)领乡荐,授延安推官。十六年为李自成军俘，拒不受官。十七年潜归里。明年密谋反清。顺治三年(1646)被逮至江宁，为洪承畴所杀。乾隆四十年(1775)追谥节愍。

弃庵集1卷　集部别集类　佚

见《千顷堂书目》卷28。

按:《明诗综》卷78收其诗5首,《清诗纪事》1册收有其诗。

王　偲(1592—1655)

字元直，号蘧庵。明昆山人。志坚子。性静退，有孝行。亲殁后弃举业，专事古文词。参订古今，多所纂辑，《周礼义疏》其尤著者。

周礼义疏　经部周礼类　佚

见光绪《昆新两县续修合志》卷26王志坚传附。

四六法海12卷　集部总集类

明王志坚论次　张我城参阅　王偲论次

明天启七年(1627)王志坚刻本，清乾隆二十三年(1758)王鹗修补本，中国人民大学图书馆藏。

按:封面镌"载德堂藏板"，前有明天启七年王志坚序刻书事，清乾隆二十三年王鹗序言修补事。

韵编100卷　集部总集类　佚

见《昆山人物传》卷3。

张鲁得

字宗自，号玄思。明昆山人，寓长洲甫里。鲁传兄。治《易》。天启五年(1625)进士，授福建晋江知县。丁外艰，补山东昌乐，廉平称最。卒于官。

周易成义　经部易类　佚

见《昆山人物传》卷5，并云此书张鲁得著未竟，其幼子张立昌续之。

青萍诗集　集部别集类　佚

见光绪《甫里志·著述》。

按:光绪《昆新两县续修合志》卷49以此书为张鲁传著,未知孰是。

顾咸建(1594—1645)

字汉石,号如心。明昆山人。谦服子,咸正弟。崇祯十六年(1643)进士,授钱塘知县,有惠政。顺治二年(1645)殉节,年52。与兄咸正、季弟咸受皆以文名吴下。《明史》有传。乾隆四十一年(1776)追谥忠节。

保甲事宜　史部政书类　佚

救荒答问　史部政书类　佚

自讼录　子部儒学类　佚

我非说　子部儒学类　佚

以上4种见光绪《昆新两县续修合志》卷49。

按:《明诗综》卷76收其诗1首。

顾　夔

字虞一,号淡石。明昆山人,居长洲县。治《易》。天启七年(1627)举人。仕恭城知县,明亡时卒于官。

澹石集　集部别集类　佚

见光绪《甫里志著述》。

张鲁传

字宗在。明昆山人。鲁得弟。明崇祯中以贡授上海训导,调雩都。时龙泉令萧世泽不能御农民军而遁。鲁传往集士民防御,邑复得完,遂摄龙泉,升广西新宁知州。清兵南下后,入粤,迁祠部员外郎,进仪制郎中。卒赠行太仆卿。

青萍诗集　集部别集类　佚

见光绪《昆新两县续修合志》卷49。

按:参见“张鲁得”条。

顾倩肃

字茂仪。明昆山人。女。赋性娴雅,能诗,下笔辄有奇句。

绮窗闲笔　集部别集类　佚

见光绪《昆新两县续修合志》卷41本传。

周室琳(1597—1639)

字韫美,号天存。明昆山人。玄暐孙。天启四年(1624)举人。性孝友,年弱冠,祖玄暐为怨家所讦逮诏狱。室琳徒步走京师,沥血具疏诉冤。事得解,玄暐卒,扶榇南归。又立义塾诲族中子弟。卒年43。

易解　经部易类　佚

师古编　子部儒学类　佚

兰玉堂集　集部别集类　佚

以上3种见光绪《昆新两县续修合志》卷49。

朱集璜(1597—1645)

字以发。明昆山人。用纯父,陶琰妹婿。崇祯八年(1635)贡生。学行为乡里所推,教授弟子数百人。南京既亡,集璜举义兵抗清,书绝命词于衣带间。城陷,投河死。学者私谥节孝先生。

山行日记1卷　史部地理类

见《潘晚香先生杂抄》,民国间吴东彭治辑录《昆山丛书》抄本,国家图书馆藏。并见光绪《昆新两县续修合志》卷49,注:“游洞庭山。”

观复堂稿略不分卷　集部别集类

明崇祯刻本,东北师范大学图书馆藏。

观复堂集2卷　集部别集类

《乾坤正气集》本。

观复堂稿略 1 卷　集部别集类

(1)《归顾朱三先生年谱合刻》附本。

(2)《玉山朱氏遗书》本。

陶　琰(1597—1645)

字圭稚，一作圭穉，号别峰。明昆山人。楷子，甄父。明崇祯末诸生。明亡，与妹婿朱集璜俱殉节死。门人叶方蔼辈私谥仁节先生。

仁节遗稿 8 卷　集部别集类

见光绪《昆新两县续修合志》卷 49。

按:《四库全书总目》别集类存目 7 著录此书作陶琬撰，琬字稚圭。又云:书无卷数，“为其邑人柴源岷所编”。

仁节先生集 16 卷　集部别集类

(1) 赵氏寄云楼抄本，见《赵氏图书馆藏书目录》。

(2) 清潘道根据严心斋原本抄本，见《明清稀见史籍叙录》。

(3) 抄本，南京图书馆、中国社会科学院历史所藏。

陶圭穉诗 1 卷　集部别集类

清初刻本，国家图书馆藏。

按:收入陈济生编《启祯两朝遗诗》。

诸祚晋

明昆山人。业医，精针灸。

针经指南　子部医家类　佚

元元集　子部医家类　佚

以上 2 种见光绪《昆新两县续修合志》卷 49。

陆世钥(1598—1648)

原名鲤。字兆鱼，号汝莱。明昆山人。世居陈墓。6 岁而孤，13 岁游成均，即驰声贤豪间，有古烈士风。明崇祯末，以保卫乡里自任。顺治二年(1645)夏，江南底定，世钥毁家具饷，立寨湖中，志谋恢复。十二月率军攻苏城，以孤军无援败，出走浙江。昆城陷，从弟世镗死之。乃弃家匿僧寺，号静修。五年病卒。

梦余存草 1 卷　集部别集类　佚

见《明清江苏文人年表》民国《昆新两县续补合志》卷 19。《国朝昆山诗存》卷 30 收其诗 2 首。

天　成

字贤岩，号松烟。住持赵灵山兴福寺。

续莲诗草　集部别集类　佚

见《国朝昆山诗存》卷 30，并收其诗 16 首。

张安定

字仲慧。明昆山人，应武仲子。早慧，5 岁习书，15 岁中秀才。后数试不举，益自刻励，好为五言古诗，清远有致。太仓王世贞器之，以小友待。昔患羸疾卒，年仅 29 岁。

仲慧诗稿　集部别集类　佚

见《安亭志》卷 12。

徐元敷

明昆山人。

北使殉节日录　史部杂史类　佚

见光绪《昆新两县续修合志》卷 49。

沈　龄

明昆山人。

南游草　集部别集类　佚

春蚓遗草　集部别集类　佚

练塘吟草　集部别集类　佚

以上 3 种见光绪《昆新两县续修合志》卷 49。

王　益

明昆山人。卒葬永安乡。

世美录　史部杂史类　佚

见光绪《昆新两县续修合志》卷 49。

包　祥

明昆山人。

瑞庵集　集部别集类　佚

见光绪《昆新两县续修合志》卷 49。

王　经

明昆山人。世称草堂先生。

草堂集　集部别集类　佚

见光绪《昆新两县续修合志》卷 49。

王成宪

原名廷纲，字成宪，以字行。明昆山人。英孙，官定海、秀水二学教谕。家有驻春堂，顾潜有记。

真愚传家稿　集部别集类　佚

盍簪留咏　集部别集类　佚

以上 2 种见光绪《昆新两县续修合志》卷 49。

沈　友

字顺甫，号苓坡。明昆山人。精于医，家有苓坡精舍，顾梦圭有记。

括苍案牍　史部政书类　佚

浔阳案牍　史部政书类　佚

海防漫抄　史部政书类　佚

以上3种见光绪《昆新两县续修合志》卷49。

葛　鼎

字谦调。明昆山人。锡璠长子。云兰父。廪生。卒葬常熟虞山西麓。

史记汇评130卷　史部正史类

汉司马迁撰　明葛鼎、金蟠汇评

(1) 明崇祯葛鼎永思堂刻本，华东师范大学图书馆藏。

(2) 明崇祯金阊宝善堂刻本，四川大学图书馆藏。

汉书汇评100卷　史部正史类

汉班固撰　明葛鼎、金蟠汇评

明崇祯十二年(1639)葛氏刻本，复旦大学图书馆藏。

后汉书汇评120卷　史部正史类

南朝宋范晔撰　明葛鼎、金蟠汇评

明崇祯十六年葛氏刻本，复旦大学图书馆藏。

国语21卷　史部杂史类

明葛鼎考证

明崇祯葛氏永怀堂刻本，清华大学图书馆藏。

中恬府君年谱1卷　史部谱录类

明葛鼎撰

(1) 清宣统元年(1909)铅印《留耕堂集》本，上海图书馆藏。

(2) 抄本，上海图书馆藏。

管子24卷　子部周秦诸子类

明葛鼎、丁此聘评点

明崇祯十一年《合刻管韩二子》本，华东师范大学图书馆藏。

韩非子20卷　子部周秦诸子类

明葛鼎、丁此聘评点

明崇祯十一年《合刻管韩二子》本，华东师范大学图书馆藏。

司马文正公传家集选6卷　集部别集类

明葛鼎辑

日本刻本，华东师范大学图书馆、北京大学图书馆藏。

永怀堂评选唐宋元20家文　集部总集类

明葛鼎等选辑

明崇祯九年叶聚、周交刻本，武汉大学图书馆藏。

葛氏八种8卷　丛书类

明葛鼎等选辑

明崇祯九年浮佛寺刻本，武汉大学图书馆藏。

徐开宏(1603—1645)

字孟博。明昆山人。应聘长孙。崇祯十二年(1639)副榜。顺治二年(1645)清兵破城，从容就缚死，年43。

凝烟阁诗集5卷　集部别集类　佚

见光绪《昆新两县续修合志》卷49。

顾　缃(?—1643)

字遐篆。明昆山人。同应长子，炎武兄。贫甚于父，而好义似之。天才俊逸，世传其《两京赋》似东汉张衡，《时务策》比西汉贾谊。领崇祯六年(1633)乡荐，年未40卒。

顾遐篆诗1卷　集部别集类

明顾缃撰

见《二顾先生遗诗》，1912年上海国粹学报社铅印《古学汇刊》本。

拟古乐府1卷　集部别集类　佚

旒诗1卷　集部别集类　佚

以上2种见《明清江苏文人年表》引《天启崇祯两朝遗诗小传》。

叶奕荃(1608—1645)

字元晖，一字水修，别号格斋、南阳伯子。明昆山人。国华长子。以诸生入太学。工诗古文词，师事刘宗周、徐石麒、陈龙正，讲求性命之学，留心邑政利弊。刚直好义。不能容人过。乙酉(1645)夏，以父榷杭州关，遇明亡，奕荃戴星往省，时揭竿四起，还至嘉善，为乱民所戕，觅其尸不得，以衣冠葬之。

伐鸠草　集部别集类　佚

咫草　集部别集类　佚

结烟草　集部别集类　佚

五余草　集部别集类　佚

以上 4 种见光绪《昆新两县续修合志》卷 49。

按:叶奕荃生年考证见陆林著《金圣叹所作"元晖"诗本事考》一文。

葛　鼐

字靖调，一作竑调。明昆山人。锡璠三子。

春秋穀梁传 20 卷　经部春秋类

晋范宁集解　明金蟠、葛鼐校订

1924 年中华书局铅印本，复旦大学图书馆藏。

十三经古注 290 卷　经部群经总义类

明金蟠、葛鼐编

(1) 明崇祯十二年(1639)葛鼐永怀堂刻本，复旦大学图书馆、南京图书馆藏。

(2) 清同治八年(1869)浙江书局重修永怀堂本，华东师范大学图书馆藏。

战国策考正 10 卷　史部杂史类

明葛鼐撰

明天启葛鼐永怀堂刻本，见《西谛书目》。国家图书馆藏。

弦雪居重订遵生八笺 19 卷　子部典故类

明高濂撰

明天启葛鼒永怀堂刻本。

以上 2 种见《明代版刻综录》卷 1。

学山堂印谱 8 卷　子部艺术类

明张灏辑　葛鼒参考

明钤印本，上海图书馆藏。

昌黎先生集 40 卷外集 10 卷遗文 1 卷　集部别集类

唐韩愈撰　明葛鼒校

(1) 清初葛氏永怀堂刻本，上海图书馆藏。

(2) 清乾隆六年(1741)重刻本，吉林大学图书馆藏。

真西山文忠公集选　集部别集类

宋真德秀撰　明葛鼒评辑

明刻本，清华大学图书馆藏。

古文正集 10 卷二编 22 卷　集部总集类

明葛鼒、葛鼐辑评

(1) 明末吴门叶显吾刻本，北京师范大学图书馆、常熟市图书馆藏。

(2) 明崇祯六年永怀堂刻本，存正集 10 卷，普林斯顿大学葛思德东方图书馆藏。

(3)《四库全书存目丛书补编》本，二编作“不分卷”。

按:《四库全书总目》总集类存目 3 以《古文正集二编》旧本题葛鼒、葛鼐评辑，而书中序及评皆不及鼒名，因谓书实鼐作，而鼒为鼐兄，得附名其间。又《四库全书存目丛书补编》本作此书为“葛鼒、葛鼒”辑评，误，“鼒”应为“鼐”。

金　蟠

字千仞。明昆山人。

十三经古注 290 卷　经部群经总义类

明金蟠、葛鼒编

(1) 明崇祯十二年(1639)葛鼒永怀堂刻本,复旦大学图书馆、南京图书馆藏。

(2) 清同治八年(1869)浙江书局重修永怀堂本,华东师范大学图书馆藏。

史记汇评 130 卷　史部正史类

明葛鼎、金蟠辑

汉书汇评 100 卷　史部正史类

明葛鼎、金蟠汇评

明崇祯十二年葛氏刻本,复旦大学图书馆藏。

后汉书汇评 120 卷　史部正史类

明葛鼎、金蟠汇评

明崇祯十六年葛氏刻本,华东师范大学图书馆藏。

盐铁论考 12 卷　子部儒学类

明金蟠辑

(1) 明崇祯刻本,上海图书馆藏。

(2)《四库未收书辑刊》本。

吴其沆(? —1645)

字同初。明昆山人,嘉定籍。诸生。下笔千言立就,试辄高等。每言及君亲之际,侃侃不渝。与里中顾炎武、归庄友善。明末与顾炎武、归庄同起义兵,守城不屈死。

吴同初文集 2 卷　集部别集类　佚

清顾炎武辑

见光绪《昆新两县续修合志》卷 49。

清至民国

顾天阶(1575—1654)

字晋伯，号抱山。明末清初昆山人。懋弘子。贡生。

违竽集 4 卷　集部别集类

《玉峰雍里顾氏六世诗文集》本。

寒鸣斋集　集部别集类　佚

见《雍里顾氏宗谱》卷 8。

魏文心(1583—1655)

字子元，一字友绳。明末清初昆山星溪人。大昌子。庠曾孙、校从曾孙。性耿介，崇祯十五年(1642)举于乡，年已 6 旬。一上公车不第，即隐居湖滨，躬耕自食。卒年 73。

善寄斋文集　集部别集类　佚

见《信义志稿》卷 17。

王志长(1585—1662)

字平仲，号辋水。明末清初昆山人。志坚弟，喆生祖。崇祯十三年(1640)会试副榜。后绝意仕进，笃志经学，以《易》起家，尤精《三礼》《毛诗》，皆有成书。《明史》有传。

毛诗注疏删翼 24 卷(一作 20 卷)　经部诗经类

清抄本，湖北省图书馆藏。

周礼注疏删翼 30 卷　经部周礼类

(1) 明崇祯十二年叶培恕昆山县署刻本，北京师范大学图书馆藏。

(2) 明崇祯十二年函三堂刻本，香港中文大学图书馆藏。

(3) 明崇祯十二年天德堂刻本，清华大学图书馆藏。

(4) 明崇祯十二年刻本，丁丙跋，南京图书馆藏。

(5) 明崇祯十二年刻本，清沈栻录沈淑批校，江文虎批校并跋，南京博物院藏。

(6) 清初芥子园刻本，国家图书馆藏。

(7) 清乾隆五十七年(1792)金阊书业堂刻本，山东大学图书馆藏。

(8) 清乾隆六十年醉墨斋刻本，山东大学图书馆藏。

(9) 清嘉庆十年(1805)醉墨斋刻本，复旦大学图书馆藏。

(10) 清光绪十二年(1886)卓观堂刻本，山东大学图书馆藏。

(11) 清世德堂刻本，哈佛大学图书馆藏。

(12)《四库全书》本。

按：《四库全书总目》礼类 1 云："是书于郑注贾疏多刊削其繁文，故谓之删；又杂引诸家之说，以发明其义，故谓之翼。"

周礼注疏删翼 18 卷　经部周礼类

清雍正元年(1723)刻本。

仪礼注疏删翼 16 卷　经部仪礼类　佚

按：《千顷堂书目》卷 2 作 17 卷。

孪史　史部杂史类　佚

读史三管　史部史评类　佚

续名句文身表异录 40 卷　子部典故类　佚

鸠庄笔记　子部小说类　佚

贤奕琐词　子部小说类　佚

晚香集　集部别集类　佚

傧儒堂诗稿(一作王平仲诗集)　集部别集类　佚

荣和草堂诗 6 卷　集部别集类　佚

以上 9 种见光绪《昆新两县续修合志》卷 49。

叶国华(1586—1671)

字德荣,号白泉。明末清初昆山人。盛六世孙,奕荃父。万历四十三年(1615)举于乡,授定海教谕。入为国子监学录,转刑部主事,因坐累免官。寻事白,改工部,出榷杭州南关。明亡归里,为诗力扫钟惺、谭元春诗风,亦不染王世贞、李攀龙习气。善草隶,乞者无虚日。卒年86。

白泉诗3卷　集部别集类

清潘道根手抄本,见《藏书纪事诗·叶盛》"补正"王欣夫案,云:"中多与陈言夏、毛子晋唱和之作,未刊秘籍也。"

茧园诗文集　集部别集类　佚

雁木斋稿　集部别集类　佚

鸥波白泉唱和诗1卷　集部总集类　佚

以上3种见光绪《昆新两县续修合志》卷49。

郑伯昌(1592—1665)

字倩文,一作清文,好缵苿。明末清初昆山人。若曾玄孙,之郊长子。少游学杭州,补庠生,学使洪承畴视之高才,后力辞推举贤良方正。以医术行世。

学圃集6卷　集部别集类　佚

见光绪《昆新两县续修合志》卷50。

方南龙(1593—1674)

字岂潜。明末清初昆山人,世居南新渎里。为文出入风雅,尤工诗。明季补诸生。明亡后,野服幽栖,与同志唱酬为乐。卒年82。

竹居诗稿　集部别集类　佚

来玉堂词稿　集部词曲类　佚

辑录诗余图谱　集部词曲类　佚

以上3种见光绪《昆新两县续修合志》卷50。《国朝昆山诗存》卷4收其诗16首。按:《昆山人物传》卷2“竹居诗稿”作“有竹居诗稿”。

孙元凯

字若士。清昆山人。明季与太仓顾梦麟、常熟杨彝并以诸生主文柄,有声复社。诗宗韩昌黎,古文严峭近柳宗元。九踬棘闱,立讲舍于东皋,集四方学者研讨《蒙引》《大全》诸书,标经榷传,务揭其微。史可法开府扬州,辟参其军,以马、阮当国不能用。

周礼评辑　经部周礼类　佚

诗积　经部诗经类　佚

笔断　子部杂学类　佚

以上3种见光绪《昆新两县续修合志》卷50。

朱显宗(1594—1668)

字闾生,号淡庵,别号西琯。清昆山人。夏六世孙。诸生,以贡授丹阳训导。福王时补浙江西安县训导,迁衢州府推官。寻弃官归,卒年75。

九死孤忠录　史部传记类　佚

见光绪《昆新两县续修合志》卷50。

李嘉庆

字完素。清昆山人。郡庠廪贡生。明崇祯中举德行;又举乡饮介席。顺治二年(1645)清兵下江南,迁居江村以老。

破砚斋集8卷　集部别集类　佚

淞馆集　集部别集类　佚

以上2种见光绪《昆新两县续修合志》卷50。

自竟居士

姓名不详。清初昆山人。

稗传汇编 8 卷附余 2 卷　史部杂史类

题玉峰自竟居士编次

无刻书年月，约清顺治间刻巾箱本，见《贩书偶记》。

徐开禧(1599—1674)

字锡余，号念庵。明末清初昆山人。明崇祯元年(1628)进士，授湖广临武知县，擢编修，升右中允，侍经筵，主福建壬午乡试。入清后不仕，闭门著述。卒年 76。

昆山志稿　史部地理类　佚

韩山志　史部地理类　佚

修疆域志　史部地理类　佚

以上 3 种见光绪《昆新两县续修合志》卷 50。按：《昆山人物传》卷 3 云："邑旧有志，自万历四年止，公杜门铅椠者十载，续成廿四卷。"

涉园琐记 30 卷　子部杂学类

(1) 清初抄本，存卷 1、2、7，吴江图书馆藏。

(2) 不分卷，题徐开禧辑，孙元凯等评，国家图书馆藏缩微胶卷。

按：谢国桢《江浙访书记》著录为原稿本，"题古吴徐开禧锡余著，弟开祎休倩参(订)"。并云"是书杂记有明一代朝野遗闻、典章制度，而吴中遗事、天灾人害，记之颇详"。

古照堂文集 20 卷　集部别集类　佚

见光绪《昆新两县续修合志》卷 50。

杜梦雷

字士英，一字峙瀛，号亦田。清昆山人。屡应童子试不售，诗学少陵。

亦田吟草 2 卷　集部别集类　佚

见民国《昆新两县续补合志》卷 19。

诠　修(？—1665)

清释。本姓李，名子柴，字二胜，一字木公，自号蒙泉道人。昆山人。居平乐浦。明季诸生。不喜举子业，能诗，工八分书，善画人物花鸟。顺治二年(1645)城破，念母老不可死，去须发为僧，居深山。康熙四年(1665)化去。

树下草　集部别集类　佚

见光绪《昆新两县续修合志》卷 50。《国朝昆山诗存》卷 30 收其诗 4 首。

何　法

字方衡，别号明农。清昆山人。兵燹后，侨居松陵，家贫，门多长者。其诗大都消块垒，磨壮志，长歌当泣。

记数草　集部别集类　佚

菰芦吟　集部别集类　佚

以上 2 种见光绪《昆新两县续修合志》卷 50。《昆山人物传》卷 3 作“记素草”。

朱应鲲

清昆山人。明末庠生，入清后因献本县册，遂为长洲县令。顺治三年(1646)曾为上虞县令。

昆山人物传 10 卷附行略 1 卷昆山杂志 1 卷(一作竹深草堂集)　史部传记类

清顺治十二年刻本，见《贩书偶记续编》卷 6。

按：光绪《昆新两县续修合志》卷 50 作《竹深草堂集》10 卷。

张　纪(1599—1665)

字齐方，号金吾。清昆山人。振德子。少为诸生。天启间以父荫北京锦衣卫中所正千户，未补。明崇祯末，闻都城变，尽鬻其产至南京图报。乙酉(顺治二年，1645)后，披缁萧寺，自署曰昭节，更字闰生，号蕝庵。

蕝庵集　集部别集类　佚

概庵集　集部别集类　佚

以上2种见光绪《昆新两县续修合志》卷50。

按：《概庵集》又见《千顷堂书目》卷28。《明诗综》卷80收其诗1首。

陈仲达(1605—1687)

字升之。清昆山人，居千墩里。顺治二年(1645)唐王入闽，仲达以荐为幕府参赞，分守瞿山。条陈数事，切中时要。后归隐淞南古梅花地，自号三避老人。教授后学，多所成就。卒年83。

三避斋诗集4卷　集部别集类　佚

见光绪《昆新两县续修合志》卷50。

王元懋

清昆山人。

饷薇室文集　集部别集类　佚

见光绪《昆新两县续修合志》卷50。

曹梦元

字元徵，号淡庵。清昆山人。秉铨子。明万历末补诸生。顺治二年(1645)城陷之际，士民男女死者不可胜数，梦元拾遗骸葬之，又遍访姓名而录之。未及付梓而卒。后纂修郡志，其稿为无锡友人持去。流转30余年，子价偶于无锡购得，徐秉义序而行之。

礼记辑略　经部礼记类　佚

见光绪《昆新两县续修合志》卷50。

昆山殉难录10卷　史部传记类

(1) 旧抄本,见《适园藏书志》卷4。

(2) 抄本,台湾"中央图书馆"原藏。

(3)《明代传记丛刊》本。

按:前有徐秉义《昆山殉难录序》、曹梦元《殉难录序》及韩方卓《殉难录叙》,分为死守、死孝、死义、死任、节嫠、幼烈、从夫、偕义、安节、拒掳10卷。

周　鳌

字济伯,号桐滩。清昆山人。明万历末补郡诸生。家贫,授徒事亲。性端厚,言笑不苟。清顺治五年(1648)里选不赴,偕族弟铦隐居。陈溪人聘往讲学,多先儒所未发。两举乡饮,卒年83。

周易讲义　经部易类　佚

见光绪《昆新两县续修合志》卷50。

四书讲义　经部四书类　佚

见民国《昆新两县续补合志》卷19。

张立平

字迩求,号旅庵。清昆山人。鲁唯长子。与弟立廉同补诸生,有声复社。顺治二年(1645)清兵破城,遗骸满目。立平兄弟与曹梦元、诸永明等倡义掩埋,择地玉柱塔西,聚骨数万,合为一冢,名仁缘塔。立平任费十之八。

玉峰完节录1卷　史部传记类

清道光二十六年(1846)潘道根抄本,与《贞烈传》《尽忠实录》合1册,南京图书馆藏。

按:顺治二年,清兵南下,昆山城破,城中死者以万计,其间有不少妇女。本书即专记昆山妇女婴城固守、抗节不屈而死者,分为节嫠、偕义、从夫、捐生、拒掳五篇。光绪《昆新两县续修合志》卷32《张立廉传》以此书为张立平弟张立廉撰,凡八卷。光绪抄本《甫里志·著述》亦作张立廉撰。

尽忠实录1卷　史部传记类

(1) 清道光二十六年潘道根手抄本,与《玉峰完节录》《贞烈传》合1册,南京图书馆藏。

(2) 抄本,南京图书馆藏。

按:此书不著编者名氏,间引张立平、张立廉等评论,《增订晚明史籍考》卷32引钱海岳所说,谓即张立平著。此汇辑周尔长、曹元微、徐履慎、邱锺仁等所撰昆山城守抗节不屈诸家之传记。

广义　子部佛教类　佚

劝修净土偈　子部佛教类　佚

见《昆山人物传》卷2。

王　镀(？—1691)

初名璋,字维度,一字冲伦。清昆山人。如潜父。性慷慨,好客游。明末与陆世钥同倡义旅抗清,事败,世钥亡命,镀遂破家。

长鸣诗序　集部别集类　佚

见光绪《昆新两县续修合志》卷50。《昆山人物传》卷3作"长鸣诗存"。

张立廉

字鸿一,号冰庵。清昆山人。鲁唯次子,立平弟。少好学,工诗古文,有声复社。崇祯九年(1636)中举,性倜傥好义,与兄立平敦善不怠,尤工词翰。明亡后,削发僧装以自晦。博综教乘,著述颇多。

玉峰完节录8卷　史部传记类

见光绪《昆新两县续修合志》卷32本传,云:"尝集乙酉(顺治二年,

1645)后殉难诸纪录为《玉峰完节录》八卷,各系以赞。”

按:此书《增订晚明史籍考》卷14作张立平著,1卷。

张 昉

字朗初。清昆山人。瑆从父。能诗,与同里朱樵创东冈诗社。生平喜洁嗜茶,自号耐庵。卒年80余。

巽言拟存　子部杂学类　佚

耐庵集　集部别集类　佚

诗最分编　集部别集类　佚

以上3种见民国《昆新两县续补合志》卷19。

陈 涵

字学渊。清昆山人。明嘉定守镛裔孙,滉弟。尝游燕、齐、楚、粤,足迹所至,遍访山川景物,赋诗作画,天趣横生。又善度曲,古调新声,闻者心醉。

击壤诗5卷　集部别集类　佚

清陈滉著　陈涵录

见光绪《昆新两县续修合志》卷50。

按:《国朝昆山诗存》卷15收陈涵诗2首,其中一首为《录先兄恂渊〈击壤集〉》,可见此书为其兄陈滉所著,陈涵录。另,《中国美术家人名辞典》引《崧南志稿》作“字尊渊”。

徐开祎(?—1653)

字休倩,号然斋。清昆山人。与乔父。万历间补诸生,八试不遇,后隐杨家田之别墅,梵荚钟鱼,自同老衲,诗多激楚之音。尝捐赀浚大石浦,举同善会。

易庵斋诗文集　集部别集类　佚

见光绪《昆新两县续修合志》卷50。

半壑吟　集部别集类　佚

见民国《昆新两县续补合志》卷19。

张其识

字二非，号默庵。清昆山人。鲁传孙。儒学生。为人清洁有守，客游三十载，晚归张浦，啸歌陇亩以老。

青萍集　集部别集类　佚

见光绪《昆新两县续修合志》卷49。

按:《国朝昆山诗存》卷31收有其诗。《吴郡甫里人物考》卷10有其小传。

翁傅梅

清康熙间昆山人，真义老儒。

唯一子草　集部别集类　佚

花月吟　集部别集类　佚

见《国朝昆山诗存》卷31，并收其诗2首。

朱曾传

号双田。清昆山人。谨子。

聊存草2卷　集部别集类　佚

见《国朝昆山诗存》卷31，并收其诗2首。

浦　鸥

字浪臣，号隐农。清昆山人。侨居黄歇浦，以诗歌自娱而好义，颇负奇气，躬耕食力以老。

劳安集　集部别集类　佚

见光绪《昆新两县续修合志》卷50，《国朝昆山诗存》卷31作"劳安堂诗"。

陆世鎏(1596—1661)

字彦修,号止庵。明末清初昆山人。安吉子。崇祯十二年(1639)举人。好读书,尤熟国家典故及经世之学。福王立,邀令受职,婉辞不赴。顺治二年(1645)冬,遇剧盗被创几死,后隐居湖滨,以诗酒山水自放。卒年66。

尚论纪闻　史部杂史类　佚

馂古绪余　史部杂史类　佚

述训绪言　子部儒学类　佚

澄心录　子部儒学类　佚

岁寒余事草　集部别集类　佚

招遗草　集部别集类　佚

永观堂集　集部别集类　佚

以上7种见光绪《昆新两县续修合志》卷49。按:《昆山人物传》卷2,"馂古绪余"作"馂古绪录","岁寒余事草"作"岁寒草""余事草"。

沈长孩

清昆山人,居菉葭村。

散花清供1卷　子部艺术类

抄本,见《昆山先哲遗书目录》。

钱　升

清昆山人。

诗经纂注　经部诗经类　佚

见光绪《昆新两县续修合志》卷50。

郑远宁

字君翊,号逍遥散人。清昆山人,父国鼎赘太仓,故一作太仓人。

喜读书，补州学生，从之游者膳而教之。晚年移居穿山，与弟辅世隐居乐志。

武林纪事　史部杂史类　佚

见民国《昆新两县续补合志》卷19。

郑辅世

字德卿。清昆山人，远宁弟。性耿介，所居近白米泾淤塞，出粟疏浚。

农圃逸谈　子部农家类　佚

居家杂训2卷　子部儒家类　佚

见道光《穿山小识》卷上。

张　瑆

清昆山人。昉从子。同入东冈诗社。

花信日记　子部杂学类　佚

未园稿2卷　集部别集类　佚

以上2种见光绪《昆新两县续修合志》卷50。

浦士伟

清昆山人。

鹤村集　集部别集类　佚

枕石草　集部别集类　佚

以上2种见光绪《昆新两县续修合志》卷50。

张　绲(1603—1680)

字稚龙，号稷原。明末清初昆山人。振德次子。崇祯六年(1633)诸生，旋遭世故，弃去。更名潜，字寄余，号研樵。生平为善，唯恐人知。卒年78。

启祯集 8 卷　集部总集类

见光绪《昆新两县续修合志》卷 49。

胡　明

清昆山人。

璞庵集　集部别集类　佚

青莲室尚元草　集部别集类　佚

以上 2 种见光绪《昆新两县续修合志》卷 50。

朱述善

字长庚。清昆山陈墓人。早孤。明崇祯末童试第一，补嘉定诸生。以志节自许。顺治二年(1645)八月，妻周氏死于兵，乃祝发依万寿庵僧舍，号明庵。里中高其义，遣子弟从之游。乱定后，搜采乡里殉难妇女成《贞烈传》1 卷。卒年 44，门人私谥孝节先生。

贞烈传 1 卷　史部传记类

清道光间潘道根抄本，南京图书馆藏。

按：《增订晚明史籍考》卷 14 云："《贞烈传》则杂记昆山烈妇义女，不畏强御，甘蹈白刃而死者凡百数十人。"《史籍考》作"朱善述著"。参见"张立平"条。

王源鲁

清昆山人。

明季纪事　史部杂史类

抄本，国家图书馆藏。

昆山王源鲁先生遗稿不分卷　史部杂史类

抄本，上海图书馆藏。

王源鲁先生遗稿 6 卷　史部杂史类

《明季史料丛书》影印本。

子目：

前编　《残明》1卷

正编　《小腆纪叙》3卷补编1卷

附录　《国朝叛将》1卷

按：《增订晚明史籍考》卷9云："源鲁事迹不详。封面题《王源鲁先生遗稿》，而丛书目录题《小腆纪叙》六卷：卷一为《残明前编》，记李自成、张献忠农民起义事迹；卷二至卷四为《小腆纪叙》上中下三卷，记南明诸王及南明殉国诸人杂传，附录两国交兵；卷五为清朝叛将；卷六为残明，与卷一事实卷目均同，故原书缺而未载，名为六卷，实五卷也。"

又按：《贩书偶记续编》卷5著录此书底稿本，子目如上。

金　露

原名方开。字越沙，号仙掌，又号艾庵。清昆山人，寓长洲县甫里。诸生，少多膂力，工古文词，能诗善酒，艺菊栽花，潇然高隐。卒年81。

古雪堂诗集16卷　集部别集类

明金露撰　清沈曰瑛辑

清康熙间嘉荫堂刻本，国家图书馆藏。

越沙遗稿　集部别集类　佚

见光绪《昆新两县续修合志》卷50。

蘧蘧集　集部别集类　佚

见清康熙时陈惟中《吴郡甫里志·庠员》卷8金方开条下注云："《蘧蘧集诗稿》行世。"

古雪堂诗余　集部词曲类　佚

见清光绪《甫里志·著述》。

戒　恒(1605—1662)

清顺治初胜莲庵女僧。字无歇，张鲁唯长女，适戴云御，夫亡出家。受五戒于天童密云，受菩萨戒于宝华昧和尚。开堂说法，远近倾仰，女尼五百。卒年58,建塔于穹窿草庵。

语录4卷　子部佛教类　佚

塔铭1卷　子部佛教类　佚

以上2种见光绪《昆新两县续修合志》卷11。

马云举(1605—1668)

字汉翔,号嵋轮。清昆山人。玉麟孙,天騋子。顺治四年(1647)进士,任河曲知县,有治绩。

(顺治)河曲县志4卷　史部地理类

清马云举纂修　田思孔续修

清顺治七年刻康熙增刻本,国家图书馆藏。

晋疆纪事1卷行述1卷　史部地理类

抄本,归庄跋,上海图书馆藏。

按:《晋疆纪事》统纪河曲形势、关隘、兵戎、养马之事,及赋役、物产、风俗、灾祥、盗贼、讼案,审其利病,详其得失。尤于民间疾苦之状,记载真挚。因河曲为三晋极边之地,故名其书曰《晋疆纪事》。《稀见地方志提要》云此书为云举之父天騋所为,并记天騋号嵋轮,曾任河曲知县。检书末归庄跋云:"汉老此文于民间疾苦,言之历历,如指诸掌。"马云举字汉翔,"汉老"当即马云举,故知此书非马天騋所为。另据光绪《昆新两县续修合志》卷20《选举表四》载"马天騋,以子云举赠河曲知县",可知马天騋并未实授河曲知县,而是封赠。另据《培林堂文集》卷八《河曲知县马公暨顾孺人合葬墓志铭》载马云举"号嵋轮",可见"嵋轮"亦非马天騋之号。《墓志铭》并载"公所著《晋疆纪事》一书",可见此书确为马云举所著。

马氏家范　子部儒学类　佚

凝秋堂集　集部别集类　佚

万卷楼简编　集部别集类　佚

以上3种见民国《昆新两县续补合志》卷19。

龚　㧊(1608—?)

字与参。清昆山人。与太仓陈朝典、陈瑚交契。

晚翠庵集　集部别集类　佚

见《明清江苏文人年表》。

王　棨(1608—1675)

字伟长,号咏易。清昆山人。嵚子。母顾氏,娴书史,工诗文。棨幼承母教,崇祯三年(1630)领乡荐,授贵州仁怀知县,值世变不赴。工行草,能诗,屏迹居荒野,足迹不入城市。卒年68。

易汉学　经部易类　佚

见《国朝昆山诗存》卷2。

古文奇字　经部小学类　佚

经世述略　史部政书类　佚

洁庵诗文稿　集部别集类　佚

以上3种见光绪《昆新两县续修合志》卷50。

咏易集　集部别集类　佚

见《国朝昆山诗存》卷2。

邱钟仁(1609—1680)

字显若,一字近夫,号一岩。清昆山人,世居长洲,其父万垓,始迁昆山。幼受学于舅氏朱集璜,通诸经大义。冒朱姓,补诸生。既谢举业,惟开示来学。于《孝经》《春秋》尤多所发明。康熙十七年(1678)应博学鸿词,以老不与试,特赐内阁中书舍人,逾年南还,卒河间舟次,年72。

读易杂说1卷　经部易类　佚

春秋遵经集说26卷　经部春秋总义类　佚

按:参见《四库全书总目》春秋类存目2。

孝经通解　经部孝经类　佚

孝经约注1卷　经部孝经类　佚

史记微旨　史部史评类　佚

昆山艺文志　史部目录类　佚

辨道录　子部儒学类　佚

读性理杂说1卷　子部儒学类　佚

近思录微旨2卷　子部儒学类　佚

高子节要微旨　子部儒学类　佚

阅道南录源流微旨6卷　子部儒学类　佚

宝室拾遗　子部杂学类　佚

以上12种见光绪《昆新两县续修合志》卷50。

昆山纪善录　子部杂学类　佚

见民国《昆新两县续补合志》卷19。

勖庵文稿　集部别集类　佚

楚游草　集部别集类　佚

一经堂诗文集　集部别集类　佚

以上3种见光绪《昆新两县续修合志》卷50。

按:《国朝昆山诗存》卷9收其诗6首。

梁　逸(1609—1694)

字逸民,别署春隐。清昆山人,徙居苏州红叶村。辰鱼曾孙。明社已墟,遂韬晦不轻诣人。工诗,品高峻,尤工五言。叶方蔼、吴殳均推重之。间为篆刻,古朴得秦汉遗意。卒年86。

红叶村诗稿6卷补遗1卷　集部别集类

(1) 清康熙刻本,邓之诚跋,中国科学院图书馆藏。

(2)《又满楼丛书》本。

(3) 赵氏寄云楼抄本,见《著砚楼书跋》。

(4) 王德森抄本,北京大学图书馆藏。

(5)《四库未收书辑刊》本。

游山唱和集　集部总集类　佚

清梁逸、张辰、濮宗、汪子蛟撰

见光绪《昆新两县续修合志》卷32本传。

按:《江苏诗征》卷70收有其诗。《国朝昆山诗存》卷3收其诗45首。

徐开法

字兹念,号坦斋。清昆山人。应聘孙,乾学父。少孤,事母孝。由诸生入太学。明亡,称疾归,杜门课子。性刚直好义,尝以漕政大坏,历考前代漕规,附以己议,著《漕政考要》。当事采其言,颇见施行。卒年53。

通鉴甲子会记　史部编年类　佚

漕政考要　史部政书类　佚

见同治《苏州府志》卷137《艺文二》。

徐开任(1611—1695)

字季重,号愚谷。清昆山人。应聘孙,乾学从父。明诸生。入清后弃诸生,绝意仕进。避地娄东,与吴伟业唱酬切磨。肆力于诗,尤专史学。卒年85。

易经通论不分卷　经部易类

清抄本,东北师范大学图书馆藏。

礼经不分卷　经部仪礼类

清抄本,上海图书馆藏。

六经通论80卷　经部群经总义类　佚

见光绪《昆新两县续修合志》卷50。

明名臣言行录95卷　史部传记类

(1) 清康熙二十年(1681)徐氏采山堂刻本,天津图书馆、复旦大学图书馆藏。

(2)《续修四库全书》本。

按:参见《续修四库全书提要》,《增订晚明史籍考》卷17引黄宗羲序云:"近时伪书流行,此录庶几收廓清之功矣。"又,此书于清代被列为禁书。

逸民传6卷　史部传记类　佚

愚谷文集8卷　集部别集类　佚

以上2种见光绪《昆新两县续修合志》卷50。

愚谷诗稿6卷　集部别集类

(1) 清康熙十九年刻本,国家图书馆藏。

(2) 清康熙十九年刻本,邓之诚跋,中国科学院图书馆藏。

(3) 抄本,四卷,南京图书馆藏。

(4)《四库禁毁书丛刊补编》本。

按:参见《清人诗集叙录》卷3。《国朝文汇》甲集卷26收其文1篇,《明诗综》卷79、《清诗纪事》1册均收其诗。

邱翔升

原名钟拔,字骏超。清昆山人。钟仁季弟。

骏超诗稿1卷　集部别集类

抄本,见《昆山先哲遗书目录》。

按:民国《昆新两县续补合志》卷19作《诗集》1卷。

熊　湄

字涤庵,号碧沧道人。清昆山人。适长洲许濰,许濰字箕屋,号烂石,许自昌孙。

宿花龛集1卷　集部别集类

清乾隆间周秉鉴易安书屋抄本,南京图书馆藏。

宿花龛诗草1卷　集部别集类

(1) 清道光七年(1827)徐鼎抄本,苏州图书馆藏。

(2) 1948 年胡文楷抄本。

(3) 2014 年国家图书馆出版社《清代闺秀集丛刊》本。

映阁诗草 1 卷　集部别集类

(1) 清道光七年徐鼎抄本,苏州图书馆藏。

(2) 佛兰草堂抄本,国家图书馆藏。

按:《宿花龛诗草》为熊湄清顺治十六年(1659)避居山中所作,共 180 首。《映阁诗草》为清康熙六年(1667)归居角直梅花墅所作,共 226 首。

碧沧道人集　集部别集类　佚

见《江苏诗征》卷 162,并收其诗 1 首。

张天经

清昆山人。

岭云集　集部别集类　佚

见光绪《昆新两县续修合志》卷 50。

吴　殳(1611—1695)

一名乔,字修龄。清太仓人,赘于昆山。崇祯十一年(1638)诸生,寻被斥。遂事佛,兼好神仙。游京师,与鄢陵梁日缉友善。闻江淮(一作江西)有异人,往从之。殳于书无所不窥,自天文乐律、兵法、地理,下至医药、卜筮,靡不探原竟委。其诗初宗明人,中宗温、李,晚年所见益邃,自悔少作。所服膺者常熟冯班、丹阳贺裳二人,合采其说,成《围炉诗话》。又取李商隐《无题》诸诗,详说其意,为《西昆发微》。尝作《史论》20 篇,见者服其识力。又据吴伟业《绥寇纪略》为《抚膺录》。清康熙三十年(1691)与刘献廷共论声韵字母之学,论相合。三十四年卒,年 85。

吴修龄史论不分卷　史部史评类

抄本，南京图书馆藏。

抚膺录 4 卷　史部杂史类　佚

见光绪《昆新两县续修合志》卷 50。

怀陵流寇始终录 18 卷附录 2 卷　史部杂史类

清戴笠撰　吴殳辑

(1) 清初钱氏述古堂抄本，南京图书馆藏。

(2)《玄览堂丛书续集》本。

(3) 1947 年南京国立中央图书馆影印本，辽宁大学图书馆、北京大学图书馆藏。

(4)《续修四库全书》本。

按：参见《增订晚明史籍考》卷 6、《续修四库全书提要》。

将亡妖孽 1 卷　史部杂史类

甲申剩事 1 卷　史部杂史类

延绥镇志李自成传 1 卷　史部杂史类

以上 3 种均为清吴江戴笠撰，吴殳辑。

(1)《玄览堂丛书续集》本。

(2) 1947 年南京国立中央图书馆影印本，辽宁大学图书馆、北京大学图书馆藏。

抚膺诗 1 卷　史部杂史类

见《增订晚明史籍考》卷 24 引《鸥陂渔话》。

按：此书咏明季史事，光绪《昆新两县续修合志》卷 50 著录有《抚膺录》4 卷，和此书关系如何，待考。

纪效达辞 20 卷　子部兵书类

抄本，南京图书馆藏。

按：清康熙元年殳改编明戚继光《纪效新书》为此书。南京图书馆另藏有 2 卷本。另《太仓延陵宗谱》卷 14 载有吴殳所撰“纪要达词”2 册，和此书应为一书。

手臂录 4 卷　子部兵书类

(1) 清抄本,上海图书馆藏。

(2) 抄本,军事科学院军事图书馆藏。

(3)《借月山房汇钞》本。

(4)《指海》本。

(5)《泽古斋重钞》本。

(6)《式古居汇钞》本。

(7)《瓶华书屋丛书》本。

(8)《丛书集成初编》本。

(9)《故宫珍本丛刊》本。

(10)《古拳谱丛书》本。

按:《增订晚明史籍考》卷 6 云:殳著有《手臂录》,长于柔术,其法传于日本。

手臂录 4 卷附峨嵋枪法 1 卷梦绿堂枪法 1 卷程冲斗十六枪势 1 卷　子部兵书类

(1) 清抄本,上海图书馆、苏州图书馆藏。

(2)《瓶花书屋丛书》本。

(3)《指海》本。

按:后二者无《程冲斗十六枪势》1 卷。

程冲斗十六枪势 1 卷　子部兵书类

(1) 清道光十六年(1836)至二十年钱氏守山阁刻本,国家图书馆藏。

(2)《故宫珍本丛刊》本。

按:此版为钱氏据泽古斋重钞改编补刻本。

梦绿堂枪法 1 卷　子部兵书类

清释洪转撰　吴殳辑

(1) 清道光十六年至二十年钱氏守山阁刻本,国家图书馆藏。

按:此版为钱氏据泽古斋重钞改编补刻本。

(2)《手臂录》附本。

(3) 抄本,北京大学图书馆藏。

(4)《瓶花书屋丛书》本。

(5)《扫叶山房丛抄》本。

峨嵋枪法1卷　子部兵书类

清释洪转撰　吴殳辑

(1) 清道光十六年至二十年钱氏守山阁刻本,国家图书馆藏。

按:此版为钱氏据泽古斋重钞改编补刻本。

(2)《手臂录》附本。

(3) 抄本,北京大学图书馆藏。

(4)《瓶花书屋丛书》本。

(5)《扫叶山房丛抄》本。

无隐录1卷　子部兵书类

清抄本,国家图书馆藏。

难光录1卷　子部艺术类

《指海》本。

他石录　子部杂学类　佚

见光绪《昆新两县续修合志》卷50。

梅花百咏　集部别集类　佚

诗文全集　集部别集类　佚

以上2种见《太仓延陵宗谱》卷14。

舒拂集　集部别集类

抄本,国家图书馆藏。

吞乌集　集部别集类　佚

息机草　集部别集类　佚

以上3种见光绪《昆新两县续修合志》卷50。

古宫词1卷托物草1卷　集部别集类

清顺治十五年(1658)刻本,南京图书馆藏。

西昆发微3卷　集部别集类

（1）清光绪二十年(1894)刻本，上海图书馆藏。

（2）《借月山房汇钞》本。

（3）《适园丛书》本。

（4）《丛书集成初编》本。

（5）《四库全书存目丛书》本。

唐诗清览集　集部别集类　佚

见《太仓延陵宗谱》卷 14。

正陶录　集部诗文评类　佚

正钱录　集部诗文评类　佚

按:清康熙八年著此书纠钱谦益《列朝诗集》的失误。

逃禅诗话 1 卷　集部诗文评类　佚

抄本，北京大学图书馆藏。

按:以上 3 种见光绪《昆新两县续修合志》卷 50。

答万季野诗问 1 卷　集部诗文评类

《清诗话》本。

围炉诗话 6 卷　集部诗文评类

（1）清初抄本，宋宾王校并跋，上海图书馆藏。

（2）清初抄本，毛琛校，上海图书馆藏。

（3）清光绪十三年上海大文书局铅印本，上海图书馆藏。

（4）《借月山房汇钞》本。

（5）《适园丛书》本。

（6）《丛书集成初编》本。

（7）《四库全书存目丛书》本。

（8）《续修四库全书》本。

按:此书有清康熙二十年殳自序。

又按:《江苏诗征》卷 14 收其诗 2 首。

张　圻(1612—1698)

字邑翼，号白源。清昆山人。明季补诸生。入清后，里居教授，从游者甚众，与朱用纯相友善。致力于身心性命之学，好阐仙佛宗旨。晚岁栖居道院，蔡方炳颜其居曰知止。著有《城隍庙续志》，久藏虫蚀残缺，潘道根为考正校补之。

昆山县城隍庙续志 1 卷　史部地理类

抄本，见《昆山先哲遗书目录》。

学仕要箴 5 卷　子部杂学类

(1) 清康熙刻本，存卷 1 至 2，中国科学院图书馆藏。

(2) 抄本，见《昆山先哲遗书目录》。

(3)《四库全书存目丛书》本。

按：参见《四库全书总目》杂家类存目 10。

龙门心法　子部道教类　佚

感应篇合注　子部道教类　佚

以上 2 种见光绪《昆新两县续修合志》卷 50。

道德经注解　子部道教类　佚

珠口真机　子部道教类　佚

以上 2 种见民国《昆新两县续补合志》卷 19。

虚隐楼文集　集部别集类　佚

见光绪《昆新两县续修合志》卷 50。

郑浴日

清昆山人。

先代遗事 1 卷　史部杂史类　佚

见闻录 2 卷　史部杂史类　佚

诗集 2 卷　集部别集类　佚

诗余 1 卷　集部词曲类　佚

以上 4 种见民国《昆新两县续补合志》卷 19。

钟 晓

字人雅，或曰淳崖。不知何许人。明崇祯末，流寓昆山。面短而秀，声若洪钟。无妻子，不设炊具。饥就人食，兼索酒，时时大醉而行吟不辍。见高墙垩粉，辄以所作题擘窠书。夏日沉饮溺水死。叶方蔼《独赏集》称其诗别具深情妙绪，当其绝至，哀乐纷来，能使人当歌忽泣，破涕为笑，所谓尤物，善移人情云。

意意编　集部别集类　佚

遗诗百篇　集部别集类　佚

词曲 1 卷　集部词曲类　佚

见光绪《昆新两县续修合志》卷 50。

顾 蕙

字又苏。清昆山人。锡畴女，諟妹，乌程沈某妻。

萝月轩词　集部词曲类　佚

见《历代妇女著作考》引《众香词》。

李可卫

字尔公，号养拙。清昆山人。可汧兄。由廪生荫入太学，能诗文，入复社，通青乌术。

遐斋近稿　集部别集类　佚

吟余偶稿　集部别集类　佚

以上 2 种见光绪《昆新两县续修合志》卷 50。《国朝昆山诗存》卷 4 收其诗 8 首。

何玮枝

字次玉，亦字幼琛，号灌丹。清昆山人。琪枝从弟。顺治四年

(1647)贡生，授职县丞。

渔唱集 1 卷　集部别集类　佚

见光绪《昆新两县续修合志》卷 50。《国朝昆山诗存》卷 3 收其诗 5 首。

何万选

字尔章。清昆山人，居千墩里。明诸生，明亡后弃去，与同邑叶奕苞、梁逸辈为诗社，晚岁复与陈仲达、顾兰复、陈祐辈结老人会。

三余斋文集　集部别集类　佚

见光绪《昆新两县续修合志》卷 50。《国朝昆山诗存》卷三收其诗 3 首。

归　庄(1613—1673)

字尔礼，又字玄恭，号恒轩。明亡后，更名祚明，或自称归藏、归妹、归乎来、悬弓、园公、鏖鳌巨山人。清昆山人。昌世子，有光曾孙。明诸生。清顺治二年(1645)五月清兵陷南都。六月，县丞阎茂才下令剃发，庄倡议举兵杀之。七月城破，遂亡命山中，久之乃免。遂断发僧装，自号普明头陀。越数年，结庐于金潼里先墓侧，课徒鬻书以自活。诗古文无不工，擅墨竹，尤工书。为文落笔数千言，多愤世嫉俗语。生平最善顾炎武，俱不谐于俗，有"归奇顾怪"之目。著作颇多，而以《万古愁》曲为最著，自盘古开天辟地叙起，直至清兵南下，南都陷落，慷慨悲歌，论者或以比之《离骚》《天问》。晚年校正曾祖震川文集，持择颇精，梓以传世。

明季逸事野录 4 卷　史部杂史类

清抄本，上海图书馆藏。

晋疆纪事 1 卷　史部杂史类

明马云举撰　归庄跋

清抄本，上海图书馆藏。

寻花日记 2 卷　史部地理类

《小石山房丛书》本。

自考录　子部杂学类　佚

见光绪《昆新两县续修合志》卷50。

悬弓集30卷　集部别集类　佚

苏城东望　集部别集类　佚

以上2种见光绪《昆新两县续修合志》卷50。

归玄恭文集无卷数　集部别集类

海虞顾氏墨格抄本，见《贩书偶记续编》卷14。

归玄恭先生集6卷　集部别集类

赵氏寄云楼抄本。

归玄恭先生诗文稿不分卷　集部别集类

稿本，俞鸿筹跋，上海图书馆藏。

归玄恭文钞6卷诗1卷　集部别集类

(1) 清归氏寿与读书室抄本，国家图书馆藏。

(2) 清道光十七年(1837)季锡畴序刻本，见《增订晚明史籍考》卷20。

归玄恭文续抄不分卷　集部别集类

清抄本，佚名校并跋，天津图书馆藏。

归玄恭先生文续抄7卷附录1卷　集部别集类

(1) 清抄本，南开大学图书馆藏。

(2)《国粹丛书》第二集本。

按：此本为据清道光季锡畴本补辑之本。

归玄恭先生未刻稿1卷　集部别集类

稿本，潘景郑跋，上海图书馆藏。

归恒轩诗集3卷遗集1卷附文16篇　集部别集类

稿本，中国社会科学院文学研究所藏。

恒轩诗稿不分卷　集部别集类

(1) 稿本，国家图书馆藏。

（2）《清代诗文集珍本丛刊》本。

山游诗1卷恒轩诗（即落花诗）1卷　集部别集类

（1）清康熙间刻本，国家图书馆藏。

（2）《续修四库全书》本。

（3）《清代诗文集汇编》本。

看花杂咏1卷　集部别集类

《小石山房丛书》本。

按：参见《续修四库全书提要》。

归玄恭遗著1卷诗钞1卷　集部别集类

徐崇恩辑

（1）1923年中华书局铅印本，复旦大学图书馆藏。

（2）《续修四库全书》本。

（3）《清代诗文集汇编》本。

归高士遗集10卷　集部别集类

清归庄撰　朱绍成编

民国油印本，复旦大学图书馆藏。

归庄手写诗稿　集部别集类

1959年中华书局上海编辑所影印本，线装2册。

按：以上2种参见《清人诗集叙录》卷4，谓：庄殁后所著诗文集皆失传。清道光间季锡畴始辑其文，诗仅48首。近邑人复辑其遗著，包括文177篇，诗227首，附《万古愁》曲。新中国成立后发现手写诗稿及《山游诗》，多《归玄恭遗著》所未收。

归庄集　集部别集类

1962年中华书局上海编辑所出版。1984年、2010年上海古籍出版社出版。

按：本书据《归玄恭文续抄》《归玄恭遗著》《归高士遗集》和《归庄手写诗稿》等整理编印。末附《归玄恭先生年谱》及传略、序、跋等资料。

震川先生集30卷别集10卷　集部别集类

明归有光撰　清钱谦益编　归庄校刊

(1) 清康熙十四年(1675)归庄等刻本,复旦大学图书馆、北京大学图书馆藏。

(2) 清光绪元年(1875)常熟归彭福重刻本,武汉大学图书馆、复旦大学图书馆藏。

(3)《四库全书》本。

养疾唱和诗 2 卷　集部总集类

稿本,国家图书馆藏。

启祯两朝遗诗初集 10 卷小传 2 卷　集部总集类

清陈济生辑　归庄等纂

(1) 清初刻本,国家图书馆藏。

(2) 1958 年中华书局上海编辑所影印,附陈乃乾著“附考”。

按:参见《增订晚明史籍考》卷 24。

万古愁曲(鼓词)1 卷　集部词曲类

(1)《双梅景闇丛书》本。

(2)《郎园先生全书》本。

(3) 排印本,南京图书馆藏。

(4)《全清散曲》本。

校正万古愁(一名击筑余音)1 卷　集部词曲类

清归庄撰　民国黄钧校

《又满楼丛书》本。

击筑余音 1 卷　集部词曲类

(1)《铜仙逸史六种》本。

(2)《全清散曲》本,题熊开元撰。

按:《万古愁》与《击筑余音》文字有出入,作者说法不一。近人多以前者题归庄作,后者题熊开元作。参见《全清散曲》跋语。

又按:《清诗纪事》1 册收有其诗,《明词综》卷 7、《全清词钞》收有其词。

朱全瑞(1613—1676)

字锡光。清昆山人。年30补太仓州诸生。越3载世变,披缁入净土,法名智依,号乘台。葺茆迎薰门外,曰宝树庵。与吴玄冲友善。

雪窗偶录　集部别集类　佚

见《昆山人物传》卷2,光绪《昆新两县续修合志》卷50,作“朱金瑞”,误。

顾炎武(1613—1682)

初名绛,更名继绅,后仍名绛,明亡后改今名。字宁人,自署蒋山佣,学者称亭林先生。清昆山千墩镇人。明兵部侍郎章志曾孙,同应次子,同吉嗣子。明季补诸生。性耿介绝俗,与同里归庄有“归奇顾怪”之目。少年时参加复社反宦官权贵的斗争。南明鲁王时,参加江南一带人民的抗清起义,遥授兵部职方司主事。明亡,周游四方,载书自随。所至,辄垦田种地,联合同道,有志复兴。清康熙时诏举鸿博,荐修《明史》,均不就。晚年卜居陕西华阴,卒于山西曲沃。其论学主“博学于文”“行己有耻”,提倡经世致用的学风。凡国家典制、郡邑掌故、天文仪象、河漕兵农以及经史百家、音韵训诂之学,莫不穷究原委。晚益笃志六经,侧重考证,开清代朴学之风。年70卒,宣统元年(1909)诏崇祀庙庭。《清史稿》有传。

易解　经部易类　佚

见《亭林文集》卷3《答汪苕文书》,云:“弟方纂录《易解》,程朱各自为书,以正《大全》之谬,而桑榆之年,未卜能成书否。”

左传杜解补正3卷　经部春秋左传类

(1) 清康熙间咸宁张云翼刻本。

(2) 日本明和四年(1767)刻本,北京大学图书馆藏。

按:与《五经同异》《圣安纪事》《顾氏谱系考》《明季实录》《营平二州地名记》《昌平山水记》《山东考古录》《谲觚十事》《求古录》合函。

(3) 清道光十年(1830)宝仁堂刻本,南京图书馆藏。

(4) 清漱六山房刻本、抄本,南开大学图书馆藏。

(5) 1920年上海博古斋影印清嘉庆十三年(1808)刻本,安徽省图书馆,北京大学图书馆藏。

(6)《亭林先生遗书》本。

(7)《亭林先生遗书汇辑》本。

(8)《四库全书》本。

(9)《指海》本。

(10)《璜川吴氏经学丛书》本。

(11)《借月山房汇钞》本。

(12)《泽古斋重钞》本。

(13)《式古居汇钞》本。

(14)《皇清经解》本。

日知录2卷　经部群经总义类

(1)《皇清经解》本。

(2)《尚冰壑先生全书》本。

五经同异3卷　经部群经总义类

(1) 清常熟蒋氏刻本,国家图书馆藏。

(2) 清抄本,国家图书馆藏。

(3)《亭林先生遗书补遗》本。

(4)《亭林先生遗书汇辑》本。

(5)《省吾堂四种》本。

按:王蘧常《顾亭林诗集汇注》附《亭林著作目录》云:疑依托。

九经误字1卷　经部群经总义类

(1) 清光绪十五年(1889)上海蜚英馆石印本,浙江师范大学图书馆、河南大学图书馆藏。

(2) 清抄本,国家图书馆藏缩微胶片。

(3) 1920年博古斋影印清嘉庆中虞山张氏刊本,苏州图书馆藏。

(4) 1934年瞿氏铁琴铜剑楼刻本,苏州图书馆藏。

(5) 1985年台北新文丰出版公司出版,南京图书馆藏。

(6)《亭林先生遗书》本。

(7)《亭林先生遗书汇辑》本。

(8)《四库全书》本。

(9)《借月山房汇钞》本。

(10)《指海》本。

(11)《泽古斋重钞》本。

(12)《式古居汇钞》本。

(13)《晋石厂丛书》本。

(14)《清经解续编》本。

(15)《秋圃丛钞》本。

十三经考义7卷　经部群经总义类

日本天保八年(1837)悬磬舍刻本,中山大学图书馆藏。

石经考1卷　经部群经总义类

(1) 清抄本,国家图书馆藏。

(2)《亭林先生遗书》本。

(3)《亭林先生遗书汇辑》本。

(4)《四库全书》本。

(5)《指海》本。

(6)《借月山房汇钞》本。

(7)《泽古斋重钞》本。

(8)《式古居汇钞》本。

(9)《石经汇函》本。

(10)《丛书集成初编》本。

音论3卷　经部小学类

(1)《音学五书》本。

(2)《四库全书》本。

(3)《音韵学丛书》本。

音论1卷　经部小学类

《皇清经解》本

按:为3卷本之中卷。

诗本音10卷　经部小学类

(1) 清乾隆三十二年(1767)张承伦抄本,南京图书馆藏。

(2)《音学五书》本。

(3)《四库全书》本。

(4)《皇清经解》本。

(5)《音韵学丛书》本。

易音3卷　经部小学类

(1)《音学五书》本。

(2)《四库全书》本。

(3)《皇清经解》本。

(4)《音韵学丛书》本。

(5)《大易类聚初集》本。

(6)《中国古代易学丛书》本。

唐韵正20卷　经部小学类

(1)《音学五书》本。

(2)《四库全书》本。

(3)《音韵学丛书》本。

(4) 1932年海严式刻本,上海图书馆藏。

古音表2卷　经部小学类

(1)《音学五书》本。

(2)《四库全书》本。

(3)《花薰阁诗述》本。

(4)《音韵学丛书》本。

韵补正1卷　经部小学类

(1)《亭林先生遗书》本。

(2)《亭林先生遗书汇辑》本。

(3)《四库全书》本。

(4)《借月山房汇钞》本。

(5)《指海》本。

(6)《花薰阁诗述》本。

(7)《泽古斋重钞》本。

(8)《连筠簃丛书》本。

(9)《邵武徐氏丛书》本。

(10)《音韵学丛书》本。

(11)《丛书集成初编》本。

(12)《明辨斋丛书》本。

唐宋韵补异同1卷　经部小学类　佚

见钱邦彦编《顾亭林先生年谱》附《著述目》。

转注古音略5卷　经部小学类

明杨慎撰　清顾炎武批并跋

明嘉靖李元阳刻本,北京市文物局藏。

按:参见《藏园群书题记》卷1。

干禄字书2卷　经部小学类

唐颜元孙撰　清顾炎武等考证

(1) 清乾隆六年朱振祖抄本,南京图书馆藏。

(2)《四库全书存目丛书》本。

三国志65卷　史部正史类

晋陈寿撰　刘宋裴松之注

明万历二十四年(1596)南京国子监刻本,清陆敬校跋并录,顾炎武、何焯、韩菼批校,陆僎跋,苏州大学图书馆藏。

重修宋史　史部正史类　佚

见清全祖望《鲒埼亭集外编》卷43《答临川先生问汤氏宋史帖子》

云:“明季重修《宋史》者三家,临川汤礼部若士,祥符王侍郎损仲,昆山顾枢部宁人也。”又云:“宁人改修《宋史》,闻其草本已有九十余册,乃其晚年之作,身后归徐尚书健庵。今已不可问矣。”

点定汉纪　史部编年类　佚

见清钱邦彦《校补顾亭林先生年谱》康熙十年(1671):“为太原守周计百令树点定荀悦《汉纪》。”

皇明修文备史 155 卷　史部杂史类

题清顾炎武编

(1) 清抄本,恽毓鼎跋,国家图书馆藏。

(2)《北京图书馆古籍珍本丛刊》本。

按:王蘧常录恽毓鼎跋云:“是书为亭林先生所汇编,旧为阳湖赵牧庵(怀玉号)藏书,凡七十种,合四十帙。光绪癸卯(1903),余从巴陵方氏得此编,仅存下函,十八帙,计五十九种。较之牧庵所藏,已佚其半。”

又按:李兆洛《养一斋文集》卷 7 书此书后云:“此书非出亭林之手。”

三朝记事阙文 20 卷　史部杂史类

见《增订晚明史籍考》卷 3。光绪《昆新两县续修合志》卷 50 作 20 卷。

按:《亭林余集》有炎武自序,谓此书乃其祖绍芳据邸报辑录,起万历四十八年七月至崇祯七年(1634)九月,中间失天启二年(1622)正月至五年六月。炎武乃加辑补,其不得者则阙之。

熹庙谅阴记事 1 卷　史部杂史类

(1)《蒋山佣残稿》附本。

(2) 中华书局《顾亭林诗文集》附点校本。

按:此书记明末“梃击”“红丸”“移宫”三大案始末,起泰昌元年(1620)九月,终十二月,为《三朝记事阙文》之篇,提供了宝贵史料。乾隆时以无名氏所作列为禁书。参见《增订晚明史籍考》卷 3、《明清稀见史籍叙录》。

南都时事　史部杂史类　佚

见《亭林文集》卷6《与戴耘野书》云:"昔年有纂录《南都时事》一本。"

按:朱希祖《明季史料题跋》谓此书盖即2卷本之《圣安本纪》。

明清交替纪事6卷　史部杂史类

石印本,华东师范大学图书馆藏。

明季实录1卷　史部杂史类

(1)《昭代丛书》本。

(2)《槐庐丛书》四编本。

(3)《亭林先生遗书汇辑》本。

(4)《明季稗史续编》(6种6卷,商务印书馆出版)本。

明季实录4卷　史部杂史类

(1) 清抄本,上海图书馆藏。

(2)《四库未收书辑刊》本。

圣朝纪事1卷　史部杂史类

见王蘧常《亭林著作目录》引张穆《亭林年谱》。

圣安纪事(一作圣安本纪)2卷　史部杂史类

(1) 清初抄本,翁曾源校,上海图书馆藏。

(2)《亭林先生遗书补遗》本。

(3)《续修四库全书》本。

按:此书记弘光帝一朝史事,参见《增订晚明史籍考》卷10。

圣安本纪6卷　史部杂史类

(1) 清道光间古槐山房木活字本,北京大学图书馆藏。

(2) 清抄本,北京大学图书馆藏。

(3) 清抄本,北京大学图书馆藏。

(4) 清末铅印本,北京大学图书馆藏。

(5) 上海锦章书局石印本,河南大学图书馆藏。

圣安皇帝本纪2卷　史部杂史类

(1) 清抄本,浙江图书馆藏。

(2)《明季野史汇编》本。

(3)《明季稗史汇编》本。

圣安纪略 2 卷　史部杂史类

《明季三朝野史》本,见《增订晚明史籍考》卷 23。

按:谢国桢云:"宁人著有《圣安纪事》,此题曰《纪略》……间有按语,不似顾氏口吻……恐出于后人伪托也。"

二十一史年表 10 卷　史部史表类　佚

见钱邦彦《校补顾亭林年谱》附《著述目录》。

宋辽金元四史年表　史部史表类　佚

见《菰中随笔》云:"郑渔仲言:作史莫先于表。今观宋、辽、金、元四史,紊乱殊甚,不先作表,则史未易读也……因自混一之年,以迄崖山之岁,编成年表。"

日知录史评 1 卷　史部史评类

《青照堂丛书》本。

顾氏谱系考(一作顾氏谱略)1 卷　史部传记类

(1)《亭林先生遗书》本。

(2)《四库全书存目丛书》本。

按:参见《四库全书总目》传记类存目 5。

官田始末考 1 卷　史部政书类　佚

当务书 6 卷　史部政书类　佚

茀录 15 卷　史部政书类　佚

以上 3 种见钱邦彦《校补顾亭林年谱》附《著述目录》。

按:王蘧常《亭林著作目录》,列《当务书》入子部、列《茇录》入史部,于后者下案云:"其书不传,不知其属何类。"

区言 50 卷　史部政书类　佚

清何焯《菰中随笔跋》云:"《区言》五十卷皆述天下之要,余曾在东海相国(徐乾学)处见一帙言治河事。"王蘧常列此书入子部。

肇域志　史部地理类

(1) 顾氏原稿本。

按:顾氏原稿传到清乾隆末年已失去了京师(北直隶)和江西、四川、广西四部分。德清许庆宗于清乾隆五十八年在广东买到残稿 20 册,带回杭州。家传 4 世,在太平天国攻陷杭州后,相传此书一度落入左宗棠之手,后由朱衍绪交给曾国藩,曾国藩命汪士铎整理。汪士铎和成蓉镜整理成抄清本、待刻本 2 部,原稿从此不知下落。

(2) 汪士铎抄清本,计存江南(南直隶)11 册、浙江 2 册、山东 8 册、山西 5 册、河南 4 册、湖广 3 册、陕西 10 册、云南 2 册、贵州 1 册、广东 2 册、福建 2 册,共 50 册。上海图书馆藏。

(3) 汪士铎抄待刻稿,卷册同上,台湾"中央图书馆"原藏。

(4) 清抄本,40 册,存南直隶、山东、山西、河南、陕西、湖广、浙江、福建、广东、云南、贵州。四川省图书馆藏。

(5) 清抄本,40 册,卷册同上,云南省图书馆藏。

按:海宁蒋光焴(寅昉)曾委托杨象济据许氏藏本传抄一部,分 40 册。蒋曾携此书到武昌,湖北巡抚严树森又从蒋本传抄一部。云南、四川所藏 40 册本,可能也是从蒋氏抄本传出的。

(6) 抄本,2 册,南京图书馆藏。

(7) 抄本,10 册,南京图书馆藏。

(8) 清抄本(南畿稿),10 册,国家图书馆藏。

(9) 清同治六年(1867)陈作霖抄本(金陵分卷),3 册,上海师范大学图书馆藏。

(10) 传写本(南直隶),徐乃昌旧藏,后归缪荃孙,8 册。有自序,梁同书、阮元、梁章钜、程瑶田、吴钟骏、□定、吴荣光、胡虔、姚椿、许庆宗、刘韵珂、杨象济、高学沅、张曜孙、汪士铎跋。庚午(1930)傅增湘跋。见《藏园群书经眼录》卷 5。

(11) 2004 年上海古籍出版社点校本。

(12) 2012 年上海古籍出版社点校本。

按:《肇域志》是顾炎武“感四国之多,耻经生之寡术”而费 20 年心血纂辑的地理总志。全书征引丰富,参阅的明代和清代地理书达一千余部,有很多是孤本或罕见本,为今人保留下了大量可贵的地理资料,为我们了解明末清初的地理书籍提供了极有价值的信息。参见吴杰《顾炎武〈肇域志〉的内容及其抄本的流传》,载《古籍整理出版情况简报》总 94 期,1982 年 9 月中华书局出版。又,该刊总 95 期刊有《〈肇域志〉稿本序跋》。刊有上举(10)徐乃昌旧藏本所附自序及 15 人跋,并谓均出自原稿本。

肇域记(一作山东肇域记)6 卷　史部地理类

(1) 清道光间陈揆稽瑞楼抄本,原铁琴铜剑楼藏。

(2) 清咸丰九年(1859)韩应陛属王雪舫影抄士礼居藏本,国家图书馆藏。

按:陈秉仁云此 2 本均出自黄丕烈藏本,并过录黄氏及夏文焘(韩本因底本已缺字,误作钱大昕)跋。此书康熙十二年撰,晚于《肇域志》10 多年,应为后者的修订本。见陈氏所作《〈肇域志〉修订稿》,此文载《古籍整理出版情况简报》总 105 期,1983 年 5 月中华书局出版。(撰书经过见顾炎武《与颜修来书》,收入中华书局本《顾亭林诗文集》第 230 页。)

又按:钱邦彦《校补顾亭林年谱》附《著述目录》著录《肇域志》作 100 卷。实际上原稿本分装 20 册,抄本或分装 40 册,或分装 50 册,均未分卷。顾炎武于崇祯十二年开始,即广搜史籍、实录、方志、文集、说部、邸抄中有关国计民生及舆地沿革资料纂辑此书。后以其内容繁富,乃于康熙元年将有关各地沿革、建置、山川、名胜等资料辑为《肇域志》,有关各地水利、贡赋等社会经济史料别辑为《天下郡国利病书》。历时 20 余年,未曾定稿,长期以来,只有抄本流传。1982 年 5 月,经国务院批准,在上海成立了《肇域志》整理小组,决定以“上海本”、后改用“云南本”为工作底本,加以校勘、标点,排印出版,并另编分类索引。

(肇域志)备录　史部地理类

见钱邦彦《校补顾亭林年谱》附《著述目录》。

按：顾炎武《亭林文集》卷六《肇域志序》云："凡阅志书一千余部，本行不尽，则注之旁；旁又不尽，则别为一集曰《备录》。"今存影印本《天下郡国利病书》每分册上都有顾炎武亲笔所书"备录"两字，可见《天下郡国利病书》实由此《备录》扩充编纂而成。

肇域志摘抄 1 卷　史部地理类

抄本，上海图书馆藏。

天下郡国利病书 120 卷　史部地理类

(1) 顾氏手稿本，不分卷，34 册(第 14 册已佚)。南京图书馆藏。

按：顾炎武过世后，此稿由其嗣子顾衍生带回，后入其甥徐乾学之手，藏于传是楼中。后徐氏家道中落，此稿散出，先后入苏州藏书家王闻远、张秋塘、黄丕烈、吴讷士之手。宣统元年，昆山借举办祭祀顾炎武仪式之机，从吴讷士手中得到此稿，后收藏于千灯亭林祠堂。1929 年开始，此稿为新成立的昆山县立图书馆收藏。抗日战争爆发后，昆山县立图书馆被日寇侵占，馆长王颂文将此稿装入两木箱中带出，藏于其好友陈墓乡绅陆辑安家中，陆辑安将其砌入隔墙中保存，终使此稿安然度过战乱。抗战胜利后，陆辑安后人将此稿完好无损地归还昆山图书馆。解放战争期间，昆山图书馆为免此稿遭遇不测，先将其送入昆山银行金库保管，后又寄存到上海的金城银行。新中国成立后，昆山图书馆将其从上海取回。后因毛泽东主席要借阅此稿参考，昆山副县长周梅初亲自护送此稿进京。两年后，毛泽东主席阅毕归还，南京图书馆得悉后，就凭借省城具有完善的保存条件，中途"截留"了这部手稿，现藏于南京图书馆。

(2)《四部丛刊三编》影印手稿本，附王颂文跋、张元济跋、钱邦彦《校补顾亭林年谱》《亭林先生著述目录》《诸人诗文及记传》。

(3) 题《明季郡国利病全书》120 卷，乾隆时吴郡人士手写本，多署名，内有顾莼手写 1 册，极工雅。见《藏园群书经眼录》卷 5。

(4) 乾嘉间树萱堂乌丝栏抄本，台湾"中央图书馆"原藏。

(5) 清树萱堂抄本,上海图书馆藏。

(6) 清钱氏萃古斋抄本,国家图书馆藏。

(7) 题《郡国利病书》120 卷,40 册,国家图书馆藏。

(8) 黑格抄本,南京图书馆藏。

(9) 清嘉庆十二年成都龙万育木活字印本,100 卷。

(10) 清道光十年成都龙氏校刻本。

(11) 清光绪二年二林斋铅印本。

(12) 清光绪五年蜀南薛氏桐花书屋修补龙氏刻本。

(13) 清光绪二十六年广雅书局刻本。

(14) 清光绪二十七年上海图书集成局铅印本。

(15) 清光绪二十九年益吾斋石印本。

(16) 民国上海慎记书庄石印本。

(17)《续修四库全书》本。

(18)《四库全书存目丛书》本。

(19) 1980 年广文出版社出版。

(20) 2000 年上海科学技术文献出版社出版。

(21) 2012 年上海古籍出版社出版。

按:参见《四库全书总目》地理类存目 1。

天下郡国利病书详节 18 卷　史部地理类

清顾炎武辑　蒋锡礽节录。

石印本,南京师范大学图书馆藏。

一统志案说 16 卷　史部地理类

清道光七年张青选清芬阁活字印本,国家图书馆藏。

按:此书题顾炎武撰。张穆云:"此书杂纂顾祖禹《读史方舆纪要》中总论合为一编,非炎武所作。"

(顺治)邹平县志 8 卷　史部地理类

清徐政修　马骕纂　顾佣(宁人)编校

清顺治十七年(1660)刻本,国家图书馆藏。

按:张穆《亭林年谱》顺治十六年:“抵邹平,订其县志。”

(康熙)山东通志 64 卷　史部地理类

清张祥星修　钱江等纂

清康熙十七年刻本。

按:张穆《亭林年谱》清康熙十二年引炎武《与颜修来手札》云:“若贵省之《志》,山川古迹稍为刊改,其余概未经目。”此手札又见中华书局本《顾亭林诗文集》第 230 页。

(康熙)德州志 10 卷　史部地理类

清金祖彭修　程先贞纂　顾炎武订

清康熙十二年刻本。

按:钱邦彦《校补顾亭林年谱》康熙十二年:“夏四月,往德州订《州志》。”又引吴映奎曰:“先生是年仅订《德州志》,未尝预修《通志》。”

历代帝王宅京记(一作历代都城宫阙考)20 卷　史部地理类

(1) 清抄本,北京市文物局藏。

(2) 清抄本,清钱大昕校并跋,邓邦述校并跋,南京图书馆藏。

(3) 旧抄本,汪士钟旧藏,南京图书馆藏。

(4) 清有竹斋抄本,存 17 至 20 卷,上海图书馆藏。

(5)《四库全书》本。

(6)《槐庐丛书》三编本(傅增湘云:此本多脱漏)。

(7)《亭林先生遗书汇辑》本。

历代宅京记 20 卷　史部地理类

(1) 清抄本,张敦仁校并跋,丁杰跋,国家图书馆藏。

按:此本有顾衍生跋,参见《藏园群书题记》卷 4。

(2) 清抄本,丁丙跋,南京图书馆藏。

(3) 清抄本,徐肎似跋,南京图书馆藏。

(4) 黑格抄本,李盛铎旧藏。北京大学图书馆藏。

(5) 清嘉庆十三年顾锡祉来贤堂刻本,张穆校,邓邦述校并跋,上海图书馆藏。

(6)《碧琳琅馆丛书》本。

(7)《芋园丛书》本。

营平二州史事 6 卷　史部地理类

见《亭林文集》卷 2《营平二州史事序》。

按:《四库全书总目》地理类 3 谓其书不传,今存《营平二州地名记》1 卷,意为该书 6 卷之一。然国家图书馆藏有《史事记》2 卷,见下。

营平二州史事记 2 卷　史部地理类

清抄本,国家图书馆藏。

营平二州地名记 1 卷　史部地理类

(1) 清抄本,国家图书馆藏。

(2)《亭林先生遗书汇辑》本。

(3)《四库全书》本。

(4)《槐庐丛书》四编本。

京东考古录 1 卷　史部地理类

(1)《亭林先生遗书补遗》本。

(2)《说铃》(康熙、道光)前集本。

(3)《龙威秘书》本。

(4)《学海类编》本。

(5)《艺苑捃华》本。

(6)《丛书集成初编》本。

(7) 1962 年北京出版社铅印本。

(8) 1980、1982 年北京古籍出版社铅印本。

按:参见《四库全书总目》地理类存目 6,疑非炎武原作。

山东考古录 1 卷　史部地理类

(1) 清光绪八年山东书局刻本(与清叶圭绶《山东考古续录》合刻)。

(2)《亭林先生遗书补遗》本。

(3)《说铃》(康熙、道光)前集本。

(4)《龙威秘书》本。

(5)《艺苑捃华》本。

(6)《续修四库全书》本。

(7)《四库全书存目丛书》本。

山东考古录 2 卷　史部地理类

(1)《学海类编》本。

(2)《丛书集成初编》本。

按:钱邦彦《校补顾亭林年谱》顺治十八年:“闰七月,赴山东,辑《山东考古录》。”参见《四库全书总目》地理类存目 6。

昌平山水记 2 卷　史部地理类

(1) 清康熙间写刻本,华东师范大学图书馆藏。

按:后附《谲觚》1 卷。

(2) 清光绪十四年上海扫叶山房刻本,辽宁大学图书馆藏。

(3) 上海文瑞楼石印本,辽宁大学图书馆藏。

(4) 1917 年京绥铁路管理局铅印本。北京师范大学、复旦大学图书馆藏。

(5)《亭林先生遗书》本。

(6) 1962 年北京出版社铅印本。

(7) 1980、1982 年北京古籍出版社铅印本。

(8)《四库全书存目丛书》本。

(9)《续修四库全书》本。

按:参见《四库全书总目》地理类存目 5。又,据潘耒《呈先生诗》,另有《昌平山水图》,盖已佚。

五台山记 1 卷　史部地理类

(1) 见《亭林文集》卷 5。

(2)《小方壶斋舆地丛钞》本。

北岳辨 1 卷　史部地理类

(1) 见《亭林文集》卷 1。

(2)《小方壶斋舆地丛钞》本。

北平古今记10卷　史部地理类　佚

见钱邦彦《校补顾亭林年谱》附《著述目录》。

建康古今记1卷(一作10卷)　史部地理类

(1) 清康熙间石门吕氏南阳村抄本,有缺页,台湾"中央图书馆"原藏。

(2) 台湾成文出版社《中国方志丛书》本,影印清康熙抄本。

(3)《南京稀见文献丛刊》本。

按:此书主要记载明初建康(南京)城之地理、建置等。见清金鳌《金陵待征录》。参见黄苇《中国地方志辞典》。

孝陵图　史部地理类　佚

见《亭林诗集》卷2有《孝陵图诗序》。

按:清顺治十年十月顾炎武三谒孝陵,作《孝陵图》。

十九陵图志6卷　史部地理类　佚

万岁山考1卷　史部地理类　佚

岱岳记8卷(一作4卷)　史部地理类　佚

海道经1卷　史部地理类　佚

以上4种见钱邦彦《校补顾亭林年谱》附《著述目录》。

谲觚十事1卷　史部地理类

(1)《日知录》初刻8卷本附本。

(2)《亭林先生遗书》本。

(3)《四库全书存目丛书》本。

谲觚1卷　史部地理类

(1)《借月山房汇钞》本。

(2)《指海》本。

(3)《泽古斋重钞》本。

(4)《式古居汇钞》本。

(5)《丛书集成初编》本。

按:参见《四库全书总目》地理类存目6。

求古录1卷　史部金石类

(1) 清抄本,魏锡曾校跋,国家图书馆藏。

(2) 清文珍楼抄本,徐渭仁校并跋,国家图书馆藏。

(3) 清彭氏知圣道斋抄本,彭元瑞校并跋,国家图书馆藏。

(4)《四库全书》本。

(5)《行素草堂金石丛书》本。

(6)《槐庐丛书》三编本。

(7)《亭林先生遗书汇辑》本。

(8) 1994年上海古籍出版社《古刻丛钞》附本。

金石文字记6卷　史部金石类

清顾炎武撰　潘耒补遗

(1)《亭林先生遗书》本,翁方纲批校,丁丙跋,南京图书馆藏。

(2)《亭林先生遗书汇辑》本。

(3)《四库全书》本。

(4)《借月山房汇钞》本。

(5)《指海》(道光)本。

(6)《泽古斋重钞》本。

(7)《式古居汇钞》本。

(8) 1994年上海古籍出版社《古刻丛钞》附本。

西安府儒学碑目　史部金石类　佚

见《亭林文集》卷2自序。

惧谋录4卷　子部兵书类

抄本,北京大学图书馆、南京图书馆藏。

日知录　子部杂学类

昆山顾氏稿本,存卷1至8,北京大学图书馆藏。

日知录　子部杂学类

文渊阁本抽毁余稿,复旦大学图书馆藏。

日知录8卷附谲觚十事1卷　子部杂学类

（1）清康熙九年山阳符山堂张弨写刻本，傅增湘跋，国家图书馆、上海图书馆藏

（2）1985年上海古籍出版社影印《日知录集释》附《外七种》本。

日知录32卷　子部杂学类

（1）清康熙三十四年吴江潘耒遂初堂福建刻本，复旦大学图书馆、厦门大学图书馆藏。

（2）遂初堂刻本，清佚名录阎若璩、杨琮批注，国家图书馆藏。

（3）遂初堂刻本，鱼元傅抄补并跋，又录孙泷圈点题识，杨名宁批校，戴望跋，国家图书馆藏。

（4）遂初堂刻本，佚名录清李集、李富孙校，王大隆跋，复旦大学图书馆藏。

（5）遂初堂刻本，清潘道根跋，沈岱瞻注并跋，上海图书馆藏。

（6）遂初堂刻本，谭献批校，中共中央党校图书馆藏。

（7）遂初堂刻本，李慈铭批校并跋，国家图书馆藏。

（8）清康熙三十四年经义斋刻本，陈澧批校，苏州图书馆藏。

（9）清经义斋刻本，蒋彬蔚跋并录沈彤批校，上海图书馆藏。

（10）清雍正间翻刻遂初堂本，傅增湘旧藏。

（11）清乾隆二十四年刻本，山东大学图书馆藏。

（12）清乾隆五十八年刻本，南京大学图书馆、北京大学图书馆藏。

（13）清乾隆五十八年刻本，钱泰吉跋，并录李富孙跋，钱炳森录李富孙评点，唐仁寿校并跋，国家图书馆藏。

（14）清乾隆六十年刻巾箱本，附《日知录之余》4卷。

（15）清道光十二年锦江书院刻本，南京大学图书馆、北京师范大学图书馆藏。

（16）清道光十八年成都锦江书院刻本。

（17）清同治八年江苏吴江潘氏遂初堂重刻本，辽宁大学图书馆藏。

(18) 清光绪十三年上海大同书局石印本，中国人民大学图书馆藏。

(19) 1912年湖北官书处刻本。

(20)《四库全书》本。

(21) 周苏平、陈国庆点注，1997年甘肃民族出版社出版。

(22) 严文儒、戴扬本校点，2012年上海古籍出版社出版。

(23) 郑若萍注，2017年崇文书局出版。

按：《日知录》原本有触犯时忌处，刻本有所删改。参见张舜徽《清人笔记条辨》。

日知录之余(一作日知录补遗)4卷　子部杂学类

(1) 清乾隆刻巾箱本《日知录》附刻本。

(2) 清道光十七年括苍王尚赓抄本，厦门大学图书馆藏。

(3) 清道光二十四年潘道根抄本，湖南省图书馆藏。

(4) 苏州书局刻本。

(5) 清宣统二年元和邹福保刻本，复旦大学图书馆、南京大学图书馆、华东师范大学图书馆藏。

(6) 清抄本，邵恩多校并跋，南京图书馆藏。

(7)《风雨楼丛书》本。

(8)《续修四库全书》本。

日知录集释32卷刊误2卷续刊误2卷　子部杂学类

清黄汝成撰

(1) 清道光十二年四川锦江书院刻本，山东大学图书馆藏。

(2) 清道光十四年嘉定西溪草庐刻本，江苏师范大学图书馆、盐城市图书馆藏。

(3) 清同治七年汉阳童氏朝宗书屋活字排印本，徐州市图书馆藏。

(4) 清同治八年广州述古堂刻本，上海图书馆、苏州大学图书馆藏。

(5) 清同治十一年湖北崇文书局刻本，苏州大学图书馆藏。

(6) 清光绪元年刻本，苏州图书馆藏。

(7) 清光绪三年刻本，江苏师范大学图书馆、苏州大学图书馆藏。

(8) 清光绪十二年点石斋石印本，常熟市图书馆、扬州市邗江区图书馆、苏州市吴江区图书馆藏。

(9) 清光绪十三年同文书局石印本，无锡市图书馆、江苏师范大学图书馆藏。

(10) 清光绪二十一年刻本，连云港市博物馆、江苏师范大学图书馆藏。

(11) 清光绪二十五年京都琉璃厂刻本，清华大学图书馆藏。

(12) 清湖北官书处刻本，北京师范大学图书馆藏。

(13) 1915 年中华图书馆石印本，复旦大学图书馆藏。

(14)《扫叶山房丛抄》本。

(15)《万有文库》第一集本。

(16)《四部备要》本

(17) 1927 年上海锦章图书局石印本，山东大学图书馆藏。

按：前有顾炎武自序、潘耒序。

(18) 1927 年上海中华书局石印本，山东大学图书馆藏。

按：内封牌记载中华图书馆珍藏。前有钦定四库提要、顾炎武自序、潘耒序。

(19) 1931 年上海中华书局排印本，武汉大学图书馆藏。

(20) 1936 年世界书局排印本。

(21) 1985 年上海古籍出版社影印附《外七种》本。

按：《外七种》是日知录刊误 4 卷，日知录之余 4 卷，清李遇孙《日知录续补正》3 卷，清丁晏《日知录校正》1 卷，俞樾《日知录小笺》1 卷，黄侃《日知录校记》1 卷，潘承弼《日知录校补》1 卷。

(22) 1990 年花山文艺出版社排印栾保群、吕宗力校点本。

(23) 1994 年岳麓书社出版。

(24)《续修四库全书》本。

(25) 2013 年浙江古籍出版社校注本。

(26) 2014 年上海古籍出版社出版。

蓺中随笔 3 卷附诗律蒙告 1 卷亭林著书目录 1 卷　子部杂学类

(1) 清乾隆五十九年黄丕烈抄本,黄丕烈、孔宪庚、孔宪彝跋,叶名沣、何庆涵题款,山西省图书馆藏。

(2)《敬跻堂丛书》本,3 卷本。

蓺中随笔 3 卷　子部杂学类

(1) 清嘉庆十六年抄本,浙江图书馆藏。

(2) 清咸丰二年潘道根抄本,季锡畴跋,上海图书馆藏。

(3)《亭林先生遗书汇辑》本。

蓺中随笔 1 卷(一作不分卷)　子部杂学类

(1) 清乾隆间曲阜孔氏玉虹楼刻本,张穆批校,国家图书馆、湖南图书馆藏。

(2) 清道光十二年长白鄂山刻本,国家图书馆藏。

(3) 清光绪间刻本,国家图书馆藏。

(4) 清抄本,附补遗 1 卷,上海图书馆藏。

(5)《亭林先生遗书补遗》本。

(6)《亭林先生遗书汇辑》本。

(7)《海山仙馆丛书》本。

(8)《海粟楼丛书》本。

(9)《敬跻堂丛书》本,1 卷本。

(10)《丛书集成初编》本。

(11)《四库全书存目丛书》本。

按:《菰中随笔》通行 1 卷(不分卷)本和 3 卷本,二者内容不同。3 卷本自黄丕烈抄本传出,以抄本流传。1945 年侯官郭则沄取两种合刊入《敬跻堂丛书》,亦称“两种合刊本”。参见《四库全书》杂家类存目 3、《藏园群书题记》卷 8、张舜徽《清人笔记条辨》卷 1。

亭林杂录(一作杂录)1 卷　子部杂学类

(1)《亭林先生遗书补遗》本。

(2)《说铃》(康熙、道光)前集本。

古今集论 50 卷　子部杂学类　佚

近儒名论甲集　子部杂学类　佚

以上 2 种见钱邦彦《校补顾亭林年谱》。康熙六年春，炎武在兖州同知署删定此书。中华书局《顾亭林诗文集》第 229 页收《与颜修来书》云：“弟向日录有《古今集论》五十卷，顷删取其切于经学治术之要者，付诸梓人，名曰《近儒名论甲集》。”

下学指南 1 卷　子部杂学类　佚

见《亭林文集》卷 6 自序。

救文格论 1 卷　子部杂学类

(1)《亭林先生遗书补遗》本。

(2)《国朝名人著述丛编》本。

(3)《古今说部丛书》本。

(4)《说铃》(康熙、道光)前编本。

按：参见《四库全书总目》杂家类存目 3。

经世篇(一作经世编)12 卷　子部典故类　佚

旧本题顾炎武撰

见《四库全书总目》类书类存目 2，谓：“其书门类悉依场屋策目，盖应科举者抄撮类书为之，而坊贾托名于炎武也。”

七家批钱注杜诗　集部别集类　佚

清顾炎武等批

见《杜集书录》第 593 页。

亭林文集 6 卷诗集 5 卷　集部别集类

(1) 清嘉庆间重刻本，见《藏园订补郘亭知见传本书目》卷 15 下。

(2) 清刻本，王国维校注并跋，国家图书馆藏。

(3)《亭林先生遗书》本。

(4)《四部丛刊》影印本，附孙毓修撰《诗集校补》。

(5)《万有文库》第二集本。

(6)《国学基本丛书》本。

(7)《亭林先生遗书汇辑》本。

(8)《四部备要》本。

(9) 中华书局《顾亭林诗文集》点校本。

(10)《续修四库全书》本。

(11)《清代诗文集汇编》本。

亭林文集 6 卷亭林余集 1 卷　集部别集类

(1)《学古斋金石丛书》本。

(2)《端溪丛书》本。

(3) 清光绪三十年会稽董氏山隐居刻巾箱本。

(4)《清代诗文集汇编》本。

亭林文集 6 卷　集部别集类

清抄本,上海图书馆藏。

亭林余集 1 卷　集部别集类

(1) 清乾隆间彭绍升刻本。

(2) 清光绪二年蒯光典诵芬楼刻本,增 1 篇。

(3)《亭林先生遗书补遗》本。

(4)《亭林先生遗书汇辑》本。

(5)《四部丛刊》影印蒯光典刻本。

(6) 次欧山馆抄本。

(7) 中华书局《顾亭林诗文集》本,用傅增湘校抄本略校异同。

按:《文集》《余集》,参见《清人文集别录》卷 1。《余集》收文及书札 14 篇,为门人编集时所删。

蒋山佣残稿 3 卷　集部别集类

(1) 清尚志堂抄本,北京大学图书馆藏。

(2) 1939 年燕京大学图书馆晒印本,北京大学图书馆藏。

(3) 1959 年中华书局《顾亭林诗文集》点校本。

(4)《清代诗文集汇编》本。

按:王蘧常《亭林著作目录》云:“常熟铁琴铜剑楼、上海涵芬楼皆有藏本,涵芬楼本已佚。”

亭林文集　集部别集类

《国朝文汇》本,清赵熟典编,清乾隆间平河赵氏清稿本,台湾“中央图书馆”原藏。

亭林文录2卷　集部别集类

《国朝文录》本。

亭林文钞1卷　集部别集类

《国朝二十四家文钞》本。

顾炎武文　集部别集类

清沈德潜选　曹绣君音注

民国间文明书局排印本。

顾炎武文　集部别集类

唐敬杲选注

民国间商务印书馆排印本。

亭林佚文辑补　集部别集类

收入中华书局《顾亭林诗文集》点校本。

按:《佚文辑补》收录《亭林文集》《余集》《残稿》以外文及书信,部分书信据上海图书馆所藏手迹校勘。

顾亭林先生尺牍1卷　集部别集类

《尺牍丛刻》本。

顾亭林尺牍1卷　集部别集类

《明清十大家尺牍》本。

亭林诗稿(亦称潘耒手抄本)6卷　集部别集类

清光绪间幽光阁以戴望家藏潘耒手抄本铅字排印本。

按:王蘧常《亭林著作目录》云:相传梁清标有朱书补完本,盖由潘刻多阙文而补之者也。疑即据此本抄录。

亭林诗集5卷　集部别集类

(1) 清康熙刻本,吴以辰校,上海图书馆藏。

(2) 蓬瀛阁刻本,傅增湘校,国家图书馆藏。

(3) 清光绪二年湖南书局刻本。

(4) 清田玉泉等抄本,翁同龢校注,国家图书馆藏。

(5)《亭林先生遗书汇辑》本。

(6) 中华书局《顾亭林诗文集》点校本,补收集外诗4首。

蒋山佣诗集6卷　集部别集类

清沈岱瞻辑

清抄本,顾竹贤、戴望跋,天一阁藏。

按:此本字句与刻本多不同,且多10余首诗。孙毓修《诗集校补》(《四部丛刊》附本)即据此本校潘刻本。

亭林先生集外诗1卷　集部别集类

《古学汇刊》第二集本。

亭林诗集校文(亦称孙托荀校本)1卷　集部别集类

清荀徵撰　孙诒让校

《古学汇刊》第二集《亭林先生集外诗》附。

按:中华书局《顾亭林诗文集》编例五以此《校文》为兰陵荀羕撰,见《古学汇刻》第9编。

亭林先生集外诗4卷亭林诗集校文1卷　集部别集类

清孙诒让辑校

稿本,浙江大学图书馆藏。

顾亭林诗校记1卷　集部别集类

清孙诒让校

《惜砚楼丛刊》本。

亭林轶诗1卷　集部别集类

(1)《亭林先生遗书补遗》本。

(2) 赵氏寄云楼抄本,署沈启东(岱瞻)辑。见"沈启东"条。

顾亭林先生诗笺注17卷诗谱1卷校补1卷　集部别集类

清山阳徐嘉辑注　兴化李详、山阳段朝端校补

（1）清光绪二十三年徐氏味静斋刻本，南京图书馆藏。

（2）《续修四库全书》本。

顾亭林诗集汇注6卷　集部别集类

王蘧常辑注　吴丕绩标校

（1）1983年上海古籍出版社铅印本，2册。

（2）约1985年台湾文海出版社《近代中国史料丛刊》三编九辑影印上海古籍出版社铅印本，3册。

按：此书以传录潘耒手抄本为底本，注释以徐嘉注本为基础，用10多种校本、注本、批本作参考，分别作出汇校、汇注，并加案语为断。后附《集外诗存》《诗谱》《亭林著作目录》《清史稿·顾炎武传》、徐嘉顾诗笺注原序及凡例。

顾亭林诗文集　集部别集类

华忱之点校

1959、1983年中华书局排印本。

按：此书收顾炎武诗文五种：《亭林文集》《亭林余集》《蒋山佣残稿》《亭林佚文辑补》《亭林诗集》，附《熹庙谅阴记事》。

顾亭林诗文选　集部别集类

陆林、吴家驹选注评析

2002年江苏古籍出版社出版《昆山三贤丛书》本。

昭夏遗声2卷　集部总集类　佚

见清李云霑《与人论亭林先生遗书笺》云："先师（亭林）当日著作甚富，有《昭夏遗声》2卷（选明季殉节诸公诗，每人各有小序一篇），系霑手录。"载《国粹学报》第1年7号。

诗律蒙告1卷　集部诗文评类

（1）黄丕烈抄本《菰中随笔》附本。

（2）《敬跻堂丛书》本《菰中随笔》附本。

(3) 清抄本，佚名校，《菰中随笔》附本，湖北省图书馆藏。

音学五书　丛书类

(1) 清康熙六年山阳张弨符山堂写刻本，河南大学图书馆藏。

(2) 清道光二十六年福建林春祺福田书海铜活字本，北京大学图书馆、上海图书馆藏。

(3) 清光绪十一年四明观稼楼刻本，复旦大学图书馆藏。

(4) 清光绪十一年湘阴郭氏岵瞻堂刻本，复旦大学图书馆藏。

(5) 清光绪十六年长沙思贤讲舍刻本，复旦大学图书馆藏。

(6) 清光绪间吴县朱记荣刻本，见朱氏《亭林著述总目》。

(7) 民国上海文瑞楼石印本。

(8) 民国上海鸿章书局石印本。

(9)《万有文库》第二集本。

(10) 1933 年渭南严式诲成都贲园辑刻《音韵学丛书》本。

(11) 1957 年四川人民出版社重印《音韵学丛书》本。

(12) 1982 年中华书局据四明观稼楼刻本影印本。

子目：

《音论》3 卷

《易音》3 卷

《诗本音》10 卷

《唐韵正》20 卷

《古音表》2 卷

按：王蘧常《亭林著作目录》云："原名《音统》，后改此名。"《音学五书》是顾炎武研究上古音韵的代表著作，其中《音论》一部为全书总纲，《诗本音》《易音》两部以《诗经》《易经》两书的押韵来考证古音韵部，《唐韵正》为《唐韵》纠错，《古音表》是研究的总结，其将古音分为十部，列表显示。此书对上古音的研究有开创之功。

铜仙逸史 5 种　丛书类

题顾宁人辑

抄本,中国科学院图书馆藏。

按:《增订晚明史籍考》卷23,云:“必为后人所伪托者无疑。”

海甸野史22种(一作29种)　丛书类

抄本,国家图书馆藏。

按:原书不署编者,《增订晚明史籍考》卷23著录,著者谢国桢并云:“余曾见一抄本,题顾炎武亭林氏辑,知必为后人伪托。”

明季三朝野史3种　丛书类

原题昆山顾炎武亭林辑,江都吴剩二庶余校。

1912年石印本。

按:此书收《圣安纪略》2卷、《思文纪略》1卷、《永历纪略》1卷,见《增订晚明史籍考》卷23,谢国桢曰:“恐出于后人伪托也。”

亭林先生遗书　丛书类

(1)清康熙间吴江潘耒遂初堂刻本,北京大学图书馆藏。

(2)清光绪吴县朱记荣蓬瀛阁重刻潘本(与补遗合称蓬莱阁本)。

(3)《四库禁毁书丛刊》本。

子目:

《左传杜解补正》3卷

《九经误字》1卷

《石经考》1卷

《金石文字记》6卷(附潘耒补遗)

《韵补正》1卷

《昌平山水记》2卷

《谲觚十事》1卷

《顾氏谱系考》1卷

《亭林文集》6卷

《亭林诗选》5卷

亭林先生遗书补遗(一作亭林先生补遗十种)　丛书类

清光绪十一年朱记荣增校上海扫叶山房刻本(简称补遗本)。

子目：

《五经异同》3卷

《山东考古录》1卷

《京东考古录》1卷

《圣安纪事》2卷

《菰中随笔》不分卷

《救文格论》1卷

《亭林余集》1卷

《亭林轶诗》1卷(清沈启东[岱瞻]辑)

《亭林杂录》1卷

附录3种：

《顾亭林先生年谱》及附录1卷(清吴映奎等辑)

《亭林先生神道表》1卷(清全祖望撰)

《同志赠言》(清沈启东辑)

又,本书实收9种,又附席威、朱记荣撰《亭林著述总目》。

亭林先生遗书汇辑(一名顾亭林遗书汇辑)　丛书类

清青浦席威、吴县朱记荣搜辑

(1) 清光绪十四年青浦席氏扫叶山房汇印刻本,国家图书馆藏。

(2) 清光绪十一年至三十二年朱氏校经山房刻印本,国家图书馆藏。

(3) 民国傅增湘校并跋本,收23种,国家图书馆藏。

(4) 民国间上海文瑞楼石印本,题《顾亭林先生遗书》。

(5) 1969年台北市中华文献出版社据清光绪十四年本影印本。

(6) 2011年凤凰出版社影印本。

按:由于"汇辑本"是随刊随印,故各种书目著录的子目颇有出入。国家图书馆藏傅增湘校本收录23种,其中19种与蓬瀛阁重刻潘本和"补遗本"的子目相同,另多出以下4种:

《历代帝王宅京记》20卷

《营平二州地名记》2卷

《明季实录》1卷

《求古录》1卷

台北影印清光绪十四年本只有子目17种，缺《九经误字》《韵补正》《顾氏谱系考》《圣安纪事》4种；文瑞楼石印本比国家图书馆藏本仅缺《历代帝王宅京记》。“汇辑本”所收《菰中随笔》为3卷本，与“补遗本”不同。附录3种各本均同。

顾炎武全集　丛书类

2011年上海古籍出版社出版。

按：本书收录了顾炎武现存可证实的全部著述，包括经部9种、史部17种、子部5种、集部3种，共34种。

诸士俨(1613—1692)

字庄甫，号湛庵，又号勤斋。清昆山人。明崇祯间补诸生。研究性理，阐发朱、陆两家之言，多前人所未及。明亡后，弃诸生，隐居嘉定授徒。顺治十六年(1659)与太仓陈瑚、嘉定汪楷等共举东冈社。卒年80。

勤斋考道日录1卷续录1卷　子部儒学类

《太昆先哲遗书首集》本。

迁改录　子部儒学类　佚

一篑录　子部儒学类　佚

勤斋诗稿3卷　集部别集类　佚

东冈诗集4卷　集部总集类　佚

以上4种见光绪《昆新两县续修合志》卷50。

诸永明(1614—1659)

字千如，一字合甫，号夕关。清昆山人。寿贤从孙。补嘉定诸生。讲求性命之学，慕刘宗周、黄道周之为人。会道周下狱，永明留狱中执弟子礼，从受《周易》。既遭世变，称方外士，益穷刘、黄二家，力行从事。卒年46。

克己编　子部儒学类　佚

见光绪《昆新两县续修合志》卷50。

奚　涛(1614—1699)

原名冠，字沅山，一字大蒙，号确庐，别号大悲先生、渭塘拙逸。清昆山人。崇祯五年(1632)补郡诸生，尝倾家结客，后弃儒冠隐居渭塘。能诗，喜填词，工画山水，有倪瓒笔意。卒年86。

肆闲草堂诗草(一作归闲堂集)　集部别集类　佚

伤快阁草　集部别集类　佚

以上2种见光绪《昆新两县续修合志》卷50。

按:《明诗综》卷79收其诗2首。

陈奇谟

字君俞，一字孝若。清昆山人，居甫里。诸生。能急人之难。入清后，屏迹江湖，终其身30年未剃发。

天放散老集　集部别集类　佚

见民国《昆新两县续补合志》卷19。

按:光绪《昆新两县续修合志》卷49作《天放散花集》。

陈兰徵

字猗之。清昆山人。少为诸生，崇祯十三年(1640)忽弃去。有别业在吴淞江西，茅屋数椽，清池环之。横一木为渡，常数日不下。自号西庄。好读书，工诗善琴。诗在陶、白之间。喜画梅，雅自矜贵。与朱集璜、陶琰最善。晚年足迹所至，唯招提道院。

遗民阅清录　史部传记类　佚

西庄笔记4卷　子部杂学类　佚

壁观斋诗3卷　集部别集类　佚

木仙集10卷　集部别集类　佚

林籁集2卷　集部别集类　佚

以上5种见光绪《昆新两县续修合志》卷50。

呼　谷(?—1696)

初名简在，字德下，号葵园。清昆山人。明崇祯初补诸生。以文行重于时，与归庄、金孝章等游。工诗，多悲悯之词。门人叶方蔼辑《独赏集》，邑人诗入选者7人，以谷为首，被誉为东南隐士之冠。

呼氏世谱　史部传记类　佚

见《国朝昆山诗存》卷1。

余烬前录　史部杂史类　佚

见《增订晚明史籍考》卷10“兼记弘光隆武朝未见诸书”。

葵园集1卷　集部别集类

清顺治十三年(1656)叶方蔼刻本，复旦大学图书馆藏。

葵园文稿　集部别集类　佚

葵园诗稿1卷　集部别集类　佚

屋漏集　集部别集类　佚

以上3种见光绪《昆新两县续修合志》卷50。

按:《江苏诗征》卷19收其诗1首，《清诗纪事》2册收有其诗。

无　文

字贞白。清昆山鹄林僧人。与呼榖友善，榖称其诗新体洁雅，近中唐。卒年33。

鹄林草　集部别集类　佚

见《千顷堂书目》卷28、光绪《昆新两县续修合志》卷50。

按:《明诗综》卷91收其诗5首。

顾　熊

字尔策，号非熊。清昆山人。清晏弟。顺治十五年(1658)武科进士，性耽文史，不乐仕进。尝辑其先世自上海迁昆山宗谱，为从父炎武所称。

顾氏宗谱　史部谱录类　佚

见光绪《昆新两县续修合志》卷27，并云"北平孙承泽为之序"。

止斋诗集　集部别集类　佚

见光绪《昆新两县续修合志》卷49。

盛符升(1615—1700)

字珍示，号诚斋。清昆山溉湖人。少补诸生，从张溥、夏允彝游。顺治十七年(1660)中举，出新城王士禛之门，益殚究诗学。康熙三年(1664)进士，授内阁中书，礼部主事，纂修《会典》。二十八年，官广西司御史，旋罢归。三十八年车驾南巡，时年85，献赋，御书"年登大耋"赐之。明年卒。

周礼辑说　经部周礼类　佚

五经辑说　经部群经总义类　佚

全史会通　史部杂史类　佚

读史与要　史部史评类　佚

以上4种见光绪《昆新两县续修合志》卷50。

江左兴革事宜略4卷　史部政书类

(1) 清康熙刻本，国家图书馆藏。

(2) 清道光四年(1824)重刻本，附《抚吴封事》后，南京图书馆藏。

(康熙)昆山县志20卷　史部地理类

清董正位修　叶奕苞、盛符升纂

(1) 稿本，清顾惇量批校，潘道根校补，王德森跋，苏州图书馆藏。

(2) 抄本，25卷，国家图书馆藏。

按:《中国地方志联合目录》著录有误,见《江苏旧方志提要》。

古葬经注五种　子部术数类　佚

见光绪《昆新两县续修合志》卷50。

西山先生真文忠公文章正宗24卷续20卷　集部别集类

宋真德秀编　明李开邺、清盛符升评定

清初刻本,中国人民大学图书馆藏。

诚斋诗集8卷　集部别集类

清盛符升撰　黄与坚评

清刻本,苏州图书馆藏。

按:含《容台集》《南芝堂杂诗》《遂初集》《山居集》《慎墨堂选集》《国雅选集》《河汾集》《赣石集》。

诚斋诗集不分卷　集部别集类

清刻本,上海图书馆藏。

诚斋集不分卷　集部别集类

抄本,社科院文学所藏。

南芝堂集　集部别集类　佚

山中集1卷　集部别集类　佚

以上2种见光绪《昆新两县续修合志》卷50。

按:《江苏诗征》卷149收有其诗,《清诗纪事》5册收有其诗,并云有《文集》1卷。

李可汧(1615—1675)

字元仗,号处厚,原名开邺,字宾侯。清昆山人。胤昌孙,可卫弟。工诗古文,兼晓音律。崇祯十二年(1639)举人,顺治十二年(1655)进士,授行人,迁刑部主事。康熙五年(1666)擢湖广提学佥事。丁内艰,归不复出。卒年61。

花聚庵诗集2卷　集部别集类

清康熙二十八年李氏花聚庵刻本,国家图书馆藏。

按:书前有徐元文、王揆序。收诗200余首,词10余首。参见《清人诗集叙录》卷5。

瞎　聋

一作瞎龙。俗姓龚。清常熟人,寓居昆山信义镇。明季贡生。入清隐迹缁流,数年后披剃为僧。工诗,与徐希天相唱和,希天子昂发幼尝师事之。

遗诗三百篇　集部别集类　佚

见民国《昆新两县续补合志》卷19。

按:《国朝昆山诗存》卷30收其诗2首。

济　印

清释。俗姓顾,字仁风。昆山人。

玉峰灵峙仁风禅师语录　子部佛教类　佚

与尼灵峙合著

见《历代妇女著作考》引《然脂集》。

葛　芝(1618—?)

原名云芝,一字龙仙,字瑞五。清昆山人。锡璠孙。受业于娄东张溥之门,又为张采婿。沉静英敏,未冠补博士弟子员。砥砺学行,工古文词。入清,潜心理学,好王守仁致良知之学。尝屏弃家累,入山独栖一室,竟日瞑坐。其妻知玄学,能辟谷,徐枋为之立生传。

纪年前录　史部传记类　佚

续纪年录　史部传记类　佚

以上2种见光绪《昆新两县续修合志》卷50。

容膝居杂录6卷　子部杂学类

(1) 清康熙刻本,复旦大学图书馆藏。

(2) 宣统元年(1909)铅印本,上海图书馆藏。

(3) 清抄本，国家图书馆藏。

(4)《四库全书存目丛书》本。

按：此书著于康熙十六年(1677)。《四库全书总目》杂家类存目 2 作《容膝居集杂录》6 卷。

卧龙山人集 14 卷　集部别集类

(1) 清康熙九年自刻本，上海图书馆、国家图书馆藏。

(2)《四库禁毁书丛刊》本。

按：此书清乾隆间为禁书，参见谢国桢《江浙访书记》。《国朝文汇》甲集收其文 5 篇。

魏宗灏

清昆山人。

迁改录　子部儒学类　佚

见光绪《昆新两县续修合志》卷 50。

陈祈年(1618—?)

字肃公，号澹斋。明末清初昆山人。顺治十一年(1654)试第一受饩，刻意向学，虽严寒酷暑，未尝少懈，作文喜用史迁笔法。

龙门一滴　集部别集类　佚

见《昆山人物传》卷 5。

叶宏儒(1619—1675)

字岂凡，一字岳心，号默庵，一作默斋。清昆山人。先世自台州徙居安亭。少从姚江史孝咸讲求性命之学，践履笃行，弱冠补诸生。明亡后弃去，教授里中卒。

默斋遗集　集部别集类　佚

见光绪《昆新两县续修合志》卷 50。《国朝昆山诗存》卷 3 收其诗 2 首。

葛　𩨨(1619—1690)

字毅调，号复庵。清昆山人。锡璠六子。笃行好学，明季为诸生，明亡后弃之。隐居邑北门外，自号七空居士。与同邑张圻交厚，以名节相砥砺，悲愤郁抑，往往发为诗歌。晚年精研佛理，而不背乎孔孟伦常。

世谱1卷　史部传记类　佚

复庵小稿6卷　集部别集类　佚

见《般若纲要》卷10。

按：《贩书偶记续编》卷6著录有清葛泰临辑《复庵小稿》10卷，清宣统元年(1909)铅印本。另《昆山先哲遗书目录》作15卷。

徐与乔(1619—1691)

字扬贡，号退山。清昆山人。开祎子，向揆父。顺治十四年(1657)中举，十八年成进士。以奏销案诖误免官，不自辨。少从朱集璜游，肆力经史，每读一书，必参互考订，通以训诂，丝分缕析而后止。弃官后，杜门著述终其身，卒年73。

周易定本3册　经部易类　佚

见光绪《昆新两县续修合志》卷50。

五经读法　经部群经总义类

(1)《昭代丛书》本。

(2)《丛书集成续编》本。

经史钞32卷　史部史钞类

清徐与乔原本　谭尚忠增辑

(1) 清末刻本，北京大学图书馆藏。

(2) 清同治十一年(1872)盱南汲古书屋刻本，不分卷，上海图书馆藏。

无罪草不分卷　子部杂学类

清吴庄撰　徐与乔评　徐仁发跋

清康熙三十一年(1692)刻本,上海图书馆藏。

易安斋文集1卷诗集1卷　集部别集类

清抄本,国家图书馆藏。

山阳草堂文集20卷诗集10卷　集部别集类　佚

三苏辨体　集部诗文评类　佚

以上2种见光绪《昆新两县续修合志》卷50。

国语观澜1卷　集部诗文评类

清徐与乔辑评

清光绪四年(1878)刻本,北京大学图书馆、中国人民大学图书馆藏。

增订诗经辑评4卷首1卷　集部诗文评类

清徐与乔辑评

清乾隆四十年(1775)友于堂刻本,复旦大学图书馆藏。

初学辨体增删定本不分卷　集部诗文评类

清徐与乔辑评

(1) 清康熙刻本,北京师范大学图书馆藏。

(2) 清康熙十七年刻本,存史部史记,上海图书馆藏。

经史辨体十种(一作经史初学辨体)　丛书类

(1) 清康熙十七年敦化堂刻本,南京大学图书馆、复旦大学图书馆藏。

(2) 2016年学苑出版社出版《稀见清代四部辑刊》本。

子目:

《易辨体》

《书经辨体》

《诗经辨体》

《礼记辨体》

《春秋辨体》

《史记辨体》

《汉书辨体》

《后汉书辨体》

《国语辨体》

《战国策辨体》

按:参见《续修四库全书提要》。《国朝昆山诗存》卷6收其诗17首。

周 楫

字玄珠。清昆山人。明末补嘉定诸生,明亡即弃去。改名铎,字汉仙。所居吴淞江之湄,有轩三楹曰“学圃”。植蔬果自给,足迹不入城市。与归庄、金俊明订忘形交,尊酒相对,每悲歌长啸,欷歔泣下。年逾70卒。

学圃诗集　集部别集类　佚

见光绪《昆新两县续修合志》卷50。

朱祖烈

清昆山人。

少阳君懿行略　史部传记类　佚

摛芳自咏　集部别集类　佚

以上2种见光绪《昆新两县续修合志》卷50。

潘 洤

清昆山人。

楚游草　集部别集类　佚

见光绪《昆新两县续修合志》卷50。

杨 淢

字智莹,又字履中,号正则。清昆山人。郡学生,居邑之安亭镇,少与同里唐节友善。

秋吟稿　集部别集类　佚

见光绪《昆新两县续修合志》卷50。

唐　节

字与鸣。清昆山人。其先上海人，后迁安亭。与其友杨湜刻意为诗，宗法汉魏、三唐。补郡学生，留心经济。明崇祯末，走谒大司马史可法，参预军务。北都陷，亡命四方，约共起义。福王立，献《中兴十策》，多切中时病。后归里，土室蓬户，课童自给，自号雪岩遗老。卒年72。

雪岩杂著　子部杂学类　佚

瓢中小草　集部别集类　佚

以上2种见光绪《昆新两县续修合志》卷50。

按：《合志》卷32本传云："所为诗，天启间镂板行世，兵燹后无复存者。"

易汉学

清昆山人。

咏易集　集部别集类　佚

见光绪《昆新两县续修合志》卷50。

唐象钧

字石次，又字二陶。清昆山人。布衣，与朱之稼、周如凯同入东冈诗社。得暇辄读书，喜吟咏，竟以多累郁死。

草瓢集　集部别集类　佚

分年耕烟稿　集部别集类　佚

以上2种见光绪《昆新两县续修合志》卷50。

朱之稼

字如茨。清昆山人。与诸士俨等唱和。

东冈倡和诗　集部总集类　佚

见光绪《昆新两县续修合志》卷50。

陈治筠

字淇园。清昆山人。刑部郎中余国柱妻。贤淑工诗。教二女余希婴、希芬亦能诗。

淇园诗草　集部别集类　佚

见光绪《昆新两县续修合志》卷41本传、《历代妇女著作考》。

按:《清诗纪事》22册收其诗。

顾升辅

字伊仲,号念庵。清昆山人。鼎臣六世孙,幼失怙恃,依外家许氏读书。明季补诸生,入清后谢儒冠,隐居教授。尝辑先世家训为《雍里世德录》,修纂宗谱。间事篆刻,秀劲工整。举乡饮宾。卒年87。

雍里世德录　子部儒学类　佚

见光绪《昆新两县续修合志》卷50。

朱太倥

字冲阳。清道士,昆山人。主江都琼花观。读书好古,得詹真人法。笪在辛、诸乾乙乐与之游,直以师事之。问飞升黄白之术,即叱曰:"外道也!"住琼花观最久,不与俦类伍。及见蜀之余淼,遂订为莫逆交,唱咏甚欢。

山居乐集　集部别集类　佚

见《江苏诗征》卷183引《诗最》,并收其诗2首。

葛　鼐(1620—1679)

字端调，号蹇庵。明末清初昆山人。锡播四子。崇祯三年(1630)举人。锡播富藏书，有八子，皆好学，尽以书畀诸子。鼐益购所未备，所藏达3万卷。尝辑所评骘自《左》《国》《史》《汉》迄唐宋八家外，复辑22家，海内号称“葛板”。

家庭实行录1卷　子部儒学类

清乾隆刻本，北京大学图书馆藏。

永怀堂日录2卷　子部杂学类

清乾隆刻本，北京大学图书馆藏。

古文正义选　集部总集类　佚

见光绪《昆新两县续修合志》卷49。

古文正集10卷二编22卷　集部总集类

明葛鼒、葛鼐辑评

(1) 明末吴门叶显吾刻本，北京师范大学图书馆藏。

(2) 明崇祯六年永怀堂刻本，存正集10卷，普林斯顿大学葛思德东方图书馆藏。

(3)《四库全书存目丛书补编》本，二编作“不分卷”。

文集述略1卷　集部别集类

清乾隆刻本，北京大学图书馆藏。

陶　甄(1620—1692)

字康令，号甓斋。清昆山人。琰子。崇祯十五年(1642)补诸生。顺治二年(1645)父殉国难，遂弃诸生，不入城市，授徒以老。间赋诗鸣琴以见志。亦通禅学，与叶方恒相善。卒年73。

陶仁节先生山游小记　史部地理类

民国间吴东彭治辑录《昆山丛书》抄本，国家图书馆藏。

陶仁节先生北行日记　史部传记类

清陶甄撰，陶锷述，潘道根辑

民国间吴东彭治辑录《昆山丛书》抄本，国家图书馆藏。

茅檐丛话　子部杂学类

(1) 抄本，见《昆山先哲遗书目录》。

(2)《潘晚香先生杂抄》本，存 50 条，民国间吴东彭治辑录《昆山丛书》抄本，国家图书馆藏。

仁节先生集 16 卷　集部别集类

明陶琰撰　其子陶甄校正

清潘道根据严心斋原本抄本，见《明清稀见史籍叙录》。

按：《国朝昆山诗存》卷 7 收其诗 2 首。

顾景星(1621—1687)

字赤方，号黄公。湖广蕲州人，祖籍昆山，流寇陷蕲，寓昆山。明末贡生，南明弘光朝时考授推官。入清后屡征不仕。康熙十八年(1679)荐举博学鸿词，称病不就。

黄公说字 45 卷　经部小学类

(1) 清抄本，东北师范大学图书馆藏。

(2)《四库全书存目丛书》本。

野菜赞 1 卷　子部农家类

(1) 清道光间世楷堂《昭代丛书》本。

(2)《续修四库全书》本。

(3)《丛书集成续编》本。

耳提录 1 卷　子部杂学类

清乾隆七年(1742)刻本，吉林大学图书馆藏。

按：此书附于《白茅堂集》后。

白茅堂集 46 卷　集部别集类

(1) 清康熙四十三年刻本，上海图书馆藏。

(2) 清乾隆二十年刻本，上海图书馆藏。

(3) 清乾隆五十四年刻本，上海图书馆藏。

(4) 清光绪十三年(1887)刻本，中山大学图书馆藏。

(5) 清光绪二十八年修补本，上海图书馆藏。

(6)《四库全书存目丛书》本。

(7)《清代诗文集汇编》本。

夏　均(1621—1687)

字秉卿，号天全。清昆山人。邑增生，以奏销罣误，弃去，尝刲骨疗母疾，后受记莂于释本黄。与同志创立同善会，募建育婴堂，行之二十载无倦色。

读史纪事诗 1 卷　史部史评类　佚

见光绪《昆新两县续修合志》卷 50。《国朝昆山诗存》卷 7 收其诗 2 首。

张　恕(1623—1676)

字令则，号莼原。清昆山人。幼慧，过目成诵，稍长，泛滥于经史百家，顺治二年(1645)补诸生，省试屡不售，授徒自给。

世谱　史部传记类　佚

见《昆山人物传》卷 6。

本　僼(1623—1683)

清释。字远庵，本姓陆。清初昆山人。年 21 从天童山翁忞公出家，前后追随历八巨刹，服勤 14 年。顺治十二年(1655)始得付嘱。出任维扬宝积院，寻迁湘阴神鼎寺。十八年更主四明天童，移蛟川瑞岩。未几，继席绍兴平阳寺，晚应鄞邑白云之请。康熙二十二年(1683)秋寂，年 61。

远庵僼禅师语录 16 卷　子部佛教类

清释本僼撰　嗣法门人元祝等编

(1) 清康熙二十三年刻本，见《贩书偶记》。

(2)《嘉兴藏》本。

按：《江苏诗征》卷180收其诗1首。

陈　祐

字君祚。清昆山人。居千墩。工笔传神。顺治十六年(1659)父子为湖贼所掳，祐为其魁画肖像，父子皆获免。时有"陈痴"之目。

自怡轩稿3卷　集部别集类　佚

见光绪《昆新两县续修合志》卷50。《国朝昆山诗存》卷3云"叶国华为之序"，并收其诗2首。

叶开五

字豫章。清昆山人。邑诸生，就馆郡城。工诗，兼善狂草，穷老不得志。作《讨书檄》《废书吟》，词旨激楚，读者酸鼻。

尚论篇　子部儒学类　佚

三教略　子部杂学类　佚

牧童问答　子部杂学类　佚

奕律注疏　子部艺术类　佚

竹斋杂著6卷　集部别集类　佚

以上5种见光绪《昆新两县续修合志》卷50。

顾　宏

清昆山人。布衣。

杜诗注解12卷　集部别集类　佚

见《杜集书录》，云：此书清代疑有刻本。

王昭齐

清昆山人。女。著有《织楚集》500余首，自述25岁守志，音节凄楚。

织楚集　集部别集类　佚

见光绪《昆新两县续修合志》卷41本传、《历代妇女著作考》。

按:《历代妇女著作考》按云:“集名与毕朗同,疑或是毕朗之误。”又“毕朗”条云:“字昭文,安徽新安人,昆山王圣开妻。《清诗别裁》作毕著,字韬文。其集《安徽通志》作《韬文吟稿》。”参见“毕昭文”条。

毕昭文

名朗,字昭文,号少陵。安徽新安人。明季宫人,少而明慧,尤耽吟咏,父明末殉国,入清,流落燕市,遇昆山王圣开挈之南下,结为伉俪。居平落村,夫妻偕隐,亲操井臼。后以授徒寄居邑南熊氏村。容止修整,工诗,善画山水、美人、兰、菊,工诗。

织楚集　集部别集类　佚

见光绪《昆新两县续修合志》卷41本传。《国朝昆山诗存》卷30收其诗8首。

按:《中国美术家人名辞典》引清程庭鹭《练水画征录》云:“昭文一作韬文,名著,为王圣开室。父守蓟州战死,尸为掳,韬文夜率精锐入营,手刃其渠,舆父尸还葬金陵,时年二十许也。自有诗纪其事。后寓嘉定南翔镇。《三槎风雅》载其事与邑(嘉定县)志稍异。”

又按:毕氏事迹各书说法不一。《历代妇女著作考》引《苏州府志》《甫里逸诗》作“毕朗,字昭文”。《清诗别裁》作“毕著,字韬文”。光绪《昆新两县续修合志》在毕昭文前有“王昭齐”,亦著《织楚集》。《安徽通志》著录其集名为《韬文吟稿》。其说异辞,姑录以备考。

友　白

清释。号剩庵,俗姓陆。昆山人。明末父兄死难,母姊投井,友白独身逃免。念骨肉遭惨劫,梦幻无常,出家圣像教寺。工诗画,兼擅行草。操行苦卓,遍参名山,归老于寺。

剩庵诗词集5卷　集部别集类　佚

见光绪《昆新两县续修合志》卷50。

朱　肃(1625—1697)

字力男，号毅韬，又号鲁庵。清昆山人。明季父柔陷狱，求代父死。顺治七年(1650)补诸生，旋遭赋册罣误，性孝友，尤笃友爱。

读史管见　史部史评类　佚

见光绪《昆新两县续修合志》卷50。另据《昆山人物传》卷6，朱肃尚撰有《贾谊论》《元祐诸贤论》，疑即《读史管见》中的篇目。

蔡方炳(1626—1709)

字九霞。所居室有息关，因自号息关学者。清昆山人。懋德次子。年17补长洲学生员。康熙十八年(1679)举博学鸿词，以疾辞。博涉群书，于理学、政治、典故考订该洽。能诗，兼工篆草。晚年潜心理学，汤斌、于成龙均重其学行，延与讲论，并辟修《一统志》。卒年84。

四书绎　经部四书类　佚

见光绪《昆新两县续修合志》卷50。

纲鉴汇编40卷首1卷　史部编年类

清康熙五十四年吴郡绿荫堂刻本，与杨本源辑《统纪汇编》9卷合刻，上海图书馆藏。

诠选论略1卷　史部政书类

抄本，上海图书馆藏。

按：见《四库全书总目》职官类存目。

时务策题治平略5卷首1卷　史部政书类

(1) 清康熙四年平江蔡氏刻本，北京大学图书馆、国家图书馆藏。

(2) 2016年学苑出版社出版《稀见清代四部辑刊》本。

广治平略36卷续编8卷　史部政书类

(1) 清康熙三年刻本，苏州图书馆藏。

(2) 清雍正二年(1724)聚奎堂刻本，清华大学图书馆藏。

(3) 清道光间小琅嬛馆刻本,南开大学图书馆藏。

(4) 清同治六年(1867)肇经堂刻本,南京大学图书馆藏。

(5) 清同治九年渔古山房刻本,中国人民大学图书馆藏。

(6) 清光绪八年(1882)四明茹古斋石印本,北京大学图书馆藏。

(7) 清光绪十四年上海点石斋刻本,北京师范大学图书馆藏。

(8) 清光绪十六年上海广百宋斋刻本,中山大学图书馆藏。

(9) 清光绪间铅字排印本。

(10) 清月香阁刻本,南京大学图书馆藏。

(11) 坊刻本,见《昆山先哲遗书目录》。

(12)《四库禁毁书丛刊》本。

历代马政志1卷　史部政书类

(1)《学海类编》本。

(2)《续修四库全书》本。

海防篇1卷　史部政书类

《小方壶斋舆地丛钞》本。

历代茶榷志1卷　史部政书类

抄本,上海图书馆藏。

历朝经济录　史部政书类

见光绪《昆新两县续修合志》卷50。

增订广舆记24卷图1卷　史部地理类

明陆应阳撰　清蔡方炳删补

(1) 清康熙二十五年宝翰楼刻本,北京师范大学图书馆藏。

(2) 清康熙二十五年大文堂刻本,厦门大学图书馆藏。

(3) 清康熙四十六年宝翰楼刻本,南京师范大学图书馆藏。

(4) 清康熙四十六年带月楼刻本,上海图书馆藏。

(5) 清康熙五十六年聚锦堂刻本,北京大学图书馆、湖南省图书馆藏。

(6) 清康熙五十六年光德堂刻本,北京大学藏。

(7) 清康熙间聚文堂刻本，复旦大学图书馆藏。

(8) 清乾隆九年(1744)四美堂刻本，中山大学图书馆藏。

(9) 清乾隆十五年三畏堂刻本，四川大学图书馆藏。

(10) 清嘉庆七年(1802)聚文堂刻本，北京师范大学图书馆藏。

(11) 清光绪四年绿荫堂刻本，吉林大学图书馆藏。

(12)《四库全书存目丛书》本。

(13)《四库禁毁书丛刊》本。

按：参见《四库全书总目》地理类存目1。

广舆记提要1卷　史部地理类

《冠悔堂杂录》本。

舆地全览1卷　史部地理类

《小方壶斋舆地丛钞》本。

(康熙)江南通志76卷　史部地理类

清于成龙等修撰　张九徵、陈焯纂　蔡方炳与纂

(1) 清康熙二十三年江南通志局刻本。

(2)《中国地方志集成·省志辑》本。

(3)《金陵全书》本。

(康熙)长洲县志22卷　史部地理类

清祝圣培修　蔡方炳、归圣脉纂

清康熙二十三年刻本，国家图书馆、上海图书馆藏。

愤助编2卷　子部儒学类

见《四库全书总目》儒家类存目3。

按：此书乃仿其父懋德所著此书体例编成。今存1卷本，见《息关三述》。

重订博物典汇16卷　子部类书类

明黄道周辑　清蔡方炳补

清康熙二年金阊叶氏刻本，清华大学图书馆、北京大学图书馆藏。

尺牍青钱广编　子部儒学类

日本元禄十三年(1700)日本习善堂刻本,北京大学图书馆藏。

修齐录　子部儒学类　佚

墨泪集　集部别集类　佚

秋寻集　集部别集类　佚

未尊集　集部别集类　佚

愿学斋稿　集部别集类

编年诗　集部别集类　佚

以上6种见光绪《昆新两县续修合志》卷50。

耻存斋集20卷　集部别集类

见《清诗纪事》5册,并收其诗。

按:《明清江苏文人年表》作《耻斋存稿》20卷。又,《国朝文汇》甲前集卷20收其文5篇。

陆宣公奏议愿学编2卷　集部别集类

唐陆贽撰　清蔡方炳评辑

清抄本,清华大学图书馆藏。

陆宣公奏议4卷　集部别集类

唐陆贽撰　宋苏轼选　清蔡方炳评

清乾隆十一年江榕刻本,国家图书馆藏。

晦庵先生朱文公文集100卷目录2卷续集5卷别集7卷　集部别集类

宋朱熹撰　清臧眉锡、蔡方炳订

清康熙二十七年蔡方炳刻本,苏州大学图书馆藏。

按:见《藏园订补邵亭知见传本书目》卷13下。

于清端公政书8卷首编1卷外集1卷续集1卷　集部别集类

清于成龙撰　蔡方炳辑

清康熙四十六年于准刻本,南开大学图书馆、国家图书馆藏。

汤子遗书8卷　集部别集类

清汤斌撰　蔡方炳编

清康熙间蔡方炳刻本,郑州大学图书馆藏。

澄江集1卷　集部别集类

清陆次云撰　宋实颖、蔡方炳编

清康熙刻《陆云士杂著五种》本，国家图书馆藏。

息关三述　丛书类

清康熙刻本，清华大学图书馆藏。

子目：

《读书法》1卷

《愤助编》1卷

《正学矩》1卷

按：《续修合志》卷50著录《息关新本》，当与此书有关。

王如潜

原名之济，字甫瞻。清昆山人。邑诸生。父镀，明末与陆世钥同创义旅，几遭不测。如潜周旋患难，遂弃诸生，常乘小舟往来吴越间，作《浮家图》。卒葬陈墓镇，朱用纯为举敛事。

天涯集　集部别集类　佚

见光绪《昆新两县续修合志》卷50。同里朱用纯为之作序。

还江南后诗　集部别集类　佚

东客诗　集部别集类　佚

以上2种见民国《昆新两县续补合志》卷19。《国朝昆山诗存》卷31云："钱继章、朱用纯、戴颖昉序。"

王　汲

清昆山人。

六书勺10卷　经部小学类　佚

见光绪《昆新两县续修合志》卷50。

赵　澎

字楚白。清昆山平乐里人。幼颖异,过目成诵。顺治三年(1646)补诸生。隐居教授,吟咏著书。年80余,步履健若少壮。

五经统说　经部群经总义类　佚

四书标异　经部四书类　佚

天籁集　集部别集类　佚

以上3种见《信义志稿》卷17。

朱用纯(1627—1698)

字致一,号柏庐。清昆山人。集璜子。年17补郡诸生。明亡,痛父殉节,即弃去。自比晋王裒庐墓攀柏之义,自号柏庐。以授徒养母。覃精理学,凡六经四子,濂洛关闽诸书及明儒薛、胡、高、顾之论说,辨析毫厘,知行并进,而一以主敬为程。康熙十八年(1679)或欲以博学鸿词荐,固辞乃免。其后有司欲举为乡饮宾,亦弗应。卒年72,门人私谥孝定先生。

删补易经蒙引　经部易类　佚

春秋五传酌解　经部春秋总义类　佚

以上2种见光绪《昆新两县续修合志》卷50。

朱柏庐先生大学讲义1卷中庸讲义2卷　经部四书类

《太昆先哲遗书首集》排印本。

按:参见《续修四库全书提要》。

学庸讲义3卷　经部四书类

(1) 原刻本,见《郑堂读书记》卷13。

(2) 清光绪二年(1876)江苏书局刻本,北京大学图书馆、华东师范大学图书馆藏。

(3) 清徐椿抄本,上海图书馆藏。

(4) 1928年俞氏世德堂铅印本,华东师范大学图书馆藏。

徐俟斋年谱附录1卷　史部传记类

清朱用纯等撰　罗振玉辑

1919年铅印本,厦门大学图书馆藏。

朱柏庐先生编年毋欺录3卷补遗1卷附1卷　史部传记类

清朱用纯自撰　金吴澜续补　李祖荣校辑

《归顾朱三先生年谱合刻》本。

按:《近三百年人物年谱知见录》指出金吴澜所辑年谱有误。

毋欺录1卷　子部儒学类

(1) 旧抄本,见《持静斋书目》卷3。

(2)《小石山房丛书》本。

(3) 民国间上海鸿章书局石印本,上海图书馆藏。

无欺录2卷　子部儒学类

清光绪二十六年玉山书院刻本,北京大学图书馆藏。

朱柏庐先生劝言1卷　子部儒学类

《东听雨堂刊书·儒先训要续四种》本。

朱柏庐先生治家格言1卷　子部儒学类

(1)《东听雨堂刊书·儒先训要十四种》本。

(2) 清李光明刻本,北京师范大学图书馆藏。

(3) 1917年石印本,上海图书馆藏。

家训(一作朱子家训)1篇　子部儒学类

《汉学堂知足斋丛书》本,即《治家格言》,国家图书馆藏。

绘图增注朱子治家格言1卷　子部儒学类

民国间上海昌文书局石印本,上海图书馆藏。

治家格言绎义1卷　子部儒学类

清朱用纯撰　戴翊清注

(1) 1919年体仁社刻本,南京大学图书馆藏。

(2) 1920年新安汪氏石印本,南京大学图书馆藏。

(3) 1926年无锡万氏铅印本,南京大学图书馆藏。

(4) 1926 年北京中央刻经院铅印本，北京师范大学图书馆藏。

(5) 民国间上海求古斋书帖社石印本，上海图书馆藏。

缙译朱子家训 1 卷　子部儒学类

清朱用纯撰　德保译　松鹤修纂

清宣统二年(1910)荆州荆防广化善堂刻本，北京大学图书馆藏。

困衡录　子部儒学类

见光绪《昆新两县续修合志》卷 50。

朱柏庐先生愧讷集 12 卷　集部别集类

(1) 清康熙间严心斋刻本，国家图书馆藏。

(2) 清雍正三年(1725)吕廷章刻本，国家图书馆藏。

(3) 清雍正三年吕廷章刻本，邓之诚跋，中国科学院图书馆藏。

(4) 1929 年昆山保管祠产委员会活字本，北京大学图书馆藏。

(5) 1934 年昆山县图书馆刻本，郑州大学图书馆、苏州大学图书馆藏。

(6)《津河广仁堂所刻书》本。

(7)《清代诗文集汇编》本。

(8)《清代诗文集珍本丛刊》本。

柏庐外集 4 卷　集部别集类

(1) 1934 年昆山县图书馆刻本，附于《朱柏庐先生愧讷集》12 卷之后，郑州大学图书馆藏。

(2)《津河广仁堂所刻书》本。

朱柏庐(一作朱孝定)先生未刻稿不分卷　集部别集类

清潘道根辑

(1) 稿本，复旦大学图书馆藏。

(2) 抄本，北京大学图书馆藏。

朱柏庐先生愧讷集择抄 1 卷外集择抄 1 卷　集部别集类

民国抄本，华东师范大学图书馆藏。

朱柏庐先生愧讷集未刻稿 4 卷　集部别集类

(1) 清抄本,复旦大学图书馆藏。

(2)《清代诗文集汇编》本。

朱柏庐先生愧讷集未刻稿 2 卷　集部别集类

清抄本,苏州图书馆藏。

按:《国朝文汇》甲前集卷 15 收其文 8 篇。

朱柏庐诗文选　集部别集类

陆林、吴家驹选注评析

2002 年江苏古籍出版社出版《昆山三贤丛书》本。

戴虞皋

字性公,号遁轩。清昆山人。顺治四年(1647)补诸生。性笃厚,贫苦诵读,不求闻达。其五世祖纯,尝著《周易汇解》,原本程朱,学者宗之,遭乱散佚,仅存《系辞》1 卷。虞皋穷探极索,几 20 年,续成上下《经解》。卒年 80 余。

周易阐理 4 卷　经部易类

(1) 清剡藻堂抄本,清华大学图书馆藏。

(2)《四库全书存目丛书》本。

按:参见《四库全书总目》易类存目 3。

续易解　经部易类　佚

大学中庸义疏　经部四书类　佚

以上 2 种见光绪《昆新两县续修合志》卷 50。

盛传敏

字讷夫。清康熙间昆山人。幼孤,顺治十五年(1658)在蔚村师事太仓陈瑚,于象纬、兵农、礼乐,靡不通晓。从军闽中,旋弃去。游迹几遍天下。入都馆朝贵家。喜饮,工诗。与同邑杨子水、郑儒纂释唐诗,多前人所未发,人称三友。(按:当为与王谦合纂)

蓬庐诗集　集部别集类　佚

见光绪《昆新两县续修合志》卷50。按:《昆山人物传》卷6作"蘧庐诗集"。

碛砂唐诗3卷　集部总集类

宋周弼原选　元释圆至注　清盛传敏、王谦纂释

(1) 清康熙十九年刻本,中国科学院图书馆藏。

(2) 清三径堂刻本,北京师范大学图书馆藏。

按:见《唐诗选本六百种提要》。此书选七绝、七律、五律各1卷,书中对圆至注皆加标明,盛、王二人纂释亦各标明,"的确浅显精审,较一般明人评点却又过之"。书前有盛、王二人序及例言。《明清江苏文人年表》作8卷。

王　谦

字太冲。清昆山人。与盛传敏合作纂释唐诗。

蕉雨亭集　集部别集类　佚

大树堂稿　集部别集类　佚

以上2种见《江苏诗征》卷47,并收其诗。

碛砂唐诗3卷　集部总集类

宋周弼原选　元释圆至注　清盛传敏、王谦纂释

(1) 清康熙十九年(1680)刻本,中国科学院图书馆藏。

(2) 清三径堂刻本,北京师范大学图书馆藏。

按:参见"盛传敏"条。

宗　绍

字祖芳。清昆山人。俗姓陈,世家子。太仓双凤法轮寺僧,能诗。

祖芳诗　集部别集类　佚

见嘉庆《直隶太仓州志》卷54。

叶方恒

字嵋初，一字在东，号学亭。清昆山人。重华三子。顺治十二年(1655)顾炎武杀叛奴陆恩，恩党投叶方恒，炎武入狱，得人营救始解。方恒于顺治十五年登进士，授贵阳府推官，改知山东莱芜县，迁运河同知，擢佥事，分守济宁河道。于河防利害，运道通塞，多所论说。卒于官。

(康熙)山东通志 64 卷　史部地理类

　　清赵祥星修　钱江、叶方恒等纂

　　清康熙十七年(1678)刻本，南京大学图书馆藏。

(康熙)新修莱芜县志 10 卷　史部地理类

　　清叶方恒修　张士教纂

　　清康熙十二年刻本，南开大学图书馆、国家图书馆藏。

山东全河备考 4 卷　史部地理类

　　(1) 清康熙十九年刻本，南开大学图书馆、北京大学图书馆藏。

　　(2)《四库全书存目丛书》本。

　　按：参见《四库全书总目》地理类存目 4。

全河备考 1 卷　史部地理类

　　《小方壶斋舆地丛抄》本。

河防要略　史部地理类　佚

　　见光绪《昆新两县续修合志》卷 50。

湖海楼诗集 8 卷　集部别集类

　　清陈维崧撰　叶方恒、龚鼎孳选

　　清康熙二十八年患立堂刻本，苏州大学图书馆藏。

东游杂草　集部别集类　佚

　　见民国《昆新两县续补合志》卷 19。

叶方蔼(1629—1682)

字子吉,号讱庵。清昆山人。盛七世孙,重华四子。顺治十六年(1659)一甲三名探花及第。授编修,兼礼部侍郎。清康熙间充讲官,官至礼部尚书。诗宗苏陆,文宗眉山,服膺王士禛之诗和汪琬之文。屡柄文衡,称得人。历充《孝经衍义》《鉴古辑览》《皇舆表》总裁。十八年(1679),与张玉书、徐元文同充明史馆总裁。居官清勤诚恪,二十年卒,谥文敏。《清史稿》有传。

御定孝经衍义100卷目录1卷首2卷　子部儒学类

清叶方蔼、张英等奉敕纂

(1)《四库全书》本。

(2)《摛藻堂四库全书荟要》本。

日讲书经解义13卷　子部儒学类

清库勒纳、叶方蔼编

(1) 清康熙十九年内府刻本,北京大学图书馆藏。

(2)《四库全书》本。

太极图说　子部儒学类

见光绪《昆新两县续修合志》卷50。

叶文敏集8卷　集部别集类

赵氏寄云楼抄本,见《昆山先哲遗书目录》。

叶文敏公集4卷　集部别集类

清抄本,中国科学院图书馆藏。

叶公敏公集13卷　集部别集类

(1) 抄本,邓之诚跋,中国科学院图书馆藏。

(2)《续修四库全书》本。

(3)《清代诗文集汇编》本。

读书斋偶存稿4卷　集部别集类

(1)《四库全书》本。

(2) 抄本,南京图书馆藏。

觚斋集　集部别集类　佚

见《四库提要·读书斋偶存稿》提要,云:"未遇时尝著有《觚斋集》,得第后弃不复存。"

独赏集　集部总集类

见《清人诗集叙录》卷9"叶文敏公诗集",中云:"抄当日诗家(如钱谦益、施闰章、吴伟业等)所作,名《独赏集》,各题绝句,多所称美。"

按:《国朝文汇》甲集卷15收其文8篇,《江苏诗征》卷160收其诗3首,《清诗纪事》4册收有其诗。

叶奕苞(1629—1687)

字九来,号二泉,别署群玉山樵。清昆山人。国华次子,奕荃弟,方蔼从弟。少师事葛芝、叶鸿儒,学有根柢,工诗善书,博雅擅歌。康熙十八年(1679)应博学鸿儒试,怀才不遇,放归。归葺半茧园,与名流姜宸英、施闰章、陈维崧、归庄、徐开任辈,流连觞咏,极一时之盛。尝取秦汉以来金石碑刻,详核辨证,辑《金石录补》,最详核。县令董正位聘盛符升、叶奕苞修县志,未成而董去位,符升亦复官离去,奕苞乃悉心搜访,别成志稿22卷,叙事翔实,条分缕析,为他志所不及。奕苞擅剧曲,撰杂剧4种。

(康熙)昆山志稿20卷　史部地理类

清董正位修　叶奕苞、盛符升纂

清康熙稿本,苏州图书馆藏。

按:今存稿本20卷,《中国地方志联合目录》著录有误,见《江苏旧方志提要》(江苏古籍出版社,1993)。参见"盛符升"条。

金石录补27卷续跋7卷　史部金石类

(1) 清道光二十四年(1844)别下斋刻本,国家图书馆藏。

(2)《涉闻梓旧》本。

(3) 台北新文丰出版公司《新编石刻史料》本。

(4)《行素草堂金石丛书》本。

(5)《槐庐丛书》五编本。

(6)《丛书集成初编》本。

(7)《续修四库全书》本。

按:《续修四库全书提要》云:钱曾谓奕苞学识远在赵明诚之上,洵不诬也。《续跋》凡132篇,其中文字偶亦收入《金石萃编》,题曰《金石后录》,而不著作者之名。

金石录补27卷　史部金石类

清抄本,吴骞校,上海图书馆藏。

金石录补22卷　史部金石类

抄本,见《郑堂读书记》卷34。

按:《金石录补序》作22卷,序作于清康熙十九年。

金石录补16卷　史部金石类

清李一徵抄本,存卷9至16,上海图书馆藏。

金石录补4卷　史部金石类

底稿本,无序目,分《集异》1卷、《碑题碑立处碑额图》1卷、《传疑》1卷、《杂记》1卷。见《贩书偶记续编》卷8。

金石录补3卷　史部金石类

清盛麟补,清嘉庆六年(1801)周文鼎抄本,赵宗建跋,上海图书馆藏。

金石录补2卷　史部金石类

清赵氏能静居抄本,重庆市图书馆藏。

金石录补不分卷　史部金石类

(1) 稿本,鲍廷博、赵清校补,丁丙跋,南京图书馆藏。

(2) 清翁方纲抄本,南京图书馆藏。

金石录赓跋6卷　史部金石类

陶风楼影印本。见增订本《石刻题跋索引》"所收书目"。

金石录赓跋无卷数　史部金石类

1937年以底稿影印本，原编次作4卷。见《贩书偶记续编》卷8。

经锄堂金石小笺2卷　史部金石类

民国上海中国书店铅印本，南京大学图书馆、苏州大学图书馆藏。

按：参见《续修四库全书提要》。

金石小笺1卷　史部金石类

《昭代丛书》本。

人心录　子部儒学类　佚

见光绪《昆新两县续修合志》卷50。

醉乡约法1卷　子部艺术类

《昭代丛书》本。

宾告1卷　子部艺术类

《昭代丛书》本。

经锄堂文稿6卷　集部别集类

见《明清江苏文人年表》。

经锄堂诗集10卷　集部别集类

赵氏寄云楼抄本，见《昆山先哲遗书目录》。

经锄堂诗稿10卷诗余1卷花信诗1卷北上录1卷集唐人句1卷乐府1卷杂著1卷　集部别集类

清刻本，华东师范大学图书馆藏。

经锄堂诗稿8卷诗别集1卷诗余1卷倡和诗1卷文稿6卷乐府4卷　集部别集类

清康熙刻本，复旦大学图书馆藏。

经锄堂诗稿8卷倡和诗2卷花信诗1卷北上录1卷集唐人句1卷诗余1卷　集部别集类

(1) 清康熙十七年刻本，上海图书馆藏。

(2)《四库禁毁书丛刊》本。

经锄堂集　集部别集类

清代禁书。见《清代各省禁书汇考》安徽清乾隆四十五年(1780)缴。

续花间集　集部词曲类

见光绪《昆新两县续修合志》卷50。

长门宫(一作长门赋)(杂剧)　集部词曲类

奇男子(一作卢从史)(杂剧)　集部词曲类

老客归(一作老客妇)(杂剧)　集部词曲类

燕子楼(杂剧)　集部词曲类

以上4种总称《经锄堂乐府》,清乾隆七年(1742)家刻本。

按:清康熙九年长洲尤侗为奕苞作《叶九来乐府序》。

又按:《国朝文汇》甲集卷39收其文3篇,《江苏诗征》卷161收其诗1首,《清诗纪事》7册收有其诗。

张　隽(?—1692)

字令光,号宸芬。清昆山人。幼机警,善读书,甫成童,补太仓诸生。康熙二十四年(1685)授蒙城训导。

和尤太史侗论语诗　集部别集类　佚

见《昆山人物传》卷3。

徐履忱(1629—1700)

字孚若,一字鹤心,号匏叟。清昆山人。应聘曾孙,乾学从兄。9岁能作诗歌小赋,15岁补诸生。顺治二年(1645)依其舅顾炎武,避兵常熟语濂泾寓庐,朝夕讨论。后读书郡城,与诸名流结社唱和。尝北渡江淮,游汴梁、亳、颍之墟。又南渡钱塘,抵闽粤。遇读书稽古者,往复议论,兼搜山川古迹碑碣而题识焉。入成均后,往来齐鲁燕赵间,著述益富。

耕读草堂诗15卷　集部别集类

清刻本,日本内阁文库藏。

按:见日本汉学家清水茂所著的《徐履忱的传记和诗》一文。并见吴映奎《顾亭林先生年谱》康熙十年(1671)。

匏叟诗抄　集部别集类　佚

见光绪《昆新两县续修合志》卷31本传。

诗抄15卷　集部别集类　佚

见《昆山人物传》卷5，并云徐履忱康熙八年有耕读草堂之刻，康熙二十八年刻平生作凡十五卷，名诗抄。

按：《国朝昆山诗存》卷4收其诗27首。

王朱玉

字元式，号半讷。清昆山人。顺治十七年(1660)举人，池州府教授，国子博士。

王元式诗集　集部别集类　佚

百感篇1卷　集部别集类　佚

以上2种见光绪《昆新两县续修合志》卷50。

按：《清诗纪事》4册收有其诗。《国朝昆山诗存》卷4收其诗2首。

朱　谌(1631—1668)

字令蓉，号复庵。清昆山人。国辅子。年13，补诸生，入清，以奏销案除名。卒年38。

雪舫存稿　集部别集类　佚

昆山诗乘12卷　集部总集类　佚

以上2种见光绪《昆新两县续修合志》卷50。《国朝昆山诗存》卷4收其诗4首。

王　洄

字宛仲，号缋水。清昆山人，志庆子。有至性，善读书，能以文章通世故，识精而才敏。乙酉后养高自适。

省斋笔记　子部儒家类　佚

见《昆山人物传》卷5。

陆高爵

字汉封，一字云倚。清昆山人。少孤，母老家贫，名场不遇，因潜心韬略，中顺治十八年(1661)武进士。初任江右分宁守，廉能勤慎，尤爱宾客。康熙十三年(1674)楚兵数犯，以偏师却之，受知于制府董卫国。御敌经年，擢都司佥书。次年，叛卒万余掩至，六战六克，后因伤归里。高爵好学工诗，人或拟之西晋陆云。

楚宝堂集　集部别集类　佚

见《江苏诗征》卷151引《诗最二集》，并录其诗2首。

按：《昆新两县续修合志・选举志》作陆爵，为铜鼓营守备。

周　杲

字坦纶，号果庵，一号西畴老圃。清昆山人。作传奇14种。《新传奇品》称其词如"老僧谈禅，真谛妙理"。

八仙图(传奇)　集部词曲类　佚

太白山(传奇)　集部词曲类　佚

火牛阵(传奇)　集部词曲类　佚

竹漉篱(传奇)　集部词曲类　佚

金橙树(传奇)　集部词曲类　佚

指南车(传奇)　集部词曲类　佚

后西国(传奇)　集部词曲类　佚

阳明洞(传奇)　集部词曲类　佚

竟西厢(传奇)　集部词曲类　佚

福星临(传奇)　集部词曲类　佚

万金资(传奇)　集部词曲类　佚

绨袍赠(传奇)　集部词曲类　佚

镜中人(传奇)　集部词曲类　佚

以上13种见《古典戏曲存目汇考》。

玉鸳鸯3卷(传奇)　集部词曲类

署清周坦纶撰

《古本戏曲丛刊三集》据抄本影印本。

郑　宽

字惠人,号硕庵。清昆山人。为徐次玉婿,遂家于周庄。朴素无华,与朋友信,工书能诗,为笃实君子。曾与顾有孝、徐藩、毛锡年等集诗社。

晚宜楼集附诗余杂曲　集部别集类

清毛莹著　郑宽选

(1) 旧抄本,北京大学图书馆藏。

(2)《清代诗文集汇编》本。

朱埰臣

清昆山人。而锜父。

禹贡注考　经部尚书类　佚

北行杂记　子部杂学类　佚

白下日录　子部杂学类　佚

柄待录　子部杂学类　佚

以上4种见光绪《昆新两县续修合志》卷50。

王立极

字我建。清昆山人。先世自娄东徙信义,以太仓籍领顺治十七年(1660)乡荐。授山西曲沃知县,文章政绩为世所称。诗学出王士禛之门,与盛符升等校刊渔洋《蚕尾》等集及《十种唐诗》诸选,邮筒往来不绝,家藏渔洋山人手书甚多。

易经注稿　经部易类　佚

见《信义志稿》卷5本传,云:未刊。

(康熙)安庆府桐城县志 8 卷　史部地理类

清胡必选修　倪传等纂　王凝命续修　王立极等续纂

(1) 清康熙十二年(1673)刻、清康熙二十三年续刻本,国家图书馆、上海图书馆藏。

(2) 清康熙三十五年刻本,上海图书馆藏。

蚕尾集 10 卷　集部别集类

清王士禛撰　盛符升、王立极刊

清康熙刻本,见《藏园订补郘亭知见传本书目》。

徐乾学(1631—1694)

字原一,号健庵。清昆山人。开法子,元文兄。顺治十七年(1660)举京兆试,明年,以江南奏销案诖误除名。事白,登康熙九年(1670)进士第第三人,授编修,累官刑部尚书。学问渊博,得力于舅氏亭林指授为多。居朝 20 余年,为文学侍从之臣,先后奉命为《一统志》《明史》《鉴古辑览》《古文渊鉴》各馆总裁,凡制诰文章御纂诸书,半出乾学之手。清康熙帝书"博学明辨"以宠赐之。乾学家富藏书,著作宏富,于巩固清朝统治有较大作用。因而横行乡里,为群众不满。二十九年,苏州发布《三吴公讨徐氏檄》,揭发其兄弟父子诸多不法事,因受清帝宠信得免。《清史稿》有传。

读礼通考 120 卷　经部三礼总义类

(1) 稿本,国家图书馆藏。

(2) 清康熙三十五年冠山堂刻本,四川大学图书馆、复旦大学图书馆藏。

(3) 清乾隆二十六年(1761)味经寓刻本,南开大学图书馆藏。

(4)《四库全书》本。

(5) 清光绪七年(1881)江苏书局刻本,中国人民大学图书馆藏。

(6) 清光绪二十四年新化三味堂刻本,吉林大学图书馆、北京大学图书馆藏。

(7) 2013 年商务印书馆影印本，原大宣纸包背装。

五礼备考 180 卷　经部三礼总义类

旧抄本，残，浙江图书馆藏。

古今庙制考(原作历代宗庙考讹)　经部三礼总义类　佚

见光绪《昆新两县续修合志》卷 50。

资治通鉴后编 184 卷　史部编年类

(1)《四库全书》本。

(2) 清光绪间浙江书局刻本，南京图书馆藏。

按：此书乃乾学与万斯同、阎若璩、胡渭等合纂。

鉴古辑览　史部史钞类　佚

班马异同辨　史部史评类　佚

以上 2 种见光绪《昆新两县续修合志》卷 50。

马文毅公广西殉难始末　史部杂史类

《笔记小说大观》本，国家图书馆藏。

叶赫国贝勒家乘　史部传记类

清同治八年(1869)抄本，国家图书馆藏。

石埭学博张汉章传 1 卷　史部传记类

清抄本，国家图书馆藏。

大清一统志稿　史部地理类　佚

见光绪《昆新两县续修合志》卷 50。

一统志案说 16 卷　史部地理类

(1) 清道光七年(1827)清芬阁活字本，北京大学图书馆藏。

(2) 2016 年学苑出版社出版《稀见清代四部辑刊》本。

舆地纪要　史部地理类　佚

舆地备考　史部地理类　佚

舆地志余　史部地理类　佚

以上 3 种见光绪《昆新两县续修合志》卷 50。

游普陀峰记 1 卷　史部地理类

《小方壶斋舆地丛抄》本。

传是楼书目 4 卷　史部目录类

（1）清道光七年味经书屋抄本，刘喜海跋，国家图书馆藏。

（2）1915 年石印本，华东师范大学图书馆藏。

传是楼书目 6 卷　史部目录类

（1）清道光八年刘氏味经书屋抄本，刘喜海跋，国家图书馆藏。

（2）清陆香圃三闲草堂抄本，国家图书馆藏。

传是楼书目 8 卷　史部目录类

蓝格抄本，南京图书馆藏。

传是楼书目 8 卷宋元版书目 1 卷　史部目录类

（1）清抄本，中山大学图书馆藏。

（2）《清代稿钞本六编》，2014 年广东人民出版社出版。

传是楼书目 10 卷　史部目录类

（1）清抄本，复旦大学图书馆藏。

（2）清抄本，上海图书馆藏。

传是楼书目不分卷附马氏玉堂抄藏传是楼足本书目残卷　史部目录类

《二徐书目合刻》本。

传是楼书目不分卷　史部目录类

（1）稿本，吴骞跋，上海图书馆藏。

（2）清初抄本，上海图书馆藏。

（3）清阶州邢澍守雅堂抄本，国家图书馆藏。

（4）抄本，见《拜经楼藏书题跋记》卷 3。

（5）传抄本，见《适园藏书志》卷 5。

（6）清三怀书屋抄本，四川省图书馆藏。

（7）抄本，北京师范大学图书馆藏。

传是楼藏书目不分卷　史部目录类

抄本，见《郑堂读书记》卷 32。

传是楼宋元版书目 1 卷　史部目录类

(1) 抄本,南京图书馆藏。

(2) 清道光六年刘氏味经书屋抄本,国家图书馆藏。

(3)《传砚斋丛书》本。

(4)《玉简斋丛书》本,题作《传是楼宋元本书目》1 卷。

传是楼宋版书目 1 卷　史部目录类

抄本,见《荛圃藏书题识》卷 3。

教习堂条约 1 卷　子部儒学类

(1)《学海类编》本。

(2)《丛书集成初编》本。

(3)《四库全书存目丛书》本。

按:参见《四库全书总目》儒家类存目 3。

爱松古神道碑 1 卷　子部艺术类

清徐乾学撰　孙岳颁正书

拓片,国家图书馆藏。

憺园集 36 卷　集部别集类

(1) 清康熙三十六年冠山堂刻本,华东师范大学图书馆、复旦大学图书馆藏。

(2) 清光绪九年嘉兴金吴澜锄月吟馆重刻本,北京大学图书馆、南京大学图书馆藏。

(3)《四库全书存目丛书》本。

(4)《清代诗文集汇编》本。

按:《四库全书总目》别集类存目 10 作 38 卷。

憺园文录 2 卷　集部别集类

清同治七年刻本,列入《国朝文录》,国家图书馆藏。

通志堂集 18 卷附录 2 卷　集部别集类

清纳兰性德撰　徐乾学辑

(1) 清康熙三十年刻本,上海图书馆藏。

(2) 抄本,上海图书馆藏。

陈其年先生湖海楼全集　集部别集类

清陈维崧撰　王士禛、徐乾学选

清刻本，国家图书馆藏。

陈迦陵俪体文集10卷　集部别集类

清陈维崧撰　王士禛、徐乾学选

清康熙二十五至二十九年刻本，国家图书馆藏。

代言集　集部别集类　佚

见光绪《昆新两县续修合志》卷50。

健庵集1卷　集部别集类

清康熙刻本，为《百名家诗钞》之一，国家图书馆藏。

碧山词1卷　集部词曲类

清抄本，为《名家词钞六十种》之一，国家图书馆藏。

振经堂汇编诗最不分卷　集部总集类

清倪匡世选定　徐乾学等参

抄本，中国人民大学图书馆藏。

御选古文渊鉴64卷　集部总集类

清圣祖玄烨选　徐乾学等编注

(1) 清康熙二十四年武英殿刻五色套印本，复旦大学图书馆、国家图书馆藏。

(2) 清雍正间尊经阁刻本，中国海洋大学图书馆藏。

(3) 清乾隆十一年内府刻本，香港中文大学图书馆藏。

(4) 清同治八年文海楼刻五色套印本，郑州大学图书馆藏。

(5) 清同治十二年浙江书局刻本，北京师范大学图书馆藏。

(6) 清光绪十年古香斋刻本(袖珍本)，南开大学图书馆藏。

(7) 清宣统二年(1910)学部图书馆石印本，北京大学图书馆、北京师范大学图书馆藏。

(8)《古香斋袖珍十种》本。

(9)《四库全书》本。

(10)《摛藻堂四库全书荟要》本。

古文关键选　集部总集类　佚

唐人中晚续诗选　集部总集类　佚

以上2种见光绪《昆新两县续修合志》卷50。

遂园禊饮集3卷　集部总集类

清徐乾学辑刊

清康熙三十三年自刻本，国家图书馆藏。

按：此年乾学于昆山遂园举行禊饮，见《藏园群书题记》卷19。

通志堂经解140种　丛书类

清纳兰成德　徐乾学辑

(1) 清康熙十九年纳氏通志堂刻本，北京师范大学图书馆藏。

(2) 清同治十二年粤东书局刻本，138种，华东师范大学图书馆藏。

传是楼宋人小集　丛书类

见《四库全书总目》总集类存目4。云：所录凡22家，皆《宋诗钞》所未收，而陈起《江湖小集》中则皆已收录，所遗者惟释永颐一人。

按：《清诗纪事》5册收有其诗，《全清词钞》收有其词。

徐与岗

字子威，号整庵。清昆山人。与乔从弟。诸生。与与乔置书数千卷，闭户雠校，旁行侧注，朱黄烂然。亦以文学称。

药房文集　集部别集类　佚

古文清裁　集部总集类　佚

纂订四六品藻　集部总集类　佚

以上3种见光绪《昆新两县续修合志》卷50。《国朝昆山诗存》卷6收其诗1首。

叶方蔚

字敷文，号艮斋。清昆山人。重华五子，九渊父。生具特操，事母孝，抚侄恩义备至。博览经籍，肆力诗古文词。康熙十七年(1678)诏举博学鸿词，牍辞不赴。康熙二十五年岁贡。里中义行皆力任其事。卒年66。

甲子编　史部史表类　佚

补辑水东日记　史部杂史类　佚

按:《水东日记》为明叶盛撰，此为七世孙方蔚补辑。

篱下草　集部别集类　佚

贤己草　集部别集类　佚

松石轩存草　集部别集类　佚

半樗草　集部别集类　佚

读史小诗　集部别集类　佚

咏物小诗　集部别集类　佚

唐诗分韵编　集部总集类　佚

按:参见《唐诗选本六百种提要》。

以上9种见光绪《昆新两县续修合志》卷50。《国朝昆山诗存》卷6收其诗1首。

周商威

字棠侯，号肃台。清昆山人。少警敏，年24入嘉定县学。曾与陆翼王一起走金陵扶夏完淳柩以归。入清后试辄拔萃，六踏省门不遇而卒。家贫，一生授徒自给。

肃台杂著　子部杂学类　佚

见《玉山人文小传》卷1，并云此书为其弟子孙灏如搜集。

周　耀(1633—1700)

字熙含,元祐子。清昆山人。顺治七年(1650)以薇畯名补诸生。性嗜学,耽玩经史,寒暑未尝释卷,为文切实发挥,不作一轻薄语。长于《易》,叶均禧从之学。

易学参解　经部易类　佚

见光绪《昆新两县续修合志》卷50,并见《玉山人文小传》卷1。

按:《江苏诗征》卷83收其诗。

徐秉义(1633—1711)

初名与仪,字彦和,号果亭。清昆山人。乾学弟,元文兄。补太仓诸生。康熙十二年(1673)以进士第三人登第,授编修,累官吏部侍郎,迁内阁学士,兼礼部侍郎。秉义通籍归后,家居杜门却扫,购求古书,或借稿本抄录,与名儒黄宗羲、万斯同、胡渭、钱秉镫(澄之)诸人交,每举经史疑义相发明,有得则疏录成书。留心桑梓,为人和易亮直,受人称道。《清史稿》有传。

易经识余5卷　经部易类

抄本,见《爱日精庐藏书志》卷1。

书经识余25卷　经部尚书类

抄本,见《爱日精庐藏书志》卷2。

诗经识余42卷　经部诗经类

(1) 徐树阁抄本,存卷1至4,上海图书馆藏。

(2) 抄本,见《爱日精庐藏书志》卷3。

春秋识余16卷　经部春秋总义类

抄本,见《爱日精庐藏书志》卷5。

经学志余6卷　经部群经总义类

明史稿3卷　史部正史类

按:徐秉义及其兄、弟,先后为《明史》总裁官。

以上2种见光绪《昆新两县续修合志》卷50。

明史稿1卷　史部正史类

《培林堂文集》1卷附，见《贩书偶记续编》卷14。

恭迎大驾记1卷　史部杂史类

(1)《昭代丛书》本。

(2)《丛书集成续编》本

明末忠烈士不分卷　史部传记类

阿岩山馆抄本，上海图书馆藏。

明末忠烈纪实5卷　史部传记类

清抄本，北京师范大学图书馆、国家图书馆藏。

明末忠烈纪实20卷　史部传记类

(1) 清抄本，国家图书馆藏。

(2) 清书福楼抄本，浙江图书馆藏。

(3) 许氏鉴止水斋抄本，南京图书馆藏。

(4) 清抄本，程春跋，上海图书馆藏。

(5)《明野史二十一种》本，国家图书馆藏。

(6)《明代传记丛刊》第一辑本。

按：参见《续修四库全书提要》《增订晚明史籍考》卷9。

培林堂书目　史部目录类

(1) 清郑述斋抄本，南京图书馆藏。

(2) 清抄本，周星贻、蒋风藻跋，傅以礼题款，国家图书馆藏。

(3) 1915年仁和王氏《二徐书目合刻》铅印本，北京师范大学图书馆、上海图书馆藏。

(4)《中国著名藏书家书目汇刊》本。

渊鉴类函450卷　子部典故类

清徐秉义与修

(1) 清康熙内府刻本，南开大学图书馆藏。

(2) 清乾隆间古香斋巾箱本，中国海洋大学图书馆藏。

（3）清光绪间同文书局石印本，南开大学图书馆藏。

（4）1985年北京中国书店影印同文书局本。

李思盛墓志　子部艺术类

清徐秉义撰　王泽弘正书　刘元慧篆盖

拓片，国家图书馆藏。

宋儒学案续　子部儒学类　佚

按：光绪《昆新两县续修合志》卷50注续黄宗羲书。

培林堂文集20卷诗集10卷　集部别集类　佚

别集6卷　集部别集类　佚

代言集3卷　集部别集类　佚

以上4种见光绪《昆新两县续修合志》卷50。

培林堂文集1卷附明史稿1卷　集部别集类

1937年铅印本，华东师范大学图书馆藏。

培林堂文集14卷　集部别集类

（1）清抄本，常熟市图书馆藏。

（2）《清代诗文集汇编》本。

培林堂文集不分卷　集部别集类

清徐秉义撰　潘道根编

潘道根本，潘守拙跋，上海图书馆藏。

徐侍郎奉使草　集部别集类

清徐秉义撰，潘道根辑

民国间吴东彭治辑录《昆山丛书》抄本，国家图书馆藏。

马鸣銮

字殿闻，号密斋。清昆山人。玉麟孙。康熙十二年(1673)进士，选庶吉士，授编修。十五年分校礼闱，所得皆名宿。少好学，于经义笺注传疏，博综贯串，分析其同异而标记之。引疾归，门无杂宾。

密斋诗稿　集部别集类　佚

见光绪《昆新两县续修合志》卷50。《国朝昆山诗存》卷7收其诗33首。

徐孔嘉

字璐公，号拙轩。清昆山人。家贫，阳信令孙灏如、其子检讨倪城俱尝受业，招之不往，年垂80，始酣于诗。

拙轩诗稿12卷　集部别集类　佚

见光绪《昆新两县续修合志》卷50。《国朝昆山诗存》卷7收其诗5首。

徐南复

字休仲，号雪庵。清昆山人，一作长洲人。父逸谷自郡迁甫里。幼习医，师事云间李士村，尽得其术。工诗古文词，善篆籀及绘画，水墨花鸟得赵宦光之秘。卒年98。

道德经约义　子部周秦诸子类　佚

凭虚录　子部道教类　佚

以上2种见《吴县志艺文考三》。

匏系集　集部别集类　佚

春游杂草　集部别集类　佚

耐寒吟稿　集部别集类　佚

以上3种见光绪《昆新两县续修合志》卷50。

按:《国朝昆山诗存》卷7收其诗4首。

张端韶

字闇成。清昆山人。幼通六经诸史，习《曲台记》称专家，名闻四远，为徐乾学门下高弟，善操选政，以起衰式靡自任。

天崇房行删翼　集部总集类　佚

本朝历科删翼　集部总集类　佚

隆万删翼　集部总集类　佚

前明一代程墨删翼　集部总集类　佚

析理解正体式　集部诗文评类　佚

见《玉山人文小传》卷2。

郑　儒

字鲁一，号醇庵。清昆山人。少习举业，弃去，传其先世带下医术，尝与杨子水评选唐诗，名《金薤集》，朱用纯为之作序。

书带草堂稿　集部别集类　佚

见光绪《昆新两县续修合志》卷50。

金薤集　集部诗文评类　佚

见《国朝昆山诗存》卷7，并收其诗1首。

李天叙

字备五，号逊斋，亦姓魏。清昆山人。康熙四十四年(1705)举人，初任婺源教谕，迁泾阳知县，甫半载，乞归。

集益堂诗稿　集部别集类　佚

燕台偶吟　集部别集类　佚

星源杂咏　集部别集类　佚

以上3种见光绪《昆新两县续修合志》卷50。《国朝昆山诗存》卷7收其诗3首。

谢家柯

字遇丹。清昆山人，祖籍新安。少补诸生，后弃去。性豪好侠，挥金结客，浪游西洋、日本间。

东山集4卷　集部别集类　佚

见光绪《昆新两县续修合志》卷50。

按：《江苏诗征》卷146收其诗。《国朝昆山诗存》卷8收其诗2首。

陆宏钟

清昆山人。

水东陆氏谱系七卷首一卷　史部传记类

清乾隆三十一年(1766)传抄本,上海图书馆藏。

按:水东陆氏谱,陆祚兴初修,成于清康熙五年,断以明洪武中迁居昆山陈湖东陈墓里之成之为一世祖。其谱续修于清康熙五十八年,此为三修谱。卷首序、原始,卷一世系图,卷二至四世系考、丘墓考,卷五传记考,卷六文献考,卷七续修传文献考,有吴伟业序。

朱玉树

一名树,字映千,号瘦生,又号笨翁。清昆山人。诸生,与梁逸、徐筠善。

瘦生诗选　集部别集类　佚

见光绪《昆新两县续修合志》卷50。《国朝昆山诗存》卷8收其诗6首。

徐元文(1634—1691)

字公肃,号立斋。清昆山人。应聘曾孙,乾学弟。顺治十六年(1659)进士,殿试一甲一名,授翰林修撰。康熙二十八年(1689)拜文华殿大学士。举措贤否,屏绝苞苴。立朝30年,清介刚正,剀切敷陈,有古大臣风。后总督傅腊塔劾其子弟家人有不法事,元文奏辨,遂力求罢,以原官致仕。《清史稿》有传。

明史稿22卷　史部正史类

见光绪《昆新两县续修合志》卷50。

按:康熙十八年九月诏元文监修《明史》,乃请征聘万斯同、黄虞稷、姜宸英、汪琬等与修,斯同为史学大家,为《明史》一书总审稿人,曾寓元文家修史。元文此书或撰于此时。

与俄罗斯国定界之碑1卷　史部地理类

(1)《北徼汇编》本。

(2)《中国内乱外祸历史丛书》本。

(3)《小方壶斋舆地丛钞》本,题《俄罗斯疆界碑记》。

含经堂书目不分卷　史部目录类

清徐元文藏并编

陈氏稽瑞楼抄本,上海图书馆藏。

自省篇　子部儒学类　佚

见光绪《昆新两县续修合志》卷50。

含经堂集30卷别集2卷附录2卷　集部别集类

(1) 清康熙间刻本,国家图书馆藏。

(2) 清咸丰间潘道根抄本,潘道根跋,南京图书馆藏。

(3) 1943年上海合众图书馆传抄本,上海图书馆藏。

(4)《续修四库全书》本。

(5)《清代诗文集汇编》本。

按:《国朝文汇》甲集卷15收其文,《清诗纪事》4册收其诗。

郑敷政(1637—?)

字和阳。清初昆山人。玉珮子。幼丧父,继祖业,精女科。得家传薛氏医书更为铨次,而成《薛氏济阴万金书》。早卒,年仅20余。

薛氏济阴万金书3卷　子部医家类

宋薛古愚撰　清郑敷政编

清抄本,上海中医药大学图书馆藏。

陈钟琦

清昆山人。

菉葭堂集　集部别集类　佚

见光绪《昆新两县续修合志》卷50。

葛 怀

字儒初,号省斋。清昆山人。锡璠孙,鼒子。康熙十七年(1678)岁贡生。安贫力学,诗文随所抒写,风发潮涌,兼善八分书。

周礼注疏衷　经部周礼类　佚

孝经注疏衷　经部孝经类　佚

四书纂要　经部四书类　佚

醒庵遗稿 4 卷　集部别集类　佚

以上 4 种见光绪《昆新两县续修合志》卷 50。

吕廷章

字德焕,号孚三。清昆山人。诸生。受业于朱用纯,学务实践如其师。师殁,梓其遗集行世。并建祠于马鞍山麓,捐田祀祭。好行义,邑中如社仓、育婴诸善举,靡不资助。卒年 71。

迁改录　子部儒学类　佚

见光绪《昆新两县续修合志》卷 50。

严心书屋文稿 1 卷附良友翰墨　集部别集类

赵氏寄云楼抄本,见《昆山先哲遗书目录》。

严心书屋文集　集部别集类

清咸丰六年(1856)潘道根抄本,中国社会科学院文学研究所藏。

按:《国朝昆山诗存》卷 10 收其诗 2 首。

郑起濂(1639—1709)

字春陵,号寄亭。清昆山人,伯昌五子。顺治十三年(1656)诸生,闻名籍甚,赋册罣误,遂绍医学,性孝友。

寄亭纂要 10 卷　子部医家类　佚

医学辨讹 8 卷　子部医家类　佚

以上 2 种见光绪《昆新两县续修合志》卷 50。

徐　筠(1642—1688)

字云拂，号鹤村。清昆山人，居真义里。有夙慧，读书数行俱下。性嗜酒，放笔成诗，传诵远近。与徐杏辅莫逆，人称“南北徐”。工书法，宗董其昌，能乱真。卒年47。

鹤村诗集　集部别集类　佚

见光绪《昆新两县续修合志》卷50。《国朝昆山诗存》卷10收其诗28首。

夏乾御(1643—1711)

字乘六，号逊斋。清昆山人。康熙十一年(1672)领乡荐，授怀宁教谕，补江都。赈恤水灾，擢徽州教授。所至士民悦服。乞休归，卒年69。

(周易)大全蒙引存疑汇编　经部易类　佚

见光绪《昆新两县续修合志》卷50。

逊斋诗文稿　集部别集类　佚

见民国《昆新两县续补合志》卷19。

按:《国朝昆山诗存》卷8收其诗6首。

李遥章

字东屿。清昆山人。可汧子。工诗文。辑注《八代诗选》，考辨精核，为时所称。

截玉集16卷　集部别集类　佚

八代诗选　集部总集类

以上2种见光绪《昆新两县续修合志》卷50。

李遥威

清昆山人。

庄子纂注　子部周秦诸子类　佚

得闲遗稿　集部别集类　佚

以上 2 种见光绪《昆新两县续修合志》卷 50。

许顾青

字复阳，号梅皋。清昆山人。幼聪慧，弱冠饩于庠，省试者五，后以贡肄业成均，试京闱不售。康熙三十年(1691)衍圣公延请教其子。性好饮，喜作词，卒年 82。

梦非梦四阕　集部词曲类　佚

见《玉山人文小传》卷 2。

朱　谨

字二陶，号雪鸿。清昆山人。隆禧五世孙。少遭乱废学，及冠始从师，旋以病辍业。间访菊村落，归而玩月，忽有所得，发箧中书读之，顿觉字句外别有所会。中年居郡城，与孙枝蔚、姜宸英、杨宾等相切磨，学日益进。继游粤东，见闻益广，诗亦独抒心得。尝辑《马鞍山志》，颇精核。日本国王欲迎修国史，以年老却之。寻卒。

中庸本旨 2 卷　经部四书类

见《四库全书总目》四书类存目。

孟子辨义　经部四书类　佚

见光绪《昆新两县续修合志》卷 50。

(康熙)永康县志 16 卷首 1 卷　史部地理类

清沈藻修　朱谨等纂

(1) 清康熙三十七年(1698)刻本，上海图书馆藏。

(2) 1983 年台湾成文出版社影印本。

(康熙)南海普陀山志 15 卷　史部地理类

清朱谨、陈璿同辑

清康熙四十四年刻本，中国人民大学图书馆、南京图书馆藏。

按:参见《四库全书总目》地理类存目5、《浙江方志考》。

马鞍山志　史部地理类　佚

见光绪《昆新两县续修合志》卷31本传。

陶诗述解　集部别集类　佚

青莲集评　集部别集类　佚

雪鸿集　集部别集类　佚

以上3种见光绪《昆新两县续修合志》卷50。

敬补堂文集不分卷　集部别集类

(1) 旧抄稿本,昆山图书馆藏。

(2) 清抄本,南京图书馆藏。

敬补堂集拾遗　集部别集类　佚

古诗解　集部总集类　佚

以上2种见光绪《昆新两县续修合志》卷50。《国朝昆山诗存》卷7收其诗21首。

徐昭夏

字纯公。清昆山人。以学行闻于时,康熙三十二年(1693)副贡,考授教习,期满候选,遽卒。

友竹居明文选　集部总集类　佚

见《玉山人文小传》卷2。

徐杏辅

字芳来,号半村。清昆山人。童时即有文誉,工诗,曾馆黄溪,与范超唱和,诗学益进。康熙九年(1670)云间诸名士于九峰为文会,即席赋诗,杏辅年最少,首先脱稿,名流共相引重。

半村诗草4卷　集部别集类　佚

劝影楼唱和诗　集部总集类　佚

以上2种见光绪《昆新两县续修合志》卷50。《国朝昆山诗存》卷

10 收其诗 25 首。

顾衍生

清昆山人。炎武嗣子。曾撰顾炎武《年谱》初稿。

顾亭林先生年谱附著述目录　史部传记类

清顾衍生撰　吴映奎、车持谦增辑

(1) 清抄本,国家图书馆藏。

(2) 清道光十九年(1839)刻本,上海图书馆藏。

(3)《四部丛刊三编·天下郡国利病书》附本,有钱邦彦校补。

(4)《北京图书馆藏珍本年谱丛刊》本。

胡溶时(1643—1695)

字振安,号蓼村。清昆山人。甲桂子。4 岁父殉节,随母朱氏遁迹万山中,旋归里。稍长刻志励学,以诸生老。交朋友,训后进,遇里党,皆以诚相与。卒年 53,门人私谥孝悫先生。

昆山安定胡氏世谱 11 卷　史部谱录类

清雍正六年(1728)刻本,上海图书馆藏。

按:卷 11 及他卷若干页为清嘉庆十九年(1814)胡照增修写本。

燕游草　集部别集类　佚

楚游草　集部别集类　佚

蓼村诗草　集部别集类　佚

以上 3 种见光绪《昆新两县续修合志》卷 50。《国朝昆山诗存》卷 9 收其诗 21 首。

按:《燕游草》前有徐杏辅序及李王佳弁言,《楚游草》有徐杏辅跋,文载《昆山安定胡氏世谱》卷八。

金奇玉(1646—?)

本姓朱,字绍怀,一字汝条,号琢庵,一号龙溪。清昆山人。少遭家难，逃亡避居诸城，无所依靠，被五莲山僧金泰雨收为养子，遂改姓金，泰雨延名师教之，博通经史，以昆山籍中康熙二十年(1681)顺天乡试举人，九上春官不第。康熙四十九年官河南渑池知县，政声颇著，后陷于山贼，以计免归。工诗，精书法，擅绘画。

龙溪纪年诗集 8 卷　集部别集类

(1) 清康熙刻本，上海图书馆、北京大学图书馆藏。

(2)《清代诗文集汇编》本。

按：此集起清康熙十五年丙辰，止康熙四十九年庚寅，有康熙五十年自序。另，《清人室名别称字号索引》作“金玉奇”，误。

周拱璐(1645—1707)

一作拱潞，字彦介，号止厓，又号安阳。清昆山人。明兵部主事光祖曾孙。少受业同邑张圻，康熙二十四年(1685)拔贡入都，徐乾学招之不往，延之课子乃就。后入道，师事僧智永及超果，结坛西乾道院以终。

遗言 2 卷　子部杂学类　佚

凝晖轩诗集　集部别集类　佚

眉痕百草　集部别集类　佚

以上 3 种见光绪《昆新两县续修合志》卷 50。《国朝昆山诗存》卷 30 收其诗 2 首。

顾　松(1646—1707)

一名札，字延季，改字以青，号贯斋。清昆山人。寓居嘉定，补上海诸生，以母老归里教授，造就甚多，及门有至鼎甲者。工书法。

拙尊居诗稿　集部别集类　佚

见光绪《昆新两县续修合志》卷 50。《国朝昆山诗存》卷 7 收其诗 12 首。

王喆生(1648—1728)

字醇叔,号素岩。清昆山人。志长孙。康熙二十一年(1682)进士,官翰林院编修。为魏象枢、汤斌所器重。曾襄校礼闱。未久乞归养母,颜其室曰“依庐”,不复仕。受学于朱用纯之门,沉潜经史,砥砺廉隅,志甘淡泊。居乡50年,大吏每咨访政事,而喆生从不干以私。卒年81。

乙丑礼闱分校日记1卷　史部政书类

(1) 清康熙刻本《懿言日录》附刻本。

(2)《津河广仁堂所刻书》中《懿言日录》附刻本。

懿言日录1卷二录1卷续录1卷别录1卷附礼闱分校日记1卷七规1卷　子部杂学类

清康熙刻本,见《昆山先哲遗书目录》。

按:参见《四库全书总目》杂家类存目2。

懿言日录不分卷　子部杂学类

(1) 清康熙五十一年刻本,清华大学图书馆藏。

(2) 清光绪八年(1882)广仁堂刻本,上海图书馆藏。

懿言日录1卷附礼闱分校日记1卷　子部杂学类

(1)《津河广仁堂所刻书》本。

(2)《四库全书存目丛书》本。

素岩纪年诗23卷纪游2卷　集部别集类

清康熙刻本,见《昆山先哲遗书目录》。

素岩文稿25卷　集部别集类

(1) 清刻本,国家图书馆藏。

(2)《四库全书存目丛书》本。

(3)《清代诗文集汇编》本。

素岩诗钞　集部别集类

入楚集(一作入楚岁寒吟)　集部别集类

南游草　集部别集类

以上 3 种见光绪《昆新两县续修合志》卷 50。

然藜草　集部别集类

依庐草　集部别集类

以上 2 种见《江苏诗征》卷 48,并收其诗。

顾洪慎(1652—1700)

字汝嘉,号学圃。清昆山人。弱冠游京师,补太学,屡试成均名第一,以资授同知。性亢爽拔尘,喜结客,倾家不顾。筑别业舍西,疏泉叠石,结屋三楹,与诸名士畅饮其中,分韵挥毫,竟夕无倦色。后家益困,遁迹淞南,且耕且读,以诗酒终其年,卒年 49。

学圃诗集　集部别集类　佚

见光绪《昆新两县续修合志》卷 50。

王元臣

清昆山人。康熙间曾任会稽知县。

(康熙)会稽县志 28 卷首 1 卷　史部地理类

清王元臣修　董钦德、金炯纂

(1) 清康熙二十二年(1683)刻本,上海图书馆藏。

(2) 抄本,上海图书馆藏。

(3) 1936 年绍兴县修志委员会铅印本,上海图书馆藏。

叶方亨

字天衢。清昆山人。盛七世孙,开基父。幼孤,事母孝,为兄方蔼器重。年 20 赘星溪李氏。雅爱诗酒,不乐仕进,授徒自给。蔡方炳赠诗有"雨露春滋培百士,江湖余乐傲诸兄"句。年 70 卒。

漫兴吟稿　集部别集类　佚

见《信义志稿》卷 17。

吕熊

字文兆，号逸田叟。清昆山人。天裕子。少嗜诗古文。康熙二十二年(1683)于成龙巡抚直隶聘入幕，一切条议皆出其手。后客江西南安守陈奕禧所，复度岭，为广州修郡志。事竣，返浙江东湖，寻归里，年80余卒。性喜交游，足迹遍天下。陈奕禧称其“文章经济，精奥卓拔”。

诗经六义解　经部诗经类　佚

明史析　史部史评类　佚

续广舆记　史部地理类　佚

木草析治　子部农家类　佚

以上4种见光绪《昆新两县续修合志》卷50。

新刻逸田叟女仙外史大奇书(一名石头魂)100回　子部小说类

(1) 清康熙五十年钓璜轩刻本，上海图书馆藏。

(2) 清光绪二十一年(1895)上海积山书局石印本，题名为“绘图评点女仙外史”，上海图书馆藏。

(3) 清宣统元年(1909)上海章福记书坊石印本，上海图书馆藏。

(4) 1924年上海新文化书社铅印本。

(5) 1926年全记书庄铅印本，改名《石头魂》。

(6) 1984年百花文艺出版社铅印本，杨钟贤校点。

(7) 1985年齐鲁书社铅印点校本。

按:此书写明初唐赛儿故事，清同治间列为禁书，参见《中国禁书大观》。

前后诗集　集部别集类　佚

见光绪《昆新两县续修合志》卷50。

适粤草1卷　集部别集类

约清康熙五十年刻本，见《贩书偶记续编》卷14。

葛云蘼

字履坦，号扶芳。清昆山人。鵲长子，怀从弟。绩学工诗，好施予，以康熙二十九年(1690)岁贡终。

周易注疏折衷　经部易类　佚

四书纂要　经部四书类　佚

孝经折衷　经部孝经类　佚

小石录(一作小名录)　子部杂学类　佚

花圃药草疏　子部农家类　佚

四六抄　集部别集类　佚

以上6种见光绪《昆新两县续修合志》卷50。《国朝昆山诗存》卷8著录"小石录"为"小名录"，并收其诗1首。

盛　琰

一作炎。字玉臣。清昆山人。朱用纯门人，与同邑王喆生交，称莫逆，唱酬甚多。

东菑草庐稿不分卷　集部别集类

抄本，见《昆山先哲遗书目录》。

伤神集　集部别集类　佚

见光绪《昆新两县续修合志》卷50。

按：《合志》作"盛炎"，其书作《东菑草堂集》。《国朝昆山诗存》卷10收其诗22首。

张　芸

清昆山人。诸生圣和女，叶豹文妻。自少博通经史，娴于诗而不喜香奁体。顾景星为序其集。

偶存草　集部别集类　佚

见《历代妇女著作考》引《众香词》。

按:《全清词钞》收有其词。

严琼琼

字小琼。清昆山人。工填词。

鲛泪词　集部词曲类　佚

见《历代妇女著作考》引《众香词》。

叶宏缃

宏,一作弘。字书城,号晓庵。清昆山人。奕荃孙女,宏绶妹,嘉定诸生阙宗宽(敷在)妻。聪明端淑,工诗,善填词,尤善集唐。妹灿英、从妹兰谷并擅词翰。宏缃年29寡,寿至83卒。

绣余草(一作绣余听鸟草)2卷　集部别集类

见《历代妇女著作考》引《撷芳集》。

按:《江苏诗征》卷177收其诗。

绣余词草2卷　集部词曲类

清康熙六十年(1721)写刻本,刊印极精。

按:上卷收词66首,下卷收词53首。《全清词钞》收有其词。

上　杰

清释,昆山人。

心经寻味　子部佛教类　佚

见光绪《昆新两县续修合志》卷50。

顾维桢

字幼铁,号景园。清昆山人。景星从子,需枚族弟。诸生。有文名。性倜傥,不苟然诺。工诗。康熙二十三年(1684)至楚,自去取旧作,缀次新篇,名曰《心声》,其诗丽而不靡,博而不滥,清新高洁。曾寓扬州,与曹寅相善。

心声集　集部别集类

清康熙间刻本。前有顾彩、王泽弘等序。参见《清人诗集叙录》卷11。《国朝昆山诗存》卷6收其诗15首。

叶兰谷

字又芬。清昆山人。宏缃从妹，胡秩亭妻。

香祖草　集部别集类　佚

见《历代妇女著作考》引《正始续集》。

按：《江苏诗征》卷177收其诗2首。

朱立诚

字慎几，晚号慎关。清昆山人。柭六世孙，汤孙伯父。师事朱用纯，以慎独不欺为本。清康熙贡生。为文章原本经术，训词深厚。用纯既殁，往平湖谒陆陇其，归著《平湖问答》纪其事。生母卒，哀毁致疾，卒年59。

皇舆偶劄　史部杂史类　佚

宣府汇考　史部杂史类　佚

启新笔记　子部儒学类　佚

以上3种见光绪《昆新两县续修合志》卷50。

平湖问答　子部儒学类　佚

见光绪《昆新两县续修合志》卷29本传。

自香存稿　集部别集类　佚

见民国《昆新两县续补合志》卷19。

按：《国朝昆山诗存》卷11收其诗13首。

钱文燿

字飞丹，号梦白。清昆山人。布衣。

茗余草　集部别集类　佚

见《国朝昆山诗存》卷 9，并收其诗 1 首。

朱凤清

字仪九，号别山。昆山人。增广生。性至孝。少受业同邑周拱璐，尝号凤心禅子，同学叶均禧为作传。

梧竹轩诗 1 卷　集部别集类　佚

见光绪《昆新两县续修合志》卷 50。《国朝昆山诗存》卷 11 收其诗 16 首。

戈陆明

字镜心，号稚圭。清昆山人。文昭子。庠生。性冲淡，虽居城市，榜其居曰“即山居”。工诗，规抚西昆，有奇气。

言志集　集部别集类　佚

见光绪《昆新两县续修合志》卷 50。

按：《江苏诗征》卷 45 收其诗 2 首，《清诗铎》收有其诗。《国朝昆山诗存》卷 10 收其诗 7 首。

俞汝翼

字聘尊。清康熙时昆山人。性孝友。为疡医，治病不计名利，著称于时。

保生秘钥　子部医家类

旧抄本，见《昆山先哲遗书目录》。

按：《江苏历代医人志》作 4 卷。

葛万里

字翊甫，又字逸父，号梦航。清昆山人。锡璠曾孙。

牧斋（钱谦益）先生年谱 1 卷　史部传记类

(1) 清宣统三年（1911）上海国学扶轮社石印本，北京师范大学图书馆藏。

(2) 1917 年扫叶山房石印本,北京大学图书馆藏。

(3) 1928 年扫叶山房石印本,浙江师范大学图书馆藏。

(4) 一笏斋绿丝栏抄本,国家图书馆藏。

(5) 抄本,中国科学院图书馆藏。

(6) 抄本,题"钱东涧年谱",与菉竹堂书目、湛园题跋合一册,上海图书馆藏。

(7)《虞阳说苑》甲编本。

(8)《清人说荟》二集本。

(9)《别号录》本。

(10)《葛万里杂著》本。

(11)《北京图书馆藏珍本年谱丛刊》本。

按:参见谢巍《中国历代人物年谱考录》。

别号录 8 卷　子部类书类

清刻本,见《浙江采集遗书总录》庚集。

别号录前编 1 卷明人别号录 8 卷　史部传记类

(1)《四库全书》本,题《别号录》9 卷。

(2) 精抄本,南京图书馆藏。

(3) 清嘉庆抄本,苏州图书馆藏。

葛万里杂著 11 种　丛书类

清康熙刻本,上海图书馆藏。

子目:

《梦航杂缀》1 卷

《清异录》1 卷

《明万历丁酉同年考》1 卷

《三袁先生(宗道、宏道、中道)年表》1 卷

《牧翁(钱谦益)先生年谱》1 卷

《句图》1 卷

《钞诗姓氏》1卷

《志料》1卷

《梦航杂说》1卷

《别号录》1卷

《同姓名录》1卷

按:此书《中国丛书综录》未收。

葛太朴

初名慎中,字声蜀,号山民。清昆山人。少补青浦诸生。师从朱用纯,当湖陆陇其林居讲学,扁舟往谒。精星历。

西爽楼诗集　集部别集类　佚

见光绪《昆新两县续修合志》卷50。《国朝昆山诗存》卷13收其诗5首。

葛宽中

字立夫。清昆山人。锡播曾孙,胡溶如门人。

梦航杂缀10卷　子部杂学类　佚

梦航诗集　集部别集类　佚

以上2种见光绪《昆新两县续修合志》卷50。

按:葛宽中与葛万里均为锡播曾孙,两人均有《梦航杂缀》之作,疑为同一人,待考。

葛　进

清昆山人。

方言1卷　经部小学类　佚

亲党源流1卷　史部传记类　佚

以上2种见光绪《昆新两县续修合志》卷50。

胡源达

字章成，号质庵。清昆山蓬阆人。太学生。

一笑草　集部别集类　佚

见《蓬溪风雅集》，并收有其诗。

叶　氏

清昆山人。方蔼女，葛叶冲妻。能诗，工书法。以孝妇称。

葛孝妇诗　集部别集类　佚

见光绪《昆新两县续修合志》卷41本传。

明　果

清释。昆山人。

允庵禅师语录1卷　子部佛教类

清康熙四十四年(1705)刻本，见《贩书偶记》。

朱应麟

字耕岩。清昆山人。贡生。

四书集解不分卷　经部四书类

传抄本，见《续修四库全书提要》。伦明云："集诸家之解，又多删易连络，使之条贯，时亦自抒己见，然无甚发明。其著书之旨，则为习举业者计也。首有康熙四十五年(1706)庚寅应麟自序(编者按：康熙四十五年为丙戌，非庚寅。《提要》有误。)，次凡例，又有乾隆五十四年(1789)己酉黄达序。原书未刊，行世者只逡录本耳。"

朱之铨

字彦贞，号云留。清昆山人。天麟孙。康熙十七年(1678)举人。少从父祖宦游。好学能诗文。

广南风土记　史部地理类　佚
南朔偶笔　子部杂学类　佚
粤游草　集部别集类　佚
客滇草　集部别集类　佚
愁余草　集部别集类　佚
效虫吟　集部别集类　佚
将归草堂集　集部别集类　佚

以上7种见光绪《昆新两县续修合志》卷50。

徐向揆

字乐原。清昆山人。与乔子,亦愈弟。清康熙间廪贡生。受学于朱用纯,以名节自励,工诗文。

笑啼草　集部别集类　佚

见光绪《昆新两县续修合志》卷50。

朱而锜

字信旃。清昆山人。埰臣子。康熙二十一年(1682)进士,授临淄知县。首以课农桑,行保甲,禁革私派,严束隶胥为务。邑水灾,便宜发谷赈济,活民无算。擢职方主事,补刑部,方授事而疾作不起。

几山诗文集　集部别集类　佚

见光绪《昆新两县续修合志》卷50。

徐亭悫

清昆山人。

治心论　子部儒学类　佚

见光绪《昆新两县续修合志》卷50。

周　宠

清昆山人。

东皋草堂集 4 卷　集部别集类　佚

见光绪《昆新两县续修合志》卷 50。

张　谧

清昆山人。

竹隐诗钞 4 卷　集部别集类　佚

见光绪《昆新两县续修合志》卷 50。

俞补臣

清昆山人。精方脉，治病必求原本。著书多所发明。

医宗指要　子部医家类　佚

见光绪《昆新两县续修合志》卷 33 本传。

叶　楞

字小凤。清昆山人。宁州都阃叶豹文女，许心扆妻。夫妇随父许虬官永州，所历河山，触绪成章。

霏玉轩诗集　集部别集类　佚

见《历代妇女著作考》引《苏州府志》。

拥翠轩倡和诗集　集部总集类　佚

见《历代妇女著作考》引《苏州府志》《撷芳集》。

按：《江苏诗征》卷 177 收其诗。

李旂阳

清昆山人。

煮梁子集　集部别集走　佚

见光绪《昆新两县续修合志》卷50。

周梦颜(1656—1739)

名思仁,字安士。清昆山人。瑞八世孙,植父。年42始补诸生。生平以利济为怀。康熙三十八年(1699)南巡时,偕陆淳风等赴行在,具疏言苏松财赋过重,为民请命。交督臣张鹏翮核议,会鹏翮他往,事遂寝。因辑《财赋考》一书,三易板而后行,邮数百本寄京师,冀动当轴视听。雍正三年(1725)奉旨减免苏松浮粮45万,梦颜曰:"草莽书生,自今死骨不腐矣。"卒年84。

东南财赋考图说　史部政书类

原刻本,见《昆山先哲遗书目录》。

苏松财赋考图说2卷　史部政书类

清道光九年(1829)程丕缵刻本,上海图书馆藏。

苏松财赋考1卷　史部政书类

1913年昆山县参事会铅印本,北京大学图书馆藏。

昆新水利图说　史部地理类　佚

见光绪《昆新两县续修合志》卷50。

质孔说2卷附校讹1卷续校1卷　子部儒学类

(1)《琳琅秘室丛书》本。

(2)《丛书集成初编》本。

文昌帝君阴骘文广义节录3卷　子部道教类

(1) 清光绪七年(1881)扬州藏经禅院刻本,上海图书馆藏。

(2) 清光绪二十四年扬州藏经禅院刻本,上海图书馆藏。

(3) 清武林刻本,南京图书馆藏。

自怡轩杂文2卷　集部别集类

清咸丰间琳琅秘室活字本,复旦大学图书馆、南京图书馆藏。

安士全书4种13卷　丛书类

(1) 清光绪四年广州小书会刻本,山东大学图书馆藏。

（2）清光绪二十四年扬州藏经禅院刻本，上海图书馆藏。

（3）1918年陕西赵步云刻本，上海图书馆藏。

（4）1922年佛学推行社铅印本，上海图书馆藏。

（5）1929年定海普陀山法雨寺铅印本，南京大学图书馆藏。

子目：

《阴骘文广义节录》2卷

《欲海回狂》3卷

《万善先资集》4卷

《西归直指》4卷首1卷

徐树穀

字艺初，号以约。清昆山人。乾学长子。康熙二十四年(1685)进士，官山东道监察御史。尝疏请修国史，条陈便宜事，皆见施行。三十二年，以乡官在里受赃，议绞，帝不欲穷治，改处赎罪。

哀江南赋注1卷　集部别集类

北周庾信撰　清徐树穀注　徐炯辑

（1）清康熙二十一年刻本，国家图书馆藏，并见《西谛书目》卷3。

（2）清乾隆二十三年(1758)梅村书屋刻本，国家图书馆藏。

（3）清光绪二年(1876)刻本，河南大学图书馆藏。

（4）《昭代丛书》本。

李义山文集笺注10卷　集部别集类

唐李商隐撰　清徐树穀笺　徐炯注

（1）清康熙四十七年徐氏花溪草堂刻本，复旦大学图书馆、国家图书馆藏。

（2）清乾隆三十五年重刻本，河南大学图书馆藏。

（3）《四库全书》本。

（4）《摛藻堂四库全书荟要》本。

按：《国朝昆山诗存》卷8收其诗1首。

王之垣

字函三。清昆山人。侨七世孙，伦春次子。康熙三十二年(1693)领乡荐，授婺源教谕。举行紫阳遗规，励廉隅，慎取与，性坦白，学行为世人所重。为文简净有法度。以老疾罢归，婺源人士为立教泽碑。

四书五经释解　经部群经总义类　佚

经史类编　子部典故类　佚

以上2种见光绪《昆新两县续修合志》卷1。

黄世翰

字岳甲，一作岳生。清昆山人，伟干丰颐，绰有雅度，工诗。清康熙二十六年(1687)武举。

梅轩草　集部别集类　佚

见光绪《昆新两县续修合志》卷50。《国朝昆山诗存》卷8收其诗2首。

周嗣发

字震平，号拙园。清昆山人。伦六世孙。少师事朱用纯及祖叔耀，康熙四十四年(1705)领顺天乡荐。屡踬南宫，念父母年高，侍养承欢不复出。性慷慨，好急人之难。晚岁陶情诗酒，卒年78。

拙园吟稿　集部别集类　佚

见光绪《昆新两县续修合志》卷50。《国朝昆山诗存》卷13收其诗2首。

超　果(1659—1720)

清释。俗姓袁，名列星，字垣三，号西溪。其先钱塘人，父珮始居昆山。列星曾补诸生，已而弃去。初研儒学，忽有悟于禅机，请益于白嵩俊老人，命名为超果。后与洞宗铁山师谈说机缘，甚相得。康熙五十九年(1720)。卒于宝树庵,年62。

华藏拈毛集　子部佛教类　佚

校正金刚经　子部佛教类　佚

以上2种见光绪《昆新两县续修合志》卷50。《国朝昆山诗存》卷30收其诗1首。

李王佳

字苍助。清昆山人。可汧弟,少从邱仲仁游,为古文喜学徐庾,善骈体文,古今体诗有初盛唐人风格。

愚溪类稿　集部别集类　佚

见光绪《昆新两县续修合志》卷50。

溪上诗稿　集部别集类　佚

见《国朝昆山诗存》卷10,并收其诗26首。

徐　炯

字章仲,号自强。清昆山人。乾学次子,树穀弟。康熙二十一年(1682)进士,授行人。累官至刑部郎中,出为山东提学佥事。葺李攀龙白雪楼为书院,拔士之尤者肄业其中。考最,进参议,假归。卜居郡城花溪,筑春晖堂,奉母居之。母丧服除,补口北道,调通永,迁直隶巡道,寻罢归。

通鉴录要　史部编年类　佚

补续宋元通鉴　史部编年类　佚

以上2种见光绪《昆新两县续修合志》卷50。

五代史记注补74卷　史部正史类

清述郑斋抄本,国家图书馆藏。

五代史记补考24卷　史部正史类

《适园丛书》第六集本。

使滇使闽杂记　史部地理类　佚

见光绪《昆新两县续修合志》卷50。

哀江南赋注1卷　集部别集类

北周庾信撰　清徐树穀注　徐炯辑

(1) 清康熙二十一年刻本,见《西谛书目》卷3。

(2) 清光绪二年(1876)刻本,河南大学图书馆藏。

(3)《昭代丛书》本。

杜牧之文钞不分卷　集部别集类

唐杜牧撰　清徐炯校　王芑孫批校并跋

明刻本,上海图书馆藏。

李义山文集笺注10卷　集部别集类

唐李商隐撰　清徐树穀笺　徐炯注

(1) 清康熙四十七年徐氏花溪草堂刻本,复旦大学图书馆、国家图书馆藏。

(2) 清乾隆三十五年(1770)重刻本,河南大学图书馆藏。

(3)《四库全书》本。

(4)《摛藻堂四库全书荟要》本。

朴隐子

不详姓氏。清康熙时昆山人。究心声韵之学30余载,谓“词严声律,韵为中州”。繁征博引,辨证细微。

诗词通韵5卷首1卷反切定谱1卷　经部小学类

(1) 清康熙二十四年(1685)刻本,浙江图书馆、上海图书馆藏。

(2)《续修四库全书》本。

诗词韵统　经部小学类　佚

见黄中坚《蓄斋二集》卷五《〈诗词韵统〉序》。

按:宋龚宗元有中隐堂,其孙龚况自称起隐子。“朴隐子”,或为龚氏后人。

徐树庸

字去矜，号勉斋。清昆山人。开任孙，衡父。康熙三十年(1691)进士，授河南西华令，擢广西永康知州，教化3年，治绩大著。内迁刑部员外郎，转郎中。五十一年擢湖广道监察御史，历山东、河南道。以正四品需次，假归营葬，事竣入都，为忌者所中，罢归。卒年75。

(康熙)西华县补志2卷　史部地理类

清徐树庸纂修

清康熙三十六年刻本，卷数接顺治《西华县志》为卷9至10，国家图书馆藏。

薛总戎墓志铭1卷　史部传记类

清抄本，国家图书馆藏。

瑞花居诗抄6卷文抄4卷　集部别集类　佚

见光绪《昆新两县续修合志》卷50。

按:《国朝昆山诗存》卷8收其诗48首。

刘泽乾

字玉如，号湘洲。清昆山人。少师事平湖陆陇其，敦内行。清雍正间以荐授旌德县训导。卒年80。

四书蒙诠　经部四书类　佚

小学遵式　经部小学类　佚

内行广义　子部儒学类　佚

儒家本行录　子部儒学类　佚

宗元辟谬　子部儒学类　佚

尊闻录　子部儒学类　佚

以上6种见光绪《昆新两县续修合志》卷50。《玉山人文小传》卷2作“卒年八十一”。

张慎行

字桓如。清昆山人。鲁得曾孙。好搜罗文献。

历朝孝行节义录　史部传记类　佚

见光绪《昆新两县续修合志》卷25张鲁得传附。

竹轩搜轶不分卷　史部传记类

清康熙刻本，见《昆山先哲遗书目录》。

按：此书搜辑昆山孝义贞节传记，为他书所不记者。《合志》卷25作《竹轩搜逸》。

陈　省

字梅麓，号南园。清昆山人。少工制义，与刘泽乾并名。究心性命之学，而不肤附洛闽。雅能诗，晚弃去。独评释《左》《国》以下，曰《南园述古》。年60贡成均，卒年74。

南园述古12种　史部史评类　佚

见光绪《昆新两县续修合志》卷50。《国朝昆山诗存》卷10云“辑左、国、庄、老等书评释十二卷”，并收其诗1首。

杨万里

字石宗。清昆山人。朱集璜门人，早卒。

病言1卷　子部医家类　佚

见光绪《昆新两县续修合志》卷49。

按：《国朝昆山诗存》卷10收其诗1首。

朱　永

号澹庵。清昆山人。康熙四十七年(1708)举人。云南永昌同知。

永昌事宜　史部政书类　佚

见光绪《昆新两县续修合志》卷50。

陈叶筠

字廷望。清昆山人。郡学生。少负才名，善谈吐。平居肆力百家之书，为古文词、题跋、尺牍咸有法，而诗尤工。中年游荆楚，诗益进。后客粤东以卒。

含翠轩诗集　集部别集类　佚

见光绪《昆新两县续修合志》卷50。

顾需诚

清昆山人。

续正史约编　史部杂史类　佚

劫余草　集部别集类　佚

以上2种见光绪《昆新两县续修合志》卷50。

显　三

清释。字月丹。昆山人。薙染于普济寺，后驻锡甫里海藏寺。其诗清丽古淡，有味外味。

澄怀阁学步吟草　集部别集类　佚

见民国《昆新两县续补合志》卷19。

胡　钦(1661—1729)

字表被，一字思重，号一亭。清昆山人。甲桂孙，溶时子。少贫困绩学，工文，补诸生，试辄冠军。康熙三十二年(1693)中副车，七试京兆，卒不售。选授直隶清丰知县，以经术节吏治，立秋山书院以课士。擢户部员外郎，迁工部郎中，移疾归。卒年69。

说敦堂诗文合编20卷　集部别集类　佚

见光绪《昆新两县续修合志》卷50。

西征集1卷　集部别集类　佚

见《昆山安定胡氏世谱》卷8,前有徐秉义等人序。

表被制义　集部别集类　佚

表被制义续集　集部别集类　佚

以上2种见《昆山安定胡氏世谱》卷8,前有徐炯等人序。

徐世溶(1661—1729)

字德卿。清昆山人。应聘玄孙。禀质诚朴,好学深思。康熙五十九年(1720)举于乡,年已及耆,遂谢公事,以启迪后进为事。卒年69。

四书集义　经部四书类　佚

见光绪《昆新两县续修合志》卷31本传,云:"尝病《四子书》讲章繁猥,乃用直解说约体裁,集宋元明诸儒书精义,而参以近日名家之论,汇成一书,积十四年而后定。"

俞廷栋(1665—1724)

字永怀,号松千。清昆山信义镇人。允升子。康熙三十八年(1699)举人,五十五年授桐城教谕。以名检励诸生,陶铸多成材。性廉介,常俸外不名一钱。郡守委修邑志,厘纲析目,具合史裁,未及成书。母丧归,卒年60。

桐城县志　史部地理类　佚

见光绪《昆新两县续修合志》卷31本传。

按:廷栋与修《桐城县志》,见光绪《昆新两县续修合志》卷31本传、《信义志稿》卷17及沈德潜所著《俞学博廷栋传》。考其任职年代,此志编纂当在清康熙末年,非现今传世的康熙三十五年(1696)高攀桂增刻本《桐城县志》。

刘　崿(1666—1718)

原名文泰,字心逸,号碧山。清昆山人,先世籍长洲。祖曙明,崇祯十六年(1643)进士,除南昌知县,未赴。明亡,殉节。父葳,入赘昆山朱氏。崿3岁丧母,18岁丧父,依外姑成立。念祖殉节事,中夜悲吟。少时迫长者命应童子试,旋自悔责,不复预。家贫,训蒙给朝夕,间为诗歌以寓感愤。尝搜辑其祖诗文,锓板以传。

南昌客草　集部别集类　佚

见光绪《昆新两县续修合志》卷50。

按:《国朝昆山诗存》卷31云"因探其戚,由大江溯夷陵,望夔门、瞿峡而返,梓其所作为《南昌客草》",并收其诗1首。

葛匡世

初名云萝,字贞侯,号奇三,又号建田。清昆山人。康熙三十年(1691)进士,授湖南零陵知县,施惠政,新学校,建义塾,受民爱戴。移疾归,卒。

顿邱诗抄　集部别集类　佚

见光绪《昆新两县续修合志》卷50。《国朝昆山诗存》卷9收其诗11首。

陈　玮

清昆山人。

东冶集16卷　集部别集类　佚

见光绪《昆新两县续修合志》卷50。

徐树本(?—1710)

字道积,号南洲、忍斋。清昆山人。元文子。康熙三十六年(1697)进士,选庶吉士,授编修。充一统志纂修官。乞归养母。读书致力于典章制度,务为有用之学。诠次汉魏三唐诗,辨其源流体格,梓行于世。

诗赋文抄　集部总集类　佚

古唐诗选　集部总集类　佚

以上2种见光绪《昆新两县续修合志》卷50。

徐树敏

字师鲁，号玉山。清昆山人。乾学三子。康熙二十六年（1687）领乡荐，四十二年成进士，授安阳知县。

史断　史部史评类　佚

见光绪《昆新两县续修合志》卷 50。

众香词 6 卷　集部词曲类

清徐树敏、钱岳选辑

（1）清康熙二十九年锦树堂刻本，复旦大学图书馆、国家图书馆藏。

（2）1933 年毗陵董氏诵芬室影印本。

（3）1934 年上海大东书局影印本，国家图书馆藏。

按：含礼集、乐集、射集、御集、书集、数集各 1 卷，参见《历代妇女著作考附录》。

叶九渊

字希深，号易轩。清昆山人。方蔚次子，九龄子。诸生。幼慧，12 岁能词赋。尝集邑中名流，倡握兰社。

握兰社草　集部别集类　佚

见光绪《昆新两县续修合志》卷 50。《国朝昆山诗存》卷 11 收其诗 1 首。

周　枟

字隆吉。清昆山人，居甫里。邑诸生。发愤下帷，独居小楼，3 年不下。操选政，风行一时，从游者众。

易经广要　经部易类　佚

四书说贯（一作四书贯说）　经部四书类　佚

以上 2 种见光绪《昆新两县续修合志》卷 50。

徐树闳

字诚修，号蒙克。清昆山人。秉义子。年13补诸生，以贡谒选授行人司司副，入赀授四川屏山知县，擢云南霑益州知州，改赵州，再擢景东府掌印同知。捐俸倡学，赈恤流亡，募民垦荒，邑人为立“福民碑”。旋授开化府知府。入觐还，卒于贵阳旅次。

（雍正）景东府志5卷首1卷　史部地理类

清徐树闳修　张问政、李馥仲等纂

（1）清雍正十年（1732）抄本，国家图书馆藏。

（2）抄本，云南省图书馆藏。

乐顾集4卷　集部别集类　佚

蒙克诗稿8卷　集部别集类　佚

东游集1卷　集部别集类　佚

以上3种见光绪《昆新两县续修合志》卷50。《国朝昆山诗存》卷9收其诗14首。

徐昂发（？—1740）

字大临，一字畏垒。清昆山真义人。希天子。少以管姓补长洲诸生，康熙三十九年（1700）进士，授编修。四十九年官河南安阳。五十三年典试福建，五十九年出为江西学政。雍正元年（1723）以事获谴，寻卒。少负盛名，工骈文，诗词深造有得。工行楷书，出入晋唐间，寸楮尺简，世争宝之，与汪士鋐、王澍、何焯称吴中四大家。

按：据谢国桢《江浙访书记·畏垒山人诗》条云：昂发与张大受（匠门）在长洲同里巷，诗名亦相同。郑方坤《清名家诗钞小传》说昂发“其遭逢亦与匠门相等”。二人均于清雍正元年暴卒，其原因待考。

五经笔记　经部群经总义类　佚

见《信义志稿》卷17，注：未刻。

畏垒笔记4卷　子部杂学类

(1) 清康熙间德有邻堂刻本,国家图书馆藏。

(2) 清康熙间桂森堂刻本,上海图书馆藏。

(3) 清康熙间写刻本,近人谢国桢藏。

(4) 1928 年东方学会排印本,四川大学图书馆、武汉大学图书馆藏。

(5)《殷礼在斯堂丛书》本。

(6)《续修四库全书》本。

(7)《四库全书存目丛书》本。

(8)《清代诗文集汇编》本。

(9)《清代诗文集珍本丛刊》本。

按:参见《四库全书总目》杂家类存目 3。

畏垒笔记 1 卷　子部杂学类

(1) 清光绪二年(1876)刻本,河南大学图书馆藏。

(2)《昭代丛书》本。

乙未亭诗集 6 卷畏垒山人诗集 4 卷　集部别集类

(1) 清康熙间桂风堂刻本,南开大学图书馆藏。

(2) 清康熙间德有邻堂刻本,上海图书馆藏。

(3) 清康熙间桂森堂刻本,上海图书馆藏。

(4)《四库全书存目丛书补编》本。

(5)《清代诗文集汇编》本。

(6)《清代诗文集珍本丛刊》本。

按:参见《四库全书总目》别集类存目 11。

畏垒山人诗 10 卷　集部别集类

(1) 清信芳阁刻本,北京大学图书馆藏。

(2)《国初十家诗抄》本。

畏垒山人文集 4 卷　集部别集类

(1) 清康熙间德有邻堂刻本,见杨绳信《中国版刻综录》。

(2) 清经钽堂抄本,北京大学图书馆藏。

(3)《四库全书存目丛书补编》本。

(4)《清代诗文集汇编》本。

(5)《清代诗文集珍本丛刊》本。

畏垒山人文集 1 卷　集部别集类

《吴中文献小丛书》本。

畏垒山人文集不分卷　集部别集类

抄本,见《群碧楼善本书录》卷 6。

宫词 1 卷　集部别集类

(1) 清光绪二年刻本,河南大学图书馆藏。

(2) 清宣统二年(1910)上海国学扶轮社铅印本,北京大学图书馆藏。

(3)《昭代丛书》本。

(4)《香艳丛书》第 3 集本。

(5)《丛书集成续编》本。

按:《郑堂读书记》卷 70 云:《乙未亭诗集》中收有宫词 80 首,远近传诵。

冬青馆古宫词 3 卷　集部别集类

1914 年上海国学扶轮社铅印本,浙江师范大学图书馆藏。

徐昂发诗选 1 卷　集部别集类

清康熙四十二年商丘宋氏刻《江左十五子诗选》本,中国人民大学图书馆藏。

小南村集 7 卷二集 8 卷　集部总集类

清徐昂发选　金国栋辑

清康熙四十九年芳润堂刻本,国家图书馆、上海图书馆藏。

按:《清诗铎》《清诗纪事》6 册收有其诗。

依样葫芦 4 卷　集部总集类

清嘉庆九年(1804)文畬堂刻本,北京大学图书馆藏。

周　士

字元友，号雅园。清昆山人。康熙三十九年(1700)进士，授河南胙城(延津)知县，勤政恤民，摄阳武、汲县篆。内艰服阕，补湖广之宜章，兴文教，理冤狱，治民以恩信。诖误归，宦橐萧然，以教授生徒自给，卒年72。

聊存草　集部别集类　佚

见光绪《昆新两县续修合志》卷50。《国朝昆山诗存》卷9收其诗2首。

徐树屏

字敬思。清昆山人。乾学子。康熙五十年(1711)进士，授主事，三迁至刑部广西司郎中，擢广西提学佥事。精藻鉴，甄拔寒畯，后多成名，相国陈宏谋其尤著者。谢疾归，卒年70。

左国纪事本末　史部纪事本末类　佚

见光绪《昆新两县续修合志》卷50。

东莱先生古文关键2卷　集部总集类

宋吕祖谦评　蔡文子注　清徐树屏考异

(1) 清乾隆十八年(1753)浙西顾氏读画斋刻本，国家图书馆藏。

(2) 清乾隆间学海堂刻本，北京大学图书馆藏。

(3) 清冠山堂刻本，北京师范大学图书馆藏。

(4) 清同治九年(1870)古闽晏湖张励志书屋刻本，上海图书馆藏。

(5) 清光绪二十四年(1898)江苏书局刻本，中国人民大学图书馆藏。

(6) 清光绪二十四年浒湾尚友堂刻本，国家图书馆藏。

(7) 清锡山华绮刻本，熊文龙批校，山东图书馆藏。

周　诗

字南始。清昆山信义镇人。习制举不售，叹曰："不为良相，必为良医。”遂改习岐黄术。贫者疗治，恒不求报。喜吟咏，葺草庐两楹，庭砌杂植花木，客至，烹茗清谈，竟日不厌。卒年 70 余。

肘后良方　子部医家类　佚

易简诗草　集部别集类　佚

以上 2 种见《信义志》卷 3 本传。

周　氏

清昆山人。陆肇圣妻。夫亡，翁惑于后妻，逼氏改嫁，誓死不从，依父母以终。能诗，有《鹄音草》数百首。

鹄音草　集部别集类　佚

见同治《苏州府志》卷 124 本传。

吴之玠

字景岳，号怀峰。清昆山人。居甫里北乡之南村，与周奕钫同修《马鞍山志》。

马鞍山志　史部地理类　佚

昆岫遗闻　史部地理类　佚

见民国《昆新两县续补合志》卷 19。《国朝昆山诗存》卷 31 收其诗 1 首。

按：国家图书馆藏潘道根录《吴青洋杂记》不分卷，共 160 条，内容涉及昆山地方人物轶事、寺庙祠墓、水利、名物、诗词、园林等多个方面。疑即《昆岫遗闻》之别名。详见毛亦可《国家图书馆藏抄本〈昆山丛书〉抄辑者及作者考述》（《文献》2018 年第 4 期）一文中的相关考证。

徐晟雅

字稚云，号蕉引。清昆山人。昂发仲弟。学画师从奚涛，山水宗法元人，得江湖萧散之致。

碧梧轩稿　集部别集类　佚

雪香稿　集部别集类　佚

以上2种见《信义志稿》卷9本传。《国朝昆山诗存》卷9收其诗3首。

章　法

字石渠，别号瓶圃，一作瓶园。清昆山人。善画牛，亦工画菜，用墨50年，浅深燥湿，能得其秘。为人冷面虬髯，好诙谐。

苏州竹枝词3卷　集部别集类

(1) 清康熙六十一年(1722)手稿本，华东师范大学图书馆藏。

(2) 抄本，南京图书馆藏。

按：本书题清瓶园子撰。瓶园子，即章法。分艳苏州、说苏州、咄苏州三部分，共72首。汤云士序云："艳苏州者，说苏州也。咄苏州者，亦说苏州也。夫说苏州者，歌诗之流，风人之致也。瓶园先生……游于苏，随所见闻，辄作诗盈帙，名之曰'竹枝词'而说之。"其作说苏州之岁时、风景、侈靡、流荡，对苏州的社会风尚多有生动反映。

销魂集1卷　集部别集类　佚

见光绪《昆新两县续修合志》卷50。《国朝昆山诗存》卷9分别作《姑苏竹枝词》及《消魂集》，收其诗4首。

顾齐恒

字艮成。清昆山人。布衣。妇王氏，编修王喆生之妹。

遗稿1卷　集部别集类　佚

见光绪《昆新两县续修合志》卷50。《国朝昆山诗存》卷10收其诗3首。

李炳缃

字厚文。清昆山人。炳石弟。附贡生。

诒安堂稿　集部别集类　佚

见光绪《昆新两县续修合志》卷50。《国朝昆山诗存》卷10收其诗26首。

唐德咸

清昆山人。德宜兄。

丧礼疑义考　经部仪礼类　佚

帝王世系考　史部史表类　佚

和州人物志　史部传记类　佚

昆山人物志　史部传记类　佚

地理沿革考　史部地理类　佚

纯斋存稿　集部别集类　佚

以上6种见光绪《昆新两县续修合志》卷50。

徐升初

一作昇初，字若华，号石泉。清昆山真义人。昂发弟，兼父。少耽吟咏，砥学励行，熟谙掌故。与同里胡鼎铉、江晋、陈至言、金肇武诸人相唱和，为真义十景诸咏，尝以所作就正长洲周准，自订诗五百余篇为《及墅集》。

(乾隆)信义志(一作星溪志略)6卷　史部地理类

清陈至言、徐升初等纂　於炳言重订

(1) 清光绪三十三年(1907)吉晖阁清抄本，苏州图书馆藏。

(2)《中国地方志集成·乡镇志专辑》本。

按:参见“陈至言”条。

及墅集　集部别集类　佚

按:《清诗纪事》7册引《星湄诗话》作“徐石泉”，并收其诗。《国朝昆山诗存》卷16收其诗26首。

张雨时

字章夏，号半村。清昆山张巷人。顺治末徙城内。谊父。以赀雄于乡，少受学于王之坦，未冠补诸生，寻以例贡成均。连试不售，乃弃举子业，肆力于诗。晚岁倾资营救其仲兄，家计益落。衔杯赋诗，怡然自适，自号适渠。

读书纪要　子部杂学类　佚

半村诗稿　集部别集类　佚

适渠诗草　集部别集类　佚

以上3种见光绪《昆新两县续修合志》卷50。《国朝昆山诗存》卷11收其诗38首。

钱金声(1670—1742)

字振玉，号愚谷。清昆山人。治父。幼能诗，康熙四十四年(1705)南巡，以诸生献诗，取入宋金元明四诗馆纂修，母艰未赴。四十六年复南巡，献《谢恩诗》10章。以父老坚志乞终养，歌咏自适。五十六年，邑令赵光谟延训其子三载，绝无干请。卒年73。

大砚堂诗稿　集部别集类

清抄本，一名《九松书屋诗稿》，附于《玉峰钱氏世谱》后，上海图书馆藏。

按：另见光绪《昆新两县续修合志》卷50。《国朝昆山诗存》卷13作《大砚堂集》，并云“嘉定张鹏翀序，同里王荃跋”，收其诗6首。今本前有清乾隆六年(1741)孙倪城序。

支守默

字谔音，一字太冲，号大山。清昆山人。如璋曾孙，张鉴兄。少从朱用纯游，补太仓诸生。能古文，康熙六十年(1721)岁贡。与余起霞、刘嵝、张雨时、柴奕孙、孙大登、叶九渊、顾易号“玉峰八俊”。

啸古斋集稿　集部别集类　佚

见光绪《昆新两县续修合志》卷50。《国朝昆山诗存》卷11收其诗5首。

孙光祖

字翼龙。清昆山人。工篆刻。

六书缘起1卷　子部艺术类

按:参见《续修四库全书提要》。

古今印制1卷　子部艺术类

篆印发微1卷　子部艺术类

以上3书于清雍正初撰成,均有《篆学琐著》本。

唐德威

清昆山人。

文庙从祀录1卷　子部儒学类　佚

见民国《昆新两县续补合志》卷19。

萧龙江

字款达。清昆山人。康熙五十九年(1720)举人。

甫里文献12卷　集部总集类　佚

见光绪《昆新两县续修合志》卷50。

唐德宜

字天申,号介轩。清昆山人。德威弟。性孝悌,与兄德威营先祠于澜漕。为文简质,不事藻饰。居恒志存经济,雍正间,尝著《时务策》28条,颇为切要。又修成邑志稿若干卷。乾隆元年(1736)荐举孝廉方正,以年老诏授六品顶带。

纲鉴辑览　史部编年类　佚

时务刍言　史部政书类　佚

昆新志稿16卷　史部地理类　佚

见山内外集　集部别集类　佚

唐诗约编　集部总集类　佚

以上5种见光绪《昆新两县续修合志》卷50。

古文翼8卷　集部总集类

清唐德宜编

(1) 清乾隆六年景山书屋刻本,辽宁大学图书馆藏。

(2) 清道光二十七年(1847)虞东秦氏刻本,5卷,郑州大学图书馆藏。

(3) 清同治十二年(1873)常熟黄氏艺文堂刻本,南京师范大学图书馆藏。

(4) 清光绪十九年(1893)刻本,南开大学图书馆藏。

(5) 清光绪十九年湖南经国书局刻本,中国人民大学图书馆藏。

(6) 清光绪二十四年姑苏崇德公所刻本,苏州大学图书馆藏。

(7) 清光绪二十七年三元书局石印本,清华大学图书馆藏。

(8) 清光绪二十八年姑苏崇德公所刻本,上海图书馆藏。

(9) 清光绪三十四年三元书局石印本,上海图书馆藏。

(10) 清宣统二年(1910)三元书局石印本,苏州大学图书馆藏。

古今文绘谷集卷八五卷　集部总集类

清唐德宜选

抄本,上海图书馆藏。

按:前有康熙十六年(1677)唐德宜序。又例言曰:“余选文而仍系以‘谷集卷八’者,盖欲附云士先生所选明文之后,亦窃比之意云尔。此集另分宫、商、角、徵、羽为记者,上自洪、永,下迄启、祯。”

萧　翀

字章辰,号青旸,庠姓张。清昆山人。居甫里。不务章句,喜泛览百家，考索文献，究心志乘。以雍正七年(1729)副贡，授桃源教谕，卒于官，年84。生平著述甚富，散佚不传。

苏州府微显志8卷　史部传记类

清雍正九年刻本，上海图书馆、国家图书馆藏。

按：光绪《昆新两县续修合志》卷31本传云："尝著《微显志》，自明迄昭代，凡孝子、节妇之未表者，随所见闻纪之。"《国朝昆山诗存》卷14收其诗5首。

王　荃

字景芳，号介磐。清昆山人。家贫，稍长，刻苦力学。乾隆元年(1736)恩科乡荐，授内阁中书，转侍读。寻迁刑部安徽司郎中。具至性，事母孝，遇事敢为，所至以勤职称。喜读书，尤嗜朱子《纲目》，马氏《通考》。诗古文辞、行草各书，具有法度。卒年51。

介磐奏疏　史部政书类　佚

西曹谳议　史部政书类　佚

以上2种见光绪《昆新两县续修合志》卷50。《国朝昆山诗存》卷17收其诗1首。

杜　诏

字士言，号约亭，晚号存斋。清昆山人。庠生。

缶鸣集　集部别集类　佚

见光绪《昆新两县续修合志》卷50。

孙大登

字于鲁，一作驭鹿，号蚁浮。清昆山人，原籍徽州，其祖始居昆山。凤台父。少工文章，耽吟咏。补诸生，非其好也。所居东南郊外，疏篱短牖，瓮无宿舂，晏如也。工八分书，得汉人法，诗律尤细稳，与王喆生为道义交。卒年60余。

水南漫稿6卷　集部别集类　佚
蚁浮诗稿　集部别集类　佚

以上2种见光绪《昆新两县续修合志》卷50。《国朝昆山诗存》卷12收其诗31首。

王苍璧

字躬玉，一作攻玉。清昆山人。监生。其诗高逸冲淡，时多故国之思。有《咏史》诗九首，识解甚超，阅历有得之言，以不堕世网为贵。

生水集1卷生水续集1卷　集部别集类

《生水集》清王苍璧撰　《生水续集》清王之醇撰

清乾隆五十年(1785)刻本，上海图书馆藏。

按:《生水续集》,《贩书偶记续编》作《水生续集》。《清诗纪事》4册收有苍璧诗。参见“王之醇”条。《国朝诗别裁集》卷28录其诗2首。

王之醇

字学舒，一字鹤书。清昆山生田里人。邑诸生。幼受业于刘泽乾，后师事长洲陈世治、上海曹一士，寻入太学。试南北闱不售，晚举乡饮以殁。熟悉制义源流，剖析至精，评选有明迄清初文不下数十种，皆风行海内。诗亦简淡，有王、孟风。时名公如黄叔琳、王步青、沈德潜、陈祖范辈，皆折节与交。德潜则主于其家最久。

松筠堂诗集4卷　集部别集类

(1) 约清乾隆间松筠堂梦花轩原刻本。

(2) 赵氏寄云楼抄本，见《昆山先哲遗书目录》。

(3) 清金阊宝翰楼刻本，南京图书馆藏。

松筠堂诗集6卷　集部别集类

清乾隆刻本，国家图书馆藏。

松筠堂诗6卷附生水集1卷生水续集1卷文会集1卷会悲集1卷　集部别集类

原刻本，见《江苏省立国学图书馆图书总目》卷35。

生水集1卷生水续集1卷　集部别集类

《生水集》清王苍璧撰　《生水续集》清王之醇撰

清乾隆五十年(1785)刻本，上海图书馆藏。

汝谦诗集6卷　集部别集类

清钱鸿绩撰　王之醇选

清康熙五十三年王氏松筠堂刻本，上海图书馆藏。

沧江诗选3卷　集部总集类

清王之醇辑

清康熙五十三年(1714)王氏松筠堂刻本，含《汝谦诗集》《来珍诗集》及《建初诗集》各1卷，国家图书馆藏。

余起霞

字丹舒，斋名立三堂。清昆山吴家桥人。国柱从孙。颖敏好学，从长洲汪琬游，为诗古文有矩度，兼善骈体。食饩上海庠，贡成均，益刻励为经世之学。张伯行抚吴时，上书言筑圩岸，浚河流，草漕弊，累数万言，当轴多采纳。尝广罗海内名人著作为《皇清文贯》，遍搜古今可喜可愕之事作《竹窗杂记》。晚岁著述日富，四方征求传志碑铭者踵相接。卒年60。

竹窗杂记12卷　子部杂学类　佚

棠棣轩诗文集　集部别集类　佚

立三堂文集30卷　集部别集类　佚

以上3种见光绪《昆新两县续修合志》卷50。

立三堂文集不分卷　集部别集类

清潘道根选抄本，见《峭帆楼藏书目》。

立三堂文集1卷　集部别集类

清余起霞撰　潘道根节选。

清宣统三年(1911)昆山马光楣抄本，上海图书馆藏。

皇清文贯 50 卷　集部总集类　佚

蕉鹿诗余　集部词曲类　佚

以上 2 种见光绪《昆新两县续修合志》卷 50。

葛景中

字运乘，号若洲，一号素村。清昆山人。锡播曾孙。性纯笃好学，工骈体文，服膺庾子山。诗学温庭筠、韦庄，得其神味。由雍正四年(1726)岁贡，授来安训导，以不善逢迎，忤当道，悒悒卒于官。

素村诗稿　集部别集类　佚

梁溪诗草　集部别集类　佚

怀旧集　集部别集类　佚

卿卿百咏　集部别集类　佚

咏古绝句　集部别集类　佚

以上 5 种见光绪《昆新两县续修合志》卷 50。

葛若洲诗 1 卷　集部别集类

清乾隆五十六年(1791)刻本，国家图书馆藏。

按:《国朝昆山诗存》卷 13 收其诗 19 首。

叶均禧

字履成，号石农。清昆山人。方蔼孙，渟子。康熙四十七年(1708)领顺天乡荐。14 岁从同邑周耀学《易》，得九图大指。后得华阴王宏撰《周易图说述》，益潜心商榷考证，辨难析疑。后师事苏州杨无咎授三易卦位不同说。积 30 余年，成《易图说》五卷。同邑张元长在明季辑《人物传》，后经易代，忠烈遗逸不乏其人，均禧恐文献无征，作《续人物传》。

易图说 5 卷　经部易类　佚

见光绪《昆新两县续修合志》卷 50。

昆山人物传 7 卷　史部传记类

(1) 民国间昆山图书馆抄本，南京图书馆藏。

(2) 民国传抄本，哈佛大学汉和图书馆藏。

(3)《清代地方人物传记丛刊》本。

(4)《江苏人物传记丛刊》本。

易轩诗文钞　集部别集类　佚

见光绪《昆新两县续修合志》卷50。

按：《国朝昆山诗存》卷11收其诗12首。

叶李暭

字篆鸿，号朗吟。清昆山人。奕荃孙。宏绶子。工诗。清康熙间例贡生，授泾县训导。课士最勤，泾俗为之一变。

朗吟集　集部别集类　佚

北游诗草　集部别集类　佚

以上2种见光绪《昆新两县续修合志》卷50。

雁木词　集部词曲类

抄本，国家图书馆藏。

按：《国朝昆山诗存》卷11收其诗21首。

徐德俶

字伯厚。清昆山人。乾学孙，树穀子。官山东登莱青道。

滇南集　集部别集类　佚

宦游集　集部别集类　佚

以上2种见光绪《昆新两县续修合志》卷50。

陈元模

字灿辰。清昆山千墩镇人。服膺朱子《近思录》，绩学有孝行。郡守陈鹏年以赈饥至乡，识拔之，荐于巡抚张伯行，命肄业紫阳书院。条陈本县利弊，蒙采纳。

淞南志16卷　史部地理类

(1) 清嘉庆十八年(1813)活字本,上海图书馆藏。

(2) 抄本,上海图书馆藏。

朝野纪闻 4 卷　史部杂史类

清无名氏撰　陈元模删节改编

抄本,国家图书馆藏。

按:参见《增订晚明史籍考》卷 17。

周元方

清昆山人。

存笥草　集部别集类　佚

见光绪《昆新两县续修合志》卷 50。

徐　氏

清昆山人。乾学孙女,通判山东冯愿妻。承家学,喜吟咏。

霜黛轩诗稿　集部别集类　佚

见《历代妇女著作考》引《撷芳集》《柳絮集》。

按:《江苏诗征》卷 162 收其诗。

胡鼎铉

字介公,号梅崖。清昆山信义人。雍正六年(1728)诸生。为人刚直,耽吟咏,与同里徐昇初、陈至言、江晋辈唱和无虚日。

(乾隆)信义志 6 卷　史部地理类

清陈至言、胡鼎铉等纂　於炳炎重订

(1) 清光绪三十三年(1907)吉晖堂清抄本,苏州图书馆藏。

(2)《中国地方志集成·乡镇志专辑》本。

按:参见“陈至言”条。

山游草 1 卷　集部别集类　佚

见光绪《昆新两县续修合志》卷 50。

按:《信义志稿》卷 5 本传云:“殁后遗稿散佚,仅存《游灵岩山诗》1 卷,为人传诵。”《国朝昆山诗存》卷 16 收其诗 14 首。

支骏均

字载平。清昆山人。守默三弟。雍正元年(1723)恩贡生。工诗。

无怀诗　集部别集类　佚

见光绪《昆新两县续修合志》卷 50。

顾班爵

字尔张,号翼斋。清昆山人。崇祯十五年(1642)补诸生,授徒自给。卒年 81。

三教同源　子部杂家类　佚

心学指南　子部儒学类　佚

格言纂　子部儒学类　佚

见《玉山人文小传》卷 5。

魏天贞

清昆山人。

松窗芜言　子部杂学类　佚

见光绪《昆新两县续修合志》卷 50。

陈至言

字谔士,号次山,又号心桥、寓翁。清昆山人。居真义里,布衣。慕义好古,倜傥风流。善诙谐,能诗,工行草书。

二续淞南志 2 卷　史部地理类

清嘉庆十八年(1813)活字本。

(乾隆)信义志(一作星溪志略)6 卷　史部地理类

清陈至言纂　胡鼎铉、徐升初、周奕钫、俞天寿参订　清顾惇量定

稿　於炳炎重订

(1) 清光绪三十三年(1907)吉晖堂清抄本,苏州图书馆藏。

(2)《中国地方志集成·乡镇志专辑》本。

按:参见《江苏旧方志提要》。《国朝昆山诗存》卷16收其诗4首。

次山草　集部别集类

见《吴郡甫里人物考》卷13。

顾世荪(1672—1723)

字德芳,号绣壑。清昆山人,仁隆子。自少英敏,才量过人,年15补邑庠生。任侠,有家风,名噪辇下。后卒于宁夏,年52。

偶存稿　集部别集类　佚

西行偶笔诗　集部别集类　佚

以上2种见光绪《昆新两县续修合志》卷50。

徐陶璋(1674—1738)

字端揆,号达夫,别署蘅圃。清昆山籍长洲人。康熙五十四年(1715)殿试第一,授修撰。居心和厚,学问笃实,淡于荣利。乞假归,杜门谢客,精研经学。乾隆元年(1736)补前职,纂修《世宗实录》,卒于京。

立命编4卷首1卷附1卷格言纂要1卷　子部道教类

清徐陶璋等辑

(1) 清雍正刻本,中国科学院图书馆藏。

(2)《四库未收书辑刊》本。

介石轩文集12卷　集部别集类　佚

见光绪《昆新两县续修合志》卷50。

按:《国朝诗别裁集》收其诗2首。

金肇武

字亮揆,号安庐。清昆山信义人。少孤,事母孝,性朴诚,不慕荣利。筑吟巢,与陈滉、翁调元、王士祯(昆山人,字仪吉)辈结社,觞咏为乐。

吟巢诗抄　集部别集类　佚

见光绪《昆新两县续修合志》卷 50。

安庐草　集部别集类　佚

见《吴郡甫里人物考》卷 13。

按:《信义志稿》卷 16 收其《真义十景诗》10 首。《国朝昆山诗存》卷 16 收其诗 7 首。

益　昌

字大文,号澹园。清昆山人。

懒云居诗词　集部别集类　佚

见光绪《昆新两县续修合志》卷 50。《国朝昆山诗存》卷 16 谓此书有孙登标序,并收其诗 2 首。

陈　滉

字恂渊。清昆山人。居淞南。能诗。

击壤集 5 卷　集部别集类　佚

见民国《昆新两县续补合志》卷 19。《国朝昆山诗存》卷 15 收其诗 2 首。

支张鉴

一名鉴,号淑石,字彤九。清昆山人。守默四弟。读书若宿习,年 16 补诸生,益肆力于文,沉博绝丽。试北闱不售,考补官学教习。期满例得县令,遽卒。

以鸣集　集部别集类　佚

见民国《昆新两县续补合志》卷 19。《国朝昆山诗存》卷 11 收其诗 16 首。

翁调元

字传梅。清昆山信义镇人。性萧散，不习举业，筑浣花居以养老。善诗，其《花月吟》20首尤佳。

唯一子诗草　集部别集类　佚

见《信义志稿》卷5金肇武传附。

王定山

清昆山人。

上谷诗钞　集部别集类　佚

见民国《昆新两县续补合志》卷19。

何方琬

字倬云，一字竹筠，号怀谷。清昆山人。家淞南，少有才名，年30始补诸生。好写墨梅，旁及星家五行之术，尤好词曲。

西厢题文　集部词曲类　佚

见民国《昆新两县续补合志》卷19。《国朝昆山诗存》卷12谓此书"嫁名唐寅，至今流传"，收其诗4首。

柴奕孙

字问宏，晚号东篱。清昆山人。雍正二年(1724)岁贡生。初为国学生，弃去，补诸生。旋食饩，游京师。与张雨时、余起霞、叶均禧诸人为诗友唱和，无意仕宦，卒年80余。

东篱遗稿　集部别集类　佚

见光绪《昆新两县续修合志》卷50。《国朝昆山诗存》卷12收其诗19首。

续行

清释。俗姓罗，字德源，号墨花。昆山人。经典余闲，兼精篆刻。

墨花禅印稿 5 卷　子部艺术类

(1) 清雍正十二年(1734)印本，见《中国印学年表》。

(2) 清乾隆三十年(1765)钤印本，上海图书馆藏。

张观澜

字于海。清昆山人。庠廪生。师事吴门彭绍升，究禅乘之学，又问业于汪缙，遂专力于程朱，于《四书》穷年研索，博综汉唐宋明诸家讲说，益以师友诸论及己所心得，融贯而折其中，积 30 余年始成，名曰《四书集解》。又有《蒙斋文钞》，亦皆阐发性理之文。殁后，其子成幹裒辑之。

四书集解 40 卷　经部四书类　佚

清道光四年(1824)张成幹抄本，北京大学图书馆藏。

吕东莱先生左氏博议 6 卷　经部春秋类

宋吕祖谦撰　明陶珽辑评　清张观澜批校并跋

明崇祯五年(1632)刻本，上海图书馆藏。

蒙斋文钞 10 卷　子部儒学类

清张观澜撰　张成幹编

清道光三年张成幹抄本，北京大学图书馆藏。

孙倪城

字广平，号松崖。清昆山人。少能文，康熙五十九年(1720)领乡荐，选徐州学正。雍正八年(1730)进士，选庶吉士，授检讨，充一统志纂修。乾隆二年(1737)因疾致仕。卒年 50 余。

咸平稿　集部别集类　佚

彭城稿　集部别集类　佚

松崖诗草　集部别集类　佚

偶存稿　集部别集类　佚

以上4种见光绪《昆新两县续修合志》卷50。《国朝昆山诗存》卷14收其诗14首。

刘象春

字香山。清昆山人。敦友谊，广交游，以诸生入太学。痛父母早逝，作《罔极图说》，索名流题咏，精镂行世。搜访邑先哲困诸生者，辑《玉山人文小传》4卷，甫竣而卒。

玉山人文小传4卷附小集1卷　史部传记类

(1) 清乾隆间大朴轩刻本，南京图书馆藏。

(2)《江苏人物传记丛刊》本。

按：参见“顾抡”条。

阐幽锡类编　子部杂学类　佚

以上2种见光绪《昆新两县续修合志》卷50。

罔极图说1卷　子部儒学类

清雍正刻本，见北京翰海拍卖有限公司2010秋季拍卖会。

戴　椿

清昆山人。

蜀游草　集部别集类　佚

居闲集　集部别集类　佚

以上2种见光绪《昆新两县续修合志》卷50。

朱汤孙

字祖依，号淞南。清昆山人。立诚侄。诸生。讲求经世之务。游历齐鲁，为当道所倚重。晚归里，与唐琦、孔传泗诸耆宿为老人会，杯酒流连，绘图为乐。卒年77。

纲鉴约编　史部编年类　佚

拂云草　集部别集类　佚

嵋谷诗草　集部别集类　佚

以上3种见光绪《昆新两县续修合志》卷50。

汶泗彭城粤行草　集部别集类　佚

见光绪《昆新两县续修合志》卷19。

按:《国朝昆山诗存》卷15收其诗5首。

沈启东

字岱瞻。清昆山人,居张浦之栖贤里。少嗜读书而不喜举业,家贫课徒自给,节衣缩食以购书。力不能致,则借诸藏书家,手自缮录。于邑中故实,尤反复钩稽,尝著《续马鞍山志》,搜隐正讹,为前人所未及。

张浦遗闻　史部杂史类　佚

淞南闻见录　史部杂史类　佚

以上2种见光绪《昆新两县续修合志》卷50。

同志赠言1卷　史部传记类

清沈启东辑

《亭林先生遗书·补遗》本。

马鞍山志12卷首1卷　史部地理类

稿本,上海图书馆、南京图书馆藏。

按:光绪《昆新两县续修合志》卷50作《续马鞍山志》。

续宅京记　史部地理类　佚

玉山景物略　史部地理类　佚

诗稿4卷　集部别集类　佚

以上3种见光绪《昆新两县续修合志》卷50。

亭林轶诗1卷　集部别集类

清顾炎武撰　沈启东辑

《亭林先生遗书·补遗》本。

按:《国朝昆山诗存》卷13作“沈岱瞻”,收其诗4首。

李京锜

一作景锜,字周麟。清昆山人。庠生。善古文词。

延古斋诗文稿　集部别集类　佚

见民国《昆新两县续补合志》卷19。

按:光绪《昆新两县续修合志》卷50作“李景锜”。《国朝昆山诗存》卷13收其诗5首。

金邸沿

字汪若。清昆山人。岁贡生。居千墩,少从长洲何焯游。

柳亭诗稿　集部别集类　佚

见光绪《昆新两县续修合志》卷50。《国朝昆山诗存》卷13收其诗5首。

朱士观

字汝舟,号省斋。清昆山人。天麟曾孙。少从刘泽乾游,补吴县诸生。家贫,授徒邑中,岁时省其母于巴城。屡踏省闱不遇。

啸古堂诗钞　集部别集类　佚

待时吟　集部别集类　佚

居忧集　集部别集类　佚

以上3种见光绪《昆新两县续修合志》卷50。《国朝昆山诗存》卷13收其诗24首。

葛诚中

字观澜,号省斋。清昆山人。云藻子,受业于朱用纯,补诸生,为制举业有名,尤好古文词,诗宗温李,与余起霞及从兄太朴相唱和。

草庐诗集　集部别集类　佚

见光绪《昆新两县续修合志》卷50。《国朝昆山诗存》卷13收其诗1首。

顾圣简

字中立,号古三。清昆山人。景镐从兄。雍正十二年(1734)新阳贡生。幼孤,年17为童子师,资馆谷养母,从王喆生游。卒年77。

古三诗稿　集部别集类　佚

见光绪《昆新两县续修合志》卷50。《国朝昆山诗存》卷13收其诗22首。

汪　洋

字万育。清昆山人,其先歙人。威凤父。力学嗜古,尤长于诗。清雍正、乾隆间连举博学鸿词,报罢,乃挟策走四方,诗益工。

六经羽翮　经部群经总义类　佚

诸史菁英　史部史钞类　佚

碧梧轩诗草　集部别集类

以上3种见光绪《昆新两县续修合志》卷50。卷31本传云:"海宁陈元龙、长洲陈鹏年序其所著《碧梧轩诗》行世。"

按:《江苏诗征》卷72收其诗。

马上锦

字絅文,号忍庵。清昆山人。大楷祖。

枥上草　集部别集类　佚

西湖杂咏　集部别集类　佚

以上2种见民国《昆新两县续补合志》卷19。

徐　衡

字咸一。清昆山人。树庸子,灿父。幼随父入京,为父执张大受、何焯器重。乾隆元年(1736)进士,授济阳知县,改补徐州教授。中举后,尝主讲莲池书院,课士以勤敏称,教人务求根底。所甄录多取科第。年71卒于官。

东海公年谱　史部传记类

(1) 稿本,即徐乾学年谱,南京大学图书馆藏。

(2) 2017年南京大学出版社影印《南京大学图书馆藏古籍珍本丛刊·稿抄本卷》本,据稿本影印。

蒙养录　子部儒学类　佚

晚翠轩诗草　集部别集类　佚

以上2种见光绪《昆新两县续修合志》卷50。

徐德裕

字启佑。清昆山人。乾学孙,树敏子。由监生应例授曲靖州判。总督鄂尔泰称其能,升乌蒙府镇雄知州。雍正八年(1730)保境有功,录功加三秩。旋改乌蒙为昭通,在郡8年,治绩大著。乾隆四年(1739)迁山东盐运使,历淮扬道副使,升湖南按察使,暴疾卒。

守土纪略1卷　史部杂史类　佚

见光绪《昆新两县续修合志》卷50。

徐观宾

清昆山人。业医。

杂症烛微　子部医家类　佚

药性洞源　子部医家类　佚

以上2种见光绪《昆新两县续修合志》卷50。

周奕钫

字韩锡,一字元音。清昆山人。邑诸生。性坦直无城府。家宾曦门外,父宠爱马鞍山之胜,寓居山巅华藏寺。奕钫入城诣寺同寝食。喜考证邑中故实，至老不倦。年80与乡饮。

昆山续志16卷　史部地理类　佚

马鞍山志6卷　史部地理类　佚

东禅景德两寺志　史部地理类　佚

以上3种见光绪《昆新两县续修合志》卷50。

玉山景物略1卷马鞍山景物略1卷　史部地理类

以上2种清周奕钫撰　潘道根补

(1) 1912年王德森抄本，南京图书馆藏。

(2) 1935年苏州文新印书馆铅印本，上海图书馆藏。

(乾隆)信义志(一作星溪志略)6卷　史部地理类

清陈至言、周奕钫等纂　於炳炎重订

(1) 清光绪三十三年(1907)吉晖堂抄本，苏州图书馆藏。

(2)《中国地方志集成·乡镇志专辑》本。

按：参见"陈至言"条，《国朝昆山诗存》卷7收其诗12首。

顾世棠(1677—1740)

字思召，号甘园。清昆山人，洪慎次子。幼聪敏，以太仓庠生游国子监。喜欢搜罗先世文稿，抄录以藏。

甘园诗集4卷　集部别集类　佚

见《续淞南志·文学》。

顾　登(1678—1754)

字洲士，号怀劬。清昆山人。恂八世孙，惇量族祖。少贫，以勤俭起家，乐善喜施。清雍正十三年(1735)，当事以急公保荐，授亳州同知。寻乞休归。曾辑刻《玉峰雍里顾氏六世诗文集》。乾隆十三年(1748)倡议修邑志，所需费用咸肩任之。卒年77。

监版四书19卷　经部四书类

宋朱熹集注　清顾登校订

清初玉山顾氏桂云堂刻本，复旦大学图书馆藏。

按：含字辨1卷、疑字辨1卷、句辨详订1卷。

(乾隆)昆山新阳合志38卷首1卷末1卷　史部地理类

清邹召南、张予介修　王峻、顾登、顾惇量等纂

清乾隆十六年刻本，武汉大学图书馆、国家图书馆藏。

按：参见《江苏旧方志提要》。

玉峰雍里顾氏六世诗文集(一作武陵六世诗文集)　丛书类

清顾登辑

清雍正十年(1732)昆山顾氏桂云堂刻本，上海图书馆藏。

子目：

《桂轩先生全集》　明顾恂撰(子目见“顾恂”条)

《朋寿图诗》1卷　明顾左撰

《静观堂诗集》14卷　明顾潜撰

《疣赘录》9卷《续录》2卷　明顾梦圭撰

《炳烛轩诗集》5卷《南雍草》1卷《楚思赋》1卷　明顾懋弘撰

《双星馆集》1卷　明朱柔英(懋弘妻)撰

《违竽集》4卷　明顾天阶撰

按：《国朝昆山诗存》卷13收其诗1首。

诸如南

字介眉，一字嫁梅，号秋江。清昆山箓溪人。世器父。监生。能诗，为七子吟社之一。

秋江漫稿　集部别集类　佚

见光绪《昆新两县续修合志》卷50。《国朝昆山诗存》卷14收其诗3首。

邵徐应

字曾士。清昆山人。居淞南。少负才不羁，补金山卫学生。善行

草书，所居有红柿书斋、种瓜草庐，所至辄有吟咏。卒年37。

自怡集5卷　集部别集类　佚

西湖吟　集部别集类　佚

金陵游草　集部别集类　佚

云间咏　集部别集类　佚

以上4种见光绪《昆新两县续修合志》卷50。《国朝昆山诗存》卷14收其诗9首。

徐世良

字芳千，号希陈。清昆山人。与乔孙，诸生。

渊源集　集部别集类　佚

见光绪《昆新两县续修合志》卷50。《国朝昆山诗存》卷14收其诗2首。

顾大慈

字衣士，号昭溪。清昆山人。10岁能属文，师事余纯锡。弱冠游庠，食饩，王荃、陈桐、李世枢、世望并从受业。

昭溪诗稿　集部别集类　佚

见光绪《昆新两县续修合志》卷50。《国朝昆山诗存》卷15收其诗23首。

叶思逊

字景屡，又字学言。清昆山人。均禧长子，附贡生。

繁台寓稿　集部别集类　佚

洛阳游草　集部别集类　佚

以上2种见光绪《昆新两县续修合志》卷50。《国朝昆山诗存》卷15收其诗2首。

葛攀凤

字天儒，号晤华。清昆山人。�曾孙。太学生。幼孤，力学，博览群籍。家藏二十一史，皆丹黄点勘。

今是读史稿　史部史评类　佚

见光绪《昆新两县续修合志》卷50。《国朝昆山诗存》卷17收其诗1首。

王左臣(1681—1751)

字甸旸。清昆山人。居巴城，世珍子。补嘉定庠生，家贫，授徒自给。乾隆十六年(1751)卒，年71。

松斋诗草　集部别集类　佚

见民国《昆新两县续补合志》卷19。《国朝昆山诗存》卷15收其诗14首。

顾　易(1682—1740)

字中孚，号柳村。清昆山人。恂九世孙，惇量父。初食饩于太仓州庠，后归籍新阳。性至孝。服膺洛闽之学，著有《操存》《得仁》二图，阐明先儒未发之旨。慕陶靖节之风，自号柳村。所著《律陶读陶谱陶》，沈德潜亟称之。卒年59。

先桂轩府君(顾恂)年谱1卷　史部传记类

先自如府君(顾左)年谱1卷　史部传记类

以上2种均有《玉峰雍里顾氏六世诗文集》本，上海图书馆藏。

按：顾恂年谱的撰者《中国丛书综录》著录为顾易。今人谢巍考证，实为恂子鼎臣，原载明正德刻本《桂轩先生集》卷首。参见《中国历代人物年谱考录》。

高士百传咏4卷　史部传记类　佚

朱子家训演证4卷　子部儒学类　佚

自治录2卷　子部儒学类　佚

以上3种见光绪《昆新两县续修合志》卷50。按:《高士百传咏》,《玉山人文小传》卷4作6卷。

律陶读陶谱陶(一作柳村集陶)6卷　集部诗文评类

清雍正间刻本,见《昆山先哲遗书目录》。

按:见《雍里顾氏族谱》本传,《贩书偶记》,云:"其《谱陶读陶》可补渊明本传之阙略。"又,《江苏诗征》卷134收其诗。

徐　骏(1683—1723?)

字观卿,号坚蕉。清昆山人。乾学五子,德谅父。康熙五十二年(1713)进士,选庶吉士。以诗语致祸坐罪死。

春秋二传事实　经部春秋总义类　佚

见光绪《昆新两县续修合志》卷50。

五知堂遗稿1卷　集部别集类

1942年上海合众图书馆抄本,上海图书馆藏。

石帆轩诗集(一作石帆集)11卷　集部别集类

(1) 清康熙四十九年刻本,上海图书馆藏。

(2) 王德森市隐庐抄本。

(3)《四库未收书辑刊》本

石帆轩诗续集2卷　集部别集类

约清康熙间刻本,见《清诗纪事》6册、《清人诗集叙录》卷21。

按:《叙录》云:"据《先子(乾学)讳日诗》注云:'先子捐馆舍,余年十二。'是为康熙二十二年生。诗止于五十五年,皆壮年所为。歌诗凄丽,五七古尤擅长。"

又按:骏之死,见光绪《昆新两县续修合志》卷25徐乾学传附骏传:"(骏)以诗语失检坐罪死。"《清诗纪事》记其死可供参考。《国朝昆山诗存》卷9收其诗38首。

葛正笏(1689—1771)

字搢书，一字信天。清昆山人。世隆子。性醇谨，饶胆略，少随舅氏徐树屏督学粤西，识桂林陈弘谋于诸生中，相契合，后参陈幕，襄赞有功。工书法，得褚河南、李北海神髓。卒年83。

九经51卷附4卷　经部群经总义类

明崇祯十三年(1640)秦镤求古斋刻本，清葛正笏批，国家图书馆藏。

左传语法不分卷　经部春秋左传类

清乾隆间刻本，见《昆山先哲遗书目录》。

在官法戒录摘抄4卷　史部政书类

清陈弘谋编辑　葛正笏、孙少仪同订

清同治七年(1868)楚北崇文书局刻本，山东大学图书馆藏。

仁聚堂法帖8卷　子部艺术类

刻本，见光绪《昆新两县续修合志》卷32本传。

信天诗草　集部别集类

王氏市隐庐抄本，见《昆山先哲遗书目录》。

仁聚堂诗文稿　集部别集类　佚

吟雨初编　集部别集类　佚

以上2种见光绪《昆新两县续修合志》卷50。

按:《国朝昆山诗存》卷15收其诗17首。

朱厚章(1691—1735)

字以载，号药亭、药庭。清昆山人，一作长洲人。存章弟。廪生。幼颖异，8岁攻举业，博览经史。雍正十二年(1734)诏征鸿博，次年三月，敦促赴征车，先一月卒，年仅45。

五经疏略　经部群经总义类　佚

考古图说　史部金石类　佚

以上2种见光绪《昆新两县续修合志》卷50。

多师集8卷　集部别集类

清乾隆刻本，复旦大学图书馆、北京大学图书馆藏。

药亭集　集部别集类　佚

见《国朝昆山诗存》卷14，并收有其诗23首。另《清诗纪事》7册亦收有其诗。

黄子云(1691—1754)

字士龙，号野鸿，又号长春。清昆山信义人，济季子。少颖慧，解作韵语，父爱之，示同里徐昂发曰："必为风雅宗"。长入都，康熙五十五年(1716)助陈梦雷纂《古今图书集成》。五十八年随徐葆光奉使琉球，次年还。气益壮，诗益豪，名动公卿间。初，子云执弟子礼于葆光，一日葆光下阶拜子云，改称先生，曰："向之抗颜，以未见先生诗故也。"晚避喧居吴县灵岩山，键户苦吟，工诗，宗少陵，兼精书法。

诗经评勘　经部诗经类　佚

四书质疑　经部四书类　佚

以上2种见《信义志稿》卷17，注未刻。

长吟阁诗集10卷　集部别集类

(1) 清乾隆十二年(1747)刻本，复旦大学图书馆藏。

(2) 清乾隆十八年刻本，上海图书馆藏。

(3) 清乾隆四十五年沈凤抄本，佚名批，南京图书馆藏。

长吟阁诗集8卷　集部别集类

清乾隆刻本，有批点，北京大学图书馆藏。

长吟阁诗集2卷　集部别集类

清乾隆三十三年吴继宽抄本，上海图书馆藏。

野鸿诗选2卷　集部别集类

清乾隆四十年采兰书屋刻《灵岩三家诗选》本。

野鸿诗选1卷　集部别集类

清乾隆四十二年刻本，上海图书馆藏。

浣花集笺　集部别集类

见光绪《昆新两县续修合志》卷 50。又见《木渎小志》卷 6。

野鸿诗的(一作诗的)1 卷　集部诗文评类

(1) 清乾隆二年长吟阁刻本，上海图书馆藏。

(2) 清嘉庆三年(1798)葛祚增抄本，复旦大学图书馆藏。

(3) 清光绪二年(1876)刻本，河南大学图书馆藏。

(4) 1916 年上海文明书局铅印本，河南大学图书馆藏。

(5) 1924 年上海医学书局铅印本，河南大学图书馆藏。

(6)《昭代丛书》本。

(7)《清诗话》本。

(8)《续修四库全书》本。

按:《清诗铎》《清诗纪事》7 册收有其诗。

俞天寿

清昆山人。

(乾隆)信义志 6 卷　史部地理类

清陈至言纂　俞天寿等参订　於炳炎重订

(1) 清光绪三十三年(1907)吉晖堂抄本，苏州图书馆藏。

(2)《中国地方志集成·乡镇志专辑》本。

按:参见“陈至言”条。

朱存章

字亦仁，号云溪。清昆山人。宋普子，厚章兄。清雍正间选贡入都，充教习，分校三朝实录。选授湖南道州州判，迁靖州直隶州判，摄县事。洁己爱民，卒于官。少通敏，诗文端庄流利如其人，书法秀劲，得唐人意。

云溪诗文编　集部别集类　佚

见光绪《昆新两县续修合志》卷50。《国朝昆山诗存》卷14作“云溪诗稿”,并收其诗1首。

朱鼎谦

字受谷。清昆山人。为诸生50年,推学中祭酒。尝辑《学庸思辨录》,以《章句》《或问》《语类》为主,旁参《蒙引》《存疑》《条辨》《精言》《汇参》等书,荟萃先儒讲义,折衷至当,学者宗之。

学庸思辨录14卷　经部四书类

(1) 清乾隆十四年(1749)玉山讲堂刻本,复旦大学图书馆藏。

(2) 清金阊函三堂刻本,山东大学图书馆藏。

注:《大学思辨录》5卷,《中庸思辨录》9卷。

论孟思辨录　经部四书类　佚

见光绪《昆新两县续修合志》卷50。

周羽仪

清昆山人。

周易析疑　经部易类　佚

学庸精义　经部四书类　佚

赠遗集　集部别集类　佚

以上3种见光绪《昆新两县续修合志》卷50。

王景献

字鹤随,号介亭。清昆山人。喆生长子。8岁即能解经。雍正元年(1723)恩科进士,授广西怀远知县。对苗瑶所居宣示抚慰,相处融洽。县有贩卖妇女巨案,首犯皆伏法。以父老乞归养,遂不复出。邃于学问,诗礼三传尤反复贯串焉。

牂牁治略1卷　史部政书类　佚

容与记　子部杂学类　佚

任愚集18卷　集部别集类　佚

以上3种见光绪《昆新两县续修合志》卷50。

任愚诗草附补遗　集部别集类

民国间吴东彭治辑录《昆山丛书》抄本，国家图书馆藏。

按：《国朝昆山诗存》卷12收其诗31首。

王鼎先

清昆山人。

流寇始终录20卷　史部杂史类　佚

三才纂要3卷　子部典故类　佚

以上2种见《昆新两县续修合志》卷50。

王景度

字应躔，号同轩。清昆山人。附贡生，师震子。幼颖悟，从徐成志学举业，年17补昆庠生。弱冠后始取唐人诸名家诗，丹黄点勘，遂以诗名。省试屡荐不售，以攻苦成疾，呕血而卒，年仅28。

同轩遗稿　集部别集类　佚

见《昆新两县续修合志》卷19。《国朝昆山诗存》卷29收其诗14首。

吴均元

字敦安，号柳门。清昆山人。廪贡生。模孙，父为炳早卒。少有干略，年17补昆庠生。能急人患难，为诗文亦清矫拔俗。中年遭家难得疾，一夕遽卒，年仅30余。

遗诗1卷　集部别集类　佚

见民国《昆新两县续补合志》卷19。《国朝昆山诗存》卷29收其诗7首。

唐　琦

清昆山人。德宜长子。诸生。

成孝编　子部儒学类　佚

地理显藏　子部术数类　佚

玉峰学宫风水刍议　子部术数类　佚

以上3种见光绪《昆新两县续修合志》卷50。

朱日炯

清昆山人。

明史辑略　史部史钞类　佚

科第考　史部政书类　佚

以上2种见光绪《昆新两县续修合志》卷50。

朱树篇

字雅南，号仲和，又号诵壶。清昆山人。汝谐子。少师事张谊，研穷经术，从游者甚众。终岁贡生。

梦园草　集部别集类　佚

见光绪《昆新两县续修合志》卷50。《国朝昆山诗存》卷20收其诗2首。

朱树翚

字叔仪，号念斋。清昆山人。树篇弟。乾隆五年(1740)举人，官新城知县。

迷古堂草　集部别集类　佚

见光绪《昆新两县续修合志》卷50。《国朝昆山诗存》卷21作1卷，并收其诗6首。

李　璿

字宗舜，号邓林。可汧玄孙。五岁丧父，自幼能诗文，尤工骈体。并极绮丽，中岁授经正阳，归里后与丁润、王汝楫辈相唱和。

含清楼诗钞　集部别集类　佚

见《国朝昆山诗存》卷21，并收其诗32首。

李振祖

清昆山人。

自携集　集部别集类　佚

小蓬莱山阁诗稿　集部别集类　佚

以上2种见光绪《昆新两县续修合志》卷50。

叶　沄

字蕃九，一作蕃久，号松川，初名泽森。清昆山人。宏儒子。家学渊源，及长，周历燕、晋、楚、齐、鲁、赵、魏之墟，凡舆图厄塞、土风人物，莫不钩稽默识，于古今典宪，尤为综贯。论列天下大事，每寓于诗歌，悲壮沈雄而出之以蕴藉。

读易尊闻　经部易类　佚

见光绪《昆新两县续修合志》卷50。

纲鉴会编98卷　史部编年类

(1) 清康熙四十一年(1702)刻本，上海图书馆藏。

(2)《四库未收书辑刊》本。

纲鉴增补辑要　史部编年类　佚

见光绪《昆新两县续修合志》卷50。

历代统系表略3卷　史部传记类

(1) 清康熙四十一年刻本，上海图书馆藏。

(2)《四库未收书辑刊》本。

二十一史世系表　史部传记类　佚

六朝氏族表　史部传记类　佚

昆山人物续考　史部传记类　佚

以上3种见光绪《昆新两县续修合志》卷30。

历代官制考略2卷　史部职官类

(1) 清刻本,上海图书馆藏。

(2) 抄本,见《卷庵书跋》。

按:参见《续修四库全书提要》。

广舆增记　史部地理类　佚

见光绪《昆新两县续修合志》卷50。

(康熙)商丘县志20卷首1卷　史部地理类

清刘德昌修　叶沄纂

(1) 清康熙四十四年刻本,国家图书馆藏。

(2) 清光绪十五年(1889)重刻本,上海图书馆藏。

(3) 1932年石印本,上海图书馆藏。

历代郡国考略3卷　史部地理类

清康熙四十一年刻本,国家图书馆藏。

按:据《卷庵书跋》引《振绮堂书目》云:沄著《读史三略》8卷、2册,即《郡国考略》3卷、《统系考略》3卷、《官制考略》2卷。

言近录　子部儒学类　佚

世说补纂　子部小说类　佚

桐余集1卷二集1卷三集1卷　集部别集类

清康熙三十四年刻本,上海图书馆藏。

躬耕庐文集　集部别集类　佚

菁华词　集部词曲类　佚

以上5种见光绪《昆新两县续修合志》卷50。

张 谊

字无躁，一字符璪，号遥岑。清昆山人。雨时子，家相父。幼隽异，肄紫阳书院。精词曲，后乃焚弃，专意根柢之学。尝取自汉以来六经义疏，网罗众说，以参其是，凡十余年著《笔疑》一书。卒年70。

九经笔疑　经部群经总义类　佚

姑存诗稿　集部别集类　佚

以上2种见光绪《昆新两县续修合志》卷50。《国朝昆山诗存》卷14收其诗25首。

汪中鹏

字万九，号耘庄。清昆山人。清雍正元年(1723)恩科乡荐。性仁孝，对邑中善举必力助成之。卒年63。

梅花草堂集11卷　史部传记类

明张大复撰　清汪中鹏补订

清雍正二年汪中鹏刻本，国家图书馆，上海图书馆藏。

按:内含《昆山人物传》10卷,《名宦传》1卷。

玉岫含辉集　集部别集类　佚

见光绪《昆新两县续修合志》卷50。

朱 麟

清昆山人。

剪翠集　集部别集类　佚

见《信义志稿》卷17。

朱 霞

字建标。清昆山人。力学能诗，不得志而殁。

雪帆吟草　集部别集类　佚

见《信义志稿》卷17。

徐柱臣

字题客，号雅宜。清昆山人。乾学曾孙，修仁子。赘丹徒张氏，与妻兄冕同游宜兴储大文之门。天姿敏妙，诗词瑰玮渊雅，书法得晋人风骨。以善顾曲寓维扬，跌宕词场以老。

智节记　集部别集类　佚

春雨楼集　集部别集类　佚

以上2种见光绪《昆新两县续修合志》卷50。

官真阁诗　集部别集类

见《清诗纪事》11册。

艮岑乐府2卷　集部词曲类

清乾隆刻本，国家图书馆藏。

雅宜山樵稿　集部词曲类

见《明清江苏文人年表》"清乾隆八年"注。

按：《清诗纪事》11册收有其诗，《全清词钞》收有其词。《国朝昆山诗存》卷19收其诗4首。

宋凌云

字逸仙。清长洲人。聚业女，昆山诸生李博妻，赤虹母。李应抚幕聘，宾主不洽，卒于僧舍，凌云不久亦卒。幼喜吟咏，雅擅诗词，沈德潜为其集作序，并选其诗入《国朝诗别裁》。

轩渠初集　集部别集类

(1) 清乾隆十七年(1752)精刻本。

(2) 胡文楷抄本，见中国书店2015年春季书刊资料文物拍卖会"历代闺秀著作专场"。

按：前有清乾隆十七年沈德潜序，卷首题"长洲宋凌云逸仙氏著"一行，后有薛学跋。凡诗1卷、词1卷。

瑶池宴　集部词曲类　佚

见庄一拂《古典戏曲存目汇考》。

按:《国朝诗别裁集》卷 31 收其诗 3 首。《昭代词选》卷 37 收其词 1 首。

孙　泰

字履安,号履园。清昆山人。进父。雍正四年(1726)举人,任山东临清卫千总。

竹喜轩诗稿　集部别集类　佚

见光绪《昆新两县续修合志》卷 50。《国朝昆山诗存》卷 15 收其诗 8 首。

许玉�

字畹珍,号玉峰女史。清昆山人。本儒家女,嫁非其人,以至身不自主。

花晴阁吟草　集部别集类　佚

见清许夔臣纂辑《香咳集选存》,并收其诗 1 首。

文　氏

清昆山人。上海陆鸣球妻,陆瀛儒母。鸣球勤著述,夫妇唱和不辍,伉俪情深。结缡 12 载殁。鸣球为撰《忆旧诗》。

日涉园小稿(一作陟园稿)　集部别集类　佚

见《松江诗钞》卷 55 本传,《江苏诗征》卷 162 收其诗 1 首。

孙凤台

字仪九。清昆山人。大登女,诸生吴宗万妻。传其父家法,诗律工稳,工篆隶,尤长铁笔。沈德潜选其诗入《国朝诗别裁》。

水南绣余草　集部别集类　佚

见《清代闺阁诗人征略》卷 4 引《正始集》。

按:《江苏诗征》卷 165 收有其诗。

徐德怀

字邦锡。清昆山人。秉义孙,树闳次子。考职授浙江丽水县丞,改安徽贵池,升知灵璧。移疾归,卒。

对舟诗稿 4 卷　集部别集类　佚

见光绪《昆新两县续修合志》卷 50。

吴其让

字礼深。清昆山人。家贫力学,年 19 补诸生,寻受饩,后以贡入成均。生平论文最严,拥皋比几 40 年,口讲指画,一屏浮竞之习。卒年 59。

遗文　集部别集类　佚

见《玉山人文小传》卷 3,并云:"二子敬辑遗文付梓,徐编修葆光序其文。"

唐　瑗

字行立。清昆山人。德宜子。雍正元年(1723)补诸生。兄琦,弟莹、瑜、璋,并以学行称。

学吟草　集部别集类　佚

见光绪《昆新两县续修合志》卷 50。《国朝昆山诗存》卷 15 收其诗 1 首。

陈　桐

字大年。清昆山人。少从顾大慈游,得其指授。肄业紫阳书院,院长沈德潜亟加称许。邃于学问,于汉宋诸儒同异是非之故,多所阐发。诗文雄厚典博,力追汉唐。性介特,热心地方事宜。

大年遗稿　集部别集类　佚

见光绪《昆新两县续修合志》卷50。

周祖树

清昆山人。

古岩诗稿　集部别集类　佚

见光绪《昆新两县续修合志》卷50。

汪威凤

字声雍。清昆山人。洋子。入太学，以诗名，工近体。

绍初集1卷　集部别集类　佚

见光绪《昆新两县续修合志》卷50。《国朝昆山诗存》卷25收其诗19首。

王有驱

字闲孟，张家相甥。昆庠生，善谈论略。少游闽，年仅中寿卒，无子。

遗诗一卷　集部别集类　佚

见《国朝昆山诗存》卷25，并云"藏其甥徐应简家"。收其诗6首。

徐传轸

字子辕，号后村。清昆山人。乾学家曾孙，德俶长子，辑父。9岁能诗，甫冠补诸生。由例贡考职授优等，未授官归。有同乡卖子作归计，传珍罄囊助之无愠色。晚与族子凌云合纂《宗谱》，未竣而卒，年82。

宗谱20卷　史部传记类

徐传轸、徐凌云合纂

见光绪《昆新两县续修合志》卷32徐传轸本传。

吃余集 5 卷　子部杂学类　佚

后村诗集　集部别集类　佚

以上 2 种见光绪《昆新两县续修合志》卷 50。

按:《国朝昆山诗存》卷 14 收其诗 6 首。

王　缙

字士云。清昆山人。庠生。

蕉窗吟稿　集部别集类　佚

见光绪《昆新两县续修合志》卷 50。《国朝昆山诗存》卷 26 收其诗 36 首。

徐宝绥

字宏章,一字静涵,号爱山。清昆山人。开禧六世孙。新庠生。为人厚重,戚好有规劝事,涕泣随之。性耽诗,亦不多作,无子,仅一女。门人李观光辑其遗诗一卷。

遗诗一卷　集部别集类　佚

见《国朝昆山诗存》卷 26,收其诗 3 首。

刘鼎圻

字兆京。清昆山人。幼颖悟,博览群书,留心经济,尤悉于历代治水源流,游吴庠,贡成均,历试南北闱不遇。治淮有功,当授州司马,会忌者沮之,即洒然归,绝意进取,居家 30 余载,乐于为善。

河工事宜　史部政书类　佚

见光绪《昆新两县续修合志》卷 50。

刘鼎培

字天毓。清昆山人。少与兄兆京齐名,弱冠补诸生,乾隆六年(1741)贡生。居恒不事生产,虽晨炊不给,而吟咏自如。诗笔清远旷逸，有魏晋余风。

周礼集解　经部周礼类　佚

东皋诗草　集部别集类　佚

以上2种见光绪《昆新两县续修合志》卷50。

徐士祺

字抱一，自号宋州。清昆山人。年19，补上海诸生，连试第一，以版荒案受诬被黜。性好学，虽被黜，益沉酣经籍，为文雄浑驰骋，专以归有光为师，旁通象纬术数，而尤邃于医。

识证梯阶　子部医家类　佚

医学法权　子部医家类　佚

以上2种见光绪《昆新两县续修合志》卷50。

自订诗古文3卷　集部别集类　佚

见《玉山人文小传》卷3。

李士琮

字纫佩。清昆山人。幼具隽才，年15，受府庠，曾从何焯游，列名《义门弟子姓氏录》。累试不遇，京师诸公知其名，延为弟子师，多成器。50岁后绝意场屋，师席所历，几半天下。晚始为诗，专学温李，平生邃于理学。卒年75。

困学琐言　子部杂学类　佚

见光绪《昆新两县续修合志》卷50。

笔记　子部杂学类　佚

见《玉山人文小传》卷3，并云："皆成书未刊。"

唐　瑜

字贡良，号次山，一号淇园。清昆山人。德宜五子。诸生。

云樵诗集　集部别集类　佚

见光绪《昆新两县续修合志》卷50。《国朝昆山诗存》卷16收其诗32首。

徐玉琴

清昆山人。乾学曾孙女。工诗，张潜之采入《昆山诗存》。

玉琴闺咏　集部别集类　佚

见光绪《昆新两县续修合志》卷41徐梧巢传附。《国朝昆山诗存》卷30收其诗4首。

朱　萼

字棠怀。清昆山人。绩学砥行，酷嗜经史及唐宋八大家之文，日无暇晷，即课徒亦不令其专攻制举业，谓文有根柢，出笔自高人数筹。岁科试，屡列前茅，七踏锁闱不遇。诗文不喜多作，清和纯粹。

玉山雅趣堂小吟　集部别集类　佚

见光绪《昆新两县续修合志》卷50。按：《玉山人文小传》卷4作"玉山佳趣堂小吟"。

周　法

字庭坚，号云村。清昆山人。居真义寿安桥东。师法徐晟雅、奚涛，工书画。

潜蜗集　集部别集类　佚

见光绪《昆新两县续修合志》卷50。《国朝昆山诗存》卷16收其诗11首。

徐　兼

字右钧，号毅斋。清新阳人。升初子，传诗父。庠生。读书崇文书院。著《剪灯闲话》，考史汉及五代史事颇精核，殁后散佚。

剪灯闲话　史部杂史类　佚

见《信义志稿》卷 5 徐升初传附。

李　惇

字典午，号溦湖。清昆山千墩里人。缉熙子，世望父。少笃内行，以抒发性灵为主，不屑规仿前人。与物无忤，里有善举率先创导，至老不倦。以附贡生举乡饮，以次子世望封中宪大夫，卒年 83。

溦湖漫稿 2 卷补编 1 卷　集部别集类

清乾隆三十年（1765）玉峰粲花斋刻本，北京大学图书馆藏。

按：《国朝昆山诗存》卷 17 收其诗 17 首。

葛修乾

清昆山人。

四声猿集　集部别集类　佚

见光绪《昆新两县续修合志》卷 50。

徐裕焜

字梅逊，号水碧，一号华乳。清昆山人。开宏玄孙。雍正十三年（1735）领乡荐，乾隆十年（1745）中明通榜，授婺源教谕。能文，尤长韵语。

华乳山房诗稿附马鞍山怀旧诗　集部别集类

原刻本，见《昆山先哲遗书目录》。

马鞍山怀旧诗 1 卷　集部别集类

（1）《华乳山房诗稿》附刻本，见上。

（2）赵氏峭帆楼抄本，南京图书馆藏。

按：此书记昆山山川、风土，而尤重在题咏昆山人物，搜罗乡贤轶事，表彰乡贤精神。各为绝句。沈德潜序称此书“诗与史并重”。

戴颖昉

清昆山人。字普贯,一字涛侯。先世由休宁迁甫里。明末补昆山县诸生,晚而皈依。

性命丛谈　子部儒学类　佚

芙蓉楼诗钞　集部别集类　佚

以上2种见光绪《昆新两县续修合志》卷50。《国朝昆山诗存》卷3收其诗13首。

李鼎勋

清昆山人。

引进编　子部杂学类　佚

见光绪《昆新两县续修合志》卷50。

钱　治(1702—1760)

字景范,号省訚。清昆山人。金声子。乾隆六年(1741)贡生,选充教习。期满试令江西,补宜黄知县。以诚待下,百姓悦服。以疾告归,卒。

乐志堂诗稿　集部别集类

清抄本,附于《玉峰钱氏世谱》后,上海图书馆藏。

按:并见光绪《昆新两县续修合志》卷50。

匪莪草　集部别集类　佚

燕京草　集部别集类　佚

见《玉峰钱氏世谱》。

王　裔

字羌重,号解袜生。清昆山人。太学生家柱子,负才不遇,遭明亡,流难播迁,课童自给。卒年80余。

萧斋春唤1卷　集部别集类　佚

见光绪《昆新两县续修合志》卷50。《国朝昆山诗存》卷31载《萧斋春唤》30首。

金世谦

字志元，号莩圃。清昆山千墩里人。淑父。室名笔虹堂。补诸生，旋弃去。卒年80。

读古秘录20卷　子部杂学类　佚

莩圃诗稿4卷　集部别集类　佚

以上2种见光绪《昆新两县续修合志》卷50。

笔虹堂集4卷　集部别集类　佚

见《国朝昆山诗存》卷15，并载"邑令闽中金潮有序"，收其诗16首。

邹震谦

字骏侯，一字乾一。清昆山人。补太仓州增生，入成均，考授州同知，改县丞，不就。

云石山居诗稿　集部别集类　佚

澄源八集　集部别集类　佚

以上2种见光绪《昆新两县续修合志》卷50。《国朝昆山诗存》卷4收其诗4首。

周光祖

清昆山人。

宦游公余笔乘　子部杂学类　佚

见光绪《昆新两县续修合志》卷50。

张　燮

字思慎。清昆山人。雨时第三子，府庠生。尝客景州，古文工骈体，惜散佚不传。

周易汇义 4 卷　经部易类　佚

见民国《昆新两县续补合志》卷 19。

景州纪胜诗　集部别集类　佚

见光绪《昆新两县续修合志》卷 50。

按：《国朝昆山诗存》卷 15 收其诗 1 首。

佚　名

清康熙间人。

玉山颂言　集部总集类

清康熙间刻本，见《昆山先哲遗书目录》。

按：康熙五十二年(1713)高鈞来署县事，有政绩，士民爱戴之，咸歌诗以送其行，汇为此书。乾隆《苏州府志》卷 45 载此书前有王喆生序。

朱元载

字仲升，号厚所。清昆山人。铨父。资敏才绝，文名藉藉。从长洲沈德潜游。尝续邑中《人物志》，草创未就，卒。

沛国家志 1 卷　史部传记类

抄本，上海图书馆藏。

人物志　史部传记类　佚

评注蕉窗偶笔 2 卷　子部杂学类　佚

厚所文集 4 卷　集部别集类　佚

厚所诗稿 8 卷　集部别集类　佚

读礼草 1 卷　集部别集类　佚

厚所诗余草 1 卷　集部词曲类　佚

以上6种见民国《昆新两县续补合志》卷19。

同心草(一作同心集)1卷　集部总集类　佚

清朱元载、陈靓安合撰

见《历代妇女著作考》引民国《昆新两县续补合志》。

陈靓安

清昆山人。朱元载妻。与元载唱和,合编为《同心集》。

同心草(一作同心集)1卷　集部总集类　佚

清朱元载、陈靓安合撰

见民国《昆新两县续补合志》卷19。

支漱石

清昆山人。

以鸣集　集部别集类　佚

见光绪《昆新两县续修合志》卷50。

孙　升

清昆山人。

留愚编　集部别集类　佚

申纯集　集部别集类　佚

以上2种见光绪《昆新两县续修合志》卷50。

周　植

清昆山人。字翼孙,号容轩。梦颜子。乾隆十年(1745)进士,官福建德安知县,有惠政。

容轩稿　集部别集类　佚

闲吟草　集部别集类　佚

偶存草　集部别集类　佚

以上3种见光绪《昆新两县续修合志》卷50。《国朝昆山诗存》卷15收其诗12首。

徐　灿

字朗亭，一字康生，号玉峰。清昆山人。衡子。乾隆六年(1741)副榜，九年荐经魁。为文绵密有法，邃于《易》，著《易范通》，得温公《潜虚经》失传之秘。随父任徐州，病卒。

易范通　经部易类　佚

画前易衍　子部术数类　佚

以上2种见光绪《昆新两县续修合志》卷50。

按：《画前易衍》见《四库全书总目》术数类存目1。

李　珍

字竹溪。清昆山人。

水西纪略1卷　史部杂史类

(1) 清抄本，国家图书馆藏，题《明季水西记略》。

(2)《赐砚堂丛书新编》本。

(3) 1988年书目文献出版社影印本。

按：参见《续修四库全书提要》《增订晚明史籍考》卷7。此书记天启元年(1621)四川永宁土司奢崇明、贵州水西宣慰司安位举事始末。检卷末有"乾隆九年，岁次甲子夏五，玉峰李珍谨辑"字，可知此书撰于乾隆九年(1744)，李珍为清人无疑，民国光绪《昆新两县续修合志》卷49作明人，误。此书原有赵氏峭帆楼抄本，今未见。

徐德谅

字尹达，号桂门。清昆山人。乾学孙，骏次子。以诸生积饩贡成均。少耽吟咏，从沈德潜学，原本汉魏六朝，出入三唐，拟古乐府尤高古雄迈。妻蒋氏亦能诗。晚游秦中，得江山之助，诗益工。卒年52。

桂门诗钞　集部别集类

抄本,见《昆山先哲遗书目录》。

按:此书后附其女柔之(梧巢)所著《梧巢诗草》。

五知堂诗草　集部别集类　佚

紫薇山房稿　集部别集类　佚

二芝庵集　集部别集类　佚

以上 3 种见光绪《昆新两县续修合志》卷 50。

按:参见"杜群玉"条。《国朝昆山诗存》卷 18 收其诗 48 首。

朱兆曾

字耕梁,号湘云,新庠生。性刚负气,诗文敏妙,下笔千言立就。甫脱稿即散去,屡试不售,年 60,卒于淑湖馆舍。

遗诗 1 卷　集部别集类　佚

按:《国朝昆山诗存》卷 18 云"同里杜群玉梓",并收其诗 19 首。

陈云龙

字象乾,号非池。新庠生。尝就莱州守汪某聘,复由莱至潍州,历主海山、潍阳两书院教。

赠言汇草 1 卷　集部别集类　佚

按:《国朝昆山诗存》卷 18 云该书为陈云龙归里时所梓送行诗,"同里莱州知府王鹗序",并收其诗 2 首。

夏　乐

清昆山人。

丰里草里诗稿　集部别集类　佚

见光绪《昆新两县续修合志》卷 50。

顾惇量(1713—1778)

字万陶,号寿峰。清昆山人。恂十世孙,易子。诸生。刻苦力学,试辄高等。乾隆十五年(1750)举优贡入成均,由官学教习授南汇训导。丁内艰,服阕补甘泉教谕,士从游者众,以疾归。所著诗古文,雅驯有法,兼长书画。族祖登修邑志,自清康熙中邑令董正位主修未竟,惇量苦心裒集,再阅寒暑始就。卒年66。

(乾隆)昆山新阳合志38卷首1卷末1卷　史部地理类

清邹召南、张予介等修　王峻、顾登、顾惇量等纂

(1) 清乾隆十六年刻本,南京图书馆藏。

(2) 2017年广陵书社影印本。

(乾隆)信义志6卷　史部地理类

清陈至言纂　顾惇量定稿　於炳炎重订

(1) 清光绪三十三年(1907)吉晖堂清抄本,苏州图书馆藏。

(2)《中国地方志集成·乡镇志专辑》本。

按:参见"陈至言"条。

寿峰梅花集　子部艺术类　佚

杯湖集　集部别集类　佚

甘泉集　集部别集类　佚

金台爱日诗稿　集部别集类　佚

甲乙诸稿　集部别集类　佚

以上5种见光绪《昆新两县续修合志》卷50。

寿峰制义　集部别集类　佚

幻咏　集部别集类　佚

无题七律　集部别集类　佚

以上3种见《雍里顾氏族谱·著述考五》。

按:《国朝昆山诗存》卷17收其诗7首。

刘　璋

清昆山人。

明书画史　子部艺术类　佚

见光绪《昆新两县续修合志》卷50。

龚　炜

字仲辉,字巢林,晚号际熙老民。清昆山人。相玉子。少负俊才,累试不售,乃弃举子业,专意为古文词。规抚六朝骈骊体,落纸累千言,瑰丽可喜。

巢林笔谈6卷续编2卷　子部杂学类

(1) 清乾隆三十年(1765)蓼怀阁刻本,北京大学图书馆藏。

(2)《续修四库全书》本

巢林诗抄4卷　集部别集类

清乾隆三十年蓼怀阁刻本,北京大学图书馆藏。

蓼怀阁集6卷　集部别集类　佚

见光绪《昆新两县续修合志》卷50。

屑金集　集部别集类

见《清诗纪事》11册。

旃林诗草2卷　集部别集类

见《明清江苏文人年表》。

按:《国朝昆山诗存》卷15收其诗16首。

余应魁

字孜益。清昆山人。梦星父,希婴祖。庠生。博学能文,客授阳城湖滨,从游者皆有声庠序。屡试省闱不售,杜门以著述自娱。卒后女孙希婴检其遗稿梓行之。

冗余草1卷　集部别集类

(1) 昆山胡氏抄本,上海图书馆藏。

(2) 清咸丰九年(1859)刻《昆山余氏五稿》本。

唐 黉

字芹洲。清昆山人。精于医,尤长外科。采集王肯堂之《证治准绳·疡医》、陈实功之《外科正宗》、祁广生之《外科大成》等书中之简要易懂部分,辑成《外科心法》及《外科选要》,便于初学者习读。

外科心法 10 卷　子部医家类

清唐黉辑

清乾隆四十一年(1776)贻经堂刻本,前有自序及张松孙序,国家图书馆藏。

外科选要 2 卷附补遗方 1 卷　子部医家类

清唐黉辑

(1) 清乾隆四十一年自刻本,见《中国医籍通考》卷 4。

(2)《中国医学大成》本。

马中骅

字骧北。清昆山人。幼丧父,母命习医,遂以医术著。求治者无虚晷,应手辄效。尝以慈溪柯琴所著《张机伤寒论》及《论翼》二书,字多讹谬,乃详加考订刊行。卒年 70 余。

伤寒论注 4 卷附翼 2 卷　子部医家类

清柯琴注　马中骅校

(1) 清乾隆二十年(1755)昆山绥福堂刻本,上海图书馆藏。

(2) 清乾隆二十年文聚堂刻本,苏州大学图书馆藏。

(3) 民国间上海锦章书局石印本,上海图书馆藏。

(4) 民国间上海千顷堂书局石印本,上海图书馆藏。

(5) 民国间上海文瑞楼石印本,上海图书馆藏。

伤寒论翼 2 卷附翼 2 卷　子部医家类

清柯琴辑　马中骅校刊

(1) 清乾隆二十年文聚堂刻本,存附翼2卷,苏州大学图书馆藏。

(2) 清刻本,上海图书馆藏。

(3) 民国间上海锦章书局石印本,上海图书馆藏。

(4) 民国间上海千顷堂书局石印本,上海图书馆藏。

按:柯琴,字韵伯,号似峰,浙江慈溪人。其书成于康熙十六年(1677),约刻于乾隆中叶以前。

丁宗固

字若山,号拙轩。清昆山人。庠生。为乡祭酒。

拙轩诗钞　集部别集类　佚

见光绪《昆新两县续修合志》卷50。《国朝昆山诗存》卷19收其诗2首。

黄　钟

字律阳,号止观。清昆山人。诸生。幼负异禀,有神童之目。受古文法于方苞高弟新安程崟,学有本原,下笔千言,出之于义法。生平洁白自矢,读书课徒,门墙极盛。工诗,兼善书画,晚以乾隆三十五年(1770)岁贡授阜宁训导。卒年73。

止观文集　集部别集类

清顾树德刻本,见光绪《昆新两县续修合志》卷50。

止观诗钞　集部别集类　佚

见《蓬溪风雅集》卷4,并收有其诗。

支　氏

清昆山人。上海陆瀛儒妻。幼通书史,尤工诗,思极旷远,无香奁气,然多愁郁语。亦早卒。

邵阳小草　集部别集类　佚

见同治《上海县志》卷27。

徐凌云

字汉客，号蒿庐。清昆山巴溪人。传轸族子。性孝友，幼有目疾，年14未了一经，间闻伯仲读《左》《史》，顿悟，能握管为文。补诸生，益肆力于古，更留心经世之学。耄年犹秉烛著书。卒年74。

胜国史稊　史部杂史类　佚

宗谱20卷　史部传记类　佚

徐传轸、徐凌云合纂

经世策　史部政书类　佚

以上3种见光绪《昆新两县续修合志》卷50。

先友传记2卷　史部传记类

清乾隆刻本，见《昆山先哲书目录》。

(乾隆)昆山新阳合志38卷首1卷末1卷　史部地理类

清张予介等修　顾登等纂　徐凌云预修

清乾隆十六年(1751)刻本。

未焚笔6卷　集部别集类

抄本，上海图书馆藏。

秉烛编　集部别集类　佚

梦花小品　集部别集类　佚

怀古诗3卷　集部别集类　佚

弄珠编　集部别集类　佚

六六草　集部别集类　佚

以上5种见光绪《昆新两县续修合志》卷50。《国朝昆山诗存》卷15收其诗26首。

沈　式

字静涵，号雨庄。清昆山人。家邑之大西门内。庠生。教授里中，造就多知名士。尝主千墩李氏家塾。

雨庄诗钞　集部别集类　佚

见光绪《昆新两县续修合志》卷 50。《国朝昆山诗存》卷 19 收其诗 11 首。

葛峻道(1723—1788)

字际六。清昆山人。锡璠六世孙,修龄子,常旭父。山东登州府经历,摄莱阳校尉,以有功,摄县事。工书法,事亲以孝闻。

宗谱　史部传记类

清葛峻道修辑

见光绪《昆新两县续修合志》卷 29 本传。

母党源流 1 卷　史部传记类　佚

依竹客游稿　集部别集类　佚

以上 2 种见光绪《昆新两县续修合志》卷 50。

陈云煌

字启南,号达斋。清昆山人。元模子。乾隆十九年(1754)岁贡生。授山阳训导。学行有父风。

淞南续志 1 卷　史部地理类

(1) 清嘉庆十八年(1813)活字印本,上海图书馆藏。

(2) 抄本,上海图书馆藏。

朱思厚

清昆山人。

偶吟草　集部别集类　佚

退如近稿　集部别集类　佚

以上 2 种见光绪《昆新两县续修合志》卷 50。

王飞藻

字怀青，号香南。清昆山人。喆生孙。乾隆三十年(1765)拔贡，充官学教习，后为睢阳教谕。性耽吟咏，诗才绮丽，雅近中晚唐，与同邑徐德谅辈齐名。

(乾隆)大同府志 32 卷首 1 卷　史部地理类

清吴辅宏修　王飞藻纂

清乾隆四十七年大同府署刻本，上海图书馆藏。

涧南诗抄 5 卷　集部别集类

王氏家抄本，见《昆山先哲遗书目录》。

按：《国朝昆山诗存》卷 20 收其诗 36 首。

张元干

清昆山人。

篁轩诗草　集部别集类　佚

见光绪《昆新两县续修合志》卷 50。

方　葭

字思行。清昆山人。诸生。知医好义，倡永安局，收葬暴骨。及疾革，诫家人曰："吾死，葬我于义冢，以解世人之耻葬义冢者。"

戒火葬说　史部政书类　佚

见光绪《昆新两县续修合志》卷 33 本传。

孙　进

字翼青，号地初。清昆山人。泰子。庠生。早岁能诗，幕游闽广间。年逾 60，同里何氏延主家塾。王鸣盛称其诗高超耸拔。又善画墨竹。

岭云草　集部别集类　佚

鸣春草　集部别集类　佚

以上2种见光绪《昆新两县续修合志》卷50。《国朝昆山诗存》卷17收其诗39首。

张家相

字默存，号养泉。清昆山人。谊子。乾隆三十六年(1771)进士。邑固有玉峰书院，久废。二十四年，康基田为县令，移建并改名玉山书院，捐田课士，家相实襄助之。登第后，受聘主讲席，未及仕而卒。

棣华闲录2卷　子部杂学类

(1) 清乾隆三十七年心太平斋刻本，华东师范大学图书馆藏。

(2) 清万元斋刻本，辽宁大学图书馆藏。

按:《国朝昆山诗存》卷17收其诗6首。

沈方泰

字履安，号雪园。清昆山人。庠生。幼与诸世器同学，少孤力学，能诗。有才名，省试尝拟解元，卒不售，抑郁而卒。世器为序其遗诗以传。

雪园遗诗4卷　集部别集类

赵氏寄云楼抄本。

按:《国朝昆山诗存》卷20收其诗29首。

张正元

字宪良，号墨庄。清昆山人。汝舟裔孙。4岁识字，年17补诸生，以苦攻得羸疾殁，年仅26。

墨庄集　集部别集类　佚

见光绪《昆新两县续修合志》卷50。《国朝昆山诗存》卷17收其诗2首。

孙　复

字来一，清昆山人。庠生。

古香草　集部别集类　佚

见光绪《昆新两县续修合志》卷50。《国朝昆山诗存》卷17收其诗3首。

葛　寅

字榱芳，又字朴存。清昆山人。少承家学，以诗名。学画于外父太仓顾太游，又究心籀篆之体。年24补新阳诸生。乾隆十七年(1752)中副榜，得景山教习，授河南许州、临颍教谕。二十四年中举，后补太康县教谕。卒年65。

游艺(燕)浪语　子部术数类　佚

朴存杂著　子部杂学类　佚

朴存初稿　集部别集类　佚

金台游稿　集部别集类　佚

见景(素)诗赋文稿　集部别集类　佚

留颍集　集部别集类　佚

朴存诗余　集部词曲类　佚

以上7种见光绪《昆新两县续修合志》卷50。

按:《合志》卷31本传作《游燕浪语》《见素诗赋文稿》。

邹兆熊

清昆山人。字遇昌，号渭川，一号默亭。庠生。

炊藜阁诗草　集部别集类　佚

见光绪《昆新两县续修合志》卷50。《国朝昆山诗存》卷20收其诗2首。

张元赓

字皋载。清昆山人。大复从曾孙。诸生。幼工诗文,为邑令金潮所赏,尝仿干宝《搜神记》作《述异卮言》,颇奇崛。

张氏卮言(一作述异卮言)1卷　子部小说类

(1) 清道光间吴江沈氏世楷堂刻本,北京大学图书馆藏。

(2) 清光绪二年(1876)刻本,河南大学图书馆藏。

(3)《丛书集成初编》本。

按:《国朝昆山诗存》卷13收其诗7首。

方履谦

字受益,号巽斋。清昆山人。廪贡生。性至孝,父丹厓翁患痢,剐臂和药进之而愈。

碧云书屋诗钞　集部别集类　佚

见光绪《昆新两县续修合志》卷50。《国朝昆山诗存》卷18收其诗2首。

徐暎玉(1728—1762)

一作映玉,字若冰,自号南楼。清昆山人。从父锦川迁郡城,归长洲诸生孔青崖,侨居杭州,后归吴,居香溪。喜读书,于《楚辞》《汉书》《文选》皆能贯通其义。工诗,性爱梅,沈大成见其梅花诗,为之更改数字,遂问业称弟子。卒年35。

南楼吟稿2卷　集部别集类

(1) 清乾隆二十三年(1758)刻本。

(2) 清乾隆三十年有华书塾刻本,国家图书馆藏。

(3) 清乾隆三十一年有华书塾刻本,国家图书馆藏。

(4) 清乾隆刻本,附《南楼哀词》,国家图书馆藏。

(5) 1949年昆山胡文楷抄本,上海图书馆藏。

(6)《江南女性别集》(初编)本。

(7) 2014年国家图书馆出版社出版《清代闺秀集丛刊》本。

按:此书见《清史稿·艺文志》。《清代闺阁诗人征略》卷4作徐映玉,并引清乾隆二十三年刊本前沈大成撰《徐媛传》,施淑仪云:映玉为沈大成弟子,大成与惠栋(1697—1758)友好,故映玉亦甚重惠栋经学。又,《江苏诗征》卷163收其诗。

诸世器(1728—1776)

字景�,又字敬甫,号竹庄。清昆山人。如南子,葛庐兄。少颖异,曾受业于太仓沈起元、长洲沈德潜,博学能诗。南北闱试10余次,卒不遇。生平笃志古学,尝东极海隅,西走甘凉,北游燕赵,曾入陕西巡抚毕沅幕,乾隆三十九年(1774)归里,以客中所著《菉溪志》示人。世器博闻强记,生平足迹所至,皆有记录。所著《诗释地》,为戴震所称许。夙具至性,厚于师友。卒年49。

易通义　经部易类　佚

书通义　经部尚书类　佚

以上2种见民国铅印本《菉溪志》胡国梁序。

诗释地8卷　经部诗经类

三礼通义　经部三礼总义类　佚

四书古训　经部四书类　佚

以上3种见光绪《昆新两县续修合志》卷50。

菉溪(今陆家浜)志4卷　史部地理类

(1) 稿本,南京图书馆藏。

(2) 1939年朱启甲、蒋正逵铅印本,苏州图书馆藏。

(3)《中国地方志集成·乡镇志专辑》本。

退学斋集2卷　集部别集类　佚

西征集2卷　集部别集类　佚

以上2种见光绪《昆新两县续修合志》卷50。《国朝昆山诗存》卷

19载《退学斋集》为6卷。

亲雅堂诗集10卷　集部别集类

稿本,南京图书馆藏。

杯泻草　集部别集类

见《清诗纪事》11册,并收其诗。《国朝昆山诗存》卷19收其诗62首。

徐　楫

字怀祖。清昆山人。乾学玄孙,传轸子。任泾县典史,诖误归。侍八旬老父,教养弟及子侄,纂祖父遗集。喜吟诗,善书画,兼及岐黄。卒年74。

家谱(辑)　史部传记类　佚

对峰书屋画谱　子部艺术类　佚

小舟吟稿　集部别集类　佚

以上3种见光绪《昆新两县续修合志》卷31本传。

李赤虹

字玉文,号梦蕉。清昆山人。博女,母为宋凌云。赤虹为典史徐楫妻。幼端慧,善琴奕,工书画,尤耽吟咏,诗笔饶韵致。楫从祖德谅尝称其风采,上合唐人命脉。

梦蕉诗草(一作梦蕉诗抄)　集部别集类　佚

见《历代妇女著作考》引《柳絮集》。

按:《江苏诗征》卷172收其诗。《国朝昆山诗存》卷30收其诗16首。

郭　灏

字端洽,号半村。清昆山人。居郭家巷。学书法于高钰,所居书堂数椽,流水环之,每兴到挥洒不倦,为诗亦雅淡。

泌乐居稿　集部别集类　佚

见光绪《昆新两县续修合志》卷50。《国朝昆山诗存》卷24收其诗2首。

王　鵕

字履青，号樗林散人。清昆山人。志庆四世孙。

中州音韵辑要21卷　集部词曲类

(1) 清乾隆四十九年(1784)昆山载德堂刻本，南京大学图书馆藏。

(2) 抄本，无卷数，苏州大学图书馆藏。

(3)《续修四库全书》本。

按：参见《续修四库全书提要》。《国朝昆山诗存》卷22载此书由其世侄王汝楫校雠，"世称善本"。

李应春

字正时，号澹园。明太常卿校裔孙，布衣。

遗诗1卷　集部别集类　佚

见《国朝昆山诗存》卷22，并收其诗3首。

周应庚

清昆山人。

海门先正乡谥表1卷　史部政书类

《娄东周氏丛刊》本。

顾　霈

字仲诒，号诵畦。清昆山人。涛子。乾隆二十一年(1756)举人，补英山训导，历署金坛教谕，六安学正。善草书，以读书著述为务，长于论史。

读史诗　史部史评类　佚

黔中杂记　史部地理类　佚
灌园杂志　子部杂学类　佚
筏言　子部杂学类　佚
过庭录　子部杂学类　佚
偶然录　子部杂学类　佚

以上 6 种见光绪《昆新两县续修合志》卷 50。《国朝昆山诗存》卷 17 收其诗 12 首。

唐洪绪

字襄周，号梧冈。清昆山人。德宜孙，莹子，朱元理岳父。少有才名，善画花鸟。乾隆二十五年(1760)恩科顺天举人，授山东滕县知县，有能声。

梧冈诗草　集部别集类　佚
悔余吟稿　集部别集类　佚

以上 2 种见光绪《昆新两县续修合志》卷 50。

沈　振

字得五。清昆山人。性疏懒，不喜谄人。诗兴到辄吟，不刻意求工。

蓉轩杂录　子部杂学类
小沧浪诗稿　集部别集类

以上 2 种见《吴郡甫里人物考》卷 13。

潘　藻

字耀翔。清新阳人。王立礼高弟。乾隆四十七年(1782)恩贡。

云门制艺　集部别集类

见《吴郡甫里人物考》卷 13。

许宝善

字穆堂。清青浦人，寓居昆山。乾隆二十五年(1760)进士，官浙江道御史。病归，主讲玉山书院，与寓昆之长洲人褚廷章交善，时举古今疑义相质证。宝善纂辑《五经揭要》，梓行以示学者。工诗善书，尤善填词。晚居通德坊，卒年71。

书经揭要6卷　经部尚书类

清乾隆五十三年刻本，北京大学图书馆藏。

诗经揭要4卷　经部诗经类

清乾隆间书坊刻本，复旦大学图书馆藏。

礼记揭要　经部礼记类

清刻本，存卷五至卷六，复旦大学图书馆藏。

五经揭要　经部群经总义类

清光绪二年(1876)宝善堂刻本，国家图书馆藏。

最乐编正集6卷续集2卷　子部儒学类

明高道淳编　清许宝善增订

清道光四年(1824)濮氏刻本，清华大学图书馆藏。

最乐编2卷　子部儒学类

清许宝善增订

清同治十三年(1874)重刻本，复旦大学图书馆藏。

娱目醒心编16卷　子部小说类

清杜纲撰　许宝善评

(1) 清乾隆五十七年刻本，北京大学图书馆藏。

(2) 清同治十二年大文堂刻本，北京大学图书馆藏。

(3) 1988年上海古籍出版社重印汪原放点校本。

南史演义32卷　子部小说类

清杜纲撰　许宝善批评

(1) 清乾隆六十年刻本，中国人民大学图书馆藏。

（2）清道光十年友文堂刻本，郑州大学图书馆藏。

（3）清同治二年刻本，北京大学图书馆藏。

（4）清同治四年刻本，国家图书馆藏。

北史演义 64 卷　子部小说类

清杜纲撰　许宝善批评

（1）清乾隆五十八年刻本，吉林大学图书馆、北京大学图书馆藏。

（2）清道光二十二年敬业山房刻本，南开大学图书馆、国家图书馆藏。

（3）清嘉庆二年(1797)自怡轩刻本，清华大学图书馆、北京大学图书馆藏。

杜诗注释 24 卷首 1 卷　集部别集类

唐杜甫撰　清许宝善辑

（1）清嘉庆八年云间许氏自怡轩刻本，复旦大学图书馆藏。

（2）清光绪三年吴县朱氏刻本，上海图书馆藏。

自怡轩诗 12 卷续集 2 卷和陶诗 1 卷和阮诗 1 卷　集部别集类

清乾隆五十四年刻本，河南大学图书馆、国家图书馆藏。

自怡轩乐府 4 卷　集部别集类

清乾隆五十八年刻本，国家图书馆藏。

自怡轩词 5 卷　集部别集类

清乾隆五十八年刻本，国家图书馆藏。

自怡轩古文选 10 卷　集部总集类

清许宝善选　杜纲辑

（1）清乾隆五十六年刻本，上海图书馆藏。

（2）清光绪三年吴县朱氏刻本，北京大学图书馆、上海图书馆藏。

（3）清光绪二十四年校经堂刻本，上海图书馆藏。

同音集　集部总集类

清王昶、许宝善选　石嘉吉辑

清嘉庆三年刻本，上海图书馆藏。

同音集 7 卷附清素堂诗集 1 卷　集部总集类

清王昶、许宝善选定　石嘉吉编次

清乾隆间刻本,复旦大学图书馆藏。

自怡轩词谱 6 卷　集部词曲类

清杜纲撰　许宝善批评

清乾隆三十六年朱墨套印本,吉林大学图书馆、北京大学图书馆藏。

自怡轩词选 4 卷　集部词曲类

清许宝善评选　俞鼇辑

清嘉庆元年刻本,苏州大学图书馆藏。

自怡轩曲谱　集部词曲类

清许宝善定

抄本,国家图书馆藏。

纳书楹西厢全谱 2 卷续西厢记谱 1 卷　集部词曲类

清叶堂订谱　许宝善参订

清乾隆六十年纳书楹刻本,中山大学图书馆藏。

汪为善

字保乾,一字心揆,号叶渊。先世自歙迁吴,祖癸正隶籍昆山。幼颖异,年 17 县府试均第一,乾隆二十五年(1760)由廪贡生举顺天乡试,次年成进士,选翰林院庶吉士。未散馆卒,年 32。

春秋述义 8 卷　经部春秋总义类　佚

兰芬室诗钞 4 卷　集部别集类　佚

诗余 1 卷　集部词曲类　佚

以上 3 种见光绪《昆新两县续修合志》卷 24 本传,谓《春秋述义》王昶序,《诗集》赵翼序,《诗余》采入《国朝词综》。

贤 岩

清释。赵氏子,字天成,号松烟上人。昆山人。初结庐赵陵兴福禅寺,得法于瑞光心公和尚。师以诗名,卓锡甫里海藏寺。圆寂后,上人继之。亦耽吟咏,课经之余,未尝释卷,文士乐与之交。

续莲诗草2卷　集部别集类

清乾隆四十二年(1777)赵林山刻本,南京图书馆藏。

李邦屏

字申翰。清昆山人。

葵庵野吟不分卷　集部别集类

赵氏寄云楼抄本,见《昆山先哲遗书目录》。

徐梧巢

字柔之。清昆山人。德谅女,李曹锡妻。幼承父教,14岁即工韵语。及长,耽玩文史,著述颇多。工诗,有汉魏人风格。

憺园草　集部别集类　佚

见光绪《昆新两县续修合志》卷41本传、《历代妇女著作考》。

梧巢诗草　集部别集类

附其父德谅《桂门诗钞》后

抄本,见《昆山先哲遗书目录》。

按:《国朝昆山诗存》卷30收其诗32首。

潘 杰

字右峩。清昆山人。儒学生。性好俭约,有洁癖。卒年76。

鉴真诗文稿　集部别集类

见《吴郡甫里人物考》卷13。

魏　模

字元植，自号思陔，清昆山人。校九世孙。受业韩畅之门，得其肯綮，文益工。领乾隆三十年(1765)乡荐，掌嵊县讲席。五十七年，截取以知县用，改就教职，未任而卒。平生志行端谨，尤邃于《易》，教授里中，多知名者。

周易本义申解　经部易类　佚

礼记集说申义稿　经部礼记类　佚

春秋左传杜林二注评校　经部春秋左传类　佚

四书句读音义　经部四书类　佚

猛省笔记　子部儒学类　佚

箖云馆剩稿　集部别集类　佚

以上6种见《信义志稿》卷17。《国朝昆山诗存》卷20收其诗3首。

徐家纶

字宣嘉。清昆山人。炯曾孙。诸生。潜心理学。为文朴茂，荐而不售，遂弃去。为古文词宗法望溪。后以贫累客游无所遇。

读易随笔　经部易类　佚

春秋日月表　经部春秋总义类　佚

以上2种见光绪《昆新两县续修合志》卷50。

春秋年表　经部春秋总义类　佚

见光绪《昆新两县续修合志》卷31本传。

家谱续稿　史部传记类　佚

理学宗谱　子部儒学类　佚

以上2种见光绪《昆新两县续修合志》卷50。

铁谷文稿2卷　集部别集类　佚

见民国《昆新两县续补合志》卷19。

按:《国朝昆山诗存》卷 24 收其诗 2 首。

金　淑

清昆山千墩人。莩圃女,俞鹤妻,能诗。

緗纑诗稿　集部别集类　佚

见光绪《昆新两县续修合志》卷 41 本传。

朱兆麟

字苑仁,号且凡。清昆山人。乾隆三十六年(1771)副车。性端醇,培植后进,首重立品,为诗力追盛唐,间著古文辞,亦渊雅有法度。年逾 50 卒,无子。

一伦草　集部别集类　佚

见光绪《昆新两县续修合志》卷 50。《国朝昆山诗存》卷 20 收其诗 20 首。

王所宝

清昆山人。字宾之。庠生。工篆刻,一切金玉、玛瑙、砗磲、水精、犀角等,一经其手,古趣盎然。方圆疏密,自然合度,有汉人质朴浑厚之遗。著有《杏耕楼印谱》,邑人吴映奎为之序。

杏耕楼印谱一卷　子部艺术类

清嘉庆间杏耕楼钤印本,苏州图书馆藏。

王汝楫

字济川,号石帆。清昆山人。志庆五世孙,布衣,少孤,曾游都门、山左,归里后与李璇、丁润相唱酬,为莫逆交。

郝文忠公年谱 1 卷　史部传记类

(1) 清道光十六年(1836)山西陵川刻本,附于《郝文忠公陵川全集》后,清华大学图书馆藏。

(2)《北京图书馆藏珍本年谱丛刊》本。

雨樽馆诗钞　集部别集类　佚

见光绪《昆新两县续修合志》卷50。《国朝昆山诗存》卷22收其诗18首。

魏　标(？—1804)

字瞻夔，号霞城。清昆山人。模族弟。初居真义镇，后迁陈墓，再迁甪直。幼有神童之目，年17补诸生，才思敏捷，词赋笺翰，援笔成篇。就幕海州，唐仲冕引为上客，清嘉庆九年(1804)由幕所赴省试，场后回籍省家，旋病卒。

味经堂稿　集部别集类　佚

见《信义志稿》卷5本传。

李保泰

字啬生。清宝山人，晚年卜居昆山东塘。少孤贫，力学。乾隆四十五年(1780)进士。官扬州府教授，课诸生，不事揣摩逢世术。工诗古文辞，与姚鼐交契。迁国子博士，引年告归。卒年72。

(嘉庆)甘泉县续志10卷首1卷　史部地理类

清陈观国修　李保泰纂

清嘉庆十五年(1810)刻本，国家图书馆藏。

(嘉庆)江都县续志12卷首1卷　史部地理类

清王逢源修　李保泰纂

清光绪七年(1881)刻本，国家图书馆藏。

甘泉碑目续志不分卷　史部地理类

《石刻史料新编第三辑》本。

甘泉碑碣续志不分卷　史部地理类

《石刻史料新编第三辑》本。

江湾志　史部地理类　佚

畬生居诗文集30卷　集部别集类　佚

以上2种见光绪《昆新两县续修合志》卷50。

畬生居文集不分卷删余文稿1卷骈体文稿1卷诗集剩稿1卷　集部别集类

清抄本，李宝生跋，国家图书馆藏。

陈树德

字裕本。清嘉定国子生，居安亭东泗泾，后移居昆山西泗泾。博学好古，于两邑节孝、艺文多所阐发。

黄忠节公（淳耀）年谱1卷　史部传记类

清陈树德编

清乾隆六十年（1795）思远堂刻本，上海图书馆藏。

陶庵先生（黄淳耀）年谱1卷　史部传记类

清陈树德编　宋道南重订

（1）清光绪五年（1879）刊《陶庵集》附本。

（2）《知服斋丛书·黄陶庵集》附本。

（3）《北京图书馆藏珍本年谱丛刊》本。

安亭志20卷　史部地理类

清陈树德、孙岱纂

（1）稿本，上海图书馆藏。孙岱撰稿仅《人物志》。

（2）清嘉庆十三年（1808）刻本，上海图书馆藏。

（3）1937年安亭吴廷铨铅印本，复旦大学图书馆藏。

（4）抄本，南京博物院藏。

钱　铸

字驭良，号蔼庄。清昆山信义镇人。少孤，以孝友闻。嘉庆二十年（1815）修筑墟墓至和塘，次年疏浚吴淞江，两董其役，例得奖叙，以老辞。嗜诗，抒写性情，淡而弥旨。吴中名士顾莼、李福、闻诗辈，皆折节与交。

小绿天集　集部别集类　佚

寓间小草　集部别集类　佚

以上2种见《信义志稿》卷17。

孙登标

字在冈，号朗庭。清昆山人。少游庠，试辄冠军。工制举，脍炙人口。以拔贡中乾隆三十年(1765)解元，三十一年成进士。授福建海澄知县，移疾归。历主讲席，称名师。卒年76。

什一诗稿　集部别集类　佚

南旋草　集部别集类　佚

燕游草　集部别集类　佚

以上3种见光绪《昆新两县续修合志》卷50。《国朝昆山诗存》卷16收其诗6首。

王　隽

清昆山人。

古香书屋古文稿2卷　集部别集类　佚

见光绪《昆新两县续修合志》卷50。

唐尧智

清昆山人。字濬如，号西庄，蓬阆镇人。性恬淡，晚岁尤好楼居习静。

自怡轩草1卷　集部别集类　佚

见光绪《昆新两县续修合志》卷50。《国朝昆山诗存》卷19收其诗14首。

杜群玉

字巨川，号梅溪，又号拙生居士。清昆山人。缵子。夙工诗。辑刻同里徐德谅以下五人诗，各为小传以示来学，论者称其有古人风尚。乾隆四十二年(1777)顺天乡试举人，授武邑令，补新安县令，卒于官。

保慈禅院碑1卷　子部艺术类

清顾王霖撰　杜群玉书

清乾隆五十五年刻石清拓本，复旦大学图书馆藏。

五家诗钞5卷　集部总集类

清嘉庆三年(1798)城东草堂刻本，四川省图书馆藏。

按：收入张问陶、李符清、许宝善、吴蔚光、陈万全五家诗。另据清同治《苏州府志》卷96《人物二十三》载，杜群玉另辑有《五家遗诗》，收入徐德谅、顾鼎、朱兆曾、王飞藻、唐鸿绪五人之诗，而以徐德谅为之冠。

如见所思集1卷　集部总集类

清嘉庆刻本，南京图书馆藏。

按：此辑友人所赠之诗。

拙生丛稿十卷　集部别集类　佚

见同治《苏州府志》卷137《艺文二》。《国朝昆山诗存》卷21收其诗45首。

吴　镜

字克明，号清洋。清昆山人。少善属文，试辄冠军。喜网罗旧闻，遇前贤轶事，邑乘所遗者，纂辑成编，题曰《可信录》。性倜傥好义，乾隆间与同里王宷等倡建永安局，埋葬暴骨，更兴复东西义冢。

玉峰可信录　史部杂史类　佚

见光绪《昆新两县续修合志》卷50。《国朝昆山诗存》卷20收其诗34首。

丁　润

字子如，号璞存。初名玉林，字儒珍。清昆山人。新阳庠生。尝游燕、赵、汴、浙间，性恬淡，工书，尤长于诗，胎息少陵，以神味胜，徐德谅器重之，晚年自订其诗为《璞存剩稿》。卒年60余。

璞存剩稿　集部别集类

清丁润撰，徐德谅评

民国间吴东彭治辑录《昆山丛书》抄本，国家图书馆藏。

稿1卷　集部别集类

附于抄本《眠琴窝吟稿》后，见“张景煦”条。

按：《国朝昆山诗存》卷23收其诗41首。

周　缵

字思承，号退云。清昆山人。源父。国子生。业医，颇自矜重。性尤兀傲，嗜酒，耽植花卉。中岁与诸葛庐、方畯、丁润、王汝楫、从弟芷以诗相唱和，晚得疾，毁所著殆尽。卒年近60。

揽翠堂诗钞3卷　集部别集类　佚

《国朝昆山诗存》卷23云该书为其从弟芷录其所存而成，并收其诗10首。

钱用行

字健臣，号竹泉，少从黄钟受业，补府学生，以事弃去。性和易，家贫，溷迹胥吏间，诗学王士禛，与赵章、汪文长辈相唱和。

迁乔鸣柳余稿　集部别集类　佚

见《国朝昆山诗存》卷23，并收其诗8首。

陆祥麟

字陆瞻，号素园。昆庠生。所居近雉城湖。

遗诗1卷　集部别集类　佚

见《国朝昆山诗存》卷23，并收其诗5首。

许春霆

字餐霞。清昆山张浦人。新阳庠生。以贡授丹阳训导。好施予，捐田以赡族，为乡里称颂。训诲子弟井井有法。卒年63。

张浦杂记3卷　子部杂学类

许氏家抄本，见《昆山先哲遗书目录》。

餐霞吟稿　集部别集类　佚

曲阿小草　集部别集类　佚

以上2种见光绪《昆新两县续修合志》卷33本传。

刘应钧

字鸣韶，号荐林。清昆山人，侨居太仓。象春孙。好学，诗文并华赡，补昆庠生，授饩。以高等生选拔入都，不售，病归卒。

芗云阁诗稿1卷　集部别集类　佚

见光绪《昆新两县续修合志》卷50。《国朝昆山诗存》卷28收其诗7首。

孔继泰

字鹤瞻，一作岳瞻，号鄂庄。清昆山人。传泗子。居孔巷。乾隆四十二年(1777)拔贡。喜交游，善画山水，所居名白沙翠竹馆，彝鼎图书甲于一邑。

鄂庄书画经见录　子部艺术类

民国间吴东彭治辑录《昆山丛书》抄本，国家图书馆藏。

鹤坡诗钞　集部别集类　佚

见光绪《昆新两县续修合志》卷50。《国朝昆山诗存》卷22云："嘉定王鸣盛序"，收其诗11首。

诸葛庐

字耕甫,号约庵。清昆山人。世器幼弟。幼受学于世器,偶试韬钤,为弟子员,非其志也。以诗称于时,五七古尤謦拔。

乐有堂小草　集部别集类　佚

见光绪《昆新两县续修合志》卷50。

按:诸世器《菉溪志》民国铅印本胡国梁序作《乐在堂集》6卷。《国朝昆山诗存》卷19收其诗27首。

许春霭

字莱峰。清昆山人。春霆二弟。新阳庠生。早卒。

续宅京记2卷　史部地理类　佚

见光绪《昆新两县续修合志》卷33许春霆传附,云:"潘道根序之。"

李　璇

字宗舜。清昆山人。可汧玄孙。诸生。自幼耽吟咏,与同里丁润、王汝楫唱和,为莫逆交。客游四方,造诣益深。古今体诗格律坚苍,无佻巧之习,骈体雅近六朝。卒年52。

含清楼诗抄　集部别集类　佚

邓林诗稿　集部别集类　佚

以上2种见光绪《昆新两县续修合志》卷50。

许春藻

字雅堂。清昆山人。春霆三弟。郡庠增广生。尚义如其兄。晚年究心内典,自号觉空。卒年79。

评月草堂课艺　集部别集类　佚

觉空诗稿　集部别集类　佚

以上2种见光绪《昆新两县续修合志》卷33许春霆传附。

许 鋐

字惟寅。清昆山张浦人。性敦谨,喜吟咏,不事举业,以布衣终,卒年 80 余。

逊难随劄 1 卷　子部杂学类　佚

绿杉野屋诗稿 6 卷　集部别集类　佚

以上 2 种见民国《昆新两县续补合志》卷 19。

赵之璧

字月帆,号璞岩。清昆山人。国学生,居注浦之七家桥,为诗抒写性灵,不落旁蹊,与释贤岩善,时相唱和。

璞岩诗稿(一作璞岩诗草)　集部别集类　佚

见光绪《昆新两县续修合志》卷 50。

按:《江苏诗征》卷 109 收其诗。《国朝昆山诗存》卷 22 收其诗 32 首。

周学易

字屺岩。清昆山人。诸生。

素节堂诗集　集部别集类　佚

见《江苏诗征》卷 82,并收其诗。

徐玉如

号兰素。清昆山人。乾学玄孙女,候选知县嘉兴冯渠妻。

来青阁遗草　集部别集类　佚

见《清代闺阁诗人征略》卷 8。

徐梦兰

清昆山人。埙女,王怙瞻妻。少工诗,中年孀居无子,贫不能糊口,卒一妾教授村塾，未几，竟以贫病死。

展桂轩诗草　集部别集类　佚

见光绪《昆新两县续修合志》卷41本传。

李世枢

字凤诏。清昆山人。惇子。性喜藏书。乾隆三十年(1765)副贡。

拙庭集　集部别集类　佚

见《吴郡甫里人物考》卷12。

洪其绅

号定山。清贵州玉屏人，移居昆山。聿丰从祖。乾隆三十五年(1770)本省解元，四十三年进士，授翰林院检讨，历刑部主事、礼部郎中，擢浙江台州知府，在任七年，调杭州府。以病去官，就医来昆，定居东塘。先曾主讲荆州鹿门书院，教士有法，多所造就。至昆邑人请主玉山书院。好杜门读《易》。卒年70余，葬吴县西乡。

易通6卷　经部易类

清道光九年(1829)刻本，国家图书馆、苏州大学图书馆藏。

见光绪《昆新两县续修合志》卷50“游寓”。

汪文星

号静园。清昆山人。乾隆三十六年(1771)举人，淮安训导。

汪氏家约2卷　子部杂学类　佚

静园杂著12卷　子部杂学类　佚

以上2种见光绪《昆新两县续修合志》卷50。

李世望

字兰台，号玉樵。清昆山千墩镇人。惇次子，以健父。乾隆三十七年(1772)进士。授刑部主事，迁员外郎，官至长芦盐运使。律躬严，为政勤，以病乞归。迁居城之东关，筑亦园，觞咏终老。卒年 78。

春畲草堂诗钞 2 卷　集部别集类

(1) 清嘉庆十年(1805)李氏刻本，北京大学图书馆、上海图书馆藏。

(2)《清代诗文集汇编》本。

粲花斋诗　集部别集类　佚

李氏家刻本，见《昆山先哲遗书目录》。

按：《国朝昆山诗存》卷 18 收其诗 15 首。

杜　纲

字振三，号草亭。清昆山人。少补诸生，有声。时经生久不治古文，纲独上下百家，于幽隐难穷之处辄独抒己见。尝戏为稗史演高齐胡太后事，备诸秽亵，刊布流传，晚年颇以为憾，更作《娱目醒心编》。

近是集　集部别集类

见光绪《昆新两县续修合志》卷 50，云：诸世器序而行之。

南史演义 32 卷　子部小说类

清杜纲撰　许宝善批评

(1) 清乾隆六十年(1795)刻本，上海图书馆藏。

(2) 清道光十年(1830)友文堂刻本，郑州大学图书馆藏。

(3) 清同治二年(1863)刻本，北京大学图书馆藏。

(4) 清同治四年刻本，国家图书馆藏。

北史演义 64 卷　子部小说类

清杜纲撰　许宝善批评

(1) 清乾隆五十八年刻本，吉林大学图书馆、北京大学图书馆藏。

(2) 清道光二十二年敬业山房刻本，南开大学图书馆、国家图书馆藏。

(3) 清嘉庆二年(1797)自怡轩刻本，清华大学图书馆、北京大学图书馆藏。

娱目醒心编 16 卷　子部小说类

清杜纲撰　许宝善评

(1) 清乾隆五十七年刻本,北京大学图书馆藏。

(2) 清同治十二年大文堂刻本,北京大学图书馆藏。

(3) 1988 年上海古籍出版社重印汪原放点校本。

自怡轩古文选 10 卷　集部总集类

清许宝善选杜纲辑

(1) 清乾隆五十六年刻本,上海图书馆藏。

(2) 清光绪三年(1877)吴县朱氏刻本,上海图书馆藏。

(3) 清光绪二十四年校经堂刻本,上海图书馆藏。

按:《国朝昆山诗存》卷 20 收其诗 1 首。

顾思约

字绍曾,号省堂。清昆山人。檝曾孙,本敬祖。乾隆四十二年(1777)举人。以力学称。

省堂文稿　集部别集类　佚

见民国《昆新两县续补合志》卷 19。《国朝昆山诗存》卷 21 收其诗 1 首。

余梦星

字拱辰,号酉岩。清昆山人。应魁子,希婴父。乾隆五十五年(1790)岁贡生。应省试四荐不售,乃弃举业,攻诗古文词,旁及《素问》、青鸟、星平、卜筮等书。作行草圆劲古朴。家贫而好施。年 63 方授旌德训导,未赴而卒。遗稿散佚,希婴得其 1 卷梓行之。

静远堂剩稿　集部别集类　佚

见光绪《昆新两县续修合志》卷 50。

吉羽草 1 卷　集部别集类

(1)《玉山连珠集》(余氏五稿)本。

(2) 昆山胡氏抄本，上海图书馆藏。

按：《国朝昆山诗存》卷24收其诗2首。

孙岱

初名之堂，字子佩。清昆山人。先世自歙徙昆之安亭镇。父光祖，博雅能诗画。岱幼孤，力学，连应童子试被黜，从嘉定张承先授经传及唐宋诸大家文，潜心经史百家，兼搜讨金石碑版，为古文宗法震川，短铭小志尤高古。勤于里中掌故，辑《归震川年谱》《安亭江志》诸书。性孝友，母卒，乃哀毁呕血月余而卒。

归熙甫先生年谱1卷　史部传记类

(1) 清嘉庆五年(1800)三潞斋家刻本，上海图书馆藏。

(2)《归顾朱三先生年谱合刻》本，题《归震川先生年谱》。

(3)《北京图书馆藏珍本年谱丛刊》本。

安亭人物传4卷　史部传记类　佚

见光绪《昆新两县续修合志》卷50。

安亭志20卷　史部地理类

清陈树德、孙岱纂

(1) 稿本，上海图书馆藏。

按：《中国地方志联合目录》注："陈稿本书名题《安亭志稿》；孙稿本书名题《安亭江志稿》，仅人物志。"又按：孙稿本光绪《昆新两县续修合志》作《安亭江志》6卷。

(2) 清嘉庆十三年(1808)刻本，南京图书馆藏。

(3) 1937年安定吴廷铨铅印本，南京图书馆藏。

(4) 抄本，南京博物院藏。

(5)《中国地方志集成·乡镇志专辑》本。

三潞斋审定金石板本2卷　史部金石类　佚

守斋类稿　子部杂学类　佚

深竹闲园说邛4卷　子部杂学类　佚

江渚纪闻 2 卷　子部小说类　佚
三路斋诗文集 10 卷　集部别集类　佚
安亭江杂事诗 1 卷　集部别集类　佚
笠泽秋篷诗 1 卷　集部别集类　佚
白於山人集 2 卷　集部别集类　佚
江上青峰集 4 卷　集部别集类　佚
春帆集 1 卷　集部别集类　佚
哀贞集 2 卷　集部别集类　佚
长笛沧波集 6 卷　集部别集类　佚
菩提寺文录 2 卷　集部总集类　佚

以上 13 种见光绪《昆新两县续修合志》卷 50。《国朝昆山诗存》卷 18 收其诗 14 首。

周蕙田

字润千，号蓉裳。清昆山人。乾隆五十九年(1794)恩科举人，授庐州府训导。秩满罢归，卒。

莹幢吟草 1 卷　集部别集类

赵氏寄云楼抄本。

徐传诗

字蕴存，号西亭，又号韵岑。清昆山真义人。升初孙，兼子。嘉庆六年(1801)岁贡生。以能诗名。壮游岭南数载，经历名山大川，胸怀开拓，诗境益高，沈德潜、王鸣盛皆称许之。其祖升初与同里周奕钫等辑《星溪志略》，传诗复辑《续志》，里中人物多赖以传。

星溪(即真义镇)续志　史部地理类　佚

见光绪《昆新两县续修合志》卷 31 本传。

星湄吟稿 6 卷　集部别集类

抄本，见《昆山先哲遗书目录》。

真义咏事诗1卷　集部别集类

民国潘圣一抄本。馆藏待查。

真义十景诗1卷　集部别集类

峭帆楼抄本。又收入《信义志稿》卷16。

星湄诗话2卷　集部诗文评类

(1) 清嘉庆四年星湄草堂刻本，上海图书馆藏。

(2)《峭帆楼丛书》本。

按：《清诗纪事》11册收有其诗。《国朝昆山诗存》卷22收其诗24首。

晋旭涛

字德瞻，号耕南。清昆山人。庠生。

耕南诗草　集部别集类　佚

见光绪《昆新两县续修合志》卷50。《国朝昆山诗存》卷23收其诗20首。

郑大钧

字万明，一字万陶，号镜川。清昆山人。廪生。少负才名，省试屡荐不售。晚自号勿斋。

镜川诗文集　集部别集类　佚

见光绪《昆新两县续修合志》卷50。《国朝昆山诗存》卷23收其诗17首。

周　谔

字舜俞。清昆山人。时照侄。庠生。

澹庵诗稿　集部别集类　佚

见光绪《昆新两县续修合志》卷50。《国朝昆山诗存》卷24收其诗2首。

王鸣韶

字夔律，号鹤溪。清昆山人。父尔达，新阳贡生，移居嘉定。鸣韶初名廷谔，补新庠生。

鹤溪剩稿　集部别集类　佚

见光绪《昆新两县续修合志》卷50。《国朝昆山诗存》卷20收其诗12首。

孙　崙

字县圃，号枕淞。清昆山人。少颖异，年15补昆庠，七荐南闱不售。巡抚毕沅延之入幕，与海内名士游。晚归隐吴淞江上。

枕淞居诗钞4卷　集部别集类　佚

见民国《昆新两县续补合志》卷19。

按：光绪《昆新两县续修合志》卷50作《淞南居诗》4卷。《国朝昆山诗存》卷21收其诗8首。

赵　钰(1739—1809)

字有能，号讷斋。清昆山人。峭次子。新阳附贡生。以能文名，雅爱书籍，见善本辄购，斋中缥缃盈万，碑版彝鼎庋藏尤多。

退省录　子部儒学类　佚

见《信义志稿》卷5本传。

琴鹤堂诗2卷　集部别集类　佚

清嘉庆间刻本。

菊社吟草续草一卷　集部总集类　佚

清嘉庆间刻本。

以上见《赵氏家乘》卷15。

诸秉升

字进南，号退思。清新阳人。庠生。与兄秉原、顾思约等创立永安局为善举，秉升所倡之力为多。

玉山风雅 1 卷　集部总集类　佚

见光绪《昆新两县续修合志》卷 50。《国朝昆山诗存》卷 21 载："尝辑邑先辈遗诗，自梁逸、归庄至王飞藻、朱兆麟十五人所作，为《玉山风雅》一卷。"并收其诗 21 首。

徐庭蕙

字叔和，号介亭。清昆山人。新阳廪生。

介亭诗钞　集部别集类　佚

见光绪《昆新两县续修合志》卷 50。《国朝昆山诗存》卷 22 收其诗 3 首。

夏　震

字玉裁，号常惺，又号晓山。清昆山人。家邑之歇马桥。

韵言 1 卷　经部小学类　佚

见光绪《昆新两县续修合志》卷 50。《国朝昆山诗存》卷 22 收其诗 1 首。

钱桂清

字丹五，号墨庄。清昆山人。居安亭。

槐荫堂诗抄　集部别集类　佚

见光绪《昆新两县续修合志》卷 50。《国朝昆山诗存》卷 22 收其诗 3 首。

杜　鼎

清昆山人。

五经音义辨疑　经部群经总义类　佚

见光绪《昆新两县续修合志》卷 50。

王　岱

字云接。清昆山人。景献孙。庠生。与从弟飞藻并有诗名。

天得小草　集部别集类　佚

见光绪《昆新两县续修合志》卷 50。《国朝昆山诗存》卷 20 收其诗 6 首。

葛常旭

字孟旸，号升谷。清昆山人。峻道长子。邑诸生。家贫，读书励志，授徒教子，先德行而后文艺。一夕偷儿入室，觉而烛之，则相识者，善言遣去。家人叩之，终不泄其名，人叹为厚德。八踏省闱不遇，潜心理学。卒年 86。

自省录不分卷　子部儒学类

抄本，见《昆山先哲遗书目录》。

日鉴录　子部儒学类　佚

家训　子部儒学类　佚

从吾馆诗文稿 4 卷　集部别集类　佚

以上 3 种见光绪《昆新两县续修合志》卷 3 本传、卷 50。《国朝昆山诗存》卷 24 收其诗 8 首。

胡步墀

字正伦，号栎社。清昆山蓬阆人。

黔余草　集部别集类　佚

见《蓬溪风雅集》卷2,并收有其诗。

邹智武

字承烈,号蜗庐。清昆山蓬阆人。

蜗庐诗草　集部别集类　佚

见《蓬溪风雅集》卷2,并收有其诗。

许　堃

清昆山人。

西山剩稿1卷　集部别集类　佚

见民国《昆新两县续补合志》卷19。

徐梧凤

字振采,号半梅。清新阳人。庠生。嗜吟咏,工书法。

咏明史百首　史部史评类　佚

见《信义志稿》卷17。

葛常吉

字景陆。清昆山人。峻道次子,常旭弟。庠生。事母至孝。授徒郡城最久,教弟子先品行而后文艺,晚年学宗王阳明。

六皆随笔　子部儒学类　佚

见光绪《昆新两县续修合志》卷29葛峻道传附。

徐传一(?—1816)

字道鲁。清昆山人。秉义曾孙,德怀子,家畴父。捐授浙江庆元知县,擢安徽广德州知州。卒于官,子方髫龄。

省斋诗稿4卷　集部别集类　佚

见光绪《昆新两县续修合志》卷50。

胡　廷

字正方，号阆峰。清昆山蓬阆人。

小闲草　集部别集类　佚

寄物草　集部别集类　佚

见《蓬溪风雅集》卷2，并收有其诗。

邵云从

字芝田。清昆山人。早岁应童子试，以诗语有疵被斥，后发愤取古名家稿遍读之，终身不历场屋，家邑之强巷。年70吟咏不辍。

抱璞吟草　集部别集类　佚

见光绪《昆新两县续修合志》卷50。《国朝昆山诗存》卷22收其诗7首。

孙　岗

字衣千，一作表千，号雪堂。清昆山人。仑弟。以武学中乾隆三十五年(1770)举人。性爱马，擅射，发无不中。才名与兄埒。

同怀诗钞　集部别集类　佚

见光绪《昆新两县续修合志》卷50。《国朝昆山诗存》卷21收其诗9首。

范　岩

一名仪岩，字鲁詹，号萼村。清昆山人。能诗，与李珩相唱和。少师事黄钟，补新庠生。尝与同里沈镐、高钰诸人结城南诗社。

雨花轩杂咏1卷　集部别集类　佚

见民国《昆新两县续补合志》卷19。

按：光绪《昆新两县续修合志》卷50作"范仪岩"。《国朝昆山诗存》卷22收其诗12首。

李　珩

字荆才,号白夫。清新阳人,居东廓之黄泥泾。能诗,与同邑范萼村(岩)、陈检庵诸人唱和。

白夫诗集 4 卷　集部别集类　佚

见民国《昆新两县续补合志》卷 19。

白崖诗草(存 3、4 卷)　集部别集类

清潘道根抄本,见《著砚楼书跋》。

按:《国朝昆山诗存》卷 22 收其诗 32 首。

胡元培

字敦善,号澹真。清昆山蓬阆人。昆山县学生。

生白居诗草　集部别集类　佚

见《蓬溪风雅集》卷 3,并收有其诗。

胡介眉

字星南,号雨江。清昆山蓬阆人。苏州府学生员。工画。

怀璞堂稿　集部别集类　佚

见《蓬溪风雅集》卷 3,并收有其诗。

潘　焌

字丽明。清新阳人。性豪放,不屑生产,以诗酒为乐。无子,早卒。

苏门吟草　集部别集类

见《吴郡甫里人物考》卷 13。

汤　玚

字孟养,号澹如。清新阳人。瑚兄。庠生。少从同里徐传诗游,诗笔超隽。尤工写生,所作翎毛草虫,点染生动,得者珍之。晚岁闭关谢客，经岁不入城。

听雨轩稿　集部别集类　佚

见光绪《昆新两县续修合志》卷50。《国朝昆山诗存》卷27收其诗8首。

周衢樽

初名兆祥，字赓武，号沅溪。清昆山人。明南京刑部尚书伦裔孙。新庠增广生。家尚书里。少从黄钟、徐成志学举业，晚岁客都司俞大铨幕，流寓上海之江桥，课徒而殁。

遗稿1卷　集部别集类　佚

见《国朝昆山诗存》卷27，并收其诗20首。

顾省台

字建朝，号史才，之兰弟，新庠生。

听雪楼诗草　集部别集类　佚

见《国朝昆山诗存》卷27，收其诗13首。

朱允元

字琢生，隐于卜肆，尝著贞烈传，并有哀叶女诗。卒年60余。

贞烈传　史部传记类　佚

见《国朝昆山诗存》卷27，并收其诗1首。

陶　镕

字月川，号半帆，一号东圃。清昆山人。庠生。负才不遇，放情诗酒，尝自号哭秋子。家贫无子，晚居郎墅以老。

懒炬草　集部别集类　佚

见光绪《昆新两县续修合志》卷50。《国朝昆山诗存》卷27云："所著《懒炬草》，病亟，以授门人张维则，门人潘道根录其稿藏于家。"并收其诗38首。

方家泰

字佑昆，号茹园。清昆山人。鹏十一世孙。幼与兄开泰并好学，师事同邑葛常旭。性解音律，弱冠岁试列优等，未及授饩，以嗜酒得疾卒，年31。

茹园稿1卷　集部别集类　佚

见光绪《昆新两县续修合志》卷50。《国朝昆山诗存》卷27收其诗7首。

朱文骤

字誉亭，号梦岩。清昆山人。树篇子。庠生。性伉爽，有学行。年50余卒，无子。

盥花居诗草　集部别集类　佚

焚余草　集部别集类　佚

以上2种见光绪《昆新两县续修合志》卷50。《国朝昆山诗存》卷27收其诗9首。

徐世基

字豫堂，号渔塘。清昆山人。庠生。少从胡照学举业。性谦谨，工书法，旁及击刺诸术，颇自韬晦。

爱吾庐课余吟　集部别集类　佚

见光绪《昆新两县续修合志》卷50。《国朝昆山诗存》卷27收其诗2首。

马元承

字敬敷，号顺亭，又号纯庵。清昆山人。鸣銮五世孙。监生。早弃举子业，萧然高寄。中岁幕游，尝客居汴，有诗名。

汴游正续草　集部别集类　佚

见光绪《昆新两县续修合志》卷50。《国朝昆山诗存》卷27收其诗9首。

李　苏

字兰芬，号香引。清昆山人。庠生。授徒糊口，不为科举业，好搜罗明季轶事。晚年修静业。馆张浦许氏最久。卒于吴郡。

三藩事略　史部杂史类　佚

见光绪《昆新两县续修合志》卷50。

劫灰录补注1卷　史部杂史类

题清冯甦撰李苏补注

清道光二十一年(1841)稿本，上海图书馆藏。

按:《劫灰录》6卷，为明末清初人记南明桂王在两粤黔滇史事之书，今有传本。李苏《补注》见于叶廷琯《吹网录》卷4。并见《增订晚明史籍考》卷11。

钱培德

字德培。清昆山安亭人。廷熊子。太学生。父精医，培德专其业，兼内外证，应手辄愈。性慷慨好义，于贫病者辄资给之。

用药准绳　子部医家类　佚

见光绪《昆新两县续修合志》卷33本传。

张乔栋

字兰汀，自号栎州散人。清昆山人。读书不务章句之学。辟地数弓，具林泉花木之胜，筑楼数楹，藏善本书万卷。好施予，有善人之称。

竹香斋象戏谱3卷　子部艺术类

(1) 清嘉庆二十二年(1817)刻本，又名象棋谱，含初集、二集、三集，华东师范大学图书馆、上海图书馆藏。

（2）《续修四库全书》本。

杜芳英（1741—1771）

号菊隐。清新阳人。父兰轩系狱死，19岁嫁常熟监生殷方增。能诗。卒年31。

杜芳英诗集　集部别集类　佚

见《历代妇女著作考》引《撷芳集》。

按：《清闺秀·艺文志》作《菊隐遗诗》，《续海虞·艺文志》作《吟香草》。《江苏诗征》卷172收其诗1首。

潘汤盘（1750—1805）

字商珍，号绿阴。清昆山人。道根父。性刚直，清嘉庆中为新阳县吏，不取非义财，家贫如洗。知县李如栋怜其贫，命掌赋，又命司税，均不就，如栋颇敬之。嘉庆十年（1805）以哭弟致疾卒，年56。

绿阴府君遗诗附补遗诗不分卷　集部别集类

民国间彭治辑录《昆山丛书》抄本，国家图书馆藏。

按：此由其子潘道根抄录。光绪《昆新两县续修合志》卷50著录《绿阴草堂诗》1卷。《国朝昆山诗存》卷23收其诗4首。

王学浩（1754—1832）

字孟养，号椒畦。清昆山人。早岁从进士陈嘉炎学，学有根底。乾隆五十年（1785）举人。主兖州书院讲席。善诗能书，时人比之李白、褚遂良。从王原祁弟子习画，山水得其真传。结构紧密，笔力苍劲。中年兼涉写生，赋色淡雅，得元人意趣。晚年画名益重，山水花鸟俱佳。朱大松捐赀修《县志》，聘学浩主编。首创敦善堂，设义学。卒年79。

毛诗说（未完稿）2卷　经部诗经类　佚

见1990年《昆山县志》第27篇。

（道光）昆新两县志40卷首1卷末1卷　史部地理类

清张鸿、来汝缘修　王学浩等纂

清道光六年(1826)刻本。

山南论画(一作山南老屋画论)1卷　子部艺术类

(1) 清道光刻本,附《山静居画论》后。

(2)《翠琅玕馆丛书》(冯兆年辑)本。

(3)《翠琅玕馆丛书》(黄任恒辑)本。

(4)《四铜鼓斋论画辑刻》本。

(5)《艺术丛书》本。

(6)《芋园丛书》本。

(7)《画论丛刊》本。

(8)《清瘦阁读画十八种》本,不分卷。

滦水联吟图1卷　子部艺术类

清王学浩画,顾廷纶辑

1922年影印本,上海图书馆藏。

得碑图不分卷　子部艺术类

清王学浩绘

民国间绍文书局影印本,中山大学图书馆藏。

王椒畦书画册　子部艺术类

清王学浩绘

1928年上海商务印书馆影印本,一名《椒翁诗画册》,北京大学图书馆藏。

灯窗杂记1卷　子部杂学类

见1990年《昆山县志》第27篇。

易画轩诗录8卷　集部别集类

(1) 清道光十四至十五年苏州洞泾桥清霞斋刻本,国家图书馆、华东师范大学图书馆藏。

(2) 抄本,上海图书馆藏。

按:参见《清人诗集叙录》卷46。收诗788首。

翠碧山房稿　集部别集类

见光绪《昆新两县续修合志》卷50。

按:《国朝昆山诗存》卷24收诗55首。

张步云

字东涯。清昆山千墩人。少贸易郡城,好音律,工书法。为人笃信因果,间有吟咏,年83无疾卒。

铭心杂记　子部杂学类　佚

东涯小草1卷　集部别集类　佚

以上2种见光绪《昆新两县续修合志》卷50。

徐云路(1757—1824)

字起万,一作企万,号懒云。清昆山人。诸生。工诗文,尤工词,专宗南宋姜、张诸大家。画梅师法王冕。嘉庆八年(1803)曾应王昶请,为参证《湖海诗传》。

酿花居集　集部别集类

见《中国美术家人名辞典》。

会海楼文集　集部别集类

瀹雪山房诗抄　集部别集类

按:《全清词钞》谓此书为《词草》。

集腋草　集部别集类　佚

玉辉编　集部总集类　佚

按:此书辑昆山人诗。

昆山诗选　集部总集类　佚

延秋馆词　集部词曲类　佚

以上6种见光绪《昆新两县续修合志》卷50。

按:《清诗纪事》11册收有其诗,《全清词钞》收有其词。《国朝昆山诗存》卷24收其诗13首。

程丕缵

字维新，自号南村老人。清昆山菉葭浜人。能诗，工绘事，志趣高雅。于宅旁拓地建园亭，植花木，叠石疏泉，颇极幽致，题曰玉山佳处、小狮林。延孝廉周蕙田为西席，主其家20年，尝招郭麐、李锡恭、周宗元、李锡瓒诸名士觞咏其间。

清心园诗稿1卷续1卷　集部别集类

南村草堂刻本，见《昆山先哲遗书目录》。

小狮子林诗草　集部别集类　佚

见光绪《昆新两县续修合志》卷50。

邱以堡

字亦藩。清昆山人。生平不详。

碧山遗著　集部别集类

民国间吴东彭治辑录《昆山丛书》抄本，国家图书馆藏。

朱　钧

字镕万。清昆山人。乾隆四十四年(1779)举人，博学工文，尤善书。累荐春官不售。旋以方略馆校理得知县。未几病卒，遗稿多散佚。

竹醉生吟稿4卷　集部别集类　佚

见光绪《昆新两县续修合志》卷50。

孙　铨

字鉴堂，号小迂。清昆山人。麟趾子。兆兰、兆淮、兆惠、超父。乾隆四十五年(1780)举于乡。以官学教习选南汇训导。制府铁保爱其才，荐授阳信知县，折狱多平恕。以失察典史滥刑罢官。归寓济南，卒年70。警敏力学，为词章导源《骚》《选》。工书秀劲，入赵孟頫堂奥。癖嗜前贤书翰，搜罗荟萃，手自摹勒，为《寿石斋帖》行世。中年兼画山水、人物，悉有古韵。间写仕女及女仙像，风神闲静，均非凡工可及。

寿石斋藏帖 4 卷　子部艺术类

拓本，北京师范大学图书馆藏。

片石山房诗 10 卷　集部别集类　佚

见光绪《昆新两县续修合志》卷 50。《国朝昆山诗存》卷 24 收其诗 4 首。

李世莹

字冰壶，号惺谷。清昆山人。世经兄。幼警悟。乾隆六十年(1795)领乡荐，嘉庆元年(1796)诏举孝廉方正。有司以为应授六品秩。平居手不释卷，疏证是非，动中肯綮，诗文雅驯有法。

学镜楼诗草　集部别集类　佚

见光绪《昆新两县续修合志》卷 50。《国朝昆山诗存》卷 23 收其诗 6 首。

徐云藻

字显庭，号书台。清昆山蓬阆人。昆山县增广生，兼工岐黄术。

春到草庐诗草　集部别集类　佚

见《蓬溪风雅集》卷 4，并收有其诗。

唐淑秀

清昆山人。诸生开绪女，庠生朱元理妻。能诗。

梦留吟草　集部别集类　佚

见光绪《昆新两县续修合志》卷 41 本传。

按：朱元理为滕县令举人唐洪绪婿，“开绪”疑误。

顾有谷

字粒万，号翊堂。清昆山人。嘉庆十四年(1809)恩贡生。

翊堂遗稿　集部别集类

见《吴郡甫里人物考》卷13。

李世经

字纶九，号纬斋。清昆山人。以峙父，世莹弟。以选贡授湖南州判，以功擢授湘乡令。乞休，卒于寓馆。

善居室诗草　集部别集类　佚

见光绪《昆新两县续修合志》卷50。《国朝昆山诗存》卷23收其诗3首。

唐芷芬

清新阳人。滕县令洪绪次女，太仓赵擎霄妻。性贤孝，沉静不妄言。耽吟咏，诗笔韶秀。早卒。

芷芬遗稿　集部别集类　佚

见《历代妇女著作考》引《清闺秀艺文略》。

顾佐尧

字玉怀，号邵庵。清昆山人。佐禹兄。幼颖敏，读书过目不忘。经史百家外，泛滥于岐黄、壬遁及二氏之书。为文风发泉涌。乾隆六十年(1795)副榜。弟佐禹卒，遂不复应试，曾与同宗国政、省兰及佐禹等刻《武陵八子诗》。卒年77。

草庐文集4卷　集部别集类　佚

众绿轩诗集(一作丛绿轩诗草)12卷　集部别集类　佚

金粟斋偶存草　集部别集类　佚

以上3种见光绪《昆新两县续修合志》卷50。

武陵八子诗　集部总集类　佚

清顾佐尧等辑刻

见光绪《昆新两县续修合志》卷31本传。《国朝昆山诗存》卷26收其诗 31 首。

顾佐禹(1760—1795)

字翌元,号虹桥。清昆山人。佐尧弟。刻苦于学,既游庠,名噪甚,才名冠一时。作文酷摹选体,诗亦苦索得之,不肯涉浅近。教授里中,从游者日进,一时名宿咸敛手推服。乾隆六十年(1795)卒,年 36。

遗稿 1 卷　集部别集类　佚

见光绪《昆新两县续修合志》卷 50。

众绿轩诗草 1 卷　集部别集类　佚

见民国《昆新两县续补合志》卷 19。

武陵八子诗　集部总集类　佚

清顾佐尧、顾佐禹等辑刻

按:光绪《昆新两县续修合志》卷 50 顾佐尧有《众绿轩诗集》12 卷。《国朝昆山诗存》卷 26 收其诗 8 首。

朱　铨(1760—1831)

字伦甄,号青湄。清昆山人。栻裔孙,元载子,少嗣族父廷焕。家贫,授经洞庭东山,入都肄业国学,两试北闱不售,乃南归。为人孝友,待孤寡恩义兼隆,见善勇为。身长鹄立,美须髯,工诗善弈,兼写竹枝,尤精堪舆家言。道光十一年(1831)卒,年 72。

校正飞龙经 4 卷　子部术数类　佚

拙生楼诗抄 8 卷　集部别集类　佚

杜诗评　集部别集类　佚

唐杜甫撰　清朱铨评

按:《杜集书录》引《昆新续补合志》作朱絟。

古今诗津梁 16 卷　集部总集类　佚

国朝诗采珠 12 卷　集部总集类　佚

以上 5 种见光绪《昆新两县续修合志》卷 50。《国朝昆山诗存》卷

25 收其诗 24 首。

李以鼎

字玉传。清昆山人。惇孙，世济子。性喜藏书。嘉庆六年(1801)拔贡。

调庵集　集部别集类　佚

见《吴郡甫里人物考》卷 12。

宣　镛

字杏坪。清嘉定诸生，馆昆山张浦镇许氏。受业嘉定钱大昕，为六书、苍雅之学。

说文标目 1 卷　经部小学类　佚

见光绪《昆新两县续修合志》卷 34 本传。

翁义山

字绶南，号曦亭，自号航头学究。清昆山真义人。仁发胞侄。庠生。性颖敏，过目不忘。藏书千余卷，研究字义音韵，皆有心得。清道光初邑中修《合志》，悉心采访，不滥不遗。著作甚富。其从孙智锡辑之，凡数十卷。卒年 79。

字学考义　经部小学类　佚

青衿谱　史部政书类　佚

以上 2 种见《信义志稿》卷 17。

希白居吟草　集部别集类　佚

操觚一得诗　集部别集类　佚

以上 2 种见《信义志稿》卷 5 本传，卷 16 收其诗 2 首。

方逢年

字裕千。清昆山人。鹏十二世孙。庠生。敦品力学，从葛常旭游最久，学益醇。嗜诗。爱艺菊，遍植庭阶，每至九秋，与二三同志赏菊吟诗，有陶潜遗风。逢年自甲辰(清乾隆四十九年，1784)弃诸生，因更名甲生。卒年70。

二酉书屋诗抄　集部别集类　佚

景芳集诗选　集部总集类　佚

以上2种见光绪《昆新两县续修合志》卷50。

按：《合志》卷33本传云："手辑邑先贤诗数百首，各制小传，取宋贤莫子纯'昆山众芳所在'语，题曰《景芳集》，以课子若孙，曰：俾无忘旧德。"

赵苍舒

清昆山溢渎村人。世业医，苍舒又精治伤寒，与马中骅齐名，而各不相能。然苍舒贯串诸家，援据确实，中骅无以难也。弟律黄，亦继起，有声于时。

伤寒字字金言4卷　子部医家类

见同治《苏州府志》卷110及光绪《昆新两县续修合志》卷33本传。

沈　珠

字散华，号德渊。清昆山人。雅工诗。

删余草　集部别集类

见《历代妇女著作考》引《名媛诗话》。

香雨诗草3卷诗余1卷附删余吟1卷散花诗余1卷　集部别集类

清会稽凌荣撰　附昆山沈珠撰

清嘉庆十八年(1813)吹香吟馆刻本，见《贩书偶记续编》卷16。

杜　彝

字陵余。清昆山人。松后裔。副贡，青浦训导。腊月，其母在仲兄家，夜半闻火警，急奔母所，火已及屋，遂冒焰入，负母出。道光间举乡饮，朝廷旌其间，绘《火林负母图》，名流题咏表彰之。

火林负母图1卷　子部艺术类　佚

见《昆山先哲遗书目录》。

葛　梅

字萼仙。清昆山人。子敬女，幼失怙，依舅氏徐宝符家。性敏慧，善为诗。后归同邑何顾绚，绚有文名，唱随甚相得。卒年92。

团焦室诗稿　集部别集类　佚

见民国《昆新两县续补合志》卷17本传。

朱元理(1766—1826)

字惕庵。清昆山陈墓镇人。年16补新阳诸生。滕县令唐洪绪妻以女，就婚山东滕县，与桂馥诸人相唱和。唐卒，归其丧，代还官逋3000金，家益困。幕游山左及徽、歙间。又以外家子弟多失学者，归而教授，遂不出。卒年61。

(道光)婺源县志39卷首1卷　史部地理类

清黄应昀修　朱元理纂

清道光六年(1826)婺源县署刻本，上海图书馆藏。

惕庵诗存1卷　集部别集类

清光绪二十年(1894)刻本，上海图书馆藏。

惕庵剩稿　集部别集类

见光绪《昆新两县续修合志》卷50。又，《合志》卷31本传云：元理诗久散佚，其从孙培源辑得数十篇，名曰《惕庵剩稿》。

澄　根(1767—1824)

清释。姓陆，字宿慧。昆山张浦镇人。幼有出世志，弱冠投里中眼蓑庵为僧，受具戒于灵岩巨禅师。戒行苦卓，研参罔间。积钵赀建大悲、文昌诸阁。凡有兴作，与佣保同劳苦，远近缁素莫不宗仰。道光四年(1824)示寂,卒年58。

顿悟法门　子部佛教类　佚

见光绪《昆新两县续修合志》卷50。

陈　棻(1767—1840)

字春山。清昆山人。月莲父。庠生。攻举子业,屡赴省闱不遇。晚岁乃潜心释典。道光二十年(1840)卒。

金刚经注释　子部佛教类　佚

梅村诗草　集部别集类　佚

以上2种见光绪《昆新两县续修合志》卷50。

戴　晋

字锡蕃,号雪堂。清昆山人。少受业于顾有毅,清嘉庆元年(1796)补昆山县学生员。平素钻研医术。

古今方诀注3卷　子部医家类　佚

见民国《昆新两县续补合志》卷19。

吴映辰

字翼南,号东田。清昆山人。映奎兄。嘉庆七年(1802)新阳恩贡生。性方严,燕居无惰容。教授里中,称名宿。

浮休草　集部别集类　佚

味经草堂稿2卷　集部别集类　佚

见光绪《昆新两县续修合志》卷50。

按:《合志》卷31吴映奎传附传作《味经草堂诗文集》。《国朝昆山诗存》卷24收其诗2首。

顾　昀

字竺生,字颖箸。初名国政,字正之。清昆山人,居甫里。幼年失恃，好学，与吴江郭麐善。嘉庆三年(1798)举于乡。性耿介，纤悉必谨，人有谓其迂，笑颔之。

残夜水明楼诗集4卷　集部别集类

赵氏寄云楼抄本，见《昆山先哲遗书目录》。

按：《国朝昆山诗存》卷25云“殁后(郭)麐为序”，收其诗18首。

徐　勖

字绍箕，号小憨。清昆山人。与乔裔孙。少从顾有棱受业，补昆庠生。娶朱氏，与同里王缙为僚婿，并以能诗名。

盘蜗室吟稿　集部别集类　佚

见光绪《昆新两县续修合志》卷50。

按：《国朝昆山诗存》卷25收其诗13首。

吴　栋

字豫章，号渔庄。清昆山人。自少刻苦励学，嘉庆五年(1800)领乡荐，大挑列上等，试令浙江，累权县事。在汤溪稍久，公暇进诸生讲说书指，如亲子弟。后摄黄岩，甫抵任而卒。性行淳谨，为文一宗先正，诗亦渊雅。尝主讲玉山书院。

抱玉山房稿　集部别集类　佚

见光绪《昆新两县续修合志》卷50。

按：《国朝昆山诗存》卷25收其诗19首。

潘　琦

字慕韩，号书堂。清昆山人。居甫里，廪生。

香雪吟　集部别集类　佚

见光绪《昆新两县续修合志》卷50。

按：《国朝昆山诗存》卷25收其诗2首。

邹宝琳

字玉相，号养泉。清昆山人。嘉庆七年(1802)贡生。居蓬阆镇，教授里中，工制举业，兼明医理，以学行见称，试辄取高等。十踏省闱，屡荐不售。

养泉居诗钞　集部别集类　佚

见光绪《昆新两县续修合志》卷50。

按:《国朝昆山诗存》卷25收其诗4首。

徐　瓒

字象贤，号蓉溆。清昆山人。开禧五世孙。嘉庆十五年(1810)贡生。家贫力学，恬淡有守，工诗，清微幽峭，绝去雕饰，亦善古文词。

淞隅阐幽录2卷　史部传记类　佚

按:此书《合志》卷31徐廷琏传附传作《淞南阐幽录》，谓“惓惓师友之间，与族祖凌云《先友传》略相仿”。

绿满山房诗稿3卷　集部别集类　佚

所见集20卷　集部别集类　佚

以上3种见光绪《昆新两县续修合志》卷50。

按:《国朝昆山诗存》卷25收其诗6首。

邱以璒

字瀛帆，一字应源。清昆山人。万垓五世孙。道光元年(1821)贡生。少师事黄钟，学制举业于王琳，试辄高等，为古文与吴映奎并称，诗才清妙，雅擅胜场。性任达，不拘小节。曾分纂清道光《昆新两县志》。

南村集　集部别集类　佚

超然居闲吟　集部别集类　佚

以上2种见光绪《昆新两县续修合志》卷50。

按:《国朝昆山诗存》卷27收其诗29首。

吴映奎

字文躔，号银帆，又号止狷。清昆山人。元锡父。少孤，与兄映辰、映薇互为师友。映奎学问渊博，工古文词，通六书，尤精谱学，有著述行于世。卒年68。

顾亭林先生年谱1卷附1卷　史部传记类

清顾衍生原本　吴映奎重辑　车持谦增补

(1) 清道光十九年(1839)车持谦刻本，无《附》。上海图书馆藏。

(2) 清道光二十四年刻本，复旦大学图书馆藏。

(3) 清光绪四年(1878)嘉兴金吴澜刻本，吴映奎编，潘道根校，上海图书馆藏。

(4) 清光绪十一年刻本，吴映奎编，潘道根校，附《亭林先生同志赠言》一卷，上海图书馆藏。

(5) 清光绪十四年上海校经山房刻本，辽宁大学图书馆藏。

(6) 巾箱本，清潘道根校补，南京图书馆藏。

(7) 清抄本，周岷源跋，国家图书馆藏。

(8)《归顾朱三先生年谱合刻》本。

(9)《顾亭林先生遗书·补遗》本。

(10) 民国间上海文瑞楼石印本，北京大学图书馆藏。

(11)《四部丛刊三编》本，钱邦彦校补。

(12) 1975年香港崇文书局影印《顾亭林先生年谱汇编》本。

(13)《北京图书馆藏珍本年谱丛刊》本。

(道光)昆新两县志40卷　史部地理类

清张鸿等修　王学浩纂　吴映奎等分纂

(1) 清道光六年刻本，南京图书馆藏。

(2) 2017年广陵书社影印本。

九峰三泖考　史部地理类　佚

见光绪《昆新两县续修合志》卷50。

竹西小记　子部杂学类　佚

碧桃仙馆琐述　子部杂学类　佚

脉望琐谈5卷　子部杂学类　佚

按:道光四年映奎以此书付潘道根整理。

东游吟草　集部别集类　佚

望山阁诗文集　集部别集类　佚

以上5种见光绪《昆新两县续修合志》卷50。

按:《国朝昆山诗存》卷25收其诗9首。

曹佩金

字震钧。清新阳人。澄子。究心六法,藏前人真迹甚富,日以临摹为事。

东畦草　集部别集类　佚

见《吴郡甫里人物考》卷12。

曹锡嘏

字玉传。清新阳人。澄子。工诗。

湘筠吟稿　集部别集类　佚

见《吴郡甫里人物考》卷12。

席存震(?—1821)

字省伯,号筤坡。清新阳人,先世居吴县洞庭山。少与仲弟存泰同游庠序,并以才名著。耽吟咏,究心易卜,通算法。嘉庆十四年(1809)以恩贡需次州倅。清道光元年(1821)参与纂修志乘,是岁卒。

洞庭席氏支谱不分卷　史部传记类

清席存震纂

抄本,上海图书馆藏。

算学蠡测　子部历算类　佚

见光绪《昆新两县续修合志》卷33本传。

按:民国《昆新两县续补合志》卷19作《算学测蠡》。

雪鸿诗钞　集部别集类　佚

筤坡吟稿　集部别集类　佚

以上2种见光绪《昆新两县续修合志》卷50。

按:《国朝昆山诗存》卷24收其诗23首。

戴书芬

字月村。清昆山人。金山诸生王景高妻。善琴,工吟咏。

父书楼吟稿(一作月村诗钞)2卷　集部别集类

清道光元年(1821)刻本,上海图书馆藏。

按:《历代妇女著作考》引《松江府续志》作《月村诗抄》,共收诗165首。又,《清诗铎》卷20收其诗1首。

李存厚

字懋和,号未庵。清昆山人。以健子,德郊父。天资颖敏,读书过目不忘。应京兆试不售,预内廷校录,旋入为光禄寺典簿,进署正。其学于六经诸史外,泛滥百家,工诗古文,才思敏捷,尤长于俪体。著作甚多,随手散佚。卒年59。

瓿余吟草2卷　集部别集类　佚

卧樗子诗文集8卷　集部别集类　佚

以上2种见光绪《昆新两县续修合志》卷50。

庄鸿其

清昆山道士。幼从清真观道士为师,栖心玄理,旁及六壬,占卜星相。好书画,书法欧阳,写生得黄筌笔意。性雅洁,庭阶遍植花卉,自号灌园道人。中年又习琴棋,喜与文士游。每日读经毕静坐,客至烹茗清谈,或抚琴,或对弈。卒年60余。

炼丹录　子部道教类　佚

见光绪《昆新两县续修合志》卷 49。

陈治鉴

清昆山人。

菊庄诗存 20 余卷　集部别集类　佚

见民国《昆新两县续补合志》卷 19。

张昌衢(？—1816)

字步康，号尧民。清嘉兴人，馆昆山李氏。敦内行，绩学能文，长于考证之学。其经术诗赋，为浙江视学叹赏。由优行贡成均，膺嘉庆二十一年(1816)乡荐，放榜甫满月，赍志殁。

礼记地理考　经部礼记类　佚

经义咫闻　经部群经总义类　佚

诗词古文集　集部别集类　佚

以上 3 种见光绪《昆新两县续修合志》卷 50。

春阴阁体物词　集部词曲类　佚

见《清儒学案》卷 143。

顾有稜

字恒方，一作衡方，号逋云。清新阳人。思约从子。庠生。孝友能文，为诗秀拔。与丁润、徐云路辈以诗唱和。早卒。

醒嫌诗草　集部别集类　佚

见光绪《昆新两县续修合志》卷 50。《国朝昆山诗存》卷 26 收其诗 19 首。

李　镛

字序东，号逊斋。清昆山人。少而家落，师事胡照学举业，补新庠生，教授里中。笃志好学，为文宗先正，屡踏省闱不售，学使姚文田特赏之，岁科试并第一。授饩，未几殁。

遗稿二篇　集部别集类　佚

见民国《昆新两县续补合志》卷19。《国朝昆山诗存》卷27收其诗2首。

李钧栽

原名钧奏，字惇永，号穆卿。清宝山县人，徙昆山。保泰子。嘉庆三年(1798)领乡荐。少随宦扬州。天怀诚笃，不慕荣利。工古文词。精鉴赏，碑板书画，真赝立辨。晚选谒得知县，以母老改官常熟教谕，训士有法，先行后文。卒于官，年78。

赠云轩诗文稿　集部别集类　佚

见光绪《昆新两县续修合志》卷50。

范其仁(1774—1846)

字心谷。清昆山石浦镇人。少孤，于乡里有义举。性爱花木，家有数百种，每值花开，招同邑王学浩、青浦吴邦基谈咏竟日。道光二十六年(1846)卒，年73。

种花辑要　子部农家类　佚

菊逸轩笔记　子部杂学类　佚

以上2种见光绪《昆新两县续修合志》卷50。

顾有准

字万均，号淞航。清新阳人。思约子，有棱弟。庠生。少承家学，里居教授，与从兄有稜并以能诗名。尝辑其少作与顾振甲、佐尧、佐禹等人为《武陵八子诗》。

虚白斋诗草　集部别集类　佚

武陵八子诗　集部总集类　佚

清顾国政、顾佐尧、顾之兰、顾有准等唱和刊行

见光绪《昆新两县续修合志》卷50。《国朝昆山诗存》卷26收其诗16首。

顾之兰

字介堂。原名省兰，字廷佩。清昆山人。寿峰长子，抡父。工诗，与其族人国政、佐尧、佐禹等刻《武陵八子诗》，盖其相唱和之作。夏溶立普济育婴堂，规制多之兰手定。卒年86。

听雪楼诗草　集部别集类　佚

见光绪《昆新两县续修合志》卷50。

武陵八子诗　集部总集类　佚

清顾国政、顾佐尧、顾之兰、顾有准等唱和刊行

见光绪《昆新两县续修合志》卷32顾之兰传。《国朝昆山诗存》卷26收其诗2首。

孙天骐

字德甫，号苏门。清昆山人。父夏重，候选县丞，广交游，家道中落。天骐乃习医，究心灵素，日夜不倦，金元四大家及近代名医著作无不博览。临证施治，尤能切脉以悉脏腑。就诊者门庭如市。好济贫振匮，而自谋则不顾，殁之日身无以殓。感恩之族，相观涕泣。

述庭训　子部儒学类　佚

医林杂俎　子部医家类　佚

咽喉问答　子部医家类　佚

停云馆医案　子部医家类　佚

揖翠山庄诗集　集部别集类　佚

以上5种见光绪《昆新两县续修合志》卷33本传，云：诸书“锓板藏其甥嘉定金光禄树基家，兵后仅有存者”。

高　昶

字玉堂，号朗溪。清昆山人。少师事马宗翰等，家贫力学，补新庠生，精李虚中术，尤好青鸟家言。卒年60余。

学吟草1卷　集部别集类　佚

见民国《昆新两县续补合志》卷19。《国朝昆山诗存》卷28收其诗7首。

李傅霖

字润苍。清昆山人。国学生，少习举业，弃去。学诗泛滥唐宋元明诸大家而以剑南为宗。间习医，道光元年(1821)时疫盛行，救活甚众。晚年，益尽心地方公益，卒年70余。

医学启蒙　子部医家类　佚

城东小隐诗草　集部别集类　佚

见光绪《昆新两县续修合志》卷50。

顾锡祉(1776—1859)

字景繁，号竹楼。清昆山茜墩人。炎武裔孙。素性磊落，善鉴别法书名画。家有库书楼，所藏宋元真迹甚富，并储炎武所著书籍，尤多抄本未刊遗著。好善举，曾倡捐建邑城义塾，并捐资襄办闹费局务。晚年不与外界接触，独居于来贤堂中，以鉴赏书画、读书烹茶自娱。卒年84。

历代帝王宅京记20卷　史部地理类

清顾炎武撰　顾锡祉校刊

清嘉庆十三年(1808)顾锡祉来贤堂刻本，上海图书馆藏。

按：《藏园订补郘亭知见传本书目》云：此为通行本中较佳之本。

周　芷

字恂芳，号槐根。清昆山人。新阳廪监生。少师事同里王国良，应童子试，知府宋某赏其文，拔冠一军。早岁丧妇，不复娶。家贫，里居教授，博览经史，以诗酒自豪，一时名流，并相推奖。

槐根遗稿3卷　集部别集类　佚

见光绪《昆新两县续修合志》卷50。《国朝昆山诗存》卷25收其诗28首。

槐根吟草附补遗　集部别集类

民国间吴东彭治抄本，列入《昆山丛书》第一集，国家图书馆藏。

方　筠(1777—1829)

字兰畦，号雪庐。清昆山人。例贡生家鼎女，许字顾国荣。未婚，国荣卒。筠年22，归顾氏尽孝养。道光九年(1829)卒，年53。善绘事，工诗。

息影山房稿(一作雪庐小草)　集部别集类　佚

见《历代妇女著作考》引《正始续集》。

按：光绪《昆新两县续修合志》卷41本传云：长洲宋笋祥付梓，后即毁于兵燹。稿中佳句为桂林倪云癯采入《桐阴诗话》，音节酸楚，以抒一生苦志。《国朝昆山诗存》卷30收其诗6首。

朱大松(1777—1842)

字万梅。清昆山人。受观子，出嗣伯父受谦。训大松曰："居家毋奢，行善毋吝。"大松遵先训，自奉约而勇于为义。嘉庆十九年(1814)捐资修城，道光三年(1823)水灾，捐米数百斛赈饥。县志70余年未修，捐资五六千金，延请邑中耆旧王学浩、吴映奎、邱以增、张宗城等设局分纂，就正吴县石韫玉序以梓行。

(道光)昆新两县志40卷首1卷末1卷　史部地理类

清张鸿、来汝缘修　王学浩等纂

清道光六年(1826)朱大松资助刻本,南京图书馆藏。

赵　章

字新甫,号秀山,又号寄庐。清昆山人。新阳庠生。貌修伟如羽流。早年幕游南北,既归里,贫甚,为岐黄家术,自号倦游老儒,颇以诗自负。性诞慢,持论甚高。卒年70余。

南乡壶隐草　集部别集类　佚

寄庐拾片　集部别集类　佚

以上2种见光绪《昆新两县续修合志》卷50。《国朝昆山诗存》卷24收其诗4首。

孔继尧

字砚香,号莲乡。清昆山人。画山水花鸟无不入神,尤精人物。郡人顾沅集《吴郡名贤图册》《圣庙祀典图考》,继尧为绘图像,无不精妙。

莲乡题画纪略　子部艺术类

清孔继尧撰,潘道根录

民国间吴东彭治辑录《昆山丛书》抄本,国家图书馆藏。

顾运铨

字秉衡,号桂曹。清昆山夏甲村人。生平尚肝胆,遇善举踊跃以身任。建宗祠,置祀田。道光三年(1823)大水,创捐赈饥。幼读背诵如流,稍长弃举业,入胄监援例为府同知。所居旁筑逸园,奉母游览其间,颜其厅曰"春晖草堂"。暇则以书画自娱。卒年57。

品石斋吟稿　集部别集类　佚

山茶唱和诗　集部总集类　佚

以上2种见光绪《昆新两县续修合志》卷50。《国朝昆山诗存》卷29收其诗3首。

孙之基

清昆山人。监生。早卒,妻朱氏守节近40年,清嘉庆间旌表。

爰东山房诗稿　集部别集类　佚

见光绪《昆新两县续修合志》卷50。

方　蔚

字晋藩,号起山。清昆山人。唐其玉夫,元恕父。未冠补昆山庠生,试辄高等,屡荐南闱不售。性伉直,与县令张和善,不干以私。卒年39。

茶余吟稿　集部别集类　佚

见光绪《昆新两县续修合志》卷50。《国朝昆山诗存》卷26收其诗2首。

唐其玉

字菊圃。清昆山人。诸生国绪女,诸生方蔚继妻。能诗。雅工诗。娴吟咏。年29蔚卒,守节至51岁而终。

梦雷吟草　集部别集类　佚

见民国《昆新两县续补合志》卷19。

按:《续修合志》卷41作《梦留吟草》,唐淑秀撰。

茶余吟稿　集部别集类　佚

见光绪《昆新两县续修合志》卷41唐淑秀传附本传。

按:《续修合志》卷50以《茶余吟稿》为方蔚撰。《国朝昆山诗存》卷30收其诗8首。

李以峙(1780—1834)

字俊甫,号季庸,别号頵山。清昆山人。世经子。幼颖异,未冠补诸生。诗文并绮丽,兼骈体。随父宦湘中,游览所至,吟咏遂多。领道光十四年(1834)乡荐,未及礼部试病卒,年55。

古俊斋自怡草　集部别集类　佚

见光绪《昆新两县续修合志》卷50、卷31李世经传附。

按:《国朝昆山诗存》卷28收其诗25首。

赵文彬(1780—1837)

原名安止,字汇珠,号兰溪,又号觉松。清昆山真义镇人。之骧父。弱冠补诸生,嘉庆十八年(1813)领乡荐,授丰县教谕。幼从同邑魏模、徐传诗游。工书。卒年58。

赵觉松先生褚圣教序临本1卷　子部艺术类

清赵文彬书

清光绪十九年(1893)刻石清末拓本,复旦大学图书馆藏。

高斋偶存稿2卷　集部别集类

赵氏寄云楼抄本。

余希婴(1780—?)

字筠雪,号淡如。清昆山人。应魁孙女,梦星次女。幼有至性,读《孝经》《列女传》,即晓大义。许字常熟朱子钦,以家贫亲老,矢志不嫁,以孝养父母为事。父母相继殁,幼弟希煌6岁,亲自教读。为糊口计,就馆长洲徐镜秋家。弟寻殁,为抚其遗孤,俾其成立。又为祖父及父母营葬,并辑刻家人著述为《玉山连珠集》(余氏五稿)。数十年间,备历艰辛,年逾8旬,仍作女傅,教绣课经。希婴能诗文,工画,喜读左、国、史、汉,为文宽厚雄博,与妹希芬,并著诗名。卒年80余,学宪毛式郇给"孝竹贞松"额。

味梅吟草4卷　集部别集类

(1)《玉山连珠集》(余氏五稿)本。

(2) 2014年国家图书馆出版社出版《清代闺秀集丛刊》本。

按:《历代妇女著作考》引《昆山胡氏书目》云:此书前有赵同钧、朱尚宾、弟希焯、希煌序。王希廉撰传。末有徐镜秋跋。凡诗 118 首。

玉山连珠集(一作余氏五稿)　丛书类

清余希婴辑刊

(1) 清咸丰九年(1859)夏松竹斋刻本,南京图书馆藏。

(2) 2015 年国家图书馆出版社出版《清代家集丛刊》本。

子目:

《冗余草》1 卷　清余应魁撰

《吉羽草》1 卷　清余梦星撰

《味梅吟草》4 卷　清余希婴撰

《朗仙吟稿》1 卷　清余希芬撰

《憨石山房诗抄》4 卷　清余希煌撰

按:《国朝昆山诗存》卷 30 收其诗 7 首。

徐　琬

字席珍。清昆山人。宝稼父。候选盐场大使。工篆刻,兼善书画。书宗赵孟頫,画善人物花鸟虫鱼,点缀生动。兵燹后,家仅存《菊花谱》1 卷,各种俱备。

菊花谱 1 卷　子部艺术类　佚

见光绪《昆新两县续修合志》卷 33 徐宝稼传附。

明　理

清释。本姓钦,名允恭,字学山。号恒性,又号梅村上人。清昆山真义人。好佛学。年 43 弟妹婚嫁毕,剃度于苏州狮林寺道公和尚座下。然释而仍儒,好学不倦,遍观汉魏六朝三唐诸书。风雅不群,交游多知名士。喜咏吟,兼精医术。

梅村笔记 2 卷　子部杂学类

(1) 清嘉庆十六年(1811)刻本,复旦大学图书馆、北京大学图书馆藏。

（2）抄本，不分卷，见《昆山先哲遗书目录》。

胡国观

字宾王，号六香。清昆山人。居鸡鸣塘，少好学，三应童子试不售，遂弃制艺，肆力于诗，和王学浩辈相唱和。年逾 90 卒。

墨雨斋诗抄 6 卷续抄 4 卷近抄 1 卷　集部别集类

清道光年(1821)至道光六年刻本，上海图书馆藏。

按：书首牌记刊印“道光辛巳春镌”，知此书始刻于道光元年。《近抄》卷末甥沈淇所撰跋文落款为“道光六年岁次丙戌”。是知此书刊刻前后历经六年。

冯登府(1783—1840)

字柳东，一字云伯，又自号小长芦旧史。清嘉兴人，移居昆山。嘉庆二十五年(1820)进士，入词垣，散馆授福建知县，旋改宁波府教授。居母忧，来昆馆邑中李氏。自少工词章，湛深经术，宗汉学。喜填词，又工篆隶，精铁笔。生平与洪颐煊、吴德旋、瞿中溶、严杰、钱泰吉、李富孙交最密。

三家诗遗说翼证不分卷　经部诗经类

稿本，清李富孙校，复旦大学图书馆藏。

三家诗遗说不分卷　经部诗经类

稿本，国家图书馆藏。

三家诗遗说 8 卷补 1 卷　经部诗经类

（1）清抄本，清李富孙校，天津图书馆藏。

（2）《续修四库全书》本。

三家诗异字诂 3 卷　经部诗经类

稿本，清李贻德校并跋，浙江图书馆藏。

三家诗异文疏证 6 卷补遗 3 卷　经部诗经类

（1）手稿本，清陈寿祺跋，上海图书馆藏。

(2) 清道光十年(1830)四明学舍刻本,国家图书馆藏。

三家诗异文释3卷补遗3卷　经部诗经类

稿本,清李富孙校,浙江图书馆藏。

诗异文释6卷补遗1卷　经部诗经类

稿本,复旦大学图书馆藏。

三家诗异文疏证2卷　经部诗经类

《清经解》本。

诗异文补4卷　经部诗经类

旧抄本,见《持静斋书目·续增》。

论语异文集证2卷　经部四书类

稿本,上海图书馆藏。

论语异文考证10卷　经部四书类

(1) 清道光十四年(1834)粤东学海堂刻本。

(2)《藏修堂丛书》第一集本。

(3)《芋园丛书》本。

(4)《续修四库全书》本。

逸经补正3卷　经部群经总义类

清朱彝尊辑　冯登府补

(1)《适园丛书》第七集本。

(2)《丛书集成续编》本。

十三经诂答问6卷　经部群经总义类

(1)《槐庐丛书》本。

(2)《孙溪朱氏经学丛书初编》本。

(3)《清经解续编》本。

(4)《丛书集成续编》本。

十三经答问6卷补遗1卷　经部群经总义类

稿本,姚光跋,上海图书馆藏。

石经阁日钞1卷　经部群经总义类

《石经阁丛书》本。

续石经考 3 卷　经部群经总义类

稿本，国家图书馆藏。

石经补考 2 卷　经部群经总义类

清同治十三年(1874)刻本，上海图书馆藏。

石经补考 11 卷　经部群经总义类

《石经汇函》本。

石经补考 12 卷　经部群经总义类

(1) 清道光元年至八年刻本，国家图书馆藏。

(2) 清道光二十八年冯氏刻本，见《郘园读书志》卷 2、《郑堂读书记》卷 34。

(3)《续修四库全书》本。

按：《郑堂读书记》卷 34 云："(石经考)惟顾亭林、万季野、杭堇浦三家。然皆只备考石经原委，而于古今文异同之辨，俱略备而不详，犹为阙事。柳东因就三家之书，益以洪景伯、黄伯思而下各家著录及他书之考及石经文字者，详加采摭，附以己见，以成是编。凡《汉石经考异》二卷、《魏石经考异》一卷《拾遗》一卷、《唐石经考异》二卷《误字辨》一卷、《蜀石经考异》二卷、《北宋石经考异》一卷、《南宋石经考异》一卷《遗字》一卷。专析其古今通借之原，以补前人之未备。既精且博，有条不紊，遂为世之言石经者不可少之书矣。"又，尚有《国朝石经考异》2 卷。

汉石经考异 1 卷　经部群经总义类

(1)《清经解》本。

(2)《石经补考》本，作 2 卷。

汉石经异文释 1 卷　经部群经总义类

稿本，孙星衍、钱泳题款，南京图书馆藏。

魏石经考异 1 卷　经部群经总义类

(1)《清经解》本。

(2)《石经补考》本，附《拾遗》1 卷。

唐石经考异1卷　经部群经总义类

(1)《清经解》本。

(2)《石经补考》本,作2卷。附《误字辨》1卷。

蜀石经考异1卷　经部群经总义类

(1)《清经解》本。

(2)《石经补考》本,作2卷。

北宋石经考异1卷　经部群经总义类

(1)《清经解》本。

(2)《石经补考》本。

南宋石经考异1卷遗字1卷　经部群经总义类

《石经补考》本。

国朝石经考异1卷　经部群经总义类

(1)《清经解》体。

(2)《石经补考》本,作2卷。

说文解字重文2卷　经部小学类

稿本,上海图书馆藏。

尔雅古义补1卷　经部小学类

抄本,上海图书馆藏。

南田志稿不分卷　史部地理类

稿本,叶景葵跋,上海图书馆藏。

(道光)象山县志22卷首1卷附文类2卷　史部地理类

清童立成、吴锡畴修　清冯登府等纂

(1) 清道光十四年刻本,上海图书馆藏。

(2) 1915年木活字本,上海图书馆藏。

冯氏钱谱不分卷　史部金石类

拓本,复旦大学图书馆藏。

金石志不分卷　史部金石类

国家图书馆藏缩微胶片。

石经阁金石跋文 1 卷　史部金石类

(1)《行素草堂金石丛书》本。

(2)《金石全例·金石三例再续编·金石综例附》本。

(3)《槐庐丛书》四编本。

(4)《丛书集成续编》本。

金石综例 4 卷　史部金石类

(1) 稿本,上海图书馆藏。

(2) 清道光刻本,李慈铭批校,国家图书馆藏。

(3)《行素草堂金石丛书》本。

(4)《槐庐丛书》四编本。

(5)《金石全例·金石三例再续编·金石综例附》本。

(6)《丛书集成续编》本。

闽中金石志 3 卷　史部金石类

稿本,上海图书馆藏。

闽中金石志 14 卷　史部金石类

(1)《嘉业堂金石丛书》本。

(2)《续修四库全书》本。

冯氏钱谱不分卷　史部金石类

稿本,复旦大学图书馆藏。

浙江砖录 4 卷　史部金石类

(1) 清道光十六年刻本,上海图书馆藏。

(2) 清抄本,中国科学院图书馆藏。

石经阁藏书目录　史部目录类

抄本,国家图书馆藏。

酌史岩摭谭 1 卷　子部杂学类

(1) 稿本,国家图书馆藏。

(2)《石经阁丛书》本。

红兰华馆随录不分卷　子部杂学类

稿本,上海图书馆藏。

无弦琴谱 2 卷　子部艺术类

元仇元撰　清冯登府校。

抄本,上海图书馆藏。

处清彭斋琴趣　子部艺术类

抄本,国家图书馆藏。

一勺园琴话 1 卷　子部艺术类

清道光间刻本,国家图书馆藏。

蓬山邀笛谱 1 卷　子部艺术类

清道光间刻本,国家图书馆藏。

梵雅 1 卷　子部佛教类

稿本,国家图书馆藏。

风怀诗补注 1 卷　集部别集类

(1)《石经阁丛书》本。

(2) 抄本,国家图书馆藏。

清芬集 8 卷　集部别集类

清道光七年刻本,国家图书馆藏。

石经阁诗略　集部别集类

稿本,存卷 6,上海图书馆藏。

石经阁文集 1 卷　集部别集类

刻本,陈乃乾题识,上海图书馆藏。

石经阁文初集 8 卷　集部别集类

(1) 清道光十一年刻本,上海图书馆藏。

(2) 抄本,上海图书馆藏。

石经阁文稿 1 卷竹边词 1 卷　集部别集类

稿本,国家图书馆藏。

石经阁集外文 2 卷　集部别集类

忻宝华辑

稿本，上海图书馆藏。

石经阁文不分卷　集部别集类

清道光刻本，国家图书馆藏。

石经阁文集(一作石经阁文初集)8卷　集部别集类

(1) 清道光刻本，国家图书馆藏。

(2)《清代诗文集汇编》本。

按：参见《清人文集别录》，是集初印者不分卷，又另有初刻本，收文有出入。

石经阁文续集7卷　集部别集类

清史诠辑

稿本，海昌费寅题识，上海图书馆藏。

石经阁文集续编8卷　集部别集类

清费寅辑

(1) 费寅家抄本，国家图书馆藏。

(2)《清代诗文集汇编》本。

曝书亭集外诗8卷　集部别集类

清朱彝尊撰　冯登府、朱墨林辑

清道光二年刻本，上海图书馆藏。

按：书名页及目录题"曝书亭集外稿"，有清人李承谟题跋。

压线集不分卷　集部别集类

(1) 稿本，国家图书馆藏。

(2) 清道光史诠抄本，上海图书馆藏。

石经阁诗略5卷小槜李亭诗录2卷石经阁卬砚倡酬集1卷　集部别集类

(1) 清道光刻本，国家图书馆藏。

(2)《清代诗文集珍本丛刊》本，无《石经阁卬砚倡酬集》。

石经阁集　集部别集类

稿本，上海图书馆藏。

按:存9种22卷。即《石经补考》(存卷1至卷3)、《论语问答》1卷、《石经阁诗略》(存卷6至卷10)、《石经阁自定诗絜》(存卷3)、《拜竹诗龛诗存》(存卷1至卷5)、《拜竹诗龛诗存续集》(存卷1)、《拜竹诗龛集外诗》(存卷2至卷5)、《小槜李亭诗录》(存卷3至卷6)、《钓船笛谱》1卷。

冯柳东杂稿不分卷　集部别集类

稿本,上海图书馆藏。

拜竹轩诗龛诗存2卷钓船笛谱1卷　集部别集类

清道光九年自刻本,国家图书馆、上海图书馆藏。

拜竹轩诗龛诗存4卷　集部别集类

清道光九年刻道光十四年增刻本,上海图书馆藏。

按:前有书名页题:"道光九年秋刊于闽中。"但另有自序:"余以庚寅(道光十年)春自闽至甬,妄欲肆力于文,积三年,仅得诗百五十余首,编为三四两卷。"

拜竹轩诗龛诗存6卷钓船笛谱1卷　集部别集类

清道光十七年刻本,上海图书馆藏。

拜竹轩诗龛诗存4卷续集2卷月湖秋瑟2卷种芸仙馆词2卷　集部别集类

清道光增刻本,上海图书馆藏。

拜竹轩诗龛诗存9卷续集3卷钓船笛谱1卷　集部别集类

抄本,上海图书馆藏。

拜竹轩诗龛诗存10卷　集部别集类

(1) 清道光十九年刻本,北京大学图书馆藏。

(2)《清代诗文集汇编》本。

拜竹轩诗龛集外诗不分卷　集部别集类

清忻宝华辑

稿本,上海图书馆藏。

拜竹轩诗龛诗集外稿1卷种芸词初稿1卷　集部别集类

清史诠辑

清抄本，国家图书馆藏。

柳东文抄不分卷　集部别集类

抄本，上海图书馆藏。

柳东先生诗剩稿 8 卷竹榭词 1 卷附象山县志目及凡例　集部别集类

稿本，浙江图书馆藏。

第四桥渔唱 1 卷　集部别集类

抄本，国家图书馆藏。

二十四砚斋题赠录 1 卷　集部别集类

刻本，国家图书馆藏。

种芸仙馆集外词 2 卷　集部词曲类

清忻宝华辑

稿本，上海图书馆藏。

柳东居士长短句 5 卷　集部词曲类

清抄本，国家图书馆藏。

种芸仙馆词 2 卷钓船笛谱 1 卷月湖秋瑟 2 卷　集部词曲类

清道光刻本，南京图书馆藏。

种芸词初稿 1 卷　集部词曲类

清冯登府撰　史诠辑

抄本，国家图书馆藏。

种芸仙馆词 5 卷　集部词曲类

清道光十四年刻本，上海图书馆藏。

竹边词 1 卷　集部词曲类

稿本，国家图书馆藏。

柳阴渔笛谱 1 卷　集部词曲类

抄本，国家图书馆藏。

种芸仙馆词三种　集部词曲类

《清名家词》本。

按:此包括《花墩琴雅》《月湖秋瑟》《钓船笛谱》各1卷。

红兰春雨词1卷　集部词曲类

抄本,国家图书馆藏。

梨华馆悼亡辞1卷　集部词曲类

抄本,国家图书馆藏。

梅里词辑8卷　集部词曲类

清薛廷文原辑　冯登府重编

国家图书馆藏胶卷。

春阴阁词2卷　集部词曲类

见光绪《昆新两县续修合志》卷50。

石经阁集九种　丛书类

刻本暨稿本,上海图书馆藏。

按:即《石经阁文初集》4卷、《石经阁文初集》8卷、《月湖秋瑟》2卷、《花墩琴雅》2卷、《浙江砖录》4卷、《拜竹诗龛诗存》6卷、《书画碑帖目》1卷、《石经阁杂著》2卷、《石经阁诗略》(存卷6)。

朱文曾(1783—1848)

字振华,号斐堂。清昆山人。汤孙孙。弱冠游庠,文法先正,喜为诗,兼工画山水,抚丝桐自娱。风月佳夕,与故人樽酒论学,不及世俗语。性孝友,重信义。

斐堂诗文稿　集部别集类　佚

见光绪《昆新两县续修合志》卷50。

余希芬

字朗仙。清昆山人。梦星季女。梦星素工诗,希芬与仲姊希婴俱娴吟咏,希芬尤超隽。长姊希光适吴县沈林,旋卒,其父许希芬为沈林继室,未嫁而沈林又亡,誓不再字,年20卒。遗诗21首,希婴为梓行。

朗仙吟稿1卷　集部别集类

(1)《玉山连珠集》(余氏五稿)本。

(2) 2014 年国家图书馆出版社出版《清代闺秀集丛刊》本。

按:《国朝昆山诗存》卷 30 收其诗 4 首。

葛泰临

字辅成。清昆山人。锡璠五世孙。新庠生。清道光七年(1827)举乡饮宾。学务敦行,热心公益。卒年 70 余。

留耕堂集 3 卷　集部别集类

清葛锡璠撰　葛泰临辑

清宣统元年(1909)铅印本,上海图书馆藏。

留耕堂集 2 卷附复庵小稿 10 卷　集部别集类

清葛锡璠撰　葛泰临辑

清宣统元年铅印本,南京大学图书馆藏。

钱治谦

字书福,号铁华,晚号退愚。清新阳人。增广生。聪颖好学,淹贯群书,工诗歌骈文,尤精汉隶及钟鼎大篆。间刻竹石小品,工巧绝伦。著作甚富,多散佚不传。

诵芬录　子部杂学类　佚

鱼腹偶编　子部杂学类　佚

以上 2 种见《信义志稿》卷 17。

十丈烟萝馆词钞 1 卷　集部别集类

见《清词珍本丛刊》。

烟萝馆吟草　集部别集类　佚

见光绪《昆新两县续修合志》卷 50。

按:《国朝昆山诗存》卷 28 云其所著诗为《诵芬集》10 卷及《丈烟萝馆吟草》,与方志所载不同,并收其诗 9 首。

戴 溶

字文江，号竹山。清昆山人。传震父。父彦翀，邃于经史。溶幼禀庭训，长益发愤为文章，郁律苍健，得《国策》文气息。家贫好学，里居教授，为诗文不诡随时趋。喜搜求邑中掌故，就吴镜《可信录》详加参考，成《志略》10卷。卒年57。

昆新志略9卷　史部地理类　佚

见光绪《昆新两县续修合志》卷50。

按：汪源渠《民国昆新两县续补合志·序》云："周奕钫、戴镕(溶)均有所著，世俱不传。"

竹山近录　子部杂学类　佚

见《吴郡甫里人物考》卷12。

按：《国朝昆山诗存》卷26收其诗16首。

徐 昌

清昆山人。

伤寒第一书　子部医家类　佚

占恒录　子部术数类　佚

诗文集　集部别集类　佚

以上3种见光绪《昆新两县续修合志》卷50。

潘基泰

字敦仁，一字韵樵。清昆山巴溪人。工诗，感物托兴，性真流露，与张潜之、赵元春诸人游。卒年50。

杨村草堂日记　史部传记类

(1) 清同治元年(1862)稿本。

(2)《历代日记丛抄》本。

何事斋诗草5卷　集部别集类　佚

杨村草堂诗草4卷　集部别集类　佚

甘薇山舍诗草1卷　集部别集类　佚

以上3种见《巴溪志》(中国地方志集成·乡镇志专辑8)。

杨村文集不分卷　集部别集类

抄本,国家图书馆藏。

徐文奎

字聚五。清昆山人。与乔玄孙,镜子。家素饶,自奉检而好施。道光三年(1823)邑大水,赈粥平粜助人。施药施棉,岁以为常。族高祖元文遗屋典他姓,赎归居之,建阁宅西,题曰"溪山清赏",课子读书。卒年50,遗命割田5顷以赡族人。

杏圃吟草　集部别集类　佚

见光绪《昆新两县续修合志》卷33本传、卷50。

葛邦楷(1786—1858)

字揆章,号馗掌。清新阳人,道光中侨居浦口。诸生。少读书勤敏,从父宦游,学业益进。精于小学声韵,一本亭林《音学五书》。凡天文、律算、壬奇、刀剑诸法,皆通晓。精书法,楷法逼颜鲁公,行草出入二王,钟鼎篆隶皆臻高古。诗文多豪宕气,邑人争延为子弟师。

十三研斋集　集部别集类　佚

见清光绪《江浦埤乘》卷29。

王鸣凤

字仁符,一字鸣叔,号秫农。清昆山人。庠生。负才不羁,与张潜之、何顾复辈结诗社"栎社"。后潦倒卒于京师。所著甚多,同里顾培刻其遗稿。

一草亭诗不分卷　集部别集类

刻本,见《昆山先哲遗书目录》。

按：光绪《昆新两县续修合志》卷50作《一草亭稿》2卷。

栎社七子诗　集部总集类　佚

清张潜之、何顾复、王鸣凤等撰

见光绪《昆新两县续修合志》卷31张潜之传、何顾复传。《国朝昆山诗存》卷29收其诗42首。

徐凤采

清昆山人。

藕丝仙馆诗稿　集部别集类　佚

见光绪《昆新两县续修合志》卷50。

潘道根(1788—1858)

字潜夫，一字确潜，别号晚香。清昆山人。汤盘子。居周墅梅心泾，家贫，隐于医，早年问业于王学浩、吴映辰诸前辈，研求经史，旁及说文音韵之学。晚年学宗程、朱，私淑先儒顾亭林、朱用纯，所造益粹。与同邑张潜之、吴以畅、王鸣凤、何顾复、赵元春、张经邦结栎社，学业日进。好读书，皆手自校雠，闻善本异书，必借录副本，至老不休。留心地方文献，表彰忠节。咸丰元年(1851)保举孝廉方正，作书以四不可力辞。八年卒，年71。

毛氏故训传30卷郑氏诗谱1卷　经部诗经类

汉毛亨撰　郑玄笺

清嘉庆二十一年(1816)周氏枕经楼刻本，清叶裕仁、潘道根批校并跋，南京图书馆藏。

三礼今古文疏证3卷　经部三礼总义类

稿本，苏州图书馆藏。

尔雅郭注补1卷　经部尔雅类　佚

见光绪《昆新两县续修合志》卷50。

昆山名家诗人小传5卷　史部传记类

清潘道根撰　彭治辑

(1) 稿本,上海图书馆藏。

(2)《上海图书馆未刊古籍稿本》本。

国朝昆山诗人小传　史部传记类

清末抄本,国家图书馆藏。

昆山名贤墓志铭 12 卷　史部传记类

清潘道根辑　杜彝增辑

清抄本,南京图书馆藏。

按:此辑录晋至清朝昆山著名人物之传记。始于晋代骠骑将军王某暨其夫人丁氏迁葬志。其下按照朝代,分别著录唐、吴越、宋、元、明、清代人物。卷末为张潜之"勿庵生圹自志"。所辑多为墓志铭原文,亦有记述墓志发掘、发现过程之文。一些墓志铭还按其原制一一誊录其撰写者、书写者、篆额者姓名。所录有与《昆山先贤冢墓考》重复者,两书可资比较;也有不少人物并不重复,两书可互为补充。

昭忠录不分卷　史部传记类

稿本,上海图书馆藏。

顾亭林先生年谱 1 卷　史部传记类

清吴映奎编,清潘道根校

(1) 清光绪四年(1878)嘉兴吴金澜刻本,上海图书馆藏。

(2) 清光绪十一年刻本,上海图书馆藏。

荥阳潘氏家谱不分卷　史部传记类

稿本,上海图书馆藏。

淞南顾氏世系 1 卷　史部传记类

清光绪四年刻本,苏州大学图书馆藏。

晚香日记不分卷　史部传记类

(1) 稿本,南京图书馆藏。

(2)《中国近现代稀见史料丛刊(第三辑)》本。

隐求堂日记节要 18 卷　史部传记类

清潘道根撰　王德森辑

1935 年铅印本，上海图书馆藏。

玉山景物略 1 卷马鞍山景物略 1 卷　史部地理类

以上 2 种清周奕钫撰　潘道根补

（1）1912 年王德森抄本，南京图书馆藏。

（2）1935 年苏州文新印书馆铅印本，上海图书馆藏。

按：《玉山景物略》，叙述马鞍山形势沿革，较详细介绍各景点历史沿革、古迹建毁经过、山川水道存废等。以马鞍山为中心，东南西北为序，将各景点串连介绍。《马鞍山景物略》，一名《玉山名胜》，列出马鞍山周围名胜古迹，分峰峦、洞谷、园亭、冢墓、寺院、桥梁等若干类。《玉山景物略》《马鞍山景物略》一详一略，相互补充。

昆山县城隍庙续志不分卷　史部地理类

（1）1912 年抄本，南京图书馆藏。

（2）《中国道观志丛刊续编》本。

昆山先贤冢墓考　史部地理类

清潘道根辑

（1）不分卷，稿本，3 册，南京图书馆藏。

（2）稿本，6 册，上海图书馆藏。

（3）《上海图书馆未刊古籍稿本》本。

（4）4 卷附录 1 卷，《附录》彭治增辑，台北成文出版社《中国方志丛书》本，据清末抄本影印。

按：南京图书馆、上海图书馆藏稿本与《中国方志丛书》所据清末抄本编排体例不同。前者比较混乱，后者则较为规整。《中国方志丛书》影印四卷本，共收录 100 余位上自唐代、下迄清道光有关昆山人物冢墓的资料。每文内容一般包括墓所、墓主家世与生平简介、墓志铭（墓表、墓碑、圹志）铭文等，而以墓志铭为主。

昆山名贤冢墓考 10 卷　史部地理类

稿本，南京图书馆藏。

(道光)昆新两县志补遗订讹不分卷　史部地理类

稿本,北京大学图书馆藏。

按:本书为潘道根订正道光《昆新两县志》讹误之作,对康熙《昆山县志稿》亦有所订讹,内容涉及建制、沿革、疆域、城池、风俗、方言、山水、水利、杂税、徭役、物产等方面。

昆新两邑庙志2卷　史部地理类　佚

见光绪《昆新两县续修合志》卷50。

昆山艺文志考　史部目录类　佚

见《明清江苏文人年表》。

读四子偶抄1卷　子部儒学类　佚

见光绪《昆新两县续修合志》卷50。

毋欺录补1卷　子部儒学类

清潘道根辑

清同治八年(1869)刻本,上海图书馆藏。

外台方染指　子部医家类

清道光抄本,南京图书馆藏。

薛一瓢先生温热论批本　子部医家类

清薛雪撰　潘道根补注

清咸丰二年(1852)抄本,中国中医科学院图书馆藏。

吴又可温疫论节要1卷　子部医家类

清吴有性撰　潘道根删润

稿本,上海图书馆藏。

饭香道人医案不分卷　子部医家类

稿本,苏州大学图书馆藏。

读伤寒论2卷　子部医家类

稿本,见《潘道根事略医著考》,是书集诸家之注,以尤氏、张氏为主,参以己见,阐幽发隐。

医学正脉不分卷　子部医家类

稿本，见《潘道根事略医著考》，是书集喻嘉言、徐灵胎等 7 位清代名家高论，罗列内科、儿科 31 种病症的治疗，内容详尽，有独到之见。

娱拙斋医案不分卷　子部医家类

稿本，见《潘道根事略医著考》，是书集医案 280 余例，多为内、妇科医案。

医学读书记　子部医家类　佚

见光绪《昆新两县续修合志》卷 50。

临证度针 6 卷　子部医家类

稿本，苏州大学图书馆藏。

读书识小录□卷　子部杂学类

稿本，上海图书馆藏。

读书识小录 2 卷　子部杂学类

稿本，王大隆跋，复旦大学图书馆藏。

所见录 1 卷　子部杂学类

稿本，上海图书馆藏。

谈龙录　子部杂学类　佚

娱拙斋杂记　子部杂学类　佚

以上 2 种见光绪《昆新两县续修合志》卷 50。

吴青洋杂记 1 卷　子部杂学类

清潘道根录

民国间吴东彭辑录《昆山丛书》抄本，国家图书馆藏。

按：此杂记昆山地理、人物、寺观、昆山县城内河、昆山县城外各乡河、语言等。

潘晚香先生杂抄　子部杂学类

民国间吴东彭治辑录《昆山丛书》抄本，国家图书馆藏。

潘道根手写杂录　子部杂学类

抄本，国家图书馆藏。

揭文安公秋宜诗集　集部别集类

元揭傒斯撰　清潘道根辑

民国间吴东彭治辑录《昆山丛书》抄本，国家图书馆藏。

朱柏庐先生未刻稿　集部别集类

清朱用纯撰　清潘道根辑

抄本，北京大学图书馆藏。

片羽集不分卷　集部别集类

明张虚江撰　清潘道根辑

抄本，上海图书馆藏。

培林堂文集不分卷　集部别集类

清徐秉义撰　清潘道根编

抄本，上海图书馆藏。

徐村老农文稿 3 卷　集部别集类

清咸丰七年稿本，北京大学图书馆藏。

徐村文稿不分卷　集部别集类

抄本，中国社科院近代史研究所图书馆藏。

徐村老农文近稿不分卷　集部别集类

稿本，叶裕仁跋，苏州图书馆藏。

徐村诗后稿不分卷　集部别集类

稿本，上海图书馆藏。

潜夫杂著稿 1 卷　集部别集类

清潘拙生抄本，南京图书馆藏。

潜夫文稿 2 卷　集部别集类

（1）峭帆楼原稿本。

（2）赵氏寄云楼抄本。

徐村文稿 2 卷　集部别集类

赵氏寄云楼抄本。

按：光绪《昆新两县续修合志》卷 50 作《徐村诗文稿》。

饭香诗存 1 卷　集部别集类

稿本，上海图书馆藏。

梅心后集 1 卷徐村老农诗稿 1 卷　集部别集类

稿本，南京图书馆藏。

梅心后集不分卷　集部别集类

晚香稿本。见《昆山公立图书馆图书目录》。

晚香诗抄 6 卷　集部别集类

赵氏寄云楼抄本。

晚香书札 2 卷　集部别集类

（1）1919 年刻《峭帆楼丛书》本。

（2）《中国近现代稀见史料丛刊（第三辑）》罗瑛整理本。

隐求草堂文稿 2 卷诗集 2 卷　集部别集类

清廖纶评校

稿本，上海图书馆藏。

隐求草堂文集 1 卷　集部别集类

昆山马光楣抄本，上海图书馆藏。

立三堂文集 1 卷　集部别集类

清余起霞撰　清潘道根节选

清宣统三年（1911）昆山马光楣抄本，上海图书馆藏。

西鹿城旧事诗 2 卷　集部别集类

清张潜之撰　潘道根辑

民国间吴东彭治辑录《昆山丛书》抄本，国家图书馆藏。

按：参见“张潜之”条。

昆山诗征稿前集 2 卷后集 2 卷续集 1 卷附集 1 卷　集部总集类

清潘道根辑

（1）清稿本，苏州图书馆藏。

（2）抄本，国家图书馆藏。

按：此辑昆山元明以下至编者编录此集时已经去世之人之诗，兼收流寓、方外、闺秀，自顾瑛、顾元臣、顾晋以下共 442 人。

国朝昆山诗存32卷　集部总集类

清潘道根、张潜之辑

版本见“张潜之”条。

昆山诗存补遗稿不分卷　集部总集类

清潘道根辑

稿本，1册，南京图书馆藏。

按：此系原稿，故涂抹勾乙随处可见，但总体尚整齐。所收作者近百人。作者名下附小传。昆山诗文集不多见，此书可补其缺。

南阳叶氏诗存2卷　集部总集类

清潘道根辑

清咸丰五年稿本，苏州图书馆藏。

按：此书钞录昆山叶盛、叶晨、叶国华、叶重华、叶奕荃、叶奕苞、叶方蔚、叶方蔼、叶方恒、叶士渟、叶李暭、叶旅珽、叶廷万等人诗歌，其中叶国华多至三百余首，最为可观。其中叶李暭、叶廷万等多人诗集今已不存。

张潜之(1790—1850)

字彦孙，号石耘、勿庵、榆轩、娄曲逋叟。清昆山人。庠生。少孤贫，从母读。屡试秋闱不遇，潜心理学，以乡贤朱用纯为法。喜为诗，与同县潘道根、吴以畅、王鸣凤、何顾复、赵元春、张经邦结栎社相唱和。道光二十八年(1848)主办留养江北灾民事，终无失所者。明年大水，说新阳令出常平粟赈饥，门启，饥民入掠。忌者归咎潜之，乃谢事去，郁郁发病卒，年61。

西鹿城旧事诗　史部地理类

清张潜之撰　潘道根辑

民国间吴东彭治辑录《昆山丛书》抄本，国家图书馆藏。

按：此为吟咏昆山之诗。鹿城即昆山别称。传说春秋时期吴王曾在这里豢鹿狩猎，故名。所咏有分野、古迹、山水、村落、土宜、亭园等。

而以人物为多，昆山历史上之重要人物，或与昆山有联系的历史人物，大多有诗吟咏。

晋史谈 3 卷　史部史评类　佚

匆庵诗文稿　集部别集类　佚

匆庵剩稿 12 卷漫稿 4 卷　集部别集类　佚

娄曲鸿爪吟 2 卷　集部别集类　佚

东国竹枝词 1 卷　集部别集类　佚

以上 5 种见光绪《昆新两县续修合志》卷 50 及卷 31 本传。

匆庵剩稿 2 卷　集部别集类

抄本，国家图书馆藏。

匆庵剩稿不分卷　集部别集类

1925 年上海合众图书馆过录吴县藏抄本，上海图书馆藏。

国朝昆山诗存 32 卷　集部总集类

清潘道根、张潜之辑

(1) 卷 1 至卷 16 为清道光二十八年读易楼刻本，卷 17 至卷 22 为赵氏寄云楼抄本，卷 23 至 32 缺，11 册，南京图书馆藏。

(2) 抄本，1 册，上海图书馆藏。

(3) 钱氏听邠馆抄本，16 册，南京图书馆藏。

(4) 民国抄本，16 册，苏州图书馆藏。

(5) 2016 年国家图书馆出版社《历代地方诗文总集汇编》本。

按：诗存收顾炎武、归庄、徐乾学等 461 位昆山人诗。每位作者下皆有小传。

栎社七子诗　集部总集类　佚

清张潜之、何顾复、吴以畅等撰

见光绪《昆新两县续修合志》卷 31 何顾复传。

吴以畅

字晓人，号岫微。清昆山人。性高介，刻苦为诗，炊烟久绝不顾也。

中岁悔其少作，自为一体，肖杨万里。善画山水小幅。以贫卒，年49，无子。

秋声书屋草(一作秋声书屋吟稿)　集部别集类　佚

甲巷吟稿　集部别集类　佚

栎社七子诗　集部总集类　佚

清张潜之、吴以畅、何顾复等撰

以上3种见光绪《昆新两县续修合志》卷31张潜之传。《国朝昆山诗存》卷28收其诗32首。

赵元春

字毓万，号�埦。清昆山巴溪人。诸生。父康，能诗。元春承家学，诗品近剑南。以嗜酒病目，吟咏不辍，与张潜之、吴以畅等相唱和。其持论甚严，谓袁枚绝诗止三句，人莫解也。

来鹤轩稿(一作来鹤轩吟草)　集部别集类　佚

栎社七子诗　集部总集类　佚

清张潜之、何顾复、赵元春等撰

以上2种见光绪《昆新两县续修合志》卷31张潜之、何顾复传。《国朝昆山诗存》卷29收其诗29首。

何顾复

字育震，号二我，一号蓼厓。清新阳人。庠生。顾佐尧子，继舅氏姓何，因以何顾为氏。少豪迈，喜饮酒，不屑于制举文，喜为诗，初学明七子，继摹剑南，晚岁喜长吉诗。尝读书千墩镇，岁暮归，与督学姚文田相遇于吴松江上。姚邀之入舟，饮酒谈艺三日，临别嘱他日往见，笑应之，然竟不往也。少时曾与张潜之、吴以畅诸人刻《栎社七子诗》。卒年58。

旧雨来斋集(一作旧雨来斋稿)　集部别集类　佚

栎社七子诗　集部总集类　佚

清何顾复、张潜之、吴以畅等撰

以上 2 种见光绪《昆新两县续修合志》卷 31 何顾复传。《国朝昆山诗存》卷 29 收其诗 24 首。

杜韵芙

一作韵扶，号采采。清新阳人。乾隆五十九年(1794)贡生杜南宫女，庠生何顾复妻。夫妇能诗，筒中唱和，一时传诵。

雪蕉仙馆遗诗 1 卷　集部别集类　佚

见光绪《昆新两县续修合志》卷 41 本传。

按：诗集名据民国《昆新两县续补合志》卷 19 补“雪”字。《国朝昆山诗存》卷 30 收其诗 4 首。

汤运泰

字黼良，号虞樽。清青浦人，道光初徙居昆山张浦镇。岁贡生。博学能文，游其门下者多知名士。著《易征》，足补《诚斋易传》所未及。自史、汉迄元明，著《编年纪事诗》，独《金源纪事诗》仿杨维祯专以乐府纪事。诗格沉雄苍古，与尤侗相埒。又仿裴松之注《三国志》例注陆游《南唐书》，人称博雅。

易征　经部易类　佚

见光绪《昆新两县续修合志》卷 50。

南唐书注 18 卷　史部载记类

宋陆游撰　清汤运泰注

清道光二年(1822)汤氏绿签山房刻本，上海图书馆藏。

编年纪事诗　史部史评类　佚

绿签山房集　集部别集类　佚

以上 2 种见光绪《昆新两县续修合志》卷 34 本传。

金源纪事诗 8 卷　集部别集类

清汤运泰撰　汤显业、汤显榦注

（1）清嘉庆十八年(1813)青浦汤氏绿签山房刻本，清华大学图书馆、上海图书馆藏。

（2）清同治十二年(1873)淮南书局刻本，苏州大学图书馆、上海图书馆藏。

陈月莲

清昆山人。棻女，葛有兆妻。早卒。

绣余吟草 1 卷　集部别集类　佚

见光绪《昆新两县续修合志》卷 41 本传。《国朝昆山诗存》卷 30 收其诗 3 首。

余希煌

字讱斋。清昆山人。梦星幼子。6 岁而孤，从仲姊希婴授句读，即能通大意。补弟子员，名噪庠序。貌和性介，木讷若不能言。与希婴及从兄希焯相唱和，漏五下不休。体弱善病，年 40 遽卒。希婴为抚遗孤，俾之成立。

憨石山房诗抄 4 卷　集部别集类

清咸丰九年(1859)刻昆山余氏五稿本，国家图书馆藏。

按:《国朝昆山诗存》卷 29 为“憨石生稿”，收其诗二首。

李增厚

字仰山，号葆馨。清昆山人。德仪父。官中城兵马司副指挥。

双馨阁集　集部总集类　佚

清李增厚、吴芳珍唱和

见光绪《昆新两县续修合志》卷 41 吴芳珍传。

吴芳珍

字韵卿，号清馨。清钱塘人。协揆吏部尚书吴璥女，昆山李增厚妻，德仪母。幼工诗，长于古风及五七言长排。诗词浩瀚，选入《国朝闺秀正始集》。善抚琴，工书画。书工篆籀，画工花鸟，深得恽南田笔意，画墨兰、美人尤著名。

古琴斋吟草(一作清馨阁吟草)3卷　集部别集类　佚

双馨阁集　集部总集类　佚

清吴芳珍、李增厚唱和

以上2种见光绪《昆新两县续修合志》卷41本传。

洪聿丰(1793—1866)

字艺洲。清昆山人。其绅从孙，如羲子。生而颖敏，沈静寡言笑。8岁随父宦京师。道光十四年(1834)领顺天乡荐，试礼部不遇。家素贫，橐笔游幕，历奉天、江西、江南，当路争延致之。谒选得江西县令，补高安，有政声。咸丰十一年(1861)擢广信府同知，御太平天国军，得中风疾，次年乞休来昆，即其绅故宅建屋以居。同治五年(1866)卒，年74。聿丰为文有师法，尤工六朝体。

晚香诗抄　集部别集类　佚

师竹轩尺牍　集部别集类　佚

以上2种见光绪《昆新两县续修合志》卷34洪其绅传附。

顾　惺

原名锦。字日瞿，号述民，又号涤庵。清新阳人。由黄泥田迁甫里。廪贡生。工诗文，书法尤超绝，精医术。天资潇洒，庭植花木甚多。春秋佳日，宾客过从无虚日。卒年76。

涤庵诗钞4卷　集部别集类

清咸丰七年(1857)刻本，中国人民大学图书馆藏。

吴元锡

字检卿，号韦庵，别号果生。清昆山人。映奎长子。诸生。力学敦行，兼工写生，得元四大家笔意。中岁好佛，不茹荤血。

遗稿 1 卷　集部别集类　佚

见民国《昆新两县续补合志》卷 19。《国朝昆山诗存》卷 28 收其诗五首。

李德郊

字又庠，一字梦爻，号序卿。清昆山人。存厚子。学有根柢，补弟子员，屡试省闱不第，援例得训导。旋丁父艰，遂无意功名，遍游浙东西。李宗瀚、赵光先后视学浙江，延襄校阅，去取公明。后主崇明瀛洲书院。一岁，归。道光二十二年(1842)英军陷上海，德郊募义勇，严巡防，邑中赖以不扰。年 48 以心悸疾卒。

两汉撮要 6 卷　史部史钞类　佚

小琅嬛馆骈体文 4 卷　集部别集类　佚

古乐府 1 卷　集部别集类　佚

竹二分轩吟稿 2 卷　集部别集类

以上 4 种见光绪《昆新两县续修合志》卷 50。

按：《续修合志》卷 31 李存厚传附德郊传云：其《竹二分轩吟草》2 卷选入《国朝昆山诗存》。今《国朝昆山诗存》卷 28 作"竹二分遗稿"，收其诗 2 首。

魏宗萼

字孔怀，号雪江。清新阳信义镇人。邑庠生。性孝友。奉母抚弟备至。家贫，廉洁自励。为学专务根本。年 50 余卒。

重修家谱 8 卷　史部传记类　佚

青衿续谱　史部政书类　佚

信义续志 4 卷　史部地理类　佚

清魏宗萼、赵之骏同辑

以上 3 种见《信义志稿》卷 5 本传，云：宗萼"中年后重修《家谱》及

《信义续志》4卷。又别撰《青衿续谱》一册，人系小传，凡西乡之为学官弟子者皆列焉。兵燹后，《续志》四卷丧失，余赖其子传珂竭力搜访、借抄成帙，至今犹存”。

按：《信义志稿》卷21魏传珂在跋中云其父魏宗萼所著的《信义续志》4卷及《家谱》8卷均佚失于太平军战乱中。

顾　抡

字筱亭。清昆山人。之兰子。幼承父学，工诗文。披吟之暇，考韵之四声，辨字之四体，分门别类，辑成《韵字汇锦》一书。

续玉山人文小传　史部传记类　佚

见光绪《昆新两县续修合志》卷32顾之兰传附：抡“早岁饩于庠，尝续刘象春《玉山人文集（小传）》，自乾隆迄道光朝末就辑前明至国朝三百年吾邑之隶学籍者，原原本本，世家得以有考，赖是编也”。

按：刘象春所撰书名《玉山人文小传》，见该条。

韵字汇锦　子部典故类

原刻本，见《昆山先哲遗书目录》。

诗稿（一作诗集）1卷　集部别集类　佚

见光绪《昆新两县续修合志》卷50。

梁　海（1797—？）

字梓溪，号媚川。清昆山人。武庠生。

澜溪梁氏续谱2卷　史部传记类

（1）稿本，私人收藏。

（2）王晓阳点校本，2015年古吴轩出版社出版。

按：此书详细记载了梁辰鱼家族的繁衍播迁情况，有叶盛、方鹏、顾鼎臣、潘道根等昆山历代名家所作志传。

孙兆潍

字自香。清昆山人。铨次子。幼负隽才，随父宦山左，诗古文词有盛名。丁父忧归，与邑中诸先辈相切磋，学益进。入胄监，屡与京兆试不售，无意进取，晚游西秦，客林则徐幕最久。所著多散佚。

风土杂录 1 卷　史部地理类

《小方壶斋舆地丛抄》本。

片玉山房花笺录 20 卷　子部艺术类

(1) 清咸丰二年(1852)景福堂刻本，北京大学图书馆藏。

(2) 清同治四年(1865)景福堂刻本，北京大学图书馆藏。

艳迹编 1 卷　子部小说类

《八千卷楼书目》著录，北京大学图书馆藏清光绪十一年(1885)刻本，和《闺秀录》合。

闺秀录 1 卷　集部诗文评类

清光绪十一年刻本，北京大学图书馆藏。

片玉山房词话 1 卷　集部诗文评类

《词话丛编》本。

孙兆蕙

字笠江，号树之。清昆山人。铨三子。清道光中由陕西周至县丞叙功擢任石泉、凤县事。母忧服阕，授云南呈贡县，调顺宁，改补库大使，卒于官。所至有政声。工绘事。

一隅本草　子部医家类　佚

按：《滇南本草》序云此书为孙兆蕙"得杨慎抄本，兰茂旧坊刻本，乃合校而汇编之凡得药四百一十种，分载兰、杨之说，亦间附己说，自绘为图而刊之"。但误记孙兆蕙为"皖人"。

续花谱 4 卷　子部艺术类

见光绪《昆新两县续修合志》卷 50。

按:《合志》卷31孙铨传附兆蕙传云:“《续花谱》载绝域异卉,人间未见者,藏于家。”

宣陈奎

字灿文。清嘉定人,镛子。侨寓昆山之张浦。清道光十四年(1834)举人。精说文、音韵之学。

正味斋骈体文10卷　集部别集类　佚

诗集6卷　集部别集类　佚

以上2种见光绪《昆新两县续修合志》卷50“游寓”。

陈竺生(1799—?)

字松瀛,一作崧英。清昆山陈墓镇人。道光五年(1825)举人。好学强记,诗词皆成卷,骈体文尤工。书学赵孟頫,得其神似。

陈松瀛先生遗集四种　集部别集类

1933年铅印本,上海图书馆藏。

按:吴郁生题签,前有朱文鑫识,内含《养素堂散体文》1卷、《骈体文》2卷、《香苏仙馆诗稿》4卷、《雄红山馆心弦词》1卷。

孙　超

字泺泉。清昆山人。铨四子。由陕西朝邑主簿擢安徽五河县。太平军陷五河,罢官,随曾国藩襄办营务,收复黄陂,复原职。积劳病卒。

铁箫庵集　集部别集类　佚

见光绪《昆新两县续修合志》卷50。

朱尚宾

初名泰,字鸿达,号少庵。清昆山人。道光十八年(1838)贡生。

小云谷诗钞　集部别集类　佚

见光绪《昆新两县续修合志》卷50。

按:《国朝昆山诗存》卷28收其诗5首。

赵之骏(1801—1852)

字星伯,号月卿。清新阳真义镇人。文彬长子。诸生。卓越不群,书法褚河南,临摹酷肖。晚年同魏宗萼辑《信义续志》。

信义续志4卷　史部地理类　佚

清赵之骏、魏宗萼同辑

见《信义志稿》卷5赵文彬传附。

星伯遗诗　集部别集类　佚

见《信义志稿》卷17。

张　钍

字寿翼。清昆山人。庠廪生。潜之子,性孝友,哀毁过礼。卒年47。

礼记注笺　经部礼记类　佚

后视今山馆诗钞　集部别集类　佚

以上2种见光绪《昆新两县续修合志》卷50。

徐徵麟(?—1854)

字秉均。清昆山人。楫族孙。新阳庠生。受知学使湘潭周系英,拟拔贡成均,系英卒,不果。游历皖楚,不遇,归而授徒自给。喜为诗,萧疏淡远如其人。咸丰三年(1853)太平军克江宁,次年积忧卒。

次石山房诗稿4卷　集部别集类　佚

见光绪《昆新两县续修合志》卷31徐楫传附。

徐凤翼

清昆山人。庠生。太平军入,自尽。

粟香仙馆诗文集　集部别集类　佚

见光绪《昆新两县续修合志》卷50。

徐凤冈

昆山人。

玉梅花馆诗词集　集部别集类　佚

见光绪《昆新两县续修合志》卷50。

徐成志

字念先，号瑾圃。清昆山人。贡生。性谦谨，不与户外。所作制义，脍炙一时，教授生徒最有法。

毛诗辑注10卷　经部诗经类　佚

见光绪《昆新两县续修合志》卷50。

张经邦

字粒园。清昆山人。庠生。工诗，所著多散佚。

粒园诗钞8卷　集部别集类　佚

见光绪《昆新两县续修合志》卷50。

按：《合志》卷31张潜之传附经邦传作《粒园吟草》8卷。

栎社七子诗　集部总集类　佚

清张潜之、何顾复、张经邦等撰

见光绪《昆新两县续修合志》卷31张潜之传、何顾复传。

翁智锡

字竹汀。清昆山人。义山从孙。能诗。曾裒集从祖诗文及《字学考义》凡数十卷。

归研集　集部别集类　佚

见《信义志稿》卷17。

王　涅

字玉波。清昆山人。言敦模妻，能诗。

言节妇诗　集部别集类　佚

见《历代妇女著作考》引《清闺秀艺文略》。

王自新

字志大，号涤夫。清新阳人。庠生。性行惇谨，工制义，所著《务敏日记》，多阐发经义，切于身心。晚年食饩，遽卒。士论惜之。

务敏日记 3 卷　子部儒学类

见民国《昆新两县续补合志》卷 19。

龚云瑞

字蕃康，号凌霄。清昆山茜墩镇人。邦彦子，逢辰父。幼蒙庭训，游庠后馆郡城少司马宋镕家。宋故多藏书，云瑞发箧披览，贯串笺疏之学。既馆淞南，得顾亭林先生遗书，益肆力于考据。文章原本经史，诗赋取法唐宋，而能运以沈博绝丽之词。

经解编韵 20 卷　经部群经总义类　佚

说文订正 4 卷　经部小学类　佚

以上 2 种见光绪《昆新两县续修合志》卷 50。

文集　集部别集类

见《续修合志》卷 31 本传，云："惟《文集》梓行。"

方元昶

字黛如。清昆山人。蔚女，道光二十二年(1842)岁贡生胡树兰妻。能诗，兼善绘事。

澹香局吟稿 2 卷　集部别集类

王德森市隐庐抄本。

张景煦

字孟昕，号若木。清昆山人。庠生。序均父。父乔栋，喜藏书。景煦少颖敏，恣意浏览，于历代官制、河渠、盐漕、荒政，皆能穷究其源委。补新庠生。性好山水，晚筑室三楹，颜曰眠琴窝，名人之至昆者，辄觞咏其中。诗尚性情，其佳处在香山、剑南间。卒年60。

眠琴窝遗稿　集部别集类

民国间吴东彭治辑录《昆山丛书》抄本，国家图书馆藏。

眠琴窝吟稿4卷附稿1卷　集部别集类

附稿丁润撰

赵氏峭帆楼抄本，见《昆山先哲遗书目录》。

王永年

字敬咸。清新阳人。以四库馆议叙常州训导。后皈依释氏，未几卒。

兰圃吟草　集部别集类　佚

见《吴郡甫里人物考》卷13。

赵元杰(1802—1851)

字翊庭，号逸亭。清昆山人。庠生。豪放不羁，自刻图章曰"赵半痴"。尝作戒色、戒赌题文5篇，以惩弊俗，人乐诵之。另从《圣教序》中集成《自叹》一篇，抒写怀抱。卒年50。

触目警心录　子部杂学类　佚

见《信义志稿》卷17。

钱正奎(1803—1860)

字近微，号慕韩。清昆山人。贡生。咸丰十年(1860)遇难。

玉峰钱氏宗谱三卷　史部传记类

清道光十六年(1836)抄本,上海图书馆藏。

按:始迁祖士元,明后期自太仓迁昆山东门外,至清,此地改隶新阳县。卷1谱序等,卷2系图、世表,卷3诗文稿。

王承露(1803—1863)

字欣荣。清昆山人。少勤学,年16而孤,弃举业,肆力经史,兼好吟咏。小试不利,为太学生。居心忠厚。太平军陷城,避居钮家浜,教授谋生。同治二年(1863)卒。年61。

人谢录　史部杂史类　佚

碧血录　史部杂史类　佚

以上2种见光绪《昆新两县续修合志》卷50。

孙　镐

字素泉。清昆山人,居箓葭镇。多病,每借吟咏以自娱。

病余草不分卷　集部别集类

原刻本,见《昆山先哲遗书目录》。

潘　焯

字载衡。清昆山人。性廉介,不求名。日与从兄炳探讨为乐。尝辑家谱。

毅亭稿　集部别集类　佚

见《吴郡甫里人物考》卷13。

潘　铿

字志和。清昆山人。

啸篁草　集部别集类　佚

见《吴郡甫里人物考》卷13。

赵之骥(1804—1847)

原名鸾书,字穆仲,号云卿。清新阳人,文彬二子。道光十四年(1834)举人,荐卷大挑一等引见,再挑分发河南河工,即用知县。

宦汴日记一卷　史部传记类　佚

见《赵氏家乘》卷15,并云:"稿本,癸丑沪上遭乱遗失。"

潘　锳

字听舆。清昆山人。铿从弟。与铿并有文名。

梅心吟草　集部别集类　佚

见《吴郡甫里人物考》卷13。

潘　铭

字量嘉。清昆山人。德坤子。年27卒。

概人遗诗　集部别集类　佚

见《吴郡甫里人物考》卷13。

灵　湛

清释。俗姓吴,名彭年,字镜庵,号壶天散人。昆山人。曾主杭州六通寺,退居吴门桃花坞准提庵,晚得北郭禅室,曰金井庵。剪茅除草,灌畦种蔬,自号华溪禅隐。博学能诗文,善画山水梅菊,兼工人物。名望甚高,士林久仰。偶作佛像施人,得者引以为荣。示寂后所遗文物书画及金石图章多佳者。

萍踪草　集部别集类　佚

见光绪《昆新两县续修合志》卷50。

按:《印须续集》卷6收其诗8首,《国朝昆山诗存》卷30收其诗3首。

赵之骧(1805—1881)

字叔明,号瀎卿,晚号丽农。清新阳信义镇人。文彬三子。增贡生,作文援笔立成,先后授徒数十年,卒年77。

行述1卷　史部传记类

清光绪四年(1878)石印本,上海图书馆藏。

按:为沈清范行述,附于方韵仙撰《挽纯斋夫君诗》后。

天水本原略述1卷　史部传记类　　佚

停云麈谈初编4卷二编3卷补编2卷十叹1卷　子部杂学类　佚

梦花轩偶存稿3卷　集部别集类　佚

梦花轩覆瓿稿1卷　集部别集类　佚

以上4种见《赵氏家乘》卷15。

梦花轩偶存稿　集部别集类　佚

梦花轩覆瓿稿　集部别集类　佚

以上2种见《信义志稿》卷17。

方步瀛(1806—1843)

字润千,一字确渊,号小湘。清新阳人。步沄兄。庠生。善鼓琴,工画兰竹,隶书逼近汉魏。中年不得志,遁于释氏,长斋终身。

得月轩诗草　集部别集类　佚

见光绪《昆新两县续修合志》卷50。

按:光绪《昆新两县续修合志》卷33本传作《得月楼吟稿》。《国朝昆山诗存》卷29记载为"得月楼诗草",潘道根为之作序。并收其诗8首。

唐彦槐(1807—1859)

字茂林,号竹筠。清昆山蓬阆镇人。秀章子。家贫,性孝。道光十一年(1831)举人。喜行善,以扶持风化为亟务。蓬阆多诗人,选刊《蓬溪风雅集》行世。咸丰九年(1859),太平军至,死难,年53。

乡评传略(一作乡评小传)1卷　史部传记类　佚

杞忧子1卷　子部杂学类　佚

闇斋诗文稿　集部别集类　佚

以上3种见光绪《昆新两县续修合志》卷28本传、卷50。

徐烈妇题辞不分卷　集部总集类

清咸丰刻本,见《昆山先哲遗书目录》。

蓬溪风雅集4卷　集部总集类

清唐彦槐、胡开泰等辑

清道光二十三年唐彦槐刻本,昆山文保所藏。

按:此书收录了自清初至道光年间里人所作古、近体诗共509首,收入作者共90人。

试帖心赏2卷　集部诗文评类

清道光二十八年刻本,苏州大学图书馆藏。

吴以辰(1808—?)

字云甫。清昆山人。食饩于庠,旋贡成均,少年劬学,受业于李兆洛。邃于《易》,了然古今,发为议论,多中肯綮。

周易释　经部易类　佚

周易朋来录　经部易类　佚

尚书释　经部尚书类　佚

诗述训　经部诗经类　佚

大学古本说　经部四书类　佚

论语弟子言行录　经部四书类　佚

以上6种见光绪《昆新两县续修合志》卷50。

固溪漫稿16卷　集部别集类

(1) 抄本,见《昆山先哲遗书目录》。

(2) 昆山图书馆抄本,南京图书馆藏。

亭林诗集5卷　集部别集类

清顾炎武撰　吴以辰校

清康熙刻本，上海图书馆藏。

汪　堃(1808—?)

字应潮，号安斋，一作安哉。清昆山人。道光十五年(1835)举人，二十一年进士，选庶吉士，改吏部主事，官四川永宁道，加盐运使衔。

寄蜗残赘16卷　史部杂史类

(1) 清同治十一年(1872)不惧无闷斋刻本，上海图书馆藏。

(2) 清巾箱本，南京图书馆藏。

盾鼻随闻录8卷　史部杂史类

原题樗园退叟辑

(1) 清咸丰九年(1859)抄本，国家图书馆藏。

(2) 清光绪元年(1875)不惧无闷斋刻本，国家图书馆藏。

(3)《太平天国》第四册(中国史学会主编)本。

抄报随闻录10卷　史部杂史类

清同治二年刻本，辽宁大学图书馆藏。

逆党祸蜀记1卷　史部杂史类

清同治五年不惧无闷斋刻本，上海图书馆、南京图书馆藏。

(光绪)昆新两县续修合志52卷首1卷末1卷　史部地理类

清金吴澜、李福沂等修　汪堃、朱成熙、李緗纂

(1) 清光绪六年敦善堂刻本，苏州图书馆藏。

(2) 台湾成文出版社《中国方志丛书》本。

(3)《中国地方志集成》本。

按:《江苏旧方志提要》云:此书记两县史事，分合有序，内容丰富，唯“如《著述目》任人自报，不加考核”，有不尽如人意之处。

方步沄

字古庵。清新阳人。步濂弟。庠生。善绘山水。

诗稿　集部别集类　佚

见光绪《昆新两县续修合志》卷33方步瀛传附。

陈心泰

字裕中。清昆山人。钟仁子。以文自雄,然屡试不售,中道病卒,时论惜之。

舒堂集　集部别集类　佚

见《吴郡甫里人物考》卷13。

刘应黎

一作映藜,字正华,号兰轩。清昆山人。新阳诸生。

有方诗草　集部别集类　佚

见光绪《昆新两县续修合志》卷50。《国朝昆山诗存》卷29收其诗二首。

徐经畬

字心耕。清昆山人。国学生。父邦瑞,精堪舆。经畬幼读书聪慧,长承家学,亦精地理。壮岁出游。所过名山大川,绘图记之。通天文象数之学,卒年45。

金锁秘　子部历算类　佚

天文录要　子部历算类　佚

星象算学5卷　子部历算类　佚

以上3种见光绪《昆新两县续修合志》卷50。

橘囊图　子部历算类　佚

星仪要图　子部历算类　佚

以上 2 种见光绪《昆新两县续修合志》卷 33 本传，云："兼中西两法言之，两图并制尺式。"

张序均(？—1816?)

字礼庠。清昆山人。景煦子。精算学，晚岁家落，以医术自给。清咸丰末避兵卒于乡。

虞氏易义补正 2 卷　经部易类　佚

潘道根抄本，与江藩撰《周易述补》4 卷合 1 册，上海图书馆藏。

算书 10 余种　子部历算类　佚

见光绪《昆新两县续修合志》卷 50。

徐家畴(1809—1879)

字禹九，号洪生。清昆山人。传一子。同治九年(1870)岁贡生。髫龄父殁，归里，母教督严，攻苦无间寒暑，游庠后家渐落，授徒奉母，屡应省试不售。晚年甫饩于庠。同治元年诏举各州邑孝廉方正，当道以荐，固辞之。为古文浑灏流转，积馆谷刊高祖秉义《培林堂文集》。平居留心文献，摭拾成帙。光绪三年(1877)邑宰金吴澜兴修邑志，延司协修，于艺文、选举表、冢墓考诸类，采纂綦详。五年秋病卒，年 71。

国朝昆新青衿录　史部传记类

(1) 清光绪二十六年苏州刻本，苏州大学图书馆藏。

(2) 清光绪二十七年洒扫局刻本，华东师范大学图书馆藏。

(光绪)昆新两县续修合志 52 卷首 1 卷末 1 卷　史部地理类

清金吴澜、李福沂修　汪堃等纂　徐家畴协修

参见"汪堃"条。

蘐荫堂文集　集部别集类　佚

见光绪《昆新两县续修合志》卷 50。

蘐荫堂文稿不分卷　集部别集类

稿本，上海图书馆藏。

徐宝符(1809—1879?)

原名宝瑛，又名诜玉、石如，后改今名，字契芝。清昆山人。文奎子。道光二十年(1840)举人。二十四年考取景山官学汉教习，谒选得广东知县，摄惠来、普宁，所至著政声。清咸丰十年(1860)知阳江县。工书画。卒年70。

(同治)乐昌县志12卷首1卷　史部地理类

清徐宝符等修　李秾等纂

清同治十年(1871)刻本，上海图书馆藏。

甘白斋诗存　集部别集类　佚

见光绪《昆新两县续修合志》卷50。

按：宝符生卒年据《中国美术家人名辞典》。《续修合志》卷25本传谓卒年70。

晋邦基

清昆山人。廪生。

醉吟诗草　集部别集类　佚

见光绪《昆新两县续修合志》卷50。

顾本敬

字心乾。清新阳人。思约孙，有准子。庠生。敦本力学，好行善事。家贫授徒，暇辄手一编。留心邑中文献，罗致自晋迄清人文三千余篇，题曰《昆山文综》。卒年61。

听雨轩语录　子部杂学类　佚

修己堂文稿　集部别集类　佚

绕梅居诗草　集部别集类　佚

昆山文综　集部总集类　佚

以上4种见光绪《昆新两县续修合志》卷50。

朱端植(？—1862)

原名耀曾，号楷亭。清新阳真义镇人。咸丰四年(1854)岁贡生。幼颖慧。精制艺，文名振乡里。肆业苏州紫阳、正谊书院。善古文诗词，共积稿二千余篇，后被太平军所执，大骂不屈死，稿亦毁于兵燹。

鹤湾小圃制艺　集部别集类　佚

见光绪《昆新两县续修合志》卷28本传，谓已刊行于世。

古文诗词合稿　集部别集类　佚

见光绪《昆新两县续修合志》卷50。

傅　钰

字韫石。清新阳人。增广生。与同里吴以辰、青浦许锡祺及从弟春江为道义交，以诗文相切磋。诗格雅近韦、孟。

翠岩诗文集不分卷　集部别集类

清光绪二十二年(1896)嘉定高漱芳斋刻本，上海图书馆藏。

按：光绪《昆新两县续修合志》卷50作《翠岩山馆诗草》，卷31本传作《翠岩山馆集》。

王景麟(1815—1862)

字德符。清昆山人。咸丰贡生，候补国子监学正。太平军兴，感事愤时，绝粒死，年48。

正史辨2卷　史部史评类　佚

明季殉难录补遗2卷　史部传记类　佚

以上2种见光绪《昆新两县续修合志》卷50。

戴传震

原名葆钧，号省斋。清昆山人。溶子。道光三十年(1850)岁贡生。性诚朴，寡言笑，课徒以立品为先。晚业医，精研妇科。卒年65。

本草分韵便览 5 卷　子部医家类　佚

见光绪《昆新两县续修合志》卷 50。

傅春江

字岷源。清新阳人。钰从弟。隐居马泽,自号马泽钓人。

马泽钓人诗集　集部别集类　佚

见光绪《昆新两县续修合志》卷 50。

李宝莲

清昆山人。存厚侄孙女,德馨长女,德纯次媳,吴县候选知州肇桢继妻。耽吟咏,中年卒。

慕香楼遗草　集部别集类　佚

见光绪《昆新两县续修合志》卷 41 李德纯传附。

李德仪(1818—1860)

字吉羽,号筱舲。清昆山人。增厚子。幼颖慧过人。家中落,读书千墩镇。道光二十三年(1843)南元,覆试一等一名,二十七年成进士,入翰林。咸丰二年(1852)散馆授编修,充国史馆协修,实录馆纂修。旋进侍讲学士,授四川正考官、四川学政。咸丰十年卒于邛州,年 43。

韵学异同辨要 4 卷　经部小学类

抄本,北京大学图书馆藏。

戊午科四川文乡试录　史部传记类

清咸丰八年成都四川学署刻本,北京大学图书馆藏。

御试翰詹题名　史部政书类　佚

学政题名　史部政书类　佚

顺天同考题名　史部政书类　佚

续贡举考略　史部政书类　佚

早朝酬唱　集部别集类　佚

以上5种见光绪《昆新两县续修合志》卷24本传。

安遇斋吟稿　集部别集类　佚

见光绪《昆新两县续修合志》卷50。

安遇斋古近体诗2卷　集部别集类

(1) 清末朱丝栏抄本,1卷,国家图书馆藏。

(2) 清光绪二年(1876)新阳赵氏刻本,复旦大学图书馆藏。

(3) 清光绪间铅印本,国家图书馆藏。

(4)《清代诗文集汇编》本。

使蜀纪程1卷　集部别集类

稿本,国家图书馆藏。

蜀輶吟草1卷　集部别集类

(1) 清咸丰八年刻本,上海图书馆藏。

(2) 清光绪间铅印本,国家图书馆藏。

李德仪集　集部别集类

抄本,北京大学图书馆藏。

张星鉴(1819—1878?)

字问月,一字纬余,号南鸿。清昆山人。景煦孙,序均子。少与陈奂学,与戴望、丁士涵为同门。不屑习制艺,肆力于古文考据、经籍训诂之学。以诸生入成均,居京师,有文名,先后为四川学政李德仪、湖北学政吴县洪钧、安徽学政吴江殷兆镛、河南学政费延丽延聘襄校,咸称得士。

国朝经学名儒记　史部传记类

(1) 清光绪九年(1883)刻本,中国人民大学图书馆藏。

(2) 清末民国间石印本,北京大学图书馆藏。

仰箫楼文集1卷　集部别集类

(1) 清光绪六年刻本,上海图书馆藏。

(2)《清代诗文集汇编》本。

陶　煦(1821—1891)

字子春。清昆山周庄镇人。惟坻父。好读书,自少屏荣利,以诗文辞自娱,晚年足迹不入城市。热心乡邦文献,曾任苏州府志采访员。

周庄陶氏家谱　史部传记类

见民国《吴县志》卷58。

租核1卷　史部政书类

(1) 清光绪二十一年(1895)木活字印本,华东师范大学图书馆藏。

(2) 1927年铅印本,上海图书馆藏。

周庄镇志(一作周庄镇识)6卷首1卷　史部地理类

(1) 清光绪六年稿本,未分卷。吉林大学图书馆藏。

(2) 清光绪六年刻本,台北"中研院"历史语言研究所藏。

(3) 清光绪八年元和陶氏仪一堂刻本,国家图书馆藏。

(4)《中国地方志集成·乡镇志专辑》影印仪一堂刻本。

(5)《续修四库全书》本。

按:参见《江苏旧方志提要》。

贞丰里庚甲见闻录2卷　史部地理类

(1) 清光绪刻本《周庄镇志》附刻本。

(2) 清光绪八年元和陶氏仪一堂刻本,上海图书馆藏。

(3) 民国间朱丝栏抄本,国家图书馆藏。

(4)《中国地方志集成·乡镇志专辑》本。

按:贞丰,即周庄镇。此书名多误作《贞丰里庚申见闻录》。此记咸丰十年庚申(1860)江南大营溃败、忠王李秀成攻克苏州,至同治三年甲子(1864)清军收复苏州先后五年时间在贞丰里之见闻,故名"庚甲见闻录"。本书记录了清廷在苏州地区平定太平天国的史实,因资料采自民间,所以更为真实地反映了清廷戡乱的残酷,以及太平天国运动的声势。

贞丰诗萃5卷　集部总集类

(1) 清同治三年陶氏仪一堂刻本，南京图书馆藏。

(2) 清同治六年重刻本，台北"中研院"历史语言研究所藏。

陶氏五宴诗集2卷　集部总集类

清光绪二十一年木活字印本，南开大学图书馆、苏州图书馆藏。

方兆沅

清昆山人。字禹绪，号兰畲，步瀛从弟。新庠生。攻苦力学，年30以疾卒。

听秋庐诗抄　集部别集类　佚

见民国《昆新两县续补合志》卷19。《国朝昆山诗存》收其诗1首。

王仁立

字得先，号惕违。清昆山人。道光二十六年(1846)举人。昆山国子监学学正。

银藤花馆诗抄　集部别集类　佚

见光绪《昆新两县续修合志》卷50。

方韵仙

清昆山真义人。咸丰八年(1858)岁贡沈清范妻。秉资聪颖，赋性温和，善赋琴，耽吟咏，伉俪唱和。光绪二年(1876)五月清范病卒，韵仙作哭夫诗百余首，哀音四塞，令人不忍卒读。

吟梅仙馆绝句1卷　集部别集类

(1) 清光绪间刻本，上海图书馆、南京图书馆藏。

(2) 胡文楷抄本，国家图书馆藏。

挽纯斋夫君诗1卷　集部别集类

(1) 清光绪三年木活字印本，国家图书馆藏。

(2) 清光绪四年石印本，上海图书馆藏。

按：《历代妇女著作考》云：书前有顾文彬、陶然、杨引传序，冯芳植、孙文杓跋。凡《挽纯(纫)斋夫君诗》30首、《续挽诗》12首、题咏56首，附《哭次儿毓俊》七绝10首。后有赵之骧《沈纯(纫)斋行述》。

杜鸿绪

字伟卿，自号匏隐居士。清昆山人。性至孝，善诗文，工书法，肆力于晋唐法帖，书名噪一时。咸丰十年(1860)太平军克昆山，奉母避难乡中，所作诗古文词大半散佚。卒年75。

匏隐小草1卷　集部别集类　佚

见民国《昆新两县续补合志》卷19。

戒　定

清释。字慧生，新阳顾氏子。居常熟普仁寺。

半芋轩吟草　集部别集类　佚

见《续海虞艺文目录》。

严济和

字雍如。清昆山人，世居渡头里。年18游庠，四应乡试不第，收钞儒先书盈尺。

音韵切要　经部小学类　佚

辩正音韵　经部小学类　佚

网薜荔庵文稿　集部别集类　佚

竹隐轩诗钞　集部别集类　佚

以上4种见民国《昆新两县续补合志》卷12本传，另民国《昆新两县续补合志》卷19著录后3种，并注“稿存渡头严家”。

吕　氏

清昆山人。佩芝女，顾汉明妻。幼习史书，工针黹，兼明医理。汉明亦业医，移居张浦。汉明卒，家贫。作诗悼夫，见者悲之。

追思诗 100 首　集部别集类　佚

见光绪《昆新两县续修合志》卷 41 本传。

戴其绳

字祖同。清昆山人。诸生。

听鹂馆随笔 2 卷　子部杂学类　佚

见民国《昆新两县续补合志》卷 19。

朱　正

字凌云。清甫里人。昆山职监陈茂传妻，受益母。工诗。

怀真庐集　集部别集类　佚

见光绪《昆新两县续修合志》卷 41 本传。《国朝昆山诗存》卷 30 收其诗 2 首。

王培元

字堃载，号静斋。清昆山高田人。先世以资雄于乡，至元中落，周流授徒，兼以医术自给，性恬淡。

一草庐诗剩　集部别集类　佚

见光绪《昆新两县续修合志》卷 50。另《国朝昆山诗存》卷 29 云"娄东季锡畴、同里潘道根为之序"，并收其诗 3 首。

葛金章

清昆山人。字章侯，号绶香，布衣。

香草居稿　集部别集类　佚

见光绪《昆新两县续修合志》卷 50。《国朝昆山诗存》卷 29 收其诗 4 首。

王寿臣

清昆山人。

寄闲居吟草 1 卷　集部别集类　佚

见民国《昆新两县续补合志》卷 19。

闻永成

清昆山人。

闻氏宗谱　史部传记类

清道光二十四年(1844)木活字印本,上海图书馆藏。

按:始迁祖添八,原姓文,元初由吉水迁吴兴,始改姓闻。再由越迁吴,卜宅昆山州之新安乡。存卷载谱序、世系。

另:该家族家谱另有清同治十一年(1872)木活字印本及清光绪二十五年(1899)木活字印本,均为增修本,上海图书馆藏。

顾之楷(1825? —1885?)

字思则,号子云。清昆山人。国端子。敦孝行,家贫,资馆谷事父母尽欢。道光二十四年(1844)恩科举人,一上春官不第。母卒,遂不复出。授徒 40 年,先后皆成名。卒年 61。

小玉山草堂文稿 2 卷　集部别集类　佚

见光绪《昆新两县续修合志》卷 50。

宣昌绪

字桂伯。清嘉定人,徙居昆山张浦镇。其祖及父皆绩学之士,昌绪亦有文行。在镇设馆授徒,近远从游者众,颇多造就,卒年 71。其弟子搜其遗稿,梓行于世。

留读斋诗集 6 卷手札 1 卷　集部别集类

清宣统元年(1909)木活字本,上海图书馆、复旦大学图书馆藏。

胡开泰

字子通。清昆山人。道光年间庠生,常与表兄唐彦槐读书论经,往返唱和,收辑自清初至道光年间蓬阆诸诗人之作,汇成《蓬溪风雅集》4卷刊行。

绥我堂诗存2卷　集部别集类　佚

见民国《昆新两县续补合志》卷19。

蓬溪风雅集4卷　集部总集类

清唐彦槐、胡开泰等辑

清道光二十三年(1843)唐彦槐刻本,昆山图书馆藏。

席元禧(1833—1875)

字洁人,号撷莼。清昆山人。祖世宽,自吴县洞庭山来昆懋迁致富,遂买宅迁居。元禧早年失怙,弃帖括学,援例入成均,以布衣经历谒选。工汉隶大小篆,并精铁笔。性闲雅,家有隐园,广交游,宾客过从无虚日。同治十二年(1873),请浚东西至和塘。

隐园诗钞　集部别集类

隐园诗钞待定稿　集部别集类

续录隐园诗钞删稿　集部别集类

以上3种均有民国间吴东彭治辑录《昆山丛书》抄本,国家图书馆藏。

唐彦谟

字耕云。清昆山人。彦槐弟。彦槐死前将所著书稿付之。

小桃花馆吟稿1卷　集部别集类　佚

见民国《昆新两县续补合志》卷19。

陈德基

字炳堂。清昆山东乡陈家角人。诸生。家贫，孝母。母殁，夫妇亲鞠土营葬，太平军入，守茔绝食死。

雁来居吟稿1卷　集部别集类　佚

见民国《昆新两县续补合志》卷19。

张洪谟

字仲谋。清昆山蓬阆镇人。诸生。性孝友，妇亡，父母欲为继娶，请先为弟娶，并取亡妇奁以佐之，人以为难。

竹林唱和诗1卷　集部总集类　佚

见民国《昆新两县续补合志》卷19。

彭龙光

字登甫，号云门。清昆山人。幼颖异，好读两汉书，喜六朝文，工小楷。同治元年(1862)贡生，就职训导，卒年73。

锄经堂杂作1卷　集部别集类　佚

见民国《昆新两县续补合志》卷19。

王晋焘(1835—1911)

字笑山，号霄杉。清新阳人，侨居苏城潘儒巷。晚居葑溪新庐。厅有古梅，因自号梅舫。光绪元年(1875)举人，官四川天全州知州，有治绩。

拙叟遗稿3卷　集部别集类

1933年惇裕义庄刻本，上海图书馆藏。

按：民国《吴县志》卷79《杂记二》云此书为《景范集》和《养拙吟》合刊而成，为2卷，今本为3卷。

程　晟(1836—1863)

字逊斋。清昆山人。幼读聪俊,长工书画,喜吟咏,好交游。

吟香书屋诗文集　集部别集类　佚

见《广平程氏谱略·述德录》。

王世美(1836—1908)

字济堂。清昆山南星渎人。慰伯祖。少从落霞浜名医陈椿年游,尽得其术,陈以女妻之。以善治伤寒温病著称,法度严谨,用药中肯,有医案甚多,享年73。

医案20册　子部医家类　佚

见《江苏历代医人志》王慰伯传附。

黄元炳

字文之,号蔚卿。清昆山人。同治八年(1869)副贡,光绪二年(1876)举人。性豪放,好饮酒,喜为诗古文词,又好金石之学。筑闻樨香室,藏书千余卷。卒年50。

闻樨香室存稿4卷补遗1卷　集部别集类

1918年铅印本,北京大学图书馆藏。

汪之昌(1837—1895)

号振民。清新阳人。开祉父。同治六年(1867)副贡。壮年绝意举业,清光绪中主学古堂讲席,教迪后进,殷殷不倦,高德馨、章珏均出其门。慕顾炎武遗风,治学亦主博通,究心于典籍之流别。尝命其门人先读辽金元三史,以期用心入细,后遂专研经义,以《说文》为辅,旁及诸史诸子,与夫舆地、目录、九章家言。行文则经学、史、汉,不屑从八家入手。

说文解字校录15卷　经部小学类

清钮树玉撰　汪之昌校

清光绪四年(1878)钮惟善抄本,南京师范大学图书馆藏。

青学斋集36卷裕后录2卷　集部别集类

清汪之昌撰

(1) 1931年新阳汪氏铅印本,上海图书馆藏。

(2)《清代诗文集汇编》本。

青学斋裕后录2卷　集部别集类

清汪之昌撰

(1) 清同治十年刻本,郑州大学图书馆藏。

(2) 1931年江苏文奎斋刻本,复旦大学图书馆、苏州图书馆藏。

青学斋五种丛书类

清汪之昌撰　汪家玉辑

1923年铅印本,上海图书馆藏。

学古堂日记44种54卷　丛书类

清雷浚、汪之昌编

(1) 稿本,南京图书馆藏。

(2) 清光绪十六年刻二十二年续刻本,上海图书馆藏。

子目略。

方　堃

字芝畦。清昆山人。同治九年(1870)贡生,次年恩保五品衔训导。

芝畦诗稿　集部别集类

清方堃撰,彭治采录

民国间吴东彭治辑录《昆山丛书》抄本,国家图书馆藏。

李同春

字伯和。清昆山人。新庠生,好学,善吟咏,兼工篆刻,为王所宝高足,卒年60。

家训　子部儒家类　佚

醉仙楼印谱　子部艺术类　佚

草亭吟草　集部别集类　佚

以上3种见民国《昆新两县续补合志》卷14,《草亭吟草》及《家训》有朱绍成序,《醉仙楼印谱》有朱成熙序。

赵元益(1840—1902)

字望岵,号静涵。清新阳人。之骥次子,诒琛父。少失怙,随母依荡口外家读书,为荡口华氏婿。年20补弟子员。同治八年(1869)就江南制造局之聘,入翻译馆,与西士林乐知、傅兰雅辈译述西学。性好书,以馆俸所入,购宋元秘本甚多,其中大半为黄丕烈、汪阆源二家旧藏本。校刊古书十数种,名《高斋丛刻》(一名《新阳赵氏丛刊》)。光绪十四年(1888)领乡荐,次年随薛福成出使英、法、意、比4国,保举知县,加同知衔。不乐仕进,复入馆译书,曾兼格致书院掌教。

英民史略　史部地理类　佚

见《信义志稿》卷17。

英吉利志译略1卷　史部地理类

清薛福成鉴定　吴宗濂译　赵元益述

(1) 清光绪二十五年石印本,吉林大学图书馆藏。

(2) 清光绪二十八年云间丽泽学会石印本,北京大学图书馆藏。

瀛寰志略续集4卷　史部地理类

清薛福成定　吴宗濂译　赵元益述

清光绪二十五年石印本,南开大学图书馆藏。

澳大利亚洲新志1卷　史部地理类

清吴宗濂、赵元益译

(1)《灵鹣阁丛书》本。

(2)《丛书集成初编》本。

(3) 清光绪二十八年云间丽泽学会石印本,北京大学图书馆藏。

海塘辑要10卷首1卷附释　史部地理类

(英)韦更斯撰　(英)傅兰雅口译　清赵元益笔述

清末上海江南制造局刻本,苏州图书馆、清华大学图书馆藏。

行军指要6卷附图　子部兵书类

(英)哈密著　清赵元益等译述

清光绪二十七年上海江南制造局刻本,清华大学图书馆、苏州图书馆藏。

临阵管见9卷　子部兵书类

(布)斯拉弗斯撰　(美)金楷理口译　清赵元益笔述

清末上海江南制造局刻本,复旦大学图书馆、苏州图书馆藏。

行军测绘10卷首1卷　子部兵书类

(英)连提撰　(英)傅兰雅口译　清赵元益笔述

(1) 清末上海江南制造局刻本,北京大学图书馆、苏州图书馆藏。

(2) 清光绪二十三年上海飞鸿阁书林石印本,武汉大学图书馆藏。

水师保身法1卷　子部兵书类

(法)勒罗阿撰　(英)伯克雷译　清程銮、赵元益重译

(1) 清末上海江南制造局刻本,北京大学图书馆藏。

(2) 清光绪二十七年小仓山房石印本,北京大学图书馆藏。

爆药记要6卷　子部兵书类

(美)水雷局原书　(美)舒高第口译　清赵元益笔述

清光绪间上海江南制造总局刻本,北京大学图书馆藏。

海战指要1卷　子部兵书类

(美)金楷理口译　清赵元益笔述

清光绪二十二至二十三年武汉质学会刻本,北京大学图书馆藏。

绘图测量诸器图说　子部兵书类

清赵元益译

上海江南制造局刻本。

井矿工程3卷　子部工艺类

(英)白尔柰辑　清赵元益译

清光绪间上海江南制造局刻本，清华大学图书馆、苏州图书馆藏。

冶金录3卷　子部工艺类

(美)阿发满撰　(英)傅兰雅口译　清赵元益笔述

(1) 江南制造局刻本，复旦大学图书馆、苏州图书馆藏。

(2) 清光绪二十二年上海鸿文书局石印本，北京大学图书馆藏。

(3) 清光绪二十七年上海日新社石印本，北京大学图书馆藏。

西药大成10卷首1卷　子部医家类

(英)来拉　(英)海得兰撰　(英)傅兰雅口译　清赵元益笔述

(1) 清光绪元年上海江南制造局刻本，上海图书馆藏。

(2) 清光绪十年刻本，上海图书馆藏。

西药大成补编10卷　子部医家类

(英)哈莱撰　(英)傅兰雅译　清赵元益编

清光绪三十年上海江南制造局刻本，北京大学图书馆、苏州图书馆藏。

西药大成药名表1卷　子部医家类

(英)来拉　(英)海得兰撰　(英)傅兰雅口译　清赵元益笔述

清光绪元年上海江南制造局铅印本，上海图书馆藏。

法律医学24卷首1卷附1卷　子部医家类

(英)该惠连、弗里爱撰　(英)傅兰雅口译　清徐寿笔述　赵元益校录

清光绪二十五年上海江南制造局刻本，北京大学图书馆藏。

儒门医学3卷附1卷　子部医家类

(英)海得兰撰　(英)傅兰雅口译　清赵元益笔述

清末上海江南制造局刻本，北京大学图书馆、苏州图书馆藏。

保全生命论1卷　子部医家类

(英)古兰肥勒著　清赵元益译

清光绪二十七年上海制造局刻本，苏州图书馆藏。

济急法1卷首1卷　子部医家类

(英)舍白辣撰　(英)秀耀春口译　清赵元益笔述

清光绪二十九年上海江南制造局刻本,华东师范大学图书馆、苏州图书馆藏。

内科理法前编6卷后编10卷附1卷　子部医家类

(英)虎伯撰　(英)舒高第口译　清赵元益笔述

清光绪间江南制造局刻本,上海图书馆藏。

内科理法前编6卷后编6卷三编10卷　子部医家类

(英)虎伯撰　(英)舒高第口译　清赵元益笔述

清光绪二十七年小仓山房石印本,北京大学图书馆藏。

药品类方1卷　子部医家类

(英)虎伯撰　(英)舒高第口译　清赵元益笔述

清光绪二十七年小仓山房石印本,北京大学图书馆藏。

医学总说　子部医家类　佚

眼科书　子部医家类　佚

西法洗冤录　子部医家类　佚

以上3种见《信义志稿》卷17。

意大里蚕书1卷　子部农家类

(意大利)丹吐鲁撰　(英)傅兰雅、傅绍兰口译　清汪振声笔述　赵元益校录

清光绪二十四年上海江南制造局刻本,北京大学图书馆藏。

测绘海图全法8卷附1卷　子部历算类

(英)华尔敦著　(英)傅兰雅口译　清赵元益笔述

清光绪二十五年上海江南制造局刻本,苏州图书馆藏。

数学理9卷附1卷　子部历算类

(英)棣么甘撰　(英)傅兰雅口译　清赵元益笔述

(1) 清光绪五年上海江南制造局刻本,苏州图书馆藏。

(2)《测海山房中西算学丛刻初编》本。

(3) 清光绪二十二年上海玑衡堂石印本,华东师范大学图书馆、苏州大学图书馆藏。

物体遇热改易记 4 卷　子部历算类

(英)瓦特斯辑　(英)傅兰雅口译　清徐寿笔述　赵元益校录

清光绪二十五年上海江南制造局刻本,北京大学图书馆藏。

光学 2 卷附视学诸器图说 1 卷　子部历算类

(英)田大里著　清赵元益译

清末上海江南制造局刻本,复旦大学图书馆、苏州图书馆藏。

视学诸器图说 1 卷　子部历算类

(美)金楷理口译　清赵元益笔述

清光绪二十七年上海日新社石印本,北京大学图书馆藏。

量光力器图说　子部历算类

清赵元益译

上海江南制造局刻本。

高斋丛刻(一名新阳赵氏丛刊)　丛书类

清赵元益辑

清光绪十年至十二年新阳赵氏刻本,上海图书馆藏。

子目从略,见《中国丛书综录》。

朱成熙

字缉甫,一字孚吉。清昆山人。同治十年(1871)进士,授编修,曾任高淳教谕。有孝行,设课授徒,从游者众。

(光绪)昆新两县续修合志 52 卷首 1 卷末 1 卷　史部地理类

清金吴澜、李福沂修　汪堃、朱成熙、李缃纂

参见"汪堃"条。

陈志坚(1844—?)

字思九,号紫简。清昆山人。光绪五年(1879)南闱经魁,曾任青浦

教谕。学问渊博，为文清真雅正，于经史性理外，兼精天算之学。平居砥砺学行，为乡里所称。

求得一斋算学7种11卷　子部历算类

清光绪三十年松江嵇文墨斋刻本，华东师范大学图书馆藏。

按：含《李氏勾股术补》1卷、《连分数开方》1卷、《演无定式》3卷、《三角新理》3卷、《整句股释术》1卷、《粟布术广》1卷、《杂题类咏》1卷。

微积阐详5卷　子部历算类

清光绪三十二年刻本，上海图书馆藏。

王墨林

清昆山人。生平不详。

蛰庵剩稿　集部别集类

民国间吴东彭治辑录《昆山丛书》抄本，国家图书馆藏。

李　缃

字味之，号芸圃，一作筠谱。晚年自号学默道人。清昆山人。贡生，屡上公车不第，议叙训导。平生热心公益，嫉恶如仇，喜奖掖后进。卒年72。

(光绪)昆新两县续修合志52卷首1卷末1卷　史部地理类

清金吴澜、李福沂修　汪堃、朱成熙、李缃纂

参见“汪堃”条。

锄经堂搭题文初集一卷二集　集部总集类

(1) 清同治十年(1871)锄经堂刻本，上海图书馆藏。

(2) 清同治十年著易堂聚珍本。

(3) 清光绪六年(1880)京都书业盛记刻本。

显　妙

清释。昆山人。

覆瓿草　集部别集类　佚

见民国《昆新两县续补合志》卷19。

朱培源

号怡云。清昆山陈墓镇人。同治十二年(1873)拔贡,授靖江训导。济水灾有功,乞休时送行者数千人。归里后,校阅经史,手不释卷。

介石山房文集2卷遗诗1卷　集部别集类

清宣统二年(1910)新阳朱氏刻本,华东师范大学图书馆、复旦大学图书馆藏。

按:民国《昆新两县续补合志》卷19作"《介石山房遗集》2卷"。

范汉文

字星河。清昆山人。

酒佣小草1卷　集部别集类　佚

见民国《昆新两县续补合志》卷19。

陆仁龙

字少唐。清昆山人。世居安亭天覆庵,布衣教授。热心公益,治方书,为人医病有奇效。卒年83。

鸭兰斋遗诗1卷　集部别集类　佚

见民国《昆新两县续补合志》卷19。

钱邦彦(1848—1914)

字晋孚,号俊甫。清昆山人。景虞父。生而右臂屈不伸,然颖慧好学,补昆庠生。授八旗汉教习,屡踬省闱,绝意进取。取宋五子书深究之,以古圣贤自砥砺。与弟友爱,教子有方。言笑不苟,貌清癯如枯禅老衲,长斋奉佛。卒年67。

校补亭林先生年谱不分卷附著述目录1卷传记诗文1卷　史部传记类

清顾衍生原本　吴映奎重辑　车持谦增纂　钱邦彦校补

附《四部丛刊三编》影印本《天下郡国利病书》后。

按:《近三百年人物年谱知见录》谓“钱本当为诸本中佳者”。

懒农文稿不分卷　集部别集类

(1) 民国间抄本,上海图书馆藏。

(2)《民国文集丛刊》本。

拙庵诗文集　集部别集类　佚

见民国《昆新两县续补合志》卷19。

朱绍成(1850—1921)

字绎如,号继美,一作寄梅。昆山人。少聪慧,年10余岁即能诗,性好古文辞,不屑屑举子业,尤喜搜罗邑中文献。生平以道义自处,外和内介,律己维严。卒年72。

治丧二十禁　经部仪礼类　佚

见民国《昆新两县续补合志》卷19。

建阳朱氏昆罗合谱8卷　史部传记类

清朱绍成等修,清光绪二十九年(1903)刻本,上海图书馆藏。

慎节堂诗钞5卷　集部别集类

1926年铅印本,上海图书馆、南京大学图书馆藏。

慎节堂诗钞3卷　集部别集类

手稿本,上海图书馆藏。

慎节堂文稿4卷　集部别集类

1941年铅印本,华东师范大学图书馆、山东大学图书馆藏。

归高士遗集10卷　集部别集类

清归庄撰,朱绍成编,清宣统元年(1909)油印本,复旦大学图书馆、苏州大学图书馆藏。

随笔1卷　集部别集类　佚

见民国《昆新两县续补合志》卷19。

王仪仙

字凤芝。清昆山人。女。崇明施湘痕嘉其诗笔浑厚,秀丽雅逸,为之印行。

寿萱阁吟草 1 卷　集部别集类

见《历代妇女著作考》引《闺秀诗话》。

沈汉槎

字星航,号淑芳。清昆山人。同治六年(1867)举人,曾任丹阳县教谕,居官耿介,科士惟勤,文风由是一变。晚年解组归,杜门著述以老。

说音 1 卷　经部小学类　佚

笔记 2 卷　子部杂学类　佚

读书札记 2 卷　子部杂学类　佚

耸瘦轩诗 4 卷　集部别集类　佚

骈文 1 卷　集部别集类　佚

散文 1 卷　集部别集类　佚

说诗四十八则 1 卷　集部诗文评类　佚

以上 7 种见民国《昆新两县续补合志》卷 19。

余宏淦

字夔卿。清昆山人。光绪二十三年(1897)举人,分发山东直隶州州同。

读尚书日记 1 卷　经部尚书类

(1) 清光绪间刻《学古堂日记》本。

(2) 抄本,北京人文科学研究所藏。

(3)《四库未收书辑刊》第 4 辑第 3 册影印本。

按:《续修四库全书提要》云:"是书钩稽古义,颇有创获。"有南菁书院山长慈溪林颐山叙。

新编沿海险要图说16卷新编长江险要图说5卷新绘沿海长江险要图1卷　史部地理类

清光绪二十九年江震学堂鸿文书局石印本，上海图书馆藏。

杜鸿钧

字儒伯。清昆山人。

石硕诗钞　集部别集类

民国间吴东彭治辑录《昆山丛书》抄本，国家图书馆藏。

柴　桑

清昆山人。

京师偶记1卷　史部地理类

《北京历史风土丛书》本。

赵诒翼(1854—1915)

字润奎，号仲宣，晚号松下居士。清昆山人。之骧孙。光绪十六年(1890)贡生，铨用县丞。性孝友，立义庄以赡族。

信义志稿21卷首1卷末1卷　史部地理类

(1) 清宣统三年(1911)序稿本，复旦大学图书馆藏。

(2) 抄本，昆山图书馆藏。

(3) 民国晒印抄本，北京大学图书馆藏。

(4)《中国地方志集成·乡镇志专辑》本。

蔡忠襄公(懋德)遗事3卷　史部传记类

手稿本，见《增订晚明史籍考》卷7。

龚安节先生年谱1卷遗文1卷　史部传记类

明龚诩撰　清赵诒翼、赵诒琛辑录

(1)《又满楼丛书》本。

(2)《北京图书馆藏珍本年谱丛刊》本。

新阳赵氏清芬录 3 卷　史部传记类

清赵诒琛、赵诒翼辑

(1) 清宣统元年赵氏峭帆楼刻本，复旦大学图书馆藏。

(2) 1917 年赵氏义庄重刻本，南京图书馆藏。

赵氏家乘 16 卷　史部传记类

1919 年刻本，上海图书馆藏。

增修支谱 10 卷　史部传记类　佚

外家先德纪 3 卷　史部传记类　佚

诵味录 2 卷　子部儒学类

稿本，上海图书馆藏。

按：民国《昆新两县续补合志》卷 19 著录为 2 卷。

松下居士文集 2 卷诗集 1 卷　集部别集类　佚

见《赵氏家乘》卷 15。

历朝星溪诗钞 3 卷文钞 6 卷　集部总集类

清赵诒翼辑

1912 年梦花轩抄本，上海图书馆藏。

按：此为赵诒翼辑录星溪(即昆山正仪镇)籍文人的诗文总集。

星溪文钞 10 卷　集部总集类

龚魏蔡三先贤合集 6 卷　集部总集类　佚

以上 2 种见民国《昆新两县续补合志》卷 19。

李文楷

字直清。清新阳人。世居陈墓，少就傅外家，清光绪间贡生，讲求经世之学，吴中望族争延聘之，襄校江苏书局刊误正谬，时称善本。后任奉贤训导。卒年 62。

国朝名人尚知篇 1 卷　史部传记类

手稿本，苏州古旧书店藏。

存立编 1 卷　子部儒学类　佚

六壬集览4卷　子部术数类　佚
朱丝玉壶随笔24卷　子部杂学类　佚

以上3种见民国《昆新两县续补合志》卷19。

陶惟坻(1855—1930)

字小沚。昆山周庄镇人。煦子。光绪十四年(1888)举人。在河南候补,主持招股开矿事宜。三十一年回乡创办元江两等小学堂(后改周庄小学)。宣统元年(1909)任江苏省咨议局议员。辛亥革命后,任江苏省议会议员兼乡议会议长。热心公益,开浚市河,修整街道,筹办消防会,并参加南社。1927年任江苏省立苏州图书馆馆长。1929年应聘为江苏通志编纂委员会委员,主纂《职官志》,次年卒。

说文集释　经部小学类

(1) 稿本,苏州图书馆藏。

(2) 载《江苏省立苏州图书馆馆刊》(1、2)期。

相城小志6卷　史部地理类

施兆麟、陶惟坻等纂

(1) 1930年上艺斋活字印本,南京图书馆藏。

(2)《中国地方志集成·乡镇志专辑》本。

陶惟坻正谊书院会课稿　集部总集类

稿本,上海图书馆藏。

江苏省立苏州图书馆馆刊(1—3)号　期刊类

民国铅印本。

王德森(1856—1943)

字严士,号鞠坪,又号岁寒生,晚号岁寒老人,室名市隐庐。昆山人。廪贡生。后绝意仕进,肆志于诗文。自幼涉猎医书,精内、外、妇、幼各科,家人有恙,借以自治,亲故求医,赖以痊愈。晚年寓居苏州。

申烈妇传略1卷　史部传记类

民国初年排印本。

隐求堂日记节要18卷　史部传记类

潘道根撰　王德森辑

1935年铅印本，上海图书馆藏。

养正庸言释义2卷　子部儒学类

1932年刻本，上海图书馆、苏州图书馆藏。

市隐庐医学杂著1卷　子部医家类

(1) 清宣统三年(1911)自刻本，南京医科大学图书馆藏。

(2) 1913年昆山王氏刻本，上海图书馆藏。

(3)《医药丛书》本。

(4)《中国医学大成》本，曹炳章评。

(5)《医药丛书十一种》本。

(6)《病镜》本。

保赤要言(一名幼科铁镜)5卷首1卷　子部医家类

清夏鼎撰　王德森辑

(1) 清宣统二年苏州笪锦和刻本，上海图书馆藏。

(2) 1917年刻本，中国军事医学科学院图书馆藏。

(3) 1919年苏州笪锦和重刻本，山西省图书馆藏。

(4)《病镜》本。

按：1922年，嘉定光明印刷社将《市隐庐医学杂著》与《保赤要言》合刊，改名为《病镜》，铅印行世。

保婴要言8卷首1卷　子部医家类

(1) 1926年四明乐善堂刻本，上海图书馆藏。

(2) 1941年上海国光印书局铅印本，上海图书馆藏。

按：《保婴要言》即《保赤要言》的增补本，1926年，四明马炳森请王德森重新酌定分量于药方之下，并补琐语、便方、救溺等三卷于后，改书名为《保婴要言》，予以重刊。

劝孝词百章1卷　集部别集类

1917 年娄东二原庄祠刻本，上海图书馆、苏州图书馆藏。

岁寒文稿 8 卷　集部别集类

1929 年市隐庐刻本，上海图书馆、苏州图书馆藏。

岁寒诗稿 1 卷　集部别集类

民国刻本，上海图书馆、苏州图书馆藏。

李传元

字鞠农。清昆山人。光绪十五年(1889)进士，改庶吉士，授翰林院编修。署云南布政使，官至浙江提法使。

增修迁昆李氏家谱 10 卷　史部传记类

1920 年崇俭堂补刻本，浙江嘉兴市图书馆藏。

(民国)昆新两县续补合志 24 卷首 1 卷　史部地理类

清连德英等修　李传元、赵诒琛纂

(1) 1923 年刻本，苏州图书馆藏。

(2)《中国地方志集成》本。

(3) 2016 年广陵书社出版《昆新两县续补合志》本。

净严词 1 卷丁巳词 1 卷　集部词曲类

民国间抄本，上海图书馆藏。

邱　樾(1860—1936)

字荫甫，号退藏。清末昆山玉山人。清季贡生。宣统元年(1909)荐举孝廉方正，授州同知衔。学问渊博，藏书极富，尤精熟邑风土人物。热心公益，乐善好施。宣统二年任县学款经理处总理，为清节堂、养老堂等慈善机构筹款，为时人称道。

昆山邱氏世系一卷　史部传记类

1928 年昆山玉峰印刷所铅印本，上海师范大学图书馆藏。

昆邑赋 1 卷　集部别集类

民国铅印本。

昆山人物咏 1 卷　集部别集类

（1）1936 年邱氏铅印本，南京图书馆藏。

（2）《江苏人物传记丛刊》本。

按：邱樾前撰《昆邑赋》，周墅乡校印作课本，后罕见。同门彭治劝其作昆山人物咏，邱樾作七绝二百首。所咏人物自隋唐至民国，皆昆山一时之俊杰，也有贞妇烈女。每一人物下有简单小传。

金焦游草不分卷　集部别集类

1922 年石印本，南京图书馆藏。

修竹庐文存 1 卷诗存 1 卷　集部别集类

1929 年邱光熙铅印本，上海图书馆、南京图书馆藏。

修竹庐近稿　集部别集类

修竹庐诗稿　集部别集类

以上 2 种有民国间吴东彭治辑录《昆山丛书》抄本，国家图书馆藏。

骏超　集部别集类

南园　集部别集类

以上 2 种见 1990 年《昆山县志》。

邱氏阐潜集 1 卷　集部总集类

民国间铅印本，苏州图书馆藏。

按：昆山邱氏元时由龙墩迁元和夷陵山，明末迁昆山甲子巷。此书乃邱樾辑邱氏先人诗文以及他人为邱氏所作诗文、墓铭、行状、寿序等。

手泽录 1 卷　集部总集类

附于《邱氏阐潜集》之后，民国间铅印本，上海图书馆、苏州图书馆藏。

紫阳小筑集咏 3 卷诗余 1 卷首 1 卷　集部总集类

1930 年苏州铅印本，上海图书馆藏。

按：此书封面题“紫阳小筑图咏”，卷端及书口题“紫阳小筑集咏”。紫阳小筑为朱保熙（1891—1960，字慕丹）别业。1929 年，紫阳小筑落成，朱保熙作《紫阳小筑落成进居有感》诗六首。和者甚众，邱樾遂辑为是编。卷首一卷，所辑有徐兆玮等手书题词，慕丹四十岁小影，武进邓春澍绘紫阳小筑图、紫阳小筑题诗等，邱樾撰《紫阳小筑记》，朱保熙作《紫阳小筑落成进居有感》诗。和诗辑为三卷，作者有钱育仁、王庆芝、徐兆玮、瞿启甲、张一麐、邱樾、邹弢、郁秾等。

王烈妇题词集 3 卷　集部总集类

1930 年苏州利苏印书社铅印本，国家图书馆、苏州图书馆藏。

按：书签题“巴城王烈妇题辞”，王氏（？—1842），王懋德之妻。

古今诗话 1 卷　集部诗文评类

稿本，上海图书馆藏。

彭　治

字怀儒，号椒庐。昆山人。与邱樾为同门。以开设酒店为生，雅驯好古，闲暇时抄录书籍颇多，尤着意于昆山地方文献。

昆山丛书　丛书类

民国间吴东彭治抄本，国家图书馆藏。

按：此丛书不具编者，或为彭治辑录。书凡两函，第一函九册，第二函十册，分别题“昆山丛书之一”“昆山丛书之二”。本条目书名即据此著录。卷前各有“总目”。国家图书馆藏书目录附注称本书“内容杂乱，书中‘总目’与内容不符”。然细加核对，本丛书内容与“总目”所记大致吻合，惟“总目”所记较本书实际所收图书种类为少，故有“‘总目’与内容不符”之感。此丛书未见其他书目著录。书名《昆山丛书》，所收也有非昆山籍作者的著作。全书编次虽略显凌乱，但内容丰富，保存了许多不经见的图书。如马起城撰《长鸣草》三卷，即不见于《明别集版本志》。朱保熙有《巴溪志》，但其《慕丹诗录》未见有书目著录。新阳潘汤盘为潘道根父亲，潘道根抄录之《绿阴府君遗诗》附《补遗诗》，亦未见有书目著录。书中时见“甲戌春王月由马梅轩兄处借抄是书”“丙子八月初十日吴东彭治椒庐氏书毕”“丙子九月初一日书毕吴东彭治志”字样。甲戌、丙子分别为 1934 年、1936 年，可以查考丛书抄录时间。因本丛书罕见，故将子目全部著录，并按照书前“总目”所示顺序排列如下：

《昆山丛书》之一

第 1 册

《龙洲先生賸稿诗》 宋刘过原著，昆山吴龙章淑三氏藏原本，马光楣梅轩氏传抄本

第 2 册

《玉山草堂雅集》 此杂录有关文献，与传世之玉山草堂雅集文献多有不同

《金粟道人诗集》 昆山彭治椒庐氏甫录

第 3 册

《陶仁节先生北行日记》 清陶甄撰，陶锷述，潘道根辑。陶甄，字康令，号甓斋，南直隶昆山人。明崇祯十五年(1642)补诸生。顺治二年(1645)其父死难，遂弃诸生，不入城市，授徒以老。卒年 73。

《陶仁节先生山游小记》 清陶甄撰

《茅檐杂话》 清陶甄撰

第 4 册

《东吴水利通考》 明王圻撰

第 5 册

《揭文安公秋宜诗集》 元揭傒斯撰，清潘道根辑

《香城老人近存稿》 清昆山叶重华撰

《徐侍郎奉使草》 清昆山徐秉义果亭甫撰，后学潘道根辑

第 6 册

《青莲阁风人近稿》 清长洲马万士延撰，后裔马光楣梅轩氏藏本，后学彭治椒庐氏敬录

《青莲阁风人稿》 清长洲马万士延撰，后裔马光楣梅轩氏藏本，后学彭治椒庐氏敬录

第 7 册

《青莲阁风人稿》 清长洲马万士延氏撰

《西鹿城旧事诗》 清古娄张潜之石芸甫撰，徐村潘道根确潜辑

《任愚诗草》附《补遗》 清昆山王景献雀随甫撰

第8册

《长鸣草》3卷 明长洲马起城贰师父撰，后裔马光楣梅轩汇录，后学彭治椒庐校录

第9册

《槐根吟草》附《补遗》 清新阳周芷撰

《璞存賸稿》 清昆山徐德谅桂门先生评，丁璞存先生(名润，新阳诸生)原著

第10册

《绿阴府君遗诗》附《补遗诗》 清新阳潘汤盘撰，子潘道根抄录

《碧山遗著》 清昆山邱以堡亦藩原著，后学彭治椒庐敬录

《隐园诗钞》 清昆山席元禧撷莼氏著

《隐园诗钞待定稿》 清昆山席元禧撷莼氏著

《续录隐园诗钞删稿》 清昆山席元禧撷莼氏著

第11册

《乾集》

《甲集》

《读画楼笔记》 不著作者，当为周亮工所作

《画概》 清青溪张韫斯撰

《昆山丛书》之二

第12册

《眠琴窝遗稿》 昆山张景煦若木撰

《翰苑尺牍》 昆山马光楣梅轩氏藏稿，吴东彭治椒庐手录

《小简偶存》 余觐光之来函，吴东彭治椒庐录

第13册

《万古愁》 题注："原名《击筑余音》，闻此曲曾进呈，大约因触忌而更名。中有数段亦节去，字句违碍者，间有改易。"又云："原藏崇义

堂稿本。”

《丁酉草》 清太仓王摅撰，顾湄等阅定

《戊戌草》 清太仓王摅撰

《己亥草》 清太仓王摅撰，顾湄等定

《庚戌未定草》 清太仓王摅撰

《鹤来堂文稿》 清太仓王掞撰，后裔王书（默庵）藏本

《巢仙阁文稿》 清蜀山马甫撰，娄东王书（默禅）藏本

第14册

《莲乡题画纪略》 清昆山孔继尧砚香甫撰，后学潘道根确潜录

《鄂庄书画经见录》 清昆山孔继泰崔瞻氏撰

《原印琐言》 海上清癯先生撰，昆山彭治椒庐氏甫录

《印谱》 海上清癯先生撰

《印谱余谭》 海上廉翁先生撰

《论篆体》 海上清癯先生撰

《篆刻脞话》 海上陈巨来先生撰，昆山彭治椒庐甫录

《篆刻脞语正误》 王纯伯先生撰，昆山彭治椒庐氏手录

《疑始琐言》 昆山椒庐彭治甫录

《廉翁琐言》 昆山彭治椒庐甫录

《新发见之秦砖》 海上蔡仲梧先生撰，昆山彭治椒庐甫录

《觉迷琐言》 昆山彭治椒庐甫录

《竹刻琐话》 昆山彭治椒庐甫录

《竹刻派别谈》 王瘦羊撰

《一指禅推拿浅说》 海上黄汉如先生撰

《吐纳导引谭》 海上朱春霆先生撰

第15册

《芝畦诗稿》 昆山方堃芝畦撰，后学彭治椒采录

《蛰龕賸稿》 鹿城王墨林撰。

《石顽诗钞》 昆山杜鸿钧儒伯撰，西古钱钦畿汉尹抄

第16册

《吴青洋杂记》 清昆山潘道根晚香录，咸丰五年(1855)从其令孙省山翁借读

第17册

名人杂咏(书名不详)

第18册

《尤西堂小影图赞》

《国朝诸名人赞》 清娄东姚椿撰，新阳潘道根订，后学彭治椒庐录

《王虚舟书法良模》 清金坛王澍良常甫撰，吴东彭治椒庐氏敬录

《法书要诀》 明长洲文徵仲衡山甫著，昆山朱成熙缉甫藏本

《渔山诗草》 清虞山吴历渔山甫撰，受业陆道淮编，昆山潘道根校、葛正笏录

第19册

《修竹庐诗稿》 清昆山邱樾荫甫撰

《慕丹诗录》 巴城吟香居士朱保熙慕丹撰

顾锡智

字表邦，别字醉渔。清末昆山巴溪人。读书入泮，工诗文超轶。课徒自给，与常熟陆宝树相唱和。民国初曾当选议长。卒年60。

蜗庐诗草　集部别集类

见《巴溪志》(中国地方志集成·乡镇志专辑8)。

读月庐诗草　集部别集类

稿本，上海图书馆藏。

茆桂题襟集2卷　集部别集类

清光绪癸卯年(1903)朱印本，此书为清光绪间由陆枝珊发起于茆江结诗社，集合诸子酬唱之作，结集付梓，含顾锡智、汪贡、陆国祯、徐兆璋等。见2012年保利秋季拍卖会“广韵楼”藏珍贵古籍善本专场。

王慰祖

昆山人。

王氏三沙宗谱不分卷　史部传记类

(1) 清光绪三十二年(1906)木活字印本,上海图书馆藏。

(2) 清宣统三年(1911)木活字印本,上海图书馆藏。

王岳奎

清末昆山人。

厚庄王氏宗谱10卷　史部传记类

清光绪二十六年(1900)木活字印本,上海图书馆藏。

按:本始迁祖启元,明初自昆山东沙迁居厚庄,两子分东分、西分两支。卷1宗谱、规训、诰敕、像赞等,卷2至卷8世系,卷9、卷10世系考、祠记、传记等。

钱　铭

清昆山人。

玉峰钱氏宗谱3卷　史部传记类

清光绪二十一年(1895)抄本,上海图书馆藏。

於炳炎

清末昆山人。

(乾隆)信义志(一作星溪志略)6卷　史部地理类

清陈至言、胡鼎铨等纂　於炳炎重订

(1) 清光绪三十三年(1907)吉晖堂清抄本,苏州图书馆藏。

(2)《中国地方志集成·乡镇志专辑》本。

按:参见"陈至言"条。

赵诒琛(1862—1946)

字学南。新阳人。元益子,经达父。太平天国时,元益避难荡口镇,收明清人抄校善本古籍甚多。故居民初毁于兵火,诒琛移居苏州,犹日日从事丹铅,补刊旧版,印行《峭帆楼丛书》18 种、《又满楼丛书》16 种、《对树书屋丛刻》6 种,另与太仓王保谌编印自甲戌(1934)迄辛巳(1941)八年《丛编》。在昆山设赵氏义庄,其庄以积年支出所余购书,建"寄云楼"藏之,并对族人开放,编有《赵氏图书馆藏书目录》,后有《补遗》及《新抄书目》。

顾千里先生年谱 2 卷　史部传记类

(1) 1930 年金山姚氏复庐排印本,不分卷。

(2)《对树书屋丛刻》本。此本经重编增订。

(3)《丛书集成续编》本。

(4)《北京图书馆藏珍本年谱丛刊》本。

赵氏家乘 16 卷　史部传记类

1918 年刻本,南京图书馆藏。

新阳赵氏清芬录 3 卷　史部传记类

清赵诒琛、赵诒翼辑

(1) 清宣统元年(1909)赵氏峭帆楼刻本,复旦大学图书馆藏。

(2) 1917 年赵氏义庄重刻本,南京图书馆藏。

民国昆新两县续补合志 24 卷首 1 卷　史部地理类

清连德英等修　李传元、赵诒琛纂

版本见"李传元"条。

寒山志传不分卷　史部地理类

民国排印本,南京图书馆藏。

赵氏图书馆藏书目录 5 卷补遗 1 卷新钞书目 1 卷峭帆楼善本书目 1 卷　史部目录类

(1) 1926 年铅印本,南京图书馆藏。

(2)《中国著名藏书家书目汇刊》本。

按《藏书目录》计收书1400余种,《补遗》收书400余种,《新抄书目》收书93种。峭帆楼藏书已被毁,仅存此书目,著录219种。

峭帆楼藏书目 4 卷　史部目录类　佚

峭帆楼藏书校记 3 卷　史部目录类　佚

以上2种见《赵氏家乘》卷15。

爨龙颜碑考释 1 卷　史部金石类

(1)《对树书屋丛刻》本。

(2) 民国排印本,南京图书馆藏。

(3)《丛书集成续编》本。

农务全书上编 16 卷中编 16 卷下编 16 卷　子部农家类　佚

农学理说 2 卷　子部农家类　佚

微生物学　子部医学类　佚

峭帆楼杂著 2 卷　子部杂学类　佚

以上4种见《赵氏家乘》卷15。

昆山赵氏义庄公墓规条 1 卷　子部儒学类

民国间铅印本,南京图书馆藏。

峭帆楼劫后稿 1 卷　集部别集类　佚

见《赵氏家乘》卷15。

清芬录题词 1 卷　集部总集类

又满楼刻本,南京图书馆藏。

赵氏清芬录再续题词 1 卷　集部总集类

1923年刻本,国家图书馆藏。

峭帆楼丛书　丛书类

(1) 清宣统至民国间赵氏刻本,南京图书馆藏。

(2) 1985年广陵古籍刻印社影印本。

按:收录图书18种。

又满楼丛书　丛书类

1925 年昆山赵氏刻本，南京图书馆藏。

按：收录图书 16 种。

对树书屋丛刻　丛书类

民国间赵氏对树书屋刻本，南京图书馆藏。

按：收录图书 6 种。

艺海一勺　丛书类

(1) 1933 年铅印本，南京图书馆藏。

(2) 1987 年上海书店影印本。

按：此书辑入《古玉图考补正》《论画十则》《论书十则》《画山水诀》《花谭》等历代书法、绘画、篆刻、花谱等艺术小品 23 种。

甲戌丛编　丛书类

赵诒琛、王保譿辑

(1) 1934 年排印本，南京图书馆藏。

(2) 1976 年世界书局影印本。

乙亥丛编　丛书类

赵诒琛、王保譿、王大隆辑

(1) 1935 年排印本，南京图书馆藏。

(2) 1976 年世界书局影印本。

丙子丛编　丛书类

赵诒琛、王大隆辑

1936 年排印本，南京图书馆藏。

丁丑丛编　丛书类

赵诒琛、王大隆辑

1937 年排印本，南京图书馆藏。

戊寅丛编　丛书类

赵诒琛、王大隆辑

(1) 1938 年排印本，南京图书馆藏。

(2) 1976 年世界书局影印本。

己卯丛编　丛书类

赵诒琛、王大隆辑

(1) 1939 年排印本,南京图书馆藏。

(2) 1976 年世界书局影印本。

庚辰丛编　丛书类

赵诒琛、王大隆辑

(1) 1940 年排印本,南京图书馆藏。

(2) 1976 年世界书局影印本。

辛巳丛编　丛书类

赵诒琛、王大隆辑

1941 年排印本,南京图书馆藏。

按:以上八种亦称《八年丛编》。从民国二十三年(甲戌)到民国三十年(辛巳),八年间集资出版,每年一编,每编 4 册。仿效古人以年名集之意,以干支纪年命名之。总计收录图书 97 种。

八年丛编　丛书类

赵诒琛等辑

2018 年上海人民出版社影印本。

王琴伯(1863—1939)

字羲同。昆山人。擅内科,兼以外科。读书颇有心得,著有《医要便读》《寿芝医案》等。

素问节要　子部医家类

医要便读　子部医家类

寿芝医案　子部医家类

以上 3 种见 1993 年江苏科学技术出版社出版《吴中名医录》。

王颂文(1865—1942)

谱名仁曾,字沂仲,号耻庵。昆山人。晚清秀才。为人正直,性耿介。戊戌变法后，弃旧学，热心地方政治改革及社会公益事业。光绪二十七年(1901)协助方还创立昆山县内第一所新式学校“樾阁学堂”，光绪三十二年主持昆山小学校务，宣统三年(1911)任昆新教育会总理。1918年5月任县劝学所所长，创办昆山公立图书馆，兼任馆长。1923年劝学所改为教育局，任局长。

安阳迁昆王氏宗谱2卷　史部传记类

王颂文纂修

1934年刻本，上海图书馆藏。

昆山琅琊安阳支王氏世谱6卷　史部传记类

王颂文纂修

1936年刻本，上海图书馆藏。

昆山县劝学所九年度学事年报　史部政书类

王颂文编

昆山县劝学所1922年版，上海图书馆藏。

昆山县教育局十四年度学事年表　史部政书类

王颂文编

昆山县教育局1927年版，上海图书馆藏。

昆山县公立图书馆图书目5卷乙编1卷昆山图书馆先哲遗书目录1卷附昆山县境现存碑目1卷　史部目录类

王颂文辑

1933年铅印本，上海图书馆藏。

昆山图书馆先哲遗书目录1卷附昆山县境现存碑目1卷　史部目录类

王颂文辑

(1) 1933年铅印本，南京图书馆藏。

(2)《明清以来公藏书目汇刊》本

昆山图书馆先哲遗书存目1卷　史部目录类

抄本，南京图书馆藏。

张　庸(1868—1919)

原名兆荣,字景云,一字敬云,号玉海。清末民国昆山蓬阆人。学识渊博,文才横溢,尤以诗见长,张謇曾延之教其子孝若,又聘其任南通图书馆务主任兼师范学校国文教员。卒葬于剑山之麓。张謇为之立碑。

清光绪朝海关大宗进出货价表附说　史部政书类

清宣统三年(1911)翰墨林书局铅印本,上海图书馆藏。

清光宣两朝海关进出大宗货价表附说明　史部政书类

1913 年铅印本,上海图书馆藏。

张景云先生遗诗 3 卷　集部别集类

抄本,昆山民间收藏。

按:收诗近千首。

胡石予(1868—1938)

名蕴,字介生,号石予,以号行。别署石翁、萱伯、瘦鹤、布衣、丹砾、老跛、闲主人。昆山蓬阆人。庠生。早年在家乡设馆授徒,光绪三十三年(1907)掌教苏州第二中学,达 20 年。现代学人中如叶圣陶、顾颉刚、郑逸梅、顾廷龙等皆出其门下。1912 年加入南社,与武进钱名山、金山高吹万并称江南三大儒。诗才敏捷,柳亚子称其为“八叉七步”。自奉甚俭,购书绝不吝啬,数十年间,购书近万卷。晚年卜居故里“半兰旧庐”,仍笃学不辍,临池挥毫,撰文吟诗,无一日稍闲。1937 年患丹毒,致下肢残废,抗战时避居陈墓镇,后辗转卒于安徽。

诗学大义　经部诗经类

读左绎谊　经部春秋左传类

岳家军　史部杂史类

四史要略　史部史钞类

缥缈史　史部地理类

画梅赘语　子部艺术类

半兰旧庐杂钞　子部杂学类

以上7种见1990年《昆山县志》第27篇。

半兰旧庐文稿　集部别集类

稿本，南开大学图书馆藏。

按：《清诗纪事》21册收有其诗，署名“胡蕴”。

半兰旧庐诗集　集部别集类

秋风诗　集部别集类

蓬溪诗存　集部别集类

锦溪集　集部别集类

章村诗存　集部别集类

梅花百绝　集部别集类

半兰旧庐诗话　集部诗文评类

炙砚诗话　集部诗文评类

以上8种见1990年《昆山县志》第27篇。

胡国梁(1869—1940后)

字莘人，号瓠叟。昆山人。流寓上海。

胡耀庭先生追思录不分卷　史部传记类

1940年铅印本，上海图书馆藏。

按：胡耀庭即胡贵彰。

味根室联语挽联类2卷附录1卷　子部艺术类

1939年铅印本，华东师范大学图书馆藏。

味根室己卯海上感旧草2卷　集部别集类

1939年铅印本，上海图书馆藏。

余鸿钧(？—1930)

字申甫、升孚，号心禅。昆山人。出身儒医世家，少攻儒业，清光绪七年(1881)庠生,清宣统元年(1909)举人,曾任光绪《昆新两县续修合志》市区采访员。平生与儒医王德森最为友善。

国朝昆新青衿录不分卷　史部政书类

清光绪二十六年(1900)刻本,上海图书馆藏。

戴姜福(1870—1936)

字向五,号绥之,别号山枝。原籍吴县木渎,其父迁居昆山陈墓,遂为陈墓人。光绪十一年(1885)拔贡。生平孤标耿介,取予不苟,落落不与世合。启功早年曾跟随其学古文。

大学直说论语类编合刻　经部四书类

1937年敦苏斋铅印本,见孔夫子旧书网2014年8月拍卖。

按:此书包括《大学直说》1卷、《论语类编》2卷,前有吴县曹岳峻所撰《先师戴绥之先生事略状》。

华字原1卷　经部小学类

有传本,见《续修四库全书提要》。

按:此书摘《说文解字》中象形、指事、会意三类字之要者,据许慎说解述为总叙,依类分为18篇,末篇述本书之大旨。《续修提要》谓:"是书既能囊括(《说文》)全书,复便学童讽读。"

谐声谱校记1卷　经部小学类

(1) 1934年叶景葵影印本,华东师范大学图书馆藏。

(2)《续修四库全书》本

按:此书附于张惠言撰《谐声谱》50卷之后。

韵类不分卷　经部小学类

按:分甲乙丙丁四帙。

郡县史纲3卷　史部编年类

按:起自秦政焚书,迄于宣统三年辛亥(1911)。三十六甲子,分六期百节述之。

帝系1卷　史部编年类

按:由秦迄宣统三年辛亥。

鉴纲 10 卷　史部史评类

按:起三皇,迄有明。

神州疆理 2 卷　史部地理类

地形 1 卷　史部地理类

以上 6 种见曹岳峻《先师戴绥之先生事略状》,载于赵统著《南菁书院志》(2015 年上海书店出版社)。

蔡　璜(1871—1938)

字望之。昆山安亭古巷村鹭鸶浜人。自幼聪颖,过目不忘。清光绪末中秀才,而思想尤新。1912 年,江苏省议会成立,当选省议员。1928 年,在黄炎培的支持下,成立“徐公桥乡村改进会”,影响颇大。

甦农　史部政书类

1931 年上海华文印书局铅印本,南京图书馆藏。

风雨鸡鸣录 1 卷　史部杂史类

1926 年苏州工业专校排印本,书前有韩国钧、张一麐等人撰序,国家图书馆、南京图书馆藏。

零慊汇录 1 卷　子部杂学类

铅印本,苏州古旧书店藏。

陈定祥(1872—1935)

字渭士。昆山人。曾肄业于苏州学古堂,师从黄彭年。民国间曾任江苏省立苏州图书馆馆长。

黄陶楼先生(彭年)年谱　史部传记类

(1) 1932 年江苏省立苏州图书馆铅印本。

(2) 1970 年台北文海出版社《中国近代史料丛刊》影印本。

(3) 1975 年台湾广文书局《中国历代名人年谱汇编》排印本。

(4) 1978 年台湾商务印书馆《新编中国名人年谱集成》本。

八识规矩颂显铨不分卷　子部佛教类

唯识二十颂今释不分卷　子部佛教类

以上2种见1936年《江苏省立苏州图书馆年刊》。

成唯识论显诠2卷　子部佛教类

稿本，苏州图书馆藏。

马光楣(1873—1940)

字眉寿，号梅轩、玉球生、西鹿山人、玉山痴人、自得庐主、花史馆主等。昆山人，侨居苏州紫兰巷中，与沈祖绵善。精堪舆术，工篆刻。1917年与顾天熙、顾天锡等十余人成立遁社于昆山，任社长。抗日战争时在苏州遇难。

昆山马氏族谱21卷首1卷　史部传记类

马光楣等纂修

清光绪三十三年(1907)万卷楼刻本，美国犹他家谱学会藏。

昆山马氏族谱16卷首1卷　史部传记类

马光楣等纂修

1918年万卷楼刻本，美国犹他家谱学会、美国哥伦比亚大学图书馆藏。

玉球生印存2卷　子部艺术类

1922年自得庐钤印本，苏州图书馆藏。

遁社印存1卷　子部艺术类

钤印本，共刊摹古自构姓名、斋室、闲章计75方，系马氏手拓精钤。见北京歌德拍卖有限公司2010秋季艺术品拍卖会。

三续三十五举1卷　子部艺术类

(1) 1929年花史馆刻本，国家图书馆藏。

(2) 抄本，南京图书馆藏。

三续三十五举三十六举2卷　子部艺术类

1927年花史馆刻本，苏州图书馆藏。

蒋兆麐(1877—1909)

字蕴纯。清昆山强巷村人。庠生。早孤力学,喜读先儒书,事母以孝,能急人之难,以任侠自喜。宣统元年(1909)卒,年33。遗语10条,近于先儒语。

养拙庐文稿2卷　集部别集类　佚

养拙庐诗稿1卷　集部别集类　佚

以上2种见民国《昆新两县续补合志》卷19。

程廷恒(1878—?)

字守初,号月锄蘧庐,别号退思老人。清昆山人。附贡生。由县丞分发奉天保升知县。1912年任民国抚顺县知事。历宽甸、复县知事,呼海铁路董事、龙江道尹、呼伦道尹、政务厅厅长、代理省长等职。1927年冬得苏州马医科巷东口田庚旧宅,重加修葺,名曰"荆园"。一时名士皆与之游,文酒之乐,盛极一时。

广平程氏谱略12卷　史部传记类

1930年苏州大苏铅印本,苏州图书馆藏。

(宣统)抚顺县志略22卷　史部地理类

赵宇航、程廷恒修　黎镜蓉等纂

清宣统三年(1911)石印本,国家图书馆藏。

(民国)宽甸县志略　史部地理类

程廷恒修　陶牧纂

(1) 1915年奉天文和兴石印本,国家图书馆藏。

(2)《中国地方志集成》本。

(民国)复县志略不分卷　史部地理类

程廷恒修　张素纂

(1) 1920年石印本,国家图书馆藏。

(2)《中国地方志集成》本。

(民国)呼伦贝尔志略不分卷　史部地理类

程廷恒、张家墦纂

1924年上海太平洋公司印刷公司铅印本,国家图书馆藏。

(民国)大名县志30卷首1卷　史部地理类

程廷恒等修　洪家禄等纂

(1) 1934年铅印本,国家图书馆藏。

(2)《中国地方志集成》本。

徐福清(1880—1930)

字伯澄。昆山巴溪人。安基子。清季入泮,入民国,专攻古学。历任本邑教务、文书之职,以勤慎称。性淡泊,虚怀若谷,赋诗饮酒以终。

丈牍琐记　子部杂学类

养性诗草　集部别集类

以上2种见《巴溪志·人物》。

朱文鑫(1883—1939)

字贡山,号槃亭。昆山陈墓人。21岁入江苏高等学堂,毕业后派赴美国,入威斯康星大学攻读天文数理学。宣统二年(1910)回国后主持上海路矿学校教务,兼任南洋大学、复旦大学教授,上海《太平洋日报》编辑。参加爱国学社,和蔡元培、章太炎、邹容等鼓吹革命,加入中国同盟会。用现代天文学理论研究我国古代天文学。1913年在上海创设东华大学。曾参与发起成立中国科学社,创办《科学》杂志。1930年曾任江苏省政府土地局长。1939年5月病卒。

中国教育史　史部杂史类

攀巴司(pappas)切圆奇题解　子部历算类

微分方程式　子部历算类

算式集要　子部历算类

天文考古录　子部历算类

1933 年商务印书馆排印本，苏州图书馆藏。

史记天官书恒星图考 1 卷　子部历算类

(1) 1927 年中华书局排印本，苏州图书馆藏。

(2) 1934 年商务印书馆排印本，上海图书馆藏。

历代日食考　子部历算类

1934 年商务印书馆排印本，上海图书馆藏。

历法通志　子部历算类

1934 年商务印书馆排印本，上海图书馆藏。

星团星云实测录　子部历算类

1935 年商务印书馆排印本，上海图书馆藏。

十七史天文诸志之研究　子部历算类

1965 年科学出版社版，上海图书馆藏。

中国历法史　子部历算类

淮南天文训补注　子部历算类

以上 12 种见 1990 年《昆山县志》第 27 篇。

天文学小史　子部历算类

1939 年商务印书馆《万有文库》排印本。

近世宇宙论　子部历算类

(英)麦克罕森著　朱文鑫译

内收《日心说之宇宙论》《侯失勒之宇宙论》《十九世纪宇宙的思想》《二十世纪之进步》《本星团》《星云之情状》《球状星团—银河之卫星》《海岛宇宙》8 篇论文。书前引言题为“地心说之宇宙论”。

1939 年商务印书馆《万有文库》排印本。

图解代数　子部历算类

1915 年南洋路矿学校排印本，上海图书馆藏。

梅氏表之覆测　子部历算类

1930 年江苏土地局排印本，苏州图书馆藏。

中国日全食史　子部历算类

1930 年排印本，苏州图书馆藏。

中国日斑史　子部历算类

1930 年排印本，苏州图书馆藏。

中国史之哈雷彗　子部历算类

1929 年排印本，苏州图书馆藏。

槃亭文稿　集部别集类

见 1990 年《昆山县志》第 27 篇。

叶楚伧(1887—1946)

原名宗源，字卓书。别号叶叶、小凤、湘君等，后以楚伧名世。吴县周庄(今属昆山)人。早年参加同盟会，并加入南社。曾在上海创办《太平洋报》《生活日报》，并一度入《民立报》操笔政。1916 年，任《民国日报》总编辑，抨击袁世凯称帝。1924 年 1 月，被选为国民党第一届中央执行委员，并任国民党上海执行部常务委员兼青年妇女部长。南京国民政府成立后，任国民政府委员、国民党二届中央特别委员会候补委员。1929 年后，曾被选为国民党第三、四、五届中央执行委员、常务委员和政治委员会委员，并先后任江苏省政府主席、国民党中央党部宣传部长、秘书长、中央政治会议秘书长。1935 年任国民政府立法院副院长。公余兼职文教，创办《文艺月刊》，编印《文艺丛书》《读书杂志》等。抗战胜利后，任苏浙皖三省、京沪两市宣慰使。1946 年在上海去世，葬于苏州木渎灵岩山。

赵母方太夫人六十晋九寿辰征文启　史部传记类

叶楚伧等撰

民国间铅印本，朱印，国家图书馆藏。

按：方氏，赵冕瞻之母，清同治初年生。

罗斯福传　史部传记类

叶楚伧、陈立夫主编

1939 年正中书局铅印本，苏州图书馆藏。

中国国民党政纲政策及决议　史部政书类

1938至1939年中央训练团铅印本，南京图书馆藏。

党务实施上之问题　史部政书类

1940年中央训练团党政训练班铅印本，南京图书馆藏。

党政训练班第二期人事研讨与演习报告书　史部政书类

叶楚伧、余井塘讲

1939年中央训练团党政训练班铅印本，国家图书馆藏缩微胶卷。

按：内分各组结论与讲评，各组所提问题之解答，附录3项。

三民主义论文集　史部政书类

1940年中央周刊社铅印本，南京图书馆藏。

马克斯主义与社会史观　史部政书类

1943年铅印本，国家图书馆藏缩微胶卷。

按：本书内容包括《社会主义底原则》《国家社会主义》《社会主义底原则是科学的吗？》《社会史观》《战争是一个社会进化底力量》等18章。

建国高中公民（第1至4册）　史部政书类

叶楚伧、陈立夫主编

1936年正中书局铅印本，国家图书馆藏缩微胶卷。

按：本书共4册。第1册为《社会问题政治概要》，应成一、萨孟武编；第2册为《经济概要》，寿勉成编；第3册为《法律大意》，阮毅成编；第4册为《伦理大意》，刘国钧编。

初级中学公民　史部政书类

叶楚伧、陈立夫主编

1935年正中书局铅印本，国家图书馆藏缩微胶卷。

按：本书册数不详，第1册为江懋祖校，刘悉规编著；第2册和第3册均为钱安毅编著。

农业经济史　史部政书类

陈其鹿著　叶楚伧校

出版年代不详，国家图书馆藏缩微胶卷。

按:全书共 15 章。前 3 章综述世界经济、农业与我国农业发展的各时期特征;第 4—14 章分别阐述古罗马的农业兴衰,英、法、德、丹麦、美、俄、日各国农业发展所经历的不同途径;末章特别提出中国农业经济当前所存在的问题。

江北运河工程善后委员会汇刊　史部政书类

叶楚伧编

1931 年铅印本,国家图书馆藏缩微胶卷。

按:此书为江北运河工程善后委员会会刊,存 1 至 2 期。

首都志 16 卷附图 1 卷　史部地理类

叶楚伧、柳诒徵主编　王焕镳纂

1935 年正中书局铅印本,上海图书馆藏。

初中本国地理　史部地理类

叶楚伧主编　王益厓、周立三编著

1934 年正中书局铅印本,国家图书馆藏缩微胶卷。

新生活与情操　子部杂学类

叶楚伧编

1935 年正中书局铅印本,南京图书馆藏。

按:收入《新生活丛书》。

箫引楼稗钞　子部小说类

1919 年青星编译社铅印本,上海图书馆藏。

传奇小说集　子部小说类

叶楚伧主编　胡伦清编注

1936 年正中书局铅印本,国家图书馆藏缩微胶卷。

按:本书遴选中国传奇小说重要作品,分为 7 卷计 30 篇,分卷以年代排列,1、2、3 为唐卷,4 为宋卷,5 为明卷,6、7 为清卷。每篇后附有题解、作者传略、注释等。

不忘 2 卷　集部别集类

吴廷之著　叶楚伧编

1915 年铅印本，南京图书馆藏。

按：书前冠序卷 1 介绍鸦片战争、同盟军之役、中法战争、中日战争、庚子之祸；卷 2 介绍“五九”国耻。

小凤杂著　集部别集类

1919 年新民图书馆铅印本，南京图书馆藏。

蒙边鸣筑记　集部别集类

1921 年上海文明书局铅印本，国家图书馆藏缩微胶卷。

前辈先生　集部别集类

1929 年光华书局铅印本，上海图书馆藏。

如此京华　集部别集类

1929 年中华书局铅印本，上海图书馆藏。

风飐芙蓉记　集部别集类

姚鹓雏著　叶小凤评识

1926 年上海小说丛报社铅印本，国家图书馆藏。

古戍寒笳记　集部别集类

1936 年中原书局铅印本，上海图书馆藏。

世徽楼诗稿 4 卷　集部别集类

（1）1914 年铅印本，南京图书馆藏。

（2）1946 年正中书局铅印本，上海图书馆藏。

（3）2017 年广陵书社出版《民国诗集选刊》本。

楚伧文存　集部别集类

（1）1944 年正中书局铅印本，国家图书馆藏缩微胶卷。

（2）1948 年正中书局铅印本，上海图书馆藏。

楚伧诗文稿补编不分卷　集部别集类

抄本，南京图书馆藏。

叶楚伧诗文集　集部别集类

1988 年三联书店铅印本，叶元编，上海图书馆藏。

简师简乡师国文　集部总集类

叶楚伧编、苏渊雷选

1939 年正中书局铅印本，南京图书馆藏。

高中国文(第 1 至 6 册)　集部总集类

叶楚伧主编　汪懋祖、叶溯中校阅　许梦因选注

1946 年正中书局铅印本，国家图书馆藏缩微胶卷。

按：第 3 册为胡怀琛选注。

先秦文学选　集部总集类

叶楚伧、蒋伯潜编

1937 年正中书局铅印本，南京图书馆藏。

中国文学批评论文集　集部总集类

叶楚伧、王焕镳编

1937 年正中书局铅印本，南京图书馆藏。

两汉散文选　集部总集类

叶楚伧、吴契宁编

1937 年正中书局铅印本，南京图书馆藏。

按：收入《国文精选丛书》。

三国晋南北朝文选　集部总集类

叶楚伧、陆维钊编

1946 年正中书局铅印本，南京图书馆藏。

按：收入《国文精选丛书》。

历代名家笔记类选　集部总集类

叶楚伧、金公亮编

1936 年正中书局铅印本，南京图书馆藏。

按：收入《国文精选丛书》。

元明清曲选　集部总集类

叶楚伧主编

1936 年正中书局铅印本，苏州图书馆藏。

历代名人短椾　集部总集类

叶楚伧主编　曹鹄雏编注　胡伦清校订

1946年正中书局铅印本，国家图书馆藏。

按：收入《国文精选丛书》，辑选短篇书简340余篇。上自周秦，下迄清末，凡220余人的作品。每篇之后均有提要、注释和作者传略。本书内容多取材于正史野乘及历代名家文集。

曲选上编1卷下编1卷　集部词曲类

1946年正中书局铅印本，南京图书馆藏。

新生活丛书　丛书类

叶楚伧编

1934至1936年正中书局铅印本，南京图书馆藏。

按：全24册，子目不详，其中有叶楚伧著《新生活与情操》、张公权著《银行行员的新生活》等。

陈冠六(1887—?)

清末民国昆山人。

苏州历代医药文献录不分卷　子部医家类

1964年苏州观乐草堂铅印本。

邹庆瑚(1889—1905)

一作胡，字渭泉，号树珊。清新阳蓬阆马家泾人。师从太仓北门外泥泾外科名医周韵笙，学医三年，返家悬壶送诊三月，病家若市。每夕披衣坐床夜读，必至神倦书坠地后方息。以劳瘁过甚，不幸早逝，年仅17岁。

青囊奇秘(外科丸散膏丹)　子部医家类

稿本，存其后人处。

按：卷首书“泥泾周韵笙先生授，门人渭泉邹庆胡校辑”。

赵经程(1890—1914)

号鱼笙。清末昆山人。诒谟子。

横秀阁杂著2卷　子部杂学类　佚

见民国《昆新两县续补合志》卷19。

王慰伯(1894—1948)

名兆珍,字涤凡,一字伟伯。昆山南星渎人。其祖世美受业于外舅菉葭浜陈氏,有医案甚多。父清嘉受业于姑苏名医马啸岩,于张浦镇悬壶,门庭若市。慰伯承家学,积三代之经验,造诣益深。1934年由章太炎介绍迁上海行医,声誉鹊起。勤于著述,曾整理历代名家医论,并参以临床心得,撰成《医学汇观》诸书,惜迭经战乱,未及付梓。

中国古今医学汇观20卷(方还序)　子部医家类

王氏四世医案5卷　子部医家类

伤寒方歌诀1卷　子部医家类

以上3种见许柏泉撰《海上世医王慰伯医学事略》,《中医文献杂志》1994年第1期。

李肖白(1895—1940)

笔名病杏。昆山真义人。早岁毕业于上海龙门师范学校,后在无锡、吴县唯亭等处任教。1936年应聘上海三友实业社秘书,兼理职工教育。擅长书法,曾在上海创办肖白书法函授学校,培养人才甚多。热心公益事业,曾为救火会募捐购置消防用具。

书法入门　子部艺术类

1935年上海肖白书法函授学校铅印本,上海图书馆藏。

书法精华　子部艺术类

见1990年《昆山县志》第27篇。

张墨林(1896—?)

字默公。昆山人。

双星会(杂剧) 集部词曲类

见《全清散曲》。

按:《全清散曲》收其套数《秋宵坐雨》《黛玉葬花》。

王庆祉

昆山人,生平不详。

昆山县敦善普育清节堂报告册 史部政书类

民国铅印本,上海图书馆藏。

周一阳

昆山人,生平不详。

昆山清丈局报告书 史部政书类

1926年昆山清丈局铅印本,苏州图书馆藏。

赵经达(1907—?)

号尊三。昆山人。诒琛四子。

归玄恭先生年谱1卷 史部传记类

(1) 1924年刊《归汪二先生年谱》本。

(2)《又满楼丛书》本。

(3)《归庄集》(中华书局,1962)附印本。

(4)《丛书集成续编》本。

(5)《北京图书馆藏珍本年谱丛刊》本。

汪尧峰先生年谱1卷 史部传记类

(1) 1924年刊《归汪二先生年谱》本。

(2)《又满楼丛书》本。

（3）《丛书集成续编》本。

（4）《北京图书馆藏珍本年谱丛刊》本。

按：参见《续修四库全书提要》。《近三百年人物年谱知见录》云：此谱记谱主家世、经历及友朋往来，颇称完备，尤详于诗文撰述之事。又附谱主著述目录及遗事数则。

潘鸣凤

昆山人。曾供职于昆山县教育局，曾在《教育杂志》及《江苏教育》中发表和昆山教育相关的文章。

玉山景物略 1 卷马鞍山景物略 1 卷　史部地理类

清周奕钫撰　潘道根补

1935 年苏州文新印书馆铅印本，上海图书馆藏。

按：此书原有 1912 年王德森抄本。民国间潘鸣凤从王德森处得到此抄本，遂铅印出版。

昆山见存石刻录 4 卷　史部金石类

1935 年昆山县教育局铅印本，上海图书馆藏。

佚　名

作者及时代不详。

观稼书屋诗抄　集部别集类

刻本，见《昆山先哲遗书目录》。此书缺上本，作者姓氏无考。